U0358434

谨以此书献给在积贫积弱中诞生、在新中国奠基、在改革开放中腾飞、在新时代奋进的伟大的中国化学工业。

——顾秀莲

中国化学工业百年发展史

（上）

中国化工博物馆　组织编写

100-year Chemical Industry Development History of China

化学工业出版社

·北　京·

内容简介

《中国化学工业百年发展史》分为两卷，上卷为综合卷，下卷为重点子行业卷，是一部翔实记录中国化学工业从20世纪初叶第一个纯碱制造企业创立起步，到今天发展成为世界化工大国的长达百余年历史的大型编年体史书。

全书从社会经济、产业发展、科技进步视角切入，按时间顺序编排历史阶段，记写中国化学工业在近代的萌芽和起步，在新中国成立至改革开放前数十年的奠基立业，实现从无到有，建立完整的化学工业体系；记写改革开放推动行业实现令世界瞩目的超常规发展，真正实现从小到大，化学工业经济总量跃居世界首位；记写新时期建设化学工业强国的新征程上，化学工业秉承绿色发展、资源综合利用、环境友好高质量发展理念，实现了化工大国经济地位稳定提升，化工强国之基逐步奠定。

本书完整地记录了中国化学工业的成长史，展示了中国化学工业发展的基本脉络和巨大成就，以及发展经验和规律性特征，兼具专业性、史料性，可供广大读者了解中国化学工业产业发展史、技术进步史、科技教育史，认识国民经济发展和制造业大国形成过程中无可替代的“化工力量”。本书可供化学工业各领域的管理人员、技术人员参考，也可供关心中国化学工业发展的广大读者阅读。

图书在版编目（CIP）数据

中国化学工业百年发展史/中国化工博物馆组织编写. —北京：化学工业出版社，2021.9

ISBN 978-7-122-39938-0

Ⅰ.①中… Ⅱ.①中… Ⅲ.①化学工业-工业史-研究-中国 Ⅳ.①F426.7

中国版本图书馆CIP数据核字（2021）第188753号

责任编辑：提 岩 窦 臻　　文字编辑：昝景岩 向 东 陈 雨 李 玥

责任校对：王素芹　　装帧设计：尹琳琳

出版发行：化学工业出版社（北京市东城区青年湖南街13号 邮政编码100011）

印　　装：中煤（北京）印务有限公司

787mm×1092mm 1/16 印张101¼ 彩插16 字数1745千字

2021年10月北京第1版第1次印刷

购书咨询：010-64518888　　售后服务：010-64518899

网　　址：http://www.cip.com.cn

凡购买本书，如有缺损质量问题，本社销售中心负责调换。

定　　价：698.00元

《中国化学工业百年发展史》

编委会名单

执行主编　李冰梅

编写组

陈丹江　李宗儒　刘　宇　王彦卿　徐　岩　张一栋

撰稿人（按姓氏拼音排序）

蔡志勇　曹承宇　常婷婷　陈丹江　邓海燕　窦进良　樊　森
方晓骅　胡　宏　姬凡宁　李冰梅　李闻芝　李秀玲　李玉文
李宗儒　栗　歆　林汉京　刘全昌　刘　宇　潘　辉　齐祥昭
齐　焉　戎志梅　要旭祥　孙　明　王建中　王丽娜　王佩琳
王彦卿　王俞德　徐　岩　薛志强　姚江雄　叶建华　叶由忠
张一栋

资料组

陈明烁　郭正东　刘中奇　俞超杰　张重阳　朱宇淦

审定委员会

主　任　魏　然

副主任　薛学通　潘　杰　余　一

审稿人（按姓氏拼音排序）

白洪强　陈明良　程治方　丁超然　杜淑敏　顾觉生　鞠洪振
李玉文　李钟华　连　为　林久忠　刘国杰　刘振东　马海森
潘德润　潘　杰　齐　焉　沈　渭　孙志英　唐宏青　田利明
王建中　王佩琳　魏　然　薛学通　闫海生　杨元一　余　一
张建军　张丽萍　张丽雅　张明森　张　睿　张守汉　张文雷
郑宝山　周文荣

序一

2021年是中国共产党成立100周年。一百年来，中国共产党为实现中华民族的独立和复兴，矢志不渝、艰苦奋斗，带领全国各族人民在革命、建设和改革的不同历史时期进行了具有不同历史特点的伟大斗争，创造了前无古人的伟大事业，现在满怀豪情地踏上了实现中华民族伟大复兴的“中国梦”的新征程。在中华民族上下五千年的璀璨历史长河中，中国共产党领导的一百年发展史是最辉煌、最波澜壮阔、最值得后人铭记的一段发展史！

化学工业是国民经济的基础产业和支柱产业，在国民经济中占有特殊重要地位。20世纪初期，半殖民地半封建的中国缺少大力发展化学工业的环境和条件，民族化学工业在夹缝中生存，特别是全面抗战爆发后，民族化工企业被迫西迁，生产与建设都受到严重摧残。即使面临种种困难，以范旭东、侯德榜、吴蕴初等为代表的民族化工企业家始终将“实业报国、振兴中华”当作事业信条，夙兴夜寐、孜孜以求，努力探索为中国化学工业发展开辟一条道路。

从土地革命开始，我们党就十分重视化工生产对革命事业的重要作用，到抗日战争时期，在陕甘宁、晋察冀、胶东等根据地相继建立了化工厂，构建了根据地的基本化学工业体系。新中国成立后，通过对化工行业民族工商业的改造，建立新的化工厂，以及在苏联援助下建设了化肥厂、染料厂、电石厂、合成橡胶厂等一批大型化工项目，形成了吉林、太原、兰州三大化工基地，“一五”期间化学工业被国家纳入了计划管理，呈现出翻天覆地的变化，产品品种和产量都成倍增长，有力支援了农业发展和国民经济建设，培养出一大批技术人才和管理人才，奠定了我国化学工业快速发展的基础。

20世纪60、70年代，为解决日益紧迫的人民“吃、穿、用”问题，党中央国务院进一步将发展化学工业提上重要议事日程。在当时外部环境出现重大变化的情况下，党中央国务院抓住难得的历史机遇，经毛泽东主席同意，周恩来总理研究批准并亲自部署，作出了引进成套化纤、化肥设备的重大决策，最终形成了引进26个大型成套设备、单机和关键设备技术的“四三方案”。当时我作为国家计委副主任，有幸参与了70年代这一具有重要历史意义的工作，见证了我国对西方“开放”的第一步。这批项目的引进，对解决全国人民的“吃、穿、用”问题起了重要作用，至80年代初，涤棉布、涤纶长丝织物和中长纤维布等摆脱了供不应求的局面，停止实行了近30年之久的凭布票限量供应的办法；合成氨生产能力也得到大幅提升，对于支援农业生产起了相当大的作用，至90年代初，粮票逐渐退出了流通领域。

改革开放后，化工行业的生产关系得到理顺与调整，总体适应了行业生产力发展的水平和要求。80年代末，改革进入关键期和攻坚期，我受命到化学工业部任职，与化工部全体同仁一道，深入行业改革开放的第一线并肩作战。为突破长期制约行业发展的体制机制障碍，我们以市场化为导向，先后实施了“学吉化”“科技兴化”和“外向型经济”三大战略，从转变政府职能、强化企业管理、促进科技创新、利用“两种资源、两个市场”等方面大力推进深化改革，在行业内逐步确立了市场机制的基础作用，极大地激发了行业发展潜力，营业收入和主要产品产量快速增长，其中一些基础化工产品产量位居世界前列，一些关键技术和装备取得了重大突破，行业发展迈上了一个大台阶。

通过改革，化工部围绕转变职能把原本属于企业、属于市场的权力逐渐、分批下放，原有管得过多、统得过死的计划经济体制逐步转向了市场经济体制。直至1998年化工部撤销和2000年国家石油和化学工业管理局撤销，成立了中国石油和化学工业协会，市场对资源配置的基础性作用越来越强；国有企业建立了现代企业制度，焕发了前所未有的活力，逐渐成为市场的主体，成为国民经济的骨干企业；乡镇企业和民营企业异军突起，不但依靠灵活的经营方式和管理体制在市场中如鱼得水，而且为解决就业、增加税收、促进社会稳定做出了重要贡献；化工外资企业也积极进入中国市场，开展多种形式的合作，带来了新技术、新工艺以及先进的管理经验，弥补了国内市场高端产品的不足。2010年，中国化学工业营业收入超过美国，跃居世界第一，成为名副其实的世界化学工业大国，实现了近百年来中国化学工业从业者的梦想。作为曾经在中国化工行业奋斗多年的一名老兵和管理者，我由衷地感到高兴、感到振奋，为我们国家化学工业取得的进步和成绩感到骄傲和自豪。

党的十八大以来，中国特色社会主义进入了发展的新阶段。面对百年未有之大变局，中国化学工业在习近平新时代中国特色社会主义思想的指引下，在结构调整、科技创新、绿色发展、国际合作等方面取得了更大进步，占世界化学工业的份额持续上升，迈上了一个更高的发展台阶。特别是科技创新有了长足进步，攻克了一大批长期制约产业升级的核心关键技术，研制出乙烯以及芳烃成套技术装备，突破了大型先进煤气化、合成气变换等世界级技术难题，在石墨烯、纳米材料、3D打印材料、先进膜材料等前沿领域取得了一批革命性技术成果。创新是引领发展的第一动力，我们在科技创新方面取得重大成果，促进了产业价值链向高端延伸，建设了一批石化产业基地和化工园区，形成了一体化、集群化发展的新优势。

“观今宜鉴古，无古不成今。”历史是一面镜子，可以照亮现实，也能够照亮未来。我们党历来重视总结历史、学习历史，通过学史明理以指导未来发展。我离开化工部工作岗位以后，时常会想起在化工行业的难忘经历，时常会想起中国化学工业走过的曲折而不平凡的发展历程，时常会想起那些为中国化学工业做大做强而奋斗的同志们。这些人和事时时给我以警醒，给我以激励。加之现在化工行业的同志们仍热情地邀请我参加有关活动，希望我继续为中国化学工业的发展尽绵薄之力，于是萌生了请中国石油和化学工业联合会、中国化工集团有限公司（2021年5月与中国中化集团有限公司联合重组为中国中化控股有限责任公司）、中国化工博物馆组织编撰一部反映中国化学工业百年发展历程行业史书的想法。这一提议得到了这些单位和化工行业同志们的支持与赞同，为此他们组织了精干的编撰队伍，提供了经费保障，动员了全行业方方面面的企业和人员，做了大量卓有成效的工作，使我多年来为中国化学工业著史作传的夙愿得以实现，并作为建党百年的一份行业厚礼出版发行。

经过四年多的艰辛努力，这一史书已经完成并即将付梓，我为编撰人员夜以继日的辛勤付出而感动，特向他们表示衷心的感谢！向百年来为中国化学工业发展殚精竭虑、接续奋斗的广大干部职工致以崇高的敬意！

百年潮起共读史，砥砺奋进新征程。回顾行业百年发展历程，在党的领导下，中国化学工业从一穷二白、底子十分薄弱，快速发展成为世界化学工业大国，为全面建成小康社会，实现第一个百年目标做出了重要贡献！我坚信，在中国共产党的领导下，中国化学工业一定会在新时代创造出新的伟大业绩，早日实现向世界化学工业强国的新跨越，为建成富强、民主、文明、和谐、美丽的社会主义现代化强国，实现中华民族伟大复兴的“中国梦”的第二个百年目标做出新的更大贡献！

顾秀莲

二〇二一年九月

序二

2021年是中国共产党成立100周年，是我们党“两个一百年”奋斗目标的历史交汇点。一百年来，中国化学工业在党的坚强领导下，围绕国家战略需求和全国人民对“吃、穿、用”的需要，不畏艰险、勇担重任，攻克了一道又一道看似不可逾越的难关，取得了一个又一个令世人惊叹的成绩，从一穷二白、基础十分薄弱，经过30年不懈奋斗到改革开放前夕建成比较完整的工业体系，再经过30余年到21世纪初发展成为世界化学工业大国，为国民经济和社会发展、实现全面建成小康社会的第一个百年目标，做出了重要的历史贡献！

重视历史研究是我们党的一项优良传统。通过总结历史经验，借以资政育人，能够更好地服务于党的治国理政，更好地走好未来的路。毛泽东主席在《改造我们的学习》中指出：“对于近百年的中国史，应聚集人才，分工合作地去做，克服无组织的状态。应先作经济史、政治史、军事史、文化史几个部门的分析的研究，然后才有可能作综合的研究。”《中国化学工业百年发展史》是经第十届全国人大常委会副委员长、原化工部部长顾秀莲同志亲自倡议和组织，在中国石油和化学工业联合会指导下，由中国化工博物馆组织编撰的一部反映中国化学工业百年来波澜壮阔伟大发展历程的行业发展史，对总结中国化学工业的百年发展成就、发展经验、发展规律，为正在建设的化学工业强国提供镜鉴，促进行业持续健康高质量发展，具有十分重要的现实意义和历史价值。

中国化学工业的百年发展史，既是生产力不断得到解放、不断得到发展的历史，也是生产关系在生产力发展的基础上不断得到调整和完善、进而适应生产力发展的历史。总体上看，中国化学工业的生产关系适应了生产力的发展，在不同的发展阶段有着不同特点的生产力和生产关系，显示出中国化学工业的强大生命力和发展潜力。

20世纪初至新中国成立前夕，在西方列强特别是日本帝国主义的掠夺压迫下，中国民族化学工业发展十分缓慢。尽管以范旭东、侯德榜为代表的民族化学工业先驱怀抱实业救国梦想，努力发展三酸两碱、化肥等基础化学工业，形成了一定的发展规模，但只能在夹缝中艰难生存，从根本上难以发展壮大。而在中国共产党领导下，抗日根据地和解放区独立自主地发展了军事化学工业，为民族解放事业做出了突出贡献。在战争的摧残下，中国的民族化学工业在新中国成立前夕已濒临绝境。

新中国成立后，面对千疮百孔、基础和力量都十分薄弱的化学工业发展现状，新生的人民政权采取了计划经济手段，医治战争创伤，实现公私合营，集中力量建设了一批大型化工项目。特别是为了解决紧迫的人民“吃、穿、用”问题和国防需求，大力发展了具有中国特色的以小氮肥为主的化肥工业，攻克了以催化裂化为代表的“五朵金花”炼化技术，大规模引进大化肥、大化纤成套技术设备。开展了“三线”建设，调整化学工业布局。经过全行业的艰苦奋斗，克服重重困难，努力排除“文化大革命”干扰，行业结构和科学技术得到了明显改善和提高，初步形成了由化学矿山、石油化工、煤化工、无机酸碱、无机盐、化肥、农药、橡胶、有机原料、染颜料、涂料、化学试剂、合成树脂、合成橡胶、合成纤维单体、催化剂和助剂、化工新材料以及化工机械等组成的门类比较齐全的化学工业体系，基本满足了国民经济和社会发展对化学工业的需求。

20世纪70年代末80年代初，党中央审时度势实行改革开放，解决了计划经济体制管得过多、统得过死的弊端，市场对资源优化配置的基础性、决定性作用逐渐得到发挥，生产力得到进一步解放。由扩大企业自主权，到推行经济责任制，再到建立现代企业制度，国有化工企业活力增强，民营企业蓬勃发展。随着对外开放的大门开得越来越大，主要跨国化工公司纷纷涌入，中国化工企业也开始走出国门，化工行业逐渐融入全球产业链和供应链中。化工科技创新取得了显著进展，掌握了现代炼厂全流程技术，形成了催化裂化、加氢系列技术，催化剂研发生产取得重大突破，千万吨级大型炼油联合装置，百万吨级大型乙烯、丙烯、苯乙烯、甲苯歧化、芳烃抽提等成套技术和装置实现工业化应用。化肥、酸碱、无机盐、农药、涂料、染料等基础行业陆续进入黄金发展期，技术装置水平跃上新台阶。氟硅、生物化工、三大合成材料、现代煤化工进入快速发展期，突破了一大批关键核心技术，创制出聚酰胺、聚氨酯等工程塑料、特种工程塑料，丁苯橡胶、丁腈橡胶等大批高端、专用产品，为促进中国制造业发展做出了贡献。2010年，中国化学工业主营业务收入超过美国，跃居世界第一，烧碱、纯碱、硫酸、醋酸、化肥、农药、轮胎等产品产量位居世界前列，成为名副其实的世界化学工业大国。

党的十八大以来，中国经济发展进入了新常态，化学工业增长速度由两位数向一位数转变，产业结构由低端过剩向中高端产业链延伸转变，发展动力由依靠要素投入向依靠创新驱动和管理者素质提升转变。以习近平同志为核心的党中央提出了创新发展、协调发展、绿色发展、开放发展和共享发展的五大新发展理念，以供给侧结构性改革为主线，大力推进经济实现高质量发展，中国化学工业从此进入了由大向强跨越发展的新阶段。在新能源、化工新材料、高端专用化学品、生物化工以及现代煤化工等战略性新兴领域取得了一批革命性技术成果，科技创新从跟跑向并跑直到部分领跑加快转变；化肥、农药、氯碱、橡胶、纯碱、电石等传统产业的低端落后产能淘汰步伐加快，高端化、精细化产品大量涌现，绿色化、智能化发展水平显著提升；涌现出一批具有国际竞争力的企业、企业集团和化工园区，上海漕泾、浙江宁波、广东惠州、福建古雷、大连长兴岛、河北曹妃甸、江苏连云港七大国家石化基地建设深入推进，形成了环渤海湾、长三角地区和珠三角地区三大石化产业集群。

习近平同志深刻指出："历史是最好的教科书，也是最好的清醒剂。"中国化学工业恢宏壮阔的百年发展历程雄辩地证明，在中国共产党领导下走中国特色社会主义道路，是中国化学工业战胜种种风险挑战，由小变大、由弱变强的根本保证。在党的坚强领导下，中国化学工业淬炼出了爱国、创新、实干、奉献的红色基因和光荣传统，成为化工行业接续传承、大力弘扬的传家宝，鼓舞和激励着一代又一代化工人矢志报国、勇挑重担、前赴后继、开拓创新，创造出一个又一个发展奇迹，交出了一份又一份合格答卷，为建设世界化学工业强国的宏伟事业做出了巨大贡献。

《中国化学工业百年发展史》以振兴民族化学工业、建设化学工业强国为主要脉络，分成综合卷和重点子行业卷进行记述。综合卷以时间为轴，按照新中国成立前、国民经济恢复和“一五”时期、“大跃进”至改革开放前以及改革开放后等不同历史时期进行记述，总体反映了中国化学工业发展的全貌。重点子行业卷也以时间为轴，记述了本行业发展历程，突出了重大历史节点、重大技术创新、重大项目建设、重大历史事件，与综合卷相比，更加深入、详细、具体。上下卷可相互借鉴、相互对照，多层次、多角度、全方位立体地把化学工业波澜壮阔的百年发展史呈现在读者面前。

经过编者们数年的共同努力，《中国化学工业百年发展史》即将付梓，这是行业发展中的一件大事、一件喜事，向建党百年献上了一份厚礼，也为全行业开展党史学习教育提供了珍贵的参考文献。“学习党史、国史，是坚持和发展中国特色社会主义、把党和国家各项事业继续推向前进的必修课。这门功课不仅必修，而且必须修好。”我们要按照习近平同志的要求，把中国化学工业百年发展史作为必修课，学懂弄通、学深悟透，在学史明理、学史增信、学史崇德、学史力行上下功夫，为建设世界化学工业强国，为建设社会主义现代化强国，实现中华民族伟大复兴的中国梦，做出新的历史贡献。

前事不忘，后事之师。衷心希望《中国化学工业百年发展史》能为读者带来心灵的感悟与思想的启迪！

李寿生

二〇二一年五月

序三

《中国化学工业百年发展史》历经数载编撰，终于即将付梓，我十分欣慰。这是中国化工博物馆在中国石油和化学工业联合会以及行业专家的鼎力支持下，充分研究藏品史料，认真组织编修，为整个化工行业完成的一件大事，实现了全行业记录中国化学工业历史发展足迹和贡献、传承化工产业精神的美好夙愿，也是我们全体化工人为中国共产党百年华诞、为中华人民共和国成立72周年献上的一份贺礼。

《中国化学工业百年发展史》记录了1914年至2019年间长达百余年的中国化学工业的发展历史，完整呈现了中国化学工业百年的奋斗历程和我国国民经济不断向好发展的辉煌成就。从一部百年化学工业发展史，可以看到中国化学工业从无到有、从小到大、由大向强的成长史。能看到在中国共产党的领导下，一代代化工人牢记为人民谋幸福、为民族谋复兴的初心使命，筚路蓝缕、艰苦奋斗，在救国、兴国、富国、强国之路上践行产业报国的使命责任，在满足国民经济各行业发展需求和人民对美好生活的向往等方面做出了重要的历史性贡献。

中国化工工艺实践有着悠久的历史，陶瓷、冶铜、造纸、炼铁和火药制造技术是中国古代化学工艺的典范。然而到了近代，中国化学工业的发展没有跟上世界的潮流，落后就要挨打，知耻方能奋进。范旭东敢为人先创办了永利制碱厂，这是中国民族化工开基立业的第一厂，也使中国有了真正意义上的近代化工企业。此后，国内陆续出现了酸碱制造、染料制造、橡胶加工等化工企业。化工先贤们在经济落后、外强欺辱的旧中国完成的创业之举终于在世界化学工业发展的历史天空中发出了中国声音。经过一百多年的奋斗，特别是新中国成立以及改革开放重要历史时期，全体化工人在中国共产党的正确领导下，艰苦奋斗，推动中国的化学工业实现了突飞猛进的发展。在2010年，中国的化学工业就以全球第一的规模改写了世界化学工业的历史版图。今天，已持续十年稳定化工大国地位并不断向化工强国奋进的中国化学工业正在对全球化学工业发展发挥着重要作用。中国已经站上世界第一制造大国的位置，在世界500多种主要工业产品当中，有220多种中国的工业产品产量位居全球第一。而化学工业目前已有40多种产品产量位居世界首位，第一制造大国的重要指标中有化学工业很大的份额。中国的化学工业发展取得了令世界瞩目的成就，化工人百年奋斗的历程凝练成一部可歌可泣的史诗。

“欲知大道，必先为史。”百年化工史恢宏博大，启迪良多。纵览化工巨史，我们深深感到，在近代化学工业中，我们在艰难中起跑；在新中国成立后，我们在封锁中顽强生长；在改革开放和新的历史征程中，我们突飞猛进发展。中国化学工业的发展历史，从根本上来讲就是一部行业技术进步史、科技发展史。历史证明，一个企业、一个行业、一个国家，要想生存发展，茁壮成长，离不开技术进步和科技创新。

化学就是一门创新型学科。技术和资金、人才和创新几乎就是化学工业发展的基本要求。一直以来，我们强调“科学至上”，其核心要义还是“创新才能站上制高点”。从《中国化学工业百年发展史》的历史记录中，我们对科技创新深刻影响行业发展的认识更加深入。

硝烟中诞生的“侯氏制碱法”声震世界化工界，这一科研成果的诞生不仅解决了永利川厂危机中的原料和工艺问题，也极大地提振了当时中国人的信心。由此，国难中的中国化学工业呈现出顽强生机。新中国成立之初，共和国组织庞大的专家学者团队，制定了包括化学工业在内的第一个科技发展规划，体现了年轻的共和国依靠科技建设强大中国的热切诉求。20世纪50～70年代，全国性大联合，协同攻关成为行业科技工作的主旋律，“顺丁橡胶大会战”“涂料大会战”等多个“知名科技攻关战役”解决了行业发展的“卡脖子”难题，化肥、纯碱、氯碱、染料、合成材料等子行业均建立了完整的工业体系，自主开发制造出了氯丁橡胶、锦纶、“塑料王”，炼出了“争气油”，开创了“五朵金花”炼油技术……

科技进步为新中国排除万难发展化学工业做出了重要贡献。到20世纪60年代，国家级、部级、省级、市级和企业级立体化工科研体系全面建成，几乎所有化工专业均有了定向的研究机构，这在当时的世界化工界实属罕见。改革开放进一步激发了化学工业发展的潜力和科技创新的动能，行业内先后实施了技术引进、科技兴化、创新驱动等科技创新战略，涌现出了大量科研成果。自2001年以来，在国家级科技进步奖、技术发明奖等大奖构成中，化工类获奖占比超过10%，2011年以来超过20%。“十三五”以来，又突破了一大批化工新材料和高端化学品“补短板”和“制高点”技术，引领化工产业向中高端迈进。

以史为鉴，可以知兴替。当前，世界化学工业正在进行由资本集约型向技术集约型产业结构调整，高新技术已成为影响世界化学工业国际竞争力的重要因素。以信息化技术、生物技术、纳米技术、催化技术、新能源利用技术、新材料技术等为代表的新技术，将为世界化工产业在新经济时代的升级换代提供巨大的动力和强有力的支持。同时，世界大型跨国公司加大产品结构调整力度，纷纷进行兼并和重组，从多元化发展转向专业化发展，逐步退出附加值低、污染严重的传统化工领域，加速向技术和效益密集型转移。

中国化学工业发展到今天，产业规模足够大，产品足够多。但也要看到，我们在高端化学品发展上存在着“短板”，特种工程塑料、高性能合成橡胶、高端聚烯烃塑料、功能性膜材料等自给率徘徊在60%左右，高、特、专化学品大量依赖进口，化工贸易逆差接近3000亿美元。这些都表明，我们的化学工业科技创新工作使命艰巨，还有不少的“跟跑”项目需要追赶，已成为“领跑”的项目还需要不断升级维持领先优势，这也是历史交给新一代化工人的艰巨任务。

化工兴则百业兴。创新的奥秘成就了化学工业的神奇和无限的发展空间。未来的世界经济发展，国与国、企业与企业之间的竞争，创造性、差异化、新的科学技术的发明和使用将扮演最重要的角色。中国化学工业未来的发展必须靠创新、创造、研发、科学、技术、新产品来驱动，必须把创新的主体、创新的方法、创新的文化作为三大要素，互相支撑，推动化学工业不断向前发展。我们将在中国共产党的坚强领导下，与全体化工人共同努力，为中国化学工业发展再续新篇。

回头是沧桑辉煌，百年恰风华正茂。希望下一个百年，我们的化学工业是绿色和繁荣的，是更可持续和精彩的。

二〇二一年六月

关于记史的专业范围

《中国化学工业百年发展史》记述的专业范围界定，依据化学工业的基本定义以及化学工业部1994年8月18日颁发的584号文件《关于确定“大化工”“精细化工”统计范围的通知》中“大化工”统计范围的六个部分，结合国家统计局历年统计的专业范围，确定了24个重点子行业，分章独立编写。农药、染料、涂料、感光材料等原属于精细化工领域的行业，因已发展为体系完整的行业，均独立设章编写。颜料工业发展史汇集有机颜料、无机颜料专业内容于一章，染料、涂料章节不再详述。氟硅材料作为化工新材料的主力，单独设章记述。石油化工发展史主要呈现于石油炼制和有机原料工业以及合成树脂等四个专业章节中。化学制药工业为典型的化学工业，曾归属于化学工业部管理，故设一章记述。本书不包含石油工业钻探、开采、运输，天然气开采、运输和生产专业，但部分统计数据会涵盖。

关于本书的起止时间和历史分期

本书记史时间上限为民族化工实业家范旭东创建久大精盐厂的1914年。洋务运动期间诞生的一些小型硫酸厂，本书有简要回顾，但不作为中国近代化学工业，特别是基础化工原料制造业的起点。本书记述时间下限为2019年，部分子行业记述到2018年。历史分期方面，本书断代断限依据重点是中国化学工业发展的历史进程，同时参照中国社会科学院工业经济研究所对1949年后中国工业化历程的划分、中国社会科学院文库《新中国工业经济史》的分期、《当代中国的化学工业》历史分期等；分期同时也为数据统计方便，适度参照国民经济和社会发展五年计划的时期划分，重点子行业卷各章分期充分尊重行业发展实际，但各章分期与综合卷历史分期大致吻合。

关于本书的结构

本书依据化学工业关联百业、子行业众多、体系庞大的特点，采用综合卷和重点子行业卷，总史和专业史并举，大纵与小纵结合，纵排多横的编写结构组织编写，既有行业发展整体的历史进程的概述，又有单个子行业成长发展的独立叙史。在基本的框架结构下，本书以时间为线，采用编年体形式依时、依序、依事叙史，面、线、点结合，全景式展现中国化学工业历史发展全貌。

关于专业名词、企业称谓的规范使用

本书规范专业名词使用，统一参照化学工业出版社出版的《化工辞典》（第五版）和中国大百科全书出版社出版的《中国大百科全书·化工》，中国化工信息中心编辑的《化工汉语叙词表》也对本书专业名词规范使用有重要帮助。

本书在实际编写过程中，遇到了个别有较长发展历史的企事业单位名称变更较多、准确记载缺失的现象，如果依靠备注一一甄别，势必干扰正常行文。故本书客观处理此类问题，企业称谓尊重历史沿革，首次出现一律用所在年代全称，之后用公众习惯的简称，请读者注意区别。读者也可在中国化工博物馆官网查询本书相关资料。

关于数据选用

本书除行文引用大量历史数据外，还制作了大量表格，以作为数据史实。数据主要来源包括：化学工业部、燃料化学工业部和石油化学工业部历年统计年报，化工部科技情报研究所等单位编制的历年《中国化学工业年鉴》（1993年前称《世界化学工业年鉴》），中国石油和化学工业联合会历年统计年报，各地方化学工业志等，各个子行业作者编写文稿时还参考了各自的材料。中国石油和化学工业联合会市场信息部为本书年度数据整理提供了很多帮助。本书使用各类综合数据（行业年产值、基本建设投资总额、企业数量等）力求包含本书化学工业全部专业范围，不囿于行政划分，尽量不单一选用若干历史时期标注为“化工系统”的数据，故部分数据依据所能查找的资料进行了重新计算。由于中国石油和化学工业企业隶属关系演变、改革重组等原因，正文中难以将石油工业和化学工业（包括石油化工）部分统计数据清晰分述，此种情况会标记为“全行业数据”。本书在数据统计和计算过程中的确遇到了统计口径多样、一手资料不完整的难题，且较难解决，这是本书的一大缺憾，甚至有可能成为本书的谬误。特提示，本书数据仅作为历史记载，但不能作为科学研究、理论研究依据。

《中国化学工业百年发展史》编写组

二〇二一年六月三十日

目录

上卷

综合卷

第一章 中国近代化学工业的建立与发展 2

第二章 新中国开始有计划发展化学工业 50

下卷

重点子行业卷

第五章
无机盐工业发展史
575

第六章 农药工业发展史 619

第十四章 合成纤维工业发展史 981

第十八章 精细化学品工业发展史 1213

第十九章 生物化工发展史

1275

第二十二章 国防化工发展史 1392

上卷
综合卷

第一章 中国近代化学工业的建立与发展

（1914～1949年）

18世纪中叶和后半期，世界近代化学工业开始形成和发展，酸碱制造从发明逐步进步至大规模工业生产，无机化学工业开始形成。19世纪，世界化学工业在近代产业革命浪潮推动下，进入快速发展时期，炼油工业出现，高分子材料、染料、医药等工业有了一定发展，酸、碱、盐完整的无机化学工业体系形成。在近代工业的发展中，化学工业居于十分突出的地位。

中国是世界文明古国，在古代就开始了陶瓷制造、酒类酿造、食品加工等涉及化学反应的生产活动，炼丹术、造纸术等化学反应更为复杂的生产工艺更是走在了世界前列，为推动古代生产力发展和社会文明做出了杰出贡献。但由于长期封建统治的社会局限，中国传统的化学工艺及相关行业的发展十分缓慢，与近代化学工业发展没有体系上的衔接。中国近代化学工业发展相对于世界化学工业发展而言起步较晚。19世纪中叶近代化学知识和化学工艺开始传入中国，受洋务运动以及实业救国社会思潮兴起等社会政治经济因素的影响，中国的民族化学工业开始起步发展。范旭东、侯德榜、吴蕴初等民族化工先驱先后创办了酸碱以及合成氨制造企业，一批新式的化工企业陆续出现，主要生产酸、碱、染料、油漆、日用化学品等。中国近代化学工业基础十分薄弱，品种很少，产量很低，难以形成工业体系。在旧中国综合国力羸弱、生产力整体水平低下、社会动荡和战事连绵的环境下，民族化学工业缺少健康稳定发展的土壤和社会条件，甚至遇到了严重阻碍，发展道路异常艰难。

第一节 中国近代化学工业的起步

从鸦片战争开始到20世纪初叶，中国的社会政治经济环境发生了深刻变革，已经从自然经济社会形态走出，在洋务运动影响下，中国开始出现了一定的工业化。在各种社会条件影响下，20世纪初期，中国酸碱类基础化学品生产起步发展，以机器和非人力能源替代人力的化学工业开始出现。

一、中国近代化学工业建立的社会条件

（一）洋务运动兴起以及西方化学知识传入中国

1.洋务运动兴起

1840年鸦片战争之后，中国逐渐沦为半殖民地半封建社会，大量外国工业品涌入中国，促使家庭手工业与农业分离。19世纪60年代以后，中国的自然经济结构开始逐步瓦解。

连绵不断的战争提升了人们对热兵器的关注和推崇。1851年爆发了洪秀全领导的大规模太平天国农民起义。起义军一度势如破竹，后遭到清政府和西方势力的联合镇压。在与西方列强的多次战争中，清政府认识到了热兵器的威力，在镇压太平天国运动中发挥重要作用的湘军、淮军已部分装备火枪等热兵器。

第二次鸦片战争结束后，曾国藩、李鸿章、左宗棠以及恭亲王奕䜣等人出于对内维护统治和对外抵抗侵略的目的，发起了“洋务运动”。洋务运动重点是发展军事工业。1865年，清政府出于军事上的需要创立“江南制造总局”，自制火药、镪水棉花、水雷，1874年中国最早的铅室法硫酸也在江南制造局投产。随后金陵制造局（南京）、天津机器局、广州机器局、山东机器局（济南）、湖北枪炮局（汉阳）等一批官办、官督商办、官商合办的军工企业相继创立。

洋务运动后期，洋务派为解决军事工业资金、燃料、运输等方面的困难，兴办

了一批民用工业。中国近代纺织厂、自来水厂、发电厂、机器缫丝、轧花、造纸、印刷、制药、玻璃制造等，都是在19世纪70～80年代开始建立的。洋务运动对包括化学工业在内中国近代民族工业的发展发挥了重要作用。

19世纪70年代，中国民族资本经营的近代工业开始出现，企业主要分布在船舶修造、纺织、火柴、印刷、造纸等行业，大部分企业投资较少，规模较小，其创办人主要是商人、买办、官僚和地主。

2.西方近代化学知识传入中国

在西方化学化工快速发展的同时，也开始了向中国传播的历程。洋务运动主张引进翻译外国的科技书籍，创办新式学堂，派遣留学生，为中国近代科学技术的发展和西学的传播提供了一定的条件。

对于西方近代化学知识传入中国的时间一般有两种认识，都各有依据和道理。

一种认为始于1840年前后，以19世纪50年代英国医生合信所编的《博物新编》（咸丰五年，即1855年出版）为标志。《博物新编》中《风论》《水质论》两篇文章，不仅介绍了H_2、N_2、O_2、H_2SO_4、HNO_3、HCl等物质的性质和制备方法，还阐述了元素概念，书内还配有化学仪器插图。

推动西方近代化学知识传入中国的功勋首推徐寿（1818～1884年）。徐寿为《博物新编》吸引，经常刻苦自学、潜心钻研，并与好友华蘅芳（1833～1902年）经常研讨，合作实验。从此，他对化学、物理、数学、矿物学、医学等近代科技知识产生了浓厚的兴趣。

洋务运动开始之际，曾国藩于同治元年（1862年）将徐寿、华蘅芳招到安庆军械所内工作，试制小型木质轮船。二人于1865年试制成功中国第一艘自制轮船，名“黄鹄”号。

1867年，徐寿被调往上海江南制造局，大部分时间从事引进西方近代科学知识的工作，特别是以化学为主。同治七年（1868年），在徐寿的积极倡议和策划下成立了翻译馆，延聘一批学有专长的中外学者，从事翻译西方科技著作。徐寿和英国传教士傅兰雅在翻译馆通力合作，由傅兰雅口译，徐寿笔述，共同从事译书工作达17年之久，直到徐寿逝世。在这17年中，徐寿和傅兰雅共同翻译了大量专著，其中与化学化工有关的共13部，其他有数理、医学、兵工、游记等多部。所译的化学书有《化学鉴原》《化学鉴原续编》《化学鉴原补编》《化学考质》《化学求数》等6部。徐寿之子徐建寅与傅兰雅合译了来自英国的实用化学工艺和分析化学的《化学分原》，由江南制造局刊印。这些书将西方近代化学的无机化学、有机化学、定性分析、定量分析和物理化学以及化学实验方法和仪器使用等系统地介绍到中国，为中国近代化学的建立和发展奠定了基础。徐寿和傅兰雅精心选择当时国外的化学教科书和专著，译文正确流畅，受到学术界欢迎，被誉为善本。

另一种认为始于同文馆时代。京师同文馆是同治元年（1862年）在北京设立的培养外语人才、外交人才、推行欧美教育的学校。该馆除了教授学生外，还有一项重要活动就是西书翻译，内容大多涉及数学、物理、化学、医学、生物、历史、地理、政治和法律等知识。

同文馆时代出版的化学书籍有美国传教士丁韪良与中国学者李广祐、崔士元著《化学入门》（《格物入门》的分册之一）（1868年出版）。该书阐述了元素理论、质量守恒定律、定比定律、当量作用定律等，多种金属、非金属的性质，盐类和酸类等无机化学内容以及简单的有机化学内容。该书内容简略，对一些定律解释尚不清楚，是中国最早的化学译著。由于这部书受到当时总理衙门的支持，行销较广，并传入日本，是对日本影响很大的一部科学著作。

还有美国传教医师嘉约翰与其学生、广州人何瞭然合译的《化学初阶》（1870年出版），英国人傅兰雅和无锡人徐寿合译的《化学鉴原》等。上述著作，内容比较系统地介绍近代化学知识。

西学的引入与中国近代科技期刊的发展密不可分。其中比较著名的有1875年徐寿、傅兰雅主编的中国第一份科技期刊《格致汇编》，其刊登了十余篇与化学相关的文章。此外，《农学报》也是当时极具特色的刊物。

《格致汇编》内容丰富，知识广泛，凡西方科学技术新知，几乎无所不包。《格致汇编》从创刊后存世16年，共出版7卷60期，对中国近代科学，特别是近代化学的建立和化学教育的发展起到了推动作用。

杜亚泉先后主编的《亚泉杂志》《普通学报》《东方杂志》等期刊为国人自办科技期刊，意在"广播书籍，发达民智"，为在中国传播自然科学知识发挥了重要作用。《亚泉杂志》为同是杜亚泉所创办的上海亚泉学馆编辑出版，是清朝末年和民国初年以化学为主的科技期刊。

《亚泉杂志》致力于传播理化知识，介绍外国先进科学技术。该刊设有"算学问答"和"化学问题"等专栏。《亚泉杂志》仅出刊10期、载有20余篇化学学科文章，在介绍化学知识和化学理论方面发挥了重要作用。《亚泉杂志》首次引进元素周期律；介绍了当时世界上新发现的化学元素等。

制定统一合理的化学命名法，对近代化学的传入和传播是至关重要的。而此项工作也是经过许多人艰苦努力方得实现。徐寿、杜亚泉、虞和钦、俞同奎、郑贞文、吴承洛、曾昭抡等均为此做出贡献。《亚泉杂志》的《化学原质新表》是将当时已有的编译出版的化学书籍中化学元素汉译名称进行了较为完整统一后的最新元素汉译名称表，共记录化学元素76种，并列出各元素准确的原子量。

（二）鼓励发展工商业

1895年，中日甲午战争爆发，中国战败，被迫签订《马关条约》。戊戌变法失败以后，1900年八国联军入侵，慈禧太后带着光绪逃出北京，这给慈禧以惨痛教训。签订《辛丑条约》后，清朝统治者痛定思痛开始下令实行新政，其内容有编练新军；废科举，建学堂；奖励民办工厂；改革法制；派五大臣出洋考察，预备立宪；成立资政院、咨议局等。

新政时期，清朝统治者开始认识到，要摆脱贫弱，必须振兴工商，把发展工商实业作为立国之本，改变了之前历朝历代视工商为“末技”的思想。在这种思想指导下，1903年7月16日，清政府正式成立商部，作为统辖全国工商实业的最高机构。1906年改为农工商部，成为掌管全国农工商政和农工商各项公司、局、厂等事的最高行政机构。

同时出台了系列法规政策以促进工商业的发展。如《商人通例》和《公司律》，正式从法律上承认民营工商业的合法性，并正式确立了公司制度。对投资较多、经营有方的民营工商业者给予重奖，极大地鼓励了民间的创造发明。

清末实行“新政”鼓励工商业发展，广大人民群众开展的抵制美货和收回路权的一系列反抗斗争，打击了外国列强的侵略势力，民间工业投资积极性高涨，民族工业迎来了发展良机。

辛亥革命结束了中国长期的封建统治，但胜利果实很快被北洋政府窃取。北洋政府统治时期，各党各派在政见上有分歧，但在振兴实业、发展经济上相对一致，陆续推出了70多项新的经济法规，形成了中国近代经济立法的一个高潮，推动了农、工、商、交通业的发展。

在鼓励发展实业的法律保障以及近代民间金融体系初步建立的背景下，近代工业迎来第一次发展浪潮。在1895～1913年间，制造业资本、矿冶业资本倍增。

从1914年第一次世界大战爆发以后，到1922年以前短暂的时间内，帝国主义因忙于战争以及战后初期的恢复，就放松了对中国经济的压迫，处在帝国主义和封建主义夹缝中的中国民族资本主义获得了一次难得的发展机遇，出现了短暂的春天。从1912年到1919年，中国新建厂矿有600多家，尤其是以纺织业和面粉业为代表的轻工业发展更为迅速，工人阶级队伍急剧壮大。但第一次世界大战（简称一战）结束不久，列强卷土重来，中国民族工业很快萧条下去。

（三）振兴实业、实业救国的社会主张强烈

脱胎于洋务运动的实业救国思潮，于辛亥革命和“五四”运动期间盛行。甲午中日战争后，中国民族危机空前严重，民族资本家和爱国人士纷纷投资设厂，以实际行动践行“实业救国”的主张。辛亥革命时期，全国各大报刊竞相宣传“实业救国”，并提出国家振兴实业具体办法：改良各种行政机关、调整和统一度量货币、疏通货物流通渠道、收集才智之民归实业界、制定特别保护奖励法规、提出要扩大出口贸易、实行关税保护政策等，从而形成了比较完整的“实业救国”论。五四运动前后，“实业救国”论盛行不衰。民族资本家大力提倡国货，抵制外国的经济掠夺，维护民族利益。他们的共同口号是：“振兴实业，挽回权利”。兴办实业很快成为更为广泛的社会性行动。

1895～1898年近代第一次投资热潮和1905～1908年第二次投资热潮，都与实业救国论者的努力分不开。在“实业救国”思潮影响下，民族工商业有了进一步发展。1901～1911年，新办民族工业总数为340家；1912～1919年新办民族工业总数为600多家。近代工业的发展，带动了对酸碱、橡胶制品等化工产品的巨大需求。

二、中国近代化学工业发展概要

早在19世纪末期，民间兴办的化学工厂如火柴、造纸、印刷、制糖等轻化工业因技术门槛低、原有化学工艺较为成熟、投资少、见效快，受到投资者的青睐，一时成为热点。

而作为化学工业另外一个主要组成部分的基础化工则发展较晚。因为酸碱类基础化学品发展所需要的原料及设备较难获得，生产工艺和流程较为复杂，需要一定的技术支撑。1927年以前，中国的基础化工产品发展十分匮乏，酸碱产品主要依赖进口。此前出现的上海、德州、汉阳等兵工厂小规模的制酸工场，制造少量酸类产

品，未规模化生产以供给市场。

从20世纪20年代开始，新兴的基础化学工业开始在中国发展，虽然相较于西方化学工业发展的水平尚有巨大差距，但仍有不小的进步。到1937年，以“三酸”“二碱”为主要产品的企业有20多家。

1912～1936年间，中国工业年增长率高达9.4%。在1933年，中国包括手工业在内的制造业净产值17.17亿元中，机械、金属品、电气用具、船舶和交通工具、化学工业等行业的净产值约为1.6亿元，约占9.2%，但雇员在30人以上的制造业工厂的净产值中，重工业和化学工业已占有较高的比例，产值约为8300万元，占工厂净产值总额3.8亿元的21.96%。能够发展到这一程度，不能不说是一个进步。到全面抗战爆发前，中国分别在纯碱、染料、涂料、橡胶加工、化肥等领域有了代表性企业，创业者们通过技术和设备引进，开始发展中国的化学品生产工业。至此，中国化学工业以及其他关联行业所急需的基础产品硫酸、硝酸、盐酸、纯碱和烧碱均能自主生产。

（一）基础无机化工

酸碱是化学工业的基础原料。近代中国在酸碱上长期受制于人，20世纪初洋碱就已垄断了中国市场。第一次世界大战爆发后，碱的输入减少，外商、买办趁机哄抬碱价，致使国内以碱为原料的工厂纷纷停产倒闭。

在范旭东创建制碱企业之前，中国四川、上海有一些小型制碱厂，以土法或路布兰法制碱，产量很低，质量较差。1914年，范旭东等人集资在天津塘沽成立久大精盐公司。优质盐是生产纯碱的主要原料。1917年，范旭东鉴于欧洲战争使国内洋碱匮乏，决定建立碱厂。1918年11月，在天津发起成立永利制碱公司，以索尔维法制碱。创办碱厂主要从国外订购设备，以美国为主提供设计方案。碱厂的建设经历了许多波折，经过不断的技术攻关，1926年6月，永利碱厂生产出合格的红三角牌纯碱，碳酸钠含量达99%，同年8月获美国费城万国博览会金奖。中国诞生的制碱工业在国际化工界反响巨大。永利碱厂发展成为国内制碱界重要的企业，产品行销全国，还远销日本、印度、东南亚一带，成为民族品牌的标杆。永利碱厂除了生产纯碱外，还用自产的纯碱为原料，用石灰苛化法生产苛性碱。抗日战争期间，永利碱厂遭到严重破坏。“侯氏制碱法”诞生于抗日战争期间的永利川厂，发明人侯德榜。这一新的制碱法的诞生是对世界制碱技术的突破。

以食盐电解法生产烧碱最成功的是吴蕴初1929年创办的上海天原电化厂，这是中国人创办的第一家氯碱企业。该厂除生产盐酸外，还年产烧碱700余吨。抗日战争爆发前，产能不断扩大，产量逐年增长。抗日战争全面爆发后，吴蕴初内迁设备到重庆、宜宾发展氯碱工业。同期生产烧碱的还有广东省营烧碱厂和山西西北电化厂。

无机酸工业主要是指硫酸、硝酸、盐酸等的制造。初起时，以军用硫酸制造为主，是一些小规模制酸工厂制造少量硫酸，以自用。至20世纪20年代末，国内民用硫酸基本依靠进口。

生产工业用硫酸的工厂，最早是1927年创办的渤海化学公司酸厂。其后是1928年广西省政府设立在梧州的硫酸厂，该厂采用广东产的硫铁矿为原料。该厂后由两广政府合资经营，改名为“两广硫酸厂”，用铅室法生产硫酸，并能自制硝酸和盐酸。此外，早期生产无机酸的工厂还有唐山得利三酸厂和天津得利三酸厂等，这些酸厂所用原料大部分依靠进口。

随着需求的不断增长，大规模的制酸工厂相继创立。例如吴蕴初创办的天原电化厂，用电解法先制得氢和氯，然后合成为盐酸，同时生产烧碱。

因硝酸生产的技术要求高，危险性强，国产硝酸工业一直到20世纪30年代初才出现。吴蕴初于1932年订购硝酸生产设备，1933年正式成立天利氮气公司，利用天原厂电解车间放空的氢气制合成氨，再制成硝酸，于1935年投产。但该厂发展进程很快就被抗日战争全面爆发打断。

供学术研究和医药等用的高纯度酸，在抗日战争全面爆发前几乎全部依赖进口，抗日战争全面爆发后来源断绝，促使国内开始制造纯酸以供各方需要。国民政府经济部中央工业试验所特设工厂，精制酸类，中央制药厂也有纯酸的制备。

20世纪初中国就开始进口化肥，直到30年代中期在酸碱工业得到初步发展的基础上，中国的化肥工业开始起步。

1937年2月，范旭东在江苏六合县卸甲甸建成永利铔厂（即硫酸铵厂）。该厂采用当时最先进的哈伯法生产硫酸铵。拥有日产合成氨39吨、硫酸120吨、硫酸铵130吨和硝酸10吨的规模，是当时国内最大规模的合成氨化工企业，号称“远东第一”。生产有“红三角”牌硫酸铵，标志着中国民族工业第一袋化肥的诞生。永利铔厂的创建是中国近代民族化工发展史上的重大事件，是中国近代化工向现代化工发展的转折点和里程碑。

中国近代部分酸碱类化工企业名录详见表1-1-1。

表 1-1-1　中国近代部分酸碱类化工企业名录（部分）

厂名	厂址	产品	成立时间（年）	企业性质
渤海化学工厂	天津	盐酸、硫酸钠	1917	私
巩县兵工厂	巩县	硫酸、烧碱、火药等	1918	公
永利制碱公司	天津	纯碱、烧碱	1918	私
沈阳兵工厂	沈阳	硫酸、硝酸、火药	1926	公
太原兵工厂	太原	硫酸、硝酸	1927	公
天原电化厂	上海	盐酸、烧碱	1929	私
得利三酸厂	天津	硫酸	1929	私
开成造酸厂	上海	硫酸	1930	私
集成三酸厂	西安	硫酸、硝酸、盐酸	1932	私
梧州硫酸厂	梧州	硫酸	1932	公
广东硫酸苏打厂	广州	硫酸、苛性钠	1933	公
利中硫酸厂	天津	硫酸	1933	私
天利氮气厂	上海	硝酸、硝酸铵	1934	私
广东省立碱厂	广州	烧碱、漂白粉、盐酸	1935	公
广益化学工厂	重庆	硫酸	1935	私
永利公司硫酸铔厂	南京	硫酸、硝酸	1936	私
西北电化厂	太原	盐酸、烧碱	1935	公
利民碱厂	眉山	纯碱	1940	私
立达精碱公司	石嘴山	纯碱、烧碱	1943	公
天原宜宾分厂	宜宾	烧碱、漂白粉	1943	私
新业制酸厂	上海	硫酸	1948	私

（二）橡胶与塑料加工业

中国橡胶加工工业始于1915年，新加坡华侨陈玉波与亲属在广州创办了兄弟树胶创制公司，先生产牙托后转产胶鞋，为中国第一家橡胶生产企业。1919年，中华橡皮厂在上海成立，生产鞋底、力车胎和橡胶玩具。到1927年，上海和广州的橡胶厂发展到15个。这些企业多以作坊式小厂为主，无力与洋货竞争，大多数先后夭折。

1928年，旅日华侨余芝卿与薛福基、吴哲生开办的上海大中华橡胶厂，生产双钱牌胶鞋。到1937年，大中华橡胶厂已成为国内资本最多、规模最大的橡胶厂（共有一、二、三、四分厂），并制造出中国第一条汽车轮胎。1930年在上海成立正泰橡胶厂（由1927年开办的义昌橡皮厂组建而成），生产胶鞋，创制的回力牌胶鞋畅销全国，中外驰名。1931～1937年上海拥有大小橡胶厂百家，成为中国的橡胶工业基地，1937年橡胶加工企业资本总额占全国90%以上。抗日战争全面爆发后，大多损失惨重。

青岛、天津和广州的橡胶工业也有一定的发展。1928～1937年间设立的橡胶企业多达66家，注册资本共计33万元。

中国的塑料加工始于20世纪20年代初的上海，主要以进口原材料加工一些工业用品和生活用品。

（三）染料与涂料

19世纪80年代欧洲合成染料进入中国，后又在华建厂生产销售，垄断了国内染料市场。进入20世纪初，国内民间资本开始投资建厂，用进口的中间体制造染料。

1919年，青岛杂货店老板杨子生创办了维新化学工艺社，由氯化苯合成出硫化黑染料，成为中国人开办的第一家染料厂。此后该厂分别在上海和天津建立分厂。

20世纪30年代，长三角的纺织业带动了上海染料工业发展，该地区先后建起了6家染料厂生产硫化黑，最高年产量达3700吨。抗日战争期间，上海各染料厂或被炸毁或被迫停产。抗战胜利后，上海染料厂有所恢复，最多时达47家，产品以硫化染料为主，还有少量的酸性染料和直接染料。

1939年，实业家乐作霖与蒯伯毅在重庆建成庆华染料厂，所需原料来自美国，由滇缅公路运到重庆。1948年，河北曲阳办起了解放区的染料厂，土法生产黑色染料。中国近代染料工业历经艰难曲折，顽强地生存并有所发展。

中国以油制漆的传统工艺历史悠久，到了近代难以与国外的化学合成涂料抗衡。第一次鸦片战争后，西方大量的新型涂料涌入，垄断了中国涂料市场。1914年第一次世界大战爆发，列强无暇东顾，国内实业家抓住时机，投资涂料生产，掀开了中国涂料工业新篇章。

1915年，阮霭南、周元泰等合资在上海创办了开林油漆颜料厂，成为中国首家化学炼制涂料的企业。此后相继出现了上海振华油漆公司、永固造漆公司、永华油漆厂、万里油漆公司，天津的大成、东方、永明等油漆厂，此外武汉、重庆、广州等地也有了油漆厂。至30年代中期，中国的涂料工业从无到有，已取得较快发展。

（四）石油化工与煤化工

在近代，国内石油产品市场几乎为“洋油”所垄断。从辛亥革命到新中国成立前的39年间，进口石油产品总值约30亿元。中国的石油加工工业出现在20世纪20年代至30年代。1949年石油产品（汽油、煤油、柴油、润滑油）合计产量为3.5万吨。

1907年9月6日，中国陆上第一口油井——“延一井”的正式出油，结束了中国大陆不能工业化生产石油的历史。同年10月，延长炼油房竣工投产，这是中国陆上第一个炼油厂的雏形，并产出颇受国人称赞的灯油。1920年，延长石油拟定中国石油史上最早的石油产品商标“石马”“双枪”“雁塔”“锦鸡”。1923年，延长石油厂更名为延长石油官厂。1935年，中国工农红军接收了延长石油厂。共产党领导的陕北延长油矿，到1949年年产原油820吨，汽油176吨。

1936年10月，新疆建独山子炼油厂采用单独釜炼制原油，至1949年累计生产汽油、煤油、柴油6020吨。1943年，玉门炼油厂先后建起石油加工装置，年加工能力14万吨，生产车用汽柴油、灯用煤油、润滑油和石蜡等。日军占领中国东北时期利用当地资源开展了小规模人造石油的炼制，日本投降时破坏了工厂设备，烧毁了技术资料，后经战乱一直未能完全恢复。

中国的煤化工发端于20世纪的炼焦业。1919年，鞍山钢铁厂建成国内第一座焦炉。1925年石家庄建成焦化厂。1934年，上海建成拥有直立式干馏炉和增热水煤气炉的煤气厂。此后在20世纪40年代相继出现了煤干馏、电石炉、合成氨等企业。新中国成立前，中国的煤化工行业规模很小。1919～1949年的30年间依赖外国技术设备和材料，全国共建有28座焦炉，受战争破坏，1949年全国焦产量仅52.5万吨，煤焦油产品只有粗酚、粗萘（少量精萘）、粗蒽、防腐油、沥青等。电石只有少数300～600千伏安的小型炉开工，产量不足1万吨。

包括化学工业在内的中国民族资本工业（即民营工业）长期以来在帝国主义工业和官僚资本工业压迫的夹缝中生存。整个社会生产力水平很低，很不利于化工发展。中国近代化学工业的开创者迎难而上，尽其所能组织化工生产，他们所需的重要机器设备先期主要采购于国外，主要原料依赖进口，大规模机械生产和管理模式相对少见。化学工业发展呈现的是零散型初级发展态势，发展缓慢，尚不能形成体系。但早期近代化工开创意义巨大，是中国近代化学工业发展史上的重要篇章（中国近代化学工业部分年份主要化工产品产量见表1-1-2）。

表1-1-2 中国近代化学工业部分年份主要化工产品产量统计 单位：万吨

产品名称	1936年产量	1949年产量	最高年份的产量
硫酸（折100%）	16.2	4.0	18.0（1942年）
硝酸（折100%）	—	0.1	1.6（1944年）
烧碱（折100%）	0.7	1.5	1.2（1941年）
纯碱	4.0	8.8	10.3（1940年）
合成氨	4.1	0.5	5.3（1941年）
硝酸铵	0.1	0.0	1.1（1943年）
化学肥料	18.2	2.7	22.7（1941年）
硫酸铵	18.2	2.7	22.7（1941年）
轮胎外胎/万条	1.5	2.6	7.5（1943年）
力车外胎/万条		286.9	378.0（1947年）
汽、煤、柴、润滑油		3.5	

注：包含外国在华开办企业产量。

三、近代官办或官营化学工业

相较于晚清和北洋政府时期，南京国民政府时期是近代官营企业急速扩张时期，但对化学工业领域的投资有限，国民政府仅有为数不多的化学兵工厂、硫酸厂、烧碱厂、纯碱厂、酒精厂、炼油厂和其他化工厂。酒精和动力油料的投资占比较大。

1933年，国民政府实业部制定了《实业四年计划》，计划兴建国有的中央机器厂、中央钢铁厂、酒精厂、造纸厂和植物油厂，还拟利用外资兴建大型硫酸厂和一个炼糖厂。但这些发展计划实际上多数落空。实业部下辖真正创办成功的工业企业仅有由实业部与印尼侨商黄江泉、黄宗孝于1935年4月合资创办的中国酒精厂（上海溶剂厂前身）。该厂受实业部支配。中国酒精厂的创办规模和设备先进程度一时领先于亚洲。1937年，日军侵占上海，工厂被迫停产。1942年，资方与日方合作，先后将企业改名为大陆酒精厂、昭和酒精厂。1945年抗战胜利，工厂发还原业主。中国酒精厂的创办，奠定了中国有机化学工业及液体燃料工业的基础。

1932年11月，国民政府成立了“国防设计委员会”，组织一批学者名流和实业界人士进行实业调查、统计及研究设计。1934年，国防设计委员会成立陕北油矿探勘处，与石油官厂同时开发陕北石油，在延长之外发现了永坪油田。1935年，中国工农红军接收了延长石油官厂。

1935年4月，国防设计委员会易名“资源委员会”，并改隶军事委员会。抗战全面爆发后，政治和经济形势迫切需要发展后方工业。为满足战争需要，资源委员会着力发展动力事业，据统计，1936～1945年间该会用于煤炭、电力、石油三个部门的投资占其投资总额的64.7%，而化学工业投资比重仅为6.4%，且其中酒精和动力油料的投资占很大比例，液体燃料工业成为这一时期国民政府国营化学工业的重要领域。

抗战时期，国民党军事机关经营的较大型酒精厂合计20余家，其中以资中酒精厂最为著名。该厂原名咸阳酒精厂，系陕西省政府所办。1938年9月为资源委员会接收，于1938年12月将粮食酒精生产线搬到贵州遵义，糖蜜酒精生产线内迁到四川沱江河畔的资中银山镇，利用资中、内江糖蜜和煤炭资源丰富以及公路和水路便捷的有利条件，制造糖蜜酒精，取名“资中酒精厂”，次年11月正式建成投产。

随着抗战的持续深入，为解决燃料保证抗战之急需，1939年，国民政府资源委员会投资合并改组四川的9个酒精厂，在资中银山镇建成西南第一大糖酒厂——资川酒精厂，以资中酒精厂为总厂，并在简阳、泸州设分厂，采用德国进口设备，充分利用制糖副产的糖蜜及粮食为原料，生产加工提炼出高浓度酒精和无水动力酒精，为汽车、飞机提供燃料。

此外，四川民营各厂在酒精行业风起云涌，资中、内江一带成为全国酒精工业的中心，先后开办者有国防、中川、西川、中兴、蜀华、泰昌及中国炼糖公司酒精厂。这一时期成为后方酒精工业的黄金期。至1944年底，共有酒精厂306家，年产能力达2400万加仑以上。

植物油提炼和煤炼汽油也在四川等地发展起来，成为液体燃料工业的补充。1938年3月，资源委员会开始筹建植物油提炼轻油厂，1939年，正式成立动力油料厂，最初以菜油裂炼汽油，后改为桐油。1940年，经济部饬令资源委员会调查四川五通桥附近煤产，筹建犍为焦油厂，以低温蒸馏法，从烟煤中提炼动力油料。1941年正式出货，但产量并不高。

除生产液体燃料外，资源委员会还投资酸碱制造业，如在该会援助下，内迁的永利化学公司在四川犍为建厂，每日可生产纯碱50吨。陕西制革厂、河南巩县兵工厂、湖南兵工厂为国民政府控制接收。抗日战争期间，河南巩县兵工厂迁到四川泸州，生产硫酸、烧碱、无烟火药、毒气产品等，是当时最大的化学兵工厂。此外，国民政府资源委员会还在重庆建造了两家炼油厂，在江西建造了江西硫酸厂，在云南兴办了昆明化工材料厂，产量都很少。

国民政府经济部所属的中央工业试验所也建设了四所化工相关工厂，分别为中央制革鞣料示范试验工厂、窑业原料示范工厂、纯粹化学药品制造实验工厂、油脂实验二厂。

抗战胜利后，国民党官僚资本在接受敌伪资产和侵吞民间资产的过程中进一步膨胀。在化工行业主要有：将天津3个酸碱厂合为天津化学工业有限公司，在沈阳组建沈阳化工厂（辖2个分厂）、沈阳橡胶厂（辖4个分厂）等。另外，国民党官僚资本还试图吞并永利化学工业公司，但未能得逞。到1948年，资源委员会支配全国化工企业48家（其中大部分为酒精厂，其次是酸碱厂），国民政府官办化工企业达到顶峰。

1947年，资源委员会在南京筹办的中央化工厂，到1949年只建成厂房一幢。抗日战争胜利以后，国民党政府在上海、北平、天津还接收日军侵华留下的化工企业。其时，这些企业的厂房、设备、器材遭到严重的盗卖和破坏，生产大部分停顿。

民国时期，地方政府和地方势力经营的工业企业一度十分活跃。先后有山西、江西、福建、贵州、广西、云南、四川、湖南、湖北等16省设立省营公司企业。到1942年，这些省营企业中设立化学工厂的有安徽、湖北、广东、云南、贵州、山东、山西等省，包括准备筹建的工厂在内共计31个，多为中小规模化学工厂，主要以火柴、烛皂、酒精、制革、橡胶、染料等轻工产品为主，基本化工原料硫酸、纯碱等产量较低。

表1-1-3是中国近代部分酸碱类化工企业名录和1949年部分省份化工企业数量和产值统计。

表 1-1-3 1949 年部分省份化工企业数量和产值统计

序号	省（区市）	企业数 / 个	产值 / 万元
1	北平（北京）	20	179
2	上海	436	8168
3	天津	29	3794
4	辽宁	26	3422
5	山东	126	2322
6	广东	100	2200
7	甘肃	—	1676
8	山西	—	340
9	江苏	9	444
10	云南	19	68
11	贵州	117	684
12	广西	6	36
13	吉林	6	966
14	安徽	12	260
15	四川	17	193
16	直隶（河北）	6	103

注：本表主要根据相关省、市化学工业志记载整理而成。表中产值单位“万元”为现币值。

四、近代化学工业投资主体及发展水平

中国近代化学工业发展以民间投资为主。据国民政府实业部《实业部月刊》记载，1928 ～ 1934年共注册商标9181项，而化学工业达到了4611项。这与化学工业自身注册要求较高有关，而高比例仍显示了这一时期相较于其他工业，化学工业发展势头颇为强劲。在中国近代化学工业领域，以民间投资为主。据《中国近代工业史资料》（第一辑）“国民党统治区工业概况总表所载”，1942年，化学工业工厂数合计826家，其中官营企业为105家，民营为701家。

部分化工企业的组织形式以股份有限公司为主。大量个人及合伙形式投资，决

定了化学工业大部分企业规模偏小。

中国近代化学工业可以说是在一个比较艰难的环境下诞生与成长的，开创者们在综合国力弱小，全社会生产力水平不高，化工建设人才、技术极度匮乏的困难情况下，怀着实业救国抱负，自筹资金、自主攻克技术难关，千方百计、排除万难建设化工企业，发展化学工业，终于使中国在20世纪20～30年代有了酸碱工业，虽然相比于当时西方化学工业发展的水平差距巨大，但民族化学工业艰难起步，在世界化学工业领域发出了“中国声音”。近代化学工业最高年产量，硫酸不过18万吨，硫酸铵22.6万吨，纯碱10.3万吨，烧碱1.2万吨，轮胎4万条。1949年新中国成立时，化肥产量2.7万吨，硫酸4万吨，有机化学工业发展几乎是空白。全国化工总产值为1.77亿元，占全国工业总产值的1.6%。发展水平尚处于初级阶段。硫酸、纯碱、烧碱的年产量与美国、印度相比情况详见表1-1-4。当年中国人口为5.42亿人，美国和印度的人口分别为1.5亿人和3.51亿人。如果将中国和美国、印度主要化工产品产量换算成按照人口平均计算的产量，中国与美国差距更大，与印度的差距也明显。

表1-1-4　1949年主要化工产品产量与美国和印度的比较

产品名称	中国	美国		印度	
	产量/万吨	产量/万吨	为中国倍数	产量/万吨	为中国倍数
硫酸	4	1037	259.25	10	2.5
纯碱	8.8	355	40.34	1.8	0.2
烧碱	1.5	202	134.67	0.6	0.4

五、中国近代化学工业的开创者

（一）范旭东

范旭东

1883年10月24日，范旭东出生于湖南省湘阴县，父亲是一名私塾先生。范旭东6岁丧父，随母亲谢氏和兄长范源濂迁往长沙定居，生活十分贫困。范旭东青少年时期受维新运动思想影响很深。1900年，在兄长帮助下，东渡日本留学。1910年，范旭东以优异成绩毕业于京都帝国大学化学系。这一时期的求学经历激发了他的民族自尊心、爱国心和勤奋学习的精神。他希望祖国富强，常以刻苦自强、勤劳勇敢的作风自勉并身体力行。

范旭东1911年回国后，时任北京政府教育部次长的哥哥范源镰替他在财政部谋得一个闲差，俸禄优厚。1913年，范旭东奉派赴欧洲考察盐政。在历时近一年的考察中，他系统了解了欧洲各国盐专卖法、盐业技术以及盐的工业应用，深受震动，由此萌生了创办实业的报国之志。回国后，范旭东在递呈的报告中详细阐述了改革盐政、兴办新式盐场的计划。然而，国内政局发生了急剧的变化，新式盐场计划被无限期搁置。范旭东毅然辞去了财政部公职，决心肩负起创办精盐工厂、改良盐质的重任，由此揭开了中国盐业史和化工史上重要的一页。

1914年，范旭东招股募集资金于天津塘沽创办了久大精盐股份有限公司，生产海王星牌精盐，至1936年，久大精盐的年产量已达100多万吨。1926～1927年，范旭东又先后在青岛开办永裕盐业公司，在汉口开办信孚盐业运销公司。1930年又在江苏省连云港开办了久大大浦分厂，除设海水制精盐的盐场外，还自办电厂发电。

范旭东的制碱道路十分艰难，从设计、设备采购、施工安装到最后产出合格产品，一路可谓命运多舛。制碱工业的主要原料是盐。范旭东了解欧洲各强国为促进本国工业发展，对工业用盐一律免税，这已成一国发展碱业的先决条件，范旭东准备向政府提出将原盐税率降到工业所能承受的水平，才能“保护住这一民族重工业的萌芽”。

政府给予永利制碱公司用盐免税十几年中，出现了多次反复。“实业救国”的坚定信念，鼓舞着以范旭东为代表的永利人长期持续申诉，不断排除艰难险阻，恳请政府给予用盐免税政策，并最终于1930年7月获得了国民政府财政部给予原料用盐自1930年7月11日起免税30年的特许。

在发展民族制碱工业的道路上，范旭东和永利制碱公司还遇到了一系列危机。碱厂建设施工安装过程中，就暴露出工艺和设备存在许多问题，设计不得不一再修改，工程不得不一再返工。当1924年8月开始生产出产品时，颜色红黑间杂，质量很差，远不如英商卜内门洋碱纯净洁白。此时，碱厂已债台高筑，用盐免税再次生变。不少股东感到灰心，欲打退堂鼓，甚至要求范旭东撤换技术负责人侯德榜。范旭东知难而进，极力说服多数股东同意他提出的“在开车中谋求解决技术问题”，并继续支持侯德榜的意见。此后，侯德榜等仔细研究寻找影响产品质量的问题，最终找到解决之道，并重新订购了先进的回转型外热式煅烧炉，取代了旧有设备。而范旭东与卜内门斗智斗勇，破解了卜内门欲鲸吞永利碱厂的企图和阴谋，再次争取到5年用盐免税，使得永利碱厂渡过了严重危机。

1926年6月29日，历经数年的艰难实践，永利碱厂终于生产出纯净洁白的合格碱。永利的成功使中国成为当时世界上第31个采用苏尔维法制碱的国家。

范旭东是个永不满足的人，他在盐、碱上的成功，推动着他在制酸的道路上前进，并积极向国民政府实业部争取建厂资格。范旭东说：搞硫酸铔厂不能中外合资，原因是硫酸铔厂平时属民用，一旦有事，立刻可转为军用，事关国防和国家主权，怎可让外国人过问？

范旭东为此在技术上、资金上都做了充分的准备。当初准备与英美等外商合资建设硫酸铔厂的实业部也看清了外资非真心实意发展中国实业的居心。1933年11月28日，范旭东兴办硫酸铔厂申请获批。1937年2月5日，永利化学工业公司铔厂第一批硫酸铵问世，揭开了中国化肥工业崭新的一页。

范旭东深知要办化工，必须有科学研究基础。久大精盐公司创办之初，范旭东就建立了一个研究室，着手精盐制备的研究。1920年，范旭东决定扩建久大研究室，使规模发展到“能供一百位化学师研究之用”。1921年，范旭东不顾当时在建碱厂的资金困难，用10万多银圆，辟地数亩，建造新型化工研究社，内有定量分析室、定性分析室、化学实验室、动力室、图书馆等，并把研究室从久大精盐公司独立出来。研究室于1922年建成，取名“黄海”，即黄海化学工业研究社（简称黄海社），寓意向海洋进军。当时建社的目标有三：一是协助永利、久大解决技术上的困难；二是调查和分析资源；三是试验长芦盐卤的应用。这是国内第一个民办的化工研究机构。范旭东为建设黄海社倾注了大量心血，他曾说：“唯学术研究始有前程，唯有向大自然进展之事业，始能可久可大。”“近代工业，非学术无以立其基，而学术非研究无以探其蕴，是研究一事，尤为最先之要务也。”

范旭东把创办久大精盐公司的所有酬金，全部捐给黄海社作经费。后来永利化学工业公司创办人全体所得报酬金，也全部捐给了黄海化工研究社。在创立黄海社时，他说：“中国如其没有一班人肯沉下心来，不趁势，不惮烦，不为当世功名富贵所惑，至心皈命为中国创造新的学术技术，中国决产生不出一个新的生命来。”

范旭东重视人才、尊重人才。黄海社聘请哈佛大学毕业的化工博士孙学悟为社长，还吸引了一大批归国留学人才参加研究工作。1937年抗战全面爆发，黄海社和久大、永利的技术人员一起南撤。几经颠簸，仍坚持研究。

黄海社开创了中国无机应用化学、有机应用化学及细菌化学的研究，取得了一系列科技成果，是中国化工科技史上特殊而光辉的一页。

1934年，范旭东为“永久黄”（永利、久大、黄海社）集团拟定了四条信念：“一、我们在原则上绝对地相信科学；二、我们在事业上积极地发展实业；三、我们在行动上宁愿牺牲个人顾全团体；四、我们在精神上以能服务社会为最大的光荣。”足以显现范旭东是一个尊重科学、相信科学的实业家，这与旧式实业家有着明显的区别。

抗日战争全面爆发，对范旭东创建的化工事业予以沉重打击。永利公司铔厂建成仅半年多即遭敌机三次轰炸。处在天津塘沽的永利制碱厂和黄海社均岌岌可危。面对重创，范旭东发展化学工业的决心毫不动摇，凭借顽强的意志开始安排企业人员和设备内迁。途中辗转迁延，十分艰难。1938年春，“永利、久大、黄海社”团体的领导人陆续到达汉口，范旭东在会上沉痛地说：“此番国难，公司20余年事业基础彻底崩坏，2000多万资产荡然无存，而同事流离失职，尤为痛心。为保持事业命脉，弟固不辞一切辛苦，力求复兴。湖南、四川将来可图发展。”范旭东等制定了在西南建设化工的计划。

当年，范旭东等经过考察，决定把碱厂建在犍为县五通桥。他在厂门左侧的巨石上刻“新塘沽”三字，以不忘老厂，不忘国耻。

五通桥的盐源是通过打井取卤、熬卤制盐而得。盐价成本高，以此盐制碱，碱价必贵。范旭东支持侯德榜研究新的制碱法。可以说，没有范旭东，难以有侯德榜的联合制碱法。范旭东和侯德榜在十分困厄的环境下，坚持研究新的制碱法，创造了中国化工发展史上的奇迹。

范旭东在“侯氏碱法”初见成果时，即向政府游说以贷借川厂建设资金。然后，他亲赴美国采购工厂设备。为解决运输问题，范旭东购买了200辆卡车，奔驰在中缅公路上。侯德榜则在美国负责工厂的设计、绘图、仪器的采购。

1941年春，永利川厂在美国所购器材陆续运到海防，但几乎是费尽了周折才运抵四川犍为。期间，范旭东以60岁高龄，从日军占领的香港脱身，在最为艰险的时刻，亲往中缅边境地区督运，终于把所购器材运到犍为县。范旭东的永利川厂在极其困难的情况下建成，并取得了一定的成绩，实践了他当初为西南打下化工基础的誓言。

1942年8月，抗日战争进入相持阶段。范旭东远见卓识、雄才大略，翌年着手拟订一个规模宏大的十厂计划，以求战后复兴中国化学工业。此时的永利已是债台高筑，十厂的建设需要投入巨额资金，但筹措异常艰难。范旭东和侯德榜凭借永利公司的国际影响力，开始境外融资的艰难之旅。1945年5月1日，范旭东代表永利化学工业公司与华盛顿进出口银行签订了1600万美元的贷款合同，这是美国银行破例首次向中国私人企业直接贷款，开中国工业界引进外资之先河。

但发展化工大计还未实施，工业巨星却已陨落。1945年10月，积劳成疾的范旭东突然病逝于重庆。一时间震惊中外，社会反响巨大。国共两党共唁同悼，重要报刊争相报道。多方对范旭东一生致力工业、有利民族、有功国家高度赞扬和深切痛悼。甚至“老对手”卜内门总经理迈高万也从海外发来唁电，以示痛悼。

各种悼念活动一直持续到新中国成立后。层次之高、范围之广、人数之多、规模之大、时间之长世所罕见。社会各界的纪念活动均以“中国化工业巨子”“中国民族工业巨子”的显著标题彰显于世。当时正在重庆参加国共两党谈判的毛泽东为范旭东题写了“工业先导，功在中华”的挽联。

侯德榜在纪念范旭东的文章中揭示了一些令人震惊的事实：“先生为公司元首，居总经理之位若干年，不支薪俸，最近始支公司每月四百元之薪金。”“先生生前两女公子赴美留学之学费，已苦无法筹措。家族之生计，侄辈之教育，俱发生困难。”——范旭东力行了永、久、黄集团的信条：“牺牲个人顾全团体”。

（二）侯德榜

1890年8月9日，侯德榜生于福建闽侯一个农民家庭，祖父侯昌霖是家中少有的读书人。由于家庭贫困，幼年的侯德榜在学过两年私塾后，便辍学回家，帮着父母务农，同时跟着祖父接受教育，过着半耕半读的生活。童年的侯德榜即表现出非凡的学习天赋且十分勤奋好学。童年侯德榜曾在踩水车时，手肘挂住横木背诵《古文观止》，这“挂车攻读”的故事一时也传为佳话。从小养成的勤奋好学的品质和积累的深厚人文素养，助力侯德榜日后成为杰出的爱国科学家。

侯德榜

1903年，侯德榜在姑妈资助下入福州英华书院学习。期间，他目睹外国工头蛮横欺凌我码头工人，耳闻美国旧金山的种族主义者大规模迫害华侨、驱逐华工等令人发指的消息，产生了强烈的爱国心，并积极参加反帝爱国的罢课示威。1907年，侯德榜以优异的成绩毕业，到上海学习了两年铁路工程后在当时正施工的津浦路上谋到了一份工作。1911年，侯德榜弃职并考入北平清华留美预备学堂（今清华大学）。1913年毕业时，侯德榜以10门功课1000分的成绩被保送入美国麻省理工学院化工科学习。1917年获麻省理工学院化学工程学士学位，1918年获普拉特专科学院制革化学师证书，1919年获哥伦比亚大学硕士学位。1921年，侯德榜以《铁盐鞣革》的论文获哥伦比亚大学博士。博士毕业后，侯德榜本可以在美国过上优渥无忧的生活，但他毅然应范旭东之聘回国创业，期间兼任北洋大学（今天津大学）教授。

回国后的侯德榜即担任永利碱厂的技师长（总工程师），依靠一份“索尔维法”的简略资料，带领广大职工长期艰苦努力，解决了一系列技术难题。1924年，永利碱厂正式投产，但生产出的纯碱却呈暗红色，侯德榜分析认为，是设备内的铁锈所致。后侯德榜指导工人以少量硫化钠和铁塔接触，致使铁塔内表面结成一层硫化铁保护膜，再生产时纯碱变成纯白色。

1926年6月，侯德榜终于彻底掌握了氨碱法制碱的全部技术秘密，而且比索尔维法有所改进，从而使这座日产180吨纯碱的亚洲第一碱厂成功地生产出了“红三角”牌优质纯碱。摸索到索尔维制碱法的奥秘，本可以高价出售其专利而大发其财，但是范旭东和侯德榜主张把这一奥秘公布于众，让世界各国人民共享这一科技成果。1933年，在总结亲身实践的基础上，侯德榜用英文撰写了《纯碱制造》一书，作为美国化学会丛书之一，在纽约出版。为了表彰侯德榜突破氨碱法制碱技术奥秘的功绩，1930年哥伦比亚大学授予他一级奖章；1933年，中国工程师协会授予他荣誉金牌；1943年英国皇家学会聘他为名誉会员，是当时全世界仅有的12位名誉会员之一。

突破纯碱技术后，永利化学工业公司决定生产化肥，“再展化工一翼”。1934年，永利公司决定建设兼产合成氨、硝酸、硫酸、硫酸铵的南京铔厂，侯德榜又承担起厂长兼技师长（总工程师）的重任。合成氨工艺涉及高温高压、易燃易爆、强腐蚀、催化反应等高难度技术，是当时化工高新技术之最。侯德榜按照“优质、快速、廉价、爱国”的原则，决定从国外引进关键技术，招标委托部分重要的设计，选购设备，选聘外国专家。仅用30个月，就于1937年1月建成了这座重化工联合企业，一次试车成功，正常投产，生产出优质化学硫酸铵和硝酸，技术上达到了当时的国际水平。这给以后引进技术多快好省地建设工厂提供了好经验。这个厂，连同永利碱厂一起，奠定了中国基本化学工业的基础，也培养出了一大批化工科技人才。

“七七事变”后，日军发动全面侵华战争，天津和南京相继沦陷。范旭东和侯德榜拒绝与日军合作，带领两厂员工和设备内迁四川。1938年，永利公司在川西五通桥筹建永利川厂，范旭东任命侯德榜为永利川厂厂长、总工程师。由于生产井盐成本太高、不适于氨碱法工艺。侯德榜特于1939年率队赴德国考察，准备购买察安法专利。与日本同为法西斯轴心的德国当局趁机高价勒索，并公然称东三省为“满洲国”，于是侯德榜愤然回国，开始研究新的制碱法。

1939年，侯德榜提出联产纯碱和氯化铵、提高食盐利用率的新方案。当年年底小试成功。1940年，范旭东正式将这种制碱工艺命名为“侯氏制碱法”。1941年，侯德榜又领导永利的职工研究出融合察安法与索尔维法两种方法、制碱流程与合成氨流程两种流程于一炉，联产纯碱与氯化铵化肥的新工艺，并于1943年11月在永利川厂试车成功。遗憾的是，由于战争和政局混乱，这套装置只运行了2个月就被迫停产。

范旭东一直是侯德榜事业上的有力支柱。范旭东离世，侯德榜题送挽联“此痛岂能言，廿六年勠力同心，大业粗成兄竟去；其谋堪大用，一百日倦飞赍志，长材凋谢我何依”，悲痛欲绝。之后，他毅然挑起了范旭东留下的重担，继任永利的总经理，组织碱厂和铔厂的复产复建。铔厂的硝酸设备在战争中被日本侵略者运往日本，经侯德榜和李烛尘等人一再向有关方面严正交涉，侯德榜还亲赴东京找盟军总司令部等有关方面据理力争，才于1948年全部归还恢复硝酸生产。

新中国即将成立的1949年初，侯德榜还在印度指导工作，当他得到友人转来的周恩来给他的信后，立即冲破了种种阻挠，于1949年7月回到了祖国，作为科学家的代表参加了全国政治协商会议。从此他开始投入恢复、发展新中国化学工业的崭新工作。

新中国的成立，为“侯氏制碱法”的中间试验以及工业化，创造了良好的社会条件。1949年，侯德榜建议在大连化学厂恢复建设中建立“侯氏制碱法”的生产试验车间。经过多年的试验，1961年4月，“侯氏制碱法”生产车间在大连全部建成并投入试生产。1964年12月国家科委组织鉴定，认为这一成果可以在全国推广。侯德榜发明的“侯氏制碱法”，经过20多年的艰辛历程，终于获得全部成功。此后该法继续在全国推广，共计有50多家工厂采用，年产量达140多万吨，成为中国生产纯碱和氮肥的主要方法之一。

1955年起，侯德榜受聘为中国科学院技术科学部委员。1957年，为发展小化肥工业，侯德榜倡议用碳化法制取碳酸氢铵，他亲自带队到上海化工研究院，与技术人员一道，使碳化法氮肥生产新流程获得成功。同年，侯德榜参加中国共产党。1965年10月，“碳化法合成氨流程制碳酸氢铵”的新工艺，经国家科委审定为重大发明，侯德榜是首席发明人并获发明证书。此后，小化肥的产量一度达到了全国化肥总产量的一半，为中国农业发展做出了巨大贡献。1958年，侯德榜任化学工业部副部长，当选为中国科学技术协会副主席。1959年年底，侯德榜出版《制碱工学》，这是他从事制碱工业近40年经验的总结，将“侯氏制碱法”系统地奉献给读者，在国内外学术界引起强烈反响。

1974年8月26日，这位勤奋一生、功绩卓著，奠定中国化学工业基础的科学家在北京病逝，终年84岁。

（三）吴蕴初

吴蕴初

吴蕴初是中国近代著名的化工实业家，氯碱工业的创始人。1891年9月，吴蕴初出生于江苏省嘉定县（今上海市嘉定区）。10岁就读私塾，后进上海广方言馆读外语。一年后因家境贫寒辍学，后考进上海兵工学堂读化学，靠半工半读及奖学金供读，成绩优良，受到德籍教师杜博赏识。1911年吴蕴初毕业后到上海制造局实习一年，后又回学堂当助教，同时在杜博所办上海化验室做一些化验工作。

1913年，吴蕴初经杜博举荐到汉阳铁厂任化验师，为了生产所需的耐火砖及锰砖，他翻阅大量资料，亲自动手试验，终于获得成功。1916年升任制砖分厂厂长，不久，被汉阳兵工厂聘任为理化课和制药（炸药）课课长。1919年，燮昌火柴厂在汉口筹办氯酸钾公司，吴蕴初被聘为工程师兼厂长，利用兵工厂的废料以电解法生产氯酸钾。1920年，吴蕴初回到上海，与他人合办炽昌新牛皮胶厂，任厂长。

经过近10年的工程历练，吴蕴初已经成长为一位出色的化学工程师。回到上海后，看到日本调味品“味の素”行销中国，获利巨大。吴蕴初买了一瓶回去仔细分析研究，发现“味の素”就是单一的谷氨酸钠，1866年德国人曾从植物蛋白质中提炼过。于是吴蕴初决心研发中国人自己的调味品，打破日本的技术垄断。他四处搜集国外的文献资料并购置了一些简单的化学实验分析设备。凭着在兵工学堂学得的化学知识和多年化工实践经验，认识到从蛋白质中提炼谷氨酸，关键在于水解过程。

经过一年多的试验，吴蕴初终于制成了几十克成品，并找到了廉价的、批量生产的方法。1921年春，吴蕴初出技术与人合作生产谷氨酸钠。很快，首批产品问世。吴蕴初将这种产品取名“味精”，为了宣传其珍奇美味来自天上庖厨，再冠以“天厨”二字。他们打出“天厨味精，完全国货”的广告，味美、价廉、国货，销路大开，3年后使日本“味の素”在中国失去了80%的市场。1923年，吴蕴初在上海正式创办天厨味精厂，生产“佛手牌”味精，产品畅销国内，还远销东南亚及欧美各地，并获得英、美、法3国专利权，有效地抵制了日货“味の素”。

为更好地发展民族工业，1926年，吴蕴初主动宣布，放弃自己国内的味精专利，希望全国各地大量仿造生产。此后，国内各地先后出现了十几个味精品牌，国货味精市场极大繁荣，日本的“味の素”除了在日本关东军占领的中国东北地区外，在中国的其他地区再也难见踪影。同时，吴蕴初的佛手牌（至今“佛手”商标仍在使用）味精1926年获得美国费城世界博览会金奖，1930年和1933年连续在世界博览会上获得奖项，佛手牌味精打入了欧洲等海外市场，且日本“味の素”在东南亚的市场也被中国产品取代。由此，吴蕴初成为闻名遐迩的“味精大王”。

盐酸是生产味精的原料，当时中国不能自产，需要从日本进口。为遏制天厨味精的发展，日本在盐酸上大做文章，使天厨厂的盐酸供应时断时续。为完全掌握味精的生产链，吴蕴初决定创办天原电化厂（取名天原，即为天厨提供原料的意思），生产盐酸。经过一年的艰苦努力，1930年11月10日天原电化厂举行了隆重的开工典礼，吴蕴初亲自开车。天原电化厂成为中国国人创办的第一家生产盐酸、烧碱和漂白粉等基本化工原料的氯碱工厂。同时，为了综合利用电解气，1932年，吴蕴初成立了天利氮气厂，天原厂电解车间放空的氢气制合成氨，部分合成氨再制成硝酸，这是中国生产合成氨及硝酸的第一家工厂。为避免天利氮气厂和同时在建的永利公司南京铔厂之间的矛盾激化，吴蕴初与范旭东坦率地通函协商，划定了各自的经营范围：永利在长江以北，天利在长江以南，从而形成了所谓“南吴北范”的格局。

解决了原料问题后，天厨、天原所需耐酸陶瓷仍然需要从日本、法国进口，价格奇贵，于是吴蕴初在1934年建成天盛陶器厂（意为解决盛器，也含有昌盛的意思），生产多种耐酸陶管、瓷板、陶质阀门及鼓风机等，创国产耐酸陶瓷工业之先河，使日本耐酸陶器也退出了中国市场。至此，天厨、天原、天盛、天利4个轻重化工企业形成了自成一体、实力雄厚的天字号集团。

1937年夏，吴蕴初到德国洽谈购买提炼石油的工业设备，忽接到“八一三”抗日战争全面爆发的消息，他立即回国，响应政府经济部不以物资资敌、实行内迁的号召，亲自组织搬迁工作。天原、天利、天厨、天盛的职工在敌机盘旋扫射轰炸下，昼夜拆运机器，迁往四川。吴蕴初原打算将厂迁往武汉，后因日军逼近，武汉吃紧，不得不放弃武汉，继续逆着川江的险滩，将设备和物资迁往四川。

入川后，吴蕴初积极恢复生产，于1939年建成了重庆天原化工厂及重庆天厨味精厂，在1940年正式生产出氯碱产品。为解决重庆电力短缺问题，1943年又建成天原电化厂宜宾分厂。天原的复产有力地支援了战时的军用和民用工业品，而且在工业经济落后的大西南播下了化学工业的种子，对后来大西南化学工业的发展发挥了重要作用。此外，1938年吴蕴初还在香港购地建设香港天厨味精厂并于次年投产。抗战胜利后，吴蕴初回到上海，收回了天原、天利两厂，1947年5月，天原恢复生产，并于1949年恢复到日产10吨烧碱的水平。

吴蕴初是化工实业家，对发展民族化工事业倾注了极大的热情和心血。1928年，吴蕴初在上海创办了“中华工业化学研究所”，提倡科学实验，对培养科技人才、促进科技事业的发展发挥了重要作用。他认为他的财产取之于社会，应用之于社会，只有把财产集中起来发展事业，培养化工人才，对国家、对社会才会有益处。1945年起，他出资成立“吴蕴初公益基金委员会”，将投资于化工事业的股票全部拿出，交给基金会统一保管，用其盈利一半发展化工事业，一半充当社会事业费用。

吴蕴初于1948年底出国。上海解放时，他在美国，听到上海天原等厂一切正常，十分欣慰。1949年10月，吴蕴初回国，在北京受到周总理亲切接见并设便宴招待。一见面，周总理就说：“味精大王回来了，欢迎！欢迎！”周总理还说：“中国化学工业将会有很大发展，希望吴先生能为化工事业继续努力。”吴蕴初受到极大鼓舞。这年11月，他返回上海，受到天原电化厂全体职工热烈欢迎。此后，他担任了华东军政委员会委员，上海市人民政府委员，上海市工商联监察委员会副主任委员，中国民主建国会中央委员及上海分会副主任委员，化学原料工业同业公会主任委员等职。1952年，人民政府委派他赴苏联访问，回国后，准备请他到北京工作，进一步发挥他的才能。不幸的是，他的夫人吴戴仪病故，使吴蕴初十分悲痛，加上积劳成疾，1953年10月15日，吴蕴初在上海病逝，终年62岁。

（四）陈调甫

陈调甫1889年出生于苏州。9岁丧母，16岁丧父，全靠继母抚养长大，家世凄惨。但陈调甫从小聪明好学，知书达礼。1899年，陈调甫进入苏州第一中学学习，

后又赴上海求学。到上海后，陈调甫先入复旦公学，后又转入革命党人主持的吴淞中国公学。在此期间，陈调甫受到过“实业救国”等进步思想影响。1910年，陈调甫从中国公学毕业，回苏州农业学校任教，并在家中设一小实验室，进行简单的化学实验。民国成立后，进入苏州东吴大学化学系学习，1916年毕业，留校做研究工作，1917年，获硕士学位。

陈调甫在大学期间即专门从事铜合金分析和纯碱的试制。1916年陈调甫大学毕业后，在实验室里潜心钻研当时世界上最先进的索尔维法制碱，成功制得少量的碱。1917年，陈调甫又会同吴次伯、王小徐共同以索尔维法进行扩大试验，取得了成功。前期的试验坚定了陈调甫建设碱厂的决心。后经张謇介绍，陈调甫初识范旭东。此时范旭东也正有志于建一座中国人自己的制碱厂。由于南北方的盐存在一定差异，陈调甫等人到津后，又以天津的长芦盐为原料，进行了一次较大的试验。经过多次试验，终于制出9公斤合格的碱。陈调甫在苏州和天津两次试验的成功，开创了中国索尔维法制碱的历史。

1918年11月，永利制碱公司在天津成立，范旭东、景学钤、张弧、李穆、陈调甫、王小徐6人为创办人。其中陈调甫最年轻，承担了制碱的技术责任。但因为与政府申请工业用盐免税一事迟迟不决，导致制碱成本太高，久久不能开工。于是陈调甫自费赴美进修，期间被美国化学会吸纳为会员。1919年，范旭东在国内奔波工业用盐免税一事已有眉目，便邀请陈调甫代为在美网罗技术专家和资料，回国建设碱厂。

陈调甫在美国的技术咨询颇为不顺，屡遭白眼。几番碰壁后，陈调甫深知寄希望于外国专家不可靠。幸而陈调甫在美国结识了侯德榜、徐允钟、刘树杞等留学同学，大家对建设中国人自己的碱厂十分上心。1919年底，陈调甫和徐允钟携带费尽千辛万苦得到的一些制碱相关技术图纸和机械回国。回国后，陈调甫即向范旭东举荐侯德榜，其后遂有范侯二人几十年勠力同心发展民族化学工业的佳话。此后由范旭东统筹，侯德榜负责技术和工艺，陈调甫负责基建和设备，终于在1926年，永利碱厂产出优质纯碱。后在30年代，侯德榜赴美之际，陈调甫又承担了永利南京硫酸铔厂的建设，于1937年初顺利投产。抗战全面爆发后，永利各厂内迁，陈调甫因无法兼顾永利和自办的永明漆厂，于是忍痛告别永利。自1917年永利制碱公司创立到1937年永利硫酸铵厂建成投产，陈调甫投身永利整整20年，从创业、基建到罗致和培养人才，均有不凡建树。

第一次世界大战后，国外涂料无法东运，给民族工业以喘息的机会。1915年中国第一家涂料生产厂——上海开林油漆颜料厂诞生，随后，天津大成油漆厂、东方油漆厂先后问世。看到发展民族漆业的紧迫性和机遇，陈调甫决定在经营永利的同时再办一个油漆厂。1929年，在范旭东的支持下，陈调甫四处筹措1万元资金和简单的机械，在天津河北区创办永明漆厂。1929年5月，永明漆厂即产出第一锅干漆，随后陆续推出几类产品。但陈调甫发现，西方列强的油漆生产已十分先进，欲打破国外的垄断，必须追求技术突破，生产高档漆。

自1931年起，陈调甫招聘了大量专业技术人员，专门从事新产品的开发和试制工作，买进各国油漆货样，对其精心剖析，经分析发现美制酚醛清漆（即凡立水）具有硬度大、光泽好等特点，但耐水、耐热性差，热水一烫即变白。陈调甫遂采用中国资源丰富、价格低廉的桐油有针对性地研究出了新配方，使产品既保留了凡立水的优点，又增强耐水、耐热性，这样配制的清漆经水煮10分钟亦不变色，这种漆被陈调甫命名为"永明漆"。由于其产品成本低、质量好，很快销量大增，使洋货相形见绌，销量骤减。"永明漆"成为中国涂料行业第一个超过英美技术标准的名牌产品。陈调甫和永明漆厂因此声名大振，摆脱了经营亏损的局面。此后，陈调甫又带领永明漆厂职工生产出喷漆、飞机蒙布漆等一系列高端国产油漆。到抗战全面爆发前，永明漆厂已经成为亚洲知名的漆厂，产销两旺。

"七七"事变后，天津很快沦陷，陈调甫拒绝日本人的多次利诱，避居上海，永明漆厂也接近停产状态。在上海期间，陈调甫深居简出，潜心研究油漆的原料，并培养了有志于油漆事业的青年10余人。

抗战胜利后，陈调甫返回天津，重振旧业，于1948年研制醇酸树脂漆"三宝漆"成功，并增设颜料、包装车间，同时添置设备，扩充研究室，增聘高级技术人才，准备大展宏图。但事与愿违。由于国民党的独裁统治和大打内战的政策，民族工业一直处于风雨飘摇之中。陈调甫在工程师学会上公开散发自己的著作《引玉集》，呼吁停止内战，由各方人士组成廉洁政府，共筹建国大业，并介绍苏联工业发展情况。

1949年初，天津解放，陈调甫看到了希望，于是大量购买机器和原料，扩大生产。新中国成立后，中央政府大力扶持工商业，逐步停止外漆进口，积极发展民族涂料工业，并由国家供料和包销。1952年，陈调甫完善了"三宝漆"的制造工艺，达到世界先进水平，同年永明漆厂扩大规模，产量倍增。

“三年恢复时期”的经营实践，使陈调甫明白了人民政府的支持和扶植，能帮助自己实现毕生的夙愿。1952年底，他主动提出公私合营的申请，1953年1月即获准批复，并命名为公私合营永明油漆工业公司。合营后生产得到迅速发展，1957年与1952年相比，涂料产量增加7倍，产值增加了9倍。职工人数达到1250人。

新中国成立后，陈调甫历任天津市政协委员、中国化工学会理事、天津化工学院副院长等职务，为中国化学工业的建设做出了突出贡献。1956年以后，陈调甫患了心脏病，自感来日无多的他决定编写《油漆字典》，以总结个人从事化工事业几十年的经验。陈调甫在病重期间仍每日伏案长时间工作。1961年12月25日因心脏病复发去世，终年72岁。陈调甫的亲属按他生前意愿，将家中2000多册藏书、手稿捐赠给天津化工学院；实验仪器设备赠给了倾注他毕生心血的天津油漆厂（1958年，公私合营永明油漆工业公司更名天津油漆厂）。

陈调甫的一生，是为中国化学工业鞠躬尽瘁的一生。他既制碱又制漆，同时培养了大量专业技术人才。他精于企业管理，从20世纪20年代就致力于引进国外先进的企业管理方法。陈调甫朴素节俭，不搞特殊，主张提高劳工待遇。陈调甫还留下了《淡（氮）气工业》《涂料论文集》《油漆字典》《涂料技术词典》《国宝大漆》《引玉集》《永利碱厂奋斗回忆录》《黄海化学工业研究社概略》《天津永明漆厂简史》等著作。

第二节 战乱时期化学工业的发展

从1931年“九一八”事变开始，日本军国主义者对中国进行了长达14年的侵略战争。其对中国的大规模侵略和殖民统治给中华民族造成了空前深重的灾难。按1937年比值折算，中国直接经济损失达到1000多亿美元，间接经济损失达5000多亿美元。中国的民族工业在这场浩劫中遭到沉重打击，元气大伤，工业化进程受到严重阻碍。战火的损毁加上日本侵略者掠夺性的开采和市场倾轧，中国尚处于萌芽期的化学工业遭遇了重创。

一、化工企业被迫西迁及大后方的化工建设

中国近代工业分布是沿江海的密集度过高，上海、江苏、浙江三角地带成为工厂密集区，占总数的56%，上海一地又占去三分之一。中国工业发展的精华面临战事爆发，几乎全部处于战区一线。化学工业企业分布情形类似，大多分布于地理位置优越、交通便利、物产丰富的天津、上海、河北、青岛、济南。

1932年“一·二八”事变后，日军受到国民党第十九路军的顽强抗击暂时停战。此一役，上海工厂遭到巨大损失者963家。卢沟桥事变致使战火升级，上海及其他沿海地区等中国近代工业集中的区域面临严重威胁。

此时，国民政府考虑调整工业生产力的布局问题，以支持抗战，防止东部地区的工矿落入日本侵略者之手。危机当头，上海一些爱国的民营工业企业家，出于对抢救战区民族工业、保证抗战的军需物资、补充后方民用供给的考量，纷纷向国民政府提议“举厂内迁”。内迁的呼声得到了国民政府的支持。

（一）艰难西迁

国民政府加快了组织和督促沿海及靠近战区厂矿内迁的步伐。1937年9月27日，国民政府军事委员会设立工矿调整委员会，开始全面负责战区工厂的内迁工作。同时推出补贴和低息贷款等资金扶持政策。沿海和临战地区的民营工厂和国营工厂，特别是兵工厂开始陆续内迁。第一阶段，包括民营化学工业等在内的6类工厂的主要机器设备进入内迁计划。天原电化厂、永利铔厂、中国工业炼气厂、大中华橡胶厂四分厂、中兴赛璐珞厂等主要的化工企业均起步西迁。1937年8月到1940年9月期间，企业内迁全面展开。

1937年底，工厂内迁发展成为全国性浪潮。近代工业较发达的无锡、常州、济南、青岛等地的工厂内迁刚刚开始，就遭沦陷，抢迁出的工厂设备很少。

化学工业企业的内迁经历艰难曲折。下定决心保护设备、异地重建的一批实业家实业报国的坚定信念，非常感人。其中范旭东的永利铔厂、吴蕴初的天字号企业、中国化学工业社、大中华橡胶厂等企业内迁的经历非常具有代表性。

范旭东的永利铔厂几乎可以说建成之日也是遭遇重创之时。1937年8月，上海沦陷，日军对南京实行钳形包围。8月到10月间，永利铔厂三次遭到敌机轰炸，损毁严重。工厂工人开始开凿防空洞保护自己、保护设备。范旭东从天津赶到南京，紧急安排施救：命侯德榜率领百余位留洋技术人员迅速撤往汉口，与天津碱厂撤出

的技术精英一道入川创建新的化工基地。技术人员和老技工积极转移，技术资料能带则带，不能带则毁，重要机器或关键部件则拆除转运武汉和四川。

永利铔厂临危紧急西迁初期，南京城内所有汽车早被国民政府征用，唯一的逃生工具便是轮船。西迁企业众多，运输矛盾十分尖锐。侯德榜心急如焚。幸遇外籍友人协助，方将设备和人员运抵武汉。这时，范旭东也率领天津永利碱厂内迁人员到达武汉。永利铔厂先撤至长沙，但因日军步步推进，湖南告急，又于1938年底迁至新辟的化工基地四川乐山五通桥老龙坝进行重建。至此，永利公司两百多位高级技术人才全部脱离沦陷区。

1941年，太平洋战争爆发后，香港沦陷，原本从美国购买的机器只好绕道缅甸再经云南运回重庆。进口器材辗转运输途中，命运多舛，最终仅有部分设备运抵。尽管如此，范旭东坚持带领永利公司员工在被名为“新塘沽”的五通桥建起大后方化工基地，兴建了制碱厂、陶瓷厂、发电厂等，以应战时所需，支援抗战，维持入川员工生计。

南京沦陷之际，永利铔厂被日军占领。1939年5月，日伪合作组成的“永利化学工业株式会社浦口工业所硫铵工厂”粉墨登场。日占期间，该厂遭疯狂掳掠：日军将大量战略物资如麻袋、黄铜等，及硝酸厂全套设备掠至日本九州，安装在大牟田东洋高压株式会社横须工厂。

1945年8月抗战胜利后，永利立即向政府申请要求前往日本追索被盗设备。但国民政府和盟军总司令对追还设备表现消极。经侯德榜、李烛尘多次力争，迟至1947年6月才获准办理。直至1948年4月11日，1482件、毛重550吨的硝酸设备运回国内（其中被窃的白金网到当年11月才空运到上海交货）。

抗日战争给创办天厨、天原、天盛、天利4个轻重化工厂的吴蕴初蓬勃发展的事业沉重打击。“八一三”事件后，天原、天利被迫停工。国民政府经济部号召上海主要工厂内迁，天原、天利列入被迁之列。此后，吴蕴初的精力几乎全放在香港和重庆。

上海天原、天利兵分两路迁移，一路是将味精存货运往香港，一路是把天原和天利两个重化工厂的主要设备运到内地。天厨没有什么重要的设备，如在内地建厂可以就地取材。

开始搬迁工作的时候，天原、天利职工冒着敌机经常盘旋扫射的险境，紧急拆运机器设备。拆卸装船持续3个月时间。天厨味精厂、天盛陶器厂、天利氮气厂与天原电化厂大部设备迁出。在撤离上海前，吴蕴初驱车靠近自己的厂区，目睹天原厂内中弹起火，痛心不已。

天原、天利两厂的机器靠木船经内河绕道进入长江。当时长江航运又受到国民党官僚机构的把持，得不到轮船舱位，只得继续用木船溯江而上。沿途关卡勒索，兵匪拦劫，押运人员经历了诸多险阻。有部分机器刚装上木船就被飞机炸沉在苏州河内。始于1937年的迁厂计划开始准备到武汉，后因武汉吃紧，继续冒着川江的险滩走向重庆。其时川江航运十分困难，因得不到奇缺的轮船舱位，机器由汉口至宜昌，用柏木船运送，险滩重重，一路上迁延耽搁，一直到1938年才陆续运到重庆。工厂内迁后，吴蕴初在重庆状元桥设立了天原、天厨、天利三厂联合办事处，厂址嘉陵江北岸的猫儿石为提前选定，正式着手在后方建厂。船运设备随到随装，部分配件由当地小铁工厂承做。许多耐酸管道器皿，为随同内迁的天盛陶器厂的设备。1939年3月，在吴蕴初主持下，重庆天原电化厂股份有限公司成立，1940年6月投产，生产出产品，成为后方兴建的第一家内迁民营企业。开工产出氯碱产品供应抗战后方的工业所需。但生产因电力供应不足，频繁开停。1942年进行了扩建，生产能力增加一倍，但依旧受到电力供应时断时续影响，产品难以满足市场需要。

吴蕴初看到四川宜宾地区电力资源比较充裕，又得知中元造纸厂急需烧碱、漂白粉，乃决定筹建天原宜宾分厂，并争取到中央、中农两行4000万元贷款，于1944年5月破土动工兴建天原宜宾分厂（现四川宜宾化工厂），1946年12月建成投产。

同期，吴蕴初通过自办日产300包面粉厂解决原料面筋问题、从香港天厨调拨建设资金、从上海调入有经验的技术工人等，推进天厨味精的复产工作。经过半年多的努力，天厨川厂终于产出天厨味精，市场格外火爆，生意兴隆。

1938年，吴蕴初又在香港设立天厨港厂，利用为重庆工厂复产而在美国订购无法运抵内地留置香港的两列KLM型电解槽创办盐酸工场，解决了盐酸的供应问题，年产味精10万吨。1941年，珍珠港事变发生，香港出现了一片惊惶。天厨港厂被迫停产。吴蕴初又考虑拆机内迁，因条件所限，仅拆除部分设备辗转运到重庆。撤到重庆的人员，全部转到天厨川厂，参与生产。抗战胜利后，天厨港厂快速恢复生产，吴蕴初回到上海，积极开展天原、天利、天厨的复产。

由方液仙创办的中国化学工业社是上海化学工业中有数的大厂之一，主要生产日用化学品。1924年，由中国化学工业社生产的“三星”牌牙膏问世，这是中国最早的牙膏。“八一三”事变中，它也是内迁厂家之一，先后在重庆、桂林等地建立分厂，过程十分艰难曲折。至于上海的总社，为了保住产业，悬挂美国国旗，改名为美联实业公司，算是美商的产业，还在美国注册。不料日军进入上海租界后，美商企业恰恰成了敌产，中国化学工业社被日军军管，厂内的两万箱剪刀牌肥皂全部被抢掠一空。过了很长一段时间，日本帝国主义搞所谓“发还敌产”的把戏，将中国化学工业社被抢物资折算了1/4钱币发还了事。当时物价暴涨，到中国化学工业社收到这笔款项时，已所值无几了。

上海的橡胶工业比较集中，战火燃起时首当其冲，遇到了空前的浩劫，被毁、被劫、被占者约十有六七。1926年创办的上海大中华橡胶厂是全国民营橡胶业中最大的工厂，抗战前夕拥有资本300万元，其“三厂”“四厂”、原料厂和各地营业机构在抗日战争全面爆发时遭到破坏。1937年11月初，大中华橡胶厂开始内迁，内迁物资主要有制造轮胎的设备与大中华南市第四分厂的全部机械，物资分装4条木船，途中3条船在裕溪口至巢湖一带散失。只有一艘船装载31吨重物资于1938年1月18日抵达目的地武汉，不久就转往湖南长沙。

国民党工矿调整处成立后，打算在云南办橡胶厂，派员与大中华橡胶厂协商。大中华橡胶厂同意了建厂协议。1939年7月15日，云南橡胶厂的筹备处在昆明威远街成立，厂址在昆明郊外黑龙潭，计划建成后生产橡胶用品和汽车轮胎。但因内迁设备尽数丢失，新购置设备无法经滇缅公路运入，建厂计划化为泡影。

利华橡胶厂内迁过程中，边走边变卖原材料支付搬运费，路途迁延数年，辗转多地，1945年才到达重庆。

由于国民党军队丢城失地过于迅速，致使战区内的民族工业仓促内迁，损失惨重。四川、湖南、陕西、广西是厂矿西迁的主要目的地。当西迁企业在武汉遭遇迁建的不利，企业中除少部分迁往湖南、桂林外，大部分再行迁移转到四川，武汉原设工厂也西迁四川。部分民营企业还成立了迁川工厂联合会。四川省政府对于内迁工厂甚为欢迎，并在运输、场地、电力、劳工、原料、捐税、金融等方面为内迁工厂提供优惠。

到1940年底，迁入西部内地的工厂合计467家，其中化学工业56家。当年，70%的工矿企业复工。部分化学工业企业积极融入大后方工业建设。

（二）内地化学工业的兴起

迅速恢复生产、保障军需民用，支援抗战，是工厂内迁的目的。为了实现这一目的，国民政府工矿调整处发布了《内迁工矿复工办法》限期令内迁工厂分别分阶段临时复工，或正式复工、合并复工，其中要求轻化工在2～3个月内正式复工，重化工在4～7个月内正式复工。国民政府推出一系列政策和措施帮助建厂复工发展内地工业。

四川的化学工业曾经非常落后，除自贡盐业发展繁盛外，仅有一些生产颜料、药品、火柴等简单产品的小作坊。内迁到四川的几十家化学工厂，带来了大批先进设备和技术工人。也丰富了产品种类。其中，永利碱厂内迁后很快就开始生产纯碱，使产量达到了2000多吨的规模，并在侯德榜的带领下，还发明了大幅度提高食盐利用率并减少废液排放的侯氏制碱法。久大盐厂迁入自贡之后，利用自贡盐场的资源和技术，生产出了急需的产品，为抗战时的军工和医药生产提供了有力支援。

天原电化厂1942年产烧碱达752吨、盐酸255吨、漂白粉660吨。《四川省志·化学工业志》曾记录说：上海天原电化厂与河南巩县兵工厂的迁川投产，使“四川盐酸工业开始进入以电解食盐生产烧碱，联产氯气合成盐酸的生产阶段”。两厂的内迁和扩建，为四川现代化工基础的奠定发挥了重要作用。

迁渝企业复工较为出名的企业还有龙章纸厂、利华橡胶厂、华业火柴厂、天伦制皂厂、柏林制皂厂、江南皂烛厂以及部分药厂。与此同时，国民政府资源委员会在重庆建造了两家炼油厂，在内江建造了酒精厂。1944年国民政府利用美国提供的战时援助，在贵阳和重庆建了两个翻胎厂。

四川成为当时接收内迁企业最多的地方，各类化学工厂的建立和投产，使四川逐步形成了结构较为合理、门类较为齐全的化学工业系统，有助于四川近代工业基础的形成。

以重庆为例，据经济部1940年的统计，重庆工业区拥有各类工业企业共达429家（其中化学厂120家），重庆工业区成为战时中国工业部门最齐全，工厂种类最多，工业规模最大的综合性工业基地，是西南最重要的工业中心，是中国战时工业的经济命脉。

抗日战争以前，云南虽已有化工生产的萌芽，但是生产方法停留在手工业作坊的状态。抗日战争全面爆发后，沿海省市的各种工厂内迁，各类专门人才进入云南。近代工业在云南得到蓬勃发展，云南化学工业亦开始兴起。

云南近代工业发展，增加了对各种工业原料的需求。由于日本帝国主义的封锁，海外化工原料无法进入，迫使新兴的化学工业自制产品，并就地寻找原料，这也促成了云南磷矿的开发。先后迁到昆明的中央研究院的一些研究机构如化学研究所及经济部地质调查所等，也是发现云南磷矿的重要条件。

由于云南磷矿的发现，直接推动了磷化工产品的研究和试制工作。因为当时抗日战争军事上的需要，制取黄磷和赤磷便是当务之急。加之军事工业内迁，在人才和设备上提供了条件，所以云南才首先制出黄磷、赤磷、重钙、普钙、磷铁等化工产品。

裕滇磷肥厂采用55%稀硫酸处理磷矿粉制过磷酸钙方法制造产品，因产品销路不畅，停产。1940～1942年农业实验所还开展了磷矿石去氟试验，因经费不足停止。1941～1942年化学研究所进行小型电炉制黄磷试验，后停止。

1941年兵工署筹建生产黄磷的工厂，名为兵工第23厂。1943年该厂第一座电炉制黄磷的装置投入生产。由于该厂有自备发电站，电力充裕，故第二套电炉制黄磷的装置不久即投入生产。黄磷投产后，该厂又生产赤磷和磷铁等产品。该厂也曾研究过用磷酸分解磷矿制取重钙的技术。1945年抗日战争胜利后该厂即关闭，拆迁至沿海省区。该厂是中国电炉制黄磷、赤磷及制磷酸重钙的首创者。

1943年昆明磷厂筹建，于1944年投产，生产黄磷，以后又生产赤磷。昆明磷厂于抗日战争胜利后随中国火柴原料公司东迁，即关闭。

当时昆明地区人才荟萃，专家学者聚集，在外国留学回国或省外大学毕业专攻化学或化工的专家，就有王学海、张大煜、万葆德、苗天宝、龚介民、苏国祯、赵雁来、茅伯笙、徐炳华、侯祥麟、刘和清、梅希古、高警寒等多人。这些专家对于云南化工的兴起和化工技术的开拓，都做出了一定贡献。

西迁厂矿是战时政治经济的产物，成为战时后方工业的支柱，也客观上推动了西部工业发展，对当时的中国工业的生产力布局进行了一定程度的调整。刺激了重庆、贵阳、昆明、桂林等中国西部经济相对发达地区近代工业的发展。化学工业在此期间也形成了新的生长点，据国民政府经济部1940年统计，化学工业工厂数增至361家，分别分布于重庆市、川中区、广元区、川东区、桂林、昆明、贵阳、沅辰、西安、宝鸡、宁雅、甘青等。

随着工厂内迁，内地的工业虽然出现了繁荣时期，但时间是短暂的，从1942年下半年起，内地工业已开始出现停滞趋势。抗战胜利后，大部分内迁工矿开始迁回上海、武汉、天津等地，西南部地区的工业又转入低落的状态。

二、革命根据地和解放区的化学工业

新中国成立前，在中国共产党的领导下，先后于土地革命时期、抗日战争时期和解放战争时期，在中共陕甘宁、晋察冀、晋冀鲁豫、晋绥和胶东等各根据地，克服极端困难，开展化工科研、创办化工企业，为支援前线做出了巨大贡献。但由于战争局限，仅能立足于当地资源发展，依靠自己研究开发的“土办法”“土设备”，开办了不少化工厂，发展规模极其有限（详见下卷第二十二章国防化工发展史）。

第三节
日本侵华期间建立的化学工业

日本在明治维新之后迅速走上了工业化道路，化学工业也得到了快速发展。而同期中国仍然在腐朽清政府统治下，艰难进行的“洋务运动”并没有从根本上改变中国的工业面貌。两国实力此消彼长，日本终于在甲午战争中击败中国。清政府与日本签订了丧权辱国的《马关条约》，进一步助长了日本军国主义侵略中国的野心。20世纪20年代初，日本帝国主义就鼓动日本商人来华设厂。1929年，日本经济出现萧条，又有一些日本商人在日本军部煽动下，开始在中国寻找出路。从此以后，经济入侵的规模不断扩张，主要集中在沈阳、丹东、抚顺、大连、吉林、上海、青岛、广州等地。

1931年“九一八”事变后，日本军国主义发动对华侵略战争，加剧了在华资源的掠夺和侵占。期间，日本在对中国东北长达14年的殖民统治中以及东北以外地区建立了一些满足战争需求的化工厂。

“九一八”事变后，日本逐渐侵占中国东北，并通过扶持伪满洲国傀儡政权的形式将中国东北建设成为支撑其战争需要的基地。开始了长达14年的殖民统治。化学工业作为对现代战争有重大影响的工业，受到日本军国主义的高度重视。由于日本本土资源匮乏，日本政府与伪满政府在东北开展了化学工业建设，掠夺中国资源，生产石油、橡胶、炸药等军需品，为日本战争机器运转服务。

仅在“九一八”事变后的1932年，日本人便迫不及待投资将东三省兵工厂改为株式会社奉天造兵所，1932～1945年间年产烧碱3万～5万吨，硝酸100～250吨，乙醚20～50吨，漂白粉20～30吨。同在1932年，日本人在“关东州”建立南满火药株式会社制作硝酸、硝铵。该厂于1938年扩建，日产硝酸58吨，浓硝酸10吨。

在日本窃据东北的14年间成立的比较重要的化工企业有满洲化学株式会社、满洲合成燃料株式会社、满洲曹达株式会社、满洲护膜株式会社、南满铁道株式会社化学工厂、满洲电气化学工业株式会社、东洋车胎工业株式会社、满洲神东涂料株式会社、满洲藤仓工业株式会社、满洲染料株式会社、满洲农药株式会社等，主要分布在沈阳（时名奉天）、大连、辽阳、吉林等地，产品包括三酸两碱、农药、化肥、染料、橡胶等。这些企业基本在1937年之前建成投产，为日本发动全面侵华战争和参与第二次世界大战提供了工业基础。其中最主要的有满洲化学株式会社、南满铁道株式会社化学工厂、满洲曹达株式会社，简称“满化”“满铁”“满曹”。

“满化”建于大连甘井子，1933年5月30日创立，1935年投产。生产合成氨、硫酸、硝酸、硫酸铵、硝酸铵等化工产品。合成氨能力为年产5万吨，硫酸铵为18万吨。“满化”主要原料煤来自抚顺和本溪，产品硫酸铵和硝酸铵运往日本，硝酸为侵华战争所需。

“满曹”也建于大连甘井子，1936年开办，1937年9月投产。生产能力年产纯碱3.6万吨，1938年增加到7.2万吨。1940年增产烧碱，能力为年产3000吨。

“满铁”建在沈阳，利用东北原盐制造烧碱。副产的氯气，用于生产汽缸油和盐酸。盐酸供味之素工厂用。

1937年“七七事变”后日本发动全面侵华战争，为满足日益膨胀的军事野心，日本致力于将中国东北地区打造成为其战争基地，启动了新一轮的建设浪潮。

几乎与“七七事变”同时，伪满政府在锦州创办满洲合成燃料株式会社，生产液体燃料、硫黄等。1937年11月，日本人柏菊野太郎、西尾一五郎、境藤兵卫在奉天创办满洲护膜株式会社，生产橡胶制品。

在此后两年间，近30家橡胶、染料、农药株式会社如雨后春笋般出现在中国东北地区，疯狂掠夺中国资源和劳动力，转化为日本战争机器的运行动力。

1940年3月，日寇为解决侵华战争中燃料不足问题，在锦西五里河附近的王屯、小八家、半拉甸子、张屯、蒋屯圈地830万平方米，强迫居民搬迁，筹建日本陆军满洲燃料厂，对外称“日本关东军945部队”。

之后，日本帝国主义还筹划在吉林建设一个规模较大的有机合成工业基地。1942开始建设，建成了两座小电石炉、一座炼焦炉，到日本投降大部分工程未建成。

1945年日本投降后，苏联红军接管“满化”和“满曹”，将“满化”60%的机械设备、20%的化工成套装置拆运至苏联国内。其余工厂也大多在解放战争中遭到国民党军队的严重破坏。东北地区解放后，在中国共产党和人民政府的积极协调组织下，大连化学厂、沈阳橡胶厂、大连染料厂、沈阳化工厂等企业在原伪满企业的废墟上逐步恢复生产。

伪满时期日本在中国东北地区的化学工业建设是以掠夺式开发为手段，以服务其本国军民为目的的，而伪满傀儡政权也积极配合。据《辽宁省化学工业志》记载，1933年，日伪政权公布“经济建设纲要”称：“为应东北境内之需要，对化学工业加以必要之统制而逐渐使其发展”“发展地下资源，对日本供应工业原料”“兴日本之经济合作为重要新重心政策”。1935年，伪满政府公布“火药原料取缔法”，禁止私营生产硝酸（即硝酸铵）、氯酸钾、硝酸钠。1937年，日伪公布《重要产业统制法》及其实施办法，规定凡属国防或国民经济中的重要产业，皆由“特殊会社或准特殊会社”经营。化学工业中列入统制的有液体燃料、纯碱制造、肥料（硫铵、硝铵）制造等。1941年，日伪公布《战时紧急经济方案纲要》，规定硫酸矾土、炭黑、颜料、氯化铝、醋酸、甘油、丹宁、硫化钠、碳酸钾、化学试剂等东北有原料能生产者，极力生产；限制硼砂、炭黑、苛性钾、电石等产品的输入，限制东北使用；增加对日本输出苯、一甲苯、沥青、沥青焦炭、钠碱等产品。如此种种政策严重压迫了民族化学工业的发展，维护了日资企业掠夺中国资源发展化学工业。

在橡胶工业领域，民族橡胶工业可以说是受日资企业冲击影响最大的行业。第一次世界大战结束后，外国列强向中国倾销工业品的势头更猛，其中日货更是以低价竞销不断占领中国市场。中国在1919年橡胶制品输入为146.1万海关两，到1927年达到595.4万海关两，其中日本的输入占据50% ～ 60%，对中国的民族橡胶工业形成巨大威胁，其中尤以上海的橡胶企业境遇最为不利。在遭到国内反帝爱国运动抵制日货之后，日本帝国主义改变了经济侵略的方式，鼓励日本人来华投资经营橡胶企业。1928 ～ 1937年，日资在华设立的橡胶企业近30家，其中以东北地区居多。有满洲护膜化学工业公司、东阳轮胎公司、满洲胶皮工厂等。从1938年开始，日本人持续扩充在华橡胶厂实力，在华东北地区以外再设立橡胶厂约有39家，以合资、合营、组合方式掠夺中国民族资本的橡胶工业，仅在抗日战争期间，鲸吞中国橡胶企业13家。加上战火的影响，中国大批民族橡胶企业倒闭。1936 ～ 1944年，华商橡胶企业数量占总数比例由68%下降到45%，而日资橡胶厂由32%扩大到55%。以轮胎生产为例，1943年全国轮胎生产量是75000条，其中日资工厂生产的就有66000条，占88%。

1945年8月，日本帝国主义宣布无条件投降。国民政府接管了绝大部分地区的橡胶厂。

第四节 近代化学工业科学研究及教育事业起步

一、专业研究机构的设立

化学研究在中国的真正兴起始于1927年。从1927年至1937年，中国各方面的化学研究工作相继展开。专门性研究机构以及大学设立的研究机构开始进行相关研究工作。1928年成立了国立中央研究院化学研究所，1929年成立了北平研究院化学研究所。1930年左右开始有本国化学家化学研究成果发表，这是现代化学研究在中国的一大进步。

高等学校设立的化学研究机构特点是，人才集中、资金比较充裕。国民政府教育部核准设立化学研究所或理科研究所化学部，并招收研究生的有北京大学、清华大学，燕京大学、南开大学、金陵大学、武汉大学、岭南大学、浙江大学和四川大学。这些学校能从事基础研究，也能从事应用研究。国内其他大学，如山东大学、中央大学、沪江大学等校师生，结合教学实践，当地资源，也积极从事一些研究工作。从1933年到1936年《中国化学会会志》发表的203篇论文中，有清华大学化学系57篇，占总数的28%。可见高校研究工作的一斑。

这一时期，化学研究领域知名学者有：庄长恭、任鸿隽、吴学周、黄鸣龙、柳大纲、梁树权、沈青囊、沈昭文、卢嘉锡、吴宪、侯德榜、曾昭抡、萨本铁、孙学悟、黄子卿、李约瑟、张克忠等。

外国人在中国设立的研究机构，如美国人在北京办的协和医学院生物化学系、英国人在上海办的莱斯特医药研究所和日本人在大连办的大连科学研究所化学部等。

从1915年开始，中国开始有了官办的化工研究机构，此后，私人创办、大学和国家创办的各类研究机构开始出现。由于受生产力水平以及战乱影响，研究机构缺乏系统而完备的研究条件，甚至不少研究机构刚刚成立即蒙受战火。官办研究机构注重服务于国防及紧迫民生需求的研究，化学工业发展的科技创新成果并不显著。由于中国近代基础化学品生产多以民间投资为主，以家庭实验室为主的早期的化工科研反而略胜一筹，范旭东、陈调甫、吴蕴初的化工实业均是在家庭实验室起步摸索的。

（一）实业部中央工业试验所

1930年7月5日中央工业试验所成立。该所最初隶属于工商部，后改隶属实业部，是当时全国最大的工业研究和试验机构。试验所起初内设化学与机械两组，化学组分设分析、酿造、纤维及窑业4个试验室。窑业试验室在1949年解放后成为轻工业部玻璃搪瓷工业科学研究所。该所开展研究和试验的项目有酱油酿造的改良、新式造纸技术、用酒精代汽油、用植物油代柴油、耐火材料、木材品质、活性炭及人造浮石、电镀及干电池。

"七七事变"后，该所奉命西迁。全所员工在军情紧张、交通混乱的不利环境中，想方设法将大部分仪器、图书等安全运抵后方。1938年，因实业部改为经济部，该所改称经济部工业试验所。此间，先后成立17个试验室、11个实验工厂、3个推广改良工作站，同时积极进行恢复和重建工作，有各类工作人员约200人。据1941年2月统计，该所主要的研究、改良和推广的项目多达346项。对于原料的研究试验，技术的改良推广，成品的鉴定改进，均有成就，一定程度上确保了战时各方面的需要。

经过逐步发展，到1948年该所形成了拥有26个试验室、7个试验工厂的极具规模的科研机构，内部分工越来越细，专业化程度越来越高，研究和试验所涉及的领域越来越广。与化学工业相关实验示范工厂有制革鞣料实验示范工厂、油漆实验示范工厂、酿造实验示范工厂第一和第二厂、油脂肥皂实验示范工厂等，对各类科研成果进行推广与示范。开展的研究内容较多，例如，油脂试验室进行动物油脂的工业应用研究，植物油脂的工业应用研究，汽缸油、润滑油的研究与试制，植物油压榨原理的研究实验。该所的制胰实验室（后称油脂实验室）发展为中国日用化学工业研究院。

塑胶试验室进行醛基与环基叠合物的试验研究，塑胶成品的模制性能与物理及化学性能有系统的研究与试验。染料试验室开展近代染料制造方法的研究与试验，染色方法的研究与介绍。酸碱盐试验室开展相关成品研究与试制及副产品的利用研究等。化学纤维试验室开展人造纤维的研究与试验，人造纤维成品及加工的研究与试验，此类工厂的设计与改良。

由于身处战乱不断、国家积贫积弱的时代，该所服务国防建设，服务国民经济建设的方向与特点十分鲜明。该所前后汇聚了很多在西欧、北美先进工业国家的大学中取得博士、硕士学位，或者在某些工业技术领域学有成就，并有着丰富实践经验的专家，包括顾毓珍、李尔康、金培松、杨钟英、杜春晏、张永惠、徐廷荃、李长龄、张宗泽、戈福祥、施汝沥、孔宪溁、徐思恭、林建弘、范从振、李汉超、唐耀、伍无畏、罗致睿、陈骅、沈增祚、赖其芳、乔硕人、刘敬琨、王毓琦、蔡念苏、张力田、方柏容等。

（二）黄海化学工业研究社

在私立化学研究机构中当首推黄海化学工业研究社。黄海社研究经费由久大精盐公司及永利制碱公司共同承担，又得到中华教育文化基金委员会的资助，研究工作颇有起色。其研究工作主要有：第一，协助永利、久大两厂工作，帮助永利碱厂做了碳酸塔的查定工作，增加了塔的产量。1934年建设南京硫酸铔厂时，承担了各种规格型号耐火材料和耐酸材料的化学分析及物质检验等。第二，进行发酵与菌学的研究，包括新发酵工业的研究、苎麻脱胶的研究。第三，1935年试制出中国第一份金属铝样品，并对明矾石的综合利用进行了详细研究。第四，进行对钾肥、磷肥、氮肥的提取以及农村堆肥的微菌利用的研究。第五，研究浓盐水的精制，提高食盐产量和质量以及其他盐类的综合利用等。

1938年，黄海社的研究人员和永利、久大技术人员一起南撤，先迁到长沙水陆洲，后转迁到有丰富盐业资源的四川五通桥。在搬迁过程中，仪器和图书资料等损失较多。在实验条件非常艰难的情况下，仍开展了不少研究工作：在发酵与菌学方面，研究了糖蜜发酵、乳酸发酵、五倍子发酵制倍酸、微菌的收集和分离等。这些研究成果收录在该社创办的《黄海发酵与菌学》。该刊从1939年创刊至1952年停刊，前后共出版12卷70期。

在肥料研究方面，完成了五通桥区植物含钾量的测定和由钾碱制氯化钾的试验。

黄海社在四川的工作贡献十分显著。其中影响较大的主要有两项：一项是改变了当地产盐的工艺，另一项是根除了当地的“趴病”。

四川产的食盐都采自埋藏在地下深处的盐矿，开采成本较高，黄海社的研究人员设计出用风力浓缩卤水的简易设备，大大缩短了加工时间，节省了2/3的燃料，随后又设计了电力吸卤机，大幅度地降低了成本，提高了功效，深受各盐井的欢迎。这两项工艺使当地食盐产量大大提高。

在黄海社来到自流井之前，该地流行着一种可怕的地方病，能使人在很短的时间内因全身麻痹而死亡，当地人称之为“趴病”。黄海社研究人员经过反复试验，发现在川盐中含有大量对人体危害极大的钡。于是黄海社设计了除钡装置，根除了长期困扰当地人的“趴病”。此外，黄海社通过对川盐副产物巴卤水和黑卤水的分析研究，制得溴、石膏、氯化钠和硫酸镁等，变废为宝，辅助医药等工业。先后建成了贡井的三一化学制品厂、五通桥的四海化工厂和明星化学制药厂，促进了地方化学工业的发展。

抗战胜利后，黄海化学工业研究社于1949年10月迁到北京芳嘉园一号，并于1951年5月在北京成立总社，撤销在五通桥和青岛的分社，全部并入北京总社。下设5个研究室：发酵与菌学实验室、有机化学实验室、无机化学实验室、分析化学实验室、化工研究室。

1952年经董事会和全社工作人员一致同意，黄海社并入中国科学院。后国家安排，除菌学室留科学院外，其余部分划归重工业部综合工业研究所，归重工业部领导。

（三）地方性的研究机构

1915年由农商部总长周自齐在北京创办工业试验所。该所主要从事分析化学、应用化学和窑业三部分的研究工作。

各省设立的试验所，如山东工业试验所、湖南工业试验所、广东工业试验所、河北工业试验所、上海工业试验所、中国西部科学院、广西化学试验所等，主要根据各地的实际情况，进行资源的开发利用研究。如广西化学试验所1936年进行的940项工作中有781项是对矿产品的分析，34项农产品分析，47项工业类分析，75项商品分析。此外，进行了蓝靛的精制，蛋黄素的提取等工作。湖南工业试验所研究汽油替代品，广东工业试验所设计肥料厂等。除国立、省立研究机构外，还有属于特别市的研究机构，例如，1929年上海市政府社会局设立了上海市工业试验所。

（四）上海中华化学工业研究社

上海中华化学工业研究社于1928年成立，其创办人大都为中华化学工业会的热心会员，为独立研究机构。该所除研究利用国产原料、探求制造新法外，还接受外界委托，开展定制研究、检验、规划等工作。其经费最初由上海天厨味精厂等化学厂家共同维持，约定以研究结果所得利益的一部分划做该所的维持费，其余用于补助中华化学工业会。但开办以来，原定计划始终未能达到，且承担维持费的厂家不久后先后退出，因此该研究所实际上成为天厨味精厂吴蕴初的私人研究机构。吴蕴初曾多次为该所的建设注资，独力支持研究。该所研究方向为防腐蚀、芳香油、饮料食品，对维生素研究有建树。该所1938年辗转内迁汉口，后又迁至四川重庆建新所。

（五）私立南开大学应用化学研究所

1932年，私立南开大学创办了应用化学研究所。这是中国高等院校中第一个建立的应用化学研究机构。1928年，张克忠在麻省理工学院获得科学博士学位后毅然回国，到南开大学任教，积极筹办化工系和南开应用化学研究所，并亲任所长。张洪沅担任副所长兼研究部主任。著名的化学家邱宗岳、杨石先和高长庚（字少白）教授也加盟该所。该所设有化验部、建造部和咨询、化工实验室、普通实验室、酵母实验室、天平室和图书资料室。该所强调“科研与生产并举”，主要工作有：分析化验样品，仿制轻工产品，解决工农业生产中的问题，研究农副产品的综合利用。从1932年到1936年，应用化学研究所先后接受分析化验样品共约323个。有的对原有分析方法作了改进。美国的《化学文摘》曾摘录了应化所研究人员对Goutel氏的煤发热值计算方程式的修正以及对锰矿石内含锰量的分析方法的改进两项研究工作的要点。

应化所帮助企业研究解决了不少生产难题，如茶油硬化、蜂蜜脱臭、草帽辫漂白、印刷制版胶、手电筒反光镜等。该所还仿制了金属磨光皂、油墨、复写纸、制革发光水、浆纱粉等产品；自行试制成功了酒精、硬脂酸、油酸、甘油、钾皂、黄铅粉、红铅粉等。这些虽然都只能小量生产，但对缓解市场需要，抵制洋货起了积极作用。

应用化学研究所与天津永利碱厂、黄海化学化工研究社、天津利中硫酸厂合作密切。1933年6月，应用化学研究所接受了天津利中硫酸厂的设计、建设和投产任务。历时近一年试车成功，运转良好。此举大长了中国化工科技人员的志气，创造了巨大的经济效益和社会效益。

1937年7月30日，南开大学遭日寇炮轰，校园损毁严重。9月，国立北京大学、清华大学和私立南开大学联合迁址昆明，合并成立更名“国立西南联合大学”（简称西南联大）。南开大学蒙难之时，张克忠在南京协助范旭东、侯德榜扩建硫酸铔厂。留守的高少白教授带领其他研究人员冒着炮火抢救出了许多的设备，后携带这些设备随南开迁往西南后方。应化所在重庆再建，但因经费设备不足很快暂停工作。

（六）中国西部科学院

中国西部科学院于1930年9月在重庆附近的巴县北碚成立，以北碚火焰山的庙宇为院址。该研究院是四川军政当局及各界人士发起组织，并由卢作孚任院长。其经费除捐款外，大部分来自于卢作孚所经营的民生实业公司的利益。该研究院设有理化研究所，其研究工作目标是研究四川及西部各省土产物料的性质及其用途，如煤质分析、煤中含硫量的研究、炼焦分析和土法炼焦等。

（七）延安自然科学院化工系

延安自然科学院于1940年成立，先后由李富春、徐特立、李强任院长，陈康白和恽子强任副院长。这是中国共产党在抗战期间为培养自然科学和经济建设人才而创设的一所新型大学。

1941年春，延安自然科学院分设物理、化学、地矿和生物四个系。1942年物理系改为机械系，化学系改为化工系，生物系改为农业系，地矿系未变。李苏先后任化学和化工系主任。当时全院有300多人，其中化工系有近百人。恽子强讲授普通化学，陈康白讲授有机化学，李苏讲授物理化学和分析化学。

学院建立了科学馆，馆内有化学实验室，可做定性、定量分析化学实验。这所学院的主要特点是根据抗战需要进行教学和开展科研工作。化工系师生用简陋的设备自制了硫酸、硝酸、灰生铁，提炼出了薄荷油，满足了军工生产的需要。他们还办起了酒精厂、玻璃厂，制造了急需的针管、疫苗管及许多玻璃器皿。

林华于1940～1945年在延安自然科学院任教。为了解决边区人民和前方部队对各种器皿的需要，他用简陋的方法就地取材，研究生产出玻璃，同时创建了边区第一座年产针管14万支、疫苗管4万支及各种玻璃器皿的玻璃厂，组织师生对高炉耐火材料、工业用耐酸陶瓷等进行研究生产，解决了当时炼铁、制酸和制碱工业的需要。为此，林华在1944年陕甘宁第一次职工代表大会上荣获“劳动英雄”称号。

1944年，李苏研究和试制出黄色炸药（TNT），应用于兵工厂生产，适应战时需要，受到了表彰。

1945年12月，延安自然科学院撤离延安，到张家口与当地一个工业学校合并为晋察冀工业专科学校。1952年改建为北京工业学院（北京理工大学前身）。延安自然科学院化学和化工系曾为抗日根据地和新中国化工事业培养了一批人才。科学研究体系虽不完整和成系统，但也涌现出不少科研机构。

二、近代化学工业科学研究情况

近代化学工业的研究不得不提及天津。天津有南开大学的应用化学研究所和黄海化学工业研究社。南开大学的应用化学研究所的工作专注于科技与生产应用结合。黄海化学工业研究社更注重与生产实际结合的研究和资源利用的研究，且不乏科研成果。此外，北平研究院化学研究所对中国旧有的化学工艺进行了系统的调查，同时该所张汉良对桐油催干性及井陉汽油利用等研究也已取得成绩。北京大学化学系则在刘树杞指导下，对于制革、制铝、电气冶金，均曾有相当研究。山东大学汤腾汉及广州勷勤大学工学院李文诩对于化学陶瓷有所研究。其他如实业部中央工业试验所及各省立工业试验所，化学试验所等，大学中如燕京、沪江亦均在进行化学工业相关研究。

中国在化学工程领域研究起步较晚，化工专著仅有韩祖康译著《工业化学机械》，张洪沅、谢明山编的《化学工程机械》和林纪方编著的《化工计算法》3种。20世纪20年代，随着近代化学工业在中国的兴起，产生了化学工程。同时化学工程的研究成果，反过来又使工厂制造的工艺和流程得以改良。

化学工程可分为若干个单元操作，内容包括流体力学、热传递、蒸发、干燥、吸收、蒸馏、机械压磨与混合和机械分离等。

1928年，麻省理工学院在授予张克忠科学博士学位的同时，出版了他的博士学位论文《扩散原理》一书。论文提出的扩散原理，是他研究精馏过程机理，将原基本扩散方程积分，结合实验数据，对影响塔板效率的因素做定量分析得到的成果。这一扩散原理很有指导意义，被称为“张氏扩散原理”，至今仍被沿用。此书立刻轰动了美国科学界，“扩散原理”被定名为“张氏定理”。

顾毓珍在1932～1936年研究流体在导管中的流动机理时，提出了两个经验公式颇具影响。发表“流体在圆管中流动时的阻力计算公式”被美国《化学工程师手册》采用，并誉之为“顾氏公式”，是中国科学家在化学工程领域做出的贡献。在此基础上，顾毓珍又提出了管中流体流动速度分布的公式。

杜长明1929～1930年在固体的干燥和固体燃料的燃烧机理方面做了不少研究。在蒸馏操作方面也有广泛研究，特别是在汽液平衡方面，朱汝瑾著有《蒸馏平衡数据》一书。关于蒸馏塔的设计，也有一些论文发表，黄彬文1947年发表的《袖珍酒精蒸馏器的设计》等。此外，在有机物蒸气的冷凝系数、气体吸收、萃取等方面也有一些零散论文发表。

汪德熙进入美国麻省理工学院读博士时，正赶上第二次世界大战进入最后的决战阶段，美国国内的军用物资非常匮乏，甘油紧缺。汪德熙的博士论文是用电解还原葡萄糖制备辛六醇。辛六醇既在食品工业中用途很广，也可用于代替制造汽车、装甲车、飞机喷漆的甘油。一个普普通通的中国留学生，给美国工业的一大难题找到解决的途径。由于辛六醇当时被列为战争控制物资，汪德熙的研究成果未公开发表。

侯氏制碱法的发明可以称为是世界制碱技术的重大突破。该法又称联合制碱法。1937年后，范旭东在四川五通桥筹建永利川厂。但川西产的盐比海盐价格贵，产量少，致使制碱成本太高。苏尔维制碱法虽然在当时比较先进，但也存在不少缺点，如食盐的利用率低，盐中所含的氯也未被利用，废液难以处理，污染环境，因此必须寻找新的制碱方法。为了提高食盐的综合利用率，解决废液处理问题，侯德榜经过考察和研究，提出了新的设计方案。1938～1941年，侯德榜先后在香港、上海和美国纽约进行试验。1941年，联合生产纯碱和氯化铵的新工艺初步获得成功。此法的要点是：在氨碱法的滤液中加入固定食盐，并在30～40℃下通入氨和二氧化碳使达到饱和，冷却至10℃以下，即可得到氯化铵结晶，而母液又可输回到氨碱法生产中。后经过扩大试验，获得良好结果，新制碱法获得成功。

1941年3月15日范旭东决定将新的制碱法命名为“侯氏制碱法”。此后，侯德榜又设计了一个新的流程图，巧妙地把合成氨和制碱合为一体，用同一套工艺流程生产出工业原料纯碱和农用化肥氯化铵。为了实现这一新流程的扩大试验，侯德榜千方百计从美国买到新制碱法原料用氨，几经周折转运到四川。在侯德榜的指导下，由合成氨开始的连续法联合制碱流程在1943年11月顺利试车成功，不仅使盐的利用率提高到98%以上，而且可以实现连续化生产，既提高了产量，又节省了设备。其优越性大大超过了苏尔维法。此时，一个崭新的联合制碱法“侯氏制碱法”得以完全确定。1949年1月17日获准国民政府以京工（38）字第1057号文通知核准“侯氏碱法”专利10年。联合制碱法在新中国成立后的1964年成功实现工业化。

侯德榜这一重大科学成就在国内外引起了强烈反响，使他获得了崇高的荣誉和奖赏。1943年，他荣获和荣任中国工程师学会第一届化工贡献最大者荣誉奖章，范旭东纪念奖金、奖章，英国皇家学会荣誉会员、英国化工学会荣誉奖章，美国机械工程学会终身荣誉会员、美国哥伦比亚大学奖章及特赠科学博士等。

湖南长沙籍化学家韩祖康，1917～1924年先后担任湘雅医学专科学校助教兼湘雅医院附属护士学校教师、清华大学化学讲师等职，并加入美国化学学会和美国电化学学会，编著《造碱工业概略》等论著。1924年任上海卜内门公司化验室主任兼复旦大学、沪江大学、大夏大学、中央大学教授，并在美国发表《化学分析用滴定器》等10余篇论文；还翻译了《工业化学实验法》《工业化学机械》等专著，为当时大学化学系师生必备的参考书。他在上海自己家中建立了一个实验室，先后做了许多分析测试方面的实验，并取得成果，发表了10多篇得到国际公认的论文。

三、近代化学与化工教育事业的起步

中国早期的化学教育更多的是实用化学工艺经验的传承，没有系统的从理论到实践的化学化工教育和科研体系。现代化学知识传入中国后，中国近代化学教育从1840年到20世纪初发展缓慢，仅仅处在起步阶段。到抗战爆发前，化学教育发展才有了一定规模，逐步走上正轨。化学研究随着大学化学教育专业成建制发展，相应开展了一些研究项目，并取得成就。

（一）癸卯学制改革与化学基础教育起步

中国有组织地进行化学化工教育兴起于洋务运动时期，当时设立的江南制造局、京师同文馆以及各地的水师、陆师学堂大多有讲授化学化工相关内容。但是当时的化学化工教育主要是为军工服务。

除政府组织之外，社会力量也开始兴办书院，传播自然科学。如徐寿、徐建寅父子等于1874年在上海创立格致书院。格致书院在40年间培育了一批化学化工人才，对国内兴办近代科学教育机构起到良好示范作用。

光绪二十四年（1898年），清政府实行维新变法，史称戊戌变法。维新活动“废科举，办学堂”，参考德国、日本建立新学制，在全国各省府州县开设学堂。尽管由于“百日维新”的迅速失败，建立新学制的设想破灭了，但是各地新式学校已如雨后春笋般出现，学制改革已成为大势所趋。

光绪二十九年（1903年），清政府颁布了由孙家鼐、张百熙、张之洞会同制定的学堂章程即“奏定学堂章程”，由于当年为癸卯年，故又称“癸卯学制”。癸卯学制规定学制为小学5年，高等小学4年；中学5年；高等学堂（大学预科）3年，大学3～4年；通儒院5年。

学制规定高等小学堂二三年级开始接触化学，中学堂五年级学习化学，内容包括无机化学中重要元素与化合物以及有机化学初步。大学堂下分科、门两级，相当于后来的学院和系。癸卯学制规定大学堂设政治、文学、格致、农业、工业、商务、医术7科。格致科下有化学门，工业科下有应用化学门、火药门、采矿门、冶金门，现代化学与化工教育体系已见雏形。工业科之应用化学门课程包括无机化学、有机化学、矿物学、制造化学、分析化学实验、冶金学、计划及制图、电气化学、工业分析实验、制造化学实验、冶金制器学等。

尽管由于师资、经费、仪器等客观原因，癸卯学制的部分规定难以实行，也仍有许多不能适应社会发展需要的规定，但是其结束了中国两千多年的封建教育制度，将西学引入中国，对促进中国近代教育事业尤其是当时急需的理工科的发展起到了重要作用，化学及化工教育事业也由此正式起步。

（二）高等学校化学、化工学科的建立

1905年，清政府废除科举制度，各地纷纷建立大学。辛亥革命后，民国政府规定大学分文、理、法、商、医、农、工7科，进一步适应了当时社会发展的需要。其中，工科下有应用化学门和火药门，成为后来化工系的基础。一战结束后，受各国教育发展和“五四”运动新思潮的影响，以蔡元培为首的教育界人士开始探求建立新的学制。

新学制倡导科学民主，剔除封建糟粕，使中国教育事业发展步入正轨。新学制将大学中的科改为院，门改为系。

1919年，北京大学废门改系，各系成立教授会。俞同奎为化学系首任系主任和教授会主任。这是中国大学中最早成立的一个化学系。20世纪20年代，厦门大学、中山大学、南开大学、南京大学、北京师范大学、清华大学、武汉大学等相继建立化学系。

到1925年，已有北京工业大学、浙江工业专门学校、苏州工业专门学校等7所院校开设了应用化学系或者工业化学系。但当时还没有化学工程这一学科。

尽管世界化工发展历史悠久，但是一直缺乏系统的理论，不同化工工业之间相互独立。在20世纪初，美国麻省理工学院的科学家总结出单元操作的概念，标志着化学工程学科开始走向系统化。1920年，在麻省理工学院，化学工程脱离化学系而成为一个独立的系，由W.K.刘易斯任系主任。这年夏天，华克尔、刘易斯和麦克亚当斯完成了《化工原理》一书的初稿，此书油印后立即用于化工系的教育，后于1923年正式出版。《化工原理》阐述了各种单元操作的物理化学原理，提出了它们的定量计算方法，并从物理学等基础学科中吸取了对化学工程有用的研究成果（如雷诺关于湍流、层流的研究）和研究方法（如因次分析和相似论），奠定了化学工

程作为一门独立工程学科的基础。

随着早期留学人员的大量回国，逐渐承担起了国内化学化工教育、研究的重任，国内高校也开始设立化学工程系，进行化学工程的系统学习和研究。

1927年，国立第三中山大学（1928年改称为浙江大学）建立了中国第一个化学工程系，系主任为李寿恒。这是中国高等学校中最早成立的一个化工系。李寿恒在担任浙江大学化工系系主任期间，制定了把浙江大学化工系建成世界一流水平的远大目标，浙江大学形成了以李寿恒、苏元复、冯新德、侯毓汾等杰出学者为代表的化工系教师队伍，设立了相应的必修课程。到1930年，浙江大学化工系的课程设置与美国同类高校已经大致相同。到1937年，浙江大学共培养了化工学士100余名，为中国近代化工事业发展做出了巨大贡献。

1930年，中央大学将工业化学科改组为化学工程系，这是中国第二个化学工程系，首届系主任为曾昭抡，他是中国第一个学习化学工程的留学生。此后，南开大学、中山大学、广西大学、重庆大学、交通大学、武汉大学、清华大学等纷纷筹建或改建化学工程系。

这一时期，各大学教研团队编纂和翻译了大量化学化工领域的教材和专著。1910年俞同奎在英国获得化学硕士学位后回国任教，在北京大学主持编写了《无机化学》《有机化学》《物理化学》《分析化学》和《应用化学》，这是中国最早的一批大学化学教材。1923年，吴承洛在北京工业大学主持编写了《化学工程》讲义，成为中国高等学校系统讲授化学工程的开端。此外，还有1935年苏元复与张克忠合编的《无机工业化学》、1925年韩祖康编写的《工业化学实验法》等教材。

到1949年，中国已有30所左右的大学开设了化工系。较为出名的有浙江大学、北京大学、清华大学、南开大学、北洋大学、河北工学院、中央大学、燕京大学、交通大学、哈尔滨工业大学、大连大学、重庆大学、四川大学、兰州大学、中山大学、大同大学、沪江大学、东吴大学、震旦大学、江南大学、金陵大学、英士大学、广东省立工业专科学校等。这一批院校的发展壮大为新中国成立以后化工事业的迅猛发展奠定了坚实基础。

第二章
新中国开始有计划发展化学工业

（1949～1957年）

1949年10月1日，中华人民共和国成立，国民经济恢复和各项建设工作展开。化学工业得到党和政府高度重视和有力推动。国家重点依靠自己的力量，发展化学工业，建立国有化学工业体系，化学工业步入计划发展时代。化学工业结合国情，以恢复扩建和集中建设形式为主发展，其中通过引进技术装备，建设了化工基地。

经过数年的快速发展，化学工业基本实现了发展目标，扩大了产品品种和产量，为新中国巩固政权、稳定民生、发展经济做出了应有贡献，为新中国工业发展奠定了基础，同时也改变了化学工业极端落后的局面。

第一节
修复扩建推进“老化工”复产

根据新中国成立初期的社会经济情况，重工业部化工局提出化学工业的发展以在现有基础上进行恢复和调整为主，化学工业总产值要大幅提高，为将来大规模建设和增强国防力量准备条件。

为了尽快形成化工产品生产能力，生产国家急需的化工产品，化学工业的恢复先期从东北开始，然后陆续向华北、华东等地展开。

一、东北地区化工企业恢复生产

在半殖民地、半封建中国，东北地区工业相对发达，国家恢复和发展工业的重点地区主要在东北。1949～1952年，东北全境工业基本建设投资居于全国首位。

东北地区的化学工业主要为20世纪20～30年代日本对东北实行经济侵略期间建立，大多分布于大连、沈阳等，但损毁情况非常严重。东北全境于1948年11月9日解放后，东北人民政府接收沈阳、辽西地区各化学工厂，合并哈尔滨油脂厂、酒精厂和吉林化工厂、四平化工厂，组成东北人民政府工业部化学公司。1949年3月，东北人民政府工业部化学公司改名为东北人民政府工业部化学工业管理局（简称东北工业部化工局），着手恢复和重建东北化学工业，开展大规模的恢复和改建工作。其中，大连化学厂、沈阳化工厂、吉林化工厂、锦西化工厂是重点恢复和改建单位。几个人造石油厂也得到修复和扩建。

1950年2月，大连化学厂开始了全面修复工作，1951年恢复生产，为工厂的进一步发展奠定了基础。1952年，大连化学厂开始了改造扩建工作，新增合成氨生产装置。这一年，大连化学厂首次开发了应用于印染、制药等领域的亚硝酸钠新产品，结束了中国不能生产亚硝酸钠的历史。

1951年1月1日，东北工业部化工局接管大连曹达工厂（后更名为大连化学工业公司碱厂）。经修复建设，恢复了纯碱生产，产量突破了历史最高年产水平，为该厂进一步改扩建打下基础。大连碱厂在1952年开展的以设备挖潜为主要内容的增产节约活动，使产量成倍增长。到1957年，大连化学厂和大连碱厂实现工业总产值比1951年增长5.7倍。

1950年3月，大连炼油厂恢复了蒸馏和洗涤两套装置，当年加工从苏联进口原油5万吨，生产的汽油、煤油、柴油等供军用。1951年改名为石油七厂，并继续扩产，产品还支援抗美援朝。

沈阳化工厂前身为满洲曹达株式会社奉天工场，始建于1938年，主要产品有烧碱、盐酸、氯化铝、漂白粉和液氯，后又发展有汽缸油等。该厂在日伪统治时期，作业环境十分恶劣，中国工人饱受严重的污染困扰。“电解室是阎王殿、汽油缸是大猪圈、漂白粉拿命换”就是工人对当时生产环境的概括。该厂后遭遇战火损毁较严重。1948年11月2日，沈阳解放，中国人民解放军军事管制委员会奉命接管工厂，以杨浚为代表的军管会直接实施工厂接管工作。在东北工业部化工局领导下，将沈阳化工厂与益华公司合并，正式定名为沈阳化工厂。

沈阳化工厂在军代表领导下，开始了恢复生产建设。工厂召回被遣散离厂的250名工人和3名技术员，在“克服困难、突击修复”的口号下，以主人翁姿态，为恢复生产献计献策。工人们彻夜奋战，充分利用废旧物资修复工厂设备。在全厂员工共同努力下，不到一个月时间，就使烧碱、漂白粉和盐酸装置恢复了生产。电解场是当时全厂的中枢，到1949年底，104台电解槽全部修复投入生产，同期，制油场、油脂场相继修复完成，恢复生产。恢复生产同时，工厂还不断进行技术改造和扩建工程，推出多项既提高产能产量，又能改善作业条件的技改措施，例如电解场漂白粉生产废除室式生产法，新建一座7层“巴克曼”漂白粉塔，不仅提高了生产能力，还大大改善了劳动条件。1952年，沈阳化工厂主要产品产量已达到烧碱5314吨，盐酸3760吨，汽缸油971吨，漂白粉3339吨。

1949年10月29日，吉林化工厂经修复生产出第一炉电石。以后，赤磷、碳素砖、石灰石、碳素电极、石灰等产品相继恢复生产。1952年，该厂共生产19种产品，产值706万元。

1948年12月末，东北人民政府工业部接管经济部锦西燃料厂，定厂名为“锦西炼油厂”。1950年1月29日，锦西炼油厂改名为锦西化工厂，下设化工、炼油、机械和发电4个分厂。1950年12月18日，锦西化工厂烧碱、漂白粉、氯化铝、电解等车间建成投产，为锦西化学工业基地的建设奠定了基础。1951年6月，锦西化工厂建成中国第一套水银法烧碱装置，于1952年1月试车投产。

1952年9月，锦西化工厂划分化工、炼油两部分，在炼油业务板块成立东北石油五厂，并于1953年春拉开了恢复生产重建家园的序幕。短短的几个月，热裂化装置、常减压蒸馏装置恢复生产。到1954年底，已生产汽油2.2万吨，燃料油2.3万吨，占当年全国石油产品总产量的22%。

1948年，东北军区制药厂从佳木斯迁到沈阳，利用原有9个制药厂旧址建厂，定名东北化学制药厂（今东北制药总厂）。1950年，东北制药总厂试制成功滴滴涕，用中试装置生产。1951年扩产滴滴涕成功，同时扩产六六六、清水龙等一批杀虫药、杀鼠药和饮水消毒剂。

东北人民政府工业部化学公司将接管的国民政府各系统的橡胶厂进行改组，定名沈阳橡胶一厂、二厂、三厂、四厂、五厂、六厂、七厂，安东橡胶八厂、辽阳橡胶九厂、沈阳橡胶机械修配厂。1949年3月，沈阳橡胶一厂、沈阳橡胶二厂相继恢复生产。为保存实力，支援抗美援朝战争，从1950年开始，东北人民政府组织进行了橡胶企业的搬迁和合并工作，把东北地区南部50%的橡胶厂、75%的生产能力和属于生产资料的几乎全部橡胶制品的生产，转移到东北北部地区，使整个东北橡胶工业布局和基地进行了一次大的调整。沈阳第一、第二橡胶厂和辽阳第九橡胶厂迁往牡丹江，组建桦林国营第一橡胶厂。沈阳第六橡胶厂迁往哈尔滨，与哈尔滨胶鞋厂合并，组成国营第六橡胶厂（后称松江橡胶厂）。安东市（丹东市）橡胶厂迁往长春，建立国营第八橡胶厂。期间，大规模的橡胶工业转移的战斗是在零下三四十摄氏度，滴水成冰的严冬季节展开，从长春、哈尔滨到牡丹江，橡胶工业职工发扬爱国主义和主人翁精神，响应党和政府的号召，在当地各界的支持下，全面投入了建厂战斗。沈阳第一、第二橡胶厂和辽阳第九橡胶厂搬迁过程中，创造了100天搬迁到投产的罕见纪录，于1951年春节前夕生产出第一条轮胎。东北橡胶企业的搬迁在橡胶工业发展史上留下了著名的“五十年代迁建厂精神”。

二、上海、天津、南京等地企业恢复生产

上海、天津、南京是民族资本化工企业基础较好的地区，国家在积极组建国营化工企业的同时，大力支持改造和扩建上海、天津、南京等地老厂，使之复苏振兴。

1949年上海解放前夕，上海的化工企业数量为436家，多为小型加工企业。这一时期，上海恢复生产的企业主要有上海第三制药厂、上海天原化工厂等。上海天原化工厂恢复生产，生产烧碱714吨、盐酸608吨、漂白粉1327吨。1950年12月，上海橡胶企业生产救生圈1000多只，提供中国人民解放军解放海南岛使用。生产胶鞋、力士鞋、止血带、输血胶管等，支援抗美援朝战争。上海化工厂生产酚醛清漆、漆布压层板、止血没食子酸等产品，支援抗美援朝战争。

天津地区恢复生产企业主要有永利化学工业公司碱厂、天津化工厂、天津大沽化工厂、天津近代化学厂、天津农药厂等。1949年1月，永利化学工业公司碱厂在军代表主持下，经工人、工程技术人员一个多月的大检修，在2月22日恢复了纯碱、烧碱的生产，当年生产纯碱4万吨。恢复生产阶段，国家为了扶持永利碱厂，从解决原燃材料供应、贷款、产品收购、包销等措施积极予以扶植，一度濒临倒闭

的碱厂重获生机。碱厂产量由1949年的4万吨，上升到1952年的9万吨。

1949年2月15日，前中国盐业公司华北分公司大沽工厂（该厂多次易名，1969年由部属改为地方管理后定名为“天津大沽化工厂”）恢复生产，当年生产烧碱515吨、漂白粉1021吨。

南京地区恢复扩建企业有永利化学工业公司铔厂、南京化工厂。1949年4月，永利铔厂获得贷款、供给原料、包销产品的政府支持。全厂职工积极抢修机器设备，于当年6月复产，日产硫酸铵60～80吨。1950年5月，该厂催化剂车间建成投产，产品有硫酸钒催化剂、合成氨催化剂等，解决了合成氨催化剂依赖进口的问题。1952年，永利公司硫酸铔厂公私合营，更名为“公私合营永利化学工业公司宁厂”（简称永利宁厂）。1952年6月20日，永利宁厂依靠自己的力量，建成第一套8万吨/年硫酸生产装置投产。1955年、1957年，第二套、第三套8万吨/年硫酸装置顺利建成投产。1955年，永利宁厂开发成功用焦作无烟块煤代替焦炭作合成氨原料，开辟了制合成氨的新原料渠道。

成立于1947年的南京化工厂（原中华民国国民政府资源委员会中央化工厂筹备处京厂，南京工厂，1949年更名为南京化工厂），在南京解放后被南京市军事管制委员会接管，并设法组织生产。组织生产过程中遇到了设备不全、原料短缺、无化工生产经验工人、资金短缺等困难，军代表组织员工生产自救，日夜苦干，用土办法在一个月内安装完硝化设备，1949年7月18日，产出第一个产品二硝基氯化苯。后该厂根据国家需要研制橡胶防老剂，并建起48吨专业生产车间，1952年投产，当年产量25.93吨，结束了中国防老剂产品依赖进口历史。1952年2月，南京化工厂改扩建工程开始施工。该项工程从1952年开始到1960年8月完成，建成投产的产品有年产硝基氯化苯2000吨、对硝基氯化苯2000吨等，总投资2000多万元。1953年，该厂改属重工业部化学工业管理局领导，再投资扩建防老剂装置。

山东省恢复生产的化工企业主要有：青岛维新化学厂、青岛橡胶厂、山东农药厂等。1949年9月，青岛维新化学厂（1953年更名为青岛染料厂）恢复生产，主要产品有硫化青、硫化蓝、硫化黄、硫化碱。青岛橡胶厂迅速恢复和发展生产。到1952年，该厂轮胎产量达到13.66万套。

位于陕西、甘肃、独山子的石油加工企业相继得到修复、改造扩建，恢复生产。主要有延长油矿炼油厂、玉门炼油厂、独山子炼油厂。

1949～1952年，中国在恢复和发展工业生产方面取得了巨大成就。1952年工业总产值349亿元，比1936年增长了22.5%。产品品种也有了较大的扩增，工业结构也发生了重大变化。1952年，化学工业创造产值11.8亿元（为全国化工企业，按照1952年不变价计算），占整个全国工业产值的4.8%。

到1952年底，中国化学工业的主要产品产量都已经恢复到或者超过了1949年前最高的年产水平。

第二节 建立新中国化学工业体系

化学工业作为国民经济的基础产业，关联百业，对国防建设、国民经济、人民生活影响巨大，党和政府高度重视化学工业的发展，逐步进行国有化学工业体系的建立，开展新的建设。

一、党和国家领导人对化工发展寄予厚望

新中国成立之初，党和国家领导人十分关注化学工业发展，多次视察化工企业，接见化工业界代表，鼓励企业职工努力工作，多创业绩，表达了对发展化学工业的殷切期望。

1949年7月，毛泽东接见侯德榜等多位专家，详细倾听了侯德榜对复兴中国工业的意见及范旭东建设十大化工企业的设想，表示赞赏。1950年3月3日，毛泽东、周恩来视察沈阳第一橡胶厂。1954年，毛泽东视察永利久大化学工业公司沽厂（简称永久沽厂），看了重碱、干燥等车间的生产情况，勉励工人们当好企业的主人。之后，毛泽东还先后视察隆昌炭黑厂和安徽蜀山化肥厂。

1949年7月，侯德榜归国之际，周恩来专程到永利化学工业公司北京办事处看望侯德榜，祝贺他克服重重困难，胜利回到祖国，赞扬他的爱国主义精神。10月，周恩来在北京接见吴蕴初先生。一见面，周恩来高兴地说："味精大王回来了，欢迎！欢迎！"周恩来还对吴蕴初说："中国化学工业将会有很大发展，希望吴先生能为化工事业继续努力。"

刘少奇、周恩来、邓小平、朱德等先后到天津碱厂、吉林化工厂、桦林国营第一橡胶厂、华北制药厂等化工企业视察。

中共中央多次作出发展化学工业的决定，特别提出要大力发展化学肥料工业。为了加强化工行业和企业的管理，中央陆续选调了大批优秀管理干部到化工行业和企业，为化学工业发展提供了组织和人才保障。在国家外汇非常紧缺的情况下，中共中央安排大量资金引进国外化工设备，建设重点化工项目，一系列发展举措的实施奠定了中国化学工业快速发展的基础。

二、设立化工行业行政管理机构

在国民经济恢复时期和“一五”时期，国家初步建立起高度集中的计划经济体制，国家统一领导管理化学工业的专业行政管理机构设立，并采取中央、地方分级管理形式，统一管理全国的化学工业厂矿企业，建立国有化工企业管理制度，化学工业进入计划发展时代。

1949年10月，中央人民政府政务院设立燃料工业部、重工业部，中国的石油工业和化学工业分别由这两个部门主管。1953年，重工业部所属化学工业厂矿企业28个。1955年，正式成立石油工业部集中管理中国的石油勘探与开采、石油加工工业。

到1956年5月12日，第一届全国人民代表大会常务委员会第40次会议批准国务院撤销重工业部的决定，将原重工业部化学工业管理局、轻工业部医药工业管理局、橡胶工业管理局合并，成立中华人民共和国化学工业部（简称化工部），任命彭涛（任期为1956～1961年）为化学工业部部长。其中设立6个专业管理局：基本化学工业管理局、化学肥料工业管理局、有机化学工业管理局、橡胶工业管理局、医药工业管理局、建筑局。

这一时期，《化学工业“第一个五年”计划》《化学工业科研十二年（1956～1967）长远规划》等文件相继颁布，化学工业作为国家的基础行业，正在逐步明确发展方向，走向计划生产，以配合国民经济的恢复和建设，为大规模建设和增强国防力量做准备。

化学工业专业行政管理机构对全国的企业进行了隶属管理关系调整和归并。直属企业有大连化学厂、永利宁厂、向山硫铁矿、英德硫铁矿、草河口硫铁矿、锦屏磷矿、上海制酸厂等近百个和地质勘探队。国家和各有关部门也将一系列与化工生产有关系的行业和企业划归到化工部门下。

1957年到1958年，化工部相继成立吉林化学工业公司，统一领导吉林化肥厂、吉林染料厂、吉林电石厂、吉林化工建设公司、吉林业余化工学院、吉林机械电气工人技术学校、吉林化学工业干部学校；成立南京化学工业公司，统一领导永利公司宁厂、南京磷肥厂、南京化工厂；成立太原化学工业公司，统一领导太原化工厂、太原化肥厂、太原制药厂、第二化工建设公司。随后还成立了兰州化学工业公司。

化学工业部的建立对化工企业的基本建设项目管理、计划、财务、物资和劳动工资等方面实行高度集中的管理，这是计划经济时期化学工业发展的主要特征。化学工业部在1998年国务院机构改革中撤销。

三、对私营化工企业的社会主义改造

1952年，中央提出了对私营工商业利用、限制和改造的方针。根据这一方针，全国的私营化工企业陆续按行业实现公私合营，同时进行合并小厂，扩大企业规模，逐步纳入社会主义生产轨道。在抗美援朝中，又对私营化工企业进行军事订货，使生产出现了“淡季不淡，旺季更旺”的景象。1953年，实行收购或包销，采取“统筹兼顾，全面安排”，将私营化工企业的生产纳入国家计划。1954年到1955年，对规模较大、产品重要的私营化工企业，分批分期实行了公私合营。1956年，在对资本主义工商业社会主义改造的高潮中，全国的私营化工企业陆续按行业实现公私合营，逐步纳入社会主义生产轨道。

橡胶工业在1956年基本完成了公私合营。通过加工订货、统购包销、裁并改组到公私合营，把全国800多家私营橡胶厂改造成为一些公私合营企业。上海市以大中华橡胶厂、正泰橡胶厂、中南橡胶厂等7家大中型橡胶厂为基础，把473家私营企业改组为244家。天津市由112家改组为18家，广州市将100家改组为26家，辽宁省由46家改组为6家，北京市由9家改组为3家。上海金刚橡胶厂等11个橡胶厂，先后迁到长沙、南昌、黄石等11个城市。1956年全部公私合营后，3年间国家为之投入资金达到500万元以上，占到其固定资产的10%。橡胶厂设备利用率和生产效率都有提高，橡胶工业的力量也随之增强，生产建设全面纳入计划经济的轨道。

染料行业也基本于1956年前完成公私合营。上海私营染料企业于1955年实现公私合营并合并为华元染料化工厂等13家企业。1956年，上海染料工业公司成立，统一管理上海地区染料厂。实现公私合营后上海地区染料产量从1953年的7735吨增长到1957年的16985吨，获得了快速发展。天津市染料行业基本同时实现全行业公私合营，由38个小厂重组为8个企业。

其他行业的公私合营也先后完成。1956年，上海34家小涂料厂完成公私合营和改造，成立了上海造漆颜料工业公司，当年上海的涂料产量是1949年的11.8倍。

在公私合营的过程中，国家通过资金扶持、原料供应和计划统购等多种方式，有力扶持了民族化学工业，使许多经过战乱、濒临倒闭的民族化工企业重焕生机。

永利公司宁厂（即硫酸铔厂）建成后即受战火影响，一直处于困境。1949年新中国成立后，人民政府大力帮助其恢复生产。1951年，人民政府与永利公司签订了包销纯碱、烧碱和统购硫酸铵的合约，将永利公司的生产纳入国家计划。同时，在企业内部，通过劳资协商，改进经营管理，降低生产成本。在人民政府的扶持下，该公司不断创造生产新纪录，碱和硫酸铵的产量超过了战前最高生产水平。1951年硫酸铵产量为1948年的1.6倍。

1952年，永利公司实现了公私合营。合营后一年，生产的纯碱增长了28.5%，烧碱增长了29.9%，硫酸铵增长了23.7%。利润大大增加。1953年的股息约为1951年的五倍。资本家过去多年筹划扩建的愿望在合营后得到了逐步实现。

1953年7月1日，久大精盐厂也实现了公私合营。1955年1月1日，永利碱厂与久大精盐合并，定名为“公私合营永利久大化学工业公司”。两厂合并后，建立了党委领导下的厂长分工负责制和党委领导下的职工代表大会制，加强了党的领导和职工的民主管理。

公私合营后，永久沽厂历年均有扩建。1952年至1957年各项扩建投资合计为1800多万元，同时劳动生产率不断提高。以1949年为100%计，1952年为253.15%，1957年达到522.11%。

完成了对私营化工企业的社会主义改造后，全国的化工企业分为国营和集体两种所有制经济形式，国营企业根据企业规模和重要程度分别隶属中央和地方管理。

第三节 实施“一五”计划推进重点项目建设

从1953年开始，中国开始执行发展国民经济第一个五年计划（1953～1957）（简称“一五”或“一五”计划）。“一五”期间施工的建设单位在一万个以上，其中限额以上的921个。在这一万多个施工的建设单位中，黑色金属312个，电力599

个，煤炭600个，石油22个，金属加工1921个，化学637个，建筑材料831个，造纸253个，纺织613个，食品和其他约5000个。到1957年底，全部建成投产的有428个，部分投产的有109个。

化学工业是国家“一五”计划发展重点，国家明确提出化学工业是促进农业和其他工业发展的重要因素，要求化学工业的总产值在1957年比1952年增长162.9%，即平均每年增长21.3%。化学工业发展计划体现了国家大力发展农业和维护国家稳定的宗旨。从推动苏联援建化工项目开始，“一五”期间，国家启动了化学工业大规模建设。

一、“一五”时期的化工重点项目建设

（一）苏联援建一批化工项目建设

为了巩固国防、发展国民经济和改善人民生活，年轻的中华人民共和国急需建立起相应的化学工业基础。由于原有的底子薄、技术力量弱、缺乏大规模建设的经验，要发展化学工业必须贯彻执行“自力更生为主，争取外援为辅”的方针，积极争取外援。这个时候以美国为首的资本主义阵营西方国家对中国实行严密封锁禁运，只有苏联等社会主义国家同中国密切交往，援助中国发展化学工业。

1953年5月15日，中华人民共和国政府和苏维埃社会主义共和国联盟政府在莫斯科签订了《关于苏维埃社会主义共和国联盟政府援助中华人民共和国中央人民政府发展国民经济的协定》，后续还签订补充协定。依据有关协定，1953年至1959年期间，苏联援助中国新建改建项目，合计156个建设项目，涉及化学工业项目详见表1-2-1。

表1-2-1 苏联援建项目中的化学工业项目

项目	建设性质	建设期限	建设项目
吉林氮肥厂	新建	1954～1957年	合成氨、硝酸铵
吉林染料厂	新建	1955～1958年	合成染料及中间体
吉林电石厂	新建	1955～1957年	电石
兰州氮肥厂	新建	1956～1959年	合成氨、硝酸铵
兰州合成橡胶厂	新建	1956～1960年	合成橡胶

续表

项目	建设性质	建设期限	建设项目
太原化工厂	新建	1954 ~ 1958 年	硫酸
太原氮肥厂	新建	1957 ~ 1960 年	合成氨、硝酸铵
兰州炼油厂	新建	1956 ~ 1959 年	炼油
抚顺第二制油厂	改建	1956 ~ 1959 年	页岩原油
华北制药厂	新建	1954 ~ 1958 年	青霉素、链霉素、淀粉
太原制药厂	新建	1954 ~ 1958 年	磺胺
保定胶片厂	新建	1958 ~ 1965 年	感光材料

从1953年起，中国还先后同罗马尼亚、匈牙利、捷克斯洛伐克、德意志民主共和国、波兰、阿尔巴尼亚、保加利亚等东欧社会主义国家分别签订了技术合作的协定。合作领域包括医药、涂料、农药、化肥、橡胶等行业。

上述项目大多采用了当时苏联和东欧国家比较先进的技术，多数产品为中国填补了空白。建设工作于1955年至1965年陆续完成。这些项目的建成投产，对中国奠定化学工业的基础，发展经济，巩固国防，改善人民生活起到了积极作用。

在苏联援建项目的建设过程中，苏联专家、顾问以专业知识和敬业精神指导有关技术工作和管理工作。在帮助提高我国干部和技术人员的业务技术水平，制定业务工作条例和规范，解决生产、施工、设计、科研技术问题等方面，做出了重要贡献。

156项中的化学工业项目大部分集中在吉林、兰州、太原三地。历经数年先后建成投产，逐步形成了吉林、兰州、太原三大化工基地。工业布局除沿海仍占主要比重外，内地的比重开始上升。

1. 吉林化工基地建设

1954年4月，在苏联提供的设计图纸基础上，吉林化工区三大化工厂开工建设，分别命名为吉林氮肥厂[1]、吉林染料厂、吉林电石厂，到1957年陆续建成投产。

[1] 关于吉林、兰州、太原三地的化肥厂建设记录，文献资料涉及企业名称多有变化，例如吉林肥料厂先后有吉林合成氨厂、吉林氮肥厂、102厂等企业称谓，兰州、太原的企业名称也存在类似情况，本书根据国家经济贸易委员会编《中国工业50年》第二部下卷第五编1339页附表统一记录为吉林氮肥厂、兰州氮肥厂、太原氮肥厂。

吉林化工区吉林氮肥厂、吉林染料厂、吉林电石厂建成投产是中国“一五”建设重大成果。1957年10月25日，三个企业全部或部分投入生产。为此，《人民日报》发表《我们要建设强大的化学工业》社论，社论指出：这三个规模巨大的、现代化的化学工业企业的建成，不仅将供给农村大量的肥料，供给人民大量色彩鲜艳、不会褪色的染料，而且还为发展合成纤维、塑料、合成橡胶提供了原料，使得其他工业部门所需要的某些原料和人民生活所需要的某些日常用品获得新的来源。因此，吉林化工区的建成，对于发展国民经济，满足人民生活的需要，对于发展化学工业本身，都具有深远的影响。

吉林氮肥厂的设计能力为年产合成氨5万吨、稀硝酸7.7万吨、浓硝酸1.5万吨、硝酸铵9万吨、甲醇0.4万吨。吉林染料厂的设计能力为年产7种还原、冰染染料0.29万吨，苯酐、二萘酚、H酸等14种中间体0.8万吨，硫酸等6种无机化工产品5万吨。吉林电石厂的设计能力为年产电石6万吨、碳氮化钙1万吨。

除了三大化工厂之外，吉林化工区还建设了热电厂、钢材厂等配套设施，到“一五”计划完成时，吉林化工区已经成为一个以煤、焦和焦化副产品为原料生产化肥、染料、有机原料等各类化工产品的大型化工基地，为其他地区的化工建设提供了技术、人才和经验，也为下一阶段国家建设化工联合企业奠定了基础。

2.兰州化工基地建设

在这批重点化工项目布局时，国家注意了西部地区项目的布局。这其实也是新中国成立以来第一次对西部地区的大规模开发。“一五”期间的兰州，156项工程中的多个项目在此开展。来自全国四面八方的建设者云集兰州，投身兰州化工基地建设。兰州氮肥厂、兰州合成橡胶厂、兰州炼油厂在兰州市西固区黄河岸边的一片滩涂上破土动工。三厂建设奠定了兰州乃至全国的石油化工发展基础。

1954年2月12日，国家正式批准兰州炼油厂、兰州氮肥厂、合成橡胶厂建于兰州市西固区的方案。1956年2月21日，重工业部化工局下文正式撤销1952年10月成立的西北化工厂筹备处，分别成立兰州化肥厂和兰州橡胶厂。

兰州氮肥厂设计能力为年产合成氨5万吨、硝酸铵8.2万吨、浓硝酸12万吨、甲醇0.87万吨、六亚甲基四胺（乌洛托品）0.3万吨。1956年8月，兰州氮肥厂甲醇及硝铵系统开工建设，10月合成氨车间开工建设，到1958年11月前全部建成投产。1959年当年完成合成氨5.7万吨，精甲醇1.22万吨，分别超过设计能力的14.5%和40.3%。

兰州合成橡胶厂设计能力为年产丁苯橡胶1.35万吨，丁腈橡胶0.15万吨，聚苯乙烯0.1万吨。1956年合成橡胶厂与肥料厂同时开始建设。1957年从中国科学院长春应用化学研究所搬迁一套丁苯橡胶实验装置，建成中试车间，边施工边培训。到1960年5月，成功建成年产1.15万吨的丁苯橡胶生产装置。

1953年，燃料工业部和石油管理总局先后从西北、华北、中南等地区选调一批管理和工程技术人员成立兰州炼油厂筹备处。兰州炼油厂的建设全部生产装置和主要辅助设施都由苏联设计和提供。一期工程设计规模为年加工原油100万吨，包括常减压蒸馏、热裂解等16套炼油生产装置以及相应的储运和辅助系统。设计的代表产品有航空汽油、车用汽油等16种，该套装置基本上体现了当时苏联炼油工业的技术水平，也是中国首次兴建的生产规模较大、技术水平和自动化程度较高的综合炼油厂，是中国第一个大型炼油厂。兰州炼油厂1956年4月29日破土动工。玉门炼油厂、大连石油七厂、抚顺石油一厂、上海炼油厂等单位的优秀技术力量搬迁兰州，参加建设和生产。一期工程于1959年3月建成投入生产。

3.太原化工基地建设

最先提出在太原建设大型化工企业构思的是侯德榜先生。原设想利用山西丰富的煤炭和石膏资源，制造当时国际上流行的氮肥品种硫酸铵，即俗称的“肥田粉”。由于那时中国对化学品的统一命名规则尚未建立，而20世纪40年代前曾长期把“铵”称作“錏”，故所筹办的项目最早称为“太原錏厂”。1950年初，侯德榜亲临太原考察，正式建立了“永利化学工业公司太原錏厂筹备处”。1950年6月，抗美援朝战争爆发后，錏厂筹建工作被迫中断。重工业部化工局研究后，接手太原錏厂的筹建事宜，与由中央化工局直接筹建的太原染料厂等项目一道，列入拟请苏联援建的内容。后太原化工区各厂成为苏方第一批援建的大型工程的组成内容。

太原化工基地由太原氮肥厂、太原化工厂、太原制药厂组成。太原化工厂的产品为六六六农药、滴滴涕农药、烧碱、液氯以及军工原料等。太原氮肥厂产品为合成氨、硝酸铵、浓硝酸、甲醇等。太原制药厂产品为磺胺、维生素、解热药等。太原化工厂1956年开始建设，1958年7月投产。太原氮肥厂1957年建设，1961年投产。太原制药厂1958年建设，1960年1月投产。1958年6月由山西省筹措资金建成山西磷肥厂。

4.华北制药厂等项目的建设

苏联援建的华北制药厂，是中国最大的医药联合企业，由制药厂、淀粉分厂、玻璃分厂组成。1954年建设淀粉厂，1956年建成；1958年一季度建成药厂。这个企业建成和投产，基本上满足了当时国内的青霉素的需要，从根本上改变了依赖进口的状况。

国家“一五”计划在文化事业和化学工业项目中，确定了在中国建立电影胶片制造厂的计划项目。“一五”期间，建设胶片厂工作主要是选址及论证。1958年开始建设。

上述重点援建项目的建成，为化学工业培养了生产、科研、设计、施工、制造等力量，积累了经验，为以后进一步发展打下了基础。

（二）援建以外的化工建设项目

“一五”期间，国家根据产业和区域发展需要安排开建了650多个化工项目（含苏联援建化工项目）。其中较为有名的有四川肥料厂（四川化工总厂前身）、昆阳磷肥厂、广州氮肥厂、石家庄化肥厂、合肥化工厂等新建项目和沈阳化工厂、青岛化工厂等改扩建项目。“一五”期间，还扩建了上海炼油厂，使原油加工能力提高到50万吨。上海这个旧中国“洋油”进口的主要口岸，从此有了一座初具规模的完整炼油厂。重工业部投资上海溶剂厂357万元，改建成国内第一套2000吨总溶剂（丙酮、丁醇、乙醇）的生产装置，1956年12月建成国内第一套3000吨/年甲醛生产车间，同时生产乌洛托品。

“一五”期间建设的重点化工项目详见表1-2-2。

表1-2-2 “一五”期间建设的重点化工项目

项目	开工建设年份	建成年份
锦西化工厂氯碱厂	1949年	1950年
乐山磷肥厂	1952年	1953年
南京化工厂改扩建工程	1952年	1960年
山东新华制药厂扩建工程	1952年	1963年
沈阳化工厂扩建工程	1952年	1953年
上海吴淞化工厂	1956年	1961年
上海炼油厂	1953年	1954年
上海第三制药厂	1951年	1953年
四川肥料厂	1956年	1964年

续表

项目	开工建设年份	建成年份
太原化工厂	1956年	1958年
四川长寿化工厂	1957年	1963年
太原磷肥厂	1957年	1958年
新疆硫酸厂	1953年	1956年
重庆涪陵塑料厂	1953年	1954年
广东英德硫铁矿	1954年	1963年
云南昆阳磷肥厂	1956年	1957年
太原第十橡胶厂	1956年	1958年
锦屏磷矿新建采矿工程	1956年	1958年
北京合成纤维实验厂	1956年	1959年
湖南株洲化工厂	1956年	1960年
国营第十一橡胶厂	1955年	1956年
安徽铜官山化肥厂	1957年	1960年
天津农药厂	1956年	1957年

“一五”时期，化学工业基本建设投资13.61亿元，在工业部门基本建设投资总额中占到4.6%。新增固定资产8.75亿元。

二、改变了化学工业极端落后局面

第一个五年计划超额、提前完成，中国的工业建设取得了巨大成就，数量众多的重要建设项目投产，许多重要工业产品生产能力有了巨大的增长。工业增加值和主要产品产量有了大幅度提高，新的工业区在形成。中国工业的大量空白得到填补。在化学工业领域，其发展成就也令人鼓舞，能生产的化工产品达到1400种，中国化学工业真正实现了从无到有，摆脱了极端落后的局面，部分地满足了经济建设和人民生活的急需。

与此同时，在国家统一计划下，化学工业行业聚集了一大批优秀人才，依托全国优势资源，初步建立起中国化学工业体系。

（一）化学工业实现了超高的产值增速

1949年至1957年，是中国化学工业恢复、改造、建设的重要时期。“一五”计划实现了化学工业产值由1949年224万元到1957年64.6亿元（为全国统计数据，1952年不变价计算）的迅速增长。1953～1957年，全国工业产值年均增速为18%，而化学工业为37%。同期苏联、美国、英国、联邦德国、法国、日本的化学工业平均增速为17.3%、6.0%、7.6%、13.1%、13.0%、18.1%。

全行业建设热情高涨，计划内有一半以上的项目按期全部建成或部分建成投产，硝酸铵、纯碱、烧碱、硫酸铵、胶鞋等产品产量均按计划或超过计划完成。新增的工业生产能力在中国历史上是空前的，在社会主义建设中发挥出重要作用。

（二）已能生产1400种化工产品

从无机化学工业到有机化学工业，从制品业到原材料生产，化学工业发展全面起步，或是实现工业化大规模生产、或是处于试验探索阶段，各个子行业均有了各自发展建设的“第一波”。1957年胜利完成了第一个五年计划。重要建设项目的投产和部分投产，使得化学工业重要工业产品生产能力有了巨大的增长。1957年与1952年相比，产品产量增长情况详见表1-2-3。化工产品的品种数量也增加得很快，1952年中国仅能生产460种化工产品，1957年全国化工产品的品种增加到1400种左右。部分产品已能满足农业、国防建设急需。

表1-2-3　1949～1957年主要化工产品产量　　单位：万吨

产品	1949年	1952年	1957年
硫铁矿（35%）	2	21	149
磷矿（30%）	—	3	31
硫酸（100%）	4	19	63.2
纯碱	8.8	19.2	50.6
烧碱（100%）	1.5	7.9	19.8
合成氨	0.5	3.8	15.3
化肥（折纯）	0.6	3.9	15.1

续表

产品	1949 年	1952 年	1957 年
氮肥（折 N 100%）	0.6	3.9	12.9
磷肥（折 P_2O_2 100%）	—	—	2.2
钾肥（折 K_2O 100%）	—	—	—
农药	—	0.2	6.5
纯苯	—	0.8	5
电石 /（300 升 / 千克）	0.3	1.1	4.9
乙烯	—	—	—
塑料	—	0.2	1.3
汽、煤、柴、润、溶合计	3.5	25.9	108.9
染料	0.52	1.6	3.4
涂料	0.5	2.7	6.3
轮胎 / 万条	3	42	88
胶鞋 / 万双	—	6169	13016.8

在扩大产量的同时，化工新增产品品种较多，1953 ～ 1956年，化学工业试制成功新产品823个。中国开始有能力生产高级染料、航空油漆、塑料、抗生素、飞机轮胎以及特种橡胶制品等。

以橡胶工业为例，“一五”期间，全国橡胶工业五年内试制出6000个新的品种规格，总数达一万多种。其中重要的新产品有：载重25吨自卸汽车用的大型工程轮胎、飞机轮胎和油箱、火炮防弹轮胎、解放牌汽车轮胎及橡胶配件等。

第四节 开始有计划发展化学工业科教事业

新中国成立初期，科技工作是社会主义建设事业的重要组成部分，受到了应有的重视。化学工业是技术密集型行业，科学技术在化学工业的发展中有着非常重要的作用，化学工业的科技进步也列入重要发展进程。而化学工业教育事业的发展又是科技进步事业发展的前提条件。在有计划发展化学工业的同时，有计划发展化学工业科技与教育事业也拉开帷幕。

一、有计划推动化学工业科技事业发展

（一）系统制定行业科技发展规划

新中国成立后，中国在短时间内完成了国民经济的恢复和重建，初步建立了门类齐全的工业体系和科研机构。为了系统地引导科学研究，为中国大规模开展经济建设和实现社会主义工业化提供科技支持，在周恩来总理领导下，国务院调集了几百名专家学者着手制定《1956～1967年科学技术发展远景规划》（简称“规划”），于1956年12月由中共中央、国务院批准执行，又称“12年科技规划”。该规划是新中国第一个科学技术中长期规划，对此后中国的科学技术发展产生了深远影响。

“规划”从自然条件及资源、矿冶、燃料和动力、机械制造、化学工业、土木建筑、运输和通信、新技术、国防、农业林业牧业、医药卫生、仪器计量和国家标准、若干基本理论问题与科学情报等13个方面，提出了57项重大科学技术任务。“规划”根据当时中国国情与世界化学工业发展情况，从稀有元素、硅酸盐、化肥、有机化学品、轻工业新技术等5个方面部署了化学工业的中长期规划，此外还在燃料、矿冶等专章中涉及化工有关内容。

行业主管部门在国家发展科学技术大政方针指引下，非常重视制定科研工作计划和工作方针，用于指导实际工作。1953年4月22日～26日，重工业部化工局召开试验研究工作会议，确定各研究所的工作方针、任务、研究课题和第一个五年计划的科研安排。

1956年6月，化学工业部成立后，在全面发展化学工业的规划中，提出重点发展化学肥料，相应发展酸碱和基本有机原料，以及合成纤维、合成橡胶和合成树脂。紧跟中央部署，完善科研管理体制，1957年颁发了《关于加强科学研究工作的指示》《研究院（所）研究计划管理办法》等一系列文件，加强化工研究院所科技工作的管理和组织。这些文件是新中国成立后化工产业部门第一次系统推出的科研工作管理性文件。

(二)始建化工科研队伍

随着恢复和重建工作全面开展，主管部门开始围绕多层次、各有侧重的化工科研体系目标推进科研机构筹建工作，化工科研队伍逐步建立发展。

1949年1月8日，东北人民政府工业部化学公司成立化工研究室（即沈阳化工研究院前身），开展以煤焦油为原料制取染料及其中间体的研究工作。这也是全国第一个综合性化工科研单位，成立时仅有科技人员7名，到1952年时已经发展到拥有160名科技人员的队伍。与此同时，相继恢复生产的大连化学碱厂、锦西化工厂等骨干企业也设置了试验室，并依靠苏联技术，协助恢复和扩大生产，开展科学技术研究工作。

1953年研究室并入设计公司改称为“东北化工局设计公司研究室”。1953年4月，与浙江省化工试验所和原东北化工局研究室同时改属于中央重工业部化工局北京化工试验所，分别称为沈阳分所和杭州分所。1954年，重工业部化工局将北京化工试验总所和杭州分所迁到沈阳，合并称为“中央重工业部化工局化工试验所”，1955年1月沈阳染料厂并入化工试验所的中间试验工场建立化工试验所实验厂，成为全国化工部门第一个中试基地，同时试验所也改称为“中央重工业部化工局沈阳化工综合研究所”。

1956年9月至1958年间，化学工业部改组沈阳化工综合研究所，其中有机合成、合成材料部分迁北京，成立北京化工研究院；无机盐、油漆部分和沈阳药物研究所合并迁天津，并从天津油漆厂调入部分人员，成立天津化工研究院；化学矿选矿、化学肥料部分迁上海，并入上海肥料工业研究所，成立上海化工研究院；染料、农药部分留沈阳，成立沈阳化工研究院，沈阳院一度称为北京化工研究院沈阳分院，1960年仍改称沈阳化工研究院，归属化工部直接领导。[1]

1956年，石油化工科学研究院成立。

1956年10月22日，化工部决定成立上海抗生素研究所、上海化学合成药物研究所、上海生物化学研究所、上海药物制剂研究所。上述4所于1957年2月12日合并成为上海医药工业研究所（今上海医药工业研究院）。

与此同时，地方也从恢复和整顿入手或依托旧中国知名企业的试验所/室建立

---

[1] 沈阳化工研究院创建历史较长，涉及专业范围较宽，机构名称几经变更。全书多个章节但凡涉及该院成立及历史沿革记载，均以此为准，不再详述，行文统一使用名称为东北化工局研究室、沈阳化工研究院或沈阳院。

地方性科研机构和厂办科研机构，逐步形成配套的科研体系，为开发利用当地资源，开发研制新产品和为当地企业发展服务。如1956年成立的上海市染料研究所和上海市涂料研究所；天津市合成材料工业研究所、天津橡胶研究所、北京市化工研究院、广州市化学工业局技术研究室、吉林省工业厅技术室、黑龙江化工研究所、哈尔滨市化工研究所、牡丹江市石油化工研究所、铁岭化工橡胶研究所、青岛科学技术研究院化工研究所、山东省工业厅实验室等均为地方性科研机构。这些地方化工研究机构日后都逐步形成了自己的专业研究方向。

二、取得了一些重大科研成果

国民经济发展要求化学工业科研单位不断解决技术问题，成为了化学工业科研工作的主要内容。这一时期，科研工作得到国家有关部门的系统部署，投入和研究领域逐步扩大，取得了一批科研成果。

（一）合成橡胶研发起步，氯丁橡胶研制成功

新中国成立后，橡胶需求巨大但生产技术落后。中国大力开展合成橡胶生产技术研究。1950年，氯丁橡胶研究工作在中国科学院长春应用化学研究所展开。接着，对丁苯橡胶、聚硫橡胶和顺丁橡胶等品种的研究工作也在全国各大科研单位开展。1951年，长春应用化学研究所在实验室成功合成氯丁橡胶，1953年建成一套日产20千克的中试装置。该套中试装置除生产少量氯丁橡胶为大规模工业生产积累经验外，还利用生产氯丁橡胶的中间产品合成军工急需的甲醇胶。不久，沈阳化工研究院即开展了工业放大试验，验证了国外氯丁胶乳液聚合配方，探索了颗粒凝聚工艺。1955年，化工部化工设计院根据积累的经验和苏联专家的指导意见，进行了四川长寿化工厂2000吨/年氯丁橡胶生产装置的设计。该装置1957年开工建设，尽管面临工艺设计、设备制造、生产调节等多方面的困难，工程师和干部、工人们还是迎难而上，在1958年底即生产出第一批氯丁橡胶，揭开了中国生产合成橡胶的序幕。与此同时，丁苯橡胶也开发成功。

（二）氮肥工业关键设备研制成功

1951年6月，大连化学厂技术难度较大的空气分离、氢气分离和合成氨等生产装置得到修复，全面恢复生产，并着手进行改建、扩建。翁思礁、郑明涛、钱振亚

等工程师负责空气分离和氢气分离装置的设计，克服技术上和材料上的困难，提前完成了任务。翁盛光、魏立藩、郁祖梧等工程师同老工人密切配合，试制成功2400马力（1马力＝735.499瓦）的高压氮气压缩机，解决扩大生产能力必需的关键设备，并开创了中国自制高压化工机械的先例。

（三）有机氯农药六六六研制成功投产

1950年华北农业科学研究院和上海病虫药械厂先后研制成功有机氯农药六六六，1951年投产。标志着中国已经开创了自己的有机合成农药工业。1952年10月天津化工厂使用短波段的绿光进行六六六光氯化反应，使丙体含量提高到14.5%～14.90%。

（四）硫酸工业“三文一器”工艺创新

1956年上海新业硫酸厂（今上海硫酸厂）厂长、技术专家孙师白，在该厂新建的5000吨硫酸装置上，应用文氏管代替电除尘器和传统的洗涤塔，效果很好。并设想用文氏管除酸雾代替电除雾器，用列管冷凝器排除热量，形成了“三文一器”（三级文丘里和冷凝器）水洗流程的构思。1958年10月，化工部基本化学设计院设计的“三文一器”流程的硫酸装置，在上海硫酸厂投产。1963年通过国家技术鉴定。

（五）过磷酸钙中试奠定大型磷肥厂建设基础

1953年重工业部化工局化工试验所杭州分所（后并入上海化工研究院）工程师王葆和等，用锦屏磷矿矿石试制普通过磷酸钙。1955年3月，在上海制酸厂（今上海化工研究院第一试验厂）建成年产1万吨普通过磷酸钙中试装置，取得了建设大型磷肥厂所需要的数据。

（六）钙镁磷肥试制成功

钙镁磷肥是一种碱性磷肥，其肥效和过磷酸钙相仿，适用于各种作物及土壤。钙镁磷肥的主要成分为磷酸钙和硅酸镁。钙镁磷肥不溶于水，但施于田中能被植物吸收。1955年12月，四川省工业厅化工局试制组工程师邬崇昆等，在电炉、反射炉和竖炉中研制钙镁磷肥时，根据得到产品的化学成分，正式命名为“钙镁磷肥”。此后，上海化工研究院工程师刘自强等、浙江省化工研究所工程师齐关根等，以及湖南省重工业厅试验所（今湖南省化工研究院）、四川省化工厅磷肥工作组、乐山磷肥厂、兰溪化肥厂、金华化工厂等，分别在小冲天炉、小高炉、小电炉上进行试验研究和生产，都取得一定成果。

（七）大容量立式吸附隔膜电解槽研制成功

1957年3月7日，化工部化工设计院工程师刘嘉树、汪汝霖等和上海天原化工厂蒋兰荪等合作，设计研制成功国内第一台大容量立式吸附隔膜电解槽。该电解槽与爱伦摩尔槽相比，单槽产量提高10倍，每吨烧碱用电降低1200千瓦时，使中国电解技术从20年代进入50年代水平，有了很大突破。这项重大科技成果，1958年受到国务院表彰。

（八）发现青海钾盐矿

1956年中国政府和科学家制定的“中国12年国家重大科学技术长远规划”将考察中国盐湖列入之中，并于1957年以中国科学院和国家综合考察委员会为主，组成了“中国科学院盐湖科学调查队”，明确了以找钾、硼为主要的任务。

1955年，青海省交通厅的工程队在柴达木盆地筑路时发现了后来举世闻名的察尔汗干盐滩。筑路工人取盐食用时发现盐味苦辣，遂将盐样送至西北地质局化验。化验结果显示钾含量高达0.4%。这一成果受到了化工部、地质部、中科院等的高度重视，先后派出由地质、化工领域的专家组成的两批考察组前往考察。在察尔汗卤坑中发现和鉴定了含钾光卤石矿物以及原生盐湖沉积光卤石钾盐层。从此，揭开了中国钾盐历史新的一页，为后续大规模开发利用钾资源奠定了技术和物质基础。

（九）“塑料王”诞生

聚四氟乙烯在50年代属于国防尖端产品，国外仅有少数几个发达国家能够生产。上海是聚四氟乙烯等含氟材料的开发和生产的重要基地。1957年上海鸿源化工厂小试成功“塑料王”——聚四氟乙烯，后在上海合成橡胶研究所建成年产30吨规模聚四氟乙烯中试车间，一次试车成功，打破国外的禁运封锁。

（十）医药、轮胎新产品试制踊跃

在医药领域诞生许多重大研究成果，有些已经投入批量生产。比较突出的是：

抗生素专家童村教授等在上海华东人民制药公司青霉素实验所，研制成功第一批青霉素结晶体，为工业化生产提供了技术依据。此后，上海第三制药厂与上海医药工业研究院合作研制了金霉素、链霉素、四环素、土霉素等抗生素品种。东北制药总厂研制成功合霉素和氯霉素。

在第一个五年计划期间，中国共试制出6000个新的橡胶品种规格。重要的新产品有：载重25吨汽车用的大型工程轮胎、飞机轮胎、火炮防弹轮胎、解放牌汽车轮胎等。

三、化工教育事业同步发展

（一）以院系调整为主发展化工高等教育

新中国成立初期，中国约有30所工科院校设有化工系，招生规模小，不能满足化学工业发展的需要。1952年，根据政务院颁布的《全国工学院院系调整方案》，对原来的30所院校的化工系及一部分化工专科学校进行了调整，集中合并成为两所化工学院（华东化工学院、四川化工学院）和7所工科大学（天津大学、大连工学院、浙江大学、南京工学院、华南工学院、北京工业学院、太原工学院）的化工系。这批院校（系）中，浙江大学化工系成立最早。它是1927年以浙江工业专科学校为基础建立起来的。第一任系主任李寿恒教授在美国获得化学工程博士学位回国任教后，在浙江大学将应用化学科改为化学工程系，并在40年代就招收了化工研究生。

这一时期还新建了一批化工院校。华东化工学院（现华东理工大学）于1952年初建校，初期设3个系、5个专业，在校学生729人，是中国化工学院中专业最齐全、规模最大、历史最长的一所重点院校。1950年9月沈阳轻工业高级职业学校成立，1956年8月迁至青岛，改名为青岛橡胶工业学校，成为后来化工部直属的青岛化工学院（今青岛科技大学）前身。1952年7月，沈阳化学工业技术学校建立，设化工、机械、电机三个专业科，1953年，该校隶属于中央重工业部，改名为沈阳化学工业学校，1956年转为化工部直属院校，今为沈阳化工大学。

经过院系调整、充实和发展，至1957年，各化工院校共招生1908人，在校学生8379人，毕业911人。化工高等教育已具有一定的规模。

1952年院系调整时，按照苏联的专业目录，设置了无机物工学、化工机械与设备、燃料化学工学、石油加工工学、硅酸盐工学、塑料工学、橡皮工学等专业。随后，考虑到三大化工基地有基本有机原料厂和染料厂，又增设了有机染料与中间体工学专业及基本有机合成工学专业。1956年前后，天然橡胶进口困难，国家决定发展合成橡胶，又开设了合成橡胶工学与高分子化合物工学专业。

许多学者为新中国化工高等教育的建设做出了开创性的贡献。汪家鼎与滕藤等学者在清华大学建设了以核化工为特色的化学工程专业；汪德熙在新中国成立初期担任天津大学化工系主任，在高分子化学和核化工两个领域培养了众多人才；时均在南京工学院化学系创建中国第一个硅酸盐（水泥）专业；苏元复作为负责人之一创建了华东化工学院并开展了溶剂萃取的教学和研究；侯毓汾等在大连工学院建设了中国早期的染料专业；罗雄才、王孟钟、刘鸿等在华南工学院开创了中国第一个橡胶专业，此外还有傅举孚、余国琮、张建侯、林纪方、张鎏、李盘生、潘祖仁等一批知名学者投身到中国化工教育事业的创建中，为化学工业培育了一大批杰出人才。

（二）化工中等专业教育初具规模

1951年，教育部召开了第一次全国中等专业教育会议，提出了发展中等专业教育的迫切任务。到1953年，中央和地方先后创建了北京化工学校、大连化工学校、沈阳化工学校（1958年改为沈阳化工学院）、杭州化工学校（1958年改为浙江化工学院，后又改为浙江工学院化工系）、泸州化工学校、吉林化工技工学校（创建于1951年10月）、齐齐哈尔化工学校等7所化工中等专业学校，在校学生8000多人。

1955年到1957年，为了配合吉林、兰州、太原三大化工基地的建设，以及发展橡胶、制药工业和化学矿业的需要，先后又增加了南京动力学校（1978年改为南京动力专科学校）、沈阳橡胶工业学校（1956年改属化工部即迁校青岛，更名为青岛橡胶工业学校，1958年改为山东化工学院，现名青岛化工学院）、兰州化工学校、连云港矿业学校等。以后又发展到12所。其中化学工业部主管的有北京化工学校等8所。在筹建兰州化工学校的过程中，按照统一规划、全面配套的方针，有计划地组织老校支援新校，从学校领导班子、教师到职工成套调配，并保证所需的基本建设投资和教育经费，学校很快建成。到1957年，化工中等专业教育已初具规模。12所中等专业学校总计在校学生14089人，当年毕业2865人。

经过一系列建设，化工类中专毕业生与本科毕业生比例达到3.1：1，基本符合行业发展需要。

（三）职工教育起步发展

除在全国各地开办专业学校外，一些大中型化工企业也相继建立了职工业余学校，进行职工的技术培训。在“一五”计划期间，大连化工厂、南京永利宁厂、锦西化工厂和沈阳化工厂等老牌化工企业培训成套技术人员，支援新厂。

大连化工厂（简称大化）职工教育起步较早，1947年末已创立工人夜校，普及文化教育。1954～1956年，中央重工业部与化学工业部先后召开生产准备人员会议，明确大化为培训基地之一。大化以产品和人才双输出为目标，创办技术学校，加强新工人与在职技术工人的轮训，还采取以老带新的方式提高职工的技术水平和干部的业务能力，仅“一五”期间就培养输送了7698名干部和工人。

第三章
在探索与调整中发展化学工业

（1958～1977年）

1958～1977年，国民经济建设出现了几起几落，这是艰难探索和曲折发展的特征。党和国家始终高度重视化学工业发展，中共中央多次发出加速化学工业发展的指示。特别是党的八届十中全会以后，关于发展化学工业对解决中国人民吃、穿、用问题的特殊意义的多次阐述，已成为全党和全国人民的共识。党中央的决策部署中多有关于发展化学工业的具体内容，其中尤对化肥的增产要求十分迫切。化学工业“二五”计划至“五五”计划，提出的发展重点都强调加速发展化学肥料生产，满足农业需求是化学工业的首要任务。合成纤维、合成橡胶、石油炼制也都是发展重点。“三五”“四五”计划期间，还曾提出过解决“吃穿用”和国防建设并重的发展计划。

全行业自力更生、奋发图强，贯彻大中小型企业同时并举，中央企业和地方企业同时并举的方针，积极探索中国化学工业发展之路。不断克服“大跃进”左的影响和“文化大革命”的冲击，坚持正确方向发展化学工业，初步形成了大中小型企业相结合的化工发展特点。行业结构和科学技术均有改善和提高，化工生产在数量和门类上都有很大的发展，一批重点化工基地建成投产；化肥工业迅速发展，石油化工开始起步并取得较快发展，农药、有机合成工业、国防化工等均有不同程度发展；内地化工建设得到加强，化学工业布局开始改变，到1977年，化学工业已形成了比较完整的生产、科研和工程建设体系，成为门类比较齐全的大行业，在国民经济中占有一席之地。

第一节 化学工业的探索发展阶段

这一时期，化学工业在自力更生发展中型氮肥、石油化工方面做了很多富有成效的探索，大幅提高了氮肥产量，实现了石油产品的自给，这是化学工业发展的主流和显著成就。

但也走过一段曲折道路。1958年，中国进入社会主义建设全面跃进。1958～1960年3年中，从中央到地方的工业投资大、项目多，增加的企业都是地方企业。施工的小型项目共有9万多个，是“一五”时期的10倍。工业生产建设的“大跃进”同时也向化学工业产品提出了巨大的要求，其中尤以基本化学产品（合成氨、硝酸、硫酸、纯碱、烧碱等）和重要化工原料（电石、绝缘材料、合成橡胶）的需求量最大。化工行业积极配合“全民炼钢”运动，调整化工发展计划，贯彻“大中小并举、以土为主、土洋结合”的方针，推动全民大办化工。深受农民欢迎的小化肥工业诞生并取得较大发展。但是，“大跃进”的发展模式也为整个行业发展带来不良影响，成为后期调整的主要目标。经过全面调整，化学工业取得了生产能力提高和投资结构改善的明显效果。

一、地方化工发展掀起高潮

1958年2月25日～3月11日，化工部在北京召开厂矿长会议。会议传达中央负责同志关于当前形势和工业建设的方针、任务，讨论改进领导作风，解决部与企业关系等方面的问题，组织生产大跃进，确定化学工业跃进计划。吴亮平副部长在会上作了《鼓足干劲，全面贯彻多快好省方针，组织1958年的生产大跃进》的报告。会议确定了1958年化工总产值要比1957年增加71%的高指标。3月份还在基建会议上制定了《苦战三年，改变化学工业落后面貌；鼓足干劲，实现1958年基本建设大跃进》计划。

这一时期，国家经济发展以保粮保钢为主，化学工业在全国总动员的钢铁生产群众运动中，曾对原有生产计划调整以保粮保钢，服务于整个工业发展形势，例如，集中力量增产钢铁和机械所需要的化工原料，如硝铵、硝酸、纯碱、烧碱、电石、焦炭、绝缘材料、轮胎等。化工部要求必须在加速基本建设进度、大搞“小土群”和“小洋群”的同时，努力挖掘生产企业的潜在能力，开展技术革命运动，提高现有企业的生产能力。

1959年10月，化工部发出了《为在1960年建立3万到5万个化工小洋（土）群企业而奋斗》的文件。要求各地根据各地资源条件，本着就地取材、就地生产、就地使用的原则，开展化工小土群（小规模、土办法、群众运动）生产。化工部开始组织小型土法的生产。在化工部所提出的小型土法制造的化工产品中，选择适合本地条件的品种进行试点，在试点工作的基础上，大抓土化肥、土农药的生产，其他化工产品量力而行。

与发展地方工业相呼应的是开展下放企业，建立地方管理体系的工作。这一时期，根据中共中央指示，中央各工业部所属企事业单位80%以上交给了地方管理。1958年6月14日，中共中央批转化工部党组关于下放企业、下放研究设计机构、下放干部帮助地方建立化工管理机构，抽调干部组织团组帮助地方规划化学工业的报告。之后，化工部下放了57个规模较小、产品较少的企业，保留了吉林、南京、锦西、大连、兰州、太原、沈阳等几个化工、橡胶生产基地为部直属企业。

同时，化工部从机关和在京事业单位及部分企业，抽调了上千名干部和工程技术人员，下放到化学工业比较薄弱的地区，协助地方建立和健全化工厅局，并向地方科研、设计单位和生产企业输送了大批技术人员，充实了地方化学工业的骨干力量。同时，帮助地方制定规划，明确发展方向和建设重点，还组织编制了一批化肥、硫酸、烧碱、聚氯乙烯等中小企业的定型设计，提供地方因地制宜进行建设。

继1957年4月，上海市化学工业局成立后，从1958年开始，北京、天津、山东、广东等地化工厅局先后成立，在之后的3年里，辽宁、吉林、江苏等地化工（石油）厅局陆续成立。1957～1960年，相继成立了吉林化学工业公司、南京化学工业公司、太原化学工业公司和兰州化学工业公司。成立地方化学工业公司的目的在于统一领导推动当地化学工业企业，建立从中央到地方的多级管理结构。各省、市、自治区化工厅（局）除了领导支持少数骨干大型化工企业建设外，都以领导“小土群”为工作重点。与此同时，地方管理部门和化工企业获得了相对宽松的管理权限，包括投资审批权限。化工管理由原来的条条管理逐步变成各地的块块管理。

此时，地方发展小化工积极性高涨。思想大革命、技术大革命、生产大革命的广泛动员，县、乡、社各级充分利用当地资源，用简易的设备和生产方法生产化工产品，在较大的范围内开展了“小土群”“小洋群”运动。土法生产二氧化硅、土法生产丙酮和丁醇、土法纯碱、土法硫酸等纷纷涌现。如用小接硫法生产硫酸的试验，1958年11月首先大胆尝试成功。1959年，年产400吨小接硫厂遍地开花。

到1960年，化工“小土群”“小洋群”已发展到5万个以上。已有27个省、市、自治区能生产硫酸、化肥，26个省、市、自治区能生产烧碱。过去化工基础薄弱地区如内蒙古、新疆、青海、宁夏等省、自治区都已能生产成百种化工产品。

化学工业在跃进浮夸风的影响下，提出不切实际的口号，制定过高的指标，并大搞了一些基建投资项目，战线越拉越长。以有机合成工业为例，该行业是当时化工领域一个新兴工业部门。1958年，化工部在向中央的报告中提出中国有机合成化学工业在10年内赶上英国的目标。化工部还制定了生产塑料22万吨、合成纤维15万吨、合成橡胶10万吨的“二五”生产计划。为了实现这一计划，还提出了大中小相结合、以中小型为主放手让地方普遍发展的方针，并大力推广土法炼油。结果，高指标造成了浮夸风，土法炼油也破坏了正常的生产秩序。

盲目发展“小土群”，以群众运动形式开展技术革新，违背了化学工业发展的客观规律，有些项目不尊重客观实际，强行上马、仓促上马，造成产品消耗大、质量差、效率低、成本高，既浪费资源，又造成环境污染。

1958年，国家用于化学工业的基本建设投资相当于第一个五年计划投资总和的76%，基本建设投资战线越拉越长，分散了人力、物力、财力，使工程项目长期不能建成。化工企业不适当地层层下放。在企业管理上，盲目破除了必要的规章制度，产生了无人负责的现象，破坏了正常的生产秩序，加上新职工的大量涌入，劳动生产率普遍下降。1961年、1962年连续两年化学工业生产总产值下降。1961年，在国民经济整体进入“整顿、改造、提高”阶段，化工“小土群”“小洋群”开始成为整顿目标。全行业治理整顿后，1963年化工生产总值才开始回升。1958～1960年，由于基本建设全面铺开，客观上新增了一定的生产能力和工业产品，例如，化工领域新增了化学纤维厂等重要工程，新建了过去没有的石油化工设备、有机合成等重要工业部门。

二、贯彻“八字方针”进入调整期

1958～1960年出现了国民经济发展比例严重失调问题。1961年1月，中共八届九中全会正式通过的对国民经济实行“调整、巩固、充实、提高”的八字方针，并决定“鉴于农业生产连续两年遭到严重的自然灾害和国民经济比例失调的情况”，1961年全国必须集中力量加强农业战线，贯彻实行国民经济以农业为基础，全党全民大办农业，大办粮食的方针，加强各行各业对农业的支援，尽最大努力争取农业生产获得较好的收成。适当缩短基本建设战线和降低重工业发展速度。

1960年底，化工部在全国化工厅局长会议和直属企业厂矿长会议上总结了3年来（1958～1960年）化工工作的经验教训认为，发展化学工业要遵循“先生产、后基建，先维修、后制造，先配套、后主机，先质量、后数量，先原料、后加工”的原则，来组织化学工业的生产建设。会议提出1961年化学工业的任务是贯彻“八字方针”，努力支援农业，大搞基本化工原料，努力突破国防尖端技术。

国家再次集中工业经济管理权限。根据调整要求，化工行业开始调整央、地企业管理权限。1962～1966年间，经国务院、国家经委等部门批准多个企业、院所、院校重新划归化工部管理。国家还调整了一些行业的归属。但在调整的后期，即1966～1970年，为发挥中央和地方两个积极性，保障三线建设，又重新扩大了地方和企业的管理权限。

调整时期，国家全面压缩工业基本建设规模。1960年底，采取保、缩、停、并四种办法，化工部确定了一批停建或推迟建设的化工项目，并做好化工物资的调剂工作。

到1962年，全国化工企业由1960年的6688家调整到2843家。化工行业成为全国裁并幅度比较大的行业。为加强基本建设管理，集中使用资金，使有限的建设资金发挥作用，化工部加强了对化肥工业和橡胶工业的生产建设管理。1964年12月，化工部成立化学工业基本建设总公司、基本建设总局，统一管理化工行业的基本建设工作。

经过一系列的调整，企业减少了一大半，而主要产品的产量反而有所增加，劳动生产率提高。整个行业生产能力、产值有了明显提高。投资结构有了改善，1961～1965年调整期，农、林、水利部门的投资在基本建设投资总额中所占的比重为16.7%，比1958～1960年增加了6.4个百分点；农业、轻工业比重上升，间接和直接支农工业部门的投资比重增加。1961～1964年，化肥和农药投资占化学工业投资的比重由1958～1960年的平均38.8%上升为46%，保证了许多大中型化肥厂的建设，并陆续建设了一批小型化肥厂。1965年全国化肥产量达到172.6万吨，是1960年的4.26倍，1965年相比1960年，扩大农村化肥供给量多达一倍多。农药产量19.3万吨，比1960年增长了20%。

三、尝试统一经营管理，试办“托拉斯”

所谓托拉斯是由生产同类商品或在生产上有联系的大企业为垄断某些产品的产销以获取高额利润而联合成的一种垄断组织形式。在相当长一段时间这种组织形式一直为西方国家采用。中国曾于20世纪60年代尝试过办托拉斯，这是一次短暂的经济体制改革尝试。尝试以组织专业公司管企业代替行政机构管企业。1964年，中央和国务院决定在工业与交通部门试办12个经济实体性质的公司，即“托拉斯”。其中，化工部根据国家要求成立了托拉斯性质的联合企业：中国医药工业公司和中国橡胶工业公司，这属于全国性托拉斯。1966年7月，石油部成立的抚顺石油公司为地区性托拉斯。

中国医药工业公司于1965年1月成立，即进行了企业调整，将全国297个药厂调整为167个，对全国所有的药厂实行集中管理。同时加强了内地制药工业建设，抗生素、磺胺药、解热药等6大类原料药的产量1965年第一季度比1964年第一季度提高29%，还增加了品种，提高了质量，产值、产量、利润均成倍增长。医药工业的布局逐步趋于合理。

中国橡胶工业公司于1965年5月成立，也进行了企业调整，实行专业化生产；组织沿海一些工厂向内地搬迁，调整了生产布局；组织技术攻关和质量攻关。到1966年，橡胶加工行业的产值与1964年相比增加25%，生产成本降低9.2%，利润增加20.5%，劳动生产率提高15%。

上述两个托拉斯成立，在推动产业结构调整，提高产品质量方面取得了许多成功的经验，但也一度存在上收企业与地方发展化工的矛盾问题。

1965年，化工部还成立了化肥工业公司、化工原料工业公司、化学矿业公司、化工建设总公司、化工进出口公司5个专业性公司，这些也都取得了一定的成效。

“文化大革命”爆发，试办托拉斯的工作停止。

四、自力更生发展氮肥、石油化工、化纤

化学工业在国民经济"调整、巩固、充实、提高"的八字方针指引下，及时进行了1958～1960年三年的跃进发展偏差的调整。确立重点发展方向，结合国情，自力更生，重点推进了氮肥工业、石油化工、化纤工业的发展，并取得显著成绩。

在调整期间，党中央、国务院把恢复和发展农业放在第一位，要求各行各业支援农业，工业各部门转向支农轨道。1961年，中共中央成立以陈云为组长的化肥小组。中央决定多搞、快搞化肥。到1965年底，全国共建成投产中型氮肥厂15个，加上原有的几个中型厂，共有22个。这当中还有采用重油气化制合成氨和天然气制合成氨技术的中型氮肥厂，从而形成了中国以煤、油、气为原料的中型合成氨生产系列，培养了一大批生产、科研、设计、机械制造、施工安装力量，走出了一条自力更生发展氮肥工业的道路。小化肥建设尚处于探索期。

20世纪50年代，西方资本主义国家一直对中国实行禁运，国内需要的大部分石油产品从苏联进口，1959年的进口量仍占国内消费量的60%。中苏关系恶化后，苏联政府大大削减供应中国石油产品的数量，造成全国性的用油紧张状况，尤其是国防用油更为困难。客观形势迫切要求尽快把石油炼制工业的产品品种和油品数量搞上去，迅速改变仰赖进口的落后状况。

50年代末、60年代初，中国的石油开采量和炼油工业已有了一定的发展。随着原油、天然气开采量的迅速增长和炼油能力的逐年增加，使炼油过程中伴随产生的石油加工气越来越多，为石油化工的发展提供了原料。

从1959年开始，经过6年艰苦奋斗，到1965年底，全国原油产量达到1131.5万吨，石油炼制加工能力则达到1423万吨，实际加工原油1083.1万吨，相当于1959年的2.7倍；生产汽油、煤油、柴油、润滑油等四大类产品617万吨，相当于1959年的2.7倍；在炼油技术发展的基础上，石油产品品种达到494种，比1959年增加了185种；石油产品的自给率由1959年的40.6%提高到全部自给，不仅结束了中国人民使用"洋油"的时代，而且开始有少量出口。与此同时，满足国防需求的油品得到发展，三航（航空汽油、航空煤油、航空润滑油）和两剂（炼油催化剂、石油添加剂）研制取得重大突破。

1963～1966年，中国石油化工战线广大科技人员，依靠国内自己的力量，掌握了流化催化裂化、催化重整、延迟焦化、尿素脱蜡和有关的催化剂、添加剂等五个方面的工艺技术，终于攻克了这些项目的技术关，并在1966年以前陆续建成工

业装置，实现了工业化生产，史称石油炼制工业的“五朵金花”。这些重大的成就，对中国炼油技术追赶世界先进水平具有重要的意义，成为石油炼制科技发展的一大转折。

“文化大革命”开始之前，根据当时大庆油田原油产量增长趋势和胜利、大港等新油田勘探开发状况，石油部就已规划扩建一些老厂和建设一些新的炼油厂，并做了一系列前期准备工作。在“文化大革命”期间，经过石油战线广大职工的艰苦努力，一批炼油厂陆续建成投产，如胜利炼油厂、北京东方红炼油厂、长岭炼油厂、荆门炼油厂等。“四五”期间发展了一些中小型炼油厂。

1961年，南京化学纤维厂开工兴建，1964年建成投产，同期还兴建了新乡、杭州、吉林等化纤厂。多个化纤厂建成投产后，大大提高了中国化学纤维生产能力，奠定了黏胶纤维工业基础。

第二节 在三线建设中发展化学工业

进入20世纪60年代，中国面临严峻的国际敌对势力的军事威胁。刚刚走出经济困难时期的中国政府不得不作出重大调整。1964年5～6月中央召开工作会议，作出了“集中力量，争取时间，建设三线，防止外敌入侵”的战略决策，将“三五”计划的重心转向以三线国防建设为主，建立中西部战略大后方。

三线属中国军事经济地理概念，是指长城以南，韶关（广东）以北，京广铁路以西，乌鞘岭（甘肃）以东，涉及13个省区。主要包括云、贵、川及湘西、鄂西的西南三线和陕、甘、宁、青及豫西、晋西的西北三线。

三线建设自1964年始至1978年基本结束，历经14年，贯穿三个五年计划，国家投入了约2000亿元资金。建设行业涉及冶金、机械、化工、石油、国防工业以及配套的煤炭、电力和交通运输。期间全国380多个项目、3.8万台设备、14.5万人迁往三线地区，内迁、合并、重建600多家企、事业单位，新建1100多个大中型工矿企业、科研院所、大专院校和一批能源交通基础设施。

三线建设是中国在特定的历史时期一次工业新布局，投入资金多、支持力度大、建设时间长，扭转了重要工业集中于沿海地区的格局，提高了中国战略防御能力，促进了中西部地区的经济发展。其中，以军工配套和支援农业两大主攻方向为主展开的化学工业三线建设成为重要组成部分，化学工业形成了新的工业布局。

一、以军工配套和支援农业为主部署化工建设

在国家三线建设中，化学工业的投资建设是比较重要的一部分，主要围绕与军工配套和支援农业两个主攻方向展开。

在化工部制定的“三五”计划国防化工规划草案中提出“先军工、后民用，先保吃，后保穿和用”方针，要加强三线建设，实行军民结合，大中小并举，勤俭建国以及布局上尽量靠山、隐蔽、分散的规划。在1970年或更早一些时间内，在三线建成一个小而全、少而精、原料配套、技术新、生产能力能满足国防尖端和常规武器配套需要的国防化工体系。

三线建设时期化工企业建设有着和行业自身特点相适应的模式和特点。1964年8月13日，化工部向国务院呈送《关于化学工业的地区分布情况的报告》，提出改变化学工业现有布局，需要分行业、分企业、分品种地细致安排，有步骤地进行。在三线建设中，迁建和新建双管齐下，务求重要产品特别是与军工有关的产品能配套生产，逐步形成一个比较完整的化学工业体系。

1964年10月化工部在重庆召开了全国化工三线建设工作会议，决定将沿海部分大中型化工企业迁往内地完善工业布局，同时将上海、北京、天津等大城市的部分化工研究与设计单位内迁。

根据国务院要求三线建设中采用“三老带三新”的办法，即老基地带新基地、老厂矿带新厂矿、老工人带新工人，以加快三线新厂矿的建设速度，化工部要求本系统担负支援或包建三线企业的单位，从筹建施工到建成投产，要一包到底。成立专门机构，指派得力干部落实。老厂要为新厂配好领导班子、技术骨干，承担试验研究，提供技术资料、设备材料和必需的备品备件。

1964年11月2日到1969年10月，化工部先后推出了五批三线建设项目。1965年至1980年，累计投资145.45亿元，新建、迁建和改扩建了一批工厂及科研院所。到1980年，三线地区共有化工企业2271个；职工86.15万人，其中工程技术人员2.55万人；工业总产值146.5亿元，比1964年增长6倍，占全国化学工业总产值的23.5%。化工系统内迁企业主要来自上海、北京、天津、南京、沈阳等城市，涉及化工、染料、油漆、橡胶、制药等企业以及化工、塑料等科研单位。新建和改扩建

的项目主要是化肥、农药、化纤、轮胎、试剂等。

化学肥料工业方面，三线地区的化肥工业主要是氮肥和磷肥。国家先后引进的17套大型现代化合成氨装置，有8套建设在四川、云南、贵州、湖北、湖南、山西、宁夏等省、区。15万吨合成氨以下的小氮肥厂各省、区都有。三线磷肥工业建设重点是云南、贵州、湖北、四川和湖南，已建成株洲、昆明、成都等大型磷肥生产中心，小型磷肥厂三线各省、区都有分布。钾肥主要建设重点在青海格尔木和云南思茅。到1980年，三线地区共有化肥工业企业1376个，形成农用化肥生产能力596.49万吨，占全国的42.9%，其中氮肥468.24万吨、磷肥128.09万吨，分别占全国的42.1%和46.1%，工业总产值达41.41亿元，占全国化肥工业总产值的39.5%。

酸碱工业方面，建成了株洲、白银、开封等几个较大的硫酸生产中心和太原、成都等中型硫酸厂。兰州建成了中国最大的硝酸生产中心，湖南、四川和山西建有大、中型硝酸厂。纯碱生产中心建在自贡和应城，并在陕西、山西、河南、湖南等省建成了一批小型联碱厂。三线各省、区都建有不同规模的烧碱企业。大型烧碱厂建在湖南株洲和四川长寿，中型烧碱厂主要分布在西安、武汉、遵义。1980年生产能力达到硫酸316.15万吨、浓硝酸24万吨、盐酸26.3万吨，分别占全国的34.5%、50%和23.1%；纯碱25万吨，占全国的16.2%；烧碱46.46万吨，占全国的21.6%。

化学矿山方面，1965年以来，国家投资近7亿元，在云南建设了中国最大的年产250万吨的昆阳磷矿，在贵州建设了年产150万吨的开阳磷矿，在湖北建设了年产100万吨的荆襄磷矿，在四川建设了年产100万吨的金河磷矿，在湖南建设了年产80万吨的浏阳磷矿。同时，还在四川、山西建设了一批中、小型硫铁矿。1980年，三线地区磷矿、硫铁矿生产能力分别达到892.8万吨和286.5万吨，占全国的89.2%和52.9%。

在医药工业方面，除将沿海部分工厂和车间搬迁到三线地区建设外，还新建了西南合成药厂、四川长征制药厂、西北合成药厂、西北第二合成药厂、中南制药厂、湖北制药厂等。到1980年，三线地区拥有化学药品工业企业393个，占全国的24.5%。此外，还建设了一批制药机械厂。

涂料工业方面，在改造重庆、西安老企业的同时，重点迁建了西北油漆厂和兰州涂料科研所，并在长沙、襄樊、开封、贵阳、遵义、昆明等地新建了一批油漆厂。到1980年，三线地区形成涂料生产能力16万吨，占全国的25.6%。

橡胶工业方面，为了给飞机、装甲车、汽车、拖拉机等配套，1965年，首先将上海、青岛和沈阳的橡胶厂部分搬迁到银川、贵阳，分别建成了30万条/年轮胎的工厂。1966年至1972年，相继在河南、湖北、湖南、云南、山西等省新建了一批橡胶厂和轮胎厂，同时还改造了一批老企业；组建了炭黑、橡胶、乳胶等科研机构。其中，东风轮胎厂建设比较知名。1969年，为配合第二汽车制造厂而建设的东风轮胎厂在湖北鄂西山区开工，时为1949年以来国内最大橡胶工业基建工程，配套建设了中南橡胶厂、湖北化纤厂、武汉炭黑厂、湖北钢丝厂、益阳橡胶机械厂，这些项目绝大部分都在山区，是在水、电、交通十分困难的条件下，自己动手建设起来的。东风轮胎厂建设一波三折，到1974年正式投入生产。地处青岛、抚顺、沈阳、北京、上海的企业和科研单位大批人员迁入上述单位，支持建设。

到1980年，三线地区橡胶加工企业共811个，产值20.93亿元，占全国的22.5%；合成橡胶生产能力达6.2万吨，占全国的44%；轮胎生产能力366.8万条，占全国的22.7%，其中大型汽车和工程车胎占44.5%。

建设的军工保密单位主要有青海黎明化工厂、青海光明化工厂、青海黎明化工研究所、江西星火化工厂等。

三线建设时期建立的部分化工企业名单详见表1-3-1。

表1-3-1 三线建设化工企业和科研院所（部分）

工厂名称	年份	厂址
重庆一坪化工厂	1964	重庆
贵州轮胎厂	1964	贵州贵阳
炭黑工业研究设计所	1965	四川自贡
第二抗菌素厂	1965	四川成都
乳胶工业研究所	1965	昆明昆阳镇
西北抗菌素厂	1965	陕西西安
天水油漆厂	1965	甘肃天水
泸州天然气化工厂	1965	四川泸州
开远驻昆解放军化肥厂	1965	云南昆明
都匀剑江化肥厂	1965	贵州剑江
兴平化肥厂	1965	陕西咸阳

续表

工厂名称	年份	厂址
红星化工厂	1965	陕西渭南
石家庄化肥厂	1965	河北石家庄
开封化肥厂	1965	河南开封
鄂西化工厂	1965	湖北襄阳
西南合成制药厂	1965	重庆
重庆氮肥厂	1965	重庆
重庆磷肥厂	1965	重庆
重庆长江橡胶厂	1965	重庆
西北合成制药厂	1965	甘肃兰州
西北油漆厂	1965	甘肃兰州
银川橡胶厂	1965	甘肃银川
贵州轮胎厂	1965	贵州贵阳
开阳磷矿	1965	贵州贵阳
昆阳磷矿	1965	云南昆明
株洲化工厂	1965	湖南株洲
四川硫酸厂	1965	四川内江
河南轮胎厂	1965	河南焦作
青海黎明化工厂	1965	青海大通
青海光明化工厂	1965	青海大通
黎明化工研究所	1965	青海大通
西北橡胶工业研究设计院	1965	陕西咸阳
贵州有机化工总厂	1965	贵州贵阳
长岭炼油厂	1965	湖南岳阳
兰化公司石油化工厂	1965	甘肃兰州
兰州化学纤维厂	1965	甘肃兰州

续表

工厂名称	年份	厂址
西北有机化工厂	1966	甘肃兰州
泸州天然气化工厂	1966	四川泸州
贵州赤水天然气化工厂	1966	贵州遵义
重庆化学试剂厂	1966	重庆
重庆长风化工厂	1966	重庆
中南制药厂	1966	湖南邵阳
晨光化工厂	1966	四川自贡
湘东化工机械厂	1966	湖南株洲
益阳橡胶机械厂	1966	湖南益阳
桂林橡胶机械厂	1966	广西桂林
三门峡矿山机械厂	1966	河南三门峡
重庆塑料研究所	1966	重庆
河南安阳化肥	1967	河南安阳
河南化工厂	1967	河南巩县
红山化工厂	1967	湖北襄阳
江西星火化工厂	1967	江西九江
西北氮肥试验站	1967	陕西临潼
火炬化工厂	1967	四川泸州
湖北化纤厂	1967	湖北襄阳
云南轮胎厂	1967	云南昆明
武汉炭黑厂	1967	武汉
山西橡胶厂	1967	山西霍州
四川长征制药厂	1968	四川乐山
西北第二合成药厂	1968	陕西华阴
湖北制药厂	1968	湖北襄阳

续表

工厂名称	年份	厂址
宁夏农药厂	1968	宁夏银川
洞庭氮肥厂	1968	湖南岳阳
资江氮肥厂	1969	湖南娄底
株洲氮肥厂	1969	湖南株洲
化工部第二胶片厂	1969	河南南阳
东风轮胎厂	1969	湖北十堰
中南橡胶厂	1969	湖北宜昌
桂林乳胶厂	1969	广西桂林
桂林橡胶工业研究设计院	1969	广西桂林
荆门炼油厂	1970	湖北荆门
桂林轮胎研究所	1970	广西桂林
云南轮胎厂	1970	云南昆明
广州轮胎厂	1970	广东广州
湖北冶炼厂	1970	湖北大冶
湖南维尼纶厂	1971	湖南怀化
2348 工厂（岳阳石油化工总厂）	1971	湖南岳阳
长泰合成氨厂	1971	福建漳州
肥城橡胶厂	1972	山东泰安
枣庄橡胶厂	1972	山东枣庄
东平橡胶厂	1972	山东泰安
山西橡胶厂	1972	山西临汾
湖南冷水江制碱厂	1972	湖南娄底
四川维尼纶厂	1973	重庆
河池氮肥厂	1973	广西河池

注：本表统计企业范围不包括地方建设（小三线）企业。企业名称以当时获批兴建之时为准，年份为开建时间。

二、带动了内地化学工业发展

三线建设前西南、西北地区虽有一些化工企业，但重要的化工原料，特别是国防军工需要的化工产品基本上属于空白。三线建设期间在化工部统筹安排部署下，先后向该地区迁建、新建、扩建了一大批重要化工企业以及科研机构。三线建设改变了化学工业的布局，带动了内地化学工业发展。

三线建设时期，四川几乎所有市州都分布有三线建设项目，三线建设期间国家在四川省总投资规模达393亿元，占全国三线建设总投资的1/4，建成了350多个以国防科技为主的企事业单位和科研院所，推动四川形成了以能源装备、钢铁化工及国防工业为主的独立完整、门类齐全的工业体系，奠定了四川产业发展的基础。

以当今中昊晨光化工研究院的建设历史为例，1964年，化工部决定把在大城市、东南沿海、华北东北边境地区的一批军工配套的化工研究、生产单位迁到内地，建设一家配套齐全的新型高分子材料研究基地。经踏勘优选，富顺县邓井关乡符合“靠山、隐蔽、分散”的厂址要求。

建设方案定为建设四个厂。晨光一厂从事新材料研制，晨光二厂从事有机氟、有机硅、有机玻璃等化工新材料中试生产，晨光三厂从事聚氯乙烯、聚四氟乙烯、聚酯等新材料加工成型，晨光一厂附属机械厂（今晨光四厂）从事机械设备大修及制造。

由化工部北京化工研究院、沈阳化工研究院、上海化工研究院、上海医药工业研究院、上海市合成橡胶研究所（今上海有机氟材料研究所）、上海鸿源化学厂、上海树脂厂、上海化工厂、天津近代化学厂、锦西化工厂、锦西化工机械厂、锦西化工研究院、吉林化工公司职工医院、上海塑料研究所等单位内迁人员、技术和设备。先后调迁太原新华化工厂、太原化工厂、吉林化工原料公司、吉林染料厂、重庆长寿化工厂、兰化公司、沈阳化工学院、成都市消防队等单位工人、专业技术人员和管理干部。

1965年5月4日，晨光四厂破土动工，标志着晨光化工厂建厂开始实施。此后晨光三厂、二厂、一厂相继开始施工。1966年5月5日，第一批国防军工急需的产品成功生产出来。晨光四个厂的第一批拓荒者在富顺这片遍布坟茔的荒山野岭上自己动手修“干打垒”，人拉肩扛装设备，而住的是工棚里的“大通铺”，喝的是稻田水和沱江水。

到1970年，主要生产线和主导产品相继投产，建成晨光一、二、三、四厂科研生产装置和晨光职工医院、晨光中学。总投资4375万元。职工4542人，其中，内迁2300多人。1970年4月，四川省三线建设领导小组决定将晨光一、二、三、四厂合并为晨光化工厂。

重庆在三线建设中兴建了沿江化工企业带和长寿-洛渍化工区。国家投资建设了四川维尼纶厂、重庆氮肥厂、重庆磷肥厂等一批骨干化工企业。重庆建成了门类齐全的化工企业，为国防工业提供了过磷酸钙、硫酸、盐酸普鲁卡因、氨基树脂、醇酸树脂、保密特种涂料、弹药原料、钨酸、钼酸、飞机工业原料、自动弹药、特种轮胎以及橡胶、塑料、油漆、制药、染料等化工产品。

在山西的三线建设布局中，首先对太原的化肥、化工、磷肥、制药等几个厂进行扩建，先后完成了50多个改造项目，提高了原企业的生产能力。其次在大同至永济的同蒲铁路沿线新建了化肥、农药、合成橡胶、无机盐和化工机械等一批中型企业。此外在全省建成并投产了近百个小型氮肥厂。经过十多年的建设，山西的化学工业布局趋于合理，有了长足的发展。

广西的化肥生产原属空白，三线建设中将建设化肥厂纳入战备总体规划，平时生产化肥，战时改产炸药。先后建成河池氮肥厂、宜山氮肥厂、田东氮肥厂、柳城磷肥厂等大小化肥厂74家，基本上县县都有化肥厂。

陕西建成机械化连续生产精煤、焦炭和化工产品的焦化厂，填补了省内空白。这个时期还兴建了兴平化肥厂、陕西化肥厂、宝鸡氮肥厂等，其中宝鸡氮肥厂属当时国内最大的氮肥厂。

湖南的三线建设时期建起了资江氮肥厂、洞庭氮肥厂、湘江氮肥厂、浏阳磷肥厂、津市磷肥厂、石门磷肥厂等，为湖南农业发展起到举足轻重的作用。橡胶工业建设对一向是空白的鄂西、湘西、广西地区形成新的橡胶工业基地奠定了基础。

在大三线化工建设中，还依托资源布局建起了一批天然气化工、石油化工、盐化工、磷化工等骨干企业，主要有四川化工厂、泸州天然气化工厂、云南天然气化工厂、贵州赤水天然气化工厂、湖南洞庭氮肥厂、兰州石油化工厂等。

在国家统筹安排西南、西北大三线建设的同时，一、二线的省、区、市也同时开展了“小三线”战备建设。所谓小三线，是指一、二线地区的腹地。小三线建设由一、二线省份地方政府自建必要的军工及相关企业，为战备服务。

随着国际冷战氛围趋缓，中国实行改革开放政策，三线建设逐渐降温。

三线建设是在特定时期开展的具有战略意义的布局，在当时的历史背景下是完全必要的，不仅加强了国防实力，改变了工业分布不合理的状况，更主要的是促进了中西部地区的经济发展，有些行业进入世界先进行列，意义重大，影响深远。由于三线建设立足于战备，准备早打、大打，因此也出现了一些偏差，如过分强调“靠山、分散、隐蔽”，使不少企业进山太深，布局分散，对生产和生活带来很大困难。盲目地抓时间抢速度，使一些项目“边设计、边施工、边生产”，造成前期准备不足，违反了基本建设程序。

第三节 十年“文化大革命”期间的曲折发展过程

1966年开始的“文化大革命”，使国家工业发展受到极大的干扰和破坏。进入1967年，一场危害更烈的夺权风暴侵袭整个工业部门。在这场夺权风暴中，从国家计划委员会、经济委员会到各个工业部，从中央到各级地方，大批从事经济工作和工业管理的领导干部，受到冲击，机关大撤、大并，工作人员下放劳动，使正常的经济管理职能陷于瘫痪和半瘫状态。工业企业管理组织和管理制度也受到了极大的破坏。很多部委机关不得不采取临时军管。1967年7月31日，中共中央、国务院、中央军委、中央文革小组发出《关于对化学工业部实行军事管制的决定》。8月1日，中国人民解放军化学工业部军事管制委员会进驻化工部。

受到严重干扰破坏的化学工业发展进程经历了一段曲折的过程。但是，化工战线的工人、领导干部和技术人员克服困难，坚持生产，与“四人帮”的干扰和破坏进行了斗争，化学工业发展仍有所前进，特别是氮肥和石油化工取得了一定的发展成就，发展了一批新技术、新工艺、新产品，包括从国外引进的一部分先进和比较先进的技术设备，提高了化学工业整体的发展水平。

一、全面内乱与化学工业生产的下降

1965年，经过整顿和调整，中国的工业生产建设取得了显著成绩。1967～1968年，受“文化大革命”影响，许多工厂停工、停产，工业生产秩序混乱，工业生产连年下降。1967年，工业总产值比1966年下降了13.8%；1968年又比1967年下降5%。化学工业在1966～1976年中，有4年的生产是下降或是停滞不前的。

1967年，化学工业总产值下降到108亿元，而1965年为179.4亿元（以1957年不变价格计算，为全国统计数据；化工系统产值为145亿元）。1968年进一步下降到102亿元。1973年开始有所回升。但到1976年“反击右倾翻案风”严重地冲击了社会经济生活，再加上唐山地震灾害的重大影响，国民收入下降2.7%，使国民经济濒于崩溃的边缘。1976年工农业总产值完成4579亿元，比上年只增长1.7%，大大低于计划要求增长7%～7.5%的速度；工业增长1.3%，比计划要求的低6.9%～7.7%。主要产品产量，绝大部分都没有完成计划。化工生产又遭到挫折，1976年前5个月包括化肥在内的主要工业品严重欠产。到粉碎“四人帮”前夕已面临十分困难的境地。全国48个大中型合成氨厂，其中，停产半停产的企业达19个，占40%；1300多个小型合成氨厂有三分之一停产，三分之一半停产。

客观来说，“文化大革命”期间化学工业生产总产值整体是增长的，一批具有重要意义的建设项目和技术攻关也在这一时期完成，但这并不是“文化大革命”的功劳。客观上讲，新中国成立以来化学工业的建设成就奠定了这一时期的增长基础，主观上则是国务院等中央领导部门努力保障对工业和技术部门的正常生产和广大职工的坚持生产、艰苦奋斗取得的成绩。

“文化大革命”期间是世界工业技术飞速发展的时期，包括化学工业在内的中国工业技术与世界先进技术水平的差距被进一步拉大。职工队伍的文化技术素质大大下降，1975年，工程技术人员和管理人员占全民所有制工业部门职工总数的比重分别从1965年的4.1%和8.5%下降到2.7%和8%。

二、大力发展地方化工，下放潮再起

到20世纪60年代中后期，中央重新提出要重视和支持发展地方工业，特别要重视和发展适用技术、规模不大的小钢铁厂、小机械厂、小化肥厂、小水泥厂、小水电厂等五种小型工厂（简称“五小”）。这一政策切合当时的客观条件，调动了各地、县政府的积极性，“五小”工业很快发展起来，并突破了原来所指的范围。

20世纪60年代末，中央重新提出建立地方工业体系和块块为主的计划体制，恢复了“两本账”的计划方法，再次下放企业，大破规章制度。1969年，国务院批准化工部四次下放企事业单位，到年底共下放440个企事业单位。1970年，国务院又批准化工部第六批下放企业，其中完全下放27个，双重领导以地方为主的7个。

1970年6月，燃化部成立后，继续组织化学工业企事业单位下放工作，大部分科研设计机构下放企业或地方管理，化工施工单位和在建单位也下放地方管理。

这一次企事业下放高潮是与三线建设和建立地方工业体系的政策相配合的，一定程度上促进了地方工业和经济的发展。但在下放过程中盲目下放，造成了地方和企业的管理混乱，部分与全国有联系的企业下放后原料或产品供应出现困难，部分企业在财政上也出现危机。

这一时期，作为“五小”之一的中国小氮肥工业取得快速发展，20世纪60年代中期，小氮肥技术已渐趋成熟，具备了进一步发展的条件。在国家的帮助下，各地纷纷兴建小型氮肥企业，1966～1976年，全国共新建小氮肥厂1232个，其中，1970～1976年平均每年新建144个，1976年小氮肥厂合成氨产量已达到368.1万吨，同1965年相比增长了19倍，在全部合成氨产量中的比重由1965年占12.4%上升到占59.5%。小氮肥工业的发展，对于满足农业的急迫需要，支持粮食生产的持续增产，起了重要的作用。

但是，当时由于发展过急、过多，对氮肥生产的技术经济要求考虑不够，有些不具备条件的地方也建了厂；不少厂生产管理水平低，消耗高，亏损大，造成了很大浪费。据1976年统计，小氮肥行业中盈利的企业161个，亏损的企业高达1007个，当年整个行业的亏损额为9.73亿元。此后很长时期，国家一直在投入专项资金改造小化肥。

第四节 大规模引进建设发展石油化工

石油化工是20世纪50年代发展起来的一门新兴工业。以其在国民经济与人民生活中的重要地位，而受到工业国家越来越大的重视，发展很快。中国20世纪50年代为“贫油”所困扰，对化学工业这一新发展缺乏对应发展条件。1963年，大庆建成600万吨/年原油生产能力，石油工业走出困境，为发展石油化学工业创设了必要的前提。化工部门遂抓住时机，展开工作，1964年，报经国务院批准，先从英国引进规模不同的5套石油化工、化纤装置并于1966年动工兴建，1968年建成投产。当中国着手创建本国石油化工的时候，发达国家的石油化工已迅速走向大型化、连续化、自动化和精细化。国外石油化工技术日新月异，给刚起步的中国现代石油化工增加了许多困难。70年代初，中国石油化工产品产量远远落后于工业发达国家。为满足国民经济和人民生活需要，每年需用大量外汇从国外进口。20世纪60年代，中国石油和石油化工产品进口所需外汇一般每年为3亿～5亿美元。进入70年代，化肥、农药、橡胶和化工原料等进口量增加迅猛。70年代末期，石油和化工产品进口额已达20亿美元。在国际市场上，这些产品的价格不断上扬，为进口这些产品，每年要花费越来越多的外汇。政府深深感到这一情况不能长期维持下去，必须采取有效措施，迅速发展本国的现代石油化学工业。

一、“四三方案”及全套引进的化工建设项目

1972年年初《关于进口成套化纤、化肥技术设备的报告》获得国家批准。1973年1月2日，根据周恩来指示，合并考虑各部门的引进建议，国家计委上报《关于增加设备进口、扩大经济交流的请示报告》，建议在三五年时间内引进43亿美元、26个成套设备、单机和关键设备技术。“四三方案”由此问世。

“四三方案”引进项目主要采取分期付款的方式支付费用，引进对象包括日本、美国、联邦德国、法国、荷兰、瑞士、意大利等十几个国家。到1979年，“四三方案”引进项目合同全部履行完毕，合同成交金额为39.6亿美元。

“四三方案”引进项目涵盖了中国主要生产领域，其中大部分为化学工业项目，在引进的26个成套设备技术中，化工项目占21项，包括13套化肥、4套化纤、3套石化、1套烷基苯。金额占比达到79.83%（具体项目详见表1-3-2“四三方案”引进的大型化工成套项目建设情况表）。

表1-3-2 “四三方案”引进的大型化工成套项目建设情况表

序号	项目名称	建设地址	引进国别	开建年月	全部建成投产年月	新增生产能力 / 万吨
1	上海石油化工总厂	上海金山	日本、联邦德国	1974.1	1978.12	维纶 3.3/ 腈纶 4.7/ 涤纶 1.4
2	天津石油化纤厂	天津大港	日本、联邦德国	1977.6	1983.11	合成纤维单体 8.1/ 化学纤维 5.2
3	辽阳石油化纤总厂	辽宁辽阳	法国、意大利、联邦德国	1973.9	1981.12	合成纤维单体 13.1/ 化学纤维 4.5

续表

序号	项目名称	建设地址	引进国别	开建年月	全部建成投产年月	新增生产能力 / 万吨
4	四川维尼纶厂	重庆长寿	法国、日本	1972.2	1981.12	合成纤维单体 4.5/ 化学纤维 4.5
5	北京石油化工总厂	北京房山	日本、联邦德国、美国	1973.8	1976.6	乙烯 30/ 高压聚乙烯 18/ 聚丙烯 8/ 氯乙烯 8
6	吉林化学工业公司	吉林	日本、联邦德国	1976.12	1983.12	乙烯 11.5/ 乙醇 10/ 丁辛醇 5/ 乙醛 6/ 醋酸 3.5
7	北京化工二厂	北京朝阳	联邦德国	1974.10	1977.12	聚氯乙烯 5/ 烧碱 5
8	沧州化肥厂	河北沧州	美国、荷兰	1973.7	1977.4	合成氨 30/ 尿素 48
9	辽河化肥厂	辽宁盘锦	美国、荷兰	1973.6	1977.12	合成氨 30/ 尿素 48
10	大庆化肥厂	黑龙江大庆	美国、荷兰	1974.6	1977.6	合成氨 30/ 尿素 48
11	湖北化肥厂	湖北枝江	美国、荷兰	1974.10	1979.8	合成氨 24/ 尿素 38
12	洞庭氮肥厂	湖南岳阳	美国、荷兰	1974.4	1979.11	合成氨 24/ 尿素 38
13	泸州天然气化工厂	四川泸州	美国、荷兰	1974.8	1977.3	合成氨 30/ 尿素 48
14	赤水河天然气化肥工厂	贵州赤水	美国、荷兰	1976.1	1978.12	合成氨 30/ 尿素 48
15	云南天然气化工厂	云南水富	美国、荷兰	1975.1	1977.12	合成氨 30/ 尿素 48
16	齐鲁第二化肥厂	山东淄博	日本	1974.4	1976.7	合成氨 30/ 尿素 48
17	四川化工厂	四川成都	日本	1974.5	1976.12	合成氨 30/ 尿素 48
18	栖霞山化肥厂	江苏南京	法国	1974.9	1981.2	合成氨 21/ 尿素 36
19	安庆化肥厂	安徽安庆	法国	1974.3	1982.6	合成氨 24/ 尿素 42
20	广州化肥厂	广东广州	法国	1974.12	1982.10	合成氨 24/ 尿素 42
21	南京烷基苯厂	江苏南京	意大利	1976.10	1981.12	烷基苯 5/ 洗衣粉 2.5

注：资料来源:《中国固定资产投资统计资料》(1950 ~ 1985)，第 206 ~ 209 页。中国统计出版社，1987 年 10 月。其中项目次序有调整，北京石化项目建设时间按一期工程调整。

“四三方案”是中国第二次大规模引进设备技术，也是打破西方经济封锁、开展对外经济技术交流的重大举措。通过“四三方案”的实施，结合国产配套设备，中国兴建了26个大型工业项目，进一步发展了中国的基础工业，为中国化学工业发展赢得了一次难得的发展机遇，为中国80年代的经济发展奠定了重要基础。

二、大型石油化工企业建设开始

1963年12月，中国宣布石油实现基本自给后，石油化学工业仍处于创建阶段，直到20世纪70年代初，中国还没有一家能够称得上大规模的石油化工企业。随着引进建设的开始，中国加速了现代石油化学工业发展步伐。

北京石油化工总厂扩建工程中的30万吨乙烯成套项目并入“四三方案”，于1973年8月29日开始建设，到1976年6月17日全部完工，期间仅27个月的时间，北京石油化工总厂就成功建设起国内第一套30万吨/年乙烯生产装置及其配套工程。此后，国内运用北京石油化工总厂的成功经验，在20世纪80年代相继引进南京扬子、山东齐鲁、上海金山和黑龙江大庆四个30万吨乙烯成套项目，彻底改变了中国石油化学工业的落后面貌。

“四三方案”实施的石油化工项目中另外两个成套项目全部从联邦德国引进，其中，北京化工二厂引进的聚氯乙烯项目于1974年10月开建，1977年12月全部完工；吉林化学工业公司引进的乙烯项目于1976年12月开建，1983年12月全部建成。

引进的化纤、化肥项目相继在1973年、1974年开工建设。四川维尼纶厂等4个化纤项目的先后建成投产，迅速提高了中国石油化纤产业的技术水平，丰富了产品品种，扩大了生产规模，增强了化纤原料的自给能力，初步形成了以上海石油化工总厂为首的现代化大型油气化纤产业基地，对中国化纤工业的现代化发展发挥了积极作用。

化肥项目方面，自1973年开始，相继从美国、荷兰和法国引进13个具有20世纪70年代初技术水平的成套项目，其中四川化工厂、泸州天然气化工厂、云南天然气化工厂、赤水河天然气化肥工厂、齐鲁第二化肥厂、沧州化肥厂、大庆化肥厂、辽河化肥厂、湖北化肥厂、洞庭氮肥厂等10个成套项目以天然气为原料，设计年产30万吨合成氨、48万吨尿素；栖霞山化肥厂、安庆化肥厂和广州化肥厂3个成套项目以轻油为原料，设计年产30万吨合成氨、52万吨尿素。

自1973年1月26日，燃化部将第九化工建设公司成建制调往辽宁省盘锦市，开建第一个大化肥项目——辽河化肥厂，到1978年11月2日，赤水河天然气化肥厂通过验收，10个以天然气为原料的大化肥项目全部完工，其中湖北化肥厂和洞庭氮肥厂完工后又因气改油延迟投产。3个以轻油为原料的大化肥项目也于1982年内陆续通过国家验收。

通过“四三方案”引进建设，中国加紧了建立现代石油化学工业的步伐，在短时期内把自己的化学工业向前推进了一大步。中国化工行业积极学习消化引进设备技术，不断吸收先进经验，并根据建设的实际情况对引进设备技术进行改造、创新，在短时间内就掌握了具有世界先进水平的设备技术，提高了设计和生产能力，使中国的石油化工、化纤和化肥产业技术水平缩小了与西方发达国家之间的差距。

三、其他引进建设的石油化工项目

1963年8月，国务院批准从意大利、德国、英国、法国、日本、瑞士、荷兰引进以天然气、轻油、重油为原料的石油化工装置16项。主要有抚顺炼油厂铂重整和芳烃抽提装置，兰化公司砂子炉裂解制乙烯3.6万吨、丙烯3.2万吨、高压聚乙烯3.4万吨、聚丙烯5000吨、聚丙烯纤维3000吨、丙烯腈单体1万吨、聚丙烯腈8000吨、丁苯橡胶后处理装置1.5万吨，泸州天然气化工厂合成氨10万吨、尿素16万吨，陕西兴平化肥厂重油气化制合成氨5万吨，北京化工二厂干式乙炔发生器1100立方米/时，吉化公司丁醇、辛醇7500吨，常州绝缘材料厂聚酯5000吨，加速了化学工业的发展。1971年9月26日，兰化公司化学纤维厂从英国引进的年产8000吨聚丙烯腈装置投料试车，纺出第一批腈纶丝。

1974年，国家计委批准建设广州石油化工厂。其中年处理250万吨常减压和120万吨催化裂化工程，于1978年3月建成投产。以石脑油为原料、从法国引进技术和设备的年产30万吨合成氨、52万吨尿素工程，1975年5月7日开工建设，1982年10月21日通过交工验收正式投产。

第五节 化学工业体系基本形成

从新中国成立之初到1977年的近30年发展历程中，国家不断加大对化学工业的投资，全行业克服了西方国家的封锁、国内工业基础薄弱等困难，吸取发展进程中的教训，不断进取，取得了很大的发展成就，逐步改变了发展薄弱的局面，取得了明显的变化和进步。这一时期，中国自己的现代石油化工揭开了新的一页，获得了一定进展。一个门类比较齐全、品种大体配套的化学工业体系基本形成，在国民经济中占有一席之地。

一、能为国家提供化工产品近2万个

在1949年到改革开放前的中国工业的发展进程中，化学工业是11个主要工业部门中年平均增长速度较快的部门，从“一五”时期开始，国家不断加大化学工业领域投资，到“三五”时期，化学工业基本建设投资在工业基本建设投资总额中的比重从“一五”和“二五”时期的5.4%、7.6%，增加到11.5%，“四五”时期，这一比重曾减少为9.8%，“五五”期间头三年，又回升至15.6%。化学工业总产值占全国工业总产值从1952年的4.8%增加到1977年的7.4%。

1966年到1977年，加强了化工为农业和轻纺工业服务的功能和加强了原料产品的比重，已能生产化工产品2万余个。初步形成化学矿山、石油化工、煤化工、无机酸碱、无机盐、化肥、农药、有机原料、合成树脂、合成橡胶、合成纤维单体、感光材料和磁性记录材料、染料和中间体、涂料和颜料、化学试剂、催化剂及助剂、化工新型材料、橡胶制品、化工机械等19个行业的完整工业体系。

这一时期，化学工业各个领域都新增了一批加工能力，主要工业产品产量都有较大幅度增长。化学纤维、化肥和农药的生产，增长更为迅速。化肥工业得到优先发展。全国小化肥厂星罗棋布，到1977年，全国化肥产量为723.8万吨，合成氨870.4万吨。农药工业已经形成从原药合成到成药加工的比较完整的农药生产体系。到1974年全国有339个农药厂，1965年，农药产量19.3万吨，1977年达到45.7万吨。

纯碱、烧碱等基本化工原料和染料等化工产品也得到发展。到1977年，生产纯碱107.7万吨，烧碱138.6万吨，其中大约占总产量30%的纯碱用于玻璃（包括建筑用平板玻璃）、搪瓷制品和洗衣粉，占总产量70%的烧碱用于造纸、人造纤维、印染工业和肥皂生产。1977年，全国生产染料6.75万吨。

化学工业为改变缺医少药局面，确保人民生命健康方面发挥了重要作用，1958年以来，六大类化学原料药完全自主生产。“三五”期间，兴建了以青霉素、金霉素、维生素等为产品的四川抗菌素厂、太原药厂二期工程以及各地一些中小型制药厂。研制成功了黄体酮等激素类药品，还有六大药类的一些新品种。1976年化学药品产品3.12万吨，相当于1965年的3倍。

经过1966～1977年的建设，化学工业奠定了发展基础，开始建立起现代石油化工部门，为后期的发展创造了较为有利的条件。1977年，中国已能生产18种基本有机原料，其中乙烯、丙烯、丁二烯产能分别为30.27万吨、16.58万吨、7.05万吨。引进4套大化纤装置建成投产后不仅缓解了当时纺织原料不足的燃眉之急，而且为以后中国化纤工业的大发展和纺织工业的大繁荣奠定了基础。随着石油化工的发展，合成纤维、合成橡胶和塑料的产量迅速增加。

1970年以来，化学工业每年能提供2000多万至3000多万条自行车胎，满足了消费需求。此外，还生产3亿多双胶鞋等。1977年生产轮胎772万条。化学工业生产的各种塑料，已经广泛用于包装材料、电气材料、家具、日用工业品零部件、车辆、飞机等交通工具材料，并初步应用于建筑，节省了大量木材、金属材料、天然橡胶、纸张、黄麻等，并丰富了人民生活。

长期的发展建设，化工在以下两方面有了明显的变化和进步：（1）加强了为农业和轻纺工业服务的功能。化肥、农药产品产值在化学工业总产值中的比重已接近20%。（2）加强了原料产品的比重。在化学工业中，旧中国遗留下来的化工原料工业基础很小，有机原料更是空白。1953～1962年的两个五年计划期间，化工基本原料工业的发展又滞后于加工工业。1963～1965年调整时期开始注意这一问题，加大投资，化工原料工业在整个化工生产中的比重逐步增加，始建于60年代的有机原料和三大合成材料，在70年代随着大型石油化工联合企业的建设，加快了发展速度，原料工业与加工工业之间的比例关系有了进一步的改善。1975年，化工原料和化工加工工业的比值情况为化工原料52.2%，加工工业47.8%，相比于1963～1965年的化工原料为42.81%，加工工业为57.19%已经大为改善。但从需求层面来看，化工原料的发展仍是薄弱环节。

二、化学工业全国布局初步完成

1956年化学工业部成立后一个月，就确定了部属厂矿企业的领导关系，直属企业有大连化学厂等近百个企业和地质勘探队。1958～1963年，各地相继成立化工厅（局）。随后在化学工业相对发达的大连、兰州、太原、吉林、南京组建了大型化工企业。初步建立起化肥、制碱、农药、医药等化学工业体系，初步完成产业布局。

第一个五年计划开始，以发展化学肥料和基本化工原料为重点，建设了吉林、兰州、太原3个化工基地。恢复和扩建了南京、大连2个老化工厂；以后又新建了浙江衢州化工厂，恢复和扩建了辽宁锦西化工厂。此外，还有苏联援建的以抗生素、淀粉为主要产品的华北制药厂和以磺胺为主要产品的太原制药厂。

除了苏联援建的156项工程中的化工项目外，中国在这段时间还积极引进国外先进化工技术和设备，以提高中国化学工业的整体技术水平。1964～1966年，中国相继从英国、荷兰、意大利等国引入了新型合成氨装置、溶液全循环法尿素装置等设备，缓解了中国当时化肥的紧缺状况。

这一时期，中国初步建立了石油化学工业生产体系，迅速壮大了自己的现代石油化工，建成了北京、广州、安庆、岳阳等5个石油化工联合企业。通过“土洋结合”的途径在一定程度上缓解了当时国内的需求。

这一时期，上海、北京、天津3个直辖市以及化工基础比较好的青岛、大连、沈阳、重庆已成为重要化工基地外，广州、南京、常州、武汉、西安、哈尔滨、长春、太原、厦门、杭州、沙市、昆明、长沙、南宁、无锡、合肥等城市的化学工业发展也很快。化学工业的布局已经从沿海扩展到内地。特别是经过三线建设，内地化工产值占全国化工产值的比重显著上升。云南、贵州、青海、新疆、宁夏、内蒙古等边远地区，也兴办了一批化工厂。

三、化工“三废”排放问题引起高度重视

早在1956年，石油部抚顺石油研究所就从治理污水入手，开始设立环保专业室开展环保研究工作。各炼油厂则采取在总排水口设置隔油池，将酸碱渣挖坑埋置或出售给制砖厂作燃料等简单措施。从60年代开始，随着国内工业规模的扩大，并鉴于国际上一些国家发展工业过程中在环境保护问题上出现过的经验教训，周恩来总理对“三废”治理作过多次指示。根据这些指示精神，抚顺石油研究所、抚顺石油设计院和北京石油设计院，以及上海、兰州、南京、胜利等大型炼油厂，都对炼油污水和废渣治理进行过一些工业化试验，如对污水进行隔油、浮选和生物处理，对酸渣、碱渣进行中和处理，或用来生产环烷酸、异丙醇、硫酸亚铁、硫酸钠、硫化碱等化工产品。但由于当时对“三废”治理的认识不足，加上治理技术不够成熟，已建成的炼油厂在建设时对“三废”治理没有进行统一规划。直到60年代末期建设胜利炼油厂、东方红炼油厂时，才设置了比较正规的污水处理车间。1971年10月，

周恩来总理陪同外宾参观东方红炼油厂时，特别指示“综合利用是个大问题，要立志赶超世界先进水平”，引起了大家的重视。

1973年，国务院提出了“全面规划，合理布局，综合利用，化害为利，依靠群众，大家动手，保护环境，造福人民”的工作方针，明确作出环保措施必须与主体工程同时设计、同时施工、同时投产的“三同时”规定。从此，环保工作引起石油炼制工业各级领导的普遍重视，在新厂建设和老厂技术改造中采取一系列措施，使环保工作取得了重要的进展。例如，常减压装置采用合理注氨方法取代碱洗，用干湿联合空气冷却器取代直接水冷，并对塔顶瓦斯加以回收利用；焦化装置用间接冷却代替直接冷却，焦化塔不凝气体不再排入大气，并实现了冷焦水和除焦水的闭路循环；沥青装置采用塔式连续氧化新工艺，尾气由水冷改为油冷，并将剩余尾气引入炉膛焚烧分解。此外，还利用催化裂化、加氢装置的含硫含氨污水和制氢装置放空的二氧化碳气体，生产碳酸氢铵化肥；利用催化裂化汽油酸渣，提取粗酚；利用烷基化和深冷装置排出的含硫碱液，制取工业硫化钠和硫氢化钠；利用铂催化剂生产装置排出的废液，提取氯化铵；将生产添加剂过程中的硫磷化废渣，经处理后再用于生产；利用废碱渣和石灰窑烟气为原料，制取环烷酸、酚和碳酸钠等。在污水处理方面，普遍采用了隔油、浮选、曝气措施，有的厂还设置了活性炭吸附和污泥焚烧设施。这些措施的推广、普及，减轻了炼油“三废”的污染，较好地改善了环境质量。

随着化学工业的发展，消除化工污染的任务日益繁重。化学工业发展的“三废”排放问题已经引起中央高度重视。20世纪70年代初期到中期，老一辈党和国家领导人对上海炼油厂、北京东方红炼油厂、上海石化总厂等提出的环境保护要求，实际上也是对整个石油化工行业的要求，是对防止化工污染问题的警示。这一时期，在进口成套化纤、化肥技术设备中，把当时国外先进的环保技术设施也引进国内，非常有助于中国化学工业环境保护技术水平的提高。

为保护环境，防治污染，保障人民健康和生态平衡的工作有章可循、有序发展，国家计划委员会、国家基本建设委员会和卫生部于1973年11月17日联合颁发《工业“三废”排放试行标准》。其内容分四章19条，包括废气、废水、废渣（简称“三废”）的防治和允许排放标准等的规定。自1974年1月1日起试行。化学工业“三废”排放有了制度制约。化学工业开始着手以治理“三废”为重点，解决环境污染的问题，环境保护工作成为化工事业发展的重要组成。

第六节 建立了较为齐全的化工科研和教育体系

为了贯彻国民经济“调整、巩固、充实、提高”的方针，化工部于1961年召开了全国化工科研设计工作会议，针对1958年以来化工科研工作中存在的问题，决定开展以“压缩科研项目，缩短战线；强调科研工作要为工业生产服务，每个研究项目的工作要成套安排，并注重技术经济效益；提倡大力协同，对重大研究开发项目集中力量打歼灭战”等为重点的科技工作调整整顿工作；同年下半年，国务院发出了《关于自然科学研究机构当前工作的十四条意见》（科研工作十四条），使科研单位正在进行的调整和整顿工作更加深入。通过调整，各化工科研单位基本上确定了专业研究方向，根据化学工业发展需要、国家科学技术发展远景规划要求和本专业的技术发展趋势，量力安排科研任务，切实缩短了战线，削减一些不切实际的项目，集中力量保证重点课题；科研人员每周的科研工作时间基本得到了保证。化工科研人员钻研技术业务的积极性大大提高，活跃了学术空气，提高了研究工作质量、加快了研究进度。

这一时期，在国家总体科技发展规划指引下，化工部制定颁布了专项计划。例如国家《1956～1967年科学技术发展远景规划纲要》（简称《纲要》）从13个方面（包括化学工业）提出了57项重要的科学技术任务。列入规划纲要的化学工业中心问题有36个。《化学工业科研1963～1972年长远规划》也在1962年8月诞生，这些纲要、规划都为化学工业科学技术发展确立了目标方向。

一、推进重点领域技术攻关

这一时期，化工科研战线进一步加强了为经济建设和国防建设服务的工作，采取研究、设计和生产相结合，化工科研、生产单位同中国科学院、高等院校以及使用部门相结合的方式，开展了重点项目的攻关会战，开发成功了一大批重大技术，加快了工业化速度。

（一）化肥技术攻关

从1965年2月开始，中国科学院大连化学物理研究所、上海化工研究院、南京化工公司研究院和催化剂厂、化工部化工设计院、北京化工实验厂等单位协同作战，用不到两年的时间完成了氧化锌脱硫剂、低温变换催化剂和甲烷化催化剂的实验室研究、扩大制备以及用于年产万吨合成氨装置的中间试验。采用该成果，设计建设了石家庄化肥厂年产6万吨合成氨装置，于1966年11月竣工投产。

1963年，上海化工研究院和化工部华东化工设计院协作开发了二水物流程制湿法磷酸和粒状磷酸二铵技术，并在南京建成了年产2万吨磷酸和3万吨磷铵的工业试验装置，开始试验生产复合肥料。二水物流程湿法磷酸生产技术还推广到轻工系统洗涤剂行业，用于生产磷酸五钠。与此同时，还先后完成了酸冷流程制热法磷酸和稀酸返料固化法制重过磷酸钙的中间试验，为70年代设计建设广西柳城磷肥厂年产5万吨重过磷酸钙装置和云南磷肥厂年产10万吨重过磷酸钙装置提供了技术。

（二）农药技术攻关

农药工业属于精细化工。采用先进技术是提高产品质量、经济效益和资源利用率的重要措施。发展农药新品种、开展农药的药效试验是中央批转国家科委1960年科技发展计划当中的化工重点项目之一。1965年，根据农民迫切需要，保证粮棉丰收，周恩来总理指示，农药工业必须像化肥工业一样打一个歼灭战，要像抓化肥那样，大抓农药的生产和科学技术工作。在国内农药科研院所、高等院校、农药企业的联合攻关下，一批有机磷杀虫剂新品种如甲基对硫磷、乐果、敌敌畏、马拉硫磷、甲拌磷等相继研制成功，并投入生产；氨基甲酸酯类杀虫剂也开始发展，一些新品种先后问世。除草醚、敌稗等水田除草剂新品种也陆续研制成功，除草醚成为除草剂的一个主要品种。此外，植物生长调节剂矮壮素等也开始小批量生产、使用。

（三）合成橡胶攻关会战

1966年初，中国科学院兰州化学物理研究所、长春应用化学研究所、太原燃料化学研究所以及北京化工研究院、兰州化学工业公司研究院等单位，完成了丁烯氧化脱氢制丁二烯和顺丁橡胶实验室研究工作。化学工业部、石油工业部等部门随即组织有关科研、设计单位和高等院校，以锦州石油六厂为基地，进行了年产1000吨顺丁橡胶的全流程试验，取得了建设工业装置的设计数据，为70年代建设工业生产装置打下了技术基础。

1966年，有关科研、设计单位和工厂、高等院校集中力量，针对长寿化工厂氯丁橡胶存在的生产技术问题和薄弱环节，进行攻关，取得显著成效，降低了原料消耗，提高了质量，装置突破了生产能力。

在此期间，通过试验研究，对兰州化学工业公司合成橡胶厂的丁苯橡胶装置进行了改造，扩大了生产能力，并改进聚合配方，生产软丁苯橡胶，方便了加工应用。有关科研单位还研制了聚硫橡胶、氯磺化聚乙烯橡胶、硅橡胶、氟橡胶、聚氨酯橡胶等新品种，并少量生产，满足了特殊用途的需要。

（四）合成树脂攻关会战

鉴于聚氯乙烯树脂产品质量和品种不能满足需要，60年代初，化学工业部组织有关设计、科研力量，对北京化工二厂聚氯乙烯生产装置，从原料净化、反应器的改进、单体精制、聚合配方直至后处理工艺，分工协作，进行攻关，取得了显著效果。

为了尽快掌握聚四氟乙烯的生产技术，60年代初期，上海鸿源化学厂、上海合成橡胶研究所、上海塑料研究所、清华大学、中国科学院有机化学研究所等单位，在上海合成橡胶研究所进行了年产30吨聚四氟乙烯全流程的中间试验。经过几年时间的反复试验和改进，生产出了合格的悬浮法树脂，加工性能符合要求。在此基础上，又陆续研制成功了乳液法聚四氟乙烯树脂、四氟乙烯-全氟丙烯树脂等新品种，为氟塑料的开发奠定了基础。

在此期间，根据国民经济发展需要，还开展了许多合成树脂的研究工作，其中悬浮法聚苯乙烯树脂、尼龙1010树脂、双酚A型环氧树脂、不饱和聚酯树脂、离子交换树脂等品种，都以不同规模投入生产。

（五）石油化工科研攻关

20世纪60年代，由于国外石油化学工业的迅速发展和国内大庆油田的开发，对发展石油化工的重要性和必要性有了一致的认识，对正在开展的石油化工科研工作起了积极推动作用。根据发展需要，这一时期先后开展了石油裂解、深冷分离、羰基合成、环氧氯丙烷、甘油、丙烯腈聚乙烯、聚丙烯等的研究，陆续取得了较好的进展。北京化工研究院开发的石油气深冷分离技术，成功地用于兰州合成橡胶厂从苏联引进的油吸收分离装置的技术改造上，年生产能力由原来的5000吨提高到2万吨，成为国内第一套万吨级深冷分离装置。同时，主要利用国内技术，先后建成了上海高桥化工厂、大连有机合成厂等小型石油化工企业。石油化工研究工作的开展，为消化吸收60年代后期和70年代初期从国外引进的大型石油化工装置作了必要的技术准备。

20世纪70年代初开始，中国陆续引进不少大型石油化工生产装置。但是，引进装置所用的催化剂，因外商不出售催化剂制造技术，故大部分只购买了使用权，迫使投产后绝大多数装置只能使用进口催化剂。使用进口催化剂价格昂贵，需要耗费大量外汇。为此有关科研单位开展了催化剂、助剂及重要配套项目的研究。

1973年1月，燃料化学工业部召开配合进口石油化工装置科研工作座谈会，科研、设计、建设合计23个单位，60名代表参会。会议传达了中央有关领导对引进国外装置的指示和全面贯彻“一学、二用、三改、四创”的方针。综合引进国外技术与促进国内科研工作，全面部署各项配合科研工作。如提出“三剂”研究，特别是催化剂的研究，要努力赶超世界先进水平。

催化剂是引进技术的关键，燃化部重点安排了配套催化剂的研制工作。1974年，在北京召开已签合同的引进石油化工装置催化剂研制工作会议。会议明确了科研任务和相应的基建任务，落实了研制单位，并制定了具体的科研计划。

除了上述几个方面的科研攻关外，感光材料行业掌握了黑白电影胶片的生产技术，片种基本配套，水溶性彩色电影正片也开始小批量试产试用；磁性记录材料行业开始生产磁粉和盘式录音磁带；化学试剂行业开拓了一些新的试剂门类，品种增长很快；无机盐行业在大力改进硼砂、铬盐等大宗产品生产工艺的同时，积极开发新品种，分子筛、活性氧化铝、磷酸盐等系列产品相继投产；橡胶行业研制成功了水田拖拉机轮胎、无内胎轮胎、大型载重轮胎等；化工机械行业研制成功了我国第一台小型石油气压缩机、硬聚氯乙烯硝酸吸收塔、7立方米搪玻璃聚合釜等。

从1961年下半年到1962年年底，化工部有重点地组织了重大科技成果技术鉴定，主要项目有4000吨/年半循环法尿素、3000～8000吨/年接触法硫酸“三文一器”水洗流程、400吨/年天然气部分氧化制合成气、500吨/年敌百虫一步法生产工艺改进、6000吨/年氯乙烯生产装置以水代油作氯乙烯转化器传热介质、1000吨/年硼砂碱法新流程、10吨/年醋酸裂解制双乙烯酮、10吨/年以电石为原料合成4-甲基吡啶、2吨/年维生素B_1中间体和1500吨/年乌洛托品新工艺等。

1966年1月12日，国家经委、国家科委、高等教育部、中国科学院、化工部召开的化工生产重要科技成果座谈会上，评选出16项具有先进水平的重大科技成果。它们是：带“死气层”的3套管式氨合成塔、净化合成氨原料气的3种新催化剂、合成橡胶乳动喷射板塔、丁烯氧化脱氢制丁二烯和顺式聚丁二烯橡胶、氯丁橡胶技术改造、氯乙烯新型反应器、乙炔合成苯、天然气制乙炔用的旋焰炉、糠醛电解制顺丁烯二酸和丁二酸、口服和注射用的避孕药、低温液氢蒸馏法制重水、偏二甲肼新工艺、薄壁飞机软油箱、防红外线涂料、天然气提氦、聚四氟乙烯树脂生产和加工，其中部分为国防配套化工项目。

表1-3-3为新中国成立初期到1977年化工行业部分重大科技成果。

表1-3-3 新中国成立初期到1977年化工行业部分获重大科技奖项成果

序号	获奖项目	奖项	实施单位	获奖时间
1	合成氨新触媒还原方法	重工业部化工局重大技术成就奖	大连化学厂	1955年
2	试制成功大型空气分离设备、深冷氢气分离设备和重型2400马力压缩机	重工业部化工局重大技术成就奖	永利宁厂	1955年
3	提高六六六丙体含量	重大技术成就奖	化工设计院	1955年
4	硫酸钒触媒和合成氨铁触媒制造	重大技术成就奖	天津化工厂	1955年
5	试制成功聚氯乙烯、有机玻璃、中定剂、醋酐等产品	重大技术成就奖	化工局综合研究所	1955年
6	将整流设备并车，提高烧碱电流密度	重大技术成就奖	锦西化工厂	1955年
7	氨水制备母液循环连续作业法生产碳酸氢铵新工艺	国家新产品试制成果奖		1956年
8	多层包扎式高压氨合成塔	国务院奖励	永利宁厂	1956年
9	大容量立式吸附隔膜电解槽	国务院表彰奖励	化工部化工设计院、上海天原化工厂	1957年
10	立式吸附隔膜电解槽	国务院表彰奖励	上海天原化工厂等	1958年
11	铸钢高压容器的研究试制	国家科委0032号创造发明鉴定证书	上海化工研究院	1958年
12	胃病新药“安胃灵”	国家发明奖	北京制药厂	1962年
13	硫酸分解氧化法从汞泥中回收金属汞	国家科委发明奖	上海试剂一厂等	1962年

续表

序号	获奖项目	奖项	实施单位	获奖时间
14	1.5 平方米倾覆式过滤机的试制	国家新产品试制二等奖	上海化工研究院	1962 年
15	聚四氟乙烯	国家新产品一等奖	上海制冷剂厂等	1963 年
16	无水高氯酸镁	化工部安全优质新产品	上海化工研究院	1963 年
17	1500 公斤 / 厘米乙烯压缩机	化工部新产品试制奖	上海化工研究院	1963 年
18	8 号稠化车用机油	国家科学大会奖、发明奖	兰州炼油化工厂化工研究院	1963 年
19	在二氯均三嗪型活性染料生产中加入尿素提高干燥稳定性	国家科委发明记录	上海染料化工八厂	1964 年
20	含二氯 -4-（β- 硫酸酯乙砜苯胺基）-1,3,5- 均三嗪反应性基的活性染料	国家科委发明记录	上海染料化工八厂	1964 年
21	活性青莲染料结构	国家科委发明记录	上海染料化工八厂	1964 年
22	高炉法钙镁磷肥	国家科委创造发明二等奖	江西磷肥厂	1964 年
23	纯氩试制	化工部新产品试制奖	上海化工研究院	1964 年
24	碳化法合成氨制碳酸氢铵工艺流程	国家科委、国家计委、国家经委颁发的工业新产品二等奖	丹阳化肥厂	1964 年
25	乐果	国家工业新产品二等奖	上海农药厂等	1964 年
26	敌百虫	国家工业新产品二等奖	上海农药厂	1964 年
27	9.00-20 钢丝轮胎	国家工业新产品二等奖	上海正泰橡胶厂等	1964 年
28	红双喜乒乓球	国家工业新产品二等奖	上海赛璐珞厂	1964 年

续表

序号	获奖项目	奖项	实施单位	获奖时间
29	粒状磷酸铵中间试验	国家新产品试制二等奖	上海化工研究院	1964 年
30	二水物湿法磷酸中间试验	国家新产品试制二等奖	上海化工研究院	1964 年
31	#718（201*7）特高温度阴离子交换树脂	国家科委新产品奖	上海树脂厂	1964 年
32	苯酐热熔式冷凝器	国家工业新流程二等奖	上海染料化工七厂	1964 年
33	半循环法尿素装置	国家级新产品试制一等奖	永利宁厂	1965 年
34	C4-2 型中温变换催化剂	国家科委科技成果奖	永利宁厂	1965 年
35	硬聚氯乙烯硝酸吸收塔	国家新设备试制一等奖	上海化工研究院	1965 年
36	#120-1、#120-2 甲基苯基乙烯基硅橡胶	化工部国防军工重大科技成果奖	上海树脂厂	1974 年

二、一些重大科研成就

（一）人工合成大单晶云母

世界上天然优质云母产量很少，中国已查明的天然云母资源不足。为了满足国内对云母的需求，中科院硅酸盐研究所自1959年末开始进行合成云母研究。1961年用“内热法”（把配料装在有一对电极的容器内，借内部电阻热使配料熔化后，慢慢冷却制得）合成云母。合成云母不但具有天然优质云母的一切特性，而且比之具有更好的穿透红外线的能力和更高的耐热性，但用这种方法合成的云母碎片多。为满足对大面积单晶的需求，从1962年起，该所又进而开展“单晶法”合成云母（用小块云母单晶体作为籽晶，使其生长为大块云母单晶）的研究，经过4年的努力，于1965年取得重要进展。连续多次在实验室稳定合成了大面积云母单晶，最大的可达40平方厘米。在1965年11月召开的全国人工晶体会议上受到较高评价，这项工作被认为接近世界先进水平。大面积人工合成氟金云母单晶的生产工艺技术获1979年国家发明奖二等奖。

（二）分离硼同位素

自然界中，硼有两种稳定存在的同位素硼-10和硼-11，二者丰度分别为19.3%、80.7%。由于硼-10的热中子俘获截面积远大于硼-11和天然硼，可广泛应用在核工业和医学等领域，因而需要通过同位素分离操作得到高丰度的硼-10。

1959年，为解决反应堆及核试验所需硼-10的供应，二机部委托科学院研究硼同位素分离。化学所与原子能所协作，在缺少技术资料的情况下，于1964年自力更生建立了分离装置，所取得的硼-10浓度高，且原料和设备立足国内。此后，该领域研究不断深入，成果显著。

（三）人工合成牛胰岛素

1965年9月17日，中国科学工作者经过6年多的艰苦奋斗，在世界上第一个用人工方法成功合成了一种具有生物活力的蛋白质——结晶牛胰岛素，这是当时中国科学家在基础科学领域取得的顶尖成就。

中国的牛胰岛素研制工作开始于1958年8月。刚刚成立的中国科学院上海生物化学研究所的王应睐、曹天钦、邹承鲁、钮经义、沈昭文等科学家提出了“世界上第一次用人工方法合成的蛋白质在中华人民共和国实现”的宏伟目标，并开始进行艰苦的创造性的科学研究。1958年12月底，人工合成牛胰岛素课题正式启动。中国科学院上海有机化学研究所、北京大学化学系有机教研室一些科研人员参加此项研究。

1964年牛胰岛素的半合成获得了成功。在经历600多次失败、经过200多步的化学合成后，1965年9月17日世界上首批人工方法全合成的牛胰岛素晶体在中国科学家手中诞生了。1965年11月，国家科学技术委员会在上海举行了牛胰岛素人工全合成科研成果的国家鉴定。鉴定结论为：人工全合成牛胰岛素具有与天然牛胰岛素相同的生物活力和结晶形状。这是世界上第一个人工全合成的蛋白质，标志着人类在认识生命、探索生命奥秘的征途中，迈出了关键性的一步，其意义与影响是巨大的。

2000年，中国科学院上海生物化学研究所将记载着人工全合成牛胰岛素这项辉煌成果的部分科研档案捐赠给中国革命博物馆（现中国国家博物馆）。

（四）青蒿素提取

青蒿素的发现和发明，是中国的重要科研成果之一。它源于20世纪60年代的一场被命名为“523项目”的秘密援外任务。1967年5月23日，周恩来总理亲自指挥、部署了中国医药界的“523项目”。正是这项以启动日期命名的重大医药科研项目，拉开了中国研制抗疟新药的序幕。

1969年，屠呦呦以中医研究院科研组组长的身份加入“523项目”，随后她和她的同事们一起查阅了大量药方，结果发现，在他们所试验的中草药中，青蒿的提取物有着明显的抗疟效果，对于鼠疟原虫有着60%～80%的抑制率。1971年下半年，屠呦呦决定降低青蒿素提取温度，由乙醇提取改为用沸点更低的乙醚提取，结果取得惊人发现：乙醚提取法的提取物，对于鼠疟和猴疟的抑制率均达到了100%。青蒿抗疟研究上取得关键性突破。

三、继续建立化工科研机构

新中国成立后，国家开始有计划地建立一个多层次、各有侧重的化工科研体系，并不断调整完善。全国化工科研机构和科研队伍由4个方面组成。化工部直属研究院所承担全国性的重大化工研究开发任务；省、地两级化工研究院所主要为开发利用当地资源和为当地生产服务，其中有一些地方院所也承担着部分全国性的研究任务；企业所属研究单位则紧密结合本企业生产的需要开展实验研究；中国科学院和高等院校有一支学术水平较高、实力比较雄厚的化学、化工科研队伍，这支队伍侧重于基础研究和应用研究，为化学工业领域探索新的科学技术领域。

继1957年前初步建立化学工业科研队伍之后，1958年，化学工业部决定，将天津橡胶工业研究所和北京橡胶工业设计院合并，建立北京橡胶工业研究设计院。还在北京建立了化工机械研究所。大连制碱研究所、吉林化工公司研究院、锦西化工研究院、兰州化工公司研究院、南京化工公司研究院、西南化工研究院等也相继成立。

1958年，化学工业部采取许多措施调动地方办化工的积极性，促进地方化学工业的发展。各地积极组织力量，筹集资金，相继成立了一批地方化工科研机构。其中上海、江苏、辽宁、四川、天津等化学工业比较集中的省、市，都有好几个化工研究所。这些地方化工研究所，根据当地资源条件和化工生产需要，开展试验研究工作，并在实践中逐步形成自己的专业研究方向。例如，四川省的化工研究单位以研究天然气的化工利用为主；江苏省的化工研究单位，有的以纤维素衍生物研究为主，有的以农药、聚氨酯塑料为主；上海市的研究单位重点研究合成橡胶、橡胶制品、合成树脂、石油化工、化学农药等。

上述化工科研机构的科研人员以及化工企业的广大职工，经过努力，在50年代后期，取得了一批科研成果，还有不少研究课题有了突破性进展。

1970～1975年，化工部门有数百个直属企事业单位下放给地方管理。大批科研设计人员随着科研机构、生产基地的搬迁，向西部进行了转移，充实了地方的科研力量，有力提升了地方的科研水平。以兰州为例，搬迁到兰州的研究院、所有14个，其中有兰州石油化工设计院、中国科学院兰州化学物理研究所、中国科学院兰州地质研究所、兰州化学工业公司化工设计院、化工部涂料工业研究所与化学工业有关。

随着科研院所的逐步增多，结合各地资源优势和所在单位技术优势，化工部主持在1965年4月明确了各个科研机构专业研究方向（详见表1-3-4）。

表1-3-4 化工系统主要科研院所及其研究方向

序号	单位	研究方向
1	北京化工研究院	石油化学、合成材料
2	晨光化工研究院	合成材料
3	上海化工研究院	化学肥料、新型材料
4	西南化工研究院	氮肥、天然气化工综合利用
5	沈阳化工研究院	化学农药、染料
6	天津化工研究院	无机盐、涂料
7	涂料工业研究所	涂料
8	盐湖化工综合利用研究所	无机盐、钾肥
9	北京合成纤维研究所	合成纤维单体、聚合及抽丝
10	化工机械研究所	化工机械、化工防腐蚀
11	化工技术情报研究所	国内外化工技术情报、技术经济研究、化工标准化工作
12	吉林化工研究院	电石制基本有机化工原料、合成材料、电石生产技术改进
13	锦西化工研究院	氯碱、无机和有机氯产品、有机玻璃、聚硫橡胶
14	太原化工研究所	合成材料助剂、合成材料、化工安全技术及部分污水处理技术
15	大连制碱工业研究所	纯碱、联碱、天然碱

续表

序号	单位	研究方向
16	南京化工研究院	硫酸、催化剂、化肥
17	兰州化工研究院	石油化工综合利用、合成橡胶
18	化工矿山设计研究院	化学矿采矿
19	北京医药工业研究院	合成药、中药合成
20	上海医药工业研究院	地方病药、抗生素、针片剂
21	四川抗菌素研究所	抗生素
22	天津医药工业研究所	解毒药、职业病药
23	武汉医药工业研究所	中药、兽药
24	北京橡胶工业研究设计院	轮胎
25	上海橡胶制品研究所	橡胶模型制品、力车胎、胶带
26	天津橡胶制品研究所	胶管、胶辊、再生胶
27	炭黑工业研究所	炭黑新品种、新技术
28	乳胶工业制品研究所	乳胶制品
29	广州合成材料老化研究所	合成材料老化
30	感光材料研究所	胶片、磁性记录材料
31	光明化工研究所	低温工程
32	沈阳橡胶制品研究所	模型制品、胶管、胶带
33	黎明化工研究所	胶黏剂
34	西北橡胶制品研究所	模型制品、胶管、胶带
35	北京化工实验厂	氮肥工业
36	北京合成纤维实验厂	合成纤维抽丝工业性试验

四、建设较为完备的化工教育体系

（一）化工部部署新一轮大专院校及专业设置

1958年6月，高教领域提出“大改革”“大跃进”的具体目标。当年9月19日，中共中央、国务院发布的《关于教育工作的指示》明确规定，要力争“以十五年左右的时间来普及高等教育”。一系列的跃进口号及政策扶持催生了“教育大跃进”，各类高校如雨后春笋，仅在1958年，全国新增高校达562所。

化工系统在此轮院校扩张过程中部署成立了新一批大专院校。新办院校主要采用以下三种方式：以已有院校化工系为基础建立化工学院；由中专院校或企业职工学校升格成全日制本科院校；在已有院校和化工部支援下新建化工院校。北京化工学院和南京化工学院就是这一时期建立的。

北京化工学院建校初期设有3个系12个本科专业，在校生规模达3150人。专业设置除基础化工外，还设有同位素分离、无机盐、国防化工、高能燃料等涉密专业。1960年10月，中共中央决定把北京化工学院列为全国重点大学。

1958年，南京工学院化工系分出建立南京化工学院，归江苏省工业厅主管。建校时设无机系（硅酸盐工学专业、无机物工学专业、电化学工学专业）、化机系（化工机械专业）、有机系（石油工学专业、基本有机合成专业、高分子化合物工学专业、燃料化学工学专业）和基础课部，有学生957人。1963年，南京化工学院转归化工部主管。

从1958年到1960年，各地共兴办16所化工学院，20所化工专科学校，并在13所高校增设了化工系。由于发展太快，一些学校仓促建校，存在许多问题，在1961年进行了调整。1965年，全国当年化工院校本科招生5206人，毕业8407人。

随着化学工业的不断发展，这一时期化工院校开设的专业也有所增加。如高分子化合物专业被分为橡胶、塑料、纤维3个专业。1963年，国务院批准的高等学校通用专业目录中，化工类专业有20种，占工科164种的12%，在工科14种专业大类中排在第二位，仅次于机械类专业，且在校生人数和招生人数也逐年上升。

“文化大革命”中，高校有4年停止招生（1966～1969年）。1970年和1971年开始试点招收工农兵学员，每年只招4.2万人。后来虽然有所增加，但是招收的学生大多数只有相当于初中甚至不到初中文化水平。化工院校部分停办，“文化大革命”结束后陆续恢复正常。

（二）化工中等职业教育曲折发展

在1958年的大规模院校建设中，化工中专学校也猛增到49所，新成立了广东省化学工业学校、广州市化工中等专业学校、上海市化学工业学校等37所学校。1962年与大专院校同时进行了调整，保留了22所。

1959年，上海市化学工业学校成立，设有无机物工艺、有机合成工艺、分析化学、化工电气、化工仪表及自动化、化工计算机应用六个专业，初期招生300人，该校后于1980年被列为全国重点中专。

20世纪50年代，中国化工中等专业学校的专业设置和教材主要照搬苏联的或者直接用大学教材。随着中等职业教育的发展，1959年教育部颁布了《全日制中等专业学校指导性教学计划》，化工中等职业教育包括化工分析、化工工艺、化工机械三个专业，对培养要求制定了统一标准。1961年，化工部统一制定了专业的教学计划和有关教学大纲。

1962年，化工部组织编写了化工中专5个通用专业的有关教材。这些教材大多取材于大学的教材和苏联的中专教材，不同程度地存在着内容庞杂、要求偏深、重点不够突出等缺点。1964年化工部又组织了10门课程的教材编写小组，按照“少而精”的原则，编写和改写了一批教材。但由于“文化大革命”，只出版了一小部分。

“文化大革命”十年中，化工中等专业教育受到极为严重的破坏。1966年起全国化工中等专业学校停止招生，直到1971年才恢复。

（三）大型化工企业建立职工教育体系

20世纪60年代初，职工教育出现了新一轮高潮，各大化工企业纷纷建立职工学校。1963年，化工部向全国化工单位发出《加强职工教育工作的指示》，提出了进一步发展职工教育的方针，对职工教育的管理和教学质量作出了要求，提出“结合生产统一安排，因材施教，灵活多样”的原则。

1961年，北京化工学院创办夜大学，招收北京市化工系统在职职工。沈阳化工学院也于同期创办夜大学，加上20世纪50年代已经创办的太原化学工业公司、吉林化学工业公司、兰州化学工业公司和大连化学工业公司的4所业余化工学院，每年共计培养毕业生在500人左右。

到20世纪60年代中期，兰化、大化、吉化、南京化工厂等各大化工企业基本建立从初等教育到高等教育的职工教育体系。

兰州化学工业公司于1956年即建立了兰州化工学校，推进中等职业教育。后几经调整，到1965年有9个专业班，在校生1280人。兰化也于1956年建立了夜大学，招收在职职工130人。1957年，学校在教育部备案，定名为兰州业余化工学院。兰化还在1959年建立兰州化工技工学校，招收在职工人和具有高小以上文化程度的社会青年，是一所为兰化培养技术工人的中等职业技术学校。

大连化工厂、吉林化学工业公司、锦西化工厂、南京化工厂等大型化工企业均在这一时期建立职工业余大学，开设职工夜校、技工学校，建设职工教育体系。

第四章 在改革开放中加快发展化学工业

（1978～1990年）

1978年，党的十一届三中全会以后，党和国家的工作重点转移到社会主义现代化建设上来。化工行业在改革开放方针政策指引下，在拨乱反正的同时，坚持把改革放在首位，稳步推进体制改革，大力推进技术进步，加快现有企业技术改造，全面提高企业经营管理水平，化工产业步入现代化建设新阶段。化学工业与国民经济同步保持了快速持续增长，在国民经济中的地位和作用显著提高。

第一节 改革开放前期的化学工业调整

1977～1978年的工业生产建设中出现了追求不切实际高指标、盲目扩大基本建设规模、盲目引进国外设备的现象，加剧了国民经济比例失调，其中，工业经济比例失调的问题则更为突出。1979年4月，中央经济工作会议之后，开始对国民经济的全面调整。在工业经济调整方面，对产品结构、技术结构、企业结构、组织结构等进行调整，调整工业生产和建设速度，削减基建规模；调整重工业的服务方向及其内部结构。化工行业根据国家整体部署，结合自身实际情况，认真贯彻执行“调整、改革、整顿、提高”的方针，着力调整产品结构和布局，进入了全面提高经济效益的新的历史发展阶段。

一、关停并转落后企业

化工系统积极调整企业组织结构，对于不具备生产条件、能源消耗高、产品不对路、重复生产和长期亏损的企业，区别不同情况实行关、停、并、转。1983年比1978年，化工系统全民所有制企业减少1600个。一度呈现出企业减少、产量增加的势头。

从1980年到1983年的4年间，化工部对长期管理不善、亏损严重和当地没有煤资源的小氮肥厂共关停并转了312个，其中大部分转产为生产轻工产品，如皮革、染料、油漆、啤酒等。轮胎企业从163个生产厂（点）压缩到58个；关停小电石企业15个；染料、油漆、农药等行业也关停并转了一些小企业，比如辽宁省当年关停106个不具备生产条件及产品质量达不到国家标准的小油漆厂（点）。

二、一批化工项目停缓建

1979年11月27日，国家计委、国家建委、国务院清理在建项目办公室、财政部、中国人民银行发出《关于停缓建南京乙烯等四个项目的通知》，经国务院决定，北京东方化工厂工程停建，南京、大庆乙烯工程及江苏仪征化纤厂缓建。

国家把1978年在建的114个大项目逐步减少，到1982年减到56个，初步调整了化学工业的投资方向，保证了为农业和轻纺工业服务的大型建设项目以及投资减少、见效快的投产项目和收尾项目，初步增加了科研、教育事业在化学工业中的投资比重，并注意安排了职工住宅和集体福利设施的建设。80年代初，随着国家经济状况的好转，国务院决定陆续恢复引进项目的建设。4套30万吨合成氨装置分别建在浙江镇海、新疆乌鲁木齐、宁夏银川和山西潞城。4套30万吨乙烯联合装置分别建在黑龙江大庆、江苏南京、山东齐鲁石油化工公司和上海。浙江化肥厂、新疆化肥厂、东方化工厂、山西化肥厂、云浮硫铁矿列为国家重点建设项目，集中力量，保证建设。

三、分批进行企业整顿并取得实效

1982年开始，化工部和化工企业贯彻党中央、国务院《关于国营工业企业进行全面整顿的决定》精神，开始全面整顿工作。在整顿工作中，化工部配合各省区市化工厅局抓好193个大中型化工骨干企业，省区市化工厅局主要抓好300个重点化工企业，其余5200多个国营化工企业主要由所在地市化工主管部门抓。整顿工作主要围绕“内部挖潜改造、改善经营管理”开展，在整顿工作中开展增产节约、创建无泄漏工厂、清洁文明工厂和“六好企业”活动。

到1984年，在全国287家重点化工企业中，除个别单位外，均已完成整顿任务，基本实现了中央提出的3年内将国营大中型骨干企业整顿一遍的要求。在全国预算内化工企业中，有79.1%完成了整顿任务。北京、天津、上海、吉林等省市完成80%以上。到1985年，化工企业全面整顿任务基本完成，整顿工作提高了企业素质，改善了经营管理，提高了发展质量。

1983年与1978年相比，经济效益有了明显提高。化工总产值1983年完成491.8亿元，比1978年增长了38%，产品质量稳定提高。从1978年到1983年，有219种化工产品标准达到国际标准或国外先进标准水平，32个化工产品获国家产品金质奖，159个产品获国家产品银质奖。原燃料和动力消耗进一步下降。

经过全面整顿和调整，化学工业为农业、轻纺工业服务和直接投放市场的化工产品产量都有所增长，1983年同1979年相比，化肥增长29.4%，硫酸增长24.3%，纯碱增长20.7%，烧碱增长16.3%，塑料增长41.4%，染料增长1.4%，涂料增长32.4%。到1985年，为适应轻纺工业发展和市场需求，化学工业大力增产适销对路产品，纯碱和烧碱企业创历史最高水平。染料、涂料、橡胶制品、感光材料和磁记录材料有了很大发展。

第二节 化学工业开启改革进程

一、推进化工行业体制改革

（一）改革化工行业管理体制

改革开放以后，党和国家持续推进包括化学工业在内各行业的行政管理机构改革，从宏观管理方面为企业发展创造良好外部条件，进一步促进有中国特色的社会主义经济建设。

根据党和国家的统一部署，组建于1975年的石油化学工业部于1978年3月撤销，分别设立化学工业部和石油工业部。石油和化工的行业形成各自独立的行政管理体系。同年6月，国务院决定成立国家医药管理总局，化工部医药局成建制划归国家医药总局，并改称中国医药工业公司。7月，国务院批准化工部机构设置方案，同意设办公厅等17个部厅司局，机关编制900人。1983年7月，国家组建中国石油化工总公司（简称中石化总公司），这是石油化工领域的一次重大改革。

从1987年开始，化工部机关再次进行机构改革，基本原则是转变职能、下放权力、精简结构、精简人员，改革后的化工部机关以转变职能为中心，加强行业管理，在管理范围、管理内容、管理手段、管理机构四个方面实现转变。1988年10月，国家机构编制委员会审查批准化工部“三定”方案，这次改革压缩了机构和人员编制，保留了部分专业司局。1989年7月，第八届全国人民代表大会第8次会议决定，任命顾秀莲为化学工业部部长。

（二）成立化工社团组织服务行业发展

在化工行业行政管理机构不断深化改革和转变职能，化工企业自主权不断扩大并逐步成为市场主体的情况下，迫切要求化工行业和分行业建立各种类型的社团组织，为行业和企业服务。于是化工行业的协会、学会、研究会等社会团体的作用突显，有些新的化工行业、分行业社团组织应运而生。

中国氯碱工业协会1981年8月成立，由氯碱企事业单位按照自愿平等互利原则组成，对氯碱行业的技术经济进行协调和服务。此后，化工行业协会组织得到了很快发展。到90年代，化工行业的化学矿业、无机盐、氮肥、磷复肥、农药、硫酸、腐植酸、纯碱、橡胶、涂料、染料、电石、化学试剂、工业气体、氟硅有机材料、聚氨酯、合成橡胶、膜、磁记录材料、胶黏剂和胶黏带、化工装备、化工勘察设计、化工施工企业、化工环保、化工企业管理等行业和分行业，都有了协会组织。

（三）缩小指令性计划、扩大指导性计划

根据发展有计划商品经济要求，化工部于1984年采取了简政放权措施，制定了《关于改进化工生产计划管理的暂行办法》，坚持“大的方面管住管好，小的方面放开搞活”，适当缩小指令性计划范围，扩大指导性计划和市场调节范围。《办法》规定：对国家计委管理的硫铁矿、磷矿、硫酸、浓硝酸、纯碱、烧碱、合成氨、化

肥、纯苯、轮胎及农药等11种产品实行国家指导性计划管理，其中，国家统一分配（统配）或部分配（国家任务）的部分，实行指令性计划，农药总产量实行指导性计划，对其他产品均放开经营；对原化工部管理的70种化工产品，包括支援农业、轻纺工业的重要化工产品，化工行业内部的主要有机原料、中间体，各部门需要的重要无机原料以及行业内部配套的主要助剂，实行部指令性计划，其他均实行指导性计划；将列入部指令性计划的500种（类）产品，除国家计委和化工部管的46种（类）外，全部改为指导性计划。

1987年，国家计委管理的指令性计划化工产品从原10种缩减为9种，主要包括生产硫铁矿、磷矿、硫酸、纯碱、烧碱、合成氨、化肥、纯苯的部分重点企业统配产品和部分规格轮胎产品。指导性计划的化工产品只有农药、浓硝酸2种。常州化工厂、无锡电化厂、苏州化工厂、南通农药厂等11个小烧碱企业，产品自产自用或不调出省的，不再作为统配企业，改为指导性计划。化工部管理的指令性计划产品从原70种（类）减少为以下36种：电石、冰醋酸、精甲醇、甲苯、二甲苯、硝基苯、氯化苯、苯胺、苯酚、丙酮、萘、苯酐、丁醇、辛醇、异丙醇、硼矿、硼砂、硼酸、硝酸钠、亚硝酸钠、无水芒硝、红矾钠、红矾钾、铬酸酐、氰化钠、磷酸、小苏打、氧化锌、炭黑、聚氯乙烯、己内酰胺、工业硝铵、黄磷、赤磷、2-萘酚、增塑剂。

化工产品直接进入市场后，迫切需要建立一个宏观管住、微观搞活、供产销一体化、社会化的流通体系。这一时期，以商品交易会的形式推广化工产品也是产品流通的重要表现形式。全国性的化工商品交易会频繁召开，企业踊跃参加，达到了互相支持，发扬风格，调剂协作，互通有无，搞活流通，支持生产的目的。

随着管理体制改革的深化，化工行业逐步形成了指令性计划、指导性计划和市场调节并存的局面。为改变计划管理中存在的统得过死、过于集中的状况，按照既要控制总量，又要适当放权的原则，在基本建设计划、技术改造计划等方面也放宽了部分项目审批权，简化了审批手续。这些简政放权措施有效地调动了地方的积极性，也为搞活企业创造了条件。

（四）实行厂长负责制和经营责任制

根据党的十二届三中全会《中共中央关于经济体制改革的决定》精神，加强企业的生产经营统一指挥，开始在化工行业企业中实行厂长负责制。1984年，全国约有200多家化工企业进行了厂长负责制试点工作，这项改革使企业面貌发生了可喜的变化。

1987年3月16日，化工部发出《关于化工企业进一步改革、搞活的意见》，要求化工企业深化改革，增强活力，开展横向经济联合，逐步向多层次、多格局发展；在企业经营机制上进一步体现“两权”分离，加快企业领导体制改革，全面推行厂长负责制等。到1988年底，全民所有制工业企业要全面实行厂长负责制。

实行厂长负责制以后，企业的生产经营和行政管理由过去党委（党支部）直接领导改变为厂长全权负责；企业党组织按照党的路线方针政策把好企业的政治方向，着重做好职工思想政治工作和党的建设工作，对生产经营和行政管理起保证监督作用；企业职工代表大会负责企业的民主管理和职工福利工作。长沙橡胶厂1984年6月被选定作为长沙市展开厂长负责制试点单位以后，全厂上下心更齐、气更顺，劳动效率得到了提高，并被长沙市评为生产经营先进企业。青岛碱厂1984年9月开始实行厂长负责制，厂长充分行使自己在生产经营上的指挥权，狠抓企业改革和经营管理，产值和利润显著增长。据统计，到1987年，全国重点化工企业实行厂长负责制的已占95.3%。

企业在实行厂长负责制的基础上，还要把企业对国家承担的经济责任全面落实到企业内部的各个科室、车间、班组以至职工个人，建立起横向与纵向的责任制。企业实行内部经济责任制，包括岗位责任制和职能责任制，内容力求具体化、定量化、标准化，要对企业内部的责、权、利作出具体规定，做到各司其职，各尽其责，目标明确，相互协调、互相制约，认真贯彻按劳分配的原则，正确处理企业内部的分配问题，建立起全面完整的责任制体系，以达到提高经济效益的目的。

1987年，化工企业实施承包经营责任制的步伐进一步加快。据对32个省区市和计划单列市初步统计，实行承包经营责任制的全民所有制化工企业占企业总数的65.8%；其中大中型企业占80.4%。吉林、河南和西安等省市化工企业全部实行了经营承包制。

到1988年化工企业普遍实行以承包经营责任制为重点的配套改革，改善企业经营机制，取得了明显成效。例如，1988年，北京市化工总公司系统实行“两保一挂”承包责任制，工业总产值和上缴利税均比上年增长12%。吉林化学工业公司把承包任务落实到每个员工，大力加强管理，挖潜增产，全年实现利税突破10亿元。大连化学工业公司积极推行经理目标责任制，实施内部配套改革，主要产品纯碱在原盐供应紧张的条件下，产量达到73万吨，创历史最高水平，实现利税比上年增长16%。

厂长负责制和经济责任制的“扩权”改革，对于调动企业的积极性，促进企业改善经营管理和提高企业素质都起到了重要的作用。

二、石油化工领域的重大改革

20世纪80年代初，中国原油产量稳定在1亿吨，当时世界上能年产1亿吨原油的国家不到10个，中国是其中的一个，振兴中国石油化工的条件已经具备。

按当时的国内价格，从生产1吨原油到加工成轻纺产品，经济效益可增值30多倍。综合利用好1亿吨石油对提高全社会经济效益具有重大的作用。这就需要大力发展石油的综合深加工。但由于地区和部门分割的体制，38个重点炼油和石油化工生产企业分别由3个部门，20多个省、市、自治区多头领导、分散管理、分散决策，建设不能全面规划，生产不能统筹安排，资源不能综合利用，经济效益提高受到限制，导致中国1亿吨原油所创价值与发达国家相差甚远，无法为国民经济发展提供应有的支撑和推动。党中央借鉴发达国家发展经验，综合分析国内各方面因素，果断推动石油化工在国民经济发展中的地位，即通过振兴石油化工，支撑实现国民经济翻两番的目标。一场覆盖全国范围的石油化工管理体制改革全面启动。

（一）打破条块分割，组建石化联合企业

上海高桥地区有石油化工企业和以石油化工为主要原料的企业共7家。其中化工系统5家：上海炼油厂、高桥化工厂（包括合成橡胶厂）、第十五染料厂、上海农药厂、石油化学研究所；纺织系统1家：上海化纤二厂；轻工系统1家：洗涤剂二厂。另有电业局的高桥热电厂专为这些厂提供蒸汽和电力。这些厂建成后，原材料互相供应，管道互相通连，生产科研互相衔接，形成一个互相依存和连续加工的石油化工生产体系。但是，由于这些企业分属不同部门管理，在实际生产经营中存在不少问题，即使是同属一个部门的企业，由于生产、利润等方面各有指标任务，难以通力协作，存在不少发展弊端。

国务院要求“解决上海高桥地区的联合”。随后，国家有关部门和上海市一起进行调查研究和筹备工作。1981年11月6日，正式通过改组联合成立了上海高桥石油化工总公司，包括原来分别由石油、化工、纺织、地方电业局等部门领导的上海炼油厂、高桥化工厂、高桥热电厂、化纤二厂、合成洗涤剂厂、农药厂、第十五染料厂和石油化学研究所，即七厂一所。同年12月，经国务院批准，江苏南京地区

的南京炼油厂、栖霞山化肥厂、南京烷基苯厂、南京塑料厂、南京化工厂等企业联合，组建南京金陵石油化工公司，形成了产供销、人财物“六统一”的经济实体，显著提高了综合经济效益。1983年，南京化工厂重新划归化工部管理。

1982年先后成立的联合企业还有抚顺石油化工公司、锦州石油化工公司等。

1981 ～ 1982年间，打破条块分割，从地方开始搞“联合”成为中国石油化工体制改革的“破冰”之举。

（二）中国石油化工总公司成立

1983年2月党中央国务院决定组建中国石油化工总公司（简称中石化总公司），对全国原分属石油部、化工部、纺织部等部门管理的炼油、石油化工和化纤企业实行集中领导、统筹规划、统一管理，对产供销、人财物、内外贸实行统一管理。中央强调，中石化总公司是部一级的经济实体，不同于一般的行政部门，它的组织形式和工作方式都应采取经济办法。1983年7月，中国石化总公司正式成立，标志第一次石化行业体制改革顺利完成。分散在各部门、各地区的39个大中型石油化工企业高度联合，中石化总公司成立符合改革开放后的国情，采用了更科学的管理模式，也带来了更高的经济效益。

中石化总公司成立后，积极推进改革，中国石化总公司1985年到1990年的《进一步推行改革，提高经济效益的方案》，提出了以下放自主经营权，对国家实行总承包的“四定、四保、四包”方案。“四定”是国家定产出、投入、税种税率、留利办法；“四保”是国家保原材料、资金、设备、人才；“四包”是中国石化总公司包财政上交、产品产量、技术、质量。

按照“四定、四保、四包”目标，中国石化总公司在1985年到1990年的6年内，累计完成固定资产投资300亿元，累计实现利税900亿元，1990年当年实现利税200亿元。6年过后，承包方案的推行，最终实际完成投资440亿元，累计实现利税946亿元，投入和产出都超过了承包方案的目标。

此后，中国石化总公司又制定了第二轮承包方案，尽管在执行过程中一些情况发生较大变化，但仍如期提前完成。

中国石化总公司较早地尝试承包经营责任制，为企业成立初期积累资金、扩大规模奠定了基础。公司发挥集中力量办大事的体制优势，合理利用石油资源，扩建和新建了一批炼油装置，启动并建成了一批乙烯、化纤、化肥工程，推进了石油、石化、化纤、化肥一体化发展，逐步建立起门类齐全、品种配套、技术先进、具有相当规模的现代石化工业体系，使石化行业由高度集中的计划经济管理体制向社会主义市场经济管理体制转变迈出了关键一步。

1988年9月17日，根据国务院机构改革方案，撤销石油工业部，成立中国石油天然气总公司。

石油化工企业实行改组和联合，办全国性经济实体，是党和国家对石油化工行业改革采取的一种新模式。这是中国经济体制改革的一件大事。

第三节 化学工业生产建设稳步提高

一、大力发展支农产品

1977年11月全国计划会议提出了《关于经济计划的汇报要点》提出，“五五”后三年，重点打好农业和燃料、动力、原材料工业这两仗，新建和续建10个大化纤厂、10个大石油化工厂、十几个大化肥厂。

“五五”至“六五”期间，化工行业根据国家发展方针，全面调整了发展思路，按照国民经济发展实际提出了新的发展方向，确立了新的发展重点，化工部提出支援农业是化工行业的首要任务，要立足现有企业，在现有条件下，通过增产节约，积极支援农业。大力研究和开发化工产品，进一步调整产品结构，更好地为农业和消费品工业服务，提供新技术、新产品。

在“七五”期间，化工部进一步明确了为农业、轻纺工业等国民经济各部门服务的方向，提出继续为农业提供更多的、质量好的、品种对路的化肥和其他支农产品。调整农药结构，停止六六六、滴滴涕的生产和使用，发展农药新品种和新剂型。在这一期间，化学工业重点发展了复合肥料和化学矿山、基本化工原料和精细化学工业，使品种、质量和技术装备水平等方面都有一个较大提高。

化肥产业一直是国家政策扶持的重点。国家对这一时期的化肥工业发展有了新的定位：发展中国化肥工业，必须把重点放在增加高浓度磷肥和复合肥料上，逐步改善产品质量，改善化肥生产中的氮磷钾比例。对质量不高、肥效很低的化肥品种，必须限期改进。集中力量抓紧建设一批现代化的大型骨干化肥厂，并有计划、有步骤地对现有中小型化肥厂进行技术改造。为解决加快建设化肥工业的资金问题，国家一方面适当增加投资，同时通过各种渠道筹集资金，特别是地方财政要增加这方面的投入。

80年代初，在化肥农药投资相对下降情况下，化肥农药行业开始由单纯追求生产量转变到调整产业和产品结构，提高生产质量的轨道上来。1983年7月，国家计委批准化工部建议，从进口化肥外汇中拿出6亿美元，进口200万吨磷矿、40万吨硫黄、100万吨磷酸，在国内加工生产复合肥料，以加速磷肥工业发展。

“七五”时期，化工行业利用世界银行、亚洲开发银行和日本协力基金贷款投资了一批化学矿山和化肥项目，大量投资开发了磷矿、钾矿等矿藏资源，为改善化肥产品结构发挥了重要作用。

1990年，中国的农用化肥（氮磷钾合计）产量达到1879.7万吨（100%折纯），化学农药为22.8万吨。“七五”期间，化工系统累计生产化肥4.15亿吨，可增产粮食8亿吨左右，相当于全国两年的粮食总产量；生产农药96.42万吨，挽回粮食损失1.2亿吨，二者年产量都居世界第三位，国家大量进口粮食、棉花局面改变，磷、钾肥在农用化肥中的比重上升。

1978年，全国共有1533个小氮肥厂，大部分存在能源消耗高和经济效益差的问题，当年小氮肥工业亏损达到6.1亿元。经过关停并转，到1983年小氮肥工业共有1250个企业。在关停并转小化肥企业的同时，化工部加大对小化肥企业进行技术改造的力度。“七五”开始实施碳铵改产尿素的大规模的技术改造。国家陆续投放专项改造资金。

二、建设和改造一批重点化工项目

（一）化工基本建设投资曲折上升

1977年到1990年，化工行业基本建设投资先下降后回升。1978年化工行业基本建设投资突破30亿元。“五五”后期，由于引进大型项目太多、超出国力，中央对此作了调整，化工行业在此后数年基本建设投资也大幅度削减，投资规模和比例的调整，保证重点建设项目建设。“六五”期间，年度国家预算内安排化工的投资，由“五五”期间的20亿元左右，压缩到12亿元左右，年度安排的大中型化工项目，由“五五”期间的120个左右压缩到60个左右。

1979年6月，化工部发出《关于下达化学工业停缓建项目的通知》。1979年11月，国家计委、国家建委、国务院清理在建项目办公室、财政部、中国人民银行发出《关于停缓建南京乙烯等四个项目的通知》，经国务院决定，北京东方化工厂工程停建，南京、大庆乙烯工程及江苏仪征化纤厂缓建。80年代初，随着国家经济状况的好转，国务院决定陆续恢复引进项目的建设。4套30万吨/年合成氨装置分别建在浙江镇海、新疆乌鲁木齐、宁夏银川和山西潞城。4套30万吨/年乙烯联合装置分别建在黑龙江大庆、江苏南京、山东淄博和上海。浙江化肥厂、新疆化肥厂、东方化工厂、山西化肥厂、云浮硫铁矿列为国家重点建设项目，集中力量，保证建设。

化工投资到1986年以后出现迅速增加的趋势，“六五”期间，化工系统固定资产投资完成158.9亿元，新增固定资产约117.7亿元。“七五”期间国家要重点发展原材料工业和石油化工，加之1989年国务院出台《国务院关于当前产业政策要点的决定》重点支持化工、石化工业，政策的重视使得这一时期的化工行业迎来投资高峰。“七五”时期，化工行业累计完成固定资产投资比“六五”时期增长了两倍多。

（二）调整优化化工基建投资结构

1978年，化工行业提出了引进技术设备的计划，主要包括3套重油为原料的30万吨/年合成氨设备、5套30万吨/年乙烯、1套11万吨/年乙烯和20万吨/年化纤等石油化工项目。这一批项目是中国经济建设急需的大型项目，为改革开放后化学工业的发展奠定了基础。

“六五”期间化工原材料供应紧张，进口量大的化工原材料主要有：烯类、化肥、农药、树脂、纯碱和烧碱等。为此，“七五”期间化工行业把发展重点放在原材料工业和石油化工上。纯碱工业在“七五”最后一年取得丰硕成果：全行业总产量达到380万吨，跃居世界第三位；实现自给自足，从而结束了长达15年之久的进口历史。

随着从国外引进30万吨乙烯及配套化工装置相继建成投产，1987年、1988年和1990年，中国乙烯产能分别增加30万吨/年、60万吨/年和40万吨/年，充分发挥了乙烯“龙头作用”，带动石化产业全面发展。1983年成立的中石化总公司在1983～1987年的5年时间里共完成基本建设和技术改造投资250亿元，相当于中石化总公司成立前投资总和的1倍多，工业总产值年增长速度达到8.8%。原油加工能力达到1.06亿吨。1990年乙烯产量已达到200万吨，位居世界第八位。

在全国建设投资布局向沿海和东部地区倾斜趋势的影响下，化工产业基本建设投资也向沿海和东部地区倾斜。在“七五”期间重点建设的13个化工项目中，有10个项目建设在东部沿海地区。1986年到1990年，东部沿海地区化工产值占全国化工系统的比重一直在58%左右。

随着经济快速发展，东部工业发达地区逐渐出现能源和原材料较少，交通比较紧张，城市拥挤，供水困难等问题。从“七五”中后期开始，化工和冶炼等耗能工业基地、大量消耗原材料工业的基地，逐渐集中在资源比较丰富的中部地区，如国家重点建设项目云浮硫铁矿、王集磷矿、青海钾肥厂、铜陵磷铵厂等。1980年，在全国化工生产总值中，东、中、西部地区分别占61.2%、31.8%、7%，到1990年，这一比例变为58%、33.9%和8.1%，产业布局渐趋合理。

为解决国内产业结构失衡等问题，1989年3月，国务院发布《国务院关于当前产业政策要点的决定》（以下简称《决定》）。《决定》将化工和石化行业以及化肥、农药等化工子行业，列为这一时期国民经济重点支持和发展的行业。化工部随即制定了《化学工业贯彻〈国务院关于当前产业政策要点的决定〉实施办法（试行）》（以下简称《实施办法》）。《实施办法》细化了化工各子行业的产业发展排序，进一步优化化工产业结构，对化学工业各行业进行产业排序。这对“八五”开始进行的化工建设具有指导意义。

化工部列出四大类重点支持的行业：包括化学矿、氮磷钾等化肥、腐植酸肥料、高效低残留农药、农膜等农用化工产业；两酸（硫酸、硝酸）、两碱（纯碱、烧碱）、烯烃、甲醇、无机盐、三大合成材料（合成树脂、纤维、橡胶）、感光和磁记录材料等原材料化工产业；涂料染料、试剂、活性剂添加剂等精细化工用中间体、电子化学品、信息用化学品、硅氟材料、功能高分子材料和生物化学品等精细化工产业；子午线轮胎、大中型轮胎、丁基内胎、新工艺炭黑、高档胶鞋、阻燃及高强力运输带、高档橡胶制品等橡塑加工产业。

“五五”后期到“七五”期间建成一批国民经济急需的重点化工项目详见表1-4-1。

表 1-4-1　1977 ~ 1990 年部分化工重点建设项目情况

序号	项目名称	建设地点
1	大庆石油化工总厂 30 万吨 / 年乙烯	大庆市
2	齐鲁石油化工总厂 30 万吨 / 年乙烯	淄博市
3	贵溪化肥厂 12 万吨 / 年磷酸、24 万吨 / 年磷酸二铵、6000 吨 / 年氟化铝	贵溪市

续表

序号	项目名称	建设地点
4	东方化工厂 3.5 万吨 / 年丙烯酸及丙烯酸酯、3000 吨 / 年丙烯醛	北京市
5	山西化肥厂 30 万吨 / 年合成氨及配套硝酸、硝酸磷肥	潞安市
6	吉林化学工业公司 11 万吨 / 年乙烯	吉林市
7	扬子石化 30 万吨 / 年乙烯、十套石油化工生产装置	南京市
8	浙江化肥厂 30 万吨 / 年合成氨、52 万吨 / 年尿素	宁波市
9	宁夏化工厂 30 万吨 / 年合成氨、52 万吨 / 年尿素	银川市
10	乌鲁木齐石油化工总厂 30 万吨 / 年合成氨及尿素	乌鲁木齐市
11	仪征化纤总厂 18 万吨 / 年涤纶短纤维、18 万吨 / 年聚酯切片	仪征市
12	平顶山化纤厂 7500 吨 / 年涤纶短纤维	平顶山市
13	昆明三聚磷酸钠厂一期 7 万吨 / 年三聚磷酸钠、3 万吨 / 年黄磷、2.5 万吨 / 年洗衣粉	昆明市
14	天津碱厂 60 万吨 / 年纯碱（扩建）	天津市
15	唐山碱厂 60 万吨 / 年纯碱	唐山市
16	潍坊纯碱厂 60 万吨 / 年纯碱	潍坊市
17	连云港碱厂 60 万吨 / 年纯碱	连云港市
18	南京化工公司 24 万吨 / 年磷铵	南京市
19	大连化工公司 24 万吨 / 年磷铵	大连市
20	杭州磁带厂 60 亿米 / 年磁带	杭州市
21	青海钾肥厂 20 万吨 / 年氯化钾	格尔木市
22	矾山磷矿 120 万吨 / 年磷矿石采选、39 万吨 / 年（折标矿）磷精矿、14 万吨 / 年磁铁精矿	张家口市
23	中原化肥厂 30 万吨 / 年合成氨、52 万吨 / 年尿素	濮阳市
24	天津化工厂 1 万吨 / 年蛋氨酸	天津市
25	涪陵八一六厂 30 万吨 / 年合成氨、52 万吨 / 年尿素	重庆市
26	云南晋宁磷矿 30 万吨 / 年磷矿石	昆明市
27	黄麦岭磷化工公司矿肥结合项目	孝感市
28	贵州瓮福磷矿 250 万吨 / 年露天开采原矿、250 万吨 / 年选矿厂	贵阳市

续表

序号	项目名称	建设地点
29	云浮年采300万吨硫铁矿建设	云浮市
30	铜陵化工总厂12万吨/年磷酸二铵	铜陵市
31	湖北荆襄化工集团公司大峪口矿肥结合工程	钟祥市
32	上海石油化工总厂二期工程聚酯等项目	上海市

（三）加大化工新材料投资，促进新兴产业形成

中国化工新材料的研究和开发起步于20世纪50年代末60年代初，60年代以来成功发射的原子弹、氢弹、导弹以及常规武器所需的化工新材料，都是自己研制配套的。80年代以来，国防化工开始军转民，通过20世纪80、90年代的努力，新型合成材料、电子化学品、特种橡胶制品、信息记录材料和军工专用材料等五大类化工新材料已初具规模，产品品种达600多个，年产值25亿元，基本成为一大新兴产业。自主开发和生产的有机硅、有机氟、电子化学品、感光材料、磁记录材料，聚对苯二甲酸丁二醇酯（PBT）等工程塑料，都已广泛应用于轻纺、电子、冶金、建材、通信、交通运输等部门以及百姓日常生活，取得了良好的社会效益和经济效益。有机硅材料的开发和应用已相当普遍，有机硅单体生产能力5000吨/年左右；有机氟材料的产量已居世界前列；五大工程塑料已形成8000吨/年左右的规模。化工新材料的开发与生产正越来越受到人们的重视。电子化学品等新兴产业，彩电和大规模集成电路所需的高纯光刻胶、硅、气体、试剂、灌封料等，都已研制开发出来。到“七五”末期，国家对化工新材料的投资已累计近20亿元，有近千项科技成果转化为生产力。功能高分子材料着重开发医用材料，以有机硅为主体的人工乳房、引流管、导流管等以及组织膨胀器、人工心脏瓣膜、人工肾、人造血管、人造血液、人造骨、人工喉、人工眼球、人造脑膜等，已广泛应用于人体。

（四）大规模推进技术改造

“有重点、有步骤地进行技术改造，充分发挥现有企业的作用”是化工行业“六五”发展重点。根据国务院1982年1月颁发的《关于对现有企业有重点、有步骤地进行技术改造的决定》，化工部选定南京、吉林、兰州、太原、大连、衢州化学工业公司，锦西化工总厂，天津化工厂，上海天原化工厂，北京燕山石化总厂，

齐鲁石油化工公司，岳阳化工总厂，安庆石油化工总厂，桦林橡胶厂，青岛第二橡胶厂，上海大中华橡胶厂，化工部第一胶片厂，化工部第二胶片厂，星火化工厂，北京油漆厂，杭州农药厂，青岛染料厂，昆阳磷矿，开阳磷矿，锦西化工机械厂等制定技术改造规划。1983年至1989年，天津大沽化工厂、南京化工厂、锦西化工总厂、北京燕山石油化工公司、化工部第一胶片厂、盘锦有机化工厂、太原化学工业公司等一批老企业先后完成了重大技术改造。通过大规模技术改造，老化工企业增强了发展活力和发展后劲。

“六五”期间，化工行业累计完成技术改造投资84亿元。由于采用了新设备、新工艺，使一部分化工企业的技术水平、装备水平有了较大提高，发挥了较好的经济效益。小氮肥、纯碱、氯碱、轮胎行业很多企业完成了设备改造升级。“七五”期间，技术改造投资达到300亿元。安排老企业技术改造434项。在完成一批大中型骨干项目改造的同时，一大批中小企业得到了技术革新和技术改造。全行业技术水平有了很大提高，消耗有所下降，产量增加，效益提高。

三、化工生产提速提前完成指标

（一）全行业努力增加化工产品生产

为农业提供更多、质量好、品种对路的化肥和支农产品；调整农药结构，停止六六六、DDT生产，发展农药新品种；增产纯碱、烧碱、硫酸等；发展石油化工；发展精细化工；适当安排化工新材料、国防化工和其他行业等是《化学工业第六个五年计划》的基本任务和重点工作。

“六五”期间，化工企业整顿呈现了新面貌。化学工业（不含石油化工）总产值平均每年增长7%，1985年，化工总产值完成490.8亿元，比1980年增长40.2%。列入国家计划的9种主要产品产量，分别提前和按期完成。化学工业基础大大增强，新增固定资产约117.1亿元；新增生产能力，合成氨316万吨，化肥237万吨，烧碱38万吨，硫酸116.2万吨，轮胎404.7万套。产品结构调整取得了成效。主要化工产品如高效低残留农药在农药总产量中的比重由1980年的35%上升到1985年的90%以上，农药品种已达110个，增加新品种35个；高档漆的比重由42.5%上升到55%，染料品种已达330个，增加新品种91个；纯碱和烧碱依靠老厂挖潜改造各增加产量30多万吨；轮胎已有186个规格256个品种。

1985年度，化学工业（包括石油化工）完成的主要化工产品产量：化肥1322.1万吨，合成氨1716.1万吨，农药20.4万吨，硫酸、浓硝酸、盐酸、纯碱、烧碱1320.4万吨，乙烯65.2万吨，塑料、合成橡胶、合成纤维218.5万吨，涂料染料85.9万吨，轮胎外胎1925万条，分别比1978年增长36%、45%、-61.7%、19.7%、72%、130%、101%、106%。

“七五”时期，根据国家统一部署和要求，化工系统重点是发展复合肥料和化学矿山，基本化工原料（特别是纯碱和烧碱），精细化工。化工“七五”计划的主要经济技术指标是到1990年实现化工总产值700亿元，实现利税140亿元，完成固定资产投资118亿元，实现化工产品出口创汇9亿～10亿美元等。石油化工领域的中国石化总公司重点是围绕投入产出承包方案实施各项计划。

1990年度，化学工业（包括石油化工）主要化工产品产量：化肥1879.9万吨，合成氨2129万吨，农药22.7万吨，“三酸两碱”2205.3万吨，乙烯157.2万吨，合成树脂、合成橡胶、合成纤维404万吨，涂料染料98.5万吨，轮胎外胎3209.2万条，分别比1978年增长近120%、近80%、–57%、近100%、314%、325%、130%和243%。全国化工总产值771亿元（按1980年不变价计），实现利税144亿元，超额完成“七五”计划指标。列入国家计划的化肥、合成氨、硫酸、烧碱和纯碱5种化工产品，均超额完成计划指标。

为响应1982年国家提出“到20世纪末工农业总产值翻两番”的奋斗目标，化工部1983年确定了化学工业翻两番目标。1989年，化工系统完成化工总产值712亿元，提前一年实现了第一个十年翻一番的目标，提前一年超过12亿元完成“七五”计划指标。电石、化肥等主要化工产品产量跃居世界前列，产品质量稳步提升、能源消耗大幅下降，技术攻关取得诸多成果，大型化肥装置国产化向前推进，形成了比较完整的产业体系。

就全行业来说，“六五”期间化学工业平均产值增长速度为7.0%，“七五”期间为8.3%；石油化工（中石化总公司）1983～1989年，产值年增长速度为8.4%。1978年，全国化学工业总产值为524.7亿元（按1970年不变价计），石油和化学工业总产值为758.5亿元。到1990年，全行业总产值为1192亿元。

中国石化总公司在承包经营改革过程中，发挥了巨大潜力，全面完成了承包指标，1989、1990年，中国石化总公司坚定不移地贯彻执行治理整顿和深化改革的方针，进一步发挥集团化优势，提前完成了当年各项生产任务，从而胜利完成了国务院批准的石化总公司1985～1990年六年投入产出承包方案，同时也完成和超额完成了国家“七五”计划规定的各项指标。到1990年，已发展成为多元化、一体化大型企业集团，完成工业总产值为442亿元，销售收入653亿元。生产汽、煤、柴、润四大类油品4721万吨，乙烯144万吨，塑料136万吨，合成纤维单体79万吨，合成纤维聚合物50万吨，合成纤维40万吨，合成橡胶23万吨，合成氨318万吨，尿素496万吨，各种有机化工原料321万吨。中国石化总公司承包6年，创造了中国石油化工工业有史以来的最快发展速度。

（二）为国民经济发展配套能力显著增强

这一时期，全行业努力开发新产品和调整产品结构，增强为国民经济发展配套的能力。

农药行业在1983年六六六、滴滴涕停产后，各企业和科研院所抓住有利时机，大力开发高效新产品，到1990年，有30多个高效新品种和90多种新制剂投产，使中国高效低残留农药达到农药总量的96%以上。农药在保护农业生产上所起的作用越来越明显，与1980年前相比，防治病虫害的能力大大增强，防治面积扩大近三分之一（达23亿亩次），每年可挽回粮食、棉花和蔬菜果品损失总计达570亿公斤。对促进农业生产起到了重要的作用。涂料行业在“六五”期间提出了“限制四类（油脂漆、天然树脂漆、酚醛树脂漆、沥青漆）、改造两类（硝基漆、过氯乙烯漆）、发展四类（聚氨酯漆、氨基漆、环氧漆、丙烯酸漆）”的规划，对“七五”调整涂料产品结构起到了促进和指导作用。1984年到1989年，合成树脂漆占油漆总量的比例从52.5%提高到59.6%。

“七五”期间共开发投产新产品150多种。染料行业经过这一时期的努力，染料品种已从300种增加到404种。随着化纤工业的发展，与之配套的分散染料已从空白发展到一定的能力，大大减少进口依赖。无机盐行业逐步摆脱原料型老产品的传统概念，注意向功能型产品转变，对原有的老产品也在改性上下功夫，赋予新的功能，使无机产品在更多的部门得到广泛应用，增强了配套能力，“七五”期间，分别为电子、橡胶、冶金、军工和纺织等部门开发了几十种新产品。中国无机产品的品种数已从1985年的450种增加到1990年的510种。

（三）化工装备国产化工作提速

到“六五”末期，化工行业经过3次大的技术装备引进，建立起一批大型化肥和石油化工装置，有力促进了化学工业发展。进入80年代，国家为适应世界化工生产规模化、大型化趋势，振兴国内机械制造业，开始重视抓大型成套装备国产化工作。1983年7月国务院作出《关于抓紧研制重大技术装备的决定》，提出装备国产化目标和10套重大建设项目，其中属于化工行业的有年产30万吨乙烯成套设备、大型复合肥料成套设备和大型煤化工成套设备3套。

1986年12月，化工部发布1987年化工机械行业工作要点，要求化工机械行业坚持把改革放在首位，坚持质量第一，大力推进技术进步，努力实现化工装备国产化，由此在全行业掀起了化工装备国产化热潮。

在氮肥产业，1986年完成的浙江镇海石化总厂52万吨/年二氧化碳气提法大型尿素装置，采用了国产的压缩机组、反应炉等关键设备，主要技术性能指标达到国外同类装置先进水平。1987年国务院重大技术装备领导小组召开表彰会，表彰4项重大技术装备项目，其中一项就是化工部组织制造的用于镇海石油化工总厂的52万吨/年二氧化碳气提法尿素装置。在烧碱产业，应用了国产单极式和复极式电解槽。在纯碱产业，采用了国产大型滤碱机、钛板换热器和剐埋板输送机。在石化产业，安装了国产大型聚合反应釜和螺旋离心机。在橡胶加工领域，使用了国产先进密炼机和成型机。全国化工各行业的技术装备和关键设备，国产化率都大幅度提升。

“七五”和“八五”期间是国内化工装备行业大发展时期，“七五”期间，化工部共确立了装备国产化4个子项、143个课题，其中完成并拿出攻关成果的有108个，接转到“八五”继续攻关并拿出攻关成果的有35个。化工装备行业共进行国家科技攻关16项，部重点科技项目122项，受到国家表彰的国产化工作成绩优异的重大技术装备项目，共有25个获奖。到1990年，化工全行业化工装置国产化率达到50%以上，氮肥、磷铵和石化等部分领域装备国产化率超过80%。

四、中国在世界化学工业中的位置显著提升

从新中国成立到1990年40多年的建设，中国的化学工业从无到有，从小到大，发展成为门类比较齐全，产品比较配套，基本能满足国内需要，具有中国特色的原材料工业。已经拥有化学矿山、化学肥料、无机化工原料、有机化工原料、合成材料、农药、染料、涂料、信息用化学品、化学试剂、橡胶加工制品、化工机械等23个行业。一批主要化工产品产量已位居世界前列。到1990年，在国家公布的“11种化工产品产量居世界前列”的名单中：电石200万吨，居世界第一；染料12.8万吨，

居世界第二；农药22.7万吨，居世界第三；烧碱332万吨、冰醋酸34万吨，居世界第四；无机盐660万吨，居世界第三。1960～1990年中国主要化工产品在世界地位变化详见表1-4-2。

如果把中国化学工业放到世界范围去作横向比较，无论是技术水平，管理水平，还是装备、规模、产品质量、消耗和效益等，都与国际先进水平有很大差距。同一时期，国外发展情况各有差异，美国1980年到1985年，化学工业发展增长为3.7%，炼油工业为–1.6%，1987年、1988年分别为8.3%和3.2%。1990年，美国的合成氨和氮肥产量分别为1539万吨和1222万吨，磷肥955万吨，钾肥158万吨，乙烯产能为1961.6万吨。1990年中国的氮肥产量为1463.7万吨，磷肥411.6万吨，钾肥3.2万吨，乙烯总产能为196万吨。中国的氮肥产品已经居于世界前列，但化肥产品结构尚有不足，主要表现在磷肥和钾肥发展相对落后。乙烯工业差距很大。

表1-4-2 1960～1990年中国主要化工产品在世界地位变化

项目		1960年数值	在世界总量中占比/%	1960年世界主要国家中排名	1990年数值	在世界总量中占比/%	1990年世界主要国家中排名
合成氨产量/万吨		44	3.6	8	2129	22.73	2
化肥产量/万吨	氮肥	19.6	2.0	8	1463.7	17.27	1
	磷肥	19.3	2.1	8	411.6	10.38	3
	钾肥	1.6	0.2	—	3.2	0.16	12
硫酸产量/万吨		133	2.7	10	1197	7.54	3
烧碱产量/万吨		40.7	4.2	6	335.2	9.34	3
纯碱产量/万吨		81.5	7.1	7	379	12.67	3
塑料产量/万吨		5.4	0.84	—	230	2.3	11
合成橡胶产量/万吨		0.36	0.13	—	31.71	3.18	6
乙烯产量/万吨		0.07	0.02	—	157.16	2.81（1989年）	8

第四节 化学工业实行对外开放

对内搞活经济、对外实行开放的政策是党的十一届三中全会确定的中国长期的基本国策，是建设具有中国特色社会主义的战略方针。化学工业实施对外开放的主要方式是利用外资、引进技术。到1985年，化工行业利用外资、引进技术方面步伐大大加快。特别是沿海开放城市的经济特区的化工行业，利用多种形式多种渠道吸引外资、引进技术，进度快、效果好，积累了很多经验。化工部还专门成立了利用外资办公室，重点引进国内攻关难度大、科研进展缓慢而又急需解决的工艺技术和关键设备。

一、积极利用外资促进发展

（一）多渠道利用外资

改革开放以后，中国积极稳妥吸收和利用外资，化学工业成为国内利用外国政府和国际金融组织提供贷款的重点行业。

利用联合国为发展中国家提供的资金援助，化工行业重点支持了科研院所环境条件的改善和人员培训。帮助部分科研院所建设实验室和试验基地，包括沈阳化工研究院的“农药安全评价中心”，江苏南通“农药加工剂型试验中心”，连云港化工矿山设计研究院的“选矿试验基地”。聘请外国专家培训科研人员，提高科研开发能力；选派科研人员出国进修，学习国外先进科研技术和方法，开阔眼界解放思想，提高自身研发水平。购买了部分先进仪器设备，改善了科研条件。

利用世界银行和亚洲银行长期低息贷款建设和改造了一批化工项目。主要有利用世界银行贷款用于13套大中型化肥企业的建设。将亚洲开发银行贷款用于16个化肥化工项目建设。外国政府贷款主要来自法国、加拿大、意大利、德国、科威特、比利时和瑞典等国家。其中贷款比较多的是日本海外经济协力基金（OECF），主要用于内蒙古化肥厂、云南黄磷等6个大化肥项目建设。

在改革开放初期，利用外国政府和国际金融组织提供的资金是化工利用外资的主要方式，广泛吸收和利用外资，解决了一批重大项目的资金来源，对提高国内化工产业技术装备水平和经济效益起到重要作用。随着化工产业发展壮大和水平提升，化学工业利用外资的重点和方式逐步转向外商直接投资。从1981年到1990年10年间，化工行业累计利用外资超过百亿元。中石化系统从成立到1989年六年间利用外资累计约40亿元以上。1990年，中国石化总公司已同世界上50多个国家的1000多家公司、厂商、银行建立了经济技术合作关系和业务往来。1985～1990年，已经利用国际金融组织贷款、外国政府混合贷款、出口信贷、商业贷款等多种外资累计达40亿美元以上。中国石化总公司探索积累了利用外资建设大型项目的经验。大庆、齐鲁、扬子乙烯采用统借统还方式，外资占比分别达到52.9%、60.4%和56.5%；上海乙烯采用自借自还方式，外资占比达到26.3%。

（二）化工“三资”企业逐步增多

改革开放初期，中国吸收外商直接投资处于起步阶段。1979年6月《中华人民共和国中外合资经营企业法》颁布以后，国家先后对经济特区、沿海开放城市和沿海经济开放区内吸收外资实行一些特殊政策。对外国企业、华侨和港澳同胞投资办厂、合资经营、合作生产、补偿贸易或来料来样加工等多种合作形式提供法律保护，为大量吸收外资和国外的先进技术，加快化学工业发展速度，创造了极为有利的条件。1986年，国务院颁布了《关于鼓励外商投资的规定》，对外商投资设立产品出口企业和先进技术企业给予更多优惠和鼓励措施，改善了投资环境，推动了吸收外资的发展。

20世纪80年代，“三资”企业（中外合资经营企业、中外合作经营企业、外商独资企业）迅速发展，规模不断扩大，成为化工产业的一支重要力量。1981年，国内有化工合资企业天津丽明化妆品合营公司一家，外商投资额仅172万美元。1985年，化工三资企业有38家。1988年美国卡博特与上海华谊（集团）合资成立了上海第一家外资化工企业——上海卡博特化工有限公司。1988年7月，北京东方化工厂与美国罗姆哈斯公司合作生产丙烯酸树脂乳液项目。1989年4月，德国巴斯夫公司在中国南京成立合资企业，生产不饱和聚酯树脂。20世纪70年代中期，巴斯夫就与吉林化学工业公司（现为中国石化吉林石化分公司）洽谈过第一套技术转让项目。90年代，巴斯夫与吉林石化公司也有多个合资合作项目。

到1990年，化工行业协议项目达到266项，投资总额10年增长近90倍。1981～1990年化工“三资”企业投资情况详见表1-4-3。

沿海开放地区化工“三资”企业发展较快，主要集中在广东省和深圳、珠海特区，其次是江苏、上海、黑龙江、浙江等省市。这些“三资”企业的投资规模有许多都在500万美元以上。

这一时期，来投资的厂商主要来自中国香港、美国、日本、德国、英国等10多个国家和地区。“三资”企业经营范围涉及化肥、有机化工原料、合成材料、农药、染料及中间体、涂料和颜料、子午线轮胎、农用胎、记录材料、乳胶制品、炭黑、有机玻璃、特种气体、醋酸纤维、氯碱产品等。

表1-4-3 1981～1990年化工“三资”企业投资情况

年度	项目数 / 个	协议投资总额 / 万美元	外资 / 万美元	备注
1981	1		172	
1983	5	1268	426	
1984	19	2375	1511	
1985	38	13380	6266	
1986	30	6600	2339	
1987	58	11865	3862	1000万美元以上2个
1988	75	22790	9016	1000万美元以上11个
1989	49	12479	6240	1000万美元以上10个
1990	167	30350	15175	1000万美元以上4个

注：仅为化工部系统。

二、引进一批先进化工技术设备

改革开放后，为改变工业技术落后的现状，中国实行了“以市场换技术”的发展战略，大力引进国外先进技术与装备。

1977年7月，中央原则批准国家计委《关于引进新技术和进口成套设备规划的请示报告》，提出除抓紧已批准的在建项目外，再进口一批成套设备、单机和先进技术。包括以粉煤和重油为原料的化肥关键设备、生产高效低毒农药中间体原料装置、石油化工成套设备、30万吨乙烯综合利用工程、合成洗涤用品原料生产装置，以及燃料、动力、原材料工业的新技术和关键设备。按引进规划，“五五”后3年和

“六五”期间，共引进65亿美元的成套设备、单机和技术，以后又陆续增加了一些项目。1978年和1979年，实际对外签订合同成交金额79.9亿美元，其中1978年成交金额63.6亿美元。

进入“六五”时期，化学工业继续加大技术和关键设备引进力度，在国家和行业政策引导下，引进了一批新技术和关键设备，有力促进了化学工业快速发展。“六五”期间，化学工业共引进国外先进技术和关键设备686项，成交额9亿美元。据统计，1981年到1990年，化工行业共签订1946项引进技术和设备合同，用汇40多亿美元。引进了当时国际上普遍适用的化工先进工艺技术与设备，使国内在大型合成氨、尿素、磷铵、纯碱、乙烯、新工艺炭黑等关系国计民生的重要领域具备了当时国际先进生产水平。

三、化学工业出口创汇能力增强

改革开放以后，化工行业认真贯彻党和国家对外开放政策，充分利用国外、国内两个市场、两种资源，努力发展外向型经济，增强扩大出口创汇能力，为化学工业发展增强后劲。化工进出口贸易率先在经济发达地区兴起。几十家化工企业获得进出口经营权。中国石油吉化集团公司、中国石化南京化学工业有限公司、大化集团有限责任公司和天津碱厂、天津化工厂，大沽化工厂等一些大型企业也组建了进出口公司。全国化工产品出口创汇规模逐年扩大，出口创汇能力不断增强。1981年全国化工产品出口总额达10.2亿元，超过计划6.7%。1990年出口创汇23.3亿美元，比上年增长15.7%，创历史最高水平。已形成一批出口重点企业和重点产品。化工技术、成套设备和化工工程承包也步入国际市场。

尽管这一时期，中国化工产品出口仍以传统产品如橡胶制品、无机盐、有机酸、染料、化学矿、化工机械等为主，但精细化工产品、化工技术、装备、劳务出口和工程承包取得了新进展。磁性记录材料是化工的一个新兴行业，“七五”期间也得到迅速发展，1989年出口额达4580万美元，计算机磁盘、磁带出口1660万美元。彩色胶卷市场过去历来被美国、日本、德国占领，1988年以来，中国彩色胶卷开始出口，1989年出口134万卷。作为高附加值产品的酶制剂，1987年以来已出口185吨，换汇1286万美元。化工技术和装备出口，已由小型、零星出口逐步走向成套技术装备出口。1989年化工机械设备出口换汇360万美元，比1985年增加4倍多，化工技术出口从1982年才开始起步，到1989年，已累计换汇1690万美元。

随着化学工业快速发展，需要原材料、零配件、元器件不断增多，虽然国产化有了长足进步，但其中有一部分依然需要依赖进口。进入“六五”以后化工行业出现的贸易逆差等问题引起行业的隐忧。

第五节 化工节能环保工作打开新局面

一、推进实行化工生产准入制度

为指导化工行业有序发展，保证化工产品质量，1984年10月，化工部颁发《化工产品生产许可证暂行实施细则》，开始实施行业准入制度。1985年12月，化工部正式颁发《化工产品生产许可证管理办法》，替代了实施细则。随后，《橡胶机械产品生产许可证实施细则》《复混肥料产品生产许可证实施细则》《化学试剂产品生产许可证实施细则》等系列文件陆续推出，完善了化工各子行业的准入制度。

化工行业准入制度有效遏制了盲目发展的乱象，成为化工行业调整优化的利器。1985年7月，化工部系统首批944家合格企业获得有效期为5年的生产许可证。从此，行业准入制度成为行业发展长期制度。

二、建立化工污染防治工作体系

改革开放以后，国家将加强环境保护提升到国家发展战略，开始建立环境保护法律体系，系统规划环境保护工作。1979年，国家颁布《环境保护法（试行）》，10年后的1989年《中华人民共和国环境保护法》正式颁布。从“六五”时期开始，国家将环境保护纳入国民经济和社会发展计划，提出了环境保护的具体计划指标。

1985年，化工部首次制定并发布了《化学工业环境保护“七五”计划纲要》，明确提出：要把搞好环境保护、保持化学工业持续稳定发展作为化工“七五”期间的基本任务之一，尽快摘掉化工污染大帽子。化工环保纲要规定：凡新建、扩建和技术改造的项目，都必须做到“三同时”（即在进行新建、改建和扩建工程时，其中防止污染和其他公害的设施，需与主体工程同时设计、同时施工、同时投产），

“三废”排放达到国家规定标准，化工企业要逐步建成无泄漏工厂，有1/2的企业要办成清洁文明工厂。

为使全系统环保管理工作合规依据进行，化工部着手建章立制，于1978年制定了《关于加强化工企业环境保护工作的若干规定》，1980年颁发了《化学工业环境保护管理条例》。1989年，又对《化学工业环境保护管理条例》进行了全面修改和补充，更名《化学工业环境保护管理规定》，于1990年12月开始实行。

在污染物防治和降低“三废”排放方面，化工部组织先后在行业内开展了化工污染物流失控制方法在氯碱、农药、硫酸、电石、苯酚、聚氯乙烯等生产行业和企业进行试点。按照产品的生产工艺流程，逐一查定物料的流失数量和去向，分析流失的原因，制定出控制指标，对企业进行考核评比。把治理污染与技术改造、技术革新紧密结合起来，大力提高“三废”综合利用水平，同时对部分新建化工企业开展环境影响评价工作。

1978年9月20日，经化工部批准，在北京化工研究院环境保护研究室的基础上，成立北京化工研究院环境保护研究所。该所拥有国家环保局（1984年设立）批准授予建设项目环境影响评价资质，承担了多个环境影响评价项目，与企业协同开展环保技术研究。

这一时期，全行业对化工环境保护和综合利用技术开发非常重视，1988年举行的全国化工环境保护和综合利用成果展览上，就展出相关成果446项。这一时期的化工污染防治技术逐步由单项治理走向“预防为主，综合防治”。在单项治理技术方面，利用N503和793液体树脂萃取脱酚技术、生物除酚技术等取得显著进步。在综合治理和综合利用方面，硫酸尾气吸收二氧化碳制造亚硫酸铵，可供造纸用。开发了普钙尾气氟回收利用，合成氨弛放气回收利用，石油化工火炬气回收利用，炭黑粉尘的回收利用，盐石膏、磷石膏、天然石膏制硫酸联产水泥等技术。在节约用水和废水处理技术开发方面，开发的“低废”技术有硫酸生产的两转两吸、酸洗流程、硝酸生产的双频技术、二氧化钛的金红石氯化法生产技术、离子膜烧碱生产技术等，已应用于企业的技术改造。

同时，充分利用环保新技术加大老企业技术改造，淘汰一批落后技术，开发一批先进技术，从工艺上消除化工污染。

在化工全行业的共同努力下，化工环境保护取得显著成果。“六五”期间，“三废”治理率大幅度提高。据化工部对1000多个化工企业统计，与“五五”时期相比，废水、废气、废渣的治理率分别提高7%、12%、27%。按万元产值计算，工业用水量、废水和废气排放量分别下降了1/3、21%和40%。化工生产中许多主要污染物排放量明显下降。全国10个汞法烧碱厂平均每吨碱耗汞量下降40%；40多个聚氯乙烯生产厂废汞催化剂回收量增加34%；其他化工产品耗汞量减少83%。有约80%的油造气合成氨装置采用了炭黑重油萃取和油炭浆返回造气炉造气技术，实现清水循环利用，每年少排放3万吨炭黑和6000万立方米废水。全国16个大中型炭黑厂相继建成了炉气余热发电和炭黑回收装置，基本上消除了炭黑粉尘及其他有害物质对大气的污染。节约生产用水，实行一水多用。“六五”期间，合成氨生产体系水循环利用率上升20%。化工“三废”资源综合利用打开了局面。

“七五”时期，从1985年到1989年，在全国化工总产值增长48.3%的情况下，化学工业的三废排放并没有成比例增加，反而有所下降。创建了500多个清洁工厂。三废资源化利用取得新进展。1990年，全国化工行业利用“三废”生产的产品产值达13.1亿元，已超过“六五”期间的总和，实现利税4.3亿元，比1985年增长1.6倍。

在石油炼制工业的环保工作方面，石油部于1980年制定颁发了《炼油厂环境保护暂行规定》，并建立同行业工作情报、经验的交流分享工作机制。到1985年，全国33个大中型炼油厂基本完善了“三废”治理设施，年污水处理总能力达到2.6亿吨，年酸碱渣综合利用总能力达到20万吨，硫黄回收装置年回收总能力达到3.85万吨。

“七五”期间，中国石化总公司所属大型、特大型企业共38个。有独立外排工业污水的单位73个，拥有16亿元固定资产的水、气、渣、噪声污染治理设施。有一支1万多人从事污染治理和环保管理的队伍。取得的主要成效（为可比，不含大型试产工程）：

外排工业污水总量，1990年比1985年下降14%；外排工业污水全面达标率，1990年比1985年上升16个百分点，达84%；外排工业污水中COD_{Cr}总量，1990年比1985年下降24%，为6.1万吨。企业实施的主要举措是把环保工作纳入企业目标管理体系，经济挂钩，定期考核；严格控制污染源；积极开展综合利用，回收和利用废弃物料，减少污染源。1990年“三废”综合利用产值和利润分别为4亿和1.6亿元，是1985年的4倍和3倍。

三、化工能源管理开始向专业化发展

化工既是耗能大户，又是有效利用能源的产业。“六五”时期，全国化工总产值在全国占比近10%，而能耗约占全国总能耗的30%，化工耗能量居于突出位置，化工节能的潜力巨大。

化工部于1980年专门成立了节能办公室。1979～1980年开始对化工企业进行全面的热普查工作，此后又分批次分级开展了能量平衡测试。1982年2月，化工部正式颁发了《化工企业能量平衡暂行规定》系列文件，系统规定了能源计量、设备能量平衡、能量平衡的步骤等规程，以推进合理用能、有效用能、节约用能。1982年6月，化工部决定在第六化工设计院成立化工部节能技术服务中心站（后更名化工部节能中心），服务于全系统的节能技术开发和科学管理能源工作。化工部还集中推进了全系统的计量工作，开展了建立各级计量管理机构，计量定级升级工作，提高计量技术素质，抓好计量器具的检定和量值传递，开展计量工作“五查”（查计量机构、计量器具配备、量值传递、各项规章制度和人员的技术水平）等项工作。

化工部通过组织经常性的全国节能工作会议、制定年度节约能源计划和表彰奖励机制，开展化工企业节能定级、升级的评审等项工作，推动全行业提高对节约能源战略意义的认识，加强对节能和计量工作的领导，抓好节能基础工作，加强节能科学管理；组织推广节能新技术、新工艺、新设备，抓好以节能为重点的技术改造；运用行政立法等手段促进节能。

在抓好能源管理的同时，积极推动行业采用节能技术，例如氯碱行业，进行了扩大生产能力和金属阳极及蒸发的改造，使烧碱生产能力净增90万吨/年，其中金属阳极电解的生产能力从“六五”末期的70万吨/年提高到1990年的150万吨/年。约50万吨烧碱采用的三效顺流蒸发工艺，22个重点企业的烧碱综合能耗从“六五”末期的1725千克标煤/吨碱下降到1660千克标煤/吨碱。这一时期，也是小化肥行业进行大规模节能技术改造阶段。

到1990年，化工节能工作取得了显著成绩。同1980年相比，1989年化工万元产值能耗降低34%。直接节能累计1593×10^4吨标准煤，间接节能3593×10^4吨标准煤，高能耗的化工产品单耗有了大幅度降低，全国小合成氨厂的吨氨能耗下降了24%。在全国化工行业，涌现了一批节能的先进骨干企业，起到了样板和示范作用，有力推动了化工行业节能。化工节能技改投资约为16亿元。

第六节 在改革中发展化工科技教育事业

一、改革激发化工科研单位生机活力

1978年8月和1979年1月国务院先后批准了国家科委、化工部《关于调整部分化工重点科研单位管理体制的报告》两批。这两批调整管理体制的单位，都是由化工部直接管理的科研院所，包括：化工部北京化工研究院、北京橡胶工业研究设计院、沈阳化工研究院、沈阳橡胶工业制品研究所、合成材料老化研究所、西南化工研究院、乳胶工业研究所、炭黑工业研究所、抗菌素研究所、化工机械研究院、涂料工业研究所、光明化工研究所、晨光化工研究院、上海化工研究院、上海医药工业研究院、天津化工研究院、西北橡胶工业制品研究所、化肥工业研究所、黎明化工研究院。

在改革科技管理体制中，化工科研单位认真贯彻科研面向经济建设方针，全面实行了院所长负责制、有偿合同制、课题承包制，大力开拓技术市场，促进了化工科研成果尽快转化为生产力。通过改革，化工科技成果转让形式发生了很大变化，由单纯的技术成果转让，发展到技术转让、技术联营，技术入股、技术咨询、技术服务、合作开发等多种类型的技术经营活动，为科研单位开辟了更为广阔的技术市场。

科研管理体制改革后，化工科研院所大力开拓技术市场，加快科学研究工作进度，促进了科研成果尽快转化为生产力。1978～1988年，大批化工科研成果陆续应用于工业生产，化工科技成果推广率由原来不到30%提高到85%以上。由于国内科技水平提高和引进先进技术，化学工业主要产品大型生产装置的生产技术水平，基本接近国际较高水平。

化工部西南化工研究院采用四塔一次均压吸附工艺流程，成功地从合成氨厂的弛放气中回收氢，获得国家科技进步一等奖。技术成果面向全国推广。

二、承担百余项国家重点科技攻关项目

（一）“五五”至“七五”期间国家重点科研项目

“五五”到“七五”期间，化工行业承担了一百多项国家重点科研攻关项目。

“五五”后期完成的国家级重点科研项目有：天津南开大学元素有机化学研究所开发成功新的植物生长调节剂“矮壮素”。华北制药厂与南开大学合作，试制“大孔弱碱性阳离子交换树脂390及新390”，用于链霉素精制等，提高了链霉素纯度和收率4%以上。该项成果获国家发明三等奖。

“六五”期间完成的国家重点化工科研项目，不少填补了行业或国内空白。自贡炭黑工业设计研究所研制的产品填补了中国漆用高色素炭黑的空白。曙光橡胶工业研究所试产出航空外胎。云南三环化工公司承担的国家“六五”期间的科技攻关项目，采用湿法磷酸生产高浓度磷复肥的项目，填补了中国高浓度磷肥生产的空白。

中国科学院化学研究所、晨光化工研究院合作研制的KH-610有机硅树脂，晨光化工研究院研制的GD-414型单组分室温熟化硅橡胶，长春应化所研制的高强度Ⅰ型碳纤维小试，辽源石油化工厂研制的60束中强度碳纤维，吉化公司研究院模拟试验聚丙烯腈原丝、山西煤炭化学研究所研制的聚丙烯腈基碳纤维及其原丝，晨光化工研究院、上海合成橡胶研究所合作研制的氟橡胶，兰化公司合成橡胶厂同兰化公司研究院、化工部化工机械研究院等单位合作研制的耐寒ABS树脂等数十项项目通过部级技术鉴定。

“七五”期间以化工部为主或与其他部门共同主持的国家课题攻关课题有28个，共分解成349个专题，取得一批重要成果，如云南海口磷矿选矿实验、3万吨/年中和料浆浓缩制磷铵的工业性试验、农药中间体二正丙胺的开发、一次成型法生产9.00R20钢丝子午线轮胎生产技术、甲基葡萄糖苷及其聚醚多元醇中试等。

“七五”期间还研制成功了如浏阳霉素、苯达松、野麦畏、分散深蓝RD-2RE、酸性玫瑰红B、活性黄R-RG、阳离子黑XL-L、木制家具光固化漆及其稀释剂、氧化铁颜料、气流粉碎机等农药、染料、涂料、医用化学品、设备等100多个新品种。这些新品种的研制成功，对调整全国化工产品的品种结构和提高产品质量起到了重要的作用。

国家科技“七五”攻关项目——中国纺织大学芳纶聚合课题组经过近4年的努力，芳纶合成技术进入“稳定”和“批量”阶段，芳纶Ⅱ型树脂质量达到较高水平。建成的芳纶Ⅱ型树脂合成间歇式试验装置，可用于芳纶差别化新品种的开发。课题组还进行了大量基础研究工作，芳纶改性及芳纶浆粕研究国内领先。

（二）取得一批科研成果，实现多项重大技术进步

1978年3月，党中央、国务院召开的全国科学大会是中国科学史上空前的盛

会，标志着中国科技事业迎来了“科学的春天”。这次科技大会表彰奖励了一大批新中国成立以来的科研成果，其中化工行业项目有365项。

“六五”期间，经化工部技术鉴定的化工重大科学技术成果有434项，其中获国家发明奖的有21项，获得国家科技进步奖（特等、一、二、三等奖）合计23项。获化工部科学技术成果奖的有239项。这些重大科技成果包括新工艺、新技术、新产品和新材料，大多数已用于生产、基本建设和生产厂的技术改造，取得了显著的经济效益，为节约能源，降低原材料消耗，提高产品质量，增加产品品种，改变产品结构，解决“三废”污染，扭转企业亏损面貌和实现化学工业现代化做出了贡献。

南化公司研究院研制成功S108型低温钒催化剂、S110-1型氨合成催化剂两项成果分别获1981年国家技术发明四等奖、1983年国家技术发明三等奖，开发成功碳酸丙烯酯脱除二氧化碳和硫化氢新工艺获1985年国家科学技术进步二等奖，开发成功B204型低温变换催化剂获1984年国家技术发明四等奖。上海化工研究院承担的“碳酸氢铵添加剂——水溶性ABS-10研究专题”，成果获1981年国家科委发明四等奖。湖南化工研究院开发的“杀虫剂残杀威原药技术”是国家“七五”农药重点攻关项目，为中国农药填补了一项空白。

化工部主持完成的“直接浮选流程处理王集硅钙质磷块岩矿石中间试验”等4个项目，1985年获国家计委、国家经委、国家科委颁发的“六五”国家科技攻关项目奖励和奖金。燃化部组织攻关的顺丁橡胶生产新技术的研发成果，于1985年荣获“国家科学技术进步特等奖”。化工部西南化工研究院采用四塔一次均压式变压吸附工艺流程，成功地从合成氨厂的弛放气中回收氢，获得国家科学技术进步一等奖。这项技术成果在全国推广了50套，建成投产后取得了较显著的经济效益。

“七五”期间，获得国家科技攻关项目阶段成果奖的有18项，其中9项成果在技术上达到了世界先进水平。如锦屏磷矿选矿药剂与工艺研究成果应用于磷矿，可使磷精矿品位由原来的30%提高到37%以上，精矿质量达到国际二级品标准，工业指标达到了世界先进水平。另外9项属国内首创或达到国内先进水平，如液态三氧化硫制备与稳定及对硝基氯苯磺化技术等。南化公司研究院研究开发出J105型甲烷化催化剂获1989年国家发明三等奖。上海化工研究院在1975～1986年期间开展的钴-钼系耐温变换催化剂的研究开发工作，研制并工业化生产了B301和B301Q耐硫宽温变换催化剂，对中国合成氨工艺的节能降耗做出了历史性的贡献，该成果获得1987年国家科技进步二等奖。

“七五”期间，化学工业取得的国家科技进步一等奖的奖项主要有：“大庆常压渣油催化裂化技术”项目，该项目开发了成套技术，包括工艺、催化剂及设备等，获得了1987年国家科技进步一等奖。同年的科技进步一等奖还有“TS-系列冷却水处理药剂的研制与应用”为天津化工研究院研究并生产。“二水法磷酸——中和料浆浓缩法制磷铵新工艺”和“乐凯100日光型彩色胶卷（Ⅱ）”获得1988年度国家科技进步一等奖。“年产52万吨二氧化碳气提法尿素装置机械设备”“萘氧化制苯酐流态化催化反应器和催化剂及其系统新技术开发和应用”“丙纶级聚丙烯树脂的研制、工业化生产和应用”获得1989年度国家科技进步一等奖。获得1990年科技进步一等奖的有“乐凯YZ-21型彩色相纸”“室温固化耐高温高强韧性环氧结构胶粘剂”“我国主要磷矿开采新方法”。

由晨光化工研究院研制的“室温固化耐高温高强韧性环氧结构胶黏剂”在1986年第二届全国发明展览会上获金奖。1987年4月在第15届日内瓦国际发明展览会上获得金奖。

通过多年的技术攻关，化学工业取得了多项重大技术进步，对行业发展意义重大，主要有：

1.顺丁橡胶生产技术开发

中国自行研究、开发、设计、制造的第一套万吨级顺丁橡胶生产装置，于1971年9月建成投产。投产后因挂胶堵管严重，无法长时间开车生产。1973年燃化部组织全国有关单位的工程技术人员到生产现场开展了顺丁橡胶工业化大生产攻关会战，长春应化所派出多人到现场参加工作。会战主攻问题总括为一堵、二挂、三污水、四质量。在全国有关单位会战人员和全厂干部、工人的共同努力下，克服各种困难，不到两年时间，聚合装置就从原来连续开车最长不超过18天，延长到可连续开车超过半年，最长已超过240天。这是包括单体、聚合、后处理、溶剂回收及橡胶质量在内的全面解决各种问题的综合结果。攻关会战使国内自行研究开发的顺丁橡胶生产新技术更加完善和成熟，中国顺丁橡胶工业由此进入了快速发展时期。到1976年，先后在锦州、淄博、岳阳、上海等地建成了同样的4套生产装置，短短几年国内顺丁橡胶的生产能力就已超过7万吨/年。

顺丁橡胶生产新技术的研发成果在1985年荣获“国家科学技术进步特等奖”。

2.石油化工催化剂配套研制

1977年，围绕石油化工配套催化剂研发相继开展，到1979年，已经取得重要成果。随着“碳二馏分气相选择加氢除炔烃催化剂，碳三液相加氢除炔烃催化剂，裂解汽油一、二段加氢催化剂、稀土分子筛甲苯歧化小球催化剂”等成果陆续通过鉴定或完成技术总结，到20世纪80年代初期，用于石油化工引进装置的39种配套催化剂（包括干燥剂），全部完成了研制任务。其中，碳二、碳三加氢除炔烃催化剂，乙烯氧化制环氧乙烯催化剂，裂解汽油加氢催化剂等，已应用于生产；低压聚乙烯研磨法催化剂已在不少中小型低压聚乙烯装置上试用；聚丙烯络合Ⅱ型催化剂已用于间歇法本体聚合生产装置。

1984年毛炳权院士开发了新一代聚烯烃高效催化剂及聚合工艺研究，“用于烯烃聚合和共聚合的催化剂体系”获中、美、日欧洲多国专利，并以许可费1500万美元转让给美国菲利普石油公司（2003年增至1800万美元），催化剂（国内称为N催化剂）在国内外都有较高的知名度。此项技术在1993年获得国家技术发明二等奖。

20世纪70年代引进的13套大型合成氨装置（其中8套是以天然气或油田气为原料的）使用的催化剂完全立足于国内。西南化工研究院、南京化工研究院、化工部化肥工业研究所等单位进行了配套催化剂研究，研制出的大批优质催化剂产品在大型合成氨厂使用。有9种催化剂已立足于国内，并研制成功性能更好的脱硫剂、氨合成催化剂等。其中，球形氨合成催化剂的制备工艺系国内首创，低压法合成甲醇催化剂用于8万吨/年甲醇装置。西南化工研究院研制成功的一、二段转化催化剂系列在四川泸州天然气化工厂、大庆化肥厂、吴泾化肥厂、湖北化肥厂30万吨合成氨装置上使用，运行效果良好，基本满足生产要求。

3. 农药新品种、中间体和新剂型的开发

“七五”期间，农药行业共取得重大科技成果108项，达到20世纪80年代国际水平或属国际首创的有16项。1985 ～ 1986年，中国开发30多个农药新品种使中国农药行业产品结构发生重大变化，其中高效低残留农药品种占绝大多数。

与此同时，多项农药国家级攻关项目完成。例如，浙江省化工研究承担的江苏启东农药厂300吨/年二乙氧基硫代磷酰氯新工艺中试装置，通过部级鉴定。四川化工研究所承担的西南（四川）农药新品种开发性试验项目，通过国家竣工验收。该所还完成农药新品种“叶枯宁”的工业性试验。

“单甲脒残留试验研究”课题由浙江工学院、浙江省农业厅环保站、化工部科技总院等5个单位联合承担，填补了国内单甲脒残留研究的空白，技术上达到国际水平。

4. 百吨级碳纤维攻关

国内碳纤维初始阶段以军工系统研究开发为主，并取得显著成绩，非军用系统

开发取得初步的进展。1975年吉林省辽源市石油化工厂试制出碳纤维。1977年山西煤炭化学研究所（简称山西煤化所）建成聚丙烯腈基碳纤维中试生产线。1978年4月，山西煤化所研制的聚丙烯腈基碳纤维及其原丝，长春应化所研制的高强度Ⅰ型碳纤维小试，辽源石油化工厂研制的60束中强度碳纤维，吉化公司研究院模拟试验聚丙烯腈原丝，通过部级技术鉴定。1980年3月吉林省辽源特种纤维实验厂黏胶基碳纤维制备工艺，通过部级技术鉴定。

到1991年3月，国内“七五”重点科技攻关项目新型复合材料研究获重大成果，碳纤维、芳纶已突破制造技术难关，5年产值近亿元，节约外汇1500万美元。

（三）科研成果推动化工产业升级

“七五”国家科技攻关任务的完成，大大推动了行业科技进步，使部分行业的整体水平达到20世纪80年代国际水平。矿山行业在胶磷矿采选技术方面，经过攻关，共取得15项重大成果，其中8项达到80年代国际水平，7项填补了国内空白或创国内先进水平，整体上技术水平已达到80年代国际先进水平。彩色感光材料行业进行了ISO400日光型彩卷开发，其性能和各项指标均达到80年代初国际同类产品水平，其中BR400彩卷在第十一届亚运会期间进行了试用。染料行业开发成功186个新品种，国际首创新品种8个，具有国际80年代先进水平的169个，获国家专利的成果3项，获重大科技成果奖16项。农药行业共取得重大科技成果108项，达到80年代国际水平或属国际首创的有16项，国内先进或填补国内空白的有67项，专利5项。

部分行业突破了一批制约发展的关键技术。在合成树脂及其加工行业，聚氯乙烯改性及其化学建材的技术开发，解决了现有生产过程中粘釜严重的问题，还开发了一批聚氯乙烯上水管、塑料窗、防水卷材、装饰装修异型材等硬制品和化学建材制品。“PVC球形树脂研制”是化工部锦西化工研究院、北京化工学院、张家口市树脂厂联合承担的“七五”国家重点科技攻关项目。PVC球形树脂是国外20世纪80年代中期开发成功的一种新型树脂。于1989年成功地试制出这种新型树脂。聚氨酯工艺及应用技术开发，掌握了世界上20世纪70年代刚刚发展起来的塑料加工的最新技术——反应注射新型工艺，研制的方向盘、仪表盘、挡泥板供应汽车制造企业广泛使用。

为国民经济各部门和国防建设提供了配套产品。在电子信息材料领域，为电子工业配套的光刻胶、环氧塑封料、超净高纯试剂、高纯气体、电子气体和金属有机化合物开发成功，部分满足了集成电路的加工需要。在黏合剂领域，针对家用电器开发了彩电用阻燃灌封胶、低温快固化耐高温环氧胶黏剂，开发了汽车用聚氯乙烯胶糊、机械密封用新型厌氧胶等，开发成功了外墙嵌缝用有机硅密封胶、中空玻璃用聚硫密封胶等，满足了电子电气、机械、汽车等行业的需要。在军工方面，通过专题、专项攻关，提供了国防建设所需要的化工新材料。

三、化工专利工作的新起点

为了保护发明创造专利权，鼓励发明创造，促进科学技术发展。中国于1984年4月1日开始实行专利法，建立了国家专利工作制度。1985年，为了搞好专利保护工作，化工部专门成立了“化工成果处”，组建了“化学工业部化工专利服务中心”，分别负责专利管理和专利代理、查新、实施及咨询等。全国建立与化工有关的专利事务所23家，专利代理人约100余人，化工专利管理体系初具规模。专利法实施第一年，国内外的单位和个人踊跃提出专利申请，其中化学化工发明在整个发明专利申请中约占30%，这说明化学化工是国内外专利领域的活跃部门。

为加强企业的专利工作，1988年国家经委、国家科委、财政部、中国专利局颁布《关于加强企业专利工作的规定》，有计划地分期分批抓一批企业的专利工作，以推动整个企业专利工作的开展。1985～1986年，化工发明实用新型专利151项。1978～1988年，化工行业申请国家专利97项。到1990年，有化工发明专利943项，实用新型专利677项。

四、加大对化工教育事业投入

改革开放以后，化工教育事业逐渐恢复并迎来新的发展。1978年6月，国家科委化学工程学科组重新成立。同年8月，化工部召开全国化工职工教育工作会议，传达全国教育工作会议精神，讨论《化学工业教育工作十年规划》。在化工部主导下，国家对化工院校的教育投资逐年增加。1985年教育投资是1980年的2.6倍，“七五”期间教育投资总额是“六五”期间的1.9倍。办学条件显著改善，更新了部分实验装置，大多数院（校）系建立了计算机中心、电化教学中心、语言实验室等新的教学设施。

（一）化工高等教育迅速恢复

1977年全国恢复高考后，化工高等教育很快得到恢复。1980年，化工部从编制教学计划和教材入手，组织修订了化工各专业的教学计划，并提出统一的教学计划仅供参考，各高校有权自行制定教学计划，增加了教学的灵活性。1982年，化工类高等教育的专业数达到62种，占工科专业总数的12.4%，在全国高等学校布点162个，占全部专业布点数的8.2%。1983年，化工部开始研究化工部高等教育规划和院校整顿改革等问题，以整顿教学秩序和工作秩序，提高教学质量和管理水平。

1984年，国务院公布新的专业目录，化工类相关专业共25种，其中通用专业21种，试办专业4种。这一年，全国共有40所高等院校设有化工相关专业，学生总数超过3万人，另外还有南京化工动力专科学校等5所专科学校。基本实现了每个省区市至少有一所院校开设化工专业。

到1990年初，化工高等教育已组建6个化工类及相关专业（课程）的全国教学指导委员会，负责对全国高校化工类专业的教学业务建设、教材建设和教育质量评估进行指导，编写出版教材50余种。这一年，全国普通高等学校化工大类当年招生总数为1.8万人，占当年工科院校招生总数的8.6%，毕业生数为1.6万人，在校生数为6.3万人。从1979年开始，中央和各地兴办了几十所广播电视大学，采用远程授课的方式，也培养了一大批化工专业人才。

改革开放前，全国化工研究生教育总体上规模较小。1978年恢复招收研究生制度，到1989年全国化工及相关学科共有博士点27个，硕士点110个，1990年毕业硕士664人，博士70人。

化工院校坚持教育与科研紧密结合，逐渐成为化工科研领域的骨干力量。到1984年，已有20所院校成立了41个有关化工的研究室、10个研究所。1985年化工部部属高校取得科研成果193项，其中具有世界先进水平的8项，属于国内首创的40项，获省部级奖的145项。1988年，化工部部属院校获国家级科研成果奖两项，省部级奖14项。

（二）恢复扩大化工职业技术教育

1978年和1980年，各地积极恢复和发展化工中等专业学校。上海市化工局将已改成工厂的校舍退回，恢复上海化工学校并组织招生。福建化工学校易地重建。武汉市化工局1978年新建了武汉化工学校，开始招生。化工中等专业学校教师队伍在“文化大革命”中受到严重破坏。1977年以后，经过恢复和补充，努力提高师资水平，到1990年形成了一支总数3793人的业务素质较好、年富力强的化工中专教师队伍。

针对化工中等专业教育教学计划和教材内容存在的问题，1978年修订了无机化工、基本有机化工、化工分析、化工机械、化工仪表5个专业的教学计划，适用于招收初中毕业生的4年制与招收高中毕业生的2年制。同时组织编写出版了24门课程的教材。1981年以后，又成立了8个化工中专教材编审委员会（组）。到1990年，化工中专共编写30多种教学计划，300多种教学大纲，出版了54种教材。对化工中专学校的专业设置进行了新的调整和补充。除原有10个化工专业之外，又增设了化工设备安装、化工企业管理、化工工艺、化工经济贸易、电子计算机应用、精细化工等14个专业。

通过一系列调整和整顿，1984年，化工中等专业学校发展到40所，分布在26个省区市。到1989年，全国化工中等专业学校又增加4所，在校生人数达到3.4万人，另外还有198所技工学校。化工中等专业学校具备了自己的特色，培养出一批又一批具有一定理论基础、有较强动手能力、适于从事化工生产第一线的技术操作人员。

（三）开办成人教学点、职工函授大学、夜大学

1981年5月，化工部发出《关于贯彻中共中央、国务院〈关于加强职工教育工作的决定〉的意见》，强调建立职工学校，建立健全管理机构和管理制度，充实办学教学人员，恢复和建立教学基地，积极开展化工行业全员培训，并要求化工院校承担相应培训任务。随后，不少大型化工企业先后重建了职工学校，以青壮年职工的文化、技术补课（简称“双补”）和干部轮训为重点，采取了业余学习、半脱产学习和全脱产学习三种形式，开展了化工行业全员培训活动。

根据技术补课的需要，1983年化工部组织编写了18个工种初级技术培训教材，组织审议了化工工人中级技术培训的教学计划和教学大纲，并组织编写了12个工种的技术基础课教材。各企业和职工培训部门健全管理规章制度，加强了学籍管理，建立了比较完整的学习培训档案。

从1984年起，化工系统的职工教育体系逐步形成，职工大学和化工院校夜大学、函授部相结合。这些职工大学共设有20多个专业。除一般化工专业外，还设了企业管理、工业会计、环境保护、工业与民用建筑、化工热工、化工管道等专业。

北京化工学院和沈阳化工学院两校恢复了夜大学。青岛化工学院开办了函授部，设有橡胶制品和橡胶机械两个专业，在主要省市设7个函授站。

全国化工系统各单位开办了几百个电视大学教学班。1988年，化工部部属院校函授和夜大学在校生总数达到2027人，各职工大学在校生人数超过5万人，已高于当时普通化工高等学校的规模，成为化工系统技术干部一个重要来源。

截至1988年底，全国化工系统已有20余万人通过了中级技术培训，其中大部分是生产班组长和技术骨干，300多人参加了高级技术等级培训，共编审出版各类培训教材25种。到80年代末，化工职工教育已日趋完善，从初等、中等到高等教育，从学文化到学技术和管理，初步形成了完整的体系。

第五章 化学工业深化改革高速发展

（1991～2000年）

20世纪90年代是中国特色社会主义现代化建设的关键时期。1992年初，邓小平视察南方发表重要讲话。1993年11月召开的党的十四届三中全会作出了《关于建立社会主义市场经济体制若干问题的决定》，要进行建立社会主义市场经济的重大改革。化学工业在党和国家深化改革、扩大开放方针政策指引下，努力适应发展社会主义市场经济的要求，进一步推进体制改革，转换企业经营机制。以改革促发展，开展学吉化、科技兴化和发展外向型经济的重要工作，取得显著成绩，化学工业实现了高速发展。

第一节 深入开展转换经营机制改革

化工行业积极贯彻落实《全民所有制工业企业转换经营机制条例》，按照建立现代企业制度的方向，在三个层面上逐步推进改革：一是按照国家部署进行建立现代企业制度试点，包括国家试点和省、部联合试点；二是积极推进“大公司、大集团、大基地”战略发展和股份制改造；三是继续深化内部改革，按照市场经济要求，努力转换经营机制。石油化工领域的中国石油、中国石化完成了“上下游、产供销、内外贸一体化”的重大改革，推进内部经营机制改革，在原油、资本、技术等多个层面开展国际交流合作，以开放之道振兴石油化工，均取得了很大发展成就。

一、改革化工计划管理体制

（一）简政放权，减少指令性计划

1993年9月7日，国务院办公厅印发经国务院批准的《化学工业部职能设置、内部机构和人员编制方案》。《方案》规定，按照发展社会主义市场经济的要求，化工部要加强管理化工全行业（含石油化工、煤化工、盐化工、精细化工等）的职能，减少事务性的职能，把那些属于企业决策的权限放下去，真正做到微观放开搞活，宏观管住管好。同时，要坚持政企、政事分开，部机关不再直接管理企业和事业单位的具体事务，企业和事业单位也不能拥有政府职能，让企业、事业单位享有充分的自主权。

深化改革、转变职能是此次改革的重要方向。化工部机关按照规定编制开始进行部机关改革，部机关人员分流后，成立了中国昊华化工（集团）总公司、上海隆达化工公司、中联橡胶总公司、中国明达化学矿山总公司等16个公司以及7个中心、1个档案馆。

为进一步缩小指令性计划比例、扩大市场调节分量，经慎重研究，化工部于1992年决定把11个实行国家指令性计划的化工产品下放9个，把27个部管指令性计划的化工产品下放23个，产品产值由原来占化工总产值的17.3%减少到1.5%。

据统计，到1993年，由化工部管理的指令性计划分配的化工产品已从1978年的224种减至只剩下4种，指令性计划分配的化工产品的产值在化工产值中所占的比重，也由1989年的16%减少到不足1%。化工部管理的指导性计划产品品种由15大类500种（类）调减为15大类295种（类），其余产品由企业根据市场需要自行安排生产销售。五种统配化工产品计划分配的数量占全国实际产量的比值，也大幅度下降，绝大多数品种和数量的化工产品已进入市场流通。经过大幅度调减化工指令性和指导性计划产品，基本放开了自由购销产品，市场的资源配置作用得到加强。

化工部还下放部分化工产品定价权，由国家定价的284个化工产品下放245个，只保留39个（其中由国家定价24个，由地方定价15个）。

对纯碱、烧碱、硫酸、电石等几个重要化工产品实行了分级分层次管理，扩大了地方的管理权限；对磷矿石、炭黑、化工机械等产品实行了多种形式的价格，允许企业根据供求变化，在国家统一价格的基础上进行浮动，扩大了企业的管理权限。上述改革对搞活企业、促进化工生产的发展起到了积极的作用。

到90年代末，除对少数保证重点建设和军工、救灾等特殊需要的化工产品实行指令性计划、指导性计划和国家定购外，其余化工产品完全通过市场调节供求关系，企业自由决定购销品种、数量和价格。除了那些在国民经济中占有重要地位、行业内部配套性又较强的化工产品，原则上每年作一次产需衔接，按照一定流通渠道申报年度需求计划外，其他化工产品不需要再作需求核算、订货总结、执行统一物价等。化工产品价格改革的目标是，最终达到企业产品价格全部进入市场。

为了促进化工产品流通，积极推进了化工流通体制改革，化工部从1992年开始，在北京、烟台、吉林、上海浦东等地，建立了符合化工生产、流通和消费特点的国家级和区域性不同层次的化工商品市场，以地方为主发展化工交易市场。到1993年11月，吉林、烟台、上海、北京和天津5个化工交易市场，累计成交额突破百亿元大关。重点培育建设的上海、北京等化工市场对启动全国化工商品市场体系建设起到了示范和引领作用。

同时，化工部和各级化工行业管理部门，积极引导企业努力适应国家全面推进市场化改革的新形势，在农业生产资料和成品油流通体制改革、财税金融投融资体制改革中，把握机遇，正确决策，争取获得最佳的社会和经济效益。

（二）化工行业管理的重大改革

1998年3月，全国人大九届一次会议审议通过了《国务院机构改革方案》，决定进一步深化国家机关机构改革、大幅度撤并专业部委，重点是调整和撤销直接管理经济的专业部门，加强宏观调控和执法监管部门。同月，国务院第一次全体会议通过了《国务院机构设置和调整国务院议事协调机构方案》，确定不再保留化工部，将化工部、中国石油天然气总公司、中国石化总公司的政府职能合并，组建国家石油和化学工业局（简称国家石化局），由国家经贸委管理，化工部从此撤销。伴随新中国成立以来的专业行政管理模式发生巨变。

国家石油和化学工业局于1998年4月正式挂牌办公。国务院机构改革方案明确国家石化局的职责是：负责拟定行业规划，组织研究行业法规和规章、制度、标准，实施行业管理，推动行业结构调整，指导企事业单位的改革。此时，化工部、石油和石化两个总公司下属的油气田、炼油、石油化工、化肥、化纤等石油与化工企业以及石油公司和加油站，按照上下游结合的原则，分别组建两个特大型石油和石化集团公司及若干大型化肥化工产品公司。根据国务院的要求，国家石化局在贯彻政企分开、权力下放、权责一致的原则基础上，在职能配置方面进行调整。到2000年底，在国务院的统筹安排下，包括国家石化局在内的9个国家经贸委管理的国家专业局全部撤销。

化工部撤销前后，化工行业协会组织建设得到加强。1991年8月，化工部成立了化工行业协会联合办公室，有效加强了政府部门与各化工行业协会的联系和相互沟通。1991年后，化工行业在已有18个协会（学会）基础上，又成立了中国合成橡胶工业协会、中国染料工业协会、中国化学矿业协会、中国硫酸工业协会、中国工业气体工业协会、中国氮肥工业协会、中国电石工业协会、中国化工机械动力技术协会等22个行业或分行业协会。到2000年，化工行业经民政部核准登记的化工行业协会共有40个。加上21世纪初成立的中国无机盐工业协会、中国工业清洗协会，共有化工行业协会42个。2001年4月28日，中国石油和化学工业协会正式成立（2010年5月7日，中国石油和化学工业协会正式更名为中国石油和化学工业联合会，简称“石化联合会”）。这是继1998年从化学工业部到国家石油化学工业局这一政府经济管理职能大变革之后，石油和化工行业管理体制的又一次重大改革。

到20世纪90年代末，化工行业的化学矿业、无机盐、氮肥、磷复肥、农药、硫酸、腐植酸、纯碱、橡胶、涂料、染料、电石、化学试剂、工业气体、氟硅有机材料、聚氨酯、合成橡胶、膜、磁记录材料、胶黏剂和胶黏带、化工装备、化工勘察设计、化工施工企业、化工环保、化工企业管理等主要行业和分行业，都有了协会组织。

这些化工行业协会通过多年的实践和努力，积极在政府与企业之间传递信息，对加强行业管理，掌握和沟通行业信息，促进科技进步，加强同相关行业的横向联系，组织开展对外交往，提高企业素质，维护行业和企业利益，促进行业发展等方面，都发挥了不可替代的特殊作用。

二、化工国有企业改革进入新阶段

（一）化工企业建立现代企业制度

为了推动全民所有制工业企业（以下简称企业）进入市场，增强企业活力，提高企业经济效益，1992年7月23日，国务院发布实施《全民所有制工业企业转换经营机制条例》，为深化企业改革、加快发展社会主义商品经济提供了行为准则和法律保障。1993年，党的十四届三中全会作出《关于建立社会主义市场经济体制若干问题的决定》，随后颁布实施《中华人民共和国公司法》，一系列重要改革政策措施的推出，标志着企业改革从放权让利的政策调整进入了依法规范、制度创新的新阶段。

1994年8月27日，化工部制定了《化工行业转换企业经营机制建立现代企业制度实施纲要》，对化工企业提出了建立现代企业制度的主要目标。化工行业在贯彻《全民所有制工业企业转换经营机制条例》中，化工企业普遍实行了管理人员聘任制，企业管理机构和管理人员大幅度减少。许多企业实行了全员劳动合同制和优化劳动组合，有的实行了结构工资制度。由于“转换机制条例”赋予了企业更大的自主权，企业的劳动、人事、分配3项制度改革的步伐也随之加快，进一步调动了广大职工的生产积极性，提高了劳动生产率。

为推动化工企业转换经营机制、建立现代企业制度，规范化工企业公司化改造进程，促进化学工业持续、快速、健康发展，化工部于1994年11月在100家企业开展全国现代企业制度试点后，制定并下发了《化工行业建立现代企业制度试点工作的方案》。除国家试点企业外，化工部又确定了15家省部联合试点企业。

到1996年，参加全国100家现代企业制度试点的8个化工企业，有2个改制为国家控股的多元投资主体的有限责任公司，6个改为国有独资有限责任公司；参加56个企业集团试点的4个化工企业集团，全部改制为国有独资有限责任公司；参加省部现代企业制度联合试点的15个企业，有4个改为国家控股的多元投资主体有限责任公司，11个改为国有独资有限责任公司。到1997年，化工部国家试点和省部联合试点共30个化工企业。大部分试点企业得到了有利于企业发展的政策。

化工行业的重点和试点企业，按照建立现代企业制度的要求，构建了现代企业制度的基本框架，大大增强了市场经济适应能力，管理机制、经营机制和运行机制得到创新。

企业建立现代企业制度，提高了战略决策能力、科技开发能力、资本扩张能力和管理控制能力，加快了资产合理配置步伐，实现生产经营和资本经营并举，重聚了发展活力。北京化工集团公司（简称北化集团）紧密结合改制，按照八大专业系列实施业务结构重组，形成石油化工系列、煤化工系列、精细化工系列、工程塑料系列、轮胎系列、橡塑制品系列、化学建材和包装材料系列及化工装备系列业务板块，实现了资源优化配置，形成了经济规模，改善了整体效益。上海太平洋化工（集团）公司、天津渤海化工集团公司、安徽铜陵化工集团公司、川化集团公司等，都通过对内外部存量资产的调整，取得了显著资产运营效益。

推进化工企业股份制是建立现代企业制度的重要环节。全国开展股份制企业试点工作后，化工行业最早实行股份制试点是1984年从烟台化工厂开始的，后来国家出台的几种股份制试点形式在化工行业都有。

到1997年6月底，全国已有104家化工企业进行了股份制改造，有43家化工上市公司通过发行股票，其中上海氯碱化工、上海轮胎橡胶、上海胶带、上海3F新材料、深圳石油化工、湖北沙隆达、四川金路、重庆渝港钛白等43家已成为国内证券市场上市公司，共筹集资金132亿元，大大缓解了企业资金困难。还有4家企业发行了B种股票，包括胶带B股、氯碱B股、轮胎B股、深石化B股。其中，轮胎橡胶及氯碱化工的股票通过ADR方式已在美国上市交易。

中国石化总公司系统企业上海石化总厂于1993年进行了股份制试点，在上海、香港和纽约发行股票成功，1996年成功地兼并了金阳腈纶厂。镇海石化总厂于1994年进行了股份制改制，在香港上市成功，1996年又在境外成功发行了可转换债券。荆门石化等企业进行了局部的股份制试点。1997年以后，燕化公司H股在香港成功上市，锦州石化公司、石家庄炼厂、齐鲁石化公司、扬子石化公司相继在国内成功发行A股，五家企业共筹集股本性资金63亿元。

随着越来越多的国有大中型企业改制为上市公司，有力地推动了化工行业国有企业改革的深化，加快了企业的发展。

截至2000年12月31日，沪深股市已经发行股票（或可转换债券）的石油和化工公司已达到128家。总股本规模已扩张至515.76亿股。由于上市公司发展扩张欲望强烈，加上实力雄厚，因此这一时期，资产重组十分活跃。

（二）跨地区、跨行业、跨所有制联合发展企业集团

进入20世纪90年代，化工行业按照国家体改委和国家经委联合提出的《关于组建和发展企业集团的几点意见》规范开展化工企业集团的建设工作。1991年5月15日～17日，化工部在天津召开全国化工企业集团工作座谈会。会议提出，到2000年，使化工企业达到较为合理的组织机构，形成若干大型化工基地企业集团、跨地区的重点行业集团、地方（省市）化工集团为骨干的多层次的企业集团体系。企业集团必须按照建立现代企业制度的要求，理顺企业产权关系，以产权为纽带，

构筑母子公司体制，确定集团整体发展的战略和资源优化配置的目标，盘活存量资本，优化资本结构和产业结构，提高资本收益率和资产回报率，运用企业集团的优势，产生企业群体效益。

1991年即有天津渤海化工集团公司、北京市化学工业集团公司、安徽铜陵化工集团公司、中国神马帘子线集团公司、太原化学工业集团公司、衢化集团公司、桦林集团总公司等相继成立。其中衢化集团公司以衢州化学工业公司为核心，由浙江、江苏、上海、厦门、深圳等地52家企事业及科研单位联合组成。

为规范发展企业集团，国家从试点入手。1991年12月，《国务院批转国家计委、国家体改委、国务院生产办公室关于选择一批大型企业集团进行试点请示的通知》发布，随后又陆续出台配套政策措施指导改革试点。第一批国家试点企业集团确定为57家，其中化工行业有吉林化学工业集团公司、天津渤海化工集团公司、南京化学工业集团公司和乐华集团公司（乐凯集团公司前身）4家企业列入试点。

经过一段时间的联合重组，到1993年，化工行业已经形成吉林化学工业公司等15个重点企业集团和生产基地，成为发展化学工业的骨干力量。

1995年7月，化工部提出了“集中力量发展200家左右在行业中具有主导骨干作用的大型企业，培养55家在国际国内市场上具有竞争优势的大型企业集团，建设18个具有资源技术优势和专业特色的大型化工基地”的“三大战略”。各地方石化厅纷纷以集团建设作为调整企业组织结构，推进“两个根本性转变”，增加化工新的经济增长点的重点战略性措施来抓，打破行业界限，实现跨行业联合，形成能带动一方经济发展的基地式企业集团。例如山东省，至1996年底，全省县以上化工企业集团发展到50个。

1995年，国家经贸委根据“一是符合国家产业政策、关系国计民生；二是具有较大资产规模，是利税大户；三是在行业中处于排头兵地位”3条标准，确定了1000户重点国有企业，其中有化工企业47家。这些企业是中国化学工业发展的基础，承担着落实国家产业政策和结构调整的重任。重点企业在化工行业中超常发展，在实现资本经营与生产经营相结合方面取得突出业绩。

1996年，化工部又确立了“规范体制、壮大母体、搞活机制、超常发展”的发展化工企业集团基本原则。继续推进以产权重组的购并行为，改变组织结构，扩大经营规模；组建跨地区、跨行业、跨所有制和跨国经营的大公司、大集团，增强企业的经济实力和市场竞争力。1997年，化工部确定了吉林化工集团、天津渤海化工集团、北京化学工业集团、上海轮胎橡胶集团、上海天原集团、威海橡胶集团、深圳石化综合商社、青岛双星集团、沪天化集团、巨化集团等100个重点培育的企业集团。

到1998年初，化工行业企业集团数量从1992年的110家发展到310家，销售收入过10亿元的集团从1家发展到33家。化工行业销售收入前100名企业中，重点企业占43家；利税总额前100名中，重点企业占了40家，企业集团优势和效应已经突出显现。1998年，经国务院批准，国家经贸委推出中国520户国家重点企业名单。化工行业有61个，石油化工行业有中国石油、中国石化、中国海油3个。化工部100个重点培育的企业集团中有44个企业以及中国石油、中国石化、中国海油进入1999年国务院批准、国家经贸委颁布的520个国家重点企业名单。

（三）石油化工领域的进一步改革

在石油化工第一次改革方案超额完成以后，1998年，国务院决定对全国石油化工进行更高层次的改革，全面实行上下游、产供销、内外贸一体化。7月，中国石油天然气总公司和中国石化总公司两大集团公司重组。国家经贸委提出了两大集团公司组建的基本原则：各有侧重、互相交叉、保持优势、有序竞争。新组建的中国石油天然气集团公司（简称中国石油）侧重石油天然气勘探开发，同时经营石油化工业务，主要企业在北方。新组建的中国石油化工集团公司（简称中国石化），侧重石油化工发展，同时经营石油天然气勘探开发业务，主要企业在南方。在保持各自优势的同时，建立统一、开放、竞争、有序的市场，实现上下游、产供销、内外贸一体化，成为自主经营、自负盈亏、自我发展、自我约束的法人实体。

这次两大公司的大重组，是前两次改革的继续和深化，是在前两次改革的基础上的更深刻的改革。对于两大公司充分利用国内外两种资源、两个市场都是十分有利的。有利于实现上下游和产销一体化；有利于加快结构调整步伐。实现了资源优化配置，大大增强了石油石化企业的竞争力。

1997年11月19日，在打破条块分割、避免重复建设，优化资源配置，壮大规模经济的改革实践中成立的中国东联石化集团有限责任公司，是由金陵石化公司、扬子石化公司、仪征化纤集团公司、南京化学工业集团公司四家企业和江苏省石油集团有限公司联合组建成的特大型石化联合企业。1998年7月，石油石化两大公司重组，东联集团整体并入中国石化。

2000年，历史上对发展大油田做出贡献的新星石油公司整体并入中国石化。为配合这次石油化工的重组，国务院于1998年6月、2000年6月先后对原油、成品油价格形成机制作重大改革。2000年6月份开始国内成品油价格完全与国际市场接轨，即国内成品油价格随国际市场油价变化相应调整。

行业管理体制改革实现了积极变化，1999年，中国石油、中国石化两大集团的原油一次加工能力为2.5亿吨/年，占全国总能力的90.6%；乙烯生产能力为410万吨/年，占全国总能力的93%，基本形成了石油化工的集团化经营。

1999年，党中央再次指出，积极推动一批关系国民经济命脉的重要企业，如石油、石化和宝钢等企业集团，通过优化基本结构和资源配置，扩大直接融资，增强自我发展和改造能力。经国务院批准，中国石油、中国石化和中国海油进行了内部大规模资产重组和改制上市。三家股份公司先后于2000年和2001年在海外成功上市，初步构建起符合现代企业制度要求的体制架构，进入国际资本市场，成为全球大公司阵营和世界石油工业领域的一支不可忽视的重要力量。

中国石化集中主业和优质资产设立的中国石油化工股份有限公司先后于2000年10月和2001年8月，在香港、纽约、伦敦和上海4地上市。1999年，中国石化第一次参加《财富》世界500强评定，以营业额340亿美元排名第73位，2000年排名上升到第58位，此后排名不断前移。

2000年4月6日，中国石油天然气股份有限公司股票在美国纽约证券交易所挂牌交易，次日，在中国香港联合交易所挂牌交易。标志着中国石油天然气股份有限公司首次在境外融资成功。

中国海油也逐步完成了重组、改制、上市工作。大型国有企业开始向多元化产权结构的商业化公司转变。

随着改革开放的深入，石油化工企业引进外资速度加快，产权结构趋向多元化。“九五”以来，石油、石化两大集团对外合资建设了大连西太平洋炼厂、扬子-巴斯夫苯乙烯和聚苯乙烯、BP-川维醋酸、金山-菲力普斯聚乙烯、金桐烷基苯和高桥丁苯胶乳等项目；地方对外合资或独资建设了镇江奇美聚苯乙烯、宁波甬兴ABS、南通丁苯橡胶、厦门翔鹭涤纶等一批石化项目。

三、鼓励发展乡镇化工企业

乡镇化工企业的发展，不仅是化工新的经济增长点，而且为调整化工产业结构、产品结构和产业布局发挥了重要作用。

据化工部统计，到1991年1月，全国有村以上乡镇化工企业2.6万多个，其中产值在500万元以上的有560多个，1000万元以上的有200多个，最大的乡镇化工企业产值达到6300万元。广东乡镇化工企业1000多个、产值近11亿元，江苏乡镇化工产值占全省化工产值的40%。

根据国务院关于加快发展乡镇企业的指示精神和化工产业政策，农业部、化工部于1995年联合制定《关于加快乡镇化学工业发展的若干意见》，支持和鼓励乡镇化工企业与国有化工企业联合，乡镇化工企业可为国有企业生产配套产品或进行产品深度加工，通过合作调整化工产品结构、提高化工产品质量，同时支持和鼓励乡镇化工企业开展不同地区之间和不同行业之间的联合。

据第一次全国乡镇化工会议统计，1993年销售额超亿元的乡镇化工企业有28家，1996年超亿元的企业已近80家，其中江苏有38家，山东13家，浙江12家。1996年销售收入在2000万元以上企业有近500家，企业数量比1993年翻了近一番。出口创汇超过1000万美元的企业1993年有7家，1995年有14家。1995年，在全国独立核算的乡镇企业创造的产值中，有机化学品制造业、橡胶制品业、基本化学原料制造业及专用化学品制造业比重较大。中国化学工业已形成以国有企业为主体，乡镇化工和“三资”化工为两翼的发展格局。

在乡镇化工企业快速发展的同时，也存在盲目发展、污染环境和资源综合利用等问题。对此，国家和化工主管部门高度重视，早在80年代中期国务院就下达文件，禁止兴办污染严重的乡镇企业。鉴于农村生态环境保护的严峻形势，“九五”时期，国家重点开展了取缔“十五小”[1]的环境治理工作，使乡镇化工企业存在的问题逐步得到治理。

第二节 加大投资、优化结构促进化工发展

一、建成一批大型化工项目

“八五”“九五”期间，化工行业多种渠道筹集建设资金，以“引进建设、技术

[1] 十五小指：小造纸、小制革、小染料、土炼焦、土炼硫、土炼砷、土炼汞、土炼铅锌、土炼油、小选金、小农药、小漂染、小电镀、土石棉制品、土法放射性制品企业。

改造、控制总量”方针推进化工基本建设，保障国家重点建设项目，建成一批新的化工重点项目，有力促进了化学工业结构调整和产业升级。

1994年化工行业完成固定资产投资333.4亿元，比上年增长40.1%，其中基本建设179.3亿元，比上年增长57.1%。“八五”期间，全国化工完成固定资产投资1340亿元，为“七五”期间的2.6倍，年均增长21%。其中基本建设投资完成684亿元，占总投资的51%，为“七五”时期的3.2倍，年均增长26.2%。5年中，共建设大中型骨干项目69个，其中基本建设37个。这些项目的建成投产，提高了大型合成氨、尿素、乙烯、合成橡胶、磷铵、离子膜烧碱和子午线轮胎的技术装备水平，大幅度增加了合成氨、尿素、烧碱和子午线轮胎等化工产品的生产能力。

“九五”期间，化工建设的总投资规模约2900亿元，安排建设大中型项目400个左右。在国家实施西部大开发战略政策的积极推动下，加大了基础产业和基础设施的投资力度。化工投资中，原材料投资仍占主导地位。基本化学原料、有机化工原料和三大合成材料完成投资231.2亿元，占化工投资的51.7%，其次是农用化学品和精细化工，化学工业生产力布局进一步完善。

“八五”和“九五”期间，化学工业基本建设项目879个（包括石油化工），建成投资项目449个。化工固定资产投资新增主要产品年生产能力：硫酸92.6万吨、烧碱66.6万吨、合成氨232.1万吨、化肥278.2万吨、农药5.1万吨、轮胎外胎406万条。先后建成了大庆、齐鲁、扬子、上海、茂名等30万吨乙烯工程项目，扩建了上海、辽化等大型化纤基地，建成了镇海、乌鲁木齐、宁夏、九江、兰州等大型化肥工程，扩建和新建了一批炼油厂和深度加工装置，并对燕山乙烯、镇海炼油等一批炼油、化工、化纤、化肥装置进行了技术改造。化工行业完成了近百项扩建工程和重点建设项目，形成了大连、吉林、太原、南京、成都、重庆、青岛、兰州、铜陵、株洲、大庆等一批化工基地。“八五”“九五”期间主要化工建设项目见表1-5-1。1995～2000年化学原料及化学制品制造业基本建设施工、投产项目数见表1-5-2。

这些重点化工项目的建成投产，显著增强了主要化工产品的生产能力，不仅满足了发展国民经济和提高人民生活水平的需要，而且对调整化工产品结构、提高化学工业的整体水平起到了十分重要的作用。

在此期间，国家采取投资倾斜政策，对下列化工（含石油化工）项目实行税目税率为零：大中型硫铁矿、磷矿、钾矿、硼矿、天然碱、天然芒硝、天然硝石、明矾石等化学矿采选；60万吨及以上纯碱和5万吨以上烧碱及其配套装置；国家定点计划生育橡胶制品；废旧橡胶（橡塑）资源再生利用；特种橡胶和大中型合成橡

表 1-5-1 1991 ~ 2000 年主要化工建设项目

项目分类	建设单位	建设领域	全部投产时间
石油化工项目	上海石油化工总厂	原油加工、乙烯、氯乙烯、聚氯乙烯、顺丁橡胶、聚丙烯等	1992 年
	抚顺石油化工公司	乙烯、线型低密度聚乙烯、聚丙烯、环氧乙烷、乙二醇	1992 年
	乌鲁木齐石油化工总厂	对二甲苯、对苯二甲酸（PTA）	1995 年
	天津石油化工公司	乙烯、环氧乙烷、乙二醇、聚乙烯、聚丙烯	1995 年
	燕山石化公司	乙烯、高密度聚乙烯、聚丙烯	1994 年
	安庆石油化工总厂	丙烯腈、腈纶、硫铵	1995 年
	吉林化工集团公司	乙烯、加氢裂化、聚乙烯、苯酐、苯酚丙酮、丙烯腈、1- 丁烯、甲基叔丁基醚、丁二烯	1996 年
	仪征化纤联合公司	长丝、精对苯二甲酸（PTA）、聚酯	1995 年
	广州乙烯股份有限公司	乙烯、聚乙烯、聚丙烯、苯乙烯、聚苯乙烯	1997 年
	辽阳石油化纤公司	催化重整、对二甲苯、精对苯二甲酸、聚酯、涤纶短纤维、涤纶长丝等	1997 年
	独山子石油化工总厂	乙烯、聚乙烯、聚丙烯	1997 年
	镇海炼油化工股份有限公司	原油加工	1997 年
化肥项目	锦西天然气化肥厂	合成氨、尿素	1993 年
	九江石油化工总厂	合成氨、尿素	1997 年
	四川天华股份有限公司	合成氨、尿素	1995 年
	乌鲁木齐石化总厂	合成氨、尿素	1997 年
	兰州化学工业公司	合成氨、尿素	1997 年
	陕西渭河化肥厂	合成氨、尿素	1996 年
	湖北黄麦岭化工集团公司	磷矿采选、硫酸、磷酸、磷铵、氟化铝	1996 年
	湖北荆襄化工集团公司	磷矿采选、重钙、氟化铝、硫酸、磷酸	1998 年
	广西鹿寨化肥有限公司	磷铵	1999 年
子午胎项目	青岛第二橡胶厂	全钢丝载重子午胎	1993 年
	上海轮胎橡胶（集团）公司	子午线轮胎	1993 年
	上海轮胎橡胶（集团）公司	子午线轮胎	1995 年
	山东三角集团	子午线轮胎	1997 年
	北京轮胎厂	子午线轮胎	1991 年
	海南国泰子午线轮胎厂	子午线轮胎	1996 年

表 1-5-2　1995 ~ 2000 年化学原料及化学制品制造业基本建设施工、投产项目数　单位：个

年份	施工项目	其中：本年新开工	全部建成投产项目	项目建成投产率 /%
1995	845	466	451	53.4
1996	818	438	413	50.5
1997	701	332	366	52.2
1998	728	428	363	49.9
1999	667	364	370	55.5
2000	633	374	328	51.8

胶；高效低毒低残留农药、原料药及农药中间体；大中型合成氨、氮肥、磷肥、钾肥、复合肥料和小型钾肥；大中型基本化工原料（包括无机和有机原料）；精细化工中的饲料添加剂；500万吨及以上原油加工；30万吨及以上乙烯工程；6万吨及以上聚烯烃类合成树脂；大中型合成树脂及工程塑料。

二、化工系统提前实现“翻两番”目标

经调整确定的化学工业“八五”计划确定：到20世纪末实现化工总产值比1980年翻两番，化工年平均增长速度9%～10%，重点发展农用化工产品、基本化工原料和合成材料，积极开拓精细化工新领域，大力发展石油化工和煤化工，配套发展盐化工、橡胶工业和化工装备；到2000年使乙烯产量达到300万吨左右，化肥产量达到1.2亿吨左右（折标肥）。主要化工产品产量、数量和质量，基本适应国民经济和人民生活要求。

化工“八五”计划执行得比较顺利。到1995年，完成化工总产值4418亿元，其中化工系统2200亿元，石化系统850亿元，其他化工1368亿元。“八五”期间化工年均增长8%，主要化工产品产量都已达到或超过“八五”计划规定的指标，10多种主要化工产品产量居世界前列，其中合成氨、电石居世界第1位，化肥、硫酸、农药、染料、纯碱居世界第2位，硫铁矿、磷矿、磷肥、烧碱、醋酸、涂料、轮胎、乙烯、合成材料等也排在较前位置。

“九五”期间，化工产品生产增长态势明显。2000年完成化工系统总产值5494亿元，化肥3186万吨（折纯，下同）、磷肥663万吨、钾肥125万吨、农药64.8万

吨、硫酸2365万吨、烧碱668万吨、纯碱834万吨。“九五”计划的主要技术经济指标圆满或超额完成，化工生产总值在1980年的基础上翻两番的目标已经提前实现。

三、重点发展支农产业

在农用化工产品中，化肥是粮食的粮食，农药是农作物的卫士，而农膜、饲料添加剂等对农业生产起着重要保护和促进作用。有研究表明，农业增产的一半因素要靠使用化肥、农药、农膜、饲料添加剂和农用橡胶制品等来实现，农产品的储存、包装也要靠化工材料解决。

20世纪90年代，化工部与各相关部门协调配合，国家推出一系列涉及税收、用电、运价、原材料供应等优惠政策，支持支农化工产品发展。1994年3月，财政部和国家税务总局发布若干项目免征增值税通知，其中对150个品种的农用化工物资生产、批发和零售免征增值税。1995年，化工部、国家计委和国家经贸委对1994年化肥生产企业已享受的优惠政策作了进一步明确，并要求继续贯彻落实。涉及用电优惠、运价优惠、继续安排用好化肥、农药淡季储备资金等多项扶持政策。1996年1月，经国务院批准，财政部、电力部联合颁发《电力建设资金征收使用监督管理使用办法》规定，从1996年1月1日至2000年12月31日，农业排灌、抗灾救灾及氮肥、磷肥、复合肥（有化工部颁生产许可证的）生产等用电，免征电力建设基金。

1996年2月国务院办公厅发出《关于进一步做好当前农业生产资料工作的紧急通知》，要求千方百计增加国内化肥生产，切实保证化肥生产企业所需的煤、电、油、矿石、天然气等重要原材料和能源的供应，对生产企业要给予必要的支持，现行的优惠政策要落实到位。1996年，国家为支持农用化工产品生产，对生产化肥等农用产品继续执行优惠政策。这些优惠政策包括国务院继续安排的化肥、农药淡季储备资金的贷款30亿元；继续对碳铵、普钙、重钙、复混肥和小化肥改产磷铵、尿素等产品免征增值税；对中小化肥生产用电继续执行优惠，保证化肥生产用煤、磷矿运输和天然气供应量和价格。国务院为支持小尿素、小磷铵的生产，解决生产资金不足，又安排了15亿元的流动资金贷款给化工企业使用。到1996年，中国工商银行已累计向970多家化肥、农药企业投放淡季储备贷款90亿元。各地化肥、农药企业得到贷款后，开足马力积极组织生产，大中型化肥企业淡季开工率保持100%，小氮肥企业开工率在80%以上。

2000年，国家计委调整部分地区电网电价，对化肥、氯碱生产企业用电实行优惠政策。在一系列强有力的国家政策支持下，使化肥、农药等支农产品生产获得了利好发展机遇。

发展支农工业取得显著成效，到2000年底，全国化肥生产共完成3185.73万吨。农药企业近2000家，其中原药生产企业约400家，农药加工分装企业约1600家，可常年生产250多种原药，可以满足农药生产需要。全国已有近300家化工企业建立了农化服务中心或相关机构，为化工行业支援农业、服务农业、科学施肥施药铺平了道路。

四、石油化工快速发展

1994年3月，国务院颁布了《90年代国家产业政策纲要》。《纲要》明确将石油化工作为国家经济建设的支柱产业，积极促进生产规模的大型化，提高技术水平和加工深度。

截至1999年，在国家对原油资源实行统一配置，成品油资源实行导向配置的重大利好影响下，中国的成品油、乙烯、合成氨、尿素、合成树脂、合成橡胶和其他一些主要化工和石化产品都比上年有较大幅度增长。“九五”期间，中国石油、中国石化两大集团合计完成固定资产投资约在1370亿元。先后建成了镇海、茂名、齐鲁、金陵四大含硫原油加工基地，新增含硫原油加工能力3000万吨；完成了上海、齐鲁、大庆等乙烯的一轮扩能改造。这些装置的建成，进一步提高了中国石油化工工业的技术水平和生产能力，截至1999年，中国原油一次加工能力达到2.76亿吨（综合配套加工能力约2.2亿吨），同年加工原油1.76亿吨，生产汽煤柴三大类油品1.05亿吨，基本满足了国内市场需求。到2000年，全国炼油能力达到2.8亿吨，其中中石化系统原油一次加工能力达到1.4亿吨。2000年，全国乙烯生产能力达到470万吨。合成纤维、合成树脂、合成橡胶及其他重要有机化工原料产量成倍增长，基本满足国民经济和社会发展的需要。

1999年，全国国有及国有控股工业企业当年实现利润达967亿元，而石油化工系统全年实现利润达300亿元，贡献率达到1/3。

从1990年到2000年十年的发展，中国国民经济保持了10%的高速增长，石油化工产品的增长速度又高于GDP增长速度，因此尽管“九五”以来石油化工工业有了长足发展，产量大幅增长，但石油化工产品需求增长更快，造成每年大量进口，国内自给率逐年下降。以当量消费量计，1990年中国乙烯自给率为79%，1999年下降到47%，2000年下降到43%（2000年中国乙烯产470万吨，当量消费量约1100万吨）。以表观消费量计，中国五大合成树脂1990年自给率为74%，2000年下降到49%；合纤单体1990年市场占有率为69%，1999年下降到56%，2000年下降到46%。

五、积极开拓精细化工新领域

化工“八五”计划和十年规划纲要提出，积极开拓精细化工新领域，发展重点领域新兴产业和精细化工，将化工新材料、电子化工材料、新兴信息记录材料、计算机化工应用技术、生物化工技术、节能新技术、化工环保新技术7个领域作为重点新兴产业加快发展，并在上述领域寻求扩大对外合作。

“九五”期间，化工部提出了更大的精细化工发展计划，计划投资100亿元，重点开发170个精细化工项目，精细化工率要提高到45%。1995年，全国精细化工产值为1460亿元（按1990年不变价计，包括农药、涂料、油墨、颜料、染料、化学试剂和各种助剂、专项化学用品、添加剂、电子化学品、放射化学品、日用化工和化学药品），到2000年产值达到2891亿元，增长98%。到2000年，精细化工已成长为化学工业和国民经济的重要增长点，精细化工的产值占全国化工总产值超过1/3。

六、用新技术改造老化工企业

在新建与改造并举基本建设方针指引下，化工行业瞄准世界先进水平，大力推进科技进步，抓好老企业的技术改造和产品的深度加工，形成了一批新的经济增长点。

1994年，化工行业完成固定资产投资333.4亿元，比上年增长40.1%，更新改造154.1亿元，比上年增长24.5%。“八五”期间，共进行技术改造项目32个，技术改造投资完成656亿元，占总投资的49%，为“七五”时期的2.2倍，年均增长17.2%。这些技术改造项目完成，优化了化工技术经济结构和规模，提高了农用化学品、基本化学原料、有机化工原料、石化产品、精细化工产品的生产能力。

到“九五”计划末期，化学工业固定资产投资额1315.9亿元（含石油），其中技术改造投资681.9亿元。安排化工技改项目4450个，建成投产项目2916个。全国化工行业用新技术改造传统产业，围绕品种、质量、效益发展适销对路产品，在扩大规模效应的同时，着重发展市场竞争力强的品种，调整产品结构，使企业在竞争中充满生机。

“八五”“九五”期间，化学工业在引进先进技术设备的同时，自主开发和消化吸收取得了很大进展。大型乙烯采用多项新技术成功地进行改造和扩建，为加快石油化工发展积累经验。千吨级四氟乙烯、万吨级聚氯乙烯树脂以及水煤浆加压汽化、气体净化新技术用于合成氨生产等几项具有重大意义的开发成果获得国家科学技术一等奖，并成功地在工业生产中应用。中国自行设计和制造52万吨/年CO_2气提法尿素装置，基本达到国外同期的水平。年产60万吨纯碱、24万吨磷铵、20万吨节能型合成氨、20万吨硫酸和万吨级离子膜烧碱的生产技术和关键设备国产化均已达到较高水平。

合成氨与尿素装置优化控制和调度，实现了控制—优化—调度—管理一体化，在国内属首创，达到当时国际先进水平。

在抓好大中型化工企业技术改造的同时，对小化肥企业的技术改造也在紧锣密鼓进行。截至1997年底，全国小化肥产量已占化肥总产量的60%左右，共有小氮肥生产企业853家，从业人员在100万人以上。小氮肥企业数量和产品产量在全国化肥工业中已居于举足轻重的地位，为促进农业持续增产做出了重大贡献。

七、进一步淘汰化工落后产能

1993年9月，国家计委制定《关于90年代国家产业政策的意见》，提出限制发展污染环境、浪费资源、达不到规模经济和技术标准要求、工艺落后的产业和产品。其中，限制发展的有1万吨以下电石、250万吨以下一次加工原油、30万吨以下乙烯、6万吨以下聚酯。禁止生产的是那些严重污染环境、破坏资源的产品及项目建设，主要是土法炼焦、土法炼油、土法硫黄、小型氰化法冶炼等。1996年12月，国家计委发出《关于严格控制扩大原油加工能力的通知》规定，“九五”期间严格控制新炼油厂的建设，严禁建设小炼油装置。2000年前不再布新点建设原油加工企业。1999年1月，国家经贸委发布《淘汰落后生产能力、工艺和产品目录》（第一批）。涉及石油和化工行业的项目有20个，大部分要求在2000年以前淘汰。1999年5月，国务院办公厅转发国家经贸委等部门关于清理整顿小炼油厂和规范原油成品油流通秩序意见的通知，要求坚决取缔非法采油和土法炼油。

化工部、国家石化局与有关部委、地方政府和中石油、中石化两大集团公司联合，大力推进取缔土炼油场点和清理整顿小炼油厂的工作。按照相关文件规定调查核实首批关停名单。据统计，全国14个省区市共取缔土炼油场点5592个，追究法律责任或给予行政处分的174人。关闭违规建设、违法经营的小炼厂56个，停产14个。其中陕西省取缔土炼炉1499座，关闭小炼油厂8个。广东省彻底关闭小炼油厂12个。对于所有列入国家原油分配计划的小炼油厂组织了全面质量检测。

经过半个多世纪的奋斗，全国化学工业取得巨大发展成就，门类比较齐全，产业集中度显著提升，产品品种日益增多，质量水平跃上新台阶，基本可以满足社会经济发展和人民生活水平提高的需要。化肥、农药、染料和合成纤维产量均占世界第1位，代表石油化工发展水平的乙烯、合成树脂、合成橡胶产量均居世界第4位，纯碱、烧碱、甲醇、轮胎等大宗化工产品的生产能力和产量也居世界前列，中国成为世界化学工业大国。新中国化学工业已经建设成为国民经济中一个重要的产业部门，品种较为配套。

第三节 努力发展化工外向型经济

改革开放以来，化学工业对外开放工作发展很快，在产品贸易、工程承包、利用外资、引进技术以及对外技术交流等方面，取得了很大的成绩，加快了化工的发展。随着国家对外开放的深入，化学工业的外向型经济发展进入重要阶段。1992年8月，化工部确定了“利用外资累计100亿美元，实现出口创汇100亿美元，形成100个具有较强国际竞争能力的外向型化工企业或企业集团（简称‘三个一百')”90年代发展化工外向型经济的奋斗目标。积极倡导扩大出口创汇，鼓励大胆引进国外先进技术装备，搞好消化吸收和国产化，大胆引进和合理利用外资，积极搭建各种海内外交流平台，推动化学工业发展。

一、化工进出口贸易较快增长

据海关统计，1991年中国化工进出口总额为136.1亿美元。1993年化工进出口总额为187.2亿美元，比上年增长9.2%；出口创汇达到75.2亿美元，比上年增长14.8%；化工系统有52项技术获得国家出口批准，其中已出口20项。1994年，有2000多家化工企业的产品走出国门，纯碱、烧碱、三聚氰胺、蒽醌法双氧水、变压吸附等20多项技术已打入国际市场。1995年，全国化工进出口总额为297亿美元，出口总额为116亿美元，分别比1990年增长3.7倍和4.9倍，提前5年实现年创汇100亿美元的目标。

到2000年，全国化工产品进出口总额为477.2亿美元，比1994年增长341.1亿美元。全国有2000多家化工企业的产品进入了国际市场，有300多家化工企业获得了自营进出口权，产品出口到210多个国家和地区。有一批企业出口额超过1000万美元，有的超过3000万美元。上海轮胎橡胶公司、吉化集团公司、青岛双星等一批骨干企业成为出口创汇大户，一批化工产品如硫化黑染料、钡盐、糖精钠、柠檬酸、苯甲酸钠等产品的出口量占世界贸易量的一半以上。还有一批企业依靠科技进步，取得规模效益，在国际市场上创出了知名品牌。化工自营进出口企业、专业外贸企业和“三资”企业一起，构成了中国化工对外贸易的三大主体。

但也要看到，1998年以后全国化工产品进口增速加快，贸易逆差逐步拉大。1999年化工行业贸易逆差首次突破百亿美元，2000年逆差达到135.2亿美元。主要是出口产品以无机和有机化工原料、胶鞋、燃料等为主；进口产品以高分子聚合物和有机化工原料等为主，且进口额大于出口额，说明国内高分子聚合物和有机化工原料的技术和加工制造方面存在很大的提升空间。

二、持续吸引外资

化学工业在改革开放中利用外资取得了显著成绩，所吸收的境外资金衍化成巨大的生产能力和技术创新能力。到1996年底，化工系统吸收外商直接投资项目数已达8225项，其中合资6223项、合作698项、独资1180项、增资124项。项目总投资217.7亿美元，协议外资118.8亿美元，实际利用外资68.6亿美元。外商主要投资领域为离子膜烧碱、纯碱和保险粉等无机化工产品；MDI、环氧氯丙烷、苯酚、乙醇、聚醚、精对苯二甲酸等有机和石油化工产品；赖氨酸、增塑剂等精细化学品；聚苯乙烯、聚丙烯、丁苯橡胶等高分子聚合物及制品；ABC树脂、PBT树脂和氟树脂等工程塑料；子午线轮胎等轮胎和橡胶制品；三元复合肥、植物杀虫剂等农用化学品；汽车维修漆、偶氮型有机颜料和酞菁颜料等中高档涂料。这些项目对于调整化学工业的产业和产品结构、加快化学工业发展和技术水平的提高有一定的积极作用。

改革开放以来，中国化学工业通过利用外资引进了先进的技术和成套设备共200多项，如大化肥、大型石油化工装置、离子膜烧碱及子午线轮胎等；建成了100个大中型基建和技改项目。利用外资建成了渭河化肥厂、瓮福磷矿等一大批大型合成氨、尿素和磷复肥项目，完成了一批老化肥企业以产品结构调整和节能降耗为主要内容的技术改造，这些化肥项目全部建成投产后，提高了合成氨、尿素、磷复肥生产能力，大大缓解农业快速发展对高浓度化肥的需求。

在石油化工领域，截至1997年底，中国石化共兴办中外合资经营企业157家，累计投资总额（包括增资部分）达30.2亿美元，折合人民币250.66亿元，与30多个国家和地区的100多家公司建立了直接投资合作关系。

三、化工“三资”企业迅速扩增

20世纪90年代后，中国化工成为充满生机和发展活力的重要增长点，美国和欧洲大型化工公司都把中国作为投资和贸易合作的“热点”，跨国公司逐步进入了中国大陆。1988年之前，化工系统“三资”企业只有五六家，到1991年，化工独资企业一年就发展33家，化工“三资”企业已经发展到1593家。其中外商独资项目149项，中外合资项目1218项，中外合作经营项目226项，投资总额达25.8亿美元。

1992年后，出现了越来越多著名跨国公司来华投资热，无论外商来华投资项目数量、还是单个项目投资额都急剧增加，开创了贸易、生产和科技双向交流全面合作的局面，跨国公司在对华直接投资中的比重日益提高。世界最大的化工企业之一德国巴斯夫于80年代在香港、北京、上海和广州分别建立合资企业和代表处后，1993年后加大了在华投资力度和规模。1994年与扬子石油化工公司在南京成立合资企业，1997年乙苯、苯乙烯及聚苯乙烯正式投产。1996年成立了巴斯夫（中国）控股公司，集中处理所有巴斯夫在中国的业务。德国的跨国公司投入中国化工、橡塑行业的项目数量几乎占来华投资全部项目的20%。上海杜邦农化有限公司于1992年11月投产，是杜邦在中国的首家合资企业，也是上海浦东新区的第一个大型合资项目。到1998年底，杜邦在中国已成立10家合资企业、3家独资工厂。“九五”期间，石油化工行业投资主体开始逐步呈现多元化趋势。除大型国有企业的国有独资项目以外，中外合资、外商独资以及民营企业投资逐步增长。截至1997年底，中国石化总公司累计建立了157个中外合资企业。

到1994年9月，化工系统“三资”企业总投资55亿美元，其中利用外资16亿美元。外资方来自美、日、德、法、英、泰、韩等20多个国家以及中国香港、中国台湾等地区。到1996年，化工系统共使用外汇近90亿美元，其中既有世界银行和亚洲开发银行贷款，也有外国政府贷款、商业银行信贷和外商投资。化工“三资”企业主要分布在北京、天津、辽宁、上海、江苏、福建、广东、山东等沿海地区和城市。有一半以上的项目依托现有化工企业。其中外商独资企业主要集中在上海、厦门、深圳、珠海等开放城市。

到1995年底，全国批准成立的化工“三资”项目有7000多个，累计总投资150亿美元，外商直接投资87亿美元，占这一时期化学工业基建、技改投资的17%。“三资”企业数已经由1985年的37户发展到1995年的2497户。资产总计658.89亿元。化工“三资”企业积极参与国际竞争，已发展成为化工外向型经济和出口创汇的一支重要力量。

为规范外商投资化工产业，1995年6月经国务院批准发布《外商投资产业指导目录》，首次以法规形式对外公布鼓励、限制、禁止外商投资的产业领域。《目录》鼓励外商投资的化工与化工相关的产业有30大项，包括烧碱用离子膜生产，年产60万吨以上乙烯，聚氯乙烯树脂，乙烯副产品的综合利用，工程塑料及塑料合金，合成材料的配套原料，基本有机化工原料等。

第四节 化工行业积极配合国家履行国际公约

20世纪末，世界资源和环境问题日益凸显。世界各国日益重视化工行业的高污染高消耗问题，诸多国际公约形成。这一时期，中国化工行业在飞速发展、积极发展化工事业的同时，也更加注重社会责任，积极履行国际公约，保护环境。

一、履约《蒙特利尔议定书》积极发展ODS替代品

臭氧层对人体健康、生态平衡、全球气候稳定有着重要作用，为应对日益严重的臭氧层耗减危机，保护共同的地球，国际社会分别于1985年、1987年签订了《关

于保护臭氧层的维也纳公约》（简称《公约》）和《关于消耗臭氧层物质的蒙特利尔议定书》（简称《议定书》)。《公约》标志着保护臭氧层国际统一行动的开始，而《议定书》则真正对CFCs（氯氟烃）等ODS（消耗臭氧层物质）的生产、使用实行逐步削减的控制措施。

但1987年的《议定书》仍没有体现出发达国家是造成臭氧层耗损的主要责任者，在一些国家，特别是发展中国家的强烈要求下，《议定书》在1990年6月召开的第二次缔约方大会上进行了修正，形成了“伦敦修正案”。“伦敦修正案”确定了建立基金机制以及确保国家间的技术转让在最优惠的条件下进行的原则。由于“伦敦修正案”基本上反映了发展中国家的意愿，1991年6月14日，中国加入《议定书》，该《议定书》修正案自1992年8月10日开始对中国生效。

1993年，国务院批准实施《中国逐步淘汰消耗臭氧层物质国家方案》，详细制定了各类臭氧层消耗物质的淘汰时间表。化工行业积极配合国家履约，1993年12月15日，化工部、国家环保局发出《关于加强氯氟烃及替代品生产建设管理的通知》。规定各级化工和环保部门不得再批准氯氟烃（CFC）的新点建设；氯氟烃替代品的生产建设，要经化工部和国家环保局审批。

与此同时，化工系统加强研究和开发以氟烃和碳氢化合物为主的替代品。在化工部支持下，1993年11月在浙江化工研究院成立了“化工部ODS替代品工程技术中心”。1995年经专家论证，科技部于5月正式批准在浙江化工研究院成立“国家ODS替代品工程技术研究中心”。这对实现中国ODS替代品发展战略、加快ODS替代品开发、履行保护臭氧层国际义务有重要意义。

1995年，中国CFC消费量为69990吨，哈龙消费量为11128吨，而到1996年，两者分别减少至52071吨和10462吨。到2010年，中国ODS替代品生产规模超过100万吨/年，成为全球ODS过渡替代品最大生产国。

二、履行禁止化学武器公约

化学武器具有杀伤性大、影响范围广、作用时间长等特点，且相对于常规武器更易制得，成本也相对较低。鉴于化学武器的危害，国际上早在1925年的《日内瓦议定书》中就曾禁止在战争中使用化学和生物武器。但在之后的二战和各大局部战争、各国内战以及恐怖活动中，化学武器仍被大量使用。

1993年1月，第一部禁止一整类大规模毁灭性武器、并规定对销毁这类武器进行国际核查的多边条约——《关于禁止发展、生产、储存和使用化学武器及销毁此种武器的公约》（称《禁止化学武器公约》《化武公约》）在巴黎提出。《化武公约》于1997年4月生效，当时有87个缔约国，中国即在其中，到2003年7月，《化武公约》已有153个缔约国，并且由常驻海牙的国际禁止化学武器组织（禁化武组织）负责《化武公约》的执行和推广。

中国自成为缔约国以来，积极履行国际义务，于1996年批准《禁止化学武器公约》，1997年成立了履行《禁止化学武器公约》领导小组，下设常设办事机构国家禁化武办，专门负责履约工作的推进。化工行业也积极响应国家和国际号召，规范生产，严格监控危险化学品的产量和流向。仅1997年到2001年，中国已接受国际禁止化学武器组织的30余次审查，至2018年底，中国化工企业已累计通过国际禁化武组织工业审查近400次。

第五节 强化管理促进化工产业升级

一、“学吉化”提升全行业管理水平

吉化（吉林化学工业公司的简称）是“一五”期间国家建设的第一个大型化学工业基地。吉化在治理整顿、创新发展的管理实践中，形成了“团结、进取、实干”的吉化精神和“严、细、实、快”的吉化作风，创造出享誉全国的“吉化经验”，为化工行业树立了标杆。1979年，吉化被国务院命名为“全国先进企业”和“国家扩大企业自主权试点单位”。

1989年8月，化工部部务会议提出，要在化工系统开展学吉化的活动，推动全国化工生产建设健康发展。同年9月，化工部在吉化召开全国化工系统进一步开展学吉化第一次现场会，作出《关于进一步开展学习吉林化学工业公司的决定》，提出重点学习吉化公司五条经验：坚持改革开放，增强企业活力；坚持高标准，严要求，不断强化管理；坚持自力更生，推进技术进步；坚持以人为本，培育“四有”职工队伍；坚持党的领导，加强班子建设。学习吉化公司四种精神：苦干实干、不怕困难的艰苦创业精神；一丝不苟、坚持不懈的从严治厂精神；不甘落后、争创一

流的不断进取精神；立足本职、建功立业的积极奉献精神。学习吉化公司“严细实快”的工作作风。

全国化工系统进一步开展学吉化活动现场会之后，化工部成立学吉化领导小组，部长顾秀莲任组长。各单位也相继成立学吉化领导小组，均由主要领导担任组长。化工部组织了吉化人事迹报告团，到全国各地巡回宣讲，并进行现场咨询诊断，向所到企业职工传授吉化经验。化工部学吉化办公室将吉化经验拍成电视片，送至各单位：把学吉化现场会材料汇编成册，出版发行。

从1989年10月到1991年4月，化工部组织的学吉化报告团足迹遍布26个省区市的130多个地市，报告370场，听众44万人次，检查诊断企业160个，搞企业管理讲座100多场。此外，化工部先后组织对27个省区市、318个企业、1500多名各级管理干部在吉化进行了现场培训。吉化经验的推广，在全国化工系统引起巨大反响。通过传播吉化经验促使一大批企业上了等级，改变一批后进单位的落后面貌。吉化精神、吉化作风逐步成为全国化工系统广大职工的自觉行动，职工队伍素质和经营管理水平有了很大提高。

1990年4月，化工部召开全国化工系统学吉化总结表彰大会，通过评选学吉化先进单位的激励手段推动系统内深入持久学吉化，学吉化成为化工系统持续开展的活动，吉化的先进管理经验成为全系统标杆。到1993年底，全国化工系统已有544家学吉化先进单位，石家庄化肥厂、鲁南化工集团公司、湖北省化工厂、刘家峡化肥厂、山西焦化工业总公司、宝鸡磷肥厂等一批企业创造了学吉化的典型经验。许多企业通过学吉化，在队伍建设、企业管理、技术进步和经济效益方面都有显著加强和提高。

学吉化促进了企业管理水平提高，陕西兴平化肥厂注意在实践中总结强化企业管理的经验，在省厅帮助下汇集了33种现场管理制度和标准，形成“兴平化肥厂现场管理法”。化学工程公司第三建设公司也在学吉化活动中，总结创立了“项目动态管理法”，获全国首届企业管理现代化创新成果一等奖。学吉化促进了经济效益的增长。天津市化工系统1992年面对原材料、燃料大幅度涨价的困难，不是怨天尤人，而是迎难而上，开展“学吉化、抓改革、向管理要效益”活动，查找出影响效益的十大漏洞，从管理上查原因，从吉化经验中找办法，经过全局9万多名职工的艰苦努力，一年实现“向管理要效益”1亿多元，取得了生产、效益双增长的好成绩。

在全国化工系统开展“学吉化”活动，动员全行业的企业和员工认真学习吉化经验，强化企业管理，提升企业素质，在全系统出现了对照先进找差距、力争上游创佳绩的生动局面，为化工行业的发展与振兴，为实现化工“八五”“九五”奋斗目标起到了重大促进作用。

二、把化工环保摆到产业发展重要位置

为深入贯彻1989年颁布的《环境保护法》，化工部于1990年制定颁布了《化工环保“八五”计划纲要》和《化学工业环境保护管理规定》，对治理现有化工企业污染、防止产生新的污染、创建清洁文明工厂等提出了明确具体要求。“八五”期间，化工行业安排环境治理项目1691项，总投资52.7亿元，其中将资金、技术方案两落实的603项列为限期治理项目，确定395个有污染治理任务的企业作为摘掉污染大户的重点企业。各级化工主管部门和大中型企业都建立了环保管理机构，专业环保人员有2.5万人。

开展创建清洁文明工厂是这一时期环保工作的重要举措。1994年，已有近1000家化工企业跨入清洁文明工厂之列，占化工行业企业总数的20%左右。1997年，化工部对已命名为清洁文明工厂的企业，尤其是处于淮河流域内的工厂进行了重点复查工作。此后，化工行业创建清洁文明工厂成为常态化工作。

综合利用资源能源治理污染的路子是化工系统在“六五”期间提出，“七五”大力实施的。1990年，化工行业通过开展专项综合利用技术对口交流，重点推广成熟的“三废”综合利用技术成果，建设有示范意义的“三废”利用工程项目。1993年废水、废气、废渣处理率分别达到30%、68%和62%，每年可减少排放废水15亿吨、废气300多亿立方米、废渣1000多万吨。

1996年12月，国家经贸委发出《关于表彰全国资源综合利用先进企业、先进单位的决定》。在受表彰的200家“八五”期间靠资源综合利用实现经济增长方式转变和可持续发展的企业（单位）中，吉化公司山东鲁北企业集团总公司（简称山东鲁北）、锦西化工总厂（简称锦西化工）、山西焦化集团有限公司（简称山西焦化）、山东潍坊亚星化工集团总公司等化工企业有29家。

在综合利用成果中，山东鲁北取得过盐石膏、磷石膏、天然石膏制硫酸联产水泥三项重大技术成果，在“七五”期间建成了全国第一条年产1万吨料浆法磷铵配套硫酸、水泥生产线，解决了废渣磷石膏占用土地、污染环境的世界性难题。研究开发的石膏制硫酸联产水泥技术，1997年获得中国发明专利，同年获美国爱因斯

坦国际发明博览会鉴定证书。该技术还实现输出，走出国门。山东鲁北还承担了“八五”期间国家重点科研课题——循环流化床分解磷石膏新技术研究，获得成功。

到1995年，全国化工行业环保投资总额已达100亿元以上，“八五”期间比“七五”期间增长了33%。大中型化工企业的”三废”污染大部分得到有效治理，形成污水处理能力45亿吨，废气处理能力5500亿立方米，废渣处理能力2998万吨。万元产值耗水量和排水量分别下降了39%和29%。

1996年，化工部颁发《化学工业“九五”环保计划和2010年规划目标》，提出“九五”期间化工环保的主要目标，确定了主要化工行业、产品及科研、环保产业、化工环保管理工作的具体工作目标及措施。

这一时期，根据国务院《关于环境保护若干问题的决定》，以淮河流域水污染防治工作为重点。化工部在1998年1月发出《进一步加强化学工业环保工作的决定》，重点抓了淮河流域内化工企业“三废“治理和污染物达标排放工作，突出抓了日排水量在100吨以上超标排污的192家化工企业的水污染和淮河流域小氮肥两水闭路循环项目的实施工作。

继续推动环保技术开发利用。“生产工艺过程节水减污技术及设备研究”和“节水减污清洁生产优化集成示范线研究”国家科研攻关计划中的两个专题，在浙江菱化集团公司甲胺磷生产过程，装置节水减污清洁生产优化集成，完成了污水处理。

1997年开始，化工系统全行业推广了“含碳氨水回收集成分离技术”等30项成熟可靠、工艺先进、经济效益和环境效益明显的清洁生产、综合利用、环境治理实用技术。1998年2月，化工部成立化工清洁生产中心，挂靠在北京化工研究院依托该院环境保护研究所，专门指导和服务化工行业清洁生产工作。1999年在化肥行业开展硫回收环保技术交流，连续熔窑硫回收技术在50多家企业推广应用。

这一时期，通过技术改造，全国硫酸企业生产装置基本上淘汰了排放废水量大的一转一吸水洗流程。全国几十家铬盐生产厂，经过调整已经关掉了50%，保留下来的企业采用少钙焙烧技术进行改造，污染严重的铬渣产生量减少了1/3。

“九五”与“八五”相比，废水治理率由72%提高到92%，废水排放达标率由65%提高到85%；废气治理率由78%提高到86%，其中锅炉燃烧废气消烟除尘率由86%提高到90%，工艺废气处理率由67%提高到80%；工业固体废物综合利用和处置率由70%提高到80%。

1996年8月，国务院颁布《关于环境保护若干问题的决定》，提出限期取缔、关闭和停产十五种污染严重的小企业（简称“十五小”）。1997年2月，国家环保局、农业部、国家计委、国家经贸委联合制定并公布了《关于加强乡镇企业环境保护工作的规定》。划定了取缔“十五小”的范围。其中与化工相关的企业有：年产5000吨以下的造纸厂，年产500吨以下的染料厂，天地罐和敞开式炼硫、土法炼砷、炼汞、炼油、漂染、土法生产石棉制品、开采放射性矿产资源、利用放射性同位素的各类生产制品企业。到1997年，全国应取缔、关停的7万多家小企业中，取缔、关停了6万多家。取缔和关停“十五小”对于减轻农村环境污染、合理利用资源、促进经济增长方式转变，有着十分重要的意义。

为巩固取缔“十五小”工作成果，防治污染严重小化工复燃，国家石化局在2000年将清理整顿小农药、小氯碱、小染料、小电石、小轮胎作为重点工作。受国家石化局委托，农药、染料、氯碱、电石、橡胶等协会牵头，承担了全国小化工厂清理整顿工作，提出工作思路、政策建议并积极推动落实。

三、进一步加强化工节能减排工作

自国家1979年开展第一次“节能月活动”后，化工系统就将节能工作纳入各级化工主管部门和企事业单位的重要工作日程。化工行业节能工作坚持开发与节约并重的方针，从科学的节能管理、开发推广节能技术两方面促进节能工作，成效日益显现。

“八五”期间，化工节能减排工作重点抓了节能科学管理，建立规章制度。1990年，化工部先后制定下发《化工系统节约能源管理暂行条例实施细则》《化工企业节能升级（定级）办法》和《化工节能升级考核指标》。1991年，化工部制定了《化工系统节约用水管理规定》和《重点化工企业节能降耗竞赛活动办法》，还制定了《化工节能专项贷款管理办法》，提出了化工节能投资重点和方向。

在国家鼓励企业开展节能技术改造政策支持下，河北沧州化肥厂、云南天然气化工厂、四川泸州天然气化工厂、辽宁辽河化肥厂等相继进行了节能技术改造。经过改造，使4个30万吨/年合成氨系统吨氨能耗由1000万大卡降到850万大卡以下。泸州天然气化工厂老系统合成氨能力由年产10万吨扩大到15万吨，吨氨能耗由1190万大卡降到996万大卡以下。

“九五”期间，化工行业节能的主攻目标是以节能降耗为手段，依靠科技进步，大力发展节能新技术、新工艺，实现化学工业经济增长方式根本转变。化工部提出，通过努力提高能源利用率，力争到2000年实现万元产值能耗下降4.9吨标准煤，比“八五”末降低0.4吨。重点化工产品的节能工作，主要集中在中小型合成氨厂和烧碱厂。

在化工全行业推广应用了百项“四新”（新方式、新工艺、新技术和新理念）成果。对引进的30万吨合成氨装置，采用合成氨生产蒸汽自给技术（也称两煤变一煤）、两水闭路循环技术等国内外先进工艺设备和控制技术，进行以节能为主体的技术改造。对烧碱生产蒸发系统，使用三效四体强制循环蒸发工艺，推广使用氯气透平式压缩机，石墨阳极改金属阳极电解槽和离子膜，电解用电采用整变调“三合一”技术等进行改造。对纯碱生产，采用20多项节能技术，如蒸汽煅烧炉取代燃油火炉等。广泛推广了变频调速技术，风机、水泵节电技术，变压器节电工艺改造以及照明节电技术等。

通过加强节能管理和节能技术进步，化工产值能耗和主要化工产品能耗均有较大幅度下降。1980年化工产值能耗（1990年不变价）为11.8吨标准煤/万元，1998年降到4.8吨标准煤/万元。引进以气体为原料的30万吨/年合成氨，1980年吨氨能耗1476千克标准煤，1999年吨氨能耗降为1250千克标准煤，下降了15.2%，能源利用效率由48.4%提高到57.1%；以煤、油、气为原料的中型合成氨，1980年吨氨能耗2371千克标准煤，1999年降到1959千克标准煤，下降15.2%，能源利用效率由30.1%提高至36.5%；小型合成氨1980年吨氨能耗3083千克标准煤，1999年降到1835千克标准煤，下降40.4%，能源利用效率由23.2%提高到38.9%。1980年烧碱（隔膜法）吨碱能耗1601千克标准煤，1999年降到1572千克标准煤，下降1.8%。电石1980年吨产品工艺能耗2102千克标准煤，1999年降到1970千克标准煤，下降6.2%。黄磷产品工艺能耗1980年8607千克标准煤，1999降到7053千克标准煤，下降了18%。

第六节 “科教兴化”促进化工科技教育全面发展

一、实施“科技兴化”战略，不断加大科技投入

“科学技术是第一生产力”是改革开放时期国家提出的重要发展理念。党的

十一届三中全会召开以来，党中央提出了“科学技术必须面向经济建设，经济建设必须依靠科学技术”。

当时，中央提出国民经济发展分三步走的宏观战略部署的第一步目标已经实现，正面临着20世纪末国民经济总产值翻两番的第二步任务，这也是实现总体目标的关键一步。为适应这种新形势，必须把依靠科技进步振兴化学工业作为一项战略方针，长期不懈地贯彻下去。因此，化工部党组适时作出“科技兴化”战略方针的决策。在当时国家各部委中，化工部率先明确提出依靠科技进步作为振兴化工产业的战略方针。

1989年11月，在全国化工情报工作会议上，化工部部长顾秀莲在讲话中提出化学工业的发展必须在更大程度上依靠科学技术，要走“科技兴化”的道路，实现科技与生产的紧密结合，加快科技成果转化为生产力。这一方针在1990年5月召开的全国化工科技进步工作会议上正式确立，顾秀莲所作《坚持走科技兴化的道路，促进化学工业持续稳定协调发展》报告指出，要保证化学工业持续、稳定、协调发展，必须把依靠科技进步振兴化学工业，作为一项长期坚持的战略方针。同年6月，化工部颁发《化学工业部关于依靠科技进步，振兴化学工业的决定》，明确提出了科技兴化战略方针。确定了“科技兴化”的主要目标：以科技为先导，以技术改造为重点，以企业为主战场，面向国际国内两个战场，加快化学工业科技进步的步伐，经过10年左右的努力，使主要化工产品在生产技术和装备方面，达到国际80年代先进水平，在产品数量、质量和品种方面，基本适应国民经济和人民生活的要求。

“科技兴化”是中国在90年代振兴中国化学工业的重大战略方针。“科技兴化”方针提出后，各地区、各单位结合实际相继制定了一系列具体政策和措施，推进落实，促见成效。随着科技体制改革的进行，“科技兴化”结合建立社会主义市场经济体制的目标，加快科技体制配套改革的步伐，不断走向深入。“科技兴化”有着丰富的内涵，是系统工程，包括科学决策、战略构思、更新观念，建立相应的运行机制和组织管理机制，制定明确的目标、配套的政策措施等。

1995年5月6日，中共中央、国务院颁布了《关于加速科学技术进步的决定》，首次提出在全国实施科教兴国的战略。围绕党和国家的“科教兴国”战略，“科技兴化”被赋予了新的内涵。化工部印发《化学工业部关于贯彻全国科学技术大会精神，进一步实施“科教兴化”战略的若干意见》。《意见》提出，化工科技要紧紧围绕化学工业“九五”发展的总目标，力争到2000年，实现科技投入率达到1.5%；科技进步贡献率达到33%；精细化工率达到45%；化工高新技术产值占化工总产值的比例达到10%；投产重大新产品1500个；主要行业新建和改建生产装置的工艺、技术和装备基本立足国内，达到80、90年代水平，实现增长速度、经济效益、环境效益协调发展。“科技兴化”是贯彻和落实“科技兴国”战略决策的重要组成部分。“科技兴化”方针的提出以及长期坚持贯彻，对化学工业发展产生了重大影响。

为推动“科技兴化”方针落实，化工部向全行业重点推广了一批科研单位和企业密切结合、围绕化工生产建设急需取得的技术成果。包括已经达到国际先进水平的625吨/米高能级强夯技术，–183℃到1050℃多种钢材的焊接技术，处于国内领先地位的设备拼装、整台吊装和超限设备运输技术，以及胶磷矿选矿技术、萘法苯酐生产技术、变压吸附技术、蒽醌法双氧水生产技术等。化工部确定重点发展新型化工材料、计算机应用技术、生物化工、合成气化工等领域的科研开发和重点攻关工作，安排了700多个科技攻关和技改项目。

“科技兴化”工作推动了全行业科技投入。1990年第一次全国化工科技进步工作会议后，化工部设立了科技开发基金，并筹集资金2000万元。同时积极开拓渠道，争取国家科委、国家计委、国家经贸委的资金支持。“八五”期间，通过科技攻关、科研经费切块、科技开发、科技贷款、重大成果推广、企业技术开发、工业性试验、工程中心建设、计算机专项、军工专项、新材料专项、国产化专项和稀土专项等渠道，共落实拨款11.6亿元，贷款8.6亿元，科技总投入为20.2亿元，是“七五”期间科技投入的3倍。化工系统共取得科技成果1382项，获国家科技进步奖105项，国家发明奖10项，化工部科技进步奖555项。有100项先进适用、技术成熟的重大科技成果列入国家重点科技成果推广计划，取得综合经济效益30亿元以上，在很大程度上提高了中国化工整体技术水平。

“九五”“十五”“十一五”期间的科技投入也都有较大幅度的增加，尤其是企业的投入明显增加。

“九五”期间，全国化学工业重点推广水煤浆加压气化、万吨级离子膜烧碱装置、子午线轮胎关键设备及原材料、两水闭路循环、合成氨蒸汽自给等30项重大科技成果，在化工部和国家石化局的领导下共取得科技成果618项，其中获国家科技进步奖110项，获国家发明奖13项，获部级科技进步奖346项。万吨级PVC树脂装置国产化获国家科技进步一等奖，变压吸附气体分离技术推广应用获国家科技进步一等奖。“科技兴化”总体上保持了一种蓬勃向上的发展态势。

“科技兴化”战略的实施，在化工系统中形成了尊重科技、依靠科技的良好氛围，越来越多的企业走上了依靠科技进步振兴企业的道路。

二、全面推进化工科研体制改革

80年代党中央发布《关于科学技术体制改革的决定》以后，多数科技研究单位走上了按市场机制运行、面向经济建设、趟自主发展道路。1994年5月，化工部按照加强科技创新、加速成果转化的总要求，下发了《关于深化科技体制改革的实施意见》等文件。化工部提出了化工科技体制深化改革的目标，并从科研、设计、生产、高校四个方面提出了具体要求，到2000年初步建立符合经济规律、适应化学工业发展需要的新型化工科技体制。

1996年，化工部下发了《化工部科研院所体制改革方案》提出部属科研院所要根据自身基础与条件，按重点院所、行业技术中心、科技先导型企业、科技咨询服务机构等形式分流、调整，在保留一定骨干队伍承担国家、行业重大科研任务的同时，引导更多的科技人员走上经济建设主战场。

“九五”期间，化工系统共有县以上独立科研院所245家，职工25万人，其中原化工部直属科研院所31家，职工2.4万人。1996年4月，化工部决定调整晨光化工研究院的管理体制，科研、生产实行分开管理。分开后的名称为化工部晨光化工研究院（成都）和化工部晨光化工研究院（自贡）。两单位均按独立法人运作，分别实行事业单位和由事业单位向企业过渡的管理体制，发挥各自优势，共同发展。

到1996年底，原化工部所属31家科研院所总收入16.8亿元，有5家院所总收入超过亿元，人均6.2万元。随着化工科研设计单位管理体制的改革逐步深化，科研院所贯彻“稳住一头，放开一片”的方针，分流人才，调整结构，按照面向经济建设主战场、适应社会主义市场经济要求、满足国家发展和人民生活重大需求的改革方向迈开了步子，以多种形式进入经济特区或沿海经济开发区、高新技术产业开发区。上海化工研究院、晨光化工研究院、北京化工研究院、合成材料老化研究所、涂料工业研究所等单位，在经济特区和开发区设立对外商户，兴办科技实业。到1998年底，共有15家化工科研院所进入沿海经济开发区和特区，通过融资、合资、入股形式建立或参建公司29个，有12家院所进入高新技术开发区，独资或合资建立公司14个，从而加快了科研院所走向经济主战场的步伐。

1999年，党中央国务院发布《关于加强技术创新，发展高科技，实现产业化的决定》，将科研机构分为技术开发类、社会公益类和基础类3类科研院所，明确了各类院所的改革方向和要求。到2000年，化工部所属31家研究院所全部完成改制工作。北京化工研究院进入中国石油化工总公司，黎明化工研究院、晨光化工研究院

（自贡）、光明化工研究设计院、北京橡胶工业研究设计院、中国化工信息中心、科技研究总院、沈阳橡胶研究设计院、西北橡胶塑料研究设计院、株洲橡胶塑料工业研究院、曙光橡胶工业研究设计院、炭黑工业研究设计院、标准化研究所、海洋化工研究院、锦西化工研究院、大连化工研究设计院、涂料工业研究设计院、西南化工研究院、化工机械研究院和化工自动化研究设计院等18家科研院所进入中国昊华化工（集团）总公司，沈阳化工研究院转制为科技型企业交中央大企业工委直接领导，上海化工研究院转制为科技型企业交地方管理，感光化工研究院进入中国乐凯胶片总公司，西北化工研究院、晨光化工研究院（成都）、合成材料研究院、长沙设计研究院、连云港化工设计研究院5家科研院所进入中国蓝星清洗总公司，天津化工研究设计院和常州涂料化工研究院进入中国化工建设总公司。这些院所或转制为企业，或进入大企业集团，以国有企业为技术创新的主体，更好地担负起化工行业科技进步的重担。

三、化工科技攻关成果显著

（一）攻关项目多、成果多

1991～1995年“八五”期间，由化工部组织的国家重点科技攻关项目16个、专题288个，有近300个单位约7000名科技人员参加攻关任务。完成的科研成果大多数直接应用于化工生产建设或技术改造，取得直接经济效益约8亿元，为推动化工产业科技进步起了重要作用。

国家重点化工科技攻关项目成果主要有：一是开发了一批对化工行业技术进步有影响的新技术、新工艺，促进了行业技术进步；二是开发了农药、染料、涂料、造纸化学品等一批国民经济急需的新产品，满足了农业、纺织、印染、汽车、机电、建筑、轻工等各行业部分需求；三是农药、水处理剂、感光材料、饲料添加剂等精细化学品的创制工作取得成效；四是甲醇羰基化制醋酸、三聚氯氰、聚甲醛等一批技术难度很大的项目取得了突破性进展，为下一步产业化创造了条件。

上海化工研究院1984年开始“SW型网孔波纹填料开发及应用”的研究。SW型网孔波纹填料是一种拥有自主知识产权的新型规整填料，具有丝网波纹填料的高效性和板波纹填料的经济性，截至1991年，据不完全统计已推广80多座塔，显著提高了产量和质量，降低了投资和能耗；1992年获得国家科技进步二等奖后，又扩大推广应用，规格主要有SW-1型和SW-2型两种。1993年获得国家专利，同时被列入国家经贸委1995年重点推广计划。

江苏省农药研究所于1986年开始“噻嗪酮合成研究”。1990年分别按计划完成了中试和基础设计。噻嗪酮具有高效、持效期长、选择性强、安全等特点，成为针对水稻稻飞虱等害虫防治的当家品种。噻嗪酮项目1992年获得化工部科技进步一等奖，1993年获得国家科技进步三等奖。

浙江省化工研究院于1992年10月建成HFC-152a（混合制冷剂重要组成）百万吨级中试装置，并一次试车成功，这标志着中国拥有了一条生产HFC-152a的新工艺路线，打破了发达国家对HFC-152a生产技术的垄断。1996年建成千吨级生产装置，1998年又建成另一条千吨级生产线。该项目于2000年获得国家科技进步二等奖。这是中国在发展消耗臭氧层物质替代品方面的重要成就，对冰箱等制冷行业CFC替代，产生深远影响。

湖南化工研究院于1990年建成200吨/年残杀威原药试生产装置，实现了产业化。1992年该项目获化工部科技进步二等奖。1996年被国家经贸委列为“双加”技改工程，批准建设500吨/年原药生产装置。1996年国家火炬计划立项，对该项目进行了技改和扩产。残杀威原药产品于1998年被列为国家级新产品。

1992年，由四川联合大学（原成都科技大学）牵头建设6万吨/年料浆法磷铵国产化装置，该工程是国家“八五”重大技术装备科技攻关项目的依托工程，生产工艺技术由国内自行开发，设备全部立足国内。1997年2月，广东省中山市精细化工实业有限公司年产2500吨高纯度二甲醚工业生产装置投料试车成功。该项目是国家“八五”科技攻关项目，由西南化工研究院提供技术、设计，并指导安装。

中国石化总公司发挥集团优势，抓住在工艺技术、工程设计和重大装备三个方面对石化产品发展有重大影响的10大技术关键，集中人力、财力，组织实施科研、设计、制造、建设和生产五位一体的一条龙攻关，在发展石化工业中起了重要作用

大连石油化工公司4万吨/年聚丙烯装置的N型催化剂工业试验，通过了中国石化总公司的技术鉴定，N型催化剂是北京化工研究院开发的专利技术，获得了1993年度国家发明二等奖。

1996～2000年的“九五”期间，国家安排化工国家重点科技攻关计划项目17项，233个专题。到2000年底，基本结束攻关任务，实际投入经费近10亿元，取得近300项攻关成果，130多项专利。

“九五”期间重点支持的化工项目主要有六类。①与煤、石油、天然气等基本原料有效利用的相关技术：高硫原油及重油深度加工技术；炼油和蒸气裂解制乙烯

技术；油品、润滑油及其基础油加工技术；煤的加压气化、等压合成氨及合成气的综合利用技术；针对中小合成氨厂技术改造的煤（焦）富氧连续气化技术等。②与环境保护相关的技术：烟气中低浓度二氧化硫转化技术；工业水处理技术；破坏臭氧层物质氯氟烃替代物的制备技术；红矾钠的无钙焙烧技术。③产品的深度加工应用技术：料浆法磷铵大型化装置的关键技术及成套设备；精细化工产品的创制和综合开发技术；表面活性剂的开发及工业应用技术；新一代子午线轮胎的制备技术；工程塑料和特种工程塑料的工业化制备技术。④新农药的研究与开发：新农药化合物的合成方法、生物活性筛选与生测方法、安全评价研究等方面开发农药创制共性关键技术，推动一批重点创制品种的商品化；开发农药中间体和新品种，满足农药工业和农业生产的现实需求。⑤化工重要原材料的制备技术：钛白粉紧缺原料的制备技术；聚碳级双酚A的制备技术。⑥高新技术在化工领域的应用：微波催化技术；离子束应用技术；有机精细化学品研究开发中的计算机辅助设计系统；微生物催化法生产丙烯酰胺技术。其中，微生物催化法生产丙烯酰胺技术和新农药的研究与开发2个项目被列为“九五”国家重点科技攻关计划的“重中之重”项目。

“九五”期间国家级化工科技攻关及技术开发项目成果突出体现在三个方面：

一是在开发新技术产品方面，兑卤脱钠法生产优质氯化钾新工艺、大口径管材专用聚氯乙烯树脂生产技术、三聚氯氰一步法合成新工艺等成果开发成功，并应用于生产实践提高了行业的技术水平；农药、染料、涂料、胶黏剂等20多个新产品问世，提高了为农业、机电、汽车、建筑、轻纺、国防等各部门的配套能力。

二是在工业性试验方面，先后完成了料浆法磷铵、涕灭威、百菌清等9个项目，突破了一批化工生产中急需解决的关键技术，其中年产3万吨料浆法磷铵生产技术已建82条生产线，形成250万吨的能力；自主开发的子午线轮胎生产技术被十几家企业采用，其产量约占全国子午线轮胎产量的30%；“悬浮法聚氯乙烯生产过程优化”使原有聚合釜生产能力提高1倍以上，使中国PVC生产装置的技术水平接近当时的国际水平。

三是在引进技术消化吸收创新方面，大型合成氨、尿素、乙烯、合成橡胶、磷铵、离子膜烧碱等生产技术和装备，在引进技术的基础上进行消化、吸收、开发与创新，达到了国际70、80年代的水平；自行设计、制造、安装的年产52万吨CO_2气提法尿素生产装置达到国外同类装置水平；乙烯管式裂解炉成功应用于4套乙烯装置的改造与扩建；在消化吸收国外离子膜电解槽制造技术基础上研制开发的中国复极式离子膜电解槽被9家新建或扩建离子膜烧碱工程采用。

这一时期，获得国家级科技进步一等奖的项目主要有石油化工科学研究院、巴陵石油化工公司长岭炼油化工厂等开发的“RN-1加氢精制催化剂及工艺”，四川化工总厂“年产20万吨合成氨国产化装置”，上海有机氟材料研究所、化工部第六设计院等开发的“1000吨级四氟乙烯生产技术”，上海石油化工研究院等开发的“丙烯腈催化剂研究及工业应用”，山东鲁南化肥厂、化工部第一设计院、南京化学工业（集团）公司研究院等单位开发的“水煤浆加压气化及气体净化制合成氨新工艺”，永新-沈阳化工股份有限公司、中国成达化学工程公司、锦西化工机械厂等开发的“万吨级PVC糊树脂国产化装置”，西南化工研究院等开发的“变压吸附气体分离技术推广应用研究（推广类）”，中国石化北京石油化工工程公司、中国石化工程建设部开发的“7万吨/年环管法聚丙烯成套技术”。

（二）一大批化工科技成果列入国家推广计划

为加快科技成果在工农业生产和经济建设中的应用，促进高新技术产业较快发展，1990年国家科委提出国家科技成果重点推广计划。

化工行业积极响应，落实行动，使研发出的一大批先进、适用、成熟可靠的重大化工科技成果列入国家科技成果推广计划，并在各行业广泛推广。其中长效碳铵生产技术、离子膜法制烧碱技术、超临界CO_2萃取技术及成套装置等11项，列入国家经贸委《“九五”国家重点新技术推广项目指南》，有2项列为1996年推广示范项目。6万吨/年料浆法磷铵、一氧化碳全低温变换新工艺、合成氨原料气双甲精制新工艺等9个项目，被列为1997年国家科委重点科技成果推广计划指南项目。

化工部与农业部在1996年共同安排了12个省区市长效碳铵、10省区市涂层尿素的农田规范化试验，收到较好效果。1996年9月，化工部与中科院、农业部在北京房山区韩村河共同召开了长效碳铵农田规范化试验现场总结推广会，试验表明，2.1万亩冬小麦和8万亩春玉米试验田施用长效碳铵后，均增产10%以上。1999年，科技部实施中小企业创新基金计划，其中安排化工中小企业创新基金项目上百项。

90年代，化工行业推广科技成果较为突出的有：变压吸附气体分离技术推广470多套，每生产气体14亿立方米节电5.8亿千瓦时、节煤70万吨、增收节支12亿元以上，最大装置规模达每小时10万立方米，进入世界先进水平。1994年，国家科委批准成立首批30个国家科技成果重点推广计划研究推广中心。其中，西南化工研究院变压吸附气体分离技术研究所定为“变压吸附气体分离技术研究推广中心”。

该院同德国赫斯特和卡波特科技设备制造公司签署合同，建立“西梅卡亚洲气体系统有限公司”，加大推广力度。TS系列冷却水处理药剂及两水闭路循环技术推广400家，年节水30亿吨，年创经济效益10亿元以上。长效碳铵施用550万亩，与普通碳铵相比，氮利用率提高10个百分点，肥效期延长了2倍。稀土复合肥料生产技术推广近百家，形成生产规模300万吨以上，年产量可达80万吨，产值约8亿元，利税1亿元，农业效益10亿元以上。国家科技成果重点推广计划的出台和实施，带动并促进了全国科技推广工作的蓬勃发展，收到了巨大的社会效益。

（三）20多项化工技术输出国外

随着对外开放的逐渐深入，一批中国化工技术打入国际市场。90年代，黎明化工研究院的蒽醌法双氧水制造技术、西南化工研究院的变压吸附技术、上海化工研究院的复肥技术等，都已经进入国际市场。

1995年，又有2套离子膜烧碱成套设备出口到印尼，总金额3418万美元。到“九五”末期，中国的纯碱、烧碱和双氧水等20多种化工产品的生产技术输出国外。在化工部直属31家科研院所中，有10家与国外公司建立了17个技工贸结合的合资合作公司，将中国自主开发的新技术和新产品积极推向国际市场。

四、加强化工科技创新平台建设

（一）建立国家级化工工程技术研究中心

为了解决科技成果在更高层次、更大范围和更有实效地转化为现实生产力，加快技术开发型科研机构企业化、集团化、产业化进程，国家计委、经贸委、国家科委分别在90年代提出了组建一批工程技术研究中心方案。首先，染料、农药（北方）、烯烃加工工艺及催化剂、水煤浆汽化及煤化工、橡塑模具计算机辅助工程技术等5个国家工程研究中心相继建立。随后，反应注射成型、C_1化学、碳纤维、受力结构工程塑料、有机硅、工业水处理、农药（南方）、生物化工等8个国家工程技术研究中心先后建成。

与此同时，吉化公司、乐凯集团、天津灯塔涂料公司、渤海化工公司、南化公司、亚太农化集团公司、上海轮胎橡胶公司、上海氯碱化工公司、泸天化公司、青海钾肥厂、鲁北化工集团、凯达精细化工公司、海洋化工公司、辽河化工公司、云南磷化工公司、沙隆达公司、双星集团、吉林炭素总厂等18个国家级企业技术中心成立。

化工部还在北京化工研究院建立了有机原料工程技术中心，在北京化工大学建立系统仿真工程技术中心，在上海化工研究院建立化肥工程技术中心，在连云港化工设计研究院建立钾肥工程技术中心等一批部级工程技术研究中心。

为加速形成有利于自主创新的技术进步机制，提高企业的市场竞争能力和经济效益，1996年8月国家经贸委推出了《技术创新工程方案》，决定通过在企业建设技术中心等有效措施，扶持试点企业建立健全市场开发、生产、营销一体化的技术创新运行机制，引导试点企业实施大公司、大集团计划，建立较完善的技术创新资金投入制度。在进行企业技术创新试点工作中，中石化总公司、中国化学工程公司、上海石油化工公司、烟台万华聚氨酯公司、中国化工集团等化工企业列入全国技术创新试点单位，推动了企业技术创新工作的开展。

（二）培育化工产学研高效机制

炭黑工业研究设计所利用自己的科研成果、工程设计、理化检验、科研装置等手段，为炭黑企业开展技术服务，把科研项目与工厂发展计划结合在一起，以技术入股的形式签订长期合作协议，承担企业引进技术的消化吸收等工作。通过各种形式向行业推广包括万吨级新工艺炭黑技术等重大科技成果，到1993年已推广到全国40家炭黑厂的78条生产线，形成总生产能力约20万吨，成为国内炭黑行业的技术开发中心。

为推动化工行业科研、设计、生产相结合，化工部于1995年选择辽河化肥厂与西南化工研究院、北京化工大学与寰球化学工程公司等4个合作项目，作为科研、设计、生产相结合的典型。产学研合作项目明确合作的内容，签订合作协议，推动科技与经济的结合，加快科技成果的产业化进程。

沈阳化工研究院与南通市化工局组建科研生产联合体——南沈公司，6年内推广应用了10多项科研成果，迅速实现了工业化、商品化，实现产值达3亿多元，利税3000多万元。1997年北京橡胶设计研究院和荣成橡胶集团公司开发的“全钢丝子午胎和30万套/年工业性生产技术”，实际生产能力达到年产200万套半钢丝和30万套全钢丝子午线轮胎。化工机械研究院与浙江化工企业组建的氟材料应用研究所，开发了具有国际先进水平的科技成果。

通过不断推进化工产学研新机制，专业科研、高校研发、工程设计和企业生产紧密结合，充分利用各自优势和集合效应，使科技成果转化为生产力速度加快，综合社会和经济效益愈加明显。

为适应市场经济要求，促进化工科技成果迅速转化为生产力，经化工部批准，北京国家化工技术市场于1993年4月成立。各地也相继建立了不少技术交易市场，有力地促进了化工科技成果贸易和向现实生产力的转化，使以往科研、设计与生产脱节，科技成果转化慢等状况有了明显改善。

（三）建立化工知识产权保护体系

自1985年《中华人民共和国专利法》实施以来，专利申请量持续大幅度增加，其中化工类专利一直是专利申请中的主要组成部分。1992年9月国家修改后的专利法扩大了专利保护范围，增加了对药品和化学方法获得的物质以及食品、饮料和调味剂的保护，推动化学化工专利申请量快速增加。

化工企业逐步意识到知识产权的重要性，纷纷建立企业知识产权保护制度。上海化工研究所、天津化工研究所、成达化工工程公司、乐凯胶片公司等都制定了企业知识产权保护办法，从产品的立项、生产、销售、出口、引进等都需经过专利等知识产权的认证，并定期追踪、监测分析国外同行在中国申请的专利，做到一方面不侵犯别人的知识产权，同时也有效保护自己的无形资产。随着国家知识产权制度逐渐完善，为适应知识产权保护的新形势，化工部于1992年建立知识产权保护领导小组，组织领导化工行业知识产权保护和化工科技开发工作，基本形成包括专利管理、专利服务、专利代理等在内的化工行业专利工作体系。

到1998年，中国专利局共公开化工类专利7.7万件，占全部公开专利的12.7%，其中化工类发明专利5.6万件，占全部发明类专利的28.6%，化工类实用新型专利1.1万件，占全部实用新型专利的3.5%，外观设计专利0.8万件，占全部外观设计专利的8.6%。

五、推动化工教育改革适应新形势

改革开放后，面对新形势，中国的教育体制改革也不断推进。1992年12月8日，化工部印发化学工业部十年规划和“八五”计划行业分册，提出“八五”期间培养化工专业人才88538人，其中高等教育人才31392人，中专人才23316人，其余是中专以下的初中人员。随着改革的深入发展，不同地区、不同行业、不同学校，或学校与科研、学校与企业之间，开展智力与资源的优势互补与协作日益频繁。

（一）高等教育规模扩大、层次提高

经过80年代的恢复和发展，到1991年，化工高等教育已经形成一定规模。当年化工部部属院校有在校研究生501人，本专科学生17884人，教职工9249人。90年代，化工高校招生规模进一步扩大。到1998年，化工部直属院校中在校研究生已达1067人，普通本专科学生已达28488人。教职工人数与90年代初基本持平，但教授增至252人。

高等教育在规模继续扩大的同时，层次也有明显提升。1994年和1995年，北京化工学院和南京化工学院先后更名为北京化工大学和南京化工大学，两校的声誉和办学层次得到明显提升，两校共有7个博士授予学科。

教材建设和专业目录修订是这一时期化工高等教育改革的主线。1990年，化工高等教育学会成立，化工高教事业开始得到系统的规划和指导。1993年，按国家教委要求，制定了《高等学校化学工程专业本科生培养目标和基本要求》，并在此后数年陆续开展了对各高校的化工原理、化工设备与机械等课程的评估。

化工高校在规模明显扩大，教学、科研、产业水平不断提高的同时，积极、稳妥地进行教育管理体制改革，努力建立政府办学为主、社会积极参与的办学机制和条块有机结合的办学管理体制。1997年，化工部直属高校全部实行招生就业并轨改革。取消原来的国家任务、委托培养和自费生类别，是高等教育面向市场经济的一项重大改革。

（二）设立“科技兴化”奖学金激励化工学子

此外，化工部面向化工类在校大学生设立了“科技兴化”奖学金，并在1991年5月颁发了《化学工业部科技兴化奖学金管理评定暂行办法》，积极鼓励大学在校生投入到技术创新之中，同年9月，化工部在京举办了首届“科技兴化”奖学金颁奖大会，有来自清华大学、北京化工学院等32所高校的249名学生获得了该奖学金。1995年，33所学校179名学生获颁发“科技兴化”奖学金和证书。1995年，科技兴化奖学金正式列入《中国科学基金年鉴》成为化工部第一个国家承认的基金制管理项目。1996年，化工部将“科技兴化”奖学金更名为“科教兴化”奖学金，并于当年向30所化工院校167名学生颁发了“科教兴化”奖学金。1997年4月，化工院校合计162名学生获颁“科教兴化”奖学金。1991年至1997年，全国化工类院校共有1225人（次）获得了“科教兴化”奖学金和证书。

（三）化工中等教育扩规模

1991年10月，国务院发布《关于大力发展职业技术教育的决定》，进一步提高对职业技术教育战略地位和作用的认识，在90年代要初步建立起有中国特色的，从初级到高级、行业配套、结构合理、形式多样，又能与其他教育相互沟通、协调发展的职业技术教育体系的基本框架。

1993年起，化工中专招生规模进一步扩大，至1997年底，在校生已突破10万人。生源结构有较大变化，打破了以往一直以国家计划为主的招生格局，相当一部分学校委托培养、自费生占总招生比例超过70%。同时办学体制、招生分配制度改革不断深入，办学条件进一步改善。1996年，化工部颁发新的13个教学计划，161种新的教学大纲，并制定了《化工中专“九五”规划教材编审出版工作暂行规定》，下达了30种新教材的编审任务书，坚持面向社会、面向经济建设的服务方向。在国家教委1994年公布的评估结果中，参评的42所化工中专学校，有40所达到合格标准，占95%，比全国中专合格率50%高出45个百分点。

（四）职工教育向技术和管理培训方向发展

进入20世纪90年代，文化补习的历史任务基本完成，职工教育侧重于技术培训和对领导干部的政治素质与管理能力培训。“八五”期间，全国化工行业共进行各种形式的岗位技能培训近百万人次，并轮训了500家大中型化工企业近万名领导干部。化工部直属企事业单位专业技术人员每年接受继续教育人数占总人数的46%，平均每人每年12天。

到1995年，化工系统有职工大学、管理学院、干部学校及培训中心共30余所，有职工中专45所，举办了“新型分离方法与节能技术”等高级研讨班和“化工工艺”“化工机械”“橡胶工程”“企业管理”等专业证书班。部属高等院校也都开展了夜大、函大教育。到1998年，化工部属高校有函授生7154人，夜大生2441人，成人脱产班3250人。

20世纪90年代是化工教育各层次蓬勃发展的阶段，在教育体制改革的大环境下，化工教育积极适应社会和企业，稳步推进改革，在各层次人才培养上取得了显著的成绩。但随着1998年化工部的解散和1999年全国高校开始的大扩招，到90年代最后阶段，化工教育发生了重大变化。

第六章 跨越式发展建设化工大国

（2001 ～ 2011年）

进入21世纪后，经济全球化进程加快，国际竞争日趋激烈，化学工业的发展环境发生了巨大变化。世界化学工业不断进行企业重组，调整核心产业，向专业化和特色化方向发展。各国化学工业更加注重发展高新技术和高附加值产业，不断进行生产布局调整，加快大宗化工产品生产逐渐向原料和市场所在地转移，促进可持续发展。

这一时期，中国加入世界贸易组织（WTO），进一步扩大了对外开放，加快了融入世界经济发展主流的步伐。加入WTO对中国工业发展既是机遇也是挑战，对中国化学工业发展也产生了重大影响。

21世纪前10年，中国化学工业按照“把发展作为主题，把结构调整作为主线，把改革开放和科技进步作为动力，把提高人民生活水平作为根本出发点”的总体要求，坚持可持续发展、市场化发展、国际化发展、科技创新发展四大发展战略，坚持发展与淘汰并举，将推进产业结构调整和优化升级作为转变经济增长方式、提高经济增长质量的重要途径和迫切任务，推动化学工业的整体水平迈上新台阶。这10年来，化学工业通过大力调整产业结构和产品结构，精细化工、化工新材料、生物化工、新型煤化工、专用化学品、信息化学品等高新产业迅速崛起，成为行业发展的强劲增长点，实现了跨越式发展，国际竞争力显著提高。到2010年，中国化学工业经济总量已经跃居世界第一。

第一节 化工处于投资增长较快时期

一、投资建设规模扩大，产品结构得到改善

改革开放，使中国化学工业进入“快车道”。经历了“八五”“九五”时期的快速发展，21世纪第一个10年，中国经济高速发展，对化学品需求爆发式增长的良好机遇，化学工业成为国内外投资的热点，进入投资增长较快的发展时期。

2003年以来，石油和化学工业固定资产投资每年以30%以上的速度递增，2008年是1998年的17.2倍，一大批重点工程项目建成。化工产品产量大幅度提高，经济总量大幅度增加。按当年价格计算，2000～2005年，中国化学原料及制品制造业规模以上企业的资产总额从8688.03亿元增长到14935.80亿元，产品销售收入从5422.06亿元增长到16173.20亿元。特别是2003年之后，化学工业掀起了产能扩张的高潮，固定资产投资连续4年增长30%以上。2005年，全行业固定资产投资实际完成4047.8亿元（含石油），比“九五”末期增长5.4倍，年均递增44.9%。其中，化学工业完成固定资产投资2201亿元，比“九五”末期增长4.92倍，年均递增78.4%。到2011年，全行业固定资产投资快速增长，实际完成投资额1.43万亿元，其中化学工业完成固定资产投资9601.26亿元，石油加工工业固定资产投资1472.0亿元，增速显著。石油化工工业增加值年均增长20%左右，拉动国民经济增长约一个百分点。

这一时期化学工业投资建设项目数量详见表1-6-1，主要化工产品产量变化详见表1-6-2。

2001～2011年，经过全行业的不懈努力，一大批化学工业重点工程项目顺利完成建设，兰州石化700万吨/年炼油、上海石化880万吨/年炼油、镇海炼化1400万吨/年炼油、金陵石化1050万吨/年炼油，以及齐鲁石化、燕山石化、上海

表 1-6-1　化学工业 2001 ~ 2011 年投资建设施工项目数量

年份	石油加工业				化学工业			
	施工项目 / 个	建成项目 / 个	新开工项目 / 个	新开工项目较上一年增长 /%	施工项目 / 个	建成项目 / 个	新开工项目 / 个	新开工项目较上一年增长 /%
2000	1346	881	1040	—	3561	2256	2495	—
2001	1381	969	1068	2.7	3649	2200	2677	7.3
2002	1108	674	819	-23.3	4193	2414	3089	15.4
2003	1212	628	812	-0.9	4888	2608	3687	19.3
2004	1412	741	875	7.8	7261	3766	5477	48.5
2005	1282	686	824	-5.8	7438	4089	5645	3.1
2006	1273	720	801	-2.8	8595	4911	6282	11.3
2007	1507	782	893	11.5	9598	5336	6904	9.9
2008	1426	681	864	-3.2	10351	6153	7188	4.1
2009	1811	959	1081	25.1	11940	7724	8813	22.6
2010	1571	888	1008	-6.8	12538	8024	9022	2.4
2011	1605	874	990	-1.8	13727	8920	9420	4.4

表 1-6-2　2005 年、2011 年主要化工产品产量

指标产品名称	2005 年	2011 年	增长情况
原油加工 / 亿吨	2.86	4.4	53.8%
乙烯 / 万吨	755.5	1527.4	102.2%
合成树脂 / 万吨	2141.9	4798.1	124.0%
合成橡胶 / 万吨	163.2	348.7	113.7%
合成纤维 / 万吨	1616.2	3096.3	91.6%
化肥（折纯）/ 万吨	4888.0	6027.0	23.3%
化学农药（100%）/ 万吨	103.9	264.9	155.0%
硫酸（100%）/ 万吨	4545	7416.6	63.2%
烧碱（100%）/ 万吨	1240	2466.3	98.9%
纯碱（100%）/ 万吨	1410	2303.3	63.4%
甲醇 / 万吨	535.6	2226.7	315.7%
轮胎 / 亿套	3.18	8.3	161.0%

石化、扬子石化、上海赛科、扬子巴斯夫、中海壳牌等乙烯新建和改扩建工程；中海油富岛45万吨/年合成氨、80万吨/年尿素工程，新疆华锦阿克苏30万吨/年合成氨、52万吨/年尿素工程，云南磷复肥基地400万吨/年高浓度复合肥工程，青海100万吨/年钾肥工程，云南三环化工有限公司120万吨/年磷铵项目，中化山东肥业有限公司100万吨/年复合肥项目，四川泸天化40万吨/年甲醇、10万吨/年二甲醚工程，南京锦湖轮胎500万条/年子午胎工程，四川轮胎橡胶（集团）股份有限公司750万套/年轮胎项目，中国石油乌鲁木齐石化大芳烃联合装置，中国石油塔里木45万吨/年合成氨、80万吨/年尿素大化肥项目，广西石化千万吨炼油项目等重点项目的建成投产，使化工行业整体水平有了大幅度提升，增强了发展后劲。

2001 ～ 2011年，炼油工业产业规模效应进一步显现。到2005年，形成了镇海炼化、茂名石化、大连石化和西太平洋石化等11个千万吨级炼厂。到2010年，千万吨级炼厂已有20个，占国内总能力的49.6%；形成6个百万吨级乙烯生产企业，现有蒸汽裂解制乙烯装置平均规模达到54万吨/年。化肥产业集中度不断提高，形成了24个百万吨级大型化肥生产企业，大中型化肥企业产量占总产量的70%以上，聚氯乙烯、纯碱、染料、轮胎行业前十位企业产量分别占总产量的52%、60%、80%、70%。

为防止盲目投资，国家出台一系列政策引导投资，例如《当前国家重点鼓励发展的产业、产品和技术目录（2000年修订）》《产业结构调整指导目录（2005年本）》《促进产业结构调整暂行规定》《石化产业调整和振兴规划》等。2002年1月，国家经济贸易委员会根据化学工业发展状况，结合化工“十五”发展计划，提出了化工行业投资的六大重大领域，分别为氮肥、磷复肥、农药、化工新材料、精细化工和子午线轮胎，以期通过采用高新技术和先进适用技术推进企业结构调整。

这一时期，通过发展与淘汰并举，化学工业产业结构、产品结构、组织结构、贸易结构发生了明显变化，资源型、原料型产业在行业经济增长中的比重呈逐步下降趋势，技术密集型产业比重持续上升。到2010年，附加值较高的专用化学品工业产值占化学工业比重持续扩大，升至25.5%，超过基础化工原料工业0.9个百分点；合成材料和有机化学原料产值占比保持平缓上升态势；橡胶制品、化肥、农药、涂料、颜料等产值则呈稳中下降趋势。

二、产业集聚及化工园区建设进入新阶段

在《石油化学工业“十一五”发展规划纲要》《炼油工业中长期发展专项规划》

和《乙烯工业中长期发展专项规划》一系列文件指引下，行业积极推进基地化、大型化、一体化发展。

中国化工园区数量随着经济快速发展而不断增加，国家和地方政府给予高度重视并且发布一系列政策促进化工园区又好又快发展。到2008年，中国省级以上政府批准建设的大型化工园区达到60多家，发展较快的有上海、南京、南通、泰兴、常熟、苏州、张家港、镇江、沧州、杭州湾、天津、泉港、大亚湾、泸州、茂名、珠海、齐鲁、青岛、沈阳等园区。到2010年，中国已形成了长江三角洲、珠江三角洲、环渤海地区三大石化、化工集聚区及22个炼化一体化基地。沿海地区依托市场和国内外资源，外向型经济发展迅速，建设了一批以高端产品为特色的化工产业园区。上海、南京、宁波、惠州、茂名、泉州、独山子等化工园区或基地已达到国际先进水平。依托煤、盐、化学矿等资源，形成了一批各具特色的化工产业基地，包括蒙西、宁东等大型煤化工及煤电化一体化基地、环渤海湾碱业、云贵鄂磷肥、青海和新疆钾肥等一批大型生产基地。化工园区建设是化工行业发展的主要任务，是推动中国化学工业转型升级和结构调整、实现循环经济和可持续发展的有效途径。一批世界一流水平的化工园区陆续建成。

1. 上海化学工业区

上海化学工业区作为国家产业结构及布局调整的重要组成部分和上海四大产业基地，是中国改革开放以来第一个以石油化工及其衍生品为主的专业开发区。化学工业区地处上海南端、杭州湾北岸，横跨金山区、奉贤区，管理范围36.1平方公里。从2001年1月6日开工建设以来，吸引了一批重量级外资企业和国内企业进入。以英国石油，德国拜耳、巴斯夫为代表的世界著名跨国公司和以华谊集团、上海石化、高桥石化为代表的国内大型骨干企业，成为园区项目的投资主体和入驻企业。上海化学工业区重点发展石油化工、精细化工、高分子材料等产业，成为全球最大的异氰酸酯、全国最大的聚碳酸酯生产基地。上海化学工业区注重产业链构建，形成了以乙烯为龙头，异氰酸酯为中游，聚异氰酸酯和聚碳酸酯等精细化工中间体和涂料、胶黏剂等精细化工产品为终端的较为完整的产业链。

2. 南京化学工业园区

南京化学工业园区成立于2001年10月，是经国家批准，以发展石油化工为主的化学工业园区，也是继上海之后的中国第二家重点石油化工基地。南京化学工业园区按照“世界一流，中国第一”的标准，以乙烯、醋酸、氯碱化工为三大支柱产业，与世界石化巨头开展深度合作。园区规划面积45平方公里，重点发展石油与天然气化工、基本有机化工原料、精细化工、高分子材料、生命科学、新型化工材料六大领域的系列产品。中国石化集团、中国化工集团、BASF、BP、塞拉尼斯、美国空气化工产品公司等一批国内外知名化工企业在园区投资落户。

3.淄博齐鲁化学工业区

齐鲁化学工业区是山东省政府与中国石化集团的重要合作项目，是继上海化学工业区、南京化学工业园区之后国家批准设立的第三家专业化学工业园区。自2002年9月成立以来，依托临淄区石油化工产业优势，大力发展深加工产品，重点延长石油化工、精细化工、化工新材料、碳一化工、塑料和机械加工等五大产业链。先后引进建设了包括美国伊士曼、英国BOC、瑞典柏斯托、美国英科、齐翔腾达等国内外大型企业。

这些拥有世界一流水平的化工园区的建设，促进了中国化工行业的结构调整，提升了发展水平，成为中国化学工业与国际接轨的重要标志。

三、专项举措支持化工技改和区域建设

（一）实施国债专项资金扶持化工技改项目

进入21世纪后，为了缓解亚洲金融危机给中国经济发展带来的压力，改变工业低水平生产能力严重过剩，高附加值、高技术含量产品大量依赖进口的状况，以及企业多年技改投资下滑局面，国家决定从每年新增国债中拿出一部分资金用于企业技改和产品升级，分批实施了国债专项资金扶持技改项目，主要安排了重点行业、重点企业、重点产品和重点工艺的技术改造。国债投资重点领域为冶金、有色、石化、纺织、机械、电子信息和造纸工业。已实施的国债技改项目约有一半选择了大型企业和企业集团、重点行业的排头兵企业。一批非公经济企业也获得支持。

国债技改资金对化学工业领域的技术改造升级支持力度较大。例如，2001年，国家经贸委围绕着提高油品质量、增加合成树脂专用料和提高化纤差别化率等方面，组织实施了22个项目，总投资196.4亿元，其中银行贷款124亿元。行业重点支持的标志性目标是聚乙烯、聚丙烯、聚氯乙烯等近40个品种专用树脂增产145万吨，保障有效供给，同时使乙烯装置能耗由800万千卡/吨降至700万千卡/吨以下；增产80万～100万吨高等级道路沥青，全部做到有效供给。截至2001年10月底，

22项工程全部开工，其中20项建成投产。

（二）实施振兴东北老工业基地化工项目

2003年10月，中共中央、国务院发布《关于实施东北地区等老工业基地振兴战略的若干意见》。

中国石油大连石油化工有限公司、辽阳石化分公司等均在国家实施振兴东北老工业基地化工项目之列，享受相关政策支持。

2004年3月，大庆炼化公司30万吨/年聚丙烯工程开工，并于2005年8月1日投产。这是国家确定的大庆地区首批“振兴东北老工业基地”5个重点项目之一，该装置投产后，大庆炼化公司基本实现炼化一体，产品结构得到了调整和改善。

2004年8月，沈阳化工集团13万吨/年丙烯酸及酯项目开工。同时，该集团3万吨/年聚氯乙烯糊树脂和4万吨/年环氧丙烷及聚醚两个项目竣工投产。三大项目的实施对沈阳经济的发展、老工业基地的振兴起到重大的推动作用。到2006年，东北地区的化学工业投资额位居全国化学工业投资额的第二位，所占比重为15.26%。

（三）实施西部大开发战略中新建和改扩建化工项目

2000年10月，中共十五届五中全会通过的《中共中央关于制定国民经济和社会发展第十个五年计划的建议》，把实施西部大开发、促进地区协调发展作为一项战略任务。随着西部大开发拉开序幕，西部地区化学工业迎来了前所未有的机遇和挑战，投资新建和改扩建一系列化工项目。

2002年7月4日，国家实施西部大开发战略的标志性工程——西气东输工程在人民大会堂举行隆重的开工典礼，向世人宣告举世瞩目的西气东输工程进入建设期。西气东输工程西起新疆塔里木盆地，东至上海白鹤镇，设计年输气量120亿立方米，总投资近1400亿元，是国内口径最大、压力最高、输量最多、距离最远的一条天然气管道。该工程途经10个省、自治区、直辖市，全长4000多公里，管道工程投资400多亿元。

2004年8月3日，西气东输全线贯通，10月1日，西气东输工程实现全线投产，塔里木天然气和长庆天然气同时向下游供气。12月1日，西气东输主力气田克拉克气田建成投产。2005年4月9日，为西气东输管线供气的气田——吉拉克凝析气田建成投产，设计生产规模为天然气6.5亿立方米/年。

2000年，青海100万吨/年钾肥项目被列为国家西部大开发的首批十大项目之一。该项目2002年正式开工，2003年建成并投入试生产，2005年达到设计能力的80%，2006年全部达产。2007年，青海盐湖工业集团公司生产钾肥200万吨，实现销售收入36.5亿元，实现利润总额20.2亿元。

新疆拥有丰富的油气、煤炭、矿产等资源，在国家西部大开发战略中是重要的发展区域。“十五”末期和“十一五”前期的四五年间，新疆启动化学工业重点项目48个，总投资高达1240亿元。2007年，新疆石化工业的投资、产值仍保持在高位增长阶段，石油、化工工业增加值占全区工业增加值比重的67%，处在第一位。依托石油、天然气和煤炭三大优势资源，乙烯、芳烃、天然气利用和精细化工产业链不断延伸，南北疆四大石油化工基地基本形成。化学工业快速发展，已成为新疆的重要支柱产业。

2010年2月，国家新的能源战略构想正式提出。以推动煤炭清洁高效利用作为能源转型立足点的世界级能源化工基地呈现雏形，现代煤化工迅速崛起，内蒙古鄂尔多斯、陕西榆林、宁夏宁东、新疆准东等地依托资源优势建立起一批现代煤化工基地。

“十一五”期间，中国石油和化学工业总产值中，东、中、西部地区产值年均增速分别为21.60%、19.51%、22.24%。2006～2010年，西部地区产值增幅分别为27.99%、29.03%、28.46%、–2.36%、32%，而东部地区分别为27.11%、24.3%、22.48%、2.29%、34.1%。西部地区石油和化学工业固定资产投资也呈现快速增长势头。

四、淘汰落后产能推动产业结构调整

经过多年发展，中国化学工业已经形成门类比较齐全、品种大体配套、具有相当规模和坚实基础的工业体系。但是，与世界石化强国相比，中国原油加工、乙烯、合成氨、烧碱、纯碱、电石、黄磷等产品的平均能耗与国际先进水平存在明显差距。行业自身存在的产能过剩问题依然严峻，特别是纯碱、烧碱、甲醇、硫酸等基础化工产品生产企业，规模小、数量多，面临开工率不足的矛盾，限制了行业增速的上升。特别是存在大量技术落后、质量低劣、严重污染环境，且不具备安全生产条件的“五小”企业，限制了化学工业结构升级的速度。因此，必须实施严格行业准入制度，痛下决心淘汰落后产能。

为将淘汰落后产能工作落地见效，国家推动建立淘汰落后产能机制，采取市场化手段，以及严格市场准入等一系列措施实施淘汰工作，相较于以前简单行政命令更具有实效。

2000年1月，为落实中央经济工作会议精神，保证取缔、关闭技术落后、质量低劣、严重污染环境，且不具备安全生产条件的“五小”企业工作的顺利进行，国家经贸委就停止向列入国家清理整顿范围的“五小”企业供电问题发出通知。要求各级电力管理部门和供电企业积极配合当地政府做好清理整顿工作，对政府实施取缔、关闭的企业和淘汰的落后工艺生产线要及时停止生产供电。同时，还要求包括化学工业在内的行业主管部门将取缔、关闭、淘汰企业（生产线）名单和停止生产的时间提供给相应的供电企业，供电企业按照要求及时停止供电。2001年8月，国家经贸委统一公布了已经和即将关停的“五小”企业名单，涉及钢铁、石化、制糖、糖精、水泥、玻璃等6个行业的49964家企业。

1999年5月，《国务院办公厅转发国家经贸委等部门关于清理整顿小炼油厂和规范原油成品油流通秩序意见的通知》（即38号文）颁布后，国家经贸委等部门对原油一次加工能力10万吨/年及以下的小炼油厂进行了一轮清理。全国193家小炼油厂被保留下来的只有82家，其中地方所属63家，中国石油、中国石化两大集团公司所属19家。对不属于两大集团的地方小炼油企业，国家加大管制，不能自行销售成品油。同时实行“原油配额制”，逐步规范压缩小炼油生存空间。2002年3月20日，国家经贸委下发了《关于下发第二批应关闭的小炼油厂名单的通知》，公布了51家第二批应关闭的小炼油厂和取消原油配置计划指标的企业名单（产品质量和污染物排放达不到国家标准的有28家，清理整顿过程中新发现的计划外的小炼油厂10家，取消原油配置计划指标的企业13家），并在2002年4月20日前对这些小炼油厂全部予以关闭。

在“十五”期间，10万吨/年的小炼油企业基本关停。与此同时，国家推动炼油、乙烯工业大型化、集约化发展，一批大中型炼化装置陆续建成。中国石油化工产业布局已得到优化。

2007年6月，按照国家发改委、环保总局下发通知要求，依法对不符合法律法规、产业政策的规定，环保评审不达标、超标排放的造纸、酒精、味精、柠檬酸、电石落后生产能力实施淘汰，包括落后企业、落后生产线、落后生产工艺技术和装置。“十一五”期间，要淘汰落后酒精产能160万吨/年、味精产能20万吨/年、柠檬酸产能8万吨/年、6300千伏安以下炉型电石产能200万吨，实现减排化学需氧量（COD）124.2万吨。

以山东、江苏两个化工发展大省淘汰工作情况为例，“十一五”期间，江苏淘汰落后产能力度很大，长期开展化工行业专项整治，已有4000家化工企业被淘汰。知名化工企业仪征化纤主动淘汰4条长丝生产线，涉及产能4万吨/年。

2007年以来，山东省将行政手段和市场手段相结合淘汰落后产能，高耗能行业综合能耗增速得到有效遏制。到2008年一季度，行业综合能耗4849万吨标准煤，同比增长回落1.6个百分点。上半年，这个省共淘汰了16万吨/年焦化、4.5万吨/年电石等落后产能。

在国家一系列淘汰落后产能的重大举措推动下，化工行业淘汰落后产能取得一定进展。仅在2010年，淘汰电石产能115.3万吨/年、酒精85.2万吨/年、味精24.3万吨/年、柠檬酸1.7万吨/年、印染41.9亿米/年、化纤68.3万吨/年。

随着化学工业产业结构调整力度加大，经济增长方式也在发生转变。上游资源型原料产业在经济增长中的比重呈逐步下降趋势，下游技术密集型产业比重持续上升。化工产品结构发生明显变化，高附加值的专用化学品、合成材料、有机化学原料在经济增长中的比重呈持续扩大趋势，不仅产值占比56.3%，而且在行业效益的增长中举足轻重，成为提高行业经济增长质量的主要动力。而基础化学原料、橡胶制品、化肥、农药、涂料、颜料等工业则呈平缓缩小趋势。到2010年，专用化学品和合成材料产值占化工总产值比重分别上升至25.5%和16%；基础化工原料产值所占比重下降为24.6%，橡胶制品产值占比为11.5%，化肥产值占比为10.7%，涂（颜）料产值占比为7.7%。总体上经济增长结构继续优化，经济运行的质量进一步提高。在产业结构优化、产品结构升级的同时，也带动了出口结构的优化升级。到2010年，中国橡胶制品、无机化学品等资源型产品在出口贸易中的比重呈下降趋势，有机化学品、专用化学品、合成材料等技术含量较高的产品出口占比则保持不断上升趋势。

第二节 进一步扩大化工对外开放

2001年12月11日，中国正式成为世贸组织成员（简称“入世”），逐步形成了全方位、多层次的对外开放格局，极大地促进了中国与国际社会的交流交融，为人类的和平与发展做出了重要贡献。

化工行业在国家改革开放方针指引下，对外开放也进入了历史新阶段，其发展历程充满了新的发展机遇和挑战。

一、“入世”后化工已形成更大对外开放格局

中国经过半个世纪的建设，到21世纪初，中国化学工业已经形成门类比较齐全、品种大体配套、具有相当规模和坚实基础的工业体系。2001年，全行业规模以上企业15000多家，可生产产品4万多种。中国主要化工产品规模、产量均居世界前列。但中国的化学工业与世界化学工业强国相比差距依然巨大，这也是中国加入WTO后，化学工业面临巨大挑战的根本原因。

改革开放以来，中国化学工业对外贸易发展迅速，年均增长13.17%。1999年石化产品进出口总额500.55亿美元，其中化工产品394.46亿美元，是1980年外贸额的10.5倍。产品出口到210多个国家和地区。

出口产品的结构也发生了明显变化，由20世纪80年代的资源型为主，过渡为资源型与劳动密集型并重、技术密集型为补充的产品出口结构。农药、生物化学品等技术含量较高的产品不断增多，有机化工原料、染料和颜料的出口也迅速增长，硫化黑染料、钡盐、糖精钠、柠檬酸、苯甲酸钠等产品的出口量占世界贸易量的一半以上。

根据“入世”承诺，中国逐步对大部分化工产品进行了关税减让。根据议定书中的关税减让表，中国关税总水平由2001年的14%降至2008年的10%。其中，化学品的平均关税由14.7%减至6.9%；油品、烃类气体、部分合成树脂、大部分合纤原料、合成纤维、合成橡胶、化肥等的进口关税均已减让到位，并逐步放开了原油、农药、农膜、化肥以及其他石化产品的贸易和分销业务（包括批发、零售等），化学工业成为开放度较高的行业。

到2005年，中国取消400多个税号的进口配额及许可证、特定招标等进口数量限制。其中涉及成品油、氰化钠、化肥、天然橡胶、汽车轮胎等，在过渡期内进口配额年递增15%，至2002～2004年完全取消非关税壁垒。

“入世”的关税变化对化学工业发展影响是多方面的。“入世”后，外部压力倒逼和经济、技术贸易促进下，中国化学工业发生了深刻的变化。2001～2010年，石油和化工行业取得长足发展，是历史上发展较快的10年。2009年，化学品出口

620亿美元，是2000年出口额的2倍。

受“入世”影响较大的成品油、化肥和合成树脂以及农药、橡胶、氯碱等工业，采取积极应对措施，取得了明显的成效。炼厂扭转了规模偏小的局面，2010年1000万吨/年以上的炼油企业达20家，原油加工量42286万吨，是2000年的2倍。受冲击最大的化肥工业，主要应对措施是调整了产品结构，提高了尿素、磷肥、钾肥的占比，同时也提高了化肥产量，取得了较好的效果。

但是，加入WTO后，中国化学工业发展也出现了新问题与新挑战，主要问题包括：一是产品由“整体数量短缺”转为“结构性过剩”；二是产业集中度总体偏低；三是资源和环境压力不断加大。此外，化工产品出口成为国际贸易摩擦重灾区。

二、化工领域成为国际贸易摩擦的多发地带

随着对外开放不断扩大和国民经济迅速发展，中国在世界贸易中的地位迅速提升，至2001年已跃升至世界第三位。与此同时，国际贸易摩擦也急剧增多。反倾销、贸易壁垒、技术壁垒等形形色色的贸易保护主义纷纷抬头，严重影响了中国经济发展和国内产业的对外贸易。其中，化工领域成为国际贸易摩擦的多发区。

（一）化工领域贸易摩擦激增

从1979年欧共体对中国发起第一宗反倾销调查至21世纪初期，国际反倾销案已经涉及中国出口商品20多个大类中的绝大部分类别。20世纪80年代，国外对我反倾销年均立案7起，90年代增至32起，2001年更是创下年度立案55起的新高。

2001年中国刚刚加入WTO，就有17个国家和地区对我发起67起反倾销和保障措施调查。2002年，针对中国的反倾销案51起。2003年，达到59起。2004年仅上半年，就对中国反倾销立案23起。对华贸易摩擦除了反倾销，还向多种贸易保护手段扩展，包括反补贴、特保条例、知识产权调查、技术性贸易壁垒等。此外，以保护环境、节约能源、保障人权、社会责任等为借口的贸易保护措施也日益增多。

至2010年的“入世”10年间，国外频繁使用“双反”（反倾销、反补贴）、“两保”（保障措施、特保措施）调查实行贸易保护，其中化工产品被立案调查的数量最多，涉及烧碱、炭黑、农药、合成染料、轮胎等20多种产品。中国成为世界反倾销和保障措施的最大受害国。

随着中国化学工业迅速发展，新技术、新产品不断涌现，外贸产品结构的变化，国际贸易摩擦也呈现出新的特点。

（二）技术性贸易壁垒增加

在关税大幅降低和非关税壁垒大量消除后，技术性贸易壁垒成为发达国家贸易保护的主要手段。

中国化工产品的出口主要是发达国家，技术性贸易壁垒主要是对危险化学品分类管理、严格的化学品管理、新化学品、农药和合成洗涤剂等产品的管理。另外，有关包装和标签的规定，也对化学品出口有一定的影响。

2004年，欧盟正式禁止的农药，涉及中国达60多个品种。2007年6月，欧盟开始实施REACH法规（关于化学品注册、评估、许可和限制法案），对欧盟市场上约3万种化工产品，设置了高额的注册费用、烦琐的注册过程、高企的注册门槛，直接影响中欧90%以上的贸易额，是中国化工产品出口最大的技术贸易壁垒。依据REACH法规，中国出口欧盟的化学工业品及数千种下游产品必须通过欧盟境内的生产商或者进口商的评估、注册，获得许可。为此，中国企业每年要为REACH付出5亿～10亿美元的高额注册费用，出口产品成本提高约5%，进口产品的成本增加约6%。

2008年，欧盟通过化学物质和混合剂分类、标签及包装的法规，并已纳入了联合国认可的分类准则及标签规则，成为抵御危险化学品的绿色壁垒。

2009年9月，美国政府决定3年内分别对中国进口的所有小轿车和轻型卡车轮胎征收35%、30%和25%的从价特别关税。中国据理上诉世贸组织被裁决驳回，维持了美国轮胎特保措施，使中国失去了美国市场，影响了近30%的轮胎出口，仅2010年就损失约10亿美元。美国对华轮胎特保案也是中国遭遇的最严厉的贸易保护措施之一。

2009年11月，欧盟理事会通过了植物保护产品新法案，对中国农业企业出口影响巨大。

（三）中国积极运用相关法律保护受损企业

1997年3月，中国政府颁布了《反倾销和反补贴条例》，填补了国内经济救济领域的法律空白。条例颁布后至2010年，中国反倾销贸易救济立案共71起，“入世”后实施反倾销指控案42起，涉案产品为化工、冶金、轻工业、医药、造纸等多个行业。其中，涉及石化行业有28起。国家通过法律手段反倾销，遏制了外商低价倾销产品的势头，维护了公平贸易的市场秩序，改善了受损化企的经营状况，保护了企业权益，促进了行业发展。

由于外商大规模的倾销行为，国内环氧氯丙烷生产企业受到严重伤害，产量持续呈现负增长。2004年12月28日，中国向俄罗斯、韩国、日本、美国等国的环氧氯丙烷商家发起反倾销调查，于2005年9月21日裁征反倾销税。国内环氧氯丙烷的生产得到恢复，行业发展得到提振。2005年产量增幅由2004年的-18.89%提高到26.03%。此后，产量持续增加，到2007年增长幅度达到69.23%。

2007年3月9日商务部发布公告，根据《中华人民共和国反倾销条例》的规定，决定对原产于日本、新加坡、韩国和中国台湾地区的进口丙酮进行反倾销调查。2008年6月调查机关最终裁定，进口丙酮存在倾销，中国大陆丙酮产业受到实质损害，且倾销与实质损害之间存在因果关系。国务院关税税则委员会决定，对涉案的进口丙酮征收反倾销税。丙酮反倾销案结后，国内丙酮价格逐步上涨，到8月份每吨上涨约1700元。国内丙酮生产企业由严重亏损转为盈利。

2007年11月21日，商务部发布2007年第81号公告，决定对原产于日本、新加坡和中国台湾地区的进口甲乙酮征收反倾销税。案后国内市场行情也得到恢复，每吨价格上涨了2500元。生产企业摆脱了亏损，步入良性发展轨道。

2010年4月的己内酰胺案，贸易救济效果也很明显。案前国内市场价格为21200元/吨，立案后即涨到22800元/吨。

通过法律手段反倾销，实施贸易救济措施，扭转了市场价格倒挂的反常局面，为国内企业保障了合理的利润空间，保证了行业的健康、可持续发展。

三、世界大型化工企业加大对华投资建设

加入WTO后，中国经济越来越快地融入全球经济，国家按“有所为有所不为”的原则，适时放宽准入限制条件，鼓励外商来华投资。埃克森美孚、壳牌、BP、道达尔、巴斯夫、杜邦、拜耳等跨国化学公司纷纷来华投资，业务涉及油品营销、燃气开发、石油化工、精细化工、专用化学品、合成材料加工、石化仓储物流、高附加值终端产品等。2003年，外资的石化项目全面进入建设和实施，至2007年，中国化学工业吸引国外直接投资已连续4年居于全球首位。到2010年底，中国引进外商化工企业5232家。投资总额1035.1亿元。世界知名跨国公司均已进入中国市场。

（一）国家积极鼓励外商投资

进入21世纪后，国家积极鼓励并引导利用外商投资，目的在于引进国际先进的技术和产品，推动中国产业结构调整，促进经济高速发展。

2001年6月，国家计委公布了228个重大吸收外资项目，总金额高达3400亿美元，可以享受国家鼓励外商投资和中西部优势产业吸收外商投资的优惠政策。这些项目突出了基础性和高科技含量，都是国民经济发展的重点项目，其中化工、石化等行业科技含量较高的项目占27.2%。

2002年4月，国务院新修订的《外商投资产业指导目录》正式施行。新《目录》共列有371个条目，分为鼓励、允许、限制和禁止四类。其中，鼓励类由186条增至262条，限制类由112条减为75条，并放宽了外商投资的股比限制。同时规定，从事鼓励类的外商投资项目，享受免征进口设备关税和进口环节增值税的优惠政策。新《目录》是在中国加入世贸组织后进行修订的，成为利用外商投资的重要政策导向。

《外商投资产业指导目录》的鼓励投资产业目录中，具体规定了化学原料及化学品制造业的投资品种、规模及要求，涉及乙烯、合成材料、煤化工、精细化工、烧碱、化肥、农药、助剂、染料以及“三废”处置等共25项。

《外商投资产业指导目录》的限制投资产业目录中，对于石油加工及炼焦业，规定限制外商投资炼油厂建设和经营。此外，对化学原料及化学品制造业，规定限制投资离子膜烧碱、感光材料、易制毒化学品、联苯胺、硫酸法钛白粉、钡盐的生产以及硼镁铁矿石加工等。

（二）化工领域成为外资来华投资热点

随着中国经济快速发展，化工产品需求旺盛，化学工业成为最具吸引力的投资行业。随着跨国化工公司由商品输出向资本输出的快速转变，国内外资企业迅速增多。世界前50名的化工公司几乎都在中国设有独资或合资企业，有的还将大区总部和研发中心迁入中国。到2011年，在华化工外商企业有1920家。中国的化学工业吸引国外直接投资（FDI）已连续多年居于全球首位。

德国巴斯夫是全球最大的化学公司之一，主要投资中国的聚合物分散体、涂料、聚氨酯、颜料、整理剂、中间体、作物保护剂等产品，是中国精细化工领域最大的投资商。进入21世纪，德国巴斯夫在中国投资力度加大，其独资建设、位于上海化学工业区一体化生产基地的8万吨/年四氢呋喃和6万吨/年聚四氢呋喃联合装置于2004年建成，这是巴斯夫在中国的第一个独资项目，也成为当时全球最大的聚四氢呋喃生产设施。中石化与巴斯夫公司在南京的60万吨/年乙烯联合装置，总投资约29亿美元，是当时国内最大的中德合资项目。扬巴一体化工程一期建设60万吨/年乙烯和170万吨/年石化产品，于2005年6月建成投产。巴斯夫公司与亨斯迈公司、上海华谊公司、中石化合资建设的MDI联合装置，以及与中方合资的TDI联合装置，均在2005年投产。

德国德固赛也是全球著名跨国化工公司，其旗下的15家公司分别在北京、上海、广州、南宁、青岛、香港等地建有生产基地，生产炭黑、氨基酸、聚氨酯泡沫添加剂、高效水处理化学品、化学建材等产品。德固赛还加大研发投入，投资1000万欧元在上海建设研发中心，设有实验室、市场营销、应用技术培训、售后技术服务等部门。

2000年，通用电气公司下属的GE东芝有机硅有限公司在上海外高桥保税区建立独资生产型企业，总投资近2500万美元。

2004年，塞拉尼斯（中国）投资有限公司正式成立，总部设在上海，管理塞拉尼斯公司在中国的各项投资和各业务部的产品销售，在北京、广州和武汉也相继建立了分公司。

2005年，英国BP公司与中国石化和上海石化联合在上海建成90万吨/年世界级乙烯工程项目，总投资达34亿美元，中外双方各出资50%。

2006年，德国瓦克化学股份有限公司与美国道康宁公司强强联手在江苏扬子江国际化学工业园投资18亿美元，建设世界级的有机硅生产基地（道康宁-瓦克张家港有机硅综合生产基地），该基地占地面积近100万平方米，是中国最大的硅氧烷和气相二氧化硅生产基地，同时也是当时全球最大、最先进的有机硅综合生产基地之一。

2007年，埃克森美孚、沙特阿美与福建炼化一体化项目签署协议，正式投入运营。中石化森美（福建）石油有限公司由中国石化、埃克森美孚和沙特阿美按55%、22.5%、22.5%的股比投资设立，项目总投资46亿元，在福建惠安建设了80万吨/年乙烯及下游装置。

此外，美国的杜邦、陶氏化学、伊士曼化学，日本的三井化学、三菱化学，德国的汉高、拜耳，瑞士的汽巴精化等跨国公司都不断加大了对华投资。

截至2005年，全球排名前十位的汽车轮胎厂商已经全部在中国设立生产企业，跨国轮胎厂商在国内已建成年产能达到7600万条，占国内外胎产能的30%左右。外资跨国公司收购大部分国内轿车用半钢胎企业，占据了近80%的产量份额。炭黑领域中，卡博特、德固赛、哥伦比亚化学品公司、印度博拉集团和日本东海炭素全球等国际炭黑企业均已进入国内。外资其他配套原辅材料和橡胶机械设备企业均有布局。

长期以来，技术引进和消化吸收一直是中国化学工业技术发展的主要途径之一。大型跨国化学公司主要以技术转让、补偿贸易、建立“三资”企业等形式进入中国，以其先进的技术，先进的企业管理和营销理念，助推了国内化工企业的技术进步。中国通过合资引进，采用先进技术改造传统化工企业，直接缩小了与先进国家的技术差距。

通过对外引进技术的消化、吸收和创新，化学工业具备了一定的科技创新能力，获得了一批化工科技创新成果。经过技术攻关，成功开发了乙烯裂解炉、甲苯歧化与烷基转移、乙苯/苯乙烯等生产技术，以及丙烯腈、PTA、己内酰胺、异丙苯、乙二醇、碳五分离、环管法聚丙烯、镍系聚丁二烯橡胶、SBS、溶聚丁苯橡胶等成套技术，均已实现工业应用，部分技术已出口。

但同时，化工外资企业也对中国化工市场形成较大冲击。国内化工企业普遍存在技术落后、生产规模小、研发能力不足、营销网络差等问题。随着国内市场竞争格局的改变，国内化工行业已从本土企业间的竞争，进而扩展为同跨国公司的合资企业、独资企业的竞争，一直受到国家政策保护、对资金和技术依赖性强的一些本土企业，遭受巨大的市场冲击。

2005年，全球排名前十位的跨国轮胎厂商已全部在中国设厂，产能占全国产能的30%左右，其中轿车用半钢胎占了近80%的产量，这一局面受到国内中资轮胎企业的密切关注，并呼吁政府出台必要措施，推动轮胎行业规范有序发展。

四、化工行业实施“走出去”发展战略

（一）化工对外贸易蓬勃发展

进入21世纪后，中国化工对外贸易得到长足发展，进出口贸易持续增长。

2000年前后，中国有2000多家化工企业的产品进入国际市场，有300多家化工企业获得了自营进出口权，产品出口到210多个国家和地区。上海轮胎橡胶公司、

吉化公司、青岛双星等一批骨干企业成为出口创汇大户，一批化工产品如硫化黑染料、钡盐、糖精钠、柠檬酸、苯甲酸钠等产品的出口量占世界贸易量的一半以上。一批企业出口额超过1000万美元，甚至有的已超过3000万美元；还有一批企业依靠科技进步，做出了规模效益，在国际市场上创出了知名品牌。青岛双星集团的双星鞋、广东中成的保险粉、苏州精细化工的糖精钠、安徽蚌埠的柠檬酸、新安集团的草甘膦等均是中国化工产品在国际市场新创名牌的杰出代表。化工自营进出口企业与专业外贸企业和合资企业一起，构成了中国化工对外贸易的主体。到2005年，全行业进出口贸易总额为1994.6亿美元，比2000年增长169.2%，年均递增21.9%。

到2011年，中国石油和化学工业进出口贸易依然保持了较快的增长，贸易额再创历史新高，全年实现进出口贸易总额6335.04亿美元，增幅达33.23%。石化行业贸易逆差值为2624.64亿美元，比上年扩大38%。

（二）海外并购趋热

中国化工企业“走出去”主要有以下几种模式：传统产品如橡胶制品、化肥、农药、无机盐等通过出口走出国门；通过购买海外上游资源、在当地合作建厂，在国际市场进行销售或者向下游领域业务拓展；在资源丰富的海外地区建立产业园区，上下游产业配套发展，发挥集聚效应和综合效应；参与国际并购，获得跨国公司的成功品牌、销售渠道和经销网络；向“一带一路”沿线国家进行基建输出等。

随着国家“走出去”战略的兴起，中国化工企业加快步伐走向海外，拓展国际市场，在引进技术、产品出口、海外并购等领域均取得突破，形成了开发国内国外两个市场、充分利用国内国际两种资源的新格局，为中国化工企业提高国际市场竞争力，奠定了坚实的基础。

2000年以来，中国化工企业国际并购案例详见上卷第七章。

第三节 已发展成为世界化工大国

在这一历史阶段，化工行业在党中央、国务院的正确领导下，在国家一系列产业政策指引下，特别是克服了国际金融危机影响，实现了平稳较快发展。2009

年，中国石油和化学工业总产值为6.62万亿元，约占当年世界石油和化工总产值的21%，行业经济总量排名在美国之后，居世界第二位。2010年，石油和化学工业实现总产值8.88万亿元（现行价格），位居世界第二。其中，化学工业产值达5.23万亿元，超越美国，跃居世界第一。中国的化学工业已经形成了化学矿山、石油炼制、石油化工、基础化学原料和化学品、化学肥料、化学农药、涂料、染料、合成材料、专用化学品、橡胶制品、化工设备制造等20多个子行业，生产6万多个（种）产品，门类比较齐全、品种较为配套，基本可以满足国民经济和人民生活需要的强大工业体系。全行业有20多种大宗产品产量位居世界前列。2011年，中国石化、中国石油分别以16611万吨/年、13375万吨/年原油加工能力位居世界原油加工能力前25位公司的第三位和第七位。

2009年，化学品出口620亿美元，是2000年出口额的2倍。出口结构持续改善，化工贸易也从粗放型向集约型转变。橡胶制品、无机化学品等资源型产品在出口贸易中的比重呈下降趋势，而专用化学品等技术含量较高的产品，出口比重不断上升。橡胶制品比重下降至24.6%；无机化学品比重下降至8.7%；专用化学品攀升为12.5%。这一时期，中国的化学品国际市场占有率有了较大提高。详见表1-6-3。

表1-6-3 世界十大化学品出口国（地区）国际市场占有率

单位：%

年份	德国	美国	比利时	法国	英国	荷兰	瑞士	爱尔兰	中国	日本
1990	17.92	13.33		9.57	7.97	6.80	5.65	1.27	1.27	5.33
1991	16.79	14.21		9.44	7.97	6.33	4.54	1.40	1.26	5.69
1992	16.50	13.59		9.55	7.99	6.05	4.79	1.65	1.32	5.80
1993	13.86	14.07		8.75	7.63	5.77	4.84	1.68	1.42	6.18
1994	13.61	13.42		8.37	7.14	6.48	4.60	1.76	1.60	6.04
1995	14.26	12.69		8.65	6.80	6.67	4.37	1.72	1.87	6.20
1996	13.89	12.77		8.65	7.04	6.91	4.40	2.19	1.80	5.84
1997	13.18	13.80		8.20	7.01	6.35	4.11	2.63	1.99	5.83
1998	13.48	13.35		8.44	7.13	5.77	4.31	3.97	1.99	5.25
1999	12.69	13.40	6.78	8.37	7.02	5.32	4.35	4.21	1.93	5.72
2000	11.88	14.10	6.53	7.74	6.46	5.35	3.73	4.33	2.07	6.01

续表

年份	德国	美国	比利时	法国	英国	荷兰	瑞士	爱尔兰	中国	日本
2001	12.20	13.73	6.68	7.72	6.57	5.26	4.27	4.84	2.23	5.12
2002	11.24	12.53	8.75	7.56	6.38	5.40	4.46	5.55	2.30	4.98
2003	11.97	11.75	8.73	7.57	6.39	5.50	4.32	5.05	2.44	4.86
2004	12.32	11.55	8.73	7.23	6.01	5.76	4.21	4.77	2.70	4.91
2005	11.93	10.90	8.73	6.83	5.52	5.65	4.13	4.56	3.25	4.79
2006	12.26	10.89	8.43	6.67	5.54	5.62	4.17	4.02	3.58	4.65
2007	12.52	10.50	8.46	6.49	5.29	5.79	4.02	4.01	4.09	4.42
2008	12.36	10.72	7.92	6.44	4.82	5.31	4.11	3.87	4.73	4.12
2009	12.65	11.04	8.32	6.46	5.07	4.99	4.67	4.49	4.28	4.23

第四节 持续推进化工体制改革

随着改革逐步深入，中国化学工业发展顺应大势，持续推进以企业改制为主要形式的体制机制改革。按照中央“抓大放小”的指导思想，全行业在全国率先提出“大公司、大集团、大基地”的三大发展战略。化工企业普遍进行了改制，通过兼并重组、股份制改造、民营化等途径，使中国化工行业资产配置更加优化，全行业以国有经济为主体、多元经济成分共同参与的市场竞争格局已经形成，适应社会主义市场经济要求的新型管理体制和运行机制已经建立，以现代企业制度为规范的生产经营、计划财务、人力资源和物流信息等管理制度、管理方法和管理手段已经建立，企业的经营机制更加灵活，竞争能力大幅提高，为中国化学工业迈向世界先进行列奠定了坚实的基础。

一、兼并重组发展大企业大集团

化工行业从“八五”时期提出大公司、大集团、大基地战略，这一做法得到国务院的肯定，并逐渐发展成为国家经济发展战略的一部分。“九五”至“十一五”时期，随着世界化学工业发展整合并购浪潮的兴起，以及国家宏观调控政策的指导，在国内外经济形势发生深刻变化的背景下，中国化学工业为了提高竞争能力，加大了整合自身以及上下游产业链的力度。行业不断通过企业间的并购重组和业务重整，加速推进大企业、大集团组建，国内化工企业并购重组高潮迭起，整个化工行业进行了一次产业大重组和重新布局，大企业数量不断增多，产业集中度得到很大提高。

中国的石油工业经过战略性重组后，形成了中石油、中石化、中海油三个大型国家石油集团公司，实施国内油气勘探开发、炼制、销售一体化。通过体制改革，实现了政企分离，打破了行业性垄断。中石油、中石化、中海油三大集团经过改制并上市成功，标志着中国大型国有企业开始向多元化产权结构的商业化公司转变。

2000年，经国务院批准，广州石化总厂兼并了广州乙烯公司。广州乙烯公司建有15万吨/年乙烯工程，总投资83.7亿元，由广州市和中国石油化工集团公司合资建设，其中广州市占90%股份并作为项目的主要负责方。这起兼并涉及债务70亿元，是当时国内较大的一起企业兼并案。

2000年，经国务院批准，山东兖矿集团对山东鲁南化肥厂实施承担债务式整体兼并，即山东兖矿集团接收山东鲁南化肥厂的全部资产（包括土地）和职工，同时承担其全部债务。该项目是继齐鲁石化兼并淄博化纤总厂和淄博石化厂之后，山东省内最大的一起跨行业、跨地区兼并案。兼并后，山东鲁南化肥厂通过享受国家有关政策，将资产负债率调整到60%左右，化肥生产规模达到40万吨/年。同年，由上海石化、高桥石化参与重组的上海化学工业区发展有限公司成立。

2003年4月，国务院国有资产监督管理委员会正式成立。成立之时纳入国资委监管的196家中央企业中有石油和化工企业12家。分别是中国石油天然气集团公司、中国石油化工集团公司、中国海洋石油总公司、中国化工进出口总公司、中国昊华化工（集团）总公司、中国化学工程总公司、中国化工供销（集团）总公司、中国化工建设总公司、中国蓝星（集团）总公司、中国寰球工程公司、中国乐凯胶片集团公司、沈阳化工研究院。

中国的化工行业经过战略重组和企业改制，逐步形成了一大批具有先进生产水平的大型企业集团，建成了一批接近或达到国际先进水平的大型生产装置，提高了化工的整体实力。

上海天原集团公司、上海轮胎集团公司、巨化集团公司、川化集团公司、大化集团公司、山东海化集团等61家企业进入国家的520户重点企业行列。经过重组整合，中国初步形成了以大企业为主导、产业链上下游整合、各企业分工明确协调发展的化学工业企业结构新布局。

2004年5月9日，经国务院批准，中国化工集团公司（简称中国化工）成立，注册资本为57亿元，中国化工是由中国蓝星（集团）总公司和中国昊华化工（集团）总公司等原化工部所属的5家企业重组新设立的国有大型企业。

中国化工成立后，其战略定位为“老化工，新材料”，把发展化工新材料作为企业未来发展的主线，重点发展化工新材料及配套原料，并按国际化发展的一体化模式向上下游延伸，同时发展化肥、农药等工业。

通过不断深入推进企业改革，中国化学工业大中型企业数量逐年增加，2009年化学工业大中型企业数量为5578家，比2005年增加了1252家。大中型企业数量增加的重要原因在于中国石油化工产业规模不断壮大，这一时期建设的一批重点项目先后投产，形成了一批大公司、大集团。石油化工行业一些企业规模不断扩大，产业集中度有了很大提高，已形成了燕山石化、上海石化、扬子石化、齐鲁石化、茂名石化等5个百万吨规模乙烯生产基地。在中国石油大连石化公司、中国石化镇海炼化分公司、中国石化上海石化公司、中国石化茂名分公司、中国石化金陵分公司、中国石化广州分公司、中国石化上海高桥分公司、中国石化齐鲁分公司、中国石油兰州石化公司、大连西太平洋石化公司、中国石化北京燕山分公司、中国石油独山子石化公司、中国石化青岛炼化公司13个1000万吨级炼油基地中，有2个基地的炼油能力超过2000万吨/年。

但是总体上看，中国化学工业集中度还较低，除基本原料等上游产业集中度较高以外，中下游产业缺乏具有世界影响力和竞争力的企业，尤其是化肥、制药、橡胶、氯碱、纯碱等工业的企业数量都多达数百家甚至上千家，产能总和位居世界前列，但企业平均规模却远低于世界先进水平。

二、深入推进化工企业体制机制改革

（一）调整国有经济布局和结构

进入21世纪后，中国化学工业在不断探索建立现代企业制度的改革实践中，按照产权清晰、权责明确、政企分开、管理科学的要求，进一步加大建立现代企业制度的力度，全面推进企业体制机制改革。国有企业从产权制度改革入手，力求促进投资主体多元化，重点培育国有大中型企业，逐步建立了国有资本出资人制度，规范了公司制企业的法人治理结构。凡实行公司制改革的企业，明确股东会、董事会、监事会和经理层的职责，形成各负其责、协调运转、有效权衡的公司法人治理结构。对于国有中小企业则采取灵活多样的改制形势和经营形式，加强企业管理，不断提高管理水平，狠抓管理薄弱环节，改革管理机制和管理办法，建立以市场为核心的管理系统。

2003年，国务院国有资产监督管理委员会成立后，国有化工企业尤其是央企的重组整合力度不断加大，中国化学工业开始加速解决国有资产分布领域广、配置过于分散的问题，并对产业结构、产品结构、产业布局陆续调整，从而使企业竞争实力大幅增强。

国有化工企业通过全面推进企业改革，使有进有退的战略得到了很好的实施。所有制结构发生了较大变化，非国有企业成为化学工业的主要力量。2002年、2011年化工企业类型变化详见表1-6-4。

表1-6-4　2002年、2011年化工行业按控股类型分企业数目　　单位：个

行业类别	2002年			2011年		
	国有控股	私营	外商及港澳台商投资	国有控股	私营	外商及港澳台商投资
石油加工及炼焦业	260	348	108	215	1015	182
化学原料及化学制品制造业	2810	3201	1844	1124	12089	3537
化学纤维制造业	175	250	224	47	1208	295
橡胶制品业	286	505	373	100	1847	681
塑料制品业	718	2377	2245	198	7471	3068

注：数据来源于国家统计局。

中国化学工业起步较晚，在社会主义改造完成后到改革开放初期，化学工业主要由国家投资建设，企业所有制基本由国营和集体所有两种形式构成，国有经济比重较高。改革开放后，化学工业所有制结构发生了较大变化，下游产品领域逐步形成了各种所有制企业共同发展的局面，非国有企业结构地位逐步超过国有及国有控股企业，逐步成为化学工业发展的重要力量。国有企业数量比重下降明显快于产出

比重下降，这说明国有企业平均产出规模呈现扩大之势，国有资本更加集中于大型企业。2007年，化学工业国有企业以不到5%的数量实现了近20%的产出。从行业构成看，20世纪80年代，化学工业国有资本开始从塑料制品业和橡胶制品业等一般竞争性行业和省以下的企业中退出，逐渐向化学原料、化学纤维、医药制造等规模经济显著的上游领域和行业龙头企业集中。20世纪90年代以来，国有资本基本从县、市化学工业中退出，相当一批国有独资企业转变为股份有限公司、有限责任公司，化学工业国有资产分布过宽、战线过长的问题得到较大改变。

21世纪以来，化学工业着手从战略层面调整国有经济布局和结构，国有经济开始向关系国计民生的重要行业骨干企业集中。化学原料、化学纤维等上中游领域国有企业比重下降幅度较大，说明化学工业非国有企业正在从工艺比较简单、经济规模较小的产品向经济规模较大、工艺复杂的中上游发展，炼油、乙烯、芳烃和精对苯二甲酸等领域均有非国有企业参与，一批跨领域、跨地区、跨行业的大型非国有化工企业正在形成。2005年以来，虽然国有企业占全部化学工业企业数量的比重继续降低，但产出比重转降为升，说明国有资本已经从一般竞争性行业退出，国有企业“点多、面广、线长”的问题有了较大改变，国有经济对整个化学工业的影响力和控制力有所增强。

（二）鼓励跨国公司参与国企改制

《国民经济和社会发展第十个五年计划纲要》指出，要扩大对外开放，提高对外开放水平。鼓励外商特别是跨国公司参与国有企业的改组改造，发展高新技术产业、新兴服务业和出口型产业；鼓励和促进国内外中小企业之间的合作；探索利用收购、兼并、风险投资、投资基金等方式吸引外资；鼓励和引导外资投向中西部地区；合理利用世界贸易组织规则，有效促进国内产业发展。

随着中国对外开放力度的不断加大，外商特别是跨国公司看好中国化学工业，在国家政策鼓励下，通过参股方式进入中国化工行业。当时这种方式引起社会的广泛关注，一度成为舆论焦点。

2003年2月，深圳上市公司赛格三星的大股东赛格集团将11075万股国有股转让给三星康宁（马来西亚）公司，连同之前“三星投资”收购的股权，三星集团共持有赛格三星35.46%的股权，一跃成为第一大股东。

2003年7月，新加坡佳通轮胎集团以每股0.648元，总价9789.336万元，竞得桦林集团持有的ST桦林1.5107亿股国有法人股，成为ST桦林的第一大股东，这是全国首例外资通过司法拍卖程序获得上市公司国有股股权。

2006年7月，美国威士伯公司以超过25亿元人民币并购中国广东顺德华润涂料公司。

2008年，黑石（百仕通）集团入股中国蓝星（集团）总公司，共同打造在化工新材料、特种化学品的全球领先公司。根据协议，黑石集团注资6亿美元认购蓝星集团股份。增资完成后，中国化工集团公司持有蓝星集团80%的股权，百仕通集团持有蓝星集团20%的股权。

2009年3月，外商世盈创业投资有限公司青睐沈阳化学工业园区企业实力和投资环境，通过合资合作方式与园区企业成立了沈阳科创化学品有限公司，共同打造中国最大的农药和专用化学品生产基地。

据统计，截至2010年，外资参股中国化工企业的案例多达数百家，参股金额高达千亿元以上。通过外资参股，使中国化工企业获得了资金、技术和管理支持，化学工业快速发展壮大。

（三）民营企业成为化工发展重要力量

进入21世纪后，国家扶持民营经济发展的力度加大。2003年到2010年，国家相继颁布出台了《中小企业促进法》《关于鼓励支持和引导非公有制经济发展的若干意见》《关于进一步促进中小企业发展的若干意见》《关于鼓励和引导民间投资健康发展的若干意见》等，为发展民营经济创造了宽松的社会和经济环境。民营化工企业发展迅速，其发展速度大大超过国有、集体和“三资”企业，成为化学工业不可或缺的重要力量。民营化工企业的发展，大大加快了中国化学工业的发展，提高了行业整体实力。到2005年，产品销售收入超过亿元的民营企业已超过千家，有的销售收入达到近百亿元，已超过许多国有大型企业，跻身于世界化工专业领域前列。民营企业涉及领域众多，从无机化工、有机化工到石油化工、精细化工，几乎遍及整个化工领域，主要集中在染料、涂料、生物化学品、信息用化学品等精细化工领域，形成了经济规模不等、专业特色鲜明的产业集群，特别是一些大型非公有制民营企业，逐步发展成为跨领域、跨地区、跨行业的以资本运作为纽带的产业集团。

为充分肯定鼓励民营企业为发展化学工业做出的贡献，激发其创造活力，从2003年开始，中国石油和化学工业协会经常性召开石油和化工民营企业发展大会，表彰奖励优秀民营企业和优秀民营企业家。根据统计资料，到2011年，石油和化学工业行业非公经济总产值为5.65万亿元，占比50.11%，历史上首次过半。

（四）上市化工企业数量成倍增长

随着中国经济体制改革的深入，针对企业融资难的问题国家给予了充分重视，并逐步推行了投融资体制改革。国家投融资体制改革，为中国化工企业创造了加快发展的重大机遇。通过国家政策的引导和支持，为企业解决了融资难的制度障碍和机制问题，赋予化工企业更多自主权，助推了化工行业快速发展。《化工统计与信息》数据显示，截至1999年，中国石油和化工上市企业数量达到76家。进入21世纪后，中国上市的化工企业数量快速并成倍增长，通过资本市场融资，解决了企业发展对资金的需求，加快了行业的发展进程。

2007年10月，经中国证监会批准，中国石油以每股16.7元人民币的价格发行40亿股A股，并于2007年11月5日在上海证券交易所上市。

2000～2010年，沪深两市共有129家石化企业上市，共融资2455.45亿元。其中上海A股44家，募集资金1948.96亿元；深圳A股3家，募集资金12.84亿元；创业板12家，募集资金53.02亿元；中小板70家，共募集资金440.63亿元。截至2011年底，中国在A股上市的石油和化工企业有340余家。

第五节 化工环保与循环经济发展成为重要任务

进入21世纪后，国家对环境保护工作和循环经济发展高度重视。化工作为高能耗和高排放行业，在国家政策指引和推动下，作出了积极调整，推动环境保护与循环经济发展成为行业的重要任务。

一、积极推广应用环境治理新技术

进入21世纪后，化工行业积极推广应用环境治理新技术，环境治理技术水平得到显著提升。

“十五”期间，橡胶、氮肥、有机原料、纯碱等子行业开发了系列环保新技术、新工艺。橡胶加工及炭黑工业重点推进了改革水油法再生胶生产工艺，开发无废少废再生胶清洁生产工艺；研究开发炼胶、硫化烟气的污染治理技术；推广直接燃烧法将炭黑尾气中可燃气态污染物变为二氧化碳和水，并可回收利用燃烧热等技术工作。氮肥行业重点推进合成氨生产向单系列大型化发展；淘汰采用凉水塔自然通风或强制通风直接吹气脱氰法；推广集成精馏分离技术回收稀氨水中的氨等技术。有机原料及合成材料行业重点推进乙烯直接氧化法代替乙炔水合法生产乙醛；采用共氧化法代替氯醇法生产环氧丙烷；乙烯氧氯化法代替乙炔法生产氯乙烯；采用液膜萃取法或大孔树脂吸附技术回收苯酚、对苯二酚、酚醛树脂等生产废水中的酚；采用分步结晶法回收季戊四醇母液中的甲酸钠等多项环保技术。

“十一五”期间，化工行业进一步加大技术创新力度，大力开发和推广节能新工艺、新技术。不少化工企业通过技术创新，实现了多种化工产品联产，提高了资源利用效率。子午胎企业采用充氮硫化代替传统的热水恒温硫化、胶料破碎代替烘胶等技术，节能效果明显。复合肥行业以高塔造粒代替转鼓和喷浆造粒，降低了能耗，提高了产品质量。氯碱工业开发低汞催化剂技术，使催化剂氯化汞含量由原来的10%以上降到6%以下，汞的消耗量和排放量也大幅度下降。同时，各行业加快了节能减排共性技术的应用。溴化钾吸收式制冷机组已在氮肥、炼油、氯碱行业普遍应用，变压吸附技术已在氮肥、聚氯乙烯生产中广泛推广。中海油天津化工研究设计院开发的工业冷却节水及废水近零排放技术，不仅在石化、化工行业应用，而且还在冶金、电力等其他行业建成了高浓缩倍率（5倍）工业冷却系统示范装置75套，实现年节约和减排水3100万吨。氯碱工业开发的干法乙炔技术在全国应用38套，有效地解决了电石渣浆污染、占地问题，实现了乙炔的连续生产。精细化工开发的替代光气、氯化亚砜等有毒有害原料“绿色化学”技术，从工艺源头上消除了安全和环保隐患。

二、开展化工行业循环经济试点示范

2005年10月，国家发展和改革委员会、国家环保总局等6个部门联合选择钢铁、有色、化工等7个重点行业的43家企业，再生资源回收利用等4个重点领域的17家单位，13个不同类型的产业园区，涉及10个省份的资源型和资源匮乏型城市，开展第一批循环经济试点，以探索循环经济发展模式，推动建立资源循环利用机制。化学工业试点企业包括山西焦化集团有限公司（简称山西焦化）、山东鲁北企业集团有限公司（简称山东鲁北）、四川宜宾天原化工股份有限公司（简称四川宜宾）、河北冀衡集团公司（简称河北冀衡）、湖南智成化工有限公司（简称湖南智成）、贵州宏福实业有限公司（简称贵州宏福）、贵阳开阳磷化工集团公司（简称开阳磷化）、山东海化集团有限公司（简称山东海化）、新疆天业（集团）有限公司（简称新疆天业）、宁夏金昱元化工集团有限公司（简称宁夏金昱元）、福建三明市环科化工橡胶有限公司（简称福建三明）和烟台万华合成革集团有限公司（简称烟台万华）。

试点企业积极投资进行技术改造，开发节能技术和绿色工艺。山西焦化先后投资2亿元，实施80余项技术改造、60余项技术攻关项目，于2005年建成国内首条焦粉加工制型焦生产线，2006年研制成功焦粉配煤技术，2007年成功应用废焦油和焦油渣配煤炼焦技术处理废焦油渣。四川宜宾率先建成并投产国内首家最大规模的82万吨/年的全废渣旋窑制水泥装置，利用电石制乙炔过程中产生的电石废渣、自备热电装置产生的煤渣灰为原料生产水泥；发展水合肼、ADC发泡剂、精细磷酸盐等耗碱产品解决氯碱平衡问题。湖南智成从2004年开始到2007年底进行大小新建和技术改造项目26项，总投资超过8亿元，其中与循环经济相关的项目20项，投资约5亿元。福建三明开展了建设9万吨/年橡胶粉及胶粉改性沥青项目，改建深加工项目1.2万吨/年高品质精细轮胎再生胶生产线，投资1.48亿元建设废旧橡胶轮胎深加工技术改扩建项目等工作。

经过技术改造后，这批企业节能减排效益明显。四川宜宾成功实现盐水、高稀酸、电石清液、离心母液的回收，减少环境污染，降低消耗，2009年自用碱比例达31.85%，高于行业平均水平；PVC电石单耗减少70～100千克，水合肼成本比行业水平低3000元/吨。湖南智成2007年和2003年的水平相比，主要污染因子和排污总量得到了大幅削减，废水排放量减少了74.84%；水循环利用率提高到96.72%；一次水耗下降了58.6%；二氧化硫排放减少72.97%；烟尘排放减少82.71%；COD排放减少91.18%；氨氮排放减少84.29%；固体废物资源化率达到95%以上。福建三明也取得了废旧橡胶轮胎综合利用生产胶粉平均每吨耗电降低实现节能10%的成果。这一轮技术改造也给这批企业带来丰厚的效益回报。

在政策扶持和引导下，试点企业积极创新发展模式、调整产品结构，企业发展上水平、增效益，对全国化工行业发展循环经济，实施清洁生产，起到积极的示范和推动作用。

为系统总结循环经济的成绩和经验，形成规范的技术体系，中国化工防治污染技术协会先后编制了《石油和化工行业循环经济现场交流会经验材料汇编》《石油和化工行业循环经济支撑技术汇编》《化学工业实施循环经济的对策建议》系列文件。对行业内推出的循环经济技术进行评选，确定成熟、可靠、具备推广条件的技术。重点推广湿法磷酸精制、硫酸余热利用技术、氮肥污水零排放技术、氮肥吨氨节电200千瓦时节能技术、氯碱行业电石渣制水泥技术等。通过技术推广，建立起一批有行业代表性的示范企业。

2006年，《"十一五"化工行业循环经济发展规划》编制完成。规划在分析中国化工行业发展循环经济现状的基础上，提出行业发展循环经济的目标，重点是节能、降耗、减污指标，以及措施建议。在循环经济总体规划下编写节能、节水及氮肥、磷肥、氯碱、纯碱、农药、染料、黄磷、电石、铬盐和橡胶加工等重点行业循环经济规划。2008年12家企业、1个化工园区被国家发展和改革委员会列入国家发展循环经济试点企业。

三、更广泛推进化学工业节能减排工作

化学工业是能源消耗较大的工业部门，在化工产品生产中，一般产品的能源成本占20%～30%，高能耗的产品能源成本占70%～80%。因此，节能降耗日益成为化学工业发展的重要工作，节能的任务十分艰巨。

进入21世纪，化学工业在节能管理和节能技术进步方面积极开展工作。国家也加强了对各行业节能工作的指引和领导。2006年，国家颁布了《节能中长期专项规划》，划定了化学工业节能的重点领域，指导行业开展节能工作和节能技术改造。2008年4月，为积极配合《中华人民共和国节约能源法》的实施，国家标准委发布了46项与该法配套的国家标准。其中，石油化工能耗标准涉及烧碱、合成氨以及电石等行业。烧碱、合成氨、电石、黄磷能耗限额标准从准入值、限额值、先进值三个层次对高能耗企业提出强制性要求。上述这些规划、标准都对行业开展节能工作具有重要指导作用。

这一时期，化工行业在《重点耗能企业能效水平对标活动实施方案》《关于开展重点用能行业能效水平对标达标活动的通知》等一系列文件指引下开展能效对标达标活动。

2009年10月，国家认监委在化工、钢铁、煤炭、电力等10个重点行业开展能源管理体系认证试点工作，通过推行规范化管理，建立能源管理体系。国家认监委在10个重点行业中优选出一批具备相应资质的认证机构，承担能源管理体系认证试点工作。其中，化工行业被细化为基础化工、石油化工、煤化工3个专业，每个专

业各设2家认证试点机构。推行能源管理体系认证试点的对象主要是重点耗能企业，在国家1000家重点耗能企业中，石化企业就有343家，其中烧碱、电石、黄磷和合成氨等高耗能企业达到220家左右。新疆天业、河北盛华和上海氯碱是首批3家试点化工企业。这项工作引导重点耗能企业由传统的经验能源管理尽快转化为标准化、精细化的能源管理，最大限度地降低能源消耗，提高能源利用效率，推进节能工作。

这一时期，国家在节能工作领域日益显现出科学指导和推进的能力，中国化学工业进入能源科学管理体系建立的关键时期。在国家一系列政策指引下，化工行业逐步开展能源管理规范、制度等体系建设，大力推进节能工作。

中国石油和化学工业协会在2007年6月27日发布了《关于促进节能减排的工作意见》，决定在全行业重点推广节能减排8项实用技术，主要包括“在原油加工和乙烯生产中推广能源系统优化技术，包括乙烯裂解炉节能优化等”“在氮肥行业推广污水零排放技术和合成氨节能改造综合技术”“氮肥节能技术的全面实施将使氮肥行业节能15%～20%”“在磷肥行业推广磷石膏生产磷石膏板的技术”等。这些技术构成了石油化工行业实现节能减排、发展循环经济的有力支撑。

通过提高生产集中度，淘汰落后产能，促进节能减排。如合成氨氮肥企业由2005年的540家，到2009年只有485家，减少了10.18%；原油加工和石油制品企业1012家，2009年只有722家，减少了28.66%；能耗低的离子膜烧碱产量比重由2005年的35.33%，到2009年已提高到54.73%。

针对电石工业产能过剩、技术装备水平低、结构不合理等问题，政府出台了加快电石行业结构调整的有关意见，2006年关闭和淘汰5000千伏安以下（1万吨/年以下）电石炉、开放式电石炉、排放不达标电石炉。2008年共淘汰电石落后产能104.8万吨，2009～2010年，又淘汰200万吨落后产能。

一系列节能管理和节能技术推广应用的举措实施，对行业节能减排工作起到了积极的推进作用。进入21世纪后的10年，特别是“十一五”期间，化学工业的经济运行保持了强劲的发展势头，行业总产值年均增长22%；节能工作也取得很大成就，到2009年，石油和化学工业能源消费量占全国总量的15.2%，占工业能源消费量的22.6%，能源消费量占工业能源消费量的比重，比2006年下降了近3个百分点。化工行业重点产品综合能耗普遍下降。原油加工综合能耗由127.1千克标煤下降到99.3千克标煤，累计下降27.6%；乙烯生产燃动能耗由996.8千克标煤下降到880.7千克标煤，累计下降11.6%；合成氨生产综合能耗由1582.1千克标煤下降到1356.4千克标煤，累计下降14.3%；电石、30%离子膜烧碱和纯碱的生产综合能耗也分别下降了14.8%、26.3%和29.1%。这些主要耗能产品综合能耗指标已经接近或缩小了与国外的差距。2010年，全国石油和化学工业综合能源消费量为4.14亿吨标煤，“十一五”期间累计增长13.7%，增幅比全国能源消费增幅低32.7%，比工业能源消费增幅低26.4%。

尽管如此，石油和化学工业的能源消费总量，依然占全国工业能源消费量的1/5以上。能源消耗主要集中在化学原料及化学制品制造业、石油加工、炼焦等产业。化肥制造业、基本原材料制造业和有机化学品制造业能源消费量，占石油和化学工业的总能源消费量的55%左右，其中40%的能源用于氮肥、烧碱（含聚氯乙烯）、电石、黄磷、纯碱、乙烯等几个产品。基本原材料制造业的能源消费量占石油和化学工业总能源消费量的24%左右，其中烧碱、纯碱、电石、黄磷等产品占14%左右；化肥制造业的能源消费量占25%左右；氮肥制造业（含合成氨）占20%左右；有机化学品制造业能源消费量占7%左右，其中乙烯占3%左右。

在国家相关政策引导和技术创新推动下，化工行业在经济总量大幅度提升的同时，节能减排工作也取得了显著成绩。在2009年，中国石化行业化学需氧量、氨氮和二氧化硫等主要污染物排放量分别比2005年减排16.4%、58.1%、14.1%，提前一年完成了“十一五”目标任务，为全国工业完成“十一五”环境保护约束性指标做出了重要贡献。

但由于化工行业的特殊属性，节能工作起点较高，完成同比例指标难度大，化工企业节能改造对资金和技术要求也更高。到“十一五”末，化学工业万元产值能耗依旧排在全国工业领域的前列，面临的节能减排形势依然严峻。

总体而言，这一时期化学工业在节能减排上做出了诸多努力，也取得了明显成效。但也必须承认，行业整体节能减排形势还不容乐观。突出表现在部分企业技术水平低、装备落后、节能减排投入不足，导致能耗和污染物排放情况亟待改善。

第六节 化工科教事业与国际接轨

进入21世纪，中国化学工业进入了经济增长快速期，工业增加值连年两位数增长。产业的快速发展得益于科技进步和自主创新的支撑。21世纪前10年，中国化工科技事业围绕重大关键技术组织攻关，开发形成了一批核心专利技术；围绕提高企业核心竞争力，开发形成了一批自主创新技术；围绕促进行业节能减排，推广应用了一批先进实用技术；围绕提升行业装备水平，在一批重大技术装备方面取得长足进展。同时，国家对教育的重视和化学工业的强势发展，为化工教育事业带来巨大发展机会。

一、化学工业科技事业的可喜进展

为了推动化工科技进步，国家石油和化学工业局编制了《“十五”化工科技发展计划》，明确了化工科技发展的总体目标，提出科技贡献率要达到60%，科技投入占销售收入比重达到1.5%，突破30项制约行业发展的重大关键、共性技术，自行研制5～8套大型成套化工装备。培育一支较强的行业科技队伍，整合科技资源和优化科技配置，到2011年，初步形成以企业为主体，产、学、研有机结合的技术创新格局的总体目标。行业围绕上述目标，结合企业发展实际，加大科技投入，积极开展攻关，取得可喜成绩。

（一）获得国家级重大奖项的化工项目

进入21世纪后的10年间，通过科技工作者的不懈努力，取得了许多国家级重大项目奖项。

“十五”期间，化工行业共获得106项国家科技进步奖，获得国家技术发明奖34项，获中国石油和化学工业协会科技进步奖442项。其中获国家科技进步一等奖的“反应分离耦合技术及其在酶法合成手征性化合物中的应用”（南京工业大学），将中国生产L-苹果酸和L-丙氨酸的技术推向了世界一流水平，解决了国内外高纯度手性化合物低成本合成的难题。中国石化茂名分公司等单位完成的“200万吨/年渣油加氢处理（S—RHT）成套技术开发”，实现了中国含硫原油加工技术的重大突破，为中国加工进口含硫原油、生产清洁染料提供了技术支撑。

“万吨级新工艺炭黑生产技术”（中橡集团炭黑工业研究设计院）新工艺，形成了符合中国资源特点的工艺路线，使中国炭黑生产达到了国际先进水平。杭州市化工研究所完成的“非木材纤维造纸用变性淀粉系列产品”，填补了国内空白，性能达到国际先进水平，促进了非木材纤维和再生纤维造纸业的发展。南京曙光化工总厂“6000吨子午线轮胎专用有机硅烷偶联剂”生产装置建成，使中国该类产品的生产技术达到了国际先进水平。湖南化工研究院主持的“1500吨/年呋喃酚技术的研究与开发”，打破了国外长期垄断的局面。上海石化研究院完成的“甲苯与重质芳烃歧化与烷基转移成套技术及催化剂”，已成功应用于齐鲁石化、扬子石化等9套芳烃装置。

北京化工大学等单位开发的“纳米粉体材料超重力法工业性制备新技术”，技术水平处于国际领先水平，使中国在该领域从技术产品进口国转变为技术和产品出口国。上海石油化工研究院等单位开发的“甲苯与重质芳烃歧化与烷基转移成套技术及催化剂”成套技术用于国内40万吨/年和80万吨/年两套装置设计，所发明HAT-催化剂国内市场占有率达90%。北京化工大学完成的“发酵工业废菌丝体的综合利用”项目，发明了发酵工业废菌丝体综合利用的新工艺，建成了国内外第一套用废菌丝体制备的壳聚糖处理含有重金属离子的工业废水装置，为中国皮革行业含铬废水及其他含重金属离子工业废水的处理开辟了一条新路。

“十一五”期间，化学工业共获得国家科技进步奖35项，国家技术发明奖18项。

“年产20万吨大规模MDI（二苯基甲烷二异氰酸酯）生产技术开发及产业化”，改变了中国聚氨酯原料基本依赖进口的局面，使中国成为继德国、美国后第三个拥有大规模生产MDI技术的国家。“巨型工程子午线轮胎成套生产技术与设备开发”项目，攻克了一系列技术难题，取得20余项国内外专利。

“农药创制工程”，通过草甘膦等主导品种的工程化关键技术攻关，初步形成具有国际先进水平的生产技术，开发的9个具有自主知识产权的创制农药，累计推广应用7000多万亩次。“非石油路线制备大宗化学品关键技术开发”项目开发了低质煤层气净化富集成套技术，攻克了煤层气脱氧技术难题。“高附加值精细化学品合成关键技术开发”和“专用高性能高分子材料聚合关键技术研究及应用”两个项目，在精细化学品合成、含氟聚合物制备等关键技术方面已申请26项国家发明专利、3项国际发明专利。

东岳集团和上海交通大学联合承担的国家科技支撑计划重大项目“全氟离子膜工程技术研究”。该项研究突破一系列制备膜材料的关键技术，获得专利14项，其中发明专利12项。产品性能达到美国杜邦公司同类产品水平，该项目的研发成功填补了国内空白，打破了30多年来美国和日本企业联盟的技术封锁，被科技部列为“十五”重大科技成就，不但为全氟离子膜的国产化打下了坚实基础，而且大大提高了中国含氟高分子材料领域的科技水平。

（二）一批自主创新项目达到国际先进水平

“十五”至“十一五”期间，化工行业形成了一批拥有自主知识产权的技术，自主创新技术达到国际先进水平。

在化肥及煤化工领域，大规模多喷嘴对置式水煤浆气化技术、多元料浆加压气化等技术开发成功，打破了国外的技术壁垒，使中国煤气化技术进入国际先进行列。“JW低压均温甲醇合成塔技术”已成为替代引进并可出口的甲醇合成成套技术与装备，具有很强的国际竞争力。

在石油化工领域，超低压连续重整技术开发成功，标志着国内已可全部依靠自有技术建设大型炼厂，主要炼油技术达到国际先进水平。S-Zorb催化汽油吸附脱硫技术、汽油选择性加氢脱硫技术的推广应用，实现了国Ⅲ汽油低成本质量升级，一批炼厂加工含硫原油的技术改造，提高了产品质量，改善了技术经济指标水平。部分石油化工技术开发取得重要进展，中国石化自主开发的乙烯裂解炉、聚丙烯、乙苯/苯乙烯等技术成功实现工业化应用，项目建设采用自有技术的比例大幅提高，大大降低了投资成本，提高了市场竞争力。高标号汽油、合成树脂专用料、差别化纤维、高等级道路沥青、高档润滑油等高附加值产品大幅增加，开发生产的特种润滑油脂成功用于“神舟”系列飞船，“东海”牌重交道路沥青和SBS改性沥青成功用于上海F1国际赛车场。

大型气相法聚乙烯成套技术、300吨/年高性能聚乙烯纤维干法纺丝、高性能聚乙烯燃气管专用料、聚丙烯保险杠专用料等生产技术开发成功。甲醇制烯烃分子筛制备技术、合成气制油及合成气制乙二醇技术取得突破。

在新材料领域，一些项目填补了国内空白，打破了国际垄断，改变了国内长久以来依靠进口的尴尬局面，提高了为国民经济其他部门配套的能力，取得良好的社会效益和经济效益。自主开发的“超重力法合成纳米碳酸钙粉体技术”成为国际首创的先进技术；具有自主知识产权的“聚醚醚酮（PEEK）制备技术”也处于国际领先水平，这两项技术吸引了著名跨国公司的合作。蓝星化工新材料有限公司芮城分公司PPO（聚苯醚）项目顺利投产试车，填补了中国工程塑料聚苯醚合成项目的产业化空白，打破了美国GE公司、日本旭化成公司的垄断，标志着中国已成为全球第三个拥有产业化聚苯醚技术的国家。“20万吨/年大规模MDI生产技术”在万华宁波工业园成功实现产业化，建成了世界上单套规模最大的MDI装置，能耗比国际领先企业降低近10%，同等规模投资比国外低30%～40%，标志着中国已跨入世界MDI制造技术领先行列。

在生物化工领域，脂肪酶催化法合成棕榈酸异辛酯技术为国际首创；以玉米为原料一步法生产柠檬酸技术领先世界水平，产品占领了世界市场的重要份额。

在橡胶制品领域，“巨型工程子午胎成套生产技术与设备开发项目”攻克了一系列技术难题，在三角集团实现了巨型工程子午胎工业化生产，投资低，综合技术指标达到或超过了国际先进水平。

在农药领域，开发出一批高效、超高效农药新品种，沈阳化工研究院开发的杀菌剂“氟吗啉”是中国第一个具有自主知识产权并实现工业化的原创农药新品种，同时获得了中国和美国的发明专利。沈阳化工研究院创制的广谱杀菌剂农药新品种烯肟菌胺，应用范围涵盖20多种作物，用药量仅为传统杀菌剂的5% ～ 10%，为农业生产提供了高效、安全、环境友好的农药新品种，提高了中国杀菌剂的市场竞争力。

在现代煤化工领域，自主开发建成了世界首套60万吨/年煤制烯烃工程，生产出了合格的聚乙烯和聚丙烯产品。

（三）一批重大化工装备成果产生

“十五”期间，一批重大化工装备技术取得重大成果，提高了行业总体装备水平。列入“十五”国家重大技术装备研制计划的“载重子午胎成套设备及工程子午胎关键设备项目”，已获得国内外专利20余项，自行研制了30台套新规格关键设备，使中国载重子午胎设备的国产化率超过了90%，整体技术达到国际先进水平；获得国家科技进步二等奖的“大型高效搅拌槽/反应器项目”，开发成功了系列工业化产品，扭转了中国关键的大型搅拌槽/反应器长期依赖进口的局面。这一时期，还建成了30万吨/年合成氨、30万吨/年湿法磷酸、60万吨/年磷酸二铵、80万吨/年硫黄制酸、10万吨/年低压法甲醇、4万吨/年PVC树脂、4万吨/年丙烯腈、铁钼法甲醛等10多套具有国际先进水平的大型化工国产化成套装置和关键设备。

“十一五”期间，化工行业围绕提升装备技术水平，突破了一批重大技术装备。百万吨级乙烯国产化项目，在完成系列关键设备研制的同时，其依托的中国自行研制的15万吨/年裂解炉大型裂解气压缩机组、大型乙烯压缩机组、大型丙烯压缩机组、大型迷宫式压缩机、大型冷箱及20万吨/年双螺杆挤压造粒机组等关键设备都在2008年底、2009年初完成安装，对于打破国外垄断、节约建设投资、提高中国重大技术装备的制造能力和技术水平具有重要意义。百万吨级PTA国产化项目，采用了国内自行研发的大型工艺空气压缩机组、大型PTA和CTA干燥机、大型加氢精制反应器、大型氧化反应器、大型真空转毂过滤机、高速进料泵机组等关键设备，于2009年初建成投产。列入国家“十一五”重大装备国产化计划的羰基合成醋酸工艺核心设备——醋酸反应器，在西安核设备有限公司安装成功，打破了该设备长期依赖进口的局面。陕西鼓风机（集团）有限公司自主研发制造的首批双加压法硝酸装置的核心设备——“四合一”机组也于2007年11月成功投入运行，为全国硝酸生产企业的新建和改扩建提供了技术支撑和设备保障。

（四）化肥等成就入选“中国20世纪重大工程技术成就”

21世纪伊始，中国工程院评选出两弹一星、汉字信息处理等“中国20世纪重大工程技术成就”，其中化工行业中的无机化工、石化成套设备、化学矿产等入选其中。

无机化工包括化肥、纯碱、氯碱和无机非金属材料，化肥工业为其中的重要内容，包括氮肥、磷肥、钾肥、复合肥等。

石化成套设备从70年代开始从国外成套引进，建立起一批大型化肥和石油化工企业。进入80年代，大型化工成套设备开始国产化，开发了一批技术先进的化工单元和专用设备，在国内建成了一批具有当代技术水平的大型化工国产化装置，一些产品主要经济技术指标已达到国外先进水平。

到2000年底，中国已发现171种矿产，有探明储量的矿产157种。化工矿产萤石和重晶石是中国优势矿产资源，资源储量和产量均居世界前列。

二、建立化学工业新型科技开发创新体系

（一）组建国家工程技术研究中心等研发机构

进入21世纪后，为了建立和完善与发展相适应的技术开发机构，努力提高科学研究和技术开发能力，促进科技成果向生产力的转化，国家发改委和科学技术部等部委分别提出了在这一时期内组建一批国家研发机构的方案，目的在于构建新型的科技开发体系。

化学工业部时期，选择了一批单位参加国家研发机构的申报和组建。先后组建了反应注射成型、氟材料等20个国家工程技术研究中心。还组建了化学工程联合国家重点实验室等21个国家重点实验室。

（二）注重培育企业研发机构

进入21世纪后，为加强企业与科研院所、设计单位及高等院校的联系，实行各种形式的联合，共同承担科技攻关、技术开发、工业性试验，特别是一些重大、成套技术与装置的开发与实施，最终在全行业形成一个以企业为主体的产学研结合的

科技创新体系，国家相关部委提出组建企业技术中心的方案，以建立新型的科技开发体系。

国家石油和化学工业局分别依托烟台万华聚氨酯股份有限公司、浙江巨化股份有限公司等企业，组建了近20家国家级企业技术中心。这些技术中心的建立，提高了企业的研究实力，加速了成果的转化，完善了化工科技开发体系。

浙江巨化股份有限公司每年投入研发资金数千万元，自主开发了烯醚、肉桂酸、R32等62项新产品，其中19项实现了产业化，形成了以氟化工为核心的产业体系。许多化工企业主动承担并出色完成了国家级科技项目，为行业科技进步做出了重要贡献，显示出企业在科技创新中日益突出的主体地位。

（三）化工科研院所完成转制竞争力渐强

为了更好地促进科研院所进入市场，使科技资源在市场机制的调节下更有效地发挥作用，在国家科技体制改革的总体部署下，国家石油和化学工业局直属31个科研院所逐步完成了由科研事业单位向企业的转制工作。其中，沈阳化工研究院转为中央直属大型科技企业，上海化工研究院转为科技企业划归上海市，北京化工研究院和职业安全卫生研究院进入中国石油化工集团公司，感光化工研究院进入中国乐凯胶片集团公司，天津化工研究院、常州涂料化工研究院进入中国化工建设总公司，化工矿产地质研究院进入明达化工地质有限责任公司，连云港设计研究院、长沙设计研究院、晨光化工研究院（成都）合成材料研究院、西北化工研究院进入中国蓝星化工清洗总公司，其他院所进入中国昊华化工（集团）总公司及其下属公司。

科技体制改革打破了传统旧观念、旧体制的禁锢，通过机制转换、机构调整、人员分流，使化工科研机构，特别是技术开发型的科研机构，在经济建设主战场上找到了合适的位置，不仅自我发展能力大大增强，而且在推动行业技术进步方面发挥了重要的作用。

三、自主创新能力和知识产权保护意识明显增强

（一）自主创新能力显著提高

这一时期，中国化学工业的科技水平显著提高，企业自主创新能力大幅提升。首先拥有一大批技术先进的大型企业和集团，2006年中国开展自主创新活动的石化

企业有892家，占企业总数的26.8%。同时还拥有一大批具有先进技术水平的大型生产装置，如30万吨/年以上的合成氨32套；60万吨/年以上的纯碱厂6家；30万吨/年以上的硫酸厂36家；12万吨/年以上的磷肥厂31家；10万吨/年的烧碱厂41家；10万吨/年的PVC厂20家等，一批大型有机原料和精细化工装置达到或接近国际先进水平。此外，还建成了一批具有自主知识产权的大型国产化示范装置，如上海石化20万吨/年聚丙烯；云天化80万吨/年硫酸、30万吨/年磷酸、60万吨/年磷铵；山东华鲁恒升的水煤浆加压气化30万吨/年合成氨；山东万华16万吨/年MDI、20万吨/年甲醇合成醋酸、20万吨/年低压合成甲醇、2.4万吨/年TDI等。

2006年7月，为了推动企业增强自主创新能力，科技部开展了创新型企业试点工作，认定了两批289家创新型试点企业，其中化工类企业22家。技术创新示范企业在加强自主创新、开发自主知识产权技术方面取得了可喜成绩。

（二）知识产权保护意识明显增强

进入21世纪后，中国化学工业整体知识产权保护意识也明显增强。化学工业是技术密集型行业，知识产权问题尤为重要。中国专利法实施以来，知识产权保护意识渐入人心。随着国家知识产权战略的实施，行业不断加大科技投入，全面自主创新，化工行业专利申请量逐年增加（见表1-6-5），特别是新材料、生物化工等高新技术领域的核心专利主要掌握在发达国家手中的状况大有改观，专利实施率有所提高，知识产权保护意识也大大增强。加强自主创新能力建设和知识产权保护是科技进步的重要保障，成为推动化工科技发展的重要支撑。

表1-6-5　2001 ~ 2010年化学工业专利申请情况表

年份	专利总计/件	发明专利/件	实用新型专利/件	外观设计专利/件
2001	203610	63225	79742	60643
2002	252631	80232	93139	79260
2003	177836	144462	33374	—
2004	186732	146182	40550	—
2005	330976	271567	59409	—
2006	395479	273377	74490	47612
2007	450967	329016	70781	51170

续表

年份	专利总计 / 件	发明专利 / 件	实用新型专利 / 件	外观设计专利 / 件
2008	544619	398089	95361	51169
2009	947679	688721	216069	42889
2010	862451	628224	183058	51169
合计	4352980	3023095	945973	383912

四、化工教育事业规模进一步扩大

进入21世纪以来，全国教育战线发生着重大的变革。党中央、国务院高度重视教育工作，陆续出台了一系列重大政策和关键举措。2003年国务院批转了《2003～2007年教育振兴行动计划》，2007年又批转出台了教育部《"十一五"教育发展纲要》等促进我国教育事业发展的重要文件，要求大力实施"科教兴国"战略和"人才强国"战略，把教育作为经济社会发展的重要基础。化工教育事业在构建我国现代国民教育体系和终身教育体系、建设人力资源强国中具有重要地位。化工教育院校肩负着为化工行业发展提供人才支撑和智力保障，培养化工高素质、高技能人才的历史重任，在化学工业快速发展中，越来越发挥着先导性、基础性作用。

（一）化工普通高等教育超常发展

2000年到2010年，国家对教育的重视和化学工业的强势发展，为化工教育事业带来空前的发展机会。全国开设化工技术类专业的高等院校数目快速增长，短期内化工教育资源快速积累，连年刷新办学规模的历史记录。主要本科院校化工在校生规模成倍增长。2002年，全国本科院校化工招生数为2万人，在校生为10万人。到2009年，全国化工及相关专业本科在校生总数已达48万人。10年间，全国开设化工及相关专业的普通本科院校由100多所增加到500多所。高校的科教实力显著增强。国家相继实施了"211工程"和"985工程"，加大了对高校学科建设的投入和支持。天津大学、清华大学、浙江大学、华东理工大学、北京化工大学等一批传统化工强校入围"985工程"和"211工程"，化工类专业建设和学科建设大大增强，化工高等教育获得了超常发展。2004年和2006年，科技部先后批准建立南京工业大学（原南京化工大学）和北京化工大学建设材料化学工程国家重点实验室和化工资源有效利用国家重点实验室，并对已有的大连理工大学精细化工国家重点实验室、清华大学和浙江大学等共建的化学工程联合国家重点实验室等加大了科技投入。到2010年，全国高校中已形成了12个化学化工相关国家重点实验室和4个国家工程研究中心。国家还组织了3次国家重点学科评选，清华大学、北京化工大学、天津大学、大连理工大学、华东理工大学、南京工业大学6所大学的化学工程与技术一级学科被评为国家重点学科。各高校还积极引进人才，改进教学和科研方法，推动产学研结合，着力提高化工教育质量和科研水平，化工科技创新能力和社会服务能力明显增强，“十一五”期间，化工类高校共获得国家科技进步奖120多项。2010年，化工高校与科研院所和企业合作，获得中国石油和化学工业协会的技术发明一等奖10项、科技进步一等奖24项，化工高校有7名教师获得石化行业2010年度青年科技突出贡献奖。

（二）化工职业教育不断寻求新突破

这一时期化工中等职业教育发展相对遇冷，与高等教育蓬勃发展形成强烈反差。从2000年到2003年，化工中等职业学校招生数减少了30%，以企业为主开办的300多所职业学校约有90%停办或转制、精简，连续招生的中等职业学校由300多所降至100多所，招生数量锐减。而一批化工高等职业技术学院从原化工中专骨干学校中脱颖而出，迅速成为中国化工高等职业教育的中坚力量。还有部分学校并入地方普通高等院校，职业教育层次结构进一步优化。如湖南省化学工业学校在2003年4月升格为湖南化工职业技术学院，四川省泸州化工学校在2003年4月升格为四川化工职业技术学院。

从2002年开始，国务院先后3次对职业教育管理体制进行了调整，分别下发了《国务院关于大力推进职业教育改革与发展的决定》和《国务院关于大力发展职业教育的决定》，要求各级政府加大对职业教育的支持力度，逐步增加公共财政对职业教育的投入。中国化工教育协会及其职业技术教育工作委员会积极组织化工职业技术学校开展教育教学改革，通过组织学生参加化工行业职业技能竞赛，实行双证书制度等新方式，提高毕业生的职业技术能力。2005年，中国化工教育协会、化学工业职业技能鉴定指导中心等联合常州工程职业技术学院举办了全国首届石油和化工职业院校学生技能大赛，通过搭建展示专业技能的平台，提升职业院校技能人才培养水平。

第七章
转型升级奠定化工强国之基

（2012 ～ 2019年）

2012年至2019年是中国国民经济发展“十二五”与“十三五”时期，中国社会经济发展进入全面建成小康社会和“五位一体”新发展理念阶段，开启了中国特色社会主义新时代新征程。这一时期，中国工业进入结构调整和转型升级关键时期。化学工业面对环境和资源约束、复杂多变的宏观经济形势和世界经济复苏艰难曲折的挑战，克服国内经济下行压力导致的化工产品市场需求增速下降、行业效益下滑、投资动力不足等困难，稳步推进结构调整和转型升级，大力推进科技创新和产业重组，稳步开展“三去一降一补”（即去产能、去库存、去杠杆、降成本和补短板）供给侧结构性改革，使生产稳步增长，出口势头良好，节能减排取得积极进展。中国的化学工业着力实现转型升级发展，为建设化工强国奠定坚实基础。

第一节 转型升级关键期的投资建设特点

一、投资增长出现波动

2012 ～ 2016年全社会固定资产投资增速从19.6%稳步下降到8.1%，下跌了一半以上。化工行业的投资增长也出现了明显波动。2011年，石油和化学工业固定资产投资为1.43万亿元，投资增速为23.45%，2012年实际完成投资额1.76万亿元，比2011年增长23.10%，平稳增长。2013年之后的行业投资增长进入快速下滑区间。2014年以前的10年间，化工行业的投资平均增幅超过25%，随着新常态的出现，这种增速难以为继。受宏观环境影响，“十三五”期间去产能力度越来越大、环境保护压力越来越强，企业要搬迁淘汰的越来越多。从2015年开始，投资增速进入负增长区间。2015年为2.23万亿元，投资增速为–4.10%；2016年为2.15万亿元，投资增速为–5.90%；2017年为2.06万亿元，投资增速为–2.80%。各个领域投资情况表现不一。2016年，石油加工业投资有所反弹，从2015年减少21%变成2016年增加7.3%。化学原料及制造业投资增速进一步下降，并从正增长阶段进入负增长阶段，同比增速为–0.7%。行业投资进入调整缓冲期。2018年、2019年投资情况开始改善。2018年上半年化学工业在建工程投资大幅增长。2011～2019年化学工业投资情况详见表1-7-1。

表1-7-1 2011～2019年化学工业投资情况

年份	固定资产投资/亿元		投资增速/%	全国工业投资平均增幅/%	施工项目数（石油加工+化学工业）/个
2011	总额	14301	23.45	27.3	15376
	石油加工	1472.0			
	化学工业	9601.3			
2012	总额	17604	23.10	20.6	15858
	石油加工	1671.8			
	化学工业	12278.8			
2013	总额	21038	19.50	17.4	16576
	石油加工	2137.6			
	化学工业	14071.7			
2014	总额	23291	10.71	12.9	16247
	石油加工	2472.3			
	化学工业	15550.7			

续表

年份	固定资产投资 / 亿元		投资增速 /%	全国工业投资平均增幅 /%	施工项目数（石油加工 + 化学工业）/ 个
2015	总额	22340	−4.10	8.0	17785
	石油加工	1891.6			
	化学工业	15728.7			
2016	总额	21522	−5.90	3.5	20914
	石油加工	2125.3			
	化学工业	16148.5			
2017	总额	20600	−2.80	3.2	—
	石油加工	2228.2			
	化学工业	14997.3			
2018		21939	6.00	6.5	—
2019		22882	4.20	4.3	—

二、投资向规模化、一体化、高端化分布

“十二五”时期，中国化学工业正处于由大向强的转折期，也是调整结构、转型升级、绿色低碳循环发展的关键时期。为指引行业发展，2012年1月19日，国务院正式印发《工业转型升级规划（2011 ～ 2015）》。《规划》明确要求：石油化工及化学工业按照一体化、集约化、基地化、多联产发展模式，从严控制项目新布点，加快推进炼化一体化新建扩建项目，统筹建设一批具有国际先进水平的千万吨级炼油和百万吨级乙烯炼化一体化基地等。2014年9月《石化产业规划布局方案》颁布，要求安全环保优先，并支持民营和外资企业独资或控股投资，促进产业升级。

在国家有关政策指引下，2012 ～ 2019年度，重点建设的七大石化产业基地发展迅速，重大项目稳步推进。大连长兴岛基地恒力2000万吨/年炼化一体化项目、宁波舟山基地浙江石化4000万吨/年炼化一体化项目一期已建成投产；后续建设项目有：漳州古雷石化一期100万吨/年乙烯及下游深加工项目、连云港徐圩基地盛

虹1600万吨/年炼化一体化项目、惠州大亚湾基地埃克森美孚120万吨/年乙烯项目等。此外，以陕西榆林、宁夏宁东、内蒙古鄂尔多斯区域依托资源优势建立的一批现代煤化工产业园区，以江苏、浙江等省份依托下游广阔的市场优势建立的一批上下游产业链完善的精细化工和新材料园区，以东北三省及中部等传统老石化升级改造为特色的石化产业园区也在壮大发展。

全行业重点投资建设了千万吨级炼油、百万吨级乙烯基地，使中国石油炼制工业更加规模化、一体化、集群化，增强烯烃、芳烃等基础产品保障能力。央企、外资、民营三大投资主体，加大了炼化一体化项目投资力度。到2014年，全国炼油产能达到7.4亿吨/年。“十三五”期间，全国有23个建成、在建、扩建、搬迁改造的炼化一体化项目，其中恒力石化2000万吨/年炼化一体化项目和浙江石油化工有限公司炼化一体化项目开国内民营企业大规模建设炼化项目先河。2019年，中国炼油产能集中释放，截至年底，国内炼油产能达到8.64亿吨/年，乙烯产能为2894万吨/年。

化学工业投资开始转向产业的高端化、精细化、差异化，研发和建设投入均有所加大，产业链得以充分延伸和丰富，重点发展高附加值和环境友好型产品，提高产品精细化率。如电子级环氧树脂、己内酰胺，乙丙橡胶、（卤化）丁基橡胶、丁腈橡胶、异戊橡胶等合成橡胶，高效环保型农药，特种工程塑料，芳纶等高性能纤维，高性能氟硅材料，可降解生物材料，功能性膜材料，高性能聚氨酯材料，高性能、环保型专用化学品，绿色节能轮胎等产品创制取得突破，一些长期的空白和禁区被攻克。

在高性能聚烯烃生产方面，2011年，中国石化齐鲁分公司进行茂金属聚乙烯产品的开发，工业化生产了茂金属聚乙烯系列产品，包括PE-RT管材料、热收缩膜专用树脂、滚塑汽车油箱专用料，这些专用料填补了国内空白。在高性能合成橡胶方面，燕山石化自主开发成功异戊橡胶生产技术，建成3万吨/年异戊橡胶装置。在化工新材料生产方面，2014年中国石化与BASF公司的合资企业扬巴公司6万吨/年超吸水性树脂项目装置建成投产。在高端专用化学品方面，中国石化茂名石化与巴斯夫公司合资的18万吨/年异壬醇装置于2015年11月建成投产。

有机化学原料、专用化学品、涂（颜）料及农药等附加值较高的工业，经济增速和贡献率居行业前列，2014年合计主营业务收入达4.55万亿元，比2010年增长85.5%，对整个化工行业的贡献率达53.6%。高性能树脂、石油基特种橡胶、合成纤维单体的自给率分别由2010年的57%、45%和49%提高到2014年的63%、53%和70%。

农药工业转型升级以氰烯菌酯、毒氟磷、噻菌铜、噻唑锌等为代表的创制新型农药推向市场，引领中国农药工业走出大原药、小制剂，仿制多、创制少的低水平发展模式。

“十三五”期间，化工传统产业向新兴产业转型，生物化工取得显著进展。2017年，中国推进中的生物质燃料乙醇项目生产能力达到305万吨/年，醋酸、合成气制乙醇项目生产能力达到264.5万吨/年。

三、现代煤化工、石化产业基地等吸引社会投资

为加快投融资体制改革，推进投资主体多元化，进一步发挥社会资本作用，2014年4月，国务院决定在基础设施等领域首批推出80个鼓励社会资本参与建设营运的示范项目。项目涵盖油气管网及储气设施，现代煤化工和石化产业基地等方面，鼓励和吸引社会资本特别是民间投资以合资、独资、特许经营等方式参与建设及营运。

在首批推出的80个鼓励社会资本参与建设营运的示范项目中，现代煤化工和石化产业基地8个项目和油气管网及储气设施10个项目在列。其中，现代煤化工和石化产业基地主要有：新蒙能源鄂尔多斯煤炭清洁高效综合利用示范项目、内蒙古华星煤制气项目、新疆富蕴广汇喀木斯特煤制气项目、内蒙古伊泰煤炭间接液化示范项目、新疆庆华煤炭分质综合利用项目、广东惠州百万吨级乙烯扩建工程、福建古雷石化产业基地一期工程、大连长兴岛（西中岛）石化产业基地一期工程。

2017年6月21日，国家发改委印发了《关于统筹推进“十三五”165项重大工程项目实施工作的意见》，鼓励油气等领域承担重大基础设施建设任务的国有企业研究探索通过混合所有制等方式，积极引入多元投资主体。鼓励民营资本投资项目是：依托现代煤化工升级示范工程，聚焦煤炭分级、煤炭气化、净化合成、能量利用和废水处理等关键领域，推动成套技术装备自主化。加快研制炼油化工一体化及下游石化产品深加工关键设备，提高装置配套能力。2018年通过的《石化产业规划布局方案（修订版）》，支持民营和外资企业独资或控股投资。

这一时期，民营资本投资力度大是化学工业发展一大热点。民营企业进军化工，特别是石油化工的步伐明显加快。在全国进入炼化一体化项目建设高峰期的阶段，民营企业向上游拓展产业链，成为炼化一体化项目建设的主力。一大批世界级炼化企业建成投产，民营企业中还有不少企业在各自细分市场成为单项冠军。恒力

集团有限公司是以石化以及相关产品制造为主业，不断向上游延伸，形成了庞大的石油化工产业链。恒力石化2000万吨/年炼化一体化项目，是国家对民营企业开放的第一个大型炼化一体化项目。浙江荣盛控股集团有限公司是发展最快的石油石化企业之一，已形成从芳烃到下游的精对苯二甲酸（PTA）及聚酯（PET，含瓶片、薄膜）、涤纶丝（POY、FDY、DTY）一条龙生产线，并参与建设浙江4000万吨/年炼化一体化项目。此外，盛虹控股集团有限公司、浙江恒逸集团有限公司等民营企业都已成为国内化学工业特别是石油化工建设的投资主体和建设主体。2019年，中国炼油产能集中释放，新增炼油能力大都来自民营炼化企业。5月17日，恒力石化2000万吨/年炼化一体化项目举行全面投产仪式，年产能逾2000万吨；5月20日，浙江石化4000万吨/年炼化一体化项目（一期）顺利投产。此外，盛虹炼化1600万吨/年炼化一体化项目、裕龙岛2000万吨/年炼化一体化项目、中化旭阳1500万吨/年炼化一体化项目，以及中外合资、外商独资炼化项目都在加速推进。

四、投资渐向中西部倾斜，煤化工占先

化学工业按照《国民经济和社会发展第十二个五年规划纲要》要求，积极探索原料多元化发展新途径，综合考虑能源资源、环境容量、市场空间等因素，固定资产投资向中西部倾斜，传统化工产业逐步向中西部转移。开展现代煤化工和煤基多联产研发，推进中西部煤化工基地建设。

2013年，石油和化学工业西部地区投资增幅达25.2%，东部和中部地区投资增幅分别为19.9%和10.9%，中、西部地区投资额占化学工业比重保持在51%以上。2014年，中部地区投资53747亿元，增幅7.6%，占比24.2%；西部地区投资56436亿元，增长59%，占比25.5%。

在投资较快增长的同时，西部地区新开工项目增长也明显加快。尤其是中西部煤化工建设项目，陕西、山西、新疆等地成为投资热土。

截至2018年，内蒙古鄂尔多斯、陕西榆林、宁夏宁东、新疆准东等地依托资源优势建立的一批现代煤化工基地的项目，以及新疆庆华55亿米^3/年、大唐克旗40亿米^3/年煤制天然气工程，新疆伊犁新天煤化工有限责任公司20亿米^3/年煤制天然气项目、潞宝集团10万吨/年己内酰胺装置等陆续投产，转入商业运营。截至“十三五”末，中国已建成8套煤制油、4套煤制天然气、32套煤（甲醇）制烯烃、24套煤制乙二醇示范及产业化推广项目。中国现代煤化工“十三五”不仅产业规模

大幅增加，生产装置运行水平不断提升，关键技术不断取得创新突破，而且产业集中度大幅提升，基地化格局已经形成。培育了宁东能源化工基地、鄂尔多斯能源化工基地、榆林国家级能源化工基地等多个现代煤化工产业集聚区。

五、供给侧结构性改革加速调整升级

2016年以来，全行业紧紧围绕产业结构优化、创新能力提升、企业竞争力培育和经济效率升级等行业核心竞争力四大重点，全面深化供给侧结构性改革，增加有效供给，替代和淘汰低端、无效供给，已成为中国化学工业结构调整升级的主线。

（一）化工新材料成为增长最快的行业

“十二五”“十三五”是化学工业调整产业结构的关键时期，全行业大力发展工程塑料、特种合成橡胶等先进结构材料，促进结构材料的轻质化；重点发展工程塑料、特种橡胶、高性能纤维、有机氟材料、有机硅材料、生物可降解塑料六大品种，提高氟、硅工业综合发展水平。化工新材料高端产品自给率显著提高，以解决中国高端化工材料和高端化学品自给率不足、长期依赖进口的问题。国家发布《化工新材料进口替代专项工程实施方案》，以发展碳纤维及复合材料、电子化学品，推动高端工程塑料在装备中的应用为突破口，促进化工新材料进口替代。

在国家产业政策指引下，化工新材料成为增长最快的行业之一。在“十二五”期间，化工新材料取得多项技术突破，高性能树脂、石油基特种橡胶、合成纤维单体的自给率分别由2010年的57%、45%和49%提高到2014年的63%、53%和70%。“十三五”期间，化工新材料产业规模快速增长。2019年，中国化工新材料产量约为2464万吨，较2015年提高46%；按产值测算产业规模约6000亿元，较2015年增长1.5倍，约占化工产业的8.7%；市场总消费规模约为9000亿元，化工新材料整体自给率达到70%，较2015年提高了7个百分点。

2015～2019年，合成树脂及共聚物产量由6510.0万吨上升至7063.5万吨，合成橡胶产量由431.9万吨上升至505.4万吨，合成纤维单体产量由1891.7万吨上升至4117.8万吨。此外，2018年中国碳纤维产量达到2.7万吨，占到全球总产量的19%，仅排在美国15.5万吨（42%）和日本2.9万吨（23%）之后，自给率接近50%，较2015年20%的自给率明显提高。

聚氨酯及原料基本实现自给，氟硅树脂、热塑性弹性体、功能膜材料等自给率近70%，超高分子量聚乙烯、水性聚氨酯、脂肪族异氰酸酯、氟硅橡胶等国产先进材料的市场占有率大幅提升，部分产品实现出口。

（二）传统化工产业转型升级快

行业的“十二五”“十三五”规划对包括氯碱、纯碱、电石、无机盐、涂料、染料、轮胎等产业在内的传统化工提质增效、转型升级提出了明确要求。

为适应化肥农药减量增效的新要求，高效缓释肥、水溶肥、生物肥料以及高效低毒低残留的新农药、生物农药等新型产品不断推出，有力地支持了农业转型升级优质高效发展的新要求。“十三五”以来，氮肥行业不仅总量控制成效显著，结构调整取得新进展，装置大型化、生产集约化水平进一步提升，而且技术创新取得新突破，清洁生产水平大幅提升。产品结构方面，绿色高效氮肥的总量快速增长，到2019年，高效尿素和硝基肥产能均超过1000万吨，液体肥、水溶肥、硝酸铵钙、硝酸磷肥等新型肥料也得到一定发展。“十三五”的五年间，中国建成多套世界级规模的氮肥装置，单套60万吨/年合成氨装置、单套百万吨级尿素装置成功投运。高效绿色环保的新型肥料转型，缓（控）释肥料、稳定性肥料、水溶性肥料、硝基复合肥料等新型复合肥发展迅速。据不完全统计，至2018年，各类新型肥料产能在3500万吨。复合肥产能、产量和消费量达到顶峰，均居世界首位。

磷肥行业去产能、调结构、节能减排，产业规模稳中有降，供需矛盾得到初步缓解。产业集中度进一步提高。国内前十名磷肥企业产量占比稳步提高，滇、黔、鄂、川四大磷资源省产量占比显著提高。磷肥行业原料结构持续优化。

氯碱行业主导产品产能无序扩张得到有效控制。行业布局趋于合理，东部、西部地区依托资源优势逐渐形成几个大型氯碱产业集群，中部地区着重发展精细耗氯产品，形成多个具有特色氯碱精细产业园。高附加值PVC专用树脂的规模化生产，耗氯产品种类日趋丰富，多种氯产品产能规模居世界首位；围绕氢能产业链布局逐渐展开，产业转型升级和产品结构优化取得实质性进展。装备国产化率位于世界前列，膜极距（零极距）离子膜电解槽在全球应用量最大；在氯碱装备方面，国产化离子膜电解槽运行数量已占世界20%以上，国产离子膜正在60余家氯碱企业应用或试用。清洁生产、循环经济和绿色发展渐入佳境，能耗继续降低，资源综合利用和环保水平不断提升。

（三）淘汰落后产能力度大

产能过剩是推进结构调整的重要因素。化学工业普遍性过剩和结构性过剩同时并存，无机化工原料、农用化学品、染料、橡胶制品、炼油以及部分有机原料、合成材料等通用型产品都存在产能过剩问题，而一些技术含量高、附加值高的高端产品产能不足，严重依赖进口。随着新建项目陆续投产，产能过剩矛盾进一步加剧。

2011年以来，中国对工业领域的落后产能淘汰和产业结构调整力度不断加大。2011年国家发改委出台产业结构调整指导目录并每年修订。2012年3月，工业和信息化部发布了《2012年工业节能与综合利用工作要点》，坚决遏制石化、化工等在内的高耗能行业能耗过快增长势头。2017年2月，工信部等16部委联合发布《关于利用综合标准依法依规推动落后产能退出的指导意见》，推动淘汰落后产能，并公告淘汰落后产能企业名单。

各地纷纷响应国家政策，推进落后产能和高耗能行业的退出和淘汰。在国家强有力政策推动下，石油和化学工业淘汰落后产能在炼油、氮肥、磷肥、氯碱、电石、化纤等多个领域取得了明显成效，全行业落后产能过剩的突出矛盾得到有效缓解。一批技术装备落后、能耗高、排放高、效益低的落后产能退出市场，为市场腾出了更大的空间。2013年、2019年，国内部分产品的产量、消费量变化详见表1-7-2。

表1-7-2　2013年、2019年化学工业主要产品产量、消费量变化情况　　单位：万吨

产品名称	指标	2013年	2019年
化肥合计（折纯）	产量	7153.7	5624.9
	出口量	817.9	1119.5
	进口量	427.6	598.5
	表观消费量	6763.4	5103.9
氮肥（折含N 100%）	产量	4927.5	3577.3
	出口量	557.4	601.0
	进口量	27.0	31.2
	表观消费量	4397.0	3007.5

续表

产品名称	指标	2013 年	2019 年
磷肥（折含 P_2O_5 100%）	产量	1632.9	1211.7
	出口量	242.3	470.2
	进口量	31.6	23.1
	表观消费量	1422.1	764.6
钾肥（折含 K_2O 100%）	产量	593.0	762.2
	出口量	18.2	48.4
	进口量	369.1	544.2
	表观消费量	943.8	1258.0
硫酸（折 100%）	产量	8077.6	8935.7
	出口量	1.0	217.5
	进口量	115.6	53.1
	表观消费量	8192.1	8771.3
烧碱（折 100%）	产量	2854.1	3464.4
	出口量	207.2	114.7
	进口量	1.0	7.0
	表观消费量	2647.9	3356.7
纯碱	产量	2429.4	2887.7
	出口量	167.7	143.5
	进口量	19.8	18.7
	表观消费量	2281.4	2762.9
合成树脂	产量	5837.0	9574.1
	出口量	419.6	654.3
	进口量	3123.4	3366.8
	表观消费量	8540.8	12286.6

续表

产品名称	指标	2013 年	2019 年
合成橡胶	产量	409.0	733.8
	出口量	21.5	38.6
	进口量	154.5	581.2
	表观消费量	542.0	1276.4
合成纤维单体	产量	2305.7	5515.1
	出口量	13.3	74.6
	进口量	1201.7	1152.0
	表观消费量	3494.2	6592.5
合成纤维聚合物	产量	1726.3	1890.8
	出口量	217.8	387.3
	进口量	124.8	155.7
	表观消费量	1633.3	1659.3
甲醇	产量	2878.5	4936.3
	出口量	77.3	17.1
	进口量	485.9	1089.6
	表观消费量	3287.1	6008.8
乙烯	产量	1622.5	2052.3
	出口量	0.0	1.2
	进口量	170.4	251.0
	表观消费量	1792.9	2302.1
成品油（汽煤柴合计）	产量	29615.7	36031.6
	出口量	1664.4	5537.6
	进口量	695.6	519.3
	表观消费量	28646.8	31013.3

电石工业是“十二五”期间淘汰落后产能的重点领域，2005年，中国电石工业产能超过10万吨/年的企业数量仅占电石企业总数的1.4%。2011年，电石工业淘汰了152.9万吨落后产能。2016～2019年电石退出产能699万吨。

化肥工业和农药工业，按照国务院“化肥、农药使用量零增长”的要求，淘汰落后产能收效明显。到2015年，规模在30万吨/年合成氨、52万吨/年尿素以下的小氮肥企业和装置已经基本淘汰完成。2019年，合成氨和尿素产能分别为6637万吨和6668万吨，相比2015年分别下降了9.5%和17.3%。“十三五”期间化肥总产量连年下降。化学农药（折纯）的产量下降明显。

氯碱工业实现全面转型升级，具备了绿色工业改造的客观条件。2016～2019年烧碱退出产能211.5万吨、PVC退出产能214万吨。2014～2015年，关闭了近300万吨/年的纯碱产能。

染料工业发展已经出现了结构性过剩态势，但经过全行业共同努力，到2019年这种现象得到了有效遏制。近几年来，染料工业发展进入到缓慢增长区间，染料产量80万～90万吨；表观消费60万～70万吨，出口染料25万～30万吨（进口3万～4万吨），基本达到供需平衡。

化纤工业也持续加大落后产能淘汰力度，产能过剩的低端品种不断“消肿”，差异化、高端化发展迈出坚实步伐。“十二五”期间，石化大省江苏淘汰高能耗、高排放小化工企业2000多家，淘汰力度空前。山东、浙江等省也加快提高产业准入门槛，提速落后产能和小化工企业的退出进程。

炼油工业在2016～2019年，全行业落后炼油产能退出1.4亿吨，2016～2018年三年平均产能利用率为67.2%、71%、74.2%；炼油工业成品油全面实现国四到国六的升级。

尽管中国化学工业不断加大淘汰落后产能的力度，但“低端产品过剩，高端产品短缺”的结构性矛盾仍然比较突出，从“十三五”期间化学工业进出口情况看，贸易逆差连年增加，部分化工产品逆差一直在扩大。集中表现为国内市场一些高端化学品、化工新材料、市场热点产品供不应求。例如，新能源汽车所需的化学电池产业链、食品添加剂所需的精细化工产品、电子产业所需的电子化学品、清洁能源所需的现代煤化工产品等都有广阔的市场空间。这从一个侧面反映出中国化学工业供给结构的差距和矛盾。

第二节 突出生态环保导向的化工绿色发展

“要把生态环境保护放在更加突出位置，像保护眼睛一样保护生态环境，像对待生命一样对待生态环境。”党的十八大以来推动生态文明建设和生态环境保护从实践到认识发生了历史性、转折性、全局性变化。2018年，党中央、国务院提出了生态文明建设的中远期目标和具体指标。2020年，生态环境质量总体改善，主要污染物排放总量大幅减少，环境风险得到有效管控，生态环境保护水平同全面建成小康社会目标相适应。各地区各部门认真贯彻落实党中央、国务院决策部署，切实加强生态文明建设和生态环境保护，美丽中国建设迈出重要步伐，中国已成为全球生态文明建设的重要参与者、贡献者、引领者。

在国家生态文明建设的总体要求下，加快工业绿色发展，推进供给侧结构性改革，促进节能降耗、降本增效，补齐绿色发展短板，使工业实现高质量发展成为重要任务。化学工业加快推进绿色低碳发展，由末端治理向源头控制转变，深入推进能效领跑者活动，注重绿色技术创新，接连推出绿色新工艺和绿色产品目录，不断提高资源和能源的利用效率，节能减排取得积极成效，绿色发展水平显著提升。

一、“绿色环保、本质安全”成为化工发展首要

化学工业在快速发展的过程中，不可避免地产生了一些环境和社会问题。随着全国人民生活水平和环保意识的日益提高，这些问题影响到化学工业的社会形象，甚至在社会上出现了谈“化”色变的现象，推动化工“绿色环保、本质安全”发展已刻不容缓。

（一）谈“化”色变社会思潮警醒化工行业

进入21世纪后，苏丹红、瘦肉精、硫酸铜、三聚氰胺、增塑剂等化学名词随着频发的食品安全事件进入社会公众的视野。尽管国家有关部门都进行了及时且严厉的处理，但这些事件仍然让民众谈“化”色变。而同时期接连发生的化工厂安全和环保事故使谈“化”色变成为一时的社会常态。

PX（对二甲苯）是重要的化工中间体，被广泛应用于合成PTA等聚酯原料，PX—PTA—聚酯是一条关系到民生经济繁荣稳定的产业链。随着经济快速发展带动聚酯消费量迅猛增加，2010年前后，国内各地相继上马多套PX生产装置和包含PX生产线的石化整体项目。实测研究，世界各国PX项目在正常生产运行情况下，对所在城市空气污染影响非常小，未发生过造成重大环境影响的安全事故。由于以往谈“化”色变的社会风气和境外势力的推波助澜，各地相继掀起抵制PX项目的浪潮。2007年到2016年，福建、成都、大连、宁波、昆明、茂名、烟台相继发生市民抵制PX项目的群体性事件，造成以上各地的PX项目不得不取消、迁址或者推迟。2015年4月6日，位于福建漳州古雷的PX工厂发生爆炸，将多年来颇受争议的PX推上了舆论浪尖。由于新建PX项目受制于国家政策、资金规模、行业审核、民间压力等因素影响，准入门槛较高，整体发展较为缓慢，从而导致国内PX自给率严重不足，超六成的PX缺口量需通过进口资源予以补充。2010年PX产量600万吨、消费量1000万吨、自给率60%；2015年产量990万吨、消费量2200万吨、自给率45%；至2018年产量1000万吨、消费量2700万吨、自给率37%。近10年来，中国为此每年有高达百亿美元的外汇流出，严重影响中国外汇储备和下游行业的健康发展。

在化解谈“化”色变困局、改善行业形象的过程中，科普宣传起到了重要作用。如面对多起PX群体事件，《人民日报》《中国化工报》等主流媒体积极引导舆论，进行科普宣传，多位院士、工程师先后发声。化工企业在项目建设过程中，有针对性地开展科学普及工作，对于引导公众客观认识和理解项目建设，消除公众疑虑，打破国内谈“化”色变困局发挥了重要作用。九江石化的PX项目在回应质疑后顺利建成。在项目审批前和建设过程中，九江石化举行了20多场报告会，参会者涵盖中小学生、街道工作人员、公务员直至网络意见领袖，通过全面的科普和透明公开的运行机制回应公众质疑。而中国石油、中国石化等多年来坚持的企业“公众开放日”活动，在赢得公众支持度方面，也取得了不错效果。

2017年，为回应“我们恨化学”的夸张虚假广告，系列科普专题片《我们需要化学》在网上播出。面对公众疑惑和舆论争论，面对公众对于科学认知的缺失，多位化学权威及中科院院士表示希望为化学正名，为化学发声。

社会上出现的谈“化”色变现象有其深层次原因。以公开透明的沟通机制消除公众顾虑也是国际通行做法。但化学工业如何赢得全社会的信任，成为国民经济发展不可缺少又放心安全的绿色产业，引起社会各界特别是化工行业的深刻反思，在不断提高的环保标准下下大力气进行整治，开展转型升级；遵守严格的法律法规保障化工行业健康运行；加大科技投入开发节能减排和资源循环利用技术，已经成为化工企业共识。

（二）化工迎来最严环境治理时代

通过提高环保标准、制定严格的法律法规倒逼产业转型升级、促进化学工业健康发展是全球日益重视环境保护和绿色发展的总体形势下采取的必要措施。中国也在这一方面加大了依法治理力度，推进各个行业在逐步法治化的环保框架下，实现合规发展。化学工业进入了最严的环境治理时代。

1.环境保护逐步法治化

自2011年开始，中国密集出台包括“最严环保法”在内的环境保护系列法规，《大气污染防治法》《环境保护法》《环境保护税法》等一一完善立法，进入实施阶段，特别是开征环境保护税等，对企业形成了法律约束和经济处罚的高压态势，约束包括化学工业在内的各行各业做好环境保护工作，化学工业进入“最严环境治理时代”。国家环保法律法规政策的不断加码，2016年以来中央环保督察工作不断深入，使化学工业接受了全面的“环保体检”，一批企业在环保高压下进行治理整顿。

新修订的《环境保护法》于2015年1月正式施行。新的环保法划出生态保护红线，强化了处罚力度，还建立了“黑名单”制度、环境信用制度、环境公益诉讼制度和环境污染公共预警机制等。新《环境保护法》是中国最严格的专业法律，史称最严环保法，对化工行业影响深远。环保法实施以来，部分企业受到处罚。2019年10月的“泰州长江污染1.6亿天价公益诉讼案”十分典型，2011年至2013年，江苏常隆农化有限公司、泰兴锦汇化工有限公司等6家化工企业将废酸委托给没有危废处理资质的皮包公司进行处置，导致2万多吨废酸被倾倒入长江中。经公益诉讼，江苏省高院判定6家化工企业共同承担1.6亿余元的环境修复赔偿金。

2.不合规不达标化工企业陆续关停

2011年以来，随着国家一系列环保政策的落地，化工企业环保压力不断加大，一些污染严重的企业陆续关停。尤其是2016年以后，随着环保政策的收紧，化工企业出现关停潮。

国务院办公厅2016年8月发布《关于石化产业调结构促转型增效益的指导意

见》，全面启动危化品生产企业搬迁。要求城镇人口密集区和环境敏感区域的危险化学品生产企业搬迁入园或转产关闭。新建炼化项目全部进入石化基地，新建化工项目全部进入化工园区，形成一批具有国际竞争力的大型企业集团和化工园区。

中央生态环保督察从2015年开始试点，到2018年已实现31个省（区、市）和新疆生产建设兵团的例行督察全覆盖，并对20个省区开展了“回头看”。各轮次督察共受理群众举报约19万件，移交各类重大生态环境损害责任追究问题超540个，极大推动落实了生态环保党政同责、一岗双责。2017年以后，国家环保督察对企业关停力度之大前所未有，关停的企业多是没有采取环保措施、直接排放污染物的企业。据环保部门统计，在有环境违法问题的企业中，半数属于“散乱污”企业。这期间，全国各省份关停了几十万家“问题”企业，其中，关停的化工企业占有相当比例。

3.规范化工园区建设

化工园区“大上快上”时期造成了过多过散的问题，有的地级市建10多个工业园，个别县多达10余家园区。这些“小散乱”的化工园未经有关环保、安全、规划等方面的评估，大多为小化企的集聚地，有的化工园还和乡、村混在一起，安全环保隐患巨大。

2015年12月，工业和信息化部发布了《关于促进化工园区规范发展的指导意见》。根据这一精神，各省份纷纷治理化工企业、化工园区散乱差的问题，扎实开展石化园区规范认定，有序推进新建化工项目和危化品企业搬迁入园，园区发展日趋规范。到2019年5月，山东省先后公示公布四批认定化工园区，各地也积极开展相关工作。化工园区建设标准化制定已基本完成。

2015年5月，上海、大连、宁波、曹妃甸、连云港、福建古雷、广东大亚湾等七大石化基地与南京化工园区，在上海达成《石化基地建设发展“上海共识”》。“共识”围绕科学规划园区、生态文明建设、产城融合路径、协作发展机制等搭建“7+1”园区联盟平台，在全国化工园区中起到示范引领作用，树立了化工行业新形象。

（三）危化品监管水平和成效正在提高

随着危化品行业安全事故增多，国家加大了对危化品的安全监管力度，发布了一系列新的条例、规章和制度。这些规章制度对防止行业重特大安全事故具有很强的指导性，极大地促进了危化品生产企业提升本质安全水平。

2011年3月，国务院颁布《危险化学品安全管理条例》，随后，国家安监总局发布《危险化学品生产企业安全生产许可证实施办法》和《危险化学品重大危险源监督管理暂行规定》。这两项规章与新《危险化学品安全管理条例》于2011年12月1日起同时实施。2013年9月18日，国家安监总局发布了《化工（危险化学品）企业保障生产安全十条规定》，细化管理规定。

2016年7月1日，国务院安委会发布《涉及危险化学品安全风险的行业品种目录》，公布了87大类危险化学品目录，用于指导涉及危化品安全风险的行业和地方建立危险化学品安全风险分布档案，实施重点监管、精准监管、科学监管，建立风险管控和隐患排查治理双重预防机制，有效遏制危险化学品重特大事故的发生。并陆续出台《化工园区安全风险排查治理导则》《危险化学品企业安全风险隐患排查治理导则》，制修订《危险化学品重大危险源辨识》《危险化学品生产装置和储存设施外部安全防护距离确定方法》等国家标准。

到“十三五”末期，在国家有关部门的严格监督，各地紧密配合，紧盯重大危险源，建立起四级重大危险源监测预警系统，消防和地方的协作联合监管机制已经建立，完成了两轮专门对重大危险源企业的检查指导，制定了重大危险源安全的包保责任制。针对危险化学品的特殊品种制定了《特别管控危化品目录》。开展化工园区、危险化学品企业和小化工的“三项整治”。

2016年开始，千余家位于城镇人口密集区和沿江地区的危险化学品生产企业进行搬迁改造，并顺利完成各项任务，搬迁行动对解决危险化学品生产企业安全和卫生防护距离不达标问题、有效遏制危险化学品重特大事故、保障人民群众生命财产安全、促进石化化工产业转型升级等具有重要意义。到2019年，全国共有化工园区676个，其中，明确了328个可以承接搬迁改造企业的化工园区。

应急管理部危险化学品安全监督管理司发布信息显示：全国化工和危险化学品事故从2006年最高的577起减少到2019年的164起，年均下降5.5%。但与世界先进国家水平相比，中国仍存在差距：一方面，化工事故总量仍然较大，同产值化工事故死亡人数为世界先进国家的2～3倍（2017年）；另一方面，重特大事故时有发生，特别是2019年发生的江苏响水“3·21”特别重大爆炸事故，后果极为严重，影响极其恶劣，暴露出中国化学工业和危险化学品安全生产工作仍存在一些漏洞和短板。

二、高质量“绿色化工”发展成为主流

“绿色化工”已经成为全球化学工业发展的潮流。资源、能源、环境多重制约的时代，实现资源循环利用、能源梯级利用的绿色循环低碳经济发展模式成为化工在未来发展中的迫切需要。中国化学工业在努力实现高质量发展，构建产业新体系方面不断进行着“绿色化工”发展实践。绿色发展的共识在增强，制度体系在健全，投入在加大。绿色发展已经摆在了中国化学工业健康可持续发展的突出位置。

（一）系列促进转型发展的新规及建议

“十二五”以来，国家大力倡导循环经济，淘汰落后产能，强调可持续发展，出台了一系列指导性政策、意见（见表1-7-3），推动清洁生产、绿色发展，促进了化工行业转型升级。

表1-7-3　2011～2019年指导化学工业结构调整主要国家政策、意见

序号	相关法律法规	发布部门及时间
1	再生资源综合利用先进适用技术目录（第一批）	2011年　工信部
2	产业结构调整指导目录（2011年本）	2011年　国家发改委
3	淘汰落后产能中央财政奖励资金管理办法	2011年　财政部、工信部、能源局
4	铬盐、钛白粉、涂料、黄磷、碳酸钡5个化工行业清洁生产技术推行方案	2011年　工信部组织制定
5	国家鼓励的循环经济技术、工艺和设备名录	2012年　国家发改委
6	石油和化工行业环境保护和清洁生产支撑技术目录	2012年　中国石油和化学工业联合会、化工环保协会
7	工业清洁生产推行“十二五”规划	2012年　工信部
8	产业结构调整指导目录（2013修正本）	2014年　国家发改委
9	石化产业规划布局方案	2014年　国家发改委
10	关于推进化肥行业转型发展的指导意见	2015年　工信部
11	工业绿色发展规划（2016～2020年）	2016年　工信部
12	石化和化学工业发展规划（2016～2020年）	2016年　工信部
13	石化行业绿色发展六大行动计划	2017年　中国石油和化学工业联合会

续表

序号	相关法律法规	发布部门及时间
14	关于促进石化产业绿色发展的指导意见	2017 年　国家发改委，工信部
15	中华人民共和国循环经济促进法	2018 年　全国人大
16	石油和化工行业绿色工厂、绿色产品、绿色园区认定管理办法（试行）	2018 年　中国石油和化学工业联合会
17	产业结构调整指导目录（2019 年本）	2019 年　国家发改委

行业还组织进行了自律公约签订以及宣言发布、行动计划发布，为推进化工行业绿色转型营造浓厚的社会氛围，提高企业的认识高度。例如，2013年6月25日，中国石油和化学工业联合会发布了《石油和化学工业绿色发展自律公约》，约定了遵章守法、诚实守信、责任关怀、安全环保责任、清洁生产、产品质量责任制、知识产权保护、应急处理和公益行动等9项自律行为准则。2015年9月18日，《中国石油和化学工业绿色可持续发展宣言》正式发布，作出了坚持“以人为本”发展理念、深入推进“责任关怀”、坚持“安全第一、预防为主”方针、坚持节约优先原则等五个方面的庄严承诺。当天，430份中国石油和化工相关单位负责人签署的《责任关怀全球宪章》文件移交国际化工协会联合会。

（二）园区化为主的布局结构正加速形成

化工园区是世界石油和化学工业在转型升级和创新发展中的重要方向和典型标志。全球石化产业价值链、供应链正在加速重构，世界主要石化产业大国都在产业结构调整和竞争优势的培育中大力推动化工园区的发展。中国化学工业致力于发展化工园区，逐步改善企业布局，2012 ～ 2019年取得非常明显的进展。

中国石油和化学工业联合会化工园区工作委员会所提供的数据显示，截至2014年底，全国重点化工园区或石油化工为主导的工业园区381家，较2012年底增加173家。化工园区内规模以上石油化工企业数约1.2万家，企业入园率达到45%左右。381家化工园区的工业总产值合计超过5万亿元，占石油和化学工业总产值（不含石油和天然气开采、化学矿采选业、专用设备制造业）的44%。

“十三五”期间，新建化工项目和危化品项目搬迁入园有序推进，以园区化为方向的全行业布局正在加速形成。截至2019年底，全国重点石化园区和以化工为主导的工业园区共676家，其中国家级57家、省级351家、地市级268家。全国已形成产值超过千亿元的超大型园区14家，比2016年增加6家；500亿～1000亿元的大型园区33家；100亿～500亿元的中型园区224家；产值小于100亿元的小型园区405家。虽然超大型和大型园区的数量仅占中国化学工业园区总数量的7%，但工业总产值却占化工园区工业总产值的近50%。

以染料工业为例，2019年染料工业前3名企业生产量占染料总产量的50%以上。染料企业进入园区的比例在85%以上，染料园区生产量占染料总产量的95%以上。比较有影响力、染料企业比较集中的化工园区有：浙江杭州湾精细化工园区、沿江化工园区；江苏苏北地区的临港产业园区、灌南工业园区、连云港化工园区和滨海高新技术开发区等。染料工业在产业集中度和企业园区化等方面都有了显著提升。

（三）园区和企业的绿色循环发展实践

化学工业开展循环经济试点工作以来，试点企业积极投资进行技术改造，开发节能技术和绿色工艺，已形成一批典型试点企业。山西焦化集团有限公司、山东鲁北企业集团有限公司、四川宜宾天原化工股份有限公司、河北冀衡集团公司、湖南智成化工有限公司、贵州宏福实业有限公司、贵阳开阳磷化工集团公司、山东海化集团有限公司、新疆天业（集团）有限公司、宁夏金昱元化工集团有限公司、福建三明市环科化工橡胶有限公司、烟台万华合成革集团有限公司成功实施了试点工作。

“十二五”时期，天津经济技术开发区、苏州高新技术产业开发区、大连经济技术开发区、烟台经济技术开发区、河北省曹妃甸循环经济示范区、内蒙古蒙西高新技术工业园区、黑龙江省牡丹江经济技术开发区、上海化学工业区、湖北省武汉市东西湖工业园区、四川西部化工城、青海省柴达木循环经济试验区、陕西省杨凌农业高新技术产业示范区等一批产业园区进入了新的循环经济试点范围。

2011年，工业和信息化部组织开展了工业循环经济重大示范工程申报，2012年3月确定了第一批23项工业循环经济重大示范工程，其中有9项工程属于化学工业领域。

安徽淮北临涣工业园“煤—焦—化—电—建”循环经济示范工程临涣工业园，主要以循环发展模式为基础，做大做强淮北煤化工产业。工业园主要进行煤炭洗选、煤焦化及副产品深加工、矸石发电、粉煤灰综合利用，形成“煤—焦—化—电—建”一体化发展的循环经济。随着煤电硅项目、建材产业园（水泥、制砖、微晶玻璃、磁化肥、微珠、陶粒、建筑纤维）、精细化工（粗苯加氢精制、煤焦油深加工、针状焦、炭黑等）项目的入园，构建了全循环产业链模式。

亿利资源集团能源化工循环经济示范工程，是亿利资源集团按照园区一体化循环经济产业的格局，构筑了煤炭开采、煤矸石发电、离子膜烧碱、高端煤基多联产、太阳能光伏电池、工业废渣制水泥、PVC以及PVC深加工等八大工程，形成了“煤—煤矸石发电—离子膜烧碱—PVC—PVC深加工—工业废渣制水泥”的一体化循环产业链。

冀中能源峰峰“煤—化—电”循环经济示范工程，是峰峰集团循环经济示范项目，共分三期建设：一期工程为焦化—煤气制甲醇—余热发电，矿井水处理利用、消烟除尘改造、生化污水处理工程；二期工程为焦化—煤气制甲醇—干熄焦—余热发电—脱硫制酸生化污水处理循环利用，煤矸石发电自用工程；三期工程为焦油、粗苯深加工、甲醇制醋酸等高附加值产品。全部工程于2015年12月建成投产。

2017年，工信部发布了中国首批绿色制造体系示范名单，化工、石化有30家企业入选。

陕西北元化工集团有限公司依托榆林地区丰富的煤炭和原盐资源优势，以产能规模超百万吨的聚氯乙烯产品为核心，建立起较为完整的技术研发体系，建成“煤—电—电石—氯碱化工—工业废渣综合利用生产水泥”的一体化循环经济产业链，有效降低了废弃物排放，资源在生产全过程得到高效利用，带动了革命老区化工、建材、运输等相关产业快速发展，实现了经济效益、社会效益和环境效益的有机统一。

“十三五”期间，化学工业按照工信部的要求不断加大智慧化工园区试点示范的力度，开展绿色石化园区创建工作。一批在绿色循环发展方面取得突出成效的国家级示范园区和典型企业，如以上海化学工业经济技术开发区、扬子江国际化学工业园为代表的生态工业示范园区，以福建泉港石化工业园区、重庆长寿化工产业园区等为代表的循环经济示范园区已经诞生。到2018年年末，以上海化学工业经济技术开发区、惠州大亚湾经济技术开发区、宁波大榭开发区、长兴岛石化基地以及南京、常熟、东营港新材料产业园，宁东能源化工基地等为代表的一批化工园区和石化基地，已具备世界一流绿色石化基地的基础。

（四）清洁生产、资源循环利用技术开发踊跃

资源回收利用逐渐成为节能重点方向。“可控结构吸附材料构建及控制油类污染物的关键技术”获得2014年度国家技术发明二等奖，该技术为环保油污染物控制及资源化回收提供了新材料和新装备，参与处置了墨西哥湾、大连原油泄漏等30

项突发性事故。获得2015年国家技术发明二等奖的有“纳米复合材料的重金属废水深度处理与资源回用新技术”。在其他获奖项目中还有一系列余热回收技术，如“矿或冶炼气制酸低温热回收技术”“炭黑生产过程余热利用和尾气发电（供热）技术”“乏汽与凝结水闭式全热能回收技术”“氯化氢合成余热利用技术”“黄磷生产过程余热利用及尾气发电（供热）技术”等。

经过多年技术攻关，磷化工突破复杂难处理磷矿资源高效开发利用及深加工关键技术，硫酸工业采用了硫黄制酸低温热回收技术，纯碱工业采用多项资源循环利用技术，炼油工业实施生产过程、资源循环利用和能量系统优化等项技改，合成氨、氮肥、氯碱、炭黑等工业也都采用了各种资源循环利用技术，并且技术水平不断提高。

化工企业广泛开展了资源循环利用技术改造。湖北三宁化工公司硫黄制酸装置充分利用液硫燃烧产生的高温位热能和SO_2转化产生的中温位热能，热量利用率达90%以上；云南磷化集团昆阳磷矿对80万吨/年磷矿石擦洗生产旋流器进行技改，提高产率1.56%，每洗矿100吨，节水11吨，节电74.8千瓦时；开磷集团每年综合利用黄磷尾气5000万立方米，折合标准煤2万余吨。

2016～2019年，化学工业创新开发了一批先进过程强化和资源化利用技术，例如，清华大学和瓮福集团开发的微通道湿法磷酸净化技术，使食品级磷酸生产比热法工艺成本降低23.8%，比引进的湿法磷酸净化技术成本降低4.2%等。

氯碱工业积极履行《关于汞的水俣公约》，全面完成电石法聚氯乙烯低汞化改造，单位产品汞消耗降低50%以上，从源头上减少了近150吨汞的使用；无汞催化剂研发取得积极进展，已开展工业化示范。磷石膏利用量稳步提升，综合利用率达到40%，处于世界领先水平。石化行业挥发性有机物（VOCs）治理加快，排放量降低30%以上；高盐废水加快治理并逐步向资源化利用迈进。

在染料工业，染料膜过滤，原浆干燥清洁生产制备技术，染颜料中间体加氢还原等清洁生产制备技术，有机溶剂替代水介质清洁生产制备技术和低浓酸含盐废水循环利用技术等4项减排效果明显、推广普及面广的清洁生产技术列入《燃料行业清洁生产重点技术需求及应用推广目录（第一批）》。到2015年，推广目录已经修订了3次。浙江龙盛集团、浙江闰土股份、浙江吉华集团、山西青山化工、河北华戈染料、河南洛染、泰兴锦鸡等企业分别申报和获得国家清洁生产专项资金支持，为行业推广清洁生产技术起到引领和带动作用，对行业整体水平提升发挥了重要作用。

通过多年不懈的努力和清洁生产工艺、设备的推广和实施，染料工业“三废”

的产生量得到了很好的消减和控制。在“三废”治理过程中，多数企业都采用了分类治理和末端治理相结合的方式，既减少“三废”产生量，又降低了处理难度。原来采用的中和、焚烧等简单的处理手段，改为综合套用、综合利用技术，大幅减少新鲜水使用。利用先进设备和技术，把合成过程中产生的高浓度、难处理的废水进行萃取、反萃取，进行无害化处理，在大大降低“三废”的产生量同时，实现了“三废”的资源化利用。

废旧轮胎资源循环利用技术取得重大突破。2012年9月，世界上首条无“三废”橡胶循环再造湿法制取精细能量胶粉生产线落户广东增城。这使中国取代美国，成为世界上掌握最高水平的橡胶循环再造技术的国家。由于湿法生产精细胶粉，其性能远远优于目前国际主流的干法工艺生产的胶粉，项目引进投产后，橡胶全行业生产的橡胶制品的品质达到世界领先水平。所产的能量胶粉，可应用于火箭固体燃料、橡胶轮胎、防水建材、高速公路、橡胶传送带、装饰、鞋类等国防或民用领域。经过几十年的努力，2017年全国橡胶粉直接应用产品所消耗量达到约20万吨。

热解技术是国际上处理废旧轮胎的另一主流工艺。2011年，南开大学的研究团队对废旧轮胎热解产物提纯的研究取得了一定的成果。2014年9月，由山东城矿环保集团有限公司与韩国东城集团联合研发的国内首条智能废旧轮胎微负压热解技术生产线投产，可使废旧轮胎生成35%的工业炭黑、40%的燃料油、15%的钢丝以及10%的瓦斯可燃气体，实现废旧轮胎100%环境无害化回收再利用。微负压热解技术是目前世界最先进的处理废旧轮胎技术之一，整个生产过程无废水、废气和废渣产生，实现了安全环保节能。

为促进资源循环利用发展，上海化学工业区打造危废处置“苏伊士模式”。上海升达废料处理有限公司（隶属于法国苏伊士集团）承担了化工区的危险废物处置任务，采用法国苏伊士环境集团的先进废物处置技术，为各类客户提供27大类废物类别，271小类废物代码的工业危险废弃物的包装、收集、运输、检测及焚烧等综合管理服务。为实现循环经济，上海升达在处置危废过程中所产生的热量全部被回收利用，用于生产蒸汽输送给园区内的企业使用，这种做法被誉为“苏伊士模式”。

与此同时，行业绿色制造体系进一步完善，从产品设计、制造到废弃物处理全生命周期的绿色标准体系初步建立。“十三五”期间，化学工业立项绿色产品、绿色工厂、绿色园区、绿色供应链等标准达100余项，认定近200家绿色工厂、400余种绿色产品、6家绿色化工园区、30项绿色石化工艺。行业集约化、循环化、低碳化发展水平进一步提升，绿色发展内生动力显著增强。

资源循环技术的应用极大地提高了化学工业绿色发展水平，行业总能耗和重点产品能耗持续下降，“三废”排放显著降低。到2018年，化学原料和化学品制造行业产能利用率达74.8%，二氧化硫、氮氧化物去除率分别达到85%、40%以上，氨氮、化学需氧量去除率提高至90%。磷矿、硫铁矿等主要资源消耗强度在降低。全行业COD、氨氮、二氧化硫、氮氧化物等主要污染物排放量下降10%以上；固体废物综合利用率达到70%以上。

（五）加大投入、技术为先推进化工节能减排

进入21世纪第二个十年，化学工业万元工业增加值能源消耗的下降指标要求逐步提高，节能减排工作面临着新的形势和艰巨任务。全行业以节能减排为“调结构、转方式”的重要抓手，在节能管理、资金投入、节能技术推广应用方面加大力度，全面升级。

根据《国务院关于印发“十二五”节能减排综合性工作方案的通知》要求，2011年12月，国家发改委、工信部、财政部等12部委联合发布《万家企业节能低碳行动实施方案》（简称《方案》）。《方案》指出，万家企业是指年综合能源消费量1万吨标准煤以上以及有关部门指定的年综合能源消费量5000吨标准煤以上的重点用能单位。初步统计，2010年全国共有17000家左右。万家企业能源消费量占全国能源消费总量的60%以上，是节能工作的重点对象。抓好万家企业节能管理工作，是实现“十二五”单位GDP能耗降低16%、单位GDP二氧化碳排放降低17%约束性指标的重要支撑和保证。在这17000家名录中，有石油和化工企业6700家。

中国石油和化学工业联合会、化工节能技术协会系统等相关节能机构，以及中国石油、中国石化、中国海油、中国中化等多家央企和各地企业快速行动起来，在多个层面开展了多项卓有成效的节能减排行动。

石油和化工行业于2012年在全国率先开展“能效领跑者”发布制度，逐渐形成一批产品能效先进的队伍，起到极强的示范引领作用；在企业层面能源管理组织体系建立，构建企业节能减排工作的长效机制；有效开展“企业能源审计”和“固定资产投资能评”工作，搞好节能监督，使全行业的节能工作取得了显著成绩，为全国节能减排总体工作做出了重要贡献。

化学工业是装备型产业，40%～60%的节能量是靠技术进步。行业着力推进了

技术节能，积极投入资金，开展节能技术改造已成为企业的共识和一致行动。技术创新在已取得的节能成效中贡献最大。在国家发改委、工信部、中国石油和化学工业联合会共同推动下，在石油和化工系统重点推广了电机系统节能技术：能量系统优化技术、余热余压利用技术、锅炉（窑炉）改造技术等。

通过科学有效的节能管理以及节能技术的广泛推广，2011 ～ 2015年，全行业万元工业增加值能耗累计下降8%，重点耗能产品单位能耗目标全部实现。2014年氯碱行业低汞催化剂普及率达到50%，磷石膏综合利用率提高到30%。绿色发展已成为行业共识和转方式的重要标志。

通过各行业产品的单位能耗降低，2015年与2010年相比，全行业节能10338.8万吨标准煤，超额完成“十二五”9666万吨标准煤的节能任务（详见表1-7-4）。但部分拥有落后产能企业不愿再追加投入进行节能改造，导致行业中部分石化产品平均单位工业增加值能耗居高不下。

表 1-7-4　2010 年和 2015 年主要产品实现节能量表

产品名称	2015 年产量 / 万吨	2015 年能耗 /（千克标准煤 / 吨）	2010 年能耗 /（千克标准煤 / 吨）	节能量 / 万吨标准煤
原油加工	52199.2	99.19	91.69	391.5
乙烯	1714.5	880.71	811.61	118.5
烧碱	3028.1	426.82	369.09	174.8
纯碱	2591.7	413.0	275.80	355.6
合成氨	5791.4	1402.0	1307.19	549.1
电石	2482.5	1041.0	1008.42	80.9
黄磷	100.0	3350.0	3048.97	30.1

到2016年，国务院印发《“十三五”节能减排综合工作方案》。《工作方案》明确了“十三五”节能减排目标：到2020年，全国万元国内生产总值能耗比2015年下降15%，能源消费总量控制在50亿吨标准煤以内。全国挥发性有机物排放总量比2015年下降10%以上。

《工作方案》将“十三五”能源消费总量和强度“双控”目标分解到各地方，提出了主要行业和部门节能目标，明确了“十三五”各地区化学需氧量、氨氮、二氧化硫、氮氧化物和重点地区挥发性有机物排放总量控制计划。

行业组织积极采取行动。2016年，中国石油和化学工业联合会发布了《石油和化学工业绿色发展行动计划（2016～2020年）》，并在此基础上组成六个专题调研组，深入企业和化工园区开展实地调研，编制了废水治理、废气治理、固体废物处理处置、节能低碳、安全管理提升和化工园区绿色发展等六大行动计划，是行业节能工作指导性文件。化学工业积极贯彻国家的节能减排方针政策，积极开展能源审计，加强能源管理体系建设，开展节能量审查，开展能效对标和能效领跑者活动，在管理上、技术进步上加大力度，使全行业的节能减排取得较好的成绩。

2016年以来，行业能源消耗增速快速下降，由“十二五”年均增速6.9%下降为3%左右。合成氨、黄磷、聚氯乙烯、电石、烧碱等产品的“能效领跑者”企业能耗水平分别下降22.4%、27.1%、21.1%、16.8%、9%。2016～2018年化学工业万元收入耗标准煤分别是0.47吨、0.53吨、0.47吨，实现了绿色发展水平不断提升。膜极距离子膜电解槽产能占比由2015年的55%提升至90%以上，30%烧碱（折百）单位产品综合能耗由2015年的351千克标准煤/吨下降到314千克标准煤/吨。随着GB15581—2016《烧碱、聚氯乙烯工业污染物排放标准》的实施，企业加大环保设施升级改造，特征污染物排放量显著下降。

2012～2019年，化学工业每个子行业都涌现出了一批节能技术。比如在硫酸行业，硫黄制酸低温热回收技术已经实现了技术、装备的国产化，成功实现了工业化应用；纯碱工业涌现的重大节能技术有：自身返碱蒸汽煅烧炉高效节能技术、水平带式滤碱系列节能技术、纯碱装置全流程先进控制节能技术、天然碱热泵蒸发结晶节能技术、重灰炉气的梯级利用等；炼油工业重点实施了炼油装置生产过程优化、公用工程能量系统优化等技改项目，提高了炼油系统和炼化装置能效水平；乙烯工业重点实施了裂解炉、压缩机等关键设备的优化和改造；合成氨和氮肥企业积极开展气化技术优化改造、全低温变换工艺、低压低能耗氨合成技术、常压循环流化床间歇气化技术等，各企业应用效果良好；氯碱工业膜极距离子膜电解技术大面积推广应用，吨碱综合能耗大幅下降；炭黑工业积极开展余热发电技术改造，提高了余热利用效率和质量。

借助新材料和高新技术成为节能技术的新趋势。“膜法高效回收与减排化工行业挥发性有机气体”获得2018年国家科技进步二等奖，该项目将膜分离、吸收、吸附和浅冷等多技术耦合集成，可将化工生产、储运过程及加油站等排放的挥发性有机物气体通过高性能膜及装备回收、浓缩加工成重要的化工原料，对于环境保护和资源利用具有十分重要的意义。此外还有“新型高效膜极距离子膜电解技术”“高效复合型蒸发式冷却（凝）器技术”“水性高效隔热保温涂料节能技术”“水平带式真空滤碱节能技术”等。

绿色发展水平进一步提升。离子液体烷基化、重质劣质油催化加氢、工业黄磷生产电子级磷酸、大型沸腾氯化法钛白粉、精细化工微反应等一系列清洁生产技术，低氮燃烧、高温焚烧、催化氧化、超临界水氧化、临氧裂解等先进环保技术取得突破和提升；行业绿色制造体系进一步完善，从产品设计、制造到废弃物处理全生命周期的绿色标准体系初步建立。

在能源低碳转型的大背景下，石化行业作为碳排放的重点部门之一，不少企业主动作为，提前进行低碳发展战略布局，如中石油设立了低碳管理专门机构，并发布《绿色发展行动计划2.0》。中石化制定了《碳资产管理办法》，对下属所有企业开展碳盘查，积极参与碳交易试点项目，先后开展“蓝天碧水”“能效倍增”等专项行动计划。中海油2019年发布了《绿色发展行动计划》，明确了近期、中期和远期三个阶段的绿色发展目标，通过实施绿色油田、清洁能源和绿色低碳三个具体行动计划，致力于发展成为中国特色国际一流的清洁能源生产和供给企业。此外，一些科研院所和石化企业还积极跟踪国际技术前沿，加大低碳技术的研发和储备，努力推进CO_2捕集、驱油和埋存先导性工程示范。总体来说，全行业直面挑战、凝聚共识，在低碳发展之路上率先突破、稳步前行。

三、大力发展生物燃料贡献国家能源革命

进入新时代，中国的能源转型发展提速。生物化工领域在国家政策支持下，生物柴油、燃料乙醇已经得到长足发展。2018年，中国生物柴油的产量达到了103万吨，2014～2018年5年间，出口量迅速增长，中国的生物柴油因为减少碳排放明显，质量达到欧盟标准，故产品受到欧盟市场欢迎。到2017年末，中国的燃料乙醇产量为304.5万吨，产业规模已经达到世界第三位。全国已有12个省份推广使用乙醇汽油。生物化工正在成为国家能源清洁低碳转型的重要支撑。

综上所述，中国的化学工业在推进高质量“绿色化工”发展方面做出了很多有意义的实践，取得了很多令人鼓舞的成绩。需要指出的是，发达国家促进化工产业转型升级和环境治理是一个比较长的历史过程，并非一蹴而就，一般经历了30～50年的历程。中国在发展高质量绿色化工方面还存在一定差距，还需要长期坚持不懈地努力。

第三节 有序开展化学工业智能制造探索实践

经过多年的发展，中国化学工业的生产工艺和装备、生产自动化水平已取得了显著提高，步入了利用信息技术加快智能化制造生产的进程。智能制造是应用移动互联网、云计算、大数据等生产技术，具有信息深度自感知、自优化、自决策等功能的先进制造过程。以智能工厂为载体，以关键制造环节智能化为核心，以端到端的数据流为基础，可以有效缩短产品优质周期，提高生产效率，提升产品质量，有效进行安全环保管控，实现生产工艺优化和全流程整体运行优化。因此，加快发展化学工业智能制造，推动智能核心装置的深度应用和产业化，构建自主可控、开发有序，积极打造数字化车间、智能化工厂，提升智能装备和产品的智能化水平，做大做强高端产业，成为化学工业发展的必由之路。

一、“两化融合”加快推进化学工业转型升级

2007年10月，党的十七大报告明确提出：“发展现代产业体系，大力推进信息化与工业化融合，促进工业由大变强”。这是从中央首次明确提出“两化融合”的概念。

“十一五”期间，在国家政策的引领下，化工行业“两化融合”开始推进。此时，国际石化巨头已在信息化高端领域抢占先机，而中国的大中型化工企业虽然已在主要生产流程中实现信息化，但信息化的技术严重依赖进口，加快化学工业信息技术国产化的形势十分迫切。中国化学工业中小企业数量众多，多数处于基础自动化阶段，对信息化投入较少、信息渠道来源单一，行业整体推进有一定难度。

工业和信息化部印发的《石化和化学工业“十二五”发展规划》明确提出，加强信息化与工业化的深度融合，推进石化化工企业信息化建设，提升化工园区和产业集群信息化水平。

为加快推进“两化融合”，2014年，工信部全面启动了“两化融合”管理体系贯标试点工作，从1500家企业中遴选了502家贯标试点企业，各地自行组织了200家企业开展省级贯标试点。2015年，国务院发布《中国制造2025》，大力推动信息

化和工业化深度融合。工信部、国家发改委等相继出台政策，加快移动互联网、云计算、大数据、物联网等与现代制造业结合，培育发展新技术、新业态、新模式，加快工业转型升级。“两化融合”管理体系已经为传统制造业互联网化转型提供了实现方法和可行路径，是指导战略转型、服务用户、组织变革的参考框架和发展蓝图。

“十二五”期间，石油和化学工业与信息技术的融合取得了很大的进展，提高了化工企业的生产效率，为企业精细管理和安全生产发挥了重要作用；全行业超过90%的规模以上生产企业应用了过程控制系统（PCS），生产过程基本实现了自动化控制；生产优化系统（APC）、生产制造执行（MES）、企业资源计划管理系统（ERP）也已在企业中大范围应用，生产效率进一步提高；石油化工、轮胎、化肥、煤化工、氯碱、氟化工等率先开展智能制造试点示范，推进化工智能制造工程。

“十三五”期间，全球信息化技术迅猛发展，取得了许多新突破，工业互联网、大数据、人工智能等处于全面普及、深度融合、加速创新、引领转型的新阶段。在化学工业，工业互联网、工业云平台等成为融合发展新基础；数据作为新的生产要素与传统要素加速融合成为提升全要素生产率的倍增器；人工智能为传统制造业赋能、赋智。新的智能制造生态圈正在构建中，为中国化学工业抢占全球新一轮产业竞争制高点奠定了基础。

2016年9月，工信部发布《石化和化学工业发展规划（2016～2020年）》，提出推动新一代信息技术与石化和化学工业深度融合，推进以数字化、网络化、智能化为标志的智能制造。《规划》提出“十三五”行业“两化融合”目标：企业“两化融合”水平大幅提升，实现信息化综合集成的企业比例达到35%。

进入“十三五”时期，中国化学工业“两化融合”工作取得了显著进展，运用大数据、云计算、人工智能、工业互联网等新一代信息技术与化工生产深度融合，加速提升了企业核心业务领域数字化、智能化应用水平。截至2018年年中，石油化工行业开展“两化融合”管理体系贯标试点企业总数达430家左右。工业互联网、大数据、人工智能等一批新技术的开发应用，正在推动化学工业的“两化融合”进入升级版。

二、推出一批智能制造试点示范企业

以智能制造为核心的新一代信息技术与化工制造业加速融合，已经成为世界化学工业发展的大趋势，成为建立国际竞争新优势的突破口。中国石油和化学工业处于新旧动能迭代更替的关键过程，亟须充分利用智能制造发展机遇，结合工业互联网、大数据、云计算等现代信息技术与现有行业优势，推动企业生产、管理和营销模式的变革，推进行业绿色和高质量发展，培育建设一批数字化转型和智能制造示范企业。为促进工业转型升级，加快制造强国建设进程，自2015年起，工业和信息化部每年开展智能制造试点示范专项行动，以企业为主体、市场为导向、应用为切入点，持续推进试点示范。全行业共有中化化肥有限公司化肥智能制造及服务试点示范、中国石化九江分公司石化智能工厂试点示范、赛轮金宇集团股份有限公司轮胎智能工厂试点示范等3个项目入选智能制造试点示范项目。到2018年，全国实施了305个智能制造试点示范项目，生产效率平均提高近30%，试点示范成效明显。其中，石油和化学工业智能制造试点示范建设取得了很大进展。

2016～2018年，入围智能制造试点示范项目的有中国石化镇海炼化分公司智能工厂、双星集团有限责任公司绿色轮胎智能制造、山东东岳化工有限公司氟化工智能工厂、鲁西化工集团股份有限公司化肥生产智能工厂、瓮福（集团）有限责任公司磷化工智能工厂、兰州兰石集团有限公司石油装备智能制造等24个。

三、智慧园区凸显集聚集约效应

化学工业园区在中国已经发展20余年，大型化工园区普遍在配置资源、原料多元化、延伸产业链、发展循环经济等方面取得了长足的进步。园区的土地利用率、产出回报率、劳动生产率有了明显提升，集聚集约效应显著增强，越来越多的化工企业搬迁入园。但是部分园区无论是在园区的规划布局上，还是在产业集聚、产品链协同等方面，与发达国家尚有较大差距，企业的安全环保水平参差不齐，存在诸多安全隐患。

全球石化产业竞争主要集中在高端技术、高端市场和高端产业链上，这种新形势必然要求中国化学工业特别是化工园区加快转型升级，走高端化、差异化、绿色化、一体化发展的新路子。从最初的“安全环保的系统集成”发展到集园区物流、风险监控、园区封闭、政务平台等一系列的集合，以智能化技术改造升级化工园区。

2015年，在工业和信息化部支持下，中国石油和化学工业联合会提出创建智慧化工园区的倡议；同年底，工信部又发布了《促进化工园区规范发展的指导意见》，提出坚持“两化融合”、完善配套，鼓励建设智慧园区，以信息化应用提高园区安全环保水平。

2016年10月25日，全国化工行业智能制造及智慧化工园区建设现场经验交流会在山东聊城举办，经工信部批准，中国化学工业新材料（嘉兴）园区和中国化学工业新材料（聊城）产业园被中国石油和化学工业联合会认定为首批“智慧化工园区试点示范单位”。

经过3年多建设，嘉兴港区智慧化工园区已建设完成了智慧化工园区管理平台，建立了园区统一的大数据中心，全面提升园区管理与服务的信息化效能。

2017年，工业和信息化部发布的《国家新型工业化产业示范基地2017年工作要点》提出，“要推动互联网+示范基地发展，加大对智慧化工园区（示范基地）的经验总结和宣传推广，借鉴其成功经验，继续在相关示范基地中遴选示范典型，推进智慧园区建设”，进一步加快了化工园区智慧化建设步伐。

2018年8月13日，中国石油和化学工业联合会开展第二批“智慧化工园区试点示范单位”申报工作。2018年11月26日，17家园区被认定为“中国智慧化工园区试点示范（创建）单位”。2019年5月23日，上海化学工业经济技术开发区、江苏省如东洋口化学工业园、杭州湾上虞经济技术开发区被授予“中国智慧化工园区试点示范单位”。

四、工业互联网推动行业实现高质量发展

作为新一代信息技术与制造业深度融合的产物，工业互联网通过人、机、物的全面互联，推动形成了全新的工业生产制造和服务体系，是第四次工业革命的重要基石。化学工业是典型的流程工业，产业链长、控制点多、危险源复杂，安全管理、节能降耗、“三废”排放、环境治理和绿色发展都面临严峻挑战。越来越多的化工企业意识到，工业互联网正成为推动制造业转型发展、培育新动能、实现高质量发展的新引擎、新途径，将会对化学工业发展产生全方位、深层次、革命性的影响。

化工产品同质化程度较高，过程控制优化成效明显。由于化工连续化生产方式，对于设备运行要求极高，安全稳定生产是重点。工业互联网平台给化工企业带来的成效主要体现在成本降低、效率提高、产品和服务能力提升、业务和模式创新等方面，在化工等流程行业应用主要集中于过程控制。

中石化基于工业互联网平台，通过一体化安全管理工作平台建设，推进系统高

效协同，提高工作效率，降低事故发生概率。在设备管理方面，中石油通过对关键设备进行预测性维护保养，结合实时监控机器的运行状态和设备历史运行数据，通过大数据建模进行预测性维护，提前发现潜在故障，降低事故发生率，减少设备过度维护。

石化盈科开发的新一代石油和化工工业互联网平台ProMACE，在工业物联网层面，建成石化工业自动化运行环境，实现物料、产品、设备、环境、人员的感知、识别和控制。已接入13大类269小类，共计超过25万台工业设备，工艺流程传感器数据采集点连接数量超过105.2万点，支持107种工业通信协议。ProMACE自建设应用以来，有效推动了企业生产方式、管控模式变革，提高了企业安全环保、节能减排、降本增效、绿色低碳水平，促进了劳动效率和生产效益提升。

赛轮集团作为工信部批复的轮胎工业唯一的“工业互联网试点示范企业”，在轮胎工业率先探索工业互联网应用技术并形成产业示范引领。基于工业互联网的探索应用，赛轮集团5G+AI战略作战图主要包含数字运营、数字营销、智能制造、智能研发、智慧供应链五个方面，共规划了在工业互联网和5G、AI等方面的25个重点业务场景。

五、化工产品物流信息化发展

《石化和化学工业发展规划（2016～2020年）》提出，实施石化化工智能制造工程，培育智慧物流和电子商务。支持现货交易平台等第三方大型电子商务行业平台发展壮大，创新商务模式。鼓励行业协会、电商公司、农资生产企业联合建立农资电子商务平台，推动化工产品物流信息化发展。

以物联网、大数据技术为基础的信息化和智慧化潮流，催生了智慧物流产业的发展。从原料仓储、产品搬运、生产线生产，到危化品车辆的监管和运营，智慧物流在优化资源分配、提升安全环保和效率等方面发挥的作用日益提升，越来越多的化工企业开始涉足智慧物流。

2017年10月，国务院发布《关于积极推进供应链创新与应用的指导意见》提出，到2020年，基本形成覆盖中国重点产业的智慧供应链体系，培育100家左右的全球供应链领先企业。已经有一批专业化工智慧物流实践和解决方案企业脱颖而出。

中石化运用物联网技术提升化工物流的自动化、可视化、柔性化、智能化与全球化水平，打造化工品智能物流。目前，以石化盈科为主体实施的化工销售物联网应用项目涉及化工销售有限公司本部、5家区域分公司、32家经营部和代表处。通过项目建设，形成化工行业专业物流信息化运营整体解决方案，包括一套物流运营及信息系统运营标准体系、技术领先的信息平台、契合化工物流业务的应用系统以及专业的物流信息化运营团队。中石化系统内首座大型自动化立体仓库，镇海炼化聚烯烃自动化立体仓库共设有25144个存储货位，存储区面积约8560平方米，空间利用率达普通平面仓库的2.5倍以上。进出库及库存管理全部由计算机管理系统控制，大幅降低人工成本和产品破包率，大幅提高聚烯烃产品仓库的空间利用率。

作为化工供应链服务商，密尔克卫化工供应链服务股份有限公司自行开发上线了化工品管控平台ASM（智能监控管理系统），利用图形化地理信息技术，实现联防一体、可视化监控、智能化监管、快速响应的安全生产管理，对供应链全过程进行有效管控；在设备智能化方面，智能化终端在仓库和自有车辆上全面安装，能够更准确地获得化工品在不同时段不同地区的需求状况，从而能够优化供应链系统解决方案，帮助客户合理备货、减少库存，更快速地配货送达。

传化智联公司开发的传化悟流云智能物流在线作业平台，为制造企业提供专属的物流供应链协同云服务，已应用于化工、钢构、造纸、商贸等多个领域，一些企业的发货及时率从80%提高到96%，订单处理与调度人员减少50%，运送一票货物的平均时间从5.6天缩减到2.9天，企业库容利用率从70%提高到90%，总体上降低物流成本约40%。

随着人工智能技术的快速迭代，机器在很多方面将替代人工，智慧物流技术运用将向提升智能化程度方向发展，从仓储环节智能分拣、无人仓储运输等方面实现该环节智能化，再逐步在供应链、配送环节应用无人技术，实现人机协同配送，提高智能化程度，最大程度上解决劳动力问题。

这一时期，化工电商数量扩增。中国化学工业B2B电商平台于2015年进入爆发期，一年内共有37家电商平台上线。截至2017年，化工B2B电商数量已经达到100家。

中国是化工产品生产大国与贸易大国，为化学工业B2B电商发展奠定了基础。2017年中国化工行业总产值达9.1万亿元，危化品的运输车辆多达30万辆，化工产品每年的运输量超过3亿吨，但线上交易率还不到3%，化工B2B电商发展潜力巨大。

化工电商是中国化学工业产业转型升级的一个重要途径。通过高效低成本的供应链模式，化工企业可以实现柔性定制化生产，减少供应链的中间环节，降低仓储物流成本，提高化工企业运营效率。

不少化工企业开始自建电商平台。易派客是2016年中石化推出的工业品电商平台，对内服务中国石化，对外为社会企业提供采购、销售、金融和综合服务，并积极开拓国际市场、服务“一带一路”沿线企业以及民营企业。截至2018年，平台累计上线商品401万种、上架单品5030万个、注册用户超16.6万个、交易金额4835亿元。易派客的国际业务平台自2017年4月正式运营，到2019年3月，该平台累计交易金额达155亿美元，上线39个国家的供应商1225家，累计在线商品9747种。其中，平台与“一带一路”沿线34个国家共计125家供应商、141家采购商建立合作，实现“一带一路”沿线企业间的工业品进出口贸易46.6亿美元，占平台贸易总量的30%。

数字化采购打破了企业内部和企业间的信息孤岛，让整个采购过程有迹可循，企业采购更加公开透明。到2018年底，已有近300家百亿级规模企业入驻阿里巴巴大企业采购，包括万华、鲁西、北元集团等多家化工企业。

在B2C的农村电商市场上，以农药、化肥为例，农户对农资的需求仍依赖于分散在村、镇供销合作社以及经销商提供技术支持和服务，农民并不适应通过移动终端自行完成交易。农一网、田田圈、农商1号、哈哈农庄、金草帽等电商平台成为农资行业尝试互联网思维的践行者，但行业体量依然有待提高。

第四节 深化改革形成化工发展多元市场格局

2015年中央颁布了《关于深化国企改革的指导意见》，出台了22个配套文件，形成“1+*N*”政策体系，完成了国企改革顶层设计和“四梁八柱”大框架。化学工业在国家有关政策指引下，深入推进国企改革和相关市场化改革，为行业发展赋予新动能。

2013年11月12日，党的十八届三中全会通过的《中共中央关于全面深化改革若干重大问题的决定》提出，全面深化改革，充分发挥经济体制改革牵引作用。混合所有制经济是基本经济制度的重要实现形式。积极发展混合所有制经济，是深化国有企业改革、完善基本经济制度的必然要求。2015年，《关于深化国有企业改革的指导意见》发布，为企业改革指明方向，使化学工业的体制机制更加适合社会主义市场经济要求，为行业健康发展提供了坚实的基础。

在国资委直属的央企中，以化学工业为主业的央企集团共有7家（包括石油工业）。这一期间，化工央企改革主要通过混合所有制以及资产证券化等方式进行，剥离亏损产业、传统产业转型升级和发展新型业务是调整产业布局的主要方式。

中共中央、国务院《关于深化国有企业改革的指导意见》指引企业开展分类改革。化学工业领域，特别是石油化工领域，国有资产始终占据绝对主导地位，深化国企改革意义重大，影响深远。2017年7月，国家发布《中央企业公司制改制实施方案》，随后，中国石油化工集团公司、中国化工集团公司等央企由全民所有制变更为有限责任公司，利于形成有效制衡的公司制度和治理结构，建立有效的激励约束机制和高效的市场化经营机制。2017年，化工央企全部完成公司制改制。

2014年9月14日，中石化公布了销售业务引资名单，境内外共计25家投资者入围，以现金1070.94亿元认购增资后销售公司29.99%的股权，其中大润发、复兴、新奥能源、腾讯、海尔、汇源等9家为产业合作伙伴。对于民营资本来说，石油、石化工业是相对比较难进入的领域，民营资本和社会资本进入这一领域的呼声一直比较高。将油气基础设施向社会资本开放，是推进行业改革发展的重要一步。

2011～2015年，为了解决产业集中度低、重复建设率高、自主创新能力不强、市场竞争力较弱等问题，政府出台多项关于推动企业兼并重组的指导意见，化工行业的企业也纷纷加快了兼并重组步伐，致力于提高产业集中度和资源配置效率，努力打造中国自主品牌。其间，行业内央企、地方国企以及民企等并购活动频繁。2014年1月1日至2015年6月30日，沪深两市就有接近30家化工公司发布重大重组公告，行业并购快速推进。

中国证监会并购重组委员会公布的数据显示，2018年，国内上市公司并购重组的市场规模为5405.93亿元，其中“化工及化工制品”行业的交易规模最大，达900.72亿元。中国化工并购在全球化工并购市场的地位提升。2019年，国内大宗化工品、化肥和农业化学板块整合增多。

在市场化改革方面，油气体制改革不断提速，特别是价格改革步伐加快，成品油、天然气等领域价格市场化程度显著提高。

2015年2月9日，《国家发展改革委关于进口原油使用管理有关问题的通知》正式发布，提出了较为详尽的进口原油使用资质的申请条件。随后，商务部关于原油加工企业申请非国营贸易进口资格有关工作的通知明确，符合条件的原油加工企业可以获得原油进口资格。中国进口原油使用权和原油进口权逐渐向地炼企业放开。

当年7月23日发布的《关于原油加工企业申请非国营贸易进口资格有关工作的通知》，明确符合条件的原油加工企业可获得原油进口资格。这意味着民营企业进口原油的大门进一步敞开。

2017年5月，中共中央、国务院印发《关于深化石油天然气体制改革的若干意见》，相关实施方案逐步落地，行业管理方式改革持续推进，政府直接干预大幅减少，全产业链市场准入全部放开。油气上游开放改革迈出实质性步伐，从事油气勘查开采，明确“净资产不低于3亿元人民币的内外资公司，均有资格按规定取得油气矿业权”。进口原油使用资质获得突破，符合条件的原油加工企业获得原油进口和使用资质。

2015年，中国原油非国营贸易进口允许量增至3760万吨。从2015年5月到2016年2月，国家累计下放进口原油使用权配额7236万吨，涉及18家企业。其中，山东地炼共有14家，累计获得进口原油总额在5267万吨，占比72.79%。2017年，中国地方炼厂新增13家企业获批原油进口资质，主要为2016年四季度到2017年获批进口原油使用权的企业。2018年，首批原油非国营贸易进口允许量下放，首批原油进口配额数量在12132万吨，占到2018年非国营贸易进口配额14242万吨的85.2%。至此，地方炼厂进口原油权以及原油进口使用权基本全面并轨运行，中国民营企业开始成为国际石油贸易领域活跃而重要的参与力量。

原油放开对地方炼厂具有战略性意义，生产开工率得以大幅提升。2014年，国家出台《石化产业规划布局方案》提出，建设上海漕泾、浙江宁波、广东惠州等七大世界级石化基地，提高行业集中度；2018年《方案》（修订版）要求安全环保优先，并支持民营和外资企业独资或控股投资，促进产业升级。随着民营资本加大投资、外国资本独资在华兴建大型石化项目，炼化领域已逐渐呈现经营主体多元化竞相发展态势。

随着政策、技术、资源等门槛降低，特别是产业政策开放力度的不断加强，炼油、乙烯、芳烃等基础石油化工原材料工业发展格局更加开放，多元化主体积极参与市场竞争。2019年中国石油、中国石化两大集团在全国原油加工量、乙烯产量和PX产量中占比分别为65%、68%和44%，比2015年分别下降9、13和18个百分点，而部分下游行业如PTA、丙烯酸等，民营企业已占行业主导地位。而多个民营大炼化项目和外资大乙烯项目的逐步推进，跨国公司巴斯夫、埃克森美孚在广东独资企业的开工建设，中国石油化工市场国有、民营、外资充分竞争的市场格局基本形成。2015年、2019年中国化学工业规模以上企业数和资产规模情况详见表1-7-5。

表 1-7-5　2015 年、2019 年中国化学工业规模以上企业数和资产规模情况简表

行业类别	2015 年企业数			2015 年资产总计 / 亿元		
	国有控股	私营	外商及港澳台商投资	国有控股	私营	外商及港澳台商投资
石油加工、炼焦和核燃料加工业	221	1034	166	12705.9	5335.5	2590.2
化学原料及化学制品制造业	1171	13828	3377	20178.4	18377.4	16165.9
化学纤维制造业	42	1364	271	716.7	2361.1	2131.0
橡胶和塑料制品业	270	10610	3177	1522.2	8485.4	6055.8
行业类别	2019 年企业数			2019 年资产总计 / 亿元		
	国有控股	私营	外商及港澳台商投资	国有控股	私营	外商及港澳台商投资
石油加工、炼焦和核燃料加工业	236	1128	136	16665.6	9450.5	2982.2
化学原料及化学制品制造业	1156	12901	2758	21797.8	18601.3	15803.1
化学纤维制造业	48	1432	195	1344.6	2839.2	1506.0
橡胶和塑料制品业	247	13298	2851	1714.0	10206.3	6164.3

第五节
化学工业对外开放再升级

化学工业在稳定国内市场的同时，通过扩大开放，拓展了国际市场。一方面是“请进来”，外资的进入带来了先进的技术、产品和管理经验，激发了国内市场的竞争活力；另一方面是“走出去”，廉价质优的化工产品在世界各地受到青睐，中国的化工企业迈出了海外并购、投资的步伐。中国市场和中国企业在全球产业链、供应链、价值链中发挥了重要作用，正惠及整个世界石油化学工业。

一、化工进出口贸易在不稳定中积极发展

2012～2019年，我国化学工业出口形势并不稳定。其间，中国化工行业频频遭遇贸易摩擦，且贸易摩擦形势愈发复杂，除反倾销、反补贴等常规手段外，技术性贸易措施、知识产权保护、碳足迹、社会责任等更加隐蔽的贸易壁垒渐渐高筑。尽管国际贸易摩擦不断，全球经济趋于疲软，出口形势严峻，中国石油和化学工业的进出口贸易仍实现了稳步增长。国家海关数据显示，2015年，中国石油和化学工业进出口贸易额为5262.8亿美元，下降22.1%，占全国进出口贸易总额的13.3%，其中出口1820.5亿美元，占全国出口贸易总额的8.0%。化学工业进口贸易额为3121.33亿美元，比2014年下降10.5%。2015～2016年，中国石油和化学工业进出口贸易总额连续两年下降。2017～2018年，中国石油和化工行业进出口贸易总额开始回升，出口好于预期。2019年，中国石油和化学工业进出口总额7222亿美元，占全国进出口总额达15.8%。

但是，中国化学工业的全球贸易中，进出口贸易逆差一直是一个较为突出的问题。“十三五”以来中国石油和化学工业每年2000多亿美元的贸易逆差，直接反映出行业创新能力、高端供给能力不足。

二、持续吸引外商投资

改革开放40年，中国对外吸引大批跨国化工企业来华投资，许多化工外企在华发展历史长达30余年。2011年以来，中国市场作为亚洲新兴市场的一部分，吸引了众多国外投资者的目光。2012～2013年，跨国化工企业在华投资掀起了新的高潮。2015开始，尽管中国经济增长速度放缓，但中国仍然是一个充满活力的市场，跨国化工企业一致看好中国持续的城市化进程对推动固定资产投资的作用，以及多项国家发展大政方针，如“一带一路”倡议、“中国制造2025”和“京津冀一体化”发展等，许多跨国化工企业把中国视为其业务增长的引擎，对中国市场前景持乐观态度。

一系列政策法规出台，逐步推进外商投资管理改革，中国外资营商环境得到全面优化。2015年版《外商投资产业指导目录》将限制性措施由2011年版的180条减少到93条，2017年版目录进一步将限制性措施减少到63条。围绕探索实行准入前国民待遇加负面清单管理制度，外商投资管理体制实现重大变革。2018年版《外商

投资准入特别管理措施（负面清单）》大幅度放宽外资市场准入。

外商投资准入负面清单，大幅缩小准入禁限范围。同时，中国还出台了有效利用外资推动经济高质量发展、建立“一带一路”国际商事争端解决机制和机构、优化口岸营商环境促进跨境贸易便利化等措施，以及简政放权等政策。

巨大的市场空间以及不断改善的营商环境，增强了跨国化工企业在华投资信心。世界500强的化工企业都已在中国投资设厂、设立研发中心和生产基地，积极拓展在华业务，布局高端产品和高端产业，成为其全球收入和利润的重要来源地。外商投资企业已经成为中国化学工业的重要组成部分。

“十二五”以来，在全球经济衰退的大背景下，中国经济保持稳定增长，国际知名的大公司加速将业务中心向中国转移。不少跨国化企不断加强本地化生产，与中国企业的合作更加紧密，在中国战略转型的步伐进一步加快。像巴斯夫、科思创、沙特基础工业公司、雅保、霍尼韦尔等一批公司还将代表公司未来发展方向的技术研发中心建在中国。“十三五”以来，中海壳牌三期项目、巴斯夫湛江化工一体化项目、埃克森美孚化工综合项目、沙特基础工业公司福建项目、陶氏有机硅中间体项目、巴斯夫上海创新园项目等一大批外资参与的项目开始在中国实施，朗盛、利安德巴塞尔、英力士等也宣布了在华合作计划。2019年11月23日，投资总额达100亿美元的巴斯夫广东新型一体化生产基地项目在湛江启动。这是中国《外商投资法》颁布后落地的首个外商独资大型石化一体化项目。

根据《中国石油和化学工业外商投资企业发展报告（2019版）》，到2017年底，中国化学工业共有来自世界95个国家和地区的生产型外商投资企业7200余家（包括石油化工）。虽然数量仅占全国石油和化学工业生产类企业总数的4.6%，但2017年实现主营业务收入2.62万亿元，2013～2017年，外商投资企业主营收入在全国石油和化学工业中的占比由17.4%增长至19%。截至2018年，中国化学工业有6616家外商投资企业，石油炼制企业228家。专用化学品制造业企业有1310家，占化学工业外商投资企业数的20%；橡胶制品业企业1295家，占19%；涂料、油墨、染料及类似产品制造业企业1215家，占18%；基础化学原料制造业企业1190家，占18%；合成材料制造业企业1047家，占16%。另外，还有271家专用设备制造业企业。2018年，中国石油和化学工业外商投资企业全年实现主营业务收入2.52万亿元人民币，利润总额2586亿元人民币，同比上升18.9%和20.6%，分别占全行业主营业务收入和利润总额的19.9%和30.8%；主营收入利润率达到了10.3%，高于全行业3.5个百分点；外商投资企业对行业利润增长的贡献率已经达到21.7%。

许多化工外企也相继在2009年后在华建立研发中心，体现了外资对中国经济发展和化学工业发展潜力的充分肯定，客观上为中国石化产业升级和技术创新提供了发展机遇。

巴斯夫将其研发基金的1/4投资于亚太地区，重点为中国市场。2013年5月6日，巴斯夫在上海建立的吸附剂服务和研发中心正式启用，重点发展从天然气中去除水银的技术，以支持亚洲地区的天然气业务。拜耳公司在上海的聚合物科研开发中心（PRDC）三期项目于2013年5月22日完成，新建的亚太区研发中心正式启用。该研发中心在聚氨酯、聚碳酸酯和涂料业务上配备符合拜耳全球标准的先进设施。2013年10月，杜邦中国研发中心二期工程在上海投入运行，投资规模和研发力量远大于一期水平，成为其美国本土之外最大规模研究机构。杜邦所有业务部门均在华形成了技术力量，涉及光伏、生物、汽车、高铁、航空等新材料应用领域。2011年3月，埃克森美孚化工在上海投资7000万美元建立了埃克森美孚化工上海研发中心等。

根据2016年的统计数据，在7019家外商投资企业中共有960家企业在中国设置了研发中心，占外商投资企业总量的13.7%。其中，设立了独立研发中心的外商投资企业有79家，设立了内部研发中心的外商投资企业有881家。截至2015年底，881家设立内部研发中心的企业累计设立了1551个内部研发中心。

2018年6月28日，国家发改委、商务部发布《外商投资准入特别管理措施（负面清单2018年版）》，同年7月23日，国务院常务会议通过了《石化产业规划布局方案（修订版）》，支持民营和外资企业独资或控股投资。

在放开上游外商独资准入门槛政策推动下，跨国公司看好并深耕中国市场，在内地投资频繁，且规模较大：德国巴斯夫投资100亿美元在广东湛江市建立石化综合一体化基地；埃克森美孚公司在广东惠州投资总额100亿美元建立化工综合体项目；沙特基础工业公司（SABIC）在福建古雷签署了新建150万吨/年乙烯及下游一体化项目合作协议；陶氏化学公司在张家港建设世界级的组合聚醚多元醇新工厂；英威达投资10亿美元在上海建造己二腈（ADN）工厂等。

2011～2014年，中国化学工业累计吸引外商投资达5504亿元。跨国企业积极拓展在华业务，针对中国市场的产品研发、应用和生产逐步本地化，在高新技术、高端产品领域，如精细化学品、专用化学品、功能化学品等方面的引领示范作用凸显。2018年，中国化学工业实际利用外资金额达到127亿美元（含石油），占全国当年实际利用外资金额1349.7亿美元的9.4%。

三、响应“一带一路”倡议稳步“走出去”

化学工业是中国较早“走出去”开展国际合作的工业之一，自2013年国家提出“一带一路”倡议以来，中外同行国际交流合作的深度和广度都在不断拓展。资源开发类、产能合作类、工程技术服务类、国际贸易类等四大类企业积极“走出去”，更广更深地融入全球石化供应链和产业链，形成国际竞争新优势。对外开放水平持续提高，在油气、化工、橡胶、工程技术服务、装备等领域取得丰硕成果，越来越多的国家和地区享受到了中国石油和化学工业发展的红利。

“一带一路”倡议也给许多石化工程公司带来了新机遇，石化企业巩固拓展中东、中亚、非洲等油气勘探开发服务市场，积极参与沙特、印度、俄罗斯、阿联酋、科威特、阿曼和越南等国的产能扩建和油品升级改造项目，开拓“一带一路”沿线国家储运、港口、电力、路桥等基础设施互联互通市场，形成EPC总承包的竞争优势。

2011年6月，浙江恒逸石化股份有限公司与文莱政府合作，投资建设800万吨/年石油炼化项目，成为首批列入“一带一路”的重点建设项目。该项目位于文莱达鲁萨兰国大摩拉岛，是中文两国《联合公报》中明确提出的旗舰合作项目，其中，恒逸石化公司持股70%，文莱政府持股30%。2019年9月，一期已全面交工，项目龙头装置常减压一次投产成功。恒逸文莱PMB项目是首个按中国标准设计、建造、运营的海外石化项目。中国化学工程二化建作为该项目的重要参建单位之一，不仅承建了项目最核心、施工难度最大的装置——煤柴油加氢精制装置、加氢裂化装置和灵活焦化装置三大装置，还负责全厂十几个公用工程的施工任务。仅仅两年半，在一片荒凉的孤岛上，成功建立了一座塔器林立的现代化厂区，体现了“中国标准”和“中国速度”的高水准。

对中国石化来说，“一带一路”沿线国家和地区一直是最重要的核心战略区和核心合作区，多年来中国石化与“一带一路”沿线国家的合作广度和深度不断增加，截至2017年底，在“一带一路”沿线国家中，中国石化已经在10个国家有17个油气合作项目，建成了6个炼化和仓储项目，在21个国家开展石油工程技术服务，在11个国家开展炼化工程技术服务。截至2017年，中国炼化企业“走出去”寻求国际合作业务情况详见表1-7-6。

2016年1月，中国石化沙特延布炼厂项目正式投产启动。这个2000万吨/年的炼厂拥有世界领先的炼化设施，是“一带一路”的标志性项目。

表 1-7-6 中国炼化企业国际合作业务情况（2017 年）

地区	企业名称	合作项目
亚洲	广东振戎能源	500 万吨 / 年缅甸炼油项目获批建设
	浙江恒逸石化	恒逸（文莱）800 万吨 / 年炼化一体化项目
	中国石化	马来西亚炼化一体化渣油加氢项目建设
	恒源石化	恒源石化马来西亚炼厂欧Ⅳ升级改造项目
中东	中国石化	参与科威特阿祖尔世界级大炼油厂项目建设
中亚和俄罗斯	中国石油	完成哈萨克斯坦齐姆肯特炼油厂现代化升级改造一期工程
	中国石化	哈萨克斯坦阿特劳炼油厂芳烃装置和石油深加工联合装置建设
	中国石油	俄罗斯阿穆尔 · 黑河边境油品储运与炼化综合体项目建设
	中国化学工程	俄罗斯阿菲卡普加氢裂化装置项目
非洲	中国石油	阿尔及利亚阿尔及尔炼厂 5.6 亿美元改扩建项目
其他意向	中国石油	参与巴西里约热内卢建设炼油联合体项目
	中国石化	参与印尼国油公司炼油项目
	中国石化	与沙特基础工业签署战略合作协议

轮胎企业响应国家“一带一路”倡议，实施“走出去、海外建厂”，进行国际化经营，正成为中国重点轮胎企业的发展战略。2015年5月28日，玲珑轮胎（泰国）有限公司第一条全钢子午线轮胎顺利下线，标志着玲珑泰国公司半钢子午线轮胎和全钢子午线轮胎都在海外生产；6月29日，中策橡胶（泰国）有限公司在泰国罗勇工业园启动投产仪式；8月28日，森麒麟轮胎（泰国）有限公司第一条高性能半钢子午线轮胎顺利下线；11月，双星轮胎在哈萨克斯坦设立合资企业通过当地政府审批。

2016年以来，因美国宣布对中国全钢胎进行“双反”调查，中国轮胎企业海外建厂提速，相继有双钱集团、双星集团、万力轮胎、青岛福轮、浦林成山、山东华盛、山东万达、肇庆新迪、银川大地、贵州轮胎等宣布在国外建立新的轮胎厂。截至2017年，玲珑轮胎、赛轮金宇、青岛森麒麟、中策橡胶4家海外建厂轮胎企业合计实现销售收入126.03亿元，子午胎产量合计3239.82万条。作为中国轮胎企业在欧洲所建的首个工厂，玲珑轮胎塞尔维亚项目于2019年3月30日启动。

截至2018年，中国在境外的钾肥项目共有34个，分布于12个国家。最多的是老挝，有11个项目在运作中。这些项目因投资周期长、不确定因素多等问题，大部分发展速度较慢，尚未达到计划产能。

“十三五”以来，随着国家“一带一路”倡议的推进，中国化学工业国际交流合作持续深化，与“一带一路”沿线国家及亚太地区的合作与共赢不断取得新进展。中国石油和化学工业联合会代表行业与ICCA（国际化工协会联合会）、WPC、AICM、IFA等17个国际组织和70多个国家的行业协会进一步加强了交流沟通，促进了化工企业与国际同业间的交流合作，一些石化领域的国际组织和联盟也相继把秘书处设在中国。

四、境外收购活动不断增多

进入21世纪后，以并购为主的全球性化工产业整合渐趋活跃，超大规模并购交易时有发生。从2011年开始，全球化工并购交易金额逐步走高，2016年达到2311亿美元的最高纪录后开始步入平稳阶段，但国际知名的大型公司依然加快结构调整重组，2015年中国已成为仅次于美国的世界第二大化工并购交易市场。到2017年，中国从10年前全球化工并购领域不起眼的角色，成长为全球最大的化工并购大国——中国占到了全球化工业并购交易的24%。境外并购已成为中国化学工业对外投资的重要方式，也是“走出去”最直接、最有效的途径。中国对全球并购市场的影响也日益深入。

中国化学工业领域境外投资比较活跃的中国化工集团公司，在实施了一系列境外投资计划后，宣布收购瑞士先正达公司，并于2017年6月完成对瑞士先正达公司的交割，收购金额达到430亿美元，这也成为中国企业最大的海外收购案。一系列的收购，使中国化工迅速发展为一家国际化程度很高的世界500强企业。

与此同时，民营企业也加快了境外收购的步伐。2011年，浙江龙盛以2200万欧元成功收购了全球最大染料企业德国德司达。龙盛利用德司达全球领先的技术和服务，带动了项目设计、技术研发及服务领域水平的全面整合和提升，并迅速完成了染料研发体系和销售网络的国际化布局。同年，浙江闰土股份有公司也有境外收购项目。万华实业集团有限公司完成对匈牙利宝思德化学96%股权的收购，交易金额12.63亿欧元。收购后，万华MDI产能扩大至全球前三。表1-7-7为进入21世纪以来，中国化学工业企业境外并购交易情况的汇总。

表 1-7-7　部分中国化工企业境外并购交易汇总表

中国收购企业	目标企业	目标国家	交易金额	年份	产品细分
中国化工集团公司	先正达	瑞士	430 亿美元	2017	农用化学品
中国海洋石油总公司	尼克森	加拿大	194 亿美元	2012	油气、石油加工
中国化工集团公司	倍耐力	意大利	71 亿欧元	2015	橡胶及轮胎
万华实业集团有限公司	宝思德	匈牙利	12.63 亿欧元	2011	MDI/TDI
中国化工集团公司	克劳斯玛菲	德国	9.25 亿欧元	2016	橡塑机械
中国蓝星（集团）总公司	埃肯	挪威	20 亿美元	2011	硅化学品
中国化工集团公司	马克西姆－阿甘公司	以色列	14.4 亿美元	2011	农用化学品
中国蓝星（集团）总公司	安迪苏	法国	4 亿欧元	2006	精细化工
中国蓝星（集团）总公司	罗地亚集团	法国	—	2006	有机硅业务
中国化工集团公司	凯诺斯	澳大利亚	2.3 亿澳元	2006	乙烯、聚乙烯
山东恒源石油化工股份有限公司	壳牌马来西亚炼油有限公司	荷兰	6630 万美元	2016	炼油
浙江龙盛集团	德司达	德国	2200 万欧元	2011	染料

随着中国对外投资政策的优化与企业的不断发展壮大，中国企业“走出去”在进入方式和进入区位方面，均遵循国际化的渐进式路线，不断向外寻求资源、拓展市场，在更大范围内融入国际产业分工。

第六节　化工经济总量连续十年居世界首位

到2010年，中国石油和化工行业总产值达8.88万亿元，按2010年现行汇率计算，已突破万亿美元大关。其中，化学工业产值达到5.23万亿元，按汇率计算已突破7700亿美元，超越美国（7340亿美元），化学工业经济总量跃居世界第一。2010

年，40多种大宗产品的产量位居世界前列。

2011 ～ 2019年，化学工业在极其复杂的发展环境下，仍然取得了稳中有进的好成绩，化学工业结构调整和转型升级取得重大进展，质量和效益显著提高，中国已向化学工业强国迈出了坚实步伐。2019年石油和化学工业规模以上企业26271家，营业收入12.27万亿元，实现利润总额6683.7亿元。同时，产业结构持续优化，产业链不断完善，除少数化工新材料和高端精细化工产品外，绝大部分化工产品均能自主生产。

中国化学工业全球市场占有率加速提升。2019年，国际化工协会联合会发布报告显示，化工几乎涉及所有的生产行业，通过直接、间接和深度影响，估计为全球生产总值贡献了5.7万亿美元，占全球GDP的7%。以中国为主的亚太地区表现尤其抢眼，2018年中国化学工业产品销售额占全球比重超过40%，是2005年（11.6%）的3倍多。

在2019年美国《财富》杂志的世界500强企业名单中，中国石化位列第二，中国石油位列第四，有23家化工以及能源化工企业上榜。世界十大石油公司最新排名显示，第一、第三分别为中国石油化工集团公司、中国石油天然气集团公司。截至2019年底，炼油产能1000万吨/年以上炼厂已占到国内总能力的46.3%，乙烯产能100万吨/年以上企业占到国内蒸汽裂解制乙烯总能力的52.1%，PX产能100万吨/年以上企业占到国内PX总能力的71.2%。中国的石油化工产业在21世纪以来短短十几年迅速跃居世界石化大国前列，创造了举世瞩目的中国速度和中国奇迹。

中国化学工业一些细分领域在世界化学工业的构成中占据着很大份额。仅以大宗产品为例，2018年，化纤产量突破5000万吨，占世界化纤总量的比重超过70%；染料产量90多万吨，占全球总产量70%以上。2019年，中国化肥产能和产量占世界31%，消费量占世界30%。2010年，中国农药产量就已占世界的三分之一强。2019年，中国钛白粉的表观需求量约为234.57万吨，人均约为1.68千克，相当于全球人均0.8千克水平的两倍。全球产能占比超过30%的产品有：炭黑、烧碱、纯碱、硫酸、对二甲苯（PX）、丙烯酸等。

但与国际先进水平相比，中国化学工业存在产业结构不优、技术水平不高、国际竞争力不强、环保压力大、安全管理不到位等突出问题，亟须借鉴发达国家化工产业发展的经验，特别是在安全环境治理方面的做法，加快推动化学工业高端化、绿色化、集群化发展，促进化学工业向更高质量水平迈进。

第七节 创新驱动战略促进化工科教事业大发展

这一时期，国家实施创新驱动战略，促进制造业朝着高端、智能、绿色、服务方向发展，科技创新成为各个领域发展的重要任务。化学工业紧紧围绕实现化工强国的科技创新目标，提高自主创新能力，持续增加研发投入，积极推进技术创新体系建设，大力开展科技攻关与协同创新，突破了一批核心技术与关键技术，取得了一批重大科技成果，为中国从化工大国向化工强国迈进，奠定坚实基础。

一、面向新领域、适应新趋势、瞄准关键技术开展攻关

（一）瞄准关键技术和领域开展攻关

2011年2月，中国石油和化学工业联合会发布《石油和化学工业“十二五”科技发展规划纲要》，综合国内外科技发展的新趋势，确定了石油和化学工业系列科技发展目标：突破30～50项制约行业发展的重大关键、共性技术，自行研制8～10套大型成套石油和化工装备；精细化工率由“十一五”末的45%提高到50%；在“十一五”末的基础上能耗再下降10%，主要污染物排放总量再下降10%。

2011年11月，工信部发布《石化和化学工业发展规划（2016～2020年）》，提出了实施创新驱动战略、促进传统行业转型升级和发展化工新材料的三大任务。

在一系列政策指引下，这一时期行业科技研究面向新领域，适应新趋势，瞄准关键技术和领域，取得了一系列成就。

（二）国家重点研发项目顺利实施

2016年2月，国务院将科技部管理的国家重点基础研究发展计划、国家高技术研究发展计划、国家科技支撑计划、国际科技合作与交流专项，国家发改委、工信部共同管理的产业技术研究与开发基金，农业部、国家卫计委等13个部门管理的公益性行业科研专项等，整合形成一个国家重点研发计划。“863计划”、国家科技支撑计划等成为历史名词。以当时记述情况为准，这一时期一大批化工领域的国家“863”项目、科技支撑项目计划得到了启动和实施，这些项目大多聚焦各行业的关

键性问题，致力于突破技术壁垒，为行业技术进步作出了重要贡献。

在化纤工业领域，由烟台氨纶股份有限公司牵头的国家“863计划”重点项目——1000吨/年对位芳纶产业化项目于2011年6月成功投产，打破了美、日等发达国家对这一产业约40年的垄断，标志着中国芳纶纤维国产化迈出了跨越性的一步。

在聚合物领域，中科院长春应用化学研究所在高熔体强度聚丙烯专用料生产技术及其发泡技术方面取得重要突破，其承担的“863计划”课题“原位热诱导-自由基捕捉反应制备高熔体强度聚丙烯”于2011年7月通过科技部组织的专家验收。

在氟硅工业领域，洛阳中硅高科技有限公司承担的国家“863计划”重点项目“多晶硅副产物利用关键技术研究”于2012年6月顺利通过科技部验收。该项目有效解决了多晶硅副产物四氯化硅残液的利用问题，并可利用四氯化硅生产气相二氧化硅，延伸了多晶硅产业链，并实现了节能减排、清洁生产。中硅高科已建成两套1000吨/年多晶硅副产物综合利用生产线，实现了气相二氧化硅连续化表面改性产业化，打破了中国疏水性气相二氧化硅市场长期为国外产品垄断的局面。

在煤化工领域，由兖矿集团有限公司和华东理工大学共同承担的国家“863计划”重大研发课题“新型水煤浆气化技术”于2015年底通过科技部验收。作为当时世界上单炉处理能力最大的水煤浆气化装置，该工业示范装置的成功运行进一步确立了中国多喷嘴对置式水煤浆气化技术的国际领先地位。

目前，多喷嘴对置式水煤浆气化技术、航天粉煤加压气化技术、水煤浆水冷壁废锅煤气化技术等先进煤气化技术正在向长周期大型化迈进。

在合成橡胶工业领域，由中国科学院长春应用化学研究所承担的“863”项目“钳型稀土氯化物催化体系制备可替代天然橡胶的聚异戊二烯”于2012年10月通过了科技部组织的专家验收。所制备的异戊胶的生胶和硫化胶性能与天然橡胶接近，超过国际同类产品，处于国际领先地位，可用来生产新牌号高端的异戊胶产品。

在橡胶制品工业，“十二五”国家科技支撑计划项目——山东玲珑轮胎股份有限公司“化工行业绿色生产工艺集成应用示范”中的“芳纶高性能子午线轮胎研发开发与应用”课题于2016年6月成功通过验收。

在生物质能、纳米材料、膜分离等新技术领域，中国林产化学工业研究所的“863”课题“管道式连续催化甲酯化制备生物柴油新技术”，实现了生物柴油制备生产连续化，缩短了反应时间，且综合能耗达到国际先进水平。“十二五”期间，“863计划”在新材料技术领域，完成了“高性能分离膜材料的规模化关键技术（一期）”重大项目。通过该项目的实施，突破了高性能水处理膜、特种分离膜材料、气体分离膜规模化制备的技术难点，奠定了高性能膜材料制备、应用的技术基础，推动了该领域自主核心技术的研发和应用。

此外，各高校、科研院所和企业围绕行业发展和新产品开发，开展了大量卓有成效的科研工作。例如，2017年10月，中科院大连化物所催化基础国家重点实验室研发了一种双金属固溶体氧化物催化剂，实现了二氧化碳（CO_2）高选择性高稳定性加氢合成甲醇，为二氧化碳加氢制甲醇开辟了新途径。

二、突破了一批核心和关键技术

这一时期，围绕石油化工、化肥、化工新材料、生物化工、现代煤化工等各个领域，全面推动了化学工业的科技创新，突破了一批核心和关键技术。

（一）实现炼油技术、乙烯、芳烃技术和关键设备国产化

在石油化学工业快速发展的过程中，中国科技人员坚持自主创新，石油化学工业技术水平不断提升，在炼油技术、芳烃、乙烯成套技术上建成了一批获得国家科学技术奖的项目，实现了一系列技术突破。

芳烃成套技术以生产对二甲苯为核心，是代表一个国家石油化工发展水平的标志性技术之一。中国成为继美国、法国之后第三个掌握该成套技术的国家。2015年1月8日，中国石化"高效环保芳烃成套技术开发及应用"项目荣获国家科技进步特等奖。

此外，中国石油承担的"环烷基稠油生产高端产品技术研究开发与工业化应用"项目获得2011年度国家科技进步一等奖，攻克了稠油深加工国际性难题，建成了100万吨级稠油深加工基地。"十三五"期间，重油催化裂化主体装置实现自主化；高压加氢反应器、螺纹锁紧环式高压换热器、高压空冷器、离心式和往复式压缩机等关键静设备和动设备开发成功，标志着中国炼油工业的装备水平跃上了一个新台阶。此外，通过建设海南800万吨/年炼油和青岛1000万吨/年炼油项目，我国已成功掌握千万吨级炼油成套技术。而天津和镇海两套100万吨/年乙烯项目的投产标志着我国已掌握百万吨级乙烯成套技术。（相关内容详见下卷第十三章石油炼制和有机原料工业发展史。）

中国石油大学（北京）针对碳四烷基化超清洁汽油生产的重大需求，开发了一项全新的绿色、安全、环保的碳四烷基化技术，并建成世界首套10万吨/年复合离

子液体碳四烷基化工业装置，打破了国外公司清洁汽油生产的技术垄断，攻克了困扰炼油行业几十年的世界性难题。

中国炼化技术输出能力显著增强。2012年2月27日，采用中国石化石油化工科学研究院重油深度催化裂解（DCC）专利技术建成的沙特Petro Rabigh公司460万吨/年装置顺利通过验收。

石油化工科学研究院在DCC技术基础上，通过强化丙烯生成反应来增产丙烯并降低干气和焦炭产率，开发出了增强型催化裂解DCC-plus技术。该技术在中国海油东方石化公司和中国海油大榭石化公司得到了工业应用，并技术许可到国外。海外首套DCC-plus装置建成于泰国。

到2019年，中国已掌握达到世界先进水平和部分达到世界领先水平的炼油、乙烯、芳烃成套技术，有些技术及产品已出口到国外，拥有依靠自主技术建设千万吨级炼油厂、百万吨级乙烯装置和百万吨级芳烃装置的能力。

（二）现代煤化工技术已领先世界

中国多煤少油，发展煤化工，提高煤炭资源利用率，以煤为原料制取各大基础有机原料是关系到国家能源战略安全的重要技术。经过长期的发展，中国现代煤化工技术已领先世界。（相关内容详见下卷第十二章煤化学工业发展史。）

（三）化工新材料和高端化学品研发呈现活力

进入21世纪以来，大力培育化工新材料已经上升为国家战略。2016年以来，中国化工行业自主创新能力显著增强，在高端化工产品领域创新活力巨大。表1-7-8展现了根据《石化和化学工业发展规划（2016～2020）》列明的代表性高端化工产品专利申请数量前10位国家。

表1-7-8　代表性高端化工产品专利申请数量前10位国家（2019年）

排名	聚碳酸酯	聚甲基丙烯酸甲酯	乙烯-醋酸乙烯共聚树脂	硅橡胶	丁基橡胶	二苯基甲烷二异氰酸酯	聚四氟乙烯	有机硅单体
1	中国（3646）	中国（3428）	中国（4193）	中国（6192）	中国（960）	中国（1428）	中国（14422）	中国（43）
2	美国（1269）	美国（409）	美国（246）	美国（320）	美国（135）	美国（108）	美国（1072）	美国（3）

续表

排名	聚碳酸酯	聚甲基丙烯酸甲酯	乙烯－醋酸乙烯共聚树脂	硅橡胶	丁基橡胶	二苯基甲烷二异氰酸酯	聚四氟乙烯	有机硅单体
3	日本（789）	韩国（234）	韩国（238）	日本（268）	日本（60）	德国（57）	韩国（342）	德国（1）
4	韩国（434）	德国（154）	日本（110）	韩国（122）	韩国（51）	日本（50）	日本（313）	韩国（1）
5	德国（307）	日本（115）	德国（83）	德国（68）	德国（33）	韩国（46）	德国（250）	
6	法国（98）	法国（56）	巴西（25）	英国（26）	法国（12）	英国（24）	法国（69）	
7	印度（85）	英国（22）	意大利（25）	澳大利亚（22）	印度（11）	法国（12）	印度（66）	
8	荷兰（69）	加拿大（20）	法国（21）	印度（22）	荷兰（10）	印度（11）	加拿大（56）	
9	英国（60）	俄罗斯（19）	印度（21）	加拿大（22）	俄罗斯（7）	沙特（9）	英国（53）	
10	加拿大（46）	印度（19）	加拿大（18）	俄罗斯（19）	瑞士（7）	比利时（6）	俄罗斯（44）	

注：资料来源于《经济问题》2021年第7期载文《中国化工产业“十三五”发展回顾与“十四五”展望》。

2011～2015年，中国已建成相当于日本东丽T300和T700级碳纤维和对位芳纶的产业化装置，实现了先进复合材料在航空、航天、基础工业及生物材料领域的应用；获得2012年度国家科技进步二等奖的汽车用高性能环保聚丙烯材料关键技术的开发与应用项目填补了国内汽车用聚丙烯材料产业化空白，打破了国外产品在该领域的垄断；获得2014年度国家科技进步二等奖的新一代高性能苯乙烯类热塑性弹性体成套技术项目，完成了线型、星型系列共11个牌号产品的工业试验，填补了国内SEBS生产空白，其中星型产品为独有产品，增强了高端合成橡胶的核心竞争力。

此外，还建成了全球首套反式异戊橡胶工业化装置，为发展绿色轮胎提供了有力支撑。

2017年，“高性能碳纤维复合材料构件高质高效加工技术与装备”“干喷湿纺千吨级高强/百吨级中模碳纤维产业化关键技术及应用”，分别获得国家技术发明一等奖和国家科技进步一等奖。这两个项目填补了中国在高性能碳纤维材料制备技术和数字化制备设备上的空白，打破了国际技术封锁和产品垄断，产品广泛应用于工业领域，满足了航空航天、交通运输、新能源等重点领域的需求。

万华化学打破国外长期的技术垄断，成功开发出ADI全产业链制造技术，2019年，“脂肪/环族异氰酸酯（ADI）全产业链制造技术”荣获中国石油和化学工业联合会科技进步特等奖。

还有一批重大关键技术取得了突破性进展，T800及以上碳纤维、聚碳酸酯、聚苯硫醚、氢化苯乙烯异戊二烯共聚物（SEPS）、电子级磷酸、电子级氢氟酸、电子级双氧水、聚1-丁烯、生物基尼龙56、耐高温半芳香尼龙PA10T等打破国外垄断，成功实现产业化；全球首套高强高模聚酰亚胺纤维百吨级装置开发成功。

（四）生物基制备PTA衍生物研究取得新进展

2016年6月，中科院大连化物所在对苯二甲酸二乙酯合成新路线的研究中取得新进展，该合成新路线以生物质基黏康酸为原料，可不经对二甲苯（PX）直接合成对苯二甲酸二乙酯等对苯二甲酸（PTA）衍生物。该研究为优化利用生物质基原料中已有的组成和特殊结构，制备高附加值的化合物提供了可能。

（五）盐湖和磷矿资源开发利用技术有新突破

2013年，“罗布泊盐湖120万吨/年硫酸钾成套技术开发”获得国家科技进步一等奖。该项目解决了盐湖钾资源大规模开发技术及装备难题，大幅提高了钾肥自给率；罗布泊硫酸钾成功工业化，改变了世界硫酸钾供应格局，提高了中国钾肥自给率，缓解了中国钾肥供需矛盾，平抑了进口钾肥的价格，对保证中国粮食安全有着重大的经济意义和社会意义。

青海盐湖工业股份有限公司等单位开发的超高镁锂比盐湖卤水吸附-膜分离耦合提锂技术，突破了超高镁锂比盐湖卤水提锂的世界性难题，对打造中国重要的锂原料基地、推动我国锂电新能源和盐湖锂资源的综合开发利用具有重要意义。

“云南中低品位胶磷矿选矿技术开发与产业化”项目获得2012年度国家科技进步二等奖，该项目破解了中低品位胶质磷矿选矿难题，促进了中低品位磷资源的大规模开发利用。

浙江新安化工集团“‘有机磷-有机硅’协同生产中氯硅磷高效综合利用技术开发”项目，于2018年获中国石油和化学工业联合会科技进步一等奖，针对有机磷-有机硅协同生产中含氯、含硅、含磷的技术难题，开发了氯资源循环利用技术和硅、磷资源化技术，实现了氯、硅、磷的高效利用。

清华大学和瓮福集团开发的微通道湿法磷酸净化技术，使食品级磷酸生产比热法工艺成本降低23.8%，比引进的湿法磷酸净化技术成本降低4.2%。

三、国家级重大奖项中化工保持较高占比

化学工业是技术密集型产业，科研开发、技术创新较多，加上节能减排、绿色清洁以及循环经济发展要求，更加需要利用自身的发展技术和水平解决自身发展的问题。节能环保技术研发成为科技创新的热点。几十年来，化学工业获得的国家级奖项在总的奖项数目中的占比始终处于较高水平，体现了整个行业科研工作良性发展状态和活跃程度。表1-7-9为2001～2018年国家级重大奖项中化工类占比。中国化学工业1978～2019年国家科技进步奖、国家技术发明奖名单详见中国化工博物馆官网（www.chemmuseum.com）百年化工专栏。

表1-7-9　国家级重大奖项中化工类占比

年份	国家科技奖（通用类）			国家科技进步奖		国家技术发明奖		国家自然科学奖	
	总数	化工	占比/%	总数	化工	总数	化工	总数	化工
2001	167	23	13.8	137	17	12	2	18	4
2002	201	19	9.5	156	11	21	4	24	5
2003	190	32	16.8	152	23	19	4	19	5
2004	234	52	22.2	185	34	21	10	28	8
2005	247	45	18.2	175	26	34	13	38	6
2006	254	41	16.1	184	23	41	12	29	6
2007	270	38	14.1	192	20	39	11	39	7
2008	251	39	15.5	182	22	35	10	34	7

续表

年份	国家科技奖（通用类）			国家科技进步奖		国家技术发明奖		国家自然科学奖	
	总数	化工	占比/%	总数	化工	总数	化工	总数	化工
2009	289	57	19.7	222	33	39	16	28	8
2010	277	46	16.6	214	25	33	8	30	13
2011	295	60	20.3	218	34	41	14	36	12
2012	266	53	19.9	162	27	63	17	41	9
2013	246	57	23.2	137	24	55	14	54	19
2014	253	52	20.6	154	27	54	15	45	10
2015	233	47	20.2	141	20	50	18	42	9
2016	221	52	23.5	132	25	47	16	42	11
2017	216	46	21.3	132	23	49	13	35	10
2018	224	41	18.3	137	17	49	13	38	11

四、完善创新体系建设

（一）科技投入提高、平台建设提质

在国家和行业政策引导下，2011年以来，化工行业科研投入稳步增加。根据财政部公布的《全国科技经费投入统计公报》数据，2011年全国各行业科技投入为5993.8亿元，其中化学工业投入为875.6亿元，化工科研投入占全行业主营业务收入的比例为0.71%。“十三五”以来，化学工业科研投入比例提高较快。科研投入占全行业主营业务收入的比例的目标是提高到1.2%左右，产学研协同创新体系日益完善，在重点领域建成一批国家和行业创新平台，突破一批重大关键共性技术和重大成套装备，形成一批具有成长性的新的经济增长点。到2018年，全国各行业科技投入达12013亿元，其中化学工业投入为1931.9亿元，化工科研投入占全行业主营业务收入的比例为1.06%。

在科技创新战略指引下，化学及化学工业科技平台建设不断加强，国家重点实验室数量和范围扩大，承担了基础前瞻性研究、重大共性关键技术研发及科技成果工程化转化等任务。行业创新平台建设也取得了积极成果。创新平台广泛吸纳企业、高校和科研院所参加，共同承担国家重大科技项目，产学研用协同开展技术攻关，对促进行业技术进步发挥了重要作用，对提升行业整体创新能力做出了突出贡献。

截至2019年，全行业有25个企业获得了国家级企业技术中心的认定，20个企业被认定为国家技术创新示范企业；国家发改委共认定化学工业相关工程研究中心24个，21个国家地方联合工程研究中心。科技部批准组建国家工程技术研究中心已有29个。科技部认定国家重点实验室，依托高校和科学院建立的与化学工业相关的有26个，例如依托天津大学、清华大学、华东理工大学、浙江大学建立的化学工程联合国家重点实验室，依托中国科学院建立的山西煤炭化学研究所煤转化国家重点实验室，依托北京化工大学建立的有机无机复合材料国家重点实验室等。

截至2018年，依托企业建立，通过科技部评估的国家重点实验室主要有依托浙江化工研究院建立的含氟温室气体替代及控制处理国家重点实验室，依托海洋化工研究院有限公司建立的海洋涂料国家重点实验室，依托沈阳中化农药化工研发有限公司建立的新农药创制与开发国家重点实验室，依托中海油研究总院建立的海洋石油高效开发国家重点实验室，依托中国石化石油化工科学研究院建立的石油化工催化材料与反应工程国家重点实验室等15个。

中国石油和化学工业联合会在全行业共认定了87个创新平台，其中认定重点实验室28个，工程实验室33个，工程技术中心22个，企业技术创新中心4个，行业技术创新示范企业146个。

2011年10月，经科技部批准，北京化工大学筹建有机无机复合材料国家重点实验室，中国工程院院士陈建峰教授任实验室主任。自2011年立项建设以来，该实验室先后荣获国家技术发明奖二等奖5项，国家科技进步奖二等奖3项，省部级科技进步一等奖12项。同一时期在化学化工相关领域设立的还有武汉理工大学的硅酸盐建筑材料国家重点实验室和复旦大学的聚合物分子工程国家重点实验室等，这一批新成立的依托于高校的国家重点实验室加强了化工新材料领域的科研实力。

含氟温室气体替代及控制处理国家重点实验室是由科技部于2015年9月批准设立的。实验室依托单位为浙江省化工研究院。实验室在原始创新和解决行业共性问题上不断取得突破，取得了一批领先的成果。已形成11项关键技术，部分技术达到国际领先；开发出全氟己酮等13个新产品，4项成果已实现转化，获得专利授权58件，承担国家、省部级项目27项，获得纵向科研经费3500余万元；获得国家科技发明二等奖1项，联合国认可荣誉1项，国际权威奖励1项。实验室已经成为中国开展含氟温室气体替代及控制处理领域的产品开发、应用基础研究、高层次人才培养的重要基地之一。

以西南化工研究设计院为依托建设的工业排放气综合利用国家重点实验室，是

2007年7月科技部批准的36个首批企业国家重点实验室之一。该实验室研究围绕中国能源、资源、环境和流程工业绿色化等领域的重大需求，以工业排放气净化、提纯与综合利用为主要研究对象，开展应用基础研究、综合利用研究和工程开发所需基础技术的研究，已取得多项国家级科研成果。

依托中国石化的上海石油化工研究院组建的绿色化工与工业催化国家重点实验室，以开发绿色化工及先进工业催化新技术为目标，重点开展石油资源高效利用、碳一资源清洁转化和绿色催化合成技术的研究开发，通过催化新材料、催化反应和分离工程等共性关键技术的突破，实现重大绿色化工技术的创新。截至2017年底，该实验室共获得了14项国家和省部级奖励。

（二）产学研结合推动技术进步深化

这一时期，产学研结合进一步深化，协同创新的体制机制逐渐形成。2011年以来，行业内企业与科研机构、大专院校进一步紧密结合，充分发挥各自优势，加快了行业的技术创新和成果产业化。例如，兖矿集团、湖北兴发集团、万华化学等企业分别与中科院、清华大学、华东理工大学、大连理工大学、北京化工大学、武汉大学等高等院校、科研院所进行合作，联合开展技术攻关；橡胶谷集团通过搭建行业创新平台，聚合了130多所高校、58所科研机构等高端资源，探索形成了“政、产、学、研、资”五位一体、高度融合的产学研用合作新模式；新疆天业集团积极构建“以项目为载体，企业牵头、优势互补、共同攻关”的产学研模式，开发出干法乙炔、聚合母液和含汞废水处理等一大批先进技术，被授予国家第一批循环经济试点企业；青岛科技大学以协同创新为引领，使科研项目直接服务于企业，形成了产学研一体化的互动双赢格局。

中国石油和化学工业联合会为推动产学研机制创新，在现代煤化工、农药、染料、轮胎等重点产业领域组建了12个产业技术创新战略联盟，其中新一代煤（能源）化工等5个联盟被科技部认定为国家（试点）联盟。

（三）专利成果质量水平提升

在化工领域，专利布局的重要作用正日益凸显，特别是在高新技术领域。这一时期，是化工专利申请量、授权量增长显著的时期。从专利的角度看，中国化学工业的自主创新能力稳步提高。

2011 ～ 2018年，石油和化工行业共申请化工类发明专利1169393件，占同期全部申请发明专利的15.44%，化工类实用新型专利申请258754件，占同期全部实用新型专利申请的3.41%；共授权化工类发明专利425212件，占同期全部授权发明专利的17.46%，授权化工类实用新型专利219055件，占同期全部授权实用新型专利的3.30%。2018年与2011年相比较，发明专利申请增长141.05%，实用新型专利申请增长334.99%，与同期全部实用新型专利申请的占比提升29.31%，发明专利授权增长103.64%，实用新型专利授权增长332.08%，与同期全部实用新型专利授权的占比提升18.17%。

中国专利奖是由国家知识产权局和世界知识产权组织共同主办的，是中国唯一的专门对授予专利权的发明创造给予奖励的政府部门奖，得到联合国世界知识产权组织（WIPO）的认可。中国专利奖设中国专利金奖、中国专利银奖、中国专利优秀奖，中国外观设计金奖、中国外观设计银奖、中国外观设计优秀奖。表1-7-10为1989～2018年化工领域获得的专利金奖名单。

表 1-7-10　1989 ~ 2018 年中国专利奖金奖化工项目

序号	项目	届别	序号	项目	届别
1	氟塑料合金制造及应用	第一届	10	一种石脑油重整催化剂	第三届
2	一种馏分油加氢精制催化剂	第一届	11	一种新杀虫杀螨剂的制备方法	第四届
3	塔式造粒旋转喷头	第一届	12	氰化贵液碳纤维电积提金槽	第四届
4	一种农药杀虫杀螨剂——灭杀毙	第二届	13	石油烃的催化转化方法	第四届
5	合成氨生产方法及其合成反应器	第二届	14	氧化亚铁基氨合成催化剂及制备方法	第五届
6	制取低碳烯烃的烃类催化转化方法	第二届	15	四硼酸锂（LBO）单晶的坩埚下降法生长（布里奇曼晶体生长法）	第五届
7	新型粉状硝铵炸药的制造方法与工艺	第二届	16	一种消瘤药——甲硝唑氨酸的合成方法	第六届
8	熔盐籽晶法生长低温相偏硼酸钡单晶	第三届	17	用于烷基芳烃的脱氢催化剂	第六届
9	铬-稀土鞣革废铬液封闭式循环工艺	第三届	18	一种直接以磷矿粉为磷源的粒状合成肥料的生产方法	第六届

续表

序号	项目	届别	序号	项目	届别
19	轻质微孔硝酸铵混合物及其制法	第六届	32	中空纤维膜分离器环氧封头的制备	第十届
20	一种制备重组链激酶的方法	第六届	33	超高分子量聚丙烯酰胺合成工艺技术中的水解方法	第十一届
21	一种柠檬酸或柠檬酸钠的制备方法	第六届	34	毒死蜱的生产方法	第十一届
22	用三硼酸锂单晶体制造的非线性光学器件	第六届	35	一种能防除连作作物枯萎病的拮抗菌及其微生物有机肥料	第十二届
23	光卤石生产氯化钾工艺	第七届	36	含铂、锡的多金属重整催化剂及其制备与应用	第十二届
24	含氟二苯基丙烯酰胺类杀菌剂	第七届	37	全硫化可控粒径粉末橡胶及其制备方法和用途	第十三届
25	炔烃选择加氢催化剂	第八届	38	一种通过高速纺丝制造抗菌聚酰胺纤维的方法	第十三届
26	一种荧光定量聚合酶链式反应方法及其试剂盒	第九届	39	苯和乙烯制乙苯的烷基化方法	第十四届
27	一种复合多金属氧化物催化剂及制备方法	第九届	40	一种己内酰胺加氢精制方法	第十四届
28	(3aS，6aR)-1,3-二苄基-四氢-4H-呋喃并[3,4-d]-咪唑-2,4(1H)-二酮(Ⅰ)的合成方法	第九届	41	一种煤炭直接液化的方法	第十四届
29	一种重质馏分油中压加氢裂化方法	第九届	42	硫酸锂溶液生产低镁电池级碳酸锂	第十五届
30	一种正负离子型双金属催化剂及制备方法和应用	第十届	43	一种连续制备钛酸钡粉体的工艺	第十五届
31	甲苯与碳九及其以上重质芳烃歧化和烷基转移工艺	第十届	44	C_4烯烃催化裂解生产丙烯的方法	第十六届

续表

序号	项目	届别	序号	项目	届别
45	一种重质油及渣油加氢转化催化剂及其制备方法	第十七届	50	润滑脂连续皂化的方法使用的装置	第十九届
46	分子复合三聚氰胺氰尿酸盐阻燃剂及其制备方法和用途	第十八届	51	2,4,5-三氟苯乙酸的制备方法	第十九届
47	一种用于流化催化转化的提升管反应器	第十八届	52	一种全氟离子交换树脂及其制备方法和应用	第二十一届
48	噻二唑类金属络合物及其制备方法和用途	第十八届	53	含有银杏内酯的制剂及其制备工艺	第二十一届
49	生产多晶硅的方法	第十九届			

资料来源：中国专利保护协会（ppac.org.cn）。

五、以提高教学质量为主推进化工教育事业提升

2011年以来，中国化学工业发展的内外部环境发生了重大改变，全球产业结构深度调整，国内经济增长减速增效。中国石油和化工行业总体保持平稳较快发展，无论经济总量还是发展质量都有较大进步，但同时面临的国际竞争压力巨大，资源环境约束、产能供给过剩、成本上涨过快、产品价格下降等形成了市场倒逼机制，行业发展面临一系列突出矛盾和挑战，进一步凸显了培养创新人才、提高人才质量的重要性和紧迫性。新时期中国的化工教育的工作重点更侧重于提高教学质量。

（一）普通高等教育立足培养现代化化工人才

2012年，教育部发布《全面提高高等教育质量的若干意见》，提出今后公办普通高校本科招生规模将保持相对稳定。此后全国开设石油和化工类及相关专业的本科院校基本稳定在500余所，在校生约40万人，其中化学工程与工艺专业的布点数量共计350多个，专业点的数量位居工科专业前列。

化工高等教育在校生规模基本稳定后，师资力量得到进一步增强，专任教师数量不断增加，超过半数以上的专任教师具有研究生学历，45岁以下的青年教师占专

任教师总数的三分之二，成为建设化工高等教育的中坚力量。部分化工类高校涌现出数量不等的两院院士、“千人计划”引进者、“973”首席科学家、国家杰出青年科学基金获得者和长江学者等，引领了化工高等教育的快速发展。

随着“211工程”“985工程”的全面实施，重点本科院校化工类专业建设和学科建设力度大大增强，重点学科实力明显增强，国家级特色专业建设点增加，重点实验室和工程研究中心软硬件条件得到完善。2010年到2014年，全国化工类高校固定资产总值增加42%，教学、科研仪器设备资产总值增加57%。企业新录用员工中受高等教育的比例提升为41%。在国际交流与合作、提高人才培养的国际化水平等方面，化工高校也取得了明显的进步。

2015年8月，中央全面深化改革领导小组会议审议通过《统筹推进世界一流大学和一流学科建设总体方案》，对新时期高等教育重点建设作出新部署，将“211工程”“985工程”及“优势学科创新平台”等重点建设项目，统一纳入世界一流大学和一流学科建设，并于同年11月由国务院印发，决定统筹推进建设世界一流大学和一流学科。清华大学、天津大学、上海交通大学、华东理工大学、南京大学、北京化工大学、太原理工大学、石河子大学、宁夏大学九所高校的化学工程与技术专业入选一流学科建设。

面对长期以来存在的高等教育与生产实际脱离的问题，行业组织开展形式多样的大学生竞赛活动，不断促进技能型、创新型人才成长。2014年到2018年5年间，全行业共举办本科院校各类大型竞赛活动14项（次）。

（二）职业技术教育向高层次发展

受计划生育政策影响，全国初中招生人数从2005年的1987万人下降到2015年的1411万人，10年间减少29%，这对中等职业教育的招生造成较大困难。加之信息技术、财经商贸等热门专业的冲击和社会上存在的“恐化”心理，化工中等职业教育规模明显缩小。2011 ～ 2015年，全国中职化学工艺专业招生数量降幅60.1%，在2017年全国中等职业教育的496.88万毕业生中，石油化工类仅2.48万人，占比约0.5%。同时，高职应用化工技术专业也有27.5%的降幅。

“十二五”期间，全国开设石油和化工类及相关专业的高职高专院校和中职中专院校分别达到600余所和700余所，在总招生规模下降的情况下，各职业院校专注提升教学质量，培养高质量的化工职业技术人才。随着高职院校的进一步深化改革和应用型本科的出现，化工职业教育逐渐向高层次发展。

全国职业院校各类大赛成为不断促进技能型、创新型人才成长的重要方式。在化工教育协会的组织下，2014～2018年共举办全国职业院校技能大赛（含国赛、行赛）累计41项（次），参赛学生约3500人次。技能大赛开通职业资格鉴定直通车，共143名优秀选手（学生技师35名，职工技师84名，职工高级技师24名）获得了技师证书和高级技师证书。同时还开展了青年教师进企业实地培训、实验实训安全管理培训，青年教师技师、高级技师培训等各类培训。

应用型本科指以应用型为办学定位，而不是以科研为办学定位的本科教育，应用型本科教育适应中国经济社会发展和对高层次应用型人才的需要，成为高等职业教育的新趋势。2014年3月，教育部改革方向已经明确：全国普通本科高等院校1200所学校中，将有600多所逐步向应用技术型大学转变，转型的大学本科院校正好占高校总数的50%。衢州学院等一批开设化工专业的本科院校和高职院校开始建设应用型本科教育。

（三）职工教育构建终身教育体系

“十二五”时期是中国石油和化工行业继续教育快速发展的时期。企业越来越认识到人才培训对发挥企业核心竞争力的重要作用，各类教育培训已成为企业的常规工作，企业用于职工继续教育的经费基本能够按规定比例落实。一批行业企业创办了自己的企业大学，继续教育已发展成为构建行业终身教育体系的重要组成部分。2011年到2015年，行业完成职业技能鉴定30万人次，新增持证人数29.4万人，其中技师、高级技师1.1万人，有力地促进了行业继续教育和人力资源的发展。

行业终身教育体系建设取得实质性进展。2014年以来，中国化工教育协会组织建设国家开放大学石油和化工学院。2018年，国家开放大学石油和化工学院及首批两个专业（化工工艺本科和工业分析专科）获得教育部批准。终身教育的新理念对解决行业人才资源总量不足、人才结构不够合理、人才流动加速和人才流失率高等系列问题发挥了重要作用。

进入新时期后，面对经济和社会的整体环境发生的变化，化工教育领域及时调整，各层次人才培养进一步明确定位，基本形成了现代化的全方位多层次行业人才培养体系，为中国化学工业的可持续发展奠定了基础。

新的时代，是中国由化学工业大国向强国跨越的关键时期，是产业结构由量变到质变提升的关键时期，也是行业创新能力由起飞到领航的关键时期，全面提升全行业的核心竞争力，早日建成化工强国，科技教育永远是核心支撑。

第八章
十省份化学工业发展情况

中国的化学工业发展具有区域属性，省、自治区、直辖市是化学工业投资、建设、改革和发展的落脚点，形成了中国化学工业发展的区域特点和面貌。在百年历史中，不同地区发展呈现了差异，各地区分别根据自身的资源、交通、环境容量等条件，在国家政策的统一规范和指导下，发展有特色的化学工业集群，在中国东、中、西、南地区分别形成了一些化工强省，从另一个层面记录着中国化学工业发展的历史。本章简要记述了2015年、2018年、2019年主营业务收入在国内居于前十位的省份的化工发展历史情况。十省份1952～2019年化学工业产值及主营业务收入情况详见表1-8-1。

表1-8-1　十省份化学工业1952～2019年产值/主营业务收入　　单位：亿元

省份	山东省	江苏省	广东省	浙江省	辽宁省	河南省	湖北省	陕西省	河北省	四川省
1952	0.53	0.29	0.46	0.05	2.32	0.03	0.13	0.03	0.16	0.26
1957	1.95	2.01	1.97	0.28	7.59	0.92	1.04	0.32	1.64	0.94
1965	5.3	8.0	7.5	3.6	15.5	2.5	2.7	1.0	2.05	5.1
1970	6.5	11.5	9.5	6.6	18.1	5.0	3.3	2.2	5.33	6.6
1980	39.3	36.4	19.4	13.1	32.5	14.2	13.4	4.6	17.8	20.7

续表

省份	山东省	江苏省	广东省	浙江省	辽宁省	河南省	湖北省	陕西省	河北省	四川省
1985	53.1	84.8	19.9	25.9	39.5	18.8	20.6	6.9	20.8	29.7
1990	123.0	125.9	40.7	42.4	55.8	34.6	34.3	10.9	40.6	41.8
1995	250.6	241.2	136.1	160.9	143.1	130.3	147.2	26.5	134.5	116.4
2000	940.8	1289.3	669.4	536.0	582.7	279.2	191.4	103.5	231.1	175.6
2005	5190.5	3987.0	2700.9	2082.6	2642.3	1106.9	799.0	1008.4	1177.4	698.7
2010	14881.4	11482.4	6954.8	5355.4	6081.8	2730.1	2429.4	2662.8	2988.6	2420.2
2015	29908.0	20205.5	7543.9	6697.0	6454.3	5206.4	5154.8	4078.7	4148.4	4264.5
2018	34900	14800	12300	10390	7568	7875	10392	5200	4818	3954
2019	20800	10000	14600	10827	9717	2973.38	5300	10000	4919.42	4537

注：1.本表资料来源为原燃化部、化工部统计资料、《中国化学工业年鉴》等，部分数据为媒体公开报道。

2.年度数据多为石油和化学工业合计。因不同年度数据（产值）测算标准、业务统计范围有差异，简表数据不便一一备注，仅为参考。

3.2015年及以后年度数据为“主营业务收入”。

4.河南省2019年数据仅为“化学原料及化学制品制造业”，四川省2018年数据统计范围不详。陕西省2019年数据为能源化工总产值，数据来源为陕工网。

第一节 山东省化学工业发展

山东拥有丰富的石油、天然气、煤炭、农副产品和海洋资源，为发展化学工业提供了可靠的资源条件。晚清以前，有文字记载山东出产硫黄和硝。有人以煤矿中的碛石作原料烧制红土（氧化铁），北京故宫明清时期粉刷宫墙所用红土即来自山东博山。山东还有晚清官办化工生产硫酸、硝酸，主要用于军械制造。山东是中国染料工业的发起之地，国内首家化学染料厂——青岛维新化学工艺社创办于1919年。20世纪30年代，山东民族工商业者开始兴办橡胶制品、油漆和电石企业。山东民族化学工业一度兴盛。但由于日本军事侵略对山东民族资本化工企业的掠夺，以及战火的延及，很多企业陷入绝境。1942年胶东、鲁中南根据地相继创建了东海、西海和胶东工业研究室，研制并投产了20余种化工产品，为军火和民用化学品生产提供了急需的化工原料。

新中国成立之前，山东只有橡胶加工、颜料、烧碱几个小工业，仅有固定资产400多万元，产值2000余万元。

新中国成立后，山东化学工业进入新的历史发展时期。"一五"计划期间重点扩建和改造了济南、青岛、淄博等地的几个骨干企业，大大提高了化工产品的生产能力。到1957年底，化工总产值达到1.95亿元，相比1952年增长2.7倍。1949年胶东农药厂由解放区迁至青岛，研制并生产多种农药；组建淄博制酸厂，先后投产硫酸与硫酸铝；1950年6月青岛油漆厂投产。

1958年开始，受急于求成思想影响，化学工业基本建设战线越拉越长，超出了财力物力的承受能力，生产秩序被打乱，化工总产值大幅度下降。1961年开始贯彻中共中央提出的"调整、巩固、充实、提高"的方针，撤销大部分的计划外项目，关停一部分消耗高、质量差、严重亏损的企业后，对保留下来的企业进行了整顿，开展"提高质量、降低成本"的节约运动。1965年化工总产值达到5.28亿元，相较于1957年增长1.7倍。由国内自行设计、自制设备、自己安装的青岛化肥厂8万吨氨碱法纯碱生产装置于1965年建成投产。这是山东省内第一家现代化纯碱厂。

受"文化大革命"波及，本应高速发展的山东化学工业受到严重打击，化工生产的秩序也被打乱。至1974年全省化工产值为15.06亿元，纯碱产量6.52万吨，烧碱3.25万吨，化肥20.16万吨，均较1973年有大幅度的下降。新增固定资产6.62亿元，交付使用率只有51.2%，其中技术改造投资只有1.07亿元。这一阶段企业亏损已成常态，1975年在231个全民所有制化工企业中132家亏损，亏损总额1.09亿元。

1978年党的十一届三中全会后，山东化学工业进入了现代化建设的新时期。从单纯追求产量、速度逐步转向讲求经济效益为主的轨道。大规模关停不具备基本生产条件、能源消耗高的小厂，逐步下放管理权限，使得化工企业焕发活力。1984年，齐鲁石油化工公司开始了大规模建设，主体工程30万吨乙烯是国家"六五"期间的重点建设项目，1986年经国务院批准为国家特大型工业企业。

1984年，山东炼油、化工总产值和利润总额在全国化学工业中均排第五位，拥有一批现代化的大中型骨干企业，生产10多个门类1300个品种15000多个不同规格的化工产品，并具有一定的技术力量。1985年，山东省地方化工总产值达到35.09

亿元，比1980年增长41.21%，年均递增7.15%。1988年，山东省有县属以上化工企业434家，全省炼油、化工总产值82.39亿元，全省化工总产值平均每年以16.2%的速度增长。

改革开放为山东的化学工业发展赋能，1992年，山东化工产值首次超过江苏摘得“中国化工第一大省”桂冠。自此之后，山东化工经济总量连续28年位居全国榜首。山东化工已发展成为规模大、门类全、几乎涵盖石油和化工所有工业门类的地方工业，形成了较为完善的工业链和工业集群，成为山东经济发展举足轻重的支柱工业和引领全国的工业品牌。

从产品类别来看，山东是中国第五大原油生产省份，第一大汽油、柴油、原盐、烧碱生产省份，第二大纯碱生产省份，塑料、化纤、化肥、农药、硫酸等化工产品的产量也名列全国前茅。

正是基于雄厚的工业基础，山东的化学工业一路高速发展。2008年，山东省化学工业主营收入首次突破万亿元大关，2012年超过2万亿元，2015年接近3万亿元。到2018年，山东化工业完成主营收入3.49万亿元，实现利润2019亿元，均创历史最高纪录。

山东化工发展历史上以中小企业和民营企业居多，能源央企数量有限。从20世纪90年代初开始，该省遍布各地的小炼油、小化肥、小氯碱、小橡胶、小焦化等“五小”化工企业不断扩能改造，规模不断壮大，部分企业甚至转型升级为炼化、轮胎、化工新材料强企。

超常规发展带来诸如“化工围城”“化工围村”问题，环保隐患增多。2015年12月7日，山东省人民政府办公厅印发了《关于加强安全环保节能管理加快全省化工工业转型升级的意见》，掀开了化学工业转型升级三年行动的序幕，集中开展化工企业“打非治违”专项整治，提高化学工业发展水平。这一举动对山东化学工业产生了极其深远的影响。2015年排查摸底时，全省化工生产企业一度达到9505家，小散乱企业数量多、占比大。此后，在转型升级三年行动减少1910家的基础上，自2017年安全生产专项行动开展以来，山东化工企业又关停1510家。化工园区的整治力度更大，从199家压减到85家。“减化”行动带来了工业规模、产能调整的巨大变化，大批落后产能退出，为发展化工强省奠定坚实基础。

2019年，山东规模以上石油和化学工业企业实现主营业务收入2.08万亿元、利润601亿元，分别占全国的17%、9%；主营业务收入占全省规模以上工业的24.6%；重点化工产品产量位居全国前列。

第二节 江苏省化学工业发展

在20世纪初，江苏的苏州、无锡、南京等地先后办起了生产“火油”（煤油）、烧碱和漂白粉、橡胶制品等简陋小化工厂。1937年，范旭东在南京建成了南京永利铔厂生产硫酸、硝酸及硫酸铔，这些形成了江苏化学工业的萌芽。江苏属沿海省份，紧靠大工业城市上海，省内又有相当储量的煤、磷、硫、油、气和丰富的盐矿资源，对发展化学工业十分有利。但在国民政府时期，未能充分利用这一优势，江苏化学工业发展缓慢。永利铔厂、锦屏磷矿等少数企业，到新中国成立前也处于停产和半停产状况。1949年，江苏省全部化工产值为444万元，占当年全省工业总产值的0.35%。

新中国成立后，江苏的化学工业开始迅速发展。从“一五”计划开始，苏南一些小化工厂逐渐恢复生机，苏北南通、徐州等地的化学品生产也开始起步；到“一五”末期，省内化工行业已具雏形。此后，国家在江苏投资兴建了一批大型企业，最有规模的是锦屏磷矿和南京磷肥厂（即南化公司磷肥厂），两企业分别在1958年先后建成投产。另外，20世纪60年代大力发展小化肥、农药、氯碱、染料等，特别是小化肥得到长足发展，到1976年，全省小氮肥企业有77家。1971年开始，以小石油化工为特点的江苏石油化工工业开始起步，拥有小石油化工企业数量位居全国前列，逐步弥补了当地化工原料的短缺。1976年，江苏省逐步形成了化学矿、化肥、农药、无机化工原料、有机化工、橡胶加工等门类，完成工业总产值为29.53亿元（含炼油）。1953～1985年，全省炼油、化工产值的平均增长速度达到17.1%，化学工业发生了巨大变化。特别是在1981～1985年的“六五”期间，全省化工产值年递增3亿元左右，每年平均增长7.69%，产值总增长速度为44.91%，高于全国化工产值总增长40.2%的速度，高于全省工业产值总增长35.68%的速度。1985年，江苏化学工业总产值达到91亿元（包括中石化系统的金陵石化），县以上炼油、化工企业437家。全省拥有油品、化学矿、化肥、农药、基本化工原料、塑料、染料、涂料、感光材料、化学助剂、无机盐、橡胶制品、化工机械等10多个大类约740余个化工产品，其品种和规格在5000种以上。随着1982年金陵石化组建，

1983年扬子石化开工建设，江苏逐步成为国内重要的大型石油化工基地，省内长期短缺石化原料的矛盾大为缓解。大中小型企业相结合的生产网络，与面向生产建设的科研、设计、教育，构成了较为完整的江苏化学工业体系。

改革开放初期发展起来的乡镇化工，是一支不可忽视的经济力量，1984年江苏乡镇化工产值达24亿多元，相当于地方化工产值的55%以上。江苏化工工业的快速发展主要依赖于民营企业。民企对江苏经济的贡献率占到80%以上。一段时期内，苏南小化工厂鳞次栉比，助力苏南地区经济飞速发展。然而其技术含量低、产品附加值小、资源消耗和污染排放却很大，使得地区环境问题隐患沉积。

到1990年，江苏的化学工业地区发展特色已初步形成：以苏州、无锡、常州、南通为主的精细化工工业群体，生产农药、涂料、感光材料、生物化工制品等；以南京、镇江、扬州为主的石油化工和基本化工原料为特色的工业群体，生产各类油品、塑料、橡胶制品；以徐州、淮阴、连云港、盐城为主的工业群体，生产农用化学品、煤化学品、盐化工、改性合成材料等。

“八五”“九五”期间，是江苏化学工业飞速发展时期，总产值、销售收入、利润均有大幅增长。化学工业发展始终居于全国首位。1996年，江苏省化工总产值为707.8亿元。行业加大了战略调整步伐，推进产品结构向规模优势发展，企业组织结构向集团化过渡，技术结构向核心技术发展，产业布局逐步向一体化推进。

到2001年，经过几年的整合、调整，全省化学工业呈现了良性发展局面，年销售额500万元以上独立核算企业2795家，完成工业总产值（现价）1730.9亿元。2001年江苏化学工业经济总量占省工业总量的14.32%左右，全省化工经济总量位于国内同工业的前列。拥有20多个门类3万多个规格品种化工产品，主要产品在国内同工业中居领先地位，在合成材料、基本化工原料、农药、染料与涂料、橡胶制品、专用化学品、生物化学品等7个领域的30多类产品已形成了较好的市场优势，其中一些产品在国际市场上具有竞争优势。这一时期，江苏化学工业发展格局有了显著变化：20世纪80年代初形成的中石化所属企业、地方工业、乡镇化工的石油和化学工业三大布局，演变为以中石化集团企业为主体的生产装置先进、生产规模大和产品具有垄断地位的大石化格局；以引进外资和技术的南京化学工业园、镇江经济开发区化工工业园、南通经济开发区化工工业园、苏锡常泰化工工业园等为主体的长江沿岸化工工业园格局；以原乡镇化工（现已成为民营化工）为主的地方化工格局。

江苏化学工业发展不断提速，“十一五”期间，江苏省化学工业年均复合增长率达23%以上。然而，发展过快过猛也为工业带来潜在危机。江苏化工行业具有总量大、企业多、分布散的特点。规模小，设备老，环保不达标，安全管理不到位，成为了江苏很多化工企业的通病。“十二五”时期，江苏主动压缩传统产业比重。加快转型升级步伐，重点发展新能源、新材料、生物技术和新医药、节能环保、软件和服务外包、物联网等六大新兴工业，以其替代与置换传统化工工业，力图快速扭转偏重的工业结构弊端。2015年，化学工业主营业务收入达到2.02万亿元。

“十三五”以来，江苏化学工业全面落实提质增效转型升级，切实增强工业可持续发展能力和综合竞争能力。密集出台规范化工园区发展的法规规定，规范提升化工园区发展水平。2017～2018年江苏关闭了2742家化工企业。2018年，化学工业虽然主营收入由上年的2.14万亿元下降至1.48万亿元，但整体盈利能力和效率明显提高，工业综合档次明显跃升，技术、工艺、装置水平也大幅提升。

2019年3月，江苏省盐城市响水县陈家港镇化工园区内重特大事故发生，为江苏乃至全国的化学工业发展敲响了警钟。江苏省以此为戒，重拳整治化工园区，深入推进化工园区综合评价和环境绩效评价工作，继续关闭735家化工企业，“减化”行动再升级。2019年，江苏化学工业总产值为1万亿元。

第三节 广东省化学工业发展

广东化学工业的萌芽出现在1914～1918年之间，一批民族资本家和商人受“实业救国”思想影响，在广州先后兴办了橡胶加工、油漆油墨、颜料染料和无机化工产品等一批化工企业，其中出现较早且影响较大的是橡胶加工业。1915年，侨胞邓凤墀、陈玉波在广州创办“广东兄弟创制树胶公司”，是中国创立最早的一家橡胶制品生产企业。

到1949年，广东以广州市为中心的小作坊型加工企业约有100多家，化工产品有数量很少的无机、有机、橡胶、医药四类，全省化工总产值2000多万元（1957年不变价）。石油化工则几乎是空白。

新中国成立后，“一五”计划发展时期，广东开始发展化肥、硫铁矿、酸碱等基本化学工业。“二五”时期，基本建设投入比较大，茂名石油工业公司、广州氮肥厂、湛江化工厂、广州化工厂、广州农药厂等一批大中型企业相继建成投产，奠定了广东化学工业的现代化建设基础。

20世纪60年代，由于农业生产的迫切需要，全省掀起了建设小氮肥厂的热潮，发展化肥工业，到70年代，全省小氮肥企业多达100多家。这个时期，一方面开始了小氮肥工业的调整，另一方面也注重大中型合成氨、尿素企业建设。广州氮肥厂和湛江化工厂扩建，同时，还开始了云浮硫铁矿300万吨/年大型矿山的建设，使化肥、化学矿工业初步形成了大、中、小型相结合的格局，其他化工领域如农药、橡胶、涂料、化工机械等工业也都有了较快的发展。

从20世纪70年代末期到90年代初期，广东化学工业突飞猛进，蓬勃发展，从1980年到1991年，保持了11.7%的平均增长速度。到1991年，全省石油化学工业总产值126亿元，已由改革开放初期在全国化工排列第十二位上升为第六位。有60%的化工企业进行了技术改造，引进100多项国外先进技术和装置，使一批产品生产技术达到或接近国际先进水平。1991年，全省石油化工产品出口总值18.7亿元，比1979年增加36倍。

“七五”期间，广东化工工业进一步加强精细化工的开发、生产，为轻纺、电子、食品等工业提供原材料配套。主要有木薯变性淀粉、有机硅系列产品、气雾剂系列产品、纺织助剂、电子化学品、特种油品、粉末涂料、热熔胶、工业表面活性剂、磁记录材料、食品及饲料添加剂、摄影化学材料、聚丙烯酰胺系列产品、胶黏剂系列产品等16个系列精细化工产品的开发，还开发了清洗剂、金属清洗剂、皮革化工材料、高档油墨等系列产品。1989年总计全省新产品开发达525项。其中，已投产的有352项，占总开发产品的67%。新开发产品中绝大部分项目属精细化工产品，精细化工生产已成为广东化学工业的重要部分，其产值在整个化工总产值中所占的比重日益增大。1989年精细化工总产值已占全省化工总产值的25%。

“八五”时期，广东化学工业总产值比“七五”末期翻了一番多，年均增长16%。这一时期，广东着力进行工业结构调整，传统的化工产品不断更新品种，开拓了新兴化工工业，加快发展合成材料工业，使合成材料的产值比重在1995年达到12.3%。聚苯乙烯生产能力位居全国首位，同时成为广东主要出口化工产品。化学农药工业通过积极开发新产品和扩大生产规模，且乡镇企业发展较快，产值占比也有较大提高。化肥处于关停小厂，产品结构升级阶段。

从“八五”时期开始，广东伴随着油气开采的重大突破，炼化工业取得突飞猛进发展。其中，茂名石化公司成为全国第一家超千万吨级原油加工能力的炼化企业，其30万吨/年乙烯和广州15万吨/年乙烯工程相继建成投产，填补了广东石油化工工业的空白，标志着广东化学工业进入了以现代石油化工为主体的发展阶段。一批重要的石化产品和技术如石油炼制、PS树脂、聚酯切片、子午线轮胎、硫铁矿、离子膜烧碱、双氧水、立德粉、保险粉、气雾剂、变性淀粉、聚丙烯酰胺、酞菁蓝、山梨糖醇和日用化学品等，通过引进技术和技术改造，技术水平和市场占有率大幅提高，渐成地方特色产品。广东中成化工有限公司的保险粉单厂生产规模跃居世界第一，销量占世界贸易总量的35%。

“九五”时期开始，广东石化工业开启了中外合资合作建设大型炼化一体化项目的探索，具有标志意义的是中外合资惠州壳牌南海石化80万吨/年乙烯项目于2000年10月落锤定音，创造了当时国内引进外资最高纪录。此后，在广东惠州大亚湾，现代化石化项目和装置陆续开始建设。2001年，惠州市人民政府授权开发建设惠州大亚湾石化工业区的唯一经济实体——惠州大亚湾石化工业区发展集团有限公司。

“十一五”时期广东化学工业的发展重点放在了石油化工领域，重点建设五个炼油项目、五个乙烯项目、五个石化基地（惠州大亚湾石化区，茂湛沿海重化产业带，广州石化基地，崖门口沿岸重化产业带，汕潮揭沿海化工基地），将上述五个石化基地打造为国际一流的沿海石化产业带，总投资1800亿元，5年期间化工产值年均增长20%，2010年达到7300亿元，占工业总产值的11%。

“十三五”时期，惠州已成为世界一流的综合性化工区，充分发挥大型石化项目的产业带动与聚集效应。吸引世界500强和工业领先企业投资占比近90%，壳牌、埃克森美孚、巴斯夫、科莱恩、三菱化学、LG化学、恒力等一批世界知名化工企业进驻。广东省持续深入的对外开放，已成为跨国石化巨头布局中国乃至亚洲市场的首选落脚地。除了惠州，珠海、茂名、湛江、揭阳等地也受到外资青睐，成为外商亚太布局的优选目标地。

2018年，广东规模以上石化工业主营收入约为1.23万亿元，已跃居全国第三位，并形成了从上游原油开采、炼油、乙烯生产到下游合成材料、橡胶加工、精细化工等较完整的工业体系，且规模在全国日益居于重要地位。2019年全省石化产业集群的规模以上企业超过6800家，主营业务收入1.46万亿元。炼油能力7000万吨/年、乙烯产能430万吨/年、芳烃产能85万吨/年，分别约占全国的8%、17%和6%，走在全国同行业前列。

广东民营经济发达，金发科技、新宙邦、天赐材料、嘉宝莉、拉多美等一大批在各细分领域具有竞争力的民营化工企业诞生，成为广东化学工业发展的重要组成部分。

第四节 浙江省化学工业发展

由于缺乏矿产资源和化石能源，浙江化学工业起步较迟。在1949年前，仅杭州和湖州有几家小化工厂，石油化工是空白。1949年全省化学工业产值为63万元，仅占全省工业总产值的0.1%。

新中国成立后，在国民经济恢复和“一五”建设时期，浙江化学工业有所发展，杭州大同电化厂恢复了电石炉生产，并增加了碳酸钾、高锰酸钾等产品。在此期间，还成立了平阳的炼矾公司，新建了温州电化厂、嘉兴化工厂、遂昌黄铁矿、余杭仇山磁土矿、杭州农药厂和杭州炼油厂等企业。但是，浙江化学工业基础仍十分薄弱，许多门类及产品还是空白。1957年，浙江化学工业产值为2872万元，占全国化学工业产值比重为0.95%。

1958～1966年，浙江开始重点推进化学工业发展，化肥、农药、涂料、橡胶加工、塑料等工业均取得较大突破，积累了一定的技术和管理经验。9年间，全省累计完成基建投资3.54亿元，1966年全省化工总产值达4.35亿元。在此期间重点建设了衢州化工厂和温州化工厂一批骨干企业，加强了化工科研工作，地、市、县逐步发展了化肥、农药、硫酸、纯碱、无机盐、有机原料、塑料、涂料、橡胶制品和化学试剂等门类的产品，全省的化学工业生产建设得到了较高速度的发展。

“文化大革命”期间，浙江化学工业发展受到影响，但化工战线广大职工抵制干扰，化工生产依然向前发展。到1977年，全省建成小氮肥企业54家，合成氨产能达50.97万吨/年，农药企业超过30家。始建于1975年的浙江炼油厂，规模为250万吨/年，是全国第一家完全炼制进口原油的企业，并于1978年元旦成功投产。该厂后发展成为中国石油化工股份有限公司直属的特大型控股子公司和骨干企业——镇海炼化分公司，也是中国最大的具有国际规模的炼油公司。

1978年以后，进入新发展时期，浙江化学工业规模直线上升。1985年全省炼油、化工总产值（按1980年不变价格计算）达20.7亿元。建成投产了杭州磁带厂、衢州化工总厂的锦纶厂等一批现代化企业。全省县以上化工企业已有214家，化工产品品种近千种，初步形成了门类比较齐全的化学工业体系，不少产品的产量、质量、经济技术指标在全国各省、自治区、直辖市居上游地位。到1990年，浙江化学工业共有生产企业239家，实现工业总产值34.01亿元，各项指标均高于全国化工和全省工业的平均增长水平。在高速发展的同时，从浙江能源、原材料紧缺的实际出发，化工行业的产品结构得到进一步调整，除保证农用化学品、基本化工原材料适当增长外，有机化学品、精细化工产品、橡胶制品、染料等都有较大幅度增长，为浙江农业、轻工、纺织工业的发展，以及化学工业本身经济效益的提高，起到了重要作用。

改革开放后，浙江民营企业投身化工的积极性得到释放。台州、温州、绍兴等地民营化工迅速兴起，染料、农药、颜料、涂料、氟化工等各类精细化学品的产量和规模大幅提高，并涌现出了浙江龙盛、浙江新和成、浙江闰土股份、华峰集团等一批优秀的民营企业。民营化工的崛起，逐渐改变了浙江以支农和基础化工为主体的传统格局，精细化工率大幅提升。

“九五”期间，浙江重点发展石油化工、氟化工和精细化工，重点依靠宁波等沿海港口发展临海型重化工业，利用镇海炼化、巨化集团等大型骨干企业发展化工原料，增加化肥、农药的生产，产品品种和质量得以增加和提高。到2000年，浙江化学工业实现工业总产值585.63亿元。化学工业经济总量位居全国第三。

“十五”和“十一五”期间，是浙江化学工业特别是石油化工发展的“黄金10年”。其主要特征就是化工园区得到快速发展，临港石化建设全面展开，民营企业进入石油化工领域，化学工业的产业链不断完善。1998年，宁波化工开发区和上虞精细化工园区开工建设；此后多个工业园相继成立，为浙江化工规模化、集约化、循环化发展创造了条件。同时，积极推进境外、省外知名化工企业入驻园区，如台塑集团、LG化学株式会社、日本帝人株式会社、阿克苏诺贝尔以及中海油、烟台万华集团等，都在此时陆续入园。

2010年4月，总投资235亿元的镇海炼化100万吨/年大乙烯项目正式建成投产，并实现满负荷运行，填补了浙江乙烯生产的空白。百万吨级乙烯炼化一体化装置的建成投产，使全省石化中下游系列产品的延伸开发取得突破。

从2010年至2018年，是浙江石化工业推进转型升级、高质量发展的阶段。2017年，舟山绿色石化基地启动建设，浙江临港石化工业布局实现重大突破；以巨化集团为龙头的氟硅工业及合成材料工业快速发展，石化工业结构从以基础化工和精细化工为主，实现以化工新材料、专用化学品为重点的结构性转变；一大批高端化工新材料、特种化学品和高科技含量的合成橡胶、工程塑料、高档合成纤维及含氟聚合物、热塑性弹性体、有机硅延伸产品的项目相继建设和投产；国家和省（市）级研发中心、企业技术中心和研发平台建设同步推进，科技与创新成绩显著，全省形成了产品门类齐全的现代化学工业体系。到2018年，浙江规模以上化学工业企业实现工业总产值为1.039万亿元，占全省规模以上工业的比重为15.1%。

第五节 辽宁省化学工业发展

辽宁的化学工业初创时期，有着特殊的历史印记。“九一八”事变后，日本侵占辽宁，1932年至1945年，日伪政权为加快资源掠夺，在辽宁省内共计兴建了72个主要化工企业。1935～1944年10年间，日本帝国主义者仅从大连化工厂就掠走硫酸58万吨、硫铵115万吨、硝酸5万吨、硝铵5.6万吨。在日伪统治时期，化工企业的工人受到残酷的压榨。“九一三”胜利后，由于长期战乱的破坏，苏联军队拆走工厂设备，辽宁落后的化工生产能力损失了60%～70%；鞍山钢铁厂、本溪钢铁厂、抚顺炼油厂和葫芦岛锌厂等则遭到100%的损失。1949年，全省化工企业只有26个，主要化工产品的产量大都仅相当于1949年前最高年产量的一半。

新中国成立后，在党和政府的领导下，辽宁化学工业从业者艰苦奋斗，积极投身重建和新建工作中，迅速恢复了大连化学厂、锦西化工厂等老企业的生产，到1952年，全省化学工业总产值达1.73亿元，比1949年增加3.9倍，主要化工产品产量均超过新中国成立前的最高水平。

“一五”和“二五”期间，辽宁成为全国重点发展的化工基地，取得了一系列开创性成就，为全国化学工业的发展提供了大量人才和宝贵经验，是新中国化学工业发展的摇篮。1954年，凤城县发现了硼镁矿资源，开原化工厂利用该矿产品试制成功硼酸与硼砂，于1956年创建了全国第一个年产千吨硼砂生产厂，填补了中国用硼镁矿直接加工生产硼砂的空白，并对苏联出口，为中国核工业提供了重要原材料。1955年，大连化工厂试制成功全国第一台氮肥生产关键设备2400马力大型高压氮气压缩机，且在此后全国推广兴办小化肥的过程中，大连化工厂承担了探索试验的任务；同年，锦西化工厂试制成功聚氯乙烯、过氯乙烯和有机玻璃等产品。1958

年，以苯酚为原料、1000吨/年己内酰胺装置在锦西化工厂建成投产，这是国内第一套合成纤维单体工业化生产装置。

20世纪60年代初到70年代中期，辽宁化学工业虽然受到“大跃进”和“文革”的影响，仍然总体上保持向前发展，石油化工成为这一时期的发展重点。1958年，大连有机合成厂以石油七厂炼厂气为原料制得乙烯，开创了辽宁的石油化学工业。1966年，锦州石油六厂建成年产1000吨顺丁橡胶中试装置，并于1974年正式投产，成为我国合成橡胶工业发展史上重要的里程碑；1969年，大连有机合成厂年产100吨低压聚乙烯装置建成投产，是国内较早生产聚乙烯产品的项目。

改革开放为辽宁化学工业发展带来良好机遇，使得化学工业产品结构、产品质量的技术进步都提高到一个新的水平。到1985年，全省有县属以上企业466家，职工26万人，已建立了比较完整的工业体系。大连化学工业公司、锦西化工总厂、沈阳化工厂、辽河化肥厂、大连染料厂、沈阳和大连油漆厂、大连油脂化学厂、抚顺化工厂、锦西化工机械厂、沈阳橡胶机械厂、辽宁轮胎厂等骨干企业，在全国占有重要地位。辽宁的化学工业已经成为本省经济建设中的一大支柱。

到“八五”时期，辽宁化学工业共有县（区）以上企业497家，1995年，全省化学工业完成产值143亿元。到2000年，辽宁化学工业实现工业产值218.3亿元，在工业构成中，基本化学原料占据首位，为22.7%，其次为化学肥料，为21.3%。

进入21世纪，辽宁经过不断调整工业结构，集中资源和力量发展优势工业，工业集中度进一步提高，化学工业在工业经济总量中的比重进一步加大。特别是石油化工，经过几十年的发展已经初步形成门类比较齐全，具有一定基础的工业体系。辽宁八大石油化工公司：抚顺石化、大连石化、锦州石化、锦西石化、辽阳石化、辽河石化公司、大连西太平洋公司和鞍山炼油厂，组合成了大连、抚顺、锦州三大炼油基地及辽阳化纤基地，拥有已形成规模的企业619家，资产总额1579.2亿元。辽宁石蜡产量和出口总量、润滑油、基础油产量等均居全国第一位。全省工业利润一半以上来自石化工业。

“十二五”期间，辽宁原油加工能力居全国第二位，呈现出大油头小化工的特点。同时，辽宁省整合原料资源优势，采用近年发展起来的新型化工技术，借力发展精细化工，发展了一批骨干企业和重点产品。到2015年，辽宁共有规模以上精细化工企业846家，行业涌现出大连瑞泽、鞍山七彩、抚顺同益、辽宁嘉合、康辉石化、辽宁奥克等大量民营骨干企业。

截至2018年，辽宁化学工业实现主营业务收入7567.5亿元。主要石化产品产量实现平稳增长。同时，还积极推动精细化工工业发展，大力发展高端精细化工产品，提高产品技术含量和附加值；促进新材料工业发展迅速，2017年，精细化工总产值超600亿元，涉及的研发和生产企业近300家。

新时代，辽宁化学工业发展的突出特色是民营石化企业呈现了较好的发展势头，恒力石化、盘锦北燃、逸盛大化、福佳大化等重点企业均实现较快增长。而民营企业的发展也给辽宁化学工业增添了活力。恒力石化2000万吨/年炼化一体化项目正式投料试生产，全省石化工业民营经济发展再上新台阶。

第六节 河南省化学工业发展

河南化学工业从1958年起，开始有了较大规模的发展，陆续建立了基本化学原料、化学肥料、农药、橡胶制品、医药、化学矿山及民用爆破等工业。根据当时国情，按照工业建设“大中小型并举，以中小型为主”“两条腿走路”的方针，所建多以小型生产规模及土法生产工艺为主、技术水平低的小工厂。1958年，全省化学工业第一个大型骨干工厂开封化肥厂开始建设，从而奠定了河南化学工业的基础。

这一时期，河南化学工业中，最早建设的是化学农药工业。1952年创建的郑州农药厂是河南化工建立最早的工厂之一。之后，农用轮胎、合成材料、农用地膜及农机用工程塑料、农用橡胶杂品生产体系相继建立起来。

60年代初期，河南化学工业按照“调整、巩固、充实、提高”八字方针，加强科学和技术管理。到1965年底，全省化工生产企业有40家，化工总产值2.53亿元。

60年代中期，河南突破了小合成氨生产技术。1965年，偃师化肥厂作为河南省第一家小氮肥厂投入生产，标志着河南化肥工业进入大发展时期。60年代后期及70年代，全省各县级部分乡镇建设了小氮肥工厂，对支援农业生产发挥了历史作用。与此同时，磷肥生产改造成功，并开始了大面积生产。

在70年代，全省发展起来的相关化工生产门类有化学矿、无机盐及有机化工原料等，进而形成了染料、涂料、颜料、助剂、试剂及橡胶制品工业等化学加工工业。在此期间，国家在河南建立了感光材料工业。至70年代末，河南化学工业已经建成了基本齐全的生产门类及比较完整的工业体系。

党的十一届三中全会召开以后，河南化学工业进入新的发展阶段。这一时期，重点对原有企业进行了技术改造和强化管理。同时，着手优化工业结构，除优先发展农用化工外，重点发展有机化学原料工业，促进加工工业向深加工、精加工发展。

河南化学工业自1958年后，以平均17.6%及以上速度递增，至1987年，拥有化学矿采选、基本化学原料、化学农药、有机化工原料、染料、涂料、颜料、合成材料、助剂、试剂、橡胶制品、化工机械等化学工业所有14大工业门类，有主要生产企业358家，生产主要化工产品320种。

20世纪90年代初期，是河南化学工业发展的一个高潮期。这一时期，先后引进、建成了具有国际领先地位的加工原油能力500万吨大炼油装置、30万吨合成氨、52万吨尿素大化肥（天然气）、16万吨石脑油制乙烯、20万吨六六盐配套帘子布等装置，奠定了河南现代化工的基础。氮肥工业通过技术改造，形成了煤、盐化工的雏形，建成了国内第一套具有一定规模的工程轮胎装置。涂料、印染、硫酸、硝酸、有机合成、化工装备制造等工业得以快速发展。

进入新世纪，特别是“十一五”到“十二五”期间，受国际原油价格大幅度上涨影响，河南化学工业借助氮肥大省的人才、技术条件，开始实施加快原油替代、煤炭企业转型，延伸工业链，提高煤炭附加值的发展战略。以煤焦化副产产品和气体，形成了苯加氢制环己烷、环己酮、己二酸、己内酰胺、尼龙6、尼龙66、工程塑料、帘子布等工业，配套的有烧碱、硝酸、双氧水、盐酸、液氯、PVC等工业；以引进大型煤制气技术，结合国产化技术实施煤炭清洁转化，生产甲醇、乙二醇、1,4-丁二醇、电石、醋酸、乙醇、PBT工程塑料、PET树脂、聚甲醛树脂、甲醇蛋白等工业；同时，带动了氮肥工业大规模的技术改造，形成了以煤炭为主要原料生产合成氨、甲醇、尿素、复合肥、三聚氰胺、纯碱、氯化铵、双氧水、DMF、醋酸、硝酸、硝铵、乙醇、LNG、二甲醚等工业。氧化铝工业发展带动了烧碱工业，河南烧碱工业与氧化铝生产基本配套，同时，烧碱也带动了盐酸、液氯、PVC、氯化石蜡、环氧氯丙烷、氯乙酸、氯化亚砜等耗氯工业的快速发展；玻璃陶瓷和食品工业带动了纯碱的快速发展，形成了纯碱、小苏打、氯化铵、三聚氰胺、过碳酸钠、精制盐等工业的形成；硫酸工业的转型促使硫酸法钛白粉的快速发展，氯化钛白工艺的打通，实现了钛白粉高质量发展新局面。

经过60多年的发展，截至2018年年底，河南化学工业规模以上企业实现主营业务收入7874.89亿元，在国内各省份化学工业中位居第六。

第七节 湖北省化学工业发展

新中国成立以前，湖北化学工业大多是生产日用化工产品的作坊式小企业，只有几家硫酸厂、油漆厂和手工开采的硫黄矿。1949年全省化学工业产值为100万元。

1958年，湖北化学工业开始起步，化工原料工业和支农、支轻以及人民生活和市场所需的化工产品得到优先发展。湖北省拥有得天独厚的矿产资源磷矿石，全省已探明的磷矿总储量为29亿吨，居全国之首。1958年，在社队办矿的热潮中，兴办了一批小磷矿、小硫铁矿。与此同时，省属重点磷矿荆襄磷矿和荆钟磷矿开始建设，经过几年努力，克服各种困难，到1962年硫、磷两矿初具规模，产量分别达到6万吨和38万吨，为发展硫酸、磷肥工业开始提供原料。“文化大革命”期间，湖北化工企业绝大多数职工仍坚持矿山生产和建设。1978年硫、磷两矿产量分别上升到10万吨和168万吨。

从“二五”计划开始，国家投资陆续兴建了武汉制氨厂、葛店化工厂、沙市农药厂、天门县化肥厂、沙市化肥厂等第一批化肥、农药企业。同时，建设了一批磷肥企业。1969年之后，陆续建起了一批小氮肥、小磷肥企业。1978年氮肥、小磷肥企业增加到129家。合成氨产量达到27.8万吨，碳酸氢铵（折纯）产量18.6万吨，为湖北农业生产持续发展做出了贡献。1970年，合成氨产量达到20900吨，氮肥（折纯）19000吨，磷肥（折纯）16000吨，农药14500吨，分别比1962年增长2倍、8倍、10倍和23倍。

“三线建设”期间国家在湖北投资6亿多元，兴建了一批化工骨干企业，如东风轮胎厂、中南橡胶厂、湖北钢丝厂、襄樊市制漆厂、武汉炭黑厂、鄂西化工厂、湖北省化工厂、湖北省化肥厂、湖北仪表厂等。这对改变湖北化工产品结构，增加新品种，填补空白，增强配套能力，促进湖北化学工业发展起到了重要作用。1974年，湖北化肥厂引进30万吨合成氨、48万吨尿素装置建设，对华中地区农业发展起到了积极作用。生产纯碱和氯化铵（化肥）的湖北化工厂1978年投产以来，对支援农业、轻纺工业和人民生活的需要做出了很大的贡献。这一时期，武汉、沙市、襄樊、宜昌、黄石等各地市县化学工业（有机、无机化工原料、油漆、染料、塑料和橡胶加工等）无论是产品品种、产量、质量等都有相当的发展和提高。

到1978年，湖北轮胎产量达到32万套，比1970年增长15倍，自行车外胎、胶鞋、胶管、塑料、增塑剂、电石等都比1970年有数十倍增长。

改革开放有力地促进了湖北化学工业发展取得了很大成绩。到“六五”期间，化学矿、化肥、农药、橡胶加工和涂料五个领域均得到长足发展，形成完整工业体系。

湖北化学工业总产值年平均增长速度，“一五”期间为95.9%，“二五”期间为30.9%，“三五”期间为18.1%，“四五”期间为21.4%，“五五”期间为15.2%，“六五”期间为10.8%。1985年全省化工系统完成工业总产值20.58亿元，占全国化学工业总产值的4.19%，占全省工业总产值的4.86%，在全省工业部门中居第五位。

进入20世纪90年代，企业改革不断深化，国有大中型企业活力逐渐增强，企业规模水平和整体实力都有了很大提高。湖北双环、沙隆达等企业迅速发展壮大。湖北化学工业总体发展水平超过了历史上任何一个时期，“八五”时期，化工产值年均递增12%，“九五”前三年化工产值年均递增高于全国化工平均速度。先后建成投产了大峪口、黄麦岭两个矿肥结合工程、兴发化工移民搬迁工程和宜化“813”工程，以及双环联碱改造等一批国家及省重点项目；还相继完成了一批小氮肥、小磷铵企业的改扩建；季戊四醇、有机氯化苄等一批有机化工项目得到了改造和扩建；新品种农药、染料及染料中间体系列等一批精细化工项目也陆续建成投产。1998年全省化学工业总产值达到183.1亿元，其中化工总产值138.2亿元，产量占全国化学工业前六位的产品有磷矿石、硫铁矿、硫酸、烧碱、纯碱、合成氨、化肥、农药、轮胎、苯酐，其中磷矿石居全国首位。

“十一五”计划期间，全省规模以上化工企业工业总产值以年均26.3%的速度增长，工业增加值以年均31%的速度增长，已经成为全国化工生产大省，是中部地区重要的化工生产基地。

与此同时，高附加值产品比重不断增加，高浓度化肥、离子膜烧碱、子午线轮胎、生物农药等高档次产品比例进一步提高。苯甲酸钠、季戊四醇等产品产量居世界第一位，磷矿石、磷肥、氯化苄等产品产量居全国第一位。形成武汉石化、荆门石化和江汉油田大型炼化一体化基地，宜化集团已经建设成为全国重要的磷、盐化工及化肥生产综合性的产业集团。上述四家企业主营业务收入均超过百亿元。

“十二五”期间，湖北化学工业经济总量继续保持高速增长，年均增长率达19.4%。2015年，全省规模以上石化企业实现主营业务收入5154.8亿元，居全国第七位。武汉石化乙烯项目建成填补了中部大型烯烃生产装置空白，炼油装置全面实施升级改造，油品质量全部达到国家标准，乙烯项目90%的主体装置实现了国产化。中石化湖北化肥分公司20万吨/年合成气制乙二醇工业示范装置是中国石化重点攻关项目。宜化集团粉煤连续成型气化技术成功应用于大规模尿素生产，变压吸附脱碳获得了国家发明专利金奖。全省化工行业积极推进节能减排，全行业万元工业增加值能耗累计下降11.0%。氯碱行业低汞催化剂普及率达到80%，磷石膏综合利用率提高到30%以上。

到2018年，湖北已基本形成了以武汉石化、荆门石化、江汉油田为主体的石油开采、石油炼制及石化生产基地；以宜化、武汉葛化、江汉油田盐化总厂等为主体的盐化工生产基地；以宜化、三宁为主体的氮肥生产基地；以大峪口、黄麦岭矿肥结合项目和新洋丰、宜化、兴发、三宁等为主体的磷复肥及磷化工生产基地；以沙隆达、楚源、武汉有机等为主体的农药、医药、染料及其中间体的精细化工生产基地。

第八节 陕西省化学工业发展

陕西发展化学工业的资源基础较好，区域内已探明的矿储资源有煤炭、石油、天然气、硫、磷、重晶石、金红石、萤石、硅石、石墨等。

中国历史上与石油有关的久远记录就关系到陕西省，宋代著名科学家沈括所写的《梦溪笔谈》卷二十四，记载了陕北延安地区出产和利用石油的情况。

1907年，陕西省延长县诞生了中国陆上第一口油井。这是今天延长石油集团发展的历史起点。

在1949年前，陕西仅有硫化碱、土碱、硫酸、硫黄等少数化工产品，主要为抗日战争和解放战争时期陕甘宁边区创办的一些军用工厂所生产。国民政府化工产值不到50万元，仅占全省工业总产值的0.5%左右。1936年建成的陕西咸阳酒精厂后迁往四川，建立资中酒精厂。

新中国成立后，陕西化学工业借助资源优势迅速发展。1951～1954年，陕北被确定为石油重点勘探地区，组建陕北石油勘探大队，并成立延长油矿管理局，即陕西延长石油集团的前身。1955年，延长油矿管理局成立了永坪炼油工段，年处理能力3000吨，当年10月1日投产。1965年单釜日加工能力为10吨。但改革开放前，陕西还没有一套规模化的炼油生产装置。

20世纪60年代中期，陕西成为“三线建设”重点省份。在“三线建设”时期，陕西迁建或新建了兴平化肥厂、陕西化肥厂、红星化肥厂、西安化工厂、宝鸡氮肥厂、西北第二合成药厂以及金家河磷矿等一批骨干化工企业和西北橡胶工业研究院等一批化工科研院所，同时省内各县（市）建成小氮肥厂30多家，基本上奠定了陕西化学工业基础。

改革开放后，特别是1981～1990年是陕西化学工业快速发展期，10年累计投资12.04亿元，新建、改扩建380个化学工业项目。延长油矿建成3套5万吨/年炼油生产装置，延安炼油厂建成常减压蒸馏催化裂化装置，年加工原油50万吨。陕西全省在引进吸收的基础上共新建了5套磷铵装置，总生产能力13.5万吨。小化肥厂扩大了规模，中型化肥厂实施技改，建设新型大化肥厂，化肥总量达50万吨。同时，实施了华县复肥基地、渭河化肥厂和红星化工厂为先导的渭南重化工基地建设。1990年，陕西化学工业产值10.93亿元，占全国化学工业总产值的1.45%。其中，农用化工产品的发展速度超过整个化工发展速度，基本化工原料也有了较大幅度的增长。

20世纪90年代，陕西化学工业发展又上新台阶。“八五”期间引进离子膜烧碱、尿素等国外先进装置与技术，建成一批具有国际先进水平的化工企业。在北元化工、华山化工、兴化集团公司、渭河化肥厂投资建设了一批技改项目。在这一时期，煤化工异军突起，逐渐成为陕西化学工业发展的重要力量，多套大型煤制甲醇装置投产，煤制烯烃、煤制油等一批现代煤化工项目陆续推进。

1998年7月，榆林被批准为国家级能源化工基地。榆林集煤炭、石油、天然气、岩盐等资源于一地，且组合配置极好。延长石油、陕煤集团在榆林布局建设项目，神华、中煤、兖矿等企业也相继进入，形成了煤制甲醇、煤制油、煤制烯烃、煤油气资源综合利用、煤油共炼、煤焦油深加工等工业。到2001年，陕西化学工业累计完成工业总产值97.4亿元（1990年不变价），其中石油工业完成56.3亿元，化学工业完成41.1亿元，完成工业现价产值253亿元。

进入新世纪后，陕西化学工业把园区化发展作为优化布局结构的重点，形成渭县、渭南、咸阳、兴平、延炼、锦界、榆横七大工业集中区，蒲城、靖边两大园区。

2006年6月，陕西两大能源化工集团——延长石油和陕煤集团挂牌成立，投资建设了一批油气和煤炭深加工项目。“十一五”期间，陕西共建成重大项目30个，完成技改项目7000多个，成功开发了具有国际先进水平的煤制烯烃技术和煤炭分质利用中低温焦油加氢制轻质油技术，开创了新的煤制油技术路线，拓宽了煤造气系统的原料路线。至2010年，陕西化学工业具有规模以上企业450家，形成门类基本齐全、基础比较雄厚，具有相当技术水平的化学工业体系。当年完成产值2662.8亿元，化学工业成为全省产值第一大工业。

“十二五”时期，陕西陆续建成投产了一批煤化工项目：延长中煤榆林能源煤油气资源综合利用项目、中煤榆林能源60万吨/年煤制烯烃项目、陕西未来能源100万吨/年煤间接液化项目、神华榆林能源60万吨/年煤制烯烃项目、蒲城清洁能源60万吨/年煤制烯烃项目，大大完善了陕西煤化工的工业体系。2018年，延安煤油气资源综合利用项目建成投产。到2018年，陕西煤制烯烃产能已达370万吨/年、煤制油（含煤焦油加氢）产能400多万吨/年，成为全国煤制烯烃和煤制油第一大省。

截至2018年，陕北能源化工基地20年来累计开工175个重大项目，总投资约8000亿元，成为全球最大的兰炭和全国最大的甲醇生产基地。陕西基本形成了产品较为丰富的石油化工、煤化工、盐化工、化工新材料、有机化工、化工医药、生物质能等比较完整的工业链，能源化工产值占全省工业经济的一半。2018年，陕西化学工业完成工业总产值5200亿元。

第九节 河北省化学工业发展

1949年以前，河北的化学工业仅有3家手工作坊式小厂，生产硫化碱、碳酸钙、电石等几种产品，拥有职工298人，产值103万元，占全省工业总产值的0.1%。新中国成立后，河北化学工业得以迅速发展，并逐步跨入了化学工业大省的行列。1947年成立的永华化学厂（河北辛集化工集团有限责任公司前身，本书先后简称辛集化工厂、辛集化工）后发展成为碳酸钡、硫酸钡、碳酸锶的大型企业和中国钡盐生产出口基地之一。

1950～1952年，河北省建成化工企业12家。“一五”计划期间，保定电影胶片厂、石家庄化工厂、华北制药厂等重点化工企业相继在河北启动建设。

1966～1978年，河北重点发展化肥、农药等支农化学工业，相继建成邯郸磷肥厂、沧州化肥厂、石家庄农药厂等一批化工生产企业。其中沧州化肥厂是引进的大氮肥装置。石家庄炼油厂也在这一时期开始建设，河北化学工业逐步走上稳定发展轨道。

改革开放后，河北化学工业进入快速成长期，引进国外先进技术和设备44项，利用资源优势相继建成30万吨/年合成氨和48万吨/年尿素的沧州化肥厂、年加工原油350万吨的石家庄炼油厂、年产5.3万吨电石的张家口电石厂。生产得到迅速发展的原因，一是狠抓支农化工产品的生产，合理布局化肥、农药、合成树脂、橡胶产品生产，建成石家庄、宣化、迁安、邯郸、沧州等数个大中型化肥厂，晋县、藁城、元氏等百十家小氮肥厂，邯郸、武安等40余家小磷肥厂，以及一批电石、橡胶、轮胎、胶鞋等生产厂，并继续对小化肥企业予以扶持，保证化肥增产。二是调整产品结构，重点对基本化工原料、有机化工、橡胶加工工业进行技术改造。1988年，化肥工业产值占全省化学工业产值的比重开始下降；基本化工原料、有机化工、橡胶加工工业比重开始上升。至1988年底，河北省化学工业企业共380家，员工16.17万人，固定资产25.27亿元，产品400余种，产值33.02亿元，78种化工产品进入国际市场，创汇1.88亿元。

到1989年，经过40年的发展，河北建起了化学矿、化肥、农药、氯碱、合成树脂、涂料、染料、感光和磁性记录材料、化学试剂、橡胶加工、石油加工、化工机械等门类较齐全，大中小企业相结合的化学工业，形成了以化肥生产为主，化工原材料生产与加工相结合的工业布局。河北化工在省内工业中取得重要位置，成为纺织、轻工之后的第三大工业。

20世纪90年代，河北化学工业发展迎来了高峰期，相继建成石家庄5万吨/年己内酰胺工程，沧州2万吨/年TDI工程，承德5万吨/年钛白粉工程，秦皇岛8万吨/年磷酸项目，辛集化工4万吨/年碳酸盐项目，唐山碱厂60万吨/年、唐山化工厂5万吨/年烧碱项目。加大固定资产投入的同时加大了技改力度，重点是提高优质（高浓度）化肥的产量，市场紧缺的有机化工原料、中间体以及精细化工产品。上述举措增强了河北化学工业发展的后劲。“八五”期间，全省化学工业生产总值年均增速15.4%。“九五”期间保持了年均15.5%的增速。10年间，河北的石油和化工产品结构也得到明显优化，产业布局主要集中在沧州、石家庄、唐山。

进入21世纪后，河北化学工业保持了快速稳定增长的态势。特别是“十一五”期间，在国家环渤海经济区大发展的驱动下，全省化学工业年均增长率达25%以上，与钢铁、装备制造业形成全省三大战略支撑工业。同时也发展成为中国重要的化工基地。石油加工企业分布于沧州、石家庄，化肥企业集中于石家庄、邯郸、沧州、衡水、秦皇岛、张家口等地，煤化工主要分布于邢台、唐山、邯郸，产业聚群化明显。

“十二五”期间，河北化学工业注重对传统行业进行现代化改造，涌现出了一批具有竞争力的优势企业。中国石化石家庄分公司800万吨炼油项目建成投产，中国石油华北石化千万吨炼油项目全面开工建设，中海油中捷石化形成600万吨原油综合加工能力、千万吨项目推进实施；阳煤正元渤海新区60万吨氨醇联产、沧州旭阳己内酰胺、开滦能源化工百万吨煤焦油深加工项目相继投产或投入试生产。工业布局明显优化，综合竞争能力显著提升，工业结构逐步优化，如高技术含量、高附加值的有机化学原料、精细化学品、化学试剂和助剂制造业占比逐步提高，肥料、化学农药、染料等产品占比下降；技术含量比较高的化学原料和化学品制造、橡塑加工业占比逐年增加。另外，化学工业的产业集中度有了显著提高，2015年全省化学工业规模以上企业主营业务收入前10位的企业占全省工业的31.05%。

“十三五”时期，河北化学工业着力打好结构调整、产品质量升级、绿色发展三大攻坚战，形成了比较成熟的化学工业、石油化工、煤化工等板块；形成了石家庄循环经济化工园区、沧州临港化工园区、任丘石油化工基地、曹妃甸石油化工产业园。截至2018年底，河北省化学工业规模以上的企业1976家，实现主营业务收入4818亿元。

第十节 四川省化学工业发展

四川不仅农业条件得天独厚，磷、硫、盐卤、天然气等矿产资源也十分丰富，是中国重要的石油化工基地。四川天然气资源远景资源量为7.19万亿立方米，累计探明地质储量已超过万亿立方米。岩盐资源丰富，品质优良，原盐产量位居全国第六。但四川省由于地处内陆，近代民族工业兴起较迟，到1937年，四川的化学工业仅有少数几家造纸和制革的小工厂。

1937年抗战全面爆发后，华东和华北的主要工业城市相继沦陷，大批工厂迁入作为战略大后方的四川，范旭东和吴蕴初相继把部分企业迁川。1938年，由陕西咸阳迁资中而建立的资中酒精厂（现为银山鸿展工业有限责任公司），发展无水乙醇，为抗日战争作出过卓越贡献。

到1949年底，全省化工企业17家，职工1000余人，全年产值193万元。

新中国成立后，经过3年恢复，到1952年底，全省共有化工企业283家，全年实现化学工业总产值2625万元。“一五”期间，国家对四川化工的投资总计达6812万元，建设了长寿化工厂、四川化工厂等重点项目。化工部在成都新建了西南化工研究设计院，省内还先后建立了3个天然气化工研究所，全省化工的科研实力有所增强。科研成果中以1955年首创的钙镁磷肥在全国闻名。到1957年底，全省化学工业新增产品碳酸钾、立德粉、硝铵、氯化钡等10多种，当年实现总产值9436万元。此后到改革开放前，虽受“大跃进”和“文化大革命”的影响和干扰，但得益于“三线建设”，仍然获得较大发展。

四川是国家“三线建设”的重点地区，化学工业借势快速发展。在此期间，着重发展国防化工和支农化工，新建项目规划安排43个，实际建设28个，累计投资近25亿元。在强化国防化工的同时，大力发展化肥、化学农药、聚氯乙烯树脂、炸药、拖拉机轮胎和力车胎等支农化工产品。继四川化工厂投产之后，泸州天然气化工厂从英国、荷兰引进10万吨/年合成氨、16万吨/年尿素装置于1966年10月建成投产，1972年全国引进13套具有70年代世界先进水平的大型化肥装置，其中的两套分别建在四川化工厂和泸州天然气化工厂，均为年产30万吨合成氨配套。与此同时还兴建了一大批小磷肥和小氮肥企业、农药与农用薄膜项目、民爆与橡胶加工项目。

到1978年，全省化工企事业单位已达279个，当年实现总产值16.8亿元，利润3.12亿元，产品品种达324种。晨光化工研究院是1965年汇集全国主要单位技术力量建成，重点开展有机氟、有机硅、环氧树脂等化工新型材料的研发和生产，部分产品满足军工需求。

改革开放推动四川化学工业迅速发展。“六五”期间，化学工业生产建设形势发生了很大变化，累计完成总产值121.7亿元，全面完成“六五”计划指标。国家用于化工基本建设投资计划3.83亿元，五年累计完成3.91亿元，为计划的102.1%。这一时期，累计取得科研成果126项，有的已成功产业化，有的成了四川化工的优势，如利用中品位胶质磷矿，采用“料浆浓缩法工艺”生产固体磷铵。到1985年，四川化学工业完成总产值29.69亿元，生产品种600多个，四川已初步建立起一个科研、设计、建筑安装基本完整，化学矿采选、基本化工原料、化学肥料、农药、有机化工原料、染料涂料、试剂催化剂、橡胶制品、合成材料等门类比较齐全的工业体系，成为全国重要的化工生产基地和四川经济发展的支柱。

“七五”时期是四川化学工业发展史上取得重大进展的时期，五年累计实现产值186.41亿元，比“六五”增加13.07亿元，增长47.8%。列入“七五”计划的主要产品产量实现了计划目标，并在全国占有突出地位，合成氨、化肥、三聚氰胺、二氯甲烷、四氯化碳、硫黄、碳酸锶、赤磷等产品产量位居全国首位；硫酸、甲醇、炭黑、重铬酸钠、无水芒硝、碳酸钾、纯碱等位居全国前列。化工工业结构以农用化学品、基本化工原料为主导。

“八五”和“九五”期间，四川进一步加大对化学工业的投资和外资利用率。“八五”期间累计完成固定资产投资75亿元，竣工项目580个，一些主要产品的产能已有较大幅度的增长，硫酸、合成氨、化肥、碳酸钾、氢氧化钾等在全国占有重要位置。四川化工“三资”企业从无到有，发展到43家，总投资11560万美元。“九五”期间，全省化学工业累计完成固定资产投资49.5亿元，建成投产项目170余项；利用外资4322.9万美元。

到21世纪初，以天然气、硫、磷、盐等为原料的化学工业已成为四川六大经济支柱工业之一，四川重点发展了农用化学品、纯碱烧碱、橡胶加工、精细化工、合成材料、国防化工六大工业。经过“十五”“十一五”的建设发展，截至2010年，四川已有约1.3万家化工企业，已成为全国重要的化工工业基地。“十二五”期间，四川制定实施以合成氨、黄磷、磷铵、电石、铬盐、烧碱、纯碱等7个工业为重点的绿色发展技术路线，在原有基础上，加快发展石油化工成为四川支柱工业。2018年，四川规模以上化工企业为1078家，宜宾天原、开元集团、乐山福华、云图控股等19家化工企业入围2018年全国石化企业500强。四川化学工业实现主营业务收入3954亿元，同比增长10.9%，经济总量居国内同工业第六位，已形成以天然气化工、盐化工、磷硫化工、石油化工和精细化工等为主体的工业体系，绿色化工工业快速发展良好态势，成为全国重要的化工生产和研发基地。

第九章
中国台湾地区化学工业发展情况

中国台湾地区（以下简称台湾）早期的化学工业基础薄弱，且化工产品种类稀少。甘蔗是台湾最主要的经济作物，故新式制糖工业非常繁盛。酸碱、化肥行业依赖于日本技术，建有烧碱厂、化肥厂，体量较小。台湾是中国工业开采石油最早的地区，始于清光绪年间。日本殖民统治时期（1895～1945年），在台湾开发、掠夺石油和天然气资源，建有高雄炼油厂等工厂和研究机构。

抗日战争胜利后，到20世纪60年代，台湾化学工业的发展重点是化肥、酸碱等农用和无机化工产品，同时，进口原料发展塑料、橡胶加工工业，产品供出口。此后，靠引进外资、技术和设备，不断扩大老厂规模。化肥、酸碱已基本自给，塑料和橡胶加工工业也发展到较好水平。

20世纪60年代中期到70年代末是台湾化学工业的高速发展期，1965～1970年，台湾化学工业产值年均增长25%以上，1970～1976年为17.9%。到20世纪80年代，台湾化学工业发展速度比70年代有所减缓并有起有伏，初期呈现低增长或负增长，1983～1986年增长速度有所恢复，1987年后又陷入低增长。

台湾从1968年开始加快了轻油裂解及中间原料工业发展的步伐。70年代，石油化工成为台湾经济的发展重点，并逐步建成两大石油化工基地，形成了完整的石油化工工业体系，不仅原料自给，且出口产品逐年增加。

自1989年开始，台湾的化学工业进入转型期，工业结构发生较大变化，中间原料进出口相应增加，下游制品附加值提高，环保等投资加大，并逐步进入新兴高科技领域。新兴高科技工业对化学品的需求为台湾化学工业带来了发展机遇。1989～1998年的10年间，台湾化学工业产值平均年增长率，以化学制品、印刷及有关行业、化学材料的平均增长率较高，分别为7.2%、7.1%及7%，而属传统化工的橡胶制品业及塑胶制品业平均年增长率分别为2.2%及1.4%，远低于工业平均增长水平。而皮革、毛皮及其制品业自1990年开始逐步衰退。

1990年以后，台湾化学工业中传统的通用型产品的生产移向岛外，岛内注重发展技术含量高、附加值大的精细化学品，并不断增加这方面的科研投入。1996年，台湾的化学工业（含石油制品）总产值为1.5兆元新台币（约合人民币5000亿元），占整个制造业总产值的34%。进出口总额为7700亿元新台币，其中出口4300亿元新台币。到了20世纪末期，台湾化学工业中，医药用化学品、精细化工产品、高性能合成纤维材料、石油及煤制品的产值成长较为显著，造纸印刷、肥料、塑料制品等行业则成负增长。

进入21世纪，台湾化学工业在台湾经济发展过程中的火车头牵引效应更加明显，其电子工业、资讯工业、电信工业、自动化工业、尖端材料工业、生物科技工业、食品科技等十大明星工业，皆与化学工业有关。在转型发展过程中，台湾传统的大型化工企业，通过引进国外技术或与科技机构合作开发新技术，转而生产技术层次较高、附加值高的电子科技工业所需原材料。随着TFT-LCD液晶显示器工业在台湾的发展，带动了相关化学品与材料的投资扩建热潮。但在上述特种化学品制造领域，台湾在国际市场竞争力、技术及销售与德国巴斯夫、美国杜邦等公司相比仍有差距。

2005～2014年，台湾信息电子工业的产值略高于化学工业，发展不相上下。2009年化学工业的产值约为32318亿元新台币，占制造业总产值高达31%。化学工业发展年均增长率5.8%高于制造业的年均增长率3.5%。台湾化学工业1977～2018年份产值详见表1-9-1、表1-9-2。

表 1-9-1　台湾化学工业 1977 ~ 2009 年份产值表　　单位：亿元（新台币）

年份	产值	年份	产值
1977	1363	1997	16015
1984	5147	1998	15419
1985	5126	1999	14056
1986	5886	2000	16826.56
1987	6293	2001	16693.77
1988	8073	2002	17805.24
1989	9606	2003	21086.85
1990	14212	2004	26820.64
1991	17346	2005	29151.25
1992	16799	2006	32096.94
1993	10231	2007	37915.23
1995	16903	2008	39061.83
1996	15399	2009	32318.00

注：1. 2000 ~ 2008年为石油和煤制品、化学材料制造业、化学制品、药品和医用化学制品、橡胶制品、塑胶制品合计。

2. 数据来源：中国化学工业年鉴，仅供参考。

表 1-9-2　台湾化学工业 2010 ~ 2018 年份产值表　　单位：亿元（新台币）

年份	产值	年份	产值
2010	21779.33	2015	19719.38
2011	23265.48	2016	18425.37
2012	23153.22	2017	20218.72
2013	23460.19	2018	22236.26
2014	23324.37		

注：数据来源为台湾经济部门统计网站，统计口径范围与表 1-9-1 存在差异，仅供参考。

第一节
石油化工工业的发展

1949年，中国石油有限公司（1960年改组为台湾中国石油股份有限公司，简称台湾“中油”）由上海迁往台湾。1953年诞生的以聚氯乙烯生产为龙头的台塑集团开启了台湾石油化工发展的新阶段。到20世纪60年代，台湾的塑料与橡胶加工业已经达到一定的水平，为石油化学工业的发展创造了较好的条件。

1968年，台湾中油在高雄建设第一轻油裂解工厂，经过此后50余年的发展，台湾石油化工由萌芽逐步壮大，通过下游加工业逆向整合中、上游石化原料工业，使台湾各石油化工链上聚集了产能丰富、技术力量较强的生产企业，建立起以台湾中油及台塑两大石油化工巨头为代表的完整上、中、下游石油化工体系。石油化工不仅成为台湾经济发展的支柱工业，还具有相当强的国际竞争力。

从1950年到1990年，台湾地区的经济以年均8%以上的增长率快速发展，其中石油化工起到了重要作用。1984年，台湾地区乙烯生产能力在亚洲仅次于日本，居世界第12位。基础化工原料的发展带动了合成树脂、合成橡胶、合成纤维等下游工业发展。1990年台湾石油化工总产值9244亿元新台币，约占台湾全省生产总值的22%；1993年与石油化工有关的工业产值达到制造业总产值的30%以上，出口总额的30%来自石油化工。2012年，台湾地区石油化工总产值达到1.82万亿元新台币（折合人民币约3630亿元），乙烯总产能达到442万吨/年，居全球第9位。台湾主要石油化工公司基本情况详见表1-9-3。

表1-9-3　台湾主要石油化工公司基本情况

序号	企业名称	成立时间	主要产品	企业简称
1	台湾中国石油股份有限公司	1946.6	乙烯、丙烯、丁二烯、苯、对二甲苯、邻二甲苯、环己烷	台湾中油
2	台湾塑胶工业股份公司	1954.10	氯乙烯单体、聚氯乙烯、高密度聚乙烯、腈纶、丙烯酸酯、液碱	台塑
3	永嘉化学工业股份有限公司	1954.10	聚丙烯	永嘉

续表

序号	企业名称	成立时间	主要产品	企业简称
4	台湾中国人造纤维股份有限公司		乙二醇、环氧乙烷	台湾中纤
5	中美和石油化学股份有限公司	1976	精对苯二甲酸	中美和
6	大连化学工业股份有限公司	1979.6	醋酸乙烯单体、醋酸乙酯	大连
7	台湾中国石油化学工业开发股份有限公司	1969.4	己内酰胺、丙烯腈、甲醇、冰醋酸	台湾中石化
8	台湾石化股份有限公司	1982.3	甲基叔丁基醚、丁酮、吗啉酐、丁烯	台化
9	台湾氯乙烯工业股份有限公司	1970.1	氯乙烯单体	台氯
10	台湾苯乙烯工业股份有限公司	1979.9	苯乙烯单体、对二乙基苯	台苯
11	台湾聚合化学品股份有限公司	1965.5	低密度聚乙烯、线型低密度聚乙烯	台聚
12	奇美实业股份有限公司	1959.2	聚苯乙烯、ABS 树脂	奇美
13	李长荣化学工业股份有限公司	1965.11	甲醇、甲醛树脂、二甲醚、尿素甲醛树脂、甲醛、三聚甲醛、乙醛、醋酸乙酯、氯化胆碱、丙酮、甲基胺、乙二醇醚、异戊四醇、异丙醇、丙烯酸乙酯、二甲基甲酰胺、甲基异丁酮	李长荣
14	东联化学工业股份有限公司	1975.12	环氧乙烷、高纯度环氧乙烷、乙二醇、二乙二醇	东联
15	亚洲聚合股份有限公司	1977.1	低密度聚乙烯	亚聚
16	长春石油化学股份有限公司	1964.3	福尔马林、聚乙烯醇、铜箔、冰醋酸、双氧水、环氧树脂、醋酸正/异丁酯、聚醋酸乙烯乳化浆、丙烯酸树脂乳化浆、环氧大豆油	长春

续表

序号	企业名称	成立时间	主要产品	企业简称
17	台湾化学纤维股份有限公司	1965.3	对苯二甲酸、聚苯乙烯、人造丝、合成纤维纱、尼龙 -6、各种平织针织布、尼纶 -6 布	台纤
18	联成石油化学股份有限公司	1976.4	邻苯二甲酸酐、邻苯二甲酸酯	联成
19	福聚股份有限公司		聚丙烯、聚丙烯短纤维、聚丙烯复合工程塑料	福聚
20	国乔石油化学股份有限公司	1973.6	苯乙烯单体、ABS 树脂	国乔
21	高雄塑脂化学工业股份有限公司	1976.6	甲基丙烯酸甲酯	高塑
22	台达化学工业股份有限公司	1960.4	ABS 树脂、各类聚苯乙烯	台达
23	南亚塑胶工业股份有限公司	1958.8	丙二酚、工程塑料、不饱和树脂、邻苯二甲酸酯、环氧树脂、聚酯纤维织品、聚丙烯无纺布、聚氯乙烯稳定剂、聚氯乙烯粒子、聚氯乙烯胶布、地毯、聚氯乙烯地砖、聚氯乙烯管、双向拉伸聚丙烯薄膜	南亚
24	台湾合成橡胶股份有限公司	1973.7	丁苯橡胶、聚丁二烯橡胶、热可塑性橡胶	台橡
25	台湾卜内门化学工业股份有限公司	1948	精对苯二甲酸	卜内门

石油化工是台湾的三大支柱工业之一。2010年之后，石油化工及相关工业总产值约占台湾地区制造业的30%，从业人员达70万人以上。石油化工在台湾经济发展中，一直扮演重要角色。每年全台湾石化产品需求总量（包括内外销）超过2000万吨，其中基本原料需求约占一半。台湾地区经济发展主要依靠对外贸易，早期石化产品出口额占出口总额的50%以上，到2010年前后，依然维持在25%以上。

20世纪90年代末以后，台湾石油化工相继面临土地资源不足、劳动力成本上升、民众环保抗争、市场需求衰退、国际竞争加剧和日益严苛的环境评价条件等问题。面对困境，台湾石化企业积极寻求对策，与大陆企业洽谈合作，大陆成为台商最大的石油化工投资地。根据国家发改委2011年3月发布的《海西西岸经济区发展规划》，福建漳州古雷石化基地作为全国唯一的台湾石油化工工业园区。古雷炼化一体化项目，是中国石化、福建省政府与和桐化学、台聚、李长荣等台湾石油化工企业联合体共同投资建设的石油化工合资合作项目。2017年12月，福建古雷炼化一体化项目启动建设，台湾石化工业加快进行战略转移。

一、石油炼制工业

台湾是中国工业开采石油最早的地区。清光绪三年（1877年）福建总督开发台湾油田，设立矿油局，次年聘请两名美国工程师，购进钻井机械，在苗栗出磺坑首次使用冲击机械钻采石油，开中国近代石油工业之先河。

日本占据时期，台湾进行了3次大规模石油调查，发现了出磺坑、锦水等7个油田。日本侵略者累计从台湾掠夺原油约29.7万桶，天然气10.4亿立方米。

1946年6月1日，台湾中国石油有限公司在上海成立，接收台湾油矿勘探处、高雄炼油厂、新竹研究所、嘉义溶剂厂等。高雄炼油厂前身为日本海军第六燃料厂，在战争中受到猛烈轰炸，设备损毁严重。在抗战胜利后最初的10年中，台湾中油致力于修复一片废墟的炼油厂，努力恢复生产。

迁台后的台湾中油总公司设在台北市，独家经营石油与天然气的勘探、开发、炼制、储运与销售，以及石油化工上游基本原料的生产供应。到2018年，台湾中油位列美国《财富》世界500强第436位。

1959年，台湾中油在苗栗所钻锦水38号井，在深层（400米以下）获得大量油气。日可供天然气100万立方米，奠定台湾经济起飞的基石。1966年，油气取代煤成为台湾地区内主要能源，其比例高达76%。

在台湾出口导向经济发展时期，石油是台湾经济发展的主要动力。台湾中油炼制设备扩充到日炼原油60万桶，包括下游石油化工在内，产值达到520多亿美元，占台湾地区制造业产值的32%。

1969年，高雄炼油厂大林埔输油站成立，1976年大林埔输油站与第九蒸馏工场合并为高雄炼油厂大林埔分厂，1987年改制为高雄炼油总厂大林厂，1996年脱离高雄炼油总厂改制为台湾中油大林炼油厂。该厂面积约300公顷，员工人数超过1300人。

1970年，台湾中油开始筹划桃园炼油厂建厂，1977年6月正式生产，供应台湾北部地区所需油料，员工人数约1200人。该厂炼制设备包括初期日炼10万美制桶原油的蒸馏、轻油加氢脱硫、柴油加氢脱硫、液化石油气、轻直馏汽油、航空燃油、硫黄回收及汽油掺配等工场。

由于下游石油化工的快速发展，台湾石油消费总量迅速增长，从第二次世界大战后的50万吨，增加到20世纪90年代的2100万吨。台湾中油并不能完全满足市场的需求。随着经济自由化的推行，台湾当局逐渐开放石油市场。

台塑集团成立于1954年，是台湾最大的民营制造业集团之一，旗下有30多家分公司与海外公司，在台湾石化界及整个企业界具有举足轻重的地位。台塑聚氯乙烯等工业的初期原料主要依靠进口，发展受到制约。1986年，台塑提出“六轻”计划，投资3000亿元新台币在云林县离岛工业区的麦寮区和海丰区填海造地，建设年炼原油2100万吨的炼油厂以及年产135万吨的轻油裂解厂。1992年，为了满足市场供应，台塑、南亚、台化、福懋等公司集资设立了台塑石化。1998年，台塑“六轻”一期建成投料试车；2000年，台塑石化炼油厂正式投产，成为台湾唯一的民营炼油厂。至2007年，“六轻”四期完工投产，台塑原油加工能力达到2100万吨/年。

台湾中油3座炼油厂分别设在左营、大林和桃园。原油总加工能力3000万吨/年。高雄炼油厂的左营和大林两厂合计原油加工能力1370万吨/年。高雄炼油厂主要加工进口原油，有专用卸油码头，可停泊20万吨级油轮，可生产燃料气、液化石油气、汽油、喷气燃料、柴油、润滑油、燃料油和沥青等产品。

但随着台湾岛内产业空心化进程推进和民众对环保要求的日趋严格，台湾石油化工近年来发展式微。2015年11月1日，曾经引领台湾经济起飞的台湾中油高雄炼油厂停工关厂。

2015年后，台湾从事原油炼制和有机原料生产的企业共有台湾中油和台塑2家，共有3家炼油厂，总原油加工能力为5000万吨/年，加工原油的来源主要依赖进口。表1-9-4为台湾主要炼油装置及加工能力。

表1-9-4 台湾主要炼油装置及加工能力

序号	公司名称	炼厂名称	装置地点	加工能力/（万吨/年）
1	台湾中国石油股份有限公司	高雄炼厂	高雄	1100（2015年停产）
2		大林炼厂	高雄	1500
3		桃园炼厂	桃园	1000
4	台湾塑胶工业股份公司	石化炼厂	麦寮	2500

二、有机化工原料工业

20世纪50年代，世界石化工业兴起，台湾中油敏锐地把握商机，积极制定轻油裂解厂计划，以生产基础有机化工原料。

1959年，台湾中油嘉义溶剂厂开始生产苯、甲苯、二甲苯等基本石化产品，供应岛内的染整、农业、清洁剂、纺织、塑料等市场。

1968年，台湾中油在高雄炼油厂建立第一轻油裂解工厂（简称“一轻”），首次从轻油裂解生产石化产品，并建设第一套芳烃装置，年产乙烯5.4万吨、丙烯2.7万吨、苯3.7万吨，下游产品有低密度聚乙烯（LDPE）4.5万吨、氯乙烯单体（VCM）7万吨、丙烯腈（AN）6.6万吨，成为台湾地区石油化工起步发展的标志。

“一轻”所产乙烯主要供台聚生产低密度聚乙烯，部分解决石化下游的原料来源问题，使石化产品的生产能力及品种大幅度增长，包括聚乙烯、氯乙烯、二甲基色胺、聚酯纤维、溶剂等，但大宗石化产品依赖进口的局面没有改变，进口原料加工仍是台湾地区石化下游加工业的主要特点。

进入20世纪70年代之后，台湾把石油化工列为重点发展的工业部门，相继建成多套基本有机原料生产装置。1973年，台湾中油在苗栗头份兴建以乙烷为原料的第一座裂解设备，以苗栗、新竹一带自产的天然气作原料。主要装置包括台湾中石化建设的乙烷裂解装置，乙烯产能5.4万吨/年，主要产品为聚氯乙烯塑料等。

1975年和1978年，台湾中油先后在高雄和林园建设了第二轻油裂解工厂和第三轻油裂解工厂（简称“二轻”“三轻”），生产各类烯烃、芳烃等有机原料。其所属3家炼化工厂垄断了岛内芳烃生产，生产总能力合计为苯31.85万吨、甲苯1.95万吨、混合二甲苯15万吨。另外有一家二甲苯分离工厂，年生产邻二甲苯6万吨、对二甲苯20万吨，并拥有6万吨甲苯加氢脱烷基制苯、6万吨苯制环己烷和甲苯转位烷基化制二甲苯及苯等装置。

此阶段中上游原料部分实现进口替代，下游加工业进一步发展，产品种类也日益繁多，主要包括合成树脂、合成橡胶、合成纤维、溶剂、聚酯纤维、塑料增韧剂、洗洁剂、精对苯二甲酸等。截至1983年，台湾乙烯生产能力达到56.8万吨/年。台湾石油化工整体框架大体形成。同时，随着国外资金与技术的涌入，岛内石油化工水平也得到进一步提升。

1984年，台湾石油化工进入稳定成长阶段，基本石化原料生产具有了世界规模，并已完成进口替代，供应充裕、价格稳定。每年可生产乙烯95万吨、丙烯43

万吨、丁二烯13万吨。

当年，台湾中油第四轻油裂解工厂（简称“四轻”）在林园兴建。规模为年产乙烯38.5万吨、丙烯5万吨、丁二烯5.8万吨及丁二烯萃余油19.5万吨。其下游产品有高密度聚乙烯2.4万吨、氯乙烯48万吨、环氧乙烷4万吨、乙二醇5万吨、苯乙烯24万吨、醋酸乙烯10万吨、乙醛5.5万吨、聚丙烯16万吨、异丙醇5万吨、丙酮2万吨等系列石化产品。

1986年，台湾中油和台塑集团分别提出“五轻”“六轻”计划，均获台湾当局批准，并开始筹建。然而，由于台湾中油位于高雄的企业污染严重，当地居民连续开展环保抗争，导致建设停顿。社会普遍认为石化工业自然资源消耗大、能耗高且污染严重，不宜进一步发展，加上岛内经济不景气、市场低迷，石油化工进入发展受阻期。经过几年努力，台湾中油一方面投入巨资加强污染治理，另一方面采取补偿等措施，才使矛盾得到缓和。台塑方面持续扩建位于美国得克萨斯州的石化厂乙烯产能。

1990年6月，台湾中油“五轻”重新动工。其兴建目的不仅是扩大产能，也为替代即将到期报废的“一轻”和“二轻”。设计乙烯产能为50万吨/年。1994年建成投产，同时“一轻”“二轻”停产。至1994年，台湾乙烯产能为116.9万吨/年。

台塑公司“六轻”建设一波三折，后选址云林离岛工业区的麦寮乡以填海造陆的方式建厂。1998年，台塑“六轻”一期建成投料试车。经过不断建设，至2007年“六轻”四期完工投产，乙烯总产能293.5万吨/年，打破了台湾中油在石油化工上游领域的长期垄断地位，成为亚洲最大的石油化工生产商之一。

2012年，台湾中油新三轻”完工投产，同时宣布“旧三轻”停产关闭，乙烯年产能由23万吨提升至60万吨。至此，台湾中油乙烯产能达到148.5万吨/年。

经过多年发展，台湾乙烯大体上可以自给自足，其中2007年和2010年的自给率为99%，有7年的自给率都超过100%，其余年份也在90%以上。

2013年，台湾中纤与日本丰田公司合资组建台湾绿醇公司生产生物质乙二醇以及台湾中碳化学公司生产苯，为台湾地区基本原料的发展提供更多元的方向。

2018年，台湾中油和台塑控制了岛内全部上游原料共55家轻油裂解厂。由此整个台湾石油化工也划分为两大体系，一是位于高雄地区的台湾中油体系，二是位于云林麦寮区的台塑体系。若以产能计算，云林麦寮约占台湾基本原料产能的71.8%，高雄地区约占产能的26.6%，其他地区占1.6%。2018年，台湾乙烯产能达到405万吨，跻身全球前10名。丙烯和丁二烯的产能分别为354万吨/年、60万吨/年。

乙烯年总产量达421.8万吨，丙烯总产量为348.6万吨，丁二烯生产量58万吨。在芳香烃生产量方面，甲苯产量达32万吨，苯总产量达168.4万吨，二甲苯产量达177.2万吨。生产苯的主要厂商有台湾中油、台纤与台湾中碳化学公司；生产甲苯的主要厂商有台湾“中油”、台纤、台湾“中碳”化学公司、国乔与台苯；生产二甲苯的主要厂商有台湾“中油”与台纤。2018年，除台湾中油和台塑石化生产乙烯、丙烯和丁二烯外，基本原料与中间原料生产厂商共约11家。其中有台合和台塑生产正丁烯；生产氯乙烯单体（VCM）的有台塑与台氯；生产苯乙烯单体（SM）的有台纤、国乔、台苯；生产醋酸乙烯单体（VAM）的为大连公司；生产甲基丙烯酸甲酯（MMA）的有台塑与高雄塑酯化学工业股份有限公司。

三、合成树脂工业

1948年，台湾有两家塑料加工厂，靠进口原料加工制品，供应岛内所需。20世纪50年代初，合成树脂工业开始发展。1954年，台湾塑料制品厂增加到76家，对合成树脂需求日益增多。1953年，台湾木材商人王永庆成立福懋塑胶工业股份有限公司（简称“福懋”），设立台湾第一家聚氯乙烯厂并开始建设。1957年4月，福懋年产3000吨聚氯乙烯装置开始生产，日产聚氯乙烯4吨，开创了台湾生产合成树脂的历史。同年福懋改名为台湾塑胶工业股份有限公司。但是由于下游加工业对台塑产品质量没有信心，产品没有销路，庞大的库存几乎使台塑破产。

1958年，王永庆成立南亚塑料公司，直接作为台塑产品聚氯乙烯的下游加工与销售业者。1960年，台塑每月总产量增加到1200吨，并开始外销。其后又陆续建造了几套聚氯乙烯装置，但规模都较小，台湾合成树脂自给率仍很低。

1965年，美国的国民制酒及化学公司在台湾投资，成立台湾聚合化学品公司，在高雄地区设立岛内第一座低密度聚乙烯工厂。引进的塑料加工技术和设备比较先进，成本具有优势，在国际市场上竞争力较强，因而外销市场不断扩大。

1966年，台湾塑料制品加工业发展迅速，生产厂家增至400多家，合成树脂依赖进口的问题逐渐浮现。1968年，台湾中油在高雄建设第一套年产乙烯5.4万吨的装置，初步解决了原料的进口依赖，提升了工业的自主发展能力，并配套建设了低密度聚乙烯和氯乙烯单体等工厂。奇美实业与三菱油化合资成立保利化学公司，随后推出聚苯乙烯、丙烯腈-苯乙烯树脂、丙烯腈-丁二烯-苯乙烯共聚物（ABS树脂）等合成树脂工业的生产。

1973年，台湾合成树脂生产进入成长期。随着台湾中油“二轻”至“四轻”项目陆续建成投产，轻油裂解设备陆续投产、扩产，生产能力迅速提高。同时新的合成树脂企业陆续进入，上游原料开始自给，推动了合成树脂工业的进一步发展，逐渐确立起台湾合成树脂工业在全球的地位。20世纪80年代后期，台湾ABS工业实现进口替代，具备了向国际市场发展的能力。

1987年，台湾合成树脂工业进入转型增值时期。生产的产品有氯乙烯、聚乙烯、聚丙烯、聚苯乙烯、ABS树脂、丙烯腈-苯乙烯树脂、聚甲基丙烯酸酯、酚醛树脂、三聚氰胺树脂、聚脲树脂等，产量已超过250万吨。主要产品年产能为：聚氯乙烯86.2万吨，低密度聚乙烯24万吨，高密度聚乙烯20万吨，聚丙烯22万吨，聚苯乙烯30万吨，ABS树脂84万吨。当年，由于世界石油化工原料市场需求增加，合成树脂出口值较1986年增加7350万美元，增长达33.9%。同时，由于台湾地区自产塑料供不应求，进口增加1.99亿美元，增长高达69.6%。

这一时期，台湾塑料制品工业发达，产值占化学工业产值的近半数。产品包括人造革，塑料布、管、板、袋，以及玩具、鞋箱、电器零件、汽车零件和设备配件等，产品大部分外销。1987年出口额达25.4亿美元，比上年增长45.5%，占总出口额的4.7%。产销量最大的产品是塑料布革类和塑料鞋类，占销售额的45%以上。最大外销市场是美国，占56%，其次为日本、加拿大、澳大利亚等国家和中国香港地区。

20世纪90年代后，台湾合成树脂继续发展，主要产品产量快速增长。1995～2008年期间，中低密度聚乙烯、聚丙烯、工程塑胶、环氧树脂等产值增速超过10%，年均增速分别为14.9%、13.2%、10.9%和12.29%。中低密度聚乙烯1995年产值为60.9亿元，2008年产值增加到370.7亿元。聚丙烯1995年产值为113.4亿元，2008年达到567.6亿元。工程塑胶产值2001年为97.1亿元，2007年增加到376.6亿元。环氧树脂产值从2001年的128.2亿元增加到2007年的361.2亿元。聚氯乙烯、聚苯乙烯、ABS树脂等产品，在1995～2008年保持了中低速增长，年均增速分别为5.8%、4.4%、6.9%、7.8%。

台湾以祖国大陆作为经济发展的腹地。一大批石油化工下游工业，如制鞋、玩具等赴祖国大陆投资生产，中间原料转口祖国大陆贸易金额也大幅增长，如ABS树脂和聚氯乙烯皮布，均突破百亿元新台币。一些中间原料厂商，包括大型石化上市公司到大陆投资建厂。1996年，奇美于镇江兴建年产15万吨聚苯乙烯及ABS树脂厂，成为当时中国大陆最大的ABS供货商。

2001年，台湾五大通用合成树脂总产量达到498.29万吨，同比增长13.74%。其中以低密度聚乙烯增幅最大，达到75.1%。五大通用塑料的进口量总体呈下降趋势，2001年比2000年减少19.86%。出口方面，除聚苯乙烯和ABS出口基本持平外，其他几种树脂出口均有大幅增长。

2008年，台塑在塑胶原料制品方面生产包括聚氯乙烯粉、氯乙烯、液碱、盐酸、塑料改质剂、高密度聚乙烯、聚乙烯醋酸乙烯酯/低密度聚乙烯、线型低密度聚乙烯等产品，其中聚氯乙烯粉年产能为130.1万吨，不仅是台湾最大生产厂，若含美国及祖国大陆投资公司年产达292万吨，是世界上最大聚氯乙烯粉生产厂之一。高密度聚乙烯年产能为53万吨，是台湾最大生产厂；聚乙烯醋酸乙烯酯/低密度聚乙烯24万吨；线型低密度聚乙烯26.4万吨。

2016年，台湾合成树脂工业平均毛利率约为12.01%。生产厂商超过15家，主要集中在云林麦寮与高雄地区（仁武、大社与林园）两地。若以产品产能来看，云林麦寮约占岛内合成树脂产能的32.5%，高雄地区约占34.8%，其他地区占32.7%。其中低密度聚乙烯（包括线型低密度聚乙烯与EVA即乙烯-醋酸乙烯共聚物）主要生产厂商有台塑、亚聚与台聚；高密度聚乙烯主要生产厂商有台塑；聚丙烯主要生产厂商有台塑、台化与荣化；生产聚氯乙烯的主要厂商有台塑、华夏与大洋；生产聚苯乙烯的主要厂商有奇美、台达、高福、必铨、国亨、台化与英全；生产ABS的主要厂商有奇美、台化、国乔、台达与大东树脂等。为了避免大宗产品牌号方面的竞争，各企业积极开发功能性树脂产品，如高阻气性、耐高温或易成型产品等。

2018年，台湾塑料原料企业345家、从业人员2.2万人。低密度聚乙烯主要生产厂家有台塑、台聚及亚聚，总产能93.4万吨，产量64.3万吨。高密度聚乙烯由台塑生产，产能56万吨，2018年产量约61.1万吨，同比增加5%。氯乙烯生产厂家有台氯及台塑，产能分别为45万吨及164万吨，其中台塑生产的氯乙烯主要用于自产聚氯乙烯塑料粉。聚氯乙烯产量为176.8万吨，苯乙烯产量为210.5万吨，聚苯乙烯产量为73.9万吨。2018年氯乙烯产量约为204.5万吨，同比增加5.1%。聚丙烯生产厂家有李长荣及台塑2家，产能分别为40万吨、94.4万吨，合计产能134.4万吨，2018年产量为138.9万吨，同比增加3.7%。苯乙烯生产厂家有国乔、台苯以及台化，产能分别为37万吨、34万吨和132万吨，合计203万吨。2018年SM产量211万吨，同比增加15.8%。ABS塑胶生产厂家有奇美、台达、国乔、台化、大东，产能分别为135万吨、10万吨、12万吨、41万吨、3万吨，总产能约201万吨。2018年ABS产量135.3万吨，同比增加0.7%，出口量达115.1万吨；需求量约21.2万吨，同比增加10.2%。甲基丙烯酸甲酯生产厂家有高雄塑酯化工公司及台塑公司，产能分别为10.5万吨和9.8万吨，产量为17.7万吨，同比减少1.7%。

四、合成橡胶工业

台湾合成橡胶工业发展较晚，1973年，岛内第一座合成橡胶原料工厂——台湾合成橡胶股份有限公司成立，是亚洲第一大合成橡胶生产行销厂商。此后，台湾靠技术引进和劳动力优势，开始生产合成橡胶。

20世纪80年代，台湾合成橡胶工业快速增长。合成橡胶原料工业包括上游乙烯、丙烯、丁二烯等基本原料，中游原料包括丁苯橡胶（SBR）、顺丁橡胶（BR）、热可塑性橡胶（TPE）及丁腈橡胶（NBR）等。1985年，合成橡胶总产量为9.3万吨，主要为丁苯橡胶和顺丁橡胶两个品种，产量分别为4.1万吨和1.1万吨。生产厂商主要为台橡和南帝化工公司两家公司。两家公司规模较大，从业人员平均约400人。

合成橡胶原料主要生产品种有：丁苯橡胶、顺丁橡胶、热可塑性橡胶、三元乙丙橡胶（EPDM）和其他胶种。台湾均可自给供应，且有相当数量出口。特种橡胶如异丁橡胶（IIR）、氯丁橡胶（CR）等也有少量生产，但不能满足岛内橡胶加工业需要。硅橡胶等则全靠进口。

1988年3月，台橡开始生产热塑性橡胶反式-1,5-聚戊烯橡胶（TPR），使合成橡胶自产供应更加多样化。到90年代初期，全岛合成橡胶年生产能力达到15万吨。

1991年，台橡开始生产热塑性橡胶。其后，1994年，李长荣化工设立热可塑性橡胶厂，1995年，奇美加入热可塑性橡胶生产行列。到1999年，奇美设立溶聚丁苯橡胶/顺丁橡胶厂，是台湾地区第二家顺丁橡胶原料生产厂。

由于台湾汽车工业规模小，对轮胎需求不大，合成橡胶原料出现供过于求的现象。随后原料厂商开始另寻他途。

20世纪90年代以来，台湾地区合成橡胶出口呈逐年增加的趋势，成为亚洲地区重要的出口地区。1992年产量为19.75万吨，出口量为8.53万吨；1999年产量达到49.52万吨，出口量增加到33.39万吨。

2001年，台湾合成橡胶产品主要品种有丁苯橡胶、顺丁橡胶、热塑性丁苯橡胶和丁腈橡胶。合成橡胶总产量为47.97万吨，比上年增长3.2%；进口量为11.36万吨，比上年减少7.3%；出口量为35.26万吨，比上年增长4.8%。

台湾是亚洲最大的苯乙烯系热可塑橡胶生产和出口地区，产品出口主要瞄准祖国大陆地区。热可塑橡胶产品约80%用于出口。2001年台湾出口热可塑橡胶17.75万吨，比上年增长0.9%。

丁苯橡胶年生产能力最大为10万吨，顺丁橡胶和丁腈橡胶的年生产能力分别为9.1万吨和1.6万吨。苯乙烯系热塑性弹性体、丁苯胶乳和丁腈胶乳，年生产能力分别为33.4万吨、7.9万吨和2.4万吨。

2001年，台橡丁苯橡胶和羧基丁苯橡胶的年生产能力分别为2.7万吨和1万吨。申丰化学工业股份有限公司生产丁苯胶乳的生产技术从日本三井化学株式会社引进，年生产能力4万吨。

顺丁橡胶生产商有台橡和奇美两家。其中台橡的钴系溶聚顺丁橡胶技术由日本宇部株式会社引进，年生产能力5.1万吨。奇美年生产能力4万吨。

苯乙烯系热塑性弹性体产品主要包括热塑性丁苯橡胶、SIS（苯乙烯和异戊二烯的嵌段共聚物）和SEBS（苯乙烯-乙烯-丁烯-苯乙烯嵌段共聚物），主要由台橡、奇美、李长荣和英全公司生产，年生产能力分别为5.4万吨、12万吨、14万吨和2万吨，总计33.4万吨。台橡引进美国菲利普斯石油公司聚合工艺，以溶液聚合的绝热反应方式生产的锂系热塑性弹性体橡胶，此后又从祖国大陆的燕山石化引进热塑性丁苯橡胶生产技术。该公司热可塑橡胶年生产能力为5.4万吨。2002年初，台橡投资建设1.2万吨/年SEBS生产装置正式投入运行。台橡的热可塑橡胶掺配料工厂位于台湾高雄，年产能力超过8000吨。

2002年，李长荣已经成为台湾最大的热可塑橡胶生产商，也是世界级大厂。其年生产能力经过扩能改造后，由5万吨提高到14万吨，产品牌号有TPE411、416、475、484和485。台湾地区热可塑橡胶产能在全球排名位列前三。

丁腈橡胶在台湾仅有南帝化学工业股份有限公司一家生产，其固体胶年生产能力1.6万吨，胶乳2.4万吨，生产技术从美国古德里奇公司引进。

为了贴近市场，台湾的合成橡胶原料厂商积极向其他地区发展。1998年10月，丁苯橡胶生产企业申华厂在江苏省南通市建成投产，这也是台商在祖国大陆投资的第一家工厂，后经过技术改造，生产能力从年设计产能10万吨扩大到17万吨。台橡还在江苏南通设立年产7.2万吨顺丁橡胶工厂及2万吨SEBS工厂各一座；在上海松江高新技术园区投资500万美元，第一期兴建年产量1万吨的掺配料厂。2010年9月，台橡与朗盛公司共同投资5000万美元在江苏南通建设的朗盛-台橡（南通）化学工业有限公司丁腈橡胶厂奠基，2012年8月正式投产。2002年7月，李长荣投资3000万美元，在江苏丹徒经济开发区建设年产能20万吨的热可塑橡胶生产装置。

在其他国家投资方面，台塑于2010年并购美国得克萨斯公司的热可塑橡胶产能，在印度也设厂投资，李长荣则在美国投资建厂。

2016年，台湾合成橡胶工业从业人员共1447人。研发经费占营业额比重为1.7%，较2015年提升0.69%。平均毛利率约为21.3%，较2015年成长3%。主要生产厂商为奇美、台塑、李长荣、英全化工、南帝化工等。聚丁二烯橡胶生产厂商有奇美与台橡；丁苯橡胶生产厂商有奇美与台橡；热可塑性橡胶生产的厂商有台橡、奇美、李长荣与英全；南帝化工生产丁腈橡胶。李长荣保持台湾地区最大的热可塑橡胶生产厂商地位，产能排名全球第三。台塑公司为丁苯橡胶最主要公司，奇美在顺丁橡胶领域占领先地位。从原料供应上，顺丁橡胶与丁苯橡胶的主要原料苯乙烯与丁二烯由岛内供给，热可塑橡胶中的异戊二烯（CS）原料依赖进口。

台湾合成橡胶原料厂着力推动高值化发展方向，研发生产具有特殊性能、高规格的合成橡胶产品。2014年后，热可塑橡胶是发展的重点，台橡、台湾中油、台塑等企业纷纷成立碳四、碳五相关衍生橡胶原料，皆为高附加值产品。相关厂商积极开发医疗、电子领域等市场应用，延伸工业链。台湾长春人造树脂公司于2015年正式投产聚酯橡胶新产能，新增高雄聚酯橡胶弹性体产能1.5万吨。

2018年，台湾合成橡胶原料企业19家。苯乙烯-丁二烯橡胶生产厂家有台橡及奇美2家，产能分别为10万吨和2万吨，总产能为12万吨。2018年产量7.6万吨，同比减少16.7%。聚丁二烯橡胶主要用于生产高速轮胎及耐冲击聚苯乙烯，生产厂家有台橡及奇美2家，产能分别为5.5万吨和6万吨，总产能为11.5万吨。2018年产量10.5万吨，同比减少3.4%。

五、合成纤维工业

1952～1968年，是台湾合成纤维工业发展的萌芽期。台湾当局实施进口替代政策，进口纤维在岛内加工。

1969年后，台湾中油的“一轻”“二轻”“三轻”项目开始安排丙烯腈合成纤维原料生产，合成纤维工业进入发展成长期。

为了减少对进口含纤原料的依赖，台湾重视发展原料生产。1973年，台湾中油在高雄的工厂开始生产对苯二甲酸二甲酯（DMT），开创了台湾合纤原料自产的历史。1975年，台湾中油建设的“二轻”安排了合成纤维原料生产装置，分别是乙二醇5万吨/年、苯乙烯5万吨/年、丙烯腈6.6万吨/年。1978年，“三轻”配套建设了苯乙烯5万吨/年、丙烯腈6.6万吨/年等合成纤维原料产品生产。之后，台湾中油在仁武大社石化工业中心和林园石化工业中心建设了两套芳烃装置和一套二甲苯分离装置。1979年，第三芳香烃工厂及二甲苯分离厂投产，生产总能力合计达到：苯31.85万吨/年、甲苯1.95万吨/年、混合二甲苯15万吨/年。1976年，台湾中石化、台湾中纤等公司分别开始生产己内酰胺、丙烯腈和乙二醇。

由于世界石油危机的影响，合成纤维原料价格逐渐上升。台湾更积极地发展石油化工，提高合成纤维原料的自给率。1979年5月，中美和在林园的纯对苯二甲酸装置建成投产，使原料的自给体系基本形成，并实现了大部分原料自给。

台湾生产合纤原料的公司共有台湾中油、台湾中石化、台湾中台、台湾中纤、中美和等6家，除了乙二醇由两家公司生产外，其他合纤原料均为独家公司经营。一方面由于石油化工是一个技术密集、资金密集的新兴工业，需要大量的资金和人力；另一方面也是由于台湾在发展石油化工的过程中，为了保持高额利润，生产装置日趋大型化、自动化、现代化的结果。

经过合成纤维工业的原料装置建设，台湾所需的纯对苯二甲酸、二甲基色胺（DMT）、乙二醇、己内酰胺、丙烯腈等5种基础原料中，除了纯对苯二甲酸和己内酰胺不能全部自给尚需部分进口外，其余合成纤维原料的产量均能满足台湾合成纤维工业的需要，并且能有所出口。

1979年后的10年间，合成纤维原料业增长比较平稳，通过引进技术与装备，不断淘汰陈旧落后设备和工艺技术，年平均生产规模达到14万～15万吨，其中纯对苯二甲酸增长较快。

1986年后，台湾合成纤维原料工业进入快速发展时期，总产量由1986年的135.2万吨发展到2001年的301.8万吨。3家新企业加入纯对苯二甲酸生产序列，产能急速扩充。聚酯纤维产量从1986年的94万吨上升到2000年的237.1万吨，增加大约150万吨，居台湾各合成纤维产量之首。

1987年，台湾合成纤维进入第三个时期——扩增期。各企业加大资金投入，纯对苯二甲酸与乙二醇有较多公司加入生产行列，产量迅速提高。台塑与台湾中石化皆生产丙烯腈，己内酰胺仅有台湾中石化一家生产。

乙二醇有东联公司和台湾中纤两家生产。1988年的产量为19.7万吨。东联公司增设年产12万吨的新生产线。己内酰胺只有台湾中石化公司生产，1988年产量为10.2万吨。1993年，台湾地区纯对苯二甲酸产量达到163.4万吨，比1992年增长25.3%。

经历40多年发展，台湾合成纤维年产量一直居世界第三位，产品竞争力强，产品的创新效率更是给全球留下了很深的印象。1997年合成纤维产量达307.4万吨，台湾地区消耗212.9万吨，直接外销92.7万吨。1990年后，由于祖国大陆民营纺织企业迅速崛起，合成纤维产品的生产量日益增加，台湾合成纤维市场份额开始稳步下降。

1998年，随着台湾聚酯纤维工业发展，纯对苯二甲酸的需求增长13.2%。1999年，因调节产量，控制库存增加，纯对苯二甲酸的需求量降为266.8万吨，比1998年减少2.4%。乙二醇受惠于聚酯纤维工业的稳定发展，需求量逐年增加。1999年需求为107万吨，虽然南亚公司年产30万吨的新厂于1999年7月投产，使自给率提高到56.1%，但仍需进口。

2000年后，台湾合成纤维原料的自给率逐年提高，价格不断下跌。生产总量达到335万吨以上，不仅满足了自给，还大量出口。聚酯纤维主要原料纯对苯二甲酸供过于求，乙二醇供需平衡，己内酰胺自给率达50%。为了分散产品单一的风险，厂家纷纷转产或增加产品种类，如东联公司除生产乙二醇外，新建乙醇胺（EA）及碳酸乙烯酯（EC）生产厂，向下游专用化学品方向发展。东展公司则积极朝电子化学品的方向发展，与液晶显示器及彩色滤光片厂展开合作。

2006年后，台湾合成纤维工业发展进入第四个时期，产能已趋稳定，由规模竞争转变为质量竞争。2007年，台湾合成纤维原料生产总量达到249万吨。2008年，台湾成为世界第五大合成纤维/长丝生产地区，占世界总产量的3.3%，还是世界第五大丙烯酸短纤维生产地，世界第三大尼龙和聚酯纤维生产地，世界第四大聚酯短纤维生产地，世界第五大黏胶短纤维生产地。世界大约6%的涤纶长丝纱线和4%的涤纶短纤维在台湾生产。

2008年，台湾生产204万吨合成纤维，比2007年跌幅高达18%，大大超过2000～2007年之间的平均跌幅。在尼龙方面，虽然占全球供应量的9%，但2008年有所下降，减少26%。相比之下，2000～2007年年均减少0.5%。

2016年，台湾合成纤维生产厂家共10家。台湾合纤原料工业所需原料，除纯对苯二甲酸、对二甲苯、己内酰胺原料环己烷与环己酮、丙烯腈原料氨需要进口，其余原料岛内可满足供应。合成纤维产品主要客户聚酯制造厂商，生产聚对苯二甲酸二甲酯与尼龙两大类纺织纤维产品。2016年涤纶树脂原料乙二醇与纯对苯二甲酸在岛内供大于求，超过90%的产品出口。纯对苯二甲酸总量600万吨，位居全球前列。尼龙上游原料丙烯腈与己内酰胺则供不应求，需依赖进口。

台湾合成纤维工业凭借着科技与创新及不懈的努力，积极开发功能、环保、智能型的创新产品。开发出多种差异性纤维，包括吸湿排汗纤维、仿天然纤维、弹性舒适纤维、异型断面纤维、色彩增艳纤维、神奇抗勾纱、超细轻量纤维、双色调纤维等。开发出用于智能衣、保健功能服装的智能纤维，能够感知外界环境（机械、热、化学、光、湿度、电磁等）或内部状态所发生的变化，并作出响应的纤维，应用于精准医疗、智能防护、人工智能、可穿戴纺织品等领域。

到2018年，台湾有合成纤维企业45家，从业人员1.4万人。主要合成纤维产品中，纯对苯二甲酸生产厂家有中美和、亚东石化公司、台纤，产能分别为70万吨、90万吨、170万吨，总产能330万吨；2018年产量338.7万吨，同比增加26.9%。乙二醇生产厂家有台湾中纤、东联化工公司、南亚公司及南中公司4家，产能分别为30万吨、30万吨、144万吨和36万吨，总产能240万吨；2018年乙二醇总产量245.5万吨，同比增加3.7%。己内酰胺2018年产量为35.7万吨，同比增加2.7%。

第二节 化肥工业的发展

台湾地处热带和亚热带，光照和水热条件极好，是中国重要的经济作物生产基地和粮产区，岛内现有耕地在80万公顷以上，其中主要粮食作物水稻种植面积超过500万亩，年产稻米200多万吨。台湾农业的发展离不开化肥工业，据统计，2017年台湾化肥施用量98万吨，平均每公顷种植面积施用化肥1.33吨。

台湾化肥工业发展历程大致可分为三个时期：抗战胜利至20世纪50年代末以生产硫酸铵、尿素等单质肥为主；60年代到80年代以复合肥料的生产为主；90年代后，液体肥料、有机质复合肥等高品质产品成为发展重点。

台湾是中国最早施用化肥的地区之一。1895年日本侵占台湾以后，为了实现其“台湾农业化”“日本工业化”的侵略目的，遂采取了诸如改良农作物品种、增施化肥、兴修水利等措施来提高作物产量。1901年，台湾从日本引进了肥田粉用于种植甘蔗，后用于水稻，到20世纪30年代，台湾农作物化肥施用量每年都在30万吨以上，严重依赖进口，本地化肥企业仅台湾肥料株式会社基隆工场一家。该厂1920年开始建设，次年完成，是一家磷肥生产企业，主要产品为过磷酸钙。到20世纪30年代，基隆工场生产的产品除过磷酸钙外，还包括硫酸和各种配合肥料，每年可生产浓硫酸800吨、过磷酸钙1.6万吨、各种配合肥料2万吨。1935年5月，台湾电化株式会社在基隆设厂生产氰氮化钙，1937年投产后可年产氰氮化钙1.5万吨。截至1945年前夕，台湾真正投产的化肥企业仅前述两家，最高年产量为1939年的3.4万吨，但较之同时期台湾化肥的施用量，仅为十分之一。且在第二次世界大战后期，美军的轰炸使两家企业均不同程度受损。总体而言，日本占据时期台湾的化肥工业设备和工艺落后，生产粗放，效率低微，这与日本殖民政策掠夺台湾资源的初衷不无关系。

抗战胜利后，岛内薄弱的化肥工业得到整合，于1946年5月成立台湾肥料有限公司（简称“台肥公司”），原有各化肥企业成为其分厂。战乱中受损的各工厂得到修复和扩建。到1947年，台肥公司基本恢复生产能力，1948年化肥产量超过了日本占据时期最高水平。

1949年后，台湾人口剧增，物价飞涨，工农业生产几乎停顿。台湾实施一系列旨在稳定社会和恢复经济的政策与措施，优先发展电力、肥料及纺织工业等。在这一背景下，台湾的化肥工业进入快速发展期。

1950年，高雄硫酸锰公司成立，其后民营工厂也纷纷加入生产行列。自1952年起，台湾当局制定4个“四年”计划，积极发展化肥工业，于1952年到1963年建造硫酸铵、尿素、硝酸铵钙等肥料工厂，于1964年到1968年建造及扩建硫酸铵、尿素肥料工厂，新建和扩建硝磷和锰磷肥料厂，并逐步迈向自动化。20世纪60年代，台湾化肥产量不仅实现了自给自足，并有余额外销日本。进入70年代，受到两次石油危机影响，台湾化肥工业发展趋缓。1979年，台湾化肥总产量约146万吨，其中公营公司产量占90%左右。台湾的钾肥产量长期不足，一直依赖进口。

进入80年代后，台湾民营化肥厂逐渐增多，到1985年，台湾地区有生产化肥的公司14家，其中公营的3家、民营的11家，台肥公司仍为台湾公、民营公司中最大的一家，下属6个工厂——基隆二厂、高雄厂、新竹厂、花莲厂、南港厂和苗栗厂。其中以新竹厂的生产能力最大，为台湾最具规模的一座化肥厂，每年可产尿素、硫酸按36万吨，次为高雄厂和苗栗厂，此3厂合计年产能为95.6万吨，占该公司全部生产能力的73.8%，占台湾地区公、民营化肥工业总产能的41.8%。民营的恒谊化工公司，年产能已达30万吨，仅次于台肥公司的新竹厂和高雄厂，而为公、民营化肥公司的第三大厂，且该厂有生产过磷酸钙、硫酸铵及复合肥料的能力。这一时期台湾化肥工业的产品已经以复合肥料为主，1990年，全岛共产复合肥料52.45万吨，产硫酸铵50.95万吨，复合肥产量首次超过硫酸铵产量。

在各类化肥企业纷纷新建的同时，台湾化肥产能出现过剩，一部分达不到经济要求的工厂在调整中停闭转产，化肥的总产量被维持在岛内需求的水平。台湾当局于1984年1月起将化肥的供销和管理纳入其“农委会”业务统一调配。对生产设备较新、效能较高的厂家给予积极扶持，使有限的原料、设备发挥最大的经济效益。20世纪80年代末，台湾化肥工业迎来产量高峰，硫酸铵年产量超过50万吨，其他复合肥料年产量超过100万吨。

进入90年代后，经济全球化日益紧密，台湾当局推动肥料自由化，台肥公司也于1999年底完成民营化改造。此后，台湾当局完全退出了化肥工业的供销体系。

进入21世纪后，台湾积极调整其在全球工业链中的分工角色，重点发展电子制造业等高端工业，耕地面积减少，台湾农业逐渐向“精致农业”转型，化肥的需求下降。且随着经济的发展和人民生活水平的提高，优质安全的新肥种逐渐成为市场主流，台湾单肥消费逐年下降，硝酸铵、硝酸钾、尿素、过磷酸钙和氯化钾等品种2004年度消费量较1995年分别下降58%、45%、32%、32%、24%；复合肥和有机肥等消费则始终保持上升势头，2004年消费总量较1995年消费总量分别提高12.2%、198%。2011年，台湾岛内尿素及液氨工厂全面停产，改为进口供应。

2018年，台湾全岛硫酸铵产量约为64万吨，其他复合肥料及特种肥料产量约为100万吨。台肥公司仍是岛内最大化肥企业，其主要产品为：硫酸铵、尿素、硝酸铵钙、过磷酸钙、复合肥。其他较大的化肥企业还有：台湾颐和有限公司，主要生产园艺肥料（有机液肥、硝酸钙、高磷液肥等）；台湾高雄硫酸铔股份有限公司，主要生产尿素、有机质肥料、硫酸铵、复合肥；台湾益欣股份有限公司，主要经营农业、园艺用农药、肥料、栽培介质进出口及销售业务；台湾和园艺企业股份有限公司，主要生产速效肥、长效肥、活性有机肥等；台湾国农有机肥料工业有限公司，主要生产有机肥料、农药化学产品；台茂农业股份有限公司，主要生产复合有机肥料、活性有机肥料。

经过多年的发展，台湾化肥工业完成了低产量单质肥到高效复合肥、有机肥、特种肥的转变过程，与台湾的经济发展阶段相适应，对台湾的农业稳定发挥了重要作用。

第三节
特用化学品（涂料、染料、颜料）工业的发展

台湾的特用化学品包括医药、涂料、染颜料、农药、化妆品、油墨、清洁剂、表面活性剂、催化剂及添加剂等，在化工总产值中占比不高。在特用化学品各工业中，以医药、涂料和染料占最大比重，分别为23.6%、18.1%及9.9%。

台湾的涂料工业发端较早，后发展为典型的本地供应型产业。1916年成立于屏东的台湾化学工业所和1925年成立于台南的接昌工业所都有油漆研究、生产的记录，但萌芽初期产品品质不高，当时油漆大部分从日本进口。抗日战争期间，日本人在松山设立台湾日本涂料株式会社松山工场，随后于1941年正式开工生产，同时日本殖民政府又于苗栗铜锣设立天然漆制造厂，种植漆树，炼制生漆。抗战胜利后，日本人经营的工厂改组隶属松山油漆厂和铜锣分厂。

1949年后，上海永固造漆公司及金星油漆厂等部分祖国大陆的油漆厂迁到台湾设立新厂，制造各种工业用漆以满足市场需求，才使得原本仅有三五家油漆制造厂，设备简陋，产量与品质均低劣的情况有所改善。同时，民营油漆厂也逐渐兴起，英国ICI集团等外资也进入台湾。20世纪50年代台湾的涂料工厂日渐增加，质量也逐渐提升。1952年9月20日，台湾油漆工业同业公会正式成立。20世纪60年代，涂料工业成长相当快速。

20世纪70年代，岛内南北高速公路、核能发电等十大建设陆续展开，房地产景气看好，对涂料产品需求增加，促成台湾地区涂料业步入兴盛阶段，一些主要大厂产能扩大，与国外名厂合作引进技术改善质量，如永记造漆、永光化学及柏林油漆等企业逐渐成长为工业龙头企业。

到20世纪90年代，台湾地区的涂料工业已在各专用化学品工业中占有重要地位，正式登记的厂商有360家，实际生产者约300家，其中以油漆业为最多，有214家。涂料产量从1971年的2.3万吨到1991年增为24.6万吨，销售额则占专用化学品的26.9%。

1994～1998年，台湾涂料年产量维持在40万～45万吨，每年都有不同幅度的增长。但在1998年出现了7.9%的负增长，1999年产量为42.75万吨，比上年又下降0.8%，年需求量约为35万～40万吨。这期间台湾涂料进口量每年有2万吨左右，进口金额在25亿元新台币左右。出口量每年约有6万～7万吨，1997～1999年出

现较大幅度的增长，出口量分别为8.8万吨、9.6万吨、11.05万吨，逐年上升趋势明显。台湾地区涂料主要销往祖国大陆和香港（占73.7%），还出口日本、马来西亚、印度和泰国。

台湾染料工业开始于1953年，从1953年到1968年为萌芽期，主要生产一些硫化及荧光染料、有机及印花颜料、橡胶调剂用颜料。1968～1986年为发展期，染料有直接酸性、碱性、分散、活性、油溶性等类染料，颜料有用于油墨、塑料、人造革等的无机、有机颜料。1986年以后为转型期，有染料生产企业32家、颜料24家、中间体5家，共61家，总计从业人数不到5000人。台湾染料工业1990～1994年发展迅速，增长了12000吨，增长43%，但仍满足不了岛内需求，进口量始终大于出口量；在各类染料中，活性染料产量最大，占染料总量的28%，而且大量出口。

1995年，染料企业共25家。合成染料总产量为37066吨，产值77.9亿元新台币，外销16890吨，内销16172吨，进口21741吨。发展萘系、苯系、蒽醌系中间体以及蒽醌系分散性染料、低温型各种反应性染料、高级酸性染料、高级直接染料及异纤维混纺染整用单一染料。

20世纪80年代末到90年代初，两岸化工界在橡胶、农药、染料等领域技术交流与经济贸易合作日趋活跃。1991年5月30日北京染料厂邀请台湾染料颜料工业同业公会理事长杨东海及访问团全体团员来北京染料厂举行商务活动，该会颁发给北京染料厂"盛谊弥坚"奖牌以纪念。当年，台湾国华公司同青岛染料厂和北京染料厂签订了油溶性染料的来料加工合同。两岸染颜料工业界一直坚持业务交流。

台湾岛内涂料、染料和颜料工业整体生产结构偏向于中小型企业经营的形态，对进口依赖度高，如钛白粉、色料及各种助剂，大多由美国、日本及欧洲进口；因生产技术未见重大突破，所以涂料外销地区仍集中于东南亚地区，出口产品主要是廉价的大宗漆料，如乳胶漆、底漆、磁漆及纤维素漆等。1990年出口量为1.3万吨，比上年增长41%，但仅占全年总销量的5%。进口涂料主要是较高级的清漆、防锈漆、粉体涂料与水性电着涂料等，进口量占产量的9.6%。

到1998年，台湾染料生产企业有34家，颜料厂26家，染料产量达6.06万吨，自给率从1997年的41%大幅回升至47%，出口量有19%的增长。1999年染料产量比上年又增长2%，达到6.18万吨。染料产品中，活性染料1998年产量高达21267吨，销量20063吨，占整体染料销售量的1/3以上。1995～1999年，有机和无机颜料产销均有缩减。

90年代中后期，为应对进口产品的竞争，台湾一些较有规模的涂料和染料厂纷纷设立科研机构，自行开发新技术、新产品，同时积极与外国厂商技术合作，不断引进国外设备，使生产自动化、配色电脑化。据统计，到2001年，台湾已有21家涂料公司就23种涂料种类，与9个国家和地区的30多家公司进行了42项技术合作或引进。

进入21世纪后，台湾涂料、染料和颜料工业经历了10年左右的稳定发展期，涂料年产量稳定在40万～45万吨，染料年产量稳定在5万吨左右，颜料年产量稳定在10万吨左右，油墨年产量稳定在4万吨左右。受到岛内人力资源短缺、土地限制、环保规定趋严及下游工业至海外设厂等因素冲击，获利萎缩，许多岛内企业纷纷赴祖国大陆或东南亚国家建厂或设立销售点，岛内涂料和染料颜料工业日趋空洞化，2012年后岛内涂料、染料和颜料工业的产量和产值均回落到90年代中期水平。

2015～2018年，岛内涂料、染料及颜料厂商仍多数为小规模经营企业，前两大企业是永记造漆和永光化学，其余较大的企业有新美华造漆厂、中和制漆厂股份有限公司等。2018年，台湾涂料、染料和颜料工业产值分别约为人民币73亿元、20亿元、17亿元。

第四节 橡胶制品工业的发展

台湾的橡胶制品工业分为一般橡胶制品、轮胎，起始于1929年，有台湾护膜制作所、东南护膜制作所和台阳护膜制作所3个单位从事补胎胶、水管及碾米辊等初级制品的生产。1948年，台湾橡胶工业同业公会成立，凝聚同业力量，促进共同繁荣。1952年成立橡胶实验室，即后来1976年财团法人台湾区橡胶工业研究实验中心的前身，注重技术也注重前瞻研究，促进工业持续发展。

20世纪70年代，以鞋类为主带动了台湾橡胶弹性体制品工业发展，并保持持续的活力。1972年，鞋类包括布面球鞋、雨鞋雪靴、鞋底等，产值占台湾橡胶弹性体制品总产值的50%，轮胎类仅占35%，工业用品则占15%，制鞋也成为当时台湾当红工业，更一度成为世界的生产基地。到1987年，台湾地区有橡胶制品工厂680家，分布台湾各地。橡胶制品除汽车卡车轮胎以内销为主外，其他制品橡胶鞋、运动鞋等，都以出口为主，是出口导向的工业。橡胶加工助剂，除炭黑及若干防老剂、促进剂自行生产外，其他均靠进口，1987年进口各种助剂达1.1万吨，比1986

年增加一倍以上。

1974年，台湾启动内需自足的石油化工建设，带动化学相关的橡胶原料开发。台橡、中橡、优品等原料橡胶厂也陆续开工生产，原料开始大幅取代进口产品，建立起橡胶弹性体制品工业的供应链，形成产业竞争雏形。

台湾最主要的橡胶制品是汽车轮胎，轮胎工业是台湾地区橡胶制品的重要产业，轮胎也是出口的重点产品。轮胎工业从1959年开始发展。1987年轮胎产品总额为171亿元新台币。各种轮胎外销值达2.27亿美元，卡车胎的外销值有减少。到20世纪90年代初，台湾有各类车胎制造厂约22家。生产子午线轮胎的有南港、泰丰、正新、台湾普利司通等5家。由于国际市场轮胎竞争激烈，售价下跌，利润降低。

台湾是世界自行车胎外销最多的地区。90年代初，由于东南亚及祖国大陆相继大量建厂且工资低廉，对台湾的生产影响较大，造成台湾自行车胎厂外迁，已有正新、建大在大陆建厂，华丰在泰国建厂。由于这三家的产量几乎占台湾总产量的70%，致使台湾自行车胎产量下降。工业用橡胶制品的生产略有增长。

台湾的市场毕竟相对较小而且很多企业生产的产品雷同，使得台湾市场很快饱和，产品过剩。从1987年开始，台湾橡胶企业开始兴起对外投资潮，成信橡胶厂开始决定在大陆和泰国建立工厂。

台湾需用的天然橡胶100%依赖进口。20世纪90年代末期，每年大约进口天然橡胶11万吨。由于受1997年东南亚金融危机的影响，很多橡胶原材料出口大量下降。1998年，台湾进口的天然橡胶比1997年减少4.19%。随着全球经济的复苏，台湾对天然橡胶的进口继续增加。1999年前8个月，台湾已进口天然橡胶7.39万吨。至于其他橡胶原材料，台湾基本能自产，且产量一直在增加。1998年，台湾共生产合成橡胶47万吨、炭黑10.4万吨，分别比1997年增加了3.3%和0.35%。

经过半个多世纪的发展，台湾的橡胶工业经历了从家庭作坊及小型工业转变成公有企业及重要产业，从生产低附加值产品转变为高附加值名牌产品，从本地区产品逐步转变为跨地区经营产品，从面向本地区的需求逐步转变为面向国际需求的过程。不仅表现在橡胶生产厂从零增加到600家，而且产值增长巨大，其60%的产品出口到世界许多国家和地区，增长速度一直保持稳定的态势。

1996年、1997年、1998年，台湾橡胶制品的产值分别为20.3亿美元、20.4亿美元和20.5亿美元，在东南亚金融危机中保持着稳步发展的势头。台湾橡胶产品基本上分为三大部分：轮胎占40%，工业用橡胶制品占58%和鞋类占2%。1998年，台湾进口大约3.78亿美元的橡胶制品，比1997年下降了7.76%。

汽车轮胎工业方面，1993 ～ 1994年，规模较大的轮胎厂亦相继赴祖国大陆投资。岛内有30多个大型轮胎生产厂纷纷外迁，不外迁的则趋向开发更高附加价值的产品，如耐防刺轮胎、刺不破轮胎等从引进技术为主到自主研究开发，这是这一时期台湾橡胶制品工业的特点。2000年，台湾橡胶工业总产值仍维持在620亿元新台币，较1999年增长了1%。其中，轮胎类产品仍是橡胶制品中的最大宗产品，约占年总产值的42%，其产值依旧年年增长。其中汽车外胎增长最高为4.01%，主要是台湾汽车轮胎需求旺盛，生产厂家努力扩展外销之故。

1993年和2003年，台湾汽车轮胎产量先后突破1000万条和2000万条，2003年产量为2227.5万条，产值为215.6亿元新台币。2009年以后，汽车轮胎产量和产值均有所下降，分别为1925.4万条和253.64亿元新台币。2010年，汽车轮胎产量和产值均明显增长，分别为2450.9万条和319亿元新台币，双双创历史新高。2011年汽车轮胎产量下降至2333万条，产值却上升到360.9亿元新台币，产值再创新高。2011年之后，汽车轮胎产量和产值总体上呈下降态势。到2018年，产量下降至2067.2万条，比2011年下降15.7%；产值下降到264.37亿元新台币，比2012年下降26.8%。台湾汽车轮胎生产厂家包括南港、建大、正新、泰丰、华丰、台湾普利司通、固特异及兴国橡胶厂等。

2017年，岛内衬条、油封、垫片、O型环等橡胶制品产值达到111亿元新台币；2018年产值为108.1亿元新台币。产品主要应用范围包括汽车、摩托车、机械、农机、钟表、精密电子、家电业等领域。岛内橡胶制品相关厂家将近200家，其中汽车用品厂家有中光、台普、台裕、植大等，专业生产油封、O型环的有茂顺、力而大、继茂等厂家。

表1-9-5为台湾1997 ～ 2008年天然橡胶和合成橡胶消耗量。

表1-9-5 台湾1997 ～ 2008年天然橡胶和合成橡胶消耗量 单位：万吨

年份	天然橡胶	合成橡胶	合计
1997	10.75	22.00	32.75
2001	9.1	21.8	30.9
2002	10.5	25.0	35.5
2003	11.5	29.1	40.6
2004	11.8	29.2	41.0
2005	11.1	29.6	40.7
2008	9.7	21.2	30.9

第十章
化学工业工程建设的发展

化学工业的工程建设主要包括勘察、设计和施工三大部分，是使化工科研成果转化为生产力的桥梁和纽带，对于全行业固定资产的形成具有决定性作用。

新中国成立以后，中国的化工勘察、设计和施工队伍在化工基础极其薄弱的条件下，根据国家经济建设、社会发展和人民生活水平提高的需要，经历了自力更生和艰苦创业、引进技术和自主创新、改革开放和拓展海外、体制改革和技术进步、巩固提高和再创佳绩等不同的历史发展阶段，成为化工建设的开路先锋。从20世纪50年代开始组建以来，中国化学工业工程建设队伍从小到大、从弱到强，严谨求实、精益求精，不断发展壮大，经历了国家从计划经济到社会主义市场经济的转变，参与了国内外化工工程建设市场的公平竞争，承接和完成了数万个国内外化工工程建设项目，取得了巨大的工程业绩。

第一节
在化工生产建设中历练工程建设队伍
（1949 ～ 1978年）

在1949年前，国内几乎没有专业的化学工业工程勘察、设计、施工的队伍。新中国成立后，在恢复生产的实践中逐渐形成一支初具规模的工程建设队伍。随后在吉林、兰州、太原三大化工基地建设、氮肥建设、炼化大装置建设等时期，工程勘察、设计、施工队伍在实践中迅速成长，成为中国化学工业发展的基础保障力量。

一、建立化工勘察设计体系

（一）组建化工勘察设计机构和队伍

新中国成立前，中国化工生产企业基础薄弱，没有专门化工勘察设计机构和队伍，勘察设计人员和业务分散在数量很少的生产企业之中，化工勘察设计体系总体上可以说是一片空白。

新中国成立后，中央人民政府重工业部化学工业管理局（简称重工部化工局）、东北工业部化工局以及华东工业部化工局，先后成立设计处、室和勘察队，大连化学厂、永利宁厂等化工企业设立了设计组。这些设计单位先后完成大连、天津、吉林、沈阳等地化工企业的恢复和改扩建任务。

为促进新中国化学工业发展，重工业部于1953年作出《关于加强与调整各设计机构的决定》，将全国主要化工设计力量集中起来，在沈阳成立重工部化工局化学工业设计公司（简称化工设计公司）。该公司以重工部化工局、东北化工局和华东化工局设计处室为基础，同时抽调部分化工生产企业的技术骨干组成。还将1950年在太原和吉林组建的两支勘察队伍合并成立设计公司下属勘察队。化工设计公司的正式成立，诞生了全国第一个化工专业设计单位，当时共有职工400人。

1954年化工设计公司从沈阳迁到北京，更名中央人民政府重工部化工设计院（简称化工设计院），职工总数1389人。1956年化学工业部（简称化工部）成立后，化工设计院更名化工部化工设计院。10月，以化工设计院测量队、地质队和试验室为基础建化工部勘察公司。1957年化工部将原化工设计院和设计司撤销，成立化工部设计局，原化工设计院一分为四，分别成立氮肥、有机化工、基本化工3个设计院和一个化工勘察设计公司，统一由设计局领导。同时，原属轻工部领导的橡胶和医药设计力量划归化工部，分别成立了橡胶和医药设计院。各设计院和勘察公司总人数达到3200人，主要职能是承担全国化工建设勘察设计任务。

为适应社会主义建设新形势和全国各地发展化工需要，化工部1958年发布《关于调整勘察设计机构的决定》，调整改组设计机构，下放充实地方设计力量。化工部将原部属氮肥、基本化工和有机化工3个设计院合并，组建化工部化工设计院（简称化工设计院），并在院内设立国防化工设计室。抽调1000多人与当地的化工设计力量合并，组建吉林、大连、锦西、华东、华中、华北、西北、西南8个区域性设计研究分院和分属5个分院的综合勘察队。化工设计院在化工部领导下，代行全国化工设计管理机构职能，代部安排化工勘察设计任务，并对分院进行业务领导。

同时，化工部抽调660人到27个省区市，组建地方化工设计机构。1958年成立化工设计机构的有吉林、黑龙江、内蒙古、天津、河北、山东、新疆、河南、湖南、湖北、江苏、浙江、江西、福建、广东、广西、贵州、陕西等18个省区市，设计队伍总人数约14000人，主要任务是为本地区“大办小化肥”和地方化工建设服务。1962年在江苏省连云港成立化工矿山设计研究院（简称连云港矿山院）。

经化工部、各大区和各省区市的努力，基本形成了中央和地方相结合的化工勘察设计体系，勘察设计队伍遍及全国，适应了当时经济建设和各地发展化工形势的需要。

1964年，化工部成立基本建设总局，归口领导勘察设计工作，并对部属设计和勘察单位进行调整。调整后，将设计与研究分开，成立12个直属化工设计院和勘察公司。化工设计院9个，第一到第九设计院分别设在北京、太原、淮南、武汉、兰州、茂陵、南京、成都和吉林。矿山、橡胶、医药设计院各1个，分别在连云港、北京和上海。12个单位总人数8400人，明确了各院专业分工。1966年在南京组建化工部勘察公司，1975年在沧州组建石化部勘察公司。1978年石化部在涿州成立化学矿山规划设计院和化学矿山地质研究所，同年化工部批准组建长沙化学矿山设计研究院。至此，全国化工勘察设计队伍和管理体制得到稳定和提高。

（二）在学习苏联经验中开展化工勘察设计实践

20世纪50年代的化工设计工作，主要是学习苏联经验，参与苏联援助的化工重点项目建设。在三大化工基地和华北制药厂等项目的建设中，化工勘察设计人员在苏联专家指导下，圆满完成选择厂址、勘探测量以及设计所需的原始资料的收集工作，满足了苏方施工图设计的需要。化工设计人员承担了大量的国外设计翻译和技术校对工作，并协助苏联专家配合施工和生产单位解决化工厂的工程技术问题。

通过配合三大化工基地建设，使化工勘察设计人员学到了大型化工项目建设的规划、选址、勘察、设计的内容、程序和方法，以及与施工和投产的衔接配合，特别是对大型合成氨厂和有机化工厂的设计有了初步了解，培养了设计人员，积累了经验。在学习和实践中，各化工设计院（公司）按照不同阶段的设计内容和要求，建立健全了一系列管理制度，加强了计划、技术管理和工程经济核算制等，对各项设计和设计指导资料审核等作出具体规定，为以后自行设计建设大型化工项目打下坚实基础。

参照苏联一些技术资料和参加三大化工基地建设积累的经验，化工设计院开始走上自力更生、独立设计的道路。1953年中国自行设计建设的第一个抗生素——青霉素的生产厂上海第三制药厂建成投产。1955年设计并制造的2400马力、200大气压的高压氮气压缩机在大连化工厂试制成功，为合成氨工业的发展创造了条件。

四川化工厂7万吨/年合成氨装置，是化工设计院依靠自己设计力量和技术自行设计的第一个大型化肥厂。该项工程1953年选址，1956年进行初步设计。设计人员对原永利宁厂和苏联引进的吉林化肥厂进行研究分析，根据国情，取长补短，对一些重大技术问题和厂区布置进行了科学、合理修改。在总图布置上，改变了车间布局分散、厂区过大的缺点，使占地面积比吉林化肥厂减少近一半。在工艺方面，采用焦炭固定层煤气发生炉代替劣质烟煤沸腾层气化炉，采用立式变换炉和国产耐硫变换催化剂强化变换炉生产，采用130大气压醋酸铜铵液净化技术代替320大气压碳酸铜铵液净化方法，采用单合成塔系列取代氨合成塔系统中的精制塔，根据四川潮湿气候将氨加工改为硫酸铵。在技术经济和建筑结构方面，按国内核定能力改为7.2万吨/年合成氨，采用联合厂房、露天化布置或半敞开式建筑，将钢结构改为预应力钢筋混凝土结构等。这样，通过减少占地、采用先进工艺和优化流程等，有效降低成本，节约大笔投资，提高了综合效益。

四川化工厂的建成投产，标志中国已经基本具备自力更生独立设计氮肥厂的能力。随后又自行设计了一批中型氮肥厂，投产后运转情况良好。

与此同时，各化工设计院（公司）在苏联专家的指导下，参照一些不完整的技术资料自行完成了17个新建项目设计和11个扩建项目的设计。如铜官山塔法硫酸、抚顺接触法硫酸、山西普通过磷酸钙、株洲隔膜法烧碱、长寿悬浮法聚氯乙烯和氯丁橡胶、锦西有机玻璃和四乙基铅及卡普隆、吉林乙炔制醋酸、重庆酚醛树脂和酚醛塑料、保定醋酸纤维胶片等装置的设计。这些项目均顺利建成，投产后生产正常。

（三）自主创编定型设计加快化工建设

国家“一五”计划提出，要积极发展化学肥料工业，相应发展酸、碱、橡胶、染料等工业，加强化工与炼焦、石油、有色金属工业的配合。“一五”计划实施以后，全国各地发展化学工业的积极性很高，纷纷建设化肥、硫酸、烧碱等化工厂。但当时设计队伍组建不久，设计力量不足，设计程序又采用苏联的模式，一个大项目仅设计就需要好几年时间。当时化工设计院院长冯伯华带领设计人员进行了大胆改革。

一是简化设计程序。把过去学习苏联的初步设计、技术设计和施工图设计三个阶段的做法，改变为扩大初步设计与施工图设计两个阶段。这样，每个建设项目的设计减少一次上报审核程序，一般可提前一年交出设计图纸。

二是编制定型设计。为使设计做到定型化、标准化、系列化，化工设计院开始编制定型设计，也称通用设计。有了定型设计，各地只要根据建设地点的具体条件进行因地制宜的修改，就可以开工建设。定型设计也为设备的定型化生产和缩短制造周期创造了条件。

化工部氮肥设计院根据四川化工厂和永利宁厂的生产经验，编制了5万吨/年合成氨的省级氮肥厂定型设计。根据编制的定型设计，建设了衢州、吴泾、广州、开封、云南、石家庄和淮南等7个省级氮肥厂。1958年初又编制出了1万～2.5万吨/年合成氨和4万～10万吨/年碳酸氢铵专区级氮肥厂定型设计，并在北京建设化工实验厂。用这个定型设计建设起来的有贵州都匀和陕西宝鸡2个化肥厂。同年化工专家侯德榜率领县级氮肥厂设计组，赴上海化工研究院进行县级小氮肥厂定型设计。同时又编制了0.75万～1.5万吨/年烧碱和0.6万吨/年聚氯乙烯定型设计，供各地因地制宜采用，为自力更生发展中国的化肥和氯碱工业做出了重要贡献。

为满足全国各地加快化学工业发展的需要，除了编制省、地区、县级合成氨厂定型设计外，还编制了8万吨/年硫酸装置，20万～40万吨/年普通过磷酸钙厂，10万吨/年高炉法钙镁磷肥厂，2万吨/年电石厂等定型设计，以及氯丁橡胶、醋酸、己内酰胺、有机原料等不同规模的定型设计。这些定型设计的推行，由于缩短了设计周期，对加快中国氮肥、磷肥、硫酸、氯碱、橡胶企业建设起到很大作用。

（四）完成自主开发和引进重大项目勘察设计任务

由于受到“大跃进”和“文化大革命”的影响，化工勘察设计工作的正常秩序一度被打乱，一些从实践中总结出来、符合化工勘察设计工作规律的规章制度和标准规范遭到质疑。但化工勘察设计战线的科技人员在艰难条件和复杂环境中，克服困难，坚守岗位，兢兢业业工作在化工工程建设第一线，使自主开发和引进技术装备的多个化工重大项目，在祖国大江南北拔地而起，有力支持了全国工农业生产、国防建设和整个国民经济的发展。

20世纪50年代由化工设计院自行设计的重点化工项目有：合作设计研制成功中国第一台大容量立式吸附隔膜电解槽，使中国电解技术从20年代提高到50年代水平。开发设计的2千吨/年氯丁橡胶生产装置在四川长寿化工厂建成投产。开发设计的1千吨/年苯酚法己内酰胺生产装置在锦西化工厂建成投产，生产出中国第一个合成纤维产品——锦纶。自行设计的6千吨/年聚氯乙烯定型装置在天津化工厂建成投产。这些成果，显示中国化工勘察设计能力已经发展到了一个新水平。

1965年中国实现油品自给后，世界石油化工发展迅速，党中央国务院对此十分重视。毛泽东主席和周恩来总理先后提出要引进和建设一批化工、化纤、化肥装置，以解决人民的吃穿用问题。化工勘察设计人员由此参与到了引进成套化工装置、学习国际先进设计技术和方法的全过程。

1966年国家批准引进第一套10万吨/年合成氨装置在泸州天然气化工厂建设，1972年国家作出了成套引进化纤、化肥技术和设备的决定。同年中国从日本引进4套石油化工联合装置，其中3套以合成纤维为主的装置分别建在上海、辽阳和重庆，另一套30万吨/年乙烯和4.5万吨/年丁二烯的成套装置建在北京燕山。此后，又从日、美、德等国引进配套产品高压聚乙烯、聚丙烯、乙二醇、对二甲苯、对苯二甲酸、聚酯、苯酚、丙酮、间甲酚等成套装置，还配套引进聚丙烯酸酯装置建在北京通县东方化工厂。从1973年开始，中国从美、荷、日、法等国引进了13套30万吨/年合成氨和48万～52万吨尿素的成套装置，分别建在泸州、大庆、辽河、沧州、水富、赤水、岳阳、枝江、成都、淄博、广州、南京和安庆。1975年至1977年，从德国引进乙醇、丁苯橡胶、丁辛醇和乙烯4套石油化工装置，建在吉林。1978年引进了4套30万吨/年合成氨大化肥装置和4套30万吨/年乙烯及其配套装置。其中4套大化肥装置分别建在山西、浙江、新疆和宁夏，4套30万吨/年乙烯分别建在大庆、山东、南京和上海。这些引进装置的技术，都属于20世纪70年代世界石油化工先进水平。

大批引进的化工建设项目，急需一大批设计人员参与配套设计和设计管理工作。1969年搬出北京的化工设计院从山西娘子关迁回北京，部属各化工设计院和有关省院也都与美、日、法等国公司合作，参与这些大项目的建设之中。全国设计人员密切配合，精心设计，不仅按时完成了任务，为工程顺利建成投产创造了条件，而且系统学习了国外先进设计技术和工程建设国际通行模式，增长了知识和经验，提高了技术和管理水平。与国内其他行业相比，化工勘察设计在这一时期率先前行，在行业内起到了先导作用。

“文化大革命”期间，部分化肥厂处于停产和半停产状态，农民迫切需要化肥，产需矛盾十分突出。针对这种情况，化工部对发展化肥工业提出贯彻大中小并举方针。由于小氮肥厂具有建设周期短、设备制造容易、投资少、便于地方集资兴办等特点，并且一般属于县级管辖、自产自用，因此各地对兴办小化肥厂的积极性很高。也正因为如此，省区市化工设计院在这一时期得到较快发展。

60年代中后期，省区市化工设计院的主要任务是为化肥、农药工程建设布新点、建新厂。70年代中后期，这些设计院的主要任务转到为小化肥厂改造和扩建服务，发展联醇、联尿、联碱工艺，建设小氨碱、小石化等五小企业，推广节能降耗新技术等。这一时期河北、辽宁、广西等省区化工和石化设计院，还完成了本地区中型氮肥厂的改造扩建，参与了本地区大化肥引进工程的配套设计。

70年代化工勘察队伍也得到加强。1972年燃化部决定重新组建化工地质队伍，在河北、内蒙古、辽宁、吉林、山东、河南、浙江、福建、安徽、湖南、湖北、广东、贵州、四川、广西、云南等省区建立16个化工地质队。1978年石化部决定成立化工地质勘探公司，下设河北、黑龙江、吉林、内蒙古、辽宁、江苏、安徽、福建、贵州、云南、河南、湖北、广东、广西、陕西、钾盐、物探等17个地质勘探大队。

根据中央关于加强三线和内地建设的部署，化工部制定了搬迁和建设规划，从沿海搬迁一部分化工企业到内地，又规划新建一批化工大中型项目。如在陕西、甘肃新建了一批氮肥厂，为洛阳拖拉机厂配套建设10万条/年轮胎的洛阳橡胶厂，为第二汽车厂配套建设100万条/年轮胎的东风轮胎厂和钢丝厂，还有陕西华山制药厂和河南第二胶片厂等。

通过工程建设实践锻炼，省区市化工勘察设计院的力量明显增强，能力和水平得到很大提高。到1983年，除青海和西藏外，各省区市都建立了专业化工设计机构，总人数达6000多人，完成了大量的地方建设项目的勘察设计任务，取得了一批优秀的设计和科技成果。

（五）建立设计技术中心站

为加强设计基础工作，保证设计质量，化工部于1960年决定成立化工部设计技术中心站。

化工部批准成立的第一批中心站有：设备、总图、起重运输、自动控制、给排水、建筑、热工和模型等8个设计技术中心站，开展工作后效果良好。从60年代到80年代，化工部又先后批准成立了工艺配管、化学工程、计算机应用、环境保护、橡胶加工、电气、概算、小合成氨、工业炉、化工设计情报、矿山情报、化工工艺、现代化管理等13个设计技术和管理中心站，以及标准编辑、氮肥、硫酸和磷肥、煤化工、纯碱和氯碱、天然气化工等6个设计技术中心。后来又批准成立化工暖通设计技术委员会。经过调整，保留了24个专业技术中心站（中心）。

各设计技术中心站（中心）成立后，坚持面向工程设计和建设项目，编制国家和行业标准、标准图、规范及规定，编制设计手册、图册和技术资料，开发应用软件和数据库，举办学术会议和专业培训，出版发行刊物，提供国内外技术经济信息，为完善化工设计基础工作、推进设计技术开发做了大量富有成效的工作。

（六）承担援外化工建设项目

从50年代开始，中国政府决定采取无偿方式向受援国家提供成套装置建设的援助。到1963年，化工部承担了13项援外化工成套装置任务。1964年后，化工部又承担了一大批国家援外建设任务。到1972年，化工设计单位共向越南、阿尔巴尼亚、朝鲜、罗马尼亚、柬埔寨、缅甸、巴基斯坦等国家，先后提供了包括化肥、农药、医药、橡胶等20多个项目的工程设计。化工勘察单位在斯里兰卡、安哥拉和利比里亚参与了中国援建工程地基基础检测及矿山水文地质勘察。

二、组建化工施工队伍，加快重点工程建设

（一）在恢复生产和化工基地建设中组建化工施工队伍

在新中国成立前，全国几乎没有专业的化工施工队伍。20世纪50年代初，东北地区一些化工厂如锦西化工厂、大连化学厂、沈阳化工厂等先后组建了一些小型建筑安装队伍，这些施工队伍在东北各主要化工厂的恢复和扩建中发挥了重要作用。1950年到1952年，在东北地区共完成建筑面积39.5万平方米，新增固定资产设备价值3792万元，使沈阳、锦西、吉林、大连等地的主要老厂相继投产。1953年初，在建设稀硝酸工程中，大连工程公司对11台直径5米、高17米的不锈钢吸收塔，采取整体吊装，获得成功。开创了化工设备整体吊装的先例。同时，建成了第一个从苏联引进的年产4万吨直接法硝酸装置。

随着1955年吉林、兰州、太原三大化工基地建设的启动，东北各厂的施工骨干队伍被改编为吉林工程公司、大连工程公司和太原工程公司，投身到三大化工基地的施工建设中，同时形成了中国化学工业专业施工队伍的雏形。

吉林、兰州、太原三大化工基地第一期工程规模较大，总投资11亿元，土方工程量600多万立方米，厂房建筑80多万平方米，混凝土130多万立方米，安装设备近2万台，设备总重量约8万吨，金属结构约7万吨，管道近1700公里。年轻的化工施工队伍迎难而上，在三大基地建设过程中锻炼成长。

承担吉林化工基地一期工程施工任务的是第五冶金化学建筑总公司的上万名职工。他们组织平行流水、立体交叉作业，实行施工机械化、工厂化和专业化，冬雨季也照常施工。采用大面积降低地下水，大体积连续浇灌动力设备基础混凝土。推广使用了干硬性混凝土、预应力钢筋混凝土，以及高层框架桁架支模等先进技术。1955年12月，冶化建筑总公司第八机械安装公司的职工冒着严寒，在冰天雪地的工地上整体吊装高100米、重98吨的不锈钢排气筒获得成功，这是化工安装技术上的一次突破，是当时国内的创举。1956年，重工业部直属的机械、电气、管道、筑炉专业安装力量，和吉林市组织的义务劳动大军一起参加会战，形成了吉林化工区建设的高潮。肥料厂的心脏设备——合成塔、1T266型高压氢氮气压缩机和透平鼓风机等60多台大型设备，以及2.5万立方米大型气柜安装成功。当时焊工不足，特别是不锈钢焊接技术不高，是影响工程进度的突出矛盾。在苏联专家指导下，组织了大规模的焊工培训，从平焊、横焊、立焊到仰焊一门一门过关，迅速培养出250名优秀焊工，确保了工程的顺利进行。1957年12月25日，吉林化工基地一期工程全面建成投产，比国家计划提前了一个季度。

在吉林化工基地建设基本成功后，兰州、太原两个化工基地的一期工程相继动工兴建。第八机械安装公司将70%的力量从吉林调往兰州，组建成化工部第一机械安装公司。他们驾轻就熟，用1年半时间完成了兰州化学工业公司肥料厂一期工程的安装任务，1958年11月试车生产出硝铵。随后，又建成了兰州化学工业公司橡胶厂。化工部第二化工建设总公司承担的太原化工基地一期工程，1956年正式动工，建设期间因物资供应不上受到一些影响，1960年相继建成了太原化工厂、磷肥厂、制药厂和氮肥厂。

（二）施工队伍在化肥项目建设中发展壮大

通过三大化工基地的建设，造就了一支化工专业施工队伍。化工建筑安装力量由1953年的8061人，发展到1957年的34064人。1958年，全国掀起化工建设的高潮，从这3万余名施工工人中分出支援全国化工专业施工队伍的达1.3万余人。

1958年开始，全国掀起了建设氮肥厂的高潮。从1958年至60年代，全国各地由化工施工队伍参加建设的有28个项目，还承担了100余个小型氮肥厂的施工任务。这一时期，以吉林、太原、兰州化工基地的专业骨干力量为基础，分别组建了开封、石家庄、淮南氮肥安装公司，以广东省轻工安装力量组建了中南化肥建设公司。这4个专业公司分别承担了开封、石家庄、淮南、广州4个氮肥厂的安装工程，达到一次试车投产成功。

为了适应内地化工建设的需要，从1964年开始，又抽调吉林、锦西、南京、大连、太原、兰州等老化工基地的专业施工骨干力量，在青海、四川、贵州、宁夏、陕西等地，成立了化工建设公司和基建工程兵801大队。1965年2月26日，化工部决定，将吉林、太原、兰州、锦西、南京5个化学工业公司的建设公司改名第一、第二、第五、第十、第七化工建设公司；淮南、中南、西南、开封、石家庄5个化肥建设公司改名第三、第四、第八、第十一、第十二化工建设公司；北京化工建设公司改名第十三化工建设公司，位于河北沧州；组建第六、第九化工建设公司，分别位于湖北襄阳和辽宁盘锦。

（三）在化工和石化项目建设中交出圆满答卷

70年代13套大型氮肥装置分布在四川、山东、黑龙江、辽宁、河北、云南、贵州、广东、安徽、江苏、湖南、湖北等12个省，还有北京的30万吨乙烯、吉林的11.5万吨乙烯装置，规模空前。这是化工施工行业继50年代建设三大化工基地后迎来的又一次重大战役。这15个项目完成的投资总额约为三大化工基地一期工程的6.6倍，施工技术要求高，有大型设备吊装、精密传动设备安装、特殊钢材焊接、自控仪表安装调试和筑炉等关键施工技术。

在氮肥建设中，四川省第一建筑工业设备安装公司、化工部第七化工建设公司、云南省化工建设公司、化工部第四化工建设公司、化工部第十三化工建设公司等11个化工建设公司和石油、建工系统的队伍协同施工，取得了一个又一个的胜利。13套大型氮肥装置经过交工验收，有5套被评为国家优质工程。

在石油化工项目建设中，燕山石油化工公司成套引进的乙烯、丁二烯、高压聚乙烯、聚丙烯等4套装置的施工，在2年零2个月内优质高速完成；燕山石油化工公司建筑安装工程公司在制造、吊装直径4.5米、高87.2米、重510吨的丙烯塔中，先后攻克了滚板、组装、焊接、运输、现场组对等方面的技术难关，高水平完成了任务，谱写出制造、安装石油化工大型设备的新篇章；吉林化学工业公司年产11.5万吨乙烯联合装置的建设，工程质量优良，326个单项工程的优良品率达到92.3%，保证了化工投料试车一次成功。

在承担一系列化工项目建设的实践中，化工施工队伍经受住了全面考验和锻炼，到80年代初，全国共有34个化工专业施工企业，职工总数达10万余人。

三、炼油和石化工程设计同步发展

（一）石油系统炼油工程设计成果丰硕

新中国成立后，炼油工业基础十分薄弱，石油勘察设计人员在设备、材料、人才严重缺乏的情况下，用两年半的时间恢复了抚顺、桦甸、锦州等几个东北人造油厂生产。先后扩建、新建了上海、克拉玛依、冷湖、兰州、大连、锦州等8个年加工能力为10万～100万吨的炼油厂。

20世纪50年代，在自身努力和苏联专家指导下，先后完成了抚顺石油二厂53—05工号的油页岩干馏装置及相应系统工程，以及茂名、桦甸、锦西、大同等9个人造油炼油厂的设计工作，取得页岩干馏焦油加工、合成液体燃料等多项重要科技成果。

60年代，扩建了上海炼油厂和大连甘井子石油七厂，将抚顺石油一厂、抚顺石油二厂、葫芦岛石油五厂和茂名石油公司，由生产人造油改造为主要加工天然原油，大力开发新工艺、新技术、新产品。先后攻下被称为五朵金花的硫化催化、铂重整、延迟焦化、尿素脱蜡以及配套所需的催化剂、添加剂等5个攻关项目，研究、设计和建设了加氢裂化等装置，大大缩小了同当时国外炼油技术水平的差距。

70年代为发挥中央和地方两个积极性，以石油部为主陆续兴建了茂名、大庆、南京、胜利、东方红、荆门、长岭等7个大型炼油厂。以地方为主先后建设了天津、武汉、安庆、浙江、广州、九江、乌鲁木齐、吉林、鞍山、石家庄和洛阳等11个大中型炼油厂。到1978年，全国原油年产量突破1亿吨大关，年加工能力已达9291万吨，加工能力增长5倍多，天然气产量增至138亿立方米，保证了国家的需要，缓和了能源供应的紧张局面。从1973年起，中国还开始对日本等国出口原油，成为石油出口国，为国家换取了大量外汇。

（二）石化系统炼油和石化工程设计阔步前行

新中国成立之初，中国石化工业基础薄弱，油品极度匮乏，而西方国家又对中国油品和炼油技术采取严格封锁政策。在严峻形势下，1953年成立的中国第一个炼油和化工专业设计院——中国石化北京设计院（BDI，简称石化北京设计院）不畏国外反华势力技术封锁，自力更生，攻坚克难，承担和完成了大连、锦西、上海高桥、锦州、抚顺、兰州炼油厂等一批老炼油厂的恢复和扩建设计任务。

60年代，石化设计人员承担了大庆炼油厂的设计任务，完成了锦西石油五厂和南京炼油厂的设计工程。设计人员认真吸收国外先进技术，进行科技攻关和设计，完成了当时具有世界水平的现代化炼油装置，并配套、定型、建设了若干座加工原油250万吨/年以上的炼油厂，实现了中国炼油技术上的首次飞跃。洛阳设计院（原石油部抚顺设计院）与有关单位合作设计并建成了抚顺石油二厂60万吨/年流化催化裂化装置和30万吨/年延迟焦化装置，使中国炼油技术水平又向前迈进一大步。

60～70年代，在生产建设和科技研发受到冲击的情况下，石化设计人员没有停止工程设计和技术攻关，先后完成东方红炼油厂、胜利炼油厂、荆门炼油厂、武汉石油化工厂等大型炼油厂的设计任务。这期间设计的全国第一套硫酸法烷基化装置在兰州和抚顺建成投产，第一套具有60年代先进技术水平的加氢裂化制氢联合装置在大庆一次试车成功，第一套硫醇氧化脱臭装置在胜利炼油厂建成投产，第一台钢带式硫黄成型机在山西试运成功，第一套高效再生提升管催化裂化装置建成。研发了多金属重整、分子筛提升管催化裂化等现代炼油新技术，使中国炼油工业有了新的突破。同时还完成了援建朝鲜和阿尔巴尼亚炼油厂的工程设计。

1971年燃化部决定将化工部第一设计院、北京石油设计院的一部分组建成北京石油化工总厂设计所，1979年改名为燕山石油化学总公司设计院，1983年更名为中国石油化工总公司北京石油化工工程公司（BPEC）。

70年代，BPEC从规划、总体设计、技术引进谈判到施工建设，全面承担了中国第一个特大型石化联合企业——燕山石化公司的设计任务，并参与和配套设计了中国第一套30万吨/年乙烯以及聚丙烯、聚酯、苯乙烯、聚苯乙烯等装置。对援建阿尔巴尼亚和越南项目设计，参与埃及、阿富汗和缅甸的工程建设，也做出了贡献。

第二节 在改革开放中提高工程公司竞争力

（1978～1999年）

改革开放后，中国化学工业迎来新一轮建设高潮，一批大规模的石化项目相继投产，工程建设行业面临新的挑战和机遇。化工部在1982年召开的全国化工基本建设会议上，率先提出推行工程项目总承包，石油、石化系统也进一步整合勘察设计力量，逐渐形成了一批综合业务能力过硬的工程公司。这一时期，石油和化学工业工程勘察、设计和施工各阶段均取得了新的成就，并积极参与到国际市场竞争中。

一、化工系统率先实行工程总承包，大中型化工工程公司快速成长

（一）进行设计体制和设计方法改革

1978年党的十一届三中全会，确定把工作重点转移到社会主义现代化建设上来，作出了实行改革开放的战略决策，化工勘察设计工作开始进入新的历史发展时期。

化工部从1979年开始探索基本建设和勘察设计改革创新之路，在全国勘察设计行业是起步最早、进展最快的部门之一。通过从西方国家引进成套化肥和石油化工装置，使勘察设计人员了解到国际上通用的勘察设计管理体制、工作程序和技术方法的科学性与先进性。于是依照国外按合同控制建设周期、包死费用、搞好过程调控、一次试车成功、以最快速度达标等做法，进行设计程序和方法的改革实践。在以化工部第四设计院为主承担浙江镇海石化总厂52万吨/年大型尿素工程中，运用凯洛格大陆公司一买三合作（即购买技术，合作设计、采购和制造）建设方式，采用新设计程序和方法进行联合设计、联合采购，完成了工程设计工作，取得良好效果。与以往引进成套设备相比，不仅节约工程投资，并且全面掌握了比较完整的国际通用的工程设计程序和设计方法。

在总结试点经验和组织出国考察基础上，化工部于1981年在沧州召开会议，决定进行设计体制和设计方法改革，并选择第四、第八设计院为改革试点单位，借鉴国际工程公司做法，从机构设置、专业划分、设计程序、设计深度和图面表示等方

面入手，把设备材料采购也纳入设计程序，进行设计体制改革试点工作。

这次设计体制和设计方法改革的主要内容如下。一是改革设计方法，按照专业化的要求调整专业设置，制定新的专业设计内容和设计方法，加深设计深度。二是改革机构设置，参照国外工程公司的模式设置业务经营部门，为改变单纯技术型设计院为多功能型工程公司创造条件。三是改革设计程序，把设备采购纳入设计程序，实行基础工程设计和详细工程设计相互衔接、连续完成的做法。四是改革管理方式，采用矩阵式管理机制，实行项目经理负责制，对项目的进度、费用、质量进行有效控制。五是改革设计基础工作，编制一整套设计手册，为设计程序、设计方法提供科学依据。为此，化工部基建局组织有关单位和专家，在学习吸收国外先进设计工作方法和总结国内实际经验基础上，从设计管理和设计技术两个方面，编写了15分册、约400万字的《化工设计手册》，对推动设计新体制的试点工作起到了关键性指导作用。

化工部于1984年在部属勘察设计单位全面推行技术经济责任制，实行企业化管理，化工勘察设计单位1985年起按照国家规定经过招标投标承担勘察设计任务，走上了自收自支、自找项目、自求生存的企业化发展道路。

（二）率先推行工程总承包

化工部在1982年召开的全国化工基本建设会议上，率先提出推行工程项目总承包。同年化工部印发《关于改革现行基本建设管理体制，试行以设计为主体的工程总承包制的意见》，提出进行以设计为主体的工程总承包管理体制的试点，决定第四、第八设计院为工程总承包和建设工程公司试点单位。化工部提出，以设计院为主组成工程公司，实行工程总承包，把技术、采购、工程组成三位一体，进行质量、费用、进度三大控制，可以保证工程质量，缩短建设周期，取得较好经济效益。

根据化工部部署，第四设计院改建中国武汉化工工程公司（简称武汉工程公司），第八设计院改建中国成都化工工程公司（简称成都工程公司，今名中国成达化学工程公司），并按工程公司模式试行工程总承包。1984年武汉工程公司承担的江西氨厂改产尿素工程，成为化工部第一个以设计为主体的总承包试点项目。公司对工程进度、质量和费用进行有效控制，一次试车成功，生产出合格尿素，充分显示出工程总承包的优越性。成都工程公司对四川富顺、乐山2个4万吨/年联碱工程进行总承包，第一设计院承担了山东潍坊60万吨/年纯碱的工程总承包，也都收到较好效果。

1987年国家计委和财政部等4部门印发《关于设计单位进行工程总承包试点有关问题的通知》，公布全国第一批工程总承包试点单位，武汉工程公司、成都工程公司成为全国第一批12个试点单位之一。后来，中国天辰化学工程公司（简称天辰工程公司）、中国寰球化学工程公司（简称寰球工程公司）、第六设计院被列入全国第二批工程总承包试点。1992年寰球工程公司成为全国勘察设计行业第一个由事业单位改为企业的单位，随后中国五环化学工程公司（原第四设计院，简称五环工程公司）、中国成达化学工程公司、天辰工程公司先后改制为企业。原部属大型工程公司（院）先后取得甲级工程总承包资格证书，省区市勘察设计单位先后领取乙级工程总承包资格证书，开展工程总承包进入一个崭新阶段。

根据国家关于勘察设计单位改建为企业的要求，化工部各部属勘察设计公司（院）从实际出发，大型设计单位采取工程公司模式，勘察设计单位采取岩土工程公司模式，其他设计单位采取了专业设计院（所）模式，为进一步实行项目管理和工程总承包奠定了基础。

（三）提高完成大型工程项目能力

改革开放以后，各化工勘察设计单位积极进行设计体制、程序和方法改革，实行项目管理和工程总承包，勘察设计总体水平明显提高，承担了一大批大中型化工项目的勘察设计任务，促进了大型合成氨、尿素、乙烯、合成橡胶、磷胺、离子膜烧碱、子午线轮胎以及精细化工等重要产品的结构调整和快速发展。

从20世纪70年代末到90年代，由上海化工设计院和第四设计院合作完成自行设计制造中国第一套国产大型化肥成套装置——吴泾化工厂30万吨/年合成氨、24万吨/年尿素工程试车成功。吉化公司设计院自行设计国内第一套大型乙烯装置——吉化11.5万吨/年乙烯装置和6万吨/年芳烃抽提装置一次试车成功并生产出合格产品。上海医药工业设计院（简称上海医工院）设计国内最大东北制药总厂1000吨/年维生素C建成投产。南化公司设计院设计当时国内最大南化20万吨/年硫酸装置建成并投料试生产。湖南化工设计院设计全国最大规模玉溪南亚6000吨/年丙二醇工程投入生产。

80年代，各化工勘察设计单位承担了化工部同国外签订的8个以石油为原料的化工成套引进项目和1个以煤为原料的化肥项目。其中5套30万吨/年乙烯及其配套装置和3套以渣油为原料的30万吨/年合成氨及配套尿素装置，分别建在南京、山东、大庆、上海、浙江、新疆、宁夏；1套以煤为原料的30万吨/年合成氨及配套硝酸、硝酸磷肥装置建在山西。还承担了潍坊、唐山、连云港三大碱厂建设，并承担瓮福磷矿、大峪口磷矿、黄麦岭磷矿、云浮硫铁矿、青海钾肥、开阳磷矿、晋宁磷矿等现代化大型化学矿山基地建设和扩建工程。

随着国家各种科技奖励制度的恢复和建立，化工勘察设计单位广泛开展科技创新活动，严把勘察设计项目质量关，工程项目和科技开发成果大量涌现。80～90年代，第六设计院设计产品重水获国家3部委“六项科技成果”特等奖，成都工程公司总体设计的山东齐鲁30万吨/年乙烯工程获中国建筑工程鲁班奖、四川化工厂20万吨/年合成氨国产化工程获国务院重大技术装备成果特别奖，中蓝连海设计研究院（原化工矿山设计研究院，简称中蓝连海院）王集磷矿同步形成间隔矿柱的中深孔房柱采矿法获国家科技进步二等奖，武汉化工工程设计的镇海石化总厂52万吨/年尿素装置获国家嘉奖和国家优秀设计奖。从1993年到1997年，化工部组织优秀工程勘察设计奖评选活动，其中优秀工程设计（含基础工作）一等奖27项、二等奖74项、表扬69项；勘察一等奖6项、二等奖62项、三等奖18项。

（四）努力开拓勘察设计新领域

勘察设计单位实行企业化管理后，化工部在1984年就对化工勘察设计行业提出“一业为主、两头延伸、多元化经营”的战略，要求各设计单位在市场经营中依托主业向多元化方向延伸发展。1995年化工部又明确提出四个延伸：即向工程咨询、工程设计、工程监理和工程总承包延伸，向化工行业外的设计领域延伸，向技术和效益型科技实体方向延伸，向国际工程建设市场延伸。

经过多年实践和努力，各化工勘察设计单位在面向社会、走出化工、两头延伸、多元化经营方面取得很大进展。一些原部属大型工程公司（院）和许多省区市设计院（公司）逐步建立和完善了勘察设计科技服务体系，拓宽业务领域，实现跨地区、跨行业、全方位、多元化发展。如成达工程公司业务范围从化工逐步发展到石化、轻工、医药、电力、民用建筑等工程领域。上海医工院从医药设计逐步发展到农药、农药中间体和化肥等工程设计领域。吉化和南化设计院在做好化工工程项目设计的同时，努力开拓石油化工、精细化工、市政和环保工程等设计业务。

一些省区市化工设计院，在跨行业、跨地区服务方面走得更快也更加灵活。1984年以后，各院除工程设计以外，逐步开展了工程咨询、工程监理、工程建设总承包，有的院还开展了环境监测、环境评价、安全评价、技术中介、化工监测等服务。承接的设计项目从化工扩大到轻纺、商业、农业、医药、建筑和环保等领域。

如湖南化工设计院承担的大型轻工项目——年产1000～5000吨味精装置设计，在津市味精厂顺利建成。吉林石化设研院设计国内规模最大日处理净化1000吨玉米淀粉加工项目，在长春大成玉米公司建成投产。

一些基础较好、实力较强的化工勘察单位率先向两头延伸，开辟岩土工程设计与咨询、岩土工程治理与施工、岩土工程监测与监理、岩土工程环境评价等新业务，增强了企业的活力，走上了有自己特色的发展道路。

（五）积极参与国际工程建设市场竞争

80年代化工部提出勘察设计企业要走出化工、走出国门、走向海外、走向世界，创建国际型工程公司。1990年化工部进一步提出，化工设计单位要加快改革步伐，尽快走向国际工程建设市场。从90年代初开始，部分化工勘察设计单位取得了对外经营权，与国外工程公司及专利商开展了多种形式的合作，参加国外工程市场的竞争投标，为创建国际型工程公司打下基础。

1994年化工部印发《关于创建国际型工程公司的规划意见》，组织介绍部直属单位创建国际型工程公司工作的经验，受到建设部的肯定和支持。各部属勘察设计公司（院）普遍制定了创建规划，逐步建立国际型工程公司应具备的管理体制和运行机制，直接承揽国外设计业务。

在20世纪90年代，北京橡胶工业研究设计院（简称北京橡胶院）承接泰国轮胎厂炼胶车间工程设计项目，首次实现用技术出口带动设备出口。成达工程公司承担海外工程总承包项目——香港天厨味精公司年产1万吨离子膜烧碱精制盐水工程一次试车成功，五环工程公司向越南化肥厂出口尿素造粒装置成套设备，第三设计院设计伊朗日产10吨三聚氰胺、30吨硫铵项目通过验收。天辰工程公司总承包项目泰国凝析油分离装置竣工投产，中蓝连海院磷矿选矿技术成功打入美国市场。成达工程公司1995年国外业务收入已占公司总收入的50%。

二、建立现代石化工程建设体系，创建国际型工程公司

（一）健全完善现代石化工程建设体系

改革开放以后，中国石油化工总公司（简称中石化）发挥集中力量办大事的体制优势，以石化勘察设计为先导，扩建和新建了一批炼油装置，启动并建成了一批乙烯、化纤、化肥工程，推进了石油、石化、化纤、化肥一体化发展，逐步建立起

门类齐全、品种配套、技术先进、具有相当规模的现代石化工业体系。

北京石化设计院（BDI）并入中石化以后，设计水平不断提高，国产化能力逐步增强。80年代合作研发了常减压装置节能技术，常压渣油催化裂化技术，催化裂化预混合提升管带外循环管的烧焦罐式高效再生技术，MTBE合成系列新技术，烟气轮机系列技术，电液控制滑阀技术等，取得一系列科技成果。90年代加大了设计工作中的技术含量，先后设计和建成了福建炼化等4座新炼油厂，先后承担广州芳烃抽提装置、天津100万吨/年延迟焦化和40万吨/年汽柴油加氢装置和聚酯芳烃联合装置工程总承包任务。合作和自行完成100万吨/年中压加氢改质技术、移动床催化重整技术攻关项目，使绝大部分炼油工艺技术实现了国产化。

1978年以后，中石化洛阳工程有限公司（LPEC，简称洛阳工程公司）建立了工程总承包和项目管理模式和运行机制，对洛阳炼油厂500万吨/年炼油工程中的15个工程项目实行了全过程总承包。承担中国第一套同轴催化裂化工业装置、第一套2万吨/年膨胀床低醇烯比炼油型甲基叔丁基醚（MTBE）装置、第一套加氢固定床冷态中试装置等的设计工作。先后完成了镇海、抚顺、金陵、上海、兰州、大庆、长岭、安庆、茂名等炼油厂工程设计1300多项。累计获得国家和省部级优秀工程设计奖31项，完成科研项目200多项，获国家和省部级科技进步奖84项。

（二）创建与国际接轨的石化工程公司

80年代，随着项目投资、项目建设的全球化，工程项目总承包、项目管理承包等先进的项目建设管理理念、模式和方法已日益广泛被接受和运用。石化勘察设计单位开始按照新体制改革专业设置、设计程序和方法，努力创建国际型工程公司。新体制在发挥设计的主导作用、加深设计深度、强化项目管理、实现“质量、进度、投资”三大控制等方面，发挥了积极作用。

1985年中石化成立中国石化工程建设公司（原SEI），归口组织国外工程承包和劳务合作业务，承担完成了科威特炼厂的维修等工程，在国际石化工程建设市场打开了局面。1999年中石化将原SEI、石化北京设计院（BDI）、中国石化北京石化工程公司（BPEC）等3家公司合并，重组为中国石化工程建设公司（SEI，简称石化工程公司），为加快现代石化工业体系建设做了重要组织准备。

1987年，北京石化工程公司（BPEC）成为国家批准的12个总承包试点单位之一，开始组建以设计为主体的、实行工程总承包的工程公司。公司承接北京燕山石化公司双苯天津石化重整-芳烃联合装置（PX）、金陵石化公司苯酐和不饱和树脂工程总承包并取得成功。90年代以后，承担完成燕山（中国第一套）、齐鲁和大庆30万吨/年乙烯改造成45（48）万吨项目，承担茂名30万吨/年乙烯工程总体设计等6套装置设计。自行开发设计中国第一套年产2.5万～10万吨系列乙烯裂解炉（北方炉）。承担设计大连中国第一套国产化4万吨/年聚丙烯装置，研制设计中国第一套5万吨/年C_5分离示范装置。1995年取得ISO 9001质量体系认证，成为初具规模、与国际接轨的石化工程公司。

三、化工施工建设及技术水平快速发展

（一）扩大施工企业自主权，建成一大批重点工程项目

改革开放以后，化工施工建设行业在自力更生、自主创新的同时，积极学习西方先进经验，探索建立具有中国特色的施工发展道路。相继建成国内绝大部分大型化工石化项目、完成海外大批项目施工，进入快速发展时期，构筑出跨世纪中国化工大国的基本版图。

1980年9月，化工部基本建设总公司（后改名为中国化学工程总公司，简称化学工程公司）正式成立，统一负责化工基本建设管理工作，统一管理化工部属各化工建设公司，实行“国内国外、设计施工、主业兼营、承包管理”四个一体化管理方针，施工企业自主权增加，经营管理活力增强，化工施工建设进入快速发展新阶段。

1981～1990年，化学工程公司系统施工企业累计完成承包建设工作量42亿元，年增长率20.8%，实现利润2.95亿元，年增长率为18.2%，相继建成了大庆、齐鲁、扬子石化公司3套年产30万吨乙烯联合装置，吉林化学工业公司年产11.5万吨乙烯装置，北京东方化工厂年产3.8万吨丙烯酸树脂装置，乌鲁木齐年产30万吨合成氨和52万吨尿素装置等大型项目。90年代，化学工程公司系统施工企业又建成一大批大中型工程项目，促进大型合成氨、尿素、乙烯、磷铵、离子膜烧碱以及精细化工等重要产品的结构调整和快速发展。相继建成铜官山年产12万吨磷铵装置，大连、南京年产24万吨磷铵装置，湖北王集磷矿工程，盘天化14万吨乙烯联合装置，贵州瓮福磷肥厂年产30万吨磷酸装置工程，大连西太平洋年产500万吨炼油厂催化重整装置、煤油加氢装置，江苏索普集团公司年产10万吨醋酸工程，巴基斯坦恩格鲁化肥厂造粒塔等。

（二）施工技术和装备水平不断提高

在长期的工程建设实践中，各大化工建设公司开发出625TM高能量强夯等加固地基技术，双桅杆抬吊、倾斜单抱杆偏心提吊法等大件设备运输和吊装技术，气顶法、水浮法等设备仪器安装技术，不同温度范围不同材质的焊接技术和各种特种焊接技术，低温热水硫化、自然硫化等新型衬胶防腐工艺，并实现了绝热保护层材料国产化。

改革开放前国内化工施工技术装备陈旧落后，大多靠手工操作，建设施工靠人力、拼体力。通过持续更新、升级原有装备，到2000年化工施工建设基本实现机械化、装配化、专业化施工。

1980～1990年，化学工程公司系统共参与编制15项国家施工技术标准。1995年编制《国内施工技术标准目录》手册，汇集国内外已有施工技术标准成果，建成国内外施工技术标准中心库。

（三）科学管理提升化工施工行业整体水平

1982年，化工施工建设行业在全国建筑领域率先改革，试行工程承包责任制。从1988年初开始，化学工程公司以总承包的形式，相继承建河南濮阳、内蒙古呼和浩特和陕西渭河3套大化肥项目并获得成功。南海工程公司以总承包方式建成深圳中宏氮氢气体厂，连云港分公司通过总承包方式于1989年建成国家重点工程——连云港碱厂，同年绝热工程公司以专业化单项联营总承包方式完成唐山碱厂、沧州大化肥节能改造等工程施工任务。到2000年底，化工施工企业20多个工程建设承包制项目，在全国各地展开。

工程建设承包制的实施，有效控制了建设项目的采购、工期和质量，标志着化工基本建设管理已经由行政管理型向着经营管理型转变。

20世纪80年代初期，化工施工建设行业率先实行建设项目总体统筹控制计划管理，取得较好效果。80年代中期，学习鲁布革水电站工程管理经验，全面推行项目管理方法，优化总结出“全责全过程控制法”“全程控制动态矩阵法”和“成本承包倒逼法”等多种项目管理方法。

1985年化工部第七化工建设公司（简称第七化建公司）完成孟加拉国吉大港尿素肥料厂的安装工程，取得成功经验。经过系统的提炼和概括，形成适合中国国情的工程建设“全优化工作法”。第七化建公司运用该法，在1989年到1994年间，优质高效建成孟加拉国贾木拉等3套大化肥装置。化工部第三化工建设公司（简称第三化建公司）1986年在铜陵磷铵项目工程施工中，首创项目动态管理法，实现生产力诸要素的最优化动态配置和调控，提高劳动生产率3倍多。

四、石油系统加大炼化基地建设投入

改革开放后，中国迅速成为第一大石油进口国和第二大石油消费国，发展现代石油工业的要求愈加迫切。为加强石油炼制勘察设计力量，石油部1984年从洛阳、兰州和大庆等地石油勘察设计院选调一批业务和技术骨干充实到石油部勘察设计研究所，组成了300多人的勘察设计队伍，正式成立石油部华东勘察设计研究院（简称石油华东院），成为石油部所属最大的石油炼制工程勘察设计院。

1988年中国石油天然气总公司（原石油部，简称中石油）成立后，中油工程公司与基建局分别建制，专门从事对外工程承包、劳务合作和出口贸易等业务。1997年，中石油决定成立中国石油工程企业建设（集团）公司，中油工程公司作为核心企业（母公司）代行企业集团职能。中石油第一、第六、第七建设公司和石油华东院划归该集团管理，保持各自法人地位和经营自主权。1998年中油工程集团更名为中国石油工程建设（集团）公司（CPECC）并在人民大会堂举行成立暨揭牌仪式。

20世纪80～90年代，石油勘察设计人员奔赴胜利、中原、华北、大港等油田进行调研，除完成引进3套撬装式轻烃回收装置配套设计外，承揽泰州炼厂、胜利稠油厂设计工作，在小型炼厂装置设计、油田地面工程、天然气处理等方面积累了技术和经验，累计完成500多套炼油化工装置、80座油气库的工程设计。20世纪80年代末，通过引进和消化国外技术，掌握了10万立方米原油罐的设计施工技术，使得大型油罐的建设能力上了一个台阶。

第三节 向优化结构和优质高效目标迈进

（2000～2019年）

进入新世纪，国际环境和国内经济建设发生了深刻变化。世界和国内经济进行

了深层调整，新一轮产业变革和科技革命风起云涌。作为发展中国化学工业的排头兵和先遣队，化工工程建设行业面向国计民生需求、面向经济主战场、面向科技前沿，进一步提高工程勘察、设计、建设创新能力，走向体制机制和技术创新发展的道路。

一、全面提升化工勘察设计能力和水平，创建国内外优质工程

（一）全面推行国际通行的工程公司体制机制

2000年国务院办公厅转发建设部等10部委《关于中央所属工程勘察设计单位改革的实施方案》，要求勘察设计单位由事业单位改为科技型企业。各大型化工工程公司（院）和省区市设计院（公司）利用体制机制改革带来的活力，在学习借鉴引进技术装备的同时，结合工程建设实际组织对关键技术进行攻关和创新，使化工勘察设计业务涵盖了化肥工业、石油化工、天然气化工、煤化工、盐化工、精细化工等各个领域，品种繁多、门类齐全，形成了以特色优势和技术专长为核心的竞争能力，具有为大型生产装置和高新技术产业固定资产投资提供全过程技术性和管理性服务的综合实力，推动了化工工程勘察设计全面进步。

在化肥工业设计方面，掌握了煤、油、气为原料和多种工艺路线生产体系，后加工有尿素、硝铵、碳铵、硫铵、磷铵、硝酸磷肥、普钙、钙镁磷肥、硫酸钾、氯化钾、微量元素等10多个化肥品种。自行开发设计的50万吨/年二氧化碳气提法尿素装置达到国外同类装置水平，对引进的30万吨大化肥采用各项新技术成功进行了改造和扩建，24万吨/年磷铵、20万吨/年合成氨生产技术装备国产化达到较高水平。农药工业设计，经过基建、扩建和技术改造，不断更新换代，进行新的品种设计，高效、低毒、低残留农药取代高毒、高残留农药，形成了比较完整的农药生产体系。

在基本化工原料设计方面，掌握了以乙烯为龙头的有机化工原料和烧碱、纯碱、硫酸等无机化工原料的生产技术。对引进年产30万吨乙烯成功进行改造和扩建，年产4千吨级聚四氟乙烯、万吨级有机硅、聚氯乙烯以及氯化法钛白等具有重大意义的科技开发成果实现了工业化，年产20万吨硫酸、1万吨离子膜烧碱等生产技术装备国产化达到较高水平。橡胶工业设计，子午线轮胎生产技术国产化取得重大突破，形成了以30万套/年子午线轮胎工业性生产技术。医药工业设计，在抗生

素、合成药、制剂和洁净技术、中药、农药、生物工程等各类药物工程设计技术一直处于国内领先水平。

为国防尖端技术和新兴产业提供了各种特殊性能的专用化工产品设计，如高能燃料、高分子材料、生物化学品、精细化学品等，为中国的国防建设、航空航天、医药卫生、汽车、通讯、电子等新兴产业的发展做出了突出贡献。一批精细化工勘察设计技术开发成果也向工业化推进。三废治理、综合利用、环境保护等设计技术也有显著进步和提高。

（二）努力创建优质工程，不断创新科技成果

据不完全统计，到2003年化工勘察设计行业具有甲级设计资质的单位132家，具有乙级设计资质的单位240家；具有甲级勘察资质的单位29家，具有乙级勘察资质的单位9家。其中有53家获得工程总承包资格，52家获得甲级工程咨询设计执业资格，49家获得乙级工程咨询设计执业资格，有10家取得了对外设计和工程承包资格。化工勘察设计企业的总体业务水平明显提高，在国内工程建设市场上的竞争能力显著增强。

2000年以后，由化工勘察设计企业承担的大型、重点工程项目在全国各地建成投产。华陆工程公司设计国内第一套国产化2万吨/年苯酐装置、国内第一套炔醛法生产丁二醇三维2.5万吨/年1,4-丁二醇装置一次开车成功，赛鼎工程有限公司（原化工第二设计院）设计全国第一座70万吨/年焦炭临汾炭化室高4.3米大型捣固型焦炉及多个60～100万吨/年焦炭和180万吨/年洗煤工程相继投产，五环工程公司设计30万吨/年大颗粒尿素装置、60万吨/年尿基氮磷钾项目顺利投产，南化设计院设计的30万吨/年尿基氮磷钾项目和多个30万～40万吨/年硫黄制酸项目，上海华谊工程有限公司设计完成的多个40万吨/年聚氯乙烯、50万吨/年氯乙烯和60万～120万吨/年烧碱等大型项目陆续建成投产。华陆工程公司作为化工行业唯一具有国防化工甲级资质的企业，努力开拓相关业务领域，在包括肼类及四氧化二氮、润滑油类、有机类、重金属类及酸碱类在内的危化品处理方面取得技术突破。

2002年化工勘察设计行业获得国家级工程项目管理优秀奖10项，获得工程总承包奖49项，其中金钥匙奖5项，银钥匙奖13项，优秀奖31项。从2002年到2006年，化工勘察设计行业获省部级以上优秀工程设计奖72项、优秀工程勘察奖41项、优秀工程咨询成果奖80项，其中全国优秀设计奖21项、优秀工程勘察奖2项、优秀工程咨询奖15项。其中四川天一科技股份公司（原西南化工研究设计院）变压吸附

气体分离技术及成套装置获国家科技进步一等奖。中蓝连海院贵州瓮福磷矿工程和青海100万吨/年氯化钾工程设计分别获国家优秀工程设计金奖，东华工程公司用低级烯烃连续生产仲醇的工艺方法专利获中国专利金奖，宁波万华16万吨/年MDI工程获国家优质工程金奖。

国药集团重庆医药设计院有限公司（简称重庆医药院）2011年后获得国家及省部级奖项17项，获专利和专有技术30多项。吉林省石化设计院完成各类工程项目200多个，获省部级奖40多项。中化地质郑州岩土工程公司（原化工部郑州地质工程勘察院）10多项工程获省部级以上奖励。

（三）践行“一带一路”深耕国际化工工程市场

2000年国务院转发外经贸部、外交部4部委《关于大力发展对外承包工程的意见》，要求国内承包公司开发占领国际工程市场。已经进入国际工程市场的化工勘察设计企业认真总结经验，进一步完善适应国际工程市场要求的体制机制。其他大中型企业按照创建国际型工程公司标准和要求改革体制机制，陆续承揽海外工程设计业务。到2003年，化工勘察设计企业在近30个国家和地区承揽业务，对境外项目进行全过程的工程总承包和项目管理服务，成达工程公司和天辰工程公司跻身全球225家工程承包商和200家设计公司行列。

进入新世纪，天辰工程公司在“一带一路”沿线国家在建项目超过110个，合同额超过100亿美元，营业收入对公司贡献率达到70%。在阿尔巴尼亚、加蓬、哈萨克斯坦、巴基斯坦、格鲁吉亚、土耳其和沙特等国承接化工、石化、能源等多个总承包项目，至今海外业务已遍布30多个国家和地区，并在巴基斯坦捐赠15MW太阳能电站，为平民百姓家庭免费提供电能。成达工程公司以“建设—租赁—转让”（BLT）模式承建印尼尿素储运系统项目，以“建设—拥有—经营—转让”（BOOT）模式承建印尼燃气蒸汽联合循环电站项目，对12个海外项目开展融资，融资额超过35亿美元，近年来又承建了美国化学烧碱项目、越南电站项目、俄罗斯日产5400吨天然气制甲醇项目、沙特化学品储罐项目，并实现数字化交付。东华工程公司相继承接伊拉克、越南和伊朗总承包项目，先后在智利、孟加拉、韩国、突尼斯、刚果（布）等10多个国家承揽化工、化肥、乙二醇等20项工程。五环工程公司在巴基斯坦、越南等国总承包新建和改扩建化肥项目。华陆工程公司承接哈萨克斯坦和巴基斯坦等国石化和炼油总承包和改造工程。四川晨光工程设计院先后在波兰、土耳其等国家和中国香港、中国台湾等地区承接工程20多项。

（四）广泛运用先进信息技术

随着信息技术的迅猛发展，计算机在工程勘察设计上得到广泛运用。在世纪之交，各勘察设计企业基本实现了用CAD出图，提高了勘察设计质量和效率。之后，各企业重视对计算机和信息技术人员的培养和使用，普遍装备了各种超级小型机、CAD工作站、大量微机和终端，并通过引进和自主开发实现工程软件系统配套，能够应用工程设计软件对各种规模的项目、装置进行设计。全面推行工程项目管理软件，对工程项目进行质量、进度、费用控制。大型化工勘察设计单位建立了大型工程项目和公司局域网、数据库，专线与现场连接，实现了数据处理信息化、文件和信息传递网络化。信息技术的广泛应用，明显地提高了勘察设计企业的整体水平和在国内外工程市场的竞争能力。

进入新世纪，工程公司一级的项目和文件服务器投入运行，所有项目的数据和员工的重要工作数据得以在后台保存。公司网络系统升级到带冗余的万兆主干、千兆到桌面，并集成了楼控、监控和信息发布等建筑智能化系统。现在总部与国内外分公司和项目现场的网络连接快速、稳定，给企业发展提供了动力支持。企业建立了WEB站点，引进了PDS三维工厂设计、Aspenplus化工过程模拟等大量软件，开发了公司电子邮件自动分发系统，实现了以网络为支撑、专业CAD技术应用为基础、工程信息管理为核心、设计与管理一体化的应用集成系统，推行BIM和3D设计取得良好效果，推广智能化和数字工厂建设取得积极进展。

二、实行工程总承包和项目管理

（一）开展工程项目管理和总承包

世纪之交重组的石化工程公司（SEI），在中石化系统实现了勘察设计企业强强联合，成为石化系统勘察设计的领军企业，具备了以设计为主体的全功能、实体性、国际型工程公司的坚实基础。从2002起，以设计为主体的工程总承包和项目管理承包（PMC）方式成为公司经营的主要组成部分。总承包业务形式多样，既有设计、采购、施工（EPC）承包，也有设计、采购（EP）承包；既有独立承包，也有与国际工程公司合作承包；既有石化项目总承包，也有环保、煤液化项目的总承包，进入全球225家工程承包商和200家设计公司行列。2008年获得国家首批工程设计综合甲级资质，工程总承包业务快速发展，大型化技术取得明显突破，工程项目成果丰硕。相继建成青岛大炼油等一批千万吨级炼油项目、武汉乙烯等一批百万吨级乙烯项目、福建炼油乙烯等一批大型炼化一体化工程、神华煤制油和普光天然气等一批替代石油资源工程和黄岛国家石油储备基地，中天合创煤化工项目、涪陵和天津等地液化天然气（LNG）项目相继建成，还承担了中海壳牌南海石化工程项目管理总承包等。

洛阳工程公司2012年工程总承包完成合同额91亿元，在全国勘察设计单位排名第6位。中石化石油工程设计有限公司（原胜利油田设计院，简称石化工程设计公司），作为油田主力设计企业之一，仅2017年就完成重点工程70多个项目，其中包括国内首例15万立方米储油罐地基与基础监测，月东油田A1、A2平台海上设施工程，广西液化天然气（LNG）项目粤西支线等总承包工程。中国石化集团上海工程有限公司（原上海医药院，简称上海石化工程公司），2002年与金山工程公司和高桥石化设计院进行重组，成为具有EPC总承包能力及融资功能的工程公司，完成化工、石化、石油天然气和市政建设等多项总承包和项目管理任务。中石化宁波工程公司（简称宁波石化工程公司）是中石化大型非标设备制造基地，先后完成岳阳、湖北、安庆三大化肥煤气化项目及45万吨/年聚乙烯、80万吨/年乙烯等工程项目。齐鲁石化工程公司参加了国内多项大型乙烯工程及部分大炼油、大氯碱、大型煤化工、多晶硅等工程。

（二）不断提高石化工程技术水平

中国石化工程建设有限公司（SEI）致力于先进炼化技术的工程转化，全面掌握具有国际先进水平的大炼油、大乙烯、大芳烃以及天然气净化、液化与储运的工艺和工程技术，成功实现了煤直接液化、煤制烯烃、生物柴油、生物航煤等自主研发技术的工业应用，形成近800项专利和专有技术。“十二五”时期，乙烯裂解、分离成套技术实现了乙烯技术的完全国产化，甲醇制烯烃（S—MTO）成套技术是中国第一套具有自主知识产权的全流程技术，达到国际领先水平。逆流连续重整、生物航煤、新一代S Zorb、第三代聚丙烯及气液法聚乙烯等技术开发取得多项成果，在系统用能优化、低温余热资源优化利用、工业炉强化传热等节能技术上取得重要进展。承担国家和中石化各类科研项目320多项，获得省部级以上科技奖励144项，拥有各项专利190项，专有技术97项。其中特大型超深高含硫气田安全高效开发技术及工业化应用和高效环保芳烃成套技术开发及应用项目先后荣获国家科技进步特等奖。

洛阳工程公司研发出重油催化裂化、渣油加氢、延迟焦化、超低压连续重整、灵活多效催化裂化（FDFCC）、重油直接裂解制乙烯（HCC）、甲醇制低碳烯烃（DMTO）、煤间接合成油、煤直接液化、可再生法催化裂化烟气脱硫（RASOC）等工艺和工程技术。

此外还有石油工程设计公司、上海石化工程公司、石化南京院、宁波石化工程公司、齐鲁石化工程公司和大庆油田工程公司等一批具有核心技术竞争力的石化工程公司在国际国内市场的激烈竞争中迅速成长。上海石化工程公司承担华北制药1500吨/年青霉素生产线工程获全国优秀工程勘察设计金质奖，拥有专利301项，发明专利184，成套技术和专有技术59项。石化南京院80万吨/年硫黄制酸装置方案设计、250万条/年轮胎工程、综合利用低温转化法硫基氮磷钾副产盐酸联合生产聚氯乙烯新工艺等20多个工程项目和设计技术获国家和部省级奖励。宁波石化工程公司获全国工程总承包金、银、铜钥匙奖4项，国家级科技进步、优秀设计、优质工程奖37项，有多个项目获省部级奖励260多项，拥有专利和专有技术310多项。齐鲁石化工程公司2000年以来8万吨/年丁苯橡胶装置等6个项目获中国建筑工程鲁班奖，镇海炼化100万吨/年乙烯装置获国家优质工程金质奖，拥有专利、专有技术45项。

（三）把“走出去”与“一带一路”倡议紧密对接

石化工程公司（SEI）拥有国家进出口企业资格证书、劳氏管理体系转版认证等对外业务资质，多年来积极拓展海外市场，承接和完成了一大批大型石油、炼油和石化工程项目。2000年从承担里海周边国家石油串换项目（CROS项目）开始，陆续完成伊朗阿拉克炼厂扩建和产品升级项目总承包、伊朗ARUP总承包、马来西亚RAPID项目和TITAN乙烯裂解炉总承包项目，以EPCC模式承建泰国聚丙烯工程项目，将BL-R型9万吨/年气体裂解炉首次全套出口至马来西亚。

洛阳工程公司自主或与国内外工程公司合作，先后承担一批具有国际影响力的海外大型EPC项目共35项，项目分布亚、欧、非洲等国家和地区。石化工程设计公司先后承揽和执行了科威特、伊拉克、秘鲁、肯尼亚等10多个国家的油气田地面工程、储罐工程和改造项目的工程设计，完成印尼SES天然气项目、美国EDC项目等工程总承包。上海石化工程公司合作完成荷兰阿克克瓦那项目，自主完成沙特聚酯项目、哈萨克斯坦石油化工一体化项目、马来西亚国家石油聚烯烃自动化立体仓库总承包项目等。宁波石化工程公司完成沙特变电站EPC、俄罗斯AMUR项目、印度石油焦制氢等总承包项目。石化南京院完成德国、荷兰、美国、意大利、日本等20多项国际招标外资工程。

2013年以后，中石化勘察设计系统把实施企业“走出去”发展与国家“一带一路”战略紧密结合，积极参与国际工程市场竞争，用优质工程质量向工程所在国充分展示了中国企业和工程技术人员的科学严谨作风和诚实守信品格。

三、提高石油系统工程技术水平，开拓国际国内两个市场

（一）改革调整石油化工勘察设计体制机制

2016年中石油决定对工程建设业务实施重组，以原中油工程公司（CPECC）和原中油工程设计公司（CPE）为基础，整合油气田地面建设工程设计和施工业务，组建中国石油工程建设有限公司（CPECC，简称中油工程公司）。公司下设10个国内分公司和16个国外分公司，拥有工程设计综合甲级、施工总承包特级、工程勘察综合甲级等资质，具备为油气田地面工程建设提供全套解决方案的能力。

中国寰球工程有限公司（简称寰球工程公司）2005年整体进入中石油后，先后将第六建设公司和兰州、抚顺、独山子工程公司纳入公司管理，后与东北炼化公司合并重组，使公司拥有15家直属企业、13个海外全资子公司、3个海外合资公司和16个海外办事处。重组后公司充分发挥专业化、规模化和区域优势，工程建设能力大幅度提高，2011年和2012年营业额在全国勘察设计行业排名第一。

2000年经国家经贸委批准，由中海油5家全资子公司中海石油平台制造公司、中海石油海上工程公司、中海石油工程设计公司、中国海洋石油南海西部公司、中国海洋石油渤海公司共同发起成立了海洋石油工程股份有限公司（OOEP，简称海油工程公司），成为国内唯一集设计、建造和安装为一体的大型海洋工程企业。

（二）圆满完成国内石化工程建设任务

中油工程公司（CPECC）在国内以重点油气田基地和重点炼化基地为主战场，2017年公司重组正式运行第一年就承揽国内项目2987项，重点项目26项，总承包项目50个。陕京四线一和三标段、中靖线一标段、山西大同液化调峰等项目顺利投产，呼图壁储气库采气系统完善保供项目按时完工，塔里木凝析气轻烃回收、中海油惠州二期催化裂化装置、云南石化重整芳烃联合装置和华北、大连、大港、宁夏

石化等检维修项目安全投产。全年新签合同额503亿元，比上年增长79%；实现营业收入232.6亿元、利润6.9亿元，超额完成年度生产经营指标，全面完成辅业经济指标，经营成果好于预期。

2008年后，中油工程公司各分公司经过资产和业务重组，充分利用各自优势，在全国各地承建油田和炼油工程项目。华东分公司完成大港油田、大庆炼化等炼化勘察设计项目29项，格林输油管道油气库储运、黄岛地下储库等石油工程8项，抚顺石化240万吨/年焦化装置、呼石化500万吨/年炼油改造等总承包项目9个，实现1000万吨/年炼厂设计能力，成为石油炼油设计指导院。新疆分公司开发建设了克拉美丽气田、风城油田和环玛湖油田。西南分公司完成高含二氧化碳长北气田、威远页岩气地面集输工程等10多项重点工程。

（三）积极开拓海外石化工程市场

随着对外开放的不断扩大，一批石油工程企业积极“走出去”，参与到国际石油工程市场竞争中。

在新世纪，中油工程公司承担了中石油海外80%以上油气田地面工程和国际公开招标炼油工程，业务辐射全球27个国家和地区，成功进入阿联酋、伊拉克等国外高端油气市场。仅2017年执行海外工程93项，重点项目12项，国外EPC项目49个。相继在阿联酋、乍得等多国完成一大批国外石油公司的油气田设施和炼油项目。近20年来，中石油在海外建立了美洲、非洲、中东、中亚、亚太5大油气合作区，建成连通俄罗斯、缅甸、中亚、海上的4大油气战略通道，构建了亚洲、欧洲、美洲三大油气运营中心，在国际油气市场中的影响力日益凸显，抵御能源安全风险的能力不断增强。中海油工程公司以具有国际先进水平的近海作业技术和价格优势，在国际海洋石油工程市场上显示出强劲的竞争力。先后为菲利普斯、雪佛龙、BP、壳牌、现代重工株式会社等国际知名客户提供优质海油工程服务，多次到中东、东南亚和韩国海域成功进行工程施工作业，在印尼SES项目中提前完成了168公里海底管线铺设。获得科麦奇、壳牌等多个国际能源公司授予的优质工程、安全施工证书和最佳承包商等荣誉，成功进入东南亚和中东等海域的国际海油工程技术服务市场。山东化工规划设计院划归中海油后，合作完成了伊拉克米桑油田地面工程BUT UPGRADE&NEW CPF和天然气处理厂的详细设计和工程总承包。寰球工程公司现已在40多个国家和地区开展国际经营业务，近年来承接了古巴、委内瑞拉、马来西亚、乌兹别克斯坦等国一批大型工程总承包项目，连续20年进入ENR国际承包商250强和国际设计公司225强。中油管道工程公司与国际接轨的一体化管理体系上线运行后，逐步形成了辐射欧洲、非洲、中东、东南亚、大洋洲和南美洲的国际化战略布局，业务遍布20多个国家和地区，连续13年入围国际工程咨询商225强。大庆油田工程公司先后进入孟加拉、蒙古、阿尔及利亚、缅甸等国家和地区，承接多项海外工程，2007年入选ENR全球承包商225强。

（四）不断提高石化工程技术创新能力

2000年以来，在国内外大规模工程建设过程中，中国各大石油工程企业不断提高技术创新水平和科研开发能力。

中油工程公司研发了5大系列62种科技产业化产品，形成了大型油田集输处理、天然气集输处理、天然气净化、LNG等油气田地面工程领域10大核心技术，具有雄厚的勘察设计技术实力和研发能力。

寰球工程公司坚持“产学研设”科技创新结构体系，有效提升了技术实力和市场竞争能力。到2018年底，公司拥有204项成套、单项和工程化技术，其中包括千万吨级炼油系列技术、百万吨级大型乙烯工业化成套技术、3052万～4580万吨大型合成氨尿素成套技术、大型LNG接收站和液化技术、16万～30万立方米大型LNG储罐设计建造技术。先后完成了40多套聚丙烯、30多套聚乙烯建设项目，丙烯酸、丙烯酸酯、ABS树脂等技术达到国际先进水平。

四、化工施工建设高质量发展，加快向国际型工程公司转型

（一）出色完成国内外大批优质工程施工建设

进入新世纪后，化工施工建设行业发挥在化肥工程、化学工程、炼油工程、石化工程建设中的专业优势，形成尿素、空分、气化、净化装置以及甲醇、丙烷脱氢、乙烯、聚乙烯、聚丙烯、联合异氰酸酯等方面的施工优势，向国内和世界各地的业主交付大量优质工程。

在国内工程建设中，建成中海油海南大化肥项目，云南云天化年产50万吨合成氨项目，呼伦贝尔金新化工公司年产50万吨合成氨、80万吨尿素项目，上海华谊化工公司安徽无为焦炭联产甲醇工程一期年产60万吨甲醇项目，安庆石化总厂年产200万吨催化裂化装置等一大批国家重点大化肥、大炼油项目。承建的神华宁夏煤

业年产400万吨煤间接液化合成气和空分装置、新疆广汇煤炭清洁炼化年产3000万吨煤炭提质综合利用项目等一批国家重点煤化工项目。承建浙江石化舟山、连云港盛虹、大连恒力等千万吨以上炼化一体化项目。

2017年以来，化工施工建设行业主动对接服务国家重大战略，参与长江大保护、长三角一体化发展、军民融合、海绵城市、“退城入园”新基建以及环境治理和保护等项目建设，建成一大批基础设施、民用建筑等大型和新型基建项目。

在国外工程建设中，2001年以来，化学工程公司系统先后建成孟加拉国吉大港年产24万吨磷铵项目、越南金瓯化肥项目、越南蓉橘炼油厂650万吨/年炼油装置、老挝甘蒙50万吨/年氯化钾项目、俄罗斯鞑靼斯坦化肥项目、乌兹别克斯坦乌德赫卡那巴德20万吨/年钾肥项目等。2019年6月，中、俄两国元首在克里姆林宫共同见证，化学工程公司签署投资15亿美元的俄罗斯德卡化肥公司甲醇项目协议。同年10月又签订俄罗斯波罗的海化工综合体项目总承包合同，合同金额120亿欧元，这是全球最大乙烯一体化项目和石化领域单个合同额最大项目。承建投资80亿元的印度塔奇尔化肥项目，则是全球单系列产能最大的煤制化肥项目。

（二）“两化融合”助力化工施工行业实现核心技术突破

进入新世纪后，面对日益激烈的国际竞争，化工施工企业积极构建以企业为主体、以市场为导向、产学研用深度融合的技术创新体系。2007年6月，化学工程公司牵头国内16家高校和企业集团，组建新一代煤（能源）化工技术创新战略联盟。依托该联盟，建立起产学研相结合的技术创新平台，攻关、突破煤化工产业发展的技术瓶颈。到2019年底，化学工程公司拥有国家级企业技术中心12家、国家能源研发中心1家、省级企业技术中心5家、省级工程技术研究中心8家、高新技术企业19家。

这一时期，化工施工行业取得一大批核心技术突破。在大型设备吊装与特种设备安装、大型机组安装与调试、大型低温储罐建造、复杂工况施工及特种材料焊接、自动化焊接机器人、复杂自控系统安装与调试等现代化施工领域，培育出一批关键核心技术。第二化建公司研制出世界陆地起重量最大的起重机——6400吨液压复式起重机，显著缩减了吊装数千吨大型设备的周期及吊装成本，在内蒙古伊泰杭锦旗120万吨/年精细化学品示范项目和哈萨克斯坦IPCI项目等国内外多个大型工程建设中屡建奇功。第三化建公司在国内首创大型火力发电间冷钢塔建造技术，在新疆信友奇台电厂、华能宁夏大坝电厂四期工程中成功应用，填补国内空白。第六化建公司联合研制的全位置自动纠偏焊接机器人，成功应用于连云港盛虹炼化一体化项目。第十四化建公司研发的大型低温储罐制作安装和配套设施建设技术，在南通广汇能源16万立方米LNG储罐扩建等项目中成功应用。

信息化技术已得到充分运用，向项目管理的全过程和各专业延伸，促进化工施工行业蓬勃发展。2016年第三化建公司在施工行业首家通过国家工信部“两化融合”管理体系评定。化学工程公司已经形成“一个平台”（网络硬件平台）“六大系统”即“综合项目管理系统、财务管理系统、人力资源管理系统、协同办公与门户系统、企业视频会议系统、施工现场劳务人员实名制管理系统”，开发出建筑信息模型（BIM）技术、智慧建造应用成果、建立设备材料“云采集”平台系统。“云计算”“互联网+”等先进信息技术，促进化工施工建设行业信息化管理水平不断提升。

到2019年，化工施工建设行业已经形成地基与基础工程、建（构）筑物工程、设备基础工程、钢结构工程、设备制造与安装工程、管道敷设工程、防腐与绝热工程、电气仪表安装调试工程、工业清洗工程、无损检测工程、试车、保运等全过程的专业化专有施工技术系列，拥有一大批核心专利技术和工法标准。推行“工厂化预制、模块化安装、机械化作业、自动化焊接”的“四化”施工，促进了施工效率和质量管理水平的提升，为建设优质工程提供了有力保障。到2019年底，化学工程公司系统累计获得专利授权3023项、专有技术认证202项、国家及省部级工法认定315项、主编参编国家和行业标准323项，获国家级和省部级科学技术奖370项，中国专利142项。

上卷附表

附表 1　1949 ~ 2019 年化工行业基本情况统计

年份	企业单位数 / 个	进口总额 / 亿美元	出口总额 / 亿美元	总产值（主营业务收入）/ 亿元
1949 年	1329			1.7
1950 年	2130			2.9
1951 年	2379	2.1	0.6	4.8
1952 年	3140	1.2	0.2	7.2
1953 年	3684	1.4	0.3	9.4
1954 年	3908	1.3	0.3	12.1
1955 年	3590	1.3	0.3	13.2
1956 年	2821	1.7	0.6	19.6
1957 年	2321	1.8	0.9	24.4
1958 年	11299	2.1	0.8	46.2
1959 年	7539	2.2	0.7	64.8
1960 年	6688	2.0	0.6	76.9
1961 年	4155	1.4	0.4	48.4
1962 年	2843	1.3	0.5	43.0
1963 年	3916	1.7	0.5	50.5
1964 年	3662	1.9	0.7	63.4
1965 年	3723	2.9	0.8	78.3

续表

年份	企业单位数 / 个	进口总额 / 亿美元	出口总额 / 亿美元	总产值（主营业务收入）/ 亿元
1966 年	3271	3.4	0.8	100.1
1967 年		3.5	0.6	90.2
1968 年		4.2	0.5	85.1
1969 年		4.7	0.6	124.8
1970 年	4644	4.2	0.6	150.1
1971 年	6284	3.8	0.8	177.1
1972 年	5249	4.4	1.0	192.2
1973 年	8140	6.4	1.6	214.0
1974 年	6446	8.6	2.5	202.5
1975 年	7806	9.8	2.5	236.2
1976 年	8797	8.1	2.3	233.0
1977 年	9337	10.4	2.4	276.6
1978 年	8920	13.6	2.8	355.2
1979 年	7362	17.8	5.1	385.3
1980 年	6387	25.3	7.8	411.0
1981 年	6016	24.2	7.6	404.9
1982 年	5968	28.4	4.8	441.7
1983 年	5970	31.0	5.4	491.8
1984 年	6035	40.8	5.5	465.6
1985 年	6160	30.4	5.4	490.8
1986 年	6257	29.5	7.1	528.3
1987 年	6381	42.2	18.8	607.3
1988 年	6380	76.3	25.9	686.0

续表

年份	企业单位数 / 个	进口总额 / 亿美元	出口总额 / 亿美元	总产值（主营业务收入）/ 亿元
1989 年	6570	80.9	31.8	728.0
1990 年	6668	69.8	38.6	770.6
1991 年	6564	96.1	40.0	3017.9
1992 年	6337	123.6	54.3	3356.2
1993 年	6139	142.7	67.2	3633.5
1994 年	6231	128.3	87.6	4016.5
1995 年	6341	181.2	116.1	4595.3
1996 年	5917	193.0	124.0	5121.4
1997 年	5501	201.6	143.4	5640.7
1998 年	4275	208.9	141.3	5780.4
1999 年	13071	250.4	144.5	5548.0
2000 年	13362	306.2	171.0	13437.7
2001 年	13695	510.00	225.04	12743.1
2002 年	14527	603.23	249.15	13565.7
2003 年	15713	814.73	318.78	18403.0
2004 年	17856	1177.21	409.24	24666.1
2005 年	22011	1430.70	563.89	33762.4
2006 年	24159	1794.02	663.30	42601.9
2007 年	27976	2180.08	1017.79	53198.7
2008 年	34742	2948.28	1312.90	66817.4
2009 年	35412	2280.63	990.08	66417.8
2010 年	36341	3244.61	1343.20	87626.6
2011 年	26825	4348.05	1723.41	110510.4

续表

年份	企业单位数 / 个	进口总额 / 亿美元	出口总额 / 亿美元	总产值（主营业务收入）/ 亿元
2012 年	27208	4640.05	1735.89	121361.5
2013 年	28652	4703.06	1803.16	133199.8
2014 年	29134	4787.29	1967.47	140562.6
2015 年	29765	3442.37	1820.47	131434.9
2016 年	29624	3069.52	1708.71	132853.2
2017 年	29307	3903.97	1929.77	137829.1
2018 年	27813	5122.56	2310.14	123982.3
2019 年	26271	4952.64	2269.49	122723.3

注：1.1983年前数据来自于化学工业部科学技术情报所编《世界化学工业年鉴1984》统计。其中产值数据仅为化工系统（不包括石油工业）并按1980年不变价格计算。

2.1984 ~ 1990年数据来源于化学工业部科学技术情报所编各年《世界化学工业年鉴》，产值按1980年不变价格计算。

3.1991 ~ 1998年数据来源于化学工业部科学技术情报所编各个年度《中国化学工业年鉴》，产值为“大化工”口径统计（包括石油加工）并按1990年不变价格计算。

4.1999 ~ 2019年为石化联合会市场信息部提供石油和化学工业全行业数据。其中2001 ~ 2010年为产值，2011 ~ 2018年为主营业务收入，2019年为营业收入。2001年后总产值按当年价计算。从2011年起，按照国家统计局口径，行业规模以上的企业标准为：销售收入2000万元以上（之前为500万元以上）。

附表 2　中国工业及化学工业产值 / 主营增长速度　　单位：%

时期（年份）	全国工业	化学工业
“一五”时期（1953 ~ 1957 年）	18.0	328.7
“二五”时期（1958 ~ 1962 年）	3.8	12.3
调整时期（1963 ~ 1965 年）	17.9	22.8
“三五”时期（1966 ~ 1970 年）	12.0	13.9
“四五”时期（1971 ~ 1975 年）	9.3	10.4

续表

时期（年份）	全国工业	化学工业
“五五”时期（1976 ~ 1980 年）	9.6	9.0
“六五”时期（1981 ~ 1985 年）	12.0	7.0
“七五”时期（1986 ~ 1990 年）	13.2	9.4
“八五”时期（1991 ~ 1995 年）	22.2	11.1
“九五”时期（1996 ~ 2000 年）	9.4	10.2
“十五”时期（2001 ~ 2005 年）	22.8	23.8
“十一五”时期（2006 ~ 2010 年）	21.7	23.4
“十二五”时期（2011 ~ 2015 年）	7.8	9.5
2016 年	5.0	2.6
2017 年	12.2	3.6
2018 年	10.0	-10.9
2019 年	5.7	1.3

注：1.“一五”至“十一五”时期化学工业包括：化学矿、基本化学原料、化学肥料、化学农药、有机化学品、合成材料、专用化学品、橡胶制品及化工和橡胶工业专用设备；增长速度按工业总产值可比价格计算；1998 年化学工业汇总口径调整为全部国有及规模以上非国有企业。

2.“十二五”期间，全国工业为工业增加值增长速度，化学工业为主营业务收入增长速度，包括石油和化学工业。

附表 3　中国化学工业历年投资情况表

年份	化学工业投资总额 / 亿元	化工占全国投资总额的比重 /%	
		合计	其中：工业
1950 年	0.1	0.9	…
1951 年	0.3	1.3	…
1952 年	0.6	1.4	3.2
1953 年	1.3	1.4	3.5
1954 年	1.7	1.7	3.8
1955 年	1.6	1.6	3.3

续表

年份	化学工业投资总额 / 亿元	化工占全国投资总额的比重 /%	
		合计	其中：工业
1956 年	4.4	2.9	5.6
1957 年	4.9	3.4	6.1
1958 年	13.0	4.8	7.6
1959 年	14.5	4.1	6.8
1960 年	16.7	4.3	7.3
1961 年	5.5	4.3	7.3
1962 年	3.4	4.8	8.5
1963 年	5.5	5.6	11.1
1964 年	8.1	5.6	11.0
1965 年	11.2	6.3	11.9
1966 年	12.9	6.2	10.8
1967 年	8.0	5.7	11.2
1968 年	7.1	6.3	11.1
1969 年	12.1	6.0	10.5
1970 年	21.5	6.9	11.5
1971 年	21.7	6.4	10.4
1972 年	19.8	6.0	10.5
1973 年	20.8	6.2	11.1
1974 年	22.6	6.5	12.0
1975 年	42.5	10.4	17.9
1976 年	37.4	9.9	17.2
1977 年	28.8	7.5	12.8
1978 年	30.6	6.1	10.4
1979 年	26.9	5.1	9.5

续表

年份	化学工业投资总额 / 亿元	化工占全国投资总额的比重 /%	
		合计	其中：工业
1980 年	25.7	4.6	8.8
1981 年	13.0	2.9	5.6
1982 年	16.5	3.0	6.0
1983 年	19.1	3.2	6.8
1984 年	16.9	2.3	4.9
1985 年	26.0	2.4	5.8
1986 年	28.2	2.4	5.3
1987 年	33.1	2.5	4.8
1988 年	39.0	2.6	4.9
1989 年	49.7	3.2	6.0
1990 年	64.4	3.8	6.8
1991 年	78.2	3.7	6.8
1992 年	99.0	3.3	6.8
1993 年	114.2	2.5	5.7
1994 年	179.3	2.8	6.5
1995 年	213.5	2.9	6.6
1996 年	227.1	6.3	9.7
1997 年	231.9	5.9	9.7
1998 年	227.5	5.0	9.3
1999 年	302.6	6.7	12.0
2000 年	455.5	7.0	12.0
2001 年	329.2	5.6	9.2
2002 年	840.7	5.8	8.6
2003 年	1338.4	6.2	8.3
2004 年	1920.4	3.4	8.3
2005 年	2659.3	3.3	7.5

续表

年份	化学工业投资总额 / 亿元	化工占全国投资总额的比重 /%	
		合计	其中：工业
2006年	3482.8	3.2	7.2
2007年	4949.4	3.6	8.1
2008年	6561.8	3.8	8.5
2009年	7819.8	3.5	8.1
2010年	8963.1	3.2	7.6
2011年	10073.7	3.2	7.6
2012年	13971.8	3.7	8.8
2013年	16237.6	3.6	8.7
2014年	18072.3	3.5	8.7
2015年	17681.6	3.1	7.9
2016年	18273.8	3.0	7.9
2017年	17228.2	2.7	7.3

注：1950 ~ 2002年以及2007 ~ 2010年化学工业投资总额数据来源：

《中国化学工业年鉴》

2003 ~ 2006年化学工业投资总额数据来源：

董涛《2003 ~ 2008年中国石油和化学工业》

2011 ~ 2017年化学工业投资总额数据来源：

赵志平《2010年中国石油和化工行业经济运行回顾及2011年展望》

赵志平《2011年中国石油和化工行业经济运行回顾及2012年展望》

赵志平《2012年中国石油和化工行业经济运行回顾及2013年展望》

赵志平《2013年中国石油和化工行业经济运行回顾及2014年展望》

赵志平《2014年中国石油和化工行业经济运行回顾及2015年展望》

赵志平《2015年中国石油和化工行业经济运行回顾及2016年展望》

赵志平《2016年中国石油和化工行业经济运行回顾及2017年展望》

赵志平《2017年中国石油和化工行业经济运行回顾及2018年展望》

1950 ~ 2002年化工占全国总投资额比重数据来源：

《中国化学工业年鉴》

2003 ~ 2017年全国投资总额及全国工业投资总额数据来源：

国家统计局

下卷
重点子行业卷

第一章
化肥工业发展史

（1937 ～ 2019年）

随着农业的发展和科学技术的进步，人们逐渐认识到，作物生长除了从空气和水中摄取碳、氢、氧元素外，还要经常补充其他营养成分：主要有大量营养元素氮、磷、钾；中量营养元素钙、镁、硫；微量营养元素锌、硼、钼、铁、铜、锰、氯。有些作物还需要一定数量的硅、碘、钴、钠、钡、锶等，称之为有益元素。因此，人们开始研究用化学合成和机械加工的方法，生产出上述营养成分含量高、易被作物吸收利用、贮运施用方便的化学肥料。化肥工业就是生产化学肥料的工业，主要肥料种类有氮肥、磷肥、钾肥、复混肥料、中量元素肥料、微量元素肥料等。

世界化肥工业自诞生起有170余年历史。合成氨的研制成功和大规模工业生产使氮肥满足了农作物的生长需要。德国两位杰出的化学家哈伯和波许为合成氨的发明和改进做出了贡献，并因此获得诺贝尔化学奖。19世纪40年代到20世纪初叶，英国和德国先后实现了磷肥、钾肥和以合成氨为基础的氮肥的工业化生产，逐步建立起化学肥料工业。此后，含有其他营养元素的化肥也相继诞生。作为生产粮食的“粮食”，化肥对农业增产的作用，可以占到30% ～ 50%，效果十分显著。第二次世界大战结束后，为了适应世界人口的迅速增长，增施化肥成为农业增产的有力措施，由此促进了化肥工业的大发展。化肥工业成为20世纪全世界发展速度较快的工业之一。进入21世纪，化肥工业开始向高浓度、高质量方向稳定发展，同时还向高利用率、节约资源、多功能复合方向发展。

20世纪初期，中国农业就已开始使用化肥，主要是进口硫酸铵肥料。到20世纪30年代，国内开始建设氮肥生产装置，但产量很低；磷肥、钾肥几无发展。新中国成立后，在巨大且紧迫的粮食需求推动下，化肥工业迎来快速发展期。20世纪50～80年代，几十家大中小型氮肥、磷肥厂相继建立。30余年时间，化肥工业投资占据整个化学工业投资的60%有余，生产、消费双双提速。改革开放以来，化肥工业始终受到国家高度重视，发展受一系列优惠政策的支持。化肥工业自主开发出多种多样的品种，创造了多个“国内第一”“世界第一”，丰富了百姓的菜篮子、米袋子，为“三农”生产建设做出了重大贡献。中国农业取得连续增产丰收、用全球7%的耕地养活世界22%人口，化肥工业居功至伟。

中国是世界上化肥工业发展最快的国家，从1949年算起，大体上平均每年增长20%。经过数十年长足的发展，到1997年中国跃居世界最大尿素生产国和消费国。2000年，中国氮肥产量已达到2398.11万吨（折纯氮），占世界氮肥总产量的23%，居世界第一位；到2007年，中国已成为世界最大的氮肥和尿素出口国。到2018年，随着行业结构调整以及化肥使用量零增长等政策因素影响，中国合成氨及氮肥产量继续下降。到2019年，产量与表观消费量有小幅回升，当年全国累计生产合成氨5864万吨，氮肥产量3577.3万吨（折纯氮），尿素产量5475万吨（实物量）。

磷肥和钾肥方面，新中国成立以后开始发展，到2005年全国磷肥产量已达到1206.2万吨（P_2O_5），跃居世界第一位。2019年全国磷肥总产量1211.7万吨（P_2O_5），约占世界总产量的1/5。2019年中国资源型钾肥总产能762.2万吨（K_2O），已成为全球第四大钾肥生产国。

中国化肥工业的探索发展，是一个认识不断深入、理念不断升华的过程。在之前数十年“量”为主要矛盾的时期，生产足够多的化肥产品是发展的主线。进入21世纪以后，随着“质”和“效”逐渐上升为主要矛盾，化肥工业发展的重心及目标也发生了历史性的转移。尤其是2015年，中国正式开始推行化肥使用量零增长行动方案，氮肥、磷肥消费量和产量均出现下降趋势。化肥工业进入产业优化升级的重要时期，已由高速增长阶段转向高质量发展阶段，努力由世界化肥大国转型为世界化肥强国。

第一节 民族化肥工业萌发于20世纪30年代

（1937 ～ 1949年）

中国在农业耕作中使用肥料的历史源远流长，有文字记载的施肥记录最早可追溯到商代。古老的中国在耕作中使用的肥料来源主要是人畜粪便、部分自然形成的有机肥和植物焚烧留下的草木灰，可为作物提供养分。

1901年，中国台湾地区从日本引进了肥田粉用于种植甘蔗。从1909开始，中国大陆少量进口化肥并进行田间试验以推广。至1927年，沿海诸省如广东、福建、浙江、江苏等应用化肥渐广，品种主要是硫酸铵和少量的普通过磷酸钙、氯化铵，均从英、德、荷等国进口。1924 ～ 1933年10年间，中国进口硫酸铵达1500多万担（合75万吨），耗银8400余万两。由于当时社会动荡、经济萧条、生产力落后，且农民生活贫困无力购买化肥，未对国内发展化肥工业形成推动力。

20世纪30年代，中国开始生产氮肥。早期的合成氨工业主要是上海天利氮气股份有限公司和永利化学工业公司南京铔厂。在东北地区由日本人创办的满洲化学工业株式会社等日资企业生产硫酸铵，而磷肥、钾肥几乎为空白。中国的化肥工业不仅起步晚，而且发展速度和技术水平也远落后于发达国家。

一、上海天利氮气厂的建立

1932年以前，中国没有合成氨工业。爱国实业家吴蕴初深感民族化肥工业空白的落后，化肥市场被洋人垄断、化肥使用受洋货掣肘，立志于改变这种状况。加之自己创办的天原电化厂在电解食盐的过程中所产生的氢气除做合成盐酸之外，还有富余，一直放空。吴蕴初想利用放空的氢气做合成氨，再从氨做硝酸。1932年，吴蕴初赴美国考察化学工业，获悉杜邦公司因新建大厂而有意转让在西雅图的一座合成氨中间试验厂的意愿。经实地考察，他认为杜邦公司的这套装置设备先进，欲购买回国，发展合成氨生产。1933年11月，吴蕴初即与杜邦公司达成转让协议，同时积极筹备在国内建厂。

1934年1月，天利氮气股份有限公司在上海宣告成立。天利公司集资100万元，选址上海沪西白利南路（陈家渡），购地建厂，即天利氮气厂。1935年10月，设备安装完毕建成试车，日产液氨4吨。当时上海全市液氨需求量只有500千克，吴蕴初的液氨产品面临销路难题，于是他开始着手筹建硝酸工厂。他向法国另购的日产稀硝酸12吨的全套设备相继运达并进行安装调试。1936年稀硝酸出货，为硝酸铵生产提供原料。

在吴蕴初紧锣密鼓筹建天利氮气厂的同时，永利化学工业公司南京铔厂也宣告成立。面对中国化肥工业的脆弱境地，为避免国人竞争内耗两伤，共扶民族化肥工业，吴蕴初和范旭东协商一致，划定了各自的经营范围：永利在长江以北，天利在长江以南；永利以生产硫酸铵为主，天利则以生产硝酸铵为主，从而形成了所谓“南吴北范”的格局。

天利氮气厂合成氨工艺采用改良的哈伯法：利用氢气与氮气在高温、高压、催化剂等条件下进行合成，强冷却而得液氨。天利氮气厂的硝酸生产能力为1600吨/年，硝酸铵、硝酸钙等共500吨/年。国民政府曾核准给予在上海市享有5年专利，并免征出口税，及减低国营交通运输费等奖励。天利氮气厂投产后生产正常，经营亦颇有成效。

1937年抗日战争全面爆发后，天利氮气厂被迫停工，并将重要机件拆迁到重庆，但内迁途中设备损失严重。内迁后，曾拟与国民党资源委员会合办四川氮气公司未果。抗战胜利后，吴蕴初于1946年开始修复在沪天利氮气厂，1947年8月产出稀硝酸。后来，他又从美国进口硝酸浓缩设备，1948年10月浓硝酸也出产。面对美货大量充斥国内市场的局势，天利难以匹敌，“开工一月，停车半年”。1947年生产浓硝酸60吨，1948～1949年的一年半时间里仅生产120吨。

二、永利化学工业公司南京铔厂（硫酸铵厂）创办

自20世纪20年代到抗战全面爆发前，输入中国的化肥中以硫酸铵最多，占化肥进口总量的90%以上。为此，国民党政府于1931年计划由英、德两国公司承办设计建造大规模的硫酸铵厂，以抑制硫酸铵依赖进口和白银的大量外流。但由于这两家公司提出的条件十分苛刻，计划落空。

刚刚创办了纯碱厂的范旭东鉴于合成氨既关乎民生，又事关军工，特别是看到国家每年从英德进口肥田粉，感叹“漏卮之巨，实堪惊人”。范旭东强烈意识到“酸碱是国家工业之命脉，一旦落入外国人之手，将贻害无穷”，“要振兴以农立国

的中华，兴办氨酸工业，实是当务之急”。1929年，永利公司在《海王》旬刊上第一次透露要兴办硫酸厂的意图。1931年再度赴美的侯德榜受范旭东之托，在美国多多了解制酸、制氨的工程技术。侯德榜在美国之际对各国氨、酸工业发展情况做了充分的调研，也学习了合成氨的技术和理论。此时的永久黄经制碱业发展，技术力量已非昔日可比。1933年11月，范旭东向国民政府实业部呈文申请承办硫酸铵厂。当年实业部转发了行政院批准建设硫酸铵厂的计划，限动工后两年半内建成。此时，侯德榜被范旭东紧急召回筹办硫酸铵厂。

1934年4月30日，永利制碱公司改组成功，定名为永利化学工业公司，硫酸铔厂改名为永利化学工业公司铔厂（简称永利铔厂）。同时任命侯德榜博士为公司总工程师兼碱厂、铔厂厂长。新成立的永利化学工业公司增资扩股，加上范旭东以借贷抵押方式筹集的资金开始建设永利铔厂，厂址选在面江背山、水陆交通均宜的江苏省六合县卸甲甸。

1934年，范旭东委派侯德榜博士率领永利技术专员赴美考察、谈判，最终与美国氮气工程公司签订设计、培训合约。设计工作于1935年春完成。

国内则由范旭东全面筹划码头、厂内交通、厂房建筑等工程建设，同时开展国内定货、培训人员等工作。经过30个月的紧张建设和安装调试，永利的专家和工人克服了重重困难，到1936年12月，永利铔厂竣工落成。1937年元月26日，第一批合格硫酸成功产出。2月5日硫酸铔也成功产出，中国自产第一袋化肥诞生。全厂联动试车成功，充分说明中国工程技术人员完全有能力驾驭技术复杂、设备先进的综合性化工厂。范旭东和侯德榜满怀振兴民族工业的自豪感抒发豪情：“基本化工两翼——酸和碱已长成，听凭中国化工翱翔矣！”。

永利铔厂建设成功，前后耗资1200万元，其日产合成氨39吨、硫酸120吨、硫酸铵150吨和硝酸10吨的规模为中国工业史所仅有，是一个设备先进的综合性化工厂，技术水平堪称东亚第一。永利铔厂筹建时设立设计组，技术人员不足10人。此后，设计组发展成设计室。1946年，设计室改名为设计科，是国内化工行业较早的设计部门。

永利铔厂合成氨工艺采用哈伯-波许法。硫酸厂则以硫黄为原料，采用接触法生产；硝酸则以铂为氧化催化剂，将氨氧化，再以水吸收而成稀硝酸。开工当年生产合成氨4044吨。

1937年，“七七事变”发生，日军全面侵华，抗日战争全面爆发。开工仅数月的永利铔厂应抗战需要，改产硝酸铵。同年8月21日，日军轰炸该厂，又在12月强占该厂。1938年1月，三井物产株式会社和东洋高压株式会社进驻，1939年5月，以敌伪合作方式组成永利化学工业株式会社浦口工业所硫铔工厂继续生产。其间，生产设备遭日军的粗暴使用而严重破坏，昂贵的硝酸设备也被抢往日本。

1945年8月抗战胜利后，永利公司接收铔厂后，经10个月的抢修，恢复生产，但产量仅有战前的三分之一。同时，永利公司立即向政府申请前往日本追索被劫设备。历经2年8个月的顽强坚持方始成功，于1948年4月11日，计有1482件、重550吨的设备由“海鄂”轮运回。铂金网则由日本赔偿后空运回厂。

1949年4月21日，永利铔厂获得解放。在人民政府的扶持下，经全厂200余名职工抢修，于当年6月复工，生产合成氨4952吨。从1937年建成投产至1949年，共生产合成氨2.3万吨。1952年，公私合营后永利铔厂更名为永利化学工业公司宁厂。

三、在云南开展的磷肥工业实验

人类很早就开始用骨粉（含P_2O_5）作为肥料。1818年，法国发现磷矿后，开始采用磷矿粉做肥料。1842年，英国首先生产普通过磷酸钙。1872年，德国开始生产重过磷酸钙。1917年，美国首次生产磷酸一铵。新中国成立前，除台湾地区在基隆与高雄有两座普钙厂外，大陆基本没有磷肥生产。

1933年，国民政府广东省政府投资480万元，在广州市郊西村兴建广东肥田料厂，从英国购进设备，拟分别建磷肥、氮肥、混合肥三部分生产装置，计划生产化肥2万吨/年。但均因抗日战争的影响，未达目标计划。

中国自主开始磷肥工业实验是在抗日战争期间的云南。抗战爆发后，大批企业和研究机构内迁，在促使云南近代工业蓬勃发展的同时，也带来对各种工业原料的需求。由于日军的封锁，海外化工原料无法进入，迫使新兴的化学工业自制产品，并就地寻找原料，云南磷矿因此而被发现。中央研究院化学研究所及经济部地质调查所等在昆明的研究性工作，对云南磷矿的发现产生直接作用。

大批企业和研究机构内迁客观上也为云南率先开展磷肥工业的实验探索提供了人才与技术支撑，推动了磷化工产品的研究和试制工作。由于抗日战争军事上的需要，制取黄磷和赤磷便成了当务之急，也开始尝试试制普通过磷酸钙。1940～1944年，地质调查所土壤研究室曾用昆阳磷矿磨粉，做盆栽肥效实验，证实在酸性土壤中肥效颇高，而在中性土壤中肥效迟缓。在该研制实验的基础上，1942年云南经济委员会集资创办裕滇磷肥厂，用55%的稀硫酸处理磷矿粉制过磷酸钙。每日耗用稀硫酸350千克，生产普钙700千克，含P_2O_5约14%。产品售给云南蚕丝新村公司，供种植桑树用。生产一年半时间即因销路不畅而停产。中国磷肥工业的尝试与孕育的苗头短暂呈现。

中国化肥工业起步发展备尝艰辛。这一时期在中国东北地区和台湾地区也有日本人设立的化肥厂：满洲化学工业株式会社的鞍山、抚顺两个炼焦厂的副产硫酸铵车间和台湾肥料有限公司，其产品以硫酸铵为主，最高产量的年份1942年只有22.6万吨。满洲化学工业株式会社是日方为满足军事需要而建设的。

抗战胜利后到1949年，永利南京铔厂和天利氮气厂先后恢复生产，但由于战争的创伤太深，民族化肥企业难以恢复到抗战以前的水准。台湾地区基隆、高雄的情形也如出一辙，部分生产厂得到恢复。1948年，全国硫酸铵产量仅为3万吨；1949年，全国合成氨和硫酸铵的产量分别为0.5万吨和2.7万吨。

第二节 开始有计划发展化肥工业

（1949～1957年）

新中国成立伊始，遭受西方国家经济封锁的中国决定自力更生发展化学工业，其中发展为农业服务的化肥工业成为当务之急。在1950年4月6日政务院通过的《关于1951年国营工业生产建设的决定》中，要求化肥产量在1950年的基础上增长122%，推动发展的计划十分迫切。在化学工业第一个五年发展计划中表明“在积极地发展化学肥料工业和适当地发展酸碱、橡胶、染料等工业的方针下，建设中国的化学工业。”其中，有关化肥工业发展的详细计划主要是：首先改建和强化现有化学肥料工厂的生产，充分发挥其设备能力，以满足当前农业的急迫需要，培养技术力量；集中主要力量进行苏联设计和一个国内设计的氮肥厂的建设工作，奠定中国现代化的肥料工业的基础。要开始发展过磷酸钙工业，并积极普查勘探磷矿资源，同时进行钾氮混合肥料的中间试验；要在5年内，在东北、华东、西北和西南新建和改建5个氮肥厂，每个厂的化学肥料产量均为10万吨。另外在华东和华北建立2个磷肥厂，过磷酸钙设计能力30万吨/年。要在5年内，使中国化学肥料的产量，增加28万吨以上。

从这一时期开始，中国进入了有计划发展化肥工业的时期。国家发展化肥工业的计划和增产意愿十分迫切，投资力度相对较大。以恢复生产和新建中型氮肥为主，通过多年努力，实现了产量的大幅增长。低浓度磷肥工业开始起步，钾肥资源开发有了实质性开展。在合成氨攻关、氮肥联碱、自力更生建设中型氮肥方面都取得了一定成绩。到1957年，全国化肥产量总计为15.1万吨。

一、氮肥工业的恢复和建设

（一）恢复生产

大连解放后，满洲化学工业株式会社更名为大连化学厂，是新中国成立后重点恢复的工业企业之一。1951年6月，合成氨、硫酸、硫铵等生产全面恢复，当年生产合成氨13093吨、硫酸44798吨、硫铵36755吨、硝酸3773吨、硝铵4437吨，为大连化学工业基地的建设奠定了基础。随后，在改扩建过程中，设计并试制成功了中国第一台175吨、2400马力（1790千瓦）的高压氮气压缩机，解决了扩能必需的关键设备，并开创了中国自制高压化工机械的先例。

永利铔厂在解放后也很快焕发了生机。1949年6月恢复了生产，当年生产硫酸铵17977吨、合成氨4952吨、硫酸14242吨。1950年，试制成功合成氨用的催化剂。1952年公私合营后改名为永利化学公司宁厂（简称“永利宁厂”），后又改为南京化学工业公司氮肥厂，生产得到进一步发展，并开始扩建。1954年，试制出固定层煤气发生炉和高压循环压缩机。1956年，实验成功多层包扎式320千克力/平方厘米（31.4兆帕）氨合成塔。20世纪50年代中期，永利宁厂用无烟块煤代替焦炭制取合成氨原料气的实验成功，为利用中国比较丰富的无烟煤资源，扩大氮肥原料来源，加快发展氮肥工业创造了条件。

自20世纪50年代起，从永利铔厂到南京化学工业公司（简称南化公司），南化为全国除台湾省之外各省、自治区、直辖市输送技术、管理和生产骨干等人才。人才主要输送到四川化工厂、江西氨厂、柳州化肥厂、广西磷肥厂、湘东化机厂、南京石油工程指挥部、扬子石化公司、404厂等70余家单位。在永利铔厂技术精英中，先后有侯德榜、姜圣阶、楼南泉、赵仁恺、谢学锦5人被中国科学院聘为学部委员或院士。这些人才在化肥、化工和其他领域，为新中国做出了巨大贡献。

经过3年国民经济恢复时期的建设，到1952年，中国化学工业的主要产品产量，都已经恢复或超过了新中国成立前的最高生产水平。1952年，全国生产化肥3.9万吨，合成氨3.8万吨。

（二）引进成套氮肥装置

1950～1955年，中国和苏联两国政府经过多次协商，确定了由苏联援助中国新建和改建156个项目，其中7个化工项目是从苏联引进成套氮肥装置，在吉林、兰州和太原3个化工区建设化肥厂，规模均为5万吨/年合成氨、9万吨/年硝酸铵。

1951年初，吉林化工厂厂长林华随同以姚依林为首的中国贸易代表团到莫斯科与苏联化学工业部门谈判。经多次商谈和对方案的修改，签订了由苏联派专家援助建设的协议。1951年，完成了吉林市江北地区的初期勘测，完成了吉林氮肥厂、吉林电石碳氮化钙厂（后称吉林电石厂）、吉林染料厂的计划任务书。1953年，苏联将初步设计送交中国，同年又陆续交付了技术设计和施工图。经国家批准，吉林化工区建设开始筹备。1954年4月，按照苏联的初步设计方案，吉林氮肥厂、吉林电石碳氮化钙厂、吉林染料厂破土动工兴建。吉林氮肥厂的设计能力为合成氨5万吨/年、稀硝酸7.7万吨/年、浓硝酸1.5万吨/年、硝酸铵9万吨/年、甲醇0.4万吨/年，是当时亚洲最大的化肥厂。1957年4月30日凌晨4时30分，新中国第一个化学肥料厂——吉林氮肥厂生产出国家急需的硝酸铵（俗称肥田粉），成为一家以生产化肥为主的大型综合化工厂。这一年，化肥厂二期扩建也全面开启。

1952年10月，国家成立西北化工厂筹备处，进行化肥厂厂址选择、勘测和设计。1956年3月，成立兰州氮肥厂，基本建设全面铺开。按照国家计委和重工业部第一个五年计划草案要求，氮肥厂要在1960年第一季度建成投产。1957年10月，兰州氮肥厂与兰州合成橡胶厂合并为兰州化工厂。兰州氮肥厂设计能力为合成氨5万吨/年、硝酸铵8.2万吨/年、浓硝酸12万吨/年、甲醇0.87万吨/年、六亚甲基四胺（乌洛托品）0.3万吨/年。1958年11月前，兰州氮肥厂全部建成投产，1959年生产合成氨5.7万吨，精甲醇1.22万吨，分别超过设计能力的14.5%和40.3%。

太原氮肥厂于1957年建设，设计能力为合成氨5.2万吨/年、硝酸铵9.8万吨/年、浓硝酸3万吨/年、甲醇1.55万吨/年、甲醛1万吨/年，1961年投产。

在这3套从苏联引进装置的建设过程中，我方工程技术人员较为完整地学到了大型化工厂的建设经验以及较为先进的设计、施工与生产技术，而且学到了企业的计划管理、技术管理和经济核算等一系列管理制度的经验。同时，也培养了一批技术人员和管理人员。这些都为今后发展合成氨工业及化学工业打下了良好的基础。

（三）合成氨自主攻关

合成氨是化肥工业的主要原料，氮肥工业的基础。合成氨工业在20世纪初期形成，之后迅速发展已成为一个独立的工业门类。

中国合成氨工业起步于20世纪30年代，新中国成立后在大力恢复原有的合成氨企业的基础上，各大新建项目纷纷上马。1952年，中国的合成氨产量为3.8万吨，此后逐年递增，1954年为7.4万吨，到1957年已达到15.3万吨。

在利用引进苏联技术建设合成氨的同时，中国也开始了自主攻关。1955年，大连化学厂合成氨新触媒还原方法和合成氨铁触媒制造分别获得重工业部化工局颁发的重大技术成就奖。

1949年开始，永利化学工业公司铔厂触媒部的技术人员余祖熙、刘潜阳等经过研究试验，先后解决了硫酸用钒催化剂载体硅藻土的精制技术和有关生产工艺问题，并攻克了氨合成催化剂的原料——磁铁矿精制技术、分析检验方法等难关，研制出合成氨用B102型中温变换催化剂（简称“中变催化剂”）和A101型氨合成催化剂，并于1950年5月建成全国第一个化肥催化剂生产车间，产品经工厂试用完全满足要求。1951年研制成功接触法硫酸用钒催化剂，生产出第一批Sl01型钒催化剂。1953年，以安徽大别山的优质磁铁矿为原料，又研制出新型氨合成催化剂A102型催化剂，质量超过了国外进口产品。之后，又开发出活性更高的A106型催化剂。在一氧化碳中温变换催化剂的开发中，先后研制出B104型、B106型等型号，其活性接近于苏联的481型。

此外，合成氨设备制造不断革新，以永利宁厂和大连化学厂为主的合成氨企业和科研机构在合成氨塔、压缩机上取得进展。1956年7月永利宁厂研制的多层包扎式高压容器爆破试验成功。这是中国自行制造的第一台高压容器（氨合成塔）。8月，国务院总理周恩来签发了奖状。评价意见认为：这是中国自己解决高压设备的开端，对促进氮肥工业、有机合成、化学工业和炼油工业的发展将起到重大作用。10月8日，国务院同意化工部颁发奖金予以奖励。

1956年，永利宁厂开发成功用焦作无烟块煤代替焦炭作为合成氨原料，开辟了制合成氨的新原料渠道，打破了合成氨非用焦炭制气不可的惯例。

但总体来说，中国这一时期的合成氨工业生产采用的大多是以煤制气为原料的传统路线，车间占地面积大，生产方式较为粗放。

（四）自力更生建设中型氮肥厂

新中国氮肥工业的发展是从建设中型氮肥厂开始的。

1956年，化工部化工研究院自行设计7.5万吨/年合成氨装置，建成了四川化工厂。在设计过程中，对永利宁厂和吉林化肥厂进行了充分研究，并结合中国国情，吸收两厂的优点，改进了工艺，缩短了流程，提高了效率，节省了投资。它的建成投产，标志着中国已经基本具备自力更生建设氮肥厂的能力。

为适应各省份发展氮肥生产的需要，1958年，化工部氮肥设计院根据四川化工厂的生产建设经验，以及永利宁厂以无烟煤制取合成氨原料气的工业化数据和生产经验，编制了5万吨/年合成氨的定型设计，相继建成了衢州化工厂合成氨分厂、吴泾化工厂和广州氮肥厂。这3家工厂的建成投产，标志着中国氮肥工业进入了自行设计、自己制造设备、自己施工建设的新阶段。之后，又相继建成投产了河南开封化肥厂、云南解放军化肥厂、石家庄化肥厂、安徽淮南化肥厂和贵州剑江化肥厂等5家中氮企业。

二、磷肥、钾肥工业起步创建

（一）低浓度磷肥生产起步

新中国成立后，农业生产对磷肥供应的需求日益突出。1951年，江苏锦屏磷矿恢复生产后，生产出磷矿粉2万吨。当时由于资金和技术方面等因素，不具备大规模建设磷肥厂的条件，国家决定在增加进口普钙的同时，组织生产一些磷矿粉，以解决磷肥供应不足。中国科学院土壤研究所李庆逵等开展了磷矿粉的肥效试验研究。1953年，江苏锦屏磷矿生产的磷矿粉产量从1951年的2万吨逐步扩大到5万吨。四川乐山磷肥厂也于1952年开始生产磷矿粉，1958年产量达到11万吨。

1953年9月，重工业部化工局在北京召开了磷肥座谈会，讨论了磷肥生产的发展方针，以及开发磷矿资源的问题，建议先着手进行以江苏锦屏磷矿为原料生产普钙的科学研究和工厂筹建工作。同时，要求地质部门加强磷矿勘探，尽快摸清资源状况。这次会议对中国磷肥工业的创建和发展具有重要的意义，此后在积极开展磷肥试验研究工作的同时，先后建设了普钙和钙镁磷肥等中小型磷肥厂，以及极少数的复合肥料厂。

期间，将发展普通过磷酸钙作为重点。1953年，重工业部化工局安排化工试验所杭州分所（后并入上海化工研究院）工程师王葆和等开始用锦屏磷矿试制普钙。1955年3月，在上海制酸厂建成了1万吨/年普钙的中间试验厂，取得了建设大型厂所需的设计数据。与此同时，一些省份也开始发展普钙生产。1952～1957年，黑龙江哈尔滨松江化学厂、辽宁辽阳化学厂、山东裕兴化工厂、湖南衡阳化工厂先后建起了6个2万～6万吨/年的普钙车间。这6个普钙车间的建成投产，形成了中国早期的磷肥工业，为后来普钙生产的发展提供了经验。

1955年9月，南京磷肥厂（原名华东磷肥厂筹备处）、太原磷肥厂计划任务书相继获得国家批准，两项目均为国家"一五"期间重点建设项目，太原磷肥厂项目总投资1435万元，年产普通过磷酸钙20万吨、氟硅酸钠842吨以及黄磷、赤磷等产品。1957年3月开工建设。

同时，开创了高炉法钙镁磷肥的生产。从1953年开始，中国研制钙镁磷肥。四川乐山磷肥厂用坩埚炉进行钙镁磷肥的配料试验，所得产物当时称为"玻璃磷肥"。由于配方不合理，未获成功。1954年，云南省工业厅生产科技组在20千伏安单相电炉内做了钙镁磷肥的试制研究，由于产品成本高，未能工业化。1955年，四川省工业厅化工局试制组工程师邬崇昆等在电炉、反射炉和竖炉中研制时，根据产物组分正式命名为"钙镁磷肥"。此后，上海化工研究院工程师刘自强等、浙江省化工研究所工程师乔关根等，以及湖南省重工业厅试验所、四川省化工厅磷肥工作组、乐山磷肥厂、兰溪化肥厂、金华化工厂等，分别在小冲天炉、小高炉和小电炉上进行试验研究和生产，均取得一定成果。

（二）钾肥资源开发有了重要起步

钾元素是农作物需要的三种大量营养元素之一，但世界钾资源的近90%集中在北美、苏联和中东地区。中国是一个钾资源缺乏的国家，造成土壤也缺钾。

新中国成立后，全国各地组织大量人力、物力寻找钾矿。20世纪50年代初，勘探探明的明矾石工业储量约1.4亿吨，主要蕴藏在浙江、安徽两省。在20世纪30年代，黄海化学工业社等曾进行过氨碱法加工明矾石，制取钾肥和氧化铝的试验研究工作。新中国成立后，上海化工研究院工程师王志铿等继续进行了试验研究工作。江苏、浙江、上海、安徽、福建等地，曾建设氨碱法的小型厂和中间试验车间，但均在短时间内停产。1956年7月12日，中国第一座年产1万吨钾肥试验车间在永利宁厂兴建。

1951年兰州大学化学系戈福祥教授上书中央，要求调查青海盐湖资源。1956年，国家颁布的《1956～1967年科学技术发展远景规划》将考察中国盐湖列入其中。1957年，由中国科学院化学研究所、地质部矿物原料研究所、化工部地质矿山局、天津化工研究院等单位组织了盐湖科学考察队，柳大纲院士担任队长，明确了以找钾、硼为主要任务。

1955～1956年，青海省交通厅公路局在察尔汗地区修筑敦格公路穿越柴达木盆地时，发现了闻名于世的察尔汗干盐滩。筑路工人挖坑取盐发现有不能食用的苦辣盐，经地质部西北地质局632队化验，地质学家朱夏指出察尔汗为巨大盐库，其盐层含钾0.40%，估计可达10%以上。为此，1956年化工部地质矿山管理局委派郑绵平等人赴察尔汗盐湖开展地质调查，发现察尔汗区段晶间卤水中含钾较高。1957年，盐湖科学考察队赴察尔汗，经过3个月大规模、系统、多学科的科学考察，在察尔汗盐湖发现了光卤石矿。这是世界大型盐湖之一，经探明钾矿石储量为1.5365亿吨。随即由化工部上海化工研究院工程师曹兆汉等会同中国科学院盐湖研究所、化工部天津化工研究院的有关技术人员对盐湖的采卤、盐田、加工工艺和设备进行了大量试验工作，为开发察尔汗盐湖、建设青海钾肥工业基地打下基础。从此，中国钾盐历史掀开了新的篇章。

三、氮肥联碱完成中试

联碱法纯碱的联产品氯化铵，是氮肥家族的新品种。作为中国纯碱工业的创新，联合制碱技术（又名“侯氏制碱法”）虽然早在1943年就已完成实验室实验，但实现工业化却在新中国。

1949年11月，侯德榜博士应重工业部邀请到大连化学厂参观，并研究恢复生产问题。针对大连化学厂和大连碱厂一墙之隔、南碱北氨的情况，侯德榜建议成立联合制碱车间。之后，在大连化学厂建设了试验车间。1951年，大连化学厂为工业化放大取得了数据。1953年，日产10吨的中试装置建成，开始全流程循环试验。此时有人提出“苏联不搞联合制碱，氯化铵不能做肥料”的意见，全流程循环试车中断。

1956年冬，侯德榜向国务院和化工部作了汇报，提出继续试验的要求。1957年5月，在化工部部长彭涛支持下，试验继续进行。同年，大连化学厂与大连碱厂合并成立大连化工厂，联合制碱一次放大到35万吨/年。后因国家经济困难，放缓了建设进度，规模为16万吨/年，并于1958年完成中试任务。经国家科委组织鉴定，认为这一成果可以在全国推广，并定名为“联合制碱法”。

第一个五年计划期间，除苏联和东欧帮助设计的化工厂外，中国自行设计了第一个5万吨/年合成氨的四川化工厂。氮肥工业的关键设备已经制造成功。1955年2月，大连化学厂试制成功2400马力（1790千瓦）大型压缩机。1956年7月，永利宁厂试制成功多层钢板包扎式高压容器，受到国务院的奖励。这些都表明，中国已具备自力更生发展氮肥工业的条件。

第三节 规模品种扩增，实现大发展 （1958 ~ 1977年）

1958 ~ 1976年，是中国化肥工业发展受到党和国家高度重视的重要时期。党中央、国务院关于发展化学工业对解决中国人民吃、穿、用问题的特殊重要意义有多次阐述，多次对化肥工业发展作出重要决定以及批示，对化肥的增产要求十分迫切。中共八届三中全会通过《1956 ~ 1967年全国农业发展纲要（修正草案）》提出，为了实现规定的农业增产目标，要大力发展化学肥料工业，把发展化学肥料工业作为一项重大任务提到全党面前。化学工业制定的“二五”“三五”“四五”发展计划以及一些远景规划如《1958 ~ 1967年化学工业远景初步规划》，都将“化学工业的首要任务是为农业服务”列为重点。要以农业为基础，大搞化学肥料和农药，促进农业的大发展。如“三五”计划提出：支援农业的重点是化肥，要研究化肥生产的最大可能性。化工部曾于1965年3月致信全体化肥战线员工，号召立即投身增产化肥的战斗中去，为增产化肥支援农业做出新贡献。到“四五”末期的1974年年初，燃化部决定动员化肥战线的全体职工，自力更生，完成3000万吨化肥生产任务，以解决农业生产对化肥的需要。

在这一时期，就是中国自主建设发展化肥工业探索的开端。以碳酸氢铵为主体的小氮肥工业实现了自主化、中型氮肥开始了自建与引进相结合的探索、通过引进国外技术建设大型合成氨和尿素装置也成功起步，氮肥工业实现了历史性的“三连跳”；磷肥工业发展实现重大突破和飞跃，过磷酸钙和钙镁磷肥等品种的生产规模跃居世界前列；钾肥工业在新中国成立初期钾盐资源勘探开发的基础上，终于实现了零的突破；复合肥也迎来了起步发展阶段。经过巩固和提升，中国化肥产品的生产规模和品种有了较大的增长，工艺技术自主化发展和建设模式创新探索也取得丰硕成果，为支持农业生产、保障国家粮食安全做出了不可磨灭的贡献。

一、“大中小”并举发展氮肥工业

1958年2月19日，中共中央将毛泽东主席提出的《工作方法六十条（草案）》转发全党。《草案》第五十二条指出：化肥工厂，中央、省、专区三级都可以设立。中央化工部门要帮助地方搞中小型化肥工厂的设计，中央机械部门要帮助地方搞中小型化肥工厂的设备。

这一时期是中国氮肥工业创新发展的重要时期，中小氮肥担纲氮肥工业发展的主力军。进入70年代，中国开始从国外引进技术先进的大氮肥装置。发展氮肥工业已拥有了较为雄厚的基础。

（一）小氮肥建设主体思路确立，碳酸氢铵得到迅速推广

1958年1月11日～22日，中共中央在南宁召开有部分中央领导同志和部分省、市委书记参加的工作会议，讨论1958年国民经济计划和预算。毛泽东主席在会上提出，中央、省、专区三级可以设立化学肥料工厂。

会后，化工部部长彭涛组织召开了技术讨论会，专题研讨小型氮肥装置的工艺技术路线和氨加工品种等问题。由于生产硫铵或硝铵必须建设相应的硫酸或硝酸生产装置，不仅投资多、建设周期长，而且需要耗用大量的铅或不锈钢材。而根据农业科研部门的试验结果，碳酸氢铵具有较好的肥效，在当时条件下也更具有可行性，此前大连化学厂已经利用石灰窑气与氨反应生产出碳酸氢铵，取得了有关物理化学性质的数据。因此，以碳酸氢铵为主体自主建设中国小氮肥工业体系的思路，就此确定了下来。

当年2月，化工部党组向党中央呈送《关于第二个五年计划化学肥料发展的报告》《关于在专署一级建设小型氮肥厂的报告》《关于在县一级建设小型氮肥厂的报告》。这些《报告》根据加速发展化学肥料工业，要发挥中央和地方两个积极性，充分利用各地资源，实行大、中、小相结合的方针，提出在县一级建设2000吨/年合成氨厂、专署级建设1万吨/年合成氨厂、省级建设大型合成氨厂的建议，并提出了规划意见。1959年12月，中央批转化工部党组《关于推广小型合成氨厂问题和发展化肥生产的长远规划问题的请示报告》，指出：“贯彻大中小相结合的方针，大力

发展小型合成氨厂，是发展化肥工业的道路。计划在一些省、自治区、直辖市试点建立示范厂，分期分批推广。”这开启了中国小氮肥工业大规模建设的新篇章。

碳酸氢铵易被土壤和作物吸收，是一种速效性氮肥，长期施用对土壤没有不良影响。碳酸氢铵生产工艺流程短、能耗低，生产成本也相对较低，适合于规模小、销售半径小的企业。由于碳酸氢铵生产与使用的独特优势及其与中国国情的适应性，在中国氮肥工业的历史上，碳酸氢铵是中国独有的氮肥品种，占据了重要的地位。碳酸氢铵产生与发展的技术创新作用及其对中国农业发展做出的巨大贡献，可以说，碳酸氢铵工业的诞生与发展，是20世纪中国化学工业伟大的工程成就之一。

化工部氮肥设计院在1万吨/年合成氨、配套生产4万吨/年碳酸氢铵的方案测算中发现，可以采用含二氧化碳较多的合成氨原料气与氨直接进行碳化制取碳酸氢铵。这样，在净化合成氨原料气的同时，又可使二氧化碳得到充分利用。随后，著名化学家侯德榜直接领导科研人员进行了试验研究工作，完整地提出了碳化法合成氨流程制碳酸氢铵工艺。化工部批复了上述设计方案，要求迅速编制实施，在北京建设化工实验厂。

此后，上海化工研究院和北京化工实验厂开始分别建设2000吨/年和1万吨/年的合成氨试验厂。随后，大连化学厂又建起了800吨/年合成氨生产氨水的小型试验装置。这些小型氮肥试验装置建成不久，各地就纷纷推广。1959～1960年，全国先后建设了近200个800吨级和2000吨级的小型氮肥厂，但很多工厂尤其是800吨级小厂效益不佳，甚至难以为继。1960年11月，国务院副总理陈云同志视察了上海化工研究院的2000吨/年合成氨、配套生产8000吨/年碳铵生产装置和上海市800吨/年合成氨厂之后指出：对小型合成氨的设计要严格认真，设备制造要专业化，已有的经验教训要认真进行总结。

1961年3月，中共中央成立中央化肥小组，加强对氮肥工业建设的领导。当年4月，中共中央批转中央化肥小组《关于加速发展氮肥工业的报告》。《报告》提出，中央已经决定把加速氮肥工业的发展，列为工业支援农业的重要任务之一。国务院于1961年4月在杭州召开座谈会，由陈云副总理主持。对氮肥的建设规模、建设部署、材料供应、设备定点制造和成套供应等重要问题进行了详细的研究，并提出了解决方法。会后，陈云代表中央化肥小组起草了给党中央关于加速发展化肥工业的报告。陈云在报告和总结中，首先详细论述了关于氮肥厂建设的布局、规模和速度以及品种问题。具体论述了要采取的六条重要措施：第一要进口重要材料；第二要定点制造设备；第三要成套供应设备；第四要保证国内材料的供应；第五要消除配套设备制造中的薄弱环节；第六要严格遵守基本建设程序。这个报告，很快得到党中央的同意，并批准了有关事项。对此，国家每年拨外汇1600万美元进口特殊材料，由化学工业部设立化肥专库，专材专用。第一机械工业部组织了120多个机械厂，成立专门的氮肥设备供应机构，对氮肥厂的设备进行成套供应。杭州会议对自力更生发展氮肥工业起了重要作用。

丹阳化肥厂是1960年10月建成投产的。该厂坚持“碳化法合成氨流程制碳酸氢铵”工艺的创新试验。丹阳化肥厂党委书记林桂荣等组织广大职工针对投产后出现的问题，认真观察试验，不断分析总结，及时消缺补漏，不断补充修改生产工艺指标和操作规程，先后于1962年、1963年闯过了技术关和经济关，达到了设计水平，实现转亏为盈，为全国小型氮肥厂实现工业化生产提供了宝贵经验。这一时期，全国性的小氮肥技术改造经验交流会多次召开。国家陆续投入资金推动小氮肥技术改造。

此后，全国多地的小型氮肥厂陆续开展了以填平补齐和适当扩大规模为内容的经济关闯关试验，800吨级厂普遍提高到3000吨/年能力，2000吨级厂一般提高到5000吨/年能力。小氮肥厂经过近8年的探索、试点、攻关和技术改造，技术已渐趋成熟。到1965年，全国正常生产的小氮肥厂达到87家，合成氨产量8.3万吨，占全国合成氨总产量的2.3%。

1966年“文化大革命”开始后，国家经济遭受到严重影响。农业生产需要大量化肥，但中型氮肥厂一时上不去，小型氮肥厂却具有建设周期短、设备容易制造、投资少、便于地方集资兴办等特点，加之小型氮肥厂一般属县管辖，自产自用，因而各县办厂的积极性很高。1968年以后，全国范围小型氮肥厂迎来迅猛发展阶段。

以江苏省为例，1965～1973年，全省建成77家小氮肥厂，每个市（县）都自办了小型氮肥厂。为了支援工业基础比较薄弱的省份，国家安排上海市从1970年起连续3年每年制造100套小氮肥设备，这对加快全国小型氮肥厂的建设发展起到了很大的作用。到1976年，中国小型氮肥企业合计已发展到1319家。

（二）自建和引进相结合发展中型氮肥

新中国氮肥工业发展壮大的开端，应当是从建设中型氮肥厂开始的。通过自建和引进相结合，前后经历了近半个世纪的艰难探索，陆续建成投产中型氮肥厂，不仅为农业增产生产了大量氮肥，而且为化工部门培养输送了大批人才、创造了许多科技成果，积累了较为丰富的经验。

1958年，化工部氮肥设计院根据四川化工厂的生产建设经验，编制了5万吨/年合成氨的定型设计，建设投资和生产成本都比吉林化肥厂等有所降低，对于加快当时中型氮肥厂的建设起了很大作用。化工部根据各地的要求，很快安排建设22个厂点。但由于布点过多，以及设备、材料和资金供应不上等原因，不少厂的建设进展缓慢，有的厂甚至半途停建，中型氮肥厂的发展遇到了困难。

1961年3月，党中央决定把加快氮肥厂的建设列为工业支援农业的重要任务，由中央化肥小组加强对氮肥工业建设的领导。化工部协同浙江省、上海市和广东省，集中力量，首先抓好衢州化工厂合成氨分厂、吴泾化工厂和广州氮肥厂的建设。这3家工厂的建成投产，标志着中国氮肥工业进入了自行设计、自主制造设备、自己施工建设的新阶段。继衢州化工合成氨厂等3家工厂投产后，1965年，河南开封化肥厂、云南解放军化肥厂、河北石家庄化肥厂、安徽淮南化肥厂和贵州剑江化肥厂陆续投产。

在此期间，化工部还建立了北京化工实验厂，是专为开发和推广新技术而建的示范工厂。该厂一期工程为合成氨1万吨/年、配套碳铵4万吨/年，采用碳化法合成氨流程制碳酸氢铵工艺，于1959年建成投产。

到1965年，全国投产的中型氮肥厂共有15家，合成氨总产量达到130万吨以上，比1957年增加了7.5倍，不少厂家的产量经过改造挖潜都超过了原设计能力。

1964～1966年，中国又引进英国的合成氨技术建设了四川泸州天然气化工厂，以天然气为原料生产合成氨10万吨/年；同时引进荷兰的尿素生产技术，采用溶液全循环法工艺，生产尿素16万吨/年。1965年，陕西兴平化肥厂引进意大利技术开始建设5万吨/年合成氨装置。与此同时，中国还采用加压碳化法合成氨流程制碳酸氢铵工艺，建设了宝鸡氮肥厂等8家氮肥厂，其规模各为合成氨4.5万吨/年、配套碳铵18万吨/年。

1966年以后，中国的中型氮肥工业又以三催化剂净化流程工艺的推广应用为抓手，走上了新一轮提升发展的快车道。1978年，全国投产的中型氮肥厂由1965年的15家增加到50家；合成氨产量319万吨，比1965年增长近1.5倍。这些厂成为各省重点骨干企业，对中国农业生产发展起了巨大作用。

（三）引进建设大型合成氨和尿素装置

1965年，化工部已经认识到建设大型化肥装置的优越性，开始编制以天然气为原料20万吨/年合成氨装置的设计方案，并安排了试验项目。但是，这一努力后因“文化大革命”而被迫中断。

随着农业生产对化肥需求量的日益增长和中国石油、天然气资源的大规模开发，1973年，国家“四三方案”的制订和实施，中国开始从国外引进当时先进的技术工艺建设大型氮肥装置，先后从美国、荷兰、日本、法国陆续引进了13套1000吨/日合成氨和1620～1740吨/日尿素的成套生产装置。其中，10套以天然气为原料，3套以石脑油为原料，分别建在四川成都、四川泸州、山东淄博、云南水富、贵州赤水、黑龙江卧里屯、河北沧州、辽宁盘山、江苏南京、湖南岳阳、湖北枝江、安徽安庆、广东广州。

随后又引进了3套以渣油为原料（浙江镇海、宁夏银川、新疆乌鲁木齐）和1套以煤为原料的大型装置（山西）。这些装置的规模均为30万吨/年合成氨、48万吨/年或52万吨/年尿素（或复合肥），产量合计虽然仅占氮肥总产量的1/5，但迅速提高了中国氮肥工业的技术水平和高浓度尿素的比例，对提高中国氮肥工业的生产技术和管理水平起到了重要作用，成为当代中国化肥工业放眼世界、学习借鉴海外先进科技的标志性事件，也成为几代化工人一段永恒的记忆。

在化工部的统筹协调和有关省、市的协同配合下，一大批干部、工程技术人员和工人队伍被调集到项目所在地，集中力量参与建设会战。管理部门对每个厂点的工程筹备、项目设计、土建施工、设备安装、试车投料、人员培训、操作管理、消化吸收引进技术等方面都作了周密计划和精心部署。确保这批大型氮肥装置高速度、高质量、高水平地建成。四川化工厂、泸州天然气化工厂、大庆化肥厂、齐鲁石油化工公司第二化肥厂、辽河化肥厂相继投产。第一套建成的四川化工厂合成氨装置于1976年正式投产，达到设计能力。

为了解决中国人吃饭这个最大的民生问题，新中国成立后的30多年里，氮肥工业的建设投资占化肥工业总投资的80%以上，形成了遍布全国、大中小型企业相结合的氮肥工业格局，充分体现了国家重视发展氮肥工业的力度。

（四）合成氨工业体系基本建立

作为氮肥工业的源头，合成氨工艺的技术进步是氮肥工业的生命线。在新中国实现氮肥自给近半个世纪的探索征程中，合成氨技术的自主化发展、创新进步始终居于中流砥柱的地位。

新中国成立后的近20年间，尽管全国小型氮肥厂数量迅速增多、产能规模扩增也很快，但原料和合成氨工艺路线一直没有明显的变化，95%以上都以无烟块煤和焦炭为原料，主要以铁催化剂等为工艺催化剂。到了20世纪60年代末，由于中国无烟煤产量增长缓慢，一些有无烟煤资源的地区，生产的块煤比例较低，许多小型厂面临“吃不饱”的严重问题，因而进一步加剧了企业亏损的局面。为了解决原料问题，各地开展利用无烟粉煤成型代替无烟块煤生产合成氨的试验。1969年2月，福建永春化肥厂首先利用本县天湖山的无烟粉煤，制成石灰碳化煤球代替无烟块煤试烧成功，解决了工厂原料不足的难题，当年产量翻了一番，企业借此扭亏为盈。1971年，福建长泰合成氨厂投产后，在石灰碳化煤球制造工艺和气化技术基础上再创新攻关，制成了质量性能更优的煤球，发气量能够达到甚至超过同品种块煤。1973年，燃料工业部副部长徐今强及时总结推广了粉煤成型制气的经验，加快扭转全国小氮肥企业大面积亏损的局面。这是小型氮肥企业继1963年丹阳化肥厂过技术关、经济关以后的第二次突破和飞跃，顺利跨过了原料关，让已陷入普遍性亏损的氮肥工业迎来了转机。到了1984年，全国1200多家小氮肥厂中，约有800多家采用了石灰碳化煤球或其他粉煤成型工艺。70年代，全国中型合成氨厂净化工艺攻关会战选址在鲁南化肥厂进行，净化工艺攻关中取得了净化无毒脱碳新技术和离子交换法生产高纯度碳酸钾这两项科研成果，荣获了1978年全国科学大会奖。

从1973开始，中国又陆续开始了13套大型合成氨和尿素装置的引进和建设工作。这些先进工艺装置仅有1套以煤炭为原料，其他都以天然气、石脑油或渣油为原料。至此，中国合成氨工艺的原料实现了第三次飞跃（焦炭—无烟块煤—无烟粉煤—油气），由一煤独大向煤油气并重转变。这奠定了合成氨工艺的基本原料结构，并延续至今。

在设备方面，南化公司1960年1月双层合成塔试验获得成功，正式投入生产。该装置的研制成功，对加速发展中国合成氨工业有重大意义。

在催化剂方面，1964年底，化工部第一设计院总工程师陈冠荣、副总工程师黄鸿宁等提出以煤为原料，采用三催化剂（氧化锌脱硫剂、低温变换催化剂、甲烷化催化剂）净化流程制合成氨的设计方案，得到化工部的重视。采用这种流程建厂，与衢州、吴泾、广州3个氮肥厂所采用的老式工艺流程相比，占地面积可以减少一半，生产车间投资可节省300万元，每吨氨的生产成本可降低19元。于是，在国家计委的支持下，化工部于1965年春组织有关单位攻关会战，由中国科学院大连物理化学研究所负责两种催化剂和一种脱硫剂的配方和配备方法的试验，上海化工研究院负责1升原粒度催化剂和脱硫剂的试验，北京化工实验厂负责200升催化剂的试验，南京化学工业公司催化剂厂承担催化剂的试制和生产。当年内先后确定了甲烷化催化剂、氧化锌脱硫剂和低温变换催化剂的配方，12月即完成了试制工作。1966年1月，北京化工实验厂和化工部第一设计院的有关工程技术人员在工厂总工程师范柏林的组织下，进行了这一净化流程制合成氨的中试，经过3个月的生产考核，证明催化剂性能良好、工艺技术条件符合设计院提出的指标。1966年10月，采用三催化剂净化流程制合成氨试点的石家庄化肥厂三期扩建工程竣工投产。在生产中，黄鸿宁同工厂的技术人员和工人一起持续攻关改进，还陆续解决了脱硫工艺，塔设备腐蚀，透平式循环压缩机和热水泵的材质、结构等关键技术问题，完善了净化工艺条件，取得了工业化生产成果。1978年，合成氨三催化剂净化流程荣获全国科学大会奖。

随着原料结构的丰富和奠基，以及催化剂工艺的持续创新突破，到20世纪70年代后期，中国新的合成氨工业体系基本建立起来，为全国中小氮肥工业的蓬勃发展和大型氮肥工业的接力兴起提供了强有力的支持及保障。

与此同时，联碳、联碱、联醇、联尿技术也在这一时期相继开发成功并逐步获得应用。以联醇工艺为例，合成甲醇串联在合成氨工艺中，既满足合成氨工艺条件，又满足甲醇合成的要求，通过灵活的调节措施使两个合成生产同时进行。联醇装置投用后，可以根据市场需求变化、价格变化灵活调整二氧化碳、液氨和甲醇的产量，在有限的天然气、电力供应下，创造最佳的经济效益。而且合成氨装置进行联醇改造后，装置的生产适应能力增强了，操作弹性大了，综合效益突出。除了联醇，合成氨联产碳铵、纯碱和尿素也通过增加产品品种、实现多种经营，显著提高了经济效益，都在这一时期开始兴起。

二、自主发展过磷酸钙和钙镁磷肥

新中国磷肥工业的发展，从生产磷矿粉、普通过磷酸钙（简称普钙）等低浓度磷肥起步。1958年5月和6月，由化工部化工设计院设计的40万吨/年普通过磷酸钙的南京磷肥厂、20万吨/年普通过磷酸钙的山西磷肥厂先后投入生产，均采用立式搅拌、回转化成工艺，标志着中国已具备设计、建设大型磷肥厂的能力，由此也奠定了中国现代磷肥工业的基础。

除了南京磷肥厂和山西磷肥厂，其他一些省份也在这一时期开始发展普钙生产，兴办起一批小型磷肥厂。到1960年底，全国普钙产量达到13.7万吨。同时，在技术上也陆续有所创新。如广州氮肥厂采用浓酸矿浆法，建设了5万吨/年普钙装置。通过技术进步和加强管理及指导施肥，到1966年，全国普钙产量达到55.5万吨，为1960年的4倍多，而且质量也有了较大提高。

由于“文化大革命”的影响，直到1971年以后，随着管理部门加强了肥效试验，大力宣传磷肥的增产作用，普钙产量才再次逐年增加。1971～1976年，中国在江苏、湖北、辽宁、河北、山东等地又新建或扩建了一批10万～20万吨/年的普钙厂，全国的普钙产量大幅度增长。

与此同时，另一类磷肥品种钙镁磷肥也在兴起。鉴于中国磷矿杂质含量较高、含硫资源又不足，1953年，中国开始研制钙镁磷肥，四川、云南、浙江、北京等地的工厂、研究和设计单位相继开展了钙镁磷肥的研制工作。第一套平炉法工业生产装置于1956年在四川乐山磷肥厂建成。此时，距世界第一套钙镁磷肥装置投产，即1946年美国用电炉生产熔融钙镁磷肥相距仅10年。1958年，北京化工实验厂建成30吨～40吨/日的钙镁磷肥装置，标志着高炉法钙镁磷肥工艺在中国正式诞生。

1959年，化工部在浙江兰溪召开了全国第一次钙镁磷肥生产经验交流会，肯定了熔融钙镁磷肥品种，并推荐采用高炉法钙镁磷肥生产技术。1963～1964年，江西东乡磷肥厂（现江西磷肥厂）成功地将两座闲置炼铁高炉分别改造成3万吨/年和6万吨/年的熔融钙镁磷肥高炉，降低了能耗、稳定了操作，形成完善的高炉法钙镁磷肥工艺。该项技术工艺1964年获得了国家技术发明二等奖。此后，高炉法钙镁磷肥技术在全国迅速普及。1966年，中国熔融钙镁磷肥实物产量达到38.9万吨，已超过日本，居于世界首位。而且，中国在高炉法钙镁磷肥的研究、生产方面具有许多成熟经验，高炉法钙镁磷肥的能耗一般低于当时国际上主流的电炉法和平炉法，具有相对较强的竞争优势。

三、钾肥产品实现零的突破

新中国成立初期，化工地质工作者对含钾资源进行了大量普查勘探和加工利用研究工作，但钾肥生产一直没有大的突破进展。在青海钾肥基地大规模建设之前，20世纪60～70年代，在浙江、云南等地进行过明矾石制取钾肥的生产，各地兴建了20多家干法水泥窑回收窑灰钾肥的企业，但产量极为有限。

20世纪50年代初，中国在浙江和安徽两省探明了明矾石资源。在此基础上，从1958年开始，上海化工研究院进行了加工明矾石的试验工作，取得了较好的成果。1965年，浙江温州化工厂建成了钾肥中间试验车间，硫酸钾3000吨/年、氧化铝5000吨/年、硫酸5000吨/年。经过多年生产实践，积累了一定生产经验和建立中型企业的数据。

1963年，在云南思茅地区发现了中国第一个古代钾石盐矿，储量达1218万吨，含氯化钾8.8%。1970年以来，化工矿山设计研究院对该矿的加工利用做了大量工作，采用浮选法生产氯化钾。1973年，建成了思茅地区钾肥厂，1000吨/年氯化钾，但收率较低。上海化工研究院用各种热溶法，进行了矿石加工利用的试验研究工作，对开发钾石盐矿有一定的参考价值。

这一时期，北京建筑材料科学研究院在干法水泥窑上进行了回收窑灰钾肥的研究。随即在唐山和首都水泥厂，建起了1万吨/年窑灰钾肥的回收装置；湘乡水泥厂在湿法回转窑、东莞水泥厂在立窑上回收窑灰钾肥也相继获得成功。1967年以后，全国生产窑灰钾肥的水泥厂出现了数十家，涉及全国10多个省份，生产能力合计5万吨/年，生产规模从1000吨/年到1万吨/年不等，产品一般含有效氧化钾5%～8%。

1958年后的10余年间，国内专业研究机构对青海柴达木盆地盐湖的综合考察大规模开启，各方力量形成合力，形成了中国盐湖开发的科学研究体系，制定了盐湖科技发展规划，青海的盐湖资源勘探取得重大进展。1965年，中国科学院盐湖研究所正式成立，同年化工部盐湖综合利用研究所开始筹建，后两所合并，1970年更名为中国科学院青海盐湖研究所。这些都为中国从建设察尔汗钾肥厂直至建设青海钾肥基地奠定了坚实的科学基础。

察尔汗盐湖勘察取得的成绩，为建立青海柴达木钾肥基地开疆破土。1958年，经化工部批准，青海省开始筹建察尔汗钾肥厂。第一代建设者不惧极端恶劣的自然环境挑战，艰苦努力，克服了难以想象的困难，土法上马，建起了小型钾肥厂，当年生产钾肥实物量963吨。1963年，生产出1000吨氯化钾含量80%～90%的钾肥产品。1968年到70年代中期，察尔汗钾肥厂先后利用盐湖研究所等国内开发技术以及引进的浮选法生产氯化钾工艺，不断进行设备改造和配套设计，企业实现了由土法生产到机械化生产的华丽转身。1972年，氯化钾生产能力突破了万吨大关。1975年，青海钾肥厂筹建及建设计划任务书分别获得燃化部、国家计委审批，察尔汗钾肥厂产量突破2万吨大关。

四、生产规模和品种结构迎来历史性突破

第一个五年计划期间，国家用于化肥农药投资额为4.65亿元，占全国工业投资比重是1.9%，从第三个五年计划开始到第五个五年计划前两年，中国用于发展化肥工业和农药工业的投资合计为167.41亿元，与同期农业机械投资52.13亿元合计占全国工业投资比重为9.9%，即全国工业投资的近十分之一为化肥、农药工业所占。从1958年到1976年，虽然历经“大跃进”和十年“文化大革命”的干扰与冲击，全国化肥产量（主要为氮肥）还是达到524.4万吨，合成氨和尿素产量分别增长到了618.5万吨和约400万吨，实现了历史性的跨越。

在化肥工业的强力支撑下，中国农业生产取得了巨大进步。1958年，中国粮食总产量近2亿吨，到了1976年增长到2.86亿吨。但同期，中国总人口也从约6.6亿人增长到9.4亿人。因此，粮食安全依然是摆在国人面前的一大难题，发展壮大化肥工业的必要性和紧迫性，不是缓解了而是更加强化了。

除了生产规模急剧扩大，1958～1976年，中国化肥工业的结构也发生了翻天覆地的变化。在此之前，新中国的化肥工业氮肥一统天下。1958年后，不仅氮肥工业继续在壮大和发展，磷肥工业也迅速崛起，部分磷肥品种生产规模甚至跃居世界前列；钾肥工业产业化发展迈出坚实步伐，中国人用国内的钾盐矿资源生产出了第一袋钾肥产品；复合肥也在这一时期萌芽。可以说，中国化肥工业从氮肥生产一花独秀到建立氮、磷、钾和复合肥完整工业体系，正是始于1958～1976年这个重要时期。

20世纪50年代初，中国化学工业管理部门就部署了以湿法磷酸为基础的复合肥研制工作，新中国复合肥工业就此萌生。

在20世纪50～60年代钙镁磷肥的生产过程中，研究人员发现，通过在产品中加入其他元素，可以配制成含有多种营养成分的混合肥料。此后，江西、湖南等地一些钙镁磷肥厂在生产过程中加入钾长石，制成钙镁钾肥；成都、东乡等磷肥厂在原料中加入硼，生产钙镁磷硼肥。

除了低浓度复合肥，高浓度复合肥的探索也在进行中。围绕以湿法磷酸生产高浓度复合肥，贵州、云南等省的化工研究院先后进行了这一课题和研究。20世纪60年代初，有关单位又进行了重过磷酸钙和磷酸铵肥料的试验研究。1966年10月，南化公司磷肥厂建成国内第一套2万吨/年磷酸和3万吨/年磷酸铵生产装置，采用先进的二水物流湿法磷酸和粒状磷酸二铵技术，但投产后一直未达到设计能力。1968

年，该厂开展了氮磷钾三元复合肥料的试验和生产。1965～1970年，为发展复合肥料生产，化工部在银山磷肥厂等企业安排建设重钙、硫磷铵的生产装置，但因工艺、设备和材质等原因，未能正常生产。

第四节 迎改革开放新机遇快速发展（1978～1990年）

新中国化肥工业经过近30年的艰难探索和深厚积累，迎来了改革开放的春风。改革开放带来了新的理念、新的技术、新的资金和新的生产管理方式，为长期封闭中的新中国化肥工业加快发展提供了高效“催化剂”。从“五五”到“七五”，中国化肥工业有了突飞猛进的发展，发生了巨大变化，整体规模跻身世界前列。1990年，全国已有1754个化肥厂，化肥总产量1879.9多万吨。同一时期，世界化肥工业发展在1988年和1989年达到生产及消费最高峰。化肥总产量达到了1.56亿吨（纯养分），其中氮肥、磷肥、钾肥产量分别为8356万吨、4128万吨、3120万吨。发达国家的化肥消费比例降低到了58%。而发展中国家化肥工业开始快速发展。

在这个历史时期，一大批引进和自主研发的大型氮肥、磷复肥装置建成投产，不仅使中国高浓度优质化肥的产量迅速增长，而且对提高化肥工业的科研、设计、设备制造、建设施工、生产技术和管理水平起到了极大的推动作用。

在重点建设和改扩建大型化肥装置的同时，中国小化肥工业也在深化裂变、加快调整改造，围绕降低成本和扭亏增盈，小化肥工业开启了一段可歌可泣的探索奋进历程，成为这一时期化工风貌、化工精神的生动写照。

与此同时，技术创新同样可圈可点，尤其是在相关化肥催化剂科研生产方面又取得了新进展、新突破，已经基本上接近或达到国外同类型企业的水平，实现了历史性飞跃。

继前一阶段复合肥实现起步发展之后，1977～1990年，中国复合肥工业进入大发展的时期，无论是化学复合肥料还是混配复合肥，都在国内政策和市场的推动下实现了快速发展。

当然，改革开放带来的最重要变化，还是市场经济体制机制的逐步确立。从20

世纪80年代开始，中国逐步在工业生产领域进行市场化改革，尤其是进入80年代中后期，随着市场化改革进程的加速，主要工业投入品的市场开始实行计划和市场并行的“双轨制”。主要投入品的价格开始上扬，化肥原料价格上涨而化肥作为最重要支农物资价格受到政策严格管控，成为这一时期化肥工业的矛盾之源，也成为很多重要政策方针陆续出台的重要背景。

一、氮肥工业以建设大化肥，改造中小氮肥为主发展

这一时期，氮肥工业以大化肥建设和小氮肥大规模技术改造提升为主线快速发展。引进建设项目不断达产达标，一批以节约能源增加产量、提高技术水平为主要内容的大中型氮肥技术改造取得成绩，中国氮肥自给率迅速提高。一批已经完成或即将完成的项目包括：沧州化肥厂、云南天然气化工厂、泸州天然气化工厂、辽河化肥厂、本溪化肥厂、盘锦化肥厂等的高压锅炉与发电机组技改，吉林化学工业公司稀硝酸改造、四川化工厂等企业老系统改造等。

（一）引进和自主研发大型氮肥装置逐步达产达标

1973年获批引进建设的13套大化肥项目建设周期平均为6年。为了开好、管好这13套大型氮肥装置，化工部及相关企业组织了系统、严格的实习、培训、技术交流以及技改攻关等工作，装置实现了满负荷、长周期运行。合成氨装置一般安全连续运行超过100天，其中四川化工厂曾连续运行379天，云南天然气化工厂连续运行312天；尿素装置中，泸州天然气化工厂最长连续运行达203天。在长期的摸索实践中，化肥企业建立健全了各项规章制度，如操作规程、责任制、设备维修制等，不仅为开好、管好引进大化肥装置夯实了基础，同时也为消化吸收国外先进技术最终走向自主创新、自主建设做好了铺垫与准备。

1979年9月，随着湖北化肥厂建成投产，13套大化肥建设全部完成。建成后尿素产能636万吨，按照农业部每千克尿素增产4000～5000克稻谷的测算比例，可增产稻谷2544万～3180万吨，成效非常显著。当年负责引进大化肥、大化纤具体工作的国务委员陈锦华在回忆录中写道：“中国农业增产，以全世界不到10%的耕地解决了占世界22%人口的吃饭问题，引进化肥项目的作用功不可没，‘四三方案’的引进技术设备功不可没。”

随着大型氮肥装置的引进建成，大氮肥的自主设计建造也在同步进行。1974年，

中国自行设计制造设备并自主建设的第一套大型氮肥装置在上海吴泾化工厂动工兴建。该套装置以石脑油为原料，合成氨1000吨/日和尿素800吨/日。在参建单位和人员共同努力下，装置在1979年12月建成投产。

到1983年，中国合成氨产量达到1677.1万吨、氮肥1109.4万吨（纯氮量），已成为仅次于苏联的世界第二大氮肥工业国。

20世纪70年代，中国陆续从国外引进16套1000吨/日合成氨、1600～1740吨/日尿素，1套1000吨/日合成氨、2970吨/日硝酸磷肥的大型化肥装置（包括1978年进口3套，分别建在浙江镇海、新疆乌鲁木齐、宁夏银川）。引进的一套以煤为原料的年产30万吨合成氨及配套硝酸、硝酸磷肥装置，建在山西潞城。在此基础上，80年代到90年代初，中国又引进了4套以天然气为原料、1套以煤为原料、3套以渣油为原料的1000吨/日合成氨、1740吨/日尿素的大型化肥装置，均采用世界先进的节能型流程。这些利用国家外汇引进的大型装置，迅速提高了中国氮肥工业的技术水平和高浓度氮肥的比例，成为促进氮肥工业发展的重要力量。

技术装置引进来了，开好管好这些“洋装置”就成了头等大事。在20世纪70年代不断摸索经验的基础上，80年代中国对引进和自主发展大型氮肥装置的理解和应用上升到了新的水平，这批大型装置陆续实现达产达标。一批以节约能源增加产量、碳铵改尿素和提高技术水平为主要内容的大中小型氮肥技术改造项目完成。泸州天然气化工厂、云南天然气化工厂、沧州化肥厂和辽宁化肥厂4家大型化肥厂利用世界银行贷款完成了大规模节能改造，节约能源10%，吨氨能耗降低418万～502万千焦。沪天化的生产能力提高15%。到了80年代末，引进大型氮肥装置已基本实现达产达标。

1987年，中国大化肥企业全年可生产尿素720.5万吨，超过国家指令性计划21.75%，比上一年净增12%。1987年，全年化肥生产1670.8万吨（折标肥8207万吨），创历史新高。由于化肥行业取得的突出业绩，国内15家大化肥厂厂长受邀进中南海领奖。新华社1987年12月26日报道，辽河化肥厂、泸州天然气化工厂、安庆石化总厂化肥厂、金陵石化公司栖霞山化肥厂、镇海石化总厂化肥厂、湖北化肥厂、洞庭氮肥厂、广州石化总厂化肥厂、乌鲁木齐石化总厂化肥厂、四川化工总厂、赤水天然气化肥厂、云南天然气化工厂、大庆石化总厂化肥厂、齐鲁石油化工公司第二化肥厂、沧州化肥厂计15家大化肥厂厂长被邀请进中南海接受国家领导人颁奖。在颁奖会上，时任国务院副总理田纪云谈到农业形势时说：“今年我国粮食产量超过8000亿斤，超出了我们的预想；棉花，黄、红麻，油料等也有较大增长；

目前生猪生产也在回升。这与化肥战线的贡献是分不开的。今年的粮油挂钩肥，除进口的一部分外，主要是靠大化肥。”

在消化吸收和学习借鉴国外大型先进氮肥装置的基础上，中国大型氮肥装置的国产化工作也取得了可喜成果。1979年12月，中国自行设计、自己制造的30万吨/年合成氨及其配套尿素装置在上海吴泾化工厂投产。1984年，陈冠荣同几位专家提出《关于大型合成氨装置和设备制造应立足于国内》的报告，得到化工部、国家计委等的支持。1992年，中国自主在四川化工总厂建成20万吨/年的大型合成氨装置。经过持续的研究攻关，到20世纪80年代末90年代初，中国大型氮肥装置的自主设计建造上升到了一个新的水平，工艺技术和运营经验更加丰富，相应的设备国产化工作也突飞猛进。1987年12月，国务院重大技术装备领导小组召开表彰会，表彰4项重大技术装备项目，其中一项是化工部组织制造的用于镇海石油化工总厂的年产52万吨二氧化碳气提法尿素装置，该装置设备国产化率达到了70%左右。

（二）改造提升中小化肥技术水平成为主线

虽然大型氮肥、磷肥装置逐渐达产达标，但由于并不掌握技术主体，限制了生产规模的进一步扩大。在80年代，小化肥依然是中国化肥工业的主导力量。1987年，全国小化肥总产量占到化肥总产量的60%。因此，改造提升小化肥，就成为这一历史时期化肥工业发展的主线。

改造提升小化肥的明确信号发生在1977年和1978年。1977年10月，化工部在山东荣成召开全国第四次小氮肥技术改造经验交流会，重点交流和研究了小氮肥挖潜翻番、热能回收、余热发电、锅炉改造、加强企业管理和原料改造等方面的经验，还颁发了20项工艺指标及9项主要消耗指标全国先进水平的暂行规定。1978年元月，党和国家领导人多次指示，要求国家计委、化工部总结小氮肥的经验，特别是技术改造的经验。3月10日，中共中央副主席邓小平在国务院全体会议上指出，“小化肥”的问题，首先是怎样降低成本，是不是可以研究一套降低成本的规章制度，一套技术知识，一套改造的办法，专门改造小化肥厂，产量由一厂变两厂，有的变三厂。这一指示迅速拉开了小化肥轰轰烈烈改造升级热潮的序幕。

加快小化肥技术改造，受到了主管部门领导和行业的高度重视。1978年4月15日，化工部党组作出《关于学习赵恒富同志，创建一百个辉县化肥厂式的小氮肥企业的决定》。从此，在全国化工系统，特别是小化肥行业开展了以改造提升为抓手的创先争优活动。化工部部长孙敬文调查研究后，连续三次写信给煤电消耗高的省份化工厅（局）长，要求他们向浙江、上海先进小型氮肥厂学习，努力降低煤电消耗，加强企业管理和扭亏增盈。1978年，小化肥的改造提升贯穿化工部甚至国务院扭亏增盈领导小组工作的始终。

这一时期，全国热火朝天的小化肥技术改造和扭亏增盈行动，涌现出了河南辉县化肥厂、山东寿光化肥厂、江苏太仓化肥厂、安徽涡阳化肥厂等一大批红旗标杆企业。江苏太仓化肥厂1981年时合成氨能耗最低，跃居全国小氮肥企业第一位，至1987年保持七连冠。

经过持续大力度的改造升级和关停淘汰落后企业，到1984年，全国小氮肥除极少数企业有政策性亏损外，做到省省不亏、厂厂不亏。即使在因产品滞销、原材料涨价、缺电的1985年，全国小氮肥企业依然有1137家，共生产合成氨820万吨，氮肥（折纯氮100%）606万吨，占到全国氮肥产量的53%。1987年，河北省小氮肥行业盈利突破1亿元大关，成为全国第一个实现小氮肥利润突破亿元的省份。

20世纪80年代后期，国家多方面筹措资金，开始对中小氮肥进行大规模的技术改造。其中，国家通过拨付专项资金的方式，实施了“20亿元”“45亿元”专项，对中小氮肥进行技术和品种结构调整。1986年4月，中央财政领导小组办公会议讨论了化工部部长秦仲达关于小化肥产品结构调整问题的报告，认为对一些小化肥产品结构调整势在必行。会议确定，“七五”期间小化肥技术改造资金按20亿元安排，中央和地方各拿一半，碳铵改尿素的小化肥厂在贷款期间免征所得税和调节税，技术改造期间免征产品税，为了调动地方积极性，进行小化肥改造的企业生产的化肥留给地方并不减化肥供应基数。1988年7月，化工部正式审批第一批小化肥开工项目，当年安排20亿元资金。而整个“七五”期间，国家确定再投资45亿元，这样“七五”时期国家一共安排65亿元，用于碳铵改产尿素、普钙改产磷铵及化工矿山建设。从“七五”开始，先后对宣化化肥厂、山西原平化肥厂、河南洛阳氮肥厂、福建三明化工厂、陕西宝鸡氮肥厂等8套中氮肥实施碳铵改产尿素或碳铵改产磷铵的技术改造，到1992年基本完成，形成尿素能力91万吨，磷铵能力14万吨，加大幅度增加了高浓度化肥的比重。此外还对吉林长山化肥厂、湖南资江氮肥厂、宁夏银川氮肥厂等11个企业进行了以填平补齐为主要内容的技术改造，新增尿素能力53万吨，硝铵12万吨，通过以上改造，使中氮肥生产能力增加了20%。

1990年11月30日，安徽涡阳化肥厂尿素装置正式投料试车，这是“七五”期间20亿元专项第一套投产的尿素装置。到90年代中期，利用国家专项资金全国共建成了120多套小尿素装置。

小化肥工业发展备受国家关注，专项政策较多。如1978年3月3日，化工部、财政部联合发出《关于小氮肥实行定额补贴的办法》的通知；1979年化工部、财政部发出《关于小磷肥试行定额补贴办法的联合通知》；1980年，化工部、财政部发出《关于小氮肥取消定额补贴实行煤炭价差补贴》的联合通知；1982年，化工部、财政部发出《关于小磷肥企业实现盈亏包干的联合通知》；1985年，化工部发出《关于加强对小化肥行业管理的意见》等。

（三）催化剂等技术接近或达到国外同类型水平

改革开放以后，中国化肥催化剂工业贯彻执行“调整、改革、整顿、提高”的方针，努力提高产品质量、增加品种，加强产后服务，陆续开发成功了数十个新型号催化剂，并投入了生产。其中有新型的低温、高活性、预还原型和球形氨合成催化剂，有提高转化性能并有足够强度的天然气之一、二段蒸汽转化催化剂，有低温高活性、节约蒸汽、耐硫的中低温变换催化剂等。比如，上海化工研究院研发的B301耐硫变换催化剂，就是一个先进剂型。此外，太化化肥厂的S201型硝酸用铂网催化剂，南化催化剂厂和川化催化剂分厂的B202、B204型低温变换催化剂、J101型甲烷化催化剂，南化催化剂厂的T302型氧化锌脱硫剂等，在同行业质量指标名列前茅。

1982年，上海化工研究院开发成功B301耐硫变换催化剂。1984年11月，由福州大学开发、福州化工原料厂试制的A201氨合成催化剂，通过了部级技术鉴定，在同等条件下比A110系列催化剂的合成氨能力高5%～10%。到1985年，全国共有化肥催化剂生产厂点45个，产量2.4万吨，包括15个品种58个型号。其中，新型催化剂产品的产量为1.1万吨，占总产量的45.4%；各种优质产品产量为8202吨，占总产量的34.2%。全行业累计获国家质量奖金牌4枚、银牌3枚，获得化工部优质产品奖的有13个企业的6个品种11个型号。

“七五”期间，为了适应中国氮肥、硫酸、甲醇、硝酸等行业发展的需要，化肥催化剂领域不断挖潜革新改造，努力提高产品质量、增加品种，搞好产品的更新换代。1986年3月，上海化工研究院研制的SB-1型耐硫变换催化剂（B301宽温）通过部级技术鉴定，获得该年度化工部科技进步一等奖和1987年国家科技进步二等奖。1987年，南化公司催化剂厂研制的BMC型耐酸变换催化剂通过部级技术鉴定。

节能新型催化剂的研发和推广使用，为化肥和硫酸工业的节能降耗和提高经济效益做出了突出贡献。如节能型中变催化剂的应用，与B106型相比，在生产每吨氨时可节约蒸汽400～600千克。在“六五”期间，可节约标准煤86万吨。新型氨合成催化剂可提高合成塔能力10%左右。

到“七五”末，中国化肥催化剂整体技术水平已经接近或达到国外同类型产品水平，中国研制生产的催化剂产品不仅应用服务于国内的化肥生产，还大批量出口海外，为国家创收了宝贵的外汇。

二、开始大力发展高浓度磷复肥

20世纪60年代，开发生产大型化、高浓度、复合化、多品种、多规格、专用肥成为世界磷肥工业发展的潮流方向。包括磷铵、氮磷钾复合肥、重过磷酸钙、磷酸磷肥等高浓度磷复肥成为磷肥的主要发展品种。改革开放初期，发达国家高浓度磷复肥占比已达到70%，而中国还不足5%。因此，中国磷肥工业开始大力发展高浓度磷复肥。

进入80年代，国家和地方大力发展高浓度磷复肥。在技术上，采取从国外引进和自主开发并举，以加快建设速度，减少投资。从1980年开始，中国陆续从国外引进先进的磷肥技术和设备，建设了15家大中型高浓度磷复肥厂，包括安徽铜陵、江西贵溪、云南宣威、云南红河、湖北黄麦岭、甘肃金昌、广西鹿寨等7家磷酸二铵厂；江苏南化、辽宁大化、河北中阿、广东湛江等4家复合肥厂；山西天脊硝酸磷肥厂；贵州宏福、湖北荆襄、云南大黄磷等3家重过磷酸钙厂。部分项目在90年代相继建成投产。

引进装置在提高国内高浓度磷复肥生产技术、设备水平及调整产品结构等方面发挥了重要作用。这些装置的建成，使中国高浓度磷复肥的生产能力、产量、技术水平、装备水平大为提高，大大缩小了与国外先进水平的差距，很多配套了这些装置的企业成为了全国大型磷复肥生产基地。

此后，经过多年发展，中国磷肥工业在消化、吸收、创新和引进技术国产化方面开展了大量成效卓著的工作，已能自主进行优化设计、自行生产大型装备，使项目投资减少了1/3以上，而且在磷酸精制、氟碘回收、磷石膏综合利用等方面都有重大的创新。同时，国内企业还“走出去”进行技术输出，承包了不少国外大型磷复肥工程。

中国磷肥工业在自主开发建设方面也取得显著进展。继1966年国内自主建成南化3万吨/年磷酸二铵装置、1976年建成了广西5万吨/年热法重过磷酸钙装置后，

1982年又建成了云南10万吨/年重过磷酸钙装置，取得了一定的设计开发经验。

最为值得肯定的是，磷肥工业依据国情特点开发自主技术。中国磷矿资源的特点是以中低品位矿为主，杂质含量高，而从国外引进的装置必须以优质磷矿为原料。为了直接利用大量的中品位磷矿做原料，降低投资和生产成本，化工部化肥司磷肥硫酸处组织成都科技大学（现四川大学）、银山磷肥厂和南化设计院产学研结合，联合攻关，自主开发成功料浆浓缩法工艺技术，并于1988年建成了3万吨/年的示范装置。在全国推广建设了80多套装置，并在此基础上不断挖潜扩大产能，陆续建成了30万吨/年的大型单系列装置，大大加快了磷复肥工业的发展速度。1992年，全国料浆法磷铵生产能力达到269万吨。1993年，山东临沂化工厂又成功研发出独创的硫基NPK复合肥技术，大大降低了投资成本。

这些技术的创新性、先进性均达到了当时世界领先水平。“七五”期间，采用这些技术和完全国产化的设备，在全国建设了数十套高浓度复合肥装置，生产规模从3万吨/年至10万吨/年不等。这些企业和装置的建设，大大降低了高浓度磷复肥的投资和成本，扩大了中低品位磷矿的利用空间，加速中国高浓度磷复肥工业的发展。

成都科技大学教授钟本和是料浆法生产磷酸一铵开发的技术带头人。她带领科研团队潜心十余年，坚守三十载，成功开发了具有自主知识产权的国际领先的磷铵生产技术，可以从中低品位磷矿中高效生产磷铵，解决了中国自给自足生产磷肥的关键问题，并实现了装置国产化和大型化。1988年，这项工艺技术获得国家科技进步一等奖，被国家计委列为“六五”以来中国科技战线的五大成果之一。

三、技术不足致钾肥规模化发展曲折

1975年，由化工部等8部委组成的开发察尔汗盐湖规划小组经现场调查后提交了《开发察尔汗盐湖规划报告》。当年，化工部批准成立了青海钾肥厂筹备组。1978年8月1日，国家计委批准同意在察尔汗盐湖建设氯化钾100万吨/年规模的大型钾肥厂，副产工业用盐150万吨/年，分两期建成。其中一期工程20万吨/年、二期工程80万吨/年。1982年，青海钾矿筹备处和海西州察尔汗钾肥厂合并成立青海钾肥厂第一选矿厂。1985年，青海钾肥厂一期工程正式开工，后被列为国家“七五”重点项目。该项目建设了10平方千米盐田，采用卤水矿渠道输卤方式，抽卤量为1800万立方米/年。1989年4月工程最终建成竣工验收。1990年10月，青海钾矿一期主要工程第二选矿厂再次获得72小时连续运转生产正常、生产钾肥500吨/年以上。一期工程经过10年漫长的筹建阶段，才使中国钾肥生产能力达到25万吨/年。

1987年，青海钾矿二期工程项目开始筹建，直到1994年才完成中国和以色列合资二期工程可行性研究报告的评估论证。由于当时国内技术尚不成熟，决定引进以色列冷结晶技术。

柴达木盆地盐湖资源极其丰富，但在前后近40年的开发过程中，受技术瓶颈制约察尔汗钾盐矿资源的开发利用一直不太理想，可开采钾资源严重不足，规模和产量也一直上不去，钾盐矿利用率最初只有27%左右，加工回收率只有55%左右，盐田及加工综合回收率不足50%。这一状况在很长时间里没有实质性的突破提升。

中国钾肥工业最初发展主要受制于技术的不足，钾肥工业快速发展壮大，主要得益于技术进步的重大突破。而这一切，都在“八五”“九五”时期才得以实现。

改革开放后，中国化肥工业进入了大规模的结构调整、扩大产能和提升技术水平的新阶段，氮肥、磷肥和复合肥工业蓬勃发展，产品产量逐年快速增长。

1983年，全国生产化肥1378.9万吨，仅次于苏联、美国，居世界第三位。其中，氮肥1109.4万吨、磷肥266.5万吨、钾肥2.9万吨。从实物量来看，中国化肥生产能力已迈上了一个新台阶，达到了国务院提出的1亿吨（标肥）目标，实际完成1.05亿吨（标肥）。

除了产能产量有新跨越，化肥品种也更加丰富，发展到涵盖硫铵、硝铵、磷铵、尿素、石灰氮、氨水、液氨、氯化铵、普钙、钙镁磷肥、硝酸磷肥、重过磷酸钙、氯化钾、硫酸钾等10多个品种。此外，还生产10多种微量元素肥料和腐植酸类肥料。同时，形成了一支从事科研、设计、设备制造、施工等的专业技术队伍，化肥工业已经发展成为国内具有一定生产技术水平、具有较好基础和综合发展能力的重要工业。

化肥工业虽然取得了巨大成就，但与世界先进水平相比还存在较大差距。首先是施肥量不足，不能完全满足农业生产发展的需要；其次是氮磷钾比例失调，受磷钾资源条件限制突出；再次是化肥的品种少，低浓度肥料多，碳铵占氮肥总产量的比重高达60%左右，普钙和钙镁磷肥占磷肥总产量（按P_2O_5含量计）的90%以上，复合肥和混配肥料很少，而当时发达国家高浓度复合肥料占比已达50%以上；还有国内化肥生产技术水平和装备水平较低，1990年全国合成氨平均综合能耗为63.44吉焦/吨氨，与国外先进水平相差甚远，大量的中小型企业停留在20世纪50～60年代水平，装置规模小，消耗高，效益差。

第五节 原料、工艺和品种多元化工业体系形成

（1991～2000年）

20世纪的最后一个10年，党中央、国务院依然高度重视农业发展，位居国民经济和社会发展的首要地位。以化肥为重点的支农工业的发展成为加强农业基础地位的一项重要措施。国家推出如专门建立了化肥、农药企业淡季储备资金制度等一系列扶持政策，推动化肥工业发展。中国化肥工业发展整体规模已跻身世界前列且继续高速增长。化肥作为粮食的粮食已基本实现自给，尤其是氮肥和磷肥产量双双跃居世界首位，已实现自给有余，并有部分出口。唯有钾肥工业虽然发展突飞猛进，但产量还是远远不能满足市场的需要，仍然需要大量进口钾肥，致使化肥行业形成结构性短缺。

这10年，化肥工业技术进步主要体现在技改升级上。如氮肥工业着力进行大规模改造升级，增量主要依靠中小化肥厂技术改造，生产技术接近国际水平；磷肥工业加大技改、扩产力度，彻底改变了国内依赖进口的局面；钾肥工业先后攻克了反浮选-冷结晶生产工艺技术、水采船技术、浮选药剂等多项世界性尖端技术难题，使中国盐湖钾肥工业的整体技术达到国际先进水平，为新世纪民族钾肥工业的崛起壮大奠定了基础。此外，循环经济模式方兴未艾，磷铵-硫酸-水泥联产率先实现了化肥工业的循环经济发展。

一、进入技改升级重要时期

（一）以改造为主提高氮肥生产技术水平

1992年7月23日，化工部发出《关于安排中小化肥专项和化肥改扩建专项的通知》。《通知》指出，“八五”期间安排中小化肥改扩建专项总投资95亿元（国家“七五”“八五”两次设立碳铵改产尿素技术专项）。其中，国家计委安排65亿元，国家经贸委安排30亿元，明确要求选择100家条件较好的小氮肥企业碳铵改产尿素。国家和地方各占一半投资改造，充分发挥了国家和地方投资改造小化肥的积极性。

从中压联尿工艺改为全循环工艺的新沂化肥厂得到启示，提出“六改十”技术

于1997年5月通过化工部通用设计审查。该技术用新型的一分塔替代原来的预蒸馏塔及一分加热器。尿素合成塔由单塔改并联双塔，并改进中压及低压系统的部分设备结构，使尿素生产能力提高到400吨/日以上。1999年7月，安徽临泉化肥厂率先通过“六改十”工程总结验收。“八五”期间得到国家资金支持的“四改六”项目有60套，投资15亿元，增加尿素生产能力120万吨/年；“六改十”项目17套，投资8.8亿元，增加尿素生产能力100.5万吨/年。“八五”“九五”期间，几乎所有的小尿素装置都先后进行了这两项改造，也有的企业是一步到位“四改十”。到1998年，通过调整后的小氮肥企业的数量减少到650家，平均每厂的合成氨产量达到3万吨/年，涌现出一批中型规模的小氮肥厂，且碳铵积极改产尿素，碳铵的产量比例由历史最高的60%下降为35%。2000年，全国小尿素产量1157.5万吨，在全国已占38%。除了上述这两项改造之外，小尿素装置的工艺、设备、环保的革新改造技术也层出不穷，使在国内已有较长历史的全循环工艺达到了新水平。有些小氮肥厂不但生产规模达到或超过了中氮肥厂，而且在技术先进性和能耗低、效益好方面也远远超过了中氮肥厂，这是值得中氮肥厂借鉴与学习的。到1996年，小氮肥工业在中国已诞生38年，它是从中国国情实际出发发展化肥工业的产物，在中国化肥工业发展和支援农业中发挥了重要的作用，做出了重要贡献。开始于1991年的技术上台阶改造等，不仅使小氮肥企业在技术水平上上了一个新台阶，而且产品结构得到调整，经济效益和社会效益都有了很大提高。

“九五”期间新建项目较少，主要是老厂技术改造与产品结构调整。中氮肥厂主要进行节能挖潜、淘汰落后工艺等技术改造；小氮肥主要是小尿素的“四改六”“六改十”技术改造等。

“四改六”（4万吨尿素改成6万吨尿素）和“六改十”（6万吨尿素改成10万吨尿素）技术是小尿素技改中推广应用最多的。1994年10月，“四改六”通用设计通过了化工部设计审查。该设计充分发挥了原设计的潜力和全循环尿素各生产环节间符合可以相互调节的特点，更换瓶颈部位的设备，使装置生产尿素能力分别由140吨/日或180吨/日，增加到200吨/日或250吨/日。安徽涡阳化肥厂于1994年11月在全国小化肥工业率先改造成功。

1997年，国家根据国内尿素生产已经可以满足需求的情况，决定不再进口尿素。为此，中国不仅摘掉了世界尿素进口大国的帽子，而且成为世界第一大尿素生产国和消费国。并且，每年还有部分尿素产品出口。到2000年，中国合成氨产量进一步跃升到了3363.7万吨，已稳居世界首位。

关于中氮肥改造，继“七五”期间较大范围进行中氮肥技术改造基础上，“八五”“九五”时期继续开展改造工作，黑化、淮化、平顶山等9个中型氮肥企业实施改造扩建，能形成合成氨能力92万吨、尿素能力150万吨。九五期间中氮肥改造持续开展。通过对老企业进行填平补齐和改扩建，进一步扩大了生产能力，大多数中型厂的总规模达到15万吨/年以上，一部分企业通过翻番改造，跨入了大型企业的行列。

“八五”到“九五”是中型化肥总体技术水平提高较快的时期。这一时期通过不断技术改造，引进了一批国外先进技术和关键设备，如鲁南化肥厂的德士古水煤浆加压气化技术，几个碳铵改尿素厂的氨气提法尿素生产技术和磷铵真空浓缩技术等。这些技术和设备具有当时国际先进水平，对提高整个中型氮肥的技术装备水平起到了积极的促进作用。行业的节能降耗也达到了新的水平。到2000年，中国引进和自主建设大化肥装置按原料分：以天然气（油气田）为原料的15套，以石脑油为原料的5套，以渣油为原料的7套，以煤为原料的2套，共形成合成氨能力882万吨。中国合成氨、尿素装置荟萃了同一时期世界上主要的工艺技术。这一时期，大型氮肥厂主要进行增产10%～20%的技术改造。

（二）着力发展合成氨天然气和水煤浆加压技术

20世纪90年代，在高油价和石油深加工技术进步的双重压力下，以天然气、轻油、重油、煤作为合成氨原料结构，并以天然气为主的格局有了很大的变化。基于装置经济型考虑，轻油和重油型合成氨装置已经不具备市场竞争力，绝大多数装置已经停车，或开始进行以“原料结构和产品结构调整”为核心内容的技术改造。

原料结构调整包括：轻油型装置的“油改煤”（采用Shell或Texaco煤气化工艺，以煤替代轻油）、渣油型装置的“油改气”（采用天然气部分氧化工艺，以天然气替代渣油）或“渣油劣质化”（使用脱油沥青替代渣油），产品结构调整包括转产或联产氢气、甲醇等。

中国煤的储量约为天然气与石油储量总和的10倍，以煤为原料生产合成氨更符合中国国情和资源禀赋，煤气化技术水平成为中国合成氨行业发展的主要决定因素。天然气是合成氨装置最理想的原料，且改造时改动量最小、投资最省，自然优先考虑，但如果不具备以天然气为原料的基本条件，则必须以“原料劣质化”为主，进行“煤代油”或“渣油劣质化”的技改。

中国大多数合成氨企业的煤制气技术仍沿用固定床水煤气炉，面临炉型老化、技术落后、能源利用率低、原料价格高等问题，急需进行技术改造。合成氨工业的发展方向是优化原料路线，实现制氨原料的多元化，通过引进先进的煤气化工艺，降低生产成本，改善生产环境。同时，研究开发简单可行又可就地取得原料的洁净煤气化技术，也是这一时期全国中小型氮肥企业亟待解决的问题。

与此同时，20世纪80～90年代，由于农业发展对化肥的强烈需求，各地又陆续引进了以渣油、块煤、水煤浆、天然气为原料的18套大型合成氨和氮肥装置，分别在河南濮阳、山西潞城、辽宁锦西、四川合江、江西九江、内蒙古呼和浩特、甘肃兰州、辽宁大连、吉林吉林、新疆乌鲁木齐、宁夏银川、陕西渭南、海南东方等地建设大型氨厂。引进的技术更加多样化。1993年，锦西化工总厂引进美国布朗净化技术（斯纳姆氨汽提）；1995年，四川天然气化工厂引进布朗工艺（斯纳姆氨汽提）；1996年，陕西渭南化肥厂引进德士古水煤浆加压气化技术（东洋、阿塞斯），江西九江大化肥工程引进壳牌气化凯洛格低压合成工艺（氨汽提），海南省天然气化工厂引进ICI-AMV低压合成技术（斯纳姆氨汽提海德鲁大颗粒造粒），内蒙古自治区化肥厂引进壳牌气化凯洛格低压合成技术（意大利斯纳姆氨汽提）；1997年，兰化公司化肥厂引进壳牌气化凯洛格低压合成技术；1999年，宁夏化工厂引进加拿大二手设备（氨汽提）。

（三）磷肥技改、扩产扭转依赖进口局面

20世纪80年代中后期，第二次全国土地普查（1979～1986年）结果显示，中国耕地土壤严重缺磷，这成为严重影响农田土壤质量和作物产量提高的重要因素。这一结果引起有关部门的重视，于是磷肥工业迎来了黄金发展时期。80年代中期到90年代中期，中国磷肥工业的发展以产品结构调整为主，国家倡导大力发展高浓度磷复肥产品，并加大了对磷肥工业的技改和科研投入。

在此期间，中国根据国情和资源条件，不断对磷肥装置进行技术改造，并自主开发建设了近百家高浓度磷复肥厂，其中料浆法磷铵、快速萃取磷酸、硫基NPK复合肥、磷石膏制硫酸水泥等技术，在创新性、先进性等方面均达到了世界领先水平，大大降低了高浓度磷复肥的投资和成本，扩大了中低品位磷矿的利用空间，加快了高浓度磷复肥的发展速度。通过新建装置、对老装置技术改造及扩产，中国最终彻底改变了高浓度磷复肥依赖进口的局面。

“八五”时期，利用国内自主开发的料浆法磷铵和硫基NPK复合肥生产工艺技术，有84个普钙厂改建了小磷铵厂，还建设了多套硫基复合肥生产装置，使全国磷

肥产量从1985年的1143.9万吨（P_2O_5含量）迅速增长到1995年的1587.3万吨。这一时期，国家在战略上完成了磷肥产业的基本布局，为磷肥工业快速发展奠定了坚实基础。“八五”之后，中国过磷酸钙和钙镁磷肥就再没有大的发展，基本维持原有的产能、产量和布局，而高浓度磷复肥迎来了前所未有的大发展时期。

“九五”时期，国家明确了建设磷肥项目要依据“矿肥结合”的方针，旨在不断优化资源配置，提高企业综合经济效益，实施“以运肥代替运矿”，减少铁路运输压力，满足农业需求。中国磷肥产业结构调整步伐加快，在国家支持下，以磷资源为基础，云南、贵州、湖北三大磷肥基地建设先后启动，采用国产化“863”（即80万吨硫酸、30万吨磷酸、60万吨磷铵）的建设模式，每个基地按200万吨/年以上的磷铵产能建设，一举扭转了中国高浓度磷肥长期以来进口的局面，实现了自给自足、适度进口。

同时，这一时期中国磷复肥工业的发展还集中体现在对引进技术的消化吸收方面。国家停止了对磷复肥产业的大量投入，民营资本开始投资于磷复肥工业，使磷复肥生产规模扩张由国家计划下的扩张过渡为市场导向性的扩张。许多中小型中低浓度复合肥和复混肥企业在全国各地，特别是山东、江苏等东部沿海地区和施肥大省如雨后春笋般建成和发展，磷肥产量由1996年的575.1万吨（P_2O_5含量）增至2000年的663.03万吨，4年净增约88万吨。

当然，“八五”至“九五”期间，中国还是引进了一批大中型高浓度磷复肥装置。如1992年，建成了云南云峰24万吨/年磷酸二铵装置（Davy-TVA技术）；1996年，建成湖北黄麦岭磷化工集团公司18万吨/年磷铵装置（Jacobs技术）；1997年，建成甘肃金昌12万吨/年磷酸二铵装置（AZF技术）；1999年，建成广西鹿寨化肥有限责任公司24万吨/年磷酸二铵装置（Espindesa技术）。在引进国外技术的基础上，1991年10月，中国在江西贵溪化肥厂建成第一套大型国产化24万吨/年磷酸二铵装置；1993年，在云南红磷（原红河州磷肥厂）建成国产化12万吨/年磷酸二铵装置。经过努力，国产化肥的氮磷比例达到1∶0.3，高浓度磷复肥产量在磷肥中的比例从1990年的1%增加到2000年的33.7%，2001年进一步超过35%。

二、钾肥工艺技术实现重大突破

“八五”至“九五”时期，中国钾肥工业的技术进步突飞猛进，一些技术已经达到国际先进水平，为进入新世纪后钾肥工业的大发展奠定了坚实基础。

1994年，民营企业山西文通钾盐集团完成首创离子交换硝酸钾新工艺及喷浆法硝酸钾造粒新工艺，达世界先进水平，打破了国外企业对中国硝酸钾市场的垄断。1995年，山西大学程芳琴教授主持完成了芒硝法生产硫酸钾的新工艺，为世界利用芒硝制取硫酸钾开辟一条新途径。

察尔汗盐湖资源的开发利用始于1955年。在前期多个合作开发的钾肥生产工艺基础上，盐湖集团的科研人员主动创新，逐步改进工艺，先后攻克了反浮选-冷结晶生产工艺技术、水采船技术、浮选药剂等多项世界性尖端技术难题，其中反浮选-冷结晶工艺获得了国家专利金奖，水采船技术获重大设备国产化改造科技创新奖。随着这一项项技术难题的攻破，中国盐湖钾肥工业的整体技术水平赶上甚至超过美国、以色列，达到国际先进技术水平。1986年，青海盐湖集团下属科技开发公司集成前期各项研究成果，建成2万吨/年氯化钾的工业性试验装置。1999年，开始建设10万吨/年样板车间，2000年下半年投产，为下一步百万吨级大基地的建设提供了完整的技术依据和生产经验。2000年，青海100万吨/年钾肥项目被列为国家西部大开发的首批10个大项目。

1990年，中国钾肥产量4.6万吨，到2000年增长至约124.86万吨。在钾肥产量增加的同时，钾肥产品也呈现多样化发展趋势。中国钾肥产品主要是氯化钾。尽管硫酸钾、硝酸钾等无氯钾肥发展较快，产能从空白已走向了规模化生产，但产量还是远远不能满足市场的需要，国家每年不得不花大量外汇进口钾肥，以解决农业对钾肥的供需矛盾。1994年，中国进口氯化钾约150万吨，到1998年，氯化钾进口量达557万吨。

三、氮、磷产量居世界首位，结构性矛盾显露

自20世纪70年代始，中国化肥工业进入了较快发展时期，无论在生产还是消费方面发展都十分迅速。截至1990年底，中国化肥产量居世界第二位，合计达到1879.9万吨，合成氨2128.96万吨。到2000年，中国化肥已基本实现自给，除钾肥供应仍显不足外，氮肥和磷肥产量双双跃居世界首位，已实现自给有余。

从消费层面看，全国化肥施用量从1991年的2590.3万吨增长至2001年的3537.5万吨。其中，氮肥2244.5万吨、磷肥888.4万吨、钾肥404.6万吨。

从进出口贸易来看，2000年，中国化肥出口量达到250.48万吨。出口量增加的主要是尿素、磷酸二铵和NPK三元复合肥。其中，尿素出口96.08万吨、磷酸二铵

出口20.42万吨、磷酸二铵和磷酸一铵混合物出口9.23万吨、NPK三元复合肥出口13.21万吨、氯化钾出口59万吨、过磷酸钙出口27.3万吨。而化肥进口数量仍然偏高，为1189.15万吨，仍是世界进口化肥最多的国家之一。

由此可见，经过“八五”“九五”时期的发展，中国化肥在基本实现自给的情况下，行业结构性过剩和短缺的问题已经显露，结构性矛盾凸显。其中，氮肥以1997年停止尿素进口为标志，无论数量和质量，国产化肥都能满足农业要求，但是由于生产原料成本过高等因素影响，整体竞争力较差；低浓度磷铵的生产供应能力已相对过剩，而高浓度磷复肥尚有一定缺口，1999年进口磷铵（主要是高浓度产品）占市场投放量的51%，2000年仍占到35%左右；钾肥工业由于资源的限制，国产钾肥只占到市场投放量的15%，钾肥市场还是主要依靠进口解决。

化肥产品结构依然满足不了农业发展形势需要。国产化肥仍然以单元素肥料和低浓度肥料为主，20世纪90年代初期，国产化肥平均养分含量为28%，还达不到美国20世纪60年代的水平。2000年，国产化肥高浓度产品产量占51.7%，其中高浓度的尿素占氮肥总产量的58.9%；高浓度的磷铵、重钙、复合肥只占到磷复肥总产量的35.5%，普钙、钙镁磷肥主导的格局没有根本改观。国产化肥的复合化使用率约为20%，其中氮肥10%、磷肥30%，与发达国家氮肥50%、磷肥90%的复合化使用率差距较大。

四、磷肥循环经济新工艺路线开发成功

20世纪末，磷肥工业自主创新取得了很好的成果，实现了磷铵-硫酸-水泥联产，推进了循环经济发展，开发出料浆法磷铵、磷石膏制硫酸和水泥的新工艺路线。

众所周知，磷酸是生产高浓度磷肥的主要原料，生产磷酸的同时产生大量的磷石膏（生产1吨P_2O_5副产5～6吨磷石膏）。20世纪90年代末，随着高浓度磷复肥工业的快速发展，配套的湿法磷酸产量迅速增大，每年副产磷石膏300万吨以上，解决磷石膏的排放和综合利用问题日益紧迫。

其中，一个思路是通过联产技术，将磷石膏与少量黏土、铁粉等混合后煅烧，使磷石膏分解为SO_2和CaO，含SO_2的尾气在制酸装置上制成硫酸，CaO与黏土、铁粉等混合煅烧成水泥熟料，熟料冷却后与混合材料一起磨成水泥成品。该技术不仅解决了磷石膏的占地及污染环境问题，而且还能缓解中国因硫资源缺乏造成的硫

酸与磷肥生产的不匹配矛盾。

从1983年起，山东无棣硫酸厂（后更名鲁北化工总厂）、济南裕兴化工厂、山东省化学研究所共同完成了7000吨/年磷石膏制硫酸联产水泥工业性试验。在前期的磷石膏工业性试验工作基础上，1990年，全国首套磷铵-硫酸-水泥联产装置建成并正常运转，即3万吨/年磷铵、配套4万吨/年磷石膏制硫酸联产6万吨/年水泥的示范装置（简称3-4-6工程），标志着石膏法硫酸联产水泥工业化试验取得成功，并为磷石膏作为制硫酸和联产水泥原料积累了生产经验。考核结果表明，装置生产能力超过设计能力的15%。1999年，鲁北化工总厂15-20-30工程，即15万吨/年磷铵、20万吨/年硫酸、30万吨/年水泥项目投入运行。该技术不仅在鲁西化工集团推广应用，而且还与白俄罗斯、俄罗斯等国签订了技术转让及装备出口协议。在全国推广这项技术，每年可节省2000万吨磷石膏堆场建设费6000万元，而且可为国家节省生产800万吨水泥的石灰石开采费用21亿元、生产600万吨硫酸的硫铁矿开采费30亿元，实现经济效益、社会效益和环境效益的三统一，符合生态工艺的循环经济原则。

五、氮磷钾比例和供需仍不平衡

在化肥生产和施用中，氮磷钾的消费比例之所以受到世界各国的普遍关注，是因为这与农业和化肥工业的发展密切相关。比例合理，不仅有利于土地生产潜力的发挥，使农作物高产稳产，为农业生产的良性循环创造良好的条件，而且对化肥工业的产品结构调整、建设布局和进出口业务均可起到促进作用。

1991年，七届人大四次会议讨论通过了《中华人民共和国国民经济和社会发展十年规划和第八个五年计划纲要》确定，“八五”期间，化学工业主要发展化肥、农药、农膜等农用产品，努力改善氮磷钾的比例。

1997年，中国国际工程咨询公司提出“模拟农作物”概念，进行化肥消费比例的全国科学研究，认为2000年氮磷钾消费比例为1∶0.38∶0.25。而到1999年，全国化肥中氮磷钾的比例N∶P_2O_5∶K_2O为1∶0.36∶0.133。其中，施用化肥中磷的比例基本可以满足农业生产的需要，但钾的比例仍然偏低。供应结构的不合理突出表现在钾肥供应的严重不足。1999年，钾肥的供应量仅达到338万吨，与农业部提出的500万吨需求量相差162万吨。中国钾肥资源的紧缺以及缺口继续呈持续增长的趋势，对中国钾肥的供给提出了严峻挑战。

因此，按照“氮肥基本自给、磷肥大部分自给、钾肥以进口为主”的方针，国产化肥调整的方向也逐渐明晰，就是大力发展高浓度、复混肥料，继续提高磷钾肥比例。

另外，1996年，国产氮肥中低浓度氮肥（碳铵）仍占47.7%，磷肥中过磷酸钙和钙镁磷肥仍占80.9%。国产化肥的平均浓度（养分含量）为27%，距国际上平均40%的养分含量相差甚远。发达国家大部分的磷肥、钾肥以复混肥施用，而中国的复混肥（包括二次加工的产品）只占化肥总量的10%左右。

第六节 在增产和调结构中强劲发展（2001～2010年）

21世纪的第一个10年，是中国化学工业以加入WTO为契机实现历史性新跨越的黄金时期。截至“十一五”末，中国化学工业经济总量已超越美国跃居世界第一位。化肥作为化学工业重要的子系统，其发展脉络也同样如此。继20世纪90年代初，中国化肥总产量跃居世界第二位之后，到2010年，不仅氮肥、磷复肥产能规模已稳居世界首位，就是长期视为短板的钾肥工业，国内自给率也已达到50%以上，真正创造了发展奇迹。

在规模实现历史性增长跨越的同时，中国化肥工业的结构调整也发生了深刻裂变。表现之一，随着基础产能规模的持续快速增长，普通氮肥和磷复肥的产能过剩问题逐步显露，到“十一五”后期增速出现了明显减缓；表现之二，一批新型肥料在这一时期集中推出，加快应用落地，极大地丰富了国内化肥工业的品种结构和市场。这与中国农业的调整、转型和升级驶入快车道，与现代农业发展需要密切相关。

一、多项扶持政策为行业发展护航

一直以来，化肥工业作为支持农业发展的重要行业，国家在发展和生产经营方面给予了高度重视，对化肥工业坚持宏观调控，直接协调、指导、扶持和干预化肥的产、供、销和内外贸易。化肥工业的产业政策成为中国产业政策中的重要组成部分。相关的产业政策可以分为几个主要部分：一是化肥作为对粮食生产者的奖励；二是通过对化肥生产企业实施各种优惠和补贴的方法，降低化肥的生产成本；三是通过行政和市场等手段，调控和稳定化肥销售价格。

其中，降低化肥生产成本的优惠政策是化肥工业发展长期以来的政策“红利”，是稳定化肥供应，让农业发展受惠的根本举措。

改革开放前，由于中国实行计划经济体制，化肥生产企业的生产投入品如煤炭、天然气、电等的数量和价格都由政府来制定。从1980年开始，中国逐步在工业生产领域推行市场化改革，但是化肥生产的主要投入品仍然来自于政府计划。

随着中国市场化改革进程的加速，国内主要工业投入品的市场开始实行计划和市场并行的“双轨制”，主要投入品的价格也逐步开始上扬。但从20世纪90年代开始，出于促进粮食生产的目的，中国对于中小化肥企业生产用电实行优惠，对于氮肥、磷肥、钾肥和复合肥生产企业免征电力建设基金。同时对于主要的化肥品种生产企业免征增值税。对于进口钾肥、磷酸二铵等化肥免征进口环节增值税。尽管国家从1998年4月份提高铁路运输价格，但对磷矿石和化肥的铁路运费仍然保持优惠政策。同时，对于大化肥生产企业使用的天然气价格实行国家定价，以保证化肥生产企业获得较低价格的天然气。

2003年，在新一轮的化肥价格上涨过程中，政府通过各种手段来降低化肥生产企业的生产成本，稳定化肥的市场价格。为扶持化肥生产，国家对化肥生产用电、用天然气等实行优惠价格。2003年1月，国家发展和改革委员会出台电价调整方案，工商业用电价格平均每千瓦时提高0.8分钱，并要求清理地方自行出台的对高耗能企业的电价优惠政策，但对于化肥生产用电价格，国家明确不作调整，同时继续保留地方原来出台的对化肥企业的优惠电价政策。化肥企业使用天然气继续享受优惠价。

2001～2004年，国家颁布了免征增值税、稳定化肥生产供应工作稳定化肥价格、出口退税等一系列政策，对尿素生产的主要原料无烟块煤实行临时价格干预，加大对化肥企业进行技术改造的投入，提高化肥生产能力等，起到了稳定国内市场供应和化肥价格的作用。

2004～2007年，国家连续推出“中央环境保护专项资金项目预算”，数十家小氮肥企业获得环境保护专项资金支持。国家发改委下发的第一批原料及动力结构调整规划项目中，有16家小氮肥企业的原料本地化和热电联产试点项目得到国债资金补助，其中中央预算内专项资金3.93亿元，地方预算内专项资金1.97亿元。

2005年，国家针对化肥行业出台了若干政策：一是扶持化肥生产，对化肥生产用电、用天然气实行优惠价格。自2005年7月1日起对国内企业生产销售的尿素产品增值税由先征后返50%调整为暂免征增值税。加大对化肥企业进行技术改造的投入，提高化肥生产能力。加强对煤、电、油、运的协调力度等。二是促进流通，保证供应。对化肥铁路运输实行免收铁路建设基金等一系列优惠运价，化肥铁路运价仅相当于同类化工品的30%左右。建立化肥淡季商业储备制度，并一直延续至今，对平抑国内化肥市场价格淡旺季波动起到了显著作用。对尿素、磷酸二铵等主要化肥产品暂停出口退税政策。稳定确保国内农业生产需求。三是加强化肥价格监管。

2008年1月，国家发改委、铁道部、交通部发出《关于进一步加强煤炭合同履行监管工作的通知》，保障化肥用煤供应，缓解燃"煤"之急。当年，国家还推出化肥特别出口关税，进一步升级出口调节政策，确保国内市场化肥供应。各级地方政府也出台相应的政策法规，降低化肥生产企业的制造成本。

2009年1月，国家发改委、财政部下发《关于改革化肥价格形成机制的通知》，要求取消化肥价格限制政策，建立以市场为主导的化肥价格形成机制。8月，国务院下发《关于进一步深化化肥流通体制改革的决定》，进一步拓宽了化肥经营渠道。化肥工业的市场化改革，开始在国家政策顶层设计层面破局起航。

"十五"和"十一五"时期，国家为了使一些陷入困境的化肥生产企业重获生机，在深化经济体制改革中，采取了"债转股"、成立政策性银行、国债贷款、企业改制重组等多方面措施，继续重视和推动化肥工业发展壮大。

二、氮肥实施结构优化升级，扩大产能规模

新中国成立以来，氮肥工业是发展最为迅速的工业之一，1949～2000年，年均增速达到18.8%。1995年，中国合成氨产量跃居世界第一位。截至2000年，全国合成氨产量为3363.7万吨，氮肥产量2398.11万吨（折纯氮），占世界氮肥总产量的23%，居世界第一位。1978年小氮肥的产量为434.9万吨，30年后的2007年产量达到2321.5万吨，增长了4.3倍，占全国氮肥总产量三分之二以上。面对每年国家大量进口尿素的局面，小氮肥喊出了"尿素不进口、我们自己干、小厂挑重担"的豪迈誓言。小尿素从无到有，2007年尿素产量达到2898万吨。继氮肥总产量之后创造

了又一个半边天。小氮肥工业的快速、蓬勃发展，从根本上缓解了中国化肥长期供不应求的紧张局面。事实证明，中国氮肥从大量进口到供求平衡、自给有余，中国农业始终能稳定健康发展，小氮肥功不可没。

在计划经济中建立起来的中国氮肥工业，面对改革开放市场经济浪潮以及加入WTO后的新形势，进行大调整、大洗牌是不可避免的。首先是煤电紧张和原料供应困难地区的化肥厂关停或转产。其次是工艺技术落后、管理不善的化肥厂被淘汰。通过调整产业布局、技术改造、扩产达到经济规模，以及企业改制和重组，中国氮肥工业向前跨越了一大步。

2000年以后，中国氮肥工业进入了结构调整和优化升级时期。一是以示范项目为先导，开展了大规模的原料结构和动力结构调整。在国产化水煤浆和粉煤气化技术及大型合成氨成套国产化技术取得突破后，一批具备实力的企业建成了大型洁净煤气化合成氨装置及尿素装置，在多个大型氮肥工程中自行设计、采用氨汽提工艺或二氧化碳汽提工艺，逐步扩大使用国产化设备，显著地提高了氮肥工业的技术装备水平。二是氮肥工业开始探索“坚持化肥、走出化肥”的发展新思路，依托氮肥基本盘延伸发展甲醇醋酸等碳一化工、多元醇、精细化工、化工新材料等多种工艺路线和新产品，提高了企业经济效益，培育了新的经济增长点，部分企业甚至借此发展壮大成为以煤气化为龙头的综合性化工基地。

2003年，中国首次实现氮肥产品净出口，2007年成为世界最大的出口国。到2010年，全国共有氮肥企业472家，其中尿素生产企业187家，生产能力6600万吨/年，产量5200万吨，稳居世界第一位。从生产原料上看，以天然气为原料的氮肥产能920万吨/年，以煤为原料620万吨/年，已形成20个具有百万吨级以上规模的生产基地，其产能占全国尿素总产能的68%，已有23%的合成氨装置达到或接近世界先进水平。合成氨、氮肥（折纯氮）和尿素（实物量）产能分别达到6560万吨/年、4700万吨/年和6600万吨/年，比2000年分别净增53.9%、52.8%和91.5%；全国合成氨、氮肥（折纯氮）、尿素（实物量）总产量4964.59万吨、4458.67万吨和5200万吨，比2000年分别净增47.6%、85.9%和106.8%。尿素产量2407.6万吨（折纯氮）、实物量5200万吨，占全国氮肥产量（折纯氮）的比重升至64.9%，成为氮肥品种的中流砥柱。

21世纪初，中国氮肥工业还是以小氮肥为企业主导，到2010年，氮肥工业形成了大中小企业并存、大型企业渐居主导的格局。合成氨单套和平均装置规模不断扩大，2010年大于30万吨/年的大型企业有74家，占总产能的49.4%；大于8万吨

/年的大中型企业223家，占总产能的82.4%，初步形成以大型企业为主的格局。从区域分布来看，氮肥企业主要分布在粮棉主产区和原料资源地。其中，以天然气为原料的企业主要位于四川、新疆、内蒙古、海南等产气区；以煤为原料的企业主要集中在无烟煤产地山西和农业主产区山东、河南等地。从原料结构来看，2010年氮肥生产原料以煤为主，以煤、天然气、油和焦炉气为原料的合成氨产量比例分别为76.2%、21.9%、1.3%和0.3%；以煤、天然气、油和焦炉气为原料的尿素产量比例分别为69.8%、27.8%、1.4%和1.1%。尤其是“十一五”期间，原料结构调整取得了重大进展，已建和在建的水煤浆加压气化装置有66台，合成氨产能706万吨/年；干煤粉加压气化装置有36台，合成氨产能768万吨/年。

经过“十五”“十一五”时期的发展，中国氮肥品种结构明显改善，高浓度氮肥、复合肥比重显著提高，大颗粒尿素、缓控释肥、专用肥等肥料新品种开发步伐加快。尿素占氮肥总量的比重达65%，比“十五”末上升了5个百分点，碳酸氢铵则下降了10个百分点。在单质氮肥快速发展的基础上，氮肥的复合率已提高到30%以上。

从技术水平来看，无论是早期引进的大型氮肥装置还是具有自主知识产权的20万吨/年天然气制氨装置，经过持续技术改造升级，技术水平都基本上达到了国际水准。2004年12月，华鲁恒升集团建设的具有自主知识产权的国产化以煤为原料单系列30万吨/年大型合成氨装置投产；2005年9月，中国首套以天然气为原料20万吨/年合成氨、30万吨/年尿素国产化装置在四川美丰化工股份有限公司建成投产；2008年4月28日，兖矿国泰水煤浆气化技术荣获国家科技进步二等奖；2010年，全国已投产的先进加压煤气化装置达40台，合成氨产能620万吨/年，其中以多喷嘴对置式水煤浆气化技术、HTL航天粉煤加压气化技术、经济型气流床分级气化技术为代表的一批具有自主知识产权的煤气化技术研制成功并投入工业运行，标志着中国氮肥工业技术进步取得的重大突破，为“十二五”期间氮肥工业实现装置大型化奠定了基础。

在此期间，尤其是“十一五”时期，合成氨生产中一些关键环节的技术水平也得到普遍提高。特别是氨合成原料气精脱硫、醇烃化精制工艺及两段法变压吸附等技术，具有自主知识产权并达到了国际先进水平。同时，双加压法硝酸工艺技术、耐硫变换催化剂生产技术以及大型高效氨合成装置等先进技术装备的开发应用，使氮肥生产的技术装备水平得到进一步提升，单位产品能耗大幅度下降。2010年，合成氨单位产品平均综合能耗1402千克标准煤/吨，比2006年单耗下降13.7%，节能

116万吨标准煤。

随着大型合成氨和尿素装置的建设，中国氮肥工业的技术水平有了显著提高。2010年，全国有各类先进的尿素汽提工艺装置77套，占尿素生产总产能的48%。

三、磷复肥依托资源基地发展实现自给

2001年，全国磷肥总产量752.56万吨（折P_2O_5），其中高浓度磷肥296万吨（磷酸二铵97万吨、磷酸一铵100万吨、NPK 71万吨、重钙18万吨、硝酸磷肥10万吨），过磷酸钙和钙镁磷肥443万吨。2005年，磷肥总产量已达到1206.2万吨，首次超过美国居世界第一位，其中高浓度磷肥678.1万吨（磷酸二铵233万吨、磷酸一铵255万吨、NPK 135万吨、重钙48万吨、硝酸磷肥7.1万吨），过磷酸钙和钙镁磷肥447万吨。5年间，高浓度磷肥增长到2.29倍，而低浓度磷肥基本维持不变。

“十一五”期间，中国磷肥工业继续迅速发展，2006年基本实现了国内自给，2007年实现了自给有余，由世界第一进口大国变为净出口国，当年出口主要磷复肥产品占到世界贸易量的20%以上。到2010年，全国磷肥总产量1532.91万吨，其中高浓度磷肥1301.8万吨，占比已高达82.3%，发展成就举世瞩目。

2001年，四川大学（原成都科技大学）钟本和技术团队提出“传统法磷酸二铵与料浆法磷酸一铵装置联产，以后者促进、改善前者的生产和经营状态”的全新思路。并将此思路及其可行性论证推荐给拥有全国最大规模磷矿肥基地的贵州宏福实业开发有限总公司，在10个月内便在一套20万吨/年粉状磷酸一铵大型国产化装置上得以实现，有力地促进了引进磷酸装置和DAP装置的扩能降耗，装置自身也达产达标，实现稳定生产，在建设进度和达产速度上创造了全国磷肥工业的一项新纪录。

贵州宏福实业开发有限总公司采用这一新装置生产的粉状磷酸一铵成为当时国内外物性、质量最好的粉状产品，行销国内外市场。新建的20万吨/年粉状磷酸一铵装置决算投资1960万元，每吨生产成本不到100元，但其新增销售额年增加27%，产出投入比高达14.5。2004年，“大型料浆浓缩法磷铵国产化装置”项目获国家科技进步二等奖。

“十一五”期间，湿法磷酸净化技术取得较大突破。2005年，四川大学与重庆涪陵化工有限公司合作，用磷矿原矿稀磷酸进行1万吨/年磷酸净化小型工业性试验。该项技术具有流程短、操作稳定、能耗低、投资省、产品质量好、设备材质完全国产化等优点，在2006年通过鉴定。截至2010年，这项溶剂萃取净化湿法磷酸

新技术已在3套5万吨/年装置上实现了工业化应用，使中国磷化工产品加快向精细化、高档化转变，扩宽了磷化工发展的空间。此外，磷酸装置技改取得一系列重要成果，磷酸装备制造能力也进一步提高。到“十一五”末期，中国大型湿法磷酸生产的主要设备（过滤机、搅拌桨、浓缩循环泵等）继续向大型化、多功能、性能优良的方向发展。热法磷酸技术也取得显著进展，反应余热利用取得突破，自主研发的磷酸余热锅炉工艺成功装备到国内多家黄磷生产企业中，节能降耗减排效果突出。

磷复肥技术应用取得显著进展。以瓮福集团（2008年实行债转股改制由贵州宏福实业开发有限总公司更名而成）为代表的技术先进企业积极开展境外项目，如越南32万吨/年DAP项目总包、沙特曼阿顿1250万吨/年磷矿选厂中标、为澳大利亚昆士兰磷矿及磷加工提供技术服务等，标志着中国磷肥工业技术装备达到世界先进水平，已由技术引进转向技术输出。

料浆法磷铵的技术不断创新。2009年，四川大学在设计安徽新中远化工股份有限公司10万吨/年MAP装置中，采用了3项创新技术：反应结晶器、蒸汽-空气翅片换热器和全自动刮料机，成效显著。2006年，开磷集团股份公司采用酸性料浆浓缩配转鼓氨化造粒工艺，对复合肥装置进行改造，建成20万吨/年DAP装置，产品总养分可达62%以上。在传统DAP与料浆法MAP联产技术创新方面，安徽六国公司与四川大学合作，通过消化吸收再创新，建成1套以淤渣磷酸及稀磷酸洗涤液为原料生产粉状MAP的工业化装置，改造完成后，2008年产量超过13万吨（设计产能12万吨/年），产能逐步得以释放。用料浆浓缩法生产粉状磷酸一铵，既改善了磷酸二铵尾气的洗涤状况，保证磷酸二铵正常生产和质量要求，又充分利用了淤渣和淤酸，生产成本大幅下降。此外，DAP装置的工艺优化和节能改造，以及单管一步中和-转鼓造粒工艺生产粉状MAP技术开发等也取得显著成效。熔融磷钾肥实现中低品位磷矿与难溶性钾矿的高效综合利用，“十一五”期间建成了试产600吨/年的生产线，增产提质效果明显。

上海化工研究院依据多年来在化学肥料研究领域，特别是在磷复混（合）肥料生产技术与装备研究方面积累的丰富经验，根据中国复肥市场的发展状况及国内外复肥技术的综合情况，结合中国小尿素厂较多、综合竞争能力不强、经济效益不佳的国情，从20世纪末开始进行复混肥高塔造粒技术研发，与设备制造厂家、工程设计单位和技术实施单位“产学研用”合作，形成了成套工程技术。2004年，在世界范围第一次实现了尿基复混肥熔体造粒工业化，对中国复合肥工业的发展与技术进步起到了强有力的支撑和引领作用，提升了国产复混肥质量和品级，给全国复混肥工业带来一股“高塔热”。2016年，该项目获国家技术发明二等奖。

四、钾肥产能高速增长，开发利用两种资源

2000年《中国环境状况公报》显示，中国耕地面积18.2亿亩（15亩＝1公顷），缺钾耕地面积占耕地总面积的56%。由于钾肥工业长期发展滞后，致使中国缺钾土壤面积不断扩大。为此，“十五”“十一五”时期，中国提出了在全国推广“补钾工程”，给钾肥工业的发展提供了良好的历史机遇。

2000年5月，借国家西部大开发的东风，青海盐湖二期100万吨/年钾肥工程开工建设。该项目是西部大开发首批十大建设工程之一，完全采用自主工艺技术建设，具有世界先进水平的有反浮选-冷结晶生产工艺、浮选药剂、水采船技术和自动控制技术。2003年10月建成投料试车，2004年全面建成投产，将盐湖集团氯化钾产能提高到了150万吨/年。

2006年，青海盐湖二期钾肥工程扩产，盐湖集团产能进一步达到180万吨/年，再加上察尔汗盐湖其他周围小厂，氯化钾产能超过250万吨/年。2008年5月，该工程被国家发改委授予“四个典范”工程称号。到2010年，中国氯化钾产能进一步扩增到360万吨/年。

中国硫酸钾的生产起步较晚，在“十一五”时期迎来高速发展。借助成熟的曼海姆工艺法，2006年中国台湾地区青上化工公司在大陆采用独资或合资的方式建成了60套硫酸钾装置，加上日产工艺法两套装置和国产法曼海姆装置，此时中国已有180套曼海姆装置，总产能180万吨/年。另外，再加上南风化工18万吨/年、山东海化2万吨/年和罗布泊8万吨/年装置，硫酸钾实际总产能已达到208万吨/年，实际产量120万吨左右，已基本满足国内需求，进口量逐渐减少。

2006年4月25日，国投新疆罗布泊钾盐有限公司120万吨/年硫酸钾项目在新疆罗布泊开工建设，这是中国钾肥工业发展史上一个重要的里程碑。项目总投资为48亿元，2008年底项目建成投产，2010年生产硫酸钾83.91万吨。

“十五”至“十一五”，凭借青海盐湖二期钾肥工程、国投新疆罗布泊钾肥项目等重大工程的建成投产，中国钾肥产能实现了年均26%的高速增长。到“十一五”末，中国已成为世界第四大钾盐生产国，钾肥产量自给率达到50%以上，实现了史无前例的辉煌巨变。与此同时，在这一时期中国钾肥工业形成了科研、设计、设备

制造、施工安装、生产、销售、农化服务等一套完整的工业体系，市场竞争力不断增强。

截至2010年，中国共有规模以上资源型钾肥企业25家，由于兼并重组，比2004年减少3家；加工型钾盐（肥）企业140家左右，比2004年增加50家左右，资产总计444亿元。到2009年，中国已形成的资源性钾肥生产能力约590万吨/年（K_2O），比2004年增长了120%；资源型钾肥产量达到320.7万吨（K_2O），中国已经开发的盐湖有察尔汗、马海、东台吉乃尔、西台吉乃尔、大浪滩、大盐滩、大柴旦、茶卡盐湖、罗布泊盐湖等。

这一时期，钾肥工业"走出去"也取得突破性进展。2006年1月，中老两国经济合作最大项目——老挝万象平原钾盐开发5万吨/年优质氯化钾示范工程在老挝正式开工建设。该项目由云南中寮矿业开发投资有限公司全权负责开发，联合云南省地矿公司、云天化集团，部分科研院校共同开发。老挝万象钾盐项目的开工建设，是中国钾肥工业发展史上的一件大事。

五、新型肥料新品迭出，应用落地

21世纪的第一个10年，是中国农业规模化、集约化突飞猛进和农业现代化转型的关键时期，顺应形势发展变化，水溶性氮肥缓控释化和中微量元素肥料液体化被推向历史前台，新型肥料研发及其应用方兴未艾。

尤其在"十一五"期间，中国多种缓释肥、控释肥逐步在大宗农作物上推广应用，并持续有新品种产生。2006年，全国第一条30万吨/年缓控释肥生产线在金正大建成投产。2008年全国农技推广服务中心召开的第一届缓控释肥推广工作会议提出，实现缓控释肥从中国领先向世界领先的跨越式发展，金正大也成为全球最大的缓控释肥生产基地。2009年，施可丰化工股份有限公司和三原圃乐特控释肥料有限公司联合研发的控释肥料无溶剂原位表面反应包衣技术及其产业化项目通过专家鉴定。此后，应用该技术在山东临沂建成了10万吨/年的控释肥料产业化生产线，产品在10多个省份进行推广应用，累计推广面积超过200万公顷。

硫酸钾镁肥在国内是一种新型肥料品种，主要有两家企业在生产。一是青海中信国安技术发展有限公司，一期30万吨/年硫酸钾镁肥生产线试产后运行正常，2006年产销达20万吨以上。到2007年，青海中信国安安东、西台地区相继建成60万吨/年硫酸钾镁肥生产线。二是广西鹿寨化肥总厂，以不溶性钾矿生产钾镁肥，实现工业化生产，随后建成了30万吨/年钾镁肥生产线。

此外，包括叶面肥、水溶肥、生物菌肥、土壤调理剂等一大批新型肥料也逐步获得规模化推广应用。中国化肥工业开始进入基础肥搭台、新型肥料唱戏的新阶段。

第七节 进入市场化转型和发展升级的重要时期（2011 ～ 2019年）

进入21世纪以来，顺应加入WTO和国内经济体制改革的大势，探索与推进市场化改革方向一直是中国化肥工业发展的一条主线。随着“十一五”末期国内氮肥、磷肥、复合肥等基础肥供需状况出现逆转，产能过剩问题逐渐显露。在随之而来农业现代化持续深入的进程中，化肥工业以使用量零增长行动和供给侧结构性改革为政策推手，加快了产业优化升级、闯关突围的步伐。此外，随着化肥供给持续宽松乃至过剩阶段的到来，化肥长期作为紧俏农用物资予以政策调控的必要性大幅下降，也为化肥工业市场化水到渠成提供了有利的条件。

一、发展进入重要转型升级期

（一）由政策性鼓励转向市场化进程

化肥是重要的农业生产资料，长期被视为“特殊商品”进行管理，享受原料、电价、运输、天然气、免征增值税等优惠政策待遇，一定程度上降低了企业的生产和销售成本。因而，化肥工业的市场化进程缓慢。进入“十二五”时期，随着化肥产能过剩矛盾凸显，以及市场环境和农业需求等情况的巨大变化，化肥工业市场化转型取得了长足进展。

2016年，化肥生产流通环节运、气、电、税等诸多优惠政策陆续取消，化肥由过去保障农业生产的特殊物资开始向一般的商品转换，市场化进程跨出重要一步。取消优惠政策，逐步减少化肥产品与其他商品相比的优惠空间，更多地借助市场这双“无形的手”，对化解产能过剩、推进化肥工业转型升级进行自发调节。至此，除了淡季商业储备等极少的几项管理政策外，化肥已经与一般商品并无二致。

2017年12月23日，国务院关税税则委员会公布了关税调整方案，对化肥及相关产品出口关税做了较大幅度调整，取消尿素、磷酸二铵等产品出口暂定关税，降低复合肥出口关税等。2018年底，《2019年进出口暂定税率等调整方案》发布，提出自2019年1月1日起，调整部分商品的进出口关税。其中，包括对化肥、磷灰石等在内的94项商品不再征收出口关税，免征出口关税的化肥品种从尿素、磷铵向含钾肥料和化肥原料延伸。关税调整体现了国家加快化肥产品市场化、创造更加公平的出口环境的决心。

各项优惠政策的取消，从短期来看会导致生产成本上升，令企业经营压力倍增，不少竞争力和抗压能力较弱的企业受到沉重打击，举步维艰。但是从长远角度来看，阵痛之后，市场化浪潮中的化肥工业的整合力度将不断加快，发展更加具有可持续性。降税则意味着企业经营成本下降，将直接扩大企业的盈利空间，这是实实在在的利好和“红包”。面对尿素、磷铵、复合肥产能已明显过剩，保障国内供应绰绰有余，取消出口关税有助于减少企业的出口成本，提高中国化肥产品的国际市场竞争力，实现适度扩大出口，对缓解国内低迷的市场行情来说是一场“及时雨”，也是新时代中国化肥市场进一步放开的鲜明标志。

（二）化肥“使用零增长”提前实现

20世纪80年代，化肥的施用对中国粮食增产的贡献率高达40%以上，极大地促进了国内粮食高产稳产。但到90年代，化肥投入直线增长的同时，粮食产量却难以再持续地、显著地增长，化肥投入产出的剪刀差在不断扩大。

中国化肥利用率低是导致这一现象的重要原因。经测算，国内当季氮肥利用率仅为30%～35%，磷肥为15%～20%，钾肥为35%～40%。经研究发现，约有50%以上的氮没有被作物吸收而流失到农田外，引发了一系列环境及食品安全问题。水体富营养化、土壤板结、温室效应、农产品品质下降等问题接踵而来。

中国科学院南京土壤研究所的研究显示，中国每年有123.5万吨氮通过地表水径流到江河湖泊，49.4万吨进入地下水，299万吨进入大气。2016年《中国环境状况公报》分析显示，108个监测营养状态的湖泊（水库）中，贫营养的10个，中营养的73个，轻度富营养的20个，中度富营养的5个。其中太湖、巢湖为轻度污染，主要污染指标为总磷；滇池为中度污染，主要污染指标为总磷、化学需氧量和五日生化需氧量。过量施用化肥导致许多地区地下水和地表水硝酸盐超标，同时，化肥生产和使用过程中二氧化碳和氮氧化合物排放也是温室气体的来源之一。

2015年，中国农业化肥总用量为5416万吨，成为世界化肥用量最高的国家，是世界平均用量的3.4倍、美国的3.4倍。在确保粮食安全的前提下，改变粗放、低效的传统施肥模式，倡导精准施肥、科学用肥，越来越成为业界内外一致的呼声与期待。早在2012年1月5日，《农业部关于深入推进科学施肥工作的意见》就已提出，到2015年，全国农业科学施肥技术水平要有较大提高，技术普及范围进一步扩大，施肥结构得到改善，施肥方式得到改进，化肥用量增长态势基本得到控制，化肥对粮食增产的贡献率基本稳定。

作为国家提出的“一控两减”（控制农业用水，减少化肥和农药用量）发展战略的重要组成部分，2015年，农业部发布《到2020年化肥使用量零增长行动方案》。《方案》提出，化肥在促进粮食和农业生产发展中起了不可替代的作用，但长期粗放、低效地使用也带来了成本的增加和环境的污染。在零增长行动具体的实施技术路径中，引导肥料产品优化升级、大力推广高效新型肥料被重点提及。2018年，国务院进一步发文，确定将化肥、农药使用量由零增长转为负增长。国家关注耕地土壤质量，推进“化肥使用零增长”行动，是从根本上解决中国农业生产面临的高成本、低效益和高污染问题，得到了化肥行业的积极响应。化肥企业通过新产品、新技术、新方法的推广，提高化肥利用效率。国家统计局数据表明，2016年，中国农用化肥用量5984万吨（折纯），比2015年减少38万吨，这是国内农用化肥用量自1974年以来首次实现负增长。农业部测算，2017年中国水稻、玉米、小麦三大粮食作物氮肥当季平均利用率为37.8%，比2013年和2015年分别提高7.8个百分点和2.6个百分点。这“一减一提”标志着中国科学施肥工作取得了积极进展，提前3年实现化肥使用量零增长的目标，为农业绿色发展做出了重要贡献。

2018年，中国化肥表观消费量共计5640万吨（折纯，下同），相比于2015年累计下降8.9%。其中，氮肥、磷肥表观消费量在5年前即进入下降通道；产量受出口缓冲作用，3年前开始进入下降通道，产量分别为4970.57万吨和1857.20万吨，而2016～2018年氮肥、磷肥产量年均分别下降7.5%和1.8%。钾肥“十三五”期间降幅较低，主要是由于中国钾资源短缺、土壤大面积缺钾，国内市场依然存在缺口，进口依赖度依然为50%，因此产能、产量保持平稳增长。

（三）全面推进结构调整转型发展

进入新的历史阶段，化肥工业在取得一系列发展成就的同时，产能过剩、化肥不合理使用带来的生态环境等问题得到业内的高度重视。产能过剩一部分原因是前期重复建设和盲目投资导致；另一方面，随着农业种植结构的变化及机械化的大量使用，农民的用肥品种结构也在发生变化。过去农民使用低浓度化肥较多，如今更倾向于高浓度、缓控释效果好的肥料，既省时又省力，水溶肥、有机无机复混肥、生物肥等新型肥料也越来越受到青睐。这些因素也导致单质肥料产能过剩，化肥工业发展面临着严峻的考验。

2000～2015年，化肥年均生产增长率6.0%，而同期化肥表观消费量年均增长为3.9%，需求增速远低于化肥产能和产量增速。但是，2011～2015年，中国化肥总产能大幅度增长达到9293万吨/年，超出“十二五”初期设定的目标产能7760万吨/年。化肥总产能在宏观调控上尚未取得成效，产能过剩严重、行业盈利能力下降等问题引起业内的高度关注，推进化肥供给侧结构性改革成为行业主管部门和企业的当务之急。

2011～2013年，工业和信息化部颁布的《合成氨行业准入条件》《磷铵行业准入条件》等准入管理的系列措施，被视为引导行业有序发展、抑制盲目扩张、淘汰过剩产能的重要措施。2015年，工信部出台《关于推进化肥行业转型发展的指导意见》，指导推动行业化解产能过剩，落实准入条件，控制新增产能。针对部分经营困难多、技术条件落后、主要进行传统肥料生产的中小企业，逐步引导其主动退出。

化肥生产企业根据区域土壤类型、作物种类调整企业产品结构，更多地与农业生产实际需求相配套，积极转变化肥企业的经营理念，强化农化服务，形成“产品+服务”的经营模式，拓展发展空间，推出专用肥配制、个性化定制等商业服务模式。

2016年以来，化肥企业把握退城入园、搬迁改造等机遇，将淘汰落后产能、升级工艺技术、发展园区配套等有机结合，企业数量减少、产业集中度提高，行业发展质量明显改善。国家统计局数据显示，基础肥料企业数量大幅减少。2018年规模以上氮肥企业201家，同比减少21%；磷肥企业数量降至189家，同比减少8%；钾肥企业数量降至189家，同比减少9%。这一时期新旧产能更替加速。2017年和2018年，全国尿素产能年均退出近400万吨/年，尿素产能连续3年负增长；2016～2018年，间歇式固定床合成氨产能缩减了近1000万吨/年，缩减约1/3，同期，总产能下降660万吨/年左右；磷复肥3年退出产能约150万吨（折纯）/年，总产能降至约2200万吨（折纯）/年。落后产能的大幅退出，为化肥工业结构调整、产业升级拓展了空间，创造了条件。

随着先进技术的全面推广应用，大量新产能充分释放，促进了化肥原料结构优化。2013年和2015年，河南心连心化学工业集团股份有限公司先后建成投运两条先进水煤浆工艺的氮肥装置，使先进煤气化氮肥产能占比达到50%。2018年4月，经过前期酝酿，瑞星集团航天超大型粉煤气化暨Ⅲ期粉煤气化项目开工建设，该项目被科技部列入重点研发计划，也入选了山东省新旧动能转换重大项目库。项目总投资19.8亿元，配套建设空分装置、氨合成、净化装置，全部采用先进的DCS远程控制，“三废”全部实现无害化处理。

到2018年，化肥工业采用先进煤气化技术的产能占总产能的37.2%，提高3.5个百分点；采用传统煤气化工艺的合成氨产能占总产能的38.1%，同比降低4.4个百分点。先进产能在大型化、低成本等方面具有显著优势。

（四）环保要求升级促进行业绿色转型

“十二五”时期，国家环保政策密集出台，中央环保督察组实地监督检查，环保措施日趋严厉。2015年1月1日《中华人民共和国环境保护法》、2018年1月1日《中华人民共和国环境保护税法》相继落地实施，将环境保护纳入法制化管理轨道。2013年9月到2016年，国家相继发布《大气十条》《水十条》《土十条》。2014年8月，环保部正式下发《合成氨企业环境守法导则》，涉及全国范围内的新、改、扩建以及现有的合成氨企业，涵盖清洁生产、建设项目环境守法、污染防治及环境应急管理、环境管理制度、企业内部环境管理措施等内容。

2017年7月，环保部发布《固定污染源排污许可分类管理名录（2017年版）》，旨在落实2016年《国务院办公厅关于印发控制污染物排放许可制实施方案的通知》要求，率先对包括农药、氮肥在内的15个行业核发排污许可证。到2020年，排污许可名录中所规定的应当取得排污许可证的排污单位必须持证排污。

2017年9月29日实施的国家环境保护标准《排污许可证申请与核发技术　规范　化肥工业——氮肥》，被业界视为基于行业实际和管理的需要，弥补氮肥工业环境管理短板，推动行业走上精细化的“一证式”管理道路，有望为氮肥工业的绿色可持续发展转型提供动力。期间，《化学肥料工业大气污染物排放标准》已进入征求意见阶段；《磷肥工业水污染物排放标准》已于2011年推出。2018年7月，国务院发布的《打赢蓝天保卫战三年行动计划》要求，加大化肥行业固定床间歇式煤气化炉整改力度，传统工艺氮肥企业面临日趋严格的排放限制。

长期以来，化肥工业坚持环境治理工作研究，推动行业提高节能减排技术水平。2011年8月，中国氮肥工业协会与环境保护部南京环境科学研究所共同承担的环保部环保公益性行业科研专项《合成氨工业污染综合防治及污染减排关键技术研究》取得阶段性成果，通过环保部验收。2012年，由中国环境保护产业协会和中国氮肥工业协会共同主办的氮肥生产节能减排技术创新联盟成立。同年，在浙江丰登化工股份有限公司建立的高浓度废水制水煤浆资源化利用试验中心成立。2013年7月1日，《合成氨工业水污染排放标准》正式实施。

这一时期，氮肥工业采用先进煤气化技术的产能占总产能的比例在逐步提高，还相继开发推广了一大批先进节能减排技术、清洁生产技术和环境保护技术，清洁生产水平明显提升。全行业实现了造气炉渣综合利用，部分企业实现了锅炉烟气超低排放和污水超低排放，有的企业还实现了污水零排放。2017年与2010年相比，氮肥工业吨氨产品综合能耗下降8%，COD、氨氮和总氮排放量下降30%以上，二氧化硫、氮氧化物等大气污染物排放量下降20%以上。

与此同时，氮肥工业在循环经济模式上的技术创新异常活跃。华鲁恒升创建了循环经济柔性多联产模式：依托洁净煤气化平台，开发出可同时生产合成氨、甲醇及一氧化碳的复合工艺，实现了尿素、醋酸和聚氨酯配套产品的自主调节，形成了“一头多线”循环经济柔性多联产。“十二五”期间，华鲁恒升万元产值综合能耗下降了20%，完成节能量57.2万吨标煤，连续四年成为全国石油和化工行业能效标杆企业。

湖北三宁围绕主产品附属物开展废物利用研究，形成了一条闭合的循环经济产业链。通过把廉价过剩的硫酸铵转化成俏销的硫酸钾，利用合成氨的深度加工，生产出高端硝硫基复合肥，不仅丰富了产品系列，而且每年可节省硝硫基复合肥生产成本1.2亿元。整个生产过程没有固体废物，既提高了产品的附加值，又消化了副产品盐酸。

河南心连心先后实施了国家发改委“45万吨/年合成氨装置清洁生产工程技术项目”“合成氨生产线节能技术项目”、工信部“能源管理中心建设示范项目”、省科技厅“合成氨生产系统节能减排关键技术研究”等一系列重大科技项目，连续6年被评为合成氨行业能效领跑者标杆企业，其单位制造成本较行业平均水平低15%以上。

磷肥生产中所产生的“三废”中含有多种有害物质。这些物质不合理排放，会对空气、水源和土壤造成污染，直接危害人类和生物。2011年以来，磷肥企业为了提高回收率，降低消耗，将废气净化及废气中有害组分的回收利用作为工艺改进的一个方向，将废气进行严格的处理，既能提高产量，又能减少对大气的污染。随着废气的处理技术不断完善，净化设备逐步以高效、节能设备代替低效率吸收设备，使排入环境的污染物大大减少。目前全国所有的大中型磷肥企业和部分小型磷肥企业已经建设了污水处理工程，治理设施覆盖率较高，促进了磷肥工业污水排放总量和排放污水中污染物的浓度大幅度下降，为环保做出了贡献。

磷石膏排放堆存是世界磷肥工业难解的环境难题。2017年3月1日，开始强制实施的《磷石膏库安全技术规程》，促进国内磷肥工业加强磷石膏综合利用的研究，加大投入和产业化步伐。湖北宜化集团自2012年开始研究磷石膏综合利用，投资建设了磷石膏循环经济产业园，在已建成综合利用磷石膏30万吨/年、生产建筑石膏20万吨/年的生产装置基础上，规划新建一条建筑石膏生产线和道路路基材料生产线，综合利用磷石膏130万吨/年，并开发建筑石膏粉下游产品，从而彻底解决磷石膏的堆存处理难题。

开磷集团开发了“一步法”生产高强耐水磷石膏砖生产工艺及制备技术，2007年建设了一条1亿块/年高强耐水磷石膏砖的中试生产线，在此基础上分别建成了10亿块/年高强耐水石膏砖、35万立方米/年石膏砌砖、25万立方米/年石膏基加气混凝土生产线，开发出与磷石膏砖相配套使用的石膏基干混砂浆、内墙腻子、粉刷石膏等11种粉体建筑材料。

六国化工的磷石膏除了用于制作水泥缓凝剂外，还做成了建筑石膏板、石膏粉等产品，不仅每年都能消化掉公司当年副产出的磷石膏，而且此前堆存的磷石膏也可在2020年前实现全部综合利用。

金正大诺泰尔在吸收欧美先进工艺技术的基础上，创建了中国规模最大的60万吨/年磷石膏制酸综合利用项目（单套装置30万吨/年），实现磷石膏零排放。磷石膏制酸副产物除了供应水泥原料外，还可生产新型碱性肥料。

除了上述创新探索，化肥企业自觉开展废固物循环利用实践，使国内磷石膏利用途径逐渐拓宽，利用水平和利用率逐年提高，综合利用取得举世瞩目的成绩。2017年，磷石膏利用量已达到2900万吨，利用率38.7%。

钾肥工业在开展资源循环利用方面做出很多尝试。青海盐湖集团2005年就已经成为国家第一批13个开展循环经济试点的企业之一，是柴达木循环经济产业园区的“领头羊”。经过多年的发展，企业不仅建成了全国最大的钾肥和盐化工两个基地，并形成了以钾产业为龙头，带动镁产业群、气产业群、钠产业群、锂产业群共同发展的循环经济示范，盐湖循环经济发展受到党和国家领导人的高度评价。

化肥工业属于高耗能、高排放行业，一系列环保政策要求正在促进行业绿色转型，倒逼生产企业对落后生产线进行升级改造，增加污染物处理设备、改进生产方式。通过推进清洁生产工艺，也促进了企业生产设备升级改造。同时，一些规模企业继续投资布局新产能，如江苏龙腾、河南心连心等。产能向资源地和需求地集中，不仅增强了企业的核心竞争力，而且对市场的资源配置重新优化起到了积极的作用。

（五）拓展农化服务进入新阶段

2017年，是推进供给侧结构性改革之年。在农业部种植业管理司、工信部原材料工业司、中国石油和化学工业联合会指导下，中国化工报社、全国农业技术推广服务中心、中国氮肥工业协会、中国磷复肥工业协会、中国植物营养与肥料学会、高效复合肥料国家农业科技创新联盟、中国化工产业发展研究院、金正大生态工程集团股份有限公司等8家单位联合发起了化肥供给侧结构性改革调研活动。调研活动以“化肥产业升级之路——大联合大发展”为主题，是石油和化工行业与供给侧结构性改革相关的首次大规模、全方位调研活动。

通过调研发现，超过80%的实地调研企业都已经开展了农化服务相关业务，帮助农户科学高效地使用化肥产品；骨干化肥企业更是率先向农化服务拓展延伸，目前已能提供测土、配方、配肥、供肥、施肥、指导、咨询、培训、示范、仓储、配送等全程服务，并在进一步向更深层次的农业金融、农产品物流和销售平台等拓展。农化服务已经成为化肥企业拓展市场的“标配”。

从生产型企业向生产服务型企业转型，是化肥工业的新风尚，也成为企业发展的必由之路。很多企业尤其是骨干化肥企业创新农化服务模式，助推新的技术和产品落地，实现了化肥企业发展的新旧动能转换。

金正大在业内首家成立了现代农业服务平台金丰公社，通过为农户提供种植业全程解决方案，带动新型肥料技术的推广和应用。金正大还在业界率先提出并践行“亲土种植”理念，成为化肥业推动引领中国传统农业变革和现代化发展的先行者。

中化集团在整合中化化肥、中种集团和中化集团农药板块的基础上，组建了中化农业，打造现代农业综合技术服务平台，开展面向农户尤其是种地大户和新型农业经营主体的从种到收的一体化服务体系。

云天化与中国农业大学共同成立了云天化植物营养学院、云天化植物营养研究院、云天化农业研究中心，目的就是要通过农化服务带动产品销售，实现“产品+

服务”的转型。同时依托“科技小院”为农户提供一揽子、一站式种植解决方案。

司尔特与中国农业大学合作全力打造中国农业大学-司尔特测土配方施肥研究基地，并采用“互联网+”与农户在线互动，通过“二维码上学种田”，开展培训和指导，实现“季前早知道”。

二、整体发展水平不断提高，技术趋向生态化

这一时期，化肥工业面临着双重挤压。一方面，是供给端产能过剩、利用率低、成本不断上升；另一方面，是需求端量价齐跌、市场低迷，化肥工业进入了深度调整期和加速洗牌期。进入“十三五”，化肥工业经历了国际能源价格波动、国外低成本产能竞争、国内化肥零增长和安全环境治理趋严等诸多困难，行业把握机遇，扎实推进供给侧结构性改革，实现了产业结构升级，努力提高发展质量水平，经受住了市场考验。

（一）氮肥工业集中度大幅提高

2015年，中国氮肥产量达到4970.57万吨，占世界总量的38%。2017年，合成氨、氮肥和尿素产量分别达到4946.26万吨、3795.15万吨和5337.1万吨（实物量）。经过60年的持续发展，中国氮肥工业已经形成品种和原料结构比较合理、配套相对完善、一些企业规模和技术水平跻身世界先进行列。

到2017年，合成氨和尿素产能达百万吨级的企业数分别达到20家和22家，前十名企业产量占到总产量的30%。合成氨产能超过30万吨/年的企业有102家，产能占比71.7%；尿素产能超过50万吨/年的企业有66家，产能占比77.2%。70年代以后陆续引进的一批气头大化肥装置，如中海化学、云天化（云天化气头尿素已关闭）等继续发挥作用，仍然是中国氮肥生产的重要组成部分。尤其值得一提的是，近十多年来发展起来的大型煤头氮肥企业已成为行业的骨干力量。这些企业大多是由中小氮肥厂发展起来的，在激烈的市场竞争中闯出了一条低投入、低成本、国产化的成功之路，并通过企业改制、兼并重组、内部扩张、强强联合，成为了体制、机制灵活的股份制企业、民营企业或上市公司，形成了一批化肥产能过百万吨的大型企业集团，并涌现出一批具备国际竞争力的先进企业，如鲁西化工、河南心连心、湖北三宁、山东华鲁恒升、江苏灵谷化工等一批优秀企业，为中国氮肥工业步入世界先进行列树立了成功典范。

企业规模不断壮大，生产装置规模也不断大型化，全国已建成多套世界级的生产装置。2015年中国合成氨和尿素产量前十名企业见表2-1-1。合成氨形成了单系列30万吨/年、45万吨/年、60万吨/年大型化生产装置；尿素形成了单系列52万吨/年、80万吨/年大型化生产装置。大氮肥生产装置，从20世纪仅有32套引进装置，发展到目前已拥有近70套大型合成氨装置，同时还有一批单套产能60万吨/年的合成氨装置正在建设。装置大型化不仅大幅提升了行业技术水平，也促进了氮肥工业高质量、高效益发展。

表2-1-1 2015年中国合成氨和尿素产量前十名企业 单位（折纯）：万吨

排序	合成氨		尿素	
	企业名称	产量	企业名称	产量
1	湖北宜化集团有限责任公司	456.35	湖北宜化集团有限责任公司	528.60
2	河南晋开化工投资控股集团有限公司	200.85	河南心连心化肥有限公司	254.05
3	中国石油天然气股份有限公司	197.82	中国石油天然气股份有限公司	253.58
4	晋煤金石化工投资集团有限公司	183.21	河南晋开化工投资控股集团有限公司	229.80
5	云南水富云天化有限公司	182.87	瑞星集团有限公司	229.76
6	河南心连心化肥有限公司	150.58	山西天泽煤化工集团股份公司	211.37
7	瑞星集团有限公司	132.85	中海石油化学股份有限公司	227.35
8	中海石油化学股份有限公司	130.24	山东华鲁恒升化工股份有限公司	180.93
9	山东华鲁恒升集团有限公司	126.45	山东联盟化工集团有限公司	178.41
10	山西天泽煤化工集团股份公司	123.97	泸天化（集团）有限责任公司	173.75

“十二五”期间，以大型水煤浆和干粉煤煤气化、大型汽提法尿素等一系列重大技术成果为支撑，中国氮肥工业进入大型化、自主化、集成化、平台化的新阶段。包括四喷嘴水煤浆气化、节能型低温甲醇洗和液氮洗、一氧化碳等温变换、常温精脱硫、醇烷烃化气体净化、大型低压氨合成、大型低能耗空分设备等，有力地促进了氮肥产业核心竞争力的提升，同时也极大地提升了节能减排和绿色发展水平。煤气化技术的广泛应用，大大推动了氮肥工业原料结构调整，以非无烟块煤为原料的产能占比不断提高。到2017年，以非无烟块煤为原料的合成氨产能占比上升

至32%，以无烟块煤和天然气为原料的合成氨产能占比分别下降至44.1%和20.1%。同时，氮肥生产向原料资源地区集中。到2017年，山西、内蒙古、新疆等煤炭资源丰富地区合成氨产能占比23.7%，相比2010年提高9.2个百分点。

企业积极发展高效新型肥料，行业组织积极推动技术协作与合作。2016年，中国氮肥工业协会发起组织的液体肥料产业技术创新联盟成立，同年，中国氮肥工业协会（川金象）液体肥工程技术中心、中国氮肥工业协会（天津华景）硝酸硝基肥技术中心纷纷成立。2017年，已有40多家大型氮肥企业实现增值肥料的产业化，总产能达到1200万吨/年；10多家企业生产液体氮肥，总产能200万吨/年；近20家企业发展硝基肥，产能近700万吨/年，占国内硝基肥总量的35%。氮肥工业通过对传统产品的改性增效、复合化等多方面工作，氮肥复合化率已提高至38%。

2018年5月，中国石油天然气集团有限公司旗下公司宁夏石化45万吨/年合成氨、80万吨/年尿素装置生产出合格尿素，标志着中国大型氮肥工业化成套技术开发成功实现工业化。中石油于2009年启动的这一国产化大化肥项目，寰球工程公司和宁夏石化承担重任，先后开发完成合成氨工艺包和尿素工艺包、关键设备国产化的研发和制造、工艺技术优化和控制系统，国产化率达到95%以上。在研发过程中共形成专利76项、技术秘密31项。

截至2018年，氮肥工业已具备8万等级空分、3000吨级水煤浆气化、2000吨级干粉煤气化、大型低温甲醇洗及液氮洗、60万吨级氨合成、80万吨级尿素等装置的设计制造能力。这些技术装备不仅降低了投资和能耗，有力地支撑了氮肥工业的发展，也为中国现代煤化工产业发展奠定了技术基础。

（二）磷肥工业完善大型基地建设

在这一时期，中国磷肥工业在前期发展的基础上创造了一个新的高度，奠定了中国磷肥工业的国际地位，推动中国向磷肥工业强国迈进。

2018年，中国磷肥总产能为2353万吨（P_2O_5），产量为1365.2万吨（P_2O_5），占世界磷肥产量的37%。国产高浓度磷复肥受到了国内市场的广泛欢迎，完成了产品结构的调整。2018年，高浓度磷复肥产量为1610万吨（P_2O_5），占磷复肥总产量的94.9%；低浓度磷复肥产量86.3万吨（P_2O_5），占磷复肥总产量的5.1%。而在20世纪80年代末期，这一数据恰恰相反，低浓度磷复肥产量占磷肥总产量的95%，而当时发达国家高浓度磷复肥产量占磷肥总产量的70%，详见表2-1-2。

表 2-1-2 1990 ~ 2018 年中国高浓度、低浓度磷复肥产量占比

年份	1990	1998	2003	2009	2017	2018
高浓度	5%	16%	49%	77%	94%	95%
低浓度	95%	84%	51%	23%	6%	5%

另一个显著特征是磷肥工业布局发生巨大的改变。在工信部发布的《化肥工业“十二五”发展规划》中提出，将促进基础肥料向资源产地和优势企业集中。结合兼并重组、原料结构调整和上大压小，支持企业在能源产地和有条件的粮棉主产区建设大型尿素生产基地。在云、贵、鄂、川等磷资源产地，依托现有企业完善大型磷肥基地建设。

按照“上游贴近生产资源，下游占领需求市场”的发展战略，国内主要复合肥企业密集出击，大范围展开原材料资源和需求市场争夺战，以缓解产品运输和原料供应瓶颈。

企业通过向资源和市场靠拢，一方面可以解决运输和资源瓶颈，另一方面将使未来磷肥和复合肥企业竞争更加激烈，产业集中度将得到提高。

中国磷肥产能向资源富集地集中的趋势十分明显，2018年，云南、贵州、四川、湖北、安徽5省产量之和达到1453万吨（P_2O_5），占总产量的85.6%。

（三）钾肥加大开发力度，消除资源短板

钾肥是中国三大化肥（氮、磷、钾）中唯一不能自给自足的肥料。新的历史时期，钾肥依然是国家鼓励发展的产业。2011年，工信部发布的《化肥工业“十二五”发展规划》明确提出，钾肥国内保障能力要从2010年的56%提高到60%以上，基本满足科学施肥的需要。将重点依托青海和新疆钾肥资源优势建设大型钾肥基地，青海基地进一步优化资源配置，新增100万吨/年钾肥产能（实物量），新疆基地力争新增170万吨/年钾肥产能（实物量）。同时，加快境外钾肥基地建设步伐。复混肥和掺混肥料主要在消费区域建立加工、集散、分销和使用服务体系。

当前，中国探明的钾资源储量以盐湖钾矿为主，主要分布在青海柴达木盆地和新疆罗布泊地区。随着两大钾肥基地的建成，特别是近10年来，中国先后突破了低品位固体钾盐、尾矿利用、深卤水开采等技术，使得钾盐可采量成倍增加，钾肥产能产量达到了一个新的高度。到2018年，中国资源型钾肥总产能728万吨（K_2O），

与2010年相比增长了100%；产量623.1万吨（K_2O），比2010年增长了81%，已成为全球第四大钾肥生产国。中国共有规模资源型钾肥企业23家，加工型钾肥企业130家左右，生产规模大于100万吨/年的大型企业有3家，占资源型总产能的66%，产业集中度不断提高，已初步形成以大中型企业为主的格局。其中，盐湖股份公司氯化钾产能500万吨/年，藏格钾肥公司氯化钾产能200万吨/年，罗钾公司硫酸钾产能160万吨/年。“十三五”期间，中国钾肥已形成科研、设计、设备制造、施工安装、生产、销售、农化服务等一套完整的工业体系，市场竞争力不断增强。国产钾肥的自给率大幅提高，可满足国内市场50%左右的钾肥需求，长期依赖进口的局面有了实质性的转变。

经过近10年的发展，钾肥的品种、品质得到极大丰富，且已形成一定规模。除了传统的氯化钾和硫酸钾之外，已形成规模的钾肥品种还有硝酸钾、磷酸二氢钾、硫酸钾镁肥及其他专用含钾复合肥等多种产品，并能根据土壤的监测结果有针对性地补充缺失的元素。对于传统产品氯化钾，也实现了从粉末状到颗粒状、大颗粒状的产品多样化。青海盐湖股份公司在建成500万吨/年氯化钾的基础上，还形成了40万吨/年硝酸钾、40万吨/年氢氧化钾、8万吨/年碳酸钾生产能力，成为名副其实的世界大型钾工业基地。

经过几代钾盐科技工作者的艰苦奋斗和不懈努力，中国已在钾资源开发技术研究上取得了多项突破。“十二五”以来，低品位盐湖资源开发技术、海水提钾技术、不溶性钾资源利用技术等都有了实质性突破，资源短板正在逐步消除。

2009年，“十一五”国家科技支撑计划项目——《罗布泊盐湖资源综合开发利用关键技术研究》，得到科技部、国资委充分肯定。百万吨级硫酸钾镁肥全面达产，获得授权专利成果18项，其中发明专利7项、实用新型专利11项。

罗布泊盐湖120万吨/年硫酸钾成套技术开发项目又荣获2013年度国家科学技术进步一等奖。该项目解决了盐湖钾资源大规模开发技术及装备难题，大幅提高了钾肥自给率。

罗布泊牌硫酸钾是世界少有的无氯优质钾肥，各项指标优于国家标准。国投新疆罗布泊钾盐有限责任公司仅用4年时间就完成探索性试验、小试、中试和工业试验厂，同样的工作美国犹他州大盐湖是用15年时间才完成的。

2012年，中国地质科学院矿床资源所非金属矿产研究室与盐湖集团合作实施的国家“863”开发项目——察尔汗盐湖别勒滩难采低品位固体钾矿溶解转化开采成功，获得了国家发明专利。研究成果表明，中国盐湖低品位固体可开发钾盐储量在察尔汗盐湖钾矿又增加近3亿吨储量，使开发57年历史的察尔汗盐湖钾矿再延长30年。

青海盐湖工业股份有限公司、华东理工大学等单位共同完成的青海盐湖低品位难开发钾盐高效利用技术项目，2015年度获得了国家科技进步二等奖。该项技术在世界上首次实现低品位固体钾盐溶解转化技术的产业化，解决了尾盐钾资源综合利用难题和高钠光卤石矿的冷结晶难题，共获得6项专利技术，实现了中国盐湖钾盐开发技术跨越式发展。青海盐湖工业股份有限公司等单位成功开发该项技术后，察尔汗钾矿资源利用率由27%提高到74%，加工回收率由55%提升至65%，钾肥开发规模由100万吨/年提高到500万吨/年。

中科院青海盐湖研究所和青海中信国安联宇钾肥有限公司依托青海盐湖所专利技术，共同承担的15万吨/年硫酸钾镁肥工艺技术改造及工艺优化项目，利用含钾硫酸盐矿制取硫酸钾镁肥的方法，采用常温分解转化、浮选分离技术对原加热转化筛分除钠生产硫酸钾镁肥工艺进行技术改造，工艺流程得到优化，达到了硫酸钾镁肥的设计生产能力。经过生产运转考核，钾收率从30%提高到66%，能耗下降40%，水耗降低约50%，吨产品生产成本降低300元。

充分利用两个市场、两种资源，是满足中国农业快速发展、弥补国内钾肥资源短缺的内在需要。“十二五”至“十三五”时期，国家加快推进国际产能合作战略部署，鼓励国内企业“走出去”勘探开采钾肥。中国钾肥工业实施更加积极的“走出去”发展战略，利用境外钾盐资源开发，推动钾肥工业的境外发展。到2018年，中国钾盐工业“走出去”已有20年的历史，积累了丰富的管理经验和技术、运行经验。境外钾肥项目主要有30个项目，分布在加拿大、老挝、哈萨克斯坦等11个国家，投资金额近30亿美元，规划总产能近2000万吨/年。在所有走出去企业中，运行成功的案例是老挝开元集团。

老挝开元一期50万吨/年氯化钾工程2011年开工建设，仅用两年时间达产。2014年8月，老挝开元生产的首批钾肥产品运抵连云港，中国海外钾肥第一个项目取得实质性成绩、首次实现境外钾肥反哺国内，当年销售回国的产品11万吨。2015年，该工程全面实现达产达标，生产能力50万吨/年，产品质量稳定，氯化钾含量≥95.5%，各项指标优于中国国家质量标准。现已销往东亚和东南亚市场，其中，中国和东盟市场占总产品销售的80%以上。

三、以缓释肥料开发为主的特种肥料发展迅速

中国农业现代化进程加快，对化肥的要求越来越科学化，更加重视环境友好，同时，对有机肥、土壤改良肥、测土配方施肥的需求日趋增长。激烈的竞争压力和沉重的环保压力促使化肥企业生产产品不断创新，能够提高肥料利用率，环保性能好的特种肥料受到青睐。

（一）特种肥料发展迅速

“十二五”期间，中国特种肥料发展迅速，包括有机肥在内的特种肥料行业固定资产投资情况均呈现增长态势。截至2017年2月14日，全国特种肥料企业登记共11545个产品，登记企业数量达4120家，涉及缓释/控释肥、液体肥料、水溶性肥料、增值肥料等品种，整体发展水平居国际前列。

其中，水溶性肥料的品种和企业数分别占全国特种肥料总数的79%和72%。水溶肥是指经水溶解或稀释用于灌溉施肥、叶面施肥、无土栽培、浸种蘸根等用途的液体或固体肥料，在提高肥料利用率、节约农业用水、减少生态环境污染、改善作物品质以及减少劳动量等方面有明显优势。国外对水溶性肥料的研究较早，目前已被广泛用于温室中的蔬菜、花卉、各种果树以及大田作物的灌溉施肥，园林景观绿化植物、高尔夫球场等。中国水溶性肥料起步于20世纪80年代中后期，基本上与复混肥料同步。2012～2017年，国内水溶性肥料以功能性肥料研究为主；2017至今，以服务于规模化生产，灌溉+施肥+服务为主。截至2015年12月1日，全国肥料产品登记总数为9851个，其中水溶肥产品数为7229个，占总数的73.38%。2016年，中国广义水溶性肥料的产量为350万吨，同比增长10%。虽然目前相比欧美等发达国家，中国水溶肥行业的发展总体水平依然相当于国外行业发展进程的第二阶段，技术水平依然有待提升，行业集中度依然较为分散，但整体发展态势良好，差距在逐步缩小。

缓控释肥包括树脂包膜、脲醛类、硫包衣和肥包肥。2016年，缓控释肥总产量为345万吨，消费量为352.5万吨，其中脲醛类占40%。因市场推广难度大，开工率仅50%左右，应用方式多为掺混形式。国外缓控释肥主要用于园艺、草坪等非农业领域，而中国主要用于粮食和经济作物等大田作物上。

液体肥料，又称流体肥料，可分为液体氮肥和液体复混肥两大类。由于生产过程主要是溶解和混合，可根据土壤养分状况和作物对养分的需求规律配制专用配

方，满足精准施肥的要求。在西方发达国家，液体肥料已经得到了较为普遍的应用，美国液体肥料占其全部肥料施用量的55%，英国、澳大利亚、法国等国也大量用液体肥，在以色列，田间几乎百分百施用液体肥。中国是世界化肥生产和消费超级大国，但在生产和施用的化肥中，绝大部分是固体肥料，液体肥料所占比重相当小。液体叶面肥料及冲施肥是中国主要的液体肥料品种，但液体肥料缺少行业标准、质量参差不齐、产品鱼龙混杂，仍处在起步阶段。随着水肥一体化技术在中国逐渐普及，液体肥料因养分组成均匀且活性高、配方灵活、生产简单、使用方便、原料来源广泛、价格便宜，而越来越被市场认可。然而，中国液体肥的贮运还是以塑料包装为主，增加了液体肥料的成本。而且，这些液体肥料的塑料包装袋无法降解，易造成环境污染。

增值肥料是指利用腐植酸、海藻酸、氨基酸等生物活性增效载体，与尿素、磷铵、复合肥等大宗化肥科学配伍生产的肥料增值产品。与常规化肥相比，增值肥料对粮食作物的增产潜力在14%以上，减肥潜力则超过10%。“十二五”以来，中国增值肥料工业逐步壮大，形成了锌腐酸、聚氨锌、天野、金沙江增值复合肥等近20个知名品牌。2013年初，由全国17所高校、科研单位，以及中海化学、瑞星集团、中化化肥等40多家化肥行业龙头企业组成的化肥增值产业技术创新联盟成立，其宗旨是提升化肥产品附加值、提高肥料利用率、节能减排和保护环境，确保增值化肥产业规范化、标准化和可持续发展。中国农业科学院采取肥料-作物-土壤系统综合调控理念和技术策略，研发的增值尿素、增值磷铵、增值复合肥已在国内40多家大型企业实现产业化。2019年，全国增值肥料总产量达1000万吨，居全球之首。

此外，土壤调理剂、生物刺激素、生物有机肥等新型肥料也成为国内外特种肥料发展的热点。中国常规尿素、磷铵、复合肥、水溶肥等大宗肥料有望全面转型升级成有效养分高效化的绿色产品。

（二）大规模推广缓控释肥

缓控释肥是一种肥料养分释放速率缓慢、释放期较长、在作物整个生长期都可以满足作物生长需要的新型肥料。中国缓控释肥已有30多年的研发历史，但一直处于技术研发与实验室阶段，因其价格高昂，甚至被称为“贵族肥料”，难以推广应用。到“十一五”后期，随着国内农业面临环境污染、食品卫生安全、社会资源消耗、增加农业收入等多方面的压力加大，缓控释肥迎来难得的市场机遇。

1. 技术研发与产业化进程加快

中国缓控释肥相关技术研发与产业化发展进程不断加快。到2010年，国内已建立起控释肥料技术研发与产业化生产体系，取得30多项技术研发专利，在包膜材料及工艺流程等关键技术方面已达到或者领先国际先进水平，并成功使缓控释肥价格大幅下降。随着价格的下降与环保要求的升级，全面推广缓控释肥的时机已然成熟。

进入“十二五”，发展缓控释肥被列入国家科技支撑计划，大规模推广缓控释肥正式提上日程。在2011年全国缓控释肥推广工作会议上，农业部首次将新型包膜缓控释肥施用技术作为当年农业主推技术，在全国推广应用。同时，全国农业技术推广服务中心确定把缓控释肥示范扩大到23个省份的25种作物。这都为缓控释肥在“十二五”时期大发展创造了良好的条件。

提到中国缓控释肥的发展，就不能不提及一家企业——金正大生态工程集团股份有限公司。成立于1998年的金正大，完整地见证和引领了中国缓控释肥的发展历程。从2006年建成中国首条年产30万吨缓控释肥生产线以来，金正大不断推动着中国缓控释肥的发展，目前已建成全球最大的缓控释肥生产基地，产销量连续8年居世界首位。金正大实施科技创新、标准引领的战略，以前沿的技术和超过行业和国家的标准，引领行业技术进步。

经过10余年的努力，中国缓控释肥的研发应用取得了惊人的发展。2013年，缓控释肥技术创新平台建设荣获国家科学技术进步二等奖。到2015年，中国从事缓控释肥料研究的科研机构已有30余家，从事产业化开发和推广应用的单位有70余家，全国各类缓控释肥产能为550万吨/年。随着生产成本不断下降，“贵族肥料”得以平民化，缓控释肥走进农村千家万户。

“十一五”到“十二五”期间，中国在缓控释肥研发生产以及示范推广方面积累了大量研究成果和经验。与普通肥料相比，中国自主研发的缓控释肥可提高肥料利用率30%，可实现作物增产10% ～ 25%，节氮20% ～ 30%的情况下不减产，有利于增加农民收入；作物生长期内一次施肥无需追肥，节约劳动成本；同时，减轻土壤环境恶化和减少作物根部病害，有利于提高农产品品质。

2. 制修订缓控释肥国际标准

标准是在市场经济条件下开展行业管理的一个重要手段。通过标准可以规范市场秩序，提高产品标识，引导消费升级。长期以来，中国化肥工业通常关注的是国内标准的制修订工作，而进入“十二五”时期，制修订国际标准实现破局，并快速升温。

2016年8月，国际标准化组织（ISO）颁布了控释肥料国际标准。这一标准的颁布弥补了全球没有统一的控释肥料标准的空白，对世界控释肥工业的健康发展起到重要推动作用，同时也极大程度提升了中国化肥工业的国际话语权和国际竞争力。

此次控释肥料国际标准由上海化工研究院、金正大集团、山东农业大学等领衔制定。中国主导的控释肥料国际标准颁布实施，是中国化肥工业走出去的一次突破和创举。标准的实施对规范化肥市场、生产、贸易等方面起到标杆作用。此外，在产能过剩的现实背景下，也为化解化肥工业产能过剩创造了积极因素。标准的国际化还有利于中国化肥工业走出去，在“一带一路”沿线国家开展国际产能合作，通过标准的国际化来带动产业的国际化。

2017年8月，国际标准化组织又颁布了脲醛缓释肥料国际标准，这项标准由金正大集团、上海化工研究院等单位牵头制定，填补了全球空白，成为第二项由中国主导制定的缓控释肥料国际标准。

脲醛缓释肥料是缓控释肥料的重要类型之一，也是世界上最早实现商品化的缓释肥料。相比普通肥料，脲醛缓释肥料控释效果更好，可以显著提高肥料的利用率、减少养分的挥发和淋洗损失、提高作物的产量和品质。脲醛缓释肥良好的使用效果和环保效果，有助于促进氮肥工业升级，缓解能源紧张、环保压力。接连两项缓控释肥料国际标准的颁布和实施，大大提升了中国化肥工业在国际上的影响力和话语权。

从近代中国仅有零星的数家工厂，发展到2018年的413家化肥企业和3000多家复合肥企业；从新中国成立之初全国仅有合成氨和硫酸铵产量分别为0.5万吨和2.68万吨，而磷肥、钾肥近乎是空白，到2015年化肥总产量创历史最高点7431.99万吨，2019年产量为5624.9万吨，中国化肥工业经历了从无到有、从小到大、品种从单一到多元、技术由弱到强的发展历程。1949年以来中国化肥行业（及合成氨）产量见表2-1-3。目前，肥料产品品种日益丰富和完善。尿素、磷铵、氯化钾等传统高浓度肥料和硫酸铵、硝酸铵钙、钙镁磷肥等兼具养分并可补充其他有益元素的肥料一应俱全。以氮、磷、钾为主要营养元素的复合肥迅猛发展，其消费量已占农用化肥总量的60%以上。

表 2-1-3　1949 ~ 2019 年中国化肥行业（及合成氨）产量表　　单位：万吨

年份	产量					年份	产量				
	氮肥	磷肥	钾肥	总量	合成氨		氮肥	磷肥	钾肥	总量	合成氨
1949	0.6	—	—	0.6	0.5	1971	190.4	107.8	1.2	299.4	310
1950	1.5	—	—	1.5	1.1	1972	244.4	124.9	0.8	370.1	365
1951	2.8	—	—	2.8	2.5	1973	299.6	158.9	0.7	459.2	474.4
1952	3.9	—	—	3.9	3.8	1974	282.7	139.0	0.5	422.2	452.5
1953	5.0	—	—	5.0	5.3	1975	370.9	153.1	0.7	524.7	607.7
1954	6.7			6.7	7.4	1976	381.5	141.8	1.1	524.4	618.5
1955	7.8	0.1		7.9	8.7	1977	550.9	170.8	2.1	723.8	870.4
1956	9.7	1.4		11.1	12.8	1978	763.9	103.3	2.1	869.3	1183.5
1957	12.9	2.2		15.1	15.3	1979	882.1	181.7	1.6	1065.4	1348.1
1958	15.1	4.2	0.1	19.4	24.3	1980	999.3	230.8	2.0	1232.1	1497.5
1959	16.4	9.0	1.2	26.6	33.4	1981	985.7	250.8	2.6	1239.1	1483.5
1960	19.6	19.3	1.6	40.5	44	1982	1021.8	253.7	2.5	1278.0	1546.4
1961	17.3	12.2	0.2	29.7	30.4	1983	1109.4	266.5	2.9	1378.8	1677.1
1962	33.8	12.6	—	46.4	48.3	1984	1221.1	235.9	3.1	1460.1	1837.3
1963	45.8	18.9	0.1	64.8	64.4	1985	1143.9	175.8	2.4	1322.1	1716.1
1964	67.5	33.2	0.1	100.8	93.1	1986	1158.8	232.5	2.5	1393.8	1657.9
1965	103.7	68.8	0.1	172.6	148.4	1987	1342.2	323.9	4.0	1670.1	1939.2
1966	146.1	94.6	0.2	240.9	212.4	1988	1360.8	360.7	5.3	1726.8	1979.3
1967	101.5	62.2	0.4	164.1	152.1	1989	1424.0	366.3	3.2	1793.5	2069.13
1968	68.4	42.2	0.3	110.9	103.4	1990	1463.7	411.6	4.6	1879.9	2128.96
1969	102.3	72.3	0.3	174.9	160.3	1991	1510.1	459.7	8.9	1979.5	2201.55
1970	152.3	90.7	0.5	243.5	244.5	1992	1568.5	455.4	15.1	2039.1	2298.27

续表

年份	产量					年份	产量				
	氮肥	磷肥	钾肥	总量	合成氨		氮肥	磷肥	钾肥	总量	合成氨
1993	1528.8	416.8	11.7	1957.3	2206.61	2007	4233.13	1339.28	252.57	5824.98	5171.05
1994	1871.3	497.1	19.4	2387.8	2442.24	2008	4331.18	1258.86	483.06	6073.10	4995.15
1995	1587.3	601.5	22.3	2481.1	2763.6	2009	4553.36	1513.14	318.51	6385.01	5136.35
1996	2123.6	575.1	20.0	2718.7	3063.81	2010	4458.67	1532.91	346.28	6337.86	4964.59
1997	2043.9	559.6	28.6	2632.1	2982.6	2011	4500.97	1561.22	357.2	6419.39	5252.7
1998	2179.3	662.9	33.8	2876.0	3162.7	2012	4865.58	1564.41	402.11	6832.10	5528.4
1999	2323.9	636.1	41.3	3001.3	3431.72	2013	4832.61	1673.08	520.49	7026.18	5739.0
2000	2398.11	663.03	124.86	3186.00	3363.7	2014	4564.24	1743.01	569.6	6876.85	5699.5
2001	2527.37	752.56	103.08	3383.01	3427.28	2015	4970.57	1857.20	604.22	7431.99	5791.4
2002	2808.48	801.03	181.49	3791.00	3675.25	2016	4105.47	1859.11	665.04	6629.62	5708.27
2003	2814.52	978.08	88.71	3881.31	3822.65	2017	3795.15	1501.05	595.51	5891.71	4946.26
2004	3357.73	1246.78	200.31	4804.82	4135.06	2018	3452.2	1365.2	623.1	5459.6	5612
2005	3809.03	1206.2	162.63	5177.86	4596.25	2019	3577.3	1211.7	762.2	5624.9	5864.1
2006	3911.54	1225.46	208.05	5345.05	4936.81						

注：总量包含复合肥产量，因此不等于氮肥、磷肥、钾肥产量相加。

中国化肥工业经过八十余载的发展，经历了几代人的艰苦创业、不懈努力，在生产工艺、技术创新、装备制造、外贸流通、产业规模等多个领域几乎是从零起步发展，创造了多项“国内第一”“世界第一”，顺应世界化肥工业发展方向，依靠技术进步形成了一大批对行业发展有重大影响的新技术、新设备、新产品。通过引进、消化、吸收、自主创新，实现了长足发展，并拥有了一批具有自主知识产权的核心技术。目前，已经发展成为有完整工业体系的现代化、大型化成熟的工业门类，而且实现了化肥装置的设计制造以及成套建设能力走出国门推向国际市场的更大发展变迁。

同时，最为重要的是，在中国地少人多的基本国情下，中国化肥工业的蓬勃发展，解决了14亿中国人的吃饭问题，如今寻常百姓不仅吃饱还能吃好，有效保证了粮食安全，实现了社会稳定。

进入新时代，化肥工业正在全面深化供给侧结构性改革，推进产业结构优化升级，朝着提高绿色生产水平，提升高效化、个性化和功能性产品占比，坚持减量与增效并重目标的高质量方向发展。

第二章
纯碱工业发展史

（1914～2019年）

纯碱，是一种重要的基础化工原料，主要生产工艺包括索尔维法、侯氏制碱法和天然碱加工制碱法。根据密度的不同，纯碱可分为轻质纯碱和重质纯碱；按照用途划分，纯碱又可分为工业级纯碱和食用级纯碱；依据氯化物含量的差异，纯碱又可分为普通碱、低盐碱、超低盐碱和特殊低盐碱。纯碱产品的多样化，使其可广泛应用于玻璃工业、冶金工业、纺织工业、合成洗涤剂、印染、搪瓷、造纸、石油化工、食品及民用等领域，与国民经济和人民生活有着十分密切的关系。因而，纯碱的生产水平成为20世纪衡量一个国家工业水平的重要标志之一。

世界纯碱工业兴起于18世纪中叶。随着工业的需要和制碱原料的改变，纯碱生产技术得到迅速发展，生产装置趋向大型化、机械化、自动化、智能化。1983年，世界纯碱产量约3000万吨，2018年达到5910万吨。在世界纯碱工业发展史上，法国人N·吕布兰，比利时人E·索尔维，中国人侯德榜等都做出了突出贡献。

中国纯碱工业始于范旭东先生1918年在天津创建的永利制碱公司，纯碱工业化生产距今已经有百余年历史。中国著名化工专家侯德榜经过艰苦探索，打破了制碱技术的国际垄断，开发出适合国情的“侯氏制碱法”新工艺技术，为中国纯碱工业的发展奠定了基础。

新中国成立后，中国大力发展纯碱工业。20世纪60年代随着一批联合制碱装置的投运、中国自行设计的纯碱生产厂的建设投产，纯碱产量在1966年突破100万吨大关。改革开放后，为满足国民经济快速发展的需要，解决纯碱长期进口和供不应求的局面，1986年开始筹建潍坊、连云港、唐山三大纯碱厂，随着三大碱厂和一批中型企业相继建成投产，中国从纯碱进口国变为净出口国。进入21世纪，中国纯碱工业高速发展，生产技术发展取得巨大进步，装置实现大型化。2003年，纯碱产能达到1259万吨，产量达到1101万吨，位居世界首位，此后一直稳居世界首位。到2019年，纯碱产量达到2887.7万吨，是世界上最大的纯碱生产和消费国。中国纯碱工业生产的高质量产品在国际市场享有盛誉，同时也为中国国民经济快速发展和人民生活水平提高做出了重大贡献。

第一节 近代纯碱工业的创立与发展

（1914 ～ 1949年）

20世纪初，中国制革、造纸、肥皂、纺织、染料工业的发展，使纯碱用量日益增多。国内自产天然碱产品“口碱”量少质次，导致“洋碱”充斥市场。第一次世界大战期间，垄断中国纯碱市场的英国卜内门公司哄抬碱价，不仅攫取了高额利润，而且使中国不少以纯碱为原料的工厂纷纷倒闭。范旭东开始在天津塘沽创办永利制碱公司，为亚洲第一座纯碱厂，经过8年的试验和生产摸索，终于打破了西方国家技术垄断，在1926年6月生产出品质洁白的合格纯碱，开启了中国纯碱制造之先河。从1931年开始，中国逐年递减纯碱进口量，并开始向日本、朝鲜出口，接近自给自足。但是，抗日战争全面爆发后，主要工业区成为沦陷区，中国纯碱工业发展进程遭受严重阻滞。

一、久大精盐为原盐制碱奠定基础

中国的食盐开采历史悠久但工艺落后，长期以来因盐中杂质含量非常高而被西方人讥笑为“食土民族”。当时，发达国家已规定氯化钠含量不足85%的盐不允许用来喂养牲畜，而中国多数百姓仍食用氯化钠含量不足50%的粗盐。盐税收入是历代政府最重要的财源，“官盐”政策盛行数千年，官商勾结渔利已成“苛政”。中国的精盐市场长期被英日商人垄断。盐又是合成纯碱的主要原料，优质的盐将为纯碱工业化生产提供可靠的原料保障。

1913年，范旭东受北洋政府委派，赴欧洲考察盐政。归国之后，他决定创办精盐厂，先制精盐，再以盐制碱。1914年7月20日，盐务署批令，准予久大建厂精制食盐，公司成立年限自批准之日起暂定20年，并许百里以内他人不得另设精盐厂的保护措施。久大的创办得到张睿、梁启超、范源镰、蔡锷等社会名流的支持。梁启超提出打破中国投资陋习，久大成立后只按照公司章程分红，这为久大的快速发展打下了良好基础。

1914年12月，范旭东买下了通州盐商在塘沽开设的熬盐小作坊，以此为基地建设中国第一家精盐工厂，久大精盐股份有限公司正式成立。久大创办初期，范旭东既是久大的经理，又是公司内唯一的技师，经过多次的精心实验后，他终于试制出了含氯化钠90%以上的精盐，由此揭开了中国盐业史和化工史上崭新的一页。1915年10月30日，久大精盐工厂西厂建成投产。1918年12月，东厂建成投产。

久大生产的第一批国产精盐，色白、粒细、纯度高。此后经艰苦经营，不断拓展市场，并筹资扩大生产、购置盐田，保障原料用盐，到1936年，久大精盐公司（同年更名为久大盐业公司）的年产量已达100万吨，产品纯度进一步提高，产品更加多样化。青岛、汉口、上海、常德等地建有久大的盐业公司和经销网点，在江苏省东海县大浦建起了久大第二精盐厂。范旭东亲自设计久大精盐的商标为五角形的海王星，寓意久大自强不息，象征为民造福。

1937年“七七事变”后，久大塘沽、大浦两厂先后迁往四川。1938年9月，成立了久大盐业公司自贡制盐厂，利用天然卤水煎盐，年生产能力3万吨。久大迁川，引进先进工艺技术，对当地井盐开采与制盐工业的发展起到了引领作用，对抗战期间的“川盐济楚”功不可没。1945年抗日战争胜利后，久大公司收回了塘沽、大浦两个精盐厂。

久大精盐公司在中国本土最早生产出精盐，使中国社会摆脱了“食土民族”的称谓，也为之后纯碱工业创办打下基础。

二、永利制碱公司创立，首个民族碱业品牌诞生

1913年，范旭东到欧洲考察盐政时，参观过当地制碱厂，就有回国创办制碱厂的宏愿。第一次世界大战导致进口“洋碱”断货，而洋行、买办为牟利居奇，碱价竟高于正常价格七八倍，而且还买不到，致使上海、天津等地以碱为原料的工厂纷纷停工停产，严重影响了中国工业的发展和百姓生活，于是，范旭东决定创建中国人自己的制碱工业。

1916年，范旭东在成功创建久大精盐厂的基础上，积极筹划以盐制碱，创办自己的制碱厂，邀约吴次伯、陈调甫、王小徐等有识之士加盟，试用海盐制碱，初试获成功。1918年11月，集资40万元在天津成立永利制碱股份有限公司。期间，范旭东等多次向政府申请制碱用盐免税，几经周折，终获准允。

范旭东到卜内门的英国总部参观时，英国人说，你们看不懂制碱工艺，还是看看锅炉房就好了，在当时的制碱业，以氯化钠与石灰石为原料的索尔维法是最先进的工艺技术，但制碱技术复杂，流程冗长，且制造技术为国际索尔维公司所垄断。1919年冬，永利碱厂在塘沽破土动工起就困难重重，卜内门公司的经理李德立曾当面对范旭东说：“碱对贵国确实非常重要，只可惜办早了一点，再迟30年不算晚。”

范旭东迎难而上，聚集起包括侯德榜在内的一批意气相投的技术人才决意研制生产出中国碱。

1919年永利制碱公司开始在美国设计，1920年破土动工建设厂房，1921年聘请侯德榜为技师，又聘美国专家李佐华来华协助建厂。

在工厂的筹建中，一切都需要靠自主设计、研制。由于几大国际公司垄断制碱技术，永利碱厂没有掌握索尔维技术的关键，又使用海盐为原料，用硫酸铵代替粗氨液，这些都是世界氨碱厂所少见的难题，当时国际上一般使用地下卤水为原料，氨则用炼焦副产的粗氨水，因此，在1922年永利碱厂试产时，频频发现问题，蒸馏塔的管道堵塞，碳化塔的冷却水箱配置不合理，煅烧炉又被烧裂，红黑碱出现，技术不过关，始终拿不出合格产品。再加上借用资金已超过额定资本的数倍，企业3次濒临倒闭。后来在范旭东的主持下，一方面借重久大精盐公司和金城银行的资金暂渡难关，另一方面在侯德榜的主导下攻克技术难关，永利碱厂终于实现正常运转。

1926年6月29日，这是一个载入中国化工史也是中国工业史上值得纪念的

日子。这一天，永利碱厂历经十年磨砺，终于生产出了颜色洁白、品质优良的中国碱，碳酸钠含量99%以上，硫化钠含量0.001%～0.002%，不溶物质含量仅0.02%～0.04%，盐分含量0.6%～0.8%，与“欧美用矿盐制者，绝无分别”。

为区别于舶来品“洋碱”，范旭东将这个产品取名为“纯碱”，注册商标为“红三角”。“红三角”的诞生，击败了卜内门降价倾销的计谋，迫使其最终签订在日本代销永利红三角牌纯碱的协议和认定有关纯碱价格必须和永利协商的原则，永利的纯碱由此畅销国内并出口到日本、朝鲜等国，“洋碱”一统市场的局面终于改观。

1926年8月，在美国举办的费城万国博览会上，注明为“国际甲级”、纯度高达99%的永利红三角牌纯碱获得最高荣誉金质奖章，让世界刮目相看，被博览会评委誉为“中国近代工业进步的象征”。此次荣获金奖，也是中国最早获得国际金奖的化工产品，4年后的1930年，红三角牌纯碱在比利时工商国际博览会上再次荣获金奖。比利时恰恰是索尔维制碱法的故乡，在此获奖，更是对永利制碱技术、纯碱质量的肯定和褒奖，也再次证明了红三角牌纯碱质量名副其实。

永利制碱公司发展成为国内制碱界重要的企业，成为资本400余万元且为当时国内最大、最完备的公司，到1933年10月以后扩大生产，日产纯碱百吨以上，产品行销全国，还远销日本、印度、东南亚一带，成为民族品牌的标杆。

自“九一八事变”后，日军向华北步步紧逼，塘沽沦陷。1937年7月，抗日战争全面爆发，范旭东保持民族气节，提出“宁举丧，不受奠仪”的指示，在李烛尘的领导下，拒绝日寇的威胁利诱，威武不屈，有步骤地将技术人员、技工及重要的技术资料转移后方。1937年12月，永利碱厂被日寇劫掠，由日本旭硝子株式会社经营。

三、“侯氏制碱法”诞生

纯碱工业被称为中国化学工业的摇篮，之所以能够由小变大，积弱向强，正是经过艰苦探索，依靠技术进步，打破了制碱技术的研发瓶颈和国际垄断，为近代中国化学工业奠定了基础。而侯氏制碱法的诞生，不仅开辟了一条适合中国国情的制碱工艺技术路线，也将世界制碱技术推向了新的高度。

1937年，抗日战争全面爆发，永利碱厂和南京永利铔（铵）厂先后被日军霸占。范旭东、侯德榜为了重振民族化学工业，利用搬迁转移的设备和技术力量，准备在四川五通桥筹建永利川厂。但川西出产的盐比海盐价格贵，产量少，致使制碱成本太高。当时较为先进的索尔维制碱法尚不能解决食盐利用率低，损耗大，废液不易处理等难题，因此必须寻找新的制碱方法。侯德榜经过考察和研究，提出了提高食盐综合利用率，解决废液处理问题的新的设计方案。因内地仪器设备和材料不足，他在香港设立了实验室研究实验新法，先后进行了500多次实验，分析了2000多个样品，到1939年底摸清了新制碱法的各种工艺条件。后进行多次扩大试验，获得良好结果，新制碱法获得成功。

1941年3月15日，范旭东提议将新的制碱法命名为“侯氏碱法”。在国难当头之时，诞生的新的制碱法是对世界制碱技术的重大突破。之后，侯德榜分析发现新法的一些不合理之处，又设计了一个新的流程图，巧妙地把合成氨和制碱合为一体，用同一套工艺流程生产出工业原料纯碱和农用化肥氯化铵。1942年秋，他们在四川五通桥建成了一个日产几十千克的连续试验装置，1943年试验取得了满意的结果。“侯氏制碱法”采用独特的氨、碱联合流程，让制碱流程与合成氨流程两种流程结合于一体，省掉了索尔维制碱法的石灰石煅烧和氨回收工序，降低了能耗和成本，同时联产纯碱与氯化铵化肥。在侯德榜的指导下，1943年11月顺利试车成功，不仅使原盐的利用率从75%提高到98%以上，也使索尔维法排放无用的氯化钙转化成化肥氯化铵，解决了污染环境的难题。而且，采用这种方法可以实现连续化生产，既提高了产量，又节省了设备，其优越性大大超过了索尔维法。此时，一个崭新的联合制碱法“侯氏制碱法”得以完全确定。1943年底，在五通桥召开的第十一届中国化学会年会上公布了这一成果，展示了试验装置运转情况，受到高度的评价。限于当时四川生产条件差，新方法未能投入工业化生产。侯德榜这一重大科学成就，在国内外引起了巨大反响，侯氏制碱法把世界制碱工艺技术水平推向了一个新高度，赢得了国际化工界的极高评价。1943年10月他获英国皇家化工学会授予的名誉会员称号（当时全世界仅有12名）后，范旭东说：“这是中国化工走上世界舞台的标志，是中国化工史上最光辉的一页。”

四、综合发展情况

从20世纪20年代到30年代中期，包括永利制碱公司在内，中国人创办的制碱企业已有7家，另外6家分别是兴华泡花碱厂、渤海化学工厂、天原电化厂、开源公司、同益碱厂、嘉裕碱厂。永利制碱公司可同时生产纯碱和烧碱，是中国当时最大、设备最先进而且最完备的工厂。1933年后扩大生产。兴华泡花碱厂总厂设在天津，一年可制泡花碱27000担（20担为1吨）；成立于1927年的渤海化学工厂在天津设立渤海化学工业社，制造盐酸、泡花碱、硫化碱、碳酸镁等，上述两公司都以永利制碱公司纯碱为主要原料。天原电化厂为烧碱制造企业。在四川省，有彭山的同益碱厂和乐山的嘉裕碱厂，这两家工厂都以彭山附近的钠为原料，以路布兰法制造纯碱，年产量分别为7000担和6000担。建在上海的开源公司，每年约产出泡花碱35000担。1935年、1936年，国内生产纯碱约为3.6万吨和3.2万吨。从1931年开始，中国国内进口洋碱的数量出现递减的转折，1935年、1936年，洋碱在中国市场所占比例为38.5%和39.5%，而在1928年，这一比例为80%。这表明中国纯碱制造业的发展已能与国外产品抗衡。

日本侵占中国东北、华北期间，于1936年开始着手建设满洲曹达大连工厂，1937年9月建成投产，1940年年产量达到6.5万吨的高点。已被日本人控制的永利碱厂，1937～1944年间，年产量维持在3万吨左右，1942年达到历史最高年产量39664吨。

塘沽沦陷，“永久黄”团体大批工程技术和管理人员以及家属南迁，于1938年在四川乐山的五通桥筹建永利化学公司川厂。在永利川厂加紧筹建中，1941年12月8日，珍珠港事件爆发，永利公司从国外购买设备无法运进四川，原计划的碱厂被迫停建。永利川厂职工采用改良路布兰法，就地取材生产优质的纯碱，产量为10吨/日，成为以四川为主的西南大后方最大的纯碱工厂，有力地支援了抗战期间的军用民需。

在抗战期间，全国仅四川省有制碱厂。其中以永利川厂产量最高，为3600吨/年。1940年以后，四川还有多家碱厂相继投产，但规模小，实际生产的时间短，1943～1945年全省纯碱制造厂最多时达13家，产量约为6000吨/年。

1945年抗战胜利后，永利公司收回永利制碱厂，并于1946年2月恢复生产，因时局动荡，最高产量只有4.37万吨/年。1947年，中苏远东电业股份有限公司筹划恢复大连曹达厂（即满洲曹达株式会社，后更名为大连碱厂）的生产，1948年正式开工生产，产量由40吨/日逐步增加到80吨/日，1948年12月，因原料和电源中断而停产。

到1949年全国纯碱产量总计为8.8万吨。

第二节 “老碱业”迎新起点

（1949 ～ 1957年）

新中国成立后，中国开始有计划地发展化学工业，大力推动基础化工原料发展。化学工业第一个五年发展计划的目标是“积极地发展化学肥料、相应地发展酸、碱、染料等工业”。从恢复建设老厂到第一个五年计划实施，纯碱工业都是重点发展的领域之一，到第一个五年计划完成后，中国的主要化工产品成倍增长，纯碱产量由1952年的19.2万吨增加到1957年的50.6万吨，中国纯碱工业真正开始进入规模化、现代化发展的轨道。

一、老碱厂复产、扩建焕发生机

新中国成立后，百废待兴，中国用三年时间就提前完成了恢复国民经济（包括工业）的艰巨任务，进入第一个五年计划建设时期，纯碱工业的恢复建设也取得了显著成绩。

旧中国生产纯碱的工厂有塘沽永利碱厂、中苏合营大连曹达厂，以及一些作坊式土法生产“锭子碱”的天然碱公司，这些天然碱公司生产规模都很小，“锭子碱”的产量不足1000吨/年，1949年全国纯碱产量只有8.8万吨。

1949年1月17日塘沽解放，处于停产状态的永利碱厂厂房破旧，设备失修，资金匮乏，如何尽快恢复生产成为当时急需解决的重大问题。纯碱行业作为民族工业的基础，得到了党和国家的亲切关怀和大力支持，为了尽快恢复生产，中共党组织为永利碱厂派驻了干部，加强了党的领导，发动广大职工对机器设备进行大修，经过艰苦奋斗，于2月11日重新复工，生产出纯碱和烧碱。

解放初期，党和政府给予了永利碱厂多方面的支持，为了解决永利的资金困难，政府以信用贷款的方式，贷给永利12亿元（旧币，相当于新币12万元），在当时为全国最大一笔企业贷款。政府还破格特许5家私营银行动用库存，以助永利碱厂流动资金的周转。同时将永利碱厂的供销纳入了国家计划，由此保证了原材料的供应，保证了产品销售，解决了生产经营上的困难。至1951年，政府用于永利碱厂恢复生产的投资贷款达到563亿元（旧币，相当于新币563万元）。

自1949年至1952年的3年中，永利碱厂逐步恢复了元气，走上了稳步发展的道路，纯碱生产大幅度增长，年增长率达到30.6%，由1949年的年产4.11万吨迅速上升到1952年的9.1万吨。

1952年6月，政府与永利公司正式实现公私合营，成为新中国首批大型公私合营企业。

1954年4月23日，毛泽东主席视察永利碱厂，亲切看望了一线工人，他先后看了重碱、干燥等车间的生产情况，勉励工人们当好企业的主人，为国家做出更大的贡献。碱厂工人受到极大的鼓舞，劳动热情高涨，积极投身于生产和技术革新当中，取得突出的成果。

1955年1月1日，永利碱厂与久大精盐厂合并，成立“公私合营永利久大化学工业公司沽厂”，简称“永久沽厂”。公私合营后，在党和政府的领导下，企业进行了全面的社会主义改造，从领导体制，生产技术管理，生产工艺指标控制，安全生产，机械化等方面大力进行了革新。生活方面建立了职业病疗养所、休养院、托儿所、职工俱乐部、职工宿舍、大食堂等多项福利设施，提高了职工的文化生活水平。在党和政府的大力支持下，永久沽厂逐年扩建，自1952年至1957年，扩建总额达到1800万元（新币），纯碱产量由1949年的4.11万吨增长到1957年的19.44万吨，产量提高了3.73倍。

1945年9月16日，大连满洲曹达株式会社由苏联红军接管，1947年8月1日移交建新工业股份有限公司领导，改为大连曹达厂。1947年12月31日大连曹达厂租给中苏远东电业股份有限公司经营，1951年1月中苏远东电业股份有限公司将工厂正式交给东北人民政府工业部化学工业管理局，由此工厂更名为大连碱厂。

1951年1月，制碱工业专家刘嘉树等人来大连碱厂考察，对碱厂的设备及操作方法提出了多项改进建议，经技术改造后，到年底生产纯碱65865吨、烧碱3915吨，突破了“满曹”时期年产量的最高纪录。1952年，大连碱厂开展了增产节约和设备挖潜活动，对部分设备和工艺进行了改进，提高了系统生产能力，改造后当年纯碱产量达到了96931吨、烧碱6617吨，为中国即将开始的第一个五年计划提供了大量的化工原料和资金。1956年4月，大连碱厂总工程师刘嘉树创造性地研制出以氨水制备母液循环连续作业法生产碳酸氢铵新工艺，该装置正式投产，并获国家新产品试制成果奖。

1953年，是中国实施第一个五年计划的第一年，当时大连碱厂被列为国家重点改建、扩建单位之一。同年6月，重工业部化工局批准大连碱厂一期扩建工程，规模为21万吨/年。在改造过程中，该厂广泛采用工人们提出的合理化建议，增建了一部分新设备，经过5年多的技术改造和扩建，氨碱系统实现了设备大型化、系统化，提高了生产能力，降低了消耗，改善了劳动条件和操作环境。在此期间，纯碱产量年平均递增27%，各项经济技术指标均达到了历史最好水平。5年间，大连碱厂共上缴利润1亿多元，收回了第一个五年计划期间9000万元的全部投资，纯碱产量由1949年的2.98万吨增长到1957年的30.66万吨，产量得到大幅度提高，1955年，还公布实施工业氯化铵企业标准（大化06-55）。

在永利碱厂和大连碱厂快速发展的同时，天然碱加工生产建设也取得显著进展。1949年11月，内蒙古伊克昭盟察汉淖尔、纳林淖尔、哈马日格太淖尔3处天然碱矿（年开采量1750吨，生产锭碱1000吨）由伊克昭盟鄂托克旗人民政府接管。1951年10月，内蒙古伊克昭盟鄂托克旗在察汗淖尔组建天然碱厂，季节性开采3个碱湖的马牙碱。1952年，内蒙古自治区海勃湾化工厂在拉僧庙建成投产，以天然碱为原料加工制苛化法烧碱。1956年1月，内蒙古伊盟政府决定，组建伊盟天然碱公司，建设天然碱加工厂，生产马牙碱。

这一时期，中国虽未有新建纯碱厂投入生产，但国家筹划和提出了新建纯碱项目计划，整合设计和研究的技术力量，为未来纯碱工业大发展奠定基础。

1956年6月化学工业部成立，并确定了部属厂矿领导关系。纯碱直属企业有大连碱厂、永久沽厂、西宁碱厂（未建），由化工部基本化学工业管理局归口管理。1956年7月，化工部呈报中央，建议充分利用沿海工业基础，对原有企业进行技术改造，提高生产能力。其中提出了对永久沽厂、大连碱厂新的改扩建计划。

1957年，化工部还提出了在自贡建设纯碱和氯化铵工厂的计划，还成立了筹备组。

1957年11月，化工部决定以大连化学厂、大连碱厂设计科为基础，包括部分化工设计院纯碱专业的技术人员组建了化工部基本化学工业设计院大连化工设计分院，1958年12月，化工部将大连化工厂的综合研究室并入大连化工设计分院，定名为大连化学工业设计研究院，院内设合成氨、制碱等7个专业组，中国纯碱工业设计研究开始步入专业化轨道。

1949～1957年，纯碱工业经历了三年恢复建设和第一个五年计划建设，发展已经今非昔比。1952年，全国纯碱产量达19.2万吨，是1949年产量的2.14倍，1957年，全国纯碱产量达50.6万吨，是1949年产量的5.75倍。纯碱生产的迅速恢复及产量的快速增长，虽未能尽快改变短缺局面，但对当时国民经济的发展提供了大力支持，同时为中国化学工业的发展奠定了基础。

二、“侯氏制碱法”起步产业化

1949～1957年，除了内蒙古有少量天然碱加工外，大连碱厂和永利碱厂都是采用氨碱法生产纯碱。1937年抗日战争全面爆发后，永利公司西迁，限于氨碱法盐的利用率和四川的盐价，氨碱法很不经济。1941年侯德榜经过3年努力，新法制碱试验终于取得成功，取名为侯氏制碱法（Hou’s process）。该法可得到纯碱和氯化铵两种产品，克服了氨碱法和蔡安法的缺点。其优点是既利用了氨厂的废气二氧化碳，又利用了碱厂废弃的氯离子，使原盐的利用率提高到98%，避免了氨碱法排放大量废液和废渣对环境的污染。侯氏制碱法流程短、设备少，与氨碱法相比，不需煅烧石灰石、氨回收等工序，设备投资减少三分之一，纯碱生产成本降低40%。但因时局动荡，1949年之前一直没有工业化。

1949年11月，在重工业部的组织下，侯德榜等专家到大连化学厂参观指导，鉴于大连化学厂与碱厂仅一墙之隔，南氨北碱，如果两厂合并，这将是应用侯氏制碱法生产工艺最具条件之地，于是开始着手联合制碱的试验。大连化学厂厂长秦仲达随即到北京与侯德榜洽谈设计10吨/日规模的实验室事宜，在他亲自主持指导下，开始在大化设计、建立一座侯氏制碱法生产工艺中间试验车间。

1951年，刘嘉树来到大连碱厂，通过他的努力，该厂中试车间的建设速度加快。1953年10月1日，侯氏制碱法日产10吨全流程循环试验装置在大连碱厂投入全程试验，试验进行得相当顺利。就在刘嘉树准备向侯德榜报喜的时候，上级部门下达命令，停止试验，原因是化工部的苏联专家提出意见：“氯化铵肥效有问题，苏联已不用氯化铵为肥料，也不要搞侯氏制碱法制碱”。在那个时候，苏联专家不让干的，只能停止。

4年后，在侯德榜副部长的亲自领导下，试验又开始了，并且进展得异常迅速。从1957年到1958年，大连化工厂（为1956年7月大连化学厂与大连碱厂合并成立）的侯氏制碱法生产工艺完成了一次碳化、二次碳化、一次加盐、二次加盐，各种结晶器的选择、氯化铵干燥、蒸汽煅烧炉、碳化塔等各种试验。通过大化的工程技术人员的细致工作，更具体地确定了侯氏制碱法的流程、工艺指标、设备造型，为大规模的生产设计以及日后全国几十座化工厂、化肥厂的建设，提供了比较完善的科学依据。有了完整的试验数据，1957年开始进行大型生产车间的设计，由此侯氏制碱法进入大型工业化阶段。

第三节
自力更生探索纯碱“中国道路”
（1958～1977年）

从1958年开始，中国的纯碱工业进入了一个以小联碱为主的扩建时期，发展道路曲折跌宕。在“大跃进”的建设氛围中，由于不尊重客观发展规律，小纯碱遍地开花，出现生产效益大滑坡，各项技术经济指标普遍下降的困局，后经过调整整顿，及时扭转困局，发展仍以增长为主。这一时期是中国自力更生发展纯碱工业富有成效的时期，经验和教训并存，生产技术和理论研究均取得显著的进步。中国不仅独立自主地进行联合制碱这样艰巨细致的开发工作，还自行设计，制造设备，建设了大、中、小型的氨碱和联碱厂20多个，独创了变换气制碱技术，小联碱兴起并且蓬勃发展，同时天然碱研发和生产也取得进展。小联碱的发展使中国在纯碱生产管理和基建施工方面积累了丰富的经验，为改革开放后联碱法的大发展奠定了坚实基础。

一、联合制碱技术工业化并逐步推广

1957年，侯氏制碱法经过两年中试取得了全面试验数据，已具备大型工业化条件，在化工部领导下，大连化学工业设计研究院开始进行中国第一套大型联碱工程的设计，项目最初设计规模确定为35万吨/年，设计过程中经过多次调整，最终调整为16万吨/年。

该项目1958年在大连化工厂破土动工，1962年建成投产，到1966年纯碱产量超过19万吨。大连化工厂第一套联碱装置自投产后，生产平稳，开工率达到98%以上，且优质、低耗。这套装置具有“多系列的、能力较大的合成氨相配合，保证了联碱生产的氨和二氧化碳的平稳、连续供应，为联碱高产、稳产创造了良好条件”等特点。大连化工厂联碱生产稳产、高产的经验为后建的几个联碱厂提供了重要依据。1964年，首套新制碱法装置通过了国家科委鉴定，定名联合制碱法（联碱法）。

此后陆续开发的联碱循环系统无切断阀冷析结晶器、喷射吸氨、满液位液氨直接蒸发外冷器、自身返碱蒸汽煅烧炉、自然循环外冷式碳化塔等技术也都处于国际领先水平，自此联合制碱实现大型工业化生产。

这一时期，一批企业开始以联合制碱技术建立纯碱装置。浙江萧山县龙山化工厂在永利碱厂帮助下，1962年建成投产一套年产5000吨联碱厂。该厂严格按工艺要求设计、施工，投产后生产一直正常。1972年12月，湖南冷水江制碱厂年产1万吨联碱投产。经改造后，该装置年产可达4万吨。1975年4月，四川自贡鸿鹤化工厂氨碱法纯碱自1960年投产后，为减少排污，一直低负荷生产。后改为联碱技术，生产能力10万吨，配套建设以天然气为原料的合成氨4.65万吨，当月建成投产。由于合成氨能力小，二氧化碳不足，实际生产联碱9万吨。

1978年2月，湖北省化工厂建成投产。该厂利用湖北云（梦）、应（城）地区丰富的地下岩盐，采用联碱法生产纯碱，是一个盐、碱、化肥联产，热能综合利用的新型化工企业，是继天津碱厂、大连化工厂、青岛碱厂和鸿鹤化工厂之后的第五个大中型碱厂。

二、开始发展小联碱（变换气制碱）

自1966年开始，随着大连化工厂联合制碱法的逐步完善和成熟，根据中国经济的实际发展情况，小联碱项目开始建设并且走上了快速发展的轨道。为了进一步降低联碱法能耗和建设费用，1970年中国又自主开发出变换气制碱新流程，把纯碱与合成氨生产紧密联合起来，省掉了合成氨脱碳工序和联碱的二氧化碳压缩工序，节能效果和经济效益十分显著。自1966年到1976年的10年间，中国相继建设了一批联碱厂。

1966年，设计建设连云港化肥厂1.5万吨/年联碱法纯碱装置，1971年建成投产；1967年，由化工部第八设计院和湖南省化工设计院共同设计了冷水江制碱厂1.2万吨/年联碱法纯碱装置，项目采用了国内独创的变换气加压碳化法工艺，1972年建成投产；1969年，上海浦东化工厂设计了1万吨/年联碱法纯碱装置，同样采用了变换气加压碳化法工艺，1971年建成投产。

1970年，由化工部第四设计院设计了大型联碱项目湖北省化工厂，装置能力为18万吨/年，该项目建设周期较长，于1980年建成投产。

1970年到1974年，陆续建设了河南郑州化肥厂1万吨/年联碱生产装置、合肥化肥厂3000吨/年联碱装置、兴平化肥厂5000吨/年联碱装置、辽宁营口盐化厂1万吨/年联碱装置、江西氨厂5000吨/年联碱装置、济南山东酒精总厂利用发酵气CO_2作为制碱原料（合成氨外购）的2000吨/年联碱装置、山西太原化肥厂2万吨/年联碱装置、申后化肥厂5000吨/年联碱装置（变换气加压碳化法）、吉化公司化肥厂1.2万吨/年联碱装置、济南化肥厂1万吨/年联碱装置、湘江氮肥厂1万吨/年联碱装置、柳州化肥厂2万吨/年联碱装置、广东省石岐氮肥厂1.2万吨/年联碱装置、杭州龙山化工厂2万吨/年联碱装置等多套小联碱装置，这些小联碱项目陆续建成投产，生产出纯碱和氯化铵。

由于小联碱处于初期发展阶段，技术和设备还不够成熟，各方面经验不足，在生产过程中遇到了各种各样的困难和问题。为了解决这些问题，工程技术人员和一线生产人员付出了巨大努力，研究攻克各种困难和技术难题，工艺技术和装备得到逐步发展和提高。但是，仍存在原材料等各项消耗较高，纯碱产量低，难以满足提高纯碱产量的迫切需求。1972年2月，燃化部召开第一次小联碱经验交流会。会议指出，搞好小联碱，要过好连续生产关、产品质量关、设备防腐关。1978年4月，化工部在广东石岐召开小联碱技术交流会。会议指出，1958年以来，全国各地共建成33个年产5000吨的小型联碱厂，实际开工生产的28个。会议要求各厂迅速过好产量、质量、消耗和成本四个关。

三、产能逐步放大尚难满足需求

这一时期，除了小联碱项目建设，还陆续建设了一些氨碱法生产工艺为主的企业。1958年，中国自行设计和建设了自贡鸿鹤化工厂和青岛碱厂，两厂都为氨碱法生产工艺，设计规模为8万吨/年。1961年自贡鸿鹤化工厂投产运行。青岛碱厂（原名青岛化肥厂）建设始于1958年，当年计划建设合成氨5万吨，联产纯碱和氯化铵各16万吨的中型联合制碱法企业。后因财力不足和设备制造质量不过关停建。1962年，化工部对青岛化肥厂（1984年更名为青岛碱厂）的建设进行了考察，确定由化工部投资建设，对联碱法采取预留措施，先以年产8万吨的氨碱装置上马建设，于1965年建成投产，当年生产纯碱5.3万吨。之后，该厂逐步扩建，1967年突破设计能力，生产纯碱15.13万吨。

1958年到1965年，永利碱厂和大连碱厂的技术改造和扩建继续加强，这两个厂到1958年底生产能力已分别达30万吨/年和35万吨/年。

在纠正了“大跃进”错误冒进发展对纯碱工业带来的不利影响后，1963～1965年国民经济调整期，纯碱产量持续增长，1965年达到88万吨，1966年突破100万吨大关。

1966年8月，公私合营永利久大化学工业公司沽厂更名为化工部前进化工厂，1968年7月，前进化工厂又更名为天津碱厂。1975年，天津碱厂纯碱产量已达到解放前的十倍，产品质量有新的提高，且长期稳定。该厂生产红三角牌纯碱在国内外享有较高的声誉。

1976年7月28日，唐山丰南一带发生强烈地震，波及天津碱厂，扩建时新建的蒸氨吸氨厂房倒塌，许多塔器倒塌或裂损，造成职工多人伤亡，全厂停工。面临严重灾害，天津碱厂职工心系企业安危，冒着余震的威胁，奔赴工厂抢救伤员和国家财产，并为恢复生产献计献策，昼夜抢修，加快了设备、管道和厂房的修复加固工作，仅用45天，就使原估计需停产一年的纯碱恢复了震后第一期生产。

这一时期天然碱矿不断发现，1965年内蒙古地质局发现了查干诺尔碱矿，该矿开发建设历经多年，直到1989年建成小苏打装置投入生产。1971年，河南桐柏县发现吴城盐碱矿，1984年建成了5000吨/年重质碱装置。1971年吉林省乾安县大布苏建成1.2万吨/年天然碱加工厂。

1966年，中国纯碱产量首次突破百万吨大关，但是后来受到“文化大革命”以及1976年唐山大地震自然灾害的影响，纯碱产量增长缓慢，纯碱生产处在停滞不前的状态之中。1966～1976年这10年间，各项技术经济指标下降，纯碱生产增长率仅0.5%，纯碱产量无法满足国民经济发展的需求，到1978年中国纯碱产量仅为132.9万吨，为了弥补纯碱缺口，从1975年开始，中国开始进口纯碱，并且进入长期依赖进口纯碱的阶段。

第四节
驶入发展快车道，产量速增
（1978～1990年）

改革开放后，中国纯碱工业进入了发展快车道，纯碱产量快速增长，到1984年，产量达到188.5万吨，仅次于美、苏两国，跃居世界第三位。尽管如此，国内纯碱生产仍然跟不上需求增长，每年需要大量进口纯碱。“七五”期间，河北唐山、山东潍坊、江苏连云港3个60万吨/年大型氨碱厂的建成投产，使中国彻底扭转了纯碱净进口国的局面。这一时期，中国纯碱工业从生产规模和装备水平上都迈上了新台阶。

一、小联碱“过四关”发挥应有作用

1977年初，中国已建设了17套小联碱装置，由于小联碱生产中存在这样那样的问题，面临诸多困难和挑战，作为纯碱行业的新生力量，如何发挥小联碱的作用，成为纯碱工业发展面临的一项重大任务。为了尽快克服困难和解决问题，小联碱自诞生之日起，科研机构、设计单位、大型碱厂及各级领导部门都倾注了热情关注和大力支持。自1977年起，针对小联碱普遍存在的“两高两低（消耗高、成本高、产量低、质量低）”的问题，1978年6月化工部在广东石岐会议上提出了“小联碱过‘四关'”的口号，明确提出过“四关”的目标，即产量关，达到联碱设计能力；质量关，达到国家标准；消耗关，双产品氨耗降到400千克以下；成本关，双产品成本低于380元。

这次会议后，各小联碱厂深入扎实地推进过“四关”，生产水平明显提高。1979年，杭州龙山化工厂率先过了“四关”，当年4月，化工部在杭州召开了小联碱过“四关”经验交流会，从企业管理经验、生产技术及设备、厂房的防腐等方面系统地总结了龙山的经验，进一步提出了“学龙山、过‘四关’”的口号。1979年9月，化工部向国务院呈送了“关于龙山化工厂小联碱过关情况的报告”，报告在介绍了攻关成果、主要经验之后，着重指出：龙山厂过关的事实说明，小联碱是能站住脚的，是有前途的。在一定时期内小联碱仍然是中国发展纯碱工业的途径之一。龙山小联碱过“四关”的成功，极大地鼓舞了各小联碱厂过“四关”的信心和决心。上海浦东化工厂、吉化公司化肥厂、柳州化肥厂、山西太原化肥厂等厂相继也过了“四关”，同时组织了厂际竞赛，各厂生产和管理水平不断提高。到1983年，共有15家小联碱厂投入生产，小联碱纯碱产量达到14.85万吨。从1985年7月份起，小联碱不再执行企业质量标准，改为执行新的国标，各厂狠抓了提高产品质量的工作，小联碱产品质量有显著提高。

自1983年到1990年，国内又相继建设了浙江嘉兴市化肥厂4万吨/年、江苏张家港化肥厂1.5万吨/年、山东荣成化肥厂2万吨/年、四川新都县氮肥厂4万吨/年、四川广汉市化工总厂2万吨/年、河南孟县第二化肥厂4万吨/年、江苏南京新蕾化工公司1万吨/年、浙江良渚化肥厂2万吨/年、四川简阳县红塔氮肥厂1万吨/年等24套小联碱装置。在这一阶段，国家财政等方面积极支持小联碱企业的发展，政策的调整极大鼓舞了企业发展小联碱的热情，为小联碱的发展创造了良好条件。通过总结第一代小联碱的经验和教训，对这一阶段建设的小联碱项目在原始条件、生产规模、技术水平、工程设计等方面都提高了要求，并且提出了以4万吨/年为最低规模的产业政策。1989年化工部提出了“夯实基础工作，严格企业管理、努力达标升级；提高职工素质，实行技术进步，增添发展后劲”的行动口号。根据当时多数中小纯碱厂普遍存在的未达设计能力，消耗普遍偏高，部分产品质量差等问题，要求抓好达标升级工作，通过达标升级，将小联碱提高到一个新的水平。

这一时期是小联碱高速发展的时期，到1988年全国有30家小联碱企业投入生产，纯碱产量达到41.9万吨，为1983年的2.82倍。1990年，投入生产的小联碱厂达到35家，小联碱已成为纯碱行业不可或缺的一支重要力量，为国民经济发展做出了自己的贡献。

二、大型项目建设和改扩建促产量提高

除小联碱快速发展外，1978～1990年还陆续建设了包括内蒙古乌海市化工厂5万吨/年、内蒙古包头光华纯碱厂1万吨/年、河南巩县纯碱厂3万吨/年、山东莱州盐场纯碱分厂4万吨/年、辽宁大连金州碱厂3.5万吨/年、甘肃兰州国营二七九厂2万吨/年等10多套氨碱法生产装置。1981～1985年的“六五计划”期间，纯碱工业的技术改造和基本建设共投资6.4亿元，为改变纯碱企业被动落后的面貌，起到了重要作用，并为“七五”时期进一步发展，增强了后劲。

1985年，中国纯碱产量突破200万吨，1988年纯碱产量超过261万吨，其中大连、天津、青岛、湖北、自贡五大碱厂共生产纯碱191.7万吨，中小型企业（包括天然碱加工的纯碱）产量为69.3万吨。虽然国内纯碱产量有所提升，但是仍无法满足国内需求，仍然长期依赖进口弥补纯碱缺口。为了解决纯碱供不应求问题，这一时期国家采取了一系列发展纯碱工业的重大举措。

（一）对原有碱厂进行恢复性大修及扩建

1980年国家计委批复对大化、天津、青岛三大碱厂进行恢复性大修，在大修

中，结合技术改造，尽量采用大型、高效设备和新型耐腐蚀材料，提高自动化水平，改善劳动条件。如大化、天津碱厂的碳化塔采用不锈钢冷却小管、钛泵等，氯化铵工序大量采用新型耐腐蚀材料。

大化碱厂在氯化铵结晶工序上采用由制碱研究所新开发的TNJ-1型陶瓷电极钠离子计，测定结晶器中钠离子浓度，通过鉴定并推广。另外，进一步将1973年采用的DA-350离心压缩机叶轮改为精钛铸造，提高了设备的耐腐蚀性能，使单机能力提高了10倍。1982年，大连碱厂获得国家金质质量奖。

天津碱厂在恢复性大修及扩建工程中，在总工程师陈宝庆具体指导下，采用了一批新设备，于1984年先后投用，有助于中国纯碱工业整体水平提高。该厂首次使用引进的液液板式换热器和冷凝型板式换热器。设计制造了直径为3.2米的大型碳化塔和过滤面积为20平方米的滤碱机，单机能力都提高了1倍左右，该厂还采用蒸汽驱动的螺杆式二氧化碳压缩机，打气量可达2万立方米/时，单机能力提高10多倍，同时采用了引进的钛平板换热器以提高冷却效率，降低消耗。改造后1983年纯碱产量达到46万吨，比1976年提高了50%。1979年和1982年，天津碱厂先后两次获得国家金质质量奖。

青岛碱厂进行大修填平补齐后，实现了石灰窑的联锁程序控制，各项工艺指标在国内领先，1983年纯碱产量21.3万吨，与1979年相比增长了33.5%，被山东省、青岛市评为“无泄漏工厂”。

1981年，自贡鸿鹤化工厂有计划有步骤地进行扩建，通过技术改造解决了母液平衡和二氧化碳不足两大问题，同时改进了氯化铵结晶冷却介质，降低了成本。该厂与西南农学院联合开展的“氯化铵农业应用研究”项目，于1986年通过省级鉴定。

1982年，国家批复对湖北化工厂进行填平补齐，以此来增加纯碱产量。1983年，湖北化工厂纯碱产量达到11.49万吨，各项技术经济指标也明显好转，扭亏为盈。至此，五大纯碱厂的设备整修及填平补齐项目全部获得批准。湖北省化工厂的项目于1984年完成。该厂资源优势得以充分发挥。

（二）兴建大型碱厂彻底解决短缺问题

为了彻底解决市场供应不足问题，1983年国家计委批准建设寿光（后改为潍坊）、连云港两个60万吨/年大型氨碱厂，1985年又批复建设唐山碱厂，规模同样为60万吨/年。三大碱厂自1986年开始建设，1989年7月，潍坊纯碱厂率先建成投产，随后唐山、连云港两个碱厂也于1989年相继投产。三大碱厂投产后，1989年中国纯碱产量突破300万吨，达到302.92万吨。1990年7月内蒙古自治区查干诺尔碱矿50万吨/年纯碱、5万吨/年烧碱和5万吨/年小苏打项目建成并投入试生产，天然碱的发展进入大型化阶段。潍坊、连云港和唐山三大碱厂的建设，是中国纯碱工业大发展的一个重要标志性事件，是纯碱工业发展的一个里程碑，三大碱厂投产后彻底解决了中国纯碱供应不足的问题。1990年国家宣布停止进口纯碱，并出口了部分纯碱。从此，中国长期依赖进口纯碱的局面得到彻底改变，还有相当一部分纯碱走出国门，由进口国变为出口国。三大碱厂生产规模大，技术水平高，设备现代化，对中国纯碱工业整体技术水平的提升起到了极大的促进作用，使中国跻身世界主要纯碱国家之列。

三、积极推动提高整体技术水平

"六五"期间，纯碱工业的技术进步取得显著成绩，一批新工艺、新设备、新技术、新材质得到了开发和利用，诞生了多项重大技术成果，加强了对外的技术交流并引进了一些重要的单机设备，对推动纯碱行业技术进步发挥了重要作用。

（一）耐腐蚀涂料、材料的应用

纯碱生产过程具有介质腐蚀性强的特点，新中国成立后，中国对纯碱生产中不同介质的腐蚀问题进行了大量的试验研究工作，基本上摸清了腐蚀机理，针对厂房建筑、设备、管道的不同条件和部位，提出了防腐蚀措施，试验成功了多种防腐蚀涂料。此外，设备、管道的材料构成也有了较大的变化和改进。20世纪70年代以后，逐步以一部分合金钢和金属钛，在腐蚀最严重的部位代替普通碳钢和铸铁，取得了较好的效果。例如，金属钛制的联碱外冷器，母液泵及二氧化碳离心压缩机叶轮以含钼不锈钢或金属钛代替普通铸铁用于碳化塔冷却小管；用不锈钢制作真空过滤机的转鼓和关键部位的阀门、管道等。

（二）天然碱开发及加工工艺进步

内蒙古自治区拥有较多的天然碱资源，但其成分比较复杂，多数天然碱矿系与盐及芒硝共生，基本上采用简单的方法，除去部分泥砂、加工成含盐及芒硝的"粗纯碱"，产品质量达不到国家标准，大大限制了天然碱资源的利用。伊克昭盟化工研究所通过多年的试验、研究，成功开发了日晒碱工艺，填补了中国利用天然碱加工成重质纯碱的空白，并建成1万吨/年规模的生产装置。这一工艺于1988年通过了技术鉴定及生产装置的工程验收，并获得了1987年内蒙古自治区科技进步一等奖。

河南省南阳地区桐柏县地下拥有丰富的天然碱资源，吴城盐碱矿采用多井压裂溶采法开采地下倍半碳酸钠类型的天然碱矿，并进一步加工成优质重质纯碱，含总碱量高达99.8%以上，质量优于优质重质纯碱的专业标准，可以满足特种工业（如彩色显像管工业）对高纯度重质纯碱的要求，这一开采及加工方法也于1988年通过了技术鉴定。

（三）氨碱法废液、废渣利用有突破性进展

废液、废渣治理和综合利用是传统氨碱法生产中的一大难题，在这一时期得到了有效解决。中小型氨碱厂利用废液生产二水氯化钙和无水氯化钙，减少了废液排放造成的污染，增加了企业的经济效益。天津碱厂利用氨碱废渣配合适量的碎石灰石、粉煤灰、铁矿石等试烧水泥，取得成效并通过技术鉴定。大连化学工业公司碱厂、青岛碱厂和杭州龙山化工厂利用废渣制水泥和废渣砖，也取得了较大的进展。天津市新型建筑材料工业公司研究室在利用氨碱废渣研制成功建筑用胶泥的基础上，又进一步加工成加气混凝土砌块，实现了氨碱法废渣利用的重大突破。

第五节 快速发展跃居世界纯碱大国（1991～2010年）

中国纯碱工业在跨世纪的发展过程中，产量、产能都达到了一个历史新高度，新工艺、新设备、新技术极大提高了纯碱工业整体发展水平。经过1997～1999年的亚洲金融危机，2000年下半年开始，经济形势开始逐步好转，市场出现转机，纯碱需求增加，纯碱市场出现了供不应求的局面，由此催生新一轮纯碱项目建设热潮。与此同时，持续高速发展积累的矛盾也逐渐显现，纯碱工业进一步发展，面临着机遇与挑战。

一、多途径发展产能，产量全面释放

（一）氨碱法“三大碱厂”达产

1989年6月，潍坊纯碱厂实现了化工投料一次成功，试产出合格产品，1990年7月通过了生产考核，日产纯碱达到1885吨，在三大碱厂夺得中标、开工、投料试车、日产达标四个第一。唐山碱厂投产后经过不断改进和提高，1994年通过国家验收。连云港碱厂投产后，一开始生产并不顺利，遇到了多种困难，但是通过系统的、大规模的整顿，生产逐步走向正常，到1996年实现60万吨/年纯碱生产装置达产达标，并于1997年9月通过国家竣工验收，主要工艺指标跻身行业先进水平。至此三大碱厂全部通过国家验收，全部达标达产。

1991～1994年，又相继建设了新疆哈密纯碱厂（生产规模8万吨/年）、吉兰泰碱厂和南方制碱公司（生产规模20万吨/年）3个中型纯碱厂，并陆续投产。1992年6月，青海德令哈碱厂4万吨/年氨碱法装置建成投产。

20世纪最后的10年，是大、中、小型纯碱厂技改、扩建和扩产的高速发展时期，是大部分纯碱厂进行产品结构调整和优化的时期，也是多家集团公司成立或者上市的时期。

这一时期，五大碱厂中的大化集团、青岛碱厂、湖北省化工厂、自贡鸿鹤化工总厂分别进行了扩建或者产品结构调整。天津碱厂1991年组建天津渤海化工集团；大化集团1996年进行了18万吨/年氨碱改联碱技术改造，联碱法生产能力达到50万吨/年，1995年完成20万吨/年重质纯碱的技改工程，增加了重质纯碱产品，改造后纯碱生产规模达到75万吨/年，产品结构得到调整。1997年，大化集团有限责任公司通过资产剥离与重组，在集团公司下属碱厂的基础上，独家发起募集设立大化集团大连化工股份有限公司（简称股份公司），于1997年10月21日在上海证券交易所上市。青岛碱厂1994年被列为青岛市首批改制试点单位，改制成立青岛碱业股份有限公司，1997年完成重质纯碱改造工程，重质纯碱生产能力达到40万吨/年，产品结构得到优化。湖北省化工厂1993组建了湖北双环碱业股份有限公司，1994年改组为湖北双环化工集团公司，1993年建设10万吨/年重质纯碱项目，1996年联碱生产能力由22万吨/年扩大为30万吨/年，1997年4月“湖北双环”股票在深交所上市发行。1994年自贡鸿鹤化工总厂改制组成四川自贡鸿鹤化工股份有限公司。

潍坊、唐山、连云港三大碱厂都进行了扩建或者产品结构调整。山东潍坊纯碱厂1995年3月建成投产20万吨/年低盐优质重质纯碱装置，同年组建山东潍坊海洋化工集团总公司，1995年11月更名为山东海洋化工集团有限公司，1996年通过填平补齐，生产能力达到80万吨/年，1997年8月又更名为山东海化集团有限公司（简称海化集团），1998年5月“山东海化”股票在深圳证券交易所发行，1998年5月创立山东海化股份有限公司。唐山碱厂1994年11月被国务院确定为现代化企业制度试点企业，1995年更名为唐山三友碱业（集团）有限公司，1996年经过填平补齐，生产能力达到70万吨/年，1998年组建唐山三友集团。连云港碱厂1990年与南京化学工业公司合并后，组建南京化学工业（集团)公司，1997年9月划转至中国东联石化集团有限公司，1998年并入中国石化集团公司，在1994年启动填平补齐改造工程后，1998年生产能力达到80万吨/年。至1998年，新建三大碱厂生产能力都已超过原设计的60万吨/年规模。

此外，还有一些企业也纷纷改制和成立集团（有限）公司。这些公司包括：内蒙古伊克昭盟化学工业企业集团、焦作碱业集团有限责任公司、重庆碱胺实业公司、郑州水晶股份有限公司、昆山锦港实业集团公司、江苏德邦化工集团有限公司、江苏华昌集团公司、山东恒大化工集团总公司和甘肃金昌化工（集团)有限责任公司等。

这一时期，新建纯碱企业不多，主要是纯碱企业技改、扩建，在各个大碱厂技改、扩建的同时，一部分中小碱厂尤其是一部分小联碱厂，由建厂初期的1万吨/年、2万吨/年、4万吨/年的规模，在10年时间内迅速扩建为10万～20万吨/年的联碱企业。这些扩建的小联碱厂包括：连云港化肥厂、冷水江制碱厂、郑州化肥厂、合肥化肥厂、兴平化肥厂、石家庄化肥厂、湘江氮肥厂、杭州龙山化工厂、张家港化肥厂、荣成化肥厂、新都县氮肥厂、广汉市化工总厂等。

与此同时，中国的天然碱得到快速发展。1993年2月，内蒙古查干诺尔碱矿工程通过了国家验收，该矿按50万吨/年天然碱、5万吨/年小苏打、5万吨/年烧碱、2.5万吨/年芒硝能力测算，可开采80年。1993年11月，河南桐柏天然纯碱厂5万吨/年纯碱建成投产。1999年，内蒙古苏尼特公司新增20万吨/年纯碱厂投产，天然碱加工装置实现大型化。

但是，到了1997年，受亚洲金融危机、纯碱产量增幅过快及国内市场疲软等多重因素的影响，纯碱出现了较严重的滞销，加上企业间的无序降价竞销行为，1998年全行业有近半数的企业处于亏损、停产或半停产状态，激烈的市场竞争促进了纯碱工业的结构调整。在短短的3年间，相继有10余家小碱厂关闭或转产，企业间开始兼并或者重组，形成跨地区兼并或控股的集团公司。

20世纪最后10年，中国氨碱、联碱、天然碱形成共同发展的兴旺局面，生产技术迅速进步，生产规模迅速扩大，纯碱产量快速增长。1998年，中国的纯碱生产能力达到800万吨，纯碱产量达到730万吨，产能和产量均跃居世界第二位。

（二）东碱西移、老厂搬迁、产能和产量稳居世界首位

2003年，浙江玻璃有限公司与青海省海西州就建设纯碱厂达成协议，拉开“东碱西进”帷幕。2003年7月成立青海碱业有限公司，开始规划建设180万吨/年纯碱项目，项目分两期建设，一期建设90万吨/年纯碱装置，二期90万吨/年纯碱装置，2005年9月项目一期建成投产，从此开启青海纯碱项目建设高潮。2008年中盐青海昆仑碱业有限公司投资建设100万吨/年氨碱法纯碱项目；2009年青海五彩矿业有限公司投资建设110万吨/年氨碱法纯碱项目，大型纯碱项目在青海陆续建设并投产，纯碱产业布局逐步发生转变。

进入新世纪后，随着城市发展的需要，国内最早的两大碱厂——天津碱厂（现天津渤化永利化工股份有限公司）和大化碱厂（现大连化工股份有限公司）都面临搬迁问题。2006年，天津市投资53亿元启动天津碱厂搬迁工程，建设80万吨/年联碱装置；同年大化集团启动60万吨/年联碱搬迁改造工程。

2009年8月，中盐安徽红四方股份有限公司启动分期建设100万吨/年联碱搬迁工程一期30万吨/年项目建设。

2010年5月，杭州龙山化工有限公司启动搬迁建设40万吨/年联碱工程。

新世纪10年，中国纯碱工业进入高速发展期，生产规模迅速扩大，产量快速增长。这一时期除了采用变换气制碱技术建设的纯碱项目外，大型纯碱企业山东海化集团、唐山三友集团、连云港纯碱厂、湖北双环集团都进行了扩建。其中，山东海化扩能达到230万吨/年；唐山三友扩能达到180万吨/年；连云港纯碱厂扩能达到120万吨/年；湖北双环集团扩能达到100万吨/年。同时，一大批采用传统的氨碱法和联碱法的新建纯碱项目陆续建设并相继投产，这些项目包括：平顶山飞行化工集团建设20万吨/年联碱装置；河南桐柏天然碱综合加工150万吨/年纯碱、40万吨/年小苏打项目；河南省骏马化工股份有限公司30万吨/年联碱项目；重庆索特60万吨/年联碱项目；山东海天生物化工有限公司100万吨/年氨碱法项目；无锡益多集团投资建设60万吨/年联碱项目；江苏井神盐化股份有限公司采用国内首创的盐碱钙联合循环生产工艺，分期筹建60万吨/年纯碱项目；实联（江苏)化工有限公司开工建设100万吨/年联碱法纯碱装置等。这些项目大部分在2010年前建成投产，中国的

纯碱生产能力和纯碱产量迅速增加。

在新世纪前10年的高速发展过程中，2003年中国的纯碱产量达到1133.56万吨，首次超过美国成为世界第一，此后一直稳居世界第一位。

在世纪之交的20余年间，中国纯碱工业得到蓬勃发展，生产能力快速增长，产业规模不断扩大。2010年，纯碱产能达到2510万吨，纯碱产量达到2034.82万吨，开工率为81%，纯碱产能和产量均达到世界产能和产量的40%以上。

二、大力提高技术装备水平

这一时期，大批新工艺、新技术、新设备的应用和推广，提高了产品质量，调整了产品结构，实现了节能、降耗、提高自动化水平等目标，推动了纯碱工业实现快速发展。

（一）推广新工艺、新设备、新技术应用

1. 推广应用新型变换气制碱工艺

2000年，由中国制碱专家、中国工程院院士周光耀领队，中国成达工程公司与石家庄双联化工有限责任公司合作开发的新型变换气制碱技术通过鉴定。这一新工艺是20世纪90年代以来国内外首创，开发出外冷式变换气制碱碳化塔，使出气二氧化碳含量达到0.2%以下，连续作业时间提高到60天，不设清洗塔，进一步降低了能耗，提高了重碱结晶平均粒度。新型变换气制碱碳化塔的主要技术指标处于世界领先水平，该技术获得国家科技进步二等奖，这项新工艺为中国合成碱技术的发展开创了一条新路。

2008年10月，国家发改委公布《国家重点节能技术推广目录（第一批）》，其中“新型变换气制碱工艺”作为攻克纯碱行业节能减排的利器而入选。该技术使中国联碱法能耗由过去的1万～1.5万兆焦耳降至8000兆焦耳，制取吨碱可比单位能耗降低30%。运用该技术，原盐利用率可达99%，原料氨利用率可达96%。

这一技术推广应用恰逢其时，新世纪10年，正值纯碱行业进入高速发展时期，大批新建或扩建的纯碱企业采用了“新型变换气制碱工艺”。包括：四川和邦股份有限公司新建30万吨/年联碱装置，2007年扩产为60万吨/年；山西稷山丰喜纯碱公司新建10万吨/年联碱装置；淮安华尔润化工有限公司新建30万吨/年联碱装置；江苏华昌化工股份有限公司分期搬迁建设的60万吨/年联碱装置；河南金山化工集

团扩建30万吨/年联碱装置；四川广宇化工股份有限公司扩建20万吨/年联碱装置；郑州水晶股份公司扩建12万吨/年联碱装置；福州耀隆化工集团扩建18万吨/年联碱装置；石家庄双联化工有限责任公司扩建30万吨/年联碱装置；湘潭碱业有限公司扩建30万吨/年联碱装置；昆山锦港化工有限公司扩建40万吨/年联碱装置；冷水江制碱厂扩建18万吨/年联碱装置等。新型变换气制碱工艺得到迅速推广应用。

2004年，中州铝厂在河南获嘉建设10万吨/年联碱装置中第一家使用带式滤碱机过滤重碱，开创了国内纯碱生产采用带滤机过滤重碱先河，此后建设的纯碱项目大部分采用带式滤碱机过滤重碱，实现了节水降耗，提高了纯碱质量。

2.纯碱装置大型化

新世纪10年间，纯碱工业技术发展取得世人瞩目的巨大进步，这一时期纯碱装置实现大型化。

2007年，国内最大的天然碱综合加工项目——河南桐柏150万吨/年纯碱、小苏打项目开工建设，这是天然碱装置技术进步和大型化的里程碑。

2008年，山东海天生物化工有限公司100万吨/年氨碱法项目投产，这是国内首个一次建成投产的百万吨级氨碱法纯碱装置。此后，纯碱工业建成多个百万吨级规模的氨碱法装置。

联碱法Ⅱ过程冷盐析结晶器及配套装置由2000年以前的单套10万吨/年逐步大型化，实现单套20万吨/年、30万吨/年，甚至更大规模。2009年，江苏银珠科技股份有限公司开始建设100万吨/年的热法联碱项目，该项目采用全新的热法联合三聚氰胺尾气制碱技术，利用卤水和三聚氰胺尾气作为制碱原料制碱，一期建设15万吨/年的纯碱项目，技术路线为国内首创。但是，由于市场问题，项目主体装置建设一半就停建了，虽未建成投产，却为制碱工业开辟了一条新路。

纯碱装置大型化，极大地提高了纯碱工业发展水平。

3.依靠技术进步推动生产水平提高

在新建和扩建纯碱项目过程中，技术水平不断提高。山东海化集团股份有限公司、青岛碱业股份有限公司分别从瑞士苏尔寿公司引进三级推料离心机进行重碱二次过滤，达到减低重碱水分，增加煅烧炉能力、生产低盐重灰的目的；滤过机洗水加添加剂技术得到推广，10多家企业采用该技术，使重碱水分降低2%～3%，煅烧炉能力提高15%左右；钛材在纯碱工业的应用领域逐步扩大，钛阀、钛泵、钛外冷器得到普遍采用；改良固相水合法生产低盐重质纯碱的技术获得成功，多家中型纯碱企业采用该项技术生产重质纯碱。

2001年，自贡鸿鹤化工股份有限公司实现了20万吨/年挤压法重灰的引进、试产、投产成功，填补了中国挤压法重灰的空白。

这一阶段推广应用的新型设备和技术还有粉体流凉碱机、波纹管冷却器、蒸发式冷凝器、淡液蒸馏塔、大型螺杆压缩机、大型螺杆冰机、大型流化床干燥炉、全自动包装机、DCS及全流程自动化、液相水合法优质重质纯碱技术等。

4. 纯碱工程技术入选“20世纪我国重大工程技术成就”

2002年，由中国工程院组织的“20世纪中国重大工程技术成就”的推荐评选活动揭晓，共评选出25项，作为20世纪中国工程技术成就的杰出代表，其中纯碱列入“20世纪中国重大工程技术成就”。其描述为：第二十位，无机化工，无机化工从弱到强，2000年化肥年产3186万吨，纯碱834万吨（纯碱第一位指合成碱产量），水泥6亿吨，都是世界第一位。

（二）加强环境保护，推进绿色发展

党的十七大首次提出生态文明建设，这是中国环保战略的历史性转变，宣示了国家对于环境保护的强烈政治意志。“实现经济社会永续发展”充分⊠示了建设生态文明的目标和意义所在。这一时期，国家进一步强调工业企业生产的环保要求。伴随新环保政策的施行，纯碱企业高度重视环境保护工作，针对纯碱生产过程中可能会对环境造成污染的废物，着力研究废物回收及循环利用技术，推动纯碱工业的绿色发展。

治理工业粉尘是环保工作的一项重要内容，在纯碱生产过程中，纯碱粉尘和石灰粉尘的治理是一个难点，为治理粉尘污染，各纯碱企业一直在不停地探索，总结出不少经验。

从1997年开始，天津渤海化工集团采用PPC型分室反吹袋式除尘器用于灰窑运灰系统、灰仓除尘工程，采用PPCA型气箱脉冲袋式收尘器完成粒状氯化铵加工过程中氯化铵粉尘污染治理等，经测试除尘效率达99.9%以上。

2000年，青岛碱业股份有限公司对石灰车间灰仓除尘进行了改造，采用两级除尘流程，先经旋风分离器粗分离，再经布袋除尘。为保证含尘气充分回收，科学地分布除尘点。为保证含尘气体在汇总管内保持一定流速，采用了改变管道直径的办法，改造后灰仓室内空气含尘量由350毫克/立方米下降到7毫克/立方米，每天可

回收5吨生石灰，每年可创经济效益约20万元。

纯碱生产过程中煅烧石灰石得到的生石灰是大小不等的块状物料，传统的运输方式是采用敞开式链板机和皮带运输机两种方式，敞开式链板机和皮带运输机输送粉尘大，操作环境污染严重，为从根本上解决和治理环境污染问题，2000年青岛碱业公司借鉴了煤炭行业使用的密闭式铸石刮板输送机，并对其进行了研究和改进，使之成功地用于输送块状生石灰，极大改善了生产环境，并且可回收石灰粉，降低生产运行费用，取得了较好的经济效益。

2002年，山东海化股份有限公司对电除尘岗位进行改造，改变了手动控制方式，首次实现全自动控制，实现无人值守，不但节约了人工费用，而且提高了自动化水平。

2003年，河南金山化工有限公司采用三聚氰胺尾气为原料，扩建联产30万吨/年联碱项目，该技术解决了三聚氰胺装置尾气处理成本高、难处理的问题，并且降低了联碱法能耗和成本。

2005年，中石化连云港碱厂采用卤水代替固体盐取得成功，这一技术符合中国国情，以卤代盐可以节省大量煤炭消耗、缓解运力紧张的矛盾，对环境保护也十分有利。

2009年，江苏井神盐化股份有限公司采用国内首创的“钙液采卤、碱渣注井、盐钙联产、全卤制碱”的井下循环盐钙联产制碱工艺，分期建设60万吨/年纯碱项目，该项目采用了10多项具有自主知识产权的专利及专有技术，形成了盐碱钙的联合。

此外，新型变换气制碱技术2008年入选国家发改委公布的《国家重点节能技术推广目录（第一批）》50项重点节能技术。新型变换气制碱技术在节能降耗方面有几大优势：一是流程最短，设备最少。该工艺将合成氨系统脱碳与联碱制碱两个工序合二为一，省去了合成氨系统二氧化碳脱除工序的投资，使脱碳过程由制碱工序兼职完成，只要将变换气直接送入制碱塔就完成了脱碳任务。二是设备功能全，效率高，可省去附属设备。以前需用两台设备完成制碱、净化，而新型变换气制碱通过改进设备结构，使一塔起到了两塔的作用。而且，由于洗塔周期大大延长，还减少了废水排放，降低了消耗。

三、制约纯碱工业发展因素凸显

随着纯碱工业高速发展，新增产能迅速扩张和释放，纯碱供过于求，市场竞争加剧，经济效益大幅下滑。尤其是2008年下半年暴发的亚洲金融危机，更让纯碱工业雪上加霜，下游需求低迷，纯碱价格跌入谷底，致使全行业亏损。2010年国内经济企稳回升，市场需求增加，纯碱产量随即快速回升，国内企业的投资热情又逐渐高涨，大量新增产能释放，导致纯碱工业再次进入下行周期。

纯碱生产过程中的“三废”排放问题仍没有得到根本解决。氨碱法生产纯碱，每吨碱约排放10立方米废液，其中固体渣300～350千克。由于产生量大，很难大幅度综合利用，这也是困扰世界纯碱工业的难题。一些中小联碱企业废水排放量大，氨氮严重超标，纯碱企业的“三废”排放问题，引起了业界内外普遍重视。

这一时期新建、扩建了不少联碱项目，联碱法生产纯碱的比例呈上升趋势，氯化铵的生产能力也快速攀升，氯化铵市场竞争日益加剧。由于90%以上的氯化铵用来生产复混肥料，用途相对单一，再加之尿素、硫铵、磷铵等其他氮肥行业也存在不同程度的生产能力过剩问题，氯化铵市场受到挤压。再加上氯化铵主要下游产品复混肥的发展方向是高浓度复混肥，致使氯化铵的使用量大大减少，氯化铵产能过剩问题凸显，严重制约联碱企业的生存和发展。

新世纪的前10年，是纯碱行业高速发展阶段，产能和产量大幅上升，装置和设备实现大型化，DCS技术得到普及应用，自动化水平和劳动生产率不断提高，单位产品原、燃材料消耗、能源及动力消耗逐步降低，环境治理水平不断提高。但是，中国纯碱工业发展方式未实现从规模速度型粗放增长转向质量效益型集约增长，与发达国家相比还有很大差距。中国纯碱工业的主要问题是亟待提高行业生产管理水平，提升全行业自动化水平，在节能减排、污染物治理和“三废”综合利用上提高水平，提高原材料利用率，降低产品生产成本，进一步提高产品质量，实现绿色发展。

第六节 积极去产能，向高质量发展

（2011～2019年）

“十二五”规划纲要实施后，国家持续调整房地产政策，随着冶金、纺织、玻璃、化工、轻工等产业的疲软，对纯碱工业产生较大影响，纯碱出现了严重的产能过剩问题，加上国际经济危机影响所带来的国际贸易环境的逐渐恶化，中国纯碱工业所面临的生产经营环境十分严峻，经历了前景迷茫的“阵痛”和“瓶颈”期。

纯碱工业直面挑战，在国家政策指引下，进入调整、提高阶段，通过加强供给侧结构性改革，淘汰落后产能，依靠技术进步，全面推动节能环保和绿色发展，产业结构调整和工业整体水平提高取得显著成效。

一、面临产能过剩和环境保护的挑战

2001～2010年，纯碱行业高速发展，这一时期纯碱产量年均增长率达到12%以上，产能和产量大幅上升。到2011年底，中国纯碱装置生产能力已达2800万吨/年，几乎占世界纯碱生产能力的“半壁江山”。从这一年开始，纯碱下游200余条平板玻璃生产线（规模以上企业）有52条停产检修，61条在减负荷生产。由于生产平板玻璃的纯碱用量占到全国纯碱总产量的35%，因此平板玻璃生产线的停产、减产，对纯碱的销售影响巨大。另外，美国经济不振及欧债危机对中国产品出口贸易也产生了不小影响，以轻质纯碱为原料的硝酸钠、亚硝酸钠等产品的出口锐减，降低了对纯碱的需求。

一方面受宏观政策调控影响，2010～2011年，虽然没有新纯碱项目开工，但是，2009年前陆续开工建设的无锡益多集团投资建设徐州丰成盐化工有限公司60万吨/年联碱项目、中盐青海昆仑碱业有限公司100万吨/年氨碱法纯碱项目、青海五彩矿业有限公司投资建设的110万吨/年氨碱法纯碱项目、江苏井神盐化股份有限公司盐碱钙联合循环法60万吨/年纯碱项目一期30万吨/年纯碱项目、河南骏马化工有限公司30万吨/年纯碱项目陆续投产，产能大幅度释放。到2013年底，纯碱产能达到3100万吨，纯碱产量达到2431.63万吨，开工率只有78.4%。纯碱产量的大幅增加导致市场出现严重过剩的局面，企业间竞争激烈，产品价格和经济效益大幅下滑，纯碱行业出现大面积亏损。2014年，青海盐湖镁业有限公司金属镁一体化项目120万吨/年氨碱法纯碱装置建成投产，全国纯碱产能达到3182万吨，产量达到2525.84万吨，过剩更加严重。

另一方面的压力来自进出口贸易，2012年之后，美国加大了对中国乃至整个亚洲市场的纯碱出口量，高品质、低价格的天然碱制纯碱进入中国市场。据美国地质调查局及美国海关的统计数据，2012年美国纯碱产量总计1120万吨，出口总量610万吨，出口依存度近55%，较2011年的51%有明显增长，美国对中国纯碱出口量的增加对中国的纯碱工业形成很大压力。

这一时期，纯碱工业经历了发展的瓶颈期，重点企业发展面临挑战，一大批纯碱企业纷纷进行改革。

山东海化集团被中国海洋石油公司收购后，纯碱业务发展停滞。受到国内经济增长放缓影响，山东海化2012年、2013年连续两年亏损。2014年山东海化下大力度实施清理无关联资产，主要涉及一些精细化工业务及内蒙古的电石业务，并不再将纯碱业务作为发展重点。

湖北宜化集团有限责任公司采用联碱法生产纯碱和氯化铵，是国内最大的联碱生产企业，纯碱产能达到190万吨（包括湖北双环和重庆宜化两个工厂），根据该公司年报显示，2012年亏损9413万元，2013年亏损6.74亿元。

青岛碱业“十二五”期间，重点谋划产业重组，并于2014年10月披露公司重大资产重组框架方案，调整了产业方向，纯碱业务不再作为青岛碱业发展重点，纯碱装置于2015年底停产。

2009年，环境保护部发布的《清洁生产标准　纯碱行业》等4项国家环境保护标准，对纯碱企业开展清洁生产提供了技术支持和导向，适用于氨碱法和联碱法纯碱生产企业的清洁生产审核和清洁生产潜力与机会的判断、清洁生产绩效评定和清洁生产绩效公告制度，也适用于环境影响评价和排污许可证等环境管理制度。该标准在达到国家和地方污染物排放标准的基础上，根据当前的行业技术、装备水平和管理水平，提出了纯碱企业清洁生产的一般要求。此外，该标准将纯碱行业清洁生产指标分成5类，即装备要求、资源能源利用指标、污染物产生指标（末端处理前）、废物回收利用指标和环境管理要求。

“十二五”时期，国家环保政策频繁出台。作为高耗能的纯碱工业环保压力陡增，尤其是氨碱法生产企业，处理氨碱废液废渣等难题导致生产成本不断攀升，严重制约企业发展。氨碱法每生产1吨纯碱，产生约10立方米的废液和300千克左右的废渣。目前，国际上多数纯碱企业处理氨碱废液采取的主要方式是排海，处理氨碱废渣主要靠堆存。随着生产、生活环境的改善，氨碱法企业必须转变发展方式，减少污染排放和堆存。

二、推进供给侧结构性改革，加快淘汰落后产能

2013年10月15日，国务院发布了《国务院关于化解产能严重过剩矛盾的指导

意见》，对化解产能严重过剩矛盾的工作进行了总体部署。中国石油和化学工业联合会也为纯碱行业化解过剩产能提出组合建议。2015年中央经济工作会议确定开展以“去产能、去库存、去杠杆、降成本、补短板”为重点的供给侧结构性改革。纯碱工业按照国家的政策部署，深入实施供给侧结构性改革，积极去产能、大力推动技术进步，实现优化升级。

（一）化解过剩产能

为了遏制纯碱产能和产量的快速增长，2010年5月，中华人民共和国工业和信息化部发布公告（工产业[2010]第99号）《纯碱行业准入条件》，以此提高行业准入门槛，防止纯碱产能的过快增长。《产业结构调整指导目录（2011年本)》也将新建纯碱项目列入限制类项目。

国家还相继起草并出台了《纯碱行业清洁生产技术推行方案》《纯碱行业产业结构调整指导意见》等政策法规，推进纯碱行业去产能、调结构，以优势产能替代落后产能。

中国纯碱工业协会积极发挥作用，引导企业化解过剩产能，优化产业结构。在协会组织修订的《“十二五”纯碱行业的重点发展方向》中明确提出：坚持总量控制，严格新上项目。既要支持技术水平高、市场前景好、利于产业升级的大型企业，通过技改、重组做大做强；又要对新建项目严格控制。同时，进一步优化产业结构，促进合理布局和东中西部协调发展，严控东部沿海地区新增产能。

2013年，中国石化联合会关于化解纯碱产能给出多项建议，其中首要提出：建议5年内不再核准、备案纯碱新建项目，落实《产业结构调整指导目录》和《纯碱行业准入条件》的相关要求，对于纯碱新建项目，银行一律不提供贷款。同时，建议把纯碱企业纳入公告管理，以落实《纯碱行业准入条件》，化解产能过剩矛盾。

为从源头控制产能，2016年9月2日，国土资源部办公厅公布了《关于落实国家产业政策做好建设项目用地审查有关问题的通知》，其中明确对于尿素、磷铵、电石、烧碱、聚氯乙烯、纯碱、黄磷等过剩行业新增产能以及未纳入《石化产业规划布局方案》的新建炼化项目，一律不再受理用地预审。

2017年6月，水利部印发《关于严格水资源管理促进供给侧结构性改革的通知》，要求通过严格水资源消耗总量和强度控制，推动化解过剩产能，助推供给侧结构性改革。

在这样高压态势下，一些连续多年亏损的纯碱企业由于无法维持正常运转，开始逐步停产退出。2014年，纯碱生产企业为46家（包括尚未确定退出的生产厂家），纯碱总产能为3182万吨。2014～2015年两年间，受长期亏损、安全环保问题或者城市规划发展等因素的影响，有9家纯碱企业停产，退出产能275万吨，到2015年底纯碱企业只剩37家，装置总产能降为2907万吨，比2014年下降8.6%，是近10多年来的首次下降。从2011年至2017年，纯碱产能共计退出474万吨，其中退出产能主要工艺为联碱法，占比75%，其余为氨碱法，总产能大幅度下降，按照供给侧结构性改革要求完成去产能任务。

2015年，纯碱行业终于摆脱了连续3年亏损的局面，扭亏为盈，全行业实现盈利3.7亿元，去产能成效初显。到2016年下半年，纯碱市场开始逐步好转，纯碱价格开始逐步回归到合理价位。随着国家经济形势好转，2016～2018连续3年，纯碱行业开工率保持在近90%，大部分企业处于盈利状态，经济运行进入健康发展轨道。

（二）继续推动大型化发展

2011～2018年，这一时期纯碱企业进一步向大型化发展，但是由于历史的原因，两极分化依然严重，大到数百万吨级规模，小到3万吨/年产能的企业并存。2014年，纯碱生产企业有54家，总生产能力为3182万吨/年，行业平均规模接近60万吨，100万吨以上企业11家，其中山东海化集团生产能力最大为300万吨/年，其次唐山三友集团生产能力为230万吨/年，再次湖北宜化集团生产能力为190万吨/年。纯碱生产能力居前十位的企业合计产能为1650万吨/年，占全国总生产能力的51.8%（见表2-2-1）。

表2-2-1　2014年中国主要纯碱生产企业情况　　单位：万吨/年

序号	企业名称	省份	生产能力	工艺路线
1	山东海化股份有限公司纯碱厂	山东省	300	氨碱法
2	唐山三友化工股份有限公司	河北省	230	氨碱法
3	湖北宜化集团有限责任公司	湖北省	190	氨碱法
4	河南中源化学股份有限公司	河南省	180	天然碱法
5	河南金山化工集团	河南省	170	联碱法
6	中石化连云港碱厂	江苏省	130	氨碱法
7	青海发投碱业有限公司	青海省	120	氨碱法

续表

序号	企业名称	省份	生产能力	工艺路线
8	山东海天生物化工有限公司	山东省	110	氨碱法
9	中盐青海昆仑碱业有限公司	青海省	110	氨碱法
10	青海五彩碱业有限公司	青海省	110	氨碱法
合计			1650	

到2018年底，中国共有36家纯碱企业，纯碱生产能力在100万吨/年以上的企业达到12家，其产能占总产能的64.5%，行业达到较高集中度。生产装置实现大型化，新建项目可一次建设100万吨/年以上纯碱装置；设备大型化方面，碳化塔单台能力达10万吨/年，单台带滤机能力达30万吨/年，联碱法冷、盐析结晶器单套能力达30万吨/年，还有蒸馏塔、吸氨塔、煅烧炉、CO_2压缩机等设备都实现了大型化。自动化控制方面，碳化系统实现了全自动换塔，一些企业实现了全流程自动化，装置自动化水平大幅提高。

三、推动技术进步向高质量发展

《纯碱行业“十二五”发展规划》提到，到2015年，用氨碱法制造纯碱，轻质纯碱综合能耗将低于或等于400千克标准煤/吨，氨能耗将不高于4.5千克/吨，盐消耗将不高于1500千克/吨，淡水循环利用率将超过95%以上。这一时期，国内主要纯碱制造企业也大力推进技术改造，取得了显著的成效。尤其是设备的大型化和全流程自动化使原材料、燃料及动力等各项消耗逐步降低，具有循环经济特点的氨碱法轻质纯碱吨碱能耗已低于300千克标准煤，采用变换气制碱的联碱法吨碱能耗先进指标已低于160千克标准煤，均处于世界领先水平。

“十三五”期间，纯碱工业以节能减排为着力点，重点推广22项节能技术，通过升级改造，提升生态环保水平，推进产业转型升级。这22项节能减排技术，主要包括纯碱工业通用节能技术、氨碱法节能技术、联碱法节能技术以及天然碱节能技术四个方面。而在这22项技术中，目前着力推广两项核心技术，分别为水平带式滤碱系列节能技术和粉体流凉碱节能技术。

这一时期纯碱工业的工艺技术和装备经过不断的创新，正在接近或部分已达到国际先进水平。纯碱工业中研发应用了新型变换气制碱、不冷碳化塔、三聚氰胺尾气制碱、盐碱钙循环制碱等新工艺，涌现出浓海水综合利用、干法加灰蒸馏、真空蒸馏、电石渣精制盐水、离心机用于重碱二次过滤、蒸汽多级利用、烟道气回收利用等节能减排新技术；实现了带式滤碱机、粉体流凉碱机等设备的国产化。

DCS操作系统在行业中得到普及，新工艺、新技术和新设备，在纯碱企业老装置改造、搬迁和新装置建设过程中得到应用，取得了良好的节能、提效效果。自行开发的联合制碱、变换气制碱、优质原盐制碱工艺均达到世界领先水平。

先进技术成果不断涌现，如唐山三友化工股份有限公司的多级稠厚、降氯法碱渣生产液体脱硫剂，浓海水沉淀法生产轻质碳酸钙，多效浓海水蒸发系统废热综合利用，电石渣浆用于母液蒸馏等；江苏井神盐化股份有限公司淮安碱厂的BLT-1200B闭式蒸发冷却器在生产中的研发与应用；河南骏化发展股份有限公司采用中昊（大连）化工研究设计院有限公司设计的联碱碳化塔热AI清洗技术；中盐昆山有限公司的外冷碳化塔五塔一组系统及开发应用；山东海化股份有限公司纯碱厂的卤水精制过程中的纳滤分级优化；河南中源化学股份有限公司的天然碱高盐母液资源综合应用项目等。

特别值得一提的是，“十二五”期间，中国大力推进海水淡化产业发展，一大批海水淡化项目投产，作为海水淡化副产物的浓缩海水，直接排海受到国家环保政策限制，浓缩海水本身又是盐场增产原盐、盐化工企业生产纯碱等的优良原料，天津北疆电厂20万吨/日海水淡化项目副产浓缩海水用于周边汉沽盐场制盐生产，同时增产原盐用于盐化工企业生产纯碱等；河北曹妃甸阿科凌5万吨/日海水淡化项目，与唐山三友化工股份有限公司合作，将海水淡化副产浓缩盐水直接用于纯碱化盐生产，在降低纯碱生产原盐、淡水消耗的同时取得了良好的经济效益。

山东海化股份公司纯碱厂通过技术工艺创新，实现废弃物循环化利用。其中，制碱蒸氨废液循环利用技术实现了制碱废清液二次兑卤晒盐，创造了世界制碱史上蒸氨废液不排海的先例；纯碱废弃物（盐泥）用于热电脱硫技术，可消化盐泥液88万立方米/年，达到了以废治废的效果；海水循环水代替淡水循环技术，可节约淡水150万立方米/年。2014年，该公司在全国同行业中率先将膜技术应用于纯碱生产，实现了传统纯碱企业工艺流程再造。2014年12月14日，经过4个多月的试运行，海化自主开发的1万立方米/日纳滤精制卤水制碱工业化示范项目投运成功，该项目精制卤水420立方米/时，每立方米可带入原盐90千克，产能及产品质量均优于设计值，这项技术创新成果已申请国家专利。

2012年6月12日，唐山三友40万吨/年聚氯乙烯（PVC）、50万吨/年烧碱技术改造一期工程成功投产。至此，国内首个纯碱—氯碱—化纤—硅业循环经济产业链在该公司成型，实现氯碱工程成功“嫁接”纯碱生产，该项目的顺利建成投产，满足了三友集团内部纯碱、化纤、硅业各生产线产品互供和废物综合利用的需要。

2017年，唐山三友自主研发碱渣用于燃煤锅炉烟气脱硫技术，建设碱渣综合利用一期项目投用，实现了液体脱硫剂的规模化生产和销售。

“十三五”时期，是中国经济发展的重要战略机遇期，也是中国制造业转型升级、新旧动能转换的关键时期。“中国制造2025”的实施、新环保法等更为严苛的法规陆续颁布，对作为基础原料工业的纯碱工业实现高质量发展提出了新的、更高的要求。纯碱工业的主要问题是提高生产管理水平，在节能减排、污染物治理和“三废”综合利用上狠下功夫；提高原材料利用率，降低产品生产成本，进一步提高产品质量，实现绿色发展。同时，进一步调整产品结构，向高端产品和细分领域拓展；要统筹利用好国内国际资源，开拓更广阔的国际市场，提高产品国际市场占有率；纯碱企业应加快转型升级，提高竞争能力和抗风险能力，提高经济运行质量，实现行业高质量发展。

经过百余年的发展，目前中国已成为世界上唯一拥有联碱法、氨碱法、天然碱加工法3种纯碱生产方法的国家，截至2019年，中国纯碱生产能力约占世界纯碱总能力的44%；产量达到2887.7万吨/年，约占世界纯碱总产量的43%，出口量居世界第二位，早已成为世界最大的纯碱生产国。中国纯碱行业拥有多项世界先进技术，纯碱工业发展取得了巨大成就，为国民经济发展提供了重要基础原料，为人民生活水平提高做出了重大贡献（表2-2-2）。

表2-2-2　1949～2019年中国纯碱（碳酸钠）产量表　　单位：万吨

年份	产量	年份	产量	年份	产量
1949	8.8	1955	40.5	1961	48.6
1950	16.0	1956	47.6	1962	51.9
1951	18.5	1957	50.6	1963	66.4
1952	19.2	1958	64.7	1964	69.5
1953	22.3	1959	80.8	1965	88.2
1954	30.9	1960	81.5	1966	106.6

续表

年份	产量	年份	产量	年份	产量
1967	91.5	1985	201.0	2003	1133.6
1968	70.1	1986	214.4	2004	1334.7
1969	89.4	1987	235.6	2005	1421.8
1970	107.7	1988	261.9	2006	1560.3
1971	115.5	1989	302.9	2007	1771.8
1972	119.7	1990	379.3	2008	1854.6
1973	120.4	1991	393.7	2009	1944.8
1974	110.6	1992	455.0	2010	2034.8
1975	124.3	1993	528.8	2011	2294.0
1976	111.7	1994	577.7	2012	2395.9
1977	107.7	1995	582.1	2013	2429.4
1978	132.9	1996	664.3	2014	2514.7
1979	148.6	1997	728.5	2015	2591.8
1980	161.3	1998	736.8	2016	2584.9
1981	165.2	1999	766.0	2017	2767.1
1982	173.5	2000	834.0	2018	2683.0
1983	179.3	2001	914.4	2019	2887.7
1984	188.5	2002	1033.2		

第三章
硫酸工业发展史

（1918～2019年）

硫酸被称为“工业之母”，是重要的基本化工原料之一，主要产品有浓硫酸（H_2SO_4含量93%～98%）、发烟硫酸（含游离SO_3 20%～65%）、液体二氧化硫、液体三氧化硫和亚硫酸铵等。硫酸的最大用途是生产化学肥料，主要用于生产磷铵、重过磷酸钙、硫铵等，约消耗硫酸产量的一半。在化学工业中，硫酸是生产各种硫酸盐的原料，是塑料、人造纤维、染料、涂料、制药等生产中不可缺少的化工原料，在农药、除草剂、杀鼠剂的生产中也需要硫酸。在石油的精炼过程中使用大量硫酸作为洗涤剂，以除去石油产品中的不饱和烃和硫化物等杂质。有机合成工业中用硫酸作为脱水剂和磺化剂。在冶金工业和国防工业中也需要用到硫酸。由于硫酸在工业生产中的重要作用，20世纪世界上经常把硫酸产量的多少，作为衡量一个国家工业发展水平的重要指标之一。

硫酸生产已有近300年的历史，早期的硫酸生产采用硝化法，此法按主体设备的演变又有铅室法和塔式法之分，19世纪后期，接触法获得工业应用，后发展成为生产硫酸的主要方法。世界硫酸工业始于1746年英国人罗巴克建立的第一座铅室法生产硫酸的工厂。18世纪后半期，纺织工业取得重大的技术进步，对硫酸的需求迅速增长。20世纪以后，接触法硫酸工艺取代硝化法成为主流。第二次世界大战后，硫酸工业取得了较大的发展，世界硫酸产量不断增长，现代硫酸生产技术也有了显著的进步。此后，世界硫酸工业逐步向装置大型化、集中化和原料结构多元及节能环保方向发展。

中国的硫酸制造业始于19世纪70年代，全部为满足军事用途的小规模生产。1874年，天津机械局淋硝厂建成中国最早的铅室法装置。此后，一直没有较大发展。新中国成立前，中国的硫酸产量很少，最高年产量曾达到18万吨（含敌占区）。1949年，中国的硫酸产量为4万吨，同期美国、苏联、日本的产量分别为1182万吨、213万吨、203万吨，差距甚巨。新中国成立后，硫酸工业获得了高速的发展。特别是改革开放后快速发展，逐步走强。在工艺技术、产业规模、装备水平、环保水平、节能减排、资源综合利用等诸多方面取得了显著成绩。到2004年，中国硫酸产量达到3995万吨，位居世界第一，2015年产量达到9673万吨，之后进入平稳发展阶段，2019年产量为8935.7万吨。如今中国的硫酸工业装备和技术水平已经处在世界先进水平，从工程设计到设备制造，从生产管理到节能环保，都实现了国产化，成为硫酸技术输出国。

第一节 行业的起步发展

（1949年前）

我国早期的硫酸工业是与军事工业联系在一起的，民用多以进口为主。从20世纪20～30年代开始，民办的硫酸工业开始出现。1933年，中国硫酸产量为9000吨，进口硫酸数量至此出现转折，开始下降。但和其他处于萌芽阶段的化学工业领域一样，刚刚有了发展起色的硫酸工业遭遇了战火的摧残，发展极为缓慢。到1949年，全国硫酸产量仅有4万吨。

一、为军事工业服务始办的硫酸厂

由于制造无烟火药需要硫酸，中国早期的硫酸工业与军事工业联系紧密，且规模小。最早的硫酸厂大都建在军工厂内。1870年左右，徐寿、徐建寅开始仿效研究铅室法制硫酸，并在简陋条件下试制成功。他们在江南制造局龙华分厂建成中国第一座铅室，成功地用铅室法生产硫酸，并用以生产硝酸、研制硝水棉花（硝化棉）。之后，徐建寅奉调清政府建立的大型军火企业——天津机械局，专事镪水制造，1874年建成淋硝厂（包括生产硝镪水、磺镪水、硝酸钾），附属机械局第三厂，这是中国最早的硫酸厂。磺镪水（硫酸）于1876年投产。后因生产规模扩大，旧有铅室已嫌过小，遂于1881年建淋硝新厂，新厂拥有铅室6间。至1882年规模达日产硫酸2吨，后该厂迁至山东德州。

上海、天津两地硫酸厂的建成，结束了完全依靠国外进口硫酸的状况，为日后各火药厂发展硫酸生产奠定了基础。

1909～1926年，先后有汉阳兵工厂、成都兵工厂、河南巩县兵工厂、沈阳兵工厂生产硫酸。

汉阳兵工厂的创办人是张之洞，原名湖北枪炮局（亦称湖北枪炮厂），其硫酸生产始于1909年，自1910年至1928年生产硫酸合计为1576.1万磅（1磅＝0.4536千克）。抗日战争时，汉阳兵工厂在1938年10月武汉失守前大部分拆往重庆，所遗部分设备和厂房已被日本帝国主义拆走或烧毁，原址遂成废墟。

河南巩县兵工厂是中国第一家引进接触法制硫酸的工厂，1918年即投入生产，抗日战争时迁往四川泸州，生产规模为5000吨/年。

清末至民国初年，直至20世纪20年代末，国内使用硫酸的工厂、学校、研究单位等民用的硫酸基本上依靠进口。

二、20世纪20年代后期开始兴办

20世纪20年代后期，中国民用硫酸工业逐渐兴起。由政府投资建设的硫酸厂及合资和民办小规模化学工业逐渐兴旺，也出现较大规模的硫酸生产装置。而这一时期，国外硫酸工业蓬勃发展，中外发展差距很大。

1927年，广西省政府拨款56万元（银圆）筹建梧州硫酸厂，引进德国巴梯公司铅室法生产技术设备，日产10吨66%工业硫酸。翌年在德国巴梯公司派员支持下试机生产，产量达到设计能力的50%。因战事停工两年多之后，1932年与广东省政府合办，改名为两广硫酸厂，采用铅室法工艺，用广东英德和清远两县的硫铁矿，可日产98%硫酸7～8吨。

广东省在1932年筹建广东硫酸苏打厂，采用接触法制酸，全部设备向美国化学建设公司订购，规模为日产98%硫酸15吨，1933年开始投产。

从1929年开始，陆续开始出现民办硫酸厂。得利三酸厂为首家，总厂设在天津河东，分厂设在唐山，以唐山硫黄为原料，年产硫酸8000担（合400吨）。1933年，天津的利中酸厂开办，次年投产。利中酸厂以硫铁矿为原料。初建时，能力仅为日产2吨，采用块矿炉铅室法生产，所得产品浓度为62%～65%。由于不能提供浓酸，于1935年又增建蒸浓工段，生产浓硫酸，填补了市场空白。利中酸厂生产硫酸后，与日商竞争激烈，迫使日商最终退败。利中酸厂为振兴民族硫酸工业做出了贡献。

1930年，虞和钦在上海创办开成造酸厂，以铅室法制硫酸，以浙江瑞安、诸暨和西班牙进口的硫铁矿为原料，1932年10月投产，硫酸产量为年产3400吨。

民办规模最大、最早采用接触法制硫酸的是范旭东创办的永利化学工业公司南京铔厂硫酸厂，1937年1月投入生产，以硫黄为原料，全套设备来自美国，年产硫酸3.6万吨。该厂以生产硫酸铵为主，硫酸、硝酸为辅。

1933年，中国国产硫酸约9000吨，进口硫酸4.8万担（合2400吨）。硫酸进口从1933年后开始逐年下降，民间有识之士创办硫酸生产企业对发展中国硫酸工业功不可没。到抗战全面爆发前夕，中国拥有除兵工厂以外硫酸制造厂15家，年产硫酸5万余吨。这些硫酸厂的设备和原料大部分依赖于国外。

正当中国硫酸工业发展初具规模时，抗日战争全面爆发，硫酸工业较集中的天津、上海、南京相继沦陷，致使数十年的建设遭到重创。抗战期间为适应后方需要，陆续在内地建设了一些小型硫酸厂，主要分布在四川、贵州、云南、江西、湖北、广西等地，其中四川在1942年，制酸企业达到8家，年产硫酸约850吨。

1946年，民族企业家周志俊集资法币1亿元筹建新业硫酸厂（上海硫酸厂前身），成立了新业硫酸厂股份有限公司。孙师白任公司经理。同年，该厂以10万美元向美国化学建设公司订购了一套接触法制酸设备，以硫黄为原料，生产98%的浓硫酸和发烟硫酸。1948年6月建成投产，当年生产硫酸1253吨。这是上海第一家用接触法生产硫酸的工厂。该厂1954年公私合营。

1940年，在晋察冀边区和太行根据地麻田镇附近都兴建过小型塔式法硫酸厂。1942年，在陕甘宁边区建成了以硫黄为原料的铅室法硫酸厂。这些工厂产量虽小，但为抗日战争和解放战争做出了贡献。

三、在华的外商硫酸企业

19世纪60年代，英商立德在上海创办立德洋行，是个很小的金银提炼厂。后来立德将企业售给英商美查洋行。美查转产专做提炼金银过程中所需要的药水，将此厂改名为美查酸厂自行配制药水。1875年改名为江苏药水厂，所产各种浓度的硫酸、硝酸系列是向德国洋行买来的秘方配制。1879年，该厂决定建设硫酸生产装置，此为外商在中国开设的第一座硫酸厂。该厂日产硫酸2吨，同时生产少量盐酸、硝酸。抗日战争后产能增至2000吨/年。1939年被日军占领后改为大公造酸厂，生产逐年下降，至1949年仅生产500吨。1949年后，江苏药水厂受场地生产设备的限制无法发展，于1962年停产，人员全部并入吴泾化工厂。

日军侵占东北、华北期间，建立了抚顺煤矿化学厂、满洲制铁鞍山厂、满洲制铁本溪厂等。1937～1944年，年平均产量在10万～20万吨之间，华北地区平均年产量5000吨左右。

抗战胜利后，大部分工厂的硫酸生产没有得到恢复，解放战争期间生产又受到很大的破坏，大多数硫酸厂已关闭或停产。到1949年，全国有大小硫酸厂二三十家，总生产能力为20万吨/年左右，但年产量仅有4万吨。

第二节 迅速恢复和发展，逐步提高制酸技术

（1949～1977年）

新中国成立以后，硫酸企业克服了种种困难，相继恢复生产。“一五”期间，老厂经过技术改造和扩建，生产上升很快。进入20世纪60年代，中国硫酸工业开始稳步发展。此后经过不断的实践和摸索，制酸技术有了很大提高，同时，有色金属冶炼烟气制酸工艺得到了发展，全行业依靠技术进步取得了较大的成绩。

一、恢复生产，扩大产量

（一）迅速恢复生产

1949年新中国成立后，硫酸工业获得了良好的发展。硫酸行业的广大干部、工

程技术人员和工人在中国共产党的领导下团结一致，克服重重困难，恢复了生产。1950年大连化学厂、永利公司铔厂、抚顺石油一厂、葫芦岛锌厂、鞍山钢铁公司焦化厂先后恢复了生产。经过3年的恢复工作，硫酸产量超过历史最高水平。1952年生产硫酸19万吨，为1949年的4.75倍。

从1953年起，原有的硫酸厂陆续恢复生产，但是生产能力不能满足新中国经济发展的需要，必须建设新的硫酸生产装置。第一个五年计划期间，化学工业部基本化学工业设计院和大连化学厂的工程技术人员，参考苏联高强度塔式法生产硫酸的经验，在大连化学厂设计并建设了1套五塔式硫酸系统，1956年投产，设计能力为年产酸8万吨。1958年改造完善，成为七塔式装置，生产能力达到12万吨/年。

1953年，永利宁厂（1952年公私合营后更名永利化学工业公司宁厂，简称永利宁厂，1957更名为南京化学工业公司永利宁厂；1973年更名为南京化学工业公司氮肥厂。）获得国家投资610万元，重点用于硫酸装置改造，当年6月，年产8万吨硫酸第一系统建成投产，连同原有三系统，日产能力提高到340吨。1954年，国家投资832万元，再扩建2个硫酸生产系统，相继于1955年、1956年建成投产。1956年该厂开发沸腾焙烧新技术获得成功，将机械焙烧炉改为沸腾炉，并设置内装式中压预热锅炉，提高了硫的利用率。1957年形成硫酸年生产能力25万吨，实际生产达到24.68万吨。同期又安装了一套硫酸尾气回收装置，为以后的硫酸尾气治理，保护大气环境积累了经验。

经过技术改造和扩建，产量上升很快，仅大连化学厂和永利宁厂1957年的硫酸产量就占全国总产量的64.5%，加上抚顺石油一厂、葫芦岛锌厂，4个厂的产量占全国总产量的83.5%。1957年全国硫酸总产量达到63.3万吨，为1952年的3.3倍。苏联援建的两套年产4万吨硫酸装置，分别建在太原化工厂和吉林染料厂，于1958年投产。

上海的新业制酸有限公司1954年公私合营更名为公私合营新业制酸厂，1958年在吴淞新建5万吨/年硫酸生产装置，是建厂时期产量的5倍。

1949～1959年，中国硫酸产量年均递增38.8%。1959年全国产量达到106.1万吨。

（二）以小为主扩建硫酸厂

从1958年起，全国各地因陋就简办了一批土法小型普通过磷酸钙磷肥厂和钙镁磷肥厂，对硫酸的需求急剧增长；此外，冶金、机械、石油、轻工、纺织等部门对硫酸也有迫切需要。硫酸产量的迅速增加一直未能扭转供不应求的局面。中共中央提出要抓好现有硫酸厂的增产，抓紧现有工程竣工投产，抓好硫酸“小洋群”“小土群”，解决槽车、储罐及钒催化剂供应等问题，多生产硫酸。此时发展小硫酸也具备技术条件，制酸工艺中沸腾焙烧技术与“三文一器”流程的开发成功，为节省建厂投资又提供了有利条件。从1958年起，全国各地掀起了兴建小硫酸厂的热潮。1960年4月，中共中央批转化工部《关于大力增产硫酸问题的报告》。《报告》提出，当前硫酸产需矛盾突出，解决的办法，必须放在年产400吨小接触法硫酸身上，要求全国小硫酸厂的年产量必须分期分批达到800吨以上。

1960年起，对小型土法硫酸都按沸腾焙烧、接触法和水洗流程陆续进行改造，每套能力达到5000吨/年到1万吨/年。1966年，全国硫酸产量达290.9万吨，是1957年的4.6倍，其中，小硫酸厂的产量约占1/4。“文化大革命”中，硫酸工业也遭受了破坏，但由于农业对磷肥的需求不断增长，各地再度盛行兴建小硫酸厂。70年代后，又按经济合理的原则，改造到2万～4万吨/年。从1969年起，硫酸产量又逐年增加，1977年达537.5万吨，是1966年的1.8倍。其中，小硫酸厂的产量约占50%。

这一时期，开封化肥厂、衢州化工厂、上海吴泾化工厂、广州氮肥厂、株洲磷肥厂、四川硫酸厂、云南磷肥厂、黑龙江省安达硫酸厂等还先后兴建了一批年产6万～12万吨规模的硫酸装置；沈阳冶炼厂、富春江冶炼厂、湖北冶炼厂、广东韶关冶炼厂先后发展了6万～10万吨/年烟气制酸。

到1971年，中国产能在5万吨/年以上企业10家，其余多为万吨级以下。1950～1977年，硫酸产量每年平均增长17.5%，1979年，全国硫酸产量为699.65万吨（折100%）。

（三）大力发展接触法生产工艺，改变单一原料制酸局面

中国早期多采用古老的铅室法和塔式法生产稀硫酸。从1953年起，中国开始大力发展先进的接触法生产硫酸工艺，逐步取代铅室法和塔式法旧工艺。永利宁厂于1953～1957年分别建成三套年产8万吨的接触法硫酸装置。太原化工厂和吉林染料厂新建硫酸装置均为接触法新工艺。到60年代，铅室法硫酸工艺已全部淘汰，塔式法工艺大部分为接触法取代，到1970年国内硫酸生产，97.4%为接触法，硫酸产品中浓硫酸已占绝大多数。硫酸及有关的产品品种有了较大发展，拥有了工业硫酸、稀硫酸、发烟硫酸、蓄电池硫酸、高纯度特级硫酸和试剂硫酸，及含游离三氧化硫65%的高浓度发烟硫酸、液体三氧化硫、液体二氧化硫等产品。

建国初期，中国硫酸生产以硫铁矿为主要原料，1957年用硫铁矿生产的硫酸占硫酸总产量的93.8%。从20世纪60年代开始，用有色金属冶炼烟气制硫酸有了较大发展；70年代初，开始发展少数硫黄制硫酸。1977年全国硫酸产量538万吨，按

所用原料分别统计，用硫铁矿制硫酸占总产量73.6%，用有色金属冶炼烟气制酸占12.8%，用硫黄制酸占13.6%。

二、自主发展制酸技术并取得显著进步

新中国硫酸工业的技术主要是依赖自己的力量发展起来的，成功研制了催化剂，系统开发了硫铁矿制酸技术。

（一）成功研制钒催化剂

催化剂是接触法硫酸工艺的关键。1949年前，中国接触法硫酸只能购买国外催化剂，1937年永利公司铔厂建4万吨/年硫酸厂并购买了德国催化剂，1946年恢复生产时购买了美国催化剂。在国外严加保密制造技术的情况下，1949年永利公司铔厂中心试验室开始研究试制钒催化剂。该厂工程师余祖熙专注于研制中国自己的钒催化剂，坚持不懈努力，克服了资料不足、原料匮乏等困难，于1951年研制成功S101型（原称V1型）钒催化剂，试生产了5吨，并逐步实现了工业化生产，奠定了中国钒催化剂生产基础，结束了中国钒催化剂依赖进口的历史，为发展接触法工艺生产硫酸创造了条件。1957年永利宁厂又相继研制成功S102型（原称V2型）环形钒催化剂，这种催化剂的活性与S101相同，但流体阻力比S101小20%。后又研制成功几种低温钒催化剂和耐砷钒催化剂等，收到良好效果。钒催化剂生产逐步由作坊式工段发展成车间，又发展到南化公司触媒厂；永利宁厂中心试验室触媒研究组发展为南化研究院触媒室和国家钒触媒检测中心。到1963年，中国催化剂产品质量已达世界前列，远超苏联巴布催化剂。到1966年已先后研制出S101、S102、S105、S108、SA（按国家标准编制）型钒催化剂。并有专家对催化剂反应动力学进行深入研究，使中国钒催化剂的各项指标赶上了当时的国际先进水平。

（二）硫铁矿制酸技术水平不断提高

中国硫铁矿资源虽相对比较丰富，但硫含量较低。为解决制酸原料，国家加速了硫铁矿的建设，使中国硫铁矿制酸有了新的发展契机。

20世纪60年代，化工部整合人才资源，成立了硫酸专业的南京化工研究院（1973年改名为南化公司研究院）和化工部第七设计院（现中国石化集团南京工程

有限公司，简称南化公司）。此后成为中国硫酸工业研发设计的主力，设计、建设了绝大部分硫酸装置。两院为中国硫酸工业的发展做了大量卓有成效的工作。

随着一批项目的建设实施，中国硫酸工业的工程设计、设备制造逐渐成熟，可为中国硫酸工业提供全套设备，促进了硫酸工业的生产和建设。进入80年代，由于国际硫黄价格攀升，国家决定南化公司磷肥厂、开封化肥厂、太原化工厂、株洲化工厂等国家重点硫酸厂的硫黄制酸装置改造为硫铁矿制酸装置，中国硫酸工业走上了稳步发展的道路。

1. 自主开发了硫铁矿制酸沸腾炉焙烧技术

沸腾焙烧（即固体流态化床）是20世纪50年代发展的新技术，其生产能力大，建设投资相对较低。1950年联邦德国巴斯夫（BASF）公司开发沸腾焙烧技术，并建设了试验炉。1952年有几个系统投入生产；此后多国开始推广应用，其中以美国道尔（Dorr）公司沸腾焙烧炉最具代表性。

由于中国硫黄资源短缺，1951年召开的全国酸碱染料工业会议，国家提出研究利用国内的硫铁矿原料替代硫黄制酸，解决原料来源和降低制酸成本。永利宁厂中心试验室和硫酸车间，将原料改为硫铁矿，于1956年开发了中国自己的硫铁矿沸腾炉焙烧技术，为新建的年产4万吨装置设计直筒形沸腾炉，被称为“南化炉”，设计建设了两台年产4万吨沸腾炉，用于年产8万吨制酸系统，于1957年6月投产。这是中国硫酸工业技术的一次重大突破。该项成果获1978年全国科学大会奖。

其后，开封化肥厂建成一次扩大型沸腾炉，称为“开封炉”。1958年前后，以开封炉为基础炉型，在大连化工厂、吉化染料厂、南化氮肥厂建设了年产8万吨沸腾炉，替代了8层、12层机械炉。从此，中国的沸腾炉焙烧技术步入了国际硫酸工业的前列。1978年太原化工厂最后将机械炉改造为沸腾炉，到1983年中国硫铁矿制酸装置已全部采用了沸腾焙烧炉技术。

在全国普遍采用沸腾焙烧的基础上，1977年成功地进行了硫铁矿的磁性焙烧试验，用氧量自动分析仪调节沸腾焙烧炉加料量以控制炉内气温，实现磁性焙烧。同时，应用氧量自动分析仪解决了沸腾炉出口炉气含氧量，控制了炉气中三氧化硫含量及升华硫的产生，提高硫的利用率。这项技术逐步在沸腾焙烧中普遍推广，大幅度降低了沸腾焙烧中硫的损失，同时减少了净化中的稀酸量。同时不断改进风帽的材质、孔速，提高了沸腾炉焙烧强度，延长风帽的使用寿命，逐步使中国沸腾焙烧技术达到世界先进水平。

2. 开发了水洗净化工艺

硫铁矿制酸的技术关键是炉气的净化，早期繁复的酸洗净化工艺和设备限制了硫酸工业的发展。20世纪50年代初，上海新业硫酸厂厂长、技术专家孙师白受国外造纸工业用文氏管洗涤器除尘效果好的启迪，潜心研究，在矿制酸净化方面，成功开发了文氏管水洗净化器，代替庞大的电除尘器和传统的洗涤塔，用文氏管除酸雾，代替昂贵的电除雾器，用列管型间接冷凝器代替传统的填料洗涤塔和稀酸冷却器。根据这种设想，上海新业硫酸厂与化工部化工设计院共同试验，创造“三文一器”水洗净化流程，于1958年10月开始用于工业生产，1963年通过了国家鉴定。水洗净化工艺简化了复杂的净化设备，大幅度地降低了建设投资，具有设备简单，操作容易，投资省，上马快，除砷氟效率高等优点。化工部考虑到国民经济各部门对硫酸的迫切需要，在国家建设资金不足的情况下，为了争取时间，利用有限的资金多建些硫酸装置，决定采用水洗流程建设硫酸装置，加速中国硫酸工业的发展。其后此工艺又演变出不同的流程，如文丘里—泡沫塔—文丘里、文丘里—泡沫塔—电除雾器、二文一器、文—文—器—电等流程。1960年前后，很多小硫酸厂改造成沸腾焙烧炉、水洗净化工艺的小型装置，单套装置生产能力提高到年产2万吨、4万吨。简化的水洗净化工艺促进小型硫酸厂的建设，一段时间内小型硫酸厂担负了全国硫酸生产任务的60%，成为中国硫酸工业的一支重要力量。

但是，推广该工艺也出现了负面问题，由于忽视了酸性污水的危害，含砷、氟等杂质的酸性污水排放量大，消耗石灰量大、处理困难，未能采取消除污染的措施，使水洗工艺的硫酸厂严重污染了环境。

3. 创新酸洗净化技术

为了解决硫酸厂水洗工艺的严重污染，1963年，白银有色金属公司使用玻璃钢材料用于硫酸净化工序，并在行业中推广应用；1963年永利宁厂在年产8万吨装置上试用玻璃钢管内衬铅皮电除雾器；1965年中国研制成石墨换热器，首先在大连化学工业公司化肥厂应用于硫酸净化工序的气体冷却，在太原化工厂用于稀硫酸的冷却。1966年南化公司研究院与吉林化学工业公司染料厂共同研制成功聚氯乙烯塑料电除雾器，代替传统的铅电除雾器；1976年试制成功纤维除雾器置于干吸塔顶，减少出塔气体夹带雾沫。

南化研究院在塑料电除雾器、石墨换热器等一系列新设备试验应用成功的基础上，进行了电除尘器和简化稀酸洗净化流程的研究试验工作，取得了积极成果。

首先，为了适应沸腾焙烧烟尘浓度高，难以适应封闭酸洗净化流程，从1965年开始研发电除尘器，1967年单管式电除尘器热模试验成功，1970年前后，2台小型板式电除尘器在硫酸装置中进行工业试验，获得了相应的设计参数，1973年，1台7平方米四电场板式电除尘器在富春江冶炼厂使用，1976年，南化研究院试验成功电除尘器为钢壳外保温结构，除尘效率达99.7%。以上研究给封闭净化创造了条件，逐步完善了净化工艺，实现了稀酸洗净化流程；初步解决了硫酸工业酸性污水达标排放，硫酸工业污染环境的状况日趋改善。

4.两转两吸工艺的开发与应用

二氧化硫催化氧化反应生成三氧化硫两次转化两次吸收工艺制硫酸，是硫酸工业技术的重大变革，也是技术创新与环境保护措施结合的产物。1964年，德国拜尔染料厂与鲁奇公司合作，应用两次转化工艺建成日产500吨硫酸的转化装置投产，实现大型工业化应用。1970年美国开始应用两次转化工艺，至1975年世界上已有3/4的硫酸装置应用了该项工艺。1978年后，欧美各国新建的硫酸装置基本上采用了两次转化工艺，并以该工艺改造了老硫酸装置。

中国于1965年由化工部组织专家及设计院首次用两次转化工艺设计转化系统。依靠自己的力量建立试验装置，开发研究两次转化工艺；在上海硫酸厂和无锡硫酸厂分别进行了工业试验并获得成功。

1966年，无锡化工厂、化工部第七设计院、南京化工研究院共同承担，在无锡化工厂建设年产5000吨两次转化工艺试验装置。在SO_2的浓度为8.5%～10%时，系统能够维持热量平衡，最终转化率99.0%以上，最高达到99.5%。1976年，无锡硫酸厂年产3万吨硫酸装置采用了两次四段转化，转化率平均98.5%。1994年，改为两次五段转化工艺，转化率在99.3%以上，年产量达到6万吨。

1969年，茂名化肥厂硫酸装置改为两次转化工艺，SO_2的浓度8.5%～9.0%，转化率98.5%～99.0%；1972年底，四川硫酸厂新建年产8万吨硫酸装置，采用两次四段转化，SO_2的浓度8.0%～8.6%，转化率可达99.0%以上。此后，两次转化工艺在中国的大、中型硫酸装置得到广泛推广应用，转化率达到99%以上，有效地提高了硫利用率，减少了二氧化硫对大气的污染。

同时，1970年大连化学工业公司化肥厂创建了径向转化器，可使催化剂层阻力降低四分之三，提高了系统的生产能力。

5.氨法尾气回收治理废气污染

20世纪50年代，硫酸工业开始注意消除尾气排放的污染问题。1954年大连化学厂建设了第一套氨法尾气回收装置，并迅速在各硫酸厂推广应用。

70年代，硫酸厂与造纸厂合作，用硫酸厂副产的亚硫酸铵蒸煮植物纤维获得成功，产生的废液可以作为肥料，解决了造纸厂采用烧碱蒸煮植物纤维原料，排放的废液污染江河的问题，减少了环境污染，而且还节约烧碱，为农业增加了肥源。1975年，石油化学工业部和轻工业部联合召开会议，推广了这项经验。许多硫酸厂，特别是小型硫酸厂，广泛采用氨法回收尾气，制造液体或固体亚硫酸铵，供造纸厂使用。

以氨水（碱水）吸收尾气中的二氧化硫，可副产亚硫酸铵、亚硫酸氢铵、亚硫酸钠，副产液体二氧化硫等一系列产品，以亚硫酸钠、无铁亚硫酸铵用于医药工业；以亚硫酸铵替代烧碱用于造纸行业，同时解决了造纸工业的污水排放，一段时期内推动了小型造纸工业的发展。

（三）少量发展硫黄制酸

硫黄制酸相比于硫铁矿制酸和冶炼烟气制酸具有投资少、占地省、无污染、无废渣、用人少、生产过程简单等优点。这一时期，用硫黄生产硫酸，在有天然硫黄矿资源的国家所占的比重大，如美国1968年用硫黄生产出来的硫酸达2102.8万吨，为其硫酸产量的82%。1969年，美、英、法等国新建硫酸厂的生产能力为570万吨，其中以硫黄为原料的工厂占60%。因此从发展趋势看，硫黄制酸所占比重是逐年上升趋势。

1971 ～ 1972年，化工部在南化公司磷肥厂等7家陆续建成了7套4万～ 15万吨/年的硫黄制酸系统。原料为进口硫黄。1972年10月21日，南化公司磷肥厂年产15万吨硫黄制酸装置投产。1973年12月，天津硫酸厂将硫铁矿制酸改为硫黄制酸，规模为年产8万吨，技术上实现了两转两吸工艺，达到国内同行业先进水平。后因硫黄价格上涨，部分企业又改为硫铁矿制酸。

（四）有色金属冶炼制酸的初步发展

有色金属冶炼烟气制酸是中国硫酸工业的重要组成部分。早期主要分布在辽宁、安徽、江西、湖北、湖南、广东、广西、云南等省份，在河北、吉林等省也有小型冶炼厂少量生产。

冶炼铜、锌、铅、镍、钴等有色金属同时产生大量二氧化硫气体，会对周围环境造成重大污染。利用冶炼烟气制硫酸，不仅可以消除污染，并且能使硫资源得到合理利用。中国冶炼烟气制酸最早的一套装置1941年建于葫芦岛锌厂，是从德国引进鲁奇公司的硫酸技术，设计规模为1.5万吨/年，回收锌冶炼排出的SO_2气体，1953年恢复生产。

炼铜烟气的数量比炼锌烟气多，由于炼铜的主要设备转炉的操作条件变化大，用转炉烟气制酸在技术上难度也比较大。硫酸工业的设计人员在利用炼铜转炉烟气制酸方面做了大量工作。1956年，白银有色金属公司用炼铜沸腾炉和转炉混合烟气制酸取得成功。其后又掌握了烟气浓度波动很大的单转炉烟气制酸技术。1963年，广东马坝冶炼厂采用热浓酸洗流程，用炼铜沸腾焙烧炉烟气制酸成功，生产能力为年产硫酸600～700吨。1970年，湖北冶炼厂采用这种工艺，建年产6.5万吨的生产系统投入生产。1969年，沈阳冶炼厂和富春江冶炼厂采用干法净化、冷凝成酸的流程，用炼铜密闭鼓风炉和转炉的烟气制酸；沈阳冶炼厂还实现了用炼铅烧结机的烟气制酸。1974年，韶关冶炼厂采用锌铅混合冶炼技术，用烧结机的烟气制酸。

中国初期的有色冶炼制酸以最基本的稀酸洗净化一转一吸加尾气回收工艺为主，总硫利用率偏低，如铜冶炼企业全硫利用率仅在70%左右。

随着国民经济对有色金属的需求，到70年代，中国已经能够利用多种有色金属冶炼烟气制酸，新建成投产10余套铜、锌、铅等冶炼烟气制酸装置，1970年冶炼制酸产量36.4万吨，占全国硫酸产量12.5%。中国冶炼烟气制酸主要以葫芦岛锌厂（锌冶炼）、贵溪冶炼厂（铜冶炼）、铜陵有色金属公司（铜冶炼）、大冶有色金属公司（铜冶炼）、株洲冶炼厂（锌、铅冶炼）、云南冶炼厂（铜冶炼）、韶关冶炼厂（锌、铅冶炼）、柳州锌品厂（锌冶炼）、白银有色金属公司（铜冶炼）、金川镍业公司（镍、铜冶炼）十大冶炼厂为主，1978年冶炼烟气制酸产量约100.6万吨，占全国总产量15.2%，1970～1978年年均增长13.6%。但由于原料供应及冶炼工艺技术等问题，全国冶炼烟气制酸产量增长缓慢。

第三节 向国产化大型化快速发展

（1978～2001年）

改革开放推动行业快速发展。20世纪80年代开始，为满足国民经济对硫酸的需求，加快硫酸工业的发展，硫酸工业进入了提高产能，推动技术、设备、管理上新台阶的发展时期。80年代中期，硫酸工业、有色冶金工业开始引进国外先进技术和装备，硫酸工业的工艺技术和装备水平，通过引进、消化、吸收、创新，开始全面和高速地向国产化和大型化方面发展。这一时期是中国硫酸工业发展实现原料结构多元化和技术水平快速提升的重要时期。1978年全国硫酸产量661万吨。2001年全国硫酸生产能力达到3366万吨，1978～2001年硫酸产能年均增长6%。其中年产能硫铁矿制酸达到1562万吨，硫黄制酸1025万吨，冶炼制酸731万吨。2001年全年总产量达到2786万吨，1978～2001年年均递增6.5%。其中硫铁矿制酸年产量1236万吨，年均递增4.2%，硫铁矿制酸在总产量中的比例下降到44.4%；冶炼制酸年产量688万吨，占总量的24.7%，年均递增9.7%；还有石膏制酸年产量43万吨。从1996年开始，硫黄制酸再次发展，2001年产量达到818万吨，占总量的26.4%，从1996年到2001年，年均递增71.5%。

一、硫铁矿制酸向大型化、节能环保方向发展

（一）硫铁矿制酸进入大型化发展期

以南化设计院为龙头，首先对大型装置进行设计开发。

1986年首先对南京化学工业公司氮肥厂（简称南化氮肥厂）两套系统合并改造，建设年产20万吨矿制酸装置，这是中国第一套大型硫酸装置建设；该系统从技术、设备全部国产化，建设了沸腾焙烧和干吸工序，并使用国产废热锅炉。这套系统的改建为后来建设的工程提供了不少有益的经验，为中国硫酸工业建设做出了贡献。

开封化肥厂是国内较早的大型国产化硫酸装置之一，设计规模为年产16万吨，主体设备如沸腾炉等达到20万吨，废热锅炉选用杭州锅炉厂生产的设备，采用冷却塔、洗涤塔、间冷器等稀酸净化设备，以及一转一吸加尾气回收工艺。该装置实现了长期稳定运行。

南京化学工业公司磷肥厂（简称南化磷肥厂）为了使用江西永平矿超细硫精砂，由南化设计院承担设计，分别从德国、美国、加拿大、日本引进了部分先进技术和装备，建设年产20万吨硫酸装置。其中原料工序、净化、干吸、转化、尾吸工序均采用了中国自有技术设计和设备。

1990年云南云峰化肥厂建设年产23万吨矿制硫酸装置，因利用世界银行贷款，从国外引进了工艺包、初步设计，以及在国际上招标废热锅炉、电除尘器、主鼓风

机、浓硫酸冷却器、浓硫酸泵、仪器仪表和特殊阀门等；由南化设计院承担整体设计，其余设备在国内采购。

荆襄大峪口化工公司建设两套年产28万吨硫铁矿制酸装置，也是世界银行贷款项目，引进了瑞典、法国制酸技术，关键设备采用国际招标，南化设计院承担初步设计和施工图设计，以及原料工序设计。

这几套国内最初建设的大型硫铁矿制酸装置，在引进焙烧基础设计或工艺包的基础上，南化设计院针对不同的矿源，做了大量细致工作，使引进技术得以消化吸收，适应中国国情，基本采用了国产化设备；原料、净化、干吸、转化是国产化技术；个别工序的技术通过消化吸收也都有创新，取得一定成果。在生产控制方面采用了计算机DCS系统实现过程控制和管理；在节能方面引进先进设备，回收了部分低温位热能，经济效益十分可观。大型装置的装备基本上实现了国产化。

“八五”“九五”期间，中国与大型磷复肥配套建设了一部分大型硫铁矿制酸装置，这些大型矿制酸装置引进了国际知名公司的技术和设备，从而使国内设计研究院、生产企业广泛接触了世界硫酸工业先进技术、装备及相关的制造企业，对促进中国硫酸工业技术和装备的进步起到了重要作用。1999年，贵州瓮福（集团）有限责任公司40万吨/年硫铁矿制酸装置投产，成为中国最大的单套硫铁矿制酸装置。之后广西鹿寨化肥有限责任公司、铜冠冶化有限责任公司、云浮联发化工有限公司等企业均成功建成40万吨/年的硫铁矿制酸装置，但随着硫黄制酸和冶炼酸的发展，硫铁矿制酸单套装置的规模没有继续扩大。

在大型化发展过程中发展锻炼了队伍。1978～2001年，中国硫酸工业在这些年的发展过程中，形成了有自主开发创新能力的设计、科研院所，如南化设计院、南化研究院、四川省化工设计院、云南省化工设计院、化工部第三设计院、北京有色设计研究总院、江西南昌冶炼设计院、长沙冶金设计院、上海冶炼所、沈阳冶金所、兰州化工机械研究院、南京海陆化工科技有限公司等；有了水平很高的大专院校人才和物质资源，如北京化工大学、华南理工大学、四川大学等，这些设计科研力量为中国成功研制、设计了大型硫酸装置和重大设备，是消化吸收再创新的主力。

同时，逐步建立起了一支能打硬仗，熟练生产管理、技术创新的硫酸生产队伍。在硫酸工业的发展中，硫酸企业的技术、管理队伍不断加强壮大，以原有南化、大化等二十几家重点矿、磺制酸企业，葫芦岛锌厂、江西贵溪冶炼厂等十几家冶炼制酸企业为基础，培训出了全国硫酸车间的管理、技术人才，硫酸工业的技术进步，新技术、新设备的试验和应用都与这批人才密不可分。

锻炼了一支技术水平较高和经验丰富的工程建设力量；建立了一批装备先进、能力很强的硫酸设备机械制造企业，为改革开放后硫酸工业发展奠定了很好的基础。在配合大型装置的建设中，锻炼出了如扬州庆松总公司、江苏蓝电环保股份有限公司、天华化工机械及自动化研究设计院有限公司、宣达实业集团有限公司、大连旅顺长城不锈钢有限公司、自贡东联锅炉有限公司、昆明嘉和科技股份有限公司、襄阳市精信催化剂有限公司（2018年企业名称）等设备制造厂和工程公司。

（二）硫铁矿制酸向治理“三废”，节能环保发展

改革开放后，硫酸行业工程技术人员、科研设计人员开始对硫铁矿制酸净化、转化进行攻关，促进中国硫酸工业治理“三废”，向节能环保发展。

1. 稀酸洗净化工艺逐步完善

在20世纪80年代硫铁矿制酸发展时期，硫酸主要装置规模在10万吨/年左右，中国的工程技术人员、设计院、研究院利用国内自有技术，借鉴国外经验，使酸洗净化装置进一步完善。

首先，为了推广酸洗净化工艺，必须解决电除尘器运行不稳定问题。南化公司研究院在小型电除尘器试验成功的基础上，进一步设计了LD801型新型电除尘器，1982年在四川银山磷肥厂8万吨/年硫铁矿制酸装置上成功投入运行。新型电除尘器技术先进、投资较低、运行稳定可靠，为大中型矿制酸装置稀酸净化工艺起到了示范作用。

1988年LD1201型电除尘器在南化磷肥厂安装投入运行，这台电除尘器的性能和运用的技术达到20世纪80年代初期国际同类装置的先进水平。同时，南化设计院设计了新型极板和极线的电除尘器，在上海青村、安徽卢江、河南开封化肥厂成功运行。

在解决电除尘器关键技术问题的同时，在8万吨/年以上的矿制酸装置上成功应用外喷文氏管、波纹填料塔等多类型洗涤塔；以斜管、斜板沉降器解决稀酸循环沉降和收集酸泥的问题；以间冷、空冷解决移出热量的问题。

由南化设计院设计，扬州庆峰集团设备制造安装306根铅管电除雾器在南化磷肥厂20万吨/年系统上成功应用，这是中国当时制造安装管数最多的电除雾器（与当时国内管式电除雾器相比管数最多），该除雾器比塑料除雾器使用寿命长，效果

好，酸雾指标优于部颁标准，同时旧铅回收值占投资30%，使电除雾器开始向大型化发展。2001年由扬州庆松总公司设计研究公司设计306管塑料电雾器，用于武汉中东磷肥厂取得成功；2005年研制出330管塑料电雾及大型玻璃钢电雾，在大型硫铁矿制酸、冶炼制酸中广泛应用。

由此中国硫铁矿制酸装置稀酸洗净化进入发展阶段。

2. 推进两转两吸工艺，减少尾气二氧化硫排放

20世纪80年代前后，已形成了适合国情的四段两次转化工艺，同时开发了五段两次转化工艺，两次转化工艺技术在全国现有及新建的硫酸装置中普遍应用，确保了高转化率，减少尾气二氧化硫排放。同时开发了低温型钒催化剂，在生态环境要求日益严格的情况下，进一步提高转化率。

1988年南化设计院开发设计了南化公司磷肥厂年产20万吨硫铁矿制硫酸装置。采用四段（3+1）型式，最终转化率99.5%。该设计应用了国产化、大型化、低压降两次转化工艺技术，在其后又设计了云南云峰化肥厂年产23万吨硫酸装置，采用这项成熟可靠的两次转化工艺技术，这是当时国内最大、技术和装备最新的硫酸装置之一。

至1996年，全国近300套装置，能力约1140万吨/年，占全国总能力54.3%，均采用了两次转化工艺技术。

3. 硫酸余热利用技术逐步向国际先进水平迈进

中国硫酸工业的余热利用始于20世纪70年代，国家计委、化工部组织国内设计单位和企业开展制酸装置余废热锅炉攻关。在大连化工厂自行设计制造的第一代中压余热锅炉的基础上攻关升级。70年代末，由南化设计院、杭州锅炉厂等单位联合设计了F101型混合循环式余热锅炉，在部分硫酸厂应用成功。80年代初，以南化设计院为主，与四川东方锅炉厂联合设计，由东方锅炉厂制造DG型自然循环余热锅炉，在四川银山磷肥厂、四川化工总厂多家企业使用成功。为了解决余热锅炉磨损和腐蚀问题，能与硫酸生产同步稳定运行，化工部化肥司两次组织了南化设计院、杭州锅炉厂、四川东方锅炉厂及全国锅炉专家对现有强制循环、自然循环类型锅炉整体结构设计和材料进行研讨，如整体结构、受热面、防磨装置、密封、排灰等各方面进行改进，逐步形成标准化、系列化设计及设备制造，使其适应了硫酸生产的高温腐蚀、磨损。对F101改进，形成FR型余热锅炉，东方锅炉厂无锡分厂重新设计了全新型自然循环锅炉的结构。两种新型锅炉在多家硫酸装置上运行，达到了与硫酸生产同步稳定的效果。同时，在部分企业开始利用转化中温位余热。

到80年代后期，随着余热锅炉制造技术的成熟，在大中型硫酸装置上得到普遍应用。全国年产10万吨以上硫铁矿制酸装置基本配置了中压余热锅炉，回收了硫酸生产过程中的余热。余热回收产生的中压蒸汽多用于发电或并入企业蒸汽管网，为硫酸工业提高了经济效益。

在全国能源紧张的情况下，硫酸厂已被视为能源工厂，节能成为衡量硫酸厂技术水平的重要标志之一。到1990年底全国已有52家企业65台中压余热锅炉，蒸汽生产能力686吨/时，南化公司磷肥厂、上海硫酸厂等15家企业平均吨酸产蒸汽量在1000公斤以上。不完全统计，硫酸行业全年副产蒸汽392万吨，相当于节约标煤53.7万吨。

到2001年底全国硫黄制酸和大部分年产4万吨硫铁矿制酸装置都配置了高温余热回收锅炉，对105家企业统计，全年副产蒸汽1125万吨，折标煤172万吨，其中，利用蒸汽发电39家，发电量65662万度。山东红日40万吨/年硫黄制酸装置，平均每小时发电9000千瓦。

2003年全国主要硫铁矿制酸、硫黄制酸装置副产蒸汽2350万吨，相当于节约标煤300万吨。中国硫酸余热利用技术逐步向国际先进水平迈进。

（三）催化剂同步发展

南化公司催化剂厂继20世纪60年代研制成功S105型低温钒催化剂。随后又试制V_7（S107）、V_{D1}（S108）等型号的钒催化剂；1978、1979年，南化研究院小批量生产低温、高强度V_{D1}型钒催化剂，这些钒催化剂的研制和生产满足了硫酸企业的需求。其后中国陆续建设了一批钒催化剂生产厂，如开封催化剂厂、襄樊催化剂厂、湖南湘南催化剂厂等，各厂产品品种增产和发展，供应全国硫酸装置使用，为硫酸工业的发展做了重大的贡献。

1974年初，南化研究院及湖南衡阳湘南化工厂，研制的V_A（S106）型耐砷钒催化剂，具有耐砷能力强，除砷效率高，失钒率小，机械强度高等特点，适用于含有As_2O_5 5～50毫克/立方米的含高砷矿焙烧炉气或冶炼烟气制酸的转化系统。1983～1984年，南化催化剂厂开发了S101-2H型中温大环形钒催化剂，S107-1H型低温大环形钒催化剂。这些环形钒催化剂，降低了通气的阻力，节省了能耗，提高了通气量，使装置增产达10%以上，延长催化剂过筛周期等，取得很好的经济效益。1993年南化研究院成功研制ZDS低温催化剂，该催化剂起燃温度低，活性好，强度高，寿命长，1993年通过鉴定投入批量生产。

进入21世纪，开封三丰催化剂厂寻找出一套科学制作方法，研制出“微波连续干燥”“电磁中频煅烧”两大新技术，对提高质量有重大突破，研制出KS-ZW新型系列钒催化剂，经理化检验和多厂使用证明，质量已达到国际先进催化剂的水平。

衡阳市晨晖化工有限公司借鉴国外经验，研发并生产了CS110型含铯钒催化剂。CS110型催化剂与进口产品使用效果相当。同时开发了含高砷、高氟SO_2气源的CH-1型过滤剂；开发了适用于高浓度SO_2（SO_2达到13.5%）气源的S111型钒催化剂。产品质量接近国外钒催化剂水平。

湖北精信控股有限公司与武汉工程大学联合成立的“催化剂及其它化工产品研发中心”，开发了S112、S116等低温、抗毒性高效催化剂，富氧高气浓（SO_2浓度13%～16%）催化剂、湿法制酸催化剂；研制出了蒸汽连续干燥工艺。建设一套催化剂动力学测试装置，为客户解决制酸装置所用催化剂配套及科学使用量的问题，指导用户优化转化系统操作。

国内催化剂厂与大专院校、研究院、有关专家相结合，对提高国产催化剂质量起到了推动作用。

二、推进大型硫酸装置“中国造”

1988年前后，化工部化肥司组织各设计院、研究院、生产企业与设备制造厂通力合作，消化吸收引进设备，开展国产化工作。前后十几年，实现了浓硫酸泵、阳极保护浓硫酸冷却器、横向冲刷锅炉、热电除尘器等几十种设备、技术国产化、大型化，并迅速在整个硫酸行业中推广应用，提高了中国硫酸工业的总体水平。

在引进消化吸收基础上，浓硫酸泵的开发实现创新。化工部下达“七五”攻关项目，在中科院上海冶炼所、旅顺长城不锈钢厂、大化公司化肥厂及有关专家的共同努力下，对引进的美国路易斯浓硫酸泵的材质、流体力学等消化吸收，并吸收了国内同类型泵的长处，研制出LRS-200-22高温浓硫酸泵立式泵，并在大化试运行成功。国产化的浓硫酸泵稳定性好、振动小、耐腐蚀性强、寿命长。1992年为葫芦岛锌厂研制了550立方米/时浓硫酸泵，为甘肃金川镍业公司研制了最大规格1200立方米/时浓硫酸泵，到1999年已生产1600余台，在全国300余家硫酸厂中应用，形成大型耐高温浓硫酸泵系列。

云南昆明嘉和泵业有限公司坚持科技创新，开发JHB型高温浓硫酸液下泵，与中科院腐蚀与防护研究所、江苏理工大学流体机械研究所等科研机构合作，充分吸收国内外硫酸泵的优点，研制开发了大型硫酸装置所需的浓硫酸泵，共同设计开发了流量为1400立方米/时，扬程为30米的浓硫酸泵，采用了中科院腐蚀与防护研究所提供的配方材料JSB与Lewmet合金制造，可在高温下经久耐用。

横向冲刷锅炉开发。1986年南化公司磷肥厂为年产20万吨装置引进了德国SHG公司结构更为先进的锅炉技术，该锅炉为水平烟道、横向冲刷、全强制循环卧式锅炉，该锅炉由南化集团设计院设计、南化公司化机厂制造。此后由南化集团设计院应用SHG技术设计的横向冲刷锅炉，由杭州锅炉厂制造，在多套矿制酸装置中成功运行。同时，中江能源回收（上海）有限公司将横向冲刷、全强制卧式循环锅炉实现了国产化，应用在四川什邡等几十家硫铁矿制酸装置上，与国内传统式强制循环锅炉相比，提高了热回收率，运行安全可靠。卧式横向冲刷锅炉作为“八五”期间重大技术装备国产化攻关课题在行业中推广应用，达到世界先进水平。

动力波洗涤器是从美国孟山都引进的技术，1997年首先应用于金隆铜业公司、贵冶二期、株冶铅系统等；该技术主要应用在冶炼烟气制酸装置的净化工序，提高洗涤系统净化效率，减少了后续工序设备的阻力上涨；南昌有色设计院首先消化吸收该技术，应用于其他有色冶炼制酸的净化系统，以及浙江巨化化工公司等不同规模硫铁矿制酸装置的净化系统，提高了净化效率。

干吸塔分酸器的开发。在引进加拿大CIL公司管式分酸器、美国孟山都管槽式分酸器的基础上，设备制造厂和硫酸企业很快实现了国产化，研制出了管式分酸器，分酸点每平方米在22～26个，材质选用了耐蚀低铬铸铁、合金铸铁、SX不锈钢；研制出了管槽式分酸器，酸分布点达到每平方米41个；兰州化工机械研究院在原有阳极保护技术的基础上，研制出316L材质的阳极保护管槽式分酸器，解决分酸器腐蚀问题，其价格仅为进口Zicor或SX材料价格的四分之一。

开发阳极保护酸冷却器。兰州化工机械研究借鉴国外经验，利用自有阳极保护技术进行现场试验，设计制造了阳极保护管壳式不锈钢浓硫酸冷却器，填补了国内空白。1987年开始在多家冶炼厂、硫铁矿制酸设备上使用。同时，江苏省江阴市环球石化机械厂、上海冶金研究所、南化设计院共同研制出阳极保护管壳式浓硫酸冷却器。阳极保护不锈钢管壳式浓硫酸冷却器的研制成功解决了铸铁排管腐蚀泄漏、环境污染的问题，在硫酸装置中得到普遍应用。

大型热电除尘器的研发。南化公司研究院与江苏蓝电环保股份有限公司合作，在原有20万吨/年装置电除尘器基础上，对云南化肥厂、荆襄大峪口化工、湖北黄麦岭、贵州瓮福、广西鹿寨化肥总厂引进电除尘器进行技术改造，采用LD型电除尘器技术，取得了满意的效果。中国自行设计制造的电除尘器满足了国内大型硫铁矿制酸、大型冶炼烟气制酸炉气除尘的需要。目前，江苏蓝电环保股份有限公司，为硫酸装置制造的电除尘器已出口到俄罗斯、赞比亚、刚果（金）、摩洛哥、印度、缅甸、越南、朝鲜等国家。

在20世纪80、90年代，一系列设备、技术实现国产化、大型化，广泛应用在硫酸装置改造及新建项目建设中，满足了中国硫酸装置大型化，高强度、高效率的要求，提高了中国硫酸工业的总体技术水平。

三、硫黄制酸建设兴起

（一）初期硫黄制酸解决了工业需求

为了解决各行业对硫酸的需求，20世纪70年代初，在国际硫黄价格低廉时，中国曾在开封化肥厂、株洲化工厂、南化公司磷肥厂等建设了7套硫黄制酸装置，总能力约70万吨/年。到1983年最高产量达到138.7万吨，国民经济发展中，补充了工业硫酸供应量的不足问题。但由于80年代上半年开始国际硫黄价格持续上涨，国家计委决定从1986年起停止进口硫黄。化工部于1985年3月底召开硫黄制酸7厂厂长、总工程师会议，除北京染料厂、天津硫酸厂外，其余五厂都要将硫黄制酸系统改为硫铁矿制酸。此时，国内硫铁矿产量不断增加。到1990年仅留北京、天津两套硫黄制酸，总能力不到20万吨/年，这一态势延续到1996年国际硫黄价格再度下滑。

（二）以矿制酸装置掺烧硫黄

20世纪90年代，国际石油、天然气产量增加，出现硫黄供过于求的态势，而中国高浓度磷复肥及各行业增加对硫酸的需求，国际硫黄价格下跌，为中国再次增加硫黄进口创造了条件。

为防止对进口硫黄的过度依赖，并尽快用硫黄生产硫酸，在硫黄价格优于硫铁矿的情况下，中国硫酸工业协会于1998年，在加拿大壳牌公司的协助下，引进了菲律宾利用大型矿制酸沸腾炉掺烧硫黄技术，结合中国70年掺烧硫黄制酸的经验，在云南三环和江苏赣榆、江苏双昌肥业有限公司等厂尝试沸腾炉直接烧硫黄制酸，其后，在云南云峰化肥厂23万吨/年、贵州宏福40万吨/年大型矿制酸装置成功地利用沸腾炉掺烧硫黄，解决硫铁矿供应不足的矛盾，使装置产量提高20%～25%。

2001年据不完全统计，矿制酸装置烧硫黄制酸量已达109万吨，占硫黄制酸总量的13%。2002年掺烧硫黄制酸量达172万吨，占硫黄制酸总产量的15.5%，有效地解决了硫铁矿供应不足的问题，增加了这些地区的硫酸供应。

（三）改建、新建一批硫黄制酸装置

根据IFA（世界化肥协会）资料统计，世界硫黄到1998年继续呈供大于求态势，每年大约有200万～300万吨富余量，价格处于低谷期，为中国充分利用国际硫资源，发展硫黄制酸提供了机遇，为中国磷复肥发展所需硫酸资源创造了条件，促进了中国硫黄制酸工业的发展。1998年以后，首先是沿海地区开始新建一批年产10万～20万吨中型硫黄制酸装置。如石家庄化纤厂、无锡硫酸厂、宁波硫酸厂等十数家企业，解决各行业用酸。云南、四川开始新建年产4万～8万吨小型硫黄制酸装置，解决小型磷复肥硫资源不足的问题。这些装置在余热利用、两转两吸、自动化操作、微机控制等方面主要采用了国内技术和设备。

为了解决硫黄制酸余热锅炉问题，中江能源回收（上海）有限公司借鉴了北京染料厂、上海硫酸厂引进火管锅炉的经验，设计了中国自己的火管锅炉，由张家港海陆锅炉集团制造，并在无锡硫酸厂首次试用；火管锅炉、过热器、二锅炉在试用中都取得了良好的效果，为后期建设大型硫黄制酸设计、制造火管锅炉奠定了基础。中国硫黄制酸的再起步，在主要工艺设备、余热利用、仪表、自动控制等方面开始向国际先进水平靠拢。

一批新的硫黄制酸装置建成投产使全国硫黄制酸产量大幅度增长。1998年硫黄制酸产量已达到209万吨，到2001年达到818万吨，占硫酸产量的29.4%；1998～2001年硫黄制酸产量年均递增57.6%。

四、有色金属冶炼烟气制酸迅速发展

1985年，有色金属冶炼烟气制酸装置建成30余套，设计能力近180万吨/年，实际冶炼制酸产量为110万吨/年；1980年到1990年，冶炼烟气制酸年均增长率6.2%，高于总硫酸产量4.6%的增长率。

江西铜业公司、铜陵有色金属公司、葫芦岛锌厂、湖南株洲冶炼厂、云南冶炼厂、甘肃金川镍业公司、广东韶关冶炼厂、白银有色金属公司等十大冶炼厂是国家有色金属重点企业。到80年代中期，开始建设大型冶炼装置。首先是江西铜业公司

贵溪冶炼厂，首家引进三菱重工铜冶炼烟气制酸技术和装备，由南昌冶炼设计院承担设计，1985年12月建成投产，是中国第一套大型铜冶炼烟气制酸装置。一期工程铜年产能9万吨，硫酸年产能35万吨；二期工程，1997年投产，铜年产能提高到20万吨，硫酸年产能提高到90万吨。贵溪冶炼厂铜冶炼装置建设标志着中国冶炼烟气制酸工业达到一个新的水平，为中国硫酸工业的发展提供宝贵经验。之后，安徽铜陵金隆铜业有限公司引进美国、德国企业的技术和设备建设铜冶炼烟气制酸装置，于1997年投产，炼铜年产能10万吨，硫酸年生产能力46万吨。

90年代，沈阳冶炼厂引进苏联时期的非稳态转化装置；其后，株洲冶炼厂引进了丹麦托普索WSA冷凝成酸工艺、非定态氧化技术。这些技术和设备的引入，对于学习国外先进技术，引导中国硫酸工业生产水平提高起到了促进作用，使中国有色冶炼行业加速发展。

到1999年，10种有色金属产量达到655.4万吨，已拥有90余套制酸装置，年设计能力约650万吨；2000年冶炼烟气制酸产量达671万吨，位居世界前列，冶炼烟气制酸进入稳步增长期。“九五”期间年均增长率达18.4%。占总硫酸产量的比重由1995年的16.2%上升到2000年的27.3%。冶炼烟气制酸以崭新的面貌进入了21世纪。

第四节 发展成为世界硫酸大国

（2001～2010年）

进入21世纪，随着国民经济持续快速增长，为了满足各行业对硫酸的需求，硫酸产量以年均递增10.7%的速度进入快速增长期。2003年，硫酸产量跃居世界首位。这一时期，多种资源合理利用，硫黄制酸产量大幅度上升。行业整体产业集中度和布局有了显著改善。

一、新世纪十年的快速发展

（一）产能、产量快速增长，产量跃居世界首位

2003年世界硫酸总产量17443万吨，其中，硫黄制酸占64.5%，冶炼烟气制酸

占26.7%，硫铁矿制酸占8.9%。中国硫酸市场需求强劲，高浓度磷复肥及有色金属冶炼的迅速发展，推动硫酸产量高速增长。2003年中国硫酸产量达到3371万吨，占世界总产量的19.3%，且世界硫铁矿制酸产量主要在中国。中国硫酸产量提前三年完成国家“十五”发展规划，首次超过美国，跃居世界首位。

2010年，中国硫酸总产能达到8410万吨，硫黄制酸产量大幅度上升，达到4000万吨，占全国总产量的46.9%，超过了矿制酸量；大型有色金属冶炼的快速建设，冶炼制酸产量上升，全年产量2200万吨，占全国总产量的26.1%；硫铁矿制酸由于硫矿资源不足，受地区环境要求限制，部分中小型装置停产，或改为硫黄制酸，使矿制酸产量逐年下降，产量为2150万吨，占比下降到26.1%，与冶炼制酸持平；还有其他制酸60万吨。2001～2010年10年间，硫酸产能年均递增10.7%，其中硫黄制酸年均递增16.3%，冶炼制酸年均递增13%，矿制酸年均递增3.6%。

（二）产业集中度有了明显提高

2001年硫酸产量超过100万吨的省有11个，占硫酸总产量的73.8%，主要集中在华东、西南、华南等省，产量从200万吨到110万吨。大型企业已成为主力，前十位企业产量占总产量的21.1%。硫铁矿制酸前十位企业产量占矿制酸产量的21.3%；硫黄制酸前十位企业产量占磺制酸产量的45.6%；冶炼烟气制酸前十位企业产量占烟气制酸产量的60.7%。全国前30强企业产量占总产量的38.2%，超过总产量的三分之一。

到2010年，硫酸产量集中度进一步提高，主要在西南磷复肥集中的云、贵、四川、湖北、重庆五省市，占总量的45.4%；冶炼制酸集中在江西、安徽、湖南、广西、河南等7个省（自治区），占全国总量的27%。全国有15个省硫酸产量超过200万吨，湖北全年产量1105万吨，云南1065万吨；前15个省硫酸产量占全国总量的90%。硫黄制酸有8个省市超过100万吨，占硫黄制酸总量的92%，其中云南最高达到797万吨，湖北739万吨，贵州518万吨；冶炼酸有9个省超过100万吨，其产量占冶炼酸总量的81.2%，甘肃最高236.5；矿制酸大型装置较少，硫矿资源分散，集中度较低，仅有6个省产量超过100万吨，占矿制酸量的58.7%，其中湖北最高307万吨。2003年山东鲁北化工总厂（山东鲁北企业集团总公司前身）磷石膏制酸产量44万吨，超过了设计能力。

二、硫黄制酸装置向大型化发展

从90年代末期，世界石油、天然气产量增长，石油精炼回收硫黄资源增多，形成了世界硫黄市场供大于求的态势。国际硫黄贸易量的迅猛增长，正好弥补了中国硫资源短缺，促使中国硫酸原料结构明显变化，促使大型磷复肥选择以硫黄制酸配套，硫黄制酸产量逐年提升并开始向大型化发展。

（一）大型硫黄制酸装置相继建成投产

南化设计院借鉴了引进的大型冶炼制酸、大型硫铁矿制酸的技术和装备国产化的经验，在硫黄制酸的设计建设中，对焚硫炉、中压水管余热锅炉、过热器等关键设备实现大型化，并在苏州精细、山东红日设计建设了年产30万吨、40万吨硫黄制酸装置，其后在云南磷化集团海口磷业有限公司、山东鲁西集团、重庆涪陵化工公司、南化公司建设年产20万吨、25万吨、30万吨硫黄制酸装置，为大型装置设计和建设奠定了基础。

为了与云南、贵州磷复肥基地年产30万吨磷酸配套，设计、建设的年产60万吨、80万吨大型硫黄制酸装置，并使新建装置接近或达到世界发达国家的先进水平，中国硫酸工业协会先后三次召开交流研讨会，调动全国硫酸行业最强的技术力量、工程设计人员、设备制造企业、工程公司，对即将设计建设的大型装置，在设计、技术、设备制造、工程建设等方面进行研讨，借鉴当时已建成投产的大型制酸装备的设计、制造、工程建设中的国产化经验，借鉴了国外先进技术及装备，做了大量前期准备工作，从2003年起中国开始了年产40万吨、60万吨、80万吨大型硫黄制酸的建设，确保21世纪中国建设装置达到世界先进水平。

2001～2003年，中国相继建设了硫黄制酸年产30万吨装置7套，40万吨装置5套。2003年由华东工程公司开始为云南三环化工有限公司（原云南磷肥厂）设计了第一套年产60万吨硫黄制酸装置。2004年、2010年，张家港双狮精细化工公司引进了美国孟莫克公司大型硫黄制酸装置的基础设计、详细设计和主要工艺设备，建设两套年产100万吨硫黄制酸装置。2005年，湖北宜化集团有限责任公司再次引进建设两套年产60万吨硫黄制酸工程。2007年，云天化国际化工富瑞分公司、贵阳中化开磷化肥有限公司等企业相继建设4套年产80万吨装置，在湖北、贵州建设6套年产60万吨装置，在江苏、浙江、湖北、重庆、四川等地建设了年产20万～40万吨硫黄制酸装置60多套。2010年，云天化国际红磷、云南三环中化化肥有限公司、贵州开磷集团等再建年产80万吨、60万吨装置十余套，在江苏、浙江、山东为工业及蒸汽需求，建设年产20万～40万吨装置。至2010年，全国硫黄制酸企业121家，其中年产量在20万吨以上的有45家，占硫黄制酸年产量的82.4%。

（二）大型硫黄制酸技术装备水平逐步提高

张家港双狮精细化工公司，利用引进技术、设计、设备，建设中国第一套年产100万吨硫黄制酸装置，引进了孟山都的HRS低温位热能回收系统，使硫酸生产热能回收率达到90%以上，利用高、中温位热能生产次高压蒸汽，配套建设53MW发电机组，提高了发电量，使硫酸工厂成为能源工厂。湖北宜化集团利用引进技术和装备，以及HRS低温热回收系统，建设年产60万吨硫黄制酸装置，同时采用次高压5.4MPa废热锅炉和蒸汽输送系统。

在大型硫黄制酸建设过程中，大型装置大多采用了美国孟山都公司或丹麦托普索公司的钒催化剂、铯催化剂等进口催化剂，同时还引进了干吸塔装备技术及支撑塔填料的合金制条形梁、塔分酸槽、柱状除雾器、浓硫酸泵、鼓风机、焚硫炉用压力雾化型硫喷枪等设备；部分装置引进了孟莫克HRS回收低温热的技术和装备，建设了生产低压蒸汽系统。

在建设大型硫黄制酸的工程中，在南化设计院、安徽东华工程公司、云南省化工设计院等设计研究院，工程技术公司，设备制造厂，以及硫酸磷复肥企业的共同努力下，在大型装置的建设中，工程技术设计国产化率、装备的国产化率基本上达到100%。在云贵高原地区建设的年产80万吨大型装置相当于平原地区年产100万吨能力的水平。设计建设出了具有中国特色的大型硫酸装置。主要特点：

液体硫黄的精制：液体硫黄过滤机是大型关键设备，经过四川省化工设计院和宜兴市过滤设备厂借鉴国外液硫过滤经验，共同研制出卧式WYB-YL系列液硫过滤机，具有过滤强度高和过滤精度高，占地面积小，蒸汽消耗少，稳定运行，基本解决了液硫过滤问题。

新型焚硫炉：这是大型装置的关键设备，自行开发设计了一次扩大型焚硫炉，该焚硫炉具有很高的容积热强度。确保空气与液硫雾粒的充分混合燃烧。

卧式双锅壳火管锅炉：2003年，上海海陆昆仑高科技工程公司为解决大型锅炉直径超大、超长、超高、超宽等制造及运输问题，研制了双锅筒或三锅筒火管锅炉，贵阳中化开磷又将废热锅炉改进为两段式，在年产80万吨以上装置上投入正常运行。

大型不锈钢转化器：转化率是衡量硫黄制酸装置是否成功的关键指标，它与尾气排放指标有直接关系。大型装置转化率要求大于99.75%～99.8%，基本采用了“3+1”“2+2”四段转化、“3+2”五段不锈钢焊接结构的转化器。同时，东华工程公司消化吸收了国际先进经验，为年产60万吨装置设计了中间支撑圆筒的不锈钢新型转化器，改进了内部结构，改善了气流分布。此结构转化器在国内硫酸装置中属首次应用。

气体冷热交换器：为了进一步提高传热效果，在大型硫黄制酸工程中开发了新型环盘挡板管壳式换热器，传热系数高、阻力小，应用效果显著；由华南理工大学自主开发的空心环缩放管式换热器，使管外气体湍流而达到强化传热的作用，取得良好效果。

高效干吸塔系统：大型硫黄制酸工程均采用了高效干吸塔，大型矩鞍阶梯环填料、磁质条梁或球拱支撑，采用了高空塔气速、低填料高度，碟形塔底，以立柱支撑于地面，提高了干吸塔效率，减少了塔体腐蚀。

同时，实现了阳极保护浓酸冷却器大型化，适用于循环酸较高温度吸收；首创了带阳极保护不锈钢浓硫酸管道、管式分酸器，解决了浓硫酸循环系统的腐蚀漏酸问题，对大型装置的稳定生产起着重要作用。

大型硫酸工程的集散控制系统：进入21世纪，集散控制DCS系统广泛应用于大型装置上，对工艺过程进行集中监视和有效控制；在云南三环中化年产80万吨系统采用了FCS数字信号集中控制系统，其中引进部分仪器、仪表等和设备，其他基本实现国产化。大型装置自控水平已接近国际先进水平。

总之，大型硫黄制酸装置建设基本实现了焚硫炉、火管锅炉、全不锈钢转化器、阳极保护管壳式浓硫酸冷却器、空心环管式换热器、高效纤维除沫器、高效干吸塔等关键设备大型化、国产化。同时，引进了美国孟山都、德国鲁奇国际技术、装备，引进孟山都、丹麦托普索高活性钒催化剂、含铯催化剂，以及自动化控制配套的仪器、仪表等。大型装置的建设标志着中国硫黄制酸装置大型化发展迈出了坚实的一步，达到和接近了国际先进水平，步入新的发展阶段。

三、硫铁矿渣等资源化利用已成亮点

20世纪末，湖北黄麦岭集团在硫铁矿渣的利用中改为硫铁矿或硫精砂进行精选，富集成高品位硫精矿（＞48%），经氧化焙烧成渣，再生产铁球矿。并建设了一套30万吨/年选矿富集装置，分离出48%以上品位的硫精矿，其余用于另一条硫酸生产线单独使用。建设了年产10万吨球团矿生产装置。2005年该公司利用硫精矿焙烧出含铁量63%烧渣，生产铁球团矿7.5万吨，新增利税1300余万元。湖北黄麦岭的经验迅速在全国推广应用，使全国硫铁矿烧渣基本全部回收，实现了资源化综合利用，同时将烧渣与部分铁矿掺混制球团供应钢铁厂，为炼铁提供了原料；低品位矿渣作为水泥生产的辅料，使硫铁矿制酸基本没有废渣排放，提高了硫酸企业、硫铁矿、硫精砂生产企业的收益。同时，激励了江西铜业集团、安徽铜山铜矿、云浮硫铁矿等自有资源企业建设了5套大型硫铁矿制酸装置，铁矿渣的回收利用成为硫铁矿制酸企业提高经济效益的一大亮点，使硫铁矿的硫、铁两种宝贵资源得到有效利用。

四、开发硫资源综合利用技术

中国方便利用的硫资源是硫铁矿，天然气和石油精炼中回收硫黄，硫化氢制硫黄，煤气化回收硫黄等；较难利用的含硫资源有石膏、磷石膏、电厂和焦化厂回收脱硫石膏、钛白副产硫酸亚铁、废酸等。中国是硫资源短缺的国家，只能满足需求的50%左右，因此，从20世纪70年代起，开始了对石膏制酸、硫酸亚铁制酸的探索。

（一）石膏制酸联产水泥技术国际领先

在世界上，20世纪60年代，在东欧、德国曾有石膏制酸试验装置，但由于世界硫黄产量的增加等原因停止了试验。中国是硫资源短缺的国家，为寻求新的硫资源，自20世纪70年代起，化工部与建材部组织联合工业化试验，借鉴国外技术，开始了石膏制硫酸联产水泥的研究。1982年在山东鲁北建成一套年产7500吨石膏制酸试验装置，1990年在化工部年产3万吨磷铵成捆项目中，由南化设计院、山东省建材设计院编制设计任务书，在山东鲁北建设年产3万吨磷铵、4万吨磷石膏制酸联产6万吨水泥放大试验项目，硫酸、水泥装置分别由南化设计院、山东省建材设计院设计，1991年建成投产，并通过化工部组织的45天考核考评。1994年、1995年回转窑运转达348天和352天，达到硫酸年产量6万吨、水泥年产量7万吨。在此基础上，南化设计院、山东省建材设计院、四川省化工设计院为沈阳化肥厂、青岛东方、遵化化肥厂、鲁西化工厂、四川银山磷肥厂、什邡化肥厂等六家企业设计并建设了年产3万吨磷铵、4万吨磷石膏制硫酸联产6万吨水泥，简称“三、四、六”推广示范工程。遵化化肥厂、鲁西化工厂、四川银山磷肥厂、什邡化肥厂四家顺利建成投产；遵化化肥厂的硫酸装置采用酸洗净化，解决了污水排放问题，这几套装置后因各种原因停产。

1997年山东鲁北建设了年产15万吨磷铵、20万吨磷石膏制硫酸联产30万吨水泥大型装置，1999年投产，成为世界最大、技术最先进的石膏制硫酸联产水泥装置，很好地解决了磷石膏的堆存问题。全套装置采用了半水石膏烘干，单级粉磨，回转窑分解煅烧，封闭稀酸洗涤净化，两转两吸工艺。煅烧过程采用了旋风预热器窑外分解石膏生料新技术，使窑气SO_2浓度可达11%～14%，降低了系统热耗，增大了生产能力；水泥熟料标号稳定达到625以上，产品为425、525低碱水泥。2003年硫酸产量达到44万吨，不仅自产磷石膏全部吃光用尽，还消化了周边部分磷石膏、盐石膏及脱硫石膏。

石膏制酸联产水泥技术是中国拓展硫资源的一项重要举措，利用磷石膏制酸联产水泥，也是解决制约磷复肥生产排出磷石膏堆存问题的有效办法，被认为是一项资源综合利用，发展循环经济的示范项目。

（二）钛白生产副产硫酸亚铁制酸

中国是世界上的钛白粉生产大国，同时也是世界上的钛白粉出口大国，据统计，2017年全国41家能维持正常生产的全流程型钛白粉企业（集团）的综合产量为287万吨，其中，硫酸法钛白占总产量的80%。中国钛白粉副产硫酸亚铁量从2006年的343万吨，到2016年达1039万吨。中国钛白粉快速发展的同时面临着严重的资源和环境压力，而国内硫、铁资源紧缺的现状也迫使人们寻找新的制酸原料和炼铁原料，钛白粉工业副产物硫酸亚铁资源化利用成为了新的热点。

四川龙蟒集团依托四川省化工设计院对钛白生产过程排出的稀酸提浓和硫酸亚铁资源化利用做了大量工作。2003年合作开发了“废酸浓缩过程一水硫酸亚铁掺烧硫铁矿循环生产硫酸”新技术，建成年产10万吨硫酸装置，每年能消化1万吨钛白粉废酸浓缩产生的一水硫酸亚铁，吨酸可掺烧一水硫酸亚铁350～400千克，除回收硫资源外，还副产含铁60%～65%的铁资源。

2010年前后，四川省化工设计院陆续设计建设了九套年产16万～30万吨大型装置，有硫黄掺烧硫酸亚铁工艺，硫黄、硫精砂掺烧硫酸亚铁工艺等，副产铁精砂含铁量大于60%，实现了钛白粉、硫酸、磷化工等行业的技术嫁接与融合发展。

（三）利用现有装置处理废酸

工业生产中，排出废酸的主要行业有有色金属、钛白粉、钢铁、石化、氯碱、蓄电池、有机化工等。废酸产生于有机物的硝化、磺化、酯化、烷基化及其他精细化工产品的生产，以及钢铁酸洗、蓄电池废液和氯气干燥、石油炼制、化纤等行业生产过程中。据中国化工信息中心调研统计，中国废酸中无机废酸约占35%，有机废酸约占65%，含量40%以上废酸占废酸总量的46%左右。

废酸的利用是国家清洁生产中的重大课题。仅石油炼制行业产生废酸每年折100%约120万吨，目前对废酸处理比较成熟的技术主要是对烷基化废酸的处理。

以废硫酸裂解生产硫酸装置到2013年全国有8套，以高温还原分解工艺用于烷基化废硫酸的再生，每年处理能力仅14万吨，但由于成本高，在经济上很难过关。中国利用现有制酸装置处理废酸取得重大突破。

1. 利用现有硫黄制酸装置中掺烧烷基化废酸

在不需要外加能源的情况下完成废酸的裂解、转废为宝。废酸组成的质量分数是硫酸占90%、水5%、有机物5%，原料中的废酸与硫黄的质量比（简称酸磺比）为1，此时产品酸中的硫23%来自废酸、77%来自硫黄，年产20万吨硫黄制酸装置年处理废酸5万吨，处理方法比较简单。

2. 利用现有硫铁矿制酸系统处理废酸

硫铁矿沸腾焙烧炉掺烧（裂解）废硫酸，利用硫铁矿沸腾焙烧释放的反应热（炉温近950℃）裂解废硫酸为SO_3和H_2O及SO_3进一步裂解为SO_2和O_2，与此同时，硫铁矿焙烧过程中释放的单质硫，将SO_3还原为SO_2，其裂解气汇入硫铁矿沸腾焙烧炉气进入制酸系统制酸。

3. 石膏制酸装置处理废酸

山东鲁北化工总厂在大型石膏制硫酸与水泥装置中掺入废硫酸煅烧，以最大化处理废硫酸，将水泥产量降低50%，每年处理废硫酸24万吨。

4. 中石化上海赛科石化引进美国孟山都公司废酸裂解技术

对生产甲基丙烯酸甲酯（MMA）过程中产出的废酸，建设了一套28万吨/年制酸装置，生产的新鲜硫酸返回MMA生产系统，使硫资源得以循环利用。由化工部第二设计院宁波分公司设计，在中石油吉化公司为16万吨/年MMA生产装置配套建设了一套40万吨/年废酸裂解装置，降低消耗，减少了对环境的污染。

第五节 向绿色、节能方向发展

（2011～2019年）

经过21世纪前10年的高速发展，硫酸工业技术水平已达到或超过世界先进水平。进入“十二五”时期，硫酸工业跨入平稳增长期。冶炼烟气制酸增长后来居上。2015年，全国硫酸产量达到9673.4万吨。硫酸产业集中在磷复肥产地和工业发达地区。行业的科研创新及“三废”治理也取得新成就。但影响硫酸行业整体发展水平的瓶颈问题依然存在。

一、大型化和集中度显著提高

从2012年起全国硫酸年产能达到1亿吨以上后，开始进入缓慢增长期。2018年，总产能1.215亿吨，比2017年增长0.9%。硫黄制酸占总能力的44.3%；冶炼制酸占34.2%；硫铁矿制酸占19.2%；其他制酸291万吨，占2.4%。

2018年全国硫酸总产量9685.9万吨，已处于供大于求态势。其中，硫黄制酸产量4431.7万吨，比2017年下降0.9%，占总产量的45.8%；冶炼制酸产量3495.7万吨，保持20年连续增长，占总产量的36.1%。硫铁矿制酸产量1651.7万吨，连续五年下降，占总产量的17.1%；其他制酸106.7万吨，占1.1%（2010～2018年硫酸产量见表2-3-1）。

表2-3-1　2010～2018年全国硫酸产量

年份	总产量	硫黄制酸	冶炼制酸	矿制酸	其他制酸
2010年	7383.5	3499	1925	1924.9	34.6
2011年	7973.8	3844.1	2129.7	1969.1	30.9
2012年	8402.7	3904.4	2385.5	2061.2	51.6
2013年	8849.7	3967	2472.8	2157.1	52.8
2014年	9251.1	4040.5	2942.8	2169.7	98.1

续表

年份	总产量	硫黄制酸	冶炼制酸	矿制酸	其他制酸
2015年	9673.4	4488.9	3022.1	2020	142.4
2016年	9563.2	4289.5	3313.1	1874.7	85.9
2017年	9602.2	4474	3311.1	1695.5	121.6
2018年	9685.8	4431.7	3495.7	1651.7	106.7
年均递增/%	3.5	3.0	7.7	-1.9	

从2010年至2018年全国硫酸产量年均递增3.5%，主要得益于冶炼烟气制酸的快速增长，其年均递增7.7%；硫黄制酸年均递增3.0%，而硫铁矿制酸产量，年均下降1.9%。

硫酸产业集中度进一步提高，向产磷省和工业发达地区集中，2018年，产磷四省（云、贵、川、鄂）累计硫酸产量4410万吨，占总产量的45.5%；工业发达的华东地区产量2551万吨，占总产量的26.3%。其中硫黄制酸因与大型磷复肥产业配套，集中在产磷四省，产量达3277万吨，占了硫黄制酸总量的73.9%；华东工业发达地区，需求硫酸和蒸汽而建的硫黄制酸装置，到2018年七省硫黄制酸产量788万吨，占硫黄制酸总量的17.8%；冶炼烟气制酸在原有基地改扩建大型装置，如甘肃、内蒙古、山西、云南等企业，及在山东、安徽、河南、广西、江西等地新建大型冶炼企业，现有8个省年产量超过200万吨，占冶炼制酸总量的72.8%；硫铁矿制酸主要集中矿资源周边地区，如湖北、安徽、广东三省矿制酸年产量超过200万吨。

硫酸企业向大型化发展。企业数已从2010年的460多家，到2018年减少到383家。全国已有20家企业年产量超过100万吨，占总产量的37.7%；年产量30万～100万吨的有67家，占总产量的39.1%。石膏制酸年产量48.4万吨，其他硫酸亚铁、废酸回收制酸年产量20.4万吨。

二、冶炼烟气制酸发展成绩巨大

随着中国国民经济快速发展，国际有色金属市场长期利好，从2005年开始，中国有色金属产能、产量保持快速增长。2005年中国10种主要有色金属产量1630万吨，位居世界第一位，到2015年，产量达5090万吨。截至2015年底，中国冶炼烟气制酸全年总产能3879万吨，大型企业开工率达到87%，冶炼制酸产量达到3022万吨，占总产量的31.2%，2005～2015年中国冶炼烟气制酸产量年均增长率为12.3%。主要集中在广西金川有色金属有限公司、铜陵有色金属集团控股有限公司、江西铜业集团有限公司、阳谷祥光铜业有限公司、紫金有色金属有限公司、云南铜业（集团)有限公司、河南豫光金铅有色公司、甘肃白银有色金属公司等大型冶炼企业；单系列最大规模为广西金川有色金属有限公司160万吨/年，“双闪”铜冶炼烟气制酸装置，还有株洲冶炼厂铅锌搬迁项目等一批铅锌冶炼制酸项目。2018年，中国冶炼烟气制酸产能4152万吨，同比上升3.8%，冶炼烟气制酸产量3495.7万吨，同比上升5.6%。

中国冶炼烟气制酸的技术进步成绩也十分显著，令世界瞩目。

中国恩菲工程技术有限公司（原北京有色冶金设计研究总院）自20世纪80年代开始参与金川集团有限公司冶炼烟气制酸的建设，两家产研单位有着长达20余年的冶炼烟气制酸开发历史，其中诞生了很多科研及产业化成果，在中国冶炼烟气制酸发展史上写下了重要篇章。所建硫酸装置除二氧化硫风机外，其余设备均已逐步实现国产化，其中，2008年投产的富氧顶吹镍冶炼烟气制酸装置，处理烟气量达到28万立方米/时，是国内处理烟气量最大的单系列冶炼烟气制酸装置。截至2018年，金川集团有限公司本部硫酸年产能已达到250万吨。

中国瑞林设计建设的金隆铜业公司37.5万吨/年冶炼制酸装置1997年投产，其首次采用的动力波洗涤净化技术，目前已在冶炼制酸装置中得到普遍应用。2007年，中国瑞林通过引进奥托昆普烟气部分循环二氧化硫转化技术，设计建设了阳谷祥光铜业有限公司90万吨/年冶炼制酸装置，这是世界首套实现高浓度二氧化硫转化的大型冶炼制酸装置。随后中国瑞林采用具有自主知识产权的非恒态高浓度二氧化硫转化专利技术，先后为铜陵有色金属集团控股有限公司及中铝东南铜业有限公司各设计建设了75万吨/年的冶炼制酸装置。2011年中国瑞林为紫金铜业有限公司设计建成100万吨/年冶炼烟气制酸装置，成为当时最大的冶炼制酸装置。2013年，由中国恩菲设计的广西金川有色金属有限公司双闪铜冶炼烟气制酸装置（2套80万吨/年）投产，集中采用了孟莫克公司预转化工艺、低温热回收HRS工艺及离子液循环脱硫工艺等新技术，运行以来通过不断技术攻关，系统生产能力不断提高，技术经济指标不断优化，成为国内技术装备水平较高的系统之一。2015年，由中国恩菲工程技术有限公司设计的中原黄金冶炼厂冶炼制酸装置建成投产，设计产能达到130万吨/年（满负荷生产达到160万吨/年），成为中国最大的硫酸装置。

三、硫酸装置余热回收成效显著

到2010年，年产10万吨以上的矿制酸及全部硫黄制酸有效回收利用了生产过程中的高、中温位余热，余热回收率60%。矿制酸吨酸产汽量平均1000千克；硫黄制酸吨酸产汽量平均1300千克，有26套约1200万吨/年产能的装置配置了低温位热回收系统，吨酸产汽量从1.2吨提高到1.7吨，热能利用率达到90%以上，同时减少了循环冷却水的消耗。这些企业每年增加蒸汽产量约500万吨。2001～2010年的10年间，硫铁矿制酸、硫黄制酸回收高、中、低温余热生产蒸汽34411万吨，折标煤4830万吨，减排二氧化碳20893万吨。

到2018年，硫铁矿制酸、硫黄制酸回收高、中、低温余热产中低压蒸汽8248万吨，相当于节约标煤1145万吨，减排二氧化碳3102万吨。从2011年到2018年中国硫黄制酸和硫铁矿制酸回收余热产蒸汽8亿吨，相当于节约标煤1.1亿吨，减排二氧化碳2.8亿吨。

在大型冶炼制酸装置的建设中，特别是新建铜冶炼，由于采用双闪、顶吹、底吹熔炼技术、富氧冶炼，提高二氧化硫浓度达25%～40%，平均34%，入转化系统的二氧化硫气浓度10%～12%，用热管锅炉回收中温位热能，平均吨酸可副产中低压蒸汽300千克左右，防城金川建设40万吨/年铜冶炼大型装置，不仅回收中温位热能，同时回收干吸系统的低温位热能，采用孟莫克的HRS技术，使年产160万吨大型铜冶炼制酸装置吨酸回收蒸汽达到500千克以上。此技术开始在大型铜冶炼制酸装置上推广，每年可回收蒸汽500万吨，折标煤64万吨，减排CO_2 160万吨，热能回收取得相当可观的效果。

（一）引进低温余热回收系统技术和装备

硫黄制酸三个过程的理论反应热，高温余热占56%、中温余热占19%、低温余热占25%。到2010年，低温位热能回收技术在国际上开发应用已有20多年，美国孟山都、德国鲁奇、加拿大凯米迪公司都成功开发了该技术。其原理都是通过提高吸收系统循环酸温度，用吸收反应热来产生低压蒸汽。

孟莫克公司的HRS（heat recover system）技术是世界上最早研发成功的低温位热能回收技术，于1984年脱颖而出，投入商业使用，由于孟莫克的HRS技术将传统硫酸装置的热能回收率从70%左右提高为93%以上，同时将循环冷却水的用量减少65%～70%，一举成为全球硫酸工业中节能减排、资源充分利用的里程碑技术。

国内首套引进的HRS装置是张家港双狮精细化工公司的100万吨/年硫黄制酸装置，由MECS负责总体设计，采用了最先进的带蒸汽喷射的HRS技术。2005年成功开车，经过四年运行，总停车时间不到24小时，运行状态平稳，刷新了国内硫酸生产装置连续生产的新纪录。由于稳定高效运行，HRS装置回收蒸汽和硫酸产量都超过设计值，系统产生的蒸汽进行热电联产，大大地降低了硫酸成本。

HRS技术使硫酸企业获得利用资源的经济效益和社会效益，迅速为中国硫酸行业所瞩目，增加的建设投资在2～3年内可完成资金回收。HRS技术的应用已成为稳定、可靠、成熟的标准化工业技术。到2018年全国已有54套硫酸装置引进了HRS技术，增加了低温回收系统。

重庆涪陵化工的硫酸装置引进HRS技术，该项目基于其显著的减排效益，已经成功获得联合国CDM项目的认证，开车运行后获得了碳减排的额外收入。

2018年，依托国内自有技术建成的低温余热回收系统已达103套。

（二）大力发展本国技术

为了促进中国硫酸行业低温位热能回收技术的开发，2005年南化设计院投入了大量的人力、资金对低温位热能回收技术进行了研究开发，成立了技术开发组，依托中石化南化公司现有的硫酸装置，建成了一套低温位热能回收试验装置。2007年国产化的低温位热能回收技术开发成功，并在南化公司25万吨/年硫黄制酸装置上成功应用。到2012年南化设计院将自行研制的低温位热能回收技术（DWRHS）分别应用在20万吨/年、30万吨/年、60万吨/年、80万吨/年硫黄制酸工程中，在贵州、云南、山东、江苏、河北等地已有20套装置成功建成投产，可回收余热达90%以上。到2018年，依托国内技术建成的低温余热回收系统已达103套，有硫黄制酸52套，最高单套产能80万吨/年；矿制酸5套，最高单套产能30万吨/年；冶炼制酸4套，铜冶炼产能120万吨/年，铅冶炼产能40万吨/年；硫酸亚铁掺烧硫黄4套；总产能约2600万吨/年。硫黄制酸低温热回收吨酸产汽0.45～0.5吨，硫铁矿制酸和冶炼烟气制酸低温热回收吨酸产汽0.4～0.5吨。中国自行研制低温位热回收技术是行业节能减排的重要技术，接近了国际先进水平，在全国硫酸行业中推广应用。

（三）自主创新硫铁矿制酸低温余热回收技术

2014年，由南京海陆化工科技公司开发、设计并承建的中国首套硫铁矿制酸低温热回收装置在山东明瑞化工集团一次开车成功，配套的低温热回收装置设计能力为产酸360吨，低温热回收系统每小时产低压蒸汽量5～7吨，及加热脱盐水和给水回收的热量，总回收热量相当于每小时产低压蒸汽6～8吨，折吨酸回收蒸汽约0.4～0.53吨。矿制酸装置上成功回收了低温位热能。2016年，在湖北鄂中化工公司新建两套硫铁矿制酸系统增建低温热回收装置，吨酸产汽约为0.43～0.55吨。山东、湖北三套硫铁矿制酸低温热回收系统的稳定运行说明，在硫铁矿制酸系统配置低温热回收装置切实可行，不仅可以稳定运行，而且有较好的经济效益。

2017年，南京海陆科技采用自有专利技术开发、设计并承建了四川龙蟒钛业股份有限公司日产1100吨硫铁矿、硫黄掺烧亚铁制酸系统低温热回收系统成功开车。首次在低温热回收系统中采用净化稀酸加入混合器，控制循环酸浓度，吨酸产汽约为0.43～0.52吨，同时锅炉给水可加热到175℃以上，取得较好的经济效益。

其后，南京海陆科技为赤峰云铜有色金属有限公司两套85万吨/年冶炼烟气制酸配置低温热回收系统，该系统采用预转化加低温热回收及中压蒸汽过热技术，每小时生产低压蒸汽约50吨。

中国采用自有专利技术开发、设计低温热回收系统，目前已在硫黄制酸、硫铁矿制酸、硫铁矿-硫黄掺烧、大型冶炼制酸等不同原料、各种类型的制酸装置中应用，为中国硫酸装置的低温热回收提升到国际水平做出了贡献。

四、科研创新及“三废”治理取得新成就

2007年环境统计数据表明，中国硫酸工业SO_2年排放量约10万吨，占全国SO_2排放量的0.4%，占化工行业SO_2排放总量的9.0%，是化工行业中较大的SO_2排放源。GB 26132—2010《硫酸工业污染物排放标准》于2011年3月1日正式实施。按照新国标要求，从2013年10月1日起，所有硫酸企业将统一执行$\rho(SO_2) \leqslant 400$毫克/立方米、发达地区$\rho(SO_2) \leqslant 200$毫克/立方米的排放限值。新国标的实施对硫酸生产企业是一大考验。为此，全硫酸行业在原有两转两吸、铵法、碱法等尾气治理的基础上，以科技创新技术治理尾气。

（一）新型催化法脱硫技术效果显著

中国化学工程第六建设有限公司、四川大学与成都国化环保科技有限公司联合研究设计了新型催化法硫酸尾气处理及资源化利用技术，该技术不仅能较好地去除硫酸尾气中的SO_2，同时对硫酸雾的去除也具有良好的效果，是一种脱硫同时脱除

硫酸雾的技术。

新型催化法脱硫技术以专用吸附材料（如活性炭）为载体负载活性催化成分制成催化剂，该催化剂既具有载体的吸附功能，又具有活性组分的催化功能，通过吸附催化将制酸尾气中SO_2转化成SO_3，再与水反应生成硫酸，达到脱硫目的，作为硫酸雾的主要成分SO_3，同催化反应生成的SO_3一起和水反应生成硫酸，而硫酸雾滴同时在催化剂床层被拦截，实现SO_2的超低排放，并削减绝大部分硫酸雾排放量。

2016年攀钢集团有限公司渝钛白年产30万吨硫酸装置采用此技术对尾气脱硫，基本实现了SO_2近零排放，同时出口硫酸雾浓度也达到特别排放限值5毫克/立方米的要求。此项技术已在十几套装置上成功运行，脱硫效率大于95%，脱硫酸雾效果显著；脱硫过程产生的稀硫酸，可以全部回收利用，提高了硫资源利用率，同时为解决硫酸雾问题提供了新的思路。

（二）过氧化氢法开辟脱硫新途径

用过氧化氢法脱除硫酸工业尾气中二氧化硫是将过氧化氢溶液加入到尾气吸收塔中，利用过氧化氢强氧化性将尾气SO_2氧化为硫酸，回收稀硫酸返回制酸系统，全部过程不产生新的“三废”产物。该法由江苏中建南京工程设计有限公司和威海恒邦化工有限公司首先尝试。该技术流程简短，投资省；脱硫效率高；副产品稀酸可全部回收，无二次污染，属典型的清洁生产工艺技术；确保尾气达标排放，取得了很好的环境效益和经济效益，为国内硫酸行业尾气脱硫开辟了一条新途径。该技术现已成功在多家企业采用，企业减排效果非常明显，环境和社会效益显著。

（三）离子液脱硫技术示范应用效果优

离子液循环吸收脱硫技术也称为可再生胺法回收SO_2工艺，最早是由壳牌康索夫公司开发出的一项新技术。2006年该技术在国内实现商业化运营，国内相继开发了离子液循环吸收法、二元胺法等工艺。该技术采用有机胺溶液作为SO_2吸收剂，烟气在吸收塔内与贫胺液接触，SO_2被选择性吸收，含SO_2富胺液经解吸产生纯净的高浓度SO_2气体，再生后的贫胺液再次用于吸收SO_2。该工艺吸收剂对SO_2气体具有良好的吸收和解吸能力、吸收剂可循环利用、脱硫效率高（99%以上）、处理烟气量大、气浓范围大等优点，纯净SO_2气体可返回制酸系统制酸。

金川公司广西分公司160万吨/年冶炼制酸装置的硫酸尾气脱硫系统采用了离子液循环吸收法烟气脱硫技术，工程于2013年11月建成，系统总体运行平稳良好，相关指标均达到或优于设计值，尾吸塔出口SO_2浓度控制低于100毫克/立方米。基本不产生二次污染物，降低企业治污成本，达到环保与效益的双赢。此项技术还应用在云南锡业股份有限公司铅冶炼制酸。此技术在有色冶炼行业低浓度SO_2治理中起到较好的示范作用，促进企业循环经济的发展。

第六节 硫酸产品广泛应用于各行业

硫酸是工业之母，在钢铁、化工、石油、轻工、纺织等各个行业中不可或缺，是重要的化工原料之一。全球硫酸的消费以磷酸为主，占到了总消费量的49.6%；硫酸铵占5.7%；普钙占4.0%；铜、镍等湿法冶金占8.8%；其他工业用酸占31.9%。中国的硫酸用于生产磷复肥占60%，其他工业用酸约占40%。

一、中国硫酸表观消费量以磷复肥为主

20世纪50年代，由于中国硫酸产量很低，主要用于工业；第一、二个五年计划期间，硫酸产品主要供应化工、钢铁、纺织、轻工等工业生产之用，仅有部分用于生产硫铵和过磷酸钙；60～70年代，开始在南化磷肥厂、太原磷肥厂等大型过磷酸钙厂配套硫酸装置，各省过磷酸钙厂配套建设小型硫酸厂。进入80年代，各省普钙厂配套建设2万～8万吨/年硫酸装置，解决农业对磷肥的需求。1985年化肥消费硫酸占总量的62%，磷肥消费硫酸占总消费量的53.5%，主要是用于普钙生产；1990年，化肥用酸量已占总量的70.7%，普钙用酸占总量的65.7%。

改革开放以来国家重点发展高浓度磷复肥，同时配套发展硫酸，为中国农业可持续发展，解决占世界21.7%人口的温饱问题做出了很大的贡献。

磷肥产品结构调整，到1999年，中国已经陆续建成投产的高浓度磷复肥企业有104家，高浓度磷复肥耗用硫酸达570万吨，占磷肥耗酸量的37.3%；1990～1999年，10年间高浓度磷复肥耗酸量年均递增41.5%。

21世纪，中国高浓度磷复肥进入快速发展期，带动了硫酸的消费。2000年化肥用酸量占硫酸总资源量的71.4%，其中磷肥用酸量占总资源量的65.7%；高浓度磷复肥消耗硫酸占磷肥耗用量的40.5%。到2011年全国化肥消费硫酸量达到5260万吨，占资源量的66%，磷肥消费量达4900万吨，占资源量的61.5%，其中高浓度磷复肥消费量达4220万吨，占磷肥消耗量的86.1%。11年间化肥消费硫酸年均增长10.5%，磷肥消耗酸量年均递增10.6%，高浓度磷复肥消耗硫酸量年均递增18.5%。

2012年硫酸总资源量8498万吨，化肥消费硫酸占总资源量的65.3%，磷肥消费占总资源量的60%，高浓度磷复肥消耗酸量占磷肥耗酸量的89.8%。到2018年中国硫酸表观消费量9652万吨，化肥消费硫酸占总量的60.5%；磷肥消耗硫酸占总资源量下降到57%；高浓度磷复肥耗酸量占磷肥消费量的96.7%。从2015年开始，中国磷复肥消费硫酸进入平台期。

二、化肥以外其他工业耗酸量逐年增加

随着中国国民经济的发展，特别是改革开放以后，各行业产量增长很快，加大了硫酸用量，从20世纪60年代工业年用酸量达100万吨以上，70年代达到200万吨以上，到1985年工业年用酸量达到252万吨，占总硫酸量的37.6%；到1990年达到351万吨，占硫酸总产量的29.3%。硫酸主要用于化工各类产品，如钢铁、冶金、纺织、轻工等，化工产品耗酸量占工业用酸量的50%左右。

90年代，工业耗酸量增长较稳定。1985～1990年工业耗酸量年均递增6.85%；1990～1999年，工业耗酸量继续以年均6.4%的速度递增，1999年工业耗酸量达到613万吨；2000～2009年，是中国国民经济快速增长期，化工产品中的饲钙、己内酰胺等在高速增长，冶金、化纤、石油等工业耗用硫酸量也在增加，2009年工业耗酸量达到1978万吨，已接近2000万吨，整个工业耗酸量在这10年间以11.56%的速度递增。2010年以后，各行业产品虽有增加，同时也在向高端发展，耗用硫酸量趋缓，2018年工业耗酸量达到3934万吨，2010～2018年，工业耗酸量以5.8%的速度递增。

在各行业耗用硫酸量中以化工产品为主，化工产品耗用硫酸量从20世纪90年代占工业用酸量的50%，2000年后逐步递增，到2010年以后达到70%。如2013年工业耗用硫酸3400万吨，占硫酸总资源的39.3%；化工产品用酸约占工业用酸量的70%。其中，硫酸法钛白耗用硫酸占工业用酸量的23%；饲料磷酸氢钙耗用硫酸占

工业用酸量的16%；氢氟酸、黏胶纤维、己内酰胺等占工业用酸量的30%；石油工业、洗钢、纺织行业及其他工业耗用硫酸占工业用酸量的30%。

2016年工业用酸已占总资源量的42.9%，已达4163万吨，化工产品用酸占工业用酸量的65.5%；2017年工业用酸占硫酸资源的比例进一步提升，达到43.3%；2018年中国硫酸消费总量已经步入平台期。化肥以外工业消费硫酸量占比保持在40%左右。工业用酸中，耗酸最大的硫酸法钛白用酸量继续增加，已占到工业用酸总量的27.0%；己内酰胺占工业用酸总量的9.0%；黏胶纤维占13.8%、饲钙占11.4%、氢氟酸10.7%；其他工业产品用硫酸量占28.1%。

中国是硫资源短缺的国家，随着对有色金属需求的增长，有色金属矿进口量继续增加，冶炼制酸产量也将继续增长，将替代现有部分硫铁矿制酸和硫黄制酸。在继续利用国际硫黄的同时，国内硫黄产量随着石油、天然气精炼增加，高纯度油增多，使中国回收硫黄量增加，中国的硫黄对外依存度将有所降低，使中国硫酸原料结构更加合理。

中国硫酸工业的技术水平将进一步提高，余热利用水平将有80%以上的生产装置热回收率达到90%以上，硫酸制造业将成为能源工厂、“三废”治理完全的清洁文明工厂，为国民经济的增强贡献一份力量。

硫酸工业在中国有较长的发展历史，特别是在新中国成立后，中国硫酸工业随着国民经济的发展壮大，起起伏伏走过了70余年的历程，从小到大，从弱到强，在引进吸收再创新的奋斗路上发展壮大，如今已发展到产量居世界首位，产品品种齐全，技术装置、生产规模赶上或接近国际先进水平，成为世界硫酸工业强国。

中国已经拥有世界最先进的硫铁矿焙烧制酸技术、硫黄制酸技术、有色金属(稀贵金属)冶炼及制酸技术、硫化氢湿法制酸技术、含硫废液（废酸）裂解再生技术、工业石膏煅烧制酸联产水泥（氧化钙转化技术）技术，拥有世界最先进的高、中、低温位热能回收利用技术，烟气脱硫脱硝除汞技术，净化稀酸废水回收利用技术，以及国产化、大型化乃至超大型装备技术。进入21世纪的20年里，中国一直是世界上最为繁荣的硫酸市场，几乎世界上所有的最新技术成果都在硫酸行业获得工业应用。如今，伴随着全球一体化的进程，中国从硫酸技术输入国已经转向输出国，硫酸工业技术、整套装置已走出国门，帮助一带一路国家建设大中型硫酸装置

1949 ～ 2019年中国硫酸、硝酸、盐酸产量见表2-3-2。

表 2-3-2 1949 ~ 2019 年中国硫酸、硝酸、盐酸产量表 单位：万吨

年份	产量		
	硫酸	（浓）硝酸	盐酸
1949 年	4	0.07	0.3
1954 年	34.4	2.66	4.6
1959 年	106.1	5.88	21.1
1964 年	170.4	7.61	21.8
1969 年	234.3	17.95	37.8
1974 年	442.7	25.38	63.1
1979 年	669.8	28.19	107.8
1984 年	817.2	25.77	170.4
1989 年	1152.61	32.83	257.68
1994 年	1530.44	49.26	577.65
1999 年	2158.87	75.05	403.2
2004 年	3994.60	126.46	600.74
2009 年	5960.91	205.57	803.46
2014 年	9251.10	283.05	938.27
2018 年	9685.90	244.8	772.8
2019 年	8935.7	244.2	733.4

第四章 氯碱工业发展史

（1930～2019年）

氯碱工业是以原盐为原料，通过电化学过程生产烧碱、氯气、氢气的基础化学工业。氯碱产品种类多、关联度大，下游产品现已达数千个品种，具有较高的经济延伸价值，可广泛应用于农业、石油化工、轻工、纺织、建材、电力、冶金、国防军工等国民经济各个领域。在中国乃至世界经济发展中都具有举足轻重的地位。

氯碱工业是资金密集型、能源密集型产业之一，氯碱产品主要生产方法有离子膜法、隔膜法、水银法以及少量的苛化法。氯碱工业技术水平在一定程度上反映了一个国家工业经济的发展水平。

早在19世纪初，科学家已经发明出利用电解食盐水溶液制取氯碱的方法，但直到1867年大功率直流发电机研制成功，1890年采用隔膜法、水银法后，氯碱生产才相继工业化。20世纪40年代以后，氯碱工业开始形成规模并迅速发展。离子膜法于1975年首先在日本和美国实现工业化。离子膜法产品质量高、能耗低、环境友好，生产规模后来居上，已成为世界氯碱工业发展的主流工艺。经过百余年的发展，到2019年，世界烧碱产能约为9740万吨，氯碱平衡的最主要氯产品聚氯乙烯产能约为5800万吨，聚氯乙烯特种树脂牌号数量已经达到3000多种。

中国氯碱工业的发展可以追溯到1929年，著名爱国实业家吴蕴初创办了天原电化厂。1949年全国只有10家氯碱厂，烧碱产量仅为1.5万吨，氯产品只有液氯、漂白粉、盐酸、三氯化铁等几种。

新中国成立后，从第一个五年计划开始，烧碱和最主要氯产品聚氯乙烯（PVC）产量便以惊人的速度增长。改革开放以来，中国氯碱工业发展更是突飞猛进，产能迅速增大，产量迅速上升，形成了比较坚实的基础。自2006年，烧碱产量超过美国居世界首位之后，2007年，聚氯乙烯产量超过美国，氯碱两大产品双双位居世界第一。2018年中国烧碱生产企业161家，总产能已达4259万吨，占世界总产能的44%；中国聚氯乙烯生产企业75家，总产能达2404万吨，占世界总产能的41%；烧碱表观消费量由1978年的175万吨增长到2018年的3276万吨，中国烧碱消费量已占全球30%以上的份额；聚氯乙烯表观消费量也已达到189万吨，占据全球份额的45%以上。

氯产品的开发也从起初的四五种发展到200余种，其中最大有机氯产品聚氯乙烯，耗氯量约占全国氯气总产量的40%。这些氯产品正逐渐向精细化工方向迈进。中国氯碱工业从科研、设计、装备制造到生产，已经形成了一个完整的工业体系。

进入新时代，中国氯碱工业正瞄准世界氯碱工业先进技术，大力推进氯碱技术先进清洁化、氯碱产品功能特种化，同时积极探索参与氯碱贸易跨区全球化、氯碱伙伴紧密协作化，借力“一带一路”舞台，快速走向世界，加强氯碱上下游生产企业的协同联动，有针对性地开发下游所需产品，力争在未来的国际市场上展现出中国力量。

第一节 初建和形成

（1930 ～ 1949年）

碱类产品以纯碱、烧碱为主，合称“两碱”。中国氯碱工业起步于20世纪20年代末，以食盐电解法生产烧碱，最成功的要算吴蕴初于1929年在上海创办的天原电化厂，揭开了中国氯碱工业从无到有的篇章。在起步时期，国内氯碱厂规模小、产品单一、产量很低，抗战全面爆发前可生产烧碱7460吨。

一、始建氯碱工业

1922年，吴蕴初得师友徐华封之助成功研制味精，开中国味精之始，1923年与酱园老板张崇新、前清举人张逸云合办天厨味精厂。天厨味精击败了日货“味之素”，风靡全国及南洋，且在1926～1927年，相继取得英、法、美三国产品出口专利保护权，开创中国轻化工产品获国际专利之先河。吴蕴初研制谷氨酸钠（味精）的成功，在中国化工史上具有重要而深远的意义，吴蕴初因此被称为中国“味精之父”。

因制造味精的主要原料盐酸，多数需要从日本进口，大有受制于人的顾虑，加之时局动荡，盐酸供应时断时续，运输成本极高。为改变这种状况，吴蕴初筹划建设自己的原料生产厂，发展中国化学原料工业。1928年秋，吴蕴初获悉法商设在越南海防的远东化学公司因经营不善，正待出售。吴蕴初亲赴海防考察，购进远东厂全部设备，包括120只爱伦摩尔式电解槽、蒸发器、氢气燃烧器和滚动式漂粉机等。但创办盐酸厂的困难相对要大，电力和原料盐的供应就是两大难题。吴蕴初坚定信心，排除万难，筹集资金在上海周家桥置地开始建设盐酸厂，很快开启安装设备试生产。1929年10月，成立了上海天原电化厂股份有限公司（简称天原电化厂）。经过一年的艰苦努力，采用电化学方法生产氯气、烧碱、氢气，由氯气生产盐酸的工厂建成投产。1930年11月10日，天原电化厂举办隆重的开工典礼，吴蕴初亲自开车。国民政府实业部部长孔祥熙出席庆典并致辞称赞吴蕴初“独创此厂，开中国电化工业之新纪元”。

天原电化厂开创之初，日产盐酸4吨，烧碱、漂白粉各2吨。“天原”即“天厨原料”之意，烧碱、盐酸、漂白粉等以“太极”为商标。吴蕴初非常重视产品质量，太极牌产品风靡市场。盐酸已能满足天厨需要，实现原料自给，天厨味精真正做到“完全国货”。烧碱和漂白粉开始和垄断中国市场的英日商人“叫板”，并顽强抗衡直至胜利站稳国内市场。天原电化厂成为中国首家电解化学工厂，被视为中国食盐电解工业的鼻祖。从此，中国氯碱工业开始独立发展。

此后，吴蕴初继续派人员出国学习考察相关技术，消化吸收后对国内企业的技术和设备进行改进，依靠本国工业力量，1934年自制90只爱伦摩尔电解槽获得成功，在国内化工界一时成为奇闻。这一年，天原电化厂生产规模已达日产烧碱6吨、盐酸6吨、漂白粉9吨，天原电化厂产能规模的扩大，奠定了中国民族氯碱工业的基础。为了利用天原电化厂制造过程中放出的氢气，吴蕴初继而创办了天利氮气厂，1935年，天利氮气厂正式投产。到1937年，天原电化厂的烧碱日产量已达10万吨，资产逾百万元，成为中国实力雄厚的少数厂家之一。

“七七事变”后，日军发动全面侵华战争，上海很快沦陷，“八一三”事变之后，为保存民族经济，国民政府被迫组织上海工矿企业内迁，至1937年11月，天厨味精厂、天盛陶器厂、天利氮气厂与天原电化厂大部分设备迁出。天原电化厂被迫搬迁至重庆。

1939年春，天原、天盛、天利三厂的设备机件陆续运抵重庆，在国民政府工矿调整处与四川省政府驻渝办事处的协助下征地建厂。1940年，重庆天原电化厂（重庆天原化工有限公司前身）正式投产，开始生产50%浓度的液碱，达到烧碱1.5吨/日，盐酸12吨/日，漂白粉2.5吨/日。后由资源委员会投资，成为官商合办企业。重庆天原电化厂成为中国西南地区第一家氯碱基础化工原料生产厂，为西南地区化学工业建立打开局面。后由于日军对重庆的频繁空袭，加之电力供应极其不稳定，吴蕴初又于1943年在宜宾增建天原电化厂宜宾分厂（现宜宾天原集团股份有限公司前身），于3年后正式投产，烧碱规模为400吨/年。

国民党资源委员会专门委员兼工业联络组组长林继庸曾撰文指出：“天原运渝后复工，所产盐酸、烧碱、漂白粉等，足以供给后方皂烛、造纸、染炼工业需用，而天盛耐酸陶器厂、天厨味精厂，亦赖以维持恢复，对于后方化学工业之树立，关系甚大。”《四川省志·化学工业志》记载：上海天原电化厂与河南巩县兵工厂的迁川投产，使“四川盐酸工业开始进入以电解食盐生产烧碱，联产氯气，合成盐酸的生产阶段”。

抗战胜利后，上海天原电化厂复工，产量不及抗战前夕。1948年，天原电化厂烧碱产量约为1000吨，1949年烧碱产量仅保持在1930年的水平。

另据记载，1930年，永利碱厂试制烧碱成功，1931年开始小批量生产。1932年，永利公司烧碱厂正式奠基建厂，此后，永利红三角牌苛性碱问世。

二、后续出现的氯碱厂

1932年，国民政府国防部在河南巩县兵工厂建立氯碱车间，引进美国电解槽，生产全部满足军工使用。抗战后，该厂迁往四川泸州。1935年，西北实业公司在太原建立西北电化厂，采用西门子式水平隔膜电解槽，1937年投产不久，即因抗战爆发停产。后在日军胁迫下更名复产，名为太原电化厂（山西化学厂前身）。抗战胜利后，被西北实业公司接收。1937年，广东省政府创办广东省立碱厂。抗战爆发前，这几家氯碱工厂烧碱产量约为4000吨/年，主要产品包括烧碱、盐酸、漂白粉、液氯等几种。

抗战期间，日寇加紧侵略和掠夺，在东北、华北陆续侵占和开设了烧碱工厂。主要有1940年投产的满洲曹达株式会社奉天工场（沈阳化工厂前身）、1939年在天津建设投产的东洋化学工业株式会社汉沽工厂（天津化工厂前身）、1939年在大沽建立的华北盐业株式会社（大沽化工厂前身）、由日本德山曹达工厂于1944年投资建设的青岛化工厂（现为青岛海晶集团）等。在早已被侵占的中国台湾地区，日本还建设了南日本化学工业株式会社高雄工厂、钟渊曹达株式会社台南工厂等一批氯碱企业。

抗战胜利后，国民政府收复了部分被掠夺的烧碱工厂并复工，同时接收了一些日伪产业，并新建烧碱工厂。如青岛第一化工厂由中国纺织建设公司接管并于1947年恢复重建。山东还陆续新建了一些苛化法小型烧碱企业。1945年，青岛延年和广益化工厂先后建成电解法烧碱生产装置。上海天原电化厂经过4年努力产量恢复到战前的一半；1946年，天原叙厂新建投产，此外，台湾、上海、云南等一些小型电化厂在抗战后继续开工、投产。当时接收的日资厂总计生产能力约2万吨/年，除进行部分恢复外，在抗日和解放战争期间遭严重破坏的部分工厂处于瘫痪状态。

到1949年，全国有二三十家烧碱厂，其中约10家氯碱厂，烧碱产量1.51万吨（大陆），氯产品只有盐酸、液氯、漂白粉几种。

第二节 迅速复产改扩建，产量大幅扩增

（1950～1957年）

新中国成立后，大力发展化学工业成为新中国建设事业中的重要内容，以旧厂恢复和新建扩建并举迅速发展，填补化学工业产品空白、满足国家需要成为这一时期发展的主要特点。化学工业发展第一个五年计划确立了发展化肥、酸、碱及染料的工业重点。从此，中国氯碱工业开始得到长足发展。

新中国成立初期，百废待兴，在国民党统治时期多数氯碱厂物资被掠夺，设备

被严重破坏。为满足国家恢复经济建设对烧碱和氯产品的急切需要，全国各氯碱厂在重工业部化工局的领导下，迅速进行恢复生产和改扩建。原本因战乱而停产的氯碱厂在党和政府的带领下，重新开始生产。中国生产烧碱主要采用石墨阳极隔膜电解法和苛化法，生产工艺相对落后。从新中国成立到“一五”期间，全国的烧碱产量实现了20.12%的年均增长率，烧碱产量已突破19.8万吨/年。国民经济发展对氯碱产品需求量急剧增加从而造成供应紧张的问题，得到一定程度的缓解。

一、恢复扩建和新建，实现产量20%增长

新中国成立前夕，中国约有10家氯碱厂（点)，主要是上海天原电化厂、重庆天原电化厂、天原电化厂宜宾分厂、沈阳化工厂、锦西食盐电解工厂、汉沽工厂、大沽工厂、青岛化工厂等，氯碱工业发展面临许多困难。东北、华北各厂几经劫难，到人民解放军接收时，厂内杂草丛生，厂房破旧不堪，设备所剩无几，技术人员四处流散。

1948年，塘沽、汉沽相继解放，1949年2月，天津化工厂等三大制碱企业在中国共产党领导下修复设备，改制配置设备相继恢复生产。后经过不断改造和挖掘生产潜力，各厂迅速恢复和提高了产能，1949年沈阳化工厂四列电解槽首先投入了生产。

1950年，东北人民政府在锦西化工厂（后改名为锦西化工总厂)增设水银法电解车间。1950年7月，该厂根据综合参考各方图纸资料，设计出汞阴极电解槽及水平解汞槽组成的电解装置，设计电流负荷为1万安培，采用水银整流器。1952年春，水银法电解车间正式投入生产，当年生产水银碱3589吨。锦西化工厂水银电解装置是在新中国成立初期帝国主义封锁的极其困难条件下，独立自主，自力更生，自行设计、制造、安装的中国第一套水银法电解装置。为国家提供了急需的高纯烧碱，有力地促进了人造丝工业的发展，同时开创了中国氯碱工业隔膜法与水银法联合生产的历史。

1950～1952年的三年国民经济恢复时期，为全国各氯碱厂积蓄发展力量提供了机会。氯碱厂在技术、生产规模及产品开发等各个方面均有所提高。1952年，全国烧碱产量已达7.9万吨。比新中国成立前增长了5倍多。

“一五”时期，国家为了加速发展氯碱工业，引进了国外先进设备并进行扩建。1953年，国家决定在山西太原建设一座综合性的化工厂，其烧碱生产规模为

1.5万吨/年，从苏联引进技术和主要设备，是中国的一项重点工程。1956年，国家又批准在四川长寿化工厂建设一个规模为1.8万吨/年的烧碱车间；在湖南株洲建设一个包括氯碱产品的综合性化工厂，烧碱生产规模为2.25万吨/年。这3项工程先后于1958年、1959年竣工投产。温州电化厂、吉林电石厂、嘉兴化工厂等10家氯碱厂也相继建立。

同时，原有的氯碱厂也开始在产品品种和生产技术上加大研发力度。沈阳化工厂通过电解槽技术改造，使生产能力增至3万吨/年，主要产品扩大到盐酸、液氯、漂白粉、六六六等。1956年，天津化工厂生产规模为1.8万吨/年水银法电解槽工程建成试车投产；天津大沽化工厂经过改造，烧碱年产能力提高到2.2万吨/年。1954年和1956年，锦西化工厂先后对水银法烧碱进行改造和扩建，水银电槽由54台增加到120台，1957年扩建竣工，电解生产能力提高到4万吨/年。该厂在氯碱工艺技术上不断大胆革新，发展成为第一家日产百吨级烧碱的氯碱厂。这一时期，国家对辽宁基本原料化工进行重点建设，1957年辽宁的烧碱产量已占全国总产量的49.6%，接近半壁江山。

“一五”期间，全国烧碱产量从1953年的8.85万吨，增长到1957年的19.78万吨，实现了20.12%的年均增长率。

二、实施提高电解能力的技术改进措施

生产技术的不断创新，是中国氯碱工业发展的主要推动力之一。1949年之前，氯碱厂均采用水平式隔膜电解槽和爱伦摩尔式电解槽，最大负荷3000安。“一五”期间，国际上采用的是较为先进的氯碱电解槽——虎克（Hooker）型隔膜电解槽，具有耗电省、效率高、容量大等一系列优点，一台虎克型电解槽可以代替250只爱伦摩尔式电解槽，但由于美国对中国大陆实行全面封锁，难以引进。这一时期，国内主要创新措施如下。

（一）提高电解槽电流密度，实现不增设备增产目标

1954年，重工业部化工局工程师羡书锦等提出了提高电解槽的电流密度、增加烧碱产量的方案，并深入到工厂调查研究，发动职工献计献策，共同攻关。他们将电解槽的电流密度由6安/分米^{2}提高到9安/分米^2，同时实现了2台变流机并车，使

电解槽的负荷提高1倍，水平式隔膜电解槽的容量达6000安，并将电解槽阳极与阴极间的距离缩小到10～12毫米，既提高了单槽产量，也降低了槽电压。电解能力提高了60%～80%。

（二）将水平式隔膜电解槽改为波型电解槽

该项技改增大了阳极面积，使单槽能力提高了30%以上。沈阳化工厂、大沽化工厂采用了这项技术措施，成倍扩大了生产能力，对缓解当时烧碱的供不应求起了一定作用。

（三）自主开发立式吸附隔膜电解槽，提高电槽容量

1956～1957年，化工部化工设计院工程师刘嘉树、王汝霖等和上海天原化工厂蒋兰荪等合作，设计研制成功中国第一台大容量立式吸附隔膜电解槽。该电解槽与艾伦摩尔槽相比，单槽产量提高10倍，每吨烧碱用电降低1200千瓦时，1958年这项重大科技成果受到国务院表彰。化工设计院根据试验提供的数据和实践经验，设计了不同型号的立式吸附隔膜电解槽，很快在全国推广应用。立式吸附隔膜电解槽的制造成功，标志着中国氯碱工业进入一个新阶段。

三、开展技术革新“增产降耗”

氯碱工业能源消耗的关键节点在电解和蒸发。在恢复建设期间，部分氯碱企业积极开展技术革新、努力实现增产降耗。

液体烧碱浓缩蒸发是整个烧碱生产流程中的一个重要工序，国内最早采用单效蒸发和大锅熬制的落后技术实现烧碱的蒸发浓缩。这种方法技术落后，能耗高，劳动环境恶劣，劳动强度大。但直到新中国成立初期，部分工厂仍采用敞口大锅熬制、人工捞盐的方法。1953年，国家决定在山西太原建设一套规模为1.5万吨/年的烧碱装置，该装置技术和主要设备从苏联引进，烧碱蒸发工艺为三效三体两段、浓效带强制循环的流程。

1953年9月，沈阳化工厂首创的利用液氯与氯气热交换的节能技术，被氯碱厂广泛采用，解决了这一传统大宗氯产品的生产降耗问题。

1956年，锦西化工厂助理工程师袁昭锷提出烧碱《不增设备增产百分之六十的

方案》，与工程技术人员和工人一道，试制成功6000安培/600伏特的汞弧整流器，提高了整流效率，使烧碱产量提高42%。这项技术推广到全国，大多数烧碱企业的产量在半年内提高40%～60%。

四、聚氯乙烯树脂等氯产品研制成功并投产

烧碱产量增长较快的原因，一是国民经济各部门发展需要烧碱；二是不断开发氯产品，为烧碱联产的氯气找到了出路，实现了氯碱平衡。1949年之前，氯产品只有盐酸、漂白粉、三氯化铝和液氯。到20世纪50年代末，氯碱工业氯产品增加了10余种，生产技术也有了较为突出的进展。

三年国民经济恢复时期，由于纯苯过剩而氯苯产品依赖大量进口，国内开展了系列氯苯产品的生产。1952年初，中国第一套氯化苯生产装置在锦西化工厂建成投产；天津化工厂也相继建成氯化苯装置，产能2700吨/年；随后，大沽化工厂也建设了全国第一套日产0.5吨六六六生产装置。1956年，化工部发文批复天津化工厂滴滴涕工程建设，并实现了当年建设当年投产的目标。

聚氯乙烯是氯碱生产中耗氯量较大的产品。20世纪50年代初期，重工业部化工局化工实验所（沈阳化工研究院前身）开始进行电石乙炔法制氯乙烯、乳液聚合法制聚氯乙烯树脂的试验研究。1954年，锦西化工厂100吨/年聚氯乙烯中试装置试车成功。1958年，化工部第一设计院设计的第一套3000吨/年聚氯乙烯装置在锦西化工厂顺利投产。

第三节 “技术革命”推动产业壮大

（1958～1977年）

一、加大投入和技改推动年产量破百万吨

1958～1976年间，是中国氯碱产业逐步发展壮大时期。1958年，为加快氯碱工业发展，国家在全国布点，决定在北京、四平、衢州、武汉、常州、九江、上

海、合肥、福州、广州、遵义、南宁、西安等地建设13家中型氯碱企业及一批小型氯碱企业，先后于1960年前后投产。全国各地也纷纷筹建氯碱工厂，除长寿、株洲两地稍早建成外，其他地区建厂设计规模从7500吨/年至3万吨/年不等。与此同时，千吨级的小型氯碱厂也如雨后春笋般纷纷建立。至此，全国氯碱企业数量从新中国成立初期的10家增加到40多家，氯产品也从几种扩至20余种。到1958年，已有化工部第八设计院、化工部化工设计院、精细化工研究院三个氯碱工业的专业科研设计单位。

伴随新建企业装置投产和原有企业扩产，促进了中国氯碱工业较快发展，这一时期年均增长率达24.24%，其中产量超过3万吨/年的工厂有锦西化工厂、天津化工厂、上海天原化工厂和沈阳化工厂。

氯碱工业的发展在经历了一个高潮之后，1963～1965年进入调整时期，处于相对稳定的状态。1970～1972年，氯碱工业又进入了上升通道，全国千吨级新建氯碱厂达80家。

这期间，中国烧碱产量于1971年达到100万吨级规模，居世界第八位。到1975年，中国氯碱企业总数达到160家，产量达128.9万吨，占世界总量的4.3%，居世界第五位；电解法烧碱产量占总产量比例为95.1%（其中隔膜法占85.4%，水银法占9.7%），苛化法产量占4.9%。

1976年，天津化工厂受唐山、丰南大地震波及，损失严重，被迫停产，导致烧碱总产量下降至121.5万吨。

二、以立式吸附隔膜电解槽工艺为主建立了一批烧碱厂

1958年，中国在虎克12型吸附立式隔膜电解槽研制成功的基础上，先后成功设计制造虎克16型隔膜电解槽和天原32型隔膜电解槽，石墨阳极面积增至29平方米、32平方米。后来又在电解槽结构上进行革新改进，立式隔膜电解槽型号从4型到32型有十多种，最大容量35千安。这类电解槽的电化性能已接近当时世界同类槽型的水平。随着大容量电解槽的诞生和推广应用，爱伦摩尔、水平式隔膜电解槽、引进苏联BГK-13型电解槽被逐步淘汰。到20世纪60年代中期，中国氯碱厂陆续改换成虎克型隔膜电解槽，这标志着中国氯碱工业技术向前跨越了一大步，已上升到20世纪50年代国际水平。

三、金属阳极隔膜电解槽工业化

20世纪60年代末期，世界氯碱工业展开了一场技术革新，许多国家相继将石墨阳极隔膜电解槽转换成金属阳极隔膜电解槽。中国氯碱工业也积极投身到这一次技术工艺改革与创新之中。

1972年，上海桃浦化工厂研制成功中国首创的金属阳极隔膜电解槽，3台阳极面积为0.5平方米、1000安培的金属阳极隔膜电解槽投入试生产。

1973年6月29日和10月30日，上海天原化工厂各1台20平方米试验电解槽投入生产试验。这是在小型试验槽已经取得较好结果的基础上进行的。其中，一台槽的金属阳极的材质是2毫米钛板和纯钛棒所焊接成的阳极部件。另一台槽的金属阳极是用1毫米钛板冲网和铜钛复合棒作为导电棒所焊接成的阳极部件。两台电解槽经十七八个月的长期运行，在电流33.6千安的槽电压下长期稳定。随后又进行了4台30平方米金属阳极电解槽试验，其结构比以前更为合理，能够在较高的电流（60～62.5千安）下运转，槽电压更是大为降低。

1974年12月25日，上海天原化工厂自行设计和制造40台阳极面积为30平方米的30-Ⅰ型电解槽投产，开创了中国金属阳极电解槽工业化生产的历史。在电流为30千安时，电解液平均质量浓度只有80克/升；电流在50千安左右时，电解液可提高到126～133克/升。槽电压随电流密度上升很慢，说明这种电解槽在结构、材料选择、制造技术等方面已具有一定水平。1975年11月底，12台30-Ⅰ型电解槽进行露天生产试验，生产运转正常。1976年4月29日，又有42台30-Ⅰ型金属阳极电解槽投入露天生产。与石墨阳极电解槽相比，金属阳极电解槽生产能力可大大提高，隔膜的寿命可以延长1倍，吨碱节电250千瓦时以上，电解液质量较好，节约了蒸汽，改善了劳动条件。

在上海企业成功实践的基础上，1975年10月到1976年4月，北京化工机械厂为北京化工二厂试制56台阳极面积为30平方米的30-Ⅱ金属阳极电解槽，其全部图纸由北京石油化工厂设计院提供，重点改进了控制电槽的极距公差。阴极和阳极装配后，标准极距为9毫米。30-Ⅱ型电槽电流效率95%，每吨碱耗电2400千瓦时。

1977年，石油化学工业部在上海召开了全国氯碱生产经验交流会，安排了重点企业的技术改造，决定逐步以金属阳极隔膜电解槽取代石墨阳极隔膜电解槽，这个决策，使中国氯碱工业技术跨入一个新的阶段。

四、自行研究设计建成首套聚氯乙烯装置

1958年，由化工部第一设计院参考民主德国以及苏联的有关图纸资料，设计的第一套3000吨/年聚氯乙烯装置在锦西化工厂顺利投产，采用电石法工艺。此后，根据发现的问题，对设计做出部分修改，最终完成了6000吨/年的定型设计。随后北京化工二厂、上海天原化工厂、天津化工厂等4套聚氯乙烯装置建成投产，奠定了中国聚氯乙烯工业的基础。1976年，北京化工二厂引进了赫斯特（伍德)的8万吨/年乙烯氧氯化法制VCM装置，这是国内第一套氧氯化单体生产装置。但中国富煤少油，电石法聚氯乙烯依然是符合国情的主流生产路线。

20世纪60年代，聚氯乙烯装置从初期的“达标生产”到随后的“挖潜、改造、翻番”，规模从6000吨/年扩大到3万～5万吨/年，逐步缩小了与国外同行之间的差距。在计划经济年代，各企业协作攻关，成果共享，完成了大量的情报调研和基础实验，为中国聚氯乙烯技术发展积累了宝贵的资源。这一时期，乙炔、氯化氢采用混合冷冻脱水新工艺，减轻转化器的腐蚀，延长使用周期，稳定生产。

1962年，武汉市建汉化工厂和上海天原化工厂分别开展100吨/年乳液聚合法聚氯乙烯中间试验，后扩建为500吨/年生产装置。大沽化工厂、上海天原化工厂新分流工艺（先除低沸物、后除高沸物）先后投产。化工部第一设计院在锦西化工研究院设计建成盐酸脱析中试装置，获得大量工业化数据。随后，北京化工二厂乙炔发生器系统结构改造，乙炔产量翻几番。

聚合反应釜是聚氯乙烯生产的关键设备，也取得了突破。1974年，锦西化工机械厂成功研制30立方米氯乙烯聚合釜，分别在上海天原化工厂和天津化工厂试用。1977年，锦西化工机械厂又批量制造10台聚合釜，在北京化工二厂安装投入生产。

五、其他氯产品同步发展

除大宗氯产品聚氯乙烯外，其他氯产品也得到了同步发展，有效地保障了中国氯碱工业的氯碱平衡。

1958年10月，国内第一套氯丁橡胶生产装置在四川长寿化工厂顺利投产；1959年，沈阳化工厂建成氯化石蜡-42生产装置。进入60年代，广州助剂厂率先采用甘油法生产环氧氯丙烷，随后无锡树脂厂、沈阳化工厂等建成丙烯高温氯化法装置，生产企业逐渐达到10家。1965年，四川自贡鸿鹤镇化工厂建成2200吨/年二氯甲

烷工业规模试验装置，产品质量达到化工部保定第一胶片厂的要求，填补了有机化工原料生产的一项国内空白；1965年，石墨“三合一”盐酸合成炉在锦西化工厂投产。在这一时期，一些氯碱厂又先后在大连、太原、重庆和常州建设了多套小规模的TDI（甲苯二异氰酸酯）和MDI（二苯甲烷二异氰酸酯）生产装置，但由于产品应用的落后，TDI工业发展较为缓慢。

氯化聚乙烯（CPVC)是在聚氯乙烯的基础上经氯化得到，其理化性质更为优越。中国从20世纪70年代末开始研制氯化聚乙烯。最早是由安徽省化工研究院研制成功水相悬浮法合成CPVC技术，并先后在安徽芜湖、江苏太仓、山东潍坊建成了500～1000吨/年不同规模的生产装置。

氯化苯的生产经过近20年的发展，在1970年增长到3.57万吨/年，产量逐年扩大。氯化苯最初的生产装置采用低温槽式连续氯化法，后经过小高温槽式氯化发展到塔式沸腾连续氯化法。

第四节
引进与创新发展进入新阶段
（1978～1990年）

始于1978年的改革开放激发了市场经济活力，提升了企业的经营与决策自主权。氯碱企业为缩小与国际先进企业的水平差距，积极开展技术与关键设备的引进、消化吸收与国产化工作，迅速提升了中国氯碱工业的技术水平，氯碱生产迈向大型化、规模化，产品产量稳步增长，技术变革进入新阶段。烧碱产能5万吨/年以上的企业，由1980年的7家发展到1988年的13家。到1990年，烧碱产量为335.40万吨，已经接近苏联、日本、联邦德国，居世界第五位；主要耗氯产品聚氯乙烯产量达77.45万吨，为改革开放初期1978年的3倍。

一、金属阳极隔膜电解槽成为新建和技改装置的主力

金属阳极电解槽阳极网袋形状稳定，比石墨阳极节电15%～20%，生产强度提高一倍以上，从而促进了金属阳极电解槽的推广。1977年，石油化学工业部在上海

召开全国氯碱生产经验交流会做出决定，逐步以金属阳极隔膜电解槽取代石墨阳极隔膜电解槽。这一决策，推动氯碱工业技术迈入了一个新阶段。为了加快氯碱工业现代化步伐，1978～1979年，国家安排了生产能力为40万吨/年烧碱的金属阳极电解槽的重点技术改造。到1979年，30-Ⅱ槽已有360台投入生产。化工部第八设计院根据30-Ⅰ型、30-Ⅱ型电解槽的设计、制造、使用实际经验，着手改进槽型，设计30-Ⅲ型电槽，使槽型的结构更加合理，极距缩小到8.5毫米。1978年8月10日，30-Ⅲ型槽在天津化工厂进行运行试验，状况较好。

1978年4月24日，由上海电化厂设计，上海4805厂制造的32台C47-I型金属阳极隔膜电解槽投产，容量为80千安，这是当时中国自行设计、制造的容量最大的金属阳极隔膜电解槽。该电解槽采用了新电极材料，不仅提升了单槽能力、降低了能耗、提高了碱液质量和浓度，而且改善了劳动条件，标志着中国电解技术取得了新进展。

1978～1981年，中国氯碱工业处在由石墨阳极向金属阳极发展的转换时期。至1981年3月底，金属阳极电解槽生产能力达到70万吨/年，占烧碱总生产能力的35%，其中隔膜电解槽生产能力60万吨/年，水银电解槽生产能力9.5万吨/年。20世纪80年代初期，由于能源紧张促使耗能较大的氯碱工业更加重视节能工作，金属阳极电解槽逐渐被企业所应用。到1988年，全国共有30多家氯碱厂近3000台金属阳极电解槽投产。

但是，在80年代的10年间，金属阳极电解槽的优越性并没有得到充分发挥，主要原因是改性隔膜技术没有跟上。不过，此时一种更先进的技术工艺接踵而至，离子膜电解法的出现，推动了氯碱工业现代化建设。

二、离子膜烧碱国产化探索和引进建设

（一）国产离子膜电解的研究

离子膜法制取烧碱是以离子交换膜为隔膜，采用电解法生产烧碱以及氯气和氢气的生产方法，是20世纪70年代发展起来的新技术，也是国际上最先进的烧碱生产技术。烧碱生产应用的离子膜有全氟离子膜、全氟羧酸膜和全氟羧酸膜/磺酸复合膜，这种膜只允许钠离子通过，产生的碱液纯度高、质量好、能耗低、无汞和石棉污染。离子膜法较隔膜法烧碱电耗略低，主要是离子膜法烧碱直接就产出成品碱，不需要蒸发，从而能耗低。

1965年，上海桃浦化工厂、上海天原化工厂、锦西化工研究院等单位相继开展了离子膜法制碱技术的探索性研究。采用苯乙烯磺酸型非均相膜及苯乙烯、二乙烯基苯、甲基丙烯酸三元共聚羧酸型均相膜进行电解试验，但由于膜材料是烯烃类高分子聚合物，这类膜一般运转几天至几十天就开始破裂。

20世纪70年代中后期，中科院上海有机化学研究所已开始研制全氟磺酸膜，上海原子能研究所也进行了全氟离子膜的研制，上海电化厂、上海桃浦化工厂相继开展了电解方面的试验。

这一时期，正值上海金山石化总厂建设投产，对高纯度烧碱提出了要求。1978年，上海市科委组织上海天原化工厂、中科院上海有机化学研究所和上海塑料研究所等单位共同组成的离子膜法制碱攻关小组，由上海天原化工厂承担电解槽设计、电解工艺、耐腐蚀材料试验，中科院上海有机化学研究所研制全氟磺酸树脂，上海塑料研究所负责加工制膜，当年1平方分米离子膜试验电解槽在上海天原化工厂开始运转。

1980年，化工部决定将离子膜法工业化试验列为重点科研项目，拨专款245万元在上海天原化工厂进行1000吨/年离子膜法装置试验。经过几年不懈努力，1984年9月，建成自主开发制造的单极式、复极式离子膜电解槽。这套装置除离子膜采用进口的外，其他材料都立足国内。通过一年连续试验，生产的30%高纯度碱合格，吨碱电耗2500千瓦时，达到国外20世纪70年代中后期水平，填补了国内离子膜法烧碱制造与工艺上的空白，为扩大生产打下重要技术基础。但是，由于国产化离子膜电解槽比直接引进离子膜电解槽在时间上迟了一步，试验装置配套设施有待进一步完善，导致这项工业化试验成果未能扩大生产。

（二）离子膜电解的引进、消化吸收、创新

除了自主研发之外，中国不断引进国际先进的离子膜制碱技术。1983年7月26日，盐锅峡化工厂率先签约引进了日本旭化成离子膜制碱技术，1984年11月开始建设，1986年6月10日建成并投产国内第一套1.0万吨/年离子膜法烧碱生产装置。随后上海天原化工厂（规模1.0万吨/年，旭硝子技术）、北京化工二厂（规模2.0万吨/年，旭化成技术）、大沽化工厂（规模2.0万吨/年，旭化成技术）、徐州电化厂（规模1.0万吨/年，旭化成技术）、江门电化厂（规模1.0万吨/年，西方化学技术）、大连染化厂（规模1.0万吨/年，德山曹达技术）、齐齐哈尔电化厂（规模1.0万吨/年，旭化成技术）等一批氯碱企业相继引进国外离子膜法烧碱装置和技

术，在80年代全部投入生产，引进离子膜法烧碱装置能力为10.0万吨/年。

为使离子膜制碱技术立足国内，在引进国外装置的同时，1984年北京化工机械厂引进了旭化成、旭硝子复极、单极电解槽的制造，阳极活性涂层、活性阴极等技术。1987年1月26日采用旭化成复极式离子膜电解槽制造技术生产出第一批2台电解槽，经中日双方会检合格，供大沽化工厂使用。1990年8月29日，中国氯碱工业协会在盐锅峡化工厂召开第一届离子膜法制碱生产协作组会议，明确了今后应大力发展离子膜制碱工艺的方向。

三、烧碱蒸发工艺实现新突破

烧碱蒸发工艺成为这一时期氯碱行业节能降耗的重要内容，传统的双效蒸发逐步向三效、四效蒸发升级。

1979年，吉化公司电石厂与化工部第八设计院合作，首先把双效蒸发改为三效顺流部分强制循环蒸发工艺生产42%液碱，创造了符合中国国情的蒸发工艺路线，使汽耗指标大大降低。同期吉化公司机械厂研究的立式轴流泵经过三年测试，运行基本正常，对中国三效顺流部分强制循环蒸发新流程的开发，起到了重要的推动作用。

1982年2月，吉化公司电石厂三效顺流部分强制循环流程通过技术评议并在行业内推广使用，确立了具有中国独特风格的蒸发改造方向。1983年4月，佳木斯化工厂在国内率先正式在烧碱蒸发中采用三效顺流部分强制循环蒸发工艺。到1989年底，采用三效流程工艺的企业共有80多家，约占全国烧碱生产能力的一半。

1988年，全国引进的首套20万吨/年烧碱改性隔膜扩张阳极电解槽和四效逆流蒸发装置在齐鲁石化公司投产运行。

四、氯乙烯/聚氯乙烯引进建设步入大型化、规模化

聚氯乙烯作为氯碱工业主要的耗氯产品，成为业界发展重点，产量和质量持续提升。中国聚氯乙烯树脂生产工艺主要有乙烯法和电石法，两种工艺路线的原料成本主要取决于电石和乙烯的成本差异。既可以利用国内资源先天优势，采用电石为原料路线，也可以发挥沿海区位优势，采用乙烯法聚氯乙烯路线，成为中国氯碱工业特有的竞争优势。

1978年，化工部邀请各企业专家谈判签约三井东压20万吨/年氧氯化制氯乙烯

（流化床）及信越化学20万吨/年悬浮法聚氯乙烯（127立方米釜），先后于80年代在齐鲁石化公司及上海氯碱总厂投产。1987年，北京化工二厂、锦西化工厂、沈阳化工厂、福州化工二厂分别引进美国古特里奇（BFG）2万～4万吨/年悬浮法聚氯乙烯。1990年以后，聚合釜大小不同的悬浮法聚氯乙烯装置相继引进，如株洲化工厂引进日本吉昂78立方米釜（内热式沸腾床筛孔为斜孔结构）、北京化工二厂和锦化化工（集团）公司引进欧洲乙烯105立方米釜、大沽化工厂引进日本窒素公司108立方米聚合釜。

在氯乙烯/聚氯乙烯悬浮树脂引进建设步入大型化、规模化的同时，国内聚氯乙烯糊树脂生产企业也积极进行技术引进和自主研发。聚氯乙烯糊树脂是未加工状态下的聚氯乙烯塑料的一种独特液体形态，主要以制成糊状形态来应用。与传统的悬浮树脂相比，聚氯乙烯糊树脂具有加工设备价廉、模具简单便宜、可制成特别形状、发泡容易、制品受热次数少、可以少量、多品种进行生产等优点。20世纪60年代，武汉市建汉化工厂就与武汉市化工研究所合作，开发了种子乳液法制聚氯乙烯糊树脂工艺，但工艺较为复杂，产品稳定性较差。其后经过多年摸索，1984年武汉市化工研究所和葛店化工厂合作开发微悬浮聚合法生产出糊树脂产品，产品质量接近国外先进水平，成功通过了多部委的技术鉴定。80年代初，沈阳化工厂引进日本钟渊化学的微悬浮法，上海天原化工厂、天津化工厂引进了日本三菱化学的种子乳液法，合肥化工厂引进法国阿托化学的种子微悬浮法，上海氯碱总厂引进美国西方化学的混合法。这些引进技术基本上包罗了当代世界较先进的聚氯乙烯糊树脂生产工艺，能生产35个牌号糊树脂，不仅使产品质量有了飞跃，而且还带动了中国聚氯乙烯糊树脂生产技术的全面进步。

到1990年，全国聚氯乙烯产量达77.45万吨，其中糊用聚氯乙烯树脂产量4.75万吨，占聚氯乙烯总产量的6.1%，卫生级树脂产量32.2万吨，占总产量41.5%。

五、氯化石蜡、氯乙酸等氯产品技术及产能发展

20世纪80年代以前的氯产品主要是以消耗生产烧碱联产出的氯气为主要目的，随着国民经济快速发展，烧碱产量逐年升高，直接带动了氯产品的开发与生产。氯碱厂在化工部的号召下，积极引进氯产品生产技术，加大自主研发填补空白，氯产品品种由新中国成立前的几种迅速发展到40余种，满足市场旺盛的需求。这一时期，一些氯产品如六六六、聚氯乙烯等很好地解决了“氯碱平衡”的难题，增强了

企业的经济实力，为生产经营与技术改进奠定了坚实基础。

1983年，国家计委决定停止生产有机氯农药，要求生产能力2.9万吨/年的六六六产品于3月底全部停产。生产能力1万吨/年的滴滴涕除留部分出口任务外，减产一半。由于其他耗氯产品的生产能力难以消化六六六、滴滴涕停产减产造成的富余氯气，“碱氯失衡”成为氯碱工业面临的主要难题。生产企业在被迫降低烧碱装置开工率的情况下，加紧开发其他耗氯产品。除重点发展耗氯量较大的聚氯乙烯产品外，氯化聚乙烯、氯化苯等有机氯产品及精细化学品的开发也取得长足进步。

氯化石蜡的工业化生产也由起初的沈阳化工厂逐渐扩至上海、徐州、广州、武汉、重庆、青岛、天津、梧州等地，并陆续建成氯蜡-42、氯蜡-52的生产装置，之后又生产出含氯量为70%的氯化石蜡（氯蜡-70）。

甲烷氯化物类产品的增长满足了有机硅、有机氟材料的发展。有机硅生产起步时期所需原料一氯甲烷大部分为农药敌百虫生产中的副产物，此前仅在北京化工二厂和江西星火化工厂建有以甲醇为原料的一氯甲烷生产装置，生产能力约为5000吨/年。90年代初浙江巨化公司引进了日本德山曹达甲醇法生产技术，并通过消化、吸收、创新，使国内生产技术有了很大的提高。以此为标志，中国甲烷氯化物产业的发展进入了一个新阶段。在80年代后，自贡鸿鹤化工厂在工业规模试验装置的基础上，开发了天然气热氯化法生产二氯甲烷、三氯甲烷也使甲烷氯化物生产技术有所突破。

80年代以后，塑料工业的发展促进了ADC（偶氮二甲酰胺）发泡剂行业的不断扩张。ADC发泡剂一度供应紧俏，价格上升到每吨1.8万元的高位，这一时期，ADC发泡剂在国内外市场畅销。1989～1990年，过热的经济得到调整，使得ADC发泡剂产销基本趋向平衡。

1983年，山东烟台合成革总厂从日本聚氨酯公司引进1.0万吨/年MDI（二苯基甲烷二异氰酸酯）生产装置，该装置是按70年代初英国ICI转让给日本的2.0万吨/年MDI装置缩小而成，技术水平属60年代末水平。由于装置规模缩小带来的问题，因而从1983年5月投产到1990年，运转一直不正常，始终未能达到设计能力，最高产量为8000吨/年。

80年代中期，随着石油工业的发展，钻井用助剂羧甲基纤维素用量大幅度上升，促使中国氯乙酸生产规模不断提高。此后，农药除草剂的迅猛发展再次刺激了对氯乙酸的需求。这一时期，漂白消毒类氯产品市场较为广阔，含氯、耗氯的精细化工产品生产方兴未艾。为满足氯碱企业规模扩大的要求，有机氯产品的增长超过了无机氯产品。

此外，为妥善处理烧碱联产出的氯气，1979年，上海天原化工厂与上海化工研究院、锦西化工机械厂共同试制出10万吨/年氯气透平压缩机。1988年，苏州化工厂首次采用氟利昂制冷机直接液化生产液氯。

第五节 发展再上新台阶

（1991 ～ 2000年）

进入90年代，在全国掀起的股份制改革热潮，揭开了氯碱企业改制的序幕，企业纷纷推行股份制改革，促进了氯碱工业持续快速增长。1994年，中国烧碱产量突破400万吨，跃居世界第二位。“九五”期间，中国氯碱工业从生产能力、产量到消费，在世界氯碱工业中都已举足轻重。到2000年，中国烧碱产量667.88万吨，约占世界总能力的15%，聚氯乙烯树脂产量240.0万吨，约占世界总能力的7.85%。

一、引进和自主建设多套离子膜烧碱装置

这一时期，离子膜烧碱装置因其技术优势继续得到推广，在80年代大规模引进吸收的基础上，逐渐向自主建设发展。1990年明确大力发展离子膜制碱工艺的方向后，又兴起了一轮引进和自主建设离子膜烧碱装置的高潮。

1993年，中国第一套复极式离子膜制碱国产化装置在沧州化工厂投产运行。电解槽采用北京化工机械厂生产的MBC-2.7复极式电解槽，这也是国产化电解槽在中国的首次应用。2000年，北京化工机械厂消化吸收研制成第一套2万吨/年单极离子膜烧碱国产化装置，在河北沧州大化集团黄骅氯碱公司投料开车成功，填补了单极式离子膜电解槽的国内空白。北京化工机械厂通过引进消化吸收再创新，使中国离子膜法电解装置制造技术完全实现了国产化。通过自主研发，拥有多项自主知识产权和专利技术，中国生产的各种类型的离子膜法电解槽已达到国外同类产品的先进水平。

1990 ～ 2000年，国内新增离子膜制碱工艺装置45套，产能183万吨/年。其中，复极槽100.5万吨/年；单极槽82.6万吨/年。

截至2000年，国内烧碱总产能800万吨/年，其中离子膜制碱工艺装置能力193

万吨/年，占总产能24.1%；烧碱产量667.88万吨，离子膜法烧碱产量165.50万吨，占总产量24.8%。

二、聚氯乙烯单体和糊树脂均取得新突破

聚氯乙烯工业继续保持高速增长态势，大量引进和国产项目纷纷上马。1998年，沧州化工厂引进15万吨/年联合法聚氯乙烯生产装置。从1991年到2000年，全国聚氯乙烯总产能由144.0万吨/年上升至328.8万吨/年，年均增长11.0%；产量由88.1万吨上升至213.4万吨，年均增长9.3%。

在产能、产量增长的同时，产品种类和技术含量也不断取得突破，仅“八五”期间聚氯乙烯工业就完成了共聚、共混等改性VCM、PVC树脂新品种的科研攻关专项9个。沧州化工厂研制的掺混树脂工业化新产品于1994年7月通过部级鉴定，该工艺属国内首创，产品的表观密度、吸油率、干流性、静电现象及降黏效果等性能达到世界先进水平。沧州化工厂利用这项科研成果，兴建了1万吨/年工业化生产装置。

本体法聚氯乙烯生产工艺具有工艺流程短、设备少、操作简单、产品质量高、原材料和能耗低、基本无“三废”排放、环境污染少、投资省等优点。为了填补本体法聚氯乙烯生产工艺技术国内空白，1992年4月，宜宾天原化工厂与法国的Krebs公司签订了引进2.0万吨/年本体法聚氯乙烯聚合装置及1.5万吨/年电缆粒料加工装置的承包合同，并于1997年7月试车投产，生产出合格的M-PVC树脂。

聚氯乙烯糊树脂在80年代大量引进的基础上进一步扩大规模。1991年，宜昌树脂厂、镇江树脂厂、德州石油化工厂、新乡树脂厂、宜宾天原化工厂、沧州化工厂等糊树脂装置开始投入生产。1995年，沈阳化工厂第一套万吨级聚氯乙烯糊树脂国产化工程一次试车成功，结束了中国糊树脂依赖进口的局面。此后，在沈阳化工厂糊树脂国产化装置的基础上结合中国实际情况，进行了技术改进和创新。其中，沈阳化工厂仅用1年时间就完成了2台48立方米聚合釜的研制任务，填补了糊树脂专用聚合釜的国内空白。

聚氯乙烯糊树脂装置和万吨级离子膜烧碱装置成功投产，奠定了氯碱工业国产化基础。到20世纪末，国内聚氯乙烯糊树脂总生产能力约为17.65万吨/年，约占聚氯乙烯树脂总生产能力的9.6%；实际产量约11万吨/年，占聚氯乙烯总产量的7%。全国已有聚氯乙烯糊树脂生产企业近20家，其中2万吨/年以上的有4家，1万吨/年的有7家，其余多为2000吨/年左右的生产规模。生产工艺以乳液聚合为主，还有

连续乳液、微悬浮法等，绝大多数为电石原料路线。

三、其他氯产品飞速发展

进入90年代，氯碱工业在重点发展主要耗氯产品聚氯乙烯的同时，氯乙酸、甲烷氯化物、氯化石蜡等其他氯产品也得到了飞速发展。

1991年7月，江苏东台市有机合成化工厂采用乙酸酐做催化剂的500吨/年氯乙酸生产装置建成投产，开创了中国乙酸氯化法生产氯乙酸的先河；1999年，国内首套乙酸酐催化法大型氯乙酸生产装置在江苏无锡格林艾普化工股份有限公司建成投产，生产能力达到5000吨/年；同年12月，江苏泰兴市与荷兰阿克苏诺贝尔公司签订了在泰兴经济开发区建设2.5万吨/年氯乙酸生产装置的协议。这些装置陆续建成投产后，大大提高了中国氯乙酸工业技术水平。

90年代初，浙江巨化公司引进了日本德山曹达甲醇法生产技术；1998年，江苏梅兰引进美国文氏公司甲醇法生产技术，通过消化、吸收、创新，国内甲烷氯化物生产技术水平有了很大提高，发展进入了一个新阶段。甲烷氯化物中的四氧化碳，则是《蒙特利尔议定书》规定的受控物质。按照《蒙特利尔议定书》的要求，中国从1997年7月1日起，将CFC-11和CFC-12的生产和消费分别冻结在1995年到1997年三年的平均水平，并分阶段逐步削减，最终于2010年停止使用。

进入90年代，国内氯化石蜡工业经历了一段快速发展过程。1994年，氯化石蜡的装置能力仅为9万吨/年，产量近5万吨。到2003年，国内装置能力猛增到30万吨/年，产量达15万吨，成为世界第一氯化石蜡生产国。

山东烟台合成革总厂1.0万吨/年MDI生产装置自80年代投产后运转一直不正常，始终未能达到设计能力。1994年，山东烟台合成革总厂与青岛化工学院合作，通过产学研相结合，共同进行MDI生产技术攻关，终于在1996年开发出2.0万吨/年MDI制造技术，并于1998～1999年实现产业化，后又开发出4.0万吨/年制造技术，并掌握了8.0万吨/年的核心技术。

四、适时推进淘汰落后产能工作

90年代初期，氯碱工业延续了80年代以来的高速发展态势，但由于宏观调控乏力、企业追求短期行为、盲目新建、扩建项目导致烧碱产能增长过快，而相关的下游产业发展滞后。到90年代中期，烧碱产能过剩趋势十分明显，市场供大于求，竞争十分激烈，企业开工率明显不足。为此，氯碱工业积极推进结构调整、淘汰落后产能。1996年，为保护环境，锦西化工厂水银碱停产。至此，中国水银法制烧碱工艺全部淘汰。

氯碱工业是高能耗产业，90年代纷纷上马的离子膜烧碱装置，以其能耗低、盐耗低的优势，在一定程度上可以缓解增产烧碱与能源紧缺的矛盾。同时，推广三效顺（逆）流强制循环蒸发工艺、氟利昂直接液化制液氯、离心式氯气压缩机以及节能型DSA隔膜电解槽等新工艺、新设备，使吨碱的综合能耗逐年降低。1990年，全行业每吨烧碱的平均直流电耗在2500千瓦时左右；到2000年，这一数字下降到2350千瓦时左右。

1999年，《化工行业淘汰落后生产能力、工艺和产品目录》公布，其中氯碱行业中的汞法烧碱、非密闭式电石炉被列入淘汰名单。同时在第一批《化工行业禁止投资目录》中，汞法和石墨阳极隔膜法工艺因污染大、能耗高等问题被列入禁止投资目录。国家调控政策促使行业逐渐向大型集约化、清洁化方向发展。

第六节 高速发展跨入世界氯碱大国行列

（2001 ～ 2010年）

一、出现投资高峰，产能跃居世界第一

在“十五”“十一五”发展计划期间（2001 ～ 2010年），因国民经济持续增长的促进，各相关产品产量均有所增加，中国氯碱工业驶上了高速发展的快车道。此外，受益于国家西部大开发政策，一批具有资源优势的氯碱企业迅速崛起，中国氯碱工业跃居世界氯碱大国行列。

“十一五”期间，氯碱工业积极推广先进的离子膜法烧碱生产工艺，禁止新建装置采用普通金属阳极电解槽，并通过扩张阳极、活性阴极、小极距、改性隔膜技术对普通隔膜法装置进行技术改造。烧碱生产工艺得到明显优化，氯碱工业综合能耗显著下降。2006年，中国烧碱产能达1810万吨/年，产量达到1512万吨，超过美

国居世界首位。离子膜法产能比例上升至55%，已超过隔膜法比例。

到2010年，国内氯碱生产企业约180家，生产厂家遍布除西藏自治区、海南省以外的全国29个省、自治区、直辖市，烧碱生产能力3021万吨/年，产量2228万吨，100%采用金属阳极，其中离子膜法生产能力2547万吨/年，占总生产能力84.3%（见表2-4-1）。聚氯乙烯生产能力2043万吨/年，产量1151万吨。烧碱和聚氯乙烯产量均稳位居世界第一。

表2-4-1　国内烧碱产能构成变化

单位：%

年份	离子膜法（IM法）	隔膜法（D法）	水银法（M法）	苛化法（C法）
1965	0	62.7	12.2	25.1
1977	0	88.4	7.6	4.0
1988	2.7	90.0	5.2	2.1
2000	24.8	74.3	0.1	0.7
2005	44.0	56.0	0	0
2010	84.3	15.7	0	0

二、自主产权离子膜电解装置实现突破

2000年，北京化工机械厂研制成功的国产第一套2万吨/年单极式离子膜电解装置在河北沧州大化集团黄骅氯碱公司投料开车成功后，2002年北京化工机械厂又引进高电流密度自然循环离子膜电解槽和工艺技术，并通过引进、消化、吸收、再创新，于2003年形成拥有自主知识产权的中国离子膜法电解装置技术，所生产的各种类型离子膜法电解槽也达到国外同类产品的先进水平。同时，DCS系统在氯碱工业的推广应用，使氯碱企业的自动化管理水平登上一个新台阶。

随着离子膜烧碱工艺被氯碱生产企业广泛应用，新型膜极距离子膜电解槽开始在中国投运。2008年，蓝星（北京）化工机械有限公司（原北京化工机械厂）生产的NBZ-2.7膜极距（又称“零”极距）离子膜电解槽在河北冀衡化学股份有限公司和宁波东港电化有限责任公司开始工业化应用。

2009年，氧阴极低槽电压离子膜法电解制烧碱技术重点项目（“十一五”国家重点项目）通过了可行性论证，标志着中国离子膜电解槽技术又向新的台阶迈进。该项目由蓝星（北京）化工机械有限公司立项研发，吨碱能耗降低20%。氧阴极低

槽电压离子膜法电解制烧碱技术的开发，形成了规模化产业示范，对中国氯碱工业未来的发展起到重要作用。

作为离子膜电解槽的核心辅材离子膜，生产制造技术多年来一直掌握在美国和日本的3家企业手中。离子膜实现国产化，使中国氯碱企业具有“中国芯”一直是国家和行业的共同心愿，曾被列为化工部十大科技课题之首，从“七五”开始，列入三个五年计划开展攻关，均未成功。在国内历年对离子膜的攻关研究基础上，2003年上海交通大学张永明博士开始与山东东岳集团合作攻关国产氯碱用离子交换膜。该攻关项目获得了科学技术部的支持，并列入国家“863”计划。他们从膜内离子转移理论研究开始，分析了各种离子分离膜的机理和分子结构，设计出独特的离子交换分子结构，研究开发出高纯单体和聚合物，创新性地开发了聚合反应器和最终成膜机理，实现了从理论到实际应用、从加工机械到产品、从研究到工程化的多学科、多领域的大跨越突破，取得了一系列成果，先后研制出全氟羧酸树脂、全氟磺酸树脂、四氟强网布、亲水涂层等材料，并研制成功成膜生产线、热合生产线、转型生产线、涂覆生产线和检验生产线等工业化生产装置，于2009年9月22日实现了第一张国产工业化大面积氯碱离子膜下线。2010年5月14日，两张有效面积2.7平方米的国产离子膜在黄骅氯碱厂北化机离子膜槽实验基地投入试用。2010年6月30日，70张国产离子膜在东岳集团的北化机万吨级自然循环膜极距高电密电解装置上投入商业化运行。此后，国产膜不断改进，除高强度的型号外，还开发了带牺牲纤维型离子膜。

中国氯碱工业相继自主研发了国产化隔膜电解槽、30立方米聚合釜，离子膜烧碱电解装置和大型聚合釜等核心装备，直至研制成功属于中国人自己的离子膜“中国芯”，成为氯碱工业发展的一个里程碑。国产膜逐步被国内外多个厂家采用，证明国产膜是安全、可靠、高效的，具备了与国外膜一争高下的实力。

三、装备迈入国产化、大型化时代

进入21世纪，氯碱企业生产规模迅速扩大，涌现出一批烧碱、聚氯乙烯生产规模达数十万吨，并向百万吨级规模进军的大型企业。2003～2004年国际原油价格一路走高，乙烯法聚氯乙烯成本优势明显上升。此时，依托中国“贫油、富煤、少气”的资源能源特点布局的电石法工艺路线聚氯乙烯装置，相对具有竞争力。同时，在国家推进西部大开发战略和各级地方政府因地制宜招商引资的带动下，众多企业将目光集中在了具有资源优势的中西部地区。大型氯碱生产企业新扩建项目相继投产，加上越来越多的氯碱企业开始通过兼并重组等方式寻求“强强联手”，不仅加速了资源、市场的有效整合，也使得氯碱工业产业集中度进一步提升。

2008年，全国烧碱产量达1926万吨，生产规模在10万吨/年以上的企业达101家，其中20万吨/年以上的39家，30万吨/年以上的21家，40万吨/年以上的9家。这9家企业分别是新疆天业（集团)股份有限公司（60万吨/年）、天津大沽化工股份有限公司（56万吨/年）、浙江巨化股份有限公司电化厂（51万吨/年）、上海氯碱化工股份有限公司（51万吨/年）、四川宜宾天原集团有限公司（45.7万吨/年）、中国石油化工股份有限公司齐鲁分公司氯碱厂（45万吨/年）、新浦化学（泰兴)有限公司（45万吨/年）、山东滨化集团有限责任公司（42万吨/年）、昊华宇航化工有限责任公司（40万吨/年）。

作为主要耗氯产品的聚氯乙烯工业，2000年，锦西化工机械有限责任公司成功研制了70立方米聚合釜，满足了全国聚氯乙烯工业发展的需要，降低了企业扩大再生产的投资，同时也改变了较大型聚合釜完全依赖进口的局面，促进了中国聚氯乙烯装置技术水平的提高。

2004年，锦西化工机械有限责任公司齐鲁石化乙烯二期改造工程制造的135立方米聚氯乙烯聚合釜，各项技术指标均优于设计标准，结束了中国大型聚氯乙烯聚合釜依赖进口的历史。从2005年到2006年，该公司陆续成功研制了聚氯乙烯105立方米聚合釜、108立方米聚合釜和110立方米聚合釜。

2004年11月28日，天津大沽化工股份有限公司自行设计的20万吨/年的聚氯乙烯生产装置一次试车成功并迅速投产，标志着中国电石法聚氯乙烯生产工艺及装备水平迈入大型化时代。这一时期，已有部分企业的聚氯乙烯生产规模接近或达到世界级规模：天津大沽化工股份有限公司80万吨/年、新疆天业（集团)股份有限公司70万吨/年、中国石油化工股份有限公司齐鲁分公司氯碱厂60万吨/年、上海氯碱化工股份有限公司45万吨/年、内蒙古亿利化学工业有限公司40万吨/年、昊华宇航化工有限责任公司40万吨/年、河南恒通化工有限公司40万吨/年等。

到2007年，中国聚氯乙烯产量达到931万吨，超过美国成为世界第一生产大国，产品质量接近或达到国际先进水平。

随着中国社会主义市场经济体制的不断发展和完善，推动了氯碱企业与研究单位、机械制造企业更紧密地协作，相继开发出了超大型的乙炔发生器、转化器、电石渣压滤机、氯乙烯螺杆压缩机及自动包装机，成为聚氯乙烯装置大型化的有力支撑；各企业单位对引进技术消化吸收和推广应用，包括聚合（悬浮、本体、乳液、微悬浮）用各型号的复合分散剂（乳化剂）、复合引发剂、链调节剂、终止剂、消泡剂等在内的配方及助剂，基本可立足于国内；主要生产工艺过程（合成、蒸馏、聚合、汽提等）均采用微机控制，保证了各批次间产品的质量均一稳定；聚合防粘釜技术获得新突破，开发出多种防粘釜涂布新配方、新工艺，防粘釜助剂已基本国产化；生产低型号树脂可百釜不清，并且实现密闭进出料工艺。

2010年中国烧碱产能集中度分布见表2-4-2。

表2-4-2　2010年中国烧碱产能集中度分布

规模/万吨	≥50	40～50	30～40	20～30	10～20	<10
占比/%	13.9	10.5	10.5	23.2	26.4	15.4

2010年，山东、江苏、浙江、天津、山西、河南、内蒙古、新疆、四川等省、自治区、直辖市是国内烧碱生产的主要产区，共有烧碱生产企业105家，合计产能达到2158.5万吨/年，占2010年总产能的71.5%。上述9省份生产企业的平均产能为20.6万吨/年。随着西部地区氯碱产能在全国总产能中所占比重不断增加，西部地区氯碱工业在国内的地位日益显现。据统计，西北地区烧碱产能比例由2003年的3.8%增长至2010年的17.9%，西北5省份、西南3省份及内蒙古自治区2010年聚氯乙烯的产能已经占到了全国聚氯乙烯产能总量的近40%。如加上这一时期氯碱工业同样发展迅速的山西（聚氯乙烯产能115万吨/年）、河南（聚氯乙烯产能139.5万吨/年）等中部省份，则中西部地区氯碱工业的产能规模占全国氯碱工业产能规模的比例进一步提升。而传统的华东、华北地区产能增长相对缓慢，但仍保持在全国产能分布中的主导地位。截至2010年，氯碱工业已基本形成了依托资源优势和靠近消费市场两种产业分布格局。

到2010年，全国聚氯乙烯（含糊树脂）总产能达到2043万吨/年，其中电石法聚氯乙烯（含糊树脂）装置能力占国内总产能的81%；全国在产聚氯乙烯生产企业94家，企业平均产能21.74万吨/年，产能超过40万吨/年的装置能力上升至46%，产业集中度大幅度上升（见表2-4-3）。

表2-4-3　2010年中国聚氯乙烯产能集中度分布

规模/万吨	≥40	20～40	10～20	<10
占比/%	45.8	29.1	19.1	6.0

四、聚氯乙烯+烧碱扩张模式遇冷

2003年，国际原油价格持续走高，为电石法工艺路线聚氯乙烯生产带来机遇。中国开始了“聚氯乙烯+烧碱”的配套扩张模式，特别是在煤电资源丰富的中西部地区，这一发展模式更为常见。在这种扩张模式的推动下，国内氯碱企业规模和竞争力均实现了较为明显的提升。2004～2005年，中西部地区涌现出一批具有资源优势的氯碱企业。2006年，烧碱进入投产高峰期，烧碱产量达1512万吨，跃居世界首位。到2008年底，氯碱生产企业达到220多家，形成烧碱生产能力2472万吨/年，聚氯乙烯（包括糊树脂)生产能力1581万吨/年，中国已稳居世界氯碱生产第一大国。

2008年，国际金融危机爆发，全球经济下滑，聚氯乙烯市场急剧转冷，导致中国大量与聚氯乙烯配套的电解装置无法正常开工。2009年，全国聚氯乙烯产量为915.5万吨，同比增长了3.8%，除去新开车装置因素的影响，聚氯乙烯装置的开工率仅在54.3%。导致开工率较低的主要原因是国际原油价格回落，国外低价聚氯乙烯进入国内市场，而出口受阻，加剧了国内供需矛盾。同时，由于煤价上涨及电石法电价上涨，电石法聚氯乙烯竞争力下降，导致不少生产企业减产甚至停产。

几年来被广泛采用的“聚氯乙烯+烧碱”的扩张模式遇冷，氯碱工业再次遭遇“氯碱平衡”难题，加快下游耗氯产品的结构调整，成为产业发展面临的一个难以回避的话题。

五、其他氯产品已发展到二百余种

氯碱企业规模和技术水平的整体提升，耗氯产品种类也日趋丰富。2010年，国内氯碱企业可生产200余种氯产品，形成了漂白消毒剂系列、环氧化合物、甲烷氯化物、光气、氯代芳烃、氯乙烯、C_2氯溶剂以及精细化学品等10余个品种系列，充分满足了企业灵活安排生产与销售的需要。

（一）漂白消毒剂系列

进入21世纪，国外漂粉精装置停产、减产较多，需要进口漂粉精填补市场需求，为中国漂粉精增加、扩大出口提供了机遇，特别是钠法漂粉精产量增长迅速。2010年，全国漂粉精生产能力最大的是中石化江汉油田盐化工总厂，此外还有上海氯碱、山东滨化、江苏索普化工、天津凯丰化工、济宁中银电化等规模较大的漂粉精生产企业。

中国氯代异氰尿酸于80年代初实现工业化生产，到90年代初，产品主要供出口，国内使用量很小。进入21世纪，不少科研单位和生产企业加大研发和销售力度，氯代异氰尿酸的国内消费量逐年增加，尤其是在渔业和养蚕业上消费增长速度非常迅速。截至2010年，氯代异氰尿酸类产品生产企业有数十家，大部分企业生产规模在2000～1万吨/年，合计总产能约30万吨/年。江苏江东化工股份有限公司、河北冀衡化学股份有限公司和南京化工股份有限公司是氯代异氰尿酸类产品的主要生产企业。

（二）光气系列

进入21世纪后，中国异氰酸酯市场以年均15%～16%的速度增长，从而引发了建设热潮。2006年，由上海氯碱等5家中外企业合资组建的上海联恒异氰酸酯有限公司建设的16万吨/年TDI生产装置投产，中国TDI总产能达29万吨/年，产量约18万吨。随着新装置的投产，以及国内其他几套装置生产趋于正常，国内产品市场占有率首次突破50%，中国TDI长期依赖进口的局面得到缓解，同时也使中国异氰酸酯工业上了一个新台阶。

作为异氰酸酯系列的另一重要产品MDI，在面对国外长达40年的技术封锁下，万华化学集团股份有限公司（烟台）依靠自主创新掌握了MDI的核心制造技术，使中国成为继德国、美国和日本之后世界上第四个拥有MDI自主知识产权的国家。烟台万华探索出的大规模化工制造技术产业化开发的成功模式，扭转了中国MDI长期依赖进口的局面，有力推动了上下游产业发展。

2001年，烟台万华4.0万吨/年MDI工业试验性装置通过国家验收，并将产能扩大到8.0万吨/年。2002年，烟台万华开发出16.0万吨/年MDI工艺包，并得到国家的支持，于2003年8月在浙江省宁波市大榭岛开始建设16.0万吨/年MDI生产线（宁波万华聚氨酯有限公司），2005年11月23日投料试车成功，从而奠定了可以与国外MDI企业同台竞争的格局。

（三）氯乙烯系列

PVDC（聚偏氯乙烯）是氯乙烯的深加工产品，长期以来，一直占据着高阻隔材料的主导地位。中国自20世纪60年代开始PVDC的研究，由于技术难度大和西方技术封锁，工业化进程缓慢。2000年8月，浙江巨化集团公司投资1.3亿元，建成了国内首个万吨级PVDC生产装置，生产VDC（偏氯乙烯）单体、PVDC树脂和乳液。2010年，中国PVDC原料及树脂的主要生产商为浙江巨化集团公司、浙江东阳市野风塑胶有限公司。

（四）其他精细氯产品

包括氯乙酸、环氧氯丙烷等氯碱企业用以保证碱氯平衡的传统氯产品，在这期间都不同程度面临着国内供应过剩的问题。氯乙酸工业在2000年经过几次扩张后显现出供大于求的趋势。截至2008年，国内氯乙酸总产能达到55.1万吨/年，稳居世界第一；环氧氯丙烷在2006年反倾销胜诉后，规模大幅扩张，产能达到53.9万吨/年，产量达到25.6万吨。

中国水合肼与ADC发泡剂两种产品也转向氯碱厂生产为主。到2008年，中国ADC产能达到18万吨/年，产量达到12.4万吨，成为世界最大的生产国和消费国。但国内工艺路线及设备状况、技术水平相对落后，加快技术引进和老企业技术改造迫在眉睫。中国改性ADC发泡剂的开发、研究工作虽然取得了一定进展，但在品种数量方面与国外相比仍存在一定差距。

三氯乙烯作为生产四氯乙烯、氯乙酸等产品的中间体，自20世纪60年代开始生产后，企业在减少污染和扩大规模方面进行了不懈努力。90年代后，中国三氯乙烯产品表观消费增长速度大于国内规模增速。2003年，三氯乙烯装置规模为3.1万吨/年，产品自给率仅为34%。三氯乙烯工业加快扩大产能规模，到2008年，三氯乙烯产能已达20万吨/年。

中国氯化亚砜工业90年代开始起步发展。氯化亚砜的生产企业有近20家，总生产能力约为2.5万吨/年。生产方法主要有氯磺酸法、二氧化硫气相法、三氯氧磷联产法三种。其中，采用二氧化硫气相法约占总生产能力的55%。经过10多年的发展，采用氯磺酸法和三氯氧磷联产法的生产装置因为生产成本高、产品质量较低，尤其是对环境污染严重、难以治理，均已停产，采用二氧化硫气相法工艺装置的企业，形成以骨干企业占领大部分市场份额，小企业为辅助的格局。

中国氯产品经过几十年的发展已经形成一定的规模，但从产品种类、工艺技术、产品质量等方面仍有待进一步提高。

六、努力向集约、节能、环保方向发展

（一）高度重视“三废”治理和节能降耗

国家“十一五”规划纲要提出明确的节能减排目标，政府部门出台了一系列法律、法规和制定了产业政策，各行各业将节能减排作为工作的重点。从一定意义上讲，氯碱工业的技术进展，实质上就是氯碱工业节能降耗、环保减排的技术进步过程。氯碱工业在节能环保技术方面的研发投入也逐年加大。节能降耗、环境治理任务艰巨的电石法聚氯乙烯企业，通过协作攻关，在电石渣、废盐酸、含汞废水、尾气放空氯乙烯、离心母液等“三废”的循环回收利用取得较好成效。

2006年12月，全国第一套干法乙炔生产装置通过了山东省科技厅的技术鉴定。此后在不断总结运行经验的基础上，开发出新一代标准化干法乙炔生产装置，并于2007年8月投入工业化生产。2007年，新疆天业聚氯乙烯生产线应用干法乙炔工艺实现了全电石渣新型干法水泥生产工艺，生产出完全符合国家标准的高质量水泥，降低了水泥的生产成本，实现了循环经济发展的要求。

电石法聚氯乙烯产能的快速增长，含汞废物排放造成的环境问题引起社会关注。早在20世纪末，国内已开始进行新型低汞催化剂和无汞催化剂的开发与研究。到了2006年8月至2007年10月，低汞催化剂研发进入突破性阶段，在原料的选择、活性炭处理、氯化汞浸渍处理和后处理等方面进行了大量实验，先后研发生产了4批不同配方的产品，并成功应用于氯乙烯生产中，取得了良好的效果。环保低汞催化剂的使用，大大降低了汞的消耗量，并降低了一线操作工人对汞的接触程度，生产过程中废酸、废气的含汞量大幅削减，降低了汞对环境造成污染的可能性。此外，盐酸脱析回收合成过量氯化氢并循环利用的技术、聚氯乙烯母液的深度处理回用工程以及变压吸附（程序自控）回收精馏尾气等都成为这一时期生产技术改进过程中节能减排的亮点。

2010年初，中国石油和化学工业联合会与中国氯碱工业协会成立了由政府部门、龙头企业和行业专家组成的汞污染防治工作领导小组和专家组，确定了“低汞化、无汞化”的汞削减路线图。

（二）一批氯碱企业及园区列入国家循环经济试点

2005年10月，经国务院同意，国家发改委会同国家环保总局、科技部、财政部、商务部、国家统计局6部门联合颁布了《关于组织开展循环经济试点（第一批）

工作的通知》，在重点行业、重点领域、产业园区及省、自治区、直辖市启动了第一批国家循环经济试点工作。为继续加强循环经济工作，于2007年推出第二批国家循环经济试点。在这两批名单中，属于氯碱企业或有氯碱生产装置的化工企业包括：山东鲁北企业集团、四川宜宾天原化工集团、河北冀衡集团、山东海化集团、新疆天业（集团）、宁夏金昱元化工集团、浙江巨化集团、云天化集团。此外，上海化工园区、重庆长寿化工产业园区、宁夏宁东能源化工基地等以氯碱企业为主或包括氯碱企业为重要产业环节的化工园区被列入试点。

氯碱工业通过投建原料供应基地或进行上下游企业间的整合，在产业链各环节上整体核算，极大地增强了氯碱企业的抗风险能力。新疆天业等大型氯碱企业“电石-聚氯乙烯”配套一体化循环经济发展模式和上海化学工业区氯资源多次利用模式已初具规模，且有进一步增长的趋势。

（三）行业实施准入，政府监管加强

中国氯碱工业规模的不断壮大，加快结构调整和产业升级，防止低水平重复建设等一系列新问题也随之凸显出来。国家陆续出台产业政策指引规范行业向着集约、节能、环保方向发展。

2000年，国家计委、国家经贸委发布《当前国家重点鼓励发展的产业、产品和技术目录（2000年修订)》中，鼓励乙烯氧氯化法制聚氯乙烯。2000年中国以进口VCM（氯乙烯)或EDC（二氯乙烷)、电石法、乙烯法生产聚氯乙烯的生产能力各占1/3。至2010年，电石法占总产能的81%。

2005年，国家发改委《产业结构调整指导目录（2005年本)》鼓励20万吨/年及以上氧氯化法制聚氯乙烯、氯化法钛白粉生产项目；限制15万吨/年以下烧碱装置、20万吨/年以下乙烯氧氯化法聚氯乙烯装置、12万吨/年以下电石法聚氯乙烯装置、8万吨/年以下的甲烷氯化物、2万吨/年以下的（甲基）有机硅单体等生产项目。至2006年，国内聚氯乙烯树脂生产装置平均规模约11.8万吨/年，比2005年增加了约3个百分点；至2010年国内聚氯乙烯树脂生产装置平均产能达到21.74万吨/年。政策制约显现成效。

2007年11月7日，国家发改委公布实施《氯碱（烧碱、聚氯乙烯)行业准入条件》，规定氯碱装置起始规模必须达到30万吨/年及以上。新的准入门槛对促进氯碱行业结构调整、产业升级发挥了作用。至2010年，中国在产聚氯乙烯生产企业94家，产能超40万吨/年的装置能力上升至46%，产业集中度大幅上升。

在限制重复建设和低水平建设的同时，国家也在节能、降耗和减排方面出台一系列重要的环保政策和法律法规。

2008年6月1日，由国家发改委、国家标准化委员会制定实施的《烧碱单位产品能源消耗限额》，2009年10月1日，环保部发布实施的《清洁生产标准氯碱工业(烧碱、聚氯乙烯)》等一系列节能环保产业政策，通过明确的强制或非强制性节能减排指标限定，不断推进氯碱工业的节能减排步伐；此外，淘汰落后生产能力及各项进出口政策的颁布凸显出国家在引导产业结构优化升级，扶持氯碱工业做大做强的力度和决心。由于环保要求不断提高，陆续有企业宣布退出。这些系列准入政策和限制性法规文件对氯碱工业转型升级产生了很大的作用，推动了氯碱企业向大型化、集约化、清洁化方向发展。工艺先进、清洁、能耗低的离子膜法技术得到广泛应用，离子膜烧碱产能迅速增加。2005年，离子膜法烧碱产能占烧碱总产能的比例仅为26%，到2010年增至76%。

第七节 进入调结构稳增长发展阶段（2011～2019年）

中国氯碱工业继续以世界第一的规模进入21世纪的第二个十年。但是，在国际金融危机影响下，结构性产能过剩问题更加突出。2012年开始，氯碱工业连续4年亏损，行业进入去产能阶段。2016年4月20日，在第十九届中国氯碱论坛上提出氯碱工业结构调整三年行动计划，以求全行业共同努力走出泥沼。在经济发展的新常态下，氯碱工业正在经历着更深层次的转型升级和结构调整，加快推进供给侧结构性改革，这既是难得的机遇，也是巨大的挑战。

纵观这一时期世界氯碱工业发展趋势，呈现出氯碱技术先进清洁化、氯碱产品功能特种化、氯碱贸易跨区全球化、氯碱伙伴紧密协作化等几大特征。而已稳居多年世界最大氯碱生产国和消费国的中国，在发展过程中更注重产能的增加，而忽视技术的进步和产品结构的开发、产业布局。装置能力迅猛扩增，不仅导致对能源和资源需求快速增长，同时也带来了环境污染。在绿色可持续发展的新时代，国内氯碱工业有必要进一步做好节能、安全、环保工作，积极推动氯碱产品原料和技术路线向节能、清洁、低碳、绿色方向发展，聚焦提升核心竞争力，提高行业绿色化水平。

为此，氯碱工业加快转变发展方式，实现由高速发展朝着高质量方向发展。企业产能扩张和压缩更趋健康理性，产业集中度不断提高，生产技术水平不断提升，产品开工率不断提高，行业效益明显提升，安全环保节能水平上了一个新台阶。

“十二五”期间，氯碱工业新增1686万吨烧碱产能和913万吨聚氯乙烯产能，同时退出905万吨烧碱产能和608万吨聚氯乙烯产能。“十三五”期间，新增553.5万吨烧碱和263万吨聚氯乙烯产能，同时退出167.5万吨烧碱产能和207万吨聚氯乙烯产能。行业去产能效果显现，生产技术正在向清洁化、先进化方向发展。但是，仍然存在功能化、特种化树脂虽有涉入，但数量小、品种少。氯碱工业正在加快推进供给侧结构性改革，生产企业加大与上下游的协同联动，有针对性地开发下游所需已经成为诸多氯碱企业的共识。

一、政府监管加强，促行业健康理性发展

2011年，国家发改委会同国务院有关部门对《产业结构调整指导目录（2005年本）》进行修订，形成了《产业结构调整指导目录（2011年本）》，其中新建氯碱和聚氯乙烯装置为限制类项目。2013年国家发改委又修订了《产业结构调整指导目录（2013年本）》。

2016年国务院办公厅《关于石化产业调结构促转型增效益的指导意见》中，要求严格控制电石、烧碱、聚氯乙烯等过剩行业新增产能，相关部门和机构不得违规办理土地（海域）供应、能评、环评和新增授信等业务，对符合政策要求的先进工艺改造提升项目应实行等量或减量置换。这一文件出台，对于氯碱工业控制产能规模起到了很好效果，行业规模处于稳定理性发展状态。目前氯碱工业面临新的情况，下一步重点做好符合政策要求的先进工艺改造提升项目的等量或减量置换工作，使有竞争力的企业能进一步发展，无竞争力的企业能有序退出，不断提升产业集中度和核心竞争力。

2016年4月，第十二届全国人民代表大会常务委员会第二十次会议通过批准2013年10月10日由中华人民共和国政府代表签署的《关于汞的水俣公约》。中国总

的汞消费量约占世界总量的50%，其中电石法聚氯乙烯工业催化剂汞用量是国内最大用户，汞使用量占全国使用总量60%。电石法聚氯乙烯工业是中国开展履约工作最重要领域。

为将化解过剩产能与转型升级相结合，工业和信息化部指导中国氯碱工业协会协同氯碱企业，通过政策引导与市场机制相结合的手段，严格执行《产业结构调整指导目录》限制类、淘汰类有关内容，以及《氯碱行业准入条件》等法规、规定、公约，加快淘汰落后产能和其他不符合产业政策的产能。致使行业新增及扩建步伐趋于理性，淘汰落后产能进程加快，氯碱工业产能增速明显下滑。

"十二五"期间，烧碱和聚氯乙烯产能年均增速由"十一五"期间的15.5%和16%分别下降到6.7%和4.0%。

国家统计局统计数据表明，2015年全国烧碱产量3021万吨，同比减少1.4%；全国聚氯乙烯产量1609万吨，同比减少1.7%。

2015年，烧碱、聚氯乙烯产能规模首次出现负增长。2011～2017年，中国烧碱产能共退出993.2万吨/年，聚氯乙烯退出规模为746.5万吨/年（见表2-4-4、表2-4-5）。其中，聚氯乙烯工业规模连续三年净增长为负，且行业平均开工率逐年提升。2017年，烧碱总产能4102万吨/年，产量3365万吨，电解装置平均开工率82.0%（有效产能开工率约86%）；聚氯乙烯总产能2406万吨/年，产量1790万吨，聚合装置平均开工率74.4%。2018年，烧碱产量3420万吨，同比增长0.9%，聚氯乙烯产量1874万吨，同比增长5.6%。2019年，烧碱产量3464万吨，聚氯乙烯产量2011万吨，烧碱开工率79%，聚氯乙烯开工率80%，开工率继续保持高位。

表2-4-4 2011～2019年中国烧碱产能变化

单位：万吨/年

年份	2011	2012	2013	2014	2015	2016	2017	2018	2019
新增能力	499.2	444.5	361	213	169	202.5	184	167	165
退出能力	108.2	121	247	153.5	205.5	131	27	10	44
净增长	391	323.5	114	59.5	-36.5	71.5	157	157	121
企业数/家	181	185	176	175	163	158	160	161	161
累计产能	3412	3736	3850	3910	3873	3945	4102	4259	4380

数据来源：中国氯碱工业协会。

表 2-4-5　2011 ～ 2019 年中国聚氯乙烯产能变化

单位：万吨 / 年

年份	2011	2012	2013	2014	2015	2016	2017	2018	2019
新增能力	186	296	286	66	78	89	108	66	121
退出能力	66.5	118	151	153	119	111	28	68	7
净增长	119.5	178	135	-87	-41	-22	80	-2	114
企业数 / 家	94	94	93	88	81	75	75	75	73
累计产能	2162	2341	2476	2389	2384	2326	2406	2404	2518

数据来源：中国氯碱工业协会。

2016年氯碱工业摆脱连续4年亏损的局面，实现利润总额52亿元，2018年利润总额达到200亿元左右。数据表明，氯碱工业主动推进供给侧结构性改革取得明显实效。

与此同时，烧碱企业平均产能由2013年的22万吨/年提升到2019年的27万吨/年，聚氯乙烯企业平均产能由2013年的27万吨/年提升到2019年的34万吨/年，企业平均规模进一步扩大，产业集中度进一步提高。

落后生产能力不断退出，集群化、园区化成为中国氯碱工业发展的主流。如以新疆大业、宜宾大原、中泰化学为代表的电石法PVC一体化产业链、以上海化工区、宁波万华园区为代表的氯资源多次利用、多产业协同的产业链，均以集群化园区化方式布局，在产业协同、资源综合利用、公用工程设施共享、废物循环利用、污染高效治理、物流成本节约等方面形成了明显的优势特色。

二、低污染、低能耗离子膜烧碱产能已占99%

1986年6月10日，全国第一套1万吨/年离子膜法烧碱生产装置投产，能力占当年烧碱总能力259万吨/年的0.4%。按照《产业结构调整指导目录》(2011版）的要求，隔膜烧碱属于淘汰类产业于2015年全部退出，到2016年已降至24万吨，占比已不到1%；2017年，仅有18.5万吨隔膜法烧碱装置作为含盐废水处理装置保留，离子膜法能力占比达到99.6%。

国产化离子膜的研发成功，加快了氯碱工业产业结构调整步伐。2010 ～ 2017年共淘汰隔膜法烧碱产能约720万吨，年节能约220万吨标煤，已基本实现了全离子膜工艺。

三、"碱短氯长"成为行业常态

"碱氯平衡"是氯碱工业长期面对的重要问题。2011～2017年，由于以氧化铝为代表的下游行业快速增长，中国烧碱消费增长较快，但是以聚氯乙烯为代表的耗氯产品增长相对较为平缓，这就造成了"碱短氯长""以碱补氯"的碱氯失衡现象。

2017年烧碱表观消费量为3214万吨，比2011年增长42.3%，2010～2017年需求平均增长速度为6.4%。2017年聚氯乙烯表观消费量为1784万吨，比2011年增长28.6%，2010～2017年需求平均增长速度为5.1%；不仅从近10年较长时期来看，而且近8年尤其是近3年来烧碱表观消费增长明显高于聚氯乙烯的消费增长。碱氯失衡造成烧碱和液氯市场价格的差异和分化。"氯短碱长"成为行业常态，"以碱补氯"成为企业选择，不断开拓高附加值、差异化的精细耗氯产品成为行业企业结构调整、转型升级的重要任务和战略方向。

四、加大开发力度，氯产品全面发展

中国的资源特点是"多煤、缺油、少气"，油气对外依存度逐年提高，2014年已接近60%。在此背景下，中国氯碱工业走出了一条具有中国资源特点的循环经济模式，便是以煤为原料的一体化循环经济发展模式。

在这一模式中，煤电一体化是氯碱工业最主要的发展模式，在此基础上，氯碱工业正在从传统氯碱产品向氯精细化工新材料领域延伸。耗氯占比最大的聚氯乙烯也呈现了明显的从通用型向全系列、专用化、复合改性、特种应用等方向发展的趋势。

2011～2018年，氯碱产能的快速增长带动和刺激了氯产品的发展，同时氯产品市场需求的快速增长和装置的迅猛建设，也相应拉动了氯碱装置产能的扩张。在中国氯碱企业可生产的耗氯产品中，除占比最大的聚氯乙烯外，目前已形成了甲烷氯化物、环氧化合物、高分子氯化聚合物、光气异氰酸酯、氯代芳烃、漂白消毒剂等20多个系列约1300多种产品，包括一级、二级、三级衍生产品及下游深加工产品等。为消耗液氯，丰富产品种类，氯碱行业不断加快耗氯产品投建步伐，甲烷氯化物、环氧氯丙烷、环氧丙烷、氯乙酸等产品规模在近10年里发展较快。

其中，甲烷氯化物产能规模，由2005年的66万吨/年增长至2018年的300万吨/年；环氧丙烷在"十二五"期间进入投产高峰期，年均产能增速达到14.5%；截至2018

年，环氧丙烷的产能达到340万吨/年；氯化石蜡产能规模同2009年相比翻了一番，达到200万吨，企业单产能力由最大5万吨/年增至11万吨/年。

2017年，中国聚氯乙烯、甲烷氯化物、环氧丙烷、氯乙酸、氯代异氰尿酸、氯化芳烃（氯化苯、硝基氯化苯、氯甲苯、氯化苄等）和氯化聚乙烯等主要氯产品产能均居世界第一位，分别约占世界总产能的30% ～ 70%，中国已成为世界氯产品生产和消费大国。

但与国际先进水平相比，中国氯产品生产在环境保护、品种质量等方面仍存在较大差距。突出表现在：产品结构单一，较多企业仍沿用传统的氯碱-电石法聚氯乙烯简单生产模式；有机氯、精细氯加工等附加值高、市场需求量大的精细化工产品和专用料生产不足；产能过剩，装置开工率低下。主要表现：如氯乙酸生产，世界最先进的是醋酐催化氯化连续法生产装置，而国内部分新建的装置大多采用醋酐催化氯化间歇法路线；ADC发泡剂生产，国际上采用先进环保的酮连氮法水合肼、无酸缩合工艺，而国内多数企业采用的是较落后的尿素法水合肼、硫酸缩合工艺；二氯苯生产，世界级二氯苯生产装置，尤其是邻二氯苯产品质量可以达到质量分数99%以上，而国内多数企业产品的质量分数还不到90%，无法满足下游农药、医药工业的生产要求。

五、全面推动行业绿色发展

在绿色可持续发展的新时代，作为重要的基础化工原材料行业，氯碱工业做好节能、安全、环保工作，积极推动氯碱产品原料和技术路线向节能、清洁、低碳、绿色方向发展，提高行业绿色化水平方面任重道远。国家政策的引导一直在氯碱工业的发展过程中起到举足轻重的作用，进入21世纪第二个十年，面对氯碱工业的结构性产能过剩、推进绿色化发展等焦点问题，国家及行业组织相继出台一系列重要举措，对氯碱工业起到规范、引领作用。推进绿色化工技术的运用和推广是响应国家对化工行业发展的要求，直接关系到氯碱生产企业的生存和发展。为此，全行业正在加大相关技术攻关和资金投入，努力补短板。

（一）吸纳各方意见，推出多项行业绿色标准

2018年，由中国石油和化学工业联合会牵头，中国化工环保协会、中国氯碱工业协会组织行业龙头企业起草的《氯碱行业绿色工厂评价导则》《绿色设计产品

评价技术规范聚氯乙烯树脂》开始对外征求意见。从而弥补了中国暂时没有完整的氯碱行业绿色制造标准，相关要求分散在能耗限额、取水定额、清洁生产、碳排放、管理体系等多个领域的短板。开展氯碱工业绿色工厂评价和绿色产品技术规范的制定，引导和规范企业实施绿色制造工程，有助于在行业内树立标杆，从而实现行业转型升级。基于国家生态型社会建设和环保产业发展要求以及行业的健康可持续发展，中国对绿色聚氯乙烯树脂产品评价及其标准化工作需求十分迫切。此次发布的两项聚氯乙烯标准，针对产品性能除要求满足GB/T 5761—2006《悬浮法通用型聚氯乙烯树脂》指标要求外，还从整体生产控制、质量控制方面提出了企业PVC树脂产品优等品率指标；同时针对国家绿色发展、绿色产品开发以及促进中国聚氯乙烯树脂在国际市场推广，设定了产品属性二级指标，主要是针对重金属指标以及REACH欧盟法规《化学品的注册、评估、授权和限制》聚氯乙烯树脂中有害元素总含量的测定及有害物质限量。

（二）节能减排技术在行业利用进程加快

科学高效地对“三废”进行综合利用和处理是氯碱企业发展主要研究的问题。绿色化工技术的运用和发展在很大程度上能实现“三废”的高效回收利用和废水废渣的超低排放。近几年，节能减排技术在氯碱工业利用进程加快。

1.节能减排

2011年，先进节能的离子膜法制碱工艺装置能力占总产能的89.0%，2017年离子膜法能力占比达到99.6%，新建装置和改造装置均采用高密度自然循环膜（零)极距离子膜电解槽，吨烧碱直流电耗下降70～127千瓦时。国产化离子膜制造、氧阴极（ODC)电解槽技术开始在行业内得到推广。

低汞催化剂技术是氯碱工业减排方面的重大突破。其他节能减排还包括高效氯化汞回收技术；氯乙烯中的氯化汞回收技术；含汞废水处理技术；膜法盐水精制和膜法脱硝技术，减排盐泥效果明显；盐酸深度解吸技术；聚氯乙烯聚合母液水处理回收技术；甲烷氯化物副产四氯化碳（产出率一般为总产量的3%～7%）回收转化技术；电石渣浆中乙炔气回收技术；上清液和次氯酸钠废水的回用技术；氯乙烯精馏尾气回收技术；聚氯乙烯100立方米以上大型聚合釜装置应用；等等。

2.废固利用

2017年，中国80%以上的聚氯乙烯生产采用电石法路线。每生产1吨聚氯乙烯产生电石渣1.6～1.7吨（干基)。电石渣采用渣场堆放处理，不仅占用大量土地，而且遇风天气易造成粉尘污染。为破解制约电石法聚氯乙烯发展的瓶颈，这一时期生产企业已开发了多种综合利用电石渣途径，包括与粉煤灰等废渣一起制水泥、砖块和混凝土砌块等，做道路衬底和其他铺路材料，替代石灰石生产氨碱法纯碱，在火电机组中用作烟道气脱硫剂等，电石渣已实现全部综合利用。

由新疆天业（集团)有限公司承担的2014年度兵团重大科技项目电石法聚氯乙烯二氧化碳减排与综合利用关键技术开发与示范（减排专项)项目顺利通过兵团科技局组织的验收专家评审。新疆天业（集团)有限公司承担的减排专项项目以电石法聚氯乙烯上游电石企业钙基废渣和电石炉尾气为原料，开发出以电石行业废渣和废气为原料的活性碳酸钙生产新工艺，建成1套2万吨/年活性轻质碳酸钙生产装置，可减排二氧化碳1.59万吨/年，减排钙基废渣1.60万吨/年，所生产的活性轻质碳酸钙符合HG/T 2776—2010标准要求，解决了工业排放高纯二氧化碳及电石法聚氯乙烯行业发展所面临的废钙基废渣高值化利用的难题，对提升国内电石法聚氯乙烯行业清洁生产水平具有重要的示范意义。

3.余热利用

氯碱生产过程是一个高耗能过程，但同时也产生大量未被利用的余热。目前行业基本可采用多种方式充分利用余热。氯碱工业余热利用技术主要有：氯化氢合成炉余热利用技术，氯气余热利用技术，蒸汽冷凝水回收利用，固碱生产中烟气的利用，二次蒸汽冷凝水的利用等。

4.应用节能设备

进入新的发展时期，已经有很多节能设备引进到氯碱生产过程中实现有效节能，最新的技术主要有膜极距电解槽、氧阴极电解槽等。

离子膜烧碱生产技术发展推动离子膜电解槽的发展，也由低电密转变为膜极距。膜极距电解槽主要的优势表现在较低槽电压及电耗，也将作为离子膜电解槽节能技术的趋势。该电解槽更节电。现在已经有公司成功的应用，如北京蓝星化工股份有限公司，主要是对老型电解槽实现进一步改造。

在中国氯碱工业中主要耗能部分包括核心装备离子膜电解槽，国际氯碱工业国对新型离子膜电解槽进行研发，氧阴极离子膜电解槽就是其中一种。该电解槽采取氧气电极还原反应，阴极没有氢气的析出，而实现电压降低和电解电耗降低。

（三）推进低汞催化剂应用，难题仍存在

世界聚氯乙烯生产工艺几乎全部采用乙烯原料路线。由于中国“富煤、少气、贫油”的能源格局，国内80%以上的聚氯乙烯生产企业采用乙炔法生产工艺。在乙炔法合成氯乙烯中，采用以活性炭负载的氯化汞作为催化剂。氯化汞有剧毒，且容易升华流失，严重危害人体健康，环境污染风险较大。对含汞废水的处理迫在眉睫。

从内部环境看，环保法规政策和标准日益严格，倒逼企业进一步做好汞污染防治工作。从外部环境看，2016年4月，全国人大常委会正式批准通过《关于汞的水俣公约》，这标志着中国已进入履约工作阶段。公约中对原生汞矿关闭时限和电石法聚氯乙烯用汞工艺提出了约束性要求，汞污染防治工作在“十三五”期间将与履约工作全面对接，行业和企业将面临更加严格的政策环境和监管要求。

电石法聚氯乙烯企业已在低汞催化剂和汞污染防治先进技术应用方面开展了大量改造提升工作。但是，各企业在工艺、装置和运行管理水平方面还存在差异，特别是单位产品低汞催化剂消耗指标方面，一方面反映了采购的低汞催化剂产品质量的优劣，另一方面还反映了企业工艺、装置和运行管理水平的高下，落后企业的低汞催化剂消耗是先进企业的3～4倍。此外，部分企业在汞污染防治方面对应新环保法和“气、水、土”十条要求还有一定差距，在含汞废物管理、环境污染风险评估、涉汞场地处理处置等方面还需进一步加大工作力度。

“十三五”期间，随着低汞催化剂全行业应用和履约工作的展开，对应公约“到2020年，电石法聚氯乙烯单位产品用汞量在2010年基础上减少50%”的指标要求，“减量化”工作依然是工作重点。工作重心也将由低汞催化剂淘汰替代高汞催化剂向低汞催化剂高效应用转变，降低催化剂消耗，建立行业汞平衡，实现履约目标。工作推进也由低汞替代应用的“硬抓手”向工艺改进和管理运行的“软抓手”转变，最终实现无汞催化工艺。

六、积极运用贸易救济措施助力行业发展

2001年12月11日，中国正式成为世贸组织（WTO）成员。在全球经济一体化的背景下，中国氯碱工业对外贸易由此前单一的进口主导，转向进出口并重。这一时期，适逢发达国家烧碱总产量呈现下降趋势。中国氯碱企业积极开拓国际市场，

扩大烧碱出口，出口量持续大幅增长，其中液体烧碱占比较大。但是，随着中国氯碱工业参与国际市场的程度日益深入，国内出口扩大的同时，国际贸易摩擦亦不可避免。中国氯碱企业参与国际竞争，利用WTO规则解决贸易争端，赢得反倾销的成效。中国氯碱工业协会高度关注并长期跟踪重点产品国内市场与国际贸易情况，及时组织企业研究对策，积极组织贸易救济相关工作，有效促进了国内市场的稳定运行和海外市场的有序拓展。

2002年4月11日，商务部对原产于英国、美国、荷兰、法国、德国、韩国的进口二氯甲烷做出反倾销终裁。

2003年9月29日，商务部对原产于美国、韩国、日本、俄罗斯和中国台湾地区的进口聚氯乙烯做出反倾销终裁，为接下来几年国内聚氯乙烯工业的发展创造了相对稳定的外部环境。2009年9月25日，继续对涉案5国（地区）实施反倾销措施，实施期限为5年。

2003年11月22日，商务部对原产于美国、日本、韩国的进口甲苯二异氰酸酯做出反倾销终裁。

2004～2006年，商务部继续对部分进口氯产品做出反倾销终裁，包括2004年11月30日，对原产于欧盟、美国、韩国、印度的进口三氯甲烷；2005年5月10日，对原产于欧盟、美国、日本的进口氯丁橡胶；2005年6月17日，对原产于美国、日本、法国、韩国的进口水合肼；2005年7月22日，对原产于俄罗斯、日本的进口三氯乙烯；2006年6月28日，对原产于美国、日本、俄罗斯、韩国的进口环氧氯丙烷等。

这一时期，中国氯产品也遭受到国外的反倾销调查，如聚氯乙烯遭到2007年土耳其的特保调查，2007年印度的反倾销裁决，2008年巴西的反倾销裁决。氯碱协会在此期间积极组织行业企业，在商务部的支持下积极应诉，取得了良好的应诉效果，为中国氯碱产品开拓海外市场提供了有效支撑。

为保障国内氯碱行业利益不被损害，中国氯碱工业协会2000～2010年共组织了6个原审案件、5个复审案件，11个案件全部取得胜诉，涵盖了几乎所有受进口冲击的重点氯碱产品。

从2010年开始，氯碱工业进入多个产品反倾销到期复审，氯碱工业协会组织重点生产企业利用贸易救济措施，反倾销工作有理有利有节，有效地维护了市场的正常秩序。2011年6月，商务部对原产于日本、韩国、美国和法国的进口水合肼继续征收反倾销税，氯碱协会组织的水合肼反倾销期终复审取得成功；2011年7月，商务部对原产于俄罗斯和日本的进口三氯乙烯继续实施反倾销措施，氯碱协会组织的三氯乙烯反倾销期终复审工作取得最终的成功。2014年5月，商务部发布（2014）第32号公告，对原产于欧盟和美国的进口四氯乙烯征收反倾销税，为期五年，氯碱协会组织的行业四氯乙烯反倾销工作取得最终胜诉。

聚氯乙烯反倾销复审问题备受行业关注，氯碱协会在广泛听取重点企业的意见后，成立了专门工作组，在商务部的支持下，2014年9月28日，商务部发布第63号公告，决定对原产于美国、韩国、日本、俄罗斯和中国台湾地区进口聚氯乙烯所适用的反倾销措施进行期终复审调查。2015年10月8日，商务部发布（2015）第36号公告，对原产于美国、韩国、日本和中国台湾地区的进口聚氯乙烯征收反倾销税，实施期限三年。协会组织的氯碱行业聚氯乙烯反倾销期终复审工作取得了最终的成功。

中国氯碱工业90余载的发展历程中，从无到有，从小到大，由弱向强。在世界氯碱工业舞台上，中国位列世界第一氯碱生产大国和消费大国。烧碱、聚氯乙烯两大主要产品规模稳居世界首位，主要耗氯产品产能规模进入世界前列。到2019年，中国烧碱生产企业161家，总产能已达4380万吨，占世界总产能的45%；聚氯乙烯生产企业73家，总产能达2518万吨，占世界总产能的43%；烧碱表观消费量3357万吨，占全球40%以上的份额；聚氯乙烯表观消费量2027万吨，占据全球份额的40%以上。

90载坚持不懈技术创新，是中国氯碱工业发展进步的重要动力。在全行业广大从业者的共同努力下，中国氯碱行业在不同的历史时期肩负起了应有的担当，为国民经济发展作出了突出的贡献。

如今，氯碱工业已经发展成为一个成熟的、技术密集型行业，拥有完整的产业体系，正在努力推进绿色化工技术的推广和运用，促进中国氯碱产品向全球价值链高端跃升，提高全行业的核心竞争力，积极由氯碱大国向氯碱强国目标迈进，见表2-4-6。

表2-4-6 中国烧碱和聚氯乙烯产量及年均增长率

时间	烧碱		聚氯乙烯	
	产量/万吨	年均增长率/%	产量/万吨	年均增长率/%
恢复时期（1949～1952年）	1.51～7.91	73.67	—	—
一五（1953～1957年）	8.85～19.78	20.12	0～0.01	—

续表

时间	烧碱		聚氯乙烯	
	产量/万吨	年均增长率/%	产量/万吨	年均增长率/%
二五（1958 ~ 1962年）	27.43 ~ 28.97	7.93	0.10 ~ 2.40	193.61
调整时期（1963 ~ 1965年）	33.83 ~ 55.55	24.24	3.44 ~ 7.42	20.06
三五（1966 ~ 1970年）	59.31 ~ 89.20	9.94	10.45 ~ 12.84	11.59
四五（1971 ~ 1975年）	105.47 ~ 128.89	7.64	13.81 ~ 21.75	11.12
五五（1976 ~ 1980年）	121.50 ~ 192.24	8.32	16.71 ~ 37.84	11.71
六五（1981 ~ 1985年）	192.35 ~ 235.30	4.13	37.15 ~ 50.78	6.06
七五（1986 ~ 1990年）	251.80 ~ 335.40	7.35	54.30 ~ 78.53	9.11
八五（1991 ~ 1995年）	354.10 ~ 531.82	9.66	88.02 ~ 137.39	11.84
九五（1996 ~ 2000年）	573.78 ~ 667.88	4.66	138.90 ~ 240.00	14.65
十五（2001 ~ 2005年）	787.96 ~ 1239.98	13.17	287.66 ~ 649.20	24.92
十一五（2006 ~ 2010年）	1511.78 ~ 2228.39	12.44	811.15 ~ 1151.11	12.14
十二五（2011 ~ 2015年）	2473.52 ~ 3020.66	6.27	1311.18 ~ 1619.00	7.06
（2016 ~ 2018年）	3201.68 ~ 3420.0	3.35	1689.9 ~ 1874.00	5.31

注：烧碱产量，1984年以前为化工部统计数据，1985年以后为国家统计局数据；聚氯乙烯（PVC）产量，1998年以前为化工部统计数据，1999年以后为国家统计局数据，2000年聚氯乙烯产量及年均增长率数据根据2000年《中国化学工业年鉴》调整。

第五章 无机盐工业发展史

（1931～2019年）

无机盐工业是基础化学工业的重要分支之一。它是以矿物、含盐湖水、地下卤水、海水等天然资源及回收资源（包括工业副产）及工业品为主要原料，进行加工、合成的基础原材料工业，拥有庞大的产品家族。在中国除“三酸两碱”、化肥、原盐等大宗产品已形成独立行业外，其他绝大多数无机化工产品都归属于无机盐工业门类。典型的无机盐系列产品主要有无机磷化物及磷酸盐、无机硅化物、无机硼化物、碳酸盐、涉重金属化合物、硫化物及硫酸盐、无机氧化物、氢氧化物、过氧化物、无机卤化物及单质等。

无机盐工业又是一个涉及面广、品种众多、古老而又有生机的工业。无机盐产品用途十分广泛，从生活日用品到高科技领域，都不可缺少，涉及医药、造纸、橡胶、塑料、农药、饲料、微量元素肥料、采矿、采油、冶金、航海及高新技术领域中的空间技术、信息产业以及国防工业等，又与日常生活中人们的衣、食、住、行等息息相关。

世界无机盐工业起源于19世纪中期的欧洲，兴盛于美国。以硫酸、纯碱为代表的基础化学产品的工业化生产，为无机盐工业的发展奠定了坚实的基础。到20世纪40年代初，无机盐工业已基本上形成一个体系，产品多达400种以上。之后，进入发展的繁盛时期，到70年代末期产品达900余种，1979年产量超过4000万吨，其中美国产量1740万吨，为1940年的20倍以上。进入21世纪，随着组合化学技术、膜分离技术、超临界萃取技术、超细粉体技术、分子蒸馏技术等先进技术的应用，无机盐工业进一步向精细化、专用化和功能化方向发展。到2010年，世界无机盐品种已超过1450种，在高端领域的开发应用不断扩大。

中国无机盐工业大体上经历了初创、体系初步构成、体系建设与调整、快速发展及体系建成、体系优化及转型升级几个阶段。经过几十年来不懈的自主创新发展，中国无机盐工业已具备相当规模和基础，形成了门类较为齐全、品种配套，可满足国民经济发展和人民生活水平提高的完整工业体系。到2018年，中国无机盐工业生产能力超过1.2亿吨/年，产量超过9000万吨，可生产22个系列2000余种产品，相当数量的产品产量跃居世界前列，成为世界最大的生产国、消费国和出口国。

第一节 萌芽和初创

（1931～1957年）

一、早期的初级加工产品

中国无机盐工业萌发于19世纪后半叶。从1883年上海的江苏药水厂生产硅酸钠起，到20世纪上半叶，中国仅有少量的小型生产厂和一些手工作坊。1931年，上海大中华橡胶厂生产出最初的轻质碳酸钙，1932年无锡允利化学工业公司集资向德国订购设备，于1932年生产碳酸钙一类产品，至1949年全国碳酸钙生产企业仅6家，产量近万吨，且在抗日战争和解放战争影响下，长期不能正常生产；1937年上海创立大华泡花碱厂，此后青岛、北京、天津、杭州、广州、南昌、南京、本溪、沈阳、昆明、延安等地相继建起硅酸钠生产厂。1937年3月，由留美博士潘履洁设计的国内首座20千瓦电炉制磷装置在上海建成投产，制得成品黄磷，后因抗战爆发停产。1941年，由上海民族实业家刘鸿生在四川长寿发起创建的中国火柴原料公司建成第一台工业规模的100千瓦单相制磷电炉。1943年，云南企业局与中国火柴原料公司合资筹建昆明磷厂于1944年投产，生产黄磷、赤磷。到1949年全国黄磷产量仅27吨；随后数年，相继增加设备，小批量生产黄磷、五硫化二磷、赤磷产品；1943年底，广西贺县光明化工厂小规模氯酸钾装置投产；20世纪30年代，大连皮窝子化工厂以盐田芒硝为原料，采用全溶法生产出芒硝产品（又称无水硫酸钠、元明粉），并小规模生产固体硫化碱（学名硫化钠，下同）；40年代天津化工厂也开始生产固体硫化碱；1947年，永华化学厂（辛集化工）建造一座卧式平炉，生产主含量52%的硫化碱，年产量约2000吨。1950年，山东淄博制酸厂建成国内首套硫酸-矾土法硫酸铝装置。

截至1949年，中国无机盐行业仅能生产硼砂、元明粉、泡花碱、漂白粉等33种产品，产量不足3万吨，而且生产技术和装备都十分落后。生产和生活需要的无机盐产品绝大部分都依靠进口。

二、新中国成立后，因陋就简快速恢复发展

20世纪50年代，中国无机盐工业克服困难、恢复生产，产品增加到50余种，产量接近100万吨。1949年后，由于军工和其他领域的需求，原有的无机盐企业恢复生产，建设了一批工艺及装备比较简陋的生产装置，增加了硫酸盐、硅酸盐、碳酸盐、硼酸盐、氯酸盐、双氧水（过氧化氢，除特殊标注外，均为27.5%H_2O_2）等系列产品，填补了无机化工产品生产的空白，满足了国家发展需要。

（一）基础无机盐产品恢复生产

碳酸钙及其联产品（生石灰、熟石灰）是无机盐中产量大、应用面广的产品。中国碳酸钙及其联产品起步于20世纪30年代，1949年到1957年，随着中国橡胶、造纸、涂料、油漆、有色、冶金、建材、日用化工等行业的快速发展，对碳酸钙及联产品的需求量不断增加，生产企业由新中国成立初期的6家扩大到14家，产量增加到10多万吨。生产装备也从作坊式生产发展为工业化生产模式，先后研制出立窑煅烧，三足离心机，并由烧油烘干、托盘干燥，进展到回转炉干燥，为扩大产能、提高产品质量奠定了基础。

元明粉、硫化碱是无机盐基础原料产品，元明粉是硫化碱的重要原料。中国有

丰富的芒硝资源，为发展元明粉和硫化碱生产奠定了有利的基础，特别是盐湖资源丰富的山西、新疆、青海、内蒙古等地成为中国发展元明粉与硫化碱的重要基地。

1949年，山西潞盐管理局（1958年公私合营，改为山西省地方国营运城盐业化工局，简称运城盐化局，南风化工集团公司前身）把沿用1300多年的“垦畦浇晒、天然结晶、集工捞采”产盐法用于生产芒硝，再经净化、除杂、蒸发脱水生成无水芒硝（元明粉）。1949年，运城盐化局生产85%元明粉在300吨/年左右，1957年提高到2.8万吨/年，成为中国第一家生产元明粉的大型企业。

中国硫化碱工业起源于20世纪30年代，到1949年，硫化碱中硫化钠含量从42%提高到52%。新中国成立后，山西运城、河北辛集、山东济南、四川彭山等地开始规模化生产固体硫化碱。50年代初运城盐化局采用简易弧形反射炉生产硫化碱0.6吨/日左右，1955年后提高到2吨/日以上，硫化碱含量达到63%以上，成为中国硫化碱主要生产厂并出口。

硅化物及硅酸盐主要的原料是硅砂，早期国内采用纯碱法、硫酸钠（芒硝）法或天然碱法生产硅酸钠（泡花碱），再以此为原料生产白炭黑、硅胶、硅溶胶、碳化硅及各类硅酸盐等。由于制造方法不同，可制造出规格、功能不同的品种繁多的系列产品。1943年青岛东生福利制碱厂（1956年公私合营后更名为青岛泡花碱厂）开始生产泡花碱，逐渐成为全国规模最大、多品种可溶性硅酸盐专业生产厂。青岛海洋化工厂是中国硅胶生产技术的发源地，1956年硅胶生产首先工业化，转年又试制成功粗孔块状硅胶、细孔块状硅胶、蓝胶指示剂、活化硅胶等产品。

（二）开发钡、锶、氟、磷等系列产品

钡盐是一种重要的无机盐类，常见钡盐有硫酸钡、碳酸钡、氯化钡、硫化钡、硝酸钡等。1951年，青岛市新和化工厂投产沉淀硫酸钡。1956年，青岛红星化工厂（简称青岛红星）采用改进的反射炉焙烧装置和复分解工艺生产碳酸钡、氯化钡、氢氧化钡等产品。之后，多厂又相继研发了石灰窑碳化法生产碳酸钡工艺，并改进了后处理蒸发、结晶、脱水、烘干等工艺及设备，为钡盐生产的节能降耗、技术进步奠定了基础。到1957年，碳酸钡产量2万吨，其他钡盐产量1.5万吨，基本满足了国内需求。

锶盐有十几种产品，其中主要是碳酸锶，因具有很强的屏蔽X射线的功能和独特的物化性质被广泛用于电子、军工、冶金、轻工、医药和光学等领域。20世纪50

年代初，中国进行了碳酸锶、硝酸锶、氯化锶等产品试产。重庆化工研究院研发的复分解法碳酸锶，于1957年建成生产装置，为中国碳酸锶规模发展奠定了基础。到50年代末，锶盐总产量近千吨，基本满足了国内需求。

无机氟化合物包括氢氟酸、氟化盐和其他无机氟化物，国内有相应发展。

1949年后，为满足国内需求，国内多个省市兴建了小黄磷装置。化工部第一设计院（北京）、化工部第七设计院（南京）、化工部第八设计院（成都）等对小黄磷电炉扩容，设计出3150kVA电炉，提高了电炉功率因数，并获推广。1953年哈尔滨松江化学厂（后更名为哈尔滨化工总厂）试产六偏磷酸钠等6种磷化工新产品，投入批量生产。

三、围绕部分产品的研发起步，生产快速发展

随着无机盐工业的发展，部分企业加强了科研工作，对生产工艺、设备进行了技术改造和新产品研发。1953年，重工业部化工局研究所设立无机盐科研组。1956年成立的天津化工研究院（简称天津院），无机盐为其主要研究方向，一些地方化工科研院所、大专院校，也开展了无机盐方面的研究，先后研制成功一批无机盐系列产品，为无机盐工业发展打下了基础。

20世纪50年代初，为满足军工需要，辽宁开原化工厂开始组织生产硼酸、硼砂（简称两硼），1952年，辽源化工厂用进口硼砂，采用硫酸中和法（二步法）生产硼酸，开启了中国二步法硼酸的生产历史。1956年辽宁开原化工厂利用辽宁凤城二台子硼镁矿生产硼砂，采用酸碱联合法，建成了1000吨/年生产线。1956年，化工部组织进行碳碱法硼砂攻关，使硼收率提高到60%以上。次年，沈阳院完成了硫酸法和烧碱法加工凤城二台子和宽甸杨木杆硼镁矿的实验，之后上海、丹东和营口等地也相继建立硼镁矿酸法生产装置，从而奠定了中国两硼工业基础。

1957年，在上海开始用电解法小批量生产双氧水。20世纪50年代末，批量制备出高浓度产品，技术指标达到要求，为国防事业做出了贡献。

总体而言，第一个五年计划期间，无机盐工业基础十分薄弱，装置规模小、生产工艺落后、装备简陋，特别是遭受帝国主义制裁封锁，但新中国第一批无机盐工业建设者，克服艰难险阻，打破了重重封锁，摆脱了困境，实现了部分国内急需的无机盐产品从无到有的跨越。

第二节 行业工业体系建设起步发展

（1958 ～ 1978年）

随着第一个五年计划的圆满完成，中国无机盐工业进入了提速发展阶段。1956年化工部成立后，无机盐工业技术改造和新产品研发活跃，生产能力快速提升，许多产品填补了国内空白，设备开始向大型、高效、密闭及连续化方向发展。

20世纪60年代初，一批无机盐产品先后投入生产，如热法磷酸、三聚磷酸钠、硫酸钡、氟化氢、氟硅酸钠、白炭黑、高锰酸钾、碳酸钾、氢氧化钾、氯酸盐、高氯酸盐及铬盐产品等，其中红矾钠、元明粉、硫化钠、黄磷及磷酸盐、氯酸钠等产量成倍增长。

到70年代末，中国已经拥有无机盐产品340多种，1978年产量达到247万吨，实现产值23.4亿元，利税达到5.5亿元。每年有48种产品出口，出口量23万吨，出口创汇0.9亿美元。

一、系列产品开发活跃，产能产量增长快

镁盐产品广泛用于冶金、医药、密封材料、橡胶等行业。1960年5月，上海敦煌化工厂完成了利用硼泥碳化法制取氧化镁的工艺；6月又完成了加压碳化菱苦土制取氧化镁工艺，生产轻质氧化镁和重质氧化镁产品；随后，相继开发了电子管级、微米级氧化镁，活性氧化镁，并试产出试剂级氧化镁；1978年该厂与天津院合作开发出硅钢级氧化镁，并投入生产。1963年，北京化工建材厂首次以白云石为原料，采用碳酸氢镁热解法生产轻质碳酸镁和轻质氧化镁，标志着国内镁盐自主研发，取得初步进展。

随着中国电视制造工业的发展以及钡、锶盐矿物开发，促进了钡盐、锶盐行业的发展。1959年，辛集化工首创窑气碳化法生产碳酸钡工艺。全国主要钡盐生产企业开始用转窑代替反射，生产能力大幅度提升，企业效益明显提升。1970年，青岛红星和辛集化工成功地以转窑替代反射炉生产碳酸钡和碳酸锶。同年，南京金焰化工厂（现为南京金焰锶业有限公司，简称南京金焰）建成1000吨/年碳酸锶、200

吨/年硫酸锶生产线。1972年，江苏溧水县化工厂2000吨/年碳还原-碳酸氢铵法碳酸锶生产线投产。碳酸锶主要生产工艺实现机械化生产，三足式离心机、厢式烘房等装备得到推广。

铝工业助剂无机氟化盐和无水氟化氢的工程技术开发，成为这一时期无机氟工业发展的重要标志（相关内容在本书下卷第二十一章氟化学工业发展史有详述）。

20世纪60～70年代国内兴起建设小黄磷热潮。1960年，云南昆阳磷肥厂（后为外资收购）建成400吨/年黄磷装置；1967年，哈尔滨化工总厂3000吨/年黄磷投产。1965年，化工部为发展黄磷工业，组织了化工部第七设计院江善襄、陈善继等开展万吨级黄磷生产装置设计会战，完成了广西柳城磷酸盐厂（20世纪90年代破产，后被重庆川东化工集团有限公司收购）2×15000kVA黄磷及1万吨/年三聚磷酸钠装置设计，受"文化大革命"影响，直到1975年才建成投产。1964年，浙江化工研究所建成500吨/年盐酸法肥料级磷酸氢钙（湿法工艺）装置，广西化工研究所建成100吨/年热法磷酸为原料的饲料级磷酸氢钙装置。

1958年，北京化工三厂采用常压碱解法加工辽宁硼镁矿生产硼砂，开启了中国碱法加工硼矿直接生产硼砂的历史；同年引进苏联技术，在牡丹江磨料磨具厂建成碳化硼生产线，生产能力5吨/年。1959年7月，上海大新化学厂开发了硼镁矿碳碱法制硼砂的工艺；1960年8月，沈阳农药厂2000吨/年碳碱法硼砂装置投产。同年，大连工学院开展硼镁矿焙烧机理的研究，确定硼镁矿焙烧质量是硼砂生产的技术关键，使硼矿碱法和碳碱法的矿石分解率提高，达到85%以上，促进了硼砂生产技术的进步；天津院等单位也成功研制出新型无机盐防锈颜料偏硼酸钡。1960年，青海大柴旦化工厂利用大、小柴旦盐湖的硼矿资源生产硼砂，青海化工厂以硼砂为原料制取硼酸装置投产，1962年，青海化工设计研究院、青海化工厂等开发了以青海柴达木盆地柱硼镁石矿为原料硫酸（一步法）分解制取硼酸工艺，结束了青藏地区无硼酸生产的历史。1961～1970年，辽宁省化工研究院、中科院大连化学物理研究所、营口化工厂等多家院所及企业先后完成了多项科研成果，其中包括多硼酸钠法制硼酸、元素硼和氧化硼，萤石法及镁热还原法制三氟乙硼-乙醚络合物，碳热还原法制碳化硼，抽丝法制氧化硼，合成硼酐、氟硼酸钾、硼氢化物高能燃料、硼纤维、硼氢化物裂解法制取99.99%元素硼等，这些技术和科研成果推动了中国硼工业技术进步，特别是开发西部地区硼资源，对发展硼化物意义重大，填补了国内空白、满足了国内市场需求，并出口国际市场。这一时期是中国硼工业兴盛时期，1978年化工部拨款给北京化工八厂等多家企业，支持碳碱法生产硼砂，有力地促进了两硼生产建设。

20世纪60年代中期，国内双氧水均采用电解法生产，装置规模小、能耗高，且难以大规模工业化。1966年，沈阳院开发了蒽醌法生产双氧水工艺，通过了化工部组织的技术鉴定。1971年，黎明化工研究院（简称黎明院）与北京氧气厂合作建成投产300吨/年镍催化蒽醌法生产装置。1975～1978年，黎明院先后改进并获得了固定床镍催化剂、高沸点重芳烃取代苯作溶剂、空气氧化、三节并流填料塔空气氧化、优选并确定了固定床钯催化剂，改进载体品种和规格、提高载钯量和改进载钯方法、使用条件、催化剂再生、滴流床氢化生产工艺及装备等多项科研成果。这一系列成果率先用于扬州合成化工厂双氧水装置，之后在全国推广，并使装置生产能力首次达到万吨级，改变了50年代至60年代中期国内电解法一统天下的局面。

运城盐化局1965年初采用双效自然循环真空蒸发罐，生产出98%元明粉产品，满足了化纤、洗涤剂需求；1964年硫化碱生产改造了间歇式短转炉为连续式转炉（短转），单台生产能力提高了3倍；1970年建成了连续式硫化碱转窑（长转）；1973年试制成功白色结晶硫化碱，填补了国内低铁级硫化碱空白。同一时期，辛集化工也将平炉法生产硫化碱改为连续式转窑生产，实现了机械化、连续化生产。运城盐化局1965年元明粉产量11万吨，到1976年产量提高了一倍。1967～1978年内蒙古、新疆等地相继建成投产多个大型元明粉生产装置，初步形成中国元明粉生产基地。

20世纪60～70年代，在造纸、橡胶、涂料等工业发展的推动下，碳酸钙消费量逐渐扩大，品种趋向多样化。期间行业进行了一系列技术及装备改造，促使产品能耗明显降低，产品焙烧煤耗从180～260千克/吨，降低到110～120千克/吨，产量从1970年的16万吨，跃升到1975年的23万吨。并首次生产出活性钙等产品。

氰化物主要用于电镀、冶金、医药、农药、染料、有机化工等行业，对国民经济的发展有着重要作用。20世纪60年代初，中国氰化钠采用氰熔体法（吉林化学工业公司电石厂）、氨钠法（上海吴淞化工厂）、丙烯腈副产氢氰酸生产氰化钠（兰州化学工业公司）相继投产，中国氰化物生产进入起步阶段。之后，由四川永川天然气研究院和化工部西南化工研究院共同研制的以天然气为原料采用天然气氨氧化（安氏法）制氰化钠工艺在重庆东方红化工厂投入运行，1966年，化工部陆续定点建成数套500吨/年氨钠法氰化钠装置。1972年，国内自行开发的轻油裂解法氰化钠装置投产（上海吴淞化工厂）。1976年，上海石油化工总厂引进1万吨/年副产法装置投产。此后，氰化物生产能力不断提高，工艺也呈多样化发展。

中国氯酸盐生产早期主要是为满足烟火和火药的需求，随着造纸等工业的发展，氯酸钠、氯酸钾用消费量快速增长。20世纪60年代，沈阳化工厂采用电解氯化钠溶液生产氯酸钾，广西贺县光明化工厂（21世纪初停产）采用双氧水氧化法生产亚氯酸钠。在相关部门推动下，一些骨干企业不断创新，提高盐水质量、加入添加剂、优化工艺条件、采用新型电解槽等诸多办法，有效地降低了能耗，提高了生产效率。20世纪70～80年代，大连氯酸钾厂、四川长寿化工厂、福建省福二化有限公司成为氯酸钾生产骨干企业。

二硫化碳主要用于黏胶纤维、赛璐珞薄膜、四氯化碳以及黄原酸盐的生产。1958年，中国从民主德国引进黏胶人造丝装置，同时引进了一套6000吨/年的木炭法二硫化碳装置。20世纪60年代，国内自行设计6000吨/年木炭法二硫化碳装置在南京投产。70年代初，在成都开发出以天然气与硫为原料非催化法生产二硫化碳工艺，1978年完成100吨/年中试，1985年1500吨/年装置投产。

无机硅化物是以硅砂为原料生产硅酸钠及其衍生生物的工业，在绝缘材料、电子产品、催化剂等领域发挥作用。1956～1964年，青岛海洋化工厂（简称青岛海洋）开发并投产了块状细孔硅胶、活化胶、蓝胶、油造粒等产品，试制成功粗孔球形硅胶、细孔球形硅胶、高效干燥剂硅胶、硅溶胶、层析硅胶等产品并批量生产，成为中国硅胶生产的发源地之一。1958年，广州人民化工厂沉淀法白炭黑率先工业化，吉林通化、江苏东吴、安徽马鞍山等地也相继生产白炭黑。1959～1964年，中国先后成功开发了A型分子筛和X型分子筛、T型分子筛、ZSM-5型分子筛及其他各种类型分子筛。60年代，中科院兰州化学研究所率先研制和生产了硅溶胶，此后在青岛、成都、北京、广州、温州等地实现了工业化。青岛海洋、广州人民化工厂等成为主要生产厂家。同时，沈阳、上海开始小规模生产气相法白炭黑及多晶硅。1966年，青岛泡花碱厂率先将玻璃行业中蓄热式、全煤气马蹄窑移植于生产硅酸钠，1968年又建成投产第二套装置，自此泡花碱生产的核心设备——马蹄窑被硅化物生产企业广泛应用。

到1978年，中国有硅酸钠生产厂100多家，产量约100万吨；白炭黑生产厂10多家，产量约1万吨；硅胶、硅溶胶生产厂10多家，硅胶产量约6000吨，硅溶胶产量约1000吨。

高锰酸钾可广泛用于化学品生产的氧化剂、医药消毒剂、废水处理剂，以及特殊织物的漂白剂等。20世纪50年代，广州红卫电化厂、贵州遵义化工厂等相继采用转炉法生产高锰酸钾，70年代又开发出平炉一步法生产工艺。1978年，广州红卫电化厂开始研发液相法工艺，随后重庆、天津、贵州等地企业也先后开展了液相法研发和试制。到1978年，全国6家主要企业高锰酸钾产量为3465吨。

铬盐在电镀、鞣革、油漆、颜料等很多方面都有广泛应用，资料显示，世界消费商品10%与铬系列产品有关，中国国民经济中约15%的产品与铬盐有关。

中国铬盐生产起步比较晚，1956年沈阳院率先展开铬化合物的研究。1957年，先后有上海浦江化工厂（原名金星化工厂，1985年停产）、天津同生化工厂（1995年停产）和济南裕兴化工总厂采用反射炉焙烧、大锅蒸发、大盘冷却等原始工艺及设备，建成300～500吨/年重铬酸钠装置。1961年，三家企业先后采用带式混料代替人工混料，回转窑代替反射炉，初步形成规模化生产，重铬酸钠的单窑生产能力小于1000吨/年。此后，上述企业不断进行工艺改进，实现节能减排。1976年，化工部组织生产企业、研究院所以治理铬盐“三废”为中心开展了铬盐生产技术攻关会战，并完成了万吨铬盐设计。会战及设计成果推动了铬盐生产发展，奠定了中国铬盐发展基础。这一时期，中国铬盐生产技术进一步取得一系列成效，如采用较大型设备，使用二次热风提高了回转窑温度，使转窑填充系数和转化率提高，铬酐生产副产物硫酸氢钠返回系统，降低了硫酸消耗，提高了生产强度，成为这一时期铬盐生产发展的亮点。

20世纪60年代，是中国铬盐生产发展比较混乱的时期，小企业多，产量低。到1978年，规模生产企业约32家，红矾钠产量22835吨，铬酐产量7856吨。下游企业仍需大量进口。

二、生产呈现“小、低、散、缺”局面

与20世纪50年代比，60～70年代无机盐工业生产规模扩大，特别是与国防工业关联度较高的无机盐产品生产出现了一轮高潮。但是，由于受外部经济技术封锁，国内持续快速发展需求刺激，技术装备水平低，更新速度慢，这一时期相当数量企业作坊式生产仍未改观，技术进步未能从根本上扭转局面，老厂扩建、新厂建设大多是原有设备翻新，装备落后、工艺技术水平差，产品少、品种单一，生产能力、产品档次和附加值低，经济效益差等问题，困扰着企业生产经营。同时，企业资金匮乏，缺少污染物治理技术和装备，污染物治理、管控水平低；此外，生产布

局分散，监管不到位等也使行业难以形成合力。国民经济发展急需的专用和精细产品尚需大量进口。总体而言，中国无机盐生产“小、低、散、缺”短板依然突出，与发达国家相比差距30～50年。

基础无机盐产品多以矿物为原料，产品仅利用矿物中一种或几种元素，而大部分元素成为废弃物。生产过程中产生的废水、废气、废渣对环境的污染更为严重，一些企业靠牺牲环境为代价取得企业效益，对生态环境和人民生命财产安全构成威胁，备受国家重视、引发社会关注。

含铬废渣因其渣量大，渣中Cr^{6+}含量高，组成复杂，处理难度大，对环境污染严重。早期采用焙烧铬渣将渣中Cr^{6+}还原成Cr^{3+}后堆放，很少综合利用，每家生产企业都有一座渣山。国内虽开发出一些综合利用方法，如制取钙镁磷肥、作炼铁助溶剂、生产玻璃着色剂、水泥矿化剂等。但这些处理、处置技术等都存在一定局限性。多种因素使得铬渣处理进展缓慢，也制约着铬盐生产发展。国内先后有60余家铬盐企业关闭、破产、转产，其中部分企业产生的铬渣未得到整治，成为隐患。

黄磷是无机磷化工的基础产品，其生产过程会产生水、气、渣等污染物。废水特别是含有单质磷的污水，企业设置污水处理装置、循环使用，不允许外排，但个别企业偷排；磷泥须厂内处理，不允许外运，少数企业会将其混在磷渣中排放；电炉尾气是黄磷生产最主要的气体污染源，含有较高的可利用的CO气体，直接通过火炬燃烧排放，造成资源浪费和环境污染。20世纪70年代后期，一些企业开始利用尾气生产甲酸盐，收到较好的经济效益。但能耗高、污染大一直是黄磷生产顽症，特别是淬渣废气、磷泥处理和运送过程中遗撒造成厂区环境污染，一些企业甚至还发生过含磷污水泄漏，造成重大污染事故。

1958～1978年20年间，初步形成了中国无机盐工业生产体系的雏形，在新中国化学工业发展史上留下了重要一笔。1949～1978年主要无机盐产品产量情况见表2-5-1。

表2-5-1 1949～1978年主要无机盐产品产量情况

产品名称	产量/万吨		
	1949年	1971年	1978年
元明粉	0.03		59.5
硫化碱	—	16.4	21
黄磷	0.01	1.64	3.43
三氯化磷	—	1.95	—

续表

产品名称	产量 / 万吨		
	1949 年	1971 年	1978 年
三聚磷酸钠	—	—	3.0
氰化钠	—	0.47	1.27
碳酸钙	—	—	294
其中轻质碳酸钙	0.90	16.6	22.16
双氧水（100% H_2O_2 计）	—	—	0.38
高锰酸钾	—	—	0.43
重铬酸钠	—	—	2.28
铬酸酐	—	—	0.78
硼砂	—	4.06	—
硼酸	—	2.13	—

第三节 行业体系建设与调整

（1979 ～ 1990 年）

进入改革开放时期，随着国民经济发展，市场需求的大幅增长，无机盐工业迅速发展，产能、产量、产品品种、出口创汇均有大幅度的增长，产业规模不断扩大，生产布局得到一定的调整，行业自主研发和引进技术发展推动行业技术进步，污染治理水平提高，节能降耗取得成效，开创了崭新的发展局面。

一、行业发展进入快车道

（一）产能、产量和品种迅速扩增，出口创汇增大

1978 ～ 1990 年，随着国民经济快速发展，无机盐产品需求大幅增长，生产迅

速发展，生产能力从340万吨/年增至920万吨/年，年均增长8.6%；产量由247万吨增至730万吨，年均增长9.45%，产品品种从340多种增加到680多种，年均增长6%；产品出口品种从48种增至142种，年均增长9.5%；出口量从23万吨增至100.4万吨，年均增长13%。部分无机盐产品的生产能力及市场占有率跃居世界前列。

钡盐、锶盐企业迅速增加到百余家，其中碳酸钡生产能力由1978年的5万吨/年，增至1990年的13.4万吨/年，产量达到11.13万吨。1979～1982年，南京金焰先后建成国内首套200吨/年氯化锶、200吨/年硝酸锶、5000吨/年复分解法碳酸锶和50吨/年金属锶生产线；1990年，中国碳酸锶生产能力达到3.34万吨/年以上，产量达2.61万吨，在国际市场上开始占据主导地位。

镁盐由单一工业品发展到拥有工业级、精细级多种规格行业，生产能力、产品产量增加。其中，氧化镁、水合碱式碳酸镁、硫酸镁、氯化镁产量增长迅速，企业装置规模扩大（1万～10万吨级），生产技术由单一卤水纯碱沉淀法，到新开发的白云石碳化法、卤水碳铵法、轻烧粉水化碳化法、硫酸法等多种生产工艺，生产厂家增加。

1959年，中国开始工业化生产氟化氢。1963年，试制成功国内首台ϕ0.5m×3m反应转炉，改进提高了氟制冷剂合成技术。1980年，化工部第六设计院与武汉长江化工厂联合开发了3000吨/年的无水氟化氢技术，同年，黎明院开发并向四川硫酸厂和浙江慈溪氟化工厂转让了50吨/年六氟化硫生产技术。20世纪80年代末，中国无机氟化工具备了一定发展基础，无水氟化氢（AHF）生产厂家已达40多家。

1981～1987年，在甘肃、新疆、内蒙古等地等先后有9条大型化元明粉生产线建成投产，产量迅速提升。

1978～1980年，全国建成小型黄磷电炉80余台，黄磷生产能力已发展到10万吨/年，产量4.24万吨，超过了荷兰、联邦德国和加拿大，跃居世界第三位。1990年，黄磷生产能力增至29.5万吨/年，产量达15.89万吨；三聚磷酸钠产量达到25万吨；磷酸氢钙，产量2.6万吨。

1980年，中科院沈阳金属研究所成功研制了六方氮化硼，在半导体元件中得到应用，填补了空白；辽宁省化工研究所、辽宁省冶金研究所、丹东市化工研究所、沈阳农药厂等单位先后开发出多种硼化工新产品并推广，如纺织印染用树脂高效催化剂氢硼酸钠、国防复合材料用氮化硼、硼酸锌阻燃剂等；1984年辽宁丹东宽甸矿与天津红旗化工厂共同完成了硼镁矿沸腾焙烧中试，并通过了化工部主持的技术鉴定。1979年，安徽曙光化工集团（简称安徽曙光）首次采用轻油裂解法建设了1000吨/年固体氰化钠装置，1985年固体氰化钠首次出口美国。自1985年起，天津、河北石家庄、甘肃兰州等地建成投产多套氰化钠装置。1990年，中国氰化钠产量达到6.5万吨。

20世纪80年代末，国营、集体、乡镇硅化物企业的迅速发展，使国内硅化物年产量突破百万吨大关。

（二）初步调整优化生产布局

改革开放前，中国无机盐生产厂点基本分布在沿海工业发达地区，上海、天津、青岛是无机盐产品主要生产集中地，人称“上青天”。20世纪80年代后，传统大宗无机盐产品的生产逐渐向矿物资源丰富地区转移，高耗能产品向有能源优势的地区转移，无机盐工业生产布局开始调整，资源配置逐步趋于合理。东部地区企业纷纷在云南、贵州、四川、重庆、青海等西部地区建厂，磷、钡、锶等系列产品尤为突出，逐渐形成中国无机盐工业发展的新格局。

（三）“三废”治理、节能降耗取得新成效

氯酸盐推行电解槽改造，电流效率提高；碳酸钙推行滚筒列管干燥等成熟设备，使单位能耗下降；双氧水推广碳纤维回收氧化尾气中重芳烃技术，使重芳烃消耗降低；氰化物推行轻油裂解法生产氰化钠，回收中和尾气中的氢；碳酸钡、碳酸锶、重铬酸钠、硅酸钠等采用高温煅烧的产品，过程产生的尾气余热得到不同程度的利用，降低了能耗。1979～1983年，广西磷酸盐化工厂开发了黄磷电炉尾气回收综合利用技术，电炉尾气用作三聚磷酸钠转炉热源，节省标煤5000吨/年。

这一时期，国内相继开发了黄磷联产甲酸钠、保险粉-过氧化氢联产、氯酸钠-过氧化氢联产、硅酸钠-磷酸联产工艺等技术，推广后，使行业综合利用水平提高，节能降耗显著。80年代中期，中国开始研究用液相法替代固相法生产锰酸钾，广州红卫电化厂、重庆嘉陵化工厂（现为重庆昌元化工集团有限公司，简称重庆昌元）是先行者。80年代后期，广州红卫电化厂停产；重庆嘉陵化工厂继续开展液相法研究开发，研发了三相加压连续氧化法制取锰酸钾（简称三相加压法）及电解锰酸钾生产高锰酸钾工艺和装备。三相加压法与国内外普遍采用的传统生产工艺技术相比，生产周期缩短50～60小时，二氧化锰转化率提高20%以上，能耗降低84%，成本降低了25%，废气排放量降低了70%。该工艺的开发彻底改变了传统高锰酸钾的生产面貌，成为绿色工艺，重庆嘉陵化工厂成为世界最大高锰酸钾生产企业，技术和装置达到国际先进水平。

二、自主研发及引进技术提升行业技术水平

（一）建立研发体系，推进科研工作

20世纪80年代初开始，中国不断加强无机盐工业的科研工作。全国无机盐质量监测中心、无机盐情报中心和技术刊物《无机盐工业》编辑部在天津院设立。除天津院外，还有一些非无机盐专业及地方研究所，如上海化工研究院等24个院所，也开设了无机盐专业方面的研究课题，许多无机盐生产企业也设立了研究所（室）。很多研究课题都是以改变无机盐工业技术、设备落后状态，摆脱繁重体力劳动为重点，并取得了显著成效，为生产所采用。实践证明，20世纪80年代初经济效益比较好的研究项目如过碳酸钠工业性生产、碳碱法新工艺加工二人沟硼镁矿制硼砂、甲酸钠法制保险粉、食品添加剂磷酸二氢铵的制备、水溶性无机黏合剂及墙用涂料硅酸锂的制备、喷雾法制无水磷酸盐、无钙焙烧生产铬酸钠、低铁级硫化碱制备等30余项；此外，沉淀法制高强白炭黑、过碳酸钠的制备、硅钢片用氧化镁的制备、沸腾焙烧硼矿粉、萃取法制硼酸、复分解法制碳酸锶等多项技术也通过鉴定或被采用。

（二）科技成果转化速度加快

一批新工艺、新技术的涌现，冲破国外技术封锁，打破了发展的瓶颈，促进了产业升级和产品更新换代，同时更加侧重于“三废”治理和节能降耗。华东师范大学研制的硅钢级及电工级氧化镁工业化生产出口国外，氯酸盐电解装置由内循环式改为外循环复极式电槽，氟化铝由有水氢氟酸湿法工艺向无水氟化氢干法转变，离子交换法生产高浓度硅溶胶、二步法热法磷酸、五效蒸发逆流进料生产元明粉、硼镁矿沸腾焙烧生产硼砂、氰化钠滴落成型技术等工艺的改进、开发，都集中反映了这一时期无机盐工业生产技术水平的进步。

1978年，成都化工研究院和成都化纤厂合作以甲烷或丙烯和硫黄为原料，气相反应制二硫化碳取得成功，1989年通过部级鉴定并投入规模生产。1984年，成都化纤厂建成1500吨/年二硫化碳工业化试验装置。这一时期在四川成都、长寿、河北永清、辽宁盘锦等地先后建成多套3000吨/年二硫化碳装置。到1985年，国内二硫化碳总生产能力达6.3万吨/年，主要生产企业达到35家。

1979年，青岛海洋成功开发了硅胶空气造粒新技术及微球硅胶、高浓度硅胶、酸性硅溶液等新产品，上海泡花碱厂、上海化工研究院、天津院等成功研制出偏硅

酸钠分子筛，上海泡花碱厂研发出高纯度硅酸钾，1981年青岛海洋试制成功并投产耐水硅胶获中央军委嘉奖。1980年，运城盐化局成功开发了四效真空蒸发末效二次蒸汽余热化硝技术，被化工部列为全国无机盐行业五大新技术之一而被迅速推广。1980～1985年，仅运城盐化局就先后有7套四效蒸发装置投入生产，生产能力达27万吨/年。1988年，新疆天山化工厂引进美国布兰诺克公司蒸汽外加热镍列管蒸发器生产硫化碱投产成功，同时还自主研发了煤粉还原芒硝法生产硫化碱、碱水用氧化锌一次脱铁后再冷却结晶、加热融晶脱铁脱杂技术生产低铁硫化碱（黄片碱）技术，取得了成功。

1980年以来，碳酸钙技术、设备不断进步、更新，一些企业采用引进或自主开发的先进设备、创新研发的工艺、生产技术水平有很大提高，单位设备的生产强度不断增加，装置生产能力扩大，生产环境得到显著改善，如湖南资江氮肥厂超细碳酸钙生产能力达到5000吨/年。

1984年，北京化工建材厂与天津院合作开发了粒径为40纳米油墨用纳米级超细活性碳酸钙，并实现成果转化，替代了日本OT钙，占国内油墨用碳酸钙市场85%以上；北京化工建材厂、广西华纳新材料厂等企业生产的汽车底漆专用碳酸钙占国内市场80%以上。20世纪80年代末，中国碳酸钙行业发展迅速，逐渐形成了轻质、活性、纳米等几大碳酸钙系列产品。

1984年，中南工业大学满元康教授开发了利用加压碳化法从白云石中提取轻质碳酸镁及轻质氧化镁；同年，河北轻化工学院胡庆福教授开发了白云石碳化法制造工艺并首次提出超细含镁碳酸钙，中南大学胡徽教授水氯镁石采用卤水-氨-石灰联合法连续生产高纯氢氧化镁，破解了合成氢氧化镁过滤及洗涤难题。

1985年，黎明院开发的蒽醌法钯催化剂固定床制双氧水工艺，获国家科技进步二等奖；1987年，该院和湖南洞庭氮肥厂联合开发的固定床条形钯催化剂、TOP替代氢化萜松醇1000吨/年装置投产；1989年，该院开发了氢气氧化、鼓泡塔替代填料塔、球形钯催化剂替代条形钯催化剂工艺；1993年，上海吴淞化肥厂采用黎明院蒽醌法钯催化剂固定床技术1万吨双氧水装置投产，获化工部科技进步一等奖。

1989年，天津院和广西光明化工厂联合开发的外循环式复极电解槽工业试验获得成功。1990年，福州一化精细化工有限公司（简称福一化）推出了FA-11型电解槽，这种电解槽电流效率可达90%以上，直流电耗在488～522千瓦时/吨产品，获得了国家专利证书。直到现在，全国各地氯酸盐大多仍用这两种电解装置。

（三）引进技术促升级

1978～1990年，中国引进国外先进技术步伐加快，带动了无机盐工业的发展。

1984年，云南昆明三聚磷酸钠厂引进联邦德国伍德公司技术3万吨/年黄磷装置建成投产，配套装置有三聚磷酸钠7万吨/年、洗衣粉2.5万吨/年；1985～1987年，钡盐、锶盐工业先后有青岛红星、辛集化工从日本引进湿法和干法造粒生产设备，并改造了回转炉尾气除尘、增加了尾气余热利用，改造脱水与烘干、回收碳化过程硫化氢等技术，提高了国内钡盐、锶盐生产能力和生产效率，改善了生产环境。

1986年以前，氯酸盐生产主要使用国内自行研制的石墨阳极、二氧化铅阳极、旧式金属阳极等三种电解槽。但这三种电解槽都存在一些缺陷，之后推广新型金属阳极电解槽，但与同期国外技术比，仍存在能耗高、效率低等问题。1987年，大连氯酸钾厂、福一化分别引进了法国KREBS公司2500吨/年氯酸钠和芬兰NOKIA 1万吨/年氯酸钠电解装置。这一时期，济南和浙江引进的两套美国无水氟化氢装置、青岛泡花碱厂和江西南昌化工原料厂引进白炭黑和偏硅酸钠装置、辽阳电化厂引进二硫化碳装置、广东引进的超细碳酸钙装置等，对无机盐工业发展都起到了一定的促进作用。

1978～1990年，是无机盐工业承上启下的关键时期，改革开放为中国经济的发展注入了强劲的发展动力，为无机盐工业发展提供了难得的历史机遇。许多企业不失时机地进行了整合调整、技术装备开发、改造和引进，产品结构优化，使生产经济技术指标持续提高，逐渐走出困境。无机盐工业不仅在数量和品种上基本满足了国民经济各个部门的需要，并且从根本上扭转了无机盐产品依赖进口的局面，并逐步增加出口产品品种和数量。但是，与发达国家相比，中国无机盐工业在技术、装备、产品质量、规模、生产效率、产品结构及“三废”治理等方面仍然存在很大的差距，行业发展任重道远。

第四节 产能产量扩增的快速发展阶段（1991～2000年）

改革开放为国民经济发展带来无限生机，也为无机盐行业带来了活力，这十年行业发展速度远快于前30年。到2000年中国无机盐产量已达1450万吨，产品品种1000种左右，生产厂点2000多家，其中以生产无机盐产品为主、具备一定生产规模的企业有1000余家。引进技术发展和技术改造使中国无机盐工业整体技术水平与世界先进水平的差距大幅缩小。

一、受关联产业发展拉动持续增长

20世纪90年代，下游关联产业发展持续拉动了无机盐工业发展，使行业生产能力和产量增长速度快，幅度大。10年中生产能力年均增长率达到8.9%，产量年均增长率达到9.7%，超过1978～1990年增长率；产值年均增长率高达18.3%，利税总额增长达10.8%。无机盐工业发展的潜力凸显。一些产品生产能力和产量成倍增长，已居世界首位。如碳酸钙、元明粉生产能力突破1000万吨/年，磷酸、硅酸钠、三聚磷酸钠、黄磷、硫酸钾等突破了200万吨/年，硫酸铝、白炭黑突破100万吨/年。不少产品增长速度超过当时国民经济发展速度，如碳酸钾、黄磷、三聚磷酸钠、饲料磷酸钙、轻质碳酸钙、双氧水、白炭黑、硼砂、碳酸钡等年均增速超过了10%。其中，饲料磷酸钙达到43.1%，双氧水达到23.4%，但个别产品，如硫化碱减量，年均增长率为–1.1%。

这一时期无机盐产品成为化学工业中重要的出口创汇大户。1978年无机盐工业出口量23万吨，创汇仅0.9亿美元，出口产品品种仅48种。2000年出口产品235种，出口量620万吨，创汇23亿美元。1990年单位产品创汇301.1美元/吨，2000年增至372.6美元/吨。一方面说明中国无机盐单位产品创汇能力提高，出口产品的结构发生变化，另一方面表明资源型产品如碳酸钡、碳酸锶、黄磷、三聚磷酸钠、饲料磷酸钙、元明粉等出口量激增。如1990～2000年，元明粉出口量由2.8万吨增至84.5万吨，黄磷从4344吨增至12.4万吨，三聚磷酸钠由6022吨增至28万吨，碳酸锶由1.36万吨增至20.1万吨，碳酸钡由7.1万吨增至7.5万吨，年均增长率分别高达40.1%、39.4%、46.9%、130.9%和4.8%。

二、呈现大型化、现代化、产品精细化发展态势

这一时期国内新建黄磷装置规模在7500吨/年～1.0万吨/年或以上。2010年，中国黄磷总生产能力205.5万吨/年，生产企业139家，电炉总数348台，变压器总

容量504.07万千伏安，平均单台变压器容量1.46万千伏安，企业平均生产能力1.6万吨/年。新建、改扩建黄磷及大宗磷化工产品如磷酸、三聚磷酸钠、饲料磷酸钙等，主要集中于磷、电资源丰富的云、贵、川、鄂4省。2010年，全国黄磷产量101万吨，热法磷酸120万吨左右，其中4省在全国总产量中分别达到98%和85%。

1993年，广州金珠江化工厂和河南中原大化建成2万吨/年双氧水装置，并首次采用膨胀制冷技术回收芳烃。1998年，山东高密化肥厂4万吨/年双氧水生产装置投产。在国内外市场日益增长需求的推动下，双氧水生产规模迅速扩张。

20世纪90年代，硼矿产地的辽宁省硼砂、硼酸生产迅速发展，乡镇企业迅速崛起，地域性强，占比大。1995年，全国生产硼砂企业40余家，其中国营10多家，生产能力25万吨/年；乡镇20多家，生产能力10万吨/年以上。2000年，大连理工大学开发以硼砂、石灰和盐酸为原料一步法制取偏硼酸钙在辽宁大石桥硼制品厂建设的4000吨/年装置，试产成功，在无碱玻纤领域得到广泛使用，替代了进口硬硼钙石，填补了国内硼酸钙空白，实现了无碱玻纤含硼原料国产化，降低了无碱玻纤生产成本。2000年，两硼产量分别达到28.3万吨和14.4万吨，与1990年比，年均增速分别达到10.2%和9.7%。

1995年，安徽曙光采用自主技术建成1万吨/年副产法固体氰化钠装置并投产，成为全国规模最大、设备最先进、自动化程度最高的装置。1996年，营创三征（营口）精细化工有限公司和安徽曙光采用轻油裂解法1万吨/年（30%液体NaCN）装置相继建成投产。1998年，国家发展改革委发布的《产业结构调整目录》明确提出淘汰氰溶体法、氨钠法生产，鼓励轻油裂解法、安氏法、甲醇氨氧化法等先进工艺，为国内氰化物工业健康发展指明了方向。2000年，全国氰化钠生产能力10万吨/年，产量6.5万吨，生产企业20多家，但生产能力＞5000吨/年仅6家企业。

20世纪80年代之前，中国钡盐、锶盐主要产品基本上是大宗低档产品，精细、高纯、专用等高附加值品种少、产量低，远不能满足国内市场需要。欧、美、日等发达国家进口中国碳酸钡、碳酸锶低档产品经深加工后，生产的高技术含量、高附加值产品再出口到中国，获取高额利润。20世纪90年代中期，贵州红星化工厂、辛集化工、南京金焰、重庆庆龙精细锶盐化工有限公司等多家企业，先后研发出一批高纯级、电子级、纳米级等高附加值系列产品，如专用发光材料电子级、液晶面板级、电子与电容陶瓷级的碳酸锶，药用硫酸钡、超细硫酸钡、纳米级钡、精细级八水氢氧化锶等，缓解了国内高附加值钡盐、锶盐的缺口。

20世纪90年代，全国锶盐生产主要集中于重庆、湖北。到2000年，中国碳酸锶生产能力8.5万吨/年，产量2.61万吨。生产企业16家，平均生产能力4400吨/年；碳酸钡生产能力45万吨/年，产量30万吨，生产企业30多家，平均生产能力6700吨/年。

1997年，江苏洪泽化工集团元明粉三期工程建成投产，成为全国元明粉生产基地之一。1999年，上海太平洋化工（集团)淮安元明粉有限公司元明粉生产能力提高到50万吨/年。南风化工集团公司生产能力由1991年的30万吨/年，增长到1999年的120万吨/年，占全国总生产能力的50%，确立了在全国元明粉工业的龙头地位。

1992年，大齐锂业在四川射洪兴建碳酸锂装置，这是国内第一家碳酸锂工厂。1998年，新西兰太平洋锂业公司与中科院青海盐湖研究所合作开发青海东台吉乃尔盐湖锂资源，启动了东台吉乃尔盐湖锂盐19万平方米盐田基地。2004年，赣锋锂业有限公司进入江西宜春奉新工业园，并逐步扩建成为全球最大金属锂生产基地，为中国锂盐发展奠定了基础。

三、引进技术项目推动行业装备和技术水平提高

这一时期，无机盐行业对外交流和贸易步伐加大，“走出去，引进来”，先后引进多套技术和装备，推动了无机盐工业装备和技术水平提高，形成了技术引进→消化吸收→再创新的技术升级过程，带动了相关产品产业的发展。装备不断向大型、高效、密闭及连续化、自动化、数控化方向发展。其中，氟化氢、氟化铝、氯酸钠、水合肼、硅酸盐、氢氧化钾、三氧化二锑、高纯钡盐、硫酸钾等无机盐产品单套生产装置能力大幅提升，综合技术水平、产品技术指标向国际先进水平看齐。引进技术和装置主要有：成都化工厂从美国引进离子膜电解法生产万吨氢氧化钾，湘乡铝厂引进瑞士BUSS公司万吨级无水氟化氢及氟化铝，青岛泡花碱厂引进美国PQ公司万吨级零水偏硅酸钠，还与法国罗纳-普朗克成立合资公司生产白炭黑，天津东方红化工厂引进瑞典EKA-NOBEL公司五水偏硅酸钠，贵州中韩合资兴建1万吨/年特殊超微粒催化剂三氧化二锑，德国朗盛集团与山东潍坊合作建设1.2万吨/年水合肼装置，日本化学工业公司在成都合资建设1000吨/年高纯钡盐装置，云南磷肥厂从日本引进曼海姆法万吨级硫酸钾生产技术，辽阳电化厂引进美国MFC2.6万吨/年高压非催化天然气法二硫化碳装置等。

但也有些引进技术和装置水平不高，未从环境保护、节能降耗、成本因素等多方面综合考虑，影响到企业不能正常生产。

四、研发能力增强，成果转化速度加快

20世纪90年代到2000年这10年，随着国家综合科技开发能力快速发展，无机盐科技开发能力增强，科研成果转化生产力速度大大加快，引进的技术和设备数量增多，科技含量多，加快了国内技术装备水平的提高，使中国与先进国家的差距缩短。大体上讲，到2000年，中国无机盐工业技术装备水平相当于发达国家70年代末至80年代初的水平，一些大型、先进企业装备相当于90年代水平。部分国内开发的科研成果，其工艺技术、装备水平达到了国际先进水平。如复式电解槽电解制氯酸钠（钾），蒽醌法钯催化剂制双氧水，三相法制高锰酸钾，液相氧化法制红矾钠，窑法制磷酸、赤磷阻燃材料，兑卤脱钠控速分解结晶法制氯化钾，废催化剂中回收钴、钼、铼等都具有90年代的先进水平。一些技术，如超微粉碎制纳米级材料、表面活化、分子蒸馏、超重力、超纯化、微胶囊、等离子、微机优化工艺与控制等已成为行业的高新技术，起到了引导行业整体技术进步的作用。这些新工艺已经并必将对行业产生深远的影响。

1995年，北京化工大学超重力工程技术研究中心发明了超重力反应沉淀法（简称超重力法）合成纳米颗粒的技术，在纳米颗粒工业化制备技术及理论研究方面取得了突破性进展，1998年广东恩平嘉维化工实业有限公司采用该专利技术建设了世界第一条生产线，其核心设备超重力碳化反应器生产能力达到3500吨/年；其后，蒙西高新材料股份有限公司建设的超重力碳酸钙项目列入了国家计委新材料产业化示范工程。1990年12月，上海吴淞化肥厂采用黎明院开发的蒽醌法钯催化剂固定床1万吨/年双氧水装置建成投产，1993年获化工部科技进步一等奖。1993年，广州珠江化工厂、河南中原大化采用膨胀制冷回收芳烃技术分别建成2万吨/年双氧水装置。

这一时期，无机盐工业开发科研成果并转化为生产力的还有：北京化工建材厂设计、建设的间歇鼓泡碳化纳米碳酸钙万吨级生产线，河北唐山市东矿化工厂的造纸涂布重质碳酸钙工业化生产装置，辛集化工开发窑气法并建成2000吨/年碳酸锶生产线及其首创的还原-窑气法工艺生产碳酸锶，天津院开发的转化法碳酸钡在天津武清黄庄无机化工厂建成世界第一条生产线5000吨/年，1993年中科院过程所研发了钾碱液相氧化法生产铬酸盐新工艺技术，1994年丹东市化工研究所开发了六方氮化硼、二硼化钛、二硼化锆、立方氮化硼和硼氢化钠等硼精细化学品及含硼新材料，1995大连理工大学与青海格尔木藏铁公司研发的硫酸分解低品位硼矿制硼酸，

盐析法分离硼酸母液制一水硫酸镁工艺，1996年6月中国科学院青海盐湖研究所研发了常压碱解法加工西藏硼镁矿制砂硼工艺，2000年青岛泡花碱厂研制静压化料生产高纯液体泡花碱，1992年上海华东师范大学研发的电工级氧化镁，1997年辽宁宽甸县砖瓦厂和宽甸海星化工厂研发的碳碱法硼砂废渣硼泥提取轻质碳酸镁和氧化镁工艺，1998年大连理工大学化工学院、辽宁凤城矿采用石灰石窑气变压吸附法富集CO_2生产硼砂工艺并建设了4000吨/年装置，1992年中国科学院青海盐湖研究所利用大柴盐湖提取硼酸和氯化锂工艺等。

焦作市冰晶石厂开发的黏土盐卤法生产砂状冰晶石，天津院与上海嘉定硼砂厂合作开发的硼酸钙一步法制硼砂1万吨/年装置，化工部化工矿山设计研究院开发的控速分解结晶法制硫酸钾工艺万吨级示范生产装置列入国家“九五”重点科技攻关项目，天津院开发的大比表面积造粒白炭黑，清华大学核能研究院与河北迁远集团联合开发电池正极材料高活性球形氢氧化镍工艺并建设了800吨/年装置，郑州工业大学开发的过碳酸钠合成新工艺等，在这些工艺技术项目中，有很多通过了相关部委或省级科委鉴定，一些填补了国内空白，或被国家认定为国家级新产品。

第五节 建设完整工业体系

（2001 ～ 2010年）

进入21世纪，中国无机盐工业步入快速发展时期，实现了从小到大、由弱变强的发展过程，并已拥有比较雄厚的基础。随着传统产业升级及新兴产业不断涌现及壮大，无机盐工业与时俱进，满足日益变化的市场需求，不仅在数量和品种上基本满足了国民经济各部门的需要，在产品结构上也逐步向附加价值高的精细化、专用化、功能化的方向发展，实现从原料加工工业向材料工业转型。与此同时，无机盐工业的产业规模也在不断扩张，通过企业大型化、兼并重组，使产业集中度显著提高。产业布局合理调整，建立形成区域产业群。伴随着清洁生产技术推广、节能减排的不断完善和深入，无机盐工业整体实力迈上了一个新台阶。

一、成为世界无机盐最大生产、消费和出口国

2010年，无机盐生产厂点3300余家，总生产能力超过7000万吨/年，总产量超过5400万吨，产品1450种，销售收入达1427.08亿元，利税总额127.87亿元。与1990～2000年相比，生产能力年均增长率达到11.6%，产量年均增长率达到14.1%，销售额达到13.28%，利税达到12.6%。2010年，全国精细无机盐产品产量达到1900万吨，销售收入975亿元，实现利税突破210亿元，分别占无机盐总产量的35.2%，总销售额的50%，利税总值的52%。上述数据表明，这一时期无机精细高附加值产品所占比例有较大提高。相当数量无机盐产品如磷酸盐、碳酸钙、硫酸铝、锂盐、硅酸盐、铬盐、钡盐、锶盐、钨盐、元明粉、钼盐、硫化碱、锰盐等产量已跃居世界前列。

2010年，轻质碳酸钙产量达到850万吨、元明粉832万吨、硅酸钠350万吨、饲料磷酸钙240万吨，黄磷、三氯化磷、双氧水、硫酸铝、白炭黑等产品突破100万吨。进入21世纪后的10年间，多数无机盐产品增长幅度都在2倍以上，饲料磷酸钙、碳酸锶、双氧水、白炭黑、三氯化磷、氰化钠、轻质碳酸钙、硅酸钠等产品增长幅度甚至达4～10倍。很多产品特别是精细无机盐产品年均增长率在10%以上。

这一时期，中国成为世界上无机盐最主要出口大国，在世界所占地位和国际话语权进一步增强。2010年，无机盐工业产品出口总量1523.8万吨，创汇额110.8亿美元，平均单位产品创汇为727.1美元/吨，与2000年的371美元/吨相比，单位产品创汇提高了96%；与1980年的291.4美元/吨相比，单位产品平均创汇能力提高了149.5%。数据表明，中国出口产品的结构也发生了很大的变化，高附加值产品出口比例增大，大宗产品出口量减少，双氧水等一些产品则由进口变为出口。一些产品如钡盐、锶盐、钨盐、钼盐、高锰酸钾、二硫化碳、饲料磷酸氢钙等产品主导国际市场，并享有很高声誉。

二、大型化进程加速，企业竞争力和产业集中度提高

（一）逐步向大型化发展

这一时期，无机盐工业企业的共同特点是，母体产品与矿产资源、电力、煤炭等能源及下游衍生产品相结合，形成产业链，具有独特优势，成为国际市场上极具

竞争力的大型企业。另外，新建装置规模大、抗风险能力、竞争能力强。如安徽池州升化碳酸钙有限公司引进的30万吨/年轻质碳酸钙装置、湖南新澧化工有限公司的单套80万吨/年元明粉装置、新疆沈宏股份公司的9万吨/年硫化碱装置、贵州红星化工厂的2万吨/年高纯氯化钡装置等，成为同期国内最大装置。

产业大型化也体现在基本建设与技术改造项目规模扩大。在国家西部大开发战略引领下，西部地区基础无机盐产品生产迅速崛起，中东部地区精细、专用、材料型无机盐产品发展迅速，在丰富资源的西部地区建厂，形成东中西部地区相互促进、共同发展、壮大产业的格局。这一时期，新建、扩建装置规模、技术装备水平与国外先进水平差距缩小或相当，如饲料磷酸氢钙新建企业规模大于30万吨/年、三聚磷酸钠大于10万吨/年等。

2007年，青岛海湾索尔维化工有限公司建设的硅酸钠装置生产规模、装备水平、产品质量均处于国际同行领先水平，成为硅酸钠亚洲一流生产基地。2008年，安徽曙光氰化钠生产能力扩大到14万吨/年，成为国内外最大的氰化钠生产企业。到2010年，氰化钠生产能力42万吨/年，产量32万吨，生产企业16家，其中安徽曙光和河北诚信集团有限公司（简称河北诚信）产量占全国总产量的66%。中国已从氰化钠净进口国，变成氰化钠净出口国。

到2010年，全国双氧水生产能力达到165万吨/年，产量达到132万吨。技术及整套装置还出口到土耳其、孟加拉国和印度尼西亚等国。1995年中国双氧水出口量8310吨，进口量12066吨，产不足需；2000年出口量增至65180吨，进口量41129吨，中国已成为双氧水净出口国。

2010年，全国氧化镁产量由1.5万吨增长到6万吨，单套装置规模由500吨/年扩大到1500～2000吨/年，同期氢氧化镁、工业水合碱式碳酸镁、硫酸镁、氯化镁等产量几乎都翻了一番，镁盐出口量快速增长。

（二）区域产业链形成，产业集中度提高

21世纪前10年，中国无机盐工业布局有了很大改变，西部主要原料产区加强了无机盐产品基地的建设，鼓励矿电化结合，在矿区或邻近原料产地建设大型化装置或生产基地；高新技术、精细化工产品在经济较发达的沿海地区建厂，合理配置资源、技术、资金等优势，收到了良好效果。

中国黄磷生产经历了起步发展、无序发展到集中磷资源产地有序发展的过程。20世纪90年代末，黄磷分布于全国18个省份，拥有145家生产企业，其中在远离

资源产地的东北、华北、西北、华东等地区的企业就有31家。全国总生产能力72.5万吨/年，平均生产规模仅0.5万吨/年，远离磷资源产区的企业，生产能力仅7.4万吨/年，占全国总生产能力仅10.2%，平均生产规模2387吨/年。由于远离资源产地，磷矿需要长途运输，生产成本高，资源得不到保障，装置规模小，落后，环境污染严重。为遏制无序发展，2008年工业和信息化部发布《黄磷行业准入条件》（产业〔2008〕第17号），有效遏制了黄磷盲目发展势头。2010年，黄磷生产企业139家，其中98.6%企业分布在云、贵、川、鄂等4省。少量在广西（1家）和湖南（1家）等省区，总产量91万吨，电炉总量348台，变压器总容量504.07万千伏安，平均生产规模增长到1.6万吨/年。平均单台变压器容量1.46万千伏安。推行“矿-电-磷-化”优化组合，改变了原料矿石长途运输、基本产品分散加工的状况。云南马龙产业集团、云南南磷集团、湖北兴发化工集团等骨干企业产量占50%以上。此外，云、贵、川、鄂4省的饲料磷酸钙占全国总产量的90%以上、三聚磷酸钠占85%以上，基本实现了产业优化布局、集中度不断提高、园区化建设发展的局面。贵州省开阳县利用优势资源和磷化企业较集中的条件，加强规划引导，经过整合、行业的战略布局和产品结构调整取得了重大进展，逐步形成“磷业金三角”及“磷化工产业带”，2005年被中国无机盐工业协会授予“中国磷都”称号。磷化工的一系列举措，延长了产业链、拓宽了产品幅度，促进了磷精细化工发展，提升了竞争力。

2001年，国家计委批复国家高技术产业化重大示范工程——青海盐湖提锂及资源综合利用项目，2009年采用中科院青海盐湖所自主研发的高镁锂比盐湖卤水锂盐生产的选择性离子迁移分离技术，与青海锂业有限公司合作，在东台吉乃尔盐湖建设的3000吨/年碳酸锂、2.5万吨/年硫酸钾和2500吨/年硼酸装置通过国家验收；加上之前青海中信国安科技发展有限公司1万吨/年碳酸锂项目建成投产，以青海盐湖资源为依托，锂盐生产发展走上规模化，成为中国锂业发展重要基地。

进入21世纪，在硼资源产地辽宁和青海，矿化结合生产两硼，在硝酸资源丰富的山东淄博集中生产二步法硼酸，形成基础硼产品三足鼎立；在硅资源丰富的山东青岛、莱州、潍坊和福建等地集聚生产无机硅化物；在河南、浙江、河北集中生产无机氟化物；在河北井陉、江西永丰、浙江建德、广西贺州、广东连州形成五大轻质碳酸钙生产基地；辛集化工、青岛红星相继将河北、山东的钡盐、锶盐生产重心转向重庆、贵州、陕西等资源产地，建设了大型钡盐、锶盐生产装置，如贵州红星化工厂在贵州建设了20万吨/年碳酸钡生产线，在重庆大足建设了8000吨/年硝酸锶，为国内外同行业最大的生产企业。

双氧水工业传统的消费市场是造纸、纺织和化工。国民经济发展，国家强化环境保护，纺织业、造纸业以双氧水替代氯漂已成定局。另外，废纸回收、林纸一体化推进，加速了双氧水消费，不少大型公司投资建设双氧水生产装置，如山东华泰纸业公司、江苏天鸿化工公司、石家庄化纤公司等。化学工业利用双氧水取代原有的氧化剂推进速度很快，如己内酰胺的环己酮肟氧化工艺、用双氧水原位氧化取代环氧氯丙烷制环氧丙烷工艺、炼油工艺中用双氧水氧化脱硫，取代现在普遍采用的高压加氢脱硫工艺。此外，无机过氧化物（如过碳酸钠、过硼酸钠、过氧化钙等）和有机过氧化物（如过氧乙酸、过氧化硫脲、过氧化甲乙酮、过氧化苯甲酸叔丁酯、促进剂CPB等）快速发展也加速了双氧水在化学工业中的应用，中石化巴陵分公司、广东中成化工公司、湖南株洲智成化工有限公司等成为这一时期行业的代表。此外，环保、电子、食品等行业也快速发展成为双氧水极具潜力的消费市场，但目前这一市场多集聚在中国东部地区，并成为中国双氧水集中产区。

三、精细、专用、功能、系列化生产上台阶

随着国民经济发展和人民生活水平的提高，无机盐产品需求发生了显著变化，一是传统大宗产品为满足不同用户需要，增加了多种系列规格；二是随着高新产业发展，产品向着精细化、专用化、功能化、系列化发展。

高新技术已成为推动中国无机盐工业发展的主要动力，特别是电子工业贡献率更高。2002年，天津院完成4吨/年的液体六氟磷酸锂中试，并通过国家鉴定，达到国外同类产品质量水平。2003年，成都新都凯兴科技公司开发成功国内第一台镍基合金往复旋转机作为预反应器，用于浙江三美化工股份有限公司1.5万吨/年无水氟化氢装置上，氟化氢生产关键设备实现了国产化。2006年，黎明院工业级六氟化硫产能扩大到3000吨/年，跃居世界首位，在此基础上，开展了电子级六氟化硫研发，产品纯度达到99.999%。2007年，浙江蓝苏氟化有限公司引进苏威公司技术，经消化吸收、创新后建设了多条电子级氢氟酸生产线。2010年，浙江凯圣氟化学有限公司采用自主知识产权建设了6000吨/年高纯电子级氢氟酸生产装置并投产，产品质量达到国际先进水平。2006年，多氟多化工股份有限公司（简称多氟多）依靠自主创新建成了6万吨/年无水氟化铝生产线，2010年建成了200吨/年晶体六氟磷酸锂生产线，产品返销日本，出口韩国，使中国成为世界第二个能生产晶体六氟磷酸锂的国家。

改进提高传统产品生产工艺、加快科研成果推广应用，增加了行业发展动力，促进了行业发展。2005年，江苏白玫化工有限公司建成国内第一套硝盐联产装置；辛集化工、贵州红星化工厂、南京金焰等加快研究开发精细、高端、高附加值钡盐、锶盐系列产品，高纯度、电子级、发光材料、液晶面板级、纳米级碳酸钡、氯化钡、硝酸钡、碳酸锶、硝酸锶、八水氢氧化锶、金属锶、硫酸钡等产品不断更新，基本上形成了多规格、多系列生产格局。

传统无水硫酸钠为洗涤剂添加剂，进入21世纪，国内企业在医药、饲料、造纸、玻璃等产品应用上大做文章，开发出超细、高纯、大颗粒、低氯、彩色、药用、低钙镁元明粉等多种规格的专用产品，使传统产品元明粉焕发了生机。2004年，新疆红星化工有限责任公司成功研制出低铁低硫片状硫化碱，填补了国内空白。

根据用户消费变化，加速了传统产品更新换代。一些企业陆续开发了层状硅酸钠，含无机杀菌剂的抗菌陶瓷，代替钛白粉的耐蚀硫酸钡、镍氢电池电极材料的球状氢氧化镍；湿法磷酸净化技术解决了用肥料级磷酸生产工业或饲料磷酸盐成本高的问题；润滑油级五硫化二磷替代传统五硫化二磷，解决了五硫化二磷在润滑油使用过程中各种缺陷；超微细碳酸钙在塑料、橡胶行业中的应用，起到了填充、补强双重作用，降低了制品的生产成本，增强了制品的性能。通过改进白炭黑生产工艺，使其比表面积、吸油值等多项指标能够满足绿色轮胎使用要求，白炭黑成为绿色轮胎最大用户。

进入21世纪后的10年来，中国钢铁、纺织、有色金属、装备制造、食品、饲料、医药、农药、染料、造纸、石油化工、塑料、橡胶等传统产业结构调整和升级对无机盐产品提出了新的要求，高新产业如电子信息、生物与新医药、航空航天、新材料、高技术服务业、新能源节能、资源与环境、国防军工等发展提速更是促进无机盐产品升级换代的“催化剂”，成为无机盐工业瞄准的热点领域。据中国无机盐工业协会统计，到2010年，全国精细无机盐产品产量、销售收入、实现利税分别占无机盐总量的35.2%、50%、52%。2005～2010年，中国精细无机盐产品产量年均增长率达到34.2%。远高于“十五”期间无机盐工业总产量、总销售额、总利税的年均增长率，也高于国家GDP增长值，表明中国精细无机化工产品正在健康成长，并成为无机盐行业中最有发展潜力的部分。以碳酸钙为例，2010年全国纳米碳酸钙生产企业30家，产量55万吨，销售额20多亿元，与传统大宗产品相比，单位产品产值高出近10倍。

四、多种产品技术及装备处于世界先进或领先水平

经过多年的研究开发，无机盐工业技术装备水平有较大提高，一批拥有自主知识产权的高水平工艺技术已成功应用于工业生产，使许多企业脱胎换骨。加入WTO之后，中国无机盐企业的国际合作和技术引进力度持续加大，也为无机盐生产注入了强劲动力。装备大型、高效、密闭及连续化、自动化，DCS普遍运用，促进了国内技术装备水平提升，高附加值、精细、功能材料产品成为无机盐工业发展的方向，特别是沿海及发达省份，利用技术、人才、市场和信息等优势发展精细化、专用、电子级、高纯无机化学品，使产品结构得到调整和优化，产业链不断延长。无机硅化物、无机氟化物、磷化工、过氧化物等行业与上下游行业相连，延伸了产业链，实现了资源有效利用，提升了竞争力，三相加压连续氧化法生产高锰酸钾、超重力法生产纳米碳酸钙、碳解法加工硼镁矿生产硼砂、钯催化剂/固定床/空气氧化制双氧水、外循环复极式电槽生产氯酸盐、无钙焙烧生产重铬酸盐、硐室水溶法生产元明粉、一步法合成硼酸钙、马蹄窑生产硅酸钠、罗布泊硫酸镁亚型卤水制取硫酸钾、黄磷电炉尾气深度净化及资源化利用生产碳一化学品等一批关键技术，是这一时期众多科研成果中的典型代表。

2001年，太原隆和镁业有限公司采用蛇纹石湿法生产高纯氧化镁和多孔状吸附剂投产，结束了中国不能生产99%以上工业氧化镁的历史。随后以东北的水镁石和菱镁矿、沿海地区的卤水、青海的水氯镁石为原料，采用该技术制取高纯氧化镁也取得成功，并得到快速发展。2003年，大连理工大学成功开发的硼砂和石灰制偏硼酸钙装置投产，产品用作无碱玻璃纤维原料，取代了进口硬硼钙石。2003年，黑龙江省牡丹江市生产的碳化硼80%以上销往国外，占据国际市场40%份额。

磷酸是生产系列磷酸盐的基础原料。针对过去热法酸生产过程中黄磷本身大量潜热没有有效回收与利用，需要专门设置冷却循环系统，把反应热能带走，另外生产过程使用液态黄磷，需要专门设置锅炉为熔磷、输磷提供蒸汽，造成极大浪费。2002年，清华大学和昆明理工大学开发了特种燃烧塔将热法磷酸的热能进行回收利用，巧妙地将化工反应塔结构与工业锅炉结构要素结合起来，这一技术很快在行业内得到广泛应用。2003～2008年，全国已有23家企业、46套热法磷酸装置（约200万吨/年）采用这一技术，占当年全国热法磷酸总生产能力的70%。实现这一改造，当年全国热法磷酸实现节约燃煤16.71万吨标煤，同时减少生产过程循环水用

量，减少了通过冷却水排至大气的热污染；砍掉了热法磷酸生产配套的锅炉，杜绝了因锅炉燃煤产生的废气、废渣污染，替代锅炉，减排二氧化硫4163.5吨/年、二氧化碳65.15万吨/年、粉尘1561.3吨/年、煤渣6.4万吨/年，取得了显著经济、环境和社会效益。该技术获得了包括国家技术发明二等奖等奖项。

21世纪前10年称为铬盐生产工艺大变革年代。2002年，中国科学院过程工程研究所研发团队与河南省义马振兴化工集团公司合作，建成氢氧化钾亚熔盐液相氧化法1万吨/年铬盐生产装置。2005年，中国蓝星（集团）股份有限公司收购义马振兴化工集团公司，继续与中科院过程工程研究所合作，2007年完成了氢氧化钾亚熔盐液相氧化法1万吨/年铬盐清洁生产示范装置技改，并配套了铬酸钾氢还原法1500吨/年氧化铬绿装置量产。2003年，无钙焙烧清洁生产铬酸钠新工艺在甘肃民乐化工厂（现名甘肃锦世化工有限公司）建成2万吨/年工业生产装置，从此中国“无钙焙烧”生产重铬酸钠的关键技术，拥有了自主知识产权，打破了国外技术壁垒。2007年，天津派森科技有限责任公司开发了铬铁碱熔氧化法生产铬酸钠清洁工艺，该工艺以铬铁生产下脚料为原料，在高压容器中，实现铬的氧化熔出，不再产生废渣，从而解决了铬盐生产长期困扰的铬渣问题，为国内铬盐健康发展奠定了基础，通过了石化联合会组织的鉴定并获得高度评价。

2000～2010年，国内二硫化碳四种生产工艺（木炭法、间歇焦炭法、天然气法、连续焦炭法等）并存。辽宁瑞兴集团对引进天然气法进行了消化吸收再创新，申请了专利，于2002年实现了对泰国技术转让和装备出口。2005年，上海百金化工集团有限公司3.5万吨/年天然气法二硫化碳生产线建成投产，创造了单线天然气法装置规模世界之最。此后，天然气法二硫化碳技术迅速在四川成都、长寿、江安、河北永清、辽宁盘锦、新疆等地推广，建成多套3000～1.5万吨/年生产装置。2007年，在重庆兴发金冠化工有限公司以生产二硫化碳副产品硫化氢为原料，生产二甲基亚砜，形成了天然气化工产业链新格局。木炭法及间歇焦炭法装置因装置规模小、工艺落后、设备简陋、企业管理粗放，能耗高、污染重而逐渐被淘汰。2009年，中国二硫化碳生产能力78.3万吨/年，生产企业98家。其中天然气法（含焦炭流化床法1家）10家，生产能力36.6万吨/年，平均生产规模3.66万吨/年；间歇焦炭法、木炭法合计87家，生产能力47.6万吨/年，平均生产规模仅0.55万吨/年。2010年，二硫化碳被环保部列入“双高”产品名录，间歇焦炭法和木炭法被列为淘汰类生产工艺。至此，中国二硫化碳生产发生了“大转折”。

五、合资合作、自主技术开发推动行业发展

21世纪以来，中国无机盐工业合资合作发展迅速，一批国外知名企业介入中国无机精细化工产品生产者行列，如法国罗纳-普朗克公司、液化空气公司，以色列死海溴集团，德国德固赛公司、瓦克公司、Lurgi公司，意大利西姆公司，美国Oxytech、杜邦、卡博特公司，韩国Unid公司，日本三菱瓦斯化学公司，英国比欧西集团等，利用自身技术含量和装备水平高、研发能力强、产品推广应用迅速等优势在中国投资建厂或设立研发机构。

与此同时，美国卡博特公司与中国蓝星合资建立卡博特蓝星化工（江西）有限公司，建设4600吨/年气相白炭黑生产线；山东海化集团与日本开成商事株式会社、伊藤忠商事株式会社合资建设了开成-伊藤忠-山东海化3万吨/年氯化钙项目；日本化学工业公司在成都合资建设1000吨/年高纯钡盐装置；在贵州中韩合资兴建1万吨/年特殊超微粒催化剂三氧化二锑；德国朗盛集团与山东潍坊合作建设1.2万吨/年水合肼装置等，在一定程度上带动了无机盐工业发展。

无机盐工业快速发展与国民经济快速发展和科技进步是紧密相连的。进入21世纪后的10年来，中国科技新成果多，专利发表多于以往，成果转化为生产力的步伐加快，为无机盐工业发展提供了有力的支持；一些关键、共性技术打破了制约无机盐工业发展的瓶颈，缩短了与先进国家的差距。大体上讲，中国无机盐技术装备相当于发达国家20世纪90年代的水平，一些大型、先进企业装备相当于21世纪初的水平；部分开发的科研成果，其工艺技术、装备水平达到或接近国际先进水平。

三相法高锰酸钾是对传统生产工艺的创新，称为高锰酸钾工业的绿色技术和清洁工艺，它的产生也迫使美国最大的高锰酸钾生产公司——卡洛士公司关闭其高锰酸钾生产装置；氟硅酸钠氨化法合成冰晶石联产高补强白炭黑新工艺突破磷、氟资源综合利用瓶颈，采用该工艺成功建设的2万吨/年冰晶石与6000吨/年白炭黑联产工业化装置，加快了相关工业的发展；纳米白炭黑气相燃烧制备技术与设备研制，推广应用形成了10亿元产值；蒽醌法钯催化剂使中国双氧水生产跨上了一个新台阶；离子交换法碳酸钾采用多效真空降膜蒸发系统及热泵技术回收废液中的氯化铵技术，不仅解决了废水的污染，而且取得了较好的经济效益；采用内置换热式流化床干燥技术，降低了元明粉生产成本；超低铁黄片碱、低铁硫化碱技术，填补了国内的空白；赤磷阻燃材料生产、兑卤脱钠控速分解结晶法制氯化钾、分子蒸馏、新型结构层状及柱型无机功能材料开发、纳米粉体材料开发、超重力过程强化、从化

肥及石化生产的废催化剂中回收高纯钴、超微粉碎、表面活化、超纯化，微胶囊、等离子、固体电解质纳米薄膜制备、微机优化工艺与控制等技术的推广应用，促进了行业技术进步。

20世纪70年代前中国基本上无饲料磷酸氢钙产品，需要大量进口。为满足饲料工业发展需要，国内先后开发了热法磷酸法、骨胶副产法、普钙水淬法、湿法磷酸法等多种生产饲料磷酸氢钙的工艺。其中，后两种已成为主流工艺。饲料磷酸氢钙单套装置规模已达30万吨/年，在建的单套装置规模达到45万吨/年。到2007年底，全国饲料磷酸钙盐装置总生产能力达240万吨/年，不仅满足了国内消费的需要，还有部分出口。

20世纪70年代中国碳酸钙产品主要用于塑料、橡胶填充剂，品种单一，售价低；随着国民经济的发展，高技术产业兴起，碳酸钙工业发生了巨大的变化。目前碳酸钙有多种规格、多种功能、各种粒径、不同晶形，产品包括轻钙、重钙、超细钙、纳米钙、活性钙，活性钙又分为偶联剂处理的和活性剂处理的碳酸钙，按不同结晶形态又可分为菊花形、立方形、球形、针状形、片状形、纺锤形、链形等，以满足不同用户的需要。2003年，广西华纳新材料科技有限公司建设的30万吨/年纳米碳酸钙成为国内生产能力最大的精细碳酸钙生产线。

21世纪最初的10年，无机盐科研开发和技术创新发展喜人。产学研结合，加快了科技成果转化，企业研发能力不断增强。2010年，大中型企业科技创新投入占总产值的1.5%以上，重点骨干企业达到3%，高新技术企业达到5%，初步形成以企业为主体的技术创新体系。已建成国家级企业研发中心3家，建成省市级企业研发中心10余家。

此外，这一时期无机盐工业主要科研成就还有：2002年天津院研发了层状结晶硅酸钠，沈阳化工股份有限公司研发了纳米级二氧化硅生产技术，中科院福建物质结构研究所研发了高激光能量负载磷酸二氢钾（KDP）晶体，上海中昊钾盐工程技术中心和青海大柴旦清达钾肥有限公司合作开发了察尔汉盐湖老卤制取工业氢氧化镁技术；2003年南京化工大学研发了α-Al_2O_3-管式陶瓷微滤膜制备技术，青海海星科技开发有限公司开发了硼酸铝晶须生产技术，北京方正稀土科技研究所有限公司开发了固体电解质纳米薄膜制备方法，四川成洪磷化工有限责任公司建成了多极耦合分离技术生产电子级磷酸，建设了2万吨/年生产线；2004年烟台市化学工业研究所开发了纳米级二氧化锆薄膜生产技术；2005年昆明理工大学开发了碱洗耦合液相催化氧化技术浓度净化黄磷尾气，华东理工大学和上海氯碱股份有限公司完成了纳米白炭黑气相燃烧制备技术及设备研制，青海盐湖研究所开发了超细无机阻燃剂氢氧化镁，2008年清华大学和昆明理工大学合作开发的热法磷酸生产热能回收利用技术获国家技术发明二等奖；2011年山西南风化工集团开发的芒硝、氯化钾复分解法生产硫酸钾获国家科技进步二等奖。

六、绿色技术、资源综合利用、“三废”治理水平同步提高

无机盐产品生产过程中“三废”排放量大，难以治理，建设“三废”治理装置投入较大。一些重污染产品已引起国家、社会高度关注，黄磷、重铬酸钠、二硫化碳、氰化钠、高氯酸钾、碳酸锶等113种产品被环保部列入“双高”产品名录。

进入21世纪，随着国家发布和实施了一系列法律、法规、标准及产业政策，不断强化生态环境监管力度，无机盐工业生态环境保护意识逐渐增强，正不断提高“三废”治理能力，努力摘掉“环境污染大户”的帽子。特别是国家提出的循环经济理念后，无机盐企业在“三废”治理与资源利用等方面，各显身手，有力促进了无机盐工业可持续健康发展。

黄磷生产淘汰了1000吨/年以下的小电炉，推行1.0万吨/年及以上大电炉，单位产品电耗由1.45万～1.5万千瓦时降至1.3万千瓦时左右；电炉尾气净化或深度净化技术的推广，使尾气利用上了一个新的台阶，通过实施“黄磷-甲酸钠-甲酸”联产工艺及“锅炉-发电”技术，使黄磷尾气利用率达到95%以上;“磷渣”综合利用，降低了黄磷能耗和生产成本；采用二步法热法磷酸工艺，配套余热锅炉高效利用反应热能，副产蒸汽，降低了磷酸能耗，减少了环境污染，增加了企业效益。湖北兴发化工集团先后投资亿元对黄磷及磷酸盐生产进行技术改造，开发“机械手”密闭磷渣、磷铁出渣口，降低了黄磷无组织废气的排放；采用密闭氧化法处理磷泥，处理后残渣用作专用肥，解决“磷泥”带来的环境风险；开发了独特工艺，利用二甲基亚砜回收废盐，替代三聚磷酸钠生产使用的硝酸钠，降低了尾气中氨氮排放，同时解决了二甲基亚砜废盐处理问题；与水泥厂合作，磷渣作生产水泥辅料，解决了磷渣处置问题；利用次磷酸钠残渣生产饲料磷酸钙盐，每年减少固体废弃物排放数千吨。这些节能减排综合利用项目为企业年增收3500多万元。

这一时期，行业应用一批共性关键技术完成了对现有生产工艺进行改造，采用先进技术和设备淘汰高耗能低效设备，使无机盐工业传统工艺、基础产品焕发了生机，提高了清洁生产水平和生产效率，减少了环境污染。

保险粉-过氧化氢联产工艺，降低了保险粉生产成本；氯氧化锆-硅酸盐联产工艺，使原料锆英砂中的硅资源得了合理的利用；硝酸钾联产氢氧化镁、无水氟化铝联产白炭黑等技术为企业带来实实在在的收益；采用浮选分离硼镁新工艺，解决了硼酸母液排放的环境问题，提高了硼收率；锰盐废渣处理后做肥料等技术的开发和推广利用，解决了废渣堆存问题。钡盐、锶盐、铬渣等产生“危废”的企业，严格钡渣、锶渣、铬渣处置，并采用多种措施综合利用，如将无害化后废钡（锶）渣用作蒸养砖和水泥等，铬渣无害化处理后，用于炼铁、水泥添加剂等，既达到了环保要求，也实现了“三废”资源化利用，拉长了企业的产业链，降低了产品物耗、能耗及生产成本，提高了企业经济效益。此外，氯酸盐工业推行电解槽改造，使电流效率提高10%以上；双氧水推广碳纤维回收氧化尾气技术，使重芳烃消耗降低50%以上；多氟多开发的利用铝加工的废弃物氟铝酸铵生产冰晶石，实现了铝型材加工废弃物的高效回收利用；磷肥副产氟硅酸制冰晶石联产优质白炭黑技术，成为国家计委的“国家高技术产业化示范工程”、科技部的“国家重点新产品”，开辟了氟资源循环经济；贵州瓮福引进磷肥副产氟硅酸生产无水氟化氢技术，实现了副产氟资源高效综合利用；安徽曙光、河北诚信、营创三征（营口）精细化工（简称营口三征）首创轻油裂解法氰化钠副产氢，用于生产合成氨，增效显著；硫化碱工业将多台转窑并联，尾气余热产生蒸汽，砍掉了锅炉，使每吨产品蒸汽消耗降低3吨以上；碳酸钡、碳酸锶生产焙烧窑烟气除尘、脱硫的深度治理，克劳斯法及其他技术处理碳化过程中高浓度硫化氢尾气，副产硫黄或硫化物，摆脱了污染，实现了清洁生产。

第六节 优化体系，促进绿色发展

（2011 ～ 2019年）

进入21世纪第二个10年，中国经济发展模式从单纯追求发展速度逐渐转入追求发展质量，强调走生态文明的发展道路。《中国制造2025》《工业绿色发展规划（2016—2020年）》等国家战略，明确提出绿色制造工程和绿色发展的理念。优化产业结构，加速转型升级，走循环经济的道路，按照低投入、高产出、低消耗、少排放、能循环、可持续的发展模式，实现绿色发展、高质量发展，成为无机盐工业的目标任务。

无机盐工业控制存量，优化增量，主动淘汰落后产能，坚持依靠科技创新，向高端、精细、专用和环保方向发展，节能减排成效明显；同时，积极开发两个市场、利用两种资源，延伸了产业链，发展了特色产业，主要无机盐系列产品从跟跑到并跑、领跑，已经形成完整的工业体系；此外，大力推进大型化、基地化、园区化促进了产业集聚与循环经济发展。

一、生产能力、产品产量持续保持世界领先

“十二五”以来，国际、国内形势发生了深刻变化，中国无机盐工业经过国际风云变幻的洗礼之后，迎来了难得的战略机遇期。进入新时代的中国无机盐工业，贯彻落实“创新、协调、绿色、开放、共享”的发展理念，以提高发展质量和效益为中心，以供给侧结构性改革为主线，在结构调整、技术创新、绿色发展、资源节约、“一带一路”国际合作等方面不断寻求突破，奋力开启了创新驱动、智能制造的崭新篇章。

到2018年，中国无机盐产品有22个系列2000多个品种，总生产能力超过1.2亿吨/年，产量超过9000万吨，稳居世界第一。销售额达到4540亿元，利税达到418亿元。与2010年相比，无机盐工业生产能力、产量、销售额和利税年均增长率分别达到6.9%、3.4%、15.57%和16.0%。从数据可以看出，一方面生产能力和产量增长率有所回落，仍位居世界首位，另一方面行业销售额和利税年均增长率远高于2000～2010年的年均增长率，表明无机盐工业产业结构转型、优化升级成效显著。1978～2018年中国19种无机盐产品生产情况见表2-5-2。

主要无机盐产品生产能力、产品产量有增有减。无机氟化物、双氧水、锂盐、白炭黑等产量年均增长率超过10%；而黄磷、硫化碱、三聚磷酸钠、铬酸酐、碳酸钡、碳酸锶、硼砂、硼酸等呈现负增长。2010～2018年，中国无机盐继续保持世界领先地位，国际话语权进一步增强。无机盐产品出口量、创汇额分别由2010年的1523.8万吨、110.8亿美元，增加到2018年的1981.3万吨、173.8亿美元。1978～2018年中国无机盐生产主要工业指标见表2-5-3。

表 2-5-2 1978 ~ 2018 年中国 19 种无机盐产品生产情况

产品	产量 / 万吨						年均增长率 /%			
	1978 年	1990 年	2000 年	2010 年	2015 年	2018 年	1978 ~ 1990 年	1990 ~ 2000 年	2000 ~ 2010 年	2010 ~ 2018 年
元明粉	59.5	158.0	290.0	832	750	980	8.48	6.3	11.1	2.1
硫化碱	21	43.2	38.7	64	55	59.7	6.2	-1.1	5.16	-0.86
黄磷	3.43	15.9	49.0	101	90	89	13.6	11.9	7.5	-1.2
三氯化磷	—	—	24	110	130	153	—	—	16.4	3.4
三聚磷酸钠	3.0	25.0	68.4	71.2	40	35	19.3	10.59	0.4	-8.5
饲料磷酸钙	0	2.6	93.5	240	310	360	-	43.08	9.9	5.2
氰化钠	1.27	3.65	6.5	32	37	58	9.19	5.94	17.3	7.7
碳酸钙	294	—	—	1800	2700	3400	—	—	—	8.3
其中轻质碳酸钙	22.16	52.1	152.0	750	900	1100	7.38	11.3	17.3	4.9
100% 双氧水	0.38	2.06	16.8	132	2233.8	261.3	15.1	23.35	22.9	8.9
高锰酸钾	0.43	1.2	1.7	4.3	6	6	8.92	3.54	9.7	4.3
重铬酸钠	2.28	6.50	15.1	30	32.4	34	9.12	8.79	7.1	1.6
铬酸酐	0.78	2.5	5.5	8.22	8.2	7.5	10.19	8.2	4.1	-1.1
硅酸钠	—	—	27.8	140	180	250	—	—	17.7	7.5
白炭黑	-	2.76	16.4	100	140	341	—	19.5	19.8	16.5
碳酸钡	—	11.13	30	48	60	30	—	10.4	4.8	-5.7
碳酸锶	—	—	2.61	29	15	15	—	—	27.2	-7.9
硼砂	—	11.06	28.3	29	16	13	—	9.9	0.25	-9.5
硼酸	—	5.7	14.4	15	26	14	—	9.7	0.41	-0.86
二硫化碳	—	—	—	65	60	69.1	—	—	—	0.77

注：因无国家统计数据，所有数据多为行业协会收集值，其中部分数值如2018年硅酸钠、高锰酸钾为估算值。

表 2-5-3 1978 ~ 2018 年中国无机盐生产主要工业指标

项目	产能万吨 / 年	产量 / 万吨	销售额[1] / 亿元	利税 / 亿元	产品品种 / 个	出口创汇情况		
						产品品种 / 个	数量 / 万吨	创汇 / 亿美元
1978 年	340	247	23.4	5.5	340	48	23	0.9
1980 年	410	275	26	6.6	500	115	35	1.02
1990 年	920	730	146	19.0	680	142	100.4	4.02
2000 年	2000	1450	410	75	1000	235	620	23.0
2010 年	7000	5400	1427.08	127.87	1450	255	1523.8	110.8
2018 年	12000	9000	4540	418.0	2000	—	1981.3	173.8

① 1990 年前为产值，采用各时期不变价，2000 年后为销售额。

二、加速淘汰落后产能、控制存量、优化增量

2010 ～ 2018 年，由于严格执行列入国家《产业结构调整指导目录》中的限制和淘汰类产品和工艺，控制新增生产能力、实行总量控制，新建项目实行等量或减量置换原则，特别是对列入“双高”产品名录的产品，加快了淘汰落后生产能力和“僵尸”装置行动，一些产品执行准入制度，充分利用国家安全、环保等手段，推动落后和低效生产能力退出，产能过剩的产品增长势头得到遏制，无机盐工业增长呈现稳健态势。

（一）基础铬盐生产发生重大变革

铬盐生产特别是重铬酸钠是高能耗、高物耗、重污染的产品，被国家认定为“三高”产品，针对铬盐生产和管理，国家有关部门先后出台了 10 多项涉及铬盐生产的产业政策、标准、法规和法令，不断加强对铬盐生产的监管力度。

重铬酸钠的中间体铬酸钠是主要污染源，不同工艺生产铬酸钠，其污染程度差距很大。国内外长期采用焙烧法，进入 21 世纪后国内陆续开发出液相法生产工艺（如中科院过程所开发的钾碱液相氧化法、天津派森科技有限责任公司的铬铁碱熔氧化法、甘肃白银昌元化工有限公司的气动流化塔式连续液相氧化法、四川省银河

建化股份有限公司的双自返富氧液相氧化与碳化法制备红矾钠工艺），改变了焙烧法高温处理（1200℃以上）的种种缺陷，被列入国家鼓励的清洁生产工艺。

重庆昌元在20世纪90年代成功地将高锰酸钾生产工艺及装备移植到铬盐生产中，开发出气动流化塔式连续液相氧化法生产铬酸盐新工艺。2014年，四川银河化学股份有限公司开发了铬铁双自返富氧液相氧化与碳化法制备重铬酸钠新工艺，并建设了5万吨/年产业化装置。2011～2015年，湖北振华化学股份有限公司建成投产5万吨/年无钙焙烧生产线，并通过环保部验收。2016年，锦州中信公司引进甘肃锦世化工有限责任公司的无钙焙烧技术建设的3万吨/年装置投产。

2011年国家发改委在《产业结构调整指导目录》（2011年本）提出"淘汰有钙焙烧铬化合物生产装置，限制少钙焙烧工艺重铬酸钠，鼓励铬盐清洁生产新工艺的开发和应用"。

到2018年，全国重铬酸钠生产企业7家，其中生产能力5万吨/年及以上5家（其中无钙焙烧3家、液相法2家），2万～5万吨/年3家（其中无钙焙烧2家、少钙焙烧1家），产量34万吨。铬盐工业生产变革仍在进行中。

（二）改进工艺技术、淘汰过剩产能力度大

2016年以来，环保风暴席卷全国，围绕环保综合整治，碳酸钙工业实行控制存量、优化增量，实现了优胜劣汰、资产重组，技术装备水平显著提升，生产规模扩大，产品质量稳定改善。

浙江常山原有18家碳酸钙企业，2018年全部退出；浙江衢州市212家企业整合后仅保留17家；建德市由124家氧化钙、碳酸钙企业，整合后保留34家。河北省井陉县围绕京津冀一体化发展战略，制定了十年发展规划，通过整合，退出27家，剩余18家企业（25个生产厂点），总产能控制在120万吨/年，消减产能100万吨/年；并投资2.6亿元开展了脱胎换骨式的综合技术改造，改变了碳酸钙企业面貌，使钙镁之乡走在国内同行前列。

与此同时，碳酸钙产品不断从低端市场向中高端市场开拓，国产高端碳酸钙产品逐步打破国外企业的垄断格局，涌现了功能钙、活性钙、改性钙、专用钙等晶型各异、可控粒度分布的各类碳酸钙产品，形成了产品系列化、专业化、功能化、精细化的新格局。到2016年，全国纳米（超细）碳酸钙生产企业已达49家，生产能力达81万吨/年。

2011年，上海百金化工集团有限公司自主研发的"CO-硫黄法"低温连续催化

生产二硫化碳工艺，通过了石化联合会组织的技术评审，填补了国际空白。

2013年，工信部颁布《二硫化碳行业准入条件》；2015年，环保部出台《环境保护综合目录》，将“间歇焦炭法二硫化碳”列入“高污染、高环境风险”目录的淘汰工艺中，将天然气法列入鼓励工艺中。据统计，2017年国内二硫化碳总生产能力91.8万吨/年，其中采用天然气法工艺的企业占97%，焦炭法仅占3%，主要生产企业16家，占全国总生产能力的90.7%。准入条件实施后的几年间，二硫化碳行业退出生产能力30万吨/年以上。二硫化碳装置规模、技术水平、节能减排、安全环保、自动控制水平全面处于国际领先地位，尤其是在二硫化碳生产过程中，全部采用“克劳斯加氢还原尾气处理”工艺回收硫黄，为发展以硫化氢为原料的硫系列精细化学品生产提供了有利条件，排放尾气中的二氧化硫污染物的数量低于欧盟标准。

2011年，山东淄博众诚钡盐公司研发出氯化钡连续生产新工艺和废气CO_2连续回收新技术，填补了国内毒重石法连续生产氯化钡和回收CO_2的空白。2015年，南京金焰锶业有限公司研发利用副产硫化氢制取液体硫黄新工艺，使硫化氢回收率达到100%。2017年，重庆庆龙精细锶盐化工有限公司等企业开发出连续碳化生产碳酸锶，实现了生产过程连续化、自动化。这一期间，部分中小钡、锶盐企业停产或被淘汰，生产企业由30多家降至10多家，产量下降。据不完全统计，2010年碳酸钡产量42万吨、碳酸锶产量17万吨左右，到2018年分别下降至30万吨、15万吨。与基础钡盐、锶盐产量下降相反，精细钡盐、锶盐则以年均10%～12%的速率增长，其中电子级、陶瓷级、纳米级钡盐、锶盐等高端市场潜力巨大。

受环保政策和市场等因素影响，元明粉、硫化碱工业新增生产能力明显降低。2013～2016年，南风集团先后对硫化碱生产设备进行了一系列技改，提高了设备使用寿命和产品质量，降低了劳动强度，形成了硫化碱的标准化生产。到2016年，一些规模小、装备差、技术落后的企业被淘汰，硫化碱生产企业由2013年的52家减为36家，装置规模由120万吨/年降至113.9万吨/年。产品由单一桶装固碱，发展为片碱、低铁片碱、粒状碱、无水碱、结晶碱等多种。

2014～2015年，四川同庆公司（南风集团子公司）完成了元明粉五效改六效蒸发、钙芒硝尾矿综合利用技改，使蒸发效率提高，废水钙芒硝尾渣循环利用，解决了环保问题，降低了钙芒硝的开采成本。“十二五”以来，元明粉生产企业纷纷在改变产品结构、产品多元化上下功夫，超细、大颗粒、中性、彩色、饲料级、高纯级及分析纯级等多种规格的元明粉相继开发并投入市场。2013年，元明粉产量

780万吨，生产企业百家以上，到2018年，产量980万吨，生产企业降至40家以下，众多小企业被淘汰。

三、行业资源能源利用水平显著提高

（一）依靠先进技术手段实现节能减排

“十二五”时期，黄磷尾气综合利用取得了可喜的成果，贵州磷化工最具代表性。利用黄磷尾气净化提纯CO技术，开阳磷都化工股份有限公司建设了2万吨/年甲酸工业装置，贵州青利公司和开阳县磷化工公司分别建设了7万吨/年和3万吨/年甲酸钠装置，开阳新强磷化公司建设了5000吨/年甲酰胺装置等。重庆川东化工集团有限公司在磷系列产品联产、综合利用上也有独到之处。2012年，企业利用搬迁技改达到了节能减排的目的，实现了“搬迁不搬污、搬强搬大”的目标。

2016年，国家颁布的《黄磷生产技术规范》对大型、中型、小型磷炉进行了规范界定；对多电极制磷电炉作出注释，适应和满足了黄磷生产工艺技术要求。自焙多电极制磷技术实现了国产电炉大型化，并走出国门，在越南、马来西亚、哈萨克斯坦、伊朗、埃及等建设项目中得到应用。

“十三五”期间，磷化工企业与磷矿、磷肥、电力以及氟化工、碘化工、碳一化工、有机化工等开展产业耦合，上伸下延、优化共生、延长了产业链，实现了资源阶梯式利用、降低了能耗和资源消耗、减少了“三废”污染。中国磷化工产业链黄磷、中间产品及终端产品产能、产量比例已由过去的1∶1.5∶0.8转化为较合理的1∶3∶5，改变了磷化工产业链上各环节产品数量头大尾小的状况。黄磷装置生产能力、产量占全球份额分别为88.24%、89.91%。黄磷生产企业数量、产量由2014年的130家、102.5万吨，减至2018年的47家、89万吨，但排名前10位的企业在总生产能力占比仍不高，仅40.4%。

2010～2018年，无机盐工业节能减排成效显著，企业单位产品普遍能耗下降。黄磷能耗由3.5吨标煤/吨产品，降至3.0吨标煤/吨产品以下；重铬酸钠由2.0吨标煤/吨产品，降至1.6吨标煤/吨产品；二硫化碳由1.0吨标煤/吨产品，降至0.7吨标煤/吨产品以下；碳酸钡由0.75吨标煤/吨产品，降至0.6吨标煤/吨产品。企业加强过程水循环利用，水耗降低的同时，还减少了水污染物的排放。硅胶水耗由50吨/吨产品，降至25吨左右/吨产品；重铬酸钠通过密闭循环利用，单位产品污水排放量降至1～0吨；碳酸钡降至2～0吨。重点产品污染防治取得明显成效，一批先进适用清洁生产、节能减排的技术得到应用。多领域尾气综合利用率提高，黄磷达到95%，轻油裂解法氰化钠达到85%以上；焙烧法重铬酸钠焙烧尾气余热利用率达到95%，碳酸钡焙烧达到85%以上，危险固体废物达到100%安全处置或综合利用，固体废物85%以上得到综合利用。2018年主要无机盐单位节能减排情况详见表2-5-4。

表 2-5-4　2018 年主要无机盐单位产品节能减排情况

产品	生产工艺	综合能耗 / 吨标煤	尾气余热利用或综合利用率 /%	渣处理处置利用率 /%
黄磷	电炉法	2.9 ~ 3.2	≥ 95	≥ 95
重铬酸钠	焙烧法	1.5 ~ 1.8	≥ 95	100
碳酸钡	碳化法	0.6	≥ 85	100
二硫化碳	天然气法	0.7	≥ 95	—
无水硫酸钠	芒硝及钙芒硝法	0.15	—	≥ 80
轻质碳酸钙	碳化法	0.2	≥ 80	—
硫化碱	煤粉还原法	1.2	≥ 75	—
饲料磷酸钙	磷酸中和法	0.25 ~ 0.27	—	≥ 80
氰化钠	轻油裂解法	1.4 ~ 1.6	≥ 95	100
三聚磷酸钠	二步法	0.5	≥ 85	

（二）资源综合利用水平逐步提高

20世纪末中国主要氟化物如冰晶石、氟化氢等生产大多以萤石矿为原料，随着氟资源大规模开发利用，资源短缺凸显，开发利用低品位矿及副产氟资源利用势在必行。2008～2017年，贵州瓮福蓝天氟化工股份有限公司利用自行开发的磷肥副产氟硅酸回收氟制取无水氟化氢技术，先后在贵州、福建、湖北、云南建设了4套1万～3万吨/年无水氟化氢生产装置（总生产能力达8万吨/年）；2011～2017年，多氟多与多家磷肥企业通过合资、扩股、重组、并购方式，利用磷肥副产氟硅酸，先后建设了3万吨/年冰晶石、9000吨/年白炭黑、23万吨/年无水氟化铝、11万吨/年无水氟化氢装置，使其在国内市场占比达30%以上。2013年，湖南广成发展有限公司开发了副产氟硅酸钠水碱法制备氟化钠技术，建设了3万吨/年装置，颠覆了传统氢氟酸法制氟化钠生产工艺。这些技术的开发和生产装置的建设，既提高了磷肥及饲料级磷酸钙企业氟回收效益，减少了环境污染，延长了产业链，实现了可持续发展，又开辟了资源建设途径，对保护萤石资源具有战略意义，符合国家“发展循环经济、资源再利用、废物资源化”的政策方针。

中国锂资源及锂电池产业快速发展，但锂资源“大而不强”，需高度依赖进口。2017年，世界锂资源产量23万吨，中国使用量占总产量的52%。为解决资源短缺，一些企业与国外优势资源进行了深度合作，江西赣锋锂业股份有限公司（简称赣锋锂业）和天齐锂业股份有限公司（简称天齐锂业）取得了可喜的成绩。主要锂盐企业的海外扩张、并购是锂盐产业为资源保证和产业链整合的前瞻性和战略性举措，对实现锂盐行业高质量发展意义深远。此外，在开发和利用国内锂资源上也采取了一系列举措。2011 ～ 2017年，青海省在开发青海盐湖钾资源的同时配套建设了锂盐产业，实现了资源综合利用，量产固态锂电池、金属锂等高附加值产品，提升了竞争力。赣锋锂业在万吨级锂盐工厂建成后逐步扩产，锂盐综合生产能力达到7万吨/年，成为世界最大的锂辉石提锂加工基地；海西蒙古族藏族自治州高纯氯化锂联产高纯硼酸项目建成投产；柴达木兴华锂盐有限公司的1万吨/年（一期0.5万吨/年）高纯氯化锂联产2.5万吨/年（一期1.25万吨/年）碳酸锂生产线投产；青海恒信融锂业科技有限公司2000吨/年电池级碳酸锂投产；青海东台吉乃尔锂资源股份有限公司1万吨/年碳酸锂投产等。到2018年，中国锂盐总产量约25万吨，其中碳酸锂17.25万吨，氢氧化锂7.8万吨，占据全球锂盐总产量的半壁江山。

四、推进大型化、基地化和园区化发展

企业间重组兼并不断，组建大型企业和生产基地成为无机盐工业一大亮点。主要生产企业通过兼并重组和装置大型化技术改造，规模不断扩大，部分重点产品的装置规模已达到或接近世界平均水平，涌现了10家以上销售额过100亿元/年、具有国际竞争力的大型企业集团。产业布局进一步调整优化，园区化建设进一步加快，产业集中度不断提高，区域产业群、带初步形成，产业集聚能力持续提升，过去“小、低、散、缺”的生产模式已演变为规模化、集聚化生产。生产规模向大型化、基地化、园区化发展，既利于企业降低成本，生产连续化自动化，推进产业链循环经济，实现“三废”及有毒废物的集中治理，又便于行业推进管理能力现代化。

骨干企业数量增多、装置规模扩大、生产基地的创建，市场竞争能力显著增强。广东中成化工集团的保险粉产量占全国总产量70%以上；重庆昌元的高锰酸钾产量占全国总产量的65%以上；四川龙蟒集团饲料磷酸钙盐占全国总产能的30%以上。黄磷产能大于7.5万吨/年的前五名企业（云天化集团、江阴澄星实业集团有限公司、兴发集团、云南南磷集团、贵州鑫新集团公司）的产量占全国总产量的28.3%；氰化钠前三名企业（安徽曙光、河北诚信、营口三征）占全国总产能的83%以上；二硫化碳前两名企业（上海百金化工集团有限公司、辽阳瑞兴化工有限公司）占全国总产能的61.9%；碳酸钡前两名企业（贵州红星化工厂、辛集化工）占全国总产能的60%以上。区域布局得到优化，产业集中度逐步提高。产业大型化、基地化集中体现出基本建设与技术改造项目规模大、涉及精细产品品种多、配套能力强。这一时期，无机盐工业新建、扩建规模多数已达到甚至超过国外同行业水平，如饲料磷酸钙新建企业规模30万～60万吨/年、双氧水装置规模达到23万吨/年、三聚磷酸钠装置规模达到8万～10万吨/年等。

这一时期，中国无机硅化合物迈上了新台阶，产能、产量居世界第一，产品质量达到世界先进水平，形成了具有自身特点和优势的产业。2012年，世界最大泡花碱生产用燃煤马蹄玻璃池窑在山东莱州福利泡花碱有限公司建成投产；2017～2019年，广州凌玮科技股份有限公司率先在国内开发出塑料母粒用二氧化硅开口剂、环保新型材料水性涂料专用二氧化硅消光粉、用于涂料行业创新产品的防锈颜料等新产品；2016年，无锡确成硅化学股份有限公司在泰国投资设厂，成为第一家在海外投资的无机硅化物企业，2018年该公司白炭黑总产能达32.5万吨/年，成为全球第三、亚洲第一的二氧化硅专业制造商。到2018年，全国无机硅化物产能达965万吨/年，产量765万吨，产值235亿元。

2010～2018年，是国内双氧水发展高峰期。一方面，外商积极在华投资建厂，如德国赢创公司在吉林独资建设23万吨/年装置；韩国韩松公司在西安建设3万吨/年电子级双氧水装置；苏威（镇江）化学品有限公司在镇江独资建设7万吨/年生产装置。另一方面，中国内地转让或技术出口，如因特罗斯化工有限公司（山东华泰与苏威合资）采用黎明院技术建设了18万吨/年双氧水装置；黎明院转让成套技术在台湾义芳化学股份有限公司建设了4万吨/年工业级和5000吨/年食品级双氧水装置投产。这一时期，国内双氧水技术创新、科研成果多，转化速度快，掀起了一轮建设新高潮。如湖南兴鹏化工和上海宸鹏化工联合开发了含醋酸甲基环己酯（MCA）的全酸性工作液体系高效钯催化剂固定床工艺；黎明院将自主开发的含四丁基脲（TBU）三溶剂工作液体系、高效钯催化剂和新型固定床工艺技术应用于山西阳煤集团太原化工新材料有限公司建设单套7.2万吨/年双氧水装置；中石化石家庄炼化分公司2万吨/年浆态床蒽醌加氢高浓度双氧水工业示范装置开工建设；由湖南岳阳巴陵石油化工有限公司、石油化工科学研究院、中国石化安全工程研究院、上海工程公司、石家庄炼化分公司及天津大学联合开发的2万吨/年浆态床蒽醌加氢制高浓度双氧水工业示范装置投产等。

但纵观无机盐工业整体生产厂点虽多，但集中度不高，产品总产能和产量虽位居世界前列，但企业平均规模仍低于世界发达国家水平。

五、向高端、精细、专用和环保方向发展

随着国民经济的发展和高新技术产业崛起，关联产业发展产生的拉动效应，以及受能源、资源的影响，无机盐工业加快了向高端化、精细化、专用化和环保领域发展步伐，并形成产品的系列化，产品应用市场不断拓展，以满足国防军工、生物工程、航空航天、IT、数码设备、现代农业等不同领域及生产发展的需要。但种类和数量仍远不能满足高新技术产业的战略发展需求，需要加快研发能力和产业化进程。

中国氟化工已进入由军工配套转向民用市场，由技术引进转向自主研发阶段。无机氟是国家加快培育和发展的战略性新兴产业中的新材料的重要原材料，尤其是芯片用电子级氟化物（如氢氟酸、氟化铵、四氟化碳等）和新能源汽车关键零部件锂离子电池用新型含氟锂盐（如六氟磷酸锂、四氟硼酸锂、二氟磷酸锂等），成为无机氟发展热点，具体请参见本书下卷第二十一章氟化学工业发展史。

这一时期，中国硼工业开发出一批高附加值硼产品和硼材料，如碳化硼、氮化硼、硼铁合金，核级硼酸、高纯氧化硼、高纯硼粉、硼同位素、大单晶氮化硼等。高附加值产品的生产规模不断扩大，产业集中度提升，实现了硼工业更新换代。大连金玛硼公司并购牡丹江金钢钻碳化硼有限公司，成为拥有完整硼产品产业链的企业。为解决国内硼资源短缺的问题，他们充分利用两种资源，进口土耳其硬硼钙石，建设以硬硼钙石为原料生产硼酸装置；大力发展西部青海盐湖资源综合利用，发展硼化工，使传统的硼工业焕发了生机。

2010年以前，国内尚无高质量晶体六氟磷酸锂量产企业，锂离子电池配套的六氟磷酸锂年需求量约168吨，进口产品价格500万～700万元/吨，每年进口需1亿美元以上。1999年，天津院率先开展研发六氟磷酸锂，完成了4吨/年的液体六氟

磷酸锂中试并通过国家鉴定，质量达到国外同类产品水平。2005年，天津金牛电源材料有限责任公司采用天津院液体六氟磷酸锂技术，建设了电解液生产线；2010年，多氟多自主开发建设的200吨/年晶体六氟磷酸锂生产线列入国家863计划。2017年该公司锂离子电池核心材料高纯晶体六氟磷酸锂关键技术开发及产业化项目获国家科学技术进步二等奖。之后，陕西必康制药集团控股有限公司、江苏新泰材料科技股份有限公司、湖北省宏源药业科技股份有限公司等企业也建设了不同规模的晶体六氟磷酸锂生产线，使中国形成了一定的产业优势。

从2010年开始，营口三征重点研发医药专用氰化钠，开发了头孢复锌酸中间体CSI和抗艾滋病阿巴卡韦的中间体原液氰化钠；2018年，安徽曙光建成甲醇氨氧化法氰化钠装置，丙烯腈副产法4万吨/年固体氰化钠、高纯固体氰化钾0.5万吨/年及系列氰化物产品，成为全国规模最大的氢氰酸及其衍生物生产企业；河北诚信集团有限公司围绕氢氰酸进行上伸下延，形成较完整氰化钠、黄血盐钠（钾）、三聚氯氰系列无机氰化物及原甲酸酯、氰乙酸（酯）、EDTA螯合剂等系列有机氰化物产品的大型氰化物制造企业，2018年入选中国石油和化工民营企业百强、中国精细化工百强。中国氰化钠实现持续高速增长，到2018年，产量占世界总产量的25%。

经过80多年的不懈奋斗和创新发展，特别是新中国成立后70年不平凡的发展历程，中国无机盐工业已成为化工领域中较为成熟的产业，形成了门类较为齐全、品种配套完整的工业体系。无机盐产品品种从1949年的30种，增加到2018年的2000多种，产能从几万吨，增加到超过1.2亿吨，不仅为国民经济支柱产业、传统产业发展作出了贡献，还为新兴产业、高新产业的发展提供了强大支撑。中国已由无机盐工业生产弱国，成为世界最大的无机盐生产国、消费国和出口国。无机盐工业所取得的举世瞩目的发展成就，奠定了中国向无机盐工业强国跨越的坚实基础。迈进新时代，无机盐工业将坚持科技是第一生产力、创新是第一动力的理念，实施创新驱动发展战略，进一步完善创新体系，加快关键核心技术自主创新，为中国无机盐工业发展打造新引擎，为世界无机盐工业发展增添新活力。

第六章 农药工业发展史

（1942～2019年）

农药是指农业上用于防治病虫害以及调节植物生长、除草等以保障农作物稳产、高产的药剂。农药可以分为化学农药和生物农药两大类。以防治对象分类，可分为杀虫剂、杀菌剂、杀线虫剂、杀鼠剂、除草剂、脱叶剂、植物生长调节剂等。农药是重要的农业生产资料，对防治有害生物，应对爆发性病虫草鼠害，保障农业增产以及粮食和食品安全起着非常重要的作用。农药还用于林业、畜牧业、交通等国民经济部门，对保护人民身体健康、维护相关产业的正常运行发挥重要作用。目前中国90%的农药用于农业生产，非农业用途农药占10%左右。

世界农药工业是20世纪40年代有机农药大量出现以后逐渐发展形成的并很快进入飞跃发展时期，新的系列化品种大量涌现。70年代开始，新农药开发重点转向高效、安全，高毒农药被淘汰。农药工业生产技术相应提高、质量明显改善，剂型和施药技术多样化。与此同时，各国政府加强了对农药的监管。1970～1994年的20多年间，世界农药销售额激增10倍，但自1995年以后，由于环境生态和健康安全的压力越来越大，农药新品种问世的步子放慢。21世纪后，生物工程技术带动下的转基因作物激增，对农药工业发展带来影响。目前，世界农药产品总的发展趋势是开发高活性、高安全性、高效益和环境友好的品种。2018年，全球农药市场（农作物）规模达到575.61亿美元。目前在全球农药工业体系中，生物农药呼声很高，但产量仍然有限。预计21世纪50年代以前化学合成农药仍是农药主体。

中国是使用农药最早的国家之一，三千多年前就使用植物药剂防虫，两千多年前就把汞、砷等用于植物保护。但近代农药生产和使用发展缓慢，新中国成立前夕，仅有数家手工作坊式农药厂生产六七种无机农药，产量极低。

新中国成立后，国家高度重视发展农业，农药工业开始迅速发展。特别是改革开放以来，农药工业得到持续、长足发展，已形成了包括原药生产、制剂加工、科研开发和原料中间体配套在内的农药工业体系。产量大幅提升，成为全球第一大农药生产国。2016年，中国生产农药总产量为377.8万吨，向180个国家和地区出口农药140万吨，占总产量的37%，占全球农药贸易额的20%。截至2018年底，中国有效登记状态的农药有效成分达689个，产品41514个。农药产品中高效、安全、环境友好型新品种、新制剂所占比例有明显提升。2018年农药原药产量208.3万吨。在农业部有有效登记的企业2213家。2019年，农药原药产量为225.4万吨。

中国农药工业历经70年的发展，已发展成为全球农药品种、产量、出口量第一位，农药品种从杀虫剂占70%，逐步发展到目前杀虫、杀菌和除草剂分别占31.2%、8.8%和60%；高毒高残留农药产量占农药总产量的比例从70%降至3%以下；每年能从虫口、病害等夺粮30%～35%的农药产品，已成为国家不可或缺的农业生产资料；至今依然在减少粮食、棉花、油料、蔬菜减产损失等领域发挥重要作用。

第一节 20世纪40年代的萌芽（1942～1949年）

中国在2200多年前已开始使用植物性、矿物性农药防治农业、卫生害虫。此后各种农药不断被发明和使用。《周礼·秋官》《神农本草经》《氾胜之书》《齐民要术》《农书》《本草纲目·金石部》《天工开物》《农政全书》等历史典籍中均有关于利用植物和矿物治虫、防虫的记载。

中国对化学农药的研究和开发始于20世纪40年代。这一时期，世界农药工业已经进入现代农药工业的重要发展阶段。1938年，瑞士嘉基公司的P.H.米勒发现滴滴涕的杀虫作用，并于1942年开始生产。第二次世界大战后一段时间，滴滴涕在农业和卫生保障领域发挥过很大作用。随后英国、法国、美国相继推出新品种、新技术，农药进入飞跃发展时期，新的系列化品种大量涌现。农药工业的发展，是当时化学工业发展到能提供多种廉价原料和有机单元反应技术发展成熟的结果。

20世纪40年代中央棉产改进所及中央农业试验所孙云沛用石灰、红砒做原料，制成“中农砒酸钙”农药，用以防治棉花害虫，是中国专门研制化学农药及大面积使用化学农药的开始。1942年，国民党政府农林部开始筹建农药厂，由1939年毕业于金陵大学理学院工业化学系、在中央农业实验所从事农药工作的程暄生负责筹建。1943年，农林部病虫药械制造实验总厂在重庆成立，中央农业实验所植物病虫害系系主任吴福祯兼任厂长。1944年10月，中央农业实验所药剂制造厂实验室开始进行滴滴涕的合成研究，次年成功，开始由该所病虫药械制造实验厂小量生产。1945年，病虫药械制造实验厂迁往上海，生产砒酸钙。1947年，上海病虫药械实验厂和湖南药剂厂开始利用高温创制干制砒酸钙、砒酸铅、巴黎绿、鱼藤酮等农药。

中国作为一个有着悠久的植物性和矿物性农药治虫历史的国家，并没有跟上世界农药工业在20世纪40年代起跑发展的节奏。新中国成立前，中国的农药工业每年产量仅几十吨，农业病虫害绝大部分无药防治。

第二节 起步发展并建立完整工业体系

（1949 ～ 1977年）

1949年，新中国成立后，人民的吃饭、穿衣问题成为党和国家的头等大事。国家不遗余力推动农业发展，促进粮食增收，对农业病虫害的防治十分重视。人民政府把建立和发展化学农药工业列为刻不容缓的重大任务。从1949年到1977年20余年的发展，中国农药工业取得了较大的成绩，化工系统研发和生产出一大批新的农药品种，满足了农业发展对农药日益迫切的需求。同时，国家颁布完善了一批农药标准，各大农药研发生产单位已基本成型，农药工业体系建立。

一、开发有机氯农药奠定发展基础

中国农药工业发展是1949年后，利用氯气厂生产的氯气合成六六六和滴滴涕等有机杀虫剂开始的。

1950年，四川泸州化工厂建设滴滴涕合成车间，次年投产，产量113吨，成为全国最早的滴滴涕原药生产企业。产品主要用于卫生害虫的防治，至今仍在防治非洲疟蚊方面发挥着巨大作用。

东北制药总厂试制成功滴滴涕，用年产17吨中试装置生产。1951年又扩大到年产800吨，以及生产六六六、清水龙等一批杀虫药、杀鼠药和饮水消毒剂。由华北农科所、上海病虫药械所和东北化工局化学工业综合研究所开发的六六六生产装置于1951年和1952年相继投产，开启了中国大规模化学农药研发和生产的进程。

1952年4月，天津化工厂开始六六六和滴滴涕生产试验。当年10月，天津化工厂年产560吨六六六装置投产，1952年10月，天津化工厂使用短波段的绿光进行六六六光氯化反应，使丙体含量提高到14.5%～14.90%，该成果后在全国推广应用。到1954年10月，天津化工厂生产能力达到5000吨/年。1956年3月，重工业部重奖1955年科技成果，“提高六六六丙体含量”是获奖项目之一。

从1950年到1954年，先后有天津化工厂、大沽化工厂、沈阳农药厂、沈阳化工厂、西南农林部农药加工厂、山东农药厂开始生产化学农药，成为这一时期化工建设重点。1950年，全国农药产量为0.1万吨，之后以每年91%增速增长，1957年农药产量达到6.5万吨，相较于1950年的产量增加64倍。

化学农药一经问世，就受到农民的欢迎。从1951年至1956年连续6年使用六六六灭蝗，大大减少了蝗灾危害。

此后，农民开始接受化学农药，迫切要求工业部门增产农药。

1956年，化学工业部成立，化肥和农药的发展提到重要地位，发展速度加快。1956年，中共中央政治局提出的《1956年到1967年全国农业发展纲要（草案)》中第15条指出：“从1956年开始，分别在7年或者12年内，在一切可能的地方，基本上消灭危害农作物最严重的虫害和病害，例如蝗虫、稻螟虫、粘虫、玉米螟虫、棉蚜虫、棉红蜘蛛、棉红铃虫、小麦吸浆虫、麦类黑穗病、小麦线虫病、甘薯黑斑病等。”可见消灭病虫害当时已成为十分迫切和重要的事情，农药需求十分迫切。

1958～1959年，先后有太原化工厂、安徽合肥化工厂、云南化工厂、江苏常州化工厂、株洲化工厂、武汉葛店化工厂、西安化工厂等第十几家企业获得国家批准，配套新建烧碱和六六六项目。毒杀芬、氯丹、七氯等一批含氯农药生产装置建成投产，这些农药在中国农业、林业和卫生害虫防治方面起到了巨大作用。20世纪60年代有机氯杀虫剂六六六、滴滴涕居于主导地位。六六六在较长的时间内是中国产能、产量最大的品种，产能最高达到30万吨/年，产量曾达到25万吨。由于该产品生产过程简单，可以消耗大量氯气，对氯碱工业的发展起到了很大支撑作用。六六六原粉生产重点企业到1974年已增至23家。

六六六产量大幅提高后，对六六六进行提纯和对无效体加以综合利用成为农药科技工作者的努力方向。大沽化工厂中央实验室在1957年专门成立了六六六提纯和无毒体利用小组，开展相关研究。六六六有效体提纯和无效体综合利用等研究工作在许多农药厂开展起来。

六六六有8种异构体，只有γ-异构体具有杀虫活性，且在六六六原药中只占18%左右，其他无效体在自然界中会存在数十年，是一个巨大的潜在危险。为此科技工作者进行了大量研究，将γ-异构体提纯和无效体综合利用，γ-异构体经分离提纯至含量为98%以上，成为一种高效杀虫剂——林丹。其他无效体，经分离、加工制成三氯苯、六氯苯、五氯酚、五氯酚钠等多种化工原料和农药。利用这项成果先后在沈阳、大沽、福州、常州、株洲、武汉等地，建立了不同规模的六六六提纯和无效体综合利用生产装置。

而在有机氯农药生产工艺上的改进和完善工作上，一些企业也做出积极努力，为降低消耗、提高产品质量作出有意义的探索。六六六开始生产时，采用的是间歇氯化法工艺，主要生产设备为玻璃瓶，生产过程污染大，消耗高，产品质量低，劳动强度大，尤其是原料苯的耗用量大，约占全国苯用量的三分之一。为此，各有关科研单位和工厂进行了大量试验研究，努力提高生产技术水平和原料利用率。1961年，上海联合化工厂和上海医药工业设计院成功地将原间歇氯化和玻璃瓶反应器改为连续氯化和搪瓷釜反应器，使产品质量稳定提高、消耗量下降，劳动强度减轻，改善了生产环境，确保了安全生产；而且设备占地面积大为缩小。这项成果先后在各厂推广。

经过不断努力，1965年，农药工业使每吨六六六原粉耗纯苯由1952年的400千克以上，降到300千克左右；产品中有效丙体含量，由1952年的12%左右提高到14%。

二、开始向高效农药、多品种方向发展

1958年，中央提出实现中国农业的高速发展，必须抓好“土、肥、水、种、

密、保、管、工”等八个方面的工作。这八项措施被概括为“农业八字宪法”。之后，在长达20多年的时间里，“农业八字宪法”对中国农业发展的影响既深且巨。这八个字中的“保”字就是“植物保护、有害生物的防治”。农药工业发展提到了保障国家实现农业高速发展的重要位置，发展农药的任务十分迫切，农药研究生产广泛开展。

（一）发展有机磷农药

在有机氯杀虫剂蓬勃发展的同时，有机磷杀虫剂也开始了研制和生产装置的建设。50年代中期至60年代初期，北京农业大学的胡秉方和陈万义教授、南开大学的杨石先、陈茹玉、杨华铮、邱桂芳、陈天池、金桂玉等教授先后发表了关于有机磷化合物及杀虫剂研究的文章。

在胡秉方和陆范钦教授研究的基础上，北京农业大学、华北农业科研所进行了有机磷杀虫剂对硫磷生产工艺的研究和开发，1957年在天津农药厂（时称天津1605厂）建设了中国第一个对硫磷的工业化生产装置，标志着有机磷杀虫剂在中国开始走上历史舞台。同年，上海信诚化工厂和上海农业药械厂共同试制成功另一种有机磷杀虫剂敌百虫，1958年正式投产。1960年，上海农药厂开发生产乐果获得成功，后成为重点出口产品。

1962年，杨石先教授给中央领导写了一份《关于中国农药生产，特别是有机磷生产的几点意见》，针对有机磷农药一般毒性较高的特点，提出选择毒性较低的几个品种优先进行开发、建设，同时采用先进的施药器械，以提高药效、降低成本。对施用人员要进行严格的培训，确保安全。同年，杨石先教授领导南开大学元素有机研究所，先后开展了有机磷化学及有机氟、有机硼等领域研究，为开辟中国农药发展道路做出了巨大贡献。

地少人多的江苏、浙江、上海、湖北等省市，迫切需要提高农业生产的效率，新建农药厂也较多。敌敌畏、乐果、马拉硫磷、甲拌磷等一大批有机磷杀虫剂相继投产，产量提高很快。其中湖北沙市农药厂建设项目以生产甲基对硫磷、甲基内吸磷、敌百虫等为主，后成为重点农药企业。

随着彻底消灭农作物病虫害和爱国卫生运动，对农药的要求更为迫切，农药出现了严重的供不应求局面。在这种严重失衡的供求关系当中，多多生产农药、快快生产农药的紧迫形势催生了土农药运动。1961年，国民经济进入调整时期，违背客观规律的全民大办化工现象得到纠正，包括农药小土群的整治。受1961～1963年三年自然灾害影响，农药产量呈下降趋势。1963年开始恢复上升趋势，1965年农药产量超过1960年，达到19.3万吨，所生产的品种有了较大增加，虽然有机氯杀虫剂所占比例仍然较大，但有机磷杀虫剂增加了许多新品种。

1965年，周恩来总理指示，农药工业必须像化肥工业一样打一个歼灭战，要像抓化肥那样，大抓农药的生产和科学技术工作，在1966年达到年产百万吨（制剂）水平，以初步满足农业增产的迫切需要。为贯彻落实周恩来总理指示精神，国家科学技术委员会、化学工业部于同年9月17日至30日在杭州联合召开全国农药科学技术工作会议，制定了完成年产100万吨农药制剂生产方案，提出了六六六-丙体提高和分离、对硫磷全盘连续化、毒杀酚生产技术改造、农药加工、农药大田药效试验5个歼灭战项目。会上，国家科委印发的《赶超世界先进水平的一批项目（草案）》中明列“发展高效农药新产品”。此后，行业出现了一个新的发展高潮。1966年，提前实现了农药制剂100万吨的奋斗目标。

1964 ～ 1965年间，投产的新农药有敌敌畏、乐果等杀虫剂和福美砷、甲基胂酸钙、退菌特等杀虫剂。有机磷农药迅速由1964年占农药总产量的8%上升到1966年占13%。农药产品的质量和原料消耗等技术经济指标也达到了新中国成立以来的最好水平。1959年全国有机磷农药的产量约2500吨，1970年发展到10万吨以上，占农药总产量的1/3，1974年达到12.4万吨。氨基甲酸酯类农药如异丙威、速灭威和混灭威等主要品种也相继投产。到20世纪70年代，又开发成功防治水稻害虫的杀虫双、杀虫单、杀虫脒等品种。

这一时期，国家采取了一系列政策措施支持农药行业的发展，如“核留外汇”，由农业和商业部门提出需要进口的农药品种和数量，交给化工部进行审核，提出免于或减少进口的品种或中间体的数量，节省的资金用于支持扩大产能和开发新品种。

20世纪70年代，沈阳化工研究院开发了多种后来成为国内杀虫剂骨干产品的品种，如甲胺磷、辛硫磷、嘧啶氧磷、氧乐果等。不少品种后在全国农药厂推广，成为国内杀虫剂最大吨位品种。

1974年贵州省化工研究所从杀螟丹中间体开发出杀虫双，是杀虫剂大品种之一。

这一时期，敌敌畏、乐果、马拉硫磷、甲基对硫磷、杀螟硫磷、磷胺、治螟磷、内吸磷、亚胺硫磷、甲胺磷、乙酰甲胺磷、杀螟畏、久效磷、皮蝇磷、辛硫磷、甲拌磷、蝇毒磷、哒嗪硫磷、稻丰散、异丙磷、伏杀硫磷、二溴磷等一批有机磷杀虫剂陆续实现工业化生产，形成了中国杀虫剂的重要种类，基本满足了农作物防治病虫害的需要。

开发新品种同时，企业加强对已建装置技术改进。20世纪70年代，上海信诚化工厂首创了连续化工艺生产敌百虫，达到设备小、产量大、单耗低的先进水平，后转由上海农药厂扩大生产，最终形成了6000吨/年规模，并实现了自动控制生产。敌百虫杀虫效果好，对人畜毒性较低，防治范围广，使用又较安全，不久就成为中国农药主要品种之一。此后几年，先后有南通、张店、江门、苏州、石家庄、肇庆等7个厂相继采用连续化新工艺投入了生产。革新工艺具有小设备、大生产的优点，在质量和原料消耗各方面都能达到间歇法的先进水平。并且为农药生产自动化创造了有利条件。

有机磷杀虫剂进入市场初期，虽然暂时不能对有机氯杀虫剂的市场造成冲击，但为20世纪80年代淘汰高残留有机氯杀虫剂创造了条件。为满足农药生产的需求，实现农药品种多样化，农药科研人员开始新型农药的研发，其中具有代表性的当属氨基甲酸酯类杀虫剂，主要品种有中科院动物所、上海医药工业设计院、沈阳化工研究院、北京农业大学和浙江省化工研究院先后开发的甲萘威、仲丁威、速灭威和混灭威等，形成了中国新一类杀虫剂。

（二）研发生产杀菌剂、除草剂、植物生长调节剂

在有机氯杀虫剂蓬勃发展、有机磷杀虫剂发展的同时，中国的杀菌剂、除草剂、植物生长调节剂的开发生产开始起步。1960年1月16日，中央批准国家科委1960年科技发展计划。列入计划的化工重点项目就有发展农药新品种、开展农药的药效试验。科研院所和企业响应中央的号召，投入很大精力进行了杀菌剂和除草剂的开发研究。

在除草剂研发方面，1950～1965年，北京农业大学、沈阳化工研究院、南开大学元素所、农科院植保所等科研单位进行了研究开发。解放军9719工厂、沈阳化工厂、抚顺农药厂和天津农药实验厂等企业先后建设、投产了2,4-D、2,4-D钠盐、2,4-D丁酯、2甲4氯钠盐、2,4-D、除草醚、除草剂一号和五氯酚钠等除草剂生产装置。其中，五氯酚钠不仅可以作为除草剂使用，而且在防治钉螺（血吸虫寄主）方面发挥了巨大作用，为“送瘟神”作出了巨大贡献。

在除草剂的开发中，上海农药研究所推出了燕麦灵，沈阳化工研究院和南开大学元素所开发氨基甲酸酯类除草剂燕麦畏、燕麦敌一号和燕麦敌二号。沈阳化工研究院为除草剂开发作出了很大贡献，开发了一系列取代脲类、苯类和酰胺类除草

剂，如异丙隆、绿麦隆、利谷隆、敌草隆、稗草稀、杀草胺和敌稗等。该院1972年开始开发草甘膦，1976年完成小试。此后，草甘膦还获得了国家科技进步二等奖，得到大力发展，在中国农业生产中发挥了巨大作用。

吉林市农药化工研究所和上海农药研究所开发了莠去津、扑草净、西玛津、西草净和扑灭津等三嗪类除草剂。在上述除草剂中，莠去津至今仍是玉米田主要除草剂，扑草净、西草净在防除水田杂草方面起到了很大作用，使农民从繁重的稻田除草劳动中解放出来。

随着农田水、肥条件逐步变好，农作物病害也逐年加重，为防治农作物病害、提高农产品的产量和质量，杀菌剂工作的研制也在加快进行。沈阳化工研究院、江苏省农药研究所、中科院上海有机所、天津农药实验厂、上海农药研究所等科研单位进行大量研究工作，开发了一批杀菌剂的生产工艺技术，在这些研究成果的基础上，山西临汾有机化工厂、大沽化工厂、上海联合化工厂、上海农药厂、天津农药实验厂等企业先后建成了五氯硝基苯、六氯苯、二硝散、克菌丹、灭菌丹、敌锈钠、代森铵、代森锌、福美双、稻脚青（甲基胂酸锌）等一批生产装置。此外，植物生长调节剂（萘乙酸）、杀鼠剂（安妥）也开始了工业化生产。1964年3月10日，天津农药厂3911农药（拌种用杀菌剂）抢在棉花播种前投产，对支援农业起了很好的作用。

20世纪60年代中期，中科院上海有机所从大蒜中分离出一种杀菌成分，经合成筛选出优良农药抗生素乙蒜素（四〇二），同年在上海农药厂等企业投入工业化生产，这是中国首次仿生筛选成功的杀菌剂新品种。1970年，沈阳化工研究院先于外国公司成功地试制出中国第一个内吸性广谱杀菌剂多菌灵，能防治棉花、麦类、谷类、果树、烟草等多种作物的许多病害，成为中国防治农业病害的一个主要品种，至今仍是中国杀菌剂的重要品种之一。此后，沈阳化工研究院和上海农药所开发的敌克松、陕西省石油化工研究设计院开发的甲基硫菌灵、西北大学开发的克瘟散、上海农药厂开发的稻瘟净、浙江兰溪农药厂开发的异稻瘟净、上海农药研究所和浙江兰溪农药厂开发的萎锈灵以及生物农药井冈霉素、中科院微生物所开发的多抗霉素和春雷霉素、中国农科院原子能所开发的多效霉素等一批杀菌剂相继研制成功并投产，对防治水稻小麦、玉米、棉花等作物上的各种病害起到了重要作用。

1971年8月，因汞制剂残留问题未解决，国务院决定停止汞制剂生产。上述几种杀菌剂迅速发展，保证了农业需要。其中，井冈霉素是上海农药研究所从中国井冈山地区土壤中发现菌株，经过培育、复壮，大大提高了发酵单位，成功开发为农用抗生素新品种，对水稻纹枯病具有良好的防治效果。至今仍旧是农用抗生素的重要品种之一。

植物生长调节剂能增强农作物抵御自然灾害、适应恶劣自然环境的能力，增加产量和改善农产品品质。中国从20世纪50年代起，开始研究和试制植物生长调节剂。这一期间，先后投产的有赤霉素、矮壮素、乙烯利、丁酰肼、增产素等品种。1975年1月，南开大学元素所研究成功的新植物生长调节剂矮壮素，能促进农作物的根系发育，茎叶增粗，防止麦类倒伏，减少棉铃脱落，投产后很受农民欢迎。

（三）农药剂型加工起步发展

农药工业大发展，大量有机氯、有机磷农药投放市场，带动了农药剂型的发展。农药剂型加工涉及农药剂型、助剂、溶剂和载体、加工设备和工艺等方面，只有通过有机地配伍，才能开发出新剂型和高质量的制剂。这一时期，是中国农药剂型加工工业起步发展时期，发展水平有限。

20世纪50年代，中国的加工剂型主要有乳油、粉剂和可湿性粉剂。生产的制剂主要是0.5%～2.5%六六六粉剂、6%六六六可湿性粉剂、甲六粉（1.5%甲基对硫磷+3%丙体-六六六）、6%六六六可湿性粉剂、滴滴涕乳油、甲基对硫磷乳油、乐果乳油、敌敌畏乳油等。50年代中期，采用磺化蓖麻油（土耳其红油)为乳化剂配制乳油，50年代末，部分农药厂生产了聚环氧乙烷蓖麻油用作农用乳化剂，使制剂质量有所提高。

60年代中期，沈阳化工研究院、上海农药研究所、江苏省农药研究所、安徽省化工研究所等科研单位，同有关企业密切配合，先后研制出各种非离子型和阴离子型农药用乳化剂以及复配技术，用于生产，使中国乳化剂的生产和应用前进了一大步。1963年5月，农药专家程暄生完成了农药乳化剂磷辛10号的研究。1963年6月在南京钟山化工厂进行中试并取得成功，是中国新型乳化剂发展的有益实践，该项目获得全国科技大会奖。

70年代，中国生产合成的农药逐渐增多，需要大量乳化剂。南京钟山化工厂通过技术改造，逐步完善配方技术，非离子型乳化剂和十二烷基苯磺酸钙已形成生产规模，扩大了产量，成了中国生产农药专用乳化剂的重点工厂，产量占全国总产量一半左右。湖北、山东、陕西、辽宁等省石油化工厂，也先后组织了乳化剂生产。

粉剂和可湿性粉剂加工设备方面，20世纪50年代末至60年代初，中国加工常用的粉碎机是雷蒙机。1965年，沈阳化工研究院试制成功闭路循环式气流粉碎机，

70年代初上海化机三厂生产超音速气流粉碎机，加工产品细度达到了设计要求。

浙江省化工研究所研制成功了双螺旋混合机，显示了良好的混合效果。效率更高的犁刀式混合机也试制成功。

60年代中期，中国农药的加工开始向多制剂、多剂型方向发展。1966年，沈阳农药厂研制了具有悬浮率较高、药效稳定、使用方便等特点的除草醚固体乳剂，并很快得到推广应用。

70年代中期，中国生产的敌百虫原药的含量一般都在90%以下，安徽省化工研究院承担了化工部重点项目“喷雾冷却成型工艺制造80%敌百虫可溶性粉剂工业化技术”，1977年完成了1500吨/年敌百虫可溶性粉剂中间试验，后实现产业化。

1965年，中国农业科学研究院植物保护研究所、浙江省化工研究所、湖南省化工研究所和湖南农药厂、无锡农药厂等单位，在农药专家王君奎的带领下，相互协作配合，研究成功甲基对硫磷（甲基1605）和六六六的混合制剂。王君奎甚至冒风险亲自试验毒性，为中国第一个农药复合剂的诞生作出了贡献。这种混配制剂具有提高药效、降低毒性、使用安全、延缓病虫抗药性等特点，深受广大农民欢迎，迅速得以推广，成为当时杀虫剂的主要产品。此后，又开发了敌百虫和马拉硫磷、稻丰散和马拉硫磷等混配制剂，在防治水田主要虫害方面发挥了很大作用。

为了加快中国农药加工的发展，1973年化学工业部组织科研、生产单位，对新制剂、新剂型攻关。以后每年都有一批农药新制剂投入生产。

新中国成立后，农药工业在国家大力支持下得到快速发展。

第一个五年计划期间，国家用于化肥农药投资额为4.65亿元，占全国工业投资比重1.9%，1950～1955年，化工系统供应的农药成品就有16.7万吨。从1966年到1978年，用于发展化学肥料和农药的投资合计为167.41亿元，和同期农业机械投资52.13亿元合计占全国工业投资比重为9.9%。

1959年，中国农药产量突破10万吨，1972年产量为40万吨，中国每亩耕地平均用药量（按照有效成分计算）达到105克，超过美国（100克）和苏联（85克）。1976年，农药产量为39.1万吨，能生产20多个品种。主要品种是有机氯杀虫剂六六六、滴滴涕，有机磷杀虫剂对硫磷、敌百虫；杀菌剂五氯酚和五氯硝基苯；除草剂2,4-D、五氯酚钠等。

“文化大革命”期间，农药工业的发展受到干扰破坏，尤为严重的是农药质量下降，原材料消耗和成本上升。针对这种情况，1973年，燃料化学工业部在江苏省南通市召开了全国农药生产经验交流会。这是新中国成立以来规模最大的一次农药专业会议。会议强调了支援农业的重要性，明确了农药生产和科研的主要任务，交流了搞好生产管理的经验。这次会议对稳定当时的农药生产起到了很大作用。

三、初步建立农药研究工作体系

在20世纪50年代初，世界上农药有几千种，但有价值宜于工业生产的不过几十种。中国非常重视农药研究与开发，新中国成立初期，从事农药研究工作的单位不少，多进行新品种的试制，但存在农药品种研究不平衡等问题。

这一时期，开展农药科研工作主要有华北农业科学研究所、华东农业科学研究所和北京农业大学从事一些有机氯和有机磷农药的合成研究，以及植物性农药如除虫菊素的提取等。1952年，黄瑞纶、胡秉方教授等在北京农业大学创建农用药剂学专业，开创中国农药高等教育的先河。黄瑞纶教授对种子消毒剂醋酸苯汞的合成进行了研究，北京制药厂、宁波农药厂等先后建设了赛力散（醋酸苯汞）生产装置。1950年胡秉方和陆钦范教授将合成对硫磷的四种方法进行了研究比较，确定了简单、经济的合成工艺，为中国大规模生产对硫磷奠定了理论基础。

杨石先教授组建了南开大学元素有机化学研究所，并和他的助手合成了中国独特的植物生长调节剂。杨石先先后两次参加十二年科学技术发展规划会议（任综合组组长）和十年科学技术规划会议（任化学组组长），还参加了全国农业规划会议（任农药农械组副组长）。

到1957年，中国已拥有农药研究机构28个，已掌握技术的农药有102个品种。重工业部化工局研究所1952年开始研究六六六生产技术，配合抗美援朝战争，曾成功进行了六六六合成研究，并工业化。1956年，该所在有机三室基础上成立农药组，1958年建立杀虫组、杀菌组及药效组，配套较齐全的农药研究机构建成。该所后来发展成为中国农药研究和开发的领头单位，配套齐全，力量雄厚。

1963年上海农药研究所成立。此后一批专业农药研究所和综合研究院的农药研究所相继成立，并确定各自的研究方向，奠定了农药研究的格局：沈阳化工研究院突出杀菌剂的综合研究，上海农药研究所侧重农用抗生素开发，江苏省农药研究所专注拟除虫菊酯杀虫剂研究，湖南化工研究院集中开发氨基甲酸酯杀虫剂，浙江化工研究院在开发含氟农药方面显示出优势。此外，如广东、广西、贵州等地的农药研究所也都办得有声有色。

四、始建标准体系和登记管理制度

由华北农业科学研究所和中华全国供销合作总社编写、农业出版社于1957年出版的《农药规格》，标志着中国农药产品质量标准化工作起步。1958年，沈阳化工研究院开始编写发行《农药品种手册》。

1961年3月6日，化工部、农业部、商业部联合颁发32种化学农药暂行标准，作为生产、使用、经销部门验收农药产品质量的依据。这是中国自主制定的第一批化学农药产品标准。揭开了中国农药标准化工作的新一页。1961年化工部责成部属7个院所负责有关专业的标准化工作，其中农药专业明确由沈阳化工研究院负责。1963年沈阳化工研究院又被国家标准总局认定为全国农药标准化核心机构，从此中国有了专门从事农药标准化工作的组织机构。沈阳化工研究院与相关单位合作，开创性地开展了中国农药标准化工作，并取得了成效。沈阳化工研究院组织和参与了中国第一批农药六六六、敌百虫等8个国家标准和27个部颁标准的制定；研究和建立了农药水分、pH值、熔点和乳液稳定性测定方法一批重要基础标准；解决了技术难度很大的六六六、滴滴涕原粉和2甲4氯原药中各异构体的分离、提纯以及六六六原粉标样的配制、定值问题。

1966～1976年，农药标准化工作受到影响。但从事标准化工作的人员克服种种困难，坚持开展农药分析方法研究及标准的制定、修订工作，并取得一定成绩。例如：杀虫脒、25%除草醚可湿性粉剂、56%磷化铝、56% 2甲4氯钠分析方法研究，56%磷化铝片剂部标的制定以及六六六、滴滴涕8种异构体的分离提纯和定值工作，就是在这一时期完成的。

1963年，由中国农科院王君奎先生发起，农业部农药检定所建立，其成员由农业部、化工部、卫生部、林业总局、环保局和全国供销合作总社六部委选出的专家组成。主要职责是负责农药登记管理、质量检测、生物测定、残留监测等工作。1978年，曾一度停止工作的农业部农药检定所恢复。1982年起，中国实施农药登记制，建立了农药管理机构。

五、治理农药污染

随着农药工业的发展，尤其是有机磷农药问世后，工业的废液、废气、废渣的治理，日益为社会所关注。1972年、1975年，国务院先后批示北京官厅水库和湖北葛店化工厂治理污染工作，农药污染问题引起各方重视。

各农药生产厂和科研单位积极开展“三废”治理工作。老厂普遍结合技术改造，建设治理“三废”的装置；新建厂按国家规定，努力做到“三废”治理工程与主体工程同步进行；同时大力开展综合利用，先后对硫化氢尾气、氯化氢尾气以及甲醇，采取了回收利用措施。杭州、天津、北京等农药厂，采取治理“三废”措施后，减少了污染。

新中国成立以来，中国农药工业快速发展。但也存在明显问题，与农业的发展还不适应，比如，高效品种比较少，六六六和滴滴涕两个低效品种占中国农药总产量的60%以上，有些地区由于长期使用，不仅昆虫有了抗药性，而且累积了残毒，需要用新的品种来代替。各类农药的比例不合理，杀虫剂占农药总产量的92%，杀菌剂和除草剂只占3%和5%，而国外大体上各占1/3。同时，农药的剂型单一，药效不能充分发挥。

第三节 向高效低毒农药发展，提高行业水平

（1978 ～ 1990年）

改革开放以及农业大发展为农药工业发展带来良好机遇，20世纪80年代开始，农药工业发展上了一个新的台阶。产品结构调整取得重大进步。到“七五”末期，化学农药原药产量不仅实现大幅增长，还开发了拟除虫菊酯、农用抗生素等一批新农药品种、剂型及农药中间体，把中国农药生产提高到一个新的水平。到1990年，农药品种已达70个，产能38.5万吨，产量22.7万吨。

一、六六六、滴滴涕退场，产品结构“巨变”

日本的“水俣”事件引起了中共中央的高度重视。此后，中国从1970年至1973年先后停止了一些有机汞农药的生产和使用，赛力散（醋酸苯汞）、富民隆（磺胺苯汞）、西力生（氯化乙基汞）等退出了历史舞台。

由于六六六长期使用造成了诸多问题，使一些地区的粮食、食油、肉类、禽

蛋、茶叶、水果蔬菜等食物中，“六六六”残留量超过卫生部门规定的标准，成为人民身体健康的巨大潜在威胁，同时因六六六残留超标而遭国外拒收或退货的事件时有发生，影响这类食品的出口。因此，停止一批高毒、高残留品种的生产和使用，推进发展高效、低毒、低残留品种成为必然选择。新型农药品种的开发，对原料、中间体和加工助剂的数量和种类需求也不断增加。

(一)叫停高毒、高残留农药，发展高效低毒农药

为了加快高效、低毒、低残留品种的发展，化工部先后两次组织赴欧美等国进行技术考察，引进了1.2万吨/年的间甲酚的生产装置，在向阳化工厂完成建设，为六六六、滴滴涕的取代作了技术上的准备。

1975年，化工部发文宣布：六六六、滴滴涕、毒杀芬、艾氏剂、杀螨砜、三氯杀螨砜、杀螨酯等列为高残毒农药。1982年，化工部在重庆召开农药技术改造座谈会，重点讨论取代六六六、滴滴涕议题，制订了相应的方案。1983年，鉴于高效、低残留农药在品种和数量上都有了较快的进展，取代六六六、滴滴涕的条件已经成熟，国务院宣布于1983年4月1日起停止生产和使用六六六、滴滴涕。这是中国农药工业发展史上的一个重要的转折点。

全国23家农药生产企业认真贯彻国务院的决定，全部停止了六六六原药的生产。1983年3月25日，国务院领导批示：化工部的这种积极进取的实干精神，是为十亿人民办了一件大好事。这在我国化工生产历史上是一个值得纪念的日子。

天津化工厂等极少一部分企业保留生产，是为满足特殊需求，如：保留天津化工厂生产滴滴涕出口到非洲用于疟蚊的防治，扬州农药厂的滴滴涕用于三氯杀螨醇的生产；大沽化工厂和沈阳化工厂保留六六六生产，用于生产林丹，提纯后的无效体用于生产六氯苯（杀菌剂和烟花的添加剂）、三氯苯（溶剂和染料中间体）、五氯酚钠（防治血吸虫及主钉螺）和五氯酚（铁路枕木防腐）。直到20世纪90年代，由于林丹被列入POPs（《关于持久性有机污染物的斯德哥尔摩公约》）和PIC公约（鹿特丹公约，即《关于在国际贸易中对某些危险化学品和农药采用事先知情同意程序》），国际林丹协会注销，大沽化工厂于90年代停止生产林丹。至此，中国六六六全面停产。

为使六六六、滴滴涕的停产不影响氯碱生产和农业用药，化工部向国务院呈送《关于调整农药结构、限制六六六生产和使用的报告》。报告提出，计划用5年时间，以杀螟硫磷、速灭威、异丙威、克百威、杀虫双、甲胺磷、辛硫磷、久效磷、氧乐

果、对硫磷、拟除虫菊酯、敌百虫等12个品种取代六六六。国家科委、国家计委等部门先后投入10多亿元资金，用于发展新农药品种项目的建设，建成了2套5000吨/年杀螟硫磷（天津、宁波）、2套1000吨/年久效磷及其配套中间体亚磷酸三甲酯（南通、青岛）、湖南临湘氨基甲酸酯厂（异丙威、仲丁威）及其配套原料中间体（氯碱、光气、邻异丙基酚、邻仲丁基酚、甲基异氰酸酯）、1000吨/年涕灭威（山东华阳，中试成果产业化项目）及其中间体（光气、甲基异氰酸酯）、1000吨/年醚醛（苏州，拟除虫菊酯类杀虫剂中间体）等一批生产装置。国家经委每年投入1.5亿元用于技术改造项目，连续数年，取得了显著效果。此外，国家每年还拿出上亿美元进口急需的农药和配套原料、中间体。以上投入，使中国杀虫剂生产能力迅速提高，年产量达到18万～20万吨，满足了农业生产需求，较好、较快地解决了六六六、滴滴涕的取代问题。

在此期间，中国农药产量经历了基本平稳、大幅度下降，然后缓慢上升的起伏。主要原因是1983年六六六、滴滴涕等高残留有机氯农药的停用，这些品种的产量占全国农药产量的50%左右。新开发的替代品种的平均用量大大低于有机氯品种，因此虽然产量下降，但仍基本满足农业生产需求。

（二）农药加工工业和剂型相应发展

调整农药产品结构，停止生产六六六、滴滴涕，农药新品种开发，尤其是有机磷和拟除虫菊酯杀虫剂、杀菌剂、高效除草剂发展迅速，要求加快农药新剂型、新制剂的开发。改革开放后，国外大量的农药新剂型、新制剂开始在中国登记，这也促使中国农药新剂型、新制剂的开发提速。国家在“六五”“七五”期间将农药新剂型开发列入国家攻关项目。化工部组织沈阳化工研究院、安徽省化工研究院、北京农业大学应化所、山东农业大学、中国农科院植物保护研究所、上海农药所、浙江、四川、湖南、广西、辽宁、江西等省、自治区、直辖市化工研究所等44个农药科学研究院（所）、大专院校、工厂协作攻关，取得农药剂型加工科技成果150余项，增加了农药新剂型、新制剂品种，乳油产品质量明显提高，可湿性粉剂的配方、工艺设备和路线有很大突破，使悬浮率提高到60%～80%，一些粒剂和农药悬浮剂、微胶囊剂、水乳剂、微乳剂等新剂型、新制剂投放市场。

比较有代表性的项目为湖南农药厂、安徽省化工研究院、沈阳化工研究院、四川化工研究院、中国农科院植物保护研究所、江苏铜山农药厂、安徽宿县农药厂等单位，对六六六停产后急需防治水稻害虫、飞蝗、地下害虫的替代药剂进行联合攻关，研制出4.5%甲敌粉剂，在全国推广应用，基本上满足了农业发展需要。

安徽省化工研究院在1983年完成年产20吨氰戊菊酯原药中间试验并投入生产，是国内拟除虫菊酯类农药生产的最早单位。该院于1984年在国内率先生产出40%氰戊菊酯·敌百虫乳油和40%氰戊菊酯·乐果乳油（敌菊敌和敌菊乐），推广应用后受到用户欢迎，开辟了中国拟除虫菊酯类复配制剂的先河。

20世纪80年代中期是中国棉铃虫大发生时期，对棉花危害严重。中国农科院植保所开发的灭铃王、红太阳集团南京第一农药厂开发的灭铃皇、山东农业大学开发的棉铃宝、北京农业大学开发的辛硫磷·氰戊菊酯等混剂成为热销产品，在防治棉铃虫中起到主力军作用，取得了巨大的经济效益和社会效益。

这是中国农药剂型加工工业发展史上的关键一步，推动了中国农药剂型加工工业快速发展。到20世纪80年代末期，中国登记的农药原药195种，农药剂型31种，农药制剂1970种，一种农药原药平均可加工3～4种制剂。农药剂型结构发生了很大变化，粉剂大幅下降到3%，乳油迅速上升至46.7%。

（三）配套原料、农药中间体及助剂产能逐步扩大

随着农药生产的发展，对于原料、中间体和加工助剂的种类和数量的需求也增加较多，为此，中央和地方共同增加投资，发展农药生产配套的原料、中间体以及助剂的生产，主要包括黄磷及其下游产品三氯化磷、五硫化二磷；顺酐、有机胺类（一甲胺、二甲胺、三甲胺、乙二胺等）；芳烃及其衍生物［氯化苯、苯胺、氯苯、邻（对）氯硝基苯、硝基苯、二氯苯、邻苯二胺、邻硝基甲苯等］；酚类中间体（间甲酚、邻甲酚、对氯酚、邻苯二酚和2-萘酚）以及拟除虫菊酯重要中间体如菊酸乙酯、二氯菊酸乙酯、2,2,3,3-四甲基环丙烷羧酸、2-(4-氯苯基)-3-甲基丁酸、氯氟菊酸和间苯氧基苯甲醛等，通过建设新的生产厂或通过技术改造扩大现有装置能力，提高技术水平。

农药加工助剂是开发新剂型、提高制剂水平必不可少的原料。中国主要剂型是乳油，使用的助剂比较单一，主要是乳化剂。20世纪70年代之前，使用的乳化剂主要是磺化蓖麻油和环氧乙烷蓖麻油。60年代中期，在化工部的组织下，沈阳化工研究院、上海市农药研究所、江苏省农药研究所、安徽省化工研究所等科研单位与相关企业密切配合，先后研制出各种非离子型和阴离子型农药用乳化剂以及复配产品，使中国乳化剂的生产和应用前进了一大步。南京钟山化工厂通过技术改造，生产了多种效能较好的乳化剂，成为中国生产农药专用乳化剂的重点企业，产量占全

国总产量一半左右。湖北、山东、陕西、辽宁等省石油化工厂，也先后建成了农用乳化剂的生产车间，基本满足了国内乳油生产需求。

二、杀虫剂、杀菌剂等技术及产业化升级加速

六六六、滴滴涕等一批有机氯农药停止生产和使用后，为不影响农业生产，在国务院、化工部的组织和引导下，通过科研单位和企业的共同努力，开发了一批杀虫剂、杀菌剂、除草剂和植物生长调节剂新品种，迅速填补了中国农药市场的空白，有力地支援了农业生产的发展。

在原有杀虫剂的基础上，又开发了一批新型杀虫剂品种，包括有机磷杀虫剂水胺硫磷、甲基异柳磷、喹硫磷、三唑磷、二嗪磷；氨基甲酸酯类杀虫剂仲丁威、异丙威、残杀威、克百威、涕灭威。在这一时期，仿生农药登上了历史舞台，包括沙蚕毒类杀虫剂杀虫双、杀虫单、杀螟丹、杀虫环等。仿生合成农药中拟除虫菊酯类杀虫剂的开发成功，为中国杀虫剂增添了一个重要家族，也成为中国杀虫剂“三足鼎立”中的重要“一足”，主要品种有氰戊菊酯、氯氰菊酯、高效氯氰菊酯、氯菊酯、甲醚菊酯、胺菊酯、戊菊酯等，这些品种不仅为防治农业害虫发挥了重要作用，也为保护人民身体健康作出了贡献。与此同时，其他类型杀虫剂也开发成功，主要有杀螨剂三氯杀螨醇、双甲脒、单甲脒、杀螨脒、三环锡，以及生物农药浏阳霉素（杀螨剂）等。

这一时期，新型杀菌剂的开发也获得较快发展，主要有苯类杀菌剂百菌清、甲霜灵、菌核净、灭锈胺；有机磷杀菌剂三乙膦酸铝、克菌壮；杂环类杀菌剂拌种灵、十三吗啉、稻瘟灵、叶枯灵、噻枯唑；三唑类杀菌剂三环唑、三唑醇、三唑酮、烯唑醇；有机硫类杀菌剂代森锰锌。此外，一批生物杀菌剂开始进入市场，主要有井冈霉素、公主岭霉素、多抗霉素等。上述这些品种中有一部分至今仍是杀菌剂中的骨干品种，如百菌清、甲霜灵、代森锰锌、井冈霉素、多抗霉素等。而三唑类杀菌剂已经发展成为杀菌剂市场上的一个大类，品种多达十余个，在防治各类农作物病害方面发挥着重要作用。

随着改革开放的一步步深入，农村的经济结构发生了很大变化，农民迫切要求从繁重的除草劳动，尤其是水田除草中解放出来，可以从事其他非农业经营。除草剂的需求日益增加，科研单位和生产企业陆续开发了酰胺类水田除草剂丁草胺、敌草胺、克草胺、乙草胺（水旱田兼用）以及取代脲类除草剂莎扑隆等。针对果园、

橡胶园等经济作物，开发了酰胺类除草剂磺草灵、三嗪类除草剂西玛津等。随着化学除草剂的市场迅速扩大，除草剂的研制也加快步伐，一批新型除草剂逐步投放市场，其中主要有灭草松、氟乐灵和地乐胺以及针对麦田野燕麦的燕麦枯等陆续投产和扩大生产能力，除草剂在农业生产和解放农村劳动力中发挥了日益重要的作用。

在此期间，由沈阳化工研究院和江苏省激素研究所先后开发的中国第一个超高效磺酰脲类除草剂苄嘧磺隆投放市场，这一类除草剂迅速得到推广，大批新品种相继被开发出来，成为除草剂家族中的重要成员。由沈阳化工研究院、广西化工研究所和贵州省化工研究所先后开发的草甘膦诞生，随着抗草甘膦转基因作物的推出并大规模种植而快速增长，现已经成为全球市场份额最大的农药品种。

在新农药开发的同时，行业并没有放松对共用农药中间体和农药生产工艺的改进。其中，有机磷农药的重要中间体亚磷酸酯的生产技术有了重大突破。以三乙胺为原料，连续化合成亚磷酸三甲酯的工艺技术达到国际先进水平，产品含量达到99%，生产成本大大降低，使一步法合成敌敌畏的质量和成本优于敌百虫碱解法老工艺，原油含量超过95%，达到了出口质量标准，为敌敌畏生产禁止采用两步法的产业政策提供了技术支撑。

杀菌剂三唑酮生产技术经过攻关，有效成分含量超过95%，达到国际同类产品水平，成本大大低于跨国公司产品，在国际市场上具有较强的竞争力。

氨基甲酸酯类杀虫剂的关键中间体甲基异氰酸酯的生产技术水平，在湖南化工研究院的不断努力下有了重大突破，实现了连续化生产，设备利用率大大提高，产品纯度达到99%以上，使得一批氨基甲酸酯类杀虫剂的生产技术有了很大的提升，原药含量超过98%。

三、“三废”治理技术研究提上日程

农药生产的特点之一是生产工艺流程较长，所用原材料多、化学反应多、副反应和副产品多等，因此农药生产过程产生的“三废”量较大、成分比较复杂且难以处理，随着农药工业的发展，所产生的“三废”对环境造成的污染日益严重，“三废”处理技术的研发也提上日程。

在20世纪80年代，中国主要以生化处理法用于农药废水的处理，常用活性污泥法、生物接触氧化法等传统的方法，但存在占地面积大、处理负荷低、进水浓度低等问题。后来有些企业采用生物接触氧化法、厌氧法或深井曝气法等，处理效果良好。

此后，农药行业开发出一批新的“三废”处理技术，主要有传统的物理化学处理技术，如吸附法、萃取法、超声波技术、中和法、化学絮凝法、氧化还原法、常用活性污泥法、生物接触氧化法等。除此之外，开发了深井曝气、厌氧生化处理、电化学处理等。对废气的治理一般采用吸收法，废渣一般采用焚烧炉高温焚烧方法处理。

四、强化农药管理

在农药工业蓬勃发展的同时，一大批小农药厂相继投产，在满足市场需求的同时也带来了较大的安全隐患和环境隐患。

从1982年起，与农药有关的农业、林业、化工、卫生、农资、环保等六部委先后发布了《农药登记规定》《农药安全使用规定》《农药登记资料要求》等16个农药管理规章和20个技术规范。

1984年4月7日，国务院颁发《工业产品生产许可证试行条例》（简称《条例》）。10月9日，化工部颁发《化工产品生产许可证暂行实施细则》（简称《细则》）。《条例》和《细则》规定：凡新建农药厂点，要经所在省、自治区、直辖市化工部门审查同意，报化工部批准，发给“农药生产许可证”；要对全国农药生产企业进行整顿，农药生产必须具备生产的基本条件和技术力量，产品适销对路，有“三废”治理措施；凡不具备办厂条件的企业，都要采取强有力的措施，坚决关、停、并、转。

1984年12月3日，印度中央邦首府博帕尔市的美国联合碳化物属下的联合碳化物（印度）有限公司设于贫民区附近一所农药厂发生氰化物泄漏，造成了严重的后果。2.5万人直接致死，55万人间接致死，另外有20多万人残废。针对此次事件，化工部于1985年1月8日发出《关于对生产危害性大的化工企业进行安全可靠性检查的通知》。检查的重点是生产或使用光气的企业，生产甲基异氰酸酯系列产品的企业，以及农药、染料、塑料、有机合成等生产装置处理剧毒物质的企业。对生产许可证的签发进行了更为严格的审查，在对1543个申报企业进行认真审查、严格考核后，于7月31日，对化工系统首批944家合格企业签发有效期为5年的生产许可证。这批合格企业主要是生产磷肥、化学试剂、橡胶密封制品、轮胎和农药的厂家。

1989年1月13日，国务院办公厅发出《关于加强农药管理严厉打击制造、销售假劣农药活动的通知》，规定农药生产从1989年2月1日起实行生产许可证制度。严格制定农药国家标准和行业标准，1976～1990年，以沈阳化工研究院为主，共制定、修订国家、部颁标准126项。一些标准水平达到了国际先进水平，如草甘膦原药（95%）、三唑酮原药（95%）、百菌清原药（96%）等。

1982年中国农药工业协会成立。协会的主要工作是：承接政府职能、树立行业品牌、提供咨询服务、推行责任关怀、搭建交流平台、发布行业信息等。此后，中国农药工业协会在努力为中国农药行业营造良好的发展氛围，促进农药行业可持续发展方面作出了很大贡献。

第四节 进入全面创制新阶段（1991～2000年）

这一时期，农药工业进入大力推动技术创新，专注于调整产品结构及产业结构调整的活跃期。1993年，中国新《专利法》和《农业化学物质产品行政保护条例》的颁布，在法律上结束了仿制专利保护期内品种的历史。对现有产品的优化和自主开发高效安全、环境友好的新农药品种成为这一时期行业的重点工作。

一、大力推进结构调整，满足农业需求

20世纪90年代初期，中国农药的产量和品种基本上能满足农业生产防治病虫草害的需要，但品种结构还不够理想，杀虫剂的产量占70%以上。1991年，中国可以生产农药150多种，其中杀虫剂75种、杀菌剂39种、除草剂29种和植物生长调节剂9种；1991年农药产量为25.33万吨，其中杀虫剂、杀菌剂、除草剂和其他农药各占77.4%、13.8%、7.82%和0.98%。随着农业的发展，农产品种类的增加，对农药的需求呈多样化趋势，中国农药虽然在数量上可以基本满足农业生产需求，但一些特殊需求仍要依靠进口，特别是高效安全的杀虫杀螨剂、防治地下害虫药剂、内吸性及保护性杀菌剂、杀线虫剂、蔬菜作物等旱地高效除草剂，进口量近5万吨，

占国内消费量的16%左右。

在这10年时间里，中国农药行业下大气力进行产品结构的调整，进一步提高对农业生产需求的满足度，尤其是满足对高效、低毒、低残留农药的需求。

从1993年起中国实行新的专利法和《农业化学物质产品行政保护条例》，对知识产权的保护要求更趋严格，从生产工艺的保护延伸到对化合物的保护，保护期从15年延长到20年。不能再仿制在中国已取得专利权或行政保护的农药产品。在国家的支持下，各研究单位、大专院校积极开展新农药的工艺开发、工业生产技术的研发。

在此期间，有机磷杀虫剂又有新的品种涌现，如毒死蜱、地虫磷、蚜灭多等，其中毒死蜱发展成为有机磷杀虫剂中最大的品种。氨基甲酸酯类杀虫剂的新品种也在这一时期进入市场，如残杀威、灭多威、抗蚜威等，为克服高毒农药对人体的危害，还进行了克百威和灭多威的低毒化开发，研制了丁硫克百威和硫双灭多威。拟除虫菊酯类农药的开发成为这一时期杀虫剂新品种开发的重点，溴氰菊酯、氯氟氰菊酯的生产标志着中国手性农药产品生产技术上了新台阶，卫生用拟除虫菊酯如右旋炔戊菊酯、右旋苯醚菊酯、右旋炔丙菊酯和*S*-右旋反式烯丙菊酯等也实现了工业化生产。其中，氯氟氰菊酯已经成为最主要的农用菊酯类杀虫剂之一。此外，其他类型杀虫杀螨剂也投入工业化生产，如灭幼脲、氟幼脲、噻嗪酮、吡虫啉、避蚊胺、有机锡类杀虫剂三唑锡和苯丁锡、杂环类杀螨剂四螨嗪、哒螨灵等，其中烟碱类杀虫剂吡虫啉已发展成为主要杀虫剂之一。随着生物农药的发展，新型农用抗生素等也有了较大发展，藜芦碱、印楝素、棉铃虫核型多角体病毒和阿维菌素等，其中阿维菌素已经发展成为最重要的生物杀虫剂，其防治对象和适用作物几乎涵盖了所有农作物和多种有害昆虫和螨类。

随着有机汞、有机砷杀菌剂的禁止使用以及农业生产，特别是蔬菜、水果种植面积的扩大，农作物病害防治的需求向着多品种、多种作用机理方向发展，在科研单位、大专院校和化工企业的共同努力下，开发了一批新型杀菌剂，如新型苯并咪唑类杀菌剂苯菌灵、甲基硫菌灵、噻菌灵、丙硫咪唑和异菌脲等；取代芳烃类杀菌剂乙霉威、三唑类杀菌剂腈菌唑、烯唑醇、双苯三唑醇以及其他杂环类杀菌剂噁霜灵、腐霉利、噁霉灵。这些新品种的出现，填补了有机汞、有机氯、有机砷等高毒、高残留农药停用所造成的市场空缺，进一步满足了农业生产的需求。

这一时期，国家对除草剂的开发特别重视，鼓励科研单位、生产企业在除草剂的开发方面加大投入。在此期间，一批新型除草剂实现了工业化生产，主要由含氟二苯醚类除草剂乙氧氟草醚、氟磺胺草醚和三氟羧草醚先后进入市场，开启了含氟除草剂发展的序幕；杂环类除草剂噁唑禾草灵和喹禾灵也实现了工业化生产；此外，三嗪类除草剂也增加了新的成员，如环嗪酮、氰草净、杀草净、甲草嗪和氰草津。在1990年中国第一个超高效磺酰脲类除草剂苄嘧磺隆投放市场后，中国磺酰脲类超高效除草剂有了飞跃式发展，沈阳化工研究院、南开大学元素所、江苏农药所等研究单位开发了一批此类除草剂，如氯磺隆、甲磺隆、啶嘧磺隆、胺苯磺隆、氯嘧磺隆、嘧磺隆、烟嘧磺隆和醚磺隆等，其中烟嘧磺隆目前仍是玉米田骨干除草剂品种之一。这些除草剂的开发与生产，极大地解放了农村劳动力。

这些新型杀虫剂、杀菌剂和除草剂的发展，使得中国农药产品结构进一步合理化，杀虫剂、杀菌剂、除草剂和其他品种所占比例从1991年的77.4%、13.8%、7.82%和0.98%调整为2000年的70%、8%、19%和3%，进一步提高了对农业生产的满足度。

在1991～2000年，通过国家、地方和企业的大力投入以及科研单位的技术支撑，中国农药行业有了长足的进步，产品结构进一步合理，可生产的品种大幅度增加，生产能力有了较大的提高，产量从1991年的25.3万吨增至2000年的64.8万吨。1999年，中国生产的农药品种已接近200种。

主要的农药企业有大连瑞泽农药股份有限公司、天津农药总厂、亚太农用化学集团公司、江苏化学农药集团公司、南通农药厂、杭州农药厂、山东农药股份有限公司、青岛农药厂、郑州农药厂、湖北沙隆达股份有限公司、湖南农药厂、广州农药厂、重庆农药厂等。

二、努力建立中国农药创制体系

（一）成立南、北国家创制中心推动创新

为了加速中国农药科研从仿制向创制转变的进程，建立自己的农药创制体系，国家于1996年组建了国家农药工程研究中心和国家南方农药创制中心（即北方中心和南方中心），这是对中国农药工业的发展具有战略意义的重大决策，两大中心在创制新农药方面做了开拓性工作，标志着中国农药创制研究体系的形成，农药科研步入创仿结合的轨道。北方中心以沈阳化工研究院和南开大学元素有机化学研究所为依托；南方中心总投资15250万元，其中国家拨款8500万元，地方财政拨款3375万元，依托单位自筹3375万元。建设了四个基地：上海农药研究所、江苏省农药研究所、湖南化工研究院和浙江化工研究院，建成国家级农药创制平台，具备农药创

制基本条件，四个基地共有专门从事农药创制的研究人员125人。此外，还设立了以安徽化工研究院为主的化工部农药加工和剂型工程技术中心。此外，除早期开始研究农药新品种的合成和农药制剂加工的单位如中国农业大学（原北京农业大学）、贵州大学、辽宁省化工研究院等，还有一批大专院校也进入农药研发的领域，如华中师范大学、华东理工大学、中国科学院上海有机化学研究所（简称上海有机所）、中科院大连化学物理研究所（简称大连化物所）、西安近代化学研究所（隶属于兵器集团，简称西安近代）等，这些单位的加入，有力地推动了农药新品种的开发和农药制剂加工水平的提高。

（二）重大科技攻关项目大部分实现产业化

1980年开始，中国从“六五”到“九五”进行国家重大项目科技攻关，其内容包括农药新品种、中间体和新剂型的研究开发，累计有70多个课题，这些品种大部分都实现了产业化，对农业生产发挥了很大作用，产品结构调整取得重大进步。

1991年天津农药厂农药中间体年产2500～3000吨乙基氯化物扩建工程投入试生产，该装置的建成为多种有机磷杀虫剂的发展提供了支撑。同年，该厂4000吨/年有机磷杀虫剂敌百虫生产线实现了连续化生产。

1992年1月21日，天津农药总厂5000吨/年50%杀螟松乳油工程通过国家竣工验收，正式交付生产。该项目是中国农药行业最大的项目之一，全部工程由国内自行开发、设计、制造设备和安装。

1992年4月15日，化工部批准上海农药厂等18个单位的农药技术改造项目，包括17个农药新品种和1个农药专用中间体，总投资1.9亿多元，分布在上海、江苏、浙江、湖北、山东、沈阳、南京。

1993年2月，郑州农药厂1500吨/年40%久效磷技改工程建成投产。同年3月湖南临湘农药厂1万吨/年氨基甲酸酯类农药工程建成投产。该项目总投资1亿元，是中国自行研制的高效、低毒、杀虫广谱的第三代农药新产品。

1994年4月，浙江新安化工（集团）股份有限公司1000吨/年除草剂草甘膦原粉生产线建成投产。该公司草甘膦年生产能力达到2000吨。

除农药生产得到长足的发展之外，农药加工助剂也得到一定的发展，1990年12月15日，金陵石油化工公司化工二厂1.2万吨/年农药乳化剂装置通过国家验收。该装置由日本提供技术和关键设备，除生产农药乳化剂外，还可生产聚醚、非离子表面活性剂等精细化工产品，投资5258万元。

（三）一批自主知识产权新品种推出

1994年，沈阳化工研究院刘长令总工程师率领的团队开发了杀菌剂氟吗啉，该品种的诞生创造了“七个第一”：第一个含氟丙烯酰胺类杀菌剂品种、第一个获得美国和欧洲发明专利的农药品种、第一个具有自主知识产权的创制杀菌剂、第一个获得世界知识产权组织和中国知识产权局授予的发明专利奖金、第一个获准正式登记并产业化的创制品种、第一个获得ISO通用名称、第一个在国外登记销售的创制新农药品种。氟吗啉的创制成功，拉开了中国农药创制序幕。

在这一时期，先后有中国科学院成都生物研究所开发的生物农药杀菌剂宁南霉素（1997）、南开大学元素有机研究所李正名教授团队创制的磺酰脲类除草剂单嘧磺隆（1999）、上海农药研究所的生物农药杀菌剂长川霉素（1999)和浙江龙湾化工有限公司创制的杀菌剂噻菌铜（2000），这些品种均已获得登记并在市场上销售。

（四）生物农药稳步发展占比提高

中国生物农药按照其成分和来源，划分为微生物活体农药（包括真菌、细菌、昆虫病毒、转基因生物、天敌等）、微生物代谢、代谢产物农药（主要是抗生素类农药和信息素）、植物源农药、动物源农药五个部分。

在20世纪90年代以前，中国开发并进入市场的生物农药仅有雷公藤、浏阳霉素、井冈霉素、多抗霉素、春雷霉素、四霉素等十余种。到2000年，除上述生物农药外，获得登记的生物农药有了较大增加，其中包括棉铃虫核型多角体病毒等7种病毒类杀虫剂（菜青虫颗粒体病毒、草原毛虫核多角体病毒、苜蓿银纹夜蛾核型多角体病毒、棉铃虫核型多角体病毒、菜青虫颗粒体病毒和蟑螂病毒）、苏云金杆菌等6种细菌类生物农药（地衣芽孢杆菌、枯草芽孢杆菌、蜡质芽孢杆菌、荧光假单胞杆菌、放射土壤杆菌、耳霉菌）、真菌类生物农药木霉菌、宁南霉素等4种抗生素（氨基寡糖素、菇类蛋白多糖、嘧啶核苷类抗生素）以及苦参碱等7种植物源生物（藜芦碱、烟碱、印楝素、苦皮藤素、茶皂素、低聚糖素）。生物农药从农药总销售额的1%以下，增加到3%左右。

三、农药管理有了实质性推进

这一时期，中国的农药管理有了一个实质性的推进。1997年5月8日，国务院

216号令发布实施《农药管理条例》（简称《条例》)。对农药登记、农药生产、农药经营、农药应用和法律类责任作出了详细规定，还在许多方面制定了一系列标准。从此，中国农药管理走上了有法可依、依法管理的道路。《条例》规定开办农药企业要经过国家核准，农药企业生产的所有产品必须同时具有“农药登记证”、“生产许可证（生产批准证书)”和“农药产品质量标准”等三证，方可生产、销售和使用农药。《农药管理条例》还规定，原由各省、自治区、直辖市化工行政部门发放的农药准产证改由化工部统一发放“农药生产批准书”。

《农药管理条例》的颁布是中国农药管理的一个里程碑。这为深化完善农药登记制度、农药市场监管、农产品质量安全和环境安全，农药执法体系建设等奠定了法律基础。

农药的标准化工作进入平稳发展时期，1991 ～ 1995年，共制定、修订国家、行业标准51项，其中基础通用方法标准7项，其余为产品标准。标准制定水平逐步向国际靠拢。“九五”期间（1996 ～ 2000年）集中对老标准进行修订。共完成制定、修订标准71项，大多数是对老标准的修订。在此期间，还对以往制定的国家、行业标准进行了全面的清理整顿。

四、中外合资农药企业走向前台

改革开放后，中外资金和技术交流日益频繁，一批农药企业通过合资、技术引进等方式逐渐发展壮大。1983年天津农药厂（现天津农药股份有限公司）与法国罗素优克福公司（现属德国拜耳公司）合资建设200吨/年溴氰菊酯生产装置，这是中国第一家与跨国公司合作生产农药的合资企业。

进入20世纪90年代，合资企业进一步增加。主要有由杜邦中国集团有限公司、上海农药厂、上海市农药研究所合资经营的上海杜邦农化有限公司，青岛农药厂与瑞士汽巴•嘉基有限公司（现瑞士先正达公司）合资的公司，英国捷利康公司与南通农药厂、江苏农用化学有限公司、南通石油化工总公司合资建设3000吨/年百草枯生产装置，杭州农药总厂与法国罗纳 • 普朗克公司（现属德国拜耳公司）合资建设500吨/年广谱杀虫剂——氟虫腈（锐劲特）项目，由法国阿托化学公司与武汉有机实业有限公司合资成立日埃尔夫阿托化学武汉有机化工有限公司等。

中外合资企业的设立和发展，不仅补充了国内农药品种的不足，合资企业带来的先进技术和现代经营、管理理念促进了农药企业向现代企业的转型。

第五节 已发展为世界最大原药生产国

（2001 ～ 2010年）

经过多年发展，中国农药工业已建立从原药生产、中间体配套到制剂加工在内的较完整的工业体系。特别是20世纪90年代以后，国家和企业加大了对农药生产研发的投入，使中国农药工业有了较大的发展。在规模扩大的基础上，农药产品质量稳步提高，部分产品达到国际先进水平。到“十一五”时期中国已发展成为世界最大的原药生产国和主要出口国。

一、行业整体实力提高

（一）产量已居世界首位，为世界最大原药生产国

2001 ～ 2010年，中国农药生产快速增长，年均增长率达到10.5%。2009年突破产量200万吨大关，2010年达到268万吨，年均增长率达到20%。到2010年，中国已有农药生产企业1800多家，可生产260多个原药品种和3000多个制剂品种。中国已经成为全球最大的农药原药生产国，年出口量超过100万吨，占据世界农药市场的50%以上。同时，国内涌现了江苏南通江山农化股份有限公司、浙江新安化工股份有限公司等一批国际知名的龙头企业。

1994年，农药行业实现出口4.77万吨，到2008年农药出口总吨位已达48.5万吨，增长10倍。出口国家和地区已稳定在150个以上，出口总量已占中国农药总产量的35% ～ 40%，是世界农药主要出口国，出口300余种产品，农药的出口已从过去的小批量、小品种逐渐培育和发展了一批具有国际影响力的大吨位品种。如草甘膦、百草枯、甲胺磷、多菌灵、百菌清、吡虫啉等成为农药出口的主要品种。

（二）产品质量显著提高，品种比例满足农业需求

随着国产新农药品种的不断涌现，特别是五种高毒有机磷杀虫剂的削减，中国农药产品结构也发生了巨大变化，从20世纪90年代的“三个70%”（杀虫剂占农药总产量的70%、有机磷占杀虫剂的70%、高毒有机磷占有机磷杀虫剂的70%）的状况逐年发生变化，到2010年，杀虫剂占31.4%、杀菌剂占7%、除草剂占41%，除

草剂已超过杀虫剂所占比例。

二、停产停用高毒有机磷农药，产品结构发生二次“巨变”

有机磷农药在中国农药发展过程中发挥了巨大作用，对保障农业生产安全和粮食安全做出了不可磨灭的贡献，特别是有机磷杀虫剂撑起了防治虫害方面的半壁江山。但是，有机磷杀虫剂中的主要品种如甲胺磷、对硫磷、甲基对硫磷、久效磷和磷胺也存在着毒性高的缺点，甲胺磷、久效磷、甲基对硫磷、对硫磷被列入PIC制度（事先知情同意制度）中的高毒产品中。为保障农业生产者的生命安全，1998年甲胺磷、对硫磷、甲基对硫磷、久效磷、磷胺等5种高毒有机磷农药被列入严格控制的名单。

2003年初，经过国家经贸委、国家计委、农业部、国家质检总局、国家环保总局、财政部、卫生部、中国农业大学、中国农科院植保所、中国农药工业协会等单位的领导和专家反复论证研究，“高毒有机磷杀虫剂削减方案”（简称“方案”）正式启动。该“方案”在介绍了背景、5种高毒有机磷农药生产和使用现状、削减的必要性、削减的可行性分析后，提出了削减的原则和目标：从2004年1月1日起至2006年12月31日，分三个阶段实施该方案，从2007年1月1日起，全面禁止5种高毒有机磷农药在农业上的使用，只保留部分生产能力用于出口。为达到停产停用的目的，方案推荐了十余个技术成熟、可扩大生产规模的品种和20余个可供工业化开发的杀虫剂品种。

该方案在各级管理部门、企业和科研单位的共同努力下有序推进，具备了停止5种高毒有机磷杀虫剂的条件，国家发改委、农业部、国家环保总局、国家质检总局、国家工商总局和国家安监总局于2008年1月9日联合发布公告，正式禁止甲胺磷、对硫磷、甲基对硫磷、久效磷、磷胺在国内的生产、流通。至此，中国顺利完成了五种高毒有机磷农药的替代工作。

三、科技创新和技术进步取得显著成绩

进入21世纪后，中国创制的30个具有独立知识产权的高效新品种，有的已投入工业化生产，对一些骨干老品种及其关键中间体的工艺进行了改进。开发了毒死蜱、吡虫啉、啶虫脒、菊酯类杀虫剂和生物农药阿维菌素等8个高毒替代品种的新

的生产工艺技术，吡啶、手性菊酸、氯代三氟甲基吡啶和乙基氯化物等关键中间体的绿色生产工艺，以及不对称手性合成、催化加氢、定向硝化氯化、生物拆分等和农药新制剂、功能性农药助剂等共性技术。

同时，还成功研究开发了一批较成熟的先进工艺技术，推动了行业技术进步和生产技术水平的提高，如催化加氢、不对称合成、定向催化硝化、薄膜蒸发分离、生物手性拆分、生物与化学工程相结合的合成与筛选技术以及草甘膦生产副产氯甲烷回收用于甲基氯硅烷单体合成新工艺等。

2003年，科技部设立了由华东理工大学校长钱旭红为首席专家的“973农药创制”项目组。项目研究成绩斐然，十年间共有30余个新农药品种问世，这不仅使中国的农药创制取得显著进步，还培育了一大批科技人才。

在广大科研工作者和企业的共同努力下，中国实现了农药新品创制快速发展，2006年3月25日，“新农药创制研究与产业化关键技术开发”项目通过了科技部高新技术发展及产业化司组织的专家验收。通过实施这个项目，30多个农药创制品种完成了产业化开发并取得了临时登记，推广使用达1.2亿亩次，累计销售收入达到11.4亿元。近100多个具有良好活性的化合物处于开发过程的各个阶段。组合化学、高通量筛选、化学工程与生物技术相结合的创制方法等高新技术已经在农药创制中得到应用。

这一时期，一批具有远见卓识的企业如江苏扬农股份公司、大连瑞泽农药公司、南通江山农化公司和浙江龙湾农药厂等也积极投身于农药创制行列。中国新农药创制体系不断完善，创新能力和竞争力不断提高，以企业为主体的技术创新格局正在形成，中国正跻身于世界少数具有新农药创制能力的国家行列。

为进一步提高和完善农药创制能力，中国制定并完善了《农药生物活性测定标准操作规程（SOP）》、《农药毒理学安全性评价良好实验室规范（GLP）》及其安全性评价标准操作规程，建立了农药安全性评价试验标准操作规程（SOP）和农药卫生毒理学安全性评价研究机构GLP认证标准，初步建立了创制农药品种的市场预测和风险评估方法，制定了农药环境评价、残留以及质量的GLP行业标准，建立了农药GLP管理体系。这一系列标准、规范和方法的建立，不仅进一步提高了中国农药创制的能力，还为中国农药进入国际市场提供了便捷的通道。

四、大力开发污染治理技术，创建产业园区

农药工业生产的特点是原料中间体种类多、工艺路线相对较长、污染物的产生

和排放较多且成分复杂、处理难度较大等，对此，中国农药研究人员提出在开发新品种的时候，同步开发减少新污染物的工艺和污染物处理的工艺。在此期间，在国家的支持下，农药科研人员开发了催化加氢、不对称合成、定向硝化以及生物酶、草甘膦废水低排放及母液回收利用、百草枯废水资源化利用、菊酯类农药废水综合治理、阿维菌素清洁生产新工艺及废水、废渣低排放、吡虫啉创新工艺研究与废水治理、氯代吡啶类除草剂废水综合治理与低排放、毒死蜱清洁生产与废水低排放等多项减少污染物产生及处理技术，显著提高了农药工业污染物处理水平。

淘汰严重污染和落后的生产工艺也是重要方面，如百草枯高温钠法。大企业开发和引进了许多特征污染物治理技术、有针对性的高浓度废水预处理技术和末端治理技术，重视废水中农药原药活性成分的回收处理，从而确保了废水达标排放。

2003年，国家环保总局组织了农药工业污染物排放标准制定工作。按照农药的化学结构和生产工艺分为十类，分别制定。这十类标准基本涵盖了目前国内生产的大吨位农药品种。其中《杂环类农药工业水污染物排放标准》已于2008年4月颁布执行。

2005年末至2006年初，中国农药工业协会与江苏如东县人民政府、山东潍坊市滨海经济开发区合作，分别在如东洋口化工园区和滨海经济开发区创建“中国农药工业生产示范园区”，促进地方经济和中国农药工业的共同发展。在南京、南通、泰兴、扬州、宁波、上虞等地，也相继形成包含农药生产的化工园区。

五、行业管理逐步“依法治理”全面规范

2001年11月29日国务院发布《关于修改〈农药管理条例〉的决定》（简称《条例》），该《条例》对农药的登记、生产、销售和使用进行了更详细的规定以及明确违反《条例》的惩罚。根据文件精神，国家经济贸易委员会于2002年颁布了《农药生产管理办法》（简称《办法》），2004年国家发改委再次修订了《农药生产管理办法》并于2005年1月1日起施行。《办法》对农药生产企业的核准、农药产品生产的审批、监督管理以及违反《办法》惩罚作了更加详细的规定。

在此期间，国家多次出台关于农药工业发展的文件，2008年2月，国家发改委办公厅《关于进一步加强农药行业管理工作的通知》及其附件《农药企业核准、延续核准考核要点》；2010年8月由工信部、农业部、环保部和国家质检总局联合发布

的《农药产业政策》；2010年12月工信部发布的《部分工业行业淘汰落后生产工艺装备和产品指导目录（2010年本）》等。

进入21世纪，农药行业共制定66个产品质量国家标准、175个行业标准，包括杀虫、杀螨、杀菌、除草、植物生长调节剂、杀鼠剂、卫生杀虫剂和生物农药等；有原药、乳油、可湿性粉剂、水剂、气雾剂、颗粒剂、水悬浮剂、烟剂等各种剂型；还包括农药物化性能测定、大量基础标准，如《农药包装通则》《商品农药采样方法》《商品农药验收规则》《农药产品标签通则》《农药毒性分级和标志》《农药剂型名称及代码》等标准。门类齐全、配套合理、涵盖面广、通用性强、检测技术先进，为建立完整的农药标准化体系奠定了坚实的基础。

第六节 迈入产业升级、集聚发展新阶段

（2011 ～ 2019年）

这一时期，中国已经成为世界农药主要出口国，全球市场有近70%的农药原药在中国生产，国际商贸话语权不断增强；农药出口基本覆盖全球农药市场，出口总量占中国农药总产量的50%左右。进入“十三五”时期，中国农药原药出口占比递减，而制剂出口比重不断攀升，结构不断优化升级。

世界农药工业强强联合，龙头企业持续追求高效、低毒、环境友好的农药，降低施用量，执行更高、更严格的标准，淘汰落后产品。中国农药工业与世界农药工业发展趋势相一致，正在向着“产业升级、集聚发展”“发展绿色农药”新征程迈进。调整产业结构、转变发展方式，着力解决产业结构不合理、自主创新能力不强等制约行业发展的突出矛盾和问题，推动行业可持续发展成为发展主基调。

一、步入“化学农药减量”实质性阶段

（一）产量已现“负增长”

2015年2月，农业部印发的《到2020年农药使用量零增长行动方案》提出：到2020年实现主要农作物农药利用率达到40%以上，比2013年提高5个百分点，力争

实现农药使用量零增长。这一目标的提出，对于加快农业发展方式的转变，推进农业生态环境保护与治理，有重要的推动作用。

经过各级管理部门、企业、植保工作者和广大农民的共同努力，已经初见成效。2016年中国农药产量为322.1万吨，国内消费量246.1万吨；2017年提前实现了农药用量零增长的目标，农药产量在多年增加之后，出现了负增长。2018年农药总产量为208.3万吨，下降了9.5%，国内消费量大幅度压缩到71.97万吨。2019年农药总产量为225.4万吨。

（二）全面推动高效低毒、绿色生态农药强势发展

国家高度关注食品安全，从1983年开始，中国淘汰高毒高风险农药的步伐不断加快。至2016年，已淘汰43种高毒高风险农药，限用23种农药，促进中国农药行业的产品升级和结构调整。现在低毒、微低毒产品比例超过82%，高毒产品降至1.4%，生物农药达10%；制剂产品朝环保方向发展，悬浮剂、水剂、水分散粒剂、水乳剂等环保剂型比例逐年提高。2018 ～ 2022年也将逐步禁用剩下的12种高毒农药：涕灭威、甲拌磷、水胺硫磷在2018年全面禁用；硫丹、溴甲烷在2019年全面禁用；灭线磷、氧乐果、甲基异构柳磷、磷化铝在2020年全面禁用；氯化苦、克百威和灭多威于2022年全面禁用。为了实现发展现代绿色农业的总目标，中国农药工业和科技研发机构加大技术创新力度，加快低毒农药新品种新剂型由中低端向中高端转变。

与淘汰和限制相对应的是高效低毒、绿色生态农药的强势发展。国家政策、资金予以大力支持。2011年8月18日，科技部批复同意农药产业技术创新战略联盟牵头组织的“十二五”科技支撑计划“绿色生态农药的研发与产业化”项目立项。截至2013年12月31日，农药产业技术创新战略联盟共有50个联盟成员，其中企业27家、大学11家、科研院所11家、行业协会1家。

在国家、地方和企业的共同努力下，氯氟醚菊酯、噻唑锌等10个创制品种的产业化开发共计投入11425万元（其中国家攻关支撑计划拨款2333万元），改扩建19套产业化生产装置，总生产能力达到原药2010吨/年，各种制剂9950吨/年；氯氟醚菊酯、噻唑锌等10个产业化开发品种全部实现商品化，并基本实现规模化生产；项目实施期间共实现销售收入约8.3亿元，新农药推广使用面积约7850万亩次。我国创制品种生产装置及生产能力见表2-6-1。

表 2-6-1 创制品种生产装置及生产能力

序号	品种名称	单位名称	装置规模 /（吨 / 年）	
			原药	制剂
1	硫氟肟醚	湖南海利化工股份有限公司 / 湖南化工研究院有限公司	10	500
2	环氧虫啶	上海生农生化制品有限公司	50	1000
3	哌虫啶	江苏克胜集团股份有限公司 / 华东理工大学	200	1000
4	氯氟醚菊酯	江苏扬农化工股份有限公司	50	
5	毒氟磷	广西田园生化股份有限公司 / 贵州大学	200	600
6	甲噻诱胺	利尔化学股份有限公司 / 南开大学	100	350
7	噻唑锌	浙江新农化工股份有限公司 / 浙江工业大学	1000	5000
8	烯肟菌酯	沈阳科创化学品有限公司 / 沈阳化工研究院有限公司	100	500
9	唑菌酯	沈阳科创化学品有限公司 / 沈阳化工研究院有限公司	100	500
10	丁吡吗啉	江苏耕耘化学有限公司 / 中国农业大学	200	500

在此期间，农药科研人员完成了11051个新化合物的分子设计、合成和结构表征、活性筛选，筛选出ZJ4042等15个具有进一步研究价值的新活性化合物；建立了化学、生物与信息技术相结合的农药先导化合物发现的技术体系；建立和完善了229条农药药效试验技术规范（SOP）、40项农药安全性评价和环境评价测试方法以及9套农药健康与安全性评价技术方法；开发了精异丙甲草胺等20项高效安全农药品种及关键中间体的清洁生产技术，建成试验和示范装置22套。这些成果为中国农药行业创制能力和整体水平的提高，打下了坚实的基础。

这一时期，生物农药和生物化学农药发展逆势而上，从过去仅占农药总产量的8%～10%，增长到2018年的15%，主营业务收入和利润分别增长10%和5%，亏损额下降了48%。中国的生物农药已进入一个相对快速的发展阶段，登记品种和数量每年都有明显增加。迄今为止，中国生物农药（包括生物化学农药、微生物农药和植物源农药）共有52个有效成分，1200多种产品，涉及560多家企业。

二、产品质量、技术装备和自动化水平不断提高

新中国成立以来，中国农药工业的科研机构和生产企业不断推进新老产品升级与发展，老品种的产品纯度提高到95%以上，特别是中国创制的新品种的纯度可以达到95%以上或更高，如山东省联合农药工业有限公司创制的氟醚菌酰胺，纯度达到了98%。多菌灵的纯度从95%提高到97%、阿维菌素α（B1a与B1b的比值）从4.0提高到10.0、毒死蜱原药的纯度从95%提高到97%、百菌清一等品的纯度从96%提高到97%等。很多产品的质量已经超过原开发者的水平，大量出口到国际市场，有的跨国公司不再生产原药，改为从中国购买原药再加工成制剂在国际市场销售，如草甘膦、草铵膦、吡虫啉、啶虫脒、阿维菌素、多菌灵、甲霜灵、戊唑醇等部分原药质量甚至超过了发达国家。

越来越多的中国农药企业积极参与国际标准的制定，以此提升农药生产技术水平，强化中国农药工业在国际市场上的话语权。FAO/WHO农药产品质量标准是农药国际贸易的敲门砖，《FAO/WHO农药标准制定和使用手册》及CIPAC（国际农药分析协作委员会)方法一起一直在世界农药质量管理领域发挥着重要作用。2017年JMPS会议（农药标准联席会议）完成的26个新申请FAO/WHO产品标准中，只有10个产品来自中国的农药企业。2018年1月6日在无锡召开的首届中国农药行业质量研讨会上提到，JMPS会议上即将审议的28个新申请FAO/WHO产品标准中，有16个产品来自中国的11家企业，这也是中国首次占据50%以上的评审产品席位。

农药的真正使用价值取决于制剂，中国目前只有高质量的原药而没有高性能的制剂。为提高中国农药制剂的水平，中国农药工业协会联合国内外制剂研发、生产、销售、进出口等相关单位，成立中国农药行业制剂创新产业联盟。联盟旨在规范制剂企业生产管理，提升生产工艺和产品质量安全水平，推动制剂行业健康发展。在原药质量大幅度提升的基础上，经过技术人员不断地试验、改进、调整配方、选择更适合的加工助剂，制剂产品的质量也有很大提升，主要技术指标达到或超过国际水平，在国际市场获得了更多的市场份额，2011年制剂出口量首次超过原药出口量，此后，始终保持大于原药出口量。

在注重提高产品质量的同时，生产企业凭借丰富的实践经验，对从科研单位转让的工艺技术和设备不断加以改进，实现了工艺优化、反应设备大型化、生产过程连续化、自动化。反应设备从初期的3立方米，增加到20立方米甚至更大；微生物发酵罐的体积也一步步提高到200立方米，在提高能源利用率的同时也提高了产

率；通过改变反应器内部结构，提高了传质传热速率，物料转化率更高、反应更加完全、产品收率提高；分离干燥设备的一体化，收到了节约能源、优化操作环境、减少物料损失等良好效果；生物膜反应器的使用大大缩短了反应过程，节约了能源和资源。

“互联网+农业”风起云涌，网上购买农药、作物病虫草害远程诊断、个性化定制的天气预报、病虫草害预报等互联网服务如雨后春笋般出现；以京东、云农场、村淘等巨头的跨行进入，以及田田圈、农一网等行业自建平台的参与，给行业带来新的变化。再加上以“飞防”为代表的机械化、智能化的施药方式，统防统治、专业化防治、水肥药一体化、作物综合解决方案等新型防控农业病虫害等新理念、新措施和现代技术的应用，促进了中国农业向现代化方向发展和农药工业的技术更新。但农资+互联网也并不是万能的，它仍会面临现实中的诸多问题。

三、新监管体系推动一体化、集约化、规范化发展

2017年3月16日，国务院颁发新修订的《农药管理条例》（简称《条例》），自2017年6月1日起施行。《条例》的最新变化是将原属工信部、农业部和国家质检总局的农药行业管理职能归属于农业农村部一个部门，结束了多头管理、权力分散、部门之间推诿扯皮的现象。农业农村部根据《条例》所赋予的职能，制定了一系列配套规章、制度，设立了登记、生产、经营三项行政许可以及登记试验单位的认定制。

2017年6月，农业农村部发布《农药登记管理办法》《农药生产许可管理办法》《农药经营许可管理办法》《农药标签和说明书管理办法》《农药登记试验管理办法》等5个配套规章，并于8月1日起实施。同时相继发布了《农药登记资料要求》等6个规范性文件，新的农药管理监管主体框架已经初步建成，中国的农药管理法规日臻完善，对促进农药工业健康发展，保障农产品质量安全和推进农业绿色发展都将产生积极而深远的影响。

四、不断整合，向优势集聚发展

在国家法规政策和市场机制的双重作用下，农药企业兼并重组、股份制改造的步伐提速，社会资本的进入加快了农药企业规模壮大的进程。

2010年8月26日，工业和信息化部、环境保护部、农业农村部、国家质量监督

检验检疫总局等四部门联合印发了《农药产业政策》，要求大力推进企业兼并重组，提高产业集中度；优化产业分工与协作，推动以原药企业为龙头，建立完善的产业链合作关系。《农药产业政策》明确，到2015年，农药企业数量减少30%，国内排名前20位的农药企业集团的销售额达到全国总销售额的50%以上，2020年达到70%以上。四部门在《农药产业政策》中要求，加快农药企业向专业园区或化工聚集区集中。到2015年，力争进入化工集中区的农药原药企业达到全国农药原药企业总数的50%以上，2020年达到80%以上。

从2011年开始，中国农药工业协会积极推动行业整合，推动行业走集约化、规模化、园区化的做大做强之路。

2012年农药工业发生兼并收购案13起，2013年有12家企业完成并购。2013年生产资质合并企业共有12家，2014年增至19家，资质合并势头只增不减。

2014年，随着国家农化市场兼并重组步伐加快，农药工业兼并重组有序进行，完成兼并重组、股权投资案例十余起。中国中化集团公司、中化国际（控股)股份有限公司先后进入农药领域，收购或控股一批优势农药企业。2014年农药销售额超过10亿元的农药企业集团已达到38家。已有超过30家涉及农药领域的上市公司，农药企业上市势头加大。在兼并重组的同时，部分企业有序退出，农药行业新增企业收紧，行业整合成为主要方向。根据工信部公告，2015年共有21家农药制剂企业接受生产资质整合，其中2家是原药企业。据国家统计局数据显示，2015年，全国规模以上农药企业数量有所下滑，由2014年的843家下降到2015年的829家。化学原药规模以上企业减少了25家。

中国农药生产企业主要分布在江苏、山东、河南、河北、浙江等省，这五省的农药工业产值占全国的68%以上，农药销售收入超过10亿元的农药企业有28家在上述地区，销售收入在5亿～10亿元的农药生产企业也大多集中在这一地区。农药产业集聚取得初步成果，重点地区农药工业产业园已初具规模，到“十二五”末期进入园区的农药生产企业257家，占全国原药生产企业的46%。

五、开放和国际化进程加快

这一时期，是中国农药工业发展史上极其不平凡的时期。2011年以来，中国农药工业加快了国际化的进程。大型国有企业发挥资金优势，积极并购国际、国内优势资源，努力打造世界级农化巨头。2011年11月，中国化工集团以24亿美元收购以色列马克西姆-阿甘公司60%股份，这是中国化工企业一宗最大的收购外国农药企业的项目。该项收购完成后，中国化工集团对农化板块业务进行了整合，ADAMA完全收购中国化工农化总公司在华业务，包括江苏安邦、江苏安麦道、江苏淮河化工、沙隆达集团的100%股权。原集团子公司沙隆达股份退市，并于2018年以“安道麦”的名称在上海上市。2018年，中国化工集团以430亿美元收购瑞士先正达公司，拥有先正达94.7%股份，这意味着中国化工跻身全球农化行业第一梯队。先正达是一家具有259年历史的百年老店，是全球第一大农药、第三大种子的高科技公司，农药和种子分别占全球市场份额的20%和8%。先正达拥有先进的生物育种技术，在传统育种杂交水稻和杂交小麦等主要粮食作物上处于领先地位，在全球拥有专利超过13000件。对先正达的收购表明中国在国际农药市场的空前活跃，也证明了中国农药工业的力量。2018年全球农药产业格局发生了巨大变化，德国拜耳公司完成了对美国孟山都公司的收购；美国陶氏和杜邦公司完成了合并重组。世界农药巨头由过去的六大公司（先正达、拜耳、杜邦、孟山都、巴斯夫和陶氏）变成为如今的中国化工、拜耳、巴斯夫和科迪华（杜邦和陶氏合并后重新拆分、组建的农化公司）四大巨头。

还有一些大型农药企业“走出去”到国外建厂，如新安集团在加纳建厂。一些企业在越南等东南亚国家建设农药项目，表明他们已成为国际农药市场的生产、服务商，国际市场份额正不断扩大。2012 ～ 2017年，中国农药出口成效显著，产品销往175个国家和地区，海外市场的销售额占行业产值的比重不断扩大，2015年，中国出口农药150.94万吨，金额达72.82亿美元；北京颖泰嘉和生物科技股份有限公司、山东潍坊润丰化工股份有限公司、江苏扬农化工股份有限公司等企业出口量遥遥领先。在国际合作中，中国在亚非等国家成功运作了一批大型项目，获得了可观的经济效益。

历经70余年的发展，中国农药工业通过两三代中国农药人的艰苦拼搏，使中国成为农药生产大国，在世界上占有重要地位。1950 ～ 2019年，中国农药总产量见表2-6-2。行业从品种单一到可以生产几百种有机合成和生物农药，拥有了包括从化合物合成、菌种筛选、药效试验、安全评价的创制体系，创制了几十个具有自主知识产权的新品种。如今，中国的农药工业正在沿着自主创新发展的道路，奋勇争先，走向强大。历史也将铭记为中国农药工业发展作出突出贡献的中国农药人。

表 2-6-2 1950 ~ 2019 年农药总产量

年份	总产量 / 万吨	年份	总产量 / 万吨
1950	0.1	1995	34.9
1960	16.2	1998	40.8
1970	32.1	2000	64.77
1975	42.2	2002	82.2
1978	20.4	2005	103.9
1980	19.6	2008	190.2
1982	17.4	2010	234.2
1985	11.6	2012	354.91
1988	17.67	2015	374.1
1990	22.66	2018	208.3
1993	23.1	2019	225.4

注：1950年、1960年、1970年、1975年总产量中敌百虫、敌敌畏产量以50%有效成分计入，其他以100%计。

第七章
涂料工业发展史

（1915 ~ 2019年）

涂料是涂覆于物件表面能形成具有保护、装饰或特殊性能的连续固态薄膜的一类液体或固体材料总称。涂料，在中国还有一个传统名字——油漆。中国涂料起源于大漆，多以植物油为主要原料，故称油漆，现合成树脂涂料在涂料中占绝大比例，故统称“涂料”。

世界涂料工业生产始创于18世纪。1790年，英国创立了第一家涂料厂。在19世纪，涂料生产开始摆脱了手工作坊的状态，很多国家相继建厂，法国在1820年、德国在1830年、奥地利在1843年、日本在1881年都相继建立了涂料厂。

19世纪中期，随着合成树脂的出现，涂料工业进入了合成树脂涂料发展阶段。1855年，英国人A.帕克斯取得了用硝酸纤维素（硝化棉）制造涂料的专利权，建立了第一个生产合成树脂涂料的工厂。1927年，美国通用电气公司的R.H.基恩尔突破了植物油醇解技术，发明了用干性油脂肪酸制备醇酸树脂的工艺，摆脱了以干性油和天然树脂混合炼制涂料的传统方法，醇酸树脂涂料迅速发展为涂料的主流品种，开创了涂料工业的新纪元。第二次世界大战结束后，合成树脂涂料品种发展很快，相继开发了新型防腐蚀涂料和工业底漆、聚氨酯涂料、丙烯酸树脂涂料、丁苯胶乳制水乳胶涂料、聚醋酸乙烯酯胶乳和丙烯酸酯胶乳涂料、乙烯类树脂热塑粉末涂料、环氧粉末涂料、电沉积涂料等种类繁多的涂料品种，并实现工业化生产。涂料涉及下游产业应用十分广泛，不同用途要求有不同性质的涂料品种，这就决定涂料的品种、型号数以千计，花色更是数不胜数。涂料与上下游产业链联系紧密，已经发展成为大规模化、高度自动化的精细化学工业。涂料产品不仅为建筑、汽车制造、电子机械、石油化工等国民经济支柱产业提供重要保障，而且广泛应用于航空航天、国防建设、船舶、交通等各个领域。如今，涂料工业正向着节省资源、能源，减少污染、有利于生态环境保护和提高经济效益的方向发展，水性涂料、粉末涂料和光固化涂料、功能性涂料、专用性涂料等的开发，开辟了低污染涂料应用的新领域。

中国近代涂料工业始于民国初期，上海成为中国涂料工业的发源地。1915年，开林颜料油漆厂的创立，成为中国首家工业化生产的涂料厂，标志着中国近代涂料工业由此诞生，中国化学漆生产出现萌芽。到新中国成立前，1949年，全国涂料产量仅有8000吨左右；进入21世纪第一个10年，中国涂料工业迅猛发展，到2002年，涂料年产量达到201.5万吨，首次超过日本，成为世界第二大涂料生产国；2009年涂料产量达754.5万吨，首次超越美国居全球首位，成为世界涂料生产和消费的第一大国。21世纪第二个10年，涂料产量一直稳居世界首位，2018年全国涂料产量为2377.07万吨。涂料品种结构也得到了改善，“十二五”末，中国环境友好型涂料占比在51%左右；到2019年，环境友好型涂料占比已达到60%。

第一节
中国“化学炼制涂料”时代的开启
（1915 ～ 1949年）

中国是世界上最早生产和使用以天然物质为原料制造涂料的国家。约在7000年前的新石器时代晚期，中国以从漆树液汁提取的生漆髹饰的漆器是中华民族贡献给世界文明的一笔宝贵历史财富，后日臻成熟，成为特有的手工工艺技术，并形成可观的产业。18世纪后期，西方涂料工业受“第一次工业革命”推动而快速发展，中国涂料产业却由于清朝对外实行闭关锁国，对内固守“男耕女织，自给自足”的小农经济而停滞不前，靠生漆、桐油等“天然油脂漆”苦撑局面，终由世界涂料发展的领跑者逐步沦为落伍者。1915年，上海开林颜料油漆厂的成立，标志着中国涂料工业从“天然植物漆”升级到天然树脂（植物油脂）“化学炼制涂料”（化学漆）时代，中国近代涂料工业由此诞生，中国化学漆生产出现萌芽。从1915年到1936年，是近代中国涂料发展史上的一个短暂的黄金时期，历时21年，从无到有发展，民间资本和留学归国人才联合，兴办化学涂料企业的势头日趋活跃，部分企业甚至具有了和国外同行竞争的实力。抗日战争的爆发，民族涂料工业遭遇重创，再一次和世界涂料工业发展拉开差距。

一、中国的天然物质制漆传统工艺历史悠久

大漆，也称生漆，提取自漆树的汁液。漆树，是中国最古老的经济树种之一，为天然涂料、油料和木材兼用树种。生漆髹饰的器物，称为漆器，其外观精美，耐酸、耐碱、耐潮湿、耐腐蚀，坚固耐用，可以长期保存。

以大漆、桐油、松香、红土等天然物质为原料制漆，是中国传统手工业之一，加工制作历史可以追溯到7000年前的新石器时代晚期。那时浙江余姚的河姆渡人制造的朱漆木胎碗外黑内红，经考古学家鉴定，黑漆中含有铁元素，红漆中含有朱砂成分。生漆必须添加着色物质，经过充分混合、调和加工才能达到这种效果，而不是原始、简单的一色髹饰。可以说我们祖先在7000多年以前，不仅了解了大漆具有优良的装饰和保护作用，而且掌握了较高等级的制漆与涂装技术。

春秋战国时期打下了漆器业初步基础，春秋时代就掌握了熬炼桐油制涂料的技术，战国时代能用桐油和大漆制造复配涂料。西汉时期不仅有大漆采集处理和漆器髹饰，而且大漆固化技术进步较大。长沙马王堆西汉墓出土的漆棺、漆器涂膜坚韧光亮，保护性能好，表明当时的漆器达到了较高水平。唐朝漆器业进一步发展壮大，中国漆器技术也随之辐射到周边国家，两汉时期影响到朝鲜半岛，唐代传至日本。

中国漆器形成产业的雏形是在公元11～12世纪的北宋时期，当时的京城汴梁不仅有“大漆一条街”，而且有由政府牵头组织的行会。这种行会组织在元代、明代和清代都有记载，明代的称为“果园厂”、清代的称为“油漆作”，至今其遗址尚存。

进入17～18世纪，处于清朝“康乾盛世”时期的中国，涂料产业得到较快发展，漆器及制造技术向日本等国输出，在国际上处于领先地位。

桐油是以天然物质制漆中不可或缺的角色。桐油树又名油桐，用其种仁提取的

桐油是中国特产，在中国使用已有1300多年历史。用桐油树的种仁经过简单加工而成的桐油，其涂膜具有干燥快、附着力强、有光泽、防水性好、耐酸、防腐等优点。在中国古代，桐油在涂料中发挥骨干作用，主要用来涂抹船舶、家具、农具、器皿，点灯照明，使用广泛。而在近现代的涂料工业发展中，也扮演重要角色。中国的桐油开发和在涂料中应用长期处于世界先进水平。

民国时期，桐油不仅在涂料中应用扩大，一半以上用于涂料，而且一度成为重要出口产品，占世界市场的80%左右。桐油树种植和桐油生产受到当时政府重视，使桐油得到发展。

二、中国近代涂料工业的艰难创业

中国近代涂料工业始于民国初期。第一次世界大战后，国内掀起提倡国货，抵制日货行动，上海、天津等地相继建立起一批油漆（涂料）厂，是为中国的涂料工业肇始。

（一）上海成为涂料工业发源地

进入19世纪，特别是第一次鸦片战争以后，西方列强凭借坚船利炮打开了中国的大门，跟随炮舰之后涌入中国的不仅有鸦片，还有大量洋碱、洋油、洋布、洋漆等，占领、垄断中国市场。中国传统涂料产业难与依靠科技进步发展起来的“化学合成漆”抗衡。随着1911年辛亥革命成功，腐朽的清王朝被推翻；特别是1914年第一次世界大战爆发，帝国主义国家忙于战争，无暇东顾；中国民族工业得到喘息的机会，有了一定的发展；与之配套的涂料消费量进一步增长，进口涂料远远满足不了国内需求，给中国民族涂料工业的兴起带来了机遇。一批爱国实业家，抓住这一难得机会，投资创办涂料实业，致力于振兴涂料产业。产生了一批创业的涂料先行者，推动了中国近代涂料工业起步。

上海作为中国近代史上最早开埠的城市之一，客观上也为民族实业家拓展眼界、引进技术创造了条件，成为中国涂料工业的发源地。

1915年，上海的阮霭南、周元泰等合伙在上海闸北宝山路创办了中国第一家造漆厂——开林颜料油漆厂（现上海开林造漆厂前身）。“开林”的含义是开发原始森林之意。建厂初期仅有职工10余人，挤出机1部，9只小铁锅，主要生产厚漆和白铅粉之类的商品，生产规模小，生产厚漆、铅白等30余吨/年。1920年扩产，增加了红丹、调合漆、改良清漆等品种，并注册了“双斧”商标，产量超过了100吨/年。开林颜料油漆厂不仅是中国首家工业化生产的涂料厂，它的成立也标志着中国涂料工业从“天然植物漆”升级到天然树脂（植物油脂）“化学炼制涂料”（“化学漆”）时代，中国近代涂料工业由此诞生。

继开林颜料油漆厂在上海成立后，先后有上海振华实业公司、永固造漆股份有限公司、万里油漆公司和上海喷漆厂等民族涂料企业创办，其中尤以振华实业实力雄厚。20世纪20年代初，桐油钙酯的清漆、调和漆和快燥磁漆等品种投产，上海振华实业公司结合国情开发了沥青和油溶红着色的红棕色透明木器漆，因色泽外观和大漆相仿取名改良金漆，备受市场青睐，1922年起部分产品始销新加坡，1926年产品荣获“巴拿马斐城万国博览会金质奖章”。1924年，振华厂开始生产小量铅铬黄配漆自用，以后又生产红丹、黄丹防锈颜料和防锈漆。1926～1935年，永固、万里、俄商敖利马、英商永光等厂相继建立，涂料品种发展到硝基漆等挥发性喷漆，以及用进口改性酚醛树脂生产酚醛类涂料产品质量有较大提高。1936年，中国维新油漆颜料厂建立，生产低档油漆、干墙粉和红丹等。同年，精勤家庭化工厂也开始生产铅铬黄颜料。至抗战前夕，上海涂料生产为全盛时期，1936年，振华油漆产量达2512吨，为新中国成立前的最高水平。

西方列强的油漆蜂拥而至的同时，为了占领中国油漆市场，外商还直接在中国投资办厂。1919年五四运动后，国人掀起了用国货抵制洋货的运动。国产油漆打开销路后，影响洋漆倾销，上海出现激烈的市场竞争。1935年，在平凉路开办永光油漆股份有限公司的英商太古洋行企图以微利倾销垄断上海市场，当时的开林油漆有限公司与振华油漆股份有限公司、永固造漆股份有限公司签订联价公约，一致对外，注重新产品开发，由简单的厚漆，增加到磁漆、调和漆、防锈涂料、喷漆等几十个品种与洋漆相抗衡。这三家公司所产的磁漆、厚漆质量不逊于洋漆，在爱国华侨支持下，产品远销新加坡、菲律宾、泰国和缅甸，并享有盛誉。

抗日战争爆发后，永固厂房被日军炮毁，开林、振华、永光厂先后被日军占领，振华、永固都在市区建新厂维持生产。其间虽新增鸿康油漆厂、大明华元油漆厂、飞达油漆厂、德华油漆厂和金星油漆厂，但都资金短缺，原料匮乏，营业不振，品种开发停滞不前。

（二）天津比肩发展，诞生“永明漆”

从1916年开始，天津有了涂料工业化生产。这一年，由安徽督军倪嗣冲在天津开办了大成油漆厂，这是天津第一家油漆厂，也是中国继上海开林造漆厂后的第二家油漆厂。之后几近倒闭拍卖，多次更改厂名，最后更名为中国油漆厂。1921年，冯国璋之子冯叔安等人创办东方油漆厂，与德国人合资开办，资本5万元，德方出设备，中方出资本，产品有磁漆、油墨等。1929年，中国著名化学工业专家陈调甫创办了永明油漆厂。天津曾先后出现过大小油漆厂多家。但中国、东方、永明三家油漆厂一直是天津的骨干油漆厂。他们在创建初期都很艰难，产品无法与洋漆相抗衡。中国油漆厂两次倒闭，东方油漆厂创办过程中资金短缺，永明油漆厂创办初期只能生产低档漆。到了20世纪30年代，各厂逐渐重视起新产品开发和产品质量的提高。

陈调甫曾协助范旭东创建永利制碱公司，他是苏州东吴大学培养的国内第一个化学硕士，对中国的桐油、大漆深有研究，并著有《国宝大漆》一书。永利碱厂建成投产后，他感到中国油漆工业还很落后，尤其为国宝大漆和桐油没有被用于发展中国的油漆工业感到惋惜。1929年陈调甫征得范旭东的同意，在兼顾永利碱厂工作的情况下，他变卖了家资独自创办了永明油漆厂，并于当年5月生产出了第一批清油、厚漆等。

永明油漆厂建厂之初，设备简陋，只能生产一些低档油漆供应市场，不仅无法与英、美产品竞争，也无法与当时的中国油漆厂和东方油漆厂匹敌。陈调甫带领技术人员刻苦开发新产品，以美国产品为赶超目标。在研制过程中，保留了美国清漆的优点，利用国产桐油进行改性，增强其耐热性，克服了其缺点，研制成功了“永明漆”。“永明漆”不但质量好，而且成本低，获得了民国政府实业部颁发的优质产品奖状，永明油漆厂因此一举成名。研发成功的万能漆、调和漆、喷漆等当时的高档漆，产品不仅风靡全国，永明公司还与美、英、日、荷、德等国的150多家厂商建立了业务联系，永明公司成了令全国同行刮目相看的名牌企业。陈调甫坚持以技术为核心的经营理念，在员工教育、新产品研发等方面不断投入，扩大生产销售，打造出质量、性价比全面超越国外的产品。同时，他也很重视产品宣传。“永明漆”以优异的质量和创新的营销誉满全国，成为中国涂料工业的第一个品牌。

1937年“卢沟桥事变”后，永明油漆厂被迫停产。

（三）其他地区涂料企业发展

1933～1934年，广州通用油墨油漆公司、广州大生行油漆厂陆续成立。前者以飞球牌为商标，产销油漆约100吨/年。产品行销广东境内至广西，并逐步取代美、日产品。抗日战争全面爆发后，广州通用油墨油漆公司停产。1929年，汉口诞生了建华机制油漆制造厂（武汉双虎涂料工业公司前身）。贵州成立了油脂工业厂，制造油漆、油绸布。1931年，重庆浓华造漆厂（重庆三峡油漆股份有限公司前身）开业，原料以当地所产桐油为主，铅粉、铬黄、铬绿、铁朱均为自制。产品有飞凤牌凡力水（清漆）、磁漆、鱼油、铅油。其产品耐烫凡力水及磁漆为该厂所发明，经雨淋、水煮、日晒均不变色，打破“洋漆不耐烫”的说法，国内其他各厂均无此产品。“九一八事变”之后，东北沦陷，日本在大连成立满洲油漆株式会社（后更名为大连油漆厂），1933年在沈阳成立了分部“奉天工场”（后更名为沈阳油漆厂），垄断了东三省的涂料贸易。

（四）民族涂料工业的艰难生存

1915年至抗日战争前夕，是近代中国涂料发展史上的一个短暂的黄金时期。中国涂料工业从无到有，南北呼应，沿海与内陆并举发展，奠定了现代涂料工业的基础和格局。

1937年“七七事变”爆发，中国进入全面抗战时期，艰难起步的中国近代涂料工业遭受重创。在重庆，先后建立了建华、美华、兴华等油漆厂；在昆明，相继新建了昆明元丰油漆厂（现昆明中华油漆公司的前身）和1942年的贵阳建成油漆厂。在日占区，日本军强行军管或强行收买了一些规模较大的油漆厂为侵华战争服务，却仍然有一批生产厂在恶劣的环境下顽强地生存和发展。如1939年上海建立鸿康、飞达、中国维新、新华等油漆厂，广州建立美华、岭南（现广州制漆厂前身）等油漆厂。在国土沦丧的岁月，永明等不少工厂坚决不与日本人合作，被迫处于半停产状态。

抗日战争胜利后，上海开林、振华、永光厂都陆续收回，民族涂料工业重整旗鼓，又新增了天一、振和等厂，涂料生产迅速恢复和发展。1947年，上海市涂料产量达5090吨，花色品种也有增加，但仍限于油脂、钙酯、酯胶、酚醛、沥青等几大类。新中国成立时，上海市有涂料厂34家，1949年油漆产量为1170吨。

陈调甫从上海返回天津重操旧业。他避居上海期间，建立了万化制炼厂和永明试验室，潜心研究油漆的原料，特别是对醇酸树脂用的原料研究取得突破性的进展，从而为永明油漆厂日后另一名牌产品“三宝漆”的问世打下了基础。

永明油漆厂从1947年就开始了醇酸树脂的研制，并于1948年在国内首次研制成功。这种漆具有能喷、能刷、能烘烤三种宝贵的性能，因此被命名为“三宝漆”。

这是继“永明漆”之后又一名牌产品，被重新确定为灯塔牌，是中国涂料工业发展史上一个光辉的里程碑。由此，永明与中国、东方三家涂料厂在新中国成立前在天津形成了三足鼎立的态势，也是中国涂料工业的骨干企业。

1945年8月抗日战争胜利后，广州的一些油漆厂逐步有所发展。1948年，广州有大小油漆厂24家，产品以低档漆为主。在抗战胜利后，全部日伪涂料企业的产权由国民政府接收，但日资开设的油漆厂被接管设备大部分遭到破坏、盗卖，生产停顿。中资涂料企业也因设备、原材料不断被盗卖，生产情况远不如建厂初期。随着第二次世界大战的结束，美国的剩余物资向中国倾销，大量洋漆又一次在国内市场泛滥，民族资本开办的油漆厂处境艰难。之后国民党发动了三年内战，许多油漆厂纷纷停业或倒闭，未倒闭的涂料企业也是惨淡经营，奄奄一息。

截至1949年5月，全国记载于册的涂料企业约50家，分布在上海、天津、广州、重庆、沈阳、大连等城市。涂料从业人员1055人，涂料总产量只有7000吨/年，主要涂料产品为油性漆和天然树脂漆，均为低档产品，而酚醛漆、沥青漆、硝基漆产量都不多。生产设备极为简陋，无法保证产品质量，生产很不安全。原材料自给能力很低，除植物油脂和一些林产品外，绝大部分依赖进口。生产工艺原始落后，手工操作质量得不到保证，消耗和成本都很高。当时，仅有上海、天津、沈阳、大连、武汉、重庆、广州等地有一些规模很小、技术落后的厂（点）生产红丹、密陀僧（即氧化铅）、氧化锌、氧化铁红、立德粉（即锌钡白）、氧化铁黄、华兰、铬黄等品种。即使是作为中国近代涂料工业发源地的上海，规模最大的振华厂员工不过近百人，涂料总产量仅1170吨。尽管如此，这却是新中国发展涂料工业的基础。

第二节 重获新生，开创发展新局面

（1949～1977年）

新中国成立后，中国涂料工业重获新生，从1949年到1958年，涂料工业在“自力更生，奋发图强”的方针指导下全面发展，涂料生产从原材料由国外进口进行简单加工，到充分利用国产原料扩大再生产，并形成了全国涂料生产的合理布局，涂料产量有了大幅度增长。此后，涂料工业进入一波三折的发展阶段，产量起起伏伏，发展进程相对缓慢。1959年到1978年，涂料工业在徘徊中稳步提高，中国涂料工业逐步由手工作坊向现代化大生产方式转变，生产管理方式逐步科学化。1959年油漆产量为15.2万吨，1976年为26.1万吨，1977年为28.48万吨。这一时期，涂料工业注重了科研体系建立和人才队伍培养，新产品开发相对活跃，甚至完成了一些重点项目的攻关，为后续发展奠定了技术基础。

一、逐步发展形成了全国涂料生产布局

1949年，新中国成立初期，全国仅有50多家涂料厂，从业人员1055人，只能生产几十种低档涂料产品，产量仅有近8000吨。这50多家涂料厂中，有一定名气的涂料厂有21家，上海拥有开林油漆厂股份有限公司、振华油漆公司、永固油漆厂、敖利玛化学品公司、万里油漆厂、上海喷漆厂、永光油漆厂、联安油漆厂等8家，天津拥有大成油漆公司、东方油漆厂、永明油漆厂、永华油漆厂等4家，广州拥有通州油墨油漆厂、大生油漆厂、岭南油漆厂等3家，大连拥有满洲油漆株式会社，大连工场武汉拥有建华油漆厂，重庆拥有重庆油漆厂，沈阳拥有满洲油漆株式会社奉天工场，昆明拥有元丰油漆厂，贵阳拥有建成油漆厂。其余大多数城市包括大部分省会城市均无涂料厂。

1950～1952年的三年国民经济恢复时期，党和政府实行发展生产、繁荣经济、公私兼顾、劳资两利的政策，对19家涂料厂的所有制分类管理，政府接管属中央国营的涂料企业2家、外商经营或中外合营4家、民族工商业（即私营工商企业）13家。

开林油漆有限公司更名为地方国营开林造漆厂。在1951～1956年，先后有益民造漆厂、美商利达洋行油墨厂、海军油漆厂、上海颜料厂、新华红丹厂、信诚协颜料厂并入。现隶属于上海华谊（集团）公司。到1952年，永明油漆厂的油漆产量已跃居全国首位。中国第一代醇酸树脂漆“三宝漆”大量生产，质量达到了国际先进水平。

随着中国社会主义经济建设，特别是从1953年到1957年第一个五年计划执行期间，涂料工业迅速发展，是涂料工业起步并打下基础的阶段。在此期间，确立了国有企业在涂料工业中的主导地位，同时帮助私营企业克服困难，恢复生产。为使涂料适应经济发展要求，在政府主导下，对全国各非公有制油漆厂进行公私合营改造。

1956年，全国各涂料厂在政府主导下，经公私合营改造，同时合并小厂，扩大企业规模。如在天津，以永明油漆厂为基础，在公私合营过程中，将大小40多家分散的小油漆厂和小颜料厂合并组成天津油漆颜料总厂，成为全国最大的油漆厂，1954年油漆产量达1.006万吨。这也是新中国成立后第一家产量过万吨的涂料厂。1956年6月，永明油漆厂和沈阳油漆厂、大连油漆厂归属化工部管理，成为国有企业。

1949～1958年，各地先后建设了一大批涂料生产厂，共有40家，其中28家集中在1956～1958年建成。这是在对私营涂料企业进行社会主义改造的同时，对没有涂料企业的城市，由地方政府投资新建了一些地方国营涂料企业，如西安、北京、青岛、哈尔滨、湖南建湘和吉林四平等油漆厂。此后，各地兴建了一批集体性质的油漆厂，如河北省的石家庄、邯郸、张家口等三家油漆厂，也称大集体企业。至此，除新疆、宁夏、青海、西藏等四省份未建涂料厂外，其他各省份都建立起了涂料企业。1965年1月，化工部决定从天津、沈阳、大连三家油漆企业各抽调部分职工和设备搬迁到兰州，筹建西北油漆厂。1967年10月迁建完成。1975年，该厂产量达到9000吨后逐步走向正轨。

由于涂料生产厂家的增加和涂料生产大厂实际产量的增多，带来涂料产量呈现出突飞猛进的增长。在1950～1952年的三年经济恢复时期，涂料产量每年以翻倍的速度增长，从1949年的产量8007.8吨，到1952年的2.7万吨，为1949年的3.37倍。到1957年，中国涂料产量增长到6.34万吨，为1949年的7.9倍，增长速度惊人。这也是当时整个涂料工业基础规模小、起点低的反映。

1958～1977年，涂料工业发展曲折起伏，涂料产量两次呈现“马鞍形”变化。1958年，全国涂料产量突破10万吨，达到11.23万吨。“大跃进”、刮“共产风”，1959～1961年国家遭受三年自然灾害，两个负面影响叠加，使涂料生产受到很大挫折，1961年比上年减产72%，1962年又较上年减产7.7%。党和国家及时实行“调整、巩固、充实、提高”方针，克服了困难，1963年国家经济走出困境，1964年全国涂料年产量再次突破10万吨，达到11.46万吨。6年间，涂料产量经过了第一次“马鞍形”发展。

1966年，全国涂料产量突破了20万吨大关，达到20.23万吨。“文化大革命”期间受到影响，产量连年下降，生产再次陷入低谷。“文化大革命”后期，在“抓革命，促生产”号召下，经济发展开始止跌趋稳，涂料产量也稳中缓升，1972年全国涂料产量第二次突破20万吨（21.02万吨）。涂料产量在6年中经受了第二次“马鞍形”发展。涂料产量两次“马鞍形”变化，反映出涂料工业发展与国民经济发展密切相关。

到1977年，全国各省市自治区普遍建立和发展了本地的涂料生产骨干厂，形成一定规模的有近百家。全国涂料产量也由1949年的8007.8吨增长到1977年的28.48万吨。遍布全国的百家涂料厂已初步形成了中国涂料工业基本布局。

二、推动行业技术升级

（一）全面引进苏联涂料技术，支援重点工程建设

新中国成立后，进入国民经济恢复时期。旧中国遗留下来的涂料工业，技术力量不强，工业基础薄弱。向苏联学习涂料技术是解决当时有无问题的重要决策。正值国家第一个五年建设时期，围绕苏联援建的156项大型重点工程，协议上规定使用苏联牌号涂料，加上国防军工建设的需要，须大力仿制苏联牌号的涂料以应急需。当时沈阳、大连、天津和上海等地的科研单位、涂料厂的中央试验室，都承担了仿苏牌号涂料的开发任务，每年可以做出100多种仿苏牌号涂料，但还是不能满足大量配套涂料的需要。为此，苏联政府向中国无偿提供了油基、醇酸、硝基、过氯乙烯、环氧涂料等200多个涂料品种的配方及制造技术，品牌急剧增加；同时提供了相关涂料标准和涂膜物理机械性能检测方法和相应的检测仪器。1956～1957年，聘请了苏联涂料专家赫拉莫夫先后到沈阳、大连、天津、西安、重庆、上海、武汉、广州等地的油漆厂进行业务指导，国内各厂各取所需，吸收、消化，积极进行仿制生产，生产了大批仿苏牌号的涂料产品，有力地支援了重点工程的建设。

中国也先后派遣多批技术人员到苏联接受培训，学习涂料生产工艺。这在百废待兴的新中国成立初期，迫切需要涂料满足国民经济正常建设的需要，苏联及时的援助为中国涂料工业发展打下了较好的基础。

（二）发展合成树脂涂料

1967年，化工部颁布了著名的18大类涂料分类标准，按成膜物类型将涂料分成17大类，辅助材料为另一大类。在17大类涂料品种中，前4类是油基涂料，后13类是合成树脂涂料。油基涂料是以植物油和松香硬树脂为主要原料的油脂、天然树脂、沥青、酚醛四类涂料，即业内习称为“前四类”低档涂料，直到改革开放初

期，为国内主要涂料品种。随着国民经济和国防建设发展，开发性能较好的合成树脂涂料势在必行。煤化工、石油化工发展也为合成树脂生产提供了丰富的原料，客观上促进了合成树脂涂料发展。国内重视合成树脂涂料发展，首先是大力发展量大面广、综合性能好、原料易得的醇酸树脂涂料，随后逐步发展其他合成树脂涂料。

1. 醇酸树脂开创新纪元

醇酸树脂于1927年问世，生产涂料综合性能好，原料易得，性价比高，很快成为涂料用树脂中的主流产品。到20世纪中期，醇酸树脂占涂料用树脂95%以上，直到21世纪初，醇酸树脂仍占全球涂料树脂40%以上。

涂料工业发展过程中长期使用手工作坊式运营方式，配方靠经验积累，生产中靠拉丝控制涂料化学合成的终点。醇酸树脂的问世，按凝胶点理论预测凝胶点，科学设计树脂配方，有利于开发新品种。用化学分析法准确测定树脂反应终点，操作者易于掌握，并逐步用仪器自动测定。这些进步，使涂料制造摆脱手工作坊式、间歇式生产，是涂料工业迈向现代化工产业的里程碑。

国内开发醇酸树脂涂料经过了漫长曲折的路程。“一五”时期，醇酸树脂品种发展得到了苏联的援助，为中国提供了甘油、植物油和邻苯二甲酸酐的中油度醇酸树脂和季戊四醇、植物油和邻苯二甲酸酐长油醇酸树脂的配方与工艺。以天津、沈阳、大连等厂为主，仿制醇酸树脂涂料，很快就为第一个五年计划的156项重点项目提供了以醇酸树脂磁漆为主的第一代工业用涂料。其中，天津永明油漆厂等厂通过消化吸收，对国内醇酸树脂品种发展和产品质量提高有促进作用。其中，第一汽车制造厂的解放牌汽车专用漆、武汉长江大桥漆、首批飞机用漆等主要就是醇酸树脂涂料。

特别值得一提的是：1956年7月13日，中国生产的第一辆“解放牌”汽车下线。“解放牌”汽车投产全部采用国产的OEM汽车涂料，是由天津油漆厂按苏联标准研制生产的，并得到包建一汽的苏联斯大林汽车厂的检验认可的醇酸树脂、硝基、沥青三大体系的11个品种的“解放牌”汽车专用涂料。这是中国汽车涂料诞生之始。20世纪50年代后期，中国长春、北京、上海等地先后试制出“东风”“红旗”等轿车，天津油漆厂和上海造漆厂两家开始为“红旗”特制成套的专用涂料。

醇酸树脂合成工艺早期是采用熔融法，即本体聚合，酯化反应温度一般在200℃以上，靠通二氧化碳惰性气体带出酯化产生的水，把升华的苯酐也带出，使设计的配方不易准确实现，工艺不好控制，产品性能不易达到预定要求。1953年，上海永固造漆厂首先试验成功溶剂法生产醇酸树脂工艺，用二甲苯溶剂和酯化反应水形成共沸物带出反应体系外，苯酐不易损失，树脂质量稳定。

溶剂法生产醇酸树脂工艺全流程虽然打通，也生产出基本合格的树脂产品，但不稳定。为此，1966年初，化工部在天津油漆厂组织醇酸树脂工艺改进的“会战”，由化工部天津化工研究院以林丰为组长的醇酸树脂科研组和天津油漆厂技术科有关科技人员组成技术会战组，主要任务是探索气干性55%油度的亚麻油、甘油和邻苯二甲酸酐的中油度醇酸树脂和62%油度的豆油、季戊四醇和邻苯二甲酸酐的长油度醇酸树脂合成工艺的影响因素，及提高醇酸树脂质量和自动化的途径。会战是从1966年初开始，对既定的研究目标进行了试验研究，取得了初步进展，因“文化大革命”爆发，到1966年四季度初“会战”停止，计划的会战任务没有完成，只写出了阶段性技术总结，但所获得结果对溶剂法醇酸树脂工艺进步和产品质量提高起了一定的作用。

2.其他涂料用合成树脂起步发展

酚醛树脂：中国酚醛树脂发展较早，1954～1955年，天津永明油漆厂研制成功酚醛改性松香酯，是酚醛树脂涂料的主要原料；1956年，沈阳化工综合研究所研制成功纯酚醛树脂，用于防锈涂料，但性价比不及后来发展的环氧树脂，故纯酚醛树脂在防腐涂料中应用未能大量发展。

环氧树脂：第二次世界大战后，绝大多数工业发达国家都生产了环氧树脂。20世纪40～50年代，在涂料等领域得到了良好应用。1954年，沈阳化工综合研究所（沈阳化工研究院前身）首先从原料开始进行了环氧树脂的研制，相继开发出双酚A型环氧树脂。随后华北化工设计研究分院（化工部天津化工研究院前身）、浙江化工研究所和上海化工研究院分别进行了仿苏牌号40和30等环氧树脂的试制，1958年在上海树脂厂和岭南化工厂建成环氧树脂生产车间并投入了生产。以后逐步发展形成环氧树脂制造、原料和固化剂配套、应用较完整的环氧树脂工业体系，成为防腐涂料中重要的合成树脂。

丙烯酸树脂：中国的丙烯酸树脂涂料研究始于20世纪50年代，当时苏联专家提供了BMK-5溶剂型热塑性丙烯酸树脂涂料的生产技术，并在天津油漆厂生产，以满足一些特殊要求。1958年，由于出口轻工皮革制品急需提高饰面质量，轻工部委托北京油漆厂与轻工部皮革研究所合作，开发丙烯酸单体及乳液聚合技术。这是中国皮革用的丙烯酸涂料的起步，也是以后发展丙烯酸树脂涂料的基础。

有机硅树脂：1951年，中国开始有机硅化合物的研制。1956年，在沈阳建立了第一个有机硅单体生产车间。1958年在上海树脂厂、1960年在天津油漆厂分别建立了有机硅单体生产装置。上海树脂厂于1958年开始研制有机硅树脂，到1961年研制成功12个仿苏K型有机硅树脂，1962年通过化工部成果鉴定，1964年获国家技术发明奖。有机硅涂料是20世纪50年代末到60年代初，从仿制苏联ϕг-9有机硅耐热涂料开始的，先后在天津、西安两家油漆厂生产。

（三）“4·18”涂料攻关会战

这是中国舰船涂料发展史的一个特殊事件。由于舰船涂料事关中国海军战斗力，且当时国际形势复杂、严峻。中央决定由海军、第六机械工业部、中国科学院和化学工业部四部委组织相关部门，并抽调精兵强将组建“舰船涂料科技攻关协作组”。于1966年4月18日在上海召开大会，成立“4•18”会战组，以后称“4•18”协作组。分办北海组、东海组、南海组，参与单位有中科院海洋所、青岛海洋学院、青岛油漆厂、大连油漆厂、海军北海舰队、青岛基地、旅顺基地及海军油料所、上海开林造漆厂、上海涂料所、中科院南海海洋所等几十家单位组成。

“4•18”协作组成立不久即遇“文化大革命”，协作组面临着人员来自“五湖四海”，且物质条件极度缺乏，信息闭塞、内外部协调协作遇阻等重大困难的考验。协作组的首要任务就是在最短的时间内研制出1.5～3年有效期的船底防污漆以解燃眉之急，同时研发3～5年期的长效防污漆确保部队的战斗力。中科院海洋所在最短时间内完成了海洋附着生物的区域分布调查，锁定了最佳的海上浮筏挂板地点。全国的农药厂和从事防污剂研发生产的科研院所及时提供数百种可供筛选的样品。防污漆的研发因陋就简，第一批浮筏就是由废汽油桶捆扎而成，逐步演变至由废置的舰船改装。由于防污漆配方筛选和性能评价具有复杂性和周期长的特点，每年各协作组都要试验和挂板数百个配方。为了加快配方筛选速度，70年代初开发了动态模拟装置，评价防污漆在静态挂板（相应船停泊态)和动态旋转（相应船航行态)的防污性能。同时海军各基地充分配合，每年抽调大批实船进行涂装实船试验。在特殊的时代、采用特殊的组织模式，边开发、边生产、边实船、边装备舰船。至70年代中期，71-33型、839型、南海二号等3年期效防污漆基本上开发出来，逐步满足了部队的急需。会战的成果对舰船涂料的发展功不可没，“4•18”会战开创了中国舰船涂料发展的新历史。

1979年，经国务院批准，由化工部二局筹备成立“化工部海洋涂料研究所”，承接“4•18”协作组未尽任务，为国民经济发展服务。

三、科研体系建设和人才培养的起步

（一）创办科研机构

为了提高自主创新能力，创办科研机构，加强中国涂料技术研究，1954年重工业部有机化工司在沈阳综合化工研究所设立油漆研究室，这是国家政府部门创建专业涂料研究机构的开始。1958年初，油漆研究室从沈阳迁至天津，并入华北化工研究设计分院，由10人左右扩大到40～50人。1960年，改为化工部天津化工研究院，设有3个涂料研究室和物化分析测试室，及配套的化工、设计室。对新型涂料品种、生产工艺、钛白粉、检测方法等进行研究。开发聚醋酸乙烯乳胶漆、汽车用的阳极电泳底漆和醇酸面漆，参加全国醇酸树脂会战、偏硼酸钡代替红丹及涂料和颜料标准化初步工作。

1964～1965年，国家分配进入天津化工研究院大学毕业生分别为179名和65名，大大加强了科研力量。1969年，在国家建设“三线”的战略部署下，天津化工研究院的涂料、颜料专业及配套部门一起迁至甘肃省兰州市，创建化工部西北涂料工业研究所，定编700人。从市场供应丰富、工作条件较优越的直辖市天津迁至兰州，生活条件和工作环境落差很大，但科研人员克服工作和生活的困难，并经受了机构变革的考验。1970年，该所和化工部西北油漆厂合并，后又一起下放地方，改为甘肃油漆厂涂料研究所。该所承担的科研项目是面向全国的，由化工部直属研究所变为一个地方性油漆厂中的研究所，给对外联络工作带来很大不便，但他们克服了重重困难，较圆满地完成上级下达的有关航空航天军工涂料项目和民用涂料项目的研究任务。

1963年，化工部上海化工研究院两个合成材料研究室被分出来，成立了上海涂料研究所，开展涂料产品开发研究。沈阳、大连、天津、武汉、重庆、西安等地大油漆厂也纷纷建立中心实验室，抽调技术力量，加强涂料研究，开发涂料新产品。

这些科研所和油漆厂中心试验室的建立，有力地推动了涂料工业新产品、新技术、新工艺的研究、开发和应用，初步改变了中国涂料工业在新中国成立初期只能生产几十个低档产品的落后局面。到1978年，生产的产品已涵盖了油脂漆、天然树脂、酚醛树脂、沥青、醇酸树脂、氨基树脂、硝基、纤维素、过氯乙烯、乙烯树脂、丙烯酸、聚酯、环氧树脂、聚氨酯、元素有机硅、橡胶、辅助材料等大类，合成树脂漆的比例已达到40.13%，为中国涂料工业科研生产进一步快速发展奠定了基础。

（二）开展技术培训，加强人才培养

“一五”期间，鉴于中国涂料工业技术水平低，大专院校又不设涂料专业，涂料企业开始自行培训技术人员。从1956年开始，先后派人去苏联学习涂料与钛白粉的生产工艺技术，还指定工程师专门跟随来华工作的苏联专家学习，这是新中国成立后中国行业培训人才的开端。

1957年，化学工业部在天津永明油漆厂举办了新中国成立后第一届涂料行业技术培训班，除邀请苏联涂料专家授课外，永明油漆厂的涂料技术人员作为讲课的主力，培训了52名技术人员。他们后来都成为各厂的技术骨干和领导，为发展涂料工业作出了不小的贡献。培训班讲义经修改，定名为《普通油漆工艺学》，由化学工业出版社正式出版，这是国内介绍现代涂料技术的第一本专著。

1970年组建成立的燃料化学工业部下属的炼化司，借鉴1957年举办油漆技术培训班的经验，在甘肃省兰州市再次举办全国涂料工艺培训班，由全国油漆厂特别是规模较大的国有企业选派主要工程技术人员约80人参加培训，聘请业内知名的老技术员、工程师和有关院校教师轮流讲课。由于燃化部炼化司的重视，授课的教师结合自己科研生产实践经验尽力教授学员，培训效果很好。1974开始，又连续办了三期。讲课的教材经老师们进一步修改，汇编成《涂料工艺》一书，共174万字，分成9个分册，1975 ～ 1977年由化学工业出版社出版。后经修改补充，在1994年出版增订本，共分六册，这是涂料工业中一套理论结合实际、实用性很强的重要参考书，成为1997年、2010年的第三版、第四版的主要基础。

此后，化工部化工司还组织举办了多期专业短训班，如醇酸树脂漆、挥发性漆、涂料情报、涂料施工应用、涂料助剂、彩色颜料、质量检测、企业管理、财会等等，甚至还办了涂料专业英语短训班，累计培训学员达1500多人次。在化工部炼化司和教育司的推动下，请上海科技大学的老师和企业的工程技术人员编写了《涂料化工基础》和《涂料化学基础》两本专业基础教材，于1982年由西安油漆总厂印制成册。

四、标准化和产品质量监测工作的新起点

新中国成立初期，涂料的整体水平相当低下，只能小批量生产清油、厚漆、防锈漆、酯胶调和漆、酚醛和硝基漆等几十种，而且都是低档品种，没有统一正式的

产品标准，由各生产厂根据市场需要和原料供应情况生产，自定牌号，自定产品出厂标准。

“一五”期间，苏联支援中国200多个苏联牌号涂料配方，及产品性能指标和检测方法，并提供一些简单的检测仪器。根据国家要求，沈阳、大连、天津和上海等地的科研单位、涂料厂的中央试验室，都大力仿制苏联牌号的涂料；同时对国内涂料产品标准和检测方法标准的制定起了推动作用。

涂料产品和检验方法标准的制定工作始于20世纪50年代后期。标准化真正开始的标志是涂料标准化管理机构的建立和正常工作，并且是随国家标准化工作发展而进步的。1949～1956年，中央财经委员会技术管理局设置标准化规格化处，管理全国标准化工作。1957年，国家技术委员会正式成立了国家标准局，制定了第一批国家标准。

1954～1957年，重工业部化工局直属的沈阳化工综合研究所的油漆研究室承担了中国涂料和颜料标准化工作，参照苏联标准，制定了部颁暂行标准41项，基本能覆盖涂料和颜料品种和所涉及的检测方法。1956年化学工业部成立后，涂料颜料标准化工作由化工部天津化工研究院涂料研究室承担。为配合仿苏联标准的贯彻，天津东亚声光仪器厂仿制了苏联采用的黏度杯、硬度计、弹性仪、冲击强度计等检测仪器，促进了涂料工业检测手段的改进。

第三节 得益于经济高速发展，产量跃居世界第一

（1978～2009年）

1978年12月18日，党的十一届三中全会做出把党和国家工作重心转移到经济建设上来、实行改革开放的历史性决策。在改革开放方针指引下，中国经济逐步走上了发展的快车道，也带动与国民经济发展息息相关的涂料工业进入持续快速发展时期。涂料企业管理体制机制发生深刻变化，对外开放程度逐步加深，涂料品种迅速增加，技术水平不断提高。2009年，中国涂料产量达到755万吨，跃居世界第一。

一、推进管理体制和经营方式改革

（一）多种所有制企业竞相发展，"三分天下"格局逐步形成

1. 国有涂料企业在改革中前行

"一五"期间，国家对私有涂料企业完成了公私合营社会主义改造，确立了国有涂料企业的主导地位。直到1992年，计划内国有涂料企业生产计划由化工部统一排产，原料统一调配，平价供应，对紧缺原料如植物油脂、进口钛白粉等确定分配指标。原料有保证，涂料增产就有保证，利润增加也有保证。生产的涂料产品也由国家包销。1989年，近100家国有涂料企业，其中30家重点骨干涂料企业，涂料产量过万吨、利税超千万元者有24家；涂料产量增加也较快，1992年全国涂料产量突破100万吨，达到105.8万吨。这充分表明，国有涂料企业发挥了历史性作用。

1993年，国家加快了计划经济向社会主义市场经济转换，首先是将国有涂料企业推向市场。采取了两个大的举措：将涂料原材料价格全面放开，不再计划调拨平价原材料；涂料产品国家不再负责统销，向买方市场过渡，参与市场竞争。这样一来，涂料工业的利润如"瀑布下泻"式降到谷底。特别是30家国有骨干涂料企业利润降幅更大，1995年利润总额比1992年减少了42.4%。30家重点国有涂料企业亏损面不断扩大，涂料也减产。改革开放初期，30家国有骨干涂料企业的涂料产量占全国涂料总量50%左右，到1998年占比降至25.3%。对国有涂料企业来说，改革势在必行。

国家对国有涂料企业改革大力支持，采取逐步放权，扩大企业在人、财、物方面的自主权，推行承包责任制，实行责、权、利紧密结合的生产经营管理制度。1988年后，逐步实行厂长责任制，让企业成为自主经营、自负盈亏、自我发展、自我约束的商品生产和经营单位，享有独立民事权利和承担民事义务的企业法人。国有企业内部改革、重组，规模扩大，主营方向集中，改变过去"小而全""大而全"发展模式。率先走上发展轨道的国有企业典型有上海涂料公司（现为上海华谊集团下属的华谊涂料公司）、广州珠江化工集团有限公司，规模和利润在全国涂料企业排名前列。

但大多数国有涂料企业远未走出困境，必须从改革中寻觅出路。一种途径是走企业股份制改革之路。"九五"期间，国家提出"抓大放小"，对国有涂料企业进一步放开，在涂料企业"股改"时，国有资本也可以从有关国有涂料企业退出或部分

退出。有的国有涂料企业抓住机遇积极进行股改，如湖南湘江涂料公司经过股改，体制灵活，激发了职工积极性，兼并了郑州油漆厂，企业得到较大发展，产品不断更新，成为国有涂料企业股改的佼佼者，与日本关西合资的汽车涂料规模与效益显著优于国内其他同类合资者。股改较成功的还有陕西宝塔山油漆公司等，国有股基本完全退出，企业也得到了大发展。

同时，上市也是国有骨干涂料企业探索改革的一条新途径。从1993年10月至1997年10月，南京、天津、武汉、西安、重庆等5家骨干涂料企业，经过内部股改，先后以宁天龙、渝三峡、双虎涂料、灯塔油漆和西北化工名义上市。但运作并不成功，最后只有渝三峡一家还在坚持，其他4家先后退市。

2001～2009年，国有涂料企业间兼并重组事件有30～40起之多。在兼并重组的同时，大企业的自我扩张步伐加快，特别是用于装修市场、重防腐涂料、汽车涂料等发展快速的领域，开始在全国市场布局。业内在企业并购活跃，扩张步伐加快的同时，名牌意识在增强，企业注意品牌形象，重视产品质量提高和新品种发展，注意品牌宣传，企业品牌形象好，在扩大、重组和兼并中有利。不少企业在改革过程中由以地方命名的厂名，更名为本企业主要产品品牌名。如灯塔、三峡、湘江、宝塔山、永新等。企业重组中向强势品牌集中，从而使企业分布结构得到优化，产业集中度得到了提高。

经过并购、重组的改革潮之后，近百家公有制涂料企业中知名度不高的涂料企业及其品牌逐步消失。改革开放初期的30家骨干公有制涂料企业，保持原有企业基础及其品牌者不及一半，有的被收购后转产，有的是破产，少数公有制涂料企业只保留产品品牌，业内至今仍保持公有制的涂料企业不到10家，且经营管理方式与改革前国有企业已天壤之别。

2.政策鼓励民营企业发展壮大

1988年，全国涂料企业总数已接近300家，主要是非公有制企业发展迅速，特别是乡镇企业、民营企业、股份制企业发展迅猛。在党的公有制为主体、多种经济成分共同发展的方针指导下，个体和民营企业如雨后春笋般迅速发展起来，尤其是珠江三角洲地区和长江三角洲地区，仅几年时间就快速发展起了几百家民营涂料企业，通过优胜劣汰发展壮大，遍布全国的民营涂料企业，已成为涂料工业发展的生力军。

经过20多年发展，众多的非公有制企业经过严峻考验，有起有落，有兴有衰，大浪淘沙，一批颇具规模的企业群体脱颖而出，其中不乏卓有成效者。它们不仅成为全国涂料企业的骨干，涂料产量排名前20位甚至前10位，而且还跻身于世界强手之列。如民营涂料企业嘉宝莉的销售额2013年亚太地区排名第13位、全球排名第36位。

3.外资企业纷纷挺进中国市场

随着国家一系列对外开放政策、法律、法规的颁布和实施，为吸引外资，对外商在中国设独资公司或合资办厂，国家税收实行"三免五减"（头三年免税，随后五年减税）优惠。"八五""九五"计划期间，涂料工业采取引进先进技术和装备、技术转让、合资合作、外商独资等多种方式，积极开展与国外涂料公司的合作，通过"用国内市场换国外技术"的策略，吸引国外涂料公司纷纷来华合资建厂，不仅在全球排名前40位的国外涂料公司大多陆续进军中国，就是国外一些中小涂料企业也跃跃欲试。到"九五"末期，外资/合资企业已成为中国涂料工业发展的另一股重要力量。

至此，民营和外资/合资企业的发展已改变了中国涂料工业计划经济时期国有资本一枝独秀的所有制形式，形成了国有、民营、三资三种所有制形式"三分天下"共同发展的格局。

在多种所有制企业竞相发展中，也看到了中外企业的差距，国内涂料工业应加快学习借鉴国外先进技术，推进涂料技术进步。如2005年到2009年统计，涂料企业以产量排名，在前20位中，外资企业只占一半；但以产值排名，前20强基本由外企或合资企业占据，表明外资企业生产以高档涂料产品居多。外企的涌入，在给国内涂料市场带来较为先进的生产技术和新品种、促进中国涂料技术进步、缩小与国外差距的同时，也加剧了涂料市场的竞争。

（二）三大涂料产业集群基本形成

经过多年的发展，"十一五"期间全国涂料工业布局已逐步形成了珠江三角洲、长江三角洲、环渤海地区三大涂料生产基地的格局。2009年，全国涂料企业1348家，产量754.54万吨。其中，珠江三角洲有涂料企业388家、产量215.59万吨，产量占比28.57%；长江三角洲392家、产量222.50万吨，占比29.49%；环渤海地区303家、产量155.06万吨，占比20.55%；中部地区107家、产量77.84万吨，占比10.32%；其他地区158家、产量83.55万吨，占比11.07%。但三大涂料生产基地之外的地区涂料产量占比逐步增加，反映涂料产地分布向均衡方向发展。

二、积极引进技术和设备装置，加快技术进步

在国家改革开放政策指导下，通过从涂料工业发达国家和地区引进技术，加以消化吸收，着重创新，中国涂料工业取得明显进步，大大缩短了与发达国家先进涂料技术水平的差距，基本满足了国家四个现代化发展要求。20世纪80年代开始，业内引进技术和设备十分活跃，陆续引进密闭立式砂磨机、卧式砂磨机、篮式砂磨机等较先进的色漆分散设备；包装桶的生产线成套设备；自动包装设备及工艺先后有近20家企业引进。这些引进为改变落后生产工艺、提高生产效率、改善劳动条件起到积极作用。

其中，对涂料工业起到关键性作用的是成套设备与工艺引进与基础原料生产工艺的引进。如产能4500吨/年的醇酸树脂生产设备与工艺成套引进，以及粉末涂料成套生产技术与设备的引进，产能3.8万吨/年丙烯酸及其酯类的成套装置及生产工艺和甲苯二异氰酸酯（TDI）等的引进，这些引进对发展中高档涂料具有里程碑的作用。

（一）引进醇酸树脂生产设备与工艺，涂料主要品种提升档次

1980年，北京油漆厂从日本引进4500吨/年醇酸树脂生产设备与工艺。主要设备包括一套200万千卡的热媒加热系统、两套含自动控制盘的12立方米的醇酸树脂反应釜系统（当时国内反应釜最大5立方米）、两套自动计量设备、一套10平方米密闭式平板过滤器和两台180L气动式自动灌装机及辊式运输带等。经过生产实践，这套生产装置基本实现生产的自动化，具有高效、安全和低能耗的优点，所有液体物料全部自动计量，树脂经密闭过滤自动灌装后入库或输送至树脂贮罐。这套设备投产后，一次可生产醇酸树脂溶液12吨，产能4500吨/年，可供生产醇酸树脂涂料约2万吨/年。该设备产能大、生产效率高、树脂的质量好、低能耗，改善了劳动条件，成本也大幅下降，得到了行业认可。1983～1987年，沈阳、大连、杭州、重庆、郑州等涂料厂也先后分别从日本、比利时引进了醇酸树脂生产设备，有的反应釜达到15立方米，生产能力更大，其中杭州和重庆等涂料厂，都带有自动化程序控制的功能，大大推进了国内醇酸树脂工业的发展。

引进成套技术不仅提高了涂料主要产品醇酸树脂生产工艺水平和产品质量，在加热方式、扩大反应釜容量、设备布局、自动控制方向有普遍参考意义。通过引进、吸收和创新，国内不仅自己制造推广10立方米、12立方米、15立方米、25立

方米的醇酸树脂反应釜及配套装置，而且还设计并制造了50立方米反应釜及配套体系，在江苏三木化工集团生产使用多年，效果很好。2006年，全国醇酸（聚酯）树脂产量在60万吨左右，2009年，产量达到80万～90万吨。

（二）引进丙烯酸及酯类成套装置补足原料短板

丙烯酸及其酯类是生产丙烯酸树脂和乳胶的主要单体，是业内长期渴望解决供应难的系列单体原料之一。在20世纪80年代初期，北京石油化工总厂引进了几套大型乙烯生产装置，各套装置乙烯产能十几万吨到几十万吨，同时有大量丙烯随同产出，可为制丙烯酸提供原料。经过反复酝酿，国家批准在北京通县潮白河畔张辛庄建设东方化工厂，从日本三菱重工引进一套3.8万吨/年丙烯酸及酯类生产装置，其中丙烯酸产量5000吨/年，丙烯酸甲、乙酯产量15000吨/年，丙烯酸丁/辛酯产量15000吨/年，丙烯醛产量3000吨/年，丙烯酸羟乙酯和羟丙酯产量各1000吨/年。

解决了单体原料的“无米之炊”，化工部在全国大力推广丙烯酸及酯在涂料中应用，促进丙烯酸树脂涂料迅速发展。1979年，全国生产的丙烯酸涂料只有上千吨，到1988年，全国丙烯酸涂料产量达2万多吨，增长了20倍。有了丰富的丙烯酸酯的资源，使发展建筑用丙烯酸酯水乳胶涂料和丙烯酸工业涂料跨上发展的快车道。1995年，丙烯酸树脂涂料产量达到5.1万吨，使溶剂型丙烯酸树脂涂料逐步成为中国涂料中的骨干产品，广泛应用于汽车等工业涂装领域。以丙烯酸及酯系列单体为主要原料的建筑乳胶涂料发展很快，1996年产量约30万吨，在全国涂料总产量中占比18.5%，到2009年增至260万吨，占比增至34.6%。

（三）引进甲苯二异氰酸酯（TDI）

由异氰酸酯合成的聚氨基甲酸酯交联剂固化的涂料，业内习惯称为聚氨酯涂料，是一类综合性能优良的高档涂料，在木器、汽车、船舶、桥梁及防腐等工业涂装中广泛应用。基本原料是甲苯二异氰酸酯（TDI），1956年大连染料厂试制成功，到1986年有太原化工厂、大连染料厂和重庆长风化工厂3家企业生产TDI，产量3000吨左右，但不能全部供给涂料使用。原料缺乏，长期影响聚氨酯涂料工业发展。

国家和甘肃银光化学材料厂共同投资，从德国巴斯夫公司引进2万吨/年TDI的生产线，1986年开始建设，1990年前后投产。随后上海吴淞化工厂、太原化工厂分别引进建设1万吨/年和2万吨/年TDI生产线。1992年后，TDI产能达到7.8万吨/年，逐步解决了原料紧缺问题，推动了聚氨酯涂料的发展。1995年，全国聚氨酯涂料产量达到12.79万吨，是1986年的15.3倍。

（四）引进涂料新品种，产品结构调整初见成效

改革开放后，通过引进先进技术和自主开发相结合，中国涂料品种结构和水平提高到一个新的层次，有些产品已达到当时国际先进水平。“六五”“七五”时期，在改革开放政策指引下，引进国外先进技术为提高国内涂料产品质量和技术水平起到了促进作用。

从1985年开始较大规模引进涂料新品种包括汽车涂料，9家涂料厂分别从日本、德国、美国、奥地利、荷兰等国的9家公司引进底漆（阳极电泳、阴极电泳）、水性浸漆、卡车面漆、汽车修补漆和轿车漆。汽车涂料还通过与外商合资形式引进技术和汽车涂料品种。此外，乳胶漆引进规模也不小，先后有9家油漆厂分别从美国、日本、德国的7家公司和中国台湾、中国香港地区引进，引进品种以丙烯酸乳胶漆及设备、生产工艺为主，有的是建筑涂料专用乳胶漆。其他引进有卷钢、罐头等涂料以及测试仪器，总计不下五六十项。

船舶涂料也开始引进。改革开放以后，为了适应承接国外船舶订货和船舶维修的需要，1985年上海开林造漆厂在化工部、上海市化工局的支持下从英国IP公司引进船舶涂料先进技术，投资42万美元，生产规模为600吨/年船舶涂料。国内外船商纷纷要求订货，销售状况甚佳。同年，大连油漆厂从日本中园涂料公司引进船舶涂料生产技术软件，投资20万美元，生产规模为2000吨/年。

1978～1988年，产品结构调整初见成效。1978年，油脂类、天然树脂类、酚醛树脂类和沥青类前四类低档涂料，占全国涂料总产量的56.8%，而合成树脂类涂料占比仅为43.2%。为了提高产品品质，提高合成树脂涂料的份额，1978年向全行业提出了“限制前四类，改造硝基漆与过氯乙烯漆两大类，发展醇酸、氨基、环氧、丙烯酸四大类，开发乙烯树脂、橡胶、聚氨酯、聚酯四大类”的品种结构改革方案，引导企业进行品种结构的大调整。“七五”期间，涂料工业经过攻关开发了近百个产品，创产值8242万元，获利税1161.4万元。汽车用涂料、功能型建筑涂料、工业防腐蚀涂料和节能低污染涂料等新品种的开发成功，为汽车工业、建筑业、机械工业、石油化工设备等领域技术水平的提高起了重要作用，部分产品替代了进口，为国家节省了大量外汇。已有12种油漆材料用于上海桑塔纳轿车；阳离子型电沉积涂料的质量已达到引进的同类产品水平，价格仅为引进产品的2/3。涂料

工业经过攻关，使中国涂料工业在产品更新换代、提高产品质量、赶超国际先进水平方面又前进了一大步。

经过10年的努力，到1988年，合成树脂涂料产量占比已上升到57.1%。限产的前四类涂料产量占比下降到42.9%。这是改革开放后，涂料工业取得的一项重大进步。到2009年，合成树脂涂料产量占比达70%以上。

（五）国际交流推动技术进步

1972年，中国恢复联合国安理会常任理事国地位，法、英、美、日等与中国先后恢复邦交，国家对外交流开始活跃。

1985年1月，经民政部批准，中国涂料工业协会（简称“中涂协”）在北京成立，成立伊始组织开展了多次国际技术交流活动。先后邀请美国威克斯教授、西德丰克教授、日本色材协作会长大薮榷昭博士、法国技术专家本佩拉等国外涂料专家来华交流和讲课，以及中国涂料工业协会先后与日本涂料协会、美国涂料协会等行业组织相互交流，均对行业技术发展起到了积极作用。特别是20世纪90年代初，中涂协先后加入国际涂料＆油墨理事会（IPPIC）和亚洲涂料工业理事会（APIC），并分别任理事。这不仅让我们了解了世界涂料工业的发展动向，也让世界看到了中国涂料工业的发展，进一步推动了中国涂料工业的技术进步。

三、发展进入快车道，产量跃居全球首位

（一）跻身世界涂料生产和消费第一大国

1949年，全国涂料产量8000吨左右，经过43年发展，1992年全国涂料产量达到100万吨；到2002年，涂料产量达201.5万吨，10年时间增加100万吨，首次超过日本，成为世界第二大涂料生产国；2004年，涂料产量300万吨，增加100万吨只用了2年；2008年，涂料产量600万吨，在2004年的涂料产量基础上翻一番只用了4年；在连续6年稳居世界涂料生产第二大国地位的基础上，2009年，涂料产量达到754.5万吨，首次超越美国居全球首位，成为世界涂料生产第一大国。中国涂料工业取得的业绩，主要得益于国民经济高速发展的带动，得益于高速成长的房地产、汽车、船舶、运输、交通道路、家电等产业的拉动。同时，涂料企业所有制改革，促进涂料生产力的大解放和大发展。

（二）产品结构逐步优化

“八五”“九五”期间，中国涂料工业通过引进先进技术和装备、技术转让、合资合作、外商独资等多种合作方式，取得了较大成效，合成树脂涂料占比从1979年的42.64%提高到65%～75%。涂料产品结构不断得到优化主要体现在两个方面：工业涂料长足发展和环境友好型涂料占比增加。

1.工业涂料比例加大

汽车制造、石油化工、电子机械和建筑业四大支柱产业的快速发展，以及钢铁、海洋工程、航空航天、新能源、石油储备、卷材、家电、家具等领域的需求持续扩大，带动了相应的专用涂料与工业涂料的开发和生产。这些涂料品种除要有涂料通用性能外，还要有专用性能和特殊功能，技术含量较高。如海洋工程（船舶、集装箱、海上采油平台、近海风电、港口设施）所用涂料除要求有较好的涂料通用性能外，还要求具有重防腐涂料的性能；又如汽车涂料，要求综合性能好，面漆要有较高耐候、耐洗刷性外，还要有高装饰性。2009年，中国工业涂料产量占涂料总产量一半以上，涂料品种的质量水平显著提升；以乳胶漆为主的建筑涂料占比达1/3左右，其他通用涂料品种占比在12%以上，涂料品种结构向合理比例发展。

以国家体育场“鸟巢”为代表的奥运场馆、杭州湾大桥、珠港澳大桥所用防腐涂料，以及通过盐湖和冻土地区、超低温地区的青藏铁路及客车的防护涂料等大部分为“中国制造”；卫星、飞船、坦克、军舰、新式战斗机所用涂料也均为国产涂料。高科技产业、航空航天、海洋开发、国防军工所需要的特种涂料由于受国外技术封锁，也主要依靠自主开发。现在国家正在发展大飞机、大舰船，建设更多的核电站、风电和高速铁路等，需要高功能涂料和重防腐涂料，基本要立足国内，涂料工业的技术水平基本能满足这些发展需要。

2.环境友好型涂料长足发展

在20世纪90年代后期，国外环保法规趋严，评价涂料品种结构的合理性，逐步用环境友好型涂料占比代替合成树脂涂料的占比。随之国内低VOC、低污染、环境友好型涂料的发展逐渐提速。

在改革开放之初，国内阳极电泳涂料在汽车制造、机械设备等方面大力推广使用；以聚醋酸乙烯乳胶涂料开始在建筑上试用；静电喷涂环氧粉末涂料和UV固化涂料正在有关研究单位立项研究，发展环境友好型涂料开始得到普遍重视。

1981年，中国涂料总产量50万吨左右，基本均为溶剂型涂料，环境友好型（低污染型）涂料所占比例不足5%。到2009年，全国环境友好型涂料占全国涂料总产量755.44万吨的47.9%。与1981年相比，全国涂料总产量增加了近14倍，而环境友好型涂料（水性、粉末、紫外光固化涂料）却增加了近75倍。数据表明，中国环境友好型涂料有长足的进步。发展环境友好型涂料，节省了大量有机溶剂，不仅省资源、省能源、减少污染，而且符合环保要求，体现了涂料技术的进步，也是关系涂料工业能否持续发展的大问题。

四、完善标准、法规，促增长方式转变

（一）标准化工作跟进完善

1.标准化机构进一步完善

1978年，中国以中国标准化协会（CAS）名义参加国际标准化组织（ISO），提高了中国涂料颜料标准化工作国际地位，也推动了国内涂料颜料标准化工作，如参照国际涂料颜料标准，制定了大量相应的国家标准，涂料检验方法标准大部分等效采用国际标准。

1979年，化工部涂料工业研究所加强标准化工作力度，专门成立标准化研究室，工作范围包括涂料颜料标准化及质量监测。同年12月，经国家标准局和化工部标准处批准，成立了全国涂料和颜料标准化技术委员会（CSBTS/TC5）（第一届），秘书处设在化工部涂料所标准化研究室，负责全国标准化日常工作。加快了涂料颜料标准化工作的进程，为涂料工业标准化工作打下重要基础。

1987年，化工部涂料工业研究所常州技术服务中心成立，涂料和颜料标准化委员会秘书处随迁至常州技术服务中心。当年全国涂料和颜料标准化技术委员会第二届会议决定成立涂料和颜料基础标准、涂料检验方法标准、颜料检验方法标准、涂料产品标准、颜料产品标准和涂漆前金属表面处理标准等6个标准化分技术委员会。

2.标准覆盖面扩大

经过多次制定、修订，涂料和颜料标准取得很大进展，基本能覆盖涂料和颜料品种和所涉及的检测方法。据统计，1989年已有涂料和颜料标准328项，其中国标164项。

3. 涂料标准由繁至简至更准确发展

在各类涂料标准中，通用性涂料品种标准变化最为明显。如醇酸树脂涂料标准，至20世纪80年代初，化工部先后颁布了醇酸涂料产品技术标准21项，1987年全部升格为行业标准。在90年代，主要醇酸树脂涂料品种标准经过整合、修订形成醇酸底漆、醇酸调和漆、醇酸磁漆、醇酸防锈漆、醇酸腻子、醇酸烘干绝缘漆6项行标，标准数只有原21项的30%左右，精简了许多。还有类似的硝基、氨基、丙烯酸、聚氨酯、环氧等涂料品种，基本上是将底漆、面漆、清漆整合为一个综合型标准。这种整合修订，使涂料产品标准简练合理，涵盖面较广，大大简化了以往标准的繁杂性，给执行者带来许多方便。这无疑是标准制修订中一个进步。

4. 重要标准的制修订

（1）涂料产品分类、命名和型号标准修订　1967年，化工部组织制定了涂料产品分类、命名和型号标准，1975修订（HG2-89-75），1981年第二次修订升级为国标（GB 2705—81，《涂料产品分类、命名和型号》），是涂料工业执行30多年的著名的18大类的分类标准，将涂料按成膜物树脂分成17大类，外加辅料1大类。执行该标准，基本上满足涂料产品分类、命名和型号的规范要求，改善了管理。该标准为涂料生产、经营、行业核算统计、计划制定等发挥了历史性作用。

随着科技进步，人民生活水平提高，涂料品种开发日新月异。一个品种包括几种成膜物是很普遍的，并且产品在不断地更新换代，高性能、低污染，功能性涂料迅速发展，VOC含量高、污染重、质量低的传统溶剂型涂料逐步被淘汰。显然，18大类的分类法已不能适应涂料品种新发展形势的要求。为此，有关部门组织制定和颁布了涂料品种新的分类方法标准GB/T 2705—2003，将主要涂料产品类型分为建筑涂料、工业涂料、通用涂料及辅助材料。

（2）溶剂型涂料中有毒有害物限值的强制性标准　2001年，国家颁布了室内装饰装修的两个强制性标准GB 18581和GB 18582。2009年修订，对其中的VOC、苯类、重金属、游离甲醛等有毒有害物质做出了限值规定。这是中国涂料工业对涂料中有害物质第一次颁布限值的强制性标准，是涂料技术标准一大进步。

在上述标准的带动下，相继颁布了GB 24409—2009《汽车涂料中有害物质限量》、GB 24410—2009《室内装饰装修材料　水性木器涂料中有害物质限量》等。

（二）环保安全法规相继出台，促行业增长方式转变

为贯彻落实科学发展观，促进经济增长方式的转变，建设资源节省型、环境友好型社会，改革开放以来，国家相继出台了《中华人民共和国环境保护法》《中华人民共和国海洋环境保护法》《中华人民共和国大气污染防治法》《中华人民共和国水污染防治法》《中华人民共和国节能法》《中华人民共和国安全生产法》《中华人民共和国清洁生产促进法》等，实施了化学危险品认证、3C认证、中国环境标志产品认证和ISO 9001质量管理体系、ISO 14001环境管理体系、ISO 14020环境标志体系、ISO 18001职业健康安全体系等的认证，淘汰了一些落后的生产工艺和产品。并在涂料工业大力倡导责任关怀，落实《责任关怀实施细则》。同时，国家还实施了环境影响评价制度、三同时制度、排污收费制度、排污许可证制度等，逐渐加大政府在政策、法律和法规方面对资源节约、环境友好生产工艺技术和产品推广的奖励支持力度和执法监督力度。

在环保部支持下，中国涂料工业协会积极参与涂料和颜料产排污系数核算工作、《环境保护综合名录》制定、行业有关环保标准制定和推行。

涂料和颜料产排污系数核算工作是2007年国务院第一次全国污染源普查领导小组通过环保部布置下来的任务，对涂料和颜料企业按生产规模分为大、中、小型三类，核算生产每吨涂料或颜料产品产生“三废”的量，并初步了解处理方法和实际情况，历时近三年，写出分析和总结报告。这是第一次为测算全行业排污和处理情况的基础材料，报告评审通过，被环保部评为先进工作组。

综合名录制定工作是环保部根据国务院有关环保重点工作的部署，从2007年起，由中国涂料工业协会牵头在业内开展的一项重要基础性工作。开始名为《“双高”产品名录》，即编录“高污染、高环境风险”产品的负面清单，主要涉及挥发性有机化合物（VOC）、有毒有害物质、重金属等方面，提出代用产品和技术，促进有毒有害物的减排；后又增加鼓励环境友好型产品的内容，改为《环境保护综合名录》，每年增编一次，一直坚持至今。

中涂协积极参与《涂料制造业清洁生产评价指标体系（试行）》（2007年4月23日发布）、《涂料生产企业安全技术规程》（2008）、《危险化学品涂料产品生产许可证实施细则》（2008年发布）等行业标准制定和贯彻实行。

所有这些工作都有力地推进了涂料企业安全环保管理体系和制度建设，促进了涂料产品结构向环境友好、低毒无害、性价比优异方向调整，促进了涂料工业产品

配方设计、生产工艺技术和设备、涂装工艺技术和设备的研究改进和研发创新，推动了涂料工业增长方式由高投入、低产出、高消耗、重污染、低效率的传统粗放式发展方式向高效、低耗、环保的绿色发展方式转型。

五、建立健全科研体系

（一）化工部属涂料工业研究院所建设与发展

1.化工部涂料工业研究所

1978年，甘肃油漆厂涂料工业研究所与甘肃油漆厂分开，改为化工部涂料工业研究所。在化工部领导与支持下，化工部涂料工业研究所形成了一支以高级工程师为学术领域领头人、以中级技术人员为主力的400多科研人员、200多辅助人员的力量较雄厚的科研队伍，建立起10个研究室，开展各类溶剂型、水性、无溶剂与光固化、粉末等的开发研究，应用于装饰、防腐、隔热、航空、航天、示温、建筑、木器、汽车、塑料、卷钢、家电、轻工、玻璃润滑、耐高温、防火、文物保护等众多领域，共获得科技成果600多项，150多项获国家、省、部级奖励，其中获国家科技发明奖2项，国家科技进步奖4项，国家科技大会奖14项18小项，省部级科技进步奖38项。由于完成军工项目出色，1985年，被国防科工委授予“为国防事业作出贡献的先进单位”。为加速科研成果转化，1983年起，先后在深圳、江门、厦门、上海、天津、石家庄、兰州等大中城市建立了10多个科研-生产联合体，科研成果70%得到了推广应用。

该所先后建立了化工部涂料科技情报中心站、化工部涂料和颜料质量检测中心和全国涂料和颜料标准化委员会，承担全行业的情报信息、质量监测和标准化工作。1996年，化工部涂料工业研究所更名为化工部涂料工业研究设计院。

2.化工部常州涂料化工研究院

经化工部批准，1987年化工部涂料工业研究所技术服务中心在江苏常州建成。从化工部涂料工业研究所（兰州）迁去280名职工和部分设备，包括大部分涂料和颜料科研开发项目，及能为行业服务的质量检测、标准化、期刊、情报信息等机构和资源。1993年9月16日，经化工部批准，常州涂料技术服务中心与化工部涂料工业研究所分立，更名为化工部常州涂料化工研究院。

1987年以来，他们先后承担和完成国家863、科技攻关及军工配套等重大科技项目数十项，获科技发明、科技进步等国家奖励10多项，取得专利95项；拥有注册商标5项。向全国推广先进的技术成果数十项。

目前，国家涂料工程技术研究中心、国家涂料质量监督检验中心、全国涂料和颜料标准化技术委员会、中国化工学会涂料涂装专业委员会、国家化工行业生产力促进中心钛白分中心、中国聚氨酯工业协会涂料专业委员会等国家与行业性组织与机构均设在常州院。

3. 化工部海洋涂料研究所

1979年，在“4·18”会战组基础上在青岛成立船舶涂料的专门研究机构——化工部海洋涂料研究所，承接“4·18”会战后续的科研和生产任务，由化工部涂料工业研究所和青岛油漆厂等单位抽调部分科技与管理人员充实了队伍。

研究所主要承担海上船舶涂料研究，陆续攻克了关键技术难题，实现了关键核心原材料的国产化，形成了三年期效、五年期效防污涂料产品，以及应用于特殊工况的专用防污涂料产品，实现了系列化并完全进入了环保型“无锡”时代，迈出了从有到全的一步。随后，他们又着手开展了仿生防污、减阻防污等新型防污技术的预研和基础研究工作，培育具有自主知识产权的关键技术和前瞻性的技术储备，引领了防污技术的发展方向，增强了原始创新能力，实现防污技术从全到强。

1997年，更名为化工部海洋化工研究院，在防腐涂料、聚脲弹性体材料、大型飞机蒙皮涂料、水性防腐涂料研究上均取得了出色的成果。为加快成果转换、解决重要材料需要，自主建设产能超万吨的生产基地，成绩突出。

建所以来，已拥有140余项发明专利。在国内首次研发出包括高性能防污涂料在内的全船配套涂料，在多艘舰船上获得应用，先后荣获全国科学大会奖1次，国家科技进步奖二等奖3次、三等奖2次，国防科技进步奖一等奖1次、国家科技发明奖三等奖2次、四等奖2次，以及多次的省、部和地方的奖项。他们成立了涂料行业唯一的海洋涂料国家级重点实验室，2013年通过了科技部验收，并被国家发改委批准成立海洋涂料及功能材料国家地方联合工程研究中心，确立了行业技术领先的优势地位，推动了产品机理分析、配方研究、性能验证和工程应用无缝连接的实现。

4. 部属科研院所改制

1999年6月，全国242家国家部委直属的科研院所改制为高科技企业，或进入企业集团，按企业化管理和运行，自负盈亏，国家不再拨付事业费。化工部直属的

3家涂料专业研究院在改制之列，涂料工业研究设计院更名为北方涂料工业研究设计院；化工部海洋化工研究院更名为海洋化工研究院，和北方涂料工业研究设计院一道进入中国昊华化工集团总公司。常州涂料化工研究院先划归江苏省，两年后进入中国化工建设总公司。跨入21世纪，中化建被中海油并购，常州涂料化工研究院随之进入中海油，下设中海油常州环保涂料有限公司作为该院国家涂料工程技术研究中心的科技成果转化基地，新建有绿色环保新材料产业化示范基地，具备5万吨涂料及相关产品的生产能力，产品主要包括航空涂料、核电涂料、汽车涂料、水性涂料、卷材涂料、防腐涂料、建筑涂料等七大品类。

这3家部属研究院变为科研型企业，管理体制企业化，和众多的涂料企业一样，参与涂料市场竞争，在市场竞争中求生存、求发展。除了质检、标准等继续承接国家和行业研究任务外，理论上不似改制前有承担行业发展的义务，这也是国内市场经济发展的结果。

（二）地方和企业创办研究机构，推进产学研

1963年，由化工部上海化工研究院两个合成材料研究室分出来，成立上海染料涂料研究所。1980年涂料业务与染料业务分开，成立上海涂料研究所。自建所以来，取得科研成果200多项，获得国家、部、市局奖50多项。现隶属上海华谊集团下属华谊涂料公司，在公司内发挥涂料科研骨干作用。

自20世纪80年代开始，天津、北京、重庆、西安、广州、武汉、南京、郑州、哈尔滨等一些大型油漆厂相继将厂中心试验室扩大，成立10多家厂办涂料研究所，形成5000多人的科研队伍，对各有关涂料企业科研发挥了重要作用。有的“厂办所”发展成独立研究单位，如广州涂料研究所；有的“厂办所”改为技术研发中心，突出的是天津灯塔涂料公司的涂料研究所改为技术开发中心，1993年经国家批准为业内第一个国家级企业技术中心。其他的厂办涂料研究所与本厂同步发展。

这个时期，业内企业建立国家级、省级涂料技术中心已达数十个，建立院士工作站、博士后工作站的企业也在不断增加，不少大中型企业建立了研发中心，以企业为主体，产学研结合的研发体系取得了一定进展。业内科研院所的转制改革，使其市场意识、竞争意识普遍增强，研发投入增加，技术创新能力得到提高，技术创新产出和技术交易收入与申请专利数量比过去都有明显增加，在涂料行业技术进步中的作用不断增强。

第四节 向世界涂料技术强国迈进

（2010～2019年）

2010年，中国GDP以美元计算超过日本4044亿美元，成为世界第二大经济体。2011年，国民经济从高速增长进入较快速度发展的“新常态”。在“调结构，转方式，稳发展”的基本方针指引下，中国涂料工业从高速增长向平稳转变，进入增速放缓、缓中趋稳、稳中向好的发展阶段。涂料工业加快了转型升级、结构调整、提质增效的步伐，以“以环保促转型、以绿色谋发展”为主线，在坚持精细化工行业固有的科技创新促发展特性的基础上，努力克服上下游及政策层面的诸多压力与挑战，加快向节能环保转型，推进涂料工业上下游产业链绿色发展、高质量发展，提升了中国涂料工业的国际影响和企业竞争力。

一、从高速增长进入发展速度新常态

“十二五”时期的5年，只有2013年和2015年涂料工业增长分别为2.48%和4.27%，低于GDP增长的7.7%和6.9%，但5年涂料产量年均增长为14.78%，略高于GDP年均增速。涂料工业年均利润达12.82%，在众多精细化学工业中位居前列。进入“十三五”的第一年，2016年GDP增长6.7%，涂料产量和利润分别增长10.65%和15.4%，延续了两位数高速增长态势。然而好景不长，到2017年，涂料利润断崖式下跌至–11.6%。因原材料价格上涨、环保投入加大、人工成本提高等因素所致，使涂料工业在“十二五”时期高速发展态势难以持续。

经过市场调节和行业两年调整发展，涂料工业逐渐走向增速放缓、缓中趋稳、稳中向好的态势。2018年，涂料产量为2377.07万吨，2019年，产量为2438.80万吨，同比增长2.6%，产销量占全球涂料市场近40%并连续11年位居全球第一。2018年，主营业务收入为3150.11亿元，2019年为3132.32亿元，同比降低0.6%；利润总额2018年为209.80亿元，2019年为229.53亿元，同比增长9.4%。涂料产量保持低位平稳增长，利润总额增长较快，行业经济运行数据表明，涂料工业逐步由速度型增长向效益型增长转变，整体发展更趋良性。

1978～2018年全国涂料产量在世界的排位变化见表2-7-1。

表 2-7-1 1978 ~ 2018 年全国涂料产量在世界的排位变化

年份	产量	世界排名	备注
1978	343.6	8	列美国、苏联、德国、日本、英国、法国、意大利之后
1985	769.0	5	列美国、苏联、德国之后
2002	2016.0	3	列美国、日本之后。1991 年苏联解体，俄罗斯排名靠后
2003	2415.0	2	列美国之后
2009	7545.4	达到 1	据 1334 家规模以上企业统计
2010	9666.3	稳定 1	据 1401 家规模以上企业统计
2011	1079.5	1	据 939 家规模以上企业统计
2012	1271.8	1	据 1034 家规模以上企业统计
2013	1303.3	1	据 1106 家规模以上企业统计
2014	1648.2	1	据 1344 家规模以上企业统计
2015	1717.6	1	据 1348 家规模以上企业统计
2018	1759.79	1	据 1336 家规模以上企业统计

二、兼并重组步伐加快，产业集中度逐步提高

涂料工业在市场经济中是充分竞争行业，多年来各种所有制涂料企业竞相发展，实际也是互相激烈竞争，业内同质化竞争现象较为严重，造成落后产能、过剩产能增多。那些没有核心技术、缺少适销对路产品、更新换代无力的企业，产品滞销，屡屡亏损，势必要向优势企业集中，否则就自然关闭。其间，有些涂料企业因其产品适销对路，符合环境友好要求，涂料销售量增加幅度大，跻身涂料百强之列，百强涂料企业中大多企业体量也都增大。适者生存，强者更强，业内正在掀起重组、兼并、关闭的新浪潮。

涂料工业前100家企业总产量、主营业务总收入和利润总额在全行业占比呈逐年上升趋势，2018年占比分别达到61%、43%和50%，充分表明涂料产业集中度在迅速提高。这些涂料企业技术发展快、规模效应明显，产品适销对路、符合环境友好要求、销售量大幅增加，代表了中国涂料行业发展趋向。

2017年，美国《Coatings World》杂志按销售额排出的世界涂料84强，中国有5家企业上榜，其中嘉宝莉位列第38名、上海华谊涂料位列第41名、三棵树位列第50名。而2001年，世界涂料50强中只有台湾Yung Chi公司一家，且排在最后一名，大陆涂料企业则是无缘50强。对比看来，国内涂料企业规模化自改革开放以来有较大进步，但和欧美国家一些主营收入超50亿美元的涂料跨国公司相比存在较大差距。

三、涂料技术赶超国际先进水平

（一）加强应用基础性研究，奠定了技术进步的基础

涂料是国民经济支柱产业和国防工业配套的重要工业材料，是知识密集度和技术含量较高、多学科交叉的精细化工，受到国家和社会的高度重视。涂料企业逐步成为科研主体，一些科研单位和高校也十分重视涂料科研，产学研相结合开展应用基础研究较为普遍。应用基础研究的主要目标是结合新产品、新工艺和新设备、新材料应用的开发，进行相应的基础理论研究。

围绕发展环境友好型涂料进行的基础研究。首先是研发新型高性能水性涂料用树脂体系和无溶剂、超高固体分树脂体系。如对水性聚氨酯的改性，提高了耐水性、耐化学性及丰满度，拓宽了其应用范围。用有机硅、甲基丙烯酸及酯类单体接枝的改性环氧树脂，实现了环氧树脂的水性化，改善了亲水性和稳定性。对传统水性醇酸树脂的改性，改进了贮存稳定性、涂膜干燥速度和化学抗性。针对水性光固化涂料的研究集中于提高涂膜硬度和耐水性。高性能水性涂料用树脂关注了受控聚合技术（CRP)、有机-无机杂化技术、核壳（多层核壳）技术、微凝胶技术、高交联技术、大分子乳化剂的合成与应用、表面能控制方法、纳米技术以及树脂多次结构的综合控制；新材料如聚苯胺、石墨烯、其他纳米材料改性；并对配方设计理论、涂料流变行为、涂料成膜动力学、涂料保护机理等进行探讨；环境友好功能性颜填料、环境友好多功能性助剂、环境友好型溶剂以及环境友好可再生原材料开发应用等进行全新系统理论研究。先进装备与自动化技术、涂层评估技术开展配套研究。一系列的研究成果加快了涂料水性化、降低挥发性有机化合物VOC的进程，使水性涂料、高固体分和无溶剂涂料、新型辐射固化涂料、粉末涂料在各领域用量不断提高。

国家政策促进环境友好型涂料进一步发展，到“十二五”末，中国环境友好型

涂料占比在51%左右，有了长足的进展，并进一步为发展绿色涂料产品打下了良好的物质与技术基础。“十三五”末，中国环境友好型涂料按规划目标将占到涂料总量的65%。

研发特种功能性涂料。即除了防护、装饰和标识作用以外，还具有某些特殊性能和特殊用途的涂料。这是一种高科技、多学科交叉型材料，其与国民经济支柱产业的发展和国防工业现代化密切相关。该类涂料品种繁多，用途广泛，研究的重点在于防火阻燃涂料的水性化，超薄膨胀型钢结构防火涂料，利用反射、辐射、隔热等原理开发出建筑物外墙外保温节能涂料；提高涂料耐沾污性、自清洁性；有利于海洋生态环境的自抛光防污涂料；海上采油平台、风电设施用的重防腐涂料；核电的防辐射涂料，武器隐身涂料，以及耐高温涂料、耐磨涂料、自修复涂料、防水涂料等多种功能性涂料。配套研发高性能特种树脂、新型功能性颜填料。

此外，在涂料智能制造、清洁文明生产、机器人涂装方面取得了丰硕成果。符合现代工业发展的涂料装备取得长足发展，并以此推动了涂料行业的技术进步。这些应用基础性研究，为中国从涂料大国向涂料强国转变，奠定了技术的根基。

涂料工业实际水平提升，体现在主要工业涂料、特种功能型涂料、建筑涂料的进展。

（二）主要工业涂料开发应用

中国是世界制造业大国，排名在美国、德国、日本之前，门类也最齐全。中国制造业成为全球领跑者，产品和质量必须争第一。与之配套的涂料品种和质量紧跟发展形势，尤其是应用于汽车、桥梁、铁路、海洋工程、卷材等领域的主要工业涂料，应加强自主研发，以满足制造业发展需要。

1.汽车涂料

汽车工业是国民经济支柱产业，2009年中国汽车产量达到1300万辆，超过日本跃居世界第一，全球第一的地位一直蝉联到现在。2018年，全国汽车产量达2780万辆，配套的汽车原厂涂料约70万吨。全国汽车保有量2018年数据达到2.4亿辆，使用汽车修补涂料约25万吨。

“十二五”期间，汽车涂料业完成了大量的新技术引进和国产化，水性汽车涂料和较高固体分涂料正在汽车涂料涂装中大量推广应用。汽车涂料业大力推进重要的产品升级换代和新技术应用，含有重金属成分的电泳漆产品全部退出市场。汽车中涂和色漆的水性化进展迅速，由“十二五”初期的10%到期末转化为60%，更为重要的是正式使用溶剂型高固体分体系，为中国汽车涂装体系采用既节能降耗又可以实现VOC减排的涂装工艺提供了新的选择途径。“十三五”期间，水性涂料、高固体分涂料、粉末涂料等环境友好型产品以及紧凑施工工艺得以全面发展。以水性涂料为代表的低VOC排放的环保涂装已在国内汽车工业中普及。

能与硅烷/锆盐前处理材料相配套、无重金属、高泳透力、高外观质量、抗污染高固体分清漆、水性修补涂料等一系列涂料，无光/亚光、抗划伤/自修复、自清洁、变化闪耀感、深厚立体感等特性面漆正在开发应用。

中国已经成为世界节能环保新型涂料体系最成功应用和最多应用的国家，汽车涂料与涂装技术已经与国外先进技术同步甚至领先于国外。

2. 铁路及车辆用涂料

到2019年底，中国铁路营业里程达10万千米，其中高速铁路里程达3.5万千米，居世界首位。高铁发展很快，技术已出口到中欧和南亚，对配套的高速铁路防水涂料、客车用涂料有较高要求，改性聚氨酯涂料、聚脲弹性体涂料、MMA为主要原料的涂料用于铁路防水涂料，羟基氟碳树脂-聚氨酯客车涂料、丙烯酸-聚氨酯涂料，目前能满足高铁出口要求，但要确认已达到世界先进水平尚需经过一定时间考验。另外，普通铁路客车已开始批量使用水性聚氨酯面漆，高速铁路动车组也开始试用水性涂料。2010年在出口的地铁车辆上已使用了装饰性要求较高的水性面漆。

铁路车辆用功能涂料也有了很大发展。如减震降噪的阻尼涂料，转向架用的抗石击涂料、电瓶箱内的耐酸涂料、车顶用的防滑涂料、车间底漆（预涂底漆）、磷化底漆（洗涤底漆）、客车内表面的装饰性涂料、粉末涂料，以及各种清漆（罩光漆或绝缘漆）等。高性能和功能性环境友好型涂料已在铁路系统推广应用，尽力满足中国铁路运输系统和高铁发展的需要。

3. 船舶和集装箱涂料

（1）船舶涂料　2010年是国家“十一五”规划收官之年，中国造船工业在造船完工量、新船接单量和手持订单量三大指标均达世界第一，超过韩国和日本。同年船舶涂料用量达38万吨，2011年增至50万吨，达到历史高峰。随着造船订单的增减，船舶涂料保持销量在35万吨上下波动，持续到2018年。

船舶航行海洋环境复杂而恶劣，有盐水和盐雾腐蚀，要有耐候、抗腐蚀较强的涂料；海洋上船舶的船底易受海里微生物附着产生污损，要有专门防污涂料保护。

杀灭污损船底生物的防污剂是防污涂料中的重要添加剂，早期用杀虫剂DDT，后用有机锡，这两者因毒性大均已禁用。“十二五”期间，在环保部对外交流中心大力支持下，国内相关科研单位、高校和企业分工合作，研究用环境低风险的防污剂替代，中国涂料工业协会具体组织，研究工作取得了显著成绩，达到国家新标准和欧美标准要求。科技部进一步组织研究防污涂料新品种，争取达到和超过国际先进水平。

在船舶涂料中溶剂型涂料品种仍占主要比例，外资企业主要在推广高固体分、低VOC涂料产品；国内船舶涂料企业环保型产品配套体系不完善，售后服务环节较为薄弱，阻碍了产品的推广使用。

为应对竞争，国内涂料企业与高校、科研单位开展产学研合作，集中力量突破技术瓶颈，开发绿色、节能、环保船舶涂料及配套产品，积极应对与船舶涂料相关的国际新标准、新规范，加强船舶涂料研究人员和涂装施工人员的培养，提高售后服务质量和水平，努力改变高端船舶涂料市场由外资涂料企业占竞争主导地位的局面。

船舶有民用和军用之分，军舰用涂料一般比民用船舶涂料要求高。为保密起见，军舰使用涂料由国内涂料企业提供，促进了国内船舶涂料发展。辽宁舰、山东舰及一些新式军舰用的涂料基本由指定的国内涂料企业提供，包括性能要求较高的舰船甲板上防滑涂料。

大型船舶制造采取模块化方式，模块先在密闭的车间涂装（主要是底涂），产生的VOC可以回收。模块在船坞组装后，船体的体积大，只能在露天里涂装面漆，产生的VOC不易回收，需要使用低VOC的水性涂料和高固体分涂料，促进了环境友好型船舶涂料尤其是船舶面漆的发展。

（2）集装箱涂料　2010年世界贸易出现整体复苏，出口量增加较快，带动了集装箱航运量，集装箱产量达274万TEU，同年使用涂料约20万吨。海洋商船水线上用的涂料与海运集装箱涂料相近。

“十二五”期间，集装箱涂料市场由中远关西化工涂料有限公司、中涂化工、海虹老人涂料、金刚化工（KCC）4家主要供应商瓜分的局面被打破，卷材涂料新兴供应商异军突起，包括SKS、Valspar、MEGA、PPG等国外供应商，以及三蝶、宝骏、德威等国内供应商进入卷材涂料市场，都要分一杯羹。但主要供应商因其产品稳定的质量和全方位的客户服务，仍占据主导地位，新兴的供应商尤其是国内涂料供应商要扩大市场份额，还要做很大努力。

国内大力发展水性和高固体分等环保型集装箱涂料，中远关西化工涂料有限公司等外资企业走在前面，国内集装箱涂料企业也紧紧跟上。

“一带一路”的建设实施和中国内贸箱，尤其是铁路箱的需求逐步增长，带动了集装箱涂料工业健康发展。国内涂料企业不断开发涂料新产品，适应集装箱业新的发展。

4.桥梁涂料

自1957年武汉长江大桥“飞架南北”，桥梁涂料就成为摆在涂料工业面前的一大课题。第一代桥梁涂料是用天然物质为原料的低档涂料，使用期不到一年就腐蚀破坏，进入到醇酸树脂涂料时代也撑不过两年。在20世纪70年代初期，化工部涂料工业研究所开发了油度为66%的醇酸树脂与云母氧化铁制成桥梁面漆（采用红丹酚醛底漆），和交通部铁道研究设计院合作，在重庆白沙沱长江大桥、南京长江大桥、武汉长江大桥、柳州铁路局龙江桥使用达5年以上，耐候性明显改进。该科技成果获得国家科技进步二等奖。这种桥梁涂料一直沿用了20多年。

1997年6月建成通车的广东虎门大桥，是中国自行设计建造的悬索桥，主跨888米。主要涂料产品为无机富锌底漆、环氧封闭漆、环氧云铁中间漆和丙烯酸聚氨酯面漆。这是近代中国桥梁的经典配套涂料系统，维修期间隔超过17年，达到世界桥梁涂料先进水平。这类桥梁涂料体系在使用中有发展。

桥梁建设已成为中国建造的亮丽名片，也是中国综合国力的象征。中国公路桥梁现有数量已超过80万座，高铁桥梁累积长度超过1万公里。仅长江上已建成和在建的各种类型跨江大桥约100座，宜宾的岷江以下的跨江大桥50多座。2018年以前，杭州湾跨海大桥、东海大桥、青岛海湾大桥、舟山大陆连岛工程，在世界前10名的跨海大桥中分别排名为1、2、4和5位，新建成的珠港澳大桥全长达50千米，跃居世界第一。桥梁所用涂料属重防腐涂料，跨海大桥对涂料要求更高。中国援建国外几座跨海大桥，也使用国内桥梁涂料。

中国过去所用桥梁涂料多是溶剂型涂料，按绿色环保要求，大力推广环境友好型涂料（水性、高固体分、粉末等涂料）已是涂料工业发展趋势。这一时期，主要以发展高固体分、低VOC涂料为主，全水性涂料在桥梁上应用在试用阶段。实践证明，水性桥梁涂料除了提高涂料品质外，还需要从涂装设备、施工环境的改善来达到溶剂型桥梁涂料重防腐性能。

5.卷材涂料

卷材涂料又称彩钢板涂料、彩板涂料、预涂钢板涂料。连续辊涂的涂装生产线，“环保、高效”并且规模化的涂装工艺，得到快速发展，2013年全国卷材涂料用量约20万吨。

家电彩涂板代表着未来家电涂装工艺的发展方向，功能型彩板市场需求量也越来越大。高档彩涂板正逐渐得到推广，潜在市场十分可观，比较引人注目的是防静电彩涂板、抗菌彩涂板、纳米复合抗刮彩涂板、疏水彩涂板、亲水彩涂板、冷屋顶彩涂板、汽车彩涂板等高端彩涂板。

“十二五”期间，彩钢涂料底漆方面，新增聚氨酯、聚酯、环氧改性聚酯等品种；背面漆方面新增环氧改性聚酯等品种；面漆单从成膜物质而言新增硅改性聚酯、氟碳、超耐候聚酯等品种；从使用功能方面，新增自清洁板、净化板、家电板、抗静电板等彩板用涂料品种，从装饰性能上来分新增绒面板、网纹板、砂纹板、木纹板、仿大理石板等彩板用涂料品种。“十三五”期间，装饰型面漆、无重金属环保底漆、氟碳涂料、高耐候聚酯涂料、有机硅改性聚酯涂料等不同品种体系得以发展；自洁型涂料、冷屋顶彩色涂料、导电涂料、抗菌涂料等功能型卷材涂料也相继问世。在大力发展建筑用绿色环保高耐候卷材涂料的同时，家电用高档卷材涂料的开发力度也在加大。中国卷材涂料水平赶超国际先进水平速度加快，功能性卷材涂料等产品已超过国际水平。

水性、高固体分、UV、粉末等绿色环境友好型卷材涂料品种，国内也在推广，但这些环境友好型涂料在卷材涂装中推广速度不快。为减少小、乱、污彩板企业的污染，21世纪初国家规定，彩钢板企业产能必须在20万吨/年以上。

6.木器涂料

2017年，木器涂料使用量在130万吨以上。木用涂料已开发出硝基木器漆（NC）、溶剂型聚氨酯（PU）、不饱和聚酯（UPE）、酸固化（AC）、光固化（UV）、水性涂料（WB）六大门类。NC、PU、UPE木器漆在总量中绝对优势的占比还会延续相当长时间。UV木器漆在2000～2010年的十年间迅速发展壮大，而2010年以后，特别是2015年至今，水性木用涂料异军突起，并显现出强劲的发展态势。以双组分、UV为主的水性木用涂料，以每年极高的增长率逐步引领着涂料市场，UV涂料、高固体分涂料、水性涂料和粉末涂料等环保型木器涂料及关键原材料也得以开发应用。同时，水性涂料涂装干燥工艺技术取得了实质性进步，微波、红外线（IR）、UV辐射（UV-LED）等先进的干燥、固化设备逐渐推广应用。

（三）特种功能性涂料

“十二五”期间，为了满足航空航天、船舶、核电、电子科技等工业和适应现代军事装备的需要，长效性、功能性和安全可靠性的高性能特种涂料相继开发。

在国防军工方面，隐身涂料、耐超高温涂料是具有代表性的产品系列。中国隐身涂料技术处于国际先进水平，例如新型歼-20、歼-31战机应用的就是国产雷达波隐身涂料。在航天科技方面，嫦娥系列飞船回收舱应用了国产新型耐超高温材料与耐超高温涂层，为回收舱的多次顺利回收作出了突出贡献。这类特种功能产品技术，还可用于超高音速打击武器、超大功率涡扇增压发动机，系列的海洋涂料实现与大型军舰发展配套。

“十三五”期间，新型战机用高性能蒙皮漆、航空母舰、新型军舰用高性能低污染防腐涂料及长效防腐涂层体系，核潜艇、飞机用高性能隐身涂料得到发展。特别是国内伪装涂料涉及的核心颜料和填料已基本自主研发和生产。随着中国航天事业的不断发展，卫星、导弹配套的特种涂料也相继研究成功，主要品种有耐高温涂料、消融防热涂料、热控涂料、高温电缆绝热漆、高温绝热带、耐碱涂料等。其中耐高温涂料、消融防热涂料、热控涂层在航天器中使用较为广泛。

新能源和可再生的能源如核能、风能、太阳能发电等设备装置，需要防核辐射、防风沙侵蚀、高耐候性、重防腐特种功能涂料配套，大部分品种国内企业已可以满足要求，由以溶剂型涂料为主，已扩展到开发高固体分涂料，水性涂料也在扩大试验之中。

海上移动核电站和海岛建设，需特种重防腐涂料，石墨烯改性重防腐涂料，国内已可以满足要求，产品性能达到或超过世界先进水平。

（四）建筑涂料

建筑业作为国民经济支柱产业，城镇化建设持续加快，建筑业发展势头迅猛，拉动配套的建筑涂料快速发展。2012～2018年的7年中，建筑涂料在整个涂料中占比最高达36.9%，最低是30.4%，平均占比33.31%。建筑涂料包括内墙、外墙、防水和地坪四大类涂料，进入21世纪，高性能、多功能、环境友好型的建筑涂料被广泛应用。

“十二五”期间，建筑内外墙涂料市场需求有了更多的变化，产品的多样性、产业结构系统化已经初具雏形。外墙涂料与内墙涂料的总体比例由传统的1∶2转为1∶1，外墙涂料的装饰性和保温节能性提高的优势愈显突出。在装饰性方面，质感装饰逐步扩大，仿砖和仿石等质感艺术装饰越来越被用户欢迎，功能性建筑涂料和水性多彩涂料使用扩大。水性多彩涂料使建筑涂料的色彩更丰富，仿石更逼真，进一步提高了建筑涂料的装饰效果。外墙外保温节能型涂料迅速扩大使用范围。水性涂料在建筑涂料中占比在80%以上，接近国外发达国家20世纪末的水平。内外墙涂料以丙烯酸和乙烯类系列乳胶漆为主流产品，防水涂料和地坪涂料多以高固体分与无溶剂涂料和水性涂料为主。由于对环保及功能性的高要求，甲醛、重金属含量达到国家标准的严格要求、低VOC和零VOC、无烷基酚聚氧乙烯醚的涂料，及低气味功能性产品成为内墙涂料的创新主流。

从1981～2016年的36年中，全国既有住房的建筑面积约370多亿平方米。另外，全国老旧小区近16万个，40亿平方米，涉及居民超过4200万户，国家将投资几万亿元支持其综合改造，提高老旧小区居民的生活水平，许多住房需要重新装修，旧房重涂的市场很大。

中国涂料品种与技术从“跟跑”向“领跑”的角色转换，正在不同品种、不同领域全面推进，必将促进中国从涂料生产与消费世界第一大国向涂料技术强国迈进。

（五）创新活跃，专利数激增

中国的涂料行业是一个创新活动十分活跃的行业。随着21世纪以来涂料工业的大发展，企业的创新能力和研发热情十分可观，这也表现在整个行业的专利发展水平上。1986年，涂料行业拥有专利数为47个，到2015年，已达到7180个（详见表2-7-2）。这从一个侧面反映了中国涂料技术的不断创新，中国对涂料知识产权的保护程度不断加大。

表2-7-2 1986年以来涂料工业专利数量

年份	涂料专利数／个	年份	涂料专利数／个
1986	47	2009	792
1990	65	2010	727
1995	156	2011	1206
2000	163	2012	2026
2005	485	2013	3600
2006	426	2014	6587
2007	579	2015	7180
2008	876		

四、产业政策法规和标准推动行业绿色发展

随着全国涂料产量和销售额的稳步增长，为推动涂料工业的产品结构转型与可持续健康发展，2010年起，国家有关部委制定与出台了一系列涂料与颜料工业相关的政策与法规，涉及环保、安全及产业结构转型等诸多方面。其中，VOC（挥发性有机化合物）的防控成为影响涂料工业发展的最重要因素之一。

（一）防治污染的重要政策法规

1. 国家主导开展VOC防治工作

涂料涂装VOC防控，是节能减排重点关注的领域。国务院办公厅转发环境保护部等部门关于《推进大气污染联防联控工作改善区域空气质量指导意见的通知》（国办发〔2010〕33号），正式从国家层面将开展VOC污染防治工作提上日程；2012年9月，国务院批复实施的《重点区域大气污染防治“十二五”规划》，提出VOC防治规划。

2013年9月10日，国务院印发《大气污染防治行动计划》（国发〔2013〕37号）（又称《大气污染防治国十条》），对防治VOC的要求具体化。其中，涉及涂料与涂装工业的内容包括：推进VOC污染治理；在石化、有机化工、表面涂装、包装印刷等行业实施VOC综合整治；完善涂料、胶黏剂等产品VOC限值标准，推广使用水性涂料，鼓励生产、销售和使用低毒、低VOC产品；推进非有机溶剂型涂料和农药等产品创新，减少生产和使用过程中VOC排放。

各部委纷纷行动起来陆续颁布了一系列环保政策，包括《蓝天保卫战三年行动计划》《重点行业挥发性有机物削减行动计划》《京津冀及周边地区2018—2019年秋冬季大气污染综合治理攻坚行动方案》《长三角地区 2018—2019年秋冬季大气污染综合治理攻坚行动方案》《“十三五”挥发性有机物污染防治工作方案》《京津冀及周边地区2019年大气污染防治工作方案》《重点行业挥发性有机物削减行动计划》《重点行业挥发性有机物综合治理方案》等，这些环保政策都与涂料工业发展相关。中国涂料工业协会也参与制定了国家发改委《产业结构调整指导目录》，工信部《产业转移指导目录》，环保部《环保综合名录》《京津冀及周边地区2019—2020年秋冬季大气污染综合治理攻坚行动方案》《涂料生产企业排污许可证实施办法》《涂料生产过程VOC治理最佳可行性技术指南》《家具生产企业排污许可证实施办法》《家具制造工业污染防治可行技术指南》等相关政策法规。

2.限控VOC与有毒有害物质，鼓励环境友好型品种发展

“十二五”期间，在建筑涂料、汽车涂料、海洋涂料等重要工业涂料中，国家质量技术监督总局和环保部等部门陆续颁布了有毒有害物质限值的标准，有些还是强制性标准。有毒有害物质包括甲醛、苯类、乙二醇醚及酯、游离二异氰酸酯、卤代烃和重金属（铅、镉、铬、汞）等。这些限值标准的颁布促进了相应的低毒和无毒代用品的开发应用。涂料工业对含铅涂料替代工作较为重视，利用非重金属的颜料取代含铅颜料取得了进展，但完全取代含铅涂料尚有一定困难，需要国家政策扶植。与此同时，利用含硅材料和纳米材料代替含铬表面处理剂，在汽车、卷材等涂装的表面处理中应用有较大进展。

2011年3月，国家发改委发布《产业结构调整指导目录（2011年本）》，并于当年6月1日正式施行。2013年2月，国家发改委发布修正版，并于当年5月1日起施行。2019年版本也已发布。该目录鼓励水性木器、工业、船舶用涂料，高固体分、无溶剂、辐射固化涂料，低VOC含量的环境友好、资源节约型涂料，用于大飞机、高铁等重点领域的高性能防腐涂料生产，以及单线产能3万吨/年及以上氯化法钛白粉生产，对新建硫酸法钛白粉、铅铬黄、1万吨/年以下氧化铁系颜料、溶剂型涂料（鼓励类的涂料品种和生产工艺除外）、含异氰脲酸三缩水甘油酯的粉末涂料生产装置实行限制。

2015年1月26日，财政部、国家税务总局联合发布《关于对电池、涂料征收消费税的通知》（财税〔2015〕16号），对涂料施工状态下VOC含量高于420克/升（含）的涂料征收消费税，适用税率为4%。这一政策也是鼓励发展低VOC涂料。

（二）涂料绿色制造体系建设及相关政策法规

1.制定涂料绿色发展标准和法规

在工信部、生态环境部指导下，中国涂料工业协会积极参加与绿色发展相关的《涂料行业绿色工厂评价导则》《钛白粉行业绿色工厂评价导则》等10多项标准和法规的制定，已经完成制定和发布的有《绿色设计产品评价技术规范 水性建筑涂料》《绿色设计产品评价技术规范 水性木器涂料》《绿色设计产品评价技术规范 金属氧化物混相颜料》《绿色设计产品评价技术规范 阴极电泳涂料》等。

为满足中国大气质量提升计划要求，推进中国涂料产品的转型升级，2018年12月29日，《低挥发性有机化合物含量涂料产品技术要求》推荐性国家标准获得国标委批准立项（国标委发函〔2018〕83号），计划编号为20184810-T-606。生态环

境部、工业和信息化部以及国家标准化管理委员会要求，该标准由中国石油和化学工业联合会提出，全国涂料和颜料标准化技术委员会归口，由生态环境部环境规划院牵头制定。中国涂料工业协会和中海油常州涂料化工研究院有限公司作为起草单位，经过两年多工作，已完成标准编制工作，于2020年3月由国标委正式发布。该标准对工业涂料、建筑涂料、专用和特种涂料规定VOC和有毒有害物质限值标准，根据业内实际发展水平，不少涂料产品离标准要求有不小差距，但经过努力完全可以达标，纠正了业内散布的溶剂型涂料要“一刀切”淘汰的错误舆论。这个标准的颁布，对提高业内企业环保意识、促进环境友好型涂料健康发展起到重要作用。

2.绿色涂料企业论证

国家对绿色发展的政策倾斜力度逐步加强，中央与地方在绿色工厂、绿色产品、绿色标准、绿色供应链等绿色制造体系方面工作的鼓励政策逐步完善，涂料工业认清形势，积极推进绿色制造体系的建设。

涂料工业协会制定的绿色工厂标准有三项，分别是《涂料行业绿色工厂评价导则》《钛白粉行业绿色工厂评价要求》《氧化铁颜料行业绿色工厂评价要求》，均已完成了征求意见稿的编制，尚未正式发布。根据工业和信息化部办公厅《关于开展绿色制造体系建设的通知》精神，2017～2019年业内已评审出4批共18家绿色涂料或颜料工厂，中国涂料工业协会被授权参加评审涂料工业绿色工厂的工作。

绿色发展需要供应链上下游共同努力，木器涂料、集装箱涂料、轨道交通涂料、汽车原厂涂料、汽车修补涂料等细分领域通过自主研发、联合下游共同创新，在技术水平、施工质量等方面取得了跨越式发展，涂装后的产品得到了用户认可，成为绿色供应链上下游共同助推绿色发展的典范。

此外，生态环境部已授权中国涂料工业协会开展在涂料与钛白粉工业建立绿色供应链体系试点工作，引导上下游产业建立起绿色供应链关系，助推上下游绿色协同发展。

3.绿色化工园区建设

化工园区已成为国内化工发展的主流模式，涂料产业园区又是化工园区的一个重要组成部分，企业搬迁入园趋势已成定局，并成为影响涂料工业发展的关键因素。顺应新形势要求，抢先布局的涂料企业已经占据了发展的先机。随着城市规模化的步伐加快，以及环境保护政策的进一步严格，各地涂料企业相继搬迁，促进了园区化建设和产业结构调整及升级步伐，从而推动整个涂料工业的发展。

国家政策的频频出台，进一步坚定了涂料企业搬迁入园谋生存、图发展的信念。特别是国务院办公厅印发的《安全生产“十三五”规划》要求，到2020年，现有位于城镇内人口密集区域的危险化学品生产企业全部启动搬迁改造。然而，历史形成的涂料产能分布集中在长三角、珠三角等沿海发达地区的产业格局，大量城市群周边尚未配套涂料产业园区，部分发展成熟的大型化工园区由于安评、环评等问题接收涂料企业受到限制，使重点涂料企业的搬迁入园问题十分突出。中国涂料工业协会为统筹此项工作，打通企业搬迁入园的通道，组织涂料工业核心企业与重点化工园区的对接工作，并推动国家相关政策鼓励涂料企业搬迁入园。2018年，工业和信息化部发布《产业转移指导目录》中河南濮阳、江苏泰兴、河北沧州等地区都明确鼓励接受绿色涂料项目的转移。

“十二五”至“十三五”的前三年，在地方政府的领导与督促下，全国已有多家大中型骨干涂料企业从中心城市搬迁，有的迁进化工园区，“三废”由园区内统一处理，未进入园区的企业新址，也都健全了“三废”治理的设备与管理措施。

五、多途径推进高素质人才培养

（一）增设涂料工程本科专业

2010年，中国涂料工业协会和上海工程技术大学合作，创办了高分子材料与工程专业涂料工程方向，在行业内建立了27个涂料企业人才培养基地。双方组织业界专家正式编辑了第一套近300万字涂料工程专业本科教材，2012～2013年由化学工业出版社以《21世纪普通高等教育规划教材》正式出版，这是全国第一套涂料工程专业本科教材，对涂料专业教学提供了重要基础。

2013年9月，经国家教委批准，该涂料工程方向正式列入“卓越工程师人才培养计划”；2015年，该涂料工程方向又被上海市教委论证为应用性本科专业，给予科研经费支持。经上海工程技术大学和中国涂料工业协会积极申请，2018年3月15日涂料工程本科专业正式获教育部批准增设，正式列入高校的目录。从此结束了新中国成立以来高校不设涂料专业的历史，几代涂料人的梦想得以成真，这对业内培养涂料中高级人才具有重要意义。

2013年4月，在中国涂料工业协会和业内有关专家以及一些企业的支持下，江西科技师范大学成立化学化工学院涂料与高分子系，招收涂料本科生和研究生，建立了14家涂料企业人才培养基地。2019年正式申报增设涂料工程专业，于2020年2月25日获教育部批准（专业代码081307 T），高校中又一个正式涂料工程专业诞生，为中国成为世界涂料技术强国，打好中高级专业技术人才基础。

（二）创办中国涂料工业大学

涂料工业知识密集度高，属多学科的交叉，仅有涂料工程专业是远远不够的，为了培养涂料专业中高级技术人才并使其发挥重要作用，业界有识之士产生了创办涂料工业大学的念头。2015年10月20日，“中国涂料工业百年盛典”活动中，由中国涂料工业协会和上海工程技术大学联办中国涂料工业大学工作正式启动。2016年5月10日，双方联合业内10多家重点涂料企业共同创办的中国涂料工业大学正式揭牌成立，中国涂料工业协会会长孙莲英出任校长，上海工程技术大学派一名副校长兼任该校的副校长，中国涂料工业大学设在上海工程技术大学内，特成立涂料工业学院作为涂料工业大学载体。工业协会和高校联合办大学是一个创举，标志着涂料技术人才培养迎来了新的曙光。

中国涂料工业大学建设目标是培养全日制本科大学生、研究生和博士生，培养第二本科专业，满足行业对人才不同需求。另一目标是对涂料从业人员进行继续教育，举办各种类型技术培训班，为行业、企业培养职业高级技能型人才。

人才是涂料技术发展的重要条件，值得欣喜的是业内人才培养条件大大改善。经教育部批准，国内已有两所高校正式创办了涂料工程专业，涂料工程专业正式列入高校专业目录中，中国涂料工业大学创立，这些为行业培养中高级人才创造了良好条件。

（三）协会为行业人才队伍建设发挥积极作用

中国涂料工业协会“特有工种职业技能鉴定站”开展职业技能鉴定工作，由劳动和社会保障部颁发的中级工、高级工证书。这是从过去分散的单个企业的岗位培训，到国家统一标准的职业技能培训新模式的尝试，也是国家承认的和学业文凭并重的职业资格考试和取证制度的贯彻和落实。截至2015年6月，共鉴定78批，有1807名学员获得了由劳动和社会保障部颁发的中级工、高级工证书。另有23名学员获得了技师资格证书。

为提升行业涂装技能，2010年10月23～25日、2016年5月12～15日、2018年11月13～14日，分别举办了国家一级二类赛事——全国制漆配色调制工竞赛、全国水性木器涂料涂装工职业技能竞赛和第十届全国石油和化学工业行业职业技能竞赛全国艺术涂料涂装工职业技能竞赛。每次竞赛评出一、二、三等奖，对学习操作技术起到了激励作用。

六、抓机遇，迎挑战，向世界涂料强国稳健迈进

绿色发展已成为涂料工业发展主旋律，充满着无限的发展机遇。2013 ～ 2019年，中国政府在大气污染治理上颁布了系列法律法规，对涂料工业绿色发展起到引领性作用。

在“一带一路”倡议、“中国制造2025”、深化改革开放等国家一系列大政方针指引下，涂料工业必须满足国家重大项目、重大专项建设发展要求，加快自主创新，使更多的环境友好、高性能涂料配套发展。涂料品种要走出国门，参与国际市场竞争，这对涂料工业来说，无疑是巨大的压力，也是发展的强大动力，必须抓住这个难得的机遇，乘势而上。

中国涂料工业经过百余年风雨的洗礼，由一个饱经沧桑的弱小产业，已发展壮大成为令世界同行不容小觑的强手、中国国民经济各行各业不可或缺的重要角色。并以涂料生产、消费和出口第一大国的姿态，逐步走向国际涂料舞台的中心，为全球涂料工业的发展作出重大贡献，为中国石油化工、汽车制造、国防建设、航空航天、道路交通、建筑家居等担负起保驾护航的重任。

但是，同时必须看到，中国涂料工业发展依然存在明显的不足和差距。突出表现是环境友好型涂料占比低，而在21世纪初，美国的环境友好型涂料占比已超过70%，德国达到80%。到2020年末，中国环境友好型涂料占比达到65%，达到国际先进国家占比仍有不小的难度。水性、粉末、高固体分与无溶剂、辐射固化等环境友好型涂料均存在不同类型的技术关键问题。另外，涂料工业产业集中度虽有不小的提高，但和欧、美、日等国家和地区相比差距仍很大。按世界排名前25家涂料企业比较，平均销售额美、欧、日分别是17.2亿、12.9亿和5亿美元，而中国只有2.6亿美元。

展望未来，随着人民生活质量提高，消费升级，以及汽车高铁、航空航天及战略性新兴产业的快速发展，将为涂料工业开拓出更为广宽的成长空间和发展舞台。中国涂料工业将进一步优化产业布局，加快涂料企业兼并重组，推动产业集聚和升级，提高产业集中度，形成一批具有国际竞争力的涂料企业。同时，切实肩负起保护生态环境的新使命，开创全产业链协同绿色发展的新局面，生产制造安全环保、绿色低碳、高附加值、高性能的高端产品。以此推进涂料工业由量变到质变的飞跃，实现中国由涂料大国向涂料强国跨越。

第八章 染料工业发展史

（1919～2019年）

染料，顾名思义，是能将纤维或其他被染物染成各种颜色的化合物，分为天然染料和合成染料两类。染料工业是精细化工中一个历史比较悠久的产业，主要生产染料及染料中间体、有机颜料、纺织染整助剂等产品。不仅为纺织工业配套，而且应用覆盖国民经济90%以上的领域或产业，如油漆、油墨、橡胶、塑料、造纸、皮革、感光材料、文化用品、食品和化妆品，以及电子工业和高新技术领域等。

染料的应用具有悠久的历史。在合成染料出现之前，人类已经有悠久的使用天然染料、发展天然染料技术的历史。19世纪初，西欧有机化学的研究得到发展，以及从煤焦油中分离和制取有机芳香族化合物，开创了合成染料时代。染料生产逐渐发展成为一个独立的工业体系。20世纪初，合成染料迅速发展，生产品种增多、产量剧增，基本取代了天然染料。20年代染料生产规模扩大，制造技术升级，生产成本降低，产品更新换代，出现了许多性能优越的染料，按照性质及应用方法可分为直接染料、活性（反应）染料、还原染料、硫化染料、分散染料、酸性染料、碱性及阳离子染料等几大类，极大地丰富了染料工业发展的内涵。80年代末到90年代初，功能性染料的开发与应用使得染料工业发展历程发生重大转折，致力于研究开发高新技术领域中所需染料，世界染料生产格局也发生重大改变。在跨世纪迈进新时代的进程中，人类崇尚绿色生态环境友好，开发有利于环境保护的染料与染色工艺渐成世界发展主流。到2018年，世界染料总产能已达150万吨，产量137.5万吨；有机颜料总产能45万吨，产量39.5万吨。

中国的染色工艺和植物染料开发应用历史悠久。随着化学合成染料进入中国，国人从20世纪20年代开始创办染料实业，主要采用进口中间体制造染料，品种单一、规模小，在染料市场竞争中艰难生存。新中国成立后，大力发展化学工业，染料工业成为重要发展领域。经过百余年发展，中国染料工业生产规模不断壮大，自创建初期的千吨级规模、新中国成立初期的几万吨级规模，到改革开放后，生产规模呈现了跨越式增长，发展到2015年中国染料生产已占世界染料总生产规模2/3以上。到2018年，中国染料产量81.2万吨；有机颜料产量22.2万吨；染料中间体产量43.7万吨。染料出口量达21.90万吨，占生产总量的27%，直接出口到130多个国家和地区。2019年，中国染料产量为79万吨，染料中间体产量为46.3万吨。当今染料工业可生产的染料品种达1200多个，经常生产的品种600多个，生产品种超过100个的染料类别有分散染料、活性染料和酸性染料；已成功研发出近500个新型环保型染料，环保型染料已超过全部染料的2/3，为国民经济发展，特别是纺织印染工业文明进步，作出了重大贡献。中国染料工业实现了产业从无到有、产量从小到大、技术从弱变强、市场由内及外的巨大变迁，如今已经成为当之无愧的染料生产大国、出口大国和消费大国，引领着世界染料工业发展潮流。

第一节 染料工业始创与初步发展（1919～1949年）

中国古代对天然染料生产和使用有独特的贡献，开发应用植物染料的历史悠久。中国的染料和染成的织物，早在西汉时期就已通过丝绸之路运往欧洲。

中国主要的染料植物有蓝靛、茜草、红花、姜黄、槐花、五倍子等，植物染料中只有靛蓝能够大量生产和行销海外，沿用至今，被称为瓮染料中最古老的一种染料。自合成染料进入中国后，天然植物染料发展受到极大影响。

合成染料在欧洲诞生后，经过数十年的发展，染料产品开始在世界市场上销售。大批洋货产品涌入中国，上海、大连、青岛成为重要的输入口岸。在染料贸易带来巨大利润的诱使下，外国商行不满足于贸易，开始在中国建立复配或直接生产染料进行销售，染料商品的巨大经济利益和社会意义同样引起国内一些民族实业家的关注。20世纪20年代开始，中国有了本土染料工业，但受原料和技术的掣肘，民族染料工业始终在外部列强的包围中艰难生存。

一、中国民族化学合成染料始兴

19世纪70年代，纺织机器开始进入中国。在外国资本和官办资本的推动下，东部沿海逐步形成了近现代的纺织印染工业。1885年，德国巴斯夫公司派遣销售人员在上海推销合成染料产品。此后，上海经营染料销售的德国洋行就有数十家。第一次世界大战前，中国的合成染料市场基本上是德国产品一统天下。第一次世界大战期间，西方列强忙于征战，无暇东顾，放松了对中国市场的扼制。德国的化学染料工厂大部分转产军火，染料产量日渐减少。又因战争影响，海运受阻，致使中国市场上的染料短缺，价格涨至惊人地步。第一次世界大战结束，德国的染料工业尚未恢复，英国、美国、法国、瑞士、日本的染料乘虚打入中国。日本企业开始在东北的大连设立染料厂。

1918年，日本的田银工厂与永顺洋行出资6.5万日元，由日本人首藤定兴办大和染料株式会社，在大连千代田町（现在的鲁迅路）设厂，初期使用日本的原料生产二硝基氯苯和硫化黑染料。后由于太平洋战争爆发，日本物资供应紧张，改由鞍山、大连等地供应原料。这是在中国境内设立的第一家合成染料生产厂。1919年，硫化黑产量为155吨；硫化黑产量最高年份是1938年，达668吨。日本战败后，工厂遭到破坏。新中国成立后，工厂得到恢复重建，改名为大连染料厂。

此时，中国沿海地区开始出现国人创办的染料企业。1919年初，青岛福顺泰商行的经理杨子生等雇用日本技师，筹资在青岛台西镇设厂，取名维新化学工艺社，依靠进口原料生产合成染料，用氯化苯合成膏状硫化黑染料。由于膏状硫化黑（煮青）应用方便，深受当地农户欢迎，业务十分兴旺，这是中国第一家民族合成染料生产厂。1920年初，维新化学工艺社设计注册了“凤凰牡丹”商标，即“丹凤牌煮青”，所有产品由福顺泰商行经销。1922年，维新化学工艺社搬迁至较为偏僻的青岛四方村北山一路，并进行了扩建和设备改进，开发了新产品。1935年，该社吸收日本帝国染料公司的股金，更名为株式会社维新化学工艺社，并逐渐为日商控制，除生产传统产品煮青外，还扩大了大红G色基、碱性紫和硫化蓝等新品种。卢沟桥事变时以及日军侵占青岛后，生产经营未受太大冲击。抗日战争胜利后，改名维新化工厂，但其生产陷入瘫痪状态。该厂在新中国成立后，得到大力整顿和扩建，更名为青岛染料厂（现为青岛海湾精细化工有限公司）。

1919年末，民族工商业者在济南创办中国颜料股份有限公司（1922年改称山东裕兴颜料股份有限公司，今名济南裕兴化工有限责任公司）；1923年，创办山东潍县裕鲁颜料股份有限公司（潍坊化工厂前身），相继采用化学合成法生产煮青。

1922年，中国颜料（染料）股份公司（中国染料厂）在青岛创办，日产煮青产品300余箱（每箱约为50公斤）。该厂经理陈介夫用中国的芒硝制硫化碱，不再从日本进口，生产成本显著下降，增强了竞争能力，产品销路大增。1931年，中国染料厂又增添了品紫、孔雀蓝两个品种。“七七事变”后，该厂发展之路颇为艰难。

1930年，天津民族工商业者张书泉开办了久兴染料厂，用日本进口二硝基氯苯中间体为原料生产硫化黑，这是天津的第一家民族染料生产厂。1934年，天津的杨佩卿开办了裕东化工厂，生产直接靛蓝、直接天蓝、盐基杏黄等3种染料，产品备受消费者青睐。1937年“七七事变”以后，日本中断了原料的供应，久兴染料厂和裕东化工厂相继倒闭。

天津的民族实业家丁旭集集资兴办东升染料厂，于1946年先后制出直接元青、直接墨绿与直接朱红，后又相继制出双倍的硫化黑、直接煮红、直接亮绿、直接枣红、直接冻黄产品，产品质量尚佳。

上海是中国染料工业发展的重镇，染料行业随着世事变迁、几度荣兴。1933年，上海的董荣清等染料商人在闵行建立中孚染料厂，后改为中孚兴业化学制造股份有限公司闵行制造厂，这是上海的第一家民族合成染料生产厂。同年，董敬庄、许炳熙等合伙开办大中染料厂，当年冬季生产出硫化黑，这是上海第一批国产硫化染料产品。

从1933年到1937年，长江三角洲地区纺织印染工业的快速发展，带动了上海染料工业的兴起。继中孚、大中染料厂创办之后，一些民族企业家先后办起了华元、华美、华生等染料厂，合计6家染料厂。1936年，最高产量达到3700吨。但所用的染料中间体全部依靠进口，只能生产硫化黑一种产品。1937年夏，上海染料工业最早的行业组织“同业公会”的筹备大会召开。1937年抗日战争爆发，上海沦陷后，6家染料厂有4家被占领或炸毁，剩下的也因为原料进口中断生产难以为继。抗日战争全面爆发后，重庆成为大后方工业建设的中心。1939年，实业家乐作霖与上海华安染料厂工程师蒯伯毅出资60万元，在重庆南岸李家沱兴建重庆庆华染料厂，所需原料二硝基氯苯从美国进口，经滇缅公路运到重庆。1941年又建成硫化元青工厂。

抗战胜利后，因纷纭战事导致全球染料供应极度短缺，中国市场供求关系严重不平衡导致染料一时稀缺，价格暴涨。战败国德国的合成染料生产技术数据被公开，老厂复产、新厂设立，上海、天津等沿海城市的染料工业出现了兴旺发展的局面。除老厂快速恢复生产外，在上海又先后成立了华元、中一、宏兴、润华、庆华、大中华、天泰、泰新、长城、龙华、华联等较具规模的染料厂。天津先后出现了东升、公裕、德昌公、同华、协成、中染等染料企业，其中以公裕化学厂生产的“公”字牌硫化黑产量最高、销路最好。

到1949年，中国已经形成了上海（47家）、天津（20多家）、青岛、大连等沿海城市为主体的染料生产基地，产品以硫化染料为主，还有少量的酸性染料、直接染料。

二、在多重压力下的艰难生存

中国染料工业是在外资排挤和战乱不断的双重压力下生存和发展的。外资利用技术、原料、产品定价、市场占有的优势，全力挤压中国民族染料的生存和发展空间。

在合成染料进入中国市场后的60多年里，西方国家的染料制造商和经销商从未在中国设立过染料生产工厂，他们只是千方百计保护和扩大在中国染料市场的销售地位，赚取对华出口染料的高额利润。

日本商人在中国设立染料工厂，是为了与西方其他染料生产国竞争，让日本染料取得在华生产和销售的垄断地位。1922年，日本利用殖民者的地位，以废气污染电台为由，责令青岛维新化学工艺社停工，工厂只好搬迁至偏僻的四方村。1935年6月，在日本技师儿岛熊吉的威胁利诱下，维新化学工艺社的创始人杨子生被迫与日本三菱财团的帝国染料制造株式会合资经营，企业改组为“株式会社维新化学工艺社”，日本财团成为大股东。儿岛熊吉则借用杨子生等国人的股权取得了社长的职位，厂内诸事均由日本人决策和管理，杨子生仅为股东之一，只保留了福顺泰的销货权。

1924年，德国在上海成立德孚洋行，统一销售德国各染料企业的产品。到30年代中期，德孚洋行每年销售到中国的染料和助剂在1万吨以上，占中国染料总进口量的65%和总需求量的50%。德孚洋行利用中国海关对进口染料只按重量收税的漏洞，专门生产高浓度染料出口到中国，入关后再在中国简单加工，拼混分装成市场需要的产品出售，既少交关税，又降低运费。

1931年，西方各染料生产厂成立国际染料卡特尔，通过分配出口限额、协调出口价格、交换专利和技术情报等手段，垄断和控制合成染料的出口市场，中国的民族染料工业成为这一组织的最大受害者。1933年，投巨资兴建的上海中孚染料厂虽然购买了瑞士的设备和染料生产配方，却无法在当年生产出合格的染料产品。等到了1934年使用改进配方生产出硫化黑时，外国经销商则将进口硫化黑价格从80元/担降低到32元/担。而上海中孚染料厂的生产成本为40元/担，到1934年底工厂严重亏损，被迫停工停产。1935年，上海中孚染料厂宣告破产，被廉价拍卖。

1938年青岛沦陷后，日本三井洋行要求与青岛的中国染料厂合资经营，遭到企业主管陈介夫的拒绝。随后三井洋行又要求包销其产品，并勾结日本宪兵进行威胁，遭到陈介夫严词拒绝。第二年，日本侵略者强行低价收并了中国染料厂，陈介夫只能到上海另谋生计。抗日战争胜利后，该厂返还陈介夫。

抗战期间，日本商人通过中断原料供应、封锁运输通道、低价强制购买或没收的方式，迫使天津、山东等地的民族染料厂相继停产、倒闭，上海的大部分染料厂被占领或停产。而日本染料生产商则乘机建成了株式会社维新化学工艺社上海分工场、天津分工场，成立了天津大清化工厂，扩大了大连大和染料株式会社的生产，形成了日本染料在华生产和销售的垄断地位。

旧中国的染料工业虽有30年的历史，但只是依靠民间资本的微弱力量，在外资排挤和战乱不断的环境下，缓慢地生存和发展。1949年，中国能生产的染料品种只有18个，总产量仅为5200吨，纺织印染工业所需的合成染料主要依靠进口产品。

第二节 始建新中国染料工业体系

（1950～1957年）

中华人民共和国成立后，国家大力扶植关系到国计民生的纺织及配套染料工业，使纺织印染工业迅速发展，初步建立了染料工业体系。

一、纳入国家化学工业重要发展计划

染料工业是新中国化学工业重要的发展领域。1951年6月5～15日，重工业部在北京召开全国酸、碱、染料工作会议，了解酸、碱、染料工业现状，解决产销平衡，明确今后的发展方向。会议通过了《关于三酸的决议草案》《关于碱及漂白粉的决议草案》《关于染料问题的决议草案》。

化学工业第一个五年计划，正式提出了要适当发展酸、碱和染料工业。计划指出：五年内（1953～1957年），中国将在东北和华北新建两个苏联设计的染料厂，这两个现代化染料及染料中间体工厂建成后，不仅将使中国的染料生产有相当数量的增长，并且将生产很多为中国人民所喜爱的染料品种，如阴丹士林、安安蓝、靛蓝等，这些都是中国以前所不能生产的。这两个染料厂生产的氯磺酸、水杨酸等还将供给轻工业、医药工业制造磺胺药剂和抗生素等之用。按照“一五”计划，新建或改建的染料厂建设完成后，所生产的染料将可供每年染20亿公尺（1公尺＝1米）布匹，到1958年达到人均消费染料60～70克。

国家计划委员会组织重工业部、地方工业部、商业部、纺织部、对外贸易部等成立了全国规划小组，对染料、有机颜料、印染助剂等用户所使用的品种、数量及其发展趋势进行了全面调查研究，广泛收集染料进出口情况和国外染料发展趋势方面的资料，编制了全国染料发展规划，提出了生产品种、数量和工艺路线，科研课题，基本建设及技术改造项目，为全国染料工业有序发展指明了方向。

1956年，中华人民共和国化学工业部成立，主要有4个职能部门负责染料工业的科研、协调生产和投资工作。计划司、生产司制订年度染料及中间体生产计划，会同供销局对当年生产所需的主要原材料进行划拨，计划司还负责制订染料行业重点企业重大项目的投资计划并上报上级批准后实施，生产司主要负责当年生产任务的实施与考核，科技司主要负责染料行业科技项目的计划、报批及实施。这种管理模式一直维持到20世纪90年代初。1956年6月11日，化工部确定部属厂矿企业的领导关系，大连染料厂、天津染料厂、青岛染料厂、吉林染料厂4家企业成为部属企业。

二、恢复生产、新建基地

新中国成立时，全国染料总产量5200吨，合计品种18个。硫化染料中只能生产硫化蓝、硫化黑等几个品种，硫化染料产量约为2500吨。当时纺织印染所需染料主要依靠进口。人民政府对染料工业加以扶持，使生产有了发展。1950～1951年，生产品种有直接、酸性、碱性、冰染染料及有机颜料五大类30多个，但品种重复、技术力量分散、资金短缺状况严重。重工业部提出要重视染料工业的未来发展，按照“发展生产、繁荣经济、公私兼顾、劳资两利”的方针，全国各地、各方共同努力促进染料行业恢复生产，使战争年代处于停产、半停产的染料企业大部分得以在短期内开始恢复生产和经营。

（一）恢复生产

新中国成立初期，百废待兴，国家着手医治战争创伤，开始了艰巨的恢复工作。从东北率先开始，到华北、华东、中南、西北、西南等地的化工企业陆续恢复生产，到1952年，化学工业的主要产品产量，都已经恢复到或者超过了新中国成立前的最高年产水平，染料工业也取得很好的成绩。

1. 大连染料厂的复产和改扩建

遭到战乱严重破坏的大和染料株式会社于1949年3月被旅大行政公署工业厅接管并更名大连染料厂，同年开始重新修建。大连染料厂是全国最早恢复生产的染料企业，1949年4月恢复了硫化黑的小型生产，1952年扩大了硫化黑的产量，达到2466吨，1952年增加了染料中间体二硝基氯化苯的生产。相比日伪时期最高年份1938年的染料产量提高2.7倍，职工人数增到727人。在“一五”期间，国家投资大连染料厂420万元，新建1500吨/年的氯化苦车间、100吨/年的偶氮染料生产车间、120吨/年的酞菁颜料车间、100吨/年的光气车间以及配套的供热锅炉。1952年，该厂进行加硫反应单元技改。1953年，最先实现了粉状硫化黑机械化连续输送。到1954年，生产品种多达18种。1953～1957年，大连染料厂共研制成功新产品42个，初步形成了染料、染料中间体、有机化工、无机化工等系列品种，其中氯化苦、猩红酸、四甲基酮、二甲基苯胺的生产填补了国内空白。

2. 青岛染料厂的复产

1949年，青岛维新化工厂由政府接管后当年试产出硫化蓝，除煮青、硫化蓝、硫化氢、甲基紫、大红色基G外，还陆续投产了直接蓝、旗红色基、枣红色基。1952年总产量达到2848吨，为1949年的近13倍。1953年，划归国家重工业部管理，定名青岛染料厂（现为青岛海湾精细化工有限公司）。1956年，洪泰化学厂、意民染料厂、大安染料厂、宏新化学厂、久裕骨胶厂并入，到1957年，各种染料总产量达到4143吨，染料品种增加到15个。青岛染料厂成为全国染料工业重点企业之一。

3.上海染料工业的恢复和调整

为加快上海染料工业的发展，1951年，上海市染料同业公会成立，这是新中国成立最早的行业组织之一。上海私营染料企业比较集中，据上海市染料同业公会统计，经过国家扶持，到20世纪50年代初，上海地区增加了10家左右染料厂，生产品种有硫化染料、直接染料、酸性染料、碱性染料、冰染染料、中间体、有机颜料七大类30多个品种，产量合计7490吨。

1951～1954年，上海市染料同业公会在政府领导下，开始对私营染料企业进行私私联合、公私合营等形式探索，1955年11月完成了全行业的公私合营。1956年，国营上海染料工业公司成立，统一对所属的13个公私合营厂进行“合理裁并，专业分工”。1953～1957年，上海染料工业得到不断发展，1956年产值达9339.8万元；1957年品种增加到159个，产量达到16985吨，产值16008万元。上海染料工业初步形成1家国营厂和13家公私合营厂的有机整体，拥有职工2191人，其中技术人员212人，全行业资产净值13825万元。

4.天津染料工业的恢复建设

1949年，由天津军事管制委员会成立的华北化学工业局筹备处接管了联勤被服厂二分厂，命名为天津卫津化工厂。1950年中央政府成立了重工业部，该厂又归属重工业部化学工业管理局领导。加上天津染料厂的两家国营染料厂及国营天津利津化工厂和一些私营染料厂，天津染料工业开始了恢复和新的起步。

1951年，天津各染料厂开始向多品种发展，生产了多种直接染料、冰染染料、酸性染料、油溶颜料及部分中间体。

到1953年，天津共有20多个规模较小的私营染料厂，1954年及1955年天津重工业局将其合并调整为8家公私合营染化厂，实行专业化分工。1956年，成立天津市染料化学工业公司，主要下属企业有：天津染化二厂和天津染化三厂、天津染化四厂、天津染化五厂、天津染化六厂等。这一时期，天津染料企业在专业分工中各有侧重，生产染料品种30种、染料中间体15余种，天津染料工业初具规模，逐渐成为全国重点染料工业基地之一。

5.北京小规模染料坊的发展

1953年以前，北京市没有染料制造业，只有加工、分装进口染料的几家小手工作坊，其中规模较大的是兴华染料行。1953年，兴华染料行开始筹建生产车间，培训技术工人，试产直接染料元青、靛蓝等，企业改名为北京兴华染料厂。1954年，永义和染料厂、海明染料厂、立兴颜料工业社等几家私营企业相继开始生产有机颜料和染料。当年，永义和染料厂试制成功酞菁系染料的中间体酞菁铜和酞菁系染料——直接耐晒翠蓝GL，1955年投产，是国内生产的第一个酞菁系染料品种。1956年，北京染料行业实行以兴华染料厂为主体的公私合营，一批酞菁染料、络合染料、酸性染料的新品种陆续投产，到1958年已能生产21种染料产品。

上述地区和企业的发展，基本上形成了全国主要的染料生产基地，如上海、天津等。这一格局一直维持到20世纪80年代末到90年代初期。

（二）国家重点建设项目——吉林染料厂建成

根据中苏签订的援建协议，1951年初，中方派出代表团访苏，委托苏联设计部门帮助中国进行染料厂设计。同年3月，以苏联化学工业部副部长拉普切夫为团长的苏联染料工业顾问团一行四人来到中国，协助进行建设染料工厂的资料普查、厂址选择和确定产品品种的研究。经过普查，确认吉林市松花江北岸为最合适的建厂厂址。同年8月，东北人民政府重工业部化学工业局向中央人民政府呈报建厂任务书，10月17日，中央人民政府政务院正式批准建厂。1953年，苏联8个设计单位完成并提交了染料厂初步设计、技术设计、施工图纸等文件。原拟订在沈阳建设的苯胺厂，经东北人民政府化学工业局决定，改在吉林化工厂建设苯胺车间。该车间1953年建成投产，生产苯胺1021吨、对甲苯胺400吨、邻甲苯胺400吨。这是吉林省最早生产的染料中间体产品。

1955年6月，国家重工业部化学工业管理局批准吉林染料厂基本建设计划。吉林染料厂一期工程于1955年4月破土动工。1956年，开始主要生产车间及辅助设施的建设。1956～1957年竣工投产的主要生产车间包括安安蓝B色盐、苯二甲酸酐、氨基苯甲醚、2-萘酚、色酚AS等，还有主要辅助车间及配套工程。1957年10月25日，吉林染料厂经国家验收委员会正式组织验收，开车后所产产品均符合国家规定的质量标准，各项设备经过组装、调试、运行全部正常，各项指标均达到设计要求。

吉林染料厂是全国最大的染料化工企业之一，也是中国“一五”重点建设的标志性工程。开车后一度发展成为亚洲最大的染料化工生产企业，染料中间体达3.5万吨/年，染料达1万吨/年，产量居世界第二位。

三、开始系统建立染料科研事业

新中国成立之后，政府在高度重视染料生产扩大发展的同时，还十分重视染料科学研究工作，先后建立了专业科研机构，为染料工业的发展打下坚实基础。

（一）科研机构设置

为加强染料工业的科技研发和人才培养，国家在设立科研机构和发展行业教育事业、培养染料专门人才方面均有部署，成立一院两所，分别为沈阳化工研究院和上海染料研究所、天津染料研究所，为研究开发新染料提供了坚实保证。同一时期，分别在大连工学院（现大连理工大学）、天津大学、华东化工学院（现华东理工大学）三所院校设置了染料与中间体专业，为国家培养染料专业人才。

1949年1月，成立了东北工业部化工局研究室，并建立小型中间试验基地，主要研究染料和染料中间体，研制开发的品种主要是“一五”计划中苏联拟定帮助中国生产的品种。1953年7月，北京化工研究所、浙江化工试验所和东北化工局研究所合并，成立中央化工局沈阳化工综合研究所。1956年9月，经化工部改组后，分别成立了北京化工研究院、天津化工研究院、上海化工研究院，以及沈阳化工研究院。

在成立初期的10年中，完成了190项染料课题，其中180项已用于生产，配合吉林染料厂做了许多染料、有机颜料、染料中间体、染料新品种的技术开发工作，培训了技术和操作工人，开展了染料情报、染料标准化工作，成为中国染料工业科研中心。

此时，中国染料科研工作的带头人之一，化工专家、有机颜料与涂料印花助剂研究的开拓者任绳武于1953年奔赴东北地区参加经济建设，在东北工业部化工局研究室担任工程师。为了改变国内染料工业还十分落后的面貌，提高质量、增加品种，这个研究室积极配合吉林染料厂的建设进行技术准备，并为发展中国染料工业大力加强染料新品种的研究工作。曾在制革鞣料和皮革化学品领域颇有建树的任绳武决定从头开始，投入染料科技事业。从1953～1980年的20多年中，任绳武先后参加和组织的60多项染料和有机颜料重要项目共300多个新品种的研制成果，绝大部分已推广生产，不少产品已进入国际市场，对沈阳化工研究院逐步发展成为中国染料工业的科研中心起到了重要的作用。

1955年，在上海化工院第五研究室的基础上成立了上海染料研究所和上海涂料研究所，主要从事纺织染料、食品染料、塑料油墨用有机颜料和印染助剂方面的研究，后来又扩充成为南方的测试中心，扩大了染料新品种的研制、应用工作。建室初期，从事冰染、直接、酸性等染料的试制和应用研究，完成了对五彩电影成色剂及其显影剂、冰染染料萘酚等课题的试制研究。1958年后对活性、阳离子、分散等染料，以及有机颜料、助剂分别进行了研究。

1956年，天津市染料化学工业公司成立，同年天津市相继筹建了行业中心实验室和技工学校，后来组建成立天津染料研究所，为天津染料工业的发展创造了条件。

（二）发展初期取得的科研成就

染料工业发展也从单纯的投资建厂，到逐渐建立起染料科研体系，且众多染料厂通过技术革新，自主研发出一批新产品，为染料工业从低级走向高级发展奠定坚实基础。

自1949年起，东北化工局研究室就开展了染料方面的研究，当年12月便完成了硫化蓝的试制。在1951～1953年，连续完成了阴丹士林RSN、甲苯胺红、猩红G色基以及安安蓝RT等染料新品种的试制与工业化，为染料工业开创了全新局面。经化工部改组后正式成立的沈阳化工研究院于1957年完成酞亮蓝IF3G及助剂的研制，并与天津染化四厂合作投产。

1954年，北京永义和化工染料厂试制成功酞菁颜料中间体固相法酞菁铜，又用酞菁铜进一步合成了直接耐晒翠蓝GL，成为中国生产的第一个酞菁系染料品种。

1955年，上海华元染料厂试制投产硫化还原蓝RNX，为全国独家生产。经过三年的技术革新，硫化还原蓝RNX产量从31.4吨/年提升至125.4吨/年，且产品质量与污染控制都得到显著提升。1955年，上海染料化工九厂试制直接耐晒蓝B2RL，在高级耐晒染料系列中成功开发出这一新品种，填补了国内空白。

1956年，上海染料化工五厂首先开始研制分散染料。同年，由化工部在大连染料厂投资建成的酸性偶氮染料生产装置试车投产，生产出第一批酸性染料产品。此外，大连染料厂中央实验室对冰染染料系列也进行了开发研究，试制红色基KB成功，并完成小试、中试，于1957年正式投产。

1957年活性染料研究有了良好的开端，公私合营上海润华染料厂技术员奚翔云、陆锦霖等根据国外报道，开始进行活性染料的研究。同年完成中试，样品经上海丝绸工业公司应用试验并得到认可。此后，活性染料研究深入展开。

1949年底，东北化工局研究室开始承担猩红G-色基（又名“国旗红”）染料的研发任务，研究团队同时确定苯胺、苯酚、甲苯胺红等8条技术路线，终于在1953年开发成功完全国产的染料“国旗红”，日晒牢度可达四级。

（三）染料中间体和印染助剂起步发展

染料中间体是生产染料和有机颜料的各种芳烃衍生物，也是生产农药、医药等精细化学品的基本原料。染料中间体发展决定了染料的发展水平。

1951年，吉林江北兴建铁粉还原法生产染料中间体苯胺装置，1953年产量达到1021吨。后由间歇法改进为连续法，规模提高到年产苯胺16000吨。为改进环境污染状况，1956年沈阳化工研究院开始研究硝基苯加氢制苯胺新工艺。

1955年，上海华亨化工厂开始用固定床法生产苯酐，1957年吉林染料厂新建年产2000吨装置投产后，仍不能满足要求。1956年，吉林染料厂采用结晶精馏分离工艺投产中间体对（邻）硝基氯苯。1952年，锦西化工厂建成磺化法生产中间体苯酚装置。

印染助剂包括抽丝油剂、洗涤剂、染色分散剂、染色载体、防火剂、防水剂、防蛀剂、防皱剂等。中国印染助剂于20世纪50年代起步。1954年，全国最早的助剂厂——上海助剂厂开始生产拉开粉BX和保险粉。同时，为了提高直接染料在棉织物上皂洗及水浸的牢度，开始开发固色剂M。1956年，开始生产渗透剂BX、固色剂Y、萘系磺酸甲醛缩合物的分散剂，起初生产低浓度的分散剂N，而且还增加了新品种，如分散剂MF、CNF、S等。

新中国成立后，实施了有计划的管理，短短数年的发展使得染料工业彻底摆脱过去散、小、弱的局面，迎来新的发展良机。从1949～1957年，中国基本形成了完整的染料工业体系。与1949年相比，染料产量增加了4倍，品种增加71种，不仅基本满足了国内需要，且从1957年开始出口，改变了旧中国依赖“洋染料”的局面。

第三节 推进染料工业产业升级

（1958～1977年）

经过国民经济“二五”计划时期的发展，中国染料工业已能生产硫化、直接、酸性、阳离子（碱性）以及冰染等五大类染料及颜料，具有4万吨/年的生产能力，能满足国内染料需求的80%。除巩固和发掘老产品外，着重升级换代。1958年后，增添了还原染料及活性染料两大类别，又增加了冰染等棉用高级染料，标志着中国进入高档染料发展时期。20世纪60～70年代，为了配合合成纤维工业的发展和适应印染、纺织工业的需要，活性染料、分散染料以及阳离子染料等一大批新品种被开发出来，使中国染料工业的品种结构发生了很大的变化，发展进入了一个新的阶段。

一、染料基地和一批重点企业建成

“三五”“四五”两个五年建设计划的实施，国内逐步形成了上海、天津、吉林三大染料生产基地。

（一）上海染料工业

1957年，上海染料工业总产量1.69万吨，有九大类89个品种。1958年，华亨化工厂发展成为邻苯二甲酸酐专业生产厂，泰新染料厂试制成功三聚氯氰，为研究开发蒽醌系还原染料和活性染料奠定了基础。20世纪60年代，随着涤纶和腈纶的问世，发展了分散染料和阳离子染料。1966年，上海染化五厂研制成功的分散染料投产。硫化染料继续压缩，碱性染料减产。上海染料以“SHANG DA”牌号入选英国染色家协会《染料索引》第三版第八卷中，登录的品种有16类238种。上海已成为中国染料生产、销售、消费、出口中心。

（二）天津染料工业

“一五”后期，天津染料工业步入快速发展阶段，跻身全国重要的染料生产基地之列。1958～1966年，天津染料工业生产品种增加了活性染料一大类及涂料印花浆、增白剂、酞菁染料等品种，中间体、有机颜料也有较大发展，总共试制新产品190多种。到1975年，全民所有制天津染料化学工业公司成立，下辖14个企业、1个研究设计室，主要生产硫化、直接、酸性、碱性、冰染、还原、活性、分散、阳离子染料，及其他染料等十大类产品共130多个品种，另有中间体、助剂、有机颜料及其他化工产品几十种。受“文化大革命”影响，到1976年，染料工业总产值达1.8亿元，品种为74个，比1966年减少13个；染料产量从1966年的16372吨，下降至1976年的9129吨，10年下降了44%。

（三）吉林染料工业

1958年，吉林省染料工业虽然只有一大一小两家企业，但其规模居全国首位。随着吉林染料厂建成投产，吉林在全国染料工业的重要地位日益显著。1958～1959年，吉林染料厂建成投产的主要生产车间有H-酸、联苯胺、阴丹士林、2-氯蒽醌、2-氨基蒽醌染料后处理成品车间等。1960年，吉化公司染料厂开始开展改建、扩建和新建工程，全部工程20多项。一系列扩建使得吉林染料厂各类染料生产能力显著提高，还原染料和冰染染料约占全国同类染料总产量的30%以上。

1959年，吉林市第三化工厂正式建立，主要生产直接染料。后经不断技术改造，进行设备更新换代，发展为能生产五大类20多个品种的中型工厂。

（四）一批重点染料企业诞生

这一时期，除吉林染料厂外，国家还建成并扩建了（部分是已经建成）北京染料厂、青岛染料厂、大连染料厂、四川染料厂、武汉染料厂、徐州染料厂、温州染料厂、苏州染料厂与河南化工厂等共计10家重点企业。到改革开放初期，又增加了无锡染料厂、太原染料厂、重庆染料厂、宁波染料厂、常州染料厂及甘谷油墨厂（生产酞菁颜料）等，全国已有17家重点染料生产企业。

20世纪70年代中期，中国经常生产的染料（包括有机颜料）已有12大类的近300个品种。有21个省份建立了染料、中间体和助剂的生产厂（点）近200个。优质染料（指合成纤维用染料、还原染料和活性染料）在染料生产中的占比有了较大幅度的增加。印染、纸张、油墨、涂料和塑料等工业用着色剂的主要色谱基本上有了相应的配套品种。出口品种可达100余种，金额达3000万美元。一些品种的主要性能已赶上或接近国外的先进水平。制造染料所需的设备、原料、材料以及中间体、助剂，也有了相应的发展。

这些生产基地和重点企业与其他企业一起，为计划经济时期的中国染料工业作出了重要贡献。中国染料工业的迅速发展，对于发展国民经济、提高人民生活水平，发挥着越来越大的作用。

二、染料技术进步、升级换代的新阶段

“一五”计划完成后，中国染料工业技术水平显著提高，具备了研制较高端染

料品种的条件。染料工业广大职工，特别是科研战线职工克服“大跃进”“文化大革命”的影响，遵循客观规律发展染料工业。企业大搞技术革新和技术改造，改变原料路线，开展综合利用和“三废”治理，深挖潜力，注重提质增效，使染料工业发展进入技术进步、升级换代新阶段。

（一）各地染料科研不断创造新成绩

1962年，上海染料研究所成立，先后形成催化氨化、活性染料、纺织助剂、应用技术等7个研究基础。1963年，上海的染料发展到12大类268个品种。纺织、染色、整理所需助剂基本配套，生产工艺技术显著提高。20世纪70年代初，上海发展杂环、稠环中间体，丰富了分散、活性、阳离子、还原等染料及有机颜料色谱。

天津大学张兆麟“中性络合染料及甲基染料合成”的部分成果应用于青岛染料厂，大连化工研究设计院唐培昆等科研人员进行胶片用黄色染料及三氟氯嘧啶型、苯并咪唑型与稠环化合物做染料和有机颜料以及中间体方面的研究，孙令衔的芳烃气相催化氧化研究对国内染料技术的提高，发挥了促进作用。

1964年，天津市染料工业研究所组建，以合成纤维用低温型分散染料为重点开始了研究工作。1969～1971年，天津染料化学工业公司组成以天津市染料工业研究所为基地，天津染料厂、天津染化三厂及八厂、天津市胶片厂等参加的会战组，经3年攻关，完成了三原色配套染印法影片染料的研制并在天津染化九厂投产，达到国外同类产品先进水平。同时，完成了在全国戏剧界广泛应用的无毒化油彩系列配套染料的研制，这两项成果获得1978年全国科技大会奖。

1975年，大连理工大学染料结构剖析、合成技术、基础研究等18项科研成果获奖。

到改革开放前，全国已形成以沈阳化工研究院、上海染料研究所和天津染料工业研究所3个科研院所为骨干的科研队伍。

与此同时，染料分析测试平台的创建对染料工业发展具有重要作用。1958年6月，大连工学院在苏联专家组织下开始了活性染料的分析工作，这是染料分析工作的开端。沈阳化工研究院第二批留苏人员充实了染料部的研究力量，开展了元素分析测定工作，为染料、有机颜料及其助剂的分析研究起到了指导作用，并培养了一支分析研究队伍。1961年苏联撤走了全部专家，吉林染料厂的二期扩建项目被迫削减。沈阳化工研究院担负起为吉林染料厂一、二期工程技术培训与人才储备的工作，有效保证了染料产品质量和连续化生产。

20世纪70年代初期，在全国重点科研院所的主导下，制定和修订了17项染料和中间体部颁标准，经全国染料标准审查会审定，1975年12月1日正式施行。

1976年2月，上海有机化学工业公司整理出版了一本《染料生产工艺汇编》，详细介绍了新中国成立后染料中间体、染料、助剂产品生产工艺，对染料工业发展具有重要指引作用。

（二）产品更新换代步伐加快

1.分散染料开发成功

1956年，上海染化五厂赵全勋等最先开始研制分散染料，全国第一个分散染料车间建成投产，主要品种有分散黄RGFL、分散红3B、分散蓝2BLN，即所谓三原色，可复配14个品种；1958年，沈阳化工研究院以蒽醌型为主合成了18个分散染料；大连工学院以偶氮型为主合成了45个分散染料；至1960年，全国已试制出83个分散染料新品种。总计有20多个品种被筛选投产，其中分散红3B质量达到瑞士ResolieFB的水平。上述分散染料主要用于醋酸纤维和锦纶纤维的染色和印花。

1965年前，中国涤纶用分散染料几乎全部需要进口。为了配合中国合成纤维工业的发展，上海、沈阳、天津、北京、吉林等地的科研单位和工厂，研究和试制了几乎涵盖全部色谱的几十种分散染料，有些品种已达到国外的先进水平，并结合中国的国情，还有所改进。例如，在已生产的分散蓝2BLN、分散黄RGFL、分散红3B的基础上，生产了分散黄棕2RFL、分散藏青2GL，试制成功了分散红玉2GFL、分散蓝BGL等。这些品种在20世纪70年代末全部投产后，基本上满足了国内对分散染料的要求。

20世纪70年代中期，涤纶织物染色工艺普遍采用悬浮体扎染高温焙烘法，要求供应耐升华的品种，有关单位联合攻关，取得了科研成果。

沈阳化工研究院和上海染化五厂试制的分散黄棕2RFL的氯化工序，按原工艺进行母液循环套用，经中试，产品收率稳定，质量符合要求。

北京市染料厂、天津市染料研究所、天津市染料厂和上海市染化五厂等从1967年开展研究分散藏青2GL的合成，工艺不断得到了完善，改变了溴化操作，制得的溴化物可不需水洗、烘干，湿滤饼直接进行重氮化，省去两步操作。大连染料厂进行低温酰化，不但使设备材质易于解决，而且节约了能源。

2.试制成功阳离子染料

阳离子染料是一种纺织染料，又称碱性染料和盐基染料，主要用于腈纶及其混纺织物，以及阳离子改性的涤纶（PET）织物的染色。

从20世纪70年代开始，上海染料研究所与华东化工学院及上海染料三厂合作，由陈仰三主持阳离子染料的研发，将部分产品投入生产，促进了腈纶染色的发展，填补了合成纤维配套染料的空白，并于70年代中期，解决了阳离子染料工业化生产过程中的“冻结”问题。天津、青岛等地也相继投产阳离子染料，性能较好的品种有黄X-6G、红X-GR、艳蓝X-GR2、黄4G、红6B、蓝GL等。

到70年代中期，中国生产的具有不同配比的染料品种已达20个，中间体10多种，产量亦有大幅度增长，在技术革新方面也取得了较大的进展。

3.试制锦纶用染料

为研究开发出锦纶用的染料，技术人员经过努力筛选出一批较为满意的品种供染料合成试制参考。天津市染化三厂和四厂利用本地区的资源，试制了几种在色光、应用和牢度等性能方面都较为满意的品种。大连工学院试制的活性分散染料在锦纶上的应用表明，这是一类有前途的染料。

4.试制还原染料

1958年，吉林染料厂和上海华元染料厂投产的第一个还原染料品种为还原染料蓝RSN，之后陆续生产了蒽醌类的还原棕BR和还原卡其2G、苯系蒽醌类还原金黄、紫蒽醌类的还原深蓝BO、稠环酮类的还原大红R、靛类的靛蓝等还原染料品种。1958年12月，上海中联染料二厂研制出还原蓝BC、还原橄榄R、还原蓝BO、还原红5GK等。吉林染料厂对生产工艺共进行了十几次重大技术革新，使生产能力比原设计能力提高4.25倍。吉林染料厂还为非汞法合成染料创出了新路。

上海市染料研究所在相关研究中取得了一定的进展。天津市染料研究所采用非汞路线合成还原黄3RT获得成功。沈阳化工研究院在还原直接黑RB的研究中完成了中试，并于可溶性还原染料生产中革除吡啶方面取得了成效。

上海市染化三厂用苯酐与氯苯缩合，经硝化、还原、闭环生产还原漂蓝BC，合理利用副产物。还原橄榄R是重要棉用拼色品种，但生产工艺冗长，总工时为350小时，实际上生产一批染料要20多天，而且劳动保护条件差。上海市染化十一厂经过300多次试验，成功地采用了苯甲酸代替苯甲酰氯，以及酰化闭环一步新工艺，产品合格率达90%以上。新法工艺简便，生产成本低，节约原料，劳动保护也得到明显改善。

5.活性染料研制成功

1957年，上海润华染料厂开始探索三嗪结构活性染料实验，活性染料攻关小组完成了中试，产品具有色泽鲜艳、较高的湿处理牢度、耐水洗、耐摩擦等优势。他们在试制活性染料过程中加入尿素，提高染料干燥稳定性，为X型活性染料投入工业化创造了条件，此发明获得1964年国家科技发明奖。1958年1月11日，中国第一个活性染料品种试制成功，该项成果距离世界上第一个活性染料品种问世仅两年。为此，1958年，上海《解放日报》在3月23日头版显著位置刊发的《中国染料工业跃入新阶段》一文中写道："中国已试制成功世界最新型染料，……活性染料已在上海润华染料厂开始生产。"活性染料的试制成功，标志着中国染料工业发展进入一个新阶段。

1958年大连工学院侯毓汾、张壮余与沈阳化工研究院王书金就活性染料品种进行了大量研究。1959年，大连工学院程侣栢和华东化工学院朱正华等人成功开发乙烯砜型活性染料（KN）的重要中间体4-（β-硫酸酯乙基砜）苯胺，并在上海投产，产品达到世界先进水平。

X型和K型活性染料的主要中间体三聚氯氰，于1959年9月在上海泰新染料厂试制成功，陈志瀛为活性染料工业化倾注毕生精力，参与单位还有沈阳化工研究院和天津染料厂。

为解决活性染料色谱品种不全等问题，由中科院有机所牵头，组织上海化工研究院、华东化工学院、上海染料工业公司中心实验室等会战。大连工学院、沈阳化工研究院、华东化工学院和天津染料研究所相继进行了活性染料的研制。在20世纪70年代以后，大连工学院与上海染化八厂合作研制出活性深蓝M-G，具有印、染的全面性能，标志着活性染料由印花向染色方面发展。上海染化八厂在世界上首先成功实现了M型和KM型活性染料工业化，成为活性染料领军企业。

改善了活性染料上色率低、牢度较差的问题。如采用一氯均三嗪和乙烯砜双活性基使活性染料固色率提高8%～10%。20世纪60年代后期，活性染料不仅能适应棉、黏胶纤维和丝绸的需要，有的品种可适用于涤/棉浴染色。至70年代中期，已有包括黄至黑在内的全套色谱的10余个活性染料品种投入生产。

这一时期，中国已拥有了活性染料40多个品种，活性染料产能3000～4000吨/年。

6. 联苯胺代用染料研制工作取得进展

联苯胺因有致癌性，亟待发展替代品。中国染料工业技术人员在联苯胺染料(颜料)的代用方面做了不少的工作，取得了很大的成绩。辽宁和上海、天津等地的有关工厂组成的会战组试制成功的直接耐晒黑G，在应用和牢度性能方面都接近直接黑的水平。除直接耐晒黑G外，上海市染化六厂、染化九厂和江苏宝应染料厂还合成试产了直接黑FF和直接耐晒黑GF。天津市染化三厂试制的直接黄R和直接耐晒棕8RLL，前者可代替黄GR，后者可用于拼混成直接深棕M。该厂还试制了可代替弱酸性大红G的弱酸性大红FG。

辽宁新宾化工厂在有关单位的协作下，实现了不用联苯胺生产硫化黄棕5G，质量符合部颁标准。

7. 硫化染料质量攻关

1965年，化工部、纺织部、商业部等共同组织会战，重点解决硫化黑脆布、脆纱产品短板。8年后，研究试制成功防脆硫化黑，由常州染料厂、天津市染料厂试生产了4000多吨，染布2亿多米，试销全国各地，并在不同气候条件下进行仓储及试穿。经过多年来的考核，防脆性能良好，在色光和其他性能方面也都取得了令人满意的效果。

8. 研制投产高感光度航空胶片染料

菁染料是感光胶片最重要的功能性光学增感染料。1962～1965年，华东化工学院朱正华科研小组，在中科院上海有机化学研究所配合下，合成了多种分子结构不同的菁染料品种，并筛选出特殊分子结构的菁与取代的酞菁类菁染料，试制出对蓝、绿、红光特别是近红外区域具有高效光学增感作用的菁染料品种，制备出满足高空航拍、具有高感光度的军用感光胶片，获国家教委、经委、计委联合新产品二等奖。

9. 试制成功食品合成着色剂

1958年，上海中联染料三厂成功试制食品合成着色剂，50吨/年的产品主要有柠檬黄（肼黄）、杨梅红、桑子红、湖蓝等。产品商标是百花牌。1959年，中联染料三厂并入上海华润染料厂，食用合成着色剂扩大至200吨/年，产品有8种。1960年，国家加强食品着色剂的生产和经营，规定了国内允许使用的食品着色剂品种有胭脂红、苋菜红、柠檬黄、靛蓝、苏丹黄D，并指定上海华润染料厂一家生产食品着色剂，其他单位不得生产。后转由上海宏兴染料厂生产。

三、自主开发染料中间体及印染助剂

在染料生产中，要使用种类繁多的染料中间体。染料中间体的品种很多，较重要的就有几百种。随着化学工业的发展，一些原来专门用来生产染料的中间体产品，在农药、医药、助剂、香料等精细化工领域也得到广泛应用。印染助剂是配合染料在纺织品染色过程中，为改善纺织品应用性能而加入的化学辅助药剂。这一时期，持续增长的染料工业需求，促使染料中间体及印染助剂快速发展。

（一）苯胺制备技术进步

1957年后，吉林染料厂开始采用连续化工艺生产硝基苯和苯胺。随后，沈阳化工研究院针对其连续化工艺中铁粉、废水污染开展了硝基苯催化加氢法的研究工作，并于1966年在吉林染料厂进行了沸腾床法气相加氢制苯胺中试。

1970年，南京化工厂在沈阳化工研究院和吉林染料厂的试验基础上，进一步改造了沸腾床氧化器，并于1977年12月建成全国第一套5000吨/年硝基苯加氢制苯胺装置。苯胺生产工艺跨入国际先进行列，标志着中间体生产进入了一个新时期。

（二）苯酐工艺攻关会战

从1958年起，中国陆续在上海、大连、北京等地建设了5套苯酐1500吨/年的装置，并将生产工艺由固定床提高为沸腾床工艺，但因关键设备沸腾床氧化器存在缺陷，无法满足染料中间体苯酐的生产需求。1961年，化工部组织了瓮邵琳、王尊孝等以及沈阳、大连、吉林、上海等地有关单位技术人员成立了会战组攻关。经过3年努力，项目于1964年在大连试验成功，将薄壁冷凝改为热熔冷凝后，产量提高了3倍多，彻底改变了中国苯酐生产的落后局面。该项目于1965年获国家科技成果奖。

（三）提高苯酚生产能力

国产苯酚最初由锦西化工厂利用磺化法生产。20世纪60年代，锦西化工厂建设的异丙苯法苯酚生产装置投产。异丙苯法凭借工艺优势逐步取代了磺化法生产苯酚，使产品生产能力大大提高，保证了国内苯酚产品的供应。

（四）突破醌类产品工艺

1962年，华元染料厂试制成功1-氨基蒽醌，采用汞为定位剂，利用高压釜氨化后制得成品。1968年，华元染料厂又在全国首创使用硝化法生产，彻底消除了汞可能造成的环境及健康危害，并且很快推广到全国。国内蒽醌产品生产工艺从磺化、氨解法改成硝化、还原法生产。吉林染料厂和四川染料厂研发出用碘作催化剂进行直接氯化而制备1,4,5,8-四氯蒽醌。

（五）由印花助剂向染色-印染助剂发展

印花助剂生产始于1958年生产涂料浆A，后又生产黏合剂、交联剂与颜料印花浆配套，成为涂料印花染料。20世纪60年代，后整理助剂和非离子表面活性剂研制成功，初期投产净洗剂LS、乳化剂OP、乳化剂S、增白剂VBL等品种，浸湿剂JFC替代进口。

60年代，国内开始生产非离子表面活性剂，主要有匀染剂O、乳化剂O、乳化剂T-60等品种。

70年代，耐高温扩散剂、合成纤维印染助剂、扩散剂CNF、扩散剂MF、扩散剂N先后投产。这一时期，固色交联剂DE、两性表面活性剂、柔软剂SCM和C、分散剂IW等品种相继投产。全国较大的助剂厂有上海助剂厂、安阳助剂厂、武汉助剂厂、天津助剂厂、广州助剂厂。

四、重视节能环保和资源综合利用

染料工业在增加产量、扩大品种发展时期，已经深刻意识到自身发展的资源综合利用和环境保护问题，并开始重视在工艺、原料综合利用、节能环保方面的实践，也取得一些成效。

（一）部分企业探索循环利用

上海染化八厂与大连工学院合作，改变邻氯甲苯合成路线。由以邻甲苯胺为原料，经重氮化置换成邻氯甲苯；中试改用甲苯直接氯化，用波纹填料塔分馏，得到的对氯甲苯可供医药工业使用。

天津染化七厂100吨/年猩红酸车间，产生母液500吨/年，其中含有2%J酸。将母液加以回收，改加入重氮化的苯胺，可制得橘红色染料，产量达30吨/年。

吉林染料厂将对硝基氯苯磺化工序的磺化废酸，循环套用于下一步水解工序，可节约硫酸（折100%）700吨/年。该厂在苯绕蒽酮生产中，采用苯甲酰苯甲酸直接缩合的工艺，代替原来从合成蒽醌开始的路线，降低了用酸量和废酸产生量。

（二）优化工艺加强自动控制

大力推广优选法和正交设计，对于新产品的试制、产品质量的提高等方面都起到了很大的作用。天津市的染料工业经过科学设计优选工艺，推广了高温重氮化和偶合反应，使大部分偶氮染料的生产打破了低温反应的常规，节约了原料用量。

自动控制在染料生产中已有一些积极应用。例如上海市染化十一厂的苯酚车间磺化、蒸馏以及中和工序采用了程序控制和遥控仪表，提高了劳动生产率。上海市染化一厂活性翠蓝车间实现了程序控制生产，使产量翻了一番，劳动力减少了35%，基本上消除了有色污水和含吡啶污水，为染料工业的自动化推进，提供了有益的经验。

（三）积极发展“三废”治理技术

染料工业的“三废”治理一直是化学工业持续关注的焦点。各地积极贯彻执行“保护环境，造福人民，综合利用，化害为利，厂内根治，不搞污物搬家，全面规划，合理布局”的原则，新老产品的“三废”处理技术实现较大改进，排放量得到有效控制。

1. 采用固相法生产

天津染化四厂的酞菁素艳蓝IF3G，采用固相法生产后，既砍掉了溶剂二氯苯，又减少了工序，省去设备20多台。吉林染料厂生产的还原橄榄绿B，3-溴苯绕蒽酮与1-氨基蒽醌实现固相缩合后，完全消除了酸性、碱性污水和废渣，并使缩合收率从原来的76%提高到98%。

2. 省去过滤环节

过滤不仅会产生大量废液，还会影响产品的收率。天津市染化四厂在直接染料、酸性染料生产中，通过调整酸碱配方和加盐量，实现了不经盐析过滤直接干燥。天津染化一厂、三厂，上海染化二厂、六厂、八厂在部分直接染料、酸性染料、活性染料生产中，也砍掉了过滤，实现直接干燥。

3. 发展喷雾造粒技术

沈阳化工研究院和天津市染化八厂协作研究试制成功了染料喷雾干燥造粒新技术，应用于还原染料和分散染料的喷雾造粒。青岛染料厂用微波干燥器进行碱性紫

5BN的干燥。喷雾干燥的广泛应用，对消除粉尘、保护环境起到很大的作用。

4.重视后处理设备

国内已有一批新型设备用于染料的后处理。天津、上海等地广泛应用管式过滤代替过滤池，为密闭过滤提供了条件。自动板框压滤机、连续挤出式压滤机、快开式水平叶片加压过滤机、三段式管式过滤器以及用塑料和玻璃钢代木材制成的板框压滤机也逐步得到推广。

我国染料工业经过"三五""四五"的发展，依靠技术进步，染料品种结构发生了显著变化，已能生产品种繁多的染料及颜料。到改革开放初期的1978年，染料产量达到6.75万吨。其中，硫化染料、直接染料、酸性染料、碱性染料、冰染染料、还原染料、活性染料、分散染料、中性染料、阳离子染料以及其他染料产量分别为4.53万吨、0.66万吨、0.32万吨、0.15万吨、0.10万吨、0.74万吨、0.44万吨、0.31万吨、0.038万吨、0.03万吨和0.05万吨。1965年、1970年和1975年我国染料生产与类别构成见表2-8-1。

表2-8-1 1965年、1970年和1975年我国染料生产与类别构成

类别	1965年		1970年		1975年	
	产量/吨	占比/%	产量/吨	占比/%	产量/吨	占比/%
硫化染料	47695	70.5	58945	67.1	42342	57.9
直接染料	9220	13.6	9801	11.1	9822	13.4
酸性染料	1454	2.2	2797	3.2	2273	3.1
碱性染料	914	1.4	1323	1.5	1098	1.5
冰染染料	6248	9.2	7637	8.7	7341	10
还原染料	1279	1.9	3886	4.4	5756	7.9
活性染料	710	1.1	2567	2.9	2599	3.6
分散染料			72		1201	1.6
中性染料			195	0.2	221	0.3
阳离子染料			58		334	0.5
其他染料			625		180	0.2
合计	67520		87906		73167	

第四节 技术创新和结构调整发力加速发展

（1978～2000年）

1978年，党的十一届三中全会的召开，拉开了中国改革开放的序幕。中国染料工业也开始从高度集中的计划经济体制，加快向充满活力的社会主义市场经济体制转变。特别是在20世纪90年代，随着国民经济持续高速发展，染料工业也获得了长足的进步。中国开始朝着世界染料大国方向快速迈进。

同一时期，全球染料工业发生了重大变革，染料工业世界版图悄然演变。发展格局的变化也为亚洲染料工业发展，特别是中国染料工业发展创造了一些机遇。一是染料的消费中心从欧美国家向亚洲转移，促进了亚洲染料工业发展；二是亚洲劳动力成本与欧美国家相比明显较低；三是随着环保意识的提高，欧美国家绿色环保要求及环保成本越来越高，进入90年代，亚洲染料工业的生产、贸易、消费开始全面活跃。

一、增速明显加快

（一）产量快速增长

1978～2000年，中国染料工业进入快速发展阶段，表现为产品和产量的迅速扩张，产品更新换代力度加大，新的产业布局形成。1978年，中国染料产量为8.29万吨。到1983年，染料工业发生重大转折。染料生产和产品结构随着纺织纤维结构的变化进行相应的调整，全国有270个染料及中间体生产厂，染料产量为7万多吨。1984年，生产染料11大类330个品种，产量7.48万吨，与1983年持平，产品品种比1983年增加17种。1978～1985年，染料年产量没有突破10万吨；1986年，染料产量首次突破10万吨。

“七五”期间，化学工业有了长足的发展，16种主要化工产品产量全部超额完成了“七五”计划。其中，染料产量12万吨/年，已跻身于世界第二位；开发成功180个新产品，其中国际首创的新品种8个，国际80年代先进水平的成果169项，获国家专利的成果3项，获得重大科技成果奖18项。一浴一步法染色、液态三氧化硫制备、对硝基氯苯磺化、加氢还原工艺等新技术、新工艺，以及分散、活性、酸性、中性、阳离子、冰染、醇溶、油溶等染料新品种就是先进水平成果的代表。已有108个染料新品种及助剂投入工业化生产，创产值10772万元，获利税2248万元，为国家节约外汇303万美元。

从90年代起，受世界染料产业格局重大变革影响，特别是中国改革开放步伐加大，染料工业在内销和出口的双重拉动下，生产增速明显加快，出口贸易稳定增长，经济效益大幅上升，染料生产经营与出口创汇连年创造历史最高水平，取得突飞猛进的发展。“八五”期间，染料产量以年均5%的速度增长，到1995年，主要化工产品产量都已达到或超过“八五”计划指标，有10余种主要化工产品产量居世界前列，其中染料居世界第一位。“九五”期间，染料工业发展势头更猛，产量一直维持在20万～25万吨/年，已超过世界染料总产量的1/4，稳居世界最大的染料生产国之位。

1994～2000年的7年间，全国染料年均增长12.4%。1998年，全国生产能力达20.2万吨/年，产量26.4万吨；到2000年，国家实施宏观调控、提高出口退税率等措施的落实，为企业改革和发展创造了有利的条件，染料产量突破25.7万吨。

中国染料工业经过改革开放20多年的高速发展，2000年染料产量为25.7万吨，约占世界染料总产量的45%～50%，其中2/3参与国际贸易，并可满足国内90%的市场需求；产品品种超过1000个，可满足国内印染行业60%的品种需求。

（二）进出口贸易提速

随着对外开放的不断深入，国内染料进出口贸易也发生了显著变化。经过政府批准，有染料出口的生产企业基本都获得了自营进出口权，可以直接进出口染料产品。这一政策的实施，极大地促进了染料进出口贸易的增长。随着国内染料工业的不断发展，除品种外，染料的质量性能亦有改善和提高，从而进一步促进了国产染料的出口。据海关统计，1994年染料工业（包括染料、有机颜料和部分印染助剂）出口9.5万吨，创汇34567万美元。其中，染料出口量为7.56万吨，创汇29526万美元。1994年染料出口量与创汇额分别比1993年增加28.38%及37.78%，均创历史最高水平。中国染料出口量已跻身于世界染料主要出口国家行列。在出口的商品染料构成中，除传统的硫化、碱性、直接等染料外，分散、活性、还原、阳离子等染料出口量也在逐年增加。

1998年，中国染料进出口贸易总量约为16.91万吨，占世界贸易总量的35%以上，贸易总额6.53亿美元。出口染料13.2万吨，约占产量的50%；出口品种已超过380种，出口量居前四位的是分散、硫化、酸性及还原染料，合计约占出口总量的75%，其中传统的硫化黑和靛蓝已占据国际市场100%的份额。中国染料出口已遍及韩国、美国、日本等100多个国家和地区，全国28个省份均有染料出口。到2000年，全国染料进出口总量为22.5万吨，其中出口17.96万吨，占生产总量的69.88%，创汇5.46亿美元左右。1992年到2000年，中国染料累计净出口量为96.7万吨。

这一时期，国产染料仍有部分品种空缺或质量性能欠佳，其性能与国际先进水平相比存在差距。另外，经常生产的品种较少，有的色谱尚未完全配套，染料品种开发和应用性能的改善还跟不上国际市场的发展变化和国内纺织印染业的需求，尤其是出口纺织品的染整要求。因此，中国每年尚需进口大量染料，且呈逐年递增之势。

二、产品结构发生变化

（一）大范围扩建和技改

1978年以后，染料工业进入新的扩建周期，中国染料新厂点的建设较多，扩大产能的技改较多。“七五”到“八五”期间，国家对染料国有老企业集中进行技术改造。到2000年，全国染料生产厂已有1000家左右，其中前50家的生产能力约占总能力的70%。而1979年，染料生产厂家仅为90家。

1985年，染料工业建成投产一批染料、中间体、有机颜料装置和一个科研应用测试中心。这些建设企业包括北京染料厂、青岛染料厂、吉林化学工业公司、上海市染料农药工业公司、天津染料工业公司、重庆化学工业公司等，以及联合国开发计划署援助在上海染料研究所建立的染料应用技术研究中心。

1986年，根据国家“七五”染料工业技术改造发展规划引进的两套染料后处理装置建成，并试运转。地方也相继建成并投产了一些中小项目，如新产品直接耐晒黑G、冰染色基染料蓝色基BB、还原桃红R、酸性黄5G、酸性绿5GM等装置建成投产，为染料工业增加了新品种。

1987年，经国家批准的建设项目包括：青岛染料厂老企业改造项目，投资4500多万元；大连染料厂改造项目，投资4000多万元；吉化公司染料厂项目，新建6000吨/年（40%)H 酸车间和年产500吨/年1-氨基蒽醌车间。地方也批准了一些小型项目，如山东济宁一化新建3000吨/年的2-萘酚车间和500吨/年的吐氏酸车间。

部分企业与境外合资兴建了一些项目，如湘潭染料厂和香港公司合建3000吨/年分散染料车间，安阳染料厂与港商合建600吨/年的H酸车间，天津染料厂与外商合资兴建500吨/年还原靛蓝车间。这些项目在1988年后陆续投产。

到1994年10月，中国染料生产企业已达到600多家，能生产11大类600多个品种产品，质量接近国际同类产品水平。“八五”期间，国家建成了34条生产线，取得较好的经济效益。

1996年，染料工业在“九五”科技攻关计划指引下，企业的技术改造工作全面开展，江苏四菱染料集团的还原染料双佳项目、江苏苏州染料厂的分散染料项目、江苏泰兴染料化工厂的活性染料项目等均在这一时期开始建设；山东青岛染料厂通过技术改造，建成了具有一定自动化水平的分散染料后处理车间；北京染料厂的还原靛蓝通过改造、挖潜，使产品质量和生产规模具有较高的水平。

1998年基本建设和技术改造涉及的内容主要包括分散染料、硫化染料、活性染料、有机颜料、中间体以及污水治理工程等，如无锡德司达新建3000吨/年染料中间体工程；上海染料有限公司的活性染料、食品染料等技术改造工程；科莱恩（天津)染料有限公司新建的分散染料工程；江苏泰兴染料化工厂ME型活性染料改扩建项目；山西临汾染化（集团)有限责任公司对其硫化染料进行改扩建，新增硫化黑生产能力1.0万吨/年；大连染料厂硫化染料搬迁改造工程；常州染料化工厂全厂搬迁改造工程等，促进了染料工业产品更新、升级换代。

“九五”期间，在国家水环境治理的严峻形势下，1998年全国染料企业，特别是江苏省的染料生产企业普遍加大了对废水的治理投资。苏州染料厂、扬州染料化工厂、泰兴染料化工厂、江苏中丹集团、镇江颜料厂等均投资对厂内污水治理工程进行了改造，提高了治理水平。

1999年，除一些在建项目继续完成并陆续投产外，染料工业的基本建设和技术改造主要集中在一些较大型企业中进行的环境工程和产能扩建，投资规模都比较小。

染料工业蓬勃发展的同时已经显露出产品过剩、市场疲软的风险。一方面原材料供应不足，纯苯、精萘、精蒽等不能满足要求，一些无机原料如氯磺酸、硝酸等也较为紧张。另一方面地方小厂及乡镇企业以免税等优惠条件与大厂竞争，争原料、争市场的现象严重，容易生产和效益高的品种被争相重复生产；质量欠佳产品库存量增大；一些品种由畅转滞，市场发生变化后急于向外乱抛库存，影响了染料市场的正常运行。科研院所的成果转化率不高，在乡镇企业中高新技术产品较少，致使出现染料产量较大增加，而染料品种结构不合理状况。

1990年以后，国内市场紧俏的中间体出现供过于求的状况，大部分中间体企业举步维艰，如生产对硝基氯苯、邻硝基氯苯、2-萘酚、吐氏酸、H酸、J酸、2,3-酸、DSD酸、对硝基甲苯、三聚氯氰、蒽醌、1-氨基蒽醌、邻苯二胺、对硝基酚钠等的企业都陷入这种困境。这些企业的规模较小、工艺落后，无法保证产品质量和安全生产，还存在环境污染的问题，影响了中间体工业的可持续发展。国家逐步加强宏观调控力度，在生产与发展上建立长远的规划机制，遏制低水平的盲目重复建设现象。

（二）产品更新换代速度加快

染料消费占比主要是纺织工业，与合成纤维的开发紧密相关。纺织品结构发生了变化，从棉型转向化纤、混纺、仿毛及毛织品型，织物从厚织物转向薄织物，花色款式由深色转向浅色。20世纪80年代初，化纤在纺织品中的比例加大，化纤染料在染料总产量中的比例大幅增长。

70年代以前，除了巩固和改进老品种外，主要是着重发展还原、活性、冰染三类棉用高级染料。70年代以后，着重发展了涤纶、腈纶、维纶、锦纶以及黏胶等化学纤维专用的分散、阳离子、中性等染料。到1978年，中国染料品种约为200余个。这一时期，国内染料产量基本满足用户需要，但品种只能满足用户需要的70%。纺织工业每年需要进口400多个品种，中国经常生产的品种约500个。为适应纺织工业发展需要，中国不断加快染料品种更新换代的速度，市场对各类染料达到的需求量变化也较大。1984年，分散、活性、酸性等染料的产量比1983年增加4631吨，其中分散染料增加3480吨，占增加数量的75.1%。而冰染、还原、阳离子、碱性、硫化等染料比1983年减少4762吨，其中冰染染料减少2420吨，占减少总量的50%；还原染料减少1969吨，占减少总量的41.3%。染料产品结构的变化，促使企业纷纷开始生产适销对路的产品，以适应市场变化的需要。

“六五”期间，中国染料新品种的开发速度明显加快，染料工业加大了科技研发的力度，每年可取得数十项科研成果，并有20～30个新品种投入工业化生产。

特别是国家“九五”重点科技攻关计划的实施，中国染料工业新品种有了较大的增加，一批国家级的新产品和新技术开发研制成功，促进了染料工业水平进一步提高。与此同时，企业和地方新产品和新技术的开发，也不断丰富染料新品种，提高了染料产品在国际市场上的竞争力。

到1999年，新增染料品种合计73种，其中分散、活性、酸性等高档染料新增品种数量较大。中国可生产的染料品种已逾1200个，经常生产的染料品种在

600～700个。其中，1998年为685个，1999年约为758个。超过100个生产品种的染料有分散、活性和酸性染料。另外，所有已生产的染料类别，在国内均已投入工业化生产。与此同时，染料质量显著提高，不少染料的质量已经达到或接近国外同类产品的水平。2000年我国产量超过万吨的5类染料情况见表2-8-2。

表2-8-2　2000年中国产量超过万吨的5类染料情况

种类	产量/万吨	所占比例/%	出口/万吨	所占比例/%
分散染料	17.69	56.05	8.92	49.67
硫化染料	6.51	20.63	2.54	14.14
活性染料	1.94	6.15	0.66	3.67
酸性染料	1.59	5.04	2.28	12.69
还原染料	1.20	3.80	1.30	7.24

与此同时，中国的纺织染整助剂也有很大发展，1993年，纺织染整助剂总产量达12万吨，经常生产品种数已达300多个。配套中间体的产量已达35万吨，品种超过300个。

三、全类别新产品开发和技术升级活跃

染料工业一向重视技术进步和开发新产品。改革开放以来，促进染料工业迅猛发展的一个重要因素就是把技术创新作为行业发展的核心动力。工厂与院校、科研部门相结合，发展染料新品种、新设备、新工艺，不断提高产品质量。在新产品研发创制上涉及染料、有机颜料的所有类别，以及纺织印染助剂和染料中间体。

（一）重点新产品开发

从“六五”时期开始，沈阳化工研究院、上海染料研究所、天津染料研究所等在科学技术部的支持下，开始了全新的、领域更广泛的染料研究。研究类别包括硫化、直接、酸性、中性、冰染、还原、碱性（阳离子）、活性、分散、功能性染料以及有机颜料，溶剂染料、印染助剂以及染颜料中间体，几乎涉及染料的所有类别，其品种每年工业化30～50个，如涤棉深色印花用分散染料的研制，分散嫩黄SE-GGFL、分散蓝S-RBL、分散红3B的质量改进，涂料印花色浆及助剂的研究，

苯四甲酸、还原艳橙GR、还原枣红2R、酸性媒介红S-80、阳离子黄X-5GL、阳离子蓝X-GRRL、酸性媒介灰BS、聚烯烃色母粒的研制等。这些品种可以取代进口产品，节省大量外汇，其中一些品种填补国内空白，转而成为出口品种。

1977年，青岛染料厂成功研制生产出油溶性彩色电影胶片呈色剂黄5381、品5381和青5381三种高档油溶性彩色电影胶片呈色剂，填补了国内相关领域空白。南京化工厂使用苯胺生产工艺建成全国第一套3000吨/年硝基苯加氢制苯胺装置，该成果荣获全国科技大会奖，在国际上也属先进技术。北京染料厂研制投产全国首个涤纶原浆着色剂，并获全国科技大会奖。

“六五”期间开展的科技攻关项目包括99个品种。其中，涤棉深色及碱防拔染印花用染料和助剂54个新品种，毛用染料和助剂23个新品种，纺织后整理助剂6个新品种，老产品质量改进和标准化5个产品，有机颜料2个老品种改进和7个新品种试制，以及1-氨基蒽醌新工艺等。天津市染料研究所、天津市染料厂和天津市化学第七厂协作研制的高固色率F型活性染料12个品种，产品质量和应用性能均达到国外同类产品先进水平。

“七五”期间，为中长纤维（涤纶、涤棉、涤腈混纺织物）配套研制了R型活性染料5个品种和D型活性染料15个品种；SD型阳离子染料7～8个品种；T型分散染料10个品种以及荧光增白剂ER及其中间体；弱酸品蓝7BF及其中间体；醇溶染料5个品种、油溶染料8个品种以及固相法酞菁铜新工艺等。这一时期开发的填补国内空白的项目包括丹东染料厂研究所试制的酸性蓝BGA、丹东染料厂与丹东市化工研究所合作研制的弱酸艳红10B。

“八五”期间，完成了国家重点科技攻关项目52项，新产品92个。新产品中，2个达到国际领先水平，36个达到国际先进水平，42个达到国内领先水平，12个为国内先进；已有48个品种投入生产，建成了34条生产线，取得了显著的经济效益。

主要开展的研发工作有溶剂法合成2-羟基-3-萘甲酸的研究，分散藏青2GL新工艺的研究，热敏传真用无色染料、分散黑EX-SF 300%、隐色体液状硫化染料、还原棕R的研制，弱酸性蓝G、酸性媒介红B、麻用活性橙LR-G、麻用活性涤蓝LR-R、麻用活性黑LR-B等10个品种以及α-型抗结晶、抗絮凝颜料酞菁蓝的制备等，沈阳化工研究院承担的溶剂法合成2-羟基-3-苯甲酸的研究、氯代苯甲酸和分散黑EX-SF 300%的研究，获得国家“八五”科技攻关重大成果奖。1992年，上海染料化工八厂成功开发投产的活性黄KE-4RN、活性黄M-2RE和活性艳蓝KE-GN，填补了国内空白。

特别值得提到的是，在此期间，国家投资4000多万元在沈阳化工研究院建立了国家染料工程开发中心。

“九五”期间，研究的重点主要是高性能染料的研制以及适于超细纤维用的分散染料。如涤纶超细旦纤维用分散染料和助剂的筛选及应用工艺、新的环保型双活性基活性染料的研究、直接荧光嫩黄7GFF及荧光增白剂CBS的合成、脱氰*N*-烷基吡啶酮合成黄色偶氮型分散染料的开发、香豆素系荧光分散染料及超级耐晒系列分散染料的研制、捏合法制酞菁蓝BGSR的开发、苯并咪唑酮系列高档有机颜料的研究等。2000年，台湾永光化学股份有限公司成功研制了环保型染料——ED系列光碟记录用染料。

（二）大力推进新设备、新技术应用

1.新设备、新技术的应用

改革开放初期，国内染料企业普遍采用传统的合成工艺，在染料生产过程中通常会产生大量废液。而采用固相法生产某些染料和中间体，可减少生产过程中废物排放，简化生产设备，降低生产成本。天津染化四厂生产的酞菁素艳蓝IF3G，改用固相法生产，既砍掉了二氯苯溶剂，又减少了工序，不但提高了产品的鲜艳度，而且降低了成本，提高了劳动生产率。吉林染料厂生产的还原橄榄绿B，3-溴苯绕蒽酮与1-氨基蒽醌实现固相缩合后，工序从原来的9道砍掉了8道，完全消除了酸性、碱性废水和废渣，并使缩合收率从原来的76%提高到98%。

20世纪80年代中后期，染料工业推进新设备、新技术的应用，推动质量升级和技术进步。1984年，染料工业两次引进染料后处理加工项目，还从国外购置喷雾干燥设备和染料粒度分布测试仪等设备，并在全行业推广。1985年开始，染料工业着力开展消化引进技术、强化染料应用的研究。吉林化学工业公司染料厂试制一台高速分散机，用于引进装置的染料后处理工序，使染料颗粒细度达到5微米左右，缩短了砂磨时间，降低了能耗。

1987年，染料工业采用新材料、运用新技术试制成功三种新设备，在20世纪90年代后期通过技术鉴定。如吉林染料厂试制的预分散器（高速打浆机），已投入批量生产并在大生产装置上试用成功。用新材料制造列管真空浓缩废硫酸装置成功，并投入试运转。这种设备体积小、耐腐蚀、节能源，可用于使74%左右的硝化废酸经过真空浓缩达到85%～93%，重新进入硝化系统。

在龙头企业带领下，染料工业着重从四个方面开展新设备和新技术的推广使用。一是染料商品化拼混设备的更新换代，重点推广了锥型双螺旋混合设备。大型化设备的应用，改善了劳动环境、缩短了拼混时间、保证了产品质量，并降低了能耗。二是推广使用喷雾干燥器，取代老式传统厢式、滚筒式和部分耙式的干燥设备。喷雾干燥器具有占地面积少、全封闭、生产能力大、能耗低、质量好、剂型多等优点，受到业界普遍重视。三是在生产还原蓝RS的碱熔锅反应装置上推广使用计算机综合控制系统。用新的单板机自控程序代替人工操作，改造后提高了产品质量的稳定性和收率。四是在企业管理中推广使用计算机，广泛应用到计划、财务和生产指挥系统。这些新技术、新设备的推广应用，对于提高染料工业的技术、管理水平和促进文明生产都起了积极的作用。

先进技术给国内染料工业的快速发展注入了活力。1997年初，日本染料专家向浙江的染料公司传授分散染料合成以及相关中间体的合成制造技术。经过双方共同努力，开发出染料重氮化偶合组分的合成制造技术近百项，生产流程设计、商品化制备、成品染料配方等400多项。这些新技术的引进和消化吸收，大大促进了分散染料的快速发展。

2. 整体生产技术和装备水平尚有差距

中国染料生产企业采用的染料和中间体制造技术基本是在德国20世纪40年代公开的“BIOS”和“FIAT”技术基础上稍加改进形成的技术。新技术，特别是“绿色制造技术”的应用不普及，完全独创性的生产技术不多见，80年代国际上广泛采用的催化技术在国内染料生产企业中少见，因此国产染料的技术水平与发达国家相比存在很大差距。千余家生产企业存在点过多、规模小、人员多、污染严重问题，给提高染料工业的规模经济和整体技术水平带来很大困难。染料商品化的技术还比较落后，这不仅涉及后处理的装备，还与染料的商品化研究，如商品化技术的理论依据、添加的助剂、技术参数的检测和控制等有关。因此，在国际市场上国产染料价格只有发达国家同类产品的40%～70%。

（三）中间体工业发展向好

改革开放后，与染（颜）料配套的中间体在生产技术、品种、质量和产量等方面均取得了很大进步。据初步统计，1999年，中国染（颜）料中间体产量约42万吨，其中苯系中间体约34万吨、萘系中间体13万吨、蒽醌系中间体1.3万吨、杂环系中间体1200吨。中国能生产的染（颜）料中间体近500个品种，其中产量超过每年万吨的染（颜）料中间体已超过15种。

不仅于此，中国生产的不少染（颜）料中间体由于质量良好、价格低廉，已在欧美市场上取得优势地位，产品已出口到约30个国家和地区。1999年，中国染（颜）料中间体出口近百个品种，总量超过11万吨，其中出口量在国际市场上有一定影响的品种超过60个，其中包括对硝基苯胺、乙酰甲氧基苯胺、对苯二酚、间苯二胺、DSD酸、2-萘酚、2,3-酸、6-硝基-1,2,4-酸氧体、丁酸、吐氏酸、γ酸、H酸、蒽醌、1-氨基蒽醌、溴氨酸、对氨基苯乙醚、CLT酸、3-氯-4-甲基苯胺-6-磺酸（即2β酸）、邻氰基对硝基苯胺和粗酞菁等。

中国染（颜）料产品更新换代、生产与出口形势的快速发展极大地促进了中间体新品种的研制和开发，比较典型的有8类：甲苯衍生物、间甲苯胺衍生物、乙酰芳胺类衍生物、苯系羧酸类中间体、萘系中间体、蒽醌类化合物、杂环类和多环类中间体、含氟化合物。

随着染料工业对致癌芳香胺认识的深入，开发致癌芳香胺的代用产品的力度加大，并建立了致癌芳香胺检测中心。到2000年，已工业化的致癌芳香胺类新代用品种已超过15个，而且研究代用品种的速度继续加快。

染料工业在开发新品种同时，大力采用清洁工艺和新技术。其中包括硝化新技术、磺化新技术、还原新技术、催化新技术等。针对中间体生产产生的“三废”量大、成分复杂，特别是废水治理难度高的问题，进入“九五”时期，中国染料工业在大力发展新的清洁工艺同时，也加快开发新型末端治理技术，对发展染（颜）料中间体起了很大作用。比较重要且已工业化的新治理技术有持续高活性铁床技术、立式氧化床技术、升流式厌氧污泥床生化技术、树脂吸附技术、渗透膜技术等。

四、多体制发展改变生产格局

随着市场经济体制改革的不断推进，新中国成立后陆续建立的吉林、四川、上海、天津、武汉、北京、大连、青岛等国营染料企业发生了显著变化。与外企合资经营，改革经营者性质，缩小规模、转产或逐步退出染料市场等，多条生存与发展路径的选择以及企业搬迁等，使得中国染料工业的产业格局发生了明显的变化。

（一）老基地发展与国营染料企业的退出

1. 天津染料工业

1978年，中国迎来了改革开放新时期，天津染料工业全面推行厂长负责制和各种形式的经济承包责任制，企业从生产型向生产经营型过渡。各企业转变观念，围绕市场需求，及时调整产品结构，密切工贸联系，加快商品流通，扩大外贸出口，加强横向联合。

1982～1999年，天津市染料公司承担了“六五”至“九五”期间国家染料科技攻关项目，提前超额完成43个课题、152个新品种开发任务，取得重大成果和良好经济效益，被评为“六五”“七五”国家科技攻关先进单位。“八五”科技攻关获得化工部颁发的112项重大成果“集体荣誉证书”。1987～1988年全行业共投产新品种22个，在完成的31个“七五”科研项目中，网印黏合剂、SE系列分散染料获1988年化工部科技进步二等奖。分散染料品种形成S型、SE型、E型、P型四大系列，其中SE型是天津最早试制成功、最早投产，产量和品种在全国都占有较大比重。1988年，天津染料工业创造出了历史最高水平。

随着改革形势不断深入，1985～1988年，天津市染料企业开始了搬迁、重组及关停。染化一厂搬出市区并入染化九厂，染化四厂搬迁并入染化八厂，天津卫津化工厂染料车间停产，染化三厂和染化六厂也相继搬出市区。1988年年底，天津染料化学工业公司被天津市化工局宣布为企业性公司。进入90年代，天津染化五厂和天津染化八厂分别与瑞士科莱恩国际有限公司合资成立科莱恩（天津）有限公司、科莱恩颜料（天津）有限公司。进入21世纪以后，天津市的国有染料企业基本都退出了染料生产，仅有少数合资、民营染料企业在天津塘沽开发区及郊区继续生产。

2.上海染料工业

上海染料工业曾经为中国染料事业发展作出了巨大的贡献，在产业化和产品创新方面尤为突出。研究开发出第一个活性染料，开发生产出M型异双活性染料，为今后现代活性染料的生产打下了坚实的基础；生产出第一批低温型分散染料的“老三样”三原色；开发出迁移型和分散型阳离子染料，研发出阳离子染料重要中间体以及三聚氯氰和β-乙基砜硫酸酯的工业化生产；与全国重要染料厂同时开发生产了高档还原染料等。

随着改革开放进一步深入，上海市染料工业发生了巨大变化，借助上海国际化大都市的背景和影响力，很快为上海染料走向国际市场创造了有利条件，密切了上海染料工业同世界染料界的交往。1985年，上海市染料公司与泰国合资成立沪泰染料有限公司，并在曼谷建设了后处理商品化设备，开展染料商品化和泰国及周边国家的贸易活动。1987年，上海市染料公司与香港天厨味精厂在香港合资建立天海化工有限公司，复配生产助剂。

1990年5月，由22个企事业单位联合组成的上海染料农药公司正式成立。1992年7月，因产业结构调整，农药部分划出，公司经调整充实实体层后更名为上海染料有限公司。公司实体层由上海染料化工九厂、染料化工十厂、染料化工十二厂、化工制桶厂、染料化工机械厂、助剂厂、浦东染料化工厂组成，公司作为企业法人，上海染料化工厂、上海染料化工四厂、上海染料化工五厂、上海染料化工七厂、上海染料化工八厂和上海市染料研究所为公司的成员单位。到2000年，有生产企业近30家，其中1/3为国有企业。

上海染料有限公司成立后，为上海染料工业的发展及江苏省、浙江省染料工业的崛起发挥了重要作用。上海染料有限公司是目前全国最大的染料生产国有企业。上海染料工业已发展成为国内产品门类齐全，应用配套能力较强的重要生产基地。2000年，上海染料产量为1.51万吨，占全国总产量的3.6%，以生产活性染料和还原染料为主，名列全国重点染料生产企业第七位；上海染料出口量和创汇均有一定的增长，名列全国染料出口的第三位。

进入21世纪，上海市的国有染料企业基本全部退出了染料生产，目前有少数合资、民营、私营染料企业在浦东或上海郊区继续生产，个别老国有企业利用品牌和市场影响力，继续开展一些贸易工作。为配合上海成为国际大都市的规划，染料工业主要发展为研究开发基地和应用销售基地。

（二）江浙民营染料业快速崛起

20世纪90年代以后，染料工业“国退民进”步伐加快，集体和私营染料生产企业产生和发展，江苏、浙江私营染料企业快速兴起，对全国染料企业的体制转化、结构调整起到了重要的推动作用。新兴的染料生产基地不断壮大，已从原来的上海、天津、东北转移到浙江、江苏两省。

1991年，浙江省染料产量突破万吨，约占全国染料总产量的6%，染料生产厂家有22个，生产品种95个；染料中间体产量14555吨，占全国总量的4.65%。到1996年，该省染料产品达到2.81万吨，比上年增加73.46%。到1999年，尽管全球染料工业依然处于不景气的状况，中国染料产量也是供大于求，但浙江省的染料工业获得飞快的发展，染料产量达到12.89万吨，比上年增长50.3%，占全国染料产量的一半，染料销售量为12.34万吨，比上年增长62.7%，染料出口量达到3.87万吨，比上年增长53.7%，产销率为95.7%，是全国各省份中染料工业发展最快的一个省。

1999年，浙江龙盛集团染料产量达到6.08万吨，一跃而成为全国染料产量最大的生产企业，其染料产量约占全国染料产量的20%。当年全国染料产量前三位的均为浙江企业。

在1996年尚与江苏省染料工业规模相当的浙江省，凭着民营企业的体制优势，经过几年的发展，在产量和效益上已经远超过江苏省。至2000年，浙江省的100余家染料及染料中间体、助剂生产企业都是民营企业，其中有大中型企业9家。在各类染料中，分散染料的发展尤为突出，浙江龙盛集团成为当时亚洲最大的分散染料生产企业，浙江省生产的分散染料的产销占整个国内外市场份额的70%。

改革开放以来，江苏省的染料工业发展很快，是中国最主要的染料生产基地之一。1989年，江苏省染料产量首次突破万吨，达到1.03万吨，占全国染料总产量的15.15%。到1998年，江苏省染料总产量为6万吨，约占全国染料总产量的1/4。

江苏省染料企业众多。至2000年，销售额在1000万元以上的染料、染料中间体及有机颜料的生产企业共有102家。其中，国有企业16家，合资企业5家，乡镇企业和私营企业81家，销售额超过5000万元的企业有31家。大部分企业的经营机制较为灵活，外向型企业、乡镇企业、私营企业占大多数，具有很大的发展空间，且出口创汇能力很强。

这一时期，大量外资进入江苏，染料工业加强了对外交流和合作，有力地促进了染料和中间体产品生产。江苏省染料企业生产的染料中间体产品品种较多，包含苯系、萘系、蒽醌系、杂环系和含氟、含氰的有机中间体，染料配套率在90%以上，在国内外市场上具有明显优势。

江苏省生产的染料有11大类400多个品种，其中以分散染料、活性染料和还原染料为主。产品结构不合理、技术水平较低以及环保处理能力不足是制约江苏染料工业发展的主要因素。为此，江苏省染料企业积极投入高档染料产品开发、加快禁用染料代用品的研究等，整体发展势头向好。

（三）合资合作企业数量激增

自20世纪80年代中后期以来，中国染料工业的发展受到世界瞩目，成为吸引外商投资的热点领域。90年代初期，已有几十家中小公司向各地的染料、中间体及印染助剂的企业投资或合作经营，其中包括香港建源有限公司与河南安阳市染料厂合作的河南安建化工有限公司；香港万通贸易有限公司与四川染料厂合作的重庆万寿化工有限公司，香港中辽有限公司与丹东染料厂合作的丹东锦龙染料发展有限公司；香港大丰化学实业有限公司与江苏徐州市染料化学厂合作的徐州彭港染料化学公司；香港燕化有限公司与武强县化工总厂合作的河北汇泉染料化学有限公司等。

进入“八五”时期，随着中国改革开放各项政策的实施以及市场经济的快速发展，染料工业引进外资、引进技术的步伐加大，一些大中型染料生产企业与国外大公司建立了一批具有较大规模的合资企业。到1994年，中国染料行业的合资合作企业有近80家，其中规模较大的合资企业有上海染料有限公司与巴斯夫公司、青岛染料厂与汽巴嘉基公司、天津染化五厂与山道士公司等，这几家合资企业的投资规模都在1000万美元以上，所生产的品种均是分散染料、阳离子染料、活性染料、有机颜料等技术含量较高的品种。

90年代初，上海市化工局和上海染料有限公司与德国巴斯夫公司合资成立了上海巴斯夫染料化工有限公司，生产有机颜料、阳离子染料和助剂3个系列产品，并建成一座工艺先进、治理效率高的污水处理设施，合资企业的“三废”治理投资约占总投资的25%。由于项目的重要意义和投资额度较大，受到中德两国领导的高度重视，1993年和1994年分别在中国和德国举行了合资项目的签约和投产仪式。1996年9月17日，上海巴斯夫染料化工有限公司3000吨/年阳离子染料、6000吨/年有机颜料和2.6万吨/年纺织及皮革助剂3个项目建成投产，总投资16.4亿元。

1992年11月，青岛染料厂与瑞士汽巴嘉基公司在瑞士巴塞尔签署了合作协议。1994年底至1995年初，双方就建立1200吨/年分散染料的青岛汽巴纺织染料公司、1500吨/年有机颜料的青岛汽巴有机颜料公司和2000吨/年皮革助剂青岛汽巴化学品公司（后改为青岛德瑞皮化公司）等3家合资企业达成协议，并进入全面建设。3家合资企业总投资6400万美元，于1996年后陆续投产运营。同时，青岛染料厂利用合资的带动和辐射作用，加快了老企业的技术改造，新上3个项目，为合资企业提供所需分散染料、中性染料和中间体。通过合资合作，汽巴的先进管理和技术带动了老企业产品质量的跃升。

天津比较早合资的公司是天津油墨厂与日本东洋油墨公司合资成立的天津东洋油墨有限公司，生产油墨及有机颜料产品。1995年，天津染化五厂与瑞士科莱恩国际有限公司在天津市经济开发区合资成立科莱恩（天津）有限公司，生产分散、酸性染料；1998年1月，科莱恩（天津）有限公司建成投产，生产分散、酸性染料4000吨/年及生产直接染料、纺织制革工业所需的特种染料等。

1996年9月，天津染化八厂与瑞士山道士（后称科莱恩国际有限公司）合资成立科莱恩颜料（天津）有限公司，生产3000吨/年有机颜料，经营范围涉及颜料和相关化工产品。

1995年1月19日，德国拜耳公司与无锡染料厂合资的拜耳无锡染料有限公司分散、酸性等高档染料3000吨/年项目正式签约，总投资1800万美元。1995年3月，德国德司达染料有限公司与无锡染料厂合资兴建德司达无锡染料有限公司，生产2000吨/年分散染料。利用德司达公司染料商品化技术，使用国产分散染料滤饼进行染料商品化加工。

到2000年，中国染料行业与外商合资合作及外商独资企业约240家。合资合作企业建设，对推动中国染料工业的技术进步起到积极作用。

"九五"末期，中国的染料生产布局已经发生巨大的变化。全国共有染料、有机颜料及重点中间体生产企业约1000家，其中乡镇企业600多家，与外商合资合作及外商独资企业约240家。生产企业主要分布在浙江、江苏、上海、天津、山东、河北、河南、吉林、辽宁等地，主要有上海染料有限公司、天津染料化学工业公司、大连染料厂、青岛染料厂、北京染料厂、山西临汾染化（集团)有限责任公司、浙江龙盛集团股份有限公司、浙江吉华集团股份有限公司、浙江闰土股份有限公司、浙江联化集团公司、山东蓬莱新光颜料化工有限公司、浙江上虞舜联化工有限公司、河北省捷虹颜料化工有限公司等。全国纺织染整助剂企业有1500多家，主要分布在沿海经济发达地区，其中江苏省600多家、浙江省300多家、山东省近200家、广东省有100多家、上海市及天津市各有几十家。主要生产企业有上海助剂厂、安阳助剂厂、常州助剂厂。中间体主要生产基地是南京化工厂、河南化工厂、吉林公司染料厂等。

第五节
跻身"染料大国"向绿色、高端化发展
（2001 ～ 2019年）

进入21世纪，特别是2001年11月10日中国加入世界贸易组织之后，纺织印染、印刷油墨、化纤、塑料、油漆、涂料等相关工业快速发展，纺织品和服装出口高速增长，拉动了国内染料和颜料消费的增长。全行业不断克服不利因素影响，染料产量以年均6.66%的速度持续增长，染料出口量以年均8.41%的速度上升。经过

“十五”至“十三五”近20年的发展，染料工业不断迈向新的高度。经济总量持续增长，出口贸易平稳发展，替代进口业绩突出，企业规模实力显著增强，关键共性技术取得突破，园区集聚化水平大幅提高，标准制（修）订工作有所突破，环境综合治理卓有成效，正在进入向世界染料强国发展的关键时期。

一、成为世界最大染料生产国

“十五”期间，中国染料工业发展速度明显加快，主要经济指标全面增长，利税总额年均增长达到38.4%，产品销售收入年均增长达到37.6%。2005年，染料产量达到64.1万吨，位居世界第一位，约占世界染料总产量的55%。重点企业的增长速度明显高于一般企业，总产量达万吨的生产企业有浙江龙盛集团股份有限公司、浙江闰土股份有限公司、天津宏发集团公司、山西临汾染化（集团）有限责任公司、辽宁大连染料化工有限公司、江苏常州北美颜料化学有限公司等。

这一时期，中国每年生产的染料品种大约600种，各大类别的染料都能够生产，国产染料可以满足国内市场需求量的90%以上。但印染工业所需染料的品种，国内仅能满足60%左右，同先进国家相比还存在着较大的差距，主要存在生产企业集中度低、中低档产品过多、产口质量低、稳定性差、生产工艺落后、自动化水平低等问题。

“十一五”期间，染料工业经历了国际金融危机、国家施行严格的环保政策、出口退税为零、产业布局调整等多重叠加的严峻考验。在全行业的共同努力下，重点染料生产企业、主要染料品种的生产仍然保持了较高的增长趋势。染料产量保持在68万～76万吨/年，约占世界总产量的70%，确立了世界最大染料生产国的地位。

这一时期，各类别染料出现了良好的发展局面。硫化染料生产企业由“十五”时期的3家发展为4家，到“十一五”末，硫化染料产量已经接近2万吨；分散染料是国内所有染料类别中产量最高的品种，产量基本稳定在30万吨/年左右，2010年分散染料的增幅达到最大，产量34.95万吨，占染料总产量的44.10%；活性染料产量达到了22.85万吨/年，占染料总产量的28.23%；酸性染料和直接染料等的产量也比改革开放前显著增长。

“十二五”期间，染料工业产量增幅放缓，由此前的15%～20%下降到不足5%，但价格和利润大幅提升，达到历史发展的最高水平。特别是“十二五”后期，染料产品的质量、档次及工业制造技术水平都有了较大提升，进一步确立了中国染料在世界的主导地位。

这一时期，染料产量保持在77万～92万吨/年，约占世界总产量的2/3。染料的出口量保持在24万～28万吨/年，染料出口量比例超过总产量的1/3，出口量年均增长1%，出口创汇年均增长7.7%，主要出口国家和地区集中在亚洲，出口前3位的国家和地区是印度尼西亚、韩国和中国台湾地区。染料进口量在3万～4万吨/年，占染料总产量的5%左右，比“十一五”期间下降了3%；染料进口量年均下降7.3%、有机颜料及制品进口量年均下降3.3%；各类染（颜）料进口量全部实现了负增长，其中活性染料、还原染料进口量基本保持了两位数的下降速度，染（颜）料替代进口取得了突出成绩。中国国内染料的表观消费量在56万～68万吨/年。

“十三五”期间，染料工业经济运行情况总体平稳向好。在国民经济发展缓中趋稳的形势下，染料工业在部分上游原材料价格持续上涨的环境下，仍保持了相对于整个化学工业较好的增长态势。

2017年，染料产量达99万吨，同比增长6.25%；染（颜）料中间体完成36.3万吨，同比增长12%；染料出口量27.6万吨，同比增长5.8%；出口创汇14.8亿美元，同比增长4.3%。荧光增白剂和印染助剂的出口量和出口创汇额增长较多，其中印染助剂的出口量增长13.3%。

2018年，染料产量达到81.2万吨，同比下降17.6%；染（颜）料中间体产量43.7万吨，同比增长20.4%。2018年国际经济环境波澜迭起，也是世界经济不确定因素最多的一年，全面贸易战使全球经济增长放缓，特别是中美两国贸易摩擦不断升级，造成两国经济增长都受影响，导致全球经济增速进一步下滑，也间接影响了中国染料出口，染料出口量下降20.3%。

二、技术与装备不断进步，精细化水平提高

（一）加速开发新品种及新技术

从“十五”时期开始，中国染料新品种的开发速度明显加快，新染料不断涌现，国外生产的所有染料类别，国内均已投入工业化生产。在这一时期，染料工业与纺织印染行业密切配合、大胆创新，开发了75个环保型染料品种来替代禁用染料，获得了很大成功。先后开发成功ME型、EF型和B型等双活性基染料40多个品种、深黑色活性染料5个品种、改进的D型直接混纺染料15个品种、新型弱酸性染

料6个品种、新型黄色分散染料6个品种，使中国的染料开发逐步走上环境友好型、人体安全型的精细化发展道路。进入21世纪以来，中国染料科技工作者技术创新成绩主要有：

1.开发了新发色体

国内染料产品中偶氮结构发色体占75% ～ 80%，由于一些结构的偶氮基团能被生物诱变产生致癌芳香胺，因此研究和开发无诱变、无致癌的发色体作为开发新染料的一个重点，并对天然染料发色体进行分析，开发了仿生染料的研究。此外，还加强荧光染料发色体、光热变色染料发色体以及紫外线吸收发色体等的研究与开发，用于功能性纺织品和高新技术领域中。

2.采用了新制造技术

先进的产品新制造技术已在多个产品中运用，如液相加氢技术已较为普遍地用于芳香族硝基物的还原；防止含氯芳香族硝基物在还原过程中的脱氯技术已在生产中使用；分子筛催化定位技术的开发和应用；二氧化硫制亚硝酰硫酸的产业化；在多个产品中采用的溶剂法生产技术；加压碱熔技术在H酸生产中的使用等。另外，液相色谱控制技术也在生产控制中推广使用，这些都为染料工业的节能减排、降低成本提供了有力的技术支撑。

3.提高了固着率

无论是活性染料还是酸性染料，市场上有相当一部分品种都存在着染料利用率不高的问题，活性染料一般在60% ～ 67%、分散染料一般在75% ～ 85%，提高染料的吸色率和固色率已成为节能减排降本的主攻目标之一。染料科技工作者已在这方面取得了突破性的进展。

4.改进了色牢度

随着消费者对纺织品质量水平要求的不断提高，染料的日晒牢度、湿摩擦牢度、耐热迁移性能和洗涤牢度以及汗-日光牢度等愈来愈明显地暴露出存在的不足，改善这些色牢度成为提高纺织品附加价值的重要内容。中国的染料科技工作者通过开发新型染料和助剂取得了改进色牢度的显著成绩。

5.应用新商品化技术

市场上水溶性染料普遍存在着溶解度、溶解速率、提升性、匀染性和重现性等问题，非水溶性染料也存在着粒子粗、粒径分布范围宽、晶型转变不完全、高温分散稳定性差等问题。中国染料科技工作者通过发展新商品化技术取得了满意的改进效果。例如，膜分离技术已在部分基础较好的企业中用于水溶性染料的提纯、脱盐和浓缩；部分水溶性染料直接采用原浆喷干的技术；采用新型分散剂制造分散染料商品的技术；无或低重金属含量的染料生产技术；特别是染料复配增效技术已在有些染料的商品生产中应用等。

6.高端技术提升染料品质

随着改革的深入和技术的进步，高端技术在国内染料工业中实现了创新突破。染料复配增效技术、超微型还原染料加工技术以及超细旦分散染料的加工技术等的应用，有效提升了染料品质。

催化技术是染料清洁生产工艺中发展最快的绿色制造技术，其中包括骨架镍催化加氢还原技术、相转移催化技术等。此外，三氧化硫磺化技术、组合增效技术、溶剂反应技术、循环利用技术等工艺技术的创新和应用，都有利于染料行业新产品的高效开发。

（二）染料中间体的生产居世界前列

长期以来，亚洲国家所需的许多精细化工中间体只能从欧美国家进口，制约了染料、有机颜料等精细化工产品的发展。20世纪70年代末至80年代，亚洲国家开始重视中间体的发展，生产品种及产量快速增长。到90年代，中国和印度的中间体开发具备了一定规模，许多中间体不仅能满足本国需求，还有余量组织出口，产品质量虽不能完全达到欧美产品的水平，但基本可满足用户要求，并具有低价位的竞争优势。目前，世界染（颜）料生产所需的许多中间体品种主要依赖亚洲国家，亚洲已成为世界染（颜）料中间体的生产基地及重要的供应地区。

进入21世纪以来，中国染料工业的蓬勃发展，在很大程度上取决于中间体生产技术水平及产品质量的不断提高、生产规模的不断扩大、新品种的不断开发。经过十几年高速发展，染（颜）料中间体从科研开发到生产销售已形成一套较完整的体系，建设了一批具有经济规模并有较强竞争实力的中间体生产装置，如邻（对）硝基氯化苯、邻（对）硝基苯甲醚、邻甲苯胺、H酸、2,3-酸、合成蒽醌等。中国已成为世界染（颜）料中间体的主要生产大国及重要的供应地，常年生产的染料有800多个品种，中间体产量约45万吨/年，由于染（颜）料中间体的质量良好、价格低廉，已在欧美市场上占据优势地位，产品已出口到约30个国家和地区。从品种上看，中国每年出口染料中间体近160种，其中苯系及萘系品种居多，分别占50%

和26%；蒽醌及杂环系中间体分别约占14%和10%。从出口量看，中国染料中间体的出口量超过10万吨/年，其中出口量最大的是苯系中间体。从各类中间体的出口情况看，染料中间体占有特殊的地位，出口品种数及出口量分别占总数的70%以上和总量的30%以上。

染（颜）料产品不断地更新换代，以及生产和出口形势的发展势头良好，对中国中间体新品种研制和开发起到了积极的推动作用。染料中间体发展的主要方向是：

1.苯系列衍生物的开发

作为染料中间体重要构成部分的苯系列染料中间体，国内重点对其衍生物染料中间体产品进行开发，并取得了一定成果。已开发出多种苯系衍生物染料中间体产品，其中包括甲苯衍生物类，如2,4-二氯苯甲醛；苯胺衍生物类，如2-氰基-4-硝基苯胺；间甲苯胺衍生物类，如*N*-甲基间甲苯胺等。

2.杂环类和多环类中间体的开发

杂环类中间体合成的新型染料及有机颜料可以对蒽醌型染料及有机颜料进行取代，所以市场的需求越来越大，已经取得较好成果并且有部分品种已经投放市场。如噻吩类、异噻唑类、咪唑类及噻唑类中间体，而噻唑类包括2-氨基-5-硝基噻唑、2-氨基-6-甲砜基苯并噻唑、2-氨基-6-氯苯并噻唑、2-氨基-5,6-二氯苯并噻唑；异噻唑类有3-氨基-5-硝基苯并异噻唑等。其中，有些品种也是合成农药的中间体。

3.含氟化合物的开发

氟苯胺及氟氯苯胺和三聚氰胺等品种的市场需求量不断增长，国内对含氟化合物的开发也越来越重视。如对氟苯胺、2,4-二硝基氟苯、氟氯苯胺、三聚氟氰等的开发力度不断加大。

4.分散、酸性等染料专用中间体的开发

为满足染（颜）料市场对专用中间体的需求，大力开发如分散红343、分散蓝366、分散蓝165：1、酸性黄42、酸性红97、酸性红57等专用中间体。

（三）装备水平全方位提升

这一时期，中国染料工业装备技术也有所发展，装置安全性、自动化和精细化水平不断提高。染料工业装备的巨大进步，也为染料技术的进一步发展提供了充分保障。

1.合成反应设备大型化

在染料生产装备提升上，合成反应设备的大型化成功解决了大型反应釜在质量传递、动能传递、热量传递方面的工程技术难题，使合成过程中的单釜投料量及单批产量大幅度提升。特别是在分散染料合成制造工艺上，采用了以90～100立方米为主合成釜的大容量合成装置，使单批产量大幅增加，产品质量稳定性提升，解决了原小批量生产质量差的困扰。

大型化连续硝化、加氢还原生产装备使连续硝化替代传统间歇硝化，加氢还原替代传统铁粉、硫化碱还原等技术实现了工业化的应用。大型的高温高压反应釜和减压精馏、蒸馏设备以及各种在线的电子监测设备，适用于高沸点、低沸程差、热敏性芳香胺异构体精密分离工艺的装置得到应用。DCS（集散控制系统）对全流程工艺参数实施自动控制，提高装置自动化水平和系统运行的稳定性及安全性。ESD（应急处理系统）自动实施异常工况应急处理机制，提高化工生产的安全性等装备逐步应用于工业化生产。同时，耐高温、耐有机溶剂腐蚀的大型过滤设备，如自动板框压滤机、液压压滤机、带式压滤机、隔膜箱式压滤机、膜过滤等设备，提高了过滤的有效面积、过滤速率和染料的分离效果，减少了染料废水的排放。

2.新型超细研磨设备

一系列新型超细研磨设备问世。如研磨机、球磨机等适于干式研磨，胶体磨、砂磨机等适于湿式研磨。球磨打浆预粉碎-流能冲击细粉碎-双反向旋转球磨超细粉碎的染料湿法粉碎新工艺和装备，与国内原有技术相比，具有节能高效的特点，可有效降低研磨粉碎能耗50%以上。同时，产品质量达到了国际先进水平，解决了中国商品染料因颗粒大、粒径分布范围广等问题，提升了染料精细化水平。

3.大型染料干燥设备

滚筒干燥、带式干燥、闪蒸干燥设备以及喷雾干燥器等被广泛用于染料的干燥过程，其中喷雾干燥是应用最多的干燥设备之一。此外，有机溶剂的回收、提纯设备与耐强酸或强碱、耐高温、耐腐蚀的较大型密封真空包装设备，以及用于含盐酸性废水和含盐碱性废水处理的多效蒸发设备等也已广泛应用。

4.管式反应器的推广

管式反应器具有反应速度快、转化率高、生产效率高等特点，主要应用在染料中间体生产和活性染料连续偶合反应中，实现了连续化生产和分段温度控制。管式反应器的推广应用，对于染料行业生产的整体水平提升具有良好的示范作用。

三、“国退民进”深化，企业规模实力加强

进入21世纪以后，中国染料工业中国有企业基本退出，到2015年前后，仅存青岛海湾精细化工有限公司（原青岛双桃精细化工有限公司）、山西临汾染化（集团）有限责任公司、上海染料研究所有限公司三家全资国有企业，约占全国染料销售额的5%。染料工业基本形成了股份制、合资、民营、国有企业共同构成的产业格局，产地相对集中在浙江、江苏、山东、河北等地区。与此同时，企业并购重组、合资合作趋于活跃。

（一）民营企业成为染料生产主力军

在民营染料企业队伍中，已有一批企业发展成年销售额达数十亿元的集团公司，其中浙江龙盛集团股份有限公司、浙江闰土股份有限公司和浙江吉华集团股份有限公司等三家公司都已经成为世界级的染料企业，名列中国染料生产企业的三甲，并都已成功上市。

此外，上海安诺其集团股份有限公司、江苏亚邦染料股份有限公司、东港工贸集团有限公司，生产中间体的河北建新集团公司以及彩客化学（东光）有限公司等，生产纺织印染助剂的传化智联股份有限公司、广东德美精细化工集团股份有限公司、宁波润禾公司等也相继上市。这些企业集团有较雄厚的资本金和较强的技术开发力量，竞争力不断加强。

21世纪以后，民营染料企业一花独秀的浙江省，逐步发展成为全国染料生产、消费、出口第一大省。2018年，浙江省染料产量达到53.7万吨，占全国染料总产量的66.1%；出口量为9.7万吨，占全国染料总出口量的44.3%；出口创汇额为6.9亿美元，占全国染料总出口额的43.7%。

以民营企业为主体的江苏染料工业，产量已占全国的15%～20%，生产企业逾百家，80%的企业集中在盐城市、连云港市、常州市和泰州市等，以生产分散染料、活性染料和还原染料为主。重点企业有江苏亚邦染料股份有限公司、徐州开达精细化工有限公司、江苏锦鸡实业股份有限公司、江苏泰丰化工有限公司等。2018年，江苏省染料出口量4.6万吨，创汇4.1亿美元，染料出口名列全国第二位，

经过不断调整和发展，改革开放以后涌现出来的民营染（颜）料企业，积累了较雄厚的资本和较强的技术开发力量，逐渐成为中国染（颜）料工业的主力军。

“十二五”期间，随着中国传统产业兼并重组的持续推进，染料企业重组步伐

加快，通过优化资源配置、优化产品系列、降低经营成本、提高产能利用率、推动自主品牌建设，企业规模实力显著增强。

到2015年，产值超过5亿元的企业数量由2011年的14家增加到21家，销售收入超过3亿元的企业已将近30家，其中浙江龙盛、浙江闰土及浙江吉华的产量合计已经接近国内染料工业总产量的50%。浙江龙盛已成为总资产超过200亿元、净资产超100亿元、年利税总额超30亿元的大型企业。浙江龙盛占据了世界20%的染料市场份额，30个销售实体遍布于全球主要染料市场区域，已成为全球最大纺织用化学品企业，拥有分散染料14万吨/年，活性染料6万吨/年，中间体间苯二胺、间苯二酚、对苯二胺10万吨/年，还原物1万吨/年的生产能力。

民营企业积极探索“互联网+”，实现传统企业转型升级。2015年年初，由中国染料工业协会、中国印染行业协会、上海安诺其集团股份有限公司等7家单位联合发起并注册成立的上海七彩云电子商务有限公司，填补了染料行业B2B专业平台的空白。同年10月该平台正式上线运营，彻底改变了染料的传统营销模式。

2016年4月8日，网盛生意宝与浙江闰土股份有限公司、浙江吉华集团股份有限公司签署《中国染化交易市场建设和营运之战略合作协议》，2017年4月14日，三方共同打造的“中国染化在线交易市场”正式上线，该平台是基于染化产业链的第三方电商交易+在线供应链金融平台，以推动染化行业“互联网+”为目标，打造一个基于“交易+金融”的战略模式，促进染料企业转型与升级。

随着民营染料企业的迅猛崛起，并成为染料工业主力军，国内原有产业格局已经发生了彻底改变。

2015年12月1日，青岛双桃精细化工（集团)有限公司宣布双桃精化老厂区生产系统全面停产，这家创办于1919年的中国第一家民族染料厂停产搬迁。2010年，双桃精化被列为青岛市第一批搬迁企业，在平度市新河化工园区建设精细化工产品和无机化工产品及热电联产项目。

上海是中国染料生产的老基地，也是对外开放的重要窗口。为了配合上海建成国际大都市的规划，上海主要发展为染料工业研究开发基地和应用销售基地。

（二）新一轮合资经营活跃

2001 ～ 2005年，是中国经济结构战略性调整、完善社会主义市场经济体制和扩大对外开放的重要时期，国家强调要进一步扩大开放，加快参与世界经济全球化进程。大量吸引和利用外资推动中国石油和化学工业的结构优化，成为一项重要工作。此时，染料工业合资企业持续增加，生产数量、品种不断增长，生产新技术和产品质量与国际标准加快接轨，企业管理、经营理念得到提升，生产工艺和设备不断进步，产品出口与国际交流不断扩大。

2000年，巴斯夫在上海独资兴建了一家生产金属络化物染料中间体的大型工厂，这套投资逾亿元的新装置主要生产非纺织染料、印刷油墨用颜料、皮革及纺织化学品染料。

2004年，杭州百合花化工公司与瑞士科莱恩国际有限公司合资，建成由百合花化工公司控股的杭州百合科莱恩颜料有限公司，在萧山临江工业园区投产。2013年，科莱恩收购江苏五彩精细化工公司有机颜料业务；同年在镇江公司建设高级有机颜料项目。

2007年10月，浙江龙盛集团股份有限公司与印度KIRI染料公司在印度合资兴建Lonsen Kiri染料公司，一期2万吨/年活性染料生产线于2009年7月20日在印度古吉拉特邦建成投产。这是中国第一个境外建设的合资染料厂。

2009年，浙江龙盛集团股份有限公司收购了全球染料巨头德国德司达染料公司。此次收购推进了中国染料工业的国际化发展进程，标志着中国染料企业开始登上世界染料舞台的中心，被列为2010年度世界化工十大新闻之一。

2011年，浙江闰土股份有限公司收购世界排名第四的德国约克夏集团，然后成立了约克夏（中国）贸易有限公司和约克夏（浙江）染化有限公司。

“十二五”期间，浙江闰土通过和子公司闰土国际（香港)有限公司合计持有约克夏化工控股70%的股权；浙江龙盛通过盛达国际和桦盛公司合计持有德司达控股62.43%的股权。

2016年，浙江传化集团收购荷兰拓纳化学公司，借助拓纳化学的全球市场网络和战略合作伙伴，支持传化化工产品在国际市场上的销售增长，加快了企业的全球生产布局。

中国染料工业龙头企业通过对海外染料巨头的收购整合，实现了国际企业全球市场、品牌和技术的优势与国内企业生产优势的结合，提升了中国染料工业在全球的市场占有率和综合竞争力。

四、跨区域整合，构建具有国际竞争力的产品结构

这一时期，染料工业加快结构优化升级和产业各要素整合，大力推进“上下

游、关联产业、国内国外”横纵联合，连横合纵开拓国际市场、创建国际品牌，提高了中国染（颜）料国际市场竞争力和占有率。

（一）染料工业园区化发展

从2007年以来，随着国家产业政策调整以及染料工业推行清洁生产和入园搬迁等一系列措施的实施，染料产业集聚度快速提高，染料企业入园率达到85%左右，主要集中在浙江上虞、临港工业园区，江苏泰兴、连云港、盐城、滨海工业园区，山东潍坊、昌邑工业园区等，园区企业产值、产量占全国总量95%左右。化工园区对于染料工业的集聚发展起到了积极的促进作用。染料企业主要分布在江浙一带，山东、安徽、湖北等地也都有染料生产企业。集聚效应在“十三五”期间进一步得到提升，产业特色更为突出。

（二）大力开发绿色、高端产品

中国已成功研发出近500个新型环保型染料，环保型染料已超过全部染料的2/3。其中，开发最多的是环保型活性染料，最有效的手段是在染料分子中引入两个异种或同种的活性基，特别是引入一氯均三嗪基和羟乙基砜硫酸酯基两个异种活性基，如EF型、ME型和B型等活性染料有10多类共100多个品种；环保型分散染料的重点在于开发和生产取代过敏性分散染料与禁用分散染料的品种，如分散黑EX-SF 300%（ECO）、分散黄M-3RL、分散金黄SE-3R等；用新型二氨基化合物取代联苯胺及其衍生物制成的环保型酸性染料，如弱酸性黑3G、弱酸性黑NB-G等；环保型金属络合染料，如尤丽特中性染料等；环保型直接染料的开发也是一个热点，如用三聚氰酰基作为桥基制得的D型直接染料等。这些环保型染料完全能满足国内外市场对不断增长的绿色纺织品的需求。

中国染料的质量有了很大提高，不少产品的质量已到达或接近国外同类产品的水平，取得国内外市场和国际著名检测机构的认可。这一时期，具有国际竞争力的染料和相关中间体的产品结构已经完整构建，国内染料企业也适时调整了高端产品研究重点：

（1）研发溶解度达到20%～30%的高溶解性高强度活性染料、酸性染料和有机颜料，打破国外产品的垄断，形成大规模产业化。“十三五”期间，数码喷墨印花用墨水使用量快速增加，陶瓷喷墨印花技术应用于瓷砖领域增长很快。2015年，国内陶瓷墨水需求量4万吨左右，参考陶瓷工业发达国家陶瓷墨水工艺80%～90%

的占比，中国陶瓷墨水需求量仍有较大成长空间。在染织领域，浙江绍兴东升数码研发的无水印花机，直接由计算机控制将染料和助剂喷印到织物上，喷印过程中不产生噪声和废水、废气等。

（2）开发适应于超细纤维、高仿棉纤维（消光抗紫外吸排聚酯仿棉纤维、速干排汗纤维）、多功能复合纤维、聚乳酸纤维、竹纤维、聚酯纤维、聚酰胺纤维和羊毛等纤维染整加工技术需要的分散染料、活性染料、酸性染料和有机颜料产品；开发适应于具有阻隔有害物质和病菌的纺织品、高阻燃纺织品、防火纺织品等以满足战争防护服、消防服、医用无菌服、高性能过滤器等纺织品要求的染（颜）料产品；开发转移印花工艺技术、涂料印染工艺技术、微胶囊染料无助剂免洗染色技术等节约减排型绿色印染新技术所需的专用染料新品种，以及现有品种的改进；开发高固着率、高色牢度、高提升性、高匀染性、高重现性、低盐染色、低温染色、小浴比染色、短时染色、湿短蒸轧染以及一次成功染色、一浴一步法染色等用新型活性染料；研究含氟嘧啶系列活性染料合成技术，研究液相催化氟化法含氟嘧啶合成技术，开发新型含氟嘧啶中间体清洁工艺，满足系列活性染料合成需要。上述研究开发大大促进了染（颜）料产品结构的优化。此外，适应于各种织物涂料印花和涂料染色用新型涂料，如超细涂料、纳米涂料、高纯染料的开发，以及水性涂料、水性建筑内外墙涂料、水性家具木材用涂料、水性纸张着色浆和紫外光固化印墨、紫外光固化涂料等着色用染（颜）料的开发，也是创新的重要内容。

（3）开发与化工新材料相配套的染（颜）料产品，满足特种工程塑料、高端聚烯烃塑料、纳米材料、生物材料、航天材料、高温超导材料、微电子和光电子材料等高端产品，以及使用广泛的新材料的需要。

（4）大力发展化纤色母粒。根据2018年对50余家色母粒企业的调查，有16家产值超过1亿元，产量合计33.7万吨、产值合计45.8亿元。其中，苏州宝丽迪、广东美联、常州红梅产量超过3万吨、产值超过4亿元。然而，同期美国安配色公司产量达到50万吨、产值63亿元，其高端和功能化色母粒在产品中的占比也高于国内企业。从规模化、高端化进程来说，国内企业还有很长的路要走。大力推进PET无卤阻燃全色系化纤色母粒的研发与生产及示范工程，研究熔体着色技术及着色剂在熔体中的分散均匀混合技术，满足PET化纤制品用于衣物、床单、窗帘、地毯等无卤阻燃的实际应用的要求。发展多功能塑料色母粒，如高性能工程塑料色母粒、金属特殊效果色母粒、热塑性聚氨酯全色系色母粒的开发与应用，满足高性能、高亮度、氟塑料色母粒的需求。同时，大力推广双转子密炼机连续混炼设备、往复式单螺杆混炼设备、双螺杆改进设备在色母粒工业的应用。

（三）高度重视产品安全和生态环境安全

抓好源头控制，从所用原材料做起，加大产品安全，保护消费者和生产者的生命健康，根治或减轻“三废”治理的负担。2005年1月1日，中国正式实施了国家强制性标准《国家纺织产品基本安全技术规范》（GB 18401），限制使用能还原释出23种致癌芳胺的偶氮染料。实施多年来，收到很好的效果。中国纺织品和服装生产及出口企业较为集中的浙江、广东等地，2004年禁用染料检出率高达13.6%，以后逐年下降，2006年检出率为4.1%，2010年对深圳出口欧盟的4563个纺织品抽样进行检测，禁用偶氮染料检出率低于1%。中国纺织服装出口产品抽样检测结果表明，2008年禁用染料检出率为1.44%，2009年为1.95%。经过十余年的努力，染料企业已经杜绝禁用偶氮染料的生产，印染企业采购染料时，采取监控措施，从源头杜绝禁用偶氮染料的流入。

国家多次出台政策，倡导企业履行社会责任，保护生态环境。2005年国家发改委以第40号文件发布的《产业结构调整指导目录（2005年本）》中提出，鼓励“采用先进工艺技术的大型基本有机化工原料生产”“新型染料及其中间体开发生产”的节能和清洁生产的政策要求。

2009年6月，国家安全监管总局下发了《关于公布首批重点监管的危险化工工艺目录的通知》（安监总管三〔2009〕116号），对照本企业采用的危险化工工艺及其特点，确定重点监控的工艺参数，装备和完善自动控制系统，大型和高度危险化工装置要按照推荐的控制方案装备紧急停车系统。2010年5月，环保部发布的《“十二五”主要污染物总量控制规划编制技术指南（征求意见稿)》明确要求，“十二五”期间，染料行业要推广连续硝化技术、绝热硝化技术等清洁生产工艺，提高循环水利用，减少氨氮排放。国家发改委的《产业结构调整指导目录（2011年本)》中H酸被列为暂缓执行淘汰项目。2011年5月，中国石油和化学工业联合会发布的《石油与化学工业“十二五”发展指南》指出，染料工业要严格控制新增产能，加快淘汰落后工艺，重点开发和推广连续硝化、绝热硝化、定向氯化、“三废”治理、循环再生和综合利用技术。开发和采用少污染的合成路线，替代“三废”生成量大、污染严重的原料路线；在产品合成中尽可能用绿色原料替代毒性大的原料。

五、严控“三废”排放，大力发展清洁生产和循环利用技术

随着人类环保意识的不断增强以及市场竞争的日趋激烈，消费者和用户对染料产品的质量和性能提出了环保化和绿色化的要求，即要求生产具有“六不”特点的染料：不含致癌芳香胺和不会裂解产生致癌芳香胺、不含过敏性染料、不含超标的重金属、不含超标的甲醛、不含可吸附有机卤化物、不易产生环境污染或低“三废”等，同时对染料的各种色牢度、着色率、提升性、鲜艳性等提出了更高的要求。

作为传统精细化工的染料工业，降低“三废”排放量和提高治理水平已成为可持续发展的关键。2009年，染料工业有四项技术被工业和信息化部列入清洁生产技术推广目录，分别是染（颜）料中间体加氢还原清洁生产制备技术；染料膜过滤、原浆干燥清洁生产制备技术；有机溶剂替代水介质清洁生产制备技术以及低浓酸含盐废水循环利用技术，这些技术使活性、分散、还原类别染料等不再列为“双高”产品，同时不再受环境经济政策的制约。实施清洁生产工艺，发展循环经济，从源头减少废水的大量产生，既降低了生产成本和治理成本，同时节约了大量的水资源。开发清洁生产工艺，已经越来越引起染料工业的重视。

这一时期，染料工业针对生产过程中排污量较大的中间体开展清洁生产。如硝基还原成氨基采用清洁的催化加氢工艺替代污染严重的硫化钠、铁粉还原工艺。中国苯胺生产已完全摒弃了硝基苯铁粉还原工艺，苯胺生产全部采用硝基苯加氢还原工艺；3,3′-二氯联苯胺的生产已经全部采用邻硝基氯苯催化加氢工艺；间二硝基苯液相加氢法生产间苯二胺工业化，邻（对）氨基苯甲（乙）醚、邻（对）甲苯胺的生产也正在由催化加氢工艺替代污染严重的硫化钠或铁粉还原工艺。

同时，染料工业着力开发和采用绿色原料路线，以替代“三废”生成量大、污染严重的原料路线。如国内已有企业实现了硝基苯与苯胺缩合法生产对氨基二苯胺的工业化生产，该工艺比对硝基氯苯与苯胺为原料的甲酰苯胺间歇缩合法可减少约74%的有机物、99%的无机物和97%的废水排放。间苯二酚氨化生产间氨基苯酚比硝基苯用发烟硫酸磺化、铁粉还原、碱熔及酸化生产间氨基苯酚，不仅可大大简化生产过程，而且可使环境得到很大改善。分散染料在重氮反应中用亚硝酰硫酸取代亚硝酸钠，从而降低生产成本、提高产品质量，使成品色泽鲜艳、固色能力强，减少了污水排放。在压滤工段，采用隔膜式压滤设备，并将母液通过管道、托盘进行收集，经综合利用后再进入“三废”处理系统。

染料工业也十分注重循环节水。企业用水主要是循环冷却水、生产用水（工艺用水和洗涤水），因此染料工业节水主要是提高循环冷却水和生产用水的重复利用率。提高循环冷却水的重复利用率主要是通过提高循环水的浓缩倍数来达到减少补充水量、降低污水排放量和节水的目的。节约生产用水因产品和生产工艺不同所应采取的措施不同。就活性染料生产而言，利用膜分离技术，能省去盐析、压滤和蒸发浓缩等工序，可实现节水、降耗和减污等多重目的；还可将活性染料反应工序得到的浆料直接进行原浆喷雾干燥，也可省去盐析、压滤和蒸发浓缩等工序，无工艺废水的产生。

到2010年，染料工业染（颜）料中间体加氢还原等清洁生产制备技术普及率约50%；通过从源头控制、工艺改进和采用膜过滤、原浆干燥等生产制备技术使80%的活性染料、40%的酸性染料和荧光增白剂等产品实现了工艺废水零排放。

“十二五”期间，染料工业推进清洁生产技术进步，开展了大量的科研开发工作，对原来粗放型、敞开式、间歇式的生产工艺进行了改进，主要抓住了以下三个重点：

① 对原有生产工艺仍相对落后、重点中间体合成反应路线和方式设计欠合理的，进行重点生产成套技术的改造、优化、系统化和集成化，以及在安全和运行稳定性方面进行改进。注重产品生产全过程的物料和能源的优化组合，提高资源的综合利用效果，同时注重污染物的资源再利用的研究和工程的同步改造。

② 围绕染料绿色产品及清洁生产技术开发主线，突破行业关键技术，突破重点中间体清洁生产技术、装备的连续化、工艺控制自动化等关键技术。

③ 反应设备的密闭化、集成化、智能化与信息化。达到反应全过程的温度、酸度、压力、流速、反应速率等工艺参数的自动化，提高原材料的原子利用率，减少过量物质，使反应更加准确合理。

2011年，工业和信息化部发布的染（颜）料中间体加氢还原等清洁生产制备技术、染料膜过滤及原浆干燥清洁生产制备技术、有机溶剂替代水介质清洁生产制备技术、低浓酸含盐废水循环利用技术等染料行业清洁生产技术在行业推广取得实效。染料工业连续多年在业内加大了清洁生产技术的推广力度，取得了积极的成效。浙江龙盛集团有限公司、浙江闰土化工有限公司、浙江吉华集团有限公司、河北华戈化工有限公司、山西青山化工有限公司、洛阳染料化工有限公司等多家企业在使用清洁生产技术过程中得到了肯定，并获得了工信部清洁生产专项资金的奖励。

但是，受染料原料涨价的压力、利润增长的诱惑，一些不法企业追逐高额利润不惜铤而走险非法排污现象依然存在。2014年9月，宁夏明盛染化公司因生产染料中间体还原物向腾格里沙漠腹地偷排污水在社会上引起轩然大波，不仅使整个染化行业蒙羞，也给下游产业链的平稳运行带来了巨大风险。2014年12月，习近平总书记作出重要批示，国务院专门成立督察组，敦促腾格里工业园区进行大规模整改。2015年1月1日起，被称为史上最严新环保法施行。

面对节能减排的严峻形势和市场对绿色生态染料产品的迫切需求，染料企业加大了环保投入，活性染料重要中间体H酸清洁生产新技术、2-氨基-4-乙酰氨基苯甲醚连续硝化清洁生产工艺、1-氨基蒽醌清洁生产工艺、染料中间体间苯二酚清洁生产新工艺、颜料中间体CLT酸清洁生产新技术、高档新型活性染料的创制、染料废水处理及回收利用新技术等一批关键技术取得了突破。

在“三废”治理过程中，多数企业都采用了分类治理和末端治理相结合工艺，既降低了浓度，同时降低了处理难度。很多原来采用的中和、焚烧等简单处理手段，改为综合套用、综合利用技术，减少大量新鲜水使用。利用先进设备和技术，把合成过程中产生的高浓度、难处理的废水进行萃取、反萃取，进行无害化处理。在大大降低“三废”产生量的同时，实现了“三废”的资源化利用。

成立于2010年的染料产业技术创新战略联盟，“十二五”期间，大力推进产学研相结合，开发染料行业清洁生产技术，并进行技术的产业化。2014年底，由该技术联盟承担的“十二五”国家科技支撑计划项目“染料及中间体清洁制备与应用关键技术开发”结题。该项目由染料产业技术创新战略联盟内的24家企业联合攻关，开发出9项重要中间体清洁生产新技术、4种新印染工艺和若干染料废水处理及回收新技术等，共建立了23套示范工程。项目实施过程中每年减少废水排放350多万吨，减少固体废物19.4万吨。

通过多年不懈的努力和清洁生产工艺、设备的推广和实施，染料工业的“三废”产生量得到了有效消减和控制。清洁生产技术改造获得卓有成效的工业化效果，是“十二五”期间染料行业向绿色化转型的成果之一。

“十三五”期间，染料行业大力开展了工艺集成创新、循环利用和环境治理技术的研究，针对染料生产特点，与大专院校合作，破解染料废水、固体废物处理难题。节能减排、“三废”治理技术、治理方案、治理装备等先进工艺和工程的推广，提高了全产业链绿色制造水平。

2018年5月，大连理工大学张淑芬教授团队完成的低聚合度多羧酸大分子染料的创制与工业化应用项目，通过了中国石油和化学工业联合会组织的科技成果鉴定。该项成果取得了三大创新，创制了黄、红、蓝、棕色低聚合度多羧酸大分子新型染料，创制了黑色新型多羧酸水溶性染料，发明了低聚合度多羧酸染料清洁制造技术。该成果整体技术水平达到国际领先，对推动中国皮革染料性能提升、实现着色皮革向高档化发展、消除皮革染色污染均具有重要意义。该成果形成了完整的自主知识产权体系，已获授权发明专利10件，其中美国发明专利3件。技术成果已在金华双宏等4家大型染料企业成功应用，经济效益、社会效益和环境效益显著。

2016年，工信部发布《水污染防治重点工业行业清洁生产技术推行方案》（简称《方案》），提出了一批较为成熟的清洁及治理技术。根据《方案》，染（颜）料工业要在提高原材料的利用率上下功夫，并提出了5条可行的清洁生产技术路线。如作为染料生产重要原料的H酸绿色制造技术，采用精萘为主原料，工艺路线缩短，可使产品收率提高约3%，每吨产品废水量比原工艺下降70%左右。

到2019年，中国染料工业发展整整历经一个世纪。100年来，中国染料工业从无到有，规模从小到大，技术从弱变强，品种从单一到丰富多彩，崛起于世界东方，影响遍及全球，已形成了世界染料看亚洲、亚洲染料看中国的产业格局。在中国经济全面走上高质量发展道路的当下，以民营企业为主体的中国染料工业，以实现从“量”的积累向“质”的飞跃转变，从“点”的突破向“面”的系统能力全面提升转变，从“大”的扩张向“强”的占有转变。在新时代肩负起绿色发展的使命，全面推进绿色制造，为产业向规模化、高端化、绿色化转型升级的实现和高质量发展注入不竭动力，让光彩的事业绽放新的光彩。1949～2019年我国染料产量表见表2-8-3。

表2-8-3　1949～2019年中国染料产量表　　单位：万吨

年份	产量	年份	产量
1949	0.52	1957	3.42
1950	1.24	1958	3.72
1951	1.31	1959	3.94
1952	1.64	1960	4.17
1953	2.19	1961	1.93
1954	3.34	1962	2.94
1955	2.5	1963	4.27
1956	2.34	1964	5.45

续表

年份	产量	年份	产量
1965	6.76	1993	17.32
1966	7.83	1994	18.96
1967	5.39	1995	25.6
1968	4.51	1996	22.3
1969	7.26	1997	24.54
1970	8.97	1998	26.4
1971	9.48	1999	20.4
1972	9.73	2000	31.0
1973	9.32	2001	33.7
1974	6.88	2002	41.46
1975	7.32	2003	53.62
1976	5.89	2004	59.83
1977	6.75	2005	63.03
1978	8.29	2006	70.93
1979	7.17	2007	74.96
1980	6.5	2008	73.88
1981	7.66	2009	71.91
1982	8.55	2010	75.6
1983	7.48	2011	77.2
1984	7.48	2012	83.3
1985	8.97	2013	89.5
1986	10.66	2014	91.7
1987	11.29	2015	92.2
1988	12.63	2016	92.8
1989	12.74	2017	98.6
1990	13.63	2018	81.2
1991	14.12	2019	79.0
1992	15.74		

第九章 颜料工业发展史

（1949～2019年）

颜料，人们并不陌生。国画、油画中赤、橙、红、绿、青、蓝、紫的七彩世界，勾勒出一幅幅靓丽的生活画卷。颜料正是这样一种能使物体染上颜色的物质，科学地讲是一类有色（含白色）的微细颗粒状物质，不溶于分散介质中，以其“颗粒”展现其颜色为特征的一类无机或有机物质。颜料的颜色、遮盖性、着色性及其他特性与其在介质中的分散状态有很大的关系。颜料除具有丰富多彩的颜色和装饰性外，还有防腐性能、耐光性和耐候性，以及一些示温、荧光、标志、耐热等特殊功能。

颜料按照化学组成分类，可分为无机颜料和有机颜料，无机颜料由无机化合物构成，主要包括铁、锌、铅、铬、镉和钛等金属的氧化物和盐及炭黑；有机颜料由有机化合物构成，如酞菁颜料、偶氮颜料等。

颜料是重要的精细化工原料，广泛应用于涂料、油墨、塑料、化纤、造纸、化妆品、玻璃、陶瓷、医药等领域，是不可或缺的工业材料。

自史前时代起，天然无机颜料就已经为人类所知并使用。在超过6万年以前的旧石器时代中期，人类就已经把天然赭石作为着色物料使用。

伴着工业革命的到来，从18世纪开始，无机颜料的研发不断突破并开始了工业化大规模生产。1704年，德国人迪斯巴赫发明了铁蓝（普鲁士蓝）的制造方法，于1707年投入了生产。进入19世纪，群青、翠铬绿、氧化铁颜料以及镉系颜料陆续涌现。1847年，法国人杜浩特发明了立德粉并于1874年开始工业化生产，成为首个工业化生产的重要白色颜料。20世纪，无机颜料的研发脚步不断加快，1916年世界上第一个钛白粉工厂诞生，从此钛白粉以其优异的性能替代了大多数白色颜料，产量迅速增长，一跃成为颜料产量之首。镉红（PR108）、钼铬红（PR104）、铋黄（钒酸铋PY184）颜料以及各类高性能复合金属氧化物颜料也相继进入了市场。

有机颜料的使用也有百余年的历史。1899年人类首个使用水溶性染料制备的颜料是合成立索尔大红；进入20世纪初，色淀红C、汉沙黄系列、联苯胺黄系列相继诞生并投放市场。1935年蓝色酞菁颜料的诞生和1938年绿色酞菁颜料的面市，是有机颜料发展的另一座里程碑。随后的几十年间，陆续开发出耐热性能和耐迁移性能良好的黄色和红色偶氮缩合类颜料，喹吖啶酮类红、紫色颜料，黄、橙、红苯并咪唑酮类颜料，DPP类红、橙颜料等。

随着人们环境保护意识不断提高，一批不含有害重金属的无机颜料崭露头角。1985年，一种色泽鲜艳、着色性能优异，不含铅、铬等有害重金属的新型颜料——铋黄（钒酸铋PY184）在市场上出现。1997年，法国索维（Solvay）公司成功开发出世界首款不含有害重金属铅、铬、镉的红色环保无机颜料——硫化铈红（PR265）。

现代社会的经济在不断发展，人们对色彩的多样化需求以及崇尚绿色环保颜料的意识也随之提高，各种各样的高性能复合无机颜料、高性能环境友好颜料已成为世界颜料技术发展的主要方向。

中国颜料工业在新中国成立后获得了全面发展，从矿产资源开采、矿物精选，到加工，再到精细化加工，颜料产业链已基本完备。研发水平也得到了长足发展，创新能力不断提高，整体生产技术水平步入世界前列。到2019年，中国钛白粉总产量达318万吨，出口量达100.3万吨，已成为世界上名副其实的钛白粉生产大国、出口大国。氧化铁颜料总产量约为58万吨，作为全球第一大氧化铁颜料生产和消费国，氧化铁红、铁黑和铁黄的产量均在全球遥遥领先，出口约为30万吨，已跃居世界氧化铁生产、出口第一大国。有机颜料产量32.8万吨，占世界总产量的一半以上，无论产量还是品种数均已成为世界最多的国家。颜料工业逐渐走向成熟，并已转向生产规模化、产品多元化、产业链绿色化、技术高端化发展，国际地位明显增强，全球市场份额持续增长。

第一节
颜料工业全面起步发展

（1949 ～ 1977年）

1949年前，中国只有位于上海、重庆、天津的部分作坊式企业生产立德粉、铅铬颜料等，产量有限。新中国成立后，中国颜料工业有了全面发展。硫酸法钛白粉、合成氧化铁颜料、红丹、黄丹、铝粉颜料和片状防锈颜料开始起步发展，并开始氯化法钛白粉的研究工作，铅铬颜料、立德粉得到较快速度的发展，有机颜料研发、生产逐步形成南上海、北天津两大生产基地。

一、硫酸法钛白粉生产起步

钛白粉是重要的工业原料，国内硫酸法生产钛白粉从20世纪50年代开始起步。1955年，一些研究机构开始系统研究硫酸法锐钛型钛白粉。1956年，上海华恒化工厂（后来的上海钛白粉厂）用硫酸法生产电焊条、搪瓷用的非颜料级钛白粉，不过产量低、质量差。1958年，华北化工研究设计分院（1960年改为化工部天津化工研究院）组织力量系统地研究开发颜料级锐钛型钛白粉的生产工艺，初步制成了涂料用锐钛型钛白粉。上海焦化有限公司钛白粉分公司是全国最早生产钛白粉的化工企业。随后国内逐步建立了一些钛白粉厂，产量和质量有了一定的发展和提高，但企业规模很小，发展缓慢。

1962 ～ 1963年，天津化工研究院为扩大颜料级锐钛型钛白粉的试验成果，在上海华恒化工厂和天津同生化工厂进行了工业规模的扩大试生产，并通过了化工部和上海市化工局共同组织的鉴定，为中国硫酸法锐钛型钛白粉生产奠定了工艺基础。20世纪70年代初，第一套由国家投资和正规设计的硫酸法锐钛型钛白粉生产装置在湖南永利化工股份有限公司建成，该工程设计产能2500吨/年。1966年，化工部天津化工研究院开始研究用硫酸法生产金红石型钛白粉，并于1968年在南京钛白化工有限公司建成了一座300吨/年的金红石型钛白粉中试车间，随后扩建至1000吨/年，1970年投产，产品在天津油漆厂应用获得成功并扩建至3000吨/年的规模，标志着中国钛白粉工业的发展迈出了可喜的一步。但由于历史条件、技术水平和经济发展的制约，钛白粉工业的发展仍然十分缓慢。

1975年，化工部为了配合国内几套引进的大型化纤装置配套提供化纤用钛白粉，在南京油脂化工厂内组织化纤钛白粉攻关会战，由南京大学牵头，参加单位有上海钛白粉厂、上海东昇钛白粉厂以及镇江、济南等地单位。而化工部第三设计院在吴建生工程师带领下，10余名工程技术人员，在南京油脂化工厂钛白粉车间跟班操作，现场收集测试工程数据和工艺数据，依据这些数据在南京油脂化工厂内建成了一座1000吨/年全流程化纤钛白粉车间（可生产锐钛型2000吨/年），该工程包括"三废"治理、公用工程，该项工程设计曾在化工部和环保部获奖。

1969年，化工部天津化工研究院的涂料与颜料专业及配套部门一同迁至兰州建成化工部涂料工业研究所。1976～1977年，该所的硫酸法取得了6项试验新成果：改性聚丙烯胺絮凝剂（在此之前国内一直使用硫化铁+氧化锑无机沉降剂）、三价钛漂白（在此之前国内一直使用锌粉或铝粉漂白）、四氯化钛晶种、金红石煅烧晶种、水力旋流分级器以及硅、铝包膜技术，在南京油脂化工厂进行工业化试用，直到现在这6项试验成果除四氯化钛晶种因原料供应、贮运方面的问题未使用外，其余5项试验成果国内钛白行业到目前仍在使用。

从1955年开始研究钛白粉生产技术，到20世纪70年代末国内第一套硫酸法钛白粉装置建成并投入生产使用，标志着中国钛白粉工业的正式开始，但是在1980年以前，国内钛白粉工业发展较为缓慢。1978年，全国钛白粉总产量不过2万吨，其中颜料级钛白粉所占比例不到15%，国内所用钛白粉大部分靠进口。

二、开始研究氯化法钛白粉生产

1967年4月到1968年2月，由冶金部有色金属研究总院和化工部天津化工研究院颜料室合作进行小型气相氧化试验，主要进行氯化法钛白粉的基本理论研究。$TiCl_4$加料量为470千克/时，在内衬陶瓷的钢制反应器中进行反应，采用外部电加热。1969～1973年，中国进行百吨级扩大试验，由化工部涂料工业研究所、化工部第三设计院、上海钛白粉厂、成都钛研究所进行$TiCl_4$ 500千克/时加料量的扩大试验。上海钛白粉厂以废钛白粉加碳、固定床氯化生产$TiCl_4$做原料，一氧化碳（CO）作为氧气加热的热源，自行设计机械除疤的小型氧化炉，晶型转化剂为外加入$AlCl_3$。同期中国科学院力学所、化冶所和冶金部有色金属研究院进行了等离子加热氧气气相氧化的小型试验。

1972年，化工部涂料工业研究所和化工部第三设计院以及南京油脂化工厂、镇江钛白粉厂等单位在上海钛白粉厂内进行了一氧化碳内加热法氯化法工艺小试，根据其小试结果在福建省厦门电化厂内建成了一座中试车间。接着1973～1974年，冶金部有色金属研究院和中科院化学冶金研究所分别在天津化工厂和贵州遵义铁合金厂建立了30千瓦和40千瓦等离子火炬内加热的氯化法钛白粉中试装置，两家企业的试验装置都生产出氯化法金红石型钛白粉，终因技术不成熟、设备材质解决不了，未投入工业化生产。

三、合成氧化铁颜料生产初具规模

1949年以前，中国不能生产合成氧化铁颜料产品，历史上使用的绝大多数为天然氧化铁颜料。新中国成立后，在山西阳泉、淄博等地有企业以硫酸亚铁、氯化亚铁等做原料经高温焙烧而生产的干法煅烧氧化铁红颜料。1952年，在上海的作坊式小企业中试生产了近4吨合成氧化铁黄，1953年用铁黄煅烧法试生产了氧化铁红。1956年，成立了上海氧化铁颜料厂，生产铁黄30吨、铁红138吨。此后，各地开始筹建氧化铁颜料生产厂，如江苏常熟铁红厂、天津油漆厂颜料车间、重庆新华化工厂、哈尔滨油漆颜料厂、广州氧化铁颜料厂等。

1958年，国内在上海氧化铁颜料厂首先开发了湿法铁红即硝酸法铁红，用该方法生产的铁红色泽鲜明、颗粒松软，此生产工艺流程传承至今。在此基础上又发展了生产成本较低的硫酸法铁红，但质量同硝酸法铁红稍有差距，为此又发展了既能提高质量又降低成本的混酸法（硝酸、硫酸）铁红。在生产设备方面，采用大型氧化器，用真空过滤机代替压滤机，并以兴起的气流干燥设备代替箱式烘房。1959年，中国首次向国际市场出售氧化铁黄，成为中国换汇率较高的出口商品之一。

中国湿法铁红技术的早期发展大致分为三个阶段：

① 20世纪60年代，技术上的突破奠定了铁红发展的基础，使中国氧化铁颜料行业有了长足的发展；

② 20世纪60～70年代，硫酸盐法、硝酸盐法、混酸盐法三种湿法铁红生产工艺的完善与成熟，更是湿法铁红技术的一大进步；

③ 20世纪70年代，中国氧化铁颜料的产量约6万吨/年，约占世界氧化铁颜料总产量的10%，成为中国产量最大的无机彩色颜料。

20世纪70年代后，经过市场竞争，一批实力强的企业脱颖而出，有上海氧化铁颜料厂、广州氧化铁颜料厂、广东江门化工厂、哈尔滨油漆颜料厂、江苏常熟铁红厂、湖南三环颜料厂、河南三星染化厂及浙江华源颜料厂等。这些企业氧化铁颜料均超过1万吨/年，取得了规模效益。

四、白色无机颜料立德粉得到发展

白色颜料是颜料工业中量大、面广的品种，应用广泛，具有举足轻重的地位。铅白（碱式碳酸铅）是最古老的白色颜料，曾起过重要作用，在19世纪中期立德粉、钛白粉先后问世，铅白颜料性能相形见绌，本身又含铅量大，退出了白色颜料市场。锑白、锆白也是白色颜料，各有特性，由于使用范围不广泛，受关注度较小，发展很慢。

立德粉是硫化锌和硫酸钡共沉混合组成的白色颜料。中国立德粉研究和生产最早始于20世纪30年代，当时仅有上海京华化工厂（1931年建厂）、重庆染料厂（1939年建厂）两家，生产规模都不大。新中国成立后，立德粉市场有所发展，1957年中国生产总量为1.3万吨。虽然立德粉的白度、耐候性等指标都不如钛白粉，但是中国重晶石资源丰富，在钛白粉产量不能满足需求的前提下，发展立德粉生产符合当时中国国情。到1975年，全国立德粉产量达到5.23万吨，有了明显提高。

五、防锈颜料红丹投产，铅铬防锈颜料工艺进步

防锈颜料以铅铬颜料为主，铅铬颜料是一类传统的无机彩色颜料。中国最早生产的防锈颜料首推红丹（四氧化三铅，Pb_3O_4），但在20世纪40年代以前，仅能土法生产红丹、黄丹（氧化铅，PbO）。从40年代开始，上海开林造漆厂开始采用日本岛津式球磨机工艺生产红丹，当时属于比较先进的设备。50年代初，曾有几家厂仿制岛津式的工艺顺利投产。50年代末，开始试验氧化铅粉生产黑铅粉和黄丹，该法俗称为巴顿炉法。

中国最早生产铅铬颜料的是精勤家庭化学工业社，创建于1937年1月，产品为柠檬铬黄、淡铬黄、中铬黄、深铬黄，产量50～100千克/月，到1946年，经过4次股权、厂址、厂名的变更，成立了新中油脂厂。20世纪60年代开始，由新中油脂厂合并了在上海从事铅铬颜料生产的精勤化学工业厂、昌明化学工业厂、汉成行化工厂、精华化工颜料厂、四福颜料工业社、汇昌颜料制粉厂、通用颜料化工社等7家厂，在1956年通过公私合营成立的上海铬黄颜料厂、1949年建厂的青岛城阳化

工厂、1954年建厂的新乡化工总厂、济南市槐荫化工厂、1958年由永明油漆厂公私合营而成的天津油漆厂、1965年建厂的重庆铬黄厂、1975年建厂的蓬莱新光颜料化工有限公司、广西全州化工一厂、泰州中建实业有限公司、湖南星月颜料有限责任公司等一批国有企业相继建立，成为全国专业或配套生产铅铬颜料的主要企业。当时全国生产铅铬颜料的企业总数有10余家，各企业的产量从几百吨到2000吨不等，总产量在1万吨左右。

新中国成立初期，上海铬黄产品由上海化轻公司收购，并统一规格、统一配方，全部采用碱式醋酸铅的工艺。1956年上海铬黄颜料厂将原来用的陶缸配料、人工搅拌全部改用装有机械搅拌器的7000～10000升的木桶生产。1957年改用硝酸铅柠檬黄工艺，以磷酸铝作稳定剂，使热稳定性提高，在100℃以下干燥色光不泛红，投产后定为501＃柠檬铬黄，取代了原来的101＃柠檬铬黄。

20世纪50年代以前，铅铬颜料生产主要以手工爆铅棉、耐酸缸贮存的方法制造铅盐溶液，用耐酸缸或木桶配制、反应制造颜料，以明火烘干或蒸汽排管烘房干燥，人工压碾粉碎。50年代中期开始，部分企业用巴顿炉工艺取代手工爆铅棉法，木质反应桶或金属反应桶替代耐酸缸，大多数企业采用隧道烘房或箱式烘房替代明火烘干或初期的蒸汽排管烘房。防锈铅铬颜料工艺比原来土法有了很大的进步。

随着人们生活水平的提高和应用领域的多元化，对颜料的使用越来越严格。不光是防锈效果的要求，更多的是环保性的要求。传统防锈颜料的使用受到了很大的限制，尤其是铅系防锈颜料（红丹）、铬酸盐系列颜料（锌铬黄等），其本身的防锈性能稳定，但是其对人体的伤害和对环境的影响是很大的，例如红丹，防锈作用很好，尤其是能吸收硫酸根离子，对大气环境中防腐蚀作用很有意义，但是其毒性很大，长期摄入能引起中毒性肝病、肾病、贫血。慢性中毒对神经系统的损伤也很大，开始逐渐被其他无铅防锈颜料所替代。

六、铝粉颜料和片状防锈颜料开始出现

中国铝粉颜料工业起步于20世纪50年代，早期采用球磨机研磨工艺进行生产，只能生产低档产品。中国最早生产铝粉、铝粉浆的企业是上海烫金材料厂，后续主要企业基本上是在60～70年代发展起来的。铝金属本身所具备的特点，为铝粉颜料提供了其他彩色颜料所不具备的特性，与其他颜料相比最大的区别是颜料粒子的几何形状，铝粉颜料是鳞片状而非如其他颜料所呈的球状、颗粒状或针状。这种鳞

片状体现了很多特点。铝粉颜料具有优良的化学和防腐功能，由于其对可见光、红外线和较强射线的强大反射力，使其更具美观效果。

云母氧化铁的化学成分是三氧化二铁，由于具有良好的片状结构，化学稳定性好，作为涂料的功能性填料，它具有优异的耐酸性、耐碱性、耐高温性、耐溶剂性和防腐性能。用它制备的防锈涂料可有效阻挡腐蚀介质对于涂层的渗透，起到良好的屏蔽作用，防止腐蚀性介质渗入被保护底材，适用于各种钢结构的保护。

自20世纪60年代起，天津、兰州、南京、马鞍山等地研究用镜铁矿为原料加工制云铁颜料。云铁颜料用于铁道车辆、桥梁、远洋船舶和其他室内外钢结构表面，可代替红丹作为防锈底漆，云铁颜料已通过化工部等有关单位的鉴定，并获得全国科学大会奖。

七、同步开展有机颜料生产研发

有机颜料工业是在染料工业基础上发展起来的。新中国成立前，上海已存在一些国外开办的小型染料与有机颜料生产作坊。最早是1947年6月叶春华集资法币50万元，在中山北路333号开办上海联合颜料厂股份有限公司，占地5333米^2，从事染料拼混包装和有机颜料销售业务。新中国成立后，在苏联的帮助下，最先在吉林建立起染料中间体生产基地——吉林染料厂，生产重要的中间体，如苯胺、2,4-二硝基氯苯、2-萘酚、邻苯二甲酸酐、蒽醌衍生物（制备还原染料的主要原料）等产品。同期，东北化工局组建了研究所，开始进行重要中间体与染料的研究，1956年扩充并成立沈阳化工研究院。在高等学校院系调整过程中，分别在大连工学院（大连理工大学前身）、天津大学、上海华东化工学院（华东理工大学前身），设立了有机染料及中间体工艺学专业。在这期间，上海、天津、北京、青岛、大连等地相继建成规模不等的染料生产厂，各染料厂生产的中间体品种与染料类别亦各有侧重。有机颜料发展过程中逐步形成南上海、北天津两大生产基地。

1954年，沈阳化工研究院工程师任绳武在研制酸性染料过程中，注意到中国油墨、涂料工业的发展迫切需要品质优良的颜料，便积极提出开展有机颜料研制工作的建议。他率先动手研制有机颜料酞菁蓝，1955年完成了烘焙法合成酞菁蓝的小试，1956年完成了中间试验，并很快推广到多家工厂生产。这一颜料为当时国际上的较新品种，色光鲜艳、牢度优良，远优于无机颜料，开拓了国内合成有机颜料的新领域，深受有关各方重视。不久，他又完成了溶剂法合成酞菁蓝的研制并推广用于生产。这两种方法在中国酞菁蓝生产中至今还在继续使用。继酞菁蓝之后，任绳武和染料室的同志们又与大连染料厂合作，研制成功有机颜料酞菁绿。这又是一个颜色漂亮、牢度优良的颜料新品种。几十年来，酞菁蓝和酞菁绿的产量在国内外都不断增长，成为有机颜料中大量生产的两个最重要品种。它们不仅大量用于油墨、涂料等工业，而且也用作一些重要染料的原料。任绳武还研制成功了几个国际上较新的酞菁系染料品种，其中被誉为北京蓝的品种很快在天津推广使用，深受欢迎。1955年，有关部门为了印制钞票、邮票等精美印刷品，要求协作研制高档颜料。任绳武和染料室的同事们积极研制出了汉沙黄、联苯胺黄、立索尔红、立索尔宝红等整套品种，使这些颜料和油墨得以开始立足国内。

1954年4月，由上海市地方工业局接管联合颜料厂股份有限公司，更名为地方国营联合颜料厂，生产红旗牌染料和颜料，主要为双氯联苯胺系列黄、橙色有机颜料。1955年生产立索尔红，产量47.46吨。1956年，上海染料厂和国华染料厂分工生产有机颜料，生产品种有大红粉、金光红、甲苯胺紫红等偶氮颜料和盐基品绿色淀、酸性湖蓝色淀等7种低级色淀颜料。1958年毗邻的新建印绸厂并入，1965年更名为上海染料化工一厂（简称染化一厂）。染化一厂系全民所有制，产品分有机颜料、活性染料、中间体和颜料制备物四大类100多个品种，活性染料600多吨，其中活性翠蓝KN-G占全国产量80%，中间体1400多吨，年产有机颜料2000多吨，占全国有机颜料总产量10%；1960年，产量1948吨，生产品种占全国85%。20世纪50年代，染化一厂生产双氯联苯胺系列黄、橙色有机颜料，1961年试制成功重要绿色品种酞菁绿G（C.I.颜料绿7）。1964年投入生产，年生产能力40吨，当年产量12吨，1966年经工艺改革，生产能力70吨/年，当年产量51吨。初期酞菁绿、酞菁蓝B在上海染化一厂投产，酞菁红在国华染料厂中试，偶氮颜料增加了橡胶大红LG、永固橘黄等品种。后期形成酞菁系列颜料生产，提高了产品质量和收率，还发展了荧光树脂颜料。20世纪60年代开始研制成功偶氮缩合型颜料，国内又称为大分子颜料，并在染化十二厂投入生产。70年代发展了各种有机颜料制备物，如色母粒、涂料印花浆等。1970年，有机颜料产量2537吨。70年代中期生产大分子颜料2B红、橙、棕、黄等系列品种，后期开发投产了苯并咪唑酮类型偶氮颜料。

1955年，天津重工业局将全市染料工业31家中小型工厂，规划成为8个染化厂（即天津染料厂，天津染化一厂至天津染化七厂）。其中，染化六厂最初建厂于1951年，1952年投产。1956年公私合营时，由冀北染料厂、永业化学厂（1949年建厂）、永诚化工厂、新泰兴化工厂、恒利工业社、正泰工业社及星光工业社等7家并入而成为染化六厂，下半年生产出4个有机颜料品种共1.4吨。天津染化六厂是化工部北方颜料生产中心，该厂在当时称得上是工艺先进、设备齐全、技术力量雄厚、产品门类齐全、质量优良。在历届部、市质量评比中成绩优良，有若干产品先后获得市优质名牌称号。产品60余种，分别为偶氮、偶氮色淀、亚硝基、酞菁等颜料，主要用于涂料等工业，以及化学纤维原浆着色等。从1956年产量100吨，增加到1960年产量871吨，自行研制并投产有机颜料品种近百种之多。包括甲苯胺红、大红粉、汉沙黄G、汉沙黄10G、联苯胺黄、立索尔宝红、立索尔大红、甲苯胺紫红、颜料绿、橡胶大红及耐晒色淀等颜料品种，产品质量优良，市场畅销。

1956年，经过公私合营改造，逐步合并了北京市所有的染料作坊，组建成北京市兴华染料厂。建厂初期企业只能生产一些低档的直接染料、酸性染料，并且产量也非常少，但结束了北京只能依靠进口染料加工分装的历史。

1963年由于国际上阿克拉明涂料印花的问世，化工部下达科研任务，研制涂料印花浆颜料，天津染化六厂首先开展赋香剂等助剂的研制，后来又与化工部沈阳研究院协作共同试制，1964年底已将嫩黄、黄、金黄、橙、大红、玫红、深红、蓝、绿等10个涂料专用颜料品种投入生产。为了区别于其他颜料，特将涂料专用有机颜料统称为“坚固颜料”。其中，绿色（酞菁绿）在1964年试制成功后投产。涂料印花浆颜料尚差的红青莲、蓝青莲、深蓝3个品种较为复杂。化工部另立课题，蓝青莲、深蓝两个品种最终完成了试制任务，使涂料印花浆专用颜料形成配套。天津染化六厂自1953起陆续承担了银行印钞专用颜料的科研任务，经过多年努力，于1966年底研制成功并投产的品种有颜料褐红、永固红、1602颜料绿B、碱性艳绿色原等。这是中国银行印钞采用国产颜料的开端。1977年开始，连续多年产量超过1000吨。20世纪80年代前，国内有机颜料品种很少，商品剂型单一，几乎均为中、低档有机颜料，主要为不溶性偶氮颜料、偶氮色淀、铜酞菁及少数杂环类颜料，应用于涂料着色等。

第二节 颜料工业加快技术进步
（1978～2000年）

发展到1978年，中国有机颜料产量达到1177吨，产值达1683万元，1979年专用化妆品颜料获国家科技成果奖。这是一个良好开端。借助改革开放的东风，颜料工业快速发展，技术研究逐步加快。硫酸法钛白粉技术的引进消化逐步进入繁荣期，氧化铁、立德粉、铅铬防锈颜料、有机颜料迅速发展，氯化法钛白粉及铝粉、锌粉颜料、珠光粉等片状颜料发展相对较为缓慢。

一、自主创新和引进技术结合，硫酸法钛白粉产业化技术迅速提升

20世纪60年代，中国陆续生产锐钛型和金红石型钛白粉产品，但总体数量不大，到90年代，颜料级产品已成为钛白产品总量的主体。尽管如此，直到2000年前后，锐钛型产品仍占其中的大部分比例，而金红石型产品只有少数厂家生产。

20世纪80年代初开始，化工部涂料工业研究所、化工部第三设计院和镇江钛白粉厂合作，完成了“攀枝花钛精矿硫酸法生产涂料用金红石型钛白粉”项目，包括钛铁矿资源综合利用、废酸浓缩、常压水解等内容，是中国用硫酸法制金红石型钛白粉新的里程碑，1984年获得了化工部科技进步一等奖。80年代中期，利用“攀枝花钛精矿硫酸法生产涂料用金红石型钛白粉”的工业化成果，先后建起了10多个4000吨/年规模的钛白粉装置，技术水平也有所提高，产品品种转为以生产涂料用颜料级钛白粉为主。中国的钛白粉工业走向了第一个发展高峰。80年代后期，恰逢世界钛白粉市场黄金时期，钛白粉工业的发展出现了旺盛的势头，钛白粉生产处于供不应求的状态，全国各地兴起了建设钛白粉厂的热潮，据统计最多达108家，主要集中在河南、广西、江苏等地。这些小钛白粉厂大多是乡镇企业，采用的生产工艺均是硫酸法，工厂规模小、技术装置落后、产品质量差、“三废”污染严重，还造成了短期国内钛矿供应奇缺。这一时期是中国硫酸法钛白粉工业发展史上的“第一个繁荣期”。为了限制不具备生产条件的乡镇企业一哄而上，1988年化工部制订了“不准再建3500吨/年以下的钛白粉工厂”的产业政策，并在1991年实行了钛白粉生产许可证制度。

20世纪80年代末期，广州钛白粉厂、湖南永利化工股份有限公司联合国内7家企业共同引进澳大利亚硫酸法金红石型钛白粉制造技术，经过消化吸收将原有装置改造建成2套4000吨/年生产装置，成为可生产锐钛型和金红石型钛白粉的生产线，只是由于生产设备加工制造问题，金红石型钛白粉的生产达不到预期效果。进入90年代，包括乡镇企业，全国已有100多家钛白粉厂，生产能力猛增至近10万吨/年，但是产品均为单一的锐钛型，档次不高，企业的生产规模也仅为千吨级。随着世界

钛白粉市场低潮的到来，大部分匆匆上马的小钛白粉厂先后倒闭。

为了迅速摆脱中国钛白粉工业的落后面貌，在制订“七五”计划时，化工部提出了“硫酸法和氯化法两种工艺并举；基本建设与技术改造并举；技术引进与国内技术开发并举”的发展战略方针，有计划地安排了钛白粉的生产、建设和科研项目，一批万吨级钛白粉工厂开始筹建，技术引进也在有序地进行。20世纪80年代末期化工部组织有关企业出国考察，选择技术引进的对象，其中核工业部404厂，通过南斯拉夫的一家咨询公司引进了捷克波利彩公司钛白粉的工艺、工程技术（系来自法国罗纳普朗克工厂的技术），于1993年建成了1.5万吨/年硫酸法钛白粉工厂；重庆渝港钛白粉股份有限公司引进了波兰波利兹钛白粉工厂的技术和设备（系原德国克朗诺斯的技术），于1995年建成了1.5万吨/年的钛白粉工厂；与此同时，广州钛白粉厂通过引进澳大利亚原Laport公司的金红石型钛白粉的工艺技术，并购买了部分生产设备和分析仪器，由广州市化工局设计院在广州钛白粉厂原搪瓷钛白粉生产线上改造成生产金红石型钛白粉的生产车间，后被业内人士称为“广钛技术”或“澳洲技术”。在此基础上，化工部又组织湖南株洲钛白粉厂、上海钛白粉厂、南京油脂化工厂、镇江钛白粉厂、济南裕兴化工厂、辽阳冶建化工厂等6家工厂共享了“广钛技术”。济南裕兴化工厂通过类似渠道又引进了捷克的工艺技术，建成了一座1.5万吨/年的钛白粉工厂，与404厂当时引进的主要不同之处是把自身晶种稀释法水解改为外加晶种微压水解法。这些引进项目的消化吸收，特别是404厂、渝港钛白粉公司和济南裕兴化工厂3家引进的成套技术装置的投产成功，为中国钛白粉工业的技术进步、装置大型化起到极大的推动和示范作用。

20世纪90年代中期，东华工程科技股份有限公司与美国巴伦国际咨询公司合作，针对国内一些4000～6000吨/年规模的钛白粉装置，采用新技术、新工艺，对产品的能耗、收率和质量进行了一系列的改进，重点对常压水解、水洗、煅烧等工序进行技术改造。从产品的质量、收率及能耗着手，以挖掘企业的内部潜力为主，在提高产品收率上下功夫，使质量、产量和效益同步上升，对国内的钛白粉工业发展起到了一定的推动作用。这一时期可以称为硫酸法钛白粉工业发展史上的“技术提高期”。到2000年，中国钛白粉的总产量达到29万吨。

二、氯化法钛白粉发展道路曲折

1975～1992年，由化工部涂料工业研究所、化工部第三设计院在厦门电化厂进行1000吨/年氯化法钛白粉全流程工业试验，试验后期有东北工学院（今东北大学）、中国科学院硅酸盐研究所参加。建成的主工艺、辅助系统占地2万平方米，设备总数600多台，累计总投资880万元，现场工作人员近400人，试验厂建成后，1980年转入工业试验。历经10年艰苦攻关，突破一系列关键技术，打通了工艺流程，生产出接近日本石原R820水平的产品。1986年12月，此项目通过化工部鉴定。其间进行了有刮刀二段式氧化反应器和高速气流反应器的研究工作，完成了“年产1.5万吨/年氯化法钛白四氯化钛氧化工序概念设计”。1988年项目获化工部科技进步二等奖，1989年获国家科技进步二等奖。由于技术和市场原因，1992年厦门电化厂氯化法钛白粉项目下马，技术未获推广。另外，在中国科学院化冶所与力学所、北京有色金属研究总院等的30千瓦离子加热小试验基础上，天津化工厂完成了300吨/年的扩大试验，取得阶段性成果。以此为基础，于1980年斥资4000万元，进行全流程3000吨/年规模的工业试验，又历经10年，于1991年通过化工部技术鉴定。其技术特点是等离子技术加热氧气功率为400千瓦，其余工艺及装备与厦门电化厂相同，项目于1992年下马。同期在遵义钛厂也进行过等离子加热反应器的$TiCl_4$气相氧化试验。上述两个千吨级的工业试验工厂，在氯化法钛白粉技术被国外封锁不能借鉴的情况下，原创型的技术起点较低，设备、材料、控制等方面的技术落后，加之当时企业转制，经济状况困难，无法继续研制均先后下马，成为中国氯化法钛白粉艰难而曲折攻关的历史。

20世纪80年代中期，钛白粉市场又兴起，国内企业又纷纷欲上氯化法钛白粉，国外大公司仍然不转让氯化法技术。在众多申办的企业中，因锦州铁合金厂有生产高钛渣、海绵钛的技术，装备和经验具有相对优势。1986年，国家计划委员会批准“锦州铁合金厂年产1.5万吨氯化法钛白项目”立项和可行性报告。1987年，国家对外经济贸易部批准采用与国外联合设计技术咨询的方式引进国外氯化法钛白技术，与美国巴伦国际技术咨询公司签订协议开展联合设计工作，建设1.5万吨/年氯化法钛白粉项目。1990年，化工部正式下达项目开工计划，于1994年竣工，当年转入试车试验。由于引进技术的不完整性、滞后性，选用的仪表、设计、材料等缺乏适用性，以及设计院第一次与国外联合设计和对工艺缺乏认识，管理人员、技术人员、操作工没有实际培训场所等主客观原因，项目投料试车阶段困难重重，无法全线打通工艺，以技术咨询方式引进国外技术的风险显现。特别是此阶段国企正处于转型期，企业效益不好而无力支持该项目继续进行下去，1996～1997年一度停产。中国氯化法钛白粉工业的发展备受业内有识之士和国家关注，由国家三委、地方政府共同支持拨款5000万元进行项目攻关。在化工部和辽宁省的大力支持下，企业领导和一线全体员工艰苦奋斗，终于完成了第一阶段的攻关任务打通了工艺，装置可以连续运行，月产达千吨。

三、氧化铁工业迎来变革

中国合成氧化铁系颜料的高速发展是在20世纪90年代初期，氧化铁工业迎来了一场变革。在80年代前，国内氧化铁生产较为分散，从沿海、中南、中原三大区域都有氧化铁企业存在，且格局长期未变。90年代中后期开始，中国的氧化铁生产重心开始转向沿海地区，从北方的山东（2.5万吨/年）、河北（2万吨/年），到长江三角洲的江苏（18万吨/年）、浙江（24万吨/年）、上海（10万吨/年），往南的福建（1.5万吨/年）、广东（1万吨/年）等区域，这些东部沿海地区氧化铁的总产能达到约56万吨/年，占全国氧化铁产能的78%。

1999年，氧化铁颜料产量为31万吨，约占全球1/3，中国成为世界氧化铁颜料的生产大国之一。2000年，产量增加到34.6万吨，其中出口18.5万吨、内销13.2万吨。在34.6万吨产量中，铁红为18万吨左右，铁黄为12万吨左右，铁黑为3万吨左右；在内销的13.2万吨中，涂料用6.2万吨，建材用4.9万吨，塑料用1.1万吨，化妆品用0.17万吨，烟草用0.45万吨，食品医药业用0.38万吨。

四、立德粉发展站上世界首位

20世纪80年代以来，由于生产立德粉的原料金属锌价格不断上涨，以及环境污染等原因，西欧和北美的立德粉厂相继停产，只有德国的萨其宾公司由于90%以上的立德粉选用含锌硫铁矿焙烧后的废渣做原料，1985年产量达5万吨，后又在突尼斯投资新建了一个2万吨/年的立德粉厂，成为当时世界最大也是西欧和北美唯一的立德粉生产商。

“六五”期间和“七五”初期，国内钛白粉产量仅2万～4万吨/年，远远不能满足相关工业的需要。而立德粉产品原料易得，生产工艺较之钛白粉要简单得多，因此销售市场（特别是国际市场）需求增长，产品经济效益较好，促使一些地方立德粉厂上马。而据立德粉工业调查，1987年，全国立德粉生产企业为77家（国有企业27家），总设计能力28.89万吨，实际产量21.48万吨，出口7.3万吨，出口量占产量的34%。由于国际市场需求量逐年增加，1984～1987年的4年间，中国立德粉的产量翻了一番，出口量占颜料出口量的60%以上。在20世纪80～90年代，立德粉在中国颜料工业占有重要地位。1990年，立德粉产量升至历史最高点，达到23万吨。1991年以后，由于原材料不断涨价，技术落后、设备简陋的小厂承受不了经营上的压力，被迫限产、转产，产量逐年下降，1994年降至14.49万吨，产品供不应求。湖南、河南、河北、山东、云南、广西等地相继新建或扩建万吨级的立德粉厂，1995年产量回升到21.5万吨，导致1996年下半年立德粉滞销。

20世纪90年代，中国已成为世界最大的立德粉生产国和出口国。1995年，立德粉产量为21.5万吨，主要集中在湖南、广东、广西和河北等地，出口量为8.74万吨，约占产量的40.7%，出口的主要市场是亚洲、非洲、拉丁美洲等地区的广大发展中国家。但出口价格很低，基本上呈逐年下降趋势，由1985年的427美元/吨降至1994年的269.8美元/吨。主要原因是立德粉生产企业多而国内需求有限，各企业纷纷寻找出口渠道，多头经营出口，竞相压价，使出口价格一跌再跌。此外，一些企业由于技术落后、产品质量低，俗称“水货”的立德粉以很低的价格出售给外商，进入国际市场，败坏了中国立德粉产品的声誉。为此，立德粉主要生产企业抓住世界经济大发展的有利时机，在1995年前后，狠抓产品质量，使立德粉出口单价大幅度回升，达到了370美元/吨，出现了较好的转机。

从20世纪90年代开始，立德粉国际市场逐步缩小，主要是由于钛白粉工业经过多年的发展，在颜料工业中渐成气候，并以其优异的性能开始起主导作用。1985年，世界颜料总消费量为346.7万吨，其中钛白粉为245.6万吨，约占71%。日本1950年立德粉的产量为3220吨，钛白粉产量1721吨，而到1985年钛白粉产量上升到21.87万吨，35年增长了126倍，而立德粉已基本被淘汰。

中国立德粉生产自20世纪70年代以来，已发展到利用重晶石还原转炉、干燥焙烧转炉和成品干燥转炉的三转炉流程，该流程具有操作方便、产品质量稳定和劳动强度小等优点。到90年代，全国已有19家企业采用三转炉流程，生产能力为17.35万吨/年，约占全国生产能力的57%。在这19家企业中，有3家采用了电子计算机控制操作，广州立德粉厂还引进了全自动压滤机。尽管国内立德粉生产技术已经达到了一定的水平，但是使用三转炉流程的厂家还是少数，多数企业仍采用土法生产。

长期以来中国立德粉产品就只有含ZnS 28%的一个品种、两种型号（B301、B302），20世纪80年代末，在激烈的市场竞争中，为了扩大国内外市场，以求自身的生存和发展，国内许多骨干企业都在增加品种上做了大量工作，取得了较好的成绩。例如，长沙颜料化工厂等采用硫化锌加入法成功生产出了ZnS含量为30%的“红印”立德粉；湘潭市化工厂推出了含ZnS 40%的“绿印”立德粉；天津市东风化工厂以B301或B311立德粉为主体，在一定工艺条件下，用有机物和无机物处理，开发了Ba-11-05立德粉，这种表面改性的立德粉达到了德国萨其宾公司WIR立德粉的技术指标；广州立德粉厂采用有机颜料包核技术，研制出了锌钡红、锌钡黄、锌钡绿三个品种，既保留了无机颜料的化学稳定性、耐磨性、耐温性等，又具有有机颜料的鲜艳色泽和高着色力，而且基本不含有毒重金属。

在原料路线上，中国一直采用氧化锌的原料路线，无论是从资源的利用，还是企业本身的效益出发，都是值得研究的课题。20世纪80年代大庸化工厂、湘乡轻化厂以菱锌矿为原料成功地生产出了符合出口要求的立德粉，每吨产品成本下降350～500元。这为中国立德粉厂提供了新的原料路线。

在生产工艺上，除了一些工厂采用硫化锌加入法工艺成功地生产出了“红印”“绿印”立德粉外，洛阳市无机化学厂根据合成立德粉的化学反应原理提出了添加硫化钠来提高立德粉中ZnS含量的工艺。该工艺是在合成立德粉时加入一定浓度的硫化钠溶液，并适当控制反应终点。这些企业通过增加品种、改进原料路线和革新生产工艺，为中国立德粉质量的提高和出口创汇作出很大贡献。

国内立德粉的最大用户是涂料工业，占总消费量的50%以上；其次用于橡胶制品、油墨、造纸、塑料等工业。1999年，主要厂家的总产量达23.38万吨、销售量23.07万吨、出口量8.08万吨，其中普通型B301立德粉产量达20.20万吨、占总产量的86.39%。2000年，主要生产企业的总产量为23.61万吨、销售量23.29万吨、出口量7.61万吨，其中普通型B301的产量达20.02万吨、占总产量的84.82%。

五、铝粉、锌粉颜料缓慢发展

铝粉颜料的主要产地在山东济南周边，重要的生产企业有济南金属颜料总厂、济南雅思达化工公司和章丘金属颜料厂。铝粉颜料产品有粉料和浆料2种形式，这3家企业的浆料产量占全国的90%左右。铝粉颜料工艺有浮型和非浮型2种，生产工艺在于球磨助剂的不同，非浮型铝粉是现代汽车等工业所用的闪光涂料必需的高档颜料之一。2000年以前，中国的铝粉以浮型为主，质量与国外产品有较大的差距。1991年，有17家工厂拥有喷雾铝粉的生产能力，产量为3073吨；有30家工厂拥有鳞片铝粉的生产能力，产量为5722吨；有23家工厂拥有铝粉浆的生产能力，产量为5076吨。历年来尚有部分出口，不过都是一般品种。

中国的铝粉、铝粉浆生产技术和工艺装备较为落后，无论是老企业还是新上马的企业与国外生产同类产品的公司相比，品种、质量等方面均存在较大的差距，尤其是高档铝粉、铝粉浆品种，尚属空白。在“八五”期间，为满足高级轿车金属闪光涂料需要，化工部组织化工部涂料工业研究所等单位进行非浮型铝粉技术攻关，取得一定成效，一般轿车闪光涂料多用国产非浮型铝粉，但是高档轿车闪光涂料和水性涂料主要用进口产品，尤其是染色的和水性涂料用的预钝化的非浮型铝粉还需依赖进口。

锌粉颜料主要用于生产金属防腐底漆（产品主要有环氧富锌底漆和水性无机富锌底漆），用于船舶和集装箱等一些重防腐领域。1999年，中国的锌粉颜料产量为1.1万吨，其中湖南富虹锌业实业公司的产量占90%，产品规格80～1000目。国内需求总量约2万吨，进口产品是特殊专用型，如高档闪光非浮型以及水性涂料用品种。

六、防锈的铅铬颜料国内开始广泛应用

1986年，世界铅铬颜料总产量约12万吨，其中中国占比为8.8%，约1万吨。自20世纪末，欧美等发达国家逐渐开始停止铅铬颜料的合成生产，逐步转向从发展中国家进口铅铬颜料的初制品进行后处理加工。

中国铅铬颜料工业经过几十年的发展，特别是改革开放以后发展迅速，全国拥有铅铬颜料生产企业30余家，但规模都不大，产销量在5000吨以上的企业只有5～6家。绝大多数的国有企业和集体企业相继开始转制，成为股份制企业。进入20世纪90年代，国内对铅铬颜料的使用量开始增长，新兴的铅铬颜料企业开始涌现，比较有代表性的是由乡镇企业、集体性质企业转制而来的江苏双乐化工颜料有限公司、上海骏马化工有限公司、河北佳彩化工有限责任公司、天津市北辰区致远化工厂、河南新乡红黄蓝颜料公司等，均为民营或民营股份制企业。从1994年开始，由于欧美及经济发达国家对铅铬颜料的生产进行了限制，部分国际知名的颜料生产公司在中国寻求合作伙伴，先后有加拿大DCC公司与新乡海伦颜料有限公司合作、日本菊池色素株式会社与重庆江南化工有限责任公司合作、日本NIC公司与江苏双乐化工颜料有限公司合作等，各种形式的合作都促进了国内生产的铅铬颜料产

品性能、档次的提高。同时，也有些企业同高校、研究所合作研发新产品，有些企业引进国外制造技术，如蓬莱新光颜料化工有限公司等。也有部分企业由于转制、市场、安全、环保及地方产业结构调整等因素，先后停产、歇业、倒闭、转型，如全州化工一厂、温县第二化工厂、青岛隆大化工有限公司、泰州中建实业有限公司、济南油墨厂、天津灯塔颜料有限责任公司、北京京灿颜料有限公司生产线、安徽广德创新颜料有限公司生产线、上海铬黄颜料厂的上海、苏州地区生产线等。

1999年，中国铅铬颜料产销量1.5万吨，出口3400吨。2000年，产量2万吨，销量1.88万吨，出口量为4385吨。在2000年的产量中，柠檬黄为3122.6吨，中铬黄为1.06万吨，锌铬黄为1160.6吨，钼铬红为1623吨，其他品种为3680.3吨。

七、有机颜料整体制造水平快速提高

1979年，专用化妆品颜料获国家科技成果奖，1981年，4个苯并咪唑酮类颜料品种（苯并咪唑酮黄H10G、苯并咪唑酮橙HL、苯并咪唑酮洋红苯HF3C、苯并咪唑酮棕HFR）高档有机颜料通过技术鉴定。1979～1988年，天津地区共研制有机颜料新产品40多个，其中获全国科技大会成果奖1个、化工部嘉奖6个，新产品投产20多个，产量8000多吨，产值4000多万元。天津的有机颜料为全国作出了应有的贡献。

1984年，全国有机颜料的产量达1300吨。与此同时，研发并试生产多种高档有机颜料品种，仅1980年通过8个品种颜料的技术鉴定，分别是1009耐晒黄GX、1106永固艳橙7G、1216永固艳红R、2108坚牢桃红BR、1012永固黄3R、2109坚牢金黄GRN、2104坚牢橙RY等。中档颜料先后试制成功并投产的有耐晒艳黄GX、耐晒大红、永固红F5R，颜料紫红、艳红6B，塑料紫红等品种。技改方面取得了可喜成绩，如颜料绿生产改用反亚硝化，缩短了时间、节约了用水、提高产量10%；玫瑰红色淀采用一次合成，改进红矾钠加料次序，用反沉淀法省掉进口原料基桃红，砍去做白料工序，使工时缩短两班，产量增加10%。

20世纪80年代，全国有机颜料仅有较少量的出口，进入90年代出口量逐渐增加，依据中国染料工业协会对有机颜料出口数量统计，1999年出口数量增加至7.4万吨（包括涂料色浆及色母粒制品）。

1991年有机颜料产量为1.5万吨，1995年达4.0万～4.5万吨，1999年为5.11万吨，生产品种共78个。生产企业在开拓国内市场的同时，不断扩大出口市场。从

1995～1998年，美国市场来自中国的酞菁蓝数量增加1倍，达到2500吨；1998年，中国产品占美国酞菁蓝进口总量的42%；1995～1998年，中国出口到美国的喹吖啶酮增长2倍，1998年美国进口的这类产品中，中国产品占62%。在企业积极走向国际市场的同时，中国进口的有机颜料数量几乎与出口量相当，这主要是由于中国还不能生产、或生产质量达不到需求的高性能产品或专用型（如水性体系专用）产品。

青岛染料厂和瑞士汽巴公司于1994年底至1995年初就建立1200吨/年分散染料的青岛汽巴纺织染料公司、1500吨/年有机颜料的青岛汽巴有机颜料公司和2000吨/年皮革助剂青岛汽巴化学品公司等3家合资企业达成协议，并进入全面建设。3家合资企业总投资6400万美元，于1996年后陆续投产运行。1996年9月，天津染化八厂与瑞士科莱恩国际有限公司合资成立科莱恩颜料（天津）有限公司，生产3000吨/年有机颜料，经营范围涉及颜料和相关化工产品。

八、珠光粉等片状颜料技术进步明显，但高端产品仍需进口

珠光颜料是指能对入射到表面上的光有反射和透射作用并产生珍珠光泽的颜料。最早的珠光颜料，是从鱼鳞和鱼组织中提取的片状结晶体，制品具有类似于天然珍珠样的光彩，但由于数量受到限制，晶片大小不均匀，加工过程繁琐，耐光和耐热性也较差，不能满足下游行业的需要。随着塑料、涂料工业的发展，对珠光颜料的数量和质量均提出了更高的要求。1984年，中国珠光颜料产量为76吨，20世纪80年代初开发了无毒的云母珠光颜料并开始试生产，技术有了很大的进步，但以中低端产品为主，高端产品仍需从国外进口。

第三节 颜料工业逐步发展成为世界之首

（2001～2019年）

进入21世纪，为满足国民经济发展需要，中国颜料工业的产品产量规模持续扩大，钛白粉、氧化铁的产量跃居世界首位；有机颜料出口量位居世界前列；铅铬颜

料虽有用武之地，但环保压力大，前行步履蹒跚。在深化改革开放方针指引下，颜料工业自主研发水平和引进吸收国际先进水平的能力进一步提升，产业集中度逐步提高，节能减排和清洁生产工艺受到重视和努力推进，颜料品种和质量向高端化发展。

一、白色无机颜料“推陈出新”

国内形成系统生产能力的主要白色无机颜料有立德粉、钛白粉，立德粉作为涂料用的白色颜料曾经发挥过重要作用，并在出口贸易中占有一席之地。2000年，全国立德粉总产量已达23.61万吨，销售量23.29万吨，其中出口量7.61万吨。但由于生产工艺技术落后、污染大，加之在性价比上落后锐钛型钛白粉，市场逐步缩小，立德粉生产厂有的转产、有的倒闭，生产经营活动逐步缩小到停止。曾经积极活跃的中国涂料工业协会立德粉分会，随着立德粉市场紧缩、企业减少，于2017年3月在中国涂料工业协会第八届第二次会议上正式注销，并宣告立德粉工业退出中国涂料工业历史舞台，而无机白色颜料——钛白粉颜料发展走向前台。

（一）硫酸法钛白粉发展占据主导地位

1. 硫酸法金红石型钛白粉质量和占比提高

1998年以前，国内钛白粉产品以非颜料级的搪瓷和焊条用为主，颜料级锐钛型产品仅占一小部分，金红石型产品其实只起点缀作用。2002年，中国钛白粉的总产量为38万～40万吨，其中锐钛型24万～28万吨、占比约66%以上，金红石型6.8万吨、占比低于18%，非颜料级6万吨，其他类型产品0.4万吨。“十一五”期间，钛白粉的产量呈现高速发展的态势，并且硫酸法生产的产品占总产量的99%以上。在此期间，不仅产能、产量大幅提高，而且硫酸法钛白粉生产工艺和技术不断进步，产品质量和档次也大幅改善。到2010年，中国钛白粉的总产量增至147.4万吨，总产能达到220万吨，高居世界第一。其中，金红石型产品产量达84.3万吨，占钛白粉总产量的57.2%。表明我国钛白粉的产品档次已有质的提高。到2018年，中国钛白粉总产量295.43万吨，其中金红石型钛白粉产量占比达77.61%，比2010年增加了20.41%。

同时，生产企业开始重视品种开发和品牌创新，部分品牌产品的品质可以与国际上有代表性的同类型产品相媲美，部分指标已达到国际先进水平。

2.钛白粉工业规模化发展

20世纪90年代前，中国尚无一家万吨级钛白粉生产企业，产业集中度差。进入21世纪，随着国内对引进钛白粉装置的消化吸收，在开发品种和提高产品质量的同时，行业内逐步开展兼并重组、提高产业集中度，向大型化、规模化发展。2014年10月，中核钛白公司通过旗下全资子公司安徽金星钛白（集团）有限公司收购无锡豪普钛业有限公司25%的股权；同期，科斯特宣布收购江西添光化工有限责任公司钛白粉业务。2015年6月，河南省佰利联公司宣布90亿元收购四川龙蟒集团，成为龙蟒佰利联集团股份有限公司，二者的强强联合后产能达到63万吨/年，一跃成为全国第一、全球第四大钛白粉生产企业，仅次于杜邦的117万吨/年、亨斯迈的90.2万吨/年和科斯特的77.8万吨/年，增强了企业在国际市场上的竞争力。龙蟒和佰利联“联姻”的成功，促使中国钛白粉工业加速整合、规模化发展，为21世纪实现钛白粉制造强国书写了崭新的历史。

到2019年，全国40家全流程型钛白粉生产商总产量达318万吨，总产能384.5万吨/年。钛白粉有效产能达到90万吨/年以上的特大型企业1家，产能达到10万吨/年及以上的大型企业11家，产能达到5万～8万吨/年的中型企业10家，其余18家生产商为小微企业。12家特大型及大型生产商的综合产能为280.5万吨/年，占行业总产能的72.96%；10家中型企业产能占比为15.6%；钛白粉产业集中度明显增加，其余18家小微企业产能仅占11.44%。

产业规模化发展有利于加快自主创新，更好开展国际技术交流和引进先进技术；有利于资源合理利用、物料有效节约、产品质量有效提升，以系统化的集成创新推动产品结构的优化升级；并可以有效治理“三废”、实行清洁生产工艺、发展循环经济，推动钛白粉工业绿色发展。

2001年起，中国钛白粉工业总体规模位居全球第二，2007年跃居全球第一，到2018年，总产量295.43万吨、出口量达90.83万吨，中国已成为世界上名副其实的钛白粉生产大国、出口大国，但在产品质量、产品结构、控制管理方面与国外的大公司相比尚有一定差距，成为钛白粉生产世界强国还要作很大努力。

3.推动实行清洁生产工艺

（1）生产工艺改进是降低单耗和节能减排的技术基础　在硫酸法钛白粉生产工艺中，大规模的钛渣代替钛铁矿生产工艺的优化和调整、大型酸解反应釜的使用和预混合酸解工艺、真空结晶代替冷冻工艺技术的普及、大型水解反应釜及操作技术的使用、水洗用隔膜压滤机代替传统真空叶滤机的工艺、大型转窑调节及自控技术的应用和改进、表面处理技术的进步和表面处理剂锆及有机硅的使用、利用喷雾和闪蒸技术的干燥工艺；酸解尾气、煅烧尾气普遍采用了水喷淋、碱处理和电除雾等方式进行净化和回收处理；废酸和酸性水处理方面，有的企业将浓废酸少量直接配酸用于酸解工序，其余的进行浓缩处理再利用，所有的酸性废水大多采用中和处理方式；绝大多数企业中和得到的副产物作为废料堆放。这些新工艺、新技术的广泛应用，整体提升了中国钛白粉工业的生产技术水平和产品质量，也为降低单耗和能耗总量打下了良好基础。

在节能、节水、降低单耗方面，各个企业采取积极有效的办法，同期对比都取得较大进步。佰利联公司是国内首家成功研发出硫铁钛联产法先进生产钛白粉工艺的企业，该技术使企业的钛资源利用率由原来的82%提高到87%以上，制酸系统的热能利用率由原来的65%提高到90%以上，企业总能耗下降了40%，年节能5万吨标煤，企业水耗下降35%，年利用废渣量104万吨，解决了厂区内废渣、电石泥的污染问题。山东省东佳集团“硫铵钛”产业链联产法清洁生产新工艺实现了四大突破：一是采用超滤、纳滤、反渗透技术对钛白粉酸性废水进行深度处理，攻克了杂质对渗透膜堵塞难题，钛白粉生产达到了新水单位水耗50吨以下、污水单位排量20吨以下这一世界领先水平；二是采用难以利用的进口酸性高钛渣和钛铁矿混配原料，减少了60%的废渣排放；三是实现了连续酸解技术工业化，钛矿酸解率提高到96%以上，钛资源利用率由传统工艺的79%左右提高到87%以上；四是将20%的废硫酸不经浓缩，代替98%的商品硫酸生产硫酸铵产品，以节能减排的方法将废物变为资源，实现了循环经济的产品链耦合。对促进中国钛白粉工业产业升级和结构调整具有积极的示范作用和推广利用价值。

目前，硫酸法钛白粉生产企业普遍加大了“三废”处理设施的投入，环保在线监控已经基本覆盖全行业。宁波新福钛白投入巨资建设的“膜过滤”硫酸法钛白粉废酸水综合治理节水减排项目及MVR钛液浓缩装置已经开始运行，“膜过滤”项目工艺处理后减少了石灰中和工序，使酸和水在钛白粉生产工艺过程中循环回用物料平衡。项目实施后，酸性废水减排率达到89%，水的循环利用率达到85%，外排硫酸的循环利用率达到90%，酸碱中和石灰使用量降低90%，钛石膏废渣产生量降低90%，MVR钛液浓缩装置的蒸汽节能比传统的单效浓缩装置节能约65%。

由江苏泛化化学科技有限公司独家研发，与山东东佳集团联合制造的专利产品近红外反射材料二氧化钛IR-1000，降低能耗、减少排放成效明显，已经应用于涂料领域的典型产品有建筑外表面用热反射隔热涂料（外墙涂料、屋顶涂料等）、卷钢涂料、集装箱涂料、船舶及汽车用漆、军事伪装涂料、化纤涂层等。

（2）制定实施能耗定额标准是节能减排的保证 “十二五”期间，中国钛白粉生产技术的提高、产品结构的变化、出口贸易的迅速增长等都有了长足的发展，2015年国家标准《钛白粉单位产品能耗限额》（GB 32051—2015）的实施，为企业提供了单位产品能耗的最低标准，促进了企业积极主动地开展节能降耗工作，同时树立了行业标杆，为企业改造指明了方向和目标。能耗准入为固定资产投资项目的节能评估与审查提供了依据，从项目设计的源头把好“节能关”。标准实施后，通过淘汰落后产能和提高行业总体水平，根据钛白粉单位产品能耗限额要求，企业通过技术创新、技术改造和更换高能耗设备等方式，把排放量降下来，能耗、成本降低增加了企业经济效益，提高了企业核心竞争力。

（3）综合处理“三废”，研发清洁文明生产工艺 由于硫酸法钛白粉生产所固有的生产流程长、“三废”排放量大的特点，生产1吨TiO_2产生3吨硫酸亚铁、8吨20%的稀废酸，还有其他的副产物。为了实现企业的可持续发展，许多钛白粉生产企业转变观念、树立环境意识，将环保置于影响行业和本企业发展的重要位置。如用富钛料替代钛铁矿酸解，废硫酸浓缩回用技术得到空前普及，逐步实行清洁生产工艺，使硫酸法钛白生产工艺达到一个新的高度，取得了很好的经济效益、社会效益和环境效益。

依靠技术创新节能减排是重要的，更为重要的是将生产和“三废”处理综合、集成创新处理，变废为宝，发展循环经济。佰利联公司是国内首家成功研发出硫铁钛联产法生产钛白粉的企业，他们将硫酸法钛白粉与硫黄制酸、铁系颜料生产、一水硫酸亚铁制备、氧化钪提取、钛石膏生产等装置进行联合，互相衔接成循环经济产业链，并对原硫酸法钛白粉排放的“三废”进行了变废为宝的处理。该技术不仅对原有的钛白粉生产工艺进行了系统、全面的多项技术改造，而且实现了多种产品生产技术的集成创新，清洁生产工艺达到国内外先进水平。

龙蟒集团及其下属龙蟒钛业自2001年开始探索钛白粉工业的清洁生产之路，经过10年的努力，将钛白粉、硫酸、磷化工生产单元进行集成和优化，打造出了适宜中国钛资源特性、具有自主知识产权的硫-磷-钛联产法钛白粉清洁生产新工艺。新工艺实现了硫酸、钛白粉、磷酸三大生产系统的物质流、能量流耦合集成和循环利用，在钛白粉生产废酸循环利用、硫酸亚铁掺烧生产硫酸、中低品位磷矿化学选矿等领域取得多项技术突破。

国家相关部委的大力支持成为硫酸法钛白粉生产“三废”综合处理的有力保证。2015年，针对中国工艺副产物钛石膏在区域性钛白粉产业体系中的环境经济属性，纳入国家《资源综合利用产品和劳务及另外增值税优惠政策目录》，与脱硫石膏、磷石膏共同享有优惠政策。中科院过程工程研究所承接了环保部《钛白生产行业污泥污染特征与污染风险控制研究》的课题，建立钛白粉生产行业废水污泥无害化管理体系的生产工艺。环保部污防司关于《国家危险废物名录》（2014年）的修订意见征集中，将钛白粉生产企业产生的废弃物的开发利用纳入资源综合利用范围，促使钛白粉企业循环经济的大力发展。环保部《钛白粉工业废水治理工程技术规范》编制工作及《硫酸法钛石膏标准》的制定于2017年启动，随着各项政策、标准的落地，钛白粉工业在“十三五”期间深入推进“三去一降一补”（去产能、去库存、去杠杆、降成本、补短板），在行业“十三五”规划中明确了要下大气力淘汰落后装置和工艺，努力构建上下游配套的绿色产业链和产业基地，形成新的集聚效应和规模优势。

另外，由于钛矿资源紧俏，部分区域的钛白粉生产企业无法自主开采资源，开始由“资源开发型”，逐步转化为“加工产业型”，大部分企业已经向全球收集钛矿资源。

4. 锐钛型钛白粉占比下降趋势明显

国内钛白粉工业的生产能力不断扩大、产量持续增加，但是主要是量的扩张，质的提高相对缺少。钛白粉生产以硫酸法工艺为主，经过业内技术改造和创新研究，硫酸法工艺在向合理、清洁生产工艺进步，但落后产能仍占有较大比例，特别是中小企业是以生产低档产品为主，集中在锐钛型产品的生产和扩产。产品结构不合理，低档产品的产能过剩，高端产品主要依赖进口，行业整体水平不高。因此，加大产品结构调整、提高钛白粉产品质量和改进生产工艺是可持续发展的必由之路。

由于立德粉停产，一度导致锐钛型钛白粉的销量大幅增加。2002年，全国锐钛型钛白粉产量约26万吨，在钛白粉总量中占比约66%以上，占主导地位。到2011年，全国金红石型钛白粉132.36万吨，在钛白粉总量中占比73.1%，占主导地位；锐钛型钛白粉产量42.37万吨，占比23.38%，增长率为–24.1%，在钛白粉总量中占比降低幅度较大。到2018年，中国金红石型钛白粉产量229.28万吨，在钛白粉总量中占比达77.61%；而锐钛型钛白粉产量约51万吨，占比仅为17.26%，相比2011年其占比却下降了6.12个百分数，平均每年下降0.87个百分数。锐钛型钛白粉产量在总量中占比下降趋势，反映出业内淘汰落后产能的速度在加快、力度在增强。

与传统的硫酸法金红石型钛白粉生产工艺比较，锐钛型钛白粉生产工艺流程简短，产品后处理技术难度低，单耗和能耗少，总的成本低于金红石型钛白粉。但从产品性能上比较，遮盖力、白度、着色力、光泽比金红石型钛白粉差，特别是在曝晒时易粉化，耐候性较差，只能在非户外的中低档产品中使用，故其在总量中占比逐步降低。随着硫酸法金红石型钛白粉生产的发展和清洁生产工艺的推进，生产成本会逐步降低，锐钛型生产成本低的优势逐步减弱，产量将进一步降低。

（二）氯化法钛白粉成功产业化

1.自主氯化法钛白粉生产线终获成功

2002年9月，为实现锦州氯化法钛白粉项目的快速发展，攀枝花钢铁公司兼并收购锦州氯化法钛白粉项目，成立攀钢锦州钛业有限公司，并实现稳定运营达产。2009年，中信锦州铁合金股份有限公司增资扩股成立锦州钛业有限公司。2010年，建设成第二条1.5万吨/年的生产线并实现连续运行超过30天，开发出CR200、CR300新产品替代进口，申获18项发明专利，成为全国第一家拥有自主知识产权的氯化法钛白粉生产企业。

锦州钛业有限公司于2010年10月14日召开中国首届氯化法钛白粉研讨会，向国内外业界宣告国内已经掌握了氯化法钛白粉技术和氯化法产业化的阶段已经到来，并愿意转让氯化法技术支持国内企业上氯化法钛白粉项目。国内先后有攀钢钛业公司10万吨/年、河南新安电力有限公司10万吨/年、云南冶金集团新立有色金属公司6万吨/年、河南漯河兴茂钛业公司6万吨/年的氯化法钛白粉项目开工建设。

2.氯化法钛白粉产业化发展

2011年3月，国家发展和改革委员会发布了《产业结构调整目录（2011年本）》，鼓励发展氯化法钛白粉生产工艺，把采用二氧化钛含量不小于90%的富钛料（人造金红石、天然金红石、高钛渣）的产能大于3.0万吨以上氯化法钛白粉生产线列为鼓励类项目，而硫酸法生产装置被纳入限制类。2011年新上市的河南佰利联化工有限公司6万吨/年、四川龙蟒集团10万吨/年的氯化法钛白粉项目通过省级立项与环评。氯化法钛白粉的主要技术发展方向：富钛料大型熔盐氯化技术、沸腾床氯化制取四氯化钛技术、氯化渣处理技术、四氯化钛精制技术、四氯化钛气相氧化

（包括氧气和四氯化钛预热、三氯化铝制造、二氧化钛颗粒细化、氧化炉气相混合、除疤和防疤、氧化炉气骤冷、二氧化钛气固分离、制浆脱氯）技术、后处理产品制造技术等，国内基本已经掌握并开始应用。特别是锦州铁合金股份有限公司因氯化法钛白粉生产装置，使其成为中国第一家拥有自主知识产权的大型氯化法钛白粉生产企业。一大批新设备和引进装备的投入使用，如大型的风扫磨代替雷蒙机粉碎钛铁矿、100立方米以上大型酸解反应釜、大型沉降池、真空结晶罐代替冷冻结晶槽用于冷冻、圆盘过滤机代替离心机用于亚铁分离、大型水解反应釜、水洗用隔膜压滤机代替传统真空叶滤机、大型转窑、辊压磨代替雷蒙机用于粗品粉碎、干燥用喷雾和闪蒸设备、DCS自控技术的过程控制等技术设备的使用，大大提升了国产钛白粉生产装备技术水平。

20世纪90年代前，中国尚无一家氯化法钛白粉工厂。到2018年，已有4家氯化法钛白粉工厂开工生产，生产能力21万吨/年，实际产量13.4万吨，占钛白粉总产量4.5%。从无到有，无疑这是个不小的成绩，但与发达国家相比，差距仍很大。与硫酸法生产钛白粉相比，氯化法工艺建厂投资大、工艺较复杂，但产生“三废”少、产品质量略优，是应大力发展的先进工艺。

二、成为世界氧化铁生产大国

（一）氧化铁企业规模逐步扩大

改革开放后，特别是在“九五”期间，中国氧化铁工业得到长足发展，产量位居世界前列。氧化铁总产量上去了，生产技术和产品质量也在提高，以生产规模在1万吨以上的较大型氧化铁企业为代表，生产技术水平相对较高，由比较单一品种发展到多品种，产品质量能达到国内外市场需求，在相当程度上具有发展创新的能力，这部分企业是国内氧化铁工业的骨干企业、中坚力量，但在氧化铁企业中占比只略超过10%，而生产能力在3000～8000吨/年的中小企业占比多达近90%，其中生产能力在3000吨/年左右的小企业占到了60%以上，这些小企业的产品单一、质量档次低、生产设备装置简陋，多采用传统的作坊式手工生产方式，劳动条件较差，企业管理和市场营销落后。因此，氧化铁工业的产业集中度和总体管理水平亟待提高。

氧化铁工业重组首先表现在企业所有制变化。在20世纪90年代前，国有氧化铁企业的生产规模占全国总量的75%以上，到90年代末，东部沿海地区的民营企业迅速发展，产品结构也从低档产品逐步向中档品转移，而绝大部分国有企业也开始股份制改造和民营化，民营企业规模不断壮大。2015年后，代表性的民营企业有浙江华源（产能10万吨/年）、江苏宇星（产能8万吨/年）、湖南三环（产能6万吨/年）、天津大港华明（产能5万吨/年）、浙江联合（产能4万吨/年）、河南荣博塑料（产能3万吨/年）、安徽莱德圣（产能2万吨/年）、湖南索尔化工（产能2万吨/年）、石家庄灿日化工（产能2万吨/年）、河北友谊颜料（产能2万吨/年）、德清一帆（产能1.5万吨/年）、常熟洛克伍德（产能1万吨/年），而且钛白粉行业中的佰利联也拟将氧化铁产能增至10万吨/年。民营与股份制企业的产能占比达到55%左右。

另一个氧化铁生产企业所有制的变化是国外和香港企业独资与合资企业发展。20世纪90年代以来，世界氧化铁制造业开始向中国内地转移，德国朗盛公司、美国亨斯迈集团等纷纷在上海、浙江富阳、江苏常熟、江苏太仓、广东深圳等地建立了独资或合资企业。香港的一些公司如国泰集团、斯特林公司在上海、浙江富阳、湖北石首、天津等地建立了企业。

与此同时，行业重组进入活跃期。2014年，美国亨斯曼化工公司收购美国洛克伍德公司，在中国组建独资的海明斯企业及江苏太仓硫酸法湿法铁红和铁黄、深圳深加工企业，并收购中国的铁黄、铁红、铁黑产品在6万～8万吨/年以上，进入国际市场。另外，德国朗盛公司在德国本土的生产工艺是苯胺法，由于中国氧化铁工业的崛起并参与了国际市场的竞争后，进入中国及亚洲市场，在中国建立合作合资企业朗盛上海颜料有限公司、朗盛上海化学特殊品有限公司。2014年，宁波化学特殊品有限公司在宁波高新技术开发区建设3.5万吨/年的氧化铁生产装置；2015年建成一家7万吨/年的拼混研磨工厂，除收购产品外，采用彭尼曼法生产铁黄和铁系黑、用硝酸-硫酸混酸法生产铁系红。2017年生产和收购总量在4.5万吨/年以上，氧化铁实际产能6万多吨/年，有上升的发展趋势。

香港国泰公司进入氧化铁行业后，不仅在内地组建合作合资企业（江苏宜兴深加工、上海宝齐颜料有限公司）并与安徽铜陵瑞莱公司合作，收购国内各类氧化铁产品超过8万吨/年销往美、欧市场及中东地区。德国朗盛和中国香港企业在内地的独资和合资企业产能占20%以上。

国有企业有上海一品颜料有限公司（设计产能10万吨/年）、安徽铜陵瑞莱科技有限公司（合作产能10万吨/年）。两家国有企业占氧化铁工业总产能25%左右。

多种所有制并行发展，中国氧化铁工业拥有生产企业80多家，主要以硫酸、硝酸、硫酸亚铁及铁皮为原料，采用混酸法工艺生产。全行业产能约75万吨/年的分布为产能1万吨/年以上15家，其中2万吨/年以上9家、4万吨/年以上4家、10万吨/年以上2家，余下厂家产能规模均不足0.8万吨/年。国内天然氧化铁生产企业5～6家，以生产天然云母氧化铁为主，产能约在1.5万吨/年，除供应涂料工业用于防锈颜料外，主要作铁氧体材料等其他用途，没有列入我国氧化铁生产营销数据统计中。

从产业布局上看，浙江华源、江苏宇星、江苏宜兴华谊着色、湖南三环、铜陵瑞莱、宁波朗盛等较大型氧化铁颜料企业分布在浙江、江苏、安徽、上海等地区，苏浙沪及广东沿海区域已成为境外企业生产氧化铁产品的基地。这些企业是国内氧化铁颜料高新技术产业集聚度最高、技术最先进、生态环境最好的世界级氧化铁颜料产业基地。

根据国家有关产业政策调整指导意见，1万吨/年以下的氧化铁新建生产装置被列为限制类。随着一系列行业准入条件的推行和实施，淘汰和限制一批落后产能，资产重组、资源整合成为必然趋势，届时国内氧化铁生产企业的数量将大为减少，生产规模进一步扩大。同时，一些新型园区项目的建成投产，氧化铁企业特别是骨干企业将加快进入各地的化工园区，各地政府及所属地域对进园的企业进行培育和发展，提供强大支撑，企业集约效益将进一步显现。

由于氧化铁颜料基本无毒，颜料市场还可能扩大，中国作为氧化铁颜料生产大国的地位得到进一步巩固，产量占世界总产量的40%以上；同时也成为世界氧化铁颜料的重要消费市场，消费量占世界总消费量的30%以上，在国际市场上占有重要的地位。

2017年，世界氧化铁颜料总产能约100万吨，总产量约95万吨，其中合成品约85万吨；中国总产能约70万吨，合成品总产量约64万吨，其中出口约32万吨。中国已成为世界氧化铁生产第一大国。

（二）积极提高工艺技术水平，发展新产品

氧化铁颜料工业中骨干企业已基本上完成了产品结构、质量控制、仪器检测、包装运输等方面与进口国家和地区的对接工作，已有固定的出口渠道、出口量逐年增长，取得了举世瞩目的成就，但行业没有满足这些成绩，而是冷静地认识到，要改变当前氧化铁产品档次不高、技术装备落后、物耗能耗高、经济效益低、结构不

合理的现状，必须转变到以科技创新为动力提高企业综合竞争力方式上，加之氧化铁制品较强大的消费力，提升了国内企业对结构调整、工艺改造、设备升级的积极性。

国内同行首家拥有“中国驰名”商标的湖南三环颜料有限公司，经过三年多的艰苦工作，投入了1.8亿元，于2011年上半年在长沙高新技术区内完成了6万吨/年规模的搬迁任务，下半年顺利投产进入市场。新厂区布局合理，符合环保清洁文明生产达标要求，工艺设备装置采用先进的压膜式压滤机、吹流履带干燥机及深加工研磨、混合拼混机，产品质量稳定，并有少量的中高档产品进入了国内外市场。

上海一品公司先后投入了两期工程，花费1700多万元，建立了高档着色品GMP车间改造及技术中心中试车间改造项目。为中国的氧化铁生产新工艺流程和装备起了一个引导作用，在环境治理及节能减排、水资源利用等方面实现了新的突破。

华源颜料转型升级加速度发展，先后投入了数千万元的资金，用于技术改造升级项目中。经过“二合一”改造，自动化带式烘干生产线技改项目达到节能减排、缓解招工用工压力、提升后道工序生产效率的目的，对减轻劳动强度、降低生产成本、提高产品质量等都收到了良好效果。

江苏宇星工贸有限责任公司为提升生产装备的水平，投资超过2000万元，引进13套全自动干燥装置。在明显提升成品合格率、产品颜色更加稳定的同时，企业的生产效率得到提升，有效降低了生产成本。

中原黄金冶炼厂有限公司的氨法氧化铁生产线具有独特工艺流程，企业投入巨款在水洗、干燥两道工序上进行了重点调整，经技术改造，使全流程更趋合理、完善，提高了产量和质量、降耗节能。

企业对于环保的投入主要集中在两个方面：一是在“三废”综合利用方面，不断开发新技术和新工艺。对高浓度废水进行回收，企业除使用传统和常规的处理方法外，也开始采用多效蒸发技术，来解决高浓度废水回收处理问题。二是在清洁生产方面下功夫，通过吸收消化先进技术，来提升清洁生产水平。

三、有机颜料品种增加、质量提升、国际竞争力增强

20世纪80年代前，国内有机颜料品种很少，商品剂型单一，几乎均为中低档有机颜料，主要为不溶性偶氮颜料、偶氮色淀、铜酞菁及少数杂环类颜料，应用于

涂料着色等。到90年代，有机颜料品种明显增加，有机颜料深加工及商品化，新产品、新剂型的开发，满足不同应用领域的需求。国内生产的有机颜料品种商品牌号与专用剂型的总数约近2000个。其中，黄色谱品种467个，橙色谱品种87个，红色谱品种870个，紫色谱品种85个，蓝色谱品种385个，绿、棕、黑色谱75个。产量大、应用广泛的品种包括：C.I.颜料黄12，C.I.颜料红57：1，C.I.颜料红48：2，C.I.颜料蓝15：3等。在市场上投放了多种专用剂型商品，主要有高着色力、高透明性、高遮盖力、低黏度、经济型或低成本、耐溶剂性能优良，重点应用于某一领域的颜料品种、高档工业涂料及涂料印花色浆等。

进入21世纪，有机颜料生产迅速发展。2006年，中国有机颜料产量约为18万吨，大约占全球有机颜料总产量的60%以上，而且品种增多，并开发出特殊偶氮、多环类颜料高档新品种与专业剂型。到2010年，据不完全统计有机颜料生产企业约160余家，有机颜料产量从1986年的1万吨增加到22万吨，无论产量还是品种数均已成为最多的国家。按所在省份排列，处于前4位的分别是江苏、浙江、山东和河北等四省份。

中国生产的有机颜料及研发的高档有机颜料品种，详见表2-9-1。

表2-9-1 中国生产的有机颜料及研发的高档有机颜料品种

类别	主要产品
偶氮缩合类颜料	大分子黄4GL、大分子黄2GL、大分子红GRL、C.I.颜料黄93、C.I.颜料黄95、C.I.颜料黄155、C.I.颜料红144、C.I.颜料红166等品种
苯并咪唑酮类颜料	C.I.颜料黄151、C.I.颜料黄154、C.I.颜料黄175、C.I.颜料黄180、C.I.颜料黄181、C.I.颜料黄194、C.I.颜料橙36、C.I.颜料橙62、C.I.颜料橙64、C.I.颜料红171、C.I.颜料红175、C.I.颜料红185、C.I.颜料红208、C.I.颜料棕25等品种
高档色酚类颜料	C.I.颜料红188、C.I.颜料红243、C.I.颜料红245、C.I.颜料红266、C.I.颜料红269、永固红P-F7RK等品种
喹吖啶酮类颜料	C.I.颜料紫19、C.I.颜料红122、C.I.颜料红202,C.I.颜料红206,C.I.颜料红207以及重要原料之一的丁二酰丁二酸甲酯（DMSS）等
二噁嗪类颜料	C.I.颜料紫23、C.I.颜料蓝80（二噁嗪-苯并咪唑酮类）
吡咯并吡咯二酮（DPP）类颜料	C.I.颜料橙71、C.I.颜料橙73、C.I.颜料红254，C.I.颜料红255，C.I.颜料红264，C.I.颜料红272等品种
异吲哚啉酮与异吲哚啉类颜料	C.I.颜料黄109、C.I.颜料黄110、C.I.颜料黄139等品种

续表

类别	主要产品
喹酞酮类颜料	C.I. 颜料黄 138、中间体 8- 氨基 -2- 甲基喹啉及四氯代邻苯二甲酸酐等
苝红系颜料	C.I. 颜料红 123、C.I. 颜料红 149、C.I. 颜料红 178、C.I. 颜料红 179、C.I. 颜料红 190、C.I. 颜料红 224、C.I. 颜料紫 29、C.I. 颜料黑 32 及中间体苝四甲酸酐（PTCA）等
稠环酮类颜料	C.I. 颜料黄 147、C.I. 颜料橙 43、C.I. 颜料红 168、C.I. 颜料红 177、C.I. 颜料红 194、C.I. 颜料蓝 60 等品种
杂环金属络合类及铜酞菁类颜料	C.I. 颜料黄 150、ε－型铜酞菁（C.I. 颜料蓝 15 ：6）、C.I. 颜料蓝 75、C.I. 颜料蓝 79（环保型铝酞菁颜料）

有机颜料的工艺创新工作主要内容包括：为发挥无机颜料优异的耐候性与耐热稳定性，以无机颜料为核，采用有机颜料表面包覆技术；采用固态溶液技术，制备含有两种或两种以上化学结构相似的组分，以调整色光及改进颜料某些应用性能，通过改变颜料组分，改进颜料的各种牢度及应用性能，扩展产品的颜色范围或颜色空间；混合偶合技术已经在偶氮类颜料产品中广泛应用，通过混合偶合制备含有两种以上不同化学结构组成的颜料，可有效降低反应产物的粒径、明显提高着色强度、增加透明度和光泽度；有机颜料挤水转相（基墨）工艺，将有机颜料滤饼不经干燥与树脂油黏结料通过捏合使水性颜料转入油相，分离出水而得到着色强度高、易分散的色膏，并直接用于油墨制备；透明性有机颜料制备技术的突破，通过控制偶合反应速率、添加表面活性剂，控制介质pH值、偶合反应后加热温度、颜料滤饼的干燥温度及选择高效的带式干燥设备等，可制备出高透明度、高光泽度、高着色强度、好耐热稳定性等优异性能的颜料产品。

同时，大力开展了高档有机颜料的表面改性技术，生产亲水性颜料产品新剂型，以满足环保型水性涂料、水性喷绘印墨着色用的有机颜料需求。生产高性能有机颜料相关中间体原材料，缩短工艺流程、减少“三废”、提高中间体内在质量。

此外，有机颜料后处理技术或称为颜料化处理或商品化处理技术，直接关系到最终产品的许多应用性能，也是国内产品与国外同类产品主要差距所在。国内生产企业已将有机颜料后处理技术或颜料化处理技术应用于有机颜料商品化加工，满足应用部门对产品应用性能的要术，并取得了较理想的效果。先后推荐具有不同应用特性的剂型产品，如适用于胶版印墨、溶剂印墨与水基印墨，高着色强度、透明性、易分散性的联苯胺类（C.I.颜料黄12、C.I.颜料黄13、C.I.颜料黄14、C.I.颜料黄83等品种）、色淀类（C.I.颜料红48、C.I.颜料红53、C.I.颜料红57等品种）以及铜酞菁类颜料（C.I.颜料蓝15：3、C.I.颜料蓝15：4等）产品。

20世纪80年代，中国有机颜料仅有较少量出口，90年代开始逐渐增加。依据中国染料工业协会统计，1999年，有机颜料出口数量增加至7.4万吨（包括涂料色浆及色母粒制品），到2004年，有机颜料出口量第一次超过10万吨，达到10.6万吨（包括涂料色浆及色母粒制品），同比增长23.7%，出口量占总产量比例的73%。主要出口市场为欧美地区，其中美国为中国有机颜料出口的第一大国。

进入21世纪后，世界经济稳步复苏，增长动力增强，发展势头向好。有机颜料出口进入稳定增长期。同时，有机颜料市场需求与国内经济增长关联很大，需求增加仍有空间，中国城镇化和工业化进程驱动内需增长，油墨、涂料、塑料市场前景广阔，发展潜力巨大，带来新的增长机遇，有助于有机颜料工业稳定发展。

但是也要看到，有机颜料工业研发与生产过程中，生态与环境保护已摆在了突出的重要地位。行业面临的发展环境不容乐观，环保压力加大、劳动力成本增加、市场竞争加剧等多重因素倒逼有机颜料企业加快转型升级、降本节支、节能减排。为顺应形势变化，有机颜料工业逐步从单纯地追求产量，变为注重产品技术含量，目标是拥有自主设计的新型化学结构颜料新品种，创建自主的品牌，加紧开发适合多种专用型的颜料品种剂型，尤其是工业、汽车涂料用高档有机颜料。

为提高国际竞争力，行业在发展方向上形成共识：一是重视有机颜料的基础理论研究，开发出中国自行设计的新型发色体系，应用性能优良的颜料品种与配套的相关中间体。二是攻克颜料的商品化技术，如水性涂料、水基印墨以及数字喷墨印花用超细颜料墨水；采用新型反应设备；功能性颜料品种的研制。三是针对有机颜料在不同极性介质中的应用，研发专用型有机颜料相关助剂、添加剂或表面改性剂，重视有机颜料后续应用性能检测与评价。四是创优质名牌产品，强化企业自身品牌，增强企业的信誉，扩大国内市场占有率，增强国际市场竞争力，扩大出口。五是贯彻可持续发展科学发展观，在生产过程中要执行国家的清洁生产标准和逐步采用绿色化工工艺。

四、探寻铅铬颜料发展的正确途径

（一）铅铬颜料应用受限

自20世纪末，欧美等发达国家和地区逐渐开始停止铅铬颜料的合成生产，逐步转向从发展中国家进口铅铬颜料的初制品进行后处理加工，以减少对本地区环境的污染，同时也降低了产品的成本。而此时，中国经济的快速发展促进了铅铬颜料的生产量和使用量逐年增长，从2001～2010年的10年间，国内颜料的产销量增长了一倍多。2010年以后，受国际金融危机的影响，国内经济发展速度放缓，铅铬颜料工业的发展也有所减缓，其中有资源性原材料价格上涨的因素，也有铅、铬对环境造成的污染以及对人类健康的影响等因素。中国铅铬颜料工业的生产工艺和装备水平还比较落后，特别是技术专利和发明较少，缺乏系统研究和开发的投入以及技术实力支撑，尤其是高档品种与先进国家的产品差距较大。出口量大的以合资、合作企业为主。

20世纪90年代中期到2010年，企业的生产工艺不断技改创新，采用隔膜式压滤机替代传统板框式压滤机，带式干燥机或气流干燥装置替代隧道烘房或箱式烘房，这些设备几乎全部国产化。在原生产线上引进了部分新装置、新工艺，大幅降低了产品的单位能耗，提高了生产效率，改进了操作条件，改善了生产环境，同时提高了产品的耐酸碱性、耐候性和分散性等性能，使得国内生产的部分铅铬颜料质量达到了国际中高等水平。生产铅铬颜料的两大主要原材料铅和红矾钠基本都立足于国产。

中国制定了一系列的限制标准，如GB 6675—2014对用于玩具的材料进行了规定，由于铬黄、钼铬红含有铅和铬，因此铬黄、钼铬红不能用于玩具塑料等一切“国家玩具安全技术规范4.3条款”中所涉及的玩具材料中；不能用于食品包装所涉及的材料中。另外，涂料相关的GB 18581—2020、GB 18582—2020、GB 24613—2009等标准中也有重金属限量，因此在玩具涂料、文具涂料以及用于家具的木器涂料等领域禁止使用。

（二）铅铬颜料艰难转型

中国铅铬颜料工业经过几十年的发展，特别是改革开放后的快速发展，已拥有生产企业30余家，但规模都不大，产销量在5000吨以上的企业只有4～5家。据不完全统计，2011年中国铅铬颜料的产销量超过了6万吨。

中国虽然是铅铬颜料的生产大国和使用大国，却不是强国。生产工艺和装备水平还比较落后，特别是专利技术和发明较少，缺乏系统研究和开发投入以及技术实力支撑。产品仍然集中在中低档次，以通用型为主，在高档品种中，与先进国家的产品相比，存在着较大的差距。

2011年初，国务院正式批复《重金属污染综合防治“十二五”规划》，这是中国“十二五”期间出台的第一个专项治理重金属污染规划，充分体现了国家对重金属污染防治的高度重视。根据规划，中国将重点防控铅、汞、铬、镉、砷五大重金属的污染。重有色金属矿采选业、重有色金属冶炼业、铅蓄电池制造业、皮革及其制品业、化学原料及化学制品制造业这五大行业被列为重点防控行业。由于铅铬颜料含有重金属铅和铬，所以一时间被推上了风口浪尖，生产建设受到普遍关注。

但是，由于铅铬颜料具有良好的颜料性能，在一些应用领域其他颜料难以替代。并且，以颜料研发的技术水平，现阶段的替代品要么性能上存在缺陷，要么价位高出铅铬颜料很多，有的甚至达到了几倍乃至数十倍。中国作为一个发展中国家，城镇化水平有待进一步提高，中西部开放方兴未艾，这些因素决定了铅铬颜料拥有相当大的需求，因此，在相当长的一段时间内，户外、工业场所以及不与人密切接触的场所，铅铬颜料还将继续使用。

随着人们环境保护意识的不断提高，颜料工业技术进步，节能减排、清洁生产、保护环境，采用科学、合理、统一的技术标准指导节能减排和污染治理已形成共识。近10年来，不少中小型颜料企业由于安全、环保或其他的原因，逐渐减少或停止生产，从生产型慢慢地开始转变为经营型，还有相当数量的企业正在或已实施搬迁，改建或搬迁的企业在安全生产、“三废”治理等方面，都能达到国家的相关环保、安全要求。中国周边地区的印度、菲律宾等国都在纷纷上马投资铅铬颜料，加剧了国际市场的竞争程度。中国从颜料制造大国向制造强国迈进，从价格优势向质量优势的转变，将成为铅铬颜料出口必须面临的课题。

为实现颜料工业可持续发展，加快产品转型升级步伐，上海华谊精细化工有限公司旗下的上海铬黄颜料厂托管宁夏骏马化工有限公司，堪称行业内强强联合的成功案例，双方利用上海骆驼品牌的技术优势和品牌优势与宁夏骏马的规模效应，提升铅铬颜料产品在市场上的竞争力，加上江苏双乐、重庆江南、新乡海伦等5～6家规模企业的产能，产业集中度将提高至70%以上。随后骆驼牌颜料还将依托与上海华谊技术研究院等科研单位的合作，利用资源优势再建一个万吨级的铅铬颜料生产基地，为颜料工业的集约化生产树立标杆。实现的目标：一是提升行业地位，实现强强联合，扩大品牌影响，保持强化骆驼牌颜料的行业龙头地位，改变国内铅铬颜料“四低”（劳动生产率低、集约化程度低、科技含量低、经济效益低）以及小、多、散的现状，促进行业向资源节约型、环境友好型、科技创新型不断发展，一些不能达标的企业将逐渐被淘汰出局，对产业集中度的提高有着积极的推动意义。二是实现技术升级，彻底扭转单位产品的废水排放量大、生产环境差、物料能耗大的局面，改善生产环境，通过技术上的升级换代，走在行业的最前沿，将技术优势转化为成本优势和效益优势。三是掌控生产基地、整合业内企业，掌控一两个具有一定规模、具备资源优势、产品质量稳定、代表行业先进水平、具有成本竞争优势的生产基地，进一步提高骆驼牌产品的市场竞争力，带动铅铬颜料工业的整合，全国80%的中小铅铬颜料企业将转型，提高产业集中度，推动行业清洁生产和技术进步，带来节能减排的明显效果。

中国的颜料工业从无到有发展到今天，已成为世界颜料工业大国，部分品种已经融入世界体系，取得了令世人瞩目的成绩，形成了完整的工业体系。目前各个专业体系正沿着可持续、安全环保方向发展，向颜料制造强国迈进。

中国化学工业百年发展史

（下）

中国化工博物馆　组织编写

100-year
Chemical Industry
Development History
of China

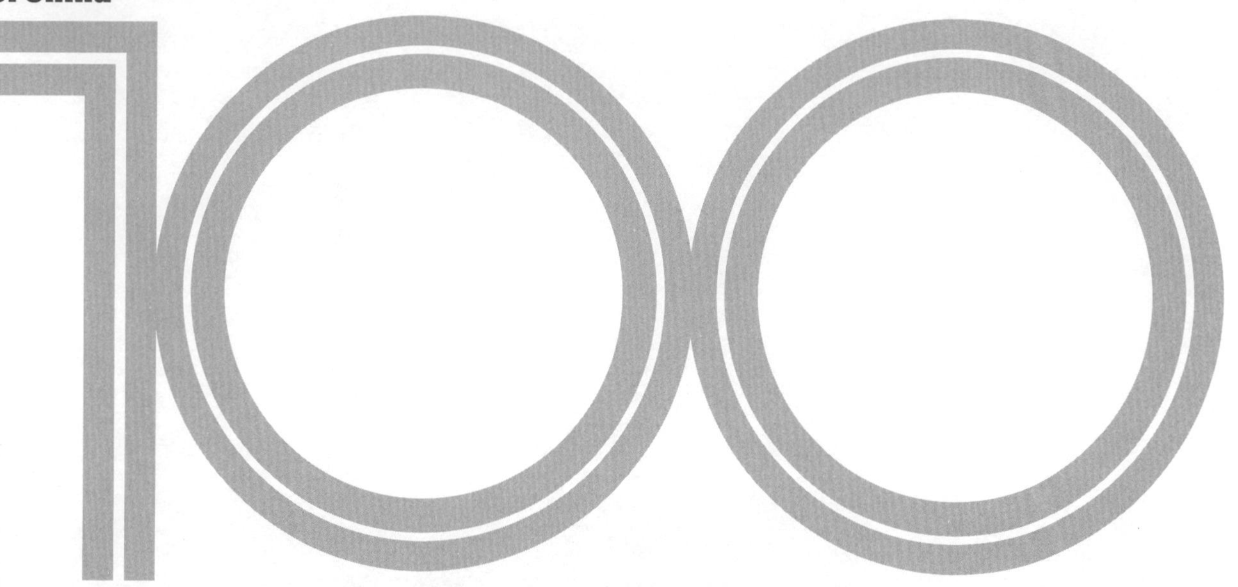

化学工业出版社

·北　京·

第十章
化学制药工业发展史

（1922～2019年）

化学制药工业是化学药品的生产行业，由化学原料药生产和药物制剂生产两部分组成，原料药是化学药品制剂的上游产品，是药品的主成分，也是药品生产的基础，加工制成适合于服用的药物制剂，方能成为药品。化学制药工业发源于西欧，19世纪初至60年代，科学家们先后从传统药用植物中分离得到纯的化学成分，如那可丁（1803）、吗啡（1805）、奎宁（1820）、烟碱（1828）、阿托品（1831）、可卡因（1855)等。19世纪还先后出现一批化学合成药，如乙醚、索弗那、阿司匹林等。到19世纪末，化学制药工业得以初步形成，它既是国民经济的组成部分，又是一项治病、防病、保健、计划生育的社会福利事业。

中国近代化学制药工业是随着西方医学的传入而开始萌芽的，但因为受到外国资本主义势力和国民党官僚资本的压制，发展极其缓慢，使得新中国成立初期中国化学制药基础十分薄弱，主要是将进口原料药简单加工成制剂，厂房设备简陋，品种少，产量少。据统计，1949年，中国仅有药厂370家，仅能生产简单化学原料药40多种。之后，中国化学制药工业经历三年修复、“一五”计划和试办托拉斯期间，抗生素、磺胺药、解热镇痛药、维生素、抗结核药、地方病药等从无到有，由小变大，为当时防治严重危害人民健康的传染病、地方病，以及支援抗美援朝战争等作出了重要贡献。1965年，全国化学制药工业产值接近8.66亿元，到1970年已经达到了26.43亿元，12大类原料药产量从新中国成立之初的8000吨，增加到1978年的4万吨。

改革开放使得中国化学制药工业快速腾飞。经过数十年的发展，中国的化学制药工业逐步与国际接轨，一批合资企业诞生，本土企业快速成长。到2019年，化学制药工业[1]实现营业收入为12379.8亿元，化学制药工业建立了完整的工业体系，已形成了医药中间体、药用辅料、原料药到药物制剂的产业链。

第一节 起源以及缓慢发展过程

（1922 ～ 1949年）

中国传统医药源远流长，但中国的化学制药工业是在西方科学的影响下和“西药”输入中国以后产生的。在新中国成立以前，化学制药工业和其他民族工业一样，受到外国资本主义势力和国民党官僚资本的压制，发展缓慢，是一个基础非常薄弱的加工工业。

中国近代化学制药业是随着西方医学的传入而开始萌芽的。自明代隆庆三年（1569）始，一部分外国传教士先后到中国传授医术，翻译出版西医、西药著作，并引入西药。由于西医学在中国的传播和西药的治疗实践，国人逐渐对西医与西药的认识不断加深。19世纪80年代以前，西药均由外商经营。鸦片战争以后，“西药”随着其他洋货一起大批涌进中国。当时上海是中国东部最大的通商口岸，药房多设于此，随后，广州、厦门、福州、上海、哈尔滨均开始有药房设立。

由于“西药”具有服用方便、见效迅速的特点，使得西药在中国销路大开，中国民族资本也开始向经营西药发展。上海华商自办的药房大多建于光绪中叶到宣统年间，其中较大的有五洲大药房、中西药房、中法药房和华英药房。初期以经营外国药品（西药）、卫生材料和医疗器械为主，也兼配中药。

随着营业发展的需要，各药房逐渐开始设立自己的药厂。创立最早的药厂为

[1] 为化学原料药和化学制剂工业两个分支数据合计。

1922年创立的五洲固本皂药厂，爱国实业家项松茂为经理。该厂生产药皂和各种成药制剂。以后增设了五洲第二和第三制药厂，生产安痢生、贡溴红等10余种原料药和按国际上药典要求生产的制剂，成为当时国内最大的医药企业。中法药房于1925年设厂，制造人丹。一批新药厂如新亚药厂、信谊药厂等纷纷设立。其中西药制造以信谊化学制药厂为最早，该厂创建于1924年，为德籍俄人霞飞在信谊药房基础上，与湖南浏阳人药剂师何子康合作创办，以生产消炎药"消治龙"著名。1926年上海开设的新亚药厂，生产有机砷、麻黄素、葡萄糖等原料药，在北平、重庆、香港遍设分店，是这一时期中国药厂中发展最快的一家。

由中药提炼制成药液的有1922年设立的上海粹华制药厂，生产当归精、贝母精等。从五倍子中提取单宁酸的有重庆的中国药产提炼公司和成都的永生化学公司，还有的药厂专门提炼甘草精。

中国近代制药工业初期是以买卖进口西药和制造成药为主，多是手工作业。到1935年，全国的西药房在上海、北平、天津、湖北、河南等的14个城市发展到300多家。制药工厂仅上海就有90多家、广州30家，其中上海的五洲、中法、信谊、新亚药厂；广州的何济公、黄宝善药厂；天津的中西、瀛西、伟迪民药厂；杭州的民生药厂都是实力较强，有一定竞争能力的工厂。

抗日战争期间，上海一些药厂迁往重庆。使重庆、四川两地药业得到迅速发展，仅据1943年重庆市和四川省的制药同业公会统计，已有药厂23家，资本总额585万元。

20世纪20～30年代，一些新药如维生素类药、激素类药得到发展。30～40年代，这些合成新药的制造发展很快，逐渐走上了工业化生产的道路。各药厂生产的国产有机新药达几百种，如安痢生、净螺散、磺酰胺、大枫子油酸乙酯、癫痫停、维生素E、维生素K，等等。这些有机新药的生产，多数为仿制世界名厂的产品，若干新药品有创制。无机化学药品因原料贵、成本高，还没有形成大规模的化学工业，此类药品当时主要依靠国外进口。

抗日战争胜利后，由于国外大批剩余医药用品充斥中国的医药市场，国内官僚资本与私人资本也大搞西药进口，中国民族资本的药厂无力竞争，一些小厂纷纷倒闭。但也有一些新厂创立，如上海新光、新德、济华、金城、光明等20余家药厂。到新中国成立前夕，全国药厂已有半数以上倒闭，其中上海的药厂由抗战胜利时的200多家减少到112家，天津只剩13家，广州剩50家，重庆剩9家。全国幸存的药厂总共已不足200家，多数处于半停工状态，从业人员不足万人。

解放区的医药工业是国内制药工业发展的一个特殊时期。1937年“七七事变”以后，各个抗日根据地的军队卫生部门，都分别办起了制药厂和卫生材料厂。解放区的制药厂和卫生材料厂都分散在山区和农村，因陋就简、就地取材，生产战伤卫生材料和各种药品。当时各厂生产的药品和卫生材料约有200多种。随着解放战争的胜利，各药厂陆续进入城市恢复生产。

伪满时期，东北地区制药工业受日本控制。起初药品供应由日本输入，后改为日商在东北设厂制药，如武田药品工业、田边制药等株式会社。日本投降后，各药厂由军政部接收，移交卫生部管理。这些药厂多设于沈阳，规模较大的有东北第一制药厂和第二制药厂。

中国近代药学教育和药学学会组织也开始创立。1906年清政府陆军学堂设立了第一个药科，开展药学教育。1907年中华药学会（即中国药学会的前身）在日本成立，促进了民族医药业的发展。1930年，反映现代药学水平的国家药典《中华药典》首次出版。1932年赵承嘏创办中国第一家药物研究所——国立北平研究院药物研究所（中国科学院药物研究所的前身）。

第二节 恢复和多年建设推动产量、品种显著扩增（1949～1977年）

1949年新中国成立，当时中国仅能生产简单化学原料药40多种，即使经过3年国民经济恢复期的1952年，全国也仅能生产输液2亿支、片剂49亿片，大部分药品依赖进口。自1953年起，中国开始着手编制实施国民经济和社会发展五年计划的框架体制。这一时期，中国已能生产各类化学原料药90多个品种；抗生素、磺胺药、地方病药等6大类化学原料药，产量可达88吨；实现化学制药工业总产值2.78亿元；成立私营企业278家；有6户私营企业实现公私合营。到1965年，全国化学制药工业产值接近8.66亿元，1970年已经达到了626.43亿元，五年时间完成近80倍的产值增速，发展速度令人惊叹。与1964年比，1970年2015种药品的产品质量稳定提高97%。12大类原料药产量从成立之初的8000吨，增加到1978年的4万吨，劳动生产率提高了35.7%，出口量增长67%，鉴定投产新品种39个。一系列的数据显示，在化学制药工业恢复与建设期，无论是医药的产值、产量还是新品种数等都实现了很大进步。

一、建立国营药厂，扶植私营药厂

1948年以后，中国化学制药行业发生了如下变化：一是解放区药厂陆续迁入城市，二是新政府接管国民政府制药厂，三是建设一批新厂。

山东新华制药厂最先由解放区进入城镇，于1948年10月恢复了生产，为前线提供了各种药品和医疗器械。1948年11月东北解放后，东北制药厂先后接管了7个日伪制药厂，逐步迁至沈阳，陆续恢复了针剂、片剂和葡萄糖、表飞鸣（乳酶生）、乳酸钙以及麻醉药品的生产。1949年，晋冀鲁豫军区卫生材料厂迁入北京，接管了国民政府的药厂，成立北京新建化学制药厂（现北京制药厂)。华北军区制药厂、中原军区卫生材料厂、西北人民制药厂，分别迁入石家庄、武汉、西安选址建厂，成为后来的石家庄第一制药厂、武汉制药厂、西安制药厂。接管国民政府药厂的还有：华北制药总厂（1950年其一部分改为天津制药厂)、二野卫生部制药厂（现南京制药厂)、华东人民制药公司及药品一厂和二厂以及生物化学制品厂、西南制药厂、重庆制药厂、广州药厂、广西制药厂、西北卫生材料厂、呼和浩特的蒙疆甘草公司、长春的中国药厂等，接管并投入建设，很快都恢复了生产。

同期，自力更生创办了一批小型地方国营药厂，如：河南制药厂（今开封制药厂)、湖南制药厂、江西制药厂、昆明制药厂、大连市健康制药厂（后大连制药厂）等。各药厂在恢复生产和建设中，克服了技术、人员、资金、原材料、设备器材短缺等困难，很快恢复了生产。到1952年底，全国已有国营制药厂38个，职工约9000人。

1952年11月，轻工业部正式成立了化学制药工业管理局，统一管理全国化学制药工业（包括医疗器械、中成药生产)，领导19个直属厂，各军区和地方卫生部门药厂逐步移交地方工业部门领导。

到1949年，私营药厂较多，国家通过扩大收购和增加军需订货、发放工业贷款、技术指导、亏损补贴的办法，使原有私营药厂恢复和发展了生产，并有一批新的私营药厂开业。到1952年底，私营药厂已增加到278个，职工达到1.1万人，占全国化学制药工业总产值的50.4%。

二、着力原料药和新产品的研制与生产

（一）原料药初步发展

新中国成立初期，绝大部分化学原料药在国内都不能生产。1950年，化学制药工业管理局召开了第一次全国性的化学制药工业会议，制订了“发展原料药为主，制剂为辅，自强奋斗，生产自给”的方针，确定首先研制生产疗效显著、应用广泛的抗生素、磺胺药以及广大农村急需的防治地方病、传染病用药，鼓励国营药厂和有条件的私营药厂发展原料药的生产。

为响应国家政策，各地方开始积极着手药品研发。上海市在原青霉素实验组的基础上成立了青霉素实验所和合成药研究室，童村教授主持青霉素的试制工作，于1951年7月生产出了第一批国产结晶青霉素。东北制药厂在建厂初期成立化学合成药研究室，开始了磺胺药、合（氯）霉素、维生素C、盐酸氯胍的研究。1951年，试制成功第一种国产化学合成抗疟药百乐君（盐酸氯胍），并投入生产。为配合政府对多发性流行性黑热病开展防治工作，山东新华制药厂试制生产治疗黑热病的药物“斯锑黑克”（葡萄糖酸锑钠），于1950年4月生产出第一批产品。上海药品一厂和河南省制药厂也试制生产这种药物，供应当地。1950年，磺胺噻唑投入生产，后又有磺胺胍、磺胺嘧啶等品种试制成功。西南制药厂试制成功驱钩虫有效药四氯乙烯，先后供应市场1300多吨。大同麻黄素厂恢复麻黄素粗品生产后，并在北京、天津等兄弟厂帮助下，于1950年投产盐酸麻黄素精品，1951年赤峰麻黄素厂开始生产麻黄素，保证了国内需要，且逐步大量出口。

到1952年，中国已能生产各类化学原料药90多个品种，抗生素、磺胺药、地方病药等6大类化学原料药产量达到88吨，化学制药工业总产值达到2.78亿元。

（二）系列抗生素陆续投产

轻工业部医药工业管理局成立后，于1953年开始有计划、有步骤地发展化学制药工业。根据“一五”计划，集中力量建设规模较大的抗生素、磺胺药等新厂是中国医药行业的主要目标。

华北制药厂和太原制药厂是“一五”重点建设项目，且均是156项重点工程之一。1953年，中国开始筹建大型医药联合企业——华北制药厂，主要生产抗生素、淀粉、玻璃瓶三类产品，最终于1958年6月建成投产，投产当年即实现利税1.27亿元，结束了中国青霉素、链霉素长期依赖进口的被动局面。

1953年中国开始筹建太原磺胺厂（即太原制药厂），交由苏联负责设计，第一期工程于1959年顺利建成。1959年9月，太原制药厂磺胺车间建成并试车，其他产品也陆续建成投产。

1958年，化学制药工业开始执行第二个五年计划。1958年2月1日，华北制药厂试产成功硫酸链霉素，交付年产青霉素G钾盐32.5吨、硫酸链霉素53吨。1958年2月8日，国营上海第二制药厂建设交付年产磺胺噻唑400吨、磺胺嘧啶500吨、氨苯磺胺500吨、磺胺200吨，于12月建成投产。1958年3月，武汉抗菌素厂投产土霉素、盐酸土霉素、卡那霉素、灰黄霉素等产品。1959年6月，华北制药厂年产30吨土霉素车间建成投产，形成中国独创的土霉素生产工艺。同年9月，太原制药厂年产磺胺噻唑750吨、磺胺脒160吨车间投产，随后，氨苯磺胺、硫脲、双氰胺、乙苯、山梨醇、异丙醇、氯乙醛等产品相继投产。同年12月，西南制药二厂（原西南制药厂二分厂）年产150吨畜用金霉素、60吨维生素C、50吨磺胺嘧啶建成投产。上海化学制药工业研究院于1960年正式投产噻替哌。1962年，中国第一个半合成青霉素——甲氧苯青霉素钠在上海第三制药厂试制成功，并投入生产，该项成果获1964年国家新产品二等奖。

（三）新产品、新设备研制取得成效

三年经济恢复时期，医药科研单位和有条件的药厂开展了新产品、新设备的研制工作。随后，轻工业部于1954年和1955年两次召开“化学制药工业试验研究会议”，制定了全国医药科研规划，对各研究单位进行分工，加强了技术协作和情报交流，避免了重复研究。

专业研究院所和厂办研究单位、生产单位密切配合研制成功许多新药品种。1954年，轻工业部把东北制药总厂研究室改为直属的沈阳化学合成药研究室（后改为北京化学制药工业研究设计院），将上海药品一厂的合成药物研究室和上海制药三厂的青霉素实验室合并到轻工业部上海工业试验所。上海第三制药厂和上海化学制药工业研究院合作，继研制成功青霉素之后，又研制生产了金霉素、链霉素、四环素、土霉素等抗生素品种。沈阳合成药物研究室和东北制药总厂合作，研制生产了磺胺噻唑、磺胺脒等。四川制药厂、四川长征制药厂、上海第五制药厂、四川抗菌素研究所合作，试制成功抗结核新药甲哌利福霉素。上海第五制药厂与四川抗生素研究所合作研制成功强力霉素，该项成果获1978年全国科学大会奖。

此外，各地方制药厂在新产品研制方面也同样取得累累硕果。华北制药厂试制

成功抑制各种球菌的新生霉素，并投入生产。1957年，东北制药总厂研制成功全合成抗生素——合霉素（一步法生产）和氯霉素，完成莱氏法生产维生素C的试验工作，并都很快投入生产。上海合成药研究所在雷兴翰教授主持下，对磺胺药的研究也取得成果。山东新华制药厂试制生产斯锑黑克（葡萄糖酸锑钠）、葡萄糖酸钙之后，又先后试制生产了治疗结核和麻风病的药物氨硫脲、安眠药巴比妥等，利用非那昔丁废液生产照相显影剂米妥儿、大苏打，试种成功绒毛蛔蒿并提炼驱虫药山道年。东北制药总厂试制成功的新型抗病毒药金刚烷胺投产。华北制药厂从河北省正定县土壤中筛选出抗肿瘤的抗生素菌种，研制成功正定霉素投入生产。西南制药厂在地方病药的研究中，先后研制成功四氯乙烯、溴萘酚等多种产品。南京制药厂研制生产了治疗血吸虫病的药物海群生。北京制药厂、上海信谊制药厂研制生产了抗结核病的药物异烟肼等。天津制药厂1955年试制成功人工合成牛黄，并批量生产。中国医学科学研究院抗菌素研究所研究成功新一代合成抗菌药物吡哌酸，于1980年在山东新华制药厂投入生产。

中国在新设备研制中也取得了突破性成就。例如，化学制药工业和化工生产中不可缺少的防腐蚀设备搪玻璃罐，过去一直依赖国外进口。为解决这一难题，山东新华制药厂从1951年开始研究，前后共进行了200多次试验，最终于1953年12月烧制成功100升搪玻璃罐。山东新华制药厂并没有因为取得初步成功而止步不前，相反，在原有技术基础上继续进行放大试制，到1957年已能烧制1000～6000升的大型搪玻璃罐以及与搪玻璃反应罐配套的搪玻璃搅拌器、冷凝器和各种阀门、塔节等。随后，辽阳制药机械修造厂也大力建设了搪玻璃车间。自1963年起，中国化学制药工业的针剂、片剂、成药、玻璃包装瓶及安瓿等生产的主要工序设备已能自制，初步摆脱手工操作，逐步形成机械化流水线。

三、技术攻关实现重大突破

（一）进行抗生素、磺胺药和制剂机械化攻关会战

1962年12月，国家科委、化工部提出1963～1972年化学制药工业科学研究与理论研究相结合，普遍提高各类原料药及其制剂的生产技术水平发展总目标：结合中国资源情况，在原料中间体配套基础上，通过工艺提高产量，改进质量，节约原材料和劳动力，降低成本；研究品种更新和增加新品种、新剂型；10年内在生产技

术上接近世界先进水平。

1966年1月，为实现发展总目标，中国化学制药工业公司分别在北京、石家庄和上海召开专业会议，组织抗生素、磺胺药和制剂机械化三个技术攻关会战，争取当年在主要技术经济指标方面赶上并超过世界先进水平。

通过抗生素、磺胺药和制剂机械化三项技术攻关会战，大大促进了生产水平和技术水平的提高。华北制药厂实现链霉素发酵通氨等多项革新，挖掘了生产潜力，使得1966年抗生素的产量比上年增长49.5%；上海第二制药厂通过改革工艺，使磺胺噻唑产量翻了一番，磺胺二甲基嘧啶的生产能力提高了45%；东北制药总厂、上海第六制药厂和太原药厂在氯霉素生产中先后实现了氨基化合物直接水解、二氯乙酸甲酯一步合成中间体对硝基苯乙酮由高锰酸钾氧化改为氧气氧化，又进步改为空气氧化等一系列改革，从而缩短生产周期、提高收率、节约贵重原料、降低成本；上海泰山制药厂的糖精生产实现“气相反应”，将21步工序减少至14步，每年节约化工原料千吨左右；苏州制药厂实现了糖浆生产机械化一条龙，生产效率提高10倍。据对74家药厂的314个品种的考核，技术指标有61.7%达到国内先进水平，有36.3%达到了当时的国际水平。

（二）心血管病、计划生育、抗肿瘤药物等研究实现突破

这一时期，医药行业加强了对防治心血管病、老年慢性支气管炎和癌症用药的研究。1967年10月，杭州制药厂、中国科学院上海药物研究所研制成功抗癌药硫酸长春碱，并投入生产。1971年7月，上海第十九制药厂试制成功治疗老年慢性支气管炎的中西药结合制剂哮喘姜胆片，通过技术鉴定投产。同时，许多科研人员在极其困难的情况下坚持研究工作，他们和药厂配合，利用中国中草药资源研制了一批“中西结合”的药物，其中川芎一号、复方丹参注射液、牡荆油滴丸、抗感冒四号、杜鹃科植物制剂都是疗效较好的新品种。1975年，中国举办了心血管病药、老年慢性支气管炎用药和抗癌药新产品展览，全国送展产品达330种。

1958年7月，国内研制的第一个甾体激素药物黄体酮开始试生产，加快了中国甾体激素的研制开发步伐，也为中国计划生育制药提供了理论基础。中国学者黄鸣龙等在参考外国研究者的研究基础上，选择性地合成了炔诺酮、甲地孕酮和氯地孕酮等药物。同时他还积极改进甾体口服避孕药的结构，以期获得更高疗效的药物，设计合成了甲地孕酮，口服效力提高了5～6倍，甲地孕酮作为口服避孕药是中国首创。之后，黄鸣龙又和工业部门一起对合成方法进行了改造，不但具有经济价

值，更具有理论意义。1966年1月，口服和注射用的避孕药被评选为16项具有先进水平的重大科技成果。1967年12月，武汉医药工业研究所研制成功的甾体激素口服避孕药氯地孕酮，通过国家科委技术鉴定，投入生产。同年12月，北京制药厂、中国医学科学研究院药物研究所合作试制成功的18-甲基炔诺酮（消旋体）全合成及其与炔雌醚配伍制成的18-甲长效口服避孕药、与炔雌醇配伍制成的复方18-甲短效口服避孕药（滴丸）完成临床试验，通过技术鉴定，该项成果获1978年全国科学大会奖。

计划生育药品方面，自制成功炔诺酮、甲地孕酮等第一批口服避孕药以后，70年代又有一大批新品种试制成功，可制成短效、长效、速效等片剂，以及服用方便的纸型片、滴丸、外用药膜等30多种制剂。由于品种增加、产量提高，为国家免费供应避孕药品创造了条件。

四、调整企业结构、集中科研力量

1954年，中药老字号同仁堂实行了公私合营。这一时期，以陈李济为主，先后并入神农、万春园等七家药厂，组成广州陈李济联合制药厂，成为又一家公私合营药企。截至1955年底已有34家公私合营药厂。此后，上海、广州、天津等城市陆续成立了化学制药工业公司，对所属各药厂进行了合理调整和归并。1956年，300多家私营药厂全部实现公私合营。公私合营后的制药企业，设备利用率提高，生产效率增长，生产实力增强，生产建设也都纳入计划经济的轨道。

另根据发展原料药为主的方针，轻工业部制订了全国医药科研规划，对各研究单位进行分工，统筹规划，加强了技术协作和信息交流，加快了新产品的研发与投产进度。为了适应化学制药工业建设的需要，对部分公司及设计院所进行合并，建立了一些新的设计院，统筹科研力量，并对其进行分工，同时加强专业研究院所和厂办研究单位与生产单位的合作，加快新品种的研发与投产进程。如，1953年在上海组建了医药机电安装队，先后完成上海第三制药厂青霉素发酵罐和山东新华制药厂非那昔丁车间全套设备的制造安装任务，1955年安装队与东北制药总厂工程队合并。1956年化学工业部在原轻工部设计公司石家庄分公司的基础上，成立了化学制药工业设计院，并于1958年迁往上海，改称上海化学制药工业设计院。1957年化学工业部又将上海抗生素研究所、上海化学合成药研究所、上海生物化学药物研究所合并，组建了上海化学制药工业研究所，增设药物制剂研究室，1961年改为上海化学制药工业研究院，成为中国化学制药工业第一个综合性研究单位。此后，由地方领导的武汉化学制药工业研究所和天津化学制药工业研究所也相继成立。

五、成立医药公司统一管理

1964年8月中国医药工业公司（托拉斯）宣告成立，这是一家独立的国家计划单位和统一核算单位，对全国化学制药工业实行集中统一管理，制定年度、季度和分品种、规格的制剂生产计划，并由龙在云担任总经理一职。中国医药工业公司收纳了全国共176家化学医药企业和4个研究院（所）、1个设计院。同时按专业化管理和减少层次的原则，成立了上海、天津、沈阳、武汉、南京、杭州、广州、重庆、长沙9个分公司、2个总厂、12个直属厂和5个院（所），形成了一个全国性的化学制药工业经济实体。在中国医药工业公司成立的两年多时间里，各项工作取得了显著成绩，化学制药工业总产值增长了1.8倍，平均每年增长28.2%，大类化学原料药产量翻了一番，平均每年增长19.1%，全员劳动生产率提高1.9倍，上缴利润提高1倍，1965年化学药品出口量比上年增加67%，鉴定投产的新品种超过前4年的总和。

由于“文化大革命”影响，1967年的全国化学药品产量相比1966年下降10%，1968年又比1967年下降9.8%，各地纷纷出现了乱办药厂、乱产药品等现象。不符合办厂条件、没有经过批准的药厂开办了几千个。药厂的规章制度被破坏，生产过程中投料不计量，不按规程操作，生产事故时有发生。部分药厂的检验科和化验室一度被撤销，产品质量失去保证。部分小药厂粗制滥造，甚至制造假药混进市场，坑害患者。不少药厂由于生产不能正常进行，管理混乱，连年亏损。但是，由于广大职工坚持生产，排除干扰，化学制药工业虽历经挫折但仍有所发展。

第三节 在改革开放中创发展新局面

（1978 ～ 2000年）

1979年新中国成立30周年时，中国的化学制药工业已初步建立起可满足人民治病防病一般用药要求的化学制药工业体系。20世纪80年代，化学制药工业开始大规模地引进外资，外商合资企业稳步增加。90年代初，中国积极培育医药主导企业，资源配置得到优化。90年代中后期，随着非国有经济的发展壮大，非国有资本也开始进入医药生产领域，从而使得医药生产领域呈现投资主体多元化的格局。90年代后，在国家改革开放政策的推动下，非国有经济得到迅速发展并逐步占据主导地位。

“八五”期间是改革开放以来发展最快的5年，化学制药工业产值年均增长率为22%，“九五”期间年均增长率为17%。截至2000年，中国化学制药工业企业约有5000余家，大型企业约300余家，特大型企业有4家，即华北制药股份有限公司、东北制药股份集团公司、山东新华医药集团股份有限公司和哈尔滨医药股份有限公司。2000年共生产各种原料药52.63万吨，已成为世界第二原料药生产大国。其中维生素类药品产量已达到2.9万吨，占世界产量的30%；磺胺类及解热镇痛类药产量4.5万吨，名列世界前茅。

总的来说，随着市场经济体制改革的不断深入，中国化学制药工业开始逐步实现由计划经济向市场经济的历史性转变。化学制药工业保持了较快的经济增长速度，成为中国工业中最具发展潜力的行业之一。

一、全面推进行业改革

（一）改革医药行业管理体制、调整行业结构

在改革开放前的20多年中，由于中西药品的生产、供应长期囿于多头和多变的管理方式，使医药行业长期未能形成独立完善的体系和统一、权威、高效的管理体制，致使药品生产、科研陷于落后的状态，不能满足人民对药品数量和质量的需求。

针对这一经验教训，国务院决定对国家医药管理体制进行重大改革，于1978年6月7日批转了卫生部《关于建议成立国家医药管理总局的报告》，同年7月22日国家医药管理总局正式成立，由卫生部代管，对原由化学工业部、卫生部和商业部分头管理的化学制药工业、医疗器械工业、中药材和医药商业实行集中领导，把生产、供应、使用统一管理起来。1979年1月，国家医药管理总局成立中国药材公司、中国医药工业公司、中国医疗器械公司和中国医药公司。1978年11月至1980年1月，各省、自治区、直辖市也先后成立了医药管理局或医药总公司，地市县也相应地成立了医药管理机构，从中央到地方形成了统一管理的体制，结束了医药管理长期分

散的局面。因而一个从中央到地方、中西药相结合的，集科研、生产、销售于一体的全国医药行业统一管理体制正式形成了，结束了长达20多年的医药多头和多变的管理局面，使医药真正成为一个独立完善的国民经济中的一个重要行业。

1988年5月，国务院决定把国家医药管理局恢复为国务院直属局，同时决定成立国家中医药管理局，把中医药管理职能从国家医药局划归国家中医药管理局。但在1989年各省、自治区、直辖市进行政府机构改革时，都把中药管理职能留在了医药管理局。因而出现了医药行业管理部门，在中央是两个、在地方是一个的管理体制格局。

1989年11月，商业部与卫生部联合发布《生化药品生产经营企业管理办法》，商业部是全国生化医药行业的主管部门。1994年下半年，国内贸易部又连续几次向全国行文，强调内贸部是全国生化药行业的主管部门，国家医药管理局对此持不同意见。药品多头管理的发生，不仅造成了药品监督管理权的分散、部门间职能重复交叉和职责不清、监管效率低下，而且致使行业统一管理新体制难以有效地继续实施。这是造成医药管理宏观失控、药品生产经营盲目发展、百业竞相批发药品、假劣药品多方出现的主要原因。

（二）调整产品计划和结构

化学制药工业根据市场变化，及时调整化学药品生产计划，压缩长线产品，增产短线产品，促进产需平衡，满足市场需要。长线产品平均每年下降幅度在5%左右，短线产品平均每年增长幅度在22%左右。一度紧张的抗生素和维生素产量，1978年占12大类化学药品的21.7%和5.3%，而1983年分别上升为23.1%和11.2%。许多品种，如红霉素、青霉素、维生素C、新诺明、吗啉双胍等的供应紧张状况得到了缓和；长线的磺胺类药品的产量，由1978年占12大类化学药品的19%降为11.4%。同时，组织国内滞销药品扩大出口，1983年，化学药品出口量比1978年增长1.5倍，其中长线原料药出口量平均每年比计划增加25%左右。制药企业由单纯的生产型逐步向生产经营型转变，开始重视市场信息，以销定产，按市场需求及时调整品种结构和生产计划，停产一些老品种，增产新品种，加速产品的更新换代，提高了经济效益。

（三）进行医疗制度改革

1985年，国务院批转了卫生部1984年8月起草的《关于卫生工作改革若干政策问题的报告》，这一时期医改的基本思路是"放权让利，扩大医院自主权，放开搞活，提高医院的效率"。全国各级各类医院开展了由点到面、由浅到深、由单项到综合的改革。这一年也被称为医改元年。1992年，深圳率先进行了职工医院制度改革，为中国医疗制度改革开了先河。该年9月，国务院下发了《关于深化卫生医疗体制改革的几点意见》，文件要求：改革卫生管理体制，拓宽卫生筹资渠道，完善补偿机制；转换运行机制，推进劳动人事及工资制度改革；进一步扩大医疗卫生单位的自主权，使单位真正拥有劳动人事安排权、业务建设决策权、经营开发管理权和工资奖金分配权。

1998年，国务院颁发《关于建立城镇职工基本医疗保险制度的决定》，要求在全国建立覆盖全体城镇职工，社会统筹和个人账户相结合的基本医疗保险制度。这标志着全国城镇职工医保改革的开始，社会医疗保障体系建设的开始。

二、兴办合资企业，规范市场秩序

（一）全球大型医药公司多数落户中国

20世纪80年代，当时的国家医药管理局提出了以"新产品、新技术、外向型"为基本内容的"医药行业利用外资指导三原则"，开始了医药业的大规模外资引进。随着国门的打开，一批拥有世界先进生产技术和管理水平的外资企业开始与中国合资建厂。国家医药管理局以拨款的方式委托中国医药工业公司与日本大冢会社、施贵宝、华纳-兰伯特等跨国制药公司建立合资企业，即1980年成立的中国大冢、1982年成立的上海施贵宝、1985年成立的苏州胶囊。到1995年，医药"三资"企业已发展到近1500家，项目总投资为41亿美元，协议外资额19.5亿美元，实际利用外资12.7亿美元。据对106家国有大中型企业的调查，40%的国有大中型制药企业均已办有合资项目。利用外资兴办合资企业，已开始起到了一些积极作用。

此后，跨国制药公司相继进入中国投资设厂，利用当地廉价劳动力，转移相对落后的生产力和技术。截至1998年底，全球排名前25的制药企业已经有20家在中国投资。在外资制药企业中，有不少已经形成了较大规模，并且大多数大型外资制药企业都为外方控股。

（二）开始强制药品GMP认证规范市场，保护产业发展

20世纪80年代起，中国化学制药工业正式引进药品GMP，发布了《药品生产

质量管理规范》，并在制药企业中推行。1985年实施的《药品生产质量管理规范》已经将国际上通用的药品GMP内容列入条款。1988年，根据《药品管理法》的规定，国家卫生部颁布了中国第一部法定的《药品生产质量管理规范》(简称药品GMP)。此时，就形成了法定GMP与行业并行的格局。

1992年，党的十四大胜利召开，明确中国要建立社会主义市场经济体制，也给中国医药经济发展带来了机遇。卫生部开始积极宣传，推广实施药品GMP。1995年11月11日，中国卫生部下达《关于开展药品GMP认证工作的通知》同年，经国家技术监督局同意，由卫生部药政局牵头，会同国家医药管理局、商业部等部门，成立了中国药品认证委员会，下设药品认证管理中心。根据药品标准和药品GMP的要求，组织、开展和接受制药企业药品GMP认证申请并开展认证工作。

此后，该项工作逐步规范并形成制度。

(三)实行药品专利、保护知识产权

1980年中国加入了联合国世界知识产权组织，之后又相继实施商标法和专利法。1985～1993年是中国专利制度的初始阶段，本阶段对化学物质和药品不授予专利权，对于制备药品的方法可以给予专利保护，涉及药品的发明只能通过相似的方法得到保护，但是方法专利的效力不能延及由该方法直接制备的产品。

专利法实施在专利申请量或专利效益方面获得了可喜的成绩。在药物研究领域中也产生了积极作用，例如中国医药科学院药物研究所申请专利92件，创直接经济效益1000多万元；又如荣获中国专利优秀奖的上海化学制药工业研究院的发明专利“维生素B_6中间体”已转让至全国所有维生素B_6的药厂，仅以上海新亚制药厂为例，使用该专利技术后，不仅使该厂转亏为盈，而且连续几年增产增收，年产量从30吨增至300吨，平均每年新增产值1040万元、创汇800万美元。但是由于1993年之前的专利法不实行药品专利，往往使得药品的发明创造因只得到创造方法的专利保护而丧失了品种专利的保护权益，发明人的名誉和经济利益得不到充分保护。同时，由于不实行产品专利，使中国不能与国际知识产权保护立法相协调，以致在国际合作和贸易往来中产生一定的困难。1991年美国就曾以中国药品不实行专利保护等知识产权保护不完善为由而将中国列入了“特殊301条款”重点国家。有的外商不愿来中国投资，有的不愿将先进技术转让，他们的主要原因也在于因为知识产权的保护立法不完善。

1993～2001年为改革开放需要进行的调整阶段。1993年1月1日起，中国通过

修订的《中华人民共和国专利法》明确了对药品给予产品专利保护。为了适应知识产权保护的新形势，加强新药研究与开发的宏观组织协调工作，加速中国自主研制新药的进程，1993年1月11日，国家新药研究与开发协调领导小组成立，由国家科委、卫生部、国家医药管理局、国家教委、中国科学院、国家计生委、国家中医药管理局、总后卫生部、财政部九部门组成。2000年，卫生部又制定了《卫生知识产权保护管理规定》，明确了需要保护的医药卫生发明创造知识产权。此外还通过或修订了一系列与药品专利保护有关的其他国内法律法规，并加入一些重要的有关专利保护的国际条例。

三、药品及相关技术快速发展

（一）大宗普药处于发展期

医药体制的改革和新体制的形成，立即迸发出了发展医药生产力的巨大能量，迅速开创了化学制药工业高速发展的新局面，迎来了中国化学制药工业发展史上最快、最好的黄金时期。1988年医药行业总产值比1978年增长了3倍，药品品种和质量都有大幅度增加和提高，这个速度不仅大大高于全国工业平均增长速度，也高于许多高速发展部门的增长速度。

自改革开放以来，由于各地区、各部门积极兴办制药企业，特别是积极引进外资、兴办合资企业，更使中国制药工业空前快速地发展。据有关部门初步统计，“八五”期间制药工业总产值年均递增21%，1995年达到911亿元，比1980年翻了近4番。化学制药工业已能生产24大类1500多种原料药，1995年总产量达到43万吨（含葡萄糖），居世界第2位，比1980年增长8.5倍。青霉素和维生素C等主要药品已成为中国制药工业的战略性品种，除满足国内医疗需要外，在国际市场上均占有30%以上份额。药物制剂生产达4000多种。截至1995年底，全国药品生产企业已发展到5655家，比1985年翻了两番多。1985年国家实行审批制度后，自行研究、创制的新药品种逐步增多，到1995年，已审批新药1999种。研制成功的抗疟药青蒿素及其衍生物、镇痛药盐酸二氢埃托啡、血源性乙肝疫苗、鼻咽癌诊断试剂盒、人工麝香、人工牛黄、熊胆粉等新药品，在国际上有很大影响。防疫用生物制品的品种、数量已达到全国儿童计划免疫覆盖率两个85%的要求，已能生产预防性生物制品30多种、免疫诊断用品90多种。

1992年，由中国医学科学院药物研究所、中国医学科学院血液学研究所的科研人员独创的治疗慢性粒细胞白血病新药甲异靛，被卫生部批准为一类新药，并获颁新药证书及批准文号。中国医学科学院将甲异靛原料药无偿转让给北京第二制药厂。该药是中国独创的治疗慢性粒细胞白血病新药，1992年获得国家医药管理局“七五”科技攻关重大成果奖。

（二）积极建设先进医药车间

改革开放以来，中国医药行业开始积极引进先进技术、装备，展开了对外经济技术合作：陕西汉江制药厂以补偿贸易方式，引进了比利时扬森公司甲苯咪唑车间；联合国人口活动基金会资助中国筹建的上海淮海制药厂避孕药车间，通过了国内验收；北京制药厂避孕药车间工程的建设；此外，还从日本引进了青霉素菌种，这些都有助于中国化学制药工业的生产技术水平的提高。中国化学制造工业也采取行动加强了同兄弟国家和发展中国家的经济技术合作，1982年，中国援建的罗马尼亚德拉比亚制药厂葡萄糖车间正式投产，又签订了维生素A、维生素B_6、磺胺嘧啶、甲醇钠等四套生产技术装置的合同。中国援建的马里制药厂也于1983年建成开工，并转入生产技术合作。1993年10月，中国首家基因工程乙肝疫苗生产车间在北京生物制品研究所落成，该车间可年产2000万支乙肝疫苗。

（三）两步发酵法生产维生素C中间体等科研新成果诞生

中国医药科研工作在1978～1983年间又取得了一批新的成果，共有282项科技成果通过技术鉴定，有16项获得了国家发明奖。其中用两步发酵法生产维生素C中间体、2-酮基-L-古龙酸，是中国首先试验成功的新工艺，同莱氏法生产维生素C相比，可节约大量粮食和化工原料，并能改善工人劳动条件，已在国内生产维生素C的药厂推广；在青霉素菌种的选育和生产工艺的研究方面，取得了可喜的进展，打破了青霉素发酵单位十年徘徊的局面；合成维生素B_1新工艺、维生素B_6四步合成新工艺、全合成黄连素工艺路线以及用生物裂解法制备半合成青霉素的中间体6-APA、酸酶法生产注射用葡萄糖、390树脂精制链霉素新工艺等成果的应用，对提高化学制药工业生产技术水平、改进产品质量、降低生产成本、改善劳动条件，都起了重要作用；在鉴定投产的品种中，溶血栓药尿激酶、免疫药植物凝血素、抗肿瘤抗生素平阳霉素、抗结核药利福定、平喘药溴化异丙东莨菪碱、抗血小板聚集的毛冬青甲素、驱虫药甲苯咪唑等新品种，都是疗效获得肯定的新药。

四、形成国有制为主体、多种所有制药企同步发展格局

20世纪80年代在以“新产品、新技术和外向型”为基本内容的“医药行业利用外资指导三原则”的指引下，化学制药工业开始大规模地引进外资，外商合资企业稳步增加。90年代后，在国家改革开放政策的推动下，非国有经济得到迅速发展并逐步占据主导地位。1990年，国家药品管理局颁布了关于化学制药工业中产业政策及执行办法的规定，以鼓励合资企业和外商独资企业的发展。1992年后，外商投资和中外医药合资企业迅速增加。90年代中后期，随着中国非国有经济的发展壮大，国内非国有资本也开始进入医药生产领域，从而使得医药生产领域呈现投资主体多元化的格局。在国有企业改革的影响下，中国开始积极地探索化学制药工业中多种公有制经济实现模式，并宣布除国家明令限制或禁止外商投资生产的产品领域外，允许发展多种所有制经济类型医药企业。通过合作、合资、盘活存量、完全出售国内和国外私人资本等途径，对原有的公有制经济进行了改制重组，从而使化学制药工业的所有制结构逐步由单一的公有制经济转变为多种经济成分共存的模式。

据相关统计，1996年，化学制药工业不同所有制企业产值中，国有经济占比53%、三资经济占比18%、集体经济13%、股份经济12%、其他经济4%。

国企焕发青春，民企健康发展。改革开放时期，国企坚持社会主义市场经济的改革方向，积极参与国际技术合作与竞争，通过“三改一加强”（改组、改制、改革、加强企业管理），转变观念，重视体制、技术和管理创新，焕发了青春。多种经济成分共同发展，使近几年民营企业成为富有活力的新成员。

华北制药是20世纪50年代国家重点建设项目，在发酵工程方面具有相当优势，该企业以此为核心，积极进行战略转型，加速结构调整，不仅青霉素、链霉素等品种保持领先地位，还开发了6-APA、7-ADCA为中间体的系列产品，以EPO、乙肝疫苗等产品为代表的生物技术产业化水平在国内领先，现在华北制药已是一个拥有十几个子公司的企业集团。山东新华继续保持着解热镇痛药原料药生产基地的龙头地位，改革开放以来，发生很大变化，成为头孢氨苄、头孢拉定主要生产企业之一，并在心血管等若干个新领域发展，从原料药为主转为原料药和制剂并重，并且率先在香港上市。此外，东北制药总厂、哈药、石药等都在改革开放中取得很大成绩并成为全国知名的制药集团。组建大企业集团是改革开放的重要成果，中国医药集团总公司是集科研、生产、内外贸一体，生产中药、化学药、医疗器械，是全国销售额最大的医药集团之一。上海医药集团是以上海老医药基地为基础，技术水平

高，有人才、信息、地域等优势，是销售额高的又一大型医药企业集团。华源集团通过在医药行业的收购、参股控股，成为制药行业的一个大集团公司。扬子江药业在20世纪80年代前期只是泰兴县（今泰兴市）制药厂的口岸分厂，当初只是一个不知名的小厂，乘改革开放的东风，现已成为科、工、贸一体的现代化大型制药企业，并在上海、南京等地设厂，2003年销售收入达60亿元、利润为6.7亿元，近几年，在全国制药行业居第三位。

民营企业如东盛、健康元、复星等发展迅速，成为制药行业新的主力军和重要组成部分。处于长江三角洲的上海、江苏、浙江，珠江三角洲，环渤海地区的北京、天津、河北、山东、辽宁都很具活力。西部大开发和振兴东北老工业基地使西部和东北地区制药工业逐步走上健康发展之路。

五、国产化学药制剂面对较强市场竞争

20世纪90年代，国产化学药制剂面临着较大的市场竞争压力，一是进口药和合资药在国内市场中已占有很大份额，根据中国医药商业协会对70家企业158个品种的典型调查数据，2000年前几个月的药品消费货源构成比重为：国产药占57.22%，合资药和进口药占42.8%，若计算市场结构，合资药和进口药占比更高；二是非正常渠道进口药的比重较高，据有关资料记载，实际通过非正常渠道流入中国市场的外国药品至少占现有进口药的一半以上，对药品市场产生了较大的冲击；三是外商投资企业占比很大，1999年，外商投资企业数占19.54%，其对化学药制剂的生产和销售比重远高于原料药。究其原因，一方面，中国40%左右的制药企业都有合资项目，这些外资企业基本上都是以国内市场为目标，出口量不多，它们影响最大的就是化学药制剂市场。另一方面，国际著名医药企业正加速其产品、技术、资金、市场等向欠发达国家渗透，合资、独资企业不断涌现，市场的国际化不可避免。随着国际医药贸易的关税逐步降低，非关税壁垒日趋减少。

在此医药行业背景下，制定了化学制药工业“三步走”的发展战略。第一步：从1996年到20世纪末即2000年，化学制药工业总产值再翻一番，达到2000亿元，化学制药工业增加值达到1500亿元，实现工商利税290亿元，出口创汇65亿美元。第二步：从2000～2010年，化学制药工业总产值达到8000亿元，化学制药工业增加值达到3000亿元，医药商品销售额达7000亿元，实现工商利税1600亿元，出口创汇350亿美元。第三步：从2010年到21世纪中叶，中国发展为世界制药强国和医

疗器械产品制造大国，建立起高度现代化的化学制药工业体系和高度法制、文明有序的医药商品市场。

第四节 快速发展成为世界化学药品生产大国

（2001～2019年）

中国于2001年正式加入世界贸易组织（WTO），由此呈现出国际制药竞争更激烈的新形势，给中国制药工业既带来了严峻挑战，又带来了极好的发展机遇。

2004年，中国成为世界医药生产大国和原料药出口大国，在全球2000多种原料药产品中，中国可生产1500余种，原料药生产量已达90.06万吨，仅次于美国居世界第2位。2008年底，拥有自主知识产权的一类新药已经有几十种，生物制药也取得了长足的发展，化学制药工业开始融入国际化进程，很多企业都致力于通过美国FDA认证、欧盟COS注册，实施“走出去”战略，进入国际市场参与国际竞争。2009年，中国实行了医改新政，围绕医改、药品挂网集中采购、药品市场整治、药品价格、产业发展等方面而制定了系列政策，给医药及相关行业带来了相应变革。2017年以来，化学制药工业发展在前期增速放缓的形势中出现扭转下行势头的新局面，实现稳步发展，持续保持医药大国稳定地位。

一、深化改革为医药行业开创新路

（一）不断深化药企改革提高国际竞争力

1997年以前中国医疗体制改革并没有取得预期效果，以市场化为主的医疗卫生服务体制受到多方质疑，所以不得不重新开始新一轮的改革调整。医药产业的发展与医疗体制改革息息相关，新一轮医疗体制改革对中国医药产业发展带来新的机遇和挑战。

中国医药自进入新旧世纪交替的2000年以来，改革步伐明显加快，医药分家、药品降价、药价放开、处方药、连锁经营、医疗保险制度等一系列的改革措施让人目不暇接，而所有改革的落脚点却只有一个，即如何增强中国医药企业的竞争力。

在政策上，坚持：①强制性实施制药企业的GMP方案，同时加快国家级的药品经营质量管理规范（GSP）、药物非临床研究质量管理规范（GLP）等项目的进程，这些政策的出台，加强了国内医药企业的标准化、规范化管理，积极参与国际间的合作。②国家基本药物和基本医疗保险药物目录的推行，对企业产品生产经营结构的调整产生巨大影响。随着新的医疗保险制度的建立，药品的消费结构也随之出现调整，一些疗效确切、质量可靠、价格低廉的国产药、普药及新药仍占有较大的市场份额。③药品分类管理制度的实施，对促进医药流通体制改革、规范医药营销、促进产品结构调整，产生重要影响。④医疗卫生机构改革对医药流通体制的改革产生联动效应。

2016年伊始，中国医药产业政策红利呈现，指导明确。2016年2月26日，国务院出台了首个国家级中医药发展规划《中医药发展战略规划纲要（2016—2030年)》；两会期间《政府工作报告》提出推进医疗、医保、医药联动改革，对中国医药行业的总体布局做出较全面的梳理；3月11日，国务院正式出台《关于促进医药产业健康发展的指导意见》，提出仿制药、国产药、国产医疗器械、医药现代物流、中药标准、智能医疗等相关的一系列指导政策。

国务院出台的一系列关于中国医药健康产业的细化政策，强调推进三医联动改革，梳理了整体行业布局，大大提高了中国医药产业的发展潜力。“十三五”期间，国家药品安全规划实施，用药安全提至国家层面。供给侧改革鼓励创新、优化产业结构、加紧人才建设，对于医药行业的可持续发展具有十分积极的现实意义。

（二）医疗制度进一步完善

2001年10月，中国印发了《关于完善城镇医疗机构补偿机制落实补偿政策的若干意见》，提出坚持和完善医院药品收支两条线管理办法，逐步降低药品收入占业务收入的比重，积极稳妥推进医院门诊药房改为药品零售企业的试点工作等一系列弱化药品收益对医院的补偿作用的措施。

2002年10月，《中共中央、国务院关于进一步加强农村卫生工作的决定》明确指出：要“逐步建立以大病统筹为主的新型农村合作医疗制度”。

2009年，《中共中央国务院关于深化医药卫生体制改革的意见》发布，提出2009～2011年重点要抓好五项改革：一是加快推进基本医疗保障制度建设；二是初步建立国家基本药物制度；三是健全基层医疗卫生服务体系；四是促进基本公共卫生服务逐步均等化；五是推进公立医院改革试点，并明确深化医疗卫生体制改革的重要战略部署，即确立新农合作为农村基本医疗保障制度的地位。截至2017年，全国基本医保参保人数超过13.5亿，参保率稳定在95%以上。医保范围不断扩大，报销比例不断提升。在基本医保普惠的基础上，建立城乡居民大病保险制度，覆盖10.5亿人。

二、参与国际竞争，稳步向前发展

（一）行业直面国际竞争，加强合作

1978年前，制药企业的产品侧重国内市场，当年出口原料药4157吨，出口额为7370万美元。20世纪80年代初，国家鼓励发展外向型经济。1985年，实行出口退税鼓励政策，并对主要出口生产企业给予进出口自营权，东北制药总厂、山东新华制药以及上海、天津、浙江等地的一些企业成了出口重点企业。

2001年，自中国加入世贸组织以来，从政策许可下的局部开放到全方位开放，再加上世界原料药生产转移机遇，2002年原料药出口量达13.6万吨，较上年增长22.71%。2003年出口量为16.9万吨，较上年增长24.35%，为1978年的36.4倍，出口到146个国家和地区，出口金额达16.18亿美元，其中出口到美国、德国、日本的产品金额达6.5亿美元，占全部出口的40.7%。

面对国内、国际两个市场已成为医药经济发展的重要因素之一，扩大出口，直接参与国际市场竞争，有力促进产品质量和技术水平的提高，维生素C以及地塞米松都是由弱到强的明显例子。以维生素为例，中国维生素E、维生素B、生物素以及广济药业的维生素B_1、维生素B_2都在国际市场有竞争力。新华、鲁抗、海正、汉江等一批企业通过了ISO 14001认证，取得了国际贸易“绿色通行证”。在运用国际、国内两种资源方面，加强与国内外技术经济合作，如人才交流、共同开发新药等方面也有明显进展。

（二）形成专科药企龙头和品种梯队

20世纪80年代，大宗普药处于发展期。90年代外资药企进入中国，带来全新的产品和营销模式，国内医药企业在品种和销售上模仿外资。20世纪90年代末至21世纪初期，大宗普药快速发展并逐渐进入成熟期，专科药逐渐形成并发展。2000～2005年，由于监管缺失药品批文泛滥，行业处于无序竞争阶段。2005年以

后，企业产品梯队逐渐形成，企业专科定位明晰，销售队伍稳定，盈利模式确立，收入和利润进入快速增长期。此阶段对应的是抗生素和大宗普药企业利润快速增长和股价表现较好。2006～2013年，需求升级，需求从抗生素转变为专科用药，抗生素占医药行业比例持续降低，专科用药占比上升。新的需求，包括肿瘤、心脑血管、血液、保健等，这些领域诞生了恒瑞医药、益佰制药、天士力、中恒集团、以岭药业、信立泰、东阿阿胶、云南白药、汤臣倍健等公司。专科药企龙头逐渐浮出水面，品种梯队形成，营销队伍稳定，盈利模式确立。

（三）行业重组改善了多、小、散、乱局面

2000年，全国化学制药工业企业3613家，其中大型企业423家，只占总数的11.7%。多数企业专业化程度不高，缺乏自身的品牌和特色品种。企业不仅规模小、生产条件差、工艺落后、装备陈旧、管理水平低，而且布局分散，企业的生产集中度远远低于先进国家的水平。化学制药工业销售额最大的60家企业的生产集中度是35.7%，而世界前20家制药企业的销售额却占全世界药品市场份额的60%左右。

由于化学制药工业领域对外资开放较早，跨国制药企业的生产、管理等先进理念对中国企业影响日深，随着医药分销领域对外资的逐渐放开，外资医药商业企业开始在中国市场“试水”，不仅带来了资本，也带来了新的营销模式，成为中国医药行业发展的一个亮点。同时，国内一些知名企业也加快了重组的步伐，如三九集团、华源制药、太极集团等上市公司正式通过并购，增强了企业竞争力、提升了业绩水平。华源制药成功进行了一系列重组和扩张，收购了中国最大的系列中成药企业辽宁本溪第三制药厂，重组了国家中成药工程技术研究中心、江苏江山制药厂以及安徽阜阳药业，并与哈药集团进行了战略重组，通过一系列的重组，公司业绩大幅增长。国药集团在2006年以来加快兼并重组，其整个模式不但使其业务发展突飞猛进，也成为其他医药企业争相效仿的对象，这种跟当地政府签订合作协议“以投资换市场”的做法如今也开始在其他大型医药商业集团身上显现。此外，非医药企业进军化学制药工业的趋势更为明显：香港李嘉诚旗下的和记黄埔集团，2001年以保健品为切入点进入了内地医药领域；2003年，和同仁堂联手组建了北京同仁堂和记医药投资有限公司，专门从事中医药的项目投资。

医药行业通过各种形式的联合、兼并与重组盘活了一批医药企业，资源配置得到优化，在一定程度上改变了医药企业规模过小、布局过度分散的局面，提高了生产集中度。通过兼并重组，“十一五”期间，医药产业的生产与管理水平有了显著

的提高。同时，在需求增长、投入增加、技术进步、上市融资等力量的推动下，中国医药企业规模迅速扩张，百亿级企业数量显著增加。

（四）药品以仿制为主向仿创结合转换

多年来，以仿制为主的科研开发机制，使中国新产品的开发缩短了与国外的差距，走出一条投入少、周期短、符合中国基本国情的科研道路。仿制药品申报程序较简单，只做生物有效性试验，可缩短开发时间，又可以节省巨额的开发投入。像中国的抗生素类、头孢系列的品种大部分是仿制的。

加入WTO以后仿制专利保护期内的药品已不可能，但是重点选择专利到期的品种，充分利用国际资源仍然是中国药品品种开发的有效途径。目前，国际上有很多专利到期的产品，销售额仍较大、生命周期还很长，这部分产品符合中国当前的用药水平，同时一旦形成生产能力也可大力开发不发达国家区域市场。从仿制到创新的战略转移，必然经历滞后性模仿和模仿性创新。仿创结合即是在专利品种的基础上改变盐基、改变光学结构等，重新申报新药。对于仿制专利到期的品种，也应实施技术工艺创新，在开发新用途、延长产品链上，在提高内在质量和提高收率上，在缩短工艺路线、降低成本上重点突破，为仿制产品注入新的科技含量和附加值。

“重大新药创新”是《国家中长期科学和技术发展规划纲要（2006—2020年）》确定实施的16个科技重大专项之一。目标是研制一批具有自主知识产权和市场竞争力的新药，形成支撑中国药业自主发展的新药创新能力与技术体系，为人民群众提供更多安全、有效、质量可靠的药品。该专项体现了政府对新药创新的重视，以及举全国之力进行新药创新的决心，这将为国内新药创新提供新的机遇。

三、化学药品发展渐入佳境，势头良好

（一）大宗原料药由低端向高端过渡

中国是世界上较大的原料药生产和出口大国，能生产1500多种原料药，占全球原料药生产种类的3/4。而且中国原料药生产技术和质量水平不断提升，正在从仅能生产维生素等低端大宗原料药的阶段向较高端的特色原料药及专利原料药的阶段过渡。

2013 ～ 2017年，中国化学原料药产量一直稳步增加，但增长率在2016年有所

回落，与近年原料药技术快速提升、大宗原料药产能过剩、部分大宗原料药进入衰退期有关。2017年开始大宗原料药等产品价格持续上涨，带动原料药企业业绩高速增长。2013～2017年间，化学原料药利润率保持在7.45%以上的增长率。

在化学原料药中，特色原料药是技术壁垒较高的细分领域，目前国内市场竞争较为缓和；从长期来看，随着大宗原料药市场的持续降温，将有越来越多的企业向特色原料药方向转型，未来竞争会愈发激烈。在供需结构逐渐优化的背景下，生产高质量原料药的企业在战略地位和议价能力方面将有显著优势，整个行业有望开启新一轮景气周期。

（二）非处方药品进入快速发展期

2000年实施药品分类管理制度以来，中国非处方药（OTC）行业经过10多年的逐步发展，市场规模增长迅速，2011年中国OTC行业市场规模达到1617亿元，同比增长15.4%，在中国药品销售额的占比约为17.8%，相对于2000年的253亿的OTC销售规模而言，市场规模扩大约6倍，年复合增长率约为18.4%，远高于同期国际OTC行业的增长幅度（2%～3%）。近年来中国OTC行业市场规模持续增长，市场规模由2014年的2165.4亿元上升至2018年的2914.2亿元，年复合增长率达到7.7%，远高于全球平均增长速度。

中国快速增长的OTC市场吸引了众多全球性非处方药品生产商的进入，二十世纪八九十年代开始，中外合资企业如西安杨森、中美史克、上海施贵宝、上海罗氏、上海强生、北京诺华等相继成立，跨国公司凭借先进的研发实力和营销策略，在国内市场掀起了OTC销售的高潮。

2000年以后，随着中国OTC市场的成熟，跨国公司纷纷加大研发以及并购力度，加快在中国非处方药市场的布局，最典型的例子莫过于2010年全球第三大医药巨头赛诺菲-安万特相继收购杭州民生药业以及美华太阳石集团公司。

目前中国医疗资源分配不均，医疗资源过度集中在大城市大医院，社区医疗资源不足，自我药疗可作为临床治疗的有效补充。中国非处方药产业虽然增速较快，但其巨大潜力并未完全释放，未来随着人们自我药疗意识增强、人口老龄化加速，中国非处方药市场规模将进一步扩大。

（三）行业创新活力凸显

近年来，随着创新政策不断推进，人才、资金、技术的进步均为创新药械的研发和销售提供有利基础，中国医药行业进入了创新研发的新时代。截至2017年底，共计481个受理号被纳入优先审评品种名单。其中，国产药品有245个受理号，新药104个，仿制药132个；化药1类新药为49个，有24个品种，包含儿童用药、丙肝乙肝、艾滋病等临床急需药品。其中，新药申请大幅增长。2017年国家食品药品监督管理总局药品审评中心（CDE)承办的1类化学药数量达到200余个，同比增加42%。据药智网统计，2018年，中国药企获得美国FDA批准的ANDA数量创历史新高，达100个申请号，同比增长122.22%。在生物DNA方面，2018年突破两位数至11件，同比增长4.5倍。

研发投入强度，是企业对研发重视程度的直观体现，也是未来发展的动力源泉。为改变医药企业多而不强的现状，近年来，国家加大了对新药研发的政策支持力度，同时向国际标准靠拢，切实推动了中国医药工业供给侧结构性改革。一方面，“重大新药创制”科技重大专项、核心竞争力提升三年行动计划等政策继续加大对医药创新研发及创新成果产业化的支持；另一方面，涌现了一批研发投入大、创新成果显著的行业领军企业，根据上市公司年报，恒瑞、复星、海正等企业研发投入达到了销售收入的10%左右，大量资本涌入医药创新领域，一批创新成长型企业顺利融资，有效推动了高风险、长周期的创新药研究。同时，随着审评审批改革的不断深入，加快创新药品和医疗器械审评审批、药品上市许可持有人制度试点、优化审评审批流程等一系列举措快速推进，大大提高了审评审批效率，医药创新环境明显改善。

第十一章 感光材料和磁性记录材料工业发展史

（1950～2019年）

感光材料是指见光能发生变化，经过曝光和一定的化学或物理加工，能得到固定影像的材料，是随着照相术而兴起的一种近代新兴的工业材料。感光材料泛指与照相（摄影）或各种成像过程有关的材料。感光材料分为银盐和非银盐两类：银盐感光材料具有宽范围的光谱感光性（从X射线到红外线)，能有选择地对特定的光谱部分感光，因而可复制彩色，有极大的感光度和高解像力，照相材料使用最广泛；非银盐感光材料则是不使用金属银，能在明室操作和处理的感光材料，如晒蓝图法。感光材料产品主要是电影胶片、照相胶片、印刷胶片、X射线胶片、缩微胶片、航天航空遥感胶片、感光树脂（光刻胶、感光膜、感光版等）以及照相纸、晒图纸等。

磁性记录材料是指利用磁特性和磁效应输入（写入)、记录、存储和输出（读出）声音、图像、数字等信息的磁性材料。磁性记录材料有纵向和横向记录形式。纵向磁性记录材料，是指记录在磁层表面上的信号磁化方向与记录材料运动方向一致，如录音磁带等。横向磁性记录材料，是指记录在磁层表面上的信号磁化方向与记录材料运动方向垂直或接近于垂直，如录像磁带等。磁性记录材料产品主要有录音、录像、仪器记录用磁带、计算机用磁带、软硬磁盘及各种磁性记录卡片等。

感光材料和磁性记录材料广泛用于电影、电视、广播、文体、科教、卫生、通信、印刷、档案、自动控制、地质勘探、计算机技术以及国防军工、航空航天、工农业生产等领域。

感光材料工业始于19世纪80年代。美国人G.伊斯曼创办了照相干版和胶片制造厂（伊斯曼-柯达公司），用机器替代手工涂布感光乳剂，从而标志着感光材料生产工业化。1888年开始生产照相胶卷。1898年开始生产电影胶片。1913年开始生产医用X射线胶片。1935年外偶彩色反转片问世，感光材料工业进入彩色新时代。20世纪50年代发明了挤压涂布，一次能涂3～7层，车速提高到每分钟上百米，实现了生产工艺的巨大革新。现代感光材料工业是指生产各种感光材料及其原材料、支持体、各种补加剂和冲洗药物，以精细化工为主的多种学科技术制造工业，是典型的资金密集型、技术密集型产业，以相对的独立性和垄断性为特征。

磁性记录材料工业也有了半个多世纪的发展史。1947年，美国的M.坎拉斯制成γ-Fe_2O_3，为制备磁性记录材料提供了材料来源。20世纪50年代初，日本、美国相继研制出录音机和录音磁带。1963年，荷兰菲利浦公司同时诞生了盒式录音机和盒式录音带，使录音技术发生了根本变革，并由声频向视频磁记录发展。1972年，美国国际商用机器公司（IBM）将硬磁盘和软磁盘作为外存储材料分别投入计算机和微机使用。1975年，日本索尼、胜利公司研制出盒式录像机和盒式录像带，使磁性记录材料又有了新的发展。磁性记录材料工业也属于高科技、高投入的技术密集型产业。

中国于清朝晚期引入了照相术，至民国时期的感光材料都是依赖于国外进口。仅在20世纪40年代，沿海城市才出现几个手工涂制照相干版和相纸的小作坊。1941年，福建省工业研究所技师曾竹仪首次量产了照相底片、幻灯片和印相纸，并撰写了几部相关论著，开创了民族感光化学工业的先河。磁性记录材料工业则是一片空白。

新中国成立后，国家政府非常重视发展感光材料及磁性记录材料工业，在百废待兴的发展国民经济第一个五年计划中，就明确提出建设一座现代化的电影胶片厂（内设置磁带车间）。经过几十年的发展，特别是改革开放后，中国的感光材料及磁性记录材料工业从无到有，从小到大、到强，已发展成为规模化、自动化、体系完备、品种齐全的现代化大产业。产品不仅完全满足国民经济发展和人民生活的需要，还大量出口创汇。中国的感光材料及磁性记录材料工业已步入世界前列。

第一节
奠定行业发展基础
（1950～1977年）

中国的感光材料工业始于20世纪50年代，磁性记录材料工业起步于60年代。在计划经济体制下，政府统筹兼顾布局、举全国之力办事，至改革开放前，先后投资建立规模较大的8个感光材料生产企业和8家中小型磁性记录材料厂，为感光材料及磁性记录材料工业发展奠定了雄厚的基础。

一、感光材料从初建到形成工业体系

（一）感光材料工业的萌芽

新中国成立初期，随着国民经济的恢复和感光材料市场的需求，国内逐渐出现了一些私人创立或单位开办的感光材料生产厂或作坊，成为中国感光材料工业的萌芽。

1.林希之创立公元实验室

1948年冬上海圣约翰大学停办，就读于化学系的林希之辍学回乡。林希之出身于汕头富商家庭，因愤然外国人对中国落后的讥讽，毅然在汕头市德兴路86号搞了个化学实验室，投身试制感光乳剂。因感光化学属民族工业的空白，特将实验室命名为“公元”，寓意开创感光材料领域新世纪。1951年10月，他终于试制出中国第一张原始氯素照相相纸。半年后将实验室扩建为公元摄影化学厂。建厂初期只有员工15人，一台土法木制的13英寸（1英寸＝2.54厘米）涂布机，生产“公元”牌黑白相纸。1954年公私合营为汕头公元感光化学厂。

2.东影实验室再生电影胶片

1948年东北全境解放后，电影胶片奇缺，跟不上解放战争的需要，为此东北电影制片厂建了个化学实验室，试产再生电影胶片。实验室洗去旧电影胶片上的药膜，再涂上自制的乳剂，做成拷贝用的电影正片。解放北平的入城式纪录片，用的就是东影的再生胶片。1950年该实验室更名为长春感光材料实验所，陈正红、曲格平任所长，直属于文化部电影局。除再生电影胶片外，该所还研制生产了1～5号照相纸。

3.应化所搞出“南岭红”

1950年，中国科学院长春应用化学研究所开展照相乳剂制作和增感染料的合成工作，制成中国第一个感绿菁染料，因该所位于长春市南岭，故取名“南岭红”。

4.上海市的“四小厂”

民国时期的上海仅有一家制作初级照相纸的作坊且产量很少。新中国成立后，由于帝国主义的市场封锁感光材料十分短缺。为此，市轻工业局和文教用品公司，以纸品复制厂（临潼路170号)为主，吸收怡新丰、永星、新达3家风景纸（用牛皮明胶涂制感光纸）厂以及文教公司的实验室，组建成上海感光材料厂（又称“四小厂”)，生产照相干版及照相纸。后改名为上海感光胶片厂。

此外还有1951年原国民党的起义将领林梦飞，创办了厦门飞达照相纸工业社，生产照相纸。1956年公私合营为厦门感光化学厂，1959年改为国营。1953年天津公私合营了7个小作坊，建立七星摄影器材厂，也就是天津感光胶片厂的前身，生产黑白相纸、黑白胶卷。

萌芽期的各感光材料厂、所，仅为作坊式生产，设备简陋，产品低端，品种单一，作负性材料的干版感光度低而且是色盲片。

（二）感光材料工业初步完成布局

自1958年始，在国务院统筹规划领导下，化工部、轻工部、教育部等协同相关的地方政府，大规模开展了新建、扩建感光材料生产企业。建立感光材料科研机构，增设感光材料教育专业，形成感光材料工业体系。

1.新建四个感光材料生产基地

（1）自力更生创业的化工部保定电影胶片厂（第一胶片厂）

1953年12月24日，政务院作出“关于建立电影放映网与电影工业的决定”，明确提出建设一座电影胶片厂。1956年4月文化部电影局抽调原长春感光材料实验所曲格平等人，成立电影胶片厂筹建组，并先期选择了厂址。同年8月，文化部将此项目及筹建组一并转交给化工部。1957年10月化工部组织专家（含苏联专家）再次择选厂址，最终确定在河北省保定市西郊建厂。

1958年6月17日，国家计委批准了化工部保定电影胶片厂设计任务书。设计年产胶片3.5亿米（折合35毫米胶片，下同）、磁带2.5亿米、照相纸1000万平方米。

1958年7月1日，中国第一个现代化的感光材料企业——化工部保定电影胶片厂（简称保胶厂或第一胶片厂）破土动工。郭沫若题词：“电影是艺术的机械化，它的教育功能很大，能自行制造胶片，犹如能制造火箭。”

保胶厂属苏联援建项目，援建协议规定在1959～1961年内提供流延机、涂布机等23套设备。1959年7月第一涂布车间建成，试制出中国第一批黑白电影正片，当年生产42.7万米。8月试制出照相软片，10月试制成功135民用胶卷。1960年中苏关系破裂，除已完成的部分设计、实习和部分主机（涂布机、流延机、醋化机）外，苏联撤走了专家，停止了设备供货。在化工部的领导和协调下，保胶厂发扬自力更生精神，自主完成了后期设计，并与国内82家科研、生产单位协作研制所需设备。1965年2月，保胶厂研制的BWA-1型黑白微粒航测胶片，通过部级技术鉴定。

1965年9月23日，保胶厂克服了重重困难，终于建成第一期工程——年产胶片1亿米生产线，正式投入生产。

1971年6月29日，保胶厂改名燃化部第一胶片厂。1973年12月，国家计委批准该厂改扩建计划书，年产胶片达到3亿米、磁带2亿米（以标宽6.3毫米计）、三醋酸纤维素2600吨、片基1435万平方米、照相有机物55种计168吨，并相应增加乳剂、机修、模具、冷量等配套能力。

（2）三线建设中诞生的险峰化工厂（化工部第二胶片厂）

1969年从备战备荒的战略出发，国务院决定在三线地区建设一个电影胶片和洗印厂，取名“化工部险峰化工厂”（简称第二胶片厂）。由于战备要求条件高，仅选厂址就历时3年，实地考察了豫、陕、鄂150处，最后选定在河南省南阳地区的伏牛山腹地建总厂，另在南阳市郊（卧龙岗侧）建涤纶分厂，两地相距135公里。1973年1月正式开山动工，主体建筑和配套工程在一条长约2公里、均宽300米的山沟里展开，上万名建设者投入建厂施工。共投资1.73亿元，1977年7月建成。设计年产电影胶片5000万米，其中彩色黑白各半，军工胶片500万米，洗印拷贝2000万米，涤纶树脂2000吨。

（3）“六二八会议”催生无锡、辽源电影胶片厂

1968年6月28日，中央政治局专题研究了电影工业的发展规划，并确定电影工业作为国家的战略行业。为落实会议精神，国务院责成国防工办于11月15日至12月11日，在北京召开了全国电影工业协作会议，国家各部委、解放军总后及各省自治区直辖市等共300多个单位、500余人参加，被称为“六二八会议”。这次会议加

速了第二胶片厂的建设，直接催生了无锡、辽源电影胶片厂。

位于太湖之滨的无锡电影胶片厂始建于1958年。当年无锡化工研究所研制出丁醋酸纤维素片基并涂成感光胶片。市政府用这个技术建起无锡胶片厂，生产再生电影胶片和照相胶卷、相纸等。经济困难时期工厂被解散。“六二八会议”提出要再建几个胶片厂后，无锡市抓住机遇让胶片厂重新上马，用土法制作了涂布机，小批量生产120黑白胶卷、相纸和电影胶片，以此争取国家的支持。1974年5月，如愿以偿地得到燃化部的批复，把无锡胶片厂纳入国家基本建设计划，拨付基建资金5000万元，扩建电影胶片厂。1975年无锡电影胶片厂完成扩建，年产胶片5000万米。

辽源市原有个设备简陋的感光材料厂。厂长赵金波得知“六二八会议”提出“在吉林省建一个小型电影胶片厂”的消息后，立即组织人员鏖战七天七夜，搞出几米黑白正片送到长春电影制片厂做成拷贝，然后同辽源市领导一起到省政府、省军区汇报。经过种种努力终于让胶片厂项目落户辽源市。1970年10月，在东辽县白泉（镇）破土动工，设计年产黑白电影正片200万米。1973年6月，国家投资1064.7万元扩建，年产能力提高到1500万米。1975年竣工投产，生产黑白电影正片、照相胶卷。1978年更名为辽源市电影胶片厂。

2.对原有的感光材料企业进行改扩建

国家在新建几个电影胶片厂的同时，也加大了对原有的感光材料企业给予资金、技术、政策上的支持。上海、汕头、天津、厦门四家感光材料厂，相继进行了大规模的改扩建，引进先进设备，增加产品种类，实现现代化生产。

1976年7月7日，国家计委批准上海感光胶片厂结合技术改造扩大电影胶片生产能力，达到年产电影胶片1.5亿米。该厂在漕河泾（市郊）建了新厂区。从德国和英国购进了小型流延机和涂布机，调进了技术人才，配备了仪器设备，成立中心实验室。随着新产品的开发，又陆续建了大涂布（1.12米)、片基、钡底纸及有机合成、包装整理等车间。

同一时期，汕头公元感光化学厂得到国家1900万元的资金支持，在大路村（市郊）另辟新厂区，相继建成了胶片、相纸、钡底纸、涂塑纸、有机合成、包装材料以及动力、机修等车间。天津感光胶片厂引进了英国狄克逊胶片涂布生产线，建起涂布车间，1964年6月又建成中国首个科技干版车间。厦门感光化学厂扩建了感光材料涂布生产线和钡底纸生产线。化工系统的第一胶片厂、第二胶片厂和无锡、辽源电影胶片厂与轻工系统的上海、汕头、天津和厦门感光胶片厂，成为中国感光材料工业的骨干企业。

3. 制定全国照相工业“四五”（1971～1975年）发展规划

1973年4月2日至5月18日一机部、燃化部、五机部、轻工部、外贸部、商业部在北京联合召开全国照相工业座谈会，研究制定照相工业“四五”发展规划。会议要求：从中国现有基础出发，大搞技术改造，积极采用行之有效的新工艺、新技术、新材料、新设备，在不断提高产品质量的基础上，扩大生产能力，增加产量，发展品种，降低成本；加强科学研究，适当引进国外新技术，做到洋为中用，学习和独创结合，努力赶超世界先进水平。要求感光材料1975年达到年产各种照相胶片342万平方米，照相纸140.5万盒，品种50个以上；感光材料用化学药品生产能力7450吨、16个品种，年产量2924吨。

4. 配套建起感光材料工业的原料基地

新建和扩建感光材料企业的同时，化工部还统筹建立了生产原材料供应基地，主要是：北京、天津、上海试剂厂定点生产照相级硝酸银、溴化钾；青岛、蚌埠胶厂改造明胶车间；北京化工厂、青岛染料厂建色剂车间；吉林化工厂扩建醋酐车间；四川的鸿鹤镇化工厂建二氯甲烷车间等。这些原材料生产基地，不仅满足了各感光材料企业生产所需，也保证了原材料的质量。

5. 建立感光材料工业的科研、教学机构

1952～1956年国家先后派出三批留学生，赴苏联、德国（东德）攻读感光材料制作和化学染色体专业。60年代在华东化工学院成立菁染料专业（后改为感光材料专业），北京化工学院在高分子化学专业注意培养感光材料人才。早期的留学生及华东、北京化工学院的感光专业毕业生，陆续成为中国感光材料工业的科研、教育、生产的专家、学者或企业家。

1961年6月29日，化工部决定，在保胶厂建立摄影感光材料性能测试基地，负责制订各种测试方法的标准，组织技术鉴定。1968年化工部将直属的感光材料研究所，包括感光材料科技情报、测试中心和染料、增感染料应用实验室，划归保定电影胶片厂。1969年化工部在沈阳成立化工研究院，内设有感光化学研究室（后分离出来为感光材料技术开发中心）。

1973年7月经国家科委批准，燃化部科技情报研究所筹备、编辑的《感光材料》专业杂志正式创刊发行。《感光材料》促进了中国感光材料的科研、生产、应用的交流和科技信息的传播。

1975年，中科院化学所抽出部分人员组建感光化学研究所，成为中国感光科学理论基础研究基地，也是中国感光材料科学的最高学府。另外，上海理工大学、苏州大学及中国科技大学也都开展了相接近的感光方面的科研工作。

（三）感光材料生产起步并发展

20世纪50～70年代末，中国在计划经济体制下，完成了感光材料工业的布局奠基，建立了生产、科研、教育的完整体系，使中国的感光材料工业走上现代化发展的轨道。同期形成的巨大产能和陆续开发出的产品，填补了中国感光材料的空白，基本上满足了国民经济发展和人民生活的需要。

1.国产电影胶片形成系列化

1959年7月，保胶厂用国产原料、进口片基研制成功黑白胶片，在101车间（自行设计的国产涂布机）生产黑白片77.9万米，其中电影正片42.7万米。1964年全部改用国产材料生产，当年产黑白电影正片2479万米。1974年经过质量改进，5141型黑白正片达到柯达同期产品水平。1961年开始研制黑白中速电影底片（HD-2），1965年通过技术鉴定并投产，当年生产34万米。保胶厂在60年代还研制并投产了黑白电影翻正片、翻底片和录音底片。70年代研制成功染印法专用胶片——平面模片、空白片、全色浮雕等系列片种。

彩色电影胶片分水溶性和油溶性。保胶厂于1960年开始研制水溶性彩色正片，1964年试生产，拷贝了大型历史剧《东方红》电影。此后又做了改进，提高了清晰度和彩色还原度，1969年正式投产。水彩电影正片是无锡胶片厂的主导产品，曾连续三次在全国评比中拔得头筹。油溶性彩色正片是水彩正片的升级版。1971年全国组织力量攻关油彩正片。汕头公元厂率先研制成功，质量接近柯达产品，在全国电影工业大会上被选为代表片到中南海汇报放映。燃化部第一胶片厂1974年实现油彩正片量产，质量又上新台阶。1975年石化部第一胶片厂（1975年改名）完成了“水溶”改“油溶”的任务，同时还开发并投产了油溶性电影正片、电影底片（ISO 40-50)、彩色中间片、空白片和彩色电影翻转片、分色浮雕片。

国产电影胶片量产并系列化，结束了中国电影胶片依赖国外进口的历史，不仅满足了国内的需要，还出口朝鲜、越南、柬埔寨、斯里兰卡等国。

2.民用感光材料产品异彩纷呈

上海感光胶片厂的黑白胶卷起步较早，1958年研制投产，到60年代大量上市，销量占全国的40%～50%，还有部分出口。汕头公元感光化学厂、厦门感光化学厂及天津感光胶片厂开发了照相纸、干版和软片。第一胶片厂与公元感光化学厂合作开发了感光度50 ASA的负片。这些产品已具有相当水平，基本上满足了当时的市场需要。

医用X射线胶片是国家重点产品。1958年8月，天津感光胶片厂新建的第一涂布车间试车成功，生产出首张医用X射线胶片，填补了国内空白。此后多个厂家开始生产医用X射线胶片，其中上海感光胶片厂产量最大，占全国总量的45%。

工业射线胶片广泛用于航空航天、兵器造船、石油化工、压力容器等无损探伤检测。1962年2月，三机部（410厂）提供国外样片，天津感光胶片厂经剖析研制成功工业射线胶片。至1977年又陆续开发出2型、3型和5型工业射线胶片，其中3型为军工部门的首选产品。

汕头公元感光化学厂主攻印刷胶片，1963～1964年间开发出印刷制版胶片9个品种，是中国最早生产印刷胶片的企业，产品垄断国内市场近20年。

3.相继开发出军工片、特种片

感光材料在国防、公安、航空航天领域也有广泛应用。保胶厂在筹建期间就开始了军工、特种胶片的研制。苏联留学回来的邹竞成为这个领域的带头人。从1960年开始，她带领团队在短短的五年间就研发成功BHH-Ⅰ型750红外航空摄影胶片、BQBHH-Ⅰ型全色红外航空摄影胶片和BH-Ⅰ型850红外胶片（公安、军事侦察特种摄影用），填补了国内空白，被评为国家级科技研究成果。

1965年全国组织了高空侦察胶片（获取的美国U-2飞机用的胶片）的剖析及试制会战（称为99会战），保胶厂很快试制出中国的高空侦察胶片（99片）。1968年，天津感光胶片厂仿美型黑白全色微粒航空胶片投产并大量供应部队。160胶片为返回型人造地球卫星上使用的航天遥感胶片，分甲、乙两种，具有技术水平高、生产难度大的特点。1975年天津感光胶片厂用涤纶片基涂布的160甲、乙片和保定电影胶片厂的160乙片，在中国第一颗返回型人造地球卫星（“尖兵一号”）上成功应用，取得了预期的效果。此后第二颗、第三颗人造侦察卫星发射，保胶厂提供的160乙片、170黑白红外负片和180彩色红外底片，均获得清晰的侦察影像，受到中央领导的表扬。

科技干版主要包括：用于定性和定量光谱分析测定的紫外可见光和红外光谱干版、集成电路制作掩膜片用的超微粒干版、发展激光科技配套用的全息干版、用于拍摄各种飞行物体飞行状态的弹道经纬照相干版等。1964年6月，天津感光胶片厂科技干版车间投产，年产紫外可见光谱干版5000平方米，基本满足了国内需要。1974～1978年研制成功3种型号的全息干版。1976年生产弹道经纬照相干版供应部队和科研单位，用于弹道科学研究。

二、磁性记录材料起步发展

中国的磁性记录材料工业起步较晚。1959年中央广播事业局广播研究所试制出“北京2”型、“北京3”型磁粉，流延试涂了磁带。60年代国内开始研制酸法针状γ-Fe_2O_3磁粉，70年代相继研制出碱法磁粉、包钴γ-Fe_2O_3磁粉及其他改性的γ-Fe_2O_3磁粉等。自1965年国家在保定胶片厂引进第一条磁带生产线，至1978年陆续在上海、武汉、西安、郑州、大连、襄樊等地兴建了一些磁带厂，综合产能约6亿米（以标宽6.3毫米计，以下同），产品仅有开盘录音带、电影录音带和地震磁带等几个品种。全国从事技术研发和院校科教人员不过百人。尽管如此，中国磁性记录材料工业已从无到有，奠定了基础。

（一）最早生产磁性记录材料的厂家——保定电影胶片厂

保胶厂是中国最早生产磁性记录材料的厂家。1960年6月，保胶厂还在筹建期间就成立了磁带组，派人去北京学习磁粉制备。回来后自制“北京2”型磁粉，试涂出第一盘电影磁带。1964年建立磁带研究室，同年试制成功了计算机磁带。1965年，经国家计委批准引进了一条日本录音磁带生产线和技术，同时建成年产2吨磁粉的装置，开始生产6.25毫米盘式录音带和计算机磁带。1966年3月正式成立磁带车间，由磁浆制备、涂布整理、测试等生产线和磁粉工段组成。1967年试制成功晶种法γ-Fe_2O_3磁粉。1969年I型电影录音带批量投入生产。同年402电影录音磁带和地震仪磁带相继投产，1974年计算机磁带投产，初步满足了石油地质勘探和工程技术的计算以及科研数据处理的要求。1975年试制出2英寸彩色录像带和盒式录音带。录像带经中央电视台试播效果良好。

（二）兴建了多个中小型磁带生产厂

国家有关部门又通过引进设备，在上海、武汉、郑州、西安、大连、襄樊等地相继建了多个中小型磁带生产厂。这些厂家规模都不大，从业员工不足千人，研发人员不过百人，还属于初创阶段。技术力量薄弱，对外来的设备、技术消化吸收能力有限，另外一些原材料还需要进口，因此生产线开工不足。产品主要是开盘式广播录音带、电影录音带和地震（石油勘探）磁带、低密度计算机磁带，综合生产能力约为10亿米。另外，当时磁性记录材料市场需求量不大，主要是广播、电影、文体、地质勘探等机关企事业单位使用。

总之，中国的磁性记录材料工业发展到了70年代末，基本上形成了一定的规模，开发出系列产品，填补了国内空白，满足了市场需要，但整体上规模效益不佳，产品质量与世界先进水平差距较大。

第二节 行业快速发展时期

（1978～2000年）

随着国家经济体制改革的深入开展和对外开放政策的实施，企业实现了市场化管理，以市场为导向，自主经营、自负盈亏、自我发展，激发了企业生产经营的活力，促进了企业向规模化、效益化发展。这一时期也使感光材料和磁记录材料行业进入快速发展的轨道。

一、感光材料工业在升级、改造中快速发展

二十世纪六七十年代，感光材料工业体系迅速建起，实现了现代化生产，相继开发各类产品，填补了国内空白，行业发展生机勃勃。

同一时期国外感光材料工业发展也很快，柯达（美国）、富士（日本）、阿克发（德国）等几家大企业，生产自动化程度高，科研基础扎实、开发能力强，产品质量优、更新换代快，特别是60年代又将彩色一步成像感光材料投入市场，引发了轩然大波。少数几个大公司的产品几乎占领了整个世界的感光材料市场。

面对国际感光业的高速发展，中国的感光材料领域强化了基础性研究和应用性开发。在中科院感光研究所的带头下，各院校感光专业加强了科研开发，重点是改善基本乳剂性能（提高感光度、缩小颗粒)和为彩色胶片配套的乳剂、成色剂、涂

层、油乳分散等项目。各企业研发机构也纷纷采用新科技成果，提高产品质量，开发新的产品。

1978年后，中国实行了改革开放政策。一方面经济体制改革，由计划经济转入市场经济，企业有了经营自主权，自负盈亏、自我发展，各厂可以自我选择产品方向、生产模式。另一方面市场对外开放，外商外资蜂拥而入。中国的感光材料工业起步晚，生产技术落后、设备现代化程度低，产品相对低端。国门打开后，柯达、富士、阿克发的产品迅速抢占了感光材料民品市场，国产品牌被边缘化。尤其彩色胶卷登陆国内，立刻颠覆了黑白照片，国人掀起时尚的彩照热。彩色胶卷售价高、利润厚、市场广阔，引发国内外感光材料业的狂热博弈。

20世纪80年代，中国的感光材料企业刚起步不久，面对改革开放后的市场新形势，各自作出了不同的抉择。经过努力拼搏或痛苦挣扎，在震荡、重组、发展中走向世界。

（一）调结构、搞开发、企业升级改造

1.“乐凯”彩卷、彩纸绽放异彩

20世纪80年代初，国内受到电视录像、彩色摄影的冲击，传统的胶片产品逐渐萎缩。第一胶片厂的电影胶片产量在1979～1983年间锐减了60%。电影胶片是第一胶片厂的主打产品，调整产品结构势在必行也刻不容缓。经过调研和论证，厂长陈兆初提出第二次创业的决策和设想，集中力量，尽快研制出以彩色胶卷、彩色相纸为主的民用彩色感光材料。

彩色胶卷技术含量高，经济效益好，市场前景广阔，也是科技进步的标志，被称为卤化银感光材料皇冠上的宝石，是国际感光行业竞争的焦点，世界上只有几个发达国家能够生产。中国非常重视彩色照相材料的研制和生产，被列入“六五”（1980～1985年）国家重点科技攻关项目。

1982年邹竞工程师带领科研团队开始彩卷攻关。为了不受制于人，打出民族品牌，该厂立足于自主开发软件工艺技术与配方，立足于采用国产原材料。经过两年多日夜苦战，终于研制出中国第一代彩色胶卷。

1985年试产50万卷。1986年135胶卷暗盒自动生产线试产成功。1986年5月，“乐凯”100 II型彩色胶卷通过部级技术鉴定，并获得化工部科技进步一等奖。同年6月，中国海岸摄影考察队对中国两万余公里海岸线进行摄影，全部使用国产彩色感光

材料。

第一胶片厂在新建彩色胶片生产线中，仅用少量资金引进了日本东方写真工业株式会社的涂布关键设备和技术，自行设计安装及配套设施。生产线采用计算机控制系统，工艺、设备达到80年代国际水平。该厂相应开发了一次6层挤压涂布的彩色电影胶片、彩色相纸和一次多层涂布的彩色胶卷工艺配方。1988年9月13日，彩色胶片生产线（第三涂布车间）正式投产，形成年产2.5亿米（折35毫米）彩色胶片的生产能力。

彩色相纸是彩色照相最终成果的产品，它与胶卷的使用面积比为8∶1～10∶1，在感光材料总产值中占比较大。第一胶片厂在研制彩色相纸之初，就瞄准了世界先进水平，开发高温快速显影加工的油溶性彩色相纸。1987年试产投放市场，均一性、稳定性、可靠性以及与乐凯彩卷适应性表现良好。1988年正式生产。"乐凯"牌彩色相纸为涂塑纸基，色彩饱满、鲜艳、层次丰富、彩色还原真实，基本达到国外同类产品水平。1988年5月，乐凯彩色相纸及加工套药，通过部级技术鉴定。1989年3月，第一胶片厂投资4090万元，从联邦德国引进年产1500万平方米照相纸基涂塑生产线开工建设。

乐凯彩卷、相纸的诞生，填补了民族彩色感光材料的空白，使中国成为世界上第四个能生产彩色负片的国家。扬了国威，为民族争了光，使中国的感光材料工业步入世界先进行列。

2."华光"牌印刷胶片异军突起

第二胶片厂建成不久就赶上改革开放大潮，原为主打的电影胶片、胶卷市场饱和并趋于萎缩。时任厂长的王世明审时度势决定转产，经过专家咨询论证和市场调研，确定以印刷胶片系列和PS版系列作为企业今后的发展方向。

1980年，第二胶片厂科研人员就开始研制印刷拷贝胶片，很快试制出YZ-600型正色性印刷制版胶片，YZ系列正色性、YQ系列全色性分色印刷制版胶片试生产。1981年销售1.58万平方米。1983年9月，在南阳召开"华光"牌印刷制版软片鉴定会，10多项产品通过鉴定。随着激光、电子、计算机技术的发展，印刷制版也实现新的变革。第二胶片厂抓住机遇，1986年开发出"华光"牌电子分色胶片和激光照排片，并通过部级鉴定。

1987年2月，第二胶片厂年产200万平方米胶印PS版生产线开工建设。该项目是印刷专项，1988年12月通过试车考核，1989年5月17日投产。实际年产能力达

350万平方米。

第二胶片厂引进美国宝丽光公司技术和英国杜马克公司的设备，投资4614万元，建成一号PS版生产线。该生产线属国家重点引进项目，设计能力年产PS版200万平方米。1989年5月正式投产，质量达到80年代国际水平，改变了印刷PS版依赖进口的局面。1989年8月，第二胶片厂与北京师范大学、佛山实验化工厂协作研制的BFR-1型液体感光树脂、华光LSB-型液体感光树脂板基础膜通过部级技术鉴定。1989年11月，首批“华光”牌阳图PS版销往东南亚市场。

1992年6月14日，《人民日报》以《调整产品结构，开发适销产品，第二胶片厂成为印刷胶片基地》为题，报道了第二胶片厂以市场为导向，大力开发国内急需的印刷制版胶片，有多种产品填补了国内空白，为印刷工业实现“电子分色、激光照排、胶片印刷、装订联动”做出了贡献。同年11月第二胶片厂第二片基拉幅生产线开工建设。引进日本主要设备，投资5000万元，年产涤纶拉幅5000吨。12月30日国家重点印刷项目，第二胶片厂年产100万平方米非银盐胶片生产线通过国家竣工验收。

1995年二号PS版生产线化工试车成功，1996年三号PS版——轻印刷生产线投产，1999年9月四号PS版——高速PS版生产线投产。产品是以红激光影像记录片为代表的多种型号、多种规格的印刷系列胶片，年生产能力达到1500万平方米，还拥有两条聚酯薄膜生产线，年产5000吨。

第二胶片厂以印刷胶片和PS版打开生路，企业得到良性快速发展。1999年整体搬迁到南阳市郊，成为中国最大的印刷感光材料生产科研基地，产品有50多个品种，产量占国内市场70%以上。“华光”成为继柯达、富士、阿克发之后世界第四大印刷感光材料品牌。

3. 天津感光胶片厂提质降耗见成效

在感光材料市场风云变幻之际，天津感光胶片厂坚守传统的黑白胶片领域，依靠科技进步提质降耗，不断提升市场竞争力，打造名牌产品。

1980年，天津感光胶片厂建成的新涂布车间（第三涂布车间），采用了先进的挤压涂布、平板干燥的生产工艺（第一、二车间是浸润涂布、挂杆干燥），涂布机车速提高了一倍多，按一次性涂布计算，年生产能力可达500万平方米。

医用X射线胶片是天津感光胶片厂的拳头产品，也是该厂的耗银大户。他们组织技术力量攻关，在节银降耗方面深入挖潜。1990年采用了增感组合新技术（已获专利），使PX-1型胶片含银量由过去的9.2克/米降至8.6克/米。1995年研制成功含银仅为5～5.5克/米的FG-3型医用X射线胶片。此后又开发出T颗粒感蓝和感绿医用X射线胶片，银量低至4.5～5克/米。

科技干版是天津感光胶片厂独家生产的军工、科技产品。超微粒干版要求达到超微、超净、超平的严格工艺条件。该厂对科技干版车间进行了以净化工艺为主的技术改造，为提升产品质量创造了条件。

经过提质降耗、设备改造，天津感光胶片厂的医用工业射线胶片、航空胶片、科技干版等黑白胶片及冲洗套药享誉国内市场。“天津”牌的医用X射线胶片、工业射线胶片分别荣获国家银质奖和国家级新产品称号，并被评为天津市名牌产品和驰名商标。

4.上海感光胶片厂靠“智力引进”升级企业

面对彩色胶片的市场诱惑，上海感光胶片厂也决定转产彩卷，不过他们没有天价引进国外生产线，而是走了一条“智力引进”的路。他们聘请国外感光行业退休的专家当顾问，借助国内科研院所的技术，搞企业升级改造，建设彩卷生产线。这个项目得到市政府的支持，被列为上海14个重大科研攻关项目之一。

“智力引进”的项目在漕河泾地区启动。经过三年多的建设，投资2个多亿建起新涂布车间。涂布机采用6层一次挤压涂布工艺（旧涂布机为2层一次浸涂式），车速达到60～100米/分（旧涂布机为8～10米/分）。配套设备及部分进口仪表达到预期效果。乳剂配方是在专家（外籍）指导下，企业技术攻关，不断改进试制成功。试涂的样片已接近世界80年代同类产品质量。更可喜的是，“申光”牌彩卷拥有自主知识产权，具有一定的市场竞争力。

总之，改革开放初期中国感光材料业发展很快，开发出许多新产品，填补了国内空白。至80年代后期，国产感光材料品种近200种，生产感光材料3260万平方米（1988年统计）。不过，无论在产量、质量或品种上还不能完全满足需要，特别是彩色感光材料市场，国外产品占到71%。

（二）盲目重复全套引进国外生产线

1.无锡电影胶片厂贷款引进医用胶片生产线

进入20世纪80年代，无锡电影胶片厂经济效益大幅滑坡，亟须找项目调产品，恰在此时从国家经贸部拿到个比利时政府无息贷款（500万美元）项目。阿克发是德国、比利时的跨国公司，于是无锡电影胶片厂想用这笔贷款，购买阿克发公司的医用X射线胶片工艺技术和设备。当时除了无锡还有上海、天津等厂生产医用X射线胶片，但国内厂家普遍存在生产技术低、设备仪器落后、影像质量差等问题。引进阿克发先进的技术和装备，改造提升本厂的生产线，应该是不错的选择。

在市政府的大力推动下，项目得到国家经贸委和计委批准，1988年6月与比利时、德国阿克发-吉伐公司正式签订“X射线胶片生产线技术改造项目”合同，引进全套技术和关键设备。注入资金1.7亿元人民币，1990年4月动工，1992年1月投产，年综合生产能力440万平方米（230万标准盒)。项目完成后，厂名为“无锡阿尔梅感光化学有限公司”。以前无锡电影胶片厂的产品商标是“梅花”牌，阿尔梅即“阿克发”与“梅花”的组合。

1992年项目改造完工，“阿尔梅”牌医用X射线胶片投入市场，得到上海各大医院高度评价，认为可与阿克发、杜邦等国际产品媲美。由此阿尔梅公司成为中国最大的医用X射线胶片生产和出口企业。

引进项目的成功，使企业得到快速发展，拥有了两条卤化银胶片生产线、一条非银盐感光材料生产线、两条三醋酸片基生产线、一条三醋酸纤维素生产线、一套先进的污水处理系统以及配套的研究所工艺研究室、公用工程等，成为配套齐全的大型感光材料生产企业。

在企业技术引进设备改造高速发展的同时，无锡厂的资金问题逐渐显露。一方面由于国际汇率变化，还贷压力越来越大；另一方面主要原材料都需要进口，资金周转越来越困难。无锡市政府多次筹集资金帮助也未能根本解困。由于资金问题，开车不足产品断档，企业渐渐陷入资金危机难以自拔。

此外，阿克发公司为了扩大在中国以及东南亚地区的感光材料市场，于1996年8月与无锡胶片厂合资建立了“无锡阿克发胶片有限公司”，阿克发占75%股份。该公司是阿克发的一个感光材料分切中心，负责彩色胶卷、彩色相纸以及X射线片分切加工，产品经由香港销往周边市场。无锡阿克发胶片有限公司成为中国感光材料第一家合资企业。

2.厦门感光化学厂巨资引进柯达彩色感光生产线

改革开放后厦门感光化学厂引进德国霍夫曼公司关键设备改造了涂布生产线，其涂塑钡底纸生产线也是引进的德国设备。“厦门”牌照相纸获国家银质奖，120全色胶卷在轻工系统评比中也名列前茅。但是面对彩色感光材料的发展感到紧迫，在市政府的支持下决定引进柯达彩色胶片生产线。

1980年引进项目建议书报送省政府。批准后于1982年编写了《引进彩色感光生产线项目可行性研究报告》。1983年通过对柯达公司考察，编制了第二版《可行性研究报告》。1984年省计委、轻工部分别上报项目意见书。同年8月国务院批准并列为第七个五年计划重点建设项目。

此项目全套引进美国柯达公司彩色涂布生产线及Ⅱ型彩卷专利技术，设计年产彩色感光材料1100万平方米（其中彩色胶片180万平方米、彩色相纸920万平方米），工程总概算55081.03万元，其中外汇13863万美元（折合人民币38816.4万元）。

1988年11月，项目在厦门市湖滨中路北段建成，厂名改为福达感光材料有限公司。公司下属五厂一所，即彩色感光材料厂、感光化学厂、涂塑纸厂、黑白感光材料厂、机械动力厂和研究所。设计年产“厦门”牌黑白相纸和胶片1400万平方米，“福达”牌彩色胶卷180万平方米，彩色相纸920万平方米，预计产值6亿元。

然而项目投产后公司立即陷入困境。首先是引进的柯达生产线属20世纪40年代的技术和设备，质量低于80年代同类产品水平，与乐凯彩卷相比也没优势。其次是原材料国产率低，成本远超预算。再就是国外走私胶卷严重冲击市场。为此，福达公司很快就成了亏损大户，至1998年底，累计亏损3.3亿元，负债32亿元。

3.汕头公元感光化学厂盲目引进陷入困境

公元感光化学厂到20世纪80年代，已发展成初具规模的感光材料生产基地。主要产品达五大类42个品种，特别是印刷制版胶片、黑白相纸产量居各厂家之冠，部分产品出口亚、非、拉等国。1990年还率先开发出氩离子激光扫描胶片，获得第一届全国轻工业博览会金奖。然而在彩色胶卷热中，该厂也盲目追随搞引进，结果陷入困境。

1984年经国家批准，公元感光化学厂斥资320亿日元引进日本富士写真胶片株式会社的一条彩色感光材料生产线及FR彩卷专利技术。据称该生产线拥有世界最先进的螺旋干燥系统。设计年产彩色胶片320万平方米，彩色相纸2243万平方米。然而项目建成后隐藏的问题就陆续暴露出来，一是所产彩卷明显差于同类型富士卷，不具备市场竞争力；二是生产所需原材料只能向日本购买（工艺技术、设备所限），价格奇高。结果投产不久生产线就陷入停产、半停产的状态。为解困境，厂长专程去富士求援未果，省长访日期间也曾去协商仍未如愿。沉重的债务、赔钱的产品，压得公元厂难以翻身，至90年代负债高达48亿元。

该项目失败的原因是多方面的，一是日元升值，还款时日元与人民币的汇率比投资时翻了3倍；二是日方始终控制生产原材料定价权；三是富士没有把最先进的软件卖给公元。最主要的原因则是企业贪大求洋，地方政府主观武断，国家审批机关掌控失误，造成感光行业中搞引进最惨痛的苦果。

（三）“98协议”改变了中国感光行业格局

1.盲目多头引进造成严重的行业亏损

改革开放给中国的感光材料工业增添了活力，在广泛吸收世界先进技术，引进现代化设备，改造落后产能的基础上有了突飞猛进的发展，无论是产品种类还是质量、产能都改变了落后局面。有的产品如彩色胶卷、相纸，不仅填补空白而且质量直抵80年代世界水平。然而快速发展的同时，也暴露出严重的问题。中国的感光材料生产企业分散于化工、轻工两个系统，有部属企业，有地方国营，各自为政无序竞争。特别是在改革开放之初的“引进”热中，一些企业贪大求洋，盲目引进、重复引进。致使巨资买来国际上过时的设备和技术，而且原材料还被外商控制，投产即始亏。至20世纪90年代中期，感光材料行业整体亏损达70多亿元。

2.柯达不失时机力促“98协议”

中国改革开放后，美国柯达迟于日本富士和德国阿克发进入中国的感光材料市场。1993年裴德学（原摩托罗拉总裁）就任柯达公司CEO。裴德学熟悉中国的市场和政策，预测21世纪中国将成为柯达在全球的第一大市场，为此谋定布局意欲一统中国感光市场。1994年柯达公司明确表示想用10亿美元收购中国感光材料行业。谈判有了进展，但是乐凯胶片公司（原一胶、二胶、沈阳感光院）的负责人提出合资三原则，即乐凯控股、乐凯品牌、乐凯经营自主。柯达不能接受又急于占领市场，因此撇开乐凯先与其他6家感光企业合资。

1998年初，柯达公司与中国政府多个部委联合签订感光材料“全行业合资计划”，即所谓“98协议”。主要内容是：乐凯公司不参加合资；柯达公司出资3.8亿美元收购汕头公元、厦门福达和无锡阿尔梅三家感光领域的公司；柯达承诺给予上海感光胶片厂、天津感光胶片厂、辽源胶片厂分别为2100万美元、800万美元、200万美元，用于这三家企业关停并转的经济补偿金。同时中国政府承诺，协议签订后三年内，不批准其他外资企业进入国内的感光材料行业。

“98协议”解除了中国政府在感光行业的债务包袱，解决了部分职工就业（约

1000余人入职合资公司）问题。柯达承诺未来10年将投资10亿美元，把中国感光材料工业建成世界一流的行业。

1998年3月25日，柯达（中国）股份有限公司宣告成立，其中柯达占80%的股份，公元、福达各占10%，总部设在上海。一周后柯达（无锡）股份有限公司宣告成立，其中柯达持股70%，阿尔梅持股30%。

3. 被“合资”淘汰的感光材料企业

上海感光胶片厂在“98协议”后全面停产，职工买断工龄下岗，设备做了处理，厂区转给了地产商。部分老职工在临潼路的原厂区，组织生产X射线胶片，改名叫申贝感光材料厂。

无锡阿尔梅公司合资后，剩余职工按工龄补偿后下了岗。原阿尔梅厂（未合资部分）转产薄膜产品，更名无锡阿尔梅新材料有限公司。

汕头公元感光化学厂被合资淘汰的职工，1999年成立了汕头市公元股份有限公司，生产公元老产品ERA100胶卷（黑白）和相纸。后因连年亏损于2005年停产。

天津感光胶片厂得到800万美元的补偿，与北京远大集团合作成功，成立了天津远大感光材料公司。公司改变运营机制，一方面利用技术人员和设备，围绕感光和数码影像输出材料分块搞活，组建民营科技企业；另一方面盘活老厂房和基础设施搞物业服务。这样企业不仅生存下来，而且得到较大发展。

（四）乐凯独扛民族感光产业大旗

1987年2月14日化工部批准，成立乐华胶片公司。该公司由化工部第一胶片厂（1992年更名中国乐凯胶片公司）、第二胶片厂、感光材料技术开发中心组成，总部设在保定。其主要任务是，统一规划、统一技术开发、统一经营决策、统一对外经济技术合作与交流，发挥各方的优势，实行专业化分工，增强竞争力，提高经济效益。

这是感光材料业内的强强合作。组建后的乐凯公司，成为中国感光材料行业规模最大、技术力量最强、产品种类最多、市场营销面最广、跨地区的现代化企业，同时也是中国特种（军工）感光材料研制、开发和生产基地。产品涉及影像记录材料、印刷材料、精细化工、膜材料及涂层材料等四大产品体系100多个品种。其中两个名牌产品：“乐凯”商标被国家商标局认定为“中国驰名商标”，并获“中国出口名牌”称号；“华光”为国内印刷材料第一品牌。

乐凯公司还拥有国家级企业技术中心和感光材料工程技术研究中心，全国感光材料、光学功能薄膜材料、数码影像材料与数字印刷材料、磁性记录材料等四个标准化技术委员会，乐凯成为国内唯一的拥有四个标委会依托的企业。乐凯被国家科技部、国资委、全国总工会联合认定为国家级创新型企业。

乐凯彩色胶卷于1985年问世后，邹竞带领的科研团队发扬不断进取勇攀高峰的精神，连续攻关战果辉煌。1988年开发出乐凯Ⅱ型彩色胶卷，质量虽与外国R系列产品还有一些差距，但已得到国人认可，投入市场引发轰动效应。1990年7月，乐凯BR100新型彩色胶卷通过部级鉴定，其性能指标及画面相当于国际同类产品水平。同年召开的第11届北京亚运会，《人民日报》整版刊登了用乐凯BR100拍摄的开幕式盛况，艳丽的彩色照片展示了乐凯彩卷的魅力，极大地振奋了民族精神。1991年3月15日，国家“七五”重点科技攻关项目ISO400日光型彩色胶卷，在北京通过鉴定和验收。该项成果由中科院感光化学研究所、第一胶片厂、化工部感光材料技术开发中心共同研制成功。第一胶片厂荣获国家级企业技术进步奖。

1992年乐凯GBR100彩卷研制成功。经过八年的不懈努力，乐凯彩卷三次升级换代，质量大幅提升，具备了与洋货竞争的实力。1999年乐凯再次推出超金100彩色胶卷，质量达到90年代中期国际先进水平，打破了洋彩卷独霸中国市场的局面。

1993年12月，中国乐凯胶片公司引进日本的聚酯片基项目在北京签字。该项目投资2亿元，年产聚酯片基1500万平方米。

1994年6月高级工程师邹竞，在中国工程院成立暨首届院士大会上被选为院士。12月国家“八五”技术开发项目“乐凯金BR100高清晰度彩色胶卷”和“乐凯03型彩色相纸”，通过国家级鉴定验收。

1995年8月在第50届世界统计大会上，中国统计局（组委会）授予乐凯胶卷“中国胶卷之王”的称号。为此付出巨大的智慧和心血的邹竞院士，被誉为“乐凯胶卷之母”。

1996年4月17日，国务院总理办公会议专门研究了感光材料问题，决定对“乐凯”公司进行扶持与帮助，加强对进口感光材料的管理，严厉打击走私，维护国内市场秩序。会后全国打击走私办、海关总署、国家工商行政管理局等部门紧密配合，加强对进口感光材料走私活动的打击力度，并取得一定效果。

1997年10月9日，化工部领导赴保定乐凯胶片公司现场办公，宣布关于进一步理顺管理体制的决定。中国乐凯胶片公司更名为中国乐凯胶片集团公司（简称乐凯公司），其核心企业名称也做相应调整。

二、磁性记录材料工业形成规模，产品配套齐全

进入20世纪80年代，随着人民物质文化水平的提高和科学技术的发展，国内对磁性记录材料的需求更为迫切。改革开放的政策也给磁性记录材料工业注入了生机和活力，使其得到迅猛发展。

中国磁性记录材料产业分布，沿海地区多于内地，点多面广，企业一般都不大，分属于化工、广播电视、航天、电子、机械、兵器及乡镇等多种部门。从业人员达5万余人，其中科技人员占10%。科研院校和单位增加到20多个。总体上形成了一定的规模，基础和实力比70年代前明显增强。产品门类基本配套，规格型号齐全，质量稳步提高，声像磁带接近或达到80年代初世界先进水平。原材料国产化程度逐年提高。

（一）磁性记录材料形成产业规模

改革开放后的20年间，全国建成以涂磁机为主体的生产线69条（录像带40多条，录音带20多条），其中利用外商合资或独资引进的生产线50余条，对旧（1978年以前）的生产线进行技术改造和自行引进关键设备新建的有十几条，涂磁总能力可达1100亿米（以标宽6.3毫米计，以下同）。实际配套的生产能力约为600亿米，包括盒式录音带6亿盒、盒式录像带1亿盒。磁带生产厂和来料加工厂约为140余家，软磁盘加工厂20多家，还有几十家V-0和C-0磁带盒的加工厂。1985年12月30日国家经委批准，成立中国磁记录材料工业协会。

1.企业通过技术引进扩大生产

（1）乐凯磁带厂　1985年引进了新涂磁机、2000万盒盒式带生产线、带盒注塑设备和模具，成立了盒式带车间、注塑车间以及磁性记录材料科技情报研究室。生产“乐凯”牌磁带系列产品，主要有电影录音带、广播用专业录音带、402型专业录音带、盒式录音带、录像带、计算机磁带、循环磁带。1987年7月，第一胶片厂研制的计算机用130毫米双面倍密度48TPI、双面倍密度96TPI两种软磁盘，通过部级技术鉴定，填补了国内软磁盘宽片生产空白。同年12月，该厂研制的乐凯-AD、乐凯-AR盒式录音磁带和高速复录带，通过部级技术鉴定。此后还从日本引进一套D-80系列高速复录装置。该厂在引进设备技术方面，消化吸收工作比较好，磁带原材料国产化程度高。此外，还具备较完善的测试能力。乐凯磁带厂在中国磁性记录材

料的生产与科研领域，均处于领先地位，磁带行业的许多国标都由该厂起草制定。

（2）郑州磁带厂　该厂是改革开放前建成的老厂，1984年6月，引进日本盒式录音带成套设备和技术，车速120米/分，年产能力9亿米，产品以TDK的D型带为标准，性能达到化工部颁专业带标准。投产后的大“饼带”国内市场供不应求，取代了进口带。盒式录音带销往美、英、法及东欧等国。该厂成功地引进、吸收和消化先进技术，成为化工部系统引进项目先进典型。

（3）杭州磁带厂　该厂引进年产1500吨聚酯带基工程项目，同期国家还投资引进了日本TDK设备和技术，生产规模为年产60亿米（盒式录音带6000万盒、录像带600万盒）。

珠海利用外资合资建成海美达伦磁带厂、中兴录像磁带厂和美华录像磁带厂。浙江宁波、辽宁大连也相继建成录像带厂。河南化学所与汤阴磁性材料厂合作建成年产100吨γ-Fe_2O_3新型磁粉生产线。

2. 合资或外商独资企业

在经济特区和沿海地区新建了一批合资或外商独资企业，多为来料加工和外销。如中外合资的广东惠州东日影音制品公司，拥有涂布、压光、带盒注塑机和C-60组装线，主要生产返销磁带。港商独资的东莞理文磁带厂，具有磁浆、涂布、压光车间以及录音带、录像带组装线，产品基本外销。中美合资的无锡江南磁带厂，引进的是二手设备，以生产录像带为主。还有深圳三联、珠海华声、福州万德福、汕头海洋等录音或录像带厂。

3. 通过技术改造提升老设备

上海磁带厂将录音带旧线改造成年产200万盒录像带的新生产线。深圳三联磁带公司和珠海华声磁带厂也就录音带生产线改产录像带。广州TTK公司的普通录音带改为生产高档盒式录音带和用于高速复制的3.81毫米开盘录音带。

4. 带基、磁粉和黏合剂生产

带基、磁粉和黏合剂是磁带的主要原料，属于化工系统生产，化工部统筹做了安排，如杭州、汕头和佛山分别引进聚酯带基生产线。广州磁性材料化工厂引进年产300吨磁粉的项目。郑州、洛阳、襄樊等地生产聚氨酯黏合剂和三元共聚黏合剂。此外杭州、广州、汕头、中山、阳泉等地也相继兴建了带基、磁粉、黏合剂、带盒树脂厂，基本形成了磁性记录材料、原材料生产基地。

（二）基本满足国内需求，部分产品外销

新建、扩建的企业陆续投产后，带来了中国磁性记录材料的繁荣。1988年是该行业生产水平和经济效益最好的一年，总产量达210亿米，国内销售额8.7亿元，利润2亿元，出口创汇1亿美元。

（1）开盘录音磁带　保定、大连、上海、武汉等磁带厂生产的广播专用录音磁带，均获得国家银奖，已为中央人民广播电台和地方电台大量使用，取代了进口的美国Ampex456型磁带。

（2）电影录音磁带　保定“乐凯”牌电影录音带，品种多、型号全，完全满足了国内电影专业的需求，取代了进口的法国PYRAL磁带。

（3）盒式录音带　保定、郑州、上海等几个老厂早已形成批量生产，一般都达到国家A级带标准，质量水平相当于日本TDK的D型带，高于东南亚等地的进口带。武汉“鹦鹉”牌盒式录音带为银牌产品。国内有些厂家生产的高速节目复录磁带，已达美国、德国等进口水平；用于音乐等专业的录音带，能达到日本TDK的AD、AR、ARX型等带水平。

（4）盒式录像带　国外的盒式录像带分为普通（HS）、优质（HG）、高保真（Hi-Fi）和专业四个档次。国内大量生产的是普通家用盒式录像带，质量相当于美国、日本标准级水平，较高档次的录像带还处于研制中。北京万德福磁带有限公司的盒式录像带，在1989年世界银行招标的36家竞投中一举胜出。

（5）计算机磁带　国外带的记录密度已从800BPI渐次发展到37000BPI。国内磁带厂一般只能生产1600BPI（中密度）计算机磁带，乐凯磁带能达到6250BPI。

（6）软磁盘　国内大量生产的8英寸、5.25英寸和3.5英寸的软磁盘，质量达到国际通用水平，但是多为加工组装产品，带布（半成品）仍需要进口。1986年乐凯磁带厂完成国家“六五”攻关项目——双面双密度软磁盘，试制成96TPI的倍道密度软磁盘。

（7）磁卡片　国外已大量应用于金融、贸易、交通、通信等领域，如信用卡、车票卡、电话卡等。国内仅在几家大银行使用，因此生产量有限。2002年乐凯PET磁卡宽片被国家认定为高新技术产品。

此外一些技术服务类的产品，如清洗带、基准带、力矩带、磁头分位角带、电声性能试验带等，有些厂家也在开发、定型和适量生产。

第三节 行业进入产品更新换代、加速转型期

（2001 ～ 2019年）

随着数码成像技术的迅猛发展及数字图像处理的网络化，极大地冲击了传统感光材料及磁性记录材料，扩大了数码影像产品，增添了新兴市场的消费需求，促使传统的感光材料及磁性记录材料工业进行产品调整和结构转型。这一时期感光材料及磁性记录材料工业，逐渐淘汰了落伍的老产品，更新换代新产品，同时加速向数码化扩展的进程，呈现出结构性调整趋势。

一、感光材料工业由发展步入调整时期

进入21世纪后，中国的感光材料产业继续保持了快速发展的势头，但产品结构发生了越来越明显的变化。数码成像的核心是光电芯片和计算机技术，不需要胶片、易编辑储存、便于传输。受数码影像技术和产品的冲击，电影胶片、感光胶卷市场逐渐萎缩，取而代之的数码产品成为新宠。此外，印刷新技术的发展，带动了印刷胶片的持续增长，市场的结构变化和延扩促进了感光材料企业的产品调整和转型。

中国感光材料工业的构成，已由8家骨干企业变成1家国企、3家民企和2家中美合资企业。国内重组后的感光材料企业是，中国乐凯胶片集团公司、汕头公元有限公司、上海感光材料公司和天津远大感光材料公司（天津感光科技园）。美国柯达公司在中国的两个合资企业——柯达（中国）有限责任公司和柯达（无锡）有限责任公司，至2000年底累计投资12亿美元，从而形成了国内感光材料工业民族企业与合资企业并存的新格局。

（一）21世纪之初感光材料业蓬勃发展

1. 乐凯胶片集团稳步跨入新世纪

20世纪末，乐凯公司通过开发新产品、扩展市场、资源整合重组、调整产业结构，迅速发展壮大，在与国际感光业巨头博弈，特别是咄咄逼人的柯达疯狂扩张

下，挺起脊梁扛起民族感光材料工业的大旗，付出艰苦努力，打拼出三分天下（国内感光材料市场）的骄人业绩，赢得了国人赞誉。乐凯公司保持了稳步发展的势头跨入了新世纪。2000年乐凯公司完成工业产值19.4亿元，实现销售收入14.7亿元，分别比1999年增长15.4%、16.4%。

2000年1月，“乐凯”牌无水洗彩色相纸冲洗加工套药、SHD100黑白中速胶卷、黑白涂塑放大相纸获国家级新产品称号。2001年4月26日，上海乐凯纸业有限公司（兼并上海新风铜网造纸厂后组建）工程开工仪式在上海隆重举行。2000年5月，乐凯公司与中国信达、中国华融资产管理公司组成保定乐凯薄膜有限责任公司，建设年产1500万平方米聚酯片基生产线。为打击感光产品走私维持市场秩序，乐凯公司发起，柯达、阿克发和柯尼卡株式会社响应的“整顿经济秩序、净化市场环境承诺”书，在北京人民大会堂发布。2002年6月3日，乐凯从日本引进的年产4000万卷的自动整理包装生产线，在股份公司第一整理车间首批产品下线，标志着乐凯胶卷包装达到了国际先进水平。2002年9月，保定乐凯化学有限公司成立，产品由彩色冲扩套药为主向医药中间体、表面活性剂、抗氧剂等方面扩展。2002年10月，乐凯公司研制出1023型高感光度、高分辨率黑白全色航空侦察胶片，采用了多项新技术实现了薄层挤压涂布，达到国外同类产品水平。2002年12月，乐凯BD-50型航空判读带，经上机（苏27、苏30战机）试用，各项性能指标与进口记录带相当。2003年11月，中国返回式科学与技术实验卫星发射成功，回收主体就是乐凯新研制的1112型（航空胶片第三代）高清晰度、高分辨率遥感胶片。该胶片各项性能指标良好，满足了航天侦察和测量的要求。2004年乐凯100+彩卷成功上市。同年，首批放量生产的乐凯数码彩纸开车一次成功，实现了国产数码彩纸零的突破。乐凯数码相纸具有色彩鲜明、层次丰富、成像清晰、适应性强等优点。

乐凯华光（原第二胶片厂）高技术、高车速PS版生产线于2000年7月19日通过国家验收，10月7日高速PS版毛面剂喷涂装置试车成功。2001年试制成功热敏CTP版，填补国家空白。乐凯华光拥有了自主知识产权和国际先进技术水平的CTP直接制版胶印版材以及CTP系统解决方案，突破了制约中国CTP技术发展的瓶颈。2003年底CTP版生产线建成投产，年产1200万平方米。2004年5月，乐凯华光在“2004德鲁巴国际印刷展览会”上推出阳图热敏CTP版，客商对测试的精美印品交口称赞。2005年，在常熟投资建设一条PS版生产线，年产量800万平方米。乐凯华光印刷胶印版材年产总量达到4200万平方米。同时，乐凯华光对胶片生产线进行了技术改造，生产以红激光影像记录片为代表的多种型号、多种规格的印刷系列胶片，年产达1500万平方米。

乐凯感光材料技术开发中心于2000年7月在北京化工大学设立分部，9日与化大联合建立实验室。2004年8月，感光材料技术中心研制成功具有自主知识产权的纳米银材料，包括纳米银胶体水溶液、纳米银有机银溶胶和纳米氧化银粉体三个系列产品。

2.迅速崛起的民营感光材料企业

天津感光胶片厂被合资买断后绝处逢生，与北京远大公司共同组建了天津远大感光材料公司。2004年该公司在天津市河西区建立感光科技园，利用原厂的技术力量和设备，孵化培育出企业集群，发展民企、灵活经营、多元化开发产品。到2008年园区初步形成以感光材料、数码影像输出材料为主的独特产业基地。园区骨干公司主要有：

（1）天津美迪亚影像材料有限公司　2004年4月，天津远大感光材料公司在原基础上注入资金、引进管理，改制为民营的高科技企业。主要生产“天津”牌工业、医用X射线胶片和印刷制版胶片。近年来开发出T7型工业射线胶片和伽马射线无损检测胶片，质量达到AGFA同类产品水平，并获专利。与上海交大合作研制成功TM-Ⅰ型防水喷墨打印印刷制版透明胶片，填补了国内空白，应用前景广阔。

（2）天津海华科技发展有限公司　2005年成立，也是来自天津远大感光材料公司的民营企业。从事数码影像材料的研发和生产，主要产品有RC高光防水相纸、PVC个性人像证卡、防水透明片、带胶膜等十余个品种。

（3）天津乐凯薄膜有限公司　天津远大感光材料公司与中国乐凯胶片集团公司于2004年11月合作组建。融资4000多万元完成了对天感大涤纶生产线的全面技术改造，转产双向拉伸聚酯薄膜，年产聚酯薄膜4000吨。2007年正式投产，成为北方最大的聚酯薄膜、厚膜生产企业。

天津感光科技园区主要产品：“天津”牌医用、工业射线胶片，航空胶片；“三环”牌印刷胶片、科技感光版；“友谊”牌黑白照相胶片；“双星”牌冲洗套药；“精美”牌彩色喷墨胶片等8大类74个品种、105个型号。科技园具备研制和生产感光材料产品的能力，全国轻工感光材料质量检测监督中心、标准化中心、信息中心均设在园内。

此外，汕头公元有限公司也于2000年底推出了三种新型产品：RC型黑白涂塑印相纸、Ⅱ型黑白绒面放大纸、EF型微粒全色复印胶片。

3. 柯达在中国市场迅速扩张

“98协议”后，柯达公司筹建了柯达（中国）和柯达（无锡）两个生产基地，同时加速展开在中国的布局：首先将亚太总部迁至上海，2000年全国设立了18个办事处；其次启动规模巨大的快速彩扩连锁店计划，在250个城市建成5500家彩扩店，至2002年遍布700个城市，达到7800家。同年乐凯专卖和特约冲扩店约3200家，富士彩扩店约3000家。

一系列的扩张措施使柯达产品的市场份额，由26%（1993年）迅速提升到53%，成为柯达海外的第一大市场。

（二）柯达不惜蚀本与乐凯合资始末

21世纪初，中国感光材料行业的一件大事就是柯达终于与乐凯公司握手合资。

根据与柯达的“98协议”，禁止外资进入国内感光行业的限期止于2000年底，日本富士会社抓住机遇积极与乐凯公司洽谈合资。2000年12月5日，乐凯胶片股份公司（乐凯集团属下的公司）与富士胶片株式会社，在北京饭店签订了合资意向书。经过两年多相互考察谈判，2003年6月完成了合资建议书的正式文本。就在乐凯与富士合资事宜即将告成之际，柯达公司“打了横炮”。

2003年7月2日，柯达为了抢与乐凯的合资开出了极优惠的条件。10月29日双方在北京人民大会堂签署了“合作框架合同”，正式确立双方战略合作伙伴关系。同时举行了“乐凯·柯达共创美好明天”的新闻发布会。

双方合作框架的要点主要有：①柯达尊重乐凯对外合作三项原则，采用股份、生产技术转让以及设备转让与提升、培训等多种方式，建立合作关系。柯达公司投入的现金总额预计为1亿美元，并另加其他资产。②柯达以4500万美元现金出资和提供一套用于彩色产品生产的乳剂生产线和相关的生产技术，换取中国乐凯胶片集团公司转让其持有的乐凯胶片股份有限公司20%的股份。③柯达向乐凯胶片集团公司提供2950万美元资金和技术支持，对其现有的两条TAC生产线及相关作业进行质量提升。④柯达在获得乐凯胶片20%的股份后，承诺不吸纳市场流通股等。

2004年2月13日，商务部批准乐凯、柯达的合作项目，标志着合同约定正式启动实施。“乐凯股份公司汕头分公司”注册成立。

社会关注多年的乐凯对外合作终于尘埃落定。对于柯达来讲，实现了在中国感光全行业合资的战略目标；对乐凯而言，作为民族感光材料工业的旗手，不仅维护了合资三原则的尊严，而且得到了汕头彩色相纸生产线及软件技术，被誉为“新合资主义”的典型。

归于乐凯旗下的汕头相纸厂运营良好。先进的彩纸生产线增强了市场竞争能力，乐凯彩色相纸的产销量得到了大幅提升。

数字影像技术及产品以几何级数的速度在世界范围发展，超出所有人包括柯达掌门人的预料。柯达公司早在1976年就发明了世界首台数码相机，但为了延续其胶卷市场的霸主地位，不惜雪藏了这一专利，直到彩色胶卷市场迅速跌落至2003年才觉醒，准备实施转型。然而即便到了此时柯达依然不舍彩卷的霸主地位，颇费苦心仍以优惠条件与乐凯公司合资。然而时间仅过了4年，柯达再也无力支撑下去（2006年整体亏损3.46亿美元），只得终止合资变卖家当。2007年11月13日，美国柯达公司与中国乐凯胶片集团公司达成终止合资协议，包括股份转让、知识产权许可、某些原材料供应以及某些设备维护等内容。柯达所持乐凯胶片的20%股份，以低价（3700万美元）转让给广州诚信创业投资有限公司。短暂的合资以柯达的蚀本与无奈落下帷幕。

（三）感光材料工业进入结构调整转型期

进入21世纪后，数码影像技术及产品发展极为迅速。2003年柯达公司还信心满满地抢着与乐凯合资，多年后却被数码相机逼得胶卷停产。2012年1月19日，柯达向纽约州南部地方法院提交破产保护文件，正式申请破产，标志着胶片时代的结束。

数码成像技术在国内也迅速普及，数码相机、扫描仪、打印机等数码新产品大量涌现市场。特别是数码相机销量一路攀升，2004年首超传统相机。随着技术的成熟和产业化，售价不断跳水，由可望而不可即的奢侈品，迅速普及到三、四线城市的消费者。随之兴起的数码扩印店遍布街头，连年保持100%的增长率。2004年7月1日，国家名牌战略推进委员会宣布：胶卷类产品不再纳入本年度名牌产品的评价范围。原因是受数码影像冲击，彩色胶卷市场前景不明朗。乐凯彩卷由此失去了这块金字招牌。

作为中国感光业的龙头企业乐凯公司，对数码影像产品的冲击有切肤的感受。曾经的主营产品——电影胶片产量一路下滑，到2000年仅占感光材料总量的0.2%；享誉国内的乐凯彩色胶卷最高年销量达5000万个，到2011年仅销出10万个（当年宣布彩色胶卷停产）。数码芯片取代传统胶卷成为不可逆转的趋势。为此乐凯公司以市场为导向，在稳定发展传统银盐系列产品的同时，积极开发新型产品，促进企业结构升级。2012年9月4日，乐凯宣布停止彩色胶卷的生产，而此前乐凯已经进行了产业转型，转投光学薄膜等新材料，一代中国民族胶卷品牌就此画上了句号。

1.推动感光材料产品向数码化发展

乐凯公司历经半个多世纪的发展，拥有了世界先进水平的感光材料生产设备、国内一流的科技研发队伍和以市场为导向的自主创新能力。在调整产品结构时，首先是照相感光材料向数码耗材、数码相纸等新型图像输出材料过渡；医用感光材料向新型数字医疗材料过渡；印刷感光材料向计算机直接制版等数字印刷材料过渡。

2002年5月，乐凯公司与爱普生数码影像设备公司签署协议共同推广“数码快乐印”项目，内容包括数码证件、即时照、照片放大、旧照修复、个性化影像产品等。项目以加盟店的形式在国内实施。2004年，乐凯公司开发的数码彩色相纸投产上市，实现了国产数码彩纸零的突破。数码相纸兼容了数字曝光与银盐曝光，为国内市场急需的数码新产品。医疗影像方面也取得了重大成果。乐凯是国内唯一能够生产医用干式胶片的企业，在与国际医疗影像公司激烈竞争中成绩斐然。2011年销售27万平方米，到2015年达到306万平方米，猛增10倍。

2006年12月，乐凯新“华光”园区（南阳市）开始大规模建设，先后建成六条印版生产线（含CTP版）、一条印刷胶片生产线、两条聚酯薄膜生产线，产品有“华光”牌印刷版材CTP版系列（热敏型、紫激光型、UV型）、PS版系列（阳图型、阴图型、轻印刷型）、印刷胶片系列（影像记录片、激光照排片、照相拷贝片），以及聚酯薄膜、紫激光CTP制版机、涂层材料、柔性树脂版、数字化印刷接受材料、配套化学品等。不仅使传统印刷版材系列化，并且实现了数码化的突破，且具有完全自主知识产权。2010年乐凯华光印刷科技有限公司成立。公司立足现有产业，不断推动产品升级，并向绿色环保的免处理方向发展。如今拥有胶印版材年产9000万平方米、银盐胶片年产2000万平方米、柔性树脂版年产70万平方米、PCB胶片年产1000万平方米、聚酯薄膜年产5000吨的能力。乐凯华光是国内唯一能生产柔性版的企业，产品除满足国内市场需要，还出口德、法、美等发达国家。

2.利用核心技术优势发展膜材料

2005年接任乐凯胶片集团公司总经理的张建恒审时度势，立即着手实施企业转型规划，并以此作为第三次创业。他确定的企业转型方向是，符合国家产业发展政策、市场需求量大而又适合乐凯核心技术——“涂层、成膜、微粒”的产业。

2005年10月，乐凯TAC膜生产线开工建设。2006年2月10日，举行平板展示器用光学级聚酯薄膜生产线合同签约仪式。标志着乐凯转型膜产业迈出了实质性的一步。2006年3月，在安徽省合肥市新站举行了“合肥乐凯工业园”开工仪式。园区项目占地1200亩，投资13亿元人民币。项目包括：一条LCD的聚酯薄膜生产线、两条精密涂布生产线、两条平板显示薄膜生产线和其他功能薄膜生产线。2006年8月15日，保定乐凯康科特种薄膜有限公司成立。2007年乐凯研究院新开发的膜产品试涂成功。乐凯以三醋酸纤维素与迅猛发展的平板显示（FPD）产业的联姻，填补中国光学级薄膜领域的空白，成为全球能够生产高端TAC膜的5家企业之一。

至此，乐凯胶片集团公司基本上形成了以保定为中心的图像信息材料和高端新能源用膜材料，以南阳为中心的数字印刷影像材料和以合肥为中心的高端光学级膜材料三大产业基地。

二、磁性记录材料面临产品转型

电子数码技术的应用不仅严重冲击了感光材料工业，同样也给磁性记录材料行业致命打击，兴于20世纪80年代的录音带、录像带、软磁盘等，至20世纪末迅速被电子数码产品取代，众多中小磁带厂纷纷停产倒闭，大型骨干企业面临产品转型的抉择。

2005年2月，乐凯磁带厂进行了改制，组建了保定乐凯磁信息材料公司，后改名保定乐凯新材料股份有限公司（简称乐凯新材）。乐凯新材是国内从事磁记录和热敏记录材料的龙头，是国家认定的高新技术企业，是中国磁记录行业秘书处、全国标准化技术委员会秘书处的承担单位。主要产品包括热敏磁票、磁卡、磁条等，其中热敏磁票获“国家重点新产品证书”。

乐凯热敏磁票是一种新型信息记录材料，一面涂热敏层，记录人眼识别信息；另一面涂磁层，记录电子信息。热敏磁票可便捷高效地实现打印、防伪、自动售检等功能。热敏磁票还可应用于商业领域的预付卡、会员卡、储蓄卡，以及文化旅游用的观影卡、演出卡、展览卡、景区门票等。乐凯磁票采用水性配方，是中国第一次采用水性磁记录，实现了生产过程的绿色环保。2007年1月，铁道部招标，乐凯热敏磁票凭借优良品质击败了同台竞标的德国、意大利等国的车票制造强企，为中国新一代铁路客运售检票系统提供票务产品。2016年，乐凯新材实现营业收入同比增长8.3%，净利润过亿元。

2011年9月，乐凯胶片集团公司整体并入中国航天科技集团公司，成为其全资子企业，标志着乐凯从以胶片为主的大型企业转变为以膜材料为主的综合性航天化工企业。

中国的感光材料和磁性记录材料工业的现代化，始于二十世纪五六十年代，八十年代进入了快速发展期，形成了生产布局合理、产品门类齐全、研发产销配套、规模效益俱佳的产业体系。至世纪末行业进入鼎盛时期，企业的现代化程度、产品的质量水平都接近于当时的世界先进水平，除满足国内市场的需求还大量销往国际市场。特别感光材料中的彩色胶卷，全球仅有美国、日本、德国几个国家能生产，被誉为感光材料工业的“明珠”。乐凯胶片集团公司不仅能生产，而且紧跟世界先进水平，中国的“乐凯”与美国的“柯达”、日本的“富士”三分天下有其一。中国的感光材料和磁性记录材料工业，仅用了几十年时间走完西方上百年的发展历程。进入21世纪，数码影像新技术的高速发展和普及，极大地冲击了感光和磁性记录材料，行业进入了调整转型时期，需寻求新的发展方向。

第十二章 煤化学工业发展史

（1919～2019年）

煤化工是以煤为原料，经过化学加工使煤转化为气体、液体、固体三种形态的燃料和化学品的过程，是生产社会需要的各种化工产品的工业。

煤中有机质的基本结构单元，是以芳香族稠环为核心，周围连有杂环及各种官能团的大分子。这种特定的分子结构使它在隔绝空气的条件下，通过热加工和催化加工，能获得固体产品，如焦炭或半焦，同时还可得到大量的煤气（包括合成气），以及具有经济价值的化学品和液体燃料（如烃类、醇类、氨、苯、甲苯、二甲苯等化合物）。此外，也可以通过部分氧化的方法得到合成气，再加工成其他化学品。因此，煤化工的发展包含着能源和化学品生产两个重要方向，两者相辅相成。

煤化工的主体部分主要是煤的一次化学加工、二次化学加工和深度化学加工等三个阶段的化学变化过程。整个煤化工体系从煤出发，对煤进行气化、液化、焦化等加工后，可得到合成气、燃料气、液态烃、焦炭、焦炉气、煤焦油等产品，通过后续的化工生产加工，进而得到合成氨、甲醇、电石、油料、烯烃、芳烃等燃料和基础化工产品，可进一步用于生产化肥、农药、染料、医药、塑料、涂料、合成纤维、合成橡胶等各领域产品。

煤化工开端于18世纪中叶，主要为冶金用焦和煤气的生产。18世纪中叶由于英国工业革命的进展，英国对炼铁用焦炭需求量大幅增加，炼焦炉应运而生。18世纪末开始，英国和美国等相继将煤用于生产民用煤气。19世纪70年代，德国成功地建成了有化学品回收装置的焦炉，由此开创了煤生产芳烃并运用于医学、农药、染料的新时期。19世纪形成了完整的煤化学工业体系。进入20世纪，许多以农林产品为原料的有机化学品多改为以煤为原料生产，煤化工成为化学工业的重要组成部分。第二次世界大战以后，石油化工发展迅速，很多化学品的生产又从以煤为原料转移到以石油和天然气为基础，从而削弱了煤化工在化学工业中的地位。20世纪70年代，石油大幅度涨价时，煤化工曾一度有所发展。

中国煤化工产业最早萌芽于20世纪初。新中国成立后，中国相继成立了太原、兰州、吉林三大煤化工基地。20世纪六七十年代，各地建成一批以煤为原料的中小型氮肥厂，中国以化肥工业为主的煤化工产业初步形成。70年代以后，石油化工的兴起导致煤化工一度受到冷遇。进入21世纪后，伴随着国际原油价格的不断高涨和中国原油对外依存度的提高，煤化工产业重新受到重视，特别是煤基能源产业。国家在“十一五”规划中明确提到要“加强煤炭清洁生产和利用，发展煤化工”。之后，各地掀起了一轮煤化工产业发展和投资热潮，传统煤化工领域出现了严重的产能过剩。2000年以后，新型煤化工领域科技开发投入和产出较高，中国正积极从传统煤化工向新型煤化工转型。到“十二五”期间，中国的现代煤化工技术整体已处于国际领先地位，产业规模居世界首位，是世界煤化工最为发达的国家。

第一节
中国近代煤化工的萌芽
（1919～1949年）

中国是使用煤最早的国家之一，而煤化工萌发于20世纪初。鞍钢炼铁、永利化工等民族企业在生产过程中需要焦炭及合成氨原料气，继而促进了炼焦和煤气化工业的初步发展。

新中国成立前，中国战乱频仍，民族危亡，经济基础十分落后。煤化工虽有30年的历史，但发展十分缓慢，规模极小。这一时期，无论是政府、民间自主开展的煤化工建设，还是日本侵略者在中国领土上兴建的煤化工项目，都存在技术落后、产量少且生产不稳定等因素。总体而言，新中国成立前中国煤化工发展基础十分薄弱，仅处于萌芽状态。

一、炼焦业

在煤化工的生产技术中，炼焦是应用最早的工艺，是煤化学工业的重要组成部分。

炼焦是指煤在隔绝空气的条件下干馏，经过干燥、热解、熔融、黏结、固化、收缩等阶段最终制成焦炭的过程。根据炼焦的最终温度，可以将其分为高温炼焦和中低温炼焦。通常所说的炼焦主要是指高温炼焦。其焦炭主要用于高炉炼铁和有色金属的鼓风炉冶炼，在其中起到还原剂、发热剂以及料柱骨架作用。

在炼焦过程中，副产焦化产品。焦化产品是指从煤焦油中提炼出苯、甲苯、萘、酚等化工原料，以生产农药、染料、医药等一系列化工产品。焦炉气可供作城市煤气。

中国最早的煤化工发端于炼焦业。旧中国炼焦工业的焦炉始于1919年建设于鞍钢，被认为是中国煤化学工业的起源。1925年，石家庄建成了第一座焦化厂，满足了汉冶萍炼铁厂对焦炭的需要。1934年，上海建成拥有直立式干馏炉和增热水煤气炉的煤气厂，生产城市煤气。

从第一座炼焦炉到1949年的30年间，全国仅修建了24座976孔焦炉。这些焦炉集中在东北和华北，且分布不均。1943年旧中国炼焦工业进入“全盛时期”，但年产冶金焦也只有251万吨。旧中国的炼焦工业几乎没有中国的技术工人和技术人员。当时的炼焦用煤一般由两种煤组成，也有只用主焦煤单独炼焦的，焦炉的平均炉龄为5～6年，冶金焦率为86%～88%，灰分为16%～22%。

抗日战争末期和解放战争时期，炼焦工业设备遭到严重的破坏，只有鞍山、太原、石家庄等地区的少数企业部分焦炉维持生产。1949年全国焦炭产量仅52.5万吨。

二、煤干馏

旧中国只有日本在中国东北建设了个别煤低温干馏项目。所谓煤低温干馏技术，是指在特定的干馏炉内，500～600℃的条件下，使煤受热分解成半焦、低温煤焦油、煤气和热解水的过程。

1945年，国内第一套煤低温干馏装置、煤焦油连续釜蒸馏装置以及加工天然原油的常压蒸馏装置等工程基本收尾，共计干馏原煤10.2万吨，生产苯680吨、中性油5780吨、焦油沥青3400吨、半焦7.65万吨。

三、电石业

电石学名碳化钙，工业生产大多将生石灰和焦炭在埋弧式电炉（电石炉）内通过电阻电弧产生的高温反应制得。以焦炭为原料生产电石，用电石制乙炔，再以乙炔为原料生产大量的合成材料和有机化工产品。

新中国成立前的电石工业十分落后，只有少数300～600千伏安的小型电石炉生产电石，年产量不到1万吨，且由于设备简陋、技术落后，产品质量很低。

1948年吉林市解放后，在吉林化工厂重新建设了一座容量为1750千伏安的敞开式电石炉，年生产能力为3500吨，1949年9月正式投产。

四、煤焦油

煤焦油是煤高温干馏（又称炼焦)时得到的副产物，可单独分离出400多种化合物，主要为芳烃、多环芳烃和杂环化合物。这些化合物是有机合成和碳素制品工业的重要原料，广泛应用于染料、医药、农药、建筑、交通、炼铁、橡胶和国防等工业。

中国1919年第一座焦炉在鞍山建成投产，在生产焦炭的同时回收煤焦油，煤焦油加工业也开始慢慢起步。

在此之后，石家庄、本溪、北京石景山、太原等地也陆续建立了一批焦炉。到1949年9月底，依靠国外技术、设备和材料，全国先后共建了28座焦炉，产品只有粗酚、粗萘（少量精萘)、粗蒽、防腐油、沥青等几个品种。新中国成立前，除了太原钢铁厂的焦炉维持生产外，其余焦炉均已停产。

五、合成氨

合成氨指由氮和氢在高温高压和催化剂存在下直接合成的氨，是一种基本无机化工流程。现代化学工业中，氨是化肥工业和基本有机化工的主要原料。

中国的煤气化产业起步于20世纪30、40年代间，在大连、南京各引进一套固定床间歇气化技术（UGI炉）用于合成氨生产，总产能为0.34万吨。该煤气化技术成为中国化学工业中应用最多、使用时间最长的化工技术，为中国化学工业发展做出了巨大贡献。新中国成立前，中国合成氨产量仅为0.5万吨。

六、煤液化

煤液化技术是指将固体的煤炭转化为液体燃料、化工原料和产品的先进的洁净煤技术。根据加工路线不同，可以分为直接液化和间接液化。煤直接液化技术又称为煤加氢技术，是将煤和氢气在催化剂的作用下通过加氢裂化转变为液体燃料。煤间接液化技术是指将煤气化后得到的一氧化碳和氢气的混合气，经过脱硫净化后，在催化剂的作用下进行合成反应得到液体燃料或者有机化工产品。

中国曾是世界上最早开展煤合成油的国家之一。1923年，山西地方当局为减少石油购买和发挥当地煤炭优势，于1924年投资从德国购置了一套煤炭间接液化装置，在左云县吴家窑建立了育才炼油厂。1925年，育才炼油厂略具雏形，开始以煤炭为原料采用低温干馏法试炼油品，但因设备简陋和技术不过关而未能成功。1932年，山西地方当局又一次开展煤制油项目建设，一面派人赴欧洲考察，一面添置新设备。1933年，山西育才炼油试验厂改名为燃料研究所，并自造连续外热式炼油炉一组，再次试验煤制油。

第二节 新中国成立后，传统煤化工全面起步

（1950～1977年）

中国煤化工并无严格意义上的分类。通常意义上，人们对传统煤化工和现代煤化工定义主要从气化技术和产品分类两个方面加以区分。传统煤化工主要使用的是第一代气化技术。第一代煤气化技术是指常压及空气条件下的间隙式气化技术，典型炉型为UGI炉，这种炉子产气量小，操作环境差，因此产生的合成气只适合在小型装置中使用。20世纪五六十年代，该炉型在中国小化肥发展中起到了积极作用，

解决了当时中国农业发展急需氮肥的问题。

从产品上进行分类，中国传统煤化工主要包括焦炭、合成氨、电石、甲醇以及氮肥等。煤的焦化及气化、液化、合成气化工、焦油化工、电石乙炔化工、制氢、氨合成、甲醇合成等，都属于传统煤化工的范围。

新中国成立后，中国国民经济迅速恢复和发展，煤化工也开始进入起步阶段。

“一五”时期，在苏联的援助下，中国规划了156个重点项目，其中“三大化”即吉化、太化、兰化列入其中。1950年1月16日至2月24日，中国重工业部在北京召开全国首次化学工业会议，确定化工发展的重点是：配合农业增产，要有化学肥料工业；配合钢铁工业发展，要有酸、碱、染料、煤膏工业；配合橡胶的栽培，要有橡胶工业；配合水电站的修建，要有电化工业；配合采矿、筑路，要有炸药工业等。明确了化学工业的阶段性发展思路。

1953年开始，中国从苏联引进化工装置，相继成立了太原、兰州、吉林三大煤化工基地。全国大炼钢铁直接带动了中国焦炭工业的快速发展。20世纪六七十年代，中国各地建成一批以煤为原料的中小型氮肥厂，中国以化肥工业为主的煤化工产业初步形成。70年代以后，石油化工的兴起导致煤化工一度受到冷遇。这一时期，中国传统煤化工发展主要有四个系列：焦化产品、合成氨、甲醇、电石。

总体而言，中国煤化工在这一历史时期打下了一定的基础，形成了一定的规模，但发展十分缓慢。

一、炼焦生产迅速恢复和发展

新中国成立后，根据国民经济发展的需要，在政策驱动下，中国炼焦生产得到迅速恢复和发展。

（一）煤焦化技术虽有进步但仍落后

在1949～1958年的10年中，中国陆续恢复了11座148孔旧焦炉，新建和改建了24座1239孔近代化焦炉，包括引进苏联的炼焦技术，在鞍钢建设的苏联设计的炭化室高度为4.3米的ⅡBP型和ⅡK型焦炉。冶金焦的生产以平均每年69%的速度前进。到1957年第一个五年计划结束时，焦炭的产量比1949年增长13.7倍。

1959年，中国自行设计的58型4.3米顶装焦炉在北京焦化厂顺利建成投产。在1959～1986年的28年时间里，4.3米顶装焦炉共建成投产了500～600座，最高炼焦产能达到1.8亿～2.0亿吨/年。

20世纪60年代，世界上的高炉向大型化、高效化发展，而焦炉发展的主要标志为大容积、致密硅砖、减薄炭化室炉墙和提高火道温度，中国的焦化行业也开始向大容积焦炉迈进。1964～1966年，中国自行设计的单孔6.1米试验焦炉和1971年自主开发建设的首座5.5米大容积焦炉等都为中国日后建设大型和特大型焦炉奠定了基础。

1958年大炼钢铁运动，客观上形成了中国对焦炭的需求，促进了中国焦化技术的进步与发展。1958～1978年的二十年间，中国在引进苏联4.3米焦炉的基础上，开始了现代化焦炉的建设。但总体上由于机械化焦炉建设的滞后，尤其是“大跃进”时期，焦炭产量主要以土焦为主，加之钢铁生产技术装备落后，小高炉多，因而造成焦钢比奇高，焦炭的产销量增长远超粗钢（生铁）产量的增长幅度。新中国成立以来的30年间，中国累计平均焦钢比在1.5左右，20世纪50年代初期曾高达2以上，直至1978年仍高达1.4以上。

（二）产能逐步扩大，钢铁-焦化工业体系形成

1949年，全国生产焦炭52.5万吨，支撑了当年15.8万吨粗钢（生铁25.2万吨）的生产（1948年时全国生产粗钢7.6万吨、生铁14.7万吨）。

新中国成立第二年，中国就有2500吨焦炭出口，到1973年出口最多时曾达45万吨。由于国内市场的紧俏，直至1978年的29年中，累计出口焦炭仅约426万吨，仅占30年间焦炭生产总量的0.71%。

中国焦化行业受“大跃进”和“文化大革命”时期的影响，经过艰难曲折发展，初步建立起中国现代钢铁-焦化工业体系框架。

至1978年，全国焦炭产量达到4690万吨，粗钢产量达到3178万吨。30年间，累计生产焦炭60256万吨、粗钢37172万吨，年均分别增长16.67%和22.28%。

从1949年到1978年的20年，中国累计生产焦炭约60亿吨，出口焦炭约426万吨，占30年间焦炭生产总量的0.71%。国内焦炭市场100%立足于国内炼焦企业自产自销，几乎没有焦炭进口。由于工艺技术趋于成熟，中国形成了自己的钢铁-焦化工业体系，为钢铁工业和国民经济的后续发展作出了重要贡献。

（三）一批煤焦油加工装置建成并改进生产工艺

煤焦油工业的发展，与钢铁工业尤其是炼焦工业的发展有密切的联系。

这一时期，中国煤焦油的加工技术也有很大的进步。新中国成立初期，全国所有的焦油蒸馏装置都是釜式间歇蒸馏，生产效率低。同时，焦油在釜内受热时间长，引起焦油组分的分解和炭化。1955年，中国引进苏联技术，在鞍山、本溪、武汉、包头等钢铁公司建起了方箱式管式炉，常压连续蒸馏，焦油在管内停留时间比釜式蒸馏短。60年代初，鞍山焦化耐火材料设计研究院移植石油工业技术，设计了圆筒式管式炉，它比方箱式炉节省材料，具有投资少、占地面积小的优点。从70年代开始，全国焦油蒸馏装置能力在3万吨及3万吨以上的，均采用了圆筒式管式炉。

这一时期，中国煤焦油生产规模不断扩大。从1953年至60年代初，是中国焦化工业迅速发展的时期。在此期间，建立了一批主要的焦化企业（煤焦油加工装置附属在焦化厂内)。其中引进苏联技术建立的有鞍山钢铁公司化工总厂，以及本溪钢铁公司、武汉钢铁公司、包头钢铁公司的焦油加工装置。由国内设计、制造的有上海焦化厂的焦油加工装置。60年代以后建立的焦化企业，全部是国内设计和制造的设备。

1966年至1978年建立的主要焦油加工装置有北京焦化厂、攀枝花钢铁公司、武汉钢铁公司（第二套焦油加工装置)、马鞍山钢铁公司、梅山工程指挥部等单位。在此期间，还建设了一批简易焦炉和小焦油加工装置（加工能力为0.25万～3万吨/年)。

沥青是焦油产品中吨位最大的一个产品，其产率一般为焦油的50%～55%。新中国成立初期，中国的沥青生产工艺极为落后，将焦油炉中出来的沥青放入水池，让其自然冷却，工人劳动强度大，污染严重。1952年，鞍钢化工总厂设计了刮板运输带，沥青从炉中出来，放到浸没在水中的刮板运输带上，冷却成粒状，装包或放入车皮。这种工艺减轻了劳动强度，改善了操作环境。50年代后期，引进了苏联技术，采用了大型刮板运输带。昆明钢铁厂又进一步改为圆盘沥青机，比刮板运输带节省占地面积。上海焦化厂安装了捕烟装置，消灭了沥青黄烟，大大减轻了环境污染。

1978年前，中国沥青生产工艺得到进一步提高，产品规模扩大到万吨。

萘是煤焦油中的大吨位产品，焦油中萘的含量为10%～12%。新中国成立初期除鞍山钢铁公司有一台日本人留下的史华氏萘连续结晶机（敞开式)外，其他厂都是把萘馏分放入方盘中自然冷却结晶，效率低，占地面积大，工人劳动条件差。1955年，从苏联引进压榨萘技术，将萘馏分先经间歇操作的转鼓式结晶机结晶，然后压榨成萘含量为98%的萘饼，萘提取率一般在70%～80%（对焦油萘量而言)。采用这种技术的有鞍山钢铁公司、武汉钢铁公司、包头钢铁公司。这种方法设备笨重，劳动条件差，萘损失大。60年代初，鞍山焦化耐火材料设计研究院试验成功用管式炉连续蒸馏制取工业萘，含量达95%。这种方法，使萘的提取率比压榨法提高了10%以上，而且流程简单，占地面积小。现在除鞍钢外，各厂均改为管式炉生产工业萘，生产工艺和技术进一步成熟。

1978年，中国萘的提炼方式得到进一步优化，工业萘生产规模达到5.86万吨。

这一时期，中国煤焦油产品品种发展比较快。上海焦化厂、鞍钢化工总厂、梅山工程指挥部、北京焦化厂、鞍山焦化耐火材料设计研究院等单位，为了发展新品种，在焦油分离、产品提纯、深度加工及产品应用方面做了不少改进。其中主要的有从洗油中提取苊，苊氧化制1,8-萘酐；从重苯中提取氧茚；从三甲苯制均苯四甲酸二酐；从喹啉馏分中分离出纯喹啉和异喹啉等。新工艺的开发有古马隆树脂连续生产工艺、连续精馏溶剂抽提制精蒽工艺。

（四）炼焦炉煤气用于工业和民居

焦炉气属于中热值气，其热值为17～19兆焦米^3（标），适合用作高温工业炉的燃料和城市煤气。

中国是世界焦炭产量最大的国家，1978年焦炭产量为4690万吨，约占世界焦炭总产量的60%，产生的焦炉煤气量巨大。以1978年中国焦炭产量为例进行估算，中国焦化产业生产伴生的焦炉煤气，除了其中的40%～45%用于保证焦化炉炉温外，共富余焦炉煤气数亿立方米，剩余焦炉煤气的高效利用是困扰焦化企业多年的问题。如何高效、合理利用是关系环保、资源综合利用、节能减排的重大课题。中国焦化企业在实践中逐步解决了这一问题，即焦炉煤气经过进一步净化处理之后，一部分作为化工原料、还原剂直接还原炼铁、制氢等，一部分作为民用燃料提供给居民使用。

二、引进并开发多种煤气化技术

煤气化过程可用于生产燃料煤气，作为工业窑炉用气和城市煤气，也用于制造合成气，作为合成氨、合成甲醇和合成液体燃料的原料，是煤化工的重要过程之一。因此，新中国成立后，中国便开始重视引进并开发多种煤气化工艺。

20世纪50年代，中国购买了捷克的二手设备第一代鲁奇炉，装备云南解放军化肥厂。

1954年，南京永利宁厂（现南京化学工业公司氮肥厂）试烧焦作无烟块煤以代替焦炭，逐步掌握了用焦作无烟块煤造气的工艺操作条件。1958年开始全面采用焦作无烟块煤生产合成气，以适应中国当时炼焦工业落后的国情，且采用无烟块煤后煤气炉的气化强度和单位气量的消耗定额均比用焦炭好。

20世纪五六十年代开始，中国已有固定床间歇气化技术（UGI炉），这是中国第一代煤气化炉。改革开放后，在此基础上，又引进和研发了多种气化工艺，从常压气化炉到加压气化炉，从固定床、流化床再到气流床，从空气气化到纯氧气化，成功实现了工业化。这是中国在消化吸收国外技术基础上开发的第二代气化炉。

中国的煤气化原料经历了从焦炭、块煤、小粒煤到水煤浆和干粉煤的变化，气化技术也经历了常压固定床技术、加压固定床技术、流化床技术、气流床技术的发展。

煤气化在中国医药、化工、能源等领域具有巨大作用，气流床是煤化工中的关键技术。中国在发展煤化工的过程中，十分重视气化技术的消化吸收及自主研发，并根据不同煤种对不同气化设备的需求，逐步引进和发展包括固定床、流化床及气流床等世界上几乎所有的气化技术，这些气化技术在中国都有广泛使用。

三、煤制甲醇起步发展

甲醇在常温常压下是易挥发和易燃的无色液体，具有酒精气味，它是一种用途广泛的基本有机化工原料。甲醇既是重要的化工原料，也是“碳一”化学的重要起步产品。用煤气化制成甲醇后，可以生产一系列的有机化工产品。

20世纪50年代，中国吉化、兰化、太化等企业先后从苏联引进高压合成甲醇工艺，建成了数套以煤为原料的甲醇生产装置，规模均在300吨/年左右，这是中国煤制甲醇的发展起步阶段。其中吉化的甲醇装置由苏联设计，建于1956年。由造气、脱硫、变换、压缩、水洗、合成、精馏等工序组成，以煤气化制得的H_2、CO为原料，通过锌-铬催化剂合成粗甲醇，然后通过精馏方法得到精甲醇。

50年代初，中国科学院大连物理化学研究所开展了用铁催化剂代替钴催化剂合成液体燃料，并在锦州化工厂进行了中间试验。经过多年的研制，到50年代末已经掌握了甲醇和合成甲醇催化剂的制备技术。60年代末实现了氨和甲醇联合生产，降低了生产成本。以后甲醇催化剂及联醇的生产技术不断得到改进，并取得了较好的经济效益。至1978年，中国低压合成甲醇催化剂已达到了国际先进水平，为中国发展煤制甲醇解决了催化剂这一关键问题。

太原化肥厂是全国利用煤制成甲醇最早的生产厂家，1964年开始生产甲醇，当年生产3920吨。1965年经扩建后，当年产量为6885吨，在“文化大革命”期间一度受到影响，生产停顿。“文化大革命”结束后，甲醇生产开始恢复和扩大，1978年产量达到26000余吨。

兰州化学工业公司的甲醇装置兴建于1956年，至1958年建成投产，工艺与吉化基本相似，均在高温高压和催化剂作用下合成甲醇。1978年中国精甲醇总产量达到21.19万吨。

四、煤液化工业起步发展

1950年4月，经燃料工业部同意，对日本在抚顺留下的直接液化工厂进行修复。1951年7月开始恢复生产，以粗柴油为原料，进行气相加氢裂化，并生产车用汽油，逐步发展为中国高压加氢生产实验基地。

1951年1月，锦州合成厂煤气发生炉经过修复投产成功，煤液化制油正式恢复生产。此后该厂生产的油品，在中国国民经济恢复与抗美援朝战争中发挥了巨大的作用。1955年锦州合成厂更名为石油六厂，并逐步开始扩建工作。到1958年末，石油六厂共有迪地尔炉96台，日处理煤6.7～7.0吨；另外还有合成炉75台，与扩建后的原料煤气发生炉配套，煤制油的生产能力由年产3万吨增加至年产5万吨；共有三段吸附槽4台，从不能冷凝成液体的煤气中回收轻质油，每立方米原料气可回收轻质油20克。

同一时期中国在煤液化催化剂方面也开展了研究。1949年5月，东北工业部化学工业管理局开展了用氧化铁为主要活性金属的催化剂研究工作，但未取得理想的效果。1950年初，制备成功以硅藻土为载体的钴、钍、镁催化剂，经过试用其性能符合要求。刚投入生产时，催化剂中游离碱含量过高，出油率低。1956年，大连石油研究所研制成功氮化熔铁催化剂，转化率达到每立方米CO和H_2产出烃及含氧化合物191克，为实现工业化生产奠定了基础。

1963年，随着大庆油田的发现及建成投产，中国甩掉了“贫油国”的帽子，原油产量当年超过638万吨，以煤制油为主要内容的煤液化项目因经济原因暂时停滞下来，但中国在这方面的技术研发并未中止。

五、煤干馏工业初步发展

1948年11月10日，锦西解放，工业部接管了损毁严重的锦西燃料厂，更名为锦西炼油厂，1950年10月改名为锦西化工厂，下设化工、炼油、机械、发电4个分厂。1952年10月炼油分厂独立。1955年隶属石油工业部。

1952年锦西化工厂逐步恢复生产建设，1954年石油管理总局决定恢复东北石油五厂已经停产闲置9年的鲁奇式煤低温干馏装置，由抚顺石油四厂提供设计数据，石油部北京设计院和北京石油学院设计，单炉日处理能力维持原先的330吨。1955年1月正式建成，10月，第一、二部干馏装置和煤焦油连续釜蒸馏装置先后修复。11月，两部干馏装置相继开始出油。1956年下半年筹建第三、四部干馏装置，1957年6月建成。

1955年5月，石油五厂煤低温干馏车间与德国鲁奇公司煤低温干馏工厂开展了竞赛活动，相互交流煤低温干馏技术，交流操作经验。石油五厂的工程技术人员学习国外的先进技术和经验，结合本厂实际，对工艺装置和操作技术进行改造和改进。至1957年基本实现了平稳生产，提高了半焦质量，日处理能力从330吨提升至450吨。

此后至1978年，中国煤干馏产业技术也得到进一步提高，生产规模相当可观。

六、大力发展电石产业

新中国成立后，中国电石产业得到较快发展。1951年吉林化工厂电石车间建设了第二座1750千伏安的电石炉，并于1953年将两座1750千伏安的电石炉分别改建成3000千伏安和6000千伏安的电石炉。此外，当时生产电石的主要厂家还有上海炼气厂（上海吴淞化工厂的前身）、杭州大同电化厂、淄博建华电石厂、北京建业电石厂和四川长寿川江电石厂，主要供矿灯照明及金属切割和焊接使用。

1953～1957年是中国第一个五年计划实施的阶段，电石作为化学工业的基本原料，和修建桥梁、制造轮船与火车的重要物资成为大力发展的对象。1956年，化工部化工设计院完成了一套10000千伏安电石炉、年产18000吨电石生产装置的定型设计（圆形炉，电极呈正三角形排列，不用冷却转筒）。同时河北张家口等地也陆续开展此类项目，全国电石生产能力接近10万吨/年。在此期间，吉林化工厂的电石车间划归新建的吉林化工基地，从苏联引进建设了一座容量为40000千伏安的大型半密闭电石炉，并于1957年5月正式投产。

1958年以来，电石产业取得较为平稳的发展。截至1966年，全国电石炉总容量达315000千伏安，电石年生产能力约60万吨，年产量达56.1万吨。这是中国电石工业发展的一个重要时期。这一时期内，电石生产的技术水平、产品质量和技术经济指标，都有很大的提高，接近当时的国际先进水平，为中国的乙炔化工和其他化工产业的发展奠定了基础。

1966～1978年，随着从国外引进相关技术，加之国内技术研发，中国电石技术有了很大的进步，能够基本满足国内的生产需要。贵州清镇建成了一台从日本引进软件、自己设计的35000千伏安的密闭电石炉。上海吴淞化工厂建成了自行设计的20000千伏安密闭电石炉。此外，为了发展合成纤维，福建、湖南、江西、河北、安徽、甘肃、广西、云南、山西等九省区，在1970～1973年先后建设了9座万吨级维尼纶厂，从电石为原料开始水解得到乙炔，进而生产醋酸乙烯和聚乙烯醇，抽丝得维尼纶纤维。与此配套建设了12座10000～16500千伏安的电石炉。为配合3000吨/年聚氯乙烯厂的需要，全国还建设了3000～5000千伏安的电石炉20余座。各地方相继建设了400～1800千伏安小型电石炉200余座。1978年，全国电石炉的总容量为132.4兆伏安，生产能力为238.4万吨/年。

乙炔是重要的基本有机化工原料，以乙炔为原料可以合成一系列重要的有机化工产品和合成材料。以乙炔为原料生产的有机化工产品有氯乙烯、醋酸乙烯、氯丁二烯、乙醛、醋酸、三氯乙烯和乙炔炭黑等。中国电石技术的发展和规模的扩大，直接带动了乙炔的技术进步。中国这一时期主要采用电石法生产乙炔，即以电石为原料水解生产乙炔，电石法约占乙炔总量的95%以上，这也是中国的能源特点所决定的。

截至1978年，中国电石产量达到123.8万吨。

七、煤制合成氨技术逐步成熟

生产合成氨的原料主要有天然气、重油和煤三种。以天然气为原料，受天然气资源和区域的限制；以重油为原料，受价格的影响，发展也受到限制；而以煤为原料是比较好的路径，中国的煤炭资源丰富、煤炭品种多、分布较广、储量大，利用煤炭发展合成氨是最佳选择。

中国生产的合成氨，有三分之二是以无烟煤或焦炭为原料生产，主要用以制造化学肥料，小部分用以制硝酸及其他许多有机和无机化工产品。

中国合成氨的发展得益于煤气化技术的进步和发展。20世纪50年代，南京永利宁厂试烧无烟煤开始，此后，中国对以无烟煤为原料生产合成氨取得了丰富的生产经验。60年代建设的合成氨装置及氮肥厂，均采用水洗加铜洗碱洗净化工艺技术，即固定床常压间歇式造气、除尘（泡沫除尘或电除尘）、鼓风、常压、GV脱硫、常压变换压缩机三段出口1.8兆帕、水洗、脱二氧化碳、压缩机五段出口12兆帕、铜洗碱洗脱除微量CO和CO_2、压缩机六段出口32兆帕氨合成。这种工艺技术能耗较大。60、70年代建设的氮肥厂都是采用三触媒净化工艺技术，一些工厂经过多年的节能改造之后，平均吨氨综合能耗大幅降低。后来经过技术进步，这种类型氮肥厂的典型工艺流程为：无烟煤—常压固定床间歇式气化—除尘（电除尘)鼓风—半水煤气常压脱硫—压缩至1.8兆帕变换—变换气加压脱硫—脱二氧化碳—甲烷化—压缩—32兆帕氨合成—液氨—全循环法合成尿素—尿素产品。

这一时期的化肥工业基本都是小型化肥项目，产量为三五千吨产品规模；多为碳酸氢铵，为中国农业增产作出了不可磨灭的贡献。

截至1978年，中国先后在全国各地建设了1200套小合成氨装置，其中合成氨总产能达到780万吨，成为中国合成氨工业的半壁江山。

第三节 改革开放，煤化工产业迎来发展春天（1978～2019年）

1978年，党的十一届三中全会召开，中国进入改革开放新时期，国民经济得到迅速恢复和发展，煤化工也迎来了技术进步、装置升级、品种增多、规模扩大的大发展时期。

一、炼焦行业进入设备和技术升级时期

（一）焦炉趋于大型化，技术更趋成熟

这一时期，中国进入以6米焦炉为主体炉型的炼焦阶段。1987年，中国焦化行

业在消化吸收国外大型焦炉技术的基础上，开发创新了具有自主知识产权的JN60大型6米顶装焦炉，并在北京焦化厂建成投产，砖型600多种，是新日铁M型焦炉的一半。截至2012年，中国共建设了近200座6米焦炉，产能达到近1亿吨/年。

随着20世纪中后期二次石油危机的爆发和对改善环境的要求，世界范围内的节能减排计划得以广泛实施。工业上通常使用的湿法熄焦是直接利用水浇洒在高温红焦上使其降温，在熄焦过程中红焦和水接触产生大量的酚、氰化合物和硫化物等有害物质，且熄焦产生的蒸汽也被自由排放，严重腐蚀周围设备，并污染大气。而干法熄焦采用惰性气体为热载体，在密闭的系统中循环使用，废热回收并可以有效降低排放污染，同时亦可获得质量更为稳定的焦炭。因而，干熄焦技术的应用与发展成为这一时期炼焦行业的一大特点。

中国的干熄焦技术于20世纪80年代引进，在进入90年代后，济南钢铁集团总公司在引进乌克兰技术的基础上，自主研发建设了2套处理焦炭量70吨/时的干熄焦装置，于1993年投入运行。马鞍山钢铁股份公司125吨/时干熄焦装置是中国自主设计和建造的第一座干熄焦系统，年处理能力101.8万吨。

焦化产业是发展最成熟、最具代表性的煤化工产业，也是冶金工业高炉炼铁、机械工业铸造最主要的辅助产业。从新中国成立前的“一穷二白”，之后逐渐地由小变大，再到现在实现跨越式发展，逐步由大向强转变，中国成为世界上主要的焦炭生产国，焦炭产量居世界第一。2018年中国的焦炭产量达到了43820万吨，远超其他国家。

（二）煤焦油加工趋于发展加氢轻质化及其他深加工技术

从20世纪70年代开始，全国焦油蒸馏装置能力在3万吨及3万吨以上的，均采用了圆筒式管式炉，煤焦油的加工技术也有很大的进步。1977～1983年建立的煤焦油加工装置，主要是尚在建设中的上海宝山钢铁公司焦化厂煤焦油车间一期工程。

1983年，全国煤焦油加工能力共有190万吨，最大机组能力为10万吨。年处理量在3万吨及3万吨以上的焦油加工装置，均采用管式炉常压连续蒸馏技术。年处理量在0.25万～1.2万吨的焦油加工装置，采用釜式间歇蒸馏技术。

在产品品种方面，煤焦油加工产品品种的多少，取决于煤焦油加工装置的规模和加工深度。1983年，全国煤焦油产品包括小吨位产品和试验性生产的产品约有106种。其中轻油馏分加工产品1种，酚油馏分加工产品22种，萘油馏分加工产品9

种，洗油馏分加工产品21种，一蒽油馏分加工产品8种，二蒽油馏分加工产品9种，沥青馏分加工产品4种，吡啶盐加工产品30种。经常生产的约40种。

1982年，上海焦化厂与中国科学院山西煤炭化学研究所协作，以含萘95%、含硫低于6000毫克/千克的工业萘为原料，采用7719催化剂，在70吨的中试装置上进行了加氢试验。工业萘加氢后，含硫低于300毫克/千克，用它生产苯酐可提高产率8%，并降低了苯酐设备中焦油的沉积。这一技术进行了万吨级装置的设计。1988年11月上海焦化厂"三联供"项目一期工程经国家计委批准立项。

在沥青品种方面，除大量生产中温沥青外，1981年，鞍山焦化耐火材料设计研究院，研究成功改质沥青，1983年9月和11月先后在石家庄焦化厂和宣化钢铁厂投产，供给贵阳铝厂引进装置作阳极糊和电极黏结剂。1983年，鞍钢化工总厂生产硬沥青出口。

为提高煤焦油产品的附加值，缓解中国石油资源日益紧缺的现状，以煤焦油为原料生产清洁燃料油的煤焦油加氢技术得到了大量的研发，已经发展成为煤化工行业新的经济增长点。

1997年，云南驻昆解放军化肥厂建成了一套1万吨/年煤焦油加氢改质装置。2003年，哈尔滨气化厂科技实业总公司（现中煤龙化哈尔滨煤制油有限公司）以鲁奇炉加压气化生产煤气副产焦油为原料，建成5万吨/年的焦油加氢装置。2008年，神木锦界天元化工有限公司利用自有技术，建成了25万吨/年中温煤焦油轻质化项目。2010年3月二期工程25万吨/年煤焦油延迟焦化-加氢精制燃料油项目建成投料试车，使其煤焦油加工能力达到50万吨/年。2009年7月，黑龙江七台河宝泰隆采用上海胜帮的技术建成了一套10万吨/年高温焦油加氢精制-加氢裂化装置；2011年，神木富油利用自主技术建成了一套中低温煤焦油全馏分加氢装置；2011年12月，内蒙古庆华采用上海胜帮的技术建成了一套17万吨/年高温焦油轻质化装置。此外，中国的煤焦油轻质化技术，还有抚顺石油化工研究院的加氢精制法、加氢精制-加氢处理两段法和加氢裂化-加氢处理反序串联等多种工艺及相应催化剂配套技术；煤炭科学研究总院提出的一种非均相催化剂的煤焦油悬浮床/浆态床加氢工艺及配套催化剂技术等。

2018年，全国有1个煤焦油专业设计研究单位、1个科研单位和2个厂研究所，有6所高等院校设有焦化专业，还有1所中等技术学校，不断地为煤焦油工业培养和输送人才。

进入21世纪以来，一些炼焦企业纷纷开始建设6米的大型机焦炉，如2007年建设6米及以上大型机焦炉23座，产能达到1425万吨。2001～2018年，全国建设投产的6米及6米以上的大型焦炉153座，产能达到8567万吨/年，约占全国机焦能力的22%。炼焦炉走向大型化、规模化、现代化成为炼焦行业的发展方向。

炼焦行业技术进步进一步发展，大型捣固机焦炉投产，扩大了炼焦煤的资源。2005年前后，一批4.3米捣固焦炉陆续投产，产能达到450万吨。2009年3月3日，国内第一座炭化室高6.25米捣固焦炉在唐山佳华煤化工有限公司二期焦化工程顺利出焦。大型捣固焦炉能显著提高炼焦能力，扩大炼焦煤的资源，增强焦炭强度，从煤气中能充分回收化工产品，煤气也能高效利用，是炼焦行业比较理想的生产工艺。

炼焦行业朝着深加工方向发展。这一时期，中国炼焦行业开始利用焦炉煤气生产甲醇，是焦化行业重要的技术创新，具有深远的意义。2004年12月，云南曲靖大为焦化制供气有限公司，通过技术创新，实现焦炉煤气制甲醇技术突破并产业化，此为国内外第一家。通过实践证明，这项技术生产工艺成熟，产品质量好，经济效益佳，随后在行业得到广泛运用。河北建滔、旭阳、山东海化、山西潞宝等一批用焦炉煤气生产甲醇的企业陆续投产，到2007年底，已有16家企业投入生产，产能达到210万吨，实际生产甲醇37万吨。截至2010年底，焦炉煤气制甲醇项目达到29个，产能447万吨/年。2008年3月，拥有自主知识产权的中国第一座7米大型顶装焦炉在邯郸钢铁集团和鞍钢（营口）鲅鱼圈顺利投产。

（三）发展中的半焦（兰炭）行业

不同于冶金焦等高温炼焦的产物，兰炭是煤在较低温度下干馏得到的固体可燃物，故称为半焦。它开始于20世纪70年代，当时主要为土炼兰炭，生产工艺落后；90年代开始采用机械化炉窑生产工艺。兰炭不能用于高炉生产，但可以在生产金属硅、铁合金、硅铁、硅锰、化肥、电石等高耗能产品过程中代替冶金焦，效果甚至更优。兰炭在生产炭化料、活性炭领域也存在发展潜力。

兰炭低温干馏炉现有生产炉型都采用立式炉，规模大多在3万～6万吨/年。由于兰炭具有固定炭高、电阻率高、化学活性高、灰分低、硫低、磷低、水分低等“三高四低”的优点，且表现出了明显的经济优势，因而兰炭产业也在快速发展中。目前，中国半焦生产能力约为5000万吨/年，且带有明显的区域性特点，主要分布在陕西、内蒙古、宁夏、山西等地。

（四）低阶煤分质利用取得积极进展

中国在低阶煤分质利用和煤焦油加氢技术方面取得了积极进步。神木天元低阶粉煤回转热解制取新型无烟煤工艺技术，是以粉煤为原料，通过中低温回转热解工艺及设备，制取新型无烟煤（清洁提质煤)、低尘煤焦油、高热值煤气，产出的新型无烟煤达到国家无烟煤三号标准，发热量可达7200千卡/千克以上，可用于高炉喷吹等领域。热解煤焦油轻组分高，机械杂质低于3%。热解煤气热值达6500千卡/米^3（标）以上，有效组分高于85%，适宜于深加工高附加值产品。

广东顺鑫煤化工科技有限公司自主研发的“热溶催化——分质利用耦合工艺”，已列入《煤炭深加工产业示范“十三五”规划》，公司计划在内蒙古建立一个30万吨油品示范基地，中长期发展到500万吨油品和100万吨碳材料。

山西国控集团产业技术设计研究总院的外热式旋转床核心技术，所涉低阶煤热解装置采用该院自主研发集成的外热式旋转床核心技术，通过对低阶煤进行低温干馏，生成优质提质煤、高氢碳比的低温煤焦油、高热值的低温干馏煤气，再通过对低温煤焦油和低温干馏煤气深加工后制取汽柴油、CNG（LNG）等清洁燃料。外热式旋转床所产焦油、煤气品质均优于一般内热式热解装置。

根据这一时期的不完全统计，低阶煤提质和煤焦油加氢项目已经达到20家。其中主要有新疆能源集团、新疆润田科技及神雾环保的300万吨低阶分质和40万吨煤焦油加氢；神木煤化工东鑫垣的50万吨煤焦油加氢；新疆广汇集团煤炭清洁炼化公司的1000万吨低阶煤提质和160吨煤焦油加氢；神木富油能源科技有限公司50万吨煤焦油加氢；陕西精益化工有限公司120万吨低阶煤提质项目等。

低阶煤分质利用也存在一些问题，主要是该技术有大量的半焦作为副产品，基本上是用于燃料，在化工工艺上曾经设想的将半焦作为煤气化原料的工艺没有实现。因此，这样的分质利用是不完全的。另外这个技术在环保上的难度较大，很难适应新形势对生态文明和绿色发展的新要求。

二、电石行业迅速发展

（一）产能快速增长

1978～1982年，中国电石产量平均每年递增9%以上，全国有28个省、自治区、直辖市生产电石。20世纪80年代中期，中国开发了“矮炉罩内燃式半密闭电石炉”，在传统的半密闭炉基础上做了改进，炉罩的结构形式、冷却方式接近密闭炉。这种炉型具备开敞式炉子与密闭式炉子的一部分优点，在一段时间里“矮炉罩内燃式半密闭电石炉”是国内主要采用的炉型。中国也在这一时期从国外引进了密闭电石炉空心电极、组合式把持器等技术。

中国电石行业不断发展，其产能和产量不仅跃居世界首位，并且呈高速上升趋势。2003年以来，由于国际原油价格上涨，以及聚氯乙烯（PVC）和1,4-丁二醇等产业的蓬勃发展，一时间中国电石市场供不应求，利润空间增幅较大，极大地刺激了电石生产，使得电石产能急速增长，造成电石市场供大于求的局面和利润下降；2004 ～ 2006年中国电石产业开工率不足60%。2008年二季度后，由于国内PVC市场回暖、国内电力供应整体偏紧，以及主要原材料上涨等因素，曾出现电石供货紧张的状况。随着中国经济的快速发展，特别是国内市场聚氯乙烯、醋酸乙烯等对于乙炔产品需求的增长，电石产能和产量得到快速增加。2009年底电石生产能力达2200万吨/年，产量1503万吨。2010年电石生产企业384家，产量1512万吨，当年电石表观消费1498万吨。2011年电石产量为1737.6万吨。2012年精电石产量为1869万吨。中国电石工业的快速发展主要得益于下游产品PVC等行业的发展。用于生产PVC占电石总消耗量的75%以上，用于机械、冶金等行业占电石总消耗量的10%，其余用于出口及其他用途。

截至2013年底，中国新建电石项目以中大型产能（30万吨以上）为主，产能15万吨以上的企业数量接近50家，占全部产能的66.32%左右；产能30万吨以上的企业在25家左右，产能占比达到了52.3%。电石企业规模化、装置大型化、炉型密闭化、生产自动化发展是大势所趋，规模化企业拥有雄厚的资金，也为电石行业的节能环保改造带来市场。

（二）产能出现过剩局面

中国是世界上最大的电石生产国和消费国。2000年，中国电石产能达到480万吨，该产能较1983年240万吨时翻了一番，这17年年均增长4.3%。自此，中国电石产业进入快速发展阶段。

进入21世纪，随着经济体制改革的不断完善，中国的经济发展速度也越来越快，国内市场对于PVC、乙炔的需求量迅速增长。同时，随着全球经济一体化进程的不断加快，中国外贸也增长较快，PVC下游制品的出口量大幅度增加。在内需、外贸双重刺激下，PVC产能进入快速扩张期，直接带动了国内电石行业的发展。电石产能由2000年的480万吨猛增到2007年的2000万吨，产量也由2000年的340万吨猛增到2007年的1482万吨，7年时间均翻了两番。2010年，中国电石产能进一步增加到2600余万吨/年。

2010年，中国电石生产企业生产能力在5万吨以上的有120余家，最大厂家的生产能力接近百万吨。电石生产企业主要集中在华北、西北、西南等地区。这些地区的电石产能占全国总产能的80%以上。其中，内蒙古、宁夏、陕西、山西、四川等地的电石产能居全国前列。

由于电石产能过快增长，至2008年前后出现供大于求的势头，产能出现过剩现象。2008年8月份至11月份，中国电石行业开工率仅40%左右，其中山西开工率为10%，宁夏为15%。此后虽有所回暖，但总体开工率仅维持在40%～50%之间。

（三）国家出台政策限制发展

为了扼制电石产业过剩局面，国家自20世纪90年代开始，陆续出台了一系列政策措施，逐步淘汰落后的电石产能，抑制电石产业的过快发展。

2001年8月，国家经贸委统一公布了已经和即将关停的“五小”企业名单，涉及钢铁、石化、制糖、糖精、水泥、玻璃等6个行业的近5万户企业，包括一批小电石企业被关停。

2005年，国家出台产业结构调整目录，明确将“排放不达标的电石炉”列入淘汰落后生产工艺设备目录之中。

这一时期，国家对电石行业的政策措施主要包括：出台了《电石行业准入条件》，严格行业准入管理。对新建和改扩建的电石项目，地方有关部门在进行投资管理、环境评价、土地供应、信贷融资、电力供给等审核时，要以《电石行业准入条件》为依据，严格把关，对不符合准入条件的新建、改扩建项目，国土资源管理部门不予办理土地使用手续，环保部门不得办理环保审批手续，金融机构不得提供信贷支持，电力供应部门不得提供电力供应。对现有电石生产企业，各级政府部门要引导和促进当地电石企业的联合重组，集中建设和经营，统筹建设排放处理和资源综合利用设施，延长产业链，发展循环经济。

2006年，国务院出台《关于加快推进产能过剩行业结构调整的通知》，明确要求关闭淘汰敞开式和生产能力低于1万吨的小电石炉。按照《电石行业准入条件》，国家组织对现有电石生产企业的工艺装备、能源消耗和资源综合利用、环境保护等各项指标进行全面考核，并以国家发展改革委公告方式向社会公布符合《电石行业准入条件》的企业名单。

2007年，国务院在出台的《关于印发节能减排综合性工作方案的通知》中，明确提出加快淘汰落后生产能力，加快淘汰包括电石等在内的落后产能的力度，将6300千伏安以下炉型电石产能列入淘汰范畴。

到2008年前后，国家进一步加大了政策力度，先后出台了电石行业的市场准入政策，如2007年对《电石行业准入条件》进行了修订，制定了电石等产品的能耗限额标准；降低和取消了一批包括电石在内的化工产品的出口退税率；对电石等高耗能行业严格实施差别电价政策。上述产业政策的实施，加快了电石行业的产业整合和企业组织结构调整步伐。

2010年，国务院下发《关于进一步加强淘汰落后产能工作的通知》，明确要求将6300千伏安以下炉型电石产能在2010年前完成淘汰任务。

2014年，国家再一次对《电石行业准入条件》进行了修订，对电石生产建设项目进行投资管理、土地供应、环境评估、生产和安全许可、信贷融资、电力供给等方面提出新的要求，再次提高了准入门槛。

三、煤气甲烷化小试装置建成

早期有关研究主要集中在水煤气/合成气部分甲烷化制取城市煤气方面。如中科院大连化物所研发的“常压水煤气部分甲烷化生产城市煤气”技术，于1990年在上海建设了中国第一座35000米^3/日的煤气甲烷化示范装置，而后又在国内建设了十余个工程。国内其他科研院所及企业也相继开发了多种常压部分甲烷化催化剂及工艺，并进行了工业中试或侧线实验。这类技术都以生产城市煤气为目的，后因液化气、天然气等安全、便捷气源的推广应用，以及化肥企业的不景气，这些装置相继停产。

四、大力开展煤间接和直接液化技术开发和研究

煤直接液化是指煤与氢气在催化剂的作用下直接发生加氢反应，添加焦油后再加氢催化裂化和精制，其主要产品为汽油、柴油、石脑油；煤间接液化是指先将煤炭气化，然后合成气通过费托合成反应制成粗蜡，再加氢催化裂化和精制，得到汽油、柴油、煤油、燃料油、液化气和其他化学品的工艺过程。而煤间接制油技术根

据目标产物的不同及所采用的催化剂、反应器形式和反应条件稍有不同，又可分为低温费托合成和高温费托合成两种工艺。中国在这两个方面都取得了巨大进步。

（一）煤直接液化技术开发

中国自20世纪80年代“六五”“七五”期间，持续开展了煤直接液化技术的科技研究，第一个煤液化研究所于1979年在中国科学院北京煤化工研究分院成立。1982年，煤炭科学研究总院建立了一套煤炭液化实验装置，90年代，该所承担了中日合作开发项目“中国煤炭的液化性能评价”、中德合作项目“云南先锋煤直接液化示范厂可行性研究”、“NEDOL工艺煤液化催化剂”等课题的研究等。1996年，江泽民总书记亲临煤炭科学研究总院视察煤炭液化实验装置。

中国于1982年与日本合作，在煤炭科学研究总院内建立了一套0.1吨/日老IG工艺的煤直接液化连续试验装置，进行了长时间的试验运转研究。1983年11月煤炭科学研究总院在美国HRI公司的协助下，与日本伊藤忠、三井造船、共同石油、日挥和技术咨询等五家公司合作，完成了兖州煤25000桶/日（年液化用煤350万吨）规模H-COAL工艺直接液化厂的初步可行性研究。1986年通过与德国合作，在煤炭科学研究总院内建立了一套德国新IG工艺的0.12吨/日煤直接液化连续试验装置，进行了运转研究。1990年开始与日本合作，在0.1吨/日煤直接液化连续试验装置上进行了NEDOL工艺的运转研究。2003年在上海建立一套6吨/日直接液化装置。

经过多年来国内相关机构对煤直接液化工艺和催化剂进行的重点研究，“十一五”期间完成煤直接液化工艺、863高效催化剂等研究成果，其后在世界上首座百万吨级煤直接液化示范工程中得到应用。

（二）煤间接液化技术开发

20世纪50年代锦州石油六厂的费托法水煤气合成液体燃料技术，是中国早期的间接煤液化技术。

80年代，由于两次能源危机的爆发，中国又恢复了对煤间接液化技术的研究和开发。在这一时期，中科院山西煤炭化学研究所（简称“山西煤化所”）在分析了国外F-T合成两种催化剂体系的基础上，提出了将传统的F-T合成与分子筛择形作用相结合的固定床两段法合成工艺（简称“MFT”）和浆态床-固定床两段合成工艺（简称“SMFT”），并先后完成了MFT工艺的小试、模拟、中试，取得了油收率较高、油品性能较好的结果。

90年代完成了2000吨/年规模的煤基合成汽油中间试验和SMFT工艺的模拟试验，并对自主开发的两类催化剂分别进行了3000小时的长周期运行，取得了令人满意的结果。随后该所针对新型浆态床合成反应器、共沉淀铁系催化剂制备等进行了放大开发试验，于2002年建成合成油品700吨/年试验装置。其后进行了多次连续运行千小时的运行试验，取得了自主开发知识产权技术的阶段性成果。2005年，山西煤化所决定与伊泰集团、神华集团、潞安集团合作，采用上述技术建立三个16万吨/年的煤制油示范装置。

21世纪初，兖矿集团也建立煤间接液化研究所。随后在国家“863”计划支持下，研究了煤基浆态床的间接液化技术，并建立了一个5000吨/年的试验装置。

2006年11月，在20多年煤基浆态床合成液体燃料技术研究的基础上，山西煤化所联合产业界伙伴内蒙古伊泰集团有限公司、神华集团有限责任公司、山西潞安矿业（集团）有限责任公司、徐州矿务集团有限公司等共同投资组建的高新技术企业中科合成油技术有限公司，为用户提供系统的煤基合成油产业化技术支撑体系。

（三）其他煤液化新型技术

煤油共炼技术与直接液化相似，是将劣质重油与煤按照一定比例混合制成油煤浆后，通过悬浮床与固定床加氢的集成反应系统，可以实现煤液化和重油的轻质化。该技术的优势主要表现在原料转化率较高、生产效率较高、生产成本低等方面。

煤科总院煤化工分院在煤直接液化技术基础上，于2007年开发了煤加氢液化过程和液体油品加氢提质过程组成的煤油共炼工艺，其中煤加氢液化过程采用分散型双金属或多金属催化剂，液体油品加氢提质过程采用Ni-Mo、Ni-Co或Ni-W系负载型催化剂，在反应温度330～390℃、反应压力10～15兆帕的条件下进行加氢提质。与煤直接液化技术相比，该技术可将煤转化率提高1%～5%，将反应产物中轻、中质油收率提高5%以上。

2011年4月，延长石油引进国外悬浮床加氢裂化技术，借鉴煤直接液化技术和重质油悬浮床加氢裂化技术特点，开展煤油共炼技术的研发，先后建成了150千克/日中试装置及45万吨/年工业示范装置。

中试试验表明，以FCC油浆与西湾煤为原料，在反应温度468℃、反应压力22兆帕、煤质量分数为45%的条件下，煤转化率大于94%，重油（>525℃）转化率大于90%，沥青质转化率将近90%，总液体收率达到70%以上。

工业示范装置已于2015年1月打通工艺流程并产出了合格产品，目前处于工艺优化、操作完善阶段。

2015年11月，新疆巴音郭楞蒙古自治州人民政府、新疆中泰有限公司、北京中科诚毅科技发展有限公司举行油煤共炼项目合作签约仪式，拟投资270亿元的400万吨重油和煤炭深加工一体化项目落户巴州。该项目是依托新疆纺织服装产业布局和2000万锭纺纱规划，以及区域内丰富的石油天然气煤炭资源，建设年处理200万吨重油和200万吨煤粉，产品主要是年产100万吨PX项目、年产120万吨PTA项目、塔河油田至库尔勒石油石化产业园原料油输送管道项目等。

另外，由中石化塔河炼化、华锦化肥、新疆中泰化学和北京中科诚毅四方合作，计划投资181亿元在新疆库车经济技术开发区建设500万吨/年重油和煤炭共炼科技创新示范项目，该项目年加工210万吨减压渣油和250万吨煤粉，可年产汽柴油和化工产品300多万吨。

虽然与传统的煤直接液化制油技术相比，煤油共炼技术氢耗低、投资低、转化率高，但由于其反应条件严苛，操作难度高，关键设备、部件和管道等的材质要求过高等原因，国内尚无大批建设煤油共炼项目的规划。

（四）煤制甲醇后甲醇制汽油

从甲醇出发，再裂解成汽油，称为MTG技术。MTG在国际上有成熟的经验，在国内有接近工业化的科研成果，正在建设示范厂，在煤矿的坑口建厂，经济上完全可行。

MTG工艺是指以甲醇作原料，在一定温度、压力和空速下，通过特定催化剂的脱水、低聚、异构等作用转化为C_{11}以下的汽油。这是甲醇制烃类工艺中的一种，是未来甲醇化工的主线之一，也是合成油的三条路线之一（另两条是费托合成柴油、煤液化合成柴油)。

随着MTG工艺的改进，特别是MTG第二代催化剂的运用，MTG的能耗会明显下降，能量利用率会有一个明显的提高。而煤制甲醇的工艺已经成熟，因此，MTG也是制取汽油的一个办法。

五、煤制甲醇技术和生产的进展

（一）开展煤制甲醇技术研究

中国20世纪70年代以来所建的大型甲醇装置主要采用ICI和Lurgi公司的低压

甲醇合成工艺，如四川维尼纶厂和哈尔滨气化厂建的ICI低压甲醇合成装置，在齐鲁二化、濮阳和安阳等地相继建成的Lurgi低压甲醇合成装置。之后西南化工研究院自行开发了适合低压合成甲醇的催化剂，在年产10万吨以下的生产装置中得到运用。

焦炉煤气也是很好的合成甲醇的原料。随着中国焦炭事业的发展，伴生出巨量的焦炉煤气，为更加合理、高效地利用这部分资源，焦炉煤气制甲醇也就成为中国甲醇工业的主要组成部分。而化工部第二设计院（现赛鼎工程公司）拥有目前世界上唯一的自主知识产权的焦炉煤转化成合成气技术。2004年12月，中国第一套焦炉煤气制甲醇8万吨/年生产装置在云南省曲靖市建成投产。2005年9月，建滔（河北）焦化公司焦炉煤气制12万吨/年甲醇装置建成投产，生产出符合国家标准的优质品甲醇。

“十一五”期间，中国焦炉煤气综合利用水平快速提高，10万吨/年规模级焦炉煤气制甲醇得到迅速发展，20万吨/年、30万吨/年规模级装置也相继投产，并逐渐成为中国焦炉煤气制甲醇装置的主流。其中，投产10万吨/年规模焦炉煤气制甲醇装置的企业比较多，如山东滕州盛隆焦化公司、山东海化煤业化工公司、陕西黑猫焦化公司、旭阳焦化集团定州天鹭新能源公司、山西建滔万鑫达化工公司、冀中能源峰峰集团煤焦化公司、四川达州钢铁集团公司、河北万丰兴化工产品公司等。此外，投产20万吨/年规模装置的企业主要有山东兖矿国际焦化公司、内蒙古庆华集团庆华煤化公司、云南大为制焦公司、山西焦化集团、河北金牛旭阳化工公司、宁夏宝丰能源集团、山西临汾同世达煤化工集团、黑龙江七台河龙洋焦电公司等。

“十二五”期间，按照《焦化产业准入条件》的要求，中国焦炉煤气制甲醇装置规模将不低于10万吨/年，资源综合利用向更高的层次推进。“十二五”以来国内已建成和在建的焦炉煤气制甲醇产能已达到了1000万吨/年。

其中包括：神华巴彦淖尔能源公司开工建设其一期工程24万吨/年焦炉煤气制甲醇项目、山西宇丰能源投资公司20万吨/年项目、河北常恒能源技术开发公司20万吨/年项目、陕西陕焦化公司20万吨/年装置等。

（二）煤制甲醇规模逐步扩大

进入21世纪以后，华东理工大学、西南化工研究院等相继开发了拥有完全自主知识产权的甲醇合成技术，打破了长期以来被ICI、Lurgi等国外甲醇生产公司垄断的局面；经过专家学者的努力，中国在利用高硫、劣质煤生产甲醇方面取得不错的进展。

在规模大型化趋势的发展下，山东兖矿国宏公司年产50万吨的甲醇生产装置于2007年12月投产；新奥集团在内蒙古鄂尔多斯投资的煤化工基地一期甲醇年产量60万吨，于2008年投产。中国大唐168万吨/年、神华新疆公司540万吨/年、神华宁煤集团420万吨/年、兖矿集团230万吨/年等以煤炭为原料的甲醇生产项目也都陆续开始建设。

中国积极开展甲醇多联产技术开发。2005年10月，国内首套甲醇和IGCC联产装置在兖矿国泰化工有限公司建成投产。

煤制甲醇技术在中国已相当成熟。据不完全统计，截至2018年底，中国甲醇产能达到8650.5万吨/年，总产量4713万吨。

甲醇生产能力中有66%份额以煤为原料。车用燃料甲醇和车用甲醇汽油（M85）国家标准分别于2009年11月1日、12月1日起实施，表明国家已将甲醇列入能源产品，甲醇从此有了基础有机化工原料和能源产品的双重身份。国内甲醇项目频频开车，大多是以甲醇为原料的后加工项目。目前甲醇制化学品技术，如MTP/MTO、MTG、MTA等，符合中国的能源发展战略，成为重要的甲醇产业链，已形成煤化工的热点之一。

六、甲醇燃料的发展和问题

用甲醇作燃料，分两种情况，一种是纯甲醇或者甲醇中添加少量汽油，称之为甲醇燃料；另一种是甲醇汽油，即在汽油里掺入少量甲醇。掺入调和的过程中，还要加入一定量的添加剂，以解决甲醇的遇水分层、金属腐蚀性、橡胶溶胀性等等问题。

中国从20世纪70年代开始较系统地研究甲醇汽油和燃料甲醇。国家科委早在“六五”期间就进行了M15甲醇汽油的研究、示范工作，曾在山西省进行过商品化试验。“七五”期间，国家科委组织十几个单位进行高比例甲醇的试验研究。

2012年1月，工信部印发了《关于开展甲醇汽车试点工作的通知》，启动了在山西、陕西和上海市开展甲醇汽车的试点工作；2014年8月在山西省晋中市召开的全国甲醇汽车试点工作座谈会上，又将贵州省和甘肃省纳入试点范围。2015年3月，工信部发布的《2015年工业节能与综合利用工作要点》文件中，再次提出深化甲醇汽车试点的工作要求，如推进甲醇汽车车型公告，加强技术数据采集和评价，制定甲醇汽车加注体系建设规范等。

山西等省近年来做了大量的试验，取得了一定的成绩，目前低比例的M15甲醇汽油，已经在山西全省范围内推广使用。

国内学术界关于推广甲醇燃料有正反两方面的意见。从宏观层面分析，中国需要发展替代能源从而降低石油对外依存度，但实际使用中，需要从关键指标、使用性能、安全环保、供应规模、成本经济性等角度综合考量，最终确定一种能源是否可以作为石油的替代能源。正如世界石油理事会中国国家委员会中胡森林委员所言，“一种能源要成为主导的能源品种，需要满足几个基本条件：规模供应、技术过关、具有经济性、具备配套的设备设施；在低碳成为潮流的当下，还必须满足一点，即具有较小的环境负外部性。”

由中国工程院牵头完成的全国最具权威性的“中国可持续发展油气资源战略研究”成果中，“节油与替代燃料研究”专题报告中关于甲醇汽油的阶段性总结表明：世界上甲醇汽油用于汽车燃料到20世纪90年代后期日渐萎缩，其原因主要是，甲醇有毒，在管道运输和车辆维修保养时，甲醇毒性防范难，从环保角度来看，以甲醇为动力的车辆排放的甲醛量为普通汽油车的3～6倍；实践证明，甲醇的溶胀性、腐蚀性和毒性问题尚有待解决。若用100%甲醇或含85%甲醇的汽油作燃料，则应有专用的发动机、成套的储运和销售设备以及可靠的安全防护系统作保证。

目前，国际上已经不再推广甲醇汽油的使用。近年来国内汽油国家标准GB 17930—2016（国五标准）中，明文规定汽油中不得加入甲醇，M15汽油的国标也始终未见公布和承认。

七、传统煤化工的现代化

近年来，传统煤化工的合成氨和甲醇，也走上了现代化的道路。有部分小型合成氨厂和甲醇厂，在第二代煤气化技术的引导下进行了改造，变成了加压纯氧气化的流程，采用低温净化技术，流程简单化，原料适应性大，能耗明显下降，产量大增，污染减少，一些小化肥厂产量达到20万～30万吨/年，相当于以前的大化肥。一些新建装置，则完全采用第二代煤气化技术，规模甚至达到了百万吨以上。由此可见，这两种传统的煤化工产品，在煤气化技术换代以后，得到了脱胎换骨的变化，向着现代煤化工的方向发展。

第四节 以气化炉进步为标志开启现代煤化工时代
（1992～2019年）

现代煤化工以第二代煤气化技术领衔的整套先进技术为标志。第二代气化炉是加压连续纯氧部分氧化，其生产能力比第一代气化炉有很大的提高。现代煤化工技术利用近年开发出的新工艺和新技术，直接将原料煤液化或气化后，经过加氢、净化等先进手段将煤转化为汽油、柴油、天然气、烯烃、醇类和各种精细化工产品。与传统煤化工技术的一个重要区别是，现代煤化工技术要比传统煤化工更加先进、节能、环保。因此，现代煤化工是传统煤化工技术的升级和产业链的延伸。

一、现代煤化工的技术准备

1992年，中国化工行业正式开展了第二代气化技术的运用，并由此拉开了现代煤化工技术准备与发展的序幕。

1992年，鲁南化肥厂引进加压连续纯氧部分氧化的德士古气化装置并成功投产。该气化炉操作压力4.0兆帕，反应温度1350℃，以水煤浆为原料。尽管这套装置当时用于合成氨的生产，但由于这套装置效率很高，原料煤可以得到充分的利用，使人们看到了用这种气化方式可以开辟合成气化工的新时代，产品包括烯烃、油品、乙二醇、二甲醚和乙醇等，从而为新一代煤化工装置的建立奠定了基础。

1996年，渭河化肥厂引进操作压力为6.5兆帕、操作温度为1350℃加压连续纯氧部分氧化的德士古水煤浆气化炉并成功运行。

21世纪初在中科院研制了三种工艺路线的催化剂成功以后，我国有关化工技术研究院采用水煤浆气化，并大胆地进行了全流程组合，完成了煤制油、煤制烯烃等示范厂的建设。伊泰16万吨/年煤制油示范装置成功运用水煤浆气化炉，在2009年开车，2012年达到设计生产能力，并在随后连续六年生产中超过设计能力，成为现代煤化工装置的典范。神华包头60万吨/年煤制烯烃装置，也采取水煤浆气化炉，2010年投产后五年达到设计生产能力，为大规模推广煤制烯烃生产装置建设起到了示范作用。

2003～2009年，全国各地引进了23台壳牌粉煤气化炉，此后神华宁煤引进了24台GSP粉煤气化炉。与此同时，国内各科研机构和企业开发几十种大型气化炉，如多喷嘴水煤浆气化炉、航天炉等，规模越来越大，煤种适应性越来越好，技术越来越成熟，能量利用率越来越高。科学家和工程师们提供了各种各样的后续技术，从而推动一批一批现代煤化工装置的建立，逐步形成了规模庞大的现代煤化工产业。

二、现代煤化工的发展历程

(一)煤气化技术的发展

煤气化是煤炭清洁高效利用的关键核心技术，是现代煤化工发展必不可少的基本装置，一直是煤化工技术创新的热点。

目前为止，煤气化技术可划分为两代。第一代煤气化技术是常压空气气化，UGI炉是典型代表，原料为一定粒度要求的块状无烟煤或焦炭。20世纪80年代前基本上是这一代气化技术发挥主要作用。第二代气化技术是加压纯氧气化，以水煤浆、粉煤为原料。

气化技术的发展方向是装备大型化、原料多元化、排放近零化，目标是装置实现长周期、高效稳定运行。这一时期，中国已经涌现出不少大型化长周期的国际领先煤气化技术。如华东理工大学等单位联合完成了多喷嘴对置式水煤浆气化技术，已在国内累计推广几十家企业，在建和运行气化炉100台以上；该技术是世界上唯一能够实现单炉日处理煤3000吨级能力的水煤浆气化技术，为中国大型煤化工的高效、洁净发展提供了坚实的技术支撑。航天长征化学工程股份有限公司开发的航天粉煤加压气化炉，创造了世界现有工业化气化装置的最长运行纪录，单台气化炉连续（A级）运行纪录为463天。此外，神华宁煤集团联合中国五环工程公司等科研院所，自主开发出日耗煤2200吨干煤粉加压气化炉（神宁炉），并应用于400万吨/年煤制油项目中，各项技术指标均达到国际先进水平。

国产水煤浆气化工业试验示范完成。相比其他气化技术，水煤浆气化在中国引进得早，实践时间长，研究得也最深入。自20世纪90年代起，中国相继引进了4套Texaco水煤浆气化装置，用于生产甲醇与合成氨。2000年，西北化工研究院的多元料浆技术在鲁南化肥厂分别建立了日处理能力24～35吨煤、8.5兆帕的Texaco水煤浆气化中试装置，并在中试装置中进行了多样煤种的试烧研究，为水煤浆气化技术在国内的成功应用打下了基础。

在气化过程煤种的调整试验中，鲁南化肥厂的原料煤由原设计的“七五”煤改为落陵、北缩、井亭和级索混合煤；渭河化肥厂经过实验探索，原料煤由原设计的黄陵煤改为华亭煤，实现了降低气化温度、减少氧耗、延长气化耐火砖寿命的目的，从而达到了“安稳长满”的运行。

这期间，中国成功将水煤浆气化炉烧嘴由国产替代美国引进，使用寿命约两个月；耐火砖由国产洛阳耐火砖替代进口法国砖。同时，中国还具备了磨煤机、气化炉、激冷环、锁渣斗、捞渣机、高低压煤浆棒、灰水棒、文氏管等的设计及制造能力。兖矿鲁南化肥厂的设备国产化率达到了90%以上。2005年10月，中国首套具有自主知识产权的单炉日处理1150吨煤大型水煤浆气化装置在兖矿国泰化工有限公司建成投产。2009年6月30日，中国首套单炉日处理煤2000吨的大型多喷嘴水煤浆气化装置在江苏灵谷建成投产。

1.煤气化技术的种类

按照反应物在气化炉床层中的接触形式，煤气化技术可以分为固定床、流化床、气流床三种。

国外煤化工行业和发电行业普遍采用的这三种气化技术在中国都得到了积极研发、广泛推广和普遍运用。截至2018年底，中国共有48种气化技术，其中固定床6种、气流床25种、流化床15种、其他2种。

（1）固定床气化技术发展　固定床是最古老的反应技术，在中国得到了广泛的运用和发展。传统的固定床又称填充床反应器，是装填有固体催化剂或固体反应物用以实现多相反应过程的一种反应器。流体通过床层进行反应。固定床反应器主要用于实现气固相催化反应，如氨合成塔、二氧化硫接触氧化器、烃类蒸汽转化炉等。

煤气化固定床反应器与上述催化剂反应器不同，气化原料煤在床层中不动，气化剂通过灼热的煤进行部分氧化反应。

中国煤气化固定床炉型主要为三种，常压固定床间隙式气化技术（UGI）、鲁奇（Lurgi）固定床加压气化技术、固定床液态排渣加压气化技术（BGL）。

由于固定床间隙式气化技术（UGI）相比于其他类型的气化技术来说，投资最小，技术最成熟，而且运行最正常，故在中国气化技术中占有绝对的比重，小型化肥和甲醇企业多用该炉来生产合成氨和甲醇，国内最高峰期间大约有4000台。

间隙式气化固定床的特点是技术成熟、投资低，但是对原料煤品种及颗粒大小要求苛刻，运行效率低，对环境影响大且煤种适应性差，已被国家列入淘汰技术。

随着技术进步，中国引进的鲁奇炉，在合成氨、煤制天然气工业中，效率及环保水平得到大大提高，不断改进和发展，目前已是一个先进且适用的气化技术。此外，作为固定床中的改进形式BGL炉，在中国正处于推广运用阶段。

（2）流化床气化技术发展　中国从1954年第一台工业流化床投产以来，循环流化床得到了广泛的应用和快速的发展，使燃烧效率、碳转换率等得到了较明显的提高。20世纪70年代全球出现石油危机后，人们开始探索“煤代油”技术，又促进了煤气化新技术开发工作的进程，气化炉的操作压力和温度以及单炉生产能力等大大提高，煤气化技术的应用范围也越来越广。

由于流化床气化炉结构简单、操作温度适中、操作方便、处理能力高、产品气不含焦油等物质、适用煤种广、可直接利用煤矿生产的10厘米以下碎煤等优点，受到世界各国的重视，并得到迅速发展。但是，由于流化床气化炉压力不高，所以该工艺的气化强度不高，碳转化率比固定床和气流床气化炉低。

流化床的炉型按照流化床操作温度、操作压力和排渣方式等的不同，有以下几种形式：常压流化床粉煤气化炉（U-Gas炉）、恩德粉煤气化炉（温克勒沸腾层煤气化炉）、HTW炉（高温温克勒炉）、循环流化床气化炉以及山西煤化所的灰熔聚气化炉等。

中国黑化集团、吉林长山化肥厂、呼伦贝尔东能公司等先后于1996年从朝鲜引进恩德气化炉，采用褐煤生产甲醇，生产能力在200千吨/年甲醇左右。

流化床的缺点在于压力不高，设备的生产强度不大，废渣排放时对环境的影响较大，因此，并没有大规模推广。

（3）气流床气化技术发展　气流床是在固体燃料气化过程中，气化剂将煤粉或煤浆夹带进入气化炉，进行并流气化和燃烧。气流床按照进料方式可分为湿法进料（水煤浆）气流床和干法进料（煤粉）气流床。作为第二代煤气化技术的核心，气流床技术具有其明显的优势。

K-T（Koppers-Totzek)炉法是最早工业化的气流床气化方法，采用干法进料技术，在常温下进料，属粉煤高温常压液态排渣气化法。由于在常压下操作存在问题较多，该法逐步被淘汰。后通常使用加压气化操作，一般压力为4.0兆帕，水煤浆气化的压力可以高一些。原料有水煤浆和干煤粉两种。例如：GE-Texaco炉、多喷嘴、多元料浆、晋华炉、E-GAS（Destec)炉气化的原料是水煤浆；Shell炉（干法)、GSP、航天炉、两段炉、Prenflo炉气化的原料是干煤粉。

气流床气化的特点在于煤粒各自被气流隔开，燃料的黏结性对气化过程没有影响。燃料在气流床气化炉的反应区停留时间极短，即燃料与气化剂的反应很快，即受反应区空间的限制，气化反应必须在瞬间完成。为了维持适当的反应温度，采用O_2和一定量的水或蒸汽作为气化剂。同时为了弥补停留时间短的缺陷，必须严格控制入炉煤的粒度（<0.1mm)，以保证有足够的反应面积。

气流床气化属于并流气化，煤和气化剂的相对速度很低，碳的损失不可避免，为增加反应推动力，必须提高反应温度即加快反应速度。由于并流气化是高温气化，火焰中心温度在2000℃以上，液态排渣是其必然结果。

中国从1992年开始引进和制造气流床。先后有鲁南化肥厂等企业建成气流床装置，并运用于生产。由于装置规模扩大的需要，气化炉向着高压、高生产能力的方向发展。国内开发的气化技术，大部分都是气流床技术，十分成功。

2.煤气化技术不断取得突破

中国占据全球最大煤气化市场地位。截至2018年，煤化工行业有40多家煤气化技术专利的近千台气化炉在运行，合成气总产能超过3000万米^3/时。作为全球最大的煤气化市场，中国市场上已经涌现出了48种煤气化技术，包括GE气化、壳牌炉、E-Gas、多喷嘴炉、航天炉、清华炉、SE东方炉、BGL炉、赛鼎炉、多元料浆气化、华能炉、晋华炉、神宁炉、五环炉、沈鼓炉、鲁奇炉、金重炉、TRIG气化、HYGAS炉等。近年来，中国在气化技术方面，已经和正在取得一系列新的突破。

山西煤化所多段分级转化流化床煤气化技术，和中国第一重型机械集团公司合作共同开发，2017年5月通过山西省科技厅鉴定。

2017年5月，阳泉煤业800吨/天R-GAS煤气化技术工业示范装置获备案，该技术为美国气体技术研究院（GTI）推出的R-GAS煤气化技术。项目位于太原市清徐县阳煤清徐化工新材料园区内，总投资18398.40万元，建设R-GAS煤气化技术工业装置，建设规模投煤量26.67万吨/年，有效气（$CO+H_2$）产量4.28亿米^3(标)/年。该项目列入2014年度山西省煤基重点科技攻关项目，力求解决气化“三高”煤种。GTI计划与阳煤集团合作开发完成下一阶段的800吨/天示范工程。

阳煤集团分三次共运送约300吨煤到GTI芝加哥中试装置进行试烧，所选取煤种为山西省典型高灰熔点、高硫、高灰分煤种。

中石化SE水煤浆气化技术由镇海炼化、宁波工程公司和华东理工大学联合攻关，镇海炼化煤焦制氢采用该技术。高纯度氢气是提升油品质量的重要资源，因此，煤焦制氢项目的建成是镇海炼化油品质量升级的前提条件。煤焦制氢项目由生产装置、公用工程、配套辅助生产设施、储运系统以及装置外围设施组成。2016年8月16日项目启动，已于2019年投产，将为镇海炼化油品质量升级装置提供12万米^3（标）/时的氢气。此外，中安联合煤制烯烃项目也采用SE水煤浆气化技术。

航天长征化学工程股份有限公司研制的HT-L粉煤加压气化技术，获得国内一些企业青睐。晋煤集团天溪公司2016年采用航天炉技术生产甲醇30万吨，完成全年生产任务，装置在线运行率为92%，连续生产97天，原料煤耗1.55吨（设计值1.62吨），吨甲醇燃料煤耗0.55吨。该公司造气工艺技改项目气化装置的稳定运行，验证了航天炉可适用于“三高”（高硫、高灰分、高灰熔点）无烟煤。

新疆中能万源煤化工有限公司40万吨/年合成氨、60万吨/年尿素项目，即为玛纳斯项目，采用航天炉气化。截至2017年7月28日，玛纳斯项目已连续运行360天，再创世界气流床气化技术连续运行（A级）时间世界纪录。这是继航天炉于2012年不间断连续运行215天，2016年不间断连续运行320天的世界纪录后，再次刷新此项纪录。

“兰石金化千吨级循环流化床加压煤气化示范项目”，是由兰石集团投资建设的国内首套低阶粉煤循环流化床加压煤气化示范工程。项目于2016年9月18日开工建设。该示范项目采用兰石集团和中科院热物理研究所联合开发的低阶粉煤循环流化床加压煤气化技术，由兰石重装公司EPC工程总承包，拟建设完成匹配金化集团10万吨/年合成氨原料气的造气装置。项目投产后，将可以消化河西走廊当地的低阶煤。

3.煤气化技术的发展方向

中国在大型现代煤化工项目的驱动下，煤气化技术正在向高能效、大型化和宽煤种适应性方向发展。

（1）大型化　截至2018年底，中国已投入运行的水煤浆气化技术最大投煤量达到3000吨/天，干粉煤气化技术最大投煤量达到2800吨/天。正在开发中的水煤浆和干粉煤气化炉最大投煤量达到3500～4000吨/天。

以多喷嘴对置式水煤浆气化技术为例，首个日处理煤3000吨级的大型多喷嘴对置式水煤浆气化工业示范装置，采用2开1备的运行模式，应用于兖矿集团荣信化工90万吨/年煤制甲醇项目，位于内蒙古鄂尔多斯市。该工业装置于2014年6月首次投料试运行，2015年9月通过石化联合会组织的72小时连续运行考核。

2017年11月16日，国家重点研发计划大规模水煤浆气化技术开发及示范项目正式启动。项目由兖矿集团牵头承担，华东理工大学、清华大学山西清洁能源研究院、煤炭科学技术研究院有限公司、山西阳煤丰喜泉稷能源有限公司等15家单位共同参与。

项目将建成单炉日处理煤4000吨级多喷嘴对置式水煤浆气化和单炉日处理煤2000吨级废锅-激冷型高效水煤浆气化两套示范装置。其中日处理煤4000吨级多喷嘴对置式水煤浆气化炉即将应用于荣信化工二期40万吨/年煤制乙二醇项目。

（2）高能效　以GE辐射废锅气化技术为例，该技术采用半废锅流程，增加了激冷室，通过废热锅炉回收合成气的反应热，实现对合成气降温的目的。

单炉投煤量3000吨/天的GE辐射废锅气化炉，单台炉可产230～290吨/时的高压饱和蒸汽。以180万吨/年煤制甲醇项目为例，采用辐射废锅技术后，每小时可节省燃料煤约35吨标煤，减少二氧化碳排放约100吨，减少二氧化硫排放约100千克，减少氮氧化物排放约100千克。

以国内自主开发的晋华炉为例，为了回收高温合成气的热量同时生产高品位蒸汽，清华大学山西清洁能源研究院、阳煤化机和阳煤丰喜肥业等成功开发出了内置废锅水冷壁水煤浆气化炉。

阳煤丰喜临猗分公司建成一台投煤量600吨/天、压力4.0兆帕的气化炉，辐射废锅饱和蒸汽产量为0.5～1.0吨/1000米^3（标）合成气，30万吨/年氨醇装置每年可多回收30万吨蒸汽。装置于2015年6月开始设计建设，2016年4月投料成功，并连续稳定运行。

2017年11月11～14日，中国石油和化学工业联合会组织专家对“合成气/蒸汽联产水煤浆水冷壁煤气化炉”（水煤浆水冷壁直连辐射废锅气化炉、晋华炉3.0）进行了现场72小时考核，各项技术指标达到或优于设计，考核专家组一致同意通过连续稳定72小时现场考核。

（3）宽煤种适应性　开发宽煤种适应性的气化技术，有利于企业就地取材，解决劣质煤炭资源的有效利用。随着技术的不断进步，干粉煤气化的煤种应用扩宽到褐煤、烟煤、无烟煤及“三高”劣质煤等，水煤浆气化的煤种已包含烟煤、无烟煤、烟煤混煤等。

以航天炉干粉煤气化技术为例，中化长山改扩建工程是航天炉首套褐煤气化装置，于2015年9月开车，产能达到36万吨/年合成氨和60万吨/年尿素。项目以蒙东地区的褐煤为原料，该煤种含水量为21% ～ 30%，热值3400 ～ 3500千卡，灰熔点1050℃左右，利用航天粉煤气化技术，碳转化率达到99.2%以上，有效气（$CO+H_2$）高达87% ～ 90%。

山西晋城是中国主要的优质无烟煤生产基地，经过几十年的开采，优质无烟煤资源日渐减少。而“三高”无烟煤可采储量约占总可开采储量的40%，赋存条件好，容易开采，因此“三高”无烟煤的合理有效利用至关重要。晋煤集团天溪煤制油分公司造气工艺技术改造项目采用两台ϕ2800炉型的航天炉，最高日处理原煤量1900吨，全部采用晋城“三高”无烟煤，项目于2014年8月投料运行。

（4）存在的问题　煤气化技术专利商、设备和仪表制造商、工程公司在继续迎来巨大的市场机遇的同时，也面临四大挑战。一是煤气化单元的投资占据煤化工项目总投资的重大比例，如何降低煤气化装置投资是亟待解决的问题。二是气化炉的稳定和高负荷运行对煤化工装置赢利能力至关重要，如何提升气化炉运行时间，到底需要多大比例的备用炉。三是煤气化技术正在向高能效、大型化和宽煤种适应性方向发展，将对设备和仪表制造商产生特殊的新要求。四是大型化的终点在哪里，最大规模应是多少。

（二）合成气净化技术的发展

煤气化后得到的粗合成气，要经过脱除二氧化碳和含硫化合物以后才能够进行各种合成反应，这个过程叫作“净化”或者叫“脱硫脱碳”。

传统煤化工的净化过程有很多种，通常都是在常压或者低压下，并且在常温下进行。例如水洗、铜洗、ADA、砷碱液、碳酸丙烯酯、MDEA、栲胶等。这些方法总的效果比较差，难以在第二代煤气化后作为净化工艺使用。

在此期间，国内的南化研究院吸收了美国Selecsol净化工艺的优点，开发了一种叫作NHD的净化工艺，就是以聚乙二醇二甲醚为吸收剂的净化工艺。这个工艺是在比常温低一点的条件下进行吸收（0℃），其效果不如低温甲醇洗，但比以前的各种净化工艺吸收能力强，因此，在中小型的合成氨工艺中得到应用。

甲醇在低温下对CO_2和H_2S有良好的吸收性能，因此用甲醇作吸收剂脱除合成气中的CO_2和H_2S，可以达到更好的效果。这就是低温甲醇洗工艺（Rectisol），通常的操作温度在-20℃以下，压力高效果更好。

尽管低温甲醇洗开发年代很早，在20世纪50年代已经在国外开始少量应用，但是并没有在中国传统煤化工中得到应用。

1981年化工部引进林德公司的高压力等级（8兆帕)低温甲醇洗五塔流程，用于国内当时引进的渣油制氨装置（乌鲁木齐、镇海、宁夏)中。后来在第二批引进的渣油制氨装置（内蒙古、江西、兰州、大连)中引进鲁奇公司的中压力等级（5兆帕)低温甲醇洗六塔流程。其后，又在山西潞城的合成氨装置中引进低压力等级（3兆帕)低温甲醇洗九塔流程。它们的共同点都是包括了吸收、解吸和甲醇回收的单元。

低温甲醇洗在合成氨工艺中应用以后，得到了业界的一致支持，认为这种方法虽然流程比较长，但是净化效果好，能耗低，排放少，使得净化气体的成本明显下降。特别是净化气体中的硫化物可以控制在0.1毫克/千克以下，二氧化碳的含量可以控制在20毫克/千克以下，这是以往任何其他净化方法所不能达到的。这就是在此后国内的大中型煤化工装置中，煤气化工艺后面的净化工艺基本上都采用低温甲醇洗的原因。

20多年来，国内对低温甲醇洗技术十分重视。

为了实现国内自行设计这个技术，1985年在中国石化总公司的领导和兰州设计院的组织下，大连理工大学完成了低温甲醇洗系统模拟计算软件。在化工部的领导下，浙江大学和上海化工研究院对物性线数据进行了深入的研究。大连理工大学与设计单位联合，开发了国内的低温甲醇洗流程，并在多项工程中小型装置设计中得到应用。

近年来，对低温甲醇洗的流程改进在不断进行，上海国际化建工程咨询公司开发了一种“半贫液流程”，该流程已经在内蒙古伊泰16万吨/年煤制成油示范装置中运用，取得了成功。后来又将此工艺用于印度SRM公司40万吨/年的工厂设计装置中，处理量为123000米^3（标）/时，现已经开车运行。

目前，国内对低温甲醇洗的设计限于规模比较小的装置，单套装置的处理能力上限为400000米^3（标）/时，基本上是双塔吸收流程，这一点与国外技术相似，大规模的装置设计仍然依靠国外公司。

低温甲醇洗工艺在中国已经应用了近40年，目前在净化工艺方面它是一枝独秀，迄今没有任何替代的办法。

（三）煤制油产业的发展

1.煤制油起步

目前，在全球范围内，主要有十多个国家正在展开煤制油的商业化研究。主要国家有南非、中国、美国、印度、德国、澳大利亚、印尼、日本、马来西亚、巴西。

中国煤制油技术不断取得创新发展。20世纪80年代初，中国重新恢复了煤制油技术的研究与开发。中科院山西煤化学所开发出F-T合成沉淀型铁基工业催化剂和分子筛催化剂。80年代末期在山西代县化肥厂完成100吨/年工业中试，1993～1994年间在山西晋城第二化肥厂进行了2000吨/年固定床两段法煤基合成汽油工业试验，并产出合格的90号汽油。

1997年，开始研制新型高效Fe/Mn超细催化剂（ICC-ⅡA，B)。1998年以后，在系统的浆态床实验中开发了铁催化剂（ICC-ⅠA)。2001年ICC-ⅠA和ICC-ⅠB催化剂批量生产。2000～2002年，建立了一套700吨/年的合成油中间试验装置，并进行了多次1500小时的连续试验。在这个中间试验平台上，获取了工业设计数据，成为日后16万～18万吨示范厂设计的依据。2005年9月通过了科技部验收。2002年下半年开始，兖矿集团也加入了中国合成油工艺开发的行列，建立了一套5000吨/年工业试验装置连续运行4607小时，总共运行6700小时。2005年兖矿低温浆态床技术通过科技成果鉴定。

陕西金巢国际集团与南非金山大学材料与工艺合成中心（COMPS）研发的“新一代费托合成技术”，在宝鸡氮肥厂建立了一个千吨级的试验装置。

中国石化一方面与国内科研机构合作试验，另一方面购买了美国俄克拉何马州塔尔萨合成油公司的3000吨/年的钴催化剂合成油的试验装置，2012年在宁波运行。

2.煤制油技术突破

煤制油分为直接液化和间接液化两种技术路线，中国在这两个方面均已进入世界领先水平。

中国煤直接液化以神华2008年正式进入商业化营运的108万吨煤制油项目的投产为标志，建立了世界上独一无二的大型工业化装置。

煤间接液化技术主要有中科院山西煤化所浆态床费托合成技术和兖矿集团浆态床费托合成技术。

中科院山西煤化所在“十五”期间，完成了年产规模2000吨的煤炭间接液化工业试验，形成了ICC-Ⅰ和ICC-Ⅱ两大系列铁基催化剂以及相应的浆态床反应器技术。这两个系列合成工艺针对低温合成催化的重质馏分合成工艺LTSFTPR及高温合成催化剂的轻质馏分合成工艺HTSFTPR。在钴基费托合成技术领域已形成涵盖高效钴基催化剂、结构固定床反应器以及合成工艺等为核心技术在内的自主知识产权体系。开发的钴基催化剂于2008年在潞安集团率先实现万吨级工业侧线运行。

费托合成技术工程化转化，国外仅有南非SASOL公司以煤为原料进行大规模商业化生产煤制油，耗煤4600万吨/年，产油品450万吨/年。国内潞安集团、伊泰集团、神华集团等企业利用中科合成油公司专利技术建设了3个16万吨级的工业示范厂，均已投产并稳定运行。

中科院山西煤化所开发的钴基费托催化剂及配套工艺在潞安集团煤基合成油厂成功完成万吨级工业侧线试验，开发出以高附加值基础油、重质蜡为目标产物的费托合成技术工艺包。潞安集团与中科院山西煤化所合作利用钴基固定床费托合成技术改造焦炉气甲醇装置，生产5万吨/年费托油品和高端蜡产品项目已于2014年11月投产。目前，中国煤间接液化技术已经成熟，达到国际领先水平，具有完全自主知识产权；并且多个煤间接液化技术工程化转化示范装置项目已成功实施，正在形成中国特色能源转化产业。

全球最大规模的神华宁煤的400万吨/年煤间接液化项目于2016年12月建成投产，2018年产量达到产能的80%，标志着中国煤液化技术进入世界先进水平。

3.煤制油产业化过程

煤制油是中国现代煤化工发展较快的项目之一，同时也是国家能源战略项目。1997年以后，随着中国石油需求快速增长，煤制油技术重新得到重视。这一时期中国在建和拟建煤制油装置的公司，主要包括神华集团、兖矿集团、潞安矿业集团和内蒙古伊泰集团。其中兖矿、潞安和伊泰采用煤间接液化技术，神华集团采用煤炭直接液化工艺。

在中国科学院的产业化项目“五个一工程”中，2005年中科院煤化所招标建设16万吨煤制油示范厂工程建设，伊泰、潞安、神华三个煤业集团参加了投标。2006年进行伊泰、潞安、神华三个示范厂工程建设的设计。同年6月成立中科合成油公司，12月中科合成油公司在安徽淮南成立催化剂有限公司。

采用中国科学院开发的费托合成油技术，伊泰、潞安、神华三个煤基合成油项目是国家“863”高新技术项目和中科院知识创新工程重大项目的延续。这三个装置的规模都在16万～18万吨/年，产品为柴油、石脑油和LPG。

伊泰煤制油项目是国家发改委批准的九个煤化工示范项目之一。这是一套由水煤浆气化、低温甲醇洗、费托合成油、加氢炼制等单元组成的煤制柴油装置，年产16万吨油品，产品是高十六烷值的柴油、石脑油和液化气。费托合成反应器单元采用铁基浆态床，是这套装置的技术核心。

伊泰煤制油装置已经在2009年3月投入试运行，共进行了4个阶段的运行。每个阶段的运行后，都进行了技术改造，使生产能力不断提高，逐步达到设计水平。

2010年7月在稳定运行后，由国家有关部门对这套装置进行了考核。按照有关规定，考核采用满负荷稳定运行72小时的数据，得到吨油能耗110吉焦（GJ），折合标煤3.75吨，能量利用率超过40%，催化剂的生产能力为1200～1500吨油品/吨的主要结论。这个装置使用的是铁催化剂，测试数据表明以这种催化剂为核心的费托合成技术，在世界上处于遥遥领先地位。在考核结束后，这套装置继续运行。

从考核数据来看，全系统能量转化效率40.53%，这是一个比较高的数据。2013年，全国煤电的平均能量转化效率为38.27%。费托合成油的能量转化效率高于煤电的效率，说明该技术具备推广条件。而规模扩大，能量转化效率还可以进一步提高。

2012年开始，伊泰合成油厂的生产进入较好的运行时期，公司2012年累计生产煤制油品和化工产品171987吨，全年运行348.83天，每生产1吨油耗煤3.64吨、耗电820千瓦时，完全成本6153.59元，各项消耗指标均达到或低于设计值。其后每年超过设计能力，2018年产量达到19.4万吨。

伊泰煤制油工程主要产品有费托合成柴油、石脑油、液体石蜡、液化气等。其柴油产品为硫含量、残炭、灰分、色度极低的清洁燃料，十六烷值大于70，可以在0号至–35号柴油之间进行调节，经实验监测，采用其油品的柴油车尾气排放符合欧Ⅴ标准。其石脑油产品直链烷烃含量高达90%以上，硫含量、金属含量极低，是生产烯烃、无芳烃溶剂油的优良原料。

4.煤制油大规模工业化进程

由于示范厂达到“安稳长满”的目标，预期几年内要开展规模为百万吨级的超大型装置建设，为内蒙古、山西、新疆、宁夏、陕西和贵州等地区能源工业作出新的贡献。因此，美国、澳大利亚、芬兰、印度、蒙古等国有关厂商也与国内洽谈技术转让问题。

在示范厂成果和运行经验的基础上，国内第一个超大规模的间接法煤制油工业装置经国家发改委批准，2013年9月29日在宁夏（神华宁煤集团)正式开工。该装置分两期进行，第一期是200万吨煤制油，共4台费托合成反应器。该项目总投资约550亿元人民币，年转化煤炭2036万吨，年产合成油品405.2万吨，其中调和柴油273.3万吨，石脑油98.3万吨，液化石油气33.6万吨，副产硫黄12.8万吨、混醇7.5万吨和硫酸铵10.7万吨。该装置可生产优于国五标准的车用油品以及航空、舰船等军用特种燃料，有利于加快中国油品质量升级进程。

与此同时，其他几个以费托合成为基础的煤制油装置也着手建立，例如山西潞安、陕西榆林、内蒙古杭锦旗等。

经过一个较长时期的科技攻关和技术积累，自2008年开始，中国煤制油产业化进程加快，一批示范项目先后建成投产。

2008年12月投产的神华集团108万吨自主研发的煤直接液化制油项目和2015年10月投产的陕西未来能源有限公司100万吨间接法煤制油项目均采用自主技术建成。采用中科合成油技术的有：2008年12月投产的山西潞安16万吨煤间接液化制油项目，2009年4月投产的伊泰集团鄂尔多斯18万吨煤间接液化制油项目，2010年投产的神华集团鄂尔多斯18万吨间接法煤制油项目，2016年12月投产的神华集团宁东400万吨间接法煤制油项目，2017年6月投产的内蒙古伊泰化工有限责任公司120万吨煤间接液化制油项目，2017年12月投产的山西潞安集团100万吨煤间接液化制油项目。

截至2018年，中国已建成煤制油项目8个，包括1个煤直接液化项目和7个煤间接液化项目，总产能达883万吨。采用中科费托合成技术的6套装置年总产能为670万吨，生产量为493万吨，占当年全国煤制油总产量的78%，说明中科费托合成技术已经成熟。神华宁煤集团400万吨煤制油装置、山西潞安高硫煤清洁利用油化电热一体化示范项目、内蒙古伊泰120万吨精细化学品项目，这几个项目表现出良好的发展态势。

经过10多年的前期工作，中国打破了国外技术垄断，自主研发煤化工关键技术突破。多个项目的建成将承担多项重大技术工业示范和装备材料国产化任务，对提高中国煤化工装备与材料制造水平，适应未来能源更替和变革提供战略技术储备、缓解能源供应压力提供有力支撑。

超大规模的间接法煤制油工业装置的建设，是中国现代煤化学工业的明珠。

世界首套大型煤直接液化制油示范装置建成投产。神华集团投产的鄂尔多斯煤直接液化项目是世界上唯一实现百万吨级煤直接液化项目。1997年，神华集团提出采用世界先进技术，建设煤炭液化示范项目，作为替代能源的设想，得到国家的大力支持。1998年国务院将约150亿元的“煤代油基金”划拨给神华集团。此后神华集团用3年时间，对煤样进行煤液化试验。2000年左右，神华集团初步决定采用美国HTI煤直接液化工艺，并对工艺流程进行改进，建设小型试验装置。2001年3月，国务院批准神华集团的项目建议书。2002年8月批复可行性研究报告。2003年6月，负责煤液化工程实施的中国神华煤制油有限公司在北京正式成立。2004年6月，具有神华自主知识产权的煤直接液化工艺技术通过评估和鉴定。2004年12月，神华集团上海煤制油研究中心日耗煤6吨的直接液化实验装置开始试验。至此，中国煤制油直接液化生产技术转化获得初步成果。2004年8月25日，神华集团煤直接液化项目，在内蒙古自治区鄂尔多斯市伊金霍洛旗乌兰木伦镇举行了一期工程开工典礼。2008年12月30日，神华集团鄂尔多斯煤直接液化示范工程，第一条百万吨级生产线投煤试车，于2008年12月31日打通全部生产流程，产出合格的柴油和石脑油。运行半个月后进行改造，2009年9月再次投煤试运行，之后经不断试车及改造完善，2010年下半年实现稳定运行。2011年，正式投入商业化运行，连续运行周期最长已达到251天。2013年全年运行315天（设计年运行310天），负荷率达到78.5%。2014年2月，有关专家对该项目进行了72小时连续运行监测，对能耗、水耗等主要指标进行了标定。2018年产量为86万吨。

（四）煤制天然气的发展进程

1.煤制气技术情况

世界上最早建设煤制气的是美国。美国于1984年在大平原地区建设一个年产11.36亿米^3/年的煤制气项目运行至今，表明国际上煤制气是成熟技术。

中国积极加快煤制天然气成套技术特别是关键核心技术——高温、高压完全甲烷化催化剂及工艺的国产化进程。科技部十分重视煤制天然气技术的研发及商业化进展，国家“863”计划中安排了“国家煤气化甲烷化关键技术开发与煤制天然气示范工程”重点项目，以发展中国自主知识产权的煤制天然气成套技术。中科院大连化物所开发出具有耐高温水热稳定性的完全甲烷化催化剂，在实验室完成了8000小时寿命实验。2012年10月，由大连化物所设计完成的5000米^3/日煤制天然气工业中试装置，在河南义马气化厂气源条件下连续稳定运行超过1000小时，具备了放大设计的基础。此外，大唐化工技术研究院与西南化工研究院均已完成中试。

2.煤制气产业化发展情况

“十一五”期间，国家发改委核准了4个煤制天然气项目，总产能151亿米^3/年，分期实施，第一期51亿米^3/年。主要工艺技术基本相同.

（1）大唐克旗煤制气项目　内蒙古克什克腾旗（简称“克旗”）煤制天然气项目是第一个由国家发改委核准的大型煤制天然气示范项目。总规模为年产40亿立方米天然气。2009年8月项目核准。2009年9月开工建设。项目共分三系列连续建设，一系列日产400万立方米煤制天然气于2013年12月18日建成投产。主要工艺技术采用空分技术、鲁奇碎煤加压气化技术、耐硫耐油变换技术、低温甲醇洗净化技术，以及英国戴维（Davy）公司的甲烷合成技术等，工艺路线科学合理，技术性能安全可靠，总体上达到了国际先进水平。采用氨法脱硫技术、多级A/O生化处理+深度处理的工艺和高密度聚乙烯防渗技术，从而实现对废气、废水及废渣的有效处理，达到节能减排的目的。该项目设计主要产品为天然气40亿米^3/年，同时设计副产0$^{\#}$焦油5.76万吨/年、1$^{\#}$煤焦油20万吨/年、2$^{\#}$煤焦油16.2万吨/年、粗酚6.2万吨/年、硫黄16.5万吨/年、硫铵48万吨/年。主要生产装置由气化、净化（包括变换、低温甲醇洗、硫回收等）、甲烷化三大部分组成，同时配套空分、动力装置和其他公用工程装置。

（2）辽宁大唐阜新40亿米^3/年SNG项目　阜新煤制天然气项目位于辽宁省阜新市，已于2010年3月获国家发改委核准并开工建设一期工程，一期工程13.3亿米^3/年，技术路线与大唐克旗煤制气项目基本相同。由于在建设过程中边际条件发生变化，煤炭、市场等要素未得到落实，2013年缓建至今。

（3）汇能鄂尔多斯16亿米^3/年SNG项目　煤气化采用国内的多元料浆气化技术，甲烷化采用丹麦托普索技术。汇能集团16亿米^3/年煤制天然气项目已于2009年12月8日经国家发改委发改能源局核准，为首家民企煤制气项目。2010年4月21日，首期产能为4亿米^3/年正式开工建设，2014年10月一次性投料试车成功，项目建成投产。2018年初，项目二期12亿米^3/年开工建设，预计2021年建成投产。

（4）新疆庆华55亿米^3/年SNG项目　煤气化采用鲁奇碎煤加压气化技术，甲烷化为丹麦托普索技术。新疆庆华55亿米^3/年煤制天然气项目2010年开工建设，项目分四期建设。2013年6月一期工程进行联动试车，2013年12月一期工程13.75亿米^3/年正式投产。项目整体建成投产后，年用煤2200万吨，用水4200万立方米，年产热值在8000千卡以上的合成天然气55亿立方米，副产石脑油5.3万吨/年、焦油42万吨/年、硫黄5.4万吨/年、粗酚10.2万吨/年、硫铵8.9万吨/年。

此外，国家发改委2013年以后陆续向多家企业发放煤制气项目“路条”，启动的5个煤制天然气项目，总能力为220亿米^3/年。这些企业分别是：中电投霍城煤制天然气项目，60亿米^3/年；山东新汶矿业新疆伊犁煤制气项目，40亿米^3/年；国电集团内蒙古兴安盟煤制气项目，40亿米^3/年；中海油山西大同煤制气项目，40亿米^3/年；新蒙集团内蒙古鄂尔多斯煤制气项目，40亿米^3/年；内蒙古北京北控集团鄂尔多斯项目，40亿米^3/年。

煤制气项目发展比较缓慢的原因：一是投资大，一个年产40亿立方米规模的项目总投资300多亿元；二是气价低，受国家气价限制及输气管网制约，导致价格倒挂现象严重。这些问题未来将在国家设立独立的管道公司后逐步得到解决。

截至2018年12月，中国已经有大唐克旗、内蒙古汇能、新疆庆华、新疆新天4家煤制天然气企业投产，合计形成的产能规模为51.05亿立方米，2018年实际产量30多亿立方米。

中国还没有工业化的国产甲烷化技术，这4家公司采用的甲烷化技术均从国外引进，大唐内蒙古和辽宁两家公司均采用英国Davy公司技术，而汇能和庆华两家则采用的是丹麦托普索技术。目前，国内已有包括大唐集团、大连化物所、西南化工研究院三个甲烷化中试装置试验成功，业内认为放大装置的设计没有重大难题，在今后的项目中，必将采用国内自主技术。

（五）煤制烯烃的发展

中国甲醇制烯烃技术的研究开发具有三十多年的历史，但煤制烯烃重要的技术成果和产业成果是近十几年取得的。中国是世界上第一个实现甲醇制烯烃工业化的国家。

1.煤制烯烃技术多样化并领先世界

（1）中科院大连化物所的甲醇制低碳烯烃技术DMTO　20世纪80年代，在中国科学院的领导和推动下，中科院大连化物所采用固定床反应器进行了以ZSM-5和改性ZSM-5为催化剂的甲醇制烯烃技术研究，并在1993年完成了甲醇进料1吨/日的MTO中试，形成了ZSM-5系列高乙烯收率的5200催化剂和高丙烯收率的M792催化剂，达到了当时国际先进水平。之后，又改进固定床反应器和ZSM-5作催化剂所存在的缺陷，采用流化床反应器进行了以小孔SAPO-34和改性SAPO分子筛为催化剂的甲醇/二甲醚制乙烯（简称SDTO或DMTO法）技术研究，并进行了规模为15～25吨/年中试试验装置。无论是甲醇转化率、乙烯和丙烯收率，还是催化剂使用寿命，都获得了良好结果。

2005年12月，大连化物所联合洛阳石油化工工程公司、陕西省新兴煤化工有限公司在陕西华县建成世界上第一套万吨级规模的甲醇制取低碳烯烃的DMTO工业化示范装置，甲醇处理量1.67万吨/年。该装置于2006年2月实现投料试车一次成功；2006年6月，该装置进行了72小时现场考核；同年8月，甲醇制烯烃工业性试验项目（DMTO）通过了专家技术鉴定。2010年5月，大连化物所又在陕西验证了其具有自主知识产权的新一代甲醇制烯烃工业化技术（DMTO-Ⅱ），结果表明甲醇转化率接近100%，与DMTO技术相比，乙烯和丙烯总选择性、甲醇单耗及催化剂消耗等各项技术指标均有较大幅度提高。

神华集团包头煤化工分公司60万吨/年煤制烯烃工业示范项目就是采用的中科院大连化物所具有自主知识产权的DMTO工艺及催化剂，该项目2010年8月开车成功产出合格产品，运转稳定。2011年的商业化运营累计生产聚烯烃产品50万吨，2015年达到设计能力。

（2）中国石化的甲醇制低碳烯烃技术SMTO　2000年，上海石油化工研究院开始进行MTO技术开发。中石化上海石油化工研究院于2005年建立了1套12吨/年的MTO循环流化床热模试验装置，将实验室研究的结果在该试验装置上进行了验证。之后为了加快自主新能源技术的开发，上海石油化工研究院与中国石化工程建设公司开展合作，开发甲醇制烯烃（SMTO）成套技术，在燕山石化建成了一套100吨/日甲醇进料的SMTO工业试验装置。该项目由中国石化集团燕山石化公司负责建设，中国石化工程建设公司负责设计。该项目于2006年9月启动；2007年11月已成功投产；2008年完成甲醇年进料180万吨MTO工艺包的开发，具备了设计和建设大型MTO工业化装置的条件。2010年2月3日，中国石化集团与河南省政府签订合作备忘录，确定180万吨/年甲醇制60万吨烯烃项目将落户河南鹤壁市宝山循环经济产业集聚区。

2011年10月10日，中国石化中原石油化工有限责任公司60万吨/年甲醇制烯烃（SMTO）装置产出合格乙烯、丙烯，实现装置开车一次成功。中国石化正在推进河南鹤壁、安徽淮南和贵州毕节的三个商业规模煤制烯烃项目。

（3）清华大学的甲醇制丙烯技术FMTP　中国清华大学自1999年开始进行甲醇及二甲醚制烯烃方面的研究，相关研究成果已经获得国家发明专利。FMTP（流化床甲醇制丙烯）技术的反应-再生系统与炼油工业中催化裂化装置（FCC）的反应-再生系统具有一定的相似性，FMTP技术指标为甲醇转化率大于99%，丙烯收率可达67.3%。

“流化床甲醇制丙烯（FMTP）工业技术”由中化集团、清华大学和安徽淮化集团联合攻关。在清华大学小试研究工作基础上，将小试成果放大到万吨级规模，通过工业试验装置的运行，工艺参数优化、催化剂寿命和工艺设备的可靠性考核，最终使该万吨级的工业试验装置技术和环境保护各项指标达到国内外先进水平，为下一步百万吨级工业化装置建设提供了技术依据和培训平台。

（4）国外引进的甲醇制丙烯技术MTP　神华宁煤集团煤基烯烃项目，采用德国鲁奇公司先进的煤基烯烃工艺制取丙烯，最终产品为聚丙烯。该工艺采用流化床技术，先由甲醇脱水得到二甲醚，然后裂解成烯烃。

（5）合成气一步法制烯烃技术　以煤为原料大规模地生产烯烃，除煤基甲醇制烯烃（MTO/MTP）工艺外，中国还开展合成气一步法制烯烃的科学研究，这样的工艺路线更加简捷，不用经过甲醇转化，效率更高，这一工艺路线的研究已经取得了新的突破。

中科院大连化物所包信和院士研究团队创制了一种新型双功能的复合催化剂，实现了合成气直接转化，高选择性地制取低碳烯烃，当一氧化碳转化率17%时，乙烯、丙烯和丁烯等低碳烯烃的选择性大于80%。该过程摒弃了高耗能的合成气压缩、甲醇合成、精馏过程，从原理上开创了一条低能耗煤转化的新途径。

中科院上海高研院和上海科技大学联合科研团队通过采用全新催化剂活性位结构，实现了在温和条件下（250℃和1～5个标准大气压），合成气高选择性经费托合成直接制备烯烃，甲烷选择性可低至5%，低碳烯烃选择性可达60%，总烯烃选择性高达80%以上。

中建安装与浙江大学合作完成的“合成气一步法制备低碳烯烃的核壳复合催化剂研发”，以甲醇合成催化剂为核，MTO反应催化剂为壳，将甲醇合成反应与MTO反应耦合在一起，使合成气一步转化为低碳烯烃。

目前，这些方法处在理论研究与小试阶段，真正进入工业化还有很大差距。

2.大型煤制烯烃的项目建设

煤制烯烃的装置建设是这一时期国产化程度高、技术成熟、发展最快的现代煤化工领域，走在世界前列。中国甲醇制烯烃工业化技术主要有中科院大连化物所的甲醇制低碳烯烃（DMTO)及其二代技术DMTO-Ⅱ，中国石油化工股份有限公司的甲醇制烯烃（S-MTO)和清华大学的流化床烯烃转化制聚丙烯（FMTP)等4种工艺。其中前三者都已经实现了大规模的示范项目。

神华包头60万吨煤制烯烃示范项目。2010年，神华包头煤化工有限公司60万吨煤制烯烃投产，大连化物所技术。

大唐多伦46万吨煤制聚丙烯示范项目。2011年2月，大唐多伦46万吨煤制烯烃项目投产，Lurgi的MTP技术。

神华宁夏50万吨煤制烯烃示范项目。2011年5月，神华宁夏煤业集团有限责任公司50万吨煤制烯烃项目投产，Lurgi的MTP技术。

此后，中国各地陆续建成了一批大型煤制烯烃项目。包括：2013年2月，浙江宁波禾元化学有限公司60万吨煤制烯烃项目投产，大连化物所技术；2014年7月，延长中煤榆林能源化工有限公司120万吨煤制烯烃项目投产，大连化物所技术；2016年10月，中天合创能源有限责任公司140万吨煤制烯烃项目投产，中石化技术；2017年7月，神华宁煤煤制油100万吨煤制烯烃项目投产，大连化物所技术；2018年9月，延长石油延安能化煤油气资源综合利用项目60万吨煤制烯烃项目投产，大连化物所技术。

此外，中科院大连化物所正在开发的第三代甲醇制低碳烯烃技术（DMTO-Ⅲ），现已完成催化剂研制、反应工艺实验室中试放大，单台反应器每年可处理甲醇300万吨，生产100万吨烯烃，烯烃选择性达90%，吨烯烃甲醇消耗由3吨降至2.6～2.7吨。

截至2018年12月，中国已经投产的煤/甲醇制低碳烯烃有29家，合计烯烃能力1475万吨，聚烯烃1166万吨，其中聚乙烯444万吨、聚丙烯722万吨。

（六）煤制乙二醇产业的发展

煤制乙二醇有多种工艺路线可以选择，其中草酸酯合成法是煤化工中制取乙二醇唯一的大规模工业化方法。

原料煤经过气化得到CO、H_2，然后将CO和H_2分离，另外将NO氧化得到N_2O_3，用甲醇与N_2O_3反应生成亚硝酸酯，在Pd催化剂上将亚硝酸酯进行CO羰基化得到草酸二酯和NO，草酸二酯再经催化加氢制取乙二醇和甲醇，甲醇和NO循环使用。虽然该法工艺路线比较长，但是反应条件相对温和，相对其他方法还是最有效的，在中国煤制乙二醇工业中广泛使用。

1.煤制乙二醇技术的发展

由中国科学院福建物质结构研究所自主研发的第一代煤制乙二醇技术300吨级中试工业试验符合考核要求。其后，成功开发了“万吨级CO气相催化合成草酸酯和草酸酯催化加氢合成乙二醇”（简称“煤制乙二醇”）成套技术，成为中国第一代煤制乙二醇装置的示范技术，并于2009年建成了世界首套20万吨级示范装置，引领了世界煤制乙二醇技术的发展方向。2015年以后，又开发了新一代煤制乙二醇技术，经过不断创新和突破，选用了全新的三种催化剂体系，建立了全新的工艺技术流程设计，实现了贵金属的高效利用和金属铬的替代，形成了具有完整知识产权体系的新一代煤制乙二醇技术。与第一代技术相比，新一代技术乙二醇生产成本降低1000余元，市场竞争力大幅提升。

新一代煤制乙二醇技术由中国科学院福建物构所、贵州鑫醇科技发展有限公司和中石化广州工程公司共同合作开发，并由广州工程公司承担1000吨/年乙二醇中试装置的工程设计、采购和项目管理工作。该装置于2017年11月中交建成，并于2018年6月5日顺利打通全流程，目前已实现1000多小时的工业试验，生产出合格乙二醇产品。

2. 煤制乙二醇项目建设情况

合成乙二醇的关键催化剂技术，在中科院福建物构所开发成功后，经过丹化集团的中试后，在内蒙古通辽建厂，此后全国遍地开花。其中比较典型的装置为：内蒙古通辽金煤化工有限公司年产22万吨项目2009年投产15万吨，2018年扩建到22万吨，通辽金煤技术；新疆天业集团有限公司年产5万吨项目2013年投产，高化学技术，20万吨项目2015年3月投产，高化学技术；鄂尔多斯新杭能源有限公司年产40万吨项目2015年3月投产，上海浦景技术；山东华鲁恒升股份有限公司5万吨项目2012年投产，中科远东技术，50万吨项目2018年9月投产，中科远东技术；等等。

截止到2019年2月，中国煤制乙二醇已经投产企业18家，产能达到了426万吨。2018年煤制乙二醇产量超过230万吨。

目前，乙二醇主要用于聚酯原料。一些企业煤制乙二醇的产品纯度还不能完全达到聚合级要求，这是该行业急需解决的主要问题。

（七）甲醇制汽油的发展

1. 甲醇制汽油技术的发展

目前甲醇制汽油（MTG）技术已经工业化应用的有美孚的固定床工艺和国内自主开发的固定床工艺“一步法”，此外还有德国URBK的流化床工艺。

2006年，中科院山西煤化所开发形成了“固定床绝热反应器MTG技术”。甲醇在ZSM-5分子筛催化剂的作用下转化为汽油和少量LPG产品。其显著优点是：工艺流程短，汽油选择性高，催化剂稳定性和单程寿命等指标均较好。

2006年赛鼎工程有限公司、中科院山西煤化所和云南解化集团采用自主开发的“固定床绝热反应器甲醇转化制汽油新工艺”，在云南解化建设了一套能力为年产3500吨汽油的示范装置。该装置于2007年一次投料试车成功，装置运行稳定，完全达到了设计指标，获得了高品质汽油。

2.其他MTG产业发展状况

2006年晋煤集团采用美国美孚公司的固定床甲醇制汽油技术合成汽油，在中国山西晋煤集团建设10万吨/年MTG装置。该装置由赛鼎工程有限公司设计，以灰融聚煤气化技术为先导，2006年9月项目正式开工，2009年6月实现了MTG装置一次开车成功，生产出合格煤基合成油。

（八）煤制乙醇的发展

早在20世纪80年代，大连化物所以铑金属为催化剂，完成合成乙醇的千吨级试验。由于催化剂过于昂贵，此技术未能推广。

近年来，中国开始规模化“煤制乙醇”工业化生产。大连化物所以煤基合成气为原料，经甲醇、二甲醚羰基化、加氢合成乙醇的工艺路线（DMTE），采用非贵金属催化剂，可以直接生产无水乙醇。“煤制乙醇”项目使以煤为原料制取乙醇成为现实，也使中国大范围推广乙醇汽油成为可能。此外，乙醇便于运输和储存，可以部分替代乙烯生产下游化工产品。中科院大连化物所的这条甲醇-醋酸酯化法加氢制乙醇技术已应用于陕西延长集团公司10万吨/年合成气制乙醇科技示范项目。此外，中溶科技股份有限公司、河南顺达化工科技有限公司也采用西南化工设计研究院专利开发合成气制乙醇技术，均已建成工业化示范装置。

2013年，中国最早一家煤制乙醇项目引进塞拉尼斯公司技术，在南京建成投产规模为27.5万吨/年的项目。

2012年开始，中科院大连化物所和陕西延长石油集团共同建设示范装置。2017年1月11日，陕西延长集团10万吨/年合成气制乙醇工业示范项目打通全流程，生产出合格的无水乙醇。该工业示范装置已平稳运行，以此为基础，可为百万吨级大型工业化乙醇装置设计提供设计依据及建设和运行经验。

随着技术的突破，近年来中国煤制乙醇呈厚积薄发之势。2018年8月，榆神煤基乙醇项目投资64亿元，采用煤经合成气制无水乙醇技术，该项目以西湾煤为原料，年转化原煤150万吨，主要产品为燃料乙醇。此次开工建设的煤制乙醇项目是延长石油投资建设年产800万吨煤提取焦油与制合成气一体化（CCSI）产业示范项目的首期工程，标志着整个CCSI产业示范项目进入实质性开工建设阶段。

此外，科源基金、三门峡投资集团、义马市投资集团共同出资组建年产60万吨乙醇一期20万吨项目正式开工建设，该项目也是采用上述甲醇经二甲醚羰基化制乙醇技术建设的。

2018年8月，湖北省江陵县人民政府与香港建滔集团有限公司就江陵县新型煤电港化产业园建设高标准新型煤化工项目签订框架协议。根据协议，建滔集团将投资150亿元，在江陵县新型煤电港化产业园建设高标准新型煤化工项目。设计产能为：甲醇160万吨、醋酸160万吨、醋酸乙酯50万吨、无水乙醇30万吨、双氧水20万吨。

2018年11月，新疆天业120万吨/年煤制乙醇项目一期60万吨/年煤制乙醇专利技术实施许可合同在大连化物所签署，此举标志着中国煤制乙醇技术正式开启百万吨级工业化时代，并为煤制乙醇的下游产品（如乙烯、氯乙烯、苯乙烯及醋酸乙烯等高附加值化学品）开发提供了工业支撑。

截至2018年底，中国建成煤（合成气）制乙醇项目7个，合计产能85.5万吨/年。

（九）煤制芳烃的发展

1.煤制芳烃发展情况

国际上的芳烃97%以上来源于石油，还有一部分来自于焦化苯。煤制芳烃技术最近几年才受到关注。以煤为原料生产芳烃是利用高碳含量的煤来生产高碳含量的芳烃产品。

中国的甲醇制芳烃技术已经走在了世界的前列，主要有清华大学的流化床技术（FMTA）和中科院山西煤化所的两段固定床MTA技术。此外，2010年河南煤化集团研究院与北京化工大学也合作开发甲醇制芳烃技术的研究，探索出了最佳催化剂和反应的适宜工艺条件，提出了装置规模、反应器初步设计和关键设备参数。上海石油化工研究院已经开展了甲醇制芳烃催化剂及工艺的前期探索性研究。

2.清华大学的流化床技术

清华大学的流化床技术（FMTA）是指催化剂连续反应-再生循环的流化床技

术。该技术已经过1万吨/年工业试验装置443小时验证。催化剂采用负载金属氧化物的复合分子筛催化剂，稳定性较好，反应温度450～500℃，压力为0.3兆帕，甲醇空速0.5时$^{-1}$，甲醇平均转化率99.99%，芳烃收率（甲醇碳基）大于74%，液相产品中芳烃体积分数大于90%，芳烃产物中二甲苯体积分数大于72%。华电集团采用清华的FMTA技术于2011年3月在陕西能源化工基地——榆横煤化学工业区建设煤基甲醇制芳烃（FMTA）中试装置和大型工业化项目，先行建设万吨级FMTA工业试验装置，投资1.6亿元，试验得到成功。

目前陕西榆林已经启动300万吨/年煤制甲醇和100万吨/年煤制芳烃装置，总投资320亿元以上。此外，宁夏庆华集团30万吨/年甲醇制芳烃联产烯烃项目也已获地方核准。

3. 山西煤化所的两段固定床MTA技术

中科院山西煤化所与化学工业第二设计院联合开发了固定床甲醇转化制芳烃MTA的技术，采用两个固定床反应串联的形式，第一芳构化反应器的气相组分进入第二反应器继续进行芳构化，催化剂为负载脱氢功能的Ga、Zn或Mo组分的分子筛催化剂（ZSM-5或11）。暂时未有开展工业化装置的建设。

（十）煤制二甲醚的发展

二甲醚是一种重要的化工产品，它以前的主要用途为气雾剂、制冷剂、发泡剂、有机合成原料等。多年来，由于二甲醚燃烧特性与LPG相似，曾经被看好替代LPG作为民用燃料，也可作为柴油添加剂。因此，二甲醚成为醇醚燃料的主要品种之一。

二甲醚工业生产的兴起是国家对氟氯烃类的限制和禁止使用紧密相连的。二甲醚的饱和蒸气压等物理性质与二氟二氯甲烷相近，且具有沸点低、汽化热大、汽化效果好的优点，故二甲醚被用于气雾剂，并被用于替代氯氟烃用作制冷剂。

中国二甲醚工业化在20世纪80年代初起步，第1套装置由西南化工研究院为中山精细化工厂设计，采用甲醇气相脱水生产二甲醚工艺，装置规模为2500吨/年，以后又相继建成了几套同规模装置。除了这种由甲醇脱水制二甲醚的技术外，由煤气中的H_2和CO直接合成二甲醚（DME）的一步法生产工艺，在20世纪80年代末也开始被大量研究，并相继开发成功二甲醚合成催化剂及工艺。

21世纪初，国内有关方面一度认为，二甲醚产业最为重要和最有前途的发展方向是作为燃料。2005年以后，随着国际油价的持续大幅上涨，使得天然气、液化气的需求量猛增，供需矛盾突出，推动液化气价格飙升。在这种情况下，物理化学性能及燃烧使用性能与液化气极其相似的二甲醚，开始受到人们的关注和青睐。

由于醇醚燃料的上述优点，以及市场上的供需矛盾，中国二甲醚产业发展迅速，逐步发展成世界上最大的二甲醚生产国，其产能占世界DME总产能的90%以上。2011年国内二甲醚产能已超过1000万吨/年，实际产量396万吨，消耗甲醇600万吨。特别是国家已制定标准《城镇燃气用二甲醚》（GB 25035—2010），并于2011年7月1日正式实施。

二甲醚作为柴油掺烧剂和替代民用燃料LPG后，其呼声与日俱增。原因是二甲醚生产成本低，使得二甲醚代替LPG作为民用燃料的理想产品成为可能。在这样的前提下，制取二甲醚的行业从精细化工转化为基础化工，成为新兴的“绿色化工”。因此，二甲醚一度被称为“朝阳化工产品”是不足为奇的。“十一五”期间，中国石化曾经过国家发改委批准在内蒙古建立年产300万吨的煤制二甲醚装置，产品从内蒙古输往广东。

然而，二甲醚用于代替液化气过程中，发生了一些安全事故，被一些地方禁止使用，而作为柴油的添加剂效果不好，不能成为国家标准，由此，二甲醚的声望一落千丈，许多项目被撤销。

后来，作为甲醇制烯烃的中间产物，二甲醚的重要性又凸显出来。近期，还有人将二甲醚羰基化得到醋酸甲酯，然后加氢得到乙醇。由于这两个工艺的进展，二甲醚又回到人们的视线中。目前，二甲醚已不再用于燃料，仅在煤制乙醇和煤制丙烯中作为中间化合物而出现。

二甲醚的沉浮，说明科学在发展，技术在进步，人们对化工产品的认识也要与时俱进。

第五节 现代煤化工逐步发展为世界领先行业

中国的资源禀赋是富煤、缺油、少气，发展现代煤化工产业对推进石油补充和煤炭清洁利用战略意义重大。

党和国家提出了能源安全新战略，要求大力推进煤炭清洁利用，适度发展煤制油、煤制气、煤制烯烃等现代煤化工。

一、国家适时出台现代煤化工发展的产业政策

中国现代煤化工自示范发展以来，先后经过了五个阶段。

1.起步发展

1997年国务院批准了《中国洁净煤技术“九五”计划和2010年发展纲要》，确定了煤炭加工、煤炭转化、煤炭燃烧、污染控制四大领域14个重点发展方向，开辟了中国现代煤化工跨越发展的新纪元。

2.跨越发展

《2004年中国能源发展中长期规划纲要（2004—2020）》重新估价煤炭和煤化工在能源可持续利用中扮演的角色，提出“加快实施煤炭液化工程实施进度”，鼓励发展相关煤炭转化项目，将煤化工列为中长期发展重点，煤化工迎来了新的市场需求和发展机遇。2005年6月，为促进煤炭工业持续、稳定、健康发展，保障国民经济发展需要，国务院发布了《国务院关于促进煤炭工业健康发展的若干意见》，指出完善政策，并给予一定的资金支持，组织建设示范工程，推动洁净煤技术和产业化发展。

3.限制发展

2006年7月，国家发改委制定了《煤化工产业中长期发展规划征求意见稿》，积极发展煤制甲醇、二甲醚、煤烯烃和煤制油等现代煤化工产业，受到相关政策的支持，现代煤化工将迅速发展，但同时也限定了2010年、2015年和2020年煤制甲醇、二甲醚、煤烯烃和煤制油的规划产量。

2007年10月12日，国家发改委会同其他部门修订了《电石行业准入条件（2007年修订）》，严禁不符合该条件的电石准入，抑制电石低水平重复建设和盲目扩张的事态。

2008年8月4日，国家发改委办公厅发布了《关于加强煤制油项目管理有关问题的通知》，为遏制煤制油项目的发展态势，防止一哄而上，煤制油项目还处于示范工程建设阶段，继续开展煤制油项目工作是已开工建设直接液化项目、间接液化项目，一律停止实施其他煤制油项目。

2008年12月19日，工业和信息化部发布《焦化行业准入条件（2008年修订）》，禁止建设不符合条件、淘汰不符合准入条件的落后产能，新建顶装焦炉炭化室高度必须≥6.0米，捣固焦炉炭化室高度必须≥5.5米。

2009年9月26日，国家发改委、工业和信息化部等部门联合下发了《关于抑制部分行业产能过剩和重复建设引导产业健康发展的若干意见》，稳步发展示范建设，提出了“煤化工产业政策导向”：要严格执行煤化工产业政策，遏制传统煤化工盲目发展，今后3年停止审批单纯扩大产能的焦炭、电石项目。

4.严格控制

中国现代煤化工一度发展过快，其规模庞大超乎想象。根据不完全统计数据，2010年各级规划中拟建的煤制天然气超过2000亿米^3/年；煤制油超过3000万吨/年；煤（甲醇）制烯烃3000万吨/年，超过了中国现有石油化工行业的烯烃总量。鉴于中国现代煤化工一哄而上，发展过快的势头，国家开始了对现代煤化工发展的宏观控制。

2011年3月23日，国家发改委发布了《国家发展改革委关于规范煤化工产业有序发展的通知》，严格产业准入政策，暂停审批单纯扩大产能的焦炭、电石项目，禁止建设不符合准入条件的焦炭、电石项目，加快淘汰焦炭、电石落后产能。

2011年12月13日，工业和信息化部出台了《石化和化学工业“十二五”发展规划》。其中明确指出：煤制油、煤制天然气、煤制烯烃、煤制二甲醚等现代煤化工项目，综合考虑煤炭、水资源、生态环境、交通运输等因素，适度布局，严格限制现代煤化工的发展。

2012年3月22日，国家能源局发布《煤炭工业发展“十二五”规划》，其中提出有序建设现代煤化工升级示范工程，促进煤炭高效清洁利用；重点支持大型企业开展煤制天然气、煤制油、煤制乙二醇、煤制烯烃等升级示范工程建设。

2014年7月17日，国家能源局《关于规范煤制油、煤制天然气产业科学有序发展通知》，禁止建设年产20亿立方米及以下规模的煤制天然气项目和年产100万吨及以下规模的煤制油项目。

2015年4月，环保部相继出台了《水污染防治计划》《现代煤化工建设项目环境准入条件（试行）》，要求煤化工企业的布局必须优先选择在水资源相对丰富、环境容量较好的地区布局，严格限制煤化工项目的准入。

5.适度发展

2017年2月，国家能源局发布《煤炭深加工产业示范“十三五”规划》，是

《能源发展“十三五”规划》下设的14个专项规划之一，是首个国家层面的煤炭深加工产业规划，对中国现代煤化工产业发展具有重要的指导意义。

2017年2月，国家能源局发布《煤炭深加工发展规划（2016—2020年）》，煤化工项目将进入升级示范和商业化开发阶段，煤制油、煤制甲醇、煤制烯烃、煤制天然气、煤制大规模合成氨、煤制乙二醇和煤制氢等领域在“十三五”期间仍将有为数众多的项目建成投产。

2017年3月，国家发改委、工业和信息化部联合发布了《现代煤化工产业创新发展布局方案》（发改产业〔2017〕553号），成为推动现代煤化工产业创新发展的重要纲领性文件。

在煤化工政策引导和鼓励下，煤化工行业异军突起，形成了一道特殊的风景线。过热的发展带来了一系列问题，如技术不成熟急于推广导致开工率低，同时环境也受到一定程度的污染，产业政策又随之变化，限制、控制了其发展，产业政策对煤化工的发展起着非常重要的作用。

从目前看整个“十三五”的政策环境是，煤制烯烃和煤制乙二醇项目审批权下放地方，未来将由市场和经济性主导，而煤制油、煤制气由国家推动示范建设。未来将是政策理性加码，油价引导煤制烯烃、乙二醇经济性，政府在国家能源政策指导下恢复煤制油、气示范升级的大格局。

二、技术进步推动了中国现代煤化工的产业化

1. 自主创新取得了核心技术

多年来，中国科学院所属的山西煤化所、大连化物所和福建物构所研发出三项重大科研成果：费托合成制油品、甲醇制烯烃、合成气制乙二醇。开发出这三个项目的三种关键催化剂，其技术水平和成果领先世界，为推动中国现代煤化工的发展起到了重大作用。

山西煤化所在费托合成研究中，经过多年努力终于筛选出合适的催化剂，这个催化剂在宁夏神华煤业集团的400万吨/年煤制油项目中发挥了重要的作用。1998年12月油价下跌到每桶油14美元时，煤制油按理难以生存，但中科院坚决支持将费托合成的项目继续推进，科研团队被保留，并且开展了正常的试验活动。18年后，科研成果转化为生产力，宁夏神华400万吨/年煤制油项目投产，技术领先世界，为国家的能源技术储备做出了重大贡献。

2. 工程设计能力加快了工业化进程

原化工部和石油部的部分大型设计院，在煤化工技术成果产业化的过程中作出了积极贡献。例如原石油系统的洛阳设计院、北京设计院，原化工系统的环球设计院、一院（天辰）、二院（赛鼎）、四院（五环）、六院（华陆）都发挥了重大作用，把中试扩大几十倍，设计了大型化和现代化的整套煤化工装置，并且项目开车后很快达到了设计产能，推动了科学成果的产业化。

洛阳设计院在中科院中试的基础上，一步放大到年产60万吨/年的工业化装置。他们根据催化裂化的化学原理，用在甲醇裂解制烯烃工艺上，两者之间的反应机理相同，只是传热的方向相反。该院利用丰富的工程经验，完成了史无前例的甲醇制烯烃工艺。科学和技术相结合，是落实重大科技创新成果后进行产业化的保证。

3. 行业的密切配合推动了产业化

国内许多高等学校、各类化工工程技术公司、企业的科研设计单位都为现代煤化工提供了大量新技术，如单元的新工艺技术、特殊的设备制造工艺、先进的控制方案、完善的污水处理技术、全系统的节能技术，以及其他各专业的各种工程设计新技术，从而形成了为现代煤化工发展提供创新技术的合力，有力地推动了现代煤化工产业的发展。

华东理工大学的多喷嘴水煤浆煤气化技术、航天工程技术公司的粉煤气化技术，是现代煤化工发展的两项重大技术，使现代煤化工装置建设有一个达到世界水平的先进工艺，为整套装置的“安稳长满”运行打下了基础。

在中国现代煤化工发展的历程中，依托几个重点催化剂研究的成果，工程公司进行系统工程的全流程配套完善，制造行业的积极努力，施工企业的保质保量，现代煤化工的发展基础稳固了。内蒙古、宁夏、新疆、陕西、山西等几个省区，现代煤化工工厂一个接一个、一批接一批地建立起来，使煤制烯烃、煤制油、煤制乙二醇的产量突飞猛进，为国民经济的发展作出了很大的贡献。没有国内大批量的各专业科学技术投入，就没有中国现代煤化工的今天！

三、中国现代煤化工的产业规模为世界之最

2013年3月18日，世界首套万吨级甲醇制芳烃工业试验装置通过中国石油和化学工业联合会组织的鉴定。至此，中国成为全球首个以煤为原料生产石油化工产业链全部产品的国家，在新型煤化工产业的技术应用和创新方面走在了世界前列。

截至2019年，中国国内煤制油产能823万吨/年，产量745.6万吨；煤（甲醇）制烯烃产能1582万吨/年，产量1277.3万吨；煤制乙二醇产能488万吨/年，产量313.5万吨。已建成8套煤制油、4套煤制天然气、32套煤（甲醇）制烯烃、24套煤制乙二醇示范及产业化推广项目。中国现代煤化工经过十数年的发展，产业规模为全球之首，为世界现代煤化工最发达的国家。

中国能源资源的禀赋是“富煤、贫油、少气”，由此决定了发展煤化工的重要性。从时间跨度来看，中国煤化工自1919年发端，整整经历了100年。回眸煤化工发展的百年史，中国煤化工产业的发展和国家的命运紧密相连。旧中国积弱积贫，中国煤化工发展水平远远落后于世界，直至新中国成立前，仅有的一点煤焦炭和煤干馏等最基础的煤化工，也多为作坊式小企业，产量微不足道，煤化工的基础十分薄弱。新中国成立后到改革开放前的30年间，煤化工发展十分缓慢。这一时期煤化工虽然取得了一定的进步，有了一些合成氨和电石、乙炔等的生产能力，但发展水平仍十分低下，难以满足国民经济的需要。中国煤化工发展最快和最好的历史时期，是改革开放以后。这一时期，中国积极引进国外先进技术，不断创新发展，技术进步日新月异。随着中国煤化工技术的飞速发展，尤其是气化技术的更新换代，中国煤化工由传统产业进入到现代煤化工发展的新阶段，实现了质的变化。党的十八大后，随着生态文明建设上升为国家战略，煤炭清洁利用受到国家鼓励，现代煤化工产业受到重视，由技术示范到逐步产业化，发展异常迅猛。如今，煤化工无论是技术的先进性，还是产业的发展规模，都无可争议地领先全球，成为又一张靓丽的“中国名片”。

第十三章 石油炼制和有机原料工业发展史

（1907～2019年）

石油炼制是将原油通过蒸馏、催化裂化、加氢裂化、石油焦化、催化重整等加工过程，生产汽油、喷气燃料、煤油、柴油、燃料油、润滑油、石油蜡、石油沥青、石油焦等产品和丙烯、苯等基础有机原料。有机原料工业是以粮食、煤、石油、天然气等，通过裂解、分离、合成等各种化学加工方法，制成乙烯、丙烯、丁二烯、醇、醛、酮、羧酸及其衍生物、卤代物、环氧化合物及有机含氮化合物等基本有机化工基础原料。石油炼制和有机原料工业是中国国民经济的基础产业和支柱工业之一。

世界石油炼制业起源于19世纪后半叶，主要是制取煤油照明。20世纪初，随着内燃机的广泛应用，汽柴油成为内燃机燃料，加速了石油炼制业的发展。从20世纪50年代，石油又成为主要化工原料，在世界经济中地位越发重要。有机化工原料工业则源自19世纪中叶，最初以煤焦油等为原料，经过近百年发展，进入石油化工时代。

中国的石油炼制源自1907年10月在延长石油官矿局建成炼油房。新中国成立前，中国炼油工业不仅加工能力小，而且分布不合理，石油产品市场被“洋油”垄断。1949年，中国原油加工能力仅为17万吨，实际加工11.6万吨，石油产品仅有

12种，90%以上要依靠进口。中国的有机化工原料生产起源于20世纪30年代上海的民族工厂，由于原料不足、技术落后，生产时续时停，基本达不到工业规模。

新中国成立后，国家在恢复东北、西北等老石油炼厂和以页岩油为原料的人造石油厂生产的基础上，在从苏联引进的156个重点项目中布局了中国首个年加工原油100万吨级的现代化炼油厂——兰州炼油厂和抚顺人造石油项目建设，并新建了上海炼油厂和茂名页岩油厂等。进入20世纪60年代以后，随着大庆油田、胜利油田等陆续开发建设，国家自力更生，建设了以黑龙江炼油厂（大庆炼油厂）为代表的150万吨级的炼油厂，掌握了被誉为“五朵金花”的流化床催化裂化、延迟焦化、铂重整、尿素脱蜡和相应的催化剂制造工艺等技术，基本满足了当时条件下的国防、工业和人民生活用油需求。有机化工原料工业也从最初的粮食化工、煤化工、电石乙炔化工，到1962年开始向以石油为原料生产有机化工原料转变，并先后在华东、中南、华北等地建设了多座炼油厂，使石油加工业布局更加合理。1972年，国家批准了“四三方案”，建设了以30万吨/年乙烯装置为代表的乙烯及丙烯、丁二烯、芳烃等项目，促进了有机合成材料工业发展，为解决人民群众衣食住行等问题起到了不可替代的历史作用。

1978年后，中国石化工业进入了一个新的发展时期，国内炼化企业不断改建和扩建，产能快速增长。1983年，为使国家生产的1亿吨原油资源得到更合理的应用，中共中央、国务院批准成立中国石油化工总公司（简称“中国石化”），建设了大庆石油化工总厂（简称“大庆石化”）等4套30万吨/年乙烯及配套装置，产能规模和技术实现了重大进步。20世纪90年代，主要炼化企业经过一系列的改扩建，走系统优化、内涵发展的新路，主要生产装置规模基本达到国际水平，进入世界炼油和有机原料生产大国行列。中国原油一次加工能力从1965年的1423万吨增加到2000年的2.76亿吨，居世界第4位；乙烯生产能力从1983年的62.31万吨/年增加到2000年的445.2万吨/年，乙烯产量达到471万吨。

进入新世纪，中国炼化工业进入打造千万吨级炼油基地，走大型化、基地化、一体化道路的新阶段。新建和对老企业进行大规模扩建，使国内千万吨级炼油厂总数达到21座，中国原油加工总量位居世界第二。石化行业重视科技创新，坚持自主创新与技术引进两条腿走路，集中资源开展科技攻关，掌握了石化全产业链主体技术，使中国石化产业在整体上达到了世界先进水平，不仅有效支撑了中国石化产业的发展，而且向国外输出先进的技术和装备。全国车用汽油、柴油实现了从有铅汽油到无铅汽油、从国一到国六排放标准的质量升级，在节能和环保技术方面也达到了国际水平，实现了从炼油大国到炼油强国的跨越。乙烯主要生产厂生产能力达到70万～100万吨/年，高效环保芳烃成套技术开发及应用获2015年度国家科学技术进步特等奖。有机化工原料生产也在产量、品种、质量等各方面都满足了下游企业的生产需要。

2018年，中国原油加工能力超过8.31亿吨/年，占全球原油总加工能力49.64亿吨的16.74%，排名在美国之后，居世界第二；原油加工总量达到6.04亿吨，同比增长6.8%，增速较上年加快1.8个百分点；生产成品油3.6亿吨。乙烯产能2532万吨/年，占全球总产能1.77亿吨/年的14.31%，产能排名在美国之后，居世界第二位，产量1846万吨/年；纯苯952.97万吨。中国石化、中国石油、中国海油、中国中化等国有大企业跻身世界500强，恒力、恒逸、荣盛等民营石化企业发展迅猛，埃克森美孚、BP、巴斯夫等国际大公司纷纷进入中国市场，形成了国有、民营、外资多元竞争的良性发展局面，使中国石化产业跃居世界石化大国前列。

第一节 中国石油化工工业的初建

（1907～1949年）

1949年以前，中国的石油化工工业主要集中在东北和西北地区，其中西北地区开采和炼制天然石油，东北地区则主要开发和炼制人造石油。抗战期间，西南地区曾一度建立起一批植物油裂解制石油产品和煤低温干馏制油工厂，但是规模都很小，抗战胜利后陆续关闭。新中国成立前夕，炼油生产装置多数遭到破坏，剩下的能够继续运转的装置寥寥无几。1949年，全国炼油厂的原油加工量只有11.6万吨；石油产品产量只有8万吨，其中，汽油、煤油、柴油、润滑油四大油品的产量只有3.5万吨；有机化工原料的总产量只有900吨。

一、天然石油炼制

台湾是中国工业开采石油最早的地区。1877年（光绪三年），清朝政府设立矿油局。1878年，在苗栗出磺坑首次使用冲击机械钻采石油。中国大陆开采石油始于

1907年。

1907年9月6日，中国大陆第一口油井——延长一号井出油，日产原油1～1.5吨，得油后，即用小铜釜土法炼油，每日得灯油12.5千克。9月20日，延长石油官矿局炼油房竣工投产，安装卧式蒸馏釜1台，每釜加工原油3.6吨，当月炼得首批灯油450千克。到1932年，该厂有了一定发展，有卧式蒸馏釜2台、轻便炼油釜1台，年炼油100吨。1935年，中国工农红军到达陕北，解放延长油矿。1939～1946年，该厂生产原油3155吨、汽油164吨、煤油1512吨、蜡烛5760箱和其他产品，为延安红色根据地的经济发展作出了贡献。

1936年10月，新疆建立独山子炼油厂，采用单独釜炼制独山子油矿生产的原油。1945年9月，成立独山子石油公司，但是该公司在1936～1949年的13年间，生产汽油、煤油、柴油仅6020吨。

1938年，国民党政府成立资源委员会甘肃油矿筹备处，在玉门地区开始石油勘探。此年8月，玉门油田第一口油井出油，开始用单独釜炼油。1943年7月着手建设炼油厂，先后建起常压蒸馏、减压蒸馏、蒸馏裂化、冷榨脱蜡、石蜡发汗及制蜡装置，年加工能力14万吨。1949年实际加工原油7万吨，生产车用汽油、灯用煤油、柴油、润滑油和石蜡等油品。

1934年，日本侵华势力与伪满洲政府在大连筹建“满洲石油株式会社”。次年建成蒸馏、洗涤和冷轧脱蜡等炼油装置，并于同年投产，炼制从美国进口的原油，年加工能力15万吨。1941年太平洋战争爆发，原油来源中断，工厂全面停产。1945年，日本投降前夕，烧毁大部分技术资料，运走一批贵重仪器和设备，全厂陷于瘫痪。

1941年，日本侵略势力在辽宁锦西成立“锦西制作所”，并建设了部分装置，后遭破坏。

二、人造石油生产

人造石油包括页岩油和煤炼油（煤气合成和低温干馏）。抚顺地区有比较丰富的油母页岩和煤炭储量。

1909年，日本人开始染指经营，妄图攫取中国矿产资源，为扩大其侵略战争进行物资准备。1930年，日军在当地尝试钻探失败，以为东北缺乏石油资源，而抚顺煤炭品质优良，便开始进行煤炼油研究。

1931年，“九一八”事变以后，加紧侵略中国的日本帝国主义大规模开采东北地区的煤炭和油母页岩资源，开始发展人造石油工业，先后在抚顺、锦西、桦甸、四平、锦州、吉林等地建立了7个人造石油厂，生产能力达22.7万吨/年。其中以抚顺炭矿西制油厂规模最大。抚顺炭矿西制油厂、抚顺石炭液化厂、四平油化厂基本上全部建成投入生产，从1931年到1945年，共生产人造石油279万吨。到抗日战争胜利时，还有一部分工厂在建，或正处于试运转阶段。这些人造石油工厂大多为战时规划设计建造，庞杂紊乱，抗战胜利以后，这些工厂遭到不同程度的破坏，许多设备被苏军当作战利品拆卸运走。国民党政府接管后，除抚顺西制油厂局部恢复生产外，其余均处于停产状态。

三、有机化工原料生产

旧中国的化学工业基础十分薄弱，特别是有机原料和合成化学工业更是落后。在东部沿海一些城市如上海、天津、广州等地，有少数依赖进口原料而维持生产的小医药、染料、赛璐珞（硝酸纤维素塑料）和酚醛塑料加工厂。这些工厂规模小，设备简陋、技术落后，基本上属于小作坊生产方式。化学纤维工业有两个技术陈旧、规模很小、设备缺损、不能正常生产的黏胶纤维厂，到1949年，全国有机化工总产量仅900吨。

抗日战争和解放战争时期，中国共产党领导的一些革命根据地积极发展有机化工原料生产，如晋察冀边区、胶东地区和陕甘宁边区，曾建立过酒精、乙醚、二苯胺等有机化工的装置，用于生产炸药等军工产品，为中国革命作出了一定贡献。

中国石油化工行业发展初期由于起点低，且依赖国外的生产技术，东北地区战乱不断更是给石油化工的发展带来了重重困难。但是，东北和西北地区石油化工的生产基础客观上为新中国成立后石油化工发展打下了基础。

第二节 艰苦创业满足国民经济发展需求

（1949～1977年）

1949年，全国炼油加工能力仅为17万吨，当年加工原油11.6万吨，共生产汽油、煤油、柴油3.5万吨，石蜡和石油焦0.47万吨，润滑油、润滑脂数量更少，还不到40吨。石油产品无论在数量、品种和质量上都远远满足不了国内需求。国内基本没有工业化规模的有机化工原料生产。

1950年4月，燃料工业部在北京召开全国石油工业会议。根据原油和油页岩的生产分布情况，国家把炼油工业的重点放在西北和东北原有老厂的恢复扩建上。到1954年底，原有老厂全部恢复了生产。接着进行改造扩建，努力提高生产能力。同时安排了新建兰州炼油厂、改建石油二厂和新建兰州橡胶厂等“一五”期间引进的156项重点项目建设，使全国石油加工和人造石油生产能力得到迅速发展，形成了新型的、初具规模的石油化工产业，为石化工业发展奠定了基础。

到1959年，中国原油加工能力由1949年的17万吨/年增至579万吨/年，产品自给率从1949年的不足10%提高到40.6%。

1960年，随着大庆油田会战及后续开展的胜利、大港、江汉等油田的开发，中国石油工业落后的“帽子”被扔进了太平洋。石油炼制部门积极组织力量开发了以催化裂化为代表的炼油“五朵金花”成套技术。运用开发的新技术，对东北和西北的老炼油厂进行扩量改造。到1965年，全国原油加工能力达到1423万吨，生产汽油、煤油、柴油、润滑油四大类产品632.3万吨，在当时供需水平上，实现了从军用到民用、从品种到数量全部立足于国内。

在对老厂进行改造的同时，国家开始在东北、华北、华东、中南等地区新建了大庆、南京、胜利、东方红、长岭等一批炼油厂和石化企业，使炼厂布局、规模不断满足经济建设发展需要。到1978年，全国年原油加工能力达到9291万吨，相当于1965年的6.5倍；新增原油一次加工能力8712万吨，平均每年460万吨。1978年实际加工原油7069.1万吨，为1965年的6.5倍；生产汽油、炼油、柴油、润滑油等四大类产品3352.2万吨，为1965年的5.4倍；石油产品品种达到656种，比1965年增加162种。

以乙烯工业为代表的有机化工原料工业起步自20世纪60年代：1962年，兰州化学工业公司（以下简称兰化公司）利用兰州炼油厂生产尾气为原料的5000吨/年管式裂解炉投产，1964年从联邦德国引进建设了3.6万吨/年砂子炉裂解装置；上海高桥化工厂等企业开发了各种技术并建设了一批小型裂解装置。20世纪70年代，国家通过“四三方案”陆续引进建设了北京石化总厂30万吨/年乙烯裂解装置为代表的国际先进水平的装置，并于1976年后相继建成投产，使中国乙烯产量从1960年的0.07万吨提高到1977年的30.27万吨。

一、石油加工业的恢复发展

（一）天然石油炼制的恢复发展

新中国成立初期，中国石油生产基地主要分布在甘肃、新疆、陕西等西北地区，所以玉门、独山子、延长等几个炼油厂恢复发展较快。东北地区大连和锦西两个天然石油炼油厂也得到恢复发展。

延长油矿炼厂1948年迁建至七里村。1950年恢复生产。1952年新增6个炼油釜，1953年进行了改扩建。1955年9月开始将部分设备迁至永坪，形成两个生产基地。1959年，该厂原油加工能力达到12227吨，首次突破1万吨，是1949年的14.9倍。

玉门炼油厂是国民政府时期国内配套较好的一座炼油厂。1940年开始建设，1949年原油加工能力达到14万吨/年。新中国成立前夕，工人们进行了护厂斗争，设备器材全部保护下来，生产、基建工作也没有停顿。由于原料充足，新中国成立后进入快速发展时期。1950年5月1日，该厂真空蒸馏、脱蜡和溶剂回收装置投入运行，生产润滑油和基础油。1950年秋完成蒸馏裂化装置改建双炉热裂化装置，加工能力由220吨/日提高至360吨/日，汽油收率由32%提高到56.5%。1954～1958年，该厂常减压蒸馏装置进行过多次改造和扩建，装置处理能力不断提高。1959年初，又建成一座常减压蒸馏装置，原油加工能力达到50万吨/年，当年加工原油42.6万吨，生产汽油、炼油、柴油和多种牌号的润滑油、石蜡等产品，成为新中国成立初期全国较大的加工天然原油的炼油厂。

独山子炼油厂新中国成立初期仅有两台简陋的炼油釜间歇维持生产，年加工能力仅几千吨。1950年9月30日，中国政府与苏联政府签约成立中苏石油股份有限公司。1951年10月，在矿区西北部新址上开始进行炼油装置的建设施工。1952年6月，第一套加工原油7万吨/年管式炉常压蒸馏装置建成投产，当年加工原油5.2万吨。1953年5月，老厂炼油釜增至6台，并由间歇式生产改为连续蒸馏，加工能力提高到300吨/日。1954年4月，7.5万吨/年单炉热裂化装置建成投产。1955年1月，中苏合营结束，合营期间累计加工原油17.3万吨。1955年5月，3万吨/年釜式焦化装置建成投产。1956年7月，老厂釜式蒸馏设备迁建至克拉玛依油田；同年11月，4000吨/年氧化沥青装置建成投产。1956年8月，克拉玛依油田投入试生产。独山子炼油厂随之进行改造扩建。1957年原油加工能力从7万吨/年增加到20万吨/年。1959年形成100万吨/年炼油厂。

1945年9月27日，苏联红军接管侵华日军设立的“满洲大连制油所”。1947年6月，成立中苏合营的中苏大连火油股份有限公司。1950年3月，该厂蒸馏、洗涤装置先期修复，恢复生产，当年加工苏联进口原油5万吨。1951年1月，中苏合营结束，交中国独立经营，改称大连石油厂（后改名为石油七厂）。当年热裂化、沥青、酸洗、再蒸馏等装置先后投产，原油处理能力由450吨/日提高到600吨/日。1952年，原油加工量达到9.45万吨，约占全国当时原油加工量的1/5。1953年12月15日，玉门油田原油运抵大连石油七厂，该厂首炼中国自产原油。1955年4月，该厂建成溶剂脱蜡、糠醛精制、白土处理等3套润滑油生产装置，生产出锭子油、车用机油、透平油、变压器油等38种润滑油，年产量达3.8万吨。其后相继新建东蒸馏装置等，并对西蒸馏装置进行改造，使加工能力扩大1倍。1959年，原油加工能力达到90万吨/年，当年实际加工原油59.8万吨。

1948年11月，冀察热军区工矿管理局接管锦西炼油厂，1952年更名为石油五厂。1953～1956年，先后恢复常减压蒸馏、热裂化、油品酸碱精制、再蒸馏等炼油装置，并新建了釜式焦化、裂化气叠合、沥青调合装置等，加工苏联进口原油。1954年首炼玉门原油，以后又加工苏联进口的库页岛原油和中亚细亚原油。1955年原油加工量为9.2万吨，1958年达到19.4万吨。

（二）人造石油炼制的恢复发展

1931年，“九一八”事变前后，日本为了掠夺中国资源为其侵略战争服务，利用东北地区丰富的油母页岩，建立了几个干馏制油加工厂。到新中国成立前，这些工厂均遭受到不同程度破坏，只有抚顺西制油厂少数几台干馏炉勉强维持生产。

新中国成立后，石油炼制部门对抚顺、锦西等人造石油厂进行修复和扩建，迅速恢复和发展人造石油工业，并在20世纪50年代达到了兴盛。其中抚顺石油一厂

（原为抚顺西制油厂）和石油二厂（原为抚顺东制油厂）经过较大规模的改造扩建，石油二厂扩建成为“一五”期间国家引进建设的156项重点项目之一。1959年两厂页岩油产量分别达到48.35万吨和23.83万吨。

锦西石油五厂在1953年恢复天然原油加工的同时，与民主德国开展技术合作，使煤低温干馏制油实现了正常生产，1959年煤炼油的产量达到5.5万吨。锦州石油六厂在1950年4月全面动工修复，成为中国20世纪50年代唯一的一家水煤气合成液体燃料工厂，1959年合成燃料产量为4.7万吨。

1950～1959年10年间，全国人造石油产量累计471.8万吨，占同期原油总产量的39.5%。在当时天然原油产量少、国内石油产品供需矛盾突出的情况下，为增加油品供应起到了重要作用。

二、新炼油厂和人造石油基地建设

根据西北地区原油产量增长较快和华东、华南油品消费量大和西北天然原油开发等情况，这一时期，中国新建上海、克拉玛依、冷湖和兰州炼油厂，并在茂名建设人造石油基地。

（一）上海炼油厂

1949年，接管原国民政府中国石油公司的军代表徐今强组建成立上海炼油厂建厂委员会。8月，华东军事管制委员会批准了建厂方案。1950年4月，处理原油340吨/日的常压蒸馏装置建成投产，将原中国石油公司库存的0.8万吨原油全部进行加工。1951年，建设了处理能力50吨/日的小型润滑油装置。

1953年，随着玉门原油东运，上海炼油厂开始扩建。1954年下半年，15万吨/年常减压蒸馏装置，6万吨/年热裂化和洗涤、氧化沥青等装置相继建成投产，储运等配套设施同时投用。1957年，工厂开始对常减压蒸馏装置进行工艺流程的改造和生产规模的扩建，使原油加工能力达到50万吨/年，1959年扩大至80万吨/年。

（二）新疆克拉玛依炼油厂

克拉玛依油田自1955年投产后，原油产量逐年增加。1958年，开始建设10万吨/

年装置。20世纪60年代，组织原油单采单炼，生产低凝点润滑油等产品。原油加工能力达到30万吨/年。

（三）冷湖炼油厂

青海冷湖油田开发投产后，1959年，石油部将玉门炼油厂20万吨/年蒸馏设备搬迁到冷湖，建设小型炼油厂，产品供青海石油勘探队伍和附近地区使用。

（四）兰州炼油厂

1953年国家实施“一五”计划，在被称为中国“工业化奠基之役”的156个重点项目中，安排建设兰州炼油厂等项目。1953年2月18日，国家计委批准兴建由苏联引进全套技术及设备的加工玉门原油100万吨/年兰州炼油厂。有原油电脱盐、常减压蒸馏、热裂化、催化裂化、气体分馏、苯烃化、氧化沥青、丙烷脱沥青、润滑油溶剂精制、溶剂脱蜡、润滑油减压蒸馏、白土接触精制和汽油调合等16套生产装置；主要产品有航空汽油、航空煤油、车用汽油、煤油、柴油、燃料油、润滑油及沥青等16个品种。

1956年4月29日，兰州炼油厂破土动工。1958年9月，16套装置建成投产，分批投入试车运转。建厂期限比原计划提前15个月。当年加工原油73万吨，为国家提供汽油、炼油、柴油、润滑油共41万吨，实际加工能力达到120万吨/年，成为当时中国最大的原油加工厂。

（五）茂名页岩油公司

茂名页岩油公司是新中国自己开发建设的大型页岩油生产基地。1954年春，燃料部一批专家调查石油资源，了解到茂名发现页岩油后，迅速派出勘探队，查明该地页岩油储量达50多亿吨，含油率6%～7%。1955年国家批准茂名页岩油公司筹建。1958年1月破土动工，设计建设了适合茂名页岩特点的气燃式方形炉和茂名式圆炉。后形成20万吨/年页岩油生产能力。

经过新建和扩建，到1959年，国内有两家炼油厂原油加工能力超过100万吨，分别是兰州炼油厂（120万吨/年）、独山子炼油厂（100万吨/年），石油一厂、石油七厂原油加工能力为90万吨/年，上海炼油厂达到80万吨/年。

新中国成立初期，航空汽油、航空煤油、航空润滑油等军用油品非常短缺，航天、导弹、原子弹等急需的特殊润滑油等更是一片空白，逐渐成为制约中国国防建设的重要因素之一。石油化工领域科研人员攻坚克难，完成了国防用油的研制。

1949 ～ 1959 年中国炼油工业主要指标如表 2-13-1 所列。

表 2-13-1　1949 ~ 1959 年中国炼油工业主要指标

项目	1949 年	1952 年	1957 年	1959 年
原油加工能力 / 万吨	17	99	245	579
实际原油加工量 / 万吨	11.6	53.3	173.6	395.6
石油产品品种 / 个	12	38	140	309
汽、煤、柴、润产品总量 / 万吨	3.5	25.9	108.9	229.5
石油加工损失率 /%	16.25	12.97	4.63	3.14
国内石油产品自给率 /%	<10	29	38.9	40.6

三、以“五朵金花”为代表的石油炼制技术取得重大进展

20世纪60年代，随着大庆油田的开发，中国原油产量大幅增加，石油炼制工业进入大发展时期。1960年11月，石油部召开全国第五次炼油厂工作会议，要求及时采用、推广国内外已成熟的新技术，并积极研究发展有前途的新技术，迅速赶上世界先进水平。

1961年1月，石油部加速黑龙江、南京两个新炼油厂的建设工程和南充炼油厂的续建，把石油五厂、石油七厂、上海炼油厂扩建为加工能力100万吨/年的炼油厂，并新建、扩建几个炼油厂的润滑油、石蜡生产装置。同时，大抓炼油科学研究，试制新产品，研究新技术、新工艺，解决大庆原油加工的技术问题。同年，石油部两次组织陈俊武等国内石油炼制科技人员出访古巴，对该国洛佩兹炼油厂的美国炼油工艺技术装备进行考察。11月底，组织召开技术座谈会，参会人员建议组织有关力量，在掌握已从苏联引进的移动床催化裂化技术与装备的基础上，学习、应用西方国家先进技术加以改造和补充，尽快建设中国自己的流化催化裂化装置。

1961年12月底，石油工业部在北京香山主持炼油科研会议，提出迅速改变中

国炼油技术落后的状况，尽快掌握催化裂化、催化重整、延迟焦化、尿素脱蜡、催化剂和添加剂这五个方面的技术，并列为科技发展长远规划重点攻关项目，后来这五项技术被称为中国石油工业的“五朵金花”。

1962年1月，石油工业部成立新技术核心领导小组，全国各地炼油科研、设计、生产、施工、机械制造、科技情报和教育等单位实行大协作，明确分工，制订了详尽计划。

1963年初，石油工业部提出，在石油产品品种和数量上要“三年过关，五年立足于国内”，在第三个五年计划期间，实现石油产品全部自给。

为尽快掌握先进的炼油工艺技术，提高炼油的加工深度，石油工业部组织了历时三年的炼油科学技术攻关大会战。各级领导干部、工程技术人员和广大工人怀着“为国争光、为民族争气”的强烈责任感，经过以侯祥麟、闵恩泽、陈俊武等一批石油科技工作者为代表的全体员工的努力，在困难的物质条件下，解决了发展中的一系列问题。

1963年，“五朵金花”之一的60万吨/年流化催化裂化装置1000多张设计图纸完工，1964年开始施工备产。1965年5月5日，位于抚顺石油二厂由中国自主开发、自行设计、自行施工安装的第一朵“金花”一次投产成功，使中国炼油技术一举跨越20年，接近当时世界先进水平，打破了国外技术垄断，实现了中国催化裂化技术从无到有的历史性突破。

至1965年，在先后攻下了“五朵金花”攻关项目的同时，石油科技人员还开发成功加氢裂化、硫酸法烷基化等工艺技术。全国共新建“五朵金花”装置13套，全部实现了工程质量、试车、投产、出合格产品一次成功。以“五朵金花”为代表的炼油技术的开发和实现工业化，使中国炼油工艺技术实现了重大飞跃，大大缩小了与当时国外水平的差距，既为中国石油产品立足于国内作出了重要贡献，同时又为中国炼油技术的进一步发展奠定了坚实基础。

在此期间，石油工业部在大力推广新技术的同时，将石油一厂、石油二厂、石油五厂和茂名石油工业公司由生产人造油改为主要加工天然原油。

1965年，全国炼油年加工能力达到1423万吨，当年实际加工原油1083万吨，生产汽、煤、柴、润四大类油品617万吨，石油产品品种达494种。按当时消费水平统计计算的石油产品自给率由1959年的40.6%提高到100%，基本满足了工业、农业、国防和人民生活等各个方面建设需要，结束了中国使用“洋油”的历史。

四、以炼厂气和重质油为原料的石油化工得到初步发展

中国有机化工原料生产起始于20世纪30年代，但形成工业体系则是在新中国成立以后。

20世纪50年代，中国主要采用以煤、电石和粮食为原料，生产有机化工原料，生产技术有了较快发展。

1952年，锦西化工厂开始以原煤为原料生产电石，发生乙炔；再以乙炔为原料，生产苯酚和氯苯。1953年开始，中国第一个五年计划开始大规模建设。化工行业主要建设了吉林、兰州、太原3个基地。兰州当时有机化工原料规划设计主要是以煤和粮食为原料，用粮食发酵制造酒精，再以酒精为原料生产丁二烯、苯乙烯、聚苯乙烯以及丁苯橡胶等产品，以煤为原料生产化肥。

1956年，以粮食酒精为原料的合成橡胶厂一期工程破土动工，生产能力为丁苯橡胶1.35万吨/年、丁腈橡胶0.15万吨/年和聚苯乙烯0.1万吨/年。建厂职工先后进行了3次大会战。1960年3月，粮食酒精法制丁二烯车间投料试车，5月，聚合系统一次试车成功，生产出中国第一批质量合格的丁苯橡胶。

但该装置每年需耗用粮食约2.43亿斤，才能维持正常生产。由于当时中国农业生产落后，又遭遇三年困难，人民吃饭都是问题，“与民争粮”矛盾格外突出。该厂基本处于半停产或停产状态。

1955年，兰州合成橡胶厂在进行初步设计时，中国技术人员要求对相邻的兰州炼油厂尾气进行综合利用。苏联有关设计部门据此要求，以兰炼炼油尾气为原料，进行了5000吨/年管式裂解炉设计，通过裂解、分离生产制取乙苯用的乙烯，以代替粮食酒精抽取乙烯。

1959年，在炼厂气5000吨/年管式裂解炉制乙烯装置建设过程中，苏联撤走专家，带走图纸，给建设造成很大困难。中国工程技术人员千方百计查阅国外技术资料，进行试验研究，终于在1961年底完成建设，1962年元旦试车投产，利用炼厂气作原料生产出国内第一批合格的乙烯，纯度95%以上。1962年5月和8月，聚苯乙烯装置和丁腈橡胶装置也分别建成投产，生产出第一批本体法聚苯乙烯和国防上需要的丁腈橡胶，由此写下了中国石油化工生产历史的第一页，兰化也成为中国第一个石油化工生产基地。

由于补充了石油原料，兰化公司合成橡胶厂橡胶生产有了大幅增长，至1965年，管式炉共生产乙烯2206吨。

但炼厂尾气供应时断时续，无法保证管式炉正常生产。为解决原料问题，兰化公司作了多方调查和试验研究，决定用轻油代替炼厂气。1965年起，采用北京化工研究院的深冷分离中试成果，进行管式炉2.2万吨/年乙烯改造，全部工程于1973年完工，投资596.4万元，当年乙烯产量突破万吨关。但当时轻油同样不能保证持续供应，装置不能持续运转。1975年实产2.5万吨。至20世纪80年代末管式炉系统淘汰。

为改变兰化公司炼厂气原料不能保障需要的问题，1962年6月，国家科委组织考察小组赴英国、法国、瑞士、比利时、荷兰五国考察石油化工。考察小组看到国际石油化工生产合成材料的巨大进展，认识到发展石油化工势在必行。

1964年，经中共中央批准，兰化公司引进联邦德国鲁奇公司采用砂子炉沸腾床裂解技术和深冷分离工艺，以原油闪蒸馏分油为原料的乙烯生产装置和配套的合成材料生产装置。1966年，3.6万吨/年乙烯砂子炉裂解装置开始施工，1968年底建成，1969年开始试运。但这套装置由于未在国外实现工业化生产，工艺、设备上都存在缺陷。兰化公司从1969年底开始，组织了4次投油试车，终于在1970年初试车成功，投油运转，在国内首次实现了重质油裂解制烯烃的工业化生产。

到20世纪70年代末期，兰化公司拥有炼厂气、轻油管式裂解和重质砂子炉裂解两套石油化工一次原料制备装置，实现了合成橡胶、合成树脂、合成纤维生产由粮食化工向石油化工的转变。

五、炼油能力扩大与炼油布局改善

20世纪60～70年代，随着大庆油田及胜利、大港、辽河、江汉、长庆、河南、华北等新油田相继开发投产，原油保持较高速度增长。同时，胜利—南京、大庆—秦皇岛、秦皇岛—北京等长距离原油管线陆续建成投产。

根据国民经济发展需要和各地区经济地理条件，并随着长输原油管道和江海水运码头建设发展，国家进行统筹规划，按各地资源与需求，安排建设新厂和改造老厂。其中沿大庆—铁岭、铁岭—大连、铁岭—秦皇岛、秦皇岛—北京等原油管道干线，改造了石油一厂、二厂、三厂、五厂、六厂、七厂，新建了大庆、林源、哈尔滨、牡丹江、吉林、鞍山、东方红、天津等炼油厂；沿任丘—北京、沧州—临邑、临邑—仪征等原油管道干线，建设了南京、石家庄、沧州、济南等炼油厂。根据水运条件，并与临邑—仪征的原油管道结合，沿海沿江安排了长岭、武汉、九江、安庆、镇海、广州等炼油厂，扩建了上海炼油厂和茂名炼油厂；根据江汉、河南、新疆、长庆等新油田建设发展，安排了荆门、乌鲁木齐、洛阳等炼油厂和一些油田小炼油厂，扩建了兰州、玉门、独山子等大中型炼油厂。

自1960年起，国家以石油工业部为主，有关省、市配合，一方面继续对老厂扩建改造，石油三厂、石油六厂改为主要炼制天然石油，并增加加工能力。另一方面，先后新建了茂名炼油厂、大庆炼油厂、南京炼油厂、胜利炼油厂、长岭炼油厂、东方红炼油厂、荆门炼油厂等7个大中型炼油厂。

茂名炼油厂原设计是生产加工页岩油的工厂。1960年，改建为加工100万吨/年进口原油炼厂，1963年4月，建成投产常减压装置和湛江油库工程，后又建成250万吨/年第2套常减压装置。到1977年形成年原油加工能力500万吨/年、润滑油15万吨/年的大型燃料-润滑油型炼油厂。

大庆炼油厂是新中国第一个完全依靠自己力量进行设计、自行设备制造、自行安装施工的现代化炼油厂，于1963～1965年建成一、二期工程，工程包括150万吨/年和100万吨/年两套常减压装置、60万吨/年催化裂化装置等。1969年原油加工能力提高到480万吨/年。

南京炼油厂1959年筹建，1964年3月开始建设主体工程，1965年建成100万吨/年常减压装置。1977年，原油加工能力达到550万吨/年。

胜利炼油厂于1966年4月开始建设，建设装置主要有250万吨/年常减压装置、120万吨/年催化裂化装置等，于1967年9月试运投产。

长岭炼油厂1965年开始选址，最初设计把装置建在山洞里，并开始打试验洞，但终因无法解决炼油生产和安全等一系列问题，改变方案建在露天。安排建设了250万吨/年常减压装置、120万吨/年催化裂化装置等，1971年完成一期工程建设，装置一次投产成功。1977年原油加工能力提高到320万吨/年。

东方红炼油厂于1968年8月动工兴建，1969年9月一期工程250万吨/年常减压装置、120万吨/年催化裂化装置、50万吨/年减黏装置顺利投产，实现了向新中国成立20周年献礼的目标。1977年原油加工能力达到700万吨/年，成为全国最大的炼油厂。

荆门炼油厂1969年开始建设，1971年投产。主要装置有250万吨/年常减压装置、60万吨/年催化裂化装置、40万吨/年延迟焦化装置等。

1971年后，以地方为主，燃料化学工业部（石油化学工业部、石油工业部）配合，先后安排建设17个大中型炼油厂和一些小炼油厂。其中年加工能力在250万吨或250万吨以上的炼油厂有11个，即天津炼油厂、武汉石油化工厂、安庆石油化工总厂、浙江炼油厂、广州石油化工总厂（简称“广州石化”）、乌鲁木齐石油化工总厂（简称“乌鲁木齐石化”）、吉林炼油厂、鞍山炼油厂、九江炼油厂、石家庄炼油厂、洛阳炼油厂等。此外还建设了沧州炼油厂、林源炼油厂、哈尔滨炼油厂、前郭炼油厂、济南炼油厂等设计能力100万吨/年规模的炼油厂，还建设了盘锦炼油厂等设计能力50万吨/年的炼油厂。

在新建大中型炼油厂的同时，国家还对老炼油厂进行改造和扩建，使老厂的生产能力均有不同程度的增长，一、二次能力基本配套。1961～1970年，全国通过技术改造共新增原油一次加工能力1800万吨/年，占同期全部新增能力的47.7%。1971～1975年技术改造新增加能力678万吨/年，占同期全部新增能力的25.7%。

通过大规模建设和老厂改造，中国炼油工业布局得到改善，炼油加工能力与新油田的原油产量的增长实现了同步，做到基本平衡，既保证了炼油工业发展，又保证了油田的正常生产。

1978年，共新建催化裂化装置29套、能力1959万吨，新建催化重整装置12套、能力146.5万吨，新增延迟焦化装置10套、能力465万吨，新增烷基化装置4套、能力12万吨，新增加氢精制装置12套、能力258万吨，新建沥青装置15套、能力16万吨，新建石蜡成型装置17套、能力33.8万吨，润滑油生产能力增加了150万吨以上。

但20世纪60年代末期，一些炼油厂厂址选择执行“靠山、分散、隐蔽”方针，建在山沟里，增加了建设投资。在炼油工艺流程和生产装置的配置构成上，一度偏重于扩大一次加工能力，使催化裂化、催化重整等二次加工能力下降，限制了原油加工深度和轻质油收率的提高。

六、石化综合利用基地建设

20世纪60年代，中国石油化工科研工作取得了一批成果，如丁烯氧化脱氢制丁二烯、丁二烯聚合制顺丁橡胶、悬浮法制聚苯乙烯、溶剂法制聚丙烯、氨氧化法制丙烯腈等技术，为自力更生发展石油化工奠定了技术基础。

1969年9月，北京东方红炼油厂建成投产后，为综合利用该厂各种中副产品资源，1969年3月，开始建设向阳化工厂，主要生产苯酚丙酮、聚丙烯等产品。1970

年，1万吨/年苯酚丙酮装置建成投产。该装置采用异丙苯法生产工艺，较中国传统的磺化法生产工艺大大前进了一步。

1969年9月23日，北京市、化工部、石油部联合向国务院上报《关于东方红炼油厂进行石油化工综合利用的报告》，建议在东方红炼油厂的基础上建设24套石油化工装置，提出利用炼厂气、苯、液体石蜡等20万吨副产品，加工生产合成橡胶、合成纤维、化肥、洗衣粉、塑料等化工产品。国务院批准了该报告。

1970年7月，北京石油化工总厂成立，综合利用工程进入大规模建设阶段。到1972年，经过3年建设，东方红炼油厂原油加工能力由250万吨/年提高到350万吨/年。新建胜利化工厂：利用炼油厂副产的碳四馏分丁烯，经氧化脱氢生产1.6万吨/年丁二烯，经过聚合反应生产1.5万吨/年顺丁橡胶。曙光化工厂：利用炼油厂蜡下油经裂解、缩合，生产7600吨/年合成洗涤剂原料烷基苯。东风化工厂：利用炼油厂催化裂化干气，经部分氧化制合成气，生产1.5万吨/年合成氨以及浓硝酸、硝铵肥料等。向阳化工厂：利用炼油厂重整碳八分离出来的乙苯，经脱氢生产苯乙烯再聚合，生产1130吨/年聚苯乙烯，利用炼油厂副产丙烯生产5000吨/年聚丙烯；采用异丙苯法制苯酚丙酮，建设1.5万吨/年生产装置。该方案中还规划建设了异戊橡胶、己内酰胺、丙烯腈、有机玻璃等11个项目，后因建设方案改变而停止建设。以上4个石化厂都是利用国内科研成果，自行设计、自行安装的以综合利用炼油厂副产品为特点的企业，也使北京石油化工厂成为中国第一个综合利用的石油化工基地。

1970年，山东胜利石化总厂（1984年改称齐鲁石化公司）建成了国内第一套以炼油厂尾气生产合成氨和尿素的大型工业装置，合成氨设计能力为6万吨/年、尿素为11万吨/年，装置一次开车成功，达到设计水平。经过挖潜改造，合成氨生产能力达到9万吨/年。中国还利用这一技术，援助巴基斯坦和孟加拉国各建成一套同类型生产装置。

大庆石化总厂也由单一炼油，逐步向综合利用石油资源，生产化工产品的方向发展。该厂利用油田气作原料建成一套6万吨/年合成氨和11万吨/年硝酸铵化肥装置；利用炼油厂副产丙烯，建成5000吨/年丙烯腈和5000吨/年腈纶的工业装置。

高桥化工厂利用自己的科研、中试结果，建设了2500吨/年乙苯和2100吨/年苯乙烯装置，经过3次技术改造和扩建，生产能力分别提高到2.5万吨/年和1.7万吨/年。1970年，采用北京化工研究院等单位开发的丙烯氨氧化制丙烯腈技术率先建成2000吨/年丙烯腈生产装置，采用上海石油化学研究所开发的丙烯氯醇法制环氧丙烷技术建设了2万吨/年环氧丙烷装置。

1971年，岳阳石油化工总厂（简称“岳阳石化”）建成以炼厂气和石油芳烃为原料生产5000吨/年锦纶、5000吨/年涤纶两套装置以及合成橡胶、合成树脂和塑料等装置，成为中南地区的大型石油化工联合企业。

到1972年，中国利用炼油厂石油气作原料，建设了20多套大中型石油化工装置，这批装置形成生产能力分别为：乙烯2.36万吨/年，合成树脂和塑料0.7万吨/年，合成橡胶5.1万吨/年，合成纤维1.6万吨/年，合成氨13.5万吨/年和合成洗涤剂原料1.5万吨/年。在技术方面，相当于20世纪60年代初期国际技术水平，已能利用油气原料生产乙烯、丙烯、丁二烯、合成橡胶、合成树脂和塑料、合成纤维、合成氨和合成洗涤剂以及多种有机化工原料。

综合利用项目的建设，培养造就了一批石油化工专业技术人才和管理干部，为引进大型石油化工装置的消化、吸收、改造和创新，进一步提高中国石油化学工业水平创造了条件。

七、开始大规模引进建设大型石化装置

20世纪70年代，世界石油化工已向着大型化、连续化、自动化、精细化方向发展，技术日新月异，工艺不断更新，对经济发展的拉动作用日益增加。而中国石油化工的发展与世界工业发达国家相比，差距明显。国家有关部门认识到，要迅速发展石油化工，必须提供充足的有机化工原料，如果仅仅立足于综合利用炼油厂干气回收利用，不可能稳定可靠地提供原料，满足需求；而立足于重质油裂解，装置的规模小、技术落后、原料消耗能耗高，也不能满足需求。当时国际上已经普遍采取大型管式裂解生产技术，以化工轻油为原料建立大型化工联合企业，确保充足的有机原料供应。

1972年2月，中共中央、国务院批转国家计委《关于进口成套化纤、化肥技术设备的报告》。

这个被称为“四三方案”的引进项目共从日本、美国、联邦德国等国引进26项总值43亿美元的成套项目，其中有21项是石化项目，其中包括：乙烯项目2项，分别是北京石化总厂乙烯项目、吉林化学工业公司（简称“吉化”或“吉林石化”）乙烯项目；化纤项目4项；化肥项目13项；还有北京化工二厂聚氯乙烯项目和南京烷基苯厂烷基苯项目等。

北京石化总厂“四烯工程”主要包括30万吨/年乙烯装置、18万吨/年高压聚

乙烯装置、8万吨/年聚丙烯装置和4.5万吨/年丁二烯装置，还包括配套建设的6万吨/年乙二醇装置、10万吨/年甲苯脱甲基制苯装置、4万吨/年聚酯装置和北京化工二厂配套建设的8万吨/年聚氯乙烯装置等。

1972年12月25日，中国技术进口总公司与日本东洋公司签订北京石化总厂30万吨/年乙烯装置引进合同，是“四三方案”中第一个签约的项目，总价为9250万元人民币（4250万美元），工程于1973年8月破土动工。

该项工程是当时中国石油化工规模最大、技术最复杂的项目。4套装置仅国外供应的设备材料重达3万余吨，国内供应的钢材达15万吨，最重的塔500吨，最大的换热器75吨。工程技术要求高，乙烯裂解温度为798～847℃，深冷分离的最低温度为–165℃，高压聚乙烯最高聚合压力达259.9兆帕，选用的合金材料多，安装精度要求高。4套装置共有360个单项工程，由国内11个设计单位、16个建设安装单位共3.2万人参加建设；国外有3个国家的9个承包公司分包工程。公用工程、土建设计、设备安装等由中国自行负责，国家计划委员会组织了全国27个省、自治区、直辖市800多个单位的1000多厂家赶制国内供应的设备和材料。北京市动员了14个工业局和7个区、县的300多个单位分别承担供电、电信、勘测、交通运输和物资供应等任务。

土建工程采用深井连锁大面积爆破方法，用一年零一个月的时间，完成了180万立方米土石方工程任务。乙烯工程有4个1500立方米的巨型球罐，材质是低温高强钢板，施工质量要求高；安装工人通过不断改进工艺，只用了6个月的时间就完成了原定10个月的工作任务。乙烯装置的丙烯精馏塔高83.4米，内径4.5米，总重量565吨。在吊装时，日方推荐采用龙门扒杆、偏心、光体吊装法，最大吊装重量只有320吨，大量的保温、照明等安装工作要等塔主体安装就位后再进行。为争取时间，安装工人决定进行整体吊装。在全国8个化工建筑公司和清华大学工程力学系老师的协助下，他们采用国内传统的A型扒杆整体吊装方案，把附塔管线、梯子平台、仪表、照明、保温等项目全部在地面安装好。1975年3月31日上午，这台重达565吨的巨塔，只用了67分钟，就不磕不碰、稳稳当当地矗立在工地上。

1976年5月8日，乙烯装置投油开车，在一批化工专家的周密计划和指挥下，先后启动了11台裂解炉、15座精馏塔、103台加热器、6600多块仪表和几万个阀门，没有出现操作事故，仅用9天15小时就生产出合格乙烯。美国鲁姆斯公司专家称赞：确实是世界一流水平。5月18日，丁二烯抽提装置投料试车，仅用66小时就生产出了合格的丁二烯。6月7日，高压聚乙烯装置投料试车，加入催化剂后2小时就生产出合格的高压聚乙烯。6月17日，聚丙烯装置投料试车，22小时就生产出合格的聚丙烯。随后，北京石化总厂又陆续建设了引进的6万吨/年乙二醇、10万吨/年脱烷基制苯、2.7万吨/年对二甲苯和4万吨/年聚酯等装置，使中国石化工业向世界先进行列跃进了一大步。

吉化引进项目以生产有机化工原料为主。建设了一套250万吨/年的炼油厂，配套建设引进11.5万吨/年的乙烯装置，并采用引进技术生产丁醇、辛醇、酒精、乙醛、醋酸等产品。

上海石油化工总厂、辽阳石油化纤总厂和四川维尼纶厂3套石油化工化纤装置，在以生产化学纤维为主的同时，生产合成树脂和基本有机化工原料，其中上海石化乙烯生产能力11.5万吨/年，辽阳石化7.3万吨/年，还生产对二甲苯、芳烃等有机化工原料。

南京烷基苯厂于1976年成立，建设了从意大利引进的烷基苯磺酸生产装置，生产能力为正构烷烃5万吨/年、直链烷基苯5万吨/年。这套装置的建成投产，改善了中国洗涤行业原料落后的状况，提升了中国洗涤产品质量。

第三节
快速发展为"支柱产业"
（1978～2000年）

十一届三中全会以后，随着改革开放的进程，中国石化工业积极向市场经济体制转型，行业稳步发展，生产技术装备水平日益提高，经济效益持续不断增长。

1978年，中国原油年产量达到1亿吨。为了用好1亿吨原油，为国民经济发展积累更多资金，1983年，中共中央、国务院决定成立中国石油化工总公司，将原属石油部、化工部、纺织部及地方所属的38个炼油、化工、化纤、化肥企业和21个相关科研、设计等单位统一管理，改变了多头领导、条块分割、分散管理的状况，实现了中国石化工业集中管理和快速发展。中国石化总公司成立后，迅速恢复引进的大庆石化、扬子石化、齐鲁石化和上海石化4套30万吨/年乙烯装置和与之配套的石油化工装置的建设，分别于20世纪80年代后期建成投产。同时石化工业加大对外开放，加强与国外同行的技术交流，引进国外先进技术，开展工艺革新和技术改造，国内乙烯产能和产量水平实现较大提高，促进中国石化产业加快发展。

到1990年，中国原油加工能力达到1.44亿吨，实际原油加工1.07亿吨。乙烯产业初具规模，乙烯生产能力达到196万吨，产量达到157.20万吨，跃居世界第8位。乙烯工艺技术水平提高了一大步，促进了有机化工原料、合成塑料、合成橡胶、合成纤维等相应发展。

20世纪90年代初，中国经济体制从传统计划经济向社会主义市场经济转变，由于经济的快速发展对能源的需求量不断增加，中国由石油净出口国变为净进口国。石化工业顺应两大转变，加大国内外两种资源、两种市场的开发利用，加工进口原油，拓展海外市场，加快将石化工业建设成为国民经济支柱产业的进程，努力实现大型化、一体化、集约化，不断推动国民经济快速发展。

1992年，中国石化率先转变经济增长方式，将燕山石化30万吨/年乙烯装置改扩建为45万吨/年，走出了一条消除瓶颈制约、以内涵发展为主的道路，并在系统内推广燕山乙烯通过技术改造提高生产能力的经验，完成了扬子、上海、齐鲁、大庆等第一轮乙烯改造，以较少的投入使乙烯生产能力从30万吨/年提高到40万～48万吨/年。镇海炼化实施滚动发展，原油加工能力突破1000万吨/年，成为国内第一个年加工量突破1000万吨的企业。同时中国石化集中力量，重点建成了安庆石化、福建炼油、辽化二期、茂名乙烯、九江化肥及一批深度加工和储运设施项目，积极加工进口原油，使国内炼化企业生产技术装备水平和运行水平得到很大提高。在科技开发上，进一步加大科研投入，组织“一条龙”科技攻关，实现炼油技术基本实现立足国内，在消化、吸收的基础上自主创新，一批炼油、化工、催化剂达到同期国际先进水平。

到2000年底，中国石化原油一次加工能力达到2.76亿吨/年，原油加工量达到2.11亿吨，全国形成镇海炼化、茂名石化、金陵石化、齐鲁石化4座超千万吨级的原油加工基地；全国共有乙烯装置18套，其中30万～48万吨/年的中型乙烯7套，16万吨/年以下的小型乙烯11套，生产能力达到445.2万吨/年，乙烯年产量达到471万吨，是1990年157.2万吨的3倍，在世界乙烯生产国中，排在美国、日本、韩国之后，列第四位。

一、油气资源开发助推石油化工发展

大庆油田投产后，中国原油产量迅速增长。在保持大庆油田稳产增产的同时，石油工业陆续进行了胜利、大港、江汉、河南、长庆、辽河、华北等新油区的石油勘探会战与开发，保证了全国原油产量的不断增长。1978年，中国原油年产量首次突破1亿吨，达到1.04亿吨，进入了世界主要产油国家的行列。到1985年，原油产量达到1.25亿吨，在全世界产油的65个国家和地区中，原油年产量在1亿吨以上的国家有7个，中国居第6位。1990年达到1.38亿吨，是1949年12.09万吨的1141倍。

在原油产量高速增长的同时，天然气生产也快速发展。1985年，全国天然气年产量达到128.3亿立方米，是1949年1117万立方米的1149倍，其中四川产气55.4亿立方米，大庆、辽河、胜利、中原、大港和克拉玛依等油田也都成为天然气生产基地。

原油和天然气产量的增长，使全国的能源生产构成和消费构成发生了较大的变化。石油和天然气所占的比例从1949年的不足1%分别上升到1985年的22.9%和19.34%，为石油化学工业发展提供了充足的原料。

但由于管理体制、生产技术等各方面原因，当时中国油气资源利用效率不高。据石油部规划小组研究数据显示，每1000美元国内生产总值的耗油量，中国为0.31吨，印度为0.26吨，日本为0.17吨。中国1亿吨石油所创造的价值同其他国家相差甚远，造成资源的巨大浪费。

为了用好1亿吨原油，1983年2月19日，中共中央、国务院正式下发了七号文件《中共中央、国务院批转国家经委等四部委〈关于成立中国石油化工总公司的报告〉的通知》，批准成立中国石油化工总公司。7月10日，中国石油化工总公司正式成立，对全国原来分属石油部、化工部、纺织部等部门管理的38个炼油、石油化工和化纤企业，实行集中领导，统筹规划，统一管理。

党和国家对中国石化总公司的成立寄予很大的希望，希望石化工业在20世纪80、90年代，为整个国民经济的振兴作出更大的贡献。要求通过提高石油化学工业来改善国民生活；给国民经济建设提供较多的财力，增加国家的收入和积累；实现2000年国内生产总值翻两番的目标。

这一举措，极大地推动了中国石油化学工业的振兴，推进了中国石化工业专业化、集约化、一体化发展，并从多个方面带动了国民经济水平的快速增长，促进了人民群众衣食住行生活质量的根本性提高。

二、石油炼制工业进入快速发展期

到1978年，中国的炼油能力有了较大发展，但布局上尚存在企业布点零星分散、点多规模小的问题。详见表2-13-2。

表 2-13-2　1978 年全国炼油厂加工能力及地区分布

序号	企业名称	原油加工能力 /（万吨 / 年）	所在区域
1	大庆炼油厂	500	黑龙江省大庆市
2	石油一厂	300	辽宁省抚顺市
3	石油二厂	450	辽宁省抚顺市
4	石油三厂	120	辽宁省抚顺市
5	石油五厂	470	辽宁省锦西市
6	石油六厂	200	辽宁省锦州市
7	石油七厂	550	辽宁省大连市
8	鞍山炼厂	250	辽宁省鞍山市
9	吉化炼厂	250	吉林省吉林市
10	前郭炼厂	50	吉林省前郭市
11	盘锦炼厂	75	辽宁省盘锦市
12	林源炼厂	50	黑龙江省大庆市
13	哈尔滨炼厂	50	黑龙江省哈尔滨市
14	吉林江南炼厂	15	吉林省吉林市
15	北京东方红炼油厂	750	北京市房山区
16	天津炼油厂	250	天津市大港区
17	天津一石化厂	90	天津市西青区
18	沧州炼油厂	75	河北省沧州市
19	兰州炼油厂	250	甘肃省兰州市
20	玉门炼油厂	80	甘肃省玉门市
21	独山子炼油厂	120	新疆维吾尔自治区克拉玛依市
22	乌鲁木齐炼油厂	250	新疆维吾尔自治区乌鲁木齐市
23	克拉玛依炼油厂	20	新疆维吾尔自治区克拉玛依市
24	冷湖炼油厂	20	青海省冷湖
25	长庆炼油厂	20	甘肃省长庆市
26	延长炼油厂	16	陕西省延安市
27	上海炼油厂	400	上海市浦东

续表

序号	企业名称	原油加工能力/(万吨/年)	所在区域
28	上海石化总厂	250	上海市金山区
29	齐鲁石化公司	600	山东省淄博市
30	济南炼油厂	100	山东省济南市
31	南京炼油厂	550	江苏省南京市
32	镇海炼油厂	250	浙江省宁波市
33	安庆石化厂	250	安徽省安庆市
34	杭州炼油厂	15	浙江省杭州市
35	茂名炼油厂	450	广东省茂名市
36	长岭炼油厂	300	湖南省岳阳市
37	荆门炼油厂	300	湖北省荆门市
38	武汉炼油厂	250	湖北省武汉市
39	广州石化厂	250	广东省广州市
40	南阳炼油厂	30	河南省南阳市
41	南充炼油厂	25	四川省南充市
总计		9291	

20世纪80年代，炼油工业以提高原油加工深度，开展综合利用，提高产品质量为目标，建成一批以重油催化裂化为主体的深度加工装置，同时新建和改造了一批催化重整、加氢精制、润滑油添加剂等装置，使原油深度加工能力增加60%，轻质油品收率从53%提高到58%。金陵石化加氢裂化、锦州石化添加剂等装置，以及一批催化裂化项目等，都创造了中国石化工业史上开车投产的新纪录。油品质量得到提高，90号以上汽油的比重从12.2%提高到35%，高、中档润滑油产量也达到总量的57%。建设了一批烷基化、甲基叔丁基醚、聚丙烯等气体综合利用装置，使气体的化工利用率从30%提高到40%，用炼厂气生产聚丙烯的能力达到30万吨/年以上。

为提高原油一次加工能力，新建洛阳500万吨/年炼油工程，福建炼油厂250万吨/年炼油工程，并进行了广州石化炼油扩建工程。

洛阳石化是中国第一座单系列加工原油500万吨/年大型炼油厂。1977年12月动工，1980年1月缓建，1984年11月恢复建设。主要生产装置有500万吨/年常减压、

200万吨/年催化裂化、10万吨/年烷基化、30万吨/年气体分馏、24万吨/年液化气脱硫醇、80万吨/年催化柴油加氢精制、70万吨/年连续重整、80万吨/年直馏柴油加氢精制等装置。其中，连续重整、烷基化和溶剂脱沥青是从国外引进技术和部分关键设备，其余均由国内设计和制造。

福建炼油厂由中国石化总公司和福建省人民政府于1989年1月合资成立。1993年9月，250万吨/年炼油装置建成投产。1997年5月，经过改造原油加工能力提高到400万吨/年。

广州石化总厂二期扩建工程于1986年经国家批准建设，主要建设250万吨/年常减压、100万吨/年减黏裂化、100万吨/年重油催化裂化、40万吨/年加氢精制、40万吨/年连续重整、6万吨/年烷基化、80万吨/年溶剂脱沥青和2套15万吨/年气体分馏等装置，其中烷基化、减黏裂化、溶剂脱沥青、连续重整、重油催化裂化5套装置从国外引进技术和部分关键设备，其余均为国内设计和制造。

在新厂建设的同时，一些老炼油厂也进行了以扩大一次原油加工能力和提高原油加工深度的改造，使全国原油加工能力适应了国民经济发展的需要。到1990年，中国的原油加工能力达到1.44亿吨，其中中国石化总公司1.24亿吨；日处理原油能力290万吨，居世界第4位；二次加工能力近6000万吨。炼油工业技术在许多方面已经达到世界20世纪80年代水平。

20世纪90年代，以催化裂解（DCC）和多产液化气和汽油的催化裂化技术（MGG）为代表的炼油加工技术取得突破。利用重质原料生产轻质烯烃的深度催化裂解（DCC）技术是由中国石化石化科学研究院开发的，以重质油为原料，使用固体酸择形分子筛催化剂进行裂解反应，生产低碳烯烃或异构烯烃和高辛烷值汽油的工艺技术。中国石化把该项目的工业化试验列为“十条龙”科技攻关项目之首。1990年，催化裂解工业化试验取得成功后，在国内建成多套大型工业生产装置应用，提高了原油加工深度，催化裂解工艺技术在中国、美国、欧洲和日本等国取得专利，并成为中国首套出口的大型石化成套技术，出口至泰国、沙特阿拉伯、印度等国家。

随着国民经济高速发展，中国能源需求迅速增长。从1993年中国成为石油净进口国，进口量逐步扩大，但进口原油含硫量较高，腐蚀设备。中国炼油工业在含硫原油加工方面有重大突破，解决了这一问题，建设了一批加工高含硫原油装置，使加工进口原油能力增加，1999年原油净进口量已接近4000万吨。

截至1998年底，中国有各类炼油厂220个，其中加工能力在100万吨/年以下的有193个（1997年全国炼厂情况详见表2-13-3）。1998年，中国开始对石油石化行业进行宏观调整。1999年起，中国关闭小型炼厂和低效能力总计超过3000万吨/年。同时，国家加快对大中型炼油企业的扩能，加快炼油厂扩建和改建，使炼油总体水平得到提高，效益明显提升。

表 2-13-3　1997 年全国炼油厂情况表

序号	企业名称	原油加工能力/（万吨/年）	归属部门	所在区域
1	大庆石化总厂	600	中国石化总公司	黑龙江省大庆市
2	林源炼厂	250	中国石化总公司	黑龙江省大庆市
3	哈尔滨炼油厂	300	中国石化总公司	黑龙江省哈尔滨市
4	前郭炼油厂	250	中国石化总公司	吉林省前郭市
5	辽阳化纤公司	400	中国石化总公司	辽宁省辽阳市
6	抚顺石化公司	920	中国石化总公司	辽宁省抚顺市
7	锦州炼化总厂	550	中国石化总公司	辽宁省锦州市
8	锦西炼化总厂	500	中国石化总公司	辽宁省葫芦岛市
9	鞍山炼厂	250	中国石化总公司	辽宁省鞍山市
10	大连石化公司	710	中国石化总公司	辽宁省大连市
11	大连西太平洋公司	500	中国石化总公司	辽宁省大连市
12	大庆化学助剂厂	550	中国石油天然气总公司	黑龙江省大庆市
13	辽河石化厂	260	中国石油天然气总公司	辽宁省盘锦市
14	辽河油田炼厂	15	中国石油天然气总公司	辽宁省盘锦市
15	吉林炼油厂	70	中国石油天然气总公司	吉林省吉林市
16	吉化炼油厂	530	化工部	吉林省吉林市
17	江南炼油厂	30	化工部	吉林省吉林市
18	牡丹江石化厂	30	化工部	黑龙江省牡丹江市
19	燕山石化公司	950	中国石化总公司	北京市房山区

续表

序号	企业名称	原油加工能力/（万吨/年）	归属部门	所在区域
20	天津石化公司	600	中国石化总公司	天津市大港区
21	石家庄炼油厂	250	中国石化总公司	河北省石家庄市
22	沧州炼油厂	200	中国石化总公司	河北省沧州市
23	大港炼厂	250	中国石油天然气总公司	天津市大港区
24	呼和浩特炼厂	130	中国石油天然气总公司	内蒙古自治区呼和浩特市
25	华北化学药剂厂	180	中国石油天然气总公司	河北省任丘市
26	保定石化厂	50	河北省	河北省保定市
27	兰州炼油厂	600	中国石化总公司	甘肃省兰州市
28	兰州化学工业公司	150	中国石化总公司	甘肃省兰州市
29	乌鲁木齐石化厂	500	中国石化总公司	新疆维吾尔自治区乌鲁木齐市
30	独山子炼油厂	600	中国石油天然气总公司	新疆维吾尔自治区克拉玛依市
31	克拉玛依炼油厂	300	中国石油天然气总公司	新疆维吾尔自治区克拉玛依市
32	延长炼厂	70	中国石油天然气总公司	陕西省延安市
33	延安炼厂	150	中国石油天然气总公司	陕西省延安市
34	玉门炼厂	400	中国石油天然气总公司	甘肃省玉门市
35	花土沟炼厂	15	中国石油天然气总公司	青海省海西州
36	格尔木炼厂	100	中国石油天然气总公司	青海省格尔木市
37	泽普石化厂	20	中国石油天然气总公司	新疆维吾尔自治区喀什市
38	长庆马岭炼厂	30	中国石油天然气总公司	甘肃省庆阳市
39	长庆马家滩炼厂	30	中国石油天然气总公司	宁夏回族自治区灵武市
40	长庆咸阳助剂厂	30	中国石油天然气总公司	陕西省咸阳市
41	宁夏炼厂	75	宁夏回族自治区	宁夏回族自治区银川市
42	甘肃庆阳石化厂	80	甘肃省	甘肃省庆阳市

续表

序号	企业名称	原油加工能力/（万吨/年）	归属部门	所在区域
43	上海石化公司	530	中国石化总公司	上海市金山区
44	高桥石化公司	730	中国石化总公司	上海市浦东新区
45	金陵石化公司	700	中国石化总公司	江苏省南京市
46	扬子石化公司	550	中国石化总公司	江苏省南京市
47	镇海炼化公司	850	中国石化总公司	浙江省宁波市
48	安庆石化公司	380	中国石化总公司	安徽省安庆市
49	福建炼油厂	400	中国石化总公司	福建省泉州市
50	九江炼油厂	400	中国石化总公司	江西省九江市
51	济南炼油厂	500	中国石化总公司	山东省济南市
52	齐鲁石化公司	800	中国石化总公司	山东省淄博市
53	胜利石化总公司	150	中国石油天然气总公司	山东省东营市
54	胜华炼油厂	73	中国石油天然气总公司	山东省东营市
55	杭州炼油厂	70	浙江省杭州市	浙江省杭州市
56	青岛石化厂	300	山东省青岛市	山东省青岛市
57	扬州石化厂	30	江苏省扬州市	江苏省扬州市
58	泰州石化厂	50	江苏省泰州市	江苏省泰州市
59	清江石化厂	63	江苏省清江市	江苏省清江市
60	洛阳石化公司	500	中国石化总公司	河南省洛阳市
61	洛阳炼油实验厂	35	中国石化总公司	河南省洛阳市
62	武汉石化厂	400	中国石化总公司	湖北省武汉市
63	荆门石化厂	500	中国石化总公司	湖北省荆门市
64	巴陵石化公司	500	中国石化总公司	湖南省岳阳市
65	广州石化公司	770	中国石化总公司	广东省广州市

续表

序号	企业名称	原油加工能力/（万吨/年）	归属部门	所在区域
66	茂名石化公司	850	中国石化总公司	广东省茂名市
67	南阳炼厂	62	中国石油天然气总公司	河南省南阳市
68	中原综合处理厂	120	中国石油天然气总公司	河南省濮阳市
69	江汉石化厂	22	中国石油天然气总公司	湖北省潜江市
70	南充炼厂	30		四川省南充市
71	四川小炼厂	3		四川省南充市
72	北海炼厂	45	广西壮族自治区	广西壮族自治区北海市
总计		22888		

到2000年，中国原油加工能力达到2.79亿吨，原油加工量达到2.11亿吨，产能率达到75.49%。中国石化集团公司加工原油1.12亿吨，中国石油集团公司加工原油8232.52万吨。中国石化镇海炼化成为中国第一家原油加工能力超过1000万吨/年的企业，达到1200万吨/年；2000年实际加工原油超过1000万吨，成为中国第一家年加工能力和实际加工原油超过1000万吨的企业。大连石化、茂名石化、金陵石化、齐鲁石化原油加工能力也超过1000万吨/年。

三、开发应用一批石油炼制新工艺技术

石化炼制行业加强科研、设计和生产企业协作，开发和应用了一批新工艺技术，提高了原油加工深度和轻质油品收率，改善技术经济指标，在“五朵金花”的基础上，炼油工业采取自主开发为主、引进吸收为辅的原则，继续加快升级完善催化裂化、催化重整、加氢精制和加氢裂化等工艺及催化剂技术，不断取得突破并相继实现工业化。形成新型催化裂化、常压渣油催化裂化、连续重整、氢氟酸烷基化、相关催化剂、高档润滑油等技术。完成催化裂解技术（DCC）、最大量生产气体化和汽油技术（MGG）、催化裂化-芳烃抽提组合工艺、催化干气制乙苯技术等。在催化裂化方面，中国开发了多种类型的沸石催化剂及适应催化剂操作的提升管催化裂化装置，渣油催化裂化技术也取得了较快发展；在催化重整方面，陆续开发了

双金属、多金属重整催化剂；在加氢技术方面，进一步开发了多种系列加氢精制、加氢裂化催化剂，以及满足不同原料和产品需求的加氢精制、加氢裂化技术，利用自主技术建成投产多套加氢装置。

中国基本实现了现代炼油工业所需的主体技术和催化剂自给自足，为满足汽车工业对优质汽柴油需求的快速增长及大规模加工多种原油，提供了技术保障。随着炼油主体技术的进步，中国炼油工业的生产规模不断扩大，设备制造、运行水平也不断提高。截至2000年，中国自主设计规模最大的催化裂化装置达到300万吨/年，加氢裂化装置规模达到80万吨/年，炼油企业的综合加工能力和深加工能力不断增强，炼油能力突破2.7亿吨，世界排名上升到第三位，迈入炼油大国行列。

这一时期，中国开发的石油炼制技术主要在新型催化裂化技术包括提高催化剂再生的效率，炼制重质原料，发展新型催化剂，以及降低加工能耗等方面。

（一）催化裂化高效再生技术

1978年9月，由洛阳炼油设计研究院设计，采用提升管高效再生催化裂化装置建成投运，采用具有内循环管烧焦罐的高效再生技术。北京石油设计院等单位把原流化催化裂化装置改造为提升管高效再生催化裂化装置，取得很好的效果。石油化工科学研究院于1979年试制出一氧化碳助燃剂，并在各炼油厂的催化裂化装置推广使用。

（二）催化裂化装置加工重质原料

北京石油化工设计院等采用石油化工科学研究院的研究成果，于1980年在6万吨/年的催化裂化工业装置上实现了掺炼大庆原油常压重油，掺入的常压重油最多达32%。洛阳炼油设计研究院等单位设计建成国内第一套同轴式提升管催化裂化装置，掺炼长庆原油减压渣油和二段脱沥青油，各项主要指标均达到设计要求。石油化工科学研究院与齐鲁石化催化剂厂合作，研制生产出了Y-7型半合成稀土分子筛系列催化剂，各项技术指标基本达到国外同类裂化催化剂的质量水平，工业试用后，轻质油收率显著提高。

（三）重油深度加工技术

采用机械抽真空干式减压蒸馏、三级抽真空和混合式干式减压蒸馏，使常减压蒸馏装置减压塔馏出率比一般减压蒸馏多8%～10%，作催化裂化或加氢裂化原料，以制取轻质油品。采用以丁烷、异丁烷为溶剂的两段脱沥青工艺，将减压渣油先经脱沥青工艺，脱除大部分沥青和重金属后，作催化裂化装置的原料，分离沥青、胶质、脱沥青油3种组分。其中，脱沥青油收率可达60%～70%，比一般溶剂脱沥青方法提高10%～20%，镍含量降低2/3。采取减黏裂化工艺，从减压渣油中制取低黏度燃料重油。采用上流式反应塔减黏裂化工艺，使液油的100℃黏度降低90%，再加入少量柴油即可得到各种牌号的锅炉燃料油和船用内燃机燃料油，可节约调合用柴油20%左右。

（四）催化重整技术

在重整工艺及设备改造上，普遍采用分段混氢新工艺，不仅节能效果显著，而且提高了芳烃产品收率。完善重整催化剂再生技术，采用氯化更新技术，使再生后催化剂活性基本恢复到新鲜催化剂95%以上。用80～180℃馏分经催化重整制取高辛烷值汽油组分进行宽馏分重整研究。积极开发活性更高的铂-铼、铂-锡系列全氯型重整催化剂的研制工作，并对废铂铼催化剂的回收利用做了大量试验。

（五）炼油厂气体综合利用

利用液化气提高汽油辛烷值，扩大高标号车用汽油产量。建成多套采用硫酸作催化剂的烷基化装置，生产烷基化油用作高辛烷值汽油的组分。研制异构化催化剂，将碳五、碳六馏分进行异构化后作为汽油组分，其辛烷值提高15个单位。

除上述技术以外，还开发出加氢裂化、重芳烃利用、石蜡加氮精制等新技术。

四、加快乙烯生产能力建设

（一）恢复建设4套引进乙烯项目

1977年7月，中共中央批准国家计委《关于引进新技术和进口成套设备规划的请示报告》。根据这个报告，1978年，中国签约22个大型引进工程。其中包括大庆石化、齐鲁石化、扬子石化、上海石化各1套30万吨/年乙烯生产装置，上海石化二期工程20万吨/年聚酯项目，江苏仪征53万吨/年超大型聚酯项目，以及吉化11.5万吨/年乙烯关键设备（1972年“四三方案”中推迟项目）等10个石油化工项目。由于国内配套建设资金严重不足，这批项目被停缓建。

中国石化总公司成立后，采取与地方合作筹资、用石化产品集资、“以产顶进”、发行企业债券、利用国外贷款等多种方式，有效解决了建设资金困难问题，加快了项目的建设速度。

1.大庆30万吨乙烯工程

1981年9月国务院批准恢复建设，总投资为49.2亿元。30万吨/年乙烯由日本日挥公司承建，采用美国斯通-韦伯斯特（SW）公司技术。一期工程于1986年6月投料试车，二期工程于1988年8月建成投料试车。1990年9月正式通过国家竣工验收。

2.齐鲁30万吨乙烯工程

1984年1月23日，国家计委批准总体规划设计恢复建设，总投资62.98亿元。共有主要生产装置16套，其中国外成套设备引进10套：从日本东洋工程公司引进、采用美国鲁姆斯公司技术的30万吨/年乙烯、8.4万吨/年芳烃、20万吨/年氯乙烯，从日本旭硝子公司引进的环氧氯丙烷、甘油，从英国戴维公司引进的丁醇、辛醇；从联邦德国鲁奇公司引进的甲醇等。引进技术和部分关键设备、国内配套设计和制造的苯乙烯、苯酐、增塑剂装置。国内配套建设150万吨/年常减压装置。一期工程1984年4月1日正式开工建设，1987年5月建成投料试车。

3.扬子乙烯工程

1984年6月1日开工建设。工程总投资71亿元。主要生产装置10套，分两期进行建设。一期工程有30万吨/年乙烯、20万吨/年乙二醇等5套装置，二期工程有45万吨/年芳烃、45万吨/年精对苯二甲酸、6万吨/年乙醛、7万吨/年醋酸等5套装置。1989年10月建成，全部实现了一次投料试车成功。

4.上海30万吨乙烯工程

上海30万吨乙烯工程原拟在南京，1983年移至上海建设。1986年国务院批准利用外资和国内集资建设。工程共有11套生产装置，分别在金山、吴泾、高桥三地建设。建在上海石化6套，上海氯碱总厂4套，高桥石化（1981年9月7日，国务院批准由上海炼油厂、上海高桥化工厂、上海农药厂、上海市石油化学研究所、染化十五厂、化纤二厂、洗涤剂二厂、高桥热电厂合并成立上海高桥石油化工公司，简称“高桥石化”）1套。由国外成套引进的30万吨/年乙烯、12万吨/年环氧乙烷/乙二醇等4套装置建在金山。吴泾建设由日本成套引进的20万吨/年氯乙烯等4套装置。1989年12月开始陆续投料试车，1990年4月打通全流程。工程于1993年12月通过国家竣工验收。

到1990年，国内共有北京燕山石化、上海金山石化、黑龙江大庆石化、山东齐鲁石化、南京扬子石化5个以30万吨乙烯为中心的大型石油化工生产基地，使全国乙烯总生产能力达209万吨/年，乙烯年产量从1970年的1.51万吨提高到157.20万吨，跃居世界第八位。

（二）引进建设多套中型乙烯项目

20世纪80年代后期，许多地方政府积极建设石油化工项目，以拉动地方经济发展。天津、新疆独山子、广州、北京和河南中原、辽宁抚顺等10万吨级乙烯石化工程获得国家批准并开工建设。

1. 广州乙烯工程

广州乙烯工程以广州石化石脑油、轻柴油为原料，乙烯装置生产能力为13万吨/年，下游建有10万吨/年聚乙烯、7万吨/年聚丙烯、8万吨/年苯乙烯、5万吨/年聚苯乙烯、10万吨/年芳烃抽提等五套主体生产装置。1992年签订技术引进合同，引进国外技术和主要设备材料。建设规模为13万吨/年乙烯，后增加一套裂解炉，产能达到15万吨/年。生产装置工程1993年11月开工建设，到1997年建成投料。

2. 抚顺11.5万吨乙烯工程

1985年2月，国家计委批复同意依托抚顺石油化工公司（简称“抚顺石化”）建设，1989年11月开工，1991年11月至1992年5月工程各生产装置建成投料试车。6套生产装置全部从国外成套引进。11.5万吨/年乙烯装置采用美国鲁姆斯公司专利技术，由加拿大鲁姆斯公司承包；5万吨/年环氧乙烷、3万吨/年乙二醇装置采用荷兰壳牌公司纯氧氧化专利技术，由法国德西尼布公司总承包；丁烯装置包括1.5万吨/年丁二烯抽提和1万吨/年1-丁烯装置，分别采用日本瑞翁公司的二甲基甲酸胺溶剂萃取蒸馏专利技术和法国IFP公司的加氢、日本瑞翁公司的溶剂抽提专利技术。工厂自动化水平较高，主要生产装置均采用DCS控制。

3. 天津乙烯工程

天津乙烯工程依托天津石油化工公司（简称“天津石化”）建设。共有14万吨/年乙烯、2.2万吨/年环氧乙烷、4.2万吨/年乙二醇等装置。国外专利商分别为：美国鲁姆斯、荷兰壳牌、美国联碳、意大利海蒙特公司；承包商分别为：西班牙国际联合技术、西班牙FW、意大利蒙克尼蒙公司。工程总投资40亿元，其中外汇3.67亿美元。1991年6月国家批准可行性研究报告，1992年10月开工建设，1995年

11月建成投产，1996年12月通过国家验收。

4.新疆独山子14万吨/年乙烯工程

新疆独山子14万吨/年乙烯工程是国家“八五”重点工程，由中国石油天然气总公司和新疆维吾尔自治区合资兴建，共有配套建设聚乙烯、聚丙烯和乙二醇等8套生产装置和28项辅助及公用工程，总投资42.7亿元，是新中国成立以来国家在西北地区投资最大的项目。1992年7月开工建设，1995年8月投产。

5.北京乙烯工程

北京乙烯工程由北京化学工业集团公司负责建设，乙烯生产能力11.5万吨/年，裂解炉采用荷兰动力技术国际公司GK-V型炉，裂解分离采用意大利TPL公司技术。配套建设环氧乙烷/乙二醇、EVA树脂、丁醇等装置，其中环氧乙烷/乙二醇采用美国科学设计公司技术。1992年5月开工建设，1995年1月投产。

6.河南中原乙烯工程

14万吨/年项目由乙烯、聚乙烯、聚丙烯等主要生产装置组成，1993年开工建设，1996年7月投产。工程概算投资32.02亿元，实际完成投资44.22亿元。

这些小乙烯工程的规模偏小，裂解原料来源没有保障，加之采用贷款建设方式，普遍出现经济效益差、银行贷款偿还困难的问题。其后主要实行了债转股等政策，进行了扩能技术改造。抚顺、独山子、天津等均发展成为百万吨乙烯基地。

五、创新发展模式，全面进行改扩建

20世纪80年代以前，石化工业传统发展模式是不断兴建新厂、新装置，走的是外延扩大生产、粗放经营的路子。面对日益激烈的市场竞争，此种模式难以为继。石油化工企业创新发展思路，从外延为主转到以内涵为主，走依靠技术改造，消除“瓶颈”制约的道路；从注重速度的增长，转到注重经济效益最佳化上来。

（一）燕山乙烯改扩建转变石化经济发展模式

1992年，燕山石化建设的中国第一套30万吨/年乙烯装置已经运行了16年，生产技术、规模日益落后。为扩大产能、降低能耗，提高企业技术水平，燕山石化创新发展思路，提出以技术改造为主的改扩建工程，将乙烯装置改扩建为45万吨/年。这个方案得到时任国务院副总理朱镕基的充分肯定。改扩建方案中乙烯装置采用美国鲁姆斯公司最大能力扩容技术（MCET），3台裂解炉及部分关键设备、仪表和材料随同技术一起引进，少量器材国外采购，其余国内供应。工程于1992年国家正式批准建设，1994年9月建成投产，历时28个月，总投资28亿元。1995年12月通过国家竣工验收。创造了工期缩短一半、投资减少一半，投产当年达标的好成绩。

这项工程在建设思想、建设模式、建设方法上都有创新，为中国乙烯工业的建设提供了一个新的模式。其后，上海、扬子、齐鲁、大庆等4套乙烯装置进行了技术改造，装置产能先由30万吨/年乙烯扩到了40万～45万吨/年乙烯，收到了很好的经济效益。同时，“四三方案”引进的上海石化、辽阳石油化纤总厂（以下简称“辽阳化纤”，1996年更名为辽阳石化）、吉化几套10万吨级装置及兰化乙烯也进行了扩能改造。

与此同时，吉林石化、茂名石化新建30万吨/年乙烯一体化石化项目也建成投产。

吉林石化30万吨/年乙烯工程由乙烯、聚乙烯、乙二醇、丙烯腈、苯酐、苯酚、丙酮、乙丙橡胶、ABS等装置组成，总投资195.6亿元，于1993年开工建设，1997年全面建成投产。

茂名石化30万吨/年乙烯工程总投资156亿元，1993年开工建设。主要生产装置有：30万吨/年乙烯、10万吨/年环氧乙烷/乙二醇、10万吨/年苯乙烯、4万吨/年MTBE、1.5万吨/年1-丁烯、5万吨/年丁二烯、15万吨/年黏芳烃抽提等。其中8套装置成套引进国外技术和主要设备材料，2套装置采用国内技术和引进部分设备。1996年8月、9月、11月相继建成投料，一次试车成功。

1999年，茂名30万吨/年乙烯工程也顺利实施改扩建，生产能力提高到38万吨/年。

（二）推广镇海经验，扩建一批大型炼油项目

镇海炼化炼油一期工程建成于1978年11月，设计原油年加工能力250万吨。1984年9月建成重油为原料的大化肥装置。此后又建设了包括第二套250万吨常减压和加氢裂化、加氢精制、延迟焦化、催化重整等生产装置和10万吨级海运码头。

1987年3月，镇海炼化炼油改扩建工程开始建设，采取一次规划、分步实施、滚动发展的方式推进炼油改造，先后将第一套常减压装置改造至300万吨，将120万吨蜡油催化裂化装置改造为140万吨渣油催化裂化装置。将原油泊位改造扩大到25万吨级，比新建一个10万吨级码头节约投资约3000万元。并对第一套常减压装置实施再次改造，使其加工能力从300万吨扩大到400万吨，成为国内第一套具备400万吨/年单炼中东含硫原油能力的装置，比新建一套100万吨/年的常减压装置

可节省投资6000万元。经过这些技术改造和适当新建，镇海炼化炼油能力在20世纪90年代中期达到了800万吨/年。

1996年初，经过反复优化调整和测算论证，镇海炼化提出了一个只新建4套装置和改造7套装置，最终新增800万吨中东含硫原油加工能力，总投资只有68亿元的方案，比最初方案节约投资41亿元。这个方案更加注重消除制约整个系统发挥效用的"瓶颈"，依靠新技术、新工艺、新材料，以最少的投资完成对"瓶颈"的改造，大大节约了建设投资。这一实施消除"瓶颈"改造扩建的直接效果，使镇海炼化实现了跨越式发展，跻身世界炼油企业百强之列。2000年完成改扩建第一步工程，炼油加工能力达到1200万吨/年，跨入了千万吨级炼厂的行列，当年原油加工量在国内率先突破1000万吨，实现了中国炼油工业历史性的突破。2003年完成改扩建第二步项目，原油综合加工能力提高到1600万吨，成为中国最大的炼化企业，体现了增长方式的根本性转变。

中国石化推广镇海炼化经验，推进装置向大型化发展，围绕深度加工、润滑油和石蜡以及加工含硫原油进行，深度加工主要是指催化裂化、焦化、加氢裂化等装置的改造，基本不铺新摊子。燕山石化、天津石化、高桥石化、安庆总厂和长岭炼化等催化裂化装置进行了掺重油改造。为进行重油深度加工，茂名石化、上海石化、高桥石化、金陵石化、扬子石化、齐鲁石化等企业在技改投资中安排了重油催化裂化的建设。燕山石化、锦州石化120万吨/年重油催化裂化，大连石化、兰炼总厂、济南炼厂的140万吨/年重油催化竣工投产后，原油加工深度提高，经济效益显著。焦化改造主要实施了金陵石化、扬子石化和荆门石化的改扩建，共增加焦化能力90万吨/年，其中金陵石化焦化装置主要是增设两塔（焦炭塔）一炉（进料加热炉），分馏塔部分塔盘改造，气压机引进防爆大电机和变频调速系统。茂名石化、金陵石化加氢裂化装置进行了改造，茂名石化选用洛阳工程公司部分循环改造方案，更换高压换热器，扩建加热炉，改造气体脱硫系统等；改造后，生产能力扩大10万吨/年。重点对大连石化、高桥石化和抚顺石化等几家生产润滑油和石蜡的企业加大了技术改造力度，采用甲乙酮-甲苯为溶剂的脱蜡脱油联合工艺，用石蜡加氢工艺替代白土精制工艺，采用四塔三效节能新技术，使装置能耗小于100万千卡/吨原料。

镇海经验的推广，使中国炼油工业的技术水平和整体加工深度得到提高，经济效益迅速增长。

（三）自主设计生产乙烯裂解炉

裂解炉是乙烯装置的核心设备，中国新建裂解炉工艺包一直依赖国外公司引进，成本居高不下。

自1984年起，中国石化总公司组织北京化工研究院、石化工程建设公司、兰州化工机械研究院合作，对乙烯裂解炉技术进行深入研究和消化吸收，相继开发了多种具有同期世界水平的裂解炉，分别建成了北方炉（CBL）和南方炉（SH）。

1984年，中国石化组织中国石化工程建设公司、北京化工研究院和兰州化机院开发裂解炉技术。1988年，2万吨/年的CBL-Ⅰ型裂解炉在辽阳投产，达到当时国际同类型裂解炉的先进水平。它的诞生，开创了中国自主设计制造乙烯装置关键设备的历史。

1995年11月，中国自行设计的第一台4万吨/年蒸汽裂解CBL-Ⅱ型炉辽阳石化的投产，使中国裂解技术上了一个台阶。20世纪90年代，中国石化先后开发了CBL-Ⅱ～Ⅶ型裂解炉，依据工厂实际选择适宜的炉管构型，获得了较好的裂解产物分布和经济效益，在辽阳石化、齐鲁石化、吉化、抚顺石化、燕山石化、天津乙烯和中原乙烯建成投产了9台2万～6万吨/年CBL-Ⅰ、CBL-Ⅱ、CBL-Ⅲ和CBL-Ⅳ型炉，单炉生产能力从2万吨/年发展到10万吨/年，满足国内60万吨/年乙烯装置的生产需求。主要技术经济指标与同期国际水平相当，改变了中国乙烯工业炉完全依靠进口的局面。

通过多年的持续研发，中国石化集团公司开发的CBL裂解炉技术，基于CBL裂解炉技术的SL-Ⅰ大型裂解炉合作技术，低能耗乙烯分离技术和重大装备国产化技术都取得了显著进展，为中国乙烯工业的发展提供了支撑。除此以外，北京化工研究院等单位研发的C_2、C_3、C_4、C_6～C_8、C_9加氢催化剂得到工业应用，使中国的乙烯工业配套技术有了一定的突破。

2000年9月，中国石化与美国鲁姆斯公司合作开发大型裂解炉中10万吨/年的单台液体原料裂解炉（SL-Ⅰ型炉）在燕山石化第二轮乙烯改扩建中第一次建设，并投料成功，其整体技术达到国际先进水平。其后10台10万吨/年的SL-Ⅰ、SL-Ⅱ型炉在上海石化、扬子石化、齐鲁石化等企业第二轮乙烯改扩建工程中建成投用。

此外，中国石化新建的制苯、丁二烯抽提装置全部采用国产的反应器，乙烯装置使用了国产的冷箱、丙烯制冷压缩机、废热锅炉等一系列大型关键设备，带动了国内石化装备业提高到新水平。

国内石化科技人员通过消化吸收引进先进技术，敢于根据自己生产中学习掌握的经验教训对引进技术进行改造，并有能力选择新技术在工程中应用，得到国外同行的高度认可。同时由于工艺技术和大型设备的国产化，做到了节省工程投资，提高了国内设计和设备制造水平。

（四）探索进口原油加工

随着国民经济的持续快速发展，中国成品油和合成材料的消费需求不断增长，成为石油消费增长最快的国家。石油资源不足的情况逐渐显露，缺口日益增大。特别是1985年以后，成品油供不应求的状况继续发展，而国内许多炼化企业和装置因原油不足而“吃不饱、开不好”，不能发挥最佳效益。因此，原油资源问题已逐渐成为炼油和石油化工发展的重大制约条件。

1987年12月，中国石化总公司在召开的第五次直属企业经理（厂长）会议上提出充分利用国际形势的有利时机，党组书记、总经理陈锦华提出加快运用两种资源的工作步伐，要在继续依靠国内资源的同时，积极研究探索利用进口原油加工、保证生产持续增长的新路子。这一思路得到了党中央、国务院的肯定和支持。

按照这一方针，从1988年起，国家有关部门采取措施支持加工进口原油，并特别批准大连石化公司实行自筹外汇、自负盈亏，进行原油加工出口。其他一些沿海、沿（长）江炼油企业开始在国家计划之外，通过多种渠道，采用补偿贸易、来料加工等形式，少量加工进口原油。1989年，加工进口原油430万吨。从此开始较大规模地利用国内、国外两种石油资源。

镇海炼化抓住机遇，突破传统思维，果断决定加工计划外高价油，成为“第一个吃螃蟹者”。随后，他们将目光转向国际市场，签订了中国历史上第一份原油来料加工合同，成为国内最早向美国市场出口汽油、航煤的企业，走上了利用国内外两种资源、国内外两个市场的外向型经营之路。

1992年，镇海炼化、茂名石化、广州石化、高桥石化4家企业获得进出口贸易自营权。国家批准中国石化总公司与中国化工进出口总公司合资成立中国联合石油化工有限公司经营原油进口和成品油出口业务。1992年，国内进口原油加工量达到1136万吨。

中国石化总公司对镇海炼化、茂名石化、高桥石化、金陵石化和广州石化等炼油工艺、产品精制、设备防腐、脱硫、油品贮运、环境保护等方面还进行了加工进口原油的配套改造。

1994年，镇海炼化算山原油码头由15万吨级改造为25万吨级，茂名石化与外商合资建立国内首个25万吨级原油单点系泊投用。中国成为石油净进口国。

1995年，中国石化总公司加工进口原油的生产企业达到16家，全年加工进口原油1781万吨，占加工总量的15.7%。

1996年以后，国民经济快速、稳定发展，社会对油品和石化产品需求旺盛。进口原油加工以平均每年1000万吨的数量增加，到1997年中国石化总公司进口原油达到3546.97万吨，占当年原油加工量的23.1%。

1997年2月27日，镇海炼化的第一船高标号汽油出口美国，这是中国炼油企业首次直接出口到美国的高标号无铅汽油。

为适应加工含硫1%以上含硫原油的需要，中国石化总公司把镇海炼化、茂名石化两个公司作为加工含硫原油的基地，进行配套改造。高桥石化、海南炼化、青岛炼化、福建炼化、天津石化等企业千万吨级高硫原油加工基地建成投产，镇海炼化、茂名石化、金陵石化、广州石化、青岛石化等企业高酸油加工基地建成投用，洛阳石化、齐鲁石化、塔河炼化等加工国内高硫、高酸重质原油改造工程顺利投产，燕山石化、上海石化、高桥石化、镇海炼化、洛阳石化、武汉石化、天津石化、济南炼化、沧州炼化等企业以新建焦化为主的深加工装置陆续投产，沿江及华北企业装置材质实施升级。原油加工适应性的极大提高，拓宽了原油品种选择范围，劣质原油加工能力大幅增加，其中进口高硫油年加工能力达到9700万吨，进口高酸油年加工能力达到1350万吨。

在经营上，企业根据市场变化，灵活调整采购策略，密切关注高低硫价差变化，优化原油采购。价差较大时，充分发挥高硫油加工潜力，增加高硫原油采购量；价差较小甚至出现倒挂时，大幅减少高硫油采购量。根据轻重质原油价差变化，通过优化测算性价比，优选和调整轻重质原油采购结构。

进口原油加工的快速发展，较好地满足了中国经济和社会发展对油品的需求。与直接大量进口成品油相比，其经济意义更为突出。

六、跨国石油化工公司进入中国

20世纪90年代，跨国石化企业通过合资、独资等形式进入中国。

1990年11月7日，经国务院批准，国家工商行政管理局签发营业执照，批准中法合营公司——大连西太平洋石油化工有限公司正式成立。该公司由法国道达尔公司、中国化工进出口总公司、大庆市经济贸易公司、大连市经济技术开发区经济技术发展公司、中国化学工程总公司和中国石油化工总公司等共同投资兴建，是在中国建设的第一家大型中外合资大型石化企业。总投资10.13亿美元，占地面积2.5平方千米，建有生产装置12套，包括：500万吨/年常减压、200万吨/年催化裂化、60万吨/年催化重整、4万吨/年MTBE、30万吨/年气体分馏、100万吨/年煤柴油加氢精制、6万吨/年聚丙烯、10万吨/年烷基化、96万吨/年馏分油加氢、6万米^3（标）/时制氢、200万吨/年渣油加氢脱硫和10万吨/年硫黄回收等。

1992年5月16日，500万吨/年炼油工程项目举行开工奠基仪式，1994年底建成。经过近一年半的工程设计和施工质量的复查、整改，1996年9月23日，500万吨/年常减压装置开工投料试车成功并产出合格产品，其后，催化裂化、气体分馏、煤柴油加氢、MTBE聚丙烯等7套装置相继投料，产出合格产品。1997年8月31日，200万吨/年重油加氢脱硫装置投料试车产出合格产品。至此，12套生产装置开车成功并转入正常生产。

1988年，英荷壳牌公司开始在中国辽宁、山东、广东等地选择建设石化基地厂址。1989年3月，中国海油总公司与英荷壳牌公司签署合作意向书，确定在广东惠州建设南海石化项目，选择了厂址及马鞭州原油码头。1991年1月，国务院批准项目建议书。1993年5月，500万吨/年炼油、45万吨/年乙烯的可行性研究报告编制完成。由于各种原因，之后双方确定不搞炼油只搞化工项目。1997年4月，完成80万吨/年乙烯的补充修改报告，12月获国家批准。2000年10月签署合营合同，2000年12月28日合营公司成立，中外各占50%股份。

2002年11月1日，项目进入实施阶段，厂区位于惠州市大亚湾经济技术开发区，占地面积2.6平方千米。建设内容主要包括以80万吨/年乙烯裂解为龙头的11套化工装置、1座15万吨级的原料码头和1座3万吨的液体化工品码头、33千米的大口径海底管线等设施。工程建设历经38个月，消耗1.57亿人工时，安装主要设备4100台，焊接安装工艺管线1400多千米，安装仪表3.80万台（套）。建立了在线总线系统，铺设了数据传输的网络，实现了全厂一对多的数据传输。同步建立了ERP系统，实现了生产、市场、财务和人力资源的最优化管理，使项目在预定的计划内建成投产，费用有效地控制在1997年国家批准的总投资估算之内。经过国内外专家评估，工厂的建设质量是一流的，安全管理达到了预定的目标。项目于2005年年底完工，2006年1月29日生产出合格的乙烯和丙烯产品，同年3月23日项目全面建成投产。

在建设的同时，中海壳牌积极开展产品预销售和市场开发工作，为投产后产品销售打下良好的基础，项目获得了较好的效益。

随后，中国石化集团公司与德国巴斯夫公司在南京建设了扬巴，与英国石油公司在上海建设了赛科等大型乙烯一体化工程项目。

第四节 加速发展跻身世界石化大国行列

（2001 ～ 2010年）

21世纪初，石化工业以中国加入WTO为契机，加快向规模化和专业化方向迈进，大力发展炼化一体化项目，进一步优化资源配置并进行结构调整，推行现代企业制度，提高企业管理水平。中国石油、中国石化、中国海油三大石油公司先后改制并在国际国内上市，增强了中国石油石化产品在国际市场上的竞争力。在三大石油公司不断发展壮大，业务布局逐步推向全国和海外，业务范围不断延伸的同时，国内其他国有企业经过深化改革、持续重组，也开始涉足石油石化领域。2003年11月，中国化工进出口总公司更名为中国中化集团公司，加快了由原油和石化产品贸易向实业公司进行战略转型的步伐。2004年5月，中国蓝星（集团）总公司和中国昊华化工（集团）总公司等原化工部所属的5家企业重组成立中国化工集团，加快向炼化领域拓展。2005年9月，陕西省对所属地方石油企业进行重组，成立陕西延长石油（集团）有限责任公司，其原油产量和加工量达900万吨/年。

炼化工业加大科技创新，深化科研体制改革，加快科技成果转化，着力提升石化装备技术国产化率。在进一步开放国内市场、引进外资的同时，积极实行“走出去”，利用国内国外两种资源、两个市场，加快建设加工进口原油基地，发展国际化经营和对外合资合作，增强国际竞争力。中国逐步发展成为世界重要的石化产品生产与消费国。

2010年，中国全年新增炼油能力约3000万吨，一次原油加工能力突破5亿吨，达5.12亿吨。随着广西钦州、吉林石化等大型炼化项目的相继竣工和投产，千万吨以上炼化基地达到19个，约占炼油总能力的46%。行业规模以上企业1529家，完成固定资产总值1387.26亿元，出口总额472.34亿美元。全年原油加工总量为4.23

亿吨，同比增长13.4%。共生产汽油、煤油、柴油合计2.53亿吨；其中汽油产量为7675.3万吨，煤油、柴油产量分别为1714.7万吨和1.59亿吨。中国已形成了以中国石化、中国石油为主导，中国海油、中国化工、中国兵器、延长等国企及地方炼厂参加，道达尔、埃克森美孚、沙特阿美等国外公司参股参与的全新多元化市场主体格局。其中，中国石化2010年的炼油能力由2005年的1.64亿吨/年增至2.37亿吨/年，占全国总能力的46.96%。中国石油2010年炼油能力由2005年的1.19亿吨/年增至1.54亿吨/年，占全国总能力的30.62%。中国海油、中国化工、中国兵器、延长等国企及地方炼厂2010年合计炼油能力由2005年的0.42亿吨/年增至1.13亿吨/年，占全国总能力的22.42%。

2010年，中国石化、中国石油分别从2005年的世界第五和第十大炼油公司上升为世界第二和第六大炼油公司。中国石油、中国石化炼厂平均规模分别达到614万吨/年和697万吨/年。中国石化形成了环渤海湾、长江三角洲和珠江三角洲三大炼厂集群，中国石油形成八大千万吨级炼油生产基地；全国形成20座千万吨级炼油基地，比2005年增加了12座，原油一次加工能力占全国总加工能力的49%。

中国乙烯工业快速发展。自2000年起，中国乙烯进入世界排序前五位后，名次逐年提升。到2010年，中国乙烯产能达到1516.5万吨/年，居世界第2位，乙烯产量达到1427万吨，形成了一批世界级乙烯生产基地。

炼化一体化建设的推进，有效发挥了一体化炼化产业的协同效应和产业集群的带动辐射效应，在20座千万吨级原油加工基地中，抚顺、兰州、独山子、吉林、辽阳、镇海、上海金山、茂名、广州、天津、福建、燕山、齐鲁、惠州等14座基地拥有乙烯装置，促进了大型现代化炼化基地园区的建设与发展。另外，中国外资权益乙烯产能达到205万吨，占全国乙烯总产能的14.5%。

乙烯产量的增加也带动了其他有机化工产品产量的提高。2010年，国内其他主要化工产品中，纯苯产量553.1万吨，甲醇产量1574.3万吨。

一、国家加强石化工业发展规划工作

为推动石油化工科学规范发展，国家在这一时期出台多项规划和要求。在《石油和化学工业“十五”发展规划》中，提出加强其他化工行业和石油化工的结合，优化原料和技术路线，推进资源的合理配置与利用是“十五”期间的重点工作。鼓励石化企业生产的基础石化原料向传统化工企业流动，促进化学工业的传统原料技术路线向石油化工技术路线转移。如推进乙烯氧氯化法PVC替代电石法PVC。在其他基础有机原料（如苯酚、辛醇、苯酚、丙酮、醋酸乙烯）和氯丁橡胶等主要产品的生产中，也要进行以石化原料路线替代传统的，特别是以煤和粮食为原料路线的改造，淘汰落后工艺，形成一批达到经济规模和具有现代水平的生产装置。

石化行业的"十一五"规划继续重点推进炼油工业快速发展，炼油行业的主要任务是调整结构，优化资源配置，促进产业升级，提高市场竞争能力。规划在2010年前形成20个左右千万吨级以上的炼油企业，逐步形成长三角、泛珠三角和环渤海三个世界规模的炼化企业集群。关停并转共计2000万吨小型低效炼油装置，大幅度地提高产业集中度和资源利用率，企业平均规模达到570万吨。到2010年，原油加工能力达到4亿吨，加工量3.7亿吨，车用柴油、汽油质量基本达到欧Ⅲ标准，部分产品要达到欧Ⅳ标准，轻质油品收率平均达到74%，化工轻油需求的满足率达到85%左右。

2005年，国家出台了《乙烯工业中长期发展专项规划》，作为指导"十一五"乙烯工业建设与发展的纲领性文件。2009年5月，《石化产业振兴和调整规划》出台，规划期为2009～2011年。该规划提出加快结构调整，推动产业升级，抓紧组织实施好"十一五"规划内在建的6套炼油、8套乙烯装置重大项目，力争2011年全部建成投产。

经过国家和企业的共同努力，全国形成20个千万吨级炼油基地、11个百万吨级乙烯基地，使这些规划的目标基本得到了实现，炼油和乙烯企业平均规模分别提高到600万吨和60万吨。这一规划保证了"十一五"期间中国石油化工行业的发展得到了全面实现。

二、发展成为世界第二大石化产品生产国，技术列世界先进行列

2001年后，石化行业加快大型化、基地化、一体化建设，不断加强布局调整，着力提高产业集中度，发展规模经济。同时，中国石化、中国石油两大集团公司重点做大做强沿海炼油厂，做精做强中部炼油厂，并根据油气资源新状况，扩建西部重点地区炼油厂。

2004年4月26日，海南炼油化工有限公司项目奠基开工，2006年9月28日，一次投料试车成功，打通全流程，投入商业运行。青岛炼油化工有限责任公司大炼油

项目于2008年6月16日正式建成投产。这两个具有国际先进水平1000万吨/年大型炼油项目的建成投产，标志着中国具备了利用自有技术建设单系列千万吨级炼厂的能力，特别是重油催化裂化、加氢裂化和渣油固定床加氢处理技术已达到国际先进水平。

申奥成功后，北京市提出要在2008年奥运会前，率先执行相当于欧Ⅳ排放标准的京四标准油品。燕山石化投资57亿多元，启动1000万吨/年炼油系统改造工程，新建800万吨/年常减压蒸馏、140万吨/年延迟焦化、200万吨/年加氢裂化、120万吨/年催化汽油吸附脱硫（S-Zorb）等5套装置。2007年6月22日，1000万吨/年炼油系统改造工程一次开车成功，成功产出京四高品质清洁汽柴油，并实现批量生产，成为国内首家生产欧Ⅳ成品油的千万吨级炼油基地。同时，金陵石化等一批老企业改造项目完成，配套建成一批大型储运设施。国内形成了镇海炼化、大连石化等13个千万吨级炼油加工基地、10个高硫油加工基地、6个高酸油加工基地。加工原油适应性显著改善，炼油装置结构大幅优化，汽柴油质量升级如期完成。

在炼油和化工原料技术方面，中国基本上掌握了世界上主要的炼油先进技术，重油催化裂化、加氢裂化和渣油固定床加氢处理等技术已达国际先进水平，炼化催化剂85%以上实现自给，深度催化裂解（DCC）技术、催化裂化和加氢精制等催化剂出口国外，依靠自有技术完成了炼厂的扩能改造，并低成本实现了油品质量升级。石油化工重大工艺技术开发成绩显著。自主开发成功的乙烯裂解炉、聚丙烯、苯乙烯、甲苯歧化、聚酯、芳烃抽提、己内酰胺等技术已实现工业化应用。同时形成了较完备的石油装备制造体系，且大部分装备产品实现了国产化。

在做大做强的同时，加大对小炼油厂整顿力度，关闭和停产了一批没有竞争力的小型炼厂。中国石化集团关闭了保定石化厂、天津一石化厂、洛阳炼油实验厂、江汉油田炼油厂等。中国石油集团将林源炼油厂并入大庆石化，不再加工原油；将鞍山炼油厂划入辽阳石化并予以关闭，关闭原兰化公司炼油装置，将原油集中到兰炼加工等。

2001年，世界乙烯平均规模为42.7万吨/年，而中国平均规模为24.96万吨/年，远低于世界平均规模水平。为提高单套乙烯生产规模，乙烯行业开展了第二轮改扩建工程。2000年，燕山石化率先进行了乙烯改造工程二轮改造，生产能力由45万吨/年提高到71万吨/年。其后，大庆、齐鲁、扬子、上海石化等四大“大乙烯”项目也进行了第二轮乙烯改造，使乙烯装置生产能力从45万吨/年扩大到70万～72万吨/年。在改造中，充分依托了老厂原有公用工程能力，设备国产化率达到75%，万吨乙烯综合产能投资成本平均为1.2亿元，装置能耗也下降15%左右，企业竞争力大大提高。两轮乙烯改造增加了近200万吨/年乙烯能力，无论是从规模还是技术水平来看，装置均达到同时代的国际水平。吉化、兰化、抚顺和辽化乙烯装置也进行了扩能改造。在进行改扩建的同时，新建了茂名石化等100万吨级乙烯项目，建设了独山子、抚顺及四川等大型乙烯项目。中国石化集团公司还建设了镇海百万吨乙烯项目。

这一时期，一些欧美和资源国家的著名大公司进入中国合资建设大型乙烯装置，包括巴斯夫在南京与中国石化建设扬子石化-巴斯夫有限责任公司（以下简称“扬巴”）项目，BP在上海与中国石化建设上海赛科石油化工有限责任公司（以下简称“赛科”）项目，壳牌在广东惠州与中国海油建设中海壳牌石油化工有限公司（以下简称“中海壳牌”），沙特阿美在天津与中国石化建设中沙（天津）石化有限公司（以下简称“中沙天津”）项目，埃克森美孚与沙特阿美在福建与中国石化建设福建联合石油化工有限公司（以下简称“福建联合石化”）等5套百万吨级大型乙烯项目。国际公司进入中国乙烯生产领域的步伐明显加大。2010年底，外资在华乙烯权益产能已达215万吨/年，占全国乙烯总产能的14.4%。

2010年，中沙天津、镇海炼化2套100万吨/年的乙烯裂解装置投产，中国兵器集团华锦化工45万吨/年等项目投产。化工产品结构调整持续推进，顶替进口战略初见成效，技术经济指标逐步改善，化工业务整体竞争力明显增强。

到2010年，中国乙烯产能达到1523.9万吨/年，产量达到1356.0万吨/年。共有乙烯生产企业22家，生产装置24套，装置平均规模由2005年的39.5万吨/年提高到54.1万吨/年，接近世界平均水平。全国乙烯产能由2005年的世界第三位升至世界第二位，仅次于美国。中国石化和中国石油两大公司产能合计占全国总产能的87.2%。其中，中国石化有乙烯生产企业13家，共14套乙烯装置，总产能929.5万吨/年，占全国总产能的62.4%，是世界第五大乙烯生产商；中国石油有乙烯生产企业6家，共7套装置，总产能371.4万吨/年，占全国总产能的24.8%。乙烯装置规模大于60万吨/年的13家，约占国内总能力的81.6%；规模达到100万吨/年及以上的企业有茂名石化、独山子石化、天津石化、上海赛科、镇海炼化5家。

芳烃产能、产量及平均规模快速增长。2008年12月，金陵石化60万吨/年对二甲苯装置实现一次开车成功；2009年7月，福建炼化70万吨/年对二甲苯装置实现一次开车成功；2009年9月，上海石化60万吨/年对二甲苯装置实现一次开车成功。到2010年，中国石化集团公司对二甲苯产能达到407万吨/年，对二甲苯产量从2005年的189万吨增加到402.31万吨。

炼油化工技术也快速向国际水平迈进。到2010年底，常压蒸馏装置单套最大规模达1000万吨/年，催化裂化单系列最大规模达300万吨/年，加氢裂化、加氢精制、延迟焦化、催化重整等主要二次加工装置的单套最大规模也分别达到了210万吨/年、410万吨/年、250万吨/年和150万吨/年。炼油核心技术进步迅速，自主开发了一批具有自主知识产权的炼油关键技术，如减压深拔、重油催化裂化、催化裂解（DCC）、馏分油加氢裂化、蜡渣油加氢处理、汽煤柴油加氢精制、润滑油加氢改质、大型延迟焦化以及多项清洁燃料新工艺。自主开发的乙烯裂解炉、聚丙烯、乙苯/苯乙烯等技术实现了工业化应用。千万吨级炼油装置设备国产化率达到90%以上，百万吨级乙烯装置设备国产化率也已达到85%以上。

三、乙烯改造工程推进设备国产化及技术进步

自2000年始，中国石化推动燕山石化、齐鲁石化、上海石化、扬子石化和茂名石化五大乙烯第二轮改造，装置扩能达到经济规模，并调整产品结构，国产化率不断提高。

2000年3月，燕山石化实施45万吨/年乙烯扩能改造到71万吨/年项目。建设内容为：淘汰老区全部13台裂解炉，新建美国鲁姆斯与中石化科技开发中心合作技术10万吨/年裂解炉2台，改建荷兰KTI技术6万吨/年裂解炉7台；分离部分采用鲁姆斯技术，对老区进行改造；裂解炉压、急冷区和压缩区由30万吨/年改造到53万吨/年；冷区及热区由45万吨/年改造到71万吨/年。新建20万吨/年低密度聚乙烯装置，并对制苯、丁二烯抽提改造扩建。2001年12月，低密度聚乙烯装置产出合格产品，改扩建工程历时33个月。燕山石化乙烯改扩建工程建成投产后，实现了生产规模的大型化和集约化。乙烯能耗从改造前的801.15千卡/吨降到688.52千卡/吨，乙烯原料单耗从3.366吨降至3.201吨，产品生产成本有很大程度的降低，产品聚乙烯、聚丙烯生产牌号，分别增加了18个、38个。

上海70万吨/年乙烯改造工程于2000年6月开工，2002年4月投料开车一次成功。其乙烯装置改扩建方案是采用并联方式新建一套30万吨/年乙烯装置，新建4台10万吨/年新型裂解炉，分离部分采用美国SW公司技术。连同15万吨/年乙烯装置，上海石化公司乙烯生产能力达到85万吨/年，成为当时国内最大的乙烯生产基地。2002年投产的当年，乙烯年产量就突破80万吨大关，2005年产量达96万吨。

其乙烯综合能耗下降了6%，聚乙烯、聚丙烯高附加值的专用料较改造前分别上升10%和6%。

茂名石化100万吨/年乙烯改扩建工程，是国家重点技术改造“双高一优”项目。工程于2004年12月15日开工建设，2006年9月16日投料生产，比总体统筹控制计划提前了12天，建设工期仅21个月，乙烯生产能力从36万吨/年增加到100万吨/年，成为中国首座百万吨级乙烯生产基地。工程成功应用了中国石化自主创新的乙烯工艺技术，新乙烯装置设备国产化率达87.8%，关键装备64万吨大型裂解气压缩机组首次实现了中国自主设计和制造，装置安全经济开车一次成功并连续稳定运行。工程创造了中国大乙烯建设工期最短、国产化程度最高、建设成本最低等新纪录。

通过乙烯装置的新建与扩建，到2005年，中国18家乙烯生产企业的20套生产装置生产能力达到787.5万吨/年，比2000年增加342.3万吨/年，增长率高达130.06%。世界排名由第7位迅速上升至第2位，仅次于美国。其中新建增加50万吨/年，占43.8%；通过挖潜改造增加92.3万吨/年，占56.2%。2001 ～ 2005年平均每年增加产能68.46万吨/年，相当于1983 ～ 2000年年均增长22.52万吨/年的3.04倍。

经过科技人员持续不断的联合攻关，完成绿色高效百万吨级乙烯成套技术开发及工业应用项目，取得了多项技术创新，包括建立了完整的乙烯全流程研发平台、模型及数据库，开发了裂解、高效分离、新型催化剂及绿色高效的节能减排综合利用配套技术，设计研制了大型裂解气压缩机、丙烯制冷压缩机等重大装备，形成了一批自己的核心技术、专有技术和配套技术。

以CBL型乙烯裂解炉为代表的国产化蒸汽裂解制乙烯技术已经基本形成。国产化裂解炉也已形成系列化，技术已经达到国际先进水平。至2010年年底，采用CBL炉技术共建成投产和已完成设计即将建设或正在设计的裂解炉共80台，总能力达720.5万吨/年。其中，单炉能力10万吨/年以下的裂解炉共30台，总能力达167.5万吨/年；单炉能力10万吨/年及以上规模的大型裂解炉共50台，总能力为553万吨/年。

乙烯装置改扩建工程初步实现了大型乙烯成套技术工艺包的自主知识产权，乙烯装置裂解气压缩机、丙烯压缩机、乙烯压缩机组（“三机”）国产化，大型裂解炉自主研发和大型乙烯冷箱国产化等。“三机”和乙烯冷箱等关键国产设备终于获得成功应用，沈阳鼓风机集团经过多年的消化吸收及创新，已研制成功多种不同规格的“三机”，相继为上海石化、扬子石化和茂名乙烯的改扩建工程提供压缩机，并且由沈阳鼓风机集团研制成功的裂解气压缩机已应用于中沙天津百万吨乙烯工程，丙烯制冷压缩机已应用于镇海炼化百万吨乙烯工程，乙烯压缩机组已应用于抚顺石化百万吨乙烯工程，打破了该产品长期被国外垄断的局面。杭氧股份有限公司冷箱的设计水平、制造能力基本达到国际先进水平，其开发的乙烯冷箱技术已应用于齐鲁、茂名的乙烯改造项目，并成功应用于福建联合石化、天津中沙和镇海炼化新建乙烯工程。在大型乙烯一体化工程的建设中，采用自有技术的比例大幅度上升，设备国产化率达到70%以上。

这一时期，甲醇制烯烃（DMTO）、重油催化热解制乙烯（CPP）和烯烃转化等可替代的乙烯、丙烯生产技术已从研发阶段进入生产阶段。

甲醇制烯烃技术由中国科学院大连化学物理研究所研制，“七五”期间完成300吨/年装置中试。2005年，陕西新兴煤化工科技发展有限责任公司采用此技术建成加工甲醇1.67万吨/年DMTO工业性试验装置，2006年2月实现投料试车一次成功，累积平稳运行近1150小时，成为世界上第一套万吨级甲醇制烯烃工业化试验装置。2010年10月，采用此技术建设的神华包头煤化工有限责任公司（简称“神华包头”）180万吨DMTO和60万吨MTO工业化装置开车成功；2011年8月，采用中国石化技术的中原石化60万吨S-MTO投产。2010年中国煤制烯烃总能力达158万吨/年。

2009年6月，世界首套50万吨/年重油催化热裂解（CPP）制乙烯装置在沈阳石蜡化工有限公司（简称“沈阳蜡化公司”）投产，该技术由中国石化洛阳石化工程公司开发，重油50万吨/年（进料计）可生产乙烯、丙烯各13.5万吨/年。这套具有自主知识产权的工业化CPP装置成功运行，对中国低成本发展烯烃具有极其重要的战略意义。首套规模为6万吨/年的利用碳四烯烃增产低碳烯烃的工业化示范装置在中原石化投产，烯烃单程转化率72%，丙烯与乙烯比为4：1。

四、自主建设大型乙烯、芳烃、炼油等工程

乙烯产能是一个国家石化工业发展水平的标志。国内石化行业经过多年乙烯装置技术改造和合资进行建设乙烯项目，积累了丰富的经验，形成了具有自主知识产权的工艺包，装备国产化水平大幅度提高，完全掌握特大型工程施工的质量和进度控制，大型和特大型石油化工企业的经营管理日臻成熟，在工艺技术、生产装备和工程设计各方面取得全面突破。2005年，80万吨/年乙烯工艺包设计开发完成，至2010年，利用国产化技术建成赛科90万吨/年、茂名石化64万吨/年、福建联合石化80万吨/年和镇海炼化100万吨/年4套大型乙烯装置。并且利用国产化技术对引

进装置进行了扩能改造，茂名石化100万吨/年乙烯改造及天津中沙石化和镇海炼化2个100万吨/年等大乙烯工程，全部采用中国石化和美国鲁姆斯公司合作开发的乙烯成套技术建成。

茂名石化100万吨/年乙烯装置采用了合作开发的由低压激冷、三元制冷、分凝分馏塔等单元技术集成的前脱丙烷前加氢工艺，在世界范围内属首次工业化应用，装置于2006年9月16日裂解炉投料，仅用19个小时，就生产出合格的乙烯产品。

天津中沙石化100万吨/年乙烯及配套项目于2006年6月26日正式开工，2010年1月16日一次开车成功并打通全流程，生产出合格产品，标志着历时27个月零19天的项目建设全面建成投产。11台SL-Ⅰ型裂解炉全部基于中国石化CBL炉技术设计，裂解原料适应性强，选择性高，热效率达93%～94%，运转周期长；分离回收部分采用了顺序分离流程，应用了急冷油减黏、高低压脱丙烷、二元制冷等单元技术，使装置能耗达到先进水平。

镇海炼化100万吨/年乙烯装置2006年3月17日批准建设，2010年4月20日生产出合格乙烯，实现一次开车成功。2012年10月18日，工程通过竣工验收，创中国石化大项目从投产到竣工验收时间最短纪录。2012年11月，获国家优质工程金质奖。其10台SL-Ⅰ型裂解炉全部基于中国石化CBL炉技术设计，特别是自主开发设计的1台15万吨/年大型裂解炉热效率达94.5%；分离回收部分采用了顺序分离流程，应用了急冷油减黏、急冷油旋液分离、乙炔后加氢改进、碳三加氢改进、分凝分馏塔、低压脱甲烷与二元制冷组合工艺等单元技术。

中国石油集团建设了新疆独山子100万吨/年乙烯、抚顺80万吨/年乙烯、四川成都80万吨/年乙烯、乌鲁木齐100万吨/年对二甲苯等装置，中国兵器工业总公司辽宁盘锦华锦公司建设了46万吨/年乙烯装置。

芳烃广泛用于三大合成材料以及医药、国防、农药、建材等领域，对二甲苯（PX）是用量最大的芳烃品种之一。但中国PX自给率仅为50%，生产技术长期依赖进口，技术费用昂贵。中国石化集团于20世纪90年代初就部署开展PX吸附分离技术的探索研究，研发出RAX-2000A国产吸附剂。2004年，在齐鲁石化工业试验，各项指标均达到或超过进口剂的水平，价格比当时进口剂低1/3。2009年，实现了PX吸附分离技术攻关，完成芳烃成套技术的闭环。2011年，中国石化利用自主研发的PX吸附分离技术在扬子石化建成3万吨/年的首套工业装置，使用最新研发的RAX-3000型国产吸附剂，验证了自主PX吸附分离技术的可靠性，从而全面掌握了芳烃生产成套技术，终于使中国成为继美国、法国之后第三个拥有芳烃成套技术的国家。该项目所有技术中国都具有知识产权，拥有百余项国内外授权专利。

依靠自主研发的芳烃成套技术，海南炼化、乌鲁木齐石化也建设了100万吨/年对二甲苯等项目。海南炼化60万吨/年芳烃联合装置，于2013年12月27日一次开车成功。为确保装置的本质安全，在安全环保方面的投资超过20%。烟气中二氧化硫含量低至20毫克/米^3（标），达到了世界先进水平，二氧化碳温室气体也比国际先进水平每年减少排放12000吨。另外，在原料精制单元，还突破性地以催化反应代替物理吸附，大幅延长催化剂寿命，减少固废物排放达98%。

这一时期，中国基本掌握现代炼厂全流程技术，形成了催化裂化、加氢裂化技术，催化裂化技术已居世界先进水平；超低压连续重整技术的开发应用，使中国成为继美国和法国之后第3个掌握该技术的国家。海南炼化、青岛大炼油和广西钦州炼油厂等炼厂的投产，标志着中国具备了利用自有技术建设国际先进水平千万吨级炼厂的能力。中国石化组织实施的“超大直径超大壁厚加氢反应器”通过鉴定，使中国掌握了“双超”加氢反应器的成套建造技术，具有自主知识产权，整体建造技术达到国际先进水平。中国化工集团在辽宁沈阳建设了重油催化热裂解（CPP）装置，生产出乙烯、丙烯等基础原料。

中国石化集团开发的MIP、延迟焦化、DCC等技术分别出口古巴、泰国、马来西亚、意大利、美国等地。催化裂化催化剂批量出口埃克森美孚、瓦莱罗、壳牌和雪佛龙等著名国际大公司的多家炼厂，催化汽油吸附脱硫（S-Zorb）吸附剂等出口美国、中东。中国炼化设备、工程技术和施工力量，随着中国炼化产业和技术的快速发展而同步发展壮大。中石化炼化工程在国内成功完成多家千万吨级炼厂等工程服务，建立的业务平台覆盖了中东、中亚、亚太、非洲、南美等地区。

五、中外合资合作建设助推石化技术升级

改革开放后，跨国石化公司纷纷进入中国建设炼化企业，国内石化企业同国际知名石油石化企业的合资合作加快。2005年5月，中国石化集团公司与巴斯夫公司合资建设的南京扬巴60万吨/年乙烯装置顺利开车。之后，中国石化与英国BP公司、美国埃克森公司、沙特阿美公司、沙特基础工业公司等达成合资协议，建设大型乙烯一体化工程项目，分别建设了赛科、福建联合石化、天津中沙等大型乙烯工程合资项目。

上海赛科（SECCO）90万吨/年乙烯工程由英国BP公司、中国石化股份公司、

上海石化股份公司分别按50%、30%、20%的股份共同建设，总投资27亿美元，位于上海漕泾的上海化学工业区内。2001年8月，国务院批准可行性研究报告，2002年3月开工建设，2005年6月正式投入商业运行，运行平稳，经济效益很好。整个工程由90万吨/年乙烯、50万吨/年芳烃抽提、9万吨/年丁二烯、50万吨/年乙苯/苯乙烯、26万吨/年丙烯腈、28万吨/年硫酸回收等9套生产装置和相配套的公用工程组成。共完成混凝土总量35万立方米，设备安装4000台（套），工艺管线850千米，仪器仪表安装3.3万台（套）等。设备制造国产率达到64.7%，施工高峰现场人数超过13000人，施工周期33个月。

项目建设的最高管理机构为董事会，全权负责协调建设过程的重大问题，下设一体化项目管理组（IPMT），IPMT及其下设的6个部门在授权范围内负责处理项目实施的所有工作。建设实行项目经理负责制，各项目经理在IPMT正副主任授权下，负责项目的执行。项目管理采用EPC（设计、采办、施工管理总承包）或EP（设计和采办总承包）+C（施工管理）的管理模式，承包商来自国内外，国外承包商重点承担技术提供、基础设计、境外物资采办等工作；详细设计、国内物资采办、施工管理等工作主要由中国石化系统工程公司、设计、施工单位承担。

设计质量管理严格执行统一的赛科标准，并委托中国石化上海工程公司为项目的总体技术支持和咨询单位，委托第三方分阶段对设计进行HAZOP（危险性和可操作性审查）和项目的HSE审查。对于工程质量建立质量管理网络，定期对承包商、施工单位、监理单位进行质量抽查和联合大检查，对各单项工程的施工方案、监理规划、重大施工技术措施均组织专家进行评审。

在环保方面，从设计开始就注意为装置优选先进工艺，从源头上减少污染产生，也基本上达到世界石化企业先进水平。例如乙烯裂解炉采用新型燃烧系统，氮氧化物排放量降低到80毫克/米^3，远低于国家所规定排放标准的420毫克/米^3。

在费用控制方面，自始至终做到严格控制。工程开始前，组织精干人员对各项费用详细测算，并编制周密的进度计划；合同谈判中，抓住主要费用的控制；工程实施中，对费用的变化及时跟踪，并在工程结算中实事求是地支付费用。最终的项目结算总建设费用不超过170亿元，比预算控制数约降低5%，体现了跨国公司合资企业建设项目特点。

通过乙烯装置技术改造和合资建设乙烯项目，中国工程技术人员不仅学习了国外先进石化生产技术，同时学习了跨国公司在控制工程质量和进度、项目建设实施、建设投资控制等方面好的经验，锻炼各种人才队伍，为中国乙烯工业建设规模化、大型化积累了经验。

1990～2010年中国乙烯装置情况见表2-13-4。

表2-13-4　1990～2010年中国乙烯装置情况　　　　单位：万吨/年

企业名称	生产能力				所属系统
	1990年	2000年	2005年	2010年	
燕山石化	30	45	71	71	中国石化
扬子石化	30	40	70	70	中国石化
齐鲁石化	30	45	80	80	中国石化
上海石化	30	40	70	70	中国石化
	11.5	14.5	14.5	14.5	
茂名石化		30	38	100	中国石化
天津石化		14	20	20	中国石化
广州乙烯		14	21	21	中国石化
中原石化		14	18	18	中国石化
大庆石化	30	48	60	60	中国石油
兰化公司	8	16	24	24	中国石油
				46	
吉林石化	11.5	15	15	15	中国石油
		30	70	70	
抚顺石化		14	14	14	中国石油
辽阳化纤	7.4	9	9	20	中国石油
		14	22	22	
独山子石化				100	中国石油
华锦化工		13	18	18	中国兵器工业集团有限公司
				45	
东方石化		15	15	15	中国石化
上海赛科			109	109	中国石化、上海石化、BP合资
扬巴			60	60	中国石化、巴斯夫合资

续表

企业名称	生产能力				所属系统
	1990年	2000年	2005年	2010年	
中沙石化（天津）				100	中国石化、沙特沙比克合资
福建联合石化				80	福建石化、埃克森美孚、沙特阿美合资
镇海炼化				100	中国石化
惠州石化			80	95	中国海油
合计	188.4	430	910	1468	

六、有机原料产品品种增至百种

中国有机原料工业基本是新中国成立后开始建立的。1952年，锦西化工厂开始生产苯酚和氯苯。第一个五年计划期间，兰化和吉化成为以有机化工原料为主的化工生产基地。1958年5月，吉林石化用电石乙炔为原料的乙醛醋酸生产装置建成投产，随后又建成了醋酐装置、丁辛醇装置，以煤为原料建成了甲醇装置、甲醛装置，还以从煤焦油回收的萘为原料建成了苯酐装置、β-苯酚装置，以电石乙炔为原料建成了氯乙烯、聚氯乙烯装置。1960年，兰化建设了以粮食酒精和从煤焦油中回收苯为原料的丁苯橡胶装置等。上海高桥化工厂等其他企业也以粮食酒精或煤焦油为原料，生产各种化工产品。

20世纪60年代，化学工业部提出三烯、三苯、一炔、一萘是发展有机化工的基础。三烯指乙烯、丙烯、丁二烯，三苯指纯苯、甲苯、二甲苯，一炔指电石乙炔，一萘则来自煤焦油，这8个产品作为基础有机原料成为重点产品纳入国家发展规划。

这一时期，中国开始以石油为原料生产化工原料。1961年12月，兰化以炼厂干气为原料的5000吨/年乙烯管式裂解炉投产。随后、大连有机合成厂、上海高桥化工厂、广东茂名石油化工试验厂都利用炼厂气建设分离和裂解炉装置，生产化工原料。1964年，高桥化工厂气体分离装置建成投产，开始生产苯乙烯、聚苯乙烯和环氧乙烷。1970年，又建成了生产乙烯的裂解分离装置，产品扩大到多种有机原料。抚顺等地炼油厂建设了一批铂重整装置，生产芳烃产品。

20世纪70年代，燃料化学工业部提出重视发展“甲乙丁辛四个醇，苯酚、丙酮和醋酸，再加顺酐、苯酐和苯胺”10个有机化工产品，称为基本有机原料。1986年，国家把基本有机原料品种扩至20余个，后又扩大至30个品种，它们是：甲醇、乙醇、乙二醇、醋酸、甲醛、苯酐、顺酐、苯酚、丙酮、醋酐、萘、甘油、醋酸乙烯、丁醇、辛醇、1,4-丁二醇、甲酸、草酸、环氧乙烷、环氧丙烷、环氧氯丙烷、丙二醇、脂肪醇、脂肪酸、脂肪胺、二甲基甲酰胺、异丙醇、丙烯酸、甲乙酮、双酚A。2000年后，中国相关部门及专家在众多原料品种中，筛选出用量较大、涉及面广或较重要的原料100种。

这一时期，有机化工原料的产量质量都有较大水平提高。1969年9月，随着北京东方红炼油厂的建成投产，石油部、化工部、北京市联合向国务院写了拟利用石油气生产化工产品的报告，国务院批准后，建设了合成橡胶、合成树脂、化肥等生产装置。岳阳化工总厂也利用长岭炼油厂的芳烃和液化气，生产合成纤维、合成橡胶、合成塑料等产品。国内一些小石化企业也以重油和渣油为原料生产乙烯、丙烯，再进一步加工成为环氧乙烷、环氧丙烷、二氯乙烷、苯乙烯等原料。

“四三方案”引进时期，北京石化总厂同时引进了6万吨/年乙二醇装置、10万吨/年甲苯脱烷基制苯装置等。吉化采用引进技术建设了丁醇、辛醇、酒精、乙醛、醋酸等装置。1978年后，大庆、齐鲁、扬子、上海等4套30万吨装置引进的同时，陆续引进建设了一批乙二醇、丁醇、辛醇、乙醛、甲醇、氯乙烯、苯乙烯、苯酚、丙酮、间甲酚、芳烃、邻位二甲苯、氢氟酸、醋酸、甲基叔丁基醚、环氧丙烷甘油等有机原料生产装置。国内企业老装置通过挖潜改造和采用消化吸收引进技术进行技术改造，使国内主要石油化工产品，包括乙烯、丙烯、丁二烯、乙二醇、丁醇、辛醇、乙醛、甲醇、氯乙烯、苯乙烯、苯酚、丙酮等的产量有了大幅度的增长。

20世纪90年代，中国确立社会主义市场经济体制之后，有机化工原料产业由以国有企业投资为主，转变为国有企业、民营企业和港台、外商投资并举的局面。中国成为世界有机原料行业发展最快的国家，通过引进技术及对引进技术进行消化、吸收、创新，基本有机原料行业进入成熟期，在原料路线、工艺技术及产品质量和品种等方面有了较大的进步。一些有机原料产业规模已居世界前列，陆续建设了多套大中型乙烯装置，一批有机原料生产装置经过改扩建，技术装备水平明显提高，部分技术达到国际水平。从装备水平和原料路线来看，大中型基础有机原料生产装置的装备和技术随着快速发展和技术改造，技术不断创新，新产品、新品种迅速增加，具备相当的规模和基础，门类比较齐全，品种大体配套的工业体系，主要化工原料均可生产，从满足国内供给到结构调整呈现了显著的变化。

乙烯、甲醇、醋酸、苯酐及1,4-丁二醇等产品通过技术改造项目实施和新技术开发应用，产量、质量上了新台阶。乙烯、丙烯、苯乙烯、乙二醇等产品的能力和产量有了大幅增长，乙烯产量已经跃居世界第二位，碳酸二甲酯产量已成为世界第一。醋酸、环氧丙烷、苯酚、丙酮、甲醇等产量也迅速提高，基本满足了国内发展需要。市场供应紧张的顺酐、苯酐、1,4-丁二醇、碳酸二甲酯等产品逐步满足市场的需求。

其他主要化工原料中，氯甲烷、二氯甲烷、乙腈、甲胺、丙烯酰胺、三聚氰胺、氯乙烷、乙二醛、季戊四醇、新戊二醇、丙烯酸酯、γ-丁内酯、氯化苯、二氯苯、硝基氯苯、十二烷基苯、甲酚、壬基酚、氯化苄、苯甲酸、苯乙酸、萘酚、MES（脂肪酸甲酯磺酸盐）、山梨醇、柠檬酸等30个产品已得到或已安排扩大生产能力。碳酸二甲酯、二甲醚、均三甲苯、对氨基酚、对苯二酚、邻苯二酚、间苯二酚、苯甲醛、苯乙酮、水杨酸、偏苯三酸酐、均苯四甲酸、三聚氯氰、山梨酸、氨基乙酸、巯基乙酸、衣康酸、木糖醇、乳酸等30个产品，国内具有一定生产能力，可通过改进或采用新工艺，适度扩大产能。戊二醛、甲基异丁基酮（MIBK）、乙酸丙酮、三羟甲基丙烷、丙酸、甲基丙烯酸、新戊酸、二苯甲酮、MDI（二苯基甲烷二异氰酸酯）、TDI（甲苯二异氰酸酯）、蛋氨酸、赖氨酸等20个市场需求迅速发展而国内生产不能满足要求的品种，也可通过采用新技术、新工艺扩大生产能力，达到经济规模。

部分基础有机原料消费量居世界前列，自给率仍很低，对苯二甲酸（PTA）和乙二醇、对二甲苯（PX）等的消费量已居世界消费量的第一或第二位，但仍有较大部分依靠进口。2010年，中国PX产能826万吨，PTA产能1626万吨，PTA产量1300万吨，开工率79%，表观消费量1685万吨，进口量385万吨，自给率77%。

七、炼化科技创新、技术开发取得重要进展

石化行业抓住重点领域和关键环节进行科技攻关，大力发展核心技术、专有技术和优势产品，逐步实现从以跟踪研发为主向突出原始创新转变，具有中国特色的炼化成套技术和新技术得到成功开发应用。

中国炼油技术发展方面达到世界先进水平，已基本掌握现代炼厂全流程技术，形成了催化裂化、加氢裂化等具有国际先进水平的自有技术。先后成功开发了清洁燃料生产、重油及含硫原油加工和炼化一体化等系列成套技术，并自主开

发了一批具有自主知识产权的炼油关键技术，如减压深拔、重油催化裂化、催化裂解（DCC）、馏分油加氢裂化、蜡渣油加氢处理、汽煤柴油加氢精制、润滑油加氢改质、大型延迟焦化以及多项清洁燃料新工艺。先后开发并重点推广应用适用于生产国三至国六排放标准的汽油脱硫技术（RSDSII、OCT-M、S-Zorb等），最大量生产异构烷烃的催化裂化技术（MIP/MIP-CGP），灵活多效双提升管催化裂化技术（FDFCC），碳五/碳六烷烃异构化技术，柴油深度脱硫脱芳工艺及催化剂，大幅度降低汽油中的硫、烯烃、芳烃、苯等杂质含量以及柴油中的硫和芳烃含量，实现了低成本质量升级。生产的汽、柴油质量均在规定的期限内实现了从2000年的国一到国六的油品质量升级。超低压连续重整技术在洛阳、广州等企业的开发及工业应用，使中国成为继美国和法国之后第3个掌握该技术的国家；海南炼化和青岛炼化两家国际先进水平的新式炼厂投入运营，标志着中国石化具备了利用自有技术建设单系列千万吨级炼厂的能力，特别是重油催化裂化、加氢裂化和渣油固定床加氢处理技术已达到国际先进水平。

开发并应用了一批炼油工艺用的各类催化剂，包括加氢裂化、加氢精制、渣油加氢、催化裂化、催化重整等催化剂，性能达到或超过国外同类催化剂水平，从而使得中国石化炼油工艺技术和炼油催化剂生产主要立足国内。自主开发成功SJ汽油机油和CF-4柴油机油；特种润滑油成功用于“神舟”系列飞船、“嫦娥一号”探月卫星和北斗导航卫星等；高性能改性沥青成功用于国家体育场（鸟巢）、长安街、京沪高铁等重点工程建设。拥有系列化催化剂产品20类，炼油化工催化剂自给率达到85%以上。

100万吨/年乙烯装置的成功建设，标志着中国乙烯生产技术方面取得巨大进步，进入世界石油化工先进技术行列。在乙烯分离成套技术的开发方面，完成了对乙烯装置全流程的模拟及物料平衡计算，开发了具有世界先进水平的低能耗分离技术，具备了乙烯分离成套技术设计的能力。例如自主完成了天津、镇海两套100万吨/年乙烯装置的基础设计及详细设计。在乙烯分离单元技术的开发方面，进行了深冷分离和油吸收分离工艺研究。开发了铝多孔表面高热通量传热管，在燕山石化乙烯、大庆石化乙烯、北方华锦化学工业集团有限公司乙烯等装置上进行了应用。开发了新型高效塔板和填料，生产能力比原装置提高20% ~ 25%，分离效率提高5% ~ 10%，在燕山石化、齐鲁石化、辽化等乙烯装置的改造中应用。茂名石化乙烯新线采用的是中国石化和美国鲁姆斯的合作技术，分离为前脱丙烷前加氢流程，还采用了低压激冷、三元制冷等技术，而且在乙烯企业首次实现以烧石油焦和煤的

CFB锅炉替代燃油的辅锅炉。

中国石化集团经过多年的自主研发，全面掌握了芳烃生产成套技术、5万吨/年乙烯三聚制1-己烯成套技术等，在催化体系、反应器选型及控制、聚合物脱除和质量控制等方面实现了自主创新。1-己烯正构率达98%以上，整体技术水平达到国际先进水平，实现了产品出口。成功开发了环己烷氧化、环己酮氨肟化、环己酮肟三级重排、己内酰胺精制等新技术，形成了14万吨/年己内酰胺成套技术，具有工艺流程短、单位产品“三废”排放少等特点，其中非晶态合金催化剂和磁稳定床反应工艺首次实现工业应用，并获得2005年度国家技术发明一等奖。同时，中国自主开发的大型聚丙烯、苯乙烯、甲苯歧化等成套技术和装备已成功实现工业化应用。

炼油和化工生产用催化剂85%以上实现自给自足。甲苯歧化技术以及聚丙烯、聚乙烯催化剂达到国际先进水平并实现出口。

在中国石油化工飞速发展的进程中，石油化工重大技术开发和新产品开发起到了关键的支撑作用，也使中国石化技术工业水平进入世界先进行列。

第五节 迈入低碳绿色和高质量发展由大转强关键期

（2011～2019年）

党的十八大之后，中国经济进入可持续发展的新常态。炼化工业推进转型升级和新旧动能转换，以科学发展、低碳绿色发展、高质量发展为目标，努力实现由大转强，大力推进园区化、基地化、规模化、炼化一体化建设，走内涵集约式发展的新路。

炼化工业布局在发展中调整，产业布局日趋优化，华中、华北、华南、西北、东北、西南、中南等全国各大地区都有大型炼化一体化装置，装置规模大幅提高，产品流向与运输方式日趋合理。

炼化企业全面深化改革，推进专业化重组，市场化进程加快，成品油定价机制改革稳步推进，积极推进“处僵治困”工作，淘汰落后产能。企业生产根据市场需求变化，调整装置工艺结构和产品结构，努力开发增产适销对路的高附加值产品；拓展延伸产业链，提高炼化企业的综合加工能力和深加工能力；实施全流程优化，精心组织安全、稳定、长周期、满负荷、优化生产，注重精细管理，注重质量效益，使企业生产经营管理水平得到提高。

在国有炼化企业发展的同时，一批大型民营炼化企业开始迅速崛起并得到快速发展。自2015年开始，获得原油进口权和进口原油使用权的地方炼厂连续两年增加，地方炼厂占原油加工份额不断提高。2017年，非国有控股企业原油加工量占全部的比重为14.9%，比上年提高了1.8个百分点。特别是恒力石化股份有限公司（简称“恒力石化”）、浙江石油化工有限公司（简称“浙江石化”）等一批民营企业，以化纤为基础，迅速向石油化工一体化发展，成为国内石化行业的一支重要力量。

炼油能力大幅提升，规模大幅扩张。2017年，原油加工能力从1982年9588万吨增加到2017年7.72亿吨，实际加工量5.68亿吨；汽、煤、柴油成品油产量3.58亿吨，其中，柴油1.83万吨、汽油1.33亿吨。全年出口成品油4099.9万吨，出口总额214.8亿美元。截至2017年末，石油加工业规模以上企业1366家，累计主营收入3.42万亿元，同比增长21.5%；利润总额1911.5亿元，增幅14.4%；完成固定资产投资2228.2亿元，增长5.6%；资产总计2.05万亿元，增幅12.3%；资产负债率57.35%。原油输送管道从1978年的约6500千米，增至2017年的2.38万千米，增长约2.66倍；成品油管线从1978年的1000多千米，猛增至2017年的2.6万千米，增长约25倍。

中国炼油工业推行绿色发展，加快推进油品质量升级，从2000年到2017年，油品质量指标从相当于欧Ⅰ的国一标准快速发展到国六标准，用十几年的时间走完了发达国家几十年走过的油品质量升级之路。

中国乙烯工业实现了百万吨级乙烯技术、设备的国产化，产业链覆盖范围越发广泛，下游衍生品越来越多。陆续建成了茂名石化、镇海炼化等9家百万吨级规模的乙烯生产基地。到2017年底，中国乙烯产能已经达到2455.5万吨/年，为1978年的60多倍，实际生产乙烯1821.8万吨，为世界第二大乙烯生产国。其中中国石化乙烯产能为1073万吨，约占全国总产能的45%；中国石油乙烯产能591万吨。全国有扬巴、赛科、中海壳牌等大型乙烯合资企业6家，乙烯产能近600万吨/年。不仅使国内乙烯投资进一步多元化，同时带来先进的技术、管理和经营理念，为中国石化产业进入全球石化产业体系开辟了新的视野。

一、石化经济规模已居世界前列

2017年，中国已成为世界石化工业大国，原油加工能力和乙烯生产能力均位居全球第二位，仅次于美国。原油加工能力达到7.72亿吨，大部分石化产品产能位居世界前列。当年，石油加工业主营收入达3.42万亿元，资产总计2.05万亿元。中国石化、中国石油已跻身世界500强前5位，分别在世界50强炼油公司、化工公司和石油公司中名列前茅。

这一时期是中国历史上炼油加工业发展最快的时期。在1949年至2017年的68年中，第一个34年，原油加工能力从17万吨/年提升至1983年初的1亿吨/年，而从1983年开始的第二个34年中，从1亿吨/年提升至8亿吨/年，第2个34年中，每上1亿吨台阶最初用13年，以后逐渐加速，最快时只用1年。中国炼油能力在世界的排名从1978年的第10位不断跃进，从2003年起已连续15年稳居第2位。2017年，原油输送管道2.38万千米，成品油管线2.6万千米。2018年，全国千万吨级炼厂共有25家。中国石化、中国石油的炼厂平均规模已分别达844万吨/年和765万吨/年，超过世界平均规模的759万吨/年。中国以自主知识产权技术为主设计建设了海南、青岛千万吨级大型炼厂，一大批企业发展成为炼化一体化企业，大连、镇海、惠州三大炼厂以2000万吨/年规模跻身世界级大炼厂行列。

2017年，中国原油加工能力7.72亿吨/年，较2016年增加1760万吨/年。其中新增炼油能力4000万吨/年，主要来自中国石油云南石化和中国海油惠炼二期项目投产；淘汰炼油能力2240万吨/年，主要来自于地方炼油企业为获得进口原油权而淘汰的200万吨/年以下的炼油装置。

1949～2017年中国炼油工业发展基本情况和2015年中国炼油企业情况见表2-13-5和表2-13-6。

表2-13-5　1949～2017年中国炼油工业发展基本情况

年份	原油产量/（万吨/年）	原油加工能力/（万吨/年）	原油加工能力世界排名	原油加工量/（万吨/年）	汽煤柴润总量/（万吨/年）
1949年	12	17		11.6	3.5
1959年	373	579		395.6	220
1965年	1131	1423		1083	600
1978年	10405	9291	10	7069	3300
1983年	10607	10438	7	7757	3524
1996年	15729	21253		14231	7674
2000年	16262	27370		21061	12086

续表

年份	原油产量/（万吨/年）	原油加工能力/（万吨/年）	原油加工能力世界排名	原油加工量/（万吨/年）	汽煤柴润总量/（万吨/年）
2003年	16956	30400	2	24300	14138
2008年	19505	43800	2	34207	20850
2009年	18990	51000	2	37286	22979
2013年	20992	62700	2	48400	29600
2014年	21143	70200	2	49600	31300
2017年	19151	77200	2	58624	36061

表2-13-6 2015年中国炼油企业情况表

序号	企业	炼厂数量/个	原油一次加工能力/（万吨/年）	所占比例/%
1	中国石油化工集团公司	32	29212	39.2
2	中国石油天然气集团公司	26	19040	25.6
3	中国海洋石油总公司	13	3840	5.2
4	中国化工集团有限公司	12	2955	4.0
5	陕西延长石油（集团）有限责任公司	3	2310	3.1
6	中国中化集团有限公司	2	1540	2.1
7	中国兵器工业集团有限公司	2	840	1.1
8	地方炼油及其他	146	14655	19.7
	合计	236	74392	100

以乙烯工业为代表的石化工业布局有了很大改进，新疆、四川、广西、黑龙江、江苏、山东、辽宁、湖北、天津、宁夏、上海、福建、广东等地一大批以乙烯为龙头新建或改扩建石化装置的建成，使全国各大地区都有大型炼化一体化装置。

2017年，中国乙烯产能达到2455.5万吨，是1978年的60多倍；产量达到1821.8万吨，是1978年的47.9倍；在世界乙烯生产国中的排名从1978年第15位跃升至2017年第2位。乙烯产量从1960年仅有0.07万吨到1988年突破100万吨用了39年，从100万吨至2007年突破1000万吨仅用了19年，从1000万吨至2017年突破

1800万吨只用了10年，发展速度越来越快。1978年，以石油为原料的乙烯裂解装置平均规模一般在10万吨/年以上，最大规模为30万吨/年；到2017年已升至63.3万吨/年，单套规模80万吨/年及以上的大型乙烯装置已有11套，占全国乙烯总产能2455.5万吨/年的44.6%。中国1965～2017年乙烯产能及产量情况见表2-13-7。

表 2-13-7　中国 1965 ~ 2019 年乙烯产能及产量情况　单位：万吨 / 年

年份	生产能力		实际产量	
	产能	世界排名	产量	世界排名
1965	0.66		0.3	
1970	5.96		1.51	
1978	38.3	17	38.0	16
1988	161.5	11	123.2	11
1997	400.4	5	358.5	6
2000	446.3	7	470.0	6
2007	997.5	2	1027.8	2
2012	1670.5	2	1514.8	2
2017	2398.5	2	1821.8	2
2019	2894	2	2052.3	2

国际著名石油石化公司积极与国内企业合资合作，包括壳牌、埃克森美孚、巴斯夫、BP、沙比克、科威特国家石油公司、沙特阿美、道达尔、韩国公司等都在中国投资合作建厂，或设立研发中心与生产基地、加油站等，积极拓展在华业务，布局高端产品和产业。外资在华炼油能力和乙烯产能等占比呈上升态势。

二、形成长江三角洲等三大石化产业集聚区

这一时期，石化工业产品结构调整稳步推进，区域布局在发展中调整、在开放中优化，取得长足进步，产业布局日趋合理，油品流向与运输方式方便快捷。规模化、集群化、基地化、炼化一体化建设大有进展，以利用进口资源为主的炼油、乙烯等产业主要集中在沿海地区，以利用国内资源为主的炼油、乙烯等产业主要集中

在西北和东北地区，全国各大地区都有大型炼化一体化装置。已经形成镇海、茂名、大连、惠州4个2000万吨级炼油基地、22个千万吨级炼油基地，合计产能3.45亿吨/年，占全国炼油总能力的44.65%。其中，中国石油所属炼厂平均规模达到745万吨/年，中国石化所属炼厂平均规模达到743万吨/年。但中国炼厂总的平均规模为413万吨/年，仍低于世界炼厂平均745万吨/年的规模。

到2017年，国内建设了一批各具特色的石化产业基地和化工园区，形成了长江三角洲、珠江三角洲、环渤海地区三大石化产业集聚区，形成上海1个200万吨级乙烯基地，天津、南京、宁波、茂名、大庆、独山子、抚顺、惠州8个100万吨级乙烯基地，三大石化产业集聚区千万吨炼油基地占全国总数的33.0%，百万吨乙烯基地能力占59.2%。其中：长江三角洲炼油基地能力占全国总能力的11.1%，百万吨乙烯基地能力占25.8%。珠江三角洲炼油基地能力占全国总能力的13.4%，百万吨乙烯基地能力占22.3%。环渤海三角洲炼油基地能力占全国总能力的8.5%，百万吨乙烯基地能力占11.1%。上海形成200万吨级乙烯基地，杭州湾地区炼油总规模达到5000万吨、乙烯总规模达到300万吨，大连形成3000万吨级炼油规模（详见表2-13-8）。

表2-13-8 中国千万吨级炼厂、百万吨级乙烯企业情况（2017年） 单位：万吨/年

序号	企业名称	原油一次加工能力	乙烯生产能力	所属系统
1	镇海炼化	2350	100	中国石化
2	茂名石化	2350	100	中国石化
3	惠州炼化	2200	100	中国海油
4	大连石化	2050		中国石油
5	山东东明	1500		地方企业
6	上海石化	1400	100	中国石化
7	上海赛科		100	中国石化
8	齐鲁石化	1400	80	中国石化
9	广州石化	1320		中国石化
10	云南石化	1300		中国石油
11	金陵石化	1250		中国石化

续表

序号	企业名称	原油一次加工能力	乙烯生产能力	所属系统
12	天津石化	1250	100	中国石化
13	扬子石化	1250	100	中国石化
14	福建炼化	1200		中国石化
15	青岛炼化	1200		中国石化
16	兰州石化	1050		中国石油
17	泉州石化	1200		中化
18	广西石化	1200		中国石油
19	抚顺石化	1150	100	中国石油
20	长岭炼化	1150		中国石化
21	燕山石化	1050		中国石化
22	高桥石化	1050		中国石化
23	大庆石化	1000	100	中国石油
24	吉林石化	1000		中国石油
25	辽阳石化	1000		中国石油
26	大连西太	1000		中国石油
27	独山子石化	1000	100	中国石油
28	四川石化	1000		中国石油

长三角地区拥有上海、宁波、南京三大石化产业基地，乙烯产能已超过800万吨/年，占全国总产能的1/3以上，是中国烯烃、芳烃衍生物最重要的集散地，聚集了一批千万吨级炼油和百万吨级乙烯大型石化项目，形成了各有特色、产业关联度高的上海化学工业区、宁波化学工业区和江苏沿江各化工园区等。长三角地区不仅是石化产品消费中心，同时是国家实施“一带一路”与长江经济带两大战略的关键交汇区域。

珠三角地区则以发展乙烯下游高附加值衍生物和终端产品为发展方向。通过优化芳烃产业布局，发挥上中下游一体化优势，福建炼化80万吨/年乙烯装置的投产，海南PX装置实现了从无到有的转变。2017年，中国年产乙烯超过1800万吨。

2015年，国家发改委对石化产业基地的设立条件提出指导意见，并提出了发展大连长兴岛、河北曹妃甸、江苏连云港、浙江宁波、上海漕泾、广东惠州和福建漳州古雷七大石化产业基地的规划，使得2018～2025年的中国炼油格局中，民营企业作为主导力量登上中国炼油产业链的舞台，七大石化产业基地均布局在东部三大石化工业聚焦区内。

2017年4月，恒力石化总投资740亿元的大连2000万吨/年炼化一体化项目破土动工，建设内容包括2000万吨/年常减压装置、1150万吨/年重油加氢装置、960万吨/年重整装置、450万吨/年芳烃装置、130万吨/年混合脱氢装置等大型工艺装置，单体装置与总体规模都是国内领先、国际一流的超大型加工规模。项目采用了全加氢和沸腾床加氢工艺等国际最先进的工艺包技术，用劣质的原油生产高品质的成品油与化工品，并采用了世界领先的环保污水处理技术。2018年12月15日开启常减压等装置投料开车工作，2019年3月15日，一柴油加氢裂化装置产出合格加氢裂化尾油（优质国六柴油）、重石脑油（优质重整原料）以及轻石脑油等产品，标志着国内首套、世界超大规模的300万吨/年两段全循环柴油加氢裂化装置一次开车成功。3月25日，打通生产全流程，产出汽油、柴油、航空煤油、PX等产品，从调试、功能联运到打通全流程，创下了行业最快纪录。

恒力石化项目是中国第一家进入特大型石油炼化领域的民企，是全国一次性建设的最大石油炼化项目，成为国家七大石化产业基地中首个建成投产的重大项目，也成为助推东北振兴的超大型项目。

淘汰落后产能方面，结合国家和地方节能减排，产业调整需要，北京市2012年停产东方石化乙烯装置，上海市2013年永久停役上海石化1号乙烯装置等。

三、节能减排、油品质量升级步伐加快

中国的石化工业一直把节能降耗减排和安全环保放在重要位置。2015年后，结合贯彻执行新的《中华人民共和国环境保护法》，推行环保标准化管理，从技术改造、技术进步、“两化融合”、提升管理等方面多措并举，促进物耗能耗降低和减排，促进安全环保，对硫黄尾气、污水总氮、加热炉烟气净化等开展专项攻关治理，确保全部实现稳定达标，节能降耗、绿色低碳发展取得显著成绩。

中国石化于2013年启动了历时3年的“碧水蓝天”环保专项行动，2014年启动

了“能效倍增”计划。开发了炼厂恶臭和VOC综合治理、锅炉及催化裂化烟气脱硫脱硝除尘、废气催化氧化、油库和加油站油气回收等世界先进水平的环保技术，节水减排、达标治理和净化污水回用技术持续提升。催化裂化烟气除尘脱硫脱硝成套技术在镇海炼化等企业建设推广应用30余套装置并投产，实现了污染物达标排放。油气回收系列技术已在近200座成品油库推广应用，油气回收效率97%以上，达到国际领先水平。

推进油品质量升级是保护环境的具体行动。自2000年以来，中国加快了油品质量标准升级的步伐，明确提出了油品升级时间表。2000年，中国取消了含铅汽油的生产，取消了70号低标号汽油。之后，国家实行油品质量升级，新建、改造了一大批装置，完成了国四车用汽油，国三、国四车用柴油以及普通柴油的4轮质量升级。北京、天津、上海、广东、江苏等地完成国五标准车用汽油、柴油的生产供应，完成东部地区11省市全面供应国五标准车用汽柴油的工作。2007年，燕山石化1000万吨/年炼油项目投产，率先在国内实现国四标准汽、柴油质量升级，确保了北京市奥组委向国际奥委会承诺的空气质量；2009年，高桥石化、上海石化生产供应上海市场的汽、柴油产品质量全部达到沪四标准。2009年5月，镇海炼化在中国国内首次批量生产出符合欧Ⅴ排放标准的车用柴油供应香港，成为国内首家供香港欧Ⅴ汽、柴油的企业。高桥石化生产欧Ⅴ标准车用汽油供香港，广州石化、茂名石化等企业向广州、深圳等地供应国四标准汽、柴油。2010年，车用汽油硫含量比2005年降低了72.8%，车用柴油降低了4.8%，仅车用汽、柴油硫含量降低，每年减少二氧化硫排放达2.65万吨。供应三大城市的车用油品质量升级先行一步。积极响应上海世博会“城市，让生活更美好”的主题，加快开发清洁能源，推进清洁生产，走低能耗、低污染和低排放的可持续发展道路。

2011年7月1日，国内各炼油企业车用柴油全部达到国三标准；2013年7月1日起，普通柴油硫含量由不大于0.2%至不大于0.035%，航煤、润滑油、石油沥青、溶剂油等其他石油产品质量也稳中有升；2014年1月1日，各企业车用汽油全部达到国四标准，2015年1月1日，车用柴油全部达到国四标准；2015年底供应东部11省市车用汽柴油全部达到国五标准。到2017年，中国已拥有生产相当于欧Ⅴ、欧Ⅵ质量标准汽柴油的核心技术。2017年7月1日，开始全国范围全面实施国五排放标准，国五标准排放控制水平相当于欧洲正在实施的第5阶段排放标准。我国完成了西方发达国家历时三四十年才完成的油品质量升级过程。中国油品质量已经赶上了世界先进水平。

四、进入均衡发展的精细化新常态

2011年后，中国石化工业布局趋于合理，为优化油品流向与运输方式创造了条件，石化工业进入东西部协调均衡发展，石油化工、煤化工、生物化工等共同进步的新常态。

东部地区进一步优化和建设大型石化基地，继续领跑精细化工产业。由于中国石油消费的增量主要依靠进口，海运是石油进口的主要方式，东部地区拓宽利用海外资源，加快升级和建设石化基地，提高产业质量和化工原料保障能力。炼化技术实现跨越式发展，多元化的市场竞争，对外开放格局形成，行业整体实现均衡发展，国际影响力明显提升。炼油所需的催化剂已实现自给，部分外销出口。主要炼厂已具备加工世界上160多种不同国家、不同性质原油的能力，综合加工、深加工能力大幅增强。

中西部和东北地区加快发展精细化工，开始由粗放型向精细化升级。辽宁省率先将发展精细化工作为化学工业发展的主导方向，宁夏提出未来重点发展精细煤化工，新疆提出加快发展石化深加工产业。这些举措促进了当地资源与消费市场有效对接，提高了石化产业层次和经济效益。中西部煤化工发展精细化工的原料配套条件大为改善，下游相关产业已形成相当规模，发展精细化工的市场条件已经具备。

生物柴油、生物航煤技术实现工业转化。继2010年第一代近/超临界甲醇醇解油脂制备生物柴油技术开发成功后，开发第二代技术，并于2010年、2012年先后完成小试和中试。2012年2月，中国石化杭州炼油厂示范装置生产出合格的生物航煤产品，成为亚洲第一套生物航煤生产装置。2014年完成10万吨/年生物柴油工业示范项目工艺包开发。2015年3月21日，海南航空采用中国石化生物航煤产品成功开展中国首个生物航煤商业载人航班飞行。

中国石化工业精细和生物化工业务发展形成一定的规模和基础，覆盖油气田化学品、油品添加剂、合成材料助剂、特种溶剂、黏合剂和涂料、表面活性剂、杀菌剂、特种聚合物及其单体、精细化工中间体、生物化工等领域，取得一批具有自主知识产权的科研成果。

五、突破了一批核心技术和关键技术

经过多年努力，中国炼油技术实现了跨越式发展。通过自主创新、科研攻关，开发和引进消化吸收相结合的方式，总体上达到世界先进水平，部分处于世界领先水平。在炼油技术方面，已经成功开发出重油催化裂化、加氢裂化、催化裂解、连续重整、催化汽油吸附脱硫、柴油超深度加氢脱硫等技术，形成具有世界先进水平的炼油全流程技术，具备利用自主知识产权技术设计建设单系列千万吨级炼油厂的能力。深度催化裂化技术（DCC）获国家技术发明一等奖。催化裂化催化剂和加氢催化剂成功进入国际市场，炼油催化剂自给率达到90%以上。多产异构烷烃催化裂化工艺MIP技术在国内炼厂得到广泛应用。

开发出具有自主知识产权的超低压连续重整成套技术，打破了国外公司的垄断局面，创造性地开发了世界首套逆流连续重整装置并投入运行，使中国石化成为世界第3家拥有连续重整技术的公司。首次提出了连续重整催化剂活性状态与反应难易程度相匹配的新理念，并实现工业应用，达到国际先进水平。

自主开发的催化裂化汽油选择性加氢脱硫技术（RSDS-Ⅲ和OCT-M）达到世界先进水平；引领了历次汽柴油质量升级，形成自主知识产权的清洁油品生产系列成套技术，催化汽油吸附脱硫技术（S-Zorb）实现技术再创新，自主设计建设了90万吨/年、120万吨/年和150万吨/年S-Zorb装置，在多家企业成功投产，为汽油质量升级提供了技术保障，成为汽油质量升级的标志技术；柴油超深度加氢脱硫（SRH柴油液相循环加氢、RTS柴油超深度加氢脱硫）技术处于世界同类技术先进水平，柴油深度脱硫催化剂及催化剂级配技术跨入世界领先水平；SHEER柴油加氢（高效、低能耗柴油加氢技术）等技术开发成功并实现工业化转化。LCO加氢-催化裂化组合生产高辛烷值或轻质芳烃LTAC技术取得突破，在中国石化21家企业的28套装置上应用。自主开发生产的高档汽油机油、高档柴油机油达到世界先进水平，应用于全球各种品牌的汽车，长城系列润滑油成功用于“天宫一号”“神舟”“嫦娥”等系列航天工程。

在有机化工原料生产技术方面，中国开发形成具有自主知识产权的主体技术，具备利用自主技术设计建设百万吨级乙烯、百万吨级芳烃工厂的能力。中国石化以自主知识产权技术为主设计建设了天津、镇海、武汉大型乙烯装置。自主研发的百万吨级乙烯成套技术在武汉石化首次实现在同一套乙烯装置上全部采用具有自主知识产权的工艺、装备及催化剂技术；以石脑油为主要原料条件下，全装置综合能耗达到国际领先水平。大型乙烯裂解炉和乙烯分离技术达到国外同类技术水平。“三机”和催化剂首次全部实现国产化，设备国产化率提高，主要技术经济指标被所罗门评价体系评为世界先进水平。百万吨级乙烯项目成果已经获得专利授权399

件，其中发明专利332件；编修行业标准6项。采用该成套技术建设和改造的乙烯装置共12套，产能合计973万吨/年；裂解炉技术国内外许可共167台，产能合计1729万吨/年；催化剂技术在国内外67套单元装置上得到成功应用。

中国石化开发的高效环保芳烃成套技术先后在扬子石化和海南炼化工业应用；已获得40余项国内外专利授权，形成了完整的自主知识产权。2011年扬子石化对二甲苯装置投产，2012年4月，该装置转产对二乙基苯，成为国内唯一一套采用吸附分离技术生产对二乙基苯的企业。2012年11月，海南炼化60万吨/年对二甲苯装置开始施工；2013年10月26日实现主装置中交；2013年12月27日，一次投料试车成功，吸附分离单元大量产出99.80%的高纯度对二甲苯。这标志着中国石化芳烃成套技术大型工业化装置应用成功，中国石化成为全球第三个具有完全自主知识产权的大型化芳烃生产技术专利商。推广到沙特阿拉伯、伊朗、印度尼西亚、白俄罗斯等国家的工业应用结果表明，与同类先进技术相比，单位产品物耗低5%，能耗低28%，吨产品成本低8%，环保监测指标全面优于最新国家标准，减排二氧化碳27%，处于国际领先水平，具有明显竞争优势。这一项目获2015年度国家科学技术进步奖特等奖。

2012年12月，世界首套20万吨/年甲苯甲醇甲基化制二甲苯（MTX）工业示范装置在扬子石化建成，并实现工业生产。该项目由上海石油化工研究院和扬子石化、洛阳工程公司共同完成。丙烯烷基化制异丙苯成套技术，在天津中沙建成30万吨/年装置，开发了特色固定床反应工艺以及液相烷基化催化剂和烷基转移催化剂，研制了相应的反应器，性能指标达国际先进水平。中国石化研发双氧水法丙烯制环氧丙烷成套技术并在长岭炼化建成10万吨/年生产装置，使中国成为世界上第三个掌握该技术的国家。

同时，还形成了芳烃抽提、丁二烯抽提、甲苯歧化、乙苯/苯乙烯、异丙苯、PTA、丙烯腈、己内酰胺、乙烯三聚制1-己烯、碳四烯烃催化裂解制丙烯等成套生产技术。中国部分有机原料1965～2017年产量见表2-13-9。

表2-13-9　中国部分有机原料1965～2017年产量表　　单位：万吨

年份	乙烯	丙烯	丁二烯	苯	甲苯	对二甲苯	苯乙烯
1965	0.30	/	1.08	11.80	2.22	0.56	
1975	6.47	7.31	4.16	21.25	14.08	7.90	
1980	48.99	25.07	10.59	35.98	17.72	9.56	

续表

年份	乙烯	丙烯	丁二烯	苯	甲苯	对二甲苯	苯乙烯
1985	65.21	40.71	14.24	43.29	21.29	25.71	
1990	157.16	96.26	25.77	65.63	18.09	54.78	
1995	239.70	205.80	33.60	102.25	27.40	83.90	25.58
2000	470.00	426.40	59.00	184.67	48.39	130.10	76.38
2005	755.54	802.70	99.60	306.11	110.30	230.00	147.00
2010	1418.80	1368.00	200.70	553.10	181.00	620.00	380.00
2015	1714.50	1986.00	255.00	780.00	531.00	882.00	530.00
2017	1821.80	2839.00		838.60	719.60	1027.00	684.92
1965	1.47	2.08	1.11	0.73	2.07	4.43	0.01
1975	4.23	4.13	1.92	2.19	6.69	13.70	0.66
1980	6.62	5.88	2.24	3.46	12.46	29.80	0.62
1985	8.80	7.92	2.61	4.00	18.68	44.32	4.52
1990	13.07	10.69	3.91	5.31	35.85	63.97	11.28
1995	19.17	12.40	11.18	8.73	51.25	146.90	15.56
2000	41.52	23.69	15.74	12.50	86.51	198.69	25.58
2005	88.80	52.60	49.00	27.50	137.00	535.64	52.97
2010	125.00	68.80	130.00	49.80	420.80	1752.00	65.00
2015	130.00	253.60	185.90	108.00	587.20	4015.00	153.30
2017	160.00					6146.50	185.48

六、乙烯装备自主化及成套技术已达到世界先进水平

乙烯工业的自有技术创新，拉动石化装备制造业发展，助推装备国产化进程，使技术和装置的自主化率和国产化水平大幅提升。中国石化装备制造业掌握了一大批具有自主知识产权的石化装备设计制造核心技术，实现了石化成套装备多项关键、核心设备的设计和制造国产化，节约了大量建设资金，同时带动了石化装备制造业的发展和产品结构调整，包括中国第一重型机械集团、沈阳鼓风机厂、杭州汽

轮机厂等一批大型骨干企业，为中国石化工业的工程建设培育了一批具有国际水平的战略供应商，增强了石化装备制造业参与国际市场竞争的能力，有力地支持了中国装备制造业的进步与发展。

2000年，中国石化实现了天津及中原15万吨/年乙烯装置扩能改造的国产化。其后，国产化80万吨/年、100万吨/年乙烯成套技术工艺包在“十五”期间相继开发完成，80万吨/年乙烯裂解炉及低能耗乙烯分离（LECT）在武汉乙烯工程中应用，茂名乙烯技术改造实现了大型裂解气压缩机和冷箱等关键设备的国产化。此外，大型空分装置、大型储罐和乙烯球罐等炼化装置的公用工程装备等也都基本实现了国产化。

2012年10月5日，中国寰球工程公司、大庆石化等单位联合攻关的国家科技支撑计划百万吨级乙烯成套工艺技术、关键装备研发及示范应用成果，在大庆石化120万吨/年乙烯改扩建工程中获得应用并一次开车成功，生产出合格的乙烯产品。该装置多项关键技术拥有自主知识产权，并实现主要设备材料国产化。

2014年10月，天津石化百万吨级乙烯工程裂解气压缩机组、大型四列迷宫压缩机组国产化项目通过中国石化技术鉴定，国内首套完全自主研发、设计、制造的乙烯压缩机国产化项目完成。

2016年，镇海炼化采用中国石化自有CBL裂解技术的20万吨/年裂解炉顺利投产，标志着国内开发的大型裂解炉技术不仅能够适应石脑油等液体原料，也能够适应乙烷、丙烷和丁烷等气体原料，国内已经形成完整的以油、气为原料生产乙烯及其他相关产品的技术体系。

2017年11月27日，全部由沈阳鼓风机集团股份有限公司（简称“沈鼓集团”）自主研制、设计、制造的中国首台套且全球规模最大的120万吨/年乙烯装置的核心设备乙烯机、丙烯机、裂解气压缩机组在中国海油惠州炼化二期现场一次试车成功，标志着中国创造了乙烯行业机组最大、调试最快、指标最优的新纪录。惠州炼化二期乙烯装置国产化率由70%升至90%以上，首次实现百万吨级乙烯裂解气、乙烯气、丙烯气三大机组全部国产化，标志着中国大型乙烯机组研制水平跨入世界先进行列。2018年4月23日，120万吨/年乙烯装置产出合格丙烯和乙烯。自9点38分投物料开始，历时7小时42分，刷新了乙烯三机投料首次开车速度最快的世界纪录。沈鼓集团从设计、制造，到安装、投产，先后攻克了机组抽、加气结构复杂、大尺寸、宽三元叶轮整体铣制、大型焊接机壳加工制造、裂解气压缩机转子横向振动失稳、高温高压易产生结焦等关键技术难题，打破技术壁垒。在全球大型乙烯装置设备制造领域只有沈鼓集团和国外德国西门子，日本三菱，美国GE、埃里奥特等几家大公司具有这方面的生产能力。

2018年12月，中国石化“绿色高效百万吨级乙烯成套技术开发及工业应用”通过技术鉴定。采用该成套技术建设和改造的乙烯装置共12套（其中4套已投产运行），乙烯产能合计973万吨/年；裂解炉技术国内外许可共167台，产能合计1729万吨/年；催化剂技术在国内外67套单元装置上得到成功应用。

经过研究、设计、生产、装备制造等多家单位几代技术人员历经30多年持续不断的联合攻关，从乙烯技术一片空白，到裂解技术的重点突破，最终完成绿色高效百万吨级乙烯成套技术的集成创新，实现了中国乙烯技术全面跨越。

七、多元化发展格局基本形成，市场化进程加快

2016年12月，国务院发布《政府核准的投资项目目录（2016年本）》新建炼油项目及扩建一次炼油项目的核准权由国务院投资主管部门下放到省级政府部门。

2017年，中国炼化行业经营管理体制和机制实现了大变革，形成了由大型国企、地方企业、民营企业、外资构成的多元化的市场竞争格局，一批民营炼化企业已跻身中国500强。

2015～2017年，共有40家地方炼厂获得原油进口“双权”（原油使用权和原油进口权），获得原油进口配额约1.2亿吨。获批进口原油使用权的地方炼油企业全部获批原油进口权，可以自主进口原油，使地方炼厂原油加工量占全国总量达到20%，汽、柴油产量分别占全国总产量的22.3%和20.9%。

到2017年，中国炼油生产企业经营主体呈现多元化，炼油能力分企业构成中，中国石化占33.73%，中国石油占26.12%，中国海油占6.29%，地方炼厂占31.4%，煤基油品生产企业占1.4%，外资企业占1.07%。民营炼厂迅速发展，成为重要力量，合计炼油能力超过2.6亿吨，约占全国炼油总能力的30%。乙烯生产能力构成中，中国石化、中国石油合计占总产能的68.4%，中国海油占7.9%，其他乙烯企业占23.6%，外资权益产能占12.9%（包括中国石化、中国石油、中国海油的外资权益产能）。

在供给侧结构性改革政策的指导下，2016年8月，国务院办公厅发布《关于石化产业调结构促转型增效益的指导意见》，强调统筹优化产业布局，有序推进沿海七大石化产业基地建设，炼油、乙烯、芳烃新建项目有序进入石化产业基地。2016

年10月，工业和信息化部发布《石化和化学工业发展规划（2016—2020）》，强调按照国家石化产业布局方案要求，加快石化芳烃产业发展；积极促进煤制芳烃技术产业化，推进原料路线多元化；促进芳烃-乙二醇-聚酯一体化产业基地建设。在国家政策支持下，石化行业的结构调整和升级改造速度加快。

在建大型石化项目有中国石化、科威特石油公司合资的中科炼化1000万吨/年项目，荣盛石化股份有限公司（简称“荣盛石化”）、桐昆集团股份有限公司（简称“桐昆股份”）、巨化集团公司等投资的浙江石化2000万吨/年项目，中国石油、委内瑞拉合资的揭阳石化2000万吨/年项目，盛虹集团投资的1600万吨/年项目，等。

民营企业发展成为石化工业发展的重要力量。恒力股份、恒逸石化股份有限公司（以下简称“恒逸石化”）、荣盛石化、桐昆股份等通过“炼化一体化”向上游PX、炼油延伸，从而实现上中下游全产业链的发展战略。2017年浙江石化4000万吨/年炼化一体化项目与恒力石化2000万吨/年炼化一体化项目均已进入建设安装阶段，其中一期工程投资2000万吨/年炼油、520万吨/年芳烃和140万吨/年乙烯。盛虹集团等大型化工化纤企业，也实施全产业链发展战略，从纺丝、聚酯、PTA等化工产品逐步向中游延伸，规模化、一体化、基地化进入石化行业。盛虹1600万吨/年炼化一体化等项目在建，总投资1730亿元人民币，是世界投资最大的单体产业项目，也是国内民营企业投资规模最大的项目。

2018年，国内乙烯最大的生产企业是中国石化，占全国总生产能力的43%，中国石油占24%，中国海油占8%，其他占25%。新投产以石油为原料的乙烯项目有：惠州炼化二期120万吨/年乙烯装置等。2018年，在建乙烯总产能843万吨/年，其中油制乙烯750万吨/年，包括中科炼化80万吨/年、浙江石油化工有限公司140万吨/年、辽宁宝来石油化工集团有限公司100万吨/年、新浦化学（泰兴）有限公司65万吨/年、中委广东石化炼化一体化项目120万吨/年、盛虹石化集团有限公司110万吨/年、山东寿光鲁清石化有限公司75万吨/年、宁波华泰盛富聚合材料有限公司60万吨/年。煤制乙烯93万吨/年，其中中海联合煤化35万吨/年，久泰能源集团28万吨/年，青海大美煤业股份有限公司30万吨/年，等。全国煤制烯烃规模551万吨。2018年煤制烯烃新增产能57万吨/年，分别是延安能源化工（集团）有限责任公司甲醇制烯烃45万吨和吉林康乃尔化学工业股份有限公司甲醇制烯烃12万吨/年。

中国炼化工业实现了从“引进来”到“走出去”的转变。油品出口量一路猛增，1978年为240多万吨，2017年仅汽、煤、柴油净出口量就达3950万吨，2018年更突破4000万吨大关，达到4200多万吨。中国已成为继印度、韩国之后亚太地区第三大成品油净出口国。石化产品也出现大进大出、互通有无的局面。中国进口原油已形成东面海上、北面俄罗斯、西面中亚、南面缅甸的四大战略通道。中国已完成一期和二期战略石油储备建设，进行三期的规划和建设。中国炼油和乙烯、三大合成材料等石化产品产量在世界排名数一数二，炼化工业的国际影响力明显提升。

随着中国炼化工业规模实力和技术水平的提高，中国炼化企业“走出去”开展国际化经营也取得长足进步。“走出去”涵盖的区域已包括中亚、中东、非洲、东南亚、俄罗斯等国家和地区，与数十个国家开展了包括工程承包、劳务输出、合资建厂、炼油工程输出、技术改造、出口转让技术、出口催化剂等在内的合作。“一带一路”倡议提出以来，中国炼化企业“走出去”“请进来”的步伐加快，力度加大，呈现积极向好的态势。

2012年初，中国石化集团与沙特阿美公司签订合资协议，在沙特阿拉伯延布建设炼厂，持股比例分别为37.5%和62.5%。设计加工能力达到40万桶原油/日（2000万吨/年），拥有世界领先的炼化设施，HSE标准和生产运行管理标准均达世界先进水平，生产的汽柴油质量可满足美国标准和欧Ⅴ标准，总投资86亿美元，是中国在沙特最大的投资项目。在3年的建设中，延布炼厂创造了中东地区工艺先进、投资省、工期短、质量优、安全好的优秀业绩，获得了国际能源界最高奖——普氏年度能源项目奖。2015年4月，延布炼厂开始试运行。2016年1月20日，延布炼厂项目正式投产。项目的投运，增加了当地培训与就业机会，促进了当地石化工业和经济社会发展。

第十四章 合成纤维工业发展史

（1949～2019年）

合成纤维是以石油、天然气和煤为主要原料，通过有机合成方法制得单体，经聚合、抽丝，制成纤维。合成纤维按用途和性能，分为通用、特种两类。中国通用型合成纤维主要有锦纶、涤纶、腈纶、维纶、氯纶、丙纶；特种合成纤维有四氟乙烯纤维、碳纤维、超细纤维、中空纤维、芳纶等。

1913年，德国化学家克拉特用热塑挤压法制得第一批聚氯乙烯纤维（国内的商品名为氯纶）。1931年，德国I.G.公司采用湿法纺丝制得聚氯乙烯纤维，堪称世界上最早的合成纤维。合成纤维工业化生产真正的突破点是聚己内酰胺纤维（尼龙6，国内的商品名为锦纶）。1935年、1936年尼龙6、尼龙66的投产，给纤维工业带来革命性的改变。很快聚酯纤维（国内的商品名为涤纶）、聚丙烯腈纤维（国内的商品名为腈纶）、聚丙烯纤维（国内的商品名为丙纶）、聚乙烯醇纤维（国内的商品名为维尼纶或维纶）等相继发明成功。20世纪50年代，石油化学工业也为合成纤维发展提供了丰富的原料，使得合成纤维成本大大降低。60年代开始，改性纤维和特种纤维出现并实现大的发展。如今，世界合成纤维发展热点在高性能纤维的竞争。

合成纤维自建立开始，发展十分迅速。今天，全球合成纤维的生产量在化学纤维中占90%以上，在纤维消费量中占了60%。合成纤维品种很多，其中最重要的是聚酯纤维、聚酰胺纤维和聚丙烯腈纤维三大类。

新中国成立初期，国家在大力增产棉花等天然纤维的同时，大力发展人造纤维。20世纪50年代，自主开发己内酰胺获得成功，生产出锦纶，揭开合成纤维生产序幕，并逐步建立起以煤、电石为原料的合成纤维工业。20世纪60年代，国家大力发展聚乙烯醇，通过引进和自主开发在全国各地建设了一批维纶厂。同时，大力开展合成纤维工业技术攻关，陆续开发各种合成纤维品种，如涤纶、腈纶、丙纶、聚氯乙烯纤维、聚氟乙烯等都以各种机织和针织物形式供应市场。

20世纪70年代，随着石油化工的发展，国家通过“四三方案”的大规模引进，相继在上海、辽阳、天津、四川建设了4个大型石油为原料的合成纤维联合装置，形成10多万吨/年生产能力，大大缓解了粮棉争地造成的纺织品供需矛盾。到1983年，全国化纤织物全面降价，1984年，取消了每年发放布票的办法，结束了棉布限量供应的历史。

经过20世纪80年代到90年代的大发展，到1998年，中国合成纤维产量达到510万吨，位居世界第一位。进入21世纪，中国合成纤维工业进入发展新时期，民营企业大批进入，并逐步成为行业主力。到2007年，中国合成纤维生产能力达到2789万吨，总产量达到2128.35万吨，发展成为合成纤维净出口国。2009年，中国合成纤维年总产能达到3115.10万吨，总产量为2312.98万吨，均超过世界总量的50%。

在合成纤维工业迅速发展的同时，国内企业重视差别化纤维的研究与开发，高弹性的聚氨酯纤维（氨纶纤维）、高强度高模量的芳香族聚酰胺纤维（芳纶纤维）、碳纤维、超高分子量聚乙烯纤维等新品种不断投产，不仅在民用领域，也在航空航天、国防军工、交通运输、体育休闲等各个方面都有广泛的应用。其中有年产量超过万吨的有色纤维、网络丝、细旦丝、高强低伸缝纫线等；有年产量超过千吨的高收缩纤维、异形纤维、涤纶阳离子可染改性纤维、三维立体卷曲涤纶、空气变形丝、远红外纤维、中空仿羽绒纤维、抗静电纤维、纳米纤维、智能纤维等。到2017年，高性能纤维产量12万吨，消费量14万吨，自给率达到86%。

截至2018年，中国合成纤维产量4562.7万吨，比2017年增加1.8%。其中涤纶4014.87万吨，锦纶330.37万吨，腈纶64.45万吨，丙纶34.79万吨，氨纶68.32万吨。涤纶产量占比达到88%。2019年，中国合成纤维单体产量达5515.1万吨。

第一节 从无到有，奠定发展基础

（1949～1977年）

旧中国没有合成纤维工业。抗日战争胜利后，大量的美国商品涌入中国市场，其中就有尼龙66袜类制品。新中国成立后，50年代，中国自行开发己内酰胺成功，揭开了中国合成纤维工业的序幕；60年代，大力发展聚乙烯醇，生产棉型纤维维纶；70年代，相继形成10多万吨的生产能力，为缓和棉布供应紧张，起到了一定的作用。到1970年，中国的合成纤维生产量达到3.62万吨，其中，锦纶0.74万吨、涤纶0.13万吨、维纶1.9万吨、腈纶0.51万吨；1977年，中国合成纤维产量不足15万吨，占世界总产量的1.6%左右。到20世纪70年代末期，逐步建立起了合成纤维工业体系。

这一时期，中国合成纤维工业发展的特点是：产能发展速度相对缓慢，企业数目屈指可数；常规产品为主，产品品种单调；人才队伍缺乏，生产运行难以持续稳定，90%以上的企业达不到经济规模；科研力量薄弱，以消化吸收进口设备、技术为主，自主研发技术几乎为空白；占世界比重极小，1977年中国合成纤维产量不足15万吨，而当时全球总产量达到930万吨，中国合成纤维产量占世界总产量的比重仅1.6%。

一、恢复扩建，发展人造纤维

1953年，纺织工业部根据国内的资源和技术条件，即中国的木材资源虽不多，但棉短绒资源丰富，是发展黏胶纤维的有利条件，解决纺织原料的紧迫问题，要先从发展黏胶纤维开始。1954年秋，纺织工业部成立了化学纤维筹备小组，着手研究化学纤维生产建设问题。

1954年9月，政务院颁布《关于棉布计划收购和计划供应的命令》，国家开始按每人每年16～20尺（1尺≈0.33米）的标准给城市人口发放布票（该项政令延续到20世纪80年代中期取消）。布票的出现，体现了当时百姓穿衣问题亟待解决。

1955年9月，中国纺织工业代表团赴苏联考察两个月，主要考察化纤工业，包括黏胶纤维、醋酸纤维等生产厂。考察归来，纺织工业部一是着手开展丹东化学纤维厂和上海安乐人造丝厂两个纤维厂的恢复和改造工作，二是向国务院提出引进建设的申请。

丹东化学纤维厂原来使用的是日本侵华时期东洋人造丝株式会社从日本搬迁到丹东的旧设备。1941年投产时，实际生产水平只有2～6吨/日。抗战胜利前夕，设备又被日军破坏，到解放时已无法生产。1955年底，纺织工业部决定对这个厂修复改建。1956年5月完成初步设计，能力为日产黏胶短纤12吨。到1958年1月完成施工正式生产，达到了设计能力。

上海安乐人造丝厂原是邓仲和1938年从法国购置古典法黏胶人造丝生产设备建造的安乐第二纺织厂，后因设备残缺等原因一直无法开工。1950年，纺织工业部投资300亿元（旧人民币），签订公私合营契约后改名安乐人造丝厂。后几经周折直到1958年才投入生产，纺出了中国第一批人造丝。

当年，上海市纺织局按照中央关于“天然纤维与化学纤维并举”的发展方针，成立化纤厂筹建委员会、化纤筹建办公室。下设锦纶6[1]、锦纶66、腈纶、涤纶、氯纶、黏胶纤维、醋酸纤维7个建厂组。从纺织业内抽调42名干部和技术人员参加工作。并在纺织工业部纺织科学研究院上海分院设立化纤研究室。3月初，开始筹建年产550吨合成纤维实验工厂（上海合成纤维研究所），边筹建边开展研究，仅月余，在实验室首次纺出腈纶和锦纶纤维，一年后正式投入生产，填补了国内空白。

两厂复工扩建工作完成后，年产能力达到5000吨。

纺织工业部提出引进国外先进技术，从民主德国引进年产5000吨黏胶长丝（俗称“人造丝”）成套设备，建设保定化纤厂，同时引进日产1吨的锦纶设备，在北京建设一个小型合成纤维实验工厂的报告获得国家批准。后两厂相继建成。

1965年底，中国首批自主设计建设的人造纤维工厂全部建成，人造纤维产能达到5万余吨。此后，为发展汽车工业，1965年纺织部又开始新建上海第二化纤厂和湖北化纤厂等强力人造纤维帘子布工程。湖北化纤厂采用了新一代国产成套技术设备，生产的人造纤维强力帘子线的性能达到了当时的国际标准，使中国人造纤维工业的建设水平实现了新的跨越。

人造纤维发展虽然不是此后国家发展化纤的主流，但在中国早期促进行业科研、教育和人才培养方面发挥了作用。1954年上海华东纺织工学院创办了化学纤维

---

[1] 因历史原因，我国行业内曾将尼龙习惯称为锦纶。

专业，1958年创办了北京化纤学院。随着一批企业的建成，合成纤维行业人才培养落地开展，一批技术人员远赴苏联和民主德国学习。1958年国务院决定化纤工业归口为化学工业部管理，原纺织工业部一批化纤科技人员一道转入化工部。同年，化工部化工研究院八室与纺织部研究院化学纤维室合并，成立合成纤维研究室。

1960年4月，化工部决定由化工部合成纤维研究室和北京合成纤维厂研究所（中试车间）共同组建化工部北京合成纤维研究所，以加强合成纤维科学研究工作。

二、发展聚酰胺纤维，迈出合成纤维工业发展第一步

（一）自主开发己内酰胺

20世纪50年代初期，中国开始自主开发聚己内酰胺纤维（锦纶）及其单体己内酰胺，中国科学院上海有机化学研究所为了研究己内酰胺聚合机理及分子量分布，曾在实验室用苯酚为原料做合成己内酰胺的试验。

1954年，沈阳化工研究院开始试制聚酰胺单体己内酰胺。该院选择可以提供苯酚和氢气的锦西化工厂建设100吨/年中间试验装置，进行工业化试验。化学工业部第一设计院根据中间试验取得的操作数据，并参照国外部分资料，设计锦西化工厂1000吨/年工业化生产装置，1958年投产。所产的己内酰胺经锦州合成纤维厂纺丝成功，时任化工部副部长侯德榜将其命名为“锦纶”。

1960年以后，世界发达国家以环己烷代替苯酚做锦纶单体生产原料的新工艺逐渐得到推广，其中有环己烷氧化法、环己烷光亚硝化法制己内酰胺。此时，国内苯酚法和甲苯法也已不宜发展。1963年，中国开始对环己烷氧化法、环己烷光亚硝化法制己内酰胺进行研究。70年代初，南京化工公司磷肥厂、锦西化工厂、岳阳石化总厂锦纶厂和太原化工厂等企业，分别兴建了2000吨和5000吨的己内酰胺生产装置，采用环己烷氧化法新工艺。

岳阳石油化工总厂锦纶厂还配备了年产5000吨的聚合纺丝装置，成为国内最大的锦纶生产基地。该厂的己内酰胺生产装置投产后，由于工艺技术不够完善，在生产中出现了一些问题。为了解决这些问题，从1975年起，燃料化学工业部多次组织各生产厂和科研单位，对环己烷氧化法进行了生产技术攻关会战，历时3年，实现了64项技术改革。岳阳石化总厂锦纶厂主攻己内酰胺生产部分，岳阳石化总厂研究院研制成功的应用焦磷酸钠涂壁技术，解决了氧化工艺过程中的结渣问题，进一步

完善了环己烷氧化工艺。南化磷肥厂和锦西化工厂主攻环己酮部分，参照国外生产技术，先后实现了几十项技术改革。在工艺流程方面，实现了两段苯加氢、二次皂化、逆流连续肟化、转位外循环、连续蒸馏等重大改革，改造了一些设备；并针对某些生产原料短缺的情况，积极研究其他生产方案。经过技术攻关，己内酰胺生产有了明显好转，产品质量有了很大提高。

其后，国内己内酰胺产品一级品率逐年上升，1978年为27%。此后产品质量逐步稳定，随着轮胎帘线扩大需要量以及工程塑料的发展，国产己内酰胺出现供不应求的局面。

（二）逐步扩大聚酰胺生产

1957年8月25日，委托民主德国设计和制造的全套生产装置在北京合成纤维实验厂开工建设，设计年产聚己内酰胺（锦纶）380吨。1959年4月建成开始试生产，同年12月12日通过国家竣工验收，正式交付生产。1958年，北京合成纤维厂由纺织工业部移交化工部管理。该厂以煤焦的副产品为原料，后经过改造，生产能力提高到1000吨/年。先后开发生产锦纶综丝（用于渔网生产）、锦纶帘子线、锦纶长丝、无纺布等产品满足国内需求。1967年开始先后以聚四氟乙烯、尼龙1010、过氯乙烯、氯乙烯-醋酸乙烯共聚树脂为原料，生产多种特种纤维用于国防军工部门。

1958年4月，上海合成纤维实验工厂筹建，建成由国内自主设计的一套锦纶生产装置。

北京、上海两套装置的先后建成投产，标志着中国合成纤维工业又迈出了重要一步。

在70年代，山西锦纶厂、上海第二十棉纺厂化纤车间、泰州合成纤维厂、清江合成纤维厂、上海第十一化纤厂等中、小型尼龙6纺丝企业也相继建成投产，使锦纶生产有了较大增长。锦纶这一时期在中国合成纤维发展中居首位，发展速度很快。

在发展锦纶生产的过程中，上海化工研究院和天原化工厂还开展了尼龙66盐的开发研究。1974年辽阳石油化纤公司从法国引进一套年产4.6万吨以环己烷为原料的尼龙66盐装置和一条年产4000吨尼龙66纺丝线，从而加速了尼龙66盐的发展和生产技术的提高。为了与辽化尼龙66盐装置配套，国家在辽阳、营口建成了4000吨和8000吨规模的尼龙66长丝和变形丝生产装置；并从日本引进年产1.3万吨尼龙66帘子布成套设备，建成河南平顶山帘子布厂，促使轮胎帘子布生产由棉织品向合成纤维过渡。

聚酰胺的发展事关中国的帘子线和降落伞、渔网等制造材料的自给。1966年以来，北京合成纤维实验厂与中国科学院化学研究所协作，对提高透明度和使用寿命进行了试验研究，使产品主要指标达到先进水平。1971年又应用优选法，进一步提高了纺丝速度，使单机产量提高了50%。

三、大力发展聚乙烯醇（维纶）

1957年，国内一些单位从事醋酸乙烯-聚乙烯醇（维纶原料）的开发研究，吉林省地方工业技术研究所参与了以电石乙炔为原料合成醋酸乙烯及聚合工艺、双螺杆高碱醇解工艺、聚乙烯醇缩醛化工艺的研究。

1958年3月，国家化纤与塑料研究工作协调会在天津召开，确定天津为协调中心，建立了天津有机化工试验厂作为维纶试验厂。

1960年，天津有机化工试验厂建成了60吨/年的中试装置，采用电石乙炔气相法，对工艺条件、催化剂制造等方面进行系统探索。

1962年3月，纺织工业部和化工部联合向中央写了《关于发展维纶工业的请示报告》，提出参考朝鲜的维纶生产技术，在四平建立一个1000～2500吨/年维纶试验厂，为在吉林建设万吨级维纶厂做准备。1962年12月，化工部和纺织工业部各派4人去日本考察维纶工业。他们回国后建议从日本引进1万吨/年维纶及其原料聚乙烯醇的成套设备和技术，建设地点改在北京。1962年9月11日，国务院批准建设吉林四平维纶实验厂。该项目年产聚乙烯醇1000吨、抽丝1000吨，由化工部第一设计院设计，采用电石为原料合成醋酸乙烯的工艺路线。1962年10月4日开工建设，1965年4月30日建成投产，是中国第一个维纶生产装置。

1963年10月11日，国家计委批准北京有机化工厂项目建设。该项目从日本可乐丽公司成套引进生产装置和专利技术，以电石为原料，规模为聚乙烯醇10362吨/年。化工部负责北京有机化工厂中国第一套醋酸乙烯和聚乙烯醇生产装置部分建设，纺织工业部负责北京维纶厂抽丝部分建设。这是新中国成立后，首次从尚未建交的西方国家进口化纤成套技术设备。1963年11月开始建设，1965年8月13日建成投产，一次试车成功。比原定建设工期32个月提前8个月竣工，12项技术指标全部达到设计要求，比原概算节省投资6.8%。

1969年，北京有机化工厂消化引进技术，对装置进行挖潜改造，经过1年零7个月的攻关会战，共进行重大技术革新改造84项，产量从1万吨/年提高到2万吨/年。

1970年，燃料化学工业部与纺织工业部组织力量进行了1万吨/年聚乙烯醇生产装置通用设计。纺织工业部先后在9个省动工建设了9套聚乙烯醇生产装置，使全国电石乙炔法聚乙烯醇生产能力达到11万吨/年以上。维纶成为20世纪70年代中国产量最大、分布最广的合成纤维品种。

1971年，国家把发展维纶列为发展合成纤维工业的重点，并根据省市要求，计划2年之内建成投产13个万吨级维纶厂，每个厂的投资不超过5000万元；最终落实项目9个，其中福建、江西、安徽、湖南、广西、云南、山西、甘肃等8个厂，建设规模为聚乙烯醇1万吨/年、维纶短纤维7260吨/年，后在设备设计中借鉴腈纶的卧式纺丝技术，实际生产能力只有聚乙烯醇7200吨/年和维纶短纤维3600吨/年。石家庄维纶厂1970年建设，建设规模为聚乙烯醇5000吨/年，维纶3600吨/年。经过此轮建设，全国总共形成维纶10.6万吨/年生产能力。

四、开发聚丙烯腈（腈纶）催化剂和新工艺

丙烯腈是生产腈纶的原料。1953年，沈阳化工研究院首先开始探索乙炔法生产丙烯腈，在吉林化学工业公司（简称吉化公司）电石厂建立了中间试验装置。

1962年，沈阳化工研究院在吉化公司电石厂建立的乙炔法生产丙烯腈装置，通过对催化剂配方的反复研究，生产出合格的丙烯腈产品。1963年，化学工业部对该法进行了鉴定。同年，化学工业部第九设计院为吉化电石厂设计了1000吨/年丙烯腈装置。这套装置于1966年投产。丙烯腈成为中国毛型合成纤维生产的开端。

1965年4月1日，国家计委批准在兰州化学工业公司（简称兰化公司）建设国内第一套聚丙烯腈纤维生产装置。同年8月21日，中国技术进口总公司与英国泼林纳克斯公司签订合同，指定聚丙烯腈纤维工艺技术和成套设备由英国考陶尔茨公司提供。装置设计能力8000吨/年，其中短纤维和腈纶毛条各4000吨/年。实际投资7520.5万元，其中含外汇301.68英镑。1968年12月，腈纶生产装置建成；1969年9月26日产出第一束丝。1970年腈纶生产开始列入国家计划。兰化公司建厂投产聚丙烯腈纤维生产装置标志着中国合成纤维原料逐步实现由电石乙炔向石油的转变。

1966年1月，茂名市石油化工研究所利用裂化石油气，试制腈纶纤维（人造羊毛）成功，茂名市利用这一研究成果兴建人造羊毛中间试验厂。中央人民广播电台连续几天以《羊毛不出羊身上》为题报道这一消息。

抚顺腈纶厂（原抚顺化学纤维厂）是利用炼油厂尾气资源生产合成纤维的试验工厂。1965年，国家投资1700万元，建成国内第一套1000吨/年丙烯腈装置和1000吨/年腈纶纺丝装置。

1966年，为与上海高桥化工厂丙烯腈生产配套，上海第二人造纤维厂建成2000吨/年腈纶纤维的生产线，采用硫氰酸钠溶液直接纺丝新工艺，1969年投产。

1970年，上海高桥化工厂采用新开发的国内生产工艺和新型催化剂等建成第一套丙烯腈装置。以后，又有10多套规模不等的装置相继在全国各地兴建，从而淘汰了乙炔法丙烯腈生产工艺。但大多因为工艺技术不完善，污染问题没有很好解决而被迫停产。而上海高桥化工厂、大庆石油化工总厂、山东淄博石油化工厂和抚顺市化学纤维厂等少数千吨级丙烯腈生产装置采用流化床反应器，用丙烯氨氧化生产丙烯腈的企业有了较大发展。

五、开发聚酯及多种用途合成纤维单体

（一）聚酯纤维单体的研制

在合成纤维中，聚酯纤维（即涤纶，俗称的确良）是早期较受欢迎的品种。中国从20世纪50年代初期开始了聚酯单体生产的研究，利用煤焦油副产的萘，经氧化得到起始原料——苯酐，或以副产的甲苯为起始原料进行研制。

1956年，沈阳化工研究院与上海染化七厂合作，利用该厂苯酐为原料，采用苯酐转位法制取对苯二甲酸。1958年生产出少量对苯二甲酸产品。

1958年，旅大市合成纤维研究所成立。1960～1964年，该所建设了15吨/年聚酯装置，并不断改进工艺，使收率达到82%。

1958年4月开始筹建的上海合成纤维实验工厂，经6年筹建和改组，于1964年10月正式挂牌成立上海合成纤维研究所。20世纪60年代初，上海合成纤维研究所引进1台1吨/日涤纶短纤维的试验设备，率先开展涤纶生产工艺研究。

1962年，上海涤纶厂（原上海华侨化工厂）用试制出的单体，生产了涤纶袜子、渔网、工业滤布，并试纺了毛涤纶和丝涤纶。但是生产单体的全流程还存在许多问题。

1964年11月，兰化公司从英国高分子化学工业公司引进了生产能力3386吨/年聚丙烯纤维（丙纶）生产装置，这是国内第一套丙纶装置。装置1970年建成，曾用

聚酯切片试纺涤纶，即的确良，以考核设备。1972年丙纶项目正式投产。

1965年，旅大氯酸钾厂建立了300吨/年聚酯中试车间。参照这一工艺路线，全国各地建设了20多个生产厂。但由于原料及工艺技术等问题，不能正常生产。

山东青岛红旗化工厂和山东化工研究所进行了对二甲苯氧化、歧化法抽取对苯二甲酸的中间试验，并建设生产装置。

1966年，北京合成纤维研究所选用对二甲苯合并氧化、微球硅胶为催化剂的沸腾甲酯化工艺路线并在北京化工厂建立了中间试验装置。上海染化七厂、上海化工研究院和北京化工五厂、山东化学石油研究所也进行了对二甲苯低温氧化技术开发。

1966年，北京化工研究院进行乳化精馏和低温结晶分离二甲苯的研究；北京石油科学研究院进行了混合二甲苯常压催化异构化的研究。应用这2个研究成果，在济南向阳石油化工厂建立了500吨/年对二甲苯中试装置。北京石油科学研究院还研究了固定床分子筛气相分离二甲苯技术，用来代替深冷结晶分离技术。大庆炼油厂研究所进行了模拟移动床分子筛吸附分离二甲苯技术的研究。各科研单位还对对苯二甲酸精制及酯化等方面做过大量探索研究。

为适应小化纤发展的需要，纺织部组织了一个涤纶短纤维设备小组，先后研制成功800～1000吨/年的小型涤纶短纤维成套设备，包括切片干燥机、VD403纺织机和牵伸、切断、打包机等。但这些小涤纶厂多以煤化工生产的苯酐为原料，或以进口原料维持生产，原料没有基本保障，生产成本也高，产量也小。

20世纪50～70年代，先后有10多个科研单位会同10多个生产厂进行了多种聚酯工艺路线的开发研究和生产，建成各种工艺各种规模的生产装置上百个。1970年全国聚酯产量1546吨，1975年达到6382吨。

（二）醋酸乙烯－聚乙烯醇的开发

中国最早生产酸酸乙烯-聚乙烯醇的是北京有机化工厂。1969年，该厂在进行聚乙烯醇装置改造时，自主设计、自行制造设备、自行施工，建设了聚乙烯醇多品种试验车间，可生产08-88、17-88、20-88等品种的醋酸乙烯，可供电影、电视、国防等部门使用。1975年8月，建成了聚醋酸乙烯乳液装置，后又经3次扩建改造成为国内同类产品中产量最大的装置。1976年12月建成醋酸乙烯（EVA）共聚装置。主要生产T-804柴油流动改进剂。1979年，使用引进日本的皮带醇解机，采用自己的生产技术，生产出聚乙烯醇新品种。该厂采用电石乙炔法生产，他们一方面大力提高产品产量，使年生产总量从1万吨增加到3万吨。另一方面努力提高产品品种和质量，品种从1个增加到13个。1979年主要产品17-99F获国家质量金奖，1981年水溶性树脂17-88获国家质量金奖。

贵州有机化工厂、天津有机化工试验厂等还生产了聚醋酸乙烯乳液及其共聚物、聚乙烯醇缩丁醛树脂及薄膜等。

（三）丙烯酰胺的开发

该产品以丙烯腈为原料生产，是生产聚甲基丙烯酸甲酯（简称PMMA，又称亚克力或有机玻璃）的原料。国内从20世纪60年代开始生产，主要采用传统的硫酸水合法和铜催化水合法。

（四）聚酰胺的研究

20世纪50年代后期，中国开始研究聚酰胺（尼龙），主要产品有尼龙1010、尼龙6、尼龙9、尼龙66及其改性产品，并相继投入少量生产。尼龙1010是中国独创的品种，采用农副产品蓖麻为原料，生产工艺简单，投资小、上马快。1961年上海长红塑料厂首先投产，其后一些地区相继建立生产装置，1973年全国共有40多套。总生产能力近4000吨，产量2650吨。20世纪60年代初，中国科学院北京化学研究所和苏州化工研究所协作进行尼龙9中试，后在江苏靖江市大众塑料厂建设20吨/年生产装置。原料为蓖麻油，技术成熟，产品性能好。尼龙6的生产工艺有苯酚法、光亚硝化法及环己烷氧化法等。其中以环己烷氧化法为主，岳阳石化总厂、锦西化工厂、南京化学工业公司、太原化工厂都有生产，装置生产能力为3000～5000吨/年。采用苯酚原料的只有济南合成纤维厂，生产能力1000吨/年。1974年化工部组织己内酰胺技术攻关后，产量稳步增长，1983年达到约7000吨/年。尼龙66盐1970年上海天原化工厂和太原合成纤维厂先后建成规模600吨/年尼龙66盐生产装置。1973年，辽阳石油化纤总厂引进4.6万吨/年尼龙66装置，1979年投产。

六、开创石油化纤工业

为使中国合成纤维工业尽快发展起来，逐步解决技术落后、单体缺乏、能力不足的被动局面，中国化纤工业及时开展石油原料的合成纤维发展。特别是1972年，国家批准引进4套石油化工成套设备。纺织工业部建设了上海石油化工总厂、辽阳石油化纤总厂（后更名为辽阳石油化纤公司）、天津石油化纤厂（后更名为天津石油化工公司）、四川维纶厂四大合成纤维基地；化工部建设了北京石油化工总厂（后更名为燕山石油化工公司）年产30万吨乙烯配套工程中4万吨聚酯装置。1978年，中国继续引进的4套年产30万吨乙烯工程中，都有大型合成纤维及其单体项目，迅速地提高了中国合成纤维单体生产技术水平，扩大了中国合成纤维单体生产能力。

（一）自主创建第一个大型国有石油化纤生产基地

自主创建第一个大型国有石油化纤生产基地——“2348工程”。这项工程是在湘北山区，建设一家集原油炼化、化纤制造和织物织造为一体的三线工厂，以保证65式新军服的布料供应。工程1965年开始筹划，1969年4月动工，1971年5月建成投产。1969年9月中共中央批准“中国人民解放军总后勤部第2348工程指挥部”成立。该工程可每年炼制250万吨原油，制取15万吨的20多种化工原料，生产涤纶5000吨、锦纶5000吨、腈纶1万吨，织造军服布料4000万米，可供全军每人制作两套军服。

该工程还有一个重要作用，就是为“四三方案”引进四大化纤，提供了实践论证和科学决策的基础。

（二）引进“四大化纤”工程建设

1972年，国家启动进口成套化纤、化肥技术工作（即“四三方案”，见表2-14-1）。

表 2-14-1 “四三方案”引进化纤项目情况

项目名称	引进国别	开始建设时间	投产时间	主要产品生产规模	累计投资/万元
上海石油化工总厂	日本、联邦德国	1974年1月	1978年12月	乙烯11.5万吨/年，聚乙烯醇3.3万吨/年，丙烯腈5万吨/年，聚酯2.5万吨/年，芳烃抽提10万吨/年	209175
辽阳石油化纤厂	法国、意大利、联邦德国	1973年9月	1981年12月	乙烯7.3万吨/年，催化重整进料15.5万吨/年，芳烃抽提12.3万吨/年，环氧乙烷乙二醇4.4万吨/年，对二甲苯5.5万吨/年，对苯二甲酸二甲酯8.8万吨/年，聚酯8.7万吨/年，尼龙66盐4.6万吨/年	290423
四川维纶厂	法国、日本	1973年2月	1981年12月	醋酸乙烯9万吨/年，甲醇9.5万吨/年，乙炔2.8万吨/年	96131

续表

项目名称	引进国别	开始建设时间	投产时间	主要产品生产规模	累计投资/万元
天津石油化纤厂	日本、联邦德国	1977年6月	1983年11月	对二甲苯6.4万吨/年，苯2万吨/年，对苯二甲酸二甲酯9万吨/年	135819
北京石油化工总厂	日本、美国、联邦德国	1973年	1976年	乙烯30万吨/年，聚酯4万吨/年	

“四三方案”中合成纤维项目是由纺织工业部牵头，共引进上海石油化工总厂、辽阳石油化纤总厂、四川维纶厂和天津化纤厂4套石油化工装置，总投资73.15亿元，占全部26个项目总投资比例的34.14%。1973年开始建设。此外，化学工业部负责引进建设了北京石油化工总厂4万吨/年聚酯装置。

上海石油化工总厂坐落于杭州湾的金山卫，在四大合成纤维项目中是最先筹建，最早开工建设的。共建9套引进生产装置、国内配套装置9套。建设规模为乙烯11.5万吨/年，合成纤维10.2万吨/年，其中：腈纶4.7万吨/年、维纶3.3万吨/年、涤纶2.2万吨/年，聚乙烯6万吨/年以及部分油品、化工原料等。全年耗用大庆原油180万吨。建筑面积159.7万平方米。是上海解放后最大的一个建设项目，一期工程从1972年6月开始筹建，到1977年7月打通了3条生产线的全流程，生产出合格产品。1979年6月27日经国家正式验收，1979年11月起正式交付生产。

辽阳化纤公司是四大引进化纤项目中生产化纤单体原料和合成纤维产品数量最多的一个项目，共引进生产装置25套，国内配套19套。建设规模为乙烯7.3万吨/年，聚酯切片8.6万吨/年，尼龙66盐4.5万吨/年，聚丙烯、聚乙烯各3.5万吨/年，涤纶短纤维3.2万吨/年，锦纶长丝0.8万吨/年。投资29.46亿元。参加建设的有轻工业部直属纺织设计院等28个勘察设计单位和基建工程兵、化工部第九化建公司等共38个施工单位约5万人。1973年8月开始筹建，1974年8月正式破土动工。1979年10月，第一套引进生产装置——蒸汽裂解装置开始投料试车，年底打通了烯烃生产线。1980年相继打通了芳烃生产线和聚酯生产线。1981年8月最后打通了引进法国罗纳·普朗克公司4.6万吨/年尼龙66生产装置生产线，转入全面试生产阶段。1982年11月26日经国家验收，自1983年1月1日起交付正式生产。

四川维纶厂引进生产装置7套，国内配套2套。建设规模为聚乙烯醇4.5万吨/年、甲醇9.5万吨/年、维纶短纤维4.2万吨/年及牵切纱0.3万吨/年。耗用天然气

1.82亿立方米/年。1973年开始筹建，1974年8月30日正式破土动工，1978年12月引进装置开始投料试车，1980年6月考核结束，生产出了合格的聚乙烯醇。1981年12月，维纶短纤维和牵切纱全部建成形成生产能力。1983年5月19日经国家验收，同年7月1日正式交付生产。

天津石油化纤厂是一座生产聚酯切片和涤纶短纤维的石油化纤厂，除引进装置外还配套国产涤纶短纤维生产线4条。建设规模为聚酯切片8.1万吨/年，直接纺涤纶短纤维5.2万吨/年，总投资13.76亿元。参建的有轻工业部直属纺织设计院、化工部第一设计院等15个设计单位和22个施工单位共2.5万人。由于水源落实较晚，以及受唐山大地震的影响，国务院批准推迟建设，1977年9月20日全面破土动工，1980年主体工程基本建成。1980年11月18日用外购对苯二甲酸二甲酯片进行投料试车，1981年6月11日重整加热炉点火，8月25日生产出涤纶短纤维，创国内同类设备投料试生产的最好水平。1983年12月25日通过国家验收，1984年1月1日正式交付生产。

北京石油化工总厂（1979年更名为燕山石油化学总公司，即燕山石化）聚酯装置引进联邦德国吉玛公司技术，采用直接酯化，连续缩聚工艺路线，生产4万吨/年，1981年投产。可生产纤维级产品4个牌号，可以高速纺长丝。

从1975年开始，在集中主要力量建设四大化纤项目的同时，抓紧纺丝配套工程建设。相继新建了规模为1.6万吨/年涤纶短纤维的黑龙江涤纶厂和8000吨/年锦纶长丝的营口化纤厂，并扩建了建设规模为涤纶短纤维1.6万吨/年的丹东化纤厂，为中国合成纤维工业发展奠定了基础。

这些装置的建成投产，迅速提高了中国合成纤维单体生产技术水平，扩大了合成纤维生产能力。1972年，全国化纤年产量只有13.7万吨，其中合成纤维5.03万吨，仅占当年国内纺织原料总量的5.5%；四大石油化纤项目建成后，每年生产合成纤维35万吨，使化纤在整个纺织原料中的比重提高到18%左右。纺织原料不足的矛盾因而有了较大缓解。

1978年，经国家批准引进的4套年产30万吨乙烯工程中，扬子石油化工公司、大庆石油化工总厂年产30万吨乙烯工程及上海石油化工总厂的二期工程中，都有大型合成纤维及其单体项目。同期引进的仪征化纤工业联合公司更成为中国当时最大的合成纤维生产企业。上述装置的建设和陆续投产，迅速地提高了中国合成纤维单体生产技术水平，扩大了中国合成纤维单体生产能力，大大推动了中国石油原料合成纤维工业的发展。

第二节
发展提速，成功助解中国百姓穿衣问题
（1978～2000年）

1976～1983年间，“四三方案”引进的上海石化、辽阳石化、天津石化、四川维纶厂4套合成纤维装置全面投入生产，使中国合成纤维工业由煤化工、乙炔等为主要原料生产维纶，转入以石油、天然气为主要原料生产涤纶、锦纶、腈纶、维纶等合成纤维的新时代；当年合成纤维产量达到15万吨，占全世界合成纤维总量930万吨的1.6%。但引进技术生产合成纤维生产以常规产品为主。

1978年，国家签订引进特大型合成纤维企业——江苏仪征化纤工程项目和上海石化二期工程，分别于20世纪80年代投入建设并投产，为合成纤维工业由小变大奠定了坚实的基础。

20世纪80年代中期，随着技术市场的开放，中国开始大量引进国外先进技术和设备，在广东新会、佛山，河南平顶山以及辽宁抚顺等地，建成了多个技术先进的涤纶、锦纶和腈纶厂；锦纶、氨纶、腈纶、丙纶及涤纶的生产技术得到明显的提升。同时资本市场也出现了开放的格局，外资的引进配合国内资本市场的运行，发展的活力进一步增强，合成纤维产能迅速扩大，推动了国内市场的需求，中国纺织产品产量和出口量增长明显提速。

合成纤维工业的飞速发展，大大改善了中国人民以天然纤维衣料为主的传统结构，合成纤维优势得到充分发挥，基本满足了人民穿衣水平提高的需求，使群众比较喜欢的涤纶纤维产量得到增加，维纶更多地转为非纤维用途。1982年，国务院决定大幅度降低化纤纺织品的价格。1983年，取消了实行近30年的布票制度，彻底解决了困扰中国人民几千年的穿衣问题，走出“粮棉争地”的困境。

在完成仪征化纤三期和辽阳化纤二期工程后，1995年，中国的合成纤维产量达到288.5万吨，仅次于美国，位居世界第二位。

20世纪90年代中期，通过引进、消化、吸收和再创新，国内成功实现了2万吨/年黏胶短纤维生产工艺技术与装备的国产化。中国逐步形成了较为完整的合成纤维工业体系。

1998年，中国合成纤维产量超过460万吨，占全球总产量的比重达到20%，产

量超越美国，跃居世界第一，合成纤维工业成长为中国国民经济的重要支柱产业之一，成为中国经济发展的一个重要标志。推动合成纤维工业的快速发展的首要因素是国内市场需求的快速增长，同时纺织品出口也是重要因素。

2000年，中国合成纤维产量达到639.85万吨。涤纶的国内自给率达到83.6%，腈纶的自给率为57.4%。

一、产能和品种明显扩增

（一）进入引进建设高峰期

20世纪80～90年代，中国开始大量引进国外先进技术和设备，锦纶、氨纶、腈纶、丙纶及涤纶等合成纤维生产技术和生产能力得到明显提升。

大庆石化腈纶厂是大庆30万吨乙烯项目的主要配套工程，是国内第一家引进的腈纶二步湿法装置，生产能力6.5万吨/年，以丙烯腈为主要原料，采用水相悬浮聚合，转向高速纺丝，连续气蒸定型和五效降膜蒸发的现代化生产工艺。1988年7月建成投产。其产品腈纶主要用于民用纺织、服装、人造毛皮、地毯、军事特种纤维等方面，可生产三大系列54个品种产品，还先后开发出高收缩、高分子量、扁平系列、凝胶染色、超雪白、抗起球等10余种高附加值腈纶产品。

上海石化总厂二期工程共引进装置5套，包括从联邦德国鲁奇公司引进的15万吨/年对二甲苯装置，从日本三井油化公司引进的22.5万吨/年精对苯二甲酸装置，从日本钟纺公司引进的20万吨/年涤纶聚酯装置。引进关键设备、国内自行开发工艺配套的1万吨/年涤纶长丝和5000吨/年涤纶毛条装置，引进少量单机、图纸、由国内自行设计制造的9万吨/年涤纶短丝装置等。工程于1980年7月1日开工，1985年打通全流程，全面进入试生产。到1985年底，生产涤纶短丝6.8万吨、长丝和弹力丝1.09万吨、聚酯切片16.4万吨、毛条26吨，共获利税6.8万吨，长丝和弹力丝1.09万吨，聚酯切片16.4万吨。

到1982年，中国共引进建设了114万吨合成纤维单体生产能力，其中聚酯91.7万吨、丙烯腈10万吨、聚乙烯醇7.8万吨、尼龙66盐4.6万吨。1985年，中国合成纤维总产量达到77.06万吨，是1975年6.57万吨的11.73倍。

辽阳化纤聚酯二期工程是列入国家十年发展规划纲要和“八五”计划的重点项

目。1993年11月，经国务院批准正式开工建设，分别引进美国环球油品公司、英国帝国化学公司、德国吉玛公司、法国ICBT公司等专利技术及主要设备，建设主体生产装置6套，即40万吨/年催化重整与25万吨/年对二甲苯装置、22.5万吨/年精对苯二甲酸装置、20万吨/年聚酯装置、1万吨/年涤纶长丝装置、6万吨/年涤纶装置等。国外承包商有美国福斯特惠勒公司（F&W）、德国吉玛公司、法国斯巴第公司等。工程于1996年9月打通全流程。第二阶段工程于“九五”期间建设，主要项目包括0.6万吨/年聚酯薄膜装置等。

安庆石油化工总厂（简称安庆石化）5万吨丙烯腈/腈纶工程是国家“七五”跨“八五”计划的大型重点建设项目，由中国石化总公司（简称中国石化）和安徽省政府联合投资。建设规模为5万吨/年丙烯腈和5万吨/年腈纶纤维（其中棉型短纤维0.5万吨/年、毛型短纤维2万吨/年、毛条1.5万吨/年、复合纤维1万吨/年）等生产装置。丙烯腈装置采用BP美国公司工艺技术，腈纶装置采用美国氰胺公司湿法纺丝工艺。主要设备从美国和日本等国引进。工程于1992年10月开工建设，丙烯腈、腈纶装置分别于1995年4月8日建成投料试车。1996年12月通过国家竣工验收。

抚顺石油化工公司（简称抚顺石化）腈纶工程共建5套生产装置：5万吨/年丙烯腈装置、3万吨/年腈纶装置、0.8万吨/年毛条装置、1万吨/年丙酮氰醇装置等。丙烯腈装置采用美国索亥俄公司专利技术，反应器等关键设备从国外引进；腈纶装置以技贸结合方式引进美国杜邦公司专利技术，是国内引进的第一条两步法干法纺丝工艺路线，其中聚合、回收的主要设备和一条生产线的纺丝机、水洗牵伸机等主要专用设备从国外引进。工程1988年5月正式开工建设，1990年11月丙烯腈装置一次投料试车成功，1991年12月，腈纶装置打通全流程，1996年12月，工程通过国家竣工验收。

乌鲁木齐石化总厂聚酯一期工程主要建设4套生产装置及相应的系统配套工程。主要生产装置有4.2万吨/年聚酯、0.5万吨/年长丝、1.5万吨/年短纤维。聚酯和长丝装置是从法国德西尼布公司和日本丸红公司成套引进的。工程于1990年8月开工建设，长丝、聚酯和短纤维装置分别于1992年7月、1993年4月、1993年6月投料试车。该工程是西北地区第一套生产聚酯及涤纶长丝、短纤维的联合工程。

巴陵石化公司5万吨/年己内酰胺工程由湖南省政府和中国石油化工总公司合资建设。1990年7月开工，1992年9月建成，1993年7月18日打通全流程，生产出合格产品。1995年10月竣工且通过国家验收。己内酰胺装置采用荷兰斯达米卡邦公司专利——HPO法制己内酰胺技术，其中制氢和苯加氢是国产化装置，环己烷氧化、环己酮肟化、己内酰胺装置和己内酰胺结片、包装、贮存系统及全厂主控制室为引进工艺包和基础设计，国内作初步设计和细节设计。

这些项目的引进，提高了中国合成纤维工业发展水平。引进项目基本上属于国际上20世纪70年代水平，是当时合成纤维单体主流的工艺生产路线。上海石化二期工程及扬子石化建设的高纯度对苯二甲酸一条生产线的能力为22.5万吨/年，仪征化纤对苯二甲酸乙二醇酯的连续缩聚单列设备能力每台100吨/日，是世界一流的装置。当时世界上丙烯氨氧化工艺路线生产的丙烯腈占生产总量的90%，以合并氧化、合并酯化生产的对苯二甲酸二甲酯以及高温氧化生产的高纯度对苯二甲酸而生产聚酯的工艺路线，是国际上比较主流的工艺路线。在引进技术中，聚酯规模最大，技术也最全面。对二甲苯的生产中有深冷结晶法、分子筛液相吸附法、旋转阀模拟移动床分子筛吸附法，同时具有用甲苯、碳九烷基转移技术、二甲苯异构化技术等增产对二甲苯的生产方法。

通过自主开发和开放引进，涤纶、锦纶、腈纶、维纶等国内合成纤维品种均实现工业化生产。原料大多为石油和天然气。①涤纶生产多以石脑油或化工轻油为原料生产精对苯二甲酸、涤纶长丝、涤纶短丝等。装置在生产技术上，采用纯对苯二甲酸技术的占68%，采用对苯二甲酸二甲酯的占32%。在聚酯纺丝工艺方面，引进了高速纺新工艺，比原来采用的常规纺丝有了很大进步。②锦纶单体己内酰胺的生产，岳阳石化主要采用环己烷氧化法，并用拉西法生产羟胺。聚酰胺纤维的纺丝国内采用常规纺丝法，即低速纺和多工序不连续法生产。③腈纶单体丙烯腈的生产，上海石化采用了沸腾床氨氧化法，其收率可达72%以上。在聚合纺丝过程中，基本采用硫氰酸钠一步法生产。④维纶单体醋酸乙烯的生产，由电石乙炔法转向石油乙烯法和天然气乙炔法，采用湿法工艺纺丝。这些引进装置的建设，调整了国内合成纤维单体的品种比例，优先发展了涤纶，其中生产能力约占总引进生产能力的80%，丙烯腈为8.8%、聚乙烯醇为6.8%、尼龙66盐为4%。

（二）建成大型合成纤维企业——仪征化纤

1977年6月，轻工部提出在国民经济“五五”计划期间，为满足纺织工业的需求，扩大合成纤维的生产规模，采用引进方式，建设一批6万吨/年聚酯项目，扩建上海石化二期工程和再建一个特大型化纤企业的发展目标，得到国务院批准。

1978年4月11日，江苏石油化纤总厂被列入国家重点引进成套新技术项目的企业，但之后经历停建缓建。

1981年6月25日，纺织工业部和中国国际信托投资公司向国务院上报了《关于联合建设经营仪征化纤总厂的请示报告》，决定运用国家拨款和国外贷款共同经营。在国家大型建设项目史上首创了国有企业“借债建厂、负债经营”的模式。同年12月更名为仪征化纤工业联合公司（简称仪征化纤）。1989年，组建企业集团。1992年，被列为国家首批56家试点企业集团之一，实行国家计划单列。1993年12月，作为全国首批9家股份制试点单位之一，进行股份制改组，发起设立仪征化纤股份有限公司，总计发行14亿股H股和2亿股A股。1997年11月，整体加入中国东联石化集团公司。1998年7月，随中国东联整体并入中国石化。

仪征化纤项目实行分开建设方案，即从原油裂解到精对苯二甲酸、乙二醇等主要化工装置，由扬子石油化工公司（简称扬子石化）负责建设，生产精对苯二甲酸和乙二醇等原料，仪征化纤厂从聚酯开始建设。

1984年12月30日，仪征化纤第一条聚酯生产线流程全线打通，生产出合格的聚酯切片。1985年4月26日，第一条涤纶短纤维生产线投料试车成功，生产出合格的涤纶短纤维。1985年共生产聚酯切片和涤纶短纤维7.3万吨，不仅超额完成了国家6.5万吨生产计划，还创利税1.36亿元，归还了第一笔国外贷款。

1990年，仪征化纤一期、二期工程全面建成投产，形成50万吨/年生产能力，占全国合成纤维产量的1/3，涤纶产量的1/2，相当于全国棉花总产量的1/8，能给全国人民每人每年提供5米布料，添一套的确良新衣，成为国内最大的合成纤维和合成纤维原料生产基地。仪征化纤三期工程的年产25万吨精对苯二甲酸（PTA）项目在1995年8月建成投产。该工程主要由年产2万吨长丝、25万吨PTA、6万吨聚酯三个主要装置组成，采用美国阿莫科公司技术，主要设备从意大利TPL公司引进，总投资17.8亿元。四期建设项目于1998年3月获得国家计委批准。

仪征化纤是国家“六五”至“十五”计划期间重点建设项目，历经了一期、二期、三期、四期工程建设。2001年跻身全国化纤行业销售收入第一位。

（三）老企业技术改造焕发生机

在抓好生产的同时，各企业加快对国外技术进行消化、吸收，积极开发新技术，进行合成纤维装置技术升级改造。

上海石化引进3万吨/年涤纶短纤维新技术、新品种生产线。同时，充分利用自身可生产纤维级聚丙烯原料的优势，开发丙纶细旦短纤维生产装置，产品主要用于制造薄型非织造布。辽阳化纤对锦纶进行了细旦和粗旦丝改造，提高了产品档次。天津石化消化吸收引进技术，扩建聚酯膜用切片装置，取得了良好的经济效益。

根据国内市场化纤原料紧缺的情况，天津石化率先对对苯二甲酸二甲酯（DMT）装置进行改扩建，装置由10万吨/年扩建到13万吨/年，1996年10月竣工投产。四川维纶厂根据自身差别化纤维生产的优势，经过市场调查和经济技术研究，建设工艺先进的整经、拉伸、上浆（WDS）生产线，以形成WDS—织造—染整深度加工一条龙，提高产品附加价值。扬子石化45万吨/年对苯二甲酸（PTA）及配套芳烃改造到60万吨/年，仅利用两次大检修时间即告完成。芳烃改造1997年竣工，投产后三苯产量将由原来的64万吨增加到84万吨。整个改造投资14.09亿元，新增利税6.28亿元，投资利税率42%，成为消除瓶颈制约、进行技术改造最成功的例证。

（四）可生产世界上所有的合成纤维常规品种，应用领域扩大

20世纪90年代末，中国实现了10万吨/年大型聚酯成套装置及配套直纺长丝设备国产化，达到国际先进水平。合成纤维工业体系不断健全，品种不断丰富。在不断引进、消化、吸收的基础上，大类品种逐步丰富并日益齐全，涵盖涤纶、锦纶、腈纶、丙纶、维纶、氨纶等，可以生产世界上所有的合成纤维常规品种。经过调整，结构日趋合理，从衣料用发展到非衣料用，应用领域不断扩大。1998年，中国产业用、装饰用合成纤维的比例已经上升到40%，有效缩小了中国与世界先进国家产品结构的差距。差别化纤维的研究与开发得到发展，新品种不断投产。其中年产量超过万吨的有有色纤维、网络丝、细旦丝、高强低伸缝纫线等；年产量超过千吨的有高收缩纤维、异形纤维、涤纶阳离子可染改性纤维、三维立体卷曲涤纶、空气变形丝、远红外纤维、中空仿羽绒纤维、抗静电纤维、纳米纤维、智能纤维等。

二、大力推进聚酯装备和技术国产化

（一）1.5万吨/年涤纶纤维成套设备名列国家重点科技攻关项目

这一时期，中国聚酯生产企业有70多家，合计生产能力400多万吨。但设备和技术几乎均从国外成套引进，这种状况与中国聚酯工业的发展极不相称。

上海石油化工总厂二期工程1.5万吨/年涤纶短纤维成套设备是“六五”期间国家重点科技攻关项目。1981年，国务院重大技术装备领导小组、国家经委、纺织部

等单位将1.5万吨/年涤纶短纤维工艺及成套设备列入“六五”国家科技重点攻关项目。参加这一攻关的主要单位有40余个，遍及十省二市。

1985年，经过四年多的协同攻关，这套设备6条涤纶短纤维生产线中4条生产线全部实现国产化，并安装在上海石化涤纶二厂。这套设备由73种141台（套）单机组成，在设备大型化方面达到世界最高规模，全套设备自动化、连续化程度较高，世界上只有少数几个发达国家能够制造。1985年12月23日，国务院重大技术装备领导小组、国家经委、纺织部、中国石化总公司及上海市有关领导部门在仪征化纤联合召开1.5万吨/年涤纶短纤维工艺及成套设备鉴定总结会，国务院致贺电向参加这项科技攻关的全体人员表示慰问。

中国自行设计制造的1.5万吨/年涤纶短纤维成套设备研制成功，这是坚持自力更生为主方针，并消化吸收国外先进技术所取得的重大科技成果，也是在改革开放的新形势下，组织各方面大协作，没有增加国家投资研制重大技术装备的一个好范例。

1990年12月，国家公布“七五”国家重大技术装备研制工作取得的重大进展：在“七五”期间，中国10项成套设备实现或基本实现国产化，在国民经济中发挥了重要作用。其中化工、石化行业有3项：①南化公司、大化公司和贵溪化肥厂的24万吨磷铵装置，国产化率达85%；②年产52万吨尿素二氧化碳汽提法成套装置，装备了镇海炼化、新疆乌鲁木齐石化、宁夏石化3项工程，国产化率达77%；③年产1.5万吨涤纶短纤维成套设备，已有20条生产线建成投产。

（二）国产化聚酯纤维技术和装备取得突破

自1991年开始，国家“八五”重大技改项目“大型聚酯反应过程和反应器的开发研究——仪征化纤八单元30%增容改造”、“九五”攻关项目“10万吨/年聚酯成套技术”、中国石化“十条龙”攻关项目“年产15万吨聚酯三釜流程成套技术开发”等多个重大攻关项目开始实施。黏胶短纤方面，成功实现了2万吨/年黏胶短纤维生产工艺技术与装备的国产化，此后，又实现了单线4.5万吨/年以上的黏胶短纤维装置国产化，并迅速在新建与扩建项目中大量采用。带动了行业技术进步和产业升级。

仪征化纤联合国内大专院校和设计单位通过采取科研、设计、生产三结合形式，进行聚酯装置国产化攻关。1992年，仪征化纤与中纺设计院和华东理工大学联合攻关，决定拿出一条1978年引进的聚酯装置，依靠国内力量进行增容改造。由于采用有具体依托的工程项目，结合工程设计单位、高校科研力量、生产企业联合攻关的合作形式，1996年5月，增容改造工程一次开车成功，生产能力原定增容30%，实际却达到50%，而且产品质量优良，投资比外商报价大幅降低。开创了依靠自有技术和设备对引进生产线成功改造的先河，也为进一步开发研制用于新生产线建设的成套技术和设备奠定了基础。

1996年，仪征化纤提出了开发10万吨/年（300吨/日）聚酯技术和成套设备的可行性研究报告。1997年，国家计委和经贸委将其列入“九五”国家重点科技攻关计划，并以仪征化纤10万吨/年聚酯装置作为依托工程。通过攻关，进一步掌握了全流程规律，充实和完善了数学模型，结合设计和生产技术经验，最终形成了具有自主知识产权的技术工艺包。同时优化了设备设计、制造技术及检验技术，形成了聚酯纤维装置成套设备的国产化制造能力。1997年列入国家“九五”重点科技攻关项目，同时也纳入中国石化“十条龙”管理体系。

仪征化纤与华东理工大学、中国纺织工业设计院、南化公司机械厂参与的联合攻关。2000年12月15日，中国第一套大型聚酯国产化装置——10万吨/年聚酯装置在仪征化纤涤纶一厂顺利建成一次开车成功，并生产出合格产品。日产量最大能力可达400吨，各项技术经济指标均处于国际先进水平，并通过考核达标及中国石化的技术鉴定。该项目获2001年度中国石化科技进步一等奖和2002年度国家科技进步二等奖。改变了中国聚酯工业发展过去长期依赖引进技术和成套设备进行建设的局面，也表明了中国具有国际先进水平的大型聚酯工业的综合成套技术能力，为中国聚酯制造工业的发展以及聚酯装置降低投资运行成本、提高国际竞争力作出了贡献。这一装置工程造价不到2亿元，比引进国外同等规模装置节省了1亿元以上，工艺技术达到了20世纪90年代国际先进水平。

此后攻关小组又以该技术对仪征化纤另外三条引进生产线和辽阳化纤三条20世纪90年代引进的生产线进行增容改造。随后国产化技术迅速地将聚酯的单套规模放大到20万吨、30万吨、40万吨，项目建设周期比之前缩短一半，单位产能投资仅为之前的1/10，单位产品运行成本更是降低了20%。

氨纶方面，连续纺成套装备国产化成功之后，以连续聚合、环保溶剂、高速纺丝为代表的二代氨纶工程技术成功实现国产化，为中国氨纶行业的快速发展和全面参与国际市场竞争打下了坚实基础。

合成纤维工业在消化、吸收、再创新的基础上，进一步集成创新，着力发展具有自主知识产权的技术、装备和工程。以大容量、高起点、低成本为特征，具有国际竞争力的国产化新型聚酯及配套长短丝技术装备在行业中广泛使用，向超大型化、柔性化、精密化、节能减排直纺新一代聚酯新技术方向全面升级，整套规模已由原来引进的6万吨/年扩大到40万吨/年，百万吨级新型PTA成套国产化技术装备也已研发成功。国产化的技术装备使行业新建项目投资成本大大降低，生产效率大幅提高，有力地推动了合成纤维行业的快速发展和产业结构的优化调整。

三、丙烯腈催化剂研究及工业应用取得重大成果

中国国产合成纤维催化剂的研究始于20世纪60年代，工业应用的国产丙烯腈催化剂主要有MB系列和CAT-6系列催化剂。

上海石油化工研究院先后研制了11代MB丙烯腈催化剂，均成功地得到工业化应用。20世纪80年代中期，开发成功的MB-82催化剂在国内5个工厂投入应用。90年代初期开发成功的MB-86催化剂，首先在齐鲁石油化工公司（简称齐鲁石化）工业实验成功，实验表明在活性和耐压性方面均优于原有MB系列催化剂，达到国际先进水平。齐鲁石化丙烯腈装置是1992年引进BP公司技术建成，当时国内共有万吨级以上丙烯腈装置10套，其中8套装置的工艺技术由BP公司引进。该催化剂在8个工厂得到应用后，丙烯腈收率达79%～80%，超过了引进催化剂。

1997年，上海石化研究院开发成功MB-96催化剂，同年10月在兰州丙烯腈装置上使用，后又在5个工厂应用，丙烯腈收率达到了80%以上。2000年，又推出了适应高压、高空速的MB-98催化剂，2000年5月在齐鲁石化投用，实现工业化。

2000年后，上海石化研究院开发成功的SANC系列催化剂达到了同期的世界先进水平。采用该院研制技术建设的吉林吉泰化工公司300吨/年丙烯腈催化剂项目已建成投产，替代了进口同类产品。

上海石化科技开发公司于1995年开始对丙烯腈催化剂进行研究，开发出CTA系列催化剂，其中CTA-5和CTA-6得到了工业应用，CTA-6于1999年9月在抚顺丙烯腈装置开始使用，其补充催化剂CTA-6-1和CTA-6-2在工业上和进口催化剂混用，安庆石化丙烯腈装置于1999年8月开始使用CTA-6-1。

由于国产催化剂的发展，国内丙烯腈装置不再进口催化剂。

四、碳纤维、芳纶等特种纤维研究兴起并取得成果

中国高性能纤维的基础研究从20世纪60年代开始，但由于产学研脱节严重，

各方面进展都比较缓慢。

20世纪70年代，中国开始碳纤维研究。1977年12月28日，应用碳纤维复合材料制造的中国第一个飞机结构零件——强5进气道壁板试用，并在此基础上，开始研发军机复合材料垂尾。

自1985年开始，纺织高等院校积极开展纺织前沿技术及基础理论研究取得进展，并在碳纤维、芳纶等高性能纤维大分子及凝聚态结构的调控、纤维表面物理化学结构改性等方面取得进展，为相关产业化技术研发突破提供理论指导。1985年，东华大学、盐城超强高分子材料工程技术研究所先后加入超高分子量聚乙烯纤维的研发行列，并取得了一系列重大理论突破。随即一些企业投入中试及小规模工业化生产。

芳纶1414填补了国内空白。1979年11月，国家有关部门将此产品研制作为军工任务下达到中国纺织大学和上海合成纤维研究所。在芳纶Ⅱ型纤维完成实验室小试的基础上，国防科工委和纺织部决定将芳纶Ⅱ型工业化小试任务列入国家"六五"科技攻关项目，并由中国纺织大学承担。1983～1984年，他们重新设计了1台生产能力达1吨/年左右的干湿法纺丝机，进行210～800孔的高黏度纺丝工艺试验，前后经历了半年试纺，基本掌握了高黏度、多孔纺的溶解、纺丝、成形的新工艺，制得的芳纶Ⅱ型纤维强度稳定在22～24克/旦。1985年11月28日，项目通过了纺织部鉴定，并于1986年5～6月获得国家计委、经委、科委、财政部和纺织工业部的嘉奖，随后又获1988年度上海市科技进步一等奖。在此期间，专题组共研制了130千克芳纶Ⅱ型纤维，供航天、光缆、兵器及体育用品等领域应用。

芳砜纶是上海市纺织研究院和上海市合成纤维研究所经多年研制开发的拥有独立自主知识产权的有机耐高温纤维。芳砜纶属于芳香族聚酰胺类耐高温材料，它的问世填补了中国耐250℃等级合成纤维的空白。

与碳纤维研究同时起步，中国科学院、清华大学、上海市纺织科学研究院、燕山石化、济南齐鲁化纤集团等单位曾先后开展了芳香族聚酰胺纤维的研究和小试生产。其中中科院与清华大学率先进行了理论性研究，上海纺织科学研究院、四川晨光研究所和中国纺织大学的研究机构曾先后进行了试生产。进入1990年以来，国内研发工作有了很大进展，化工部在南通建成了30吨/年芳纶1313聚合能力的生产装置，上海市合成纤维研究所进行了抽丝试验。中国纺织大学也开发了间歇聚合纺丝技术。

从1999年开始，烟台氨纶股份有限公司先后取得芳纶1313小试、中试的成功，并开发出不同于美国杜邦和日本帝人的专有技术路线——低温溶液缩聚湿法纺丝工艺技术，自行设计、自行建造可连续运转的20吨/年芳纶1313中试线，产品主要质量指标达到国际同类产品水平。

但到2000年，中国的高性能纤维基本都处于实验室研发或者小试和中试阶段，基本没有实现产业化和工业化规模生产，使得中国许多品种的技术水平与发达国家的发展差距扩大。同时，发达国家不仅封锁高性能纤维的技术和装备，还严格封锁产品的出口，就连一些民用产品都受到严格限制。

五、外资和民营资本进入中国合成纤维市场

20世纪80年代，国内资本市场逐步放开，合成纤维工业改变了以国家投资为主体的发展模式，外资的引进配合国内资本市场运行，民营资本也纷纷涉足，使合成纤维行业发展活力进一步增强。

国际知名大型企业如德国吉玛、美国杜邦、日本东丽、韩国汇维仕及中国台湾地区的台化、远东等公司开始利用中国的优惠政策在中国投资办厂或设立分公司，采用独资、合资或合作，迅速扩大规模，这些资金建立的聚酯、抽丝、纺织、染整等垂直整合的企业直接参与中国的合成纤维市场的竞争。

1991年7月16日，由中国、美国、日本三国五家公司合资6000万元投资的广州亚美聚酯有限公司成立。这是当时美国、日本和中国公司首个大型工业合资企业，由美国康泰斯国际公司、日本丸红株式会社、广州合成纤维厂、广州国际信托投资公司、广州经济开发区建设开发总公司联合。建设规模为纤维级聚酯切片6万吨/年，总投资为6000万美元。该公司引进美国杜邦公司全套技术设备和管理经验，主要原料从外国进口。1992年，由中国华源集团上海华源股份有限公司、北京中博实业发展总公司、美国美加公司、安徽省兴达纺织（集团）公司、意大利公民Paolo Bert共同投资组建的中外合资企业安徽华源化纤有限公司成立，该公司拥有6000吨/年地毯纤维、300万米^2/年簇绒地毯的生产能力。厦门翔鹭化纤股份有限公司位于厦门海沧投资区，由中国台湾企业与大陆企业合资，1994年投产，年产30万吨的高品质涤纶短纤及涤纶长丝，主要生产聚酯切片CHIP、涤纶加弹丝DTY、涤纶预取向丝POY、涤纶短纤维PSF等，产品差异化率达40%，差异化产品种类涵盖复合高弹、阻燃、荧光、抗菌、蓄热等。

到1995年，中国新建合成纤维企业中，外资独资企业143家，外资投资金额达

到12.9亿美元；中外合资企业780家，外资投资金额达到10.6亿美元；中外合作企业81家，外资投资金额达到2.4亿美元。

20世纪90年代末期，在外资大量涌入合成纤维工业的同时，聚酯国产化技术的应用大大降低投资费用和建设周期，吸引大批民营资本进行聚酯项目投资。这一时期，浙江、江苏先后建立起多家大型现代化的民营合成纤维生产企业，如江苏三房巷集团有限公司、浙江桐昆化纤集团股份有限公司、浙江恒逸集团有限公司等，成为中国合成纤维工业的一支重要力量。民营企业采用国产和进口的先进技术进入聚酯业，民间资本逐渐成为中国合成纤维行业投资的主要来源。通过上市筹集发展资金、建立规范的法人治理结构及现代企业制度成为国内合成纤维企业的发展方向。同时，借鉴国外企业组织模式，注重产业链向前扩展和向后延伸，通过资产重组，增强企业规模和竞争能力，并以灵活的机制和区域市场优势参与市场竞争，很快占领了国内市场较大份额，聚酯工业呈现了民营、国有和外资同台竞争，相互促进的局面。促进了原有企业的技术改造、降低成本和新品开发等工作，从而促进了行业技术进步和产业升级进程，有效地提高了中国聚酯工业的国际竞争能力。

六、原料对国外市场依存度高

这一时期，中国合成纤维纺丝工业快速发展，国内纺织服装产业迅速壮大。1998年后，中国已成为世界上生产合成纤维最多的国家。但中国合成纤维原料工业的发展严重滞后于合成纤维产业，造成国内合成纤维原料市场缺口不断扩大，进口的依存度居高不下，且呈逐年加大的趋势。

20世纪90年代，在国内合成纤维工业发展需求强劲的带动下，中国合成纤维原料，包括对苯二甲酸、乙二醇、丙烯腈、对二甲苯、己内酰胺、聚酰胺等原料进口平均每年增长13.5%，1994年进口量为94.44万吨，其中涤纶原料占69%。1997年，合成纤维原料进口量（包括聚合物及中间体）达112万吨。主要原因是国内原料产能不能满足合成纤维生产需要。以聚酯生产原料对苯二甲酸为例，国内年需求量已超过500万吨，但生产能力仅200多万吨。需求与产能间的巨大差异，使合成纤维单体原料进口量急剧增长，不得不大量进口聚合纺丝以满足国内需求。

1999年，国内合成纤维原料对国际市场的依存度为44%，2000年达到55%。2000年，进口PTA为250万吨，国内市场对进口的依存度达57%，2001年则已超过60%。己内酰胺的进口依存度超过65%，乙二醇的进口依存度超过60%，PTA进口依存度超过50%。

2001年，对苯二甲酸总进口量为311.7万吨，其中95.7%来自周边国家和地区，其中韩国124.3万吨，日本47.6万吨，印尼37.4万吨，马来西亚17.0万吨，泰国12.4万吨。乙二醇则主要来自加拿大、沙特、韩国。

1978～2000年，中国合成纤维工业成长为国民经济的重要支柱产业之一，基本确立了中国合成纤维工业在世界化纤工业中的地位。这一期间，中国合成纤维行业发展产量迅速扩大，占全球总产量的比重快速上升；工业体系不断健全，品种逐步丰富，可以生产世界上所有的合成纤维常规品种。但发展过程中仍然存在产业集中度不高、原料发展严重滞后等问题。

第三节 合成纤维总量跃居世界首位（2001～2010年）

2001年12月，中国加入WTO组织，为合成纤维工业进入高速发展阶段带来更大的机遇。合成纤维行业加快技术进步和结构调整，在引进技术和装备的消化、吸收基础上，实施再创新，工业装备的国产化研发取得了重大突破，国际竞争力明显提升。

合成纤维产量的增长速度高于国内市场消费的增幅。到2007年，国内合成纤维产量从1978年的16.93万吨增至2128.35万吨，增长126倍，从世界第12位升至第1位，合成纤维占世界总产能55%；结束了长期大量依赖进口的局面，从2007年起，中国成为合成纤维净出口国。2009年，中国合成纤维产量达到2494万吨，消费量2444万吨，净出口量为50万吨。

2010年，中国合成纤维产量达到2852.42万吨，占世界合成纤维总产量的62%，遥遥领先其他国家。中国涤纶、腈纶、锦纶三大合成纤维产能达到3317万吨/年，产量从2005年的1486万吨增长到2010年的2638万吨，增长84.5%。2010年，化纤纺织品出口总量达到416万吨，同比增长14.82%，出口金额达到217亿美元，同比增长29.44%。2010年合成纤维纺织品出口均价比2005年提高36.8%，比2000年提高了67.8%，表明中国合成纤维产品的附加值和综合竞争力有了明显提升。

一、聚酯纤维（涤纶）产能居世界首位

2000年底，中国采用国产化技术建设的第一条五釜流程的10万吨/年涤纶（聚酯纤维）生产线在仪征化纤建成投产，打破了国外聚酯技术的垄断，结束了中国大型聚酯装置只能依靠引进的历史。此后，该国产化技术先后应用于仪征化纤、上海石化、乌鲁木齐石化等企业，先后完成10多条聚酯装置的增产改造。2004年7月，15万吨/年三釜流程的聚酯国产装置于上海石化开车成功，进一步提高了中国聚酯行业国际竞争力。

在国有企业进行技术改造的同时，2002年，国家计委批准山东济南正昊化纤新材料公司、浙江化纤联合公司分别建设的2套15万吨/年聚酯纤维装置先后投产，产品质量优于引进装置。其后，恒逸石化股份有限公司（简称恒逸石化）、桐昆集团股份有限公司（简称桐昆股份）及珠海、慈溪、晋江等地民营企业的聚酯装置建设也采用了国产化技术，建成40多条10万～18万吨/年的国产聚酯装置。

国内合成纤维工业在消化、吸收、再创新的基础上，进一步集成创新，着力发展具有自主知识产权的技术、装备和工程。此后，采用自主知识产权和国产成套设备的聚酯纤维装置多套单系列生产能力18万吨/年、20万吨/年的生产装置相继投产，单系列最大生产能力达30万吨/年，包括五釜、四釜、三釜不同工艺流程技术，实现了6万吨/年、30万吨/年的系列化，可满足不同建设规模的需要。以大容量、高起点、低成本为特征，具有国际竞争力的国产化新型聚酯及配套长短丝技术装备在行业中广泛使用，开始向超大型化、柔性化、精密化、节能减排直纺新一代聚酯新技术方向全面升级，整套规模已由原来的引进6万吨/年扩大到40万吨/年，百万吨级新型PTA成套国产化技术装备也研发成功。

国产涤纶技术和装备的成功开发，使万吨产品的建设投资由当初引进装置的8500万元降低到2003年的1000万元左右，之后再降到400万～600万元，投资大幅降低，生产效率大幅提高，有力地推动了合成纤维行业的快速发展和产业结构的优化调整，促进了中国涤纶工业的发展。2000年，中国涤纶纤维生产能力约610万吨/年，2003年升至1300万吨/年左右，增加产能中70%以上采用新型国产装置。至2010年，产能已达到2930万吨，成为世界涤纶第一生产大国。同时，企业生产规模不断扩大。至2002年底，全国前10名涤纶企业的产能合计约424万吨/年，占全国总产能的近40%；到2010年，40万吨/年以上的企业就达27家，而在1998年以前具有这一规模的企业仅仪征化纤1家。

随着国内聚酯和涤纶工艺技术的发展，涤纶产品成本降低，品种增加，性能多样。涤纶占合成纤维的比重不断提高，国产聚酯纤维技术和装备的成功开发，改变了长期以来中国每年均需进口大量聚酯切片的状况。1990～2000年，中国年均进口聚酯切片26万吨。而到2003年聚酯切片出口量已达19.2万吨，扣除进口17.2万吨，净出口2万吨。2009年，中国涤纶产量达到2204万吨，占国内合成纤维总量的88%左右；其中涤纶长丝产量1415万吨，涤纶短纤维789万吨，净出口量为72万吨。2010年净出口量为50.8万吨。至此，中国已成为世界上最大的涤纶生产国和消费国。

在涤纶高速发展的带动下，整个合成纤维工业都有很大的发展。自20世纪70年代以来，中国每年合成纤维需求和生产一直保持两位数的高速增长，特别是1995～2005年期间，中国合成纤维年平均增长18.2%。到2010年，中国合成纤维总产量为2852.42万吨，约占国内纺织纤维消费量的7成。

二、聚合纺丝主要产品实现替代进口

20世纪90年代，中国纺织服装产业不断壮大，对合成纤维的需求量日益增加，国内合成纤维产品日益短缺，不得不大量进口聚合纺丝，以满足国内需求，合成纤维进口量逐年增加。1997年，中国合成纤维进口量达到历史最高峰，为164万吨。

1998年后，台资、民营、外资纷纷进入合成纤维下游聚合纺丝行业。随着中国合成纤维生产能力的提高和市场的变化，合成纤维进口量呈现波动下滑的状况。

2001年，亚洲金融危机时期，合成纤维进口量有所下降，但危机解除后进口量继续增长。自2003年起，纺织服装产业对聚合纺丝需求仍保持较快增长。

为了填补这一缺口，一批外资（含港澳台资）企业开始在国内建厂。翔鹭石化股份有限公司系国务院批准成立的台资大型石化企业，注册资本33.4亿人民币，占地面积52.13公顷。位于厦门市海沧南部工业区，一期项目于2000年10月奠基，2002年10月完工投产，生产能力为90万吨/年PTA，为世界最大的PTA单线产能。翔鹭采取与大陆企业不同的发展模式，不是从石油源头开始做起，而是购买PTA和乙二醇原料进行聚合纺丝；化工工艺过程短、投资少、上马快，投产后很快得到回报。一批江苏、浙江民营资本迅速跟进，复制这种生产模式，纷纷建设聚合纺丝项目。由于靠近上海石化、仪征化纤、扬子石化等大合成纤维原料基地，又是沿海地区，便于进口不足的原料。民营企业单位聚合纺丝产能的投资，不到辽化公司同类装置的一半，使江苏、浙江合成纤维抽丝产能增加极快。这些企业尽管没有对苯二甲酸、乙二醇等上游单体原料的优势，但依靠低投资成本和进口原料灵活性，迅速占领市场。聚合纺丝产量增加，浙江、江苏地区织造业的迅猛发展，刺激了当地纺织原料及面料市场的发展，合成纤维的消费占了全国的一半以上。

其间，江苏扬州民营科技企业惠通公司开发了间歇法年产万吨级聚酯聚合装备，在国内建设了近80条生产线。这种装置生产聚酯产品，质量虽然比不上引进的大装置产品，但国产设备投资很低、建设容易、上马快，提供了涤纶纺丝生产急需的原料。

这种发展模式，把原来合成纤维工业上下游的生产过程，分成了两个行业板块：合成纤维原料行业和聚合纺丝行业。它们有上下游的密切联系，又可以根据具体情况，分头发展，打破了上游约束下游，聚合纺丝工业的崛起，使国内该产品进口量持续下降，而出口量快速增长。自2007年起出口量首次超过了进口量，净出口43.3万吨，2008年净出口量达到89.1万吨；2010年进口量为90.23万吨，比2005年减少了40.7%；出口量达到192.5万吨，比2005年增长171.2%，除部分品种外，主要产品已实现了在质量和数量上替代进口。

三、高新技术纤维材料产业化步入新阶段

在国家政策的大力支持下，合成纤维行业通过产学研协同攻关，取得了多项重大产业化成果，高新技术纤维产业进入了发展新阶段。高性能纤维发展明显加快，高性能纤维产业化和国产化技术实现突破，发挥了良好的示范带动作用。同时，相关工艺技术、配套装备、产品应用、标准法规等取得了较好进展。

2007年3月，国家发改委在《化纤工业“十一五”发展指导意见》中将大力发展高新技术纤维及材料作为新时期重点任务，率先设立纺织新型和特种纤维国债专项，推动中国高新技术纤维产业取得新突破。

超高分子量聚乙烯、耐高温芳纶1313、难燃耐蚀聚苯硫醚、耐高温芳砜纶、中空纤维膜技术及竹浆、麻浆、PPT（聚对苯二甲酸丙二醇酯）纤维等，由产业化发展到工业化生产阶段。而从中试攻关发展到产业化生产阶段的品种，主要有碳纤维（CF）、高强高模芳纶1414、超高强高模芳纶Ⅲ、玄武岩纤维、新溶剂法纤维素纤维（Lyocell）、可生物降解——聚乳酸纤维（PLA）及生物法多元醇生产。

耐高温聚酰亚胺、超高强耐高温的聚对苯并双噁唑纤维（PBO）、阻隔性良好

的聚癸二酸乙二醇树脂（PEN）、新型水溶性及高强高模K-Ⅱ类聚乙烯醇纤维、绿色离子液体溶剂法纤维素纤维等产品，需进一步小试、中试或进行产业化攻关。

自1985年起，国内开始超高分子量聚乙烯纤维的研究，东华大学（原中国纺织大学）、盐城超强高分子材料工程技术研究所先后加入研发行列，并取得了一系列重大理论突破，1999年突破关键性生产技术，中国成为继荷兰、日本、美国之后，第四个掌握这种纤维生产及应用技术的国家。2008年底，仪征化纤与中国纺织科学研究院和南化公司研究院合作开发高性能聚乙烯纤维干法纺丝成套技术，并列入中国石化集团公司的“十条龙”攻关计划，建成国内第一条300吨/年干法纺高性能聚乙烯纤维工业化生产线，实现了干法纺丝技术的国产化突破，填补了国内技术空白。国内超高分子量聚乙烯纤维年产量近2000吨，主要用于制造防刺服、防弹衣、防弹头盔、绳缆、远洋渔网、劳动防护等，部分纤维出口欧美及亚洲等一些国家和地区。超高分子量聚乙烯纤维由于其高强度的性能，获得中国合成纤维领域的又一美称——力纶。采用湿法工艺技术的主要生产商有北京同益中、湖南中泰、宁波大成等公司，其中宁波大成公司高强聚乙烯纤维质量已居世界先进水平。

北京同益中特种纤维技术开发有限公司建成600吨/年超高分子量聚乙烯纤维生产基地，并取得欧共体和韩国的专利。具有高强聚乙烯纤维500吨/年，高强聚乙烯纤维制品200吨/年的产能，单线产量、性能、品质处于国内前列，产品60%用于出口。生产的纤维及制品已被用于神舟五号、神舟六号、神舟七号的海上打捞回收系统，军用两栖坦克登陆装备系统和军用飞机跑道紧急降落系统。

宁波慈溪大成新材料股份有限公司从1996年开始联合东华大学进行研发，历时4年发明了混合溶剂，申请9项专利，于2000年实现产业化，其防弹用品已取得德国认证；形成2000吨/年高强聚乙烯纤维及制作25万套/年防弹衣、防弹头盔，300吨/年防弹板材，300吨/年高强绳索，600万双/年防切割手套的生产能力。

山东爱地高分子材料有限公司从2005年8月开始产业化研发，经过两年半技术攻关，采用自主技术陆续建成7条超高分子量聚乙烯生产线，总产能达到2000吨/年。

湖南中泰特种装备有限公司产品规格主要为400和600D；上海斯瑞聚合体科技有限公司单线产能达到3000吨/年。

四、合成纤维差异化、功能性和应用领域开发能力提高

合成纤维产品差异化、功能性和应用领域开发能力的提高，使合成纤维产品结

构明显改善。

中国合成纤维工业形成各大类品种基本齐全、技术装备配套、质量品种有一定水平的生产开发体系。随着生产水平的不断提高，技术条件的进步，设备条件的改善，特别是人民生活水平提高带来的市场需求，一些差别化、功能化纤维品种相继研制成功。如阳离子染料可染聚酯、异形纤维、多孔中空纤维卷曲纤维、纫旦和超纫旦短丝、高收缩纤维、蓄热保暖纤维、防紫外线纤维、抗静电纤维、防臭抗菌纤维、导电纤维等等。国外差别化纤维国内大部分都能生产，且科研成果工程化、市场化也取得了进展，已经有几十个大类新产品转入批量生产。超细旦、高收缩、阳离子染料可染、多功能混纤复合长丝等发展迅速。

2000年12月9日，中国第一套大型国产化聚酯装置——仪征化纤10万吨/年聚酯项目顺利建成投产，标志着国内合成纤维生产提高差别化率、开发新产品、降低成本为目标的合成纤维技术改造进入新阶段。通过一系列的技改以后，仪征化纤可生产瓶级和膜级聚酯产品以及差别化率在50%左右的直接纺涤纶长丝；上海石化可增加差别化涤纶短纤生产能力6万吨/年，使其产品能够替代进口。

仪征化纤坚持“人无我有，人有我优，人优我特”的方针，不断调整产品结构，聚酯产品逐步从服装、家纺向产业应用等领域拓展，向差别化、功能化、高附加值方向转型升级，实现从量的增长向质的提升转变，产品差别化率居行业领先水平，涤纶短纤维产销量全球第一，一批特色产品、拳头产品产销量居全国第一。缝纫线系列产品占据了该类产品国内43%的市场份额；涤纶中空产品为国内第一品牌，长期应用于国内知名品牌用户；水刺无纺布专用涤纶短纤维销量已超过10万吨/年，国内高端市场的占有率达70%以上，实现了在出口产品企业的100%应用；膜级切片国内市场占有率达50%以上。

天津石化开发出的差别化远红外聚酯纤维是由远红外聚酯切片纺丝而成，利用300吨/年聚合装置合成远红外聚酯切片或高浓母粒，利用母粒法纺成纳米远红外涤纶长丝或短丝，纤维的发射率达85%以上，织物温度比普通织物提高3℃。用母粒法纺成的远红外丙纶长丝也有同样效果。

2010年，国内涤纶行业的差别化率有了很大提高，已经达到36%。国外现有的大部分差别化涤纶产品均能够生产，有27大类新产品转入批量生产，超细旦、高收缩、阳离子染料可染聚酯、多功能复合混纤复合长丝等发展迅猛。在超细纤维纺丝技术、各种截面纤维纺丝技术、微小粒子混合纺丝技术、聚合物改性技术、复合纤维技术等新合成纤维开发的关键技术攻关方面都取得了较大的突破。

从20世纪80年代末到90年代初，中国腈纶行业先后引入了NaSCN二步法、DMF干法和湿法、DMAc二步法等装置，同时对老厂进行扩能改造，使中国腈纶产业进入了高速发展期。2003年已建生产能力达66.1万吨，产量62.86万吨；2005年生产能力达到80万吨，产量达到70万吨；2010年生产能力达到90万吨，产量达到80万吨。上海石化腈纶改造和安庆石化丙烯腈改造能增加高收缩纤维、中收缩纤维、扁平丝等差别化纤维，一些项目可填补国内空白。到2009年，国内市场差别化腈纶年用量约占腈纶总加工量的1/3，数量超过30万吨，缺口达20万吨。

2010年，国内合成纤维差别化率达到46.5%，比2005年提高了15.5%。其中涤纶长丝、锦纶民用长丝的差别化率最高，已分别达到55.9%和55.2%。已开发出细旦、超细旦、异型截面丝、阻燃、抗菌、抗静电吸湿透汗等功能化、差别化纤维品种。为纺织面料及服装、家纺产品提供了新的优质纤维，为服装面料提供了上佳原料，开辟了新的资源领域。特别是开发的高强、阻燃、导电、医用、环保等功能化纤维，对产业用纺织品的生产与消费产生了重大影响，推动产业用纺织品市场需求的增加，其产品广泛应用于土木、建筑、交通运输、医疗卫生、农业渔业、航空航天及轻工等产业，2010年产业用纺织品产量达到821万吨大关，非织造布产量279.5万吨，同比增加16.0%。产业用纺织品中85%～90%是使用各类功能合成纤维，对合成纤维行业拉动很大。同时，合成纤维新材料的开发进一步推动了产业用纺织品的开发和应用。

五、高度重视碳纤维（PAN-CF）复合材料攻关

中国碳纤维起步于20世纪70年代初。1975年，全国第一次碳纤维复合材料会议之后，一直将碳纤维及其复合材料纳入国家科技攻关项目。经过数十年发展，碳纤维从无到有，从研制到生产取得了一定的成绩，但总的来说，碳纤维的研制与生产水平还较低，大多数引进项目的技术和设备水平属国际中下等，生产的碳纤维产品也远未达到高端水平，中国碳纤维消费量的95%都依赖于进口。2008年，国内聚丙烯腈基碳纤维产量不到500吨，进口量约6000吨。

为了打破国外技术及产品垄断，满足国内市场需求，吉林石化研究院、北京化工大学、中国科学院山西煤炭化学研究所等单位的科技工作者独立自主开展了对碳纤维整个产业链的一系列研究。以吉化公司和北京化工大学为依托组建的国家级“碳纤维工程技术研究中心”，于1992年成立。

2009年6月14日，国内首个百吨级碳纤维生产基地——吉化公司碳纤维厂在吉林省吉林市建成并投产。其自主研发的聚丙烯腈基碳纤维产品性能已达到国际先进水平，打破了国外技术封锁，标志着中国高性能碳纤维产业化实现了新突破。2009年底，国内碳纤维生产企业有23家，总产能为4000吨/年。山西恒天纺织新纤维科技有限公司建设了1200吨/年PAN基碳纤维原丝改扩建项目、连云港神鹰新材料有限公司建设了2500吨/年聚丙烯腈原丝1000吨碳纤维项目、山东威海光威集团公司3K（1K）高性能碳纤维及机织物生产线建设项目，这些生产线均建成投产，共形成4000吨/年聚丙烯腈基碳纤维原丝、1300吨/年碳纤维以及30万米/年碳纤维复合材料的生产能力，使中国碳纤维生产规模迈上了千吨级的新高度。威海拓展纤维有限公司（简称威海拓展）、中复神鹰碳纤维有限责任公司（简称中复神鹰）和中简科技发展有限公司（简称中简科技）所用的关键设备都是自己研发的，生产的产品基本达到国外同类产品水平。

到2014年底，国内生产碳纤维的公司总产能达到1.4万吨/年，主体产品为12K及以下的小丝束PAN基碳纤维。根据产能大小排名依次为：中复神鹰（4500吨/年）、江苏恒神纤维材料有限公司（简称江苏恒神）（4000吨/年）、威海拓展（2500吨/年）、兰州蓝星有限公司（简称兰州蓝星）（1800吨/年）、中国石油吉化集团公司（简称中油吉化）（600吨/年）、吉林方大江城碳纤维有限公司（简称吉林江城）（550吨/年）。建立起了碳纤维的技术体系和完整生产线。T300级、T700级产品已达到国外水平并已成功应用于国防和国民经济等领域。

这些项目的实施使中国高性能碳纤维产业化生产实现了技术突破，对满足军用、民用两个市场需要，起到了较好的示范带动作用，同时由于T300级碳纤维实现了国产化，打破了国外垄断，使进口价格大幅度下降。

六、合成纤维原料对外依存度仍在50%以上

随着国有企业改革的不断深入以及国产化技术的成熟，民营资本开始大举进入合成纤维行业，但合成纤维单体原料发展仍然严重滞后，导致化学纤维原料特别是合成纤维单体原料大量进口，合成纤维原料对国际市场的依存度快速提高，特别是聚酯行业。2004年，中国聚酯行业聚合能力增长25%，达到1500万吨左右，2005年再次增长33%，达到2000万吨。聚合能力增加拉动了原料的需求，使PTA的需求量迅速增加。

但中国聚酯原料PTA的发展长期严重滞后于聚酯的生产发展，使进口量急剧上升。1999年，合成纤维原料对国际市场的依存度为44%，2000年达到55%，2001年则已超过60%。2001年，PTA的进口数量是250万吨，到2005年已经达到649万吨，PTA已经成为大宗进口的化工产品之一。2001～2005年，中国生产的PTA还不能满足国内需求的一半，进口依存度超过50%，成为制约聚酯行业生产和发展的瓶颈。到2010年国内合成纤维单体生产量总计1374万吨，可是进口合成纤维单体仍高达1439万吨，合成纤维原料对国际市场的依存度依然在50%以上，对苯二甲酸进口量依然高达540万吨。

乙二醇的进口量也在不断增加。1990年中国乙二醇产量28.4万吨，进口量4.5万吨，国内生产数量满足大部分需要。到2005年国内产量110万吨，进口量上升到398.8万吨。2008年国内生产184万吨，可是进口量高达519万吨。

同时其他合成纤维原料如己内酰胺和丙烯腈的进口量也不断上升。

为提高PTA产品的生产能力，科技人员进行科研攻关。扬子石化同浙江大学、华东理工大学共同承担的中国石化“十条龙”攻关项目之一的PTA成套技术开发已取得较大进展，特别是成套工艺包中PX氧化主要技术指标达到20世纪90年代末国内引进装置技术水平，PTA精制技术经济指标和产品质量达到国际先进水平。

2001年以后，国内加快了合成纤维单体原料生产装置的建设。扬子石化45万吨/年装置于1997年扩增至60万吨/年，2006年扩能达到105万吨/年，成为中国第一家产量突破100万吨的企业。上海石化、天津石化、洛阳石化3套25万吨/年装置也分别扩建至40万吨/年、34万吨/年、32.5万吨/年。辽化公司采用美国杜邦公司技术对原27万吨/年装置做出改造，每年多增加PTA产量53万吨，对二甲苯产量45万吨。嘉兴石化有限公司（桐昆集团独资）建设了80万吨/年PTA项目等。

上海石化于1984年引进22.5万吨/年PTA装置后，在消化吸收的基础上进行二次开发、集成创新，先后完成30万吨/年技术改造、40万吨/年技术创新，最终形成国产化80万吨/年PTA装置工艺包和自主成套技术。2005年11月，这项技术通过科技部验收，达到国际先进水平，打破了此项技术长期由国外少数大公司垄断的局面。这项成套技术含15项专有技术和3项发明专利。“十五”期间建成的1462万吨聚酯产能中，75%使用国产化技术，25%使用进口技术，但这25%中仍有60%～70%使用国产化装备。市场的逐步开放，各种成分竞争主体的参与给合成纤维工业发展带来了强大活力。

在增加产能的同时，国内加快催化剂的研发。上海石化科技开发公司生产的

CTP-Ⅱ钯-碳催化剂的加氢精制处理能力已达到3万倍，表明该催化剂达国际先进水平。MPB5型钯-碳催化剂是一种高技术含量、价格昂贵的催化剂，主要用在PTA的精制生产中。仪征化纤自主开发了一种延长钯-碳催化剂寿命的工艺技术，MPB5型钯-碳催化剂使用寿命达到4.1万吨PTA/吨，超过国内外平均水平。

到2008年，国内PTA产量达到930万吨，进口量为592万吨，丙烯腈产量93万吨，进口28万吨，对外依存度降低。

七、合成纤维工业装备国产化的成效

自1991年开始，仪征化纤和华东理工大学等合作，开展了聚酯成套技术开发等多个重大攻关项目。系统地研究大型聚酯酯化、缩聚反应过程和不同结构的酯化反应器、缩聚反应器，为聚酯工业反应器设计、操作优化和控制提供了系统的基础数据和工程数据。

由于聚酯国产化技术的突破，使建设成本大大降低，同时也使进口同类装置大幅度降低售价，社会效益和经济效益十分显著。中国聚酯行业发展迅速，聚酯年产量从1998年的380万吨增至2010年的2930万吨，其中70%左右为国产化装置生产的。

1. 己内酰胺方面

开发了具有完全自主知识产权的成套技术。该技术是“十一五”期间中国在石油石化关键技术领域取得的突破性成果，已成功应用于巴陵石化己内酰胺装置的扩能改造，使装置产能由7万吨/年提高到20万吨/年。14万吨/年己内酰胺成套技术创造了多项专有核心技术，中国石化的石油化工科学研究院，研发了具有自主知识产权的钛硅分子筛催化剂，在环己酮氨肟的反应中，由原来DSM工艺的四步反应变成了一步，大大提高了效率。实现了催化剂的再生利用；非晶态合金催化剂和磁稳定床反应工艺的创新与集成技术，获2005年国家技术发明一等奖；环己酮肟贝克曼三级重排、硫铵中和结晶等创新技术，社会效益和经济效益都较为显著。己内酰胺成套技术已获国家发明专利授权20项，获美国发明专利授权2项。2009年，14万吨/年己内酰胺成套新技术开发获国家科学技术进步二等奖。

2. 精对苯二甲酸方面

开发应用了多项新技术。上海石化在国内率先实现精对苯二甲酸国产化技术的产业化应用，通过技术改造使装置产能从22.5万吨/年提高到40万吨/年，并且形成了40万吨/年、80万吨/年技术工艺包。2006年11月，仪征化纤联合上海石化、上海工程公司开发完成了100万吨/年精对苯二甲酸成套技术工艺包。扬子石化开展了精对苯二甲酸母液过滤机国产化开发与工业应用，2010年，在60万吨/年精对苯二甲酸装置实施应用改造，改造后过滤机运行稳定，投运率达90%以上，降低对二甲苯单耗2～3千克/吨，同时降低了污水固含量，每年可增产精对苯二甲酸产品2224吨；同时，开展了精对苯二甲酸压力过滤技术的开发与工业应用，2010年，推广应用于精对苯二甲酸二线，并完全取代二级过滤，能耗降低8.74千克（标油）/吨，每年可节约维修费用及运行成本900多万元。扬子石化45万吨/年精对苯二甲酸装置的产品输送采用国际上最先进的高压稀相输送技术，输送距离长达1100米，输送量达96吨/时，堪称精对苯二甲酸气流输送的世界之最，技术水平达国际领先，每年可产生经济效益1600多万元。高效先进的CTP-Ⅳ型对苯二甲酸加氢精制钯碳催化剂的研制和应用，解决了以往催化剂在耐热、抗毒（硫）耐磨、抗干扰稳定性等方面的技术难题，催化剂寿命和运行稳定性能达到国际领先水平，使中国石化一跃成为国内对苯二甲酸加氢精制催化剂市场的最大专利商，打破了国外公司长期对精对苯二甲酸核心技术的垄断。2010年，该技术获得国家科技进步二等奖。

3. 丙烯腈方面

新一代SANC-08催化剂的开发和应用研究取得成果。SANC-08催化剂于2008年10月在安庆石化8万吨/年丙烯腈装置进行工业应用试验。试验期内，装置运行平稳，产品质量为优级品；丙烯腈收率高达80%以上；丙烯腈精制回收率明显提高，比换剂前上升约1.5个百分点；丙烯单耗大幅度降低至1035.83千克（丙烯）/吨；清洁性能优良，装置运行一年后，四效污水的氰根离子平均为4.65毫克/升，化学需氧量平均为2058毫克/升，比换剂前分别下降了33.1%、15.5%。齐鲁石化2次混用20% SANC-08丙烯腈催化剂，丙烯腈精制回收率从94%提高到96%，混用效果明显。

4. 合成纤维方面

上海石化开发了先进的聚酯合成技术，单线生产能力达到30万吨/年，产品综合能耗等技术经济指标达到国际先进水平；消化吸收引进的涤纶工业丝技术，建成一套1.2万吨/年高强高模低伸涤纶工业丝装置，产品分别进入军用、建筑领域，并远销欧美国家。

安庆石化腈纶纺丝生产线2008年8月投用溶剂脱色装置，停用浓硫酸，大幅降低了外排污水量，减轻了环保压力，年节约费用约为400多万元。腈纶装置组织进行国产油剂工业应用试验，有计划地部分替代进口油剂，降低了生产成本。

仪征化纤开发的300吨/年高性能聚乙烯纤维干法纺丝成套技术，开发了大容量高效溶解技术、多纺位风量均分控制技术、高效节能溶剂回收技术，研制了低成本牵伸设备，产品各项性能指标达到国际先进水平。

仪征化纤开发的百吨级对位芳纶工业试验成套技术，创新开发了芳纶聚合、纺丝、溶剂回收、测试评价等工艺技术和生产设备，建成了百吨级工业化试验装置，形成了具有自主知识产权的成套技术，为千吨级工业装置的建设奠定了基础。

合成纤维国产化工作通过不断完善和创新，取得新突破，实现单线4.5万吨/年以上黏胶短纤维装置国产化，并迅速在新建与扩建项目中大量采用，带动了行业技术进步和产业升级，增强了产业整体竞争力。大型聚酯成套装置及配套直纺长丝设备国产化，迅速放大到了15万吨/年、20万吨/年、30万吨/年的规模，使项目建设周期比“八五”“九五”期间缩短了一半，单位产能投资仅为原来的1/10左右，单位产品运行成本降低20%左右。“10万吨/年聚酯成套技术”项目先后获得2002年度国家科技进步二等奖、2001年度中国石化科技进步一等奖，“年产15万吨聚酯三釜流程成套技术开发”获得2005年度中国石化科技进步一等奖。这些成果推动中国聚酯行业迅速发展，聚酯年产量从1998年的380万吨快速增至2010年的2600万吨，其中70%左右为国产化装置生产。

仪征化纤开发了涤纶缝纫线用、水刺织物用、赛丝绵、赛羽绒等涤纶短纤维新产品，满足了用户需求；开发的聚酯高速膜片、聚酯高收缩膜片等一批优势产品，成功替代进口。上海石化开发的涤纶工业丝专用聚酯切片顶替进口，生产能力达到12万吨/年规模，获得上海市高新产业成果转化奖和退税政策奖励；生产的全消光超细纤维专用聚酯切片，全面顶替进口产品，产品性能稳定、成本低廉，生产规模达到5万吨/年；开发的抗起球、原液着色等高附加值腈纶产品，也成功顶替了进口产品。洛阳石化开发了多孔细旦涤纶长丝产品，市场表现良好；安庆石化开发了高活性纳米抗菌腈纶纤维；齐鲁石化开发的仿羊绒腈纶、三角截面大有光腈纶、阻燃纱线专用腈纶等差别化产品，在市场很受欢迎；四川维纶厂开发生产了高强耐磨维纶纤维，被选为军用作训服装面料纤维。

第四节 逐步实现合成纤维工业由大转强

（2011 ～ 2019 年）

进入21世纪以来，中国合成纤维工业在满足下游行业需求增长的同时，积极推动合成纤维纺织品出口。由于国内自有知识产权技术和装备水平的不断提高，合成纤维工业取得高速发展，产业竞争力明显增强，逐步成为中国战略性新兴产业的重要组成部分，同时进入由量变促质变，推进实现中国由合成纤维生产大国向强国的转变进程。

以合成纤维为主的化学纤维广泛应用于服装、家用、产业用各个领域，占全国纺织纤维总量的比重超过80%。产业集中度进一步提高，2015年生产规模20万吨/年以上的企业产能占全行业的66.9%，比2010年提高了17.9个百分点；产品质量和附加值持续提高，产品结构更加适应市场需求，差别化率为58%，比2010年增长12%。

原料精对苯二甲酸、己内酰胺的自给率大幅提高。

高新技术纤维产业化成就突出，高性能纤维研发和产业化取得突破性进展。

2017年，中国合成纤维单体产量达到3889.4万吨，是1982年产量40万吨的97.24倍；合成纤维总产量达到4480万吨，是1982年26.4万吨的169.70倍。中国历年合成纤维产量见表2-14-2。

表 2-14-2 中国历年合成纤维产量 单位：万吨

年份	合成纤维	合成纤维				
		锦纶	涤纶	腈纶	维纶	丙纶
1957	—	—	—	—	—	—
1965	0.52	0.31	0.01	0.02	0.18	—
1970	3.62	0.74	0.13	0.51	1.19	
1980	31.41	3.17	11.83	5.80	9.67	0.33
1985	77.06	7.09	51.60	7.29	8.03	2.27
1990	143.18	11.24	104.2	12.24	5.51	7.55

续表

年份	合成纤维	合成纤维				
		锦纶	涤纶	腈纶	维纶	丙纶
2000	629.52	36.79	510.18	47.50	2.52	28.51
2010	2872	145.2	2425.70	67.13	5.66	29.69
2011	3114.60	159.14	2794.9	69.96	5.91	33.28
2012	3450.24	187.20	3022.41	69.14	6.03	36.86
2013	3732.76	211.28	3340.64	69.43	10.09	26.43
2014	4044.7	262.00	3565.80	67.57	11.07	26.70
2015	4384.6	305.9	3917.88	72.50	8.70	23.20
2016	4265.3	305.9	3752.8	72.00	8.7	25.90
2017	4480.7	332.9	3934.05	71.69	8.00	29.4
2018	4562.7	330.37	4014.87	64.45	10.08	34.79

一、合成纤维产量全球占比70.0%，出口量继续增加

合成纤维工业在仪征化纤、上海石化、辽阳化纤等中央企业为主的合成纤维企业继续发展的同时，民营资本随市场经济的逐步深入和国产化技术的成熟大批进入合成纤维行业，特别是聚酯行业，一批规模大、竞争力强的民营企业，如恒逸、桐昆、三房巷、恒力、新凤鸣、盛虹等纷纷进入，并不断发展壮大。1999～2015年，中国新增聚酯产能的95%以上均由民企实现。2015年，中国聚酯产能中，民营企业所占份额已经超过86%，国有控股企业所占比重下降至11%左右，民营企业已经成为市场竞争主体。

2015年，中国合成纤维生产能力增至5495万吨/年，增幅为5.9%。其中增幅较大的是涤纶和锦纶。合成纤维总产量从1999年的540万吨激增到4487万吨，占全球的比例从22%上升至70%以上。合成纤维产能和产量增加，使出口量呈现不断增长趋势。2015年，国内出口量继续增长，全年净出口达到304万吨，同比增长11.9%。1999～2015年，中国合成纤维产量增加了7倍，稳居世界第一位。2016年产量为4536.3万吨，同比增长3.5%。

随着涤纶长丝行业产业结构持续调整，落后产能不断被淘汰，大型生产企业凭借其规模和技术优势持续扩张，行业集中度稳步提升。2011年，涤纶长丝产业集中度仅为26.5%，2016年，增至35.8%。涤纶长丝企业群主要集中在浙江、江苏、福建等地区，三省产能占总产能的98.8%，其中浙江省达到62.4%，是名副其实的化纤大省。

桐昆集团股份有限公司是中国最大的涤纶长丝生产企业。2017年8月，拥有450万吨/年涤纶长丝生产能力，国内市场占有率超过13%。桐昆股份是全球涤纶长丝制造行业的龙头企业，2017年拥有产能约450万吨/年，配套建有150万吨/年PTA装置，连续十多年在国内市场实现产量及销量第一。但中国涤纶长丝行业集中度仍处于较低水平，行业龙头的市场占有率尚有一定的提升空间。

新凤鸣集团股份有限公司专注民用长丝，坚持高端化发展。是一家集聚酯、涤纶纺丝、加弹、进出口贸易为一体的现代大型股份制企业。拥有年产269万吨涤纶长丝产能，涤纶长丝产能及产量均位居全国第二，其中熔体直纺占比超过99%。

2017年，中国合成纤维行业产量4480.7万吨，主要产品实现了量价齐增。主要出口产品品种中，长丝丝束出口数量为3.50万吨，出口金额为7235.7万美元。合成纤维短纤出口数量为8416.1吨，出口金额为2086.2万美元。合成纤维短纤纱线出口数量为57.49万吨，出口金额为15.88亿美元。截至2018年，中国合成纤维产量4562.7万吨，比2017年增加1.8%。其中涤纶4014.87万吨，锦纶330.37万吨，腈纶64.45万吨，丙纶34.79万吨，氨纶68.32万吨。涤纶产量占比达到88%。

二、产品结构更适应市场需求，差别化率为58%

合成纤维行业一批新技术获得突破应用，这些具有大规模、低成本特点的纤维生产技术使中国合成纤维产业在国际竞争中占有一定优势。具有自主知识产权的40万吨/年超大容量聚酯差别化长丝柔性生产关键技术，20万吨/年熔体直纺涤纶工业丝生产技术、仿棉合成纤维及纺织品产业化技术，200吨/日高品质锦纶高效低耗智能化集成技术、新一代氨纶连续聚合干法纺丝成套技术、万吨级国产化聚对苯二甲酸丁二醇酯（PBT）连续聚合装置均获得突破并在行业中获得应用。单线10万吨/年己内酰胺（CPL）和单线250万吨/年精对苯二甲酸（PTA）生产技术和装备实现国产化。2015年，国内合成树脂企业生产规模在20万吨/年以上的企业达到59家，其产能占全行业总产能的66.9%，比2010年提高17.9个百分点。

在合成纤维产品的差别化、功能化等方面，多种技术相继实现国产化，水平已与国际相当，并在应用方面形成了核心体系。开发了细旦、超细旦、异型、阳离子可染、原液着色、高导湿等新一代聚酯仿棉及仿真纤维，易染纤维、免染纤维、聚对苯二甲酸丙二酯（PTT）纤维、复合纤维等差别化纤维迅速发展。

上海石化根据客户要求，开发生产腈纶原液着色系列产品，增产涡轮纺涤纶短纤维、复合纺专用聚酯切片、阻燃聚酯切片、工程塑料用聚酯切片、低熔点聚酯切片，建成投产500吨/年PTA基碳纤维装置，成为碳纤维研发、生产基地。仪征化纤建设20万吨/年差别化短纤维项目，建成1000吨/年高性能聚乙烯纤维装置，积极推进新产品研发，超纺棉涤纶短纤维、超高分子量聚乙烯纤维、大环保型膜级切片、环保型膜级切片、细旦有光缝纫线升级产品FR200和装饰用涤纶短纤维等取得较好效益，成为高性能聚乙烯纤维研发、生产基地。安庆石化增产高收缩、扁平腈纶纤维。齐鲁石化增产有光微细旦仿羊绒系列产品、干法扁平腈纶纤维。巴陵石化改善膜用切片质量，开发车用锦纶工程塑料市场和超高黏切片产品直接客户，提高了产品销量。2015年，中国石化集团合成纤维产品的差别化率从60%提高到82%。

高性能共聚酯生产技术步入国际先进行列。辽阳石化形成10余种系列聚酯新产品和聚合单体生产技术。其中PETG（聚对苯二甲酸乙二醇酯-1,4-环己烷二甲醇酯）共聚酯实现重大突破，开发的成套技术首次在10万吨/年聚酯装置上应用，打破了国外垄断，实现从空白到国际先进的跨越，成为世界第三家PETG共聚酯生产企业。开发的光学膜聚酯新产品也获突破性进展，在国内获得一定发展空间。

合成纤维应用领域不断拓宽，在家用、产业用纺织品领域的应用迅速增长。2015年，中国合成纤维在服装用、家庭用、产业用比例由2010年的49：28：23调整至40∶35∶25，非服装用合成纤维用量进一步提升，不断向交通、新能源、环保、基础设施、航空航天等领域拓展。2017年上半年，中国石化合成纤维差别化比例达到88.2%，同比增加4.9个百分点。开发成功活性涤纶工业丝、凝胶染色腈纶、阻燃维纶纤维等高附加值合成纤维新产品。

三、部分合成纤维原料自给率大幅提高

2011年之后，全球主要合成纤维原料的产量和消费均有增长，产量增幅大于消费增幅。中国的合成纤维原料发展在2013年后出现了显著增长，2013年全年合成纤维原料产能增速达64%。在这些新增产能中，精对苯二甲酸及己内酰胺是新增产能

最多的两个品种，供应增幅也较大。部分产品自给率大幅提高。2005～2018年中国部分合成纤维原料产量详见表2-14-3。

表2-14-3 2005～2018年中国部分合成纤维原料产量 单位：万吨

年份	己内酰胺（CPL）	乙二醇（EG）	丙烯腈（AN）	精对苯二甲酸（PTA）
2005	21	110	85	696
2006	29	156	101	764
2007	30	179	106	945
2008	29	187	94	1040
2009	34	195	97	1244
2010	50	250	109	1414
2011	55	295	111	1670
2012	72	316	116	1923
2013	116	380	128	2510
2014	145	442	136	3045
2015	165	508	145	3136
2016	180	550	167	3253
2017	218	580	180	3575
2018	289	650	177	4056

（一）对二甲苯

对二甲苯（PX）是化工生产中重要的原料之一，常用于生产塑料、聚酯纤维和薄膜。根据《全球化学品统一分类和标签制度》和《危险化学品名录》，PX不属高危高毒产品，安全性与毒性和汽油相当，属于低毒化学品。其生产工艺成熟，安全可控。但在欧盟，PX被列为有害品。

中国对二甲苯生产是从1975年北京石化总厂引进美国环球油品公司技术建设首套2.7万吨/年装置开始，1990年10月，扬子石化成套引进建设的64万吨/年芳烃联合装置和配套的45万吨/年PTA装置投入运行，成为当时亚洲最大的芳烃联合装置。经过40多年发展，中国PX产业走出了一条技术从无到有、产能从零到世界最大的发展道路，但仍不能满足国内下游生产需要。造成该现象的主要原因：其一，PX行业进入门槛较高，对资产要求、抗风险能力及工艺技术均有严格要求；其二，因其低毒争议广受关注，存在民间阻力。2007年后，国内厦门、大连、宁波、昆明、茂名等地发生PX项目用芳烃项目抵制建设事件，造成项目迟迟不得落地，延缓了芳烃产业的发展，使得合成纤维等行业受到较大影响。2018年，全国共有17座生产装置，具有1400万吨/年产能，当年产量为1031.97万吨，但需求量高达2668.21万吨，远远不能满足国内下游生产需求。

（二）乙二醇

国内乙二醇的工业生产始于20世纪60年代，最早采用传统的氯乙醇水解法，不适合大规模生产。1974年辽阳化纤引进联邦德国空气直接氧化法生产环氧乙烷技术，建成国内首套现代工艺乙二醇生产装置。燕山石化、上海石化、吉林石化、独山子石化、扬子石化等也先后引进美国SD公司的纯氧直接氧化法生产技术建成装置；茂名石化、天津石化、抚顺石化等先后引进壳牌化学公司的纯氧直接氧化法生产技术建成乙二醇装置。2013年之前，由于国际油价相对较高，国内生产的乙二醇产品市场竞争力相对较弱，中国乙二醇产量在300万吨左右波动，需要大量进口。

为了降低国内乙二醇成本，增加产量，中科院福建物质结构研究所从1982年起开始研制煤制乙二醇技术，并取得一系列具有完全自主产权专利技术和催化剂技术。2005年起，该所与江苏丹化集团有限责任公司、上海金煤化工新技术有限公司启动产业化项目。经过3年多的努力，完成万吨级煤制乙二醇工业示范装置的设计和建设，成功打通全流程并稳定运行1000小时以上。之后丹化集团在通辽采用该技术建设了20万吨/年装置，并于2012年建成投产。这是全球首套以煤基合成乙二醇的工业化装置。2017年，国内乙二醇产能1063万吨（其中乙烯法603万吨、煤/合成气法410万吨），产量679.3万吨，产能利用率64%；进口量954万吨，表观消费量1633.4万吨，自给率41.6%。

（三）对苯二甲酸

中国是世界上最大的聚酯生产国，也是世界上最大的对苯二甲酸（PTA）消费国。中国PTA产业起步较晚，但是扩展迅猛。2001年，全国表观消费量为547.1万吨，由于下游聚酯行业需求的释放，2012年国内新增1260万吨/年的产能，使总产能达到3253.5万吨/年，较2011年增长率高达59.8%。大规模的投资计划导致PTA行业从2012年起全面过剩，2014～2016年投产力度也放缓。2016年产能为3141.18万吨。PTA行业具有集中度高、民企龙头竞争实力较强的特点。产业发展经历了从国有企业控制，到民企逐渐进入，再到民企不断扩大规模，并最终挤出国企中小装置产能甚至全球产能。随着龙头企业的扩产，行业集中度不断提升，恒力石化、恒逸石化、荣盛石化在PTA行业内已形成高度集中的格局，合计占有国内PTA实际产能50%以上的份额。并在单套装置规模、生产运行稳定、物耗能耗和产品质量方面均具有较强的国际竞争力。2017年，国内PTA旧装置复产140万吨/年，新装置投产220万吨/年，产能增长率为7.81%。2018年底，国内PTA总产能为4960.5万吨/年。超过100万吨产能的生产企业主要包括逸盛集团、福建福海创石油化工有限公司、恒力石化、三房巷集团海伦石化有限公司、BP珠海化工有限公司、桐昆集团嘉兴石化有限公司、江苏虹港石化有限公司、绍兴华彬石化有限公司、扬子石化、台化塑胶（宁波）有限公司、汉邦（江阴）石化有限公司和仪征化纤，主要产能集中在华东、华南、东北地区，其中华东地区约占45.76%，华南地区约占23.99%，东北地区约占26.91%，其他地区约占3.34%。

2018年底，全国PTA生产商为23家，主要集中在辽宁、浙江、江苏和福建四省，靠近下游涤纶长丝等产地。前八家产能合计占比为72.5%，前三家分别为逸盛系（1350万吨/年）、恒力大连（660万吨/年）和翔鹭石化（615万吨/年），三家产能合计占比达53.5%。

（四）己内酰胺

2002年，为加快国内原料生产，环己酮氨肟化路线己内酰胺生产成套技术被列为国家重点基础研究项目“973”计划。由中国石化石油化工科学研究院、巴陵石化、湘潭大学、中国石化工程建设公司等单位联合攻关，在巴陵石化建设了国内最大的14万吨/年己内酰胺装置，实现全面达标，获2009年度国家科学技术进步二等奖。采用该项技术，先后有多套新建或者扩建装置建成投产。2013年，山东海力化工公司位于江苏盐城大丰的20万吨/年装置建成投产，湖北三宁化工公司（简称湖北三宁）10万吨/年装置建成投产，山东鲁西化工集团股份有限公司（简称鲁西化工）10万吨/年装置建成投产，南京帝斯曼东方化工有限公司新建20万吨/年装置建成投产。2014年，浙江巨化集团公司（简称浙江巨化）10万吨/年装置建成投产，福建天辰耀隆新材料有限公司（简称天辰耀隆）20万吨/年装置建成投产，中国石化石家庄炼化公司（简称石家庄炼化）将生产能力扩增到20万吨/年。至2014年，中国己内酰胺的总生产能力达到215万吨。

2017年，国内新增/扩增己内酰胺项目逐步增多。11月25日，恒逸石化30万吨/年己内酰胺扩能改造项目建成投产。当年，5家国内企业阳泉煤业（集团）有限责任公司、福建申远新材料有限公司（简称福建申远）、山西潞宝集团（简称山西潞宝）、鲁西化工集团股份有限公司（简称鲁西化工）、巴陵恒逸共投入新产能100万吨。国内其他己内酰胺生产商及产能情况是：南京东方化工有限公司（简称南京东方）、福建申远为40万吨/年，巴陵石化30万吨/年，天辰耀隆28万吨/年，巴陵恒逸24万吨/年，山东方明化工有限公司、江苏海力化工有限公司20万吨/年，浙江巨化15万吨/年，鲁西化工、湖北三宁、石家庄炼化、沧州旭阳化工有限公司、中国神马集团有限责任公司、山西兰花科技创业股份有限公司、山西阳煤、山西潞宝10万吨/年。

2017年，中国己内酰胺产能增至363万吨/年，同比增加38.02%；产量为241.7万吨，同比增长31.56%；净进口量为23.24万吨，对国外市场的依存度大大降低。己内酰胺企业整体盈利能力大幅增强，平均利润高达3386.6元/吨。

四、突破芳烃生产瓶颈

芳烃是涤纶纤维的基础原料，纺织原料的65%、饮料包装瓶原料的80%都来源于芳烃族的对二甲苯。中国每年由对二甲苯生产的合成纤维可以替代约2.3亿亩土地产出的棉花，进而节省出的棉田可以种粮食，可有效地解决粮棉争地矛盾，守住18亿亩耕地红线。

2000年以来，中国对二甲苯消费量年均增长率高达20%。2014年，消费对二甲苯约2000万吨。

为打破国外技术垄断，中国科学院从20世纪70年代起，就开始与石化企业等开展芳烃技术合作研究。2009年，依托40多年的芳烃成套技术研发基础，中国石化组织2000多名技术人员，开始进行芳烃成套技术的核心技术——吸附分离技术的联合攻关。2011年10月，采用中国石化对二甲苯吸附分离技术的扬子石化3万吨/年工业试验装置建成投产，产出合格产品，标志着中国石化全面掌握了包括成套技术设计、工程建设、高效吸附剂生产技术在内的全套芳烃生产技术。2012年11月，海南炼化60万吨/年对二甲苯装置开始施工，2013年10月26日实现主装置中交。2013年12月27日，一次投料试车成功，吸附分离单元大量产出99.80%的高纯度对二甲苯。标志着中国石化芳烃成套技术大型工业化装置应用成功，成为全球第三个具有完全自主知识产权的大型化芳烃生产技术专利商。2016年1月，该项目获2015年度国家科学技术进步特等奖。

此项技术突出绿色低碳的理念，首创原料精制绿色新工艺，精制剂寿命延长40～60倍，固废排放减少98%，能耗降低28%，环保监测指标全面优于最新国家标准。实现了污染物近零排放。同时，通过技术创新，该项目95%的设备为自主设计制造，带动了化工与流程制造业发展，创造了新的就业岗位，社会效益显著。

2016年9月，采用中国石化技术建设的海南炼化第二套芳烃项目得到批准，项目总投资48亿元。2017年8月开工建设。2019年3月15日，该装置及配套工程的核心装置吸附分离装置顺利中交，标志该项目由工程建设转入开工准备阶段。也使海南炼化拥有了约160万吨/年对二甲苯生产能力，成为中国石化集团公司最大的芳烃生产基地。

2017年12月，大连恒力石化芳烃项目开工建设，其对二甲苯产能450万吨/年。2019年3月24日，2号225万吨/年对二甲苯装置、150万吨/年芳烃抽提装置、2号330万吨/年歧化装置一次投产成功，产出纯度99.72%的合格对二甲苯成品。4月1日，对二甲苯优级品通过管道直供恒力对苯二甲酸。该装置共有2条PX生产线，尽管先投产的225万吨/年对二甲苯生产线仅为一半产能，但已经成为国内最大的对二甲苯生产企业，占国内总产能的16.03%，该项目作为民营企业首个大型炼化项目，不但规模最大、工艺技术最先进，而且加工流程最优、一体化程度最高、配套最齐全，生产全过程高效率、清洁化。450万吨/年的芳烃联合装置采用最先进的AXENS工艺技术，全球规模最大，可提高国内对二甲苯产量30%，不仅能大幅度提升中国自给率，还能够提升行业国际话语权，推进石化产业健康发展。

五、国产聚丙烯腈碳纤维技术与产业体系建立

上海石化是国内特大型炼化一体化企业之一，也曾是国内最大的腈纶生产企业。依托腈纶产业优势，该公司于20世纪80年代率先开展对碳纤维的交流调研和技术研究。2007年，中国石化将聚丙烯腈基碳纤维的研发和产业化攻关工作建设项

目落实在上海石化。上海石化与上海石化研究院、上海工程公司、复旦大学等数十家科研院所、高校、企业等一起，快速推进碳纤维攻关。2008年11月，建成中试装置；2009年3月，成功研制出12K原丝。

2012年9月，采用自行开发的国内独有的硫氰酸钠（NaSCN）湿法工艺和自主知识产权的成套技术，上海石化建设的3000吨/年原丝、1500吨/年碳纤维项目一阶段工程投产，形成3000吨/年聚合物、1500吨/年原丝、500吨/年碳纤维的工业化生产能力。2016年5月，开展碳纤维48K大丝束原丝工业化研究试验。2018年1月，成功开发了大丝束碳纤维的聚合、纺丝、氧化碳化工艺技术，形成了千吨级聚丙烯腈基48K大丝束碳纤维成套技术工艺包的技术基础。3月，成功试制出了国内真正意义上的48K大丝束碳纤维，并贯通工艺全流程。此项聚丙烯腈基大丝束原丝及碳纤维技术及工艺包开发项目整体技术达到国际先进水平。截至2018年5月，装置已累计生产原丝4286吨，生产碳纤维709吨。独特的NaSCN湿法原丝工艺，使生产的碳纤维具有优异的表面结构和界面性能，极大增强碳纤维复合材料性能。

上海石化碳纤维已经在多个建设项目中得到应用。在莫桑比克N6公路、天津津滨高速立交桥、沈阳至丹东铁路线、辽宁葠窝水库等9个病险基础设施维修工程中，采用碳纤维拉挤板材加固，不仅施工高效便捷，而且结构承载力明显提高；在碳纤维齿轮替代进口塑料齿轮，以及加固修补液相丙烯、抽余碳四、火炬气、甲烷氢、氮气、污水等石化管道、高腐蚀设备、化工车间受腐蚀建筑等方面得到示范应用，效果良好。

上海石化还与胜利油田及新大管业科技有限公司合作，开发碳纤维抽油杆，经过5个批次的试验后，抽油杆性能优良，同国外碳纤维水平相当，完全可以取代进口。截至2017年底，胜利油田已使用该产品试验应用共93口井，累计用杆20.9万米。

2017年，国内碳纤维行业的上市公司主要还有康得新复合材料集团股份有限公司、威海光威复合材料股份有限公司（简称光威复材）等，行业内优秀的公司还包括中复神鹰、中简科技、江苏恒神股份有限公司（简称恒神股份）等。2016年，光威复材碳纤维产能共计327吨，其中T300产能176吨，T800产能105吨，T700产能46吨；高强型T1000级碳纤维已经突破关键技术，进行小批量试制；高模型M55J级碳纤维基本掌握关键装备制造技术与关键工艺路线。恒神股份拥有5条完整的碳纤维生产线，生产能力5000吨/年。中简科技生产的ZT7系列高性能碳纤维率先实现国产航空航天重点型号的全面批量稳定应用。中简科技具有完全自主知识产权的国产高性能碳纤维及相关产品研发能力，具备高强型ZT7系列、ZT8系列、ZT9系列和高模型ZM40J纤维工程产业化能力。经过多年的技术积累，生产的ZT7系列高性能碳纤维率先实现国产航空航天重点型号的全面批量稳定应用。

六、高性能纤维实现产业化，但存在发展瓶颈

高新能纤维是中国在“十二五”“十三五”发展期间大力推进的领域，是国家新材料发展战略中的重要组成。中国高性能纤维稳步发展，技术装备水平持续提升，品种齐全，成为全球范围内高性能纤维生产品种覆盖面最广的国家。主要高性能纤维已实现了规模化生产，少数品种更是达到国际先进水平，具备了一定的国际竞争力。碳纤维、芳纶和超高分子量聚乙烯三大品种产量占全球的1/3。

国内高性能纤维质量有较大提高，产品系列化、差别化水平继续提升。碳纤维、间位芳纶、聚苯硫醚纤维和连续玄武岩纤维等实现快速发展，产能突破万吨；对位芳纶、聚酰亚胺纤维、聚四氟乙烯纤维等实现千吨级产业化生产，打破国外垄断；聚芳醚酮纤维、碳化硅纤维等攻克关键技术，为实现产业化奠定基础；高强型碳纤维攻克了干喷湿纺工艺技术难关，实现了规模化生产，高模型、高强高模型碳纤维已突破关键制备技术；间位芳纶、超高分子量聚乙烯、连续玄武岩、聚苯硫醚等纤维产品的生产规模及产品质量已达到国际水平；对位芳纶、聚酰亚胺、聚四氟乙烯等纤维基本实现产业化生产。

到2012年，高性能纤维总产能达到7.2万吨；2015年，高性能纤维总产能达到15万吨，实现出口3.8万吨。2016年，高性能纤维总产能超过18万吨，产能规模居世界前列，出口达7.64吨，同比增长1.48%。到2017年，中国高性能纤维自给率约为72.4%。

高新技术纤维材料产业化取得重大的历史性突破。碳纤维、芳纶1313、芳砜纶、超高分子量聚乙烯、聚苯硫醚等高性能纤维已实现产业化生产，多数技术及产品均达到国际先进水平。芳纶1414填补了国内空白，产业化生产技术正处于研究阶段。新型聚酯PTT树脂合成已突破中试实验。纤维级PBT聚合和纤维生产加工及产品开发向产业化迈进。

（一）碳纤维

2014年3月，工信部发布《2013年石油和化学工业经济运行情况》及2014年石油化工行业工作部署，要求实施《加快推进碳纤维行业发展行动计划》，加快建设

碳纤维行业组织，推动碳纤维及其复合材料在航空航天、输电电缆、风电、汽车等重要领域的应用。

2017年，中国碳纤维理论产能达2.60万吨，产能千吨以上的公司达7家，500～1000吨4家，100～500吨7家，产能在100吨以上2家。其中中复神鹰产能达6000吨，江苏恒神公司4650吨，精功集团有限公司3500吨，光威复材3100吨。另外，中安信科技有限公司、兰州蓝星、山西钢科碳材料有限公司、中油吉化、吉林江城、上海石化、中简科技等公司也具备较强的碳纤维研发生产能力。按生产线产能级别划分，千吨线有11条、100～400吨线有17条、500吨线有9条。实现T300级碳纤维、T700级碳纤维和M40石墨纤维的工程化和应用问题，突破T800级碳纤维和M40J石墨纤维的关键制备技术，实现了工程化生产，主体力学性能达到东丽T800碳纤维和M40J石墨纤维水平；突破了T1000碳纤维和M50J、M55J、M60J石墨纤维实验室制备技术，具备开展下一代纤维研发的基础。

中国石油天然气集团公司开发出碳纤维及原丝生产成套技术，建成百吨级工业装置，产品满足了国防军工急需。开发出采油用碳纤维抽油杆和配套工具的制备技术，可满足油田深井、超深井、腐蚀井使用要求。

中复神鹰是国内第一家实现千吨级碳纤维产业化生产的企业，是国内第一家研发出干喷湿纺技术制备高性能碳纤维的企业，建成5000吨/年干喷湿纺原丝生产线、1200吨/年碳化生产线、T800和百吨级T1000碳纤维生产线，在国产碳纤维市场占有率达70%以上，2017年，作为第一完成单位获国家科技进步一等奖。

威海拓展纤维有限公司2008年建成T300千吨级生产线，2010年实现T700产业化生产，拥有T700百吨级和千吨级生产线各1条，T800百吨级专用生产线1条。

2018年，中国碳纤维产量约0.9万吨，装置开工率约为37.5%，国内自给率仅为29%，主要原因是国内通用型碳纤维的生产成本高于进口产品价格，国内碳纤维企业单线最高产能是1000吨，规格在12K以下，24K以上的碳纤维产品存在质量稳定性差、成本高等导致产品缺乏市场竞争力的问题。

（二）聚酰亚胺纤维

是高温粉尘滤材、电绝缘材料、各类耐高温阻燃防护服、降落伞、蜂窝结构及热封材料、复合材料增强剂及抗辐射材料。江苏奥神新材料公司产能0.2万吨/年，作为全球最大的聚酰亚胺纤维生产企业，成功突破了纤维着色等关键技术，打开了应用市场。长春高琦公司产能0.1万吨/年。具备从聚酰亚胺原料合成到最终制品的全路线规模化生产能力。

（三）氨纶纤维

又名聚氨酯类纤维面料，是氨纶做的面料。氨纶是聚氨酯类纤维，因其具有优异的弹力，故又名弹性纤维，在服装织物上得到了大量的应用，具有弹性高等特点。该种纤维目前不断突破技术壁垒，在国内首创可染氨纶、皮芯复合低熔点氨纶等新产品，差别化率全国第一。

（四）芳纶

对位芳纶具有极高的强度、模量、韧性，且具有优良的绝缘性能、耐高温性能。间位芳纶大量应用于特种纸基材料的制造中。对位芳纶沉析纤维是间位芳纶沉析纤维的新型差异化产品，其在高性能纸基材料领域的应用具有巨大的潜力。仪征化纤从2003年起进行对位芳纶的科研攻关，建立了10吨/年的试验装置。2008年4月开工建设百吨级对位芳纶工业化试验装置并于2009年2月建成投产，进一步探索解决技术和装备的工业化。2015年12月，千吨级对位芳纶工业化示范装置成套技术开发被列入中国石化科技创新“十条龙”攻关项目，获得国家发改委2016年第一批专项建设基金支持。仪征化纤成为中国石化特种纤维研发和生产基地。

河北硅谷化工有限公司建有千吨级芳纶1414纤维及其系列制品，自主研发掌握了在洲际导弹中应用的凯夫拉49芳纶系列的核心技术，与东华大学联合承担的高性能芳纶纤维制备国产化关键技术研究项目，达到国际先进水平，可生产AFS920、AFS940系列产品，实现了高性能芳纶纤维的国产化，其产品性能与美国杜邦公司的K29和K49相当，实现了对位芳纶技术和产业的跨越式发展。

国产通用型对位芳纶生产进一步稳定，应用领域主要集中在室内光缆、摩擦密封和橡胶领域。高强型对位芳纶已小批量生产，并通过军队的排爆服等装备应用定型；高模型突破关键技术，主要应用在室内光缆、摩擦密封和橡胶增强领域；高端防护和复合材料领域比例约为10%。

其他国内芳纶纤维生产企业产能：泰和新材0.9万吨/年，中蓝晨光化工研究院0.1万吨/年。

2018年，中国芳纶总产能为2.25万吨，总产量1.13万吨，平均开工率为50%；其中间位芳纶有效产能1.35万吨，产量0.9万吨，平均开工率67%；对位芳纶产能

9000吨，产量2300吨，平均开工率25%。中国间位芳纶已能基本自给，对位芳纶却严重依赖进口。

（五）超高分子量聚乙烯纤维（力纶）

仪征化纤面对国外高端化纤产品的技术封锁，进一步强化产学研协同攻关，大力推进原始创新。瞄准超高分子量聚乙烯纤维，与科研院校联合攻关，取得重要突破。2008年、2011年，仪征化纤与南化集团研究院、中国纺织科学研究院联合攻关的国内第一条300吨/年和1000吨/年干法纺超高分子量聚乙烯纤维工业化生产线建成投产，打破国外技术垄断，产品达到国际水平，使得中国成为第三个掌握此项技术并实现产业化的国家。仪征化纤拥有3条超高分子量聚乙烯纤维生产线，产量达到2300吨，品种50多个。

2014年，仪征化纤成为国内产销量最大的超高分子量聚乙烯纤维生产企业，抢抓军民融合产业发展风口，重点突破防弹武器装备、安全防护绳缆及民用领域，打造军民融合特种纤维产业园。先后开发生产50多个细旦、高强、有色等系列产品。在军事上已应用到航空母舰系泊缆、防弹衣、防弹板、防弹头盔、防爆毯等领域，在民用上应用到绳缆、网箱、渔线、防切割手套和特殊面料等领域。力纶产品已与国内一些家纺企业合作，制成家纺产品，出口到日本市场。由于国产超高分子量聚乙烯纤维品质进一步提升，得到国内市场的认可。

其他国内主要企业产能：山东爱地0.5万吨/年，上海斯瑞0.3万吨/年，湖南中泰0.2万吨/年。

（六）聚酰胺酯纤维（仪纶）

仪征化纤与中国纺织科学研究院等单位共同承担的国家“十二五”科技支撑计划项目的超仿棉产品，商品名为仪纶，是由苯二甲酸乙二醇酯与脂肪族聚酰胺共聚纺丝而成，通过分子设计和构建创造的新一代合成纤维，为全球首创，兼具了天然纤维与合成纤维的优良特性，具有手感柔软、常压染色、抗起球和吸湿快干等功能。“十二五”期间，仪纶纤维成套技术开发项目，实现了从研究开发、工业化生产、推广应用打通全产业链“三级跳”。这项创新成果的大规模产业化与应用，标志着中国化纤行业正在走出低端，从化纤大国迈向化纤强国。2018年5月，“仪纶”品牌入选中国石化优秀品牌潜力要素类品牌。

七、生物基化学纤维实现产业化

国内生物基纤维及其原料核心技术取得新进展，生物基纤维的产业技术创新能力、规模化生产能力、市场应用能力得到提升，关键技术不断取得突破，生物基纤维发展进入快速发展期。莱赛尔、竹浆、麻浆、聚对苯二甲酸丙二醇酯（PTT)、聚乳酸（PLA)、壳聚糖、蛋白复合等生物基化学纤维实现了产业化，海藻纤维、细菌纤维素纤维等主要品种突破了产业化关键技术。

生物基纤维原料的生物发酵和分离纯化核心关键技术，高脱乙酰度壳聚糖、褐藻酸盐和竹、麻浆粕的量产化、绿色化生产技术取得突破；壳聚糖纤维、新溶剂法纤维素纤维、海藻酸盐纤维和生物基聚酰胺纤维等纺丝、后整理产业化关键原创性技术取得重大突破。

生物基化学纤维总产能达到35万吨/年，其中生物基再生纤维19.65万吨/年，生物基合成纤维15万吨/年，海洋生物基纤维0.35万吨/年，初步形成产业规模。截至2017年，生物基化学纤维标准体系建设取得质的突破，共计发布实施标准21项，其中有13项行业标准和8项化纤协会团体标准。应用领域进一步拓宽。从服装、家纺、卫生材料等领域逐渐拓展至航空航天、军工、交通运输、产业用、医用敷料等领域。

（一）聚乳酸纤维（PLA）、聚对苯二甲酸-1,3-丙二醇酯（PTT）、聚对苯二甲酸丁二醇酯（PBT）

国内PLA纤维生产规模约为1.5万吨/年，生产企业分布在江苏、上海、河南等地。上海同杰良生物材料有限公司建成300吨/年聚乳酸纤维生产线。河南龙都天仁生物材料有限公司1万吨/年聚乳酸长、短纤生产线已投产。此外，海宁新能纺织有限公司、张家港市安顺科技发展有限公司等也有一定产量。

PTT纤维：主要产地为江苏、上海、辽宁等。主要生产厂家有江苏南通宇都纺织品贸易有限公司、上海璟珩实业有限公司，生产能力为3万吨/年，产品以长丝短纤，用于纺织领域。2017年，连云港市高性能纤维新材料产业引进30万吨/年PTT纤维项目，并列入国家重点研发计划，实现了生物基纤维板块的新突破。

PBT纤维：产地集中在江苏，以切片纺为主，企业主要有仪征化纤股份有限公司、无锡市兴盛新材料科技有限公司、浙江恒力复合材料有限公司和南通盛虹高分子材料有限公司等。无锡市兴盛新材料科技有限公司建成连续聚合熔体直纺工艺

PBT弹性纤维生产线（PBT长丝），产能约3万吨/年。南通盛虹高分子材料有限公司PBT民用丝的产量约为1万吨/年。

（二）新型纤维素纤维

天丝：以竹浆粕为原料的竹浆纤维是中国生物基纤维行业的一大创新成果，总产能约12万吨/年，技术和产品国际领先。主要产地为河北、河南、四川、上海等。保定天鹅化纤集团有限公司建成了国内首条万吨级天丝生产线。山东英利实业有限公司在引进奥地利先进生产技术和工艺设备基础上，进行消化吸收和再创新，建成了产能1.5万吨/年的天丝生产线，并推出自主品牌瑛赛尔。

（三）麻浆纤维

麻浆纤维是中国研发成功的又一种新产品，产能约5000吨/年，集中在河北、山东、云南等地。

（四）壳聚糖纤维

壳聚糖纤维是海洋生物基纤维的一种，由国内自主研发，拥有完全自主知识产权。2017年，山东海斯摩尔生物科技有限公司攻克了高品质纯壳聚糖纤维与制品产业化全套关键技术，不仅填补了国内空白，并在世界上首次实现了规模化生产。产能2000吨/年，主要集中在山东、天津等地。

（五）海藻酸盐纤维

利用海藻提纯的海藻酸盐经纺丝而成的海藻酸盐纤维，在中国已建成拥有自主知识产权和自行设计的产业化生产线。厦门百美特生物材料科技有限公司自主研发，采用湿法纺丝技术，产能1000吨/年，是海藻纤维湿法纺丝技术的代表企业。

八、加大功能性化学纤维技术创新

2017年，中国功能性纤维材料已达到国际先进水平，实现了常规纤维的多功能化和高性能化，具有阻燃、抑菌、抗静电等功能。如硅系阻燃黏胶短纤维、聚丙烯腈预氧化纤维、阻燃涤纶、阻燃锦纶，导电涤锦复合纤维、导电间位芳纶纤维，铜碳纳米锦纶生态抑菌纤维、聚乳酸生态抑菌纤维、超细旦多孔再生聚酯生态抑菌纤维、异形锦纶生态抑菌纤维等，主要应用于特种军服和消防服、飞机和高铁内饰材料、高档纺织品、医用卫材等领域。

前沿纤维新材料品种逐渐扩展，以相变储能黏胶智能纤维、光致变色再生纤维素纤维、蓄热聚丙烯腈功能保暖纤维和模拟人体器官用中空纤维等为代表的智能仿生纤维逐渐起步，静电纺纳米纤维、纳米改性聚苯硫醚纤维、生物纳米纤维和碳纳米管在理论研究和应用方面均有所突破，以石墨烯改性聚酯纤维、石墨烯再生纤维素纤维、石墨烯改性锦纶纤维材料为代表的石墨烯材料在纤维应用领域不断扩展。

中国已成为高新技术纤维（含生物基化学纤维）生产品种覆盖面最广的国家，高性能纤维产能世界第一，部分高新技术纤维的生产及应用技术达到国际领先水平，常规纤维的多功能化、高性能化和低成本处于国际领先水平。

开发高效节能的大容量聚酯聚合和熔体直纺的设备和工艺技术，突破锦纶环吹风技术，提升大容量锦纶装备水平，进一步降低生产成本。利用模块化技术实现差别化、功能性纤维的规模化生产。

开发新一代共聚、共混、多元、多组分在线添加等技术，实现深染、超细旦、抗起球、抗静电等差别化纤维的规模化生产。开发新型中空纤维膜以及阻燃、抗熔滴、抗紫外、抗化学品、抗菌等功能性纤维的制备和应用技术，进一步提高合成纤维产品在工业及家纺领域的应用比例。

建设合成纤维高效柔性制造技术创新平台，提高工程技术及产品的开发能力，提升关键核心技术的自主创新水平。

2014年，由盛虹控股集团与北京服装学院联合开发的新型聚酯聚合及系列化复合功能纤维制备关键技术获中国纺织工业联合会科学技术进步一等奖。该项目突破改性PTT（MDPTT）、大容量多功能（MFPET）原位聚合、大容量多功能（MFPET）熔体直纺及MDPTT/MFPET复合纺丝成形4项关键技术。盛虹集团建成首条25万吨/年大容量多功能MFPET熔体直纺聚酯纤维生产装置，实现多功能聚酯向细旦、超细旦纤维、异形截面纤维领域的拓展，开发了系列差别化多功能聚酯纤维应用领域，产品市场占有率达到57%，成为全球最大规模熔体直纺多功能涤纶长丝制造商，该项技术尚属国际首创。该公司还建成国内首条具有自主知识产权的3万吨/年PTT/MDPTT聚合装置，成为世界上继杜邦、壳牌后第三个拥有PTT聚合专有技术的企业。在攻克热湿舒适性复合功能共聚酯、抗紫外全消光熔体直纺、阻燃抗熔滴、弹性舒适纤维纺丝及结构控制关键技术的基础上，开发出复合功能聚酯纤维及其面料成套制造技术，形成自主知识产权，生产技术及产品质量指标达到国际先进或领先水平。并建成5万吨/年弹性舒适系列聚酯纤维生产线。

盛虹还与日本TMT机械公司等联合开发出新型加弹及智能物流新技术，建立起3个世界领先的涤纶长丝弹性加工车间。其加弹机的单台锭位数由传统的216锭/台增加到384锭/台，节约电能5326万元/年，减少劳动力40%，产品和技术达到国际先进水平。此外，盛虹公司还建成2万吨/年多功能一体化半消光聚酯纤维熔体直纺生产线。

盛虹生产的MDPTT/MFPET复合纤维、PTT及复合功能PET系列化聚酯纤维的产量和市场占有率均居国内首位，聚酯纤维差别化率超过80%，形成了近百种系列化多功能聚酯纤维。其产品被迪卡侬、优衣库、波司登、七匹狼、李宁、劲霸等知名服装品牌列为指定用料，也成为耐克、阿迪达斯、东丽、帝人等企业的指定供应商，同时产品还出口到美国、欧洲、日本、韩国、越南、印尼、泰国、阿联酋、巴基斯坦、孟加拉国等国家和地区。

新中国合成纤维工业从零起步，在20世纪70年代末实现从无到有，建立工业基础的发展成绩；改革开放后40年间中国的合成纤维工业在产业规模、技术进步等诸多方面实现了一次又一次的跨越式发展，迅速发展为世界合成纤维工业大国，为中国发展成为全球领先的合成纤维工业铸就了坚实的基石。国家高速发展的经济，也为中国合成纤维行业的发展提供了机遇。如今，中国合成纤维工业的总体发展水平相比于发达国家仍有一定差距，不少关键核心技术还有待突破，高端化产品、填补空白产品的研发需要加大投入，在建设合成纤维世界强国的道路上仍需艰苦努力。

第十五章 合成橡胶工业发展史

（1949～2019年）

中国合成橡胶工业是从自主研发起步，经过引进技术发展，并依靠自主创新不断完善、丰富壮大起来的。

新中国成立之初，中国只有海南等地少量生产天然橡胶，没有合成橡胶工业。为了满足国内需要，1952年中国与锡兰（斯里兰卡）签订政府间贸易协定“米胶协定”，用宝贵的大米换取天然橡胶资源。

为增加橡胶自给，国家除在海南岛等地加大天然橡胶种植面积的同时，于20世纪50年代初期，开始开展合成橡胶实验室研究。1955年，采用国内技术生产氯丁橡胶作为“一五”国家重大项目筹建生产装置。1958年11月14日，四川长寿化工厂第一套氯丁橡胶装置建成投产，开启了中国工业化生产合成橡胶的历史。中国在第一个五年计划时期从苏联及东欧等国家和地区引进的156项重点工矿业基本建设项目中，包括了合成橡胶及其主要原料单体生产项目协议书，建成了兰化合成橡胶装置，实现乳聚丁苯橡胶和丁腈橡胶的产业化。自1958年起，中国开始建立合成橡胶工业科研、开发、生产体系，进入平稳发展阶段。20世纪60年代，国内完全依靠自己的力量研究开发的顺丁橡胶建成工业试生产装置。

20世纪70年代，大力发展合成橡胶工业成为国家建设的重点内容。国内继续组织全国性的攻关会战，实现了顺丁橡胶及丁二烯原料的产业化，又引进了国外丁二烯原料生产装置，顺丁橡胶产能持续不断扩大，到1977年，全国丁苯橡胶、顺丁橡胶、丁腈橡胶和氯丁橡胶等四个胶种的合成橡胶总产量接近10万吨。这一时期开发完善的顺丁橡胶工业新技术，1985年获国家科技进步奖特等奖。

1978年，实行改革开放政策后，合成橡胶工业呈现出引进技术、消化吸收再创新与自主研发并举的发展态势，新产品品种、新牌号不断涌现，产能不断扩大。以国产化技术实现了SBS、溶聚丁苯橡胶的产业化，引进技术建设了乙丙橡胶、丁基橡胶装置，引进技术和台资在大陆投资，扩大了丁苯橡胶装置能力。与改革开放前相比，合成橡胶增加了热塑性丁苯橡胶（SBS）、乙丙橡胶和丁基橡胶新品种，能力和产量得到了进一步发展。这一时期中国开发的热塑性丁苯橡胶（SBS）成套工业技术，于1986年实现了出口意大利埃尼公司，开创了中国成套技术出口西方发达国家的先例。到2000年，中国合成橡胶生产能力达到107万吨。

2001年中国加入世界贸易组织后，中国进一步对外开放，国民经济特别是中国汽车工业的高速发展为橡胶原材料带来巨大的市场需求，中国合成橡胶迎来高速发展期。中国合成橡胶工业产能呈现井喷式增长，到2011年，合成橡胶生产能力超过美国，成为世界第一生产大国。到2015年，中国合成橡胶总产能近600万吨，合成橡胶生产企业达60多家，形成了中国石化、中国石油、民营企业与合资企业四分天下的格局。2016年后，随着国家供给侧结构性改革的深入，合成橡胶行业积极朝着产业升级、实施产业结构调整，通过质量和技术升级，实现整个产业转型。到2019年，全国合成橡胶产量733.8万吨，表观消费量1276.4万吨。

与新中国成立相伴成长的合成橡胶工业，经历了从无到有、从小到大的奋进成长。

第一节 奠定发展基础

（1949 ～ 1977年）

中国合成橡胶的科研探索始于20世纪50年代初期。1950年，中国科学院长春应用化学研究所（原东北科学研究所，1948年成立，是国内最早从事合成橡胶技术开发的单位，简称长春应化所）首先开始进行氯丁橡胶的基础研究。1955年，氯丁橡胶作为"一五"期间国家重大项目开始筹建生产装置，1958年建成投产。"一五"时期，在国家建设的156个重点引进项目中，与苏联签订了合成橡胶及其主要原料单体的建设项目协议书，建设了乳聚丁苯橡胶和丁腈橡胶装置并实现了产业化。

20世纪50年代后期，随着四川长寿化工厂采用中国科学院长春应用化学研究所开发的技术建成国内第一套乙炔法氯丁橡胶装置，兰州化学工业公司（简称兰化公司）采用苏联引进技术建设的第一套乳聚丁苯橡胶、第一套丁腈橡胶生产装置的建成投产，中国合成橡胶工业进入了初期发展阶段。20世纪60年代，中国在消化吸收引进技术的基础上，自主完成了乳聚丁苯橡胶由热法聚合向冷法聚合技术的改造，并多部门联合攻关第一次会战，自行开发镍系顺丁橡胶生产工艺。

在1970年开始的"四五"计划期间，国家将大力发展合成橡胶作为重要内容，采用国内开发的镍系顺丁橡胶技术建设了北京石油化工总厂胜利化工厂（简称胜利化工厂）第一套1.5万吨/年顺丁橡胶生产装置，并组织了顺丁橡胶技术第二次攻关会战。之后，采用会战胜利的成果，建设了石油工业部石油六厂（简称锦州石油六厂）、上海合成橡胶厂、山东齐鲁石油化工公司（简称齐鲁石化）橡胶厂和岳阳化工总厂（简称岳阳石化）4套顺丁橡胶装置，1978年合成橡胶形成生产能力9.3万吨/年，同时丁二烯等原料也实现了国内自主技术产业化。

在此期间，中国合成橡胶工业平稳发展，生产能力持续扩大。全国合成橡胶总产量从1965年的1.59万吨，1970年的2.4万吨，发展到1975年的3.24万吨，到1978年，猛增到10.19万吨，其中丁苯橡胶3.70万吨、顺丁橡胶5.12万吨、氯丁橡胶0.95万吨、丁腈橡胶0.40万吨。

一、氯丁橡胶装置投产标志发展起步

1950年6月，东北科学研究所化学合成实验室首先开展氯丁橡胶的研制工作。当年12月28日，在实验室里成功合成出以电石法乙炔为原料的中国第一块合成橡胶——氯丁橡胶，并立即筹建中间实验工厂，进行放大实验和小批量生产。1953年在大量试验数据的基础上，建成20千克/日的中间实验车间，用装有半圆勺形多孔铜搅拌器的反应筒合成乙烯基乙炔，采取间断法合成氯丁二烯，用烘房干燥橡胶薄片。之后，沈阳化工试验所（化工部沈阳化工研究院的前身）开展了工业放大试验，验证了苏联氯丁胶乳液聚合配方，探索了颗粒凝聚工艺。

1955年，在苏联专家指导下，中华人民共和国化学工业部化工设计院采用中国科学院长春应用化学研究所技术，进行了四川长寿化工厂2000吨/年氯丁橡胶生产装置的设计。1956年，原建在吉林省长春市的试验装置迁往四川省长寿县，并改建1吨/月产量的新试验装置。1957年7月15日，氯丁橡胶生产装置开工建设。1958年11月14日，装置建成投产，生产出第一块工业化氯丁橡胶，标志着中国合成橡胶工业化生产的开始。

由于装置技术设备问题，电石消耗和能耗高；产品平均合格率低（71%），一级品率仅为25%；与民争电、争煤矛盾突出。1958～1962年，共生产氯丁橡胶784吨，仅为设计能力的8%。

1963年起，化学工业部开展氯丁橡胶技术攻关会战，组织长寿化工厂、青岛化工厂（青岛海晶化工集团有限公司的前身）、合成橡胶科技情报站、西南化工研究设计院、中国科学院西南有机化学研究所等单位组成三结合技术查定队伍，对生产全流程进行系统查定，对技术资料进行整理，分析国外氯丁橡胶生产技术水平和发展趋势，并对查出的问题有针对性地采取技术措施。1964年，电石消耗定额下降到3.56吨/吨，比前五年平均数下降52%。

1965年初，化工部组织召开氯丁橡胶技术攻关座谈会。之后化工部第八设计院、西南化工研究所、中国科学院西南有机化学研究所、成都工学院、泸州化工专科学校、山西化工厂、青岛化工厂、天津橡胶制品研究所、兰化公司合成橡胶厂以及合成橡胶科技情报站等11个单位共280多人会集长寿化工厂进行攻关。经过一年多攻关会战，取得明显成效，有10项会战成果在生产中应用，4项完成中试并具备生产试验条件，4项中间试验取得较好成效。乙烯基乙炔精制流程原有解吸塔、脱乙炔塔、蒸馏塔以及精馏塔4组塔系，改造成1台解吸精馏塔，并由填料塔改成筛板塔，取消了3个塔系的主体设备和辅助设施，同时将乙烯基乙炔工段常压吸收改为加压吸收。从方案制订、小试、中试、工艺设计、设备制造、现场安装、工艺规程修订到生产试验，总共用了135天。会战中，筛选氯丁二烯高效阻聚剂代替原来用的木焦油，使开塔周期由原来的7天延长到3个月。通过会战，完善了工艺流程、突破了设计能力，使产品过了技术经济关。1965年，生产氯丁橡胶2323吨，为1964年的2.5倍，一级品率提高到89.37%，电石消耗3.239吨/吨，成本3819元/吨，产值利润率达到20%以上，获得了较好的经济效益。

会战的成果迅速推广应用到当时正在建设的山西化工厂和青岛化工厂2套2500吨/年氯丁橡胶生产装置。这两个厂于1965年试产，1966年分别生产2411吨和2538

吨氯丁橡胶，接近和突破设计能力。

此次会战还首次开发成功非硫调节氯丁橡胶，仅用54天就完成试验，并在工业装置上批量生产，质量接近国外同类产品水平，取名为54-1型氯丁橡胶。其后又试制成功了氯丁二烯与苯乙烯共聚的耐寒氯丁胶、粘接用氯丁胶、通用型氯丁乳胶、浓缩氯丁乳胶等新产品，适应了国家建设要求。

1966年1月，国家经济贸易委员会（简称国家经委）、国家科学技术委员会（简称国家科委，1998年改名为中华人民共和国科学技术部，即科技部）、中国科学院、高等教育部和化学工业部在北京科学会堂联合召开化工生产重要科技成果座谈会，氯丁橡胶技术改造被评为16项具有先进水平的重大成果之一。

二、丁苯橡胶实现工业化生产

1951年，中国科学院长春应用化学研究所（简称长春应化所）开始开展丁苯橡胶实验室研究，进行一步法酒精制备丁二烯及乙苯脱氢制备苯乙烯的开发，实现小试获得成功。1953年，在长春应化所的中间工厂采用过硫酸钾为引发剂、脂肪酸皂为乳化剂的高温乳液聚合工艺，在进行了单体量100千克/日的实验室扩大试验后，进行了扩试，建成了丁苯橡胶试验装置。1956年，丁苯橡胶试验装置迁往兰州并改建成以乙醇法丁二烯为原料的全流程扩试装置，为工业化做了技术准备。

第一个五年计划期间，国家决定将苏联援助建设的156项工程中的以粮食酒精为原料生产丁苯橡胶的合成橡胶装置建在兰州西固地区。

1953年5月，国家重工业部开始筹建兰州合成橡胶厂。1954年3月，国家计委、重工业部批准兰州合成橡胶厂设计任务书，并委托苏联化工部合成橡胶科学研究设计院设计，后由中方化学工业设计公司作补充设计。1956年1月，苏联交付兰州合成橡胶厂技术设计。2月，重工业部批准该厂技术设计，7月，土建工程开始施工。12月，苏方完成施工图设计。1956年，兰州合成橡胶厂破土动工，建设1.35万吨/年丁苯橡胶装置及1500吨/年丁腈橡胶装置。这是中国合成材料工业首批从国外成套引进化工技术和工业生产装置。

1958年2月，丁苯橡胶生产系统全面兴建，建厂职工克服了难度大、技术复杂、质量要求高等困难，于1959年底建成。1960年3月，粮食酒精法制丁二烯车间投料试车。

这项装置原由苏联援助建设，后因苏联中途撤走专家，收回图纸，给工程建设造成技术上、设备上的很大困难。兰化公司工程技术人员充分发挥积极性，加上各有关省市、各有关单位的大力支援，终于克服了各种困难，胜利完成了建设任务。

5月20日，聚合系统一次试车成功，生产出中国第一批质量合格的丁苯橡胶，各项指标达到设计要求。

由于该装置以粮食酒精为原料，每年需耗用粮食2.43亿斤。投产初期，中国农业生产落后，又遇三年困难时期，“与民争粮”矛盾格外尖锐，因此被迫停产。

从1960年投产至1962年，该厂共生产丁苯橡胶4391吨，仅为设计能力的10.8%。

1963年，随着国家经济形势好转，以粮食为原料的丁苯橡胶生产逐步恢复正常。

1964年，化学工业部组织以兰化公司为主的全国20多家单位进行丁苯橡胶生产联合会战攻关，决心改变落后技术，发展丁苯橡胶生产。

第一战役是生产松香软胶代替丁苯硬胶。采用了新配方，以松香钾皂代替拉开粉为乳化剂，并选用了新型氧化还原体系，聚合反应速度比原来提高30%，提高了橡胶的抗老化能力，改善了加工性能，增加了产量，减少了污染，产品称为丁苯软胶。通过技术攻关和填平补齐，使丁苯橡胶生产能力翻了一番多。1965年丁苯橡胶装置改为低温聚合生产丁苯橡胶，自主实现了生产工艺的重大革新。

第二战役是对丁苯橡胶后处理进行了彻底的改造。原有的后处理系统采用颗粒凝聚、长网水洗厢式干燥、片状包装，因此影响质量。1966年，从意大利引进了生产能力为1.5万吨/年的后处理生产线，具有胶液分级釜式凝聚、挤压脱水、膨胀干燥、自动称量、压块包装等性能，适应多种牌号产品。通过消化吸收和创新，自己制造设备，改造了第2条和第3条后处理生产线，使产品胶从片状包装、散粒包装，全部改为压块包装。

第三战役是提高原料自给率。1965年，兰化公司橡胶厂改造完成以兰州炼油厂炼油气为原料的管式裂解炉装置，乙烯生产能力从5000吨/年提高到2.2万吨/年。1966年，合成酒精车间进行化工试车后攻克高温稀硫酸腐蚀问题，1972年形成生产能力，代替了部分粮食酒精。1970年，从联邦德国引进砂子炉裂解装置开工生产。1971年，建成以碳四为原料的抽提丁二烯装置，结束了单纯依靠粮食酒精法生产丁二烯的历史，开创了石油化工综合利用的路子。随后，又建成了异丁烯分离装置、丁烯氧化脱氢装置，进一步提高了原料自给率。1971年，兰化公司橡胶厂丁苯胶产量达到1.9万吨。

三、丁腈橡胶实现工业化生产

丁腈橡胶主要用于制造耐油橡胶制品。建国初期到20世纪60年代以前，中国国防军工使用的一些特种橡胶由苏联提供。1956年，中国引进苏联热法聚合技术在兰化公司建设1500吨/年丁腈橡胶装置，与丁苯橡胶装置同期建设。

苏联停止供应丁腈橡胶后，国家做出限期生产丁腈橡胶的决定。化学工业部集中优势力量，开展丁腈橡胶基本建设会战。1962年8月，兰化公司合成橡胶厂1500吨/年丁腈橡胶生产装置建成投产，适应了航空工业的需要。

该装置后期经过多次技术改造，扩大至4500吨/年生产能力。可生产NBR-3604、NBR-2707和NBR-17034等牌号的硬胶产品，主要用于航空航天等军工领域。还可生产软质丁腈橡胶、羧基丁腈橡胶等品种的产品。

四、开展军需小批量特种橡胶研制

20世纪50年代初期，全国有关科研单位相继对丁钠橡胶等品种进行了研究。

1953年，长春应化所在进行氯丁橡胶20千克/日中间试验装置在生产少量氯丁橡胶的同时，利用生产的中间产品乙烯基乙炔合成军工急需的甲醇胶。

1957年，沈阳化工研究院等单位开展了多种硅橡胶研究。

这一时期，北京橡胶工业研究设计院（简称北京橡胶院）合成橡胶研究室和兰化设计研究院研究成功以金属锂为催化剂、气固相聚合的丁锂橡胶，建立了中试装置，进行了小批量生产，以供军工需要。

长春应化所在开展丁苯橡胶实验室研究的同时，也对聚硫橡胶技术进行研究，建设了试验装置。1955年，聚硫橡胶试验装置迁至锦西化工研究院并进行生产。锦西化工研究院生产的聚硫橡胶，是一种具有优异的耐油、耐溶剂、耐大气老化和气密性好的弹性材料，产品分固态、液态及乳胶等品种，用于航空、汽车制造工业、铁路电信系统以及建筑业。

一些科研单位和工厂还进行了硅橡胶和氟橡胶的研制开发。

五、自主开发顺丁橡胶（聚丁二烯橡胶）产业化技术

顺丁橡胶是中国通过全国性联合攻关独立自主开发成功的代表性胶种。1957年，长春应化所开始研究丁二烯的定向聚合。1960年，北京化工研究院也开展顺丁橡胶

研制。1960年5月，酒精法丁二烯装置在兰州合成橡胶厂建成投产。1962年，兰化公司与中科院兰州化学物理研究所进行顺丁橡胶研究合作。1963年，在兰化设计研究院建成50吨/年顺丁橡胶试验装置，并小试成功。1965年12月，国家投资400万元在兰化公司建设试验厂，年底建成500吨/年丁二烯中试装置、30吨/年顺丁橡胶中试装置，产出合格丁二烯和顺丁橡胶产品。

1966年1月28日，国家科委、化工部、高教部、中国科学院、石油部联合召开兰州合成橡胶科学技术攻关会战会议。会议确定，顺丁橡胶攻关以锦州石油六厂为基地，乙丙橡胶、丁基橡胶、异戊橡胶的攻关，分别在北京化工研究院、兰化设计研究院、吉林化工研究院进行。

1966年，锦州石油六厂建立以炼油厂催化裂化尾气为原料的1000吨/年顺丁橡胶中试装置进行全流程试验，组织来自四面八方的科技人员与干部职工齐心协力，历经半年多的攻关会战，攻克了丁烯氧化脱氢制丁二烯、丁二烯聚合制顺丁橡胶千吨级半工业试验全套技术和设备的难关，投入正常运转，于当年9月30日成功生产出中国第一块合成顺丁橡胶，打破了西方国家对中国的技术封锁。会战工作于1967年初结束，为设计万吨级大生产装置提供了基础设计的技术数据。

按当时建厂“靠山、分散、隐蔽”的建设原则，万吨级顺丁橡胶装置最初拟建在山西娘子关地区，但受地质、水源等自然条件限制，后装置改建在北京市房山县（今房山区）。

1971年，北京石油化工总厂（简称北京石化总厂，1979年更名为北京燕山石油化工公司，即燕山石化）胜利化工厂建成丁烯氧化脱氢乙腈法抽提丁二烯的万吨级装置，这一工艺成为中国顺丁橡胶发展初期主要原料来源。并建成中国第一套1.5万吨/年顺丁橡胶装置，这套装置是完全由中国自行开发、自行设计、自行制造设备的万吨级合成橡胶厂。1971年2月，装置建成并产出第一块顺丁橡胶产品。

但投产初期，这套装置运转很不正常，经常“前堵后挂”。“前堵”是氧化脱氢装置在进行丁烯氧化脱氢过程中，塔盘、管道、冷却塔和换热器设备常常被一种自聚物堵塞。这种自聚物坚硬如石，捅不碎、砸不烂，只能一点点地用手抠、用铁刷刷、用铁铲铲、用钢钻钻，而且浓重的气味熏得人头晕脑胀。开车仅半年时间，就被迫停产清理达11次之多，很多设备也因堵塞严重多次更换。“后挂”是聚合装置聚合釜和管线内挂满橡胶，把聚合釜和管线堵死。这种胶又黏又韧，清理时只能用刀子一块块地割，用锯子一片片地锯。开车几天就要停下来清理，而清理一次需要

3～4天。上述问题导致生产装置不能长周期持续生产，而且造成外排污水不合格，产品质量不合格。

1973年4月，燃料化学工业部组织万吨级顺丁橡胶生产装置技术问题攻关会战。全国8省市13个科研、设计和生产单位的30多名科技人员，与胜利化工厂工人、技术人员一起组成“三结合”攻关会战小组。这次会战的主攻方向是解决万吨顺丁胶装置投产后存在的堵塞、挂胶、污水处理、提高产品质量等技术课题。会战小组在技术上讲究科学、严细认真，仅为解决聚合釜挂胶问题就进行了数千次小试、数百个单釜和几十个周期的中试试验，积累了数万个数据，仔细追踪分析生产出现异常的现象，收集整理了车间保存的全部操作记录中的工艺数据，最后终于从二十多万个数据中找到了规律，大胆突破前人的认知，成功开发出了顺丁聚合装置长周期运行和稳定产品质量的核心技术。到1974年4月，丁烯氧化脱氢制丁二烯的单体装置运转周期延长到6个多月，聚合釜也连续运转了240天；聚合工艺硼单加工业试验研究取得成功，顺丁橡胶质量达到日本BR-01水平，产品质量合格率由1973年的46.1%提高到99.53%；污水也得到了治理。到1975年年初，单体装置创造了连续运转5个月的纪录，聚合装置创造了连续运转8个月的纪录。1975年，硼单加陈化方式顺丁橡胶聚合工艺获国家金质奖。1976年，顺丁橡胶年产量达到1.52万吨，超过了设计能力。

会战结束后，燃化部采用自行设计、自行制造的设备建设4套生产装置：1974年的锦州石油六厂0.6万吨/年装置，1976年的齐鲁石化公司1.5万吨/年装置，1976年的上海合成橡胶厂（该厂后成为高桥化工厂的一个分厂）1万吨/年装置，1980年的岳阳石化总厂（简称岳阳石化）1.5万吨/年装置，先后取得了一次开车成功，正常投入生产，形成了近10万吨/年顺丁橡胶生产能力，实现国内自给有余。

20世纪80年代初，胜利化工厂研究发明了聚合系统加微量水的生产控制技术，又先后掌握了聚合釜结构的改进和大型化、溶剂回收工艺流程及凝聚釜和后处理设备的改造技术，形成了具有中国特色并处于世界领先地位的镍系顺丁橡胶生产技术。

由国家四部一委一院（石油部、化工部、一机部、高教部、国家科委、中国科学院）组织，参加单位达83个，开展从催化剂合成制备、原料制备、反应工艺、设备制造及产品应用等整个系统工程的全面研究，包括7个领衔单位在内的共34个单位获奖。“顺丁橡胶工业生产新技术”1985年获国家科技进步特等奖。并跻身于世界合成橡胶先进技术之列。

六、开展乙丙橡胶、丁基橡胶研究

1961～1963年，先后由意大利和英国实现了二元乙丙橡胶和三元乙丙橡胶的工业化并迅速发展。中国在乙丙橡胶科研领域研究几乎与世界同步。丁基橡胶是合成橡胶重要品种之一，1943年首先在美国实现工业化，中国于1966年已开始组织技术攻关。

（一）合成乙丙橡胶研究

中国合成橡胶科技人员在烯烃定向聚合这一重大领域的探索研究基本与国际同步。沈阳化工研究院早在1957年前后便启动了合成聚乙烯的研究；1958年成立的北京化工研究院于1959年开始酝酿乙丙橡胶的研究计划，1960年正式组建了课题组，与长春应化所等同时开始合成乙丙橡胶的研究。由于当时条件所限，研究工作不得不从基础原料的合成、助剂的制备开始。在实验室研究的基础上，1962年在北京化工研究院建成50吨/年中试装置。利用50吨/年扩试装置制备少量乙丙橡胶满足军工部门的需求，其中耐752介质的乙丙橡胶获得国家科技进步三等奖。1960～1971年期间，进行了非均相与均相催化体系、二元与三元共聚、常压与加压聚合工艺的研究。

1971年11月，兰化公司合成橡胶厂采用北京化工研究院中试技术，建成国内首套溶剂法乙丙橡胶（2000吨/年）的半工业性常压聚合生产装置，采用国产三氯氧钒-倍半烷基铝催化体系，以煤焦油制双环戊二烯为第三单体，主要生产黏度为80的乙丙橡胶。产品质量稳定，但生产牌号单一。1972～1975年进行了联合技术攻关，引入加压聚合技术。1975～1977年，兰化公司合成橡胶厂与兰州炼油厂科研所协作，试产用作润滑油油品黏度指数改进剂的低分子量二元乙丙共聚物。北京化工研究院与兰化公司合成橡胶厂开发了三元共聚乙丙橡胶以及低分子乙丙橡胶。

在此期间，长春应化所进行了合成乙丙橡胶大量的基础性研究，特别是活化剂的作用、五九酸钒催化体系以及结构与性能相关性等应用性理论的研究。大连化学物理研究所及浙江大学在聚合反应、附载催化剂、助剂影响以及聚合物分子结构的表征等方面也进行了一系列的研究。北京化工研究院、长春应化所对乙丙橡胶的应用也做了大量工作。由于原料乙烯、丙烯供应不足以及技术不够成熟等问题，兰州乙丙橡胶装置于20世纪90年代关闭。

20世纪70年代，在江苏南京石油化工二厂建设了年产5000吨/年加压法乙丙橡胶装置，由于原料乙烯不能落实，没能投产。

（二）丁基橡胶技术攻关起步

中国丁基橡胶的研究开发始于20世纪60年代。国家科委等六部委部署丁基橡胶技术攻关工作，参加单位20余家。1966年，兰化设计研究院开始淤浆聚合工艺合成丁基橡胶的实验室研究，1969年告一段落。因氯甲烷等原料问题一时难以解决，中试被搁置。1970～1977年，兰化设计研究院与中国科技大学、山西省燃料化学研究所等单位合作，开展了以三氯氧钒-倍半烷基铝催化体系，以加氢汽油为聚合溶剂，在–70℃连续溶液聚合的全流程试验，1973年在外冷式聚合釜中试装置上连续运转252小时。在此基础上，完成了工业装置的基础设计，但橡胶存在收缩性较大影响加工的质量问题，虽经采用混合溶剂有所改善，但仍不理想。1978年，化工部决定恢复淤浆聚合工艺的开发，并改造原中试装置，1979年初100吨/年规模的中试装置及聚合釜容积为100升的冷模试验装置建成，开始进行试验。1979～1983年期间，全面开展了工艺、设备、工程、控制、分析测试以及加工应用的研究，完成了万吨级丁基橡胶工业装置的技术经济评价。1985年，经主管部门研究决定停止该项技术研发工作。

七、开展硅橡胶、氟橡胶等特种橡胶研发

在发展通用橡胶的同时，这一时期还开发了一批特种合成橡胶。沈阳化工研究院、吉林化学工业公司（简称吉化公司）研究院和晨光化工研究院（简称晨光院）等单位研究成功耐臭氧老化、耐辐射、耐高低温，并具有优异电绝缘性能的多种硅橡胶；并组织生产了甲基硅橡胶、甲基乙烯基硅橡胶以及室温硫化的硅橡胶等多种系列产品，应用于密封垫圈、透明绝缘灌封材料以及功能性高分子材料。

1965年，本着为国防军工配套服务的宗旨，晨光院成立。一年后即开发生产出第一批军需产品。20世纪70年代中期，他们与上海合成橡胶研究所等单位合作，研究成功并生产了具有耐高温、耐油、耐强腐蚀介质等优异性能的含氟橡胶。到70年代末，晨光院成为国内品种最多、门类最全，集科研、生产、经营和对外贸易于一体的高分子化工新材料基地，技术与产品主要为国防军工配套服务，但包括氟橡胶在内的许多技术和成果都没有转化为生产力，氟橡胶年产能也仅50吨。

太原化工研究所、江苏省化工研究所和南京橡胶厂等单位，研制成功了聚氨酯

橡胶，这是一种耐磨性能优异的合成材料，还具有高弹性的特点，可用作特种垫圈、油田开发用橡胶零件以及应用于编织、造纸、建材等行业。

这一时期还研制开发了氯磺化聚乙烯、聚丙烯酸酯以及氯醇胶等新品种。这批特种合成橡胶，为供应国防军工、尖端科学技术、经济建设和日用品的需要做出了贡献。

第二节 自主开发与技术引进相结合快速发展

（1978 ～ 2000年）

党的十一届三中全会以后，国家进入改革开放新时期，中国石油化工产业步入快速发展阶段，为合成橡胶工业发展奠定了原料基础，合成橡胶工业进入引进技术、消化吸收再创新与自主研发并举的发展新时期。

1976年，北京石化总厂从日本引进的4.5万吨/年丁二烯装置投入生产，使顺丁橡胶原料有了保障，提高了顺丁橡胶原料质量和产量。

1983年7月12日，中国石油化工总公司正式成立，原隶属石油部、化工部、纺织部和地方的39家企业以及其他相关企事业单位相继划入中石化总公司，国内合成橡胶产研主力企业均隶属中石化总公司。

合成橡胶工业实现了专业化集中经营管理。这一时期，中国自行开发和建成投产了锂系溶聚丁苯橡胶（SSBR）、苯乙烯-丁二烯-苯乙烯三元共聚物（SBS）和低顺式聚丁二烯橡胶（LCBR）生产装置。实现了SBS、溶聚丁苯橡胶的产业化。燕山石化研究院开发了SBS成套技术，实现了出口意大利埃尼公司，结束了中国石化产业成套技术只有进口没有出口的历史，成为中国石化工业发展史上的一个里程碑。中国石油化工股份有限公司巴陵分公司（简称巴陵石化）和燕山石化（原北京石化总厂）采用此项国产化技术建设了丁苯热塑性弹性体（SBS）生产装置。

通过继续完善，国产化顺丁橡胶技术不断提升，装置规模从1.5万吨/年扩大到5万吨/年，建成多套装置，顺丁橡胶成为中国技术最成熟、供应最为充分的一个胶种。

这一时期，合成橡胶基本原料的生产技术得到了有效解决。中国石化作为国内最大的合成橡胶原料生产商和供应商，先后成功开发大型丁二烯抽提装置国产化技术、高纯异丁烯和聚合级异戊二烯等原料的生产制备技术。中国合成橡胶工业生产能力继续增加，品种和产量得到了快速发展，产品品种牌号不断涌现，呈现出技术引进消化吸收再创新和自主研发并举的态势，产能以15%的增速不断扩大，这一时期合成橡胶品种基本配齐，产量得到了快速发展。

1997年，中国石油吉林石油化工公司引进日本三井化学公司溶液聚合法技术，建成一套2万吨/年的乙丙橡胶生产装置。1998年3月，燕山石化由意大利PI公司引进的3万吨/年丁基橡胶生产装置（IIR）开工建设，1999年12月建成投入试运行，生产出中国第一批丁基橡胶产品，结束了中国不生产丁基橡胶的历史，使中国合成橡胶的生产品类得到进一步丰富。

经国内开发和引进技术，国内在生产丁苯橡胶、顺丁橡胶、氯丁橡胶、丁腈橡胶共4个胶种的基础上，又增加了丁苯热塑性弹性体（SBS）、乙丙橡胶和丁基橡胶3个基本品种，国内产业体系基本形成。到2000年，国内共有燕山石化、齐鲁石化、巴陵石化等大型合成橡胶生产企业14家，主要生产装置21套，全国主要合成橡胶（不含胶乳和特种胶）品种产能达到106万吨/年，是1978年的10倍，仅次于美国、俄罗斯和日本，位居世界第4位，可生产丁苯橡胶、顺丁橡胶、氯丁橡胶、丁腈橡胶、乙丙橡胶及热塑性弹性体SBS、丁基橡胶等。其中顺丁橡胶的生产能力仅次于美国，占世界生产能力的14.4%。

2000年，全国合成橡胶产量88.9万吨，国内产品自给率57.7%。

一、装置能力高速增长，自给率提高

北京石化总厂胜利化工厂对顺丁橡胶技术展开攻关会战产生一些技术突破，提高了生产能力。1976年从日本瑞翁公司引进的以裂解碳四为原料的4.5万吨/年抽提丁二烯装置建成投产，使当年顺丁橡胶产量达到15159吨，突破设计能力。采用会战成果，中国自行设计、自行制造、自行安装，在锦州石油六厂、上海合成橡胶厂、齐鲁石化公司橡胶厂及岳阳化工总厂橡胶厂相继建设了4套顺丁橡胶装置，为了提高产品质量，各厂全面推行质量管理，对主要品种都制定了赶超国外同类产品的质量指标，对照国际先进水平找差距。通过技术改造，不断提高产品质量，橡胶的微观结构和产品性能与日本同类产品相当。国内生产的顺丁橡胶，多次荣获国家产品质量金奖，产品可以与国际上同类产品媲美，出口至日本、菲律宾、泰国、比利时、联邦德国、英国、法国、意大利以及美国等16个国家和地区。顺丁橡胶生产的技术水平和产量的提高，又大大推动中国合成橡胶工业的发展。

兰化公司也将自行生产的丁苯橡胶与国外同类产品比较，找出差距，严格控制原材料的质量指标、优化工艺及操作，之后产品获得国家质量银奖。开发了丁苯1502非污染型橡胶、丁苯1503绝缘橡胶、丁苯1712充油橡胶等，还建设了合成胶乳生产装置。该公司与北京化工大学及有关科研院所合作，开展了提升乳聚丁苯橡胶技术的研究以及新产品的开发，促进了中国ESBR生产技术的提高。

各生产厂根据用户需要，不断开发市场急需的新产品。长寿化工厂氯丁橡胶能生产10多种干胶和10多种胶乳。兰化橡胶厂开发了液体丁腈、羧基丁腈胶乳、丁腈软胶。北京化工研究院和兰化橡胶厂开发了三元共聚乙丙橡胶以及低分子乙丙橡胶。锦州石油六厂和长春应用化学研究所联合开发了稀土充油顺丁橡胶，获国家优秀新产品奖。聚氨酯橡胶国内开发了混炼型、浇注型及热塑型。新产品的开发，进一步扩大了国内外市场。

到20世纪90年代初期，中国合成橡胶工业有很大发展，自给率达到80%左右。1986～1995年，中国合成橡胶产量年均增长10.2%。但由于国内需求量增长速度大大超过合成橡胶产量增长的速度，到2000年自给率下降到60%左右。

二、顺丁橡胶产业化和技术进步显著

采用长春应化所、兰州化物所等单位攻关开发技术于1971年在燕山石化建成1.5万吨/年顺丁橡胶装置并投入生产后，又继续完善提升国产化顺丁橡胶技术，装置规模从1.5万吨/年扩大到5万吨/年，建成多套装置，顺丁橡胶成为一个时期内供应最为充分的胶种。随后又成功地开发出大型丁二烯抽提国产化技术、高纯异丁烯和聚合级异戊二烯等原料的生产制备技术，提高了聚合釜生产强度及生产能力，催化体系活性高，生产技术达到国际先进水平。

为了解决丁二烯原料不足，需合理利用资源，齐鲁石化、吉化和岳阳石化等单位，先后采用甲基叔丁基醚的工艺路线分离1-丁烯及异丁烯，获得了符合丁烯氧化脱氢指标要求的1-丁烯馏分，并首先在齐鲁石化建设了5000吨/年甲基叔丁基醚装置。燕山石化开发了丁烯氧化脱氢催化剂——B02无铬铁系催化剂，中科院兰州化物所与锦州石油六厂开发了适合流动床的H198铁系催化剂。这两种催化剂均比原磷钼铋催化剂的收率及选择性提高5～10个单位，副产含氧化合物均降为原用催化剂的1/10 ～ 1/15。

燕山石化开发聚合系统加微量水的生产控制技术，在各厂推广后，大大降低了催化剂用量，提高了催化剂的活性。又改进聚合釜结构和大型化、优化溶剂回收工艺流程及凝聚釜和后处理设备，形成了具有中国特色并处于世界领先地位的镍系顺丁橡胶生产技术。

三、自主SBS技术及工业化取得成功

（一）突破性进展

SBS（聚苯乙烯-聚丁二烯-聚苯乙烯）是丁苯热塑弹性体中的重要品种之一，因其兼有橡胶和塑料的优点，用途十分广泛，20世纪60年代一经问世，就引起了全球橡胶行业的普遍关注。20世纪70 ～ 80年代，国内有中科院化学所、大连工学院、北京化工研究院、兰化研究院、燕山石化研究院和轻工部制鞋所等单位分别进行了锂系聚合物的实验室研究和中间试验，在锂系合成橡胶和溶聚丁苯橡胶等领域的科技开发工作取得了突破性进展，自主成功开发了热塑性丁苯橡胶技术。

燕山石化研究院（2010年更名为北京化工研究院燕山石化分院）于1975年开始进行溶聚丁苯橡胶（SBS）研究，与大连理工大学合作开展了基础性工作，自主开发了丁基锂制备技术、SBS聚合技术。1979年，化工部和北京市科委向燕山石化研究院下达了进行溶液丁苯热塑橡胶中间试验和技术开发的任务。1982年，该院对正丁基锂-四氢呋喃-环己烷体系的苯乙烯和丁二烯共聚进行了小试研究。1983年，完成100吨/年SBS间歇聚合中试技术开发。1984年通过中试技术鉴定的成果转让给岳阳石化总厂。岳阳石化总厂采用该中试技术，将原顺丁橡胶装置进行适当改造，成功进行了3000吨/年SBS工业试生产。1984年6月26日，丁基锂工业试生产取得成功。同年11月，项目组进行SBS工业试生产。但是，连续生产的8釜SBS产品指标均不合格。项目组认真分析原因，修正工艺条件，终于生产出合格的产品。

1985年中国石化总公司下达“SBS万吨级工业技术开发研究”任务，由燕山石化研究院提供基础设计，岳化设计院负责施工设计，岳化总厂自行组织施工，开发万吨级SBS成套工业技术。1989年，巴陵石化橡胶厂建成国内第一套1万吨/年SBS生产装置，并于1990年投产，结束了中国SBS产品长期完全依赖进口的局面。1996年底，巴陵石化将SBS装置生产能力扩建至3万吨/年，1998年又将装置生产能力扩建至5万吨/年。

燕山石化合成橡胶厂也采用燕山石化研究院技术，1993年建成了一套1万吨/年SBS生产装置。1998年，将该生产装置的能力从1万吨/年扩大到3万吨/年，装置基本上是生产纯胶。

在品种牌号开发方面，为满足不同客户的需求，巴陵石化在原有线型、星型及充油型牌号基础上开发出适应不同应用领域的众多专用牌号。在典型的6个牌号（线型YH-SBS1401、YH-SBS1301，星型YH-SBS4402、YH-SBS4303和充油型YH-SBS4452、YH-SBS1551）的基础上先后开发出了YH-803、YH-788、道改-1、道改-2、YH-815、YH-719H、YH-825、YH-845、YH-875、YH-898、YH-762、YH-763、YH-768等14个新牌号以及SIS-1105、SIS-1209、SIS-1188、SIS-1225、SIS-1106等5个苯乙烯-异戊二烯嵌段共聚物（SIS）新牌号，另外开发出6个SEBS牌号，并实现了工业化生产，应用领域包括沥青改性、胶黏剂、制鞋、聚合物改性等。在中试装置上开发了用于热熔压敏胶的线型SBIS新牌号YH992L和星型YH992；此外，还开展了双锂引发剂及其聚合物的制备研究。

2000年，巴陵石化建成规模为1000吨/年的SIS生产装置。

继巴陵石化和燕山石化之后，1997年初，茂名石化引进技术建设的合成橡胶装置投产，装置规模为5万吨/年，分别为1万吨/年SBS、1万吨/年低顺式丁二烯橡胶、3万吨/年溶聚丁苯橡胶，其SBS产品基本为充油产品。2001年，该公司对引进装置进行改造，2条生产线改为都生产SBS。

锂系合成橡胶的开发与工业化是中国在继顺丁橡胶之后，合成橡胶领域又一项重大技术开发成果。1996年“年产1万吨SBS成套工业生产技术”获国家科技进步奖一等奖。从建成中国第一条万吨级SBS生产线开始，SBS技术水平不断提高，形成了具有自主知识产权的锂系聚合成套技术，工艺技术和产品质量达到国际领先水平。

（二）实现技术出口

意大利埃尼集团全称为国家碳化氢公司（Ente Nazionale Idrocarburi，ENI），是意大利政府为保证国内石油和天然气供应于1953年2月10日成立的国家控股公司，其前身是1926年成立的意大利石油总公司，曾是世界七大石油集团公司之一，也是世界最大的上下游一体化经营的跨国石油公司之一，在世界大炼油公司中排第8位。

埃尼集团弹性体公司一直关注中国SBS技术研究进展。该公司有自己的SBS生产技术，产品在欧洲市场上享有盛誉。他们认为，燕化研究院的SBS技术在某些方面已经走在了前面，他们希望通过引进燕化研究院的技术，巩固其在SBS技术上的优势地位。意方为了确认产品技术性能，要求中方在3个月内提供在欧洲市场上深受欢迎的星型、线型等5个牌号的SBS样品。燕化研究院SBS项目组在1个月内完成了这5个样品的合成任务，且结果令人满意。

1986年7月19日，中国石化总公司与意大利埃尼公司签订协议，燕化研究院开发的SBS成套技术成功转让给意大利埃尼化学公司，该项技术不仅结束了中国没有SBS合成技术的历史，而且开创了中国化工行业成套技术出口的先河。

1991年，SBS技术又成功转让给台湾合成橡胶股份有限公司。

SBS成套工业技术开发成功及对外技术转让，实现了中国石油化工领域成套技术出口零的突破。向发达国家和地区转让成套技术，标志着中国在SBS领域拥有了国际先进水平的核心技术。

四、加大引进和合资建设，促进生产水平提高

自20世纪50年代起，中国合成橡胶工业主要依靠国内自主创新技术，发展自己的合成橡胶工业体系。随着改革开放的逐步发展，国内合成橡胶行业广泛寻求国外先进适合的合成橡胶生产技术，补充国内产品系列缺项，尽快满足国内市场供应。20世纪80年代开始，中国加大了合成橡胶技术和装备的引进速度和规模。详见表2-15-1。

表2-15-1　1980～2000年引进技术建成投产的合成橡胶装置

合成橡胶品种	引进技术来源	设计能力/(万吨/年)	投产年份	建设地址
乳聚丁苯橡胶	日本合成橡胶公司	8	1982	吉化公司
乳聚丁苯橡胶	日本瑞翁公司	8	1987	齐鲁石化
丁腈橡胶	日本合成橡胶公司	1	1993	吉化公司
溶聚丁苯橡胶	比利时菲纳石油公司	3	1997	茂名石化
低顺式聚丁二烯橡胶	比利时菲纳石油公司	1	1997	茂名石化
SBS	比利时菲纳石油公司	1	1997	茂名石化
丁腈橡胶	日本瑞翁公司	1.5	2000	兰州石化
乙丙橡胶	日本三井化学公司	2	1997	吉林石化
丁基橡胶	意大利PI公司	3	1999	燕山石化

在技术设备引进的同时，国内生产企业不断加大对引进生产装置技术创新的力度，努力扩大生产能力。兰化公司与北京化工大学及有关科研设计院所合作，开展消化吸收和创新引进乳聚丁苯橡胶技术的研究，以及新品种的开发，促进了中国乳聚丁苯橡胶生产技术的提高。吉化公司和齐鲁石化也对引进的8万吨/年丁苯橡胶装置技术进行消化吸收和多次创新改造，开发新牌号，使产品质量和产量有了大幅度的提高。到2000年，吉化公司8万吨/年乳聚丁苯装置扩建至13万吨/年。齐鲁石化将8万吨/年乳聚丁苯装置分两步扩建至23万吨/年。这些工作的开展，实现了乳聚丁苯橡胶自主技术的国产化，使中国合成橡胶产量大幅提升。

同期，合成胶乳的科研开发工作持续推进，生产能力有了很大提高。兰化设计研究院于1983～1985年期间，在较短时间内采用均相成核和高温聚合技术，试制成功造纸和地毯专用羧基丁苯胶乳，随后在兰化合成橡胶厂建成2000吨/年生产装置。1990年，齐鲁石化公司橡胶厂采用兰化技术，建设1万吨/年羧基丁苯胶乳生产装置。

这一时期，多种所有制企业投资合成橡胶产业，台资和外资开始进入合成橡胶产业。

上海高桥石化迈出不同所有制企业合作发展合成橡胶探索的第一步，1986年5月与加拿大宝兰山（POLYSAR）公司合资建设3000吨/年羧基丁苯胶乳装置，这是国内石化产业第一家中外合资企业。1988年，宝兰山公司新建2万吨/年装置并将该生产装置转让给德国巴斯夫（BASF）公司，更名为上海高桥-巴斯夫分散体有限公司，经几次改扩建，总生产能力达20万吨/年，成为中国最大的丁苯胶乳生产厂。

改革开放的大潮也吸引台湾合成橡胶公司来到大陆发展，1996年在江苏南通成立的申华化学工业有限公司（简称申华公司），成为台橡（TSRC）在中国大陆投资的第一家工厂。1998年8月，申华公司10万吨/年丁苯橡胶工厂投产，为后期台资和外资进入中国合成橡胶产业产生示范作用。

五、引进乙丙橡胶、丁基橡胶和丁腈橡胶项目，长期短缺品种实现工业化生产

这一时期，吉林石化、燕山石化、兰州石化等企业分别引进了乙丙橡胶、丁基橡胶和丁腈橡胶的生产技术和装备，先后于20世纪90年代后期建成投产，扩大了国内丁腈橡胶生产能力，实现了乙丙橡胶和丁基橡胶两大品种国内工业化生产。

(一)大力开发乙丙橡胶新品

1997年，吉林石化公司引进日本三井化学公司溶液聚合法技术，建成国内首套2万吨/年的乙丙橡胶生产装置。但该装置能够生产的24个牌号乙丙橡胶产品，大部分已不能满足中国当时的市场需求，引进牌号实际上仅保留2个牌号生产。为满足国内市场需求，吉林石化始终走在国内乙丙橡胶开发队伍的前列，下大力气开发乙丙橡胶新产品，陆续开发出适用于润滑油改进剂、汽车内胎、树脂改性及密封条等领域的11个乙丙橡胶新牌号。这些牌号逐渐形成了市场优势，基本覆盖了国内乙丙橡胶中低端市场，也得到国外用户的认可。

(二)丁腈橡胶形成系列化产品链

1993年，吉化公司从日本合成橡胶公司引进非污染型软质丁腈橡胶的生产技术，用于低温乳液丁苯橡胶装置的工艺改造，可增产高丙烯腈N220S、N220SH，中高丙烯腈N230S、N230SL和中丙烯腈N240S等软质丁腈橡胶产品1万吨/年。

兰化公司1997年又从日本瑞翁公司引进低温乳液聚合技术，建设1.5万吨/年软质丁腈橡胶生产装置，可生产9个牌号的产品，包含高结合含量丙烯腈、低结合含量丙烯腈、中结合含量丙烯腈、预交联NBR和XNBR等类型，其中连续法产品牌号为N-21、N-31、N-32和N-41等4个，间歇式聚合装置产品牌号有DN003、DN401、DN214、DN631、N-34等5个。兰化公司还不断开发新产品，形成系列化产品链。其系列改性产品开发初具规模，建成200吨/年粉末丁腈（PNBR）中试生产装置，产品可替代进口；浸渍用羧基丁基橡胶胶乳投放市场，开发成功了高饱和度HNBR，合成了端羟基NBR，液体端羟基NBR实现批量生产。

引进技术装置于2000年建成投产，使兰化公司丁腈橡胶生产能力达到2万吨/年，产量逐年增加，市场占有率不断提高，不断增多的丁腈橡胶品种牌号，为国内用户选用合适的国产牌号提供了很大方便。

(三)引进技术丁基橡胶经国内技术攻关后增产

燕山石化合成橡胶厂引进意大利PI公司实验室技术，1999年建成中国第一套3万吨/年丁基橡胶生产装置。由于技术、设备等方面的原因，该装置投产初期，难以连续稳定运行，开工率低，产品合格率低，原材料消耗、动力消耗高，2000年产量只有4055吨。经过中国石化集团公司组织的近两年技术攻关，生产装置的运行状况有很大改善，产量逐年增加，2002年产量达到2.15万吨，产品合格率为84.7%，2003年产量进一步增加到2.7万吨，产品合格率达到95.4%。

该装置能够生产ⅡR1751、ⅡR1751F和ⅡR0745共三个牌号的普通丁基橡胶产品，其中ⅡR1751属于内胎级产品，中等不饱和度，高门尼黏度，相当于埃克森公司的268、拜耳公司的301及俄罗斯的BK1675N产品牌号，主要用于制造轮胎内胎、硫化胶囊和水胎等制品；IR1751F是食品、医药级产品，中等不饱和度，高门尼黏度可用于口香糖基础料以及医用瓶塞的生产；ⅡR0745是绝缘材料、密封材料和薄膜级产品，极低不饱和度、低门尼黏度，主要用于电绝缘层和电缆头薄膜的生产。

六、稀土顺丁橡胶完成两次工业试验

中国稀土顺丁橡胶的研究处于世界领先地位，始于1962年。当时长春应化所在进行钴、镍等催化体系顺丁橡胶生产技术研究的同时，立足于中国稀土资源丰富的国情，在世界范围内率先开展了稀土催化剂用于丁二烯聚合的研究，并首先发现稀土催化剂用于丁二烯聚合可得到高顺式、高分子量的聚合物。70年代与石油六厂协作进行中间试验。

1970年，研制出在脂肪烃溶剂中具有工业应用价值的稀土三元催化体系，接着与锦州石油六厂合作进行了稀土体系合成顺丁橡胶的中试连续聚合试验和千吨级工业放大试验，结果表明，稀土顺丁橡胶具有比镍系顺丁橡胶更高的分子量以及较宽的分子量分布，还有较好的机械性能和加工性能。经过几年的研究与试验，到1982年底完成了稀土充油顺丁橡胶的千吨中试生产技术，1983年4月通过了化工部的鉴定。

瞄准轮胎子午化的发展，国内对稀土顺丁橡胶的需求量将越来越大。为尽快开发稀土顺丁橡胶技术，抢占国内市场，1997年，锦州石化公司与长春应化所再度合作开展了稀土顺丁橡胶工业化的研究与开发工作。

1998年7月，锦州石化采用绝热聚合方式，成功实现了钕系顺丁橡胶工业化试生产，生产出了200吨稀土顺丁橡胶。

2000年，锦州石化在进行的第二次工业化生产中，针对1998年生产中存在的分子量分布宽、胶液黏度大、输送困难以及由于催化剂间歇陈化造成的门尼黏度不好控制等问题进行了较大改进。结果表明，改进后的工艺生产平稳，易于操作，门尼黏度调节灵活，丁浓提高较多，催化剂用量降低。

第三节 进入高速发展时期

（2001 ～ 2010年）

随着中国加入世界贸易组织，中国逐渐成为世界最大的汽车生产国和消费国，汽车工业对橡胶材料的巨大需求，拉动了合成橡胶工业快速发展，在国内市场开放同时，又推动国内合成橡胶产业投资主体多元化，外资、台资、民营企业都成了发展合成橡胶产业的重要力量，迎来了合成橡胶产能高速增长，进一步推动中国合成橡胶产业基础研究和生产技术的进步和发展。

2010年，国内第一套异戊橡胶工业化生产装置——广东茂名鲁华化工有限公司开发的1.5万吨/年生产线顺利投产，生产出合格的工业化产品，填补了国内异戊橡胶生产的空白。

到2010年，中国合成橡胶工业形成了一个以科研、生产、设计、信息和应用开发为中心的比较完整的产业发展体系，建成了一批大型骨干生产企业和科研开发基地，八大基本胶种全部都实现了工业化生产，能生产氯丁橡胶、丁苯橡胶、丁腈橡胶、顺丁橡胶、乙丙橡胶、丁基橡胶和异戊橡胶以及多种合成胶乳（丁苯、丁腈、氯丁等）和热塑性弹性体（SBS、SIS）八大类通用合成橡胶，生产装置规模大多处于世界规模水平。还能生产性能优异与特殊用途的特种橡胶，如硅橡胶、氟橡胶、聚硫橡胶、聚氨酯橡胶等。丰富了国内合成橡胶的品种牌号，得到国内外客户的认可，迎来产需两旺的高速发展时期。

这一时期，中国合成橡胶工业一批产业化技术取得重大突破。采用国内开发的技术实现了氢化苯乙烯-丁二烯嵌段共聚物（SEBS）、卤化丁基橡胶和异戊橡胶产业化生产；建成了丁苯橡胶（SBR）、顺丁橡胶（BR）、丁腈橡胶（NBR）和SBS等一大批大型合成橡胶装置，稀土顺丁橡胶工业化开发取得新进展。同时采用国内技术设计、建成一批裂解碳四生产丁二烯和裂解碳五全馏分分离生产异戊二烯等原料的大型工业生产装置，进一步提升了乙烯装置联产品的利用价值，为合成橡胶产业的发展提供了较好的原料基础。2010年丁二烯产量达199万吨。

2010年，全国共有8套合成橡胶装置建成投产，新增能力32万吨，其中民营企业投资建设3套共12万吨/年。2010年底，全国合成橡胶装置生产能力达到282.5万吨，全国总产量241万吨，合成橡胶总产量超过美国，成为全球最大的合成橡胶产品生产国。总产量中，中国石化占50%，中国石油占26%，其他企业占24%。齐鲁石化年产量34.6万吨，燕山石化年产量27.5万吨，位列全国前两位。

一、发展跃上新台阶

（一）2009年产量跃居世界首位

2001年后，中国合成橡胶工业发展迅速，产量快速增加。合成橡胶产能和产量在世界合成橡胶生产大国中的排名不断提升。2003年，中国共有15家合成橡胶生产厂家，能生产除异戊橡胶外的7大基本胶种；合成橡胶生产能力为141.9万吨/年，位居美国、日本之后，列世界第3位，其中聚丁二烯橡胶总生产能力为45.5万吨/年，占世界总生产能力的14%；生产量达到123.3万吨，比2001年增长18.3万吨。

2009年新增产能约49万吨/年，包括齐鲁石化10万吨/年乳聚丁苯橡胶（ESBR）、兰州石化5万吨/年丁腈橡胶（NBR）、新疆独山子石化公司（简称独山子石化）10万吨/年溶液聚合丁苯橡胶（SSBR）和8万吨/年SBS，巴陵石化5万吨/年SBS以及1万吨/年SEBS扩能装置，李长荣（惠州）橡胶有限公司10万吨/年SBS装置等。全国主要合成橡胶装置生产能力达到250万吨/年；产量达到197万吨，与当年美国的196.2万吨产量相近，产量并列世界第一。

顺丁橡胶、丁苯橡胶和SBS等常规胶种的生产技术得到不断提升和发展，技术日臻完善。

顺丁橡胶和丁苯橡胶是中国产量最大的两大胶种。2009年，顺丁橡胶产量达到51.1万吨，是世界最大的顺丁橡胶生产国。丁苯橡胶生产企业，从2005年4家产量56.2万吨上升到2009年10家（含SSBR），生产能力达到101万吨。2006年，高桥石化引进技术建设了溶聚丁苯橡胶生产线10万吨/年投产；2007年，南京扬子金浦采用国内技术建设10万吨/年乳聚丁苯橡胶生产线；2009年，齐鲁石化采用自主知识产权成套技术工艺建设10万吨/年乳聚丁苯橡胶装置投料开车；独山子石化引进技术建设18万吨/年丁苯橡胶装置建成投产，其中溶聚丁苯橡胶10万吨/年。从SBS技术衍生出SIS和SEBS等高附加值胶种生产技术，使锂系聚合物产品更加丰富。

丁基橡胶生产技术，在引进技术的基础上，通过自主开发形成了完整的工业化成套技术，中国石化成为世界上第四家掌握丁基橡胶生产技术的公司。在此基础上，中国石化继续加大反应器和催化剂技术的研发力度。2006年，燕山石化与北京化工大学合作进行新引发体系的开发。2010年2月，在工业装置上试用成功，新催化体系有效减少了设备腐蚀，聚合反应趋于平稳，同时分子量分布加宽，提高了产品质量。新研发的聚合釜技术，强化了返混和传热，优化了聚合反应条件，简化了设备结构，降低了设备的制造成本和维护成本。

中国石化的溴化丁基橡胶成套技术的开发和应用取得了重大突破。2010年10月，采用自主开发技术在燕山石化建成国内首套3万吨/年生产装置，结束了溴化丁基橡胶国内市场被国外产品垄断的局面。

2010年，全年新增合成橡胶产能25.5万吨，SBS新增16万吨产能投产，成为当年扩张最为明显的产品。2010年2月，中国第一家民营资本的大型合成橡胶装置——山东玉皇8万吨/年的顺丁橡胶装置投产，拉开了民营资本和地方资本在合成橡胶领域投资的大幕，多种所有制企业竞争局面出现。

2010年，中国合成橡胶工业八大基本胶种及丁苯热塑弹性体总生产能力已达282.5万吨/年，在世界合成橡胶生产总能力中所占比例由2005年的10.6%提高到2010年的18.9%。

全国合成橡胶的产量于2008年超过日本，2009年基本与美国持平，2010年产量达到241万吨，超出美国9万吨，成为世界第一。

2010年，中国八大主要合成橡胶品种的生产仍主要集中在中国石化和中国石油两家企业，生产能力合计201万吨/年，约占全国总生产能力的74.36%，其中中国石化（含所属的合资企业）的生产能力为124.5万吨/年，约占总生产能力的46.06%；中国石油生产能力为76.5万吨/年，约占总生产能力的28.30%；但境外独资（主要为台资）和民营企业的生产能力为69.3万吨/年，占总生产能力的25.64%，其所占的比例显著增加。

（二）八大通用橡胶产品全部实现产业化

中国合成橡胶工业通过自主研发、技术引进等方式在实现了丁苯、顺丁（聚丁二烯）、丁基、乙丙、丁腈、氯丁、SBC（SBS/SEBS/SIS等苯乙烯类聚合物）等七个合成橡胶品种的工业化生产。其中国内开发研究的镍系丁二烯橡胶（Ni-BR）、稀土钕系丁二烯橡胶（Nd-BR）以及烷基锂为引发剂的锂系聚合物——低顺式聚丁二烯橡胶（LCBR）、溶聚丁苯橡胶（SSBR）和丁苯热塑性弹性体（SBS）等品种，都是具有中国特色的成套工业生产技术，其技术均处于世界先进水平。

2001年，中国加入世界贸易组织后，汽车工业快速发展。到2009年，中国汽车生产量达到1379.10万辆，同比增长48%，首次成为世界汽车产销第一大国，2010年，中国汽车生产量达到1826.47万辆，同比增长32.44%。汽车工业高速发展带动了合成橡胶工业发展。

随着市场需求空间扩大，2010年前合成橡胶生产环节的丰厚利润，吸引国外资本、民营资本和地方资本对中国合成橡胶投资欲望高涨，中国合成橡胶进入快速扩张期。在产能快速提高的同时，又存在产品结构不够合理，传统产品供应能力严重过剩，新型产品、更新换代产品不能满足国内市场需求，每年依然大量进口等问题。

为增加有效供给，中国合成橡胶加大生产科研工作力度，乙丙橡胶、丁基橡胶工业化技术有了新的发展。

吉林石化引进2万吨/年乙丙橡胶装置实现正常生产后，2001年，开始组织乙丙橡胶技术提升并自主开发。2008年8月，启动200吨/年乙丙橡胶中试装置建设及产品开发项目。2010年9月，该中试装置正式投用。这套装置通过开发新型催化体系，确定了新的聚合工艺技术路线。新型催化体系为钒的金属络合物（新型钒催化剂），具有储存稳定性好、无厌氧性、合成工艺简单、合成收率高（≥95%）、合成成本低、与己烷相溶性好等特点。完成了具有自主知识产权的5万吨/年乙丙橡胶工业化装置工艺包开发。在新型催化剂开发方面，2009年，长春应化所和吉化公司成功开发出新型钒系乙丙橡胶催化剂，打破了国外长期的技术封锁，其使用效果与进口钒系催化剂相似，并达到了工业催化剂的各项指标。2010年，第一条生产线2.5万吨/年的乙丙橡胶B线装置投入试生产，乙丙橡胶产能增至4.5万吨/年，国内产量为1.93万吨。

燕山石化3万吨/年丁基橡胶装置投产后，由于从意大利引进的技术没有工业生产的经验，生产中出现很多问题，燕山石化橡胶厂与北京化工大学合作对聚合及工艺技术的联合攻关，开发出具有自主知识产权的丁基橡胶聚合新工艺，解决了生产中出现的问题，2002年转入正常生产，产量逐年增加。他们开发的异丁烯可控阳离子聚合与丁基橡胶聚合新工艺技术，获得2006年度国家技术发明奖二等奖。2008年，装置生产能力扩建到4.5万吨/年。

2009年，兰州石化采用自有技术建成5万吨丁腈橡胶装置，成为国内最大丁腈橡胶生产厂。

2010年10月，燕山石化公司采用自主技术建设的3万吨/年溴化丁基橡胶装置投产。

2010年4月，中国第一套异戊橡胶生产装置——茂名鲁华化工有限公司1.5万吨/年异戊橡胶项目顺利投产，实现了国内异戊橡胶的工业化技术自主生产，从此，中国实现了八大胶种的全部工业化生产。

（三）部分高附加值产品还要依赖进口

中国2004年合成橡胶需求量超过美国，此后一直稳居世界第一的位置，占世界消费总量的比例从2005年的18.4%提高到2010年的22.1%。2010年，中国合成橡胶产量已经升至世界第一，中国合成橡胶进口总量也创下历史新高，达156.5万吨。

2005～2010年，中国合成橡胶进口年均增速为7.5%。进口产品主要来自韩国、日本、俄罗斯、美国以及我国台湾地区。2010年，中国共进口合成橡胶156.5万吨（含胶乳及其他橡胶），其中从上述国家和地区进口量共72.4万吨，占国内进口总量的73.3%。进口产品大多为国内只有一套生产装置尚处于生产起步或者仍为生产空白的高端品种牌号。

由于中国合成橡胶工业企业，传统技术仍占主导地位，部分品种缺乏核心技术或技术刚开发成功等待新建装置。另外，产品牌号少，还不能满足国内实际生产的需求。例如，中国丁苯橡胶一般只生产1500、1502、1712、1778等几个主要牌号，与国外拥有几十个牌号的大型合成橡胶公司相比，差距较大；聚丁二烯橡胶以镍系为主，仅有BR9000这一个牌号，而国外有钴系、钛系、锂系、镍系四大系列多种牌号；用于制造高档轮胎及高档胶鞋的溶液聚合丁苯橡胶主要依赖进口；热塑丁苯橡胶系列产品中高附加值的SIS、SEBS产量也不能满足国内实际生产的需求。

二、技术研发和工业化取得新突破

（一）稀土顺丁橡胶开发取得进展

2001年，锦州石化与长春应化所进行了第三次稀土顺丁橡胶工业化试生产，生产过程平稳，开车一次成功，催化剂成本进一步降低，丁浓有时接近镍系顺丁橡胶水平，能耗也有较大幅度下降，产品质量稳定，优于往年生产水平。

2002年，锦州石化与长春应化所共同承担了国家“863”项目——稀土顺丁橡胶产业化关键技术的研究，在项目开发过程中，研究人员解决了一系列技术难题，于2004年底进行了第四次工业化试生产。先后四次工业化试生产，共合成稀土顺丁橡胶1700余吨，完成了合成和制造技术开发、产品分子结构调整、产品质量控制、产品加工应用开发等一系列工作。经过逐步完善，形成了一套先进、成熟、完整的稀土顺丁橡胶工业化生产技术。在轮胎制造上使用的里程试验结果表明，锦州石化生产的稀土顺丁橡胶性能优于国外同类产品。所得稀土顺丁橡胶物理性能超过意大利同类产品。锦州石化公司的稀土顺丁橡胶生产技术日臻完善，可生产多个牌号的产品。

2005年，编制了锦州石化2.5万吨/年稀土顺丁橡胶生产装置基础设计工艺包，完善了催化剂各组分的生产技术和分析评价方法，制定了稀土催化剂和稀土顺丁橡胶（BR9100）的质量标准，并通过科技部验收。

北京化工大学于20世纪80年代开展了稀土催化体系制备顺丁橡胶的研究。与燕山石化合作，于2007年、2008年完成了3次中试，取得了编制3万吨/年稀土顺丁橡胶生产装置工艺包所需的技术数据。并用此技术于2012年在燕山石化公司橡胶厂建成了3万吨/年稀土顺丁橡胶工业装置，开发的第二代催化剂技术于2018年成功实现工业化生产。

独山子石化于2008年对3万吨/年顺丁橡胶装置进行改造，其中一条1.5万吨/年生产线具备生产稀土顺丁橡胶的能力，此后又采用长春应化所催化剂技术进行了多次工业试生产。2017年4月，浙江传化合成材料公司也完成了5万吨/年稀土顺丁橡胶适应性改造。中国稀土顺丁橡胶已实现工业化生产，可为绿色轮胎制造企业持续提供高性能合成橡胶。

辽宁轮胎集团、桦林轮胎股份有限公司在子午胎生产线上使用锦州石化公司生产的稀土顺丁橡胶，取得了令人满意的效果。其中辽宁轮胎集团全钢子午胎生产线采用英国邓禄普公司技术，产品得到邓禄普公司的认可。

（二）异戊橡胶和卤化丁基橡胶等实现工业化

20世纪60年代，长春应化所与吉化公司研究院开始合作对异戊二烯单体的制备技术进行了全面的研究并进行钛系异戊橡胶的研究与放大试验，1970年开始转向稀土异戊橡胶的合成研究，并建成100吨/年的中试装置，经长时间运转，提供了几十吨产品。该技术于1973年在燕山石化万吨级顺丁橡胶工业装置上进行放大及工业考察试验，1975年通过部级初步定型鉴定，1987年完成1.3万吨/年异戊橡胶装置基础设计，同年稀土催化合成异戊橡胶技术通过原化工部技术鉴定。长春应化所在异戊橡胶新型催化剂开发、合成技术以及提高橡胶综合性能等方面取得显著成果，其催化技术已达到国际领先水平。

随着国内乙烯产能的增长，联产的碳五资源逐渐丰富，分离技术日益成熟和完善，异戊二烯实现了国内规模化生产，促进了异戊橡胶技术研发和应用研究。2007年6月，长春应化所与吉林石化研究院采用均相稀土催化剂，成功合成出新型稀土异戊橡胶。他们提出均相稀土催化剂的配制方法，解决了由于催化剂体系不均匀、计量不准，导致产品质量不稳定的问题，开发出可合成高分子量异戊橡胶的均相稀土催化剂体系。2008年10月，异戊橡胶生产技术项目20立升全流程实验获成功，各项指标达到或超过国外同类技术SKI-3的指标。完成了具有国际水平的千吨级三釜聚合全流程连续聚合中试软件包。2010年6月，该项目通过中期评估。完成千吨级工业化试验装置设计，并启动5万吨/年异戊橡胶工艺包开发。国内唯一一套全流程DCS控制连续聚合中试装置已累计运行1600多个小时。2010年7月，完成异戊橡胶生产技术开发工业模拟试验。2010年11月，稀土异戊橡胶中试产品首次成功应用于载重子午胎。经与天然橡胶和进口异戊橡胶进行的全面测试对比，各项指标达到国外同类产品质量标准。测试数据表明，该产品可明显提高胶料耐刺扎性能，在胎面胶中采用40份异戊橡胶，无需改变生产配方和工艺。

2010年4月，淄博鲁华泓锦新材料股份有限公司采用自有技术在茂名鲁华化工有限公司采用自有技术建成中国第一套异戊橡胶工业化装置（1.5万吨/年）生产出合格的异戊橡胶产品。

青岛伊科思新材料股份有限公司是一家创新型的公司，是国家橡胶与轮胎工程技术研究中心和软控股份有限公司的战略合作伙伴，其自主研发了稀土异戊橡胶工业化生产技术。2010年9月，该公司自主开发的3万吨/年稀土异戊橡胶项目在青岛莱西建成，10月开始试生产并生产出合格的异戊橡胶产品。2011年又在抚顺伊科思建成4万吨/年异戊橡胶装置。这些项目的投产填补了中国生产异戊橡胶的空白。产品可应用于国内轮胎、胶带、胶管等生产领域，特别是满足了医用胶塞及异戊橡胶垫片等医用行业的需求，结束了中国不生产异戊橡胶的历史。

燕山石化研究院于2007年启动稀土异戊橡胶的开发研究，经过3年的努力，开发出具有自主知识产权的高活性稀土催化剂，集成了包括催化剂制备、三釜连续聚合、胶液终止减黏输送、凝聚后处理和溶剂回收等多项专利和专有技术。通过模式、中试研究，形成了3万吨/年稀土异戊橡胶生产成套技术，开发出2个牌号的中试产品，经轮胎厂家使用，符合加工工艺过程及产品质量要求。2010年3月，稀土异戊橡胶的中试开发研究和3万吨/年异戊橡胶成套技术工艺包开发通过了中国石化组织的评议和审查。2013年，燕山石化橡胶厂采用燕山石化研究院的自有技术建成了3万吨/年顺式异戊橡胶生产装置。

这一时期，中国丁基橡胶科研开发取得重大成果，实现了卤化丁基橡胶工业化生产技术突破。2008年，由燕山石化研究院承担的丁基橡胶溴化反应研究项目通过燕山石化评定。2010年5月，燕山石化建成国内首套3万吨/年溴化丁基橡胶工业化生产装置，10月，装置正式投产，生产出合格产品。该装置可以生产BIIR2032和BIIR2045两个溴化丁基橡胶牌号的产品，并建立了相关测试方法和标准，从而结束了中国无卤化丁基橡胶工业生产的历史。此前，全球仅美国、德国、俄罗斯、意大利等少数几个国家拥有丁基橡胶及卤化丁基橡胶生产技术，卤化丁基橡胶国内市场和价格长期被国外跨国公司垄断。

2005～2006年，杭州龙山化工有限公司、浙江大学、浙江齐成科技有限公司联合开发氯化丁基橡胶生产技术，申请了1项发明专利。以此为基础，他们与一家民营企业合作投资建设1000吨/年氯化丁基橡胶生产线并生产出合格产品，经轮胎厂使用与进口同类产品质量相当。2009年，龙山化工及其合作伙伴以浙江大学的小试成果为基础，展开溴化丁基橡胶生产技术的自主研发并建成1000吨/年溴化丁基橡胶中试装置。2010年12月，该项目合作方专门举行溴化丁基橡胶项目新闻发布会，宣布其产品的各项技术指标经国家橡胶研究所等权威部门检测已达到国际标准；经用户试用，完全可以替代进口。

2009年10月，珠海澳圣聚合物材料有限公司应用江苏圣杰实业公司的反应挤出加工技术，建成了千吨级氯化丁基橡胶工业化示范装置，并打通了主流程。示范装置的关键设备国内首台长径比80∶1的中型双螺杆反应挤出机组运行平稳，所得产品氯含量合格，产品质量调节手段齐全。用反应挤出加工技术制备氯化丁基橡胶的工艺路线，具有无污染、安全节能、腐蚀轻、投资省、过程控制精细和牌号多等优点。

（三）采用自主知识产权建成5万吨/年丁腈橡胶装置

兰州石化是国内最大的丁腈橡胶生产企业，在丁腈橡胶研究方面一直处于国内领先水平，有配套齐全的小试间歇乳液聚合装置、30升精密乳液聚合装置、200吨/年多功能连续乳液聚合中试装置。他们立足于技术进步，坚持自主创新，依托丁腈橡胶装置，不断进行丁腈橡胶成套技术的提升及开发，持续加大新产品、新技术开发力度，先后完成了粉末、液体等特种丁腈橡胶研究开发，通过集成创新，开发了具有自主知识产权的5万吨/年丁腈橡胶技术。

2008年兰州石化投资8.595亿元建设亚洲最大的5.0万吨/年丁腈橡胶装置，标志着中国石油合成橡胶产业发展再上一个新台阶。这是在消化吸收国外先进生产技术的基础上，自主研发工艺并拥有自有生产技术和自主知识产权的生产装置。2009年10月23日一次投产成功，生产出合格产品。兰州石化丁腈橡胶的总生产能力达到7万吨/年，成为国内最大的丁腈橡胶生产商。在原有的NBR-2907、NBR-3305产品牌号基础上，又开发了NBR-2906、NBR-3304、NBR-3306、NBR-3308系列牌号新产品。NBR-2907、NBR-3305具有优良的性能和广泛的用途。其中，NBR-2907可用来生产密封圈、汽车零部件等多种制品；NBR-3305可广泛应用于汽车工业、石油化工等领域。NBR-3308在发泡材料领域有广泛应用。

他们还深入开展功能化、高性能化产品的技术开发，如氢化丁腈橡胶、快速硫化型丁腈橡胶、低腈含量丁腈橡胶等，也形成系列化产品链。已建成200粉末丁腈橡胶中试生产装置，产品可取代进口的粉末丁腈橡胶；浸渍用羧基丁腈橡胶胶乳已投放市场；开发成功了高饱和度氢化丁腈橡胶，成功合成了端羟基丁腈橡胶，实现液体端羟基丁腈橡胶批量生产，该生产方法成本低，毒性小，产品广泛应用于胶黏剂、材料密封、改性增韧剂、PVC树脂改性、酚醛树脂的改性、高耐热以及高耐寒等方面。中国丁腈胶年产量逐年增加，市场占有率逐年提升。与国内需求量快速增加相比，仍不能满足需求。

2003年，台湾独资企业——镇江南帝化工公司采用台湾南帝技术，在镇江建成1.2万吨/年丁腈橡胶生产装置，后经过多次改造扩建，生产能力达到6万吨/年。国内丁腈橡胶生产企业还有：黄山华兰公司，生产能力0.5万吨/年；宁波顺泽公司，生产能力5万吨/年；朗盛台橡公司，生产能力3万吨/年。

（四）乳聚丁苯橡胶消化吸收再创新，实现装置大型化

这一时期，中国乳聚丁苯橡胶企业通过消化吸收引进技术再创新，在自主创新扩能研发过程中，创立了自主丁苯橡胶装置大型化技术，实现生产能力提升。

1960年，兰化公司从苏联引进技术，建成国内第一条丁苯橡胶生产装置，经多次技术改造，已形成完全自主知识产权生产技术。在发展中，兰化公司与吉林石化研究院等在引进技术消化吸收再创新的基础上，结合工业化生产实践，通过对已有专利文献的深度分析与技术研究，从配方组分和工艺设计等方面对原有生产装置进行技术改进、再创新与技术集成，最终形成了居于国际先进水平、具有自主知识产

权的乳聚丁苯橡胶成套化技术，并成功应用于兰州石化和抚顺石化乳聚丁苯橡胶新建项目。该技术具有丁二烯回收完全、清焦周期长、产品环保等特点，达到国际先进水平。在吉林石化、兰州石化成功应用的基础上，又应用于抚顺石化新建20万吨/年乳聚丁苯橡胶装置。中国在乳聚丁苯橡胶领域的后发优势，成功实现了向进攻型战略的转变。

2008年，兰州石化新增2条采用自主知识产权的生产线，增加了10万吨/年环保型乳聚丁苯橡胶生产能力，产能达到15.5万吨/年。吉化公司引进日本JSR的低温乳液聚合技术于1982年建成8万吨/年生产装置，2008年产能达到16万吨/年。齐鲁石化1978年引进日本瑞翁公司技术和设备，于1987年建成投产8万吨/年生产装置，1998年扩能到13万吨/年，2008年，又扩建2条生产线，新增生产能力10万吨/年，2009年产能达到23万吨/年。申华化学工业有限公司采用中国台湾合成橡胶公司技术于1998年在南通建成投产的10万吨/年装置经扩能改造，2008年生产能力增至18万吨/年。扬子石化金浦橡胶有限公司乳聚丁苯橡胶装置于2007年6月投产，产能10万吨/年。惠州普利司通公司采用日本合成橡胶（JSR）公司技术在广东惠州建设5万吨/年乳聚丁苯橡胶装置于2008年投产。

2010年，中国共有6家企业具有乳聚丁苯橡胶生产装置，总产能超过90万吨/年。

三、持续推进特种橡胶研究开发

中国特种合成橡胶的研制起步于20世纪50年代，在70年代和80年代有了较大发展，国外有的特种橡胶胶种中国基本都有，但是达到规模化生产的很少，多数胶种的制备还处于试生产阶段，产量小，且产品质量不稳定，产品品种少，先进牌号基本上都没有系列产品。

氟橡胶主要用于汽车、航空、化工等工业部门，作为密封材料、耐介质材料以及绝缘材料。中国氟橡胶消费结构中，汽车工业约占40%，石油化工约占25%，航空航天及其他行业占35%。

国内氟橡胶生产能力4000～5000吨/年。生产厂家有晨光化工研究院、上海三爱富新材料有限公司、浙江巨化股份有限公司、东岳集团等，主要有23型、26型、246型3种型号。已开发出全氟醚橡胶、羧基亚硝基氟橡胶及耐低温等特殊性能新品种以适应各种特殊需求。

国内上市公司中三爱富公司是国内最大、品种最全的有机氟化工企业，氟橡胶产品的国内市场占有率约为20%。

硅橡胶方面，国内主要有晨光化工研究院、吉林化工公司、南京高尔特硅橡胶制品公司、江苏宏达新材料股份有限公司等单位生产。

江苏宏达新材料股份有限公司拥有从硅块→硅氧烷→高温硅橡胶的完整产业链。3万吨/年硅橡胶改扩建项目于2010年6月投产，4.5万吨/年有机硅单体扩建项目于2010年10月投产。

回天胶业集团是硅橡胶深加工企业，产品包括高性能有机硅胶、聚氨酯胶、丙烯酸酯胶、厌氧胶、环氧树脂胶等五大类产品，下游主要是汽车制造与维修、LED封装、新能源、节能环保等领域。

新安股份与深圳天玉公司合作，于2010年形成了2.7万吨/年有机硅混炼胶的生产能力。

在液体橡胶的工业化技术自主开发方面，兰州石化一直致力于特种橡胶的开发，其中液体橡胶的成功开发，提升了中国在航空航天产品应用领域的自主创新能力，也为航天技术提供了可靠的基础材料，作出了重要贡献。从2008年开始，兰州石化的液体橡胶产品先后助力“神舟七号”“神舟八号”“天宫一号”以及“神舟九号”载人飞船完成各项任务。

在动态硫化热塑性弹性体的工业化技术自主开发方面，2003年，北京化工大学与道恩集团有限公司联合成立了山东道恩高分子材料股份有限公司，自主开发建设了国内第一条3000吨/年高性能TPV中试示范线，打破了国外对TPV的垄断，2008年该技术获国家技术发明二等奖，2012年建成国内首条万吨级TPV生产线，2018年6月扩建到3.3万吨/年，装置规模中国第一全球第三。

第四节 推动行业调整升级向材料强国前进

（2011 ～ 2019年）

经过几代人的不懈努力，中国合成橡胶工业2011年实现生产能力、产品产量和国内消费量全面位居世界第一的业绩，主要合成橡胶品种全部形成具有自有技术的整套工艺，形成了完整的合成橡胶工业体系，成为世界上最大的合成橡胶生产国，主要合成橡胶品种齐全，包括丁苯橡胶（SBR）、聚丁二烯橡胶（PBR）、氯丁橡胶（CR）、丁腈橡胶（NBR）、丁基橡胶（IIR）、聚异戊二烯橡胶（IR）、乙丙橡胶（EPR）和热塑丁苯橡胶（SBC）在内的八大通用合成橡胶及主要原料均有实现产业化的自有技术，也生产丙烯酸酯橡胶、硅橡胶、氟橡胶以及氯化聚氯乙烯等特种橡胶产品。通用品种生产技术比较成熟，经济技术指标与国外相当，热塑性丁苯橡胶技术处于世界先进水平。合成橡胶领域共获得国家级技术发明、科技进步及自然科学等三大奖励20多项。

2011年以后的四五年内，仍有一大批丁苯橡胶和顺丁橡胶装置建成投产，暴露出低端产能过剩与高端产品依赖进口等结构性矛盾。2014年，合成橡胶产能518万吨，而年产量降为294万吨，年进口量超过100万吨，主要胶种的对外依存度达27%。国内市场竞争白热化，低档次同质化产品竞争激烈，部分装置因经营亏损而停产。合成橡胶产品价格、工业利润持续下滑、产品结构调整与产业升级加快，提升产业集中度，实现高质量发展，实现合成橡胶生产大国向强国跨越目标。1958～2019年中国合成橡胶产量详见表2-15-2。

表2-15-2　1958～2019年中国合成橡胶产量

年份	产量/万吨	年份	产量/万吨
1958	0.0034	1990	31.8
1965	1.6	1991	33.8
1970	2.5	1992	37.6
1975	5.7	1994	42.8
1978	10.2	1995	56.9
1980	12.3	1996	58.8
1983	16.8	1997	62.3
1984	17.4	1998	58.9
1985	18.1	1999	76.1
1986	18.8	2000	88.9
1987	21.9	2001	104.9
1988	25.8	2002	116.8
1989	29.2	2003	134.8

续表

年份	产量/万吨	年份	产量/万吨
2004	147.8	2012	384.7
2005	163.2	2013	483.8
2006	184.5	2014	534.5
2007	218.2	2015	501.1
2008	253.5	2016	556.6
2009	275.5	2017	592.1
2010	308.4	2018	661.3
2011	353.6	2019	733.8

一、工业化成就显著，但结构性矛盾尚存

（一）所有胶种实现大规模工业化生产，产品品质提高

2017年，中国合成橡胶工业能够大规模工业化生产丁苯、顺丁（聚丁二烯）、丁基、乙丙、丁腈、氯丁、SBC（苯乙烯类聚合物）、异戊橡胶等8个胶种，也是继美国、日本之后，成为能够生产所有合成橡胶主要品种的国家，国内产品种类齐全，产品结构比例基本符合国内市场化配置，技术水平取得了长足的进步。

中国在自主开发成功顺丁橡胶和氯丁橡胶生产技术基础上，又自主实现了以丁苯热塑性弹性体（SBS）工业化为代表的锂系橡胶成套技术开发工作。骨干企业巴陵石化在产品系列、产品品质和装置规模等诸多方面均进入世界先进行列。国内锂系橡胶开发包括溶液聚合丁苯橡胶、低顺式聚丁二烯橡胶等工业化技术，其技术成果还实现了向国外出口。

中国拥有独立研究开发合成橡胶新产品新技术的能力。稀土催化体系顺丁橡胶、锂系多品种橡胶、新型热塑性弹性体、异戊橡胶、粉末橡胶等采用自主技术实现了工业化生产。

中国已具备顺丁橡胶、丁苯橡胶、丁腈橡胶等胶种大型装置的自主设计和建设能力，10万吨/年规模成了顺丁和丁苯新建项目设计规模的标配。齐鲁石化、兰州石化分别成为国内最大的丁苯橡胶和丁腈橡胶生产企业。中国石化集团公司形成燕山、齐鲁、高桥、茂名、巴陵、扬子、福建等7个合成橡胶基地。采用中国石化自

主开发技术在燕山建成了3万吨/年溴化丁基橡胶、3万吨/年稀土顺丁橡胶、3万吨/年稀土异戊橡胶和9万吨/年丁基橡胶，填补了国内空白，产品具有差异性，避免了同质化竞争。稀土顺丁橡胶和溴化丁基橡胶装置经过技术攻关，解决了试生产期间暴露出设备和技术的问题，实现了连续化生产。其他高端胶种的技术攻关取得进展过程中同时优化了产业布局，巴陵石化开发的医用SEBS通过输液管GB 15593—1995和美国USP医用塑料认证，打破国外技术垄断，已建成数万吨生产能力的装置。燕山石化和巴陵石化“利旧改造”生产出轮胎用高等级溶聚丁苯橡胶工程取得进展。中国合成橡胶主要产品均为环保产品，符合欧盟REACH法案标准。

随着技术进步，国内采用自主技术建设了一批大型合成橡胶装置和生产基地，发挥了经济规模效益，进一步提升产品市场竞争力。新建丁苯热塑性橡胶和氯丁橡胶均采用先进的大聚合釜技术。全国合成橡胶产能20万吨/年以上的合成橡胶工业基地（或园区）达到13个。燕山石化是国内最大的合成橡胶生产企业，产能达43.5万吨/年，占7.00%。其次是巴陵石化，产能37.0万吨/年，占5.95%。再次是齐鲁石化和李长荣（惠州）橡胶有限公司，产能为30万吨/年。八大合成橡胶产品分类产能比例：丁苯橡胶31.48%，聚丁二烯橡胶27.59%，丁苯热塑性共聚体19.14%、乙丙橡胶5.95%、丁基橡胶5.79%、丁腈橡胶4.29%、聚异戊二烯橡胶4.42%、氯丁橡胶1.34%。

热塑性丁苯橡胶不断丰富了产品系列，采用自主开发技术，增加SBS和SIS的加氢改性高档产品，SBC系列产品已发展为仅次于丁苯橡胶、丁二烯橡胶的国内第三大胶种，每年还有数万吨产品出口国际市场，是国内合成橡胶产业最具国际竞争力的产品。

各胶种的产能和产量都有大幅增长，产品结构更趋合理。国内主要合成橡胶装置生产能力从2000年103万吨/年提升到2005年的133万吨/年，到2010年又上升到282万吨/年，2014年扩张到518万吨/年，2015年总产能达到600万吨。全国主要合成橡胶产品年产量从2000年78.8万吨逐步上升到2005年的132万吨、2010年的241万吨和2015年的300万吨。先期自主开发的氯丁橡胶、顺丁橡胶等生产技术在装置规模、产品牌号、能耗物耗等方面都取得了很大的技术进步。

丁二烯原料装置建设实现大型化。在21世纪建设的各个大型乙烯的建设项目中，采用国内技术建设大型丁二烯抽提装置。乙腈法丁二烯抽提装置能力从发展初始的1.5万吨/年上升到20万吨/年。裂解碳五分离装置处理能力从初期2.5万吨/年上升到15万吨/年和30万吨/年。乙烯裂解碳五分离技术开发，提升了乙烯副产品的深度化工利用，并为合成橡胶新品种，如丁基橡胶、异戊橡胶和SIS以及精细化工产品等发展，提供了稳定的原料来源。上述两种原料生产工艺产生的副产品都实现回收化工利用。

2017年，国内合成橡胶产量和消费量明显增长，共新增有效供给产能7万吨/年，主要合成橡胶装置总产能达到582万吨，全国主要合成橡胶产品（不包括合成胶乳和特种橡胶）总产量达355万吨，再创历史新高，同比增长8.5%。受需求增长和市场价格回升的影响，国内停产多年的几套顺丁橡胶装置恢复生产，全国合成橡胶生产装置产能发挥率回升到61%，提升了4个百分点。但低于世界平均产能发挥率。苯乙烯类热塑性弹性体装置的利用率达到70%。国内丁二烯橡胶产量增长较多，产能发挥率提高约10个百分点。乙丙橡胶及异戊橡胶等胶种产量增长态势更为明显，其装置开工率有较大幅度的提升。除氯丁橡胶生产新老装置交替导致产量略有下降外，其余产品产量均呈增长或回升态势。除丁苯橡胶外，其余胶种总产量均创历史新高。

2017年，全国主要合成橡胶的表观消费量为478万吨，同比增长6.9%。主要胶种的国内市场占有率为74.4%，同比继续回升1.1个百分点。其中，国产SBS和丁二烯橡胶的占有率达80%以上，丁苯橡胶达70%以上，丁腈橡胶和氯丁橡胶达60%以上，而丁基橡胶和乙丙橡胶不足50%。主要胶种的国内消费量对进口的总体依存度达28.5%，降低了0.8个百分点。

（二）产能结构性过剩问题凸显，行业“去产能”起步

中国合成橡胶工业的高速发展，导致部分投资者对市场和价格预期过于乐观，出现了非理性投资建厂。2011～2015年，五年间国内合成橡胶产能增长约300万吨，产业品种的同质化、产品结构性过剩矛盾显现。在“去产能、调结构、促升级”方针指导下，有数套过剩或无效产能退出，有效供给产能增加，过剩产能造成的艰难形势稍有缓解，产品结构更趋合理。

2011年后，国内合成橡胶生产能力持续迅速增加。由于无序发展导致的无效产能增加，同质化产品发展严重。受世界经济大环境、国内汽车工业和轮胎工业市场、天然橡胶库存增加及丁二烯原料不足等多种因素影响，合成橡胶产业面临生产能力严重过剩、原料供求失衡、下游需求竞争激烈的局面，低端产业大量重复建设，中低端产业集中，高端产业存在缺口，结构性产能过剩问题突出，产品市场价格屡创新低，一些新建项目投产运行后即面临亏损。

在产能快速增长的同时，合成橡胶装置开工率却在不断下降，2014年年底，主要合成橡胶产能518万吨，全年产量却不到300万吨，而进口量在126万吨左右。2015年，合成橡胶产量同比下降4.76%，装置开工率在2014年创新低之后，再创新低，不到50%，其中丁二烯橡胶约为45.3%，丁苯橡胶约为53.7%，丁基橡胶约为30%，异戊橡胶不足15%。2016年一些装置的开工率进一步降低；其中，聚丁二烯橡胶装置开工率约为45%、丁苯橡胶约为54%、丁基橡胶约为26%、异戊橡胶不足13%。新建的乙丙橡胶、丁基橡胶和异戊橡胶生产装置开工率处于较低水平，有的装置自建成以后就一直处于停产状态。

在大量产能闲置不能发挥作用的同时，中国一些合成橡胶特殊牌号产品依然依赖进口。由于加工应用环节的研究开发力量不足，造成新投产的新胶种、新牌号市场接受程度低、接受周期长、市场推广难度大，进而影响国内合成橡胶加工应用市场的升级换代。2015年，主要合成橡胶总进口量130.40万吨，丁二烯橡胶、丁苯橡胶、乙丙橡胶和丁基橡胶依然保持较高进口量，进口量均超过20万吨。其中丁苯橡胶进口量增长12.58%，聚丁二烯橡胶增长11.65%。2016年中国合成橡胶的总进口量达到148万吨，出口总量却仅为7万吨；进口量是出口量的21倍多，且进口产品大多是国内没有生产或产量不能满足市场需求的高端合成橡胶产品。

针对上述情况，中国橡胶工业一方面发挥合成橡胶固有的产品优势，以产品性能优势，提高合成橡胶使用比例，加大非轮胎领域合成橡胶市场应用比例。多生产适应下游产品升级需要，增加符合绿色轮胎及可提升后续产品品质的专用料，实行绿色生产。

市场竞争使得竞争能力不高的部分装置只能暂时停产，如聚丁二烯橡胶，2013年底，福建福祥和巴陵石化分别关停装置，2014年初，南京扬子石化金浦橡胶有限公司和锦州石化关停装置。2015年，山东万达化工有限公司、山东华懋新材料有限公司装置下线。同时，对一些影响城市环境发展老装置实行永久关停。中外合资氯丁橡胶装置建成后，2013年，山西合成橡胶集团有限责任公司原有2.5万吨/年氯丁橡胶实现关停。2016年7月，高桥石化位于上海浦东的12万吨/年顺丁橡胶装置实现永久停产，完成装置拆除后的地块交回上海市政府。这套于1975年投产的已经生产41年的装置共累计生产220多万吨顺丁橡胶。该装置的退出和山东另一套顺丁橡胶装置的转产，使国内顺丁橡胶装置去产能20万吨/年。2017年，重庆长寿捷圆化工有限公司在实施安全环保搬迁改造过程中，将2.8万吨/年氯丁橡胶装置永久停产，其市场由合资的长化霍家4万吨/年装置产品供应。该装置是中国合成橡胶工业的第一套工业化生产装置，1958年开始共向市场提供50多万吨氯丁橡胶产品。

（三）非国有企业成为行业发展重要力量

2011年左右是中国合成橡胶产业经营效益的黄金期，吸引了多种所有制企业投资合成橡胶产业，台资和外资、民营和地方企业开始大踏步进入合成橡胶产业。

台资申华（南通）年产10万吨丁苯橡胶装置最早建成投产（1998年)。2003年10月，台资江苏镇江南帝化工公司第一期工程完工，1.2万吨/年的丁腈橡胶装置投产。台橡宇部（南通）顺丁橡胶、台橡实业（南通）SEBS、李长荣（惠州）SBS装置先后建成。还有LG渤天（天津）SBS、普利司通（惠州）丁苯橡胶等装置建成投产。

镇江南帝年产4万吨及宁波顺泽年产5万吨丁腈装置，青岛伊科思年产3万吨异戊橡胶，茂名鲁华化工年产1.5万吨异戊橡胶装置先后建成。浙江信汇合成材料有限公司年产5万吨丁基橡胶、7.2万吨卤化丁基橡胶装置投产运行，燕山石化建成卤化丁基橡胶装置。蓝星山西合成橡胶公司年产3万吨氯丁橡胶装置建成投产，系亚美尼亚合资项目，采用亚美尼亚技术和设备。山东玉皇化工有限公司建设了年产8万吨顺丁橡胶装置。

江苏南通朗盛台橡年产3万吨丁腈橡胶生产装置，江苏金浦年产6万吨丁腈橡胶生产装置等均已建成。

2010年后，技术和建设难度较大的丁基橡胶和乙丙橡胶也呈现投资多元化，先后建成多套生产装置，改变了20世纪末只有中国石化和中国石油系统内独家生产经营状况，国内生产量逐年上升，供应状况迅速改善，满足了不同领域的消费需求。

到2017年，在全国合成橡胶总产能中，中国石化集团（含合资）产能198.5万吨/年，约占总产能31.93%，中国石油集团总产能126.5万吨/年、占总产能的20.35%，国内民企、地方国企和合资企业合成橡胶装置的生产能力从2000年的占比12.3%上升到47.72%，形成了中国石化、中国石油、民企与合资企业四分天下的格局。中国石化产能占比从57.8%下降到30.4%，中国石油从29.7%下降到21.6%。民企和地方国企从2.8%上升到25.0%，外资、台资合资企业从9.5%上升到23.0%。台资、外资企业和民营企业成为国内合成橡胶工业的重要力量。台资企业从20世纪90年代末的申华1家发展到7家，生产能力由10万吨/年增至60万吨/年。民营企业从2010年山东玉皇化工公司8万吨/年顺丁橡胶装置建成投产后，到2017年，生产合成橡胶的民企已达26家，总产能达到148万吨/年。

二、重视发展高附加值技术，完善品种牌号

这一时期，中国合成橡胶生产企业积极发展高附加值合成橡胶新品种和新牌号，积极应对市场变化。

2016年，中国石化北京化工研究院自主开发的高性能丁基橡胶新产品在燕山石化投产。该产品易于加工混炼，定型收缩率低，其制成品的拉伸强度、扯断伸长率的撕裂强度更高，并具有更低的永久变形，用于生产轮胎硫化胶囊可大幅度延长使用寿命。燕山石化建设了卤化丁基橡胶生产装置，增加了性价比更高的卤化系列产品，成为国内生产的主导产品。

巴陵石化积极调整产品结构，根据市场需求，努力做大SBS干胶、SIS、SEBS等高附加值产品总量，增产市场适用牌号产品比例，根据每条后处理线对不同牌号产品的适应性，确定了每条线最适合的产品牌号，实现工艺稳定与产量提高双赢。

国内丁苯热塑性橡胶从开始以鞋用料为主逐渐扩展到如沥青改性等专用料为主，并已向更高性价比的SEBS、SEPS等发展。

中国石油石油化工研究院以应对欧盟REACH法规所要求的绿色环保丁苯橡胶材料为切入点，选用了符合要求的中国石油自主生产的环保型橡胶填充油、停止含亚硝胺类化合物终止剂和防老剂产品生产；针对环保型橡胶填充油与橡胶相容性差，替代高芳烃油后易发生表面迁移，橡胶扯断伸长率降低、牵引性和抗湿滑性下降的技术难题，开发了分子量梯级调控、不同结合苯乙烯含量调控技术，得到了与环保油相容性好的不同结合苯乙烯含量的基础胶乳。同时，针对环保终止剂达不到指标要求的问题，引入了有机胺类功能助剂，优化工艺和配方，最终提高丁苯橡胶生胶强度、扯断伸长率和300%定伸应力，弥补了环保型橡胶填充油因芳烃含量低所带来的牵引性和抗湿滑性损失。

兰州石化把产品开发工作的重心放在定制化生产上，把目标市场瞄准国内外知名的橡胶加工企业上。针对普利司通、固特异等著名轮胎制造企业的不同需求，通过开展技术改良和攻关，采取定制化生产的办法，研制生产出符合要求的SBR1778E橡胶产品。新产品投放市场以后，普利司通一次订货就达到3000多吨。

丁二烯橡胶家族增加了低顺式丁二烯橡胶、高顺式钴胶和稀土顺丁橡胶等，锦州石化、燕山石化、华宇橡胶、独山子石化和浙江传化、四川石化等先后实现稀土丁二烯橡胶工业化生产。

2016年，独山子石化研发生产的环保型溶聚丁苯橡胶实现规模化生产，已在国

内环保型轮胎产业中大量应用，使用该橡胶制成的轮胎的滚动阻力和抗湿滑性等绿色安全指标级别达到B级以上。

为提高轮胎的节能安全性能和品质，部分企业定制化生产的国产溶液丁苯橡胶批量用于下游产业链高性能轮胎制造。

三、向系列化、多功能化、规模化方向发展

进入21世纪以来，世界合成橡胶工业的主要技术进展是朝着装置绿色化、多功能化、高性能化、生产环保化的方向发展，国内企业积极应对这一变化。中国石化集团在齐鲁石化建设了橡胶技术研发中心平台，不断完善功能，扩大研究领域。中国石油集团建设了合成橡胶试验基地。一些民营合成橡胶企业根据自己产品特点建立了研发机构，提升产品科技含量。

中国石化集团是国内最早SBS技术开发和生产的企业，随着技术的不断开发，产品品种牌号不断丰富，性能不断提高，扩大了市场。还采用自主技术，增加SBS和SIS的加氢改性高档产品，建立了世界最大的丁苯热塑性弹性体生产基地。SBS系列产品的生产厂家由原来的巴陵石化、燕山石化等3家中国石化系统企业发展到各种所有制企业全面参与的10多家生产企业群，装置产能从2000年的10万吨/年上升到2017年的132万吨/年，成为仅次于丁苯橡胶、顺丁橡胶的国内第三大胶种，国内市场占用率达90%以上，每年还有数万吨产品出口国际市场，成为国内合成橡胶产业最具有国际竞争力的产品。

2014年，2万吨/年SEBS成套技术开发荣获国家科技进步奖二等奖。巴陵石化采用自主知识产权技术建设2万吨/年氢化苯乙烯/异戊二烯共聚物（SEPS）填补国内SEPS产品研发生产空白。SEPS由苯乙烯和异戊二烯共聚物选择加氢生成，是SIS加氢新产品。主要应用领域为光纤光缆油膏、润滑油黏度指数改进剂，以及体育运动器械、防护用品、成人用品、线材膜材等用弹性体。2017年建成投产国内第一家、世界第三家2万吨/年SEPS工业化装置，彻底打破了国外的技术垄断与封锁。中国已经掌握了较为完善的锂系橡胶自主知识产权和专有技术，锂系合成橡胶及热塑性弹性体综合技术已迈入世界先进行列。

这一时期，国内还利用自主技术建设了一批10万～20万吨/年的顺丁橡胶装置，发挥了经济规模效益，进一步提升了产品竞争力。到2017年，全国合成橡胶产能达20万吨/年以上的合成橡胶工业基地（或园区）13个。

中国石油集团制订了环保化、高端化、定制化的研发发展方向，溶聚丁苯橡胶团队解决了环烷基环保油与溶聚丁苯橡胶相容性等技术难点，成功采用克拉玛依环烷基环保型填充油生产出合格的环保型溶聚丁苯橡胶产品。利用环保型橡胶填充油资源，开发出环烷基环保型充油溶聚丁苯橡胶SSBR2564S、2557S。该产品具有高乙烯基含量，低玻璃化转变温度，更好的抗湿滑性及低滚阻性，可满足欧盟标签法规定的高性能轮胎生产要求，符合绿色轮胎行业发展趋势。环保型溶聚丁苯橡胶产品通过多家轮胎生产企业应用评价，生产的轮胎经过国际环保组织弯曲质子测试及德国TUV检测机构抗湿滑和噪声检测，并在国内进行了滚动阻力检测。结果表明，中国石油环保型溶聚丁苯橡胶达到欧盟REACH法规的环保要求。

四、新型高效稀土催化剂发展取得重大突破

稀土催化合成橡胶是20世纪60年代长春应化所对世界合成橡胶领域做出的贡献，不仅丰富了配位聚合的理论和方法，更带动了能够替代天然橡胶的稀土异戊橡胶和满足安全节能绿色轮胎要求的稀土顺丁橡胶的大规模产业化发展。经过半个多世纪的发展，稀土催化体系合成橡胶仍存在着聚合活性偏低、合成橡胶链结构、微观结构、分子量及其分布可控性较差等一系列瓶颈问题。

长春应化所科技人员基于多年的科研积累和良好的研究基础，从稀土元素特点和稀土催化合成橡胶的基础理论入手，解决了稀土催化剂高度缔合等问题，提出了新的配位聚合合成橡胶的微观结构形成机理，发明了配位可逆链转移聚合方法。在稀土催化体系的高活性、高立构定向性和分子量及其分布的可控性等方面取得了原创性和系统性的研究成果。

提出双烯烃配位聚合聚合物微观结构形成新机理，解决了双烯烃配位聚合聚合物微观结构形成机理中催化剂结构与聚合物微观结构不相关联，不能指导催化剂设计合成和聚合实践的问题。新机理指出了催化剂中配体结构和聚合条件与聚合物微观结构的相关性，能够诠释现有实验事实，并且能够指导催化剂设计合成和聚合实践，为提高配位聚合合成橡胶微观结构的可控性奠定了理论基础。

首次提出了稀土化合物高度缔合是稀土催化剂聚合活性低、分子量分布宽的首要因素，并通过特定结构的配体使稀土催化剂缔合分子簇转化为单一分子催化剂，成功开发出高活性、高顺式定向性、高度均相稳定的稀土催化剂。

提出配位可逆链转移聚合合成橡胶的理论和方法，将传统配合聚合合成橡胶中

的链转移反应由不可逆变为可逆，避免了由链转移引起的终止反应，不仅提高了稀土元素的利用率，并且使聚合反应由不可控变为可控，使制备窄分子量分布合成橡胶及其链端功能化成为现实。

该成果发明的高活性稀土催化体系应用于万吨级稀土异戊橡胶工业化装置，使每吨异戊橡胶产品的催化剂成本降至400元以下，聚合时间也由平均7小时缩短至2.5小时，降低了生产成本，提高了生产效率，产品质量达到国内外同类最好水平，并且首次实现了稀土异戊橡胶对天然橡胶的100%替代；应用在万吨级稀土顺丁橡胶橡胶工业化装置上，使每吨顺丁橡胶产品的主催化剂成本降至300元以下，产品质量达到国内外同类水平。

五、稀土异戊橡胶技术居世界前列

稀土异戊橡胶被称为合成天然橡胶，是替代天然橡胶最理想的合成橡胶。

2011年3月，长春应化所与山东神驰石化有限公司合作，开展3万吨/年稀土异戊橡胶工业生产新技术的开发。经过一年多的努力，开发出高活性、高顺式定向性、低成本、分子量及其分布可控的稀土催化体系，开拓出先进的聚合、凝聚和后处理工程技术，形成了具有中国自主知识产权的稀土异戊橡胶工业化成套生产技术。

应用长春应化所自主创新的成套生产技术，山东神驰石化有限公司建成3万吨/年稀土异戊橡胶工业化生产装置，并于2012年9月13日一次投料试车成功。所生产稀土异戊橡胶的产品质量、能耗、物耗等关键指标超过俄罗斯同类产品水平。

该稀土异戊橡胶生产线具有成套生产技术自主研发、单线产能最大、能耗物耗最低、节能环保先进等特点，在中国合成橡胶新胶种、新技术、新牌号的研发等方面具有重要的引领和示范作用。稀土异戊橡胶工业化产品首次以100%替代天然橡胶成功应用于万吨级稀土异戊橡胶工业化装置。

2014年，3万吨/年稀土异戊橡胶成套工业化技术成果通过由中科院组织的成果鉴定。专家组认为，该项目整体达到了国际领先水平，标志着中国稀土异戊橡胶生产技术已经走在世界前列。中国橡胶工业协会材料检测研究中心认证表明，该项目生产的工业化异戊橡胶产品性能超过国外同类产品水平，可完全替代天然橡胶用于全钢载重子午线轮胎面胶，使中国创造和几代科技工作者的稀土异戊橡胶梦变成现实。

该成套技术形成了自主知识产权体系。与国外现有同类技术相比，具有单线产能最大、能耗物耗最低、节能环保先进等特点，每吨异戊橡胶产品催化剂成本降至800元以下，整套装置综合能耗较国外降低20%。更重要的是该项目首次实现了稀土异戊橡胶完全替代天然橡胶用于轮胎生产，开拓了稀土异戊橡胶的市场空间。

该项目还开发了适合于高黏胶液体系的多釜连续串联聚合、凝聚、后处理和溶剂回收技术，其中包括多项专利和专有技术，同时解决了诸如高黏体系橡胶胶液的热平衡和传输等工程和技术难题，整套装置综合能耗较国外同类工艺降低20%。

六、发展绿色环保高端产品，加强环保治理

（一）绿色环保高端产品发展成为主流

进入21世纪，国内合成橡胶环保型产品逐渐成为行业内主流。为了适应欧盟REACH法案和国内轮胎标签法对合成橡胶产品的要求，国内乳聚丁苯橡胶基本实现助剂环保化，环保型产品已成为行业内主流产品；为保证轮胎的节能安全并提高品质，定制化生产的国产溶液丁苯橡胶已批量用于下游产业链高性能轮胎制造；国产稀土顺丁橡胶实现工业化生产，丁二烯家族增加了低顺式丁二烯橡胶、高顺式的钴胶，稀土胶正在进入商业化生产；丁苯热塑性橡胶从开始以鞋用料为主逐渐扩展到如沥青改性等专用料为主，并已向更高性价比的氢化产品（SEBS、SEPS）发展。丁基橡胶产品增加了性价比更高的卤化系列产品，卤化丁基橡胶已成了国内生产的主导产品。产业内高性能差别化产品发展速度加快，所占比重持续上升。

从2010年开始，国内科研人员和生产企业相结合，围绕当时国内尚不能生产的高性能环保型丁腈橡胶展开技术攻关。国内丁腈橡胶生产普遍采用乳液聚合，体系内还需多种助剂。针对某些助剂可能含有内分泌干扰物、致癌物等有害物质情况，中国石油石油化工研究院的科研人员逐一排查丁腈橡胶制备过程中的30多种助剂和数十个生产工序，经过近400次试验，最终锁定了非环保物质的来源。研究人员自主设计了环保抗氧体系，解决了丁腈橡胶中壬基酚、壬基酚聚氧乙烯基醚超标的技术难题；开发了环保抗氧剂微乳液均匀分散技术，解决了兰州石化丁腈橡胶装置抗氧剂乳液稳定性差、产品质量波动大的技术难题，使优级品率从48%提高到100%。

他们还通过多功能化高效乳化剂的应用，提升了抗氧剂/水两相相容性；采用微乳液均匀分散技术，制备了稳定性良好的环保抗氧剂微乳液，解决了环保抗氧剂

乳化分散难导致产品色泽及性能变差的难题。成功开发出高性能丁腈橡胶环保化平台技术，并先后开发了NBR2907E、NBR3305E、NBR3308E、N41E等4个环保丁腈橡胶新牌号和一个高端定制化产品NBR2805E。

该院围绕丁腈橡胶环保指标检测评价方法缺失等技术难题，独创了环保型丁腈橡胶检测评价技术，在国内首次建立了以环保丁腈橡胶中抗氧剂抽提、富集、组分分析及成品胶性能评价为一体的环保指标系统评价方法，有效解决了国内壬基酚和壬基酚聚氧乙烯基醚的分析检测难题。检测评价方法的建立，为中国丁腈橡胶制品抢占国际高端市场取得先机。

国产新型环保丁腈橡胶产品又迅速占领了国内丁腈橡胶高端市场。该产品经宁波东胜橡胶制品有限公司、江苏得胜集团公司和宜兴益民橡塑制品有限公司等用户应用，制成的瑜伽垫等发泡制品和儿童玩具制品，顺利销往欧美地区；开发的高端定制化产品NBR2805E应用于安徽中鼎控股（集团）股份有限公司；制成的高端车用密封件也已出口日本。

（二）后处理尾气治理全面实现达标排放

合成橡胶行业一直重视生产中的三废治理，装置的废水和废气排放达到国家和地方排放指标要求。2015年4月，国家环保部和国家质检局联合发布《石油化学工业污染物排放标准（GB 31571—2015）》，规定了石化企业及其生产设施的水污染物和大气污染物的排放限值、监测和管理要求。新标准对合成橡胶生产尾气中VOC排放提出更为严格的排放要求。原有的治理措施和排放方式必须进行技术改造，才能符合新排放标准。

中国石化为世界第二大合成橡胶生产商，稳健推行橡胶尾气处理实现达标排放，持续践行绿色低碳发展战略，实现清洁生产，全面达标排放。“十三五”期间实施合成橡胶尾气VOCs治理项目14个，累计投入资金6亿多元。继燕山石化橡胶厂于2017年底合成橡胶尾气全面达标排放后，2018年6月齐鲁橡胶厂丁苯橡胶废气治理装置也建成投入运行，实现全厂达标排放。

兰州石化和吉化公司等国内众多合成橡胶装置均成功采用橡胶尾气VOCs治理技术，达到合格排放。

国内有关单位和企业从20世纪90年代开始从事有机废气的催化氧化治理研究，曾先后对多种有机废气进行了催化氧化实验室、中试及工业化应用研究，开展了合成橡胶生产排放废气的工业化治理研究，针对生产废气排放量大、污染物浓度高的特点，开发了以催化氧化为核心的深度治理及能量回收技术，使净化气中非甲烷总烃质量浓度达到新的排放标准，同时回收催化氧化反应热，用于废气进气预热，过剩热能产生蒸汽，进一步降低了装置的操作费用，实现了环保和节能的双重目标。

为减少合成橡胶生产给大气带来污染，加强尾气的收集与治理是环保的重要部分。国内合成橡胶生产装置率先配备尾气处理系统，实现了合成橡胶尾气中VOCs合格排放。主要技术为低温催化氧化、碳纤维吸附等方式。

燕山石化顺丁橡胶装置是国内首批采用低温催化氧化尾气处理技术的装置，顺丁橡胶生产能力为14万吨/年。装置生产过程的溶剂消耗绝大部分经由后处理单元排出，会对环境造成污染。装置溶剂消耗量主要受凝聚工艺的影响，如果凝聚单元能尽可能多的汽提出胶液中的溶剂，可以降低溶剂的消耗以及对环境的污染。为此他们推广了三釜差压凝聚技术，有效地减少生产过程溶剂消耗。推广采用了三釜凝聚技术，具有较好的经济和环保效果。

同时合成橡胶企业推广了泄漏检测修复（LDAR）技术，通过使用固定或移动监测设备，监测装置界区内反应釜、原料输送管道、泵、压缩机、阀门、法兰等易产生挥发性有机物泄漏点，并修复超过一定浓度的泄漏点，从而杜绝原料泄漏对环境造成污染。通过检测，对泄漏点建立专业台账，以备随时监测和及时处理，对减少物料泄漏导致的环境污染具有明显的效果。

七、建设国家级实验室

2018年1月18日，国家级重点实验室“中国科学院合成橡胶重点实验室”在长春应用化学研究所内成立。实验室前身为中国科学院长春应用化学研究所高性能合成橡胶工程技术中心，隶属于中国科学院长春应用化学研究所。

中国科学院长春应用化学研究所是中国合成橡胶的发祥地，也是新中国第一块合成橡胶的诞生地。是中国最早开展自由基聚合和配位聚合合成橡胶研究工作的单位，镍系顺丁橡胶的研发和大规模生产以及国内外最早、最系统开展稀土合成橡胶研究，镍系顺丁橡胶的产业化奠定了中国溶液聚合领域的技术和工程基础。

2011年，长春应化所成立高性能合成橡胶工程技术中心，加强工艺流程的研发能力，为进一步开展合成橡胶科技创新奠定了重要平台基础。

2013年，该中心被批准认定为吉林省省级工程研究中心。开发出国内首套万吨级稀土异戊橡胶生产技术工艺包，以此生产技术建成的3万吨/年稀土异戊橡胶生产装置与国际同类装置相比，具有催化剂活性最高、能耗物耗最低、三废排放最少的特点，所生产的稀土异戊橡胶性能超过国外同类产品水平，并在世界上首次实现了稀土异戊橡胶完全替代天然橡胶用于轮胎制造。

长春应化所实验室曾先后获得国家自然科学奖特等奖、国家自然科学二等奖、国家发明三等奖以及众多的科学院和省部级奖项。拥有自主创新的150多项国内外发明专利、12项自主创新的工艺专有技术，形成以催化剂、聚合、凝聚等核心技术为主体，集成先进的反应器技术、自动控制技术和节能环保技术的大品种合成橡胶全套生产工艺技术的研发能力。

该实验室立足于高性能合成橡胶及其复合材料研究前沿，围绕方法学、加工方法、工程化技术、合成橡胶及其复合材料的制备与应用四大研究方向，全面推进合成橡胶基础、应用基础和应用研究，实现以高性能合成橡胶及其复合材料为中心的新材料、新理论的突破，将实验室建设成代表国家水平、具有国际竞争力和影响力的合成橡胶研究基地。

该实验室的总体定位和目标是针对国家国民经济密切相关的大品种合成橡胶的重大需求，以提升中国合成橡胶自主创新能力、提高行业技术水平和保障国家安全关键材料需求为导向，开展合成橡胶新催化剂、可控聚合技术、先进工程技术、高性能化加工等基础研究，为大品种合成橡胶自主生产技术和关键特种橡胶材料的供给和保障奠定基础。

在建设国家级实验室的同时，国家继续加强创新能力建设，一些大专院校的科学研究实验室瞄准未来新材料的发展开展研究，中国石油建设了合成橡胶试验基地，中国石化继续完善合成橡胶技术中心平台，一些民营合成橡胶企业根据自身产品特点建立了相应的研发机构，提升产品科技含量。

中国合成橡胶工业从20世纪50年代自主研发起步，伴随着新中国一起成长壮大。经过自主创新、引进技术及消化再创新发展模式，不断完善、丰富、壮大，是国内三大合成材料中从原料到产品自主创新技术最多的一个行业。产品从无到有，规模从小到大，已发展成种类繁多、品种齐全、产品体系完整的重要产业，建成了一批适应发展需要的生产企业和研发基地，培养了一支具有较高技术业务素质的研发、设计及生产人才队伍，全面实现了顺丁橡胶、丁苯橡胶、丁腈橡胶、乙丙橡胶、丁基橡胶、异戊橡胶、热塑性丁苯橡胶、液体橡胶、动态硫化热塑性弹性体、合成橡胶单体等10大类产品产业化。实现了合成橡胶装置能力、产量和消费量均位居世界第一。八大通用合成橡胶及主要原料均采用自有技术实现了产业化；一些通用品种生产技术成熟，经济技术指标与国外相当，丁苯热塑性弹性体SBC技术处于世界先进水平。

放眼世界合成橡胶工业，中国的合成橡胶工业“个大体不强”，与国际先进水平相比，还存在技术差距，品种牌号尚不全。展望未来发展，合成橡胶的服务领域要求提供更多性能更好、品种牌号更多的新产品。向着建设世界合成橡胶工业强国目标迈进还有很长的路要走。

第十六章
合成树脂工业发展史

（1921～2019年）

合成树脂是一类人工合成的高分子化合物，是兼备或超过天然树脂固有特性的一种树脂。以合成树脂为基础，再添加各类助剂、染料或颜料、填充剂后，在一定条件下具有可塑性，统称为塑料。

合成树脂品种繁多，按制品应用功能分类，可分为通用树脂、工程树脂和功能树脂。通用树脂的原料来源丰富、价格便宜、生产量大、应用面广，且易于成型加工，如聚乙烯、聚丙烯、聚氯乙烯、聚苯乙烯等。工程树脂的物理机械性能、电性能及耐环境应力开裂性能优异，可替代金属或非金属作为工程结构材料使用，如尼龙、聚甲醛、聚碳酸酯、聚苯醚等。功能树脂具有某种特异功能，如离子交换树脂、高吸水性树脂、光敏树脂、螯合树脂等，可以用在除塑料应用以外的某些领域。

19世纪中叶，试制硝酸纤维素被视为世界近代塑料的出现。此后，发明了赛璐珞。1927年，发现邻苯二甲酸酯及磷酸三苯酯类增塑剂后，开始大量生产性能良好的醋酸纤维素塑料。19世纪末，人们一直在寻求具有更理想性能的材料，注意力转向对树脂生产的深入研究。进而发明了酚醛树脂，这是有史以来第一个完全靠合成的方法合成的全新材料，此后得到广泛应用。20世纪30年代初期，英国ICI公司首次发明了高压法生产聚乙烯技术，30年代末期，高压聚乙烯投入工业生产。

中国塑料生产起源于20世纪20年代的上海，当时一些民族工商业者以进口原料和废旧原料生产赛璐珞、酚醛树脂等产品，规模小、产量低。直到新中国成立前夕，产量仅数百吨。

新中国成立后，合成树脂工业发展迅速。20世纪50年代酚醛树脂、脲醛树脂生产得到发展。1958年，中国第一套聚氯乙烯生产装置在锦西化工厂建成，开启了国内以煤化工为原料，生产聚氯乙烯等合成树脂产品的历史。1960～1962年国内相继有上海高桥化工厂（简称上海高桥）、兰州化学工业公司（简称兰化公司）聚苯乙烯装置建成。1963年，兰化公司等企业从联邦德国、英国等引进低密度聚乙烯、聚丙烯等以石油为原料生产合成树脂、合成纤维、化肥等产品的12套生产装置，推动了以石油为原料的合成树脂工业的发展。到1965年，中国合成树脂产量达到13万吨，比1958年增长10.6万吨。

20世纪70年代初期，国家通过“四三方案”引进建设聚乙烯、聚丙烯等装置，推动合成树脂工业技术快速提高，产量大幅增加，迅速缩小与国外先进水平的差距。

1978年后，国家陆续在大庆石油化工总厂（简称大庆石化）等企业引进建设了一批乙烯工程，并配套建设了一批聚乙烯、聚丙烯、聚氯乙烯、ABS树脂装置，使合成树脂生产能力进一步增长。

20世纪80年代，中国实现了聚乙烯、聚丙烯等国产化技术的突破。进入21世纪后，中国石化[1]等企业与外商合资建设的一批世界级规模乙烯工程相继建成投产，并相应建设了一批合成树脂装置，实现了合成树脂工业从小到大、从弱到强的历史跨越，成为支撑现代高科技发展的重要基础材料和国民经济发展的重要行业之一。2008年，中国成为世界最大的合成树脂生产国和消费国。

2010年，中国五大通用合成树脂产能达5005万吨/年，产量3975万吨，生产能力位居世界前列；合成树脂的生产、加工与装备的技术整体水平已经步入世界先进大国行列，成功地开发了乙烯裂解炉以及聚丙烯、聚苯乙烯、聚酯和己内酰胺等合成技术，并且在特种工程塑料、催化剂、装备国产化等方面获得了一批具有自主知识产权的创新成果。2007～2016年的10年间，中国五大合成树脂年均产能增速达

---

[1] 石油化工领域的改革以及相关公司的成立史实已在综合卷第四章、第五章有记述，本章涉及的“中国石油化工集团有限公司”等企业名称的历史变迁不再赘述，全文统一简称为“中国石化”。“中国石油天然气集团有限公司”简称“中国石油”，“中国海洋石油集团有限公司”简称“中国海油”。

到10.6%。在全球产能占比也从约16%飙升至31%，达到历史高值。这一时期，中国合成树脂工业进入新技术、新品种、新业态的不断发展，开始向合成树脂强国迈进的新阶段。

截至2019年，中国合成树脂总产量9574.1万吨，进口量3366.8万吨，表观消费量1.22亿吨，自2015年以来连续5年消费量过亿吨。

第一节 从起步到取得较大发展

（20世纪20年代～1978年）

一、20世纪20～40年代的简单塑料加工史

中国的塑料工业源于20世纪20～30年代。当时，中国民族手工业者建设了几户规模很小的工厂，依靠进口原料进行简单粗加工，以简单的工艺生产做雀牌（麻将）的树脂，俗称“牌料”。所用的苯酚和甲醛则依靠进口。

1921～1924年，浇铸型酚醛树脂和乳酪素先后在上海胜德织造厂赛珍部（上海胜德塑料厂前身）问世，用来做仿象牙筷、雀牌、蘸水笔杆和烟嘴。1924～1929年，以进口废旧赛璐珞（即硝酸纤维素塑料）边角料和废影片进行复制加工成赛璐珞，由中兴赛璐珞厂和中华工厂等生产。1935年，酚醛模塑料（胶木粉）在胜德织造厂赛珍部试制成功并投入生产，并自行开模压制电灯开关、灯头等产品。当时人造象牙、乳酪素、赛璐珞和胶木粉在国内称为四大塑料品种。为摆脱对国外原料的依赖，厂家曾用西南山区盛产的五倍子经浸渍、发酵，焦化提制焦格酸；以农村副产物高粱壳、麦麸、棉籽壳等加酸水解，脱水提取糠醛，再缩合制成塑料。

20世纪40年代，上海塑料及成型加工有所发展，品种增加，并引进部分加工设备，产品逐步由生活用品扩展到少数工业品。1945年，进口胶木粉倾销，同行业竞争激烈，上海私营工厂根据不同用途，采用不同配方，生产电器用、文具用、生活用的绝缘性好、弹性好、冲击性好、着色性好的各种牌号胶木粉，以满足不同行业的需要。1947～1948年，塑料制品由热固性转向热塑性，利用进口聚苯乙烯和醋酸纤维树脂及注射机，率先在胜德新艺厂和远东塑胶厂加工成梳子、皂盒和笔杆

等热塑性制品。

这一时期，在苏州、南京两地有一些作坊性的工场，零星压制加工酚醛塑料，但原料靠上海供应。30年代末40年代初期，天津的民族工商业者依靠进口原料，开办了电木制品制造厂、漆布厂等小型厂，生产纽扣、电器开关、硝基漆布（简易人造革）等产品，总产量不足十吨。

新中国成立前夕，全国合成树脂总产量仅200多吨。只有赛璐珞和酚醛树脂两个品种。塑料制品也仅有千吨左右。

二、新中国成立后，实现从无到有发展

新中国成立后，政府积极支持发展合成树脂和塑料工业。早期的塑料小厂得到国家扶持，相继扩建，发展较快。20世纪60年代后，聚氯乙烯树脂开始兴起并取得大发展。70年代中期，随着中国石油化工的迅速发展，大型乙烯工厂的建成，聚烯烃树脂发展很快。到1977年，国内能生产的合成树脂产量已达67.9万吨，先后发展了通用树脂和工程树脂，生产能力、品种、牌号相应增加，特种工程树脂开发全面起步。到1978年，中国已有合成树脂厂30多个，塑料加工厂一千多家，除西藏以外遍及全国各地。1977年产量达45万吨。国外能生产的大类塑料品种，中国都能生产，已经工业生产的品种有30多种，其中万吨以上的有聚氯乙烯、高压聚乙烯、聚丙烯、酚醛树脂，千吨以上的有低压聚乙烯、聚苯乙烯、氨基塑料、尼龙、甲基丙烯酸甲酯类、环氧树脂、离子交换树脂、丙烯腈-丁二烯-苯乙烯共聚物（ABS）、纤维素树脂、不饱和聚酯、聚氨酯等，百吨以上的有聚甲醛、聚碳酸酯、氟塑料、有机硅、聚砜等，少量生产的还有氯化聚醚、聚苯醚、聚酰亚胺、聚硫醚等等。

（一）酚醛树脂率先实现工业化

酚醛树脂是以苯酚和甲醇为原料，生产工艺简单，建厂较易，是中国最早实现工业化生产的合成树脂产品。

1951年，赛璐珞的主要原料硝化棉在上海赛璐珞厂研制成功，从此有了国产赛璐珞。

1952年，锦西化工厂磺化法苯酚生产装置投产。1956年，吉林化学公司甲醛生产装置建成投产，国内开始规模化生产酚醛树脂原料，成型加工的原料供应有保障，使酚醛树脂生产有了进一步的发展。

1955年，化学工业部自行设计重庆塑料建成投产，以生产酚醛树脂为主，加工制成酚醛石棉制品，做化工防腐蚀设备、管道、法兰，能力为3000吨/年，是当时规模较大的合成树脂厂。

1955年7月，根据中华人民共和国计划委员会组织的调查表明，当时中国只有酚醛塑料、赛璐珞和酪素塑料3个品种，其生产与加工的企业共829家，职工1万人。酚醛塑料粉生产能力1.8万吨/年，赛璐珞生产能力400吨/年。当时，国内规模最大的塑料厂是上海化工厂和重庆塑料厂。

1956年9月，化学工业部和轻工业部联合在天津召开第一次全国塑料专业会议，提出要大力发展氨基塑料，研究聚氯乙烯制品的应用方向，并做出禁止在食具生产中使用酚醛塑料的规定，对推动塑料工业健康发展起到积极作用。

到20世纪70年代后期，全国酚醛树脂塑料厂有70多家，遍及20多个省市，生产规模小、品种单一。较大的厂有上海塑料厂、重庆合成化工厂、天津树脂厂、长春市化工二厂、太原酚醛树脂厂、衡水化工厂、武汉市化工原料厂等。全国总生产能力近8万吨。

（二）煤原料热固性树脂稳步发展

这一时期，国内多以煤化工生产焦油为原料进行合成树脂生产。生产热固性树脂产品主要有丙烯酸树脂（有机玻璃）、环氧树脂、氨基树脂等。

1. 丙烯酸树脂（有机玻璃）

1954年，中国科学院有机化学研究所研制成功丙烯酸树脂。1955年，沈阳化工综合试验所继续进行从单体合成到铸板聚合的放大工艺试验，并同时在锦西化工厂建立230吨/年装置，进行扩大试验，10月试制成功中国第一批国产航空有机玻璃。1956年，上海珊瑚化工厂和苏州安利化工厂相继用有机玻璃废制品及边角料裂解复制有机玻璃，而后也发展成用丙酮氰醇合成甲基丙烯酸甲酯单体。到1978年，共有生产厂50余家，生产能力超过1.3万吨/年，产量8100吨。

2. 环氧树脂

环氧树脂是指分子中含有两个以上环氧基团的一类聚合物的总称。它是环氧氯丙烷与双酚A或多元醇的缩聚产物。既可用于金属和非金属材料的胶黏剂（俗称万能胶），又可用于制造增强塑料、涂料等，还可用于处理纺织品起防缩、耐水作用。20世纪50年代，环氧树脂在世界范围内尚属一种崭新材料。美国等发达国家对出口到新中国的关键物资和技术进行严格审查，其中就包括环氧树脂。

新中国化工科技战线员工开始自力更生研究开发环氧树脂等新材料。

从1956年到1977年，是中国的环氧树脂工业的起步阶段。这一时期，环氧树脂的开发以科研院所和高校为主，沈阳化工研究院等单位围绕军工和国家重点建设项目开展相关产品的试制，以探索研究和小规模生产为主。

1956年7月，公私合营上海树脂厂成立，于1958年正式研究并成功生产环氧树脂，成为国内最早投入工业化生产的厂家。该厂根据企业的命名规则创立了双酚A环氧树脂601号、604号、634号等产品牌号。同时，上海中国树脂厂开发的液体双酚A环氧树脂101号调整为6101号，这一时期，国内环氧树脂牌号都统一为数字6开头。

1958年8月，化工部在沈阳召开环氧树脂和有机硅树脂生产的现场会，会后，江苏省化工会议指定无锡接受试制环氧树脂的任务。1958年12月，无锡生物化学制品厂树脂工作小组试制出环氧树脂产品。次年，该厂更名为地方国营无锡树脂厂，建成年产60吨的环氧树脂车间。1959年5月建成年产60吨环氧树脂车间，当年生产环氧树脂2.9吨。1964年，该厂用“硫酸法”工艺，试产成功环氧树脂的重要原料双酚A。后经过多次改扩建和产品更新，1977年，无锡树脂厂产能扩大到2000吨，该厂成为中国专业的环氧树脂生产厂。

到1966年国内共有16个厂家生产环氧树脂。主要生产厂家有上海树脂厂、无锡树脂厂和岳阳化工总厂树脂厂，生产能力均在1000吨/年以上，3家产量占全国总产量的50%。产品品种以双酚A为主，此外还生产酚醛环氧、脂环族环氧、元素有机环氧、合氮环氧、缩水甘油酯型环氧等特殊环氧树脂。

3. 氨基树脂——脲醛树脂和蜜胺（三聚氰胺甲醛）树脂

氨基树脂是含氨基的化合物如尿素或三聚氰胺与醛类如甲醛缩聚反应制得的树脂。氨基树脂生产一直以脲醛树脂（尿素、甲醛）为主，大部分用于木材加工用胶黏剂，用量占70%以上，其余用于制造塑料制品。

脲醛树脂对木材有较高的胶合强度并有较好的耐水性、耐热性，加之以水作分散介质，使用方便、不燃、原料易得、价格低廉、制造简单、颜色很浅，所以广泛用于木材加工，是木材胶黏剂中用量最大的品种，国内外都是如此。

在全国第一次塑料会议上，国家提出大力发展氨基塑料。森林工业研究所、北京化工研究院、庆阳化工厂和香坊木材厂合作，长春胶合板厂与森林工业研究所合作，分别开展脲醛树脂研究。1958年，脲醛模塑粉在上海天山塑料厂投产，技术主要由苏联引进，用来制造电气制品、餐具和各种日用品。在化工部的统一部署下，天津市天津树脂厂、广州市南中塑料厂等相继建成千吨级的生产线。1959年，脲醛模塑粉首先在天津批量生产，随后全国相继建设上海天山塑料厂等近20个生产厂，但生产比较落后，规模小、成本高。同一时期，中国开始研制丁醚化脲醛树脂和三聚氰胺甲醛树脂，20世纪70年代初自制苯代三聚氰胺，合成丁醚化苯代三聚氰胺甲醛树脂，不久又开发了异丁醚化的产品。到20世纪80年代，生产达到一定规模。三聚氰胺生产起步于天津卫津化工厂引进的苏联双氰胺法100吨/年装置。1965年，在消化吸收该装置基础上，在常州自主建设300吨/年装置。1969～1975年，中国自主开发出干捕再精制尿素法生产技术，在上海、常州等地陆续建成了多个300～500吨/年工业化装置。

4. 不饱和聚酯树脂

不饱和聚酯树脂主要用于制玻璃钢和涂料等。1958年前后，北京化工研究院、华东化工学院、沈阳化工研究院等单位相继开展该产品研究工作。上海树脂厂首先开始小规模生产，1965年转给上海新华树脂厂，生产能力为500吨/年。1960年2月起，建材部投入基建资金1219万元，在常州拟建年产5000吨的聚酯树脂生产企业，遂有常州建材253厂。1966年，常州253厂从英国司考特公司引进1套1000吨/年生产装置和技术，1967年建成投产，生产13吨，生产用原辅材料均由英国公司提供，此后，年产量逐年提高成为国内最大的生产厂家，可生产十几种牌号的不饱和聚酯产品，加速了中国不饱和聚酯和玻璃钢的发展，20世纪80年代生产能力达到4000吨/年。20世纪70年代后，天津合成材料厂、广州制漆厂、大连保温材料厂等陆续建成千吨能力生产装置，全国总生产能力超过1万吨/年。

5. 聚氨酯及其原料

1937年，德国拜耳博士首先发明了聚氨酯树脂，聚氨酯材料正式诞生。聚氨酯材料主要包括聚氨酯泡沫、弹性体、纤维、涂料、胶黏剂、皮革等，可以广泛应用于航空航天、化工、汽车、建筑、防腐保温、家具、电子电气、纺织、食品包装等领域。

20世纪50年代末60年代初，聚氨酯开始进入中国。当时，大连建立了一个小规模的三苯基甲烷三异氰酸酯的生产基地，主要用于胶黏剂的研发和生产。

甲苯二异氰酸酯（TDI）是生产聚氨酯材料的重要基础化工原料，主要用于制造聚氨酯油漆和聚氨酯涂料的固化剂，同时也用于生产软质聚氨酯泡沫等。

1956年，大连染料厂建成国内第一套光气装置，开始异氰酸酯的研制与开发。1958年，苏联援建的光气装置在山西太原化工厂投产，其产品为Ⅱ号中定剂（军用品），该装置采用内盘管导热的釜式反应器，采用沥青焦纯氧造气生产一氧化碳。

1961年，太原化工厂开发光气化产品甲苯二异氰酸酯装置投产。其后，大连染料厂、上海染料化工厂及重庆和常州等国内数家工厂建设了多套小规模的TDI和二苯甲烷二异氰酸酯（MDI）生产装置，生产异氰酸酯、聚碳酸酯等，装置规模一般只有年产几百吨，采用内盘管导热的釜式反应器，有的厂采用电弧炉以木炭和二氧化碳生产一氧化碳。

20世纪70年代初，化工部第二设计院以太原化工厂TDI装置为模板，为重庆长风化工厂设计大型光电化装置投产，产品有TDI、多亚甲基多苯基多异氰酸酯（PAPI）等，光气能力为2100吨/年。随着氨基甲酸酯类农药的生产，全国各地新建一批光气生产厂，如江苏无锡惠山农药厂、江阴农药厂、如东农药厂、黑龙江鹤岗农药厂、陕西宝鸡农药厂、上海东风农药厂、上海吴淞化工厂、湖南化工研究所等。装置规模增加至3000吨/年。同时采用列管式反应器，一氧化碳采用冶金焦或沥青焦纯氧造气制取。

1965年，聚酯型软质泡沫塑料在天津、大连、阳泉等塑料厂先后开始工业化生产，生产能力为3000吨/年。硬质聚氨酯泡沫塑料1964年开始研究，大量采用聚醚型。国内聚氨酯泡沫生产厂家有南京塑料厂、上海塑料制品六厂、大连塑料一厂、天津塑料制品二厂、沈阳泡沫塑料厂、北京泡沫塑料厂等。主要原料甲苯二异氰酸酯，在大连染料厂、太原化工厂生产，总产量不到1000吨/年；PAPI在常州有机化工厂、大连染料厂和重庆长风化工厂生产；多元醇在南京塑料厂、上海塑料制品二厂等6个单位生产，总生产能力达5000吨/年。

70年代，由于原料匮乏、设备落后，中国的聚氨酯生产基本处于手工和半手工状态，低压发泡设备尚处于研发阶段，没有成形的商品可用于工业化生产，聚氨酯工业发展缓慢。

（三）重点发展聚氯乙烯

聚氯乙烯（PVC）是世界上开发较早的合成树脂品种。自1931年工业化以来，一直是生产量较高、消费量较大的一个品种。聚氯乙烯主要用于制塑料、涂料和合成纤维等，硬质聚氯乙烯板材可用于建筑材料，聚氯乙烯薄膜广泛用于农业和包装材料。聚氯乙烯也是中国发展最早、产量最大的树脂品种之一，生产技术研发始于20世纪50年代，按原料来源，可分为电石乙炔和石油乙烯路线，早期以电石乙炔法为主。20世纪60年代作为合成树脂的代表品种得到重点发展，一度是产量最大的通用性合成树脂。20世纪70年代以后，聚烯烃等其他合成树脂兴起，聚氯乙烯生产的发展相对平缓。

1953年，在原重工业部化工局的化工综合试验场（北京化工研究院和沈阳化工研究院的前身）开始聚氯乙烯试验。1954年，沈阳化工研究院开始聚氯乙烯研究。1955年，在锦西化工厂试验厂进行了100吨/年悬浮法聚合中间试验。1956年，沈阳化工研究院聚氯乙烯树脂研制成功，科研人员又开发了聚氯乙烯薄膜、管材、板材、电缆料、鞋底等加工材料。1956年9月的第一次全国塑料会议研究了聚氯乙烯制品的应用方向，国内开始电石乙炔法生产聚氯乙烯。

1957年，北京有机化工设计院在苏联专家的帮助下，设计了3000吨/年聚氯乙烯的全套生产装置。1958年，锦西化工厂建设的中国第1台以电石乙炔为原料的13.5立方米聚合釜和3000吨/年聚氯乙烯生产装置建成投产，是当时国内最大的合成树脂车间。

这一时期，由于氯碱工业发展迅速，国家电石生产已具相当规模，为聚氯乙烯生产提供了丰富的原料。

1959～1960年，北京化工二厂、天津化工厂、大沽化工厂、太原天原化工厂、福州第二化工厂、株洲化工厂等先后建成并投产了6套6000吨/年聚氯乙烯生产装置，随后相继在吉林电石厂、四平联合化工厂又建成两套1万吨/年生产装置，徐州电化厂、宜宾化工厂等也相继建成聚氯乙烯装置，发展成为中国聚氯乙烯生产骨干企业。

20世纪60年代，聚氯乙烯树脂进入大发展时期，随着产量的增加，化学工业部大力宣传和组织塑料的推广应用工作，还在人民大会堂装修了一个以聚氯乙烯为主的塑料展示厅。同时，推广用聚氯乙烯鞋底代替布制鞋底，节约供应日趋紧张的棉布。还在农业生产中推广使用聚氯乙烯吹塑薄膜，做成农业育秧用膜和蔬菜大棚以及用于化肥包装等。1959～1967年，8年内产量增长7.19万吨。

这一时期，天津化工厂等主要依靠国产生产技术和装备，在原有基础上不断进行改造和扩建，提高生产技术水平。吉林电石厂、四平联合化工厂、徐州电化厂、宜宾化工厂等也相继建成生产装置投产。各省市的塑料制品加工工业因此获得了快速发展。产量从1960年的1.3万吨，上升到1970年的12.84万吨。生产能力在1万吨/年以上的工厂达25家。20世纪70年代，全国大多数省市进一步推广聚氯乙烯生产。

到70年代末，聚氯乙烯已成为国内产量最大的品种，年产量20万吨左右，全国各省除西藏以外都有生产，共约100个生产厂，主要的有上海燎原化工厂、北京化工二厂、天津化工厂、大沽化工厂、锦西化工厂、吉林电石厂、福州第二化工厂等。主要生产六种规格产品，还生产氯乙烯-醋酸乙烯、氯乙烯-偏氯乙烯、氯乙烯-丙烯酸酯、氯乙烯-丙烯、氯化聚氯乙烯、耐携电缆料和医用输血袋料等。1978年，全国聚氯乙烯产量已达到25.6万吨。生产方法主要以电石乙炔法为主。

聚氯乙烯发展详见本书重点子行业卷第四章部分章节。

（四）自主设计和引进建设推动通用合成树脂发展

1. 聚苯乙烯

1953年，重工业部化工局研究所开始聚苯乙烯产品实验。同年，自力化工厂也开始苯乙烯聚合研究。1955年，锦西化工厂试验厂（锦西化工研究院前身）进行了100吨/年乳液法聚合中间试验，因乳化剂供应问题而改为悬浮法聚合工艺。1956年10月30日，将苯乙烯单体装入玻璃管中加热，试制出块状聚苯乙烯树脂。1957年9月，上海市化工原料工业公司研究设计室用三颈玻璃烧瓶将苯乙烯分散在水中加热，制得分子量约6万的颗粒状聚苯乙烯树脂。1957年3月，上海成立高桥化工厂筹备处。1958年，高桥化工厂筹备处在实验工场建设35吨/年悬浮法聚苯乙烯试验装置，边试验边试产。当年第三季度投入小批量生产，产品击穿电压达5000伏，与英国产品相同。1959年10月，悬浮法聚苯乙烯树脂通过上海市化学工业局的技术鉴定。

在化学工业部编制的第二个五年计划纲要中，提出利用上海炼油厂的炼厂气生产聚苯乙烯塑料。为实现这一计划，1959年，高桥化工厂筹备处开始对石油气裂解、分离装置和乙烯利用生产装置进行设计。1960年7月，上海高桥化工厂建成中国自行设计并建设的第1套500吨/年聚苯乙烯工业试验装置并投产，采用粮食酒精作原料生产乙烯，再制成苯乙烯，采用悬浮法工艺生产聚苯乙烯塑料。1962年生产309吨，1963年生产421吨。1964年，增加1台聚合釜，产量提高到551吨，超过设计能力10%。1965年5月1日，高桥化工厂基于掌握的技术建成一套2000吨/年的聚苯乙烯装置投产，原500吨装置改用乳液聚合工艺，试产乳液聚苯乙烯树脂以及改性聚苯乙烯树脂等新产品。当年，两套装置共生产聚苯乙烯725吨。不仅为国家提供了迫切需要的聚苯乙烯塑料，减少了进口耗费的外汇，也使高桥化工厂从基建单位转变为生产单位，并通过生产培养了一支有机化工工程技术人员和生产操作工人队伍。

进入20世纪70年代，北京石油化工总厂向阳化工厂、南京塑料厂、常州化工厂、岳阳石化总厂（简称岳阳石化），采用国产化悬浮法技术又陆续建成4套聚苯乙烯装置投产，规模在500～2000吨/年。其中，北京和岳阳2套生产装置是用重整油碳八芳烃分离出来的乙苯为原料。兰化公司合成橡胶厂和高桥化工厂还生产抗冲击聚苯乙烯。到1978年，全国聚苯乙烯生产能力总计为1.2万吨/年。

2. 聚丙烯

聚丙烯的研究工作是20世纪50年代末开始的，辽宁省化工研究院进行了小试研究。

溶剂法聚丙烯：1962年，北京化工研究院开始聚丙烯溶剂法生产试验研究，得到较好的实验室结果。1962年，北京化工六厂利用这一科研成果，建立一套500吨/年溶剂法聚丙烯装置，进行少量生产。1965年，建成60吨/年的聚丙烯中间试验装置。1970年，进行了三釜串联和高深度丙烯聚合的中间试验。1972年，高桥化工厂4000吨/年试车。但由于原料丙烯不配套，两套装置均未进行正式生产。

1973年，北京化工研究院为北京石油化工总厂向阳化工厂设计5000吨/年聚丙烯生产装置，于1974年建成投产。这套装置成为国内聚丙烯催化剂和工艺开发的试验基地。1976年，南京塑料厂建成5000吨/年聚丙烯生产装置，生产出产品。

本体法聚丙烯：1964年11月，兰化公司从英国维克斯-吉玛公司引进建设5000吨/年聚丙烯树脂生产装置，于1970年投产，但由于技术不成熟，工艺设备问题较多。

1970年，复旦大学等单位也开始进行本体法聚丙烯研制。1972年，辽宁瓦房店纺织厂与中国科学院大连化学物理研究所协作，建成丙烯液相本体聚合的300吨/年工业试验装置。与此同时，北京化工研究院等单位合作开发了间歇式液相本体法聚丙烯聚合工艺。1974年，旅大市塑料研究所也参加协作，所得产品等规度80%左右。1975年通过技术鉴定。1978年，江苏丹阳化肥厂采用间歇本体聚合工艺，建成1000吨/年装置。上海石化塑料厂使用15立方米聚合釜建成3000吨/年装置。巴陵石化橡胶厂、常州石油化工厂等小聚丙烯装置也建成投产。

到1978年，全国聚丙烯产量为7.2万吨。

3. 聚乙烯

低密度聚乙烯（高压聚乙烯）：1957年，中国开始低密度聚乙烯制造技术的研究。1962年，上海化工研究院建立了30吨/年管式法模型试验装置。1965年，吉林化工研究院建立了300吨/年管式法中试装置。1966年，兰化公司在建设联邦德国引进的砂子炉裂解重油制乙烯装置的同时，从英国等国引进建设了3.45万吨/年低密度聚乙烯和0.5万吨/年聚丙烯等生产装置，并于1970年投产，从而使聚烯烃树脂的生产规模开始向万吨级发展。

高密度聚乙烯（低压聚乙烯）：相关研究始于1957年。1958年，广州塑料厂建成60吨/年间歇聚合工艺生产装置，开始了以酒精制乙烯为原料，合成高密度聚乙烯生产。1965年，高桥化工厂以炼厂气为原料，制得聚合级乙烯，采用上海化工厂研制的工艺技术，建设了50吨/年间歇聚合工艺生产装置，开始以石油乙烯为原料生产。此后，大连、沈阳、北京、安徽、泉州等地也以酒精或石油为原料制取乙烯，先后建立100～500吨/年生产装置。1970年，高桥化工厂又在原有50吨/年低压聚乙烯试验装置上，兴建了一套2000吨/年规模的生产装置。到1975年，全国已有13套小型生产装置，年总生产能力近万吨，产量3000吨，其中以石油为原料的占68.5%，最大的单线装置能力4000吨/年。期间，广州塑料厂与中山大学、北京化工研究院与北京化工三厂、上海高桥化工厂等单位，分别研制成功以镁化物为载体的钛系高效催化剂以及淤浆聚合新工艺。新研制的高效催化剂产率高，与原先国内普遍采用的齐格勒常规催化剂相比，效率提高100～150倍，从而简化流程、降低成本，有利于多品种生产。至1970年底，全国共有高密度聚乙烯装置10套，总生产能力2000吨/年。至1975年达到3000吨/年。其中以酒精为原料的约占1/3，新建或扩建装置均以石油裂解乙烯为原料。

4. ABS树脂（苯乙烯-丁二烯-丙烯腈三元共聚树脂）

国内于1963年开始研发ABS，与日本几乎同时起步。上海珊瑚化工厂和上海高桥化工厂最先研制成功，并通过技术鉴定。1970年，兰州化学工业公司合成橡胶厂建成了国内第一套2000吨/年乳液接枝法ABS的生产装置，并于1975年正式投入生产。生产能耐低温–30℃的ABS，据此形成了较完整的千吨级工艺包技术。同期，上海高桥化工厂也建起了1000吨/年乳液接枝-乳液SAN掺混法ABS装置。但由于工艺和设备存在不少问题而迟迟不能投产。后经过技术改造，选用乳液接枝共混工艺，使装置得以重新运转，生产出合格的ABS产品。由于这两套生产装置生产技术落后，一些工序不配套，自动化水平较低，产品质量难以进一步提高。直至20世纪70年代末，全国ABS树脂产量始终在3000吨/年左右，远远满足不了市场需求。

（五）“四三方案”项目引进大型聚烯烃装置

1972年，国家批准“四三方案”建设。在引进北京石油化工总厂、上海石油化工总厂、辽阳化纤公司3套7.4～30万吨级大型乙烯装置的同时，配套引进6套大型合成树脂生产装置，建立起3个大型石化基地。其中北京石化总厂引进8万吨/年聚丙烯装置和18万吨/年低密度聚乙烯装置，2套装置均由日本引进；此外，北京化工二厂从联邦德国引进8万吨/年聚氯乙烯装置，原料由北京石化总厂提供。辽阳化纤从联邦德国引进3.5万吨/年高密度聚乙烯装置，从意大利引进3.5万吨/年聚丙烯装置。上海石化从日本引进6万吨/年低密度聚乙烯装置。这一时期引进装置的建设，为中国增加了47万吨/年合成树脂生产能力，品种、牌号也相应增加。

1973年，北京石油化工总厂从日本住友化学公司引进釜式法18万吨/年低密度聚乙烯装置，1976年6月建成投产。

上海石化引进日本三菱油化管式法6万吨/年低密度聚乙烯生产装置，采用巴斯夫管式两点进料法技术，1976年9月建成投产。可生产注塑级、通用农膜、重包装薄膜、涂层料、花料、电缆料、轻膜等22个牌号的产品。

1974年，辽阳化纤厂从联邦德国伍德公司引进高密度聚乙烯技术和设备，采用联邦德国赫斯特公司淤浆法专利技术，生产能力3.5万吨/年，可生产注塑、吹塑、挤塑等12个牌号，1979年投产。

1973年，北京石油化工总厂从日本引进8万吨/年溶剂法聚丙烯生产装置，采用日本三井油化公司的釜式淤浆聚合工艺，1976年6月建成投产。该装置有两条生产线，每条4万吨/年，可生产均聚物33种、共聚物7种。

辽阳化纤公司从意大利引进了3.5万吨/年高密度聚乙烯装置，1979年建成投产。

1974年10月，北京化工二厂为了解决北京东郊电石聚氯乙烯生产造成的污染问题，从联邦德国伍德公司引进了国内第一套8万吨/年乙烯氧氯化法生产氯乙烯和2.5万～7.5万吨/年聚氯乙烯生产装置，用北京石化总厂乙烯作原料。1978年，山东胜利石化总厂和上海氯碱化工总厂（简称上海氯碱）分别从日本信越化学公司引进20万吨/年乙烯氧氯化法制聚氯乙烯生产装置，分别于1988年、1990年投产，使中国聚氯乙烯单个工厂的生产规模大大提升。

20世纪70年代末期，“四三方案”引进的6套大型合成树脂生产装置全面投产。1976年，燕山石化18万吨/年低密度聚乙烯装置和8万吨/年聚丙烯装置投产。其中低密度聚乙烯装置共有3条生产线，单线生产能力为6万吨/年，可生产15个牌号的产品。聚丙烯装置共有2条生产线，单线生产能力为4万吨/年，采用溶剂聚合技术，可生产40个牌号的产品，同时配套引进220吨/年三氯化钛催化剂装置。

1976年9月，上海石化从日本引进采用管式法生产工艺的6万吨/年低密度聚乙烯装置建成投料试生产，1977年8月产品考核验收，1981年全面达到设计指标，产量达6.8万吨，超过设计能力13%，合格率达到设计指标的98%。

1977年，北京化工二厂从联邦德国引进的8万吨/年乙烯氧化法生产聚氯乙烯装置建成投产。

1979年，辽阳化纤公司引进的3.5万吨/年高密度聚乙烯装置和3.5万吨/年聚丙烯装置建成投产。其中高密度聚乙烯装置从联邦德国引进，可生产注塑级牌号产品4种，吹塑级牌号产品5种，挤塑级牌号产品6种；聚丙烯装置从意大利引进，可生产用于塑料、纤维等25个牌号的产品。

这6套大型生产装置陆续投入生产后，国内合成树脂生产能力增加了47万吨/年，产量都有大幅增长、品种牌号相应增加、质量显著提高。20世纪60～70年代中国引进合成树脂装置情况见表2-16-1。

表2-16-1 20世纪60～70年代中国引进合成树脂装置情况

序号	建设单位	引进装置规模	引进时间	投产时间	采用技术
1	兰化公司	1000吨/年通用级聚苯乙烯	1961年	1962年	苏联本体法技术
2		5000吨/年聚丙烯	1965年	1970年	英国维克斯－吉玛公司技术
3		3.45万吨/年低密度聚乙烯	1965年	1970年5月	英国ICI技术
4	北京石化总厂	8万吨/年聚丙烯	1974年	1976年	日本三井油化公司引进
5		18万吨/年低密度聚乙烯	1973年	1976年6月	日本住友公司专利及承包
6	北京化工二厂	8万吨/年聚氯乙烯		1977年	联邦德国伍德公司技术
7	上海石化总厂	10万吨/年低密度聚乙烯	1974年	1976年9月	日本三菱油化公司技术
8	辽阳石油化纤厂	3.5万吨/年聚丙烯	1973年	1979年	意大利斯纳姆公司承包，美国阿莫科技术
9		3.5万吨/年高密度聚乙烯	1974年	1979年	联邦德国赫希斯特公司技术
10	烟台合成革厂	聚氨酯泡沫	1978年	1983年	日本科丽乐公司技术

（六）自主开发工程塑料主导产品并实现量产

工程树脂是可作工程材料和代替金属制造机器零部件等的塑料的材料，具有优良的综合性能，刚性大、蠕变小、机械强度高、耐热性好、电绝缘性好，可在较苛刻的化学、物理环境中长期使用。五大工程塑料分别是聚酰胺（PA）、聚甲醛（POM）、聚碳酸酯（PC）、热塑性聚酯（PBT/PET）、改性聚苯醚（MPPO）。

20世纪50年代末～60年代初中国开始自行开发，60年代中期实现小批量生产的工程塑料主要有聚酰胺、聚甲醛、聚碳酸酯和聚四氟乙烯等。

1.聚酰胺（尼龙）

中国从20世纪50年代后期，开始研究聚酰胺塑料，主要品种有尼龙1010、尼龙6、尼龙9、尼龙66及其改性产品，相继投入小批量生产。

尼龙1010：是中国独创的型号，采用蓖麻油作为原料，由上海长虹塑料厂于1958年研制成功，1961年由上海赛璐珞化工股份有限公司实现工业化生产。其他地区相继建立生产装置，到1973年全国共有40多套生产装置，总生产能力近4000吨/年，产量2650吨。尼龙9也是中国发展较早的聚酰胺产品，20世纪60年代初，中国科学院北京化学研究所和苏州化工研究所进行中试，后在江苏靖江市大众塑料厂建设20吨/年装置，其技术成熟，产品性能好。

尼龙6（己内酰胺）：生产工艺路线有苯酚法、光亚硝化法及环己烷氧化法等，以环己烷氧化法为主。岳阳化工总厂锦纶厂、南京化学工业公司磷肥厂、太原化工厂都有生产，装置能力为3000～5000吨/年。济南合成纤维厂采用苯酚为原料，生产能力1000吨/年。1974年，燃料化学工业部组织己内酰胺技术攻关，产量稳步增长，1983年达到7000吨。

尼龙66盐：1970年，上海天原化工厂和太原合成纤维厂先后建成600吨/年生产装置。

2.聚甲醛

聚甲醛由于聚合方法不同，可以分为两大品种，一种是以三聚甲醛聚合而成的均聚甲醛，另一种是以三聚甲醛与二氧五环或其他单体聚合而成的共聚甲醛（这一时期主要加工的是共聚甲醛）。聚甲醛具有优良的机械性能，如很高的刚度、硬度，极好的耐疲劳性，较小的蠕变性和吸水性，并具有特别优良的摩擦磨损性和干摩擦性能，另外尺寸稳定性、化学稳定性良好。由于聚甲醛有上述优良性能，因此广泛用于矿山、汽车、机床、化工、仪表、农机等行业，以代替有色金属和合金。

1958年，沈阳化工研究院、吉林化工研究院开始研制从甲醛气体制备均聚甲醛。1963年，长春应用化学研究所、沈阳化工研究院研究从三聚甲醛开环聚合制备共聚甲醛，在实验室制得性能良好的样品。1966年，在吉林石井沟联合化工厂建立50吨/年模型实验装置。1970年，建成500吨/年车间。上海溶剂厂1964年开始分别与华东化工学院、中国科学院长春应用化学研究所共同研制，1970年取得成功，填补了国内空白，当年投入生产，产量80吨。

到70年代末，国内有8套装置生产共聚甲醛，主要生产厂有吉林石井沟联合化工厂和上海溶剂厂，年产量200吨。此外，重庆塑料厂试验均聚甲醛。上海化工研究院、长春应用化学研究所研究辐射聚甲醛。改性品种有上海材料所的聚四氟乙烯-铝粉填充聚甲醛，晨光化工研究院和长春汽车厂研究所的充油聚甲醛。

3.聚碳酸酯

聚碳酸酯（PC）是指芳香族化合物与碳酸为基础的聚酯树脂，其代表是双酚A及其共聚型的聚碳酸酯。1958年，拜耳公司首次用聚碳酸酯制成薄膜，第二年又制成模塑材料上市，之后美国、日本也于1960年先后投入工业生产。因聚碳酸酯具有良好的综合性能，从而获得较快的发展，成为工程塑料的重要品种。

中国对聚碳酸酯的研究工作始于1958年，由沈阳化工研究院首先开发成功酯交换法工艺，1965年建成50吨/年中试装置，并有小批量生产。1968年10月，大连塑料四厂采用该院成果在大连石河分厂建成100吨/年车间，后又扩建到500吨/年。1976年，有大连塑料四厂、上海染料化工二厂、重庆长风化工厂和晨光化工二厂等先后建设生产装置。但企业规模普遍较小，实际生产能力都很小。1977年产能在3000吨左右。

20世纪70年代初，中国聚碳酸酯的生产能力逐渐提高，质量稳步上升。为克服聚碳酸酯的应力开裂问题，扩大使用范围，1972年6月，化工进出口公司组织沈阳化工研究院、晨光化工厂、大连第一塑料厂石河分厂的主要技术力量，在大连第一塑料厂石河分厂组成由工人、技术人员、领导干部参加的三结合小组，对聚碳酸酯的生产质量开展了攻关会战，通过半年多的努力，使聚碳酸酯的质量有了一定的提高。1980年，全国产能达到2560吨，产量为939.31吨。

（七）特种工程塑料开发全面起步

特种工程塑料一般指综合性能较高、长期使用温度在150℃以上的一类工程塑料，主要包括聚苯硫醚（PPS）、聚酰亚胺（PI）、聚砜（PSF）、聚醚砜（PES）、聚醚醚酮（PEEK）、液晶聚合物（LCP）等。这一时期，特种工程塑料产品还包括氟塑料、有机硅树脂、离子交换树脂等。

1.氟塑料

1958年，中国开始研制聚四氟乙烯；1964年，中间试验成功并投入生产；1983年，全国产量为1250吨，占氟塑料总产量约90%。其后试制并投入生产了聚全氟乙丙烯、可溶性聚四氟乙烯、聚三氟氯乙烯等，但产量不大，总产量100余吨。

2.有机硅

20世纪50年代初期，北京化工研究所、中国科学院化学研究所等单位相继进行研究。1956年，沈阳化工研究院建立有机硅试验车间，规模2～3吨/年。最初试制有机硅高温漆，以后又研制了有机硅电绝缘树脂。上海树脂厂等单位采用聚酯、环氧树脂改性等方法，改进其机械强度和黏附性能，实现了工业化生产。20世纪60年代，中国科学院化学研究所、上海树脂厂和晨光化工研究院研制成功了聚硅氧烷树脂和模塑料。其后，晨光化工研究院等单位开发了有机硅玻璃树脂，透光率达到90%～93%。至1983年，全国总产量1530吨。（提示：有机硅和氟化工发展详见本书重点子行业卷第二十、二十一章。）

3.聚砜

聚砜是20世纪70年代才出现的一种新型材料，它是由双酚A与4,4-二氯二苯基砜，以氢氧化钠为催化剂，在二甲基亚砜溶液中缩合而成的一种新材料。

聚砜是一种新型耐高温的热塑性塑料，有优良的介电性能、机械性能。其耐久性相当突出，最可贵的是抗蠕变性优良，因此聚砜在很多应用领域中具有较特殊的地位。1966年，天津合成材料研究所和上海合成树脂研究所都开始进行研制。1969年分别在天津合成材料厂和上海天山塑料厂建成100吨/年装置进行试生产，之后，广州、福州、大连等地也建立了生产装置。1973年，上海组织聚砜质量攻关会战收到了明显的效果。1973年，大连第一树脂厂利用上海合成树脂研究所等单位技术建成100吨/年生产装置。到1978年，有上海天山塑料厂、天津合成材料厂、广州东风化工厂等五个单位生产聚砜，年产量150多吨。

4.聚酰亚胺

聚酰亚胺是一种具有高模量、高强度、低吸水率、耐水解、耐辐射和优异绝缘性及耐热氧化的工程塑料，在航空航天、电气绝缘、原子能工业、卫星、核潜艇及微电子及其他精密机械方面具有广泛的应用。且聚酰亚胺耐高温，在550℃能短期保持主要的物理性能不变，在接近330℃下能长期使用。

1908年，研究人员首先合成芳族聚酰亚胺，20世纪50年代末期又制得高分子量的芳族聚酰亚胺。1961年，杜邦公司生产出聚均苯四甲酰亚胺薄膜，1964年，开发生产聚均苯四甲酰亚胺模塑料。1965年，公开报道该聚合物的薄膜和塑料。继而，其黏合剂、涂料、泡沫和纤维相继出现。

中国是世界上最早开展聚酰亚胺薄膜材料研究的国家之一。20世纪60 ～ 70年代，国防军工重点工程需要耐高、低温的塑料薄膜，上海合成树脂研究所、中国科学院长春应用化学研究所、第一机械工业部电器科学研究院（现名为桂林电器科学研究院有限公司）等单位开始了相关研究。1965年，上海市合成树脂研究所对聚酰亚胺树脂进行研究并获得成功。1967年开始研究聚酰亚胺薄膜及其复合薄膜的成膜技术，1970年研制成功，1978年复合薄膜研制又获成功。同时，有关单位还研制了漆包线、黏合剂等。这一时期的开发工作取得不小成绩，形成了浸渍法和流延法制备均苯型聚酰亚胺薄膜的工艺路线和双轴定向聚酰亚胺薄膜的专用设备。

到70年代末，全国共有聚酰亚胺生产单位近10个，规模不大。

5.离子交换树脂

离子交换树脂是指分子中含有活性基团而能与其他物质进行离子交换的树脂。大多是苯乙烯与二乙烯基苯的共聚物，分为阳离子交换树脂和阴离子交换树脂。

1957年，南开大学和上海医药工业研究院先后研制成功苯乙烯系强酸性阳离子交换树脂、强碱性阴离子交换树脂和丙烯酸系弱酸性阳离子交换树脂，并投入生产。到20世纪70年代末，全国共有科研院所和生产单位30余个，以苯乙烯001×7强酸性阳离子和201×7强碱性季铵Ⅰ型阴离子交换树脂产量最大。

20世纪60年代，上海医药工业研究院与上海化工厂协作研制成功非均相的离子交换膜，并投入工业化生产。70年代，晨光化工研究院等单位研制开发了半均相和均相离子交换膜，实现了批量生产。

从新中国成立初期发展到1978年，中国的合成树脂工业取得了较大的发展，合成树脂厂家有700多个，已初具规模，能提供几十种产品，基本满足了国民经济各部门发展塑料制品的需求。各部门应用塑料后节约了大量的铜、铬、镍等有色金属和各种不锈钢材，解决了许多产品用金属所不能解决的重大技术问题。

第二节 在改革开放中快速发展，实现从小到大

（1979～2000年）

1976年后，“四三方案”引进的北京石化总厂（1979年更名为燕山石化）、上海石化、辽阳化纤6套高压聚乙烯、低压聚乙烯、聚丙烯等装置全面投产，使中国合成树脂总产量大幅提高。1985年，合成树脂总产量达到123.2万吨，是1975年33万吨的3.73倍。

为进一步满足国内石化产品市场需要，提高合成树脂产品的自给率，1978年，国家决定再引进4套30万吨/年乙烯生产装置，同时配套引进14套合成树脂生产装置。但由于建设资金紧张，国家停缓建了这批项目。1983年7月，中国石化成立后，采取多渠道筹措资金的形式，在恢复建设4套乙烯装置的同时，14套合成树脂装置也得到了恢复建设。至20世纪90年代初，随着大庆石化、齐鲁石化、扬子石化、上海石化和稍后引进建设的茂名石化、吉林石化等6套30万吨/年乙烯装置的建成，与其配套的合成树脂装置同时陆续建成投产。

在引进项目建设的同时，国内合成树脂企业通过对国外技术的不断消化、吸收，进而不断创新，对生产装置进行技术改造等，企业的生产能力和技术水平有了进一步的发展，到1990年，中国通用合成树脂总生产能力超过300万吨。但距离世界先进水平仍有差距，仅为日本1985年生产总量的1/3，美国的1/7，名列世界第13位。

20世纪90年代，随着中国城市发展及工业化的加速，合成树脂消费越来越多的用于轻工、家电、日用品及易耗品等生产，使国内自70年代后以农用塑料消耗为主的状况发生了改变。为了增加合成树脂产量，1992年，燕山石化率先对1976年投产的30万吨/年乙烯装置进行改扩建，同时配套建设了14万吨/年高密度聚乙烯装置和4万吨/年聚丙烯装置。中国石化在全系统推广燕山石化经验，转变经济增长方式，由外延扩大规模改为内涵发展，把上海、扬子、齐鲁、大庆等4套30万吨/年乙烯装置改扩建为40万～48万吨/年，同时提高了合成树脂生产规模。20世纪90年代末，燕山石化又率先启动第二轮乙烯改扩建，配套建设了当时世界级经济规模、全国单线能力最大的20万吨/年聚丙烯装置和20万吨/年低密度聚乙烯装置，

带动了国内合成树脂工业的进一步发展，使国内合成树脂生产企业达到国际水平，合成树脂产能不断提高，品种、质量不断满足市场需求。

在此期间，合成树脂工业发展的重点是增加聚乙烯、聚丙烯、聚氯乙烯、聚苯乙烯和ABS五大通用合成树脂产量，调整合成树脂的产品结构，增强竞争能力。经过改造，低密度聚乙烯生产能力占聚乙烯总能力的比例从23%提高到28%，线型低密度聚乙烯比例从46%降低到42%，高密度聚乙烯比例从28%提高到30%，品种结构更适合国内市场需求。

到2000年，中国合成树脂消费量达到2456万吨，其中五大合成树脂消费量达到1952万吨，成为仅次于美国的第二大合成树脂消费国。五大合成树脂生产能力达到1300万吨以上。当年，合成树脂产量达到1096.7万吨，国内产品自给率为44.6%。

一、为提高产能和技术水平全方位技改扩建

（一）对大型引进装置进行技术消化吸收改造

为提高引进项目的生产能力，企业在消化吸收国外技术的基础上，不断对装置进行改造和创新。

兰化公司3.45万吨/年高压聚乙烯装置自1970年投产后，解决了乙烯压缩机使用寿命等方面存在的问题，并通过增加4台小型二次压缩机，使生产能力提高到5万吨/年。

燕山石化18万吨/年高压聚乙烯装置于1976年投产。通过采用PV催化剂，改造冷却塔，增加传热面积，提高压缩机能力，加入适量抗氧剂，防止和减少氧化料等措施，于1983年首次突破18万吨生产能力。8万吨/年聚丙烯装置于1982年达到设计能力后，改造了套管换热器，完成了氢气储罐等4项改进措施，使聚丙烯负荷达到117%，年产量达到8.8万吨。

上海石化高压聚乙装置是从日本三菱油化引进的，采用巴斯夫管式两点进料法技术，1976年投产，设计能力为6万吨/年。1986年，装置进行技术改造，生产能力提高到7.8万吨/年。1983年，该厂与上海化工研究院、中国寰球化学工程公司共同开发技术，改造成能兼产5000吨/年乙烯-醋酸乙烯共聚物（EVA）能力，装置的单程转化率和产品合格率都有提高，实际产量达到设计能力的110%。能生产注塑、通信电缆绝缘层、轻重包装膜、农用地膜、棚膜等产品原料。

辽阳化纤聚丙烯装置1980年投产后，开停工频繁，运转周期短、故障多，导致原材料消耗高、产品质量低。该厂采取加强设备维修、对关键设备实行专人负责制、改进密封己烷方法及冲洗量、延长运行周期、采用全等零度较高的新催化剂等方法，到1983年，各项技术经济指标全部达到设计水平。

（二）恢复建设4套大型乙烯配套合成树脂项目

1978年，国家引进大庆石化、齐鲁石化、扬子石化和上海石化4套30万吨/年乙烯装置，同时引进建设配套新建14套合成树脂生产装置。这些装置于1983年后相继恢复建设。

与大庆乙烯配套建设6万吨/年高压聚乙烯装置、6万吨/年低压低密度聚乙烯装置、14万吨/年低压聚乙烯装置。高压聚乙烯装置于1986年7月投产，采用联邦德国伊姆豪逊技术，采用气相管式法反应器，该装置还可以生产EVA树脂，能生产10种牌号，包括农膜、电缆料、管材、高透明膜、涂层料等。

齐鲁石化建设了14万吨/年低压聚乙烯装置、7万吨/年低压低密度聚乙烯装置、7万吨/年聚丙烯装置、2.5万吨/年聚苯乙烯装置和20万吨/年聚氯乙烯装置，从英国约翰-布朗建筑有限公司、戴维公司引进。

扬子石化建设了从日本三井油化公司引进的14万吨/年低压聚乙烯装置，采用淤浆法技术，能生产10个牌号的产品，可用以制得注塑料、纺丝料、管材和薄膜料。

上海30万吨乙烯工程共分两地建设，配套在金山建设的有第一套7万吨/年聚丙烯、12万吨/年环氧乙烷/乙二醇两个项目，建设在吴泾的有20万吨/年氯乙烯、20万吨/年聚氯乙烯两个项目，分别从日本和意大利引进。从1989年12月开始陆续投料试车，1990年4月打通全流程。1989年9月，又在金山建设了第二套7万吨/年聚丙烯、8万吨/年高压聚乙烯共两套合成树脂生产装置，由意大利和日本成套引进，1992年6月建成投产。整个工程于1993年12月通过国家竣工验收。

除四大乙烯配套项目建设外，1982年，兰化公司从日本东洋公司-三井东压公司引进0.5万吨/年高抗冲击聚苯乙烯装置。燕山石化从美国化学公司引进的生产能力为5万吨/年的聚苯乙烯和高抗冲击聚苯乙烯装置，于1989年9月投产。抚顺石化1986年从美国柯斯顿公司引进一套高抗冲击聚苯乙烯装置，能力为1.0万吨/年，于1989年5月投产。

到1990年，全国通用合成塑料总生产能力超过300万吨，名列世界第13位；合成树脂产量增长到226.8万吨，占当年全世界合成树脂产量的2.29%；是1949年全国合成树脂总产量0.2万吨的1100多倍，是1975年总产量33万吨的近7倍。1995年，全国合成树脂产量达到388万吨。

（三）乙烯改扩建工程使合成树脂产能升至世界第五位

1992年，燕山石化实施乙烯装置进行第一轮改扩建，由30万吨/年提高到45万吨/年，同时在已有11.5万吨/年聚丙烯装置的基础上增建一条4万吨/年的生产线，新建一套14万吨/年的低压聚乙烯装置，增加了国内聚烯烃产量和品种牌号。两套装置均采用了国产技术，部分吸收国外先进技术，设备基本由国内制造。项目于1994年9月顺利投产。

其后，大庆、齐鲁、扬子、上海等4套30万吨乙烯装置陆续进行扩能改造，配套建设聚烯烃装置，使国内聚烯烃产量增加。具有生产高品质的塑料专用料生产能力，替代国外进口。

这一轮乙烯改扩建完成后，到1999年，中国聚烯烃产量达到803万吨，其中聚氯乙烯190万吨、聚乙烯281万吨、聚丙烯264万吨、聚苯乙烯55万吨、ABS 12万吨。

2000年，国内合成树脂产能达到1300万吨/年以上。其中聚乙烯产能达到266万吨/年，聚丙烯产能达到367万吨/年，聚氯乙烯产能达到382万吨/年，聚苯乙烯、ABS等合成树脂的产能也在不断壮大。合成树脂总产量达到1096.7万吨，比1999年合成树脂总产量增加36.57%，占全世界合成树脂总产量的8.55%。在全世界主要合成树脂生产国中，中国在美国、日本、德国和韩国之后居第五位。十年间，中国五大通用树脂产量年均增长率为16.4%，为世界年平均增长率的3.2倍。

2000年，中国合成树脂产品的国内市场占有率为44.7%。在合成树脂品种上，聚乙烯、聚丙烯、聚氯乙烯、聚苯乙烯和ABS的五大通用树脂仍占据绝对主导地位，总产量占全部合成树脂总产量的94.5%。其中聚乙烯产量300万吨、市场占有率为50.4%，聚丙烯产量324万吨、市场占有率为66.5%，聚氯乙烯产量238.7万吨、市场占有率为55.9%，聚苯乙烯产量81.4万吨、市场占有率为46.5%，ABS树脂的市场占有率为11.4%。

其他品种合成树脂如聚醚、聚甲醛、聚四氟乙烯、聚酰胺等各种工程塑料的产量共计占总产量的5%左右。合成树脂的种类与牌号基本上符合下游加工业的要求，并减缓了塑料制品加工原料奇缺的局面。

（四）引进多套ABS树脂技术并完成建设

中国ABS工业化生产始于20世纪70年代。1975年，兰化公司建成国内第一套2000吨/年的ABS生产装置。1978年，高桥石化建成2000吨/年的生产装置。到20世纪80年代初期，中国ABS的年产量为3000吨左右。

兰化公司合成橡胶厂研制成功的阻燃型ABS，较好地保持了ABS的强度，阻燃性能达到UL94 V-0级别，所建生产装置生产能力为200吨/年，可批量生产。

江西有线电厂和北京化工研究院研制出增强ABS塑料，性能达到国外同类产品技术指标。兰化公司化工研究院还研究了ABS树脂微观相结构形态与接枝工艺条件的关系。

1982年，兰化公司从日本三菱人造丝公司引进1套生产能力为1万吨/年的ABS装置，其工艺路线是乳液接枝-悬浮AS掺混技术。

1983年，高桥石化公司从美国钢铁公司（USS）引进一套ABS二手设备，生产能力为1.0万吨/年，该装置工艺路线是乳液接枝-乳液AS掺混工艺。

1986年底，吉林化学工业公司（简称吉化或吉林石化）引进日本东洋工程公司-三井东压公司技术建成1万吨/年生产装置。

20世纪90年代，吉化公司引进日本合成橡胶公司技术，建成10万吨/年乳液接枝-本体SAN掺混法ABS装置；大庆石化总厂引进韩国味元公司技术，浙江宁波乐金甬兴化工有限公司采用美国通用电气（GE）公司技术，分别建成5万吨/年乳液接枝-本体SAN掺混法ABS装置；辽宁盘锦双兴工程树脂公司引进韩国新湖油化公司技术，建成5万吨/年乳液接枝-悬浮SAN掺混法ABS装置；镇江国亨化学有限公司引进技术，建成4万吨/年乳液接枝-本体SAN掺混法ABS装置。这些技术装备的引进，使中国ABS树脂产能和产量有了较大的提高，年平均增长率在15%左右，品种有所增加，生产技术水平也有了一定的提升。

到2000年，中国ABS生产能力为46.5万吨/年，产量18.5万吨，进口量达到147万吨，表观消费量163万吨，国产自给率仅有11%。

二、热固性树脂得到快速发展

（一）氨基树脂不断推出新品种并实现升级

1984年，四川化工总厂采用补偿贸易方式从荷兰引进以天然气为原料的1.2万吨/

年三聚氰胺装置建成投产，这是中国第一套与世界同步的现代化三聚氰胺生产线。

1986～1994年，清华大学等单位开发出第一代气相淬冷法技术，该技术具有流程短、设备少、消耗低、自动化程度高等优点，在山东、南京等地建成投产。与此同时，国内干捕再精制的两步法技术得到进一步发展，20世纪90年代中期，该技术出口伊朗，建成3000吨/年装置。1995年中国自行开发的联产碳胺工艺获得成功，使三聚氰胺产能扩大到5000吨/年。1998年，中原大化、川化、福建三明分别引进意大利欧技公司技术，建成投产1.38万吨/年装置。

（二）环氧树脂规模扩大、技术升级

20世纪80年代以前，中国环氧树脂发展较为缓慢。1986年中国环氧树脂的年产量约为1.5万吨。

1987年，岳阳石化总厂环氧树脂厂从日本东都化成公司引进3000吨/年高纯环氧树脂装置，1989建成投产。是中国引进的第一套先进的环氧树脂生产装置。

1989年，江苏省无锡市石油化工总厂（无锡树脂厂）从德国巴克利特公司引进3000吨/年电子级环氧树脂装置，1990年建成投产。

1995年7月，无锡市树脂厂引进1万吨/年离子法生产双酚A技术及关键设备，试车成功并投入生产。中国环氧树脂的质量达到了国外同等水平，产能和产量大幅度增加。

巴陵石油化工公司（简称巴陵石化）树脂部生产的环氧树脂质量在国内同行中位居前列，液体环氧树脂品种最齐全，覆盖所有应用领域，邻甲酚醛环氧树脂规模最大。液体环氧树脂在国内环氧树脂行业率先通过欧盟REACH法案认证。

（三）聚氨酯原料发展奠定发展后劲

中国从20世纪60年代就开始生产泡沫树脂，1978年，全国聚氨酯制品生产能力1.1万吨/年，产量500吨。

20世纪70年代末，中国开始引进国外先进的聚氨酯原料和制品生产技术与装备，国家批准烟台合成革厂从日本聚氨酯公司引进了1万吨/年二苯甲烷二异氰酸酯（MDI）生产技术。为节省投资，采取购买生产许可证和主要设备方式，按日本聚氨酯公司从英国ICI公司引进的2万吨/年装置缩小而成。由于没有掌握专利的核心技术，导致在建设和生产过程中遇到许多困难，装置长期不能正常生产。后该厂与青岛化工学院合作，依靠国内力量开发技术，解决了装置的各种问题。

20世纪80年代，通过“七五”“八五”科技攻关项目的国家扶植，国内开发了反应注射成型、高回弹冷熟化泡沫、高活性聚醚、聚合物多元醇、改性MDI等一系列制品和特种原材料的新技术。

1993年，由山东省化工规划设计院完成工程设计进行1.5万吨/年MDI扩建改造。实施改造中，许多关键技术被突破，1997年7月通过有关部门的鉴定和验收。1998年烟台万华公司承担专项4万吨/年MDI制造技术研究与开发项目。项目完成后，经专家组鉴定，该技术属国内首创，达到国际先进水平。

1992年，甘肃银光化学工业公司引进德国巴斯夫公司2万吨/年甲苯二异氰酸酯（TDI）生产装置。之后，沧州化肥厂和太原化工厂引进了瑞典国际化工公司技术，分别建成2万吨/年和3万吨/年TDI装置。中国TDI生产能力得到提高。

20世纪90年代后，聚氨酯树脂作为新型多功能高分子新材料在汽车、建筑、制冷、保温、家具、冶金、采矿、石油化工、轻纺等方面获得广泛应用。全国从事聚氨酯制品和机器设备的相关单位有上千家，较大规模的有上百家。制品总量也由1991年的15万吨增长到2000年的102万吨。1991～1998年平均年增长率为25%以上，聚氨酯树脂行业得到高速发展。

三、开发间歇式液相本体法聚丙烯工艺技术

1981年，为了合理利用石油炼厂气丙烯资源，岳阳石油化工总厂橡胶厂与北京化工研究院合作进行了间歇式液相本体法聚丙烯5升聚合釜小试和130升聚合釜中试研究。1982年，岳阳石化首先以石油炼厂气分离的丙烯为原料建立2000吨/年的间歇式液相本体法聚丙烯生产装置。1983～1984年，岳阳石化又进行以提高产品质量为中心内容的技术攻关和开发。使聚丙烯树脂主要指标达到或接近引进溶剂法装置的质量指标。

1985年，北京化工研究院络合-Ⅱ型催化剂的研制成功并应用推广。1987年，中国石化提出充分利用炼厂丙烯资源，加速发展聚丙烯。到1990年底，中国石化系统间歇式液相本体法聚丙烯生产能力由1986年底的4.45万吨/年增长到23.75万吨/年，增加4.3倍，缓解了当时国内塑料市场的供需矛盾，满足市场急需。

1984年，上海医药设计院和上海石化在分析和消化国外各种聚丙烯工艺的基础上，大胆创新，开发成功聚丙烯连续本体聚合新工艺，并于1989年8月通过百吨级中试鉴定。

大连石油化工公司（简称大连石化）4万吨/年聚丙烯装置是国务院重大技术装备办公室的国产化起步项目之一，该装置是中国第一套利用炼厂丙烯，使用中华人民共和国国家科学技术委员会的“六五”科研攻关成果中的丙烯精制技术，并在消化吸收的基础上，形成的有中国特色的聚丙烯工艺技术，是实现从工艺技术、工程设计到反应器等关键设备国产化有重大突破的项目。装置以炼厂气丙烯为原料，采用三釜（两液相釜、一气相釜）的液相本体-气相法连续聚合工艺，使用第三代高效催化剂。生产均聚型聚丙烯本色拉料。除关键设备和专有技术设备从国外引进外，其余均由国内加工制造。1988年9月，大连石化4万吨/年聚丙烯装置批准初步设计，1989年开工建设，经过三年多的设计、设备制造、施工、安装、调试等各方面的艰苦努力，1991年12月6日，实现装置投料一次试车成功。它的建成为中国炼厂气的综合利用开辟了一条新路。

此后，1994年7月燕山石化、1995年9月兰州炼油化工总厂（简称兰炼）各建成投产一套国内自行设计、施工建设的4万吨/年聚丙烯装置，均采用液相本体-气相法连续聚合工艺，所不同的是燕山石化采用四釜流程（两液相釜、两气相釜），能生产均聚物和嵌段共聚物产品，而兰炼采用的是三釜流程（两液相釜、一气相釜），只能生产均聚物产品。

四、加速聚丙烯、聚乙烯树脂技术装备国产化

1990年，中国石化为加快大型聚丙烯装置国产化的进程，在齐鲁石化引进意大利海蒙特公司7万吨/年环管本体聚合工艺技术的引进方式上做了一个重要决策，与外方签订了一个捆绑协议，协议规定，中国建设聚丙烯生产装置时，按惯例支付相应的专利使用费。当总建设生产能力超过40万吨/年以后，可无偿使用该公司聚丙烯环管工艺技术，这一决策为开发具有自由运作权的聚丙烯环管工艺技术打下了重要的基础。

中国石化拥有具有自由运作权的聚丙烯成套技术，结合中国具有自主知识产权的N系列催化剂和球形DQ系列催化剂，工艺不断完善，技术水平越来越高。1996～1999年，在吸收消化荷兰利安德巴塞尔聚烯烃公司Spheripol工艺基础上开发了7套7万吨/年和1套10万吨/年国产环管工艺聚丙烯装置。1999年，中国石化又开发出20万吨/年规模、能生产宽分子量分布产品、高抗冲击共聚物的第二代国产化环管聚丙烯成套工艺技术，使中国聚丙烯工业发展速度明显加快。1990年聚

丙烯产量只有38.53万吨，2000年达到323.95万吨。建设单套装置的生产能力，从最初的7万吨/年发展到30万吨/年，大幅度降低了聚丙烯装置的建设成本和生产成本。2000年该技术获得国家科技进步一等奖。国家依托北京化工研究院成立聚烯烃国家工程技术中心。

1992年，燕山石化开始第一轮乙烯改扩建工程，配套新建14万吨/年高密度聚乙烯装置。原拟成套引进，因国外公司技术转让价格过高，改为国产化，采用日本三井油化公司淤浆法工艺路线，并吸收了扬子石化公司和日本三井油化公司的技术改进成果，开发新的产品牌号和采用DCS控制。装置共设两条生产线，1994年建成投产。国产化部分的投资占总投资的70%，除混炼造粒机组、高速泵、浆液泵、罗茨风机及DCS控制系统外，其他设备基本上实现了国产化。该装置的建成投产，是中国掌握大型高密度聚乙烯技术的一个重要标志。之后采用国内自行开发技术建设了上海高桥石油化工有限公司（简称高桥石化）和大连石化公司高密度聚乙烯装置。

1999年，燕山石化开始第二轮乙烯改扩建工程，相应建设一套20万吨/年低密度聚乙烯装置。采用美国埃克森公司超高压管式法专利技术，由日本三井造船完成工艺包设计和从进料系统至粒料脱气掺混的基础设计，中国石化工程建设公司负责部分基础设计和操作压力小于32.5兆帕部分的详细设计。之后，国内石化企业和中外合资的乙烯一体化工程中又陆续建设了几套低密度聚乙烯装置。中外合资企业建设的低密度聚乙烯装置规模较大，中海壳牌石油化工有限公司（简称中海壳牌）石化联合工厂25万吨/年低密度聚乙烯，采用巴塞尔公司的高压管式反应技术。扬子巴斯夫60万吨/年乙烯项目中，40万吨/年低密度聚乙烯装置采用高压管式法聚合工艺，由2条20万吨/年生产线组成，是国内规模最大的装置。

五、自主攻关成功研制催化剂

中国自20世纪60年代初期开始合成树脂催化剂的研究工作，但引进建设的合成树脂装置所需催化剂一直从国外进口。

进入20世纪90年代，中国自主开发的聚烯烃、聚醚、环氧树脂等主要催化剂工作取得较大突破，催化剂配制装置相应完成了改造升级，形成了系列催化剂生产能力，特别是气相工艺聚丙烯、淤浆工艺高密度聚乙烯等实现了催化剂国产化。

聚丙烯催化剂：自1974年以来，中国科学院化学研究所等单位先后成功地研制了络合-Ⅰ型催化剂、YS-841型高效催化剂、BJ络合-1型催化剂和N型、DQ型高效催化剂、STP型高效催化剂、CS-1型和CS-2型高效催化剂、HDC型高效催化剂等等。这些催化剂特别是高效催化剂的研制开发和应用，促进了中国液相本体法聚丙烯工艺的发展。

20世纪90年代，中国科学院化学研究所以技术入股辽宁营口向阳化工厂。北京化工研究院研制出球形DQ系列催化剂，广泛应用于各种环管聚丙烯装置。自1998年开始研制开发电子供体催化剂，将高活性、高氢敏感和加工性能良好的ND系列投入生产。北京化工研究院先后形成的N系列催化剂、DQ系列催化剂、DQC系列催化剂、BC系列催化剂和H系列催化剂在聚丙烯工业生产上得到了广泛应用，已出口泰国、马来西亚、印尼、伊朗、俄罗斯、美国等国家，各项性能指标达到或超过国外催化剂水平；具有突出优点的N系列催化剂专利技术已许可国外公司使用，独具特色的非邻苯二甲酸酯类、超高活性聚丙烯催化剂的开发为未来聚丙烯催化剂发展开辟了广阔的国际国内市场。除了北京化工研究院外，还有中国科学院化学研究所研制的CS-1型催化剂、中山大学高分子研究所研制的STP型催化剂等。

聚乙烯催化剂：北京化工研究院相继成功开发了淤浆法BCH催化剂、气相法BCG催化剂、淤浆进料气相法BCS系列催化剂和新一代淤浆法BCE系列催化剂以及BCL系列催化剂，相关催化剂在国内外广泛应用，已出口美国、俄罗斯、泰国、伊朗、马来西亚等国家和中国台湾等地区，各项性能指标达到或超过国外催化剂水平，其中BCE系列催化剂和BCL催化剂综合性能处于世界领先水平。

2000年，中国在聚烯烃领域唯一没有国产化的催化剂——气相法聚乙烯催化剂在国产化上取得了关键性的突破，在齐鲁石化中试获得成功，由上海有机化工联合研究所研制的这种催化剂，其活性优于进口产品，所生产出的产品机械性能与进口催化剂生产的产品相当。气相法聚乙烯催化剂由北京化工研究院和上海化工研究院几乎同时研发成功并实现工业化，北京化工研究院研究项目获2003年度国家科学技术进步二等奖。

六、部分工程塑料和特种工程塑料有较大发展

经过近半个世纪的发展，到20世纪末，国外的工程塑料产业已经发展成为一个由聚酰胺、聚碳酸酯、聚甲醛、改性聚苯醚和热塑性聚酯五大通用工程塑料和聚苯硫醚、聚砜、聚酰亚胺等约20多种工程塑料构成的高新技术产业。其应用领域已

经突破已有范围，进入经济发展各领域。1998年，全球工程塑料总产能已达513.2万吨（其中通用工程塑料503.7万吨，特种工程塑料9.5万吨）；总消费量414.8万吨（其中通用工程树脂约407.3万吨，特种工程树脂7.5万吨）。中国工程塑料产量1998年总计为7.3万吨，产量和消费需求存在较大差距。这一时期的发展应用不够广泛和均衡，由于半数以上的原料树脂尚未实现产业化或无竞争能力，中国的工程塑料工业尚未形成真正和完整意义上的产业，与国外相比，规模、技术、品种均有不小的差距。

（一）聚甲醛

1958年，中国开始进行从甲醛气体制备均聚甲醛（POM）的研究。1965年底，吉化制出中国第一批共聚甲醛，1992年生产能力达到1000吨/年。1970年，上海溶剂厂建成100吨/年装置，2000年生产能力达到1900吨/年。到2000年，两厂共向国内市场提供了约2万吨商品树脂，其中1.5万吨树脂来自上海溶剂厂，其产品曾销售到中国台湾地区并出口到欧洲。

1997年，云南天然气化工厂（简称云天化）引进波兰技术，在水富建成1万吨/年装置，于2001年投产。国内聚甲醛生产的瓶颈终于被打破。2008年，云天化在水富扩建成3万吨/年装置、长寿建成6万吨/年装置，总产能达到9万吨/年。

（二）聚碳酸酯

1985年，全国聚碳酸酯（PC）的生产能力为3860吨/年，产量达到2082吨。

到了90年代末期，聚碳酸酯在国内市场需求增长最快。进口量从1994年的3.5万吨，增长到2000年的20万吨以上。主要应用在计算机、光盘、水瓶、通信设备和新型建材方面。世界聚碳酸酯的生产规模每年都有大幅度增加，但仍不能满足供应。在中国，上海焦化厂与拜耳公司合资建立10万吨/年装置（一期5万吨PC、10万吨双酚A）。

在共混方面以PC/ABS合金为主。这一时期在国内聚碳酸酯共混改性的装置不少，但都缺乏规模，只有美国通用公司在广东番禺的共混装置从2.5万吨/年扩建为6万吨/年，并在上海浦东新建了一座2.5万吨/年的工厂。在聚合方面的研究也有新进展。

进入20世纪90年代，重庆长风化工厂等采用国内技术，生产装置受工艺和装备落后的制约，达不到经济规模，产量逐年下降，1998年产量只有225吨，许多厂先后停业。2000年，长风化工厂把聚碳酸酯生产能力扩大到3000吨/年。

（三）聚对苯二甲酸丁二酯

20世纪80年代初期，随着聚酯工业的发展，国内建成一些百吨级至千吨级的聚对苯二甲酸丁二酯（PBT）小型生产装置。1994年，南通合成材料厂5000吨/年连续对苯二甲酸二甲酯（DMT）法PBT树脂生产装置建成投产。同时，北京泛威工程树脂公司间歇式DMT法PBT树脂生产线建成投产。由于DMT法工艺技术落后及主要原料DMT来源不足等问题，这些装置生产能力未能实现。

1997年，仪征化纤股份有限公司（简称仪征化纤）引进连续直接酯化缩聚工艺及关键设备，建成2万吨/年的PBT树脂生产装置，成为世界上第一套工业化的连续PTA法生产PBT树脂的装置。该装置因工艺技术先进，又有自产对苯二甲酸原料优势，生产情况较好。

PBT树脂的原料是对苯二甲酸和1,4-丁二醇，20世纪80年代，国内对苯二甲酸技术成熟，生产能力很大，原料供给没有问题；但1,4-丁二醇国内不生产，完全依靠进口，制约了PBT树脂的发展。2001～2002年之后，1,4-丁二醇的生产国产化，促进了建设新装置的发展。南通星辰合成材料有限公司建成1.5万吨/年PTA直接酯化法新装置，仪征化纤、长春化工（江苏）有限公司、新疆蓝山屯河聚酯有限公司先后分别建成6万吨/年的PBT装置，江阴和时利工程塑胶科技发展有限公司建成2万吨/年的PBT树脂生产线。中国PBT生产能力大幅提高。但是，由于生产技术问题以及市场开发等众多因素影响，国内PBT开工率还很低，2000年生产能力3.5万吨/年，产量1.64万吨。

（四）聚苯醚

中国自20世纪60年代初，在上海、天津等地曾有多个单位开展2,6-二甲酚合成及制取聚苯醚（PPO）的研究工作。上海合成树脂研究所于20世纪60年代后期完成实验室研究工作并进行扩大试验，20世纪70年代初在上海远东树脂厂建成百吨级装置并试产，20世纪80年代通过中试技术鉴定。上海市合成树脂研究所做了有关聚苯醚的基础性研究工作，成功研究出间歇法聚合技术，并研制及生产了通用改性聚苯醚阻燃级、耐热级、玻纤增强级等多种型号产品。北京化工研究院较系统地开展了有关聚苯醚的科研工作，1985年完成50吨/年中试，在催化剂的制备、2,6-二甲酚单体合成、聚合工艺、改性技术等方面取得研究成果后，又进行了百吨级聚苯醚的扩大试验，为千吨级工业化技术开发工程提供了必要的技术参数。经过化工部第六设计院的协作设计，将部分引进国外资料进行放大基础设计，采用连续聚合法生产工艺，于1994年建成了一套2000吨/年PPO树脂和2300吨/年2,6-二甲酚单体的装置。该系列装置从1994年开始试车，由于各种原因一直没有正常生产。

第三节 形成配套完整合成树脂工业体系（2001～2010年）

2001年，中国加入WTO后，经济发展速度加快，合成树脂消费进入快速增长期。石化行业适应市场需要，积极扩大产能，对燕山、齐鲁、扬子、上海、大庆、吉化等六大乙烯生产厂家进行了第二轮改造，配套建设了多套聚乙烯、聚丙烯等生产装置，中国五大合成树脂保持快速增长。2000～2005年，中国合成树脂年均增长率为11.8%，约为世界年均增长率的3倍。到2005年，第二轮乙烯改扩建中配套建设的合成树脂装置投产，总产能达到2427万吨，合成树脂总产量达到2142万吨。五大合成树脂产量保持稳定增长，产品品种、质量、牌号等也得到提高，基本符合加工业的要求，缓解了自20世纪80年代开始加工原料奇缺的局面，增加了国内市场自给率，为塑料制品加工业的发展创造了有利条件。

在世界合成树脂生产大国中，中国合成树脂产量的排位1988年为世界第13位，1997年升至第5位，2005年起成为全球最大的合成树脂消费国，2007年，中国合成树脂产量从1978年的67.9万吨增至3073.6万吨，增长44.3倍，从世界第15位升至第2位。中国合成树脂产能占世界总产能15%，2008年起成为全球最大的合成树脂生产国。从1952年产量仅有0.2万吨升至1984年突破100万吨历时32年，从100万吨升至2000年超1000万吨仅用了16年，从1000万吨升至2000万吨、2000万吨升至4000万吨都只用了5年，2010年后每增加1000万吨用时更短。

2010年后，镇海炼油化工总厂、独山子石化两大石化企业100万吨级乙烯装置配套建设聚烯烃装置相继投产。中国石化、中国海油等与外商合资建设了一批世界级规模的乙烯工程配套建设的合成树脂装置投产，如扬巴公司、赛科公司、中海壳牌公司、中沙（天津）石化等，使国内聚烯烃产品质量得到提高，品种更加丰富。

一批煤制烯烃项目也成功投产，如神华包头煤化工聚乙烯、聚丙烯装置，大唐内蒙古多伦煤化工有限公司和神华宁煤集团的聚丙烯装置等。

2010年，中国五大通用合成树脂生产能力位居世界前列，其中聚丙烯、聚氯乙烯、聚苯乙烯、ABS树脂产能已位居世界首位，聚乙烯产能也仅次于美国，居世界第二位。中国合成树脂总产量达到4361万吨，居世界第2位。合成树脂自给率从2000年的44.7%提高到61.1%。当年聚乙烯、聚丙烯、聚氯乙烯、聚苯乙烯和ABS等五大通用合成树脂生产能力为5005万吨/年；产量达到3975万吨，自给率提高到76%，同时专用料等高附加值产品比例进一步提高。江苏、广东、浙江以生产合成树脂553万吨、469万吨及454万吨占全国前三位。

在合成树脂工业技术方面，中国成功地开发了聚丙烯、聚苯乙烯、聚酯和己内酰胺等合成技术，并且在特种工程塑料、催化剂、装备国产化方面获得了一批具有自主知识产权的创新成果。中国已经成为合成树脂生产和消费的大国。

一、多数聚烯烃类产品产量居世界第一位

2001年，燕山石化第二轮乙烯改扩建项目投产，乙烯生产能力由45万吨/年提高至71万吨/年，配套建设的16万吨/年高密度聚乙烯装置同时投产，而当时世界上单套生产能力最大的20万吨/年聚丙烯装置于1998年先期投产。

之后，其他五大乙烯生产厂家对生产装置陆续进行改扩建。2002年4月，上海石化40万吨/年乙烯装置能力扩增至70万吨/年，同时聚烯烃年产能达到91万吨，其中20万吨/年聚丙烯装置和25万吨/年聚乙烯装置进入世界规模。2002年8月，扬子石化乙烯由40万吨/年提高到65万吨/年，配套建设的聚乙烯使产能由17万吨/年增长到37万吨/年，聚丙烯由23万吨/年增长到43万吨/年，新增40万吨/年合成树脂生产能力。2003年，大庆石化将乙烯生产能力由45万吨/年扩增至60万吨/年，同时新建20万吨/年低密度聚乙烯装置。2004年，吉林石化乙烯生产能力由38万吨/年扩增至60万吨/年，新建30万吨/年高密度聚乙烯装置。2005年，齐鲁石化乙烯生产能力由45万吨/年扩增至72万吨/年，配套扩增聚氯乙烯使产能由23万吨/年扩大到60万吨/年。

在六大乙烯生产厂家扩建的同时，北京东方化工厂等规模较小的乙烯生产装置也在进行改扩建，能力由10万吨级扩增至18万～24万吨级，与乙烯生产能力相适应，同时增加配套聚烯烃项目建设。这些合成树脂装置的建成投产，不仅增强了聚

烯烃产品在国内市场上的占有率，同时也填补了国内多种高附加值合成树脂专用料的空白，使合成树脂专用料的生产比例有明显的提高。

同一时期，一批生产乙烯的合资企业也相继开工建设。其中包括扬子石化与巴斯夫公司建设的扬巴一体化60万吨/年乙烯工程，上海石化与英国石油公司合资建设的赛科石化90万吨/年乙烯工程，埃克森美孚公司与福建炼化合建的60万吨/年乙烯工程，壳牌公司与中国海油合建南海80万吨/年乙烯工程。乙烯生产装置的新建，配套建设的合成树脂生产装置同时投产，中国五大合成树脂产量快速增长。

2009年，随着独山子石化百万吨乙烯、福建炼化一体化项目，以及天津中沙石化百万吨乙烯等项目的投产，中国五大合成树脂产量达3009万吨，产能增幅超过10%。

2010年，中国聚乙烯的总生产能力已达到1035万吨/年。其中，低密度聚乙烯生产能力189万吨/年，年产量206万吨，采用的技术有釜式法和管式法；高密度聚乙烯生产能力383万吨/年，年产量414万吨，采用的技术有浆液法和气相法。线型低密度聚乙烯生产能力462万吨/年，年产量385万吨，采用的技术有气相法和溶液法。

到2010年，采用聚丙烯国产化技术，国内共兴建了一批技术新、规模大的聚丙烯装置，新增产能共计590万吨/年，年均增速高达15.5%。采用中国石化第二代环管工艺建成11套10万～35万吨/年的装置，总产能220万吨/年。如茂名石化30万吨/年聚丙烯装置、独山子石化30万吨/年和25万吨/年两套装置、镇海炼化30万吨/年装置等，还建设了天津中沙45万吨/年装置、宁波台塑45万吨/年装置等。2010年，中国聚丙烯产能达到1511万吨/年，年产量993万吨。

聚氯乙烯行业受建筑业拉动，2000～2010年年均增速约22.2%，特别是2005年，扩能增速高达39.8%。到2010年，中国聚氯乙烯生产能力2059万吨/年，产量1130万吨。

这一时期，聚苯乙烯行业除国内企业和合资企业新建或扩建外，国外大型生产企业也纷纷到中国建厂，如陶氏化学、雪佛龙等公司，其建设规模均达到10万吨/年以上，所采用的技术也为各厂家最先进的技术。国内聚苯乙烯生产技术得到大幅度提升，生产能力也有较大发展。2010年，中国聚苯乙烯产能565万吨/年。

ABS树脂在原有的兰化公司等企业生产的基础上，新增高桥石化、宁波台塑化工、新湖（常州）石化有限公司（简称新湖常州石化）等3家生产企业，同时，多家企业新建或扩建ABS装置，如宁波LG甬兴化工有限公司（简称LG甬兴化工）、镇江奇美化工有限公司（简称奇美化工）、镇江国亨化学有限公司（简称镇江国亨）等。2010年，国内ABS产能增至228万吨/年。

2010年，中国聚烯烃产量3650万吨。其中，聚乙烯产量985.8万吨，聚丙烯产量916.8万吨，聚氯乙烯树脂产量1130.1万吨，聚苯乙烯树脂产量376万吨，ABS产量200万吨，除聚乙烯外，其余产品产量均居世界首位。2010年，中国聚乙烯、聚丙烯、聚苯乙烯、ABS主要生产企业生产能力见表2-16-2。

表2-16-2　2010年中国聚乙烯、聚丙烯、聚苯乙烯、ABS主要生产企业生产能力

单位：万吨/年

企业名称	聚乙烯			聚丙烯	聚苯乙烯		ABS
	LDPE	LLDPE	HDPE		GPPS/HIPS	EPS	
燕山石化	32		18	40	5		
上海石化	16		40	42			
茂名石化	36	23	35	47			
扬巴公司	20				20.3	4	
齐鲁石化	14	10	14		3.5		
兰州石化	20	36	17	45			5
大庆石化	26	8	22	30	2.5		10.5
中海壳牌	25		20	26			
福建炼化		40	40	52			
上海赛科		30	30	25	30		
扬子石化		20	22	39			
中原石化		20					
广州石化		20			5		
天津石化		12					
镇海石化		45		50			
中沙（天津）石化		30	30	45			

续表

企业名称	聚乙烯			聚丙烯	聚苯乙烯		ABS
	LDPE	LLDPE	HDPE		GPPS/HIPS	EPS	
吉林石化		27	30				17
独山子石化		80	30	69	13		
抚顺石化		8			6		
辽宁华锦化工		13	30	31	4		
沈阳石蜡化工		10					
神华包头煤化工		30		30			
辽阳石化			7				
青岛炼化				20			
海南炼化				20			
大连石化				32		4	
广西石化				20			
宁波台塑				45	25		25
陕西延长				30			
浙江绍兴三园				30			
湛江新中美					8		
汕头爱开思塑料					14	5	
泉州海洋聚苯树脂					10		
Atofina 三水化工					10		
张家港雪佛龙化工					20		
张家港斯泰龙石化					12		
镇江奇美化工					30		36
江苏莱顿集团					10		

续表

企业名称	聚乙烯			聚丙烯	聚苯乙烯		ABS
	LDPE	LLDPE	HDPE		GPPS/HIPS	EPS	
无锡兴达泡塑集团						50	
东莞新长桥化工						30	
江阴新和桥化工						25	
江苏常达成化工						12	
江阴江华化工						24	
宁波和桥化工						18	
中山台达化工						10	
无锡新凯达泡塑						5	
无锡新达塑料						4	
无锡新安塑料						2	
天津见龙塑料制品						18	
青岛见龙塑料制品						16	
LG 甬兴化工							50
镇江国亨化学							25
盘锦双兴工程塑料							19
新湖常州石化							20
高桥石化							20
其他				383	1	109	
小计	189	462	385		229.3	336	
合计	1035			1151	565.3		227.5

二、生产集群和改性与加工完整产业链条形成

2010年，中国合成树脂工业形成了珠三角、长三角、环渤海等地区的合成树脂

生产集群。

珠三角有茂名石化、广州石化、福建炼油化工有限公司（简称福建炼化）、中海壳牌等，长三角有上海、高桥、仪征化纤、扬子、巴陵石化等，环渤海有燕山、齐鲁、天津、大连、辽阳、抚顺及大连西太平洋石油化工有限公司（简称大连西太）等石化企业。三大生产集群构成了全国布局，并不断衍生出树脂改性、塑料加工等产业链。中央企业、地方国企、民营企业及外资企业等形成了包括石油炼制—合成树脂—改性塑料—塑料及橡胶等的制品—制品应用—材料再生利用在内的产业链体系。

在合成树脂技术方面，中国成功地开发了聚丙烯、聚苯乙烯、聚酯和己内酰胺等合成技术，并且在特种工程塑料、催化剂、装备国产化方面获得了一批具有自主知识产权的创新成果。

合成树脂工业发展迅速，形成了树脂合成、改性合金化、助剂、模具与装备、加工应用等配套完整的工业体系。塑料行业的下游是以塑料制品为主营业务的轻工业，涵盖了农用薄膜、建材、家电、汽车零部件、模具、容器包装等子行业。

合成树脂品种牌号和专用料增加。天津石化、镇海炼化、茂名石化等采用自主技术建成了与国际水平同步的大型工业化装置，产品品种牌号不断适应下游企业需要。燕山石化等在合成树脂高端化、个性化、功能化上下功夫，开发了一大批高附加值的专用料，如高密度聚乙烯管材料、吹塑托盘专用料、聚乙烯高速成型瓶盖专用料、交联聚乙烯管材专用树脂、高MFR共聚聚丙烯汽车内饰料和流延膜用聚丙烯专用料。燕山石化部分聚丙烯装置专用料生产比例达到92%。独山子石化合成树脂牌号大幅度增加，开发PE100管材专用料和聚丙烯高流动性抗冲击共聚产品等。

合成树脂高端产品稳步增加，开发了一批高端合成树脂，有：面向电子信息产业的功能性产品，如聚碳酸酯、氟树脂等；面向汽车机械产业的结构性材料，如高性能车用聚丙烯树脂等；面向轻工纺织产业的差别化专用产品，如聚苯硫醚等；面向航空航天的专用产品，如高吸水性树脂等；面向节能环保产业的新型材料，如聚氨酯环保型涂料树脂等。

三、聚苯乙烯和ABS合成树脂自给率大幅提高

20世纪80年代后，中国聚苯乙烯工业通过引进技术和装备，建设了抚顺石化2万吨/年、燕山石化5万吨/年、汕头海洋化学有限公司10万吨/年和齐鲁石化3.6万

吨/年等聚苯乙烯装置。

到20世纪90年代中期，国内聚苯乙烯市场需求增长迅速。除国内企业新建或扩建聚苯乙烯装置外，1994年11月，扬子石化与德国巴斯夫公司合资成立扬子巴斯夫乙烯系列有限公司，建设10万吨/年聚苯乙烯装置。镇江奇美化工有限公司建设生产能力为30万吨/年生产装置，宁波LG甬兴化工有限公司生产能力也达到10万吨/年等。同一时期，陶氏化学、雪佛龙等国际著名化工企业在江苏张家港建设聚苯乙烯生产厂，建设规模均在10万吨/年以上。这些企业不仅所占市场份额高，所采用的技术都为各厂家最先进的技术，还具有较高的管理水平。推动国内聚苯乙烯生产技术水平也达到一个新阶段，生产能力有了较大的发展。

20世纪90年代后期，ABS得到快速发展。1994年末，吉化公司30万吨乙烯装置配套项目，引进建设10万吨/年ABS生产装置合同与日本合成橡胶株式会社、日本窒素工程公司、日绵公司签字，1997年9月建成投产。经过技术改造，2002年，生产能力扩大为15.8吨/年，其后再次对装置进行技术改造，生产能力达到18万吨/年。2009年7月，吉林石化再次启动扩建项目，将生产能力提升至40万吨/年。作为该项目的子项目，以吉林石化研究院双峰分布ABS乳液接枝技术为核心，通过整合吉林石化、兰州石化和大庆石化ABS生产技术成果，形成20万吨/年ABS自有成套创新技术。

韩国LG化学公司与宁波乐金化工投资有限公司合资成立浙江宁波LG甬兴化工有限公司于1998年7月建成5万吨/年ABS生产装置，2002年扩能到15万吨/年，2005年生产能力再扩大到30万吨/年，后又扩能至48万吨/年。

中国台湾奇美公司、三菱化学、中轻原料和大港开发公司合资建设的江苏镇江奇美公司于2000年建成25万吨/年乳液接枝-本体SAN掺混法ABS装置。2004年，新建12.5万吨/年装置投产。中国台湾国乔石化公司独资的江苏镇江国亨公司于1998年8月建成4万吨/年ABS生产装置，2003年又投资3600万美元，建成11万吨/年生产装置，使产量提高到15万吨/年，再次改扩建后产能达到25万吨/年。2008年，江苏镇江奇美化工有限公司和镇江国亨化学有限公司合并，ABS产能达70万吨/年，成为国内最大的ABS生产基地。

2003年，江苏常州树脂集团和常州新港经济发展有限公司共同投资兴建10万吨/年乳液接枝-本体SAN掺混法ABS装置。2004年，中国台湾化纤（宁波）公司建成15万吨/年乳液接枝-本体SAN掺混法ABS装置。

2004年12月18日，高桥石化采用美国陶氏公司技术，投资15.6亿元新建

20万吨/年本体法生产装置。

2010年，中国ABS生产能力253万吨/年，产量196.8万吨，进口量216.9万吨，表观消费量高达408万吨，国产自给率上升到49%，较好地满足了国内建设需要。

四、工程树脂进入快速发展期

2000年以后，中国工程树脂行业进入高速发展时期。行业生产总值、销售收入、利润总额、进出口贸易额年均增幅都在20%以上，均超过同期聚烯烃类树脂的增幅。通过技术引进和技术攻关，培育了一批依靠自主知识产权发展起来的骨干企业，掌握了大多数工程塑料的生产技术，产品技术指标和装置水平不断提高，部分产品在市场上具有一定的竞争能力。巴斯夫、杜邦等国际化工公司也在中国建设工程塑料和改性企业。

到2010年，国内工程塑料生产能力（包括外资公司在华工厂）已达到130万吨/年，产量近90万吨，占需求量的40%，改性工程塑料产量150万吨，满足需求量的75%。中国工程树脂用量仅次于美国，居世界第二位，生产规模在美国、德国、日本之后居世界第四位。从事工程树脂行业的企业有近千家，已逐步形成了具有基础树脂合成、树脂改性与合金、助剂生产、塑机模具制造、加工应用等相关配套能力的产业链。

（一）环氧树脂、酚醛树脂、不饱和聚酯树脂

2010年，中国环氧树脂、酚醛树脂、不饱和聚酯树脂等生产能力、产量、消费量均居世界首位。2008年末，按101家环氧树脂企业统计，产能达到116万吨/年，产量为103万吨；按20家不饱和聚酯树脂企业统计，产能为170万吨/年，产量145万吨。水性环氧树脂以及配套的水性环氧固化剂形成系列化，应用于防腐涂料、环氧地坪涂料、环氧砂浆、混凝土改性等领域。用于风力发电的环氧树脂性能达到国外同类产品水平，在国内骨干企业生产的叶片已投放市场。

高速铁路填充树脂组合聚醚产品在国内铁路客运专线得到很好的应用。高舒适性汽车用环保聚醚多元醇产品质量稳定，得到国内汽车内饰厂家的高度评价。防水材料用聚醚已应用于国家游泳中心、国家体育场等2008年国际奥林匹克运动会场馆。

（二）功能性高吸水树脂

2003年，日本三大雅公司独资成立三大雅精细化学品（南通）有限公司，建设高吸水性树脂（SAP）2万吨/年、日本触媒公司在中国张家港建设了高吸水性聚合物工厂，规模为3万吨/年。台塑公司也在宁波建设高纯丙烯酸工厂和SAP厂；扬子巴斯夫公司扩大丙烯酸产能，新建16万吨/年高纯丙烯酸装置和6万吨/年的SAP工厂。

到2010年，中国SAP的产能为17.5万吨/年，产量为13万吨。20余家小型SAP装置由于规模、技术的原因停产。

（三）离子交换树脂与高分子分离膜

2010年，中国离子交换树脂行业已成为具有国际竞争力的行业。树脂产量、出口量均居世界首位，出口量占总产量20%左右。离子交换树脂行业不断开发出催化树脂、吸附树脂、生化专用树脂、耐热及耐氧化树脂等，满足了核电站、医药、食品等各个领域的需求。

开发海水淡化反渗透膜、水质净化纳滤膜、膜生物反应器专用膜等水处理材料和特种分离膜材料。在化工生产、海水淡化、废水处理回收利用等方面得到广泛应用。相应高性能氟树脂、聚烯烃及其共聚物也得到快速发展。

（四）高温尼龙

高温尼龙（PPA）产品有很大进展，PA6T、PA10T、PA12T在中国都已经成功实现产业化。金发科技率先自主研发耐高温尼龙PA10T材料，在2009年成功建成1000吨规模的PA10T中试装置，打破国外厂家垄断。锦湖日丽在PC/ABS、ABS领域获得国家发明专利数个第一。

（五）聚酰亚胺

20世纪70年代初开始，哈尔滨绝缘材料厂、天津绝缘材料厂等相关厂家开始生产聚酰亚胺（PI）膜产品。进入20世纪90年代，均苯型、联苯型、单醚酐型、酮酐型、BMI型、PMR型产品研究开发出来，并且得到了初步应用，全国生产能力已达700吨/年。2002年，中国聚酰亚胺薄膜生产能力已达750吨/年；2003年，新增产能共400吨/年，生产厂家扩大到26家。产品还出口到韩国、俄罗斯等国和东南亚地区。4个厂家薄膜有出口，加上覆铜箔出口，全国出口量近70吨/年。

到2007年，中国聚酰亚胺已基本形成开发研究格局，研发了均苯型、偏配型、联苯二配型、双酚A二酐型、单醚酐型以及酮酐型等聚酰亚胺，并得到初步应用。2007年，中国聚酰亚胺的生产能力已达1300吨，产量约为900吨。主要的生产厂家有上海合成树脂研究所、沁阳市天益化工公司、溧阳龙沙化工有限公司、长春应化特种工程材料有限公司、四川大学实验厂等。中国在聚酰亚胺模塑料方面也发展较快，上海合成树脂研究所研制了多种产品，西北化工研究院生产双马来酰亚胺，长春应用化学研究所、吉林高科公司生产联苯型聚酰亚胺模塑料。

中国除了以均苯二酐作为原料的聚酰亚胺薄膜有数百吨产量外，其他种类的聚酰亚胺产量不到10吨，仅为美国的千分之一，而且价格昂贵。为此，行业内相关企业和科研单位在解决聚酰亚胺高成本问题上做了很多努力。长春应化所开发的聚酰亚胺及其制品合成新工艺，改变了传统聚酰亚胺的合成方法，开辟了一条新的氯代苯酐合成聚酰亚胺的反应途径。经综合测算，新工艺可使聚酰亚胺的生产成本降低30%以上。该所开发独具中国特色的聚酰亚胺高效合成路线已产业化，取得包括美国及欧洲专利在内的多项专利，获得包括国家发明奖在内的多项奖励，已成为中国聚酰亚胺研究、开发、生产的重要基地。沁阳市天益化工公司、万达集团等单位也都在积极开发能缓解国内市场聚酰亚胺薄膜供求压力、具有较好市场前景的新产品。

（六）聚苯硫醚

20世纪90年代中期，四川省自贡市化学试剂厂建立了国内首套150吨/年PPS工业化试验装置，成为当时国产聚苯硫醚PPS树脂最主要的供货单位。进入21世纪后，四川自贡华拓实业发展股份有限公司和自贡鸿鹤特种工程树脂有限责任公司分别建设85吨/年和70吨/年的PPS树脂合成装置，并相继通过72小时生产考核。2002年年底，四川华拓实业发展股份有限公司联手四川大学等单位在四川德阳建成千吨级的PPS产业化装置，并试车成功。2003年，四川德阳科技股份有限公司开始PPS树脂的正式生产和复合材料的销售，成为当时唯一的国产PPS树脂生产商与供应商，其总生产能力达3万吨/年。自贡鸿鹤特种工程树脂有限责任公司与中昊晨光合并，在自贡富顺建立了昊华西南化工有限责任公司晨鹤特种工程树脂分公司，于2010年10月建成2000吨/年的PPS树脂生产装置。到2010年，中国PPS生产能力达到3.8万吨/年以上。

（七）聚醚醚酮

吉林大学在“九五”期间完成聚醚醚酮树脂（PEEK）50吨/年规模中试后，2001年，国家发展计划委员会将其列为“十五”国家产业化示范工程项目，并批准投资1.2亿元，在长春吉大高新材料有限公司建设500吨/年的PEEK产业化示范工程，产品质量基本达到国际同类产品水平。2008年3月，盘锦中润特塑股份有限公司投资2.5亿元，建设1000吨/年生产装置。中国成为继英国后，第二个生产PEEK树脂的国家。

在第二代或第三代耐热等级更高的新产品研发过程中，吉林大学又研发了一条适合中国原料的新生产路线，以中国第三代产品为例，没有走英国威格斯（Victrex）公司改变酮醚比路线，而采用改变分子链中的部分苯环由联苯环取代的原理，研发出新结构品种。

国内生产PEEK的企业包括中研股份、盘锦中润特塑有限公司、长春吉大特塑工程研究有限公司、广州金发科技等。

（八）聚醚砜

“七五”计划中，将聚醚砜（PES）被纳入国家重点科技攻关计划，由吉林大学课题组独家承担这个项目的中试。在完成中试后，于20世纪90年代将国内涂料用PES树脂（不包括工程树脂用）技术转让给山东莱阳县的一个磷肥厂，建成了300吨/年的生产装置，长期只生产涂料级树脂；后经改制，打开了外销渠道。2009年，又新建600吨/年生产装置，总产能达到1000吨/年。长春吉大特塑工程研究公司有100吨/年的聚芳醚砜中试设备，可进行各种牌号PES的生产。

（九）聚碳酸酯

中国是聚碳酸酯（PC）需求增长最快的国家，以每年8%～12%的速度增长。但其生产技术却被美国、日本、德国等国家的国际化工巨头垄断，自给率一直较低，国内市场缺口较大。

2006～2010年，国外聚碳酸酯生产商采用独资或合资方式，在国内共建有4家聚碳酸酯树脂生产企业；2006年年初，位于浙江嘉兴的日本帝人聚碳酸酯有限公司5万吨/年装置投产，2010年，浙江帝人三期6万吨/年装置投产；2006年10月，德国拜耳位于上海的拜耳（上海）聚合物有限公司10万吨/年装置投产，2010年，拜耳（上海）二期10万吨/年装置投产；2010年，中国石化三菱合资北京6万吨/年装置投产；2010年，中国石化三井合资（上海）12万吨/年装置投产。

（十）有机氟树脂

中国萤石资源丰富，1994年，探明含量约为1.3亿吨，为发展有机氟工业创造了条件。20世纪70年代后期，中国有机氟化学基础研究蓬勃发展，并逐渐步入世界先进行列。到1999年，国内氟树脂生产总量为6750吨以上，国外已有的工业化品种中国基本上都已研制成功，大部分投入生产。2000年，中国氟树脂主要生产厂家有浙江圣氟化学有限公司、上海三爱富新材料有限公司，生产能力为3000吨/年；大连明辰振邦涂料公司，生产能力为2000吨/年；江苏梅兰集团、上海三爱富有机氟研究所、山东济南化工厂，生产能力为1000吨/年；四川晨光化工研究院、辽宁阜新市氟化学总厂，生产能力为600吨/年。

五、催化剂、合成技术、品种开发取得一批科技成果

中国从20世纪60年代开始聚烯烃催化剂的研发，在齐格勒-纳塔催化剂国产化方面取得了很大的进步。北京化工研究院和上海化工研究院分别开发了适用于气相法聚乙烯生产工艺的固体催化剂BCG、SLC-G系列和淤浆进料催化剂BCS、SLC-S系列，并先后在多套装置上得到应用。国产淤浆进料催化剂具有优良的共聚、流动和分散性能，可以适用于干态和冷凝态操作，生产的树脂性能优良，指标均达到优级品水平。2007年，北京化工研究院推出了新一代高活性乙烯淤浆聚合BCE催化剂，制备中密度聚乙烯和高密度聚乙烯树脂，适用于三井化学CX淤浆聚合工艺，催化剂具有活性高、氢调性能好、共聚性能好、催化剂粒径分布窄以及低聚物含量少等特点。石油化工科学研究院研制出TH-1L气相法淤浆进料催化剂和NT-1型淤浆法PE催化剂，NT-1催化剂在燕山石化14万吨/年装置上成功应用。辽阳石化开发的JM-1催化剂在辽阳石化装置上进行了工业应用试验。

上海化工研究院开发了SCG-3/4/5铬系催化剂，可应用于聚乙烯工艺生产中等分子量分布和宽分子量分布的聚乙烯树脂，可完全取代进口催化剂。上海化工研究院开发的SLG-B（H）和SLC-B（L）催化剂，成功应用于上海石化25万吨/年双峰聚乙烯生产，各项指标与进口相当。中国科学院化学研究所开发的α-双亚胺吡啶铁系非茂催化剂/钛系齐格勒-纳塔催化剂以及大庆石油学院双磷铬系催化剂/茂金属

催化剂都可用于制备较高共聚单体插入率的线型低密度聚乙烯产品。扬子石化与中国科学院上海有机化学研究所合作研发出聚烯烃结构可控SST系列新型非茂金属催化剂，适用于多种乙烯聚合工艺要求，合成的聚烯烃产品具有特殊的力学性能，促进中国聚烯烃产品向多样化、系列化、专用化、高性能化方向发展。

聚烯烃催化剂的国产化，彻底改变了依赖进口的局面，完全替代了进口催化剂。双峰聚乙烯催化剂也实现了国产化应用，两个系列的SLC-B25型、40型催化剂都能保证装置长周期、高负荷稳定运行。自主开发的DQ催化剂完全替代了进口催化剂，降低了装置成本，经济效益显著。通过应用自主开发催化剂，催化剂成本降低了一半以上。

催化剂技术的国产化带动了聚烯烃生产技术国产化进程。在消化、吸收引进技术的基础上，中国自主设计和建造了一些大型聚烯烃装置。如在燕山石化、扬子石化、兰州石化分别建设了釜式淤浆法高密度聚乙烯装置，单线生产能力7万吨/年。2002年，浙江大学和扬子石化共同开发了聚乙烯浆液外循环技术，对扬子石化聚乙烯釜式淤浆法生产装置进行扩能改造，单线生产能力由7万吨/年提高到10万吨/年。天津石化开发的气相法聚乙烯诱导冷凝工艺技术，可使聚乙烯装置产能提高60%～100%，已成功用于中国石化所有Unipol气相法线型低密度聚乙烯装置。中国石化组织多家单位联合开发天津石化新建30万吨/年气相法聚乙烯成套技术。

中国还自主研发了浆液法乙烯聚合技术，在北京和上海分别建成了生产装置，可生产超高分子量的聚乙烯产品，满足国内下游加工企业需要，中国石化上海工程公司和浙江大学等单位进行了20万吨/年釜式淤浆法聚乙烯工艺的开发。形成了具有自主知识产权的包括催化剂、工艺和新产品的大型聚丙烯成套技术，技术经济指标达到国际同类装置先进水平，经济效益显著。

聚烯烃品种开发方面取得新进展，开发了高速BOPP薄膜聚丙烯专用料、双峰结构的PE80与PE100级聚乙烯管材专用料等几十种新产品。中高档专用牌号合成树脂产量比例大幅度提高。产品结构向专用化、功能化、高附加值方向调整。北京化工研究院和茂名石化合作开发的高结晶聚丙烯产品实现了对进口同类产品的替代，成为国内知名家电企业的首选产品。广州石化开发的高熔融指数线型低密度聚乙烯，成功替代进口同类产品并实现了批量出口。茂名石化开发的汽车油箱用高密度聚乙烯，制造的汽车油箱已通过各类性能测试，并获得国际知名油箱生产企业的认可。燕山石化开发的乙-丙-丁三元共聚聚丙烯已成功实现产业化，性能指标优于进口知名产品；聚丙烯装置采用氢调法可以生产熔融指数超过100克/10分钟的高抗冲击共聚丙烯产品，已达到世界先进水平。以树脂结构表征及分子结构设计为基础，开发成功聚乙烯燃气管专用料、聚合装置直接生产汽车保险杠专用料，形成了批量生产能力，推动了产品结构调整。

六、聚氨酯工业高速成长，消费量已占世界1/3

20世纪90年代，随着国内万吨级大型氰酸酯和聚醚装置的引进投产，中国聚氨酯工业步入了飞速发展阶段，至1998年聚氨酯原料产量达29.8万吨，制品总产量达65万吨。

随着新能源开发、节能环保、交通运输的拉动，国内对聚氨酯、聚酰亚胺等化工新材料的需求越来越大。聚氨酯成为改革开放以来发展得最快、最好的品种之一，年均增长率达30%以上。2002年，中国聚氨酯制品产量约160万吨，到2005年，总产量增长到300万吨。

通过自主研发和技术引进，国内聚氨酯行业技术创新水平稳步提高，产业升级不断加快。2005年，中国TDI产能不到世界的7%，而2011年提高到30%。2011年中国TDI产能76万吨/年，是全球第一生产大国，占世界总产能257万吨/年的29.57%。主要生产企业是烟台万华实业集团有限公司（24万吨/年）、中国兵器工业集团（15万吨/年）、中国化工集团（11万吨/年）。

2007年，聚氨酯原料产能达到260万吨/年，聚氨酯制品产量达到340万吨。2008年，聚氨酯制品产量约为480万吨，已占全球总量的30%左右。烟台万华公司将宁波16万吨/年二苯甲烷二异氰酸酯（MDI）装置扩建到30万吨/年，随后又建成一套30万吨/年装置。到2010年，烟台万华公司在宁波的MDI生产总能力达到60万吨/年，使其成为拥有自主知识产权的全球主要MDI生产企业。

2010年，中国聚氨酯产量跃居世界第一位，而且其主要原料MDI、TDI和聚醚、聚酯多元醇等已立足国内。到2010年，全球聚氨酯市场中，北美、西欧占40%，亚洲占45%，其中中国占全球总消费的38%。中国异氰酸酯生产企业共有7家，国内生产企业4家，分别为中国兵器集团、中国化工集团、烟台万华实业集团有限公司和烟台巨力异氰酸酯有限公司。烟台万华实业集团有限公司生产MDI，其他3家企业生产TDI。在中国，异氰酸酯外资企业有3家，分别为：合资企业上海联恒异氰酸酯有限公司，生产MDI；独资企业拜耳（上海）聚氨酯股份有限公司，生产MDI和TDI；独资企业上海巴斯夫聚氨酯有限公司，生产TDI。2011年，全球聚醚多元醇总产能880万吨/年，中国为245万吨/年，占28%。

七、推进绿色低碳发展的实际步骤

（一）生物基高分子材料和生物降解塑料起步发展

随着能源价格攀升、碳排放量限制和消费者环保意识的提高，生物高分子材料和生物降解材料的快速发展，关键技术不断突破，产品种类速增，产品经济性增强，生物基材料成为产业投资的热点。

国内生物基材料的研究单位主要有中科院长春应用化学研究所、中科院宁波材料技术与工程研究所、中科院理化技术研究所、中科院天津工业生物技术研究所、清华大学等。随着国家产学研政策和科技成果转移转化政策的逐步落实，这些科研院所都与生产企业建立了良好的合作关系，推动了中国生物基材料的发展。聚乳酸（PLA）与二元醇酸脂肪族聚酯（PBS）等生物基材料的产业化也得到长足发展。

长春应用化学研究所联合海正集团于2007年建成国内首条5000吨级PLA中试生产线。宁波材料技术与工程研究所通过提高聚乳酸的熔体强度和结晶速度，解决了PLA制备耐热发泡片材的瓶颈问题，与山东通佳机械有限公司、广州碧佳新材料有限公司、佛山碧嘉高新材料科技有限公司等企业合作，已建立3000吨/年PLA改性和发泡示范线。

湖南海纳百川生物工程有限公司等单位在1,3-丙二醇的好氧发酵、工业放大、代谢工程以及分离提取技术方面也取得了一定的突破，建设了中试工业装置。

到2010年，中国生物基材料产业科技形成全降解生物基塑料、木基塑料、聚合超大分子聚乳酸、农用地膜等一大批具有自主知识产权的技术。全国木塑制品年产销量超过20万吨，并以20%以上的年增长率调整增长。

2010年，国内有100多个企业在研发和生产淀粉基塑料、聚乳酸（PLA）、聚羟基脂肪酸酯（PHA）、二元醇酸脂肪族聚酯（PBS）、CO_2/环氧化合物共聚物（APC）、聚己内酯（PCL）、改性聚乙烯醇（PVA）等。年产量30万～40万吨，约占合成树脂总产量1%，最大生产规模4万吨/年，并有部分产品出口。

（二）限塑令颁布，行业关注塑料再生利用

2007年12月31日，《国务院办公厅关于限制生产销售使用塑料购物袋的通知》发布，该通知规定：从2008年6月1日起，在全国范围内禁止生产、销售、使用厚

度小于0.025毫米的塑料购物袋。同时，在所有超市、商场、集贸市场等商品零售场所实行塑料购物袋有偿使用制度，以上场所一律不得免费提供塑料购物袋。

中国塑料垃圾产生量中有一半是一次性塑料垃圾，与全国每年进口用于生产塑料的合成树脂量大致相当。过度使用塑料制品会给人类带来许多危害。

1990年后，中国塑料再生加工业伴随着塑料工业的发展及塑料制品大量普及应用而迅猛发展，该领域包括原料收集、贸易、再生料加工、再生塑料制品加工等环节，已形成了一个完整的产业链。由于投资少、技术要求不高等原因，各类再生塑料加工企业大量出现，形成河北文安、望都，浙江台州、东阳、慈溪，江苏从化、徐州，山东临沂，河南安阳、长葛，安徽五和县等地的废塑料回收、加工、经营市场规模越来越大，交易额数以亿计，一些大城市周边每年产生的废旧塑料大部分被回收，废弃塑料再生利用成为中国资源再生和环境保护事业的一个重要方面。

中国对聚乙烯、聚丙烯回收利用主要采取两种方式，一种是对于加工中边角料破碎后造粒，再按15% ～ 25%掺入新料再塑制品，另一种是对于较清洁且老化不十分严重的则经清洗后造粒，降格使用。主要用于制造泡沫塑料、土工材料、填充母料和防水毛毡等。有资料显示，中国塑料再生利用率在70%以上。

第四节 全面向高端化发展

（2011 ～ 2019年）

这一时期，中国合成树脂工业努力实现产业升级，形成了从原料生产到配方改进，再至材料加工的完整的合成树脂工业体系，在国产化催化剂、工艺及装备开发等方面取得了令人瞩目的成就。在中国石化、中国石油等中央企业继续扩大聚乙烯、聚丙烯等合成树脂产能的同时，地方国企、民营企业和外资企业均加大投入，成为聚乙烯、聚丙烯以外其他合成树脂生产的主要力量，特别是在聚氯乙烯、聚苯乙烯泡沫等产品生产上，地方国企和民营企业占据了越来越大的市场份额；而在聚苯乙烯、ABS和工程塑料等领域，外资企业和民营企业占据更大份额。

2017年，中国合成树脂与塑料生产能力达到1.07亿吨，产量达到8377.8万吨，是1978年的123.46倍。在聚烯烃产品生产技术方面，开发出的超高活性聚丙烯催化剂达世界领先水平，第三代环管法聚丙烯工艺技术实现了工业应用，丙-丁共聚聚合物实现了进口替代。原创的气液法聚乙烯成套技术，首次在单一反应器中实现了生产宽分子量分布的聚乙烯产品；茂金属聚乙烯技术打破了国外技术壁垒。高熔融指数抗冲击聚丙烯、超低密度聚乙烯、超高分子量聚乙烯等一批自主创新的合成树脂新产品投放市场。

2017年，中国石化聚烯烃产能为1509万吨，约占全国总产能的37%；中国石油乙烯产能930万吨。全国有扬巴、赛科、中海壳牌等大型乙烯合资企业6家，聚烯烃产能超过500万吨/年。中国历年的合成树脂产量及世界排名详见表2-16-3。

表2-16-3 中国合成树脂发展情况 单位：万吨

年份	生产能力	
	产量	世界排名
1949	0.4	
1965	9.7	
1970	17.6	
1975	33.0	
1978	67.9	15
1985	123.2	
1988	195.4	12
1990	226.8	
1993	339.5	
1995	388.0	
1997	685.8	6
2000	1087.5	5
2002	1366.5	
2005	2142.0	3
2007	3184.5	2
2010	4361.0	2

续表

年份	生产能力	
	产量	世界排名
2012	5330.9	1
2015	7691.0	1
2017	8851.7	1
2018	8558.0	1
2019	9574.1	1

一、五大合成树脂扩能速度加快

随着国内多套百万吨乙烯项目建设，国内采用国产化技术建设了多套聚乙烯、聚丙烯等装置，合成树脂扩能加快。

2010年，天津石化100万吨/年乙烯工程配套建设，新增60万吨/年聚乙烯和45万吨/年聚丙烯，采用自主开发技术的30万吨/年气相法线型低密度聚乙烯装置，各项技术经济指标达到国内先进水平。

2010年4月20日，镇海炼化100万吨/年乙烯项目投料开车一次成功，增加45万吨/年线型低密度聚乙烯及30万吨/年聚丙烯。45万吨/年线型低密度聚乙烯装置为当时世界单线规模最大的装置。

2013年，武汉80万吨乙烯项目建设新增聚烯烃产能100万吨/年，包括60万吨/年聚乙烯、40万吨/年聚丙烯。其后，四川石化80万吨乙烯项目建设了30万吨/年高密度聚乙烯、30万吨/年线型低密度聚乙烯、45万吨/年聚丙烯等装置。在大庆石化、抚顺石化、扬巴公司等企业改扩建新增乙烯产能的同时，也配套建设了合成树脂生产装置。盘锦石化45万吨/年乙烯装置，新增30万吨/年高密度聚乙烯和25万吨/年聚丙烯。另外，中国石化下属企业的洛阳石化新增14万吨/年聚丙烯、石家庄炼化新增20万吨/年聚丙烯、北海炼化新增20万吨/年聚丙烯、茂名石化新增20万吨/年聚丙烯。

随着甲醇制烯烃（MTO）技术的成熟，更多的企业在煤炭资源丰富的西北等地区，以煤为原料，通过MTO技术生产烯烃。神华包头煤化工有限公司建设世界首套、国家级煤制烯烃示范项目。2010年，该公司30万吨/年聚乙烯装置、30万吨/

年聚丙烯装置建成投产，当年生产聚烯烃8.1万吨。2011年，实现商业化运营，生产聚烯烃产品50万吨。到2013年，中国煤基聚烯烃的生产主要集中在神华包头、神华宁煤和大唐多伦等企业，总计年生产能力达156万吨/年，其中聚乙烯30万吨/年、聚丙烯126万吨/年，占全国聚烯烃总产能的6.9%。神华宁煤和神华包头已成功开发了聚丙烯2500H、K1102、L5E89，聚乙烯DMDA8007等产品。2017年，中国石化所属中天合创公司投产，聚烯烃总生产能力137万吨/年，其中包括35万吨聚丙烯装置（环管）、35万吨聚丙烯装置（气相）、12万吨/年低密度聚乙烯装置（釜式）、25万吨/年低密度聚乙烯装置（管式）、30万吨/年线型低密度聚乙烯装置（气相）。2018年，生产聚烯烃127.07万吨。

投资主体实现多元化。2000年前，合成树脂投资主要集中在中国石油和中国石化等企业，2010年后，民营企业逐步进入聚烯烃领域。到2018年，聚氯乙烯、聚苯乙烯泡沫、涤纶树脂等产品，地方国营和民营企业占据了较大的市场份额，而ABS、聚碳酸酯、有机玻璃及尼龙等产品主要由合资和外企生产。民营企业盛虹石化集团有限公司、江苏斯尔邦石化有限公司、宁波富德能源有限公司、浙江兴兴新能源科技有限公司等在内蒙古、宁夏、浙江、江苏、山东等地建成多个聚烯烃装置，并顺利投入生产，其烯烃下游配套项目均建设了合成树脂生产装置，使国内合成树脂产量进一步提高。

这一时期，中国五大合成树脂生产能力以年均10%以上的增速增长，而同期全球年均增速只有3.6%。中国五大合成树脂在全球产能占比也从约16%升至31%，几乎翻了一番，自给率也从2007年的70.9%提升至2016年的78.6%，供给缺口主要来自聚烯烃及ABS。2016年，中国五大合成树脂中，聚丙烯、聚氯乙烯、聚苯乙烯及ABS产能分别为2284万吨/年、2844万吨/年、970万吨/年及374万吨/年，均位居世界首位，聚乙烯产能为1597万吨/年，仅次于美国，列世界第二位，中国已成为名副其实的世界合成树脂生产大国。

二、结构性过剩以及高端需求增长现象共存

随着人们消费结构升级和消费方式的转变，合成树脂应用的主要领域由民用、电子电气向汽车制造和轨道交通领域转变，轻量化、高性能工程塑料替代金属材料，用于防腐蚀等用途趋势更加明显，塑料基复合材料应用范围迅速拓展，合成树脂等新材料的需求不断扩大。研发高端产品，发展专用料，向差别化、功能化、高

端化发展，满足国内汽车、航空等及高端制造业对合成树脂材料需求成为合成树脂企业的发展方向。

2016年，国内合成树脂产业结构性过剩与结构性短缺的矛盾明显。虽然合成树脂产能满足率为111%，但是仍有25%左右合成树脂需要进口；聚丙烯产能满足率达到104.2%，但装置开工率只有77%，有457万吨供应缺口，依赖进口填补。ABS也存在一方面开工率不高，另一方面进口占比大的现象。聚氯乙烯及聚苯乙烯产能过剩现象严重，产能满足率已分别达到173.6%及188.8%，装置平均开工率均不足六成，分别为59%和49%。

2017年，中国合成树脂生产总量达8226.7万吨，同比增长7.0%。虽然主要合成树脂生产企业加工专用料开发力度、专用料产量也有显著增长，但由于国内合成树脂生产仍然存在产品结构不尽合理，部分产品产能过剩，高端产品进口依存度高，需要大量进口。产品不对路，聚乙烯、聚氯乙烯、聚苯乙烯以及工程塑料的聚甲醛、PBT和聚乙烯醇等基础型、通用型树脂都呈现过剩状态，产品线开始呈现亏损。而合成树脂产品的品牌型号少、专用料少。高端聚烯烃塑料的国内自给率仅为44%；茂金属聚乙烯国内产能37.5万吨/年，产量20万吨，但国内消费量77万吨，缺口比较大；超高分子量聚乙烯国内产能10万吨/年，产量7.3万吨，国内生产企业规模较小，进口主要来自美国和日本。造成这一局面的主要原因是国内生产企业老旧装置占有一定比例，技术水平和配置较落后，结构调整难，对产品质量造成较大影响；新装置只是单线产能大，产品结构相对单一，造成了安全运营和维护成本较高。在高端产品开发上，以跟随国外企业为主，自主开发产品少。聚丙烯管材、电容膜和聚乙烯汽车油箱等专用料进口量多且进口均价高，这些品种或国内产量较少，或质量未能符合用户的要求。聚烯烃弹性体POE、超低灰分电工膜、超高压电缆料、塑料基复合材料、改性塑料、高温尼龙等高端产品国产化未实现突破，造成合成树脂行业低端树脂产品同质化竞争日趋激烈、中高端应用树脂有效供给不足的结构性矛盾。合成树脂行业的高端聚烯烃和工程塑料自给率更低，严重依赖进口，存在产能结构性过剩、核心技术不成熟、产品质量难以满足高端需求等瓶颈，无材可用、有材不好用、好材不敢用的现象突出。

2018年，合成树脂进口量和贸易逆差较大的品种有聚乙烯，聚乙烯进口1402.5万吨，同比增长18.9%，其中高密度聚乙烯进口673万吨，同比增长5.2%；线型低密度聚乙烯进口436.7万吨，同比增长44.3%。聚乙烯的贸易逆差171亿美元，同比增长23.7%。聚丙烯贸易逆差37亿美元，同比增长8%。高端聚烯烃品种中，乙烯-

乙烯醇共聚物（EVOH）树脂国内无法生产，完全依赖进口；聚乙烯-烯烃共聚物（POE）、茂金属聚乙烯（MPE）和茂金属聚丙烯（MPP）自给率严重不足，仅为10%左右；乙烯-醋酸乙烯共聚物（EVA）树脂自给率也不到50%。

中国自20世纪90年代开始组织茂金属聚合技术国家技术攻关，组建了国家工程技术中心，齐鲁石化、大庆石化、独山子石化、沈阳化工现在都有产品供应市场，但是产业化规模、产品型号等都难以满足市场需求，茂金属聚烯烃消费量的自给率不到30%。中国尼龙66的生产严重受己二腈的制约，由于不掌握己二腈的生产技术，国内尼龙66的生产企业只能外购己二腈或己二胺。在高端合成树脂领域，国内生产企业仍需加大研发力度。

中国改性塑料行业共有1000多家企业从事改性塑料生产，但产能超过3000吨/年的规模企业只有70余家，多数企业处于小规模生产阶段，企业管理水平不高，科技创新体制不能适应产品快速更替的要求。与在国内设立改性塑料生产基地的国外大企业如美国杜邦公司、陶氏公司，比利时索尔维公司，德国巴斯夫公司、朗盛公司、拜耳公司、塞拉尼斯公司，日本旭化成公司、宝理塑料公司，韩国三星公司、LG公司、锦湖公司，荷兰DSM公司，沙特沙比克公司等相比，在技术、规模、产业链上均不具备优势，多数改性塑料生产企业不具备独立的研发能力，产品仍以中低端为主。企业核心技术缺乏，导致国内改性塑料生产企业在高端专业型改性塑料领域缺乏竞争力。造成市场上技术含量低、附加值低的改性塑料产品过剩，技术含量高、附加值高的高端产品依赖进口。从产能上看，国内企业占73%左右，国外或合资企业占比约为27%，但从市场占有率来看，国内企业市场占有率仅为30%，而国外企业市场占有率高达70%。

三、努力增加高档专用料生产

2011年后，由于引进和自主开发的新生产技术水平不断提高，国内合成树脂生产企业不断加大技术升级，加快开发功能性、差别化合成树脂新材料生产有了较大增长。中国石化及中国石油两大集团等加大合成树脂专用料开发生产力度，通过加大科研投入力度，在新产品开发力度上做了大量工作，合成树脂新产品、专用料产量持续增加，产品中专用料比例不断上升，开发的部分高性能聚丙烯及聚乙烯材料，如耐热聚乙烯管材料、氯化聚乙烯基料、高密度聚乙烯注塑料、聚乙烯滚塑料、聚丙烯BOPP料、高熔体强度聚丙烯纤维料、高结晶聚丙烯等已经实现工业化生产，在下游行业中得到广泛应用。

国内合成树脂产品质量达到国外同类产品水平，高档专用料比例逐年上升。合成树脂在国内市场的占有率达到80%，专用料比例上升到30%，满足国内所需品种牌号80%的生产技术。

中国石化作为国内最大的合成树脂生产企业，以“基础+高端”的发展思路，将聚烯烃产品顶替进口产品作为化工板块产业结构调整的重点。2016年，33个项目制定工业试生产方案，并实现工业试生产。同年，三元共聚聚丙烯薄膜、透明抗冲击聚丙烯、快速成型透明聚丙烯等高端聚烯烃产品顶替进口产品20.5万吨。2017年，延续顶替项目32个，新增顶替项目16个，对应顶替78个进口牌号，全年43个项目实现工业化排产，工业化排产率达到90%，实现年度产业化顶替增量17万吨，合成树脂新产品和专用料比例达到63.0%。其中，镇海炼化低气味高结晶聚丙烯、齐鲁石化易加工耐热聚乙烯（PERT）管材料、茂名石化无规薄壁注塑聚丙烯等多种产品均实现规模化量产；燕山石化三元无规聚丙烯系列产品总量达到11万吨，占领市场绝对较大份额，是顶替规模最大最彻底的品种。大力实施产品差异化战略和进口替代战略，采用自主开发的聚烯烃成套技术建成了多套大型生产装置，进行产品生产技术的研究开发。薄膜料、注塑料、中空吹塑料、通信和动力电缆料、管材料等主要品种都实现了系列化、差异化，初步实现了应用领域做宽、技术储备做厚的产品结构调整目标，耐热聚乙烯管材料、汽车油箱料、三元共聚聚丙烯膜料、丙烯与1-丁烯共聚膜料、1-己烯共聚系列聚乙烯薄膜料等实现替代进口；氢调法高流动聚丙烯注塑料、高透明聚丙烯注塑料、精密聚乙烯注塑料、纸塑复合低密度聚乙烯涂覆料、可氯化高密度聚乙烯、可氯化聚氯乙烯等差异化产品很好地满足了市场需求；高熔体强度聚丙烯、三元共聚低密度聚乙烯、超低密度聚乙烯改性树脂、抗菌聚丙烯系列料、中密度聚乙烯透气膜料、低灰分聚丙烯、快速成型聚丙烯、超高熔体流动速率（MFR）抗冲击共聚聚丙烯、高刚性聚丙烯等新产品得到了推广应用。低密度聚乙烯涂覆料、高密度聚乙烯大型中空牌号、汽车油箱料、线型低密度聚乙烯茂金属牌号、聚丙烯多元无规共聚的低温热封牌号、医用聚丙烯牌号产品开发成功，并形成批量生产。满足了通用和高端不同的市场需求。燕山石化推出三元共聚聚丙烯C5908等系列新产品，市场占有率不断提高。齐鲁石化推出茂金属PERT管QHM22F，逐渐被市场认可。中韩（武汉）石油化工有限公司（简称武汉石化）聚丙烯系列抗冲击共聚物产品。上海石化采用G树脂技术，生产丙-丁透明聚丙烯系列产品。“十二五”期间，中国石化合成树脂新产品产量累计463万吨，专用料产量累计1840万吨，新产品专用料合计比2010年增加737万吨。高附加值产品比例2015年达到59.4%，比2010年末提高5个百分点。开发生产了国家体育场聚丙烯座椅专用树脂、超高速和高挺度BOPP专用树脂、PPR管材专用料、汽车保险杠专用料和聚乙烯燃气管专用料、膜级与瓶级聚酯切片等一批高性能专用树脂。

北京化工研究院聚烯烃技术开发一直与国际先进技术同步发展，成功将所研发的各代聚烯烃催化剂实现工业化生产，成功开发了聚乙烯燃气管PE100、高速高挺度BOPP、聚丙烯直接生产汽车保险杠专用料和高抗冲击聚丙烯、高结晶聚丙烯、透明聚丙烯、高性能无纺布专用料、高纯度聚丙烯、高熔体强度聚丙烯等合成树脂新产品。

中国石油加强专用料生产，开发出142个牌号近400万吨聚烯烃新产品，优化了装置产品结构，打造了PA14D、GC100S等知名品牌，品牌化达到44.8%。通过分子设计，实现管材高耐压等级的结构特点及分子调控方向，形成了地暖管、超高分子量聚乙烯管等的生产技术工艺包，累计生产承压水管专用料超过200万吨，生产燃气管料3.8万吨，占领了国内塑料管材的高端市场。开发出汽车保险杠和汽车油箱专用料，形成低气味聚烯烃产品生产技术，开发的低气味SP179得到金发科技和普利特公司的认可。清洁化生产技术实现突破，填补国内医用料、电缆料等领域空白；形成无规共聚聚丙烯和超洁净生产技术，医用聚烯烃研究开发获突破性进展：开发了系列医用聚烯烃产品，粒料符合生物安全性要求，达到医用包装材料的使用要求，取得注册生产许可证。

四、工程塑料发展迅速形成完整产业链

工程塑料发展迅速，逐步形成具有树脂合成、塑料改性与合金、加工应用等相关配套能力的完整产业链，产业规模不断扩大，并且出口不断增长；企业规模持续壮大，产品品种不断增加；科技水平日益提高，部分产品技术、质量指标也已接近国际先进水平。

经过长期的技术攻关，中国一些特种工程塑料产品的工艺技术已经进入国际先进行列。主要工程塑料品种均能在国内生产，聚合能力已经达到60万吨/年左右，改性树脂材料年产量也有200多万吨，一些曾被国外禁运的特种工程塑料，国内几乎都有生产，并且能够少量出口。在工程塑料合成方面已有中国蓝星（集团）股份有限公司、中国神马集团有限责任公司、云天化集团有限责任公司、仪征化纤、四

川德阳科技股份有限公司、金发科技股份有限公司等企业在江苏、上海、河南、浙江等建设工程塑料基地，在广东建设改性材料加工基地。主要特种工程塑料品种中，聚苯硫醚、聚酰亚胺、聚醚醚酮等特种工程塑料及下游制品的产业化发展提速，初步实现产业化。

聚醚醚酮（PEEK）材料：中国已经突破了一些关键技术，生产企业包括中研股份、盘锦中润特塑有限公司、长春吉大特塑工程研究有限公司、广州金发科技等。一些企业达到1000吨级生产能力。国内也有一些企业从事供应聚醚醚酮树脂的专用料及二次制品的研发，其中中研股份研制出PEEK纤维专用料。

聚苯硫醚（PPS）：国内的生产能力约为2500吨/年，生产企业主要有四川华拓科技公司、天津合成材料工业研究所、四川长寿化工总厂、广州市化工研究院、广州化学试剂厂、四川特种工程塑料厂、北京市化工研究院等。四川华拓科技有限公司建有1420吨/年聚苯硫醚线型高分子量树脂生产装置，产品各项技术指标达到国际水平。

聚砜（PSU）：聚砜的产能大约为1500吨/年，产量维持在1000吨/年左右。主要应用于医疗器械、食品加工机械、电子仪表、纺织等工业。与国外相比，在生产工艺，包括单体合成、聚合、后处理回收等方面都还需要改进和提高，在汽车、航空航天等领域的应用也需进一步推广。

聚醚砜（PES）树脂：吉林大学与长春天福集团组建了长春吉大高新材料有限公司，通过自主技术研发300吨/年装置于2002年投产，其产品质量达到了国际同类产品先进水平。

聚碳酸酯（PC）：国家工信部组织开展了包括聚碳酸酯在内的化工新材料进口替代工作，呈现出较好的发展势头。浙铁大风化工有限公司的PC装置，作为国内首套拥有自主知识产权的非光气法聚碳酸酯装置，历经3年多建设，于2015年4月20日成功投产，改写了国内无万吨级以上自主工业化装置的历史。2018年1月，正式投产的万华化学集团股份有限公司（简称万华化学）一期项目7万吨/年PC装置，其制备使用界面光气法，全套工艺技术都是自主研发，规模产能40万吨/年。中国石化积极采取多种形式，提高工程塑料生产水平。通过与战略伙伴合资，引进先进技术合作生产聚碳酸酯、高吸水性树脂、聚异丁烯、聚丙烯配混料，拓宽了工程塑料、特种树脂等产品线，更好地满足了国内市场需求。

聚苯醚的开发：2006年11月，蓝星化工新材料股份有限公司芮城分公司［原山西芮城福斯特化工股份有限公司，2005年4月被中国蓝星（集团）总公司收购］引进捷克技术，建成投产一套1万吨/年的聚苯醚装置，配套建设的1.2万吨/年2,6-二甲酚装置也同时投产，从而拉开了国内PPO树脂生产的序幕。到2011年，中国聚苯醚树脂仍仅这一套生产装置在生产，2011年产量约0.7万吨。

高性能聚酰胺：2017年，中国在制备的关键技术上取得突破。2017年，科技部的“高性能聚酰胺工程塑料制备关键技术开发与产业化”国家科技支撑计划项目，完成的技术产品各项性能指标均达到任务书规定的同类产品的先进水平。主要产品已在电子电气、汽车等领域实现应用，填补了中国在高端聚酰胺工程塑料研究领域的空白，并实现了工业化。

许多生产企业致力于工程塑料复合新产品生产研发。天津玉泉工贸有限公司采用共混、挤出、造粒环保生产工艺制成重质碳酸钙填充母料，福建东南新材料有限公司研制的PLA/$CaCO_3$包装薄膜，添加钙粉50%以上。大连环球科技股份有限公司研制的树脂/硅灰石/聚硅氧烷粉改性母料，用于汽车发动机周边和大灯支架等塑料零部件。河北金天塑胶新材料有限公司生产的钢塑热熔胶、相容剂等产品，用于金属/木粉/矿料/塑料多元复合材料。中广核俊尔新材料有限公司主要产品有改性尼龙、改性聚碳酸酯、改性聚酯、改性聚烯烃、热塑性连续纤维复合材料和特种工程塑料，应用于工业电器、汽车、电子、建筑材料、新能源、航空和核电等领域，多项产品出口到欧美等国家。

北京中联建诚建材有限公司研究的树脂/铝合金双层硬结皮微发泡木纹户外运动地板成为新一代绿色环保运动场地地板用材。浙江省余姚市汇合塑化有限公司研制的碳纤维/合成树脂/功能助剂的多元复合改性材料，用于石油钻探工程、飞机、家电等零部件。成为航空、航天、汽车、铁路、机械零部件、医用材料等方面的新型功能材料。中北大学材料科学与工程学院采用尼龙/无机材料/氢氧化镁、锑酸钠和硼酸锌复合改性，阻燃性能达到V-0级，环保效果明显、耐热性提高，应用于电子、电气及军工产品。重庆可益荧新材料有限公司研发并批量生产的尼龙/液晶高分子，尼龙/PC复合改性材料用于汽车、军工等方面，取得令人满意的效果。

工程塑料是高分子材料的重要组成部分，属于国家重点培育的战略性新兴产业，聚酰胺工程塑料已列入《国家中长期科学和技术发展规划纲要（2006—2020年）》“基础原材料”主题。科技部制定的《“十三五”材料领域科技创新专项规划》，明确提出重点发展特种工程塑料、海洋工程材料等先进结构材料技术，高性能膜材料等新材料。

这一时期，中国的工程塑料生产虽然有了显著进步，但与国内建设需要相差仍大。2017年，中国工程塑料产量207万吨，表观消费量为400万吨，自给率仅为51.9%。其中消费量最大的聚碳酸酯国内产能120.5万吨，产量65万吨，自给率为32.8%，产能利用率53.9%，进口141.7万吨，表观消费量约180万吨；聚甲醛产能47万吨，产量27万吨，产能利用率57.4%。高端聚烯烃产量为492万吨，自给率为44%。聚砜类、聚芳酯、特种聚酰胺等处于技术开发和应用研究阶段，产业化进程较慢。

五、聚氨酯原料生产迅速扩张

中国聚氨酯工业在经历20多年的高速增长后，异氰酸酯（MDI、TDI、HDI）、聚醚多元醇、己二酸等产能发展迅猛，下游加工企业多，产业规模迅速扩大，成为全球最大的聚氨酯原材料和制品的生产基地，产品基本满足国民经济和社会发展需求。

聚氨酯行业进一步加快结构调整和产业升级步伐，技术创新水平不断提高，生产规模逐步扩大。产业集中度提升、产业布局趋于合理，已基本形成了以上海为中心的长三角地区，以烟台—淄博—黄骅—天津—葫芦岛形成的环渤海地区，以广州为中心的珠三角地区，以兰州为中心的西北地区，以重庆为中心的西南地区，以福建泉州为中心的海西地区等聚氨酯产业聚集地区。全球1/3聚氨酯原料的生产和消费都集中到中国。

2013年，中国聚氨酯总产量达到了870万吨，产销量占全球总产销量40%以上。其中，聚氨酯泡沫塑料340万吨，聚氨酯纤维（氨纶）40万吨，聚氨酯弹性体（包括CPU、TPU、防水铺装材料等）70万吨，聚氨酯合成革浆料和鞋底原液（含溶剂）230万吨，聚氨酯涂料140万吨，聚氨酯胶黏剂和密封剂50万吨，比2012年增长11.5%。

2017年，中国聚氨酯消耗量超1110万吨，各类聚氨酯制品产量达973万吨以上，折合聚氨酯树脂产量750万吨。聚氨酯制品，除个别特种聚氨酯制品外，基本国内自给。大宗品种的原料MDI、TDI、脂肪族异氰酸酯和聚醚多元醇均已实现或基本实现国内自给。

TDI的生产企业主要有7家，分别是科思创聚合物（中国）有限公司（简称科思创）、万华化学、巴斯夫聚氨酯（重庆）有限公司（简称重庆巴斯夫）、沧州大化集团有限责任公司、甘肃银光化学工业集团有限公司、福建省东南电化股份有限公司和烟台巨力精细化工股份有限公司等。合计生产能力126万吨/年。其中科思创31万吨/年，万华化学30万吨/年。全年，国内TDI装置几乎满负荷生产，产量达83.4万吨，净出口约8万吨，较2016年减少2万多吨。

MDI生产企业包括万华化学、上海联恒异氰酸酯有限公司、科思创和重庆巴斯夫，共计305万吨/年生产能力，其中万华化学180万吨/年。另外，东曹（瑞安）聚氨酯有限公司有8万吨/年精馏装置。

聚醚多醇产能不断增加，技术水平也不断提高，聚醚品种规格也基本齐全，基本满足国内市场需求，2017年，全国聚醚多元醇的产能达到550万吨，其中山东省是国内聚醚多元醇产能最高的省份。产量靠前的企业包括万华化学、佳化化学股份有限公司（简称佳化化学）、中海壳牌石油化工有限公司、山东蓝星东大有限公司、句容宁武新材料股份有限公司、淄博德信联邦化学工业有限公司、山东隆华新材料股份有限公司、南京红宝丽股份有限公司、江苏长华聚氨酯科技有限公司、河北亚东化工集团有限公司等。其中最大的2家是万华化学40万吨/年，佳化化学35万吨/年。

六、茂金属聚乙烯成功工业化填补国内空白

茂金属聚乙烯是一种新型热塑性塑料，其提供的多样性能够适用于广泛的软包装薄膜应用。20世纪90年代，石油化工科学技术研究院和北京化工研究院共同开展APE-1茂金属釜式淤浆法工艺、环管淤浆法工艺装置工艺及气相流化床工艺中试试验，并进行了气相流化床工艺装置的工业应用试验。兰州化工研究院先后合成出二氯二茂锆、茚基环戊二烯基二氯化锆等7种茂金属主催化剂和甲基氯氧烷（MAO）助催化剂及含硼阳离子引发剂；该院还成功地开发出LSG-1型硅胶载体，并应用于茂名金属负载化工艺，性能达到国际同类水平。2007年10月，大庆石化生产出茂金属线型低密度聚乙烯，实现了茂金属聚乙烯的国产化生产。但产量较少，而且产出的是低标号的第一代产品。

2015年11月12日，独山子石化在国内首次使用37.5万吨/年的反应器试产高标号的第二代茂金属聚乙烯薄膜级产品，转产前后历经33天，最终取得试生产成功。其生产的茂金属膜材料聚乙烯产品EZP2010HA粉料取样合格，标志着中国具备了生产高标号茂金属聚乙烯的能力，填补了国内相关领域技术空白。此前，相同质量等级的茂金属产品只有美国的埃克森美孚石油公司可以生产，所以市场份额和定价一直被进口产品所垄断。

2018年，国内茂金属聚乙烯生产企业主要有4家，分别为大庆石化、独山子石化、齐鲁石化和沈阳化工有限公司。齐鲁石化已经实现规模化生产茂金属PE-RT管材22F、滚塑R33SHL、膜料F3306S等产品，独山子石化可生产HPR1018HA、HPR3518CB牌号，沈阳石化可生产1018CA牌号，大庆石化可生产18H10等牌号产品。

此外，兰州石化、茂名石化及燕山石化等部分石化企业也进行了茂金属聚烯烃产品的研发，这些企业的聚乙烯装置技术均采用美国Univation公司Unipol技术，多为全密度装置。除了齐鲁石化采用北京化工研究院的茂金属催化剂之外，其他公司的催化剂均来自美国Univation公司。

七、自主产权升级聚乙烯生产技术

“30万吨/年气相法聚乙烯成套技术开发及工业应用”是中国自主开发的大型气相法聚乙烯成套技术，列入国家重点科技支撑计划项目，2006年，由中国石化工程建设有限公司与天津石化、浙江大学、燕山石化、上海化工研究院联合攻关。2009年12月，首套国产化30万吨/年气相法聚乙烯装置在中沙（天津）石化建成并一次投产成功，消耗指标达到国际先进水平，成为中国在烯烃聚合反应工程取得的一项标志性技术成果，具有重要的影响。

2013年1月，第二套国产化25万吨/年气相法聚乙烯装置在齐鲁石化建成并一次投产成功，装置造粒机、循环气压缩机均为国产设备，可不停车切换钛系、铬系产品，大中空吹塑产品在造粒工段首次实现了直接切粒。

2013年7月15日，第三套国产化30万吨/年气相法聚乙烯装置在武汉石化建成并一次投产成功，装置采用了先进的单体回收技术，回收系统仅用21天就调试成功，投用后即实现稳定运行，大幅降低了运行成本，创造了国内同类国产化装置开车的最好水平。

气相法聚乙烯成套生产技术还分别完成对鄂尔多斯中天合创和淮南中安煤业的技术转让，并进行生产装置建设。2016年10月，中天合创煤炭深加工示范项目30万吨/年气相法聚乙烯装置投产。

该成套技术的开发不仅可应用于现有众多气相法聚乙烯装置的技术改造和提升，还具有流程合理、工艺先进等优点，采用单一流化床聚合反应器就能生产多种聚乙烯新产品，在POF膜、拉伸套罩膜、拉伸缠绕膜等领域填补了国内空白。项目采用中国石化自主研发的新型钛系高活性聚乙烯催化剂和双活性中心钛钒复合催化剂，开发了多温区流化床反应器、旋流型气液分离器和冷凝液注入喷嘴等专有设备，完成了小试研究、冷模实验、CFD模拟和工业试验，形成了具有完全自主知识产权的气液法流化床聚乙烯工艺成套技术。该项成套技术获中国石油化工集团公司科技进步一等奖，之后又获国家科技进步二等奖。

八、自主产权聚丙烯环管生产技术攻关成功

1995年，中国石化将环管法聚丙烯成套技术攻关纳入“十条龙”科技攻关项目，成功开发出7万吨/年环管法聚丙烯成套技术，采用此技术在国内分别建设了长岭炼油化工总厂、福建炼油化工有限公司、九江石化总厂、武汉石化厂、济南炼油厂5套7万吨/年的环管聚丙烯工业装置。该项目获2000年度国家科学技术进步一等奖。

2002年初，上海石化、中国石化工程建设公司和北京化工研究院3家单位在一代环管技术基础上，自主开发了采用2个环管反应器+气相反应器组合工艺，共同开发成功20万吨/年国产化第二代环管聚丙烯成套技术，上海石化采用此技术建成了世界级规模的20万吨/年聚丙烯工业化生产装置，并一次开车成功，实现了长周期运行。考核结果表明，该装置的产能、能耗、物耗和质量等技术指标全部达到设计要求；设备国产化率超过80%；能生产均聚、二元无规共聚和抗冲击共聚三大类的产品，其中包括市场急需的洗衣机内桶专用料、汽车专用料、高档双向拉伸薄膜和流延膜等，其主要产品可全部替代进口。该装置的建成使大型聚丙烯装置国产化有多项创新突破，不仅开发了具有自主知识产权的催化剂，完成了20万吨/年国产化第二代环管聚丙烯成套技术工艺包的开发和编制，以及工业示范性装置的成套工程设计；还在聚合反应工艺、氢气分离系统的设计和预聚合工艺方面有所创新，形成了拥有专利技术和专有技术的成套技术，达到国际先进水平。

采用二代环管技术又在镇海炼化、茂名石化、洛阳石化、中原石化、海南炼化、青岛炼化、湛江石化、北海炼化等地建成了10套装置，建成的最大装置为镇海炼化二装置，单线产能达到30万吨/年，可生产均聚物、抗冲击共聚物、无规共聚物等系列产品。该装置自2010年投产后运行稳定，消耗指标达到国际先进水平。

第三代环管聚丙烯成套技术再度列入中国石化“十条龙”攻关项目。2012年2月，由中国石化工程建设有限公司牵头，北京化工研究院、武汉石化和石家庄炼化

共同开发的第三代环管聚丙烯成套技术项目——20万吨/年第三代环管聚丙烯工艺包开发成功。武汉石化和石家庄炼化采用第三代环管法聚丙烯成套技术已分别建成20万吨/年聚丙烯工业化装置。

2013年7月，武汉石化采用具有自主知识产权的第三代环管聚丙烯成套技术建设的20万吨/年环管聚丙烯装置投产。该技术以自主开发的催化剂、非对称外给电子体技术和丙丁二元无规共聚技术等为基础，与第二代环管法聚丙烯技术相整合，重点解决了反应工艺、工程放大和设备国产化等技术难题。装置通过引入非对称外给电子体技术和系列均聚聚丙烯创新牌号，实现了第三代环管法聚丙烯技术中均聚新工艺和产品的工业化生产。投产后装置运行稳定，能耗、物耗低，表现出较强的竞争力。

石家庄炼化20万吨/年聚丙烯装置通过引入非对称外给电子体技术和丙丁二元无规共聚技术，实现了第三代环管法聚丙烯技术工艺创新和新型产品的工业化生产。

35万吨/年第三代聚丙烯环管法技术工艺包，完善了系列化高性能产品生产技术，使环管法聚丙烯技术不仅可生产高性能BOPP、高熔体强度聚丙烯、PPH管材专业料、高熔融指数抗冲击聚丙烯、透明聚丙烯等性能优异的新产品，并且产品的主要性能指标优于同类产品，达到国际领先水平，具有较高的附加值和市场前景。第三代环管成套技术集成的非对称给电子体技术先后在中原石化、海南炼化、青岛炼化、茂名石化等聚丙烯装置上得到实际应用，丰富了产品品种，增强了产品结构灵活性。

中国的合成树脂工业在新中国成立以来实现了很大发展。合成树脂工业从无到有、从小变大、从大变强，中国已成为全球最大的合成树脂生产国和消费国。随着经济从高速增长向高质量发展转变，中国合成树脂产业仍有较大的发展空间，生产将呈现多元化格局，消费正在向个性化和定制化方向发展。合成树脂产业作为石化产业的重要部分已成为中国经济的支柱产业。如今的中国合成树脂工业正在进入新技术、新品种、新业态的不断发展，开始向合成树脂强国迈进的新阶段。

第十七章 橡胶工业发展史

（1915～2019年）

橡胶工业是化学工业的重要组成部分，主导产品有轮胎、自行车胎、摩托车胎、胶管、胶带、胶鞋、乳胶制品、再生胶和胶粉以及密封、减震等工业制品，服务于工业、农业、国防、航空、航天、交通运输、医疗卫生乃至人民生活的各个领域，与整个国民经济发展休戚相关。

15世纪末，意大利人哥伦布第四次航海探险时，在南美偶然发现了天然橡胶及当地土著居民制作的橡胶器具和胶球。之后200年间，相继有人将其带回欧洲。19世纪20年代，英国人汉考克在伦敦以天然橡胶为原料，用自制简易机器制造出鞋底、袜带等橡胶产品，开设了世界上最早的一家橡胶厂。40年代，固特异发现硫化法，制造出胶鞋、胶板等。1888年，英国人邓禄普制造出世界上第一条充气自行车胎。1895年第一条充气汽车轮胎问世，不久，汽车轮胎开始商品化生产，标志着橡胶生产走向了工业化。从20世纪二三十年代开始，人工栽培橡胶逐步取代了野生橡胶，合成橡胶的开发也取得成功。

20世纪中后期，世界橡胶工业发展速度加快，达到空前的高度。随着科技发展、计算机的普及，橡胶工业不断推出新技术、新产品，以增强市场竞争力。热塑性橡胶等新型原材料的广泛应用，促进了传统橡胶工业的根本性变革。进入21世纪，世界橡胶工业随着“低碳经济”发展，开发环保、节能、安全产品，实现自动化加信息化生产，向智能制造迈进已成为主流。

中国橡胶工业起步于20世纪初期，从第一家民族橡胶厂诞生，迄今已逾百年。初创时期，民族橡胶工厂在国外进口产品冲击、外国资本打压的夹缝中，逆境突围，艰苦创业，逐步建立起民族橡胶工业的雏形。

日军侵华期间，日资橡胶企业及产品占据了生产和市场主导，严重影响民族橡胶工业发展。抗战胜利后，国民党发动的三年内战，致使大多数橡胶厂半开半停，有的甚至是有厂无产，民族橡胶工业已是千疮百孔，奄奄一息。

产业的命运始终是和国家的命运联系在一起的，根深则叶茂。新中国成立后，橡胶工业重获新生。从1949年到改革开放前，三年经济恢复，以五年计划为标志的计划经济实施，对私有橡胶企业的社会主义改造以及三线建设等，使橡胶工业建立起完整的工业体系，生产能较好地满足当时国民经济发展的需求。改革开放后，橡胶工业实现大发展，并从技术创新、产品创新、经营管理创新，为建设世界橡胶工业强国奠定了坚实的基础。从2005年起，轮胎、自行车胎、胶管、胶带等主导产品产量，一直居于世界第一的水平，成为国计民生、国防建设的一支重要支撑力量。从技术落后、产能低下的小作坊，到体系完整、自主创新、绿色智能的世界工厂，中国橡胶工业发生了翻天覆地的变化。

第一节 民族橡胶工业的起步与形成

（1915～1949年）

从1915年开始，广东、上海、青岛等地先后出现国人创办的橡胶加工企业，发展速度较快，但多以简单加工的作坊式企业为主，缺乏竞争力。20世纪二三十年代，中国橡胶工业发展进入一个相对繁盛时期，橡胶加工企业日增，还诞生了上海大中华橡胶厂、正泰橡胶厂等知名企业。但中国的民族橡胶工业发展在萌芽时期及日后的发展中不断受到日资等外资企业的市场挤压以及日寇侵华的打击，发展历程一波三折，十分艰难。

一、起步发展

1840年的鸦片战争开启了中国近代百年屈辱史，帝国主义列强侵略中国，国家的主权和领土完整受到严重破坏，外国列强凭借各种特权，源源不断向中国输出商品，涉及日常生活品和工业原材料的洋货纷纷涌入中国市场，其中包括橡胶和橡胶制品。

1863年，广州口岸输入1.5吨橡胶，让国人初步接触和认识了橡胶。到1866年，国内进口橡胶制品扩大到雨衣布、热水袋、皮球等，年贸易额达到2500两白银。1884年，上海口岸一年进口胶鞋5000双。1899年，国内橡胶及制品进口额增长到白银4万两以上。

1914年，全国橡胶输入量达31.5吨，橡胶制品种类、数量俱增，贸易总额达白银32.7万两。

市场需求引发了有识之士自己办厂的热忱。在中国境内开办的外资厂矿企业和民族资本的企业，开始大量使用橡胶制品，客观上也推动了民族橡胶工业的创立和发展，行业发展的重要时机初现。这也是中国橡胶工业的创立和发展的基本条件。

1904至1906年间，国人从马来西亚、新加坡购进天然橡胶苗木，在海南和云南创建橡胶种植园。20世纪30年代，广州开始有少量国产橡胶应市。

1914年，第一次世界大战爆发，帝国主义列强各自忙于战事，暂时放松了对中国的经济入侵。国内社会政治经济环境发生改变，反帝爱国斗争此起彼伏，抵制洋货活动在各地不断掀起，民间兴办实业受到鼓励。

1915年，新加坡华侨牙医陈玉波回国，会同亲属邓凤墀合伙创办了广东兄弟树胶创制公司，其生产的“双飞剑”牌胶牙托，广受欢迎。1917年工厂转向胶鞋底生产，产品畅销，工人达百人，拥有80马力蒸汽机和小型炼胶机等设备。这是中国国内第一家橡胶厂。

1917年，该公司一分为二。邓凤墀与其他人合作成立广东兄弟合作树胶公司，增资扩产，并于1918年和1919年在香港和上海设立分厂（经销店）。随后，公司生产重点移沪，扩大规模生产运动鞋。1931年资金增到20万元，日产胶鞋1.8万双，职工达到1800人。1936年，企业关闭。

1922年，广东兄弟公司正式拆股，陈玉波与其他人合作在广州开办“中国大一家树胶厂”，产出“大”字牌帆布胶鞋。1930年扩大到上海办厂。但因生产经营不善，“中国大一家”于1933年停业。

这一时期，广东民间资本投资办厂积极性日盛。1920年，广州小型胶厂已发展到23家，月产鞋底数十万双。到30年代中期，广州市的20多家橡胶厂，主要生产布面胶鞋，其中冯强、大一家、合作、平安福、兴业、万里、国光7家橡胶厂被同行称为“七强”。此外，还有百余家作坊式小厂从事轮胎翻修。1936年，橡胶行业工人达4200人，胶鞋年产量1010万双，包括体育运动鞋、普通运动鞋和胶底拖鞋3大类、10多个品种。

从1918年起，上海成为中国橡胶制品和橡胶原料的最大进口口岸，当年输入橡胶25.9吨，橡胶制品贸易总值白银56.2万两，占到全国的57%和43%，进口贸易商行增至12家，这为上海的民族资本创建橡胶制品企业客观上创造了条件。

1918年，旅日广东籍华侨容子光回上海与同乡计划从日本订购生产设备，筹办橡胶厂。1919年冬天，容子光的中华制造橡皮有限公司（简称中华橡皮厂）正式建成投产，主要生产“燕子牌”人力车胎、胶鞋底和玩具气球，是国内第一家生产人力车胎的企业。经营三年后，企业因技术落后，1921年宣告停业。

此时的上海民族橡胶工业，发展势头已起。从1919年到1927年，上海合计开办的橡胶企业有11家。到1927年底，正式生产的有7～8家，产品主要为力车胎、胶鞋底、套鞋、胶鞋、雨鞋等，建立起上海的橡胶工业基础。1928～1931年间，上海橡胶界，借助生胶产地价格低落，国内关税下调的良好机遇，踊跃发展，企业扩增至48家，占全国橡胶工业的70%左右，主要设备炼胶机约有220台，职工达到1.3万人。胶鞋生产已形成规模。这一时期，全国的橡胶企业也有70家之多。

1926年，旅日华侨余芝卿出资8万银圆与薛福基、吴哲生合作筹建上海大中华橡胶厂，引进日本设备建厂并由日方培训员工。1928年10月30日正式投产，生产“双钱”牌胶鞋、套鞋、长筒靴等产品。3年之后增资到110万元，职工达到2200人，日产胶鞋扩至2万双，获利颇丰。1933年12月，企业资本扩至200万元，成为拥有4个橡胶厂、4个原材料厂和1个机修车间的联合企业，同时还实行工商结合，增强销售网络，改组定名为大中华橡胶厂兴业股份有限公司（简称上海大中华）。

1932年开始，上海大中华进军技术复杂的汽车轮胎产业，1933年正式建立生产车间。1934年10月份试制出30×5和32×6两种规格的载重和轻载汽车轮胎，成为国产第一条轮胎，当时日产7～9条。1935年，开发出6.50-19、5.00-20等多种规格汽车轮胎，当年产量达到6937条，打破了国外轮胎垄断中国市场的局面。当年，上海大中华投产汽车内胎，为外胎配套，产量3748条。1940年，上海第一条轿车轮胎在上海大中华厂问世，规格为5.50-17，商标双钱牌。

在试制汽车轮胎过程中，上海大中华遭遇了来自内外部巨大的阻力，外有英国邓禄普运用商标诉讼案试图扼杀国产轮胎，内有对试制新产品存在的巨大分歧、抽离资金等，导致企业险些破产。面对危机，坚决主张生产轮胎的薛福基变卖个人资产救企业，全厂员工共渡难关，终于转危为安。“双钱”轮胎试制成功，成为精诚发展国货的楷模。

到1937年，上海大中华轮胎产量达到1.8万条，力车胎27.1万条，胶鞋871万双，资本扩至300万元，大中华橡胶厂已成为国内资本最多、规模最大的橡胶厂，共有职工2860人，其资本占全国同行业的四分之一，产值占三分之一。

1923年，新加坡华侨陈嘉庚投资50万元，在上海设立工贸结合的陈嘉庚橡胶公司上海分行，生产经营汽车轮胎、人力车胎、胶鞋、雨衣布等橡胶制品，一度称雄上海滩，但由于1929年席卷全球的世界经济危机，导致新加坡总公司和上海的分行先后倒闭。

1927年，杂货店伙计出身的江苏江阴人刘永康与人合资开设了正泰橡胶厂，该厂初名义昌橡皮物品制造厂，生产套鞋。1929年更名为正泰橡皮物品制造厂（简称正泰橡胶厂）。1931年增建第二橡胶厂，日产胶鞋1.3万双。1933年2月，正泰橡胶厂发生硫化罐爆炸事故，导致亮油燃烧起火，死81人，伤120余人，震惊上海。次年春，经改组并易名为正泰信记橡胶厂。1934年研创适于国人脚型的“回力”品牌球鞋，畅销全国各地。1935年，回力的商标正式在国内注册，知名民族品牌“回力”诞生。

期间，永和实业公司、中国工商（谊记）橡胶厂、义生橡胶厂、宏大橡胶厂相继崛起，连同以日商为主的外商投资橡胶厂，1931年，上海橡胶企业合计达到48家。到1937年抗战之前，上海的大小橡胶厂（含个体作坊）增到100家，较1934年翻了一番。

这一时期，天津、青岛、东北相继出现以生产胶鞋等为主的小型橡胶工业企业，主要为青岛的中威、福字、隆裕胶鞋生产厂。1928年，天津出现了同兴、北洋两家小橡胶厂，通过从日商手中购买胶料，开展轮胎的修补业务，职工均不足10人。后业务扩及上海、广州等地。

民族橡胶工业以上海、广东、青岛、天津四地发展为主，渐成气候，初现规模。

二、在战火中顽强生存

1937年，日本全面入侵中国，抗日战争爆发。民族橡胶工业进入艰难的动荡期。

广东橡胶行业规模最大的冯强胶厂为避乱当年宣布解体，疏散所有设备和资金，厂主及部分员工迁往香港。1938年10月，广州沦陷，橡胶工业遭受重创，10多家较大的胶鞋厂和120多家小胶厂相继倒闭或被日本侵略军强行没收，只有合作、同源协、竟成、琼生、平安福、万里等6家厂勉强维持开业，月产胶鞋约3000双。1941～1945年间，交通及民用橡胶制品奇缺，一批失业者通过委托少数专业户炼胶，用炭火作热源土法硫化，摸索生产车胎、胶管、胶带和胶球等制品，其中生产力车胎的有10多家。

1932年，日军发动了“一二八”事变，入侵上海，上海地区橡胶工业深受其害。“七七事变”后，形势更是急转直下，31家橡胶厂合计资本总额达到510万元，占全国90%以上，直接毁于日军炮火的损失达201.4万元。1938年，战灾损失进一步扩大到300万元以上，直接毁于日军炮火的有正泰信记橡胶厂、宏大橡胶厂、永和实业公司橡胶厂等11家企业。上海橡胶工业产量逐年走低，到1943年，上海橡胶制品产量仅为1940年的20%。

正泰信记橡胶厂1937年改为股份有限公司，抗战期间，工厂毁于日军炮火被迫停产。后以日商厂牌并更名，获兵险赔偿重整旗鼓，开工生产，接受日军订单。1941年恢复正泰信记橡胶厂厂名。

抗日战争前夕，上海大中华原拟同国民党经济部合资建设云南橡胶厂，在大后方昆明生产轮胎，以适应军用民需。但是，上海大中华厂四厂全部机器及部分原料等120余吨物资内迁过程当中尽遭洗劫，损失惨重。大中华掌门人薛福基也在上海“八一三”空战中遭袭身亡。工厂总部被迫迁到香港，官民合办橡胶厂由此化为泡影。抗战爆发期间，上海大中华总部被迫迁往香港。历经战争浩劫的上海大中华厂1942年曾一度停产。次年谋求以商代工，勉强维持。在1945年的轮胎产量仅为2000条。胶鞋37.7万双，仅为1936年历史最高产量874.6万双的4.4%。

然而，随着全民族抗战高潮的兴起，橡胶界纷纷奋力抗争。一半留守，一半内迁，新华橡胶厂搬迁到香港；利华橡胶厂迁往内地，先后在长沙、桂林、柳州、重庆建设了4个利华橡胶厂，扩大生产，支援抗日前线。

20世纪30年代初和日军侵华期间，日商在天津开办橡胶加工企业居多，共计

11户。设备比较先进，产品包括布面胶鞋、力车内外胎、三角带、胶管等。太平洋战争爆发后，日本军国主义无暇东顾，民族资本橡胶工业企业获得难得的喘息机会。1938～1943年间，天津民族资本先后开办了30家橡胶厂，但大部分为技术相对落后的作坊式工厂。在获得了比较稳定的发展同时，也与日商形成了一定的市场抗衡。

爱国华侨陈嘉庚举办实业支援抗战，于1940年牵头合资创办了中南橡胶厂股份有限公司，主要生产翻胎，总公司设在重庆，在昆明、重庆、贵阳三地设立修补网点，为过往军用运输车辆服务。1943年开始，中南橡胶厂续建了炼胶、硫化、制鞋车间，扩大产品品种，支援抗战。

抗战期间，中国橡胶工业几近摧毁，而为战争服务的日资企业则乘势扩张。民族橡胶企业被强行划入日资或合营的，在上海有7家，青岛有2家，广州有4家，资金总额在700万日元之上。全国中资橡胶厂的数量由占65%下降到45%，日资橡胶厂从占32%扩大到55%。轮胎产量1943年全国为7.5万条，有6.6万条（占88%）是日资橡胶厂生产的。据当时的国民党政府经济部在调查资料中称，“橡胶工业之发展，备历困难，最初受舶来品之压迫，继复遭二次战争之破坏，实在颠沛忧患中长成”“工厂存续维艰”“难以为继者，为数颇多”。

抗日战争胜利后，民资资本橡胶工业出现了短时间的转机。上海大中华厂的继任人重整轮胎生产线，并购多家企业，重焕生机。在1947年产量达到2.7万条，成为国内当时最大的轮胎和胶鞋生产企业之一，其轮胎产量占到全国的近一半。上海30家民资橡胶企业战后得到很快恢复，1946年到1948年加上新增企业，全上海已发展到102家橡胶加工企业。最高年份生产量，轮胎5.8万条，胶鞋5800万双，力车胎260万条，胶带530万平方米。形成以大中华、正泰、义生、宏大和中南为主的五大橡胶企业，生产能力比抗战前增长60%，较抗战结束时增加了1倍还多。

广东私营橡胶企业纷纷复业，1946年很快增加到210多家。按加入广州橡胶同业公会的98家统计，年产胶鞋280万双，胶鞋底73万双，力车外胎3.2万条，内胎0.7万条，翻新轮胎1.7万条。

天津地区开设的11户日商橡胶厂全部被国民党接收，6户被标卖给民族工业，1户被接收人员盗卖一空，其余4户由伪联勤军需工厂接管。这一时期，民族橡胶工业仅在1946年就有19家橡胶厂开业，1947年开业的又有14户。此时，私营橡胶厂已达63家，1947年产值就比1946年增加了56%。

橡胶工业战后短时复兴但好景不长。1947年，国民党发动的内战全面爆发，加之国民党政府又实行了橡胶原材料进出口贸易管制和物资出境管制法，致使橡胶工业濒临绝境。广东的橡胶工业到1949年，能开工或半开工的胶厂仅83家。胶鞋产量为324万双，力车胎外胎2.9万条。1948年，上海的橡胶工业企业纷纷倒闭，仅剩下不到60家。天津有十几家橡胶厂停工和倒闭，直到天津解放前夕，只有少数橡胶厂勉强维持生产。

抗日战争胜利后，日伪留下的橡胶厂共计85家（含台湾10家）。国民党政府接收78家，共产党解放区接收7家。共产党领导下的东北及胶东解放区，也在兴办主要为军队服务的胶鞋等橡胶厂。1946年，山东军区东海军分区和共产党领导下的威海市政府、北海银行3家投资52万元北海币，资助威海民族资本企业中威橡胶厂，办起了解放区第一家公私合营企业，当年即生产胶鞋4.4万双；1948年扩资到2400万元北海币，年产胶鞋27万双，并开始生产自行车胎。

1949年全国橡胶消耗量仅为1.3万吨，生产轮胎2.6万条，力车胎286万条，胶带90万平方米，胶管36万英寸米，胶鞋4400万双。

第二节 逐步扩大和发展，建立橡胶工业体系（1950～1977年）

新中国成立，百废待兴。重获新生的橡胶工业第一要务是医治好战争创伤，理顺管理体制，组织好生产恢复，并在此基础上，加快建设，扩大生产力，快速发展生产，使橡胶产品能满足国民经济各部门发展和人民生产水平提高的需要，主要原材料、机械装备已能立足国内，并建成橡胶专业的科研设计及人才培养队伍，从而形成一个比较完整的工业体系。

一、进入自力更生、稳步计划发展时期

（一）恢复生产，重点迁建改造

到1948年年底，全国有507家橡胶厂，1000台炼胶机，年加工橡胶能力为5万吨。其中，上海2万吨，东北1.5万吨，山东0.5万吨，广州0.4万吨，能生产轮胎、

力车胎、胶鞋等橡胶制品，尚有一定的基础。

1948年11月，沈阳解放后，东北人民政府把橡胶工业恢复、生产列入十大重点之一，并成立企业管理局，下设东北橡胶公司，统一管理沈阳、辽阳、安东三地的从国民党手里接管、并经重组和改制为国营的9个橡胶厂、1个机修厂、1个研究室。

1949年，橡胶工业划归轻工业系统管理。轻工业部于1950年7月在北京召开了首次全国橡胶工业会议。公私双方均有代表参加。这次会议确定了橡胶工业要实行“一般的维持，重点的整理恢复，避免盲目扩充，逐步走向计划生产的方针”，橡胶工业应配合交通、国防、工矿、农业等发展需要，有重点有步骤地向制造生产资料方面发展，配合国家经济恢复和建设，稳步地准备将来发展，并提出了优先发展生产资料橡胶制品、实行计划经济管理、积极扩大原材料生产供应、实施技术标准和加快技术人才培养等五大措施。

在党和人民政府的重视和领导下，橡胶工业抢修厂房，维修设备，筹措资金，组织原材料，培训人员的生产恢复工作，从东北到全国各大解放区，如火如荼地展开。

1949年3月20日，沈阳第五橡胶厂生产出第一只橡胶船，并在一个月内生产出100只，支援中国人民解放军南下。同年3月，沈阳橡胶一厂（1938年成立时名为东北橡胶公司沈阳橡胶一厂）正式恢复生产，当年生产轮胎6157条、胶管4万米、帆布48万米，超过该厂在国民党统治时期的总产量。

1949年4月，沈阳橡胶二厂胶带生产线恢复生产。东北各橡胶厂由于恢复生产组织得快，及时地把轮胎、胶鞋、雨衣、胶船等橡胶制品送到前线，有力地支援了解放军进关南下。

东北橡胶公司在专业分工调整、体制机构设置、设备厂房抢修、原材料配套、产品试验以及人才培养使用、发动群众等方面取得的初步成绩，为以后建设新中国的橡胶工业积累了宝贵的经验。

天津、上海等地的国营橡胶厂如天津汽车制配厂橡胶配件厂、上海中央化工厂等也都在当地主管工业局和公司的扶植下，积极组织重建工作。上海主要私营橡胶企业大多在较短的时间内恢复了生产，步入正轨。

1949年6月，青岛解放。青岛橡胶厂收归国有，1952年被命名为山东橡胶总厂（后分别更名为青岛第二橡胶总厂、国营第二橡胶厂、青岛第二橡胶厂），拥有1500名职工，轮胎年产能力7万条，日产自行车胎900条，胶鞋1200双。该厂经过民主改革，迅速恢复和发展生产，经过不断技术改造，初步实现了机械操作，到1952

年，该厂轮胎产量达到13.66万套。

1950年，地处广州的原国民党军用橡胶（联勤总部广州橡胶厂）改组为210工厂，生产胶鞋；同年又在湖南另建大型军需橡胶制品生产基地，专门为部队生产军鞋和雨衣。1952年，在岳阳建成国内最大的完全自行配套的综合型橡胶联合企业（211厂），亦称洞庭橡胶总厂（3517），其改进军用胶鞋和研发改进的雨衣质量优良，受到军委表彰。

1950年10月，中国人民奋起抗美援朝，东北橡胶工业转入战时状态。东北工业部决定将沈阳国营第一、第二橡胶厂和辽阳国营第九橡胶厂全部迁到牡丹江，合并组建为国营第一橡胶厂；将沈阳国营第六橡胶厂迁到哈尔滨，并把原东北军区军需处橡胶厂并入第六橡胶厂；将安东国营第八橡胶厂迁到长春。从而把东北地区南部50%的橡胶厂、75%的生产能力转到东北地区北部，改变了东北的橡胶工业基地布局，形成了新的东北橡胶工业生产基地。

在紧急搬迁和建设过程中，东北各橡胶厂的职工克服巨大困难，与风雪严寒抗争，全力投入了搬迁工作。第一、第二、第九橡胶厂的1万多吨设备、器材，在一个星期之内全部拆卸完毕。3100多名职工和家属，连同设备、器材，一个月里全部抵达牡丹江市桦林施工现场。干部、工程技术人员和工人一齐奋战，修厂房、打基础、安设备，利用日伪时期留下的残破不堪的纸浆厂房，建起了国营第一橡胶厂。从开始搬迁到投入生产只用了100天，1951年1月生产出了轮胎，并且很快从日产40条增加到400条。迁到哈尔滨的第六橡胶厂和迁到长春的第八橡胶厂，也克服了许多困难，先后投入了生产。

1951年，国营第一橡胶厂轮胎生产能力扩充到年产10万条，产品源源不断运往朝鲜前线。同时，开始研制生产炮车防弹轮胎，1952年年底又建成炮车海绵轮胎和坦克实心轮胎生产车间，年产能力达1万条。

沈阳第三橡胶厂从生产自行车胎转产飞机轮胎，以及航空用橡胶制品，先后有4种规格的航空轮胎投入生产。

青岛国营橡胶二厂进行改建，形成年产轮胎7万条、日产自行车轮胎900条、胶鞋1200双生产能力。1953年9月，航空生产线投入生产。

为支援抗美援朝战争而转产的企业，基本都是当年就把产品送到了前线。与此同时，有几个胶鞋厂也转为轮胎厂。通过搬迁、转产和专业改组，国营橡胶企业生产实力大大增强，国防用橡胶制品也开始生产。

上海和天津等地的私营橡胶厂，大量接受军需订货任务，上百家工厂赶制军用胶鞋、雨衣和各种医疗卫生橡胶制品。上海市组织了从棉布开始的几个行业大协作，大中华、正泰、义生等橡胶厂如期生产了1200万双军用胶鞋、40万匹军用雨衣布、救生圈等大量橡胶制品。大中华橡胶厂总工程师刘学文等克服技术上和材料上的很多困难，试制出医用橡胶导管、木珠止血带等新产品，及时完成了支援前线的任务。该厂全体职工开展生产竞赛，提前超额完成军棉鞋和轮胎生产任务。自军需订货开始，私营橡胶企业的生产逐步纳入国家计划。

为支援抗美援朝，大中华橡胶厂捐献了4架飞机，正泰橡胶厂捐献了5架飞机。

从1949年到1952年底，橡胶工业靠自力更生，靠苦干实干，完成了恢复生产、迁厂建厂、企业改组和产品转产的任务。1950年即生产轮胎7万条，1951年生产23万条，1952年工业总产值和生胶消耗量分别比新中国成立以前的历史最好水平增长2.9倍和1.7倍。轮胎外胎42万条，轮胎行驶里程提高到1.7万公里，比1949年提高一倍。生产胶鞋6169万双。生产资料橡胶制品所占的比重从40%上升到50%。橡胶工业的振兴，为建设新中国、改善人民生活发挥了重要作用。

1951年、1952年间，朱德总司令先后考察了山东橡胶总厂和东北橡胶一厂，亲笔题词，“努力工作，提高质量，降低成本，超额完成生产任务”，对橡胶工业的三年恢复工作予以充分肯定和勉励。

（二）统一领导和管理全国橡胶工业

在三年生产恢复的基础上，国家对橡胶工业的统一领导和管理做出新的部署，以求得生产、建设新的发展。1952年12月，轻工业部成立了橡胶工业管理局，统一领导和管理全国橡胶工业。

国家领导人刘少奇对橡胶工业作出了增加产品品种、提高产品质量、做出卓越成绩的重要指示。

1953年，国家开始实施第一个五年发展计划。轻工业部橡胶工业管理局提出了橡胶工业“一五”期间的发展方针。从1953年到1956年，橡胶局将各地的国营橡胶厂上收调整为12个厂，连同在太原、广州新建的两个厂，重新排列了14个厂的厂名顺序，统一命名，即：国营第一橡胶厂设在黑龙江牡丹江，主导产品为轮胎；国营第二橡胶厂设在山东青岛，生产轮胎；国营第三橡胶厂设在辽宁沈阳，生产轮胎；国营第四橡胶厂设在辽宁沈阳，生产橡胶工业及民用制品（后均简称制品）；国营第五橡胶厂设在辽宁沈阳，生产橡胶制品；国营第六橡胶厂设在山东青岛，生产胶带胶管；国营第七橡胶厂设在辽宁沈阳，生产轮胎；国营第八橡胶厂设在吉林长春，生产胶鞋；国营第九橡胶厂设在山东青岛，生产胶鞋；国营第十橡胶厂设在山西太原，生产橡胶制品；国营第十一橡胶厂设在广东广州，生产乳胶制品；国营第十二橡胶厂设在山东威海，生产胶鞋；国营第十三橡胶厂设在辽宁辽阳，生产胶带胶管（后转产医药器械）；国营第十四橡胶厂设在上海，生产胶鞋。

1956年，橡胶工业管理局与原重工业部化学工业管理局、轻工业部医药管理局合并成立了中华人民共和国化学工业部，橡胶工业归口化工部设立的6个专业管理局之一的橡胶工业管理局。产品除胶鞋仍留轻工业部管理以外，其余橡胶制品都随之转到化工系统归口管理。橡胶局管理的中央企业中，8家为轮胎和胶管胶带厂，1家橡胶机械厂和1家新设立的天津橡胶工业研究所，共10个厂、所，地方国营橡胶企业比例则高达75%以上，中央和地方对国企实行分级管理。1956年6月，国家计委批准将石油部炭黑工业生产任务移交化工部管理。

对私营工商业，中央早在1952年即提出了利用、限制和改造的方针。根据这一方针，橡胶工业在积极壮大社会主义国营工业经济的同时，对私营橡胶工业通过加工订货、统购包销，保障其生产和运营，使之很快得以恢复，继而全面实施公私合营，裁并改组，并大规模地进行技术改造，使众多小企业重组变大，由手工作坊变成机械化、半机械化的工厂。1956年，对全国私营橡胶企业的社会主义改造全面完成。

上海市以大中华橡胶厂、正泰橡胶厂、中南橡胶厂等7家大中型橡胶厂为基础，把473家私营企业改组为244家。大中华、正泰和中南橡胶厂改造后，生产能力、生产技术、产品质量显著提升，不仅成为上海橡胶工业的三大主力，在国内也成为骨干企业。与此同时，天津市由112家改组为18家；广州市将100家改组为26家；辽宁省由46家改组为6家；北京市由上百家改组为9家。全部公私合营后，三年间国家为之投入资金达到500万元以上，占到其固定资产的10%，橡胶厂设备利用率和生产效率都有提高，成为橡胶工业的一翼。上海、青岛、天津、广州、沈阳成为真正的橡胶工业基地，加上牡丹江、长春、哈尔滨、岳阳、衡阳、重庆等地，拥有全国40%的炼胶设备，三分之一的橡胶消耗量，几乎全部的轮胎和一半以上的胶鞋生产能力，有利于生产建设全面纳入计划经济的轨道。

（三）推进企业改造和扩建，生产建设走向正轨

“一五”期间，橡胶工业管理局为贯彻和执行国家“一五”发展计划，确定了“百字”工作方针，强化国营企业的生产技术和计划经营管理，着手重点新建、扩

建、改建和企业技术改造，使橡胶工业逐步走上正常发展的轨道。

第一个重点是，开展老厂系统改造，改建、扩大主力轮胎厂、输送带、工业制品和军工橡胶企业生产能力，提高生产技术水平。

1953年起，在苏联专家的帮助下，以新型设备和先进工艺流程，相继开展对第一、第二两个橡胶厂和军工独立车间的改扩建。第一、第二橡胶厂生产能力都从年产20万条轮胎增加到60万条，可生产10余种规格的大中型载重轮胎，专门为长春第一汽车制造厂配套，工艺装备水平显著提高，成为国内最大的两家轮胎专业厂。沈阳橡胶三厂在航空轮胎生产的基础上，增加了民用轮胎的生产。为适应工业建设的需要，第四橡胶厂改为工业制品厂，专门生产橡胶配件、胶辊和橡胶衬里。1956年，在青岛橡胶厂第三分厂基础上成立的国营青岛第六橡胶厂，接收了济南华城橡胶厂和东北华林橡胶厂一厂的输送带生产设备和人员，输送带产量增加到104.7万平方米。

第八橡胶厂对工艺流程进行了改造，胶鞋的生产能力增加到年产800万双，成为当时国营橡胶企业中最大的胶鞋厂。

空白产品，采取由老厂抽调人员支援新厂建设的办法进行。1955年，在广州建成了中国第一个乳胶制品厂——第十一橡胶厂，年产气球百万只、医用手套百万副和避孕套上千万个。同时，引进苏联成套技术设备，新建了一个生产防毒面具的工厂。在上海、沈阳、天津新建了3个采用水油法工艺的再生胶厂，使再生胶的生产能力增加了1.5万吨。1955年11月，太原第十橡胶厂年产橡胶制品3000吨、汽车轮胎5万套、胶带160万平方米项目获批。1956年3月开工建设，橡胶制品于1958年6月建成投产，轮胎、胶带于1959年11月建成投产。

在生产方面，着重推广新工艺、新技术和新型原材料的应用。从1954年开始，轮胎生产大力推广生胶分段塑炼法、外胎逐步升温硫化法和水胎活嘴硫化法、帘子布两面一次挂胶法以及采用自动成型棒进行外胎多层布筒成型，轮胎和胶管的结构设计也采用了新的计算公式。

各胶鞋厂总结推广了缝帮套楦、链条输送、流水作业，并进行了统一胶鞋尺码等工作。研究单位和各橡胶厂开展了胶料配方的实验设计，逐步掌握了丁腈、氯丁、聚硫、丁苯、丁钠等合成橡胶的应用技术，生产出各种耐油、耐酸碱、耐高低温等橡胶制品。

1954年，全行业组织实施橡胶工业原材料技术条件和产品技术标准，推动行业规范发展。根据苏联专家建议，加强了生产技术管理，如实施技术条件、建立产品投产审批程序等。橡胶局针对在恢复生产阶段中发生过的胶鞋断底、雨衣发黏和轮胎裂口问题，向各橡胶企业发出了《坚决向忽视产品质量现象作斗争》的通知，从产品标准、质量检验、技术设计、原材料质量控制、精工细作到企业管理各方面，都加强了质量工作。

通过一系列改造、改组措施和加强计划管理，第一个五年计划期间，橡胶工业迅速发展。全国橡胶工业总产值增长1.5倍；生胶消耗量增长1.3倍；主要橡胶产品产量成倍增长。全国轮胎企业由1949年的4家增至7家；轮胎年产量倍增至88万条；全行业5年内试制出6000个新的橡胶产品规格品种，总数达1万多种。其中，重要的新产品有载重25吨自卸汽车用的大型工程轮胎、飞机轮胎和油箱、火炮防弹轮胎、解放牌汽车轮胎及橡胶配件等。全国消费的轮胎中，进口轮胎所占的比例，1952年为37%（15.9万条），1957年下降到0.1%（1100条），而且还出口2.3万条。产品质量大幅度提高，轮胎行驶里程平均在4万公里以上，比第一个五年计划初期增长了1倍。"一五"期间，橡胶工业共完成500万元以上的基本建设项目9个，500万元以下的项目25个，总投资相当于旧中国橡胶工业固定资产的1.4倍。

二、在调整中坚持发展

在第二个五年计划及其后的漫长岁月中，橡胶工业虽然经历了"大跃进""三年自然灾害"，但始终坚持调整、巩固、充实、提高，坚持技术改造，坚持发展，曲折前行。

（一）调整控制改变盲目发展现象

1958年，全国进入工农业大跃进时期，化学工业也提出了跃进和赶超发展计划。1958年5月，化工部橡胶局在上海召开的全国橡胶工业技术工作会议制定了《橡胶工业技术发展纲要32条》。重点是破除迷信，解放思想，组织跃进，实现赶超。

为"以老带新"，促进地方橡胶工业发展，撤销了橡胶工业管理局，大部分轮胎和工业橡胶制品厂相继下放地方，胶鞋管理划归轻工业部。1958年10月，化工部决定成立沈阳橡胶工业公司，统一领导沈阳第三、第四（原第四、第五橡胶厂合并）、沈阳橡胶机械厂、沈阳橡胶研究设计院；原橡胶局管辖的天津橡胶工业研究所于1959年迁到北京，同北京橡胶工业设计院以及设备安装四处合并，组建北京橡胶工业研究设计院，作为化工部的直属事业机构。

橡胶工业最集中、厂家最多的上海一部分企业开始向内地搬迁，支援当地橡胶工业建设。先有普利翻胎厂搬迁福州，1957～1965年，又相继有金刚橡胶厂、义生橡胶厂等14个橡胶厂，约占上海橡胶工业四分之一的产能搬迁至长沙、黄石、桂林、太原、贵阳等城市，推动了当地橡胶工业的发展。

橡胶企业下放地方后，从1959年开始，出现了全民办橡胶的热潮，全国一时间涌现出几百个“土法上马”的小橡胶厂。1958年至1960年，橡胶工业产值、产量和生胶消耗量大幅增长，但产品质量却出现大的滑坡。

1960年，在贯彻国民经济“调整、巩固、充实、提高”八字方针中，化学工业部决定成立橡胶司，统一指导、管理全国包括合成橡胶在内的橡胶工业生产技术。1961年1月，化工部作出《关于在橡胶工业大搞提高产品质量、节约原材料、增加产品品种的决定》，要求在橡胶行业进行设备、技术革命成果、产品质量、消耗定额大检查。贯彻产品标准，严格工艺规程，建立健全技术检验制度和机构，搞好设备维修，充实备品备件，加强原材料供应和定额管理、经济活动分析，以增加产品品种，解决供需矛盾。提出“以质量求数量，以节约求增产”的方针，将骨干企业从地方收回，由化学工业部直接管理。对于各地新办的大量小厂，则根据不同情况进行了调整。两年内即基本控制了橡胶工业盲目发展的现象，扭转了产品质量下降的趋势。

1963年9月，国务院批准国家经委《关于橡胶工业集中统一管理的报告》，决定轻工、交通、粮食各部门所属胶鞋、胶辊、轮胎翻修等橡胶企业，统一交由化工部归口管理。同年12月，太原908厂与太原第十橡胶厂合并，定名为新华化工厂，由化工部管理。

橡胶工业从地方到中央，开启新一轮的改造和调整。上海调整后保留了3个轮胎厂，即大中华（轮胎一厂）橡胶厂、正泰（轮胎二厂）橡胶厂、大孚（轮胎三厂）橡胶厂，1个力车轮胎厂（中南力车胎厂），两个管带厂、上海胶带厂（申联）和上海橡胶厂等合计30家。

上海大中华厂作为技改试验田，将研制的各种新型轮胎设备安装在该厂进行试验，集中行业骨干技术力量进行攻关。经过不断技改、扩建，上海大中华和正泰两个轮胎厂连同桦林橡胶厂和青岛橡胶二厂，号称“四大家族”，成长为中国橡胶工业的支柱。中南橡胶厂也一举成为当时全国最大的力车胎厂。

经过全面整顿，全行业基本上遏制了产品质量下降、企业管理混乱的局面，按国计民生需求，轮胎、自行车胎、胶鞋以及生活资料橡胶制品的产量上升，产品结构开始趋向合理。

1960年，按邓小平批示，化工部设立军事化学管理局（二局），全面负责化工和橡胶军品生产建设。短短几年时间，国防橡胶工业即形成科研与生产相结合、中央企业与地方企业相结合、沿海和内地相结合，可以按军兵种、分地区配套服务的体系。

（二）创办全国性经济实体，生产、建设同步展开

1964年，经中共中央、国务院批准，筹建全国性的橡胶工业经济实体，探讨以经济办法，统一管理全国的橡胶工业。1965年，中国橡胶工业公司成立。公司上收了124个企事业单位，占当时全国257个企事业单位的近一半。工业总产值17.9亿元，占全国橡胶工业总产值的77.8%。该公司作为独立的国家计划单位，实行统一经营、统一核算，人、财、物、产、供、销六统一。对所属企业实行分级管理、专业化分工和协作。对未进入公司的地方橡胶企业，代替化工部进行计划归口管理和生产技术指导。

该公司一经成立，即着手解决长期存在的产品质量问题。从直属大厂入手，在桦林橡胶厂展开轮胎质量大会战，组织全公司的设计技术力量，会同沈阳、大连等橡胶机械厂，全面开展快速密炼机、螺杆塑炼机、四辊压延机、自动包边轮胎成型机、轮胎定型硫化机以及生产工艺的机械化、联动化研发。由总工程师带队，在抚顺化工厂、天津炭黑厂组织炭黑质量攻关。两年间，轮胎行驶里程由5万公里上升到6.5万公里；炭黑生产方面，不仅生产出合格的高耐磨炭黑，还研制出中超耐磨炭黑。胶鞋行业制订出10项先进生产技术，在企业推广后，手工操作减少一半，产品质量提升20%，劳动生产率上升40%，生产能力由1.8亿双增加到2.5亿双。

橡胶工业公司一手抓生产，一手抓建设，充分发挥社会主义制度优势，全力展开合理工业布局、支援内地发展橡胶工业的三线建设。

1965年，青岛第二橡胶厂的一部分和沈阳第三橡胶厂的一部分合并搬迁至宁夏银川，在西北荒漠建成银川橡胶厂，年产轮胎30万条；同年，上海大中华橡胶厂一分为二，搬迁一半生产线至贵阳，建设了年产30万条规模的贵州轮胎厂。随之，上海支援内地，先后将金刚橡胶厂、义生橡胶厂、南洋橡胶厂等14个橡胶厂迁到长沙、南昌、黄石等14个城市。通过这种以老带新、一厂变两厂的方法，成为内地发展很好的模式。

1966年到1968年间，中国橡胶公司将沈阳第三橡胶厂、沈阳橡胶机械厂和广州第十一橡胶厂的一部分力量，搬迁到广西桂林，建设了轮胎、制品、乳胶、机械等5个工厂，形成了桂林橡胶工业基地。由桦林橡胶厂支援，在河南焦作建设了年产30万条轮胎的河南轮胎厂。由沈阳市轮胎厂（原国营第七橡胶厂）支援，在云南建设了云南轮胎厂。

中国橡胶工业公司成立两年中，技术进步，生产规模扩大，彰显了大型经济实体的实力、特长和能集中力量办大事的作用。1966年与1964年相比，产值增长25.1%，生产成本降低了9.25%，劳动生产率提高了15%，利润增加了20.5%，被称作橡胶工业发展的“黄金时期”。同时，锻炼了队伍，培养出团结、协作、不怕困难、艰苦奋斗的作风。

三、建立成型配套的橡胶工业体系

“文化大革命”（1966年5月～1976年10月）致使政治经济混乱，生产建设无序。1968年，中国橡胶工业公司被撤销。1970年，化工、石油、煤炭三部合并，组建成燃料化学工业部，橡胶工业的行业管理工作由燃料化学工业部下设的化工大组所属8人橡胶小组负责。极端困难情况下，橡胶工业发展脚步没有停止。

（一）以“大三线”为主建设新厂

按照橡胶工业公司的原有规划，从1968年到1972年，橡胶工业为调整生产布局而继续坚持进行战略搬迁，在内地建设了一批橡胶企业，计有洛阳橡胶厂、宜昌中南橡胶厂、湖北华强橡胶厂及桦林橡胶厂大型工程胎搬迁至河南轮胎厂等一批大项目。

1969年4月，国家计委批准在湖北十堰建设年产100万套子午线轮胎的东风轮胎厂，为第二汽车制造厂配套。1969年11月，东风轮胎厂在湖北省鄂西山区开工，这是新中国成立以来橡胶工业最大的基建工程。青岛橡胶二厂、上海正泰橡胶厂和桦林橡胶厂负责援建；橡胶公司和化工部下放干部负责管理，北京橡胶工业研究院主力搬迁东风轮胎厂，成为工厂的科研和技术部门，百余名专业对口的应届毕业大中专学生分配至该厂工作，充实技术力量。

为配套东风轮胎厂建设，专门建设了年产1万吨人造丝帘线的湖北化纤厂，年产两万吨炭黑的武汉炭黑厂，年产5000吨钢丝帘线的湖北钢丝厂和年产5000吨橡胶机械的益阳橡胶机械厂。东风轮胎厂采用了从国外引进的最新型四辊压延机，国内各有关部门为其提供了31项新技术和新设备，在当时处于较为先进的国际水平。在水、电、交通及生活条件都不具备的条件下，建设者苦干5年，投资1.2亿元，于1974年开始正式投入生产，年生产能力为载重轮胎70万条、军用越野轮胎30万条。

这一时期建厂，充分发挥以老带新的作用，桦林橡胶厂、青岛第二橡胶厂、上海正泰橡胶厂、北京橡胶工业研究院、沈阳第四橡胶厂、青岛第六橡胶厂、抚顺化工厂、湘潭钢丝厂和沈阳橡胶机械厂等企业，以支援“三线”建设为荣，并将该项工作摆上了重要日程。国家在内地的豫西、鄂西、湘西地区进行新的橡胶工业布局，陆续在大西南建成云南轮胎厂、云南乳胶所，重庆轮胎厂、重庆长江橡胶厂，贵州的轮胎、管带、制品厂等企业相继投产，逐步形成了滇、渝、贵三大橡胶工业基地，促使橡胶原料更靠近产地，产品便捷运输，有利战备。在大西北的新疆也由乌鲁木齐轮胎厂分出部分人员和设备，在库尔勒建起了新疆橡胶厂。

以三线建设为主的工厂建设，大多在条件异常艰苦的山区内进行，橡胶工业战线广大职工，胸怀爱国之情，跟随企业从沿海城市迁往内地山区。在内地建厂，设备和交通运输条件都极为有限，建设者克服难以想象的困难，推进各项建设工作。条件最为艰苦的是1971年在库鲁塔赫山下孔雀河畔兴建的新疆橡胶厂。该厂处于荒漠戈壁，所有器材设备全部要通过横贯新疆的天山千里荒漠运进，这里的气象条件也十分恶劣。建设者们克服了令人难以想象的困难，历经8年时间，于1985年7月1日，建成年产5万吨汽车轮胎生产线，并与青岛第二橡胶厂联营，生产出海燕牌900-20汽车轮胎。

橡胶工业20世纪70年代在山区建设的历史和橡胶工业建设者顽强奋斗的事迹，不仅在中国的橡胶历史上写下光辉的篇章，在世界橡胶工业发展历史上也是绝无仅有的。

这一时期，随着橡胶企业下放，有关省市也陆续实行企业一分为二搬迁，开始组织“小三线”建设。形成规模的有建在广州北部山区的广州胶管厂、广州胶带厂和广州轮胎厂；山东鲁西南的肥城、枣庄、东平三个橡胶厂；辽宁西部的朝阳长征轮胎厂。此外，还有桦林橡胶厂援建的吉林光明橡胶厂，天津轮胎厂援建的山西橡胶厂，乌鲁木齐轮胎厂也部分搬迁到南疆库尔勒等。1971年前后，河北、河南、山东、江苏的县办橡胶厂已成批出现。

上海橡胶工业公司则大力组织当地原材料、设备的配套生产，扩大了鞋面布、炭黑、碳酸钙厂的生产能力，还兴办了助剂厂、钢丝厂、模型厂、金属配件厂，新建了一个年产1万吨的顺丁橡胶厂，使上海成为中国橡胶工业产量最大、品种最多、配套能力最强的基地。广州橡胶工业管理局新建了轮胎、胶管、胶带、橡胶制品、机械维修制造、再生胶等工厂，成立了研究所、中专学校，同时还对自行车胎、乳胶制品、胶鞋等老厂进行了技术改造，使广州成为橡胶工业一个较大的新兴基地。

大小“三线”的建设，扭转了橡胶工业偏依沿海城市的格局，实现了由北向南、从东到西的战略转移，从而赢得了新的发展空间，为以后大规模升级改造奠定了基础。

这一时期，农用橡胶产品发展也是一大亮点。按照国家要求，大力发展支农产品，农机轮胎的生产从1971年的9个厂、产量约100万条，增加到1977年的16个厂、产量250万条。各种大型拖拉机轮胎、水田拖拉机用轮胎等相继投入生产。小型农机轮胎、排灌胶管及农机用橡胶杂品等，1977年基本上已能够在省、自治区、直辖市内配套生产供应。橡胶工业从过去为工业、交通运输和国防服务，又扩大到农业服务领域。

（二）同步发展配套产业

炭黑及防老剂、硫化剂等各类助剂，一直是坚持生产、研发、应用立足于国内。从1950年起，炭黑工业就提上日程，国家在辽宁抚顺和四川隆昌，利用当地的煤焦油和天然气，先后建成两个槽法炭黑厂，1952年，在福建南平化工厂成功生产出滚筒法煤气炭黑，从而建立起炭黑工业基础。随着橡胶工业生产发展，又在鞍山、青岛、宣化等地设厂；1964年在抚顺炭黑厂基础上，设立专门的炭黑工业研究所，厂所结合。继槽法、滚筒法之后，混气炭黑、气炉法炭黑等新工艺、新产品开发成功并投入工业化生产。炭黑产量由1949年的252吨、1950年的577吨，上升到1953年的2822吨、1957年的8679吨，到1966年达到51335吨，70年代即登上年产10万吨级的台阶。

橡胶助剂是橡胶工业不可或缺的精细化学品，包括硫化及硫化活性剂、促进剂、防老剂、加工型助剂和特种功能性助剂五大类。1951年，东北轻工局橡胶研究室成功研制出促进剂M和TMTD，并移交沈阳新生化工厂。1952年，南京化工厂、沈阳化工厂受命，开发和生产防老剂A和D、促进剂M，开创了中国橡胶助剂工业化生产的新纪元。尔后，国家又重点建设了兰化有机化工厂和四川染料厂。四大助剂厂支撑起助剂工业。

轮胎、胶管、胶带等产品所需骨架材料帘（帆）布，与橡胶工业生产恢复和发展基本同步。1954年前后，即建成牡丹江棉纺织厂、青岛第二棉纺厂和上海第二十棉纺织厂，专职生产棉帘（帆）布，为轮胎厂、胶管胶带厂配套。1958年，随着国际市场尼龙帘（帆）布的应用，国家在锦州石化首先建成千吨级尼龙6中试装置，并命名为“锦纶”。70年代初，在上海建成年产5000吨锦纶（尼龙6）帘布生产线，成为骨架材料化纤化的起点；1972年，又在湖北建成年产8000吨人造丝帘布生产线，骨架材料开始迈出升级换代的步伐。

再生胶既是废旧橡胶再生利用的原料，也是保护环境、减少废旧橡胶产品污染的重要手段。50年代初，上海、天津、青岛、沈阳等地，对新中国成立之前兴建的小再生胶厂，进行整合和改造，减少小作坊手工操作。1952年，这些小厂相继采用油法或类似油法生产技术，全国再生胶产量达1500吨左右。其中，上海上联橡胶厂年产量达844吨，成为第一家油法再生胶厂。同期，国家在上海、沈阳两地建设国营再生胶厂，1955年、1956年，上海橡胶厂、沈阳新生再生胶厂的水油法再生胶投产，使国内再生胶年产量达到5000吨。到60年代初，蚌埠、天津、北京、济南、重庆、广州等地都建有再生胶厂，使再生胶工业走向新的起点。

作为旧轮胎的综合利用，轮胎翻新业同步发展。50年代初，旧中国轮胎翻修业务，都很快恢复了生产，继而化工、交通等部门，在北京、云南等地新建了几家国营翻新厂，并实行轮胎供应以及换新办法，保障旧胎货源。到70年代，全国轮胎翻新厂快速增长，年翻新能力达570万条以上，基本是能翻尽翻。再生胶和轮胎翻新双管齐下，使宝贵的橡胶资源物尽其用。

橡胶工业生产恢复发展，推动橡胶机械制造相应发展，发展立足于自主研发制造。旧中国没有完整的橡胶机械工业，主要设备都是从欧美进口。东北一解放，即组建了沈阳橡胶机械修配厂，为生产恢复服务。1955年，利用苏联提供的PC-2密炼机，ϕ610×1730三辊和四辊压延机的成套技术以及斜交胎成型机技术，大连橡胶机械厂开始制造密炼机和压延机等大型橡胶机械。60～70年代，少数轮胎厂从西方国家引进ϕ700×1800纤维帘布四辊压延机生产线，808型、TBM95型和59J型轮胎成型机，55英寸和63.5英寸B型轮胎硫化机、40.5英寸和46英寸A型轮胎成型机等当时的先进设备。化工部支持地方，接连建设了益阳、桂林橡胶机械厂和福建三明化工机械厂，从事新型橡胶机械试制和生产。最初型的轮胎硫化机，70年代初，即装备到河南轮胎厂。橡胶机械行业正初步形成实力。

表2-17-1列出了1949～1978年橡胶工业主要投资建设项目。

表 2-17-1　1949 ~ 1978 年橡胶工业主要投资建设项目

项目	开建时间	全部建成时间	产品
桦林轮胎厂	1950 年	1951 年	轮胎
沈阳第三橡胶厂	1952 年	1953 年	航空轮胎
青岛橡胶二厂	1951 年	1957 年	航空轮胎
广州第十一橡胶厂	1955 年	1956 年	避孕套
桦林轮胎	1956 年	1959 年	轮胎
江西橡胶厂（南昌橡胶厂）	1956 年	1964 年	胶鞋、轮胎
青岛第六橡胶厂	1956 年	1959 年	胶管、皮带
云南轮胎厂	1966 年	1970 年	轮胎
广州轮胎厂	1970 年	1975 年	斜交胎
西北橡胶厂	1961 年	1965 年	胶管及其他橡胶制品
自贡炭黑厂	1959 年	1964 年	炭黑
天津炭黑厂	1963 年	1964 年	炭黑
重庆轮胎厂	1964 年	1966 年	轮胎
河南轮胎厂	1965 年	1972 年	轮胎
重庆长江橡胶厂	1965 年	1965 年	橡胶制品
银川橡胶厂	1965 年	1966 年	轮胎
贵州轮胎厂	1965 年	1966 年	轮胎
云南轮胎厂	1966 年	1970 年	轮胎
宜昌中南橡胶厂	1968 年	1969 年	胶管、胶带
桂林轮胎厂	1965 年	1969 年	轮胎
桂林橡胶制品厂	1966 年	1969 年	橡胶杂件
桂林乳胶制品厂	1966 年	1969 年	避孕套
桂林橡胶机械厂	1966 年	1969 年	橡胶设备

续表

项目	开建时间	全部建成时间	产品
湖北东风轮胎厂	1969年	1974年	轮胎
武汉炭黑厂	1970年	1976年	炭黑
湘东化工机械厂	1971年	1974年	橡胶机械
益阳橡胶机械厂	1971年	1975年	橡胶机械
新疆橡胶厂	1971年	1985年	轮胎
河南轮胎厂	1978年	1986年	巨型工程胎

（三）着力发展橡胶原料

橡胶工业是以天然橡胶、合成橡胶为基本原料，配以炭黑、助剂及骨架材料，制造轮胎等终端产品的产业，原材料的配套、供应始终是重中之重。

新中国成立，特别是1950年朝鲜战争爆发之后，以美国为首的帝国主义对中国实行经济封锁，作为一种世界性的战略物资和重要工业原料的天然橡胶被禁运。

国家开始建立起以大米换橡胶、建立国家橡胶储备库、调剂和稳定橡胶供应价格等新机制，多措并举扩大橡胶进口渠道，确保生产所需原料，有效地打破了帝国主义妄图断绝天然橡胶进口源头、对新中国实行的经济封锁。1951年8月，政务院第100次会议作出“关于扩大培植橡胶树的决定”，做出“一定建立我们自己的橡胶生产基地”的战略决策。1950年秋和1951年，广东省人民政府和林业部分别组织专家对海南岛、雷州半岛、高州、广西进行大规模的考察，选择天然橡胶宜植地。1951年10月，华南垦殖局在广州沙面成立，叶剑英兼任局长。1952年初，成立了天然橡胶研究会，叶剑英被推选为主任委员，多个橡胶科研机构建立。1953年1月，成立林业部云南垦殖局。

中国人民解放军有两个师转业，在海南岛扩大种植天然橡胶，其他各地也组织专业队伍，开始考察试验，进行布点开发，一场大规模橡胶种植战在北纬17度线以南地区全面展开。

经过几年的艰苦努力，到1957年底，全国橡胶树实有种植面积达到118.14万亩。60年代初，在海南召开了全国橡胶生产技术会议，要求各农垦区巩固现有胶园，推广优良无性系品种和科学施肥。农垦部热带作物科学研究院与广东（含海南）、云南垦区的科技人员，共同总结出胶园建设的科学方法，使中国橡胶业的发展取得了显著成效。到1965年底，全国橡胶树实有种植面积达到265.02万亩，干胶产量1.81万吨。

到1978年底，全国橡胶树实有种植面积达到552.05万亩，干胶产量10.16万吨，实现了在禁区种植、发展天然橡胶的壮举。

同一时期，中国加快了合成橡胶研究开发。1955年，在苏联专家指导下，化工部化工设计院进行了四川长寿化工厂年产2000吨氯丁橡胶生产装置的设计。该厂1958年11月生产出第一块氯丁橡胶，揭开了中国生产合成橡胶的序幕。“一五”期间，兰州化学工业公司合成橡胶厂建设13500吨/年丁苯橡胶装置及1500吨/年丁腈橡胶装置，丁苯橡胶、丁腈橡胶产能1965年上升到2349吨和1.2万吨，使合成橡胶生产开始立足于国内。

1960年，从轮胎开始，中国在各种橡胶制品中推广扩大使用合成橡胶。1959～1962年，化工部先后进口了3万多吨各种合成橡胶，在各橡胶厂开展试用，以之推动国产合成橡胶的扩大使用。到1965年，全国橡胶工业合成橡胶的使用比例达到了30%，已超过世界橡胶工业发达国家，仅次于苏联位居世界第二。1967年2月，化工部橡胶工业考察团首次赴日本考察合成橡胶使用情况，并对橡胶工业产品质量、技术装备与新产品发展趋势进行了研讨。

20世纪60年代，为了改变中国橡胶工业“两个90%”（90%橡胶为天然橡胶、90%橡胶依赖进口）的落后局面，国家有关部委组织了合成橡胶主要品种的全国范围科技攻关，力求独立自主发展中国合成橡胶工业。1963年12月2日，在中共中央、国务院批准的《1963—1972年科学技术发展规划》中，要求化学工业掌握以石油为原料制取合成纤维、合成橡胶、塑料的生产建设技术，建设一批样板厂。1965年9月，国家科委印发《赶超世界先进水平的一批项目（草案）》。草案确定，化工原材料的赶超，主要是抓新型合成材料，包括新型合成橡胶、塑料、合成纤维等。由此，大力发展合成橡胶已经成为重要任务。

此后，合成橡胶工业战线全体员工刻苦攻关，逐步解决丁苯橡胶、氯丁橡胶、顺丁橡胶技术经济难关。青岛化工厂、山西化工厂、锦州石化公司炼油厂分别于1960～1966年之间以自有技术建成千吨级顺丁橡胶、氯丁橡胶装置。氯丁橡胶技术改造1966年获得化工部化工生产重要科技成果。

北京化工研究院1959年开始酝酿乙丙橡胶的研究，把发展合成橡胶作为该院的研究重点之一（60年代部分搬迁到兰州，成为全国合成橡胶研究中心）。北京化工设计院在为四川、山西和山东三个合成橡胶厂设计出氯丁橡胶生产装置之后，又设计出100吨到1万吨的丁钠橡胶厂图纸。1969年1月，吉化公司研究院宣布试制成功异戊橡胶。

1971年至1972年间，北京燕山石化公司合成橡胶厂、齐鲁石化公司橡胶厂、高桥石化公司化工厂、岳阳石化总厂橡胶厂分别以自有技术建成万吨级及以上顺丁橡胶生产装置。

（四）建立研发体系，开展自主研发

新中国成立以来，随着生产发展，橡胶行业非常重视自主研发和技术进步。不断推进的质量攻关和产品攻关，使行业形成了自力更生研制新产品、研究新技术的积极氛围。1958年5月，橡胶工业管理局在上海召开全国橡胶工业技术工作会议，制定了橡胶工业技术发展纲要32条，促进了橡胶工业科研设计工作的开展。1958年，全国橡胶工业研制了107种重要新产品。同时，大力开展群众性技术革新活动，以提高产品质量，降低原材料消耗，并推进手工操作工序实现机械化和机械化操作。

1.建立专业科研、设计及教育机构

橡胶工业发展，科研设计必须先行。1948年，沈阳解放。为恢复生产专门组建了一个研究室，负责生产技术工作，后又扩建为橡胶工业研究院。1955年，在轻工部天津橡胶九厂基础上，抽调北京轻工业试验所、青岛橡胶二厂等单位橡胶专业技术人员组建了天津橡胶工业研究所。1956年，该所划归化工部橡胶工业管理局领导。1958年，化工部将该所与橡胶设计院和第四机电安装工程公司合并，组建了北京橡胶工业研究设计院。后又分为北京橡胶工业研究院和北京橡胶工业设计院两部分。1969年，工程设计部分人员迁到桂林，成立了桂林橡胶工业设计研究院。加上沈阳橡胶工业制品研究所（后更名为沈阳橡胶研究设计院）、西北橡胶工业制品研究所（后更名为西北橡胶塑料研究设计院）、曙光橡胶工业研究所（后更名为曙光橡胶工业研究设计院）、乳胶工业研究所（后更名为株洲橡胶研究设计院）四个军工研究所和炭黑工业研究设计所（后更名为炭黑工业研究设计院）以及地方组建的上海胶鞋研究所、上海橡胶制品研究所、青岛橡胶工业研究所（传送带）、天津橡胶工业研究所（再生胶）、北京橡胶工业研究所、铁岭橡胶工业研究所、山西化工研究所助剂部分，部属院所与地方院所相结合，共同担当起橡胶工业科研设计、新产品开发、工程设计重任，并负责牵头制订原材料技术条件，产品技术标准及生产技术管

理规程，负责业内技术情报及信息交流等工作。按照分工协作原则，院所专业各有侧重，使橡胶工业每个分行业（专业）都有一家科研院所技术牵头，使之科研、生产密切合作，相互促进。

2. 自主研发成果

这一时期，在自主研发上，最具代表性的是航空轮胎和国防配套产品。1951年2月，沈阳第三橡胶厂研制出航空轮胎供试飞检验，当年正式投产为军用飞机配套。1952年该厂改建为年产10万条航空轮胎专业生产厂，成为中国航空轮胎主要生产基地。1965年，三厂部分设备迁往银川，成立航空轮胎车间。1969年，又有部分人力、设备搬迁，支援新建的桂林轮胎厂。1972年，沈阳第三橡胶厂试制完成4种规格轮胎产品，质量达到国家标准。1953年9月青岛橡胶二厂试制出航空轮胎。60年代，银川橡胶厂试产无内胎航空轮胎，经试飞证明质量良好。1975年，曙光橡胶工业研究所试制成功大型民用航空外胎并投入生产。

子午线轮胎的研发工作，一直在困难和曲折中进行。1955年，国外轮胎兴起，青岛橡胶二厂即率先研制开发出9.00R20纤维胎体钢丝带束层载重子午线轮胎。1959年，天津橡胶工业研究所制造出钢丝轮胎样胎向国庆10周年献礼。之后，在1962～1964年间，相继在上海、青岛和牡丹江建立了中试车间，试产全钢子午胎、半钢子午胎和活胎面轮胎。

1962年，上海大中华橡胶厂与北京院厂院结合，开发出全钢子午线轮胎并建起了年产3万条的中试车间，同时改建上海民生橡胶厂生产钢帘线配套供应大中华厂。1964年，技术人员经过多次试验和改进，终于试制成功第一条“双钱”牌全钢子午线轮胎，并在浙江等地交通部门进行试用试验。

同一时期，青岛橡胶二厂和上海正泰橡胶厂相继试制出半钢子午胎，并建成了批量生产试验车间。桦林橡胶厂建起了与子午胎相似的活胎面轮胎试验车间，产能3万条/年。所有工业化子午胎生产工艺、设备，均由北京院负责研究开发。四大轮胎企业分别建立起0.5万条到2万条不等的子午线轮胎试验车间，并试制出第一批子午线轮胎，投入实地对比试验。大中华橡胶厂的全钢子午线轮胎，青岛二厂和上海正泰厂的半钢子午线轮胎以及桦林橡胶厂的活胎面子午线轮胎，部分已达到或接近国外大公司对比样品的行驶里程。

到1965年，各厂经过3～5轮的试产和实际使用，子午胎的优越性已开始显现。1966年，半钢子午胎在军用越野车上的试用获得成功。1969年，化工部决定将这一技术、产品用于新建的湖北东风轮胎厂。在建设过程中，由于国内整体工业水平、装备、原材料等因素以及研发中的技术问题和需求形势发生变化，建设方调整了设计方案。但延续20年的子午胎研发，也为之后的子午胎技术、设备、原材料等国内发展，创造了认知和物资上的条件。

在非轮胎橡胶制品方面，1956年，天津橡胶工业研究所和广州第十一橡胶厂共同研制成功乳胶气象气球，服务于气象事业。

西北橡胶工业制品研究所在硅橡胶配合与混炼技术开发方面，打下了硅橡胶制品发展的基础；研制的耐真空橡胶制品曾获国家科委专题奖，为中国的原子能工业发展提供了重要的橡胶配件；研制的各类特种橡胶密封件，从材料配合、产品结构、模拟试验到老化研究等技术方面积累了重要经验；研制的柔性耐烧蚀材料，被用户称为“咸阳片”，成功用于系列火箭发动机；研制的橡胶活门、膜片、异形件等几十种产品，成功经受了人造卫星返回地面的考验。该院在航空用橡胶制品方面，为中国十多种机型研制了各类产品。同时，努力开展新材料、新技术、新工艺设备的研究，共研究合成40种新型橡胶助剂，填补了中国橡胶助剂的一些空白。研制的高抗撕硅橡胶、耐150℃高温丁腈橡胶、低压缩变形氟橡胶等新材料应用于不同型号配套产品，并扩大到民用工业领域。

其他产品中，中国第一台3.25米宽大平板硫化机，经过十余年攻关，于1975年组装成功，并能生产3米宽的运输带。由沈阳第四橡胶厂和西北橡胶厂分别研发的高压钢丝编织胶管无芯和软芯连续化生产；沈阳胶管厂为港口建设开发了大型橡胶护舷。

1973年，炭黑工业研究设计所研制的高结构超耐磨炭黑、1975年研制的H-09-02、253#炭黑等，都为橡胶工业技术进步、产品质量提升做出了积极贡献。

（五）骨干企业为主导、大中小型企业并存布局形成

橡胶工业历经近三十年自力更生、艰苦奋斗，呈现出一派勃勃生机。作为化学工业的重要分支，成长为服务于国计民生的一支生力军，在整体上形成以骨干企业为主导、大中小型企业并存、布局合理的格局。

到改革开放前夕，轮胎年生产能力60万条以上的企业有6家，30万条以上的有10家，桦林橡胶厂、青岛橡胶二厂、上海大中华橡胶厂、上海正泰橡胶厂、东风轮胎厂、河南轮胎厂、贵州轮胎厂、广州轮胎厂、桂林轮胎厂、银川橡胶厂、重庆轮胎厂、云南轮胎厂、沈阳橡胶三厂等18家重点企业，年轮胎产量占到全国163家总

产量的一半以上。力车胎工业中有上海力车胎厂、广州橡胶一厂、杭州橡胶厂、青岛同泰橡胶厂、天津自行车胎厂、天津力车胎厂、徐州橡胶厂；胶管、胶带工业中有青岛橡胶六厂、上海胶带厂、沈阳胶带厂、天津机带厂、宜昌中南橡胶厂、重庆中南橡胶厂、广州胶管厂、北京橡胶二厂等；胶鞋工业中有上海胶鞋厂、青岛橡胶九厂、天津大中华橡胶厂、广州橡胶五厂、广州南方橡胶厂、北京橡胶一厂、重庆利华橡胶厂、湖南橡胶厂、沈阳胶鞋厂、长春橡胶厂等；乳胶工业中有桂林乳胶厂、上海乳胶厂、青岛乳胶厂、天津乳胶厂、沈阳乳胶厂、大连乳胶厂、广州橡胶十一厂；制品工业中有沈阳橡胶四厂、西北橡胶厂、重庆长江橡胶厂、上海橡胶制品公司所属各厂；炭黑工业中有抚顺化工厂、抚顺炭黑厂、鞍山化工二厂、天津炭黑厂、青岛炭黑厂、上海炭黑厂、苏州炭黑厂、邵阳炭黑厂、自贡炭黑厂、武汉炭黑厂等；全行业共形成百家骨干企业，肩负起橡胶工业生产、建设和引领技术改造的重任。

1977年，橡胶工业总产值（按1970年不变价格计算）65.97亿元，利税总额13.77亿元，重点企业产值利润率22.61%。主要产品产量，轮胎772万条、自行车胎2551万条、手推车胎1408万条、输送带2240万平方米、胶管8248万标米、胶鞋35822万双、炭黑11.77万吨。

橡胶工业发展逐步改善生产力布局和进行企业调整，重点橡胶产品增长很快，产品门类齐全，人才培育、科研、设计成龙配套，生产与原材料、设备供应紧密衔接，废旧橡胶产品基本全部综合利用，总体上形成了完整的工业体系。

第三节 快速发展奠定了橡胶工业大国基础

（1978～2005年）

1978年，国家实行改革开放。橡胶工业在这一战略转变中，推动产品升级换代，推动全行业整体技术进步，从而开启了以新产品为主导的发展进程。进入21世纪，橡胶工业步入了快速发展的阶段。2002年，橡胶消费量跃居世界第一位，继而各主导产品均快速发展，跻身全球前列，全面奠定了世界橡胶大国的基础。

一、完善行业管理，推进企业调整和生产整顿

（一）完善专业的橡胶行政管理

改革开放初期，橡胶工业向着由计划经济为主、市场调节为辅的阶段发展。1978年，全国五届人大一次会议决定，重新组建化学工业部，设立橡胶司负责橡胶工业的生产、技术指导和管理。化工部决定，北京橡胶工业研究设计院、炭黑工业研究所归口化工部科技局，桂林橡胶工业设计院归口化工部基建局，沈阳橡胶工业制品研究所、西北橡胶工业制品研究所、曙光橡胶工业研究所、乳胶工业研究所四个研究所由二局划转橡胶司；仍属地方管理的青岛、上海、天津、广州等地方橡胶工业研究所，技术上归口橡胶司指导。橡胶设备制造归口化工部装备局管理，包括原归口一机部的大连橡胶机械厂、上海橡胶机械厂等十余家橡胶机械企业；橡胶助剂归口化工部化工司。化工系统之外的骨架材料分别归口纺织部和冶金部；生胶进口由化工进出口总公司负责；橡胶产品分配归口物资部，化工部计划司、供销司和橡胶司一并参与物资计划制订与调节。橡胶工业企业全部归属地方管理，橡胶司为准确地了解行业生产、建设、经营状况，对100家大中型企业实行按月直接统计。这100家企业总产值占全行业的70%左右，产品产量分别占到各专业的50%～70%，其龙头骨干企业优势明显。橡胶工业生产、建设、科研、设计及人才培养，虽然各有各的归口管理部门，但在化工部统一领导下，协调、配合密切，一切围绕生产、建设发展，行业统一业务，工作顺理成章。

橡胶工业新的管理机制形成后，关键的第一步，进行老厂改造，促进企业转型，着力改变几十年计划经济体制下形成的技不如人，与大跨国公司相比，科研能力、科研手段落后，技术、装备落后，企业经营管理理念落后，产品老旧，生产力得不到有效提升的局面。

（二）打质量翻身仗，技术改造促升级

1976年到1980年，橡胶行业片面追求产值、盲目建设，产品结构失调、产品质量难以提高等问题叠加，亟待调整和优化。

新组建的橡胶司全力组织全行业，制订出各主导产品的“工艺技术若干规定”和“技术检验规范”，在全行业推行全面质量管理，并认真开展优质产品评选和质量月活动。通过一系列整改，橡胶主导产品质量全面回升并有所提高。重点轮胎企业的轮胎合格率从99%左右提高到99.7%。1979年，试验点上的轮胎的平均行驶里

程达到10.67万公里，一次翻新率达到84%。力车胎、胶带、胶管以及胶鞋等产品，经实际使用考核，质量都有明显提高。

根据中央“调整、改革、整顿、提高”的方针，1981年，橡胶工业开始全面调整。轮胎行业国家试行定点生产，对质量低、消耗高、经济效益差的工厂，关、停、并、转，轮胎生产的厂点由163个最终调整为60个。其中，产值占全行业一半、利润占70%以上的桦林橡胶厂、青岛第二橡胶厂、上海正泰橡胶厂、上海大中华橡胶厂、东风轮胎厂、河南轮胎厂等16家大、中型轮胎厂被列为重点企业，成为中国80年代橡胶工业的骨干力量。从“五五”后期到“六五”时期，斜交胎等产品先后试行以机代罐，骨架材料化纤化和内胎厂净化改造后，继而进入优质轻量化、优化结构和提高行驶速度三项改造，涌现出桦林橡胶厂、青岛第二橡胶厂、上海大中华橡胶厂、上海正泰橡胶厂和东风等“10万公里（一次行驶里程）、百万套（单厂年产能）”大厂，实现了产品减重、行驶里程增加、节油率提高2.3%～3.3%的目标。

力车胎厂实行全面整顿，在原108个厂点中，确定重点发展年产量在100万条以上、产值占全国86%、利润占96%的25家力车胎企业。1983年，产量猛增至8200万条。1985年，产量首次突破1亿条。

胶鞋行业重点转向新产品开发，而且以尼龙线取代了棉布线，大部分推广应用丁烷内胎，产品质量大幅上升。以冷粘工艺的橡胶鞋取代硫化工艺解放鞋，市场上的新模式胶鞋大幅增加，胶鞋出口从1970年的仅418万双，到1983年达到了5300万双，销往50多个国家和地区。

为了增加适销对路产品，各地在国家计划指导下，坚持以销定产原则，合理确定橡胶产品结构，轮胎、输送带按市场需求组织生产，手推车胎、自行车胎、胶鞋等增加了产量，生活资料橡胶制品占比加大，产品结构趋于合理。

1982年1月18日，国务院颁发了《关于对现有企业有重点、有步骤地进行技术改造的决定》。根据这一决定，化工部初步选定桦林橡胶厂、青岛第二橡胶厂、上海大中华橡胶厂作为重点改造对象，并先后颁布了《橡胶工业技术改造规划大纲》和《轮胎行业技术改造规划意见》。

改造的重点是改变原材料结构，采用新型原材料，改造老产品，增加新产品。根据市场需求，各类橡胶产品向轻量、精细、高质量节能方向发展；同时，大力采用新工艺、新设备提高工装水平，解决生产效率低、加工精度差等问题。

1984年，经国家批准，在北京、上海、天津、青岛等地的43个企业、46个技改项目中，青岛橡胶二厂、上海大中华橡胶厂、上海正泰橡胶厂等技改投资就占到总额的38.5%。带管厂中的宜昌中南橡胶厂、西北橡胶厂、青岛橡胶六厂、上海胶带厂、上海橡胶厂等技改投资，约占投资总额的26%，耐燃运输带、钢丝绳运输带、高压钢丝编织胶管、联合收割机用三角带、窄型三角带等产品质量升级提上日程。胶鞋厂有沈阳胶鞋总厂、青岛第九橡胶厂、北京橡胶一厂和五厂等技改投资，约占投资总额的5%，改造的重点是提高冷粘和注塑鞋的生产能力。自行车胎厂有杭州橡胶厂、青岛同泰橡胶厂、北京橡胶一厂等技改投资，占总投资的5%，改造的重点是硬边结构自行车外胎和丁基内胎的生产能力。在橡胶制品方面共改造了上海橡胶制品厂、西北橡胶制品研究所等13个企业技改投资，占总投资额的26.5%，改造的重点是提高密封制品、注塑制品等的工装水平与生产能力。

这些技改项目的实施，有效地提高了橡胶主导产品的质量水平和使用要求，获得了显著的社会经济效益。

胶鞋生产采用冷粘工艺，及时开发制造出美观舒适的橡塑鞋以及中高档运动鞋、旅游鞋、休闲鞋，逐步替代老产品，销量显著上升。EVA、PE、SBS、PVC等树脂已应用于胶鞋生产，液体PU也开始用于胶鞋生产。

在骨架材料方面，已由棉纤维发展到尼龙、玻纤、聚酯、维纶等。到1983年，轮胎骨架材料已淘汰了棉帘线，尼龙帘线骨架自行车胎、钢丝绳和化学纤维做骨架的输送带等新品种都先后投产。丁基橡胶汽车内胎，使用寿命成倍提高，颇受市场欢迎。许多新型助剂如硫黄给予剂、不溶性硫黄、有机过氧化物、防焦剂、增塑剂等先后投入生产。

1978年前后的技术改造取得了实效。橡胶工业总产值平均每年增长11%，轮胎工业提前两年完成了“六五”计划指标。产品结构、企业结构趋于合理，生产基地的配套程度进一步提高。全行业开始从单一生产型开始向注重市场的生产经营型转变。到1985年，全行业主导产品产量连年上升，增幅大多达到两位数。橡胶产品规格达到5万多个。生产总值一亿元以上的大型橡胶企业共有19个（轮胎14个、力车胎4个、胶带胶管1个）。轮胎方面，不仅可以提供足够的普通载重轮胎，还可提供较高质量的轿车胎、新型农用胎。胶管已拥有百余个品种，两千多个规格，高压胶管已达到国际同类产品的全系列产品水平。输送带、乳胶制品、胶鞋等均增加了新产品，满足了当时工农业生产、人民生活多样化的需求。

二、进入科技进步、主导产品升级换代的重要时期

“六五”初，国内外市场对橡胶主导产品需求日益旺盛。为促进橡胶工业新产品加快发展，化工部橡胶司着手自行制订行业发展规划，明确提出以“子午线轮胎、难燃及高强力输送带、中高档胶鞋”为重点，全力推进行业整体技术进步、产品更新。“七五”起，又将为汽车、家电、电子、建筑配套的橡胶制品列为技改重点，1996年、1997年、1998年这三年期间，子午胎生产的增长速度分别达到32%、48%、45%。其他产品在质量、档次、附加值方面，也都发生了根本性的变化，成为橡胶工业发展历史上突出科技、以技术进步引领生产发展的重要时期。

（一）轮胎工业的重大技术进步

1. 子午线轮胎逐步工业化

实行改革开放，国内各条经济战线群起响应。交通运输业率先行动，“要想富先修路”，各地省级公路建设兴起，国家提出“二纵二横”交通公路网建设规划；汽车工业在改变“缺重（重型卡车）少轻（轻型卡车）”面貌的同时，连同“轿车进入家庭”，一并列为国家支柱产业。橡胶工业发展子午线轮胎，赶超发达国家和大跨国公司先进水平，不仅是目标，更是实际需要，推陈出新势在必行。

20世纪70年代开始，世界轮胎工业发展中，安全性能好、使用寿命长、适于高速行驶，能降低原材料消耗和汽车油耗的子午线轮胎，已打破了斜角结构轮胎的统治地位，成为轮胎的主要品种。进入80年代，子午线轮胎工业化在中国已成为一项重要发展战略。1980年，化工部橡胶司设立技术开发处，并从北京橡胶院、桦林轮胎厂等企业抽调子午胎技术专家组成工作组，从产品设计、原材料定点、工艺装备开发和轮胎使用翻新四个方面进行全面规划，积极推进联合攻关。

1979年，上海正泰橡胶厂从德国成套引进半钢轿车子午线轮胎制造技术和二手设备，经自行修复，1982年建成投产，生产出中国第一条真正意义的回力牌国产轿车子午胎，从而增强了橡胶业开发子午线轮胎的信心和决心。对于行业发展子午线轮胎，国家经委将子午线轮胎发展列入1981～1985年新技术推广重点项目之一。1985年3月，橡胶司召开子午线轮胎发展战略研讨会，提出积极稳妥发展子午线轮胎的战略方针，即成套引进国外先进的子午胎生产技术和关键设备等，提高技术起点。同时，大力进行引进技术、设备、原材料的消化吸收和国产化，逐步形成自己的核心技术。1985年，在中国轮胎生产统计中，首次出现子午线轮胎，时年产量

28万条。

在内外条件具备的情况之下，按照橡胶司组织制订的行业规划，子午胎技术、装备成套引进有序进行。经国家计委批准，桦林橡胶厂投资1.3亿元，从意大利皮列里公司引进成套技术和设备，建设10万条全钢载重子午线载重轮胎生产线；辽宁朝阳长征轮胎厂投资1.18亿元，从英国邓禄普引进技术和设备，建设15万条全钢载重子午线轮胎。两个厂引进项目都于1986年动工兴建，1987年底建成投产。随后数年间，华南橡胶轮胎公司、青岛橡胶二厂、北京轮胎厂、上海大中华橡胶厂、重庆轮胎厂、东风轮胎厂、沈阳第三橡胶厂等9个国有企业，分别从意大利皮列里（即意大利倍耐力公司）、美国费尔斯通等公司引进子午胎技术设备，每个厂的规模在15万～30万条，合计总规模为215万条。

轮胎行业在企业整合、完成60家定点生产后，特别是子午胎技术、设备引进建设的成功，促进大多数企业要求进行子午胎改造。但问题是，以引进技术、设备进行改造，成本太高；二是国家经济体制改革，由计划经济到计划经济为主、市场经济为辅，再到社会主义市场经济全面实施，对国有轮胎企业实行“利改税”“拨改贷”，技改投资连同生产周转资金一并“断奶”，先行以引进技术装备改造的企业，大多为繁重债务所累，银行高息、生产高税，而90年代初又额外增加了10%的消费税，市场需求大而企业无力改造。唯一出路就是按照行业规划的意见，扎实、快速推进引进技术、装备的消化、吸收和国产化，立足国内，降低技术投资，减轻企业负担。

对于子午胎改造立足国内，全行业充满信心。

北京橡胶工业研究设计院、桂林橡胶工业设计研究院及有关企业，在项目引进、建设过程中，逐步掌握了子午胎产品设计、生产工艺设计、主要设备性能、非标设备设计制造及原材料需求等技术要点，为消化、吸收和国产化创造了有利条件，早期工作正逐步展开。

1989年，化工部部长顾秀莲到任不久，即在橡胶司行业情况报告上批示，橡胶工业是个大行业，是个团结的行业，是个大有前途的行业，并明确要求与支持搞好技术改造和国产化工作。

1991年，在国家计委和部计划司、规划院、科技司、装备总公司、国产化办公室等有关部门支持下，橡胶司专门召开了推动子午胎国产化工作会议，38家科研设计单位、轮胎厂和橡机厂、原材料厂与会，对国产化工作做出了系统的部署。

1992年，“子午线轮胎关键设备和原材料消化吸收一条龙项目”，列为国家经委国产化项目重点。

国产化工作在原有基础上，随之全面展开。密炼、压延、挤出、裁断、成型、硫化、检测等成套子午胎生产设备国产化研制，在桂林橡胶机械厂、益阳橡胶塑料机械集团有限公司、大连橡塑机械（集团）股份有限公司、福建三明化工机械厂等老国营橡胶机械厂，天津赛象科技股份有限公司、青岛高校软控股份有限公司等新兴民企以及北京625所军工企业有序进行，炼胶、成型、硫化、模具最先取得突破性进展，性价比远远优于国外同类进口产品。

原材料国产化项目涵盖了6家科研院所、8个子午胎厂、32个原材料生产厂，形成会战之势。到1992年底，助剂类共研发了硫化剂、促进剂、防老剂等21大类、68个品种的新产品，填补了国内空白。炭黑系列产品，在天津炭黑厂引进万吨级新工艺炭黑基础上，与炭黑院一起，成功进行了消化、吸收和国产化。经共同努力，主要原材料国产化率即达到90%左右，基本能满足引进项目建设和生产的需求。先期国产化项目中，有12项获国家科技进步二等奖，1项获三等奖；有4项获化工部科技进步二等奖，2项获三等奖。

1993年，北京橡胶工业研究设计院与有关子午胎设备和原材料攻关企业、山东荣成橡胶厂（浦林成山集团公司前身）合作，建设首条以国内技术为关键设备引进的年产30万条子午胎生产线，包括半钢轿车子午胎、轻载子午胎共15个规格产品；1997年建成投产后，一鼓作气，将半钢子午胎规模扩大到200万条/年，并新上了30万条/年全钢子午胎项目，标志着中国人从此有了自己的成套子午线轮胎生产技术。

国产化子午胎项目初步成功，鼓舞了士气，推动后期轮胎子午化工作脚踏实地开展。在推广应用上，则结合地方和企业的现实条件和积极性，从中择优，边上项目边改进，进行前所未有的新一轮技术改造。

大型轮胎厂不失时机，利用国产技术、装备进行新建或扩建。1995年5月，威海轮胎厂（三角集团有限公司前身）年产50万套子午线轮胎工程开工建设。同年9月，上海轮胎橡胶（集团）公司年产140万条子午线轿车轮胎项目建成，并通过国家竣工验收。到1995年12月，湖北东风轮胎集团公司年产30万条全钢丝载重轮胎生产线、上海轮胎橡胶（集团）公司载重轮胎厂年产60万套钢丝子午胎项目先后建成投产。贵州轮胎厂、河南轮胎厂、北京轮胎厂、杭州中策橡胶公司等，也先后投资建设全钢或半钢子午线轮胎生产线。

随着对子午胎需求的增加，1995年，国家经贸委把上海轮胎橡胶（集团）股份有限公司、青岛第二橡胶厂、山东轮胎厂、辽宁轮胎厂、北京轮胎厂、云南轮胎厂6家企业的子午线轮胎改扩建项目，列入全国技改的“双加工程”，加快改造步伐。

1996年5月30日，中国轮胎产品认证委员会公布，桦林集团有限责任公司、贵州轮胎厂、青岛第二橡胶厂、上海轮胎橡胶（集团）股份有限公司（含大中华橡胶厂、正泰橡胶厂、载重轮胎厂、乘用轮胎厂）、广州珠江轮胎有限公司、广州宝力轮胎有限公司、杭州中策橡胶股份有限公司7家企业，首批获得汽车轮胎产品认证。这7家的子午胎产量，占到全国子午胎一半以上。

在这一期间，为满足冶金、煤炭等矿山生产的需要，河南轮胎厂、桂林轮胎厂、天津国联轮胎厂以及北京橡胶研究设计院、桂林橡胶工业研究设计院等厂院结合，组织工程巨胎攻关，并投入试产、试用，成效显著。其中，30.00-51大型工程胎生产技术、36.00-51-58PK巨型无内胎工业机械轮胎的研制，分别获得1992年国家科技进步三等奖和1996年度国家科技进步二等奖。

“九五”期间，化工部将加强子午线轮胎工程建设列为“七大工程”之一，计划除加强对现有生产和在建轮胎厂的技术改造及完善工作外，将重点抓好上海轮胎橡胶集团公司、桦林集团公司、山东省五个轮胎公司、桂林橡胶集团公司等一批骨干企业的建设。同时，加速配套原料的技改工作，重点改造辽宁、安徽、湖北、茂名等地的炭黑厂；改造上海、湖北等地的钢丝帘子线厂。对橡胶助剂的改造，主要是提高产品质量，增加新品种，以适应子午线轮胎及橡胶制品发展的需要。“九五”期间，共有12个子午线轮胎技改项目推出。国家“九五”重点科技攻关项目“高速、低滚动阻力子午胎技术开发”取得了重大突破，实现了中国民族轮胎工业的新跨越。

轮胎工业子午线轮胎国产化技术、装备、原材料日益成熟，有效地降低了技术改造门槛。据实际测算，建设一条年产30万条全钢子午胎的设备费用，比进口低55%左右；100万条半钢子午胎可降低三分之一以上；总投资可减少35%～40%。外部环境有较大改善，一是国家取消了轮胎10%的消费税，企业可降低生产成本、增加还贷能力；二是汽车生产及高速公路建设呈井喷式发展，子午胎要求猛增。

经过企业重组，完成公司制改革的国有制企业和国有控股大轮胎公司，不失时机地增加投入，扩大产能。杭州中策轮胎股份有限公司、上海轮胎橡胶（集团）股份有限公司、河南轮胎集团有限责任公司、贵州轮胎股份有限公司、山东三角集团有限公司、华南橡胶轮胎有限公司、山东成山橡胶（集团）股份有限公司、青岛黄海橡胶集团有限责任公司、双星集团有限责任公司等脱颖而出，率先发展。杭州中策轮胎股份有限公司的前身为杭州橡胶厂，以生产力车胎、斜交胎为主，80年代后期即与北京橡胶院合作，自行研发子午胎，90年代初与外商合资，外商撤资后重回国有，靠国产技术设备、厂院合作，发展快、效果好，成为第一个年销售近百亿的大公司。广州华南橡胶轮胎有限公司以引进技术消化吸收为基础，开发出55系列、50系列、45系列等轿车子午胎新产品，走在全行业前列，不但生产扭亏为盈，而且新型“万力”牌轿车子午胎直接出口到欧美，受到国际市场青睐。双星集团有限责任公司原为国内最大胶鞋企业，“双星”牌运动鞋闻名遐迩。1996年，双星股份有限公司发行股票上市后，与一家民营轮胎厂和东风轮胎厂资产重组，致力于子午胎生产。上海轮胎等公司，在载重子午胎创新上都各有建树。

在这一期间，轮胎行业开启巨型工程子午胎开发、改造，以补上这一国内短板。三角集团有限公司、上海轮胎橡胶（集团）股份有限公司以及山东银宝轮胎集团有限公司等10余家企业研发齐头并进，2005年总产能即接近200万条。

随着子午胎建设成本的降低，国家财税政策的支持及市场需求旺盛，民营子午胎企业迅速崛起。山东玲珑橡胶集团公司，前身是县办小农业胎厂，改制为民营企业后，直接发展子午线轮胎，载重、乘用并举，不到10年时间，即发展为有实力的、国内年销售收入过百亿的子午线轮胎企业。青岛赛轮公司一起步就直奔大轮胎公司，股票上市后如虎添翼，进入国内大中型子午胎企业行列。

在华外资轮胎企业异常活跃，利用中国的优惠政策，及其产品品牌优势、市场营销优势、为合资汽车配套优势，生产节节上升，其半钢、全钢子午线产能、产量，大体上占到全国的65%和30%左右，基本上垄断了外国在华合资轿车的新车整车配套。台商在大陆设厂后，其子午胎在大陆得以发展，产能、产量、销售额、实现利润都全面超越。

“十五”期间，子午线轮胎的年均发展速度达到31%左右。2002年，国内已投产项目（全钢子午胎、半钢子午胎）合计44个，累计投资额约264亿。同年，中国首次参与世界轮胎75强排名，中国有14家企业入围，其中三角集团有限公司、成山橡胶（集团）股份有限公司、上海轮胎橡胶（集团）股份有限公司3家进入前20名。2005年，轮胎总产量达到2.5亿条，其中子午胎产量为1.41亿条，子午化率为59.2%；轮胎出口总量达1.08亿条，占到总产量的43.2%；轮胎总产量超过美国，跃居世界第一位。全钢载重子午胎十大中国名牌产量达1717万条，占到61.32%，国有制企业和国有控股的大型企业成为发展主体。

2.航空轮胎国产化的突破

1989年，曙光橡胶工业研究所承担了大型航空轮胎国产化项目。实施该项目：一是开发空客、麦道、图-154以及波音系列等9个机种19个规格的大型民用航空轮胎，1991～1993年，完成科研开发任务；二是投资形成年产5万套航空轮胎的生产能力。1996年6月，国家科委火炬计划办公室正式确认大型航空轮胎国产化项目为“国家火炬计划项目”。大型航空轮胎国产化项目的完成，结束了中国航空业依赖进口航空轮胎的历史。

1993年，曙光橡胶工业研究所按照美国联邦航空局FR21部和中国民航总局CCAR21部建立了文件化的质量管理体系，1994年通过美国联邦航空局（FAA）和中国民航总局（CAAC）联合组织的适航审查。1994年6月，首次获得中国民航总局颁发的航空轮胎技术标准规定项目批准书（CTSOA）。1995年3月29日，化工部桂林蓝宇轮胎发展公司（时称化工部曙光橡胶工业研究设计所关联单位）研发生产的波音737、747等机型10个规格航空轮胎获得美国联邦航空局（FAA）颁发的适航批准书（TSOA），成为继美、法、日之后第5家获得该项目FAA批准认证的设计制造厂家。这是中国航空轮胎制造史上的一个重要里程碑，标志着中国航空轮胎生产已建立起与世界接轨的质量保证体系，结束了轮胎生产领域无国际通行证的历史，带动中国航空轮胎制造业进入世界先进行列。

（二）其他橡胶制品业升级改造，蓬勃发展

改革开放之后，市场日益活跃，以市场需求为目标，中国橡胶工业出现了全面发展的局面，在轮胎实施子午线改造的同时，输送带、力车胎、胶鞋等其他橡胶制品业也在升级改造中蓬勃发展。

1.胶管胶带技术改造快，效果突出

胶管、胶带是各大工业发展的重要配套器材。矿山、港口、企业等各行业的快速发展，对难燃输送带、高强力输送带、新型V带等胶管的需求日益增长，在80年代最早得到重点改造后，迎来快速发展。

1986年，重庆中南橡胶厂全部采用国内原材料的橡胶棉帆布难燃输送带研制成功，通过化工部技术鉴定。同年，北京橡胶二厂成功研制出橡塑并用尼龙/棉交织整体带芯难燃输送带。1988年，沈阳胶带总厂研制成功难燃钢丝绳芯输送带，到1993年，该厂又相继研制成功抗撕裂钢丝绳芯输送带和耐高寒强力钢丝绳芯输送带。1990年11月，上海胶带总厂研制出了耐油织物芯输送带和尼龙分层难燃输送带。

青岛第六橡胶厂作为国内第一大胶带生产厂，早在1978年就研制并成功建设了国内第一条大型钢丝绳输送带生产线，产品质量达到国际同类产品水平，填补了中国高强度运输带的空白。该厂在1982～1988年间，先后从日本、英国等国家引进钢丝绳、耐热、尼龙、难燃、缓冲、阻燃等7条自动化输送带生产线。1991年全部建成投产，进一步提升了产品质量，改善了产品结构，“中华牌”输送带能批量出口到国外。

自1987年起，橡胶六厂按照国家对煤矿井下用输送带产品实施安全标准管理，先后开发出符合MT147标准及具有更高要求的MT668标准难燃钢丝绳输送带，在阻燃、抗静电、滚筒摩擦、丙烷燃烧等安全性上，满足了煤矿井下安全生产的需要。其中，MT668难燃带的标准是中国自己制订的，远远优于美、德、日等国家的标准。1998年，自主研发出MT669标准钢丝绳牵引输送带，形成三大支柱产品，成为国内研制难燃输送带最早、产量最大、覆盖煤矿最多的生产企业。

青岛第六橡胶厂、枣庄橡胶厂、宜昌中南橡胶厂、沈阳胶管厂、沈阳第四橡胶厂、阜新橡胶总厂、无锡橡胶厂、洛阳橡胶制品厂、北京橡胶二厂、泰州橡胶总厂等十余家企业分别引进的高强力输送带、难燃输送带，同步带、多楔带，钢丝或尼龙、聚酯编织、缠绕新型高压胶管、树脂管等生产线达15条之多。

1990年，全国输送带总产量达5405万平方米；胶管产量达1.134亿米。其中，化纤织物带芯输送带产量占65%，钢丝绳芯输送带占到10%左右；耐高温输送带从普遍使用条件120～150℃提高到180～250℃，标志着中国耐热输送带的生产技术已达到国际先进水平。钢编胶管占胶管总量的比例，已达到16.7%，而老产品夹布胶管则降低了2%。汽车用的同步带、软管及大口径石油钻探胶管等新产品投放市场，取得了较好的成效。

2005年，输送带总产量达1.37亿平方米，其中高强力输送带已达到80%左右；青岛橡六、浙江双箭等10家骨干企业产量达6047万平方米，占到43%。

传送带以汽车、大型农用机械需求为主，大力发展切边式V带、同步带和多楔带等新品种，采用恒张力线绳成型、高精度切割、带筒打磨、短纤维胶片裁断拼接等新工艺、新装备，实现了骨架材料聚酯化、结构线绳化，产品精度和质量已达到国际市场上同类产品的先进水平。

2005年，传送带产量达8.66亿A米。浙江三力士和三维橡胶，年产量均超1亿A米；前十名企业产量占到全国的54%。

胶管工业随着国内外汽车、高层建筑、海洋石油开发等现代化工业的崛起，生产技术、产品工种和产品质量也在剧变，耐老化、耐腐蚀、耐高温低压等汽车发动机、工程机械液压系统、高层建筑混凝土输送、石油天然气输送等专用胶管成为发展重点。

2.胶鞋产品升级，畅销两大市场

胶鞋，既是人民生活的必需品，也是当时橡胶行业的出口创汇拳头产品。1980年，全国胶鞋产量4.09亿双，出口3587万双；到1985年，产量高达6.87亿双，出口6500万双。

但胶鞋行业长期以来，是以传统的热硫化工艺为主，在改革开放之初，最早主导产品是解放鞋。随着人们生活水平提高的需求、出口的增加，胶鞋行业纷纷开展对改进热硫化工艺的研究，主要成果包括无露浆围条工艺、多色压出及多色模压底工艺、热熔合布工艺等。80年代中后期，青岛橡胶九厂、天津大中华橡胶厂、上海大孚橡胶厂、广州胶鞋四厂、五厂等国营大胶鞋厂带头，以生产冷粘工艺的中高档运动鞋、旅游鞋、休闲鞋为目标，引进冷粘对生产线及板帮机等关键设备，以取代能耗高、款式单一的热硫化解放鞋。

这期间，上海“回力”“双钱”牌篮球鞋，青岛“双星”牌足球鞋，北京“蜻蜓”牌羽毛球鞋，广州以及天津的坡跟女鞋、橡塑鞋等，品牌崛起，产品迅速占领市场。1990年，全国胶鞋产量达8.1亿双，1992年增长至9亿双，1993年及之后几年胶鞋产量一直稳定在9亿双左右。

胶鞋作为改善人民生活的必需品，也是最早开展产品升级改造的产品。从1990年前后起，市场上以新型运动式胶鞋、休闲鞋、旅游鞋、坡跟女鞋等节能、降耗、美观、实用新颖的产品，取代了传统的解放鞋。老专业、老名牌青岛双星，带头适应市场；原总后所属企业组成际华集团，实行企业化集约管理；加上浙江瑞安的荣光、人本，川渝的征峰、强步，河南的飞鹤、福达等抱团发展的胶鞋民企基地，五大板块即占据了全国胶鞋生产和出口的80%左右。上海的“回力”球鞋这个百年品牌，走入民企重又回归市场。福建晋江、山东东莞等地则形成合资企业群，以冷粘工艺鞋承接了国际大牌制鞋公司、知名品牌的大转移。中国胶鞋工业面貌为之一新，2005年全国胶鞋产量达到12.75亿双，之后虽有起伏，但一直稳定在10亿双以上，生产量、出口量稳居世界第一。

3.力车胎行业实现大变革

力车胎主导产品为自行车胎、手推车胎和摩托车胎。改革开放初，市场开始活跃，人民生活得以改善，上海的“永久”“凤凰”，青岛的“大金鹿”，天津的“飞鸽”，四大品牌自行车一车难求。自行车胎技术改造围绕着骨架材料尼龙化、内胎丁基化展开，既实现了车胎经久耐用、乘骑舒适，又可以增加载货量，而且充气间隔大大延长，受到市场青睐。力车胎厂生产上，大型密炼机、压延机等广泛应用，生产能力显著提升。自行车胎产量迅速增加，1983年的产量猛增至8200万条，1985年产量即突破1亿条；作为生产资料手推车胎产量达到2000万条以上。

80年代中后期，上海力车胎厂、广州橡胶一厂、杭州橡胶厂、青岛回泰橡胶厂、天津自行车胎厂、天津力车胎厂、徐州橡胶厂、无锡橡胶三厂、厦门橡胶厂、安阳橡胶厂、丹东轮胎厂等18家骨干企业得以快速发展，产量占全国的85%，上海中南橡胶厂、广州橡胶一厂年产量都超过1100万条。产品规格品种齐全，质量、成本、价格在市场有较大的优势，出口量逐年增加，出口地区已由东南亚、中东扩展到日本、欧美及非洲。

进入21世纪以来，力车胎产品出现从未有过的大变革，摩托车胎、电动自行车胎产销两旺，成为企业技术改造重点；运动型、山地自行车胎，24英寸等小规格、宽断面中高档车胎及丁基内胎在逐步取代国有的28英寸、26英寸软边胎、硬边胎和天然胶内胎；随着农用车、轻型汽车普及，手推车年年减少，手推车胎生产萎缩。杭州中策、山东东岳、江苏飞驰、山东正兴、天津万达、广州广橡、临沂金宇等骨干企业顺势而为，占据了市场优势。台湾在厦门的正新橡胶公司快速做大，产销遥遥领先。

2005年，自行车胎（含电动自行车胎）产量为1.92亿条，比上年减产11.1%；摩托车胎5830.5万条，则增产40.4%。

4. 橡胶制品渐成气候，新产品生产形成规模

为汽车、电子、家电、公路桥梁及建设配套的橡胶制品工业，80年代中期，增列为橡胶工业技术进步、产品更新重点，从密封制品入手，开启了历史上被称作“杂品”的生产新篇章。

进入21世纪后，橡胶制品突飞猛进，为汽车、工程建筑、电子家电等配套的密封、减震、安全、防水、防腐五大类橡胶制品的技术、产量、质量、检测手段、合成橡胶等新型材料使用，都获得较大突破，国产产品在逐步替代进口产品。2005年，仅汽车配件就生产骨架油封6548万个、O形密封圈3.56亿个、密封胶条1.77亿米、制动皮碗皮膜3049万件。安徽中鼎等民营橡胶制品公司逐步做大，浙江宁海、温州的汽车配件和河北衡水的工程建筑橡胶制品等民营企业则抱团发展，成为中国橡胶制品工业的主力。

5.乳胶新品全力服务于医疗卫生和人民生活

改革开放之后，乳胶制品实现了大发展，主要产品种类有工农业用手套、医用和家用手套、避孕套、输血胶管等等。20世纪80年代，国际上出现艾滋病恐慌情绪传播到国内，各地纷纷投资建设乳胶手套生产线，产能急剧扩大。1989年，手套热降温，产能不足原来的十分之一。90年代初期，行业生产进入低谷。到中期，行业开始恢复产能，并积极开展质量攻关。避孕套行业专注于提升质量，部分企业优级品率达到92%以上，达到世界先进水平。因为企业开发新产品加快，企业竞争能力增强，90年代成为中国乳胶制品行业的又一个进步期，突出表现在企业数量没有增加，正常生产的企业有60多家，但产品质量和出口量都有较大幅度增长。到2000年，胶乳行业避孕套产量达到了21.38亿只，出口4.94亿只，比上年增长24.18%；医用手套1.29亿双，出口0.58亿双，比上年增长76.34%；家用手套6562.3亿双，出口5652.2亿双，比上年增长104.42；气球11.71亿只，出口6.21亿只，比上年增长50.2%。这一时期，开发新品比较活跃，新技术层出不穷。

2001年到2005年的”十五“期间，乳胶行业取得长足发展，呈现了良好的发展局面，特别是在2003年、2004年连续快速增长的情况下，2005年行业销售收入、出口交货值、现价工业产值、工业增加值分别增长2.16%、15.7%、13.22%和11.11%，利税总额和利润总额各自增长21.5%和26.83%。广州橡胶十一厂、桂林乳胶厂、上海乳胶厂等七大乳胶主力，主导产品避孕套、医用手套和肠液乳胶管等，工艺、装备全面更新，避孕套全部升级为超薄、透明和功能齐全产品，同时开发农用手套等日常用品，为卫生、健康事业做出新的贡献。

（三）主要配套产业同步发展

随着橡胶工业的不断发展，配套产业坚持改革、快速发展，天然橡胶和合成橡胶、骨架材料、助剂、炭黑、橡胶机械等产量增加，品种扩展，质量提高，供应紧密衔接，按照完整的产业链，形成了相辅相成、协调发展的大行业。

1.橡胶机械自给和出口实力增加

子午线轮胎等橡胶工业新工艺、新产品和生产发展，迎来了新的发展机遇。80年代前后，橡胶机械工业已初具规模，可以制造中小型密炼机、压延机、挤出机、成型机等7大类、57种规格的设备，80年代中后期，则成规模地向现代化橡胶设备制造迈进。

1985年，全行业已拥有以国产为主的550台轮胎硫化机。1987年12月，湖南益阳橡胶机械厂与德国W.P.公司合作，生产出中国第一台GK-270N型密炼机，一次试机成功。青岛化工学院研发的同步转子密炼机，对提高密炼机的混炼效率，改进橡胶生产工艺具有重要意义。

在消化、吸收、创新和“子午线轮胎关键设备一条龙”项目推动下，国有橡胶机械厂发挥了骨干作用，新型国产子午线轮胎成型机、硫化机等设备大面积应用，质量不断提升，新产品也在不断开发。1998年，桂林橡胶机械厂自行研发出1640（651/2英寸）硫化机，填补了国内空白。民营橡胶机械厂开始崭露头角。天津赛象公司与子午轮胎厂合作，开发出新的载重子午胎成型机和联动生产线；青岛软控开发出密炼机上辅机，解决了生产急需，摆脱了对进口产品的依赖。

橡胶机械行业这一阶段的发展，技术产品起点高，投产快，上下游结合紧密。2000年前后，GK型和F型密炼机及上下辅机、销钉式冷喂料挤出机、纤维裁断机和子午胎专用的一次法成型机、二次法成型机、双模硫化机、液压硫化机、六角型钢丝缠绕联动生产线；摩托车胎成型机、硬边自行车包贴成型机；V带双鼓成型机；输送带一次贴合成型机、大宽度平板硫化机；钢丝胶管编织机、树脂管软管生产线；冷粘鞋生产线；模型制品用精密预成型机、自开模抽真空平板硫化机以及再生胶用各种动态脱硫设备等，都已生产和供应市场。

橡胶机械新的千年继续乘胜前进，研制成功啮合型NC转子-270大型密炼机、四鼓全钢载重子午胎成型机、巨型工程子午胎成型机，大小角度钢丝帘布裁断机、内衬层生产线、117″大规格热板式轮胎硫化机、六工位六角型钢丝圈挤出缠绕生产线等新装备。继半钢、全钢子午胎硫化活络模立足国内之后，又研制成功各种规格的工程子午胎活络模。同时，还开发出定张力拼幅合成输送带生产线，五鼓鼓式硫化机、ϕ1800×3700大规格胶片鼓式硫化机等新装备，为高强力输送带提高生产效率、提升产品质量创造了有利条件。

2002年，国家经贸委批准载重子午线轮胎成套设备及工程子午胎关键设备研制项目，并列入国家科技发展计划，总计有4个课题、12项专题、29种设备，批准研制经费1.36亿元，其中国家拨款1600万元。该项目研发了34种橡胶机械产品，2006年通过验收，标志着中国具备了提供半钢子午胎、全钢子午胎、工程子午胎成套设备的能力。

橡胶机械与模具制造企业空前成长，老国有制企业、国有控股和新兴大型民企天津赛象、桂林橡机、大连橡机、福建华橡、航空625所、青岛高校软控、上海精元等8家橡胶公司，年销售额达2亿元以上，北京敬业、桂林橡胶院、四川玉西、大连诚信、无锡双象、青岛双星橡机等6家超过1亿元；广东巨轮、广东揭阳、山东豪迈3家活络模制造公司，销售收入超1亿元。

2003年，中国橡胶机械销售总额跃居世界第一位。2005年，橡胶机械年销售总额达65亿元，出口贸易达7300万美元，均创造了新的历史纪录。

2. 新型骨架材料推陈出新，较好地满足需求

骨架材料经过90年代及以后的改造和发展，产品从无到有，几乎全部更新，品种、规格基本齐全，质量不断提升。2005年，生产钢丝帘线45.94万吨，扭转了依赖进口的被动局面。聚酯帘（帆）布生产2.64万吨、尼龙66帘布4.8万吨，尼龙6窗帘27.68万吨，尼龙、聚酯并用帆布2.64万吨。钢丝帘线大部分由民营企业生产，江苏兴达钢帘线股份有限公司年产量达到15.5万吨，嘉兴东方钢帘线有限公司、湖北福星科技股份有限公司钢帘线年产量也都超过3万吨。比利时贝尔卡特钢帘线公司继在无锡成功建厂后，又在沈阳、威海设厂，总能力达到12万吨。半钢子午胎所需聚酯帘布，形成山东博莱特化纤有限责任公司（2005年生产5727吨）、无锡太极实业股份有限公司（4500吨）、上海神马帘子布有限公司（1000吨）三大骨干；原料聚酯长丝有22家规模化企业，产能达26万吨，为聚酯帘布完全立足国内打下基础。尼龙帘布万吨以上大公司有8家，其中骏马化纤股份有限公司达到8.6万吨、宁波锦纶股份有限公司达到5.5万吨、中国神马集团（平顶山）达到4.8万吨，尼龙帘布已完全满足需求。

3. 炭黑生产、技术跃居国际先进水平

炭黑作为橡胶制品的补给剂，对橡胶工业发展有着重要影响，80年代前后，自贡炭黑工业研究所（研究院前身）开始研制H-09-2高色素炭黑。1986年，研制成功有自主知识产权地油-油路线炭黑生产新工艺，之后，对天津炭黑引进的万吨级新工艺炭黑技术进行消化吸收，在国内19家企业推广应用。

1995年，炭黑研究设计院再度研制出新的炭黑反应炉，1997年，研制成功1.5万吨/年新工艺炭黑工业化技术，并大量推广，实现了中国炭黑生产工艺、装备由1万吨到1.5万吨的第二次飞跃。到90年代末，国内已有9条万吨级以上的大型炭黑生产线建成投产，新增生产能力14.5万吨。

以后又开发出单线生产能力2万吨以上的新工艺，比引进技术提高1倍；湿法造粒、袋滤装置、尾气利用等新技术，既提高了产品质量，又减少了污染；原料油、燃料油两油单耗，由老工艺的3.2吨降到2吨左右，有效节约了能源。江西黑猫炭黑股份有限公司、河北龙星化工集团有限责任公司、天津海豚炭黑有限公司、苏州宝化炭黑有限公司产能达到8万吨以上，中橡集团炭黑研究院、山西北方君威集团公司、山东华东橡胶材料有限公司、上海立事化工实业公司以及辽宁博拉炭黑有限公司等企业炭黑年产能达5万吨以上，成为行业骨干。2004年、2005年，全国炭黑总产量均超过110万吨，其中湿法造粒达到90万吨以上，软质、硬质炭黑协调发展。到2005年，炭黑年产能5万吨企业有16家，包括上海卡博特化工有限公司、台湾中橡化学工业有限公司。

白炭黑从无到有、从小到大，到2005年，已有沉积法白炭黑生产厂43家，民营企业29家，国有企业13家，外资4家。其中，规模达5万吨以上的有无锡确成、南平嘉联化工、株洲兴隆化工和无锡恒享白炭黑有限公司等，2005年生产45.5万吨，有效地填补了子午胎高效补强品种的短板。

4.橡胶助剂基本实现了绿色生产

从1985年开始，橡胶助剂企业和科研院所共50余个单位进行新产品科技攻关，有的项目还列入了国家科技攻关重点项目。在5年时间内，完成了21个大类、68个橡胶助剂新产品的科技开发；到1992年，建成了27条新产品的中试生产线，总产量达到3.3万吨。到1995年，橡胶助剂生产能力超过10万吨，实现了橡胶助剂新产品基本自给的目标。到2000年，橡胶助剂总生产能力已经达到15万吨，产品品种200余个，基本形成了完整的生产体系，产品结构呈现根本性的变化，防老剂（4020、4010NA和RD）、促进剂（NS）、增塑剂、分散剂、防焦剂、脱膜剂等加工助剂，性能优秀的无毒、无公害新产品占据生产主导。山东圣奥化工、单县化工、阳谷华泰、南京曙光、天津拉勃、大连天宝、宜兴卡欧等18家企业，基本实现了绿色集约和规模化生产。2005年，助剂总产量为29.8万吨，产销量占到全球的30%。

5.橡胶原料实现新突破，进口依赖日减

橡胶包括天然橡胶和合成橡胶，从80年代中后期起，使用量、进口量越来越大，其生产主体是农业部门和中石化、中石油，橡胶工业协会一直在通过信息交流、咨询服务和市场需求规划制订，促进其发展。2002年2月1日，国家计委、对外贸易经济合作部、海关总署联合发布《天然橡胶进口配额管理暂行办法》，以进一步规范天然橡胶进口管理，建立公平、公正、透明的进口配额管理体制。

2005年，橡胶总消费量为400万吨。其中，天然橡胶消费190万吨、进口140万吨，合成橡胶消费210万吨、进口109万吨。生产原料主要靠进口的情况，国家及有关部门都非常重视。

天然橡胶种植受地理条件限制，但海南、云南两大垦区还是千方百计增加种植面积，改进种植状况，改善初级加工条件。同时，民营胶园也在兴起，从2001年起，总产量一直稳定在50万吨以上，产品质量也有所提高。

合成橡胶利用自身技术，对原有的丁苯橡胶、顺丁橡胶生产装置进行改造与扩建，提高产能；2000年起始，即引进和建设了急需胶种乙丙橡胶、丁基橡胶和丁腈橡胶，按期投产后，实际产量都超过了原来的设计能力，使合成橡胶产能、产量均上升到世界第三位。合成胶系统的技术进步，以开发、生产市场急需新产品、改进工艺降低消耗和对引进技术消化、吸收、国产化为重点全面推开，加之中石化的燕山、齐鲁、高桥、巴陵、茂名石化公司，中石油的吉化、大庆、锦州、兰化、独山子石化等大型化、集约生产基地已经形成，为其加快发展奠定了雄厚的物资、技术基础。

6.民企主推废旧橡胶综合利用

废旧橡胶综合利用涵盖旧轮胎翻新、再生胶和胶粉生产以及热裂解等产业，在充分利用废橡胶产品的同时，把实行清洁生产、减少二次污染、保护环境作为循环经济的重要环节。自80年代起，民营再生胶厂快速成长。再生胶生产工艺，在水油法取代油法生产的基础上，大力推广动态脱硫新工艺，进一步改善了生产条件，减少了生产过程中对环境的污染。工作压力3.0～3.5兆帕新型高温动态脱硫罐、高线速低功耗XKS610精炼机、再生胶工艺尾气净化装置以及合成橡胶再生技术等新工艺、新设备的开发与应用，使再生胶生产走向规模化、集成化、无味无害之路。南通回力橡胶、福建环科化工分别建成年产2万吨丁基胶再生、9万吨废橡胶综合利用再加工，标志着再生胶工业的新水平。其间，硫化胶粉生产研发崛起使废旧橡胶资源进一步得到充分的利用。旧轮胎翻新利用也越来越受到重视。2005年，再生胶和硫化胶粉总产量达167万吨，作为二次原料，主要用于轮胎等主导产品，有效地减少了天然胶和合成胶的新胶消费量。

（四）建立和完善国家质量检测体系

1980年12月，化工部决定设立化工产品质量监督检验中心。轮胎和炭黑的质量检测中心分别设在北京橡胶工业研究设计院和自贡炭黑工业设计研究所；由国家标准总局（现为国家质量技术监督局）批准，成立了全国轮胎轮辋标准化技术委员会，并委托化工部直接领导。1984年，经国家标准总局批准，全国橡胶与橡胶制品标准化技术委员会成立。委员会秘书处设立在沈阳橡胶研究设计院。1987年，国家橡胶轮胎质量监督检验测试中心在北京橡胶工业研究设计院建成，承担国家质检总局和有关部门指定的轮胎产品质量监督抽查检验、轮胎产品强制性认证性检验、充气轮胎内胎物理性能检验，以及企业委托和产品质量检测等事项。

1987年6月，胶料监督检测中心站、胶鞋监督检测中心站、高压钢编胶管和胶布监督检测中心站、特种轮胎监督检测中心站、力车胎监督检测中心站、胶管和再生胶质量监督中心、石油橡胶配件监督检测中心站相继建立。

1991年，橡胶专用器具检定站成立。1992年，国家技术监督局批准橡胶机械产品质量监督检测中心成立。1994年、1996年，中国轮胎产品认证委员会、中国乳胶制品质量认证委员会分别成立。

日益完善的橡胶产品质量监督、检验、测试中心建设，成为橡胶产品质量不断提升的保障。

三、改革行业管理体制，企业实施自主发展

整个国民经济在逐步由计划经济向计划经济为主、市场调节为辅方向发展，而且市场调节成分越来越大。当橡胶司重新组建时，司领导就意识到，国家政府管理行业不是长久之计，橡胶行业要对内搞活，对外开放，要随着改革进程的不断深入，不断转换行业管理机制和企业经营机制，以获得前所未有的发展活力。

（一）行业管理的改革

1979年，在化工部领导支持下，由橡胶司主导，成立了中国橡胶学会，秘书处设在北京橡胶研究设计院，旨在对外加强学术沟通和技术交流。学会不负众望，很快打开了局面。1985年，成为国际橡胶技术会议委员会（IRCC）12个成员国全权会员。全国轮胎轮辋标准化技术委员会（TC31）、全国橡胶和制品标准化技术委员会（TC45）相继加入国际标准化组织（ISO），成为正式成员。1992年，国际橡胶技术会议第一次在北京举行，成为中外橡胶界技术交流不断深化的重要标志。尔后，中国化工学会恢复，中国橡胶学会划转其名下，先后更名为中国化工学会橡胶

学会和中国化工学会橡胶分会。

1985年，经国家计委批准，化工部成立中国橡胶工业协会，协会挂靠在橡胶司，橡胶司司长任协会会长。协会下设轮胎、力车胎、胶管胶带、胶鞋、制品、乳胶、炭黑、再生胶（后更名为废橡胶综合利用）、机头模具（后更名为机械模具）9个分会，分别挂靠在上海大中华橡胶厂、广州橡胶一厂、青岛橡胶六厂、天津大中华橡胶厂（后改在双星，即青岛橡胶九厂）、沈阳橡胶四厂、桂林乳胶厂、抚顺化工厂（后改在天津炭黑厂）、蚌埠新生橡胶厂（后改在南通回力橡胶有限公司）和沈阳模具厂。橡胶司有关处室派人兼职任副理事长。总会、分会理事单位多为大中型企业，行业工作更有基础，更有利于探索、实践新的行业管理机制。

协会的职能是服务，通过信息沟通、技术交流、市场咨询和工作协调等服务于会员企业；同时，通过向政府主管部门反映企业生产经营活动、发展方向和诉求等，做好政府与企业之间的桥梁和纽带作用，为政府部门正确决策服务。

橡胶协会成立后，一直受到企业的关注、重视和欢迎，为创建新的行业管理机制，开启了良好开端。

90年代，国家对经济管理机制的改革，先行撤销各工业部下设的专业司，继而撤销专业部，取消行政管理。

1993年，化工部撤销橡胶司。经国家经贸委核准，化工部在橡胶司原有基础上，组建了中联橡胶总公司（简称中联公司），司领导任公司总经理、副总经理，各处处长任部门经理。中联公司与业内83家大中型橡胶企事业联合经营，迈出走向市场的第一步。1997年，化工部将中联橡胶总公司改建为中橡集团，母公司为中联橡胶（集团）总公司。1999年，原化工部直属的北京橡胶工业研究设计院、沈阳橡胶工业研究设计院、西北橡胶塑料工业研究设计院、曙光橡胶工业研究设计院、株洲橡胶工业研究设计院和炭黑工业研究设计院，由事业编制转为企业，进入中橡集团。

中国橡胶工业协会挂靠在中联橡胶（集团）总公司。

国家专业行政管理机构撤了，但橡胶工业的行业服务、工作协调还存在，历史性地落在了行业协会肩上。成长中的橡胶协会走上前台后，行业工作携手中联橡胶（集团）总公司共同开展，同时抓紧加强自身建设，在总会先行建设专职工作队伍。2000年后，因势利导，增设了助剂、骨架材料、橡胶材料、市场营销专业委员会和技术经济委员会，各分会与挂靠单位脱钩。作为社团法人，协会以为行业服务、为政府决策服务为主要职责，自主、自律、自立、自强，一个符合改革开放需求，行业协调与企业为主体相结合，把上下游企业连在一起的大行业、大服务管理模式，逐步形成并日益成熟。

90年代，中国橡胶工业协会在争取政策扶持，为企业技术进步、生产发展创造一个宽松的环境，在取消消费税、关税核减、使企业发展获得实质性利益等方面，发挥了至关重要的作用。

在橡胶行业对外合资合作盲目无序的关键时刻，在部领导直接支持下，协会与企业联手，呼吁对外招商引资应注重技术和产品的先进性，对国内具有战略性物资轮胎的生产应予以保护，对以国产技术、装备为主的企业技术改造应当大力支持。当上海轮胎公司年产400万条回力牌轿车子午胎厂被外商并购后，业内呼声较大。这些意见和建议，得到多位国家领导人的关注和肯定。此后，轮胎对外合资合作逐步趋于合理。

协会坚持制订行业发展规划，年度生产预测和总结，按月统计、按季发布生产经营和原料进口、产品出口情况；坚持品牌培育，扶优扶强；坚持反对贸易保护主义，在国际市场上维护企业权益；通过信息沟通、技术交流、国内外市场调研考察、行规行约制订等工作，协助企业协调生产、产品推陈出新、增强市场竞争力，促进企业加强自律、加强企业间的协同和合作，全方位服务于企业自主发展。

（二）企业经公司化改制与重组，走向自主发展

从80年代中后期，到新世纪的到来，国家经济体制改革步步深化，逐步确立了社会主义市场经济体制。其间，橡胶工业又进行了一次翻天覆地的国营公司化改制与重组。

国营橡胶厂经财税改革，“国营”变“国有”，走向市场，生产经营不尽适应。公司法颁布后，各地橡胶厂全力实行公司制改革，建立公司法人治理结构，有条件的大厂，积极组建股份制公司，争取上市融资。上海橡胶行业行动最快，上海胶带总厂率先组建为上海胶带股份有限公司，股票上市，募集发展资金。1990年，上海大中华厂与正泰橡胶厂强强联合，组建成上海轮胎橡胶（集团）公司并改制为股份制企业，向海内外发行股票。天津橡胶公司所属企业一分为五，组建成轮胎、力车胎、胶鞋、制品和乳胶5个集团公司。青岛橡胶二厂、贵州轮胎厂、河南轮胎厂、桦林轮胎厂、威海轮胎厂和荣成橡胶厂等大中型轮胎厂，分别改制成青岛黄海橡胶集团公司、贵州轮胎股份有限公司、河南轮胎股份有限公司、桦林轮胎股份有限公司、三角集团有限公司、山东成山股份有限公司，并开始实行股份制。有些大轮胎厂，也曾尝试创办跨省、市轮胎集团，但都是松散型，因无资产重组而很快解体。

胶鞋行业的青岛橡胶九厂改建为双星集团公司，实行股份制并上市。桂林等地也在组织综合性的橡胶集团公司。

组建企业集团，实现企业联合，对提高生产集中度，增强市场竞争力，起到了一定的促进作用。但就橡胶工业整体而言，包括已经组成的企业集团，其深层次的矛盾即资金问题并没有得到有效解决。技术改造的高息负债，利改税后的高税收以及税前还贷等，致使企业不但税后利润还不了贷款，就连正常的生产运营资金也是捉襟见肘，企业亏损面逐渐增大。加之橡胶厂多集中在大中城市，房地产开发日盛一日，关厂卖地成为所在地方的重要选项，企业面临生存危机。在上海破“三铁”后（注：1992年初，以国营企业改革为发端，掀起了一股“打破三铁”的企业劳动、工资和人事制度的改革热潮。所谓“三铁”，是指“铁饭碗”、“铁工资”和“铁交椅”。是对传统体制下的国营企业劳动、工资和人事制度特点的形象概括：劳动用工制度的计划化和固定化，形成了“铁饭碗”；工资分配制度的统一化和刚性化，形成了“铁工资”；企业人事制度的资历化和终身化，形成了“铁交椅”。“三铁”的弊病集中表现为不能调动企业全体人员的积极性，不能使企业充满生机活力），国内第一大力车胎厂——上海力车胎厂，以及众多制品厂、胶鞋厂全部停产。作为第三大橡胶工业基地的天津，五大企业集团解体，天津大中华橡胶厂、天津自行车胎厂、天津力车胎厂等行业骨干企业相继停产。从东北、北京等老橡胶基地到重庆、桂林的橡胶厂陆陆续续停产倒闭或是转由个人承包，真正保留为国有企业的所剩无几。橡胶工业经改组后的企业大多致力于自主发展、再次创业。期间，完成公司改制的原国营大中型骨干轮胎、胶管胶带企业等，按照国家有关规定，以先进技术、装备择优改造，成为新的生产主体。

（三）投资多元化，国企重组加速

新兴的中国子午线轮胎市场潜力巨大，子午胎等新产品改造方兴未艾，为使产品更新换代能进行下来，轮胎企业开始探索利用外资，发展轮胎工业。

进入中国市场的外资公司，大体可分为三种类型：

一是单纯搞资本运作的投资公司，本身没有橡胶专业技术，以少量资本投入，控股中国几个轮胎企业，在国外上市获利后即一走了之，并不管工厂发展。

二是技术、资金实力并不强，借机控股中国一个橡胶企业，先是以中国企业的厂房、设备、技术力量乃至品牌、市场等无形资产，从事老产品生产，站住脚后即改弦更张，换上自己的名称、商标，再借以廉价收购一些已经进行子午胎改造而无力还贷的大厂，得以发展新产品。

三是专为占领中国子午胎市场而建的大跨国轮胎公司，先行并购小厂作为桥头堡，逐步渗透，成功后即兼并大厂或是融资建厂，但其在初始阶段，也并没有把先进技术如产品带到中国。

对于外资的投资和合资，国内给予优厚的超国民待遇，税收一般是“三免二减”，即投产后3年不交税，再有2年税收减半，至于地方优惠就更多，这与内资企业的高税收等，形成巨大反差。国内舆论一时鹊起，“靓女先嫁”“中等贱卖”“差的白送”“国企退出市场竞争”等声音频现。利用外资、合资合作一哄而起，先后有太原橡胶厂、杭州橡胶厂、大连橡胶厂、银川橡胶厂、重庆轮胎厂、安徽轮胎厂、东风轮胎厂、沈阳轮胎总厂等被外资控股。与此同时，港资在广州建有“三资”轮胎公司，台资在厦门、昆山、南昌、张家港等地办起了一批独资轮胎厂。

1997年前后，“三资”橡胶企业数量急剧增多，全球排名前十的大跨国轮胎公司及其他外企蜂拥而至，米其林、普利司通、固特异以及韩泰、佳通、锦湖等23家外企控股或独资的轮胎企业即达42家，中国轮胎工业几十年艰苦创建的工厂和知名品牌，一个一个地在消失。

到2002年，全国子午线轮胎生产厂家共有32家，其中外资企业有15家。全国载重子午线轮胎产量为666.44万条，外资企业产量154.43万条，占23.17%；轿车、轻型载重子午线轮胎全国产量是4747.11万条，外资企业为3647.29万条，占76.38%。

（四）民营橡胶企业崛起成为一支生力军

橡胶工业国有企业的分化、改组，给民营橡胶企业提供了前所未有的发展机遇，顺势崛起。山东是新建或者改造民营子午胎生产线最多的省份，有的是原有国企改制，有的是民企新建项目，共同特点是充分利用国家和地方上的有利政策，充分利用原国企的技术和经营管理力量，充分利用国产化技术、装备，产品起点高，“大干快上”，短时间内就涌现出玲珑、赛轮、兴源等十几家知名度高的子午线轮胎公司，并以其发展快、市场占有率上升快而成为行业骨干，集群式发展也同时形成了地区子午胎优势。

这一时期，浙江、江苏的民营输送带、V带；福建、浙江、广东、山东的运动鞋、旅游鞋；浙江、河北的汽车、建设橡胶制品；山西、河北的新工艺炭黑；山东、天津的助剂；江苏、山东、浙江的钢丝和帘聚酯线等也都渐成气候。

尽管民营橡胶企业在初建时有着产品雷同、规模偏小、品牌无名、且带着盲目性等不足，但凭其市场活力，到90年代后期，已成为橡胶工业不可忽视的生力军。胶鞋、胶管胶带、制品、力车胎、再生胶以及炭黑、助剂、骨架材料等行业，民企异军突起，成为生产的主体。

就整体而言，橡胶工业已基本形成，以国有控股企业、大型民营企业为主体，与外资企业合理竞争，促进中国橡胶工业快速发展的新格局。

总之，经过多年曲折的发展历程，尤其是靠改革开放20多年来的迅速发展，到2000年，全行业形成了由轮胎、自行车胎、胶管胶带、胶鞋、胶乳、胶布、密封减震隔震、建筑防水、医疗卫生、日用橡胶等制品共18类5万多个品种规格组成的、体系比较完整的产业。同时，也形成了合成橡胶和天然橡胶、钢丝和纤维织物、炭黑和助剂辅料、橡胶机械和模具等比较完整的配套工业。全国橡胶消费量已达200万余吨，居世界第二位，占全球橡胶总消费量的11%。全国橡胶制品业年产值在500万元以上的760家企业销售额达到718.33亿元。年销售额10亿元以上的11家企业，年销售额最大的公司是上海轮胎公司，超过40亿元。轮胎外胎产量为1.22亿条，子午胎产量已达2951万条，子午化率37.7%，轿车轮胎子午化率已经达到92%，已能生产50系列V级产品，轮胎规格品种增至1200多种，基本可以满足国民经济需要。

第四节 全力向橡胶工业强国迈进的重要时期（2006～2019年）

“十一五”前后，中国橡胶工业发展的突出特点之一是“快”，凭借引进技术的消化吸收，实现了老产品更新换代，快速走向国际市场，轮胎、自行车胎、胶带、胶鞋等主导产品先后跃居产量世界第一，完成了向橡胶大国的冲刺。2008年之后，受全球金融危机影响，橡胶工业发展趋缓，但主要产品产量依然保持世界领先。当国民经济进入新常态后，行业内已开始认识到，新产品发展要由模仿转向自主研发，生产发展要由外延转向内涵，持续发展是必由之路。2006年行业即提出，中国橡胶工业大而不强，要通过创新与互动发展，向橡胶工业强国进军。

一、主导产品由高速向高质发展

（一）轮胎：大力发展中高端产品

进入21世纪后，随着子午胎技术，装备、原材料的国产化，国家免征消费税等外部环境改善，国有制企业、国有控股及大型民企不失时机地扩大产能，子午线轮胎出现“井喷”式发展。

到2007年，全国生产子午胎的企业已达50家以上，年产全钢子午胎5000多万条，半钢子午胎2亿条，成为世界全钢胎最大和半钢胎第二的生产国，产能扩增十分显著。2009年，轮胎总产量达到3.85亿条，子午化率达到78%，产品行销国内外，出口占比超过40%。此时的国际市场，贸易保护主义愈演愈烈，美国以倾销和补贴为名，以交关税限制中国轮胎进口。2008年全球金融危机后，国民经济发展进入新的常态。欧盟则先后出台REACH法规和标签法，提高进口产品质量要求。轮胎行业明确提出，在继续大力推进子午化进程中，大力促进绿色轮胎发展，即要由中低档产品为主，转向安全、节能、环保、舒适、耐用的中高档产品。具体目标：全钢子午胎发展重点是无内胎和宽基子午胎，逐步实现轻量化、低油耗、低生热等优越性能，同时大力研发雪地子午胎等专用产品；半钢子午胎打破国外技术封锁，以65、60、55为主，加大低断面、扁平化、大输钢产品发展，使操纵性、安全性、稳定性、舒适性和经济性稳定提高；着手研发免充气、耐刺扎的安全型子午胎，着力提升巨型工程子午胎使用性能，开发高水平农用子午胎和大型民用航空轮胎。

这期间，双钱轮胎集团有限公司、中策橡胶集团有限公司、山东玲珑轮胎股份有限公司、三角集团有限公司、风神轮胎股份有限公司、贵州轮胎股份有限公司、广州华南橡胶轮胎有限公司、双星集团、赛轮股份有限公司、成山集团有限公司以及赛轮金宇集团股份有限公司、陕西延长石油集团橡胶有限公司、山东万达宝通轮胎有限公司等企业，成为创新主力军。

子午胎保持了快速发展的势头，2010年子午化率为85%，2014年为91%，2019年为94.5%，达到国外发达国家的子午化水平（详见表2-17-2）。

表 2-17-2 1950 ~ 2019 年全国轮胎产量和子午化率

年份	斜交轮胎产量 / 万条	子午线轮胎产量 / 万条	总产量 / 万条	子午化率 /%
1950 年	7		7	
1955 年	59		59	
1960 年	198		198	
1965 年	232		232	
1970 年	425		425	
1975 年	700		700	
1980 年	1146		1146	
1985 年	1925	28	1953	1.4
1990 年	2698	103	2801	3.7
1995 年	4881	578	5460	10.6
2000 年	7311	3589	10900	32.9
2005 年	11000	14000	25000	56
2010 年	6750	37550	44300	85
2014 年	5100	51100	56200	91
2017 年	4000	61300	65300	93.8
2018 年	3400	60900	64800	94
2019 年	3600	61600	65200	94.5%

中国轮胎的优势产品全钢载重子午胎带头突围，无内胎比重大幅提升，2015年达到49%，2019年达到55%，双钱、中策、玲珑、三角、风神、前进、赛轮等13个品牌的低滚动组子午轮胎，先后通过美国环保署的Smart Way认证，在国际市场上形成了新的竞争力。

半钢轿车子午胎扁平化产品产量逐年扩大，55、50、45产量占比从原来的19%提升到24%，成为主导产品。广州华南轮胎公司继开发成功65、60、55系列产品后，又成功开发出45、40、35系列E级、W级、Y级高档轿车子午胎，2007年开发的超低断面，大型输送轮、直径26英寸SUV半钢子午胎，玲珑集团仅用时3个月，就为国产化大红旗礼宾车研制出新型配套子午胎，超越了大跨国公司的研发速度。民族品牌半钢子午胎为中高档轿车配套，瓶颈已经打开，以其优越的性价比获得市场认同。

工程子午胎起步慢、发展快、效果好。三角集团有限公司与天津赛象合作研创的巨型工程子午胎（最大规格为59/80R63）技术、设备，2008年荣获国家科技进步一等奖，产品使用性能、寿命全面赶超国外大公司的最高水平，一跃跻身于国际市场的大名牌。到2012年，工程子午胎产品规格达300多种，2017年总产量达到227.19万条，基本满足了矿山、港口、建筑工地等市场需求。

天津国际联合轮胎公司自主研发出多种规格的大型拖拉机、联合收割机等8驱动主轮子午线轮胎，填补了国内空白。

子午线航空轮胎技术是高性能航空轮胎的尖端制造技术，能有效地提高航空轮胎的高速性、安全性等综合性能指标。2008年，曙光院成功研制了中国首条子午线航空轮胎，该项技术打破了长期以来国际上以米其林公司为代表的三大轮胎巨头对中国航空子午线轮胎的技术垄断和封锁，填补了国内空白，使中国成为世界上继法国、美国、日本、英国之后第五个拥有这一技术的国家，为发展中国子午线航空轮胎奠定了坚实基础。2011年以来，曙光院已成功地为中国多个先进的现代化战机研制配套了高性能的子午线航空轮胎，保证了中国先进军机的成功首飞和投入使用。

曙光院在研制子午线航空轮胎的过程中，对子午线航空轮胎的结构力学、骨架材料、胶料配方、施工设计和制造工艺、检测方法等进行了系统预研。在这些方面的技术突破解决了中国高性能航空轮胎研发长期受制于人的状况，对未来各种新型飞机的高性能航空轮胎研制奠定了基础，为保证中国先进飞机研制和国防建设需要奠定了技术基础，具有重大战略意义和现实意义。

青岛森麒麟轮胎股份有限公司、三角集团也在大力开发大型民用航空子午胎。

企业子午胎科研十分活跃。双钱轮胎集团有限公司等一批企业都建设了国家级企业技术中心，配备了滚动阻力、六分力、噪声测试等检测设备和仪器，行业专利拥有量已超过5000个。玲珑集团历时数年，建成中国第一个大型室外综合轮胎试验场，并正式交付第三方运营，取代了高标准的智能测试平台，为加快国内新产品技术开发和轮胎配套测试创造有利条件。

轮胎绿色制造，在行业内也逐步由目标转为行动。2017年，十几家轮胎大公司与国外轮标委及青岛软控合作，共同提出轮胎智能制造和团体标准6项体系，以提高产品质量、提高生产效率、减少人工操作、减少工作误差和失误为目标，实施“自动化+信息化+大工匠精神”，逐步推进轮胎智能制造。双星集团有限责任公司、万力轮胎合肥工厂、三角集团有限公司从建设自动化智库、建设自动化物料输送、轮胎自动成型做起，迈出了智能制造的步伐。中策集团的“数字化创新融合助推企业转型升级”、赛轮集团的“面向橡胶轮胎的智能制造创新与应用”和万力集团的“绿色高性能轮胎智能工厂创新与实践”，分别荣获全国石油和化工企业管理创新成果奖，三角集团的“半钢胎全流程自动化协同管理能力”被国家工信部列为试点示范项目。

节能降耗、废气排放和异味治理、保护环境全面展开。中策集团投资5000万元用于改进橡胶密炼系统，风神集团年年拿出专项资金用于绿色生产改造；中策、双星、赛轮等与废旧轮胎综合利用企业合作，共同提高轮胎翻新率，开发废轮胎热裂解新工艺，以减少废旧轮胎对环境的危害。中策、万力、玲珑、森麒麟、浦林成山等，获得石化行业节能领跑者称号。

绿色轮胎、绿色制造，加强了优胜劣汰机制。老产品、落后产品快速淘汰，到2018年，斜交胎只剩下不到6%，除国内外市场尚有较大需求之外，已基本全部停止生产。

对于轮胎绿色产品、绿色制造，外资企业高度重视，著名品牌大跨国公司在中国的工厂，已逐步减少产能扩张，转向新产品生产。

在子午胎由中低档为主向中高档发展的绿色产品、绿色制造进程中，橡胶协会有效地开展了倡导、协调和促进工作。

2000年前后，中国橡胶工业协会即组织重点企业进行绿色轮胎产业课题研究。2014年起，先后推出首部绿色轮胎团体标准《绿色轮胎技术规范》，编制了《绿色轮胎环保原材料指南》、《绿色轮胎标签制度研究》、《轮胎分级标准》和《轮胎标签管理规定》等绿色轮胎制造行业自律技术规范，并设立“绿色轮胎产业化促进工作委员会”和“绿色轮胎技术支持中心”，为绿色轮胎产业化建立了行业法规和组织保障。国内轮胎分级和标签法的实施对引导轮胎行业绿色制造、绿色消费，加速推动行业技术进步、质量提升、结构调整意义重大。主动采用企业年年增加，到2017年，共有47家中外轮胎企业在管理平台注册了企业信息，有21家企业获发111张轮胎标签。

（二）胶管胶带：新产品迅猛发展

经过新世纪的技术改造，“十二五”期间，胶管胶带工业主导产品着力向安全、节能、环保方向发展，有些工艺技术达到了世界先进水平。进入“十三五”，全行业加快结构调整，进一步缩短了与世界胶管胶带发达国家的差距。

胶管产量从2000年的2872.30万标米发展到2017年的2.66亿标米，规模以上企业达300家左右；产品、产量、质量、结构和企业效益等方面都取得长足进步，并逐步向市场细分和发展高端产品方向转移。

汽车用胶管向耐热、耐燃油、耐高压、低渗透等性能发展，开发重点主要集中在燃油胶管、空调胶管和增压器胶管方面；石油工业用胶管除了钻探胶管、振动胶管外，到“十二五”末期，胶管已转向海上输油胶管；煤炭工业用胶管主要有液压支架胶管、煤层探水封孔器伸缩胶管等；产品性能基本满足了国内各主要工矿行业需求，整体水平接近或达到先进国家标准。

“十三五”期间，在燃油管路、涡轮增压管路、空调管路的开发上均实现重大突破。这一阶段，自浮橡胶管、爬坡管、艏吹管、排吸泥胶管、高弹性伸缩胶管、过渡渐缩胶管等工业胶管新产品不断涌现。汽车胶管方面有新型尼龙软管和涡轮增压管新产品，还有轻量化PA管路产品、“橡胶+工程塑料”的双主线胶管产品新体系等。各类胶管逐步实现了树脂化、编缠化以及结构上的突破，掌握或部分掌握耐高温胶管、燃油胶管无铅化生产、150℃级EPDM散热器胶管、飘浮式或半飘浮式输油胶管和深海海底输油胶管等高新技术产品或工艺技术。

输送带企业在“十五”到“十一五”期间，集中精力研发和生产聚酯尼龙带芯输送带、钢丝绳芯输送带、钢缆及钢网等高强力输送带。传统用途输送带的性能和质量进一步改善和提高，普通用途织物芯输送带向高强度、轻量化方向发展，钢丝绳芯输送带注重提高抗冲击、防撕裂、耐磨耗等性能；输送带的强度、使用寿命都有提高，高强力输送产量占比达到80%左右。

行业的创新动能有效激发，具有功能性和特殊要求的输送带发展迅速，形成了输送带的重点产品。要求性能高、使用量大的阻燃输送带，继PVC、PVG整体带芯产品之后，又开发出ST型钢丝绳芯煤矿井下用阻燃输送带。耐热、耐寒、耐油、耐酸碱以及大倾角等特殊用途输送带的性能和产量不断提高。尤其是耐热输送带，随着合成橡胶和骨架材料的发展，使用温度可达150～180℃，覆盖层经过特殊配合耐热性能处置还可达到180～250℃，甚至更高。轻型输送带获得了突破性发展，逐步在输送带中占据重要地位，其种类规格达数百种之多，在食品、电子、机械以及物业流通等领域得到了广泛的应用。这些功能性高温输送带的开发成功，标志着中国输送带的主导产品生产技术，已达到国际先进水平。

为适应环保要求，节能、环保型输送带已开发出能防止物料散落、粉尘飞扬的吊挂、圆管型封闭式输送带等新品种。传动带除满足汽车和机械的动能传动需求外，还向家用电器等新领域发展。

到“十二五”末期，以合成纤维和钢丝绳芯做骨架的输送带约占输送带总量的90%。

“十三五”期间，胶管胶带工业产品结构日趋合理，检测手段、标准化方面也基本与国际接轨，企业自主创新能力进一步提升。大中型胶管胶带企业都拥有了自己的科研开发部门，优秀的科研和工程技术人员非常受重视。几年间，胶管胶带专业的授权专利就有300多件。2017年，浙江双箭橡胶股份有限公司、青岛橡六输送带有限公司和阳泉煤业（集团）有限责任公司奥伦胶带分公司3家企业技术中心被中国橡胶工业协会认定为中国橡胶行业技术中心，这也是输送带领域首批被认定的技术中心。其中，认定浙江双箭橡胶股份有限公司技术中心为节能环保输送带技术中心，青岛橡六输送带有限公司技术中心为高强力输送带技术中心，阳泉煤业（集团）奥伦胶带分公司技术中心为矿用输送带技术中心。

（三）力车胎：全面更新换代

力车胎工业是一个不断寻求产品更新换代的产业，随着人民生活水平提高，国内外市场需求变化，产品设计、原材料更新换代进程加快。主导产品日趋轻量化和功能化，并追求美感和新颖造型，产品种类已发展到电动车、山地车、赛车、多用途车、儿童车及全地形车轮胎等；自行车轮胎从普通的充气轮胎，发展到非充气轮胎、可折叠自行车轮胎、超薄轮胎、彩色轮胎、反光轮胎等；摩托车轮胎从普通的斜交轮胎发展到带束轮胎、子午线轮胎、缺气保用轮胎等；内胎主体材料从以天然橡胶为主，发展到以丁基橡胶为主。同时，行业工艺技术水平显著提高，“十一五”前后，力车胎生产的自动化程度、生产效率全方位提高，能耗、原材料损耗、环境污染、劳动强度等大幅度降低。其间，以骨干企业为主导，在整体经济运行的促进下，创新发展观念坚定，认真实施协会制订的《力车胎行业结构调整行动方案》和《力车胎行业工业自动化指导意见》，经过市场竞争的优胜劣汰，整个行业的工艺技术、装备、模具、产品开发和创新能力大大提高，产品在国际市场已有较强的竞争力。

2008年之后，力车胎行业经受住了国际金融危机影响，生产保持平稳发展。电动自行车发展迅猛、快速普及，已接近或超过传统自行车。2012年，力车胎行业销售旺盛，利润增加，相当一部分来源于电动车胎。

2016年前后，力车胎行业告别了以规模扩张为主导的高速发展时期，转入以质量、效益为主导的稳定发展时期。始于2015年的共享单车大量投放市场，为自行车轮胎新发展带来新的机遇，不仅需求大幅增长，更是促进了新材料的应用和产品质量提升，拉开了自行车胎产品变革创新的帷幕，行业产品更新换代周期缩短，一批自行车胎新品投放市场。同时，共享单车市场还吸引了知名材料供应商和轮胎生产商跨界进入自行车胎材料和产品研发生产行列，促进了行业转型升级，产品在国际市场已有了更强的竞争能力。

（四）胶鞋：技术迈向世界先进水平

2005年前后，胶鞋生产大步转向民营企业。全行业围绕技术进步，着力开发新品种、新款式；寻求新型材料，降低生产成本；从技术、管理入手，攻克胶鞋的质量问题；纳米技术、纳米材料在胶鞋中不断得以研究和应用；结构调整，体制创新，技术升级，新材料、新工艺、新设备的应用，进入“百花齐放”大力推陈出新时期；形成硫化鞋、冷粘鞋和注塑鞋3大类产品系列，约4500个品种，其中40%为高、中档产品。产品出口量占总产量的比例越来越高，2010年前后，约占80%。2016年之后，胶鞋行业在绿色可持续发展战略指引下，开启新一轮的产业转型升级，进一步淘汰落后产能，加强环保治理，推动流水线局部自动化改造。2017年开始，行业强制推行GB 25038—2010《胶鞋健康安全技术规定》、GB 30585—2014《儿童鞋安全技术规范》和橡胶工业协会于2017年6月20日发布的《绿色鞋用材料限量物质》系列团体标准。胶鞋行业安全、环保、健康、绿色产品稳步向前发展。

福建晋江成为全球最大的运动鞋制造基地，被誉为“中国鞋都”，安踏、特步、361度等活跃于国际市场的民族体育品牌在这里诞生。同时，莆田、泉州、晋江一线，已形成以晋江为中心的鞋产业集群，全国20大运动鞋生产厂家约有一半是出自晋江。诞生于1935年的上海回力牌球鞋，是中国最早的时尚品牌。80年代，“回力”胶鞋多次获得国家质量银质奖、化工部及上海市优质产品奖，并荣获第21届西班牙国际质量奖。土生土长的回力鞋曾一度滞销，2010年前后迎来转机，品牌价值被再度挖掘，成为欧美市场的抢手货，产销两旺。2010年生产729万双，销售收入超过2亿元，进入行业前10名；2015年生产1253.9万双，销售收入6.86亿元；2017年生产2113.6万双，销售收入10.2亿元，老品牌焕发出青春。中国胶鞋成为国际市场上一支充满朝气的生力军。

（五）炭黑：技术水平不断提高

2005～2014年是炭黑工业大发展时期，年增长率在10%左右。炭黑工业以装置大型化、节能环保为主要目标，成功开发出成系列的新技术和新设备，生产规模与技术提高到一个崭新水平。

2014年，炭黑产量为510万吨，占世界炭黑总产量的40%；2016年、2017年全国炭黑产量为522万吨和553万吨。江西黑猫等国内3家企业进入世界炭黑产能15强，产业集中度和规模化都有显著提高。2007年，中国的炭黑出口达到14.7万吨，2014年炭黑出口达到84.1万吨，标志着中国炭黑产品的国际竞争力在加大。“十一五”前后，炭黑行业技术进步加快。通过开源节流，继续优化以煤焦油为原料生产优质炭黑的新技术和新装备，到“十二五”期间，煤焦油系列油品在炭黑生产原料中所占比例已经超过90%，国内持续十余年保持增长的焦炭、煤焦油产量，基本满足了炭黑工业对原料油的需求。

企业积极扩大单位装置产能，推广应用高温空气预热器、改进工艺技术和装备、开展尾气利用研究，降低原料油消耗以及其他消耗。国内自主设计的炭黑装置，在原料油精制加工和炉型工艺的改进方面走出了一条新路，单炉年产能由2万吨提高到4万～6万吨，燃烧温度提高到2000～2100℃，并成功地利用焦炉煤气和煤层气作反应炉燃料，空气预热器温度由650℃提高到800～950℃。由于节能技术的推广应用和装备的改进，单位炭黑产品的原料油消耗和综合能耗逐年下降。主要炭黑企业的原料、油耗，由2005年的1.84吨降至2014年的1.60吨。

炭黑行业在实现装置大型化的基础上，普遍采用湿法造粒、自动包装、大袋包装和槽车运输等技术；采用高效袋滤器和优质玻纤滤袋，使尾气中的炭黑粉尘浓度显著降低。大型炭黑企业建设了炭黑生产污水处理设施，将净化后的水回用，实现了炭黑生产污水零排放。一批管理水平较高的炭黑企业实现清洁生产。湿法造粒炭黑产量在炭黑总产量中所占比例的变化，反映了炭黑工业装置大型化、现代化和淘汰落后产能的进程。2008年，湿法造粒炭黑产量占到总产量中的90%，2014年达到97%以上。

综合利用和节能环保成为新的效益增长点。炭黑企业充分利用炭黑生产余热和尾气，降低了综合能耗，消除了尾气污染。多数炭黑企业设置了废气脱硫装置。采用尾气发电的炭黑企业约占中国炭黑企业的80%，炭黑行业尾气基本得到治理，并且为国家增添了可观的汽电资源。

国内炭黑生产专用设备和材料研制和生产快速发展，基本达到国外先进水平，并实现了技术和设备向国际市场输出。

这一时期，白炭黑工艺不断改进，品质大幅度提高，装置实现了大型化；生产迅速增长，涌现出无锡确成、株洲兴隆、福建正盛、三明丰润、三明正元等年产能在10万吨以上的民企。2006年，白炭黑产量即达60万吨以上，占全球需求量的40%。

2017年，国内沉淀法白炭黑生产企业已达到国外同类企业的生产规模，并且产品质量可满足国际主流市场需要。2017年，国内沉淀法白炭黑总产量为145.31万吨，气相法白炭黑产量为7.455万吨；2018年，国内沉淀法白炭黑总产量为154万吨，气相法白炭黑产量为9.2万吨，2019年，国内沉淀法白炭黑总产量为176万吨，气相法白炭黑产量为10.5万吨。行业也在集中精力，开展气相法白炭黑工艺技术及设备研究、产品改性研究和应用研究。

（六）汽车橡胶制品：空间巨大、迅猛发展

2009年，中国成为世界上最大的汽车生产国，汽车工业的惊人发展速度，为车用橡胶制品业带来巨大发展空间。

除轮胎外，汽车用橡胶制品可分为密封制品、减震制品、安全制品、胶带制品、胶管制品以及雨刷器、挡泥板、胶黏剂、密封胶和内饰制品等六大类。

橡胶制品在为汽车提供安全、舒适、耐久性等方面发挥着不可替代的作用，是汽车零部件不可缺少的重要组成部分。在汽车中承担着密封各种介质，阻止外部灰尘杂物进入汽车内部，同时也具有传递动力、输送介质、缓冲、隔音等功能，保障了汽车的安全和正常行驶。除轮胎以外，汽车各类橡胶制品配件，包括各种胶管、传动带（V带、多楔带、同步带）、密封制品（骨架油封、O形密封圈、密封胶条和各种垫片）、减震制品（发动机前后悬置垫、各种缓冲套、垫等）、安全制品（皮膜、皮碗、隔膜、安全气囊）等，平均每辆汽车需要100～200种，计200～500件，单车用橡胶制品耗胶量15～60kg/辆不等。全球每年生胶耗胶量70%以上都用于汽车工业，其中60%用于轮胎，40%用于车用橡胶制品，囊括了天然橡胶和几乎所有的合成橡胶品种，合成橡胶50%～70%都用于汽车工业。汽车橡胶制品占汽车总成本的5%～6%。

到“十三五”期间，国内汽车用橡胶制品品种约1200种，规格8500多个。2017年，汽车橡胶配件产量约15.3亿个，橡胶消耗量（天然橡胶、合成橡胶、再生胶）约21万吨。

到2017年，国内车用橡胶件企业前50名中，34家为外资企业，涉及工厂70余个。在当年度非轮胎橡胶制品全球50强中，株洲时代新材料科技股份有限公司因收购ZF集团（德国）排名从上年度的第38位跃升至第28位，创中国最好排名；安徽中鼎密封件股份有限公司作为全国最大的汽车橡胶零部件生产、出口企业位列第36位。国内生产橡胶制品的主要企业还有宁海建新橡塑有限公司、上海恒升汽车零部件有限公司、十堰东森汽车密封件有限公司等近十家企业，内资企业产品销售总额

占据国内轿车配套市场总需求量的40%左右。

国内企业以民企为主，发展正在逐步提高。由于起步晚、企业规模普遍偏小、技术力量薄弱、专业化程度低等原因，致使生产低水平、低效率、低效益，该状况在逐步改观，与国外企业的差距在逐步缩小，行业整体水平在不断提升。有的地区，依托大型橡胶制品企业，打造产业群体，已逐渐形成产业集聚效应。安徽宁国地区，在中鼎集团、亚新科公司等企业的带动下，汽车橡胶零部件企业已达47家，其中10亿元以上企业1家，亿元企业2家，年产汽车橡胶零部件15亿只，产销量居全国第一。保隆工业园，作为美国福特汽车公司全球唯一供应商，其一期工程气门嘴项目已投入运行。浙江、河北等地也相继形成台州V带、海宁密封件、景州胶管等专业生产基地。

汽车用橡胶制品的质量和档次的提高，取决于橡胶制品的材料。随着发动机趋于大功率、小型化方向发展，发动机周围的环境温度升高，排气控制法规要求更加严格，加之含醇燃料的使用，橡胶零部件要提高耐热、耐寒、耐油、耐老化等各项性能，扩大高性能特种合成橡胶应用，重点是三元乙丙橡胶（EPDM）、丙烯酸酯橡胶（ACM）、氯丁橡胶（CR）、氟橡胶（FKM）、硅橡胶（VMQ）、聚氨酯橡胶（AU）、氯醚橡胶（ECO）、氯化聚乙烯橡胶（CM）、丁腈橡胶（NBR）、氢化丁腈橡胶（HNBR）等各种应用研究，使之取得重大成效，成为提升橡胶制品质量重大物资基础。

（七）橡胶装备：向精细化、自动化发展

橡胶机械产业在对引进设备消化吸收和国产化之际，潜心自主研发，已具有自主创新能力。

2003年，国家经贸委批准载重子午线轮胎成套设备及工程子午胎关键设备研制项目，列入国家科技发展计划，总计有4个课题，12项专题，29种设备，研制经费达1.36亿元。

2006年，国家重大技术装备“载重子午线轮胎成套设备及子午线轮胎关键设备”国产化35个项目通过了国家验收。

2007年，天津赛象与三角集团联合成功开发出巨型子午线工程胎成套技术与装备，填补了国内空白。

其间，大连橡塑机械有限公司自主研发的首台钢丝帘面压延机组，攻克了全钢子午线载重轮胎生产关键设备国产化最后一个技术壁垒。

历时十余年艰苦奋斗，中国橡胶机械工业具备了半钢子午胎、全钢子午线轮

胎、工程机械子午线轮胎以及有芯子午胎成套设备的生产和供给能力。

2004年，橡机销售额为61亿元，占世界的30%。2007年，销售收入已达到81亿元以上，年平均递增率超过10%。2008年仍在继续增长，实现销售收入达到85亿元。橡机设备出口由2000年的1200万美元，上升到2008年的1.6亿美元。中国橡机工业的生产规模已位居世界之首，制造技术接近国际水平。

2008年之后，世界金融危机带来的全球经济波动，逐步影响到橡机工业。推陈出新，势在必行。橡机行业着力加快以企业为主体的科研体系建设，共获专利授权2000余项。桂林橡胶机械厂、天津赛象科技股份有限公司被列入全国企事业专利工作试点单位；软控股份公司批准成立国家轮胎工艺与控制工程技术研究中心；有四个单位被授予国家级技术中心称号。

自主创新，与国际水平接轨。橡机行业生产出高水平的炼胶机、平板硫化机、挤出机、压延机以及橡胶注射机，生产出高度机械化、联动化和自动化的上辅机-密炼机-下辅机联动生产线，复合胎面联动生产线，钢丝帘布联动生产线，钢丝帘布裁断拼接联动生产线，一次法全钢轮胎成型机、半钢轮胎成型机、高精度的曲柄连杆轮胎定型硫化机以及液压轮胎定型硫化机等。以自动化、信息化为基础，以机器人为代表的智能制造，在橡胶行业受到普遍重视，中国橡胶协会提出要努力建设轮胎全自动生产线，摩托车胎全自动生产线，自行车胎全自动生产线，输送带全自动生产线，切割V带全自动生产线，模压橡胶制品全自动生产线，3D打印橡胶制品全自动生产线，胶鞋工业智能设备及自动生产线，废橡胶再生胶（胶粉）全封闭、自动生产线，橡胶助剂全自动生产线。这10条线中，轿车子午胎自动化工厂已开始运行，并做进一步完善，以期成为具有国际先进水平的自动化示范生产线。

直接关系到子午胎等橡胶产品外观和质量的活络模等模具制造，其生产工艺不断创新，数控加工技术广泛应用，高速、超高速加工以及电火花加工等新工艺已成为主导，原来的手工刻花、镶花和压花等老工艺被淘汰。豪迈集团、巨轮公司等模具加工企业正逐步走向专业化、大型化和国际化。豪迈集团成功收购美国GMS公司，在美国、欧洲及东南亚多地建有服务中心，在国内昆山、贵阳、辽宁、天津建有分公司，成为行业龙头。

发展到2014年，中国已经连续11年橡机销售总额居世界首位。2017年，中国橡胶机械行业在科技创新、产品升级、技术改造、智能化等方面取得良好业绩。在按销售收入排名的全球橡胶机械36强中，中国共有15家企业榜上有名，占总席位的41.7%。前10强中国企业占据2席。

二、大力发展橡胶原料，减少对进口的依赖

天然橡胶和合成橡胶是橡胶工业发展的主要原料，新世纪橡胶工业进入新的增长期，耗胶水平节节攀升。2005年，生胶实际消费量为400万吨，2010年为645万吨，到2015年，达到870万吨，2018年即高达985万吨（实际耗胶量），成为世界上最大的橡胶消费国。同时，也是世界上最大的橡胶进口国，75%以上的天然橡胶和40%以上的合成橡胶依赖进口。

2007年，国务院办公厅发布了《关于促进中国天然橡胶产业发展的意见》，指导天然橡胶种植行业，加强技术研发，建立起成熟的天然橡胶种植和加工体系，完善的天然橡胶科技研发和推广体系，促进行业实现较大增速。到2011年底，全国橡胶园实有种植面积达到1621.97万亩，干胶产量75.08万吨，天然橡胶发展进入长达10多年的生产发展稳定时期，2017年，中国天然橡胶种植面积为1740万亩，产量占到世界天然橡胶产量的6.15%。

期间，农村以房前屋后和闲置土地形成的民营橡胶园种植渐成气候，与国有橡胶园并存，共同发展。作为天然胶种植、加工的国有橡胶园，实行机械化种植、病虫害防治，有效地提高了劳动生产率，节约了生产成本。海南农垦场成功地对80多家标准胶年加工能力在1万吨以下的小型加工厂进行技术改造，单厂年加工能力提升到2万～8万吨，并集中加工10多万吨民营橡胶资源；云南农垦也建起大型标准胶加工厂，改变了由胶乳到标准胶加工企业“多小散”的落后局面，并与轮胎企业等合作，共同致力于提高橡胶质量。

国内天然橡胶产业整合加快。2005年成立的海南天然橡胶产业集团股份公司是中国最大的天然橡胶产业企业。该公司由海南省农垦总公司作为主要发起人，将所属与天然橡胶业务相关的全部经营性资产作为出资，广东省农垦集团公司、中化国际（控股）有限公司、海南星仕达实业有限公司、中联橡胶（集团）总公司和北京橡胶研究设计院发起人以现金出资。该公司是集天然橡胶种植、加工、销售和科研开发于一体的产业集团，拥有橡胶362万亩，年产干胶23万亩，是中国最大的天然橡胶生产企业。

合成橡胶发展随着轮胎工业发展建设步伐加快，包括丁苯橡胶（SBR）、聚丁二烯橡胶（PBR）、氯丁橡胶（CR）、丁腈橡胶（NBR）、丁基橡胶（IIR）、聚异戊二烯橡胶（IR）、乙丙橡胶（EPR）和热塑丁苯橡胶（SBCS）在内的8大合成橡胶品种，在2003年到2013年的10年间，呈现井喷式增长，总产能跃居世界第一。

2016年，全国合成橡胶总产量超过320万吨，创历史新高。国内合成橡胶消耗量由2005年的210万吨增长到2015年的405万吨，自给率基本保持在70%左右。丁苯橡胶、丁二烯橡胶等橡胶国产占有率达到80%以上。2018年，合成橡胶生产再创历史新高，达到370万吨，产品结构也有较大改进。八大通用合成橡胶技术及主要原料均采用自有技术，经济技术指标与国外相当，热塑性弹性体SBC已处于世界先进水平。中国橡胶工业橡胶用量见表2-17-3。

表2-17-3　中国橡胶工业橡胶用量

年份	消耗量/万吨	年份	消耗量/万吨	年份	消耗量/万吨
1949	1.3	1972	31.72	1996	148
1952	2.6	1973	34.3	1997	192.2
1953	3.57	1974	30.9	1999	211
1954	4.12	1975	35.7	2000	228.8
1955	3.9	1976	34.9	2001	279
1956	4.96	1977	38.7	2002	306
1957	6.13	1978	43.07	2003	310
1958	10.93	1979	48.00	2004	340
1959	11.36	1980	50.77	2005	400
1960	13.78	1981	43.8	2006	450
1961	8.87	1982	47.92	2007	505
1962	9.3	1983	55.2	2008	550
1963	10.45	1984	61.41	2009	588
1964	11.93	1985	65	2010	645
1965	14.25	1986	68.5	2011	690
1966	16.91	1987	75	2012	730
1967	15.4	1988	80	2013	830
1968	16.7	1991	93	2015	870
1969	22.23	1993	110	2018	1122
1970	25.95	1994	137.3	2019	1067.6
1971	27.79	1995	137.00		

三、加快企业结构调整，提升整体发展水平

进入2011年以后，国际市场贸易保护主义日渐繁盛，反倾销、技术堡垒使橡胶工业发展面临的挑战逐年加剧，市场约束更加突出。

美国和欧盟是对中国制造贸易壁垒的主要发起者。美国占有中国轮胎海外市场30%的份额，是中国轮胎的第一大海外市场。国内乘用车及轻卡轮胎生产企业，对欧美市场有较强的依赖性，欧美国家持续的反倾销调查和加征关税，对轮胎工业发展产生较大的影响。据橡胶工业协会统计，2015年前4个月，中国向美国出口2126万条轮胎，同比急降29.7%，涉案轮胎企业有200多家，涉案金额约33.7亿美元，涉案轮胎企业开工率从90%陡然降至55%左右。

国际市场上遇阻，橡胶工业多年潜在的深层结构性矛盾凸显，低水平无序重复建设导致产品结构不合理，一部分产品发展过剩；两头在外的产业发展机制风险增大，天然橡胶80%依靠进口，合成橡胶面临标准改变，产品出口受阻，主要原材料受制于人，发展必然受阻；轮胎企业鱼龙混杂，市场不规范，缺乏大型国际化企业；自主的核心技术少，轮胎工业尚未从中国制造升级为中国创造。

为促进资源向优势企业集中，促进企业向集团化发展，提高产业集中度，优化企业结构，提高产业整体发展质量，2010年10月，国家工业和信息化部出台了《轮胎产业政策》，从产品调整、技术政策、配套条件建设等方面，进一步明确轮胎产业发展方向。同年，还正式出台《轮胎行业准入条件》，加快淘汰落后产能，鼓励发展规模经济产业和广泛采用创新技术，以推动企业转型升级、调整产业结构，保持健康稳定发展。

2015年前后，以轮胎为主，企业结构调整渐入攻坚阶段。整合重组、股票上市、资金入股、资产并购全面推进。原大中型国有轮胎企业，有的进行了股份制改制，由企业主管控股，自主发展；有的吸纳业外资本，向混合型体制发展；有条件的则谋求股票上市，以获取大发展。产能大、技术条件好的大型民企，多致力于股票上市；对于生产规模小、产品同质且又无法提升的落后产能，则有序展开企业重组、倒闭和产能淘汰。

山东省轮胎产能占全国的半壁江山，也是国内第一个明确提出去除落后产能的省份。2016～2017年，山东省约有24家轮胎企业退出市场，共淘汰斜交胎产能约1900万条，普通型低档次子午胎约3300万条，其中全钢胎1500万条。

2016年4月13日，工业和信息化部发布2016年第14号公告，公布了第一批符

合《轮胎行业准入条件》的23家企业。到2018年，已公布了符合轮胎行业准入条件企业6批。70多家小子午胎厂、近4000万条落后子午胎产能退出市场，其中，全钢胎产能约950万条、半钢胎约2950万条，进一步优化了轮胎行业产品结构。

四、多元竞争格局形成

新的千年，深化改革成为橡胶工业的显著发展特征。国有企业通过改制，有进有退，优胜劣汰，做大变强；民营企业发展迅猛、由小变大；外资企业加快布局中国市场，从而形成国有制企业、国有控股企业为主体，与外资企业在市场上合理、公开、公平竞争的新格局。

培育国内大公司、培育民族品牌，提高生产集中度，成为行业应对市场变化的强有力手段。2003年，中国橡胶工业协会、中国工业经济联合会、经济日报社联合发出关于加快推进民族橡胶工业、实施名牌战略的倡议，联手推出以十大轮胎企业为首的橡胶工业百家民族品牌，以提振民族橡胶工业精神，重振雄风。2004年、2007年，橡胶协会通过制定标准、推荐产品品牌评价和初审，报经国家名推委审定，万力、三角、双星、双钱、风神、成山、前进、玲珑、赛轮（2004年为黄海）、朝阳十大品牌荣获国家质检总局中国名牌产品称号。2007年，青岛橡六等高强力输送带、江苏飞驰等摩托车轮胎被评为中国名牌产品。协会还向社会推荐了万力、好运、三角、玲珑、海大、BCT六大轿车子午线轮胎品牌。到2014年，中国名牌和协会推荐品牌，凸显市场效应，名牌全钢载重子午线轮胎产量占到全国的50%以上，中策、三角、玲珑轮胎销售总额连年超百亿，浙江双箭、青岛橡六、辽宁阜新、无锡宝通、浙江三维5家的高强力输送带产量占全国的40%，圣奥、尚舜、科迈、华泰4家的绿色助剂销售额超过全国的40%，兴达等大公司骨架材料、黑猫等大公司炭黑产量、销售额都占据市场半壁江山。

在橡胶行业国有企业重组中，中国化工集团通过产权划转，先后接收了太原双喜轮胎工业有限公司、青岛黄海橡胶轮胎集团公司。其子公司昊华化工集团也从集团内企业中联橡胶（集团）总公司划转了北京橡胶工业研究设计院、曙光橡胶工业设计研究院等6家科研机构，从地方划转了桂林轮胎厂、桂林橡胶机械厂、桂林橡胶制品厂、南京7425厂、风神轮胎股份有限公司、益阳橡胶塑料机械集团有限公司、福建三明橡机装备有限公司、天华化工研究设计院等轮胎、橡机和制品企业。

跨国轮胎公司向中国转移不仅数量多、规模大，而且由合资更多地走上独资，日、美、欧等跨国轮胎公司齐聚中国发展，并建有生产研发基地。

进入最迟的德国大陆轮胎先在山东兖州建合资企业，2011年又在合肥建了年产425万条轿车胎新厂，最大的佳通轮胎（中国）有限公司已经超过了4000万条/年的生产能力。

台资轮胎企业在大陆空前大发展，设在江苏昆山的正新轮胎公司，已跃居世界第九位。这一时期，中国台湾地区橡胶工业已发展为该地区工业的重要产业。2012年，台湾橡胶工业同业公会正式更名为“台湾橡胶暨弹性体工业同业公会”，增加弹性体经营领域，适应变革中的橡胶弹性体产业潮流需求，壮大台湾橡胶弹性体产业层次和格局。2017年，台湾地区橡胶弹性体制品产值为937亿元，若包含台湾海外厂产值则超过2000亿元。在世界轮胎75强排行中，台湾五大轮胎厂全部上榜。截至2018年4月底，台湾橡胶暨弹性体工业同业公会会员企业495家，资本额10亿元以上企业有17个。这一时期，台湾橡胶弹性体制品销售值一直是出口大于进口。2017年，橡胶弹性体制品出口总值为115.46亿美元，比上年增长8.48%；进口总值为6.81亿元，与上年持平。

内外资轮胎企业在竞争发展中，格局不断变化。2019年，全国子午胎年产量1000万条以上的公司有24家；年销售收入20亿元以上的有35家，其中国有制企业、国有控股企业9家、民企18家、外企8家；全钢子午胎产量内资占89%、外资占11%；半钢子午胎内资占62%，外资占38%；中高档乘用子午胎国内市场外资占60%～65%，内资占35%～40%，卡车及客车子午胎国内市场内资占85%～90%，外资占10%～15%。杭州中策集团连续8年雄踞世界前十名。

外资在其他非轮胎橡胶制品、配套原辅材料和橡胶机械设备领域也在布局中国。其中，汽车橡胶制品领域发展的势头比较强劲，到2005年，国内拥有的外资非轮胎汽车制品企业在60～70家。其中胶管生产企业15家、密封条生产企业5家、密封件生产企业22家、减震橡胶生产企业6家，总投资额3亿多美元。这些企业的产品基本包括了汽车用主要橡胶制品。到2018年，国内车用橡胶配件企业前50强中，已有34家外资企业，涉及工厂70余个。

在配套原辅材料和橡胶机械设备领域，2015年4月3日，德国朗盛公司常州二元乙丙橡胶工厂成功投产，完善了其全球二元乙丙橡胶生产网络。印度博拉集团科伦比恩（济宁）年产12万吨炭黑项目，韩国奥瑟亚（枣庄）项目、日本新日铁化学公司江苏邱州炭黑项目等上马。康迪泰克在华建设了首个混炼胶生产设备，这是该公司混炼胶业务单元在欧洲之外设立的第一个工厂，1000万欧元的投资也是该混炼胶业务单元历史上大型投资之一。比利时贝卡尔特与华勤集团合资公司成立了其在华第二家公司——贝卡尔特（济宁）钢帘线有限公司。世界著名的橡胶机械制造企业德国HF公司、日木神户制钢、日木二菱、荷兰VMI以及台湾地区的精元和东毓油压等，都在中国大陆开设了合资或独资企业。

外企进入中国后，也逐步从单纯的投资建厂向建设研发中心、建立研发测试机构发展。2015年，米其林轮胎研究开发中心（上海）有限公司启用。固特异橡胶公司中国首家研究开发中心，在普兰店工厂正式启动。大陆马牌轮胎在华首家研发测试中心一期项目顺利落成。

台湾最主要的橡胶制品是汽车轮胎，1993年和2003年汽车轮胎产量先后突破1000万条和2000万条，2003年产量为2227.5万条，产值为215.6亿元（新台币，下同）。2009年汽车轮胎产量和产值均有所下降，分别为1925.4万条和253.64亿元。2010年，汽车轮胎产量和产值均明显增长，分别为2450.9万条和319亿元，双双创历史新高。2011年汽车轮胎产量下降至2333万条，产值却上升到360.9亿元，产值再创新高。2011年之后，汽车轮胎产量和产值总体上呈下降态势。到2018年，产量下降至2067.2万条，比2011年下降15.7%；产值下降到264.37亿元，比2012年下降26.8%。台湾汽车轮胎生产厂家包括南港、建大、正新、泰丰、华丰、台湾普利司通、固特异及兴国橡胶厂等7家。

2017年岛内橡胶制品产值达到111亿元（新台币，下同），2018年产值为108.1亿元。产品包括衬条、油封、垫片、O形圈等，应用范围包括汽车、摩托车、机械、农机、钟表、精密电子、空油压、家电业等领域。岛内橡胶制品相关厂家将近200家，其中汽车用品厂家有中光、台普、台裕、植大等，专业生产油封、O形圈有茂顺、力而大、继茂等厂家。

五、在“一带一路”倡议下走出去建厂

适应国内、国际市场变化，生产靠近市场、靠近原材料基地，是国外大跨国公司的成功规律，也是中国橡胶工业发展的必然。国家提出“一带一路”发展战略，开启了轮胎工业发展的新篇章。多家轮胎企业选择到国外发展，利用所在国资源、劳动力及市场优势，以创建轮胎厂、橡胶园、橡胶加工厂，地产地销，变单一产品输出为自主技术、自己的标准、自己的品牌和资本输出，国际化经营，拓展新的发展空间，向大跨国公司方向发展。

2011年，赛轮金宇集团第一个走出去，在越南建设轮胎工厂。2012年至2018年，橡胶工业企业海外拓展步伐加快，玲珑轮胎、森麒麟轮胎、中策橡胶、双钱轮胎、江苏通用、浦林成山、贵州轮胎等也到泰国、越南建厂，并陆续投入生产。2015年，有两家企业在海外形成实际产能。2016年增至4家。2017年，中国轮胎企业海外工厂生产轮胎总量为124.4亿条，实现销售收入总计为126.03亿元。2019年，在海外企业的轮胎总产量达1.49亿条，销售总收入达606.3亿元。

到2017年，已有13个企业在建和拟建相关项目。走出去的企业，从产品输出、资本输出、品牌输出，逐渐迈出国际化步伐，中国轮胎品牌在国际市场的影响力和竞争力得以显著提升。

期间，中国化工集团于2015年收购了意大利倍耐力（Pirelli）轮胎公司26.2%的股权，双星集团收购了韩国锦湖轮胎的股份，三角集团布局美国设厂等等，中国橡胶工业资本开始走向发达国家市场。

纵观中国橡胶工业百余年历史，在不同的历史时期，呈现出不同的发展水平。新中国的成立，为橡胶工业获得快速发展提出了崭新的历史机遇。在70年的历程中，实现了由小到大，特别是以改革开放为契机，从技术进步、产品升级入手，赢得了高速发展，生产雄居世界榜首（1995～2017年中国橡胶制品业产值增长及行业结构变化详见表2-17-4）。

表2-17-4 1995～2017年中国橡胶制品业产值增长及行业结构变化

行业名称	产值/亿元						行业名称	构成/%					
年份	1995	2000	2004	2007	2015	2017	年份	1995	2000	2004	2007	2015	2017
轮胎制造业	256.03	392.53	948.98	1625.6	5479.19	4979.46	轮胎制造业	40.9	48.3	49.5	47.9	54.35	51.9
力车胎制造业	43.95	46.24	47.08	68.99	149.47	147.02	力车胎制造业	7.0	5.7	2.5	2.0	1.5	1.5
橡胶管板带制造业	75.94	99.46	196.37	380.83	1347.99	1328.03	橡胶管板带制造业	12.1	12.2	10.3	11.2	13.4	13.83
橡胶零件制品业	32.90	52.16	176.35	303.54	893.51	958.26	橡胶零件制品业	5.3	6.4	9.2	8.9	8.9	10.0

续表

行业名称	产值/亿元						行业名称	构成/%					
年份	1995	2000	2004	2007	2015	2017	年份	1995	2000	2004	2007	2015	2017
再生橡胶制造业	14.08	11.77	31.93	95.65	266.35	247.39	再生橡胶制造业	2.2	1.4	1.7	2.8	2.6	2.6
橡胶靴鞋制造业	150.01	120.66	254.38	477.43	775.69	750.87	橡胶靴鞋制造业	24.0	14.8	13.3	14.1	7.7	7.8
日用橡胶制品业	17.28	37.61	131.00	174.45	415.37	379.13	日用橡胶制品业	2.8	4.6	6.8	5.1	4.1	3.9
橡胶制品翻修业	7.46	4.47	10.92	17.41	39.96	39.16	橡胶制品翻修业	1.2	0.6	0.6	0.5	0.4	0.4

注：2015年、2017年为销售收入数字。

2018年，全国轮胎总产量达6.48亿条，约占全球轮胎生产的30%，子午胎产量6.09亿条，子午化率达94%；自行车、电动自行车胎总产量7亿条；输送带到5.1亿平方米，其中高强力输送带4.6亿平方米，占到90%以上；胶管18亿标米；胶鞋9.8亿双；安全套72.7亿只；O形密封圈49.7亿只，汽车减震制品184.8万个；再生胶440万吨，胶粉80万吨；橡胶助剂130万吨，占到世界助剂总量的70%；炭黑572万吨，其中湿法造粒炭黑560万吨，占到98%；钢丝帘线242万吨，涤纶帘布33万吨，尼龙帘布35万吨；子午胎模具3.83万套；生胶消费量985万吨，其中天然胶540万吨、合成胶445万吨，达到了一个新高度。

但是，中国橡胶工业还在发展和成长之中。2006年，中国橡胶工业协会提出，中国橡胶工业大而不强，要向橡胶工业强国进军。2014年，中国橡胶工业协会发布了《中国橡胶工业强国发展战略研究》，提出了建设橡胶工业强国宏伟目标，并脚踏实地、扎实推进。“十三五”前后，橡胶工业即开启了创新发展，以原始研发、自主知识产权，推动技术再进步、产品再升级、提高发展质量，发扬70年来养成的自强不息、团结奋斗的行业精神，全力建设橡胶工业强国。

第十八章 精细化学品工业发展史

（1949～2019年）

精细化学品工业简称精细化工，是指化学工业中生产精细化学品的专业领域。精细化学品是指具有特定的应用功能、品种繁多、品质要求高、商品性强、技术密集型、产品附加值较高的化工产品。

精细化工是综合性较强的技术密集型工业，也是化学工业中最具活力的新兴产业，产品关联度大，直接服务于国民经济的诸多行业和高新技术产业的各个领域。精细化工产值占化学工业总产值的比例被视为衡量一个国家或地区科技水平与经济发展程度的重要标志，大力发展精细化工已成为世界各国调整化学工业结构、实现产业优化升级、扩大经济效益、提升化学工业整体竞争能力的战略重点，均向着“多元化”及“精细化”方向发展。随着社会经济的进一步发展，全球范围内精细化工市场规模将保持高于传统化工的速度快速增长。

世界精细化工兴起于20世纪初，随着科技不断进步，品种越来越多，包括染料、农药、医药、涂料在内的各种产品层出不穷，目前世界精细化学品品种已超过10万种。美国、欧洲和日本等化学工业发达国家和地区，其精细化工最为发达，精细化学品销售额位居世界前三位，三者合计约占世界总销售额的75%以上；精细化率已达到60%～70%，代表了当今世界精细化工的发展水平。

中国十分重视精细化工的发展，从新中国成立伊始，就把精细化工作为化学工业发展的战略重点列入多项国家发展计划，从政策和资金上予以大力支持。经过70年的持续快速稳定发展，中国精细化工部分产品凭借优异的产品质量，已经在国际市场拥有较强的竞争力，并占据越来越多的市场份额，保持着快速增长的态势。

石油和化工行业向深加工方向发展，推动了中国精细化工技术进步，许多技术与产品等居世界前列。到2018年，中国精细化学品品种已超过3万种，精细化率已达到45%左右。但是，与化学工业发展历史更加悠久的发达国家相比，中国精细化工产品的整体技术水平仍然有待提高，精细化工的核心技术与国际先进水平还存在一定差距，高性能、功能化和高附加值的精细化学品进口依存度仍然较高。

精细化工在中国化学工业乃至整个国民经济中占据重要地位，其发展已越来越广泛地渗入到国民经济各部门和人民物质文化生活的各个方面，发挥着越来越大的作用。中国是人口大国，人们的生活水平与精细化工息息相关，如增加粮食产量，需要多种高效低毒的农药、除草剂；防控疾病需要多种药品；服装、丝绸工业需要高质量的染料、纺织助剂；美化环境、改善居住条件需要不同的涂料、黏合剂；为石油加工提供催化剂、助剂、特种气体等，保证和促进了石油和化学工业的发展。

第一节 起步发展，扩大品类

（1949 ～ 1977年）

1949 ～ 1977年，中国精细化工主要经历起步发展、逐步建立工业体系和扩大产品品类的发展历程。

精细化工的发展既有悠久历史，又是一门新兴的工业。早在19世纪，人们为了满足自身生活需求，就从天然植物、矿石中提取用于印染、化妆、装饰的化工产品，由此产生了精细化工萌芽。

新中国成立前，中国已经有了精细化工产品的工业生产，但只能生产少数低档品种和加工产品，规模小，工艺与设备落后，基础十分薄弱。新中国成立以后，国家开始有计划地发展化学工业，精细化工被作为一个独立整体较早纳入了发展规划，开始有步骤、有计划起步发展，并不断进行精细化工工业体系建设。

20世纪60年代，随着现代科学技术的发展，学科与学科之间、技术与技术之间的交叉和渗透日益广泛，使得现代化工分离技术和反应技术在制备精细化学品中得到了长足的进步。20世纪70年代，随着西方发达国家如德国、美国和日本等国的大型化工企业开始走精细化路线，致力于专用化工产品的生产，精细化工行业由此开始快速发展并壮大。

而这一时期，中国的化学工业发展重点是满足国计民生的迫切需要，投资大部分用于化肥、基本化工原料和三大合成材料，精细化工在化学工业中所占比重较小，因而在这一领域投资相对较少。精细化工产业基础尚属薄弱，存在品种不配套，专用品种少，高端品种更少，产品的制剂和商品化程度低等问题，发展相对缓慢。

一、化学试剂工业创立并得到长足发展

化学试剂是用来探测和验证物质的化学组成、性质及变化的精细化学品，被誉为“科学的眼睛”“质量的标尺”。化学试剂具有品种多、质量要求严、应用面广、用量少等特点。

（一）各地纷纷兴办工厂

新中国成立前，几乎所有的化学试剂全部依赖进口，只有天津永生化学工业公司及上海育发化学制造厂生产少量硝酸、硫酸、氨水、无水乙醇。新中国成立后，国民经济和科技教育事业迅速发展，迫切需要化学试剂。为此，国家对化学试剂工业进行了改组合并等工作，还集中统筹安排生产，在上海、北京、天津三市很快兴办了一批化学试剂厂。

1950年，北京市人民政府采纳清华大学化学系教授高崇熙提出的“尽快实现化学试剂工业化”的建议，由孙昌高级工程师主持筹建北京新华化学试剂研究所，并于当年11月建成。该所1952年、1953年先后与上海利培和上海一心化学厂、北京中华企业公司等合并，并更名为北京化学试剂研究所。1953年至1956年，该所陆续与42个中小型化工厂合并，组成北京化学试剂厂，1958年又改名为北京化工厂，成为全国最大的化学试剂生产企业。生产的主要产品是各类无机试剂、有机试剂等，广泛用于工业、农业、军工、科研等领域。北京化工厂生产的化学试剂、彩色荧光粉等被评为北京名牌产品，拥有的“北化”商标被授予“著名商标”称号。

同一时期，上海先后兴办了新中化学厂、粹华化学厂、恒信化学厂等31家化学试剂厂，原有的育发化学制造厂也很快得到了恢复和发展。1953年，重工业部所属的中央制药厂与华东工业部醋酸工程处及远东酒精厂合并，成立了国营上海化学药品试剂厂。1955年，上海各私营化学试剂厂实现公私合营后，改组合并分类组成了3个专业厂。

天津市生产化学试剂也有一定基础。新中国成立后，天津市兴办了以生产特效试剂为主的竞进化学厂和以生产电解产品为主的致力化学厂等10多个生产化学试剂的私营小厂，生产百余种化学试剂。

（二）开发出众多新产品

各地兴办一批工厂后开发了众多新产品。1950年，上海一心化学厂以黄豆芽为原料生产出国内第一个生化试剂L-天冬素。为更好服务于医疗诊断、工农业生产和科学研究，瑞氏色素、曙红化Ⅱ号天青等生物染色剂，树脂黄、间苯二酚蓝等pH指示剂，铅试剂、铜试剂、硝酸灵等特效灵敏有机试剂3个新门类被创新，那一时期国内还研制和试验成功碘酸酐，并最早生产出相关质量稳定的产品。1956年，国内企业研制成功测定氨基酸、蛋白质及色谱分析用有机显影剂水合茚三酮，同年生产照相显影剂对苯二酚和米吐尔。1957年，国内企业研制成功以糖精为原料的磺酞类指示剂，与早期重氮偶合型指示剂形成了20多种新产品的pH指示剂门类，提供了pH试纸的基础原料。当时化学试剂产品质量标准参照英国、苏联及日本等国外同类产品标准，试剂品种基本满足国内需要。经过艰苦努力，到1957年，中国化学试剂工业初步建立起来，能够生产的试剂已从20多种增加至近1000种，经常生产的是400多种。

（三）相比国外化学试剂发展尚有差距

到20世纪70年代，中国化学试剂工业得到长足发展，但相比国外化学试剂发展，中国化学试剂的生产技术还相对落后。主要表现在国内多采用传统生产工艺如结晶、蒸馏、直接合成等，而国外已广泛采用离子交换、色谱分离、膜分离等高科技新工艺；国内市场仍以通用型试剂为主，高档、高精度特殊试剂仍要依赖国外进口。中国化学试剂的市场潜力是巨大的，但化学试剂工业还需上规模、上水平，采用先进技术，开发配套齐全的系列产品，提高产品质量，并且要向生产临床诊断试剂、生化试剂、超高纯试剂、有机试剂和仪器分析试剂这些高科技领域尽快发展。

二、大力推动催化剂研发和产业化

催化剂是化学工业中重要的高技术精细化工产品，使用催化剂能大大加快化学反应的速度，使相关化工产品大幅度增产。催化剂工业发端于18世纪中叶，20世纪初开始奠定发展基础，20世纪30～60年代进入大发展时期，生产规模日益扩大、品种增多。

（一）国家加大对催化剂研发支持力度

新中国成立后，国家十分重视催化剂的研发工作。1956年制定的第一个全国科技发展规划，就把催化剂的研究作为重要内容，有关部门还先后设置了专门机构和试验室，进行催化剂和催化工艺的研究。20世纪50年代末，从苏联引进设备，在兰州化学工业公司合成橡胶厂建成了催化剂车间，生产酒精制乙烯、酒精制丁二烯以及乙苯脱氢制苯乙烯的催化剂。经苏联科学院院士、世界著名钒催化剂专家波列斯可夫和国立氮肥设计研究院著名专家西道罗夫推荐，苏联政府还向中国政府提出，从中国引进A6型氨合成催化剂和V2型环形钒催化剂的全套生产技术。为使引进的石油化工和化肥装置生产所需要的催化剂、助剂和溶剂立足于国内，国家拨出专款加强“三剂”的科研开发工作。有关单位陆续研制成功大批石油化工催化剂，多利用炼油厂的催化剂装置进行放大制备和试生产。

（二）催化剂自主技术研发成功

新中国成立以前，化工生产所需的催化剂，全部从国外购进。1950年抗美援朝战争爆发后，以美国为首的西方国家对中国采取全面经济封锁政策。当时国内最大的化工企业——永利化学工业公司生产硫酸用的钒催化剂和生产合成氨用的熔铁催化剂无法从国外进口，面临全面停产的威胁。

1950年5月，永利宁厂触媒车间（现南化公司催化剂厂）建成，主要进行硫酸钒催化剂和合成氨催化剂生产。企业先后建立了4条催化剂生产线，包括沉淀、过滤、混合、干燥、活化、成型、浸渍、电熔等催化剂专业的典型化工单元。企业还有常压至30兆帕的活性试验装置、高真空和固体宏观结构测定装置，以及X射线衍射仪、电子显微镜、热重分析仪等大型精密测试仪器。

化工催化剂专家余祖熙怀着高度的爱国热情和历史责任感，投入钒催化剂研究工作。他研制出中国第一批供硫酸生产使用的钒催化剂，于1952年制造出V1型

（现名S101型）钒催化剂数十吨，经工业使用，性能优于从美国孟山都化学公司购进的钒催化剂，从而避免了中国硫酸工业一大批相关工厂停产的危险。1953年，余祖熙又研制出A2氨合成催化剂，经使用表明，达到美国化学建设公司推荐产品的质量。1956年，他又发明并制造出具有当时国际先进水平的A4型氨合成催化剂。余祖熙研制出的这些产品均成功地进行工业化生产，对国内化工生产发展贡献突出。

（三）催化剂产业化获得极大发展

20世纪60年代，中国石油化学工业的兴起促进了石油化工催化剂的产业化发展。1961年，上海石油化工研究所等单位开始研制丙烯氨氧化制丙烯腈的催化剂，1968年用于上海高桥化工厂沸腾床2000吨/年丙烯腈装置。1962年，石油科学研究院和石油六厂合作，研究出混合与浸渍相结合的催化剂制备工艺，催化剂活性和强度均超过从苏联进口的同类产品水平。1965年，中国第一代片状单金属铂催化剂投入工业化生产，并在工业生产装置上投入使用，填补了国内催化重整催化剂的空白。1969年，兰州化学工业公司合成橡胶厂研制成功制苯乙烯的新型催化剂，用于引进装置，取代苏联提供的锌铬铝催化剂，苯乙烯的生产能力比原来提高了2倍。同期高桥化工厂研制成功铁系催化剂，用于本厂6000吨/年苯乙烯装置，效果也很好。20世纪70年代初，兰州化学工业公司石油化工厂研制成功的丙烯腈催化剂用于引进的固定床制丙烯腈装置。上海石油化工研究所、北京化工研究院等单位还相继研制成功乙烯直接氧化制环氧乙烷的催化剂和低压法聚乙烯的高效催化剂，也已用于生产。中国科学院兰州物理化学研究所、山西煤炭化学研究所、长春应用化学研究所和兰州化学工业公司研究院等单位合作研制的丁烯氧化脱氢制丁二烯的催化剂和丁二烯聚合制顺丁橡胶的催化剂，用在千吨级试验装置上取得了成功，其工艺和设计数据以后也用于燕山石油化工公司年产15000吨顺丁橡胶装置上。同一时期，一些单位还研制成功了以邻二甲苯为原料、固定床氧化制苯酐的钒钛催化剂，在3000吨/年苯酐装置上使用。此外，A型、X型、Y型等多种分子筛也相继投入了生产。总之，20世纪70年代中国催化剂工业的科研、放大制备、产业化生产等方面全面加强，进展加快，在品种、数量、技术水平方面都取得了很大进展。

三、各种助剂应用领域拓宽并扎实发展

助剂是化工生产中改善生产过程，提高产品质量和产量，或者为赋予产品某种

特有的应用性能所添加的辅助化学品，也可称为添加剂。按照用途大体可分为纺织助剂、橡胶助剂、塑料助剂、涂料助剂四大类。中国的助剂生产在新中国成立前几乎是空白，20世纪50年代开始有了很大发展。

（一）开发纺织助剂新技术、新产品

纺织助剂是纺织品生产加工过程中必需的化学品，对提高纺织品的产品质量和附加价值具有不可或缺的重要作用。它不仅能赋予纺织品各种特殊功能和风格，如柔软、防皱、防缩、防水、抗菌、抗静电、阻燃等，还可以改进染整工艺，起到节约能源和降低加工成本的作用。

中国纺织工业在新中国成立前已经有纺织助剂生产的历史，但中国生产的纺织助剂仅有土耳其红油一个品种，产量很少，工艺十分落后。新中国成立前，全国虽然有500万锭棉纺设备和几万台纺织机，但是纺织助剂始终没有形成生产体系。国内不能自给，大部分随同纺织机械由国外输入。同时，国内生产的设备简陋，资金少，工艺落后，原材料和设备都依赖进口。到1949年仅剩下58个工厂，勉强维持开工的约占一半。为改变这种落后状况，中国开始大力发展纺织工业，尤其是大力研究开发纺织助剂新技术新产品。

新中国成立初期，纺织工业以棉纤维为主，围绕棉纤维的加工，很快发展了一系列助剂品种。1953年，上海天泰染料厂试制了拉开粉，第二年投入生产。接着，这个厂又试制成功了多种固色剂、扩散剂以及多种印染配套用的柔软剂和涂料浆，生产能力不断扩大。1958年，上海天泰染料厂改名上海助剂厂，成为全国第一个助剂专业生产厂，其产量长期占全国纺织助剂总产量的三分之一左右。20世纪50年代末，国家又建设了天津助剂厂。

20世纪50年代，大利丝厂与中科院上海生物研究所共同研究，用磷酸二氢钠溶解丝胶，其温度可比原来使用高温汤溶解降低近50%，即由210℃降为120℃，不仅节约能源，且可保护蚕茧外层，均匀溶解中、内层，提高纾解效力，极大提高了生产能力和产品质量。

20世纪60年代，石油化工和纺织工业的发展，促进了纺织助剂的研制和生产。化工、纺织、轻工部门的一些工厂相继生产纺织染整助剂，增加的品种主要是配合活性染料、分散染料、超细粉还原染料和新型阳离子染料的分散剂、润湿剂、匀染剂、乳化剂、增白剂和阳离子表面活性剂等。

20世纪70年代末期，随着中国改革开放和纺织工业的高速发展，纺织印染助

剂工业得以迅速发展。但当时中国纺织助剂生产企业多以民营企业为主，绝大多数企业规模不大，形成一定规模的企业较少。多数企业只能生产低档产品，制造技术、品种开发与国际水平存在较大差距。

（二）开发橡胶助剂新技术、新产品

橡胶助剂主要包括硫化剂、硫化促进剂、防老剂、补强剂、防焦剂、增黏剂、填充剂、发泡剂等，它们在橡胶加工过程中起着重要的作用，直接影响着橡胶制品的加工性能和用途。

橡胶助剂起源于天然橡胶的硫化，经过多年研究，直到20世纪20～30年代，随着硫化促进剂的基本品种2-巯基苯并噻唑及其次磺酰胺衍生物以及对苯二胺类防老剂的工业化，橡胶助剂才基本形成体系。新中国成立前，中国只能生产少数简单的无机橡胶助剂，如碳酸镁、滑石粉、锌钡白等。有机橡胶助剂是新中国成立后才逐步发展起来的，其中上海市是橡胶助剂发展较早的地区。

20世纪50年代初期，上海福中化工厂（又名敦煌化工厂）在生产无机助剂的基础上首先开展了有机助剂的研制。1954年，北京新华试剂研究所以苯酐、乙丁酯为原料，采用间歇法工艺制得邻苯二甲酸二丁酯（DBP）。

20世纪60年代初期，上海市已研制生产促进剂12种、防老剂3种。1964年，上海向阳化工厂试制生产了非污染型防老剂264，初期用于浅色橡胶制品，后来广泛用作合成橡胶的稳定剂以及塑料和食品的抗氧剂。同时，敦煌化工厂试制生产了防老剂MB用于乳胶工业，还可用作电缆的铜抑制剂。

20世纪70年代初，上海橡胶助剂厂在山西省化工研究所帮助下生产了非污染型防老剂SP。这种助剂不变色，价格低廉，广泛用于制作胶鞋。这个厂还研究成功常压法生产耐热、耐曲挠性能良好的防老剂BLE，广泛应用于轮胎与胶带生产。江苏、辽宁、浙江、山东等许多地方也相继发展了橡胶助剂的生产。

（三）开发塑料助剂新技术、新产品

塑料助剂是塑料制品成型加工中加入的各种辅助化学品，产品门类有增塑剂、阻燃剂、热稳定剂、抗氧剂、光稳定剂等。

20世纪50年代末期，上海试剂厂和上海溶剂厂相继建成邻苯二甲酸二丁酯和邻苯二甲酸二辛酯的生产车间，各地也陆续建厂生产，产量迅速增加。同期配合中国第一套聚氯乙烯树脂生产装置的投产，北京化工厂生产了引发剂偶氮二异丁腈。

20世纪60年代初期，为适应聚苯乙烯投产的需要，中国生产了过氧化苯甲酰引发剂和硫酸镁、聚乙烯醇分散剂。沈阳化工厂为补充邻苯二甲酸酯类增塑剂的不足，试制生产了氯化石蜡。塑料助剂中的光稳定剂是60年代中期发展起来的，最早小批量生产的是UV型光稳定剂，北京化工研究院、山西省化工研究所、中国科学院化学研究所等长期进行了螯合型和受阻胺型光稳定剂的研究，其成果先后用于浙江瑞安化肥厂、北京化工三厂、上海中华化工厂等生产中。60年代后期，上海、天津、辽宁、江苏等省市陆续生产了烷基磺酸酯类、癸二酸酯类、季戊四醇酯类、磷酸酯类和环氧酯类等增塑剂新品种。

20世纪70年代初期，结合乳液法聚合工艺和聚氯乙烯糊的生产，中国研制投产了乳化剂脂肪酸钾皂和有机过氧化物引发剂。还开展了溴系阻燃剂的研究，陆续投入生产的有十溴联苯醚、四溴双酚A、二溴苯基磷酸酯等10多个品种，生产厂主要分布在天津、上海、山东、辽宁、浙江、江苏等地。70年代中期以后，天津有机化工二厂和太原化工厂等单位相继研制成功引发剂过氧化二碳酸二环己酯和过氧化二碳酸二苯氧乙基酯，并投入了生产；同时扩大了甲基纤维素生产，用以代替质量不稳定的明胶作为分散剂，促进了氯乙烯聚合工艺和生产技术的重大改进。20世纪70年代后期，由于聚氯乙烯硬制品的发展，对抗冲击改性剂的需求日益增加，安徽省化工研究所、上海化工研究院、北京化工研究院、上海高桥化工厂、珊瑚化工厂等单位分别进行了氯化聚乙烯、乙烯-醋酸乙烯共聚物、丙烯酸酯类和甲基丙烯酸甲酯丁二烯苯乙烯共聚树脂等改性剂的研究和小量生产，并在芜湖化工厂、珊瑚化工厂、江西星火化工厂建设了工业装置，陆续投入生产。

（四）开发涂料助剂新技术、新产品

涂料助剂是改进涂料加工工艺性能或储存、施工、成膜性能的精细化学品。涂料专用的助剂主要有催干剂、增稠剂、触变剂、防沉降剂、防结皮剂、流平剂、防流挂剂、耐磨剂、防浮色发花剂和防污剂等。

20世纪50年代，上海市振华造漆厂应用有机硅防止油漆浮色发花和改善漆膜的流平性能，效果良好。

20世纪60代以后，为适应合成树脂涂料尤其是水溶性乳胶漆等新品种发展的需要，中国研制成功和生产了许多涂料用的分散剂、乳化剂、消泡剂、防霉剂、增稠剂、润湿剂和成膜剂等。肟类防结皮剂用于醇酸漆，以膨润土为防沉降剂用于红丹漆、云母氧化铁环氧漆和氯化橡胶漆等，都取得了较好的成效。同期上海市长风

化工厂开始专门生产涂料催干剂，用于保证产品质量和含金属废水的处理。

从20世纪70年代开始，中国从国外成套引进相关涂料及助剂生产技术和设备，国产设备的设计制造能力有了很大提高，并开始了各种定型设备的系列化设计，为提高中国同类设备的技术水平提供了样机。

四、胶黏剂工业发展渐成体系

通过界面的黏附和内聚等作用，能使两种或两种以上的制件或材料连接在一起的天然的或合成的、有机的或无机的一类物质，统称为胶黏剂，又叫黏合剂。

早期人类受到自然界黏结现象的启发，开始使用天然胶黏剂，如淀粉、树脂、骨胶、血胶、天然沥青、石灰等。中国在20世纪20年代建立的上海明胶厂就进行了皮胶生产，到1935年开始生产明胶；同一时期在济南、青岛两地建立有骨粉厂，从骨粉中提取骨胶。20世纪50年代之前，中国使用的胶黏剂仍然以天然的动物胶为主。

（一）工业起步发展奠定基础

新中国成立初期，中国胶黏剂工业基础薄弱。为此，苏联提供了一些胶黏剂配方，但随着中苏关系破裂，中国胶黏剂的研究步履维艰。

1957年，林业部森林工业科学院研究所与化学工业部北京化工研究所、第一机械工业部庆阳化工厂、长春胶合板厂和哈尔滨香坊木材加工厂等单位协作，开始进行尿素-甲醛胶黏剂的研制。1958年，锦西化工厂聚氯乙烯、上海珊瑚化工厂聚甲基丙烯酸甲酯树脂相继投入生产，林业部森林工业科学院研究所等单位协作的脲醛胶黏剂也投入工业化生产。随着合成胶黏剂所用原料的陆续国产化，为中国合成胶黏剂生产发展打下了基础，国内胶黏剂专家称1958年为中国合成胶黏剂工业元年。

（二）多种胶黏剂研制进展迅速

20世纪60年代，化工行业从军工需求出发开发研究，取得了较多的胶黏剂研究成果。在满足军工需要的同时，应用于其他领域的胶黏剂也得到了快速发展。1960年4月，上海橡胶制品研究所成立，它是中国较早从事胶黏剂研究的单位之一。1965年3月，该研究所成功研制出第一款胶黏剂产品——JX-1橡胶树脂复合胶黏剂。此后，相继研制出1～10的JX系列的橡胶树脂复合胶黏剂等产品。该研究所还研制出了有机硅胶黏剂、有机硅灌封胶、耐低温胶黏剂、氯磺化聚乙烯腻子等产品。1961年5月，上海合成树脂研究所成立，王澍等人在研究所成立之初就开始了聚氨酯胶黏剂的研究，研制出的产品在上海新光化工厂生产。1965年，该研究所全面启动胶黏剂的研发和小试，科研成果不断涌现，有丙烯酸酯胶黏剂、酚醛-缩醛结构胶黏剂、尼龙型胶黏剂、聚氨酯胶黏剂、环氧胶黏剂、导电胶黏剂、聚酰亚胺耐高温胶黏剂、压敏胶、高分子液态密封胶、塑料胶黏剂等胶种。

（三）胶黏剂类别渐成体系

到20世纪70年代，在众多胶黏剂研究单位的努力下，中国胶黏剂的研究取得了重大进展，石油化学工业部技术情报研究所于1976年6月编制了《国内胶黏剂品种汇编》，收集了国内近50个胶黏剂研制和生产单位正式投产供应的各类胶黏剂271种。

1. 航空结构胶

1972年，航空部621所郑瑞琪、赖士洪等人研制成功“自力-2”无孔蜂窝结构胶黏剂。为提高结构胶的耐热性和耐水性能，黑龙江石油化学研究所王致禄等人又相继研制出耐温450℃的J-09高温胶和耐湿热老化性能优异的J-15结构胶。在20世纪70年代中后期，黑龙江石油化学研究所开发出无孔蜂窝结构胶J-23，用于某直升机、歼击机和运输机的操纵舵面。

2. 环氧胶黏剂

1970～1977年，上海市合成树脂研究所先后研制出E系列环氧胶。1970年，西安黄河机器厂夏文干等人研制出703环氧胶黏剂。1971～1975年，天津合成材料工业研究所李固、王泽洋、白南燕、刘建华等人研制成功HY系列环氧胶。1974～1975年，中科院广州化学研究所研制出农机1号、2号胶和常温固化1号、2号、3号胶。

3. 聚氨酯胶黏剂

1970年，上海新光化工厂朱世雄、邵立坡成功开发了102聚氨酯涂层胶，之后又开发出铁锚104聚氨酯超低温发泡型胶黏剂。1971年，太原化工研究所研制出聚氨酯胶黏剂。1972年，中科院广州化学研究所研制出聚氨酯弹性密封胶。

4. 橡胶型胶黏剂

1971年，西北橡胶厂的天然橡胶胶黏剂通过了鉴定并投入生产。1972年，北京橡胶工业研究所研制出氯-甲接枝聚合物胶黏剂，上海橡胶制品研究所研制出JX系列氯丁胶黏剂。20世纪70年代，丁腈-酚醛胶黏剂、氯丁-酚醛胶黏剂在四川长寿化工厂、重庆橡胶厂、北京十二橡胶厂、北京椿树橡胶厂、西北橡胶厂等企业投入生产。

5. 厌氧胶黏剂

1972年，中科院大连化学研究所杨颖泰成功研制出国内第一个厌氧胶品种XQ-1及其促进剂C-1。1973年，杨颖泰又研制出用环氧树脂改性的厌氧胶Y-150和促进剂C-2，填补了厌氧胶的国内空白。1974年，兵器部五三所研制出BN-501、BN-601厌氧胶。

6. 有机硅胶黏剂

1971年，晨光化工研究院研制出716型单组分常温硫化硅橡胶腻子，之后又陆续研制出GD系列有机硅胶黏剂产品。同年，上海橡胶制品研究所研制出JG-3有机硅胶黏剂、GT-3有机硅灌封胶、GPS-4有机硅胶黏剂、D03单组分耐烧蚀腻子等产品。

7. 乳液型胶黏剂

1975～1977年，中国林业科学院木材研究所吕时铎带领团队研制出主要用于人造板表面装饰，也可应用于纺织、造船、电子、轻工等行业的醋酸乙烯-羟甲基丙烯酰胺共聚乳液，该产品获得江苏省科学大会奖。1976年6月，北京有机化工厂自行设计研究建成聚醋酸乙烯乳液生产装置。

8. 热熔胶黏剂

20世纪70年代中期，河北工学院（今河北工业大学）、华南工学院（今华南理工大学）等开始热熔胶方面的研究。1976年，河北工学院王润珩经过一年多的研究，首先研制出聚酯热熔胶。

9. 特种胶黏剂

1971年，中科院大连化学物理研究所研制出P32、P36聚酰亚胺胶。1971～1972年，上海合成树脂研究所研制出DW-1、DW-2、DW-3超低温胶，以及DAD-7导电胶。哈尔滨工业大学化学教研室魏月贞、王春义等研制出301、303、305环氧导电胶。西安黄河机器厂研制出701、711环氧导电胶。1973年，黑龙江石化院研制出J-17导电胶，北京航空学院研制出F182型400℃应变片胶，后来又研制出P122型700℃应变片胶和P129型800℃应变片胶。1974年，上海合成树脂研究所研制出425点焊胶，上海有机化学所研制出TF-3点焊胶，哈尔滨工业大学研制出

203点焊胶，621所研制出SY-74点焊胶。1975年，天津合成材料研究所研制出GM-924光敏胶。

10. 压敏胶带

1971年，江苏省化工研究所、南京军区总医院联合研制出703护创压敏胶。1970～1975年，上海橡胶制品研究所连振顺等人研制出JY-4压敏胶、88-Ⅱ聚乙烯胶黏带和83-Ⅱ聚乙烯防腐胶黏带等胶黏带产品。

截至1977年，中国已有胶黏剂研究和生产单位近100家，几乎所有合成胶黏剂的基础品种都已经研制开发出来，试制和投入生产的胶黏剂产品达500种以上。

五、表面活性剂工业兴起并得到快速发展

表面活性剂是随着石油化学工业的发展而与合成材料同时兴起的一类新型化学品，分为阳离子型、阴离子型、非离子型和两性离子型四大类，具有润湿、渗透、去污、乳化、破乳、发泡、消泡、分散、增溶、润滑等一系列独特的物理化学性能。

（一）各地掀起生产热潮

表面活性剂生产中，阴离子表面活性剂发展较早。洗衣粉用的烷基苯磺酸钠是其中最主要的品种，产量占阴离子表面活性剂的90%左右；其次为烷基磺酸钠。1956年，上海市五洲肥皂厂开始小规模生产合成洗涤剂，该厂以后改组成上海洗涤剂厂，成为中国第一个专业生产表面活性剂的工厂。20世纪60年代以后，随着石油化工的发展，沈阳油脂化学厂用石蜡裂解法制取烷基苯生产合成洗涤剂，扩大了原料来源，产品质量好、污染小。北京曙光化工厂、徐州合成洗衣粉厂也用此法建设生产装置并投产。1973年，上海合成洗涤剂三厂生产了十二烷基二甲基苄基氯化铵，用作消毒杀菌剂和聚丙烯腈染色的缓染剂。随后上海十七制药厂又发展了季铵盐的溴化物，这是一种高效的阳离子杀菌剂，在国内使用比较普遍。天津助剂厂、上海洗涤剂二厂、上海助剂厂和南京钟山化工厂等，均成为生产非离子表面活性剂的主要工厂。

（二）新技术、新产品不断涌现

1956年3月，中科院植保所有关单位合成出中国第一个表面活性剂，同时也是第一个非离子表面活性剂。第一个品种是脂肪醇与环氧乙烷的加成物，由上海、天

津两地同时研制成功，并小量生产，商品名“平平加”，应用于纺织印染作为匀染剂，质量和使用性能均达到了进口产品的水平，从而结束了过去单纯依赖进口的状况。到1968年，非离子型表面活性剂的研制、生产和应用都取得了较大进展，产量从100吨逐步发展到6000吨左右，品种逐渐增加到30余个，增加了脂肪酸与环氧乙烷加成物、烷基酚聚氧乙基醚、烷基酰二乙醇胺、多元脂肪酸酯、脂肪胺与环氧乙烷的加成物和环氧乙烷与环氧丙烷嵌段共聚物等品种。

六、化学合成香料和化学合成溶剂起步发展

（一）化学合成香料起步并发展

中国在20世纪30年代开始研制合成香料和半合成香料，但直到60年代初才开始工业化生产，用松节油为原料合成樟脑和薄荷脑。70年代末以后，合成香料的开发研究工作有所加强，陆续掌握了一些高档品种的生产技术。如大环内酯类麝香在营口市及上海溶剂厂建设了年产数吨的中间试验装置；黑龙江省化工研究所和广东中山县化工厂建设了小规模生产的茚满类麝香试验装置。

（二）化学合成溶剂起步并发展

化学合成的溶剂，最常用的有机溶剂有乙醇、丙酮、丁醇、氯仿、醋酸乙酯、苯类、汽油等。多年来，丙酮和丁醇主要用作化工原料，但也有相当数量用作溶剂，用于医药、化工、冶金、石油、机电、国防工业等领域。

20世纪60年代末，兰州化学工业公司建成一套以乙烯为原料的硫酸水合法生产乙醇装置，设计规模为2.5万吨/年。经过多年努力，已较好地解决了腐蚀问题，并进行了不少技术革新。乙烯直接水合法制乙醇，流程简单，无腐蚀问题。大连制碱研究所等单位经过长期研究，于70年代初期进行了乙烯水合法制乙醇中间试验，70年代末引进了几套生产装置。

1970年，中国自行设计和建设的异丙苯法制苯酚丙酮的工厂投入生产，装置产能丙酮3600吨/年、苯酚6000吨/年。北京化工研究院等单位对羰基合成法生产丁醇和辛醇进行了较长期的试验研究，20世纪70年代初在北京建设了万吨级的生产装置。

在溶剂中，有机氯溶剂有着重要的地位。其品种很多，最常用的有二氯甲烷、

三氯乙烷、三氯乙烯、四氯乙烯等。20世纪50年代末，中国开始小量生产氯甲烷和三氯乙烷。60年代，配合电影胶片的生产，氯甲烷得到了很大的发展，四川省自贡市鸿鹤化工总厂和天津大沽化工厂生产能力共7000吨/年。上海曙光化工厂和自贡试剂厂等也先后建立了四氯乙烯和三氯乙烷的生产装置。70年代以后，许多国家都用有机氯溶剂逐渐取代了能耗高、易着火、脱脂去污性能较差的石油系溶剂。此外，中国生产的有机溶剂还有醋酸乙酯、醋酸丁酯、二甲基甲酰胺、*N*-甲基吡咯烷酮等。

第二节 升级为化工发展战略重点并获大发展（1978～2000年）

1978～2000年，中国精细化工被列入化工发展的战略重点并获得大发展。这一时期，中国石油化工工业发展到一定规模和水平，不但要求精细化工为其提供配套的催化剂、助剂和溶剂以及多种有机化工原料，而且也为精细化工发展创造了条件。到2000年，精细化工产值已达1000亿～1200亿元，全国约有精细化工生产企业5000余家。

一、获更多政策支持迎来发展良机

（一）国家明确支持行业快速发展

20世纪70年代以后，经济发达国家的化学工业大力发展深度加工，调整化工产品结构，精细化工的发展速度加快，发展领域也不断拓宽。水处理剂、电子化学品、造纸化学品、皮革化学品、生命科学用材料等，都是20世纪70年代后才逐渐发展起来的新领域精细化学品。到90年代，基于石油化工向深加工方向发展和高新技术的兴起，精细化工得到快速发展，其增长速度明显高于整个化学工业的发展，使得石油化工产品朝着精细化、高附加值化、功能化发展，带动了精细化学品的种类和数量快速扩大。

国家也开始大力支持精细化工的发展，决定把为生产消费品服务的精细化工作为化学工业发展的一个重点。1980年召开的全国化工科技工作会议，以发展精细化工为中心议题，提出“精细化学品的科研要结合产品的专业化和系列化进行安排；精细化学品的生产要结合原料的可能与综合利用资源；科研和生产单位都要进行产品的应用开发；科研与生产要紧密结合，使科研成果及时转化为生产力”。此后的“七五”“八五”“九五”发展国民经济计划期间，精细化工一直是化工行业的发展重点之一。如1990年制定的《中共中央关于制定国民经济和社会发展十年规划和“八五”计划的建议》，提出化学工业要重点发展化肥、农药等农用产品，积极发展化工原料和精细化工产品。1995年10月，化工部编制的《化学工业“九五”计划和2010年远景目标规划》提出的“九五”期间重点发展的七大工程中，其中包括精细化工工程。规划提出，按照“统筹规划，放开发展”的原则，充分调动各方面的积极性，加快精细化工的发展。在纵向发展上抓产业化，形成若干个新领域精细化工产业；在横向发展上抓基地建设，形成一批各具特色的精细化工发展基地；在综合规划上，结合石油化工、煤化工的发展，抓好一批重要原料及中间体装置的建设和应用开发。

化工部提出，除对吉化、乐凯等18个大基地及大城市要继续抓好精细化工发展外，“九五”期间筛选出一批化工为主导产业、精细化工占显著优势并具有特色、地方积极性高的苏州市、荆沙市（现荆州市）等14个城市，作为全国中小城市精细化工基地。在电子化学品、食品添加剂、饲料添加剂、皮革化学品、油田化学品、造纸化学品、胶黏剂、生物化工等方面形成一批新领域精细化工产业。规划建设的项目有聚甲醛、有机硅、氟氯烃替代品、离子膜、蛋氨酸、合成吡啶、聚碳酸酯，以及有机氟系列产品和其他化工新材料等，以此带动整个精细化工上一个新的台阶。

随着国民经济的高速发展和国民生活水平的提高，对专用或多功能的多品种精细化学品的要求日益迫切，尤其是石化工业急需的催化剂、油品洗涤剂、表面活性剂、水处理剂等更为迫切，这些是开发下游产品的关键。为此，国家在投资和政策上给予精细化工更多倾斜。

政府推动支持实施了许多新项目（如生产赖氨酸、壬基酚等），促使中国精细化工率有明显提高，同时产业结构更趋于合理化。例如饲料添加剂、食品添加剂、工业表面活性剂、水处理剂、造纸化学品、油田化学品、胶黏剂、阻燃剂、生物工程及生物化工，还有纤维衍生物和气雾剂等，从发展速度，产品品种、质量或数量上都有提高。

（二）组建国家级研发机构及生产基地促进技术进步

20世纪90年代后，中国先后建成了染料、农药国家工程研究中心或国家工程技术中心。1996年4月，国家计划委员会批准成立精细石油化工中间体国家工程研究中心，其任务为加强精细化工新技术的工业开发力量，提高化工过程研究与开发、工程放大和工程设计水平。

化工部还先后在北京、济南、上海、无锡、杭州等地建设了饲料添加剂、食品添加剂、电子化学品、表面活性剂、水处理化学品、油田化学品、造纸化学品、生物化工等技术开发中心，针对国内市场需求量较大的新领域精细化工产品进行生产和应用方面的研究开发，对中国新领域精细化工的快速发展起到了很大的促进作用。

20世纪90年代中期，根据各地区不同的化工基础和特点，在全国建立了南通、苏州、无锡、中山、抚顺、湘潭、泸州、开封、辛集、沙市等精细化工基地，每个基地从事不同领域的化学品生产，发挥了各自的特点和优势。另外，上述地区之外的一些其他地区也利用各自的优势加速精细化工发展，取得了令人叹服的成绩，如常州、南京等地。

（三）广泛推广中小企业精细化工技术创新示范项目

为了调整化工企业的产品结构和产业结构，在国家经贸委技术进步与装备司的领导下，1997～2000年，中化化工科技研究总院和中国化工学会精细化工专业委员会配合国家经贸委中小企业对外合作协调办公室，组织和承担了国家经贸委中小企业精细化工技术创新示范项目，共有11个项目，均为中国精细化工行业的热点、弱点和难点课题。项目共分为两类：第一类是按可持续发展战略，为解决环境污染、治理“三废”、资源综合利用、实现清洁生产的创新项目，如1.2万吨/年转化法造纸制浆清洁生产新技术、5000吨/年板纸专用变性淀粉；第二类是国内外市场急需、产品填补国内空白的技术创新项目，如600吨/年苯酚羟基化制邻苯二酚技术开发、100吨/年硫化钠法合成线型高分子量聚苯硫醚树脂新技术、功能性专用建筑涂料、300吨/年农药中间体生产装置、500吨/年聚氧化乙烯生产装置、3000吨/年导电专用炭黑系列产品、600吨/年甲基苯噻隆、汽车用高性能水性涂料产业化、200吨/年烷氧基化反应催化剂等。这些项目均进行了放大投产并成为示范项目，共投入资金8177.04万元，所建的这11套装置生产总能力2.377万吨/年，取得了较好的经济效益和社会效益。

中国企业也积极承担国家及地方项目，开发成功了许多新技术及新产品。

1994年9月，江苏石油化工学院精细化工研究所、泰州市化工研究所、泰州化工厂联合开发的200吨/年邻氯苯甲醛新产品和新工艺生产装置，通过中国石化总公司主持的技术鉴定。

1994年12月，天津中河化工厂精细化工研究所承担的国家重点企业技术开发项目——TH-1高负荷氧化制顺酐催化剂，通过国家经贸委委托化工部组织的技术鉴定。

1995年2月，广东省中山市精细化工实业有限公司2500吨/年高纯度二甲醚工业生产装置投料试车成功。该项目是国家“八五”科技攻关项目，由西南化工研究院提供技术、设计并指导安装。

1996年5月，河南省博爱县开源精细化工厂与北京化工研究院承担的国家“八五”科技攻关项目——300吨/年γ-丁内酯中试装置，通过河南省计划委员会、省石油化学工业厅组织的鉴定验收。

1997年9月，四川精细化工研究设计院开发并推广应用*N*-甲基二乙醇胺产品，建成1500吨/年装置，通过国家验收。

二、重点领域发展不断取得新进展

（一）国家集中组织催化剂研究攻关获诸多成果

20世纪70年代，为使石油化工催化剂尽早立足国内，国务院决定加强研制开发工作。燃料化学工业部陆续安排了45项科研任务，上海化工研究院、北京化工研究院、兰州化学工业公司和中国科学院下属化学研究所等科研单位与生产设计单位共50多家，协作参加了这些新型催化剂及载体的科研和科技攻关会战。经过7年多的努力，到1982年，第一批安排的45项共39种催化剂的研究任务全部完成。绝大多数催化剂的性能达到了同类进口产品的水平，其中有7种的性能优于进口产品，有22种在引进装置或其他工业装置上使用，有16种通过了部级鉴定，3种获国家技术发明奖。

北京化工研究院研制、石油三厂试产的碳二加氢除炔催化剂，在兰州化学工业公司石油化工厂3.5万吨/年乙烯装置上进行工业试验，经考核表明，加氢性能及稳定性能良好，达到了工业生产的技术要求。北京化工研究院中间试验装置批量生产的乙烯氧氯化微球催化剂，在北京化工二厂8万吨/年氯乙烯引进装置上部分使用，经长期运转考核表明，性能符合生产要求。中国科学院山西煤炭化学研究所研制、石油三厂试产的裂解汽油一段加氢催化剂，在荆门炼油厂处理量10万吨/年裂解汽油加氢装置上使用，加氢性能和稳定性良好。上海石油化学研究所研制的醋酸乙烯新结构催化剂，其活性、选择性均已达到国外同类催化剂水平。抚顺石油炼制研究所与南京烷基苯厂研制的煤油加氢精制催化剂，已可代替进口催化剂。

1979～1982年，有13项催化剂获得了不同等级的国家技术发明奖。在取得这些技术成果的同时，培养锻炼了一支具有相当实力的科技队伍，建立了催化剂放大制备和评价装置，配备了现代化仪器，建立了相应的测试方法。1991年，中国石化研究院开始进行新一代连续重整催化剂的开发工作。1993年7月，在长岭炼化总厂投料生产。1996年底，新一代国产连续重整催化剂GCR-10工业应用试验成功，由此，中国催化剂的研制实力进一步形成，催化剂的工业化生产也得到了较快发展。

（二）广大市场需求促各种助剂快速发展

1.塑料助剂获得快速发展

20世纪80年代初，山西省化工研究所研制成功无毒液体钙锌稳定剂，并在山西长治化工厂投产。随后该所又开发成功酯基锡，使有机锡类稳定剂研发又有新进展。1983年，全国各地已有规模不同的增塑剂生产厂点40多个、品种30多个，产量超过24万吨。

2.橡胶助剂获得快速发展

20世纪70年代以后，中国在研究开发效能高、无污染、成本低的橡胶助剂新产品方面取得了很大进展。南京化工厂与抚顺石油研究所研究开发了一种新的对苯二胺类高效防老剂及其连续加氢新工艺，建成1000吨/年的装置并投产。在此基础上，该厂研制投产的还有4020、RD等防老剂。经过不断发展，到90年代末，南京化工厂三大类精细化工产品已达50多个。其中，主要产品有机中间体（医药中间体、染料中间体、农药中间体）对硝基氯化苯、邻硝基氯化苯和对硝基酚钠的产量占全国总产量的30%；J酸、周位酸、劳伦酸等产品的产量占全国总产量的80%。橡胶助剂产量占全国总产量的30%。产品畅销全国各省市自治区，有10多个产品先后远销美国、法国、日本、意大利等20多个国家和地区，在国内外享有良好声誉。

在全国精细化工行业具有举足轻重的突出地位，成为当时中国精细化工行业的领军企业。其20世纪80年代开发的4010NA防老剂新工艺在1982年10月24日国务院召开的全国科学技术奖励大会上被列入几年来中国十三项重大发明之一。

青岛市化工研究所研制成功次磺酰胺类促进剂NS，在青岛海洋化工厂完成了中试，并建设了生产装置。山西省化工研究所突破了一种新型高效促进剂的合成技术关，在浙江省黄岩县化工厂进行了中间试验，还研制成功了可以缩短炼胶时间的塑解剂，以及丁基橡胶专用的硫化剂201树脂。北京橡胶工业研究设计院研制成功新型硫化剂不溶性硫黄DTDM和新型黏合剂，先后在上海市南汇县民雪化工厂和常州市曙光化工厂投入生产。西北橡胶工业制品研制所研制成功促进剂TE和提高耐热性能的助剂甲基丙烯酸镁，用于丁腈橡胶，可以降低胶料压缩永久变形并提高使用温度，效果显著，在黄岩县化工厂等厂投产。上海橡胶制品研究所和上海助剂厂研制生产了双酚AF和苄基三苯基氯化膦，用作氟橡胶胶料的交联剂。大连市轻化工研究所、陕西省化工研究所、哈尔滨市化工研究所和炭黑工业设计研究所，研制成功了供硅橡胶胶料用的交联剂有机过氧化物DCBP、橡胶与金属黏合用的偶联剂VTPS，以及具有特殊性能的高电阻炭黑和超导电炭黑等新型炭黑品种。

到1983年，全国橡胶助剂生产厂点共有50多个，其中南京化工厂、沈阳新生化工厂和兰州化学工业公司有机厂等9个工厂规模较大。1983年，中国生产的促进剂和防老剂主要品种近40种，产量1.6万余吨。

3.纺织助剂获得快速发展

20世纪70年代以后，为配合合成纤维工业的发展国内有关单位陆续研究开发了抽丝前处理、中间加工和后整理用的一系列油剂和助剂。北京市化工研究院等单位研制生产的锦纶、涤纶、丙纶等抽丝用的多种油剂，不仅满足了抽丝的需要，而且促进了抽丝工艺的改进，改善了抽丝的劳动条件和提高了劳动生产率。天津、上海等地研制生产的脲醛和三聚氰胺类树脂整理剂，提高了织物的防皱性能。根据节能的需要以及配合简化印染工艺和织物后整理新技术，有关单位开发了高温高压快速匀染剂、漂白稳定剂、荧光增白剂、有机硅柔软剂和新型树脂整理剂等助剂新品种。

大连轻化工研究所、杭州市化工研究所等8个单位研制了20多个抗静电剂品种，其中有9个已用于纺织工业。天津合成材料研究所、浙江省化工研究所等10多个单位研制了10多种阻燃剂，其中北京市化学纤维研究所的高效添加型阻燃剂，应用在合成纤维和塑料中，都收到了良好效果。

20世纪80年代初，化学工业部和纺织工业部制定了纺织染整助剂发展规划以后，50多个单位分工合作，加快了科研的步伐，不断有新的品种投入生产。杭州市化工研究所研制成功低甲醛和无甲醛的合成纤维与丝绸用的树脂整理剂，应用效果很好。

4. 涂料助剂获得快速发展

化学工业部涂料工业研究所利用中国丰富的稀土金属资源，开发研究出对涂膜底层有较好催干作用的无毒稀土催化剂，于20世纪80年代初在石家庄油漆厂投入了生产。20世纪80年代后，上海市长风化工厂又陆续投产4种稀土催干剂，还批量生产防结皮剂、消泡剂、分散剂等品种。

（三）胶黏剂发展进入快速期

1. 积极引进国外先进技术和设备

20世纪80年代，改革开放为中国胶黏剂的发展带来了新的契机，中国胶黏剂工业从此步入发展的快车道。

1981年，北京市化学工业研究院从德国汉高公司引进纸塑覆膜聚氨酯胶黏剂技术，促进了中国纸塑包装胶的快速发展。1984年，中国第一套由日本引进的丙烯酸及其酯类装置在北京东方化工厂建成，促进了中国丙烯酸酯乳液和压敏胶带的发展。1987年，北京有机化工厂从日本引进的20个品种聚醋酸乙烯乳液项目建成投产，推动了国内白乳胶生产技术和市场应用的发展。同年，北京化工厂引进日本50吨/年氰基丙烯酸酯瞬干胶的先进生产线和工艺技术，应用多聚甲醛-甲醇溶剂法生产氰基丙烯酸乙酯，提高了中国502瞬干胶的技术和生产水平。1987年，连云港热熔黏合剂厂从日本引进中国第一条1000吨/年的热熔胶生产线，生产无线装订热熔胶和热熔胶棒。1988年，北京有机化工厂引进美国技术建成投产中国第一套醋酸乙烯-乙烯共聚乳液生产装置。中国乙烯-醋酸乙烯共聚物乳液产品从无到有，从单一应用到广泛应用，得到了长足的发展。

2. 国有研究机构仍是新产品开发主力

20世纪80年代，黑龙江石油化学研究所研制出J-30无孔蜂窝结构胶、J-39丙烯酸酯结构胶、J-40改性环氧结构胶、J-44-1环氧胶黏剂、J-47A钣金胶膜、J-47底胶、J-47C板芯胶膜、J-47D带状/粒状发泡胶、J-71环氧改性酚醛橡胶型胶黏剂、J-80纸蜂窝芯条胶黏剂。上海合成树脂研究所研制出了DAD-8导电胶、PS系列水基压敏胶。上海橡胶制品研究所先后研制出了JD-11铅箔胶带、JD-12玻璃布压敏胶黏带、JD-13压敏胶黏带、JD-14和JD-15吹砂保护胶黏带、JD-16喷漆保护胶黏带、JD-17模壳胶黏纸、JD-19-1布基胶黏带、JD-22金属喷涂保护胶黏带、JD-70绝缘耐热有机硅自黏带、JD-71绝热有机硅自黏带、JN-3（7010）硅橡胶密封腻子、D04 ～ D18单组分室温固化有机硅胶黏剂/密封剂、JX-23氯丁胶黏剂等产品。晨光化工研究院一分院研制出GHJ-02光学用环氧胶、CJ-915弹性环氧胶、GHG-333快固环氧胶。黎明化工研究院研制出CUR聚氨酯胶黏剂。中科院大连化学物理研究所研制出JGN建筑结构胶。西安化工研究院研制出J-2节育粘堵剂等医用胶。

1982年10月，山西维尼纶厂研制出聚醋酸乙烯乳液。1985年10月，倪宏志等人研制的光导纤维用高折射率有机硅涂层胶，在1985年第一届全国发明展览会上获“发明奖”。1986年10月，孙韶渝等人研制的室温固化耐高温高强韧性环氧结构胶黏剂在1986年第二届全国发明展览会上获金奖，并获化工部“耕耘发明奖”，1987年4月11日，在第15届日内瓦国际发明展览会上获得金奖。

3. 部分胶黏剂生产企业崭露头角

20世纪80年代，郑州中原应用技术研究所、辽宁哥俩好新材料股份有限公司等一批胶黏剂和胶黏带企业相继成立并发展起来。1983年，中原应用技术研究所在郑州成立，董事长张德恒是国内聚硫密封胶方面的专家，开发出了聚硫、丁基、聚氨酯、环氧、合成等几大系列密封胶产品，为中国密封胶工业做出了突出贡献。1984年，中山市永大胶黏制品厂成立，引进建成了中国第一条2500米^2/年的BOPP涂胶生产线。1985年，河北华夏胶黏带厂成立，试制出了中国第一台BOPP胶黏带涂布机，并成功生产出中国第一卷BOPP压敏胶黏带。1986年，福清友谊胶黏带制品有限公司成立，成为中国最大的美纹纸胶带和牛皮纸胶带制造商。1986年，辽宁哥俩好新材料股份有限公司开始从采石转产胶黏剂，“哥俩好”商标在中国胶黏剂工业被认为是“中国驰名商标”。1986年，江苏黑松林黏合剂厂有限公司成立，主持和参与了14项国家或行业标准的制定，主产品被认定为“中国石油和化学工业知名品牌产品”。1986年，宜昌璜时得黏合剂开发有限公司成立，公司在完善输送带胶系列的同时，又开发出了瓶盖专用胶系列、建筑结构胶系列等产品。1988年，苏州金枪新材料股份有限公司成立，产品覆盖溶剂胶、水性胶、聚氨酯胶、环氧胶、丙烯酸酯胶等5大类200多个品种。

自1990年1月至1999年12月，中国一批知名的胶黏剂民营企业创立和发展起来。据统计，到20世纪90年代末，中国有各类胶黏剂研究和生产企业1000余家，比较知名的企业有成立于1992年5月的西安汉港化工有限公司，是专业生产新型黏合剂和干混砂浆的技术型企业；1993年12月成立的北京天山新材料有限公司，主要生产工业工程类胶黏剂产品；1994年10月成立的辽宁吕氏化工（集团）有限公司，主产品被认定为"中国石油和化学工业知名品牌产品"；1994年成立的佛山市南海霸力化工制品有限公司，是国内较大的鞋用胶黏剂生产企业；1995年成立的无锡市万力黏合材料有限公司，是一家从事胶黏剂研发、生产、销售并为客户提供技术服务为一体的科技型企业；1996年成立的杭州之江有机硅化工有限公司，是国内知名的建筑胶黏剂生产企业；1998年成立的成都硅宝科技股份有限公司，是国家级高新技术企业；1999年成立的北京高盟新材料股份有限公司，是国内高性能复合聚氨酯胶黏剂行业知名企业。随着经济体制改革的不断深入，20世纪90年代中后期，为了提高企业的运营效率，调动员工的积极性，一些地方国有企业和集体企业开始改制，民营企业已经成为中国胶黏剂产业的主力军，占全国胶黏剂企业的95%以上。

4.跨国胶黏剂企业进入中国

1987年，美国乐泰公司与烟台市经济委员会合资，在烟台成立了烟台乐泰有限公司，主要生产厌氧胶，后来逐渐扩大到有机硅密封胶、瞬干胶等。1989年，富乐（中国）黏合剂有限公司在广州注册成立。1991年，3M公司第一家中国工厂在上海漕河泾进行了奠基典礼。1993年，汉高胶黏剂业务进入中国，在天津、上海等地建立工厂。同年，上海橡胶制品研究所与美国洛德公司合资，成立上海洛德化学有限公司。1994年5月，日本综研化学株式会社全资子公司宁波大榭开发区综研化学有限公司成立。同年，长春科技委员会与瑞士EMS-TOGO合资成立长春依多科公司。1995年，新加坡安特固化学有限公司（日资）在无锡成立安特固化学（无锡）有限公司。1997年，日本SUNSTAR集团在中国投资成立盛势达（广州）化工有限公司。同年，道康宁在中国的第一个生产基地在上海松江建成。1998年11月，日本三键（香港）公司的全资子公司上海松江三键精细化工有限公司成立。1999年，中美合资北京东方罗门哈斯有限公司成立，成为当时中国最大的丙烯酸树脂和乳液生产基地。随着市场的不断开放，瑞士SIKS、美国ITW，以及德国巴斯夫、拜耳等胶黏剂原料供应商等也陆续进入中国。

（四）投资建设饲料添加剂产业

中国的饲料添加剂是以原有的化工、医药、兽药等为依托，于20世纪70年代以后逐步发展起来的，经过多年的发展，形成独立的产业。

为发展禽畜生产，一些禽畜饲养场采用药品或工业品作为添加剂配制饲料饲养禽畜，大大缩短了饲养周期，节约了饲料，提高了禽畜增重率、产蛋率或产奶率，取得了较好的经济效益和社会效益。越来越多的饲养场和专业户采用了配合饲料，不少地方陆续建起了配合饲料工厂。但是，用药品或工业品作为饲料添加剂，品种不足，药品价高量少，工业品质量又多不符合饲料要求，因而加快发展饲料添加剂成了重要而迫切的课题。20世纪70年代后，上海医药工业研究院、上海化工研究院、天津化工研究院、上海农药研究所以及轻工、粮食、农业、商业系统的有关科研、生产单位，大力研究开发饲料添加剂的新品种和新工艺，积极扩大生产，加大投资建设。1984年，全国配合饲料产量已达1200万吨，饲料添加剂用量已突破1万吨。主要产品有：

（1）氨基酸　中国当时可生产9种氨基酸，即赖氨酸、甘氨酸、异亮氨酸、丙氨酸、谷氨酸、胱氨酸、精氨酸、天冬氨酸、半胱氨酸。但产量很少，多为药用。仅赖氨酸饲料添加剂建成了几套百吨级装置，均采用发酵法。广西利用当地木薯为原料，研究开发成功的L-赖氨酸盐酸盐生产技术，产酸率高，建设了千吨级装置。

（2）蛋白氮　有些工厂以味精的下脚料为原料，生产了单细胞蛋白——白地霉，用于鸡饲料。非蛋白氮方面，异亚丁基二脲在吉林化学工业公司化肥厂完成中间试验，在配合饲料中试用，效果显著。

（3）维生素　已有维生素A、B族维生素、维生素C、维生素D_2、维生素D_5、维生素E、维生素K等21种药品生产，有关单位改进了维生素E、维生素A等的生产工艺和原料路线，从异戊二烯出发，进行了大量科研工作。

（4）抗生素　1981年，上海医药工业研究院开始研制饲料用抗生素“盐霉素”。经试用，抗球虫和增肥效果良好。

（5）生长调节剂　陕西省化工研究所和北京市营养源研究所都在1981年研制成功喹乙醇。在饲料中添加（20～50）$\times 10^{-6}$，可使生猪饲养周期缩短近一半，使用1吨喹乙醇，可节约饲料1.5万吨，或多产毛猪4500吨。氯化胆碱也完成中试，并投入小量生产，建设了2000吨/年的装置。

（6）矿物质和微量元素　主要有碳酸钙、硫酸铜、磷酸钙、食盐等，国内均有工业品生产。上海、长沙等地有10多家工厂，所生产的10余种产品可用于饲料中。

（7）抗氧防腐剂　20世纪80年代初，抗氧防腐剂产量已达数百吨，可供饲料使用。

（五）合成香料、皮革化学品、造纸化学品、表面活性剂、水处理剂等均有不同程度发展

1.合成香料

合成香料是用单离、半合成和全合成方法制成的香料。合成香料工业创始于19世纪末，早期从天然产物中所含的芳香化合物，如冬青油中的柳酸甲酯、苦杏仁油中的苯甲醛、香荚兰豆中的香兰素和黑香豆中的香豆素等人工合成香料并实行工业化生产。随后紫罗兰酮和硝基麝香等出现，成为合成香料发展中的重要里程碑。由于天然精油生产受自然条件的限制，加上有机化学工业的发展，中国合成香料发展迅速，一些原来得自精油的萜类香料如芳樟醇、香叶醇、橙花醇、香茅醇、柠地醛等已先后用半合成法或全合成法投入生产。此外，还有一系列在自然界未曾发现的新型香料如铃兰醛、新铃兰醛、五甲基三环异色满麝香等陆续出现。

2.皮革化学品

皮革化学品包括合成鞣剂、填充剂、加脂剂及涂饰剂。20世纪70年代末，加强了高、中档品种的研究开发，有些品种已能小量生产。成都科技大学、晨光化工研究院、成都市化工研究所及望江化工厂等研制成功适用于猪皮加工的改性丙烯酸酯类填充剂和涂饰剂、有机硅光亮剂等。武汉市化工研究所和北京化工厂研制成功戊二醛鞣剂，山西省化工研究所研制成功复鞣FR-102等。

3.造纸化学品

造纸化学品是指制造纸浆、纸和纸板过程中所用的化学品，是纸浆及纸张生产必用的原料，尽管用量很少，但所起的作用是不可替代的。主要有蒸煮助剂、施胶剂、漂白剂、助留剂、防腐剂、补强剂、消泡剂和各种涂布加工用助剂。除烧碱、硫酸、纯碱外，造纸用的化学品都是20世纪80年代以来研究开发的，重点产品是纸张的补强和表面涂布用化学助剂，用以提高重包装纸的机械强度，改善高速涂布铜版纸的质量。兰州化学工业公司和北京东方化工厂相继研制投产了丁苯胶乳上胶剂和丙烯酸酯类乳液黏合剂；广州中南塑料厂和哈尔滨化工四厂研制生产了改性聚丙烯酰胺类补强剂；吉林省化工研究所研制成功高效消泡剂，并批量生产，使用效果很好。

4.表面活性剂

表面活性剂是重要的工业助剂，其发展与应用水平与工业水平紧密相关。到20

世纪80年代，中国表面活性剂工业通过引进技术和自我开发，已有了长足的进步。1988年，中国表面活性剂产量为30万吨，1998年，中国表面活性剂产量为85万吨，10年间产量增长2.83倍。特别是大宗表面活性剂的生产能力已能满足需求，有力地促进了洗涤剂工业和其他工业的发展。

表面活性剂的第一大消费领域是清洗剂（包括家用和工业用两部分），另外还用于农药制剂、纺织品整理、纸张生产等部门。表面活性剂使用后多以废水或废液的形式排出，易造成环境污染，因此实现表面活性剂产品的“绿色化”是该领域长期的工作重点。

5.水处理剂

水处理化学品具有很强的专用性。例如，城市给水处理是以除去水中的悬浮物为主要对象，使用的药剂主要是絮凝剂；锅炉给水处理主要解决结垢腐蚀问题，使用药剂为阻垢剂、缓蚀剂、除氧剂；冷却水处理主要解决腐蚀、结垢和菌类滋生，采用的药剂为阻垢剂、缓蚀剂和杀菌灭藻剂；污水处理主要是除去有害物质，尤其是重金属离子，除去水中的悬浮体和脱除颜色，所使用的药剂主要为絮凝剂、螯合剂等。20世纪70年代以后，中国发展了一些新型高效水处理剂。1983年，生产的水处理剂有33种（未包括离子交换树脂），分为以下4类。

（1）絮凝剂　主要新型高效品种有聚丙烯酰胺，用于原水及工业污水净化处理，在造纸工业中也开始应用。

（2）缓蚀阻垢剂　早期有六偏磷酸钠、三聚磷酸钠、硫酸锌等无机化合物。20世纪70年代后，开发投产的有羟基亚乙基二膦酸、乙二胺四亚甲基膦酸、氨基三亚甲基膦酸、二乙烯三胺五亚甲基膦酸、一元醇磷酸酯等高效品种，用于循环冷却水缓蚀阻垢，部分用于无氰电镀。

（3）分散剂　主要品种有聚丙烯酸（或其钠盐）和聚马来酸酐，都是20世纪70年代中期开发投产的。1983年，聚丙烯酸和聚马来酸酐产量分别为2000吨和1000吨，用于工业冷却水中防止碳酸钙垢和硫酸钙垢沉积。

（4）杀菌灭藻剂　主要有液氯、漂白粉、次氯酸钠等无机氯化物。开发投产的新型高效品种有氯酚、季铵盐及二氧化氯，主要用于循环冷却水防止菌藻滋生和软垢附着。此外，也有的将表面活性剂及农药中的乙基大蒜素等用于水处理系统杀菌灭藻及黏垢的清洗剥离。

第三节 加快向新领域发展进入繁荣期

（2001～2010年）

2001～2010年，中国精细化工加快了向新领域精细化工发展的步伐，经历了蓬勃发展并进入繁荣发展期。

一、加快向新领域规模化、产业化和基地化方向发展

（一）新领域精细化工快速崛起

进入21世纪后，由于能源问题、经济问题以及环境问题等诸多因素影响，各国化工界竭力完善化工结构，越来越多地把注意力转移到精细化工上来，精细化工发展进入繁荣期。精细化工形成了产业集群，产品日益专业化、多样化和高性能化，更加清洁、更加节能的新工艺开发受到了广泛重视。特别是新领域精细化工初具规模，快速崛起，饲料添加剂、食品添加剂、表面活性剂、水处理化学品、皮革化学品、油田化学品、电子化学品、造纸化学品、生物化工等新领域精细化学品发展迅猛，成为化学工业和国民经济发展新的增长点。

进入21世纪后的第一个10年，中国积极促进精细化工产品向新领域规模化和产业化方向发展。2008年，全国新领域精细化工工业产值超过2500亿元，产品总产量达2300万吨左右，出口创汇达40余亿美元，其中柠檬酸、糖精、香兰素、异维生素C钠等产品在国际市场占有相当大的市场份额。到2009年底，全国国有及规模以上非国有精细化工企业已超过1.7万家。全国精细化工发展为16个大类，有2万多个品种，其生产能力、产量和品种不断增长。

随着经济全球化快速发展以及中国国民经济持续稳步发展，精细化学品和特种化学品市场需求逐步加大，吸引了诸多世界著名跨国公司纷纷来中国投资精细化工，投资领域涉及精细化工原料和中间体、催化剂、油品添加剂、塑料和橡胶助剂、纺织/皮革化学品、电子化学品、涂料和胶黏剂、发泡剂和制冷剂替代品、食品和饲料添加剂以及医药等，有力地推动了中国精细化工的发展。世界著名的精细化学品生产商、德国第三大化学品公司德固赛公司看好中国专用化学品市场，在中

国南京、广州、上海、青岛、天津和北京等11个地区建有18家生产厂，2004年实现营业额达到3亿欧元。立邦公司投资41亿日元，使廊坊公司和苏州公司的生产能力各扩建为16万吨/年，上海扩建为14万吨/年，广州为7万吨/年，全部项目2005年竣工投产。

（二）大中小城市建成各具特色精细化工基地

2001～2010年，中国化学工业在项目建设上贯彻“统筹规划、放开发展”的方针，充分发挥中央到地方两方面积极性，重点建设了一批各具特色的精细化工发展基地，其中新领域精细化工占有很大的比例。

1. 泰兴精细化工园区（中国第一个精细化工园区）

泰兴精细化工园区的前身为江苏省泰兴经济开发区，是江苏省人民政府批准的省级经济开发区。开发区总规划面积为20平方公里，远景规划面积38平方公里，是一个专业的化学工业园区。由于泰兴周边有扬子、高桥、金山石化以及仪征化纤等大型企业，且泰兴自身的化工产业有一定的基础，因此开发区自成立以来得到了长足发展，一批跨国化工公司相继落户，开发区在国内外的知名度也进一步提升。2002年，由中国石油和化学工业协会与江苏泰兴经济开发区联合兴建的中国精细化工（泰州）开发园区在泰州挂牌成立。从此泰兴精细化工园区的产业定位更加明确，优势更加明显。

该园区重点发展氯碱化工、医药农药中间体、染料颜料、油脂化学品、生物能源、电子化学品、化学助剂及其他精细化学品等产业，来自新加坡、荷兰、法国、德国、美国、以色列、日本等10多个国家和地区的跨国公司、世界500强企业及国内企业相继落户。

2. 上海华谊（金山）精细化工园

2005年6月，华东理工大学、上海工程技术大学、上海化工研究院、中国科学院上海有机所、上海金山化工孵化器有限公司、上海华谊集团与上海市金山区签订产学研一体化协议，集聚在金山区进行精细化工领域的自主知识产权研究开发。根据协议，上海华谊集团投资38亿元，在金山第二工业区内建成上海华谊（金山）精细化工园。按照发展规划，化工园建设成为拥有自主知识产权、可持续性发展的，且具有环境生态化、技术高新化、产业精细化、社会效益集聚化等特点的世界先进水平的精细化工产业基地。

该化工园重点发展产业主要集聚用户覆盖率广、附加值高、发展潜力大的精细化工产业，生产各类催化剂、助（溶）剂、食品添加剂、电子化学品、造纸化学品，以及生物化工等目前尚未形成规模而市场空间广阔的新领域精细化工产品，并逐步引进了汉高、雅宝、台界、台橡、稻烟、朗盛等知名企业。

3. 常熟氟化学工业园

常熟氟化学工业园前身为江苏省常熟国际化学工业园，规划总面积5.04平方公里。2001年7月，经江苏省人民政府批准在原常熟国际化学工业园的基础上，成立常熟氟化学工业园。

该园区重点发展新材料产业、精细化工、生物化工、医药化工产业，把园区建成国际先进、国内一流的特色园区。引进了杜邦、阿科玛、大金、苏威、华新丽华、三爱富等国内外知名公司进驻，投资总额超过60亿元，利用外资4.5亿美元。2008年，该园区已投产氟化工生产企业完成销售额36.98亿元。

4. 浙江杭州湾精细化工园

浙江的精细化工最为发达，染料、农药、医药中间体等无论是规模还是技术水平都在全国领先，在国际上也占有重要地位。浙江杭州湾精细化工园区位于浙江省上虞市，是浙江省重点培育发展的沿海三大省级化工园区之一，规划面积80平方公里，共引进欧美、日韩等国家（地区）及国内的投资项目115个，其中投产企业55家，引进资金75亿元，其中外资1.4亿美元，成为全国建设规模最大、辐射功能最强的精细化工制造基地之一。

该园区共分东、中、西三个区，其中，东区为精细化工园区，依托杭州湾精细化工园区18平方公里的建成区，规划建设80平方公里以精细化工为特色的现代化生态型化工城；中区为轻工园区，依托“中国伞城”，规划建设60平方公里的高档次外向型轻工制造基地；西区为轻纺园区，依托萧山、绍兴的轻纺工业，规划建设60平方公里，以接轨绍兴纺织为主的出口基地和高新主业为重点的现代化生态型综合工业新城区。

5. 深圳精细化工园

2005年12月，深圳化工园区被正式纳入广东省五大石化基地建设规划，与惠州大亚湾石化工业区共同组成大亚湾石化基地。深圳市精细化工产业园区规划面积13.05平方公里，其中，现状陆域面积（包括鱼塘及开山）5.98平方公里，填海面积7.07平方公里，是深圳市重大前期规划项目，也是广东省规划建设环大亚湾石化产业集群的重要组成部分。

该园区建设注重推进循环经济。对于落户园区的项目，要求在生产、消费和回收各个环节注意节约和再利用，即实现减量化、再用化和资源化，尽可能使资源得到最有效和最持久的利用，达到可持续发展的目的。园区产业招商以下游高附加值精细化工项目、新型合成材料、工程塑料、特种化学品为突破口，坚持以资源整合为主线，完善配套其上下游产业链。

6. 北京精细化工基地

2003年，北京市工业促进局、北京市环保局、大兴区政府、北京化学工业集团共同倡导筹建北京精细化工基地，到2005年底精细化工基地一期建设完成。

7. 惠东国际精细化工产业创新基地

2007年，惠东国际精细化工产业创新基地被列入惠州大亚湾经济技术开发区配套功能区，享受国家级经济技术开发区待遇。

二、努力攻关取得一批重大科技成果

2001～2010年，经过全国精细化工科研工作者的努力，中国精细化工取得了许多重大科技成果。

中国农科院饲料研究所和生物技术研究所联合承担的饲料用植酸酶课题，在分离克隆和修饰改造植酸酶基因*PhAc*的基础上，首创利用重组的基因工程生产植酸酶，产酶能力稳定，大大提高了植酸酶的产量，比原始菌株产量高3000倍以上，比国外工程菌产酶也高出50倍以上。由于发酵原料易得，工艺简便，成本低，整套技术达到了国际领先水平。这项拥有自主知识产权的高新技术已实现了产业化，并列入国家计委高技术推广计划。植酸酶的使用，可使饲料中畜禽无法吸收的植酸磷降解吸收，提高养分的转化率和利用率，减少磷酸氢钙添加量，取得了显著的社会效益、经济效益和环境效益。

上海农药研究所采用气升式发酵培养易沉降的产酶细胞和游离细胞水合催化工艺，使中国现有的生物法丙烯酰胺生产获得了重大突破，具有产酶率高、转化率高、产品质量好、单耗低等优点，技术水平居于世界领先地位，对中国石油三次开采以及污水处理等领域产生巨大影响。

中国生物法长链二元酸生产技术也获得了重大进展，其产量居世界前列，生产技术达国际先进水平。继十二碳、十三碳二元酸产业化成功之后，十五碳、十六碳二元酸也开发成功，成为重要的极有开发前景的精细化工产品。

江苏省神农化工（集团）公司精细化工总厂、南开大学和中化化工科学技术研究总院共同开发的600吨/年苯酚羟基化制邻苯二酚项目，打破了该方向的国际垄断。

三、市场需求促进重点领域繁荣发展

（一）胶黏剂工业迅速崛起

中国加入世界贸易组织后，逐步发展成为世界第一工业制造大国，工业制造业引领国内胶黏剂工业迅速崛起。2007年，中国胶黏剂产品产量达到了330万吨。

房地产业异军突起，建筑用胶成倍增长。20世纪90年代末，中国取消福利分房，房地产业蓬勃发展，商品房销售呈几何级数增长。郑州中原、广州白云、广州新展、杭州之江、成都硅宝、江苏黑松林、山西三维、上海东和等一大批建筑胶黏剂企业迅速成长起来，建筑用胶已经发展成为国内胶黏剂应用领域的第一大产业，占整个胶黏剂用量的30%。

交通运输业迅速崛起，胶黏剂用量高速增长。随着私家车逐步普及，以及高铁、动车和地铁的不断建设，特别是动力电池和电动汽车的迅猛发展，带动了车用胶黏剂行业的快速发展，车辆、船舶、飞机装备与维修需要使用大量胶黏剂产品，北京天山、北京龙苑、天津三友、回天胶业、康达新材、上海理日、上海新光、重庆中科力泰等企业取得了较快发展。

电子电气发展迅速，电子用胶日新月异。随着中国电子电气的迅速发展，其用胶量也迅速扩大。电子电气不断向小型化、轻量化、多功能、高性能发展，采用新型的黏结工艺和胶黏剂产品成为必然。胶黏剂可满足不同黏结强度的要求，还可满足高温、中温和室温固化的生产工艺需要，特别是对耐高温、超低温、绝缘性、导电性、导磁性、导热性、阻尼性、吸收微波等功能均可满足。汉高、道康宁、迈图、回天胶业、康达新材等企业的产品在电子电气领域得到广泛应用。

轻工出口增长快速，胶黏剂用量迅猛增长。中国已成为服装、鞋帽、玩具、家具、日用品的出口大国。一大批生产鞋用胶黏剂、木工胶等胶黏剂企业快速发展。鞋用胶企业有南海南光、南海霸力、广东多正、江苏靖江格林等；木工胶企业有江苏黑松林、辽宁吕氏、浙江顶立、上海金强、天津盛旺、上海路嘉、吉林辰龙、吉林恒邦等；软包装用覆膜胶企业有北京高盟、北京华腾、上海奇想青晨、临海东方等；包装热熔胶企业有佛山欣涛、广东荣嘉等；包装胶带企业有中山永大、广州宏昌、福建友达等。

医疗卫生事业发展，医用材料用胶日益增长。随着中国医疗卫生事业的不断发展和现代医药科学的不断进步，胶黏剂在医疗卫生领域的应用越来越广泛。手术缝合、牙齿黏结与修补、血管及人造血管的黏结，包括橡皮膏、创可贴、医用胶带等医疗消耗品，都应用到黏合剂产品。医用胶黏剂产品因为涉及人体组织，关乎生命安全，需要医疗机构的认证，国内主要生产企业只有上海华舟医用材料有限公司等为数不多的几家公司，高端市场几乎被汉高、3M等国外品牌垄断。

新能源产业高速发展，新能源用胶空间广阔。进入21世纪，能源和环保成为人们关注的焦点。中国风电、光伏行业高速发展，全球70%的光伏组件由中国制造，中国已成为世界主要风电装备制造基地。光伏组件和风机的制造对胶黏剂需求量较大，北京天山新材料、康达新材、回天胶业、上海天洋等企业迅速成长起来。行业兼并重组步伐加快，进入公开募股时代。中国胶黏剂和胶黏带工业经过30多年的快速发展，取得了较大的进步，但随着胶黏剂市场竞争加剧，部分市场供应处于饱和状态，胶黏剂企业的兼并重组时代到来。2008年1月9日，世界500强德国汉高公司宣布，汉高公司与上海轻工控股集团达成协议，以“令人满意的价钱”全资收购“熊猫”品牌，成为熊猫品牌的新所有人。2009年10月31日，作为首批28家创业板上市公司之一，成都硅宝科技股份有限公司在深圳正式上市。之后，湖北回天新材料股份有限公司、北京高盟新材料股份有限公司、上海康达化工新材料股份有限公司、杭州福斯特应用材料股份公司、福建三棵树涂料股份有限公司等企业分别在创业板、中小板和上海主板挂牌上市，中国胶黏剂和胶黏带企业进入公开募股时代。

（二）食品添加剂快速发展并在国际市场占有重要地位

随着全球经济的不断发展，作为精细化工重要品种的食品添加剂备受人们关注。进入新世纪，食品工业和餐饮业的蓬勃发展带动了中国食品添加剂和配料的进步。2007年，中国食品工业总产值达3万亿元，餐饮业超过1万亿元，这两个行业的快速发展，为食品添加剂工业的发展提供了更大的空间。2010年，中国食品工业产值近6万亿元，与2009年相比，增长幅度达22%。

2001～2010年，在食品工业产量和生产技术水平不断发展的带动下，中国食品添加剂始终保持较高的发展速度，产品的品种和产量不断增加，而且一些天然或半天然的食品添加剂在国际市场上占有重要地位。2001年，各类食品添加剂的总产量达200万吨以上，如柠檬酸的产量已近40万吨，味精的产量超过70万吨。柠檬酸、乳胶、木糖/木糖醇、山梨酸、香兰素和异维生素C钠等产品的出口量在国际贸易中占有相当大的份额。2008年，食品添加剂工业主要产品产量达到586万吨，销售额达到582亿元。食品添加剂生产厂家有1000多家，销售额超过10亿元的企业有15家，超过1亿元的企业有100多家。2010年，中国食品添加剂的生产、经营企业大约3000家，食品添加剂产量达到712万吨，销售收入达到719亿元，出口创汇32亿美元。

2001～2010年，食品行业在新品研发、产品质量提升等方面的技术创新不断加速，促进了食品添加剂工业的技术进步。中国食品添加剂在生物技术、高新分离技术、发酵技术利用方面发展也非常迅速，高新技术的进步已成为食品添加剂工业发展的助推剂。大中型骨干企业进一步加强了食品添加剂应用开发的研究和技术服务，促进了产品的销售。政府对食品安全高度重视，加强了对食品添加剂行业的监管，使得食品添加剂的生产、销售和市场秩序更加规范。

（三）饲料添加剂产品门类齐全，市场空间广阔

2001～2010年，畜牧业生产方式的转变对饲料产品的产量和质量都提出了更高的要求，为饲料添加剂工业发展创造了更为广阔的市场空间。

中国已批准使用的各类饲料添加剂有220余种，分为营养型添加剂（氨基酸、维生素和矿物质微量元素）、生长促进剂（抗生素、激素、酶制剂、生菌剂）、驱虫保健剂（抗球虫剂和抗蠕虫剂）、饲料保存剂（抗氧化剂和防霉剂）、非蛋白氮物质和其他类添加剂（食欲增进剂、着色剂、黏结剂和中草药添加剂）等六大类，产品门类基本齐全。国内饲料添加剂的生产已具有相当规模，绝大多数产品可以满足市场需求。磷酸氢钙、赖氨酸、氯化胆碱、饲用金霉素、维生素E等产品已出口国际市场，配合饲料（涉及饲料添加剂）产量居世界第二。

2002年底，中国已注册登记的添加剂预混料企业3100家，添加剂生产企业1200家。2008年，全国工业饲料产量连续4年突破亿吨大关，达到1.37亿吨。其中，添加剂预混合饲料产量为546万吨，产值约300亿元。2008年，全国饲料工业总产值为4258亿元，其中饲料添加剂工业产值286.6亿元，重点产品主要有磷酸氢钙、赖氨酸、氯化胆碱、氨基酸、蛋氨酸、饲料磷酸盐、矿物质微量元素、饲用维

生素、防腐剂、酶制剂等。

（四）表面活性剂已建立完整工业体系

2001～2010年，经过创新发展，中国表面活性剂产品领域拓宽并建立起比较完整的工业体系，能够生产阳离子、阴离子、非离子、两性离子4大类45个分类130个小类共6000多种产品，广泛应用于工业、农业、国防、军工和日用品等领域。

2001年，中国表面活性剂的产量首次突破100万吨大关，达到了114.46万吨。中国工业表面活性剂产量占表面活性剂总产量的比重由2001年超过半数，到2006年已达到75.26%，这说明中国工业表面活性剂有了很大的发展。2006年，中国表面活性剂产量达到380万吨，已超过日本和欧洲，成为世界表面活性剂第二大生产国。2008年，中国表面活性剂企业达到5000家，其中生产能力达到3万吨/年以上的企业有50家，其生产能力之和约占全国总生产能力的52.5%；表面活性剂总产量400多万吨（含日用表面活性剂），其中工业表面活性剂产量200多万吨，工业表面活性剂的产量占总产量的比重达50%，所占比重首次超过民用表面活性剂。2010年，中国表面活性剂生产厂家总数达到5571家，表面活性剂进口总量31.47万吨，使用外汇42.92亿美元，出口总量12.12万吨，创汇4.09亿美元，进口总量是出口总量的2.59倍，进口金额是出口金额的10.4倍，说明进口品是价高质优的高端产品，而出口品是量大价廉的产品。

2006年，大连广汇化学有限公司整体收购旅顺化工厂，更名为广汇科技有限公司，旅顺化工厂整体改制。至此，上海助剂厂、天津助剂厂、旅顺化工厂这三大表面活性剂国营厂均退出历史舞台。2006年，中国表面活性剂工业第一个反倾销案告捷，裁定原产于印度和中国台湾地区的进口壬基酚存在倾销，使中国大陆壬基酚产业遭受实质损害，从2006年7月起对其进口产品征收保证金。

随着国民经济的高速发展，对工业表面活性剂的需求增加，尤其是交通运输、建筑工业、纺织工业、石油工业（油田）、农药、染料、涂料、造纸、树脂塑料等工业部门对表面活性剂的需求量激增。建材工业继纺织工业、石油工业之后，上升为国内表面活性剂第三大需求领域，这是由于建材工业用高效减水剂迅猛发展，产量成倍增加。中国可生产的各类工业表面活性剂，可满足国内需求的85%。从产品结构看，阴离子表面活性剂的产量占总产量的50%；非离子表面活性剂占27%；阳离子表面活性剂占20%；其他有机表面活性剂占3%。

经济快速发展引发的环境问题日益凸显，各国越来越关注表面活性剂对环境的影响，并制定法律法规来限制表面活性剂对生态的影响。表面活性剂的生物降解性及降解产物的安全性是表面活性剂开发生产的重点，这一类表面活性剂也是国家鼓励生产或使用的品种。中国表面活性剂品种开发和生产已经向绿色化、多功能、专用化、分子设计方向发展。

四、面临诸多挑战，整体发展水平亟待提高

2001年12月11日，中国正式加入WTO和全球经济一体化的进程加快，中国精细化工面临着许多严峻的挑战。由于国内精细化工起步较晚，虽然取得了一系列显著的成就，但其整体发展水平还有待提高，部分精细化工产品与发达国家在技术水平方面仍有较大的差距，特别是在高科技产业领域显得尤为突出。

（一）企业规模小，集中度低，存在环保隐患

中国区域经济的差距较大，因此不同区域消费的精细化工产品档次不同，集中度低及应用面广是精细化工的特点之一。一些专业性极强的产品，全国用量很有限，因此很难用规模效益要求新领域精细化工产品。企业规模小及产品附加值低是精细化工的又一特点。中国许多企业生产精细化学品，但与国外先进企业相比，生产规模小，企业集中度低，产品单一。国内精细化工生产以中小民营企业为主，由于缺乏政策、资金和技术扶持，存在着产品遍地开花、生产集中度低等问题。从整体看，国内符合规模经济的精细化工大公司、大集团、大基地还较少，总体规模与国外先进生产企业存在差距。

很多企业对环境问题重视不够。多数精细化工产品生产工艺过程较复杂，生产效率较低，易产生“三废”。精细化工的生产厂一般规模较小，厂点分散，生产过程中的“三废”量较大，有的还难于治理。加之建设“三废”治理装置需要较大的投入，还将加大产品的生产成本，因此大多数企业的“三废”治理不达标，对环境影响较大。

（二）工艺生产技术和自动化水平待提高

由于国外技术封锁较严，中国只能走自主开发的道路，但这需要一个发展过程。中国传统精细化工产品的生产技术仍以引进和仿制为主，缺乏自主知识产权的

品种。农药、染料和化学原料药的出口比例均很高，但基本上是为跨国公司提供初级产品。一些较为先进的技术，如加氢还原连续硝化、绝对硝化等还未普遍使用。不少企业仍以手工操作为主，自动化水平不高，仅有少数企业实现了DCS生产控制，难以规模化生产，不利于实现资源集约化。

中国精细化工存在低水平重复建设问题，其结果是生产能力过剩，开工率严重不足，企业竞相压价，经济效益下滑。一些中小企业不分析市场及自己的情况，盲目引进技术生产精细化工产品，结果装置投产，产品却找不到市场销路，大量积压。

（三）科研投入力度不够且开发能力弱

中国的科研力量大多集中在科研院所和大专院校，企业自我开发能力较弱，这成为制约精细化工企业创新发展的主要因素之一。中国精细化工整体创新程度不够，一些高技术产品较多依赖国家科研机构或国外技术同行的合作或授权，企业无力承担独立研发的成本。由于与生产脱节，科研单位科技成果的转化率很低。而企业自我开发能力又较弱，大部分精细化工企业尚未建立科技开发、应用研究、市场开拓和技术服务机构。

第四节
向高附加值和绿色可持续化发展
（2011 ～ 2019年）

随着社会经济的持续发展，人们对电子、汽车、机械、建筑新材料、新能源及新型环保材料的需求不断上升，电子与信息化学品、表面工程化学品、医药化学品等得到进一步的发展，精细化学品市场规模快速增长，精细化工产业处于快速发展时期。21世纪第二个10年，中国精细化工开启了向高附加值和绿色可持续化发展的进程。

一、产业发展进入快速发展期

（一）政策支持成为化工产业发展的重要方向

中国政府十分重视精细化工发展，精细化工已经成为中国化学工业的重要发展方向之一。

2011年后，国家出台了一系列有关精细化工行业的规划和政策。2011年3月16日，发布《中华人民共和国国民经济和社会发展第十二个五年规划纲要》；2012年1月18日，国务院发布《工业转型升级规划（2011～2015年）》；2012年2月3日，工业和信息化部印发《石化和化学工业“十二五”发展规划》；2012年7月26日，工业和信息化部发布《产业转移指导目录（2012年本）》；2016年10月，工业和信息化部发布《石化和化学工业发展规划（2016～2020年）》；2018年11月15日，工业和信息化部（产业政策司）发布《产业转移指导目录（2018年本）》（征求意见稿），对推动产业合理有序转移，优化工业生产力布局，促进区域协调可持续发展起到了积极作用。以上规划和政策的出台，进一步指明了中国精细化工的发展方向。

《石油和化学工业“十二五”发展指南》中首次提出把培育壮大战略性新兴产业列为主要任务，争取到“十二五”末期形成一批以战略性新兴产业为主导的增长点，把精细和专用化学品率提高到45%以上。与此相关，化工新材料、高端专用化学品、生物质能源、生物化工和生物基高分子材料、新型煤化工等都被“指南”列入了发展方向。精细化工行业具备较高的技术壁垒，要求企业具有较强的新技术开发能力、技术升级能力和技术储备。传统型精细化工产品向高新型精细化工产品转型的关键就是核心技术，科技创新是精细化工行业的重要生产力。

《石化和化学工业发展规划（2016～2020年）》中指出，以实施创新驱动战略、促进传统行业转型升级、发展化工新材料等为主要任务，完善以企业为主体、市场为导向、产学研用相结合的产业技术创新体系，加强产学研用纵向合作，强化工艺技术、专用装备和信息化技术的横向协同，大力推进集成创新，构建一批有影响力的产业联盟。在化工新材料、精细化学品、现代煤化工等重点领域建成国家和行业创新平台，加快促进传统行业转型升级，扶持传统化工提质增效工程，鼓励发展高端精细化工产品。

（二）中国成为全球精细化工最具发展活力的市场和生产国

随着生产技术的进步、市场需求的快速增长，中国精细化工遇到了前所未有的发展机遇，不仅传统的精细化工保持了国际大国的地位，而且专用化学品的竞争能力大幅度提高，摆脱了以往许多高附加值、高端精细化学品材料和商品依靠进口的无奈处境，许多精细化学品已经处于国际先进行列。

中国精细化工的快速发展，不仅基本满足了国民经济发展的需要，而且部分精细化工产品，还具有一定的国际竞争能力。精细化工产品已被广泛应用到国民经济各个领域和人民日常生活中，形成了科研、生产和应用基本配套的工业体系，从而使中国成为全球精细化工最具发展活力的市场和生产国。

中国的精细化工发展取得了令世界瞩目的成就，精细化工产品的品种、技术、质量等均取得了进步，特别是精细化工园区建设使产业集中度进一步提高。随着科技创新水平不断提高，对外技术合作也在有序进行，完成了和西班牙、美国、俄罗斯等国外精细化工企业的技术合作，填补了国内精细化工产品的部分空白，提高了已有产品的品质和产量。虽然中国经济开始步入结构性调整，求质量、轻速度，但精细化工在保持周期性变化的同时，发展步伐以及表现明显优于整个行业的表现。

中国精细化工已步入了快速发展的轨道，随着国内生产技术的进步、市场需求的快速增长，产业集中度日益提高，正向规模化、集团化发展，倡导在资金、技术、资源等领域实现共享，从而提高精细化工产业的整体产品品质，赢得国际上精细化工市场更多份额。中国化学工业完整的产业链体系，使得国内精细化工可以得到充足、价格低廉的原料供给，丰富的人力资源和较低的人力要素成本，并在国际上具备一定的比较优势，已逐渐成为世界重要的精细化工原料及中间体的加工地与出口地。

2014年，中国专用化学品制造业主营业务收入达到1.94万亿元，相比2005年的3169亿元，业务规模为2005年的6倍多，增长速度高于化工行业的整体平均水平。2015年，中国精细化工规模以上企业共12437家，资产规模合计为24304.80亿元；实现销售收入33463.69亿元，工业总产值37020.85亿元，产品销售利润3835.32亿元，利润总额为2305.29亿元。2016年，销售收入为35101.33亿元，较上年同期增长4.89%。2017年，中国精细化工所属化学原料及化学制品制造业规模以上企业数量达到24869家，资产总计达75270.30亿元。从精细化工企业数量分布来看，企业主要集中在长江三角洲（江苏、浙江）、珠江三角洲（广东）和环渤海经济带（山东、辽宁）。从资产指标来看，山东、江苏、广东、浙江、上海、四川、辽宁、河南占据了前八位，集中度已达70%。中国精细化工的效益指标分布特征和规模指标类似，区域集中度较高，行业主要盈利集中在前8省份内，尤其是山东、广东和江苏3省利润加和占到全国的一半以上。

（三）园区建设推动产业集中度进一步提升

2011 ～ 2015年，精细化工园区建设使精细化工产业集中度进一步提高。全国已经成立了175家精细化工产业集群，24家重点对外开发的产业聚集区，33家循环经济示范产业聚集区，并建立了配套的产业群公共服务平台。

2016年，阿拉善经济开发区打造了精细化工基地。阿拉善盟按照把阿拉善经济开发区打造成中国西部地区重要精细化工基地的发展思路，提出了做大做强靛蓝产业、积极发展医药中间体和农药中间体、发展吡啶系列中间体的产业发展重点，在2014～2015年的两年时间内，先后引进诚信永安、宝穗医药、裕荣、韩锦化学、佳醛、凯旋、同创、东孚等新企业入驻，形成了既独立又互为原料、互为延伸的精细化工产业链。

2018年，兰州新区建设了精细化工园区。该园区规划面积达100多平方公里，其中一期规划面积30平方公里，重点发展精细化工新材料、产品研发和中试、医药中间体以及仓储物流；二期规划面积30平方公里，重点发展高端盐碱化工、化工新材料及危固废综合利用；三期规划面积将达100平方公里以上，可形成以石油化工、无机化工为基础的绿色化工园区和循环经济示范区。园区通过整合周边地区石化资源，积极引入京津冀和长江沿岸区域的化工企业，延伸精细化工产业链，带动区域化工产业转型升级，打造西部地区产业特色鲜明、工艺技术先进、绿色环保集约的精细化工产业基地，建设具有国际先进技术水平的绿色化工园区。

全国各地精细化工都在进行产业转型升级，如江苏省优先承接并发展的精细化工产业有功能性氟硅新材料、新型环境友好性涂料、安全高效经济的农药新品种和新制剂、酶制剂、新型表面活性剂、生物可降解塑料等。山东省优先承接新型生物化工产品、化工新材料、含氟精细化学品、清洁生产的医药中间体等。山西省优先承接并发展煤精细化工产品、焦化副产品清洁高效利用和精深加工、玉米淀粉和薯类淀粉深加工等。这些精细化工园区产业转型升级建设使产业集中度进一步提高，推动了精细化工产业整体水平的快速提升。

随着国家提倡的供给侧结构性改革的不断推进，中国精细化工也进入产业调整期。2011年以来，氟化工、溴化工等精细化工产业已逐步出现新周期苗头。经过长达5年的调整，氟化工、溴化工等精细化工产业产能已逐步缩减到位。以溴素产业为例，自2011年以来溴素产能由16万吨/年减少至2015年底的14.5万吨/年，淘汰落后产能1.5万吨/年，产量也由13.8万吨/年减少至12.7万吨/年，减少了1万吨/年左右。与此同时，企业数量也出现锐减。以R22和溴素为例，2013年R22生产企业45家，截至2015年底，已缩减至30家左右。2015年8～12月的一次整改中，山东、天津等地部分溴素企业被关停，涉及产能约4000吨/年。国家推进供给侧结构性改革给氟化工、溴化工等产业的整改带来契机。据悉，受《蒙特利尔议定书》约定影响，2015年成为R22正式消减的第一年，环保部核发生产配额27.4万吨，较2014年削减11%。而R22总需求量约26万吨，供需之差1.4万吨，与2014年1.9万吨的差值相比，出现进一步缩窄趋势。上述数据表明，氟化工等精细化工产业已开启供给侧结构性改革之门，通过政府产业政策调整，助力产业集中度进一步提高并有序发展。

（四）项目及创新平台建设推动产业全面升级

2011～2015年，全国各地精细化工项目及创新平台建设也得到了长足发展。

2012年，中国北方化学工业集团有限公司精细化工产业园17万吨/年碳五至碳九综合利用深加工和8万吨/年环氧乙烷衍生精细化学品项目在辽宁盘锦精细化工产业园奠基开工。

2013年，国家质检总局批准江苏南通检验检疫局建设国家精细化工产品检测重点实验室，主要为南通乃至长三角地区进出口精细化工产品提供可靠的检测服务和技术支持。

2014年，国家精细化工中间体产业技术创新战略联盟在辽宁（营口）沿海产业基地成立，由营口天元化工研究所股份有限公司牵头，联合武汉大学、中科院上海有机化学研究所、湖北三江航天江河化工科技有限公司、安徽皖维集团股份有限公司等十几家企业、高校、科研院所共同发起成立。

2015年，为促进辽宁省精细化工产业发展，在辽宁省经信委、教育厅的支持和指导下，沈阳化工大学、大连理工大学、辽宁省石油化工规划设计院和辽宁奥克化学股份有限公司联合省内部分高校、科研院所和精细化工企业等106家单位共同成立辽宁省精细化工产业技术联盟。联盟充分利用辽宁省精细化工产业基础，结合省内精细化工产业发展现状，建立以精细化工企业为主体、以市场为导向、政产学研用紧密结合的精细化工技术创新体系；以“互联网+”的创新思维，建立辽宁省精细化工产业信息平台，推进互联网与精细化工行业深度融合。

2017年，辽宁省精细化工产业共性技术创新平台在长兴岛正式启用，平台聚集了包括院士、长江学者、杰出青年在内的60多名科学家及200多名博士、硕士研究生，重点发展精细化工产业。创新平台依托大连理工大学精细化工国家重点实验室、辽宁省精细化工工程技术中心组建。平台一期总投资约1.6亿元，包括厂房、公用工程、公共设备、检测中心等。该平台吸引了12个或填补国内空白或具有国际领先水平的中试项目进驻，带动近50家企业产品技术升级。

2018年5月，中国石油和化学工业联合会批准成立了高端专用化学品专业委员会，旨在通过行业协调组织，形成合力，共同推动行业快速健康发展。

二、技术创新助推精细化工持续发展

（一）氟硅、膜材料等关键技术取得重大突破

随着科技进步，通过技术创新调整和优化精细化工产品结构，重点开发高性能化、专用化、绿色化的精细化工产品，已成为精细化工发展的重要特征，也是未来精细化工发展的重点方向。

2011年后，中国精细化工进行了诸多产品结构调整，加快发展了以氟硅材料、功能性膜材料为代表的非金属功能材料。注重发展电子化学品、食品添加剂、饲料添加剂、水处理化学品、环保型塑料添加剂等高性能、环境友好、本质安全的新型专用化学品，加速发展了高性能纤维及其增强复合材料，明显提升了子午线轮胎、离子膜烧碱、环境友好型涂料和绿色工艺染料等的比重，使高毒、高残留农药的比例降至3%以下，氟硅材料、工程塑料、特种合成橡胶、聚氨酯及中间体、高性能纤维、功能高分子材料及复合材料、新型专用化学品等高端产品的国内保障能力进一步提高。逐步实现由低端的基础型产品向功能性强的中高端精细化工产品过渡，高端产品不断涌现。

2011年后，中国一批核心、共性和关键技术获得突破，如农药工业的吡啶及其衍生物定向氯化、氟化技术，农药生产“三废”处理等技术；化工新材料与新型专用化学品的新型臭氧层消耗物质替代品、高性能含氟聚合物、特种有机硅材料、工程塑料、丁基橡胶、乙丙橡胶、异戊橡胶、碳纤维、芳纶等生产技术和复合材料生产技术；采用新技术，提高对农药、染料等精细化工生产特征污染物的处理能力，开发环境友好型涂料、胶黏剂、水处理剂等产品的新技术。2018年，中国高端电子化学品关键技术取得重大突破，北京化工大学、江苏博砚科技有限公司在宜兴建成1000吨/年黑色光阻示范生产线，表明微电子加工用高端超纯化学品关键技术取得重大突破，这意味着长期受国外垄断的微电子材料开始走向国产化，并为中国微电子及相关产业走出依赖“困境”起到了重要的引领作用。

（二）各种助剂核心竞争力不断加强

在化学工业飞速发展的基础上，精细化学品中各种助剂也随之得到了快速发展。

1. 环保型塑料助剂

塑料助剂产品主要有增塑剂、阻燃剂、热稳定剂、抗氧剂、光稳定剂等。就消费类别来看，增塑剂、热稳定剂、阻燃剂分别位居产耗量最大的塑料助剂前三位，其中增塑剂的消费量占塑料助剂总消费量的50%以上。从应用市场分析，聚氯乙烯依然是塑料助剂的最大消费市场，其消费量约占整个塑料助剂消费量的75%以上。

2013年，中国增塑剂总产能为430万吨，占全球生产能力的51.8%；增塑剂消费量为245万吨，占世界总消费量的45%。2014年，全国各类增塑剂生产能力528万吨，实际产量约392万吨；增塑剂进口量10万吨，出口量2.6万吨，表观消费量399.4万吨。

2. 无毒增塑剂

众所周知，塑料制品与我们的生活息息相关，而塑料制品的生产离不开增塑剂。增塑剂能改变塑料又硬又脆的特性，使其具有柔韧性，便于制品成型加工等。由于技术和成本的原因，多年来市场上很多塑料制品使用了有毒增塑剂，而美国FDA和欧盟认证的两类无毒增塑剂柠檬酸酯类及环氧植物油类产品尚未在国内大范围使用，其原因是较多生产企业技术水平较低，导致产品品质低及生产安全存在隐患等。

邻苯二甲酸酯类增塑剂（DBP、DEHP、DOP）是中国最重要的增塑剂品种。国外早已禁止在塑料玩具中使用，中国也已禁止在包装熟食和肉食的保鲜膜中使用。2012年的白酒塑化剂风波对白酒生产造成了严重冲击，其直接原因就是在白酒生产设备的连接塑料管中使用了邻苯二甲酸酯类增塑剂。无毒增塑剂的首选是非邻苯二甲酸酯类增塑剂，其中最主要的品种是柠檬酸酯类增塑剂。中国是最大的柠檬酸生产国，柠檬酸酯类增塑剂发展具有原料优势，近年得到较大发展。

2017年国家科技大奖中，南京工业大学生物与制药工程学院院长郭凯教授主持的“基于微流场反应技术的生物基无毒增塑剂及其衍生物连续绿色制造”获国家技术发明二等奖，该技术提高无毒增塑剂产能近万倍。经过多年技术攻关突破了尺度放大与尺度效应难以同步、多单元系统集成困难、高效工程装备缺失等技术瓶颈后，在江苏雷蒙化工科技有限公司、江苏向阳科技有限公司及张家港市飞航科技有限公司实现了基于微流场反应技术的高品质增塑剂（柠檬酸酯产品、环氧脂肪酸甲酯产品）及增塑剂下游产品（生物基聚氨酯硬泡多元醇产品）的连续化生产。

尽管中国已经成为世界增塑剂产销大国，但行业的结构性矛盾仍然十分突出。

一方面，以邻苯二甲酸二（2-乙基己酯）（DOP或DEHP）为主导品种的邻苯二甲酸酯类增塑剂扩张速度过快，产能过剩已成为行业发展的桎梏，同时在邻苯二甲酸酯类增塑剂的生产结构方面，品种也过于单一，现有产量的90%以上为通用型品种DOP和DBP所占有，而受国内高碳醇资源不足的制约，代表世界增塑剂消费趋势的邻苯二甲酸高碳醇酯类增塑剂（如DINP、DIDP等）品种产量十分有限，这与先进国家增塑剂消费结构存在明显差异，也与全球增塑剂产业发展的趋势严重不符。另一方面，环保型增塑剂品种和产能不足，增塑剂应用中的不规范已经为增塑剂行业的健康发展带来很大影响。

随着世界各国环保意识的提高，人们对化学品危害日益关注，许多国家和地区都对邻苯二甲酸酯、己二酸酯、磷酸酯等常用增塑剂进行了环境研究，纷纷出台相关的限制法规和技术标准，对医药、食品包装、日用消费品及玩具等领域所用增塑剂的种类和用途提出了越来越严格的要求，这也成为中国增塑剂和塑料制品出口行业不容忽视的一道技术壁垒。

3.塑料抗氧剂

经过几十年的努力，中国塑料抗氧剂产业取得了长足进步，常规品种的产能规模和质量指标已达到或接近国际先进水平，基本满足了聚烯烃等通用树脂的应用要求。2012年，中国塑料抗氧剂生产企业约50家，生产能力接近15万吨，2012年产量为11.1万吨，其中出口量超过1万吨，中国已经成为全球主要抗氧剂生产国和消费国。中国抗氧剂不仅产能和产量快速增长，新品开发、技术进步、结构调整等也取得一定进步，专用型抗氧剂如液体受阻酚1135，含氮受阻酚3114、1098，半受阻酚抗氧剂245等产品有了稳定的产能和产量。受阻酚抗氧剂及其中间体的合成采用不含锡催化剂技术，降低了酚类抗氧剂中重金属锡含量，满足了国外环保等方面要求。企业生产的亚磷酸酯抗氧剂168水解稳定性试验超过48小时，达到国际先进水平。抗氧剂研发与生产初步呈现由通用型产品系列向通用及专用结合的方向发展，复合抗氧剂越来越受到生产企业的重视，主要生产企业开始趋向于抗氧剂及其他塑料助剂的系列化发展，部分企业开始配套原料中间体生产，形成上下游一体化的生产和经营模式。

但是，中国抗氧剂生产企业仍存在较多问题，主要表现在：拥有自主知识产权的品种极少，系列化不够；产品质量和工艺技术与国外先进水平相比仍有较大差距；工程塑料及改性塑料专用型或特殊类型的高端抗氧剂产品较少，无法满足国内需求。随着塑料工业的快速发展和产业结构升级转型，尤其各种新型功能性塑料的不断开发与应用，全球抗氧剂工业正朝高分子量化、复合化、环保化、耐水解性、耐高温性、多功能化等方向发展。应抓住契机，转换观念，从规模扩张外延式发展转向提升核心竞争力的内涵式发展，积极参与国际市场竞争，向装置上下游一体化、品种系列化、产品性能专用化等方向发展。

4. 无卤阻燃剂

卤系阻燃剂包括氯系阻燃剂和溴系阻燃剂。卤系阻燃剂遇热产生有毒烟雾，因此在发达国家受到诸多使用限制，但在中国一定时期内仍然是最主要的阻燃剂。

阻燃剂开发和应用涉及人类生命财产安全，阻燃剂的性能与阻燃功能和其对制品力学性能的影响有关，随着全社会环境、卫生安全意识的不断增强，阻燃剂结构的毒性和其对环境影响越来越受到国际社会的普遍关注。对阻燃剂卫生安全性要求影响较大的国际条约和法规主要包括《斯德哥尔摩公约》和欧盟ROHS和REACH。其中十溴二苯醚和六溴环十二烷两种应用广泛的溴系阻燃剂品种已被《斯德哥尔摩公约》列入持久性有机污染物名单，以十溴二苯乙烷为代表的替代品已经发展成为溴系阻燃剂的主力品种。

卤系阻燃剂的发展受到安全性极大的影响，因而推动了包括磷系阻燃剂在内的众多无卤阻燃剂的研究与制造。基于阻燃剂的无卤、抑烟发展趋势，阻燃剂的消费结构也悄然发生着变化，溴系阻燃剂的消费比例逐年降低，而无机阻燃剂、磷系阻燃剂的产耗量迅速增长。无卤阻燃剂的首要发展方向是无机阻燃剂，主要品种是纳米氧化铝和纳米氢氧化镁阻燃剂。在发达国家，无机阻燃剂占阻燃剂总量的一半以上。有机磷阻燃剂低烟、低毒，也是卤系阻燃剂的重要替代品。中国是磷资源大国，发展有机磷阻燃剂具有一定的资源优势。2012年，世界最大的有机磷阻燃剂企业美国雅宝公司宣布退出有机磷阻燃剂领域，为中国有机磷阻燃剂出口提供了更大的市场空间。

从生产来看，中国规模以上阻燃剂生产企业约80家，绝大多数分布在长江三角洲、珠江三角洲、渤海湾等经济发达地区。阻燃剂企业的分布特点是江浙一带以磷系阻燃剂企业为主，山东以溴系阻燃剂为主，广东阻燃剂的品种相对居多。从消费市场来看，矿用塑料和塑料建材是阻燃剂的主要消费领域，汽车、高铁、航空飞行器和电子电气与电缆电线产业对阻燃剂的性能要求更新更高。2015年，中国阻燃剂消费量约为54万吨，其中磷系阻燃剂增长速度最快。无卤化、抑烟化作为阻燃剂发展的重要趋势，研究和开发的焦点主要集中在无机氢氧化铝、氢氧化镁、合成水滑石等传统无机阻燃剂的超细化、纳米化改性。以电缆行业为例，仅强制性阻燃抑烟国标的出台就使无机阻燃剂的市场需求显著增加，改善无机阻燃剂与基体聚合物的相容性，提高抑烟效果是提升无机阻燃剂技术含量和拓展其应用领域的重要方向。

5. 无铅热稳定剂

热稳定剂主要用于改进PVC的热稳定性，传统的热稳定剂是含铅热稳定剂。因为铅的毒性，欧美国家已加快减少含铅热稳定剂的使用。中国虽然没有强制规定淘汰期限，但鼓励发展无铅热稳定剂，加快替代进程。无铅热稳定剂的重点发展品种是稀土热稳定剂、有机锡热稳定剂和钙锌复合型热稳定剂。

中国是最早实现稀土热稳定剂产业化的国家，具有较强的优势。2011～2015年，国内热稳定剂消耗基本在50万吨/年，基本上能够生产加工工业所需的所有热稳定剂品种。其中，铅盐类占34.2%，硬脂酸盐类占20.4%，复合型占28.35%（部分含铅），有机锡类占7.61%、其他占9.44%。中国能够生产的热稳定剂品种达40～50种，产销量都位列塑料助剂前茅。

在热稳定剂领域，取缔和限制铅、镉等重金属稳定剂是助剂工业和塑料加工工业始终追求的目标。复合钙锌稳定剂是铅稳定剂最重要的替代品种，复合钙锌稳定剂的性能很大程度上取决于与之配合的各种辅助稳定剂。为此，国内有关PVC辅助稳定剂的开发十分引人注目。以β-二酮为例，继早期山西省化工研究所、安徽蚌埠佳先功能助剂股份有限公司小批量供应二苯甲酰甲烷（DBM）、硬脂酰苯甲酰甲烷（SBM）两种β-二酮辅助热稳定剂后，2013年安徽蚌埠佳先功能助剂股份有限公司建设了全球最大规模、工艺先进的二苯甲酰甲烷（DBM）生产装置，除SBM、DBM两种固体β-二酮辅助热稳定剂外，一种辛酰苯甲酰甲烷（OBM）的液体β-二酮辅助热稳定剂也开始上市，这在很大程度上解决了液体钙锌等稳定剂的“锌烧”问题。环保型PVC热稳定剂的纯有机热稳定剂（OBS）尿嘧啶开始付诸应用，在满足国内市场的同时，已有一定数量的产品开始出口国外。

6. 高端橡胶助剂

橡胶助剂主要分为六大类，即硫化体系助剂（促进剂等）、防护体系助剂（防老剂等）、操作体系助剂（增塑剂、软化剂等）、补强填充体系（炭黑等）、黏合体系助剂和其他助剂（着色剂等）。

2011年后，全球橡胶工业进入了稳定发展期，中国橡胶助剂得到快速发展。

2011年，中国橡胶助剂生产企业约150家，生产能力100.7万吨，其中生产能力超过1万吨的生产企业近20家，产值在2亿元以上的橡胶助剂企业近20家。2013年，中国橡胶助剂产量达到93.19万吨，销售额163.12亿元；出口量27.57万吨，出口额55.12亿元；出口量和出口额分别占中国橡胶助剂产量和销售额的29.6%和33.8%。2014年橡胶助剂工业实现销售收入185.3亿元，橡胶助剂总产量105.9万吨，其中促进剂产量37.5万吨，防老剂产量36.9万吨。

经过多年发展，中国橡胶助剂工业发生了很大的变化，许多拥有完善的原料配套、掌握清洁合成工艺技术、生产经营环保绿色品种、积极引进国外先进技术的企业脱颖而出。许多产品的产能和产量列世界第一，包括江苏圣奥化学科技有限公司的对苯二胺类防老剂、科迈化工股份有限公司的喹啉类防老剂、山东阳谷华泰股份有限公司的防焦剂、山东尚舜化工有限公司的促进剂以及海安飞亚化工有限公司的二苯胺类防老剂。

中国橡胶助剂企业集约化程度和产品集中度大幅提高，前10位的橡胶助剂企业产量占全国橡胶助剂总产量的65%左右。同时，国内橡胶助剂企业竞争也日趋激烈，橡胶助剂产业布局和组织结构也发生一定的变化。山东尚舜化工有限公司成为世界促进剂和中国不溶性硫黄的领军企业；江苏圣奥化学科技有限公司、科迈化工股份有限公司和阳谷华泰股份有限公司分别成为世界最大的对苯二胺类、喹啉类防老剂和防焦剂的生产企业；山西翔宇化工有限公司、山东爱克森化工有限公司、贵州红星化工有限公司和江西恒兴源化工有限公司等企业纷纷涉足橡胶助剂生产领域。

进入21世纪以来，中国橡胶助剂尤其是防老剂的快速发展源于绿色环保。随着国家新环保法的正式实施，绿色制造成为橡胶助剂工业发展的重中之重，橡胶助剂清洁工艺开发有序推进。山东尚舜化工有限公司的万吨级高热稳定性不溶性硫黄技术获得中国石化联合会科技进步一等奖；促进剂DM、CZ和NS等产品的双氧水氧化法、氧气氧化法生产工艺开发初见成效；生化法与多效蒸发并用的废水处理技术在促进剂生产中得到推广应用。

中国汽车和轮胎工业正处于重要的战略机遇期，具备持续健康发展的多种有利条件。绿色轮胎的兴起给橡胶助剂企业带来了新的发展机遇，而制造绿色轮胎的技术关键之一在于高性能的橡胶助剂的使用。中国橡胶助剂工业在节能环保、生产经营模式创新、高新技术应用、环保和高性能产品开发上都大有可为。从规模看，中国橡胶助剂经济总量已占全球经济总量的一半左右，从品种看，大宗品种已基本实现了环保化替代。但也存在着核心竞争力待加强、生产能力过剩、贸易摩擦加剧、安全环保要求提高、市场恶性竞争、产品结构不合理等问题。

（三）环保型胶黏剂成为合成胶黏剂主流品种

交通运输（包括汽车、火车和船舶等）、电子电气、精密仪器设备、航天航空等领域高新技术的应用，促进了高性能、高品质胶黏剂的发展。

“十二五”时期，中国胶黏剂工业取得了长足发展。2011年，中国胶黏剂和密封剂的产量为516万吨，2015年增长到687万吨，年均增长率达7.4%；2011年，中国胶黏剂和密封剂的销售额为669亿元，2015年增长到844亿元，年均增长率为6%。到2015年，中国胶黏剂消费领域中，包装/纸张领域的胶黏剂消费量最多，占总消费量的35%，其次是建筑/工程领域，占总消费量的29%。胶黏剂进口量为19.8万吨，进口金额为20.8亿元，“十二五”期间进口量年均增长率为0.9%，进口金额年均增长率为1.5%；出口量为46.1万吨，出口金额为16.6亿元，“十二五”期间出口量年均增长率为6.7%，出口金额年均增长率为7.6%。可见，中国胶黏剂发展保持强劲的增长势头，产品附加值也逐步提高。

中国企业已经基本掌握大多数通用胶黏剂的生产技术，产品种类和质量不断提高，数家创新型企业也已生产出具有自主知识产权的高性能产品，到2017年，全国各类胶黏剂生产企业达3000多家。

中国溶剂型胶黏剂产品比例相对较大，但随着国家环保政策的日益严格以及行业标准的逐步完善，水性、无溶剂型和低溶剂型产品成为发展趋势。胶黏剂使用的芳香烃溶剂、绿化溶剂、芳香胺固化剂、苯乙烯、氯丁烯、氯乙烯、甲醛、甲醇、石棉粉等都会造成环境污染和对人体造成危害，胶黏剂的环境问题日显突出。由于终端环保需求的增加，特别是建筑和汽车行业的驱动，对环保产品的需求越来越大，促进了以生物为基础的胶黏剂的发展，环保型胶黏剂成为了合成胶黏剂主流品种。

2001年，中国制定了《室内装饰装修材料　胶粘剂中有害物质限量》（GB 18583—2001），2003年制定了《鞋和箱包胶粘剂》国家标准（GB 19340—2003）。以上标准均对胶黏剂中的有害物质含量作出了规定。随着人们对环境和健康意识的不断提高，上述标准分别于2008年和2014年进行了修订，对有害物质限量作出了更完善的要求。中国还将制定《胶粘剂挥发性有机化合物限量》国家标准，对胶黏剂中挥发性有机化合物含量作出更高标准的限量要求。随着市场竞争的日趋激烈，用户对性能的要求也日益提高，作坊式的小企业逐渐被淘汰，胶黏剂生产逐步向上规模、上水平的大型企业集中。

中国环保法规的日趋健全以及人们自身健康意识的提高，各胶黏剂生产企业都在积极寻找发展之路。高固含量、无溶剂、水性、光固化、热熔性等环境友好因素和低温固化、废弃物再生利用等节能技术，使各种多功能、高性能的胶黏剂在现代工业各领域中得到了日益广泛的应用，已经成为现代工业和国防工业不可缺少的材料。重点开发的产品如下：

（1）热熔型胶黏剂　热熔胶是一种在室温下为固态，加热到一定温度后即熔化为液态流体的热塑性胶黏剂。近年来国内热熔胶行业已进入快速发展期，热熔胶产量以25%的速度增长，产品应用范围已从传统的卫生制品、包装、书籍装订等领域扩展到服装胶带、制鞋乃至冰箱、电缆、汽车等领域。

（2）无溶剂型胶黏剂　无溶剂型胶是将可进行化学反应的两组分分别涂刷在黏合的物料表面，在一定条件下，组分紧密接触进行化学反应，达到交联的目的。中国研制出一种以低分子量聚异丁烯类聚合物为主体，配以各种添加剂制备的新型单组分无溶剂型密封胶。该胶价格低廉，易于施工，具有良好的耐候性和黏结性能，能保证在汽车钣金与橡胶密封条之间的密封性。

（3）水基型胶黏剂　水基型胶黏剂不含有机溶剂，无污染，是环保型胶黏剂。2017年，中国销售胶黏剂产品788.7万吨，销售额达987.8亿元。在各类胶黏剂产品中，水基型胶黏剂销量达461.9万吨，销售额达331亿元，成为行业最主流的品种。在产量增长的同时，产品质量也在不断提高，品种增多，一些技术含量高、性能好的胶黏剂不断出现，如抗寒耐水性好的乳胶，耐擦洗、耐污染和耐水性好的有机改性丙烯酸建筑用乳液等。

（4）水基聚氨酯胶黏剂　聚氨酯型水分散体的特点是黏度与分子量无关，具有无毒、无污染、不可燃的性质，足够高的分子量可以使它形成性能优良的黏合膜，对多种材料有良好的黏合性。

（5）丙烯酸型乳液　水基丙烯酸型胶黏剂是指以水为分散介质，丙烯酸酯为单体的聚合物形成的胶黏剂，具有与聚氨酯分散体相似的耐热性和抗湿性。

（6）水基环氧分散体系　水基环氧分散体系是不含有机共溶剂且与传统的环氧树脂一样，可黏合多种类型的基材，适当固化后可提高它的黏合强度和提供多种优良性质。水基环氧分散体系不但性能优异，而且对环境友好，因此它们常用作层压胶黏剂、涂料、底漆、织物和玻璃胶黏剂、混凝土增黏剂等。

中国已经成为全球主要的胶黏剂生产和消费大国，但胶黏剂工业仍面临诸多问题。首先，中国胶黏剂工业布局分散，市场集中度较低。生产企业数量多达3000余家，但呈现三层金字塔模式，最上层为国际胶黏剂生产巨头在国内建立的合资企业或生产基地，中层为拥有自主技术的数家本土企业，底层为数量众多的生产技术和管理水平较低的中小型企业，最上层、中层企业基本都分布在苏、浙、沪、京、冀、鲁、粤、闽等经济发达地区，西南和西北等偏远省份基本没有较大规模的生产企业，而底层中小型企业也大多分布在经济较发达的地区。因此，胶黏剂整体产业布局和发展很不均衡。其次，中国胶黏剂产品结构不均衡。胶黏剂多为中低端、低附加值产品，部分种类产能已经严重过剩，而如芯片胶、导电胶和风电用聚氨酯胶等高端高附加值产品的技术和市场仍掌握在少数国际巨头手中。中国许多胶黏剂企业尤其是中小型民营企业创新意识薄弱，自主技术较少，加上高端产品开发成本极高，除部分成规模产品对外出口外，大部分产品难以与国际巨头竞争。

总之，面对胶黏剂工业在技术、市场和环保等方面的问题，中国胶黏剂企业要加强标准建设，细化从生产到产品质量等各方面的标准，完善标准体系；要加强技术创新，加大科研投入，真正掌握胶黏剂核心技术，开发具有自主知识产权的产品，逐步突破国际巨头的技术和市场壁垒；要以市场为中心，以环保为重任，淘汰部分落后产能、有害物质含量和VOC排放不达标的产品，限制溶剂型氯丁胶类、聚氨酯类和丙烯酸酯类等通用型胶黏剂生产装置的新建，积极研发高性能、高附加值、环保型和节能型胶黏剂产品，从而增强市场竞争力，促进中国胶黏剂工业健康快速发展。

（四）饲料和食品添加剂产量逐年上升前景广阔

随着饲料和食品添加剂产品总量的逐年增长和生产能力的增强，中国饲料和食品添加剂工业在国际市场上已具有较强的竞争力。企业在加速科研成果转化的同时，紧抓高新科技的应用，正向着绿色、生态和可持续的目标发展。

2011年，中国饲料添加剂总产量603.5万吨，总产值431.9亿元，营业收入417.8亿元。2012年，中国饲料添加剂总产量768.1万吨，其中氨基酸产量为133.2万吨，占添加剂总产量的比重为17.3%；维生素总产量79.3万吨，占添加剂总产量的比重为10.3%；矿物元素及其络合物总产量488.4万吨，同比增长20.9%；酶制剂总产量8.0万吨，同比增长5.8%；抗氧化剂产量5.2万吨，同比增长2.5%；防腐防霉剂总产量5.5万吨，同比增长13.6%。2012年，中国食品添加剂工业总产值达827

亿元，种类为23种，品种高达2400种，企业800多家。2014年，中国食品及饲料添加剂制造业销售收入为2114.09亿元。

中国饲料添加剂工业作为饲料工业体系的重要组成部分，在改善饲料营养价值、提高饲料利用率、促进动物生产、增进动物健康、改善畜产品品质、提高动物生产性能、降低生产成本等方面起着极为重要的作用，逐年上升的饲料添加剂产量使得饲料添加剂工业前景十分广阔。近年国内食品安全形势、食品生产监管方式的变化以及各种成本的上涨，均对食品业产生重要影响，食品添加剂和配料工业也受到这些复杂因素的影响。食品添加剂和配料生产成本进一步提高，原材料价格上涨，能源、劳动力成本及运输等费用明显升高，而产品销售价格不能随之同步上涨，企业的生产经营面临严峻的挑战。因此，企业开始注重技术改造和创新，通过技术进步进行规模化、连续化生产，提高生产效率、降低成本，同时提高产品质量，创建品牌效应，企业保持了可持续发展的势头。

从产品角度，饲料添加剂中最重要的蛋氨酸产品得到了长足发展。蓝星安迪苏公司于2012年在南京投资近50亿元建设14万吨/年液体蛋氨酸装置，弥补了蛋氨酸生产的国内空白，该项目已于2013年投产，销售额约为18亿元。由于蛋氨酸市场前景非常看好，销售量每年大约增长30%，蓝星安迪苏公司决定在南京投资建设二期18万吨/年蛋氨酸项目。二期项目于2018年1月18日公告，项目预计投资金额为4.9亿美元，预计2022年7月前投产。

（五）工业表面活性剂规模持续扩增

2015年，中国表面活性剂生产厂家5995家，比2010年5571家增加7.6%，是2000年1452个企业的4.12倍。生产企业数量较大增长，主要是国内环保型聚羧酸盐减水剂及其原料聚醚的高速发展带动的。2015年仅一个工业领域系统就有8批41家生产企业通过铁路用减水剂产品企业认证，这些企业都是生产环保型高效减水剂聚羧酸盐及其原料聚醚的企业。

2015年，中国表面活性剂品种总数为7201种（不含复配品），比2014年7006种增加2.7%。其中阳离子1790种占24%，阴离子2380种占35%，非离子2519种占34%，两性离子512种占7%。

2013年，中国表面活性剂进口总量40.58万吨，使用外汇12.29亿美元，出口总量74.92万吨，创汇13.5亿美元。表面活性剂出口量是进口量的1.84倍，但出口金额仅是进口金额的1.1倍，这主要是由于中国进口的是高端产品、价高，而出口品是量大价廉品。2015年，中国仍然大量进口表面活性剂，表面活性剂进口总量33.44万吨，使用外汇39.87亿美元；出口64.66万吨，创汇9.94亿美元。

2015年，除洗涤、纺织产业等传统的量大面广的刚性需求领域之外，由于高铁、摩天大楼、高速公路、地铁、桥梁、水电水库、核电工业等高速发展，带动了建材工业减水剂的飞快发展，仅建材工业每年就需要334万吨表面活性剂。2015年，涂料、油墨、塑料、造纸、皮革、食品、汽车、船舶、电子工业用表面活性剂也有了较大发展。

随着应用领域的拓展，各地陆续建设了一些表面活性剂新项目。2012年3月，赢创工业集团投资约6亿元的8万吨/年有机特种化学品生产厂在上海化学工业区开始建设；同期东邦化学（上海）有限公司3.7万吨/年表面活性剂、精细化学品项目在上海市金山第二工业区开工。2012年12月，辽宁北化奥克8万吨/年环氧乙烷衍生精细化学品项目开工；同期盘锦科隆精细化工有限公司3万吨/年环氧乙烷衍生物表面活性剂项目建设工程启动。2013年10月，上海花王化工有限公司新建表面活性剂项目正式奠基，总投资5.5亿元，新建6万吨/年乙氧基化装置。2017年，中国石油集团提高石油采收率国家重点实验室建设项目——表面活性剂中试反应装置建设项目通过验收，表明中石油表面活性剂中试反应装置达国际领先水平。共建项目组历经6年攻关，建成了具有完全自主知识产权的、中试生产能力1万吨/年、国内唯一的表面活性剂中试反应装置。该装置具有“工艺模块化、生产广普化、产品系列化”特点，全面超额完成了项目建设目标，实现了驱油用表面活性剂由实验室合成到工业中试生产的衔接，为产品的工业化应用奠定了基础。特别是通过该项目建设，进一步提高了中国石油化学驱油技术领域的核心竞争力。

（六）多因素推动化学试剂进入良好发展期

随着市场规模的不断扩大以及国家加强了对化学试剂领域的严格管理，化学试剂工业已经进入了一个日趋良好的发展环境。这主要得益于国家对科技创新、自主研发的重视，得益于国家整体经济实力的提升，得益于实验室的大量建设。特别是环境保护、食品卫生的监控数量大量增长，也是化学试剂增长幅度较大的影响因素之一。

2012～2013年，中国试剂及相关产品的需求稳定增长，基础试剂的年增长率为10%～15%，市场需求达到100亿元。2013年，国内约有1000家化学试剂的生产企业，销售企业达数千家。相关信息表明，化学试剂行业中产值上亿的企业接近20

家。2015年，化学试剂行业中销售额过亿的企业有14家；销售额在3000万～9000万元的有12家；化学试剂经营品规数量约为11万余种，化学试剂生产企业品规数量最高为5.95万种（国药试剂）。市场需求的中低档产品，国内厂家生产的产品可以满足需求，而有特殊要求、制造技术复杂或质量要求高的产品，尤其是生化试剂、有机合成试剂仍然主要依靠进口。为此，较大的化学试剂企业增加了在技术创新能力和企业技术改造方面的投入，注重人才建设、产品品牌建设和市场开拓。大多数企业利用国家调整行业、区域布局的大环境，进行投资、搬迁改造、调整产品结构和技术升级；一些企业抓住发展机遇，制定新的发展计划，确定较高的发展目标。但也有一些基础和实力较差的企业，在社会发展、市场发展和行业调整过程中被淘汰。

国内试剂的区域发展不平衡，长三角、珠三角、环渤海发展最快。其中上海化学试剂产业技术创新战略联盟成立，联合了企业和院所，使得该地区成为试剂创新活动最为活跃的地区；而广东地区企业发展迅速，注重新的产品链扩展，资本增长最快；环渤海地区以天津地区为中心，试剂企业数量最多，也是靠近京津科研集聚区，是试剂需求最旺盛的地区之一，带动了试剂品类新的发展。

试剂行业中具有影响力和代表性的十强企业是西陇科学股份有限公司、国药集团化学试剂有限公司、广东光华科技股份有限公司、南京化学试剂股份有限公司、广州化学试剂厂、天津市科密欧化学试剂有限公司、上海阿拉丁生化科技股份有限公司、安徽时联特种溶剂股份有限公司、上海试四赫维化工有限公司、上海三爱思试剂有限公司。2015年，十强企业的销售总额达63.6亿元，比2013年增长35%；利润总额4.56亿元，比2013年增长19.6%；其中进入前十强企业销售额起点为9200万元，对比2013年的8200万元有较大增长；同时，十强企业的产品组成中专用化学品所占比重上升，达到了32%。行业十强销售收入占行业统计总收入的比例达到65%；化学试剂销售收入占比行业统计收入比例达到72%。

一批国内知名的化学试剂生产企业相继上市。西陇化工股份有限公司于2011年6月在深圳交易所成功上市，成为国内第一家上市的化学试剂公司。募集社会资金2亿元，用于5万吨/年PCB用化学试剂项目、1万吨/年超净高纯试剂生产项目和高端化学试剂工程技术研究开发中心建设项目。北京利德曼生化股份有限公司于2012年2月16日在深圳交易所中小板上市。在临床诊断试剂厂中，中生北控生物科技公司、上海科华生物工程公司、上海复星医药（集团）股份有限公司都已是上市的股份制公司。

国外大型试剂公司都直接加强了在中国市场的开发力度。美国天地公司是第一家在国内投资高纯溶剂生产线的国外公司，于2011年10月12日宣布收购中国的安徽宿松龙华高纯溶剂厂，正式成立合资企业——安徽天地高纯溶剂有限公司，双方持股比例为55/45，由美国天地公司控股。

企业顺应市场，加大了新项目建设。安徽时联特种溶剂股份有限公司投资4000万元建立新的高纯溶剂生产线，2011年投产；北京化学试剂研究所投资5000万元兴建电解液生产线，2011年7月投产；2011年，国药集团化学试剂有限公司投资1.5亿元，开始建设金山基地，建立技术中心和生物医药试剂开发中心；2011年，南京化学试剂有限公司利用企业搬迁资金，在南京化学工业园置地108亩，建设全新的、国内领先的化学试剂、药用辅料、电子化学品的研发生产基地。

科研方面，国家也加大了科技投入。2013年，“十一五”国家科技支撑计划重点课题——科研用核心试剂产业化示范项目通过了科技部验收。项目包括北京大学等8所国内高等院校、军事医学科学院等8家国家级研究所（院）、广东实验动物监测所等4家地方研究所，以及相关领域的8家企业，参与研发的科技人员达到302人。涉及化学试剂和有机中间体化合物的合成、高纯有机溶剂、电子试剂、生化试剂、无机试剂和同位素试剂等专业。研发的试剂和试剂盒涉及科学研究、检验检疫、临床检验、环境保护、电子、药品安全与研发等行业。对生命科学、新药创制、新型材料、新能源、食品、环境等重点领域的发展起到了明显的支撑作用。

多年来，化学试剂的研发热点是稀土试剂、离子液体试剂、生命科学研究用试剂、分析用试剂、高纯试剂、复杂的杂环化合物、手性试剂、含氟试剂、硼酸类试剂等。未来和试剂密切相关的专用化学品门类，如超净高纯试剂、电子用高纯化学品、生化研发、药用中间体、药用辅料、食品添加剂、环保试剂、新能源所需的高纯材料等领域的需求增长给试剂产业发展提供了更加广阔的空间。

（七）香精香料工业竞争力不断增强，发展态势良好

2011年后，中国香精香料工业发展迅速，取得了长足的进步。从地域分布来看，香精香料制造企业主要集中在华东地区和华南地区，其中广东、浙江、江苏、四川、上海等省市的发展速度较快，企业数量和销售收入均位居行业前列。从产品结构上看，越来越多的香精香料企业通过充分运用现代生物技术、发酵技术、催化技术、分离技术、高精分析技术等来调整天然香料、合成香料、香精三大类产品的比例，使产品质量明显提高。

2011年，全国共有规模以上香精香料生产企业317家，拥有资产总额361.63亿元；实现工业总产值486.03亿元，实现销售收入469.72亿元，利润总额52.90亿元。香精香料工业各项经济指标均有所增长，发展态势良好。

中国香精香料生产企业注重强化研发力量，增加科技投入，使科技创新水平明显提高，竞争力不断增强。主要表现为：一是传统产品技术升级步伐加快，如国内实现了用乙醛酸法替代传统亚硝基法生产香兰素的技术升级，使香兰素生产过程“三废”量降低85%以上；同时，酯类产品、苯乙醇与乙基麦芽酚在清洁生产方面也取得了长足进步。这些工艺更新与技术改进的突破，大大促进了中国香精香料产业清洁生产进程。二是提高了新产品的开发能力，中国新增了多个香精香料产品，如凉味剂ws-23、香芹酮、呋喃酮、二氢茉莉酮酸甲酯等，部分产品已获得国际市场主导地位。此外，具有特色和代表性的产品比重增大，香精香料企业同质化的现象得到遏制。

虽然香精香料工业获得了长足发展，但竞争格局以外企为主，国内市场集中度低。外资企业凭借其著名的品牌、先进的技术、大规模的投入和规范的经营理念，在国内香精香料的中高档市场上成为主导。而中国本土香精香料企业数量虽多，但以中小企业为主，生产企业规模小，大部分仍停留在中低档市场；企业分散，缺乏统一管理；生产装备水平低，生产工艺比较落后；产品结构不合理，深加工能力不足，难以提供高技术含量、高附加值的满足市场需求的新产品；导致产能过剩，相互之间压价竞争，面临较大的压力。

多年来，国际香料巨头加紧布局中国市场，中国香精香料企业只有进一步加大技术创新投入，加快产品结构调整和产业结构升级，才能够提升整体竞争力，实现更长远的发展。国内香精香料工业已进入技术水平大提高、资本结构大调整、经营观念大改变的时期。企业之间关系应从简单分化、价格大战、价格联盟的无序或低级竞争状态转变为战略联盟，组成一个资源共享、技术合作、优势互补、强强携手的利益共同体，在全球经济一体化的大背景下，形成世界范围的有效竞争。

（八）水处理化学品消费领域不断拓宽

近年来，水处理化学品的消费呈现了年均10%以上的增长速度，成为全球瞩目的化学品消费领域。

工业用水是水处理化学品的最大消费领域，而冷却水又占工业用水的80%以上。因此，冷却水用药剂是水处理化学品的发展重点，其中冶金和石油化工的冷却水用量最大。根据国家节能减排的要求和面临的水资源形势，工业用冷却水的循环率在不断提高，大大增加了各种水处理化学品的使用。生活和工业锅炉用水也是水处理化学品的重要消费领域，水处理化学品需求量逐年提高。污水处理是水处理化学品的第三大市场，也是政府关注和监管的重点领域，未来中国水处理化学品的消费仍会强劲增长。发展的重点产品有聚丙烯酰胺，天然改性有机高分子化合物甲壳素、壳聚糖、聚天冬氨酸，生物絮凝剂，绿色环保阻垢剂等。

随着国家节能减排要求的提高，新建设了一些水处理化学品生产装置。2017年10月，巴斯夫在中国南京化学工业园区的一套业内领先的生物法丙烯酰胺生产装置落成投产，该装置产能超过5万吨/年丙烯酰胺。

2018年，南浦化工集团对外宣布，其丙烷-聚丙烯酰胺产业链项目开工建设。该项目总投资约42亿元，位于洛阳市石化产业集聚区东北区。该项目将形成丙烷-丙烯-聚丙烯酰胺产业一体化，建设10万吨/年丙烯酰胺和2万吨/年聚丙烯酰胺项目。

2018年，中国工程院院士高从堦带领研发团队开发的高分子聚丙烯酰胺高端水处理剂项目落户义马，由义马市亿群科技有限公司组织生产。该项目利用研发团队成功开发出高分子聚丙烯酰胺配方工艺，产品性能达到国外同类产品标准，可替代进口高端污水处理剂，并且在生产过程中无“三废”排放。经过两年努力，该项目建设的3000吨/年高分子聚丙烯酰胺装置已建成投产，产品供不应求。二期4.7万吨/年高分子聚丙烯酰胺扩建工程也已列入建设计划。

（九）造纸化学品迎来巨大市场发展机遇

造纸化学品是为改进和提高纸的性能、提高废纸的回收利用等而使用的各种特殊的化学品。目前发达国家和地区的造纸产量和消费量已处于相对稳定状态，而推动全球造纸工业发展的主要动力来自发展中国家和地区。世界上最现代化、最大型的纸机频频在中国亮相，中国造纸工业的发展为造纸化学品提供了巨大的市场和机遇。

2005年，中国造纸化学品的市值为20亿美元，到2015年，中国造纸化学品市场规模已增长到38亿美元。本土的、合资的、外商独资的造纸化学品企业在中国已经构成了一个完整的产业体系，为造纸工业的发展提供了相对应的服务。

全球性造纸化学品供应商为了提高竞争力，纷纷在中国建立开设工厂，并将中国作为业务增长的重要市场。但近年国际化工公司因内部重组频繁、成本居高不下，导致竞争优势减弱，市场份额逐渐减小。

在国际造纸化学品公司纷纷逐鹿中国市场过程中，国内本土的造纸化学品企业在市场竞争中求发展，出现了一批有一定实力、市场知名度和专业特色的造纸化学品企业，愈来愈多的造纸企业接受了国产化学品。规模较大、跨区域供货且知名度较高的国内造纸化学品生产企业有浙江传化华洋化工有限公司（荧光增白剂）、南京四新科技应用研究所有限公司（消泡剂）、广西明阳生化科技股份有限公司（增强剂）、天禾化学品（苏州）有限公司（施胶剂）、江苏富淼科技股份有限公司（助留剂）、广东金天擎化工科技有限公司（杀菌剂）、河南省道纯化工技术有限公司（制浆化学品）等。

《造纸工业发展“十二五”规划》指出，“十二五”期间，全国淘汰落后造纸生产能力1000万吨/年以上。重点研发低消耗、少污染、高质量、高效率制浆造纸技术，其中包括高效造纸化学品及应用技术。根据中国造纸工业原材料结构特点、纸和纸板产量和品种的增长与变化趋势，以及国家愈来愈严格的环保要求，未来造纸化学品用量将在以下几个方面增长：由于废纸用量的增长导致制浆漂白化学品和脱墨化学品消费量上升；由于纤维原料质量的下降导致干、湿增强剂消费量上升；由于一些新纸机的投入使用导致消泡剂、杀菌剂的增长更为迅速。未来造纸化学品发展的重点产品有改性淀粉、非木材纤维和废纸纤维专用化学品、造纸废水综合治理专用化学品、高档纸和特种纸专用造纸化学品，以及特种纸专用化学品。

中国造纸工业需求保持强劲，国产造纸化学品工业快速发展，无论是产量还是质量都有了很大的进步，但繁荣背后仍然存在着集中度低、研发落后、无序竞争等困扰已久的问题。除了氯碱化工企业规模较大以外，大多数造纸化学品企业小而分散，缺乏具有很强研发实力和带动力的大型企业；由于大部分产品没有统一生产标准，所以性能和质量参差不齐；相当多的生产企业工艺设备落后，研发动力和能力不足；采取粗放式经营，难以保证良好稳定的产品品质，不能提供有效的专业服务。总之，近年来中国造纸化学品市场发展迅速，但大多数化学品已处于供过于求的状态，市场竞争十分激烈。

（十）电子化学品快速发展

进入21世纪以后，信息技术越来越受到重视，为其配套的电子化学品发展速度之快超出了人们的预料，成为化学工业中发展较快的领域。电子化学品也称为电子化工材料，是指为电子工业配套的精细化工材料，具有品种多、质量要求高、对环境清洁度要求高、产品更新换代快、资金投入量大、产品附加值高等特点。电子化学品是电子材料及精细化工结合的高新技术产品，是信息通信、消费电子、家用电器、汽车电子、节能照明、工业控制、航空航天、军工等领域终端产品发展的基础。电子化学品的质量不但直接影响电子产品的质量，而且对电子制造技术的产业化产生重大影响。因此，电子化学品成为世界各国为发展电子工业而优先开发的关键材料之一。

电子化工材料按应用领域可分为微电子生产、PCB生产与组装、平板显示器件和电池生产用化工材料等；按化学品类型可分为硅基片、磨抛材料、光致抗蚀剂（俗称光刻胶）、湿法工艺用高纯试剂、高纯和特种气体（含MO源）、塑封料和密封材料、超纯水生产用膜材料、PCB基材（含刚性和柔性）、抗蚀剂、油墨、腐蚀剂、清洗剂、助焊剂和阻焊剂、镀覆化学品、液晶、光学功能膜、偏振片、电池的电解液等。

中国是电子信息产业大国，家用电器、手机、电脑等电子信息产品的产量均为世界第一，其中以印刷线路和元器件封装用电子化学品为主，其余为集成电路加工用化学品。虽然中国电子信息产品总规模位居世界第一，但许多元器件仍需进口，仍是全球较大的电子化学品进口国。随着在全球电子设备生产中所占的比重持续上升，中国继续保持在电子制造业中的增长引领地位。电子化学品发展的重点产品有超净高纯试剂、高功能型的光刻胶、高性能液晶材料、新型封装材料（聚酰亚胺树脂、液体环氧封装材料、高性能黏结材料等）、高品质液态环氧树脂和特种环氧树脂以及其他特殊性能树脂。

2010～2016年，全球电子工业化学品年均复合增长率为13%，中国电子化学品工业复合增速约为15%，2016年中国电子化学品市场容量约为500亿元。中国由于产业集群优势和成本优势，成为承接电子产业转移的核心地区。亚太地区尤其是中国已经成为全球电子业及其化学品的主导市场。包括陶氏、霍尼韦尔、三菱化学和巴斯夫等公司竞相将电子化学品业务重点放在包括中国在内的亚太地区。中国丰富的原材料、相对低廉的劳动力成本以及靠近下游需求等方面优势明显，电子化学品生产能力向国内转移已成为大势所趋。以PCB行业为例，中国PCB产值全球占比从2008年的31%提升至2016年的48%，且占比仍在快速提升，未来占比有望达到60%以上。LCD面板厂集中在中国且新增产能全部来自中国的龙头企业扩产，虽然集成电路产业进口依存度较高，但中国已将集成电路的发展列入国家发展战略，仍保持快速增长。2016年，中国集成电路产业规模已达到约3000亿元，满足27.5%的国内市场需求，市场总规模达到1.1万亿元左右。

中国集成电路用电子化学品主要为光刻胶高纯试剂、电子特气、封装材料等。供应光刻胶的企业，大部分都由在半导体产业发展初期就开始参与市场的有机感光材料龙头企业所占据。国内生产光刻胶的主要企业有北京化学试剂研究所、苏州瑞红、北京科华、无锡化工设计研究院等。国内光刻胶生产企业普遍规模较小、产品质量不高，亟须缩小与国外的差距。半导体行业和太阳能行业的发展态势决定了超净高纯行业的发展，而这两个行业都具有周期性。因此，短期内超净高纯试剂在中国将得到迅速发展，长期则依赖于下游的太阳能产业和半导体产业，存在一定的不确定性。生产高纯试剂的企业主要有上海华谊微电子化学品、北京化学试剂研究所、苏州晶瑞、江阴瑞玛、苏州联创、苏瑞电子材料、云南新蓝景、达诺化学、浙江凯圣氟化学有限公司等，生产能力较小、品种较少。电子特气的应用领域有半导体集成电路生产制造、非晶硅太阳能电池、液晶显示器件、光导纤维生产四大领域，其中主要应用于半导体集成电路的生产制造。在半导体工业中应用的有110余种单元特种气体，其中常用的有二三十种。国内电子特气生产规模较小、产品纯度不高或各批量产品纯度不稳定，主要生产纯度和价格相对较低的工业级产品。依托全球最大的电子制造业产业优势，中国在全球集成电路产品中的消费比重持续保持增长，但集成电路产品产能扩张速度低于需求增速，目前多种原料还需从国外大量进口。总体来看，在半导体核心技术与产品的研发创新与产业化方面，中国还有很长的路要走，自主创新仍是中国半导体产业发展的主旋律。与国际先进水平相比，中国集成电路产业基础较为薄弱，企业科技创新和自我发展能力不强，应用开发水平亟待提高，产业链有待完善。

国内电子化学品发展还面临诸多问题，主要是整体技术水平相对较低，主要面向电子产品领域的中低端配套市场，产品附加值不高，市场竞争激烈等。需要从以下方面着重提高，要进行产业结构调整，实现高端材料替代进口，以满足高端市场需求，规避市场风险。一是要充分利用国内外资源和市场，鼓励高起点引进技术消化、吸收并不断创新，尽快提高产品的技术水平和竞争能力。二是要鼓励联合大学和科研机构，建立研究开发中心，不断提高产品的品种、档次和系列化水平，研究开发符合市场需求的新产品。三是要在优势互补、利益共享、风险共担和自觉自愿的原则下，通过改组、联合，组建若干国家级的电子化学品研究开发中心，承担一些重要电子化学品的研制和生产。四是要通过国家优惠政策、对行业的刺激和鼓励，做大做强，形成若干比较有国际竞争力的品牌。五是要大力推广节能减排和低碳生产技术，努力促进企业实现清洁化生产。

（十一）油墨工业在印刷业拉动下持续稳定发展

油墨是一种由颜料微粒均匀分散在连接料中并具有一定黏性的流体物质，是出版物印刷和包装印刷的重要材料。油墨工业产生于西方国家第一次工业革命后，因化工和包装印刷业的发展而得以迅速发展。

20世纪80年代以来，全球经济的不断发展及企业实力的不断增强，油墨制造业产量不断上升，产业集中度不断提高，全球前十大油墨企业约占全世界70%以上的市场份额。中国、美国、日本和德国为世界主要的油墨生产国和消费国。经过多年努力，中国的油墨工业取得了长足的发展，2010～2016年，产量由50万吨/年增长至90万吨/年，年复合增长率超过10%。尽管近年来受经济形势影响，油墨工业由高增长转入缓慢增长，但国内油墨市场总量仍然在稳步扩大。2016年中国印刷工业总产值同比增长约10%，在快速增长的印刷工业带领下，油墨工业持续保持景气状态。

国内市场对油墨总体需求将持续增长，胶印油墨市场需求量仍每年保持6%的增长速度，其中高端油墨需求量剧增，特别是水性油墨，平均每年保持15%的增长速度。油墨工业的快速发展为其上游的醇醚及其醋酸酯提供了较大的市场空间。

三、绿色化工技术广泛应用于精细化工

绿色化工技术是指在化工产品的生产过程中，采用绿色环保的化学技术和原理进行无污染和低碳化处理，降低生产中的污染物排放，使其对环境的影响最低。

随着科学技术的不断创新和进步，绿色化工技术逐渐成为当代精细化工研究和发展的前沿技术，推动化学工业不断朝着经济效益、社会效益、生态效益三者结合的方向发展，一方面促进了精细化学工业的精细化程度不断提高，另一方面也在可持续发展上实现了绿色环保。

多年来，绿色化工技术在中国精细化工中得到广泛应用，为精细化工提供了技术保障，同时对提高环境保护水平，保持生态平衡起到重要作用。

绿色精细化工的发展是化学工业发展的需要，也是社会对化工企业提出的新要求。绿色化工技术主要有以下几方面：

（一）微化工技术

微化工技术是指利用卫星单元操作设备、微型传感器技术、微型执行器装置和

微型构造设备等进行化学研究和生产的一整套微化学工艺体系总称。微化工技术是绿色化工技术中的一种，是利用现代物联网技术的发展和先进的科学技术对化工生产进行有效控制，对提高生产效率、保护生态环境起到重要作用。

（二）绿色催化技术

化工企业在生产过程中，需要进行化学反应，化学反应一般都需要催化剂，催化剂在化学反应中能提高反应速度，对物质的合成、分解起到重要作用。但催化剂在应用的过程中，有时也会产生一些有害物质，必须经过有效加工处理，否则排放出去，会给环境造成一定的污染。现在精细化工生产中基本都使用绿色催化技术，以减少化学反应过程中副作物的产生，达到保护生态环境的目的。

日益发展的先进技术大大促进了绿色催化剂的研究进展，有机合成工业借助仿酶催化剂、固体酸碱催化剂、纳米催化剂等催化剂大大促进了有机合成工业的发展。现在人们都是采用更加先进的手段来对传统催化剂进行强化优化，保证整个催化反应过程更加高效合理，使得每一个反应条件更加适宜于进行催化工作，保证整个生产环节向绿色方面转换和发展。

（三）绿色分离技术

化工技术的不断发展，使得化工分离技术形式不断优化和更加高效，精细化工中采用的分离技术也越来越多样，如超临界流体萃取、膜分离、树脂吸附、分子筛吸附、微波萃取等分离技术就得到广泛应用，成为发展迅速的几种主要的绿色分离技术。这些绿色分离技术往往具有能耗低、污染小、效率高、操作简单等特点，多在一些医药、农药、香料、添加剂、表面活性剂、化妆品等行业中得到积极广泛的应用。

（四）绿色精细化工合成技术

随着工业经济的发展，针对信息技术和计算机技术的研发及应用也取得了巨大的进步，在此基础上，科学研究成果和先进技术的共享，大大促进了整体绿色精细化工合成技术的加速进步。绿色精细化工合成技术中不对称催化合成技术在手性药物、部分医药、农药、香料等行业都提供了绿色高效的合成方法。有机电化学合成技术取代了一些高温、高压、高污染的传统化学合成技术，如电氧化、电还原、电取代、电聚合、电裂解、电环化、电偶合等。

（五）计算机分子设计技术

计算机技术尤其是计算机分子设计技术，在绿色催化剂的作用下，可使精细化工有机物的合成反应更加有效地进行，促进精细化工产品的生产高效完成。计算机分子设计技术对提高精细化工的生产效率，节约成本，减少有害物质的排放，保护生态环境等起到重要作用。

（六）生物化工技术

精细化工技术的发展，需要依靠先进的科技支撑，生物化工技术是绿色化工技术中的一种，其在精细化工中的应用主要体现在大批量成功制备乙醇、丙酮等基础化工原料，还可生产杀虫剂、农用抗生素等生物农药。此外，生物化工技术还能利用细胞等微生物本身或其内部的酶进行精细化工生产，生产化学品助剂、生活用品助剂等。生物化工技术在精细化工生产中的应用，对精细化工的生产起到促进作用，同时也对保护生态环境起到重要保障作用。

总之，绿色化工技术的发展是中国化工企业持续发展的基础，必须将绿色化工技术落实到实际的化工生产中，推动现代精细化工的发展。要遵循可持续发展理念，科学把握精细化工的装置规模小、种类较多、生产装置具有多功能以及技术密集度高等主要特点，积极应用微化工技术、绿色催化技术、绿色分离技术等，促进绿色精细化工生产迈向新的台阶。绿色化工技术的应用是中国化工行业发展的趋势，符合现代精细化工企业发展的要求和方向。

四、精细化率有待继续提升，高端精细化学品待“补短板”

从世界范围而言，美国、西欧和日本等发达国家的精细化率保持在较高水平。中国部分精细化工产品凭借优异的产品质量，已经在国际市场拥有较强的竞争力，并占据越来越多的市场份额，但由于基数相对较低、产品技术含量相对较低等原因，中国精细化率总体相对较低。中国精细化工发展迅速，但由于起步晚，加上存在技术瓶颈等制约，无论是在产品种类、数量、规模，还是在质量、水平和效益等方面与发达国家相比都存在一定差距，尤其是高性能、高技术含量的高端专用化学品还依赖进口，不能完全满足石油化工产业转型升级、高质量发展的需要。

随着能源、原油和石脑油等基础原材料成本的步步上升，处于化学工业中下游的精细化工面临的形势也更加复杂。一方面是增加的生产成本很难转移到精细化学品下游产品价格上，这些下游产品往往是高度竞争性产业，如汽车、电子设备和数字家用电器等；另一方面要获得高垄断价格，需要实现产品差异化和转产高附加值产品，而实现这一目标的前提是具备极强的研发实力。

虽然中国已经逐步成为世界重要的精细化工原料及中间体的加工地与出口地，但在高端化工类产品领域与发达国家相比还有较大差距，部分高科技产品进口依存度较高，基础型和原料型产品比重过大，化学工业整体竞争能力有待提高。此外，中国高端精细化学品严重短缺，部分高科技产品还处于空白状态，应大力发展高端专用化学品，抢占国际竞争制高点。

当今人类社会正面临着资源与能源、环境与健康、食品与营养等重大课题的挑战，精细化工发展也将围绕这些主题展开。随着中国经济的稳定增长，尤其是国家对精细化工的高度重视，精细化工发展将迎来更大的机遇和广阔空间。中国精细化工领域技术开发和产业化的方向将是强化自主创新，以突破核心催化技术、现代反应工程技术和精细加工技术为重点，开发环境友好工艺，不断实现精细化工产品的功能化、高性能化、专用化和高附加值化，满足相关行业的需求。同时，中国精细化工通过学习与借鉴发达国家的发展经验和先进技术，尽快缩短差距，补足短板，并在一些领域取得领先地位，提高经济效益和核心竞争力，使中国真正跻身于世界精细化工强国之列。

第十九章 生物化工发展史

（1949～2019年）

生物技术是在生物学、分子生物学、细胞生物学和生物化学等基础上发展起来的，是由基因工程、细胞工程、酶工程和发酵工程四大先进技术组成的新技术群。生物化工是将现代生物技术和相关化工技术应用于工业规模的生物制造过程中，以微生物或生物酶为催化剂实现物质转化，大规模制备人类所需产品的统称。生物化工是生物技术与化学工程技术相互融合交叉发展的领域，大力发展生物化工是以可再生的生物资源替代不可再生的化石资源，实现工业模式从石油经济向生物经济根本转变，解决人类面临的资源、能源及环境危机的有效手段。

随着生物技术在工业中的应用得到飞速发展，在世界范围内生物化工呈现出高速增长的发展态势，成为当今世界高技术竞争的重点领域。世界各主要经济强国都把发展生物化工作为保障能源安全、环境质量和经济发展的国家战略，纷纷投入巨资优先发展。特别是随着生物催化技术的进步、化学工程和生物信息学等学科技术的发展，越来越多的大宗化学品制备由化学法转向生物法，生物化工迎来了一个崭新的发展时期。当今世界正孕育着一场用生物可再生资源代替化石资源的战略大转移，即“碳氢化合物经济（化石经济）”逐步转变为“碳水化合物经济（糖经济）”。

世界生物化工起始于第二次世界大战时期，以抗生素的深层发酵和大规模生产技术的研究为标志。20世纪60年代末至80年代中期，生物催化与转化技术、动植物细胞培养技术、基因技术、新型生物反应器和新型生物分离技术等的开发和研究日益兴起，主要用于生产药用多肽、疫苗、干扰素等。到20世纪后期，随着以基因工程为代表的高新技术迅速发展，为生物化工的进一步发展开辟了新的领域。如今，随着生物技术的高度发展，生物化工技术和化工生产技术已成为当今世界高技术竞争的重要焦点之一。

中国有着丰富的可再生资源，具备了发展生物化工的资源优势与条件。中国的生物技术开始于20世纪70年代中期，是生物技术初创阶段。1986年，中国把开展生物技术领域的研究列入国家高技术研究和发展计划中，中国生物技术研究工作进入新的发展时期。进入21世纪后，随着现代生物技术的不断发展，中国生物化工得到快速发展，涉及医药、保健、农药、食品与饲料等多个领域，已成为许多重要生物化工产品的研究开发和生产大国。生物发酵产业产品总量居世界第一，维生素C、青霉素、柠檬酸、有机酸等一大批产品在世界上占有重要地位，总体技术达到国际领先水平。“十二五”时期，中国生物发酵产品产量从2010年的1800万吨增加到2015年的2426万吨，年总产值从2000亿元增至近2900亿元。中国已具备发展生物化工的较好基础，一批关键技术取得突破，一批创新产品得到推广，一批产业化项目建设实施，市场融资、外资利用和国际合作均取得积极进展，涌现出一批快速发展的企业，呈现集聚化发展的态势。“十三五”期间，中国生物化工在基础研究和核心技术方面取得诸多突破，开展了生物基材料、生物基化学品、新型发酵产品等的规模化生产与应用示范，建设了一批以绿色生物制造等为重点的创新中心和产值过100亿的生物制造专业园区，实现了原料、过程、产品的绿色化，推动中国化学工业的绿色转型升级。基本实现“现代生物制造产业产值超1万亿元，生物基产品在全部化学品产量中的比重达到25%，与传统路线相比，能量消耗和污染物排放降低30%”的预期目标。

生物化工在国民经济发展中占有重要地位，其发展对于保护生态环境、缓解能源压力、构建资源节约型、环境友好型的新型和谐社会具有重要作用；对于抢占新一轮产业革命制高点，发展新经济，培育新动能，实现低碳经济与工业可持续发展具有重要意义。

第一节 生物化工起步发展

（1949～1957年）

这一时期，中国发酵法乙醇、酶制剂、发酵法总溶剂等生物化工产品开始起步发展。

一、发酵法乙醇实现连续化生产

乙醇（又称“酒精”）是一种无色透明、具有特殊气味的液体，易挥发成气体，能与水互溶。乙醇的生产方法主要有发酵法和化学法，工业生产中主要采用发酵法。发酵法乙醇是指利用玉米、甘蔗、小麦、薯类、糖蜜等原料，经发酵蒸馏而制成的产品。

中国最早的酒精生产厂是于1922年创办的山东济南溥益糖厂附设的酒精工厂。这之前，中国没有建立自己的酒精工业，学术研究和工业上所需的酒精皆依赖进口。济南溥益糖厂附设的酒精工厂利用制糖的副产品糖蜜来生产酒精。1927年，该厂因原料不足停产，1936年恢复酒精生产。在抗日战争全面爆发前，生产酒精的工厂还有上海的中国酒精厂和美龙酒精厂、湖南酒精厂、陕西酒精厂、广西柳州酒精厂、北平的五星酒精厂等。其中，规模最大的是中国酒精厂（后名上海溶剂厂），机器设备全部购自英国，采用爪哇糖蜜为原料，日产酒精3万公斤，为当时远东最大的酒精厂。中国近代最早生产无水酒精的工厂是1936年在陕西咸阳创建的陕西酒精厂。该厂为求原料取给方便，将设备迁移至四川资中，建成后日产酒精10吨。

抗日战争全面爆发后，中国酒精厂等许多工厂遭到破坏。陕西酒精厂也于1939年迁往四川，建立了资中酒精厂。抗战期间，为解决液体燃料供应难题，国民党政府大力推动发展酒精工业，国民党军事机关经营的较大型酒精厂合计20余家。其中以资中酒精厂最为著名。滇越铁路被封锁后，液体燃料供应困难，四川民营各厂风起云涌，资中、内江一带成为全国酒精工业的中心。1941年是后方酒精工业的黄金期。至1944年底后方云贵川大后方酒精厂共有306家，年产能力达2400万加仑以上。

新中国成立以后，中央政府高度重视发酵法乙醇工业发展，促进了生产技术进一步提高，乙醇工业进入崭新的发展阶段。1954年10月，重工业部化学工业管理局与中国酒精厂实行公私合营，定名为公私合营上海溶剂厂。1956年，上海乙醇厂利用1万升发酵罐培养出黑曲霉NRRL330，用其生产糖化酶用于乙醇生产。该企业先后培养出大批专业化技术人员，在生产上大力推广新技术、新工艺、新设备，使乙醇产量激增、乙醇质量得以提高，乙醇工业出现了翻天覆地的变化。

20世纪50年代，中国华南、东北、华北等各地糖厂都建有乙醇车间，各省份的中小型酒精工厂更是层出不穷，一大批新菌种、新工艺、新设备得以引进和发展，发酵法乙醇实现了连续化生产。

中国是以发酵法生产乙醇的发源地，其中80%是用淀粉质原料生产乙醇，主要包括玉米、木薯、马铃薯和小麦等粮食作物。以木薯等薯类为原料的约占45%，以玉米等谷物为原料的约占35%。

1957年，吉林新中国制糖厂开创了以糖蜜为原料制造乙醇的先河，随后广东江门甘蔗化工厂、广西桂平糖厂、新疆八一糖厂等一批制糖厂建立了酒精车间，全国各糖厂几乎全部实现了连续法生产。淀粉质原料生产乙醇，主要是在桂平、沈阳、大连等地的工厂实现了连续法生产，工艺也日趋完善，菌种不断更新。在山东济南、河南南阳、北京、上海等地的大型酒精厂以薯干为原料生产的乙醇规模都在万吨级以上。

二、酶制剂得到初步发展

酶是由活细胞产生的、催化特定生物化学反应的一种生物催化剂，其分布极其广泛，存在于动物、植物和微生物体内。酶的工业化制剂称为酶制剂，主要用于催化生产过程中的各种化学反应，具有催化效率高、催化专一性强、作用条件温和、能降低能耗、减少化学污染等特点。

酶制剂作为一种具有催化活性的生物催化剂，在人类的生产、生活中具有非常重要的作用，可应用于食品、纺织、造纸、制革、洗涤剂、饲料、医药以及环保等领域。

自然界中发现的酶已达数千种，但实现工业化生产的酶制剂并不多，主要包括工业用酶和特种酶两种。工业用酶主要包括食品饮料用酶、洗涤用酶、乙醇生产用酶、饲料用酶等。特种酶主要包括制药用酶、生物研究用酶、诊断用酶、生物催化剂等。

20世纪50年代，酶的主要生产方法是生物法，即利用微生物细胞、植物细胞或动物细胞的生命活动来获得人们所需的酶产品。首先要经过筛选、诱变、细胞融合、基因重组等方法获得优良的产物工程菌，然后在生物反应器中进行细胞培养，通过细胞反应条件优化，再经过分离纯化得到人们所需的酶。

20世纪50年代初，中国一些研究机构和有关企业已开始研制生产酶制剂，酶制剂工业得到初步发展。1956年开始，上海酒精厂在上海市轻工业研究所与轻工业部食品发酵研究所协作下，用1万升发酵罐深层培养黑曲霉NRRL330生产糖化酶作为酒精生产的糖化剂，这是中国首次将抗生素发酵的深层培养技术引入发酵工业，是酒精工业的重大革新。

三、发酵法总溶剂装置建成投产

发酵法总溶剂是指用发酵法生产丙酮、丁醇，并副产乙醇，其产品的比例是丁醇：丙酮：乙醇=6 ∶ 3 ∶ 1。发酵法生产的生物丁醇与生物乙醇同属于经生物加工工艺生产的醇类燃料，但生物丁醇较生物乙醇具有更多优越性。

1949年8月，大连大学科研所进行了发酵法丙酮丁醇的试验研究。从1954年开始，中国利用这项技术并依靠自己的力量，在上海市把中国酒精厂改建成上海溶剂厂，至1956年建成全国第一套3000吨/年总溶剂生产装置。1956年，上海溶剂厂总溶剂产量达到1257吨。随后企业将单罐发酵改为半连续和连续发酵，选育出能抗噬菌体的丙酮丁醇菌种以及采用了新型浮阀塔工艺。

从1956年开始，华北制药厂利用苏联的技术建造了溶剂车间并投产。随后有些省份也纷纷新建了发酵法生产丙酮、丁醇的工厂，基本上形成了南方以上海溶剂厂为中心，北方以华北制药厂为中心的生产格局。

第二节 生物化工初步发展

（1958～1976年）

中国酶制剂、有机酸、氨基酸等生物化工产业得到初步发展，生物化工技术在医药、农药、有机化学品等领域得到广泛应用。

一、酶制剂品种增多并形成产业

20世纪50～70年代，植物细胞培养技术和动物细胞培养技术得到快速发展，促进了酶制剂产业化技术水平的进一步提升。

1958年，上海印染二厂在上海市轻工业研究所协作下，在上海建成了3000升发酵罐生产枯草杆菌液体淀粉酶，用于棉布退浆，实现了酶法退浆，填补了国内空白。

1959年，上海市轻工业研究所和上海酒精厂、上海制革厂合作，采用固体培养法生产栖土曲霉3.374蛋白酶，用于皮革脱毛，革新了过去脏、累、污染严重的灰碱脱毛法。

1960年后，上海市轻工业研究所、中国科学院成都生物研究所、轻工业部食品发酵研究所、华南工学院、江苏省轻化厅科研所、轻工业部皮革所、上海溶剂厂、上海正广和汽水厂等，就细菌淀粉酶、蛋白酶、霉菌糖化酶的生产和应用进行了广泛研究，并建立车间自产自用，极大地推动了中国酶制剂工业的发展。

1964年，为了加速发展纺织物酶法退浆工艺，轻工业部向江苏轻化厅科研所下达了进行细菌α-淀粉酶产业化研究的项目，利用北京纺织研究所从退浆剂中分离出的菌种（BF-7658），在完成实验室工作后与无锡制药厂协作进行发酵罐中间试验，1964年通过技术鉴定。

1964年，中国科学院微生物研究所筛选出了蛋白酶高产菌——枯草杆菌1398，并同江苏省轻化厅研究所合作研究并通过鉴定。基于环保需要，中国科学院微生物研究所还与上海工业微生物所等多家研究院所合作，对皮革生产用的蛋白酶和脂肪酶进行了研究。

1965年，无锡酶制剂厂成立，这是全国第一家酶制剂厂，成为中国酶制剂工业发展的里程碑。1965年无锡酶制剂厂生产的BF-7658淀粉酶，首先应用在淀粉加工和纺织退浆上，这是中国首次应用。无锡酶制剂厂培养了大批人才，成为中国第一代酶制剂科研和生产的专业人员，为不断发展的中国酶制剂工业做出了贡献。

此后，连云港、温州、北京、山东、上海、天津等地酶制剂厂相继建立，到1976年全国已开设酶制剂厂近20家。北京东华强盛生物技术有限公司（原北京市房山酶制剂总厂）始建于1976年，一直致力于以玉米为主的粮食深加工生产，主要产品有淀粉酶、碱性蛋白酶、糖化酶等，主要应用于纺织、酿酒、制糖以及洗涤剂等领域。湖南鸿鹰祥生物工程股份有限公司也于1978年开始从事酶制剂生产，是中国较早的一批酶制剂生产企业之一。

在此期间，固定化酶和固定化细胞技术开发也受到重视。许多科研单位，如中科院和轻工业系统的多个研究院所分别采用不同的固定化载体，针对不同的酶，进行了广泛的固定化技术研究与开发。同时，为了促进酶制剂工业的发展，轻工业部自1976年起多次召开酶制剂生产和应用座谈会，并成立了行业协会，指导酶制剂工业的发展。

二、发酵有机酸工业体系形成

在生物化工中，发酵法生产有机酸占有很重要的地位。随着生物化工技术的迅速发展，利用发酵法生产有机酸的企业日益发展壮大，形成了以柠檬酸为支柱的有机酸工业。

1959年，轻工业部发酵工业科学研究所完成了200升规模深层发酵制取柠檬酸实验，1965年进行了生产100吨甜菜糖蜜原料浅盘发酵制取柠檬酸的中试，并于1968年投入生产。1965年，天津市工业微生物研究所以薯干为原料，利用深层法发酵生产柠檬酸。1966年，上海酵母厂以玉米淀粉为原料，深层发酵柠檬酸，并获得成功。1968年，在上海酵母厂建立了全国第一家以淀粉为原料深层发酵柠檬酸的车间，1970年开始产业化生产。1973年，上海新型发酵厂推动了中国第五代柠檬酸发酵优良菌种的研究，成为中国首家生产柠檬酸钠的企业。

中国发酵有机酸工业自20世纪70年代进入了蓬勃发展的新时期，逐步形成了柠檬酸、醋酸、乳酸、苹果酸、衣康酸等品种较为齐全的工业体系。尤其是柠檬酸高速发展，具有世界领先的技术水平。

三、氨基酸工业蓬勃兴起开创新纪元

氨基酸工业是自20世纪50年代兴起的一个朝气蓬勃的新工业体系。随着氨基酸及其衍生物的作用日益被人们所认识，其应用从调味剂逐步发展到医药、食品、农药、渔业、化妆品、保健品等各个领域，其生产技术从水解提取发展到化学合成、酶法生产，种类从最初的20多种发展到上百种。

20世纪50年代末，以糖蜜为原料直接发酵生产谷氨酸，开创了氨基酸工业发展的新纪元。随后，中国味精产业发展起来。中国味精厂都以粮食作物（玉米、大米、小麦、甘薯）为原料通过微生物发酵、提取、精制的方法生产味精。中国是味精生产大国，产量提高很快，其产业化发展奠定了中国氨基酸工业发展的坚实基础。

20世纪60年代初，已发现的氨基酸的种类和数量为50种左右，当时世界氨基酸每年产量10万吨左右，主要用作鲜味调料。从60年代后期开始，氨基酸用作饲料添加剂，多采用发酵法生产。微生物发酵法是借助微生物具有自身合成所需氨基酸的能力，通过对菌株的筛选、诱变处理及代谢过程的调节来达到合成某种氨基酸的目的。工业生物发酵法使氨基酸工业开始腾飞，其产量大增，成本大幅下降。

随着氨基酸生产技术的不断革新，进一步促进了氨基酸的应用向多元化发展。氨基酸在传统医药领域上用作氨基酸营养输液、代血浆用输液、止血用氨基酸输液等，还用于治疗药物和医药合成原料。氨基酸具有营养、调味、添色、增香、矫味、除臭、保鲜、保色、抗氧化等多种功能，在食品工业中的应用更加广泛，主要产品有作为鲜味剂和甜味剂的甘氨酸、色氨酸、组氨酸等，还有天冬氨酸、丙氨酸、甘氨酸用于饮料的口感和口味的改善。在世界范围内，最大的氨基酸市场是饲料添加剂，主要有蛋氨酸、赖氨酸、苏氨酸、色氨酸等。

四、现代生物技术促进发酵法总溶剂技术进步

随着国际原油价格的上涨和出于可持续发展的考虑，20世纪70年代后，世界各国纷纷开始关注发酵法制溶剂生产（丙酮和丁醇）。研究开发中，一些基于分子生物学的手段也逐渐应用到了产溶剂梭菌的研究之中，使得利用代谢工程改造产溶剂梭菌成为可能。

国内科研工作者关于发酵法制溶剂生产的研究主要集中在菌种筛选、物理化学方法诱变和发酵工艺优化方面。中国科学院微生物研究所的方心芳在国内最早开始丙酮丁醇发酵的研究，筛选分离得到具有较高溶剂合成能力的丙酮丁醇菌22株，并于1959年在《微生物学通讯》杂志上发表了中国第一篇关于丙酮丁醇发酵的研究论文。1960年，化学工业部在无锡新溶剂厂召开了第一次全国总溶剂生产经验现场交流会，对促进技术进步起了重要作用。1970年，北京化工研究院等单位对羰基合成法生产丁醇和辛醇进行了较长期的试验研究，后利用该技术在北京建设了万吨级的丁醇、辛醇生产装置。

五、沼气利用得到重视并出现兴建热潮

沼气是有机物质在厌氧条件下，通过微生物发酵产生的以甲烷为主要成分的可

燃性混合气体。沼气可以作为优质的农村生活能源，也可以通过小型发电设备转换成高品质的电能；沼液和沼渣可以应用于农业生产，能够显著提高土壤的肥力和改善土壤的理化性质。

中国对沼气资源的研究起步较晚，20世纪60年代末到70年代初，全国出现了兴建沼气的热潮，建起了600多万个沼气池，基本上都是农村家用沼气池及少量大中型人、畜粪便沼气池。但由于技术水平的限制及发展速度过快，沼气池的设计和施工都很不规范、缺乏正确的技术管理。

中国每年产生大量的固体有机废弃物，特别是广大农村地区，秸秆焚烧、畜禽粪便污染物、生活垃圾等已成为严重威胁环境质量和安全的主要污染源。随着环境保护压力的加大，沼气工程已经成为中国处理有机污水和畜禽粪便的重要选择，国家对沼气工程，尤其是处理畜禽粪便的沼气工程支持力度逐年加大。

六、生物化工技术在多领域得到广泛应用

生物化工技术是在传统发酵工业基础上逐步演变发展而来的，已经渗透到包括医药、农药、有机化学品等几乎所有的工业领域。

生物化工技术使医药工业产生了巨大的变化，不仅提供着丰富的生物医药中间体，直接形成了大规模的生物制药产业，而且还在新药筛选、改进现有药物的生产工艺，改良微生物药物的生产菌种等方面发挥作用。生化药物因其具有极高的附加值成为未来发展的主攻方向，基因和蛋白质功能研究、疾病和药物研究动物模型、药物作用靶点筛选的新技术等在药物研发和应用中极大推动了生物制药工业的发展。

1958年，中国科学院王应睐、曹天钦、邹承鲁、钮经义、沈昭文等科技人员提出了采用人工方法合成蛋白质的目标，得到国家大力支持。1958年12月底，中国正式启动人工合成胰岛素课题。1959年初，人工合成胰岛素的工作全面展开。首先是由钮经义、沈昭文、龚岳亭几位研究人员组织有关人员解决了氨基酸大量供应的问题。天然胰岛素的拆合工作在邹承鲁的指导下几经波折得以解决，为全合成胰岛素奠定了基础。

1965年9月，化学家邹承鲁、邢其毅和汪猷等领导的研究室经过7年的协同努力，获得了世界上首批人工方法合成的、结晶形状和生物活性与天然相同的结晶牛胰岛素。这是世界上第一次人工合成多肽类生物活性物质，具有极为深远的意义。

由于蛋白质和核酸两类生物高分子在生命现象中所起的主要作用，人工合成了第一个具有生物活力的蛋白质，便突破了一般有机化合物领域到信息量集中的生物高分子领域之间的界限，在人类认识生命现象的漫长过程中迈出了重要的一步。胰岛素的全合成开辟了人工合成蛋白质的时代，结构与功能研究、晶体结构测定等结构生物学亦从此开始。多肽激素与类似物的合成，在阐明作用机理方面提供了崭新的有效途径，并为中国多肽合成制药工业打下了牢固的基础。

生物农药是指以活的生物体或生物代谢产物为主，制成用于农作物病虫草害防治的农药，其最突出的优点是对人畜健康和生态环境不造成明显的危害。由于消费者对无公害农产品的需求日益增加，所以世界生物农药发展很快，研究开发也很活跃。中国政府十分重视发展生物农药，在菌种改良、发酵工艺优化、机理研究和剂型加工工艺等方面都取得较大进展。苏云金芽孢杆菌是世界上用途最广、产量最大的微生物杀虫剂，自1965年第一个商品制剂“青虫菌”问世以后，广泛应用于农业、林业和贮藏害虫的防治。井岗霉素是防治水稻主要病害纹枯病的微生物源生化农药，自20世纪70年代问世以来，已占据水稻纹枯病防治市场的90%以上，防治对象也已从水稻扩大到了小麦、玉米等作物的纹枯病。

生物化工技术在化工领域应用广泛，其中最突出的是将其应用于有机化工原料与大宗化学品的生产中。生物化工生产的生物基化学品包括C_1～C_6的许多平台化合物：C_1体系主要包括甲烷、甲醇等；C_2体系主要包括乙醇、乙酸、乙烯、乙二醇等；C_3体系主要包括乳酸、丙烯酸、丙二醇等；C_4体系主要包括丁二酸、富马酸、丁二醇等；C_5体系主要包括衣康酸、木糖醇等；C_6体系主要包括柠檬酸、山梨醇等。20世纪60～70年代，中国生物发酵工业快速发展，其中一些生物基化学品的生产已在大规模应用。

第三节 生物化工技术进步显著

（1977～1990年）

1977～1990年，中国柠檬酸、酶制剂、发酵乙醇、可降解塑料等生物化工产业技术进步显著，获得蓬勃发展。

一、柠檬酸工业跻身世界前列

柠檬酸为白色、无臭的结晶性粉末，广泛存在于水果和蔬菜中。柠檬酸可应用于食品、饮料、洗涤用品、医药及化妆品等领域，其中以食品和饮料的消费为主，占总消费量的70%以上。

20世纪60年代，天津市工业微生物研究所、上海市工业微生物研究所相继开展用黑曲霉进行薯干粉深层发酵柠檬酸的试验研究并获成功，从而确定了中国柠檬酸生产的主要工艺路线。自1972年起，中国开始大量出口柠檬酸。20世纪80年代初，上海高东柠檬酸厂首家开始生产柠檬酸酯，湖北省黄石柠檬酸厂开始采用一步法生产柠檬酸钠。由于中国柠檬酸的技术水平较高，且成本低廉，所以柠檬酸工业一开始就跻身世界行列，逐渐成为一个以出口为主的外向型产业，得到国家的大力支持。

二、引进消化助推酶制剂工业现代化

随着国际酶制剂市场竞争日趋激烈，国际上一些大型酶制剂生产厂商，为了扩大生存空间和实现可持续发展，不断进行兼并、重组，向外发展。

20世纪80年代中期，中国酶制剂工业开始从国外引进技术，通过消化吸收，进而合资合作，促进中国酶制剂工业提升现代化水平。国际大型酶制剂生产企业Novozymes和美国Genencor都在中国建立了生产基地，其他一些国外中小型企业也尝试在某些领域与中国企业开展合作，表明中国的酶制剂工业在世界上处于重要地位，国内快速增长的应用市场也受到国际酶制剂企业的普遍关注。

1979年，中国利用黑曲UV-11糖化酶菌种进行糖化酶生产，首先在白酒、酒精行业推广应用，提高了出酒率。

1990年，2709碱性蛋白酶在洗涤剂工业上应用，由于这种颗粒酶在国内市场的出现，使加酶洗衣粉开始风行全国。

三、引进技术和设备提高发酵乙醇产品质量

中国通过技术引进和消化吸收，促进了乙醇发酵技术水平的提高，在蒸馏控制、糟液治理、综合利用水平方面都取得了长足进步，具备了整套大型装置的设计和制造能力。利用淀粉质原料生产乙醇，在蒸煮设备上实现了罐式、锅式、柱式等

多形式的连续蒸煮方式，蒸煮糖化也均安装了真空冷却设备。液体曲发酵罐多为空气带升式多喷嘴罐和高位罐等形式，提高了产率。蒸馏设备则采用三塔式，从泡罩塔代替浮阀塔，导向筛板塔、斜孔塔等其他新型设备也不断出现，蒸馏操作都已采用集中仪表控制。在综合利用上，很多企业把乙醇副产品二氧化碳制成液体二氧化碳或干冰，有的用以生产纯碱和小苏打，大大提高了综合利用水平。

四、发酵法总溶剂进入大规模产业化

总溶剂生产是中国历史最悠久的发酵生产，曾在化学工业生产中发挥了重要的作用。20世纪80年代初，发酵法生产丙酮、丁醇的工厂达到50多家，绝大多数厂都是采用玉米和山芋干为原料，少数工厂也曾用过糖蜜、大米等其他含淀粉原料。在英国、美国等发达国家已终止溶剂发酵生产后的相当长一段时间里，中国仍不断有不同规模的新的总溶剂发酵厂在内地产粮、产煤的资源省份建成投产。一些先进的工艺手段也相继应用于丙酮丁醇发酵，如气体剥离技术、多级连续发酵技术等。

生物丁醇项目也列入了国家计划以及中科院重点计划。中科院上海生命科学院经过“七五”国家科技攻关项目研究，从土样中自然分离、诱变、选育得到的高丁醇比例菌种，丁醇产率占70%，淀粉转化率为25%，总溶剂产生达每升20克，这些指数均高于传统工业菌种。

五、可降解塑料开始转向全生物降解塑料的研发

生物塑料是一种不依赖石油资源，而以可再生资源如淀粉、植物油和纤维素等为原料，通过生物技术转化为聚合物材料。这种生物塑料制品使用后可以在自然环境或者在工业、城市堆肥设施中被微生物降解为水和二氧化碳，不污染环境，有利于保护生态环境。

中国自20世纪70年代引进地膜栽培技术，大幅度提高了作物产量，获得了显著的经济效益。1979年，中国正式从日本引进并开始使用塑料地膜用于蔬菜种植，随后塑料农膜大面积推广应用，掀起了一场农业上的“白色革命”，对中国的“米袋子”和“菜篮子”工程做出了贡献。特别是山区采用地膜覆盖技术后，玉米、马铃薯产量大增，有效地解决了山区人民的温饱问题。为此，地膜覆盖栽培技术在国内迅速发展，使中国的地膜生产和应用一度居世界之首。

但是，由于不注重捡拾、回收使用后的塑料地膜，地膜开始在农田中累积，影响到植物的生长和机耕作业。解决地膜残留问题，最可行的办法是采用生物可降解地膜来满足地膜使用的条件并解决残留问题。为此，人们开始研发生物可降解塑料地膜，当时开发的主要品种是光降解塑料——一种采用光敏剂添加于聚乙烯中的塑料。

20世纪80年代中期，中国对生物可降解塑料的研发逐渐集中在淀粉添加型塑料方面，主要为聚烯烃类和聚苯乙烯中添加或共混淀粉的品种。由于含有相当比例的聚烯烃和聚苯乙烯，这种塑料品种实际上难于生物降解，所以中国的学术界开始转向全生物降解塑料的研发。为此，国家自然科学基金委员会组织、资助了一批全生物降解塑料的基础性研究，如国家自然科学基金委员会资助中科院长春应用化学研究所、广州化学研究所和浙江大学的二氧化碳/环氧化合物共聚物项目，中科院成都有机化学研究所的聚乳酸项目，江西省科学院应用化学研究所的热塑性淀粉项目，中科院微生物研究所、中科院长春应用化学研究所和清华大学共同承担的聚羟基丁酸戊酸酯项目。还有天津市自然科学基金和教育部骨干教师基金资助天津大学的聚羟基丁酸酯（PHB）共混改性项目等。

第四节 生物化工发展进入黄金期

（1991～2000年）

1991～2000年，中国酒精、酶制剂、微生物法丙烯酰胺等生物化工产业技术水平大幅提升，对外开放形成新格局，发展进入黄金期。

一、通过引进技术大幅提升酒精生产技术水平

安徽特级酒精厂从法国Speichim公司引进六塔差压蒸馏全套设备和技术并投产后，中国酒精生产上了一个新台阶。1996年中粮生化能源（肇东）有限公司20万吨/年优质食用酒精生产线的投产，标志着国内酒精工业初步完成了引进和消化现代国外大型酒精生产技术。这主要是由于中粮生化能源（肇东）有限公司的全部技术、设备制造以及工艺运行主要由国内专业人才和设备制造企业独立完成。

二、酶制剂工业对外开放形成新格局

20世纪90年代，国外酶制剂大公司纷纷到中国建厂和合资，带来了国际先进技术和经营理念，带动了国内酶制剂工业的发展，使酶制剂工业发展进入了一个崭新阶段。

诺维信公司在中国天津合资建立工厂，一期工程投资1.5亿美元，并在1998年投产。1998年6月，无锡市酶制剂厂经过3年的洽谈与杰能科公司实行了强强联合，成立无锡杰能科生物工程有限公司，将杰能科公司的新型复合酶源引进中国，从此酶制剂工业对外开放开创了一个新局面。

从20世纪90年代后，通过引进国外先进技术和国际合作，中国酶制剂工业的技术水平和装备水平都有了很大的提高，产品品种增多，质量也有了明显的提高。2000年，酶制剂产量达30万吨，是1992年的3倍。中国酶制剂主要集中应用于洗涤剂、淀粉加工、酒精和酿酒三大行业，酶制剂推动了发酵工业和其他相关行业的发展，并产生了巨大的经济和社会效益。

三、发酵法总溶剂市场因国际原油价跌而受到冲击

1996年后，由于中国原油价格相对便宜，相反粮食价格成倍上涨，基于粮食价格调整等因素，导致合成法生产丙酮、丁醇的成本低于发酵法，加之后来国内几家引进的合成法生产丙酮、丁醇装置相继投产，发酵法总溶剂产品市场遭到了剧烈冲击，发酵法生产已无力与石油化工方法竞争，国内相关生产线陆续下马，仅有少数企业因特殊需求采用粮食发酵方法进行小规模生产。而随着中国石化工业的快速发展，引进国外先进技术相继建成了一批大中型乙烯生产装置，其中有的配套建设了羰基合成丁醇生产装置，如齐鲁石化公司、吉林化学工业公司以及大庆石油化工总厂等。国内利用化学合成法生产正丁醇的企业生产厂家已有20多家，总生产能力约为30万吨/年。

四、协作攻关开发成功微生物法丙烯酰胺工业化技术

微生物法生产丙烯酰胺（AM）是以丙烯腈作为原料，采用生物酶作为催化剂进行水合反应而得到丙烯酰胺产品。其优点是在常温下反应，无副反应带来的杂质

和铜离子，单体不需要提纯即可直接聚合，聚合物分子量大大超过现有化工法生产的产品。

国内对微生物法丙烯酰胺技术的研发已多年，先后有上海农药研究所、中国科学院微生物研究所、上海交通大学和北京石油化工研究院等单位开展了研究。其中上海农药研究所选育出具有高酶活力的*Nocardia* sp.86-163菌株，并在国内首先实现大规模应用，使中国成为继日本、俄罗斯之后掌握微生物法生产丙烯酰胺工业化技术的国家。

1991年，50吨/年规模的微生物法生产丙烯酰胺中试被列为“八五”中试攻关项目。1993年，上海农药研究所在浙江桐庐农药厂建立了国内第一套440吨/年微生物法生产丙烯酰胺中试装置。1994年，又在江苏如皋化肥厂建成了1500吨/年的试生产装置，生产运转正常后，又在江西农业大学化工厂、河北万全油田化学剂有限公司、山东胜利油田长安实业集团，各建成了1000～2000吨/年的生产装置。1996年，国家计委和国家科委组织了1万吨/年规模的微生物法生产丙烯酰胺的“九五”攻关项目，项目由上海农药所、胜利油田长安实业公司、江苏南天集团如皋化肥厂、化工部广州聚丙烯酰胺工程技术中心、北京恒聚油田化学剂有限公司等单位共同承担，并于2000年12月通过技术鉴定与验收。该技术1998年获国家科技进步二等奖，2000年获国家“九五”重大科技成果奖。

中国微生物法丙烯酰胺生产技术取得很大成功，建成了万吨级工业化生产装置，技术水平跃进世界先进行列，引起了世界相关行业的极大关注。微生物法丙烯酰胺生产技术是中国拥有自主知识产权、居世界领先地位的生物化工产品生产技术。该项成果是中国利用生物催化剂生产基本有机化工原料，实现万吨级工业化生产的成功范例。

五、全生物降解塑料产业化开发成主攻方向

20世纪90年代后期，由于光/生物降解塑料难于完全生物降解以及价格偏高等原因，市场始终未能有效打开，迫使许多生产企业先后停产，仅有少数几家淀粉填充型降解母料生产企业在维持订单生产。经过痛苦的市场洗礼，国内将主要力量转向全降解型生物降解塑料的研发和产业化。

20世纪90年代，科技部对生产聚羟基丁酸戊酸酯（PHBV）生物降解塑料的科研单位或企业给予了资金支持，中科院联合相关企业对二氧化碳/环氧化合物共

聚合物的产业化进行了产业开发。一些民营企业也参与了聚羟基丁酸戊酸酯、聚乳酸的产业化开发。江西省科学院、中科院长春应用化学研究所、华南理工大学、天津大学、天津工业大学材料科学与化学工程学院、中科院兰州化物所、绿维新材料（深圳）有限公司、武汉华丽科技有限公司等科研单位陆续推出了热塑性淀粉生物降解塑料的研究成果，制品包括薄膜、网、片材和发泡材料。

1993年6月，在中国塑料加工工业协会和轻工总会科技司的支持下，中国工程塑料学会降解塑料研究会成立，有力地推动国内降解塑料的健康和有序发展。

第五节 生物化工呈现快速发展态势

（2001～2010年）

中国糖生物工程等新兴产业快速崛起，酶制剂、柠檬酸、氨基酸等产业向更高水平发展，原料路线由粮食向非粮转变并取得重大技术突破，总体呈现快速发展态势。

一、糖生物工程产业快速崛起

糖生物工程是21世纪最引人注目的一个崭新的生物技术领域，被科技界称为第三代生物技术。糖链具有重要的生理功能，许多寡糖和多糖产品在疾病诊断与防治、营养与保健、畜牧养殖、植物生长调节及抗病等方面具有极大的应用潜力。糖生物工程的研究开发是生物质资源高值化利用的基本途径，广泛地应用于医药、农业、食品、化工、能源、环保等领域。进入21世纪后，新兴的糖生物工程产业在中国快速崛起。

糖生物工程被列入《国家中长期科学和技术发展规划纲要（2006～2020年）》确定的重点领域及前沿技术，成为中国21世纪高新技术及新产业革命支柱技术。糖生物工程是科技部支持的国家“863”高技术研究发展计划、国际科技攻关项目的重要内容之一。中国科学院大连化学物理研究所生物技术部天然产物与糖工程课题组对壳寡糖进行了系统的深入研究，取得了一系列拥有自主知识产权的成果，他们的壳寡糖的制备技术已经达到了国际先进水平，同时壳寡糖产品在市场上进行推广也得到了广大用户的认可。

进入21世纪后，中国政府加大对糖生物工程支持力度，建立糖生物工程技术平台，完善糖链制备、分离、分析与应用的技术体系，重点发展了寡糖以及微生物多糖等，并开发了寡糖饲料添加剂、寡糖生物农药、寡糖功能食品等，实现了许多重要糖生物工程产品的应用开发及其产业化。为中国食品安全、健康养殖、医药保健以及工业与环境的和谐发展，提供了重要的技术与产品支撑。

二、酶制剂产业向更高水平发展

进入21世纪后，酶制剂工业在经历了半个多世纪的起步和迅速发展之后，已成长为一个富有活力的高新技术产业，保持了持续高速发展。企业普遍加大了设备和技术改造力度，并开始引入技术创新基地建设和资本运营等保持高科技企业可持续发展的理念，从而使酶制剂工业的技术水平有了质的飞跃。

中国酶制剂工业向“高档次、高活性、高质量、高水平”方向发展，向专用酶制剂和特种复合酶制剂发展，向新的应用领域发展，向新型糖类、面粉加工、肉类、油脂、调味品、饲料、纺织、纸浆、环保等方面发展，酶制剂应用技术已成为发酵产业的核心技术。随着空气绝对过滤技术、发酵自动化控制技术、超滤膜后处理技术、无菌技术、保存技术等先进生产技术在酶制剂产业中的应用普及，中国酶制剂生产逐渐摒弃传统工艺，产品品种和规格多样化，液体酶、复合酶替代固体酶和单一酶占据了市场主流。特别是企业普遍加大设备和技术改造力度，并开始引入技术创新基地建设和资本运营等保持高科技企业可持续发展的理念，从而使酶制剂工业的发展水平有了明显提升。

2001 ～ 2010年，国际酶制剂工业的生产技术也发生了根本性的变化，以基因工程和蛋白质工程为代表的分子生物学技术的不断进步和成熟，以及对各个应用行业的引入和实践，把酶制剂工业带入了一个全新的发展时期。利用基因工程技术，可以使用已知的微生物高效地生产新的酶种，从而省去了大量的原始菌株改造、驯化、发酵条件研究等工作；利用蛋白质工程技术，能够在生产新酶之前对该酶的性质进行改良和调整，研究如何改善酶的活性或者赋予酶新的、人们所需要的性质，诸如底物的特异性和亲和性等。基因工程、蛋白质工程改造和设计对酶具有革命性的导向，从而使酶制剂工业进入一个崭新的时代。

三、柠檬酸生产规模、技术水平和环保水平居世界前列

进入21世纪后，柠檬酸工业的生产规模、技术水平及环保水平等方面均有了高速发展。

中国是世界柠檬酸第一大产销国，产能居世界前列。2010年，柠檬酸总产能为134.6万吨，占世界柠檬酸总产能的71.6%。随着柠檬酸生产集中度逐步提高，涌现出了一批具有国际竞争力的柠檬酸供应商。山东潍坊英轩实业有限公司是世界最大的柠檬酸生产企业，安徽丰原生物化学股份有限公司和日照鲁信金禾生化有限公司并列第二位。中国作为世界最大的柠檬酸产出国，具有先进的柠檬酸生产技术，产品远销100多个国家和地区，在柠檬酸的价格等方面拥有主导权。

柠檬酸生产技术水平不断提高。传统的柠檬酸生产是以薯干为原料，经生物发酵工艺和钙盐法提取工艺制得，存在环境污染严重、生产成本高、产品质量不高等问题。经过多年研究和生产实践，研究出了以玉米粉、稻米等为原料的生产方法，使生产成本大大降低，废物排放减少。同时，通过发酵液提纯、母液净化处理、循环利用废糖液等技术对柠檬酸生产工艺进行了改进，降低了生产成本、能耗及污染物的排放，基本实现了清洁的生产工艺。

柠檬酸生产的环保水平不断提高。由于出口增长过快，柠檬酸工业一直受到美国等反倾销的困扰，2000年，美国对中国柠檬酸产品的反倾销起诉就给行业带来了巨大的震动。由于柠檬酸生产过程产生大量的高浓度有机废水和硫酸钙废渣，因此柠檬酸工业环境治理任务很重。2002年12月13日，国家经贸委联合外贸经部和国家环保总局发布《禁止未达到排污标准的企业生产、出口柠檬酸产品》的公告，规定凡在中国境内从事柠檬酸生产的企业，必须建设与生产规模相适应的环境治理设施，主要污染物排放必须达到国家规定的排放标准，未达标的企业禁止生产和出口柠檬酸产品。2003年，开展了柠檬酸环保核查，促使柠檬酸工业环保水平取得了巨大变化。2004年、2006年两次调整柠檬酸工业污染物排放标准，新标准提高了COD、BOD要求，同时又增加了总氮、总磷、色度等项新指标。这些措施的实施，为柠檬酸工业创造了良好的发展环境，整顿了行业的竞争秩序，减少了对环境的污染。

四、氨基酸工业主要产品开发日新月异

随着生物工程技术的快速发展，氨基酸工业的发展也日新月异。中国是世界主

要发酵类氨基酸生产国和消费国，应用领域逐步扩大。在氨基酸工业主要产品中，谷氨酸产品生产规模居首，其次是赖氨酸产品。

2002年，中国谷氨酸产量达到110.28万吨，2005年达到136万吨，居世界第一位。国内谷氨酸已形成独立工业体系，规模和技术水平仅次于抗生素工业。谷氨酸产量前10名的企业包括：河南莲花味精集团、山东菱花味精集团公司、江苏菊花味精集团公司、山东齐鲁味精集团公司、广州奥桑味精食品公司、沈阳红梅集团有限公司、浙江蜜蜂集团有限公司、山东铃兰味精集团公司、杭州味精厂、山东味美食品有限公司。

中国是世界赖氨酸最大的生产国和消费国。2004年，赖氨酸产量达到15万吨，2005年达到20万吨。国内赖氨酸生产企业有30家左右，主要有长春大成生化工程有限公司、四川川化味之素有限公司、福建泉州大泉赖氨酸有限公司、安徽丰原生化股份有限公司、牡丹江绿津生物公司等。随着牲畜和家禽饲养业的大发展，作为饲料添加剂的赖氨酸需求量急剧增长，市场需求的缺口每年靠大量进口补充。

进入20世纪后，氨基酸新应用领域在不断拓展，如氨基酸及其衍生物可作为药物合成的原料，可广泛应用于多聚氨基酸（聚赖氨酸、聚谷氨酸）、氨基酸螯合剂、高新技术产品等。

五、燃料乙醇原料路线向非粮转变并取得重大突破

进入21世纪后，燃料乙醇成为各国研究开发热点。燃料乙醇是通过对酒精进一步脱水（使其含量达99.6%以上）再加上适量变性剂而制成。它不仅是一种优良燃料，而且是一种优良的燃油品质改善剂。燃料乙醇是生物质能源发展最快、产业规模最大的产品，已成为世界各国竞相发展的重点新能源产业。

中国政府将燃料乙醇的开发生产、使用列入国民经济发展第十个五年计划，推动了国内燃料工业的发展。当时为解决陈化粮问题，国家批准建设了吉林燃料乙醇有限公司、河南天冠燃料乙醇有限公司、黑龙江华润酒精有限公司和安徽丰原燃料乙醇有限公司4家定点生产厂，这对全国燃料乙醇工业的发展无疑是一个巨大的推动。为了扶植燃料乙醇发展，国家给予了优惠政策，促使燃料乙醇工业快速发展，标志着中国燃料工业上了一个大台阶。从2001年开始，中国先后在河南、黑龙江、吉林、安徽等9个省份开始试用车用乙醇汽油，采取地方立法的手段，在试点城市封闭运行。2003年，吉林（一期30万吨/年）大型燃料乙醇企业投产，后成功改扩

建为40万吨/年，国内燃料乙醇生产能力不断提升。

2006年3月14日国家发展和改革委员会发布消息：中国已成为世界上继巴西、美国之后第三大生物燃料乙醇生产国。中国生物燃料乙醇生产能力已达102万吨/年，其中黑龙江华润酒精10万吨/年、吉林燃料乙醇30万吨/年、河南天冠燃料乙醇30万吨/年和安徽丰原生化股份32万吨/年。

但是，从2006年开始，为保证国家粮食安全，国家调整燃料乙醇的发展模式，开始限制粮食酒精的盲目发展，明确表示不再利用粮食作为生物质能源的生产原料，取代粮食的将是非粮作物。以玉米、小麦为主的第一代燃料乙醇原料被叫停，各大燃料乙醇公司遵循“因地制宜，非粮为主”的原则，开始发展非粮燃料乙醇，非粮原料生产燃料乙醇的关键技术逐步得到突破。

2006年9月，河南天冠集团3000吨/年的纤维酒精项目在河南镇平县奠基。2006年10月，上海天之冠可再生能源有限公司与华东理工大学合作完成纤维素生产中试，并建造5000吨/年的生产线。2006年，中国科学院过程所生化工程国家重点实验室与山东泽生生物科技有限公司建成秸秆生物转化3000吨/年燃料乙醇的示范工程，秸秆纤维素转化率70%以上，标志着秸秆酶解发酵酒精的工业技术取得重大阶段性新进展。

“十五”期间，糖类及薯类等非粮原料制取燃料乙醇技术取得重大突破。国家“863”计划开展了非粮食能源作物——甜高粱培育等关键技术的研究与开发，包括利用甜高粱茎秆汁液和纤维素废弃物等生物质制取燃料乙醇的技术。研发获得高产甜高粱品种“沈农甜杂二号”，推广种植面积达数万亩，并在黑龙江、山东、新疆、天津、内蒙古等地进行了甜高粱种植及燃料乙醇生产试点。据估算，用甜高粱秸秆生产燃料乙醇比用粮食生产的成本低10%左右，生产100万吨，可减排二氧化碳300万吨，可开发利用1200万亩盐碱地，吸纳6万农村剩余劳动力，为农民增收24亿元以上，并可提供1200万吨的牛羊优质草饲料或高于芦苇质量的造纸原料。

中科院成都生物所、四川省食品发酵工程研究设计院、成都阿可尔生物能源工程技术有限公司等科研院所和企业，充分发挥非粮原料红薯等种植资源优势，在以红薯为原料生产燃料乙醇的科研技术开发、原料选育、成套工程技术、建设中试示范工程以及产业化研究等方面做了大量的工作。

木薯、芭蕉芋也是制取燃料乙醇的生物质原料。2002年，全国木薯种植面积43.7万公顷，鲜木薯总产量591万吨。其中1/3以上的产量可用于生产酒精，可生产燃料乙醇50万吨以上。通过芭蕉芋原料处理、发酵工艺技术和酒糟综合利用、清洁化生产等技术研究，芭蕉芋干片原料的酒精出酒率突破27%，淀粉出酒率突破91%。

2006～2010年，国家开始将生物质资源高效培育技术和高效能源微生物的筛选列为重大科技专项农林生物质工程的重要课题。微生物发酵技术是利用微生物分解废弃物中的有机物，实现无害化、无污染化处理的技术方法，研究重点包括沼气工艺的改进、菌种的优化及中试规模的应用。

六、国际油价影响发酵法总溶剂市场

进入21世纪，随着化石能源逐步走向衰竭、环境危机的日益加剧，社会经济发展和国家安全受到了前所未有的挑战，由此为利用比较成熟的生物化工技术生产能源产品和化工产品提供了机遇。

世界经济的持续快速发展，对石油的需求迅速扩大，石油作为战略物资和不可再生的能源，价格不断上涨，带动了丙酮、丁醇价格上升，使生物发酵法生产总溶剂重新具有了市场竞争优势。世界上许多化学公司开始进行重大的战略转向，用生物质资源替代石油资源，用生物技术路线取代化学技术路线进行生物燃料及化学品的生产。特别是发酵法生产丙酮及丁醇是以再生资源替代不可再生的石油基原料，符合国家能源安全发展战略。

由于石油资源的紧缺和对环境质量要求的提高，发酵法生产丙酮、丁醇的技术显示出多重优势。人们开始重新考虑开发以粮食为原料生产总溶剂的新技术、新工艺，通过协同攻关，进行传统工艺的改造，研究出一条新的技术上先进、经济上可行的发酵法总溶剂生产新技术、新工艺。

随着能源替代战略的实施，丁醇用作燃料替代汽油成为世界各国研究的热点。在经济发展和社会发展的双重驱动下，不少知名公司开始关注生物丁醇，致力于开展利用可再生的生物质原料生产生物丁醇的研究。发酵法生产的生物丁醇与生物乙醇同属于经生物加工工艺生产的醇类燃料，但生物丁醇较生物乙醇具有许多优越性。

中国政府也在政策和资金上大力支持生物丁醇的开发，一批企业启动了生物丁醇项目。从2007年开始，在吉林、内蒙古、广西、江苏等地相继新建或恢复了一些发酵丁醇工厂，新建装置规模一般都在3万～5万吨/年，恢复的老发酵厂规模仍为5000～1万吨/年。至2008年底，已建成投产的10余家发酵工厂总溶剂生产能力达到35万吨/年，其中丁醇20万吨/年。

2008年，随着国际金融危机的持续蔓延，生物丁醇工业受到了严重冲击。由于石油价格的大幅回落，相关生物丁醇企业生产遭受很大影响。2008年上半年，生物丁醇工业整体状况还较好，然而几个月后，在金融海啸冲击下，下游需求不断萎缩，丁醇价格跌至生产成本线以下，导致国内总溶剂发酵工厂纷纷减产或停产。2009～2010年，在全球经济继续萎缩、油价持续低迷的背景下，生物丁醇工业的发展形势也处在艰难时期。

然而，国内外大多数企业家和投资者仍然看好生物丁醇的发展前景，对市场充满信心。因为不论从资源的战略角度考虑，还是出于对化石能源不可再生的全球性共识，探索以再生资源替代石油原料的发酵法来获取化学品、能源材料仍是一条极其重要的途径。近代分子生物学、生物化工以及其他学科发展的最新研究成果，也为这一传统而古老的技术的复兴创造了有利条件。决定发酵总溶剂成本的核心问题是丁醇的产量、总溶剂中丁醇比以及底物的价格，可采用诱变和基因工程相结合的手段来提高菌株对丁醇的耐受性、提高产物中丁醇比或扩大底物谱，还可拓宽菌种底物的利用范围，提高产溶剂菌种对五碳糖的代谢和利用效率，降低原料成本。

利用可再生资源木质纤维素生产丁醇，被认为是一种最具潜力的方法。这不仅可以摆脱石油资源供给不足、价格波动大的缺点，而且可以摆脱与人争粮的困扰。“不与人争粮，不与粮争地”是生物能源产业发展的必然趋势。代谢工程的发展使微生物的底物利用范围由葡萄糖为主逐渐拓宽，五碳糖、纤维素、半纤维素等的降解利用成为研究的热点。通过发展纤维素丁醇，有望将丁醇生产成本降低至与现有汽油相竞争的水平。同时，丁醇生产和燃烧过程中对环境污染轻微，燃料丁醇的推广使用将使丁醇的市场需求量突飞猛进。而且，由于燃料丁醇优越的性能，完全可能成为一种最具潜力的汽油替代产品。

随着石油资源的日益减少，基于发酵的溶剂制备作为一项重要的技术储备，取代基于石油路线的溶剂生产技术成为可能。中国作为一个石油资源并不丰富的国家，应借助溶剂发酵的良好产业基础，大力发展生物发酵法生产总溶剂。

七、聚乳酸生产应用技术仍处于起步阶段

随着原油资源的短缺、石油价格的巨幅波动，以及石油化学工业造成的空气污染和温室效应，生物基的聚合物备受关注，尤其是聚乳酸。聚乳酸是以玉米淀粉等

可再生资源为主要原料，经发酵制得乳酸，再经化学聚合而制成的全新降解材料。聚乳酸产品不仅具有良好的物理性能，还具有良好的生物相容性和降解性能，其研究开发不但成为塑料工业、包装工业的重要发展战略，而且成为全球瞩目的研究开发热点。

中国早期开始进行聚乳酸的研究和开发工作的单位主要有：中科院长春应用化学研究所、中科院成都有机化学研究所、中科院上海有机研究所、武汉大学、浙江大学、复旦大学、天津大学、南开大学、东华大学、华南理工大学、华东理工大学、北京理工大学等。

中国聚乳酸的生产及应用技术还处于起步阶段，建成的生产装置数量较少、规模较小，导致产品成本相对较高，且综合性能不稳定，与传统塑料相比竞争优势不明显。2006年，浙江海正集团与长春应用化学研究所建成5000吨/年二步法中试厂，生产吸塑和注塑级的聚乳酸，2008年外销上百吨到日本供用户测试市场；江苏九鼎集团建设了百吨级中试厂，生产丙交酯及纤维级和吸塑级聚乳酸；上海同杰良公司用同济大学一步法技术，建设百吨级生产装置，后逐步扩产。2007年，湖北光华伟业有限公司用武汉大学的微波聚合技术，在孝感建成百吨级中试厂，生产丙交酯及吸塑、注塑和纤维级聚乳酸。

受聚乳酸技术及原料等方面制约，造成国内聚乳酸开工率较低，从而对中国聚乳酸工业的整体产量造成很大影响。一是商业规模的聚乳酸生产工艺存在技术垄断，有严格的专利保护，不易获得。二是聚乳酸的性能缺陷限制其应用领域的拓展。聚乳酸的性能缺点包括：热变性温度在50～60℃，所以抗热性差；耐冲击性低，限制在工程塑料领域应用；阻气性低，限制了在碳酸饮料包装领域应用；膜延展性差；耐用性差。三是成本价格太高。目前绝大多数均采用丙交酯的二步法工艺生产技术，普遍受到原料丙交酯进口及共混技术的制约，与发达国家相比，国内的聚乳酸生产成本更高。四是国内聚乳酸应用处于起步阶段，国产聚乳酸主要用于外销。

中国的聚乳酸工业仍处于起步发展阶段，最主要的限制因素是聚乳酸与普通塑料产品的价格差异，产品的成本问题直接影响了其市场的开发。改变这种状况，必须在政府限塑政策、税收政策、环保法令等方面做更多努力，才能促进聚乳酸和其他环保塑料的发展。

八、生物柴油装置陆续建立但发展缓慢

生物柴油是清洁的可再生能源，它是以油菜籽和大豆等油料作物、油棕和黄连木等油料林木果实、工程微藻等油料水生植物以及动物油脂、废餐饮油等为原料制成的液体燃料，是优质石油柴油代用品。随着环境保护和石油资源枯竭两大难题越来越被关注，生物柴油成为新能源研制开发的热点。在科技部“十五”科技攻关计划中，科技部高新技术司重点安排了燃料油植物能源利用技术开发攻关项目，支持发展黄连木、牛耳枫、麻疯树等野生油料植物的开发和能源利用技术。同时，支持生物柴油生产新技术、新工艺的研发，建设了两个2万吨/年的生物柴油新技术应用示范工程；建立了千余吨燃料油植物与优质种苗基地，在四川、云南、广西等地推广示范种植。

与发达国家相比，中国生物柴油工业不仅起步较晚，发展进程也较为缓慢。进入21世纪后，国内才陆续建立一些民营生物柴油企业。其中，万吨级企业有海南正和生物能源公司、四川古杉油脂化学有限公司、福建卓越新能源发展公司等，均建成了1万～2万吨/年生产装置。2001年9月，海南正和生物能源公司投资在河北建立起全国第一家生物柴油工厂，标志着中国生物柴油成功实现产业化。2002年8月，四川古杉油脂化学有限公司成功开发利用植物油下脚料在绵阳建立了生物柴油生产线。2003年，湖南天源生物清洁能源有限公司建立了生物柴油工业化生产的示范点。中国石油企业也重视生物柴油业务，积极稳妥介入。2008年7月，国家发展和改革委员会正式批准了中国石油南充炼油化工总厂6万吨/年、中国石化贵州分公司5万吨/年和中国海油海南公司6万吨/年三个小油桐生物柴油产业化示范项目。中国的生物柴油工业已形成民营企业、大型国企、外资企业共同参与的格局。仅从产能来看，中国生物柴油工业已经形成了一定规模。但由于原料短缺及价格高涨等原因，2007年，中国生物柴油产量仅约为30万吨，产能利用率只有10%，很多企业处于部分停产或完全停产状态，发展陷入了困境。

中国生物柴油的生产主要是采用廉价的废弃食用油，但废弃食用油过于分散，收集困难，且总量有限，难以实现生物柴油的大规模生产，突破原料制约成为国内发展生物柴油的重中之重。民营企业是最早进入生物柴油工业的企业，早期这些企业以廉价的植物油脚料、地沟油等废弃油脂为原料进行生产，实现了较高的盈利并快速发展壮大，成为生物柴油工业的主力军。然而，随着地沟油等废弃油脂原料的短缺及价格高涨，大多数民营生物柴油企业面临着严重的原料危机。

第六节 逐步形成产业集群发展态势

（2011～2019年）

进入21世纪以来，经过十余年的努力，中国的生物化工产品制造有了长足的进步。发展日益得到各界重视。2011年，由科技部会同相关部门合作起草的《“十二五”生物技术发展规划》于当年9月初公布。《规划》提出，到2015年底，生物农业和生物医药产值均达到2000亿元以上，工业生物技术产值达4000亿元以上，形成100个生物技术研发与产业化基地，20～30个科技创新团队。中国的生物产业和生物技术发展空间巨大。发展生物产业，也大大加快了传统化学制造业的改造。提升现代发酵、生物催化等技术，打造工业生物技术产业，对于促进传统化工产业的升级改造、推进绿色制造业发展意义重大，是缓解化石能源紧张、保障国家能源安全、实施循环经济的迫切要求。

进入21世纪的第二个十年，中国的生物化工技术不断进步，逐步形成产业集群发展态势。基因工程、蛋白质工程等新技术助推生物医药等工业快速发展并呈现持续增长态势。但也存在原料、价格、机制、税收等诸多问题，制约生物化工发展。中国的生物化工的产品品种、数量和技术经济指标与美国、日本等国相比仍有差距。

一、生物发酵工业实现规模化生产且技术不断进步

生物发酵工业是中国生物化工的重要组成部分，主要包括新型发酵和传统发酵生产，其中新型发酵包括生产氨基酸、有机酸、酶制剂、酵母、淀粉糖、多元醇、功能发酵制品等。

经过“十二五”期间的稳步发展，中国生物发酵工业逐渐形成味精、赖氨酸、柠檬酸、结晶葡萄糖、麦芽糖浆、果葡糖浆等大宗产品为主体，小品种氨基酸、功能糖醇、低聚糖、微生物多糖等高附加值产品为补充的多产品协调发展的产业格局，为食品、医药、化工等相关行业提供了品质优良的原料。其中，发酵大宗产品味精、赖氨酸、柠檬酸等产品的产量和贸易量位居世界前列，淀粉糖的产量位居世

界第二位。“十二五”期间，发酵工业主要产品的产量由2010年的1840万吨增长为2015年的2426万吨，年平均增长率5.7%；产值也由1990亿元增长为2900亿元，年平均增长率达到了7.8%。总体来说，“十二五”期间，中国生物发酵工业规模继续扩大，保持稳定发展的态势。

在此期间，中国生物发酵工业主要产品出口总量与出口额逐年稳步增长。主要产品出口量从2010年的264万吨增加到2015年的344万吨，年平均增长率5.4%。其中，柠檬酸、味精、淀粉糖一直是生物发酵工业主要出口产品。

随着生物化工技术水平不断提高，很多新技术相继问世，并得到了较为广泛的应用。在技术水平方面，酶工程、分离与纯化技术的进步，使生化反应过程发酵水平、分离纯化水平持续提升。生物反应器已进入第二代、第三代大规模生物反应研究，向多样化、大型化、高度自动化方面发展。

酶工程技术有了显著进步。包括酶的开发、生产、分离、固定、提纯的酶工程技术取得长足的进展，已经步入快速发展期。利用生物（酶）催化剂的生物合成与拆分，在手性化合物、药物、功能生物高分子等方面取得丰硕成果。随着空气绝对过滤技术、发酵自动化控制技术、超滤膜后处理技术、无菌技术等先进技术在酶制剂工业中的应用普及，中国酶制剂生产逐渐摒弃传统工艺，产品品种和规格多样化。尽管国际工业酶制剂市场长期被国外公司所垄断，但中国酶制剂市场份额在全球的比重已由“十二五”初期的不足10%提升到近30%，市场竞争力大幅提升。

分离与纯化技术取得了显著的进步。对生化产品价格影响比较大的分离和纯化技术，摆脱了以前分步骤多、耗时较长的原有模式，开始投入使用经济适用型的分离提纯技术。新型电泳分离、双水相萃取、大规模制备色谱等大型的分离技术已经开始大规模应用，利用高效分离精制技术、超临界气体萃取技术和高效双水相分离技术开发高纯度生物化学品技术日新月异。

人们越来越重视运用化学工程促进现代生物化工技术的发展，包括生化反应工程、生化分离工程、生化控制工程、生化系统工程等。生物化工技术为生物工程提供了高效率的反应器、新型分离介质、工艺控制技术和后处理技术，使生物技术的应用范围广阔，产品的下游技术不断更新，大大提高了生物工程的产量和质量。

生物技术的发展带来了化学工业的巨大变革。随着基因重组、细胞融合、酶的固定化等技术的发展，生物技术不仅可提供大量廉价的化工原料和产品，而且还将革新一些化工产品的传统工艺，出现少污染、省能源的新工艺，甚至一些不为人所知的性能优异的化合物也将被生物催化所合成。

二、生物化工逐步形成产业集群发展态势

世界高技术产业发展的重要趋势和一般规律为集群化发展。如今这也成了生物化工发展的重要特征和趋势，也是中国生物化工发展的重要形式。

经过“十二五”期间的发展，中国生物化工呈现以原料产地为主的产业集群区域分布。例如氨基酸、有机酸和淀粉糖生产主要分布在山东省、东北三省、内蒙古、河北省、河南省及安徽省。酶制剂生产则集中于江苏省、湖南省、湖北省和山东省。湖北省、广东省、广西壮族自治区和安徽省则成了酵母生产的主要集中地。

吉林省立足“玉米化工”。利用玉米资源优势，大力发展聚乳酸、玉米化工醇、乙烯和冰醋酸、玉米秸秆利用等产品，依托长春大成集团、中粮能源生化集团、吉林燃料乙醇公司、松原吉安生化公司等龙头企业，全力打造吉林玉米生物化工材料基地，建成全国玉米生物化工材料示范基地。

云南省打造“甘蔗化工”。在《云南省燃料乙醇产业发展规划（2006～2020年）》中指出，充分利用甘蔗资源优势，大力发展燃料乙醇。并公布了首批共10户燃料乙醇定点企业及6户备选企业。

四川省，开发“麻风树化工”。四川省与中国石油天然气集团公司签订了合作开发生物质能源框架协议，共同实施《四川省生物质能源产业发展规划》，把四川省建设成绿色能源大省、清洁汽车大省，建设60万吨/年甘薯燃料乙醇、10万吨/年麻风树生物柴油项目。四川省甘薯产量在全国名列前茅，野生麻风树分布面积居全国之首，且麻风树是国际上非常走俏的一种生产生物柴油的能源作物。

广东省拓展生物燃气。全国最大的生物燃气生产基地在广东乳源县建设。该基地由燃料乙醇厂、生物燃气厂、化肥厂和饲料厂等部分组成，形成30万吨/年燃料乙醇、1.3亿立方米/年天然气、10万吨/年化肥和10万吨/年饲料的能力。

在中国政府大力支持下，中国生物产业集聚加快，一批具有影响的国家生物产业基地形成。国家发展和改革委员会已分批认定了石家庄、长春、深圳、北京、上海、广州、长沙、重庆、成都、昆明、武汉、青岛等国家生物产业基地，多为生物医药产业基地，均涉及生物化工技术的应用和开发。集聚化发展是当今生物产业发展的趋势和重要特征，也是中国生物化工发展的重要途径。通过国家生物产业基地的发展建设，为中国生物化工又好又快发展提供了经验。生物化工经过多年激烈的市场竞争，企业规模不断扩大，产业集中度进一步增强，已经进入产业生命周期中的迅速成长阶段，正在为中国生物经济发展注入强劲动力。

此外，中国高度重视加强生物过程的工程化技术和装备的研究，加大生物反应器和产品的分离、提纯等支撑技术开发，取得了显著进步。生物化工支撑技术很多，其中最重要的是生物化工装备技术，生物化工装备及分离提纯技术是生物技术产业化的关键。现代生物技术的发展离不开化学工程，特别是生化装备及分离提纯技术，如生物反应器、目的产物的分离、提纯技术及设备都是非常重要的生物中下游技术。生物技术离开了化学工程技术就很难形成大规模的技术产业，生化装备及后处理技术为解决生物中下游技术，尤其是商业化起着重要作用。

三、基因工程、蛋白质工程助推生物化工快速发展

基因工程、蛋白质工程是近代生物技术发展的最新技术，以基因工程为核心，带动了现代发酵工程、现代酶工程、现代细胞工程以及蛋白质工程的发展。通过对传统产业进行技术改进而使得基因工程、蛋白质工程得到极大应用，助推了中国生物化工快速发展。

微生物菌种或酶是生物化工技术的基础，大部分成功的高产工业化菌株多是从自然界筛选得到的野生型菌株。但是目前人类筛选的范围十分有限，需要拓展新的筛选方法和范围。利用基因工程手段，重构代谢途径，抑制代谢支路，增强主代谢（产物方向）的代谢流量，从而超量生产所需要的产物。例如，在以木质素纤维素为原料的燃料乙醇工艺中，利用基因工程手段，将五碳糖产乙醇的代谢途径和六碳糖产乙醇的代谢途径整合到一个微生物中，构建出优良的产乙醇重组菌，可同时发酵利用五碳糖和六碳糖生产乙醇，大大降低了燃料乙醇的生产成本。

在医学上，人类基因与人类的疾病有相关性，一旦弄清某基因与某疾病的具体关系，人们就可以制造出该疾病的基因药物，对人类健康长寿产生巨大影响。一直以来，中国对人类基因组研究十分关注，在国家自然科学基金、“863计划”以及地方政府等多渠道的经费资助下，已在北京、上海两地建立了具备先进科研条件的国家级基因研究中心。同时，科技人员紧跟世界新技术的发展，在基因工程研究的关键技术和成果产业化方面均有突破性的进展。中国人类基因组研究已走在世界先进行列，某些基因工程药物也开始进入应用阶段。目前，中国在蛋白基因的突变研究、血液病的基因治疗、食管癌研究、分子进化理论、白血病相关基因的结构研究等项目的基础性研究上，有的成果已处于国际领先水平，有的已形成了自己的技术体系。而乙肝疫苗、重组α型干扰素、重组人红细胞生成素等十多个基因工程药

物，均已进入了产业化阶段。

当今，国际生物化工领域正处在一个技术转型时期，即由原来以筛选生产菌株、不同性状工业微生物相互配伍和利用各种诱变手段对工程菌进行改造等为代表的传统技术，过渡为以发现和识别生产相关的重要功能基因和其调控网络，并在此基础上利用分子生物学技术构建和改造工程菌及其相应的生产工艺为主的新的阶段，生物化工相关技术开发掀起新热潮。数据显示，2016～2018年公开的全球工业生物技术领域发明专利中，中国发明申请量达到75210件，占全球总量的32%，居全球第一。而中国授权发明专利达到20686件，占全球专利授权总量的29%，位居世界第二，仅次于美国。2016～2018年，中国在工业生物技术领域共发表论文38447篇，占全球发文量的23.54%，领先优势较为明显，国际影响力不断提高。中国已形成具有一定国际竞争力的工业生物技术核心研究能力，助推生物化工快速发展。

四、生物医药工业发展充满活力

生物医药工业是指以基因工程、细胞工程等为手段，将现代生物技术与各种形式的新药研究、开发、生产相结合，生产生物技术药物和疫苗等相关产品的产业。生物医药工业主要涉及疾病预防、疾病诊断、生物技术药物、生物治疗及再生医学等现代医药领域，已成为目前生物产业中极具活力、市场前景最大的高技术产业。

随着生命科学领域研究的不断突破，以生物技术为主要特征的生物医药工业发展迅速，成为新药开发及市场的重要领域，并逐渐成为企业以及各国政府争夺的产业制高点。在经历人类基因组图谱破译以来的研究热潮后，快速发展的基因组学技术、蛋白质组学技术、生物信息学技术、生物芯片技术、干细胞和组织工程技术等关键技术，正在推动现代生物医药成为当前医药产业新的增长点。

随着中国经济的发展、生活环境的改善、人们健康观念的转变以及人口老龄化进程的加快等因素影响，与人类生活质量密切相关的生物医药工业一直保持了持续增长的趋势。中国作为世界第二大经济体，在生物医药领域也发挥了积极的贡献作用。中国生物医药研发机构及企业经过数年的发展，在跟踪和掌握国际前沿技术的同时，逐步建立起具有中国特点的生物技术药物的创新体系。基因和蛋白质功能研究，疾病和药物研究动物模型，药物作用靶点筛选的新技术，药物新剂高通量筛选、规模化生产技术，以及药物安全评价和监控体系等在药物研发和生产过程中的应用，促进和推动了生物医药技术的发展。

中国生物医药产品除生化药物、疫苗、血液制品等传统生物制品外，还包括胰岛素、生长激素、集落刺激因子、红细胞生成素等现代生物技术药物，同时在基因治疗药物、单克隆抗体药物等领域也取得突破性进展，逐步成为中国新药创新的突破口。中国生物医药工业销售收入不断增加，且保持了较快的增速。2010年，生物医药销售收入为1062.45亿元，发展到2017年，生物医药市场规模为3417.19亿元。

中国生物医药产业园区与高新技术产业开发区相伴而生，蓬勃发展，已形成了包括长三角地区、珠三角地区、环渤海地区和东北地区在内的产业集聚区。如泰州医药城、北京中关村生命科学园、上海张江药谷、苏州生物医药产业园、武汉光谷生物城等。

不断提高中国人民的健康水平，需要加快研究开发具有重大应用价值的疫苗等生物医药产品。同时，面对日趋激烈的国际竞争，必须大力加强生物医药技术的创新能力，推进新的科技革命，增强中国的国际竞争能力，保证生物医药技术研究和开发的整体水平进入世界发达国家行列。为此，就要充分发挥中国现有医药产业基础优势，大力推进现代生物医药现代化进程；运用基因重组技术、原生质融合技术进行微生物发酵的菌种改良和工艺流程优化；支持利用基因工程、酶工程等现代生物技术改造传统的化学药、中药、天然药物、生化制品、血液制品等生产工艺路线，实现节约资源、提高效率；利用现代生物技术解决抗生素、维生素等大宗原料药的发酵、结晶及分离、提取等关键技术，降低能耗和减排污染物，积极发展医药中间体的生物法规模化生产，实现绿色环保清洁生产。

在今后相当长的时期内，生物医药技术仍将是现代高新技术发展中最为活跃的领域，同时也是国际知识产权竞争的主要焦点。随着中国经济的持续发展，生物医药工业将成为21世纪新的支柱产业。

五、加速生物燃料研发与生产

（一）发展非粮乙醇是未来方向

中国的燃料乙醇产业发展始于20世纪末，2016年产业规模已达到世界第三位。自2001年开始试点运行以来，2016年已建成生产能力231万吨/年，已批待建和在建生产能力105万吨/年，两者合计生产能力336万吨/年。按照原料划分，粮食燃料乙醇生产能力155.50万吨/年，占总生产能力的46.28%；新建和粮食改造木薯非粮乙醇生产能力168.50万吨/年，占总生产能力的50.15%；纤维素乙醇生产能力12.00万吨/年，占总生产能力的3.57%。燃料乙醇发展受政策驱动，需求取决于国内车用汽油需求量、乙醇汽油在国内的推广进程以及乙醇汽油的调配比例。从2017年国家出台多项政策看，国家正在推动燃料乙醇发展驶入快车道。

截至2017年底，中国燃料乙醇生产能力为304.5万吨/年，产量约260万吨/年。生产企业主要有中粮生化（安徽）股份有限公司、广西中粮生物质能源有限公司、中粮生化能源（肇东）有限公司、河南天冠集团、吉林燃料乙醇有限公司等。

中国燃料乙醇原料“瓶颈”一直是攻坚难点。以非粮作物为原料生产乙醇已成为重要发展方向，实现从粮食为主的原料路线向非粮转变，重点开发利用不与人争粮、不与粮争地且经济性较好的薯类、甜高粱及纤维资源等。在非粮原料中，木薯、红薯和甜高粱都是过渡性的替代原料，纤维素原料应是最终的选择。

纤维质原料种类繁多，目前用于乙醇生产或研究的主要有森林工业下脚料，木材工业下脚料，农作物秸秆，城市废纤维垃圾，甘蔗渣、废甜菜丝等工业下脚料等。利用秸秆生产燃料乙醇是生物质产品商业化的重要目标，燃料乙醇是一种巨大的再生能源，因此以秸秆为原料生产燃料乙醇具有其他淀粉质原料不可比拟的优势。国内多家企业和研究机构在开发纤维素乙醇方面也取得了可喜进展。河南天冠集团先后与山东大学、清华大学、华中科技大学、浙江大学、河南农业大学等院校进行交流合作，拥有了多项利用秸秆生产乙醇的关键技术。要实现秸秆生产燃料乙醇的产业化，需要开发秸秆预处理新技术，培育价廉、高活力的新型纤维素酶及五碳糖、六碳糖同步发酵的新菌种，研发出流程短、效率高、能耗低的秸秆生产乙醇新工艺，从而降低乙醇生产成本。同时，应注重秸秆中副产物的开发，例如气化木质素可以较低的成本转化为电厂的固体燃料，糠醛和乙酸也是潜在的副产品，有很大的市场潜力。

能源和环境问题是实现可持续发展所必须解决的问题。从长远看，石油液体燃料短缺将成为制约中国经济发展的重要因素之一。中国中长期发展规划要求“坚持非粮为主，积极妥善推动生物燃料乙醇产业发展”，随着国内油品质量不断升级和排放要求的提高，加上国家对能源安全的考虑，燃料乙醇作为清洁、环境友好的燃料必将得到快速发展。

（二）生物柴油方兴未艾

中国的生物柴油起步于21世纪初，2010年开始具备一定的产业规模。生产生物柴油的企业主要是民营企业。2013～2018年，年产量在60万～103万吨之间。中国的生物柴油出口从2016年后有了迅速增长，2018年达到31万吨。其中欧盟是从中国进口生物柴油量迅猛增长的地区，这表明中国以废弃油脂生产的生物柴油在欧盟得到积极的使用，另一方面也证明中国生物柴油产品质量已达到欧盟标准，产品得到欧盟市场认可。中国的生物柴油主要用途有：柴油调和以及作为环保增塑剂（环氧脂肪酸甲酯）合成原料。用于柴油调和比例逐年提高。

中国生物柴油原料主要是各种废弃油脂，该原料不适应国外常见的碱催化酯交换工艺。根据这个特点，中国生物柴油人员开发了多种产业化生产工艺，主要有酸-碱两步法、酸催化法、生物酶法等3种主要工艺，其中，采用酸-碱两步法工艺的企业数最多达到26家，采用酸催化法工艺的企业有4家，采用生物酶法工艺的企业有2家，采用加氢工艺的1家，采用其他技术（碱催化、甘油法等）的占比较少。

目前中国生物柴油发展在原料端和产品销售端都需要逐步完善配套政策和制度。2015年1月26日，国家能源局公布了《生物柴油产业发展政策》，要求生物柴油生产企业必须配套建设完善可靠的原料供应体系。以废弃油脂为原料的生物柴油生产企业，应制定完善的废弃油脂供应方案，重点与省级生物柴油产业专项规划相衔接，鼓励汽车、船舶生产企业及相关研究机构优化柴油发动机系统设计，充分发挥生物柴油调和燃料的动力、节能与环保特性。

（三）生物航空燃料研发有实质性进展

发展航空生物燃料是国际社会CO_2减排低碳的积极倡议。美国、英国、加拿大等国家均已经成功实现了航空生物燃料的试飞。中国从“十一五”期间开始启动相关研究。“十二五”以来，大学、研究机关、航空公司、飞机制造商、石油公司等参与中国航空生物燃料的研究开发工作全面启动，同时加大了航空生物燃料研究的相关国际合作。研发工作也有实质性进展。国内能源央企借助研发优势进入该领域。

2011年10月28日，装载绿色航空燃料与传统航空燃料混合引擎动力的一架波音747-400型飞机在国内进行了一个半小时的试飞。此次试飞使用的生物原料来自中国石油在中国西南地区种植的10万公顷麻疯树原料基地，试飞成功的意义在于向世人表明中国已经解决了航空生物燃料产业发展的关键技术瓶颈，建立了以非粮小桐子油脂为原料、符合中国实际、具有行业竞争力的全新产业链。这是中国石油与波音公司、霍尼韦尔等国际知名公司开展相关合作诞生的开发成果。中国石油在四川南充建设的生物燃料航空燃油工业生产装置于2014年建成投产。

从2006年开始，中国石油化工股份有限公司旗下的石油化工科学研究院开展了以棕榈油和菜籽油等植物油为原料的航空生物燃料的生产技术的开发工作，从2009年开始筹备了航空生物燃料的生产。2011年12月，石油化工科学研究院开发的植物油加氢法生产生物航煤工艺技术通过了中国石化组织的技术评议。2011年12月，在中国石化镇海炼油化工分公司旗下企业装置上以棕榈油为原料成功生产了1号2011航空生物燃料。2012年2月，中国民用航空局正式受理了适航审查申请。2012年10月，以棕榈油及菜籽油、废食用油为原料成功生产了航空生物燃料。2013年4月，注入中国石化的航空生物燃料的首次试飞圆满完成，表明中国已成为继美国、法国、芬兰之后的第4个可自主研发生产航空生物燃料的国家。经过此次试飞，中国民用航空局于2014年2月正式向中国石化发出1号航空生物燃料的适航证，说明中国最初的可商业利用的国产航空生物燃料诞生。得到认可的航空生物燃料是以棕榈油和废食用油为原料制备的。

六、生物降解塑料研发及商品化取得重大进展

中国经多年开展对生物降解塑料研发，部分生物降解塑料研发及产业化取得重大进展。

国内已经商品化的生物基可降解塑料包括：聚乳酸（PLA）、再生纤维素、淀粉塑料、聚羟基脂肪酸酯类聚合物（PHAs）等。PHAs类生物可降解塑料有聚3-羟基丁酸酯（PHB）、3-羟基丁酸酯和3-羟基戊酸酯的共聚物（PHBV），以及3-羟基丁酸酯和3-羟基己酸酯的共聚物（PHBH）。

国内已经商品化的石油基生物可降解塑料包括：聚丁二酸丁二醇酯（PBS）、聚己内酯（PCL）、聚乙醇酸（PGA）、二氧化碳可降解塑料（一般指二氧化碳和环氧丙烷的聚合物PPC）以及一类共聚酯。如聚己二酸/对苯二甲酸丁二醇酯（PBAT）、聚己二酸/丁二酸丁二醇酯共聚物（PBSA），与PBS同属聚酯类生物可降解塑料。

中国已逐渐在新疆、云南等地开展降解塑料地膜的试验工作。如2011年德国巴斯夫公司与中粮集团签订了农化战略协议，共同推广PBAT地膜，其中2012年在新疆开展了150亩番茄种植地膜的试验工作，2012年与武汉华丽联合开展降解塑料堆肥袋试点，2014年在长春建设降解塑料生产项目。2013年，广州金发科技与新疆生产建设兵团签订了700万亩农田的PBAT可降解农膜推广协议。中国塑料加工工业

协会牵头组建生物基降解地膜产业联盟，农业部农业生态与资源保护总站也进行了生物降解地膜测试评价体系建设调研推广。

在PHAs作为生物医用材料开发方面，中国微生物、分子生物学、发酵工程、化学工程和高分子材料等领域的科研工作者通过三个五年计划的努力，总体水平已居世界前列。中国还发现了与合成PHAs有关的20个PHAs合成酶基因。江苏南天集团与清华大学合作的聚羟基脂肪酸PHB，宁波天安生物材料公司与中科院合作的羟基丁酸与羟基戊酸共聚物PHBV，以及清华大学与广东联亿生物工程公司合作的羟基丁酸与羟基己酸共聚物PHBHx均有产业化成功应用。

2014年6月，国家发展和改革委员会和财政部联合发布了《关于组织实施2014年生物基材料专项的通知》，目标是以区域集群建设和制品应用为发展载体，通过需求侧拉动和供给侧推动相结合，推进非粮生物基材料产业链式发展，建设若干高密度、高水平、产学研用有机结合、引领示范作用显著的产业集群，加快可再生、可降解的生物基材料制品应用示范，促进生物基化学品对石油化学品替代。通过专项的进一步推动，生物基材料产业已初步形成环渤海、长三角、珠三角等产业集群，正在成为产业投资的热点，显示了强劲发展势头。

推进生物可降解塑料发展离不开国家政策支持。2015年1月1日，吉林省正式施行“禁塑令”，成为中国施行“限塑令”多年以来首个全面“禁塑”的省份，有力地推动了生物可降解塑料在中国的应用与发展。

生物可降解塑料应用于高端市场主要包括医疗用品、药物缓释材料、3D打印用材料等。PLA、PCL、PHAs等生物可降解塑料具有良好的生物相容性，在合成时可以通过分子设计实现性能的可调控性，因而在高端市场拥有发展潜力。应用在医疗和药物方面的生物可降解塑料主要是PHAs、PCL和PLA。PLA是目前最常用的3D打印线材之一，相比于其他通常使用的3D打印材料，不仅有丰富的颜色和良好的透明度，能够实现更高的打印速度以及更好的打印效果，而且还是环境友好型材料。生物可降解塑料由于其特殊性能，应用于高端市场具有不可替代的作用，有着广阔的发展空间。

总之，中国生物化工经过长期的发展，已取得了巨大成就，正在向专业化、高科技含量、高附加值、规模化及效益化方向发展。产业规模持续扩大，总体保持平稳发展态势；发酵产品具有量产优势，产量稳居世界首位；生物能源年替代量处于世界前列，主要生物基材料品种、产量和技术水平处于世界领先地位；多种传统石油化工产品和精细化学品实现生物质路线生产，在京津冀、长三角、珠三角等地形成了一批高水平、有特色的产业集群。

中国政府和行业充分认识到生物化工在国民经济和行业发展中的地位，遵循循环经济、低碳经济、绿色发展和高质量发展方向，先后投入大量资金启动了一批与生物化工有关的科技攻关项目，重点突破产业关键技术，提高产品的经济性，满足国家重大战略需求，使生物化工主要产品的生产水平有较大幅度的提高。通过攻关，在工业生物催化技术、生物炼制技术、现代发酵工程技术、绿色生物加工技术等关键生物化工产业化技术上取得重要突破，缓解了中国的资源瓶颈约束与环境矛盾，促进了国民经济的持续健康发展。

未来生物化工重心继续向生物替代转移，推动以石油为原料的化学工业，向条件温和、以可再生资源为原料的生物加工过程发展。基因工程等现代生物技术将广泛应用于改造传统化工产业，生物催化与酶工程技术将成为化学品合成的支柱并促进化工、能源、材料等产品的结构调整，具有特殊功能或环境友好的生物基新材料将推动化学工业向高效、清洁、低碳、循环的绿色化工发展。中国将实现由“跟踪”到“自主创新”的历史性跨越，不断提高生物化工的整体技术水平，使其成为支柱产业并在世界市场占有一席之地。

第二十章 有机硅工业发展史

（1951 ～ 2019年）

有机硅拥有特殊的化学结构，其主链为无机结构的硅氧链，侧链则通过硅原子与其他有机基团相连，结构中既含有“有机基团”，又含有“无机结构”。因此，以有机硅化合物为基材合成的新型化工材料——有机硅材料，兼具有机材料与无机材料双重功能，被赋予了耐高低温、耐气候老化、耐臭氧、电绝缘、憎水、难燃、无毒无腐蚀和生理惰性等一系列独特的优异性能，目前已经广泛应用于军事、航天航空、电子电气、建筑装饰、汽车、造船、轻工、机械、农业、日化及医疗卫生等国计民生的各个领域。

有机硅工业的发展水平，在一定程度上反映了一个国家的工业化水平。有机硅产品繁多，品种牌号多达万余种，常用的就有4000余种。

自1863年，法国化学家弗里德尔和克拉夫茨以$SiCl_4$和$ZnEt_2$为原料，制得了首个有机硅化合物四乙基硅烷（$SiEt_4$）开始，世界有机硅化学工业已经走过了150余年的历程。20世纪40年代，法、英、美、苏、日等国的化学家，在有机硅研究和应用方面取得了突飞猛进的进展。世界有机硅产品工业化生产，也从20世纪30年代起步，60年代有机硅材料迅速发展并开始形成工业规模；70年代，新型有机硅高聚物层出不穷，品种不断扩大，有机硅单体单套生产能力达到数万吨；到90年代，有机硅工业已经发展成为技术密集、在国民经济中占有重要地位的新兴产业。世纪之交，迈入兴旺繁荣期，许多国家实现了大规模工业化生产。受建筑行业、汽车行业和电子行业驱动，到2017年，世界主要聚硅氧烷生产商有美国道康宁公司、德国瓦克化学公司、中国蓝星（集团）股份有限公司、日本信越化学工业株式会社、美国迈图高新材料、新安化工集团股份有限公司。2017年，这6家公司硅氧烷产能合计161.5万吨/年，占全球总产能的64.5%。全球产能合计约250.3万吨/年。

中国的有机硅科研和生产始于20世纪50年代。1951年，重工业部北京化工试验所合成有机硅单体并试制硅树脂，开创了中国有机硅工业及应用研究之先河。从50年代初开始，中国科学院化学研究所等单位先后开展了硅油、硅橡胶、硅树脂、硅烷偶联剂、有机硅乳液等方面的研究，推动了中国有机硅产品的研发。到70年代，中国有机硅工业方兴未艾，产品日渐丰富，产能不断扩大，千吨级、万吨级装置先后建成，生产企业不断增多，产品种类日益增多。经过几代人的共同努力，中国有机硅工业已成为国内化学工业中为数不多依靠自主创新发展起来的拥有自主知识产权的民族工业，无论是在技术上还是在规模上都取得了令人瞩目的成就，有机硅产品已成为化工新材料中发展最快的品种之一，也是国家重点发展的战略性高新技术产业，为中国经济发展做出了重要贡献。

2014年，中国硅氧烷产能超过全球总量的一半，产量和消费量约占全球总量的40%，已成为全球最大的有机硅生产国和消费国。2019年，中国共有甲基单体生产企业11家，合计产能142.2万吨/年。产量为115.8万吨。2019年，全球聚硅氧烷产能255.5万吨/年，产量约213.2万吨，同比分别增长4.7%和1.5%，增量主要来自中国。经过长期发展，中国有机硅行业实现从基础原材料、有机硅单体、中间体到各类终端产品生产以及相关配套齐全的工业体系，全球有机硅产能及市场消费量增长主要由亚洲国家带动，尤其是中国，后来居上的中国有机硅工业已成为国际舞台上的一支重要力量。

第一节 自力更生开发产品的初创期（1951～1957年）

新中国成立初期，有机硅是一种新兴的材料，在世界上一些发达国家得到广泛开发和使用。新中国建设也非常需要这种新型材料。但由于西方国家在“巴黎统筹会”共识下全面管制氟硅材料出口，故中国一时难以得到有机硅材料，中国开始自力更生开发有机硅。适逢抗美援朝战争军用物资的紧急需求，中国开始组织科研力量进行有机硅单体及有机硅聚合物的研制开发工作。在一缺资料、二缺技术的极端艰难条件下，一批有机硅工业的开创者无私奉献和艰苦努力，没有条件创造条件也要上，推动研发工作有了良好的开端，实现了中国有机硅工业产品和技术零的突破。

一、解决军用设备防潮问题始建课题组

1949年新中国成立之时，西方发达国家的有机硅产业已经发展了十几年，英、法、美等国掌握了有机硅单体以及聚合物的合成技术。1950年，抗美援朝战争中，由于朝鲜半岛气候潮湿，发报机等通信设备和武器装备因受潮被腐蚀，经常出现故障，指挥通讯受到严重影响。有机硅材料具有优异的防潮性能，在设备表面涂覆有机硅材料或涂料是避免设备、设施受潮的较佳方式。于是国家加快了新中国有机硅工业的建设。

从1951年开始，中国投入科研力量进行有机硅单体及有机硅聚合物的研制开发工作。国家下达任务给重工业部北京化工试验总所（来源于黄海化学工业社、北平工业试验所），研制有机硅防潮涂料。在杜春晏所长支持下，1952年成立了有机硅课题组，该组为国内第一个有机硅专题研究组，组员十多位。组长杨大海工程师是留学日本东京工业大学的“海归”。组员当中有1951年刚毕业于上海同济大学、既懂英语又懂德语的杨冬麟，懂英语的戴莲茹，懂俄语的陈演汉等。课题组做了大量的日文、英文和俄文的文献收集和整理工作，对世界有机硅学科有概括性了解。随后就进行合成有机硅防潮涂料的探索实验工作。陈演汉将译自俄文的多篇论文编成一本译文集《矽有机化合物》，由科学出版社出版，此书应是中国最早出版的中文有机硅译文集。

此后，由戴莲茹、陈演汉、刘广林、温金诺、李门楼、傅积赉等多人先后组成的有机硅课题组开始了先在北京、后迁沈阳的有机硅单体和硅树脂涂料的试制工作。1953年7月，北京化工试验所、浙江省化工研究所、东北化工局研究室合并，成立中央重工业部化工局沈阳化学工业试验所（1955年更名为沈阳化学工业综合研究所，1956年更名为沈阳化工研究院），北京化工试验所有机硅课题组随所迁至沈阳化学工业试验所。

二、产品与技术零的突破

（一）有机硅单体的突破

这一时期，围绕有机硅单体制备先后开展研究的主要有：重工业部北京化工试验所进行格氏法合成甲基氯硅烷研究；重工业部沈阳化学工业综合研究所开展有机硅单体的合成研究工作；上海有机化学研究所（中国科学院化学研究所前身）开展硅氧烷的平衡和聚合研究等。

有机硅单体主要有甲基、乙基和苯基等系列，其中甲基单体用量最大。合成甲基单体的工艺路线有间接法和直接法之分，当时西方国家已掌握了技术经济指标先进的直接法工业化生产甲基氯硅烷的技术，而合成甲基氯硅烷的原料之一氯甲烷国内没有生产，实验室也不具备合成条件，沈阳化学工业综合研究所有机硅课题组决定用间接方法——格氏钠法，用沸点较高的氯乙烷合成乙基氯硅烷。课题组采用固定床反应器，用硅铜合金作为催化剂探索合成乙基氯硅烷，并于1954年取得成功。课题组在小型立式固定床反应器中合成出中国首个有机硅单体——二乙基二氯硅烷，为后期高温绝缘材料的制备打下了基础，产品精馏后供给南京的一些电子厂应用。

1954年中国科学院上海有机化学研究所高分子研究组（1956年该组迁入中国科学院化学研究所）的王葆仁、孙树门、黄志镗等开展用硅铁粉及氯甲烷合成甲基氯硅烷研究。由于当时没有高效的精馏塔，只能通过把甲基氯硅烷醇解，将二官能团和三官能团的沸点差加大，达到分离二甲基二氯硅烷和一甲基三氯硅烷的目的，成功地合成了高纯度八甲基环四硅氧烷（D_4）。

1954年，重工业部化工局化工试验所甲基单体课题组以氯甲烷、金属硅为原料，氯化亚铜（Cu_2Cl_2）为催化剂，用搅拌床直接法合成甲基单体。粗单体在实验室玻璃精馏塔中分馏精制，利用得到的二甲基二氯硅烷及三甲基一氯硅烷经水解制得八甲基环四硅氧烷及六甲基二硅氧烷（MM）。

（二）耐500℃高温有机硅涂料问世

1955年，沈阳化学工业综合研究所接到一项新任务，仿制可耐500℃高温的有机硅涂料，提供给飞机制造厂用于引进的苏式米格喷气式飞机尾部喷管的耐高温、防烧蚀。

由于正硅酸乙酯原料缺乏，课题组先合成四氯化硅，经与乙醇进行酯化反应得到正硅酸乙酯，然后采用格氏法以正硅酸乙酯作为原料，与镁和氯苯合成苯基乙氧基硅烷，再水解缩合，最后与聚酯树脂、铝粉配合制成涂料，工艺较复杂。

组长杨冬麟安排苏家齐、刘静萍、王淮云、郝瑞霞等分头进行工作。而课题组成员傅积赉负责合成四氯化硅。课题组在研发条件极其简陋的环境下开展工作，常需要佩戴防毒面具进行工作。

四氯化硅的酯化由苏家齐、刘静萍等负责。在制得一定量的原料后大家再轮班用格氏法合成苯基乙氧基硅烷，然后进行水解、缩聚，就这样一步一步直到耐高温涂料的制作完成。在试制过程中遇到漆膜冲击强度不达标的问题，刘广林同志发现与试样制备有关。最终比较顺利地完成了实验室试制任务。

完成耐高温有机硅涂料实验室试制工作后，徐世涛总工程师将此项目安排在院内208车间（即国内第一个有机硅生产车间）进行中间试验。在车间领导昝景芳、安邦魁组织下及车间技术人员杨立德、韩振山、冉高泽、冯兆祥和车间机械员赵文林及工人师傅们共同努力下，在车间很快建立起来中间试验装置。杨立德是208车间车间长，一直在有机硅中试车间，从事工程化技术工作。

但是开车却充满着艰辛，首先是四氯化硅合成炉的材质问题。开始用石英的，后来用碳钢的。合成反应也与在实验室里一样经常出现三氯化铁堵塞反应炉问题。在温度很高的反应炉中，很难处理，必须要用铁棍捅，环境的恶劣可想而知。

在格氏法合成苯基乙氧基硅烷时，因是放热反应，要十分细心地控制好温度。有一次因温度失控而导致爆炸，气浪将车间的屋顶也炸裂了，所幸没有伤人。就这样在208车间合成出了四氯化硅、正硅酸乙酯、苯基乙氧基硅烷等中间原料，最终生产出中国第一个有机硅产品——耐500℃高温的有机硅涂料，能大批量提供给飞机制造厂。正硅酸乙酯也是飞机发动机工厂精密铸造涡轮翼片翻砂时用的型砂黏结剂的原料。

在克服了非常简陋和艰苦的实验和试制条件下，课题组完成了耐500℃高温的有机硅涂料的实验室试制任务。最终生产出了中国第一款有机硅产品——耐500℃高温有机硅涂料，批量供给飞机制造厂。

中国有机硅工业的开创，是一代人在非常艰苦的环境下实现的。有机硅行业公认“三杨一傅”是中国有机硅工业奠基群体的代表。他们是杨大海（1921—1990年）；杨冬麟（1927—2003年）；杨立德（生卒年不详）；傅积赉（1929—2020年）。1958年12月，由杨冬麟、杨大海编著的《有机硅高聚物的特性及其应用》一书由化学工业出版社出版，这是中国出版的第一本有机硅专著。之后，杨大海、傅积赉、幸松民等人改变了原有模仿苏联的工艺路线，开始全面尝试研究合成甲基氯硅烷单体，1957年终于成功实现了用搅拌床直接生产甲基氯硅烷单体。

第二节 整合力量实现初步发展（1958～1977年）

在实现有机硅产品和工艺零的突破基础上，有机硅单体研发和推广工作逐步深入，建立数十套生产甲基单体的直径400毫米搅拌床，奠定了小批量生产有机硅产品的基础，开发成功直接法甲基单体流化床及新催化体系技术，硅树脂、硅橡胶、硅烷偶联剂等有机硅下游产品研究和开发工作也陆续展开。到20世纪70年代末，中国从事有机硅研究的单位共有10个、生产厂家20余家。甲基单体主要依靠直径400毫米搅拌床间歇生产，单机产能约30吨/年，总产量不到2000吨/年，聚合物生产能力也只有几十到百吨级水平，品种60余种，牌号200余个，产品价格昂贵，主要为军工配套或用于一些特殊行业，尚未形成有机硅工业体系。

一、相继诞生十余个科研、生产机构

1956年，中国科学院化学研究所（简称中科院化学所）成立。1958年，以曾昭抡为首任所长的中科院化学所建立了有机硅研究室，1950年获得美国宾夕法尼亚大学博士学位后回国的林一先生于1958年在该所建立了有机硅研究室。1958年，中国科学院兰州化学物理研究所（简称中科院兰州化物所）成立有机硅研究室。1957～1959年，苏联有机硅专家马丁洛夫来华讲学，南开大学周秀中、武汉大学卓仁禧、南京大学周庆立和山东大学杜作栋等人参加了学习。在此期间，曾昭抡在武汉大学设立元素有机研究室和元素有机化学专业室。1957年，杜作栋在山东大学创建了有机硅研究室，杜作栋及陈剑华、贝小来等一批知名有机硅专业学者，为山东大学有机硅学科发展打下了坚实基础。武汉大学、南京大学也相继成立有机硅研究室，中国系统开展有机硅研究和人才培养的体系逐步建立。

1956年9月，化工部对沈阳化学工业综合研究所调整改组，将有机合成及合成

材料部分迁往北京，成立了北京化工研究院，沈阳化学工业综合研究所更名为沈阳化工研究院。沈阳化工研究院于1960年重新组建了有机硅研究室，主要从事有机硅单体及硅橡胶、硅油的研制。北京化工研究院主要从事有机硅单体及硅树脂的研制。

1965年，化工部决定将沈阳化工研究院和北京化工研究院的有机硅研究力量集中到新组建的位于四川富顺的晨光化工一厂、二厂、三厂（1978年10月19日，化工部收回晨光化工总厂管辖权，并将其厂名变更为化工部晨光化工研究院，下文分时段记录名称）。从1966年10月开始，沈阳化工研究院将相关仪器、设备、文件资料等运往四川富顺，至1967年6月，相关仪器、设备、文件资料及科研人员基本到位；北京化工研究院的搬迁则从1969年开始，1970年上半年基本结束。上述两院的有机硅研究力量合并，并充实了1966年大学毕业生（研究生）及随迁到晨光院的科研人员，中国第一家有机硅材料专业研究机构正式诞生并开始运转。

到20世纪70年代末期，从事有机硅研究和生产的单位主要有北京化工试验所、沈阳化工研究院、北京化工研究院、晨光化工研究院、中国科学院化学研究所、北京电器科学研究院、吉林化学工业公司（简称吉化公司）研究院、上海树脂厂、哈尔滨绝缘材料厂、北京化工二厂、天津油漆厂、西安油漆厂、山东大学、武汉大学和南京大学等。

二、单体研发和推广见成效，发明“电跃205”

1958年8月，国家科委和化工部在沈阳召开了有机硅与环氧树脂现场推广会，沈阳化工研究院向多家单位推广氯化亚铜为催化剂、搅拌床直接法合成甲基单体等多项成果，其中包括600吨/年、150吨/年、40吨/年的设计图纸及技术资料。会后，国内有多家树脂厂、油漆厂、绝缘材料厂照此放大生产，一度建立了40多台生产甲基单体的直径400毫米搅拌床，为国内开展有机硅材料研究和小批量生产奠定了基础。

1958年，上海树脂厂建成直接法合成甲基氯硅烷生产装置。上海树脂厂较早建设了直径400毫米的搅拌床生产装置，并成为国内最早的批量生产甲基氯硅烷的企业，生产出纯净的八甲基环四硅烷。1960年，郑善忠开创性研究并提出使用四甲基氢氧化铵为催化剂，应用于硅橡胶的生产。上海树脂厂成为全国第一个有机硅全能工厂。

1958年，沈阳化工研究院在成功生产出苯基乙氧基硅烷和二甲基二氯硅烷两种有机硅单体后，课题组创制出嵌段共聚的甲基苯基聚硅氧烷。这种树脂耐高温、柔性好，可以用作电绝缘树脂，被命名“电跃205”，在哈尔滨电机厂制造的汽轮发电机上用作绝缘材料。课题组还开发了“电跃240”“电跃281”“电跃282”“电跃283”“电跃284”等系列产品，广泛用于军工产品的绝缘。1959年，“电跃205”获得国家发明证书（发字0018）。

三、开发直接法甲基单体流化床及新催化体系技术

因甲基单体搅拌床法生产效率低，无法满足需求。1966年3月，在化工部二局的安排下，北京化工研究院开始了流化床直接法合成甲基单体的研究开发工作。天津油漆厂王淮云等首先开展了小直径流化床合成甲基单体实验。1968年，晨光化工厂幸松民、刘业成与上海树脂厂杨永仿等，在上海树脂厂建立了全国第一台直径400毫米合成甲基单体的流化床装置。该项目于1971年通过部级鉴定，随后在晨光二分厂和上海树脂厂分别建设直径600毫米和直径700毫米流化床装置。由此直接奠定了中国直接法流化床合成甲基氯硅烷的技术基础。

这一时期，直接法合成甲基单体需要氯化亚铜作为催化剂，幸松民、赵应慧等研制成功直接法合成甲基单体高活性CuCl-Zn新催化体系，取代用量很大的氯化亚铜催化剂，经上海树脂厂验证，铜用量减少50%。经化工部鉴定，向全国有机硅行业推广并被普遍应用。吉化公司按此技术于1966年建立了百吨级氯化亚铜催化剂生产装置。至此，甲基氯硅烷规模化、产业化得以实现，为生产硅树脂、硅橡胶等其他下游产品奠定了基础。

1963年，傅积赉、吴盛全课题组在北京化工二厂利用该厂的无水氯化氢为原料，用流化床反应试制三氯氢硅取得成功。北京化工二厂和四川峨眉半导体厂应用该成果先后建立了生产装置，解决了当时生产乙烯基三氯硅烷等硅烷偶联剂和多晶硅、单晶硅原料短缺的难题。

1975年，武汉化工研究所柳玉堂等在鄂南化工厂建立中国第一套直径400毫米直接法合成乙基氯硅烷的流化床装置并试车成功。

四、硅树脂、硅橡胶等下游产品研究和开发

有机硅下游产品主要有硅树脂、硅橡胶、硅烷偶联剂、白炭黑等，广泛应用在

电子电气、日化、涂料、加工助剂、橡胶等领域。在此期间，很多科研院所在研究其合成路线和工业化生产方面取得了重大突破，推动了中国有机硅领域科学技术的发展。

（一）硅树脂

硅树脂是由三官能团及二官能团的有机硅单体水解缩合而成的网状和立体结构聚合物。1960年，北京化工研究院开始研究有机硅膜塑料，并在上海塑料厂进行生产。1968年，中科院化学所与四机部下属多家单位大力协作，研制成功了适用于封装小功率硅管与固体电路的KH-610有机硅树脂，并在北京化工二厂、上海树脂厂、长春树脂厂、晨光二厂等多家工厂扩大试验，开创了中国半导体器件采用塑料封装新工艺的先河。1974年，全国共生产有机硅树脂88吨。

（二）硅橡胶

硅橡胶是有机硅系列产品之一，硅橡胶按其硫化温度，可分为高温和室温硫化型；按其交联反应机理，可分为有机过氯化物引发型、缩合型及加成型。中国起步探索硅橡胶在世界上并不算晚，早在20世纪50年代末期，中国科研工作者就开始研究制造热硫化硅橡胶生胶。1965年，吉化公司研究院在沈阳化工研究院小试技术的基础上，开始了中试，中试工艺为间歇脱水连续聚合连续脱低分子的连续法，规模为年产胶5吨。上海树脂厂也在本厂小试的基础上，并学习吉化公司研究院经验，于1966年建了一套中试装置，也是类似的连续法，规模为年产胶5吨。这两套装置均采用四甲基氢氧化铵为催化剂，用一对真空室内的辊筒来分解催化剂并脱除低分子量聚合物。

1966年，晨光化工二厂仿照吉化研究院技术，建设了一条10吨/年生胶生产线，这在当时是产能最大的生产装置。20世纪70年代，吉化研究院还开发出用闪蒸的原理来脱低分子的装置，在世界领域都属创新。该院还开发了单螺杆连续出料装置。1974年，全国生产硅橡胶12吨。

在学习了吉化研究院技术的基础上，晨光化工二厂自行设计了一套年产50吨的生胶装置，并通过不断的改进，很快将生产能力提高到150吨/年。

1. 有机过氧化物引发型硅橡胶

甲基乙烯基硅橡胶俗称高温胶。这一时期，中国的有机硅专业研究机构之间，研究机构和部分企业之间开展合作研究，取得实效。

1958年，中国科学院化学所、沈阳化工研究院、上海化工研究院相继开展了甲基硅橡胶的研制。1963年，吉化公司研究院与沈阳化工研究院合作，上海树脂厂与中国科学院北京化学所合作，同时开展甲基乙烯基硅橡胶的研制。1965年和1966年，两地的甲基乙烯基硅橡胶中试都获得成功，并双双获得全国科学大会奖。1975年，吉化公司研究院设计了100吨/年的连续化工艺流程，应用了连续出胶机及列管式脱除低分子器。

1963年，中科院化学所林一等用四甲基氢氧化铵硅醇盐引发D_4等聚合进行合成高分子量的线型聚硅氧烷。该项成果于1964年推广到上海树脂厂进行工业化生产，使中国成为世界第一个用暂时性催化剂生产高分子量乙烯基硅橡胶的国家。国内一直沿用这项技术生产乙烯基硅橡胶。

1963年，上海市信诚化工厂并入上海树脂厂。上海树脂厂先后开发成功101二甲基热硫化硅橡胶、110甲基乙烯基热硫化硅橡胶和120二甲基二苯基乙烯基热硫化硅橡胶等多种有机硅产品，并实现了工业化生产。

20世纪60年代初，中科院化学所进行了耐油硅橡胶的研制和技术推广。1966年，上海合成橡胶研究所和上海树脂厂建成氟硅橡胶中试装置。1966年，吉化公司研究院建成5吨/年的腈硅橡胶中试装置。1968年，上海树脂厂、上梅橡胶制品研究所及两北橡胶制品研究所开始研制甲基乙烯基苯基硅橡胶，1973年通过部级鉴定。1972年，晨光化工研究院研制成功苯基硅橡胶，用于核潜艇。

2.缩合型硅橡胶

中国的缩合型硅橡胶是从双组分室温硫化型硅橡胶（RTV）起步的。1963年，沈阳化工研究院采用不同工艺制成4个牌号的双组分RTV基础胶，1965年通过部级鉴定，随后在吉化公司研究院开展30吨/年的中试。1967年，晨光化工研究院开始研制单组分RTV缩合型硅橡胶。并诞生了一系列成果：

1972～1977年，GD-414型单组分RTV橡胶成功。该型胶提高了物理机械性能及粘接性，硫化过程中对金属和电子元器件没有腐蚀。1977年底通过局级鉴定，成果在晨光院二分厂投产。

1971～1978年，研制飞机用防弹玻璃胶合层材料，先后试制出GN-581和GNB-593两种材料。1978年通过第三机械工业部局级鉴定。

这一时期，南京大学则研制了能快速硫化脱醇型单组分室温硫化型硅橡胶。

3.加成型硅橡胶

这类硅橡胶是通过加成反应实现交联硫化的硅橡胶。1971年，晨光化工研究院

（时称晨光化工厂）研制成功并投产加成型硅橡胶GN-501、GN-502、GN-511、GN-512，主要应用于航天、飞机、电子、机械、石油、化工及医疗等部门。1974年开始研制的粘接性有机硅凝胶GN-521、GN-521D、GN-522，成功解决了涂层固化、无腐蚀的国防军工需要。

4. 特种硅橡胶

20世纪70年代，中科院化学所开展了特种硅橡胶（如硅硼、硅氮橡胶）的合成。1972年，谢择民等首先合成了高分子量、高水解稳定性的硅氮橡胶，可耐350℃以上的高温，并阐明了其热稳定机理，在此基础上提出用硅氮橡胶作为苯基硅橡胶的添加剂来消除端基引发的主链降解，取得较好效果。

（三）硅烷偶联剂

硅烷偶联剂是指在分子中具有两种以上不同的反应基的有机硅单体，可以和有机材料与无机材料发生化学键合（偶联）。主要用作表面处理，填充塑料，也可用作密封剂、黏结剂和涂料的增黏剂。1958年，武汉大学化学系卓仁禧、张先亮等先后开发3-氯丙基三乙氧基硅烷（WD-30）等硅烷偶联剂中间体及氨基、环氧、含硫、甲基丙烯酸、乙烯基、长链烷基等官能团硅烷偶联剂的合成技术。20世纪50年代后期，在南京大学周庆立教授带领下，南大与四机部二所、南京无线电厂协作，合成了一系列极性硅烷化合物，从中筛选出性能优异的苯胺甲基三乙氧基硅烷（硅烷偶联剂南大-42），并于1968年在南京大学抗大化工厂开始中试生产南大-42和单组分室温硫化硅橡胶等产品。从1962年开始，中科院化学所先后试制并与有关单位合作，生产了国外应用较广、性能较好的硅烷偶联剂，如氨丙基三乙氧基硅烷（KH550）、环氧丙氧基三甲基硅烷（KH560）、甲基丙烯酸丙酯基三甲氧基硅烷（KH570）以及硫丙基三甲氧基硅烷（KH580）、多硫代双丙基三甲氧基硅烷（KH590）等。这些系列硅烷偶联剂分别在国内各厂进行了产业化。

（四）其他下游产品开发

1957年，山东大学创建有机硅研究室，在杜作栋教授的领导下从事有机硅教学、科研及产品开发，在有机硅基元反应及有机硅聚合反应机理、碳官能基改性有机硅聚合物的分子设计及合成、含硅聚合物的功能化等基础研究领域开展了系统而深入的研究工作。

1958年，武汉大学化学系卓仁禧、张先亮等先后开发成功用于毛泽东主席水晶棺表面涂层保护的有机硅防雾剂、原子弹爆炸高空及地下摄影仪镜头保护材料、航空彩色录像磁粉用有机硅改性材料、通信卫星专用计算机磁记录材料。

1960年，沈阳化工研究院重新组建有机硅研究室，成立了5个课题组，先后完成的科研课题或开发的新产品主要有：热缩法合成甲基乙烯基二氯硅烷、端乙烯基聚二甲基硅氧烷、乙烯基MQ树脂，加成型液体硅凝胶、硅橡胶，暂时性催化剂四丁基氢氧化磷制二甲基硅油、合成硅油用止链剂十甲基四硅氧烷（MD_2M）、硫酸催化合成二甲基硅油、暂时性催化剂四丁基氢氧化磷的合成及碱胶配制，SD、SDL和SDB系列室温硫化硅橡胶，G-3型室温硫化耐烧蚀硅橡胶腻子、O/W型二甲基硅油消泡剂等。

上海橡胶制品研究所开展医用硅橡胶制品研究，先后研制成功硅橡胶静脉导管、腹膜透析管、脑积水引流装置、医用海绵、渗出性中耳通气管等。1965年，该所与上海医疗器械研究所、第二军医大学共同研制的人造心脏瓣膜硅橡胶球经第二军医大学附属长海医院首次用于临床二尖瓣更换术获得成功。1975年，中科院化学所成功研制阳离子有机硅乳液，于1977年在北京化工二厂投产，并研制了用于各种织物后整理的有机硅阴离子及非离子型乳液。

20世纪60年代，上海树脂厂批量合成出甲基硅油，是最早能生产各种黏度的甲基硅油的工厂。之后又研发出苯基甲基硅油、超高真空扩散硅油等产品。60年代末，中科院兰州化物所开展用于军工领域的改性硅油和硅脂的研究和产业化开发。北京化工研究院成功开发亚苯基硅橡胶完全满足使用要求，解决了军工急需。晨光化工研究院利用北京化工研究院的技术，建立起2吨/年钠缩合法制备亚苯基硅单体和亚苯基硅橡胶生产装置，产品成功应用于反应堆控制系统的电缆护套和其他部位。70年代，晨光院研发成功用于医疗、化工、建材、舰艇的系列消泡剂产品。1976年，武汉大学开始研究长链烷基硅油。

第三节
有机硅工业体系初步建立
（1978～2000年）

这一时期是中国有机硅工业在市场需求和应用技术进步的推动下稳步发展的阶

段，在技术、生产和应用方面均取得了丰硕的成果。特别是20世纪80年代以后，世界制造业向中国大量转移，极大地刺激了有机硅产品的应用，消费市场被激活，推动了中国有机硅工业的发展。例如，中国纺织品的大量出口，促进了有机硅织物整理剂的生产应用；彩电生产线的引进，加速了室温硫化硅橡胶的开发和应用；汽车工业及电脑、电话、手机等电子产品加工业的兴旺，刺激了热硫化硅橡胶的快速发展；楼宇玻璃幕墙的广泛使用和建筑装饰业的快速发展推动了有机硅结构胶和密封胶的开发应用等。

下游领域的快速发展，促进了有机硅研发与生产不断取得突破性进展。1997年，甲基单体突破万吨级生产技术瓶颈，有机硅单体产量历史性地突破了万吨大关，达到1.32万吨。有机硅建筑密封胶和结构胶得到大规模推广应用；热硫化硅橡胶生胶生产技术取得重大进展；硅橡胶制品加工业迅速发展；按键胶等成为全球主要供应商。在研发能力、生产技术及应用领域等方面中国逐步缩短了与国外先进水平的差距，为今后的长足发展打下了良好的基础。

20世纪80年代以前，中国有机硅聚合物及终端产品主要在单体厂和科研院所生产。80年代以后，随着有机硅应用领域的扩大，生产厂家大量涌现，尤其是在珠江三角洲和长江三角洲经济发达地区，建立了一大批有一定规模的有机硅下游产品工厂。1999年，全国硅油产量超过1万吨，热硫化硅橡胶和室温硫化硅橡胶产量分别超过3万吨，硅树脂和硅烷偶联剂产量也突破1000吨。各种有机硅产品牌号达到600多个，硅氧烷表观消费量达到5.5万吨，产品应用扩大到建筑、纺织、汽车、电子电气、化工轻工、医疗卫生等领域，初步建立起中国有机硅工业体系。

一、单体发展取得历史性突破

（一）第一次单体建设热潮兴起

随着纺织、汽车、电子、建筑等产业的快速发展，有机硅产品的需求量快速上升，有机硅单体国产化率低、供不应求的矛盾显现。而此时，在经历了持续30年技术研发与小规模工业化生产后，有机硅工业积累了较为丰富的产业化经验，流化床技术开发成功以及在催化剂、单体精馏、水裂解、分析等方面的技术进步，为中国有机硅单体生产装置建设奠定了基础。

在这一形势下，20世纪80年代，全国掀起了第一次有机硅单体生产装置建设热潮。到80年代末，北京、上海、江西、浙江、吉林、四川等14个省市共有18家企业生产有机硅甲基单体和苯基单体，拥有合成甲基单体直径600～1200毫米流化床8台，直径400毫米搅拌床42台，合计产能1.2万吨/年；合成苯基氯硅烷直径400毫米流化床2台，直径600～800毫米搅拌床28台，合计产能800吨/年。1989年，甲基单体产量约5000吨，主要生产企业有北京化工二厂、吉化公司电石厂、江西星火化工厂、晨光化工研究院二分厂、上海树脂厂等。新安化工集团公司1984年分别从北京化工二厂和吉林石化公司引进技术，与中蓝晨光化工研究院等单位合作，陆续建成了3台流化床。该厂利用农药副产氯甲烷作为原料，体现了循环经济的特点。

这一时期中国有机硅单体生产的特点是生产厂家多，技术水平低，产品严重供不应求，国产化率不足30%。与世界甲基单体生产技术水平仍存在较大差距。单体生产企业中只有江西星火化工厂达到万吨级的甲基单体生产规模，这与有机硅在国民经济发展中的重要地位十分不相称。而与此同时，纺织、建筑、汽车、电子等有机硅下游产业的需求却呈现快速增长态势，供需矛盾日益凸显，产品严重短缺，60%单体依赖进口。

（二）万吨级工程协作攻关取得成果

20世纪80年代，随着改革开放步伐加快，有机硅下游产品的应用领域开始从以军工为主向民用领域拓展。为改变甲基单体生产技术落后，产品长期供不应求的局面，也为了缩短中国有机硅工业与国际先进水平的差距，“六五”期间，国家科委和化工部向晨光化工研究院、化工部星火化工厂、吉化公司研究院下达了万吨级有机硅工程技术开发项目，开展新型催化体系与直接法合成甲基单体新工艺研究。为保证技术上可行，还出资500万元与吉化公司研究院和晨光化工研究院分别签订了《万吨级甲基单体综合性有机硅厂生产工艺技术开发合同》，合同期限5年，化工部是担保单位。

晨光化工研究院的重点攻关课题是，开发甲基氯硅烷合成中对二甲基二氯硅烷选择性影响非常大的催化剂，目标是研发高效的、适用于大型流化床合成生产、制备简便与储存稳定的主催化剂及助催化体系，开展新型高效三元铜催化体系开发。此外，还有直接法合成甲基氯硅烷新工艺研究，研发新的除尘方法以及流化床合成苯基氯硅烷等项目。该院还专门为这两个项目分别建立了一套中试装置。

晨光化工研究院攻关小组历时6年，研制了多种铜粉催化剂、助催化剂体系，于1985年年底，自主创新研发成功以固体硫酸铜为原料，采取用流化床经氢气或含氢气体还原的工艺，制备出三元铜粉催化剂。这是国内第一个铜粉型催化剂，获得了中国发明专利。与此同时，“六五”攻关项目中的湿法除尘、回收氯甲烷净化循环利用等新工艺在中试装置中也取得成功，技术经济指标接近或达到当时国际先进水平。该“六五”攻关项目获得了化工部科技进步二等奖。攻关项目的成果通过鉴定后，为化工部第六设计院设计和建设全国第一套万吨级直接法合成甲基氯硅烷工业性生产装置提供了可靠的技术依据。

吉化公司研究院承担的攻关项目包括氯甲烷合成、甲基氯硅烷合成及其精馏、水解、裂解等。课题组经过两年多的条件实验，不仅完成了合同指标，而且还得到了许多有工业价值的操作条件，明确了氯甲烷气速、反应温度、反应系统压力、催化剂用量、硅粉粒径关键指标。此外，流化床的换热改用导热油。1987年，化工部代表国家科委对吉化公司研究院万吨级有机硅攻关开发项目做了鉴定验收，流化床开发结果的指标全部达到攻关合同要求。验收组对吉化公司研究院开发的流化床合成甲基氯硅烷工艺技术的评价是国内领先。

晨光化工研究院与吉化公司研究院顺利完成了国家科委下达的万吨级有机硅科技攻关合同，攻克了一批万吨级装置所需的关键技术，为全国第一套万吨级直接法合成甲基氯硅烷工业性生产装置提供了可靠的技术依据。

（三）千吨级单体装置开发成功推进整体发展向好

1982年，在“六五”万吨级有机硅攻关项目基本完成的基础上，吉化公司决定在吉化公司103厂（电石厂）建设千吨级有机硅生产装置，一方面用以验证“六五”攻关项目的开发成果，另一方面也希望尽快提高有机硅单体供给能力，满足国家对有机硅材料的需要。吉化公司研究院负责全套工艺技术的开发，化工部第九设计院负责全面的工程设计。

吉化公司电石厂千吨级有机硅生产装置分两个车间，一是单体车间，另一是产品车间。单体车间包括氯甲烷、单体合成、精馏、水解、裂解等几套装置，设计能力为甲基氯硅烷混合单体2000吨/年，1983年建成，1984年开车；产品车间包括高温胶（110胶）、室温胶原料（107胶）、硅油等，1984年建成投产。

装置投产后生产状况良好，生产能力逐年提高，产品销往全国。尤其是单体车间产出的DMC，产量高、质量好，誉满全国。如江苏宏达2万吨/年混炼胶（厂址在东莞）装置所需的原料DMC一部分就是由吉化公司电石厂提供。千吨有机硅生产装置技术开发获得过1991年度国家科技进步二等奖。

1995年，吉化公司电石厂利用大检修机会，将直径1000毫米流化床改造成直径1200毫米流化床，并将内部结构进行了改进，建成了全国首套千吨级的有机硅单体装置，1997年生产单体近5000吨，1998年上半年进行了工艺条件优化，共生产甲基氯硅烷混合单体6000多吨。1999年9月，吉化公司电石厂又扩建了两套直径为1200毫米的流化床，甲基氯硅烷混合单体能力增至2万吨/年。

吉化公司电石厂对流化床的成功改造，甲基氯硅烷的产量大幅度增长，各项技术、经济指标也均有提高，实现长期稳定运行、达产达标，产品质量好，技术成熟可靠，打破了中国甲基单体生产规模百吨级十几年踏步不前的局面。

千吨级流化床开发成功大大激发各界的积极性，为甲基氯硅烷的工业化生产开发更大规模的流化床带来希望。在吉化公司电石厂千吨级有机硅单体装置稳定后，北京化工二厂和开化硅厂等也分别建设了千吨级的大直径的流化床装置，每年产量达到七八千吨，国内甲基氯硅烷的生产形势显著好转。

（四）蓝星重组星火，万吨级有机硅成功产业化

江西星火化工厂是全国创建最早、规模最大的有机硅企业。1978年，星火化工厂开始有机硅合成技术的探索，并取得了一些成果。“七五”期间为了进一步提高国内有机硅单体的供给能力，国家计委同意化工部在江西永修县星火化工厂建设国内首套使用流化床工艺合成甲基氯硅烷单体的万吨级有机硅全流程生产装置。1987年5月该项目开工建设，1990年建成，1991年12月投料试车并于次年1月生产出合格的二甲基二氯硅烷，1994年打通全流程。此后，该装置因原料质量、设备质量和资金等问题在相当长的一段时间里困扰着装置顺利开车，企业亏损严重，被迫全面停产，陷入濒临破产困境。

1996年11月，中国蓝星集团对星火化工厂进行重组后，启动新的试车整改方案。星火化工厂组织技术力量并利用前期开发的喷动流化床技术和体外循环氯甲烷反应器技术对装置进行了系统的改造，其中氯甲烷装置几乎是推倒重建，不到半年时间，解决了原料氯甲烷生产中的瓶颈，于1997年4月氯甲烷装置一次开车成功。1997年5月，星火化工厂单体合成及相关配套装置通过改造后重新开车，实现一次试产成功，产出合格产品。当年甲基单体产量超过5000吨，1998年单体产量突破1万吨，达到了设计能力，1999年，产能为2万吨/年的流化床投入使用。

2000年4月，包括有机硅单体及特种单体、硅油、硅橡胶、硅树脂产品系列的国家高新技术企业——蓝星化工新材料股份有限公司在上交所挂牌上市，为蓝星总

公司的有机硅业务后续发展集聚了资金和技术优势。星火化工厂万吨级有机硅单体生产装置的成功，实现了国内有机硅生产经济规模的突破，标志着中国有机硅工业跨上了一个新的台阶。

星火有机硅化工厂开车成功，以及吉化公司电石厂、北京化工二厂和新安化工集团公司都在不断扩建，使甲基氯硅烷的产量大大增加。1997年，全国氯硅烷总产量打破了长期徘徊在数千吨产量的水平，历史性地突破了万吨大关。其中，星火有机硅化工厂生产5200多吨，吉化公司电石厂生产4500多吨。1999年底，新安化工集团股份有限公司在建德市开始兴建1万吨/年有机硅单体项目，成为全国第二家拥有万吨级有机硅单体生产装置的企业。

二、下游产品生产技术实现突破，逐步走向市场

有机硅单体是制备硅油、硅橡胶、硅树脂以及硅烷偶联剂的原料，由几种基本单体可生产出成千种有机硅产品。这一时期，多种有机硅下游产品生产技术得到突破，为后续多种有机硅聚合物的开发提供了原料支持。

（一）硅烷逐步进入规模化生产

“六五”期间，晨光化工研究院承担国家科技攻关项目，开展直接法流化床合成苯基氯硅烷研究，1984年项目完成。该项技术先后转让到蚌埠有机硅化工厂和晨光二分厂，建成100吨/年精苯基氯硅烷装置，生产效率比同直径的搅拌床提高20倍以上，主要原料的消耗仅为搅拌床的75%，解决了长期以来搅拌床工艺难以实现的工程放大问题，为建设更大的装置奠定了基础。20世纪80～90年代，晨光化工研究院、武汉大学分别开始硅醇直接法合成三烷氧基硅烷的技术开发。晨光化工研究院成功开发直接法合成技术并获得国家发明专利；武汉大学成功开发直接法合成三烷氧基硅烷技术及延伸硅烷偶联剂合成技术，并在湖北武大有机硅新材料股份有限公司实现规模化生产，于2000年后逐步建立了千吨级和万吨级生产装置。

（二）偶联剂、交联剂开发活跃

在这一时期，中国对偶联剂的开发和应用日益活跃，生产厂家逐年增加。20世纪80年代初，武汉大学化工厂完成硅烷偶联剂中间体γ-氯丙基硅烷产业化，并开始生产环氧基、多硫基、氨丙基等硅烷偶联剂。1984年中科院化学所谢择民设计并合

成了一种特殊结构的聚硅氮烷作为缩合型RTV硅橡胶的交联剂（KH-CL交联剂），实现了业界长期向往的室温硫化、高温使用的愿望。到80年代末，武汉大学、哈尔滨化工研究所、星火化工厂研究所等开始试制甲基三甲氧基硅烷等交联剂。1990年初，武汉大学化工厂开始生产甲基三甲氧基硅烷、甲基三乙酰氧基硅烷、甲基三丁酮肟基硅烷。此后，湖北环宇化工有限公司等企业先后开始大规模生产硅烷交联剂，湖北20多家企业开始生产硅烷偶联剂及中间体。全国硅烷偶联剂生产形成了以武汉大学为代表的中南部板块、以辽宁盖县化工厂为代表的北部板块和以南京大学及南京曙光化工总厂为代表的东部板块。

（三）开发硅油乳液广泛应用于纺织工业

20世纪80年代初，晨光化工研究院、上海树脂厂、山东大学、吉化公司研究院等相继开发出甲基羟基硅油乳液、阳离子型/阴离子型二甲基羟基硅油乳液和非离子型有机硅羟乳等有机硅织物整理剂，在纺织工业得到大规模应用。1985年，晨光化工研究院有机硅凝胶的研制、生产和推广应用项目获国家科技进步奖。1987年，晨光化工研究院CGE亲水型有机硅织物整理剂项目获国家科技进步三等奖。

（四）气相白炭黑填补国内空白

沈阳化工厂是全国最早生产气相法白炭黑的企业，早在20世纪50年代，就利用氯气和氢气制取气相法白炭黑。80年代，中科院化学所和国防科技大学分别开展了氮化硅和碳化硅陶瓷前驱体的合成和裂解研究，为制备耐高温陶瓷基复合材料打下基础。1995年，沈阳化工厂引进乌克兰卡路什公司技术，建造了国内第一套以四氯化硅为原料的250吨/年气相法白炭黑生产装置，填补了国内空白，1998年建造了一套相同生产线，使产能达到500吨/年。

中国气相法白炭黑工业的发展，使得产品成本和价格大幅下降，打破了国内白炭黑市场被外企所左右的局面。

（五）大力开发硅橡胶打破国外垄断

20世纪80～90年代，在单体合成技术不断进步的基础上，下游产品市场需求也带动了应用技术的进步，下游产品应用开发进入稳步发展阶段，有机硅建筑密封胶和结构胶得到大规模推广应用；热硫化硅橡胶生胶生产技术取得重大进展；硅橡胶制品加工业迅速发展；按键胶生产企业等成为全球主要供应商。1984年，中科院化学所合成聚硅氮烷（KH-CL）交联剂，制备出耐350℃的室温硫化硅橡胶，这是室温硫化硅橡胶耐高温性能的一个突破。1987年，中科院化学所谢择民、王金亭率先研制成功中国空间级硅橡胶，解决了国家急需。1989年，晨光化工研究院716耐烧蚀单组分室温硫化硅橡胶腻子项目获国家发明三等奖。1992年，晨光化工研究院GD-420、GD-424单组分室温硫化硅橡胶项目获国家发明三等奖。

1991年，晨光化工研究院承担国家“七五”有机硅建筑密封胶项目完成部级鉴定。1992年，广州白云黏胶厂受让晨光化工研究院开发的有机硅建筑密封胶（俗称聚硅氧烷密封胶）生产技术，成为全国第一家聚硅氧烷密封胶生产厂。同年，南海嘉美精细化工有限公司成立，开始聚硅氧烷密封胶的工业化开发，成为国内第一家千吨级聚硅氧烷密封胶的生产企业。在随后成立的杭州之江、浙江凌志、广东新展、郑州中原、成都硅宝等企业的共同努力下，中国聚硅氧烷密封胶技术水平和产品质量得到快速提高，使国产聚硅氧烷密封胶占据了市场主导地位。

1992年，晨光化工研究院发明了连续法生产热硫化硅橡胶生胶新技术，由于工艺技术先进，迅速获得推广。国内使用该技术的生产线有50多条，从最初的单套产能500吨/年扩展到1万吨/年，国内热硫化硅橡胶生胶生产90%采用该工艺技术，为中国热硫化硅橡胶的产业化做出了重要贡献。该技术还转让到韩国、波兰等国家和中国香港、中国台湾地区，是对外输出的第一个有机硅生产技术。1997年，中国有机硅单体总产量历史性地突破了万吨大关，达到1.32万吨。

三、国家级研究中心和行业协会成立

晨光化工研究院一分院迁址成都，是中国有机硅发展史上的一件大事。1981年，晨光院通过参与国际合作交流，争取到了联合国开发署（UNDP）援助中国的有机硅应用项目，并向化工部提出了《有关联合国援建有机硅应用研究中心建设方案的意见》。1982年，化工部决定在成都建立有机硅应用研究技术服务中心，汇集该领域科研人员精兵强将、整合科研资源，集中力量进行相关技术开发与产业化攻关工作。1983年5月13日，化工部批准《成都有机硅应用研究技术服务中心设计任务书》，总投资960万元，建筑面积3.5万平方米，选址在四川成都。1987年底，化工部晨光化工研究院一分院迁至成都并更名为“化工部成都有机硅应用研究技术服务中心”，1988年一季度在成都恢复科研工作。

以UNDP项目为契机，晨光化工研究院成为全国以有机硅化工新型合成材料研究为主要方向的综合性科研基地。UNDP项目执行期为1984～1993年，对促进中国与发达国家的技术交流与合作，提升国内有机硅工业的技术开发能力起到了积极作用。

1991年，化工部晨光化工研究院提出了组建国家有机硅工程技术研究中心的申请。1992年，经科委计划司、化工部科技司主持的行业专家论证后，以化工部晨光化工研究院的3个有机硅研究室为依托，开始筹建国家有机硅工程技术研究中心。1995年国家有机硅工程技术研究中心在化工部晨光化工研究院（成都）挂牌成立，这是中国第一个国家级有机硅研究中心。1996年5月，化工部晨光化工研究院（成都）独立设置。在1999年科研院所转制时进入中国蓝星集团总公司，称中蓝晨光化工研究院。

国家有机硅工程技术研究中心的成立，对突破中国有机硅工业发展的技术瓶颈、提升行业技术水平、推动科研成果产业化转化、为市场研发急需的新型有机硅材料等发挥了重要作用，为有机硅工业的长期可持续发展开展了基础技术研究，承担了许多国家攻关项目、军工项目的研究工作。中心成立后完成的主要工作包括：配合万吨级有机硅单体生产装置及工艺的开发，对流化床及配套催化剂以及连续水解工艺进行研究和开发；流化床合成苯基单体的工程化放大和设计；特种有机硅单体的工程化开发和设计；直接法合成烷氧基硅烷和有机硅偶联剂的工程化开发和设计；有机硅聚合物产品的工业化试验和生产装置研究及工程设计；开展有机硅在电子电气、建筑、机械、交通运输、纺织、造纸、皮革、医用、军工等部门的应用研究和新产品的开发。

1986年12月，经民政部批准，中国有机硅行业联合会成立。1988年1月，有机硅行业联合会与有机氟行业联合会合并成立了中国氟硅有机材料工业协会。

四、一批民企崛起推动产品链延伸发展

20世纪末，江西星火化工厂的万吨级试验性流化床生产装置达到了设计要求。随后，一批民营实业家加盟有机硅工业，与吉林石化公司电石厂、北京化工二厂和新安集团等几家国企一起，壮大了有机硅的产业规模。

20世纪90年代，深化经济体制改革激发了市场活力，苏浙粤等地如雨后春笋般地崛起了一批民营企业，从事热硫化硅橡胶、室温硫化硅橡胶、硅油及其二次加

工品、硅树脂等有机硅下游产品的研发与生产。这些率先进入有机硅行业的民营企业大多数在后来的发展中，规模不断扩大、竞争力不断增强，凭借先发优势与原有的几家国有企业一同成为国内有机硅产业的领军者，肩负起了带动中国有机硅工业又好又快发展、并跻身世界一流有机硅公司的重任。

中国生产甲基氯硅烷单体的企业有10多家，分别是江西蓝星星火有机硅有限公司、浙江新安化工集团股份有限公司、浙江合盛硅业有限公司、东岳集团有限公司、山东金岭集团有限公司、江苏宏达新材料股份有限公司、唐山三友集团有限公司、浙江中天氟硅材料有限公司、山西三佳集团、江苏弘博新材料有限公司、湖北兴发化学集团有限公司、浙江恒业成有机硅有限公司、四川省硅峰有机硅材料有限公司。

到90年代末，国内有机硅工业的龙头企业已初现端倪。其中，单体和下游产品一体化的综合性企业有江西蓝星星火有机硅有限公司、浙江新安化工集团股份有限公司、浙江合盛硅业有限公司、浙江恒业成有机硅有限公司、江苏宏达新材料股份有限公司等；热硫化硅橡胶有东爵有机硅（南京）有限公司、江苏环太集团有限公司、广东聚合科技股份有限公司等；室温硫化硅橡胶有广州市白云化工实业有限公司、杭州之江有机硅化工有限公司、浙江凌志新材料有限公司、成都硅宝科技股份有限公司、广州新展有机硅有限公司等；硅油及其二次加工品有广州天赐高新材料科技有限公司、广东德美精细化工股份有限公司、杭州传化化工有限公司、苏州联胜化学有限公司、宁波润禾化学工业有限公司、江山市富士特化工有限公司等；硅烷偶联剂和交联剂有湖北武大有机硅新材料股份有限公司、湖北新蓝天新材料股份有限公司、荆州市江汉精细化工有限公司；气相法白炭黑有广州吉必盛等。

五、世界有机硅巨头涌入国门

改革开放，中国向世界敞开了大门，巨大的市场规模吸引了国外有机硅巨头纷至沓来。世界有机硅龙头企业都将中国视为其重要的市场，20世纪80年代开始进入中国市场，90年代开始从仅销售下游产品变成原料、中间体以及下游产品一起大量销售。而且，为了充分利用中国本土资源，降低成本，有些公司还将生产基地都搬到了中国。如美国道康宁公司，早在1973年就在香港成立亚洲办事处，1991年道康宁又在上海成立了办事处，1995年设立了道康宁（上海）有限公司，1997年在上海松江投资1000万美元建设了在华第一个生产基地，生产密封胶4000吨/年。随后，通用电气、瓦克、信越、罗地亚、德固赛、卡博特等从事有机硅生产的跨国公司纷纷进入中国市场，开展业务。

外资公司将大量的高性能有机硅材料引入中国市场，推动了国内有机硅材料的应用走向高端，带动了中国有机硅工业的发展。但外资公司凭借其雄厚的资金和技术实力，不但控制了大部分高端产品市场，而且在国内有机硅单体严重供不应求的年代，还牢牢掌控着有机硅市场价格，从中国市场获取了丰厚的利润。一些国际公司通过操控市场价格，打压中国本土企业的发展，给尚显稚嫩的中国有机硅工业带来了巨大的压力。

第四节 逐步发展成为全球有机硅生产消费大国（2001～2010年）

进入21世纪，中国有机硅工业步入了快速发展阶段，产能大幅提升，整体技术水平有了很大进步，与国外的技术差距逐步缩小。这一时期，中国已经掌握了较大规模单体生产厂建设的软硬件，具备了自我增加单体产量的能力。还有效解决了有机硅单体副产物中过多的一甲基三氯硅烷的出路问题，国内企业已进行了大量的探索与实践，彻底结束进口产品垄断国内市场的局面，并根本消除束缚有机硅单体工业副产物的消纳和利用的瓶颈。

21世纪第一个10年，呈现出有机硅生产规模不断扩大，产品消费量快速增长，应用领域不断拓展的主要特征。国内有机硅上、中、下游产业实现有效整合，一批各有特色、各具实力的有机硅龙头企业形成和发展壮大，国家加大了对有机硅行业的扶持和调控力度，到2010年，中国有机硅工业已发展成为世界有机硅单体生产规模最大的国家和硅氧烷消费量全球最大消费国。

一、应用领域逐步扩大

（一）第二次有机硅单体生产装置建设热潮

进入21世纪，有机硅下游企业呈现了快速发展态势，对有机硅单体的需求大增，甲基氯硅烷产能严重不足，导致市场供给短缺，价格暴涨，初级形式聚硅氧烷的价格一度逼近每吨4万元。2004～2010年，国内投资建设有机硅单体项目再度升温。不但已有的单体厂纷纷提出扩产计划，一些有机硅下游产品生产企业和相关行业的企业也加入有机硅单体的建设中。短短的6年间，有机硅单体生产厂从4家扩大到15家，产能从25万吨/年增长到170万吨/年，甲基氯硅烷实际产量约100万吨/年。据统计，2005～2008年，有9家民营单体厂建成投产。到2010年，民营企业生产的甲基氯硅烷总量已经占全国中资企业总产量一半以上。

民营单体企业的迅速崛起，很快扭转了国内甲基氯硅烷短缺的局面。甲基氯硅烷的增产不仅大大缓解了中间体供应紧张的局面，使中国的甲基氯硅烷自给率超过70%，而且使大量民营有机硅下游产品企业用上了国产原料。上下游民营企业的加盟为处于成长期的中国有机硅工业注入了新活力，大大改变了中资有机硅企业在市场中的弱势地位，在中国有机硅工业的发展历程中功不可没。

民营企业壮大了有机硅的产业规模。浙江合盛硅业有限公司、东岳集团有限公司、山东金岭集团有限公司、江苏宏达新材料股份有限公司、浙江中天氟硅材料有限公司、山西三佳集团、江苏弘博新材料有限公司、浙江恒业成有机硅有限公司、四川省硅峰有机硅材料有限公司等勇于创新，不断做大做强，成为中国有机硅产业大军的中坚力量。经过近10年的快速发展，无论单体还是下游产品的生产企业，凭借各自的优势，在扩大产业规模和上下游产业链一体化上下功夫做大做强，涌现出一批规模较大、上下游配套较好、具有竞争优势的企业。

（二）中国企业海外并购整合产业链

2006年，中国蓝星（集团）总公司100%收购法国罗地亚公司有机硅及硫化物业务项目，蓝星的这项收购包括罗地亚公司有机硅业务的专利技术、生产装置、销售渠道等。并购后加上江西星火有机硅厂已有的20万吨/年产能，蓝星有机硅单体生产能力达到42万吨/年，一跃成为全球第四大有机硅生产公司。

收购罗地亚的有机硅业务，除了获取国际领先的有机硅生产与深加工技术外，罗地亚的全球营销网络、强大的研发能力和优秀的管理团队对帮助国内企业化解产能过剩、降低企业成本，为国内企业的转型升级和优化提升带来了有益思路和积极的实践，对提升蓝星在全球范围内的技术和竞争优势起到了积极作用。

此次收购也是中国蓝星延伸有机硅产业链、整合全球资源、实现产业转型升级的一个起点。2011年4月，蓝星收购挪威埃肯公司，将产业链延伸至上游金属硅原料；2015年5月，蓝星埃肯又收购了REC太阳能公司，与星火有机硅、兰州硅材一起实现蓝星硅产业链的优化与延伸，并成为太阳能解决方案最佳提供商，生产出世界上二氧化碳排放最低、最清洁的光伏组件。蓝星公司硅产业的竞争力已跃居全球前三。

（三）中外有机硅产业竞合发展

进入21世纪，各大跨国有机硅公司纷纷加大了对华投资。2004年美国道康宁公司和德国瓦克公司按70%和30%的比例在新加坡设立合资公司——道康宁（张家港）控股私营有限公司。随后，该公司在中国注册独资企业道康宁（张家港）有限公司，计划在江苏省张家港市扬子江国际化学工业园投资建设19万吨/年硅氧烷项目。2006年3月16日，国家发改委同意该项目建设，项目总投资约3.5亿美元。2008年4月7日，国家发改委同意该项目投资调整为9.3亿美元。2010年该项目建成投产，产品投放市场后对中国有机硅单体市场造成了较大冲击。

GE东芝有机硅公司、罗地亚公司、瓦克等公司也纷纷加大在华投资，设立研发中心、建设生产基地，利用其雄厚的技术经济实力、原材料生产方面的优势，实现产品的开发与生产本地化，增加其市场竞争力，对中国有机硅企业带来了巨大挑战。

2001年4月，新安化工1万吨/年有机硅单体项目投产，2004年6月，新建的2.5万吨/年单体合成装置达产。至此，新安化工拥有3套有机硅单体装置，总产能达到6万吨/年。经过多年的持续改进，2009年新安3套有机硅单体装置总产量首次超过10万吨。2007年4月，新安化工与美国迈图高新材料集团签订合资协议，双方按照51：49的股本比例投资9700万美元成立浙江新安迈图有机硅有限公司，共同建设10万吨/年有机硅单体生产装置，于2011年4月投产。2010年，道康宁/瓦克公司在张家港合资建38万吨/年装置与新安/迈图合资建设10万吨/年装置相继投产。

二、成为世界有机硅生产和消费大国

2000年以后，世界有机硅单体生产逐步向中国转移，道康宁与瓦克合资、迈图与新安化工合资在中国建厂，罗地亚将有机硅业务卖给蓝星集团，全球五大有机硅单体生产商中的4家有了“中国制造”。与此同时，中国本土的有机硅单体产能也在快速膨胀，新安化工已拥有3套有机硅单体装置，总产能达到6万吨/年。2001年蓝星星火化工厂在万吨级装置的基础上建成国内首套5万吨/年有机硅单体装置，实现了国内有机硅单体规模化生产新的突破。“十一五”期间，蓝星星火、山东金岭和山东东岳分别建成了10万吨/年生产装置，全国建成多台套6万吨/年生产装置，甲基单体生产厂家发展到15家。到2010年，中国有机硅单体产能达到170万吨/年，占全球总产能的39.5%，成为世界有机硅单体生产规模最大的国家；国内有机硅单体消费量达到115万吨，占全球总消费量的35.8%，硅氧烷消费量达到55.5万吨，占全球总量的36%，超过美国成为全球有机硅的最大消费国。电子电气、服装及工艺品等产品的大量出口和国内建筑、纺织、汽车、日化等行业对有机硅材料需求的迅速增长，促进了有机硅材料的发展。“十一五”期间，有机硅在新能源、安全环保、医疗卫生及高端制造等方面不断开发出新的用途，扩大了应用领域。特别是在太阳能电池、LED、个人护理用品、轨道交通以及替代石油基产品等方面，有机硅的应用得到快速发展。

2005年，中国甲基单体生产企业只有3家，总产能25万吨，单套设备生产能力5万吨，产量为19.1万吨，表观消费量为54.6万吨，国产份额只占35%。到2010年，已建成甲基单体厂15家，总产能170万吨，是“十五”末的6.8倍，单套设备生产能力达到10万吨，基本实现了规模化生产。2010年，中国甲基单体总产量85万吨，同比增长55.4%；表观消费量约115万吨，同比增长29.7%，国产份额达到73.9%。有机硅单体生产技术有了较大提高，产业重心向下游转移，已形成了较为完整的产业链。随着中国改革开放的深入，世界有机硅企业全面进入中国本土投资建厂，同时中国企业主动与国外企业合作，或收购国外企业，形成了中国与世界有机硅产业大融合。

但是，中国有机硅单体产能过剩问题逐渐显现。在2010年有机硅单体厂家已达15家、总产能170万吨的基础上，不少企业还在纷纷计划扩产，同时企业数量还有继续增加的趋势。有机硅单体超常规发展的现象，造成产能严重过剩，导致了激烈的市场竞争。从2005年起，业内各有机硅单体企业销售毛利率呈现持续下滑趋势，如蓝星新材有机硅产品毛利率从“十一五”初高达42%，到“十一五”末已经下滑到10%上下。

这一时期有机硅单体生产布局分散，产业集中度低，在15家企业中相当部分企业还达不到经济规模，而且技术水平参差不齐，多数企业盈利能力差。而且，随着外资企业的进入，进一步加剧了国内有机硅市场竞争。

三、整体技术水平显著提高

进入21世纪后，中国有机硅工业整体技术水平有了很大提升，与国外先进技术差距正在逐步缩小。甲基单体有了单机10万吨级生产装置，热硫化硅橡胶生胶和室温硫化硅橡胶建成万吨级生产装置，建筑密封胶全面替代进口，硅油、硅烷偶联剂及气相法白炭黑等也都有了规模化生产装置。多项技术获得国家科技进步奖，2002年新安化工的草甘膦副产氯甲烷用于甲基氯硅烷单体合成新工艺项目获国家科技进步二等奖；2005年星火有机硅厂的5万吨/年有机硅单体生产新技术及装备的开发研究项目获国家科技进步二等奖。除此之外，2006年，广州天赐有机硅科技有限公司建成国内首条采用自动化控制、连续进出物料的2000吨/年液体硅橡胶生产装置。2008年，成都硅宝科技股份有限公司设计制造的1000升高速搅拌机组出口到道康宁公司欧洲工厂，这是中国高端密封胶专用设备首次走出国门。2008年，由江西星火有机硅厂起草的八甲基环四硅氧烷（D_4）国家标准获2008年中国标准创新贡献奖三等奖；该厂有机硅系列产品获国家名牌称号。

（一）有机硅单体生产技术明显提高

有机硅单体生产技术有了较大提高。重点生产企业二甲基二氯硅烷选择性等主要技术指标已接近国外先进水平，部分技术指标与国外大公司基本相当，整体盈利能力和竞争能力大幅度提高。2001年，江西星火有机硅厂建成全国第一套5万吨/年有机硅单体生产装置，使该厂有机硅单体产能达到7万吨/年。2004年6月，新安化工集团有机硅单体生产新建装置达产，使该公司有机硅单体总产能达到6万吨/年。2007年，江西星火有机硅厂建成全国第一套产能10万吨/年的有机硅单体生产装置，使该厂有机硅单体产能达到20万吨/年。2009年8月，江西星火有机硅厂新建20万吨/年有机硅单体装置，12万吨/年有机硅下游装置开工建设。

在这一过程中，晨光化工研究院的流化床反应器及单体合成技术、三元铜粉催化剂及下游产品技术，中国华陆工程公司的工程化技术和工程设计，吉化公司、蓝星星火、新安化工等重点骨干企业的技术，发挥了十分重要的作用。

江苏梅兰集团承担的中俄国际合作有机硅技术开发项目于2006年6月底通过省级验收。2001年江苏梅兰集团用250万美元引进了俄罗斯国防科工委的有机硅技术，并投资2亿元建成2.5万吨/年有机硅装置，于2006年初试生产并取得成功。由此，江苏梅兰集团成为中国首家既能生产氟又能生产硅的企业。江苏梅兰集团利用俄罗斯原创的先进技术，结合企业自身特点建设的2.5万吨/年有机硅单体装置，达到并超过了原有设计水平，整体技术水平高于国内最好水平。

到2010年，中国甲基单体总产能是1999年的30倍，单套设备生产能力达到10万吨，基本实现了规模化生产；甲基单体总产量85万吨，国产份额达到74%；主要经济技术指标达到或接近欧美发达国家水平。苯基单体、乙烯基单体等实现了规模化生产，基本满足市场需求。

（二）带动下游相关工业大发展

1.硅橡胶规模超过百万吨

硅橡胶是有机硅产量最大的品种，约占其总量的75%。硅橡胶分为热硫化（HTV）硅橡胶和室温硫化（RTV）硅橡胶两大类。2010年，中国硅橡胶的生产规模超过百万吨。

热硫化硅橡胶最大品种为甲基乙烯基硅橡胶，生胶聚合采用间歇法或连续法生产，生产装置大型化和自动化程度逐年提高，产品质量不断改善。2001年，中蓝晨光化工研究院的热硫化硅橡胶生胶生产技术项目获国家科技进步二等奖。“十一五”期间，中国热硫化硅橡胶生产能力由2005年的15万吨提高到2010年的35万吨，增加了一倍多。产销量由2005年的9万多吨增长到2010年的25万吨，增长了1.8倍。到2010年，中国热硫化硅橡胶生胶生产企业约30余家，产能在2000吨以上的约20家，超过万吨的至少有5家，其产能约占全国总产能的70%，这些企业主要集中在浙江、江苏、广东、上海等地。热硫化硅橡胶应用领域在不断扩大，正在向规模化、系列化、高功能化方向发展。

室温硫化硅橡胶主要品种有有机硅结构胶和密封胶、聚硅氧烷密封胶、模具硅橡胶、液体注射成型硅橡胶以及电子灌封硅橡胶等，应用领域持续扩大，产销量不断增长。2002年，广州市白云化工实业有限公司设计开发出国内第一条聚硅氧烷密封胶连续化自动生产线，实现了国内密封胶生产方式质的飞跃，但仍以中低档产品为主。中国建筑业使用有机硅结构胶和密封胶已占主导地位，打破了国外垄断，国产产品不但占据了大部分中国市场，且出口量逐年增大，“十一五”期间，中国聚硅氧烷密封胶生产企业在200家以上，获得结构胶认定的企业有51家，主流品牌和企业约占80%的市场份额。产能超过5000吨/年的密封胶企业有30多家，超过万吨/年的企业约15家，主要集中在江浙一带和广东沿海地区。总产能由2005年的20万吨/年增长到2010年的45万吨/年左右，产销量由15万吨/年增加到约38万吨/年，都增长了一倍以上。模具硅橡胶由于白炭黑就地处理工艺技术逐步完善、成熟，提高了生产效率和产品储存稳定性，双组分加成型模具硅橡胶由于具有复制精度高、收缩小、强度高等优点而得到快速发展，中国模具硅橡胶产能约2万吨/年；液体注射成型硅橡胶（LSR）生产规模逐渐扩大，在避雷器、高压套管、高性能按键胶、奶嘴胶等方面的技术有较大的突破。“十一五”期间技术开发和生产规模取得了较大突破，部分产品已开始出口。中国液体注射成型硅橡胶产能约为1万吨/年。电子灌封硅橡胶早期主要是单组分缩合型室温硫化硅橡胶，应用领域广但总用量不大。随着国外公司不断将电子产品生产基地转移到中国以及国内家电工业的迅速发展，“十一五”期间中国电子灌封硅橡胶得到快速发展，除传统的单组分室温硫化硅橡胶外，双组分室温硫化硅橡胶发展更快，如LED显示屏灌封胶、电源模块灌封导热硅橡胶等最近几年都保持了30%以上的增长速度。中国电子灌封胶产能约1.5万吨/年。

此外，企业通过配合技术的进步和添加新的添加剂，或通过改变交联方式、共聚、接枝、共混以及有机与无机杂化等技术开发了大量新的硅橡胶产品，在光伏产业、LED等新兴领域拓展了新的用途，在导热、阻燃等功能性电子灌封产品方面也有长足的进步。

2.硅树脂发展相对缓慢

与硅橡胶和硅油相比，中国硅树脂产量较小，仅占有机硅总产量的3%左右。“十一五”期间发展缓慢，生产技术和应用技术比较落后，主要生产低端的甲基硅树脂和甲基苯基硅树脂，性能好的高档硅树脂基本从国外进口。2010年，中国硅树脂生产厂仅20余家，且多为小型企业，总产能约2万吨，产量约1.3万吨，消费量约1.6万吨。

硅烷偶联剂发展较快，生产规模、技术水平和产品质量等都有很大提升，品种不断丰富，成本大幅下降。直接法合成三烷氧基硅烷技术实现突破，形成万吨级大规模生产技术，为硅烷偶联剂的生产和可持续发展奠定了基础。

“十一五”期间，中国在太阳能、风能、高铁、汽车、输电、建筑、计算机及家用电器产品等领域的高速发展，下游需求拉动了硅烷偶联剂迅猛增长。企业加大了新产品技术开发力度，主要产品合成技术得到很大提升，通用硅烷偶联剂品种单套装置的生产能力已发展到千吨级，同时加强了对“三废”的处理和副产物的综合利用，安全环保条件得到有效改善。“十一五”期间，中国硅烷偶联剂和交联剂产能年均增长率约37%，2010年产能达到12万吨，占世界硅烷偶联剂和交联剂总产能的约50%。同时，产品质量不断提高，部分产品的品质已达到世界先进水平，市场竞争力不断增强，产品大量出口到欧美、日韩等地区，成为全球硅烷偶联剂市场的主要供应来源。

3. 气相二氧化硅取得较快发展

气相白炭黑在产业布局、企业数量和产能、产品无尘包装上取得了长足进步和较快发展。“十一五”期间，生产企业从2005年的3家发展到2010年的20家，生产能力从2500吨扩大到5.86万吨，产量从2000多吨增长到超过4万吨，消费量从1.1万吨增长到3.7万吨。中国白炭黑企业在创新机制和知识产权建设上取得较大进展，特别是在气相白炭黑的连续生产及在线表面改性技术上取得了突破，工艺路线和表面处理产品填补了国内技术和产品空白，初步改变了完全依赖进口的局面，提高了与国外企业竞争的能力。

掌握了制备纳米气相二氧化硅核心技术。国际上气相二氧化硅工业的发展趋势是生产线与有机硅的生产装置合作，有机硅单体生产过程中产生的甲基三氯硅烷及高低沸物等副产物直接作为制备气相二氧化硅的主体原材料，而气相二氧化硅生产过程中所产生的HCl又返回作为有机硅单体的原材料，形成一个资源相互利用的良性循环。该工艺路线经济效益和环保效益非常好，但技术难度也很高，21世纪初，只有美国和德国公司掌握了该核心技术。刚刚进入21世纪，广州吉必时科技实业有限公司（后改名广州吉必盛科技实业有限公司）董事长王跃林沿着这条工艺路线，突破国外的技术封锁，通过与乌克兰国家科学研究院进行合作，在其已有的250吨/年以四氯化硅为原材料制备气相二氧化硅的技术基础上，进行消化吸收和创新，在国内首次建成了年产500吨完全利用有机硅单体工业副产物为原料生产气相二氧化硅的生产线。该项目的建成，使中国气相二氧化硅单套装置生产能力提高到500吨/年，成为世界上第三个掌握完全采用有机硅单体副产物为原料制备纳米气相二氧化硅核心技术的国家。2005年，吉必时公司气相二氧化硅工艺发明专利获得国家授权。其所产的气相二氧化硅系列产品达到世界先进水平，这标志着中国已步入纳米气相二氧化硅生产的先进国家行列。这条生产线完全采用有机硅单体工业副产物甲基三氯硅烷为原材料，使中国气相二氧化硅生产水平跃上一个新的台阶。2006年1月，浙江开化新吉新材料有限公司5000吨/年气相法白炭黑项目正式奠基，该项目的开工建设标志着中国气相法白炭黑规模化生产向国际先进水平迈出了坚实的一步。新吉新材料有限公司由广州吉必时科技实业有限公司与浙江新安化工集团共同出资组建。新建白炭黑项目将吉必时公司在白炭黑生产方面的技术优势与新安化工的原材料优势相结合，利用新安化工硅单体副产物为原材料，同时白炭黑生产过程中产生的副产物氯化氢再返还单体厂用于氯硅烷的合成，从而形成一个相互促进的良性循环，是清洁生产、综合利用资源、大力发展循环经济的具体体现。

4.硅油以发展通用型为主

国内硅油生产企业虽然较多，但规模小、产量不大，大都为通用型产品，多数高品质硅油主要依赖进口。中国硅油与世界发展水平差距较大，所占市场份额不大，主要应用领域是硅橡胶加工、轻工、纺织及化妆品。2010年，中国各种硅油的产能约14万吨，产量约8万吨，都比2005年增长了3倍。

二甲基硅油是用途最广、用量最大的硅油品种，主要用于硅橡胶加工、机械、化工及日化行业。中国每年消耗二甲基硅油约5万吨。

含氢硅油主要用于加成型硅橡胶，聚醚改性硅油及织物、玻璃、陶瓷、纸张、皮革、金属、水泥等各种材料的防水处理。受生产技术的影响，高品质的含氢硅油主要依靠进口。中国含氢硅油生产厂家约有数十家，但规模都不大，总产量约1万吨/年。

氨基硅油主要用于纺织行业做织物的柔软处理，2010年中国纺织工业消耗硅油约6万吨，主要为氨基硅油。

聚醚硅油的主要用途是在聚氨酯硬泡中作为匀泡剂，一般在组合料中占2%～3%，每年市场用量约1.5万吨。

苯基硅油主要用于大型电力电容器的绝缘浸渍剂，高温热载体、高真空及化妆品等领域，每年消耗量约2000吨。

（三）综合利用副产物取得成效

综合利用副产物是有机硅工业降低成本、提高竞争力的重要手段，同时也是提高资源利用率，发展循环经济的重要途径。有机硅工业与农药工业等联动，为构建循环经济产业链做出了贡献。

其中最值得一提的是，对生产草甘膦的副产物一氯甲烷的综合利用。在农药生产过程中，多数农药企业将一氯甲烷直接放空，既浪费资源，又污染环境。2001年，浙江新安化工集团公司率先开发成功将草甘膦副产的一氯甲烷用于甲基氯硅烷单体合成新工艺，并建设了万吨级有机硅单体装置，有机硅单体生产中副产盐酸精制后又回用于草甘膦生产，生产过程基本消除氯物质的直接排放，既大幅度降低了生产成本，创造了可观的经济效益，又实现了清洁生产，形成了草甘膦-有机硅产业链，一氯甲烷利用取得实质性进展。2002年该工艺获得国家科技进步二等奖。2010年，全国甘氨酸路线生产草甘膦产能约70万吨，副产一氯甲烷约70万吨，可生产80万吨有机硅单体。

四、创建中国特色的自主创新体系

中国有机硅工业是为数不多的完全依靠自主创新发展起来的拥有自主知识产权的民族工业，长期遭受国外技术封锁和垄断，历经种种坎坷和艰辛。在前50年的发展中，为满足国防军工建设的需要，技术开发工作主要由国家政府部门牵头组织和支持。随着改革开放的推进，中国有机硅的研究开发工作也从之前的科研院所和高校为主，转向了以市场为引领、以企业为主体。在研究开发经费方面，已由“八五”计划前国家科委、国防科工委、化工部、国家科学基金委等国家各部门的投入，转变为以企业投入为主的模式。形成以企业为主体，研究院所、高等学校互动、具有中国特色的有机硅自主技术创新体系。特别是大批民营企业进入该领域，技术的获取主要以自主开发、引进国内高校或研究院所的技术进行改进和完善为主，促进了产业互动，初步形成了产、学、研相结合的自主开发体系。

一批国家级和省市级工程技术中心、企业技术中心、国家实验室和工程设计单位，如巨化国家有机氟工程技术中心、中蓝和中昊晨光化工研究院、浙江省化工研究院（蓝天环保）、东岳集团研究院、上海橡胶制品研究所、武汉化工研究所、西安华陆工程科技公司（原化工部第六设计院）等，对有机硅工业的科技创新和技术进步发挥了重要作用。

中国有机硅工业企业在不断加大产品应用开发和推广力度的过程中，大大地提高了生产技术水平。在有机硅工业生产装置的建设、技术和产品的研发、生产管理实践中，已培育出一支具备研究、设计、生产、管理、市场开拓能力的有机硅专业人才队伍，对有机硅专业的新技术、新工艺、新产品、新设备的开发以及技术进步与成果产业化做出了重要贡献。

2006年10月，神舟六号飞船将两位航天员顺利送入太空并胜利返回。按重量计算，神舟飞船使用了80%的化工材料，并且100%由中国自行开发，耐高、低温的有机硅材料也是其中的重要组成部分。这充分说明，中国包括有机硅材料在内的高分子材料研发方面已完全有能力满足具有国际先进水平的高科技项目发展的需要。有机硅产品的主要品种国内都有生产，尽管牌号没有外国的多，但是只要有需要就能制备出产品来。值得一提的是，中科院北京化学所和兰州化物所等研究所，航空航天部的北京621所、重庆一坪化工厂、武汉市化工研究所等单位都一直默默无闻地用他们研制的高性能有机硅材料为国防尖端技术做贡献。

第五节 提升发展质量，谋定由大转强

（2011 ～ 2019年）

经过21世纪前10年的快速发展，中国有机硅工业实现了从小到大的产业规模扩张，从弱向强的技术水平提升，单体生产与通用有机硅产品已经可以满足下游市场的基本需求。与此同时，上游有机硅单体产能扩展速度超过了下游产品产能增长速度。进入“十二五”发展时期，有机硅低端通用产品的过剩问题已经十分明显。2004 ～ 2015年，中国有机硅工业产能扩大了10倍，而国内需求增速有限，造成了甲基单体产能严重过剩。2010 ～ 2016年，市场价格连续几年下滑，产业发展的正常秩序被恶性竞争打乱。截至2015年底，国内甲基氯硅烷总生产能力已达280万吨/年，国内产能增速远高于市场需求增速，生产能力过剩已成为这一时期国内有机硅产业最突出的问题。

2016年，党中央、国务院提出推进供给侧结构性改革，提高产业发展质量、优化产业结构、实施创新驱动和绿色发展战略成为行业经济发展的主基调。在国家政策的引导下，中国有机硅工业产业结构调整取得了初步成效，重点产品的产业集中度越来越高，装备水平明显改善，行业发展质量得到提高。甲基单体盲目建设的势头得到有效遏制，中国有机硅工业的发展进入由大转强的质量提升阶段。

一、产业结构调整进入攻坚期

（一）产业政策密集出台，引导行业转型升级

“十二五”至“十三五”期间，国家出台了多项产业政策，引导有机硅工业从

鼓励单体生产满足市场基本需求，逐渐向有机硅产品深加工、新型有机硅产品开发、新的应用领域拓展以及提高综合利用水平方面转型。密集发布的各类产业政策，成为这一时期推动有机硅工业向高端转型的重要动力。

2011年，国家发改委公布了《产业结构调整指导目录（2011年本）》，在新目录中，苯基氯硅烷、乙烯基氯硅烷等新型有机硅单体，苯基硅油、氨基硅油、聚醚改性型硅油等，以及苯基硅橡胶、亚苯基硅橡胶等高性能橡胶及杂化材料，甲基苯基硅树脂等高性能树脂，三乙氧基硅烷等系列高效偶联剂等列入鼓励类目录。另外，四氯化碳、四氯化硅、一甲基氯硅烷、三甲基氯硅烷等副产物综合利用，也被列入国家鼓励类产业。而新建初始规模小于20万吨/年、单套规模小于10万吨/年的甲基氯硅烷单体生产装置被列入限制类目录。2011年10月20日，国家发改委等5部委联合发布《当前优先发展的高技术产业化重点领域指南（2011年度）》。其中包含硅树脂、硅橡胶材料及改性技术。12月29日，国家发改委、商务部联合发布《外商投资产业指导目录（2011年修订）》，新目录中，有机硅新型下游产品开发与生产、硅橡胶等特种橡胶生产及改性有机硅密封膏配制技术和生产设备制造列入鼓励外商投资产业目录中。2012年1月，工业和信息化部发布了《新材料产业"十二五"发展规划》，20多个有机硅产品列入了新材料产品目录。2012年7月，国务院颁布了《"十二五"国家战略性新兴产业发展规划》，节能环保、新一代信息技术、生物、高端装备制造、新能源、新材料和新能源汽车七大战略性新兴产业中，新材料产业直接列入有机硅材料，而在其他六大战略性新兴产业中有机硅材料又是不可或缺的配套材料，有机硅在发展战略性新兴产业发展中具有举足轻重的作用。2016年12月，国务院发布《"十三五"国家战略性新兴产业发展规划》以及2017年1月工业和信息化部、国家发改委、科技部、财政部联合发布《新材料产业发展指南》也都涉及了有机硅新材料的内容。

另外，《中国高新技术产品目录》《鼓励进口技术和产品目录》《产业结构调整指导目录》等产业政策文件中，有机硅材料一直是国家鼓励发展的化工新材料。这些政策的出台，为有机硅行业的发展提供了良好的政策环境，有力地促进了中国有机硅产业持续健康发展。

（二）调结构初显成效：产业集中度提高，装备水平改善

在规模不断扩大、技术持续进步、应用领域不断扩展的同时，中国有机硅单体重复建设、企业规模小而分散、产业集中度低等结构性矛盾在这一时期也随之凸显

出来。主要表现为产品结构不合理，低端产品产能过剩，高端产品缺乏，品种数量少，差异化不大，附加值偏低，高品质硅油、硅树脂总量不足，主要依赖进口。

从“十二五”时期开始，中国有机硅工业开始着力进行结构调整。“十三五”期间，中国有机硅产业确立了以“调结构、转方式、促发展”为主线的发展方向，将有机硅工业的发展重心向高技术含量、高附加值的下游产品转移，以创新驱动和深化改革为动力，推进中国有机硅工业创新发展、绿色发展、高质量发展，实现由大到强的实质性转变。

在转型升级发展过程中，有机硅产业结构调整取得了初步成效，重点产品的生产集中度越来越高，装备水平明显改善，行业发展质量得到提高。甲基单体盲目建设的势头得到有效遏制，通过扩能和并购，出现了几家规模较大、技术水平较高的骨干企业，全国产能排名前6位的企业合计产能占国内总产能的68.9%，产能集中度进一步提高。110硅橡胶、107硅橡胶及二甲基硅油等有机硅基础聚合物也由分散生产向集中生产转变，国内有机硅单体企业成为主要供应商。国产有机硅建筑密封胶已占据国内大部分市场份额，热硫化硅橡胶规模最大的6家企业约占全国总产能的80%，骨干企业的优势愈加突出，品牌效应日渐显现。

（三）行业准入门槛提高

为了遏制有机硅工业产能无序扩张与恶性竞争，“十二五”时期，有机硅工业把战略重心放在调结构、转方式上，在产业政策上提高了行业准入门槛，鼓励发展先进技术和产品，淘汰落后的技术和产品，加快转型升级，走低消耗、低排放、高效益的新型工业化道路。

有机硅工业的“十二五”规划明确提出有机硅单体总产能控制在300万吨/年以内的目标，限制新建单套规模10万吨/年以下的生产装置。同时，规划提出加大苯基、乙烯基、烷氧基硅烷等特种单体，以及中间体和下游中高端产品发展力度的目标，推动产业结构调整。

通过国家产业政策的宏观调控和市场调节，有机硅单体大规模重复建设的势头得到有效遏制，通过兼并重组和转产，“十二五”期间有机硅产能集中度有所提高。截至2015年，中国共有13家有机硅单体生产企业，合计产能267万吨/年，甲基单体实际产量约193万吨/年，拥有20万吨/年以上产能的企业有7家，合计产能191.5万吨/年，占总产能的72%。

二、逐步提高了单体发展集中度和技术水平

“十二五”期间，中国甲基氯硅烷生产企业加大了技术投入，在二甲基二氯硅烷选择性、触体产率、原材料消耗等方面有了明显进步。不少企业通过技术改造将原设计产能为6万吨/年的流化床反应器提高到8万～10万吨/年，大幅度提高了生产效率；同时积极采用二甲浓酸加压水解、水解物线环分离、高沸裂解、低沸歧化等新技术、新工艺，提高了原材料和副产物的有效利用率。

到“十三五”时期，中国已掌握了15万吨/年及以上单套有机硅单体装置设计、运行技术，部分生产企业通过多年摸索，在流化床设计、催化剂、硅粉和周期控制方面取得一定进步。能耗、收率及选择性等显著改善。少数企业自主完成装置改扩建，并取得了良好的运行效果，部分装置成本水平接近外资企业在华同类装置。所采用的催化剂体系与国外相同，流化床反应器的直径已达4米，二甲基二氯硅烷的选择性平均在83%以上。国内二甲单体的选择性普遍由不到80%提高到82%～85%，国际先进水平在90%左右。尽管二甲基氯硅烷的选择性与国外相比仍存在一定的差距，但通过管理和其他手段，有机硅单体的生产成本仍具有竞争能力。

进入“十二五”后，通过产业结构调整及市场调节，甲基氯硅烷产能过快扩张的势头得到有效遏制。2017年，全国共有甲基氯硅烷生产企业13家（含陶氏-瓦克张家港工厂），甲基硅氧烷合计产能137.6万吨，约占全球总产能的52%，居世界首位，总产量约102.1万吨。同时，道康宁、蓝星星火、新安、浙江合盛、恒业成、山东东岳等产能排名前6位的企业合计产能占国内总产能的68.9%，产业集中度进一步提高。2017年世界主要硅氧烷产能及分布统计详见表2-20-1。

表2-20-1 2017年世界主要硅氧烷产能及分布统计

公司	装置地址	产能/万吨	合计/万吨	备注
道康宁	美国Carrolton，Kentucky	20.0	55.3	
	英国Barry，Wales	20.0		
	中国江苏张家港	15.3		
瓦克集团	德国Nunchritz	13.0	27.7	
	德国Burghausen	10.0		
	中国江苏张家港	4.7		

续表

公司	装置地址	产能 / 万吨	合计 / 万吨	备注
蓝星集团	中国江西永修	19.0	29.0	法国鲁西荣 2016 ~ 2017 年产能由 7.5 万吨扩至 10 万吨
	法国 Roussillon	10.0		
日本信越	日本群马县 Isobe 和 Matsuida	10.5	18.0	
	泰国 Map Ta Phut，Rayong	7.5		
迈图高新材料	美国 Waterford，NY	11.0	18.5	位于建德的新安迈图公司 2017 年成功扩产
	日本 Ota，Gumma Prefecture	4.0		
	中国浙江建德	3.5		
新安化工	中国浙江	8.3	13.0	
	中国江苏	4.7		
恒业成	中国内蒙古	11.8	11.8	
东岳集团	中国山东	11.8	11.8	
合盛集团	中国浙江	8.5	15.7	四川装置 2017 年开工
	中国四川	7.2		
KCC	韩国 Seosan	7.8	7.8	
其他			41.7	
合计			250.3	

苯基氯硅烷也是有机硅产品合成过程中不可缺少的单体，其重要性和用量仅次于甲基氯硅烷。与甲基单体发展形成鲜明对比的是，中国苯基单体发展相对滞后，主要受技术及安全环保等因素影响。受LED、光伏等新兴产业快速发展的影响和带动，“十二五”期间，苯基氯硅烷的需求量越来越大，产能从“十一五”末的5000吨/年增加到1.5万吨/年，最大单机规模达到5000吨/年。2015年，全国苯基氯硅烷产量超过5000吨。2017年，全国苯基氯硅烷总产能1.9万吨，不仅能满足国内需求，还有部分产品出口。2017年全国共出口苯基单体1300余吨。

2008年，中国初级形态的聚硅氧烷出口量仅为3.39万吨。2014年，中国结束了初级形态聚硅氧烷长达几十年依赖进口的局面，首次实现了净出口0.29万吨，此后出口量逐年大幅增长，2017年净出口达到9.27万吨。2017年，中国聚硅氧烷总产能

138万吨（在产产能127万吨），超过全球总量的一半；产量102万吨，销售额超过450亿元，产量和消费量约占全球总量的40%。2018年中国聚硅氧烷净出口为10.1万吨，同比增加57.8%，成为世界主要的聚硅氧烷原料供应国及中东欧、东亚、东南亚、中东等“一带一路”沿线地区的主要供应国。

三、发展重心逐步向“双高”转移，深化完善产业链

“十二五”以来，有机硅工业发展的重心向高技术含量、高附加值的下游产品转移，同时充分利用有机硅与多晶硅生产过程中的副产物，以硅的化学利用为主线的产业链不断延伸和拓展。一是从金属硅到有机硅单体，再到基础聚合物和各种深加工产品；二是从金属硅到三氯氢硅和烷氧基硅烷，再到硅烷偶联剂、多晶硅、气相白炭黑和各种衍生功能型硅材料，形成了两条较为完整的产业链，经济效益、社会效益和环境效益进一步提高，可持续发展能力增强。

2018年11月7日，国家统计局发布了《战略性新兴产业分类》。该分类规定的战略性新兴产业包括新材料产业、新能源汽车产业、新能源产业、节能环保产业等九大领域。有机硅环体制造、合成硅材料制造、氟硅合成材料制造、硅合成橡胶制造等多种硅材料被纳入新材料产业分类。

“十三五”期间，中国战略性新兴产业蓬勃发展，带动了有机硅产品应用领域不断拓展，除在建筑、汽车、纺织、电子电气等传统应用领域继续保持稳步增长，有机硅在新能源、安全环保、医疗卫生、生物医药、高端制造等方面不断开发出新的用途，扩大了有机硅的应用领域。特别是在太阳能电池、LED、个人护理用品、轨道交通以及替代石油基产品等方面，有机硅的应用得到快速发展，促进了这些领域的技术变革。

（一）硅橡胶产业快速发展

硅橡胶是国内有机硅下游产品中最大的品种，硅橡胶消费量约占有机硅材料总量的72%以上，这与中国制造业大国的特点相符，电子电气、机械制造、厨卫家居、家电、汽车、建筑、轨道交通及新能源产业的发展带动了国内硅橡胶在产能和技术开发上都取得了长足的进步。

热硫化硅橡胶的传统应用领域包括电子电气、机器设备、厨卫家居、汽车等领域。而进入21世纪，高速铁路和轨道交通的迅猛发展对热硫化硅橡胶形成了新需求

增长点；硅橡胶在医疗卫生和日用品方面的用量逐年增加；在替代三元乙丙橡胶用于幕墙、门窗密封方面取得了重大进展。2017年，中国热硫化硅橡胶产能约56.0万吨，产量约48.0万吨；2018年，中国热硫化硅橡胶产能约60万吨，产量约52万吨，生产企业中规模最大的6家企业约占全国总产能的80%，规模化和品牌化明显，产业集中度显著提升。2019年产量约为54.4万吨。

室温硫化硅橡胶在有机硅工业继续保持了用量最大和增长最快的地位，这主要得益于房地产、电子电气、家电、汽车、轨道交通及新能源领域的需求稳步增长。2017年，中国室温硫化硅橡胶总产能超过100万吨，产量约69.3万吨，生产企业约500家，消费量达到68.9万吨；2018年，室温硫化硅橡胶总产能超过200万吨，产量约120万吨，生产企业不少于500家，其中建筑用聚硅氧烷结构密封胶合格生产企业达到116家，较“十一五”末增加了约30家。2019年产量约为92.8万吨。

房地产业持续高速发展，带动了建筑用聚硅氧烷密封胶企业更加重视新产品开发和产品质量，企业在生产设备的先进性和自动化程度方面有很大提高，5000吨/年以上的连续化生产线成为骨干企业的主流生产设备，最大单套产能达到1万吨/年，实现了生产方式质的飞跃，聚硅氧烷建筑用密封胶工业整体技术水平有了较大提高。

在国家政策鼓励和LED技术进步的推动下，中国LED产业发展迅速，有机硅固晶胶、导热灌封胶、黏结密封胶等在LED芯片封装、驱动电源、显示屏、照明灯具等灌封方面的用量快速增长。2014年，中国LED产业消费室温硫化硅橡胶约5万吨，市场规模约30亿元，国产有机硅封装胶消耗量首次超过进口量，在低折射率产品市场占据主导地位，高折射率产品的用量也得到快速提升，展现了良好的发展势头。

单组分、双组分液体硅橡胶广泛用于太阳能电池板的边框黏结、接线盒的绝缘、防潮和耐候密封；针对烟气脱硫防腐工程开发的具有耐酸、耐热、阻燃特性有机硅烟囱胶正成为电厂环保的关键材料之一。

特别需要提出的是，新版国家标准《硅酮和改性硅酮建筑密封胶》于2018年8月1日正式实施。相比2003年版，在适用于单组分有机硅密封胶的同时，增加了多组分有机硅密封胶，以及单组分和多组分改性有机硅密封胶。新标准对“改性有机硅建筑密封胶”进行了定义；对级别、下垂度、质量损失率、挤出性等指标进行了变更；增加了烷烃增塑剂要求和对多组分硅橡胶适用期的要求。

（二）高性能有机硅树脂发展尚不均衡

与硅橡胶相比，中国硅树脂产量较低，仅占有机硅总产量的3%左右。“十二五”期间，LED和光伏产业的强劲需求带动了苯基硅树脂和MQ硅树脂的发展，促进了国内硅树脂生产技术水平和产品质量有了很大进步，市场竞争力进一步提高，但总量依然不大。

2012年，中国1000吨级以上的企业有浙江新安化工集团、江苏三木集团有限公司、湖北新四海化工股份有限公司、常州市嘉诺有机硅有限公司、上海树脂厂、中蓝晨光化工研究院等，主要集中于涂料生产企业，各类硅树脂总生产能力超过4万吨。2015年，全国硅树脂总生产能力约5.2万吨，产量约4.5万吨；硅树脂两大消费领域绝缘漆及电机变压器消费结构分别为33%和29%，涂料尤其是在耐高温涂料中硅树脂应用较多，消费约占28%。由于国产硅树脂性能较国外产品存在较大差距，高端产品均由国外进口。

有机硅改性环氧和聚酯等合成树脂的研究比较活跃，在电子电气等领域应用效果明显；用于建筑外墙涂料的有机硅改性丙烯酸涂料（硅丙涂料）在中国研究起步较早，研究成果较多，但应用推广效果还不理想；随着中国加大环境治理力度，环境友好的硅丙涂料等在建筑领域有上佳表现，成为硅树脂的重要应用领域。

（三）功能性硅烷已成全球增长动力

功能性硅烷按用途可分为偶联剂和交联剂两大类，在有机硅工业中占有重要地位。经过多年的发展，2017年，中国已成为全球最大的功能性硅烷生产、消费和出口国，全国功能性硅烷总产能约37.74万吨，产量约22.23万吨。在产品结构中，含硫硅烷偶联剂占比33.6%、交联剂占比27.1%、氨基硅烷占比12.7%、乙烯基硅烷占比10.3%、环氧基硅烷占比7.8%、丙烯酰氧基硅烷占比4.4%。2018年，全球功能性硅烷产能约为59.6万吨，产量约为41.5万吨，产能利用率为69.6%，产能、产量同比分别增长4.2%和10.4%，主要增长动力来自中国。2018年，中国功能性硅烷生产企业有效总产能约为39.8万吨，产量约为25.7万吨，消费量为17.1万吨，较2017年分别增长5.4%、16.2%和11.3%。由于产能扩张较快，在供给侧结构性改革及环保督察等因素影响下，中小企业大面积关停，“十一五”期间行业整体开工率在60%上下波动。2018年，随着市场需求回暖，行业开工率出现较大幅度提升。

含硫硅烷偶联剂是功能性硅烷中产量占比最大的品种。中国已成为世界重要的含硫硅烷偶联剂生产基地，形成了景德镇宏柏化学科技有限公司、荆州江汉精细化工有限公司、湖北新蓝天材料股份有限公司3家规模较大的企业。2017年，中国含硫硅烷产量突破7万吨。

中国其他有机硅精细化学品在进入“十三五”后也逐步完成由大到强的转变。如六甲基二硅氮烷2015年至2017年出口量分别为3110吨、3584吨和3738吨，四甲基二乙烯基二硅氧烷2015年至2017年出口量分别为130吨、151吨和300吨，均呈现逐年增长态势。

（四）气相法二氧化硅正大力发展

气相法二氧化硅主要用途是作为有机硅弹性体的补强剂，目前其在硅橡胶领域的使用量占其总消费量的60%以上，另外在其他有机硅产品如硅树脂中也有少量应用；涂料油墨工业目前是国内气相法二氧化硅的第二大消费领域，占总消费量的8%左右；另外在非硅黏合剂/密封胶、复合材料、化学机械抛光（CMP）行业，气相法二氧化硅应用也保持快速增长。此外，蓄电池、医药、橡胶加工、食品、农业、化妆品、日化、造纸、润滑油等领域对气相法二氧化硅的需求也保持增长，有的甚至高速增长。

气相法二氧化硅与有机硅和多晶硅行业有紧密的合作关系，形成资源相互利用的良性循环。气相法二氧化硅是国家重点鼓励发展的产品，其生产过程能够消化大量的有机硅和多晶硅行业高危险高污染副产品，实现变废为宝。中国气相二氧化硅产业经过几十年的发展，并没有在单套产能、工艺自动化、后续高附加值深度加工方面取得国际竞争优势。目前国内尚无万吨级规模企业，深加工方面也刚起步，疏水产品还是基本依赖进口，气相二氧化硅行业的发展任重而道远。

截至2018年，全球气相法二氧化硅总产能为38.1万吨，总产量约为28.4万吨。2018年，中国气相法二氧化硅总生产能力为13.9万吨，占全球总产能的36.5%；产量约为9.2万吨，占全球产量的32.4%。2017年，产量约为7.9万吨，占全球产量的29.2%。2018年，中国气相法二氧化硅消费总量约为7.8万吨。2018年，在国内有包括瓦克化学（张家港）有限公司、卡博特蓝星化工（江西）有限公司等外资在华企业在内的主要生产企业22家。外资企业在这一时期都加大了气相二氧化硅的投资力度。2018年8月，德国赢创与新安集团正式签约，双方拟在江苏省镇江市镇江新材料产业园共同投资设立赢创新安（镇江）硅材料有限公司，合资共建8000吨/年气相二氧化硅项目。

国内企业主要有德山化工（浙江）有限公司、浙江富士特硅材料有限公司、山东东岳有机硅材料有限公司等。

四、环境保护及资源综合利用得到加强

有机硅工业在为国民经济发展做出重大贡献的同时，也大量地消耗着资源与能源，“三废”排放也造成了环境污染，成为国家在节能减排方面重点关注的领域。“十二五”期间，随着中国经济增长方式的转变，有机硅工业在清洁生产、环保技术开发、资源综合利用方面开展了大量工作，企业社会责任意识进一步增强，安全环境事故明显减少，未发生重大安全环保事故。企业采用新技术、新工艺，强化循环利用，减少了原材料消耗；通过工艺过程优化等措施，有效减少了能源消耗，单位硅氧烷能耗较“十一五”末降低了10%以上。

为落实国务院《节能减排“十二五”规划》，国家质检总局、国家标准委于2014年4月公布了《有机硅环体单位产品能源消耗限额》（GB 30530—2014），2015年1月1日实施，有效引导和促进了有机硅企业节能降耗。

2015年，由国家发改委、环保部、工业和信息化部提出，中国化工信息中心及有机硅单体生产企业参与起草的《有机硅行业清洁生产评价指标体系》国家标准完成编制工作，2017年9月起实施。该评价指标体系适用于有机硅工业清洁生产水平评价、清洁生产绩效评定、清洁生产审核、新扩改建项目环境影响评价、新建项目审批核准、企业环保核查、节能评估等，为政府主管部门提供有机硅工业清洁生产管理手段，对推动有机硅工业建立并形成长期有效的清洁生产机制发挥了重要作用。

有机硅单体和环体“三废”排放物含有重金属、盐类、废酸、废碱、有机硅高聚合物、六甲基环三硅氧烷（D_3）、八甲基环四硅氧烷（D_4）等有机物。为此，中国氟硅协会与世界有机硅工业会合作，开展了八甲基环四硅氧烷（D_4）问题研讨，成立D_4问题工作组，积极回应国际上对D_4POPS问题的关注，积极承担环保部环境保护对外合作中心项目《D_4、D_5、D_6的环境风险及国内外行业和管控情况研究子项目》研究。

“十三五”期间，有机硅工业提出大力开发和推广甲基单体副产物综合利用技术，全面采用高沸裂解、低沸歧化等技术回收利用高低沸物，提高原材料的有效利用率；降低产品中残存的低挥发组分；大力发展能源节约和替代技术，清洁生产技术等，促进行业节能减排和技术升级。到“十三五”末，有机硅环体综合能耗在

“十二五”末的基础上下降10%。

有机硅单体和环体的副产物、“三废”综合利用已见成效。高沸物综合利用实现生产硅油、防水剂、硅树脂、消泡剂、脱膜剂、催化裂解；一甲基三氯硅烷综合利用可生产硅烷交联剂、甲基硅树脂、建筑防水剂、气相法白炭黑；废触体综合利用可回收铜，生产苯基氯硅烷、三氯氢硅、四氯化硅；废渣浆综合利用实现离心重力沉降分离高沸物后水解，回收高沸物和铜，其余堆埋。

中国有机硅工业也在艰苦创业磨砺中走过近70年的成长历程，如今世界有机硅工业格局已发生了重大变化。两个最为显著的特点是，中国拥有了全球有机硅产能的一半以上，国际消费市场的半壁江山，位居世界第一；全球有机硅巨头仍然牢牢把控着有机硅的市场主动权，最大的5家公司为美国道康宁、中国蓝星、美国迈图、德国瓦克和日本信越，约占全球有机硅单体总产能的60%，并在高端产品中控制着主动权。

为迎接世界有机硅工业“中国时代”的来临，中国有机硅工业坚持以“调结构、转方式、促发展”为主线，树立国际化新思维、全球化视野，依靠科技创新驱动，以高性能化、多功能化、复合化、精细化、极限化、环境友好化和低成本、高附加值为主攻方向，全力推进有机硅工业创新发展、绿色发展、高质量发展，实现由大到强的实质性转变，早日跻身世界有机硅强国之列。见表2-20-2。

表2-20-2 1974～2019年国内有机硅产品产量 单位：吨

年份	聚硅氧烷	硅橡胶
1974年	102	12
1994年	2660	3789
1995年	1625	3255
1997年	6264	7040
2000年	15550	3200
2005年	75000	630000
2012年	655500	950000
2018年	1130000	1300000
2019年	1158000	1472000

第二十一章 氟化学工业发展史

（1950～2019年）

氟化学工业是指以含氟材料为主要产品的化工产业。氟化工包括无机和有机两个门类。无机氟化工主要产品有铝用氟化盐、无机氟化物、含氟特种气体、含氟电子化学品等；有机氟化工主要产品有氟碳化学品（氯氟烃、氢氯氟烃、氢氟烃等）、氟树脂及其制品、含氟弹性体及其制品以及含氟农药中间体、含氟医药中间体等含氟精细化学品。由于氟原子的特异性，氟化工产品一般都具有耐化学品、耐高低温、耐老化、低摩擦、绝缘等优异的性能，广泛应用于建筑、现代交通、电子电气、工业制造、通信工程、航空航天、国防军工、医药医疗、新能源、卫生环保、生活日用等领域。由于产品高性能、高附加值，氟化工产业被称为“黄金产业”。

世界氟化工自20世纪30年代兴起，至今已有近90年的历史。氟化工的发展主要从无机氟化盐、氟氯烷烃的研究成功到进入商业规模生产和应用开始。1931年美国首先实现无水氟化氢的商业生产。同年，美国杜邦公司首先开发出CF_2Cl_2（R12）商标名为“氟里昂”。随后，一系列全氯氟烃和氢氯氟烃陆续商业化，成为全球制冷工业主流产品。1934年，德国I.G.Farbenindustrie公司发明了聚三氟氯乙烯（PCTFE）。1938年，美国杜邦研究实验室首先开发出聚四氟乙烯（PTFE），1950年杜邦公司实现了工业化，标志着氟聚合物产业的诞生，成为氟塑料工业发展史上的里程碑。正是由于20世纪30年代氟里昂系列产品的大规模生产，产生了对无水氟化氢的大量需求，进一步发现和开创了品种繁多、性能优异的氟化工产品体系。随着科学技术的进步，不断有氟化工新品种问世，市场对氟化工产品的需求量越来越大，氟化工因此成为全球密切关注的高新技术产业。目前，世界氟化工产品已达到千种以上，总产量超过400万吨/年，形成了约每年300亿美元的销售市场。

中国从1941年起在上海诞生了制造制冷剂企业——北洋机器工程行。但是，化工行业普遍认为中国的氟化工基本上是在1954年开始试制无水氟化氢（AHF）和氟制冷剂的基础上发展起来的。中国发展氟化工拥有得天独厚的资源优势，氟化工的主要原料氟化钙（俗称萤石）资源居世界前列。在半个多世纪的时间里，中国氟化工经历了萌芽期和成长期，在20世纪90年代开始进入发展壮大时期，后又经过20余年发展，已形成品种较多、门类比较齐全的工业体系，实现了从“跟跑”到“领跑”的产业飞跃。2018年，中国氟化工总产能超过600万吨，生产厂家超过1000家，产品产量占到全球的近55%，已成为世界最大的氟化工生产国、消费国和出口国。

目前，氟化工已成为中国经济高质量发展的基石，作为国家新材料产业的重要组成部分，为发展其他国家战略性新兴产业和提升传统产业提供材料保障，对促进中国制造业结构调整和产品升级起着十分重要的作用。

第一节
初步建立产研体系
（1950～1977年）

新中国成立后，为了给电解铝工业提供助熔剂氟化盐，中国开始建设氟化盐生产装置。20世纪50年代，先后建立了无水氟化氢（AHF）、一氟三氯甲烷（R11）、二氟二氯甲烷（R12）等氟制冷剂的生产装置。这几套装置建成一般被业内视为中国氟化工工业的起点。在无水氟化氢的生产上，解决了设备泄漏严重的问题，改进了生产工艺；氟制冷剂技术得到根本改进，到20世纪70年代氟制冷剂R12和R22单套生产能力扩大到1500吨/年，在上海、山东、四川等地建立了数套生产装置；氟溴甲烷类灭火剂得到发展，开发成功二氟二溴甲烷（Halon-1202）、一溴一氯二氟甲烷（Halon-1211）等产品的合成工艺并实现工业化生产；建立了多个以氟化工为主的科研及产业基地。

进入20世纪60年代，以开发满足国防军工急需的含氟高分子材料为主线，中国组织科研力量，加大了对聚四氟乙烯、氟橡胶等产品的技术攻关力度，并取得了突破，为中国的国防军工提供了必要的材料支撑。

这一阶段是中国的氟化工工业奠定发展基础、初步建立产业体系的阶段。

一、恢复与新建并举，发展氟化盐生产

中国氟化工产业是由铝工业带动的，因为铝电解需要无机氟化盐作为助熔剂。日军侵华期间在满洲建设了氟化盐厂，日本投降时工厂遭到破坏。1950年在苏联专家的帮助下，中国开始恢复氟化盐的生产。

1950年，中国开始筹建新中国首个电解铝厂——抚顺铝厂，因铝电解工艺需要大量无机氟化盐，1954年3月抚顺铝厂建成了全国第一个氟化盐车间，设计能力2130吨/年，供抚顺铝厂自用，后经过扩建产能达8000吨/年。此后，全国又相继建设了3家氟化盐生产企业。1959年4月为郑州铝厂配套建设的湖北大冶有色金属公司氟化盐厂投产。1958年8月，在建的湖南铝厂（后称湘乡铝厂）套用湖北大冶的蓝图增建了氟化盐车间；1959年，采用湖北大冶的蓝图建设了白银有色金属公司氟化盐厂。

1956年，2000吨/年氟化钠的熔浸法生产装置在济南化工厂建成投产，随着氟化钠用途扩大，1957年生产能力增至4000吨/年。

根据20世纪70年代铝工业发展的新部署，白银氟化盐厂于1969年竣工投产。1971年湘乡和白银都进行了扩建改造，扩建后，湘乡氟化盐产能达到了3万吨/年，白银产能达到了2万吨/年，中国氟化盐的产能已具备了相当的规模。产品除满足国内需求外，于1963年起开始逐渐进入国际市场，销往欧、亚、美、澳、非各大洲几十个国家和地区。

二、发展无水氟化氢、氟系列制冷剂

氟化氢是由氟元素与氢元素组成的二元化合物，是无色有刺激性气味的气体。氟化氢既是生产含氟化合物的原料，也是一种强腐蚀剂，其水溶液（氢氟酸）用于刻蚀玻璃，酸洗金属，是重要的化工原料和助剂。含氟制冷剂是重要的制冷剂种类

之一，广泛用于干燥机、除湿机、空调、工业制冷等领域。1941年5月，北洋机器工程行成立。1942年起制造二氧化硫、制冷剂。1950年北洋机器工程行改名为北洋机器工程厂，1954年试制成功F11、F12和无水氟化氢。1955年建成150千克/日氟制冷剂R12及其配套的氟化氢装置，成为全国第一家无水氟化氢和氟制冷剂的生产企业。1957年，成立公私合营北洋化工厂（1967年改名为上海曙光化工厂）。

1955年，鸿源漆号（同年改名为上海鸿源化学厂，1967年更名为上海制冷剂厂）开始试制无水氟化氢和氟制冷剂R11、R12和二氟一氯甲烷（R22）等品种，1956年投产，为后续氟化工的发展创造了条件。

北洋化工厂和上海鸿源化学厂早期生产的无水氟化氢为手动土法工艺，效率低、设备密封不好，存在泄漏。1958年，上海鸿源化学厂首次采用外转式转炉生产无水氟化氢。经多年改进，解决了泄漏严重等问题，之后又借鉴苏联援建氟化铝生产装置中的无水氟化氢制备技术，设计、改进了转炉生产工艺。

1963年，上海鸿源化学厂试制成功中国第一台直径500毫米、长3米的无水氟化氢反应转炉，设计产能为100吨/年，当年实际产量约40吨。早期该装置生产无水氟化氢时因原料控制不严等问题导致结壁严重，影响了转炉的运转和萤石粉的利用率，且设备布置在车间厂房内，转炉微正压操作，转炉周边酸气和粉尘污染较严重。根据实际生产改进后，20世纪60年代末到70年代前期，这项工艺先后在济南化工厂、武汉市长江化工厂、浙江东阳化工厂、贵州3414厂及上海电化厂等相继建成投产，转炉直径扩大至800毫米，单套生产能力达300吨/年。

20世纪50年代，氟制冷剂生产工艺机械化程度低。以四氯化碳/三氯甲烷经三氟化锑和液氯氟化反应制备制冷剂R12/R22，流程长且成本高，不适于产业化。自转炉连续生产氟化氢工艺研制成功后，氟制冷剂的合成技术有了根本改进，以无水氟化氢为氟化剂，五氯化锑为催化剂，与甲烷氯化物反应制备出R12、R11和R22。改进后的氟制冷剂工艺成为以后国内主流工艺，经过不断的生产及技术进步，逐步向各地推广发展。主要生产单位有上海制冷剂厂、上海曙光化工厂、上海电化厂、济南化工厂、化工部晨光化工研究院二分厂和武汉市长江化工厂等。20世纪70年代氟制冷剂R12和R22单套生产能力分别逐步扩大到1500吨/年。

三氟三氯乙烷（R113）的制备源于1958年北洋化工厂研制聚三氟氯乙烯（PCTFE）配套的原料所需，1960年建成25吨/年PCTFE、100吨/年R113、40吨/年的三氟氯乙烯（CTFE）装置。

三、氟溴甲烷类灭火剂得到发展

氟溴甲烷类灭火剂又称为哈龙（Halons），它通过破坏燃烧或爆炸的复杂的化学链式反应来达到灭火的目的。使用较为广泛的卤代烃灭火剂主要有Halon-1202、Halon-1211、Halon-1301和Halon-2402。

1958年，武汉大学最早在实验室成功研制出航空灭火剂Halon-1202，1970年在武汉大学化工厂批量生产。

浙江省化工研究所（1990年更名为浙江省化工研究院）于1960年研制成功Halon-1202。1964年，浙江省化工研究所和上海鸿源化学厂分别采用F22（R22）热溴化反应路线制备Halon-1211，1970年建成30吨/年的中试车间，后在辽宁、广东和浙江等地建立了Halon-1211生产车间。浙江省化工研究所于1965年利用上海合成橡胶研究所四氟乙烯分馏塔尾气溴化制造Halon-2402，1966年10吨/年生产装置通过技术鉴定，1967年移交上海电化厂生产，产量为3～4吨/年。20世纪60年代中期，上海鸿源化学厂曾试制Halon-1301。

四、聚四氟乙烯、氟橡胶等技术攻关取得突破

聚四氟乙烯（PTFE）是综合性能优异的氟塑料，属于特种工程塑料范围，具有优良的耐高低温性能，可在–190～250℃范围内长期使用，有突出的化学稳定性、良好的介电性能、优良的耐摩擦性、不黏附性等，是当之无愧的“塑料王”。因此，聚四氟乙烯是核工业、航天航空和机械电子等国防尖端工业迫切需要的材料。

1957年，上海鸿源化学厂的高曾熙工程师在艰苦的条件下，率先提出R22热裂解制取四氟乙烯（TFE）和聚四氟乙烯。最初试验研发人员只能以石英管作为裂解管，裂解后经简单分离，TFE单体只能在钢瓶中直接进行聚合。为防单体爆聚，将钢瓶置于沙袋垒成的土墩掩体内进行试验，经过反复试验，上海鸿源化学厂当年制成了几克TFE聚合物样品。

1958年，为满足国防军工对聚四氟乙烯的需求，化工部部长彭涛等视察了具有聚四氟乙烯研发基础的上海鸿源化学厂，确定在该厂发展聚四氟乙烯。1958年7月，上海市化工局根据国家技术委员会和化工部的部署，组织中国科学院化学研究所（以下简称中科院化学所）、中国科学院上海有机化学研究所（以下简称中科院上海有机所）、北京化工设计院、北京化工研究院、复旦大学、上海化工厂等单位

的人员，集中在上海鸿源化学厂共同攻克技术难关。以后清华大学也作为一支重要的力量加入攻关会战，改进了分馏条件及测试、聚合和加工成型条件，经过艰苦工作，提高了四氟乙烯纯度，9月底研制出了可以加工成型的聚四氟乙烯样品。1959年，上海鸿源化学厂建成了3吨/年装置。

为推进聚四氟乙烯的研究，国家科委、化工部于1961年3月、1961年9月、1962年12月先后召开3次全国氟塑料会议，组织中国科学院长春应用化学研究所、中科院上海有机所、北京化工研究院、上海化工医药设计院和清华大学、复旦大学等协同攻关。参考了苏联的TFE装置流程，经试验取得数据后重新设计第二套3吨/年中试装置，聚合采用中科院上海有机所的工艺。因上海鸿源化学厂已无发展空间，全国第一套30吨/年聚四氟乙烯装置选址建设在上海市合成橡胶研究所内。1964年，采用50升不锈钢立式搅拌釜顺利试生产出悬浮法聚四氟乙烯树脂。上海市塑料研究所将其加工制成圆柱体、垫圈等多种制品。之后，上海市合成橡胶研究所又试生产出分散法聚四氟乙烯树脂，1965年经化工部鉴定后正式生产。这一装置的建成和试产成功，是中国氟化工发展史上第一个重要的里程碑，结束了中国不能生产聚四氟乙烯树脂的历史。

20世纪60年代后期到70年代，以上海市合成橡胶研究所中试装置技术为基础，上海电化厂、济南化工厂、武汉市长江化工厂、北京化工厂和辽宁阜新611厂（后更名为阜新氟化学总厂）分别建成了100吨/年PTFE生产装置。1977年上海合成橡胶研究所首先采用新型金属丝网波纹填料，全面推广用于300吨/年TFE单体装置。

氟橡胶起步于20世纪50年代后期，为解决国防军工急需，国家将氟树脂、氟橡胶列为开发项目。1958年上半年，上海市橡胶工业试验室成立特种合成橡胶研究组，开始研制氟橡胶。中科院化学所胡亚东等通过精制乙炔、氟化氢合成含氟烷烃，再制成含氟烯烃的方法合成了单体偏氟乙烯（VDF）和三氟氯乙烯（CTFE），并在玻璃封管中聚合后得到共聚单体聚合物——氟橡胶-23。同年7月，中科院化学所、中科院上海有机所、上海市橡胶工业实验室的研究人员在上海集中攻关。9月底，放大“玻璃杯级”试验成功，这是中国氟化工行业成功试制的首个氟橡胶产品。1959年，上海市橡胶工业试验室自主进行VDF合成试验装置的建设，逐步将氟橡胶聚合反应器由2升扩大到50升，生产的氟橡胶-23定名为1号氟橡胶。1965年通过化工部技术鉴定。1960年4月，上海市橡胶工业试验室一分为二，成立研制新型特种橡胶及通用橡胶的上海市合成橡胶研究所和研制橡胶加工应用的上海橡胶工业制品研究所。

其他种类橡胶的研发也同步进行。1961年初，这些科研机构以丁酰氯为原料制备六氟丙烯（HFP）单体，后改用中科院上海有机所黄维桓等提出的TFE热解路线，1964年上海市合成橡胶研究所建成了2吨/年HFP生产装置，并先后试制出氟橡胶-26和氟橡胶-246，分别命名为2号氟橡胶和3号氟橡胶。

1964年，化工部决定氟橡胶项目内迁四川（属“三线”建设）继续试验。1965年，化工部上海化工医药设计院和上海市合成橡胶研究所合作设计2吨/年规模的中试装置。1966年初，由北洋化工厂和上海市合成橡胶研究所内迁设备283台（套）、管道、管件、仪器仪表等运抵晨光。当年内迁化工部晨光化工研究院（现中昊晨光化工研究院有限公司，简称晨光院）的氟橡胶中试工艺流程、设计数据，全部采用这一成果，于1967年试车成功，产出第一批工业性试验的1号氟橡胶。1970年、1971年2号氟橡胶、3号氟橡胶也试制成功。

聚四氟乙烯树脂和氟橡胶产品的研制成功，为国防技术提供特种材料，并为中国氟高分子材料的工业化奠定了基础，带动了氟加工技术的发展。1959年，化工部安排上海化工厂进行聚四氟乙烯的加工研究，1963年又成立了上海市塑料研究所，这是全国最早的氟塑料成型加工研究所。这两家单位开创了中国氟塑料加工先河，完成了大批急需的军工任务，尤其是研制成功了用于军用飞机液压系统的编织钢丝网增强聚四氟乙烯高压软管。以后经过近20年的努力，上海市塑料研究所建成了专门的聚四氟乙烯高压软管生产线。

五、科研及产业基地建设全面展开

1965年，化工部集合国内24家科研院所相关科研人员组建的晨光化工一厂、二厂、三厂（晨光化工研究院前身），以研制和生产各种化工新型材料为主，成为继上海市合成橡胶研究所后的全国第二个产品较全面、研发力量较强的氟化工基地。

1964年建所的阜新市化工研究所，利用阜新市具有氟资源的优势，在有机芳香族氟化合物的科研和生产上积累了一定的经验，逐步形成了以有机芳香族氟化合物的合成、应用研究及技术开发为主要课题的科研系统。

20世纪60～70年代，在有了聚四氟乙烯与氟橡胶技术和物质基础后，带动了后续可熔融加工氟树脂、军工急需的特种氟橡胶以及以氟单体为原料的精细化学品的开发。首先开展研究的是TFE和HFP共聚的聚全氟乙丙烯树脂（FEP）。1960年，中科院长春应化所进行实验室探索；1963年，中科院上海有机所继续完善实验室研究；1965年，由上海市合成橡胶研究所组织中试。并在以后建立了同ASTM（美国材料实验协会American Society of Testing Materials 的标准体系）相对应的FEP产品标准。

全氟醚橡胶是一种合成弹性体，具有和聚四氟乙烯类似的热稳定性和耐化学品性。晨光院1976年开始研制。由王淑芳、杨国威等先研制成第一单体——全氟甲基乙烯基醚，徐善廉等研制成第三单体，周鸿儒等研究聚合与硫化配方，于1985年完成研制任务。这种橡胶具有耐强碱和有机溶剂，在液氢、液氧等超低温下有特好的密封性，亦可长期耐288℃高温。该产品填补了国内空白，供航天工业部急用。后获国家科学技术进步三等奖，化工部科学技术进步一等奖。

20世纪60年代末至70年代，上海市合成橡胶研究所和晨光院一分院分别同时开展了军工配套的羧基亚硝基氟橡胶的试制研究，1975年两家单位都完成了化工部的技术鉴定。此后，由晨光院建立1吨/年中试装置，并负责供货。

20世纪70年代初，上海市合成橡胶研究所还开发了用于高速离心机的HFP低温氧化合成的全氟醚润滑油，后转移到北京生产。同期，中科院上海有机所开展了以聚三氟氯乙烯树脂为原料制取氟氯油、以四氟乙烯和乙烯共聚合成氟树脂40、利用氟气和氟化铵在还原铜粉的催化下合成三氟化氮等研究。

第二节 自主开发与国外引进相结合发展（1978～1990年）

在改革开放新的发展时期，机械加工、电子电气及冰箱、空调等家电产业进入蓬勃发展新阶段，对含氟聚合物及制冷剂等氟化工产品需求快速增长，带动了氟化工产业全面发展。20世纪80年代后期，江苏、浙江等地多家民营企业开始进入氟制冷剂、含氟芳香族中间体的生产领域，并逐渐成为这些产业的主力军。这一阶段技术发展主要是以自主开发和技术引进相结合的模式。

这一时期，中国无水氟化氢生产技术达到较高水平，制冷剂R12、R22、R113产量实现了较快增长，同时氟化工行业也开始了高端氟产品的研究，一批氟化工新技术涌现出来，影响较大的有氯碱工业使用的全氟离子交换膜、可熔性聚四氟乙烯（PFA）、乙烯-四氟乙烯共聚物（ETFE）、聚偏氟乙烯（PVDF）、全氟醚橡胶、氟硅橡胶等，对氯氟烃（CFCs）和Halons替代品的探索性研究也拉开了序幕。1989年3月，国务院发布了《关于当前产业政策要点的决定》，将氟化盐列为重点支持生产的产业、产品目录。

这一时期中国氟化工发展的特点是：生产企业多，总体产能不大，平均开工率低，产量小；除引进装置外，产品单耗高；生产装置自动控制水平不高；国产氟化工产品难以满足国内需求。

一、攻克千吨级聚四氟乙烯及配套工业化技术

在前期中试的基础上，化工部决定组织力量进行千吨级聚四氟乙烯及配套装置的工程放大技术的开发。1978年，在化工部二局主持下，组成了以上海市合成橡胶研究所（1980年更名为上海市有机氟材料研究所）和化工部第六设计院为主体的联合攻关组，上海合成橡胶研究所化工室下设水蒸气稀释裂解、分离提纯、分析组等几个子课题组，攻关组还包括晨光院二分厂、华东化工学院、浙江大学等单位。

1983年，千吨级聚四氟乙烯技术攻关项目列入国家“六五”攻关项目，该项目核心是攻克四氟乙烯的单体生产工艺。

TFE是生产聚四氟乙烯的主要单体，也是含氟高分子材料、含氟表面活性剂和含氟精细化学品等的主要原料和中间体，其生产水平在一定程度上代表着一个国家有机氟工业的发展水平，发展氟化工首先要突破TFE工程化技术。

课题组接受了化工部高层专家和一些高校教授提倡的国外新型技术开发理念和方法，没有按照传统的先搞全流程的模拟试验、中试再进行设计放大方法，而是只选择局部过程做可行性试验和建立最优化工艺参数的重要环节。因此，将攻关重点确定为F22水蒸气稀释裂解制取TFE，重要突破的3个关键问题是：选择满足工艺要求的金属材质，设计出合适的反应器，能够实现反应物和水蒸气短时间内充分混合；开发出能产生1000℃高温水蒸气的工业化工艺和设备；在裂解气实现急冷的同时，设备要能抵御强腐蚀。

经过一段时间的10吨/年、20吨/年的规模试验，上述3个问题都逐步得以突破。反应器采用装有混合装置的GH30钢制成的管式反应器；高温水蒸气采用将低压锅炉提供的饱和水蒸气在高温直管电加热炉加热方式；急冷器采用间接式的非金属冷

凝冷却器。实验室研究结果显示，采用水蒸气稀释裂解制TFE新工艺，F22单程转化率高，TFE的选择性好，而且所产生的有毒的高沸残液大幅度减少。

为了对核心技术进行试验验证，1980～1984年，他们在200吨/年工业装置上进行了中试，为基础设计提供了设计数据。中试装置充分利用原有TFE生产车间的条件，在老装置近旁建设试验装置。1984年，化工部第六设计院和上海市有机氟材料研究所联合编制了千吨/年PTFE基础设计，其中聚合和后处理基本参照当时上海市有机氟材料研究所的工艺技术。这是中国氟化工行业首次编制基础设计，标志着中国氟化工具备了自主开展化工过程开发的能力。

联合攻关中，晨光院二分厂承担悬浮法PTFE的等温聚合研究和后处理连续过程的研究，上海市有机氟材料研究所承担了分散PTFE聚合和后处理的连续化研究，与浙江大学联合开展了卧式釜替代立式釜聚合研究，该项研究在国内属首创。卧式釜技术开发成功后，不仅在PTFE分散聚合中很快普及，在FEP等其他含氟高分子材料的乳液聚合工艺场合都得到了推广和应用。

1986年1月，千吨级PTFE技术开发项目在上海通过部级技术鉴定，共完成主项目4项，子项目20多项，技术水平达到或接近国外同类工艺水平，经济指标达到预期要求，并荣获国家计委、国家科委、经贸委和财政部的表彰。

千吨级聚四氟乙烯及配套工业化技术的攻克，促进后续大规模PTFE的生产。20世纪90年代，许多千吨级项目逐渐开工建设，中国逐渐成为PTFE出口国。

二、一批有机氟新技术相继涌现

这一时期，中国的氟化工行业科研单位及生产企业加大了新产品的开发力度，一批氟化工新技术涌现出来。

（一）新产品、新技术开发力度加大

上海市有机氟材料研究所对六氟丙烯（HFP）生产的裂解工艺进行改进，以回收八氟环丁烷（C-318）同TFE混合共裂解，大大缓解了单用TFE裂解严重结炭现象，从而延长了裂解管使用寿命，增加了正常运行周期；开发了气流粉碎技术用于生产细粒度PTFE悬浮树脂，用添加调聚剂方式直接合成分散PTFE超细粉，研究成功实验室规模PTFE造粒技术、七氟异丙基碘及调聚产物研制和以HFP三聚体为中间体的多泡型高效灭火剂；中科院上海有机所实验厂用六氟环氧丙烷（HFPO）多

聚体制成轻水泡沫灭火剂，形成了一批新产品。

1984年，中科院上海有机所将试制含氟除草剂氟乐灵的技术转让给浙江东阳农药厂，后建成100吨/年生产装置，第一步起始原料2,4-二硝基对氯甲苯，经光氯化、氟化后得到含氟中间体2,4-二硝基对氯三氟甲苯。氟乐灵成为中国第一个批量生产的含氟芳香族除草剂。

浙江省化工研究所在研制含氟农药和灭火剂Halon-1211、Halon-1301等方面取得较大的进展。阜新化工研究所和阜新化工三厂是最早开展含氟芳香族中间体研究和试生产的单位。武汉市长江化工厂开展了电化学氟化制全氟磺酰氟的研制，是国内最早能够批量生产全氟磺酰氟的企业。黎明化工研究院于1980年向四川硫酸厂和浙江慈溪氟化工厂分别转让50吨/年六氟化硫生产技术。

这一时期，以乡镇企业为主体的PTFE生料密封带加工生产线大批出现，并从有油生料带向无油生料带过渡，不仅满足了国内市场，而且在国际市场上也占了绝大多数份额。

（二）有机氟残液焚烧处理技术获得突破

TFE和HFP生产过程中产生的残液里，含有八氟环丁烷、全氟丙烯、全氟异丁烯、六氟一氯丙烷等有毒物质。有毒高沸有机氟残液的焚烧处理技术是千吨级PTFE及配套装置的工程化技术中一项重点工程，在千吨级PTFE技术攻关期间，化工部第六设计院和上海市有机氟材料研究所在有毒高沸有机氟残液的焚烧处理技术上取得了突破，合作编制了对有毒高沸有机氟残液的焚烧处理设计。1980年在上海市有机氟材料研究所建成扩大试验装置，1981年12月通过化工部鉴定，1982年建成生产装置。该技术解决了多年来困扰有机氟生产企业的老大难问题，不仅适用于处理TFE生产残液，也适用于其他有机氟产品生产中的残液处理，开发成功后很快在全国范围推广，为中国氟化工的发展解除了后顾之忧。

三、引进技术配套建设无机氟化铝回收装置

含氟废气对环境污染严重以及大量开采萤石造成萤石储量逐年减少，对于磷肥厂含氟废气的回收利用已经引起了世界各国的重视。随着磷肥工业的发展，磷矿中氟资源成为氟化物生产中的重要原料。为了给12万吨/年磷酸和24万吨/年磷铵生产装置配套建设6000吨/年氟化铝回收装置，1983年贵溪化肥厂从法国引进了彼施

涅A-P工艺技术，建设氟化铝回收装置，并于1991年建成投产，贵溪化肥厂成为全国第一家磷肥副产氟化铝技术的引进企业。

1988年，湘乡铝厂氟化盐装置在改扩建时，引进瑞士布斯（Buss）公司1.5万吨/年的干法氟化铝生产技术和主要设备，使氟化盐装置产能达到5.7万吨/年。同年，白银氟化盐装置进行了改扩建，装置规模达到4万吨/年。

与此同时，国家为了调整化肥结构、加速发展高效磷复肥，确立了几个大型磷肥生产项目，以引进国外先进技术和关键设备为主，建设了几家大型磷复肥生产装置。为了解决磷肥生产过程中氟硅酸的出路，江西贵溪化肥厂、湖北大裕口化肥厂、广西鹿寨化肥厂、贵州瓮福磷肥厂等从国外引进氟硅酸生产氟化铝的技术和设备，生产规模从6000吨/年至14100吨/年不等。但由于种种原因，这些引进的装置一直不能正常生产，后来全部停产。

四、无水氟化氢和制冷剂不断扩规模、上水平

1987年5月，国家标准局颁布了工业无水氟化氢及其测定方法国家标准。新制定的国家标准已达苏联国家标准优级品指标，并优于其他先进国家的标准，因此按国标组织生产合格产品已成为每个生产企业的一项十分紧迫的任务。1980年，化工部第六设计院与瑞士布斯公司交流后，与武汉长江化工厂联合开发了3000吨级的无水氟化氢新工艺。济南化工厂亦设计出直径1.6米、长16米较先进的反应炉，单台产能达到3000吨/年的装置。1985年，全国无水氟化氢的总产量已达到6600多吨，产品纯度达到99.95%，其中上海制冷剂厂和济南化工厂的无水氟化氢产品获得国家金质奖。1989年济南化工厂又引进美国施多福（Stauff）公司1万吨/年无水氟化氢生产技术，该装置中采用了瑞士List公司的由特殊耐腐蚀硬质合金制造的双轴预反应器。同期，还有衢州化工厂（现为巨化集团有限公司）、湖南湘乡铝厂引进了瑞士布斯公司1万吨/年生产技术，阜新氟化学总厂同样引进该公司5000吨/年技术，但未投产。1980年，化工部规定：无水氟化氢新建装置最小规模不低于3000吨/年，国内无水氟化氢的生产技术达到了较高水平。

进入20世纪80年代，随着中国实施改革开放政策，冰箱、空调等家电产业开始进入快速发展阶段，制冷剂的消费量开始增加。为了满足市场需求，中国氟化工产业开始着力扩大制冷剂R12、R22和R113的生产规模。

1983年，上海电化厂参考了国外技术，在R22生产中改用膜式加压泵进料，将

生产能力由原来的1500吨/年扩大到3500吨/年，既提高了产量，又延长了催化剂寿命。1985年，制冷剂R12、R22和R113的总产量超过1万吨，Halon-1211全国产量达到1500吨，上海制冷剂厂的R22和上海电化厂的R12获国家优质产品银奖。到1989年，以R11、R12和R22为主的制冷剂产量已经达到4.1万吨，Halons超过3000吨。

20世纪80年代后期，江苏、浙江等地多家民营企业开始进入生产氟制冷剂、含氟芳香族中间体的行列，后来成为制冷剂领域的主力军。其中，江苏常熟制冷剂厂（2001年改制为常熟三爱富氟化工有限责任公司）是生产氟制冷剂的典型，江苏射阳化工厂是全国氟苯类化合物生产规模最大的企业。

五、高端氟产品研制工作活跃

（一）氟树脂开发已取得较高水平

20世纪80年代初，氯碱工业用核心产品——全氟离子膜全部依赖进口。为了摆脱受制于人的局面，20世纪80～90年代，中科院上海有机所、上海市有机氟材料研究所、南通合成材料实验厂分别承担了全氟磺酸树脂和全氟羧酸树脂的合成和全氟离子膜的成型加工研究等，并完成了中试研究。

全氟离子膜的攻关带动了一批相关氟化工合成和加工技术的发展。可熔性聚四氟乙烯（PFA）的性能与聚四氟乙烯基本相同，而且能熔融加工，可直接采用普通热塑性成型加工成制品，是高端氟聚合物。自20世纪70年代末起，上海合成橡胶研究所、中科院上海有机所和晨光院一分院都曾开展试制，其中上海合成橡胶研究所以六氟环氧丙烷（HFPO）为原料试制成功全氟正丙基乙烯基醚（PPVE）作为共聚单体，在国内首家研制成PFA树脂和乳液，并列入国家“六五”科技攻关计划项目，建成5吨/年生产装置。

1985年，上海市有机氟材料研究所研制成功模塑级、挤塑级、流延膜级和涂料级PVDF树脂，树脂主要技术指标基本达到20世纪80年代西方发达国家同类产品水平。

浙江省化工研究所于1981年选用低压水相沉淀法聚合工艺新建30吨/年聚氟乙烯（PVF）生产装置。中科院上海有机所对四氟乙烯与乙烯的共聚物（ETFE）的聚合方法和共聚物结构进行研究，于20世纪80年代中期研制成既能模压又能挤出加工成型的改性品级FS-40G，并建成1吨/年生产装置。

（二）创立了较完善的氟橡胶产品系列

氟橡胶具有突出的耐高温性能、耐油、耐化学药品、介电性能、不燃性、耐候性以及良好的物理机械性能，在航空航天、汽车、机械、石油化工等领域有广泛应用。改革开放后，上海市有机氟材料研究所、晨光院等单位加大了对氟橡胶产品的开发力度，继成功开发了氟橡胶-23、氟橡胶-26、氟橡胶-246后，又相继开发了全氟醚橡胶、羧基亚硝基氟橡胶、四丙氟橡胶和氟硅橡胶等产品，创立了较为完善的氟橡胶系列产品。

第三节 进入发展壮大阶段

（1991～2000年）

随着中国家电、电子电气、建筑、纺织、农药、医药等产业进入快速发展时期，对相应的含氟化工产品的需求不断增长，氟化工产业对下游产业支撑作用不断凸显，产业发展也由原来的为军工配套为主，转向以民用市场为主导，产业进入了全面发展的新阶段。

这一时期也是全球氟化工的重要转型期，《关于消耗臭氧层物质的蒙特利尔议定书》的制定，也使得国际氟化工企业为了自身利益，放开了对部分氟化工产品生产技术的封锁，对中国开启了合作的大门，国内氟化工逐步由国内合作扩大到与国外的交流合作。

全国无水氟化氢装置单套产能取得了长足的进步，促进了其他无机氟化工产品的发展，产品品种超过100种；铝用氟化盐进入了自主创新和产业化生产应用的新时期；聚四氟乙烯的供应能力也大幅提升；氟氯烃替代品攻关也取得多项自主技术；含氟精细化学品研究开发进入活跃期，到2000年，中国含氟芳香族中间体生产能力达到2.5万吨/年，一些主要品种不仅满足国内需求，还有一半以上出口国际市场。

一、无机氟化物进入自主产业化时期

1991～2000年，中国无水氟化氢生产技术和装置规模都有了长足的进步，无

机氟化物也进入自主开发的产业化发展时期。

中国引进的万吨级无水氟化氢生产技术和装备在20世纪90年代开始凸显成效，同时，国内近10家企业通过消化吸收国外技术，自行设计建成了5000～8000吨/年中型和较大型装置，使无水氟化氢生产得到迅速发展，为进一步大规模发展奠定了基础。由于国外先进技术的引进，推动了无水氟化氢生产技术和装置的改进和创新，6000～15000吨/年的装置逐渐替代了单套产能500吨/年落后装置，全国无水氟化氢总产能超过20万吨/年。大大缩短了中国无水氟化氢生产技术与世界先进水平的差距。

同时随着生产技术的提高，无水氟化氢生产装置的能源消耗普遍降低，生产环境也得到改善，产品质量不断提高。无水氟化氢的发展大大促进了其他无机氟化工产品的发展，产品品种由原来的几十种增加到100余种，仅氟化铝一种产品产能就达到约20万吨/年。1988年之前，全国仅有湖南湘乡铝厂、甘肃白银有色金属公司和辽宁抚顺铝厂等3家企业从事氟化盐工业生产，1989年3月，国务院把氟化盐列为重点支持的产业和产品后，各地方和部门安排建设了几十家中小氟化盐生产企业，规模在2000～30000吨/年，改变了由抚顺、湘乡、白银3家一统天下的氟化盐生产和供应的局面。

1992年，焦作市采用自有专利技术黏土盐卤法工艺生产砂状冰晶石，并成立了全民所有制企业焦作市冰晶石厂。该技术于1993年6月通过了河南省科委技术鉴定，填补了国内空白，装置生产能力达3万吨/年。1996年，该产品被国家科委、国家技术监督局等认定为国家级新产品，1997年，该项目列入国家重点火炬计划。除此之外，在这一时期还有多项技术进步，如湘乡铝厂开发成功了生产高分子冰晶石的技术，白银氟化盐厂改进制酸反应炉、微机用于制酸配料系统，这些都标志着中国氟化盐工业进入了自主创新和产业化生产应用的新时期。

二、有机氟聚合物生产形成规模化、系列化

千吨级聚四氟乙烯装置工程化技术开发前，国内四氟乙烯单套产能为300吨/年，最大不超过500吨/年，供给量严重不足，制约着下游产业发展。进入20世纪90年代，在“六五”自主开发千吨级聚四氟乙烯项目取得成功的基础上，聚四氟乙烯及其他氟聚合物的规模化生产装置逐步在全国各地建成投产。

济南化工厂和阜新氟化学总厂各新建一套千吨级聚四氟乙烯生产装置并投入运

行，1991年两家生产厂在上海市有机氟材料研究所和化工部第六设计院的指导下，通力合作，相继顺利通过试车，技术水平达到或接近国外同类工艺水平，经济指标达到预期要求，1992年，项目在济南化工厂通过了国家验收。同期，江苏梅兰化工公司（原泰州电化厂）和晨光化工研究院也先后建成1200吨/年四氟乙烯、1000吨/年聚四氟乙烯生产装置。至此，经济规模聚四氟乙烯的技术开发任务全部完成，共完成主项目4项、子项目20多项。千吨级四氟乙烯技术开发项目于1992年获化工部科学技术进步一等奖，1993年获得国家科学技术进步一等奖。该技术的开发成功，推动聚四氟乙烯工业再上新台阶，为后续大发展奠定坚实基础，在中国聚四氟乙烯工业发展史上具有里程碑意义。

1992年，上海市有机氟材料研究所以相关资产建立了全国第一家由科研院所转制的股份制上市公司——上海三爱富新材料股份有限公司（简称上海三爱富），1994年该公司建立了具有经济规模的四氟乙烯和聚四氟乙烯生产装置，并实施了聚全氟乙丙烯、聚偏氟乙烯和氟橡胶的产业化项目。1999年，国家经贸委批准上海三爱富建设千吨级氟橡胶工业性试验项目。项目包括单体偏氟乙烯（VDF）、六氟丙烯（HFP）和氟橡胶聚合、后处理等。公司集合了历年累积的技术成果，偏氟乙烯和六氟丙烯生产技术有了大的飞跃，并首次将DCS自控系统用于单体和氟橡胶生产。2002年8月，1000吨/年氟橡胶工业性试验项目建成并正式投产。

浙江巨圣氟化学有限公司全套引进俄罗斯的生产技术和关键设备，1996年开工建设3000吨/年悬浮法聚四氟乙烯工程，1998年投料试车。1999年7月22日以“优良工程”的结论通过国家竣工验收。

经过引进技术和自主创新，至20世纪90年代末，国内聚四氟乙烯单套装置最大能力达到3000吨/年，总产量超过8000吨，聚四氟乙烯产品种类涵盖了悬浮聚四氟乙烯、分散聚四氟乙烯和聚四氟乙烯乳液三大类，品种由几种发展到按照不同粒径、压缩比、分子量划分的10多个品种，基本满足了国内大多数加工企业的要求。2000年，聚四氟乙烯产品的出口量首次超过了进口量，中国成为聚四氟乙烯净出口国。其他氟聚合物，如聚偏氟乙烯、聚全氟乙丙烯树脂和氟橡胶生产能力相对较小，最大为几百吨级，合计生产能力为千吨左右。

三、实施消耗臭氧层物质淘汰计划，发展替代品

中国于1989年9月加入《保护臭氧层维也纳公约》，1991年加入修正的《关于

消耗臭氧层物质的蒙特利尔议定书》。1993年，中国政府批准实施《中国消耗臭氧层物质逐步淘汰国家方案》，涉及的ODS（臭氧损耗物质）包括CFCs（全氯氟烃）和哈龙（Halon）。此后，中国在推动消耗臭氧层物质逐步淘汰方面进行了长期的工作。

为全面有效地实现ODS逐步淘汰计划，中国确定了从生产管理制度、消费管理、排污申报、产品质量管理等9个方面构成的中国淘汰ODS的政策法规体系。

ODS替代品包括含氟替代品和不含氟替代品两类。不含氟替代品主要是丙烷等碳氢化合物。含氟ODS替代品普遍不易燃，安全性较高，是ODS替代品的主要发展方向之一。含氟ODS替代品主要包括氢氯氟烃（HCFCs）、氢氟烃（HFCs）和氟烯烃（HFOs）、氢氟醚（HFEs）等。其中HCFCs仍然少量消耗臭氧层，仅是过渡性替代品。

中国含氟ODS替代品技术开发始于20世纪80年代末。20世纪90年代初，HFC-134a、HFC-32、HCFC-141b和HCFC-123等ODS替代品的研究被列入国家“八五”科技攻关项目，浙江省化工研究院和上海市有机氟材料研究所被化工部授予ODS替代品工程技术中心和ODS替代品检测中心，开始着力开发ODS替代品。1999年，经科技部批准，国家ODS替代品工程技术中心正式成立，落户于浙江省化工研究院。

上海市有机氟材料研究所先后承担了替代品HFC-134a、HCFC-141b小试开发任务，开展了乙炔气相和液相催化氟化制备HFC-152a新工艺的研究，建成了100吨/年的中试生产装置。1993年，上海三爱富收购常熟制冷剂厂，扩建和新建AHF、R11、R12、R22、R113生产装置，成为CFCs及其替代品生产基地，并开发了新产品R115和混配制冷剂。1994年上海三爱富承担了化工部、国家环保局委托的2000吨/年HFC-152a生产装置建设，1995年又承担了5000吨/年HCFC-141b国家重点工业性试验项目的开发。1996年，常熟三爱富氟化工有限责任公司（简称常熟三爱富）在上海签订协议，建设年产万吨级氢氟酸和F22生产装置。到1997年10月，上海三爱富全面完成了国家要求开展的项目。

浙江省化工研究院围绕单个替代品的生产工艺和一种起始原料联产几种替代品工艺创新来展开，下设ODS替代品研究所，建立了气相氟化实验室、液相氟化实验室、催化剂研制实验室、催化剂表征实验室、新品合成实验室，并在生产基地建立了单管放大装置，保障了科研项目的顺利实施。研究所先后探索开发多种ODS替代品，其中HCFC-123为国家“八五”科技攻关项目，HFC-152a、混合工质、HFC-

32、HFC-143a、HFC-125被列为化工部科研项目，HFC-227ea、HCFC-141b被列为浙江省科研项目。一种起始原料联产几种替代品的主要目标是应对ODS替代品不确定性的研究，分别以二氯甲烷、氯乙烯、偏氯乙烯、三氯乙烯及四氯乙烯5种起始原料研制形成系列产品，浙江省化工研究院取得了十多种ODS替代品的自主知识产权技术，为产业化创造了条件。该院开发的氯乙烯路线联产HFC-152a和HCFC-142b中试技术，以两项国家发明专利为基础，确定了氯乙烯路线联产HFC-152a和HCFC-142b的新工艺。该工艺目的产物选择性高，物料收率高，产品质量达到国际先进水平。1996年、1998年，该院先后建成千吨级生产装置。该项目2000年获得国家科学技术进步二等奖。

其他研究机构如中科院上海有机所和西安近代化学研究所，也投入较强力量分别开展了ODS替代品高效催化剂的研究、工艺路线的选择、反应和催化机理等基础研究，1996年，西安近代化学研究所成功地开发了气相法HFC-134a技术。1997年西安近代化学研究所和西藏金珠股份有限公司共同出资组建西安金珠近代化工有限责任公司，并于1999年3月14日建成30吨/年催化剂生产装置、200吨/年HFC-134a工业试生产装置及配套设施，正式投料试车并稳定运行，首次在国内连续生产出符合国际标准的R-134a产品，填补了国内空白。1998年底，山东东岳集团与清华大学共同组建了东岳清华绿色新技术有限公司，开发绿色环保制冷剂系列产品，并很快实现产业化。2001年2月，东岳清华绿色环保制冷剂荣获国家技术发明奖。

2000年，中国HCFC-22、HCFC-141b、HFC-152a的生产能力分别约为10万吨、1万吨、2000吨，达到了产业化规模水平，各类HCFCs及HFCs产量超过8万吨，HCFC-22由原来大量进口变为出口量大大高于进口量。可单独或用作混配制冷剂的HFC-32、HFC-143a、HFC-142b、C-318、HFC-134a、HCFC-123等受到重视并取得较大突破，部分形成了中试生产规模。

四、发展医药、农药、电子等高端含氟精细化学品技术

20世纪90年代，中国含氟精细化学品研究异常活跃，开发出百余种各类芳香族含氟中间体及其他含氟精细化学品，包括药物和农用化学品的含氟中间体、含氟表面活性剂。

含氟中间体生产厂家有近百家。1995年，含氟精细化学品产能4000吨，产量2500吨。2000年，仅含氟芳香族中间体生产能力即达到2.5万吨，产量8000吨，其

中氟苯类、含氟甲苯类、三氟甲苯类、氟氯苯类、氟苯胺类、硝基氟苯、氟苯甲酸类等产量最大，且有一半以上出口国际市场；含氟表面活性剂、含氟电子化学品（清洗剂、防雾剂、脱模剂）、含氟金属光纤处理添加剂、含氟灭火剂及其添加剂、油漆含氟添加剂等也在积极开发中，总体上处于起步阶段，与发达国家相比差距很大；含氟涂料总生产能力近6000吨，包括聚四氟乙烯涂料、聚偏氟乙烯涂料、聚氟乙烯涂料和四氟乙烯、三氟氯乙烯基室温固化涂料，其中室温固化涂料超过一半；含氟电子化学品总产量超过3500吨。

含氟芳香族化合物具有特殊生理活性，已商品化和正在开发的产品有百种之多，广泛用于药物化学的各个领域，如诺氟沙星、环丙沙星、氧氟沙星、依诺沙星等氟喹诺酮类广谱型抗菌药自成体系，已成为大吨位的品种，国内已有20多家厂在生产原料药，主要集中在江浙一带。

中国含氟农药的研究始于20世纪70年代，先后开发了伏草隆、氟乐灵、乙氧氟草醚等除草剂和氟蚜蛾、除虫脉、含氟拟除虫菊酯等杀虫剂，其中氟乐灵实现了工业化生产。

第四节 高速发展、迅速提高产业水平

（2001～2010年）

进入21世纪，中国氟化工高速发展，生产规模迅速扩大，取得了令人瞩目的成就。随着改革开放的不断深入，中国对氟化工产品的市场需求被释放出来，带动氟化工产业以年均20%以上的速度增长。2010年，中国已成为世界氟化工的生产和消费大国，有机氟化学品和聚合物产量占全球生产总量的40%～50%，各类氟化工产品总产能超过450万吨，产量超过260万吨，销售额500亿元左右，基本满足了国民经济发展的需要。氢氟酸、氟化铝、PTFE、HCFCs、HFCs、氟橡胶等6类产品产量均为世界第一，其中聚四氟乙烯的产量占到世界总产量的1/2。国际上通用的含氟聚合物国内都有生产，通用含氟聚合物产品大量出口。

在这个阶段，中国氟化工技术创新能力得到加强，总体技术水平有了很大的提高。通过自主技术开发、产业化及与国外氟化工企业技术合作等形式，氟化工的生

产装置和工艺技术有了很大提升，部分领域已达到或接近国际先进水平，但在高端含氟聚合物、含氟电子化学品、含氟表面活性剂等领域与国际先进水平差距很大。

中国建成了一批国家级和省市级工程技术研究中心、企业技术中心和重点实验室，其中包括国家级技术中心4家、工程中心3个，组建了氟化工行业产业技术创新战略联盟，形成了产、学、研、用相结合的创新平台，推动了氟化工行业技术创新和产业转型升级。

2000年9月1日起执行的《当前国家重点鼓励发展的产业、产品和技术目录（2000年修订）》，把有机氟产品列入鼓励发展的名录。此后，中国氟化工发展的重点也开始转向以调整产品结构为主，大力发展中高档产品，提高产品的自给率，重点提升含氟精细化学品的比例，加快发展高附加值的含氟材料、可熔性氟聚合物和新型ODS替代品的规模化生产。

多家生产企业的龙头地位已经显现，涌现了上海三爱富、中昊晨光化工研究院（简称中昊晨光院）、巨化集团公司（简称浙江巨化）、山东东岳集团、多氟多化工股份有限公司（简称多氟多）、中化蓝天集团有限公司（简称中化蓝天）、江苏梅兰集团公司（简称江苏梅兰）等为主的骨干企业近20多家，这些企业的国际影响力不断加强。

这一时期，氟化工产业发展呈现出集聚化、园区化的明显特征，各地氟化工园区建设如火如荼，国外氟化工企业纷纷进入中国氟化工行业，独资或合资建厂，形成了10多个产业集聚区。

一、成为全球氟化工生产和消费大国及出口国

（一）开始由基础氟化工产品大国向主流氟化工产品大国迈进

中国氢氟酸、氟化铝、冰晶石等基础无机氟化工产品的产量均占全球总量的一半以上。有机氟化工产品的需求旺盛，HCFCs产能进一步扩大；HFCs完成了从小试、中试到产业化的过程，建成投产了HFC-134a、HFC-32、HFC-125、HFC-152a等工业化装置；受市场需求的强力拉动，中国聚四氟乙烯的建设进入了快速扩张期，产能达到全球第一。聚四氟乙烯和HFC-134a等国际主流氟化工产品先后实现工业化生产并开始大量出口，这标志着中国开始由基础氟化工产品大国向主流氟化工产品大国迈进。

其他氟化工产品如含氟涂料、氟材料加工制品和含氟精细化学品在这一时期得到了长足的发展，中国已经成为全球最大的含氟涂料和含氟精细化学品生产大国，并有较大比例出口。国内氟烯烃和乙烯基单体共聚树脂（FEVE）室温固化含氟涂料陆续开发，合计产能2万吨/年以上，至2005年，氟碳喷涂生产厂家就已发展到70家左右，产品广泛应用于外墙、桥梁、铁路等领域，年均增速达到30%以上；含氟树脂加工制品出口量增加到万吨级，显示出中国氟塑料制品达到一定水平；含氟精细化学品除了含氟芳香族中间体产能进一步扩大外，含氟烃类的化学品如四氟丙醇、三氟乙醇、六氟环氧丙烷（HFPO）和调聚醇等都实现了产业化规模的突破，产能均已超过千吨级水平。

从2004年起，中国电力工业进入高速发展阶段，电气设备除满足国内需求外，出口数量大幅增长，含氟特种气体（如六氟化硫SF_6）出现紧缺。各企业纷纷扩产或新建装置，黎明化工研究院2006年工业级六氟化硫产能扩大到3000吨，产能和产量均跃居世界首位。

（二）特色园区迅猛发展

氟化工的快速发展，也推动了一批氟化工园区的建设和外资企业的加盟。在此期间，全国形成了10多个以氟化工为主的经济开发基地或园区，形成了多个承载能力强、专业特色突出的以氟化工发展为主的园区。

归纳起来主要有6种类型。一是依托大型龙头企业，上中下游配套共建型。如浙江衢州市高新技术产业园区以浙江巨化为龙头，东岳氟硅材料产业园区以山东东岳为龙头。二是国内核心企业带动境外著名企业集聚型。如江苏高科技氟化学工业园，以上海三爱富、杜邦（常熟）氟化物科技有限公司、大金氟化工（中国）有限公司、阿科玛（常熟）氟化工有限公司为核心。三是生产和流通结合型。如江苏泰州以江苏梅兰的氟硅产品与沿长江地区的港口、码头相结合。四是城区企业搬迁改造型。如辽宁阜新市属于煤炭资源枯竭型城市，为重新规划经济支撑方向，将氟化工作为重点。五是特色产品拓展型。如辽宁大连以含氟涂料为主攻目标，湖北则以含氟精细化学品为主。六是资源开拓型。如江西赣州、湖南郴州、陕西商洛、福建浦城及内蒙古等多数新建设的园区大部分属于此类型。

其中影响最大的是江苏高科技氟化学工业园，2006年氟化工产品的销售收入就超过了50亿元。产业园集聚了上海三爱富、三爱富中昊、常熟三爱富、大金（常熟）、阿科玛（常熟）、杜邦（常熟）、苏威特种聚合物（常熟）有限公司、日本吴羽等公司。2001年，日本大金公司投资13.3亿元，在江苏常熟建设TFE、HFP和氟聚合物生产基地，2003年建成投运，成为全球氟化工巨头向资源地、发展中国家和市场潜力大的地域转移的标志性事件。在江苏高科技氟化学工业园中，氟化工产品链完善，产业结构合理，是世界最大的氟化工园区，体现了良好的产业集聚效应。

（三）央企和省属国企合作深耕氟化工领域成为看点

央企和省属国企合作深耕氟化工领域成为看点。2007～2008年相继有两家氟化工领域的浙江省属企业被中央企业中化集团控股。2007年11月28日，巨化集团公司与中化集团公司就引进战略投资者参与巨化集团公司产权多元化改制签订了《合作意向书》。此次改制后，中化集团对巨化绝对控股，持有51%的股权。2008年6月，中化集团重组浙江省石化建材集团有限公司（简称“石化建材”），石化建材成为中国中化集团的成员企业。2009年7月，石化建材更名为中化蓝天集团有限公司（简称“中化蓝天”）。

中化蓝天主营业务集中在氟化工、医药流通、工程设计等领域。中化蓝天是国家消耗臭氧层物质替代品工程技术研究中心和含氟温室气体替代及控制处理国家重点实验室的依托单位，独立开发了40余个ODS替代品品种。公司拥有35个专业研究实验室和各领域科研人才700余人，累计形成产业化成果近百项；获国家科学技术二等奖2项，省、部级以上各类奖励190余项；承担国家“863”和科技支撑计划项目11项，主持制定国家和行业标准40项，累计申请专利910项。巨化集团是氟化工领域重要企业，在科研开发、原材料供应、产品生产与营销等诸多领域与中化蓝天形成优势互补。

二、ODS替代品开发和产业化与国际先进水平同步

随着保护臭氧层工作的进一步推进，中国一直坚持淘汰臭氧消耗物质（ODS）工作与替代品的开发同步进行。氟化工逐步削减CFCs和Halons的产量，并于2007年7月1日全部停止了除必要用途之外的CFCs和Halons的生产，淘汰了约10万吨/年CFCs和8万吨/年Halons的生产和消费。

中国ODS替代品的研究开发基本保持了与国际同步。一是自主开发了一些重要的ODS替代品种，可以为相关行业的ODS提供合适的替代品；二是开发成功了适合自身特点的ODS替代品生产工艺路线，如液相氟化制备HFC-134a、四氟乙烯制

备HFC-125、乙炔法制备HFC-152a等产业化技术；三是ODS替代品工程技术能力大大提高，已具备提供万吨级ODS替代品工程设计的能力；四是ODS替代品的产品质量尤其在烯烃杂质的控制上已经达到同类产品的国际水平。

国内成功自主开发CFCs替代品并实现大规模生产最典型的产品是HFC-134a。2001年，中国中化集团公司收购西安金珠近代化工有限责任公司组建了中化近代环保化工有限公司，在多边基金的支持下，开展了HFC-134a生产工艺和催化剂的研制，2003年在西安建成全国第一套具有自主知识产权的5000吨/年的HFC-134a工业化生产装置。2008年，通过环保部的验收。由于前期研究工作扎实，工艺设计合理，原材料消耗及能耗低，催化剂成本低，HFC-134a生产成本具有市场竞争力，满足了国内制冷剂替代品的需求，有助于CFCs生产实现提前淘汰。2007年，中国中化集团公司在江苏太仓建成了2万吨/年的生产装置。至此，中国拥有单套1万吨/年的HFC-134a自主工艺技术，该项目2008年通过环保部验收，标志着中国ODS替代品的研究开发从HCFCs类物质为主转向HFCs类物质。这一时期，随着国内一批替代品HCFC-141b、HCFC-123、HFC-152a、HCFC-142b、HFC-227ea等实现了产能的快速扩大，一批新的替代品如HFC-125、HFC-32、HFC-143a也开发成功并实现规模化生产。2010年，国内ODS替代品的生产规模超过100万吨，中国已成为全球ODS过渡替代品最大生产国。

随着《京都议定书》的生效，国内氟化工企业一方面抓住清洁发展机制项目（CDM）机遇，另一方面针对ODP值为零，GWP值较高的HFCs化合物将逐步受到限制的新形势，加快开展了HFC-236ea、HFC-245fa、HFC-365mfc、HFC-161等新型替代品的开发。其中，常熟三爱富中昊化工新材料有限公司（简称三爱富中昊）2010年与杜邦公司合作建设了3000吨/年的HFO-1234yf作为HFC-134a的替代品。这一时期，中国ODS替代品的开发和产业化与国际先进国家保持同步。

三、含氟聚合物发展呈现质的飞跃

中国含氟聚合物经过“八五”“九五”时期技术开发和工业化生产的积累，终于在“十五”期间发生了质的飞跃，这主要表现在四氟乙烯、聚四氟乙烯、六氟丙烯和氟橡胶的技术水平、生产经营规模上。四氟乙烯和六氟丙烯单台裂解炉的产能及单套装置的产能已达到万吨级和千吨级，四氟乙烯单体的质量和消耗定额已经接近世界先进水平，氟橡胶已经有连续聚合、连续后处理生产工艺。产品品种也在不断得到开发，特别是改性的含氟单体已能自主生产。氟橡胶注射用低门尼黏度品种也实现了自给，而且可以批量出口，质量与国外水平相当。偏氟乙烯和聚偏氟乙烯的1000吨/年工业化装置也建成投产。

中国含氟聚合物及配套单体集中扩产的同时，聚合工艺和工程放大技术有了新的突破，出现了许多新的牌号，产品质量得到较快提高。聚四氟乙烯的建设也进入了快速扩张期，涌现了山东东岳、中昊晨光、上海三爱富、江苏梅兰、浙江巨化等主要聚四氟乙烯生产企业。2002年，山东东岳3000吨/年项目投产，2004年1万吨/年装置投产；2003年，中昊晨光院成功采用了8立方米的聚合釜；2005年，上海三爱富扩产到7500吨，中国已发展成为世界聚四氟乙烯第一大生产国。2009年，中国氟聚合物总产能达到8.76万吨，是2000年的10倍多，产能年均增长高达30%。中国与美国、日本、欧盟共同形成了全球四大氟聚合物产地及消费地。

其他氟树脂产品中，浙江巨化于2004年引进俄罗斯技术建设FEP生产装置；2004年和2007年大连振邦氟涂料股份有限公司和青岛宏丰科技有限公司先后建成40吨/年和100吨/年PCTFE生产线。

与此同时，氟橡胶装置也得到快速扩张。2002年，上海三爱富建成1000吨/年氟橡胶生产装置，成为国内最大氟橡胶生产企业；2003～2005年，成都市新都凯兴科技有限公司与中昊晨光联合先后开发成功4000升、8000升薄壁氟树脂聚合反应釜，采用特殊的内部构件，大大提高了聚合反应釜的传热和传质效果，该设备的开发成功对中国氟聚合工艺技术水平的提升起到了非常重要的作用。2010年，中昊晨光建成4000吨/年高品质氟橡胶产业化装置，使其氟橡胶总产能达到7000吨/年。

这一时期粉末氟橡胶、低门尼氟橡胶、高速挤出级聚全氟乙丙烯树脂、电池黏结剂用聚偏氟乙烯等新产品陆续推出。在产品结构上，氟树脂中可熔融氟聚合物的品种和产量已经有了较快发展，氟橡胶的品种仍以26类氟橡胶为主，但246类氟橡胶的比重有所提高，高端含氟材料仍需进口。

四、含氟精细化学品发展迅速

（一）已成为世界含氟精细化学品主要生产国和供应国

自20世纪80年代中期以后，国内含氟精细化学品研究始终保持活跃态势。2010年，中国开发成功的芳香族含氟中间体及含氟精细化学品已经有100多种，含氟精细化学品生产能力超过10万吨，产量约6万吨，80%以上出口，中国已成为世界含氟精细化学品主要生产国和供应国。

中国含氟中间体工业发展迅速，生产厂家超过100家，并形成10余家骨干企业。“十五”期间，含氟精细化学品开始从含氟中间体转向下游产品含氟农药、含氟医药、含氟染料的开发，已经完成含氟医药如氟喹诺酮类药和氟哌酸、环丙氟哌酸等以及含氟农药如乙氧氟草醚、四氟丙酸钠等的工业化生产。与此同时，含氟表面活性剂、含氟电子化学品（清洗剂、防雾剂、脱膜剂）、含氟金属光纤处理添加剂、含氟灭火剂及其添加剂、农药含氟添加剂、油漆含氟添加剂等的开发也加快步伐，但总体上开发、生产、应用均尚处于起步阶段，与发达国家相比差距很大。

进入“十一五”时期，由于“三废”处理等环境问题受到重视，含氟中间体工业发展基本上处于维持状态或有所下降，含氟精细化学品的开发更多地转向了含氟电子化学品、含氟表面活性剂、含氟处理剂、含氟添加剂、含氟医药、含氟农药、含氟染料发展。并在含氟涂料、含氟药物和含氟农药、含氟处理剂、含氟添加剂、含氟电子化学品的关键性技术上取得一些重大突破，发展跃上一个新台阶。

（二）国产全氟离子膜研制和产业化取得突破

全氟离子膜是质子交换膜燃料电池和氯碱离子膜电解槽的核心材料。长期以来，全氟离子膜是一个国家级难题，曾被列为化工部十大科技难题之首，从“七五”开始，列入三个五年计划开展攻关未果，后来试图买外国技术，也没有成功。从2002年开始，东岳集团与上海交通大学对氯碱离子膜技术开展攻关。2004年1月，东岳离子膜项目成为科技部年度紧急启动的两个国家“863”重大项目之一。历经8年科研攻关，于2010年6月30日，东岳集团100%国产化的全氟离子膜，在万吨级氯碱装置上一次通电成功，打破了美国、日本长期对该项技术的垄断。标志着中国成为全球第三个拥有氯碱离子膜核心技术和生产能力的国家。随着国产离子膜的成功落地，进口离子膜价格应声而落45%，国家发改委下文，一次性全面淘汰落后的隔膜工艺氯碱产业，据测算，产能转换后可年节电54亿度，节约标准煤216万吨，减排二氧化碳538万吨。目前，离子膜各项主要指标已经达到国外同类产品水平，并广泛应用于20多家氯碱企业。该项目获得2011年度国家技术发明二等奖。

（三）助攻锂电池及电子产业

世界各国为了节能减排，为了落实《联合国气候变化框架公约》《京都议定书》、联合国气候大会哥本哈根会议达成的《哥本哈根协议》及“巴厘路线图”的指标，都积极地研发用于电动汽车、电动工具、电动自行车、风能、太阳能等锂离子电池产品，各国政府也不同程度地采取补贴措施，促进锂离子电池的快速发展，锂电池电解液六氟磷酸锂的需求日益旺盛，国际市场需求量逐步提高。2010年，日本六氟磷酸锂产量最大，超过3000吨。

国内在这一时期发展六氟磷酸锂的企业主要有中国金牛电源材料有限责任公司、森田化工（张家港）有限公司、张家港市亚源高新技术材料有限公司、河南多氟多化工股份有限公司等，进入快速发展期。

电子级氢氟酸、电子级氟化铵、电子级三氟化氮、电子级四氟化碳、电子级四氟化硅、电子级氟化铵、电子级三氟化硼等几十种材料，占整个集成电路芯片制造成本的20%左右。其中，电子级氢氟酸广泛应用于集成电路和超大规模集成电路芯片的清洗和蚀刻，是微电子行业制作过程中的关键性基础化工材料之一，其纯度直接决定了中国芯片国产化的速度。中国电子级氢氟酸的研究始于2007年浙江蓝苏氟化有限公司引进的苏威公司电子级氢氟酸技术；2010年，浙江凯圣氟化学有限公司采用自主知识产权建设的6000吨/年ppb纯电子级氢氟酸生产装置投入运行、福建邵武市永飞化工有限公司“年产15000吨UP-S级高纯超净氢氟酸（电子级氢氟酸）”项目投产。2012年，多氟多开发研制了UP-SS级电子级氢氟酸生产新工艺，一步步推动了这项技术达到或接近世界先进水平。

随着全球锂离子电池行业的迅猛发展，六氟磷酸锂的用量不断扩大，其上游产品电子级氟化锂的用量逐年增加。但是，中国生产的电子级氟化锂与发达国家同类产品相比，其质量还有一定差距，中国高纯电子级氟化锂这一时期还需要进口。

五、保护萤石资源、发展氟资源循环经济成为重点

中国是萤石基础储量、探明储量、产量、出口量第一大国，萤石产量占全球的一半以上。2017年，世界已探明萤石储量2.75亿吨，中国萤石探明储量4100万吨，占世界萤石探明储量的14.9%。但是，随着中国氟化工的迅猛发展，带来对萤石资源的过度消耗，高品位萤石资源逐渐减少。萤石是一种不可再生资源，对于氟化工的可持续发展至关重要。加强对可采萤石富矿资源整合与利用，开辟利用低品位含氟资源，生产高附加值、高性能的氟化工产品，发展氟资源循环经济，已成为氟化工主攻方向。

中国部分企业在矿石加工环节进行技术改造，提高萤石“三率”（采矿回采率、选矿回收率、综合利用率）以及经济、环境和社会效益。多氟多利用氟硅酸钠法自主研发2万吨/年冰晶石联产优质白炭黑项目于2002年建成投产，该技术以磷肥副产品氟硅酸钠为原料生产高分子冰晶石，改变了国内几十年来以萤石为原料生产冰晶石的传统工艺，不仅开辟了新的氟资源来源，解决了长期以来困扰并制约磷肥工业发展的“三废”污染问题，而且节约了国家的战略资源萤石，技术水平处于世界领先。该技术成果被国家计委评为国家高技术产业化示范工程，是一项里程碑式的技术创新，实现多项突破。2003年，多氟多利用铝加工行业废弃物氟铝酸铵生产冰晶石项目建成投产。2009年，多氟多自主开发利用电解铝含氟炭渣生产2万吨/年冰晶石项目建成投产，被国家发改委列入国家循环经济和资源节约重大示范项目。还有一些氟化工企业开始利用低品位萤石或者副产氟资源制备无水氟化氢，实现资源综合利用。

2008年，贵州瓮福蓝天化工公司引进了瑞士布斯公司以磷肥副产氟硅酸为原料的2万吨/年无水氟化氢生产装置，为解决设备腐蚀问题，与设备制造厂家创新改进了设备结构，使装置能长周期运行，实现了综合利用副产氟资源制备无水氟化氢。

除了企业开发先进生产技术，提高氟资源的利用率外，中国政府也陆续出台了一系列的政策加强对萤石资源的保护：自2007年1月起，征收10%萤石出口关税，2010年1月国务院发布的《关于采取综合措施对耐火黏土、萤石的开采和生产进行控制的通知》，2010年2月工业和信息化部等七部委联合发布的《萤石行业准入标准》公告等。

第五节
开启由大转强发展序幕
（2011～2019年）

进入21世纪，特别是第二个10年，中国氟化工被列为国家战略性新兴产业的重要组成部分，在国家产业政策的推动与引导下，各方面都取得了令人瞩目的成就。在氟化工生产大国和消费大国的地位得到巩固和加强的同时，中国开始在产品结构调整和技术创新上发力，着力提升产品的档次和附加值，氟化工开启了由大变强的序幕。

到“十二五”末，中国氟化工产品产能已经超过600万吨/年，产量占全球总量的55%，销售额占全球约33%，形成了无机氟化物、氟碳化学品、含氟聚合物及含氟精细化学品等产品体系和完整的门类。

同时，在内在需求与外在环境的共同作用下，中国开始加快从氟化工大国向强国的转型步伐。氟化工骨干企业明显加大了科研投入，创新能力有了很大提升，材料制备与应用的衔接和协同有了明显改进，一批国产关键氟材料已用于高端领域，打破了西方的垄断。2011 ～ 2018年，氟化工共有7项技术获得国家科学技术奖项，其中既有国家科学技术进步奖，也有国家技术发明奖，这表明中国氟化工在高端产品的科技创新与产业化上取得了重要进展。

一、产能高速增长与过剩风险并存

（一）产量占到全球近55%

这一时期，中国氟化工产能增长依然保持了较高速度，在“十一五”末的基础上，2016年总产能超过600万吨，生产厂家超过1000家。截至2018年，中国氟化工产品产量占到全球的近55%，销售额占全球约33%。无水氟化氢、氟化铝、冰晶石、六氟磷酸锂、HCFC-22、HFCs、HFP、SF_6、PTFE、PVDF及PTFE生料带等一批无机氟化工产品、氟聚合物、制冷剂等品种产量居世界首位。另外，FEP、氟橡胶以及氟塑料初级制品加工总量跻身全球前列。

（二）基础产品产能出现严重过剩

2011年，由于政策、市场需求、原料供应、汇率、炒作等多种因素的叠加，使氟化工产品价格一路飙升，中国氟化工迎来了有史以来景气度最高的一年，产销两旺，量价齐增，利润丰厚，氟化工一度被称为“黄金产业”。氟化工产品的高额利润吸引了大量的投资涌入氟化工产业，越来越多的企业将氟化工作为企业新的经济增长点，地方政府也纷纷出台政策，鼓励氟化工发展，掀起了一波投资热潮，产能进入高速扩张期。

由于产业规模扩张速度、产品类型与市场需求发生了严重的错位，导致产能过剩、同质化竞争矛盾突出，产品价格持续大幅下跌，行业发展由产销两旺的景气周期进入了一个量价齐跌的市场低迷期，部分企业处于停产或半停产状态，行业出现长达5年的低谷期。2012年随着欧债危机的蔓延以及国内经济增速放缓，氟化工主要的下游产业如房地产、汽车等领域市场疲软，对氟化工产品的需求增速明显放缓，导致市场价格大幅下滑，有的产品跌到历史低谷。

由于项目建设的滞后性，此后的几年间，新建氟化工项目陆续投产，产能过剩问题逐渐凸显。新投产的项目都集中在氟化工产业链中前端的基础和通用氟化工产品，如氟化氢、氟化铝、制冷剂、通用级氟聚合物等，基本上是低水平的重复建设，这使得本来不合理的产品结构雪上加霜，结构性产能过剩更加严重，企业开工率严重不足，市场竞争异常激烈，企业亏损成为常态，同时造成了氟资源的浪费。

以氢氟酸和氟化盐为例，2011年，氢氟酸的产能达到150万吨，而中国的表观消费量不到70万吨；氟化盐的产能也达到了139万吨，表观消费量不到60万吨。尽管这两个产品的产能已经过剩一倍多，但当年在建的装置能力都超过了40万吨。再比如，2015年，国内HFCs产能达76万吨，而全球年消费量还不到70万吨。市场低迷的状态一直延续到2016年，期间氟化工企业的平均开工率徘徊在30%～60%，给行业造成不小的冲击。

直到2016年下半年，受到中国经济企稳，供给侧结构性改革初见成效以及化工安全环保监管趋严等因素的影响，同时房地产、汽车、空调等行业回暖也拉动了对氟化工产品的需求，中国氟化工行业开始走出低迷态势，产品价格回升，2017～2018年相关企业盈利能力大幅提升。

这一时期，在国家推进供给侧结构性改革、高质量发展等经济转型发展的大背景下，相关部委与行业协会密集出台了相关的产业政策积极引导行业进行产业结构调整，提高发展质量。一方面提高产业准入门槛，遏制低端产品的重复建设；另一方面鼓励企业开发市场短缺的、高技术含量的战略性新产品与关键技术，引导企业形成差异化发展的格局。

（三）高端产品短缺矛盾突出

在基础氟化工产品严重过剩的同时，中高端产品短缺的问题在这一时期也凸显出来。“十二五”期间，中国基础氟化工产品占总量的52%，而美、日、欧发达国家只占19.8%；中国的通用产品占46%，发达国家占56.3%；中国高端产品占2%，发达国家占23.9%。这一产品比例的对比，凸显出中国高端产品短缺的状况。

随着中国新一代信息技术、新能源汽车、高端装备制造、轨道交通、节能环保、生物医药、太阳能等新型战略新产业的快速发展，为其配套的含氟高端化学品的供需矛盾十分突出，部分产品完全依赖进口，亟待国内的氟化工提供先进可靠的材料支撑。中国在含氟聚合物、含氟电子化学品、含氟表面活性剂、低全球变暖潜能值（GWP）的新型ODS替代品等高端氟化工领域的技术与国际先进水平差距较大，许多代表性的尖端氟化工技术还处在中试甚至小试阶段，尚未实现产业化。

在新一代信息技术行业中，PTFE和FEP都是非常优秀的驻极体材料，而PVDF作为压电材料可用于声呐器、开关转换器、触觉传感器、呼吸监控器、地震波的检测系统等，而通信电缆、局域网电缆、智能手机用导线等对FEP的需求越来越强劲。在高端装备制造业，大型飞机、高速列车以及其他关键设备对于高性能电缆和高性能密封材料也提出了许多新的需求。新能源汽车中也用到许多含氟化学品，如电动汽车燃料电池所需的含氟质子膜、汽车轻量化需求的高性能复合材料、关键部件的氟橡胶密封材料等。生物医药是高端氟材料的重要应用领域，PTFE中空纤维管可用作血浆过滤器，PVDF膜用作蛋白质转移膜、人造血管、美容材料。在新能源装备制造业，PVDF膜、ETFE膜、氟涂料、PVDF黏结剂、PVDF/HFP隔膜、含氟质子膜等被广泛应用于太阳能电池黏结剂、太阳能背板膜、硅片清洗设备中。此外，新材料领域中耐低温氟橡胶、高性能聚四氟乙烯、可熔融性氟树脂、含氟膜材料等也是亟待开发的新材料。

二、主要产品体系的发展状况

（一）无机氟化物

2010年前后，受到氟化工市场利好的刺激，大批氟化氢项目上马，造成了产能过剩。2011年3月8日，工信部正式公布的《氟化氢行业准入条件》，对新建氟化氢项目的规模、原料、水耗与能耗等作了规定，同时鼓励开发生产高纯、超净的电子等工业专用氟化氢产品。

在政策引导下，“十二五”期间，无机氟化工企业经过不懈努力，使部分高端产品技术实现了可喜的突破。

氟化氢的生产技术通过消化吸收和自主创新，取得长足的进步。内返渣技术、预反应器技术、外混器技术等三大主流技术并存，单套装置产能达到2.5万吨/年，整套装备实现国产化并达到国际先进水平。

在电子级氢氟酸的生产上，中国也取得了很大的进展。2014年中国电子级氢氟酸产能达14万吨，与2010年比年均增长21.14%；产量达7.8万吨，年均增长18.92%；电子级氢氟酸产品在光伏行业、清洗等领域基本达到国内下游应用产品的要求，高端应用还需进口。

国内氟化氢生产主要集中在浙江、福建、江苏、山东、江西、内蒙古等地。河南、湖南氟化氢生产装置主要为氟化铝配套。2014年，中国的氟化氢生产能力达到165.2万吨（不含与干法氟化铝装置配套的氟化氢生产能力），其中采用磷肥副产氟硅酸盐生产的AHF产能5万吨；氟化氢产量为85万吨，出口量约22.04万吨。2018年中国无水氟化氢的产能达到192.1万吨，实际生产量约158.8万吨，其中56%用于生产含氟制冷剂，24%用于生产含氟聚合物，8%用于生产含氟精细化工，6%用于生产无机氟产品。

（1）无机氟化盐　无机氟化盐包括氟化铝、冰晶石（六氟铝酸钠）、氟化钠、氟化钾、氟化铵、氟化氢铵、氟钛酸钾、氟硼酸钾等常规氟化盐、稀土氟化盐及其他特种无机氟化物，氟化铝和冰晶石为主要品种。其中，氟化铝、冰晶石、氟化铵、氟化氢铵等初级氟化工产品已经达到国际先进水平。

磷肥副产资源回收制备无水氟化氢、氟硅酸钠法制冰晶石联产白炭黑工艺技术，充分利用了磷肥副产氟资源，且已经国产化。

“十二五”期间，中国湿法氟化铝已经淘汰完毕。2014年，中国干法氟化铝的生产能力为126万吨，产量约为66万吨，出口量约为17.2万吨；冰晶石产能达21.3万吨，产量约为11.4万吨，出口量约为1万吨；氟化铵和氟化氢铵的总产量约为15万吨，主要用于铝合金抛光等行业。

电子级氟化氢产品实现了规模化生产，填补了国内空白，改变了过去全部依靠进口的被动局面；锂电池的主要原料六氟磷酸锂生产技术自主开发成功并实现规模化生产，质量达到国际先进水平，打破了国外垄断，国内市场价格由原来的每吨40多万元降到11万元左右，为国内发展电动汽车产业奠定了坚实基础；锂电池级氟化锂产品生产打破了国外垄断，满足了国内电子工业快速发展的需求。中国六氟磷酸锂技术取得了突破。到“十二五”末期，六氟磷酸锂已建成及正在建设的产能达到8000吨/年，产量1500吨/年左右，基本满足国内需求，取代进口产品。但添加剂及复配技术仍有一定差距。

这一时期中国无机氟化物工业加速调整升级，2018年无水氟化氢产能达到190万吨，产能利用率从2014年低谷时的51.45%增长到2018年的76%，电子级氟化氢产能从2011年的8万吨增长到2018年的24万吨。

其他无机氟化物产品也在困境中求变。氟化铝及冰晶石产品受电解铝等产业结构调整，产业布局逐步向西部地区转移。同时受生产安全环保等制约，产业集中度进一步提高。

（2）含氟特种气体　三氟化氮主要用作半导体工业的清洗剂和蚀刻剂、火箭推进剂的氧化剂。2014年，国内产能2330吨，产量1900吨，产能、产量平均每年增长近50%。中国生产的三氟化氮产品质量与发达国家相比还有差距，国产含氟特种气体产品内销量不大，大部分用于出口。

六氟化硫是重要的气态绝缘介质，具有良好的耐热性、化学稳定性、电绝缘性和灭弧性能，在电子电气特别是大型变电设备上得到广泛应用，高纯六氟化硫可用作清洗剂和蚀刻剂。2014年，国内六氟化硫产能11000吨，产量约8000吨，产能及产量基本呈5%的速度增长。

四氟化碳主要用于半导体工业的蚀刻剂和清洗剂、低温制冷剂等。2014年，国内四氟化碳总产能700吨，产量约350吨。

（二）氟碳化学品

氟碳化学品包括全氟氯烃（CFCs）、含氢氯氟烃（HCFCs）、含氢氟烃（HFCs）、全氟烃（PFCs）和含氟烯烃（HFOs）等，主要用作制冷剂、发泡剂、气溶胶的喷射剂、灭火剂、电子电气及精密机械部件的清洗剂，还可用于氟聚合物及精细氟化学品的原料。“十二五”以来，中国氟碳化学品总体技术水平有了较大的提高，生产装置规模不断扩大，单套装置产能大大提升。与此同时，新一代环境友好的低GWP值的替代品如HFOs也开始出现，标志着中国氟碳化学品的开发和生产已经从履行臭氧层保护转向关注全球气候变暖。

（1）氟氯烃　由于含氟农药、医药、CTFE基含氟聚合物市场的发展，作为原料的CFC-113/113a、三氟溴甲烷等CFCs消费量持续增加。2014年，CFC-113/113a和三氟溴甲烷3种主要CFCs的产能为2万吨，2010～2014年年均增长率为7.24%。

（2）含氢氯氟烃（HCFCs）　根据蒙特利尔议定书关于加速淘汰HCFCs的有关决议和淘汰要求，中国于2013年对ODS用途的HCFCs的生产、使用进行了冻结，并实行配额管理。2014年首批有5家企业关闭5条HCFCs生产线，削减HCFCs生产配额量5.89万吨，淘汰相应的HCFCs生产能力8.8万吨，每年可减少4600吨ODP值的消耗臭氧层物质生产。在2020年淘汰35%HCFC的生产和消费量。

中国对ODS用HCFCs实现了消费冻结，但由于“十二五”期间国内TFE、VDF等单体的产能发展迅速，导致原料用途的HCFC-22和HCFC-142b用量大幅度增加。2018年，中国HCFCs的总产能约为103万吨，2010 ～ 2018年年均增长2.06%；产量为86万吨，年均增长2.93%；HCFCs的出口量为9.63万吨，比2010年大幅减少。

（3）含氢氟烃（HFCs） 随着国际HCFCs的加速淘汰以及国内经济的高速发展，中国HFCs生产和消费呈现快速增长的势头。“十二五”以后，HFCs产量和出口总量都几乎实现了翻番，其中出口增长达到101.0%，成为中国HFCs产业的重要支撑。

目前中国正处于从HCFC制冷剂向HFC制冷剂过渡的阶段，主要消费行业包括：房间空调、冰箱冷柜、工商制冷、汽车空调、消防器材生产、发泡剂生产、气雾剂生产等七大类（含维修）。2018年，中国HFCs的总产能约为86万吨，2010 ～ 2018年年均增长10.97%；产量约为64万吨，年均增长12.25%；出口约为12.8万吨，年均增长380%。中国已经成为世界最大的HFCs生产、消费和出口国，HFCs生产和消费占国际的比重已分别达到65.2%和27.6%，在国际市场中具有重要的地位。

（4）含氟烯烃（HFOs） 第四代替代品HFOs主要用作制冷剂、发泡剂、灭火剂和电子气体等用途。“十二五”以来，国内多家企业及研究院所密切跟踪国际ODS替代品的发展趋势，积极开发新一代低GWP值环境友好型产品，先后开展了HFO-1234yf、HFO-1234ze、HFO-1233zd、全氟酮和HFO-1336mzz等产品开发，部分产品已经进入中试阶段。除了与跨国公司合作建设的HFO-1234yf工业化装置已在江苏常熟和浙江巨化建成投产外，国内基本处于中试阶段。由于受制于国际大公司在HFOs制备以及应用专利的制约，中国尚缺乏具有自主知识产权新一代替代品的产品以及生产、应用技术。

（三）含氟聚合物

含氟聚合物主要包括氟树脂、氟橡胶及其制品等新材料，是航空航天、电子电气、环保、新能源等国家战略性新兴产业及尖端技术领域发展不可或缺的化工新材料。

随着中国新能源、电子信息、环保产业等新兴产业的快速发展，高端氟聚合物获得了新的发展空间。进入“十二五”之后，随着PTFE、FEP、PVDF、氟橡胶等聚合物新应用领域的开拓，以及氟聚合物生产及加工应用水平的提高，中国的氟聚合物产品的应用市场得到了进一步拓展。

（1）氟树脂　氟树脂分为非熔融加工的PTFE和可熔融加工的FEP、PVDF、PVF、PFA、ETFE、PCTFE等均聚或共聚树脂。中国已产业化的氟树脂主要有PTFE、FEP、PVDF、PVF，其他氟树脂仍处于开发阶段。中国PTFE的产能明显高于其他含氟聚合物，占所有含氟聚合物产能的60%以上。中国依靠自主开发的成套技术建设了万吨级四氟乙烯生产装置，8立方米悬浮聚合釜、4立方米分散聚合釜和8立方米捣碎洗涤装置等设备已成功应用于工业化生产装置中，生产技术已接近国际先进水平。双向拉伸膜用、高档管材用聚四氟乙烯开发成功，聚四氟乙烯替代进口取得显著成绩。在此期间，外商继续加大对国内氟聚合物的投资，投资品种从PTFE拓展到PVDF、FEP和氟橡胶等。外商独资企业或合资企业从2011年的2家，增加到2018年的5家。外商氟聚合物产能占国内聚合物产能的比重也大幅增长。

到2018年，中国主要氟树脂产能约22.1万吨，2010～2018年年均增长率为12.73%；产量约16.5万吨，年均增长率为13.44%；出口PTFE 2.29万吨，进口PTFE 6340吨，出口其他含氟聚合物（含氟橡胶）2.42万吨，进口其他含氟聚合物1.25万吨。一批含氟材料的研究和应用取得较好成效。高性能聚偏氟乙烯中空纤维膜在污水资源化中获得应用，国产氯碱用离子膜开发成功并在国内氯碱行业得到应用。并开发出了过氧化物硫化氟橡胶、双向拉伸膜用PTFE、太阳能背板膜用PVDF等技术和产品、水处理膜用PVDF等产品，部分产品已经实现了商业化生产。ETFE、PFA等产品开发取得突破正在推广应用。PFOA替代品在部分氟聚合物生产中得到应用。

（2）氟橡胶　包括以VDF、HFP二元共聚的氟橡胶和以VDF、TFE、HFP三元共聚的氟橡胶，以及TFE与丙烯共聚的四丙橡胶、氟硅橡胶、氟醚橡胶等。国内主要生产二元和三元共聚的氟橡胶，其他氟橡胶的产量较小。2018年，中国氟橡胶产能为2.37万吨，年均增长率为13.68%；产量为1.6万吨，年均增长率为13.25%。

（四）含氟精细化学品

这一时期，中国含氟精细化工已成为氟化工中增长最快、附加值最高的细分领域，尤其是新型含氟农药、医药、液晶的中间体，含氟表面活性剂，含氟特气，新能源材料等领域所需含氟精细化学品的发展明显加快。初级含氟精细化学品如氟苯、三氟甲基苯、三氟乙醇、三氟乙酸（酯）、六氟环氧丙烷等的生产技术水平接近国外先进公司，产品单耗、能耗得到有效降低。含氟烯醚、含氟脂肪族中间体、含氟杂环化合物和含氟液晶中间体等领域，涌现出一系列具有国际市场竞争力的产品，为中国新型农药、医药等产业发展提供了强有力支持，但中国的含氟精细化学品产业总体处于成长期。

中国含氟精细化学品在调聚技术、氟化物的溴（氯）化技术、定向氟化技术、电解氟化技术、绿色工艺制备技术和高效分离技术等方面获得突破，带动了全氟烷基碘系列、部分新型含氟药物、特种含氟单体、含氟液晶、含氟醇/酸/酯/醚、PFOs/PFOA替代品、全氟聚醚等产品开发加速，部分已形成产业化规模。

2014年，中国含氟精细化学品的总产能约为16万吨，产量约为8.5万吨，出口量约为6万吨，进口量约为2万吨（以功能制剂为主）。中国含氟精细化学品的大致消费领域为：含氟农药30%，含氟医药25%，电气电子20%，整理剂用表面活性剂10%，其他15%。2018年，中国含氟精细化学品总生产能力约为23万吨，总产量约为12万吨，产值约为207亿元。

（五）含氟涂料

氟涂料用氟树脂主要有聚四氟乙烯、聚三氟氯乙烯、聚偏氟乙烯、氟烯烃-乙烯基醚/酯共聚物（FEVE）、乙烯-三氟氯乙烯（ECTFE）等10余个品种。根据氟树脂的可溶性、玻璃化温度和成膜温度等，氟涂料可分为高温烘烤型和室温固化型。

2011年以后，中国聚四氟乙烯、聚偏氟乙烯等高温烘烤型氟涂料发展较快，国内用量较大，产品牌号较多，质量提高明显，产品技术水平达到国外先进水平。但氟烯烃和乙烯基单体共聚树脂（FEVE）室温固化型氟涂料用树脂和氟涂料发展缓慢。随着环保、电子、建筑等行业需求的发展，对含氟涂料的需求逐年递增。

三、继续大力推进产业结构调整

（一）国家政策推动产业结构调整

这一时期，一系列的产业政策出台，在引导氟化工产业进行产品结构调整、推动产业升级上发挥了重要指导作用。

2011年，国家发改委公布了《产业结构调整指导目录（2011年本）》，其中明确列出的鼓励发展的氟化工产品包括：全氟烯醚等特种含氟单体，聚全氟乙丙烯、聚偏氟乙烯、聚三氟氯乙烯、乙烯-四氟乙烯共聚物等高品质氟树脂，氟醚橡胶、氟硅橡胶、四丙氟橡胶、高含氟量246氟橡胶等高性能氟橡胶，含氟润滑油脂，消耗臭氧潜能值（ODP）为零、全球变暖潜能值（GWP）低的消耗臭氧层物质（ODS）替代品，全氟辛基磺酰化合物（PFOS）和全氟辛酸（PFOA）及其盐类替代品和替代技术的开发和应用，含氟精细化学品和高品质含氟无机盐。

在国家发改委、商务部联合颁发的《外商投资产业指导目录》(2011年修订征求意见稿）中，氟氯烃替代物生产、高性能氟树脂、氟橡胶、含氟膜材料、医用含氟中间体、环境友好型制冷剂和清洁剂，以及从磷化工、铝冶炼中回收氟资源生产等被列入鼓励外商投资的产业。

2012年1月，工业和信息化部发布了《新材料产业“十二五”发展规划》，着力调整含氟聚合物产品结构，重点发展聚全氟乙丙烯、聚偏氟乙烯及高性能聚四氟乙烯等高端含氟聚合物，积极开发含氟中间体及精细化学品。在高性能膜材料专项工程上也提出，氯碱全氟离子交换膜、动力电池用全氟离子交换膜及其配套全氟磺酸树脂和全氟羧酸树脂的建设目标以及加快发展聚氟乙烯（PVF）太阳能电池用膜。

国家《“十二五”国家战略性新兴产业发展规划》《“十二五”产业技术创新规划》中也涉及了多个高端氟化工产品。这一系列政策的出台，为氟化工产业发展明确了产业结构调整的方向。

“十三五”时期，相关产业政策中对于高技术含量、高附加值的氟化工产品提出更加具体的要求。在2016年国家重点支持的高新技术领域目录中，新型橡胶的合成技术及橡胶新材料制备技术中包括特种氟橡胶、硅橡胶、氟硅橡胶、氟醚橡胶、聚硫橡胶及制品制备技术。在《化纤工业“十三五”发展指导意见》中，需要突破关键技术中有聚四氟乙烯纤维等品种，重点研制成套装备、解决工程化放大的技术问题；在发展的重点领域和方向中包含了聚四氟乙烯纤维等高性能纤维品种的系列化。

2018年9月，工业和信息化部原材料工业司公示了《重点新材料首批次应用示范指导目录（2018年版)》，包括应用于航空航天、化工的高氟含量氟橡胶材料；应用于工业废水治理、海水淡化的高强度聚四氟乙烯中空膜；应用于薄膜光伏封装、OLED显示、量子点封装的高性能水汽阻隔膜；应用于新能源汽车的双氟磺酰亚胺锂盐；高纯晶体六氟磷酸锂材料。

2018年11月，国家统计局公布实施了《战略性新兴产业分类（2018)》，在“氟硅合成材料制造”项下新增了合成氟树脂制造、氟制冷剂制造、其他含氟烷烃制造；在“高性能橡胶及弹性体制造”项下新增了特种橡胶制造、氟硅合成橡胶制造等，电池膜制造全氟燃料电池膜（质子膜）；新型功能涂层材料制造中的氟涂料；专用化学品及材料制造中的通用湿电子化学品（单剂）、功能湿电子化学品（混剂）、蚀刻液、显影液、剥离液、稀释剂、清洗剂、电子特种气体、光刻胶及配套试剂（集成电路）等。这些充分体现了氟化工产品在国民经济中的重要性。

在鼓励尖端产品与技术发展的同时，2011年3月9日，工业和信息化部发布的《氟化氢行业准入条件》提出："新建生产企业的氟化氢总规模不得低于5万吨/年，新建氟化氢生产装置单套生产能力不得低于2万吨/年（资源综合利用方式生产氟化氢的除外）。"此外，还在节能、环保等方面作出诸多要求，减少资源过度消耗和浪费，有效遏制了行业粗放式盲目发展的势头。

（二）结构调整取得一定成效

这一时期，中国氟化工结构调整取得初步成效，注重产业链由低端向中高端发展，开发新品种，提高品位，替代进口，在产品品种和品质上向系列化、差异化、高质化、复合化、专用化方向发展。积极推进淘汰落后产能和落后技术，制定产品准入条件，保护和利用氟资源以及副产物的综合循环使用，节能、减排、降耗取得新进展。加强品牌建设，形成了一批中国自主品牌，提高了市场竞争力。重视优化资源配置，推动企业整合，引导创业要素和企业资源向优势企业、优势产业园区集聚，形成优势互补、上下游原料配套和综合循环利用协调发展的模式，为氟化工的持续发展奠定了良好的基础。以沿海地区为主，内地为辅，依托市场和国内外资源，建设了一批以氟化工产品为主的氟化工产业园区，形成了江苏常熟、浙江衢州、山东淄博、四川自贡、江苏泰州、浙江上虞、浙江金华、内蒙古丰镇、河南焦作、山东章丘等一批各具特色的氟化工园区和产业基地，部分园区或基地建设已达到国际先进水平。

四、一批高端产品技术取得突破

氟化工是国内具有特色资源的优势产业，产业水平后来居上，在部分尖端氟化工产品领域正在取得重大突破。氟化工产品不仅用于高端装备制造业、新能源、电子信息等战略性新兴产业，而且在改造提升传统产业方面发挥着重要作用。

中国政府对发展新材料产业给予了高度重视，包括氟材料在内的化工新材料发展得到密集的政策扶持，上升为国家战略性新兴产业，石油和化学工业

“十二五”“十三五”规划均对氟化工资源保护、关键技术开发等作了明确的部署。调整产业结构，提高中高端产品比例是这一时期的发展重点。氟化工领域的产研体系积极攻关，取得了一批科研成就。

2011～2017年，共有7项行业技术获得了国家科学技术奖，分别是上海交通大学与山东东岳高分子材料有限公司共同完成的全氟离子交换材料制备技术及其应用项目，获得2011年度国家技术发明二等奖；西安近代化学研究所开发的HFCs气相氟化催化剂制备及其工业应用技术，获得2012年度国家技术发明二等奖；天津工业大学承担的高性能聚偏氟乙烯中空纤维膜制备及在污水资源化应用中的关键技术，获得2012年度国家技术发明二等奖；中昊晨光院有限公司的有机氟单体及高性能氟聚合物产业化新技术开发，获得2015年度国家科学技术进步二等奖；中国中化集团公司与北京理工大学等单位完成的环境友好五元环含氟材料催化合成技术及产业化项目，获得2017年度国家技术发明二等奖；浙江理工大学与浙江格尔泰斯环保特材科技股份有限公司等完成的工业排放烟气用聚四氟乙烯基过滤材料关键技术及产业化项目，获得2017年度国家科学技术进步二等奖；多氟多化工股份有限公司的锂离子电池核心材料高纯晶体六氟磷酸锂关键技术开发及产业化项目，获得2017年度国家科学技术进步二等奖。

2018年1月，科技部高新司对“863”计划新材料技术领域支持的高端有机氟材料关键技术研发项目，在北京组织专家进行了验收。该项目围绕耐高/低温氟橡胶材料、基于聚偏氟乙烯和氟硅树脂的新型含氟涂料开展了三氟丙基二甲基硅烷基丙烯基醚、耐低温氟橡胶、全氟甲基乙烯基醚、耐高温氟橡胶、粉末涂料用改性聚偏氟乙烯树脂及氟硅树脂的合成和性能研究，攻克了含氟特种单体合成技术和高端有机氟产品合成中聚合、改性、规模化制备等关键技术，并建成了耐低温氟橡胶、耐高温氟橡胶、全氟甲基乙烯基醚、粉末涂料用改性聚偏氟乙烯树脂、氟硅涂料示范生产线。通过该项目的实施，开发出了具有自主知识产权的高端产品，优化氟化工产品结构，突破了一批含氟特种单体合成技术、规模化制备等关键技术，对于提高中国氟化工企业的自主创新能力、增强氟化工行业的国际竞争力具有重要意义。

五、清洁生产和安全环保取得明显进步

中国氟化工迅猛发展呈现出广阔的前景，在加快技术创新、产业升级的同时，经过不断发展，氟化工行业在余热综合利用技术、挥发性有机化合物（VOC）减

排、“三废”转化处理技术等方面也取得了明显进步，在循环经济、节能减排、清洁生产方面取得了新的进展。催化加氢技术在副产绿色转化处理、资源化利用等方面得到应用，已经实现了CFC-115催化加氢脱氯转化为HFC-125和HFC-134a技术，选择合适的载体，催化剂制备工艺中添加改性助剂，可以明显提高催化剂的寿命，原料的转化率、HFC-125选择性均可达90%以上；含氟废水排放水氟离子浓度降至10×10^{-6}，达到国家二级排放标准；采用副产氯化氢纯化技术使R22副产盐酸中氟离子浓度降至1×10^{-6}以内；副产盐酸综合利用取得成效；已经建立万吨级饲料级磷酸氢钙生产装置，并联产饲料级磷酸二氢钙和氯化钙。

R23焚烧技术和装置的国产化也得到了应用。利用具有自主知识产权的废气处理技术建成的等离子束焚烧装置，焚烧炉膛温度在1100℃以上，处理效率在99.99%以上，“三废”达到排放标准。该技术得到国际禁化武核查的肯定，可用于其他高危废气的处理。

氟化工是中国具有特殊资源优势的产业。氟化工的资源基础是萤石，高品位萤石是与稀土类似的稀缺资源，而中国是世界高品位萤石资源大国，具备发展氟化工的特殊资源优势。经过近70年的快速发展，在国内氟化工已形成若干承载能力强、专业特色突出的氟化学工业园区，部分尖端氟化工产品领域正在取得重大突破；在国际上已拥有较高的地位，中国已成为重要的世界主要氟化工产品生产国和出口国（1974～2019年中国主要氟化工产品产量详见表2-21-1）。“十三五”时期，中国氟化工发展的主旋律是调整产业结构，提高中高端产品比例，实现提质增效。随着中国的城镇化、工业化、信息化、农业现代化全面推进，“中国制造2025”战略的全面实施，将为氟材料工业发展提供新的机遇和保障，相信在不远的将来，这个黄金产业将在中国诞生出更多性能优异、与其他产业关联度大、广泛应用于人类日常生活、各工业领域的氟化工新品种和关键化工新材料，推动中国由世界氟化工大国迈向强国。

表2-21-1　1974～2019年主要氟化工产品产量　　单位：万吨

年份	氟化氢	含氟制冷剂	聚四氟乙烯
1974年			0.04
1996年	6.04	7.92	0.40
1997年	6.59	8.61	0.45

续表

年份	氟化氢	含氟制冷剂	聚四氟乙烯
2000 年	12.18	11.94	0.84
2007 年	52.40		3.12
2016 年	213.51	33.80	8.12
2017 年	196.28	47.92	8.06
2018 年	203.16	64.00	8.37
2019 年	150.80	52.20	9.10

第二十二章 国防化工发展史

（20世纪30年代末～2019年）

国防化工，是指为中国各军事工业部门国产武器装备研制和生产承担配套任务的化工科研和生产体系。与军品配套的相关化工、石化产品的研制、生产等，统称为“国防化工”。国防化工是军事工业的重要门类，对国家的综合军事实力具有重要影响，自近代以来一直受到国家的重视。鉴于这些产品和技术多属前沿科学，又被称为“化工新材料”。

国防化工（也称军事化工）是建立在现代化学工业基础上，涵盖了现代化学工业的各大主要技术领域，包括无机化工和基本有机合成领域、石油化工领域、高分子材料合成与加工领域、轮胎制造和橡塑制品领域、化学试剂和精细化学品领域、涂料和化学黏合剂技术领域、化学分析和检测技术领域、化学工程和化学防护技术领域等。

国防化工产品品种繁多。按照产品的需求对象和军事用途、作用分析，国防化工产品主要包括以下七大类别：

① 为武器装备提供动能的化学能源产品类，如：驱动导弹、航天器、鱼雷等远程兵器运行的各种化学推进剂及原料；供军用飞机、车辆、舰船使用的由石油或其他矿物炼制及人工合成的各种烃类燃料。

② 重要的高纯化学物质类，如：重水、超氧化物质、各种催化剂、离子交换树脂等；高纯气体、化学试剂和其他高纯物质；各类电子器件生产用配套化学品等。

③ 武器和机械系统的动能传载和运行保障产品类，如：车辆和车载武器轮胎、航空器用轮胎、坦克及装甲车辆用橡胶承重轮、履带橡胶板；机械用动/静态密封部件、减震材料及器件、液压及燃油输送胶管、动力传输橡胶部件；液压元件用工作介质；用于武器装备冷却、加热及热量传导目的的化学介质；各种润滑油、脂等。

④ 各种高性能合成材料及军用橡胶及塑料制品类，如：氟橡胶、硅橡胶及其他特种合成弹性体材料；聚四氟乙烯、聚砜、聚酰亚胺、聚苯硫醚等特种树脂和工程塑料；航空透明有机材料及部件；各种高性能胶黏剂、密封及封固材料、电子器件灌封材料等；飞机用软式橡胶油箱、橡胶舟船、空投及海上拖曳式橡胶贮运（油、水等）容器；国防工程以及救护装备用各种橡胶或工程塑料制品、配件等。

⑤ 为人员和装备提供环境防护及视觉伪装（或标识）作用的化工制品类，如：车辆、航空航天器、舰船及其他武器专用的各种功能性涂料及涂层材料、充气式橡胶仿真伪目标物、防核辐射和生化武器用服装等；用于保温、防水、防尘、绝缘、绝热等用途的合成材料及其制品；用于化学洗消的药剂等。

⑥ 军事电子和信息技术及隐身功能材料类，如：感光材料、光敏和热敏材料、传感器介质材料；具有吸收、透过、反射、阻尼、消除或屏蔽声波、电磁波、光波的功能性材料及部件；用于红外和无线电探测、制导、遥感、激光通信等器件生产的金属有机化合物、信息记录材料；高空探测气球等。

⑦ 高技术武器用超强非金属结构材料类，如：高强度、高模量碳纤维和芳纶纤维；高性能复合材料用环氧树脂、不饱和聚酯等酯基材料，以及经复合加工构成的大型非金属复合材料构件。

人类有制造和使用记载的黑火药是硝石、硫黄和木炭粉末组成的混合物，是由中国人的祖先发明的，由炼丹家们传给了军事家们，后随商贸经印度传入阿拉伯国家和欧洲。此后，从火药到各种炸药的升级改进成为各国军事能力角逐的利器。随着化学工业的不断发展壮大，军事工业领域应用化工产品和技术日益广泛，今天的国防力量更多展现的是化工发展的实力。

中国的国防化工发展历史较长。在每个历史阶段，为提高军事力量发挥着应有的作用。新中国成立后，党中央、中央军委和人民政府作出了发展新中国国防工业的决策。化学工业战线的干部职工大力开展国防工业项目的科研攻关，积极组织生产国防化工产品，为支援国防工业的建设和发展重点型号武器作出了重大贡献。从“两弹一机”“两弹一星”的成功研制，到20世纪90年代整个门类齐全的国防化工工业体系的建立，再到今天的神舟飞船系列升空探测、探月卫星的成功发射、航空母舰的制造及深海探测器的研制等高精尖项目取得突破，无不凝聚了“化工力量”。国防化工已成为中国军事工业的重要组成部分，是国防武器装备发展的重要物质基础。

第一节 革命根据地的化工发展

（20世纪30年代末～1949年）

抗日战争时期，根据地使用的高级火药炸药，主要靠从敌占区采购或从缴获的炮弹、航空炸弹内掏取，为此，不少兵工人员献出了宝贵的生命。如何从根据地的物质条件出发研制高级火炸药，一直是兵工部门为之奋斗的重要目标。制造火炸药的基本原料是硫酸，而在敌后根据地制造硫酸，既无技术又无设备，十分困难。但兵工人员土法上马，经过反复实验，最后制造出了硫酸。为兵工生产服务，为支援前线作出了巨大贡献。

1939年6月，八路军成立军工部，随即在太行山区建设黄崖洞兵工厂。到1939年底，黄崖洞兵工厂正式投产，拥有40余台机床，1000余名员工，年产炮弹3000余发，还有各式枪械、手雷、地雷等，全面支援了敌后抗战，被朱德总司令誉为“八路军的掌上明珠”。

1940年，在研制硫酸过程中，研究人员杨成、张方等因地制宜，用当地盛产的陶土缸试制硫酸成功，创造了“缸塔法”硫酸生产新工艺，为研制生产火炸药创造了条件。该法将4口水缸一俯一仰叠放，将中间两个缸的缸底打穿、叠放后粘好，成为一个简易的塔。将几个这样的高塔用陶瓷管上下交错地串联起来，成为一套制造硫酸的装置，并用碎瓷片代替小块焦炭。二氧化硫气体、氮氧化物气体都通入前塔下部。中间空塔内通入水蒸气，从前塔塔底得到硫酸。根据地军民正是凭借这样的智慧和毅力，创造出一个又一个“土方法”，使根据地的化工生产得以全面展开。

当年7月，晋察冀军区工业部化工厂在河北省唐县大岸沟村建成（对外称“醋厂”），习惯称大岸沟化学厂，用“缸塔法”生产硫酸正式投产。该厂从1940～1944年几度更名、几易其址，1944年9月落户于河北省平山县南苍蝇沟村。在其发展的第一阶段，生产工艺还不够完善，产品产量、质量不太稳定，主要以生产硫酸、硝酸、酒精、乙醚等原料为主。后期发展逐步稳定成熟，1942年年产硫酸、硝酸分别达到3000斤（1斤＝500克）和1000斤。1943年，又用“钙皂法”制取甘油，并用“盆式硝化法”生产出硝化甘油，随后制造出双基无烟火药、仿朱迪生炸药和硝化甘油炸药。

大岸沟化工厂科研产品的形成，推动了自身和根据地军事化工的发展。1944年，大岸沟化学厂平均月产浓硫酸7200公斤、浓硝酸2400公斤及无烟药360公斤等，发展成为综合性的军事化工厂，取得了巨大发展成就，也为相关区域化学工业的发展作出贡献。

陕甘宁边区军民克服封锁的困难，发挥当时延安集中了一批懂机器制造、化工、冶金等专业的知识分子的优势，在1938年3月成立的中央军委军工局领导下，建立军事工业。1939年创办了延安八路军制药厂。到1944年建立了一批小规模化工厂，如制药、制皂、皮革、火柴、玻璃仪器、造纸、硫酸厂，以后又生产了硝酸、盐酸，试制成功酒精、乙醚、硝化棉、无烟火药。陕甘宁边区紫芳沟化学厂的建立颇有影响力。

1939年5月，中共中央决定建立延安自然科学研究院。1940年1月改为延安自然科学院。该院设立了机械实习厂、化工实习厂、化学实验室和生物实验室，开展教学和生产活动。中国工程院院士、化工专家林华在延安自然科学院担任教员，同时还担任玻璃厂厂长、陶瓷厂工程师。

抗日战争和解放战争期间，胶东、鲁中南、渤海等抗日根据地，利用当地资源，自力更生、艰苦奋斗逐步建立和发展了为军事工业和军民生活服务的化学工业。在胶东地区，抗日战争初期即有火药生产。1942年后，相继创建了东海、西海和胶东工业研究室，以王旭九、秦有斋（秦仲达）等为技术骨干，研制并设厂投产了20余种化工产品，为军火与民用化学品生产提供了急需的化工原料。到1944年，设立硫黄厂、碱厂，其硫黄、纯碱、烧碱生产均达一定规模。解放战争开始后，胶东地区建有多个硫酸厂，日产硫酸2～3吨。1947年下半年胶东军区军工部成立了化学总厂，对军工、化工、科研实行统一领导，研究试制成功了一些急需的军事化工产品，所生产的弹药在孟良崮、兖州、济南等战役中起了很大的作用。1946年，东海军分区和威海卫市政府向中威胶皮工厂投资，建起了公私合营化工企业——中威橡胶厂股份有限公司，到1949年生产胶鞋约30万双，有力地支援了解放战争。为发展解放区农业生产，胶东行署于1947年3月还建立了玲珑农药厂，为新中国成立后创建山东农药厂打下了基础。

在鲁中南和渤海解放区，围绕生产无烟火药，配套生产硫酸、硝酸、烧碱、丙酮、乙醚、甘油、三硝基苯酚、硝酸汞（雷汞）、硫黄等。为支援硫酸生产，1946年中共淄川县委组织力量，在夏禹河一带建炉200余个，月产硫黄20余吨。1948年，胶东、鲁中南、渤海地区部分军工、化工生产厂点陆续迁至博山夏庄，利用原日本建立的华北电化厂旧址，筹建化学总厂。翌年底，总厂下设的制酸部改为制酸厂（淄博制酸厂前身），于1950年4月建成了年产2000吨硫酸装置。此为在解放战争中逐步发展起来的省内最大的硫酸厂。

1943年胶东军区还成立了军区制药组，并逐步发展为山东新华制药厂，生产黄碘、酒精、葡萄糖等。山东新华制药厂于1948年10月从胶东解放区迁到张店恢复生产。该厂在1949年试制成功消灭黑热病的斯锑黑克（葡萄糖酸锑钠），该药为解放初期扑灭当时在山东流行的黑热病（治愈率达98.6%），起到了很大作用。

晋察冀边区源泉村化学厂于1944年底由八路军总部军工部在山西黎城县源泉村创办。主要以硫酸、硝酸和棉花为原料制作无烟火药，月产最高达900公斤左右。在山西长治建立炸药总厂，主要生产硝铵甘油混合炸药，还建立了部分生产火工品的化工厂。

晋察冀边区军区卫生部1938年办起了卫生材料厂，也称伯华制药厂，1949年3月，该厂迁入北平建立北京市新华化学制药厂（今北京制药厂），很快恢复生产。

1942年初，晋绥军区后勤部将当地肥皂厂改建为化工厂，迁建陕西省吴堡县万户峪，生产肥皂和皮革两种产品。1945年，后勤部组建军工部，化工厂迁至陕西佳县境内，扩建为军工部第四厂，生产有较大发展，除继续生产肥皂和皮革外，还生产硫酸、硝酸、盐酸、甘油、硝化甘油、硝化棉、硝基萘、炸药、发射药以及雷管、雷汞、电池、黄磷、玻璃、陶瓷等，并总装各种弹药。1947年，该厂再迁至黄河以东山西省离石县（今离石区）境内，分设总厂及分厂，总装各种炮弹、枪弹、手榴弹，对抗日战争和解放战争作出了重大贡献。

1947年大连解放，凭借良好的工业基础，在中共旅大市委领导下，建立军火生产基地，大连化学厂为支援解放战争，组织了硝酸、硫酸、乙醚、二苯胺和硝化棉、硝化甘油及无烟火药的生产，有力地支援了解放战争。

第二节 新中国国防化工建设的起步

（1949～1957年）

新中国成立后到“一五”计划结束时期，中国起步建立化学工业体系，军事工业所需的化工原料和军用化学品等国防工业配套产品由化工部门负责生产和供应，抗美援朝期间有了较快的发展。20世纪50年代中期，中国决定自己制造原子弹、导弹和新型飞机，需要许多新型化工原材料。这些化工原材料必须独立自主、自力更生地进行科研和生产，及时供应和配套。国防化工就是在这样的历史条件下建立和发展起来的，一批用于国防建设的化工新材料开始研制，化学推进剂、军用橡胶制品有了很大发展。

一、在支援抗美援朝作战中快速发展的军品

新中国成立后不久，抗美援朝战争爆发，党中央做出“抗美援朝，保家卫国”的决策。化学工业的干部职工积极投身于支援抗美援朝的工作中，其中表现最为突出的是东北橡胶企业的广大干部职工。为了保证重要企业的安全和对我志愿军前线部队的支援保障，东北人民政府于1950年10月发布“疏散令”，将原东北国营第一、二（原址沈阳）、九橡胶厂（原址辽阳）整体战略北迁至黑龙江省牡丹江市的桦林镇，组建新的“国营第一橡胶厂”（1963年改称国营桦林橡胶厂）。3家橡胶企业的员工和技术人员在短短的7天内，战胜严寒考验，完成了全部设备的拆卸和转运，在3个月的时间里完成了新厂的建设和设备安装任务。1951年2月23日，第一橡胶厂生产出第一条轮胎，提前完成了百日建厂任务。第一橡胶厂的设计规模为年产10万条轮胎，1952年的轮胎产量就超额达到17.3万条，为保障我志愿军部队的军事运输作出重要贡献。第一橡胶厂在加紧生产汽车轮胎的同时组建了军工车间，承担火炮用轮胎、坦克用敷橡胶承重轮胎的研制和生产。军工车间自行设计和改进技术装备，经过多次试验，试制成功火炮用海绵轮胎和实心轮胎。后在国家“一五”建设时期，该厂得到了快速发展。

1950年，中国从苏联引进苏制米格-15战斗机。由于志愿军空军战斗任务频繁、飞机轮胎的磨损消耗很大，仅仅依靠从苏联进口难以满足前线需要。国营沈阳第三

橡胶厂在1951年1月接受了研制米格-15飞机轮胎的任务，从自行车胎改产飞机轮胎。工厂在只有样胎，没有详细技术资料可以借鉴的情况下，利用简陋的设备于当年2月5日成功生产出首批3条国产飞机轮胎，经空军的试飞测试验证这种“土轮胎”能飞11个起落，可以用于前线作战。沈阳第三橡胶厂迅速建立并启动歼击机飞机轮胎生产线，全力支援我志愿军空军赴朝作战。1951年1月，青岛橡胶二厂进行改建开始生产飞机轮胎。

1950年12月，上海橡胶企业生产胶鞋850万双、力士鞋20万双、止血带10万余支、输血胶管15万余米，上海化工厂生产酚醛清漆、漆布压层板、止血没食子酸等产品，支援了抗美援朝战争。

这一时期，医药工业战线广大职工积极投入抗美援朝、保家卫国运动，武汉、南京、北京、天津、石家庄等地国营药厂，不分昼夜赶制战伤药品和卫生材料。

1950年末，燃料工业部下设的石油管理总局联合清华大学建立了中国第一个燃料研究室。抗美援朝期间，该室担负为军队培训油料专业人员、组织化工系师生完成军用油化验的任务，开展了部分常规武器装备用油的研制和生产。1952年7月，清华大学院系调整，燃料工业部将部分科研人员调往中国科学院大连石油研究所。

中国有机硅工业发展的起始点也是在为解决抗美援朝作战部队通信设备和武器装备因受潮被腐蚀，经常出现故障，指挥通信受到严重影响的紧急状况中确立的。有机硅材料具有优异的防潮性能，在设备表面涂覆有机硅材料或涂料是避免设备、设施受潮的较佳方式。1951年开始，中国投入科研力量进行有机硅单体及有机硅聚合物的研制开发工作。国家下达任务给重工业部北京化工试验总所，研制有机硅防潮涂料。

二、开始组织国防化工科研与生产

从1953年开始，中国开始实施以发展“国民经济第一个五年计划”为中心的大规模经济建设。在“一五”计划的指导方针中突出提出“集中主要力量发展重工业，建立国家工业化和国防现代化的基础。”国家在苏联援建的156个重点项目中基本建成中国化学工业位于兰州、吉林和太原的三大化工区，初步构建了中国的基础化学工业体系，为建立中国的国防化工体系提供了可靠的原料及关键工艺技术保障。

1956年，国家制定《1956—1967年全国科学技术发展远景规划》（简称《规划》），确定了“重点发展，迎头赶上”的方针和今后12年科技发展的主要目标。化学工业部通过对《规划》的组织实施，初步组建起一批相关专业的骨干研究机构，在以下几个技术领域率先开展国防化工产品的配套研制和生产。

在化学工业中，橡胶工业与军事装备制造的关系最为广泛和密切。1956年成立北京橡胶工业研究设计院（简称北京橡胶院），集中优势力量开展军工橡胶制品的设计、研究工作。

化学推进剂是发展导弹武器和航天技术必不可少的高能燃料。1956年4月，周恩来总理主持中央军委会议，听取火箭专家钱学森同志关于在中国发展导弹技术的规划设想。同年在国家科委制定的《规划》中，特别强调发展火箭和喷气技术在内的各项新兴技术，正式提出了发展中国化学推进剂的重大任务。北京化工研究院设立了专门开展化学推进剂研究开发工作的研究室，开始了中国化学推进剂事业的科学探索。

为了配合中国军用飞机的制造，锦西化工厂于1956年建设了一套230吨/年的聚甲基丙烯酸甲酯生产装置，开创了中国航空有机玻璃的研制历史。以此为基础，化工部于1958年成立了锦西化工研究所，专门从事航空透明有机材料的研制和生产。

1953年4月1日，燃料工业部决定，将煤管总局所属抚顺矿务局研究所中有关油类部分划归燃料工业部东北石油管理局，正式命名为“东北石油管理局抚顺研究所”（现名抚顺石油化工研究院），主要从事人造石油和石油炼制方面的科研工作，当年研制成功军用润滑油并投入生产，有力地支援了国防建设。

“一五”计划实施期间，军工部门针对武器装备的特殊要求对化工部提出多项在产品功能和涂装工艺有特殊要求的涂料产品需求。化工主管部门在沈阳化工研究院成立油漆研究室。1956年将该研究室迁往天津，并从当时中国涂料技术基础较好的天津油漆厂抽调部分专业技术人员共同组建成立天津化工研究院涂料室，着重承担军用涂料的研制和生产任务。

第三节 全面实现国防配套，体现“化工力量”

（1958～1977年）

一、新中国的化工布局和科研机构的设立

“一五”期间，以三大化工基地建设为起点，化学工业的发展形成两大特色，

即以北京和上海、天津、大连、青岛等沿海化学工业与山西、甘肃、湖北、河南等内地化学工业并进的特色，以部属国营大型化工企业与众多地方化工企业互补的特色，发挥了国家队和地方队的积极性。

同一时期，行业内先后成立了沈阳化工研究院、上海化工研究院、北京化工研究院、锦西化工研究院、天津化工研究院和北京橡胶工业研究设计院等一系列科研院所，基本建立了化工科研体系。其中部分研究院所承担了航空玻璃、军用橡胶制品、飞机软油箱等国防化工任务。

二、国防化工的组织领导

1958年8月，化工部技术司成立一室，是专门管理国防化工的组织机构。1959年5月，化工部部长彭涛、部长助理李苏给国防科委写信提出："发展先进武器单有钢铁的数量不行，非金属材料和金属材料一样极其重要，必须适当重视非金属材料。"此提议引起聂荣臻副总理重视，1959年冬，聂荣臻给中共中央打报告，提出自力更生解决5600种国防新技术材料问题的意见，其中化工材料803种。报告迅即得到党中央批准，艰巨的任务落到化工部门。部分地方化工厅局迅速把任务一项一项地安排到基层，所有的工厂、科研院所、高等院校纷纷投入到热火朝天的试验研究中。

1959年，化工部成立新材料小组，李苏副部长任组长，有关司局负责人为小组成员。承担新材料研究和生产的单位也成立新材料小组，与化工部和各地化工局建立密切联系，形成一个有利于保密、方便管理、组织实施配套的工作网络体系。

化工部技术司二局收回沈阳第三橡胶厂、沈阳第四橡胶厂管理权，划转了部属的西北橡胶厂、广州橡胶十一厂。1961年，从五机部划转908厂与太原橡胶十一厂合并成立太原新华化工厂。1964年，将广州橡胶十一厂实验室扩建成化工部乳胶工业研究所（1984年由云南晋宁迁往湖南株洲市，现名株洲橡胶研究设计院，简称株洲院）；将沈阳橡胶工业研究院更名为研究所（现名沈阳橡胶工业研究设计院，先后简称沈阳所、沈阳院）。1970年，燃料化学工业部决定成立桂林轮胎研究所，1974年1月4日，该所改名曙光橡胶工业研究所（现名曙光橡胶工业研究设计院有限公司，先后简称曙光所、曙光院）。1965年，将沈阳橡胶工业研究所硅氟橡胶研究室及新建的车间与北京橡胶院制品室等单位，一起迁到咸阳，成立了西北橡胶制品研究所（1996年更名为西北橡胶塑料研究设计院，先后简称西北所、西北院）。

四家研究所都配有试制和生产车间，形成以科研为先导，产品研发、试制与专业化生产一体化的“四所”军工橡胶体系。

化工部各司局都加强了对国防化工的支持力度，优先保证其需要，有的司局还设立处、科或专人负责国防化工事务，在组织机构上保证了国防化工工作的顺利开展。

为确保国防科技工业的需要，为国防科技工业服务，不仅要满足他们所需化工材料的品种、数量和质量，特别要满足其对进度的要求。因此，化工部明确提出了“有无第一，先进落后第二”的工作方针。在具体工作中，对于需要量大又特别重要的产品采取几条技术路线同时开发研究；以“有”等待先进技术路线攻关成功后替代。

化工部还确立了化工新材料的研发原则，对于需求量不大的产品，利用中间试验装置提供产品；尽量用老厂已有的生产线提供产品；必须新建生产线的，尽量利用老厂已有的车间和厂房；新车间尽可能利用老厂内的公用工程和条件；必须建新厂时，应结合三线建设安排。

三、军工配套的三线建设

1965年12月1～11日，化工部在北京召开国防化工会议，讨论国防化工第三个五年计划，研究实现目标的措施。会议根据化工部党委关于化学工业第三个五年计划要突出备战、加强国防化工建设的决定，提出要苦战两年，彻底还清“欠债”，建立技术储备，保证生产供应，加强三线建设，为根本改变国防化工面貌而努力。

据不完全统计，在战备时期由国家化工和石油工业管理部门及地方建设的军工配套三线企事业单位有20余家，主要单位有黎明化工研究所（现名黎明化工研究院）、黎明化工厂、星火化工厂、红星化工厂、宜宾化工厂、第二胶片厂、晨光化工研究院（简称“晨光院”）、西北橡胶研究工业设计所、曙光橡胶工业研究设计所、化工部涂料工业研究所、重庆一坪化工厂等。这一批三线单位涵盖了火箭推进剂、军用燃料、军用涂料、军用橡胶制品等多种国防化工产品。

青海的黎明化工厂，主要生产偏二甲肼；陕西凤县的红星化工厂，主要生产无水肼、偏二甲肼；四川宜宾的宜宾化工厂推进剂车间，主要生产偏二甲肼；江西永修县的星火化工厂主要生产偏二甲肼；河南内乡的第二胶片厂，主要生产感光胶片；湖北宜昌的立新橡胶厂，主要生产航空轮胎；重庆的长风化工厂，主要生产弹药稳定剂和中定剂。为确保三线建设，化工部决定成立化工部第六化工设计院，负责三线工厂、生产线的设计；成立第六化工建设公司，承担西北地区三线施工建设；成立第八化工建设公司，承担西南地区三线施工建设。

以重庆一坪化工厂（现为中国石化重庆一坪高级润滑油公司）为例，1964年9月，石油工业部决定将北京621厂硅油车间、石油科学研究院（简称石科院）附属的氟油车间搬迁到四川巴县（今重庆市巴南区），筹建重庆一坪化工厂。1965年开始建设，1969年开始21种军用产品的生产。1970年1月，石油工业部军管会决定将从事新材料研究的2/3科研人员、为“两弹一机”配套的32项研究任务及全套设备搬到重庆一坪化工厂，该厂成为中国在西南三线地区的军用合成油脂科研、生产基地。

四、重大国防科技攻关中的涉化项目推进

1956～1977年，围绕着为“两弹一星”和尖端武器配套，国家向整个化学工业行业下达了200多个品种、上万个规格型号的化工科研生产任务。

第一枚导弹中的高纯液氧推进剂、第一颗原子弹中的离子交换树脂、第一颗氢弹中的重水、第一颗人造卫星中的固体润滑膜等重大研制成果都是这一时期诞生的，体现了无可替代的“化工力量”，而这些研究成果也为日后发展相关民品工业奠定了坚实基础。

（一）化学推进剂

推进剂分液体和固体两类，是为火箭、导弹提供强大推动力的关键材料。高能推进剂用量约占导弹、火箭起飞重量的90%。推进剂都有易燃易爆的特性。燃烧能量愈高，危险性愈大，技术难度愈大。20世纪50年代，中国开始试制液体推进剂偏二甲肼和四氧化二氮。

1960年11月5日，中国自制的第一枚仿苏P-2型近程导弹发射成功，为独立自主研制新型导弹与火箭打下了良好的基础。其中，国产高纯液氧推进剂让国人扬眉吐气。其后，中国又开始独立研制中程以上系列导弹、人造卫星和运载火箭，对国产液体燃料的研发提出了新要求。在推进剂领域，一代化工人在十分艰苦的环境下，甚至克服生存极限挑战，坚持科学研究，终于取得巨大成绩。

偏二甲肼等是导弹、火箭和卫星的常用推进剂，其研发生产一直是国防化工的主要工作之一。制备偏二甲肼有锌粉还原法、催化加氢法、氯胺法三种方法，为确

保急需，1958年起化工部采取了三条技术路线同时上马、适时取舍的办法。最终，由北京化工研究院承担的氯胺法在1963年小试成功，1964年进行了模型试验。1965年2月开始补充试验和会战，会战是由周恩来总理亲自决定的，第六化工设计院克服三线地区工作条件差、生活艰苦的困难，边设计边施工。经过50天的会战，为建厂提供了完整的数据。1965年建厂，1968年1月14日生产出了合格产品。

航天技术所用的液体推进剂中，比冲最高、燃烧能量最大的是液氢。液氢在常压下的液化温度为–253℃，与绝对零度只相差20℃。因此，生产液氢必须掌握一系列的深冷技术，需要特种装备。中国从20世纪60年代开始研究液氢的生产技术和装备，经过多年努力，先后攻克了原料气的纯化、深度冷冻、正仲氢的转化、产品质量的检测以及液氢的贮存和运输等许多技术难关，还研制成功了具有高效率、长寿命、易于再生的正仲氢转化的催化剂。20世纪70年代建成了液氢的工业生产装置。

奥托Ⅱ燃料又称鱼托Ⅱ燃料，是20世纪70年代美军采用的先进鱼雷推进剂，相关技术资料被美方长期保密。同一时期中国海军仍采用落后的以煤油和压缩空气为推进剂的仿苏鱼雷。相关单位克服信息封锁、资料不全的困难，独立研发出国产鱼雷推进剂，试验效果与美国奥托Ⅱ燃料相当，经过试验和应用研究，1980年正式应用于鱼雷上，即鱼推-3鱼雷推进剂。

无水肼推进剂、地空导弹用液体推进剂、固体推进剂氧化剂、液氢等也都在这一时期陆续攻关成功，有力地配合了国家的“两弹一星”战略的实施。

（二）重水

重水是原子反应堆的优良减速剂和冷却剂，也是氢弹的一种重要原料。重水是从水中提取出来的，它在水中的含量只有七千分之一，分离和浓缩技术十分复杂，生产难度很大，世界上只有少数几个国家能生产，对技术都很保密。20世纪60年代初，中国曾派遣一个代表团去国外探索购买重水技术的可能性，遭到拒绝，且未获参观许可。为了发展中国的重水工业，在国家科委和化学工业部组织下，全国30多个科研、设计单位通力合作，开展了科学研究与技术攻关。他们对各种生产重水的方法进行了试验、比较、选择。1961年9月，国家科委和化工部决定组织三个专业组同期开展重水技术攻关。1964年5月，中国第一个水电解交换法重水工程在吉化公司试验厂建成，1965年生产出合格产品。1965年，硫化氢-水温双交换法重水工程动工建设，1970年建成投产。液氢精馏法制重水，也可制液氢，由大连化工厂承担，1963年生产出合格液氢。20世纪60年代中期，中科院大连化物所研究成功氨精馏法制重水工艺。国家科委安排化工部建设工业性生产实验厂。1967年6月17日，中国第一颗氢弹成功爆炸。它所用的“炸药”是氢化锂和氘化锂，而氘和氘化锂则来自于高纯度重水。1971年初，核工业部计划需要大量重水，化工部决定采用此法分散建设几套生产装置，第一批新建装置均先后投产。液氨精馏法完全是中国自主开发的新工艺。

到21世纪，中国已不再进行核试验，多数重水装置停止生产。

（三）合成材料

1.特种橡胶研制

军用飞机和车辆的轮胎、单兵装备等都离不开特种橡胶的研发。自20世纪50年代末，中国对各类军用特种橡胶如丁二烯系橡胶、乙丙橡胶、聚硫橡胶、氟橡胶、硅橡胶、聚氨酯橡胶、氯醇橡胶、丁腈酯橡胶、丙烯酸酯橡胶、丁苯胶乳等的研发陆续取得成果，保障了人民军队的装备需求。

兰州化学工业公司橡胶厂（现兰州石化分公司合成橡胶厂）是新中国成立伊始，国家为发展国防和国计民生迫切需要的合成橡胶工业而建立的化工企业。1956年开始建设丁苯橡胶工程项目，先后组织了三次建设、技术大会战，1960年成功生产出第一批合格的丁苯橡胶。从20世纪60～70年代，该厂相继建成了乙烯、本体聚苯乙烯、丁腈橡胶、合成胶乳、乙丙橡胶、碳四抽提丁二烯和ABS装置，这些装置的建成，在西方国家经济封锁的背景下，为中国国防建设、国民经济建设提供了大批急用的合成橡胶、合成树脂，是中国合成橡胶工业发展的重要力量。

在氟硅橡胶开发方面，1966年，中国科学院化学研究所（简称中科院化学所）和上海合成橡胶研究所（简称上海橡胶所）共同研制，上海树脂厂派人参加攻关，上海高桥化工厂、上海鸿源化学厂、上海树脂厂分段制作原料。1969年，在上海树脂厂建成4吨/年中试车间，共生产了1.5吨130号氟硅橡胶，满足了国防军工急需，后因环保和质量不稳定停产。在上海橡胶所另建了4吨/年中试车间，把上述各厂的单体合成、橡胶聚合集中起来，经工艺改进，中试开车成功，产品满足了歼-8飞机的要求。

再如硅腈橡胶，1965年，吉化公司研究院在国内相关研究成果基础上深入开发，建设了5吨/年的中试装置，得到合格单体。1966～1975年取得单体合成中试成果。

期间研制成功室温硫化硅腈橡胶产品，用于战机配套。1977～1980年，批量制备出为某工程配套的“介质筒”用硅腈橡胶。

2.特种合成树脂、塑料制品及胶黏剂的开发

聚四氟乙烯树脂（简称四氟树脂）俗称“塑料王”，是重要的军用和民用塑料。1957年，上海鸿源化学厂开始研制聚四氟乙烯，当年即制得几克聚合物样品。1959年初，建设了3吨/年中试装置。1964年5月20日，中国成功研制出聚四氟乙烯树脂产品，用于核工业、航空、航天、电子等国防工业。

1954年，国产喷气式米格飞机急需耐500℃高温的涂料涂覆尾喷管，东北化工局化工研究室承担了此任务。完成小试后，在208车间建立硅树脂和甲基氯硅烷等有机硅生产工段，批量生产出了耐高温涂料，满足了军工急需。1956年，中国的25千瓦汽轮机急需H级有机硅绝缘漆，沈阳化工研究院利用当时初步研究获得的甲基氯硅烷和苯基乙氧基硅烷，研制成功有良好电气性能的电跃-205绝缘漆和240绝缘树脂，电跃-205绝缘漆由天津油漆厂投产，一直供军工使用。20世纪50年代末，北京电器科学研究院研制出多种K型有机硅电绝缘漆，但浸渍绝缘漆的干燥性能不理想。后来上海树脂厂研制成功干燥性能较好的1053浸渍绝缘漆及槽楔绝缘玻璃钢用的硅树脂系列产品，一直供电机制造部门使用。

1970年，天津市合成材料工业研究所为适应军工和各行业对环氧树脂多种用途的需求，开始研究以环氧树脂为基础的黏合剂、灌封剂、光固化树脂等应用材料。

这一时期，中国的航空有机玻璃也跟随着航空工业一起经历了从无到有、从低品级到高品级的发展过程。1953年中科院有机化学研究所研制有机玻璃成功，后经过多年的试验摸索，于1956年在锦西化工厂建成年产230吨的航空有机玻璃车间。这期间锦西化工厂、沈阳化工研究院等单位的干部员工做了大量艰苦细致的工作。此后10余年，锦西化工研究院、北京航空航天学院等科研和技术单位协作攻关，相继研制成功航空有机玻璃等多种规格的产品，使中国的航空有机玻璃质量提高到一个新水平。

1958年7月1日，化工部保定电影胶片厂建成。20世纪60年代初，该厂设立了特种感光材料研究室。1964年，国家决定成立化工部保定感光材料研究所。自60年代始，中国先后研制成功多种型号的红外航空胶片、全色红外航空胶片、黑白高速航空胶片、黑白微粒航空胶片、侦察胶片和遥感卫星胶片，满足了航空和航天工业发展的需要。

3. 特种合成纤维开发

中国最早研制特种纤维的单位是北京化工研究所的第八研究室（纤维室），1962年化工部决定将该室分离出来成立中国第一家合成纤维研究所——北京合成纤维研究所（简称北京纤维所），其后纺织部在上海也成立了上海合成纤维研究所。1959年中国从民主德国引进聚己内酰胺（尼龙6）纤维的中试生产线，产能为380吨/年，建成中国首家北京合成纤维实验厂，1960年初归属化工部系统，与北京合成纤维研究所相配套。当时北京合成纤维研究所第五研究室研发两种涉及军工的特种纤维，一种是聚间苯二甲酰苯二胺（PMIA）纤维，采用低温溶液缩聚和湿法纺丝工艺路线；而同期上海合成纤维研究所也研发同样的品种，但选用界面缩聚和干法纺丝工艺路线，形成南北的竞争格局。这一时期，北京合成纤维实验厂及北京合成纤维研究所进行了一批特种合成纤维的研制，主要有：锦纶（尼龙6）军用纤维、过氯乙烯超细纤维、锦纶（尼龙6）超细纤维毡等。

锦纶（尼龙6）军用纤维的研制。20世纪60～70年代，北京合成纤维实验厂先后开展军工产品试制生产，试制了降落伞绸、航空油箱骨架材料、空军防护服及降落伞绳、带和手套等多种军工用强力丝、锦纶高强度强力丝、锦纶综丝、高黏度耐热树脂，用做飞机薄壁软油箱骨架材料和雷达天线罩的帘子线试验并建成帘子线中试装置。这一时期，北京合成纤维实验厂承担了锦纶（尼龙6）超细纤维毡的研制。1965年，该厂曾建立熔喷法制造超细纤维的小试装置，对锦纶、聚丙烯进行试喷。1971～1973年，尼龙超细纤维被列为重点军工项目，研制工作在北京纤维厂的熔喷法试验装置上进行，制得符合要求的产品。1977年，锦纶超细纤维毡产量达1万多米，产品用于一号气象卫星、通信卫星等。

过氯乙烯超细纤维的研制。该产品采用高压静电纺丝工艺，可用于过滤气溶胶、辐射性粉尘和微生物，1959年末，核工业部提出需要过滤阻挡率99%～99.99%的超细纤维过滤布。北京化工研究院纤维室、中国科学院应用化学研究所（简称中科院应化所，1978年更名为中国科学院长春应用化学研究所）、北京市东城区滤纸厂、上海轻工业研究所承担研制任务。北京东城区滤纸厂采用手工平板拉丝法和气流喷射法，制得0.2万平方米的口罩材料。1960年9月，为加快进度，在北京合成纤维实验厂成立过氯乙烯超细纤维课题组，1965年完成研制并建成生产线。后技术日益成熟，产量不断提高，可生产5种规格的滤材。产品应用于越南战场作为防毒面具的高效滤材，20世纪70年代根据备战需要将全套生产设备迁移至遵义化工厂。

中国在碳纤维及聚丙烯腈纤维原丝开发方面起步比较早，20世纪60年代初就有企业和科研院所开展相关研究，取得的主要进展是聚丙烯腈原丝研制、碳纤维研制及补强法碳纤维中试生产、聚丙烯腈原丝及碳纤维的实验性生产。碳纤维是中国国防建设不可少的特种材料，长期以来受制于西方国家的“禁运”，难以满足需求。为了解决国防军工的碳纤维供应问题，1975年11月13～24日，国防科委召开了全国第一次碳纤维会议。张爱萍将军亲自主持召开，这次会议史称“7511会议”，对碳纤维的研制工作有很大推动作用。

聚丙烯腈原丝的研制。20世纪60年代初，吉化研究院开展了二步法制聚丙烯腈短纤维的研究，后来又开展了一步法制聚丙烯腈纤维的研究。1966年，为配合中科院应化所研制碳纤维，开始试制少量聚丙烯腈长丝。1972年，成立聚丙烯腈基碳纤维用原丝科研专题组，1973年建立了3吨/年的模拟装置，采用硝酸一步法纯聚丙烯腈湿法纺丝工艺。1977年该院与其他单位协作研究，在3吨/年的装置上试制出聚丙烯腈1K长丝产品。经碳化评价，达到了中强碳纤维的水平，可满足导弹配套材料要求。

碳纤维的研制及补强法碳纤维中试生产。中科院山西煤炭化学研究所（简称山西煤炭所）于1968年成立了碳纤维研究组。1970～1978年，承担研制碳纤维的任务。1971年始，经过一年多的反复实践和对比，使用空气氧化、氮气密封碳化的方法，在国内首先实现了连续化生产碳纤维长丝的工艺流程，为用户提供了均匀稳定的碳纤维长丝。1974～1976年，在小试的基础上，建成了100束丝碳纤维中试装置，采用四氯化碳补强工艺。产品供七机部703所专用于三向编织和织布，也用做远程导弹弹头防热材料、飞机结构材料。1979年，1.2吨/年碳纤维生产装置调拨给辽源石油化工厂。

聚丙烯腈原丝及碳纤维的实验性小生产。1966年末，中科院应化所用该所的碳纤维研究成果在辽源耐酸器材厂建立了聚丙烯腈基碳纤维实验装置。1968年末，该厂试制出的碳纤维可制成碳绳、碳毡、黏胶基碳布和碳带，以及用做防热、隔热材料，可满足军工需求。

1976年在辽源石油化工厂建设了20吨/年聚丙烯腈原丝生产线，1978年建成，1980年试车成功。后改为硝酸一步法生产，1984年建成试车。产品用做军用耐烧蚀材料和结构材料。

芳纶纤维的研制。1977年2月，上海树脂所与上海合成纤维研究所（简称上海纤维所）组成协作组，联合研制芳纶Ⅰ，前者以合成树脂为主，后者以纺丝为主。

1979年，上海树脂所研制成功合成芳纶Ⅰ树脂的高活性催化体系，并开始进行30升和100升的缩聚放大试验。制成的纤维用于制造电缆支架、雷达罩天线杆。20世纪70年代，岳阳化工总厂研究院在中科院化学所研究的基础上，进行了芳纶Ⅱ树脂制备的放大试验。采用间歇聚合技术路线制得少量（以克计）的芳纶Ⅱ树脂。后项目转移到晨光院继续研究。

晨光院在与岳阳化工总厂研究院协作的同时，开展了3～6吨/年双螺杆挤压机的改进研究，对螺杆的凹凸槽反复研究改进，又在8升聚合釜中用间断缩聚方法找出最佳工艺条件，制出对数比浓黏度4.5～5的合格树脂，并在双螺杆挤压机上进行连续聚合试验，制出的树脂在上海纤维所进行纺丝，后供使用单位试用。随后又在3～6吨/年的双螺杆连续缩聚装置上继续试验，得到了对数比浓黏度稳定在4.5以上、5.5～6.5的芳纶Ⅱ树脂。

（四）特种橡胶制品

在20世纪70年代，特种橡胶制品的产品目录已列有7000多个品种规格。化工系统橡胶制品科研和生产单位克服各种困难，千方百计创造条件开展研制工作，为火箭、舰艇、船舶、鱼雷研制，核工业、兵器工业等提供了大量的特种橡胶制品，出色地完成了保障任务，为化工系统赢得好评。

这一时期，沈阳橡胶四厂、北京橡胶院、晨光院、西北所、西北橡胶厂、上海橡胶制品研究所（简称上海制品所）、北京橡胶六厂等单位，与其他科研机构协作攻关，为中国同期航天工业用特种橡胶制品的（火箭配套的橡胶制品）研制发挥了重要作用。20世纪60年代，沈阳橡胶四厂在一年内，用30种胶料试制出176种密封件，达到配套要求。中国自行设计的中近程导弹在最初试验中，有8种橡胶密封件不过关，北京橡胶院一室和国防部某所协作攻关，新研制的8种橡胶件达到配套设计要求。北京橡胶院和北京航天材料研究所合作，用乙丙橡胶和氟橡胶压制成密封件，成功应用在火箭上。70年代，晨光院研制的氟橡胶，填补了耐四氧化二氮的国内技术空白。1973年，西北所承担无水肼橡胶贮囊的任务。经过7年努力，研制出A401贮囊，用于远程火箭发射。1978年，西北橡胶厂研制的橡胶膜片，用于控制无水肼的流量。沈阳所、沈阳第四橡胶厂、西北橡胶厂等还研制出了耐偏二甲肼、耐红烟硝酸、耐四氧化二氮的特种胶管。

在特种橡胶制品研制过程中，西北所员工自力更生、艰苦创业，边建设、边科研、边生产，在缺少资料和经验的情况下，开展项目攻关。从1970年开始到1978

年，取得了很多重要技术成果，陆续研制成功配套特种橡胶制品，为中国第一颗变轨返回地球卫星、科学试验卫星、火箭发动机、通信卫星研制了数百种配套产品，满足了使用要求。

在航空用橡胶制品配套研制方面，沈阳第三橡胶厂自1951年试制出中国第一条航空轮胎后，又为多种型号国产歼击机研制出配套的轮胎、刹车胎等。青岛橡胶二厂生产轰炸机和运输机轮胎，搬至宁夏后与沈阳第三橡胶厂迁入的部分设备合并，也同时生产歼击机轮胎。1974年，曙光所研制成功航空轮胎动力试验机、激光全息轮胎无损检测仪，建成全国特种轮胎技术中心，研制了多种新型飞机轮胎，并成为美国航天局批准的全球4个航空轮胎认证单位之一。

西北橡胶所、沈阳橡胶所、上海橡胶制品四厂等单位为舰艇、船舶、鱼雷研制了大量橡胶配套制品，极大地满足了用于潜地导弹发动机、导弹核潜艇、舰艇、潜艇、鱼雷及水雷声呐设备等的配套要求。

在为核工业配套的橡胶制品研制方面，1961年，北京橡胶院承担耐氟真空设备扩散机用耐氟真空胶料的任务，1964年后转为工厂生产。此后，天津橡胶厂试制出新型号扩散机用密封件。北京、上海、沈阳橡胶制品研究单位及沈阳第四橡胶厂还为核工业研制了静电加速器输电带、真空胶料、载物胶布气球、橡胶传导电缆、零件，以及耐腐蚀、耐辐射的含铅手套等。

为各军兵种配套橡胶制品：化工部门生产的各种轮胎及为舰艇生产的各种橡胶件等，不仅供各工业部门使用，同时也直接供空军、海军、陆军使用，还为装甲兵研制了防弹轮胎和橡胶减震垫，为炮兵研制了充气轮胎和实心轮胎，为防化兵生产了防毒衣、防毒面具和防毒手套等，为工程兵研制了橡胶舟和橡胶桥，为军工气象部门研制了乳胶探空气球，为总后勤部油料部门研制了橡胶储油罐、储水器、渡河用具及水上作业用橡胶用品等。

（五）国防工业用油

新中国成立初期，西方国家对中国实行经济封锁，国内石油产品缺口较大，特别是航空汽油、航空煤油、航空润滑油等军用油品。20世纪50年代，国内不能生产，完全依赖从苏联等国进口，每年需进口50万吨左右，其中大部分是供喷气式飞机使用的喷气燃料，所耗费用约占中国从苏联进口军用物资支出的一半以上。其他用于国防建设发展高科技项目的配套油品，如航天、导弹、原子弹等急需的特殊润滑油等更是一片空白，逐渐成为制约中国国防建设的重要因素之一。

1956年，石油工业部开始组织科技人员利用玉门原油研制航空煤油，在进行发动机台架试验时，虽然燃烧性能很好，但合金钢燃烧筒的内壁出现烧蚀情况。为了弄清原因，1957年专门成立了玉门喷气燃料使用性能研究课题组。

1958年，中共中央制定“中国的国防工业和尖端技术的发展，一定要立足于本国材料基础之上”的方针。石油工业部组织力量，开展以“三航”（航空汽油、航空煤油、航空润滑油）、“两剂”（炼油催化剂和油品添加剂）和“两弹一机”（原子弹、导弹、新型飞机）配套用油为重点的攻关会战。

1959年，中苏关系恶化，从苏联进口的军用油品数量锐减。1960年7月，苏联单方终止政府间协议，解决航空煤油成了突出问题。

为了生产出我国自己的合格航空煤油，侯祥麟等组织石油化工科学研究院（简称石科院）有关人员日夜攻关。经历无数次失败和挫折之后，航空煤油存在的高温烧蚀问题终于被攻克。

石油工业部迅即安排独山子炼油厂用新疆克拉玛依原油进行试生产，加入33号添加剂的1号喷气燃料，于1961年上半年顺利通过发动机台架试车和轰5、歼5、歼6飞机试飞，各项性能良好，经国产油料鉴定委员会批准投产，当年即产出1231吨，全部供空军使用，从此结束了中国喷气式飞机所用燃料完全依赖“洋油”的历史。考虑到独山子炼油厂原油加工量小，1963年，改由兰州炼油厂承担生产任务，当年产量达到7万吨。与此同时，石油工业还开发了大批国防建设急需的军工新产品，有力支持了国防工业的建设需要。

为了研制原子弹、氢弹和人造卫星，1959年，国家科学技术委员会（简称国家科委）和石油工业部向石科院正式下达研制用于核工业的3种特殊润滑油任务，只说明能耐元素氟的腐蚀，有一点样品，没有任何技术指标及有关性能方面的具体要求，也没有任何可供参考的技术资料。

当时正值国家困难时期，石科院科研人员和从事中型装置操作的重体力劳动职工均受到食品定量供应。在从事研究过程中，由于氟毒性大、腐蚀性强又极易爆炸，许多人白细胞大幅度减少、有人被烧伤、有人牙齿脱落……为了掌握反应规律，寻找设备故障，大家将危险置之度外，几十次拆卸电解槽和反应器。经过科技人员的努力，1962年底，全氟碳油及其他品种润滑油、润滑脂终于研制成功。在工业生产的设计、工程建设和试生产阶段，石油工业部组建了专门研制军用特种润滑材料的六二一厂和一坪化工厂，试制出合格产品，并投入批量生产，使中国跻身少数几个能生产全氟碳油的国家。保证了我国原子弹和氢弹的试验成功和我国第一颗人造卫星的投入运行。

（六）特种涂料

特种涂料最早应用于航空飞行器和军舰上，后来拓展到航天、核工业、兵器等领域。飞机要用各种颜色的标志漆，机身外部有蒙皮漆，雷达天线罩、油箱等不同部位都要使用不同的漆。军事装备如坦克、炮车等能够“隐身”，就是防红外伪装涂料的功劳。

这一时期，化工系统按照国家有关部委部署，积极开展科技攻关，发展特种涂料，先后开发了航空工业用涂料、舰船涂料、航天用涂料、核工业用涂料、兵器用特种涂料等。从20世纪50年代开始到70年代，沈阳油漆厂、大连油漆厂、西安油漆厂、天津永明油漆厂、上海开林油漆厂、上海染料涂料研究所等单位，各自开发了特种涂料产品，主要有蒙皮漆系列涂料、高温隔热涂料、耐烧蚀涂料和示温涂料、防辐照涂料、舰船涂料、防红外伪装涂料等，满足了国防工业配套特种涂料的需求。其中，舰船涂料的开发凝聚了协作会战联合攻关的团队战斗力，为国家建设强大海军和从事海洋开发作出了贡献。

1956年，上海开林油漆厂研制成功铜汞型煤焦沥青系列船底防锈防污漆831号、832号，开始广泛应用，使用中发现不少问题。20世纪60年代初研制的铝壳快艇漆，使用期效为3个月。1966年4月18日，根据海军要求，国家有关部门主持召开了船底漆攻关会战大会，成立“418”大会战组，设立了北海、东海、南海3个会战点。“418”会战首先攻克了鱼雷、快艇需要的铝壳防污涂料，使防污期效从原来的3个月提高到半年，甚至一年。同时开展钢壳舰艇船底漆的研制，先后完成了钢壳1年半、2年半、3年期效的防污漆及其配套的防锈漆，达到了当时的国际水平。20世纪70年代，“418”大会战组改为“418”协作组。1978年4月14日，国务院批准成立化工部海洋涂料研究所（简称“海涂所”），原北海协作组的任务合并到海涂所，继续协作攻关。1984年已制得防污期长达5年的72-19号涂料，甚至使用7年后，稍加清理仍可继续使用。1984年撤销协作组，船舶涂料的研制统一归口海涂所。

（七）火炸药

兵器工业的火炸药生产需浓硝酸、发烟硫酸和浓硫酸、硝铵、中定剂等化工原料。在“一五”计划期间，吉林、太原、兰州三大化工基地对兵器工业所需的化工原料做了安排。1964年，化工部在三线地区新建了一些类似的配套化工项目。为配合小三线炸药生产的需要，化工部安排就地为小炸药厂配套建设小浓硝酸厂。1965年安排了太原所开展硝酸镁法制浓硝酸的中试研究，1966年冬季前完成，推广到小三线的小浓硝酸厂应用，并在太原化工公司化工厂建成了万吨级的装置。为方便管理，建成后的9个小浓硝酸厂移交兵器工业部管理。1965年，国家计委向化工部下达了建设小型TNT厂及研制硝基胍的战备动员项目。化工部安排建设了5个小型TNT厂，20世纪70年代移交兵器工业部统一管理。

1954年建设的国营银光化学材料厂（805厂，刚建厂时属于第二机械工业部，现隶属于中国兵器工业部集团公司，简称银光厂），是国家“一五”期间156个重点建设项目之一，1953年9月开始筹建，设计能力为生产高能炸药4万余吨，后成为中国含能材料及聚氨酯产业生产研发中心。1964年8月建成投产，70年代已建成多条生产线。工厂又加强科研开发，自行研制出几十种产品，并通过技术革新改造，使综合生产能力比原设计有了大幅度提高，填补了国内空白。银光厂的这些产品不仅充实了中国的国防力量，在援越抗美、中苏边境冲突、对越自卫反击战和兵器工业的发展中发挥了重要作用，也为核工业、航天工业做出了积极的贡献。

西安近代化学研究所是新中国最早组建的军工研究机构。在东北建立之初，研究所条件非常简陋。干部职工顽强拼搏坚持工作，为解放战争胜利作出了积极贡献。抗美援朝战争爆发后，干部职工自力更生、艰苦奋斗，在国内率先建立了火炸药及常规弹药技术发展体系，为抗美援朝战争胜利立下卓越功勋。1957年迁址西安后，工作生活条件还不够完善，但干部职工心系国家、无怨无悔，在艰苦的条件下坚持开展科研工作。50年代末60年代初，赶上“三年自然灾害”，研究所与全国人民一道迎难而上，全心致力高能炸药研究，为中国原子弹的成功爆炸作出了突出贡献，得到了著名科学家钱学森的肯定。

（八）硅氟产品

这一类国防化工产品主要指硅油及硅烷偶联剂，如元素氟、六氟化硫及含氟润滑材料、白炭黑、氮15和碳13稳定同位素、纤维素衍生物等，在国防关键领域和特定时期发挥了应有的作用。

硅油产品主要包括甲基硅油、氯代苯基有机硅液压油、乙基硅油等。1957年，沈阳院在中试规模生产甲基氯硅烷后试制出甲基硅油，是中国最早的硅油产品；60年代初，上海信诚化工厂试制出不同黏度和不同用途的甲基硅油系列产品；1962年并入上海树脂厂后，又用钠缩合法开发出多个品种的硅油以及硅油的二次加工品、耐高温润滑硅脂等；还建设了60吨/年硅油相关产品的生产车间，实际生产能力达100吨/年。

1962年，上海树脂厂和中科院化学所共同研制成功275号超高真空扩散泵硅油，并在3个月内提供了500千克产品，这是当时该厂全年的生产能力。

20世纪60年代，苏联停止向中国供应米格战斗机全天候瞄准器液压油，国务院国防工业办公室下达特急军工科研任务，要求三个月后供应60千克国内尚属空白的新型氯代苯基有机硅液压油。上海树脂厂项目攻关人员日夜奋战81天，研制并生产出80千克合格产品。

20世纪60年代初，武汉化工研究所为军工用户研制乙基硅油，1964年，15吨/年的装置通过鉴定。该所还试制成功了高真空扩散泵油等的乙基系列硅油。

上海树脂厂为消防灭火干粉研制了防潮处理的205号支链型硅油，还研制了地空导弹配套使用的阻尼201H号硅油。1976年，航天部某研究所需要一种用于潜地导弹半液浮陀螺的高阻尼硅油，光明化工研究所前后经过6年时间研制成功。

硅树脂研究方面，上海树脂厂为中国第一代半导体晶体管研制出295号二甲基硅脂，用作绝缘填充密封材料，还研制了为航空仪表配套用的导热硅脂。

医用消泡剂研究方面，20世纪70年代，中国祁连山军马场许多军马患鼓胀病，晨光化工研究院利用硅油能消泡的特性，将硅油配制成消胀片，治好了马病。消胀片也可消除人胃肠的气胀。硅油是中国较早进入医用的高分子化合物。上海树脂厂为南京军区总医院心脏直视手术研制了有机硅血液消泡剂；为军用输液和输血塑料袋研制了无毒有机硅隔离处理剂。

织物处理剂研究方面，上海树脂厂研制并提供了防水帐篷处理用的含氢硅油、帐篷防水柔软整理剂和用于吸收微波射线的有机硅防辐射织物整理剂。

硅烷偶联剂开发始于20世纪60年代初，北京化工研究院用三氯氢硅与氯乙烯热缩合法合成了中国第一个硅烷偶联剂——乙烯基三氯硅烷，解决了快艇玻璃钢湿强度不高的关键问题，还被用做生产多晶硅、单晶硅的原料。由天津化工试剂一厂进行生产。由于国防需求增大，哈尔滨化工研究所承担乙烯基三氯硅烷生产，该所研制了一系列的硅烷偶联剂。

元素氟、六氟化硫、含氟润滑材料研制方面，上海化工研究院于20世纪60年代末研制元素氟取得成功，为研制和生产氟化产品创造了条件。60年代，为满足地空导弹对耐腐蚀润滑材料的需要，上海化工研究院研制了对应产品。70年代，晨光化工研究院试制出低分子量聚四氟乙烯树脂和氟硅润滑脂。

白炭黑主要包括气相法白炭黑、沉淀法白炭黑、高补强白炭黑和高抗撕白炭黑。20世纪60年代初，沈阳化工厂和吉化公司研究院相继开发研究了气相法制白炭黑和沉淀法制白炭黑，并分别建立不同规模的生产装置，达到量产。1966年3月，吉化研究院开始试制新型补强剂，达到了预期要求。该院于1974～1977年，经多方面的探索试验，制得高抗撕白炭黑，并于1976～1979年批量生产。

除上述产品外，在这一时期，中国在稀有气体和特种气体、超氧化物产品的研制和开发也取得很大成果，基本能满足特定需求。

第四节 建成了门类齐全配套完整的国防化工体系

（1978～2000年）

1978年12月，中国共产党召开十一届三中全会，中国进入改革开放发展时期。1985年6月4日，中国向全世界宣布裁军100万。标志着中国国防建设进入一个新的发展时期，有关部门明确提出以军民结合作为国防化工今后长期发展的战略方针。在这一方针指引下，化工系统军工人发扬吃苦耐劳、默默奉献精神，努力为国防工业和国民经济各部门服务，进一步促进了国防化工和相关工业的发展。

到20世纪末，经过几十年的发展，中国国防化工已经形成专业门类基本齐全，科研、实验、生产手段基本配套，结构比较合理的新型化工材料产业。形成了由50多家企业、科研单位组成的国防化工骨干队伍，生产的新材料包括军工专用材料、特殊橡胶制品、新型合成材料、感光磁性记录材料和电子化学品等五大门类，并建立了化学推进剂、重水及稳定同位素、特种合成橡胶、特种涂料、航空透明材料等15个专业材料体系。研制生产的大量国防建设和尖端技术发展所需的原材料和配套产品共有15大类、600多个品种、上万个牌号，基本满足了国防科技的发展和部队建设的需要。共取得科研成果1398项，获奖581项，其中国家级奖项有147项。在国防化工的科研中有些项目已达世界先进水平。

一、国防化工配套体系实施改革

1978年3月5日，第五届全国人民代表大会第一次会议决定，撤销石油化学工业部，设立化学工业部、石油工业部；1983年，中国石油化工总公司成立。至此，国防化工配套体系形成了适应改革开放新局面的发展格局。石油工业部负责石油资源的勘探开采，基本不承担军品配套任务；中石化总公司领导、管理与军品配套的军用燃料油、润滑油的科研生产；其他国防化工产品的科研生产工作依旧由化工部领导，具体工作由化工部二局、化工部橡胶司军工处管理，直至1998年化工部撤销。1989年12月，化工部批准成立国防化工专用材料、胶黏剂、表面活性剂助剂、化工专用仪器仪表等4个化工部产品质量监督检验测试中心。

军工配套领域引入市场经济的管理模式，从单纯的科研生产计划管理改为计划管理与合同管理相结合。国家通过颁布鼓励、引导性的文件，大力推动军工生产的军转民、军民结合进程。在相关配套工业企业，民品生产的规模逐渐占据生产经营的主导地位。

二、贯彻军品优先方针，为重点工程和武器装备研制配套新材料

1977年9月，中共中央、中央军委确定在80年代前期组织进行洲际导弹、通信卫星和潜地导弹的发射试验（简称“三抓”）。中国进一步加强了对导弹和卫星的研发力度，国防化工为“三抓”提供了先进的配套材料，其中洲际导弹136项、通信卫星86项、潜地导弹106项。

（一）化学推进剂

按照国家《1979～1985年推进剂原材料科学技术发展规划》，黎明院等单位承担了研制开发推进剂原材料的任务。

1965年，在青海大通成立的黎明化工研究所（简称黎明所）是由北京化工研究院、沈阳化工研究院、上海化工研究院部分研究室搬迁组建的。黎明所于1982年5月开始分期分批搬迁到洛阳，1983年底完成搬迁，更名为黎明化工研究院（简称黎明院），成为中国研制开发推进剂的重点科研单位。

在端羟基聚丁二烯（简称丁羟胶）开发方面，1978年底，黎明所成立丁羟胶专题组，研究中国科学院应用化学研究所小试成果。1979年9月，建成了20吨/年的中试装置。1980～1981年研制了高羟值胶并取得初步结果。1983年，在新址建成32吨/年装置，向使用部门提供了高羟值、中羟值两种规格的丁羟胶产品。从1979

年10月起，向十几个使用单位提供了各种规格的产品，在10多个型号、数十个配方中试用，均满足发动机设计要求，产品用于地球静止轨道卫星发射、“长征三号”运载火箭及武器装备。

1982年1月，黎明所为上海航天局806所研制并提供防结块细颗粒高氯酸铵任务，同时协助完成了产品应用试验。1977～1978年，使用单位向黎明所提出研究抗静电高氯酸铵的任务。1980年9月至1984年12月完成研究并提供产品。1991年，更名为黎明化工研究院，承担了超细高氯酸铵及包覆剂攻关项目，“八五”期间完成小试并通过鉴定。在小试的基础上建成一套扩试装置，先后向用户提供了吨级样品，用户使用该产品所研制的高燃速推进剂，在某武器型号中得到应用。

1989年11月11日，有关单位在前期开发基础上，使用一甲基肼进行通信卫星模拟高空点火成功。产品用于通信卫星发射的姿态控制发动机。

在推进剂助剂开发方面，黎明院承担了大量氧化剂、增塑剂、燃烧剂、键合剂、固化剂、安定剂、交联剂、燃烧调节剂的研制。

1987年，因中国新研制的通信卫星的姿态控制需要，光明化工研究所承担了绿色硝酸的研制任务，于1990年生产出合格产品，保证了卫星的准时上天，通信卫星在轨8年中仪态控制稳定。

经20世纪50年代末到90年代末，经过近40年的持续努力，中国已掌握化学推进剂主要品种的生产技术，为中国航天事业的发展和建立战略威慑力量打下了雄厚的燃料动力基础，也为多种先进战术导弹提供了可靠的燃料技术保障。中国已研制成功偏二甲肼、液氢、无水肼、鱼雷用燃料等30多个品种，多数已批量生产，满足了国家航天事业、武器装备事业的发展要求。

（二）合成材料

聚四氟乙烯（PTFE）是具有耐高温、低温、强酸等独特性能和优异的高绝缘性能的特种塑料，被称为“塑料王”。20世纪50年代中国开始研发，60年代加强力量进行攻关，攻克了氟化氢制备、四氟乙烯单体合成、悬浮法与分散法聚合、成型加工等一系列技术难题。1964年建成第一个PTFE车间，生产出合格产品，到现在年产量已过万吨，各种制品几百种，广泛用于化工、机械、电子等工业部门。在国防工业中，在强腐蚀介质的设备衬里、密封填料、耐高温的电气绝缘材料等方面得到了广泛应用。化工部第六设计院千吨级聚四氟乙烯装置获1993年国家科技进步一等奖，3000吨/年的无水氟化氢装置于1996年获国家科技进步一等奖，后来又为某军工单位设计了聚三氟氯乙烯装置，也获得了成功。

有机硅工业在中国突飞猛进发展。化工部第六设计院先后设计建成了2万吨/年、5万吨/年有机硅相关产品的生产装置，流化床反应器直径最大已达直径2600毫米，单台反应器生产能力可达到5万吨/年，单体分离技术、自动控制水平、各项技术指标均接近或达到了世界先进水平。

航空有机玻璃不断取得发展成就，“六五”期间，化工部第六设计院与相关科研院所和企业共同开发了异丁醛制甲基丙烯酸甲酯（MMA，有机玻璃单体），获得化工部“六五”国家科技攻关奖。

屏蔽用填充聚乙烯板材（核潜艇专用材料）研发成功，晨光院1998年开始研制，经过百余次小装置试验后，确定了可行的工艺路线，所制得的板材经测试，全部技术指标均达到技术要求。

合成橡胶研究方面推出高端新产品。兰化公司化工研究院研制成功的溶聚端羧基液体聚丁二烯橡胶，主要用做固体推进剂部件的黏合剂，在国防军工项目中获得国家科技进步特等奖。该院后来又研制成功综合性能更好的端羟基液体聚丁二烯橡胶。

（三）国防工业用油

这一时期重点开发了导弹与舰艇用油。“六五”期间，石油部、石化总公司担负的配套油料有6个专项、58个品种。石科院在20世纪60年代研制的全氟异丙醚合成油、70年代研制的聚全氟异丙醚的基础上，为新型导弹试制出多种合成润滑油脂。石科院和东方红炼油厂等单位合作，研制成功并批量生产的高闪点5号喷气燃料、潜艇液压油等新产品，分别用于舰载直升机和核潜艇的液压系统。

截至20世纪末，中国已基本建成各种燃料油、润滑油、合成润滑油脂的生产和检测中心，已能生产12大类、近500个军用特种油品，广泛应用于兵器、航空、舰船、核工业和电子等军事领域。

（四）特种涂料

国家在“八五”“九五”的舰船涂料攻关项目运行中沿用了“418”协作组模式。自此以后，中国海军舰船整体涂料涂装标准和配套产品，尤其是特殊功能产品都立足于自主研制，国内涂料厂生产的船舶涂料也是会战的成果。

海涂所成立后，研制的5年长效防污涂料达到当时的世界先进水平，获得化工部和国家奖励表彰。“八五”攻关由重点研发防污涂料转到船舶涂料的整体配套。经过大量的试验研究及模拟检测，研制出了NHS-55高温涂料，用于对导弹发射筒和导流管的涂覆。1983年，该所研制成功“燃气发生器后挡板防热涂料”，在海军试验基地先后进行了地面试车、空放试验、陆上和海上模型弹试验及海上遥测弹试验等近百次试验验证。“八五”攻关计划完成后，1996年启动了“九五”舰船涂料科技攻关项目，攻关目标转向高性能和功能化，以及跟踪舰船涂料发展前沿，增强了自主创新能力。

飞机蒙皮机几经换代，中国1999年研制成功与飞机寿命同步的含氟涂料。

（五）橡胶制品

“三抓”任务提出的橡胶配件，其种类和复杂程度超过“两弹一星”的配套任务，仅通信卫星需要的耐肼橡胶件就有429种规格。

西北橡胶院研制的柔性橡胶耐烧蚀材料、包覆材料和人工脱黏材料，成功地应用于多种型号火箭及导弹武器中；研制的肼类精密薄壁橡胶贮囊，用于卫星和远程导弹在太空及大气外空间的飞行姿态控制系统中；研制的高真空氟橡胶材料及关键部件制品成功配套卫星及导弹。沈阳橡胶院研制的航空橡胶配件主要有：歼轰-7橡胶软管组合件、歼-8用系列燃油和润滑油橡胶管、直9系列橡胶油箱及各类橡胶软管；研制的舰船橡胶配件主要有：导弹发射筒橡胶减震碟簧、导弹发射筒适配器筒间密封和筒间系统软管组合件、大口径橡胶挠性接管、橡胶波纹软管、396柴油机肘形管、大弯曲度高压软管组合件、高强度薄壁气囊、300米饱和潜水系统脐带软管以及导弹适配器用橡胶覆膜板和橡胶海绵板等。

三、军民结合，开发民用品技术和产品

1978年10月5日，化工部发布《1978～1985年化工新材料科学技术发展规划纲要》（简称《纲要》）。《纲要》提出：“要根据化工新材料本身发展的特点，坚持军民结合的方针，既要为国防工业和尖端技术配套，又要重视科学的发展，着眼于四个现代化；逐步由军用向民用发展，由专用向通用发展；坚持学习与创造相结合的原则，既要努力学习国外先进技术，又要从中国实际情况出发，勇于创新，建立中国化工新材料系列。”

1988年5月，国务院颁发《关于深化科技体制改革有关问题的决定》，科研单

位事业费逐年降低、军工企业的军品订货逐年减少，军工科研、生产不得不转向市场，企业开展二次创业。以下记述几个有代表性的企业和科研单位。

1978年始，在化工部指导下，江西星火化工厂进行了有机硅系列产品的研究开发。1987年开始建设中国第一套万吨级有机硅生产装置的工业性试验项目，包括有机硅单体、烧碱、甲胺生产装置。1996年，进行了二次创业攻坚战役。1997年5月，进行了第29次开车试验并一举成功，使这套工业试验性装置投入正式生产。1998年，星火厂依靠自有技术将有机硅装置扩建到2万吨/年，原有烧碱装置扩大到2万吨/年。1999年改造完成，工厂年产值第一次接近3亿元，结束了长达8年的亏损历史。2011年，星火化工厂已发展为拥有50万吨/年有机硅单体、12万吨/年下游有机硅产品、7.5万吨/年烧碱等生产装置的化工企业，产值近50亿元，民用产品占全厂工业总产值的95%，走出了一条军民结合、以民养军的新路子。

1984年12月，晨光化工研究院在成都建立一分院。1986年，该院利用联合国教科文组织的援助，依托成都一分院建立了化工部有机硅技术应用中心。1996年4月，晨光院本部与一分院分离，分别成立中昊晨光化工研究院（简称中昊晨光院）和中蓝晨光化工研究院（简称中蓝晨光院）。

中蓝晨光院着重开发各种民用产品：医疗美容、生活护肤、电子工业、纺织染整工艺等领域用的有机硅产品。该院还注重有机氟材料、特种工程塑料等新材料的开发，一方面选择高性能、高附加值的有机硅产品在原生产基地组织生产，另一方面把更多技术成熟、适于转让的产品通过协议转让、技术入股合作经营等多种方式推向技术市场。20世纪80～90年代，中蓝晨光院向全国各地上百家企业推荐和转让了有机硅生产技术。

中昊晨光院的二次创业立足点，选择在扩大以氟橡胶和氟树脂为代表的有机氟材料生产的规模化上。他们在资金、技术极其困难的情况下，顶住巨大压力实施四氟乙烯单体合成生产线、氟橡胶生产线的扩能技术改造工程。四氟乙烯单体合成生产线改造于1997年试车成功，随后不断改进工艺，至2003年3月，新工艺工业性试生产装置建成投产，年产量从500吨提高到2500吨；氟橡胶生产线扩产改造工程于1998年7月立项，2001年4月建成投产，生产能力由100吨/年扩大到500吨/年。该院氟橡胶产量占国内50%，其中60%出口国际市场。1999年，该院承担了国防科工委特种橡胶配套项目。氟橡胶生产成为国防科工委“军民结合，寓军于民”的示范工程。

黎明院改革动手早。1974年12月，黎明所就向上级提出“在研究军工产品时，应注意其民用途径”“在完成必要的军工任务前提下，适当地承担国家或地方急需的民用产品研制任务”，并付诸了实践。重点开发了过氧化氢（双氧水）、聚氨酯、六氟化硫，并不断发展成优势项目。

西安近代化学研究所依托军工技术优势，本着挖掘潜力、增加生产、推广成果、扩大收入的原则，自力更生、艰苦创业，积极向民品进发，逐步发展形成了以油漆厂、农药厂、康复制药厂及燃爆公司为代表的“三厂一公司”格局，走出了一条军民结合发展的道路。

1978年，银光厂根据军事工业要实行“军民结合，平战结合，军品优先，以民养军”的方针，在保证完成军工任务的前提下开始了转民选型工作，进入了“保军转民”的二次创业时期，开发生产了聚氨酯系列产品。1984年11月，银光厂一期民品项目、具有世界先进水平的年产2000吨软泡生产线建成，并于当年达到设计生产能力。1986年，该厂开始建设国家“七五”重点项目的TDI（甲苯二异氰酸酯）工程。TDI是精细化工产品，生产技术要求高、工艺复杂，当时世界上只有少数几个发达国家可以批量生产，而中国当时生产能力处于空白。1990年，TDI工程建成投产，1993年产量突破万吨大关。凭借着长年发展军工产品的领先技术，银光厂90年代发展成为重要的聚氨酯原料生产基地，也成为甘肃省聚氨酯工程技术开发、研究中心，企业实现了二次创业的发展目标。

第五节 化工在更新、更高、更广的领域创造突出业绩

（2001～2019年）

这一时期，化工行业军工人继续发挥特别能战斗的精神，默默奉献于国防事业的发展，在更新、更高、更广的领域创造了不俗业绩。2003年10月15日，神舟五号载人飞船升空，这是中国第一次载人航天飞行。航天员杨利伟身穿的航天服，主体材料是高强度涤纶，气密层由十几种特种橡胶材料制成。2007年10月24日，中国首颗探月卫星嫦娥一号成功发射。卫星和火箭使用的高性能液氢、液氧推进剂，用先进碳纤维材料技术研制的太阳能电池板支架等，都出自化工行业。2011年7月，中国首台自主设计、集成的载人潜水器，顺利完成5000米级海试。它的船体采用复合泡沫塑料材质以保持浮力，船舱由坚固的轻型钛合金组成以承受压力，采用的锂

离子电池重量仅为铅酸电池的一半，能使停留时间超过10小时。2011年8月，中国首艘航母进行了首次海试，化工“特种部队”在航母建设过程中发挥了重要作用。强大的国防力量背后，有化工这支不可或缺、不能替代的重要力量和支撑。

一、新时代国防化工的运行机制和管理模式

1998年3月，化工部与中国石油和中国石化原有的部分行政职能合并，成立隶属于国家经贸委的国家石油和化学工业局，原化工部军工办变更为国家石油和化学工业局军工办；2001年2月9日，国家石油和化学工业局撤销，所属的军工办完成了组织国防化工配套工作的历史使命。隶属于国务院国资委的中国石化等大型中央企业集团各自成立了军工管理部门。原归属化学工业部管理大部分涉军工科研院所划归中国化工集团公司。

1994年4月，国务院批准科技部等《关于国家经贸委管理的10个工业局所属科研机构管理体制改革的实施意见》，相关的242家科研院所由科研事业单位转制为科技型企业。体制改革引起了国防化工管理重大变化，将竞争机制引入任务计划的筹划、制定和贯彻执行中，建立了符合市场规律的军品配套管理模式。

国防化工体系全面贯彻国防科工委新时期军品配套各项工作制度，其中最重要的是“国家武器装备科研生产保密资格”资质、“武器装备军品科研生产许可证”、“GJB 9001A—2001质量管理体系”三大体系的认证工作。通过对三大体系的认证审查和复审，督查国防化工各单位提高管理水平，向规范化、标准化和科学化方向不断迈进。

将竞争机制引入国防化工的另一举措就是“民企参军”。2005年2月，国务院颁布相关文件，鼓励和支持非公有制经济进入国防科技工业领域。同年5月，国防科工委颁发《武器装备科研生产许可实施办法》，标志着国防科技工业领域面向社会开放。促进了在社会主义市场经济条件下“军民结合、寓军于民”的国防科技工业体系建设，也促使作为国防化工主力军的各大央企集团提高竞争意识和服务意识，把国防化工配套工作做得更好。

二、为重点装备提供配套产品

进入21世纪后，国防化工的研发突出了对武器隐身、突防、侦察与反侦察、电

子战与信息战等性能的要求。

（一）特种纤维材料

经过科技部和国家发改委等部门在“十一五”和“十二五”时期的大力支持，中国已有6家对位芳纶生产企业，基本型PPTA纤维和芳纶Ⅲ纤维分别形成了千吨级和几十吨级的生产能力。芳纶Ⅲ纤维的研制困难多、技术复杂，在国内毫无经验可循。中蓝晨光院承担芳纶Ⅲ纤维研制任务，2005年12月，终于突破一系列技术难题，建成中试生产线，产品用于制造远程固体运载火箭发动机壳体。

2009年7月，吉化公司与北京化工大学联合承担了“军用高强中模型碳纤维工程化研制及应用研究”“军用高强中模型碳纤维研制”等专题研究任务，试制的军用产品具有超强的物理机械性能和优异的电子隐身性能，可用于尖端武器。

高强对位芳纶在国家“十一五”规划和“863计划”支持下，实现了“武警特战防弹衣”领域的应用后，“十二五”期间在“863计划”支持下，开展了“搜/排爆服”“装甲兵头盔”等装备研制，已实现装备定型。

（二）化学推进剂

进入21世纪后，中国化学推进剂系统的研制工作重点已转移到扩大主要产品产能上，同时根据高新工程的需要开展了化学推进剂性能的提高改善和新品种研究。

1. 扩大高氯酸铵和丁羟胶的产能

2004年9月，国防科工委批准对相关企业高氯酸铵生产线进行改造，扩大其产能，2006年12月建成。同时，再次批准对丁羟胶生产能力扩建，2006年1月开始施工，2007年10月建成，一次开车成功。

2. 鱼雷推进剂生产技术及装置的改造

2005年9月，国防科工委下达某型号鱼雷燃料生产装置改扩建项目任务。黎明院自行设计，对硝酸酯工艺进行重大改进，合成工艺改为环境封闭式，新工艺可保证全年均衡、稳定、经济、安全连续运行。2007年该项目建成投产。

3. 导弹用高密度燃料的研制

“八五”期间，黎明院和天津大学共同承担了“高密度燃料的研究”，完成了高密度烃的小试和中试，产品符合美军标JP-10规格，满足了重点型号飞航式反舰导弹的需求。2000年，黎明院和天津大学承担民口配套项目——高密度烃改性与中试研究，重点解决DH系列燃料低温（–60℃）启动性能问题。黎明院于2004年完成改性研究，2006年建成扩试装置，使用单位对该产品进行了各项试验考核和飞行试验考核。2000年12月，开始生产线建设，成为高新工程重点型号配套专用推进剂的生产保障能力。

（三）特种涂料

在“瓦良格”号（后命名为“辽宁号”）航母舰改装工程涂料项目招标中，海化院取得了30多个品种涂料的合同科研任务。其中，重要的有潜艇消声瓦表面保护涂料，20世纪90年代研制的消声瓦保护涂料在引进俄罗斯潜艇上使用近10年，验证了该产品具有良好的橡胶消声瓦保护、防水生物附着效果。新时期成功推广涂装于多个潜艇型号上并用于“辽宁号”改造施工中。2005～2007年研制的铝壳轻质甲板防滑涂料，满足了船舶部门提出的高参数、涂料与铝材有良好附着力的要求。从2010年起，该涂料已用于数十艘舰艇甲板的涂装。

常州涂料院开展了武直系列专用涂料的研制，产品适用于金属和非金属底材机身蒙皮涂料，漆膜性能优异，具备从可见光到近红外光的光学伪装性能。

北方涂料院为武装直升机研制了主轴旋翼防冲撞涂料，解决了武直在沙暴气候和长时间低空飞行时砂石对旋翼冲击损坏的问题。

（四）战机用新材料

在航空轮胎开发方面，2006年，曙光院、北京橡胶院共同研制复合帘线增强的子午线航空轮胎。根据分工，前者负责子午线轮胎的设计与试制，后者负责新型骨架材料芳纶/尼龙复合帘线的研究。2008年1月，研制成功，产品通过了各项试验验证，装备于某型号战机。

在武装直升机配套产品研制方面，2006年，沈阳橡胶院开始研制为武装直升机配套的防弹、抗坠毁橡胶油箱，该油箱使用温度范围宽、抗坠落损毁的能力强。该院还开展了专用油箱的研制，用于原机配载油箱使用寿命到期后的更换。

（五）国防工业用油

2011年，石科院研制成功合成烃航空耐燃液压油，实现了某机型配套液压油的国产化；2006～2011年，开发了新型航空润滑油，解决了活塞式飞机发动机的积炭问题。中国石化的三家科研单位完成了三种润滑油脂的研制工作，样品达到使用要求。新型舰艇用超低硫燃料开发方面，高桥炼油厂开展相关工作，项目组在完成添加剂小试、中试得到产品后，进行了实际应用试验。截至2011年，该厂已生产500吨产品，供新型潜艇使用。

1995年开始，石科院在两年之内完成了坦克发动机油的研制任务。1999年，研制的柴油机油正式列入总后油料部装备目录，供部队装备使用。石科院还研制了坦克发动机封存润滑两用油、寒区使用的半合成型坦克柴油机油、重负荷动力传动通用润滑油的系列坦克专用油，并投入装备使用。中石化研制了液力传动操作系统用油等多个军用油品。

（六）大型全钢丝军用越野子午线轮胎

2006年9月，北京橡胶院承担了大型全钢丝军用越野子午线轮胎的研制任务，项目在风神轮胎公司的配合和支持下，经过三年多的努力，为中国重型导弹运输车辆配套设计的1500×600R635大型轮胎获研制成功，其性能指标全部达到并超过立项要求的技战术指标。

（七）航天用新材料

为神舟系列工程、天宫系列工程和嫦娥探月卫星配套的单位和产品分别有：

黎明院提供了飞船姿态控制器特种燃料，逃逸火箭推进剂原材料。沈阳橡胶院提供了超低温下（－120℃）确保航天员安全的柔韧性“指套”等5大系列、12种规格的特种橡胶制品。桂林橡胶制品厂提供了胶布、胶片、胶黏剂各两种。北方涂料院为飞船烧蚀大底内表面、密封大底外表面、备份返舱盖内表面提供了抗高温、耐烧蚀的示温片。中昊晨光院、中蓝晨光院为飞船、卫星系统润滑减震等要求提供了特种硅橡胶、硅脂。西北橡胶院提供了109种密封件、2种贮囊。锦西院为飞船舱门密封提供了特种橡胶产品，为仪表板、仪表支架提供了特种有机玻璃。蓝星无锡树脂厂为飞船用复合材料提供了特种环氧树脂。株洲橡胶院提供了探空气球。石科院提供了空气调节阀、谐波减速器润滑脂、CS-1动量轮轴承润滑油等。

（八）电子信息化学品

1. 电子气体及高纯物质的研制

1984年，光明院开始“高纯金属有机化合物试制”的研究工作，主要产品有

$Te(C_2H_5)_2$和$Cd(CH_3)_2$，都是生产HgCdTe红外窗口的基础原材料，由HgCdTe制造的红外探测器广泛用于导弹制导、红外探测、红外遥感、激光通信等领域。之后又承担了PbSe红外探测器基础原材料高纯硒脲的研制。2006年，光明院承担“5N三氯化硼”“高纯一氧化二氮”两个电子气体以及“6N砷烷”的研制，均获成功。

2.电子器件用有机硅产品的研制

中蓝晨光院和中昊晨光院承担了大部分的军用电子信息类有机硅产品的研制，研制出几百种规格型号、性能各异的有机硅产品，配套服务于高新工程的各个武器系统。北方涂料院研制了高温绝缘涂层、环境防护涂层、工艺性临时保护涂层的涂料，为高新工程配套。

三、国防化工配套科研生产能力的建设和提升

在国防科工委（局）的统一部署下，围绕配套科研生产能力的建设和提升进行了多项基本建设项目。其中：

化学推进剂领域，10个建设或改造项目；特种纤维领域，研制补充、试点建设、建设配套生产装置项目各1项；航空有机玻璃，生产能力建设、生产线改造、研制保障条件等3个项目；橡胶加工及制品领域，生产能力建设、技术改造、保障条件3个项目；涂料领域，研制保障条件建设项目；高纯气体技术领域，新增设备、装置、仪器及实验室净化技术改造；石油化工产品领域，生产线技术改造、润滑油装置扩建等。

这一时期国防化工建设具有以下特征：

第一，各个技术领域普遍受到国家的支持，各类化工新材料科研生产条件得到全方位的改善；第二，对化学推进剂、特种纤维、航空有机玻璃等重点专用配套产品给予大力度支持，对具备军民两用特点的配套能力提升除必要的资金支持外，引导其市场化融资；第三，严格执行基本建设项目评估、立项、设计、施工、监理、验收等相关制度；第四，严格控制项目的规模和施工周期，所有项目从计划批准到验收完毕，都不超过三年，确保了国家投资尽快取得实际效果。

中国的国防化工发展业已走过较长的历史时期，从无到有、从弱到强逐步发展起来。国家经济发展繁荣，国防力量强大，很多国之重器都有化工的特种构成。国防化工植根于化学工业，也带动了化学工业发展。而未来新军用化学产品的开发、化学化工技术的发展都将能为现代化军事工业的发展做出更多的贡献。

由于行业的特殊使命要求，国防化工领域是一个“沉默寡言”的行业，全体国防化工战线员工创造的辉煌业绩，也难以用文字完整全面记录下来。这个行业的性质注定一批一批军工人需要远离家乡、告别亲人，扎根艰苦环境，无条件接受组织安排，投身于特殊工作。无数化工系统军工人为此事业付出了辛勤的劳动。他们当中有人甚至付出了生命的代价，英勇献身。中国的化学工业行业，可敬的化工系统军工人为发展中国的国防事业作出了不可磨灭的贡献。

第二十三章 化工机械工业发展史

（1949～2019年）

化工机械是化学工业中机器和设备的总称，是化工生产工艺技术的载体。任何化工工艺生产技术的构想，最终都要在技术装备上实现才能完成工业化并产生经济效益和社会效益。化工机械大体上可以分为化工设备和化工机器两类。化工设备包括各种容器，如热交换器、塔器、反应器等，其主要作用部件一般是静止的，或者只有很少是运动的。化工机器包括离心机、过滤机、破碎机、旋转窑和旋转干燥机等，其主要作用部件是经常运动的。

中国化工机械工业的发展大致可分为三个阶段。新中国成立初期，化学工业生产所需的机器设备几乎全部依赖进口，化工机械生产企业只能提供部分备件及简单的维修工作。从第一个五年计划起步，随着苏联援助的一系列炼油、化工、医药、感光材料生产基地建设，化工机械工业发展和技术进步迎来第一个重要发展时期。

从20世纪60年代开始，石油和天然气逐渐替代煤炭成为化学工业的主要生产原料，而大型离心式压缩机和低合金钢在化工生产建设中的广泛应用，标志着化学工业已经成为高技术密集、高资金投入的现代化产业。70年代后，国家适时从国外引进大型合成氨和大型乙烯生产工艺技术及成套装备，建立起一批与当时世界先进技术接轨的大型化肥和石油化工生产企业，标志着中国化学工业基本上掌握了现代化的生产工艺过程，在此基础上对引进装备进行消化吸收和创新国产化，也迎来了化工机械工业发展和技术进步的第二个重要时期。

进入21世纪后，中国的化学工业步入高速发展时期。新的化工工艺和新的化工产品的研发，不断为化工机械提出新的研制课题，推动着化工技术装备的发展。随着中国逐渐成为世界第一化工大国，中国化工机械工业迎来了第三个快速发展时期，现在已经从能够基本满足国内外化工建设项目的绝大部分设备和安装材料的需求，成长为产品门类齐全、技术水平先进、整体系建制的一个国民经济重点行业，成为影响中国乃至世界化学工业发展不可忽视的力量，是世界第一化工装备制造大国。到2017年，石化专用设备制造业规模以上企业有1446家（含石油钻采专用设备），主营业务收入3380.5亿元，炼油、化工专用设备产量已达150.8万吨，橡塑加工设备343149台。当前，中国化工机械制造工业正在跨越材料加工升级为系统集成、设备成套升级为工程承包，并正在向世界化工装备制造强国迈进。

第一节 初步发展形成工业体系

（1949 ～ 1979年）

新中国成立之前，小规模的化工机械制造企业在上海、武汉、南京等地出现，其生产技术和工艺装备大都停留在手工阶段，现代化制造能力几乎为零，化工机械的制造能力十分薄弱。新中国成立后的三年恢复时期和“一五”建设时期，中国在完成苏联援建的156个项目中的化工建设项目期间，形成了新中国成立后的第一个化工建设热潮。经过30年的积累，到了20世纪70年代末期，已经初步建立起化工机械技术的科研、设计和应用体系，化工机械的制造、运用成为化工产业的基础。化工机械行业迅速发展壮大。到1979年，中国重点化机企业创造产值49342.7万元，总产量达到86632吨。

一、从起步到形成较完备工业体系的历程

（一）起步发展

从新中国刚刚成立到“一五”建设时期结束，化工机械行业配合化学工业恢复

生产和扩建，建立了必要的技术基础，制造出许多国内首创的化工机械，培养锻炼了队伍，初步形成了中国的化工机械工业。

在苏联援建的化工项目中，为化工企业配套建设的机修车间成为后来化工机械发展的物质基础。这些机修车间进行设备更新和充实技术力量后，扩建成为独立的化工机械、零部件制造和防腐蚀施工企业，逐步发展成为中国化工机械制造企业，如南化公司机械厂、兰化公司机械厂、吉化公司机械厂和锦西化工机械厂等。

“一五”建设后期，中国机械工业部门开始建设正规的、以石油和化学工业为服务对象之一的通用机械工业体系，兰州、大连、沈阳、杭州和上海等地一批大型骨干企业，如兰州石油机械厂、兰州第一通用机械厂、金州重型机器厂、大连橡塑机械厂、沈阳鼓风机厂、抚顺机械厂、上海大隆机器厂、上海锅炉厂、杭州汽轮机厂和北京化工设备厂等，均成为后来的国内化学工业生产建设项目的主力供货商。

在“一五”计划基础上，国家在“二五”期间制定了规模更大的发展计划，化工产业布局从工业相对发达的东北和沿海地区向工业相对欠发达的中部和西部布局辐射，化学工业也进入大、中、小结合，大力发展地方化学工业的时期。

20世纪60年代初、中期，随着国民经济的调整，化工基本建设经历了“由放到收”的过程，大量正在建设和开始进入前期准备工作的工业项目不得不下马，其中也包括相当数量的化工建设项目，同期的化工机械制造业的发展也受到很大影响。

在经历了1963～1965年的调整阶段后，中国迎来了“三五”计划发展时期。化学工业在这一历史时期的发展思路，是坚持“自力更生、奋发图强”，即完全依靠自己的技术力量，解决化学工业生产建设过程中所需的技术难题。

中国的化工机械研制技术力量从“一五”时期开始建立。1956年，机械部成立了通用机械研究所（1969年搬迁至合肥）。1958年10月，化学工业部党组决定成立化工机械研究所，其主要任务是统一规划和协助各厂的研究试制工作（1964年搬迁至兰州）。在化工部橡胶设计院组建了橡胶设备室，并在分布于全国各地的数十个部属化工研究院和化工设计院建立专业化的机械设计室（所）。1960年，石油机械研究所在兰州成立。这些专业化的科研机构加上中国科学院和大专院校的科研力量，在一定程度中满足了当时化学工业发展对化工机械研究方面的需要。

（二）形成较为完备的工业体系

20世纪60年代中期，化工部门集中人力、物力、财力，以会战方式在四川、湖北、云南、浙江、福建、广东、江西、江苏、湖南和安徽等地建设了一批新的化工生产基地，并配套建设了一批新的化工机械厂。与此同时按照“两条腿走路”的发展方针，化学工业部开始在一些经济较为发达的省市，建设一批小型化工生产建设项目，诞生了一大批地方小型化工装备生产企业，并初步形成区域性产业群体和配套体系。这些小型化工机械厂后来逐步发展为大中型企业，如南京第二化工机械厂、宜兴非金属化工机械厂、苏州搪瓷厂、南通碳素厂等，成为日后搪玻璃、陶瓷和石墨等化工耐蚀设备制造的骨干企业。

20世纪60～70年代，中国开始了“三线”建设，沿海地区初步形成的化工设备制造体系开始向内地和“三线”进行较大幅度的转移。以锦西化工机械厂为依托建成了四川化工机械厂和三门峡化工机械厂，以南化公司机械厂为依托建成了湘东化工机械厂，以沈阳橡胶机械厂为依托建成了桂林橡胶机械厂和益阳橡胶机械厂，这些有一定规模的大型国有企业，为中国后来化工装备更大规模的发展奠定了坚实的基础。

这一时期，北京化工机械研究所与沈阳化工研究院防腐研究室合并后迁往兰州，更名为化工部化工机械研究院，并逐步发展为多学科的化工装备科研基地。同期又成立了兰州化工自动化研究所，专业从事化工生产过程自动控制、计算机应用技术、石油化工各种仪器仪表的研究。2000年化工机械研究院和化工自动化研究所合并，更名为天华化工机械及自动化研究设计院有限公司。

机械工业部于此期间在“三线”地区搬迁建设了大量的骨干企业和重点科研设计单位，东方锅炉厂、第二重型机器厂、陕西鼓风机厂和合肥通用机械研究所等企业，日后都成长为化工重大装备制造的骨干企业。

（三）化工引进建设推动形成独立配套体系

20世纪70年代中期，中国抓住国际形势有所缓和的历史机遇，决定从西方引进一批大型现代化成套设备，建设一批具有当时世界先进技术水平的化肥、石油化工和化纤企业，努力使中国的化学工业的技术水平得到提升，为中国的化工机械制造业迎来新中国成立以来的最好发展时期。

国家花费数十亿美元外汇，以购买成套设备的方式首批引进了8套大型化肥生产装置和6套大型石油化工生产装置，建设项目及配套装置遍布国内十余个省市。

1978年，国务院为解决大量引进国外成套设备带来的备品配件生产问题，将国内一批重点机械制造企业划给化学工业部管辖，充实了化工机械力量。这些企业有金州重型机器厂、北京金属结构厂、大连橡塑机械厂等，加上原属于化学工业部的锦西化工机械厂、湘东化工机械厂、南化公司化工机械厂、四川化工机械厂、三门峡化工机械厂、益阳橡胶机械厂、桂林橡胶机械厂等企业，形成了由200多家化工装备制造企业组成的化工机械工业体系。同时，国家将绝大部分化工机械产品、橡胶机械产品和部分化工仪表产品的行业归口管理权限，以及成套设备引进审批权限（初审）也一并移交给化学工业部。至此，化工机械制造业摆脱了化学工业和机械工业子行业或分支行业的地位，正式纳入国家工业统计体系，初步形成了一个包括化工非标设备制造、橡胶机械制造、搪玻璃设备制造在内的相对独立的行业。

根据化学工业部的统计数据，1978年纳入部一级层面管理的化工机械制造企业职工9.3万人，固定资产7.8亿元，总产值5.8亿元。

二、逐步满足化工生产建设过程中的设备之需

从满足化工生产建设过程中备品配件或专用设备的急需，到经过近30年的发展，化工机械行业迅速发展壮大，研制和生产了各种化工机械设备，直接推动和促进了化工行业的快速发展。

（一）为建设中小型化肥厂提供成套设备

在恢复生产、自力更生发展化肥工业阶段，机器设备先行，研制化肥设备成为重点。1952年，大连化学机械厂开始试制空气分离装置和氢气分离装置，中试投产后产品纯度达到了设计要求，得到了化学工业部的奖励。1955年又成功试制出压力200公斤力/厘米^2（1公斤力/厘米^2＝98.0665千帕）、2400马力（1马力＝745.7瓦）的氮气压缩机、氨压缩机，这是中国首次自行设计和制造的大型压缩机，获重工业部颁发的重大技术成就奖。该企业还自行设计制造了氨合成塔内件、高压阀门及各种配件，完成了在旧高压容器上取样以测定其力学性能，第一次实现了用高镍铬无相变材料代替超低碳纯铁作为合成塔电热丝。这些特殊装置建成投用，使合成氨产量比预计高40%左右。大连化学机械厂的“试制成功大型空气分离设备、深冷氢气分离设备和重型2400马力压缩机”名列其中。

1952年，永利宁厂旗下的机械厂用自制的耐酸硅铁和耐酸不锈钢，制成了全套浓缩塔、耐酸泵、硅铁旋塞以及不锈钢截止阀、弯头、管件等，重建硝酸车间。1955年重工业部召开科学研究会议，要求永利宁厂加速多层次高压容器试制工作。

1956年在该厂制成了中国第一台压力为320公斤力/厘米^{2}的多层包扎式高压氨合成塔。开创了中国压力容器制造的先河，获得国务院奖励。

在“一五”期间，从苏联引进设备的学习开始，化工部门与机械部门合作，通过对年产2.5万吨合成氨装置的通用设计和成套设备的试制，掌握了小型合成氨成套设备的生产技术，在为化工企业提供设备的同时，为中型氮肥厂提供了42套生产装置，同时，还设计制造了1300多套不同规格的小型合成氨装置，带动了地方化工机械企业的蓬勃发展，共建成了200余个小型化工机械厂。

1958年，南京化学工业公司氮肥厂（前身为永利铔厂）建成半循环法尿素装置，初步解决了尿素合成塔腐蚀问题。此后，南京化工机械厂采用冶金部研制的新的双相合金钢制成尿素合成塔，使用情况良好。1964年，上海化工研究所建成第一套全循环法尿素中间试验装置，在此基础上陆续提供了30多套年产11万吨的全循环尿素生产装置。

1964～1965年，四川化工厂与清华大学合作，对双套管内件的合成塔采用三重冷管结构等进行技术改造，合成氨产量从日产80吨提升到160吨，最高为196吨，超过了当时世界上同样大小的合成塔的生产能力，国内已有几十个合成氨厂采用此技术。该项目被列为化学工业部重大科技成果并获得全国科技大会奖。

1967年，压力为31.4兆帕的直通球形截止阀在大连化工厂研制成功，四川化工机械厂和化工部第一设计院将其设计成直径25～125毫米的系列产品用于化肥生产。

1972年，由上海化工研究所和上海第一钢厂研制成功的新型低合金钢正式应用于氨合成塔出口管道、阀门及回收反应热量的中置式锅炉，并在兴平、东风等化肥厂使用。该项目1978年获得全国科技大会奖。化工部化工机械研究院先后研制成功内置式透平循环压缩机、循环机气缸和活塞填料的无油润滑技术，解决了合成气压缩机三段冷却器腐蚀等问题。上海化工设计院与上海压缩机厂联合研制的用于年产30万吨合成氨的合成气离心机，机械工业部研制的空气压缩机、氨气离心压缩机等在吴泾化工厂投入运行。

1965年建成的四川硫酸厂普钙磷肥车间，采用了链板型新结构的系列装置。上海化工研究院针对磷肥工业发展的需要，制成25平方米快开式加压叶片过滤机，20平方米盘式过滤机，耐硫酸、磷酸腐蚀和耐磨损的搅拌桨、取出泵，有特种喷头和刮刀的直径2.4米、长4.8米的转鼓氨化造粒机等。1976年建成投产的广西柳城磷肥厂，采用了南京化学工业公司设计院设计的1.5万千伏黄磷电炉，该电炉内径7800

毫米、高3500毫米，使用直径980毫米烧结电极和耐热混凝土拼块炉盖，并附有电极水封报警装置，是当时国内最大的电炉。

兰州石油化工机器厂在这一时期为地方化肥工业发展制造小氮肥设备。1970年以后，研制了年产量8万吨的氨合成塔和年产15万吨的双层热套结构氨合成塔，其中后一项成果获得1978年全国科技大会成果奖。

（二）基本化工原料制造设备的发展

为满足纯碱工业发展的需要，在纯碱设备制造方面，1959～1962年，开展了年产16万吨联碱生产装置的研制。大连碱厂和永利碱厂在扩建改造过程中，对氯塔、石灰窑、过滤机等设备进行了大型化设计，并改进了设备结构形式，提高了生产性能。改造后的石灰窑单位面积产量高，焦炭消耗低，窑气浓度达44%，被称为高效石灰窑；滤碱机结构由内错气改为外错气，是当时滤碱机的较好结构，这两种设备都达到了当时的国际先进水平。1954～1966年，为援外制造了氨碱厂和烧碱厂的成套生产设备，其中一些关键设备在技术上有所创新。

20世纪60年代，国内几个大型化工机械厂都已具备制造不锈钢及复合钢板容器的能力，1966年大连化工厂机械分厂制成直径51毫米的连续铸管机，大幅提升了铸管效率；1970年又实验成功双法兰铸管连续生产工艺，并投入生产。到1981年，共为制碱工业提供了直径51毫米的铸铁管约1530吨。联碱外冷器开始是用烤漆防腐蚀，1972年以后，上海天原化工厂和大连化工厂改用钛材制造。由于设备的改进，氨碱厂的设备在当时处于国际先进行列。

1956年，锦西化工机械厂成功制造水银整流器和几十台隔膜电解槽，并应用到氯碱生产中，这个厂还先后设计制造了高30多米、直径220毫米的铸铁空心轴浆料漂白塔，先进的圆头扁平型氯化反应器，衬不锈钢的13.5立方米聚氯乙烯聚合釜，直径1200毫米衬橡胶的悬挂式离心机等设备，为聚氯乙烯生产提供了主要设备。1964年，锦西化工机械厂发展了滚压衬里法及釜壁抛光新工艺，并增设了水夹套螺旋导流板；制成了聚氯乙烯生产用不锈钢复合钢板聚合釜供氯碱厂使用。到了70年代，聚氯乙烯聚合釜又采用了机械密封及内冷装置。

1972年，上海天原化工厂和大连化工厂改用钛材制造联碱外冷器代替烤漆防腐，使氯碱设备处于国际先进行列。

1975年，上海化工研究院和锦西化工机械厂设计制造了中国第一台氯气离心压缩机，并在上海天原化工厂试用，可代替八九台大氯气泵，每年可节电460万度。

1967年，重庆化工机械厂与天津油漆厂合作，研制成功开放式砂磨机和高速搅拌机，使涂料行业工效提高了5～10倍。1965年，沈阳化工研究院研制成功直径3米的流化床苯酐反应器，使大连染料厂苯酐年产量显著提高。1976年，沈阳化工研究院又与天津染化八厂合作，用喷雾方法制粒状染料，在上海、天津、北京、青岛等染料厂应用。1973年，广东化工厅机械厂、广东石化设计院、北京染料厂、上海染化十厂等协作设计制造了5.8兆帕、3000升不锈钢高压釜，为发展高档染料做出了贡献。

（三）石油化工设备的初步发展

兰州石油化工机器厂是中国早期建立的石油化工设备重要制造企业。这一时期积极与科研院所联合研制，在化工以及石油化工设备如反应器、换热设备、塔器等设备制造上创造了很多突出业绩。1965年，该厂与一机部机械研究所、石油部设计院联合设计，并自主制造了高压加氢反应器，这是炼油厂加氢异构裂化装置的关键设备，在材料、壁温、重量上均突破了工厂的原设计生产能力；能使催化裂化装置的原油利用率由原来的50%～60%，提高到70%～80%，具有20世纪60年代国外先进水平。该厂还在此基础上制造了高压加氢换热器。1976年，该厂与兰州石油机械研究所、抚顺石油三厂紧密配合，试制出大型套箍式加氢反应器，这是当时国内直径最大、工作压力最高、重量最重、处理量最大的双层板焊热套结构的加氢反应器。1971年起，兰州石油化工机器厂与兰州化学工业公司设计院、兰州石油机械研究所等单位组成联合设计试制小组，1976年6月试制出南京钟山化工厂年产1万吨高压聚乙烯装置的关键设备之一——高压聚乙烯反应器。这是中国在超高压化工容器设计制造技术上的新突破。上述研究成果都曾获得过1978年全国科技大会成果奖。

化工部化工机械研究院1966年为四平化工厂研制了醋酸乙烯沸腾床反应器。上海化工研究院研制成功直径1.2米、除尘效率较高的旋流式旋风分离器，用于上海炼油厂催化裂化装置。1972年，化工机械研究院研发成功用于工程塑料的ABS联合挤压机，使ABS湿粉脱水、炼熔、抽气、造粒等多种工艺过程在一台机器内完成，筛后处理工艺和流程大为简化，投资及能耗可节约50%。此后，联合挤压机在兰州化学工业公司和高桥化工厂应用，效果良好。

（四）橡胶加工设备发展

1954年，为了适应橡胶行业发展和轮胎生产的需要，沈阳橡胶机械厂和大连橡塑机械厂先后建立，并成为中国橡胶机械行业的骨干企业，形成了制造斜交轮胎成套设备的能力，为橡胶生产企业扩大生产创造了条件。1950年，上海正泰橡胶厂设计试制了半芯轮式轮胎成型机，1954年沈阳橡胶机械厂在正泰橡胶厂试制的基础上对设备进行了改进，同时，设计制成卧式裁布机、45英寸内胎硫化机。1955年，轻工业部设计公司与沈阳重型机器厂协作，制成直径1400毫米和1600毫米的立式水压硫化罐、合模机、揭模机；大连橡胶塑料机械厂试制成功每分钟20转的密炼机及与其配套的开放式炼胶机。1956年，大连橡胶塑料机械厂又制成辊径610毫米、辊长1730毫米的四辊压延机；青岛第二橡胶厂与上海新民铁工厂合作，试制成65英寸飞机轮胎个体硫化机。1957年，轻工业部设计公司与沈阳橡胶机械厂协作制成8英寸挤出机和胎面、内胎挤出联动机等。利用这些轮胎生产设备，扩建了青岛橡胶二厂、桦林橡胶一厂、沈阳橡胶三厂等，并援建了越南一个轮胎厂。

至此，中国已能自行制造斜交轮胎的成套生产设备。在此期间，橡胶机械企业还制造了生产胶带、胶管、胶鞋、胶乳制品的成套加工设备。其中，带旁压辊的挤出机、鞋楦自动拨脱机及其联动装置，是胶鞋工业的新型设备。橡胶工业科研设计单位和有关厂家合作，为橡胶厂的建立、扩建和改造不断研制各类专用设备，压辊包边成型机、螺杆塑炼机、自动定型硫化机、钢丝压延联动线等设备及技术的研发取得了明显的成效，在满足国内生产建设的同时，还向朝鲜、缅甸等国家提供橡胶制品生产设备。

（五）化工耐腐蚀材料与防腐技术发展

新中国成立后，中国陆续发展了衬里设备、酚醛塑料、石墨制品、搪玻璃制品、耐蚀陶瓷及耐蚀合金铸件等的生产。1954年，沈阳化工研究院成立了腐蚀防护组，1956年扩大为化工腐蚀与防护研究室，研究采用的防腐蚀技术有过氯乙烯清漆、酚醛树脂涂料、酚醛清漆、氯磺化聚乙烯涂料等。其中1955年还以国产生漆代替酚醛清漆，在吉林化学工业公司的部分装置上使用，节约投资几十万元。1955年，将橡胶衬里推广到泵、管道、阀门、多孔转鼓和虎克槽上盖等方面使用，还采用非金属设备，如酚醛塑料设备及不透性石墨换热器等。

搪玻璃设备是低碳钢复合玻璃衬里的受压容器。上海天原化工厂陶器车间逐步试制结构比较复杂的陶瓷机械和陶瓷设备，1952年制成陶瓷涡轮泵、氯气泵，1953年制成陶瓷离心分离机，1954年制成陶瓷烂板机，1956年生产陶瓷泵近百台。1956年该车间迁往江苏宜兴，定名为宜兴化工陶瓷厂（后改为宜兴非金属化工机械厂），这是化工系统唯一生产化工陶瓷机械的企业。该厂解决了陶瓷的磨削加工工艺，还移植了沈阳化工研究所的浸渍树脂方法，提高了材料的塑性指标和力学性能，改进了陶瓷的物理性能。但当时的化工陶瓷产品属炻器质，存在着强度低、热导率低、热膨胀系数大、易撞破、不耐温度急变、不能制造较大设备等缺点。

1958～1964年，化工陶瓷由炻质进入硬质瓷材料，产品强度提高了3倍，抗热冲击性好，制成的泵的转速由每分钟1450转提高到了2900转。新中国成立初期，北京伟一搪瓷厂为解放军后勤部制成搪玻璃耐酸桶，从1951年开始该厂生产的搪玻璃浓缩罐和反应罐在制药行业广泛应用。1953年北京伟一搪瓷厂改名为北京市搪瓷厂，他们在参考国外技术资料的基础上，改进炉窑结构、放大炉膛容积，使产品规格增大、质量显著提升。这段时间里，山东新华制药厂和上海义生搪瓷厂，也制出搪玻璃设备。

20世纪60年代以后，开展了电化学保护、应力腐蚀破裂、耐蚀材料和耐蚀金属材料等的研究工作，在材料方面以聚氯乙烯为主。进入70年代，新型高分子材料品种增多，加工工艺和装置日臻完善，因而非金属设备在品种和数量上都有很大发展。如改性聚丙烯压滤机、导热聚丙烯换热器、大型玻璃钢冷却塔、耐蚀玻璃钢电解槽等先后研制成功，解决了化工生产中的腐蚀难题。如浙江嘉善三方玻璃钢有限公司用酚醛树脂制造玻璃钢球阀，取代维尼纶生产装置中含钼不锈钢球阀，既为企业节约了外汇，又闯出了一条用耐蚀玻璃钢取代不锈钢之路。

第二节 形成了一定规模、门类齐全的产业

（1980～2000年）

在世界化学工业发展史上，20世纪60年代是一个重要的转型期，即石油和天然气大规模替代煤炭成为化学工业的主要生产原料，年产30万吨合成氨装置为代表的大型化肥生产技术、年产30万吨乙烯裂解装置为代表的大型石油化工生产技术问世，成为新一代高技术密集的化工装备技术走向大型化、规模化和市场化的标志。

20世纪70年代，国家敏锐地抓住这一历史机遇，决定从国外成套引进一批现代化的大型乙烯生产装置、合成氨及尿素生产装置，以购买方式建立起一批与当时

世界化学工业接轨的大型化肥和石油化工生产企业，在此基础上，对引进的国外成套化工装备实施二次开发的国产化方式，迎来了新中国成立以来化工机械行业发展和技术进步的第二个黄金时期。中国化工机械制造业在这一历史阶段的时代特点，消化吸收创新国产化，与国际产业链初步接轨，坚持重大技术装备攻关研制和引进消化吸收再创新。

1983年在国务院直接领导下，国家科委改革了新中国成立以来一直沿用的按部门和地区分配科研经费的方式，集中当年国家对工业部门科研投入的一半以上投入国家重点科技攻关项目。1984年国务院正式成立国务院重大技术装备领导小组，由国务院主要领导担任组长，由相关部委的一把手担任专项组长。当年下达了12个重大技术装备专项，均是国民经济的主要行业中的“卡脖子”环节。

重大技术装备工作以国家重点工程建设项目为直接攻关目标，采用了“一买三合作”“以市场换技术”和“消化吸收创新国产化”等运营方式，对于当时国内化工建设和化工装备制造水平的提升效果是十分明显的，也给国民经济带来了巨大的经济效益和社会效益。以合成氨重大技术装备为例，陕西渭河化肥集团以水煤浆为原料的年产30万吨合成氨、52万吨尿素项目，由于使用日本海外协力基金贷款而成套引进，工程决算为42亿元人民币，而山东华鲁恒升集团同样规模的国产化装置，工程决算为18亿元人民币。磷复肥重大技术装备年产24万吨磷酸、48万吨二水法磷铵装置中的核心设备200平方米转台过滤机，国外采购价格（包括进口价运费加关税）4200万元人民币，后来国产化的相同规模产品价格不到1000万元人民币。

重大技术装备攻关研制计划项目给国内化工行业和机械制造行业的示范效应十分明显，为国内化学工业的腾飞奠定了基础。

一、氮肥（合成氨）重大技术装备的发展

这一历史时期的氮肥（合成氨）国产化工作分这样四个阶段：

第一阶段，以上海市化工局设计室（后改为上海化工设计院）为主，机械工业部集中国内一批大型骨干企业，参照引进30万吨合成氨装置的工艺流程研制出相应的技术装备，在上海吴泾建成了年产24万吨合成氨装置，但该项目由于各种原因未能投入运营。

第二阶段，从引进装置的备品配件国产化做起，逐步将单台设备或单套机组嵌入到引进装置和新建项目中。20世纪80年代初开始，锦西化工机械厂、南京化学

工业公司机械厂、湘东化工机械厂和化工部化工机械研究院合作，先后研制成功年产30万吨合成氨装置用合成气压缩机组和原料气压缩机组，分别用于辽河化肥厂和赤水天然气化肥厂；金州重型机器厂从外商林德公司手中转包了年产30万吨合成氨装置低温甲醇洗、液氮洗工段部分设备的制造，后又完成了年产48万吨尿素装置的部分高压设备的研制；四川化工机械厂相继研制成功国产再沸器、高温转化炉炉管、等离子喷涂耐高温陶瓷、各种耐热耐蚀管件及铸锻件等；南京第二化工机械厂与天津化工研究院合作，成功在换热器管内涂上耐热树脂涂层，延长了换热器使用寿命。

第三阶段，采用外商提供建设项目的基础（初步）设计，国内设计单位负责工程（详细）设计的建设方式，除少量关键设备外绝大部分设备均在国内采购，在外商的监督指导下，由国内制造厂按国外的生产工艺制造，并推行国外的质量监督管理体系。从20世纪80年代镇海石油化工总厂、乌鲁木齐石油化工总厂、宁夏化工厂三套年产52万吨气提法尿素装置开始，逐步增加国内采购设备的比例。1983年，南京化学工业公司机械厂为镇海石油化工总厂、乌鲁木齐石油化工总厂两套大化肥装置制造了尿素装置的关键设备ϕ2800mm尿素合成塔，得到党和国家的高度赞扬。

四川化工总厂年产20万吨合成氨装备率先实现国产化，装置吨氨能耗指标达到了当时国际最先进的水平，于1992年4月27日通过了国家级验收。年产30万吨合成氨装置的关键设备，诸如一段炉和二段炉、转化废热锅炉、合成废热锅炉和氨合成塔、组合式氨冷器和蒸汽过热器等；年产52万吨尿素装置的关键设备，如二氧化碳气提塔、高压洗涤器、高压冷凝器和尿素合成塔等，以及天然（原料）气压缩机组、合成气压缩机组、空气压缩机组、氨气压缩机组和二氧化碳压缩机组等大型关键设备的国产化分别依托各个建设项目得以实现，从而为氮肥（合成氨）全套设备立足国内奠定基础。

第四阶段，1987年，国务院将氮肥（合成氨）重大技术装备列为第二批国家级重大技术装备项目。以合成氨和尿素为代表的氮肥生产工艺具有流程长和操作单元多的特点，且处于高温、高压和大流量的工况条件下，是化学工业发展的难点和瓶颈，世界各国都以氮肥（合成氨）装置的设计制造技术作为其化学工程水平的标志。20世纪70年代国家决定购买全套现代化氮肥（合成氨）及配套的尿素生产装置，化学工业部和机械工业部等政府主管部门将其设计制造技术的国产化提到日程上来。

20世纪80年代后期，许多大型化工装置大量使用国外卖方信贷（或附带条件的国际金融贷款）作为建设资金，以“成套引进、国内分交、外商总承包”的方式，把部分工程设计及设备制造从外商手中反包回来。国内制造的原料气压缩机、氨压缩机、合成气压缩机、二氧化碳压缩机以及其他设备相继在国内大化肥建设项目招标中中标，满足了合江、锦州、渭河等工程建设的需要。化肥重大技术装备工作最终在德州华鲁恒升集团公司的大化肥项目收官。20多年来，中国针对大化肥生产装置关键技术问题的几乎所有消化吸收和攻关研制课题，在一个生产装置上全流程地、系统化地串联起来，最终实现以30万吨/年合成氨装置为代表的化肥成套技术装备国产化。

二、磷复肥重大技术装备的发展

1984年，国务院首批确定将磷复肥重大技术装备作为国家级重大技术装备项目。主要原因是基于调整农业施肥中氮、磷、钾结构比例失调的状况，国家要求尽快建设一批高浓度磷复肥生产装置，满足东北地区和华北地区农业发展的紧急需求。

磷复肥重大技术装备国产化工作从20世纪80年代中期开始，分大型磷铵、大型硫酸、大型磷酸三个阶段完成。

在大型磷铵装备方面，从1988年消化吸收美国DAVY-MCKEE公司的磷铵生产工艺技术和成套设备开始，结合大连化工厂、南京化学工业公司氮肥厂、江西贵溪化肥厂三个依托工程，最终实现年产24万吨磷铵成套装备国产化。其中结合大连化工厂、南京化学工业公司氮肥厂依托工程，实现了氨化粒化器、重载斗提机、大型磷酸贮罐防腐橡胶衬里技术、磷酸贮罐用喷射混合器、文丘里反吹袋式除尘器等关键设备国产化；结合江西贵溪化肥厂依托工程，实现了耐酸泵、破碎机、振动筛、干燥窑燃油系统、氨化粒化器胶板、洗涤器编织填料等关键设备的国产化。

在大型硫酸装备方面，从1992年开始，在消化吸收引进国外公司的硫酸生产技术装备基础上进行了国产化攻关，首先完成了大型硫酸装置的系统优化和工艺软件包消化吸收，并以此为基础开发基础工程设计软件包，自主完成年产20万吨、40万吨、60万吨、80万吨大型硫酸装置工程设计。建成相应的国产化示范装置，使大型硫酸装置的主要工艺软件，以及大型沸腾焙烧炉、废热锅炉、SO_2鼓风机、大型不锈钢转化器等关键设备达到世界先进水平，为国内的大型硫酸装置建设提供工艺先进、技术可靠、投资费用低、主要技术经济指标较优的工业化生产技术。

在大型磷酸设备方面，首先对江西贵溪化肥厂引进的年产12万吨磷酸成套设备进行了消化吸收及创新国产化工作。先后完成了大型磷酸装置工艺技术软件包开发和设计系统优化，开发出具有自主知识产权的大型磷酸装置工艺技术软件包，可根据不同的工艺流程组合进行磷酸装置的物料和热量平衡计算，适用于不同工艺流程的需要；结合年产12万吨、18万吨磷酸装置完成了大型搅拌器研制，开展年产30万吨磷酸装置大型搅拌器研制工作；完成了大型磷酸过滤机系列产品研制；完成了大型料浆泵研制，对一些大流量、低扬程等特殊结构的泵，耐高温、高含固量以及腐蚀和磨蚀料浆过流部件的泵也组织了国内制造单位共同开发研制。

上述成果通过贵溪化肥厂、临沂化肥厂、山东鲁北化工总厂、云南红河州磷肥厂等大型磷酸依托工程，新建磷酸装置的工艺技术自主化率达到100%，设备自主化率超过90%，工艺技术指标达到或超过同类型引进装置的水平。

三、煤化工重大技术装备的发展

1987年，国务院将煤化工重大技术装备列为第二批国家级重大技术装备项目，为此专门成立了煤（重）化工办公室作为（临时）项目协调机构。当时国内已在执行与煤炭输送有关的大秦线、朔黄线等重大技术装备项目。国务院将煤化工技术装备上升为国家战略，主要基于中国丰富煤炭资源在能源消耗结构中的重要地位。

20世纪70年代，中国广泛采用固定床常压气化工艺。国内的科研设计单位、高等学校和生产企业在长期的应用实践中，根据煤的种类特点和下游产品的需求，开发出各种不同类型的适用工艺技术；但固定床常压气化工艺间歇制气、吹风气排放，对煤质要求高，生产效率低，煤利用率低，生产成本高，对环境污染严重，一直困扰化肥工业发展。

20世纪70年代后期，中国引进了以德国鲁奇气化炉为代表的固定床加压气化工艺技术，国内机械制造业通过“七五”“八五”计划时期的国产化攻关，掌握了固定床加压气化装备的制造技术，先后依托兰州、依兰、义马等城市的煤气建设工程，完成了以固定床加压气化工艺技术为特征的城市煤气重大技术装备的研制，设备国产化比例由40%上升到80%。

20世纪80年代初期，中国引进了德士古为代表的水煤浆加压气化工艺技术，国内机械制造业通过“九五”和“十五”计划时期的国产化攻关，掌握了德士古水煤浆加压气化装备的制造技术，通过上海焦化厂三联供年产20万吨低压甲醇装置、鲁南化肥厂年产15万吨甲醇装置、渭河化肥厂年产30万吨合成氨装置等工程项目，完成了水煤浆加压气化关键设备的研制，设备国产化比例最终达到90%以上。

“十五”计划期间，山东德州华鲁恒升集团30万吨/年合成氨装置，采用国内自己研发的四喷嘴水煤浆加压气化工艺技术，最终完成水煤浆加压气化重大技术装备研制项目。

进入21世纪后，中国引进壳牌为代表的干煤粉气化工艺技术，并确定湖北应城化工厂、广西柳州化肥厂、云南沾益化肥厂、安庆石油化工总厂、湖北枝江化肥厂、湖南洞庭化肥厂等19个建设项目采用煤粉气化成套工艺技术，并结合这些项目进行相应的煤粉气化成套工艺技术装备国产化研制工作，使中国的煤气化技术研究和中国煤化工机械制造业发展再上一个新台阶，接近世界先进水平。

水煤浆气化和干煤粉气化等第二代气化技术的引进，改变了中国煤气技术单一性，很大程度上改善了因固定床层间歇气化存在的弊端。经过十几年的持续消化吸收再创新，中国煤化工技术及相关装备技术在产业化方面已经取得相当程度的突破。

四、石油化工重大技术装备的发展

从1983年开始，国家一直将大型乙烯成套技术装备列为重大技术装备国产化项目。1987年，国务院将石油化工重大技术装备列为第二批国家级重大技术装备项目。自此，中国大型石化装备国产化工作开始提速。以加氢反应器为例，1987年，第一重型机器厂（现名中国一重集团有限公司，简称一重）以反承包形式与JSW合作完成了齐鲁石化重油加氢反应器的制造。1989年，首台由国内单位自行设计、研究并用国产材料制造的锻焊结构热壁加氢反应器顺利出厂，该反应器从1989年投用至今运行正常，经多次在役外观检测与无损检验无异常。1990年以后又相继完成了400～1000吨级的2.25Cr-1Mo钢锻焊结构热壁加氢反应器的设计制造任务。

1990年，镇海石油化工总厂80万吨/年加氢裂化装置、80万吨/年加氢精制装置中的重大技术装备400吨热壁加氢精制反应器和15CrMn（1Cr-0.5Mn）热壁加氢精制反应器完成制造，该项目为“七五”期间国家重大装备国产化项目。承担制造任务的有一重和渤海造船厂。一重研制的400吨热壁加氢精制反应器是当时国内制成的最大锻焊结构容器，属国家重大技术装备新产品。主要制造工艺和技术国内领先，达到日本1987年同类产品的制造水平。渤海造船厂1Cr-0.5Mn热塑加氢精制反应器的研制成功，填补了中国1Cr-0.5Mn钢板焊结构热壁加氢反应器的空白，其制造技术和产品质量优良，达到了20世纪80年代国际同类产品的水平。

20世纪90年代，国外推出了在传统2.25Cr-1Mo和3Cr-1Mo钢基础上添加矾的改进型CrMo钢。由于新型加矾钢的卓越性能，在提高材料强度的同时，还显著地提高了抗氢腐蚀、氢脆、回火脆性及堆焊层剥离的能力，一经推出就得到各主要国际标准的认可和推广应用。为了跟上国外技术进步步伐，国内开始对添加钒的CrMo钢进行开发，并列入国家“九五”科研计划。1998年成功开发了3Cr-1Mo-0.25V钢新材料，1999年国内首台为克拉玛依石化厂高压润滑油加氢装置研制的3Cr-1Mo-0.25V钢制国产化加氢反应器诞生。在3Cr-1Mo-0.25V钢研制成功的基础上，1999年又开发出2.25Cr-1Mo-0.25V钢，并于2002年为镇海炼化蜡油加氢脱硫装置研制出首台2.25Cr-1Mo-0.25V钢加氢反应器。

国产加钒钢的研制成功，为国内炼油、煤制油加氢技术的大发展做出了贡献，也使中国大型加氢反应器制造进入当时的国际先进行列。“十五”期间，石油化工重大技术装备研制工作主要结合大庆石化、扬子石化、齐鲁石化、燕山石化等大型乙烯装置技术改造项目，实现大型乙烯成套装备国产化，攻关研制目标要求设备国产化率达到70%以上，并在技术上接近或达到当代的国际先进水平。中国石油化工重大技术装备国产化工作取得的重大进展，使得中国大型乙烯等成套石油化工技术装备从20世纪80年代的全面成套引进、90年代的中外合资建设提升，迅速提升到今天的以“自我建设为主”的发展新阶段。

五、子午线轮胎成套装备的发展

“十五”时期，中国子午线轮胎重大技术装备研制进入国产化的第二阶段，目标是国内载重子午线轮胎及工程子午胎整机各项性能指标均达到20世纪末国际先进水平，设备国产化率达90%以上，填补国内空白，提高国内已有类似设备的技术水平，使中国具备向载重子午线轮胎生产企业供应成套设备和向工程子午线轮胎生产企业供应关键设备的能力，提高国产设备在子午线轮胎设备市场的占有率。

20世纪90年代初期，国家经贸委根据中国交通运输工业和汽车工业发展的需要，批准实施了化工部上报的“子午线轮胎关键设备和原材料消化吸收项目总体方案”，即以后业内人常常提到的“子午胎一条龙项目”。在国家经贸委的组织指导下，在化工部技术装备办公室牵头协调、中国化工装备总公司的密切配合下，各承担单位和有关用户经过几年的艰苦努力，项目取得了可喜的成果。原材料部分的钢丝帘线和聚酯帘线均已达到了国外同类产品的水平，研制成功的21模高速水箱钢丝拉丝机，使钢丝帘线生产成套设备基本立足国内。270升的密炼机及其配套的辅机和胶片冷却装置，现在国内轮胎厂已全部选用国产的；国外著名的胎面复合挤出机生产厂家已确认中国产胎面冷却线完全可以与其产品匹配。

（一）炼胶设备

中国先后研制了智能控制型和啮合型转子的大型370～400升密炼机及其辅机；载重子午线轮胎混炼胶工艺急需的实验用密炼机；小料分别自动称量依次装袋及封口系统；三锥双螺杆挤出压片机等。在半成品部件生产设备方面，主要研制了薄胶片内衬层生产联动装置、钢丝帘布挤出法生产装置、六角型钢丝圈缠绕生产线等。其中钢丝帘布压延机组是子午线轮胎生产的关键设备，立足于国内自主研制，部分关键零部件可从国外引进；钢丝帘布裁断机组的研制，包括铡刀式带束层钢丝帘布裁断机组、90°钢丝帘布裁断机组及多刀纵裁机，重点解决裁断质量、速度和控制精度；高耐磨、高里程胎面的复合挤出机组，重点完成了ϕ150冷喂料/ϕ250热喂料双复合挤出机组、三复合胎面挤出机组，上述整机的各项性能指标达到当时的国际先进水平。

（二）成型及硫化设备

根据轮胎生产厂要求，研制了适应不同工艺、不同规格的新型载重子午线轮胎生产用的三鼓式一次法成型机和工程子午线轮胎成型机；研制了群控系统，对每台硫化机的机械动作和时序控制实行单机控制、集中管理，降低硫化机控制系统费用，每一终端最多可控制30台硫化机，可同时对温度、压力实现自动采样、记录、处理，并根据需要打印，提高了硫化工艺的质量和生产管理水平；研制了硫化充/制氮装置，替代目前传统的过热水和直接蒸汽介质硫化工艺，以适应国际上新型的氮气硫化工艺要求；还研制了适用于生产子午线轮胎的成型机机头胶囊及硫化机胶囊的胶囊注射成型机等。

（三）检测设备

着重研制适用轮胎内径17.5″～24.5″的均匀性检验机、不圆度检验机、动平衡检验机和工程子午线轮胎X射线检验机等检验设备，技术水平均达到当时国际先进水平，填补了国内的空白，替代了进口。

通过上述化工重大技术装备国产化项目的实施，国内化工机械制造业形成了门类齐全并具一定规模和技术水平的产业，并逐渐开始融入国际同行业的产业链条中。行业内普遍建立起了质量控制体系，推行国外流行的产品质量第三方监督检验制度、重要产品发放许可证制度等。在这一历史阶段中，国内主要化工装备制造企业均已通过ISO 9000认证，相当一大部分取得美国ASME的U及U2证书，可以按国际通行标准建立全面质量控制体系，在产品设计、生产、销售和售后服务环节推行全面质量管理。为下一历史阶段全面振兴我国的化学工业进而走向国际市场奠定了坚实的基础。

第三节 逐步发展成为世界化工装备制造大国（2000～2019年）

进入21世纪后，中国的化学工业开始步入高速发展时期，2000年石油和化学工业总产值不到1万亿元，2019年，主营业务收入跃升到12.27万亿元。随着中国逐渐成为世界第一化工生产大国，化工机械制造业迎来了新中国成立以来的第三个发展的黄金时代，实现了产值过万亿元，一举成为世界化工装备制造大国。

一、国内化工机械制造业的四次发展机遇

第一次机遇，中国加入世界贸易组织。石油和化学工业迅速发展，生产总值、销售收入、利润总额和进出口贸易额增长均很快，部分指标的增速一度达到20%左右，长期保持国民经济发展火车头的地位。石油和化学工业的迅速发展带来建设投资的大幅度增加，每年给化工机械制造业带来数千亿元的市场份额，大大调动了国内其他相关制造行业进入化工装备市场的积极性。

第二次机遇，大量国外资本进入中国市场。21世纪初开始，世界排名前100的化工公司纷纷进入中国的石油和化工建设市场，而且逐步由小规模、短期性、局部的投资转变为更具主动性、战略性和长远性的全面大规模投资；外商投资项目的装备本土化使正在崛起的化工机械制造业获益巨大。

第三次机遇，“海湾战争”造成的国际石油价格飙升。由此，中国新型能源产业迅速崛起，煤化工迅速成为新的投资建设热点，大量的国有或者民间资本加入化工机械制造业的行列，使化工机械制造业成为我国机械制造业的重要分支行业。

第四次机遇，中国2008年经济刺激计划。2008年为应对国际金融危机，国家投入了4万亿建设资金，不仅使中国化学工业中的40多个子行业产能居世界前列，成为世界市场上化学品的重要来源，同时中国的化工装备产能也进入新的大发展时期。

近年来，面对国际宏观经济形势复杂多变、行业周期性回落等不利因素，化工机械制造业面临产业结构调整。化工机械行业正加快推动产业升级改造，加强技术创新进步，积极贯彻走出去战略，加快国际化进程。

二、国家大力支持发展振兴化工机械制造业

2006年，发布的《国务院关于加快振兴装备制造业的若干意见》，明确提出装备制造业是为国民经济各部门和国防建设提供技术装备的基础产业。

根据中国装备制造业当前的发展状况，国家选择一批对经济安全和国防建设有重要影响，对促进国民经济可持续发展有显著效果，对结构调整、产业升级有积极带动作用，有可能迅速扩大自主装备市场占有率的重大技术装备和产品作为重点，强化有关措施，带动装备制造业全面振兴。其中包括大型乙烯和PTA项目成套设备，要求通过自主开发以及消化吸收引进技术，实现百万吨级大型乙烯和PTA成套设备国产化。在这个重要文件指导下，若干配套的政策措施出台，加大了支持重大装备国产化的力度。2009年5月12日，国务院颁布《装备制造业调整和振兴规划》。其中在产业调整和振兴的主要任务中提到：以石化产业调整和振兴规划确定的工程为依托，以千万吨级炼油、百万吨级大型乙烯、对苯二甲酸（PTA）、大化肥、大型煤化工和天然气输送液化储运等成套设备，大型离心压缩机组、大型容积式压缩机组、关键泵阀、反应热交换器、挤压造粒机、大型空分设备、低温泵等为重点，推进石化装备自主化。

这一历史阶段，石化重大装备国产化发展的特点：一是采用新技术比较多，不少装备制造业自主开发或者引进先进的设计计算软件，采用先进、精密的制造装备，以达到设计更趋合理、加工精度更高；二是设备设计方案反复论证、多次修改，以求达到最佳状态；三是更加注重设备效率、节能和环保，以降低运行成本，提高经济效益；四是从开始就瞄准国际先进水平，不搞低水平的国产化。

在乙烯“三机”的研制中，沈阳鼓风机（集团）有限公司（简称沈鼓集团）采用国际先进的三维黏性流动数值模拟分析软件，对压缩机排气蜗室设计，同时考虑压缩机基本级间匹配等问题，以提高压缩机整机效率；开发大直径、大出口宽度的三元叶轮，以满足百万吨级乙烯设备大流量的要求，同时可以提高压缩机的效率；开发新型高速节能轴承，解决轴承耗功大和耗油量大的问题；采取大型机壳结构静动力分析与优化设计，保证大型焊接机壳的强度和刚度，力争使压缩机更加安全、可靠、节能和高效率。在大型乙烯冷箱研制中，杭州制氧机厂运用精密的板翅式换热器单元设计技术；开发新型高效高压翅片；开发二相流体均匀分布结构技术；开发各种高低压传热大型透平压缩机翅片并存的大型换热器单元制造工艺技术等，力争获得更佳的换热效果。

石化重大设备的国产化得到了国家、石化行业和装备制造部门的大力支持。国家发改委专门成立了重大技术装备协调办公室，加强了组织、协调工作，并采取了一系列支持和扶持政策。中国石化集团成立了重大装备国产化领导小组，分工负责抓重大装备研制的具体协调工作。制造企业的技术开发能力逐渐增强，许多过去从来不敢涉及的重大设备，如挤压造粒机组和集中分散控制系统（DCS）也都开始有了突破。用户对重大装备国产化的信任度也在不断提高，积极使用国产设备。通过这批重大装备的攻关研制，大大提高了中国石化重大装备的开发能力，使中国重大装备的制造能力赶上世界先进水平。大型成套石化装备国产化取得重大突破。例如，2012年10月5日，中国首套国产化年产60万吨乙烯装置在大庆石化投产，标志着中国乙烯装置依赖进口的局面被改变；同年10月30日，全球规格最大、单台产能最高的年产120万吨PTA氧化反应器国内制造完成；8万立方米等级、10万立方米等级空分装置的设计生产也取得实质性进展。到“十三五”末期，中国千万吨级炼油装置国产化率超过95%，百万吨级乙烯装置国产化率超过90%左右。表2-23-1列明了2003～2018年中国石油化工重大技术装备发展实施的重点项目。

表 2-23-1 2003 ~ 2018 年中国石油化工重大技术装备发展实施的重点项目

序号	研制单位	设备（技术）名称
1	中国第一重型机械集团公司	中国石化齐鲁石油化工公司 140 万吨 / 年加氢裂化装置加氢裂化反应器
2	中国第一重型机械集团公司	中国石油广西石化公司 1000 万吨 / 年大型炼油基地建设 1600 吨加氢裂化反应器
3	中国第一重型机械集团公司、兰州兰石重型装备股份有限公司	中国石油大连石化分公司 220 万吨 / 年连续重整反应器
4	中国第一重型机械集团公司、兰州兰石重型装备股份有限公司	中国石油云南石化分公司 240 万吨 / 年连续重整反应器
5	甘肃蓝科石化高新装备股份有限公司	福建炼油厂大型连续重整、乌鲁木齐石化厂 PX 装置中的大型板壳式换热器
6	浙江中控科技集团有限公司	开发的 DCS 控制系统已广泛应用于国内石化装置，实现了国内石化装置 DCS 控制系统国产化的重大突破
7	中国化工集团天华化工机械及自动化研究设计院、中国石化工程建设有限公司（SEI）等	首台单台 2 万吨 / 年 CBL-Ⅰ、4 万吨 / 年 CBL-Ⅱ 和 CBL-Ⅲ、6 万吨 / 年 CBL-Ⅳ型裂解炉
8	茂名重力石化机械制造有限公司	新疆中石油独山子石化公司 100 万吨 / 年乙烯工程 15 万吨 / 年乙烯裂解炉
9	中国化工集团天华化工机械及自动化研究设计院	中石化天津分公司、中石化镇海炼化分公司 100 万吨 / 年乙烯工程裂解炉急冷锅炉系统、燃烧系统工艺包、裂解炉所采用的线性急冷锅炉、裂解炉用低 NO_x 底部燃烧器
10	中国寰球工程公司	中国石油大庆石化公司 120 万吨 / 年乙烯改扩建工程大型裂解炉工艺包
11	北京石油化工工程有限公司	大型石化联合装置隔膜密封式高压换热器
12	无锡化工装备有限公司	大型石化联合装置内表面烧结型高通量换热器
13	中国第一重型机械集团公司	乙二醇装置大型换热器
14	合肥通用机械研究院	新疆中石油独山子石化公司、中石化天津分公司 2000 米 ^{3} 低温乙烯球罐
15	杭州杭氧股份有限公司	应用于国内主要炼化企业乙烯改扩建工程的 100 万吨 / 年乙烯工程乙烯装置冷箱

续表

序号	研制单位	设备（技术）名称
16	中国石化南京化学工业有限公司化工机械厂	中国石化扬子石油化工有限公司 30 万吨 / 年环氧乙烷 / 乙二醇装置环氧乙烷反应器
17	北京石油化工工程有限公司、茂名重力石化装备股份公司	7 万吨 / 年、20 万吨 / 年、30 万吨 / 年聚丙烯装置环管反应器
18	北京石油化工工程有限公司、茂名重力石化装备股份公司	天津乙烯工程 45 万吨 / 年聚丙烯装置复合式环管反应器
19	北京石油化工工程有限公司、宁波天翼石化重型设备制造有限公司	中石化天津分公司 30 万吨 / 年聚乙烯气相反应器
20	沈阳鼓风机集团股份有限公司	中石化天津分公司和中石化镇海炼化分公司两套 100 万吨 / 年、中石油抚顺石化 80 万吨 / 年乙烯工程乙烯裂解气离心压缩机组、丙烯制冷离心压缩机组、乙烯制冷离心压缩机组
21	大连橡胶塑料机械股份有限公司	中石化燕山分公司 20 万吨 / 年聚丙烯同向双螺杆挤压造粒机组
22	大连橡胶塑料机械股份有限公司	中石化齐鲁石化公司 25 万吨 / 年聚乙烯装置挤压造粒机组
23	南京宝色钛股份有限公司	重庆蓬威石化 100 万吨 / 年 PTA 项目
24	中国石化南京化学工业有限公司化工机械厂	10 万吨 / 年聚酯装置反应器、PTA 氧化反应器
25	山东齐鲁石化机械制造有限公司	20 万吨 / 年苯乙烯装置苯乙烯脱氢反应器
26	中航黎明锦西化工机械（集团）有限责任公司	重庆蓬威石化 90 万吨 / 年 PTA 装置、江苏海伦石化 100 万吨 / 年 PTA 装置大型 PTA/CTA 干燥机组
27	中国化工集团天华化工机械及自动化研究设计院	400 万吨 / 年 CTA/PTA 蒸汽回转干燥机组

三、重大装备关键制造技术全面实现突破

中国石油和化工行业所需要的化工机械中离心压缩机、化工流程泵、大型压力容器、化工过滤设备、煤气化炉等一系列关键技术及设备在这一时期获得全面突

破，推动和促进了化工机械国产化水平的全面提高，实现了重大装备的全面进步，推动了石油和化工行业的突飞猛进发展。

（一）离心压缩机的发展

离心压缩机是流程性工业的“心脏”设备，是现代化工生产装置中的核心动力设备，伴随着气体动力学、工程热力学、结构力学、转子动力学、材料学、加工制造工艺和安全防护等技术的发展，离心压缩机逐渐成为加工处理易燃、易爆及有毒等特殊气体优先选择的装备。

改革开放40多年来，随着石油天然气、石油化工、化肥和新型煤化工等行业的迅猛发展，离心压缩机的设计和制造技术取得了巨大进步，压缩机种类越来越多、机型越来越大、结构越来越复杂、适用压力也越来越高。

离心压缩机一般依据流程用户的工艺条件定制，其设计制造需要通过工程应用不断地积累经验，因此国家一开始就把大型压缩机列入国家重大技术装备范畴。离心压缩机的不间断运行周期的国际标准最低为5年。中国的离心压缩机技术水平是随着国家的工业水平上升而提高的，经历了从模仿到初级自主研发阶段、技术引进与消化吸收阶段和高端产品自主技术创新阶段。

经过多年努力，国内压缩机企业逐年成长壮大起来。特别是在21世纪开始后10年左右，国内经济发展速度加快，已有大量技术储备的国内企业开始发挥压缩机制造的主力军作用，从而逐步进入自主技术创新的第三阶段。最近几年来，国内企业的离心压缩机年产量逐渐跃居世界同行业首位，国内自主研制的离心压缩机开始广泛应用于工艺流程和气体输送等重要应用领域。大型在建或改扩建的石化装置中，离心压缩机国产化率可达到85%～90%以上。中国离心压缩机的主要生产厂沈阳鼓风机集团股份有限公司（简称沈鼓集团）、陕西鼓风机（集团）有限公司（简称陕鼓集团）等在设计技术、计算手段、先进的设备制造和加工能力上并不亚于国际上的知名企业。

2000年以来，由于中国经济的高速发展和巨大需求，吸引了国际上许多著名厂商进入我国市场。到“十三五”时期，国外前20名的公司差不多都在中国设有分厂、代理商或合资企业，因此，中国的离心压缩机市场已成为世界一级市场，技术水平也达到了世界一流的技术水平。

1. 石油精炼领域

在该领域主要有：2003年，沈鼓集团为辽宁大连350万吨/年催化裂化装置研制了富气离心压缩机；2006年，为海南炼油企业120万吨/年加氢裂化装置研制出连续重整离心压缩机；2011年，为甘肃兰州300万吨/年柴油加氢装置研制了循环氢气压缩机。

2.石油化工领域

1998年，沈鼓集团为大庆石化单线24万吨/年乙烯装置研制出裂解气离心压缩机，首次在乙烯装置三大压缩机国产化方面实现“零”的突破。又和德国、日本的知名压缩机公司合作制造了丙烯压缩机、乙烯压缩机和二元制冷压缩机。

2010年，由沈鼓集团研发的100万吨/年乙烯装置核心设备——乙烯裂解气离心压缩机组（蒸汽轮机驱动，轴功率5.6万千瓦）、丙烯制冷离心压缩机组（蒸汽轮机驱动，轴功率3.3万千瓦）和乙烯制冷离心压缩机组（蒸汽轮机驱动，轴功率1.4万千瓦），已分别安装在经国务院批准作为重大技术装备示范工程的天津石化、镇海炼化两套100万吨/年和中石油抚顺石化80万吨/年乙烯工程建设项目中。

自此，百万吨级乙烯“三机”全部研制成功，中国离心压缩机制造商终于跻身于世界为数不多的百万吨级乙烯“三机”成套供货商行列。2016年7月，沈鼓集团120万吨/年乙烯装置裂解气压缩机组机械运转试验成功，标志着沈鼓集团和中海油共同开创了超百万吨级乙烯“三机”成套国产化新篇章。惠州炼化二期项目的核心装备乙烯、丙烯、裂解气压缩机，全部由沈鼓集团承制并首次实现该等级压缩机组全部国产化。

大型工艺空气压缩机单元是PTA成套装置的核心设备，包括大型多轴离心压缩机、大功率蒸汽透平机、大功率尾气透平膨胀机及电动机/发电机等。国内虽已有沈鼓集团、陕鼓集团两大制造企业的相应产品在江苏海伦石化有限公司120万吨/年PTA项目和重庆市蓬威石化有限责任公司60万吨/年PTA项目中连续运行，但在机组效率等方面与国外机组尚有一定差距。

2016年底，中国首座百万吨级国产化液化天然气（LNG）工厂——湖北500万立方米/日LNG工厂国产化示范工程，采用自主成套工艺包、施工技术和国产化设备，实现了大型LNG工厂建设从技术到装备的全面国产化。项目采用国产化装备，装备国产化率达到99%，采用的丙烯、乙烯、甲烷制冷压缩机，30兆瓦防爆电机以及30兆瓦变频器，冷剂压缩机干气密封等设备为当时国内最大。工程的实施提升了中国的装备制造水平。

3. 硝酸领域

1999年，陕鼓集团成功为云南10万吨/年硝酸装置研制了国内首套轴流空压机、离心氧化氮压缩机、轴流尾气透平和蒸汽透平四合一机组；2012年，成功为四川眉山研制了36万吨/年硝酸装置用四合一机组。在燃气-蒸汽联合循环发电（CCPP）领域：2001年，陕鼓集团为吉林通化研制了轴流压缩机+离心压缩机串联煤气机组；2003年，沈鼓集团为山东济南研制了煤气离心压缩机组。

4. 新型煤化工领域

2008年，沈鼓集团为新疆哈密120万吨/年煤制甲醇、85万吨/年二甲醚项目成功研制了合成气离心压缩机组；2010年，为河南鹤壁年产20万吨煤制乙二醇项目研制了循环气压缩机；2011年，为浙江宁波60万吨/年煤基甲醇制轻烃项目成功研制了丙烯压缩机，为云南昆明20万吨/年煤制油示范项目研制了混合制冷剂压缩机；2012年，为宁夏银川150万吨/年煤气化合成气和焦炉煤气合成气制甲醇项目研制了煤气压缩机，为辽宁阜新20亿立方米煤制天然气项目研制了氨气压缩机。2011年，重庆通用工业（集团）有限责任公司为新疆伊犁55亿米^3/年煤制天然气项目研制了氨气离心压缩机。

5. 大型空气分离设备领域

国内压缩机制造商沈鼓集团和杭州制氧机集团股份有限公司为国内企业开发了为2万米^3/时（氧）以上空气分离设备配套的大型离心压缩机组，满足了国内需求。例如，2015年，沈鼓集团国家能源大型透平压缩机组研发（实验）中心成功研发国内首套10万吨级空分装置压缩机组整机，打破了国外对大型空分装置大型离心压缩机组的垄断。

（二）化工流程泵的发展

化工流程泵是化工生产过程中各种用泵的总称。化工流程泵的品种繁多，按其作用原理可分为叶片泵，如离心泵、轴流泵、混流泵、部分流泵、旋涡泵等；容积泵，如往复泵、回转泵，以及其他类型的泵，如喷射泵、电磁泵、水锤泵等。另外还有为适应某些化工生产过程的特殊要求开发的专用泵，如塑料泵、玻璃泵、陶瓷泵、石墨泵、屏蔽泵、磁力泵、杂质泵等。

在化工生产中，泵在高温、低温（或超低温）、高压、易燃、易爆、有毒、强腐蚀的介质下工作，有的还在高入口压力、高扬程、高黏度、小流量、高汽蚀性能下工作，对化工泵的性能要求相当苛刻，其中主要的是耐腐蚀、不允许泄漏（对有毒介质）和耐磨损。磷酸料浆泵和高压甲铵泵是近年来化工机械行业取得的主要科研攻关成果。

高压甲铵泵和高压液氨泵，是尿素装置中遭受强腐蚀、技术难度最大的两种泵。这些结构形式的高压甲铵泵国内都有研制，上海大隆机器厂研制了往复式甲铵泵、四川化机厂研制出8级中速（6500转/分）离心式甲铵泵、中国航天工业十一所和沈阳水泵厂研制了高速部分流式甲铵泵。目前中国泵的生产能够满足化工、石油化工生产装置建设的需要。

（三）配套阀门的发展

阀门是化工生产装置中一个重要的组成部分，用以控制工作介质的流向、压力、温度、流量或使其分离、混合，或提供压力、温度、流量过高（过低）保护等。阀门是看似简单，实际技术含量更高的设备，因此在化工、石油化工生产装置中，许多大型或高精度自动阀门至今仍需引进。

据不完全统计，在年产30万吨合成氨装置中，需要各类阀门10000多个；在年产30万吨乙烯装置中，需要各类阀门20000多个，阀门的造价通常占装置总投资的5%～10%，维修费占大修费的10%以上。

“七五”期间，阀门是大化肥企业在管理上和维修上最棘手的设备之一，也是影响正常生产出现故障最频繁的设备之一，其中暴露问题最多的是高压调节阀和安全阀。从20世纪70年代末中国大量引进石油化工生产装置和改革开放以来，中国的阀门制造业已有了很大的发展。

中国现有一定规模的阀门生产企业2200多家，其中国家骨干重点企业20多家。不少厂家引进了国际先进水平的生产技术和设备，经过消化吸收、研制开发出了新的产品，有些工厂通过合资或合作制造，生产出较高质量的阀门。现在阀门设计普遍采用CAD技术，有的进行三维实体造型，美化外观结构。产品类型包括14个大类、近2000个系列、12000多个规格，可以基本满足30万吨/年乙烯、30万吨/年合成氨、52万吨/年尿素、6万吨/年高压聚乙烯、8万吨/年聚丙烯、5万吨/年丙烯腈、6万吨/年乙二醇、8万吨/年氯乙烯、3万吨/年乙醛、3万～6万吨/年聚酯等生产装置的成套需要。

中国阀门生产企业与国外先进水平相比，仍有较大差距，有些特殊用途的阀门中国还不能制造，仍需进口，如一些高参数大口径的安全阀、高温高压闸阀、高速自动阀门、关键调节阀等；阀门质量不稳定，阀门的内漏问题较为严重；外观质量差，结构设计落后，尺寸大，重量重。由于阀门引进数量庞大，品种繁杂，原始资料不足，造成维修和备品配件供应困难。易损件如阀芯、阀座、密封件等的材料牌号、机械性质、化学成分大部分都不清楚。阀门产品从许多国家引进，遵循标准不同，特别是配套仪表五花八门，因此给阀门制造厂组织系列化、标准化生产带来困难，也是阀门国产化中要解决的一个问题。

（四）压力容器的发展

中国压力容器行业设计、制造能力和水平在过去几十年内得到了飞速发展，跻身于世界压力容器生产强国之列，其维护技术的进步使得石化等重要行业的生产装置长周期安全运行成为可能。

发展到今天，中国压力容器生产企业已能成套设计、制造600兆瓦和1000兆瓦核电站设备，1000万吨/年炼油装置设备，100万吨/年乙烯装置设备，100万吨/年PTA装置设备，100万吨/年甲醇装置设备，30万吨/年合成氨装置设备，52万吨/年尿素装置设备，50万吨/年低压羰基合成醋酸装置设备，大型储罐、大型球罐及其罐区等。

中国压力容器的常规设计已基本实现计算机辅助设计，有专门的软件开发商从事设计软件开发，并提供后续技术服务，不断升级更新。目前普遍使用的设计软件，如SW6、LANSYS、通用基于风险与寿命的计算机辅助设计系统等，在使用过程中不断得到补充和完善。通过对压力容器分析设计及其零部件数值分析中常使用的LANSYS等软件的二次开发，已使其可对反应堆压力容器的可靠性、常规容器与核容器密封结构的密封性、超高压绕丝容器的应力场、包扎容器的温度场、爆炸容器的动力响应和压力容器中的裂纹扩展模拟等进行分析。采用数值分析软件对压力容器制造过程进行的模拟也进行了有益的尝试，在封头成形、筒体卷制、焊接残余应力形成和不锈钢堆焊层氢扩散行为等方面取得了有价值的结果。

压力容器设计过程中除采用计算机进行数值分析外，合肥通用机械研究院与中石化茂名分公司等单位合作，研究解决了550℃下的长期在线应变监控问题，通过对试件和压力容器的长期在线应变监控（逾2年），以实测应变验证结构设计的合理性、修正数值模拟误差，并为结构的进一步改进提供依据。

大型厚壁容器上广泛使用窄间隙焊是21世纪后中国焊接技术的主要进步之一，该技术已为国内制造单位认同和接受。为进一步提高焊接效率，哈尔滨焊接研究所林尚扬院士发明研制了“双丝窄间隙埋弧焊”技术及焊接设备，并与一重合作施焊了重达2000吨的加氢反应器的28条环焊缝，全部一次探伤合格。上海电气集团核化公司进行了镍基合金窄间隙焊工艺试验，取得了良好结果。采用数字化控制方法对全自动马鞍形焊机进行了改进，扩大其焊接适用范围，进一步提高大型厚壁容器接管的焊接质量和效率。带极堆焊机和内孔堆焊机的广泛使用，为包括核压力容器、加氢反应器在内的压力容器制造提供了质量保证。

中国第二重型机械集团公司（简称二重）采用宽带极堆焊技术施焊的加氢反应器试件，在454℃、20MPa冲氢试验中，超声检测未发现堆焊层剥离，为宽带极堆焊技术使用做了有益探索。上海电气核电设备有限公司采用双热丝钨极氩弧焊堆焊技术，在核电蒸汽发生器管板上堆焊镍基合金获得成功，研究获得了该项技术实施过程中的各影响因素及其控制方法。

全自动等离子焊接技术在特种材料压力容器焊接上的推广使用，极大地提高了生产效率，降低了制造成本。全自动等离子焊接技术最初主要用于薄壁不锈钢构件的焊接。1997年起，合肥通用机械研究院提出了将该技术用于特种材料焊接的设想，2004年起进行相关研究工作，在其下属的合肥通用特种材料设备有限公司等单位进行产业化，先后开发了不锈钢、超级不锈钢、双相不锈钢、镍合金、钛、锆等的全自动等离子焊接技术，提高工效近10倍，节省焊材50%～90%。

进入21世纪后，以石油化工、煤化工等先进工艺为代表的过程装置为了减少生产成本、提高生产效率，其发展趋势出现三个变化：其一是生产装置大型化乃至压力容器的大型化、重型化；其二是服役环境的极端化，如高温、低温与腐蚀性介质加剧等；其三是长周期运行。这就使得装置运行风险增加，维护检验成本高、难度大，原有的维护方法难以适应新形势下过程工业发展的趋势。

针对过程工业的发展趋势，国家科技部与国家质检总局组织了国内数十家单位的几百名科技人员进行了10多年的科技攻关。“九五”与“十五”期间开展了针对腐蚀环境与高温环境的承压设备完整性评估技术研究，“十一五”期间又开展了大型高参数、高危险性成套装置长周期运行安全保障技术研究及极端条件下压力容器维护技术研究等工作，在基于风险的检验（RBI）、合于使用评价、在线检验降险等方面取得了突破性进展。

（五）大型化工过滤设备的发展

中国大型工业过滤设备发展较晚，一度是国内业界的空白，随着国内磷复肥工业的发展而发展。

中国高浓度磷复肥于20世纪80年代初期开始起步，当时世界上主要的磷肥生产工艺技术几乎都已引进，这些装置有些是从工艺技术到生产设备成套引进；有些是外商提供专利（软件包或基础工程设计），国内的工程设计单位在外商指导下完成详细工程设计；有些是与外商合作完成基础工程设计，由国内独立承担详细工程设计，与外商合作在国内外采购关键设备等不同方式。

1.翻盘式过滤机

“七五”期间，中国为满足年产3万吨磷铵装置的通用设计定型的需求，将过滤面积42平方米的后翻盘式过滤机列为国家重大技术装备课题，由南化公司设计院完成机器设计，杭州化工机械厂完成研制和定型生产，并在此基础上陆续开发出过滤面积为14平方米、25平方米、34平方米、42平方米、55平方米的系列产品，以适应各种不同规模磷酸生产装置的需要。

“八五”期间，由中国化工装备总公司牵头，组织化工部第三设计院和杭州化工机械厂测绘了安徽铜陵磷铵厂引进美国Ameico公司的过滤面积为73平方米的翻盘式过滤机，并将其消化吸收和攻关研制工作第二次列为国家重大技术装备课题，四川硫酸厂、辽宁锦州硫酸厂、云南红河州磷肥厂、山东鲁北化工总厂大型磷酸装置的建设均应用了这一技术成果，满足了当时国内磷肥工业发展的需要。

进入“九五”以后，借助国家在大型磷肥生产技术全面推行国产化的有利机遇，化工部技术装备办公室第三次将翻盘过滤机列为国家重大技术装备课题，组织杭州化工机械厂等单位开展研制，最终依托工程是云南磷肥厂年产20万吨磷酸装置，实现了120平方米翻盘过滤机的国产化。杭州化工机械厂先后生产大型翻盘过滤机系列产品200台以上，具备了一定的设施实验研究手段和自主研究开发能力。

大型翻盘过滤机系列产品的国产化，不仅满足了各个历史阶段磷肥工业发展的需求，同时也填补了国内在大型真空过滤设备领域内的空白，形成了系列化产品和专业化生产能力。基本上可以满足国内磷肥工业发展不断上规模的需求。

2.转台式过滤机

转台式过滤机是国家重点发展的大型真空过滤设备之一。“七五”期间，国务院重大技术装备领导小组办公室第一次将其列为国家重大技术装备课题，确定由南化公司设计院承担机器设计任务，从过滤面积5平方米的样机开始，逐步放大形成与翻盘过滤机相同的系列产品，满足国内磷肥工业发展的需要。

20世纪80～90年代，中国的江西贵溪化肥厂、甘肃金昌化肥厂和河北秦皇岛中阿华瀛集团公司分别从国外引进了132平方米、56平方米和78平方米的转台真空过滤机，转台真空过滤机引进时的合同价格每平方米均在2.5万美元以上，加上运输费、关税和安装调试费每平方米接近3万美元。因此“八五”期间国务院重大技术装备领导小组和化工部技术装备办公室第二次将转台真空过滤机列为国家重大技术装备课题，组织化工部第四设计院和杭州化工机械厂对江西贵溪化肥厂引进法国Aousting公司的过滤面积为132平方米的转台式过滤机进行消化吸收，完成系列产品设计，最终实现这一类真空设备的国产化。

江苏新宏大石化机械有限公司是在20世纪90年代崛起的一家大型真空过滤机生产民营企业，该公司先后为重庆涪陵公司、云南富瑞公司、贵阳中化开磷公司生产了50台（套）140平方米和160平方米转台过滤机，产品广泛应用于磷酸、氧化铝、钛白粉以及电厂脱硫等行业，在短短的四五年内，已制作了转台过滤机88台。

3.橡胶带式真空过滤机

橡胶带式真空过滤机一度是磷肥工业发展急需的大型真空过滤设备，“七五”和“八五”期间，云南云峰、云南红河州、广东湛江、广西鹿寨、湖北大峪口、湖北黄麦岭等多家大型磷酸生产企业均从国外引进橡胶带式过滤机，生产厂家有英国Delkor公司、美国Eimco公司、日本三菱公司等，过滤面积为35～70平方米不等。“七五”期间，国务院重大技术装备领导小组办公室第一次将DU型橡胶带式过滤机列为国家重大技术装备课题，要求杭州化工机械厂结合江苏采石化肥厂硫磷铵项目的技术改造，完成过滤面积为10平方米的两台样机，并形成过滤面积为0.5～50平方米的橡胶带式过滤机系列产品。

“八五”期间，青海钾肥厂从美国Eimco公司引进过滤面积分别为40平方米和50平方米的橡胶带式过滤机，根据用户的需求国务院重大技术装备领导小组办公室第二次下达橡胶带式过滤机重大技术装备国产化课题，要求杭州化工机械厂完成青海钾肥厂引进设备的安装调试任务，并完成橡胶带式过滤机的消化吸收和50～110平方米系列产品的国产化任务。

（六）大型化工干燥技术装备的发展

干燥是能耗较为集中的单元操作，能耗约占工业装置总能耗的10%～20%。干燥技术广泛应用于食品、农业、化工、石油化工、煤化工等诸多领域，几乎涉及所有的流程工业。中国干燥技术发展至今，干燥器的种类及干燥方法已较为完整，从事干燥理论研究、技术开发、设备制造的机构和企业也在不断发展壮大。

“八五”开始，国家经贸委、科技部、发改委先后组织有关单位对化工、石化等行业的干燥装备和技术进行了系统的国产化攻关开发，使中国干燥技术和装备水平在近20年里进入高速发展阶段，实现了从落后到先进的飞跃，蒸汽管回转干燥、桨叶干燥、喷雾干燥、橡胶带式干燥等诸多干燥技术水平已达到国际领先，成为世界干燥行业的领跑者。

PTA是重要的大宗有机原料之一，广泛用于化学纤维、轻工、电子、建筑等国民经济的各个方面。2012年，中国新增PTA超过1000万吨，新上PTA装置接近10套，每套装置需要2台大型蒸汽管回转干燥机，蒸汽管回转干燥机正是在“八五”国产化攻关研制基础上开发成功的一种大型间接加热型干燥器。中国PTA装置干燥单元，由于国外工艺商和国外生产厂家的捆绑式销售，2006年以前PTA行业使用的大型蒸汽管回转干燥机组仅有少数发达国家能生产，大型蒸汽管回转干燥机一直依赖进口。2006年，佳龙石化60万吨/年PTA装置中蒸汽管回转干燥机首次国产化。中国目前自主生产的大型蒸汽管回转干燥机组以其处理能力大、密闭性能好、热效率高、运行平稳可靠、使用寿命长等优异性能，不仅辐射国内市场，同时走向世界，出口比利时、美国、西班牙等国家。

2011年9月20日，世界最大规格、年产400万吨的CTA/PTA蒸汽回转干燥机组由中国化工天华化工机械及自动化研究设计院（简称天华院）制造完成并顺利出厂装船，交付使用。这套包括2台直径4.2米、2台直径4.5米、1台直径4.8米的大型干燥机组，从研发、设计到制造，全部由天华院自主完成，填补了该领域国内大型装置关键设备的空白，达到世界先进水平，使PTA产业的干燥设备采购成本降低50%。截至2011年8月，天华院出品的大型干燥机组累计产值达到10亿元，为国家节约外汇1亿美元。截至2018年，天华院设计生产的PTA蒸汽管回转干燥机组达50余台套，国内PTA行业的干燥机已完全国产化。

为了适应中国资源特征，摆脱对石油的过度依赖，调整化工原料结构，实施石油替代战略，中国在新型煤化工领域，集中突破了一批重大关键共性技术，多项创新成果创造了世界第一。中国已探明的褐煤总储量达1303亿吨，约占全国煤炭总储量的13%，估计全世界褐煤约占煤炭总储量的50%。作为化工原料，需要对褐煤进行预干燥，提高热值。现在用于煤干燥的设备主要有转筒干燥器、气流干燥器、流化床干燥器和蒸汽管回转干燥机。目前，中国已掌握以上四种煤干燥技术，技术难度最大的蒸汽管回转煤干燥技术取得重大突破。

蒸汽管回转干燥机煤调湿技术由天华院与太原钢铁（集团）有限公司联合开发，成果通过山西省科学技术厅组织的科技成果鉴定，技术水平达到当前国际先进水平。该项技术已获得国家发明专利和实用新型专利共20项，已推广应用于煤气化领域，为神华煤制油开发的惰性气体循环的热风型回转圆筒干燥机已运行数年，使用效果良好；与神华合作开发的HPU褐煤气流干燥提质装置单机干燥蒸发水量可达50吨/时，是国内最大的干燥系统，该装置已投入正常运行，开发的煤干燥及水回收技术已处世界领先。聚乙烯、聚丙烯需要的干燥设备均实现了国产化。2017年，青岛德固特节能装备股份有限公司自主研发的年产6万吨炭黑转筒干燥机，获得国内重点领域首台（套）重大技术装备认定。这是该企业继2013年950℃超高温列管换热器获首台（套）认定后，再次摘得“首台（套）”称号的新项目。中国大唐自主开发了世界首例“大规模管式干燥技术”，在煤制烯烃项目上实现大规模产业化应用，为低阶褐煤采用粉煤气化技术奠定了基础，该技术2018年获得中国石化联合会科技进步二等奖。

（七）以气化炉为核心的煤化工装备发展

进入21世纪以来，随着煤化工技术进步及装备的大型化、现代化发展，中国煤化工行业实现了由传统煤化工向现代煤化工的转型升级。现代煤化工产业的兴起，对煤化工装备形成巨大市场需求，又带动和促进了化工机械行业的振兴。

煤化工重大装备以气化炉为核心。中国煤化工气化炉早期从国外引进，包括壳牌、德士古、鲁奇等炉型，在消化吸收国外技术的基础上，通过不断的技术创新，生产出具有自主知识产权的几十种各类炉型，包括航天炉、清华炉、晋华炉、神宁炉等，基本满足了现代煤化工不同工艺路线对不同气化炉的需求。与此同时，现代煤化工需要的空分装置、净化装置、甲醇合成装置、硫回收装置、DMTO装置等，也相继实现了国产化。

“十一五”时期，国内成功建成了首套千吨级水煤浆加压气化炉并投入工业应用。

“十二五”期间，中国现代煤化工技术开发取得显著成果，其中工业化的煤气化技术达20多项，成为世界煤气化技术示范基地，居全球领先水平。

兖矿集团有限公司和华东理工大学共同承担的国家“863”计划重大研发课题——日处理2000吨煤新型水煤浆气化技术，在江苏灵谷化工有限公司实现工业化，装置顺利通过由中国石油和化学工业联合会组织的72小时连续运行现场考核。

该项技术应用企业共25家，合计72台（套）气化炉，其中日投煤量在2000吨及以上规模的气化炉达到39台（套），江苏灵谷和神华宁煤的5台（套）气化炉已投入平稳运行。日处理2000吨煤气化装置是当时全国单炉规模最大的水煤浆气化装置。该技术创立了大型现代化煤气化技术的国际品牌，是国家科技创新的重要成果。

新疆金阳煤化工机械有限公司新兴化工装备新疆研发制造基地在阜康市城西产业园奠基，该基地总投资10亿元，填补了新疆发展煤化工产业没有配套大型化工装备制造基地的空白。山西省政府通过《关于煤化工机械制造业重大项目布局推进意见》，决定将太原市作为该省煤化工机械制造业基地进行布局；鼓励省内煤化工企业在同等条件下优先使用本省煤化工装备，推进煤化工企业装备国产化，形成了以阳煤化工机械集团公司（阳煤化机）、太重集团煤化工设备分公司（太重煤化）为主的煤化工装备制造格局。阳煤化机与清华大学合作开发的水煤浆水冷壁气化炉达到国际先进水平，太重煤化气化炉的设计水平位于全国前三位。这两家企业2013年销售收入达到23亿元，其中阳煤化机成为华北地区最大的大型煤化工装备制造企业。中科院山西煤化所开发的加压灰熔聚流化床粉煤气化专利技术在云南文山铝业公司实现长周期运行，采用该技术建设了80万吨/年氧化铝配套煤气站。

中国首套具有自主知识产权的2000吨/日两段式干煤粉加压气化炉，通过了由中国石油和化学工业联合会组织的专家委员会的鉴定。航天长征化学工程股份有限公司玛纳斯项目一次投料成功，该项目采用1台3200/3800大型气化炉，通过煤气化制40万吨/年合成氨、60万吨/年尿素。兖州煤业内蒙古荣信化工有限公司承担的国家“863”计划项目——日处理煤3000吨级的超大型气化技术示范装置，通过中国石油和化学工业联合会组织的72小时连续运行考核。该装置是目前世界单炉规模最大的超大型水煤浆气化装置，装置性能与技术指标达到国际领先水平。

“十二五”期间，中国现代煤化工技术开发取得显著成果，其中工业化的煤气化技术达20多种，成为世界煤气化技术示范基地，居全球领先水平。建成一批现代煤化工示范项目，截至2014年年底，中国已经达到煤制油产能188万吨、煤制烯烃产能624万吨、煤制天然气产能31亿立方米、煤制乙二醇产能131万吨，并取得初步示范成果，为“十三五”发展奠定良好基础。

“十三五”期间，随着中国现代煤化工产业的快速发展，煤化工装备行业迎来发展的黄金期。这一时期，包括煤制油、煤制烯烃、煤制天然气、煤制乙二醇几大工业路线的成套装置基本实现了国产化。

通辽金煤复合粉煤气化炉一次投产运行成功。该工艺是在同一套煤气化装置中同时采用流化床气化和熔渣气流床气化技术。该气化装置由14套气化炉组成，是煤气化工艺装置的核心设施。

青海盐湖甲醇厂多喷嘴对置式水煤浆气化炉生产出合格的MTO级甲醇。该装置是迄今为止在高海拔地区（海拔2800米）建设的第一套大型煤气化装置。采用华东理工大学多喷嘴对置式水煤浆气化技术和中科院大连化物所煤制烯烃技术（DMTO），气化采用3台日处理2500吨煤级（6.5兆帕）的多喷嘴对置式水煤浆气化炉。

神华宁煤400万吨/年煤炭间接液化示范项目煤制油项目气化炉点火成功。该项目承担着国家37项重大技术、装备及材料的国产化任务，打破了国外对煤制油化工核心技术的长期垄断。项目重点开展中科合成油公司费托合成技术及油品加工成套技术的百万吨级工业化示范，每小时10万立方米空分成套技术和日投煤量2200吨干粉煤加压气化炉技术等重大技术、设备及关键材料国产化。按工艺技术、装备台（套）数统计，该项目国产化率达98.5%。一批国内装备制造企业在联合攻关过程中提升了竞争力，甚至挤掉了欧洲、美国、日本的制造巨头，带动国家装备制造业整体发展。

“十三五”期间，由于工艺技术及装备水平的不断提升，中国现代煤化工极大提高了装备技术水平和可靠性，促进了节能降耗，提高了能源转换效率；提高了“三废”治理水平；提升了高压煤气化炉、大型反应器、特大型压力容器、10万立方米空分装置、大型压缩机、特种机泵等装备的国产化水平；推动了以低阶煤热解为龙头的煤炭分质、分级利用多技术耦合；加大了煤焦油综合加工生产高附加值产品新技术研发力度。为中国做好煤、热电、油、气化多联产技术示范，包括IGCC、CNG、城市热电联产及建材等多领域耦合，构建跨行业发展煤化工构架提供物质基础和装备保障。

（八）有色金属设备制造应用技术的发展

中国石油和化学工业在为适应节能减排和调整产品结构的需要，全力以赴地扩大盐化工和生物化工等下游产品的生产能力，这些行业的生产过程都存在着超强腐蚀现象，普通金属或非金属材料制作的设备很难胜任，这就为有色金属材料特种设备的发展提供了一个极大的潜在市场。这一时期，国内在有色金属设备加工制造的新技术、新工艺的应用开发方面取得了较为显著的成绩，重点突破了一批对石化、化工、医药、冶金、制盐、制碱和环保等行业关键设备的研制，如55立方米带搅拌的四层爆炸复合材料钽/锆/钛/钢氯化反应釜、锆钢复合板反应器、C276双管板换热器、大型锆制换热器、PO钛制氯醇塔、双通道镍制螺旋板换热器、大型PTA钛制换热器、大型钛制TMA脱水塔等。国内一批高等院校和科研设计单位与加工制造企业密切合作，针对各类化工装置中采用的进口锆材特性和加工方法，进行了大量深入的试验研究，取得了丰富的实践经验。例如锆及锆复合材料封头压制成型；锆材结构优化设计；锆材焊接形式、焊接方法和焊接检验；锆钢复合板热处理；锆材表面预氧化处理等研发均取得突破性进展，并制定了锆设备制造技术企业标准，从一定深度上掌握了锆及锆复合材料大型设备的核心制造技术；镍基合金材料特别是哈氏合金B3、C276、C22、C2000、C59、G3等材料的加工关键技术和成熟工艺，已经在国际市场上取得一定的知名度和领先优势。

综上所述，中国化工机械工业的发展，进而到整个化工装备制造工业体系的形成，已经经历了从无到有、从小到大的过程。从新中国成立到改革开放前，中国的化工机械工业初步形成了独立的工业体系。伴随着改革开放带来的强劲发展动力，中国的化学工业实现了快速发展。化工机械制造体系被定义为整个装备制造能力的阶段，中国装备制造业通过引进西方国家先进的技术装备、管理理念和管理制度，结合国情进行消化吸收和再创新，自主创新能力不断增强，以重大技术装备国产化工作为抓手，形成了一批装备加工手段齐全、具有国际先进制造技术水平的大型装备制造企业或企业集团。到“十二五”时期，煤化工、石油化工产能的扩大等促进了化工机械工业的大力发展。石油化工和煤化工装备的国产化水平大幅提高，许多技术装备打破了国际垄断，达到或接近世界先进水平。中国也发展成为世界化工装备制造大国，正在向着化工装备制造强国迈进。未来化工机械工业将以此为起点，以建设特色明显、产业集聚、绿色安全、优势互补、产业链上下游配套的国际产能合作园区为战略重点，建立制造企业和金融、法律、咨询等机构协同参与的国际产能合作平台，形成规模效应和集聚优势，打造具有国际竞争力的现代企业及企业集团，推进国内产业梯次向国际市场大规模转移的最终目标。

第二十四章
化学矿山工业发展史

（1949～2019年）

化学矿山是为化学工业，特别是化肥工业和其他相关工业提供矿物原料的基础工业，包括地质勘探、矿山建设和矿物开采三个方面。主要矿种包括磷矿、硫铁矿、钾盐、萤石、硼矿、重晶石、毒重石、芒硝、钙芒硝、天青石、电石灰岩、制碱灰岩、硝石、天然碱、砷矿、明矾石、伊利石、白云石、蛇纹石、橄榄石、镁盐、溴、碘、含钾岩石、钾长石、泥炭等27种，其中磷、硫、钾盐是制取磷肥、钾肥和硫酸的主要原料；硼矿、萤石、重晶石是制取硼砂、硼酸、氟化工和钡化工产品、石油天然气钻井泥浆加重剂和钢铁、炼铝、水泥、陶瓷、玻璃等工业生产中不可缺少的原料，也是发展集成电路、光纤、太阳能、高端制造、水净化、污染治理、医药等战略性新兴产业的重要原料。因此，中国化学矿山工业发展史，与中国化学工业，特别是化肥工业、酸碱等基本化工和新兴战略产业的发展密切相关。这些矿种的开发从无到有、由少到多，伴随着共和国的发展而逐步发展壮大起来。经过几代人的艰苦奋斗，形成了集地质研究、地质勘探、工程勘察、矿山规划、设计科研、矿山开采等为一体的比较完整的化学矿山工业体系，在地质找矿、化学矿产开采与加工、矿山装备、科技创新等方面取得了巨大的成就。

从新中国成立到2018年，主要化学矿产产量、储量发生了天翻地覆的变化：磷矿产量从不足1万吨，提高到9633万吨，居世界第一位，探明的资源储量252.84亿吨，居世界第二位；硫铁矿产量从不足10万吨，提高到1458.8万吨，探明的资源储量60.6亿吨；钾肥产量从无到有，达到623万吨（折K_2O），探明的钾盐资源储量（氯化钾）由空白增加到10.27亿吨；硼矿（B_2O_3）产量267万吨，探明的资源储量7818万吨；萤石产量380万吨，探明的萤石矿资源储量4554.3万吨，产量和储量均为世界首位；重晶石产量300多万吨，探明的资源储量3.9亿吨，储量位居世界首位。这些主要化学矿产不仅彻底改变了化肥工业和化学工业所需原料大部分依赖进口的局面，促进了中国农业丰产增收，保障了粮食安全，而且为石油和化工及相关行业发展作出了重大贡献。

中国地大物博，矿产资源储量丰厚，很多化学矿种产量、储量位居世界前列，但是也要看到，国内有的重要的矿产十分匮乏，其中钾盐就是紧缺矿产之一，仅占世界已知储量的2.21%左右。世界钾盐矿资源相当丰富，已探明的钾盐储量95.07亿吨（折K_2O），加拿大、俄罗斯、白俄罗斯、巴西4国合计储量占世界总储量的92%以上。自20世纪50年代以来，经过中国几代地质工作者的努力，已勘探开发利用了云南江城县勐野井钾盐矿床和青海察尔汗盐湖钾盐矿床及新疆罗布泊盐湖钾盐矿床等。但是，在四川盆地三叠系、陕北盐盆地奥陶系、江汉盆地潜江凹陷、山东大汶口凹陷、云南兰坪-思茅盆地下第三系等发现的古代钾盐矿，尚未开发利用。对于这些国内稀缺的化学矿产资源，发展新时代的化学矿山，既要坚持开发与保护并重的方针，珍惜与合理开发利用不可再生的矿产资源；更需要高度重视与切实搞好矿业开发过程中的生态环境保护，以资源节约推动化学矿山绿色发展，构建绿色和谐的化学矿业。

第一节 产业基础非常薄弱

（1949年以前）

中华人民共和国成立前，中国化学工业基础薄弱，对磷、硫、钾、硼、萤石、重晶石的需求量很少，化学矿山工业也相应薄弱。那时没有专业的地质队伍，只有为数不多的地质学者和专家。中国磷矿地质工作开展较早，1949年前，中国地质学者就对江苏锦屏磷矿、云南昆阳磷矿、海口磷矿、澄江东山磷矿、安徽凤台磷矿和南沙、西沙鸟粪磷矿进行过地质调查；对安徽向山、广东英德、湖南水口山、浙江、广西、福建、辽宁、吉林等地的硫铁矿和河南、山西、四川、贵州、云南等地的煤系硫铁矿及青海、甘肃的自然硫矿进行过地质调查；对浙江、福建、江西、山东、广东、辽宁、贵州、北京等地的萤石矿进行过地质调查。发现磷矿7处，硫铁矿和自然硫矿51处，硼矿7处，萤石25处，重晶石15处。估算和推测磷矿地质储量4763万吨，硫铁矿数千万吨，萤石数百万吨，重晶石近千万吨，但没有可供建设设计的探明储量。

全国几乎没有正规的化学矿山，磷矿只有江苏锦屏磷矿，该矿1919年开采锰矿时发现，1920年锦屏矿务有限公司开采磷矿，兼采锰矿，产品全部销往日本。抗日战争时期，矿区被日军占领，1939年底日本在青岛成立海州矿业开发株式会社，从山东、河南、江苏等地强征大批民工，对该矿进行掠夺式开采。日本投降后，由国民党政府接管，1947年开始露天开采，1948年5月停采。硫铁矿主要有安徽向山、广东英德、山西阳泉、辽宁草河口等矿山，四川叙永大树、古蔺、兴文，河南焦作博爱、新安，云南威信，贵州黔西北等地煤系硫铁矿，浙江、辽宁、内蒙古、河北等地也有少量开采。安徽向山硫铁矿是1940年日本帝国主义侵华期间勘探向山铁矿时发现的，1941年建井手工开采，采富弃贫，到1945年共采出含硫40%的优质硫铁矿60余万吨。该矿为马鞍山钢铁厂的附属采矿场，1946年国民党政府成立资源委员会华中矿务局筹备处马鞍山分矿继续生产，1947年生产硫铁矿6.4万吨，1948年淮海战役期间停产，1949年4月南京军事管制委员会接管该矿。当时所生产的硫铁矿大都是就地炼硫黄。广东英德硫铁矿主要是开采硫黄山硫铁矿和西矿湖矿段富硫铁矿，具有100多年采矿炼制硫黄历史。中华人民共和国成立前，由国民党政府广东省建设厅组织经营，手工露天开采，日产矿石60余吨。萤石主要有浙江璋华氟石公司、内蒙古喀喇汀沁旗大西沟和贵州安顺华严洞等萤石矿。当时全国磷矿产量不足1万吨，硫铁矿产量9.8万吨，萤石产量0.25万吨。化学工业所需矿物原料大部分依赖进口。

第二节 主要矿产迅速恢复，产量提升

（1949 ～ 1952年）

新中国成立后，百业待兴，为了保证国民经济对矿产的需要，地质工作必须先

行。1950年8月，中华人民共和国政务院第47次政务会议决定成立中国地质工作计划委员会所属的地质队伍和地质调查所，主要解决煤、铁、石油和重点有色金属矿恢复生产和扩大资源的需要，对硫、磷、萤石等化学矿产地质工作做得很少。当时，东北、华北地区化工厂陆续恢复生产，急需化工矿物原料。重工业部化工局重点恢复硫铁矿、磷矿生产，冶金局恢复了萤石矿生产。1952年，全国硫铁矿产量达到21万吨，磷矿产量3.8万吨，萤石矿2.1万吨，与1949年相比，硫铁矿增长至2倍以上，磷矿近3倍，萤石8.4倍。

一、开展化工矿产地质调查

三年国民经济恢复时期，重工业部化工局尚未组建专业地质队伍。1950年2月，中华人民共和国政务院财政经济委员会计划局组织编制了中国第一个地质工作年度计划，重点勘查煤、铁、石油和铜等有色金属资源，对硫、磷、萤石等化工矿产尚未开展正规的地质工作，一般只进行地质调查工作，新发现磷矿3处、硫铁矿3处，估算磷矿地质储量3700万吨、硫铁矿390万吨、萤石矿50多万吨。

（一）西南地区发现多处磷矿

1950年，四川省乐山专区矿产勘测队长谢仁宏在沐川县观慈寺发现了磷矿。之后，四川强华冶炼公司王崇之分别在乐山地区金口河附近及峨眉马溜岩发现两处磷矿。对于已发现的云南昆阳磷矿，1950年昆明市人民企业公司地质组范承钧、邓家藩等人开展了进一步的调查工作，调查面积25平方公里，编有《昆阳磷矿地质报告》，估算磷矿储量3700万吨。

（二）全国多地发现新硫铁矿

全国新发现硫铁矿3处。即1949年，山西省五台县石咀村农民发现五台县金岗库硫铁矿，1952年北京大学王文魁等人又对该硫铁矿填制了1：2000地质图，估计储量90万吨；1952年10月，浙江地质调查所仝子鱼等人，发现了浙江龙游牛角湾和溪口河西硫铁矿；1952年12月，安徽马鞍山矿务局施工钻孔发现马山硫铁矿。1950年，罗绳武对贵州三叉河硫铁矿进行了地质调查，编有《贵州遵义县三叉河硫铁矿简报》；山西硝磺局阳泉分局对平定锁簧等地硫铁矿资源进行调查，估算储量300万吨。浙江省财政经济办事处地调所对遂昌县治岭头硫铁矿进行过调查。1952

年，中南地质局张伯楫调查了广东英德西矿湖硫铁矿，编有《广东英德硫磺山黄铁矿调查报告》。同年10月，重工业部化工局资源科许美云、张述舜调查了山西、辽宁等地硫铁矿。

（三）全国多地开展新萤石矿调查

1950年山东刘国昌、夏希蒙对龙口曹家萤石矿进行了调查。浙江地质调查所胡子俺、仝子鱼、汪国栋、李璞等人从1950年开始，对浙江武义萤石矿进行不同程度调查，写有相应的调查报告，估算矿石储量50余万吨。1952年上官俊、周仁麟调查了胶南七宝山萤石矿。

二、生产建设初具规模

（一）磷矿总产量增长近3倍

为满足农业生产对磷肥的需要，三年国民经济恢复时期主要是恢复和扩大了江苏锦屏磷矿生产。1950年恢复东山竖井和西山一、二号斜井，1952年又恢复了开采露天深部残矿。1951年生产磷矿石2万吨，1952年生产磷矿石3万吨左右。这在当时是全国最大的磷矿山。此外，四川乐山峨眉磷矿开始露天开采。1952年，中国磷矿产量3.8万吨，与1949年相比，磷矿增长了近3倍。

（二）硫铁矿产量突破20万吨

国民经济恢复时期，硫酸生产原料短缺，重工业部化工局重点恢复了安徽向山、广东英德、辽宁草河口、山西阳泉等地的硫铁矿生产。

1949年4月，南京军事管制委员会接管安徽向山硫铁矿，广大职工为恢复生产献计献策、修旧利废，1949年6月1日就恢复了井下生产，当年生产硫铁矿1.5万吨，1950年产量8.7万吨，1951年产量10万吨，1952年产量17.5万吨，该矿是当时全国最大的硫铁矿山。

广东英德硫铁矿由当地人民政府组织生产合作社恢复开采，大部分就地炼制硫黄。

1950年8月，四川省叙永县开办国营叙永县硫黄厂，下设三个工区进行地下开采，日产矿石300～500吨。1950年10月，山西省工业厅筹建山西五台山石咀硫黄厂，对五台山金岗库硫铁矿大东沟进行井下开采，1953年建成投产。1951年，贵州省大方县创建国营大方硫黄厂，遵义县建立民办三叉河硫铁矿。1951年，四川省江安县组建江安县人民硫黄矿；1952年，河南省建成地方国营博爱硫铁矿和民办冯封小岭硫铁矿，均开采当地煤系硫铁矿，土法冶炼硫黄。

1952年，全国硫铁矿产量为21万吨，与1949年相比，硫铁矿产量增长1倍以上。

（三）萤石产量突破2万吨

为了满足中国钢铁生产对熔剂的需要，1949年，地方国营阜新县萤石矿和乡镇集体恢复开采少冷和杨家店萤石矿；1950年，浙江省矿业公司成立武义氟矿办事处，恢复浙江武义杨家萤石矿露采、坑采及选矿生产。1952年，全国萤石产量2.1万吨，全部为冶金级萤石矿。

第三节 建成完整的化工矿产资源勘查开发体系（1953～1978年）

这一计划经济时期，中国化学矿山得到了较大发展，组建了化工地质专业队伍，加强了对磷、硫、钾、硼等化工矿产资源的找矿和勘查工作。为了满足农业生产、钢铁制造、石油开采和国防尖端工业对化工矿产的急需，磷矿、硫铁矿、硼矿生产建设发展较快，产量与新中国成立初期相比，增幅较大。萤石、重晶石的开发，不但满足了国内石油工业、化学工业、冶金及相关工业的需求，而且还出口部分矿石，为国家创造了大量外汇。磷、硫、钾、硼等化学矿山的建设资金主要依靠国家拨款，生产出来的矿产品国家实行计划分配、定点供应，矿产品价格由国家统一定价。经过20多年的建设和开发，化学矿山工业基本形成了地质研究、地质勘探、工程勘察、矿山规划、科研设计、生产建设为一体的较为完整的化工矿产资源勘查开发体系。到1978年，全国磷矿产量达到1138万吨，比1952年的3.8万吨，增长约300倍；全国硫铁矿产量达到687万吨，比1953年的32万吨，增长20多倍；钾肥产量从无到有，产量达到2万吨；硼矿产量36.6万吨；萤石产量118.8万吨；重晶石产量64万吨。

一、组建化工地质专业队伍

新中国成立后，中国化工地质专业队伍从无到有、由小到大，经历了三起两落的曲折发展过程。1953年秋，重工业部决定将已经停产的原胶东根据地栖霞玲珑金矿和招远金牛山金矿共966人组建为化工资源勘采大队，同时重工业部化工局成立地质处。重工业部为了统一领导地质工作，1955年化工局地质处直接归重工业部地质局管理。1956年5月12日，第一届全国人民代表大会常务委员会第四十次会议决定，将重工业部化工局、轻工业部医药工业局和橡胶工业局合并成立化学工业部，化学工业部下设地质矿山管理局，负责化学工业的地质勘探和矿山生产建设。到1957年，化工地质队伍已由原来的一支队伍发展到341 ～ 345五支化工地质普查勘探队伍，共3139人，其中专业技术人员327人，装备有较为齐全的钻探设备和测试仪器，重点对湖北、安徽、广东、辽宁、河北、青海等省份开展磷、硫、硼、钾盐、碱用石灰石等矿种的普查勘探工作，发现和勘探了湖北荆襄、鹤峰磷矿，安徽凤台磷矿，广东英德、安徽向山、辽宁张家沟硫铁矿，辽宁二台子、杨木杆子硼矿，青海察尔汗钾盐等大中型矿床，同时发现了中国著名的广东凡口铅锌矿。1957年，全国地质工作要求统一管理，化工部所属地质勘探队伍全部划归地质部领导。1963年，化学工业部与地质部协商，第二次重新组建两支化工地质队伍，分别为化工部第一地质队和化工部第二地质队，主要承担江苏、安徽、辽宁等省的硫、磷、硼等主要化工矿产的普查勘探工作。到1969年，化工地质队伍发展到655人。由于“文化大革命”的影响，1969年化工部将这两支队伍分别下放江苏省和辽宁省地质局管理。

1972年3月，根据全国地质工作分工的要求，为适应化学矿山发展的新形势，燃料化学工业部第三次在河北、内蒙古、辽宁、吉林、山东、河南、浙江、福建、安徽、湖南、湖北、广东、广西、四川、贵州、云南等全国17个省份（自治区）建立了化工地质队，人员主要来自有关省的地质、煤炭、石油、冶金等系统。

为了加强化工矿产地质找矿研究和地质勘查工作的管理，1977年燃料化学工业部在河北涿州成立了化学矿产地质研究所，1978年6月，在河南郑州又成立了化学工业部地质勘探公司，同时组建了公司直属的大区化工地质队和专业地质队，即东北化工地质队（黑龙江）、华东化工地质队（江苏）、西北化工地质队（陕西）、华北化工地质大队（内蒙古），在河南郑州成立化工部物探大队，协调地区物探工作和开展专业勘查。为了加速全国农业现代化，保证农业生产对钾肥的急需，1978年化工部决定在山东泰安成立钾盐地质勘探大队。到1978年底，全国共有20支化工地质队和1个化工地质研究所，共9002人。

二、探明资源储量基本满足化学矿山生产建设要求

为了保证农业生产、国防工业等对化肥、钢铁和化工矿产的需要，计划经济时期，国家地质部门始终把磷、硫、钾、硼和萤石等矿种作为全国非金属矿产地质工作的重点，切实加强了硫、磷、钾、硼等主要化工矿产的找矿工作，尤其是在1958年大炼钢铁期间，全国掀起了群众性找矿报矿热潮，专业地质队伍与群众找矿相结合，磷、硫、钾盐、硼、萤石和重晶石的找矿成果显著。根据化学矿山规划建设要求，重点勘探评价了一批磷、硫、钾盐、硼、萤石、重晶石等矿种的大中型矿床，探明的资源储量除钾盐资源外，基本上满足了化学矿山生产建设要求。

（一）新增磷矿

计划经济时期，全国共发现磷矿产地269处，其中大型和特大型磷矿床23处。国内被誉为“三阳开泰”的云南昆阳、贵州开阳、湖北荆襄（襄阳）三大磷矿，再加上湖南浏阳、四川金河绵阳两大磷矿形成“五阳争艳”，除云南昆阳磷矿外，都是20世纪50年代先后发现的。其他新发现的大型磷矿还有四川雷波、马边老河坝，湖北宜昌、鹤峰，湖南石门东山峰，贵州瓮安白岩、织金新华，云南江川清水沟等8处；60年代新发现四川绵竹王家坪，云南晋宁、安宁、德泽，江西朝阳等5处；70年代新发现云南尖山、鸣矣河，湖北保康、大悟，贵州福泉高坪和北方最大的河北矾山岩浆岩型磷矿等6处。中国现有的主要磷矿大部分是这个时期发现的。宁夏、安徽、内蒙古、陕西、甘肃、江苏、新疆、辽宁、河北等缺磷省份（自治区）也发现了一些磷矿，探明了一些储量，资源分布不均的状况有所改善。截至1978年，全国共有磷矿产地279处，保有储量104.5亿吨，基本满足了全国磷肥发展需要，为中国磷矿资源自给提供了资源保障。

（二）硫铁矿分布

计划经济时期，全国共发现硫铁矿产地293处，其中大型和特大型11处。主要

分布在华北地台北缘、长江中下游、粤桂湘三条近东西向硫铁矿（或共伴生硫）成矿带和川滇黔及晋豫煤系硫铁矿成矿区。新发现的大型以上矿床主要有广东云浮、英德西牛，安徽铜陵新桥、何家小岭硫铁矿；内蒙古炭窑口、东升庙，湖南浏阳七宝山，河南灵宝银家沟，河北兴隆高板河多金属硫铁矿；四川叙永五角山、渡船坡煤系硫铁矿。中国现有主要硫铁矿基本上是在这一时期发现的。截至1978年底，全国硫铁矿产地共346处，硫铁矿保有储量27.7亿吨。

（三）完成青海钾盐矿地质勘探

为了满足农业生产对钾肥的急需，中国于第一个五年计划后期在青海柴达木盆地内陆盐湖进行盐类矿产普查找矿时，先后发现了青海察尔汗、冷湖昆特依、大柴旦马海和茫崖大浪滩4处固液相共存、以液相为主的第四纪大型钾镁盐矿床。1962年3月，在云南勐野井发现了全国第一个小型固体钾盐矿。对已发现的青海察尔汗液体钾矿，20世纪60年代进行了地质勘探工作，提交液体矿氯化钾工业储量1.455亿吨，固体氯化钾储量9758万吨，为青海钾矿第一期工程设计建设提供了地质资料。截至1978年，全国共有钾盐产地13处，钾盐（氯化钾）保有储量2.15亿吨。

（四）新发现大型硼矿

硼化合物除用于玻璃、玻璃纤维、陶瓷、硼肥外，更重要的是可作为国防、航天高能燃料、核反应堆控制棒及结构材料。计划经济时期，全国新发现硼矿48处，其中大中型11处，主要分布在辽东吉南和青藏硼矿带，新发现的5处大型矿床分别是辽宁凤城翁泉沟、宽甸五道岭硼镁铁矿，辽宁宽甸二人沟、营口后仙峪硼镁石矿和西藏革吉县茶拉卡盐湖硼矿。截至1978年底，全国共有硼矿产地55处，硼矿（B_2O_3）保有储量3729.4万吨。

（五）萤石矿储量超2000万吨

中国萤石地质工作始于1955年，浙江省曾组建萤石专业地质队伍开展萤石矿的普查找矿和勘查工作。计划经济时期，全国新发现萤石矿床140处，其中大型以上矿床19处，主要分布在东南沿海、内蒙古-大兴安岭和东秦岭萤石成矿带，新发现的大型以上矿床包括浙江武义后树、德清银子山、庾村、龙泉八都、临安新桥，江西永丰南坑、德安，安徽宁国庄林，福建邵武南山下，广东河源到吉、兴宁低陂塝，内蒙古四子王旗查干敖包、敖包吐，甘肃高台土坝泉、永昌照路沟和头沟，河南信阳尖山、嵩山陈楼，湖北红安寨山，湖南衡阳双江口萤石矿。截至1978年底，全国共有萤石矿产地165处，萤石（CaF_2）保有储量6586万吨，萤石矿石储量2083万吨。

三、主要矿产生产能力有显著提高

新中国成立后的第一个五年计划时期，工农业生产突飞猛进，对化肥需求急剧增加。党和国家高度重视对磷矿的开发，在国家确定的“一五”156项重点项目中，就包括全国第一座大型磷矿采选联合企业——江苏锦屏磷矿，同时还新建了全国第一座辽宁凤城二台子大型硼矿，扩建了安徽向山、广东英德两个重点硫铁矿和浙江东风萤石矿。1959年3月15日，《人民日报》以《三阳开泰》为题发表文章，对化学矿山发展寄予很大期望，也标志着磷矿工业大开发的序幕拉开。

三年经济困难时期，中国粮食减产，磷矿、硫铁矿产量锐减，1962年4月18日，中央书记处书记彭真听取了化学工业部肖桂昌副部长的汇报，对硫、磷、钾等主要化学矿山的发展作出了“巩固和充实现有大中型矿山，调整小型矿山”的重要指示。化工部认真贯彻落实中央提出的“调整、充实、巩固、提高”的八字方针，重点建设了硫、磷、钾等大型骨干矿山，积极发展中小型矿山。相继建成贵州开阳、云南昆阳、湖北荆襄（襄阳）三大磷矿和湖南浏阳、四川金河（绵阳）磷矿，形成“五阳争艳”的局面。硫铁矿重点建设了全国规模最大的广东云浮硫铁矿和内蒙古炭窑口、江苏云台山、湖南七宝山、浙江龙游等大中型硫铁矿。共投资新建、扩建、技改矿山百余座，其中磷矿27个、硫铁矿46个、钾矿4个。

计划经济时期，中国化学矿山在“边设计、边施工、边生产”和“先生产、后生活”的建设方针指导下，地质勘探、设计、基本建设和生产同时进行。截至1978年，全国形成磷矿生产能力1052万吨，磷矿产量1138万吨；硫铁矿生产能力547万吨，硫铁矿产量687万吨；钾肥产量8.29万吨。

（一）磷矿生产基本满足磷肥工业的需求

计划经济时期，中国工农业生产突飞猛进，对化肥需求急剧增加，为了支援农业，满足磷肥工业及相关工业对磷矿石的需求，党和国家以及地方各级党政领导都高度重视磷矿资源的开发，重点建设了江苏锦屏磷矿、贵州开阳磷矿、湖北荆襄磷矿、云南昆阳磷矿、湖南浏阳磷矿、四川金河磷矿等大型磷矿山，以及贵州瓮安、湖北宜昌、湖南石门、四川清平、江西朝阳等重点中小型磷矿山。到1978年底，国家累计投资8.21亿元，全国形成磷矿生产能力1052万吨/年，基本上满足了中国磷肥工业对磷矿的需求。

在第一个五年计划期间，由于中国磷肥工业发展比较落后，各地因陋就简，采用土法办了一批小型磷肥厂。在“大跃进”时期，1958年全国磷矿产量达到207.9万吨，比1953年磷矿产量增长约60倍。但因为小矿点多、露头矿多，便于开采，产量上升快，所以大多生产不能稳定持续。从1959年起，产量连年递减，到1962年磷矿产量只有10万吨。1961年，国家决定实行“调整、巩固、充实、提高”的八字方针，采取了非常措施，加快经济结构调整，随着普钙和高炉法钙镁磷肥产量的增加，对磷矿石的需求加大，磷矿生产逐步得到恢复，到1966年产量已达到352万吨。但是，“文化大革命”开始后，矿山生产处于瘫痪状态，磷矿山出现采剥比例失调、贫化率和损失率大、设备失修、生产水平大大降低。1969年磷矿产量仅为198万吨。1970年磷矿生产开始恢复，各大中型矿山在进行基本建设的同时，生产稳步提高，1975年磷矿产量达到1017万吨，缓解了农业急需磷肥的局面。至1978年底，全国磷矿产量达到1138万吨，基本满足了磷肥工业生产。从1974年开始，由于磷矿产量的增加，国家不再进口磷矿石，为国家节约了大量外汇。

（二）硫铁矿产量增长

中国硫铁矿的开发建设，是伴随硫酸工业和磷肥工业的发展应运而兴的。1956年，上海开发了硫铁矿制硫酸的沸腾焙烧技术，将硫铁矿直接应用于制酸工业。在恢复广东英德、山西阳泉、安徽向山、四川叙永等地的硫铁矿生产的基础上，国家重点建设了8个大中型国营重点硫铁矿山以及地方建设的小型硫铁矿。

中国硫铁矿生产随着硫酸工业的发展逐年增长。“一五”期间，主要开采广东英德、安徽向山硫铁矿和山西、四川、河南、贵州等省煤系硫铁矿，煤系硫铁矿主要供当地生产硫黄，开采方式比较落后，主要是手工作业。随着硫铁矿制酸工艺技术的突破，以及磷肥工业的快速发展，加大了对硫铁矿的需求，硫铁矿生产企业规模不断扩大，生产技术装备水平不断提高，如安徽向山、广东英德等硫铁矿逐步实现了机械化，产量增长较快。计划经济时期，国家共投入建设资金6.6亿元，全国形成硫铁矿生产能力547万吨/年。到1978年，硫铁矿产量687万吨，为1953年的21倍。

（三）钾盐矿产量艰难增长

1958年，青海海西州开始在察尔汗盐湖因陋就简，土法上马，建起了小型察尔汗钾肥厂，当年生产钾肥实物量963吨。1968年建成钾肥生产能力1万吨/年的选矿车间。60年代初，国家将察尔汗盐湖开发列为重点科研项目。1975年，国家计委批准了青海钾肥厂建设的项目建议书，成立了青海钾矿筹建处。1978年，国家计委正式批准计划任务书，同意在察尔汗盐湖建设氯化钾100万吨/年规模的大型钾肥厂，副产工业用盐150万吨/年。项目分两期建成：一期工程为氯化钾20万吨/年，工业用盐30万吨/年，卤块7.5万吨/年，开采盐湖的察尔汗和达布逊湖两区段；二期氯化钾80万吨/年，工业用盐120万吨/年，重点开发别勒滩区段。为确保钾肥厂的建设进度和质量，化工部矿山局组织4支勘察队伍和7家设计研究院所会战，察尔汗盐湖用了3年时间完成了二期工程前期勘察、设计和试验任务。到1978年底，全国生产钾肥（折K_2O）8.29万吨。

（四）国家重点开发5处大型硼矿

硼矿是一种战略资源，计划经济时期国家对硼矿的开发非常重视。1960年5月，在辽宁丹东成立硼矿专业公司（原安东矿业公司），国家重点开发建设了辽宁凤城二台子、宽甸杨木杆子、营口五〇一矿和青海大柴旦、西藏班戈湖杜家里湖盐湖5处大型硼矿。到1978年，全国硼矿产量37.82万吨。

（五）萤石产量跃居世界第一

计划经济时期，属于国家投资的萤石矿山很少，只有浙江东风、湖北红安、河南明港、内蒙古喀喇沁旗萤石矿和湖南桃林铅锌矿副产萤石，大部分属于县、社、队办的群采矿山。冶金、建材业和地方主要开发建设了浙江东风萤石矿等6个大中型萤石矿山，建设总规模70.5万吨/年。

1952年萤石产量2.1万吨，到1978年，产量提高到118.75万吨。其中，1953～1956年增长缓慢，1956年突破10万吨。1958年正值“大跃进”全国大炼钢铁，1959年萤石产量达到57.87万吨，1961年萤石产量开始呈下降趋势，1963年产量下降到低谷29.92万吨。从1964年开始，中国萤石产量逐步上升，1976年产量达到

94.91万吨，超过墨西哥产量跃居世界首位，1977年突破100万吨。

四、已形成化学矿业科研设计力量

新中国成立以后，化工矿业的科技力量和科研队伍非常薄弱，20世纪50年代，化工矿业建设项目设计任务主要委托冶金、煤炭等行业承担。经过20多年的发展，化工地质矿业已经逐步建立了一支专业比较配套，有相当专业水平的科研、设计队伍，科技水平得到大大提升。

（一）建立矿山设计科研体系

为了适应新兴的化工矿业发展的需要，必须组建新中国化学矿山工程勘察设计和科研队伍。从1955年开始，先在化工部化工设计院设立了矿山科，承担矿山工程设计任务；在上海化工研究院建立了选矿室，承担资源开发利用的研究任务。1960年初，根据化学工业发展的形势以及化学矿山建设任务的迫切需要，化学工业部决定在江苏连云港锦屏山麓筹建化工矿山设计研究院。先后从北京有色冶金设计总院、上海化工研究院等单位专业配套成建制地调入人员和设备，从贵州开阳磷矿等单位抽调了一批技术骨干和党政领导干部。又从北京化工设计院、北京橡胶设计院、北京矿冶研究院等院所收集有关资料，加上分配来院的百名大专院校学生。在依托锦屏磷矿以及各方的大力支持和帮助下，1962年1月24日，化工部批准在江苏连云港成立化工部化工矿山设计研究院，归化工部直属领导，职工达239人。由此，新中国第一家专门从事化学矿山科研开发和工程设计的机构正式挂牌，开始迈上依靠自己的技术力量开发磷、硫、钾、硼等矿产资源的新征程。

1962～1978年，化工矿产资源开发的技术力量不断发展壮大，矿山开发与设计工作全面铺开。这期间化学矿山科研设计工作虽受到“文化大革命”的影响，但化学矿山科研设计工作并没有停滞，先后完成了大批化学矿山的新建、扩建工程设计。在此期间还开展了援助阿尔巴尼亚巴尔特磷矿的开发设计工作。同时，开展了广东云浮硫铁矿、湖北王集磷矿、青海钾肥厂等大型矿区的前期设计和工程设计工作。

随着国家经济建设以及化学矿山事业的蓬勃发展，仅靠连云港设计研究院的技术力量难以承担全国化学矿山的开发和工程设计任务。为适应化学矿山事业的快速发展，1976年，在河北涿州筹建化学矿山规划设计院。1978年1月，石油化学工业部正式批准成立石化部化学矿山规划设计院，主要负责全国化学矿山建设规划和化学矿山设计任务。1978年11月24日，化学工业部批准在湖南省长沙市组建长沙化学矿山设计研究院（简称长沙院），重点负责化学矿山液体矿产开发研究和化学矿山的设计任务。至此，三个院的设立构成了化工矿产科研设计和开发体系，为化学矿产开发利用提供了技术支撑。

（二）科技进步助力采选矿

中国磷矿资源大部分属中厚缓倾斜矿床，开采损失、贫化大，在非煤矿山中一向被认为是开采难度很大的矿床。如四川金河、清平磷矿和贵州开阳磷矿等，由于各地区矿床开采条件各异，对矿产品的技术要求也各不相同，结合各矿特点，科研单位和矿山企业联合开展科技攻关，总结出了适合本矿体产状的采矿方法，如房柱法、全面法、分段崩落法、水平分层充填法、沿走向连续退采分段空场崩落法等，提高了回采率、降低了矿石贫化率。

中国磷矿、硫铁矿选矿技术不断取得突破。1958年，建成投产了第一家112万吨/年的大型沉积变质磷矿浮选厂——江苏锦屏磷矿选矿厂，1976年又在河北马营磷矿建成一家30万吨/年的中型岩浆岩型磷矿石浮选厂。这两家浮选厂的建成标志着中国已经掌握了易选的磷灰石型磷矿的选矿富集技术。70年代中后期，中国开始研究占全国85%以上的胶磷矿选矿工艺和技术，开发出以S808为抑制剂的硅钙质沉积磷块岩（俗称胶磷矿）直接浮选工艺，使国内在难选胶磷矿选矿技术方面取得重大突破。直接浮选流程处理湖北荆襄王集磷矿硅钙质磷矿岩的试验成果，为王集大型磷矿选矿厂设计提供了依据。硫铁矿的选矿重点是煤系硫铁矿，主要采用重力选矿，如四川江安硫铁矿。

第四节 改革开放后形成建设高潮

（1979 ～ 2000年）

改革开放后，中国化学矿山事业进入大发展时期。磷、硫、钾等矿山建设国家共投入130多亿元，为计划经济时期8倍多，形成了大型现代化化学矿山建设高潮，基本建成了湖北黄麦岭、湖北荆襄大峪口和贵州瓮福等三个世行矿肥结合项目，以及云磷集团公司（前身是云南昆阳磷矿矿务局）晋宁磷矿、贵州开磷集团（前身是开阳磷矿矿务局）用沙坝矿、四川金河磷矿兰家坪矿、四川清平磷矿燕子崖矿、湖北宜昌樟村坪矿、湖北宜昌桃坪河磷矿、湖北荆襄矿务局王集磷矿、江苏锦屏磷矿深部延伸、河北矾山磷矿等大中型磷矿，基本形成了云南昆阳，贵州开阳、瓮福，湖北荆襄、黄麦岭、宜昌，四川金河-清平，河北矾山八大磷矿生产基地；硫铁矿重点建成了广东云浮硫铁矿、安徽新桥硫铁矿、内蒙古炭窑口硫铁矿等三大硫铁矿生产基地；青海钾肥生产基地；辽宁硼矿生产基地；浙江萤石和广西重晶石生产基地。市场经济体制的建立，激发了化工矿产开采生产的活力，产能和产量进一步增加。各大中型矿山企业为了生存和发展，纷纷依托矿山资源，调整产业结构和产品结构，走“矿肥结合”“矿化结合”的发展道路，实现规模经营，开发下游产品，延长产业链，在做大做强方面取得了显著成效。

改革开放初期，中国磷、硫、钾等化学矿山企业的生产和建设，仍然沿袭计划经济时期的管理模式，矿石生产按照国家计划对口供应。随着中国改革的不断深入，以及社会主义市场经济建设不断完善，为保证化学矿山持续稳定地发展，1987年4月全国化学矿山工作会议上提出，全国化学矿山以后要认真贯彻执行《矿产资源法》，依法治矿。在挖掘老矿潜力、充分发挥老矿作用的基础上，择优选点、合理布局，建设新的大中型矿山；对乡镇集体矿山要积极引导、扶持，做到放开、搞活与管理同步，实行各种形式的横向联合，促进化学地质矿山的发展；认真贯彻综合勘查、综合评价、综合开采、综合利用的方针，走“一业为主，矿肥结合，矿化结合，多种经营”的发展之路。

进入20世纪80年代中后期，化学矿山建设和生产发生了较大变化。在投资体制上，矿山企业的基建投资逐步由国家拨款转变为银行贷款（简称拨改贷），1988年国家成立国家原材料投资公司后，矿山建设资金由拨改贷变为经营性资金和银行贷款，1998年以后，化学矿山的基本建设投资基本上是银行贷款；在矿山生产上，由国家指令性计划变为指导性计划；在矿产品价格上，基本还是由国家定价，到90年代末，磷、硫、钾等矿产品价格开始实行国家指导价；在管理体制上，由改革开放初期的国家直接管理，逐步转变为行业管理，1998年，国务院机构改革后，化工部被撤销，由国土资源部统一管理全国的矿产资源。

一、推进管理体制改革

党的十一届三中全会以后，化工地质队伍认真贯彻国民经济“调整、改革、整顿、提高”的八字方针和国务院关于改革经济管理体制的精神，为了适应化学矿山生产建设对地质工作的要求，加强化工地质队伍的领导，有利于按地质构造单元和成矿区带部署地质工作，统一调度、组织会战。1983年9月，国家经委经国务院分三次批准改变河南、辽宁、吉林、安徽、广东、广西、湖北、云南、河北、福建、贵州等省份（自治区）化工地质队的隶属关系，由双重领导地方为主改为双重领导以部为主；四川、浙江、湖南、山东四省化工地质队仍为双重领导地方为主。1984年钾盐地质勘探大队的隶属关系改为化工部化学矿产地质研究院领导。1986年，四川、浙江、湖南、山东四支省属地质队的业务由化工部地质勘探公司代管改为化工部矿山局直接管理。1990年，钾盐地质勘探大队又改为化工部地质勘探公司领导。为了适应建立社会主义市场经济发展的需要，减少管理层次，加速企业化进程，1995年各直属和省属化工地质队，陆续更名为地质勘查院；经化工部同意将化工部地质勘探公司更名为化工部地质勘查总院；同年11月，经化工部同意，组建隶属于中国明达化工矿业总公司（化工部地质矿山局）的明达化工地质有限责任公司，取消原化工部地质勘查总院的化工地质行业管理职能，统一归口明达化工地质有限责任公司管理。1996年11月，将同处于河南郑州的化工部地质勘探总院、河南化工地勘院和化工部地质技术勘查院3个单位重组为化工部河南地质勘查院。1999年4月30日，国务院办公厅印发了《地质勘查单位管理体制改革方案》。化工地质队伍按照各省区地勘单位实际情况和区域经济建设需要，四川省化工地勘院仍由省管理，安徽、辽宁、广东等3个中央直属化工地勘院实行属地化管理，原双重领导地方为主的浙江、湖南、山东三省化工地勘院改由中央管理。1998年，国务院政府机构改革，将化学工业部与中国石油天然气总公司、中国石油化工总公司承担的政府职能合并，组建国家石油和化学工业局，国家石化局所属的16个化工地勘院和一个化工地质研究院改组由中国明达化工矿业总公司（原化工部地质矿山局）领导，并入中国昊华化工（集团）总公司。

二、改革带来经济效益显著提高

为了在国家计划指导下，提高地质工作经济效益，化工地质队伍从1982年开始，首先在四川、浙江、广东、华东等化工地质队对分队或车间试行经济责任制。在总结各队实行经济责任制经验的基础上，1991年对各化工地质队实行了以地质项目管理为主要内容的经济承包责任制。从1993年起，对化工地勘单位实行以地质成果、地勘费、转产人数、固定资产增值等7项指标为内容的3年综合承包，1995年按照化工部地质矿山局颁发的化工地质3年承包考核办法进行考核，取得了较好的效果。

1995年4月，化工部在福州召开了全国化工地质改革会议，确定了化工地质系统改革总体方案，先后组建锦州北方四环集团公司、福州东南福联实业有限公司、华迪实业有限公司和成都西南勘察设计有限公司等4个地区性公司。从1997年开始，组建了岩土工程公司、新建和扩建了四川黄磷厂、广西复合肥厂、山东防水材料厂等企业，基本形成以明达化工地质有限责任公司为核心、以4个地区公司为骨干、以各地勘院为经营基础的辐射全国市场的经营体系。

三、逐步扩大对外开放

化工地质工作对外开放起步较晚，对外科技交流与合作主要涉及钾盐和磷矿，对外经济合作主要涉及金矿和钾盐。

（一）对外科技交流与合作

为了借鉴国外钾盐找矿经验，20世纪80年代化工部多次组织考察团对民主德国蔡希斯坦盆地钾盐矿床地质和找矿勘探方法进行考察，先后考察访问了民主德国地质部地质研究和勘探联合企业、国营地球物理勘探联合企业，听取了钾盐矿床地质、勘探方法和地球物理及测井方法介绍，实地考察了钾盐联合企业的齐利兹钾盐矿、劳斯雷本钾盐矿和桑德斯豪森中心实验室，参观了齐利兹附近的法尔斯雷本露天钻井场、弗来堡矿业学院和用于钾盐勘探的地球物理设备仪器。聘请民主德国钾盐和勘探技术专家来华对中国东部苏、鲁、豫、皖地区白垩-早第三系进行找钾技术咨询，并提交了技术咨询报告。报告认为从古地理环境分析，东部10个含盐盆地除东营汶口盆地受海侵影响外，其他盆地含盐剖面中有相当多的碎屑岩层，盐的沉积作用持续影响较长，沉积过程以碎屑岩层为主，不存在海水影响，成钾条件差。

（二）对外经济合作

这一时期主要的对外经济合作项目如下：

① 合作开发玻利维亚齐马利多金矿。1993年9月，由化工部地质矿山局和中国化工建设总公司与玻利维亚兴华实业有限公司筹建联合开采。1995年5月20日建成试生产，历年共产金165千克，1999年因资源枯竭停产。

② 勘查开发泰国钾盐资源。化工部从20世纪80年代开始，曾多次组织有关专家到加拿大、联邦德国、老挝、泰国等钾盐资源丰富的国家进行考察，经多方论证提出开发泰国钾盐资源，确定了沙空那空盆地哇伦地区钾石盐是风险勘查开发的有利地区。1998年2月，化工部将风险勘查开发泰国钾资源和解决前期地质工作费用的请示上报国务院；1999年11月19日，国家石油和化学工业局又向国家计委报送了关于明达化工地质有限责任公司申请到泰国沙空那空盆地哇伦矿区开展前期地质勘查工作意见的函；2000年，国家石油和化学工业局又向国家计委报送了勘查开发泰国钾盐资源的预可行性报告。

四、地质勘查成果显著，主要矿种全面发展

改革开放后，化工地质工作认真贯彻“保证基础，加强普查，择优详查，对口勘探”的原则，大力加强了磷、硫、钾、硼的地质找矿和勘查工作，同时开展了现有磷、硫矿山深部找矿和勘查工作。新发现磷、硫、钾、硼、萤石、重晶石矿产地共433处，其中重晶石和钾盐新发现矿产地比计划经济时期增加近一倍。除钾盐资源外，其他矿产基本上满足了化学工业和化学矿山建设的需要。

（一）磷矿勘探重视远景区划

随着磷矿开采工作的不断深入，直接出露地表的磷矿日益减少，寻找隐伏矿体的难度加大。为此，化工地质部门十分重视磷矿远景区划研究。从1981年起，对杨子地台磷矿开展了磷块岩成矿远景区划，1994年，由化工部地质研究院提交了《中国磷矿形成条件和成矿规律研究》和《中国北方内生磷矿成矿预测》，为中国磷矿普查找矿和择优勘探提供了依据。改革开放时期，全国新发现磷矿125处，其中大型以上矿床4处，主要分布在杨子地台西缘川滇成矿带和杨子地台东南缘成矿带鄂西聚磷区，共有磷矿产地404处，保有储量131.58亿吨，其中工业储量66.31亿吨，与1978年保有储量相比新增约27亿吨。

（二）新增硫铁矿储量

改革开放后，全国新发现的硫铁矿产地134处，其中大中型7处，新发现自然硫产地1处。共探明硫铁矿储量17.9亿吨，其中工业储量8.7亿吨。截至2000年底，中国共有硫铁矿产地480处，硫铁矿保有储量47.1亿吨，其中工业储量16.3亿吨。与1978年底探明储量相比，新增硫铁矿储量19.4亿吨，其中工业储量7.3亿吨。

（三）钾盐储量取得突破性增长

这一时期，钾盐地质勘查工作重点是对青海钾矿第二期工程别勒滩区段液体钾矿开展系统的验证评价和卤水抽卤试验工作，对云南江城勐野井固体钾矿进行勘探，对计划经济时期发现的茫崖大浪滩和冷湖昆特依、大柴旦马海液体钾盐矿分别进行详查和普查。共探明液体钾矿2.6亿吨，其中工业储量6640万吨，对共伴生固体钾盐也进行了综合评价。截至2000年，全国共有钾盐矿产地36处，钾盐（KCl）保有储量4.55亿吨，其中工业储量1.44亿吨。

（四）新增硼矿资源储量

这一时期，全国重点加强了辽吉两省和西藏地区可供工业利用的硼矿地质工作，共发现大中型硼矿产地10处。截至2000年，全国共有硼矿产地65处，硼矿资源保有储量4641万吨，其中工业储量2480万吨。与计划经济时期相比，新增912万吨。

（五）新发现萤石矿产

由于中国氟化工、钢铁工业的发展和萤石出口的迅速增加，加强了萤石矿的地质勘查工作。浙江化工地质勘查院在20世纪90年代后期首次在该省常山八面山地区发现了受控于花岗岩接触带附近的层状、似层状交代型大型萤石矿。改革开放时期，共发现萤石矿产地102处，其中大型矿产地5处。

五、生产和建设再上新台阶

（一）2000年全国磷矿产量居世界第二位

1982年2月27日，中央书记处书记邓力群向中央提出《关于加速开发云南磷矿的建议》，党和国家领导人做了重要批示。1987年，邓小平同志作了“肥料质量要好，要把大力发展复合肥料作为方针定下来”的指示。为了加快发展化肥工业，尤其是发展高浓度复合肥料，1987年国务院第151次常务会议决定“要把加快化肥工业的发展作为一个战略问题考虑，作长远打算，分阶段实施”，到2000年化肥工业要上三个台阶。化工部对上三个台阶进行了详尽的安排，要求磷肥生产原料配套的磷矿到1995年要新增建设规模1880万吨，2000年再增加1500万吨。1995年，吴邦国副总理在视察云南磷化学工业（集团）公司时提出“开发磷矿资源，发展磷化工业”的重要指示。

改革开放后，国家共投入磷矿建设资金100多亿元，除续建计划经济时期的贵州开阳用沙坝磷矿100万吨/年、云南昆阳矿务局昆阳磷矿160万吨/年、湖北荆襄矿务局王集磷矿150万吨/年等建设项目外，先后新建了一批大中型骨干矿山项目和江苏锦屏磷矿延伸接替工程。进入20世纪90年代，中国磷矿建设进入了一个蓬勃发展期。由世行贷款建设了湖北荆襄矿务局大峪口磷矿、湖北黄麦岭磷矿、贵州瓮福磷矿3个国家“七五”“八五”重点矿肥结合工程，以及云南昆阳矿务局扩建晋宁磷矿100万吨/年采矿和擦洗厂、河北矾山磷矿采选120万吨/年地下开采等国家重点工程。1989～1992年，利用国家45亿化肥专项资金建设了湖北宜昌磷化工集团公司等10个中小型磷矿山，磷矿建设规模190万吨/年。90年代中后期，宜昌地区的乡镇和个体矿山也发展较快。这个时期，全国磷矿山建设规模1200万～1400万吨/年。全国磷矿生产能力达到2026万吨/年（标矿：P_2O_5 30%）。建成了云南昆阳，贵州开阳、瓮福，湖北荆襄、黄麦岭、宜昌，四川金河-清平、河北矾山等磷矿生产基地，形成了大中小矿山并举、共同发展的局面。

改革开放后，中国磷矿生产总体呈上升趋势。但由于受化肥过量进口的影响，1985年磷矿产量跌入低谷，由1984年的1421万吨下降到697万吨，磷矿石滞销，矿石库存积压，造成矿山企业经营困难。针对这种情况，1986年化工部提出了磷矿企业依托矿山贯彻“矿肥结合”“矿化结合”“多种经营”的方针，走磷资源深加工的路子，各矿山企业开始大搞普钙、钙镁磷肥和黄磷，以增强抵抗市场风险的能力。从1986年开始，全国磷矿产量总体上逐年有所增加，1998年全国磷矿产量最高达到2709万吨。由于1998年进口化肥太多，从1999年磷矿产量开始下降，2000年下降到1937万吨。磷矿企业由于矿石价格受国家控制，企业的经济效益仍然没有得到多大改善，再加上老矿山企业的社会负担沉重以及磷矿建设的贷款利息增加，1992～1993年间，矿山企业维持简单再生产已很困难。到90年代中后期，随着磷肥企业拖欠矿款的增加，使得磷矿山企业的生存步履艰难，而当时国际市场磷矿价格高于国内价格1～2倍。从1995年开始，贵州开磷集团、云南昆阳磷矿矿务局、湖北宜昌磷矿等企业转变经营思路，开拓国外市场，以磷矿石换取进口备品备件，或利用出口获得的现汇，解决职工的生活困难，稳定职工队伍。

根据国土资源部统计，2000年全国有磷矿石生产企业511家，其中，大型企业6家，中型矿山25个，全国从业人员7.6万余人。2000年，全国磷矿产量1937万吨，居世界第二位，仅次于美国。

（二）硫铁矿大中小并举发展

中国硫铁矿资源的开发利用在改革开放时期得到了较快发展，国家投资21.4亿元，建设总规模达到880万吨/年，基本建成了广东云浮、安徽新桥、内蒙古炭窑口等大型硫铁矿。1990年前后，利用国家45亿化肥专项资金新建和扩建了38个中小硫铁矿，新增生产能力230万吨/年。到2000年，全国建成硫铁矿生产能力1169万吨（标矿），基本形成了大中小矿山并举发展的格局。

改革开放后，中国硫铁矿产量增长较快，1996年达到1700多万吨，是1978年2.5倍。硫铁矿制酸的产量占全国硫酸总产量的80%以上。但在90年代后期，由于国际市场上硫黄比较充裕，价格相对便宜，再加上环保要求日益严格，硫黄制酸发展迅速，致使中国硫铁矿制酸的比重下降，硫铁矿产量大幅度下滑。2000年，仅生产硫铁矿973万吨，比1996年产量下降了43%。

（三）全国氯化钾产能达86万吨/年

改革开放后，中国钾资源的开发主要集中在青海柴达木盆地的察尔汗盐湖。1988年，青海钾肥厂一期20万吨/年工程建成投产；1997年，青海盐湖工业集团有限公司（前身是青海钾肥厂）实施了青海钾肥一期20万吨/年扩能改造，从生产工艺上由原来的冷分解浮选法工艺改为先进的反浮选冷结晶法工艺，1999年完成，规模达到40万吨/年。生产工艺改造后，产品质量和产量都得到大幅度的提高，一级品达到了86.6%，实现了达产达标。同时，还在反浮选冷结晶工艺所匹配的药剂技术、生产及采矿设备和工业洁净器关键设备自主设计制造上取得重大突破。自主设计、成功制造了国内第一条大型水上采矿船，为二期100万吨/年钾肥项目提供了工艺技术示范和样板。

到2000年，全国已建成氯化钾生产能力86万吨/年，其中青海盐湖工业集团有限公司为52万吨/年。

（四）硼矿产量增长

为了满足硼砂、硼酸生产对硼矿的需要，改革开放后，国家重点建设了辽宁宽甸、营口五〇一硼矿生产基地，以及吉林集安市高台沟硼矿。90年代中期，为庆祝西藏自治区成立30周年，化工部在西藏扎仓茶卡援建一座3万吨/年的硼矿，由化工部筹措资金，化工部地质矿山局组织实施，1995年8月竣工投产。到2000年，全国建成硼矿生产能力45万吨/年。硼矿产量从1978年的37.82万吨上升到2000年的97.67万吨，为1978年产量的2.6倍。

（五）萤石需求促进产量激增

改革开放后，特别是进入20世纪90年代以后，全国钢铁、炼铝、氟化工等工业对萤石矿的需求不断增加，萤石出口也呈上升趋势，萤石矿山建设得到前所未有的迅速发展。特别是浙江省，萤石矿点多、面广、质量较好，交通方便，开采容易，县办矿山和乡镇集体、个体投资建设萤石矿山蓬勃兴起，全国萤石矿山建设规模由1978年的100万吨/年左右，新建和扩建到2000年的500万吨/年左右。1979～1990年，平均每年生产萤石132.2万吨，为计划经济时期的2.1倍。进入90年代，萤石产量从1990年的165万吨猛增到1995年的674万吨，为1990年产量的4倍多。1995年以后中国萤石年产量逐渐回落，到2000年产量为320万吨。

六、化学矿山科技进步明显

（一）设计科研队伍壮大推动化学矿山快速发展

党的十一届三中全会以后，为了适应化学矿山的快速发展，化工部在20世纪70年代末，先后在河北涿州、湖南长沙成立了化工部化学矿山规划设计院（简称华北规划院）、化工部化学矿山设计研究院（简称长沙院），并将化工部化学矿产地质研究所改名为化工部化学矿产地质研究院（简称地研院）。

华北规划院从建院到2000年，承担了河北矾山磷矿、云南晋宁磷矿、世界银行贷款项目湖北黄麦岭磷矿矿肥结合工程、北京怀柔石灰石矿等国家重点大型化学矿山建设项目的工程设计和河北榆山石灰石矿、云南昆阳磷矿、海口磷矿、湖北宜昌磷矿、江西朝阳磷矿、河北平泉萤石矿、福建永安县重晶石矿以及山西、四川、吉林、安徽、贵州、河北、辽宁等地的大中小化学矿山的工程设计；承担了化工部地质勘探公司郑州基地、化勘公司物探队基地、山东钾盐队基地、华东地质队基地、西北地质队基地等化工地质单位的基地工程设计。先后完成了化学矿山“六五”“七五”“八五”规划，化工地质矿山2000年发展规划；完成了全国磷资源开发系统研究，滇池地区磷资源调查开发与研究等国家重点科技攻关课题。1994年5月，还承担了西藏自治区第一个化工项目扎仓茶卡硼矿的设计并参与建设，1995年8月该项目顺利竣工投产，为促进西藏经济发展和社会稳定作出了贡献。

长沙院于1978～1982年筹建，并开始承担山东泰安热熔法开采自然硫试验、河南吴城天然碱矿的钻井水溶开采试验等研究设计工作。到2000年，先后完成了青海钾肥厂一期20万吨/年、开阳磷矿马路坪矿段延深100万吨/年、河南吴城10万吨/年和安棚20万吨/年钻井水溶开采天然碱矿等一批大中型矿山及矿产品加工基地的工程建设任务；同时走向国际市场，积极开展与国外的合作项目；还先后承担了全国八大矿区磷资源评价、全国硼资源评价、国家“七五”“八五”盐湖开发及综合利用科技攻关项目、国家“九五”化肥配套中小矿山的10多项技术改造项目等，形成了自己的专业特色及专利和专有技术，尤其在对可溶性矿床开采、盐田工艺及结构研究方面具有自己的技术特长。

此外，贵州开阳磷矿矿务局、云南昆阳磷矿矿务局、湖北荆襄矿务局、云浮硫铁矿、四川金河磷矿、安徽向山硫铁矿等各大型矿山基地也建立了自己的设计研究所，承担本企业的扩建项目设计。

在此期间，连云港设计研究院承担了广东云浮硫铁矿、湖北荆襄矿务局王集磷矿、青海钾肥厂、内蒙古炭窑口硫铁矿、世界银行贷款项目贵州瓮福磷矿及湖北荆襄矿务局大峪口矿肥结合的国家大型重点工程设计任务。同时，在云南滇池地区、全国磷资源的开发研究等国家重大科技攻关项目上，在矿山科研、情报、设计等方面承担了大量课题和任务，取得了多方面较高水平的成果。

（二）化工矿产采选成果丰硕，部分技术达到国际先进水平

经过广大科技工作者的不懈努力，中国化学矿业的开发技术水平得到了较大提升，开发了一些适合中国化学矿山特点的采矿技术和选矿工艺，部分成果已达到了国际先进水平。从1978～1999年，获得国家级科技进步和勘察设计奖12项，省部级科技进步和勘察设计奖达146项。其中：化工部化工矿山设计研究院“王集磷矿硅-钙质沉积磷块岩浮选抑制剂S808”、“安徽向山硫铁矿酸性水处理”荣获全国科学大会奖；“广东云浮硫铁矿300万吨/年采选联合企业主体工程设计”和“河南南

阳吴城天然碱矿工程设计”荣获国家工程优秀设计银质奖；“我国主要磷矿开采新方法（开阳磷矿锚杆护顶分段空场采矿方法和昆阳磷矿露天长壁采矿方法）”荣获国家科技进步一等奖。

第五节 向多样化、集约化方向发展（2001 ～ 2019年）

进入21世纪，中国化学矿山发展驶入快行道，化工地质找矿和资源开发取得了巨大成就。到2018年，磷矿探明储量已达252.84亿吨，比2000年新增探明储量121.26亿吨，将近翻了一番，居世界第二位；钾盐探明储量达10.27亿吨，比2000年新增5.72亿吨，翻了近一番。2018年，磷矿产量达到9633万吨，居世界第一位，比2000年增长了近4倍；钾肥（K_2O）产量达到623万吨，比2000年增长13.2倍。

这一时期，国民经济持续快速发展和经济体制改革不断深入，化学矿山各项事业发展呈现出五大特征：一是管理体制变革。由原来的部门行业管理转变为以国土资源部为主。原成建制保留的负责行业管理的化工部地质矿山局，于2001年进入中国昊华化工（集团）总公司，2002年更名为中化地质矿山总局，2009年5月成建制加入中国煤炭地质总局，仍肩负着化工地质矿山的行业管理。二是价格体制改革。磷、硫、钾等化学矿产品生产依据市场需求进行供应，价格由市场进行调节，不再是国家定价。三是化工矿产资源勘探开发的投资主体呈现多样化。大量民营资本进入矿业，促进了化学矿山的勘探开发。四是开发与节约资源并重，大力发展循环经济。五是按照“五位一体”总体部署，认真贯彻习近平新时代中国特色社会主义思想，自觉践行“绿水青山就是金山银山”的发展理念，矿山地质环境保护意识增强，各矿山企业逐步向环境友好型、资源节约型的和谐化学矿山、智能化学矿山方向发展。

一、化工地质勘查高速发展

21世纪，国民经济保持快速发展，特别是从2003年开始，随着中国工业化、城镇化进程加快和农业生产持续发展，化学工业尤其是化肥工业和其他相关工业对磷、硫、钾等矿产需求增长较快，供需矛盾突出。2004年，国务院第63次常务会议审议通过了《全国危机矿山接替资源找矿计划纲要》，主攻矿种包括磷矿、钾盐。2006年1月26日，国务院发布了《关于加强地质工作决定》，明确了钾盐是国家急缺的重要矿产。2006年，由中国地质调查局组织实施的“全国矿产资源潜力评价”项目，将磷、硫、钾等列为全国25种重要矿产，化工地质勘查高速发展。2008年国际金融危机爆发后，全球矿业的发展也遭受了较大影响，造成商业性投资地质找矿的积极性下降，矿业发展迎来了新的调整期，步入新常态发展阶段。

（一）磷矿开采走向大规模和优质化

中国磷肥工业快速发展，2006年磷肥产量1210万吨（折纯P_2O_5），居世界第一位。为了立足国内发展磷肥工业，磷矿地质工作继续受到重视和加强，陆续开展了扬子准地台周边沉积磷矿、北方内生磷矿成矿条件和分布规律的研究，重点围绕现有大中型矿山深部和外围探矿，取得了显著成效，一批大中型磷矿床被发现。其中，贵州开阳磷矿深部找到8亿吨的优质磷矿，湖北樟村坪磷矿接替资源黑良山矿区新增资源储量达到大型规模，四川金河磷矿深部找矿新增资源储量达到中型规模等。到2018年底，中国查明磷矿资源储量252.84亿吨，其中基础储量34.39亿吨，资源量218.45亿吨，主要集中在云南、贵州、四川、湖北、湖南等5省，5省查明资源总量占全国的73.8%。中国磷矿以中低品位居多，品位大于30%的富矿22.5亿吨，仅占总资源储量的9.2%，其余为中低品位磷矿。

（二）重点勘查多金属硫铁矿和煤系硫铁矿

中国硫酸工业发展很快，2006年全国硫酸产量已由2000年的2455万吨上升到5044万吨，位居世界第一。硫铁矿地质勘查工作主要是勘查多金属硫铁矿和煤系硫铁矿，开展了华北地台北缘多金属硫铁矿资源调查评价工作，对重点远景区预测了资源潜力。到2018年底，查明硫铁矿资源储量60.6亿吨，主要分布在四川、贵州、安徽、云南、广东、内蒙古等省（自治区），占全国总储量的64%。硫铁矿平均品位17.9%，含硫大于35%的富矿仅占总量的2%，中低品位占总储量的98%。

（三）钾盐探明储量超10亿吨

钾盐是中国急缺资源，但国外钾盐资源丰富，新时期的钾盐地质勘查工作，确立了充分利用国内外两种资源以利用国外资源为主的方针。同时，开展了中国西部钾盐资源成矿预测和资源评价等地质大调查工作。到2018年，查明钾盐资源储量（氯化钾）10.27亿吨，主要集中在青海察尔汗盐湖和新疆罗布泊盐湖（两者合计占查明资源量的96%以上）。

（四）硼矿资源储量超3900万吨

新时期重点加强了辽东、吉南沉积变质硼矿和西藏地区盐湖型硼矿找矿和勘查工作。到2018年，全国探明硼矿（B_2O_3）资源储量3941万吨。中国硼矿资源主要分布在辽宁、西藏、青海、湖北、吉林等省（自治区）。

（五）萤石需求继续增加

新时期中国钢铁、炼铝、氟化工，以及玻璃、水泥、陶瓷等建材工业快速发展，特别是新兴的氟化工，对萤石的需求增长较快，乡镇和个体矿山发展迅速。为了保证国内工业和出口贸易对萤石资源的需求，国土资源部矿产资源补偿费地质勘查项目将萤石作为重点支持的矿种之一，国土资源大调查开展了浙江省常山-吉安一带萤石资源调查评价。到2018年，全国共有萤石矿资源储量2.1亿吨，萤石资源主要分布在河南、浙江、安徽、江西、福建、内蒙古、云南等省（自治区），约占全国总量的86%。

二、生产大发展全面满足工农业生产需要

（一）磷肥产量跃居世界第一，带动磷矿增产提质

随着社会主义市场经济日趋完善，国内矿产品市场更加规范，磷矿石价格基本上由市场调节，矿业投资由企业自身决定，促进了中国磷矿工业的健康发展。党中央惠民政策的实施，农业和磷肥工业得到快速发展，2006年，全国磷肥产量由2000年的663万吨上升到1210万吨（折含P_2O_5 100%，下同），跃居世界第一；磷矿石价格由2000年的40～60元/吨，上涨到240～280元/吨，磷矿企业经济效益迅速好转，经济实力大大增强，极大地促进了企业自身发展，通过新建、技术改造和扩建等方式，磷矿产能增长很快，同时也加快了磷矿向大型化、规模化发展的进程。如云南磷化集团公司整体进入云天化集团，贵州开磷集团、贵州瓮福集团、湖北宜化矿业公司、湖北兴发集团、湖北宜昌柳树沟矿业公司、湖北大峪口“矿肥结合”企

业整体并入中国海洋石油集团有限公司。湖北三宁矿业公司等大型矿山企业，加大产品结构调整力度，磷矿石和深加工产品产量大幅度提高。到2018年底，全国形成磷矿设计采矿能力1.52亿吨/年，相继建成云南磷化集团有限公司、贵州开磷控股（集团）有限责任公司、瓮福（集团）有限责任公司、四川雷波和德阳以及湖北宜昌等磷矿生产基地。

随着中国的磷肥工业生产技术获得了重大突破，湿法磷酸生产所用磷矿石品位（P_2O_5）由2001年前的30%，下降到27%左右，国产高浓度磷复肥发展迅速，不但满足了国内需求，还有部分出口，再加上黄磷和饲料钙的快速发展，加大了对磷矿的需求，这些都极大地带动了磷矿资源开发，使中国磷矿产量由2000年的1937万吨提高到2016年历史最高的1.44亿吨，增长7.5倍。

贵州开磷集团、贵州瓮福集团、云南磷化集团等列入国家循环经济试点单位。开采技术装备水平得到较大提升，采装运设备逐步向大型、高效方向发展，不但提高了劳动效率，磷矿开采资源利用水平也有了较大提高。大型露天开采企业的回采率达到98%以上，大中型地下开采矿山企业达到75%以上，尤其是宜昌地区的磷矿开采，从2004年开始，实行全层开采、分级管理，以及近几年实施的充填开采，大大提高了磷矿资源的回采率；小型和乡镇矿山企业的回采率也有较大提高，由原来的30%～45%提高到60%以上。

磷矿选矿和加工技术取得重大突破，中低品位胶磷矿选矿技术已在贵州瓮福、云南磷化集团公司等企业应用。不但充分利用了中低品位磷矿，提高中国磷资源的保障程度，还可实现节能减排，大大提高了企业的经济效益和社会效益。

到2018年，中国磷矿石供应除满足国内磷肥、黄磷和其他磷制品生产需要外，还有少部分出口。从2000～2018年，累计生产磷矿石12.4多亿吨，满足了磷肥工业和相关工业对磷矿石的需求。

（二）硫铁矿产能结构发生变化

进入新世纪，中国硫酸工业发展迅速。2018年，硫酸产量达到9685万吨，其中硫黄制酸4431.7万吨，占总产量的45.8%；有色冶炼烟气制酸3495.7万吨，占总产量的36.1%；硫铁矿制酸1651.7万吨，占总产量的17.0%。从硫铁矿制酸的产量来看，硫铁矿的产量基本上与2000年没有大的变化，但其所占比重则是逐年在下滑，结构发生了较大变化，煤系硫铁矿基本已停产，有色金属副产硫铁矿回收力度加大，单一硫铁矿向硫、硫铁矿烧渣和硫铁矿制酸余热综合利用发展，广东云浮硫铁矿被国家列入循环经济发展试点单位。

到2018年，全国形成硫铁矿设计采矿能力6810万吨，硫铁矿总产量1458.8万吨。

（三）钾盐开发取得重大突破

进入新世纪，中国钾盐开发取得重大突破。2000年，国家西部大开发的首批十大项目之一——青海100万吨/年钾肥项目开工建设，2006年建成，实现达标、达产，氯化钾生产能力达到152万吨/年。2005年以后，青海盐湖工业集团股份有限公司陆续启动盐湖综合利用项目一期和二期、金属镁一体化、ADC发泡剂一体化、海纳一体化、新增百万吨钾肥扩能改造等项目建设。伴随各项目的建成和试车，2015年氯化钾生产突破500万吨。2016年8月22日，习近平总书记视察青海盐湖集团，为盐湖资源循环利用开发指明了方向。

新疆罗布泊钾盐资源开发于2004年进入实施阶段，国家批准在新疆建设钾肥基地，建设规模为120万吨/年硫酸钾，项目分两期建设，一期建设20万吨/年，二期建设100万吨/年，于2009年建成，创造了“罗钾速度”和“罗钾质量”。经过随后几年的完善和改造，已拥有160万吨/年硫酸钾生产装置、10万吨/年硫酸钾镁肥生产装置，成为目前世界最大的单体硫酸钾生产企业。

为实施“走出去”发展战略，中农国际钾盐开发有限公司于2011年底先行建成了10万吨/年钾肥验证项目，2013年已全面实现达标、达产。中化地质矿山总局2015年在泰国开展钾盐勘探，有望在国外建设100万吨/年氯化钾生产装置。

到2018年，全国形成钾肥生产能力803万吨/年（折纯，下同），占世界总量8450万吨/年的9.5%。

三、科技创新已跻身国际先进行列

进入新世纪，化学矿山企事业单位依靠技术进步和科技创新，科技投入力度不断加大，取得了一大批科研成果和先进实用技术，提高了化工矿业的整体科技水平。

通过在云南磷化集团、贵州瓮福集团、湖北兴发、湖北三宁矿业、广东云浮、安徽铜化新桥矿业、青海盐湖、新疆罗钾等大型磷、硫、钾矿山企业建设博士后工作站、国家磷资源开发利用工程技术研究中心、国家级企业技术中心、国家技术创新示范企业等，创新和开发了一批资源节约与综合利用先进技术，采选综合利用技术不断突破，部分技术处于国际、国内领先水平。以充填法采矿技术、露天开采可视化调度管理系统、远程遥控采矿技术为代表的采矿技术，在磷、硫、钾等化工矿产采矿中得到广泛应用。如中厚缓倾斜矿体锚杆护顶高效开采技术和磷石膏充填无废高效开采技术，使贵州开磷集团的磷矿回采率提高了40%以上，大大提高了经济效益和资源利用水平；磷矿高承压含水层下安全高效全尾砂充填采矿技术，盘活了矾山磷矿西区资源，使企业的产能提升一倍；湖北三宁矿业有限公司的生态开采模式，集全层开采、坑口重介质选矿和尾矿充填于一体，选矿无废水排出，既充分利用资源，又有利于水污染防治、矿山环境保护和地方经济协调发展，为宜昌中低品位磷矿开发利用，以及矿山生态环境保护提供了先导和示范，劳动生产率得到很大提高；中低品位胶磷矿正反浮选工艺在云南磷化集团的应用，建成了全国最大的450万吨/年选矿厂，使中低品位磷矿得以利用（中国胶磷矿选矿技术居世界领先水平）；磷矿矿井水无害化处理及综合利用技术在宜化矿业公司的应用，不但使外排水达标排放，而且还充分利用了水资源，提高了企业的经济效益。

磷矿伴生氟、碘资源的综合回收利用技术在贵州瓮福集团的成功投产，不但提高了企业的经济效益，而且还提高了资源综合利用率，为中国磷矿和磷酸工业综合开发利用提供了技术支撑和示范。随着低品位、共伴生、复杂难选冶矿产得到开发利用，有效缓解了化工矿产资源和环境压力，保障了国家经济和资源安全，促进了化学矿山健康和可持续发展。

硫铁矿选矿提质升级技术在广东广业云硫矿业有限公司的应用，使硫铁矿制酸后，烧渣直接用作炼钢的原料，为硫铁矿工业的综合发展提供了技术支撑和发展思路。

氯化物型盐湖卤水钾镁盐反浮选-冷结晶法生产氯化钾工艺和固体钾矿浸泡式溶解转化开采技术，使青海盐湖集团不但提高了产能和产品质量，还提高了钾资源的利用率，更重大的意义在于盘活了固态钾资源，再创了一个青海盐湖；钾混盐转化结晶法生产硫酸钾工艺技术的研发和成功应用，使得中国硫酸亚型卤水得到有效利用，2004年，罗布泊地区钾盐资源开发利用研究项目获得国家科技进步一等奖；2013年，罗布泊盐湖120万吨/年硫酸钾成套技术开发成功，使中国一举成为世界最大的硫酸钾生产国，此项目获得国家科技进步一等奖。

中国化工矿产资源节约与综合利用先进技术详见表2-24-1。

表 2-24-1　中国化工矿产资源节约与综合利用先进技术

序号	技术名称	适用范围	典型用户
1	固体钾矿浸泡式溶解转化开采技术	零星分散的、KCl ≥ 0.5% 的低品位盐湖固体钾矿（钾石盐、光卤石矿）	青海盐湖工业股份有限公司别勒滩矿区
2	磷石膏充填无废高效开采技术	中厚缓倾斜－倾斜破碎矿体	贵州开磷集团
3	中低品位胶磷矿正反浮选工艺	中低品位混合型胶磷矿	云南磷化集团海口磷矿分公司浮选厂
4	盐湖卤水钾镁盐反浮选－冷结晶法生产氯化钾工艺	从氯化物型盐湖卤水钾镁盐矿中提取氯化钾	青海盐湖钾肥分公司
5	磷矿伴生氟资源综合利用技术	由含有氟的磷矿湿法制取磷酸的企业	贵州瓮福集团无水氟化氢装置
6	磷矿伴生碘资源回收新技术	磷矿伴生碘资源、卤水中的碘、油气田水中的碘、其他含碘废水中碘的回收	贵州瓮福集团 50 吨 / 年碘回收项目
7	人工永久矿柱置换安全高效开采技术	缓倾斜－中厚矿体的地下矿山	湖北柳树沟矿业股份有限公司丁西磷矿
8	局部胶结充填与空场组合采矿技术	水平－缓倾斜矿、薄－中厚矿体	四川金河磷矿
9	含钾尾矿溶解转换热熔结晶法生产氯化钾技术	钾肥生产尾矿中钾资源回收及低品位钾矿综合利用	青海盐湖三元钾肥股份有限公司
10	低品位含铀硼铁矿资源综合利用技术	低品位含铀硼铁矿及类似共伴生资源的矿物加工分离和资源综合利用	辽宁首钢硼铁矿有限责任公司
11	冷结晶－正浮选生产氯化钾技术	利用光卤石高效生产氯化钾	青海盐湖工业股份有限公司
12	吸附法从老卤中提锂技术	盐湖卤水和老卤锂资源回收	青海盐湖工业股份有限公司
13	低品位含泥固体钾矿脱泥技术	盐湖地表高不溶物、低品位固体钾矿处理	青海中航资源有限公司、中国科学院青海盐湖研究所
14	磷石膏转化制硫酸铵技术	磷矿及磷化工企业	贵州瓮福（集团）有限责任公司

四、绿色发展成为化学矿山风向标

化学矿山企业特别注重矿山的绿色发展和社会责任，坚持“在开发中保护，在保护中开发”“既要金山银山，也要绿水青山”的原则，树立开采方式科学化、资源利用高效化、企业管理规范化、生产工艺环保化和矿山环境生态化的发展理念。2011年，云南磷化集团、贵州开磷集团等7家化学矿山企业首批获得国家绿色矿山试点单位，自觉践行资源节约型、安全环保型、矿地和谐型矿山建设，在绿色矿山、和谐矿区、构筑良好矿地关系等建设方面取得了显著的成效。如创建“云南磷化集团-汉营模式”，该模式由云南磷化集团所属昆阳磷矿与所在地汉营村委会共建形成，以“支持新农村建设、发展地方经济、构建和谐矿山环境”为宗旨，从工业反哺农业、提供劳务和就业、扶持集体经济、文化交流、支持新农村建设等方面，促进企业与地方友好合作，构建了企地和谐共建、互利共赢发展新格局。湖北三宁矿业公司已建成湖北省首家绿色智慧矿山，把“开发一方资源，造福一方百姓”作为公司建设绿色矿山的行动纲领和发展目标，创建了磷资源开采、选矿、充填和深加工一体化、矿区环境治理和矿地关系和谐的磷矿资源绿色开发新模式，并按照国家AAA工业旅游示范点标准进行现代化公园式矿区规划，建设矿山生态环境园区景观，实现了高效智能采、选、充一体化的循环经济可持续与环境保护的协调发展。

矿产资源是人类社会生存与发展不可短缺的物质基础。化学矿业是国民经济的基础产业。新中国成立后特别是改革开放以来，中国化学矿产勘查开发事业取得了举世瞩目的辉煌成就，为国民经济建设和农业生产发展建立了不可磨灭的历史功勋。

迈入新时代，中国化学矿业应抓住机遇、迎接挑战，加快推进供给侧结构性改革，进一步调整与优化产业结构，向化学矿产品的下游延伸，促进高新技术产业、战略性新兴产业的发展，加快新旧动能转换，释放出新的潜力。充分利用有利条件，减少不利因素的影响，扩大利用国内外两种资源，努力建立全球矿产品供应体系，并不断提高自身的竞争能力与技术水平，在日趋激烈的国际竞争中，争取在全球矿业体系中站稳脚跟，并谋求新的发展。同时，根据中国化学矿产资源禀赋差、贫矿多、富矿少的特征，紧紧依靠技术进步，推动矿产资源开发逐步转向中低品位矿的高效综合利用，建设资源节约型化学矿山，努力提高土地复垦率，减少“三废”对生态环境的破坏，实现绿色发展、高质量发展。

100

中国化学工业百年发展大事记

1914年

7月，久大精盐公司在天津成立，精盐厂设在塘沽。1916年产出“海王星”牌精盐，为发展制碱工业创造了条件。

1915年

新加坡华侨陈玉波及亲属邓凤墀在广州创办了广东兄弟创制橡胶公司，生产橡胶牙托与橡胶鞋底。

上海的阮霭南、周元泰等合伙在上海创办了上海开林造漆颜料厂。

1917年

范旭东等人在天津进行的制碱试验获得成功，决定集资创办民族制碱企业。

1918年

11月，永利制碱股份有限公司成立。

河南省巩县兵工厂建成，使用接触法制取硫酸，产量达5000吨/年。

1919年

青岛民族工商业者杨子生集资创办了青岛维新化学工艺社，生产硫化黑。

1920年

5月9日，永利制碱公司在天津召开第一届股东成立会，股东们表决通过了公司章程，选举范旭东、景韬白等七人为董事。

1922年

8月，范旭东在塘沽创办黄海化学工业研究社，这是中国最早成立的私人化工研究机构。

1923年

4月，天厨味精制造厂成立，吴蕴初任经理兼技师。

1924年

8月13日，永利制碱厂建成投产。

1926年

6月29日，这一天是中国化工史，也是中国工业史上特殊的一天：永利碱厂生产出优质的“红三角”牌纯碱。为区别于土法生产的“口碱”和进口的“洋碱”，范旭东为其取名为纯碱。8月，在美国费城万国博览会上，中国的“红三角”牌纯碱获金质奖章，被誉为“中国工业进步的象征”。

1927年

刘永康等合伙开设上海义昌橡皮物品制造厂，生产胶鞋。1924年增资改组为正泰信记橡胶厂，生产“回力牌”球鞋。1937年开始生产“回力牌”汽车轮胎。

1928年

日本华侨余芝卿创立大中华橡胶厂，生产“双钱牌”套鞋、球鞋等产品。1935年开始生产汽车轮胎。

1929年

10月，吴蕴初在上海成立了天原电化厂股份有限公司。次年，天原电化厂建成投产，采用电化学方法生产氯气、烧碱、氢气，由氯气生产盐酸。

得利三酸厂总厂于天津河东建成。该厂在唐山设有分厂，硫酸产量达400吨/年。

陈调甫创办天津永明油漆厂。

1930年

7月5日，中央工业试验所在南京成立。试验所初期设立了化学组和机械组。

"红三角"牌纯碱在比利时商业"国际展览会"上荣获金质奖章。

1931年

陈调甫带领技术人员研制成功"永明漆"。

上海大中华橡胶厂建立了中国第一个生产轻质碳酸钙的工厂——大中华制钙厂。

1933年

4月，董荣清等颜料商人在上海闵行建立了中孚化学制造染料厂，生产硫化黑。

董敬庄、许炳熙等合伙开办大中染料厂，生产出第一批国产硫化黑染料。

1934年

1月，上海天利淡气股份有限公司成立。1935年10月，上海天利氮气厂全部建成投产，该厂是吴蕴初集资从美国杜邦公司引进一套小型合成氨设备为主建设。1937年，抗日战争全面爆发，工厂被迫停工，后重要机件拆迁运往重庆复建。1940年建成投产。

4月30日，"永利制碱股份有限公司"改组成立"永利化学工业股份有限公司"。

1935年

4月1日，印度尼西亚华侨黄宗孝、黄江泉与国民政府实业部合资创办中国酒精厂。该厂是上海溶剂厂前身。

1936年

10月，新疆建立独山子炼油厂，采用单釜炼制原油。1945年9月，独山子石油公司成立。

陕西咸阳酒精厂建成投产，该厂以玉米为原料，使用德国设备，生产无水乙醇

4500千克/日。该厂1939年迁往四川，建立资中酒精厂。

1937年

1月26日，永利化学工业公司南京铔厂硫酸装置建成投产，此后，硫酸铔、硝酸装置也相继建成投产。数月后，抗日战争全面爆发，该厂遭敌机多次轰炸，遂停产并开始内迁。

1941年

3月15日，永利化学工业公司将侯德榜研究成功的新法制碱命名为“侯氏碱法”。1943年12月，中国化学学会第十一届年会上公布了该法。该法后名“联合制碱法”。

1945年

1月，民国政府军政部兵工署第二十六工厂在长寿县建成投产。该厂1953年合并其他工厂组建新厂后更名为长寿化工厂。

10月，范旭东在重庆病逝，社会各界纷纷吊唁一代工业巨子。毛泽东亲自为其题写挽联“工业先导，功在中华”。

1946年

周志俊等人在上海筹建新业硫酸厂（1954年更名上海硫酸厂），于1948年6月投产。

1948年

东北全境解放，东北人民政府接收沈阳、辽西地区各化学工厂，合并哈尔滨油脂厂、酒精厂和吉林化工厂、四平化工厂，组成东北人民政府工业部化学公司。

1949年

1月，东北人民政府工业部化学公司成立化工研究室，开展以煤焦油为原料制取染料及其中间体的研究工作。该研究室几经分立、合并，1959年被定名为化工部沈阳化工研究院。

2月22日，永利化学工业公司碱厂恢复了纯碱、烧碱的生产，当年生产纯碱4万吨。

3月，东北人民政府工业部化学公司改名为东北人民政府工业部化学工业管理局，着手恢复和重建东北化学工业。

9月25日，甘肃玉门解放，第一野战军三军九师政治部主任康世恩为总军代表接管玉门油矿及炼油厂，继续坚持生产。

10月，中央人民政府政务院设立燃料工业部、重工业部，石油工业和化学工业分别由这两个部门主管。

1950年

3月10日，中央人民政府政务院决定在中央人民政府贸易部领导下，设立全国范围的对外贸易专业总公司——中国进口总公司，该公司为中国中化集团有限公司前身。

6月1日，重工业部化学工业局成立。

7月，东北化工局化工研究室在试验室研究成功8项染料及中间体，即苯胺、苯酚、2-苯酚、色酚AS、安安蓝RT、猩红G色基、甲苯胺红和硫化靛蓝。其中，猩红G色基用于国旗红色，为中国国旗染色提供国产染料。

9月，永利宁厂工程师余祖熙等技术人员成功研制硫酸用钒催化剂等三种催化剂，并实现了工业化生产。

11月，北京新华试剂研究所建成。1953～1956年，该所陆续与42个中小型化工厂合并，组成北京化学试剂厂，1958年改名为北京化工厂。

中国科学院长春应用化学研究所（原东北科学院，成立于1948年）开展了氯丁橡胶科研工作，并先后建成氯丁橡胶、乳液聚合丁苯橡胶和聚硫橡胶实验装置。

上海炼油厂年加工原油10万吨的常压蒸馏装置建成投产。

永明漆厂研制成功醇酸树脂，用其制成的漆命名为“三宝漆”。

1951年

1月，东北工业部化工局接管大连曹达厂（即大连满洲曹达株式会社）并将其更名为大连碱厂，该厂当年恢复生产。

2月5日，沈阳第三橡胶厂研制出航空轮胎供试飞检验，5月正式投产。

6月5日～15日，重工业部在北京召开全国酸、碱、染料工作会议，通过了《关于三酸的决议草案》《关于碱及漂白粉的决议草案》《关于染料问题的决议草案》。

6月，华北农业科学研究所和上海病虫药械厂先后研制成功有机氯杀虫剂六六六，投入生产。

6月，锦西化工厂建成中国第一套水银法烧碱生产装置。中国开始有了纯度较高的烧碱。

长春应用化学研究所首先在实验室合成了电石法乙炔为原料的氯丁橡胶并于1953年建立了中间试验车间。

8月31日，政务院第一百次政务会议通过了《关于培植橡胶树的决定》，在广东、广西、云南和福建种植橡胶树，海南地区开始军民合力从事天然橡胶种植和加工事业。

重工业部北京化工试验所建立有机硅研究组，开始相关研究。

1952年

3月，东北化工局研究室仅用两个星期时间成功研制“六六六”杀虫剂，并在沈阳化工厂投入工业生产。

6月，永利化学工业公司完成公私合营。永利铔厂更名为永利化学工业公司宁厂（简称永利宁厂）。

6月，南京化工厂在极其简陋的条件下研制成功橡胶防老剂，结束了国内完全依赖进口的局面。

8月16日，抚顺矿务局瓦斯引用筹备处（今抚顺炭黑厂）利用煤矿瓦斯试制成功槽法炭黑。

9月，燃料部东北石油管理局成立。该局将所辖东北地区人造油和炼油企业整编为10个石油厂。1953年10月，东北石油管理局撤销，东北各石油厂划归燃料部石油管理总局。

10月，天津化工厂使用短波段的绿光进行六六六光氯化反应，使丙体含量提高到14.5%～14.9%。该成果后在全国农药企业推广。

1953年

1月，重工业部化工局改名为中华人民共和国重工业部化学工业管理局（简称中央化工局）。

5月1日　中国自行设计第一个生产青霉素的工厂——上海第三制药厂正式投产。

5月15日，中国和苏联在莫斯科签订《关于苏维埃社会主义共和国联盟政府援助中华人民共和国中央人民政府发展国民经济的协定》。协定规定，在1953年至1959年期间，苏联援建中国新建和改建141个项目（后增加为156个项目）。在这些援建项目中，有化学工业、石油炼制、化工及石油设备制造项目14项。

5月，中国石油炼制工业第一个专业科研机构——抚顺石油研究所成立，主要从事人造石油和石油炼制方面的科研工作。

6月1日，重工业部化学工业管理局化学工业设计公司在沈阳正式成立，1955年更名为"重工业部化学工业管理局化学工业设计院"。

7月，中央工商行政管理局以"发字1号文"给"侯氏碱法"颁发发明证书，有效期为5年，发明人为侯德榜。

1954年

6月，重工业部化工局提出化学工业第一个五年发展计划。

9月24日，重工业部成立化工地质矿产公司，负责领导化学工业的地质、勘探和矿山生产建设。

重工业部化工局沈阳化工试验所有机硅组在固定床中用硅铜合金作催化剂合成出乙基氯硅烷。

北洋机器工程厂（1967年5月改名为曙光化工厂）开始试制无水氟化氢和氟制冷剂R11（三氯一氟甲烷）、R12（二氯二氟甲烷），1955年建成150千克/日氟制冷剂R12及其配套的氟化氢装置。

1955年

1月，经重工业部化工局批准，永利、久大两公司实行合并。原永利碱厂、久大精盐厂合并后改称"公私合营永利久大化学工业公司沽厂"（简称永久沽厂）。

4月13日，重工业部化工局颁发重大技术成就奖，其中化工系统有6项。

10月，沈阳化工综合研究所研究成功的有机玻璃聚甲基丙烯酸甲酯，在锦西化工厂建成230吨/年生产装置，生产出中国第一批有机玻璃。

11月，天津制药厂研究成功人工合成牛黄。

1956年

年初，天津农药厂开始建设，1957年投产杀虫剂对硫磷，这是中国第一家采用本国技术建设的有机磷农药企业。

4月，兰州炼油厂动工兴建。1958年，一期工程建成投产。

4月20日，大连碱厂副总工程师刘嘉树，根据多年实践经验，研制出以氨水制备母液循环连续作业法生产碳酸氢铵新工艺，正式投入生产。该成果获国家新产品试制成果奖。

5月12日，第一届全国人民代表大会常务委员会第40次会议决定，将重工业部化学工业管理局、轻工业部医药工业管理局、橡胶工业管理局合并，成立中华人民共和国化学工业部（简称化工部），任命彭涛为化学工业部部长，任期为1956～1961年。

6月，中华化学工业会（1922年成立）和中国化学工程学会（1930年成立）合并，成立中国化学工业与化学工程学会（简称中国化工学会）筹备委员会，侯德榜任主任委员。7月18日正式成立。

7月31日，永利宁厂在总工程师姜圣阶主持下，试制中国第一台多层包扎式高压氨合成塔，经耐压、强度、破裂压力试验，获得成功。该项成果受到国务院奖励。

9月，化工部改组沈阳化工综合研究所。其中有机合成、合成材料部分迁北京，成立北京化工研究院；无机盐、油漆部分和沈阳药物研究所合并迁天津，并从天津油漆厂调入部分人员，成立天津化工研究院；化学矿选矿、化学肥料部分迁上海，并入上海肥料工业研究所，成立上海化工研究院；染料、农药部分留沈阳，成立沈阳化工研究院。

10月，永利宁厂自主研发首个硫铁矿沸腾焙烧技术，并以此技术新建两台沸腾炉用于年产8万吨硫酸装置。

锦西化工机械厂成功制造水银整流器和几十台隔膜电解槽，并应用到氯碱生产中。

1957年

3月，上海天原化工厂自主设计制造成功中国第一台立式吸附隔膜电解槽，该项技术已接近世界先进水平。

7月29日，为发展联合制碱，化工部决定大连化学厂、大连碱厂合并，定名大连化工厂。

7月，长春第一汽车制造厂投产，全部用上了国产油漆，共有13个品种。

9月，化工部制定了《发展化学工业第二个五年计划纲要（草案）(1958～1962年)》。提出以尽可能快的速度发展化学肥料和合成纤维工业，适当地发展基本化学工业、有机合成化学工业、橡胶工业。

10月15日，吉林化学工业公司成立，统一领导吉林化工区的生产建设。

11月6日，南京化学工业公司成立，统一领导永利宁厂、南京磷肥厂、南京化工厂。

沈阳化工研究院建立了全国第一个有机硅车间——耐500℃高温的涂料中试车间。

1958年

1月11日～22日，中共中央在南宁召开工作会议。毛泽东主席在会上提出，中央、省、专区三级可以设立化学肥料工厂。

1月，上海润华染料厂技术人员研发的红光黄投产，该产品为中国第一个活性染料产品。

2月，化工部党组向党中央呈送《关于第二个五年计划化学肥料发展的报告》《关于在专署一级建设小型氮肥厂的报告》《关于在县一级建设小型氮肥厂的报告》。

5月1日，中国第一个2000吨/年合成氨、8000吨/年碳铵的县级氮肥示范厂在该院投入试生产。

6月，南京磷肥厂40万吨/年、太原磷肥厂20万吨/年的粒状过磷酸钙装置分别建成投产，奠定了国内现代磷肥工业的基础。

7月，保定电影胶片厂开工建设。

7月17日，化工部决定，以天津橡胶工业研究所、天津第四机电安装工程处和原轻工业部设计公司的橡胶部分为基础，成立北京橡胶工业研究设计院（简称北京橡胶院）。

8月，化工部决定调整勘察设计机构，将氮肥、基本化学、有机化学3个设计院合并，在北京建立化工设计总院；组建大连、吉林、锦西、华东、华中、华北、西南、西北8个区域性设计研究分院；勘察公司分成大连、华东、华中、西南、西北5个综合性勘察队。

10月，上海新业硫酸厂厂长、技术专家孙师白开发的文氏管洗涤器，在年产5000吨硫铁矿制酸装置上取得成功后，孙师白与化工部基本化学设计院、原新业硫酸厂共同创立了“三文一器”（即三级文丘里和冷凝器）水洗流程制酸法，在新业硫酸厂投产。

11月，中国自行开发建设的2000吨/年氯丁橡胶生产装置在长寿化工厂建成投产。

12月，无锡生物化学制品厂树脂工作小组试制出环氧树脂产品。该厂次年更名为地方国营无锡树脂厂，建成60吨/年的环氧树脂车间。

12月，锦西化工厂年产1000吨苯酚法己内酰胺生产装置建成投产。所产己内酰胺经锦州合成纤维厂纺丝成功，命名为“锦纶”。

锦西化工厂3000吨/年悬浮聚合法聚氯乙烯生产装置建成投产。这是中国第一套聚氯乙烯工业化生产装置。

国家决定在北京、四平、衢州、武汉、常州、九江、上海、合肥、福州、广州、遵义、南宁、西安建设13家不同规模的氯碱厂。到1959年，大部分建成投产。

1959年

8月，中国自行设计的58型4.3米顶装焦炉于北京焦化厂建成投产。

9月，中国自行设计建设的四川化工厂年产7.5万吨合成氨装置一期工程建成投产，标志着中国已基本具备自力更生建设中型氮肥厂的能力。

9月，中国第一座112万吨/年的大型磷矿采选联合企业江苏锦屏磷矿建成投产。

10月，化工部在大连召开“小合成氨现场交流会”。会议推广800吨/年小合成氨厂经验，1959年中央安排建设35套800吨/年及13套2000吨/年装置。

武汉大学在国内首先研制成功有机氟航空灭火剂，经改进后供歼-7飞机使用。

上海鸿源化学厂建设3吨/年聚四氟乙烯中试装置，同年化工部召开第一次全国氟塑料会议，组织多家科研院所开展技术攻关。

1960年

1月5日，南化公司双层合成塔研制获得成功，并正式投入生产。

4月26日，由化工部研究院8室（合成纤维研究室）和北京合成纤维厂研究所（中试车间）共同组建化工部北京合成纤维研究所。

5月1日，中共中央批准化工部、纺织部党组《关于将人造纤维工业划归纺织部管理的报告》，明确了化学纤维中的合成纤维仍由化工部管理，人造纤维划归纺织部管理。

5月6日至8月19日，化工部党组先后发布了38个决定，就合成氨、烧碱、硫酸、纯碱、聚氯乙烯、电石、六六六、橡胶、锅炉改装等方面，组织技术革命大会战，进行技术攻关，试制新产品，推广应用新技术、新工艺。

5月，兰州合成橡胶厂建成投产，生产出了国内第一批丁苯橡胶。

6月3日，化工部决定在大连化工厂的基础上，成立大连化学工业公司（简称大化公司）。并将大连化工设计研究分院改为大连化学工业公司设计研究院。

9月2日，中共中央批准成立化工部二局，负责国防化工生产管理工作。

10月，化工部决定将兰州化肥厂、兰州合成橡胶厂等单位联合组成兰州化学工业公司（简称兰化公司）。

上海染料涂料所、化工部天津化工研究院涂料室研制成功聚醋酸乙烯类乳胶涂料，并投入生产和应用，标志着建筑乳胶涂料在国内问世。

1961年

3月，中共中央决定，把加快氮肥厂的建设列为支援农业的重要任务，成立中央化肥小组，加强对氮肥工业建设的领导。

4月，上海农药厂敌百虫工业生产“一步法合成”新工艺，产品含量由50%提高到90%，为国内首创。

4月4日～10日，中共中央批转中央化肥小组《关于加速发展氮肥工业的报告》。

8月，石油部在大连召开全国炼油工作会议，系统地总结了加工大庆原油的经验，为以后全国各炼油厂加工大庆原油提供了范例。

南京钟山化工厂BY乳化剂车间建成投产。1963年沈阳化工研究院开发成功农乳100号、300号、500号，在该厂模试后，1965年建成700吨/年的生产装置，奠定了中国农药乳化剂的工业基础。

1962年

1月24日，化工矿山设计院（中蓝连海设计研究院有限公司前身）成立，是新中国第一家专门从事化学矿山科研开发和工程设计的院所。

1月，兰化公司5000吨/年的炼厂气裂解、分离装置建成投产，在国内第一次以石油气为原料生产出乙烯。

1月，石油部在北京召开炼油新技术座谈会，决定集中各方面的技术力量，独立自主地开发流化催化裂化、铂重整、延迟焦化、尿素脱蜡和有关的催化剂、添加剂，被誉为中国炼油工业的“五朵金花”。与此同时，石油部党组成立新技术核心领导小组，统一领导和组织炼油新技术的开发工作。

2月，丹阳化肥厂建成。该装置连续攻关，突破技术关、经济关，1963年达到设计水平，转亏为盈，为小型氮肥厂实现工业化生产提供了经验。

5月1日，兰化公司合成橡胶厂1000吨/年本体法聚苯乙烯装置建成投产。这是国内第一个用石油为原料生产合成树脂的大型石油化工装置。

8月，在国家科委的统一组织下，化工部编制了《化学工业科研1963～1972年长远规划》。在这个国家科学技术发展10年规划中，化学工程成为中国技术科学门类的一个独立学科。

杨石先在天津筹建南开大学元素有机化学研究所，先后开展有机磷化学及有机氟、有机硼等领域的研究。

11月，中国自行设计的第一个大型氮肥厂——上海吴泾化肥厂建成投产。

1963年

6月，江西东乡磷肥厂研究成功高炉法钙镁磷肥，3万吨/年钙镁磷肥生产线建成投产。该这项成果1964年获得国家科委授予的技术发明二等奖。

8月，国务院批准化工部从意大利、德国、英国、法国、日本、瑞士、荷兰引进以天然气、轻油、重油为原料的石油化工装置16项，分别在抚顺炼油厂、兰化公司、泸州天然气化工厂等企业开展建设。

10月，中华人民共和国国家计划委员会（简称“国家计委”）批准建设北京有机化工厂，主要产品为聚乙烯醇。这是中国生产聚乙烯醇的第一个大型工厂，1965年8月建成投产。

10月，从日本引进成套设备的北京维尼纶厂动工建设。

12月，上海市涂料研究所试制成功306有机氟涂料，应用于火箭发射，为国内首创。

12月2日，在中共中央、国务院批准的《1963～1972年科学技术规划》中，要求化学工业掌握以石油为原料制取合成纤维、合成橡胶、塑料的生产建设技术，建设一批样板厂。

12月，周恩来在第二届全国人民代表大会第四次会议上庄严宣布：中国人民使用“洋油”的时代即将一去不复返了。

中科院有机所与国防科委的七院九所共同研制成功海洋船舶有机锡防污涂料。

1964年

5月，上海合成橡胶研究所年产30吨聚四氟乙烯中间试验车间生产出合格的聚四氟乙烯树脂。

5月，南京化纤厂建成投产。

6月，根据中共中央备战备荒为人民和加强三线建设的指示精神，化工部党组提出第三个五年计划的任务是，突出备战，加强国防化工建设。通过新建、扩建和搬迁，在三线建成一个品种齐全、原料配套、技术求新、生产能力能满足三线尖端和常规武器配套需要的国防化工体系。

7月，中国第一个生产催化裂化硅铝小球催化剂的装置在兰州炼油厂建成投产。

8月17日，中共中央、国务院批准，化工部成立中国医药工业公司、中国橡胶工业公司，对全国医药工业、橡胶工业实行集中统一领导。

10月，中国自行研制的国内首套延迟焦化装置在大庆炼油厂投产。

11月2日，国家计委、中华人民共和国国家经济委员会（简称国家经委）批准化工部第一批“三线建设”项目。到1970年，化工部共有5批“三线建设”项目获批。

12月，化工部组建晨光化工厂筹建处进驻自贡富顺，负责编制建设方案和筹建工作。1965年2月方案通过化工部审定，决定建设四个厂。

12月，国家科学技术委员会对大连化学工业公司负责研究试验的“联合制碱”技术进行国家级鉴定，正式命名为联合制碱法。

上海大中华橡胶厂研制出国内第一条9.00R20全钢丝子午线轮胎。

1965年

1月31日，化工部调整设计机构，北京化工设计院改名化工部第一设计院；太原、兰州、南京、吉林四个化学工业公司的设计研究院的设计部分，定名化工部第二、第五、第七、第九设计院；淮南化工设计院、中南氮肥设计院、北京化工设计院七室、西南化工研究设计院（简称西南院）的设计部分，分别定名为化工部第三、第四、第六、第八设计院。

2月22日～24日，化工部在上海召开合成氨净化催化剂专业会议，决定开展脱硫剂、超低温变换催化剂、甲烷化催化剂的研究。

3月，国家计委、经委和科委联合下达1965年科研机构搬迁通知，将北京化工研究院五所的一室、二室，沈阳化工研究院五室和上海化工研究院化原一室迁往青海大通，筹建黎明化工研究所。同年7月，化工部安排天津化工研究院无机三室也迁往该所。1978年，该所获批搬迁河南洛阳，更名为“黎明化工研究院”。

4月24日，国家计委批准建设青海黎明化工厂。该项目1968年2月8日建成投产。同期还建有青海光明化工厂，均为国防化工配套企业。

5月，中国自行设计和制造设备的第一套年处理量60万吨的流化催化裂化装置在抚顺石油二厂建成投产，填补了国内炼油技术空白。

7月，中国第一代片状单金属重整催化剂在抚顺石油三厂投入工业生产。

9月30日，国家科委批准，在兰化公司自动化实验室基础上，成立化工部自动化研究所，该所现隶属于天华化工机械及自动化研究设计院有限公司。

12月，中国第一套年加工能力1万吨的铂重整装置在大庆炼油厂投产。

化工部在天津油漆厂组织醇酸树脂会战，提高醇酸树脂质量。

上海有机化学研究所从大蒜中分离出一种杀菌成分，经合成筛选出优良农药抗生素402，这是中国首次仿生筛选成功的杀菌剂。

化工部成立了硫酸专业研究院（南京化工研究院）和设计院（化工部第七设计院）。

1966年

1月23日，南京化肥厂建成中国第一台自行设计的强制循环中压余热锅炉，后经过不断改进，在国内首先利用硫酸生产装置余热发电。

2月，化工部化肥公司组织召开“纯碱技术革命会战会议”，与会者讨论并通过了“纯碱技术革命纲要”，成立三大战区，拟对变换气制碱真空结晶、高效澄清、原盐粉碎、沸腾煅烧等20多项新技术进行开发研究。纯碱技术革命会战在中国纯碱工业技术发展中起了重要作用。

4月18日，化工部二局同海军后勤部组织全国“4·18”舰船涂料攻关协作组。历经15年，取得攻关成果44项，基本满足了海军舰艇对舰船底漆的需求。

国家科委、石油部、化工部联合组织顺丁橡胶技术攻关会战，以锦州石油六厂为主要现场，开发成功以丁二烯为原料制顺丁橡胶，并建成1000吨/年顺丁橡胶的工业装置。

上海合成橡胶研究所（即上海市有机氟材料研究所）试制成功年产2吨氟橡胶26-41。

北京合成纤维研究所518名员工转至解放军后勤部岳阳2348工程进行三线合成纤维工程建设。

1967年

2月，国家计委批准在北京建设东方红炼油厂。1968年全面动工兴建。

3月，上海人民化工厂在中国科学院原子核研究所协助下试制成功第一批荧光粉。1968年研制成功发光塑料。

中国自己设计建设的第一座年加工量为250万吨的常减压蒸馏-硫化催化裂化-延迟焦化大型联合装置，在山东胜利油田建成投产。

天山化工厂与上海市合成树脂研究所协作试制聚砜。1968年研制成功，1970年天山化工厂100吨的聚砜生产装置建成投产。

江西星火化工厂开始建设，该厂是承担国家重点国防化工和化工新材料生产任务的大型企业。

1968年

8月，东方红炼油厂全面动工兴建。

10月，第一套采用部分氧化法重油裂化生产合成氨装置在浙江兰溪化肥厂投产。

由上海家具涂料厂、上海家具所开发出的“685”聚氨酯木器漆在全国推广应用，这是国内第一代聚氨酯木器涂料。

12月，北京化工研究院研发成功环氧氯丙烷技术，并在无锡树脂厂建成500吨/年的生产装置。

中国第一台月处理能力300吨颗粒页岩的沸腾炉在茂名石油工业公司建成。

1969年

1月14日，吉林化学工业公司研究院试制成功异戊橡胶。

4月11日，上海第四制药厂、四川制药厂、开封制药厂、四川抗菌素研究所合作研究成功庆大霉素。

9月，国务院批准石油部、化工部和北京市关于综合利用石油气生产化工产品的报告。胜利、向阳、东风、曙光4个化工厂开始筹建，连同东方红炼油厂，组成北京石油化工总厂。

1970年

2月，兰化公司合成橡胶厂新建成2000吨/年ABS工程塑料生产装置。

2月，上海树脂研究所、上海天山塑料厂合作建成年产100吨聚砜塑料装置。

4月，兰化公司石油化工厂3.6万吨/年乙烯的砂子炉装置正式投产。4月27日生产出合格的精乙烯、丙烯，在国内首次实现了重质油裂解制烯烃的工业化生产。

5月3日，兰化公司石油化工厂第一条高压聚乙烯生产线正式投产。自此中国有了自己的聚合乙烯产品。8月，该厂聚丙烯生产装置建成投产。

5月，化工部提出“四五”规划，主要任务是：加速内地建设，大搞化学肥料和农药的生产，大力发展合成橡胶、工程塑料、合成纤维、医药、化工原料工业，特别是有机化工原料工业，提高设备制造能力。

6月22日，根据中共中央文件指示，煤炭工业部、石油工业部、化学工业部合并组成燃料化学工业部（简称燃化部）。

北京染料厂开创了中国合成靛蓝的发展历史，使还原靛蓝投入工业化生产。

1971年

3月，上海农药厂从井冈山地区的土壤中发现并分离出对防治水稻文枯病有良好效果的菌种，制成杀菌剂，定名井冈霉素。该项成果当年投入生产，提供农业使用。

6月3日，燃化部制定《国防化工科学技术第四个五年计划赶超规划草案》。规划提出，要集中优势兵力打歼灭战，突破重点，攻克难关，迅速取得重大科技成果，拿出产品，满足国防工业的需要。

6月30日，《人民日报》发表题为《工业学大庆》的社论。大庆油田的开发和建设，是中国工业史上一次伟大的实践。

沈阳化工研究院在国内首先研究甲胺磷成功并投入生产，在全国农药厂推广，年产量达5万多吨，成为国内杀虫剂最大吨位品种之一。

1972年

2月5日　中共中央、国务院批转国家计委《关于进口成套化纤、化肥技术设备的报告》。

6月，辽宁朝阳长征轮胎厂完成四种航空轮胎试制任务。

6月，燃化部化肥生产组成立了小氮肥组，成为全国小氮肥工业管理部门。

12月，国务院批准引进三套以生产乙烯为主的大型石油化工联合装置。

1973年

1月2日，中共中央、国务院批准国家计委《关于增加设备进口，扩大经济交流的请示报告》。报告提出，在今后三至五年内引进43亿美元的成套设备和单机。这个方案被称为“四三方案”。其中燃化部成套引进以油、气为原料的13套大型化肥装置、4套化纤装置和1套年产30万吨的乙烯装置。

6月，上海桃浦化工厂开发成功金属阳极6000安培烧碱电解槽。同年，上海天原化工厂采用这项技术投产。这是中国电解烧碱技术的第二次飞跃。

6月29日，国务院批准北京石油化工厂扩建工程计划任务书，全部引进项目统称为“四烯”工程，该工程是当年全国重点大型建设项目。

12月，国家计委批准建设乌鲁木齐石油化工厂。

12月16日，国务院、中央军委批准，将总后勤部岳阳化工生产管理局及其所属企事业单位移交燃化部、轻工部管理。移交燃化部部分，定名岳阳化工总厂、长岭炼油厂。

1974年

3月，燃化部向国家计委提出《关于炼油厂布点的请示报告》，安排建设镇海、石家庄、九江等新的炼油厂。

6月，维生素C两步发酵新工艺通过技术鉴定。上海第二制药厂采用这项新工艺建成400吨/年装置。该项目获得国家发明二等奖。

6月15日，中国自行设计建造的大型腈纶装置在大庆石化总厂建成投产。

10月，沈阳化工研究院研究成功年产超万吨的多菌灵，在世界上第一个实现该品种的工业化生产。

11月16日，国务院批准燃化部、农林部关于积极试验、推广和发展腐植酸类肥料的报告。

1975年

2月1日，第四届全国人民代表大会第一次会议决定，将燃料化学工业部分为煤炭工业部、石油化学工业部（简称石化部）。

6月22日，石化部在广州召开煤球攻关现场会和以煤、焦为原料的合成氨造气经验交流会，推广煤代焦、粉煤成型的原料路线。会议拟订了大中型合成氨厂原料改造初步规划。

截至1975年，全国小氮肥已达1109家，氮肥总产量232万吨，已占全国氮肥总产量的60%。

1976年

1月，中国第一套以井盐为原料的联碱生产厂——自贡鸿鹤化工总厂联碱改造工程竣工投产。

2月，石化部化肥生产组小氮肥组组织“联醇”“联碱”攻关组。

7月，中国第一套多金属催化重整装置（催化剂铂、铂、钴等）在大连石油七厂投产，处理能力15万吨/年。

11月，“尖兵一号”第三颗人造侦察卫星发射并成功回收，石化部第一胶片厂提供的产品均获清晰画面。

1977年

1月11日，山东胜利石油化工总厂建成投产。

10月8日，规模为300万吨/年，采用现代化技术，采选配套的矿山联合企业——广州云浮硫铁矿开始建设。

石化部在上海召开全国氯碱生产经验交流会，安排重点氯碱企业技术改造，决定逐步用金属阳极电解槽取代石墨阳极电解槽。

青岛染料厂成功生产研制出油溶性彩色电影胶片呈色剂黄5381、品5381和青5381，填补了国内相关领域空白。

四川化工厂、沧州化肥厂、胜利石油化工总产、泸州天然气化工厂等引进的合成氨、尿素装置分别建成投产。

12月27日，南京化工厂建成国内第一套3000吨/年硝基苯加氢还原制苯胺装置，并一次试车成功，使国内苯胺生产工艺跨入国际先进行列。

1978年

3月5日，第五届全国人民代表大会第一次会议决定，撤销石油化学工业部，设立化学工业部、石油工业部。

8月1日，国家计委批准建设青海钾肥厂。

9月21日，化工部提出大打化学矿山之仗，依靠地方，大力建设中、小矿山，在积极利用中、低品位矿的同时，选择储量大，品味高的矿山，集中力量进行建设。

12月2日，国务院批准国家计委《关于引进重油制合成氨装置的请示》，同意再进口三套重油制氨设备，分别建在浙江镇海、新疆乌鲁木齐、宁夏银川。引进的一套以煤为原料的30万吨/年合成氨及配套硝酸、硝酸磷肥装置，建在山西潞城。

化工部引进30万吨/年乙烯及配套化工装置的合同签字，分别安排建在南京、山东、大庆和上海。

中国自行设计、制造成功容量最大的C47-Ⅰ型金属阳极隔膜电解槽。

在全国中型合成氨厂净化工艺攻关会战中，鲁南化肥厂开展净化工艺攻关取得了“净化无毒脱碳新技术”和“离子交换法生产高纯度碳酸钾”两项科研成果。

1979年

1月1日，根据国务院决定，化工部医药局移交国家医药总局，并更名为中国医药工业公司。

3月8日，北京石油化工总厂改名为燕山石油化学总公司。

12月，中国第一个以天然气为原料、生产甲醇和维尼纶等产品的综合化工厂四川维尼纶厂在重庆建成，投料试车。

12月，上海吴泾化工厂以轻油为原料，全部由国内自行设计、制造设备建设的30万吨合成氨、24万吨尿素装置建成投产。

安徽化工研究院在国内率先开发成功了“水相悬浮压力法”生产氯化聚氯乙烯新工艺，成为全国生产氯化聚氯乙烯的主要工艺。

1980年

2月7日，经国务院批准，化工部环境保护司成立。

5月18日，中国向太平洋发射第一枚运载火箭，并在预定海域降落。中共中央、国务院、中央军委向化工部致贺电。

10月11日，化工部、国家物价局发出《关于下放部分化工产品定价权限的决定》，自1980年1月1日起执行。

上海正泰橡胶厂从法国引进设备，建成中国第一条工业化的子午胎生产线，并于1982年生产出第一条国产“回力牌”半钢轿车子午胎。

12月，上海吴泾化工厂以轻油为原料，全部由国内自行设计、制造设备建设的30万吨合成氨、24万吨尿素装置建成投产。

南化公司研究院研制成功S108型低温钒催化剂、S110-1型氨合成催化剂。上述两项成果分别获1981年国家发明四等奖、1983年国家发明三等奖。

1981年

8月13日，中国氯碱工业协会在沈阳成立。这是全国第一家正式成立的工业类行业协会。

9月29日，国务院批转《关于石油炼制、石油化工、化纤工业统一规划、综合利用问题的会议纪要》，决定成立石油化工、化纤综合利用规划小组，对石油炼制、石油化工、化纤工业的综合利用实行统一规划。

9月，国务院批准成立上海高桥石油化工公司；12月，批准成立金陵石油化工公司。

西南化工研究院研究开发的合成氨尾气变压吸附制氢成套装置，在上海吴淞化肥厂、嘉定化肥厂投产。其后陆续在全国53个中小型氮肥厂推广应用。

国内有化工合资企业天津丽明化妆品合营公司一家，外商投资额仅172万美元。

1982年

2月15日，中国海洋石油总公司成立。

7月，中国科学院生物化学研究所、北京大学化学系和中国科学院有机化学研究所合作，研制成功人工全合成牛胰岛素结晶。这是世界上第一个人工合成蛋白质。

11月，四川省化工研究所研制的防治水稻叶枯病药剂“叶枯宁”通过鉴定。

12月27日，上海化工研究院同江苏六合化肥厂、化工部第四设计院合作开发的日产42吨尿素的中压联尿装置，通过部级技术鉴定。该成果获得1987年国家发明二等奖。

12月29日，云南磷肥厂湿法重过磷酸钙装置试车成功。该项目是中国第一个湿法重过磷酸钙工业化试验装置，年产重过磷酸钙10万吨。

1983年

1月11日，国务院常务会议通过《关于停产六六六、滴滴涕农药的报告》，决定从当年开始停止滴滴涕、六六六等高残留有机氯农药生产。

2月19日，党中央、国务院决定组建中国石油化工总公司，对全国原分属石油工业部、化学工业部、纺织工业部等部门管理的炼油、石油化工和化纤企业实行集中领导、统筹规划、统一管理，对产供销、人财物、内外贸实行统一管理。

3月，国家计委批准建设山东寿光纯碱厂（后改潍坊纯碱厂）。该项目1989年建成。同年，江苏连云港碱厂建设项目、天津碱厂扩建项目均获批。建成后，三个碱厂产能均为60万吨/年。天津碱厂在恢复性大修及扩建工程中采用的一批新设备，提高了中国制碱工业整体水平。次年唐山碱厂建设获批。

3月25日，全国23个农药生产企业认真贯彻国务院的决定，全部停止了六六六原药的生产。国务院领导同志批示，化工部的这种积极进取的实干精神，是为十亿人民办了一件大好事。

8月17日，《化学工业第六个五年计划》提出了“六五”期间继续为农业提供化肥和其他支农产品、调整农药结构、增产基本化工原料、发展石油化工和精细化工，适当安排化工新材料、国防化工等十项基本任务。

10月30日，中国第一套52万吨/年尿素合成塔在南化公司机械厂制造成功。该塔是为浙江镇海石油化工总厂从荷兰引进的大化肥项目配套的大型设备。

1984年

3月15日，四川银山磷肥厂、成都科技大学合作开发的4000吨/年的料浆浓缩-喷雾干燥法制磷铵中试装置，通过部级技术鉴定。

4月20日，国家计委批准化工部星火化工厂建设万吨级有机硅工业性试验装置。并将其列为国家“六五”科技攻关项目。该项目1991年底建成。

4月、6月，齐鲁石油化工公司（简称齐鲁石化）、扬子石油化工公司（简称扬子石化）30万吨乙烯装置及其配套工程正式动工兴建。

6月，燕山石化研究院开发成功丁苯热塑性弹性体（SBS）技术，工业试产成功。

6月，化学工业部决定：除国务院已经规定扩大企业自主权的十条外，再下放部分生产计划、产品分配、价格制定等8项权限。

8月9日，化工部海洋涂料研究所等单位研制的5年期高效防污涂料，通过部级技术鉴定，分别在青岛油漆厂、上海开林油漆厂试生产。

9月28日，化工部颁发《关于扩大科研单位自主权若干规定》。

10月26日，根据中共中央《关于经济体制改革的决定》和国务院批转国家计委《关于改进计划体制的若干暂行规定》通知精神，化工部决定对部管化工产品分配体制进行改革。

1985年

4月4日，中共中央书记处、国务院联合听取化工部党组的工作汇报。中央书记处的指示中说，化学工业是国民经济中的一个重要基础部门，要把包括化工原料在内的原材料工业摆在同能源、交通建设一样的重要位置上来。

4月5日，化工部上海生物化学工程研究中心在上海农药研究所成立。

7月31日，化工系统首批944家合格企业获得有效期为5年的生产许可证。

8月10日～13日，化工部组织在全国化工环保工作会议上讨论《化学工业环境保护“七五”计划纲要》。“纲要”提出：凡新建、扩建和技术改造的项目，都必须做到“三同时”（即在设计、施工、验收时，同时考虑到环境保护）。

11月29日，化工部颁发试行《改进化工生产计划管理的暂行办法》，推进计划体制改革。

12月24日，中国自行设计、研制的涤纶短纤维成套设备在上海石油化工总厂涤纶二厂建成投产，通过国家级技术鉴定，年产涤纶短纤维1.5万吨。

12月，湖北省大悟县黄麦岭磷矿经10年建设，成为矿肥结合综合性矿山企业。

南化公司磷肥厂建设20万吨/年硫酸装置——南化七系统，引进各国先进技术和设备，于1987年建成投产，正式开启了中国硫铁矿制酸装置大型化的进程。

顺丁橡胶生产新技术的研发成果获得1985年度国家科学技术进步特等奖。

由西南化工研究院等单位开发的“用四塔一次均压式变压吸附工艺从合成氨弛放气中回收氢和核工业公司七四三矿开发的‘七四三’工程设计”获得国家科学技

术进步一等奖。

1986年

1月8日，中国第一套万吨级固体磷酸一铵生产装置，在湖北老河口市光化磷肥厂通过技术鉴定。

1月10日，国家科技攻关项目，四川银山磷肥厂4万吨/年磷铵装置通过部级技术鉴定。

1月23日　化工部、机械部决定，成立国务院重大技术装备复合肥料领导小组办公室，负责大型合成氨（含尿素）项目引进归口和实现国产化的推动管理等工作。

1月，千吨级聚四氟乙烯技术开发项目通过部级技术鉴定。1月14日，《解放日报》以《百余科研人员协作攻关—千吨级“塑料王”开发成功》为题作了报道。

4月9日，中央财经领导小组批准化工部报告，在“七五”期间，由国家贴息贷款10亿元，地方贴息贷款10亿元，改造资金共20亿元，用于扶持改造小化肥厂，改进品种结构。

4月24日，化工部在化肥工业研究所主持召开煤的转化技术——水煤浆加压气化“七五”攻关审议论证会。会议认为，这项技术进一步完善后，可使煤种评价和基础设计、工程设计立足国内，节约外汇。

5月1日，青海钾肥厂一期工程动工建设。该厂是中国“七五”计划期间重点建设项目之一。

5月8日，化工部发布《“七五”时期化学工业发展纲要》，并提出坚持把改革放在首位，推动化学工业管理体制改革等10条方针。

9月9日，依托上海有机氟材料研究所建立的化工部有机氟材料技术开发中心成立。

1987年

1月，“TS-系列冷却水处理药剂的研制与应用”“大庆常压渣油催化裂化技术”获得1987年度国家科技进步一等奖。

上海市有机氟材料研究所液体地-地战略武器及运载火箭项目获国家科技进步特等奖。

1月8日，《人民日报》报道，近两年我国开发30多个农药新品种，约占现有农药新品种的30%，使我国农药行业产品结构发生重大变化，其中高效低残留农药品种占绝大多数。

3月16日，化工部发布《关于化工企业进一步改革、搞活的意见》。

4月9日，在第15届日内瓦国际发明和技术展览会上，晨光化工研究院孙韶渝等研制的室温固化耐高温高强韧性环氧结构胶黏剂获金奖。

12月，国家决定“八五”及“九五”期间引进11套大中型磷复肥装置，配套引进世界先进的湿法磷酸生产工艺，在铜陵磷铵厂、南京化学工业公司等地建设。

北京化工机械厂引进日本离子膜电解槽技术，制造出国产离子膜电解槽，填补了这一核心技术的国内空白。

南化公司研制成功中国第一台大型硫酸电除尘器，为解决硫铁矿制酸封闭净化创造了条件。

1988年

1月19日，中国第一套5000吨/年苯乙烯-丙烯腈共聚树脂装置在上海高桥石化公司建成，一次投料试车成功。

1月，“二水法磷酸——中和料浆浓缩法制磷铵新工艺”和“乐凯100日光型彩色胶卷（Ⅱ）”获得1988年度国家科技进步一等奖。

2月，中国自行设计的第一套万吨级丁苯热塑橡胶（SBS）生产装置在岳阳石化总厂动工兴建。

6月10日，国务院召开的总理办公会议研究了1990年化肥生产能力达到1亿吨的问题。会议决定在“七五”计划后3年采取特殊措施，多渠道筹集资金45亿元，用于改建扩建化肥厂及硫磷矿山。

7月22日～26日，国家计委、化工部对银山磷肥厂3万吨/年料浆法磷铵、成都化肥厂4万吨/年中压联尿试验装置进行现场考评和总结，会议认为，这两套装置具备了在全国推广的条件。

9月17日，根据国务院机构改革方案，撤销石油工业部，成立中国石油天然气总公司。

12月，化工部成都有机硅应用研究中心落成。该中心由联合国工业发展组织资助援建。

1989年

3月15日，国务院颁布《关于当前产业政策要点的决定》。

9月12日～15日，化工部在吉化公司召开全国化工系统进一步开展学吉化第一次现场会上，作出了《关于进一步开展学习吉林化学工业公司的决定》。

12月，年产52万吨二氧化碳气提法尿素装置机械设备，萘氧化制苯酐流态化催化反应器和催化剂及其系统新技术开发和应用，丙纶级聚丙烯树脂的研制、工业化生产和应用获得1989年度国家科技进步一等奖。

化工部印发《化学工业贯彻〈国务院关于当前产业政策要点的决定〉实施办法（试行）》提出当前化学工业内部的产业发展排序为支农化工产业、原材料化工产业、精细化工产业、橡胶加工产业。

1990年

1月10日，由北京石化工程公司、北京化工研究院、化工机械研究院和辽阳石油化纤公司共同开发的年产2万吨国产化乙烯的新型裂解炉，在辽阳石油化纤公司建成投产，通过国家级鉴定验收。

1月29日，化工部化肥工业研究所完成水煤浆加压气化技术长周期运转考核和煤种试验。这项重大科技成果中间试验的各项指标，全部达到“七五”攻关要求。

4月，化工部纯碱、氯碱、天然碱设计技术中心成立。

6月5日，化工部颁发《化学工业部关于依靠科技进步，振兴化学工业的决定》，全面开展“科技兴化”活动。

7月8日，国家重点工程、湖北黄麦岭矿肥结合项目正式开工建设。

8月，年产500吨“燕麦枯”除草剂在陕西武功县化工厂建成投产。该成果是国家重大新产品试制项目，由西北大学、化工部第六设计院、武功县化工厂研制开发。

10月23日，锦西化工研究院、浙江大学、无锡电化厂承担的“七五”国家科技攻关项目“微悬浮糊树脂聚合工艺技术开发”通过部级鉴定。

12月25日，《中国化工报》报道，“七五”国家重大技术装备研制工作取得重大进展，10项成套设备实现或基本实现国产化。其中化工、石化行业有3项。

12月，重交通道路沥青的研制获得国家科技进步一等奖。

安徽铜陵华兴公司建成大型硫铁矿制酸装置，该装置是中国第一套自行设计、国家“八五”大型硫酸装置国产化攻关项目的依托工程。

1991年

1月19日，由北京化学试剂研究所等5个单位联合研制成功的紫外光刻胶，通过国家级鉴定验收。该所已建成年产负型光刻胶15吨、正型光刻胶3吨中试装置。

2月25日～28日，国家“七五”重点科技攻关课题“染料和染料助剂技术开发”通过国家验收。

3月14日～16日，国家“七五”重点科技攻关课题“涂料新品种技术开发”通过国家验收。

3月20日，国家“七五”重点科技攻关项目新型复合材料研究获重大成果，碳纤维、芳纶已突破制造技术难关。

4月7日，《人民日报》刊登了1990年第5期《半月谈》《1990年中国经济建设十大成就》。其中扬子乙烯工程、仪征化纤工程列入第六项，纯碱结束了进口的历史列为第八项。

4月15日，化工部成都有机硅应用研究中心研制成功的新型环氧胶黏剂，获国家科技进步一等奖。

5月，由中国成达化学工程公司承包建设的印度尼西亚15万吨/年联碱项目签订合同。这是中国第一套大型化工成套出口的项目。

10月19日，化工部、瑞士汽巴嘉基有限公司在北京签署合作协议。此后，化工部先后和英国帝国化学、美国杜邦、德国巴斯夫、法国埃尔夫·阿托化学有限公司等多个跨国化工公司签署合作协议。

11月29日，中共中央十三届八中全会《关于进一步加强农业和农村工作的决定》中指出，要大力发展农用工业，保证化肥、农药、农用薄膜供应量不断增加，有计划地新建一批大化肥厂及化学矿山，加快改造中小化肥厂。

12月17日，国务院批转国家计委、国家体改委、国务院生产办公室关于选择一批大型企业集团进行试点的请示，确定试点企业55个。其中化学工业4个企业集团入选。

1992年

1月24日，“YD型冷激式氨合成塔内件”被国务院生产办公室列入“八五”国家重点新技术推广计划。

2月，化工部化工清洁生产中心成立，挂靠在北京化工研究院依托该院环境保护研究所。

5月，国家科委批准组建国家级有机硅应用工程技术研究中心、受力结构工程塑料技术研究中心。

8月24日～26日，化工部在全国化工对外开放工作会议上确定了90年代化工外向型经济的奋斗目标：化工行业利用外资累计100亿美元，实现出口创汇100亿美元，形成100个具有较强国际竞争能力的外向型化工企业或企业集团（简称“三个一百”）。

10月6日，国内第一套150吨/年聚苯硫醚工业性实验装置通过国家级鉴定验收。该装置由四川大学、化工部第八设计院、自贡市化学试剂厂共同开发成功。

12月21日，沈阳化工研究院和五矿常州农药厂合作开发的“唑蚜威”农药正式投产，填补了农药行业的一项空白。

西南化工设计研究院研制出拥有自主知识产权的甲醇低压羰基合成制醋酸专利技术。

上海染料化工八厂成功开发投产的活性黄KE-4RN、活性黄M-2RE和活性艳蓝KE-GN，填补了国内空白。

1993年

1月，大型国产化子午线胎生产线在山东荣成橡胶厂建成投产。该生产线设备和原材料国产化率达到85.6%和87.8%。

4月27日，国家工程技术研究中心第一次会议宣布，由国家科委领导并批准组建的国家工程技术研究中心已有39个，其中化工系统有13家。

4月，化工部在首届全国化工科技成果交易会上推出十项最大科技成果。

6月4日，河南轮胎厂生产的国家“八五”重点科技攻关项目“大型工程机械轮胎”通过国家验收并开始批量生产。

8月28日，国家“八五”大型硫酸装置国产化科技攻关依托工程——安徽铜陵化工集团公司磷铵厂20万吨/年硫酸装置建成投产，该项目国产化率85%。

9月28日，中国自行研究、设计和制造的首套80万吨/年加氢装置在浙江镇海石化总厂建成。

10月28日，化工部向国务院请求解决化肥农药淡季储备资金问题的请示得到国务院批准。

12月，吉化公司试剂厂成功建成1K（3K）碳纤维用丙烯腈基原丝生产线。

12月16日，北京燕山石油化工公司研究院研制成功乙烯氧化制环氧乙烷用YS-6银催化剂。这项成果已在中国和美国获得专利。

1994年

1月，化工部成都有机硅研究中心完成国家“八五”科技攻关项目——“增强聚甲醛新产品开发”工作。

2月3日，扬子石油化工公司与德国巴斯夫公司签订协议，合资建设年产13万吨乙苯、12万吨苯乙烯、10万吨聚苯乙烯项目。股权分配为扬子公司40%，巴斯夫公司60%。

3月21日，大连石油化工公司4万吨/年聚丙烯装置的N型催化剂工业试验，通过技术鉴定。N型催化剂是北京化工研究院开发的专利技术，获1993年度国家发明二等奖。

5月，南京第一农药厂生产的农药“灭铃皇”成为农业部推荐的防治抗性棉铃虫混剂中的首选药。

6月3日，中国工程院成立大会公布了首批96名院士名单，邹竞、侯祥麟、闵恩泽、徐承恩在列。

7月21日，山东荣成橡胶厂与北京橡胶院合作研制成功65、60系列高速度级别无内胎扁平化子午线轿车轮胎并通过国家技术鉴定。

8月12日，国务院决定对化肥、农药等农业生产资料流通体制进行重大改革。

8月27日，化工部印发《化工行业转换企业经营机制建立现代企业制度实施纲要（试行）》。

9月16日，南化公司化工机械厂承担的国家“八五”重大技术装备科技攻关项目——20万吨/年甲醇合成塔研制成功。

9月，吉化机械装备公司通用机械厂承担的国家“八五”重大技术装备科技攻关项目“LW-500卧式沉降离心机”研制成功。

10月，国务院确定100家国有大中型企业，按照《公司法》及有关法规，进行现代企业制度试点，其中化工系统有8家企业。

1995年

2月，2500吨/年高纯度二甲醚工业生产装置投料试车成功。该项目是国家“八五”科技攻关项目。

4月28日，四川硫酸厂年产6万吨料浆法磷铵装置，通过国家级验收。该装置是国家“八五”重大装备研制项目，工艺技术由我国自行研制开发，设备国产化率达100%。

8月22日，在第50届世界统计大会上，国家统计局授予乐凯胶卷“中国胶卷之王”称号。

8月，水煤浆气化及煤化工国家工程研究中心成立。

9月26日，化工部、国家科委、农业部、中国农业科学院联合召开第一次全国涂层尿素应用推广现场会，推广涂层尿素。

12月20日，化工部提出“九五”期间化学工业发展目标，重点发展精细化工工程等七大工程。

第一套万吨聚氯乙烯糊树脂国产化工程在沈阳化工厂试车成功。

安庆石油化工总厂年产40万吨催化裂化联合装置建成投产，生产出合格产品。该装置为国内首套，是中国石化总公司“八五”攻关项目。

北京化工研究院承担的国家“八五”科技攻关项目“汽车专用塑料的开发研究”项目通过国家技术鉴定。

晨光化工研究院承担的国家“863”新材料研究项目“光盘聚碳酸酯的研制”通过国家科委验收。

1996年

中科院长春应用化学研究所承担的国家“八五”重点科技攻关项目“工程塑料改性和应用成果”，通过中国科学院验收。

2月14日，国家科委发布国家“九五”重中之重项目。新农药创制研究与开发（组建国家南方农药创制中心）和新药研究与产业化开发两项在列。

3月27～28日，染料国家工程研究中心建成通过竣工验收。该中心依托和承建单位为沈阳化工研究院。

5月，燕山石化建成万吨级溶聚丁苯橡胶生产装置，1998年扩建为3万吨/年，是中国第一套溶液聚合法丁苯橡胶装置。

8月30日，上海漕泾化工园区宣布成立。这是中国改革开放以来第一个以石油化工、精细化工为主的专业开发区。

11月6日，国家计委重大技术装置国产化项目、中国自行研制的乙苯负压脱氢制苯乙烯技术，在抚顺石化公司化塑厂应用成功，形成中国石化总公司“用炼厂尾气制取苯乙烯”成套技术。

11月27日，化工部与德国巴斯夫公司在北京签订有关技术交流、技术转让、市场开发、双边贸易等方面的合作协议。

11月，沈阳化工研究院开展的溶剂法合成2-羟基-3-苯甲酸的研究、氯代苯甲醛和分散黑EX-SF300%三个项目的研制获国家“八五”科技攻关重大成果奖。

12月16日，万吨级聚氯乙烯糊树脂国产化装置，年产1万吨SBS成套工业生产技术开发获国家科技进步一等奖。

1997年

2月26日，山东鲁北企业集团研究开发的石膏制硫酸联产水泥技术发明专利，同年获美国爱因斯坦国际发明博览会鉴定证书。

4月29日，国务院批转国家计委、国家经贸委、国家体改委《关于深化大型企业集团试点工作的意见》确定63家大型企业集团参加第二批试点，其中有巨化集团公司、上海天原（集团）有限公司、山东海洋化工集团有限公司。

5月7日，中国第一套万吨有机硅装置在化工部星火化工厂全面投产。

5月，国务院颁布实施《农药管理条例》。

11月19日，中国东联石化集团有限责任公司成立。1998年7月，东联集团整体并入中国石化。

1998年

1月，“变压吸附气体分离技术推广应用研究”获1997年度国家科技进步一等奖。

1月，化工部下发《化学工业部贯彻<农药管理条例>实施办法》。

3月10日，《国务院机构改革方案》和《国务院关于部委管理的国家局设置的通知》，决定不再保留化学工业部，将化学工业部与中国石油、中国石化的政府职能合并，组建国家石油和化学工业局。

3月，九届人大一次会议审议批准的《国务院机构改革方案》决定对中国石油石化工业实施战略性改组，分别组建中国石油天然气集团总公司和中国石油化工集团总公司两个特大型企业集团公司。7月27日，中国石油天然气集团公司和中国石油化工集团公司正式宣告成立。

6月，天津化工厂建成国家重点科研技术攻关项目——3000吨/年氯化法钛白粉试验装置。

9月2日，国务院发布《关于限期停止生产销售使用含铅汽油的通知》。

9月21日，农药国家工程研究中心（沈阳）正式揭牌。

9月，西北化工研究院、兰州化工机械研究院、山东鲁南化肥厂承担的国家重大技术装置国产化研究项目“水煤浆气化喷嘴研究”，通过国家石油和化学工业局组织的鉴定。

11月16日，国务院发出《关于深化化肥流通体制改革的通知》。

沈鼓集团为大庆石化单线24万吨/年乙烯装置研制出裂解气离心压缩机，首次在乙烯装置三大压缩机国产化方面实现“零”的突破。

1999年

1月23日，国家经贸委发布国务院批准的《淘汰落后生产能力、工艺和产品目录（第一批）》。“目录”涉及煤炭、冶金、有色、石油化工、轻工、纺织、机械、建材、建工、电力等10个行业的114个项目，其中涉及石油和化工行业的项目有20个。

3月2日，西南化工研究设计院承担的国家“九五”科技攻关项目——氧化碳羰基合成叔碳酸工艺取得重大突破。

5月，国务院办公厅发布了国家经贸委等8部委《关于清理整顿小炼油厂和规范原油成品油流通秩序的意见》。

7月14日，国家计委发布《当前国家优先发展的高技术产业化重点领域指南》，涉及石油和化学工业及相关领域的有饲料添加剂，高效、低毒、安全新农药，可降解农膜母料和农用新材料等20余项。

11月5日，中国石油天然气集团公司重组过程中按照中华人民共和国公司法成立股份有限公司——中国石油天然气股份有限公司。

2000年

2月21日，中国石油化工集团公司以独家发起方式设立中国石油化工股份有限公司。

4月18日，国家级火炬计划项目揭晓。共评出1047项，有化工项目108项，约占10%。

4月26日，北京橡胶院和四川川橡集团有限公司共同承担的“九五”国家重点科技攻关项目——蒸汽充氮硫化装置通过鉴定，标志着中国轮胎硫化工艺达到了国际先进水平。

6月30日，中国石化和德国巴斯夫公司举行南京扬子-巴斯夫一体化石化基地（IPS）项目合资经营合同签字仪式。

10月，中国石化在境外首次公开发行167.8亿股H股，募集资金34.6亿美元。同月18日、19日，中国石化H股分别在香港、纽约和伦敦上市。

11月29日，国务院批准建设青海盐湖工业集团有限公司30万吨/年氯化钾反浮选冷结晶高技术产业化项目。该项目是被列入国家西部大开发“十大工程”的青海100万吨/年钾肥的先导项目。

12月，中国第一套大型国产化聚酯装置在仪征化纤股份公司涤纶一厂顺利建成投产，产量为10万吨/年。

中蓝晨光化工研究院开发出合成有机硅单体的新型流化床反应器和有机硅单体合成用铜催化剂及其制备方法等专利技术，为中国甲基氯硅烷单体产业的发展做出了贡献。

2001年

1月7日，国务院决定撤销包括国家石油和化学工业局在内的9个国家局，相关职能并入国家经贸委。

1月，国内具有自主知识产权的丙烯腈示范装置——齐鲁石化公司4万吨/年丙烯腈装置7项国产化工业应用新技术通过国家鉴定。

4月28日，中国石油和化学工业协会正式成立。

5月，为实现PTA生产技术的国产化，仪征化纤公司和浙江大学联合进行的精对二甲苯（PX）氧化反应特性及模型化的研究开发通过技术鉴定。

6月29日，国家经贸委发布化工行业“十五”规划，规划中确定的化工、石油、石化三大行业的发展重点是农用化学品和精细化工；保障国家油气供给安全；提升炼油和发展乙烯。

8月21日，国内首套低压临氢脱硫醇100万吨/年航煤加氢装置在镇海炼化建成投产。

由北京化工大学承担的“863”计划项目——纳米粉体材料超重力法工业性制备新技术通过教育部组织的鉴定，并已获得国家发明专利。

12月21日，由中国工程院倡议主办、95位中国两院院士推荐评定的“20世纪中国重大工程技术成就”评选结果揭晓，“两弹一星”工程位列前茅。化工行业中的无机化工（化肥、纯碱、氯碱和无机非金属材料）、石化成套设备、化学矿产等入选其中。

2002年

“MCI柴油加氢改造新技术及工业应用”项目获国家技术发明二等奖；“大庆减压渣油催化裂化成套技术开发及工业应用”项目获国家科技进步一等奖。

4月12日，国家“九五”重点项目——中原大化集团60万吨/年尿基复合肥建设项目第一期工程投产。

6月14日，农业部发布第199号公告，在对甲胺磷等5种高毒有机磷农药加强登记管理的基础上，又停止受理一批高毒、剧毒农药的登记申请，撤销一批高毒农药在一些作物上的登记。

7月4日，西气东输工程开工建设。

7月8日，国家《清洁生产促进法》颁布，自2003年1月1日起施行。

8月19日，中国石化南京化工有限公司与荷兰DSM集团纤维中间体公司合资成立南京帝斯曼东方化工有限公司，扩大己内酰胺生产。

11月1日，中外合资南海石化项目在惠州大亚湾经济开发区举行开工奠基典礼。这标志着中海油开始向下游化工领域进军。

由抚顺石油化工研究院开发的甲乙酮成套技术研制成功，并生产出优质的仲丁醇和甲乙酮，结束了中国甲乙酮成套技术长期依赖进口的历史。

国家“十五”重点科技攻关项目，中国第一套1000吨/年芳纶Ⅱ工业装置在四川省德阳市奠基。

2003年

5月22日，国务院国有资产监督管理委员会成立，其监管范围是中央所属企业（不含金融类企业）的国有资产。成立之时直接监管的企业共196家，其中石油和化工企业12家。

7月20日，国家科技重点攻关项目，中国科学院成都生物所研制成功的生物农药——宁南霉素，产业化1万吨/年项目全面开工建设。

8月14日，在国家统计局发布的全国大型工业企业1588家企业中（按新标准划分），北京化工集团公司等200余家石油、石化和化工企业榜上有名。

11月10日，经公司申请并报国务院国有资产监督管理委员会和国家工商行政管理总局核准，中国化工进出口总公司更名为中国中化集团公司。

12月20日，中国首套年产5000吨的HFC-134a工业化生产装置在西安金珠近代化工有限责任公司投料试车成功，打破国外公司在氟氯烃替代物生产领域的技术垄断，使中国具备了规模化生产HFC-134a的能力。

2004年

5月9日，经国务院批准，中国化工集团公司（简称中国化工）成立。

8月25日，神华集团鄂尔多斯煤直接液化项目开工建设。该项目是世界上首个煤直接液化项目，于2008年12月30日投产，产量为108万吨/年。

12月16日，时为全国最大的有机硅单体生产装置——蓝星星火有机硅10万吨/年有机硅项目奠基。

12月，山东华鲁恒升30万吨/年合成氨国产化大型装置投产，为中国第一套拥有自主知识产权技术的国产化合成氨装置。

中国科学院大连化学物理研究所、新兴能源科技有限公司和中石化洛阳工程有限公司合作，进行甲醇制取低碳烯烃成套技术开发，建成了世界第一套万吨级（日处理甲醇50吨）甲醇制烯烃工业性试验装置，于2006年完成了工业性试验。

2005年

“罗布泊地区钾盐资源开发利用研究”项目，获得2004年度国家科技进步一等奖。

2月，中国淘汰甲基溴国家行动计划项目正式启动，中国成为第一个开发此类生物替代甲基溴技术的国家。

6月28日，由中国化工集团公司每年出资1000万元的“中国化工科技基金”正式设立，这是一项面向全国化工行业、资助化工科技人员自主创新的基金。

7月28日，中国中化集团公司化肥业务注入中化香港控股有限公司后在香港联交所上市，成为中国化肥业海外上市第一股。

11月8日，浙江蓝天环保高科技股份有限公司万吨级HCFC-123/CFC-113a装置正式投产，这是该产品世界最大生产能力的装置。

12月9日，中国化工集团公司收购澳大利亚Qenos（凯诺斯）公司100%股权《股份销售协议》及《环境契约》正式签订。

12月30日，中海油、荷兰皇家壳牌公司和广东省政府合资兴建的位于广东省惠州市大亚湾的中海壳牌石油化工有限公司的80万吨/年乙烯裂解装置建成投产。

2006年

1月17日，中国化工旗下企业中国蓝星（集团）总公司投入4亿欧元（约合40亿元人民币）全资收购法国安迪苏集团，在比利时正式签署交割协议。

1月22日，中国石油新疆独山子公司1000万吨/年炼油项目、100万吨/年乙烯工程奠基开工。该项目是中国与哈萨克斯坦能源合作战略的重要组成部分，也是中国实施西部开发战略的又一标志性工程。

1月，国务院第121次常务会议通过了《炼油工业中长期发展专项规划》《乙烯工业中长期发展专项规划》。

1月，“非晶态合金催化剂和磁稳定床反应工艺的创新与集成”获得2005年国家技术发明一等奖。

3月3日，烟台万华聚氨酯股份有限公司拥有自主知识产权的世界级MDI大型装置在宁波市大榭岛一次试车成功。

3月14日，生物燃料乙醇产业取得了重大发展，中国已成为世界上继巴西、美国之后第三大生物燃料乙醇生产国。中国生物燃料乙醇生产能力已达102万吨/年。

3月31日，中海壳牌石化联合工厂投产庆典举行。该工厂的生产规模为80万吨/年乙烯和43万吨/年的丙烯，约230万吨/年石化产品。

4月15日，发改委发布《精对苯二甲酸（PTA）“十一五”建设项目布局规划》

《对二甲苯（PX）“十一五”建设项目布局规划》。

8月3日，发改委下发《“十一五”十大重点节能工程实施意见》，其中指出，为达到“十一五”期间节能2.4亿吨标准煤的目标，将实施十大重点节能工程。

8月11日，茂名石化公司100万吨/年乙烯改扩建工程核心项目64万吨/年乙烯裂解装置完工并进入投产准备期，标志着中国首座100万吨/年乙烯生产项目建成。

8月24日，中国科学院与陕西省人民政府研究开发成功的世界首套1万吨/年DMTO（甲醇制取低碳烯烃）工业化装置获得成功。

9月12日，中国“863”能源领域课题——“酶法生产生物柴油技术”正投入产业化规模应用，500吨/年的酶法生物柴油生产示范基地在北京市亦庄建成。

9月13日，美国道康宁公司和德国瓦克化学股份有限公司共同投资兴建的硅氧烷生产装置在张家港市正式动工，同时建设的还有一个20万吨/年气相二氧化硅工厂。

9月20日，中国石化镇海国家石油战略储备库全部建成投用。

11月7日，中国石油和化学工业协会正式推出《中国石油和化学工业“十一五”发展指南》。

2007年

1月11日，中国石油与国家林业局签署合作发展林业生物质能源框架协议，正式启动云南、四川等一批林业生物质能源林基地建设。

6月13日，中化集团与中国种子集团公司（简称“中种公司”）重组获国务院批准，中种公司成为中化集团全资子企业。

7月12日，经科技部批准，西南化工研究设计院建设“工业排放气综合利用国家重点实验室”，这成为中国首批在企业建设的国家重点实验室。

10月24日，中国首颗探月卫星“嫦娥一号”从西昌卫星发射中心成功发射升空。为探月工程直接配套的中国化工企业有几十家，间接配套的有几百家。卫星和火箭使用的90%的材料和燃料以及高性能的液氢、液氧推进剂、采用先进的碳纤维材料技术研制的太阳能电池板支架等，都由中国化工行业生产。

10月25日，世界上第一条具有完全自主知识产权的20万吨/年的玉米化工醇生产线，在长春大成集团建成投产。

12月1日，发改委发布实施《氯碱（烧碱、聚氯乙烯）行业准入条件》。2008年6月1日，国家标准委发布实施《烧碱单位产品能耗限额》。

2008年

1月2日，世界第一套以高硫煤为原料生产清洁能源甲醇的装置建成投产。

1月8日，烟台万华聚氨酯股份有限公司年产20万吨/年MDI技术开发及产业化项目、山东三角集团有限公司和天津赛橡科技股份有限公司共同完成的巨型工程子午线轮胎成套技术与设备开发项目荣获2007年度国家科技进步一等奖。

1月8日，中国科学院院士、中国工程院院士、石油化工科学研究院学术委员会委员闵恩泽获得2007年度国家最高科学技术奖。

1月9日，国家发改委、农业部等6部门联合发布2008年1号公告，全面禁止甲胺磷、对硫磷、甲基对硫磷、久效磷、磷胺5种高毒农药在国内的生产、流通，禁止其在国内以单独或与其他物质混合等形式使用，同时废止这5种高毒农药的农药产品登记证、生产许可证和生产批准证书。

1月30日，曙光橡胶工业研究设计院研制成功拥有完全自主知识产权、填补多项国内空白的子午线航空轮胎。

3月，兰州石化公司10万吨/年丁苯橡胶装置化工投料开始生产。这是国内生产规模最大、完全依靠自有技术建设的丁苯橡胶装置。

4月，海洋化工研究院有限责任公司自主研发的全海深固体浮力材料成功应用于中国首个自主与遥控混合作业模式水下机器人“北极ARV”在北极进行的冰下调查，该系列产品已拥有4项国家发明专利。

10月，发改委公布《国家重点节能技术推广目录（第一批）》，其中“新型变换气制碱工艺”作为攻克纯碱行业节能减排的重要项目而入选。

12月14日，发改委发布通知，要求除神华集团公司煤炭直接液化项目和宁夏宁东煤炭间接液化项目外，一律停止实施其他煤制油项目。

12月18日，120万吨/年的国投新疆罗布泊钾肥项目一期工程成功投产，标志着同期世界最大规模的硫酸钾肥基地在“死亡之海”罗布泊建成。

2009年

1月7日，山西潞安矿业（集团）有限公司以煤基合成油为基础煤化工多联产低碳排放示范项目全线投产。该成果是中国第一个煤间接液化自主技术产业化项目。

1月19日，国务院常务会议审议并原则通过《石化产业调整和振兴规划》。

6月，中国石化齐鲁分公司建设的丁苯橡胶生产装置投产，该装置全部采用国内自有技术，为当时国内最大的丁苯橡胶生产基地。

7月，由中国蓝星山西合成橡胶集团有限责任公司与亚美尼亚依里特公司共同出资筹建的3万吨/年氯丁橡胶生产装置生产出合格的氯丁橡胶产品。

8月11日，山东东岳集团100%国产化的全氟离子膜在万吨级规模氯碱生产装置上获得成功应用。

8月24日，国务院出台《关于进一步深化化肥流通体制改革的决定》。

10月20日，中国石油和化学工业协会发布《石油和化工产业结构调整指导意见》和《石油和化工产业振兴支撑技术指导意见》。

10月23日，中石油兰州石化公司5万吨/年丁腈橡胶生产装置建成投产。该装置全部采用国内自主知识产权。

11月21日，由西南化工研究设计院牵头完成的国家“十一五”科技支撑计划重点项目“非石油路线含氧化合物制备关键技术”及“天然气或煤层气制乙炔、丙烯酸中试成套工艺技术开发”两个课题通过验收。

2010年

2月，中国工业和信息化部（简称“工信部”）提出农药行业清洁生产技术推行方案，提出了农药行业清洁生产技术推行目标。

2月，山东玉皇化工有限公司8万吨/年顺丁橡胶生产装置建成投产，这是国内民营企业建成的第一套规模化合成橡胶装置。

4月4日，国内自主研发、世界首创的河南煤化工集团煤制乙二醇工程开工建设。

5月7日，中国石油和化学工业协会正式更名为中国石油和化学工业联合会（简称“石化联合会”）。

5月，唐山三友集团研发成功电石渣浆回收乙炔技术，攻克了氯碱工业的一大难题。

5月，工信部公布《纯碱行业准入条件》。

5月，全部采用自主研发技术的茂名鲁华化工有限公司建设的1.5万吨/年异戊橡胶生产装置投产，填补了国内空白。

8月8日，工信部正式对外公布了2010年焦炭、电石、酒精、味精、柠檬酸、化纤等18个工业行业2087家淘汰落后产能企业名单。

中国石油和化学工业实现总产值8.88万亿元（现行价格），位居世界第二。其中化学工业产值达5.23万亿元，跃居世界第一位。全行业有20多种大宗产品产量位居世界前列。

2011年

1月1日，神华集团包头煤化工分公司煤制烯烃60万吨/年工业示范工程正式开始商业化运营，标志着中国煤制烯烃工业化示范工程取得成功。

4月，神华宁煤集团研制出甲醇/二甲醚高选择性制丙烯（MTP）的催化剂，拥有自主知识产权。

4月14日，中国蓝星（集团）股份有限公司与挪威奥克拉集团签订协议，拟由蓝星公司出资19.5亿美元收购奥克拉集团旗下的埃肯公司（Elkem AS），包括硅材料、铸造品、碳素和太阳能级多晶硅等四项业务的全部股权及冶金法制备太阳能级多晶硅生产装置。

8月18日，中国石油与国家自然科学基金委员会签订协议，共同设立“石油化工联合基金”，为国内重油炼制与加工、新材料、化工过程节能减排等重大基础理论问题和超前储备技术基础研究提供资金支持。

10月，采用中国石化对二甲苯吸附分离技术的扬子石化3万吨/年工业试验装置建成投产，产出合格产品，标志着中国石化全面掌握了全套芳烃生产技术。

11月17日，中国化工集团以24亿美元收购以色列马克西姆-阿甘公司60%股份完成交割。

1000吨/年含氟活性染料生产线在湖北丽源科技股份有限公司正式投产，填补了国内空白。

发改委公布《产业结构调整指导目录（2011年本）》，新建烧碱、乙炔法聚氯乙烯装置被列为限制类项目。

2012年

1月4日，工信部发布《新材料产业“十二五”发展规划》。

1月19日，国务院正式印发《工业转型升级规划（2011～2015年）》。

1月，浙江大学高分子系高超课题组采用纳米级氧化石墨烯片纺成数米长的宏观石墨烯纤维，为国内首例。

2月3日，工信部发布《石化和化学工业“十二五”发展规划》。

2月，工信部开始在山西、上海、陕西三个省市启动甲醇汽车试点，试点运行所用的甲醇燃料为高比例甲醇燃料M85或M100。

9月28日，中国石化长城能源化工有限公司揭牌成立，标志着中国石化煤化工业务进入快速推进、专业化发展的新阶段。

10月10日，中国石油阿克苏大化肥项目奠基。项目主要建设年产45万吨合成氨、80万吨尿素生产线。

2013年

1月12日，中国石化国内首套甲苯甲醇甲基化工业装置已完成工业运行试验，开辟了石油资源与煤炭资源结合并综合利用的新途径。

2月20日，环境保护部发布《化学品环境风险防控“十二五”规划》，确定3种类型58种（类）化学品作为“十二五”期间环境风险的重点防控对象。

2月26日，中海油宣布完成收购加拿大尼克森公司的交易。

3月18日，世界首套万吨级甲醇制芳烃工业试验装置通过中国石油和化学工业联合会组织的鉴定。至此，中国成为全球首个以煤为原料生产石油化工产业链全部产品的国家，在新型煤化工产业的技术应用和创新方面走在了世界前列。

7月11日，中石化新加坡润滑油脂项目投产，这是中国第一家海外润滑油工厂。该项目90%为中石化自有知识产权的技术。

9月，青岛第派新材料公司1.5万吨/年反式异戊橡胶装置建成投产，这是全球首套万吨级工业化生产装置。

11月12日，天津渤化石化公司国内首套60万吨/年丙烷脱氢制丙烯（PDH）装置成功开车运行。

2014年

1月13日，“罗布泊盐湖120万吨/年硫酸钾成套技术开发”项目获2013年度国家科技进步一等奖。

2月12日，中国民航局向中国石化颁发1号生物航煤技术标准规定项目批准书，标志着国产1号生物航空煤油获得适航批准。

8月16日，德州实华化工有限公司和中国科学院等单位联合开发的国内首套

“乙炔和二氯乙烷无汞催化合成氯乙烯新工艺”完成2000～5000吨中试。

11月2日，中国首架C919大型客机正式下线，西北橡胶塑料研究设计院有限公司承担C919大飞机橡胶件配套产品研制任务，圆满完成了首架机400多种规格、600多件密封产品的研制交付工作。

12月15日，工信部印发《全国工业能效指南（2014年版）》，首次系统地梳理归纳了钢铁、有色、石油、化工、建材、电力六大重点耗能行业的能效水平和节能标准，给出了各项指标的限定值、准入值、先进值、标杆值等。

2015年

1月9日，甲醇制低碳烯烃（DMTO）技术获得2014年度国家技术发明一等奖。这是煤化工行业首次获此殊荣。

1月，鲁北企业集团总公司完成的废硫酸-石膏资源化利用技术开发与示范项目通过了石化联合会组织的科技成果鉴定。

2月9日，国家发展改革委员会印发《关于进口原油使用管理有关问题的通知》，允许符合条件的炼厂在淘汰一定规模落后产能或建设一定规模储气设施的前提下使用进口原油。

2月17日，农业部发布《化肥使用量零增长行动方案》和《农药使用量零增长行动方案》，提出到2020年全国化肥、农药用量实现零增长。

3月5日，工信部发布“2014年第二批不予备案新增农药生产企业的函”，明确原则上不再新增农药生产企业备案。

3月，南通星辰合成材料有限公司15万吨/年双酚A装置联动试车成功，顺利产出聚碳级双酚A产品。该装置是当时国内唯一拥有自主技术的双酚A生产装置。

4月，北京化工大学承担的“M40J高模高强碳纤维国产化制备技术研发”课题通过专家验收，该项研究为产品工程化制备及更高级别高模高强碳纤维的研发奠定了基础。

8月，中国化工旗下子公司中国化工橡胶有限公司以52.9亿美元收购意大利倍耐力集团公司（近60%股份）。

11月4日，浙江大学、北京化工研究院共同研发的“1000吨/年POE生产技术工艺设计包”通过了中国化工学会组织的科技成果鉴定，填补了国内空白。

9月18日，在2015年中国国际石油化工大会上，石化联合会代表中国石化行业发布《中国石油和化学工业绿色可持续发展宣言》。

国内首套千吨级氢化丁腈橡胶装置在浙江嘉兴建成。中国成为世界上第三个拥有自主知识产权工业生产氢化丁腈橡胶的国家。

2016年

1月8日，“高效环保芳烃成套技术开发及应用”项目被授予2015年度国家科技进步特等奖。中国成为继美国、法国之后第三个全面掌握该技术的国家。

1月11日，中国化工宣布，以9.25亿欧元收购Onex基金拥有的德国橡塑化机企业克劳斯玛菲集团。4月29日，该项收购完成交割。

2月3日，中国化工宣布，通过公开要约收购瑞士农化和种子公司先正达。2017年6月8日，中国化工完成对瑞士先正达公司的交割，收购金额达到430亿美元。

2月23日，发改委、环保部发布《关于加强长江黄金水道环境污染防控治理的指导意见》，明确提出严控在长江中上游沿岸地区新建石油化工和煤化工项目。

8月25日，国际标准化组织（ISO）颁布了控释肥料国际标准。中国制定了首部控释肥料产品国际标准。

10月14日，工信部发布《石化和化学工业发展规划（2016～2020年）的通知》。

11月7日，由福建炼油化工有限公司与台方旭腾投资有限公司合资成立的福建古雷石化有限公司正式揭牌成立，这是两岸石化产业合作发展史上的又一重要里程碑。

12月6日，国务院办公厅印发《危险化学品安全综合治理方案》，部署在全国范围内组织开展为期3年的危险化学品安全综合治理。

12月28日，神华宁煤集团400万吨/年煤炭间接液化示范项目出油。

2017年

3月2日，中石化宣布，“十三五”期间，计划投资2000亿元，优化升级打造茂湛、镇海、上海和南京4个世界级炼化基地。

4月，恒力石化2000万吨/年炼化一体化项目开工。该项目是国家对民营企业开放的第一个重大炼化项目。

6月21日，发改委印发了《关于统筹推进“十三五”165项重大工程项目实施工作的意见》，鼓励电力、油气等领域承担重大基础设施建设任务的国有企业研究探索通过混合所有制等方式，积极引入多元投资主体。

6月，扬子石化成功生产特高分子量聚乙烯，此为国内首次自主成功开发锂离子电池隔膜专用树脂。

7月10日，浙江石油化工有限公司炼化一体化项目开工建设。该公司成立于2015年6月18日，是一家民企控股、国企参股的混合所有制企业。

8月，巴陵石化分公司2万吨/年SEPS（氢化苯乙烯/异戊二烯共聚物）生产装置建成投产，填补了中国SEPS产品研发生产空白。

9月13日，发改委、国家能源局、财政部等15部门联合印发《关于扩大生物燃料乙醇生产和推广使用车用乙醇汽油的实施方案》。

10月30日，中化泉州炼化一体化项目（二期）举行开工建设仪式。

2018年

1月1日，《中华人民共和国环境保护税法》开始施行，依照该法规定征收环境保护税，不再征收排污费。

1月，“高效甲醇制烯烃全流程技术（S-MTO）”“煤制油品/烯烃大型现代煤化工成套技术开发及应用”“干喷湿纺千吨级高强/百吨级中模碳纤维产业化关键技术及应用”获得2017年度国家科技进步一等奖。

3月22日，整合了中国蓝星（集团）股份有限公司旗下的中外硅产业链资产的埃肯公司在奥斯陆证券交易所上市，成为首家在挪威上市的中资企业。

4月26日，中国石油自主开发建设的大化肥项目——宁夏石化国产化80万吨/年尿素装置建成投产。

4月，中国主持制定的新一项纳米材料国际标准《硅橡胶用气相二氧化硅》正式批准发布。

5月2日，中海油与荷兰皇家壳牌公司合资建设的位于广东惠州的石化工厂二期项目第二套120万吨/年乙烯裂解装置及其衍生品装置正式投产。

6月27日，国务院印发《打赢蓝天保卫战三年行动计划》提出实现化肥使用负增长。

6月28日，《外商投资准入特别管理措施（负面清单）》发布，除油气开采、化学矿开采等极少数领域外，炼化和化工行业基本向外资全面开放。

7月23日，国务院常务会议通过了《石化产业规划布局方案》(修订版)，要求安全环保优先，并支持民营和外资企业独资或控股投资，促进产业升级。

12月9日，江苏扬农化工股份有限公司“绿色高效拟除虫菊酯”项目摘得中国工业领域最高奖项“中国工业大奖”。

2019年

1月5日，万华化学集团股份有限公司完成自主知识产权高端技术“乙苯共氧化法高效绿色制备环氧丙烷成套技术”研发。

1月，“多元催化剂嵌入法富集去除低浓度VOCs增强技术及应用”等6项化学工业科技成果获得国家技术发明二等奖。

3月21日，位于江苏盐城响水县陈家港化工园区的江苏天嘉宜化工有限公司发生了特别重大爆炸事故，共造成78人死亡、76人重伤、640人住院治疗，直接经济损失达19.86亿元。

5月17日，恒力石化2000万吨/年炼化一体化项目举行全面投产仪式，年产能逾2000万吨；5月20日，浙江石化4000万吨/年炼化一体化项目（一期）顺利投产。中国炼油产能集中释放，新增炼油能力大都来自民营炼化企业。

6月，东岳集团完成的乙烯-四氟乙烯共聚树脂（ETFE）开发项目通过了由中国石油和化学工业联合会组织的科技成果鉴定。

6月26日，贵州磷化（集团）有限责任公司在贵阳正式揭牌成立，国内磷化工行业贵州“两磷”企业，即原开磷控股集团、瓮福集团，走向“强强联合”。

8月，郴州中化氟源新材料有限公司三氟氯乙烯项目正式产出合格产品，采用的加氢脱氯工艺是全球首次运用的绿色环保工艺。

9月6日，恒逸石化股份有限公司控股子公司恒逸实业（文莱）有限公司在文莱达鲁萨兰国大摩拉岛投资建设的“PMB石油化工项目”正式投产。

10月11日，中国化学工程集团有限公司与俄罗斯天然气开采股份有限公司签署了俄罗斯波罗的海化工综合体（BCC）项目FEED+EPC总承包合同。该项目是全球最大的乙烯一体化项目，同时也是目前全球石化领域单个合同额最大的项目，合同金额约120亿欧元。

11月23日，巴斯夫（广东）一体化基地项目在湛江经济技术开发区正式启动，并开始建设首批装置。该项目是中国《外商投资法》颁布后首个签署实施的外商独资大型石化一体化项目。

参考文献

[1] 中国化工博物馆. 中国化工通史[M]. 北京：化学工业出版社，2015.

[2] 郑有贵. 中华人民共和国经济史1949-2012年[M]. 北京：当代中国出版社，2016.

[3] 黄立人. 抗日战争时期工厂内迁的考察[J]. 历史研究，1994（4）：120-136.

[4] 张策佳. 迁渝工矿企业在战时后方工业经济中的地位和影响[J]. 重庆师院学报（哲学社会科学版），1988（3）：19-27.

[5] 诸葛达. 抗日战争时期工厂内迁及其对大后方工业的影响[J]. 复旦学报（社会科学版），2001（4）：43-49.

[6] 胡蒙. 解放前的云南化学工业[J]. 云南化工，1989（1）：56-59.

[7] 郭宝章. 中国化学史[M]. 南昌：江西教育出版社，2003.

[8] 陈镱文. 近代西方化学在中国的传播[D]. 西安：西北大学，2009.

[9] 张洪云. 留学生与中国近代工业发展——以化工群体为例的分析[J]. 华侨华人历史研究，2012（2）：53-66.

[10] 金淑兰. 从《化学工业》调查录看民国时期中国化工实业发展现状[J]. 内蒙古师范大学学报（自然科学汉文版），2016，45（6）：853-861，864.

[11] 吴太昌. 国民党政府资源委员会垄断活动述评[J]. 中国经济史研究，1986（3）：119-134.

[12] 简锐. 国民党官僚资本发展的概述[J]. 中国经济史研究，1986（3）：97-118.

[13] 刘萍. 抗战时期后方液体燃料工业发展评述[A]. 中国社会科学院近代史研究所. 中国抗战与世界反法西斯战争——纪念中国人民抗日战争暨世界反法西斯战争胜利60周年学术研讨会文集（下卷）[C]. 中国社会科学院近代史研究所，2005：29.

[14] 王治浩. 中国近代化学大事记[J]. 中国科技史料，1987（1）：46-58.

[15] 孙建昌. “永、久、黄”创始人范旭东[J]. 档案与史学，1998（2）：49-56.

[16] 中国近代企业及企业家系列 中国化学工业奠基人范旭东与“永久黄”团体 第一章 创业艰辛 凿辟先河[J]. 经营与管理.

[17] 中国近代企业及企业家系列 中国化学工业奠基人范旭东与“永久黄”团体 第二章 共赴国难 重获新生[J]. 经营与管理.

[18] 王友平. 吴蕴初与近代中国民族化工工业的兴起[J]. 四川师范大学学报（社会科学版），2008，35（1）：118-123.

[19] 陈歆文. 从制碱元老到油漆大王的陈调甫[J]. 纯碱工业，2000（4）：59-64.

[20] 秦龙. 近代化学工业奠基人——侯德榜[J]. 国企管理，2016（2）：72-73.

[21] 刘琦. 化学工业史上的三位著名企业家[J]. 中国工商，1988（1）：24-26.

[22] 王润东. 日新月异的中国化学工业[J]. 中国穆斯林，1959（1）：22-24.

[23] 吴达才. 历史的丰碑——忆太原化工基地建设的前前后后[J]. 党史文汇，2004（10）：8-12.

[24] 张国宝. 新中国工业的三大里程碑：苏联援建、三线建设及大规模技术引进[J]. 中国经济周刊，2014（27）：53-55.

[25] 张久春. 20世纪50年代工业建设“156项工程”研究[J]. 工程研究-跨学科视野中的工程，2009，1（3）：213-222.

[26] 汪海波. 中国工业经济史[M]. 北京：经济管理出版社，2017.

[27] 中国社会科学院工业经济研究所. 中国工业发展报告2009年[M]. 北京：经济管理出版社，2009.

[28] 赵国中. 联合显优势经济效益高——上海高桥石油化工联合企业调查[J]. 统计，1982（5）：9-10.

[29] 陈锦华. 情系石化——回忆中国石油化工总公司成立的日子[J]. 中国石油石化，2005（14）：75-76.

[30] 本刊编辑部. 化工产品指令性计划范围缩小[J]. 化工时刊，1987（3）：7，28.

[31] 许秋塘. 推行厂长负责制试点工作的几点体会[J]. 上海化工，1985（5）：1-6.

[32] 曹尔阶，李敏新. 新中国投资史纲[M]. 北京：中国财政经济出版社，1991.

[33] 黄嘉正，张培根. 中国的化工基本建设[J]. 现代化工，1987（6）：4，6-10.

[34] 陈完璞，吴世敏. 化工科研单位试行合同制初获成效[J]. 现代化工，1981（3）：20-21.

[35] 改革中不断发展的中国化学工业[J]. 化学工程师，1988（5）：51-53.

[36] 化学工业部调查研究室. 1981年中国化学工业[J]. 现代化工，1982（5）：5-8.

[37] 化学工业部调查研究室. 1982年中国化学工业[J]. 现代化工，1983（5）：5-9.

[38] 化学工业部调查研究室. 1983年中国化学工业[J]. 现代化工，1984（5）：5-8.

[39] 化学工业部调查研究室. 1984年中国化学工业[J]. 现代化工，1985（5）：4，6-8.

[40] 化学工业部调查研究室. 1985年中国化学工业[J]. 现代化工，1986（5）：3，5-8.

[41] 化学工业部调查研究室. 1986年中国化学工业[J]. 现代化工，1987（5）：4，6-9.

[42] 化学工业部调查研究室. 1987年中国化学工业[J]. 现代化工，1988（5）：4，6-9.

[43] 化工部政策法规司，化学工业部调查研究室. 1988年中国化学工业[J]. 现代化工，1989，9（5）：2-5.

[44] 化工部政策法规司. 1989年中国化学工业[J]. 现代化工，1990（5）：1-4.

[45] 化工部政策法规司. 1990年中国化学工业[J]. 现代化工，1991（5）：5-8.

[46] 周士均. 化学工业计划体制改革在探索中前进[J]. 计划经济研究，1992（Z1）：49-52.

[47] 中国石油和化工勘察设计协会. 中国化工勘察设计五十年1953-2003[M]. 2005.（非公开出版物）

[48] 冯飞. 迈向工业大国——30年工业改革与发展回顾[M]. 北京：中国发展出版社，2008.

[49] 马晓娜，潘艺林，涂善东. 中国化工教育的历史，现状及展望[J]. 化工高等教育，2009，26（1）：1-8.

[50] 化学工业部新闻办公室. 中国化工之窗——1990～1992化学工业新闻作品精选[M]. 化学工业部，1993.（非公开出版物）

[51] 黄时进. 新中国石油化学工业发展史[M]. 上海：华东理工大学出版社，2013.

[52] 曾广安. 90年代化工节能任重道远[J]. 节能，1991（9）：33-35.

[53] 东云. 化学工业四十年[J]. 化学工程师，1990（1）：51.

[54] 华彦石."七五"时期发展化学工业的基本方针[J]. 化学工程师，1988（1）：40-42.

[55] 化工部化工司."七五"化工行业情况汇报. 1990.（非公开出版物）

[56] 谭竹洲. 在化工行业重点企业厂长座谈会上的讲话. 1991.（非公开出版物）

[57] 佚名. 化工投资倾向[J]. 化工时刊，1992（1）：32.

[58] 隗志安."八五"化工发展成就[J]. 中国化工，1995（12）：41-42.

[59] 王娅. 关停"十五小"[J]. 环境教育，1997（2）：42.

[60] 环境保护部环境保护对外合作中心. 保护臭氧层中国在行动 履约二十年[M]. 北京：中国环境科学出版社，2010.

[61] 国家履行《禁止化学武器公约》工作办公室. 中国履行《禁止化学武器公约》

大事记（1992-2016）[M]. 北京：人民邮电出版社，2017.

[62] 顾秀莲. 改革 · 开放 · 创新（1989-1998）（套装共6卷）[M]. 北京：化学工业出版社，2009.

[63] 中国化工经济技术发展中心. 1995年中国化学工业发展指南[M]. 北京：化学工业出版社，1995.

[64] 杭斯. 合理有效利用外资 加快“九五”化工发展[J]. 中国化工，1997（2）：33-35.

[65] 化工科学技术研究总院. 全国化工新技术 · 新产品项目汇编[M]. 2000.（非公开出版物）

[66] 杨开武. 三资企业为中国化工发展立下汗马功劳[J]. 财经界，1995（9）：20-21.

[67] 匡跃平，罗定提. 华商来华投资对中国化学工业发展的影响[J]. 化工技术经济，2001，19（2）：9.

[68] 宗日. 中国化工科技成果加快产业化步伐[J]. 中国对外贸易，1994（11）：14-15.

[69] 肖立. 塑化工巨人 迎接新世纪——化工部实施“三大战略”纪实[J]. 集团经济研究，1997（11）：33-35.

[70] 康纪武，程建华. 大胆突破 稳步推进——李士忠副部长就建立现代企业制度试点工作答记者问[J]. 中国化工，1995，4：10-12.

[71] 季泽. 关于股份制改革的问答[J]. 中国化工，1997（8）：17-20.

[72] 佚名. 清理整顿化工“五小”开始行动[J]. 江苏化工，2000.

[73] 徐维欣，冯宇. 从化工看产业结构调整[J]. 中国石油和化工，1999，3：33-35.

[74] 李勇武. 激荡三十年——纪念中国石油和化学工业改革开放三十年[M]. 北京：化学工业出版社，2008.

[75] 佚名. 推行清洁生产实现化学工业持续发展[J]. 化工环保，1995，15（3）：162-166.

[76] 刘供华. 国家鼓励外商投资的化工产业有30项[J]. 化工管理，1998（5）：14.

[77] 佚名. 国家调整部分地区电网电价对化肥、氯碱生产企业用电实行优惠政策[J]. 中国金属通报，2000（11）：1.

[78] 冯世良. 2000年中国石油和化学工业[J]. 现代化工，2001（7）：1-5.

[79] 贺劲松，张晓松. 265亿国债技改助推中国工业升级[J]. 瞭望，2002（5）：19-22.

[80] 国家环境保护“十一五”规划. 国家环境保护“十一五”规划[J]. 环境保护，2007（23）：9-20.

[81] 吴宗之，张圣柱，张悦，等. 2006-2010年中国危险化学品事故统计分析研究[J]. 中国安全生产科学技术，2011（7）：7-11.

[82] 佚名.“十五”化工环保技术集中在五方面[J]. 中国石油和化工，2001（5）：18.

[83] 佚名. 中国“十五”期间橡胶加工及炭黑工业环保技术及措施[J]. 中国石油和化工，2001（10）：27.

[84] 中国石化有机原料科技情报中心站.“十五”时期有机原料及合成材料工业环保技术和措施[J]. 石油炼制与化工，2004，33（1）：13.

[85] 佚名.“十五”有机原料合成材料工业环保技术和措施[J]. 化工开发与设计，2001（11）：26-27.

[86] 李永亮.“十一五”时期石油和化学工业节能减排工作情况和“十二五”工作方向探讨[C]// 第十三届中国科协年会第7分会场-实现“2020年单位GDP二氧化碳排放强度下降40-45%”的途径研讨会论文集. 中国科协，2011.

[87] 佚名. 化工行业率先推行能效对标达标 合成氨，烧碱，电石“能效标杆”成为参照标准[J]. 江苏氯碱，2010（5）：27.

[88] 刘善泽，杨霞. 山西焦化集团发展循环经济的途径[J]. 山西能源与节能，2009（04）：45-47.

[89] 郭亚东，薛媛红，赵强. 中国环保产业技术现状与发展方向[J]. 四川环境，2002，21（4）：74-76.

[90] 徐立青. 技术性贸易壁垒对中国化学工业的影响[J]. 化学工业，2002（1）：25-28.

[91] 朱小娟. 在贸易摩擦中成长的中国石油和化学工业[J]. 现代化工，2004（5）：1-3.

[92] 佚名. 入世十年中国石油和化工行业的变化[J]. 中国石油和化工经济分析，2011（12）：16-19.

[93] 谭竹洲. WTO与中国石油和化学工业[C]// 中国工程塑料加工应用技术研讨会. 2002.

[94] 钱伯章. 跨国公司抢滩中国化工呈全方位多领域态势[J]. 化学工业，2007，25（6）：19-25.

[95] 蒋健.“石化和化学工业‘十二五’发展规划说明会”特别报道（一）石化和化学工业“十二五”发展规划解读[J]. 化学工业，2012（6）：1-6.

[96] 白颐.“石化和化学工业‘十二五’发展规划说明会”特别报道（二）未来中国石化行业提升式发展措施[J]. 化学工业，2012（7）：1-8.

[97] 李志坚."石化和化学工业'十二五'发展规划说明会"特别报道（三）化肥工业"十二五"发展规划说明——关于行业发展的10个问题[J]. 化学工业，2012（8）：15-17，37.

[98] 马琳. 中国新材料产业集群发展现状及特点研究[J]. 新材料产业，2013（6）：15-20.

[99] 徐凡雅. 中国化学工业产业转移特征及因素分析[C]//2016第六届海峡两岸经济地理学研讨会摘要集. 2016.

[100] 钱伯章. 石化"十三五"将推进七大石化产业基地[J]. 炼油技术与工程，2016，46（10）：32.

[101] 本刊评论员. 打造世界级基地 推动石化产业做强做优[J]. 中国石化，2018，398（11）：4.

[102] 佚名. 五大煤化工项目鼓励民资进入[J]. 新疆化工，2014（3）：20.

[103] 申桂英. 深化供给侧改革，化工行业有3张"好牌"可打[J]. 精细与专用化学品，2017（10）：17.

[104] 本刊编辑部. 这一年，我们一起走过——2017年石油化工行业再回首[J]. 中国石油和化工，2018（1）：7-15.

[105] 本刊讯. 全国千余家化工企业面临搬迁改造[J]. 流程工业，2019（3）：7.

[106] 陈锡荣. 国际并购将助力中国化工产业迈向中高端[J]. 现代化工，2019，39（5）：5-9.

[107] 田升江，马龙，庞广廉，等. 中国石油和化学工业外商投资企业发展报告（2019）[J]. 中国石油和化工经济分析，2019（12）：41-45.

[108] 施磊，寇自强. 化工工业与化学工程技术的发展特征分析[J]. 化工管理，2017（33）：84，86.

[109] 申桂英.《石油和化学工业"十三五"科技发展指南》正式发布[J]. 精细与专用化学品，2016，v. 24（5）：13.

[110] 陈国兴. 支撑可持续发展抢占全球制高点——中国石油和化学工业联合会副秘书长胡迁林谈"十三五"行业科技发展[J]. 中国石油和化工，2016（5）：7-9.

[111] 李寿生. 奋力开创新时代石化行业科技创新工作新局面[J]. 中国石油和化工，2019（1）：6-11.

[112] 赵文明，白雪松，龚华俊，等. 石油化工行业"十三五"回顾和"十四五"发展展望（一）[J]. 化学工业，2020（4）：9-14.

[113] 李寿生. 复杂环境下全行业发展稳中有进[N]. 中国化工报，2020年12月28日.

[114] 胡迁林. 科技创新成果丰硕[N]. 中国化工报，2020年12月28日.

[115] 石油和化工行业成绩斐然[N]. 中国化工报，2020年12月28日.

[116] 本刊评论员. 70年，一个全球石油化工大国的崛起[J]. 中国石化，2019，No. 408（9）：5.

[117] 李瑾，胡山鹰，陈定江，等. 化学工业绿色制造产业链接技术和发展方向探析[J]. 中国工程科学，2017，19（3）：72-79.

[118] 翟伟平. 台湾地区化学工业发展近况[J]. 上海化工，2002，27（19）：20-24.

[119] 李仁杰. 台湾肥料产业的回顾与展望[J]. 科学发展，2011（457）：84-87.

[120] 徐子成. 台湾化肥工业[J]. 上海化工，1990，15（6）：49-51.

[121] 林辉. 台湾省化肥的产、销、用情况[J]. 台湾农业探索，1986（2）：3-8.

[122] 林子荣. 台湾地区石化产业发展概况[J]. 厦门科技，2018（1）：25-36.

[123] 陈明杰. 中国台湾省石化工业发展现状和未来趋势[J]. 当代石油石化，2014.

[124] 曹勇. 中国台湾合成橡胶工业现状和展望[J]. 石化市场论坛，2002（11）：22-26.

[125] 李健存，曹鸿林，邓春森. 台湾三大石化企业概况[J]. 石油化工动态，1998（4）.

[126] 沈吕宁. 台湾的石油化学工业[J]. 石油化工技术与经济，1994（1）：68-70.

[127] 章志光. 台湾染料工业概况[J]. 吉化科技，1995，4：54-56.

[128] 赵豫州. 台湾染料工业的现况与展望[J]. 染料工业（3）：5，6-8.

[129] 张艳铃. 亚太地区涂料工业概况[J]. 现代涂料与涂装，1995（1）：5-6.

[130] 刘会元. 台湾省的涂料工业[J]. 中国涂料，1991（2）：17-21.

[131] 中国橡胶工业协会编. 中国橡胶工业年鉴[M]. 北京：中国商业出版社，2006、2009、2016、2017、2018.

[132] 翟伟平. 近几年台湾省专用化学品产需状况[J]. 化工技术经济，2001，19（2）：22.

[133] 李美霞. 台湾的橡胶工业[J]. 中国橡胶，1994（1）：3-7.

[134] 孙天阳. 中国化工产业“十三五”发展回顾与“十四五”展望[J]. 经济问题，2021（7）：87-96.

[135] 陈歆文. 中国近代化学工业史[M]. 北京：化学工业出版社，2006.

[136] 陈真. 中国近代工业史资料[M]. 北京：生活、读书、新知三联书店，1957.

[137] 陈歆文，周嘉华. 永利与黄海[M]. 山东：山东教育出版社，2003.

[138] 当代中国丛书编辑委员会. 当代中国的化学工业[M]. 北京：中国社会科学出

版社，1986.
[139] 化学工业部. 中国化学工业大事记1949-1994年[M]. 北京：化学工业出版社，1996.
[140] 化学工业部. 中国化学工业大事记1995-1998年[M]. 北京：化学工业出版社，1998.
[141] 江苏省地方志编纂委员会编. 江苏省志·化学工业志[M]. 北京：方志出版社，1999.
[142] 上海化学工业志编纂委员会. 上海化学工业志[M]. 上海：上海社会科学出版社，1997.
[143] 亓昭英，屈小荣，马锁立，商立鹏. 2018年我国钾肥行业运行报告及发展预测[J]. 磷肥与复肥，2019，34（2）：1-4.
[144] 山西省史志研究院编. 山西通志·化学工业志[M]. 北京：中华书局，1998.
[145] 崔学军，陈宏坤. 化肥供给侧结构性改革调研报告[M]. 北京：化学工业出版社，2017.
[146] 陈熙. 水溶肥、液体肥、增效肥料将成行业变革“三驾马车”[J]. 中国农资，2016（16）：5.
[147] 胡敏. 我国磷肥工业改革开放40年发展纪实[J]. 磷肥与复肥，2018.
[148] 宣之强. 中国钾盐、钾肥60年[J]. 中国矿产地质，2015.
[149] 上海钾盐工程技术研究中心编著. 中国钾盐工业概况[M]. 上海：上海交通大学出版社，2009.
[150] 冯元琦. 中国钾肥“蓝皮书”[J]. 中国石油和化工，1999.
[151] 中国氮肥工业协会编. 中国氮肥工业大事记[M]. 2018.（非公开出版物）
[152] 中国氮肥工业协会编. 中国氮肥工业发展六十周年纪念文集[M]. 2018.（非公开出版物）
[153] 李寿生. 铿锵脚步——新中国成立70周年石油和化学工业发展纪实[M]. 北京：化学工业出版社，2019.
[154] 化学工业部主办，化学工业部科学技术情报研究所出版. 世界化学工业年鉴1984、1985、1986、1987、1988、1989、1990、1991、1992年[M].（非公开出版物）
[155] 化学工业部主办，化学工业部科学技术情报研究所出版. 中国化学工业年鉴1993、1994、1995、1996、1997年[M].（非公开出版物）

[156] 国家石油和化学工业局主办，中国化工信息中心出版. 中国化学工业年鉴1998、1999、2000年[M].（非公开出版物）

[157] 中国石油和化学工业协会主办，中国化工信息中心出版. 中国化学工业年鉴2001、2002、2003、2004、2005、2006、2007、2008、2009年[M].（非公开出版物）

[158] 中国石油和化学工业联合会主办，中国化工信息中心出版. 中国化学工业年鉴2010、2011、2012、2013、2014、2015、2016、2017年[M].（非公开出版物）

[159] 李永恒. 中小氮肥厂造气技术改造方向[J]. 小氮肥设计技术，2001（4）：38-45.

[160] 吉林化学工业公司史志编纂委员会. 吉化志（1938-1988）[M].（非公开出版物）

[161] 兰州化学工业公司. 兰化志上下册（1952-1988）[M]. 1991.（非公开出版物）

[162] 化工编辑委员会. 中国大百科全书·化工卷[M]. 北京：中国大百科全书出版社，1987.

[163] 李文光. 我国钾盐资源的开发利用[J]. 盐湖研究，1994（3）：65-68.

[164] 辽宁省志化学工业志[M]. 沈阳：辽宁人民出版社，1993.

[165] 张久春. 20世纪50年代工业建设“156项工程”研究[J]. 工程研究-跨学科视野中的工程，2009，1（3）：213-222.

[166] 周竹叶. 我国化肥工业概况与发展趋势[J]. 磷肥与复肥，2019，34（10）：1-4.

[167] 青海钾肥厂党委宣传部. 盐魂——中国钾肥工业的崛起[M]. 1991.（非公开出版物）

[168] 国家经济贸易委员会. 中国工业50年[M]. 北京：中国经济出版社，2000.

[169] 徐建生. 1927～1937年中国基础化学工业的发展及其特点[J]. 中国经济史研究，2000（2）：57-65.

[170] 周嘉华，王治浩. 化学与化工志[M]. 上海：上海人民出版社，1998.

[171] 赵津，李健英. 中国化学工业奠基者“永久黄”团体研究[M]. 天津：天津人民出版社，2014.

[172] 赵津. 范旭东企业集团历史资料汇编——久大精盐公司专辑[M]. 天津：天津人民出版社，2006.

[173] 中国纯碱工业协会，速达碱业有限公司. 中国纯碱工业大事记（1917-1996）.（非公开出版物）

[174] 石化联合会，纯碱协会化解产能过剩矛盾专题研究报告之五 纯碱行业产能过剩分析与对策建议[J]. 中国石油和化工经济分析，2014（1）：49-51.

[175] 对我国纯碱工业三十年发展的几点体会[J]. 纯碱工业，1979（5）：19-21.

[176] 张克强，刘秋艳，齐文玲，赵琳，郭志坤，马红，鲍雷雷. 纯碱产业“十二五”发展情况及未来走势分析[J]. 唐山师范学院学报，2015，37（2）：23-25.

[177] 纯碱及氯碱行业发布清洁生产标准[J]. 中国石油和化工标准与质量，2009，29（10）：36.

[178] 刁金英. 国内外氨碱厂废渣的处理及利用[J]. 化工环保，1983（6）：333-338.

[179] 天津碱厂. 氨碱法纯碱厂废液废渣处理和综合利用[J]. 纯碱工业，1998（1）：18-21.

[180] 从余. 盐碱联合发展模式已被肯定[J]. 化学工业与工程技术，1997（1）：34.

[181] 丁杨，毛新宇. 2011 ～ 2016年全球纯碱市场分析报告[J]. 山东化工，2017，46（16）：128-130，132.

[182] 王正华，陈歆文. 我国纯碱工业三十年[J]. 纯碱工业，1979（5）：13-19.

[183] 凡文. 石油和化工行业70年发展回顾[J]. 中国石油和化工经济分析，2019（10）：34-44.

[184] 化学工业部科学技术情报研究所. 硫酸工业手册[M]. 北京：化学工业部科学技术情报研究所，1981.（非公开出版物）

[185] 汤桂华. 化肥工学丛书——硫酸[M]. 北京：化学工业出版社，1999.

[186] 刘少武，等. 硫酸工工作手册[M]. 厦门：东南大学出版社. 2001.

[187] 北京化工学院化工史编写组. 化学工业发展简史[M]. 北京：科学技术文献出版社，1985.

[188] 化学工业部计划司. 化学工业统计年报1949 ～ 1980年[M]. 北京：化学工业部计划司，1982.

[189] 蒋继穆，黄卫华. 中国硫酸工业协会会议资料汇编[M]. 北京：中国硫酸工业协会，2005.

[190] 化学工业部化肥司磷肥处. 小型硫酸厂生产操作规程[M]. 北京：化学工业部化肥司，1984.

[191] 庆峰工程集团公司. 硫酸工业节能减排达新国标论文集[M]. 南京：南京化工研究院硫酸工业编辑部，2017.

[192] 南京化工研究院一室. 硫磺制酸情况简介[J]. 硫酸工业，1972（2）：20-26.

[193] 上海硫酸厂. 上海硫酸厂发展史1978-2018[M]. 上海：上海硫酸厂，2018.

[194] 梧州市地方志编纂委. 梧州市志经济卷（上）[M]. 南宁：广西人民出版社，

2017.

[195] 夏定豪. 中国硫酸工业50年[J]. 硫酸工业，1999（5）：1-4.

[196] 李忠于. 中国硫酸工业70年回顾及展望[J]. 硫酸工业，2019（10）：1-3.

[197] 廖康程. 我国硫酸工业改革开放40年发展纪实[J]. 磷肥与复肥，2018（12）：6-8，112.

[198] 蔡奇. 氯碱工业60载沧桑巨变[J]. 中国石油和化工经济分析，2009（10）：31-35.

[199] 吉林省地方志编纂委员会. 吉林省志石油化学工业志[M]. 长春：吉林人民出版社，1994.

[200] 邹志晶. 氯碱工业“八五”稳步发展“九五”共展鸿图[J]. 中国氯碱，1995（12）：24-29.

[201] 刘自珍. 氯碱工业60年发展变化与新格局[J]. 氯碱工业，2010，46（1）：1-6.

[202] 简伟，曲红星. 氯碱生产过程中节能措施的应用及其前景[J]. 科技创新与应用，2014（14）：127.

[203] 张文雷. 中国氯碱行业发展现状及趋势展望[J]. 中国氯碱，2018（1）：1-3.

[204] 中国科学技术协会. 中国科学技术专家传略·工程技术编·化工卷[M]. 北京：中国科学技术出版社，1999.

[205] 吴志超. 吴蕴初及其化工事业[J]. 中国氯碱通讯，1987（1）：32-37.

[206] 胡志彤. 碳酸钙的生产与应用[M]. 呼和浩特：内蒙古人民出版社，2001.

[207] 朱安乐. 中国芒硝与硫化碱[M]. 北京：清华大学出版社，2014.

[208] 陈嘉甫，谭光薰. 磷酸盐的生产与应用[M]. 成都：成都科技大学出版社，1989.

[209] 冉启培. 硼化物的制造与应用[M]. 沈阳：辽宁科学技术出版社，1985.

[210] 胡庆福. 镁化合物生产与应用[M]. 北京：化学工业出版社，2004.

[211] 熊家林. 磷化工概论[M]. 北京：化学工业出版社，1994.

[212] 中国石油和化学工业联合会. 关于我国石油和化学工业“十三五”发展规划的建议（上）[J]. 化工管理，2016（13）：17-28.

[213] 中国石油和化学工业联合会. 关于我国石油和化学工业“十三五”发展规划的建议（下）[J]. 化工管理，2016（16）：17-24.

[214] 李连成，应自卫，李星玥. 无机盐工业发展历程及发展趋势[J]. 无机盐工业，2019，51（7）：8-14.

[215] 中国农业百科全书：农药卷[M]. 北京：农业出版社，1993.

[216] 唐除痴，李煜昶，陈彬，等. 农药化学[M]. 天津：南开大学出版社，1998.
[217] 徐映明，朱文达. 农药问答[M]. 第5版. 北京：化学工业出版社，2011.
[218] 陈家祥，曾昭慧. 两年来消灭农作物十大病虫害的成就[J]. 中国农业科学，1958（4）：213-215.
[219] 王律先. 中国农药工业概况与发展趋势[J]. 精细与专用化学品，1995(Z1)：9-11.
[220] 薛振祥，秦友山. 中国农药工业50年发展回顾（上）[J]. 江苏化工，2000（5）：5-7.
[221] 薛振祥，秦友山. 中国农药工业50年发展回顾（下）[J]. 江苏化工，2000（6）：5-6.
[222] 曹承字. 中国农药工业现状与展望[J]. 江苏化工，2000（1）：5-7.
[223] 孙叔宝. 农药工业——农业丰收的“保护神”[J]. 中国化工，1994（10）：13.
[224] 张凯，冯推紫，熊超，张昭. 我国化学肥料和农药减施增效综合技术研发顶层布局与实施进展[J]. 植物保护学报，2019，46（5）：943-953.
[225]《大沽化工厂志》编委会. 大沽化工厂志1939-1987年[M]. 天津：天津人民出版社，1989.
[226] 胡镜波. 全国农药科学研究工作协调会议情况报导大会开幕词[J]. 农药技术报导，1958（12）：2.
[227] 凌世海，温家钧. 中国农药剂型加工工业60年发展之回顾与展望[J]. 安徽化工，2009，35（4）：1-8.
[228] 李宗成. 留在记忆中的农药——建国七十周年农药行业发展历程回忆录（上）[J]. 农药市场信息，2019（14）：22-26.
[229] 李宗成. 留在记忆中的农药——建国七十周年农药行业发展历程回忆录（下）[J]. 农药市场信息，2019（15）：21-23.
[230] 韩永奇. 回望五年奋进路 硕果累累凯歌还——十八大以来农药行业发展回顾[J]. 农药市场信息，2017（28）：6-9.
[231] 中国涂料工业协会. 中国涂料工业100年[M]. 北京：化学工业出版社，2015.
[232] 广东省化工原料公司. 广东省化工商业志[M]. 广州：广东省化工原料公司，1995.
[233] 天津化学工业局. 天津化学工业四十年[M]. 天津：天津人民出版社，1990.
[234] 周绍绳. 世界涂料发展史简论[J]. 涂料工业，1980（6）：1-13.
[235] 汤大友. 中国涂料工业发展简史（上）[J]. 中国涂料，2015，30（10）：14-19.

[236] 汤大友. 中国涂料工业发展简史（下）[J]. 中国涂料，2015，30（11）：11-16，25.
[237] 程寰西. 战前中国化学工业之回顾[J]. 化学世界，1946（8）：7-8.
[238] 张珍. 第一个五年计划中的化学工业[M]. 中华全国科学技术普及协会，1956.
[239] 王箴. 中国化学家对于染料及染色化学的贡献[J]. 化学世界，1957（7）：289-293.
[240] 中国染料工业协会. 中国染料百年辉煌：1919-2018[M]. 北京：化学工业出版社，2018.
[241] 杨新玮. 国内染料工业发展概况——再谈国内染料生产和市场情况[J]. 染料工业，1990（1）：1-11.
[242] 辽宁省石油化学工业厅. 辽宁省化学工业志[M]. 沈阳：辽宁人民出版社，1993.
[243] 沈阳化工研究院染料情报组. 近年来我国染料工业发展概况[J]. 染料工业，1978（1）：1-7，65.
[244] 田利明. 2002年我国染料有机颜料工业发展回顾[J]. 印染，2003（S1）：11-15，76.
[245] 中国石油和化学工业协会. 中国石油和化学工业“十五”报告[M]. 北京：航空工业出版社，2006.
[246] 王丽娜. 我国染颜料行业结构调整步伐加速[J]. 中国石油和化工经济分析，2017（12）：51-53.
[247] 徐晓莉，张燕深. 染料行业生产现状调查及环保现状[J]. 化工管理，2017（7）：142-143.
[248] 陈荣圻. 再论染料工业如何由大做强[J]. 染料与染色，2019，56（1）：12-22.
[249] 我国染料中间体产业面临的问题[J]. 精细化工中间体，2002（5）：7.
[250] 范荣香. 我国染颜料中间体发展策略和建议[J]. 化工中间体，2003（6）：1-3，20.
[251] 章杰. 我国染料工业发展形势和染颜料中间体市场展望[J]. 化工中间体，2004（3）：5-9.
[252] 叶华明，王孝青. 染料中间体现状及发展趋势研究[J]. 化工管理，2018（19）：64-65.
[253] 中国染料看浙江——浙江染料行业发展调查[J]. 纺织信息周刊，2002（16）：10.
[254] 汪学铭. 根据市场需要调整浙江染料及中间体生产[J]. 精细与专用化学品，1993（2）：6-9.
[255] 江苏染料业状况[J]. 化工文摘，2001（2）：15.

[256] 章杰. 江苏省染料工业近况[J]. 上海化工，1999（10）：9.
[257] 苏小苏. 我省染料行业形势及出路[J]. 江苏化工，1996（3）：21-22.
[258] 章杰，晓琴，皆怡. 发展迅猛的中国染料工业（上）[J]. 纺织导报，2003（3）：75-76，117.
[259] 章杰，晓琴，皆怡. 发展迅猛的中国染料工业（下）[J]. 纺织导报，2003（4）：50-53.
[260] 章杰. 中国染/颜料中间体市场现状和发展关键[J]. 精细与专用化学品，2001（10）：3-6.
[261] 奚翔云. 从进出口现状看国内染料工业近况[J]. 上海化工，1997（5）：1-4，31.
[262] 章杰. 我国染料工业突飞猛进的60年[J]. 纺织导报，2009（11）：16-18，20-22.
[263] 田利明. 2009年中国染料工业经济运行分析[J]. 中国石油和化工经济分析，2010（4）：10-13.
[264] 张志新. 对我国染料工业发展的几点看法[J]. 染料工业，1989（4）：1-5.
[265] 我国染料工业现状[J]. 纺织信息周刊，2000（20）：15.
[266] 马捷，伍桂松. 染料工业现状及产业结构调整[J]. 化学工业，2016，34（5）：21-24，45.
[267] 厉家騄. 四十年来的锌系颜料行业[J]. 中国涂料，1990（2）：38-39，45.
[268] 朱骥良，吴申年. 颜料工艺学[M]. 第2版. 北京：化学工业出版社，2002.
[269]《东药厂志》委员会. 东药厂志：1946～1985第一卷[M]. 沈阳：东北制药总厂，1993.
[270] 王明学. “九五” 科技攻关对医药产业的影响和贡献[C]//中国化学制药工业协会. 北京：中国化学制药工业协会，2001.
[271] 医药30年，医药政策的演进和影响[J]. 健康大视野，2009（13）：56-60.
[272] 刘存周. 医药行业加入WTO的战略性调整[J]. 学理论，2000（9）：16-17.
[273] 赵文，马爱霞. 我国医药行业发展现状研究[J]. 现代商贸工业，2015，36（3）：4-6.
[274] 罗增永. 我国医药产业政策研究[D]. 成都：西南财经大学，2008.
[275] 杜婷丽. 浅析供给侧改革对医药行业的影响[J]. 经营管理者，2017（18）：421.
[276] 刘治军，吕俊玲，胡欣. 国家药品标准统一后药品批准文号的变更[J]. 中国药事，2004（5）.
[277] 李永利，洪德志，许志坚. 浅议我国化学制药工业的发展趋势[J]. 中国卫生经

济，2000（2）.

[278] 王丹，赵美萍. 口服避孕药的发现与发展[J]. 大学化学，2010（S1）：37-39.

[279] 郭克莎. 加入WTO对我国化学制药工业的影响及对策[J]. 中国工业经济，2002，23（3）：29-38.

[280] 中国社会科学院工业经济研究所. 中国工业发展报告2018[M]. 北京：经济管理出版社，2019.

[281] 关世强. 中国医药产业的机遇、挑战及相应对策[J]. 科技风，2016（14）：74.

[282] 毛俊锋，郭文，吴晓明. 2016年我国化学制药工业经济运行分析[J]. 中国化学制药工业杂志，2017（5）.

[283] 朱璧英. 我国感光工业发展简史[J]. 感光材料，1997（5）：5-9.

[284] 张鸿安. 蓬勃发展的我国磁带工业[J]. 杭州化工，1989（3）：24-26.

[285] 化学工业部第一胶片厂. 一胶厂志（1956-1986）[M]. 1990.（非公开出版物）

[286] 章荣林. 对以无烟煤为原料的新建中型氮肥厂工艺技术路线的建议[J]. 化工设计，1997（2）：1-6.

[287] 褚晓亮，苗阳，苗雨旺. 固定床气化技术在我国的应用现状及发展前景[J]. 化工技术与开发，2013（11）：41-45.

[288] 褚晓亮，苗阳，付玉玲，等. 流化床气化技术在我国的应用现状及发展前景[J]. 化学工程师，2014，28（1）：50-52.

[289] 褚晓亮，苗阳，付玉玲，等. 气流床气化技术在我国的应用现状及发展前景[J]. 化工技术与开发，2013（12）：31-34.

[290] 沈燕华. 国外甲醇汽油的发展与启示[J]. 中外能源，2010（12）：23-28.

[291] 李志坚，贾亮，张淑兰. 从经济性看煤基甲醇燃料的优势[J]. 中国石油和化工经济分析，2015（3）：61-62.

[292] 中国可持续发展油气资源战略研究课题组. 中国可持续发展油气资源战略研究[J]. 国土资源通讯，2003（2）：39-43.

[293] 唐宏青. MTG工艺的起伏[J]. 氮肥与甲醇，2008，3（3）：1-8.

[294] 周家贤. 二甲醚——21世纪的一种清洁燃料[J]. 上海化工，2005，30（3）：1-4.

[295] 丰洋. 清洁柴油组分DMM3 ～ 8合成新技术[J]. 石油炼制与化工，2007（10）：15.

[296] 张兴刚. 为甲醇过剩产能找出路——解析DMM3 ～ 8生产与应用（一）[J]. 中国石油和化工，2013（9）：33-34.

[297] 节能环保DMM3 ～ 8可高效替代柴油[J]. 化学与生物工程，2010（4）：35.

[298]《中国炼油工业》委员会.中国炼油工业[M].北京：石油工业出版社，1989.
[299] 付叔勉，等.当代中国的石油化学工业[M].北京：中国社会科学出版社，1987.
[300] 北京志·工业卷·石油化工志[M].北京：北京出版社，2001.
[301]《中国石油化工经济若干问题回顾与思考》编委会.中国石油工业经济若干问题回顾与思考[M].北京：石油工业出版社，2010.
[302] 中国石油化工集团公司.改革发展之路：中国石油化工集团公司“十二五”成就回顾[M].北京：中国石化出版社，2017.
[303] 中国石油和石化工程研究会编.当代石油和石化工业技术普及读本：乙烯[M].北京：中国石化出版社，2012.
[304] 中国石油天然气集团公司编.中国石油员工基本知识读本：石油[M].北京：石油工业出版社，2012.
[305] 侯祥麟.中国炼油技术[M].第3版.北京：中国石化出版社，2011.
[306] 全国百家大中型企业调查兰州炼油化工总厂[M].北京：当代中国出版社，1994.
[307] 赵仁殿，等.芳烃工学[M].北京：化学工业出版社，2001.
[308] 兰州炼油化工总厂志编纂委员会.兰州炼油化工总厂志（1952-1992）[M].兰州：甘肃人民出版社，1995.
[309] 燕山石化志[M].北京：中国石化出版社，2005.
[310] 中国石油化工集团公司年鉴[M].北京：中国石化出版社，2017.
[311] 中国石油和石化工程建设年鉴（2001—2005）[M].北京：中国石化出版社，2007.
[312] 中国石油和石化工程建设年鉴（2006—2010）[M].北京：中国石化出版社，2012.
[313] 陈锦华.国事忆述[M].北京：中共党史出版社，2005.
[314] 中国化学纤维工业协会.2012年中国化纤经济形势分析与预测[M].北京：中国纺织出版社，2012.
[315] 中国石油和石化工程研究会.当代石油和石化技术普及读本：合成纤维[M].北京：中国石化出版社，2012.
[316] 阮云峰.合成纤维：超乎想像的跨越式发展[J].中国石化，2018（12）：47-51.
[317] 近年来我国合成纤维发展概况[J].合成纤维通讯，1977（2）：28-49.

[318] 李瑞. 中国化纤工业技术发展历程[M]. 北京：中国纺织出版社，2004.
[319] 赵睿. 2014年合成纤维及原料市场回顾与2015年展望[J]. 当代石油石化，2015，23（5）：8-14.
[320] 谭捷. 我国乙二醇的供需现状及市场分析[J]. 石油化工技术与经济，2019，35（1）：21-26.
[321] 中国石油化工与销售分公司编. 中国石油化工产品生产工艺及加工应用[M]. 北京：石油工业出版社，2007.
[322] 中国合成橡胶工业协会秘书处. 2017年国内合成橡胶产业回顾及展望[J]. 合成橡胶工业，2018，41（2）：81-83.
[323] 周文荣. 自主创新、快速崛起的世界第一合成橡胶大国[J]. 中国石化，2018（12）：43-46.
[324] 程曾越，等. 当代石油和石化工业技术普及读本 合成橡胶[M]. 第二版. 北京：中国石化出版社，2012.
[325] 曹湘洪，梁爱民. 中国合成橡胶工业发展历程//中国化工学会橡胶专业委员会. 中国橡胶工业百年文集. 2015.（非公开出版物）
[326] 中国合成橡胶工业协会. 中国合成橡胶工业总览[M]. 北京：中国计量出版社，2005.
[327] 中国科学院长春应用化学研究所高分子工程实验室橡胶组. 橡胶发展简史[M]. 2007.（非公开出版物）
[328] 中国石油和化学工业联合会化工新材料专委会. 中国化工新材料产业发展报告（2018）[M]. 北京：中国石化出版社，2018.
[329] 中国合成橡胶工业协会. 中国合成橡胶工业工业化60周年纪念文集[M]. 2018.（非公开出版物）
[330] 杨伟才. 我国合成树脂工业的现状与展望[C]//2011年中国工程塑料复合材料技术研讨会. 中国工程塑料工业协会，2011-7-1.
[331] 中国石油和石化工程研究会. 当代石油和石化技术普及读本 合成树脂 [M]. 北京：中国石化出版社，2012.
[332] 中国石油规划总院，石化工程研究会等. 中国炼油与石化行业面临的挑战与发展建议. 2019.
[333] 中国石油化工总公司. 石油化工规划参考资料 合成树脂与塑料. 1985.（非公开出版物）

[334] 中国环氧树脂协会. 中国环氧树脂工业60年[M]. 2018.（非公开出版物）

[335] 李玉芳. 聚酰亚胺树脂的生产和应用进展[J]. 化工文摘，2009（4）：17-20.

[336] 崔经国. 我国塑料工业的现状[J]. 工程塑料应用，1979（1）：1-7.

[337] 郑垲. 中国工程塑料“十一五”期间的发展[J]. 塑料工业，2006（9）：63-66.

[338] 高春雨. 快速崛起成为全球最大合成树脂生产消费国[J]. 中国石化，2019（9）：52-56.

[339] 于清溪. 橡胶工业发展史略[M]. 天津：百花文艺出版社，1991.

[340] 于清溪. 中外橡胶工业创新三部曲[M].《橡塑技术与装备》《橡塑机械时代》《橡塑节能环保》杂志社，2014.

[341] 于清溪、鞠洪振. 百年梦想、百年创业——中国橡胶工业发展历史回顾//中国化工学会橡胶专业委员会. 中国橡胶工业百年文集. 2015.（非公开出版物）

[342] 李鸿. 我国胶管胶带行业关键科研技术和产品产业化投资领域及机遇探讨[J]. 中国橡胶，2012，28（21）：14-20.

[343] 陶大君. 胶管胶带：世界制造中心在中国[J]. 中国橡胶，2015，31（23）：28-31.

[344] 山东省地方史志编纂委员会. 山东省志·化学工业志[M]. 济南：山东人民出版社，1993.

[345] 广东省石油化工志[M]. 广州：广东人民出版社，2001.

[346] 鞠洪振. 伟大的改革 高速的发展——记中国橡胶工业改革开放三十年[J]. 中国橡胶，2009，25（2）：4-7.

[347] 刘世平. 我国汽车橡胶制品行业外资企业情况[J]. 中国橡胶，2005，21（4）：4-6.

[348] 肖军. 车用橡胶制品的发展探微[J]. 现代橡胶技术，2012（2）：8-14.

[349] 张瑾，徐树杰，侯猛. 车用橡胶件行业现状与用材趋势分析[J]. 广州化工，2018，46（2）：3-5.

[350] 李淑芬，等. 现代化工导论[M]. 第三版. 北京：化学工业出版社，2016.

[351] 中国化工学会. 石油化工产品高端化发展报告[M]. 北京：化学工业出版社，2016.

[352]“十五”精细化工发展指导思想及目标[J]. 中国石油和化工，2002（5）：30.

[353] 化学工业部科学技术情报研究所. 世界精细化工手册（续编）[M]. 北京：化学工业部科学技术情报研究所，1986.

[354] 王大全. 21世纪中国精细化工前景展望[J]. 精细与专用化学品，1998（Z1）：3-4.

[355] 中国科学院生命科学与生物技术局. 2007工业生物技术发展报告[M]. 北京：科学出版社，2007.
[356] 中国科学院生命科学与生物技术局. 2009工业生物技术发展报告[M]. 北京：科学出版社，2009.
[357] 中国科学院生命科学与生物技术局. 2011工业生物技术发展报告[M]. 北京：科学出版社，2011.
[358] 中国科学院生命科学与生物技术局. 2012工业生物技术发展报告[M]. 北京：科学出版社，2012.
[359] 中国科学院生命科学与生物技术局. 2013工业生物技术发展报告[M]. 北京：科学出版社，2013.
[360] 国家发展和改革委员会高技术产业司，中国生物工程学会. 中国生物技术产业发展报告2004[M]. 北京：化学工业出版社，2004.
[361] 国家发展和改革委员会高技术产业司，中国生物工程学会. 中国生物技术产业发展报告2007[M]. 北京：化学工业出版社，2007.
[362] 国家发展和改革委员会高技术产业司，中国生物工程学会. 中国生物技术产业发展报告2008[M]. 北京：化学工业出版社，2008.
[363] 国家发展和改革委员会高技术产业司，中国生物工程学会. 中国生物技术产业发展报告2011[M]. 北京：化学工业出版社，2011.
[364] 童海宝. 生物化工[M]. 第2版. 北京：化学工业出版社，2008.
[365] 任凌波，章思规，任晓蕾. 生物化工产品生产工艺技术及应用[M]. 北京：化学工业出版社，2001.
[366] 朱跃钊，卢定强，万红贵，等. 工业生物技术的研究现状与发展趋势[J]. 化工学报，2004，55（12）：1950.
[367] 李寅，曹竹安. 微生物代谢工程：绘制细胞工厂的蓝图[J]. 化工学报，2004，55（10）：1573-1580.
[368] 戎志梅. 生物化工新产品与新技术开发指南[M]. 第二版. 北京：化学工业出版社，2004.
[369] 戎志梅. 新型生物化工产品投产指要[M]. 沈阳：辽宁科学技术出版社，1996.
[370] 张树政. 酶制剂工业（上、下）[M]. 北京：科学出版社，1998.
[371] 傅积赉. 有机硅工业及其在中国的发展[M]. 北京：化学工业出版社，2016.
[372] 中国氟硅有机材料工业协会. 辉煌三十载——中国氟硅行业名人名企[M]. 北

京：化学工业出版社，2018.

[373] 中国科学院兰州化学物理研究所. 硅油[M]. 兰州：甘肃人民出版社，1973.

[374] 化学工业部科学技术情报研究所. 合成树脂及塑料手册 化工产品品种基础资料. 1979.（非公开出版物）

[375] 于占昌. 有机硅工业的现状与发展思考[J]. 上海化工，1997（1）：35-38，41.

[376] 卜新平. 有机硅国内市场现状与发展趋势[J]. 化学工业，2010，28（9）：6-11.

[377] 杨晓勇. 中国有机硅行业现状及可持续发展[J]. 有机硅材料，2010，24（1）：5-8.

[378] 赵立群. 我国有机硅产业链发展态势分析[J]. 化学工业，2019，37（1）：10-20.

[379] 有机硅材料制造被纳入战略性新兴产业分类[J]. 有机硅材料，2019，33（1）：65.

[380] 张伟伟，董红，王亚萍，等. 高附加值氯硅烷及其衍生物的研究进展[J]. 有机硅材料，2019，33（1）：58-65.

[381] 沈阳化工研究院志（1999-2009）[M].（非公开出版物）

[382] 刘群，赖紫权. 化工产业自主创新的典范——中国有机硅工业的发展历程[J]. 化工管理，2006（3）：5-7.

[383] 徐家鼐，徐立本. 中国化学家对于高分子化学的贡献[J]. 高分子通讯，1959（1）：1-11.

[384] 幸松民. 加速发展我国的有机硅单体工业[J]. 中国化工，1997（3）：40-43.

[385] 孙酣经. 化工新材料国内外情况和展望[J]. 化工进展，1988（5）：1-5，43.

[386] 我国已成为制备纳米气相二氧化硅核心技术的国家[J]. 有机硅氟资讯，2006（10）：31.

[387] 中国氟硅有机材料工业协会编. 中国硅产业发展白皮书（2017版）. 2018.（非公开出版物）

[388] 四川省地方志编纂委员会. 四川省志・化学工业志[M]. 成都：四川科学技术出版社，1996.

[389] 化学工业部科学技术局. 化学工业环境保护科技成果汇编[M]. 1986.（非公开出版物）

[390] 刘佩珠. 普钙副产氟硅酸分解高岭土（或氢氧化铝）制氟化铝和冰晶石联合工艺通过鉴定[J]. 无机盐工业，1982（4）：43.

[391] 肖玉岭. 我国氟化氢工业发展的现状及对策[J]. 有机氟工业，2001（1）：11-13.

[392] 胡忠. 我国氟化盐工业的现状与前景[J]. 无机盐工业，1996（3）：19-21

[393] 君临. 中国四氟乙烯发展之路[J]. 有机氟工业，2014（4）：61-64.

[394] 张松涛. 我国有机氟工业现状综述[J]. 上海化工，2002（24）：25-29.

[395] 王绍勤，倪震宇. 我国氟化工发展现状及趋势[J]. 有机氟工业，2005（4）：19-23.

[396] 焦锋刚. 含氟中间体及精细化学品现状及发展分析[J]. 有机氟工业，2017（2）：54-57.

[397] 赵立群，李宁. 含氟ODS替代品的生产及发展趋势[J]. 化学工业，2015，33（1）：19-24.

[398] 中国氟硅有机工业材料协会. 中国氟化工行业“十三五”发展规划.（非公开出版物）

[399] 赵立群. 全球氟材料发展现状及趋势[J]. 化学工业，2018，v. 36（4）：13-20.

[400] 滕名产. 目前氟化工发展中的困境和方向[J]. 有机氟工业，2009（1）：14-17.

[401] 中国化工学会组织编写. 中国石油化工产品高端化发展报告[M]. 北京：化学工业出版社，2016.

[402] 潘连生. 积极推进大型化工装置的国产化（上）[J]. 中国化工，1996（4）：16-19.

[403] 潘连生. 积极推进大型化工装置的国产化（下）[J]. 中国化工，1996（5）：16-18.

[404] 兰州石油化工机器厂志编辑室. 兰石厂志（1953-1987）.（非公开出版物）

[405] 李云平，陈炜伟. 中国现代煤化工技术装备水平国际领先[N]. 中国能源报，2015. 9. 21.

[406] 程治方.“十五”期间化工装备制造业发展概况及提高产业核心竞争力的相关对策[J]. 石油和化工设备，2003，6（6）：5-11.

[407] 智宗合. 国家重大技术装备三十五年——大型石油化工装置[J]. 智慧中国，2019，No. 37（1）：77-83.

[408] 赵敏. 2018年度中国化工装备行业形势及展望[J]. 中国化工装备，2018，20（3）：3-6.

[409] 中化地质矿山总局. 中化地质矿山总局65年发展简史[M]. 北京：化学工业出版社，2018.

[410] 朱训. 中国矿业史[M]. 北京：地质出版社，2010.

[411] 改革开放“辉煌40年”系列报道之——化学矿山：追求绿色智慧开采[N]. 中国化工报，2018.

鸣谢

以下单位、个人对本书的编写工作给予了支持，特此鸣谢。

中国石油和化学工业联合会市场信息部

中国石油兰州石化公司

中国石化镇海炼化分公司

中国中化沈阳化工集团有限公司

中国化工信息中心有限公司资源保障事业部

中国化工信息中心有限公司情报咨询事业部

中国石化出版社

中国石油吉林石油化工公司　冯立波

中国中化风神轮胎股份有限公司　王峰

中国中化北京橡胶工业研究设计院　冯涛、宋继军

《中国橡胶》杂志社　杨宏辉

中国中化山东昌邑石化有限公司　徐国栋

北京理工大学　柴春鹏

上海化工研究院　何建芳

中国中化华星石化有限公司　闫晓强

中国中化辛集化工集团有限公司　闻海成

中国中化西南化工研究设计院　姚璐

中国中化大连化学工业研究设计院　赵晓舒

天津渤化永利化工股份有限公司　关承键

《中国化工报》报社　崔建华

中国氯碱工业协会　李琼

中国环氧树脂工业协会　薛志杰

中国氟硅有机材料工业协会　郑东浩

《中国中化》报社　李萌、薛雅萍

明泉集团股份有限公司　巩乃刚

原广发证券股份有限公司　许晶（深圳）

中国蓝星（集团）股份有限公司中蓝国际　杨旭彬

后记

《中国化学工业百年发展史》的编写是一项系统性工作，涉及方方面面。一路行来，用“艰难”一词概括实不为过。临近收官，似有很多可回顾、可总结和可归纳的内容，一些比较重要的事项在脑海中不断地被复盘。浮想联翩之际，占据脑海的是一些埋藏已久的感动，以后记为铭。

在整个编撰组织过程中，最能触动人心的是行业内一些老师们怀揣的化工情结。他们对行业有着深挚感情，为行业留史，把化工人奋斗的精神传承下去，是他们最深切的化工情结。这些老师们慷慨无私捐赠资料，牺牲节假日休息时间勤奋笔耕，不问名利只求奉献；还有一些老师积极献计献策，不时为编写组送来精神力量……这些质朴而崇高的情感给了编写组一次次从挫折中恢复信心和攻坚克难的勇气。这些都已融进了化工百年宏大叙史的字字句句中，对化工人精神形成了最生动的注释。

还有那些幕后英雄。《中国化学工业百年发展史》的编撰工作涉及专业范围广，专业属性强，历史跨度大，需要广泛调集社会力量深研史料，专业编写，是中国化工博物馆的一项社会参与度很高的外向型组织工作。在组织行业及社会力量协同工作的同时，一支默默承担保障工作的队伍始终在位。中国化工博物馆几乎每一个部门或多或少在承担着史书编写的保障工作，网络和电脑维护、藏品资料取阅、各类会议组织等一系列工作的安排到位都为百年史编写形成了有力的支撑。时为博物馆藏品部员工刘子铭、高源，退休返聘员工文亚非、吴少屏还为本书内容编写贡献了力量。新一届领导班子在史书编写的攻坚阶段加紧部署，力促任务完成。《中国化学工业百年发展史》编成出版凝聚了不少同志的默默无闻的后台工作，特表敬意。

李冰梅

二〇二一年十月

化工百年存影

艰难初创

1914年，范旭东在天津塘沽集资创办的久大精盐厂

天津永利製鹼股份有限公司

股票

資本總額銀幣肆拾萬圓整

股東 陳公亮 先生交到本公司股本銀幣玖百圓整計玖股

董事 范旭東 李賓四 景本白

中華民國九年十二月一日

1920年，天津永利制碱股份有限公司发行的股票

20世纪30年代，永利碱厂厂区全景

范旭东等在永利碱厂前合影

永利制碱公司1925年使用的“红三角”商标

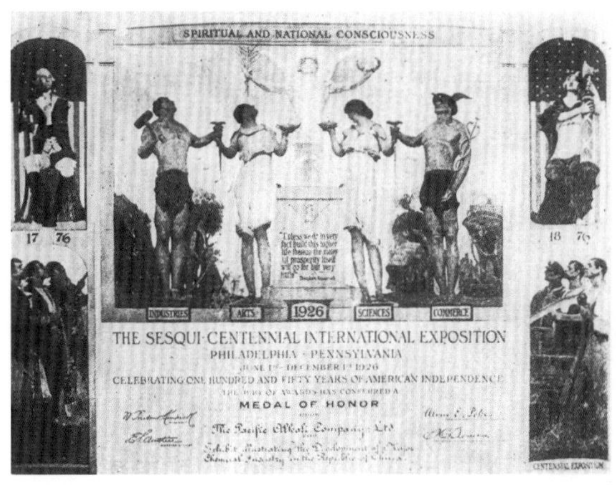

红三角牌纯碱1926年荣获美国万国博览会金奖证书

范旭东和侯德榜

1928年7月，永利碱厂美籍专家李佐华聘期结束返美前，范旭东携家人为其送行留影

1933年3月10日，黄海化学工业研究社董事会留影

1935年10月10日，永利铔厂成功吊卸100吨重的合成塔设备

永利錏厂高压部内景

永利錏厂接触法硫酸厂

1937年4月24日，美国驻华大使纳尔逊·詹森一行参观永利錏厂

吴蕴初和女儿吴志莲

上海天厨味精厂

宜宾天原化工厂创建初期厂区

1935年的上海天利氮气制品厂硝酸厂

山东裕兴颜料股份有限责任公司生产的煮青以“生生”牌为注册商标，取“生生不息”的吉意

中曆光緒二年正月
西曆一千八百七十六年二月
每月出印一卷
此卷改正重印
格致彙編
是編補續中西聞見錄
在上海格致書院發售
英國傅蘭雅輯

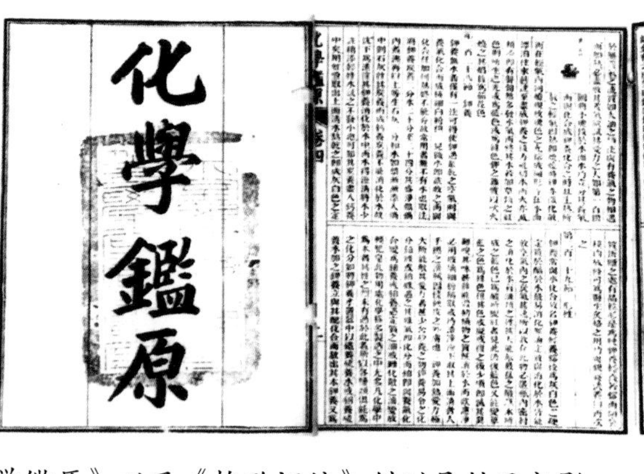

徐寿和傅兰雅合译《化学鑑原》以及《格致汇编》创刊号封面书影

近代化学工业试验室多以私人创建为主

抗日战争期间根据地化工厂制造硫酸用的坛子

1947年，南京化工厂（原名：中央化工厂筹备处京厂）筹建第一幢办公楼

奠基成长

1951年，东北人民政府重工业部化工局研究室干部暨技术人员合影

1951年，苏联专家与中方人员查看吉林化工区建设厂址时留影

1952年12月18日，中国和锡兰政府正式签订了为期5年的《米胶协定》

1953年，兰州化工区建设前的原始地貌

中華人民共和國冶金工業部
中華人民共和國化學工業部 聯合通知
中華人民共和國建築材料工業部

冶金、化學、建築材料工業部所屬各局、公司、設計院（分院）、研究所、廠礦、辦事處（供應處）、建築總公司（專業總公司、工程公司）、勘探公司(隊)、學校：

遵照全國人民代表大會常務委員會一九五六年五月十二日第四十次會議所通過的撤銷中華人民共和國重工業部，設立中華人民共和國冶金工業部、中華人民共和國化學工業部、中華人民共和國建築材料工業部的決議，我們三個部經過籌備已正式組成，定於一九五六年六月一日起分別辦公。原重工業部同時即停止辦公和對外聯系。自六月一日起來往文、電、業務聯系，請分別與有關各部辦理。

三個部的印章在國務院未頒發前暫分別借用以下印章：

一、冶金工業部借用原「中華人民共和國重工業部」印；

二、化學工業部借用原「重工業部化學工業管理局」印；

1956年，关于设立化学工业部的通知

1956年的兰州氮肥厂建设工地

1956年吉林氮肥厂建设现场

1957年4月30日凌晨，吉林氮肥厂生产出合格的硝酸铵产品

1956年的四川化工厂建设场景

吉林染料厂氨基蒽醌车间的基础工程建设

1957年10月25日，国家重点建设项目吉林染料厂、肥料厂、电石厂开工生产

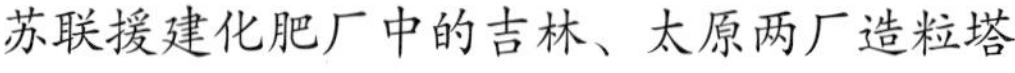

苏联援建化肥厂中的吉林、太原两厂造粒塔

1957年6月18日，欢送华北制药厂淀粉厂生产专家离华返苏

國務院獎狀

一九五六年八月

你廠試制成功第一臺320公斤/平方公分高壓容器，是我國自己解決高壓設備的開端，也是我國機器制造工業技術上的一個巨大進展，這對于促進我國氮肥工業，有機合成化學工業和煉油工業的發展將起重大作用。爲此，除對試制有功人員和有關協作企業給予物質獎勵外，特頒發此獎狀。

獎給

公私合營永利久大化學工業公司寧廠

總理 周恩來

1957年9月2日，永利宁厂第一台高压容器制造者合影及国务院总理周恩来签发的国务院奖状

人民日報

1948年6月15日創刊 · 第3395号 · 地址 北京王府井大街117号

我們要建設强大的化学工業

1957年10月25日，《人民日报》为吉林三大厂开工投产发表社论——《我们要建设强大的化学工业》

中央工商行政管理局

發明證書

發字第壹號

發明人 侯德榜

發明名稱 侯氏鹼法 利用食盐和合成氨联合製造碳酸钠和氯化铵的连续循环方法

前項發明業經本局審查合格，給予發明權五年，自一九五三年七月一日起至一九五八年六月三十日止滿期。特頒發證書，以資證明。

局長 許滌新

公元一九五　月　一　日

中央工商行政管理局印

“侯氏制碱法”荣获新中国第一号发明证书

早期的合成橡胶生产线

1957年在茂名大头岭兴建起页岩干馏试验厂，1958年3月22日，试验厂联合试产成功，第一次产出页岩油。这是专家曾在茂名翻山越岭找矿的场景

1958年，四川长寿化工厂氯丁橡胶车间全体员工合影

1958年11月，长寿化工厂氯丁橡胶生产装置建成投产，生产出中国第一批合成橡胶

1958年9月13日，兰州炼油厂第一期工程建成投产

福州第二化工厂氯碱生产装置

解放日報

JIE-FANG RI-BAO

县級氮肥示范厂开工

“滿天星”中第一顆星昨日放光

侯德榜 許建国参加典礼

1958年5月11日《解放日报》报道县级氮肥示范厂开工新闻

1958年12月，锦西化工厂苯酚法己内酰胺生产装置建成投产，所产己内酰胺纺丝成功，被命名为“锦纶”

1959年3月10日，上海化工研究院江苏丹阳化肥厂全体人员实习留影纪念

1960年4月26日，太原氮肥厂正式建成投产

1961年1月，沈阳化工厂六六六提纯车间建成投产的剪彩仪式

1965年晨光化工厂位于富顺孝子观山的建设现场

20世纪60年代中期，沿海城市化工企业派出技术人员支援内地化工建设。图为天津油漆厂员工援建人员离厂出发前合影

人民日报　号外

1964年10月16日

加强国防建设的重大成就，对保卫世界和平的重大贡献

我国第一颗原子弹爆炸成功

我国政府发表声明，郑重建议召开世界各国首脑会议，讨论全面禁止和彻底销毁核武器问题。

1964年10月16日《人民日报》号外

三线建设时期的星火化工厂

1965年重启建设的南京炼油厂建设现场，工人们正在做塔器吊装前准备工作

1965年，化工部组织全国化工高等院校和科研院所专家云集长寿化工厂实施氯丁橡胶大会战

“三五”“四五”期间，燃化部在北京石油化工总厂等地两次组织顺丁橡胶技术攻关会战取得成功

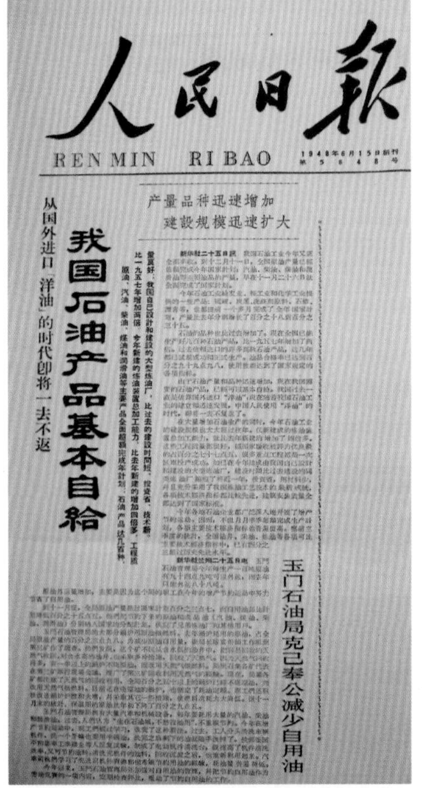

人民日报

REN MIN RI BAO

从国外进口“洋油”的时代即将一去不返

我国石油产品基本自给

产量品种迅速增加
建设规模迅速扩大

玉门石油局克己奉公减少自用油

《人民日报》1963年12月26日刊发报道“我国石油产品基本自给”

1965年，中国第一套流化催化裂化装置投产。该装置一次投产成功标志着催化裂化这朵“金花”实现了工业化

上海桃浦化工厂等单位开发成功金属阳极隔膜电解槽

20世纪70年代上海硫酸厂产品装运

1974年，北京石油化工总厂建设会战中吊装乙烯装置丙烯精馏塔

1973年，上海石油化工总厂厂址勘察

1976年12月4日，吉林石油化工区建设开工誓师大会

1976年，北京石油化工总厂引进建设的中国第一套30万吨乙烯项目建成投产

1976年，四川化工总厂引进的年产30万吨合成氨、48万吨尿素生产装置建成投产

1978年，化工部批准江西星火化工厂建设600吨/年有机硅装置，1984年达到1000吨/年水平

南京化工厂采用自主开发的硝基苯加氢还原生产工艺生产苯胺的装置

1982年，化工部长沙设计研究院第一批工程技术人员走进青海，开展钾盐资源开发工作

1983年7月12日，中国石油化工总公司在人民大会堂召开成立大会

1983年11月4日，南化公司化工机械厂制造的国内第一台直径2.8米尿素合成塔准备发运用户单位

1983年，中国广播说唱团赴晨光化工研究院为员工现场演出

20世纪80年代岳阳石化总厂锦纶长丝车间一角

1987年，中国石化扬子石化公司引进建设30万吨乙烯工程建成投产，工程建设期间，中方企业给外籍工程师过生日

1989年5月1日，国家重点工程青海钾肥厂一期工程投料试生产。这是当时比较先进的浅底水采船在作业

1989年9月12日至17日，化工部在吉化公司召开全国化工系统进一步开展学吉化活动现场会

1991年10月，上海天原化工厂晋升为国家一级企业，这是该厂的离子膜烧碱装置

1993年5月，鲁南化肥厂引进水煤浆加压气化技术及配套工程相继投产，成为中国现代煤化工的示范性装置

2006年9月12日，神华煤制油项目现场，当时全球最大最重（2100吨）单体反应器被一次吊装成功

2003年3月成立的外商投资公司——山东红日阿康公司厂区

泸天化消防人员在汶川地震抢险救灾现场

2009年9月21日建成投产的中国石油独山子石油化工公司千万吨炼油、百万吨乙烯项目

青海钾肥生产厂区

福建炼油乙烯装置急冷塔运抵码头的情景

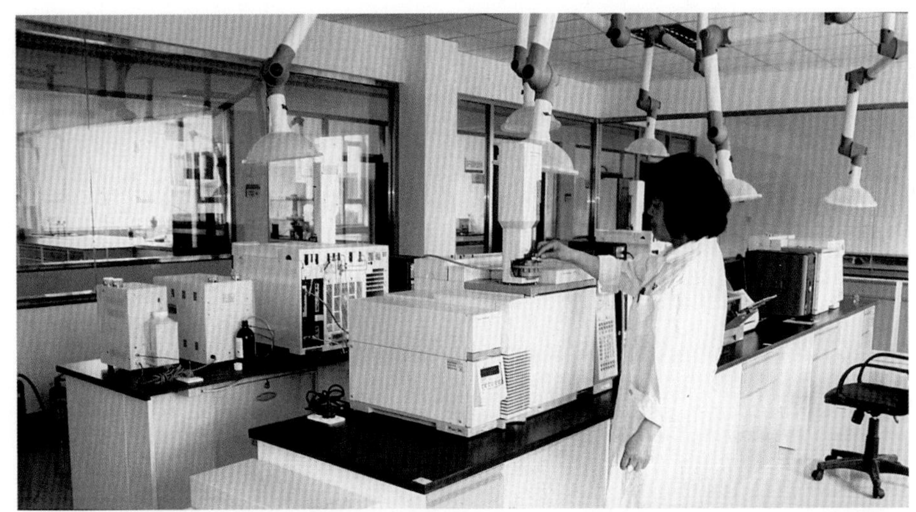

国家染料工程研究中心一角

中国中化沈阳化工集团的20万吨离子膜电解槽装置

中国中化蓝星星火有机硅有限公司厂区

青岛海利尔药业农药研发中心

中化泉州石化有限公司1200万吨/年炼油项目厂区

海湾集团聚氯乙烯装置

今日中国石油吉林石化公司全景

宁夏宁东能源化工基地

万华化学集团股份有限公司厂区

中国石化镇海炼化公司白鹭园是全国石化行业首个白鹭天然栖息地

中国中化MAP正蓝旗现代农业技术服务中心

中国石化镇海炼化智能分析试验室

恒力集团150万吨/年乙烯装置

恒力集团的联合运营中心

先正达北京创新中心

先正达的农业科学实验

东岳集团含氟功能膜材料国家重点实验室

南京化工园区

上海化工园区

广东惠州大亚湾石化产业园区

图片来源

《中国近代化学工业发展史》作者陈歆文

天津渤海化工集团永利化工股份有限公司

中国化工博物馆馆藏

中国石油化工集团公司

中国中化控股有限责任公司

中国化学工程集团有限公司

中国石油吉林石油化工公司

中国中化济南裕兴化工有限公司

中国石化镇海炼化公司

中国氯碱工业协会

中国农药工业协会

中国合成橡胶工业协会

中国中化沈阳化工研究院

《军事工业》解放军出版社

《南京化工厂志》方志出版社

《江苏省志·化学工业志》方志出版社

《中国化工报》社原山西记者站王乐意

中国石化茂名分公司

《庆祝小氮肥工业诞生三十周年》纪念文集 化学工业出版社

川化集团有限公司

中化地质矿山总局

《新中国化学工业40年》纪念册档案

中国中化蓝星星火有机硅有限公司

中国中化长沙化工研究设计院

中国中化中昊晨光化工研究院

恒力集团

万华化学集团股份有限公司

中国石化南化公司微信公众号

中国石油和化学工业联合会化工园区工作委员会

宁夏宁东能源化工公司